Beck'sches Formularbuch
Arbeitsrecht

Beck'sches Formularbuch Arbeitsrecht

Herausgegeben von

Dr. Hendrik Kornbichler
Rechtsanwalt und Fachanwalt für
Arbeitsrecht in München

Dr. Hans-Peter Löw
Rechtsanwalt
in Frankfurt am Main

Dr. Ingrid Ohmann-Sauer
Rechtsanwältin und Fachanwältin für
Arbeitsrecht in München

Dr. Eckard Schwarz
Rechtsanwalt und Fachanwalt für
Arbeitsrecht in Hamburg

Thomas Ubber
Rechtsanwalt und Fachanwalt für
Arbeitsrecht in Frankfurt am Main

Dr. Michael Witzel, LL.M.
Rechtsanwalt und Fachanwalt für
Arbeitsrecht in München

Bearbeitet von

Dr. Roland Gastell, Rechtsanwalt und Fachanwalt für Arbeitsrecht in Düsseldorf; *Bernd Klemm,* Rechtsanwalt und Fachanwalt für Arbeitsrecht in München; *Dr. Hendrik Kornbichler,* Rechtsanwalt und Fachanwalt für Arbeitsrecht in München; *Dr. Dirk Kruip,* Rechtsanwalt und Fachanwalt für Arbeitsrecht in Frankfurt am Main; *Heiko Langer,* Rechtsanwalt und Maîtrise en Droit in Düsseldorf; *Dr. Hans-Peter Löw,* Rechtsanwalt in Frankfurt am Main; *Dr. Jonas Müller,* Rechtsanwalt und Fachanwalt für Arbeitsrecht in Berlin; *Dr. Ingrid Ohmann-Sauer,* Rechtsanwältin und Fachanwältin für Arbeitsrecht in München; *Dr. Eckard Schwarz,* Rechtsanwalt und Fachanwalt für Arbeitsrecht in Hamburg; *Thomas Ubber,* Rechtsanwalt und Fachanwalt für Arbeitsrecht in Frankfurt am Main; *Dr. Michael Witzel, LL.M.,* Rechtsanwalt und Fachanwalt für Arbeitsrecht in München

Verlag C. H. Beck München 2005

Zitiervorschlag:
Beck'sches Formularbuch Arbeitsrecht/*Bearbeiter* A. I. 1

Verlag C. H. Beck in Internet:
beck.de

ISBN 3 406 51871 0

© 2005 Verlag C. H. Beck oHG
Wilhelmstraße 9, 80801 München
Druck und Bindung: Kösel GmbH & Co.,
Am Buchweg 1, 87452 Altusried-Krugzell

Satz: Druckerei C. H. Beck, Nördlingen
(Adresse wie Verlag)

Gedruckt auf säurefreiem, alterungsbeständigem Papier
(hergestellt aus chlorfrei gebleichtem Zellstoff)

Vorwort

Von einer Renaissance des Arbeitsvertrags war in den vergangenen Jahren häufig die Rede. Wenn der Arbeitsvertrag als Rechtsquelle aus vielfältigen Gründen an Bedeutung gewinnt, sollten dem Rechtsanwender praxistaugliche Gestaltungsvorschläge für die unterschiedlichsten Situationen des Arbeitslebens zur Hand gegeben werden. Diesem Ziel dient das Formularbuch Arbeitsrecht. Aber nicht nur zur Anbahnung, Begründung, inhaltlichen Ausgestaltung und Änderung des Arbeitsverhältnisses finden sich Formulare, sondern auch zum Betriebsverfassungs- und Personalvertretungsrecht, zum Tarifvertragsrecht und zur betrieblichen Altersversorgung.

Die Autoren sind Rechtsanwälte der internationalen Sozietät Lovells und haben langjährige Erfahrung in der Beratung von Arbeitgebern. Aus diesem Blickwinkel sind die Formulare gestaltet. Selbstredend verpflichtet schon die AGB-Kontrolle zur angemessenen Berücksichtigung der Interessen der anderen Partei.

Jedes Formular geht von einem konkreten Sachverhalt aus, der eingangs der Anmerkungen beschrieben ist. Das Formular versteht sich als Regelungsvorschlag für diesen Sachverhalt. Die dem Vorschlag zugrunde liegenden rechtlichen und praktischen Erwägungen erschließen sich jeweils aus den Anmerkungen. Gleichzeitig wird der Leser dort auf rechtliche Risiken und Wechselwirkungen mit anderen Regelungen aufmerksam gemacht. Schließlich ergeben sich daraus Hinweise für andere Gestaltungsmöglichkeiten.

Insgesamt geht es Verlag und Herausgebern um die Orientierung des Werkes an der konkreten betrieblichen Situation des Formularverwenders. Deshalb stehen die Hinweise zu praktischen Problemlösungen im Vordergrund vor theoretisch-systematischen Auseinandersetzungen mit einzelnen Rechtsfragen. Den interessierten Leser werden die den Anmerkungen vorangestellten erschöpfenden Literaturhinweise weiterführen.

Das Buch wendet sich sowohl an den im Arbeitsrecht nicht nur forensisch, sondern auch gestaltend tätigen Anwalt als auch an Mitarbeiter von Personal- und Rechtsabteilungen – mit und ohne arbeitsrechtliche Erfahrungen. Die Anmerkungen enthalten sowohl Handlungsempfehlungen für Entscheidungsträger als auch praktische Hinweise für die im operativen Personalmanagement tätigen Mitarbeiter zur Anwendung der Formulartexte.

Die Formulare weisen grundsätzlich den Rechtsstand zum 1. Juli 2005 aus und berücksichtigen somit etwa die Auswirkungen des neuen Zuwanderungsrechts und des Alterseinkünftegesetzes wie auch die Neuregelungen im Berufsbildungsgesetz. Einige Formulare und deren Anmerkungen sind noch weit aktueller und berücksichtigen zum Zeitpunkt des Redaktionsschlusses voraussehbare Änderungen, die erhebliche Auswirkungen auf Unternehmen haben werden. Dies gilt etwa für das Formular C. II. 23 – Equal Opportunity Policy – im Hinblick auf die Einführung eines Antidiskriminierungsgesetzes in Deutschland, die Formulare des Kapitels Personalvertretungsrecht im Hinblick auf die anstehende Reform des Tarifrechts im öffentlichen Dienst zum 1. Oktober 2005 oder etwa für das Formular eines Dienstvertrags für ein Vorstandsmitglied (B. II. 1), welches bereits das kurz vor Redaktionsschluss verabschiedete Gesetz über die Offenlegung von Vorstandsbezügen berücksichtigt. Selbstverständlich werden in allen Anmerkungen die aktuellen, zum Teil auch noch unveröffentlichten Entscheidungen der Arbeitsgerichtsbarkeit wiedergegeben. Rechtsprechung und Schrifttum sind – soweit möglich – bis zum 1. Juli 2005 berücksichtigt. Auch soweit einzelne BAG-Entscheidungen zum Zeitpunkt der Drucklegung noch nicht amtlich veröffentlicht waren (vgl. z. B. das Urteil des BAG vom 31. Mai 2005 – 1 AZR 254/04 – zu sog. „Turbo-Prämien" in den Anmerkungen zum Formular A. XIII. 4, das einer der Herausgeber erstritten hat) wurden diese bereits durch die Autoren berücksichtigt.

Neben den genannten Autoren haben auch alle anderen Rechtsanwälte der Lovells Praxisgruppe Arbeitsrecht Deutschland an der Entstehung des Buches tatkräftig mitgewirkt. Ihnen allen danken die Herausgeber für ihre Beiträge, ohne die das umfangreiche Werk nicht zu-

Vorwort

stande gekommen wäre. Dank gilt auch den vielen fleißigen Referendaren, die bei der Umsetzung der redaktionellen Vorgaben unverzichtbare Unterstützung geleistet haben. Schließlich ist zu danken den geduldigen Sekretärinnen, die bis zum Tag der Manuskriptabgabe die Arbeit der Autoren lesbar gestaltet haben.

Für die ausgezeichnete Koordination des Projektes und die Redaktionsleitung danken die Herausgeber Herrn Silvio Fricke, Lovells München.

Besonderen Dank sagen die Herausgeber den Herren Dr. Thomas Schäfer und Dr. Burkhard Schröder vom C.H. Beck Verlag für die Unterstützung bei diesem Projekt.

Die CD-Rom unterstützt das Anliegen der Herausgeber, den Nutzern des Formularbuchs einen Fundus an Texten zum fortlaufenden Gebrauch in der Praxis an die Hand zu geben.

Herausgeber und Autoren sind jederzeit für Berichte über Erfahrungen im Umgang mit den Formularen dankbar, ebenso für weiterführende Anmerkungen oder Anregungen der Leser.

Frankfurt, Hamburg, München
im Juli 2005

Die Herausgeber

Inhaltsverzeichnis

Vorwort	V
Bearbeiterverzeichnis	XV
Abkürzungs- und Literaturverzeichnis	XVII

A. Individualarbeitsrecht

I. Die Anbahnung des Arbeitsverhältnisses

1. Einladung zum Vorstellungsgespräch	1
2. Personalfragebogen	3
3. Einwilligung des Arbeitnehmers in die Datenerhebung/-verarbeitung/-nutzung	17
4. Einwilligung in psychologische Eignungsuntersuchung/werks- oder vertrauensärztliche Untersuchung/grafologisches Gutachten	22

II. Die Begründung und der Inhalt des Arbeitsverhältnisses

1. Arbeitsvertrag ohne Tarifbindung	26
2. Arbeitsvertrag mit Tarifbindung	48
3. Arbeitsvertrag für Führungskräfte	54
4. Arbeitsvertrag nach BAT	62
5. Engagement-Letter	69
6. Dokumentation nach dem Nachweisgesetz	73

III. Vergütung

Sachbezüge

1. Dienstwagenvertrag	82
2. Dienstwagenklausel	89

Sonderzahlungen

3. 13. Monatsgehalt	90
4. Gratifikation	93
5. Anwesenheitsprämie	105

Variable Vergütung

6. Vermittlungsprovision	113
7. Regelung im Arbeitsvertrag zur Zielvereinbarung	123
8. Rahmenvertrag zur Zielvereinbarung	126
9. Zielfestlegung	139

Vermögensbildung

10. Arbeitgeberfinanzierte vermögenswirksame Leistungen	144

Soziale Absicherung

11. Arbeitgeberfinanzierte private Unfallversicherung	150
12. Sterbegeld	153

IV. Sonstige Abreden

1. Nachvertragliches Wettbewerbsverbot für Arbeitnehmer	158
2. Nachvertragliches Wettbewerbsverbot für ein Organmitglied	171
3. Urheberrechte und Arbeitnehmererfindungen	181

Inhaltsverzeichnis

4. Datenschutzverpflichtung für Arbeitnehmer mit datenverarbeitender Tätigkeit	185
5. Vereinbarung über private Internet- und E-mail-Nutzung	190
6. Arbeitgeberdarlehen	199
7. Fortbildungsvertrag	208
8. Werkwohnung	217
9. Dienstwohnung	227
10. US-Stock-options im Anstellungsvertrag	233
11. US-Stock-options im Aufhebungsvertrag	240

V. Befristung

Sachgrundlose Befristung gemäß § 14 Abs. 2 TzBfG

1. Befristeter Arbeitsvertrag ohne Sachgrund gemäß § 14 Abs. 2 TzBfG	243
2. Verlängerungsvertrag zum befristeten Arbeitsvertrag ohne Sachgrund gemäß § 14 Abs. 2 TzBfG	249

Sachgrundbefristung gemäß § 14 Abs. 1 TzBfG

3. Zeitbefristeter Arbeitsvertrag mit Sachgrund gemäß § 14 Abs. 1 TzBfG	252
4. Zeit- und zweckbefristeter Arbeitsvertrag gemäß § 14 Abs. 1 Nr. 1 TzBfG	258
5. Zeit- und zweckbefristeter Arbeitsvertrag gemäß § 14 Abs. 1 Nr. 3 TzBfG	264
6. Vorübergehende Übertragung einer höherwertigen Tätigkeit	268
7. Zeit- und zweckbefristeter Arbeitsvertrag nach § 21 BErzGG	272
8. Mitteilung der Zweckerreichung gemäß § 15 Abs. 2 TzBfG - zweckbefristeter Arbeitsvertrag	278

VI. Teilzeit

1. Ablehnung eines Teilzeitverlangens nach § 8 TzBfG und § 15 BErzGG	283
2. Teilzeitarbeitsvertrag	295

VII. Sonderformen des Arbeitsverhältnisses

1. Aushilfsarbeitsvertrag	304
2. Berufsausbildungsvertrag	306
3. Job-Sharing-Vertrag	317
4. Telearbeitsvertrag	321
5. Traineevertrag	329
6. Heimarbeitsvertrag	332
7. Arbeitsvertrag mit Mitarbeiter im Außendienst	339
8. Gruppenarbeitsvertrag	348
9. Abrufarbeitsvertrag (KAPOVAZ)	354
10. Dreiseitiger Vertrag (Transfergesellschaft)	357

VIII. Auslandsbezug

1. Ruhensvertrag	369
2. Arbeitsvertrag mit ausländischem Arbeitnehmer	381
3. Zweisprachiger Musterarbeitsvertrag (Deutsch-Englisch)	396

IX. Arbeitnehmerüberlassung

1. Vertrag zwischen Verleiher und Entleiher	408
2. Vertrag zwischen Verleiher und Leiharbeitnehmer	419
3. Vertrag über konzerninterne Arbeitnehmerüberlassung	432

X. Störungen

1. Abmahnung wegen unerlaubter Internetnutzung	438
2. Ermahnung bezüglich Anlegen von Schutzkleidung	444

3. Vertragsstrafe wegen Verletzung der Verschwiegenheitspflicht 446
4. Betriebsbuße wegen Rauchverbot 449

XI. Änderungen während des Arbeitsverhältnisses

1. Vertragsänderung am Beispiel verlängerter Entgeltfortzahlung 452
2. Versetzung (endgültig) 455
3. Versetzung (vorübergehend) 457
4. Änderungskündigung 458
5. Herabsetzung der Arbeitszeit 466
6. Flexibilisierung der Arbeitszeit 470
7. Verlängerung der Arbeitszeit (ohne Lohnausgleich) 473
8. Erteilung einer Prokura 474
9. Sabbatical 476

XII. Der Übergang eines Arbeitsverhältnisses

1. Mitarbeiterinformation gemäß § 613a Abs. 5 BGB 483
2. Übergang durch Unternehmenskauf (Asset Deal) 494
3. Übergang durch Umwandlung (Verschmelzung) 501
4. Zuleitung Verschmelzungsvertrag an Betriebsrat 506
5. Information des Wirtschaftsausschusses 508
6. Unternehmensübernahme (Angebotsunterlage) 512

XIII. Das Arbeitsverhältnis in der Unternehmenskrise

1. Gehaltsverzicht (ohne Besserungsschein) 516
2. Gehaltsvariabilisierung 519
3. Gehaltsverzicht (mit Besserungsschein) 522
4. Freiwilliges Abfindungsprogramm 527

XIV. Einseitige Beendigung des Arbeitsverhältnisses

Anfechtung
1. Anfechtung eines Anstellungsvertrages 532

Kündigung durch den Arbeitgeber
2. Ordentliche Kündigung 536
3. Ordentliche Kündigung (ausführliche Fassung) 543
4. Ordentliche Kündigung mit Abfindungsangebot nach § 1a KSchG 548
5. Vorsorgliche Kündigung 553
6. Außerordentliche Kündigung 555
7. Vollmachtsurkunde zum Ausspruch einer Kündigung 559
8. Zurückweisung einer Zurückweisung gemäß § 174 BGB 560

Sonderkündigungsschutz
9. Antrag auf Zustimmung zur ordentlichen Kündigung eines schwerbehinderten Menschen 562
10. Antrag auf Zustimmung zur außerordentlichen Kündigung eines schwerbehinderten Menschen 571
11. Kündigung eines schwerbehinderten Menschen nach Zustimmung des Integrationsamtes 574
12. Antrag Zulässigerklärung der ordentlichen Kündigung einer Schwangeren 577
13. Kündigung einer Schwangeren nach Zulässigerklärung durch die zuständige Behörde 585
14. Antrag auf Zulässigerklärung der ordentlichen Kündigung eines Mitarbeiters in Elternzeit 586
15. Kündigung eines Mitarbeiters in Elternzeit nach Zulässigerklärung durch die zuständige Behörde 592

Inhaltsverzeichnis

16. Antrag auf Zustimmung zur außerordentlichen Kündigung eines Betriebsratsmitglieds	593
17. Antrag auf Ersetzung der Zustimmung zur außerordentlichen Kündigung eines Betriebsratsmitglieds	602
18. Kündigung eines Betriebsratsmitglieds nach Zustimmung des Betriebsrats	605
19. Außerordentliche Kündigung eines Auszubildenden	607

Massenentlassung

20. Massenentlassungsanzeige	610

XV. Einvernehmliche Beendigung des Arbeitsverhältnisses

1. Aufhebungsvertrag	623
2. Abwicklungsvertrag	646
3. Altersteilzeitvertrag	653

XVI. Abwicklung des Arbeitsverhältnisses

1. Qualifiziertes Zeugnis mit guter Beurteilung	665
2. Einfaches Zeugnis	671
3. Qualifiziertes Zwischenzeugnis mit durchschnittlicher Beurteilung	672
4. Übersendung von Arbeitspapieren, insb. Arbeitsbescheinigung	674

B. Dienstverträge und andere Verträge

I. Geschäftsführer

1. Dienstvertrag für den Geschäftsführer einer GmbH	679
2. Gesellschafterbeschluss: Bestellung eines Geschäftsführers einer GmbH	699
3. Aufhebungsvertrag für den Geschäftsführer einer GmbH	706
4. Gesellschafterbeschluss: Abberufung eines Geschäftsführers einer GmbH	727

II. Vorstandsmitglied

1. Dienstvertrag für ein Vorstandsmitglied einer AG	733
2. Aufsichtsratsbeschluss: Bestellung eines Vorstandsmitglieds einer AG	769
3. Aufhebungsvertrag für ein Vorstandsmitglied einer AG	775
4. Aufsichtsratsbeschluss: Abberufung eines Vorstandsmitglieds einer AG	791

III. Freier Mitarbeiter

Vertrag mit freiem Mitarbeiter	797

IV. Handelsvertreter

Vertrag mit Handelsvertreter (Tätigkeit in Europa)	812

C. Betriebsverfassungsrecht

I. Beteiligung des Betriebsrates

Personelle Angelegenheiten

1. Anhörung des Betriebsrates nach § 102 BetrVG	845
2. Anhörung des Betriebsrates nach § 102 BetrVG (Anhörungsbogen)	853
3. Antrag auf Zustimmung zur Einstellung (und Eingruppierung) nach § 99 BetrVG	855
4. Antrag auf Zustimmung zur Versetzung (und Umgruppierung) nach § 99 BetrVG	860
5. Antrag auf Zustimmung nach § 99 BetrVG (Unterrichtungsbogen)	864

Inhaltsverzeichnis

Wirtschaftliche Angelegenheiten

6. Interessenausgleich	866
7. Interessenausgleich in der Insolvenz	871
8. Sozialplan bei Betriebsstilllegung	876
9. Sozialplan in der Insolvenz	882
10. Transfersozialplan	885
11. Anrufung der Einigungsstelle	889

II. Betriebsvereinbarungen

1. Auswahlrichtlinie bei Einstellungen und Versetzungen	892
2. Auswahlrichtlinie bei betriebsbedingten Kündigungen	903
3. Interner Stellenmarkt	911
4. Betriebliche Weiterbildung	920
5. Betriebsordnung	933
6. Gleitende Arbeitszeit	949
7. Vertrauensarbeitszeit	960
8. Zeitwertkonten	971
9. Arbeitszeitregelung zur Beschäftigungssicherung	984
10. Job-Sharing	991
11. Telearbeit	995
12. Kurzarbeit	1006
13. EDV-Rahmenbetriebsvereinbarung	1013
14. Nutzung von Internet, Intranet und E-Mail	1019
15. Nutzung der Telefonanlage und Telefondatenerfassung	1029
16. Datenschutz	1038
17. Betrieblicher Arbeitsschutz	1047
18. Bildschirmarbeit	1059
19. Anrechnung von Tariferhöhungen auf Zulagen	1067
20. Betriebliches Vorschlagswesen	1075
21. Gruppenarbeit	1084
22. Frauenförderung	1093
23. Leitbild zur Gleichbehandlung und Schutz vor Diskriminierung (Equal Opportunity Policy)	1100
24. Bildung eines Europäischen Betriebsrates	1106
25. Ständige Einigungsstelle	1121
26. Gemeinsamer Ausschuss	1130

D. Personalvertretungsrecht

I. Personelle Angelegenheiten

1. Antrag auf Zustimmung zur Übertragung eines höher zu bewertenden Dienstpostens	1137
2. Antrag auf Zustimmung zur Befristung eines Arbeitsvertrags	1142
3. Antrag auf Zustimmung zur Versagung der Genehmigung einer Nebentätigkeit	1146
4. Antrag auf Zustimmung zur Ablehnung eines Antrags auf Teilzeitbeschäftigung	1149
5. Antrag auf Zustimmung zur Entlassung eines Beamten auf Probe oder auf Widerruf	1151
6. Antrag auf Zustimmung zur vorzeitigen Versetzung in den Ruhestand	1155

II. Wirtschaftliche Angelegenheiten

1. Anhörung zur Auflösung, Einschränkung, Verlegung oder Zusammenlegung von Dienststellen oder wesentlichen Teilen von ihnen	1158
2. Antrag auf Zustimmung zur Privatisierung	1161

Inhaltsverzeichnis

E. Tarifvertragsrecht

I. Besondere Tarifverträge

1. Anerkennungstarifvertrag 1165
2. Tarifvertrag über die Ersetzung der betrieblichen Einigungsstelle 1172
3. Tarifvertrag über unternehmenseinheitlichen Betriebsrat 1182
4. Tarifvertrag über Zusammenfassung von Betrieben 1189
5. Tarifvertrag über Spartenbetriebsräte 1193
6. Tarifvertrag über andere Arbeitnehmervertretungsstrukturen 1198
7. Tarifvertrag über zusätzliche betriebsverfassungsrechtliche Arbeitnehmervertretungen 1206
8. Tarifvertrag zur Beschäftigungssicherung 1213
9. Tarifvertrag über ein tarifliches Schlichtungsverfahren 1221

II. Einzelne Klauseln

1. Präambel 1232
2. Laufzeit 1233
3. Ausnahmen vom ArbZG 1239
4. Ausnahmen vom EFZG 1247
5. Ausnahmen von § 622 BGB 1252
6. Ausnahmen vom TzBfG 1254
7. Ausnahmen vom BUrlG 1256

III. Sonstige Abreden

Übernahmevereinbarung nach Betriebsübergang 1260

F. Betriebliche Altersversorgung

I. Direktzusagen

1. Vereinbarung zur Gehaltsumwandlung 1263
2. Pensionszusage durch Gehaltsumwandlung 1266
3. Verpfändungsvereinbarung 1272
4. Arbeitgeberfinanzierte Direktzusage 1274
5. Treuhandvereinbarung zur Ausgliederung von Pensionsrückstellungen (Contractual Trust Arrangement) 1283
6. Satzung eines Trust e. V. 1295

II. Direktversicherung

1. Arbeitgeberfinanzierte Direktversicherungszusage 1303
2. Direktversicherungszusage zur Entgeltumwandlung 1310

III. Pensionsfonds

Pensionsfondszusage 1316

IV. Betriebliche Altersversorgung und Betriebsübergang

1. Interne Erfüllungsübernahme von Rentenverpflichtungen und -anwartschaften von Rentnern und ausgeschiedenen Arbeitnehmern 1328
2. Klausel zur Behandlung der Versorgungsanwartschaften aktiver Arbeitnehmer 1332
3. Klausel zum Ausschluss übergehender Arbeitnehmer vom Versorgungswerk des übernehmenden Arbeitgebers 1333

Inhaltsverzeichnis

V. Sonstige Abreden und Vereinbarungen
1. Kündigung einer Betriebsvereinbarung 1337
2. Erlassvertrag 1340
3. Aufhebungsvertragsklausel (Direktzusage) 1342
4. Mitteilung gemäß § 4a BetrAVG 1345
5. Abfindungsverlangen des Arbeitgebers 1348
6. Bekanntmachung der Schließung eines Versorgungswerks und entsprechende Anstellungsvertragsklausel 1351

Sachregister 1353

Verzeichnis der Bearbeiter

Dr. Roland Gastell A. IX.; E.
LOVELLS
Düsseldorf

Bernd Klemm A. XII., XV.; C. II.; F.
LOVELLS
München

Dr. Hendrik Kornbichler A. III., XV.; C. I.
LOVELLS
München

Dr. Dirk Kruip A. XIV., XVI.
Frankfurt am Main

Heiko Langer A. I., VIII.
LOVELLS
Düsseldorf

Dr. Hans-Peter Löw A. V., VII., VIII.; C. I., II.
LOVELLS
Frankfurt am Main

Dr. Jonas Müller A. X.; D.
LOVELLS
Berlin

Dr. Ingrid Ohmann-Sauer A. IV., VI.; B.
LOVELLS
München

Dr. Eckard Schwarz A. XI., XIII.
LOVELLS
Hamburg

Thomas Ubber A. II., IV.; C. II.
LOVELLS
Frankfurt am Main

Dr. Michael Witzel A. XII.
LOVELLS
München

Abkürzungs- und Literaturverzeichnis

Hinweis: Literatur, die nur Bezug zu speziellen Kapiteln des Werkes hat, wird dort aufgeführt (insbesondere Zeitschriftenaufsätze).

a. A.	anderer Ansicht
a. a. O.	am angegebenen Ort
ABA	Arbeitsgemeinschaft für betriebliche Altersversorgung
abgedr.	abgedruckt
Abh.	Abhandlung(en)
ABl.	Amtsblatt
abl.	ablehnend
ABl(EG)	Amtsblatt der Europäischen Gemeinschaften
ABM	Arbeitsbeschaffungsmaßnahme(n)
Abs.	Absatz
Abschn.	Abschnitt
AcP	Archiv für die civilistische Praxis
ADG	Antidiskriminierungsgesetz (Beschlussempfehlung v. 15. 6. 2005)
a. E.	am Ende
ähnl.	ähnlich
ÄndG	Gesetz zur Änderung
a. F.	alte(r) Fassung
AFG	Arbeitsförderungsgesetz (abgelöst durch das SGB III)
AG	Aktiengesellschaft; Die Aktiengesellschaft (Zeitschrift); Amtsgericht
AGB	Allgemeine Geschäftsbedingungen
AGBG	Gesetz zur Regelung des Rechts der Allgemeinen Geschäftsbedingungen vom 9. 12. 1976 (BGBl. I S. 3317)
AGBGB	Ausführungsgesetz zum BGB
AIB	Allgemeine Versicherungsbedingungen für die Insolvenzsicherung der betrieblichen Altersversorgung
AiB	Arbeitsrecht im Betrieb (Zeitschrift)
AKBGB/*Bearbeiter*	Alternativkommentar zum Bürgerlichen Gesetzbuch, hrsg. v. *Wassermann*, 1979 ff.
AktG	Aktiengesetz
allg. A.	allgemeine Ansicht
allg. M.	allgemeine Meinung
Alt.	Alternative
Altvater/Hamer/ Ohnesorg/Peiseler	Bundespersonalvertretungsgesetz mit Wahlordnung und ergänzenden Vorschriften, 5. Auflage 2004
AltZertG	Gesetz über die Zertifizierung von Altersvorsorgeverträgen v. 26. 6. 2001
a. M.	anderer Meinung
Amtl. Begr.	Amtliche Begründung
Amtl. Mitt.	Amtliche Mitteilungen
ANBA	Amtliche Nachrichten der Bundesagentur für Arbeit
AnfG	Gesetz über die Anfechtung von Rechtshandlungen eines Schuldners außerhalb des Insolvenzverfahrens vom 5. 10. 1994 (BGBl. I S. 2911)
AngKSchG	Gesetz über die Fristen für die Kündigung von Angestellten vom 9. 7. 1926 (RGBl. I S. 399)
Anh.	Anhang
Anm.	Anmerkung
Annuß/Thüsing	Teilzeit- und Befristungsgesetz, 2002
AnwBl.	Anwaltsblatt (Zeitschrift)
AnwKomm BGB/ *Bearbeiter*	*Dauer-Lieb/Heidel/Ring*, Anwaltskommentar BGB, 2005

Abkürzungs- und Literaturverzeichnis

AO	Abgabenordnung (1977) i. d. F. vom 16. 3. 1976 (BGBl. I S. 613, 1977 S. 269)
AP	Arbeitsrechtliche Praxis, Nachschlagewerk des Bundesarbeitsgerichts
APFG	Gesetz zur Förderung des Angebots an Ausbildungsplätzen in der Berufsausbildung
A/P/S/*Bearbeiter*	*Ascheid/Preis/Schmidt* (Hrsg.), Kündigungsrecht, Großkommentar zum gesamten Recht der Beendigung von Arbeitsverhältnissen, 2. Aufl. 2004
ArbBeschFG	Arbeitsrechtliches Beschäftigungsförderungsgesetz vom 25. 9. 1996 (BGBl. I S. 1476)
ArbG	Arbeitsgericht
ArbGeb.	Arbeitgeber; Der Arbeitgeber (Zeitschrift)
ArbGegw.	Arbeitsrecht der Gegenwart (Zeitschrift)
ArbGG	Arbeitsgerichtsgesetz i. d. F. vom 2. 7. 1979 (BGBl. I S. 853, ber. S. 1036)
ArbKrankhG	Gesetz zur Verbesserung der wirtschaftlichen Sicherung der Arbeiter im Krankheitsfall
AR-Blattei	Arbeitsrecht-Blattei, Handbuch für die Praxis, begr. v. *Sitzler*, hrsg. v. *Oehmann* und *Dieterich*
ArbnErfG	Gesetz über Arbeitnehmererfindungen vom 25. 7. 1957 (BGBl. I S. 756)
ArbRspr.	Die Rechtsprechung in Arbeitssachen (Entscheidungssammlung)
ArbuSozPol.	Arbeit und Sozialpolitik (Zeitschrift)
ArbuSozR	Arbeits- und Sozialrecht, Mitteilungsblatt des Arbeitsministeriums Baden-Württemberg
ArbStättR	Arbeitsstättenrichtlinien
ArbStättV	Verordnung über Arbeitsstätten vom 20. 3. 1975 (BGBl. I S. 729)
ArbZG	Arbeitszeitgesetz vom 6. 6. 1994 (BGBl. I S. 1170)
Arch.	Archiv
ArEV	Arbeitsentgelt-Verordnung
ARS	Arbeitsrecht-Sammlung, Entscheidungen des Reichsarbeitsgerichts und der Landesarbeitsgerichte (1928–1944)
ARSP	Archiv für Rechts- und Sozialphilosophie (Zeitschrift; zitiert nach Band und Seite)
ARSt	Arbeitsrecht in Stichworten (Entscheidungssammlung)
Art.	Artikel
ASp	Arbeit und Sozialpolitik (Zeitschrift)
ATG	Altersteilzeitgesetz vom 23. 7. 1996 (BGBl. I S. 1078)
ATO	Allgemeine Tarifordnung für Arbeitnehmer im öffentlichen Dienst
AuA	Arbeit und Arbeitsrecht (Zeitschrift)
AuB	Arbeit und Beruf (Zeitschrift)
Aufl.	Auflage
AÜG	Arbeitnehmerüberlassungsgesetz i. d. F. vom 3. 2. 1995 (BGBl. I S. 158)
AuR	Arbeit und Recht, Zeitschrift für die Arbeitsrechtspraxis
AusbPlFG	Gesetz zur Förderung des Angebots an Ausbildungsplätzen in der Berufsausbildung (Ausbildungsplatzförderungsgesetz)
ausf.	ausführlich
AusfG	Ausführungsgesetz
AusfVO	Ausführungsverordnung
AuslandsrentenVO	Verordnung über die Zahlung von Renten ins Ausland
AVB	Allgemeine Versicherungsbedingungen; Allgemeine Vertragsbedingungen
AWD	Außenwirtschaftsdienst des Betriebsberaters (Zeitschrift, 4. 1958–20. 1974; vorher und anschließend RIW)
AWG	Außenwirtschaftsgesetz vom 28. 4. 1961 (BGBl. I S. 481)
Az.	Aktenzeichen
BA	Bundesagentur für Arbeit
Bader/Bram/Dörner/Wenzel	Kündigungsschutzgesetz, Kommentar, Loseblatt
BadNotZ	Badische Notar-Zeitschrift
Baeck/Deutsch	Arbeitszeitgesetz, 2. Aufl. 2004
BAföG	Bundesgesetz über individuelle Förderung der Ausbildung (Bundesausbildungsförderungsgesetz) i. d. F. vom 6. 6. 1983 (BGBl. I S. 645)

Abkürzungs- und Literaturverzeichnis

BAG	Bundesarbeitsgericht
BAG GS	Großer Senat des Bundesarbeitsgerichts
BAGE	Entscheidungen des Bundesarbeitsgerichts
Bamberger/Roth/ *Bearbeiter*	Kommentar zum Bürgerlichen Gesetzbuch, 2002
BAnstArb.	Bundesanstalt für Arbeit
BAnz.	Bundesanzeiger
BArbBl.	Bundesarbeitsblatt (Zeitschrift, zitiert nach Heft und Seite, da nicht durchpaginiert; Beispiel BArbBl 7/88, S. 37)
Bartenbach/Volz	Arbeitnehmererfindungsgesetz, 4. Aufl. 2002
BAT	Bundesangestelltentarif; Bundesangestelltentarifvertrag
BAT-O	Tarifvertrag zur Anpassung des Tarifrechts – Manteltarifliche Vorschriften
Bauer/Diller	Wettbewerbsverbote, 3. Aufl. 2002
Baumbach/Hopt	Handelsgesetzbuch, Kommentar, 31. Aufl. 2003
Baumback/Hueck	GmbH-Gesetz, 17. Aufl. 2001
Baumbach/Lauterbach/ Albers/Hartmann	Zivilprozessordnung, Kommentar, 63. Aufl. 2005
BayObLG	Bayerisches Oberstes Landesgericht
BB	Betriebs-Berater (Zeitschrift)
BBesG	Bundesbesoldungsgesetz i. d. F. vom 9. 3. 1992 (BGBl. I S. 409)
BBG	Bundesbeamtengesetz i. d. F. vom 27. 2. 1985 (BGBl. I S. 479)
BBiG	Berufsbildungsgesetz vom 14. 8. 1969 (BGBl. I S. 1112) i. d. F. vom 24. 12. 2003 (BGBl. I S. 2954)
Bd. (Bde.)	Band (Bände)
BDA	Bundesvereinigung der Deutschen Arbeitgeberverbände
BDI	Bundesverband der Deutschen Industrie
BDO	Bundesdisziplinarordnung i. d. F. vom 20. 7. 1967 (BGBl. I S. 750; ber. BGBl. I S. 794)
BDSG	Gesetz zur Fortentwicklung der Datenverarbeitung und des Datenschutzes vom 20. 12. 1990 (BGBl. I S. 2954)
BeamtVG	Gesetz über die Versorgung der Beamten und Richter in Bund und Ländern (Beamtenversorgungsgesetz) i. d. F. vom 24. 10. 1990 (BGBl. I S. 2298)
Bearb.; bearb.	Bearbeitung/Bearbeiter; bearbeitet
beE	betriebsorganisatorisch eigenständige Einheiten
Begr.	Begründung
BErzGG	Gesetz über die Gewährung von Erziehungsgeld und Erziehungsurlaub (Bundeserziehungsgeldgesetz) i. d. F. vom 31. 1. 1994 (BGBl. I S. 180)
Beschl.	Beschluss
bestr.	bestritten
betr.	Betreffend, betrifft
BetrAV	Betriebliche Altersversorgung, Mitteilungsblatt der Arbeitsgemeinschaft für betriebliche Altersversorgung
BetrAVG	Gesetz zur Verbesserung der betrieblichen Altersversorgung vom 19. 12. 1974 (BGBl. I S. 3610)
BetrR	Betriebsrat; Der Betriebsrat (Mitteilungen für die Betriebsräte der IG Chemie-Papier-Keramik)
BetrVerf.	Betriebsverfassung
BetrVG	Betriebsverfassungsgesetz i. d. F. vom 23. 12. 1988 (BGBl. I 1989 S. 1)
BeurkG	Beurkundungsgesetz vom 28. 8. 1969 (BGBl. I S. 1513)
BewG	Bewertungsgesetz i. d. F. vom 1. 2. 1991 (BGBl. I S. 230)
BfA	Bundesversicherungsanstalt für Angestellte
BFH	Bundesfinanzhof
BFHE	Sammlung der Entscheidungen und Gutachten des Bundesfinanzhofes
BG	Berufsgenossenschaft (auch Zeitschrift)
BGB	Bürgerliches Gesetzbuch vom 18. 8. 1896 (RGBl. S. 195)
BGBl.	Bundesgesetzblatt
BGH	Bundesgerichtshof
BGH GS	Bundesgerichtshof Großer Senat

Abkürzungs- und Literaturverzeichnis

BGHZ	Entscheidungen des Bundesgerichtshofs in Zivilsachen
BildscharbV	Verordnung über Sicherheit und Gesundheitsschutz bei der Arbeit an Bildschirmgeräten v. 4. 12. 1996
BillBG	Gesetz zur Bekämpfung der illegalen Beschäftigung vom 15. 12. 1981 (BGBl. I S. 1390)
BKartA	Bundeskartellamt
Blomeyer/Otto	Gesetz zur Verbesserung der betrieblichen Altersversorgung, 3. Aufl. 2004
BlStSozArbR	Blätter für Steuerrecht, Sozialversicherung und Arbeitsrecht (Zeitschrift)
BMF	Bundesminister(ium) der Finanzen
BMI	Bundesminister(ium) des Innern
BMJ	Bundesminister(ium) der Justiz
BMTG	Bundesmanteltarifvertrag für Arbeiter gemeindlicher Verwaltungen und Betriebe (BMTG II)
BMTV	Bundesmanteltarifvertrag
BMWA	Bundesminister(ium) für Wirtschaft und Arbeit
Bobrowski/Gaul	Das Arbeitsrecht im Betrieb; von der Einstellung bis zur Entlassung 2 Bde., 8. Aufl. 1986
Boemke	Gewerbeordnung, 2003
BPatA	Bundespatentamt
BPatG	Bundespatentgericht
BPersVG	Bundespersonalvertretungsgesetz vom 15. 3. 1974 (BGBl. I S. 693)
BR	Betriebsrat
BRAO	Bundesrechtsanwaltsordnung vom 1. 8. 1959 (BGBl. I S. 565)
BRat	Bundesrat
BRatE	Entwurf des Deutschen Bundesrates
BR-Drucks.	Drucksache des Deutschen Bundesrates
BReg.	Bundesregierung
BRG	Betriebsrätegesetz von 1920
BR-Drucks.	Drucksache des Deutschen Bundesrates
BR-Prot.	Protokoll des Deutschen Bundesrates
BRRG	Beamtenrechtsrahmengesetz i. d. F. der Bek. vom 31. 3. 1999 (BGBl. I S. 654)
BRTV	Bundesrahmentarifvertrag
BSG	Bundessozialgericht
BSGE	Entscheidungen des Bundessozialgerichts
BSHG	Bundessozialhilfegesetz i. d. F. der Bek. vom 23. 3. 1994 (BGBl. I S. 646, ber. S. 2975)
BStBl.	Bundessteuerblatt
BT	Besonderer Teil/Bundestag
BT-Drucks.	Drucksache des Deutschen Bundestages
BT-Prot.	Protokoll des Deutschen Bundestages
Buchner/Becker	Mutterschutzgesetz, 6. Aufl. 1998
BUrlG	Mindesturlaubsgesetz für Arbeitnehmer (Bundesurlaubsgesetz) vom 8. 1. 1963 (BGBl. I S. 2)
Büro	Das Büro (Zeitschrift)
BVerfG	Bundesverfassungsgericht
BVerfGE	Entscheidungen des Bundesverfassungsgerichts
BVerwG	Bundesverwaltungsgericht
BVerwGE	Entscheidungen des Bundesverwaltungsgerichts
bzw.	beziehungsweise
c. i. c.	culpa in contrahendo
CR	Computer und Recht (Zeitschrift)
Cramer	Die Schwerbehindertenvertretung, 1990
Cramer SchwbG	Schwerbehindertengesetz, 5. Aufl. 1998
DAG	Deutsche Angestellten-Gewerkschaft
DAngVers.	Die Angestelltenversicherung (Zeitschrift)
DArbR	Deutsches Arbeitsrecht (Zeitschrift)
Däubler	Internet und Arbeitsrecht, 3. Aufl. 2004

Abkürzungs- und Literaturverzeichnis

Däubler I, II	Das Arbeitsrecht: Leitfaden für Arbeitnehmer, Bd. 1, 14. Aufl. 1995; Bd. 2, 10. Aufl. 1995
D/K/K/*Bearbeiter*	*Däubler/Kittner/Klebe* (Hrsg.), Betriebsverfassungsgesetz, Kommentar, 9. Aufl. 2004
DB	Der Betrieb (Zeitschrift)
Denecke/Neumann/Biebl	Arbeitszeitordnung, Kommentar, 11. Aufl. 1991; s. auch *Neumann/Biebl*
ders.	derselbe
Dersch/Neumann	Bundesurlaubsgesetz, Kommentar, 8. Aufl. 1997
DGB	Deutscher Gewerkschaftsbund
d. h.	das heißt
dies.	dieselbe(n)
Dietz/Richardi	Betriebsverfassungsgesetz, Kommentar, 6. Aufl. Bd. 1, 1981; Bd. 2, 1982; s. auch *Richardi*
Dietz/Richardi BPersVG	Bundespersonalvertretungsgesetz, Kommentar, 2. Aufl. Bd. 1, 1978; Bd. 2, 1978
DIHT	Deutscher Industrie- und Handelstag
Diss.	Dissertation
DIW	Deutsches Institut für Wirtschaftsforschung Berlin, Wochenbericht
DJ	Deutsche Justiz (Zeitschrift)
DJT	Deutscher Juristentag
DJZ	Deutsche Juristenzeitung
D/K/K	*Däubler/Kittner/Klebe* (Hrsg.), Betriebsverfassungsgesetz, Kommentar, 9. Aufl. 2004
Dok.	Dokument
Dorndorf/Weller/Hauck	Heidelberger Kommentar zum Kündigungsschutzgesetz, 3. Aufl. 1999
DPA	Deutsches Patentamt
DrittelbG	Drittelbeteiligungsgesetz v. 18. 5. 2004
DSG MV	Datenschutzgesetz Mecklenburg-Vorpommern
DStR	Deutsches Steuerrecht (Zeitschrift)
DStZ	Deutsche Steuerzeitung
DtZ	Deutsch-deutsche Rechtszeitschrift
DVBl.	Deutsches Verwaltungsblatt
DVersZ	Deutsche Versicherungszeitschrift
DVO	Durchführungsverordnung
E	Entwurf; Entscheidung (in der amtlichen Sammlung)
ebd.	ebenda
EBRG	Gesetz über Europäische Betriebsräte (Europäische Betriebsräte-Gesetz) vom 28. 10. 1996 (BGBl. I S. 1548, ber. S. 2022)
EEK	*Sabel*, Entscheidungssammlung zur Entgeltfortzahlung an Arbeiter und Angestellte bei Krankheit, Kur und anderen Arbeitsverhinderungen
EFG	Entscheidung der Finanzgerichte (Zeitschrift)
EG	Einführungsgesetz; Europäische Gemeinschaften
Einf.	Einführung
Einl.	Einleitung
entspr.	entsprechend
Entw.	Entwurf
EPA	Europäisches Patentamt
EPÜ	Europäisches Patentübereinkommen
ErfKomm/*Bearbeiter*	Erfurter Kommentar zum Arbeitsrecht, 5. Aufl. 2005
Erg.	Ergänzung
ErgVO	Ergänzungsverordnung
Erl.	Erlass; Erläuterung
Erman/*Bearbeiter*	Handkommentar zum Bürgerlichen Gesetzbuch, Band I und II, 11. Aufl. 2004
EuGH	Gerichtshof der Europäischen Gemeinschaften
EuGHE	Entscheidungen des Gerichtshofes der Europäischen Gemeinschaften

Abkürzungs- und Literaturverzeichnis

EuGVÜ	Übereinkommen über die gerichtliche Zuständigkeit und Vollstreckung gerichtlicher Entscheidungen in Zivil- und Handelssachen vom 27. 9. 1968 (BGBl. II 1972 S. 774, 1986 II S. 1020)
EuroAS	Europäisches Arbeits- und Sozialrecht (Zeitschrift)
EuZW	Europäische Zeitschrift für Wirtschaftsrecht
e. V.	eingetragener Verein
evtl.	eventuell
EWG	Europäische Wirtschaftsgemeinschaft
EWiR	Entscheidungen zum Wirtschaftsrecht (Zeitschrift)
EWS	Europäisches Währungssystem
EzA	Entscheidungen zum Arbeitsrecht, hrsg. von *Stahlhacke*
EzAÜG	Entscheidungssammlung zum Arbeitnehmerüberlassungsgesetz und zum sonstigen drittbezogenen Personaleinsatz, hrsg. von *Leinemann* und *Düwell*
f., ff.	folgend(e)
FA	Fachanwalt Arbeitsrecht (Zeitschrift)
FamG	Familiengericht
FamRZ	Zeitschrift für das gesamte Familienrecht
FAS	Financial Accounting Standard
F/E/S/T/L	*Fitting/Engels/Schmidt/Trebinger/Linsenmaier*, Betriebsverfassungsgesetz, 22. Aufl. 2004
FG	Finanzgericht
FGG	Gesetz über die Angelegenheiten der freiwilligen Gerichtsbarkeit i. d. F. der Bekanntmachung vom 20. 5. 1898 (RGBl. S. 369, 711)
FGO	Finanzgerichtsordnung vom 6. 10. 1965 (BGBl. I S. 1477)
Fn.	Fußnote
FS	Festschrift
G	Gesetz
GAAP	Generally Accepted Accounting Principles
GAL	Gesetz über die Altersbeihilfe bei Landwirten vom 14. 9. 1965 (BGBl. I S. 1448)
Galperin/Löwisch	Betriebsverfassungsgesetz, Kommentar, 6. Aufl. Bd. 1 und 2, 1982
Gamillscheg	Arbeitsrecht, Bd. 1 (Individualarbeitsrecht), 8. Aufl. 2000; Bd. 2 (Kollektives Arbeitsrecht), 6. Aufl. 1984
GBl.	Gesetzblatt; Gesetzblatt der Deutschen Demokratischen Republik
GbR	Gesellschaft bürgerlichen Rechts
GebrMG	Gebrauchsmustergesetz i. d. F. vom 28. 8. 1986 (BGBl. I S. 1455)
gem.	gemäß
GemSoBG	Gemeinsamer Senat der obersten Bundesgerichte
GenG	Gesetz betreffend die Erwerbs- und Wirtschaftsgenossenschaften i. d. F. der Bek. vom 19. 8. 1994 (BGBl. I S. 2202)
GeschmMG	Gesetz betr. das Urheberrecht an Mustern und Modellen (Geschmacksmustergesetz) vom 11. 1. 1876 (RGBl. S. 11)
GEW	Gewerkschaft Erziehung und Wissenschaft
GewA	Gewerbe-Archiv (Zeitschrift)
GemHVO NRW	Gemeindehaushaltsverordnung
GewMH	Gewerkschaftliche Monatshefte (Zeitschrift)
GewO	Gewerbeordnung i. d. F. vom 22. 2. 1999 (BGBl. I S. 202)
GewStG	Gewerbesteuergesetz i. d. F. vom 14. 5. 1984 (BGBl. I S. 657)
GG	Grundgesetz für die Bundesrepublik Deutschland vom 23. 5. 1949 (BGBl. I S. 1)
GKAFG/*Bearbeiter*	Gemeinschaftskommentar zum AFG, Loseblatt
GKArbGG/*Bearbeiter*	Gemeinschaftskommentar zum Arbeitsgerichtsgesetz, Loseblatt
GKBetrVG/*Bearbeiter*	Gemeinschaftskommentar zum Betriebsverfassungsgesetz (2 Bde.), 7. Aufl. 2002
GKBUrlG/*Bearbeiter*	Gemeinschaftskommentar zum Bundesurlaubsgesetz, 5. Aufl. 1992
GKEFZR/*Bearbeiter*	Gemeinschaftskommentar zum Entgeltfortzahlungsrecht, 1992
GKG	Gerichtskostengesetz i. d. F. vom 15. 12. 1975 (BGBl. I S. 3047)
GKMitbestG/*Bearbeiter*	Gemeinschaftskommentar zum Mitbestimmungsgesetz, 1978

Abkürzungs- und Literaturverzeichnis

GKÖD/Bearbeiter	Gesamtkommentar Öffentliches Dienstrecht, Loseblatt
GKSGBIII/Bearbeiter	Gemeinschaftskommentar zum SGB III, Loseblatt
GKSGBVI/Bearbeiter	Gemeinschaftskommentar zum SGB IV, Loseblatt
GKTzA/Bearbeiter	Gemeinschaftskommentar zum Teilzeitarbeitsrecht, 1987
GmbH	Gesellschaft mit beschränkter Haftung
GmbHG	Gesetz betreffend die Gesellschaften mit beschränkter Haftung
GmbHRdsch.	GmbH-Rundschau (Zeitschrift)
GMBl.	Gemeinsames Ministerialblatt
GMH	Gewerkschaftliche Monatshefte
G/M/P/M/*Bearbeiter*	*Germelmann/Matthes/Prütting/Müller-Glög* (Hrsg.), Arbeitsgerichtsgesetz, Kommentar, 5. Aufl. 2004
GmS-OGB	Gemeinsamer Senat der obersten Gerichtshöfe des Bundes
Gnade/Kehrmann	*Gnade/Kehrmann/Schneider/Klebe/Rataychak*, Betriebsverfassungsgesetz, Kommentar, 10. Aufl. 2002
Gola/Schomerus	Bundesdatenschutzgesetz, 8. Aufl. 2005
Gotthardt	Arbeitsrecht nach der Schuldrechtsreform, 2. Aufl. 2003
Gröninger/Thomas	Mutterschutzgesetz, Loseblatt
Grunsky	Arbeitsgerichtsgesetz, Kommentar, 7. Aufl. 1995
GRUR	Gewerblicher Rechtsschutz und Urheberrecht (Zeitschrift)
GRUR Ausl.	Gewerblicher Rechtsschutz und Urheberrecht, Auslands- und internationaler Teil (Zeitschrift, 1952–1969)
GRURInt.	Gewerblicher Rechtsschutz und Urheberrecht, Internationaler Teil (Zeitschrift, ab 1970 ff.)
GS	Großer Senat; Gesetzessammlung;
GSZ	Großer Senat in Zivilsachen
GVBl.	Gesetz- und Verordnungsblatt
GVG	Gerichtsverfassungsgesetz i. d. F. vom 9. 5. 1976 (BGBl. I S. 1077)
GWB	Gesetz gegen Wettbewerbsbeschränkungen i. d. F. der Bek. vom 20. 2. 1990 (BGBl. I S. 235)
h. A.	herrschende Ansicht
Halbach/Paland/ Schwedes/Wlotzke	Übersicht über das Arbeitsrecht, 7. Aufl. 1998
HaKo-KSchG/*Bearbeiter*	*Fiebig/Gallner/Griebeling/Mestwerdt/Nägele/Pfeiffer*, Handkommentar zum Kündigungsschutzgesetz, 2. Aufl. 2004
Halbbd.	Halbband
Halbs.	Halbsatz
Harbauer	Rechtsschutzversicherung, 6. Aufl. 1998
Hartmann	Kostengesetze, 34. Aufl. 2004
Hartung/Holl	Anwaltliche Berufsordnung, 2. Aufl. 2001
Hartung/Römermann	Praxiskommentar zum Rechtsanwaltsvergütungsgesetz, 2004
Hauck/Helmel	Arbeitsgerichtsgesetz, 2. Aufl. 2003
HBV	Gewerkschaft Handel, Banken und Versicherung
Hdb.	Handbuch
Henssler/Prütting	Bundesrechtsanwaltsordnung, Kommentar, 2. Aufl. 2004
Henssler/Willemsen/ Kalb	Arbeitsrecht Kommentar, 2004
Herschel/Löwisch	Kommentar zum Kündigungsschutzgesetz, 6. Aufl. 1984
HGB	Handelsgesetzbuch vom 10. 5. 1897 (RGBl. S. 219)
H/H/P/R/W	*Heubeck/Höhne/Paulsdorff/Rau/Weinert*, Kommentar zum Betriebsrentengesetz, 2. Aufl. 1982
HintO (HO)	Hinterlegungsordnung vom 10. 3. 1937 (RGBl. I S. 285)
h. L.	herrschende Lehre
h. M.	herrschende Meinung
Höfer	Gesetz zur Verbesserung der betrieblichen Altersversorgung, Loseblatt
Hrsg.; hrsg.	Herausgeber; herausgegeben
HS	Halbsatz
H/S/G	*Hess/Schlochauer/Worzalla/Glock*, Kommentar zum BetrVG, 6. Aufl. 2003
v. *Hoyningen-Huene/ Linck*	Kündigungsschutzgesetz, Kommentar, 13. Aufl. 2002

Abkürzungs- und Literaturverzeichnis

Hueck/Nipperdey I,
II/1, II/2 .... Lehrbuch des Arbeitsrechts, 7. Aufl. Bd. 1, 1963; Bd. 2, 1. Halbband, 1967; Bd. 2, 2. Halbband, 1970
Hümmerich .... Arbeitsrecht, 5. Aufl. 2004
Hümmerich/Spirolke .... Das arbeitsrechtliche Mandat, 2. Aufl. 2003
HwB AR .... Handwörterbuch zum Arbeitsrecht
H/W/K/*Bearbeiter* .... *Henssler/Willemsen/Kalb* (Hrsg.), Arbeitsrecht, Kommentar, 2004
HzA .... Handbuch zum Arbeitsrecht, hrsg. von *Leinemann*, Loseblatt

i. A. .... im Allgemeinen
i. d. F. (v.) .... in der Fassung (vom)
i. d. R. .... in der Regel
i. d. S. .... in diesem Sinn(e)
i. e. .... im einzelnen
i. E. .... im Ergebnis
i. e. S. .... im engeren Sinne
i. F. .... in der Fassung
IAS .... International Accounting Standard
IG .... Industriegewerkschaft
IHK .... Industrie- und Handelskammer
InsO .... Insolvenzordnung vom 5. 10. 1994 (BGBl. I S. 2866)
i. S. d. .... im Sinne (der, des)
i. S. v. .... im Sinne von
i. Ü. .... im Übrigen
i. V. m. .... in Verbindung (mit)
i. w. .... im weiteren
IWB .... Internationale Wirtschaftsbriefe
i. w. S. .... im weiteren Sinne
i. Zw. .... im Zweifel

JA .... Juristische Arbeitsblätter (Zeitschrift)
Jaeger/Röder/
Heckelmann/*Bearbeiter* ... Praxishandbuch Betriebsverfassungsrecht, 2003
JArbSchG .... Gesetz zum Schutz der arbeitenden Jugend (Jugendarbeitsschutzgesetz) vom 12. 4. 1976 (BGBl. I S. 965)
Jauernig/Bearbeiter .... Bürgerliches Gesetzbuch, Kommentar, 11. Aufl. 2004
Jessnitzer/Blumberg .... Bundesrechtsanwaltsordnung, Kommentar, 9. Aufl. 2000
JMBl. .... Justizministerialblatt
JR .... Juristische Rundschau (Zeitschrift)
JurA .... Juristische Analysen (Zeitschrift)
JurBüro .... Das juristische Büro (Zeitschrift)
JuS .... Juristische Schulung (Zeitschrift)
Justiz .... Die Justiz (Zeitschrift)
JW .... Juristische Wochenschrift (Zeitschrift)
JZ .... Juristenzeitung (Zeitschrift)

Kap. .... Kapitel
Kapovaz .... Kapazitätsorientierte Arbeitszeit
KassKomm/*Bearbeiter* ..... Kasseler Kommentar Sozialversicherungsrecht, Loseblatt
KAUG .... Konkursausfallgeld
K/D/Z/*Bearbeiter* .... *Kittner/Däubler/Zwanziger*, KSchR – Kommentar für die Praxis, 6. Aufl. 2004
KG .... Kammergericht (Berlin); Kommanditgesellschaft
KGaA .... Kommanditgesellschaft auf Aktien
KHzA/*Bearbeiter* .... Kasseler Handbuch zum Arbeitsrecht (2 Bde.), 2. Aufl. 2000
Kittner/Trittin .... Kündigungsschutzrecht, 3. Aufl. 1997
KKBeschFG/
Bearbeiter .... *Mager/Winterfeld/Göbel/Seelmann*, Beschäftigungsförderungsgesetz, Kurzkommentar, 1985
K/K/M/W .... *Knigge/Ketelsen/Marschall/Wissing*, Kommentar zum Arbeitsförderungsgesetz, 3. Aufl. 1993

Abkürzungs- und Literaturverzeichnis

Knorr/Bichlmeier/ Kremhelmer	Handbuch des Kündigungsrechts, 4. Aufl. 1998
KO	Konkursordnung (abgelöst durch die InsO)
Komm.	Kommentar; Kommission
KPK/*Bearbeiter*	*Sowka/Schiefer/Heise* (Hrsg.), Kölner Praxiskommentar zum Kündigungsschutzgesetz und zu sonstigen kündigungsrechtlichen Vorschriften, 3. Aufl. 2004
KR	Kontrollrat
KR/*Bearbeiter*	Gemeinschaftskommentar zum Kündigungsschutzgesetz und sonstigen kündigungsschutzrechtlichen Vorschriften, 7. Aufl. 2004
KRG	Kontrollratsgesetz
krit.	kritisch
KSchG	Kündigungsschutzgesetz)
KTS	Zeitschrift für Konkurs-, Treuhand- und Schiedsgerichtswesen
Küttner/*Bearbeiter*	Personalbuch 2005
KUG	Kurzarbeitergeld
L	Landes- ...
LAA	Landesarbeitsamt
LAG	Landesarbeitsgericht
LAGE	Entscheidungen des Landesarbeitsgerichts
LBG...............................	Landesbeamtengesetz
LDSG BW......................	Landesdatenschutzgesetz Baden-Württemberg v. 27. 5. 1991
LStDV	Lohnsteuer-Durchführungsverordnung
LG	Landgericht
LGRTV	Lohn- und Gehaltsrahmentarifvertrag
Leinemann/Linck	Urlaubsrecht, 2. Aufl. 2002
Lingscheid	Antidiskriminierung im Arbeitsrecht, 2004
Lit.	Literatur
LM	*Lindenmaier/Möhring*, Nachschlagewerk des Bundesgerichtshofs
Löwisch/Kaiser	Betriebsverfassungsgesetz, Kommentar, 5. Aufl. 2002
LohnabzVO	Lohnabzugsverordnung
LohnFG	Gesetz über die Fortzahlung des Arbeitsentgelts im Krankheitsfalle (Lohnfortzahlungsgesetz) vom 27. 7. 1969 (BGBl. I S. 946)
LPersVG	Landespersonalvertretungsgesetz
LSG	Landessozialgericht
LVA	Landesversicherungsanstalt
m. abl. Anm.	mit ablehnender Anmerkung
MBl.	Ministerialblatt
MdE	Minderung der Erwerbsfähigkeit
MDR	Monatsschrift für Deutsches Recht (Zeitschrift)
Meinel/Heyn/Herms	Teilzeit- und Befristungsgesetz, 2. Aufl. 2004
Mio.	Million(en)
MitbestErgG	Gesetz zur Ergänzung des Gesetzes über die Mitbestimmung der Arbeitnehmer in den Aufsichtsräten und Vorständen der Unternehmen des Bergbaus und der Eisen und Stahl erzeugenden Industrie (Montanmitbestimmungsergänzungsgesetz) vom 7. 8. 1956 (BGBl. I S. 707)
MitbestG	Gesetz über die Mitbestimmung der Arbeitnehmer (Mitbestimmungsgesetz) vom 4. 5. 1976 (BGBl. I S. 1153)
m. krit. Anm.	mit kritischer Anmerkung
MMR	Multimediarecht (Zeitschrift)
MAH Moll/*Bearbeiter*	*Moll* (Hrsg.), Münchener Anwaltshandbuch Arbeitsrecht, 2005
Montan-MitbestG	Gesetz über die Mitbestimmung der Arbeitnehmer in den Aufsichtsräten und Vorständen der Unternehmen des Bergbaus und der Eisen und Stahl erzeugenden Industrie (Montanmitbestimmungsgesetz) vom 21. 5. 1951 (BGBl. I S. 347)
MRK	Konvention zum Schutze der Menschenrechte und Grundfreiheiten (Menschenrechts-Konvention) vom 4. 11. 1950 (Gesetz vom 7. 8. 1952, BGBl. II S. 685)
MTV	Manteltarifvertrag

Abkürzungs- und Literaturverzeichnis

MuA	Mensch und Arbeit (Zeitschrift)
MünchHdbArbR/	
Bearbeiter	Münchener Handbuch zum Arbeitsrecht Band I–III, 2. Aufl. 2000
MünchKommAktG/	
Bearbeiter	Kommentar zum Aktienrecht, 1999 ff.
MünchKommBGB/	
Bearbeiter	Münchener Kommentar zum Bürgerlichen Gesetzbuch, 4. Aufl. 2001 ff.
MünchKommHGB/	
Bearbeiter	Münchener Kommentar zum Handelsgesetzbuch, 1997 ff.
MünchKommInsO/	
Bearbeiter	Münchener Kommentar zur Insolvenzordnung, 2001 ff.
MünchKommZPO/	
Bearbeiter	Münchener Kommentar zur Zivilprozessordnung, 2. Aufl. 2000/2001
m. w. N.	mit weiteren Nachweisen
NA/*Bearbeiter*	Neues Arbeitsrecht, Loseblatt
Nachw.	Nachweis
Neumann/Biebl	Arbeitszeitgesetz, Kommentar, 14. Aufl. 2004
Neumann/Fenski	Bundesurlaubsgesetz, 9. Aufl. 2003
Neumann/Pahlen	*Neumann/Pahlen/Majerski-Pahlen,* Sozialgesetzbuch IX, 10. Aufl. 2003
Niesel/Bearbeiter	Niesel (Hrsg.), Kommentar zum SGB III, 2. Aufl. 2002
Nikisch I, II, III	Arbeitsrecht, Bd. 1 (Allgemeine Lehren und Arbeitsvertragsrecht), 3. Aufl. 1961; Bd. 2 (Koalitionsrecht, Arbeitskampfrecht und Tarifvertragsrecht), 2. Aufl. 1959; Bd. 3 (Betriebsverfassungsrecht), 2. Aufl. 1966
NJOZ	Neue Juristische Online-Zeitschrift
NJW	Neue Juristische Wochenschrift
NJW-RR	NJW-Rechtsprechungs-Report, Zivilrecht (Zeitschrift)
n. rkr.	nicht rechtskräftig
Nr.	Nummer(n)
NRW	Nordrhein-Westfalen
NVwZ	Neue Zeitschrift für Verwaltungsrecht (11.982 ff.)
NWB	Neue Wirtschafts-Briefe (Zeitschrift)
NZA	Neue Zeitschrift für Arbeitsrecht
NZA-RR	NZA-Rechtsprechungs-Report
NZS	Neue Zeitschrift für Sozialrecht
NZV	Neue Zeitschrift für Verkehrsrecht
o.	oben
o. a.	oben angegeben
o. ä.	oder ähnliches
OECD	Organization of Economic Cooperation and Development
OEEC	Organization for European Economic Cooperation
öffentl.	öffentlich
OFD	Oberfinanzdirektion
o.g.	oben genannte (-r/-s)
OHG	offene Handelsgesellschaft
OLG	Oberlandesgericht
OLGZ	Rechtsprechung der Oberlandesgerichte in Zivilsachen, Amtliche Entscheidungssammlung
Orth/Welkoborsky	Landespersonalvertretungsgesetz Nordrhein-Westfalen, 5. Aufl. 1993
ÖTV	Gewerkschaft öffentliche Dienste, Transport und Verkehr
OVG	Oberverwaltungsgericht
OWiG	Gesetz über Ordnungswidrigkeiten i. d. F. vom 19. 2. 1987 (BGBl. I S. 602)
Palandt/*Bearbeiter*	Bürgerliches Gesetzbuch, 64. Aufl. 2005
PatG	Patentgesetz i. d. F. d. Bek. vom 16. 12. 1980 (BGBl. I S. 1)
Pauly/Osnabrügge/	
Bearbeiter	Handbuch Kündigungsrecht, 2004
Personal	Personal Mensch und Arbeit im Betrieb (Zeitschrift)
PersF	Personalführung (Zeitschrift)
PersR	Personalrat

Abkürzungs- und Literaturverzeichnis

PersV	Die Personalvertretung (Zeitschrift)
PersVG	Bundespersonalvertretungsgesetz vom 15. 3. 1974 (BGBl. I S. 693)
PKBAT/*Bearbeiter*	*Bruse/Görg/Hamer/Hannig/Mosebach/Rzadkowski/Schelter/Schmalz/ Wolf,* BAT, Kommentar für die Praxis, 2. Aufl. 1993
Preis	Arbeitsrecht, 2. Aufl. 2003
Preis Arbeitsvertrag	Der Arbeitsvertrag, 2. Aufl. 2005
RdA	Recht der Arbeit (Zeitschrift)
RdErl.	Runderlass
Rdn.	Randnummer(n)
RdSchr.	Rundschreiben
RE	Rechtsentscheid
Recht	Das Recht (Zeitschrift)
rechtsw.	rechtswidrig
RefE	Referentenentwurf
RegBl.	Regierungsblatt
RegE	Regierungsentwurf
Reinartz	Personalvertretungsgesetz Nordrhein-Westfalen mit Wahlordnung, Düsseldorf 1988
RG	Reichsgericht
RGBl.	Reichsgesetzblatt
RGRK/*Bearbeiter*	Das Bürgerliche Gesetzbuch, Kommentar, herausgegeben von Mitgliedern des Bundesgerichtshofs, 12. Aufl. 1974 ff.
Richardi/*Bearbeiter*	Betriebsverfassungsgesetz, Kommentar, 9. Aufl. 2004
Richtl.	Richtlinien
RIW	Recht der internationalen Wirtschaft
rkr.	rechtskräftig
RL	Richtlinie(n)
Rpfleger	Der Deutsche Rechtspfleger (Zeitschrift)
Rs	Rechtssache
Rspr.	Rechtsprechung
RTV	Rahmentarifvertrag
RuW	Recht und Wirtschaft (Zeitschrift)
RV	Die Rentenversicherung (Zeitschrift)
RWP	Rechts- und Wirtschaftspraxis (Loseblatt-Ausgabe)
S.	Seite; Satz
s.	siehe
SAE	Sammlung arbeitsrechtlicher Entscheidungen (Zeitschrift)
Schaub	Arbeitsgerichtsverfahren, 7. Aufl. 2000
Schaub/*Bearbeiter*	*Schaub/Koch/Linck,* Arbeitsrechtshandbuch, 11. Aufl. 2005
Schaub Formularsammlung	*Schaub/Neef/Schrader,* Arbeitsrechtliche Formularsammlung, 8. Aufl. 2004
SchG	Gesetz über die Errichtung und das Verfahren der Schiedsstellen für Arbeitsrecht
Schliemann/Meyer	Arbeitszeitrecht, 2. Aufl. 2002
Schmitt	Entgeltfortzahlungsgesetz, 4. Aufl. 1999
Schwab/Weth/ Bearbeiter	Kommentar zum Arbeitsgerichtsgesetz, 2004
SchwBeschG	Schwerbeschädigtengesetz vom 16. 6. 1953 (BGBl. I S. 389)
SchwbG	Gesetz zur Sicherung der Eingliederung Schwerbehinderter in Arbeit, Beruf und Gesellschaft (Schwerbehindertengesetz) i. d. F. d. Bek. vom 26. 8. 1986 (BGBl. I S. 1422)
SeemannsG	Seemannsgesetz vom 26. 7. 1957 (BGBl. II S. 713)
SeuffA	Seufferts Archiv für Entscheidungen der obersten Gerichte in den deutschen Staaten (Zeitschrift)
SFAS	Statement of Financial Accounting Standards
SG	Sozialgericht
SGB	Sozialgesetzbuch
SGb.	Die Sozialgerichtsbarkeit (Zeitschrift)

Abkürzungs- und Literaturverzeichnis

SGG	Sozialgerichtsgesetz i. d. F. vom 23. 9. 1975 (BGBl. I S. 2535)
s. o.	siehe oben
Söllner	Grundriss des Arbeitsrechts, 13. Aufl. 2003
Soergel/*Bearbeiter*	Bürgerliches Gesetzbuch mit Einführungsgesetz und Nebengesetzen, Kommentar, 13. Aufl. 2000
sog.	sogenannt(e)
SoldG	Gesetz über die Rechtsstellung der Soldaten (Soldatengesetz) i. d. F. vom 19. 8. 1975 (BGBl. I S. 2273)
SozSich.	Soziale Sicherheit (Zeitschrift)
SprAuG	Gesetz über die Sprecherausschüsse der leitenden Angestellten (Sprecherausschussgesetz – SprAuG) vom 20. 12. 1988 (BGBl. I S. 2312)
StA	Staatsangehörigkeit/Staatsanwalt(-schaft)
Stahlhacke/Preis/ Vossen	Kündigung und Kündigungsschutz im Arbeitsverhältnis, 9. Aufl. 2005
Staudinger/*Bearbeiter*	Kommentar zum Bürgerlichen Gesetzbuch, 12. Aufl. 1978 ff.; 13. Bearbeitung 1993 ff.
Stege/Weinspach/ Schiefer	Betriebsverfassungsgesetz, Handkommentar für die betriebl. Praxis, 9. Aufl. 2002
StGB	Strafgesetzbuch
str.	streitig
StrahlenschutzVO	Verordnung über den Schutz vor Schäden von ionisierenden Strahlen vom 30. 6. 1989 (BGBl. I S. 1329)
st. Rspr.	ständige Rechtsprechung
s. u.	siehe unten
TDDSG	Gesetz über den Datenschutz bei Telediensten
TDSV	Telekommunikations-Datenschutzverordnung
teilw.	teilweise
TG	Transfergesellschaft
Thomas/Putzo	Zivilprozessordnung mit Gerichtsverfassungsgesetz und den Einführungsgesetzen, Kommentar, 26. Aufl. 2004
TKG	Telekommunikationsgesetz v. 22. 6. 2004
Tschöpe/*Bearbeiter*	Anwaltshandbuch Arbeitsrecht, 4. Aufl. 2005
TV	Tarifvertrag
TVG	Tarifvertragsgesetz i. d. F. vom 25. 8. 1969 (BGBl. I S. 1323)
u.	und; unten; unter
u. a.	unter anderem, und andere
u. ä.	und ähnliche(s)
u. a. m.	und anderes mehr
UmwG	Umwandlungsgesetz vom 28. 10. 1994 (BGBl. I S. 3210, ber. 1995 S. 428)
unstr.	unstreitig
unveröff.	Unveröffentlicht
UrhG	Urheberechtsgesetz v. 9. 9. 1965
u. s. w.	und so weiter
u. U.	unter Umständen
v.	vom; von
VBL	Versorgungsanstalt des Bundes und der Länder
VerbrKrG	Verbraucherkreditgesetz vom 17. 12. 1990 (BGBl. I S. 2840)
ver.di	Vereinigte Dienstleistungsgewerkschaft
Vereinb.	Vereinbarung
Verf.	Verfassung
VerfGH	Verfassungsgerichtshof
Verh.	Verhandlung(en)
VermBG	Gesetz zur Förderung der Vermögensbildung der Arbeitnehmer i. d. F. 4. 3. 1994 (BGBl. I S. 406)
VermBGDV	Durchführungsverordnung zum Vermögensbildungsgesetz vom 23. 10. 1987 (BGBl. I S. 2327)
Veröff.	Veröffentlichung

Abkürzungs- und Literaturverzeichnis

VersR	Versicherungsrecht, Juristische Rundschau für die Individualversicherung (Zeitschrift)
VersW	Versicherungswirtschaft (Zeitschrift)
Verw.	Verwaltung
Vfg.	Verfügung
VG	Verwaltungsgericht; auch Verwertungsgesellschaft
VGH	Verfassungsgerichtshof
vgl.	vergleiche
v. H.	von (vom) Hundert
VO	Verordnung
VOBl.	Verordnungsblatt
Vollkommer/ Heinemann	Anwaltshaftungsrecht, 2. Aufl. 2003
v. Hoyningen-Huene/ Linck	Kommentar zum KSchG, 13. Aufl. 2002
Voraufl.	Vorauflage
Vorb.	Vorbemerkung
VVG	Gesetz über den Versicherungsvertrag
VwGO	Verwaltungsgerichtsordnung
VZS	Vereinigte Zivilsenate
WahlO	Wahlordnung
WdA	Welt der Arbeit (Zeitschrift)
Weber/Ehrich/ Burmester	Handbuch der arbeitsrechtlichen Aufhebungsverträge, 3. Aufl. 2002
WehrpflG	Wehrpflichtgesetz i. d. F. d. Bek. vom 13. 6. 1986 (BGBl. I S. 879)
Weiß	Betriebsverfassungsgesetz, Kommentar für Studium und Praxis, 2. Aufl. 1980
WG	Wechselgesetz vom 21. 6. 1933 (RGBl. I S. 399)
Wiedemann/Bearbeiter	Tarifvertragsgesetz, Kommentar, 6. Aufl. 1999
Wieser	Arbeitsgerichtsverfahren, 1994
Wind/Schimana/ Wichmann/Langer	Das Beamten- und Arbeitsrecht für den öffentlichen Dienst, 5. Auflage, Stuttgart 2002
Wistra	Wirtschaft, Steuer, Strafrecht (Zeitschrift)
WO 1953	Erste Rechtsverordnung zur Durchführung des Betriebsverfassungsgesetzes (Wahlordnung 1953) vom 18. 3. 1953 (BGBl. I S. 58), geändert durch VO vom 7. 2. 1962 (BGBl. I S. 64)
WO 1972	Erste Verordnung zur Durchführung des Betriebsverfassungsgesetzes (Wahlordnung 1972) vom 16. 1. 1972 (BGBl. I S. 49)
Wolf/Horn/Lindacher	AGB-Gesetz, 4. Aufl. 1999
WOMitbestG (1., 2., 3.)	Erste, Zweite, Dritte Wahlordnung zum Mitbestimmungsgesetz
WpHG	Wertpapierhandelsgesetz v. 9. 9. 1998
WpÜG	Wertpapiererwerbs- und Übernahmegesetz v. 20. 12. 2001
z. A.	zur Anstellung
z. B.	zum Beispiel
ZAP	Zeitschrift für Anwaltspraxis
ZAR	Zeitschrift für Ausländerrecht und Ausländerpolitik
ZAV	Zentralstelle für Arbeitsvermittlung
ZfS	Zentralblatt für Sozialversicherung, Sozialhilfe und Versorgung
ZfSH (/SGB)	Zeitschrift für Sozialhilfe
ZHR	Zeitschrift für das gesamte Handelsrecht und Wirtschaftsrecht (früher Zeitschrift für das gesamte Handelsrecht und Konkursrecht)
ZIAS	Zeitschrift für ausländisches und internationales Arbeits- und Sozialrecht
Ziff.	Ziffer(n)
ZIP	Zeitschrift für Wirtschaftsrecht und Insolvenzrecht
ZIR	Zeitschrift für internationales Recht (früher NiemeyersZ)
zit. n. juris	zitiert nach juris
Zmarzlik/Anzinger	Jugendarbeitsschutzgesetz, Kommentar, 5. Aufl. 1998
Zöller/Bearbeiter	Kommentar zur Zivilprozessordnung, 25. Aufl. 2005

Abkürzungs- und Literaturverzeichnis

Zöllner/Loritz	Arbeitsrecht, 5. Aufl. 1998
ZPO	Zivilprozessordnung
ZRP	Zeitschrift für Rechtspolitik (Beil. zur NJW, 11.968 ff.)
z. T.	zum Teil
ZTR	Zeitschrift für Tarifrecht
ZUM	Zeitschrift für Urheber- und Medienrecht
zust.	zuständig; zustimmend
ZustG	Zustimmungsgesetz
zutr.	zutreffend
z. Z.	zur Zeit

A. Individualarbeitsrecht

I. Die Anbahnung des Arbeitsverhältnisses

1. Einladung zum Vorstellungsgespräch[1]

[Briefkopf der Gesellschaft]

Herrn ...... (Name und Anschrift des Bewerbers)

...... (Datum)

Ihre Bewerbung vom ......

Sehr geehrter Herr......,

Ihre Bewerbung für die Position als ...... in unserem Unternehmen hat uns angesprochen.

Wir möchten Sie gerne persönlich kennen lernen und laden Sie zu einem ersten Vorstellungsgespräch mit Herrn ...... am ...... um ...... Uhr in ...... ein. Wir gehen davon aus, dass dieses Gespräch ungefähr bis ...... Uhr dauern wird.

Sollten Sie zu diesem Termin verhindert sein, setzen Sie sich bitte zur Abstimmung eines anderen Termins mit Herrn ...... in Verbindung (Telefon: ......).

Die Ihnen für die Anreise zu dem Vorstellungsgespräch tatsächlich entstehenden Fahrtkosten erstatten wir bis zur Höhe der Kosten für die Anreise mit öffentlichen Verkehrsmitteln in der 2. Klasse, ausgehend von Ihrem in der Bewerbung angegebenen derzeitigen Wohnort. Bitte haben Sie Verständnis, dass wir sonstige Vorstellungskosten, wie z.B. Verpflegungs- oder Übernachtungskosten sowie etwaigen Verdienstausfall nicht erstatten[2].

(Alternative:

Wir weisen darauf hin, dass wir in dieser frühen Phase des Auswahlverfahrens Vorstellungskosten sowie etwaigen Verdienstausfall nicht erstatten[3].)

Mit freundlichen Grüßen

......

Unterschrift der Gesellschaft[4]

Schrifttum: Becker-Schaffner, Die Rechtsprechung zur Frage der Erstattung von Vorstellungskosten, BlStSozArbR 1985, 161; *Müller,* Der Anspruch des Bewerbers auf Erstattung seiner Vorstellungskosten, ZTR 90, 237; *Rothe,* Der Anspruch des Stellenbewerbers auf Auslagenersatz, DB 1968, 1906; *Sieber/Wagner,* Keine Zahlungspflicht des Arbeitgebers bei Vorstellungsgesprächen, NZA 2003, 1312.

Anmerkungen

1. Erstattung der Vorstellungskosten. Lädt der Arbeitgeber einen Bewerber zum Vorstellungsgespräch ein, hat der Bewerber grundsätzlich **Anspruch auf Erstattung** der ihm entstandenen Vorstellungskosten (BAG Urt. v. 29. 6. 1988 – 5 AZR 433/87 – NZA 1989, 468). Der Ausschluss der Erstattung ist zulässig. Hierzu ist eine ausdrückliche und eindeutige Erklärung des Arbeitgebers vor Durchführung des Bewerbungsgesprächs erforderlich (allgemeine Ansicht; LAG Nürnberg Urt. v. 25. 7. 1995 – 2 Sa 73/94 – LAGE § 670 BGB Nr. 12; Münch-HdbArbR/*Blomeyer* § 96 Rdn. 84).

2. Regelung der Vorstellungskosten. Eine ausdrückliche Regelung über die Erstattung der Vorstellungskosten ist zu empfehlen, insbesondere zur Vermeidung von Streitigkeiten mit abgelehnten Bewerbern. Die Regelung sollte aus Beweiszwecken in die schriftliche Einladung zum Vorstellungsgespräch aufgenommen werden. Das Formular enthält eine Bestimmung über erstattungsfähige Vorstellungskosten, die im Normalfall angemessen ist: Die Fahrtkosten werden bis zu einer gewissen Grenze erstattet, die Erstattung sonstiger Kosten ist ausgeschlossen. Durch den Hinweis auf den Wohnort des Bewerbers wird vermieden, dass der Bewerber die Erstattung der Kosten der Anreise zum Bewerbungsgespräch von einem weiter entfernten Ort als seinem Wohnort verlangt. Bei Vorstellungsgesprächen im Hinblick auf die Besetzung besonders herausgehobener Positionen mag eine großzügigere Regelung angebracht sein.

In der Praxis wird häufig **keine ausdrückliche Regelung** über die Erstattung der Vorstellungskosten getroffen. Ausreichend für den Erstattungsanspruch des Bewerbers ist dann bereits, dass der Arbeitgeber sich mit der vom Bewerber angebotenen persönlichen Vorstellung einverstanden erklärt hat. Der Arbeitgeber muss nicht als erster die persönliche Vorstellung angeregt haben. Bei Unklarheiten ist gemäß § 133 BGB festzustellen, ob der Arbeitgeber ein Interesse daran hatte, den Bewerber persönlich kennen zu lernen (so LAG Nürnberg Urt. v. 25. 7. 1995 a.a.O.; ErfKomm/*Preis* § 611 Rdn. 296f.; a.A. z.B. MünchKommBGB/*Schwerdtner* § 629 Rdn. 15 und *Becker-Schaffner* BlStSozArbR 85,161, die einen Erstattungsanspruch dann ablehnen, wenn der Arbeitgeber nur seine Zustimmung zu einer vom Bewerber erbetenen Vorstellung gibt). Andererseits besteht nach allgemeiner Ansicht dann kein Erstattungsanspruch, wenn der Bewerber bei dem Arbeitgeber unaufgefordert (d.h. ohne vorherige Kontaktaufnahme, z.B. nur aufgrund einer Stellenanzeige) oder auf Vermittlung der Agentur für Arbeit vorspricht (ErfKomm/*Preis* § 611 Rdn. 297; KHzA/*Leinemann* 1.1 Rdn. 437). Die spätere Einstellung des Bewerbers ist für den Erstattungsanspruch unerheblich. Ein Erstattungsanspruch besteht im Übrigen auch dann, wenn nicht der Arbeitgeber das Vorstellungsgespräch mit dem Bewerber vereinbart, sondern der vom Arbeitgeber mit der Personalsuche beauftragte Unternehmensberater (BAG Urt. v. 29. 6. 1988 a.a.O.).

Liegt keine ausdrückliche oder konkludente Zusage der Kostenerstattung seitens des Arbeitgebers vor, zieht das BAG als Grundlage für den Kostenerstattungsanspruch § 670 BGB heran. Der Erstattungsanspruch umfasst diejenigen Kosten, die der Bewerber den Umständen nach für erforderlich halten durfte (BAG Urt. v. 29. 6. 1988 a.a.O.; BAG Urt. v. 14. 2. 1977 – 5 AZR 171/76 – DB 1977, 1193; kritisch zur Anspruchsgrundlage MünchKommBGB/*Schwerdtner* § 629 Rdn. 19; *Sieber/Wagner* NZA 2003, 1312 ff.).

Erstattungsfähig sind die **Fahrtkosten**, bei Benutzung öffentlicher Verkehrsmittel in Höhe der Kosten für die 2. Klasse, bei Benutzung eines Kraftfahrzeuges gemäß den steuerlichen Bestimmungen für die Kilometergeld-Pauschalen bei Benutzung eines eigenen Fahrzeugs zu Dienstreisen (h.M. LAG Nürnberg Urt. v. 25. 7. 1995 a.a.O.; LAG Frankfurt a.M. Urt. v. 6. 8. 1980 – 10 Sa 849/79 – DB 1981, 1000; ErfKomm/*Preis* § 611 BGB Rdn. 300; a.A. LAG München Urt. v. 30. 5. 1985 – 9 Sa 986/84 – LAGE § 670 BGB Nr. 4). Flugkosten sind nach bisheriger erstinstanzlicher Rechtsprechung grundsätzlich nicht zu erstatten, etwas anderes soll nur bei besonders qualifizierten Stellen und besonderem Interesse des Arbeitgebers gelten (ArbG Hamburg Urt. v. 2. 11. 1994 – 13 Ca 24/94 – NZA 1995, 428; ArbG Wuppertal Urt. v. 28. 4. 1983 – 2 Ca 926/83 – BB 1983, 1473). Angesichts der in jüngerer Zeit stark gesunkenen Flugpreise erscheint die Erstattungsfähigkeit von Flugkosten jedenfalls dann vertretbar, wenn sie die Kosten der Benutzung öffentlicher Verkehrsmittel in der 2. Klasse nicht übersteigen. Im Übrigen können die erforderlichen Mehrkosten für **Übernachtung** und **Verpflegung** geltend gemacht werden (BAG Urt. v. 29. 6. 1988 a.a.O.). Übernachtungskosten sind also nur dann zu erstatten, wenn sie wegen der Dauer der An- und Abreise oder der zeitlichen Lage des Vorstellungsgespräches erforderlich sind. **Verdienstausfall** ist in der Regel nicht erstattungsfähig, da der neue Arbeitgeber wegen des Entgeltfortzahlungsanspruchs des Bewerbers nicht mit einer Entgelteinbuße des Bewerbers rechnen muss (MünchKommBGB/*Schwerdtner*

§ 629 Rdn. 20) oder der Bewerber das Risiko beruflicher Veränderungen selbst zu tragen hat (*Becker-Schaffner* BlStSozArbR 1985, 161, 163).

Der Erstattungsanspruch verjährt nach § 195 BGB in drei Jahren. Nach Einstellung des Bewerbers können aufgrund arbeitsvertraglicher oder tariflicher Regelungen andere Fristen anwendbar sein (Berscheid/Kunz/Brand/*Ehlers/Niemand* Teil 1 B Rdn. 129; allgemein zur Verfallfrist für den Anspruch auf Aufwendungsersatz nach § 670 BGB s. *Schaub* § 85 Rdn. 2).

3. Ausschluss des Erstattungsanspruchs. Der Ausschluss jeglicher Erstattung von Vorstellungskosten ist eher unüblich. Soll ein Ausschluss der Kostenerstattung erfolgen, ist ebenfalls eine ausdrückliche und eindeutige Erklärung des Arbeitgebers in die schriftliche Einladung zum Vorstellungsgespräch aufzunehmen. Nicht ausreichend sind Formulierungen, wonach dem Bewerber die Vorstellung „anheim gestellt wird" (*Schaub* § 26 Rdn. 5). Eine ausdrückliche Regelung ist auch bei einer Beschränkung des Erstattungsanspruchs erforderlich, z. B. bei Pauschalerstattung.

4. Unterschrift. Die Unterzeichnung der Einladung zum Vorstellungsgespräch wird häufig durch einen für Personalangelegenheiten zuständigen und entsprechend bevollmächtigten Mitarbeiter des Arbeitgebers erfolgen. Zur Vertretungsbefugnis des Unterzeichnenden allgemein s. Form. A. II. 1 Anm. 32.

2. Personalfragebogen[1, 2]

[Briefkopf des Arbeitgebers]

Personalfragebogen

Bewerbung für eine Position als: ......

Im Rahmen des Bewerbungsverfahrens bitten wir Sie, diesen Fragebogen vollständig und wahrheitsgemäß auszufüllen. Sollte der Platz für die Beantwortung einzelner Fragen nicht ausreichen, machen Sie bitte ergänzende Angaben auf einem separaten Blatt Papier und heften Sie dieses an den Fragebogen an.

A. Angaben zur Person:

I. Allgemeines[3]
   Name und Vorname: ......
   Geburtsname: ......
   Postleitzahl, Wohnort: ......
   Straße, Hausnummer: ......
   Telefon: ......
   Geburtsdatum, Geburtsort: ......
   Im Falle der Minderjährigkeit des Bewerbers:
   Name und Anschrift des/der gesetzlichen Vertreter/s: ......
   Familienstand (ledig, verheiratet, verwitwet)[4]: ......
   Zahl der Kinder: ......
   Staatsangehörigkeit: ......

II. Bei Bewerbern mit ausländischer Staatsangehörigkeit[5]
   Seit wann halten Sie sich in Deutschland auf? ......,
   Aufenthaltstitel mit Berechtigung zur Erwerbstätigkeit ausgestellt von (Behörde): ......
   Gültig bis: ......
   Arbeitsgenehmigung-EU ausgestellt von (Behörde): ......
   Gültig bis: ......

B. Ausbildung und beruflicher Werdegang[6]

I. Schulbildung

Grundschule von ...... bis ......
Name der Schule: ......, in ......
Weiterführende Schule von ...... bis ......
Schulart: ......
Name der Schule: ......, in ......
Art des Abschlusses: ......Abschlussnote: ......

Sonstige Schule von ...... bis ......
Name der Schule: ......, in ......
Art des Abschlusses: ......Abschlussnote: ......

II. Berufsausbildung

Ausbildung zum ...... von ...... bis ......
Ausbildungsbetrieb: ......, in ......
Art des Abschlusses: ...... Abschlussnote: ......

Berufsbildende Schule von ...... bis ......
Name der Schule: ......, in ......
Art des Abschlusses: ...... Abschlussnote: ......

III. Hochschulstudium

Art der Hochschule (Universität/Fachholschule): ......, von ...... bis ......
Studiengang: ......
Name der Universität/Fachhochschule: ......, in ......
Art des Abschlusses: ...... Abschlussnote: ......

IV. Weiterbildung/Lehrgänge

Art der Maßnahme: ......, von ...... bis ......
Ggf. Art der Prüfung, Abschlussnote: ......
Name und Anschrift des durchführenden Instituts: ......

V. Bisherige berufliche Tätigkeit(en)

Tätigkeit als ...... von ...... bis ......
Name und Anschrift des Arbeitgebers: ......
Arbeitsstunden pro Woche (nur bei Teilzeitbeschäftigung): ......

C. Sonstige Fähigkeiten[7]

I. Fremdsprachenkenntnisse (mit Angabe des Grades: Muttersprache; fließend in Wort und Schrift; gute Kenntnisse; Grundkenntnisse):

1. Fremdsprache: ...... Grad: ......
2. Fremdsprache: ...... Grad: ......
3. Fremdsprache: ...... Grad: ......

II. Computerkenntnisse (mit Angabe des Grades: sichere Beherrschung, gute Kenntnisse, Grundkenntnisse):

1. Programm/Sprache: ...... Grad: ......
2. Programm/Sprache: ...... Grad: ......
3. Programm/Sprache: ...... Grad: ......

III. Auslandsaufenthalte:

Von ...... bis ...... in ......
Zweck des Aufenthalts: ......

IV. Sonstiges:

1. Führerschein[8] (Klasse): ......, seit: ......
2. Sonstige Qualifikationen (z.B. Maschinenschreiben, Stenographie etc.): ......

2. Personalfragebogen

D. Verschiedenes

1. Waren Sie bereits bei unserer Gesellschaft oder ihren Rechtsvorgängern beschäftigt[9]? ......
2. Befinden Sie sich in einem ungekündigten Arbeitsverhältnis[10]? ......
   Falls Nein, aus welchem Grund wurde ihr letztes Arbeitsverhältnis beendet? ......
3. Waren Sie bei einem Ihrer früheren Arbeitgeber für einen längeren Zeitraum freigestellt[11]?
   Wenn ja, aus welchem Grund? ......
4. Wann könnten Sie frühestens eine Tätigkeit bei unserer Gesellschaft aufnehmen? ......
5. Sind Wettbewerbsverbote mit einem früheren Arbeitgeber vereinbart, die Auswirkungen auf die angestrebte Tätigkeit haben können[12]? ......
6. Wie hoch war Ihr letztes Bruttojahresgehalt[13]? ......
7. Welche Gehaltsvorstellung haben Sie (Bruttojahresgehalt)? ......
8. Sind Sie bereit, im Bedarfsfall vorübergehend oder dauerhaft in einer unserer anderen Niederlassungen zu arbeiten[14]? ......
9. Üben Sie eine sonstige weitere Beschäftigung aus, die Sie nach einer Einstellung bei unserer Gesellschaft fortführen möchten (gegebenenfalls bitte Art und Umfang der Tätigkeit angeben)[15]? ......
10. Haben Sie einen Einberufungsbescheid erhalten[16]? ......
11. Liegt bei Ihnen eine Behinderung (auch Schwerbehinderung oder Behinderung mit Gleichstellungsantrag) vor, aufgrund derer Sie die vorgesehene Arbeit nicht oder nur eingeschränkt ausüben können oder die den betrieblichen Ablauf konkret beinträchtigen kann[17]? ......
12. Liegt bei Ihnen eine Krankheit oder eine sonstige Gesundheitsbeeinträchtigung vor, aufgrund derer Sie die vorgesehene Arbeit nicht oder nur eingeschränkt ausüben können oder die den betrieblichen Ablauf konkret beinträchtigen kann oder die die Gesundheit Ihrer zukünftigen Kollegen oder Kunden gefährden kann[18]? ......
13. Sind Sie an Aids erkrankt[19]? ......
14. Sind Sie drogen- oder alkoholabhängig[20]? ......
15. Ist zum angestrebten Zeitpunkt Ihrer Einstellung oder in absehbarer Zeit mit Ihrer Arbeitsunfähigkeit zu rechnen (z.B. durch eine geplante Operation, eine bewilligte Kur oder eine zurzeit bestehende akute Erkrankung)[21]? ......
16. Haben Sie bei Ihrem früheren Arbeitgeber Elternzeit verlangt, die bei Beendigung des Arbeitsverhältnisses noch nicht beendet war und beabsichtigen Sie, die Elternzeit fortzusetzen[22]? ......
17. Sind Sie vorbestraft[23]? ......
18. Wird gegen Sie derzeit ein staatsanwaltschaftliches Ermittlungsverfahren durchgeführt oder ist ein Strafverfahren anhängig[24]? ......

(Weitere Fragen für bestimmte Tätigkeiten, Positionen oder Unternehmen[25])

1. Sind Sie Aids-infiziert[26]? ......
2. Liegt bei Ihnen eine Lohn- oder Gehaltspfändung bzw. -abtretung vor[27]? ......
3. Sind Sie Mitglied der IAS (International Association of Scientologists) oder wenden Sie die Theorien oder Lehren von L. Ron Hubbard an[28]? ......
4. Welcher Religionsgemeinschaft gehören Sie an[29]? ......
5. Gehören Sie einer Gewerkschaft an[30]? ......
6. Sind Sie in der Zeit nach 1970 für das Ministerium für Staatssicherheit tätig gewesen[31]? ......
7. Sind Sie bereit, Schichtarbeit zu leisten[32]? ......

Dieser Personalfragebogen wird Bestandteil des Arbeitsvertrags, sofern ein solcher zustande kommt.

Mit ist bekannt, dass die Gesellschaft zur Anfechtung des Arbeitsvertrags wegen arglistiger Täuschung (mit der Folge der Nichtigkeit des Arbeitsvertrags, §§ 123 Abs. 1, 142 Abs. 1 BGB) oder zur Kündigung des Arbeitsvertrags (gegebenenfalls aus wichtigem Grund ohne Einhaltung einer Kündigungsfrist, § 626 Abs. 1 BGB) berechtigt sein kann, wenn sich nach Abschluss eines Arbeitsvertrags herausstellen sollte, dass ich eine zulässige Frage bewusst unwahr oder unvollständig beantwortet habe[33].

......
Ort, Datum
......
Unterschrift des Bewerbers[34]

Die erhobenen Daten dienen der Durchführung des Bewerbungsverfahrens sowie – bei Abschluss eines Arbeitsvertrags – der Durchführung und Abwicklung der aus dem Anstellungsverhältnis resultierenden Verpflichtungen.
Ich erkläre meine Einwilligung gemäß §§ 4, 4a BDSG (Bundesdatenschutzgesetz) in die Erhebung, Verarbeitung und Nutzung der von mir gemachten personenbezogenen Angaben, auch soweit sie meine Gesundheit betreffen[35].

......
Ort, Datum
......
Unterschrift des Bewerbers

Schrifttum: Armbrüster, Antidiskriminierungsgesetz – ein neuer Anlauf, ZRP 2005, 41; *Berscheid/Kunz/Brand,* Praxis des Arbeitsrechts, 2003; *Braun,* Fragerecht und Auskunftspflicht – Neue Entwicklungen in Gesetzgebung und Rechtsprechung, MDR 2004, 64; *Brötzmann,* Mitarbeiter als geringfügig Beschäftigte und deren Mehrfachtätigkeit, NZA 1988, 602; *Buchner,* Freiheit und Bindung des Arbeitgebers bei Einstellungsentscheidungen, NZA 1991, 577; *Däubler,* Das neue Bundesdatenschutzgesetz und seine Auswirkungen im Arbeitsrecht, NZA 2001, 874; *Düwell,* Neu geregelt: Die Stellung der Schwerbehinderten im Arbeitsrecht, BB 2001, 1527; *Ehrich,* Fragerecht des Arbeitgebers bei Einstellungen und Folgen der Falschbeantwortung, DB 2000, 421; *Feldhoff,* Die Frage nach der Schwangerschaft, ZTR 2004, 58; *Großmann,* Schwerbehinderte im Konflikt zwischen Statusrecht und Offenbarungspflicht, NZA 1989, 702; *Joussen,* Si tacuisses – Der aktuelle Stand zum Fragerecht des Arbeitgebers nach einer Schwerbehinderung, NJW 2003, 2857; *Körner,* Der Dialog des EuGH mit den deutschen Arbeitsgerichten – Das Beispiel der Gleichbehandlung, NZA 2001, 1046; *Künzel,* Alkohol im Betrieb, BB 1993, 1581; *Leuchten,* Der Einfluss der EG-Richtlinien zur Gleichbehandlung auf das deutsche Arbeitsrecht, NZA 2002, 1254; *Lichtenberg/Schücking,* Stand der arbeitsrechtlichen Diskussion zur HIV-Infektion und Aids-Erkrankung, NZA 1990, 41; *Lingscheid,* Antidiskriminierung im Arbeitsrecht, Diss. 2004; *Messingschlager,* „Sind Sie schwerbehindert?" – Das Ende einer (un)beliebten Frage, NZA 2003, 301; *Moritz,* Fragerecht des Arbeitgebers sowie Auskunfts- und/oder Offenbarungspflicht des Arbeitnehmers bei der Anbahnung von Arbeitsverhältnissen?, NZA 1987, 329; *Richardi,* Arbeitsrechtliche Probleme bei Einstellung und Entlassung Aids-infizierter Arbeitnehmer, NZA 1988, 73; *Schaub,* Ist die Frage nach der Schwerbehinderung zulässig?, NZA 2003, 299; *Schliemann,* Neuere höchstrichterliche Rechtsprechung zum Mutterschutz, NZA-RR 2000, 113; *Sowka,* Die Frage nach der Schwangerschaft, NZA 1994, 267; *Strick,* Die Anfechtung von Arbeitsverträgen durch den Arbeitgeber, NZA 2000, 695; *Stürmer,* Bewerbung und Schwangerschaft – Die Entscheidung des EuGH in der Rechtssache „Mahlburg", NZA 2001, 526; *Thüsing/Lambrich,* Das Fragerecht des Arbeitgebers – aktuelle Probleme zu einem klassischen Thema, BB 2002, 1146; *Wohlgemuth,* Darf der Arbeitgeber ein Führungszeugnis anfordern?, DB 1995 Beilage Nr. 21/85; *Zeller,* Die arbeitsrechtlichen Aspekte des Personalfragebogens als Mittel der Personalauswahl, BB 1987, 1522; *Zeller,* Die Unzulässigkeit der Frage nach der Schwangerschaft, BB 1993, 219.

Anmerkungen

1. Sachverhalt und Anwendungsbereich. Das vorliegende Formular eines Personalfragebogens kann vom Arbeitgeber bereits im Bewerbungsverfahren verwendet werden. Aus Sicht des Arbeitgebers dient der Personalfragebogen dazu, einen geordneten Überblick über die persönlichen Daten des Bewerbers und seinen beruflichen Werdegang zu erhalten sowie das Vorliegen der für die ausgeschriebene Position wesentlichen Qualifikationen abzufragen. Daneben ist der Arbeitgeber aber regelmäßig daran interessiert, auch weitere Umstände in Erfahrung zu bringen, die für das künftige Arbeitsverhältnis und daher für die Einstellungsentscheidung von Bedeutung sein können. Dies gilt z. B. für die Frage nach einem bestehenden Wettbewerbsverbot oder einer Schwerbehinderung (s. Anm. 12 und 17). Im Bereich des **Fragerechts** liegen die wesentlichen rechtlichen Probleme von Personalfragebögen (s. dazu auch Anm. 2). Das hier dargestellte Formular ist in erster Linie für die Einstellung von kaufmännischen Arbeitnehmern konzipiert und enthält daher einen ausführlichen Frageteil zu der Ausbildung des Bewerbers und seinen besonderen Qualifikationen wie Sprachkenntnissen oder Auslandsaufenthalten. Bei Bewerbungsverfahren für Positionen mit einem geringeren Anforderungsprofil können die nicht zweckmäßig erscheinenden Fragen gegebenenfalls gestrichen werden. Andererseits sollte der Fragebogen individuell ergänzt werden, wenn für den Arbeitgeber spezielle Kenntnisse oder Fähigkeiten des Bewerbers wichtig sind. So kann beispielsweise ein Technischer Zeichner oder Konstrukteur nach den von ihm beherrschten Zeichenprogrammen gefragt werden.

Wird der Bewerber eingestellt, kann der Personalfragebogen zur Personalakte genommen werden. Zur Aufbewahrung des Fragebogens bei Ablehnung des Bewerbers s. Anm. 35.

2. Fragerecht des Arbeitgebers. Nach der Rechtsprechung des BAG ist eine Frage des Arbeitgebers grundsätzlich dann zulässig, wenn der Arbeitgeber ein berechtigtes, billigenswertes und schutzwürdiges Interesse an der Beantwortung seiner Frage im Hinblick auf das Arbeitsverhältnis hat (ständige Rechtsprechung; BAG Urt. v. 18. 12. 2000 – 2 AZR 380/99 – NZA 2001, 315). Dies bedeutet i. d. R., dass die Beantwortung der Frage jedenfalls für den angestrebten Arbeitsplatz und die zu verrichtende Tätigkeit von Bedeutung sein muss (exemplarisch BAG Urt. v. 20. 5. 1999 – 2 AZR 320/98 – AP Nr. 25 zu § 242 BGB zur Frage nach Vorstrafen; BAG Urt. v. 7. 9. 1995 – 8 AZR 828/93 – NZA 1996, 637, 638). Anhand dieser Grundsätze löst die Rechtsprechung den Konflikt der **widerstreitenden Interessen:** Auf der einen Seite steht das Interesse des Arbeitgebers, möglichst umfassende Informationen über den Bewerber zu erhalten, geschützt durch die Informationserhebungsfreiheit als Ausfluss der Vertragsabschlussfreiheit; auf der anderen Seite steht das Interesse des Arbeitnehmers, nicht umfassend über seine persönlichen Verhältnisse ausgefragt zu werden, grundrechtlich geschützt z. B. durch Diskriminierungsverbote (Art. 9 Abs. 3 und Art. 3 Abs. 3 GG) und das Recht auf informationelle Selbstbestimmung als Ausprägung des allgemeinen Persönlichkeitsrechts (MünchHdbArbR/*Buchner* § 41 Rdn. 9ff.; *Ehrich* DB 2000, 421).

Ähnlich wie das aufgrund europäischer Richtlinien eingeführte Verbot der Geschlechtsdiskriminierung in § 611a BGB zur völligen Unzulässigkeit der Frage nach einer Schwangerschaft geführt hat (s. Anm. 4), ist es denkbar, dass die Umsetzung der drei europäischen Antidiskriminierungsrichtlinien (2000/43/EG, 2000/78/EG und 2002/73/EG) zur Unzulässigkeit weiterer Fragen führen wird (z. B. nach einer Behinderung oder dem Alter, s. Anm. 17 und 3).

Für Arbeitnehmer in der unmittelbaren und mittelbaren Bundesverwaltung normiert § 7 Abs. 2 BGleiG einen Katalog unzulässiger Fragen. Danach sind in Vorstellungs- oder Auswahlgesprächen Fragen nach dem Familienstand, einer bestehenden oder geplanten Schwangerschaft sowie der Sicherstellung der Betreuung von Kindern, behinderten oder pflegebedürftigen Angehörigen neben der Berufstätigkeit unzulässig.

Zu den Folgen der wahrheitswidrigen Beantwortung zulässiger und unzulässiger Fragen s. Anm. 33.

Personalfragebögen bedürfen gemäß § 94 Abs. 1 BetrVG der Zustimmung des Betriebsrats. Die Beachtung von Beteiligungsrechten ist Zulässigkeitsvoraussetzung der Datenerhebung/-verarbeitung i. S. d. BDSG. Wird das Mitbestimmungsrecht verletzt, führt dies zu einer Erhebungs- und Verarbeitungssperre. Die Daten dürfen nicht gespeichert werden (BAG Urt. v. 22. 10. 1986 – 5 AZR 660/85 – NJW 1987, 2459, 2460); bereits gespeicherte Daten sind vom Arbeitgeber zu löschen (s. hierzu Anm. 35). Eine Verletzung des Mitbestimmungsrechts bei ansonsten zulässigen Fragen nimmt dem Arbeitgeber jedoch nicht das Recht, bei wahrheitswidriger Beantwortung den Arbeitnehmer zu entlassen bzw. den Arbeitsvertrag anzufechten (BAG Urt. v. 2. 12. 1999 – 2 AZR 724/98 – NZA 2001, 107, 108).

3. Allgemeine Fragen zur Person des Bewerbers. Allgemeine Fragen zur Person des Bewerbers sind zulässig. Davon erfasst sind insbesondere Name, Geburtsname, Anschrift, Telefonnummer, Staatsangehörigkeit sowie Name und Anschrift der gesetzlichen Vertreter (Berscheid/Kunz/Brand/*Ehlers/Niemand* Teil 1 B IV. Rdn. 56). Auch die Frage nach dem Geburtsdatum oder Alter ist bisher zulässig.

Hinsichtlich der **Frage nach dem Alter** dürfte jedoch eine Änderung der Rechtslage eintreten. Der deutsche Gesetzgeber ist aufgrund verschiedener europäischer Richtlinien verpflichtet, umfassende arbeitsrechtliche Diskriminierungsverbote in nationales Recht umzusetzen (Richtlinie 2000/43/EG des Rates vom 29. Juni 2000, ABlEG Nr. L 180, S. 22 – Antirassismus-Richtlinie; Richtlinie 2000/78/EG des Rates v. 27. 11. 2000, ABlEG Nr. L 303, S. 16 – Rahmenrichtlinie Beschäftigung; Richtlinie 2002/73/EG v. 23. September 2002, ABlEG Nr. L 269, S. 15 – Gleichstellungsrichtlinie). Es ist wahrscheinlich, dass mit Umsetzung der europäischen Antidiskriminierungsrichtlinien die Frage nach dem Alter des Bewerbers nur noch mit Einschränkungen zulässig ist.

4. Familienstand/familiäre Verhältnisse. Grundsätzlich zulässig ist die Frage nach dem Familienstand (BAG Urt. v. 22. 10. 1986 – 5 AZR 660/85 – AP Nr. 2 zu § 23 BDSG; Tschöpe/*Wisskirchen* Teil 1 C Rdn. 88; a. A. D/K/K/*Klebe* § 94 Rdn. 19, der die Frage erst nach der Einstellung für zulässig hält). Dies gilt nicht im Anwendungsbereich des BGleiG (s. dazu Anm. 2). Nicht einheitlich wird die Zulässigkeit der Frage nach Ehegatten und Kindern samt deren namentlicher Ausweisung beurteilt. Da von diesen Angaben die Versetzungsmöglichkeit des Arbeitnehmers oder die Auswahl des Beschäftigungsortes mit entsprechenden Folgeproblemen (z. B. Wohnraumbedarf oder Schulprobleme) abhängen kann, sprechen gute Gründe dafür, die Frage bei entsprechenden betrieblichen Interessen zuzulassen (vgl. BAG Urt. v. 22. 10. 1986 – 5 AZR 660/85 – AP Nr. 2 zu § 23 BDSG; Dörner/Luczak/Wildschütz/*Dörner* B Rdn. 269; anders MünchHdbArbR/*Buchner* § 41 Rdn. 161 ff. m. weit. Nachw. zur Gegenansicht). Ein betriebsbezogenes Interesse kann darüber hinaus insbesondere bei besonderen Vertrauenspositionen vorliegen (*Moritz* NZA 1987, 329, 333; MünchHdbArbR/*Buchner* § 41 Rdn. 162).

Da eine Ausforschung der **Intimsphäre** unzulässig ist (Dörner/Luczak/Wildschütz/*Dörner* B Rdn. 269; Staudinger/*Richardi* § 611 Rdn. 98), darf zum Beispiel weder nach Homosexualität (ErfKomm/*Preis* § 611 BGB Rdn. 352; Tschöpe/*Wisskirchen* Teil 1 C Rdn. 83) noch danach gefragt werden, wer die Kinder des Bewerbers versorgt (K/D/Z/*Däubler* §§ 123, 124 Rdn. 13; F/E/S/T/L § 94 Rdn. 20). Vorbehaltlich der Bewerbung in einem Tendenzbetrieb sind Fragen nach dem Bestehen einer nichtehelichen Lebensgemeinschaft, einer bevorstehenden Heirat oder einer Scheidung unzulässig (Richardi/*Thüsing* § 94 Rdn. 20). Gleiches gilt für die Frage nach dem Bestehen einer eingetragenen Lebenspartnerschaft, da sich hieraus Rückschlüsse auf die (gleichgeschlechtliche) sexuelle Orientierung des Bewerbers ziehen lassen (Richardi/*Thüsing* § 94 Rdn. 20; *Däubler* NZA 2001, 874, 877).

Die Frage nach dem Vorliegen einer **Schwangerschaft** stellt eine verbotene geschlechtsbedingte Diskriminierung dar und ist damit unzulässig. Dies gilt auch dann, wenn die Arbeitnehmerin die Tätigkeit während der Schwangerschaft wegen eines mutterschutzrechtlichen Beschäftigungsverbots zunächst nicht ausüben darf (BAG Urt. v. 6. 2. 2003 – 2 AZR 621/01 – NZA 2003, 848). Nach aktueller Rechtsprechung des EuGH ist die Frage nach einer Schwangerschaft selbst dann als diskriminierend zu bewerten, wenn die Arbeitnehmerin nur befristet eingestellt werden soll und feststeht, dass sie im Falle einer Schwangerschaft während eines wesentlichen Teils der Vertragszeit nicht arbeiten kann (EuGH Urt. v. 4. 10. 2001 – Rs. C-109/00 – NJW 2002, 123; ErfKomm/*Preis* § 611 BGB Rdn. 345). Es ist zu erwarten, dass das BAG dieser Rechtsprechung auf nationaler Ebene folgen wird.

5. Ausländer. Der Arbeitgeber darf nach einem Aufenthaltstitel, der zur Ausübung einer Erwerbstätigkeit berechtigt (für Ausländer aus Nicht-EU/EWR-Staaten) oder einer Arbeitsgenehmigung-EU (für Angehörige der Staaten, die der EU zum 1. Mai 2004 beigetreten sind) fragen. Besitzt der ausländische Bewerber die erforderliche Genehmigung nicht, muss er dies ungefragt offenbaren, da er gemäß § 4 Abs. 3 AufenthG bzw. § 284 Abs. 1 SGB III einem Beschäftigungsverbot unterliegt (MünchHdbArbR/*Buchner* § 41 Rdn. 104, 170, vgl. auch LAG

Nürnberg Urt. v. 21. 9. 1994 – 3 Sa 1176/93 – NZA 1995, 228). Dennoch ist dringend anzuraten, die Frage auch im Personalfragebogen zu stellen. Wird der Arbeitnehmer ohne Arbeitsgenehmigung beschäftigt, so kann dies gemäß § 404 Abs. 2 Nr. 3, Abs. 3 SGB III mit einem Bußgeld bis zu EUR 500.000,– geahndet werden und bei vorsätzlicher Begehung einen Straftatbestand erfüllen, §§ 406 f. SGB III. Weiterhin haftet der Arbeitgeber für die Kosten, die durch eine Abschiebung oder Zurückschiebung des Ausländers entstehen, § 66 Abs. 4 AufenthG. Beachtet der Arbeitgeber allerdings die gebotene Sorgfalt, indem er prüft, ob der Ausländer zum Aufenthalt und zur Aufnahme einer Beschäftigung befugt ist, tritt keine Haftung ein (VGH Kassel Urt. v. 21. 9. 1994 – 10 UE 985/94 – NVwZ-RR 1995, 111). Zu den weiteren Einzelheiten vgl. Form. A. VIII. 4 Anm. 25 und 26.

6. Ausbildung und beruflicher Werdegang. Der Bewerber ist verpflichtet, auf Fragen des Arbeitgebers nach Ausbildung, Prüfungsnote und Hochschulort wahrheitsgemäß zu antworten (Berscheid/Kunz/Brand/*Ehlers/Niemand* Teil 1 B Rdn. 57; *Ehrich* DB 2000, 421, 421). Zulässig ist auch die Frage nach früheren Arbeitgebern (BAG Urt. v. 12. 2. 1970 – 2 AZR 184/69 – AP Nr. 17 zu § 123 BGB) und der Dauer der jeweiligen Beschäftigung (LAG Köln Urt. v. 13. 11. 1995 – 3 Sa 832/95 – NZA-RR 1996, 403, 404). Ob der Arbeitgeber befugt ist, einen lückenlosen Lebenslauf zu verlangen, ist umstritten. Gegen die Zulässigkeit spricht, dass ein solcher Lebenslauf auch Zeiträume offen legen müsste, die mit der beruflichen Entwicklung des Bewerbers nichts zu tun haben (MünchHdbArbR/*Buchner* § 41 Rdn. 46; a. A. KHzA/*Künzl* 2.1 Rdn. 74). Dem Arbeitgeber bleibt es jedenfalls unbenommen, aus größeren Lücken im Lebenslauf Rückschlüsse zu ziehen.

7. Qualifikationen. Fragen nach allgemein berufsbezogenen Fähigkeiten sind auch dann zulässig, wenn sie sich nicht auf die für den konkret vorgesehenen Arbeitsplatz notwendigen Qualifikationen beschränken (MünchHdbArbR/*Buchner* § 41 Rdn. 40, 42). Es unterliegt allein der Organisationsgewalt des Arbeitgebers festzulegen, welche Anforderungen er an den Bewerber für eine bestimmte Stelle stellen will (BAG Beschl. v. 23. 2. 1988 – 1 ABR 82/86 – AP Nr. 2 zu § 93 BetrVG 1972). So kann etwa nach Englischkenntnissen gefragt werden, selbst wenn die zunächst vorgesehene Arbeitsaufgabe der zu besetzenden Position keine Sprachkenntnisse erfordert.

8. Fahrerlaubnis. Der Arbeitgeber darf jedenfalls dann nach einer gültigen Fahrerlaubnis des Bewerbers fragen, wenn diese für die angestrebte Tätigkeit von Bedeutung ist. Dies ist nicht der Fall, wenn es dem Arbeitgeber bei der Frage lediglich um die Feststellung geht, wie der Bewerber den Weg zur Arbeitsstelle zurücklegen wird (*Preis* II P 10 Rdn. 36). Vieles spricht dafür, die Frage nach der Fahrerlaubnis im Übrigen wie die Frage nach berufsbezogenen Fähigkeiten als zulässig anzusehen (s. Anm. 7).

9. Vorherige Beschäftigung. Die Frage nach einer Vorbeschäftigung bei der Gesellschaft oder ihren Rechtsvorgängern hat immer dann Bedeutung, wenn mit dem Bewerber ein sachgrundlos befristeter Arbeitsvertrag abgeschlossen werden soll. Eine solche Befristung ist unzulässig, wenn der Arbeitnehmer bereits bei dem Arbeitgeber oder einem seiner Rechtsvorgänger beschäftigt war (§ 14 Abs. 2 S. 2 TzBfG). Rechtsfolge ist das Entstehen eines unbefristeten Arbeitsverhältnisses (§ 16 S. 1 TzBfG; s. dazu Form. A. V. 1 Anm. 1 f.). Die Gesetzesbegründung zum TzBfG enthält den Hinweis, dass der Arbeitgeber nach der Vorbeschäftigung fragen darf und der Arbeitnehmer hierauf wahrheitsgemäß antworten muss (BT-Drucks. 14/4374 S. 19).

10. Ungekündigtes Arbeitsverhältnis. Der Arbeitgeber kann Auskunft über den Sachverhalt verlangen, auf den eine verhaltens- oder personenbedingte Kündigung im früheren Arbeitsverhältnis gestützt wurde. Daher ist auch die Vorfrage zulässig, ob der Bewerber zum Zeitpunkt der Bewerbung noch in einem ungekündigten Arbeitsverhältnis steht (Dörner/Luczak/Wildschütz/*Dörner* B Rdn. 274; MünchHdbArbR/*Buchner* § 41 Rdn. 110).

11. Arbeitsfreistellung. Der Bewerber muss wahrheitsgemäß auf die Frage nach einer längeren Arbeitsfreistellung bei einem früheren Arbeitgeber antworten (LAG Frankfurt Urt. v. 29. 10. 1980 – 8 Sa 99/80 – AR-Blattei ES 640 Nr. 10; *Preis* II P 10 Rdn. 36).

12. Wettbewerbsverbote. Nach herrschender Ansicht darf der Arbeitgeber nach Wettbewerbsverboten fragen, wenn sie sich auf das einzugehende Arbeitsverhältnis beziehen (ErfKomm/*Preis* § 611 Rdn. 338 m. weit. Nachw. zur h. M.; a. A. D/K/Z/*Däubler* §§ 123, 124 BGB Rdn. 6). Dafür spricht insbesondere das Risiko des Arbeitgebers, dass der Bewerber nach Abschluss des Arbeitsvertrags seine Tätigkeit nicht aufnimmt oder sie wieder aufgibt, wenn der frühere Arbeitgeber wegen eines wirksam vereinbarten Wettbewerbsverbots gegen ihn vorgeht (Richardi/*Thüsing* § 94 Rdn. 12). Da hierdurch die Verfügbarkeit des Arbeitnehmers direkt betroffen ist, geht die herrschende Ansicht über das Fragerecht hinaus von einer Offenbarungspflicht des Arbeitnehmers aus (MünchHdbArbR/*Buchner* § 41 Rdn. 105, 170).

13. Bisherige Vergütung. Die Frage nach der bisherigen Vergütung ist nur unter Einschränkungen zulässig, da die bisherigen Einkommensverhältnisse die Individualsphäre des Bewerbers betreffen und ihre Offenlegung die Verhandlungsposition gegenüber dem Arbeitgeber erheblich verschlechtert (Richardi/*Thüsing* § 94 Rdn. 27). Nach der Rechtsprechung des BAG ist davon auszugehen, dass die Frage jedenfalls dann unzulässig ist, wenn die bisherige Vergütung für die erstrebte Stelle keine Aussagekraft hat (BAG Urt. v. 19. 5. 1983 – 2 AZR 171/81 – AP Nr. 25 zu § 123 BGB). Die Aussagekraft der früheren Vergütung erkennt das Gericht nur dann an, wenn sie entweder vom Bewerber selbst zur Mindestbedingung erhoben wird oder wenn sie Schlüsse auf seine Eignung für den angestrebten Posten erlaubt (BAG Urt. v. 19. 5. 1983 a. a. O.). Letzteres ist nach der Rechtsprechung des BAG der Fall, wenn die bisherige und die angestrebte Tätigkeit zumindest vergleichbare Kenntnisse oder Fähigkeiten erfordern oder der Bewerber eine „erfolgsabhängige Vergütung" bezogen hat, die dafür spricht, dass er Eigenschaften wie Eigeninitiative und Einsatzbereitschaft besitzt, die er in jeder Position einsetzen kann (BAG Urt. v. 19. 5. 1983 a. a. O.; vgl. auch ErfKomm/*Preis* § 611 BGB Rdn. 339). Im Formular wird der Begriff „leistungsabhängige Vergütung" verwendet, da diese eher den Rückschluss auf Leistungen des Arbeitnehmers erlaubt als die erfolgsabhängige Vergütung, die z. B. allein auf dem Erfolg des Unternehmens beruhen kann.

14. Mobilität. Fragen nach der Mobilität des Bewerbers, insbesondere seiner Versetzungsbereitschaft, sind zulässig, sofern diese Bereitschaft Vertragsbestandteil werden soll (Dörner/Luczak/Wildschütz/*Dörner* B Rdn. 222; MünchHdbArbR/*Buchner* § 41 Rdn. 92).

15. Weitere Beschäftigungsverhältnisse/Nebentätigkeiten. Die Frage nach weiteren Tätigkeiten ist zulässig, wenn es um die Klärung der Verfügbarkeit des Bewerbers geht (*Preis* II P 10 Rdn. 40). Die Frage nach dem Umfang der aus einem anderen Arbeitsverhältnis zu leistenden Wochenarbeitszeit ist im Hinblick auf §§ 3, 22 ArbZG zulässig (MünchHdbArbR/*Buchner* a. a. O.). Ferner können zeitliche Kollisionen zwischen den Arbeitsverhältnissen auftreten. Soll der Bewerber als geringfügig Beschäftigter eingestellt werden, ist ein berechtigtes Interesse des Arbeitgebers an der Frage auch im Hinblick auf die sozialversicherungsrechtlichen und steuerrechtlichen Konsequenzen mehrerer Beschäftigungsverhältnisse (s. dazu §§ 8 Abs. 2 SGB IV, 3 Nr. 39 EStG) anzuerkennen (*Preis* II P 10 Rdn. 41 ff.; zur Versicherungspflicht auch BSG Urt. v. 23. 2. 1988 – 12 RK 43/87 – MDR 1988, 805). Die Frage nach der Ausübung einer Konkurrenztätigkeit zur Zeit der geplanten Einstellung und der Absicht, diese weiterhin auszuüben, ist zulässig. Dies ergibt sich bereits aus dem gesetzlichen Wettbewerbsverbot des § 60 HGB, ferner aus dem berechtigten Interesse des Arbeitgebers, die Weitergabe von Betriebsgeheimnissen zu verhindern (*Schaub* § 26 Rdn. 30; Dörner/Luczak/Wildschütz/*Dörner* B Rdn. 219).

16. Einberufungsbescheid. Hat der Bewerber bereits einen Einberufungsbescheid erhalten, muss er dies nach Ansicht der Literatur auch ohne vorherige Frage dem Arbeitgeber mitteilen (MünchHdbArbR/*Buchner* § 41 Rdn. 101; Tschöpe/*Wisskirchen* Teil 1 C Rdn. 114). Ob sich diese Auffassung im Hinblick auf die restriktive Rechtsprechung des EuGH zur Frage nach einer Schwangerschaft sowie die Rechtsprechung des BAG zum Benachteiligungsverbot des § 611a BGB (s. dazu Anm. 4) aufrechterhalten lässt, ist äußerst fraglich. Der EuGH hat deutlich gemacht, dass die Frage der **geschlechtsspezifischen Diskriminierung** unabhängig davon zu beurteilen (und zu bejahen) ist, ob der Betroffene die geschuldete Tätigkeit während eines wesentlichen Teils der Vertragszeit überhaupt ausüben kann.

Aus der gleichen Erwägung heraus wird auch die Frage nach einem künftigen Wehr- oder Ersatzdienst heute entgegen der früher h. M. verbreitet für unzulässig gehalten (ErfKomm/ *Preis* § 611 Rdn. 348; Richardi/*Thüsing* § 94 Rdn. 22; Tschöpe/*Wisskirchen* Teil 1 C Rdn. 113). Da lediglich Männer von der Wehrpflicht bzw. dem Ersatzdienst betroffen sind, knüpft die Frage – ebenso wie die Frage nach einer Schwangerschaft – unmittelbar an das Geschlecht an und ist damit als **geschlechtsspezifische Diskriminierung** generell unzulässig. Nicht anders zu beurteilen ist die Frage nach einem bereits abgeleisteten (Pflicht-)Wehr- oder Ersatzdienst, da auch sie nur Männern gestellt werden kann (Richardi/*Thüsing* § 94 Rdn. 22).

17. Behinderung. Bislang gesteht das BAG einem Arbeitgeber das uneingeschränkte Recht zur Frage nach einer Schwerbehinderteneigenschaft des Bewerbers oder nach einer Gleichstellung zu (zuletzt BAG Urt. v. 18. 12. 2000 – 2 AZR 380/99 – NZA 2001, 315). Bereits mit Einführung des § 81 Abs. 2 SGB IX zum 1. Juli 2001 bestanden jedoch erhebliche Zweifel, ob diese Rechtsprechung fortgeführt werden kann. § 81 Abs. 2 SGB IX enthält ein ausdrückliches Diskriminierungsverbot zugunsten schwerbehinderter Menschen, welches eng an den Wortlaut des § 611a BGB angelehnt war. Dies legte den Schluss nahe, die Frage nach einer Schwerbehinderung in gleicher Weise wie die Frage nach der Schwangerschaft zu beurteilen und damit als grundsätzlich unzulässig anzusehen (ErfKomm/*Preis* § 611 BGB Rdn. 347; *Joussen* NJW 2003, 2857, 2860; *Messingschlager* NZA 2003, 301, 305; *Thüsing/Lambrich* BB 2002, 1146, 1149; vgl. im Einzelnen *Lingscheid* 191 ff.). Das bisherige Argument des BAG für die Zulässigkeit der Frage nach einer (Schwer)Behinderung, es fehle an einer gesetzlichen Normierung eines entsprechenden Diskriminierungsverbots, ist mit der Einführung des § 81 Abs. 2 SGB IX entfallen. Demnach wird zukünftig zu differenzieren sein: Die Frage nach einer tätigkeitsneutralen (Schwer)Behinderung im Allgemeinen sowie der Gleichstellung mit einem Schwerbehinderten ist als unzulässig einzustufen. Zulässig bleibt demgegenüber eine Frage, die sich auf das Vorliegen einer tätigkeitsspezifischen (Schwer)Behinderung bezieht, die dazu führt, dass der Bewerber die vorgesehene Arbeit nicht oder nur eingeschränkt ausüben kann oder die den betrieblichen Ablauf konkret beeinträchtigt (ErfKomm/*Preis* § 611 BGB Rdn. 347; *Joussen* NJW 2003, 2857, 2861; *Lingscheid* 193 ff.).

Darüber hinaus muss der Bewerber seine Behinderung ungefragt offenbaren, wenn er wegen der Behinderung überhaupt nicht in der Lage ist, die für ihn vorgesehene Arbeitsaufgabe zu übernehmen (BAG Urt. v. 1. 8. 1985 – 2 AZR 101/83 – AP Nr. 30 zu § 123 BGB; ErfKomm/*Preis* § 611 BGB Rdn. 357).

18. Krankheiten. Der Arbeitgeber hat wegen des erheblichen Eingriffs in die Intimsphäre des Bewerbers kein uneingeschränktes Fragerecht nach Krankheiten oder dem Gesundheitszustand eines Bewerbers. Die allgemein gehaltene Frage nach dem Gesundheitszustand ist daher unzulässig (ErfKomm/*Preis* § 611 BGB Rdn. 343). Der Umfang des Fragerechts richtet sich vielmehr danach, ob die Frage im Zusammenhang mit dem einzugehenden Arbeitsverhältnis steht. Daher beschränkt sich das Fragerecht im Wesentlichen auf folgende vom BAG katalogartig zusammengestellte Fragen (BAG Urt. v. 7. 6. 1984 – 2 AZR 270/83 – AP Nr. 26 zu § 123 BGB):

– Liegt eine Krankheit oder eine Beeinträchtigung des Gesundheitszustandes vor, durch die die Eignung für die vorgesehene Tätigkeit auf Dauer oder in periodisch wiederkehrenden Abständen eingeschränkt ist? Nach der Rechtsprechung des BAG ist dies unter anderem bei Epilepsie der Fall (BAG Urt. v. 28. 3. 1974 – 2 AZR 92/73 – AP Nr. 3 zu § 119 BGB).
– Liegen ansteckende Krankheiten vor, die zwar nicht die Leistungsfähigkeit beeinträchtigen, jedoch die zukünftigen Kollegen oder Kunden gefährden?
– Ist zum Zeitpunkt des Dienstantritts oder in absehbarer Zeit mit einer Arbeitsunfähigkeit zu rechnen, z. B. durch eine geplante Operation, eine bewilligte Kur oder eine zurzeit bestehende akute Erkrankung?

Der Arbeitnehmer darf diese Fragen nicht schon deshalb falsch beantworten, weil er annimmt, dass er bis zum vorgesehenen Dienstantritt wieder arbeitsfähig sein wird (BAG Urt. v. 7. 2. 1964 – 1 AZR 251/63 – AP Nr. 6 zu § 276 BGB Verschulden bei Vertragsabschluß). Vielmehr ist der Arbeitnehmer verpflichtet, seine zu erwartende Arbeitsunfähigkeit ungefragt zu offenbaren. Eine Offenbarungspflicht besteht auch im Hinblick auf eine ansteckende Krankheit, die Dritte gefährden könnte (MünchHdbArbR/*Buchner* § 41 Rdn. 168).

19. Aids-Erkrankung. Die Frage nach einer Aids-Erkrankung ist im Unterschied zu der Frage nach einer Aids-Infektion uneingeschränkt zulässig, da mit einer Heilung nicht zu rechnen und deshalb die Arbeitsunfähigkeit absehbar ist (MünchHdbArbR/*Buchner* § 41 Rdn. 68; *Braun* MDR 2004, 64, 67). Eine Aids-Infektion liegt vor, sobald eine Person mit dem Aids-Virus infiziert ist. Von einer Aids-Erkrankung spricht man hingegen erst, wenn – oftmals lange Zeit nach der Infektion – Symptome auftreten, die auf die Aids-Infektion zurückzuführen sind. Zur Zulässigkeit der Frage nach der Aids-Infektion vgl. Anm. 26.

20. Alkohol- und Drogenabhängigkeit. Die Frage nach einer bestehenden Alkoholabhängigkeit ist uneingeschränkt zulässig (Richardi/*Thüsing* § 94 Rdn. 15; Tschöpe/*Wisskirchen* Teil 1 C Rdn. 70). Der Bewerber muss eine Alkoholkrankheit darüber hinaus ungefragt offenbaren, wenn er nicht in der Lage ist, den wesentlichen Anforderungen des angebotenen Arbeitsplatzes gerecht zu werden (LAG Berlin Urt. v. 10. 10. 1977 – 9 Sa 61/77 – BB 1978, 1311) oder wenn gefährliche Tätigkeiten zu verrichten sind (*Künzl* BB 1993, 1581, 1582). Dies gilt insbesondere bei einer Bewerbung als Kraftfahrer (ArbG Kiel 21. 1. 1982 – 2 c Ca 2062/81 – BB 1982, 804, 804; ErfKomm/*Preis* § 611 BGB Rdn. 356), Gerüstbauer, Maschinenführer, Pilot, Betreuer im Therapiezentrum oder im Erziehungswesen (Tschöpe/*Wisskirchen* Teil 1 C Rdn. 70). Bei der Frage nach Drogenabhängigkeit sind dieselben Grundsätze anzuwenden. Die Frage nach der Raucher- oder Nichtrauchereigenschaft ist grundsätzlich unzulässig (Richardi/*Thüsing* § 94 Rdn. 16). Eine Ausnahme besteht nur dann, wenn der Bewerber bei der Herstellung von Erzeugnissen mitwirken soll, die – wie z.B. Mikrochips – empfindlich auf Tabakrauch reagieren (Tschöpe/*Wisskirchen* Teil 1 C Rdn. 86).

21. Bevorstehende Arbeitsunfähigkeit. Der Arbeitgeber darf von einem Bewerber Auskunft darüber verlangen, ob zum Zeitpunkt des Dienstantritts oder in absehbarer Zeit mit Arbeitsunfähigkeit, etwa aufgrund einer akuten Erkrankung, einer notwendigen Operation oder einer bewilligten Kur zu rechnen ist (BAG Urt. v. 7. 6. 1984 – 2 AZR 270/83 – AP Nr. 26 zu § 123 BGB). Teilweise wird vertreten, dass den Bewerber insofern auch eine Offenbarungspflicht trifft (*Schaub* § 26 Rdn. 20). Eine Offenbarungspflicht wurde instanzgerichtlich dann bejaht, wenn ein Heilverfahren unmittelbar bevorsteht und sich der Bewerber um ein befristetes Arbeitsverhältnis bewirbt (LAG Berlin Urt. v. 18. 4. 1978 – 3 Sa 115/77 – BB 1979, 1145).

22. Elternzeit. Der Anspruch auf Elternzeit ist nicht auf das Arbeitsverhältnis beschränkt, das zur Zeit der Geburt des Kindes bestanden hat, sondern besteht auch in einem nachfolgenden Arbeitsverhältnis (BAG Urt. v. 11. 3. 1999 – 2 AZR 19/98 – NZA 1999, 1047; ErfKomm/*Dörner*, § 15 BErzGG Rdn. 5). Die Zulässigkeit einer Frage nach bereits in Anspruch genommener und noch nicht beendeter Elternzeit wird – soweit ersichtlich – in Rechtsprechung und Literatur nicht diskutiert. Für ein **berechtigtes betriebliches Interesse** des Arbeitgebers an der Frage spricht, dass bei noch nicht beendeter Elternzeit die Verfügbarkeit des Arbeitnehmers nach der Einstellung nicht gewährleistet und die Zustimmung des neuen Arbeitgebers zur Elternzeit – von der Ausnahme des § 15 Abs. 2 Satz 4 BErzGG abgesehen – nicht erforderlich ist (*Schaub* § 102 Rdn. 156). Ein Verstoß gegen ein geschlechtsbezogenes Diskriminierungsverbot dürfte in der Frage nicht liegen, da Elternzeit gleichermaßen von Müttern und Vätern in Anspruch genommen werden kann. Selbst wenn man von einer mittelbaren Benachteiligung ausgehen würde, weil wesentlich mehr Frauen als Männer Elternzeit beanspruchen, handelt es sich bei der Feststellung der Verfügbarkeit des Arbeitnehmers um die Verfolgung eines rechtmäßigen Ziels.

23. Vorstrafen. Die Frage nach Vorstrafen ist wegen des erheblichen Eingriffs in die Individualsphäre des Bewerbers nur zulässig, wenn und soweit die Art des konkret zu besetzenden Arbeitsplatzes dies erfordert (ständige Rechtsprechung; BAG Urt. v. 20. 5. 1999 – 2 AZR 320/98 – AP Nr. 25 zu § 242 BGB; BAG Urt. v. 5. 12. 1957 – 1 AZR 594/56 – AP Nr. 2 zu § 123 BGB). Dabei kommt es nicht auf die Sicht des Arbeitgebers, sondern auf eine objektive Betrachtungsweise an (BAG Urt. v. 20. 5. 1999 a.a.O.). Zulässig ist etwa die Frage nach

2. Personalfragebogen
A. I. 2

Vorstrafen auf vermögensrechtlichem Gebiet bei einem Bankkassierer oder die Frage nach verkehrsrechtlichen Vorstrafen bei Kraftfahrern. Bei Führungskräften besteht ein weitergehendes Fragerecht (MünchHdbArbR/*Buchner* § 41 Rdn. 148; Tschöpe/*Wisskirchen* Teil 1 C Rdn. 109). In der betrieblichen Praxis besteht daher streng genommen das Erfordernis, die Frage nach Vorstrafen jeweils im Hinblick auf den zu besetzenden Arbeitsplatz anzupassen und nur nach bestimmten Vorstrafen zu fragen.

Der Bewerber darf eine Vorstrafe **verschweigen**, wenn die Strafe nach dem Bundeszentralregister-Gesetz nicht in das Führungszeugnis oder nur in ein Führungszeugnis nach § 30 Abs. 3 und 4 BZRG aufzunehmen oder im Register zu tilgen ist. Ein Teil der Literatur will davon bei Führungskräften abweichen (*Schaub* § 26 Rdn. 29). Wer sich um eine besondere Vertrauensposition bewirbt, bei der es erkennbar auf die Integrität des Stelleninhabers ankommt, muss ungefragt über Vorstrafen aufklären (ErfKomm/*Preis* § 611 BGB Rdn. 355). Ein Arbeitnehmer, der sich um eine unbefristete Stellung bewirbt, muss ungefragt eine rechtskräftig verhängte und demnächst zu verbüßende mehrmonatige Freiheitsstrafe offenbaren (LAG Frankfurt Urt. v. 7. 8. 1986 – 12 Sa 361/86 – LAGE Nr. 8 zu § 123 BGB; ErfKomm/*Preis* § 611 Rdn. 355). Dies gilt nicht, sofern die Strafe zur Bewährung ausgesetzt oder mit der Einräumung eines Freigängerstatus zu rechnen ist und dieser auch tatsächlich eingeräumt wird (BAG Urt. v. 18. 9. 1987 – 7 AZR 507/86 – AP Nr. 32 zu § 123 BGB; K/D/Z/*Däubler* §§ 123, 124 BGB Rdn. 8).

24. Ermittlungs- oder Strafverfahren. Nach der Rechtsprechung des BAG darf der Arbeitgeber nach laufenden Ermittlungs- oder anhängigen Strafverfahren fragen, wenn durch das Verfahren Rückschlüsse auf eine mangelnde persönliche Eignung und Zuverlässigkeit des Bewerbers für den konkreten Arbeitsplatz gezogen werden können (BAG Urt. v. 20. 5. 1999 – 2 AZR 320/98 – AP Nr. 25 zu § 242 BGB; zustimmend Richardi/*Thüsing* § 94 Rdn. 21 m. weit. Nachw.). Demnach hat etwa ein Kindergärtner, gegen den ein Ermittlungsverfahren wegen sexuellen Missbrauchs von Kindergartenkindern in dem vorhergehenden Arbeitsverhältnis durchgeführt wird, regelmäßig kein hinreichend schützenswertes Interesse daran, eine erneute Einstellung dadurch zu erreichen, dass er bei der Bewerbung wahrheitswidrig angibt, es gebe kein Verfahren (BAG Urt. v. 20. 5. 1999 a. a. O.). Gleiches gilt für einen Bewerber für den mittleren Polizeidienst hinsichtlich laufender Verfahren wegen Verstößen gegen das Pflichtversicherungsgesetz und Sachbeschädigung (BAG Urt. v. 20. 5. 1999 a. a. O.). Dem steht nach Auffassung des BAG auch nicht die in Art. 6 Abs. 2 EMRK verankerte Unschuldsvermutung entgegen, denn diese binde unmittelbar nur den Richter, der über die Begründetheit der Anklage zu entscheiden habe und lasse nicht den Schluss zu, dass dem Betroffenen aus der Tatsache, dass ein Ermittlungsverfahren gegen ihn anhängig ist, überhaupt keine Nachteile entstehen dürfen (BAG Urt. v. 20. 5. 1999 a. a. O.; Tschöpe/*Wisskirchen* Teil 1 C Rdn. 111).

25. Zusätzliche Fragen. Die hier aufgeführten Fragen sind nur für bestimmte Tätigkeiten, Positionen oder Unternehmen zulässig. Es ist daher im Einzelfall zu entscheiden, ob und welche Fragen in den Personalfragebogen aufgenommen werden sollen.

26. Aids-Infektion. Die Frage nach der Aids-Infektion ist aufgrund der Unvorhersehbarkeit eines Ausbruchs der Krankheit grundsätzlich unzulässig (MünchHdbArbR/*Buchner* § 41 Rdn. 69; Richardi/*Thüsing* § 94 Rdn. 14). Dieser Grundsatz wird jedoch durchbrochen, wenn bereits durch die Infektion die Eignung des Bewerbers eingeschränkt oder ausgeschlossen ist (Berscheid/Kunz/Brand/*Ehlers/Niemand* a. a. O.; Richardi/*Thüsing* § 94 Rdn. 14), insbesondere wenn eine Ansteckungsgefahr für Arbeitskollegen oder Dritte nicht ausgeschlossen werden kann. Insofern gelten dieselben Grundsätze wie bei anderen Krankheiten auch (s. dazu Anm. 18). Erhöhtes Ansteckungsrisiko besteht typischerweise bei sämtlichen Heilberufen, bei Küchenpersonal, bei Arbeitnehmern, die in der Lebensmittelherstellung beschäftigt sind oder, bei Optikern, die Kontaktlinsen anpassen (Berscheid/Kunz/Brand/*Ehlers/Niemand* Teil B Rdn. 61; *Richardi* NZA 1988 73, 75).

27. Lohnpfändungen. Bei der Frage nach den Vermögensverhältnissen, insbesondere Lohn- und Gehaltspfändungen, ist danach zu unterscheiden, ob die angestrebte Tätigkeit ein besonderes Vertrauensverhältnis zum Arbeitnehmer voraussetzt. Ist dies der Fall, darf der Arbeitgeber entsprechende Fragen stellen (vgl. BAG Urt. v. 4. 11. 1981 – 7 AZR 264/79 – DB 1982, 498, 499 zur Zulässigkeit einer Kündigung; Richardi/*Thüsing* § 94 Rdn. 27). Liegt keine Vertrauensstellung vor, ist die Zulässigkeit der Frage umstritten. Die wohl herrschende Auffassung geht von der **grundsätzlichen Unzulässigkeit** der Frage aus (vgl. BAG Urt. v. 4. 11. 1981 – 7 AZR 264/79 – DB 1982, 498, 499; *Schaub* § 26 Rdn. 28; MünchHdbArbR/*Buchner* § 41 Rdn. 156; *Ehrich* DB 2000, 421, 422). Die Frage kann jedoch dann zulässig sein, wenn im Einzelfall zahlreiche Lohnpfändungen oder -abtretungen einen derartigen Arbeitsaufwand des Arbeitgebers verursachen, dass dies zu wesentlichen Störungen im Arbeitsablauf (etwa in der Lohnbuchhaltung oder Rechtsabteilung) führt (vgl. BAG Urt. v. 4. 11. 1981 – 7 AZR 264/79 – DB 1982, 498, 498). Ein Teil der Literatur will die Frage aufgrund der Mehrarbeit des Arbeitgebers durch Lohnpfändungen generell zulassen (*Moritz* NZA 1987, 329, 333; Staudinger/*Richardi* § 611 Rdn. 96). Eine Offenbarungspflicht des Bewerbers besteht jedenfalls nicht (*Knipp* AR-Blattei SD 640 Einstellung Rdn. 113).

28. Scientology-Mitgliedschaft. Die Zulässigkeit der Frage nach den Beziehungen eines Bewerbers zur Scientology-Organisation ist nicht eindeutig geklärt. Vertreten wird, dass die Frage dann zulässig ist, wenn die konkreten arbeitsplatzbezogenen Anforderungen mit einer Scientology-Zugehörigkeit unvereinbar sind. Zulässig ist die Frage daher insbesondere bei der Besetzung von Vertrauensstellungen (*Ehrich* DB 2000, 421, 426; ErfKomm/*Preis* § 611 BGB Rdn. 351; *Schaub* § 26 Rdn. 25). Angenommen wird die Zulässigkeit der Frage auch dann, wenn der Arbeitgeber konkrete Anhaltspunkte für verfassungsfeindliche Handlungen des Arbeitnehmers hat. Solche Anhaltspunkte sind nicht schon durch die bloße Mitgliedschaft oder durch die Bekleidung von niedrigen Positionen in der Organisation gegeben (ArbG München Urt. v. 24. 10. 2000 – 21 Ca 13.754/99 – NZA-RR 2001, 296). Das BAG hat festgestellt, dass die Scientology-Organisation **keine Religions- oder Weltanschauungsgemeinschaft** ist (BAG Beschl. v. 22. 3. 1995 – 5 AZB 21/94 – AP Nr. 21 zu § 5 ArbGG) und die Frage nach der Scientology-Zugehörigkeit daher nicht bereits aus dem Gesichtspunkt der Religionszugehörigkeit unzulässig ist. Daher dürfte sich an der geltenden Rechtslage auch mit Umsetzung der Antidiskriminierungsrichtlinien, die die Benachteiligung wegen Zugehörigkeit zu einer Religions- oder Weltanschauungsgemeinschaft untersagen, nichts geändert haben.

29. Religionszugehörigkeit. Aufgrund der Glaubens- und Gewissensfreiheit (Art. 4 Abs. 1 GG) sowie des Rechts auf informationelle Selbstbestimmung (Art. 2 Abs. 1 i. V. m. Art. 1 Abs. 1 GG) sind Fragen nach der Religionszugehörigkeit nur zulässig, wenn es sich bei dem zukünftigen Arbeitgeber um einen religiös bestimmten **Tendenzbetrieb** – etwa eine Partei, Koalition oder einen Verlag – oder eine kirchliche Einrichtung handelt (LAG Hamm Urt. v. 18. 1. 2002 – 5 Sa 1782/01 – NZA 2002, 675, 677; ErfKomm/*Dieterich* Art. 4 GG Rdn. 46, Art. 5 GG Rdn. 73; *Ehrich* DB 2000, 421, 426). Im Übrigen werden durch die Antidiskriminierungsrichtlinien die Benachteiligung von Bewerbern und Arbeitnehmern wegen Zugehörigkeit zu einer Religions- oder Weltanschauungsgemeinschaft untersagt und damit die grundsätzliche Unzulässigkeit der Frage nach der Religionszugehörigkeit bestätigt.

30. Gewerkschaftszugehörigkeit. Nach der Gewerkschaftszugehörigkeit darf wegen der in Art. 9 Abs. 3 S. 2 GG verankerten Koalitionsfreiheit grundsätzlich nicht gefragt werden (BAG Urt. v. 28. 3. 2000 – 1 ABR 16/99 – AP Nr. 27 zu § 99 BetrVG 1972 Einstellung; ErfKomm/*Preis* § 611 BGB Rdn. 349; Richardi/*Thüsing* § 94 Rdn. 24; a. A. *Schaub* § 26 Rdn. 18). Etwas anderes gilt nur für Tendenzbetriebe (MünchHdbArbR/*Buchner* § 41 Rdn. 123; *Ehrich* DB 2000, 421, 426). Ist der Arbeitgeber tarifgebunden, so kann er sich im Hinblick auf seine Verpflichtung, den Tariflohn zu bezahlen, nach der Einstellung des Bewerbers nach dessen Gewerkschaftszugehörigkeit erkundigen (*Braun* MDR 2004, 64, 66).

31. Stasi-Mitarbeit. Hinsichtlich der Frage nach der „Stasi-Mitarbeit" ist zwischen dem öffentlichen Dienst und der Tätigkeit für private Arbeitgeber zu unterscheiden.

Im öffentlichen Dienst ist die Frage jedenfalls dann zulässig, wenn sich die Frage auf Vorgänge aus der Zeit nach 1970 bezieht (BVerfG Urt. v. 8. 7. 1997 – 1 BvR 2111/94, 1 BvR 195/95 u. 1 BvR 2189/95 – NJW 1997, 2307, 2310; *Braun* MDR 2004, 64, 68). Fragen nach vor 1970 abgeschlossenen Tätigkeiten sind nur dann zulässig, wenn diese Tätigkeiten besonders schwer wiegen (BVerfG Urt. v. 8. 7. 1997 a. a. O.; ErfKomm/*Preis* § 611 BGB Rdn. 350).

In der Privatwirtschaft ist die Frage hingegen grundsätzlich unzulässig (*Braun* MDR 2004, 64, 68). Eine Ausnahme bilden Arbeitsplätze, bei denen eine frühere Tätigkeit des Einzustellenden für das MfS im Einzelfall gravierende Eignungsmängel erkennen lässt (BAG Urt. v. 25. 10. 2001 – 2 AZR 559/00 – NJOZ 2002, 1333, 1335). Ein solcher Eignungsmangel ist unter anderem bei Tendenzträgern in Tendenzbetrieben sowie bei Tätigkeiten in sicherheitsrelevanten Bereichen denkbar (ErfKomm/*Preis* § 611 BGB Rdn. 350; *Ehrich* DB 2000, 421, 423). Das BAG hält die Frage bei einem privaten Arbeitgeber dann für zulässig, wenn der Bewerber dort Aufgaben übernehmen soll, die der öffentlichen Verwaltung zuzurechnen oder mit öffentlich-rechtlichen Aufgaben eng verbunden sind (BAG Urt. v. 25. 10. 2001 – 2 AZR 559/00 – NJOZ 2002, 1333, 1336). Die Zulässigkeit der Frage wurde von der Rechtsprechung im Einzelnen bejaht bei einem Redakteur in einem Presseunternehmen (vgl. BAG Urt. v. 13. 6. 2002 – 2 AZR 234/01 – NZA 2003, 265, 266 in Bezug auf die Zulässigkeit einer Kündigung), bei einem Beschäftigten eines Gewerkschaftsunternehmens (LAG Hamm Beschl. v. 1. 7. 1992 – 3 TaBV 30/92 – LAGE Nr. 17 zu § 118 BetrVG 1972) sowie bei einem Angestellten der Flugsicherung (BAG Urt. v. 25. 10. 2001 – 2 AZR 559/00 – NJOZ 2002, 1333, 1335). Ob die wahrheitswidrige Beantwortung der Frage letztlich eine **Anfechtung** des Arbeitsvertrags rechtfertigen kann, muss in jedem Einzelfall unter Berücksichtigung von Intensität und Vorwerfbarkeit der früheren Verstrickung sowie den näheren Umständen der Befragung und der Beantwortung umfassend geprüft werden (BAG Urt. v. 13. 6. 2002 – 2 AZR 234/01 – NZA 2003, 265, 266). So muss etwa zwischen einer ausweichenden und einer eindeutig wahrheitswidrigen Antwort unterschieden werden (vgl. BAG Urt. v. 13. 6. 2002 a. a. O.). Auch das Alter des Arbeitnehmers zum Zeitpunkt der Tätigkeit für die Stasi ist zu berücksichtigen (BAG Urt. v. 21. 6. 2001 – 2 AZR 291/00 – NZA 2002, 168).

32. Bereitschaft zum Schichtdienst. Die Frage nach der Bereitschaft, Schichtdienst zu leisten, ist ebenso wie die Frage nach der Versetzungsbereitschaft (s. dazu Anm. 14) zulässig, wenn die Bereitschaft in den Arbeitsvertrag aufgenommen werden soll (Dörner/Luczak/Wildschütz/*Dörner* B Rdn. 222; MünchHdbArbR/*Buchner* § 41 Rdn. 95).

33. Unrichtige und unvollständige Angaben. Stellt der Arbeitgeber eine Frage, die nicht vom Fragerecht gedeckt ist, so ist der Arbeitnehmer nicht nur berechtigt zu schweigen, sondern darf auch wahrheitswidrig antworten („Recht zur Lüge"; ständige Rechtsprechung; vgl. zuletzt BAG Urt. v. 6. 2. 2003 – 2 AZR 621/01 – NZA 2003, 848). Diese Rechtsprechung berücksichtigt, dass der Bewerber, der eine unzulässige Frage wahrheitsgemäß beantwortet oder schweigt, im Bewerbungsverfahren um die angestrebte Stelle oftmals chancenlos wäre (ErfKomm/*Preis* § 611 BGB Rdn. 334). Beantwortet der Bewerber eine unzulässige Frage wahrheitsgemäß und kommt ein Arbeitsverhältnis deshalb nicht zustande, ist ein **Schadensersatzanspruch** des Bewerbers möglich aus § 823 Abs. 1 BGB, Art. 1, 2 GG, § 611a Abs. 2 BGB, § 81 Abs. 2 Nr. 2 SGB IX, § 15 ADG, oder nach den Grundsätzen der culpa in contrahendo aus §§ 311 Abs. 2, 280 Abs. 1 BGB (*Braun* MDR 2004, 64, 65).

Beantwortet der Arbeitnehmer vor Abschluss des Arbeitsvertrags eine zulässige Frage wahrheitswidrig, kann der Arbeitgeber nach seiner Wahl den Arbeitsvertrag gemäß § 123 Abs. 1 BGB wegen arglistiger Täuschung anfechten oder eine Kündigung aussprechen (BAG Urt. v. 21. 2. 1991 – 2 AZR 449/90 – AP Nr. 35 zu § 123 BGB; *Bauer* Arbeitsrechtliche Aufhebungsverträge II. 7. Rdn. 312; MünchHdbArbR/*Buchner* § 41 Rdn. 177 ff.). Die **Kündigung** kann grundsätzlich entweder wegen der Lüge an sich als verhaltensbedingte ordentliche oder außerordentliche Kündigung oder (so MünchHdbArbR/*Buchner* § 41 Rdn. 186) wegen des Fehlens fachlicher oder persönlicher Qualifikationsmerkmale als personenbedingte (i. d. R. ordentliche) Kündigung ausgesprochen werden, wobei das Vorliegen des Kündigungsgrundes jeweils gesondert festzustellen ist. Die **Anfechtung** ist gemäß § 124 BGB innerhalb einer Frist von einem Jahr zu erklären, wobei die Frist erst nach Entdeckung der Täuschung zu laufen beginnt. Auch vor Ablauf dieser Frist kann die Anfechtung jedoch wegen eines Verstoßes gegen Treu und Glauben verwirkt sein, wenn der Anfechtungsgrund für die weitere Durchführung des Arbeitsverhältnisses so sehr an Bedeutung verloren hat, dass er die Auflösung des

Vertrages nicht mehr rechtfertigen kann (BAG Urt. v. 6. 7. 2000 – 2 AZR 543/99 – NZA 2001, 317, 320). Hat der Arbeitgeber Kenntnis von den die Anfechtung begründenden Tatsachen und spricht er zunächst eine außerordentliche Kündigung unter Einhaltung einer sozialen Auslauffrist aus, so ist darin eine Bestätigung des anfechtbaren Arbeitsvertrags i. S. d. § 144 Abs. 1 BGB zu sehen, die eine spätere Anfechtung ausschließt (*Bauer* II. 7. Rdn. 282). Für die Praxis empfiehlt es sich daher, Anfechtung und Kündigung gleichzeitig auszusprechen.

Unter gewissen Voraussetzungen hat der Bewerber auch ohne eine entsprechende Frage des Arbeitgebers gewisse Informationen über seine Person von sich aus zu offenbaren. Eine solche **Offenbarungspflicht** besteht nur ausnahmsweise, wenn der Arbeitgeber nach Treu und Glauben eine freiwillige Auskunft erwarten kann (BAG Urt. v. 21. 2. 1991 – 2 AZR 449/90 – AP Nr. 35 zu § 123 BGB). Dies ist der Fall, wenn die verschwiegenen Umstände dem Arbeitnehmer die Erfüllung der arbeitsvertraglichen Leistungspflicht unmöglich machen oder sonst ausschlaggebende Bedeutung für den Arbeitsplatz haben (BAG Urt. v. 21. 2. 1991 a. a. O.). Eine entsprechende Offenbarungspflicht wird beispielsweise angenommen, wenn der Einstellungsbewerber wegen einer körperlichen Behinderung überhaupt nicht in der Lage ist, die für ihn vorgesehene Arbeitsaufgabe zu übernehmen (BAG Urt. v. 1. 8. 1985 – 2 AZR 101/83 – AP Nr. 30 zu § 123 BGB; ErfKomm/*Preis* § 611 BGB Rdn. 353 ff. mit weiteren Beispielen).

34. Unterschrift. s. Form. A. II. 1 Anm. 32.

35. Datenschutz. Bei der Beschaffung von Informationen über einen Bewerber mit Hilfe eines Personalfragebogens handelt es sich um **Datenerhebung** i. S. d. § 3 Abs. 3 BDSG (ErfKomm/*Preis* § 611 BGB Rdn. 294). Eine Erhebung, Verarbeitung und Nutzung personenbezogener Daten ist nach § 4 Abs. 1 BDSG nur zulässig, wenn das BDSG selbst oder eine andere Rechtsvorschrift sie erlaubt oder der Betroffene eingewilligt hat. Bedeutung als Erlaubnistatbestand hat insbesondere § 28 Abs. 1 BDSG, wonach die Erhebung personenbezogener Daten zulässig ist, wenn sie der Zweckbestimmung eines Vertragsverhältnisses oder vertragsähnlichen Vertrauensverhältnisses mit dem Arbeitnehmer dient (Nr. 1) oder berechtigte Interessen des Arbeitgebers die Erhebung erfordern und kein vorrangiges, schutzwürdiges Interesse des Arbeitnehmers an einem Ausschluss der Verarbeitung oder Nutzung besteht (Nr. 2). Insofern richten sich die Zulässigkeitsgrenzen auch in datenschutzrechtlicher Hinsicht nach den von der Rechtsprechung entwickelten Grundsätzen zum **Fragerecht** (*Braun* MDR 2004, 64, 68). Die in dem Personalfragebogen verwendete Einwilligung ist für das Bewerbungsverfahren ausreichend. Nach der Einstellung ist die Einholung einer ausführlichen Einwilligung in die Datenaufnahme empfehlenswert (vgl. Form. A. I. 3).

Kommt das Arbeitsverhältnis nicht zustande, sind die Daten über den Bewerber gemäß § 35 Abs. 2 S. 2 Nr. 3 BDSG vom Arbeitgeber unverzüglich zu löschen. Etwas anderes gilt, wenn der Arbeitgeber ein berechtigtes Interesse an der Aufbewahrung des Personalfragebogens hat, so z. B., wenn die Bewerbung im gegenseitigen Einverständnis in absehbarer Zeit wiederholt werden soll oder mit Rechtsstreitigkeiten über die Ablehnung der Bewerbung zu rechnen ist (BAG Urt. v. 6. 6. 1984 – 5 AZR 286/81 – NZA 1984, 321). Eine Aufbewahrung, um den Bewerber später gegebenenfalls erneut ansprechen zu können, stellt für sich genommen noch kein berechtigtes Interesse an der Aufbewahrung dar. Der Arbeitgeber muss zumindest darlegen, dass er an der Person des Bewerbers, dessen Bewerbung er einmal abgelehnt hat, in Zukunft möglicherweise ein konkretes Interesse hat (BAG Urt. v. 6. 6. 1984 a. a. O.). Liegt ein berechtigtes Interesse im oben genannten Sinne vor, dürfte eine Aufbewahrung der Daten auch im Hinblick auf § 35 Abs. 2 S. 2 Nr. 3 BDSG nicht zu beanstanden sein. Zur Einwilligung in die Datenerhebung im Allgemeinen s. Form. A. I. 3.

3. Einwilligung des Arbeitnehmers in die Datenerhebung/-verarbeitung/-nutzung[1]

Erhebung, Verarbeitung und Nutzung personenbezogener Daten
Einwilligung nach dem Bundesdatenschutzgesetz (BDSG)[2]

Im Rahmen des Arbeitsverhältnisses werden von ...... (Gesellschaft) personenbezogene Daten erhoben, gespeichert oder sonst verarbeitet und genutzt[3].

Die Erhebung, Verarbeitung und Nutzung erfolgt zum Zweck der Durchführung des Arbeitsverhältnisses, insbesondere der Lohn- und Gehaltsbuchhaltung sowie der Personalverwaltung.

Für die genannten Zwecke können die Daten auch an mit ...... (Gesellschaft) verbundene Unternehmen und andere Dritte, auch außerhalb der Europäischen Union, übermittelt werden[4].

(Alternative:
Zu den Dienstleistern, die in unserem Auftrag tätig werden, zählen insbesondere ......[5])

Bei den personenbezogenen Daten handelt es sich um die für die Durchführung des Arbeitsverhältnisses bestimmten Angaben, insbesondere die Angaben im Einstellungsfragebogen und die Angaben für die sozialversicherungs- und steuerrechtliche Abwicklung des Arbeitsverhältnisses (Alternative: sowie Angaben für ......).

In die Erhebung, Verarbeitung und Nutzung meiner personenbezogenen Daten in dem oben beschriebenen Rahmen willige ich ein[6, 7].

Insbesondere willige ich in die Erhebung, Verarbeitung und Nutzung meiner personenbezogenen Daten betreffend ...... ein[8].

......
Ort, Datum

......
Unterschrift des Arbeitnehmers

Schrifttum: Bergmann/Möhrle/Herb, Datenschutzrecht Kommentar Bd. 1; *Berscheid/Kunz/Brand,* Praxis des Arbeitsrechts, 2. Aufl., 2003; *Dammann/Simitis,* EG-Datenschutzrichtline, 1997; *Däubler,* Das neue Bundesdatenschutzgesetz und seine Auswirkungen im Arbeitsrecht, NZA 2001, 874; *ders.,* Internet und Arbeitsrecht, 3. Aufl., 2004; *Ehmann/Sutschert,* EU-Datenschutzrichtlinie – Umsetzungsbedarf und Auswirkungen aus der Sicht des Arbeitsrechts, RDV 92, 3; *Ernst,* Der Arbeitgeber, die E-Mail und das Internet, NZW 2002, 585; *Fleck,* Brauchen wir ein Arbeitnehmerdatenschutzgesetz?, BB 2003, 306; *Gola,* Die Entwicklung des Datenschutzrechts in den Jahren 1999/2000, NJW 2000, 3749; *Gola/Klug,* Die Entwicklung des Datenschutzrechts in den Jahren 2000/2001, NJW 2001, 3747; *dies.,* Die Entwicklung des Datenschutzrechts in den Jahren 2001/2002, NJW 2002, 2431; *dies.,* Die Entwicklung des Datenschutzrechts in den Jahren 2002/2003, NJW 2003, 2420; *dies.,* Grundzüge des Datenschutzrechts, 2003; *Gola/Schomerus,* Kommentar zum Bundesdatenschutzgesetz, 8. Aufl., 2005; *Grobys,* Wir brauchen ein Arbeitnehmerdatenschutzgesetz, BB 2003, 682; *v. Lewinski,* Persönlichkeitsprofile und Datenschutz bei CRM, RDV 2003, 122; *Ohlenburg,* Der neue Telekommunikationsdatenschutz – Eine Darstellung von Teil 7 Abschnitt 2 TKG, MMR 2004, 431; *Tinnefeld/Viethen,* Arbeitnehmerdatenschutz und Internet-Ökonomie, NZA 2000, 977; *dies.,* Das Recht am eigenen Bild als besondere Form des allgemeinen Persönlichkeitsrechts – Grundgedanken und spezielle Fragen des Arbeitnehmerdatenschutzes, NZA 2003, 468; *Roßnagel,* Handbuch Datenschutzrecht, 2003; *Simitis,* Kommentar zum Bundesdatenschutzgesetz, 5. Aufl., 2003.

Anmerkungen

1. Sachverhalt/Anwendungsbereich. Das Formular betrifft die Einwilligung des Arbeitnehmers nach dem BDSG in die Erhebung, Verarbeitung und Nutzung seiner personenbezogenen Daten im Rahmen des Arbeitsverhältnisses (siehe zur Datenschutzverpflichtung für datenverarbeitende Arbeitnehmer Form. A.IV.4). Das BDSG gilt für öffentliche und nichtöffentliche Stellen und damit auch für private Arbeitgeber. Beim arbeitsrechtlichen Datenschutz sind die Bestimmungen des BDSG von grundlegender Bedeutung. Ein Gesetz, das speziell den Schutz von Arbeitnehmerdaten regelt, wurde bislang vom deutschen Gesetzgeber nicht geschaffen. Neben dem BDSG enthalten teilweise die Datenschutzgesetze der Länder Bestimmungen für den Datenschutz bei Dienst- und Arbeitsverhältnissen (z. B. § 29 DSG NW; § 31 DSG MV) oder verweisen auf das BDSG (z. B. § 2 LDSG BW). Datenschutz bei der Telefon-, E-Mail- und Internetnutzung durch Arbeitnehmer und der Kontrolle durch Arbeitgeber gewährleisten verschiedene **Spezialgesetze** (TKG, TDSV, TDDSG). Beispielsweise ist nach § 8 Abs. 1 TDSV bei einem vom Arbeitgeber angeforderten Einzelverbindungsnachweis keine Einwilligung des Arbeitnehmers erforderlich, jedoch muss der Arbeitgeber den Mitarbeiter sowie die Mitarbeitervertretungen hierüber informieren.

2. Erfordernis der Einwilligung nach dem BDSG. Zum Schutz der Persönlichkeitsrechte des Betroffenen ist die Erhebung, Verarbeitung und Nutzung von personenbezogenen Daten gemäß § 4 Abs. 1 BDSG nur mit **Einwilligung** des Betroffenen zulässig oder soweit das BDSG oder eine andere Rechtsvorschrift dies erlaubt. Als Rechtsvorschriften in diesem Sinn gelten auch Tarifverträge und Betriebsvereinbarungen (Simitis/*Sokol* § 4 Rdn. 11; *F/E/S/T/L* § 94 Rdn. 32). Von praktischer Relevanz ist vor allem der Erlaubnistatbestand des § 28 Abs. 1 Nr. 1 BDSG. Die Vorschrift gestattet das Erheben, Verarbeiten (in den Formen des Speicherns, Veränderns und Übermittelns) von personenbezogenen Daten oder ihre Nutzung **ohne Einwilligung** des Betroffenen, wenn es der Zweckbestimmung eines Vertragsverhältnisses (hier: des Arbeitsverhältnisses) oder eines „vertragsähnlichen Vertrauensverhältnisses mit dem Betroffenen" dient. Der Begriff des vertragsähnlichen Vertrauensverhältnisses umfasst auch Bewerbungsverfahren (*Däubler* NZA 2001, 874, 876). Welche Angaben von dem Betroffenen verlangt werden können, richtet sich in Ermangelung besonderer Regelungen im BDSG nach den **Grundsätzen des arbeitsrechtlichen Fragerechts** (Dörner/Luczak/Wildschütz/*Dörner* C Rdn. 2416; *Däubler* NZA 2001, 874, 876; *Gola/Klug* 5. Kapitel B. III. 2. c)). Daraus folgt, dass die Datenerhebung, -verarbeitung und -nutzung zur Erfüllung des konkreten Arbeitsvertragszwecks erforderlich sein muss (BAG Urt. v. 22. 10. 1986 – 5 AZR 660/85 – NZA 1987, 415; Tschöpe/*Wisskirchen* Teil I Rdn. 179; MünchHdbArbR/*Blomeyer* § 99 Rdn. 27; ErfKomm/*Wank* § 28 BDSG Rdn. 3) und eine **Interessenabwägung** zwischen dem Informationsinteresse des Arbeitgebers und dem Persönlichkeitsschutzrecht des Arbeitnehmers vorzunehmen ist (BAG Urt. v. 5. 10. 1995 – 2 AZR 923/94 – NZA 1996, 371; BAG Urt. v. 22. 10. 1986 – 5 AZR 660/85 – NZA 1987, 415; *Tinnefeld/Viethen* NZA 2003, 468, 470). Zulässig im Hinblick auf die Zweckbestimmung des Arbeitsverhältnisses sind jedenfalls die Erhebung und Speicherung der sog. Stammdaten, Geschlecht, Familienstand, Schul- und Berufsschulausbildung, Studium sowie Sprachkenntnisse des Bewerbers bzw. Arbeitnehmers (BAG Urt. v. 22. 10. 1986 – 5 AZR 660/85 – NZA 1987, 415; ausführlich zum Fragerecht des Arbeitgebers s. Form. A. I. 2 Anm. 2). Ob Daten wie Geburtsdatum (Alter) oder Geschlecht bei Bewerbern künftig noch erhoben werden dürfen, ist im Hinblick auf mögliche Diskriminierungssachverhalte (Alters- bzw. Geschlechtsdiskriminierung) nach dem vorgelegten Entwurf des Antidiskriminierungsgesetzes (Regierungsentwurf vom 16. Dezember 2004, BT-Drucks. 15/4538) zweifelhaft. Sofern diese Daten für die Durchführung des Arbeitsverhältnisses erforderlich sind (der Geburtstag für die Anmeldung des Arbeitnehmers bei der Krankenkasse), können diese Daten auch nach Einstellung des Bewerbers erhoben werden und dadurch Benachteiligungen von Bewerbern beim Zugang zur Erwerbstätigkeit vermieden werden.

Auf der Grundlage des § 28 Abs. 1 Nr. 1 BDSG ist daher ein weiter Bereich der arbeitsrechtlichen Datenerhebung, -verarbeitung und -nutzung ohne Einwilligung des Arbeitnehmers

3. Einwilligung des Arbeitnehmers in die Datenerhebung   A. I. 3

zulässig. Die Einholung der schriftlichen Einwilligung des Arbeitnehmers gewährleistet jedoch für den Arbeitgeber höhere Rechtssicherheit. Ferner gibt es bestimmte Bereiche der Datenverarbeitung, die nicht von § 28 Abs. 1 Nr. 1 BDSG erfasst werden. Dies gilt insbesondere für die Weitergabe von Daten an Dritte (s. hierzu Anm. 4). Die Einwilligung des Arbeitnehmers ist beispielsweise auch erforderlich, wenn Arbeitnehmerdaten erhoben werden sollen, die nicht der Zweckbestimmung des Arbeitsverhältnisses dienen, beispielsweise wenn der Arbeitgeber mit dem Foto, dem Namen und der Qualifikation des Betroffenen werben möchte (Dörner/Luczak/Wildschütz/*Dörner* C Rdn. 2422; *Däubler* NZA 2001, 874; 877; *Gola/Klug* 5. Kapitel B. III. 2. d)). Auch die Einführung der Videoüberwachung von Arbeitnehmern ist nicht durch § 28 BDSG gerechtfertigt und bedarf zu ihrer Zulässigkeit der Einwilligung der Arbeitnehmer oder einer Betriebsvereinbarung (BAG Beschl. v. 29. 6. 2004 – 1 ABR 21/03 – NZA 2004, 1278, 1282). Gegebenenfalls kann bei öffentlich zugänglichen Räumlichkeiten (z. B. Verkaufsräumen) die Videoüberwachung auf § 6b BDSG gestützt werden (vgl. BAG Urt. v. 27. 3. 2003 – 2 AZR 51/02 – NZA 2003, 1194, 1195).

3. Verarbeitung personenbezogener Daten. Personenbezogene Daten i. S. d. BDSG sind alle Einzelangaben über persönliche oder sachliche Verhältnisse einer bestimmten oder bestimmbaren natürlichen Person, § 3 Abs. 1 BDSG. Hierunter fallen beispielsweise Geburtsdatum, Familienstand und Sprachkenntnisse des Arbeitnehmers. Tatbestandlich vom BDSG erfasst werden das „**Erheben**" (Beschaffen), „**Verarbeiten**" (Speichern, Verändern, Übermitteln, Sperren und Löschen) und „**Nutzen**" (jede sonstige Verwendung) personenbezogener Daten, § 1 Abs. 2 i. V. m. § 3 Abs. 3 bis 5 BDSG. Eine Datenerhebung im Sinne des BDSG liegt dagegen nicht vor, wenn dem Arbeitgeber unaufgefordert Daten zugeleitet werden (ErfKomm/ *Wank* § 28 BDSG Rdn. 2). Daher sind vom Bewerber zugesandte Informationen, die über das vom Fragerecht erlaubte Maß hinausgehen, beispielsweise über politische oder religiöse Aktivitäten, keine im Rahmen einer Datenerhebung erlangten Daten. Diese Daten unterliegen nicht dem Anwendungsbereich des § 28 BDSG, es ist somit keine Einwilligung bezüglich der Verwendung dieser Daten während des Anbahnungsverhältnisses erforderlich.

Das BDSG erfasst bei nicht-öffentlichen Stellen die Erhebung, Verarbeitung und Nutzung personenbezogener Daten unter Einsatz von **Datenverarbeitungsanlagen** sowie **nicht automatisierter Dateien**, § 1 Abs. 2 Nr. 3 BDSG. Das BDSG gilt also immer dann, wenn Personaldaten in die EDV eingegeben werden (MünchHdbArbR/*Blomeyer* § 99 Rdn. 15). Eine nicht automatisierte Datei ist gemäß § 3 Abs. 2 S. 2 BDSG eine Sammlung personenbezogener Daten, die gleichartig aufgebaut und nach bestimmten Merkmalen zugänglich ist und ausgewertet werden kann. Beispielsweise sind standardisierte Personalfragebögen Bestandteil einer nicht automatisierten Datei, wenn sie im Rahmen einer gleichartigen Sammlung von Personalfragebögen, z. B. in einem Sammelordner, aufbewahrt werden (BAG Urt. v. 6. 6. 1984 – 5 AZR 286/81 – NZA 1984, 321). Akten fallen in den Anwendungsbereich des BDSG, wenn sie unter den Begriff der nicht automatisierten Datei in § 3 Abs. 2 S. 2 BDSG fallen (*Gola/Schomerus* § 3 BDSG Rdn. 20 und 22).

4. Weitergabe von Daten an Dritte. Die vom Arbeitgeber erhobenen Daten sind regelmäßig nicht zur Übermittlung an Dritte vorgesehen. Unzulässig ist daher ohne entsprechende Einwilligung des Arbeitnehmers beispielsweise die Übermittlung von Arbeitnehmerdaten an Versicherungen zu Werbezwecken. Allerdings dürfen Personaldaten **ohne Einwilligung** an Banken zur Abwicklung der bargeldlosen Lohnzahlung, an rechtlich selbständige Träger der betrieblichen Altersversorgung und an gemeinsame Einrichtungen der Tarifparteien übermittelt werden (Dörner/Luczak/Wildschütz/*Dörner* C Rdn. 2439). Die Übermittlung von Arbeitnehmerdaten innerhalb eines **Konzerns** bedarf grundsätzlich der **Einwilligung** des Betroffenen. **Ausnahmen** von dem Erfordernis der Einwilligung ergeben sich aus dem Arbeitsvertrag, wenn in diesem eine Bereitschaft des Arbeitnehmers begründet wird, auch in anderen Konzernunternehmen eingesetzt zu werden, oder wenn der „Mutterkonzern" sich beispielsweise die Entscheidung über die Einstellung vorbehält (*Gola/Klug* 5. Kapitel B. III. 2. d) a. E.; Dörner/ Luczak/Wildschütz/*Dörner* C Rdn. 2439). Eine weitere Ausnahme gilt, wenn ein Unternehmen des Konzerns für andere Konzernunternehmen als „Service-Unternehmen" tätig wird (beispielsweise im Rahmen einer zentralisierten Lohnbuchhaltung). In diesem Fall liegt eine

Auftragsdatenverarbeitung i. S. d. § 11 BDSG vor (Roßnagel/*Büllesbach* 6.1 Rdn. 66) für die keine gesonderte Einwilligung des Arbeitnehmers erforderlich ist. Die Verantwortung für die Datenverarbeitung trägt jedoch weiterhin der Arbeitgeber (Roßnagel/*Büllesbach* 6.1 Rdn. 66).

Die Zulässigkeit der **Weitergabe** von Arbeitnehmerdaten in das **Ausland** richtet sich danach, ob im Empfängerland ein dem hiesigen vergleichbares Datenschutzniveau herrscht. Seit der Umsetzung der EG-Datenschutzrichtlinie (RL 95/46/EG vom 24. Oktober 1995 zum Schutz natürlicher Personen bei der Verarbeitung personenbezogener Daten und zum freien Datenverkehr, abgedruckt in EuZW 1996, 557) mit Wirkung zum 23. Mai 2001 ist diese Problematik für die Mitgliedsstaaten der EU und des EWR entfallen, da sie dem Inland gleichgestellt werden, § 4b Abs. 1 BDSG. Für Nicht-EU-Staaten entscheidet gemäß Art. 25 Abs. 6 der EG-Datenschutzrichtlinie die EU-Kommission über das Vorliegen eines angemessenen Schutzniveaus. Ist das Schutzniveau angemessen, so ist eine Übermittlung entsprechend den Regeln für inländische Übermittlungen zulässig. Ist das Schutzniveau dagegen nicht ausreichend, so können gemäß § 4c Abs. 3 BDSG von der Aufsichtsbehörde dennoch Übermittlungen genehmigt werden, wenn die verantwortliche Stelle ausreichende Garantien hinsichtlich des Schutzes des Persönlichkeitsrechts und der Ausübung der damit verbundenen Rechte vorweist. Die Garantien können sich insbesondere aus Vertragsklauseln oder verbindlichen Unternehmensregelungen ergeben (vgl. Roßnagel/*Büllesbach* 6.1 Rdn. 71 ff.).

Die zur Übermittlung der Arbeitnehmerdaten durch den Arbeitgeber erforderliche Einwilligung des Arbeitnehmers kann durch eine Betriebsvereinbarung ersetzt werden (BAG Beschl. v. 20. 12. 1995 – 7 ABR 8/95 – NZA 1996, 945). Der Abschluss einer Betriebsvereinbarung ist z. B. zweckmäßig, wenn die Verweigerung der Einwilligung durch einzelne Arbeitnehmer ausgeschlossen werden soll oder die Einholung der Einwilligung bei einer großen Anzahl von Arbeitnehmern nicht praktikabel ist.

5. Angabe der Datenempfänger. Sollen Daten an eher untypische Empfänger gerichtet werden, empfiehlt sich eine möglichst genaue Beschreibung der empfangenden Stelle (*Gola/Schomerus* § 4 BDSG Rdn. 32 ff.). Hierzu kann die als Alternative vorgeschlagene Formulierung verwendet werden. Nach § 4 Abs. 3 S. 1 Nr. 2 BDSG ist bei der Weitergabe von Daten erforderlich, dass der von der Datenerhebung Betroffene über die „Kategorien" der Datenempfänger informiert wird, sofern er nicht ohnehin mit der Weitergabe an diese Empfänger rechnen muss. Die Vorschrift erfasst den unternehmensinternen Datenfluss sowie die Datenübermittlung nach außen. Mit der Weitergabe an Banken für die bargeldlose Gehaltsabwicklung oder den Betriebsrat zwecks Mitbestimmung bei der Einstellungsentscheidung wird der Betroffene regelmäßig rechnen.

6. Einwilligung. Die Information des Betroffenen über den Zweck der Erhebung, Verarbeitung und Nutzung seiner personenbezogenen Daten ist Wirksamkeitsvoraussetzung für die Einwilligung, § 4a Abs. 1 S. 2 BDSG. In diesem Zusammenhang wird ebenfalls gefordert, dass der Betroffene darüber informiert wird, welche Daten von seiner Einwilligung erfasst sind (*Gola/Schomerus* § 4a BDSG Rdn. 11). Eine derartige Beschreibung in Kurzform ist ohnehin zweckmäßig.

Die Einwilligung muss nach allgemeiner Meinung bereits vor der Datenverarbeitung erteilt werden. Die (nachträgliche) Genehmigung ändert nichts an der Rechtswidrigkeit der Datenverarbeitung, bereits gespeicherte Daten sind zu löschen (Kasseler Handbuch/*Striegan* 2.10 Rdn. 97; Simitis/*Simitis* § 4a BDSG Rdn. 29 und 31). Die Datenerhebung wird hingegen aus praktischen Erwägungen auch dann für zulässig gehalten, wenn die Einwilligung erst unmittelbar nach Abschluss der Erhebung erteilt wird. Dies beruht auf der Einsicht, dass der Betroffene – unter Berücksichtigung des Zwecks der Datenerhebung – erst nach der Erhebung beurteilen kann, welche Daten erhoben werden und welche Konsequenzen daraus gezogen werden können (Simitis/*Simitis* § 4a BDSG Rdn. 30; a. A. *Gola/Schomerus* § 4a BDSG Rdn. 15 mit Verweis auf OLG Köln, Urt. v. 12. 6. 1992 – 19 U 154/91 – NJW 1993, 793 zur Rechtslage nach dem BDSG von 1990). Daher sollte möglichst zeitgleich mit dem ausgefüllten Personalfragebogen die Einwilligung eines Bewerbers in die Datenerhebung eingereicht werden.

3. Einwilligung des Arbeitnehmers in die Datenerhebung

Wird ein Bewerber abgelehnt, müssen die Bewerbungsunterlagen zurückgegeben oder vernichtet und gespeicherte Daten gelöscht werden, § 35 Abs. 2 S. 2 Nr. 3 BDSG (BAG Urt. v. 6. 6. 1984 – 5 AZR 286/81 – NZA 1984, 321; Berscheid/Kunz/Brand/*Ehlers*/*Niemand* Teil 1 B XI Rdn. 135). Eine Ausnahme ist zu machen, wenn der Bewerber in die weitere Verarbeitung seiner Daten einwilligt oder der Arbeitgeber ein fortbestehendes berechtigtes Interesse an den Daten hat (BAG Urt. v. 6. 6. 1984 – 5 AZR 286/81 – NZA 1984, 321; MünchHdbArbR/*Blomeyer* § 99 Rdn. 40). Ein berechtigtes Interesse besteht etwa bei einer lediglich zurückgestellten Bewerbung oder einem aus dem Anbahnungsverhältnis entstandenen Rechtsstreit (Berscheid/Kunz/Brand/*Ehlers*/*Niemand* Teil 1 B. XI. Rdn. 135; Dörner/Luczak/Wildschütz/*Dörner* B Rdn. 308).

Die Einwilligung bedarf der Schriftform, soweit nicht wegen besonderer Umstände eine andere Form angemessen ist, § 4a Abs. 1 S. 3 BDSG. Eine Ausnahme vom Schriftformerfordernis wird bei Bewerbungsverfahren oder im laufenden Anstellungsverhältnis regelmäßig nicht in Betracht kommen. Soll die Einwilligung zusammen mit anderen Erklärungen schriftlich erteilt werden, ist sie besonders hervorzuheben.

7. Verweigerung der Einwilligung und Freiwilligkeit. Nach § 4a Abs. 1 S. 2 BDSG muss der Betroffene auch auf die Folgen der Verweigerung der Einwilligung hingewiesen werden, sofern er dies verlangt oder soweit es nach den Umständen des Einzelfalls erforderlich ist, falls der Betroffene ansonsten nach objektiver Sicht „die Sachlage nicht erkennen kann", Art. 2 lit. h) der EG-Datenschutzrichtlinie. Bei den üblichen Auskünften für die Durchführung der im Formular angegebenen Zwecke der Lohn- und Gehaltsbuchhaltung und der Personalverwaltung erscheint der Hinweis auf die Folgen der Verweigerung entbehrlich.

Die Einwilligung muss selbstverständlich freiwillig erklärt werden, § 4a Abs. 1 S. 1 BDSG. Eine aufgrund arglistiger Täuschung oder rechtswidriger Drohung erklärte Einwilligung ist unwirksam (Kasseler Handbuch/*Striegan* 2.10 Rdn. 110). Auch wird vertreten, dass die Freiwilligkeit bereits beeinträchtigt ist, wenn der Betroffene durch eine bestimmte Verhandlungssituation unzulässig unter Druck gesetzt wird (*Däubler* NZA 2001, 874, 877).

8. Einwilligung betreffend besondere Arten personenbezogener Daten. Bestimmte „sensible" Daten unterliegen gemäß §§ 4a Abs. 3, 3 Abs. 9 BDSG einem erhöhten Schutz. Bei Angaben über Gewerkschaftszugehörigkeit, Gesundheit, Sexualleben, rassische und ethnische Herkunft, politische Meinungen, religiöse oder philosophische Überzeugungen ist die Einwilligung nur wirksam erteilt, wenn sie sich ausdrücklich auf diese Daten bezieht. Wird beispielsweise in einem Personalfragebogen eines kirchlichen Krankenhauses nach der Religionszugehörigkeit des Bewerbers gefragt, entspricht eine allgemein gehaltene Formulierung (z. B. „Ich willige in die Erhebung und Speicherung meiner personenbezogenen Daten ein.") nicht den Anforderungen der §§ 4a Abs. 3, 3 Abs. 9 BDSG. Nur unter den sehr engen Voraussetzungen des § 28 Abs. 6 BDSG ist eine Einwilligung für die Erhebung, Verarbeitung und Nutzung der Daten gemäß § 3 Abs. 9 BDSG nicht erforderlich, wenn es z. B. um den Schutz lebenswichtiger Interessen des Betroffenen geht und dieser selbst eine Einwilligung nicht erteilen kann.

4. Einwilligung in psychologische Eignungsuntersuchung/ werks- oder vertrauensärztliche Untersuchung/grafologisches Gutachten[1]

Einwilligung in die psychologische Eignungsuntersuchung
(Alternative: Einwilligung in die werks- oder vertrauensärztliche Untersuchung)
(Alternative: Einwilligung in die Erstellung eines grafologischen Gutachtens)

Name des Bewerbers: ......
Angestrebte Tätigkeit: ......

Hiermit erkläre ich meine Einwilligung in die Durchführung einer psychologischen Eignungsuntersuchung[2]. Den durchführenden Psychologen entbinde ich in dem Umfang von der ärztlichen Schweigepflicht, in dem die Mitteilung seines Befundes zur Beurteilung meiner Eignung für die vorgesehene Tätigkeit erforderlich ist[3].

(Alternative:
Hiermit erkläre ich meine Einwilligung in die Durchführung einer werks- oder vertrauensärztlichen Untersuchung[4]. Den durchführenden Arzt entbinde ich in dem Umfang von der ärztlichen Schweigepflicht, in dem die Mitteilung seines Befundes zur Beurteilung meiner Eignung für die vorgesehene Tätigkeit erforderlich ist[5].)

(Alternative:
Hiermit erkläre ich meine Einwilligung in die Einholung eines grafologischen Gutachtens[6].)

......
Ort, Datum
......
Unterschrift des Bewerbers

Schrifttum: Bepler, Persönlichkeitsverletzung durch graphologische Begutachtung im Arbeitsleben, NJW 1976, 1872; *Bengelsdorf,* Illegale Drogen im Betrieb, NZA-RR 2004, 113; *Deutsch,* Die Genomanalyse im Arbeits- und Sozialrecht, NZA 1989, 657; *Diekgräf,* Genomanalyse im Arbeitsrecht, BB 1991, 1854; *Diller/Powietzka,* Drogenscreenings und Arbeitsrecht, NZA 2001, 1227; *Grunewald,* Der Einsatz von Personalauswahlverfahren und -methoden im Betrieb – ein faktisch rechtsfreier Raum? NZA 1996, 15; *Hunold,* Aktuelle Rechtsprobleme der Personalauswahl, DB 1993, 224; *Keller,* Die ärztliche Untersuchung des Arbeitnehmers im Rahmen des Arbeitsverhältnisses, NZA 1988, 561; *Jung,* Gesundheitsvorsorge und Arbeitsmedizin, NJW 1985, 2729; *Künzl,* Alkohol im Betrieb, BB 1993, 1581; *Michel/Wiese,* Zur rechtlichen und psychologischen Problematik graphologischer Gutachten, NZA 1986, 505; *Oetker,* Informationelles Selbstbestimmungsrecht und graphologische Gutachten bei Anbahnung und Abwicklung des Arbeitsverhältnisses, BlStSozArbR 1985, 81; *Schönfeld/Gennen,* Mitbestimmung bei Assessment-Centern. Beteiligungsrechte des Betriebsrats und des Sprecherausschusses, NZA 1989, 543; *Schmid,* Rechtsprobleme bei der Anwendung psychologischer Testverfahren zur Personalauslese, BB 1981, 1646; *Zeller,* Die Einstellungsuntersuchung, BB 1987, 2439.

Anmerkungen

1. Sachverhalt. In der Praxis werden bei der Bewerberauswahl häufig sowohl die geistige als auch die körperliche Eignung eines Bewerbers überprüft. Derartige Untersuchungen bedürfen der Einwilligung des Bewerbers und müssen zudem auf arbeitsplatzbezogene Merkmale beschränkt werden. Das Formular ist als Einwilligungserklärung des Bewerbers gestaltet, die dem Bewerber z. B. nach erfolgreicher Durchführung der ersten Phase des Auswahlverfahrens vom Arbeitgeber zur Unterschrift übersandt werden kann.

4. Einwilligung in psychologische Eignungsuntersuchung   A. I. 4

2. Psychologische Eignungsuntersuchung. Mit der Durchführung einer psychologischen Eignungsuntersuchung ist eine Gefährdung des verfassungsrechtlich geschützten Persönlichkeitsrechts (Art. 1 Abs. 1 und Art. 2 Abs. 1 GG) verbunden. Diese Gefährdung macht grundsätzlich die **Einwilligung** des Bewerbers in die psychologische Eignungsuntersuchung erforderlich (BAG Urt. v. 16. 9. 1982 – 2 AZR 228/80 – AP Nr. 24 zu § 123 BGB). Eine Pflicht des Bewerbers zur Einwilligung besteht nicht. Allerdings steht der Bewerber unter einem erheblichen tatsächlichen Zwang zur Einwilligung, da er ansonsten mit der Ablehnung seiner Bewerbung rechnen muss.

In der Literatur wird verbreitet gefordert, dass der Bewerber über die „Funktionsweise und den Zweck des Tests" aufgeklärt sein muss (ErfKomm/*Preis* § 611 BGB Rdn. 382) oder zuvor über dessen „Reichweite" informiert wurde (*Schaub* § 24 Rdn. 10). Zweckmäßigerweise wird diese Aufklärung über Einzelheiten des Tests von dem durchführenden Psychologen vorgenommen, der dann die Unterrichtung sowie die Einwilligung des Bewerbers dokumentiert. Eine detaillierte Auflistung der zu untersuchenden Persönlichkeitsmerkmale in der dem Bewerber vom Arbeitgeber vorgelegten Einwilligungserklärung ist nicht praktikabel.

Die Untersuchung darf sich nur auf solche persönlichen Merkmale erstrecken, die einen konkreten Bezug zu dem in Aussicht genommenen Arbeitsplatz haben. Im Rahmen der Verhältnismäßigkeitsprüfung ist zu berücksichtigen, ob die Bedeutung der zu besetzenden Position die Untersuchung rechtfertigt. Untersuchungen, die der Erfassung der Gesamtpersönlichkeit dienen, können nur in Ausnahmefällen als zulässig angesehen werden (BAG Urt. v. 16. 9. 1982 a. a. O.; ArbG München Urt. v. 14. 4. 1975 – 26 Ca 1674/75 – DB 1975, 1657). Auch reinen Intelligenztests, mit denen lediglich der Intelligenzquotient ermittelt wird, fehlt i. d. R. der Bezug zum konkreten Arbeitsplatz (F/E/S/T/L § 94 BetrVG Rdn. 26; *Schmid* DB 1981, 1646, 1649).

Bei **Assessment-Centern** handelt es sich um „systematische Verfahren zur qualifizierten Festlegung von Verhaltensleistungen bzw. Verhaltensdefiziten, die von mehreren Beobachtern gleichzeitig für mehrere Teilnehmer in Bezug auf vorher definierte Anforderungen angewandt werden" (*Schönfeld/Gennen* NZA 1989, 543 m. weit. Nachw.; ErfKomm/*Preis* § 611 BGB Rdn. 381). Sofern das Assessment-Center den Charakter eines psychologischen Eignungstests hat, gelten ihm die o. g. Zulässigkeitsanforderungen, insbesondere das Erfordernis einer wirksamen Einwilligung.

Psychologische Untersuchungen wie auch Assessment-Center können dem Mitbestimmungsrecht des Betriebsrats nach §§ 94, 95 BetrVG unterliegen. Entscheidend ist die konkrete Gestaltung der Untersuchung und Verwertung der Ergebnisse durch den Arbeitgeber, z. B. im Rahmen allgemeiner Beurteilungsgrundsätze gemäß § 94 Abs. 2 BetrVG (*Hunold* DB 1993, 224; *Schönfeld/Gennen* NZA 1989, 543). Bereits die Aufnahme in ein Assessment-Center kann der Mitbestimmung des Betriebsrats nach § 99 BetrVG unterliegen, wenn im Rahmen des Assessment-Centers auch Ausbildungsinhalte für die spätere berufliche Tätigkeit vermittelt werden. (BAG Beschl. v. 20. 4. 1993 – 1 ABR 59/92 – NZA 1993, 1096, 1097).

3. Entbindung von der Schweigepflicht. Psychologische Tests sind nur zulässig, wenn sie von diplomierten Psychologen durchgeführt werden (ErfKomm/*Preis* § 611 BGB Rdn. 382; *Schmid* BB 1981, 1646). Die untersuchenden Psychologen unterliegen der ärztlichen Schweigepflicht (§ 203 Abs. 1 StGB). Die **Bekanntgabe des Untersuchungsergebnisses** an den Arbeitgeber darf daher nur mit Einwilligung des Bewerbers erfolgen. Die Einwilligung wird zwar regelmäßig konkludent vorliegen, wenn sich der Bewerber der psychologischen Untersuchung in Kenntnis ihres Zwecks unterzieht (*Zeller* BB 1987, 2439; ErfKomm/*Preis* § 611 BGB Rdn. 367). Zur Vermeidung rechtlicher Unsicherheiten ist es jedoch ratsam, mit der Einwilligung in die psychologische Untersuchung auch eine ausdrückliche Erklärung über die Entbindung von der ärztlichen Schweigepflicht einzuholen. Allerdings darf auch dann dem Arbeitgeber nur das Gesamtergebnis der Untersuchung mitgeteilt werden. Einzelne Befunde dürfen nicht weitergegeben werden, sofern nicht zusätzlich eine ausdrücklich darauf bezogene Einwilligung vorliegt (MünchHdbArbR/*Buchner* § 41 Rdn. 238 f.; *Keller* NZA 1988, 561, 563).

4. Werks- oder vertrauensärztliche Untersuchung. Sie dient der Feststellung, ob der Bewerber physisch den Anforderungen des Arbeitsplatzes gewachsen ist. Wie die psychologische

Eignungsuntersuchung erfordert sie ebenfalls die **Einwilligung** des Bewerbers. In bestimmten Fällen ist eine Untersuchung zum Schutz des Bewerbers oder der Allgemeinheit gesetzlich vorgeschrieben (z.B. bei Jugendlichen: §§ 32 f. JArbSchG; im Lebensmittelbereich: § 43 Abs. 1 IfSG; im Gefahrstoffbereich: § 28 GefStoffV). Erzwingbar ist die Teilnahme des Bewerbers an der Untersuchung auch in diesen Fällen nicht (*Jung* NJW 1985, 2729, 2733; KHzA/*Striegan* 2.10 Rdn. 181 f.) Bis zur Vorlage einer ärztlichen Bescheinigung über die Untersuchung besteht in diesen Fällen allerdings ein Beschäftigungsverbot (vgl. z.B. §§ 32 Abs. 1, 33 Abs. 3 JArbSchG). Weigert sich der Bewerber, die Untersuchung durchführen zu lassen, hat er die rechtlichen Folgen aus der Unmöglichkeit der Beschäftigung zu tragen (KHzA/*Striegan* 2.10 Rdn. 182). Eine körperliche Einstellungsuntersuchung kann auch tarifvertraglich vorgesehen sein (vgl. z.B. § 7 BAT).

Der mit der körperlichen Untersuchung verbundene Eingriff in das Persönlichkeitsrecht des Bewerbers ist nur soweit gerechtfertigt, wie ihm ein **berechtigtes Interesse** des Arbeitgebers an Informationen über den Gesundheitszustand und die körperliche Leistungsfähigkeit eines Bewerbers gegenübersteht. Art und Umfang der Untersuchung sind daher auf die körperliche Eignung des Bewerbers für den konkret in Aussicht genommenen Arbeitsplatz zu beschränken (BAG Urt. v. 23. 2. 1967 – 2 AZR 124/66 – AP Nr. 1 zu § 7 BAT; Tschöpe/*Wisskirchen* 1 C Rdn. 132). Die Untersuchung muss sich zudem auf die gegenwärtige Eignung des Bewerbers beziehen. Dies ist der Fall, wenn die Untersuchung ergeben soll, ob eine Krankheit oder Beeinträchtigung des Gesundheitszustands vorliegt, welche die Eignung des Bewerbers für die angestrebte Tätigkeit auf Dauer oder in periodisch wiederkehrenden Abständen erheblich beeinträchtigt oder aufhebt (BAG Urt. v. 7. 6. 1984 – 2 AZR 270/83 – AP Nr. 26 zu § 123 BGB). Im Übrigen werden bei der Ermittlung des zulässigen Untersuchungsumfangs die für die Begrenzung des Fragerechts des Arbeitgebers aufgestellten Grundsätze herangezogen (ErfKomm/*Preis* § 611 BGB Rdn. 367; s. dazu Form. A. I. 2, insbesondere Anm. 2). Für die **Bekanntgabe des Untersuchungsergebnisses** gelten die oben dargestellten Grundsätze (vgl. Anm. 3).

Eine gesetzliche Regelung über die Zulässigkeit von **Genomanalysen** bei Bewerbern besteht nicht. Die Zulässigkeit ist in der Literatur umstritten (nicht grundsätzlich ablehnend *Schaub* § 24 Rdn. 19; zum Stand der Diskussion vgl. ErfKomm/*Preis* § 611 BGB Rdn. 373 m. weit. Nachw.). **Drogenscreenings** und **Alkoholtests** werden für zulässig erachtet, wenn mit der angestrebten Tätigkeit eine besondere Risikolage für den Beschäftigten oder Dritte verbunden ist, z.B. bei Chirurgen, Piloten, Kraftfahrern (*Diller/Powietzka* NZA 2001, 1227) oder wenn hinreichend sichere tatsächliche Feststellungen eine Alkohol- oder Drogenabhängigkeit nahe liegend erscheinen lassen (BAG Urt. v. 12. 8. 1999 – 2 AZR 55/99 – AP Nr. 41 zu § 1 KSchG 1969). Wird im Rahmen der körperlichen Eignungsuntersuchung eine **Aids-Infektion** festgestellt, obliegt dem untersuchenden Arzt die Beurteilung, ob hierdurch die Eignung des Bewerbers für die konkret in Aussicht genommene Stellung beeinträchtigt wird. Die Eignung wird vom Arzt aber nur in allgemeiner Form bescheinigt, der konkrete Befund darf nicht mitgeteilt werden. Grundsätzlich besteht bei normalen Arbeitskontakten mit dem HIV-Infizierten keine ernsthafte Gefahr nachteiliger Folgen für andere Beschäftigte des Arbeitgebers (*Schaub* § 24 Rdn. 14).

Der Bewerber kann auch unter der auflösenden Bedingung eingestellt werden, dass die Untersuchung die gesundheitliche Nichteignung des Bewerbers ergibt (LAG Berlin Urt. v. 16. 7. 1990 – 9 Sa 43/90 – DB 1990, 2223). Ein Mitbestimmungsrecht des Betriebsrats wird für die physische Eignungsuntersuchung abgelehnt (ErfKomm/*Preis* § 611 BGB Rdn. 369).

5. Entbindung von der Schweigepflicht. vgl. Anm. 2.

6. Grafologische Gutachten. Mittels grafologischer Gutachten wird versucht, aus der Handschrift des Bewerbers Rückschlüsse auf dessen Persönlichkeit zu ziehen (kritisch zur Leistungsfähigkeit *Michel/Wiese* NZA 1986, 505). Die Erstellung eines grafologischen Gutachtens auf der Grundlage eines handgeschriebenen Lebenslaufs bedarf wegen des damit verbundenen Eingriffs in das Persönlichkeitsrecht der **Einwilligung** des Bewerbers (BAG Urt. v. 16. 9. 1982 a. a. O.). Liegt die schriftliche Einwilligung vor, kommt es nicht mehr auf die umstrittene Frage an, ob in der Übersendung eines handgeschriebenen Lebenslaufs eine konklu-

4. Einwilligung in psychologische Eignungsuntersuchung

dente Einwilligung in ein grafologisches Gutachten zu sehen ist (bejahend ArbG München Urt. v. 14. 4. 1975 – 26 Ca 1674/75 – DB 1975, 1657; nur für Führungskräfte bejahend LAG Tübingen Urt. v. 26. 1. 1972 – 8 Sa 109/71 – NJW 1976, 310; grundsätzlich ablehnend *Bepler* NJW 1976, 1872). Die Einholung eines Gutachtens ohne die erforderliche Einwilligung berechtigt den Bewerber zum Schadensersatz, § 823 Abs. 1 BGB i.V.m. Art. 1, 2 GG (BAG Urt. v. 16. 9. 1982 a.a.O.). Der Bewerber kann zudem die Vernichtung des Gutachtens verlangen, §§ 823, 1004 BGB (*Oetker* BlStSozArbR 1985, 81, 85; *Bepler* NJW 1976, 1872, 1874).

Die Entbindung des Gutachters von der ärztlichen Schweigepflicht ist bei grafologischen Gutachten nicht erforderlich, da es insofern an der Weitergabe eines anvertrauten Geheimnisses i.S.d. § 203 Abs. 1 StGB fehlt. Das Gutachten darf sich aber nur auf solche Persönlichkeitsmerkmale beziehen, die für den zu besetzenden Arbeitsplatz von Bedeutung sind. Je herausgehobener die zu besetzende Position ist, desto umfassender darf die Begutachtung wesentlicher Persönlichkeitsmerkmale und Charaktereigenschaften sein (*Brox* Anm. zu BAG Urt. v. 16. 9. 1982 a.a.O.).

Bei der grundsätzlichen Entscheidung des Arbeitgebers über die Anfertigung grafologischer Gutachten zur Personalauswahl wird ein Mitbestimmungsrecht des Betriebrats nach § 94 Abs. 2 BetrVG bejaht. Besteht eine Auswahlrichtlinie zu grafologischen Gutachten, ist das Ergebnis des Gutachtens dem Betriebsrat im Rahmen des Zustimmungsverfahrens nach § 99 BetrVG zugänglich zu machen (ErfKomm/*Preis* § 611 BGB Rdn. 380; *Oetker* BlStSozArbR 1985, 81, 83).

II. Die Begründung und der Inhalt des Arbeitsverhältnisses

1. Arbeitsvertrag ohne Tarifbindung[1]

Arbeitsvertrag

zwischen
...... (Name und Anschrift des Arbeitgebers) „Gesellschaft"
und
Herrn ...... (Name und Anschrift des Arbeitnehmers) „Mitarbeiter"

§ 1 Position und Aufgaben[2]

(1) Der Mitarbeiter wird bei der Gesellschaft als ...... in ...... tätig. Zu seinen Aufgaben und Pflichten zählen insbesondere ......

(2) Die Gesellschaft ist berechtigt, soweit dies zumutbar ist, dem Mitarbeiter jederzeit ein anderes, seinen Fähigkeiten und Qualifikationen entsprechendes Aufgaben- und Verantwortungsgebiet ohne Einschränkung seiner Vergütung zu übertragen und den Mitarbeiter an einen anderen Ort zu versetzen.

(3) Der Mitarbeiter ist verpflichtet, die Richtlinien und Anweisungen der Gesellschaft in ihrer jeweiligen Fassung sowie die Anordnungen seiner Vorgesetzten zu beachten.

§ 2 Arbeitszeit

(1) Die regelmäßige wöchentliche Arbeitszeit beträgt ...... Stunden. Die Lage der Arbeitszeit sowie der Pausen wird von der Gesellschaft bestimmt[3].

(2) Der Mitarbeiter ist verpflichtet, sofern betriebliche Belange dies erfordern, Überstunden (einschließlich Samstags-, Sonn- und Feiertagsarbeit) zu leisten. Etwaige Überstunden werden nach Wahl der Gesellschaft durch Freizeit oder Geld ausgeglichen[4].

(Alternative:

(2) Der Mitarbeiter ist verpflichtet, sofern betriebliche Belange dies erfordern, maximal ...... Überstunden (einschließlich Samstags-, Sonn- und Feiertagsarbeit) im Monat zu leisten. Diese Mehrarbeit ist mit der in § 3 Abs. (1) bestimmten Vergütung abgegolten.)

(3) Die Gesellschaft kann Kurzarbeit anordnen, wenn die gesetzlichen Voraussetzungen für die Gewährung von Kurzarbeitergeld erfüllt sind. Dies ist der Fall, wenn ein erheblicher Arbeitsausfall mit Entgeltausfall vorliegt, die betrieblichen und persönlichen Voraussetzungen erfüllt sind und der Arbeitsausfall der Arbeitsverwaltung angezeigt ist (§§ 169 ff. SGB III). Der Mitarbeiter ist damit einverstanden, dass für die Dauer der Kurzarbeit die Vergütung dem Verhältnis der verkürzten zur regelmäßigen Arbeitszeit entsprechend reduziert wird.

(4) Auf Wunsch der Gesellschaft wird der Mitarbeiter auch erforderliche Dienstreisen unternehmen. Reisezeiten, die außerhalb der regelmäßigen Arbeitszeit anfallen, gelten nicht als Arbeitszeit und werden nicht gesondert vergütet[5].

§ 3 Vergütung

(1) Der Mitarbeiter erhält als Vergütung für seine Tätigkeit ein Brutto-Monatsgehalt von EUR ...... (in Worten: Euro ......), zahlbar bargeldlos jeweils zum Monatsende[6].

(2) Die Zahlung von etwaigen Boni, Gratifikationen oder ähnlichen Sonderleistungen erfolgt freiwillig mit der Maßgabe, dass auch durch eine wiederholte Zahlung kein

1. Arbeitsvertrag ohne Tarifbindung — A. II. 1

Rechtsanspruch des Mitarbeiters – weder dem Grunde noch der Höhe nach, weder für die Vergangenheit noch für die Zukunft – begründet wird[7].

(3) Dem Mitarbeiter ist es nicht gestattet, seine Vergütungsansprüche ohne vorherige schriftliche Zustimmung der Gesellschaft an Dritte abzutreten oder zu verpfänden[8].

(4) Der Mitarbeiter verpflichtet sich, etwa zuviel bezogene Vergütung vollumfänglich an die Gesellschaft zurückzuzahlen[9].

§ 4 Ärztliche Untersuchung/Abwesenheit/Krankheit[10]

(1) Die Einstellung erfolgt unter dem Vorbehalt der gesundheitlichen Eignung des Mitarbeiters für seine Tätigkeit nach diesem Arbeitsvertrag. Der Mitarbeiter ist verpflichtet, sich spätestens bis zum Ablauf der Probezeit durch einen Arzt seines Vertrauens auf Kosten der Gesellschaft auf seine gesundheitliche Eignung untersuchen zu lassen. Der Mitarbeiter entbindet den Arzt von der ärztlichen Schweigepflicht, soweit dies zur Beurteilung seiner gesundheitlichen Eignung notwendig ist. Ergibt die ärztliche Untersuchung die Nichteignung des Mitarbeiters, so endet der Arbeitsvertrag zwei Wochen nach Zugang der schriftlichen Mitteilung der Gesellschaft an den Mitarbeiter über die festgestellte gesundheitliche Nichteignung.

(2) Der Mitarbeiter wird sich auch nach Ablauf der Probezeit bei Vorliegen sachlicher Gründe auf Verlangen der Gesellschaft durch einen Arzt seines Vertrauens auf Kosten der Gesellschaft auf seine gesundheitliche Eignung für die Tätigkeit nach diesem Arbeitsvertrag untersuchen lassen. Der Mitarbeiter entbindet den Arzt von der ärztlichen Schweigepflicht, soweit dies zur Beurteilung seiner gesundheitlichen Eignung notwendig ist.

(3) Der Mitarbeiter hat in jedem Fall einer unvorhergesehenen Abwesenheit die Gesellschaft unverzüglich hierüber sowie über den Grund und die Dauer seiner voraussichtlichen Abwesenheit zu informieren. Dabei hat der Mitarbeiter die Gesellschaft auf vordringlich zu erledigende Aufgaben hinzuweisen.

(4) Dauert eine Arbeitsunfähigkeit aufgrund Krankheit oder Unfall länger als drei Kalendertage, hat der Mitarbeiter eine ärztliche Bescheinigung über das Bestehen der Arbeitsunfähigkeit sowie deren voraussichtliche Dauer spätestens an dem auf den dritten Kalendertag folgenden Arbeitstag vorzulegen. Die Gesellschaft ist berechtigt, die Vorlage der Arbeitsunfähigkeitsbescheinigung früher zu verlangen.

§ 5 Reisekosten/Auslagen[11]

Die Gesellschaft erstattet dem Mitarbeiter notwendige und angemessene Auslagen und Reisekosten nach den jeweils maßgeblichen betrieblichen Richtlinien unter Berücksichtigung der jeweils anwendbaren steuerlichen Regelungen.

§ 6 Urlaub[12]

(1) Der Mitarbeiter hat einen Urlaubsanspruch von …… Arbeitstagen pro Kalenderjahr. Arbeitstage sind alle Tage, die am Arbeitsort weder Samstage noch Sonntage oder gesetzliche Feiertage sind. Bei der Festlegung von Zeitpunkt und Dauer des Urlaubs werden die betrieblichen Interessen und Bedürfnisse angemessen berücksichtigt. Der Mitarbeiter hat die Gesellschaft rechtzeitig über seine Urlaubspläne zu informieren.

(2) Der gesamte Urlaub ist grundsätzlich im laufenden Kalenderjahr zu nehmen. Eine Übertragung des Urlaubs auf das nächste Kalenderjahr erfolgt nur, wenn dringende betriebliche oder in der Person des Mitarbeiters liegende Gründe dies rechtfertigen. In diesem Fall muss der Urlaub in den ersten drei Monaten des Folgejahres genommen werden; andernfalls verfällt er.

(3) Bei Beendigung des Arbeitsvertrags erfolgt eine etwaige Urlaubsabgeltung nur bis zur Höhe des gesetzlichen Urlaubsanspruchs. Ein etwa bereits genommener Urlaub wird auf den gesetzlichen Urlaubsanspruch angerechnet.

§ 7 Nebentätigkeiten[13]

(1) Der Mitarbeiter wird der Gesellschaft seine volle Arbeitskraft widmen und deren Interessen fördern.

(2) Jede weitere entgeltliche Tätigkeit bedarf der vorherigen schriftlichen Zustimmung der Gesellschaft. Die Gesellschaft wird ihre Zustimmung nur verweigern, wenn die Interessen der Gesellschaft beeinträchtigt sind.

(3) Abs. (2) gilt entsprechend für unentgeltliche Nebentätigkeiten sowie die Beteiligung an anderen gewerblichen oder gemeinnützigen Unternehmen, sofern sie eine rein kapitalmäßige Beteiligung von ...... Prozent übersteigt.

§ 8 Geheimhaltung/Behandlung von Gegenständen und Daten[14]

(1) Der Mitarbeiter ist verpflichtet, alle vertraulichen Angelegenheiten, insbesondere Betriebs- und Geschäftsgeheimnisse, der Gesellschaft und mit der Gesellschaft verbundener Unternehmen streng geheim zu halten. Diese Verpflichtung gilt auch nach Beendigung des Arbeitsvertrags.

(2) Alle die Gesellschaft oder mit ihr verbundenen Unternehmen betreffenden Unterlagen, insbesondere alle Notizen, Spezifikationen für Angebote und Aufträge, Zeichnungen, Protokolle, Berichte, Korrespondenz und ähnliche Dokumente (sowie Kopien oder sonstige – auch elektronische – Reproduktionen hiervon), alle Datenträger/Daten und alle dem Mitarbeiter dienstlich überlassenen Gegenstände (z.B. Handy, Laptop usw.) müssen sorgfältig behandelt werden. Sie dürfen nur mit vorheriger schriftlicher Zustimmung der Gesellschaft zu anderen als dienstlichen Zwecken verwendet, vervielfältigt oder aus den Geschäftsräumen der Gesellschaft entfernt werden.

(3) Zum Zeitpunkt der Beendigung des Arbeitsverhältnisses oder einer unwiderruflichen Freistellung nach § 10 Abs. (5) wird der Mitarbeiter der Gesellschaft unaufgefordert, während des Bestehens seines Arbeitsvertrags auf Anforderung, alle in seinem Besitz befindlichen und in Abs. (2) genannten Unterlagen, Datenträger und Gegenstände zurückgeben. Sinngemäß gilt das Gleiche für nichtkörperliche Informationen und Materialien, z.B. Computerprogramme oder sonstige Daten. Dem Mitarbeiter ist es nicht gestattet, Sicherungskopien hiervon zu behalten.

(4) Der Mitarbeiter erkennt an, dass die in Abs. (2) und (3) genannten Unterlagen, Datenträger/Daten und Gegenstände alleiniges Eigentum der Gesellschaft oder mit ihr verbundener Unternehmen sind. Der Mitarbeiter hat daran kein Zurückbehaltungsrecht.

§ 9 Schutzrechte[15]

(1) Der Mitarbeiter überträgt der Gesellschaft das ausschließliche, zeitlich, räumlich und inhaltlich unbeschränkte Nutzungs- und Verwertungsrecht für alle etwaigen nach Urheber-, Geschmacksmuster-, Gebrauchsmuster-, Marken- oder einem anderen Schutzrecht schutzfähigen Arbeitsergebnisse, die der Mitarbeiter während der Dauer seines Arbeitsvertrags während seiner Arbeitszeit oder, sofern sie Bezug zu seinen arbeitsvertraglichen Aufgaben haben, auch außerhalb seiner Arbeitszeit erstellt.

(2) Die Übertragung des Nutzungs- und Verwertungsrechts umfasst insbesondere auch die Erlaubnis zur Bearbeitung und Lizenzvergabe an Dritte.

(3) Der Mitarbeiter verzichtet ausdrücklich auf sonstige ihm etwa als Urheber oder sonstigen Schutzrechtsinhaber zustehenden Rechte an den Arbeitsergebnissen, insbesondere auf das Recht auf Namensnennung, auf Bearbeitung und auf Zugänglichmachung des Werkes.

(4) Die Einräumung von Rechten und der Verzicht auf Rechte nach diesem § 9 sind vollumfänglich mit der in § 3 Abs. (1) geregelten Vergütung abgegolten.

1. Arbeitsvertrag ohne Tarifbindung

(5) Die Vorschriften des Arbeitnehmererfindungsgesetzes sowie § 69b UrhG bleiben unberührt.

§ 10 Laufzeit/Kündigung/Vertragsstrafe/Freistellung/Vorfälligkeit

(1) Der Arbeitsvertrag beginnt am ...... und ist auf die Dauer der Probezeit von sechs Monaten befristet. Während der Probezeit können beide Parteien den Arbeitsvertrag unter Einhaltung einer Kündigungsfrist von zwei Wochen kündigen. Vor Beginn des Arbeitsvertrags ist die ordentliche Kündigung ausgeschlossen[16].

(2) Wird das Arbeitsverhältnis nach Ablauf der Probezeit einvernehmlich fortgesetzt, so geht es in ein Arbeitsverhältnis auf unbestimmte Zeit zu den in diesem Arbeitsvertrag geregelten Bedingungen über, für das die gesetzlichen Kündigungsfristen gelten. Eine Verlängerung der für die Gesellschaft maßgeblichen Kündigungsfristen gilt auch für den Mitarbeiter[17].

(Alternative[18]*:*

(1) Der Arbeitsvertrag beginnt am ...... und wird für unbestimmte Zeit geschlossen.

(2) Die ersten sechs Monate gelten als Probezeit. Während der Probezeit kann der Arbeitsvertrag unter Einhaltung einer Kündigungsfrist von zwei Wochen gekündigt werden. Vor Beginn des Arbeitsvertrags ist die ordentliche Kündigung ausgeschlossen. Nach Ablauf der Probezeit gelten die gesetzlichen Kündigungsfristen. Eine Verlängerung der für die Gesellschaft maßgeblichen Kündigungsfristen gilt auch für den Mitarbeiter.)

(3) Die Kündigung bedarf der Schriftform[19].

(4) KÜNDIGT DER MITARBEITER VERTRAGSWIDRIG VOR BEGINN DES ARBEITSVERTRAGS, NIMMT ER SEINE TÄTIGKEIT NICHT VERTRAGSGEMÄß AUF ODER BEENDET ER DEN ARBEITSVERTRAG VERTRAGSWIDRIG, INSBESONDERE UNTER MISSACHTUNG DER GELTENDEN KÜNDIGUNGSFRISTEN, VERWIRKT ER EINE VERTRAGSSTRAFE. DIES GILT AUCH FÜR DEN FALL, DASS DIE GESELLSCHAFT DURCH SCHULDHAFT VERTRAGSWIDRIGES VERHALTEN DES ARBEITNEHMERS ZUR FRISTLOSEN KÜNDIGUNG DES ARBEITSVERTRAGS VERANLASST WIRD. DIE HÖHE DER VERTRAGSSTRAFE ENTSPRICHT DER VERGÜTUNG NACH § 3 ABS. (1), DIE FÜR DEN ZEITRAUM DER JEWEILS EINSCHLÄGIGEN KÜNDIGUNGSFRIST GESCHULDET IST; SIE BETRÄGT ABER MAXIMAL EIN BRUTTO-MONATSGEHALT. DIE GESELLSCHAFT BEHÄLT SICH DIE GELTENDMACHUNG WEITEREN SCHADENS VOR[20].

(5) Die Gesellschaft ist im Falle der Kündigung des Arbeitsvertrags durch die Gesellschaft berechtigt, den Mitarbeiter von seiner weiteren Tätigkeit für die Gesellschaft freizustellen. Während der Zeit der Freistellung behält der Mitarbeiter seinen Anspruch auf die vertragliche Vergütung; er muss sich jedoch den Wert desjenigen anrechnen lassen, was er infolge des Unterbleibens der Dienstleistung erspart oder durch anderweitige Verwendung seiner Dienste erwirbt oder zu erwerben böswillig unterlässt. Im Fall einer unwiderruflichen Freistellung wird die Freistellungszeit auf etwaige Urlaubs- oder Freizeitausgleichsansprüche angerechnet[21].

(6) Sollte der Mitarbeiter der Gesellschaft bei Ausspruch einer Kündigung durch die Gesellschaft Beträge aufgrund von Gehaltsvorschüssen oder ähnlichen Vorauszahlungen schulden, werden sämtliche Beträge sofort fällig und – unter Beachtung der Pfändungsgrenzen – aufrechenbar. Dem Mitarbeiter gewährte Darlehen gelten mit Ausspruch der Kündigung als ordentlich mit einer Frist von einem Monat gekündigt. Entsprechendes gilt bei Ausspruch einer Kündigung durch den Mitarbeiter, es sei denn es liegt eine von der Gesellschaft zu vertretende außerordentliche Kündigung vor[22].

(7) Der Arbeitsvertrag endet ohne Kündigung mit Ablauf des Monats, in dem der Mitarbeiter das Alter erreicht, ab dem er erstmals einen Anspruch auf gesetzliche Regelaltersrente erwirbt[23].

§ 11 Verfall von Ansprüchen, Verjährung[24]

(1) Alle Ansprüche der Vertragsparteien aus oder in Zusammenhang mit dem Arbeitsverhältnis verfallen, wenn sie nicht innerhalb von …… Monaten schriftlich gegenüber der anderen Vertragspartei geltend gemacht werden. Dies gilt nicht bei Haftung wegen Vorsatzes. Die Ausschlussfrist beginnt, wenn der Anspruch entstanden ist und der Anspruchsteller von den anspruchsbegründenden Umständen Kenntnis erlangt oder grob fahrlässig keine Kenntnis erlangt hat. Die Versäumung der Ausschlussfrist führt zum Verlust des Anspruchs.

(2) Die Verjährungsfrist für alle Ansprüche der Vertragsparteien aus oder in Zusammenhang mit dem Arbeitsverhältnis beträgt ein Jahr. Dies gilt nicht bei Haftung wegen Vorsatzes. Im Übrigen bleiben die gesetzlichen Vorschriften über den Eintritt der Verjährung unberührt.

(Alternative:

(2) Lehnt der Anspruchsgegner den Anspruch ab oder äußert er sich nicht innerhalb von zwei Wochen nach schriftlicher Geltendmachung gemäß Abs. (1), verfallen die Ansprüche, wenn sie nicht innerhalb von …… Monaten nach der Ablehnung oder nach dem Ablauf der Äußerungsfrist gerichtlich geltend gemacht werden.

(3) Die Verjährungsfrist für alle Ansprüche der Vertragsparteien aus oder in Zusammenhang mit dem Arbeitsverhältnis beträgt ein Jahr. Dies gilt nicht bei Haftung wegen Vorsatzes. Im Übrigen bleiben die gesetzlichen Vorschriften über den Eintritt der Verjährung unberührt.)

§ 12 Öffnungsklausel für Betriebsvereinbarungen[25]

Einzelne Rechte und Pflichten aus dem Arbeitsverhältnis können nach Abschluss des Arbeitsvertrags durch Betriebsvereinbarung geändert werden. Es gelten vom Zeitpunkt der Änderung an ausschließlich die jeweiligen Regelungen der Betriebsvereinbarung, auch wenn sie für den Mitarbeiter ungünstiger sind.

§ 13 Schlussbestimmungen

(1) Unvollständige oder unrichtige Angaben bei der Einstellung, insbesondere im Personalfragebogen, können zur sofortigen Beendigung des Arbeitsvertrags führen[26].

(2) Der Mitarbeiter wird der Gesellschaft alle Änderungen über die Angaben zu seiner Person, soweit sie für den Arbeitsvertrag von Bedeutung sind, unverzüglich mitteilen. Der Mitarbeiter versichert, unter der jeweils angegebenen Adresse postalisch erreichbar zu sein und der Gesellschaft Änderungen der Zustelladresse unverzüglich schriftlich mitzuteilen. Aus der Nichtbeachtung dieser Verpflichtung etwa entstehende Nachteile gehen zu Lasten des Mitarbeiters[27].

(3) Dieser Arbeitsvertrag ersetzt alle eventuellen vorherigen Vereinbarungen zwischen den Vertragsparteien über das Arbeitsverhältnis. Mündliche Nebenabreden bestehen nicht. Änderungen oder Ergänzungen dieses Arbeitsvertrags einschließlich dieser Bestimmung bedürfen zu ihrer Wirksamkeit der Schriftform. Das Schriftformerfordernis bezieht sich auch auf etwaige Ansprüche aus betrieblicher Übung[28].

(4) Sollte eine Bestimmung dieses Arbeitsvertrags ganz oder teilweise unwirksam sein oder werden, so wird hiervon die Wirksamkeit der übrigen Bestimmungen dieses Arbeitsvertrags nicht berührt. An die Stelle der unwirksamen Bestimmung tritt die gesetzlich zulässige Bestimmung, die dem mit der unwirksamen Bestimmung Gewollten wirtschaftlich am nächsten kommt. Dasselbe gilt für den Fall einer vertraglichen Lücke[29].

1. Arbeitsvertrag ohne Tarifbindung
A. II. 1

(5) Erfüllungsort und Gerichtsstand richten sich nach den gesetzlichen Vorschriften[30].

(6) Der Mitarbeiter hat eine Ausfertigung dieses Arbeitsvertrags erhalten[31].

......
Ort, Datum

......
Unterschrift der Gesellschaft[32]

......
Ort, Datum

......
Unterschrift des Mitarbeiters

Schrifttum: Annuß, AGB-Kontrolle im Arbeitsrecht: Wo geht die Reise hin?, BB 2002, 458; *Annuß/Thüsing*, Teilzeit- und Befristungsgesetz, 2002; *Baeck/Deutsch*, Arbeitszeitgesetz, 1999; *Bauer*, Neue Spielregeln für Aufhebungs- und Abwicklungsverträge durch das geänderte BGB?, NZA 2002, 169; *Bauer/Diller*, Wettbewerbsverbote, 3. Aufl. 2002; *Bayreuther*, Das Verbot der geltungserhaltenden Reduktion im Arbeitsrecht – Zur Kehrtwende des BAG vom 4. 3. 2004, NZA 2004, 953; *Beckmann*, Rechtsschutz bei Freistellung des Arbeitnehmers/Geschäftsführers, NZA 2004, 1131; *Boemke*, Gewerbeordnungs-Kommentar zu §§ 105–110, 2003; *Däubler*, Die Auswirkungen der Schuldrechtsmodernisierung auf das Arbeitsrecht, NZA 2001, 1329; *Diller*, Fortschritt oder Rückschritt? – Das neue Arbeitszeitrecht, NJW 1994, 2726; *Fischer*, Die formularmäßige Abbedingung des Beschäftigungsanspruchs des Arbeitnehmers während der Kündigungsfrist, NZA 2004, 233; *Gola/Schomerus*, Bundesdatenschutzgesetz, 7. Aufl. 2002; *Gotthardt*, Arbeitsrecht nach der Schuldrechtsreform, 2002; *Gotthardt*, Der Arbeitsvertrag auf dem AGB-rechtlichen Prüfstand, ZIP 2002, 277; *Grobys*, AGB-Kontrolle von Arbeits- und Dienstverträgen nach dem Schuldrechtsmodernisierungsgesetz, DStR 2002, 1002; *Grobys*, Rechtskontrolle von Arbeits- und Dienstverträgen nach dem Schuldrechtsmodernisierungsgesetz, GmbHR 2002, R 29; *Grobys/Foerstl*, Die Auswirkungen der Urheberrechtsreform auf Arbeitsverträge, NZA 2002, 1015; *Hanau/Hromadka*, Richterliche Kontrolle flexibler Entgeltregelungen in Allgemeinen Geschäftsbedingungen, NZA 2005, 73; *Henssler*, Arbeitsrecht und Schuldrechtsreform, RdA 2002, 129; *Hümmerich*, Gestaltung von Arbeitsverträgen nach der Schuldrechtsreform, NZA 2003, 753; *Hromadka*, Schuldrechtsmodernisierung und Vertragskontrolle im Arbeitsrecht, NJW 2002, 2523; *Hümmerich/Rech*, Antizipierte Einwilligung in Überstunden durch arbeitsvertragliche Mehrarbeitsabgeltungsklauseln?, NZA 1999, 1132; *Krause*, Vereinbarte Ausschlussfristen, RdA 2004, 36, RdA 2004, 106; *Lakies*, Das Weisungsrecht des Arbeitgebers (§ 106 GewO) – Inhalt und Grenzen, BB 2003, 364; *Lakies*, AGB-Kontrolle: Ausschlussfristen vor dem Aus?, NZA 2004, 569; *Lingemann*, Allgemeine Geschäftsbedingungen und Arbeitsvertrag, NZA 2002, 181; *Lingscheid*, Antidiskriminierung im Arbeitsrecht, 2004; *Meinel/Heyn/Herms*, Teilzeit- und Befristungsgesetz, 2004; *Messingschlager*, „Sind Sie schwerbehindert?" – Das Ende einer (un)beliebten Frage, NZA 2003, 301; *Müller*, Noch einmal: AGB-Kontrolle von vertraglichen Ausschlussfristen nach der Schuldrechtsreform, BB 2005, 1333; *Nägele/Chwalisz*, Schuldrechtsreform – Das Ende arbeitsvertraglicher Ausschlussfristen, MDR 2002, 1341; *Preis*, Der Arbeitsvertrag, 2002; *Preis*, Widerrufsvorbehalte auf dem höchstrichterlichen Prüfstand, NZA 2004, 1014; *Reinecke*, Die gerichtliche Kontrolle von Ausschlussfristen nach dem Schuldrechtsmodernisierungsgesetz, BB 2005, 378; *Reinecke*, Kontrolle Allgemeiner Arbeitsbedingungen nach dem Schuldrechtsmodernisierungsgesetz, DB 2002, 583; *Richardi*, Gestaltung der Arbeitsverträge durch Allgemeine Geschäftsbedingungen nach dem Schuldrechtsmodernisierungsgesetz, NZA 2002, 1057; *Roloff*, Vertragsänderungen und Schriftformklauseln, NZA 2004, 1191; *Schlottfeldt/Hoff*, „Vertrauensarbeitszeit" und arbeitsrechtliche Aufzeichnungspflicht nach § 16 Abs. 2 ArbZG, NZA 2001, 530; *Schwarz*, Überraschungskontrolle nach § 3 AGBG im Arbeitsrecht?, BB 1996, 1434; *Seel*, Freiwilligkeits- und Widerrufsvorbehalt im Arbeitsvertrag, MDR 2004, 1393; *Schnitker/Grau*, Klauselkontrolle im Arbeitsvertrag, BB 2002, 2120; *v. Steinau-Steinrück/Hurek*, Die im Arbeitsrecht geltenden Besonderheiten – Der Nebel lichtet sich!, NZA 2004, 965; *Thüsing*, Inhaltskontrolle von Formulararbeitsverträgen nach neuem Recht, BB 2002, 2666; *Thüsing/Lambrich*, AGB-Kontrolle arbeitsvertraglicher Bezugnahmeklauseln, NZA 2002, 1361; *Thüsing*, Was sind die Besonderheiten des Arbeitsrechts?, NZA 2002, 591; *Willemsen/Grau*, Geltungserhaltende Reduktion und „Besonderheiten des Arbeitsrechts", RdA 2003, 321; *Wolf/Horn/Lindacher*, AGB-Gesetz, 4. Aufl. 1999.

Anmerkungen

1. Regelungsinhalt. Der vorliegende Arbeitsvertrag stellt nicht auf ein bestimmtes Berufsbild, eine bestimmte Branche oder eine bestimmte auszuübende Tätigkeit ab (vgl. zu Sonderformen des Arbeitsverhältnisses A. VII.). Er unterscheidet auch nicht zwischen gewerblichen und kaufmännischen Arbeitnehmern (Arbeiter und Angestellte). Soweit der Inhalt der zu leistenden Arbeit betroffen ist, ermöglicht die Tätigkeitsbeschreibung des Formulars im Einzelfall hinreichende Differenzierungen (vgl. Anm. 2). Im Übrigen finden sich heute allenfalls in Tarifverträgen in Teilbereichen noch Sonderregeln für Arbeiter und Angestellte (s. z.B. BAG Urt. v. 25. 6. 2002 – 9 AZR 405/00 – NZA 2003, 275; BAG Urt. v. 18. 10. 2000 – 10 AZR 503/99 – NZA 2001, 508). Im vorliegenden Fall wird vorausgesetzt, dass der Arbeitsvertrag keiner Tarifbindung unterliegt und auch eine teilweise tarifliche Anbindung (z.B. in Form von Bezugnahmeklauseln) nicht beabsichtigt ist. Ob und inwieweit gegebenenfalls bestehende betriebliche Regelungen (insbesondere Betriebsvereinbarungen) eine Änderung oder Ergänzung einzelner Vertragsbestimmungen erforderlich machen, bedarf stets einer Prüfung im Einzelfall.

Das Formular setzt sich aus vorformulierten Arbeitsbedingungen zusammen, die nicht nur für einen Einzelfall gelten sollen und die von dem einzustellenden Mitarbeiter voraussichtlich ohne substantielle Änderungen akzeptiert werden. Es handelt sich damit um **Allgemeine Geschäftsbedingungen** i.S.d. § 305 Abs. 1 BGB. Die einzelnen Vertragsbestimmungen unterliegen daher einer Rechtskontrolle nach §§ 305 ff. BGB (vgl. MAH Moll/*Melms* § 8 Rdn. 46). Die Schranken des AGB-Rechts mussten bis zum 31. Dezember 2001 bei der inhaltlichen Gestaltung von Arbeitsverhältnissen nicht unmittelbar beachtet werden (BAG Urt. v. 23. 5. 1984 – 4 AZR 129/82 – AP Nr. 9 zu § 339 BGB; BAG Urt. v. 29. 11. 1995 – 5 AZR 447/94 – NJW 1996, 2117). Aufgrund der ausdrücklichen Bereichsausnahme in § 23 Abs. 1 AGBG a.F. fand das AGB-Gesetz auf Verträge auf dem Gebiet des Arbeitsrechts keine Anwendung. Mit dem Schuldrechtsmodernisierungsgesetz (BGBl. I 2001 S. 3138) hat der Gesetzgeber die Vorschriften über Allgemeine Geschäftsbedingungen in das BGB integriert und in § 310 Abs. 4 BGB eine Beschränkung ihres Anwendungsbereichs ausdrücklich nur noch für arbeitsrechtliche Kollektivvereinbarungen wie Tarifverträge, Betriebsvereinbarungen und Dienstvereinbarungen vorgesehen. Damit werden Arbeitsverträge grundsätzlich vom Anwendungsbereich des Gesetzes erfasst. Allerdings müssen „die im Arbeitsrecht geltenden Besonderheiten" angemessen berücksichtigt werden (§ 310 Abs. 4 S. 2 BGB; dazu *Preis* NZA 2004, 1014; *v. Steinau-Steinrück/Hurek* NZA 2004, 965). Mit der neueren Rechtsprechung des Bundesarbeitsgerichts ist hierbei das Rechtsgebiet des Arbeitsrechts als Ganzes in Bezug genommen. Offen gelassen und in der Literatur umstritten bleibt, ob nur rechtliche oder auch tatsächliche Besonderheiten (insbesondere die Üblichkeit bestimmter Klauseln in Arbeitsverträgen) Berücksichtigung finden können (vgl. *Preis* NZA 2004, 1014 m. weit. Nachw.).

Bei der Verwendung des vorliegenden Formulars ist die Erteilung eines gesonderten **Nachweises** über die wesentlichen Vertragsbedingungen entbehrlich, da der Arbeitsvertrag bereits sämtliche vom NachwG geforderten Informationen enthält (§ 2 Abs. 1 S. 1 i.V.m. § 2 Abs. 4 NachwG; vgl. Form. A. II. 6 Anm. 1). Sofern allerdings im Einzelfall besondere betriebliche Regelungen – insbesondere Betriebsvereinbarungen – bestehen, muss insoweit ein Zusatz in den Arbeitsvertrag aufgenommen werden, um die Nachweispflicht gemäß § 2 Abs. 1 Nr. 10 NachwG zu erfüllen (dazu Form. A. II. 6 Anm. 13).

Besteht ein **Betriebsrat**, ist dieser vor der Einführung von Standard-Arbeitsverträgen unter Vorlage eines Vertragsmusters gemäß § 80 Abs. 1 BetrVG zu informieren (BAG Beschl. v. 19. 10. 1999 – 1 ABR 75/98 – NZA 2000, 837). Konkrete Arbeitsbedingungen anlässlich einer Einstellung müssen dagegen nur ausnahmsweise nach § 80 BetrVG mitgeteilt werden (vgl. BAG Beschl. v. 19. 10. 1999 – 1 ABR 75/98 – NZA 2000, 837; zum Umfang der Mitteilungspflicht gemäß § 99 BetrVG F/E/S/T/L § 99 Rdn. 155).

2. Position und Aufgaben. Die Regelungen hinsichtlich der Position und den Aufgaben des Mitarbeiters in Abs. (1) und Abs. (2) stehen nicht isoliert nebeneinander, sondern müssen als Einheit betrachtet werden. Ohne die in Abs. (2) enthaltene **Versetzungsklausel** wäre der Arbeitgeber – vorbehaltlich einer Änderungskündigung oder einer einvernehmlichen Änderung des Arbeitsvertrags – zeitlich unbefristet an die mit dem Mitarbeiter vereinbarte Tätigkeit (z.B. „Sachbearbeiter KFZ-Schaden") und den vereinbarten Arbeitsort (z.B. „Geschäftsstelle Düsseldorf-Süd") gebunden. Dies entspricht im Regelfall nicht den Bedürfnissen der Praxis, da ein flexibler Personaleinsatz damit praktisch unmöglich wird. Allerdings hat eine enge Tätigkeitsbeschreibung ohne Versetzungsklausel den Vorteil, dass damit im Fall einer betriebs-

1. Arbeitsvertrag ohne Tarifbindung A. II. 1

bedingten Kündigung der Kreis der in die Sozialauswahl einzubeziehenden Mitarbeiter gegebenenfalls entscheidend eingeschränkt wird (BAG Urt. v. 17. 9. 1998 – 2 AZR 725/97 – AP Nr. 36 zu § 1 KSchG Soziale Auswahl). Das Formular sieht am Ende von Abs. (1) eine kurze Beschreibung der geschuldeten Tätigkeit vor. Damit wird dem Erfordernis nach § 2 Abs. 1 Nr. 5 NachwG Rechnung getragen. Alternativ kann auch auf eine gesonderte Stellenbeschreibung verwiesen werden, die dem Vertrag als Anlage beigefügt wird („Die Aufgaben und Pflichten des Mitarbeiters ergeben sich aus der diesem Arbeitsvertrag beigefügten Stellenbeschreibung"). Ausführliche Stellenbeschreibungen haben allerdings den Nachteil, dass damit – trotz des vertraglichen Versetzungsvorbehalts – jedenfalls eine faktische Bindung gegenüber dem Mitarbeiter erzeugt wird.

Mit der in Abs. (2) vorgesehenen Versetzungsklausel wird das **Direktionsrecht** des Arbeitgebers hinsichtlich der Art und dem Ort der Arbeitsleistung erweitert (vgl. Boemke/*Keßler* § 106 Rdn. 144 ff.). Dadurch können dem Mitarbeiter, soweit dies zumutbar ist, auch andere als die zunächst vereinbarten Arbeitsaufgaben übertragen werden. Der Arbeitgeber muss bei der Ausübung des Versetzungsrechts die Grenzen billigen Ermessens beachten (§ 315 BGB, § 106 GewO). Nach der ständigen Rechtsprechung des Bundesarbeitsgerichts (vgl. BAG Urt. v. 7. 12. 2000 – 6 AZR 444/99 – AP Nr. 61 zu § 611 BGB Direktionsrecht) ist eine Versetzung im Einklang mit § 315 BGB dann zulässig, wenn der Arbeitgeber die wesentlichen Umstände des Falles und die beiderseitigen Interessen der Vertragsparteien angemessen berücksichtigt hat. Für die Abgrenzung, welche Änderung noch vom Direktionsrecht und vom Arbeitsvertrag gedeckt ist und welche bereits des Ausspruchs einer Änderungskündigung bedarf, sind alle Besonderheiten des Einzelfalles zu berücksichtigen. Generell gilt, dass ein unternehmensinterner Tätigkeitswechsel, der ohne Vergütungseinbußen für den Arbeitnehmer angeordnet wird und durch den dem Arbeitnehmer keine im Vergleich zur bisherigen Tätigkeit „niedere" zugewiesen wird, kaum zu beanstanden sein wird (vgl. *v. Hoyningen-Huene* NZA 1993, 145; KR/*Rost* § 2 KSchG Rdn. 39 ff.). Auch ein Wechsel des Arbeitsortes stellt – abhängig von der Art der Tätigkeit und der räumlichen Entfernung – nicht zwangsläufig eine derart gravierende Veränderung der Arbeitsvertragsbedingungen dar, die nur mittels einer Änderungskündigung herbeigeführt werden könnte (vgl. KR/*Rost* § 2 KSchG Rdn. 41). Hierbei ist zu berücksichtigen, welche persönlichen wirtschaftlichen Erschwernisse mit dem Wechsel verbunden sind, inwieweit das Arbeitsverhältnis bislang auf den alten Tätigkeitsort beschränkt war und welche Stellung der Arbeitnehmer im Unternehmen innehat.

Die Wirksamkeit von Versetzungsklauseln im Rahmen vorformulierter Vertragsbedingungen ist nicht vollständig geklärt (vgl. zum Streitstand *Schnitker/Grau* BB 2002, 2120, 2124 m. weit. Nachw.). Mit dem Wortlaut des § 308 Nr. 4 BGB kann wohl nicht davon ausgegangen werden, dass es sich um einen „Änderungsvorbehalt" bezüglich der Leistung des Verwenders handelt. Derartige Klauseln werden aufgrund der besonderen Natur des Arbeitsverhältnisses als Dauerschuldverhältnis auch weiterhin gerechtfertigt sein („arbeitsrechtliche Besonderheit" i. S. d. § 310 Abs. 4 S. 2 BGB) (MAH Moll/*Gragert* § 10 Rdn. 27). Denn eine weitere Konkretisierung des Leistungsbestimmungsrechts ist zum Zeitpunkt des Vertragsschlusses im Hinblick auf die ungewisse Entwicklung der Geschäftstätigkeit des Arbeitgebers (z. B. Eröffnung neuer Geschäftsstellen/Betriebe), aber auch im Hinblick auf allgemeine technische Entwicklungen (computergestützte statt manuelle Tätigkeit) und die damit verbundene Entstehung neuer Berufsbilder, kaum möglich (vgl. auch BGH Urt. v. 12. 1. 1994 – VIII ZR 165/92 – NJW 1994, 1062, 1063). Mit einer wirksamen Erweiterung des Direktionsrechts ist allerdings der Nachteil verbunden, dass sich die Sozialauswahl im Fall einer betriebsbedingten Kündigung auf sämtliche Mitarbeiter erstrecken muss, deren Positionen dem „an sich" zu kündigenden Mitarbeiter über die Versetzungsklausel zugewiesen werden können (vgl. für viele B/B/D/W/*Bram* § 1 KSchG Rdn. 319a m. weit. Nachw.; zu „bereichsspezifischen" Versetzungsklauseln s. BAG Urt. v. 17. 2. 2000 – 2 AZR 142/99 – NZA 2000, 822). Gerade der faktisch erhöhte Kündigungsschutz für den Arbeitnehmer spricht gegen das Vorliegen einer unangemessenen Benachteiligung im Rahmen des § 307 BGB (*Lingemann* NZA 2002, 181, 191). In der Praxis haben sich Versetzungsklauseln aufgrund der damit für den Arbeitgeber verbundenen Flexibilität weitgehend durchgesetzt.

3. Dauer der Arbeitszeit. Die **Dauer** der im Einzelfall maßgeblichen Arbeitszeit muss von den Parteien im Arbeitsvertrag ausdrücklich vereinbart werden (BAG Urt. v. 12. 12. 1984 – 7 AZR 509/83 – BB 1985, 731; vgl. zum Aushilfs- sowie zum Abrufarbeitsvertrag Form. A. VII. 1 sowie Form A. VII. 9). Die Arbeitszeit ist dann vorbehaltlich einer Reduzierung nach besonderen gesetzlichen Vorschriften (vgl. § 8 TzBfG, § 15 Abs. 7 BErzGG) oder einer einvernehmlichen Änderung für die Dauer des Arbeitsvertrags verbindlich. Hinsichtlich der **Lage** der Arbeitszeit enthält der Arbeitsvertrag keine besonderen Vorgaben. Dadurch kann der Arbeitgeber die Arbeitszeitlage einschließlich Beginn und Ende der Pausen sowie die Verteilung der Arbeitszeit auf die einzelnen Arbeitstage kraft Direktionsrechts nach billigem Ermessen festlegen (§ 106 S. 1 GewO; BAG Urt. v. 19. 6. 1985 – 5 AZR 57/84 – AP Nr. 11 zu § 4 BAT; BAG Urt. v. 11. 2. 1998 – 5 AZR 472/97 – AP Nr. 54 zu § 611 BGB Direktionsrecht; *Lakies* BB 2003, 364, 365). Auch eine Begrenzung der Arbeitsverpflichtung auf bestimmte Wochentage sieht der Arbeitsvertrag nicht vor. Soweit an Samstagen, Sonntagen oder Feiertagen regelmäßig gearbeitet wird (z. B. im Hotel- und Gaststättengewerbe) sollte aber zur Klarstellung ein zusätzlicher Hinweis in den Arbeitsvertrag aufgenommen werden („Als Arbeitstage gelten sämtliche Wochentage, insbesondere auch Samstage, Sonntage und Feiertage").

Besteht ein **Betriebsrat**, sind bei der Bestimmung der Lage der Arbeitszeit und der Anordnung von Überstunden (s. dazu Anm. 4) die Mitbestimmungsrechte gemäß § 87 Abs. 1 Nr. 2 BetrVG und § 87 Abs. 1 Nr. 3 BetrVG zu beachten. Danach hat der Betriebsrat bei Regelungen über Beginn und Ende der täglichen Arbeitszeit (einschließlich einer vorübergehenden Verlängerung oder Verkürzung derselben), die Verteilung der Arbeitszeit auf die einzelnen Wochentage, die Einführung von Gleitzeit sowie die Pausen ein Mitbestimmungsrecht (vgl. Boemke/*Keßler* § 106 Rdn. 87 ff.; 91 f.). Nach ganz überwiegender Meinung wird die Festlegung der **Dauer** der Arbeitszeit hiervon aber nicht umfasst (*F/E/S/T/L* § 87 Rdn. 103 m. weit. Nachw.).

Das **Arbeitszeitgesetz** regelt (öffentlich-rechtliche) **Höchstgrenzen,** die bei der Vereinbarung oder der tatsächlichen Durchführung der Arbeitszeit von den Parteien nicht überschritten werden dürfen. Die gesetzlich zulässige Regelarbeitszeit beträgt 48 Wochenstunden (§ 3 S. 1 Arbeitszeitgesetz – ArbZG). Das Arbeitszeitgesetz geht hierbei von sechs Arbeitstagen (Montag bis Samstag, jeweils acht Stunden täglich) aus. Bei einer 5-Tage-Woche (Montag bis Freitag) kann die an dem arbeitsfreien Samstag ausgefallene Arbeitszeit von acht Stunden auf die verbleibenden fünf Wochentage „umgelegt" werden, sodass die gesetzlich zulässige Arbeitszeit an diesen Tagen 9,6 Stunden beträgt (*Baeck/Deutsch* § 3 Rdn. 12). Die tägliche Arbeitszeit kann unabhängig davon bis zu maximal zehn Stunden verlängert werden, wenn innerhalb von sechs Monaten oder innerhalb von 24 Wochen im Durchschnitt 48 Wochenstunden nicht überschritten werden. Eine Verlängerung der täglichen Arbeitszeit über zehn Stunden hinaus ist nur in besonderen Ausnahmefällen möglich, z. B. aufgrund tariflicher Regelung (§ 7 ArbZG), in Notfällen (§ 14 ArbZG) oder nach Erlaubnis durch die Aufsichtsbehörde (§ 15 ArbZG). Der Arbeitgeber ist verpflichtet, die über die gesetzlich zulässige Regelarbeitszeit von acht Stunden täglich hinausgehende Arbeitszeit jedes Arbeitnehmers aufzuzeichnen und diese Aufzeichnungen mindestens zwei Jahre aufzubewahren (§§ 3, 16 Abs. 2 ArbZG). Nach zutreffender Auffassung greift diese **Aufzeichnungspflicht** bei einer 5-Tage-Woche erst bei einer Arbeitszeit über 9,6 Stunden täglich ein (so *Schlottfeldt/Hoff* NZA 2001, 530), da der Arbeitgeber in solchen Fällen den Arbeitnehmer bis zu 9,6 Stunden täglich beschäftigen darf. Höchstrichterliche Rechtsprechung zu dieser Frage liegt – soweit ersichtlich – noch nicht vor. Sonn- und Feiertagsarbeit ist nach den Vorschriften des Arbeitszeitgesetzes nur in Ausnahmefällen zulässig. Gegebenenfalls bedarf es hierfür der Erlaubnis der zuständigen Behörde. Einzelheiten hierzu sind in §§ 9 ff. ArbZG geregelt. Gegenüber dem Arbeitnehmer sind Anweisungen oder Vereinbarungen, die gegen das Arbeitszeitgesetz verstoßen (z. B. Anordnungen von Überstunden entgegen der Höchstarbeitszeitgrenze; unzulässige Sonn- oder Feiertagsarbeit) unwirksam. Der Arbeitnehmer kann in solchen Fällen die Arbeitsleistung verweigern.

4. Anordnung von Überstunden und Kurzarbeit. Eine vertragliche Verpflichtung zur Ableistung von erforderlichen **Überstunden** begegnet grundsätzlich keinen Bedenken (vgl. Boemke/*Keßler* § 106 Rdn. 81 ff.). Regelungen, die eine zeitliche Begrenzung für Überstunden nicht

1. Arbeitsvertrag ohne Tarifbindung A. II. 1

vorsehen, werden allerdings in der Literatur teilweise für unwirksam gehalten, da für den Arbeitnehmer hier nicht ersichtlich sei, welche Leistung er für das vereinbarte Entgelt erbringen müsse (vgl. *Hümmerich/Rech* NZA 1999, 1132, 1133). Dies scheint wenig überzeugend, sofern der Anordnungsbefugnis des Arbeitgebers durch das Erfordernis berechtigter betrieblicher Belange eine sachliche Grenze gesetzt wird. Wer ein Risiko vermeiden will, sollte jedoch die in der Alternative angegebene Formulierung wählen. Von der Anordnungsbefugnis zu unterscheiden ist die Frage, inwieweit eine **Vergütungspflicht für Überstunden** besteht. Nach teilweise vertretener Auffassung sind Klauseln, die eine pauschale Vergütung sämtlicher Überstunden mit dem Festgehalt vorsehen, unwirksam (vgl. ArbG Hanau Urt. v. 13. 11. 1997 – 3 Ca 317/97 – ArbuR 1998, 169; ErfKomm/*Preis* § 611 Rdn. 828; *Hümmerich/Rech* NZA 1999, 1132, 1136; a. A. LAG Kiel Urt. v. 5. 11. 2002 – 5 Sa 147 c/02 – NZA-RR 2003, 242; *Diller* NJW 1994, 2726, 2728). In einer älteren Entscheidung hat das BAG die Vereinbarung einer Gesamtvergütung für Arbeitszeit und Mehrarbeit allerdings für zulässig gehalten (BAG Urt. v. 26. 1. 1956 – 2 AZR 98/54 – NJW 1956, 607). Hat das BAG damals die Regelung an § 138 BGB gemessen, so ist fraglich, ob die Rechtsprechung heute eine Regelung zur pauschalen Überstundenabgeltung im Rahmen vorformulierter Vertragsbedingungen weiter zulässt; diese Abrede kann eine unangemessene Benachteiligung darstellen (§ 307 BGB). Jedenfalls bei leitenden Angestellten bestehen gegen entsprechende Regelungen keine Bedenken (so auch BAG Urt. v. 17. 11. 1966 – 5 AZR 225/66 – NJW 1967, 413; BAG Urt. v. 13. 3. 1967 – 2 AZR 133/66 – NJW 1967, 1631; ErfKomm/*Preis* § 611 Rdn. 828). Im Übrigen wird die Pauschalabgeltung einer im Voraus fest definierten Anzahl von Überstunden auch in vorformulierten Vertragsbedingungen weiterhin zulässig sein. Der Mitarbeiter kann sich in diesem Fall ausrechnen, welche Leistung ihm für „sein Geld" abverlangt wird. Die Anzahl der mit dem regulären Gehalt abgegoltenen Überstunden sollte dabei 10 bis 25% der regelmäßigen Arbeitszeit nicht überschreiten. Eine nähere Festlegung wird hierbei nur in Ansehung der konkreten Bezüge erfolgen können. Schon bislang hat das BAG etwa anerkannt, dass von hoch bezahlten Angestellten ein besonderes Maß an Arbeitsleistung verlangt werden kann (BAG Urt. v. 13. 3. 1967 – 2 AZR 133/66 – NJW 1967, 1631). Das Formular sieht im Ausgangsfall eine generelle Abgeltungspflicht des Arbeitgebers (wahlweise durch Freizeit oder Geld) und in der Alternative eine Pauschalabgeltung für ein zeitlich begrenztes Überstundenkontingent vor. Zur Mitbestimmung des **Betriebsrats** bei der Anordnung von Überstunden s. Anm. 3.

Kurzarbeit ist das Unterschreiten der individualvertraglich vereinbarten und regelmäßig auch betrieblichen Arbeitszeit wegen eines vorübergehend gesunkenen Arbeitsbedarfs. Zur einseitigen Einführung von Kurzarbeit ist der Arbeitgeber im betriebsratslosen Betrieb nur aufgrund ausdrücklicher einzelvertraglicher Vereinbarung berechtigt (vgl. MAH Moll/*Gragert* § 12 Rdn. 45). Ohne vertragliche Vorkehrungen ist die Einführung von Kurzarbeit nicht bereits vom Direktionsrecht erfasst (BAG Urt. v. 14. 2. 1991 – 2 AZR 415/90 – NZA 1991, 607). Eine Vereinbarung kann sowohl einzelfallbezogen oder aber bereits vorab im Arbeitsvertrag getroffen werden. Fehlt es an einer solchen Ermächtigung des Arbeitgebers, käme die Einführung allein im Wege der Änderungskündigung in Betracht. Eine arbeitsvertragliche Regelung hat den Angemessenheits- und Transparenzkriterien zu entsprechen (§ 307 Abs. 1 BGB). Sowohl vor dem Hintergrund der neueren Rechtsprechung des BAG zum Recht der vorformulierten Vertragsbedingungen (vgl. BAG Urt. v. 12. 1. 2005 – 5 AZR 364/04 – NZA 2005, 465) wie der Anforderungen an die Bestimmtheit kollektivrechtlicher Regelungen (BAG Urt. v. 27. 1. 1994 – 6 AZR 541/93, NZA 1995, 134; BAG Urt. v. 18. 10. 1994 – 1 AZR 503/93 – NZA 1995, 1064) spricht vieles dafür, dass auch die einzelvertragliche Klausel den Tatbestand für die einseitige Einführung der Kurzarbeit näher beschreiben muss. Die Ermächtigung des Arbeitgebers wird dann keine unangemessene Benachteiligung darstellen, wenn die Voraussetzungen für die Gewährung von Kurzarbeitergeld vorliegen (§§ 169 ff. SGB III), die jedenfalls stichwortartig in die Klausel aufgenommen werden müssen (vgl. Preis/*Preis* II A 90 Rdn. 106).

Besteht ein Betriebsrat, so hat dieser bei der Einführung und Ausgestaltung von Kurzarbeit mitzubestimmen (§ 87 Abs. 1 Nr. 3 BetrVG). Eine Betriebsvereinbarung ersetzt in diesem Fall die einzelvertragliche Absprache (§ 77 Abs. 4 BetrVG) (dazu Form. C. II. 12 Anm. 1).

5. Reisezeiten. Die Befugnis des Arbeitgebers zur Anordnung von Dienstreisen wird sich im Regelfall bereits weitgehend – insbesondere bei höherwertigen Tätigkeiten – aus dem Direktionsrecht ergeben (§ 106 S. 1 GewO; vgl. BAG Urt. v. 29. 8. 1991 – 6 AZR 593/88 – DB 1992, 147). Inwieweit **Reisezeiten** als vergütungspflichtige Arbeitszeit gelten, lässt sich nicht generell beurteilen (vgl. dazu Preis/*Peters-Lange* II A 90 Rdn. 40 ff.). Das BAG stellt in seiner neueren Rechtsprechung darauf ab, ob den Umständen nach eine berechtigte Vergütungserwartung besteht (BAG Urt. v. 3. 9. 1997 – 5 AZR 428/96 – NZA 1998, 540), hält aber abweichende vertragliche Vereinbarungen grundsätzlich für zulässig (so ausdrücklich BAG Urt. v. 22. 2. 1978 – 4 AZR 579/76 – AP Nr. 3 zu § 17 BAT; ebenso Küttner/*Griese* Dienstreise Rdn. 8). Auch wenn der im Formular enthaltene Vergütungsausschluss sehr weitgehend ist und damit ein Risiko hinsichtlich der Wirksamkeit der getroffenen Vereinbarung besteht, dürfte die Vereinbarung in Zweifelsfällen jedenfalls ein Indiz für den Parteiwillen darstellen (zur Mitbestimmung des Betriebsrats gemäß § 99 BetrVG bei der Anordnung von Dienstreisen vgl. BAG Beschl. v. 21. 9. 1999 – 1 ABR 40/98 – BB 2000, 1036).

6. Vergütung. Die Vergütungsregelung sieht in Abs. (1) ein Festgehalt vor. Weitere Vergütungsbestandteile (vgl. unter Form. A. III) können ergänzend in den Vertrag aufgenommen werden. Besteht ein **Betriebsrat**, sind insbesondere die Mitbestimmungsrechte gemäß § 87 Abs. 1 Nr. 4 BetrVG (Zeit, Ort und Art der Auszahlung der Vergütung) und gemäß § 87 Abs. 1 Nr. 10 BetrVG (Betriebliche Lohngestaltung) zu beachten.

7. Sonderzahlungen. Für Sonderzahlungen enthält Abs. (2) einen sog. „Freiwilligkeitsvorbehalt". Der Mitarbeiter hat also auf die entsprechende Leistung von vornherein keinen Rechtsanspruch. Das BAG hält Freiwilligkeitsvorbehalte jedenfalls bei Einmalzahlungen, die nicht im unmittelbaren Austauschverhältnis mit der Arbeitsleistung stehen, in ständiger Rechtsprechung für zulässig (z. B. BAG Urt. v. 11. 4. 2000 – 9 AZR 255/99 – NZA 2001, 24, 25). Auch im Hinblick auf das formularmäßige Verbot von Änderungsvorbehalten (§ 308 Nr. 4 BGB) und das Transparenzgebot (§ 307 Abs. 1 S. 2 BGB) begegnet die Gewährung freiwilliger Leistungen keinen Bedenken, da der Arbeitgeber hier – anders als bei einem Widerrufsvorbehalt, der zu seiner Aktualisierung erst noch der Ausübung bedarf – ein bestimmtes Verhalten in Zukunft nicht verspricht, also keine echten Ansprüche begründen will. Ein auf die entsprechende Leistung gerichteter Bestandschutz wäre daher paradox, eine Inhaltskontrolle kommt nicht in Betracht (*Grobys* DStR 2002, 1002, 1007; *Hanau/Hromadka* NZA 2005, 73, 74; *Seel* MDR 2004, 1393; a. A. offenbar *Gotthardt* ZIP 2002, 277, 288). In jedem Fall ist darauf zu achten, dass der Vorbehalt nicht mit anderen Regelungen über Sonderzahlungen (z. B. Zusatzvereinbarung zum Arbeitsvertrag, betriebliche Gratifikationsrichtlinien, Betriebsvereinbarungen, usw.) in Widerspruch steht (§ 305 c Abs. 2 BGB). Darüber hinaus sollte der Freiwilligkeitsvorbehalt zusammen mit der konkreten Zahlung nochmals ausdrücklich (z. B. durch separates Rundschreiben) gegenüber den betroffenen Mitarbeitern wiederholt werden.

Kein Gebrauch sollte von sog. **Widerrufsklauseln** gemacht werden. Zwar ist die Vereinbarung eines Widerrufsrechts nach der Rechtsprechung (BAG Urt. v. 12. 1. 2005 – 5 AZR 364/04 – NZA 2005, 465) für den Arbeitnehmer jedenfalls dann zumutbar und wirksam (§ 308 Nr. 4 BGB), wenn ihm die tarifliche oder mindestens die übliche Vergütung verbleibt und der Schutz gegenüber Änderungskündigungen nicht umgangen wird. Dies setzt mit dem BAG voraus, dass ein Widerruf höchstens 25 bis 30% der Gesamtvergütung erfasst und nicht ohne rechtfertigenden Grund erfolgt. Dieser Grund aber muss sich nunmehr aus der vertraglichen Regelung selbst ergeben, die zumindest auch die Art der Widerrufsgründe (wirtschaftliche Gründe, Gründe im Verhalten des Arbeitnehmers) benennen muss.

8. Abtretungsverbot. Gegen ein vertragliches Verbot der **Abtretung** und **Verpfändung** von Vergütungsansprüchen bestehen keine AGB-rechtlichen Bedenken (vgl. BGH Urt. v. 9. 2. 1990 – V ZR 200/88 – NJW 1990, 1601; *Wolf/Horn/Lindacher* § 9 A 13 m. weit. Nachw.). Eine entsprechende Regelung ist für den Arbeitgeber empfehlenswert, um eine irrtümliche Auszahlung des Arbeitsentgelts an den falschen Gläubiger infolge einer unerkannten Abtretung von Vergütungsansprüchen zu vermeiden.

9. Rückzahlungsverpflichtung. Die vorgesehene **Rückzahlungsverpflichtung** für etwa zuviel bezogene Vergütung soll insbesondere eine Berufung des Mitarbeiters auf den Wegfall der Bereicherung gemäß § 818 Abs. 3 BGB ausschließen. Da die Parteien mit der Rückzahlungsverpflichtung im Arbeitsvertrag eine selbständige Rechtsgrundlage schaffen, finden die Vorschriften über ungerechtfertigte Bereicherungen hier dem Grunde nach keine Anwendung (ebenso für tarifliche Rückzahlungsklauseln BAG Urt. v. 15. 3. 2000 – 10 AZR 101/99 – NZA 2000, 1004, 1006).

10. Abwesenheit/Krankheit. In Abs. (1) wird das Anstellungsverhältnis unter die **auflösende Bedingung** der gesundheitlichen Nichteignung des Mitarbeiters gestellt. Auflösende Bedingungen in Arbeitsverträgen sind grundsätzlich zulässig (§ 21 TzBfG). Das Fehlen der **gesundheitlichen Eignung** stellt nach allgemeiner Auffassung einen sachlichen Grund i. S. d. § 14 Abs. 1 Nr. 6 TzBfG dar (Annuß/Thüsing/*Annuß* § 21 Rdn. 20 m. weit. Nachw.; *Meinel/Heyn/Herms* § 21 Rdn. 5). In praktischer Hinsicht kann die Untersuchung durch einen vom Mitarbeiter gewählten Arzt oder den Betriebsarzt erfolgen. Dem Arzt sind in jedem Fall die Anforderungen an die geschuldete Tätigkeit mitzuteilen, damit er den Mitarbeiter gezielt untersuchen kann. Eine Entbindung von der ärztlichen Schweigepflicht kann im Voraus zulässigerweise nur begrenzt auf das Ergebnis der Untersuchung („gesundheitlich nicht geeignet") erklärt werden, da nur insoweit ein berechtigtes Informationsinteresse des Arbeitgebers besteht. Die Mitteilung bestimmter Krankheitsursachen kann dagegen im Hinblick auf das Persönlichkeitsrecht des Mitarbeiters nicht verlangt werden. Für den Fall, dass die auflösende Bedingung eintritt, enthält das Formular in Anlehnung an § 21 i. V. m. § 15 Abs. 2 TzBfG eine Konkretisierung des Beendigungstermins. Eine Sanktion für den Fall, dass sich der Mitarbeiter vertragswidrig keiner Untersuchung unterzieht, sieht das Formular nicht vor. Als stärkstes Druckmittel bleibt dem Arbeitgeber hier die Möglichkeit, das Arbeitsverhältnis unter Berufung auf die vereinbarte Probezeit auslaufen zu lassen (vgl. Anm. 16). Ob der Arbeitgeber auch noch zu einem späteren Zeitpunkt – etwa wenn sich Anhaltspunkte für einen Wegfall der gesundheitlichen Eignung nach Ablauf der Probezeit ergeben – eine ärztliche Untersuchung verlangen kann, ist umstritten. Zum Teil wird dies wegen eines unzulässigen Verzichts auf den gesetzlichen Kündigungsschutz abgelehnt (vgl. A/P/S/*Backhaus* § 620 BGB Rdn. 415 m. weit. Nachw.). Das BAG hat eine tarifliche Untersuchungsanordnung jedenfalls bei Vorliegen sachlicher Gründe für zulässig gehalten (BAG Urt. v. 6. 11. 1997 – 2 AZR 801/96 – AP Nr. 142 zu § 626 BGB). Nicht entschieden hat es allerdings die Frage, ob der Bestand des Arbeitsverhältnisses **generell** an den Vorbehalt der gesundheitlichen Eignung geknüpft werden kann (zweifelnd A/P/S/*Backhaus* § 620 Rdn. 394 f. m. weit. Nachw.). Das Formular differenziert daher zwischen einem **Einstellungsvorbehalt** (Abs. (1)) und einer allgemeinen **Untersuchungsverpflichtung** nach Ablauf der Probezeit (Abs. (2)). Konkrete Rechtsfolgen – nämlich die Auflösung des Arbeitsverhältnisses im Falle der Nichteignung – werden nur an eine negative Einstellungsuntersuchung geknüpft. Für diesen Fall dürfte ein hinreichender sachlicher Grund für eine auflösende Bedingung vorliegen.

Sollen die Untersuchungsergebnisse in Dateien gespeichert werden, sind zusätzlich die Vorschriften des BDSG zu beachten. Da es sich bei Gesundheitsdaten um sog. sensible Daten i. S. d. § 3 Abs. 9 BDSG handelt, ist eine ausdrückliche Einwilligung des Mitarbeiters in die Datenerhebung und -verarbeitung erforderlich (§ 4 a Abs. 3 BDSG). Es empfiehlt sich, die Einwilligung vor der Untersuchung in gesonderter Form vom Mitarbeiter einzuholen (vgl. zu den Anforderungen an die Einwilligung *Gola/Schomerus* § 4 a Rdn. 6 ff.).

Unbeschadet der vertraglichen Regelung können in bestimmten Fällen zum Schutz des Arbeitnehmers oder zum Schutz der Allgemeinheit besondere gesetzliche Untersuchungsanordnungen bestehen (vgl. zu Einzelheiten ErfKomm/*Preis* § 611 BGB Rdn. 366).

Das Formular enthält in den letzten beiden Absätzen zusammengefasst einige wesentliche Rechte und Pflichten der Parteien bei **Arbeitsunfähigkeit** des Mitarbeiters. Es handelt sich um deklaratorische Bestimmungen, die vereinfacht den Inhalt der §§ 3, 4, 5 EFZG wiedergeben. Hervorzuheben ist das Recht des Arbeitgebers, die Vorlage einer Arbeitsunfähigkeitsbescheinigung auch schon vor Ablauf des dritten Krankheitstages zu verlangen (§ 5 Abs. 1 S. 3 EFZG). Hierfür ist ein besonderer Grund nicht erforderlich. Besteht ein **Betriebsrat**, muss dieser allerdings nach Auffassung des BAG jedenfalls dann gemäß § 87 Abs. 1 Nr. 1 BetrVG beteiligt werden, wenn der Arbeitgeber eine generelle Anweisung zum vorzeitigen Nachweis der

Arbeitsunfähigkeit erlässt (BAG Beschl. v. 25. 1. 2000 – 1 ABR 3/99 – NZA 2000, 665). Sofern die Anweisung nur im Einzelfall (z. B. wiederholtes Zuspätkommen eines einzelnen Mitarbeiters) erteilt wird, dürfte es dagegen an dem von § 87 BetrVG geforderten kollektiven Bezug fehlen (vgl. dazu *F/E/S/T/L* § 87 Rdn. 14 ff.).

11. Reisekosten/Auslagen. Der Arbeitgeber ist auch ohne besondere vertragliche Regelung verpflichtet, dem Mitarbeiter diejenigen Aufwendungen zu ersetzen, die im Zusammenhang mit der Ausführung der geschuldeten Arbeitstätigkeit entstanden sind und die der Mitarbeiter den Umständen nach für erforderlich halten durfte (§ 670 BGB). In bestimmten Grenzen wird man allerdings Pauschalierungsvereinbarungen (z. B. in einer betrieblichen Reisekostenordnung) für zulässig halten müssen, sofern sich solche Regelungen nicht einseitig zu Lasten des Mitarbeiters auswirken (BAG Urt. v. 27. 7. 1994 – 7 AZR 81/94 – AP Nr. 14 zu § 46 BPersVG; BAG Urt. v. 14. 2. 1996 – 5 AZR 978/94 – AP Nr. 5 zu § 611 BGB – Aufwandsentschädigung; Küttner/*Griese* Aufwendungsersatz Rdn. 4). Der im Formular enthaltene Hinweis auf die gesetzlichen steuerlichen Rahmenbedingungen stellt klar, dass der Arbeitnehmer keinen Anspruch auf eine Zuwendung (überobligatorischer) geldwerter Vorteile hat (vgl. zur lohnsteuerrechtlichen Behandlung von Auslagenersatz Küttner/*Thomas* Aufwendungsersatz Rdn. 23 ff.).

Sog. „**Jeweiligkeitsklauseln**", z. B. der Verweis auf die „jeweils maßgeblichen betrieblichen Richtlinien", sind unter AGB-rechtlichen Gesichtspunkten zulässig. Das BAG hielt schon früher derartige Bezugnahmen jedenfalls bei einem Verweis auf bestehende Versorgungsordnungen für zulässig (BAG Urt. v. 2. 2. 1988 – 3 AZR 115/86 – AP Nr. 25 zu § 5 BetrAVG). Für Arbeitsverträge finden die Regelungen zur Einbeziehungskontrolle (§§ 305 Abs. 2 und Abs. 3 BGB) keine Anwendung, so dass die Einbeziehung von Klauselwerken in ihrer jeweiligen Fassung wirksam ist (vgl. ErfKomm/*Preis* §§ 305 – 310 BGB Rdn. 30). Unabhängig von der formal wirksamen Einbeziehung wirken Jeweiligkeitsklauseln nur wie Widerrufsvorbehalte. Einseitige Änderungen der einbezogenen Vorschriften durch den Arbeitgeber dürfen daher nur nach billigem Ermessen erfolgen (§ 315 BGB, § 106 GewO). Jedenfalls bei einschneidenden Änderungen des in Bezug genommenen Regelungswerks kann es sich empfehlen, ein ausdrückliches Einverständnis der Arbeitnehmer mit der neuen Fassung einzuholen. Auf eine tatsächliche Kenntniserlangung des einzustellenden Mitarbeiters von den zusätzlichen Klauselwerken bei Vertragsschluss kommt es nicht an. Hier hielt der Gesetzgeber die Nachweispflicht gemäß § 2 NachwG für ausreichend (BT-Drucks. 14/6857 S. 54).

12. Urlaub. Der gesetzliche Mindesturlaub beträgt gemäß § 3 Abs. 1 BUrlG mindestens 24 Werktage bei sechs Arbeitstagen in der Woche (vgl. § 3 Abs. 2 BUrlG). Der Mindesturlaubsanspruch beläuft sich also auf vier Wochen. Die Urlaubsregelung im Formular geht von der im Arbeitsleben üblichen 5-Tage-Woche aus. Dem Mitarbeiter sind mithin mindestens 20 Urlaubstage zu gewähren. Gewährt der Arbeitgeber darüber hinaus zusätzliche Urlaubstage, gelten die Bestimmungen des BUrlG hierfür grundsätzlich entsprechend. Allerdings sind vertraglich abweichende Vereinbarungen hinsichtlich des „freiwilligen", d. h. über die gesetzliche Mindestgrenze hinaus gewährten, Urlaubs zulässig (vgl. § 13 Abs. 1 BUrlG; Dersch/ *Neumann* § 3 BUrlG Rdn. 7). Das Formular sieht insoweit in Abweichung von § 7 Abs. 4 BUrlG vor, dass im Fall einer Beendigung des Arbeitsvertrags lediglich der gesetzliche Mindesturlaub abzugelten ist, soweit dieser noch nicht verbraucht wurde. Im Übrigen haben die vertraglichen Regelungen zur zeitlichen Festlegung des Urlaubs, der Urlaubsübertragung und dem Verfall von Urlaubsansprüchen lediglich deklaratorischen Charakter. Sie entsprechen der gesetzlichen Regelung in § 7 BUrlG. Bei Teilzeitbeschäftigten kommt es für die Berechnung des Mindesturlaubs auf die Zahl der wöchentlich vereinbarten Arbeitstage an (s. ausführlich *Leinemann/Linck* § 3 BUrlG Rdn. 29 ff.; zum Teilzeitarbeitsvertrag allg. Form. A. VI. 2).

13. Nebenbeschäftigungen. Hinsichtlich einer etwaigen Nebenbeschäftigung enthält das Formular ein sog. Verbot mit Erlaubnisvorbehalt. Es bezieht sich nicht nur auf entgeltliche (Abs. (2)), sondern auch auf unentgeltliche Nebentätigkeiten sowie die rein kapitalmäßige Beteiligung an anderen Unternehmen (Abs. (3)). Hinsichtlich Letzterer empfiehlt sich aus Gründen der Rechtssicherheit die Festlegung einer ausdrücklichen Beteiligungsgrenze, bei deren Überschreitung das Genehmigungserfordernis greift. Die Vereinbarung eines Verbots mit

Erlaubnisvorbehalt für Nebentätigkeit ist grundsätzlich zulässig (BAG Urt. v. 26. 6. 2001 – 9 AZR 343/00 – NZA 2002, 98 ff. m. weit. Nachw.). Allerdings hat der Arbeitnehmer im Hinblick auf die verfassungsrechtlich garantierte Berufsfreiheit (Art. 12 Abs. 1 GG) einen Anspruch auf Erlaubniserteilung, sofern keine Beeinträchtigung der Interessen des Arbeitgebers vorliegt (BAG Urt. v. 24. 6. 1999 – 6 AZR 605/97 – AP Nr. 5 zu § 611 BGB Nebentätigkeit m. weit. Nachw.). Der Arbeitgeber muss vor der Genehmigung also eine Prognose anstellen, ob unter Berücksichtigung der erfahrungsgemäß zu erwartenden Entwicklung eine Beeinträchtigung betrieblicher Interessen wahrscheinlich ist (BAG Urt. v. 26. 6. 2001 – 9 AZR 343/00 – NZA 2002, 98, 100).

14. Geheimhaltung/Behandlung von Gegenständen und Daten. Die Vorschrift regelt die Pflichten des Mitarbeiters im Zusammenhang mit vertraulichen Informationen und Geschäftsgeheimnissen sowie die Pflicht zur sorgfältigen Behandlung und Rückgabe von Unterlagen, Gegenständen und Daten (vgl. zum Dienstwagen Form. A. III. 1).

Zu beachten ist, dass eine vertragliche **Geheimhaltungsverpflichtung** den Arbeitnehmer nicht an der Aufnahme einer Konkurrenztätigkeit nach Beendigung des Arbeitsverhältnisses, d. h. der Verwendung des erworbenen Wissens für eigene Zwecke, hindert. Hierfür bedarf es grundsätzlich eines Wettbewerbsverbots, das nur gegen Zahlung einer Karenzentschädigung zulässig ist (s. dazu Form. A. IV. 1). Aus diesem Grund sind Geheimhaltungsvereinbarungen praktisch nur von begrenztem Wert. Die Abgrenzung zwischen einer – entschädigungslos zulässigen – Verschwiegenheitsverpflichtung und einem entschädigungspflichtigen Wettbewerbsverbot kann im Einzelfall schwierig sein (dazu instruktiv *Bauer/Diller* Rdn. 157 ff.). Das BAG hat mehrfach entschieden, dass zu weit gefasste Geheimhaltungsverpflichtungen, die den Arbeitnehmer im Einzelfall unzumutbar in seinem beruflichen Fortkommen beschränken, als (unwirksames) Wettbewerbsverbot zu qualifizieren sind (BAG Urt. v. 15. 6. 1993 – 9 AZR 558/91 – BB 1994, 1078, 1079; BAG Urt. v. 19. 5. 1998 – 9 AZR 394/97 – BB 1998, 212, 213; vgl. auch BGH Urt. v. 3. 5. 2001 – I ZR 153/99 – WM 2001, 1824, 1828 f.). Aus diesem Grund beschränkt sich die Regelung im Formular auf die Geheimhaltung von „vertraulichen" Angelegenheiten, insbesondere von Geschäfts- und Betriebsgeheimnissen (vgl. zum Begriff BAG Urt. v. 15. 12. 1987 – 3 AZR 474/86 – ZIP 1988, 733, 735), an deren Schutz gegenüber Dritten der Arbeitgeber ein berechtigtes Interesse hat. Welche Angelegenheiten im Einzelfall vertraulich sind, ist Tatfrage. Besteht an der Geheimhaltung einzelner, besonders wichtiger Geheimnisse ein gesteigertes Interesse, empfiehlt es sich, diese ausdrücklich im Vertrag zu nennen (vgl. BAG Urt. v. 16. 3. 1982 – 3 AZR 83/79 – AP Nr. 1 zu § 611 BGB Betriebsgeheimnis – „Trombosol"). Abzulehnen ist dagegen der teilweise gemachte Vorschlag, Geheimhaltungsvereinbarungen generell mit einem Zumutbarkeitsvorbehalt zu versehen (so *Bauer/Diller* Rdn. 162). Dadurch kann bei dem Mitarbeiter leicht der Eindruck entstehen, er sei befugt, über die Preisgabe des Geheimnisses selbst zu entscheiden.

Die in Abs. (4) vorgesehene Bestätigung, dass sämtliche Unterlagen und Gegenstände alleiniges Eigentum des Arbeitgebers sind und dem Mitarbeiter hieran kein **Zurückbehaltungsrecht** zusteht, ist im Rahmen vorformulierter Vertragsbedingungen rechtlich möglicherweise angreifbar (§ 309 Nr. 2 und Nr. 12 BGB; *Grobys* DStR 2002, 1002, 1007). Bei besonders wertvollen Gegenständen und Dokumenten kann es daher sinnvoll sein, sich ihre Aushändigung gesondert quittieren zu lassen, um später einen Herausgabeanspruch besser beweisen zu können.

15. Schutzrechte. Die Vorschrift regelt die Übertragung von urheberrechtsfähigen oder sonst schutzrechtsfähigen Arbeitsergebnissen auf den Arbeitgeber. Vertragliche Abreden in diesem Bereich sind grundsätzlich zulässig. Für patentrechtsfähige Erfindungen enthält das Arbeitnehmererfindungsgesetz allerdings zwingende Schutzvorschriften zu Gunsten des Erfinders (vgl. §§ 1 ff. ArbnErfG sowie Form. A. IV. 3).

Insbesondere für Urheberrechte ist aufgrund der sog. „**Zweckübertragungslehre**" – die über § 43 UrhG auch im Arbeitsrecht anwendbar ist – allgemein anerkannt, dass der Arbeitnehmer dem Arbeitgeber im Zweifel auch ohne ausdrückliche Vereinbarung das Recht zur Nutzung der von ihm erstellten Werke überträgt, sofern er sie im Rahmen seiner Arbeitsaufgabe, in unmittelbarem Zusammenhang mit seiner Arbeitstätigkeit und auf Kosten des Arbeitgebers oder unter Ausnutzung betrieblichen Erfahrungswissens geschaffen hat (BAG Urt. v. 13. 9. 1983 – 3 AZR 371/81 – NJW 1984, 1579; BAG Urt. v. 12. 3. 1997 – 5 AZR 669/95 – AP Nr. 1 zu § 2 UrhG; LAG München Urt. v. 16. 5. 1986 – 4 Sa 28/86 – BB 1987, 837; *Schaub* § 115 Rdn. 75). In diesem Fall ist im Allgemeinen von einer stillschweigenden Einräumung der Nutzungsrechte auszugehen, soweit dies für eine zweckgerechte Werkverwertung durch den Arbeitgeber erforderlich ist. Das vertraglich vereinbarte Arbeitsentgelt wird dann grundsätzlich als angemessene Gegenleistung für die Rechtsübertragung angesehen (vgl. für viele BAG Urt. v. 12. 3. 1997 – 5 AZR 669/95 – AP Nr. 1 zu § 2 UrhG). Die im Formular vorgesehene Regelung entfaltet daher in erster Linie in Randbereichen konstitutive Wirkung, z. B. bei der Bestimmung eines ausschließlich und zeitlich unbegrenzten Nutzungsrechts sowie dem Verzicht des Mitarbeiters auf bestimmte Rechte, z. B. das Recht auf Namensnennung und das Recht auf Bearbeitung des Werkes. Im Übrigen führt die vorgesehene pauschale Nutzungsrechtsübertragung vor dem Hintergrund der Zweckübertragungslehre nur dazu, dass die im Einzelfall vom Arbeitgeber (objektiv) benötigten Rechte übertragen werden. Soweit es also um besonders ungewöhnliche oder für den Arbeitgeber besonders wichtige Nutzungsrechte geht, empfiehlt sich ergänzend deren ausdrückliche Nennung im Arbeitsvertrag.

Zu beachten ist, dass das Urheberrecht seit dem 1. Juli 2002 einen **zwingenden** Anspruch des Urhebers auf **angemessene Vergütung** und gegebenenfalls auf weitere Beteiligung gemäß §§ 32, 32a UrhG vorsieht. Auch wenn sich dadurch an den bisherigen Grundsätzen zur Zweckübertragung wenig ändern dürfte, kann den Arbeitgeber hieraus im Einzelfall eine erweiterte Vergütungspflicht treffen, sofern das gezahlte Arbeitsentgelt und der Wert des übertragenen Werkes ausnahmsweise in keinem angemessenen Verhältnis stehen (vgl. zu Einzelheiten *Grobys/Foerstl* NZA 2002, 1015, 1016 ff.). Liegen die Voraussetzungen für eine erweiterte Vergütungspflicht vor, läuft die im Formular in Abs. (4) vorgesehene pauschale Abgeltung leer.

Eine gesetzliche Sonderregelung besteht in § 69b UrhG für die Erstellung von **Computerprogrammen.** Danach ist der Arbeitgeber zur Wahrnehmung aller vermögensrechtlichen Befugnisse an dem Programm berechtigt, sofern der Arbeitnehmer das Programm in Wahrnehmung seiner arbeitsvertraglichen Aufgaben oder nach Anweisung des Arbeitgebers geschaffen hat. Diese „cessio legis" verdrängt als speziellere Regelung die im Rahmen des § 43 UrhG anwendbaren Grundsätze zur Zweckübertragungslehre. Auch im Anwendungsbereich von § 69b UrhG war nach bislang herrschender Auffassung die Übertragung der umfassenden vermögensrechtlichen Verwertungsbefugnis an den Arbeitgeber mit dem Arbeitsentgelt abgegolten (BGH Urt. v. 23. 10. 2001 – X ZR 72/98 – NJW-RR 2002, 339; *Schaub* § 115 Rdn. 78). Es spricht allerdings vieles dafür, dass die Vorschriften zur erweiterten Vergütungspflicht hier ebenfalls ergänzend anwendbar sind (§§ 32, 32a UrhG; vgl. zum Streitstand *Grobys/Foerstl* NZA 2002, 1015, 1019 m. weit. Nachw.).

16. Befristetes Probearbeitsverhältnis. Der Arbeitsvertrag sieht für die Dauer der **Probezeit** eine **Befristung** von sechs Monaten (sog. „befristetes Probearbeitsverhältnis") vor. Die Befristung des Arbeitsverhältnisses zur Probe ist als Sachgrund allgemein anerkannt (§ 14 Abs. 1 Nr. 5 TzBfG). Eine Befristungsvereinbarung hat den Vorteil, dass das Arbeitsverhältnis nicht gekündigt werden muss, sofern es nicht über den Ablauf der Probezeit hinaus fortgesetzt werden soll. Besondere Kündigungsbeschränkungen (z. B. wegen Schwangerschaft) müssen daher bei mangelnder Bewährung des Mitarbeiters nicht beachtet werden. Das Formular enthält aber zusätzlich eine Kündigungsmöglichkeit, um der Gesellschaft eine Lösung vom Probearbeitsverhältnis auch vor dem Ablauf der Befristung zu ermöglichen (vgl. § 622 Abs. 3 BGB). In der Praxis besteht häufig das Bedürfnis, die einmal vereinbarte Probezeit für einen gewissen Zeitraum (z. B. weitere drei Monate) zu verlängern. Hieran hat die Rechtsprechung in der Vergangenheit strenge Anforderungen gestellt (vgl. BAG Urt. v. 15. 3. 1978 – 5 AZR 831/76 – AP Nr. 45 zu § 620 BGB Befristeter Arbeitsvertrag). Neuerdings hält das BAG eine Probezeitverlängerung – im konkreten Fall vier Monate – jedenfalls dann für zulässig, wenn dem Mitarbeiter für den Bewährungsfall verbindlich eine unbefristete Übernahme zugesagt wird (BAG Urt. v. 7. 3. 2002 – 2 AZR 93/01 – AP Nr. 22 zu § 620 BGB Aufhebungsvertrag). Diese auf den ersten Blick arbeitgeberfreundliche Rechtsprechung hat den Nachteil, dass sich

1. Arbeitsvertrag ohne Tarifbindung

der Arbeitgeber damit praktisch seiner Einschätzungsprärogative hinsichtlich der Eignung begibt. Denn der Mitarbeiter erwirbt mit der Verlängerungszusage das Recht, seine „Bewährung" im Streitfall gerichtlich überprüfen zu lassen. In der Praxis sollte man daher nur sehr zurückhaltend von der Verlängerungsmöglichkeit Gebrauch machen. Soll ein befristetes Probearbeitsverhältnis begründet werden, so ist zwingend darauf zu achten, dass vor tatsächlicher Arbeitsaufnahme eine schriftliche Vereinbarung getroffen wird (§§ 14 Abs. 4, 16 TzBfG). Eine nur mündlich vereinbarte Befristung und eine nachfolgende schriftliche Vereinbarung erst nach Arbeitsantritt führt zur Begründung eines unbefristeten Arbeitsverhältnisses (BAG Urt. v. 1. 12. 2004 – 7 AZR 198/04 – NZA 2005, 575).

17. Kündigungsfrist. Hinsichtlich der **Kündigungsfristen** verweist das Formular auf die gesetzliche Regelung in § 622 BGB. Danach gilt eine Grundkündigungsfrist von vier Wochen zum 15. eines Monats oder zum Monatsende, die sich in Abhängigkeit der Betriebszugehörigkeit für den Arbeitgeber verlängert. Da sich mit zunehmender Beschäftigungsdauer i. d. R. auch das Bindungsinteresse des Arbeitgebers erhöht, sieht der Vertrag eine entsprechende Verlängerung der Kündigungsfristen auch für eine Kündigung durch den Mitarbeiter vor. Längere als die gesetzlichen Kündigungsfristen können – in den Grenzen von § 138 BGB und § 15 Abs. 4 TzBfG – vereinbart werden, solange nicht für den Arbeitnehmer eine längere Frist als für den Arbeitgeber gelten soll (§ 622 Abs. 6 BGB). Ob und inwieweit die Generalklausel des § 307 BGB der formularmäßigen Vereinbarung von Kündigungsfristen Grenzen setzt, ist bislang ungeklärt. Es dürfte wohl keine Notwendigkeit bestehen, den Arbeitsvertragsparteien die Vereinbarung bestimmter – auch längerer – Kündigungsfristen zu verbieten. Gerade in diesem Punkt besteht im Regelfall Verhandlungsparität, da einem etwaigen Bindungsinteresse des Arbeitgebers stets die für ihn mit langen Kündigungsfristen verbundenen wirtschaftlichen Risiken entgegenstehen (vgl. zum Ganzen *Preis* II K 10 Rdn. 59 ff.).

18. Unbefristetes Arbeitsverhältnis mit vorgeschalteter Probezeit. In Abweichung zu der Ausgangsformulierung ist die Probezeit in der Alternative nicht als echte Befristung, sondern nur als besondere Kündigungsregelung ausgestaltet. Die Parteien schließen damit vom ersten Tag an einen unbefristeten Arbeitsvertrag, der für die Dauer von sechs Monaten die gesetzlich zulässige Mindestkündigungsfrist von zwei Wochen vorsieht (§ 622 Abs. 3 BGB). Sofern sich der Arbeitgeber zum Ablauf der Probezeit von seinem Mitarbeiter trennen will, muss folglich eine Kündigung ausgesprochen werden. Eine Verlängerung der zweiwöchigen Kündigungsoption über den Zeitraum von sechs Monaten hinaus ist nur in den in § 622 Abs. 5 BGB genannten Ausnahmefällen möglich. Auch beim unbefristeten Probearbeitsverhältnis ist eine „Verlängerung der Probezeit" durch einen Aufhebungsvertrag innerhalb der Probezeit oder den Ausspruch einer Probezeitkündigung mit verlängerter Kündigungsfrist („sozialer Auslauffrist") zulässig (BAG Urt. v. 7. 3. 2002 – 2 AZR 93/01 – AP Nr. 22 zu § 620 BGB Aufhebungsvertrag). Welche Gestaltung der Probezeit sinnvoll und durchsetzbar ist, hängt vom Einzelfall ab. Aus Arbeitgebersicht erscheint die Vereinbarung eines befristeten Probearbeitsverhältnisses (vgl. Anm. 16) aus Gründen der Rechtssicherheit vorzugswürdig.

19. Schriftform. Das Schriftformerfordernis entspricht der gesetzlichen Regelung in § 623 BGB. Die Klausel hat also nur deklaratorische Bedeutung.

20. Vertragsstrafe. War die Zulässigkeit der **formularmäßigen Vereinbarung einer Vertragsstrafe** im Hinblick auf das Klauselverbot des § 309 Nr. 6 BGB bislang Gegenstand unterschiedlicher Beurteilungen in der Literatur und instanzgerichtlichen Rechtsprechung (vgl. zum Streitstand ErfKomm/*Preis* §§ 305 – 310 Rdn. 93 m. weit. Nachw.; LAG Hamm Urt. v. 24. 1. 2003 – 10 Sa 1158/02 – AP Nr. 1 zu § 309 BGB 2002; LAG Düsseldorf Urt. v. 8. 1. 2003 – 12 Sa 1301/02 – AP Nr. 2 zu § 309 BGB 2002), so hat das BAG die Zulässigkeit von Vertragsstrafen im Formulararbeitsvertrag auch nach der Schuldrechtsreform grundsätzlich bejaht (BAG Urt. v. 4. 3. 2004 – 8 AZR 196/03 – NZA 2004, 727). Die Tatsache, dass ein Arbeitnehmer zur Erbringung der Arbeitsleistung gemäß § 888 Abs. 3 ZPO nicht durch Zwangsgeld oder Zwangshaft angehalten werden kann, stellt mit dem BAG eine Besonderheit des Arbeitsrechts i. S. d. § 310 Abs. 4 S. 2 BGB dar, die eine formularmäßige Vereinbarung von Vertragsstrafen für den Fall des Nichtantritts der Arbeit grundsätzlich gestattet und der Anwendung von § 309 Nr. 6 BGB entgegensteht. Auch die Nichteinhaltung der vereinbarten

Kündigungsfrist wie die Veranlassung einer außerordentlichen Kündigung durch schuldhaft vertragswidriges Verhalten des Arbeitnehmers stellen laut BAG einen tauglichen Anknüpfungspunkt einer Vertragsstrafenregelung dar (BAG Urt. v. 4. 3. 2004 – 8 AZR 196/03 – NZA 2004, 727).

Die **Vereinbarung einer zu hohen Vertragsstrafe** kann aber im Formularvertrag zu einer unangemessenen Benachteiligung des Arbeitnehmers führen (§ 307 BGB). In diesem Falle ist die Vertragsstrafenregelung unwirksam. Insbesondere kann die zu hoch vereinbarte Strafe – entgegen der verwirkten Strafe nach § 343 BGB – nicht geltungserhaltend auf ein angemessenes Maß herabgesetzt werden. Das BAG nimmt im Rahmen der Angemessenheitskontrolle eine generalisierende Betrachtung vor. Bei vereinbarter zweiwöchiger Kündigungsfrist ist eine Vertragsstrafe in Höhe eines vollen Bruttomonatsverdienstes für den Fall des Nichtantritts der Arbeit oder der vertragswidrigen Lösung des Arbeitsverhältnisses zu hoch und damit unangemessen (BAG Urt. v. 4. 3. 2004 – 8 AZR 196/03 – NZA 2004, 727).

Für die Praxis wird zu unterscheiden sein: Will der Arbeitgeber mit der Regelung ganz vorrangig eine – praktisch nicht unerhebliche – Abschreckungsfunktion verbinden, um dem Arbeitnehmer unmittelbare Folgen eines Pflichtverstoßes schon im Vertragstext vor Augen zu führen, könnte weiter an der Vereinbarung von pauschal einem bis zwei Monatsgehältern für den Fall eines Verstoßes festgehalten werden. Die Regelung wird aber in der Mehrzahl der Fälle unwirksam sein. Die hier gewählte Gestaltung knüpft dagegen an die neuere Rechtsprechung an und verbindet die Höhe der Vertragsstrafe flexibel mit dem für den Lauf der Kündigungsfrist geschuldeten Bruttoverdienst. Im Regelfall der Vereinbarung einer Probezeit (s. Anm. 16, 19) und der zulässig auf zwei Wochen verkürzten Kündigungsfrist geht daher die Vertragsstrafe für den Nichtantritt der Arbeit nicht über einen Zwei-Wochen-Verdienst hinaus. Für eine spätere vertragswidrige Lösung kann die Vertragsstrafe dagegen bis zu einem Bruttomonatsgehalt betragen. Da vor einer erschöpfenden Klärung aller in Betracht kommenden Fallgruppen durch das BAG eine Unwirksamkeit der Klausel vermieden werden soll, wird die Vertragsstrafe nach oben begrenzt. Die Ausführungen des BAG deuten an, dass ein voller Bruttomonatsverdienst die zulässige Obergrenze der Höhe einer formularmäßigen Vertragsstrafenvereinbarung ist. Folglich führen nach der hier gewählten Formulierung auch im länger bestehenden Arbeitsverhältnis Kündigungsfristen von über einem Monat (ab fünfjährigem Bestehen des Arbeitsverhältnisses, § 622 Abs. 2 Nr. 2 BGB) nicht zu einer weiteren Erhöhung der Vertragsstrafe. Ist die Zulässigkeit der hier gewählten Gestaltung insgesamt auch noch nicht ausdrücklich bestätigt, dürfte sie doch den Anforderungen des BAG voraussichtlich auch zukünftig genügen. Eine noch zurückhaltendere Gestaltung würde eine Vereinbarung der Vertragsstrafe mangels hinreichender Abschreckungswirkung bei gleichzeitig unzureichender Schadenskompensation vollends entwerten. Zwar kann die frühere Rechtsprechung des BAG nicht mehr unkritisch herangezogen werden; die Vereinbarung maximal eines Bruttomonatsgehalts sollte aber im länger bestehenden Arbeitsverhältnis keine unangemessene Benachteiligung darstellen (vgl. BAG Urt. v. 23. 5. 1984 – 4 AZR 129/82 – NZA 1984, 255, 256; LAG Stuttgart Urt. v. 30. 7. 1985 – 13 Sa 39/85 – LAGE § 339 BGB Nr. 1). Mit guten Gründen lässt sich aber auch die Zulässigkeit der Vereinbarung von maximal zwei Bruttomonatsverdiensten vertreten (MAH Moll/*Eisenbeis* § 15 Rdn. 56).

Um zu vermeiden, dass die Vertragsstrafenregelung für den Arbeitnehmer einen **Überraschungseffekt** hat, empfiehlt sich für die Vertragsausfertigung die drucktechnische Hervorhebung (z. B. durch Großbuchstaben oder Fettdruck). Damit dürfte der Einwand, die Klausel sei an einer unerwarteten Stelle im Vertragstext untergebracht, weitgehend entkräftet sein (vgl. dazu BAG Urt. v. 29. 11. 1995 – 5 AZR 447/94 – DB 1996, 989, 990; Krit. hierzu *Schwarz* BB 1996, 1434).

21. Freistellung. Für den Kündigungsfall enthält der Vertrag zu Gunsten des Arbeitgebers ein **Freistellungsrecht** verbunden mit einer ausdrücklichen Regelung über die Anrechnung von Zwischenverdienst (vgl. § 615 S. 2 BGB; hierzu BAG Urt. v. 6. 2. 1964 – 5 AZR 93/63 – NJW 1964, 1243; BAG Urt. v. 19. 3. 2002 – 2 AZR 16/01 – NZA 2002, 1055). Zu beachten ist, dass die Freistellungsbefugnis im Einzelfall unbeschadet der getroffenen Vereinbarung durch gesonderte Erklärung, z. B. im Kündigungsschreiben, gegenüber dem Arbeitnehmer aktualisiert werden muss (vgl. dazu Form. A. XIV. 3 Anm. 3 und Anm. 4). Auch wenn die Freistellung von Mitarbeitern bis zum Ablauf der ordentlichen Kündigungsfrist gelebte Praxis ist, liegen bislang keine eindeutigen Aussagen des BAG zu diesem Fragenkomplex vor. Schon vor dem Hintergrund der verfassungsrechtlichen Absicherung des Beschäftigungsanspruchs (dazu grundlegend BAG GS Beschl. v. 27. 2. 1985 – GS 1/84 – AP Nr. 14 zu § 611 BGB Beschäftigungspflicht) ist die Vereinbarung einer generellen und zeitlich unbegrenzten Freistellungsbefugnis des Arbeitgebers problematisch. Eine Freistellung begegnet jedenfalls dann keinen Bedenken, wenn hieran im Einzelfall ein überwiegendes schutzwertes Interesse des Arbeitgebers besteht.

Teilweise wird die Auffassung vertreten, dass die hier gewählte Freistellungsklausel im **Rahmen vorformulierter Vertragsbedingungen** unwirksam sei (ArbG Frankfurt a.M. Urt. v. 19. 11. 2003 – 2 Ga 251/03 – DB 2004, 934; vgl. auch *Fischer* NZA 2004, 233). Die Regelung könnte gegen § 307 Abs. 1 BGB verstoßen (ErfKomm/*Preis* § 611 BGB Rdn. 707). Eine wirksame Suspendierung des Beschäftigungsanspruchs wäre damit nur bei Bestehen zusätzlicher überwiegender Interessen des Arbeitgebers im Einzelfall gerechtfertigt. Auf die Aufnahme der Klausel sollte dennoch weder verzichtet noch sollte diese näher konkretisiert werden („wichtiger Grund", „Unzumutbarkeit der Weiterbeschäftigung"). Der Arbeitgeber verbindet mit der Kündigung die ausdrückliche Freistellungserklärung. Der Beschäftigungsanspruch des Arbeitnehmers ist dann regelmäßig nur im Wege einstweiligen Rechtsschutzes und wohl auch nur bei längeren Kündigungsfristen (etwa ab drei Monaten) praktisch durchsetzbar. Sucht der Arbeitnehmer seinen Beschäftigungsanspruch im Einzelfall tatsächlich gerichtlich durchzusetzen, kann der Arbeitgeber noch immer konkrete Tatsachen für ein überwiegendes schutzwertes Interesse an der Nichtbeschäftigung vortragen.

22. Vorfälligkeitsregelung. Für den Fall der Beendigung des Arbeitsvertrags sieht das Formular eine sofortige Pflicht zur vorzeitigen **Rückgewähr** von etwaigen Gehaltsvorschüssen oder anderen Vorauszahlungen und Darlehen des Arbeitgebers vor. Für den Mitarbeiter liegt darin keine unzulässige Kündigungserschwerung (vgl. MünchHdbArbR/*Hanau* § 71 Rdn. 14 f.), da die Bestimmung keine (zusätzliche) materielle Verpflichtung begründet, sondern lediglich die Modalitäten der Abrechnung des Arbeitsverhältnisses betrifft. Allerdings dürfte die automatisch eintretende Vorfälligstellung unangemessen sein, sofern der Arbeitgeber den wichtigen Grund für eine (außerordentliche) Eigenkündigung des Arbeitnehmers zu vertreten hat. Das Formular nimmt diesen Fall daher ausdrücklich von der Vorfälligstellung aus. Darüber hinaus ist hinsichtlich der Darlehensrückzahlung das gesetzliche Leitbild der ordentlichen Kündbarkeit zu beachten. Die ordentliche Kündigungsfrist beträgt bei unbestimmter Laufzeit drei Monate (§ 488 Abs. 3 BGB). Die Regelung ist zwar dispositiv. Dennoch dürfte eine sofortige Fälligstellung des Darlehens ohne Grund und ohne Frist im Fall der Kündigung dem Grundgedanken der gesetzlichen Regelung widersprechen und damit unangemessen i. S. d. § 307 Abs. 2 BGB sein (vgl. *Wolf/Horn/Lindacher* § 9 D 42). Das Formular sieht daher insoweit eine „Mindestkündigungsfrist" von einem Monat vor. Da für die Rückforderung von Vorschüssen oder Ähnlichem ein vergleichbares gesetzliches Leitbild nicht besteht, begegnet die sofortige Fälligstellung mit Ausspruch der Kündigung hier keinen Bedenken. Es ist auch unbedenklich, die Kündigung des Darlehensvertrages mit dem Ausspruch der Kündigung zu fingieren. Sicherheitshalber sollte der Mitarbeiter im Kündigungsschreiben aber nochmals ausdrücklich auf diese Rechtsfolge aufmerksam gemacht werden. Sollte ein separater Vertrag über die Darlehensgewährung bestehen (vgl. Form. A. IV. 6), ist darauf zu achten, dass dessen Bestimmungen mit der hier vorgeschlagenen Regelung in Einklang stehen. Denn Widersprüche und Zweifel bei der Auslegung formularmäßiger Arbeitsbedingungen gehen zu Lasten des Arbeitgebers (§ 305c Abs. 2 BGB).

23. Altersgrenze. Neben der vereinbarten Kündigungsmöglichkeit enthält das Formular eine **Altersgrenze** als eigenständigen Beendigungstatbestand. Der Vorteil für den Arbeitgeber liegt darin, dass das Arbeitsverhältnis mit Erreichen der Altersgrenze automatisch endet, ohne dass die Voraussetzungen für eine ordentliche Kündigung vorliegen müssen. Insbesondere bedarf es keines Nachweises einer altersbedingten Leistungsminderung, der in der Praxis nur äußerst schwer zu führen ist. Bei der Altersgrenzenregelung handelt es sich um eine **Befris-**

tung, die nach ganz h. M. sowohl einzelvertraglich als auch kollektivrechtlich nach allgemeinen Grundsätzen zulässig ist (vgl. nur BAG Urt. v. 14. 8. 2002 – 7 AZR 469/01 – DB 2003, 394; Küttner/*Kreitner* Altersgrenze Rdn. 6). Erforderlich ist demnach ein sachlicher Grund, der den Anforderungen der arbeitsrechtlichen Befristungskontrolle genügt (§ 14 Abs. 1 TzBfG). Vereinbarungen, die auf einen Zeitpunkt abstellen, in dem der Arbeitnehmer durch den Bezug einer gesetzlichen Altersrente wirtschaftlich abgesichert ist, werden insoweit überwiegend für zulässig erachtet (BAG Urt. v. 14. 8. 2002 – 7 AZR 469/01 – DB 2003, 394, 395 m. weit. Nachw.; vgl. zu weiteren Fallgruppen Küttner/*Kreitner* Altersgrenze Rdn. 9 m. weit. Nachw.). Das Formular stellt daher auf die gesetzliche **Regelaltersgrenze**, d. h. die Vollendung des 65. Lebensjahres, ab (§ 35 SGB VI). Diese Grenze ist für Männer und Frauen identisch. Sie darf nicht mit dem Anspruch auf vorgezogene Altersrente verwechselt werden (vgl. §§ 237, 237a SGB VI). Vereinbarungen, die eine automatische Beendigung des Arbeitsverhältnisses bei Bezug einer vorgezogenen Altersrente vorsehen, sind gemäß § 41 S. 2 SGB VI nur zulässig, sofern sie innerhalb der letzten drei Jahre vor dem Bezugszeitpunkt abgeschlossen oder von dem Arbeitnehmer bestätigt worden sind.

Die Vereinbarung der Altersgrenze stellt auch keine unzulässige Altersdiskriminierung im Hinblick auf die RL 2000/78/EG dar (A/P/S/*Backhaus* § 14 TzBfG Rdn. 117; Erf-Komm/*Müller-Glöge* § 14 TzBfG Rdn. 78), solange mit allen vergleichbaren Arbeitnehmern ein solcher Beendigungstatbestand vereinbart ist. Art. 6 der RL 2000/78/EG lässt eine Ungleichbehandlung wegen des Alters zu, wenn diese objektiv und angemessen ist und im Rahmen des nationalen Rechts durch ein legitimes Ziel, hier insbesondere die Beschäftigungspolitik und die Entlastung des Arbeitsmarktes, gerechtfertigt und zur Erreichung dieses Ziels angemessen und erforderlich ist (Henssler/Willemsen/Kalb/*Schmalenberg* § 14 TzBfG Rdn. 69; *Lingscheid*, Antidiskriminierung im Arbeitsrecht, 217, 238). Ohne den regulativen Effekt der Altersgrenzen würde sich das Angebot von Arbeitskräften erweitern. Der Entwurf eines deutschen Antidiskriminierungsgesetzes sieht eine Art. 6 der RL 2000/78/EG entsprechende Ausnahmevorschrift vor.

Abgesehen wurde davon, den Bezug einer **Berufsunfähigkeits-** oder **Erwerbsunfähigkeits-** oder **Erwerbsminderungsrente** als (zusätzlichen) Befristungsgrund vorzusehen. Das BAG hat zwar grundsätzlich die Möglichkeit einer automatischen Beendigung des Arbeitsverhältnisses wegen Bezugs von gesetzlichen Berufsunfähigkeitsleistungen anerkannt. Es hat seine Rechtsprechung im Laufe der Jahre aber mit zahlreichen Einschränkungen versehen, unter anderem der Voraussetzung, dass der Arbeitnehmer zum Zeitpunkt der Rentenbewilligung tatsächlich nicht mehr auf seinem bisherigen oder einem freien Arbeitsplatz weiterbeschäftigt werden kann (vgl. BAG Urt. v. 31. 7. 2002 – 7 AZR 118/01 – BB 2003, 476, 477f. m. weit. Nachw.; zur Entwicklung der Rechtsprechung A/P/S/*Backhaus* § 620 BGB Rdn. 347 ff.). Durch die Einführung der neuen Erwerbsminderungsrente (vgl. § 43 SGB VI), die nicht mehr auf einen konkreten Berufsschutz, sondern nur auf die Arbeitsfähigkeit auf dem allgemeinen Arbeitsmarkt abstellt, ergeben sich im Hinblick auf die sachliche Rechtfertigung derartiger Befristungen zusätzliche Fragen (dazu Preis/*Rolfs* II A 20 Rdn. 26 ff.). Angesichts dieser Unwägbarkeiten sollte sich die Vereinbarung auf den Bezug von Regelaltersrente beschränken.

24. Verfall von Ansprüchen, Verjährung. Das Formular enthält sowohl eine Regelung zum Ausschluss und dem Verfall von Ansprüchen, die während oder nach der Beendigung des Arbeitsverhältnisses nicht rechtzeitig gegenüber dem anderen Teil geltend gemacht werden als auch eine Regelung zur Abkürzung der gesetzlichen Verjährungsfrist. Eine Kombination beider Regelungen erscheint sinnvoll, da insbesondere die Zulässigkeit von Ausschlussklauseln in Arbeitsverträgen nach der Schuldrechtsreform weiterhin umstritten ist. Für den Fall, dass die Arbeitsgerichte die hier vorgeschlagene Klausel oder die Länge der im Einzelfall gewählten Verfallfrist beanstanden, bietet die abgekürzte Verjährungsfrist eine zusätzliche Absicherung.

Das Formular enthält im Ausgangsfall in Abs. (1) eine sog. **einstufige** und in der Alternative eine sog. **zweistufige Ausschlussfrist**. Das BAG hat derartige Ausschlussfristen bei angemessener Länge unter Berufung auf den damit bezweckten Beschleunigungseffekt bislang für zulässig erachtet (zuletzt BAG Urt. v. 27. 2. 2002 – 9 AZR 543/00 – DB 2002, 1720; BAG Urt. v. 13. 12. 2000 – 10 AZR 168/00 – AP Nr. 2 zu § 241 BGB jeweils m. weit. Nachw.).

1. Arbeitsvertrag ohne Tarifbindung A. II. 1

Diese Rechtsprechung wird nach der Schuldrechtsreform mit der Begründung in Zweifel gezogen, der Gesetzgeber habe das entsprechende gesetzliche Leitbild, nämlich das Verjährungsrecht, grundlegend geändert (so *Däubler* NZA 2001, 1329, 1337). Nach neuem Recht beginnt die regelmäßige Verjährungsfrist von drei Jahren für sämtliche Ansprüche grundsätzlich erst mit Kenntnis oder grob fahrlässiger Unkenntnis des Gläubigers zu laufen (§ 199 Abs. 1 BGB). Übliche Ausschlussfristen, die mit Fälligkeit des Anspruchs zu laufen beginnen, werden der gerichtlichen Prüfung daher voraussichtlich nicht mehr standhalten (vgl. *Reinecke* BB 2005, 378, 380; a.A. *Müller* BB 2005, 1333). Das Formular knüpft daher den Fristbeginn an die Entstehung des Anspruchs sowie die positive Kenntnis oder grobfahrlässige Unkenntnis des Anspruchstellers. Die mit der Vereinbarung von Ausschlussklauseln bezweckte Rechtssicherheit nach Ablauf einer klar zu bestimmenden Frist kann damit allerdings nicht mehr erreicht werden.

Im Rahmen vorformulierter Vertragsbedingungen werden **einseitige Ausschlussfristen**, die allein den Verfall von Ansprüchen des Arbeitnehmers vorsehen, nicht wirksam vereinbart werden können (so wohl BAG Urt. v. 2. 3. 2004 – 1 AZR 172/03 – NZA 2004, 852). Die Wirksamkeit **zweiseitiger Ausschlussfristen** und die Anforderungen an deren Vereinbarung sind höchstrichterlich derzeit nicht geklärt. Offen ist vor allem, ob der bislang vom BAG anerkannte Beschleunigungseffekt als tatsächliche Besonderheit im Rahmen des § 310 Abs. 4 S. 2 BGB (arbeitsrechtliche Besonderheiten) berücksichtigt werden kann (so etwa *Schrader* NZA 2003, 345, 350). Die Parteien sollen angehalten werden, ihre Rechte während der Laufzeit des Dauerschuldverhältnisses sorgfältig zu prüfen und gegebenenfalls wahrzunehmen. Damit können Ausschlussklauseln eine wichtige Voraussetzung für die ständige Aktualisierung des gegenseitigen Vertrauens als Grundvoraussetzung für die Aufrechterhaltung des Dauerschuldverhältnisses darstellen. Im Arbeitsleben haben sie daher weitgehend, insbesondere auch in Tarifverträgen, Anerkennung gefunden.

Die besseren Argumente sprechen dafür, einstufige Ausschlussklauseln auch weiterhin in vorformulierten Vertragsbedingungen zuzulassen (*Hümmerich* NZA 2003, 753, 756; *Lakies* NZA 2004, 569, 572; ArbG Frankfurt a. M. Urt. v. 13. 8. 2003 – 2 Ca 5568/03 – NZA-RR 2004, 238). Schwierigkeiten bereitet allerdings die Bestimmung einer „**angemessenen**" Frist. Hierbei ist beachten, dass gerade die Rechtsprechung des BAG zur Wirksamkeit sehr kurzer Ausschlussfristen zum Verzicht des Gesetzgebers auf die frühere generelle arbeitsrechtliche Bereichsausnahme im Recht der allgemeinen Geschäftsbedingungen geführt hat (BT-Drucks. 14/6857 S. 54). Zugleich wurde die kurze Sonderverjährung von Vergütungsansprüchen durch die Schuldrechtsreform abgeschafft und die Verjährung damit von zwei auf drei Jahre verlängert (*Krause* RdA 2004, 106, 111). Mit Blick auf die Frist des § 611 Abs. 4 S. 2 BGB könnte für leicht feststellbare Ansprüche eine Frist von zwei Monaten weiterhin zulässig sein (ArbG Frankfurt a. M. Urt. v. 13. 8. 2003 – 2 Ca 5568/03 – NZA-RR 2004, 238). Von einer generellen Untergrenze von drei (vgl. *Gotthardt* Rdn. 275) über sechs (*Reinecke* BB 2005, 378, 380; *Lakies* NZA 2004, 569, 574; tendenziell auch *Preis* II A 150 Rdn. 39) bis hin zu einer Ausschlussfrist von neun Monaten (*Hümmerich* NZA 2003, 753, 756) reichen die Ansätze der Literatur. Im Hinblick auf das Verbot der geltungserhaltenden Reduktion (vgl. Anm. 29) sollte derzeit keine Frist unter sechs Monaten gewählt werden. Auch kann nicht vollständig ausgeschlossen werden, dass das BAG unter Verweis auf die Neuregelung des Verjährungsrechts die wirksame Anordnung des Verfalls von Ansprüchen zusätzlich von der Kenntnis der Anspruchsentstehung abhängig macht (so wohl *Henssler* RdA 2002, 127, 138). Die bisherige Rechtsprechung des BAG zum Verbot der Berufung auf Ausschlussfristen in den Fällen, in denen der Arbeitnehmer schuldlos nicht in der Lage war, seinen Anspruch innerhalb der Frist geltend zu machen, erscheint aber weiterhin interessengerecht und spricht gegen diese zusätzlichen Wirksamkeitsanforderungen (vgl. BAG Urt. v. 13. 12. 2000 – 10 AZR 168/00 – NZA 2001, 723). Danach beginnen Ausschlussfristen regelmäßig erst dann zu laufen, wenn der Arbeitnehmer imstande ist, seinen Anspruch dem Grunde nach zu benennen und annähernd zu beziffern.

Zweistufige Ausschlussfristen sehen nach Ablehnung oder Nichtäußerung eine gerichtliche Geltendmachung vor. Es ist umstritten, ob diese Klauseln (siehe Alternative) zukünftig wirksam in vorformulierten Vertragsbedingungen vereinbart werden können (ArbG Frankfurt

a. M. Urt. v. 13. 8. 2003 – 2 Ca 5568/03 – NZA-RR 2004, 238; *Annuß*, BB 2002, 458, 463; *Däubler* NZA 2001, 1329, 1336; *Hümmerich* NZA 2003, 753, 755; *Lakies* NZA 2004, 569, 575, a. A. wohl *Schrader* NZA 2003, 345, 350). Das BAG scheint zuletzt bei Beachtung einer Mindestfrist von drei Monaten eine solche Regelung zu billigen (BAG Urt. v. 25. 5. 2005 – 5 AZR 572/04 – PM Nr. 31/05).

Unabhängig davon ist zu beachten, dass **zwingende tarifliche und betriebsverfassungsrechtliche Ansprüche** generell nicht von arbeitsvertraglichen Ausschlussfristen erfasst werden (vgl. § 77 Abs. 4 S. 4 BetrVG; § 4 Abs. 4 S. 3 TVG). Dies gilt grundsätzlich auch für zwingende gesetzliche Ansprüche (z. B. Anspruch auf Urlaub und Urlaubsabgeltung, Entgeltfortzahlung im Krankheitsfall, Betriebsrente), wobei die Einzelheiten hier umstritten sind (s. dazu MünchHdbArbR/*Hanau* § 75 Rdn. 14; Küttner/*Eisemann* Ausschlussfrist Rnd. 5 ff. jeweils m. weit. Nachw.). Die Haftung für Ansprüche aus vorsätzlichem Handeln kann nicht im Voraus erlassen werden (§ 276 Abs. 3 BGB; vgl. *Reinecke* BB 2005, 378, 379).

Hinsichtlich einer Abkürzung der **gesetzlichen Verjährung** kann man sich an der bisherigen Rechtsprechung des BGH zu § 9 AGBG a. F. orientieren. In einem Handelsvertreterverhältnis hat der BGH die vertragliche Verkürzung der vierjährigen Verjährung (§ 88 HGB) auf sechs Monate jedenfalls unter der Voraussetzung nicht beanstandet, dass die Kenntnis der Anspruchsentstehung eine Voraussetzung für den Lauf der abgekürzten Frist ist (BGH Urt. v. 10. 5. 1990 – I ZR 175/88 – NJW-RR 1991, 35). Im entschiedenen Fall durfte die Verjährungsfrist auf ein Achtel des gesetzlichen Wertes verkürzt werden. Demnach dürfte auch die im Formular vorgeschlagene Verkürzung der im Arbeitsrecht maßgeblichen Regelverjährungsfrist von drei Jahren (§ 195 BGB) auf ein Jahr zulässig, eine unzumutbare Beeinträchtigung der Anspruchsdurchsetzung hierin nicht zu sehen sein (§ 307 BGB).

25. Öffnungsklausel. Aufgrund des Günstigkeitsprinzips, welches das gesamte Arbeitsrecht beherrscht, können individuell ausgehandelte Vertragsbedingungen durch spätere Betriebsvereinbarungen oder Tarifverträge grundsätzlich nicht zum Nachteil des Arbeitnehmers abgeändert werden (Rechtsgedanke des § 4 Abs. 3 TVG; dazu näher *Schaub* § 204 Rdn. 33 ff.). Mit einer einzelvertraglichen Öffnungsklausel wird insoweit sichergestellt, dass Arbeitsvertrag im Ergebnis „betriebsvereinbarungsoffen" ist (vgl. dazu BAG Urt. v. 12. 8. 1982 – 6 AZR 1117/79 – AP Nr. 4 zu § 77 BetrVG), also auch ungünstigere Regelungen vereinbart werden können.

26. Personalfragebogen. Der Hinweis auf die mögliche Beendigung des Arbeitsverhältnisses bei unrichtigen Einstellungsangaben hat lediglich deklaratorische Bedeutung. Damit soll der Mitarbeiter in erster Linie angehalten werden, den **Personalfragebogen** gewissenhaft auszufüllen. Nicht jede unrichtige Angabe berechtigt den Arbeitgeber allerdings zu einer Kündigung oder einer Anfechtung des Arbeitsverhältnisses. Dies kann nur im Einzelfall entschieden werden und hängt maßgeblich davon ab, ob der Arbeitgeber an der wahrheitsgemäßen Beantwortung einer bestimmten Frage ein berechtigtes Interesse hat oder nicht (vgl. hierzu Form. A. I. 2 Anm. 2 ff. sowie *Messingschlager* NZA 2003, 301, 302; MünchHdbArbR/ *Buchner* § 41 Rdn. 33 ff.).

27. Mitteilungspflicht. Die Pflicht zur Anzeige von **Adressänderungen** soll in erster Linie Warnfunktion entfalten. Gemäß § 308 Nr. 6 BGB sind formularmäßige Regelungen über eine Zugangsfiktion bei Willenserklärungen grundsätzlich unzulässig. Die Vertragsbestimmung führt daher nicht dazu, dass eine Kündigung, die vom Arbeitgeber infolge eines Umzugs des Mitarbeiters versehentlich an die (frühere) falsche Adresse geschickt wurde, gegenüber dem Mitarbeiter dennoch als zugegangen gilt. Eine solche Rechtsfolge lässt sich nach h. M. rechtsgeschäftlich nicht wirksam vereinbaren (vgl. ErfKomm/*Preis* §§ 305 – 310 BGB Rdn. 97; a. A. *Grobys* DStR 2002, 1002, 1007 unter Hinweis auf „arbeitsrechtliche Besonderheiten"). In der Praxis muss daher darauf geachtet werden, dass dem Arbeitnehmer Willenserklärungen nach allgemeinen Grundsätzen (§§ 130 ff. BGB) zugehen (s. dazu ausführlich Form. A. XIV. 2 Anm. 8). Bei einer urlaubsbedingten Abwesenheit nimmt das BAG Zugang grundsätzlich auch während des Urlaubs an (BAG Urt. v. 16. 3. 1988 – 7 AZR 587/87 – NZA 1988, 875). Dagegen soll eine Erklärung bei einem unangekündigten Wohnungswechsel grundsätzlich erst dann als zugegangen gelten, wenn sie den Empfänger tatsächlich an seiner neuen Adresse er-

1. Arbeitsvertrag ohne Tarifbindung A. II. 1

reicht (vgl. BAG Urt. v. 18. 2. 1977 – 2 AZR 770/75 – AP Nr. 10 zu § 130 BGB; a. A. wohl MünchKommBGB/*Einsele* § 130 BGB Rdn. 37). In besonders krassen Fällen, in denen sich der Arbeitnehmer gerade deshalb zu einem Umzug entschließt, weil er mit dem Eingang einer Kündigung rechnen muss, wird man allerdings mit Treu und Glauben (§ 242 BGB) helfen können (so jetzt auch BAG Urt. v. 7. 11. 2002 – 2 AZR 475/01 – DB 2003, 833 für die unterlassene Abholung eines Einschreibens). Im Übrigen kommt nur eine öffentliche Zustellung unter den Voraussetzungen des § 132 Abs. 2 BGB in Betracht.

28. Schriftformerfordernis. Abs. (3) enthält eine sog. „**Vollständigkeitsklausel**". Solchen Klauseln wird vorwiegend deklaratorische Wirkung beigemessen (*Preis* II V 60 Rdn. 5). Dem anderen Vertragsteil (insbesondere dem Mitarbeiter) kann dadurch nicht der Beweis abgeschnitten werden, zu seinen Gunsten seien vor oder nach Inkrafttreten des Arbeitsvertrags ergänzende oder abweichende Arbeitsbedingungen vereinbart worden. Gemäß § 305 b BGB haben individuelle Vertragsabreden in jedem Fall Vorrang vor Allgemeinen Geschäftsbedingungen. Dieser „Vorrang der Individualabrede" setzt sich auch gegenüber einem formularmäßig vereinbarten **Schriftformerfordernis** durch (so im Ergebnis BGH Urt. v. 26. 3. 1986 – VIII ZR 85/85 – NJW 1986, 1809 m. weit. Nachw.; BGH Beschl. v. 20. 10. 1994 – III ZR 76/94 – NJW-RR 1995, 179). Die Aufnahme eines Schriftformerfordernisses in den Arbeitsvertrag empfiehlt sich aber nicht nur aus vorwiegend taktischen Gründen. Die hier gewählte sog. doppelte Schriftformklausel, die auch Änderungen der Schriftformklausel selbst einer besonderen Form unterstellt, kann die dauerhafte Übernahme von Verpflichtungen durch den Arbeitgeber im Wege der betrieblichen Übung verhindern (BAG Urt. v. 24. 6. 2003 – 9 AZR 302/02 – AP Nr. 63 zu § 242 BGB Betriebliche Übung). Ungeachtet dieser Rechtsprechung (vgl. krit. *Roloff* NZA 2003, 1191) sollte insbesondere im Fall von Sonderzahlungen ein allgemeiner vertraglicher Freiwilligkeitsvorbehalt stets ausdrücklich gegenüber den betroffenen Mitarbeitern mit jeder Zahlung konkretisiert werden (vgl. Anm. 7).

29. Salvatorische Klausel. Mit der salvatorischen Klausel soll zu Gunsten des Arbeitgebers eine Reduktion teilweise unwirksamer Vertragsklauseln auf das rechtlich noch zulässige Maß bewirkt werden. Bislang war die Zulässigkeit solcher Klauseln unbestritten. Mit der neueren Rechtsprechung des BAG (Urt. v. 4. 3. 2004 – 8 AZR 196/03 – NZA 2004, 727; hierzu auch *Bayreuther* NZA 2004, 953) kommt allerdings im Regelfall **keine geltungserhaltende Reduktion** unwirksamer Klauseln im Rahmen vorformulierter Vertragsbedingungen in Betracht. Der Arbeitgeber soll als Verwender vorformulierter Verträge nicht ungefährdet bis zur Grenze dessen gehen können, was zu seinen Gunsten in gerade noch vertretbarer Weise angeführt werden kann. Er soll das Risiko einer vollständigen Klauselunwirksamkeit tragen (BAG Urt. v. 4. 3. 2004 – 8 AZR 196/03 – NZA 2004, 727). Auch weil das BAG ausdrücklich offen gelassen hat, ob dieses „Alles-oder-Nichts-Prinzip" dem Charakter des Arbeitsverhältnisses als einem auf lange Dauer angelegten Schuldverhältnis mit für den Arbeitgeber eingeschränkten Kündigungsmöglichkeiten gerecht wird (BAG Urt. v. 4. 3. 2004 – 8 AZR 196/03 – NZA 2004, 727 unter Verweis auf *Hromadka* NJW 2002, 2523, 2529; vgl. auch *Willemsen/Grau* RdA 2003, 321), sollte die hier gewählte Klausel weiter Bestandteil des Arbeitsvertrags bleiben. Mindestens faktisch kann sie zur Bereitschaft der einvernehmlichen Anpassung von Rechten und Pflichten der Parteien beitragen.

Ferner ist eine praktisch erhebliche Einschränkung des Verbots der geltungserhaltenden Reduktion zu beachten. Auch die Arbeitsgerichte werden sich zukünftig den vom BGH anerkannten „blue-pencil-Test" zu Eigen machen müssen (vgl. BGH Urt. v. 28. 5. 1984 – III ZR 63/83 – NJW 1984, 2816). Lässt sich nach Streichung des unwirksamen Teils einer Klausel eine selbständige, für sich genommen sinnvolle und verständliche Regelung aufrechterhalten, bleibt diese wirksamer Bestandteil der vertraglichen Vereinbarung (so nun auch BAG Urt. v. 15. 3. 2005 – 9 AZR/03 – Beck RS 2005 41561).

Keine Rolle spielen wird bei Begründung eines Arbeitsvertrags nach vorliegendem Formular die für die Praxis erhebliche weitere Einschränkung, wonach bei Vertragsschluss vor dem 1. Januar 2002 auch unwirksame Vertragsklauseln nicht ersatzlos wegfallen müssen (BAG Urt. v. 12. 1. 2005 – 5 AZR 364/04 – NZA 2005, 465). Beruht die Unwirksamkeit einer einseitigen Leistungsbestimmung des Arbeitgebers (z. B. Widerrufsvorbehalt) allein auf förmlichen Anforderungen des Rechts der vorformulierten Vertragsbedingungen, welche die Parteien bei Vertragsabschluss nicht kennen konnten, kann eine entstandene Lücke durch eine ergänzende Vertragsauslegung geschlossen werden. Es liegt – so das BAG – nahe, dass die Parteien bei Kenntnis der nachträglich in Kraft getretenen gesetzlichen Anforderungen eine wirksame Regelung getroffen hätten.

30. Erfüllungsort/Gerichtsstand. Ein besonderer **Gerichtsstand** oder ein besonderer **Erfüllungsort** können im Arbeitsvertrag nicht wirksam vereinbart werden. Das Formular enthält daher lediglich einen Hinweis auf die gesetzlichen Vorschriften. Gerichtsstandsvereinbarungen sind nur unter den in § 38 ZPO genannten Voraussetzungen zulässig, die bei Abschluss eines Arbeitsvertrags allerdings nie vorliegen. Der Mitarbeiter wird eine Klage gegen den Arbeitgeber daher am Firmensitz (§ 17 ZPO), am Ort einer Niederlassung (§ 21 ZPO) oder am Gerichtsstand des Erfüllungsorts (§ 29 ZPO) erheben müssen. Da hinsichtlich des Erfüllungsortes ein ausdrückliches Derogationsverbot besteht (§ 29 Abs. 2 ZPO), bringt auch eine vertragliche Definition keinen Vorteil. Als Erfüllungsort i.S.d. § 29 Abs. 1 ZPO wird im Regelfall der tatsächliche Tätigkeitsort maßgeblich sein (vgl. zu weiteren Einzelheiten, insbesondere bei wechselnden Arbeitsorten *G/M/P/M* § 2 Rdn. 163).

31. Übergabe des Arbeitsvertrags. Die Bestimmung dient lediglich als „Merkposten". Da eine Bestätigung bestimmter Tatsachen in vorformulierten Arbeitsverträgen gemäß § 309 Nr. 12 b BGB nur eingeschränkt zulässig ist, empfiehlt es sich, die **Übergabe** des unterzeichneten Arbeitsvertrags an den Mitarbeiter ergänzend in anderer geeigneter Form (z.B. eigenhändig unterschriebenes Empfangsbekenntnis/Übergabe unter Zeugen) in der Personalakte zu dokumentieren.

32. Unterzeichnung des Arbeitsvertrags. Ein wirksamer Arbeitsvertrag setzt voraus, dass der Arbeitgeber bei dessen Abschluss ordnungsgemäß vertreten ist. Die **Vertretungsbefugnis** des Unterzeichnenden kann entweder kraft **Gesetzes** oder kraft rechtsgeschäftlich erteilter **Vollmacht** bestehen. Für juristische Personen sind ihre Organmitglieder (d.h. Vorstände einer AG und Geschäftsführer einer GmbH) kraft Gesetzes zur Außenvertretung befugt, wobei sich nähere Einzelheiten – insbesondere im Hinblick auf eine etwa erforderliche Gesamtvertretung – aus der Satzung oder aus dem Gesellschaftsvertrag ergeben können (vgl. § 78 AktG, § 35 GmbHG). Das Gleiche gilt für Personengesellschaften (oHG, KG, PartG, GbR), die gesetzlich durch ihre Gesellschafter oder Partner vertreten werden (§§ 125, 161 Abs. 2 HGB, § 7 Abs. 3 PartGG, §§ 709, 710 BGB). Als rechtsgeschäftliche Vollmachten, die zum Abschluss eines Arbeitsvertrags berechtigen, kommen insbesondere die Prokura (§§ 48, 49 HGB) und die Handlungsvollmacht (§ 54 HGB) in Betracht. Daneben kann grundsätzlich jede natürliche Person durch Einzelvollmacht gemäß § 167 BGB zum Abschluss des Arbeitsvertrags im Namen des Arbeitgebers ermächtigt werden. Fehlt es an einer wirksamen Vertretung bei Vertragsschluss, ist der Arbeitsvertrag zunächst schwebend unwirksam; der Vertretungsmangel kann gegebenenfalls durch nachträgliche Genehmigung gemäß § 177 BGB behoben werden. Wird das Arbeitsverhältnis nachfolgend tatsächlich in Vollzug gesetzt, werden dem Arbeitnehmer Aufgaben zugewiesen und ausgeführt, wird regelmäßig von einer (konkludenten) Genehmigung auszugehen sein.

Besondere Formvorschriften sind beim Abschluss eines Arbeitsvertrags nicht zu beachten. Die in der Laiensphäre häufig anzutreffende Vorstellung, nur schriftlich geschlossene Verträge seien wirksam, findet im geltenden Recht keine Grundlage (vgl. aber § 623 BGB für Kündigungen und Aufhebungsverträge sowie §§ 14 Abs. 4, 21 TzBfG für befristete und auflösend bedingte Arbeitsverträge). Allerdings sind die wesentlichen Bedingungen des Arbeitsverhältnisses schriftlich niederzulegen (§ 2 Abs. 1 NachwG); zur Unwirksamkeit des Arbeitsverhältnisses führen Verstöße gegen diese Dokumentationspflicht hingegen nicht (zu den Konsequenzen s. Form. A. II. 6 Anm. 1).

2. Arbeitsvertrag mit Tarifbindung[1]

Arbeitsvertrag

zwischen
...... (Name und Anschrift des Arbeitgebers) „Gesellschaft"
und
...... (Name und Anschrift des Arbeitnehmers) „Mitarbeiter"

§ 1 Geltung von Tarifverträgen[2]

Auf das Arbeitsverhältnis finden die Tarifverträge für ...... (Spezifizierung) in der Fassung vom ...... Anwendung[3].

(Alternative:
Auf das Arbeitsverhältnis finden die Tarifverträge für ...... (Spezifizierung) in der Fassung vom ...... und die diese ergänzenden, ändernden oder ersetzenden Tarifverträge in ihrer jeweils gültigen Fassung Anwendung.)

(Alternative:
(1) Auf das Arbeitsverhältnis finden die jeweils für die Gesellschaft einschlägigen Tarifverträge Anwendung. Derzeit sind dies die Tarifverträge für ...... (Spezifizierung) in der Fassung vom ......

(2) Sollte die Gesellschaft nach Austritt aus dem Arbeitgeberverband Haustarifverträge schließen oder den Arbeitgeberverband wechseln oder ändert sich der Unternehmenszweck in der Weise, dass andere Tarifverträge einschlägig sind, dann finden diese Tarifverträge auf das Arbeitsverhältnis Anwendung, auch wenn sich dadurch die Arbeitsbedingungen für den Mitarbeiter verschlechtern[4].)

§ 2 Beginn des Arbeitsverhältnisses

(1) Der Mitarbeiter wird ab dem ...... auf unbestimmte Zeit eingestellt.

(2) Die ersten sechs Monate gelten als Probezeit. Während der Probezeit kann das Arbeitsverhältnis unter Einhaltung einer Kündigungsfrist von zwei Wochen gekündigt werden.

§ 3 Position und Aufgaben

(1) Der Mitarbeiter wird bei der Gesellschaft als ...... in ...... tätig. Zu seinen Aufgaben und Pflichten zählen insbesondere ......

(2) Die Gesellschaft ist berechtigt, soweit dies zumutbar ist, dem Mitarbeiter jederzeit ein anderes, seinen Fähigkeiten und Qualifikationen entsprechendes Aufgaben- und Verantwortungsgebiet ohne Einschränkung seiner Vergütung zu übertragen und/oder den Mitarbeiter an einen anderen Ort zu versetzen.

(3) Der Mitarbeiter ist verpflichtet, die Richtlinien und Anweisungen der Gesellschaft in ihrer jeweiligen Fassung sowie die Anordnungen seiner Vorgesetzten zu beachten.

§ 4 Arbeitszeit

Der Mitarbeiter ist vollzeitbeschäftigt. Die Arbeitszeit richtet sich nach den anwendbaren Tarifverträgen. Sie beträgt derzeit 38,5 Stunden pro Woche.

(Alternative:
Der Mitarbeiter ist teilzeitbeschäftigt. Die Arbeitszeit des Mitarbeiters beträgt ...... % der durchschnittlichen regelmäßigen wöchentlichen Arbeitszeit eines entsprechenden vollzeitbeschäftigten Mitarbeiters.)

(Alternative:
Der Mitarbeiter ist teilzeitbeschäftigt. Die durchschnittliche regelmäßige wöchentliche Arbeitszeit des Mitarbeiters beträgt ...... Stunden.)

§ 5 Vergütung und Eingruppierung[5]

(1) Die Vergütung richtet sich nach den anwendbaren Tarifverträgen.

(2) Der Mitarbeiter ist als ...... (*Tätigkeitsbezeichnung*) in die Vergütungsgruppe ...... eingruppiert.

(3) Die Zahlung von Weihnachts-, Urlaubsgeld oder sonstigen Sonderzahlungen richtet sich nach den anwendbaren Tarifverträgen. Die Zahlung von etwaigen übertariflichen Leistungen erfolgt freiwillig mit der Maßgabe, dass auch durch eine wiederholte Zahlung kein Rechtsanspruch des Mitarbeiters – weder dem Grunde noch der Höhe nach, weder für die Vergangenheit noch für die Zukunft – begründet wird.

§ 6 Vertragsstrafen und Ausschlussfristen[6]

Soweit die anwendbaren Tarifverträge, Vertragsstrafen und Regelungen über Vertragsstrafen oder Ausschlussfristen enthalten, gelten diese auch für das Arbeitsverhältnis.

§ 7 Einsichtnahme in Tarifverträge und Betriebsvereinbarungen[7]

Die Tarifverträge und Betriebsvereinbarungen liegen in der Personalabteilung aus und können dort während der regulären Betriebszeiten eingesehen werden.

§ 8 Schlussbestimmungen[8]

(1) Unvollständige oder unrichtige Angaben bei der Einstellung, insbesondere im Personalfragebogen, können zur sofortigen Beendigung des Arbeitsvertrags führen.

(2) Der Mitarbeiter wird der Gesellschaft alle Änderungen über die Angaben zu seiner Person, soweit sie für den Arbeitsvertrag von Bedeutung sind, unverzüglich mitteilen. Der Mitarbeiter versichert, unter der jeweils angegebenen Adresse postalisch erreichbar zu sein und der Gesellschaft Änderungen der Zustelladresse unverzüglich schriftlich mitzuteilen. Aus der Nichtbeachtung dieser Verpflichtung etwa entstehende Nachteile gehen zu Lasten des Mitarbeiters.

(3) Dieser Arbeitsvertrag ersetzt alle eventuellen vorherigen Vereinbarungen zwischen den Vertragsparteien über das Arbeitsverhältnis. Mündliche Nebenabreden bestehen nicht. Änderungen oder Ergänzungen dieses Arbeitsvertrags einschließlich dieser Bestimmung bedürfen zu ihrer Wirksamkeit der Schriftform. Das Schriftformerfordernis bezieht sich auch auf etwaige Ansprüche aus betrieblicher Übung.

(4) Sollte eine Bestimmung dieses Arbeitsvertrags ganz oder teilweise unwirksam sein oder werden, so wird hiervon die Wirksamkeit der übrigen Bestimmungen dieses Arbeitsvertrags nicht berührt. An die Stelle der unwirksamen Bestimmung tritt die gesetzlich zulässige Bestimmung, die dem mit der unwirksamen Bestimmung Gewollten wirtschaftlich am nächsten kommt. Dasselbe gilt für den Fall einer vertraglichen Lücke.

(5) Erfüllungsort und Gerichtsstand richten sich nach den gesetzlichen Vorschriften.

(6) Der Mitarbeiter hat eine Ausfertigung dieses Arbeitsvertrags erhalten.

......
Ort, Datum

......
Unterschrift der Gesellschaft[9]

......
Ort, Datum

......
Unterschrift des Mitarbeiters

2. Arbeitsvertrag mit Tarifbindung — A. II. 2

Schrifttum: Annuß, Die einzelvertragliche Bezugnahme auf Tarifverträge, BB 1999, 2558; *Däubler,* Die Auswirkungen der Schuldrechtsmodernisierung auf das Arbeitsrecht, NZA 2001, 1329; *Diehn,* AGB-Kontrolle von arbeitsrechtlichen Verweisungsklauseln, NZA 2004, 129; *Faustmann/van den Woldenberg,* Rechtliche Wirkung tarifvertraglicher Bestimmungen auf außertarifliche Arbeitsverhältnisse, NZA 2001, 1113; *Gaul,* Die einzelvertragliche Bezugnahme auf einen Tarifvertrag beim Tarifwechsel des Arbeitgebers, NZA 1998, 9; *Gaul,* Das Arbeitsrecht der Betriebs- und Unternehmensspaltung, 2002; *Herrschel,* Die individualrechtliche Inbezugnahme auf einen Tarifvertrag, DB 1969, 659; *Hanau,* Die Rechtsprechung des BAG zur arbeitsvertraglichen Bezugnahme auf Tarifverträge, NZA 2005, 489; *Meyer,* Bezugnahmeklauseln und neues Tarifwechselkonzept des BAG, NZA 2003, 1126; *Prange,* Tarifverträge im Lichte des § 613a BGB, NZA 2002, 817; *Seitz/Werner,* Arbeitsvertragliche Bezugnahmeklauseln bei Unternehmensumstrukturierung, NZA 2000, 1257; *Reinecke,* Die gerichtliche Kontrolle von Ausschlussfristen nach dem Schuldrechtsmodernisierungsgesetz, BB 2005, 378; *Thüsing/Lambrich,* Arbeitsvertragliche Bezugnahme auf Tarifnormen-Verbandsaustritt, Verbandswechsel, Betriebsübergang, RdA 2002, 193; *Thüsing/ Lambrich,* AGB-Kontrolle arbeitsvertraglicher Bezugnahmeklauseln – Vertragsgestaltung nach der Schuldrechtsreform, NZA 2002, 1361; *Witt,* Keine AGB-Kontrolle tariflicher Regelungen, NZA 2004, 135.

Anmerkungen

1. Vorbemerkung. Das NachwG schreibt im Einzelnen vor, welche Vertragsbedingungen schriftlich niedergelegt werden müssen (§ 2 Abs. 1 NachwG; dazu Form. A. II. 6 Anm. 1). Auf die Angabe wesentlicher Vertragsbedingungen kann verzichtet werden, wenn stattdessen auf einschlägige Tarifverträge verwiesen wird (§ 2 Abs. 3 NachwG). Das Formular geht von einer Verweisung auf ein umfassendes Tarifwerk aus, so dass der Vertragsinhalt deutlich reduziert werden kann. Lediglich die Angaben zur Bezeichnung der Vertragsparteien, Beginn des Arbeitsverhältnisses, Teil- oder Vollzeitbeschäftigung, Aufgaben sowie Arbeitsort des Arbeitnehmers sind dann noch erforderlich. Diese Vertragsbedingungen sind tarifvertraglich nicht regelbar. Darüber hinaus enthält der Vertrag Angaben von unmittelbarem Interesse für den Mitarbeiter, wie etwa zur wöchentlichen Arbeitszeit und Vergütung. Bei weniger umfassenden Tarifwerken muss der Arbeitsvertrag um die fehlenden Regelungen entsprechend Form. A. II. 1 ergänzt werden.

2. Verweisungsklausel. Die Bezugnahme auf einen Tarifvertrag kann ausdrücklich oder konkludent vereinbart werden. Eine stillschweigende Vereinbarung kommt vor allem im Wege der **betrieblichen Übung** zustande (BAG Urt. v. 17. 4. 2002 – 5 AZR 89/01 – AP Nr. 6 zu § 2 NachwG). Auch bei einer Inbezugnahme durch betriebliche Übung wird der vollständige Tarifvertrag, also auch für den Arbeitnehmer nachteilige Regelungen, erfasst. Das gilt jedenfalls dann, wenn der Arbeitgeber selbst tarifgebunden ist (BAG Urt. v. 19. 1. 1999 – 1 AZR 606/98 – AP Nr. 9 zu § 1 TVG Bezugnahme auf Tarifvertrag). Schriftform ist für die Verweisung nicht erforderlich, aber im Hinblick auf § 2 Abs. 3 NachwG empfehlenswert.

3. Art der Verweisung. Der Vorteil der Bezugnahme auf einen Tarifvertrag liegt darin, dass sich der Arbeitsvertrag damit automatisch an die Tarifentwicklung anpassen kann. Ob und inwieweit eine solche Flexibilität gegeben ist, hängt von der Art der Verweisung ab. Dabei sind eine zeitliche und eine sachliche Dimension zu unterscheiden.

In zeitlicher Hinsicht kann der Arbeitgeber auf einen Tarifvertrag mit seinem Inhalt zu einem ganz bestimmten Zeitpunkt verweisen (**statische Verweisung**), aber auch auf Tarifverträge in ihrer jeweils gültigen Fassung (**dynamische Verweisung**). In sachlicher Hinsicht kann der Arbeitgeber auf die Geltung eines fachfremden Tarifvertrages, auf die fachlich einschlägigen oder sogar auf die jeweils für den Arbeitgeber einschlägigen Tarifverträge verweisen (**große dynamische Verweisung** oder **Tarifwechselklausel**).

4. Reichweite der Verweisung. Die Reichweite der Verweisung ist für die Frage von Bedeutung, welche Rechtsfolgen mit einer **Änderung der Tarifgeltung** verbunden sind. Der aktuelle Tarifvertrag kann durch eine Neuregelung ersetzt werden; der Arbeitgeber kann aus dem tarifschließenden Verband austreten oder der Unternehmensgegenstand verändert sich derart, dass der Geltungsbereich des in Bezug genommenen Tarifvertrages verlassen wird. Die Reichweite der Verweisung hängt von der Art der Verweisung ab.

Bei einer vollständig **statischen Verweisung** haben die eben beschriebenen Vorgänge keine Auswirkungen. Es bleibt bei der Geltung des einmal vereinbarten Tarifvertrages. Das BAG geht allerdings davon aus, dass regelmäßig eine dynamische Verweisung gewollt ist (BAG Urt. v. 26. 9. 2001 – 4 AZR 544/00 – NZA 2002, 634). Deshalb ist im Zweifel auch die Verweisung auf einen Tarifvertrag unter Angabe eines bestimmten Datums als dynamische Verweisung zu verstehen (Däubler/*Lorenz* § 3 TVG Rdn. 229). Eine vollständig statische Verweisung ist insbesondere dann anzunehmen, wenn auf einen bei Vertragsschluss fachlich nicht einschlägigen Tarifvertrag verwiesen wird.

Bei einer **dynamischen Verweisungsklausel** werden die Tarifverträge in ihrer jeweils gültigen Fassung Inhalt des Arbeitsverhältnisses. Das gilt im Ausgangspunkt auch dann, wenn das Arbeitsverhältnis bei gegenseitiger Tarifbindung nach § 4 Abs. 1 TVG nicht mehr unter den Geltungsbereich des Tarifvertrages fiele, etwa weil sich der Unternehmensgegenstand deutlich verändert hat. Auch dann gelten die vereinbarten Tarifverträge dynamisch weiter. Häufig sind allerdings dynamische Verweisungsklauseln als **Gleichstellungsklauseln** gemeint. Gleichstellungsklauseln sind ein Unterfall der dynamischen Verweisung, mit der ein seinerseits tarifgebundener Arbeitgeber erreichen will, dass für alle Mitarbeiter unabhängig von deren Tarifgebundenheit die gleichen (tariflichen) Arbeitsbedingungen gelten (BAG Urt. v. 4. 9. 1996 – 4 AZR 135/95 – NZA 1997, 271). Für die gewerkschaftlich nicht organisierten Arbeitnehmer gilt kraft vertraglicher Verweisung dasselbe wie für die gewerkschaftlich organisierten Arbeitnehmer. Das hat Konsequenzen z. B. für einen Austritt des Arbeitgebers aus dem tarifschließenden Verband. Für die gewerkschaftlich organisierten Arbeitnehmer gilt der Tarifvertrag nach §§ 3 Abs. 3, 4 Abs. 5 TVG nur noch statisch weiter. Wegen der Gleichstellungsklausel gilt dies auch für die nicht organisierten Arbeitnehmer (Däubler/*Lorenz* § 3 TVG Rdn. 246). Liegt eine Gleichstellungsklausel vor, nimmt der Arbeitnehmer nur für die Dauer der Tarifgebundenheit des Arbeitgebers an der Tarifentwicklung des in Bezug genommenen Tarifvertrages teil (BAG Urt. v. 26. 9. 2001 – 4 AZR 544/00 – NZA 2002, 634).

Tritt der Arbeitgeber einem anderen Arbeitgeberverband bei oder ändert sich der Unternehmensgegenstand, so dass ein anderer Tarifvertrag einschlägig wäre, kommt es allein aufgrund der Gleichstellungsklausel nicht zu einem **Tarifwechsel**. Zur Ermittlung der Rechtsfolgen dieser Vorgänge ist vielmehr auf die Rechtsfolgen für die gewerkschaftlich organisierten Mitarbeiter zu blicken. Wenn der neue Arbeitgeberverband mit derselben Gewerkschaft Tarifverträge abgeschlossen hat, kommt es für die gewerkschaftlich organisierten Arbeitnehmer nach § 4 Abs. 1 TVG zu einem Tarifwechsel. Wegen der Gleichstellungsklausel tritt dasselbe Ergebnis auch für die nicht organisierten Arbeitnehmer ein. Auch für deren Arbeitsverhältnisse gilt der neue Tarifvertrag (BAG Urt. v. 4. 9. 1996 – 4 AZR 135/95 – AP Nr. 5 zu § 1 TVG Bezugnahme auf Tarifvertrag).

Ändert sich der Unternehmensgegenstand, so dass der Arbeitgeber aus dem Geltungsbereich des in Bezug genommenen Tarifvertrages hinauswächst und wechselt er dann in den fachlich zuständigen Arbeitgeberverband, werden dessen Tarifverträge wegen des noch vorherrschenden Industrieverbandprinzips der Gewerkschaften (*Wiedemann*/*Oetker* § 2 TVG Rdn. 54) regelmäßig mit einer anderen Gewerkschaft abgeschlossen sein. In dieser Konstellation kommt es für die gewerkschaftlich organisierten Arbeitnehmer nicht zu einem Tarifwechsel, weil es an der wechselseitigen Tarifbindung nach § 4 Abs. 1 TVG fehlt. Infolgedessen bleibt es auch für die nicht organisierten Arbeitnehmer aufgrund der Gleichstellungsklausel bei der (statischen) Fortgeltung der im Arbeitsvertrag in Bezug genommenen Tarifverträge. Ein Tarifwechsel kommt in diesen Fällen nur dann in Betracht, wenn im Arbeitsvertrag ausdrücklich auf die jeweils für den Arbeitgeber einschlägigen Tarifverträge verwiesen wird. Eine solche Verweisungsklausel wird auch als **Tarifwechselklausel** bezeichnet (BAG Urt. v. 30. 8. 2000 – 4 AZR 581/99 – AP Nr. 12 zu § 1 TVG Bezugnahme auf Tarifvertrag).

Unverkennbar ist, dass es bei zeitlich und erst recht auch bei sachlich dynamischen Verweisungsklauseln zu für den Arbeitnehmer **überraschenden Entwicklungen** kommen kann. Als Beispiel mag die Ausgliederung der Gebäudereinigung an einem öffentlichen Krankenhaus auf eine Leiharbeitsfirma gelten. Sowohl der vorher anwendbare BAT/BMT-G als auch die Tarifverträge für Leiharbeit sind (auch) von der Gewerkschaft ver.di abgeschlossen. Ein Tarifwechsel hätte für die betroffenen Arbeitnehmer eine erhebliche Verschlechterung ihrer mate-

2. Arbeitsvertrag mit Tarifbindung   A. II. 2

riellen Arbeitsbedingungen zur Folge. Es ist fraglich, ob der Schutz des § 305c Abs. 1 BGB vor überraschenden Klauseln in Allgemeinen Geschäftsbedingungen hier Einschränkungen gebietet. Auch Arbeitsverträge mit tariflichen Bezugnahmenklauseln sind regelmäßig für eine Vielzahl von Fällen vorformuliert und deswegen grundsätzlich an den §§ 305 ff. BGB zu messen. Zu beachten aber ist, dass der in Bezug genommene Tarifvertrag selbst nach §§ 307 Abs. 3, 304 Abs. 4 BGB keinerlei Billigkeitskontrolle unterliegt. Tarifverträgen wird wegen des Kräftegleichgewichts der Tarifparteien eine **Richtigkeitsgewähr** attestiert (ständige Rechtsprechung vgl. BAG Urt. v. 6. 9. 1995 – 5 AZR 174/94 – AP Nr. 22 zu § 611 BGB Ausbildungsbeihilfe). Wann eine Verweisungsklausel i. S. d. § 305c Abs. 1 BGB überraschend ist, ist bislang höchstrichterlich nicht endgültig geklärt. Einerseits soll eine dynamische Bezugnahme auf eine tarifliche Pensionsordnung nur dann wirksam sein, wenn sich Änderungen im Rahmen des Angemessenen halten (BAG Urt. v. 14. 3. 1961 – 3 AZR 83/60 – AP Nr. 78 zu § 242 BGB Ruhegehalt). Andererseits ist unbestritten, dass tarifgebundene Arbeitnehmer auch die Verschlechterung ihrer Arbeitsbedingungen hinnehmen müssen (BAG Urt. v. 22. 2. 2000 – 9 AZR 107/99 – NZA 2001, 268). Das muss dann auch für eine Tarifgeltung kraft individualrechtlicher Vereinbarung im Rahmen vorformulierter Vertragsbedingungen gelten.

Die Richtigkeitsgewähr von Tarifverträgen gilt nur im Geltungsbereich eines Tarifvertrages. Nur dort sind die Besonderheiten der jeweiligen Branchen berücksichtigt. Infolgedessen ist die dynamische Verweisung auf die Tarifverträge, an die der Arbeitgeber selbst gebunden ist, nicht überraschend i. S. d. § 305c Abs. 1 BGB. Was das Gesetz über § 4 Abs. 1 TVG an Dynamik zulässt, muss auch individualrechtlich vereinbart werden können. Die Verweisungsklausel auf nicht einschlägige Tarifverträge kann vor diesem Hintergrund hingegen überraschend sein (ErfKomm/*Preis* §§ 305–310 Rdn. 33; *Thüsing/Lambrich* NZA 2002, 1361; differenzierend *Diehn* NZA 2004, 129, 133). Maßstab richterlicher Prüfung dürfte zukünftig sein, ob die Verweisung an sich nach den §§ 307 ff. BGB unwirksam ist, etwa weil die in Bezug genommenen fremden Tarifverträge für das konkrete Arbeitsverhältnis unangemessene Regelungen enthalten. Bis zum Vorliegen höchstrichterlicher Rechtsprechung verbleiben hier erhebliche Unsicherheiten.

Im Hinblick auf Tarifwechselklauseln ist zu empfehlen, die möglichen Folgen solcher Klauseln im Arbeitsvertrag näher zu erläutern. Wenn im Arbeitsvertrag ein Hinweis enthalten ist, dass es zu einem Wechsel in den geltenden Tarifverträgen kommen kann und sich dadurch die Arbeitsbedingungen verschlechtern können, könnte ein „Überrumpelungseffekt" ausgeschlossen werden.

5. Angabe der Vergütung. Auch bei einer Verweisung auf einen Tarifvertrag ist in Arbeitsverträgen regelmäßig eine Angabe zur Vergütung oder doch zur tariflichen Vergütungsgruppe enthalten. Diese Angabe kann verschiedene Bedeutungen haben, die von der Auslegung des Tarif- und des Arbeitsvertrags abhängt.

Bestimmt der in Bezug genommene Tarifvertrag, dass der Arbeitnehmer bei Erfüllung bestimmter Tätigkeitsmerkmale Anspruch auf eine bestimmte Vergütung hat, ergibt sich aus § 4 Abs. 1 TVG, dass damit der Tarifvertrag unmittelbar die Gegenleistung bestimmt (sog. **Tarifautomatik**). Die Angabe der Vergütung oder der Vergütungsgruppe im Arbeitsvertrag ist dann keine rechtsgestaltende Erklärung. Sie ist lediglich Bestätigung des bei Anwendung des Tarifvertrages gefundenen Ergebnisses (BAG Beschl. v. 27. 6. 2000 – 1 ABR 36/99 – AP Nr. 23 zu § 99 BetrVG Eingruppierung). Angaben im Arbeitsvertrag haben dann lediglich deklaratorischen Charakter (BAG Urt. v. 26. 10. 1994 – 4 AZR 844/93 – AP Nr. 3 zu § 1 TVG; Tarifverträge: Kirchen). Ändert sich die tarifliche Vergütung, ist die vertragliche Festlegung bedeutungslos. Nur wenn der Tarifvertrag den Parteien des Arbeitsvertrags einen eigenen Beurteilungsspielraum eröffnet, kann die Angabe der Vergütung oder der Vergütungsgruppe konstitutive Wirkung haben.

Die Unterscheidung der Wirkung der Vergütungsregelung im Arbeitsvertrag wird dann relevant, wenn die Angabe sich später als fehlerhaft herausstellt, etwa weil die Vertragsparteien von falschen Tätigkeitsmerkmalen ausgegangen sind. Ist der Arbeitnehmer zu niedrig eingruppiert, gilt § 4 Abs. 1 TVG. Die tariflichen Regelungen haben zwingenden Charakter und gehen den vertraglichen Regelungen vor. Die Vergütung richtet sich dann nach der tatsächlich richtigen Eingruppierung (BAG Beschl. v. 18. 10. 1996 – 1 ABR 53/90 – AP Nr. 105 zu § 99 BetrVG 1972). Ist der Arbeitnehmer zu hoch eingruppiert, so ist der Arbeitgeber nach § 4 Abs. 3 TVG an diese Eingruppierung gebunden und auf eine Änderungskündigung nach den §§ 1, 2 KSchG angewiesen (BAG Urt. v. 15. 3. 1991 – 2 AZR 582/90 – AP Nr. 28 zu § 2 KSchG1969). Für den Bereich des Öffentlichen Dienstes hat das BAG allerdings Ausnahmen zugelassen. Hier kann der Arbeitgeber bei einer fehlerhaften Eingruppierung eine korrigierende **Rückgruppierung** vornehmen, wenn die ursprüngliche Eingruppierung auf einem Irrtum des Arbeitgebers beruhte. Begründet wird diese Ausnahme damit, dass der Arbeitgeber des Öffentlichen Dienstes für den Arbeitnehmer erkennbar an die öffentliche Haushaltsdisziplin gebunden ist und deshalb grundsätzlich keine höhere als die tarifliche Vergütung zusagen will (BAG Urt. v. 9. 7. 1997 – 4 AZR 635/95 – AP Nr. 233 zu § 22 BAT 1975). Der Schutz des KSchG steht dem Arbeitnehmer jedoch insoweit zu, als der Arbeitgeber des Öffentlichen Dienstes bewusst eine zu hohe Vergütung zugesagt und sich damit über den Tarifvertrag hinweggesetzt hat (BAG Urt. v. 16. 2. 2000 – 4 AZR 62/99 – AP Nr. 3 zu § 2 NachwG).

Die Begründung für diese „umgekehrte Tarifautomatik" lässt sich grundsätzlich auch auf die private Wirtschaft übertragen. Auch hier will der Arbeitgeber mit der Verweisung auf einen Tarifvertrag eben diesen zur Anwendung bringen und keine übertarifliche Vergütung vereinbaren. Ob das BAG insoweit seine Rechtsprechung ändern wird und auch in diesem Bereich die korrigierende Rückgruppierung akzeptieren wird, ist allerdings bislang offen und eher unwahrscheinlich.

6. Vertragsstrafen und Ausschlussfristen. Das BAG hat die Zulässigkeit einer formularmäßigen Vereinbarung von Vertragsstrafen auch nach der Schuldrechtsreform bejaht (vgl. Form. A. II. 1 Anm. 20). Solche Klauseln stellen eine Besonderheit des Arbeitsrechts dar, sie können aber in ihrer konkreten Ausgestaltung Gegenstand einer Billigkeitskontrolle nach § 307 BGB sein (BAG Urt. v. 4. 3. 2004 – 8 AZR 196/03 – NZA 2004, 727). Vertragsstrafenregelungen in Tarifverträgen dürften eher die Ausnahme sein (vgl. z. B. den Tarifvertrag über das Prüf- und Beratungsstellenverfahren im Berliner Gebäudereinigerhandwerk vom 15. Februar 2000). Soweit aber Tarifverträge solche Strafklauseln enthalten, werden sie auch von der vertraglichen Verweisungsklausel erfasst. Tarifvertragliche Klauseln selbst unterliegen nach § 310 Abs. 4 S. 1 BGB **keiner Wirksamkeitskontrolle**. Die Verweisung allein auf die tarifvertragliche Vertragsstrafenklausel bietet aber keine Gewähr für eine Wirksamkeit, weil nur der Tarifvertrag insgesamt die Richtigkeitsgewähr für sich hat. Nur die Verweisung auf den gesamten Tarifvertrag schützt vor einer richterlichen Angemessenheitsprüfung.

Vergleichbares gilt hinsichtlich tarifvertraglicher Ausschlussfristen. Eine vertragliche Verkürzung von Verjährungsfristen ist dann nach § 307 Abs. 1 BGB unwirksam, wenn sie die Durchsetzung eines Anspruchs unangemessen erschwert (vgl. Form. A. II. 1 Anm. 24). Auch hier schützt aber § 310 Abs. 4 S. 1 BGB vor einer Angemessenheitskontrolle durch die Arbeitsgerichte, wenn und solange auf einen einschlägigen Tarifvertrag in Gänze verwiesen wird.

7. Auslegungspflichten. Um den Dokumentationspflichten nachzukommen, schreibt das NachwG lediglich die Bezeichnung oder die Benennung der anwendbaren Tarifverträge vor. Die Tarifvorschriften müssen dem Arbeitsvertrag weder beigefügt noch gar im Einzelnen wiederholt werden. Diese Regelung entspricht auch der europäischen Nachweisrichtlinie (EuGH Urt. v. 8. 2. 2001 – Rs. C-350/99 – BB 2001, 1255).

Die für den Betrieb maßgebenden Tarifverträge sind an geeigneter Stelle im Betrieb auszulegen § 8 TVG. Die Verletzung der Auslegungspflicht ist im Gesetz nicht sanktioniert. Sie stellt auch keine positive Vertragsverletzung dar, die gegebenenfalls Schadensersatzansprüche des Arbeitnehmers auslösen könnte (BAG Urt. v. 23. 1. 2002 – 4 AZR 56/01 – NZA 2002, 800). Die im Formular vorgesehene Regelung ist damit überobligatorisch. Sie ist jedoch gerade im Hinblick auf die noch nicht endgültige Klärung des Einflusses der §§ 305 ff. BGB auf arbeitsvertragliche Verweisungsklauseln zu empfehlen. Die Möglichkeit der Kenntnisnahme der in Bezug genommenen tarifvertraglichen Regelung kann es ausschließen, dass Arbeitnehmer von tarifvertraglichen Regelungen überrascht werden.

8. Schlussbestimmungen. S. Form. A. II. 1 Anm. 26 bis 31.

9. Unterzeichnung. S. Form. A. II. 1 Anm. 32.

3. Arbeitsvertrag für Führungskräfte[1]

Anstellungsvertrag

zwischen
...... (Name und Anschrift des Arbeitgebers) „Gesellschaft"
und
Herrn ...... (Name und Anschrift des Arbeitnehmers) „Angestellter"

§ 1 Position und Aufgaben

(1) Der Angestellte wird bei der Gesellschaft als ...... in ...... tätig. Zu seinen Aufgaben und Pflichten zählen insbesondere ...... Aufgrund seiner Funktion ist der Angestellte dem Mitarbeiterkreis der ...... (AT-Angestellten/leitenden Angestellten) zuzurechnen[2].

(2) Die Gesellschaft ist berechtigt, soweit dies zumutbar ist, dem Angestellten jederzeit ein anderes, seinen Fähigkeiten und Qualifikationen entsprechendes Aufgaben- und Verantwortungsgebiet ohne Einschränkung seiner Vergütung zu übertragen und den Angestellten an einen anderen Ort zu versetzen. Dieses Recht erfasst auch den vorübergehenden Einsatz und die Versetzung in den Betrieb eines mit der Gesellschaft verbundenen Unternehmens. Ein befristeter Auslandseinsatz von bis zu ...... Monaten bedarf keiner gesonderten Vereinbarung, sondern kann von der Gesellschaft angeordnet werden[3].

(3) Der Angestellte wird die für ihn geltenden Richtlinien und Anweisungen der Gesellschaft in ihrer jeweiligen Fassung beachten.

(4) Der Angestellte wird der Gesellschaft – unabhängig von den betriebsüblichen Arbeitszeiten – seine volle Arbeitskraft widmen und ihre Interessen fördern. Er ist bereit, bei Bedarf auch erforderliche Dienstreisen zu unternehmen[4].

§ 2 Vergütung

(1) Der Angestellte erhält als Vergütung für seine gesamte Tätigkeit ein Brutto-Jahresgehalt („Grundgehalt") von EUR ...... (in Worten: Euro ......), zahlbar bargeldlos in zwölf gleichen Raten jeweils zum Monatsende. Damit sind sämtliche Leistungen des Angestellten für die Gesellschaft abgegolten[5].

(2) Zusätzlich zum Grundgehalt nach Abs. (1) erhält der Angestellte eine erfolgsabhängige variable Vergütung. Die Einzelheiten ergeben sich aus Anlage 1, die Bestandteil dieses Anstellungsvertrags ist[6].

(3) Der Angestellte hat Anspruch auf einen Dienstwagen. Hierüber schließen die Parteien einen gesonderten Dienstwagenvertrag[7].

(4) Dem Angestellten ist es nicht gestattet, seine Vergütungsansprüche ohne vorherige schriftliche Zustimmung der Gesellschaft an Dritte abzutreten oder zu verpfänden[8].

(5) Der Angestellte verpflichtet sich, etwa zuviel bezogene Vergütung vollumfänglich an die Gesellschaft zurückzuzahlen[9].

§ 3 Ärztliche Untersuchung/Krankheit[10]

(1) Die Einstellung erfolgt unter dem Vorbehalt der gesundheitlichen Eignung des Angestellten für seine Tätigkeit nach diesem Anstellungsvertrag. Der Angestellte ist verpflichtet, sich spätestens bis zum Ablauf der Probezeit durch einen Arzt seines Vertrauens auf Kosten der Gesellschaft auf seine gesundheitliche Eignung untersuchen zu lassen. Der Angestellte entbindet den Arzt von der ärztlichen Schweigepflicht, soweit dies zur Beurteilung seiner gesundheitlichen Eignung notwendig ist. Ergibt die ärztliche Untersuchung die Nichteignung des Angestellten, so endet der Anstellungsvertrag zwei Wochen

nach Zugang der schriftlichen Mitteilung der Gesellschaft an den Angestellten über die festgestellte gesundheitliche Nichteignung.

(2) Der Angestellte wird sich auch nach Ablauf der Probezeit bei Vorliegen sachlicher Gründe auf Verlangen der Gesellschaft durch einen Arzt seines Vertrauens auf Kosten der Gesellschaft auf seine gesundheitliche Eignung für die Tätigkeit nach diesem Anstellungsvertrag untersuchen lassen. Der Angestellte entbindet den Arzt von der ärztlichen Schweigepflicht, soweit dies zur Beurteilung seiner gesundheitlichen Eignung notwendig ist.

(3) Im Krankheitsfall hat der Angestellte Anspruch auf die Fortzahlung seiner Vergütung gemäß § 2 Abs. (1) für die Dauer von drei Monaten. Auf die Entgeltfortzahlung werden Leistungen angerechnet, die der Angestellte aufgrund der Krankheit von Dritten (insbesondere einer gesetzlichen oder privaten Krankenversicherung) bezieht. Soweit aufgrund der Arbeitsunfähigkeit Schadensersatzansprüche gegenüber anderen Personen bestehen, tritt der Angestellte diese in Höhe der von der Gesellschaft geleisteten Zahlungen an die Gesellschaft ab.

§ 4 Versicherungen/Versorgungszusage

(1) Die Gesellschaft schließt zugunsten des Angestellten eine private Versicherung für den Invaliditäts- und Todesfall ab. Die Beiträge hierfür sowie etwa darauf entfallende Steuern werden von der Gesellschaft getragen[11].

(2) Die Gesellschaft erteilt dem Angestellten eine Versorgungszusage gemäß Anlage 2, die Bestandteil dieses Anstellungsvertrags ist[12].

§ 5 Reisekosten/Auslagen

Die Gesellschaft erstattet dem Angestellten notwendige und angemessene Auslagen und Reisekosten nach den jeweils maßgeblichen betrieblichen Richtlinien unter Berücksichtigung der jeweils anwendbaren steuerlichen Regelungen[13].

§ 6 Urlaub[14]

Der Angestellte hat einen Urlaubsanspruch von ...... Arbeitstagen pro Kalenderjahr. Arbeitstage sind alle Tage, die am Arbeitsort weder Samstage noch Sonntage oder gesetzliche Feiertage sind. Bei der Festlegung von Zeitpunkt und Dauer des Urlaubs werden die betrieblichen Interessen und Bedürfnisse angemessen berücksichtigt. Der Angestellte hat die Gesellschaft rechtzeitig über seine Urlaubspläne zu informieren.

§ 7 Nebentätigkeiten[15]

(1) Jede weitere entgeltliche Tätigkeit des Angestellten bedarf der vorherigen schriftlichen Zustimmung der Gesellschaft. Die Gesellschaft wird ihre Zustimmung nur verweigern, wenn die Interessen der Gesellschaft beeinträchtigt sind.

(2) Abs. (1) gilt entsprechend für unentgeltliche Nebentätigkeiten sowie die Beteiligung an anderen gewerblichen oder gemeinnützigen Unternehmen, sofern sie eine rein kapitalmäßige Beteiligung von ...... Prozent übersteigt.

(3) Außerdienstliche Veröffentlichungen, Präsentationen und Vorträge des Angestellten, die in Zusammenhang mit seiner Tätigkeit nach diesem Anstellungsvertrag und/oder dem Geschäftsbereich der Gesellschaft oder verbundener Unternehmen stehen, bedürfen entsprechend Abs. (1) der vorherigen schriftlichen Zustimmung der Gesellschaft.

(4) Der Angestellte ist bereit, in zumutbarem Umfang Ämter in Aufsichtsräten oder Beiräten von verbundenen Unternehmen zu übernehmen. Bei Beendigung des Anstellungsvertrags wird der Angestellte unaufgefordert, im Übrigen auf Wunsch der Gesellschaft, solche Ämter niederlegen.

3. Arbeitsvertrag für Führungskräfte   A. II. 3

§ 8 Geheimhaltung/Behandlung von Gegenständen und Daten[16]

(1) Der Angestellte ist verpflichtet, alle vertraulichen Angelegenheiten, insbesondere Betriebs- und Geschäftsgeheimnisse, der Gesellschaft und mit der Gesellschaft verbundener Unternehmen streng geheim zu halten. Diese Verpflichtung gilt auch nach Beendigung des Anstellungsvertrags.

(2) Alle die Gesellschaft oder mit ihr verbundene Unternehmen betreffenden Unterlagen, insbesondere alle Notizen, Spezifikationen für Angebote und/oder Aufträge, Zeichnungen, Protokolle, Berichte, Korrespondenz und ähnliche Dokumente (sowie Kopien oder sonstige – auch elektronische – Reproduktionen hiervon), alle Datenträger/Daten und alle dem Angestellten dienstlich überlassenen Gegenstände (z. B. Handy, Laptop usw.) müssen sorgfältig behandelt werden. Sie dürfen nur mit vorheriger schriftlicher Zustimmung der Gesellschaft zu anderen als dienstlichen Zwecken verwendet, vervielfältigt und/oder aus den Geschäftsräumen der Gesellschaft entfernt werden.

(3) Zum Zeitpunkt der Beendigung des Anstellungsverhältnisses oder einer unwiderruflichen Freistellung nach § 10 Abs. (4) wird der Angestellte unaufgefordert, während des Bestehens seines Anstellungsvertrags auf Anforderung, alle in seinem Besitz befindlichen und in Abs. (2) genannten Unterlagen, Datenträger und Gegenstände zurückgeben. Sinngemäß gilt das Gleiche für nichtkörperliche Informationen und Materialien, z. B. Computerprogramme oder sonstige Daten. Dem Angestellten ist es nicht gestattet, Sicherungskopien hiervon zu behalten.

(4) Der Angestellte erkennt an, dass die in Abs. (2) und (3) genannten Gegenstände, Unterlagen und Datenträger/Daten alleiniges Eigentum der Gesellschaft oder mit ihr verbundener Unternehmen sind. Der Angestellte hat daran kein Zurückbehaltungsrecht.

§ 9 Schutzrechte[17]

(1) Der Angestellte überträgt der Gesellschaft das ausschließliche, zeitlich, räumlich und inhaltlich unbeschränkte Nutzungs- und Verwertungsrecht für alle etwaigen nach Urheber-, Geschmacksmuster-, Gebrauchsmuster-, Marken- und/oder einem anderen Schutzrecht schutzfähigen Arbeitsergebnisse, die der Angestellte während der Dauer seines Anstellungsvertrags während seiner Arbeitszeit oder, sofern sie Bezug zu seinen arbeitsvertraglichen Aufgaben haben, auch außerhalb seiner Arbeitszeit erstellt.

(2) Die Übertragung des Nutzungs- und Verwertungsrechts umfasst insbesondere auch die Erlaubnis zur Bearbeitung und Lizenzvergabe an Dritte.

(3) Der Angestellte verzichtet ausdrücklich auf sonstige ihm etwa als Urheber oder sonstigen Schutzrechtsinhaber zustehenden Rechte an den Arbeitsergebnissen, insbesondere auf das Recht auf Namensnennung, auf Bearbeitung und auf Zugänglichmachung des Werkes.

(4) Die Einräumung von Rechten und der Verzicht auf Rechte nach diesem § 9 sind vollumfänglich mit der in § 2 Abs. (1) geregelten Vergütung abgegolten.

(5) Die Vorschriften des Arbeitnehmererfindungsgesetzes sowie § 69b Urhebergesetz bleiben unberührt.

§ 10 Laufzeit/Kündigung/Vertragsstrafe/Freistellung

(1) Der Anstellungsvertrag beginnt am …… und wird für unbestimmte Zeit geschlossen.

(2) Die ersten sechs Monate gelten als Probezeit. Während der Probezeit kann der Anstellungsvertrag unter Einhaltung einer Kündigungsfrist von drei Monaten gekündigt werden. Nach Ablauf der Probezeit gilt eine Kündigungsfrist von …… Monaten zum …… Sollten sich die Kündigungsfristen kraft Gesetzes für die Gesellschaft verlängern, gilt dies auch für eine Kündigung durch den Angestellten[18].

(3) Die Kündigung bedarf der Schriftform[19].

Ubber   57

(4) Die Gesellschaft ist im Falle der Kündigung des Anstellungsvertrags durch die Gesellschaft berechtigt, den Angestellten von seiner weiteren Tätigkeit für die Gesellschaft freizustellen. Während der Zeit der Freistellung behält der Angestellte seinen Anspruch auf das vertragliche Grundgehalt gemäß § 2 Abs. (1); er muss sich jedoch den Wert desjenigen anrechnen lassen, was er infolge des Unterbleibens der Dienstleistung erspart oder durch anderweitige Verwendung seiner Dienste erwirbt oder zu erwerben böswillig unterlässt. Im Fall einer unwiderruflichen Freistellung wird die Freistellungszeit auf etwaige Urlaubs- oder Freizeitausgleichsansprüche angerechnet[20].

(5) Der Anstellungsvertrag endet ohne Kündigung mit Ablauf des Monats, in dem der Angestellte das Alter erreicht, ab dem er erstmals einen Anspruch auf Regelaltersrente erwirbt[21].

§ 11 Schlussbestimmungen[22]

(1) Dieser Anstellungsvertrag ersetzt alle eventuellen vorherigen Vereinbarungen zwischen den Vertragsparteien über das Arbeitsverhältnis. Mündliche Nebenabreden bestehen nicht. Änderungen oder Ergänzungen dieses Anstellungsvertrags einschließlich dieser Bestimmung bedürfen zu ihrer Wirksamkeit der Schriftform. Das Schriftformerfordernis bezieht sich auch auf etwaige Ansprüche aus betrieblicher Übung.

(2) Sollte eine Bestimmung dieses Anstellungsvertrags ganz oder teilweise unwirksam sein oder werden, so wird hiervon die Wirksamkeit der übrigen Bestimmungen dieses Anstellungsvertrags nicht berührt. An die Stelle der unwirksamen Bestimmung tritt die gesetzlich zulässige Bestimmung, die dem mit der unwirksamen Bestimmung Gewollten wirtschaftlich am nächsten kommt. Dasselbe gilt für den Fall einer vertraglichen Lücke.

(3) Erfüllungsort und Gerichtsstand richten sich nach den gesetzlichen Vorschriften.

(4) Der Angestellte hat eine Ausfertigung dieses Anstellungsvertrags erhalten.

......
Ort, Datum

......
Unterschrift der Gesellschaft[23]

......
Ort, Datum

......
Unterschrift des Angestellten

Schrifttum: Dörsam, Die Rechtsstellung der leitenden Angestellten, BC 2000, 90; *Faustmann/van den Woldenberg*, Rechtliche Wirkung tarifvertraglicher Bestimmungen auf außertarifliche Arbeitsverhältnisse, NZA 2001, 1113; *Gotthardt*, Arbeitsrecht nach der Schuldrechtsreform, 2002; *Hümmerich/Rech*, Antizipierte Einwilligung in Überstunden durch arbeitsvertragliche Mehrarbeitsabgeltungsklauseln? NZA 1999, 1132; *Maschmann*, Abordnung und Versetzung im Konzern, RdA 1996, 24; *Meents*, Leitende Angestellte und ihre Sonderstellung im Gesetz, DStR 1995, 1353; *Vogel*, Kündigungsschutz leitender Angestellter, NZA 2002, 313; *Weber/Hoß/Burmester*, Handbuch der Managerverträge, 2000; vgl. im Übrigen die Nachw. in Form. A. II. 1.

Anmerkungen

1. Regelungsinhalt. Das vorliegende Formular ist für Mitarbeiter auf einer höheren Ebene der Unternehmenshierarchie konzipiert. Im Rechtssinne handelt es sich bei solchen Personen entweder um „leitende Angestellte" oder um „AT-Angestellte" (außertarifliche Angestellte). Beide Begriffe sind selten deckungsgleich (s. Küttner/*Kania* AT-Angestellte Rdn. 2). Einen einheitlichen Begriff des **leitenden Angestellten** gibt es nicht; vielmehr finden sich in einzelnen Gesetzen unterschiedliche Definitionen (vgl. nur § 5 Abs. 3 BetrVG einerseits sowie § 14 Abs. 2 KSchG andererseits; näher zum Ganzen *Dörsam* BC 2000, 90; *Meents* DStR 1995, 1353; *Vogel* NZA 2002, 313). Ähnlich verhält es sich mit **AT-Angestellten**. Hierbei handelt es sich um Personen, die aufgrund ihrer Tätigkeit und der Höhe ihrer Gesamtbezüge nicht mehr unter den persönlichen Geltungsbereich des einschlägigen Tarifvertrags fallen (vgl. BAG

3. Arbeitsvertrag für Führungskräfte   A. II. 3

Beschl. v. 28. 5. 1974 – 1 ABR 22/73 – DB 1974, 1917; *Faustmann/van den Woldenberg* NZA 2001, 1113). Bei der Vertragsgestaltung spielt die Einordnung eines Arbeitnehmers als leitender Angestellter oder AT-Angestellter nur eine untergeordnete Rolle. Aus diesem Grund enthält das vorliegende Formular ein einheitliches Muster für Mitarbeiter in leitenden Positionen („Führungskräfte"), das sowohl für leitende Angestellte als auch für AT-Angestellte verwendet werden kann. Geprägt werden Arbeitsverträge von Führungskräften im Allgemeinen durch das besondere „Näheverhältnis" zum Arbeitgeber, das mit der ihnen übertragenen Verantwortung entsteht. Dieser Umstand wirkt sich auch auf die Vertragsgestaltung aus. So wird der Arbeitgeber bei der Vereinbarung von Arbeitsbedingungen mit Führungskräften im Regelfall wenig geneigt sein, den ihm möglichen rechtlichen Rahmen voll „auszuschöpfen". Daher werden solche Verträge nur selten einschneidende Regelungen wie z.B. Ausschlussklauseln oder Vertragsstrafen enthalten. Im Einzelfall sollte stets überprüft werden, welche Arbeitsbedingungen im Hinblick auf den Status des betroffenen Mitarbeiters als angemessen erachtet werden. Im Übrigen unterliegen Anstellungsverträge mit Führungskräften aber in vollem Umfang den allgemeinen arbeitsrechtlichen Kontrollmechanismen, insbesondere einer Überprüfung anhand der §§ 305 ff. BGB (s. dazu Form. A. II. 1 Anm. 1). Mitwirkungsrechte des **Betriebsrats** vor oder bei Vertragsschluss kommen dagegen nur in Betracht, soweit die Führungskraft in den Geltungsbereich des Betriebsverfassungsgesetzes fällt (vgl. § 5 Abs. 3 BetrVG; dazu *F/E/S/T/L* § 5 Rdn. 308 ff.).

2. Tätigkeit und Arbeitsort. Die Festlegung der Tätigkeit und des Arbeitsorts dient der Konkretisierung der beiderseitigen Hauptleistungspflichten. Gleichzeitig wird damit dem Erfordernis eines ausreichenden Nachweises der vereinbarten Arbeitsbedingungen gemäß § 2 Abs. 1 Nr. 4 und Nr. 5 NachwG, das auch für leitende Mitarbeiter gilt, Rechnung getragen. Auch wenn Führungskräfte häufig wechselnde Tätigkeits- und Einsatzorte haben werden, ist die Festlegung eines bestimmten Ortes als Dienstsitz empfehlenswert, um wenigstens für bestimmte Abwicklungsvorgänge (z.B. die Erfüllung von Berichtspflichten, Übergabe/Rückgabe von Unterlagen und Gegenständen usw.) in Zweifelsfällen einen Anhaltspunkt zu haben. Die Bezeichnung des Mitarbeiters als „AT-Angestellter" oder als „leitender Angestellter" im Anstellungsvertrag hat dagegen lediglich deklaratorische Bedeutung. Die Rechtsfolgen, die mit diesen Begriffen zusammenhängen (vgl. Anm. 1) können nicht durch Parteivereinbarung herbeigeführt werden. Im Übrigen gelten die Ausführungen in Form. A. II. 1 Anm. 2 auch für das vorliegende Vertragsmuster entsprechend.

Sofern die Erteilung bestimmter **Vollmachten** (z.B. Prokura, Handlungsvollmacht) nach Ablauf einer bestimmten Frist beabsichtigt ist, kann dies ergänzend im Anstellungsvertrag erwähnt werden (Beispiel: „Die Gesellschaft erteilt dem Angestellten nach dem Ablauf von sechs Monaten bei entsprechender Bewährung Handlungsvollmacht."). Die Vollmachtserteilung selbst erfolgt durch eine gesonderte Erklärung.

3. Versetzung. Die Bestimmung enthält im ersten Satz zunächst eine allgemeine Versetzungsklausel (vgl. Form. A. II. 1 Anm. 2). Bei Führungskräften entspricht es darüber häufig einem Bedürfnis des Arbeitgebers, sein Direktionsrecht auch hinsichtlich eines Einsatzes bei verbundenen Unternehmen (Mutter-, Tochter- oder Schwestergesellschaften) zu erweitern (sog. **„Konzernversetzungsklausel"**, s. dazu ausführlich *Maschmann* RdA 1996, 24). Im vorliegenden Fall ist das Recht zur Konzernversetzung in der Weise ausgestaltet, dass das ursprünglich mit der Gesellschaft begründete Arbeitsverhältnis während des „externen" Einsatzes grundsätzlich mit allen Rechten und Pflichten bestehen bleibt. Lediglich das Direktionsrecht wird ganz oder teilweise für die Dauer des Einsatzes auf die Konzerngesellschaft übertragen. Dies kann zu einer Arbeitnehmerüberlassung (s. Form. A. IX. 3) führen, die aufgrund der ausdrücklichen Ausnahme in § 1 Abs. 3 Nr. 2 AÜG allerdings nicht erlaubnispflichtig ist, solange die Beschäftigung bei der Konzerngesellschaft ihren Charakter als „vorübergehende" Ausleihe nicht verliert (vgl. näher ErfK/*Wank* § 1 AÜG Rdn. 87). Zu beachten ist allerdings, dass ein Konzernversetzungsvorbehalt den Arbeitgeber vor Ausspruch einer betriebsbedingten Kündigung im Regelfall dazu verpflichtet, etwaige Weiterbeschäftigungsmöglichkeiten nicht nur im eigenen, sondern auch in sämtlichen verbundenen Unternehmen zu prüfen und ggf. auf die (Weiter)Beschäftigung des Angestellten in einem solchen

Unternehmen hinzuwirken. Dadurch besteht für den betroffenen Arbeitnehmer praktisch ein **konzerndimensionaler Kündigungsschutz** (dazu eingehend *Weber/Hoß/Burmester* Teil 3 Rdn. 19 ff. m. weit. Nachw. aus der Rechtsprechung).

Inwieweit Konzernversetzungsklauseln AGB-rechtlich zulässig sind, ist noch nicht abschließend geklärt (vgl. *Gotthardt* Rdn. 256, 263, 276 ff.). Vor dem Hintergrund der hohen fachlichen Qualifikationen von Führungskräften und ihrer besonderen Stellung im Unternehmen („Nähe zum Arbeitgeber") kann dieser Personengruppe wohl ein erhöhtes Maß an Loyalität nicht nur dem eigenen Arbeitgeber, sondern auch dem Konzern gegenüber abverlangt werden (vgl. im Übrigen die Ausführungen zur allgemeinen Versetzungsklausel in Form. A. II. 1 Anm. 2).

Zusätzlich zu dem Konzernversetzungsvorbehalt enthält die Klausel im letzten Satz eine Berechtigung der Gesellschaft zur Anordnung von zeitlich befristeten **Auslandseinsätzen**. Welcher Zeitraum hierfür maximal als angemessen betrachtet werden kann, wird man nur im Einzelfall unter Berücksichtigung der konkreten Tätigkeit, des Berufsbildes und der Verkehrsanschauung sowie der Stellung des Angestellten innerhalb der Unternehmenshierarchie beurteilen können. Die Anordnung eines (vorübergehenden) Auslandsaufenthalts kraft Direktionsrechts darf nicht mit der Entsendung eines Arbeitnehmers auf der Grundlage eines Delegationsvertrags verwechselt werden (zu letzterem s. Form. A. VIII. 2).

4. Arbeitszeit. Bei Führungskräften wird es im Regelfall an der Vereinbarung einer konkret geschuldeten Arbeitszeit fehlen. Vielmehr lässt sich bei solchen Personen auch ohne besondere Vereinbarung – aufgrund der übertragenen Verantwortung und Stellung innerhalb der Unternehmenshierarchie – davon ausgehen, dass im Zweifel ein Einsatz der gesamten verfügbaren Arbeitskraft geschuldet ist (vgl. BAG Urt. v. 13. 3. 1967 – 2 AZR 133/66 – NJW 1967, 1631 f.). Dies schließt bei Führungskräften nach der Verkehrsanschauung auch die Verpflichtung zur Durchführung von **Dienstreisen** in angemessenem Umfang ein. Zur Klarstellung und zur Vermeidung von Missverständnissen ist aber in jedem Fall eine ausdrückliche Regelung im Anstellungsvertrag zu empfehlen. Sofern die Führungskraft zu einer der in § 18 Abs. 1 Nr. 1 bis Nr. 3 ArbZG genannten Personen gehört, müssen öffentlich-rechtliche Arbeitzeitvorschriften bei der Vertragsgestaltung nicht beachtet werden (vgl. Form. A. II. 1 Anm. 3). Dies bedeutet insbesondere, dass die Höchstgrenzen für den zulässigen Arbeitszeitumfang von durchschnittlich 48 Wochenstunden nicht einschlägig sind (vgl. § 3 ArbZG). In der praktischen Vertragsdurchführung werden sich Einschränkungen hinsichtlich des Arbeitsumfangs dann vorwiegend aus allgemeinen Zumutbarkeitserwägungen ergeben (z. B. akute Gesundheitsgefährdung, vgl. BAG a. a. O.). Besondere Bestimmungen zur Anordnung oder Abgeltung von **Überstunden** sind bei der vorliegenden Vertragsgestaltung nicht erforderlich. Da ein bestimmtes (Mindest)Arbeitszeitkontingent nicht vereinbart ist, können Überstunden schon begrifflich nicht entstehen (*Hümmerich/Rech* NZA 1999, 1132, 1133). Daraus folgt zugleich, dass mit der geschuldeten Vergütung sämtliche Tätigkeiten des Angestellten für die Gesellschaft abgegolten sind (vgl. auch Anm. 5).

5. Grundgehalt. Bei Führungskräften ist die Vereinbarung eines Jahresgehalts üblich, das in zwölf gleichen Raten ausgezahlt wird und mit dem sämtliche Tätigkeiten und Leistungen des Angestellten abgegolten sind. Jedenfalls bei leitenden Angestellten besteht gegen eine derartige „Pauschalvergütung", bei der nicht zwischen Regelarbeitszeit und Überstunden differenziert wird, keine Bedenken (so schon BAG Urt. v. 17. 11. 1966 – 5 AZR 225/66 – NJW 1967, 413; vgl. im Übrigen Form. A. II. 1 Anm. 4).

6. Variable Vergütung. Üblicherweise erhalten Führungskräfte neben ihrem Grundgehalt eine – meist variable – Sonderzahlung, deren nähere Ausgestaltung aus praktischen Gründen in einer gesonderten Anlage zum Anstellungsvertrag erfolgen sollte (vgl. zu Beispielen für die Vereinbarung von Sonderzahlungen einschließlich Aktienoptionen Form. A. III. 4 bis Form. A. III. 9 und Form. A. IV. 10).

7. Dienstwagen. Für die Überlassung eines Dienstwagens empfiehlt sich der Abschluss eines gesonderten Dienstwagenvertrages, in dem die Rechte und Pflichten der Parteien ausführlich geregelt werden (vgl. dazu Form. A. III. 1). Eine einfache Dienstwagenklausel enthält Form. A. III. 2.

8. Abtretungsverbot. S. Form. A. II. 1 Anm. 8.

9. Rückzahlungsverpflichtung. S. Form. A. II. 1 Anm. 9.

10. Ärztliche Untersuchung/Krankheit. Die Regelungen in Abs. (1) (Einstellungsuntersuchung) und in Abs. (2) (allgemeine Untersuchungsverpflichtung nach Ablauf der Probezeit) entsprechen den Bestimmungen des Formulars für einen Standard-Arbeitsvertrag (vgl. Form. A. II. 1 Anm. 10). Insoweit gelten für Führungskräfte keine Besonderheiten.

Hinsichtlich der **Entgeltfortzahlung** im Krankheitsfall gilt auch für leitende Mitarbeiter das Entgeltfortzahlungsgesetz. Im Hinblick auf die gesteigerte Vertrauensbeziehung, die im Normalfall zwischen Arbeitgeber und Führungskraft besteht, wurde davon abgesehen, detaillierte Melde- und Nachweispflichten für den Krankheitsfall in den Vertrag aufzunehmen. Die Rechte zur Vorlage einer Arbeitsunfähigkeitsbescheinigung – bei Bedarf auch ab dem ersten Krankheitstag – verbleiben dem Arbeitgeber ohnehin (vgl. § 5 EFZG).

Als (freiwillige) **Zusatzleistung** des Arbeitgebers sieht das Formular eine Entgeltfortzahlung über den gesetzlichen Rahmen von sechs Wochen hinaus bis zur Dauer von drei Monaten vor (vgl. § 3 Abs. 1 EFZG). Derartige Regelungen sind nicht nur bei Geschäftsführern und Vorständen, sondern häufig auch bei leitenden Mitarbeitern anzutreffen. Zwingend sind sie nicht. Die in diesem Zusammenhang vereinbarte Abtretung von Schadensersatzansprüchen beruht auf dem Gedanken, dass potentielle Schädiger durch die vereinbarte Entgeltfortzahlung nicht begünstigt werden sollen. Für den gesetzlichen Lohnfortzahlungszeitraum von sechs Wochen sieht § 6 Abs. 1 EFZG einen solchen Anspruchsübergang bereits kraft Gesetzes vor.

11. Unfallversicherung. Der Abschluss einer privaten Unfallversicherung ist häufig Bestandteil von Anstellungsverträgen für Führungskräfte. Im vorliegenden Fall trifft der Vertrag keine bestimmte Aussage über die Höhe der Deckungssumme. Ihre Bestimmung steht im freien Ermessen der Gesellschaft. Für die Besteuerung von Versicherungsbeiträgen sowie der gegebenenfalls vom Arbeitnehmer zu beziehenden Versicherungsleistungen hat das BMF verschiedene Grundsätze aufgestellt (vgl. BMF-Schreiben v. 17. 7. 2000 – IV C 5 – S 2332 – 67/00).

12. Altersversorgung. Die Zusage einer betrieblichen Altersversorgung steht grundsätzlich im Ermessen der Gesellschaft. Im Bedarfsfall empfiehlt sich hier aus Gründen der Übersichtlichkeit, die Details in einer separaten Vertragsanlage zu regeln (vgl. zum Formular einer Versorgungszusage Form. F. II. 1).

13. Reisekosten/Auslagen. S. Form. A. II. 1 Anm. 11.

14. Urlaub. Die vertragliche Regelung beschränkt sich an dieser Stelle im Wesentlichen auf die Festlegung des Urlaubsumfangs, der gemäß § 3 Abs. 1 BUrlG mindestens 24 Werktage bei sechs Arbeitstagen (oder 20 Tage in einer Fünf-Tage-Woche) beträgt. Im Übrigen unterfällt auch das Anstellungsverhältnis einer Führungskraft vollumfänglich den Vorschriften der §§ 1 ff. BUrlG, insbesondere hinsichtlich der Frage der Übertragbarkeit und Abgeltung von Urlaubsansprüchen. Die Kenntnis dieser Vorschriften kann von einem leitenden Mitarbeiter erwartet werden, so dass ihre auszugsweise Wiedergabe im Anstellungsvertrag nicht erforderlich und auch nicht üblich ist.

15. Nebentätigkeiten. Gemäß Abs. (1) und Abs. (2) bedürfen entgeltliche und unentgeltliche Nebentätigkeiten sowie bestimmte kapitalmäßige Beteiligungen des Angestellten an anderen Unternehmen der vorherigen schriftlichen Zustimmung der Gesellschaft (vgl. dazu Form. A. II. 1 Anm. 13). Darüber hinaus erstreckt der Vertrag das Zustimmungserfordernis in Abs. (3) auf sonstige außerdienstliche Aktivitäten mit Bezug zur Arbeitstätigkeit. Schließlich kann im Einzelfall aufgrund spezieller Kenntnisse eines Angestellten das Bedürfnis bestehen, ihm Ämter in Überwachungsorganen (Aufsichts- oder Beiräten) von Konzerngesellschaften zu übertragen. Eine Verpflichtung zur Übernahme solcher Ämter sieht der Vertrag in Abs. (4) vor. Die Regelung darf allerdings nicht darüber hinwegtäuschen, dass ihre Umsetzung in der Praxis ohne das Einverständnis (und eine entsprechende Motivation) des Betroffenen wertlos ist. Rechtlich kann die Übernahme eines entsprechenden Amtes ohnehin nicht erzwungen werden (vgl. § 888 Abs. 3 ZPO).

16. Geheimhaltung/Behandlung von Gegenständen und Daten. S. Form. A. II. 1 Anm. 14.

17. Schutzrechte. S. Form. A. II. 1 Anm. 15.

18. Probezeit/Kündigungsfrist. Im vorliegenden Formular ist die Anstellung als **unbefristeter Arbeitsvertrag** mit vorgeschalteter Probezeit ausgestaltet (vgl. zum Begriff Form. A. II. 1 Anm. 18). Bereits während dieser „Probezeit" wird regelmäßig eine gegenüber den gesetzlichen Fristen deutlich verlängerte Kündigungsfrist vereinbart werden; häufig wird bei Führungskräften überhaupt keine Probezeit festgelegt. Ein Angebot der Gesellschaft, zunächst für die Dauer der Erprobung ein **befristetes Arbeitsverhältnis** einzugehen (s. dazu Form. A. II. 1 Anm. 16), würde jedenfalls eher „kleinlich" wirken. Denn die Parteien werden regelmäßig bereits bei Vertragsschluss ein gesteigertes Vertrauen in die gemeinsame Zukunft legen.

Die **Kündigungsfristen** nach Ablauf der Probezeit werden mit Führungskräften im Regelfall individuell vereinbart. Dabei weicht häufig nicht nur die Länge der Frist, sondern auch die Bestimmung des maßgeblichen Kündigungstermins (z. B. Quartals-, Halbjahres- oder Jahresende) von der gesetzlichen Regelung in § 622 BGB ab. Da längere Kündigungsfristen typischerweise den Interessen beider Parteien dienen, bestehen gegen entsprechende Vereinbarungen – in den Grenzen von § 138 BGB und § 15 Abs. 4 TzBfG – keine rechtlichen Bedenken (vgl. auch Form. A. II. 1 Anm. 17).

19. Schriftform. Das Schriftformerfordernis entspricht der gesetzlichen Regelung in § 623 BGB. Die Klausel hat also nur deklaratorische Bedeutung.

20. Freistellung. S. dazu Form. A. II. 1 Anm. 21.

21. Altersgrenze. S. dazu Form. A. II. 1 Anm. 23.

22. Schlussbestimmungen. Die Schlussbestimmungen entsprechen im Wesentlichen den Formulierungen des Standard-Arbeitsvertrags (s. Form. A. II. 1 Anm. 28 bis Anm. 30). Ein möglicher Hinweis auf die Falschbeantwortung von Fragen bei der Einstellung sowie die Aufforderung zur Mitteilung von Anschriftsänderungen (vgl. Form. A. II. 1 Anm. 26, 27) sind in Anstellungsverträgen von Führungskräften dagegen eher unüblich. Dies gilt auch für die Aufnahme etwaiger Ausschlussfristen oder die Abkürzung der gesetzlichen Verjährung (vgl. dazu Form. A. II. 1 Anm. 24).

23. Unterzeichnung des Anstellungsvertrags. S. dazu Form. A. II. 1 Anm. 32.

4. Arbeitsvertrag nach BAT[1]

Arbeitsvertrag

zwischen
...... (Name und Anschrift des Dienstgebers)
vertreten durch ...... (Dienststelle) „Arbeitgeber"
und
...... (Name und Anschrift des Arbeitnehmers) „Mitarbeiter"

§ 1 Geltung des BAT[2]

(1) Das Arbeitsverhältnis bestimmt sich nach dem Bundes-Angestelltentarifvertrag (BAT) und den diesen ergänzenden, ändernden oder ersetzenden Tarifverträgen in der für den Bereich des Bundes jeweils geltenden Fassung. Ergänzend finden die im Bereich des Arbeitgebers jeweils geltenden sonstigen einschlägigen Tarifverträge Anwendung.[3]

(*Alternative*:
(1) Das Arbeitsverhältnis bestimmt sich nach dem Bundes-Angestelltentarifvertrag (BAT) und den diesen ergänzenden, ändernden oder ersetzenden Tarifverträgen in der für den Bereich der Tarifgemeinschaft deutscher Länder (TdL) jeweils geltenden Fassung. (...))

(*Alternative*:
(1) Das Arbeitsverhältnis bestimmt sich nach dem Bundes-Angestelltentarifvertrag (BAT) und den diesen ergänzenden, ändernden oder ersetzenden Tarifverträgen in der für den Bereich der Vereinigung kommunaler Arbeitgeberverbände (VKA) jeweils geltenden Fassung. (...))
(2) Der gekündigte Beihilfetarifvertrag findet keine Anwendung.[4]

§ 2 Beginn des Arbeitsverhältnisses

(1) Der Mitarbeiter wird ab dem ...... auf unbestimmte Zeit[5] eingestellt.
(2) Die Probezeit nach § 5 S. 1 BAT beträgt sechs Monate. § 5 S. 2 BAT (Verlängerung der Probezeit) bleibt unberührt.

§ 3 Position und Aufgaben/Arbeitsort[6]

(1) Der Mitarbeiter wird als Angestellter im allgemeinen Verwaltungsdienst tätig. Arbeitsort ist ...... (politische Gemeinde, in der die Behörde ihren Sitz hat).
(2) Die Berechtigung des Arbeitgebers zur Versetzung, Abordnung und Zuweisung nach § 12 BAT bleibt unberührt.

§ 4 Arbeitszeit[7]

Der Mitarbeiter ist vollzeitbeschäftigt. Die Arbeitszeit richtet sich nach § 15 BAT.
(*Alternative*:
Der Mitarbeiter ist teilzeitbeschäftigt. Die Arbeitszeit des Mitarbeiters beträgt ...... % der durchschnittlichen regelmäßigen wöchentlichen Arbeitszeit eines entsprechenden vollzeitbeschäftigten Mitarbeiters.)
(*Alternative*:
Der Mitarbeiter ist teilzeitbeschäftigt. Die durchschnittliche regelmäßige wöchentliche Arbeitszeit des Mitarbeiters beträgt ...... Stunden.)

§ 5 Vergütung und Eingruppierung[8]

(1) Der Mitarbeiter ist in die Vergütungsgruppe ...... der Anlage 1a zum BAT eingruppiert.
(2) Die derzeitige monatliche Grundvergütung nach der Vergütungsgruppe ...... ohne Ortszuschlag und sonstige Zulagen[9] beträgt EUR ...... (in Worten: Euro ......) brutto.

§ 6 Beendigung des Arbeitsverhältnisses[10]

Für die Beendigung des Arbeitsverhältnisses gelten die tarifvertraglichen Regelungen.

§ 7 Nebenabreden und Änderungen/Schriftform[11]

(1) Dieser Arbeitsvertrag ersetzt alle eventuellen vorherigen Vereinbarungen zwischen den Vertragsparteien über das Arbeitsverhältnis. Mündliche Nebenabreden bestehen nicht. Änderungen oder Ergänzungen des Arbeitsvertrags einschließlich Nebenabreden und die Vereinbarung weiterer Nebenabreden bedürfen zu ihrer Wirksamkeit der Schriftform. Dies gilt auch für Änderungen oder Ergänzungen dieser Bestimmung. Das Schriftformerfordernis bezieht sich auch auf etwaige Ansprüche aus betrieblicher Übung.
(2) Der Mitarbeiter hat eine Ausfertigung dieses Arbeitsvertrags erhalten.

......
Ort, Datum

......
Ort, Datum

......
Unterschrift des Arbeitgebers

......
Unterschrift des Mitarbeiters

A. II. 4   II. Die Begründung und der Inhalt des Arbeitsverhältnisses

Schrifttum: Adam, Abschied vom „Unkündbaren"?, NZA 1999, 846; *Böhm/Spiertz,* Bundesangestelltentarifvertrag BAT, Stand Juli 2004; *Bredemeier/Neffke,* BAT/BAT-O, 1999; *Clemens/Scheuring/Steingen/Wiese,* Kommentar zum Bundesangestelltentarifvertrag, Stand Januar 2004; *Gotthard/Beck,* Elektronische Form und Textform im Arbeitsrecht: Wege durch den Irrgarten, NZA 2002, 876; *Richardi,* Formzwang im Arbeitsrecht, NZA 2001, 57; *Schliemann,* Allzeit bereit – Bereitschaftsdienst und Arbeitsbereitschaft zwischen Europarecht, Arbeitszeitgesetz und Tarifvertrag, NZA 2004, 513; *Schulte/Westenberg,* Die außerordentliche Kündigung im Spiegel der neueren Rechtsprechung, NZA-RR 2002, 561.

Anmerkungen

1. Regelungsinhalt. Für die Arbeitnehmer des öffentlichen Dienstes gelten grundsätzlich die allgemeinen Regeln des Arbeitsrechts. Die Tarifverträge des öffentlichen Dienstes enthalten indes eine Reihe von spezifischen Regelungen, die in dieser Form und mit diesen Inhalten weder in den Tarifverträgen noch in den Individualverträgen der gewerblichen Wirtschaft Entsprechungen finden. Das ist historisch dadurch zu erklären, dass den Tarifvertragsparteien zunächst an einer **Gleichstellung der Arbeitnehmer mit den Beamten** gelegen war. So verweist z.B. § 11 BAT hinsichtlich der Nebentätigkeiten auf die Regelungen der Beamtengesetze. Entsprechendes gilt für die Haftung der Angestellten nach § 14 BAT. Erst die in den zurückliegenden Jahren vereinbarten **Spartentarifverträge** (vgl. Tarifvertrag Versorgungsbetriebe vom 5. Oktober 2000 – TV-V; in Nordrhein-Westfalen: Tarifvertrag für den Öffentlichen Personennahverkehr TV-N) wenden sich vom Beamtenrecht ab. Diese Entwicklungsgeschichte des öffentlichen Dienstrechts zu einem Sondergebiet des Arbeitsrechts hat Auswirkungen auf den Aufbau und den Inhalt der im öffentlichen Dienst verwendeten Arbeitsverträge. Aufgrund dessen weicht das hier vorgestellte Formular erheblich von den zuvor aufgeführten Vertragsformularen (insbesondere Form. A. II. 1) ab.

Das Bundesministerium des Innern (BMI), die Tarifgemeinschaft deutscher Länder (TdL) und die Vereinigung kommunaler Arbeitgeberverbände (VKA) haben **Vertragsmuster** für den Abschluss von Arbeitsverträgen, für die der BAT gilt, herausgegeben und ihren Dienststellen und ihren Mitgliedern die Verwendung dieser Vertragsmuster empfohlen. Das Formular orientiert sich im Wesentlichen an diesen Vertragsmustern. Bei einem entsprechend dem Formular abgeschlossenen Arbeitsvertrag handelt es sich um einen „typischen Arbeitsvertrag", der vom BAG als Revisionsgericht selbständig und unbeschränkt ausgelegt werden kann (BAG Urt. v. 1. 3. 1995 – 4 AZR 970/93 – AP Nr. 191 zu § 22 BAT 1975).

Abweichend von den übrigen Formularen wird der Arbeitgeber in dem vorliegenden Formular als solcher und nicht als „Gesellschaft" bezeichnet; der Begriff „Gesellschaft" würde auf Dienstgeber des öffentlichen Dienstes nicht passen.

Am 9. Februar 2005 haben sich die Gewerkschaften sowie auf Arbeitgeberseite der Bund und die Kommunalen Arbeitgeberverbände auf eine grundlegende Reform des Tarifrechts für den öffentlichen Dienst geeinigt. Der neue Tarifvertrag für den Öffentlichen Dienst (TvÖD) tritt zum 1. Oktober 2005 in Kraft. Er enthält Neuregelungen vor allem im Bereich der Vergütungssystematik und der Arbeitszeit. Soweit diese Änderungen Auswirkungen auf den Inhalt des Vertragsmusters haben können, ist darauf in den Anmerkungen zu einzelnen Vertragsklauseln hingewiesen. Der TvÖD gilt zunächst nur für die Arbeitsverhältnisse des Bundes und der kommunalen Arbeitgeber. Die Länder sind dem TvÖD bislang nicht beigetreten, so dass für die Beschäftigten im öffentlichen Dienst der Länder der BAT weiter gilt.

2. Geltung des BAT. Der BAT gilt für alle Angestellten des **öffentlichen Dienstes** des Bundes, der Länder und der Gemeinden sowie zahlreicher Körperschaften, Anstalten und Stiftungen des öffentlichen Rechts (zu den Ausnahmen vgl. § 3 BAT). Auch in vielen ehemals öffentlich-rechtlichen, nunmehr **privatisierten Einrichtungen und Unternehmen,** wie etwa Stadtwerken und Nahverkehrsbetrieben, gilt der BAT fort. Häufig ist der Beitritt des privatisierten Unternehmens zu den zuständigen Arbeitgeberverbänden sogar in den Privatisierungsgesetzen oder im Gesellschaftsvertrag geregelt. Der BAT-O gilt für alle diese Angestellten, wenn das Arbeitsverhältnis im **Beitrittsgebiet** begründet ist. Das ist dann der Fall, wenn der Ort der Arbeitsleistung sich im Beitrittsgebiet befindet und wenn das Arbeitsverhältnis in Bezug auf eine im Beitrittsgebiet auszuübende Tätigkeit entstanden ist. Auf den Sitz der Dienststelle kommt es dabei nicht an (BAG Urt. v. 24. 2. 1994 – 6 AZR 588/93 – AP Nr. 1 zu § 1 BAT-O). Der BAT-O enthält weitgehend mit dem BAT identische Regelungen, zeigt aber auch deutliche Abweichungen. So sieht der BAT-O keine dem § 53 Abs. 3 BAT entsprechende Regelung zur Unkündbarkeit langjähriger Mitarbeiter vor. Für Arbeiter gilt – je nach Arbeitgeber – entweder der Bundesmanteltarifvertrag für Arbeiter und Arbeiterinnen des Bundes und der Länder (MTArb/MTArb-O) oder der Manteltarifvertrag für Arbeiter gemeindlicher Verwaltungen und Betriebe (BMT-G/BMT-G-O).

Mit Inkrafttreten des TvÖD am 1. Oktober 2005 entfällt in dessen Anwendungsbereich die Unterscheidung zwischen Arbeitern und Angestellten.

3. Bezugnahmeklausel. Die Anwendbarkeit des BAT hängt – wie die Anwendbarkeit sonstiger Tarifverträge auch – nach § 4 Abs. 1 TVG von der **beiderseitigen Tarifgebundenheit** der Arbeitsvertragsparteien ab. Um eine Gleichbehandlung von gewerkschaftlich organisierten und nicht organisierten Mitarbeitern zu erreichen, enthalten die Arbeitsverträge des öffentlichen Dienstes stets auch die individualvertragliche Vereinbarung der Tarifgeltung. Wegen des Zwecks der Gleichbehandlung aller Arbeitnehmer handelt es sich um eine so genannte **Gleichstellungsklausel** (hierzu s. Form. A. II. 2 Anm. 4; BAG Urt. v. 26. 9. 2001 – 4 AZR 544/00 – NZA 2002, 634). Das bedeutet einerseits, dass Änderungen des Tarifvertrages unabhängig von der Tarifbindung unmittelbar auf das Arbeitsverhältnis durchschlagen, andererseits aber auch, dass der Arbeitnehmer keinen Anspruch auf tarifrechtswidrige Leistungen erwerben kann. Es soll stets lediglich die tarifrechtliche Lage widergespiegelt werden (BAG Urt. v. 23. 4. 1986 – 4 AZR 90/85 – AP Nr. 118 zu § 22 BAT 1975).

4. Beihilfe. Nach § 40 BAT richten sich Beihilfeansprüche im Krankheitsfall nach den für den jeweiligen Arbeitgeber geltenden Tarifvorschriften. Die entsprechenden Beihilfetarifverträge sind von den Gewerkschaften zum 30. September 1970 gekündigt worden. Da sie nach § 4 Abs. 5 TVG **Nachwirkung** entfalten, können sie auch individualvertraglich durch Bezugnahme oder auch durch schlichte weitere Anwendung (BAG Urt. v. 5. 11. 1992 – 6 AZR 311/91 – AP Nr. 7 zu § 40 BAT) zur Geltung kommen. Um die Nichtanwendbarkeit der gekündigten Beihilfetarifverträge klarzustellen, sollte eine entsprechende Regelung in den Vertrag aufgenommen werden.

5. Laufzeit. Der Hauptteil des BAT enthält Regelungen zu Arbeitsverhältnissen mit **unbestimmter Dauer**. Die Vorschriften über befristete Arbeitsverträge sind in der Sonderregelung (SR) 2y enthalten. Die Nr. 1 der SR 2y führt zunächst **drei Arten von Befristungen** auf, nämlich die Zeitbefristung, die Befristung wegen begrenzter Dauer der Aufgabe und schließlich die Befristung zur zeitweisen Vertretung oder Aushilfe. Die Befristung wegen einer zeitlich begrenzten Aufgabe entspricht dem Sachgrund des § 14 Abs. 1 S. 2 Nr. 1 TzBfG, die Befristung zur Vertretung oder Aushilfe entspricht dem Sachgrund des § 14 Abs. 1 S. 2 Nr. 3 TzBfG (vgl. Form. A. V. 5). Über den Regelungsgehalt der §§ 623 BGB, 14 Abs. 4 TzBfG, 4 BAT hinaus enthält die SR 2y weitere Regelungen zur Befristung. Während nach § 14 Abs. 4 TzBfG zwar die Befristung schriftlich vereinbart werden muss, nicht aber der Befristungsgrund, ist nach Nr. 2 SR 2y im Arbeitsvertrag zu vereinbaren, um welche Art der Befristung es sich handelt. Bei der Befristung wegen einer Aufgabe von begrenzter Dauer ist die Art der Aufgabe anzugeben. Bei der Befristung zur Vertretung sind dieser Sachgrund und die Dauer der Vertretung anzugeben. Fehlt eine dieser Angaben, ist die Befristung unwirksam. Allerdings handelt es sich bei der Angabe des Befristungsgrundes um eine Abrede im Sinne des § 4 Abs. 1 BAT und nicht um eine Nebenabrede nach § 4 Abs. 2 BAT. Das hat zur Folge, dass eine fehlerhafte Benennung des Befristungsgrundes für sich genommen nicht zur Unwirksamkeit der Befristung führt, solange die Parteien sich bei Vertragsschluss über die Befristung tragenden Gründe einig waren (BAG Urt. v. 28. 3. 2001 – 7 AZR 701/99 – AP Nr. 227 zu § 622 BGB Befristeter Arbeitsvertrag).

Nach der Protokollnotiz Nr. 1 zu Nr. 1 SR 2y dürfen Arbeitsverträge nur dann zeitlich begrenzt werden, wenn hierfür sachliche oder in der Person des Angestellten liegende Gründe vorliegen. **Sachgrundlose Befristungen** wären dadurch im Geltungsbereich des BAT ausgeschlossen. Da diese Regelung für die Arbeitnehmer günstiger als die gesetzliche Regelung ist,

ist der Ausschluss sachgrundloser Befristungen auch zulässig. Nach Einführung des der jetzigen Regelung in § 14 Abs. 2, 3 TzBfG ähnlichen § 1 BeschFG 1985 haben die Tarifparteien deshalb die Protokollnotiz um die Nr. 6 ergänzt und – parallel zur Laufzeit des BeschFG 1985 – bis zum 31. Dezember 2000 auch Befristungen ohne Sachgrund zugelassen. Nach Auslaufen des BeschFG 1985 haben die Tarifparteien die Nr. 6 der Protokollnotiz erst mit Wirkung zum 1. Januar 2002 an die neue Rechtslage angepasst und auch sachgrundlose Befristungen nach § 14 Abs. 2 und 3 TzBfG zugelassen. § 14 Abs. 2a TzBfG, wonach sachgrundlose Befristungen während der ersten vier Jahre nach Gründung eines Unternehmens bis zur Dauer von vier Jahren zulässig sind, ist nicht berücksichtigt und dürfte im Bereich des öffentlichen Dienstes auch keinen Anwendungsbereich haben. Problematisch ist, dass damit in der Zeit zwischen dem 1. Januar 2001 und dem 31. Dezember 2001 vereinbarte sachgrundlose Befristungen unzulässig und unwirksam sein dürften, weil die Tarifvorschrift der Nr. 1 der Protokollnotiz zu Nr. 1 der SR 2y eine für den Arbeitnehmer günstigere Regelung enthielt als § 14 Abs. 2 und 3 TzBfG.

Die sachgrundlose Befristung soll in der Regel zwölf Monate nicht unterschreiten und muss mindestens sechs Monate betragen. Bei einer Dauer von unter zwölf Monaten ist nach Ablauf der Probezeit nur eine außerordentliche Kündigung möglich. Die SR 2y bleibt durch den neuen TvÖD unberührt.

6. Nachweis der Arbeitsbedingungen. Nach § 4 Abs. 1 S. 1 BAT ist der Arbeitsvertrag schriftlich abzuschließen. Im Gegensatz zu § 4 Abs. 2 BAT (Nebenabreden) handelt es sich dabei nicht um eine konstitutive, sondern um eine **deklaratorische Formvorschrift**. Deshalb sind auch mündlich abgeschlossene Arbeitsverträge wirksam, sogar der stillschweigende Vertragsschluss ist möglich (BAG Urt. v. 13. 1. 1993 – 5 AZR 54/92 – ZTR 1993, 248). § 4 Abs. 1 S. 1 BAT räumt dem Arbeitnehmer allerdings das Recht ein, eine schriftliche Ausfertigung des Arbeitsvertrags zu verlangen (BAG Urt. v. 1. 6. 1994 – 7 AZR 7/93 – AP Nr. 17 zu § 1 AÜG).

Weitergehende Anforderungen ergeben sich aus dem **Nachweisgesetz**. Nach § 2 Abs. 1 NachwG hat der Arbeitgeber dem Arbeitnehmer die wesentlichen Arbeitsbedingungen schriftlich nachzuweisen (s. Form. A. II. 6 Anm. 1, 5 f. und 13). Allerdings kann der überwiegende Teil der Angaben durch den Hinweis auf die einschlägigen Tarifverträge ersetzt werden. Die empfohlenen Musterverträge (s. Anm. 1) genügen den Vorschriften des § 2 Abs. 1 NachwG bis auf zwei Ausnahmen, nämlich die Angabe des **Arbeitsortes** nach § 2 Abs. 1 Nr. 4 NachwG und die kurze Charakterisierung oder Beschreibung der geschuldeten **Tätigkeit** nach § 2 Abs. 1 Nr. 5 NachwG. BMI, TdL und VKA habe jeweils in Rundschreiben ihren Mitgliedern empfohlen, als Arbeitsort in der Regel die politische Gemeinde anzugeben, in der die Dienststelle ihren Sitz hat. Soll der Arbeitnehmer an verschiedenen Orten eingesetzt werden, sollte darauf im Vertrag gesondert hingewiesen werden. Auch durch die Angabe eines konkreten Einsatzortes – etwa einer bestimmten Dienststelle – würde das tarifliche Versetzungsrecht nach § 12 BAT nicht eingeschränkt werden (BAG Urt. v. 21. 1. 2004 – 6 AZR 583/02 – NZA 2005, 61). Eine besondere Problematik ergibt sich für Angestellte im Bereich des Bundes durch den Umzug weiterer Dienststellen oder von Teilen von Ministerien von Bonn nach Berlin. In diesen Bereichen sollte zur Klarstellung eine Klausel in die Arbeitsverträge aufgenommen werden, dass der Angestellte auch zu einer Tätigkeit am neuen Dienstort verpflichtet ist.

Hinsichtlich der Charakterisierung oder Beschreibung der Tätigkeit empfehlen BMI, TdL und VKA beispielhaft die Bezeichnungen „Angestellter im allgemeinen Verwaltungsdienst", „Technischer Angestellter" oder „Angestellter im Sozial- und Erziehungsdienst" und verweisen damit auf die in der Vergütungsordnung Teil 1a verwendeten Bezeichnungen der Berufsgruppen. Auch hier wäre eine weitere Konkretisierung nicht sinnvoll (*Clemens/Scheuring* § 4 BAT Erl. 6a (d)).

§ 4 Abs. 2 BAT schreibt für die Wirksamkeit von **Nebenabreden zwingend die Schriftform** vor. Dabei handelt es sich um ein Formerfordernis im Sinne des § 126 BGB. Das erscheint auf den ersten Blick überraschend, weil die Hauptabreden formlos gültig sein können. Hintergrund des § 4 Abs. 2 BAT ist es aber, die Einheitlichkeit der Arbeitsbedingungen im öffentlichen Dienst sicherzustellen. Die Anstellungsbehörden sollen daran gehindert werden, ungewöhnliche Absprachen in unkontrollierbarer Weise zu treffen. Nebenabreden sollen daher offen gelegt und einer dienstaufsichtsrechtlichen Überprüfung zugänglich gemacht werden (BAG Urt. v. 7. 9. 1982 – 3 AZR 5/80 – AP Nr. 9 zu § 4 BAT). Als Nebenabreden sieht das BAG alle einzelvertraglichen Vereinbarungen an, die entweder Sekundärcharakter haben oder jedenfalls nicht unmittelbar etwas mit den Hauptrechten und Hauptpflichten aus dem Arbeitsvertrag zu tun haben (BAG Urt. v. 25. 7. 1996 – 6 AZR 179/95 – AP Nr. 8 zu § 27 BAT). Vereinbarungen über den Inhalt der Arbeitsleistung oder die Vergütung hingegen fallen unter § 4 Abs. 1 BAT (BAG Urt. v. 23. 11. 2000 – 2 AZR 617/99 – AP Nr. 63 zu § 2 KSchG 1969). Nebenabreden beziehen sich damit im Wesentlichen auf zusätzliche Leistungen, die Aufwendungen oder Besonderheiten aufgrund besonderer persönlicher Umstände ausgleichen sollen wie z. B. Verzicht auf die Probezeit, Anrechnung von Vordienstzeiten, Essenszuschüsse, unentgeltlicher Transport zum Arbeitsplatz, Trennungsentschädigungen, Zusage einer Lehrgangsteilnahme (vgl. auch *Böhm/Spiertz* § 4 BAT Rdn. 128).

7. Arbeitszeit. Die Arbeitszeit wird im Vertrag nur unter Hinweis auf eine **Vollzeitbeschäftigung** beschrieben; bei einer **Teilzeitbeschäftigung** ist lediglich das Verhältnis zur Vollzeitbeschäftigung anzugeben. Die konkrete Dauer der regelmäßigen wöchentlichen Arbeitszeit ergibt sich aus § 15 BAT. Auf diese Weise ist sichergestellt, dass tarifliche Änderungen der Arbeitszeit auch für das laufende Arbeitsverhältnis gelten. Ansonsten hätte die tarifvertragliche Absenkung der Arbeitszeit von 48 Stunden wöchentlich (bis 30. 9. 1957) hin zu nunmehr 38,5 Stunden wöchentlich (ebenso wie die Anhebung auf 39 Stunden ab dem 1. Oktober 2005 im Geltungsbereich des TvÖD) jeweils zu Anpassungen der einzelnen Arbeitsverträge gezwungen. Lediglich wenn eine **konkrete Stundenzahl** unabhängig von der regelmäßigen tariflichen Arbeitszeit gewollt ist, ist die dritte Variante zu verwenden. Aus der regelmäßigen wöchentlichen Arbeitszeit von 38,5 Stunden nach § 15 BAT ergibt sich eine monatliche Arbeitszeit von 38,5 Stunden x 4,348 = 167,4 Stunden. Regelungen zu Ruf- und Bereitschaftsdiensten, Wochenend- und Feiertagsarbeit sowie Überstunden müssen im Arbeitsvertrag nicht getroffen werden. Dazu enthalten die §§ 15 bis 17 BAT sowie die ergänzenden Sonderregelungen für bestimmte Berufsgruppen ins Einzelne gehende Regelungen.

Nach § 15 Abs. 6 BAT ist der Angestellte verpflichtet, auch **Schichtarbeit nach Dienstplänen** zu leisten. Zu Rechtsstreitigkeiten hat immer wieder die Frage geführt, welche Auswirkungen die Arbeit an einem Wochenfeiertag und insbesondere die dienstplanmäßig ausfallende Arbeitszeit an einem Wochenfeiertag auf Freizeitausgleichsansprüche haben. Grundsätzlich vermindert sich die wöchentliche Arbeitszeit nicht durch Arbeit an einem Wochenfeiertag. Vielmehr erfolgt ein Zeitausgleich an einem anderen Arbeitstag. Fällt für einen Angestellten ein dienstplanmäßig freier Tag auf einen Wochenfeiertag, hat das häufig zu einer Forderung nach einem zusätzlichen Ausgleichstag geführt. Immerhin geht dem Angestellten nur wegen des Schichtdienstes ein regulärer Feiertag verloren. Das BAG hat diese Ansprüche stets mit dem Argument zurückgewiesen, aus § 15 Abs. 6 BAT ergebe sich, dass die Tarifparteien lediglich einen Ausgleich für geleistete Arbeit, nicht aber für tatsächlich ausgefallene Arbeit vorgesehen hätten. Darin läge auch keine Ungleichbehandlung gegenüber nicht im Schichtdienst eingesetzten Angestellten (BAG Urt. v. 16. 11. 2000 – 6 AZR 338/99 – AP Nr. 44 zu § 15 BAT).

Des Weiteren besteht die Verpflichtung des Angestellten, auf Anweisung des Arbeitgebers **Bereitschaftsdienst** zu leisten (§ 15 Abs. 6 a BAT). Nach § 15 Abs. 6 a Unterabs. 2 BAT wird zur Berechnung der Vergütung lediglich der erfahrungsgemäß durchschnittlich anfallende Arbeitsanteil als Arbeitszeit gewertet. Ein Teil des Bereitschaftsdienstes bleibt damit ohne Vergütung. Nach dem SIMAP-Urteil des EuGH (Urt. v. 3. 10. 2000 – Rs C 303/89 – AP Nr. 86 zu § 87 BetrVG 1972) ist Bereitschaftsdienst jedoch entgegen der bisherigen gesetzlichen Regelung in vollem Umfang als Arbeitszeit zu werten. Diese Rechtsprechung bedeutet aber keine Veränderung der Vergütung von Bereitschaftsdienst, diese richtet sich auch weiterhin ausschließlich nach § 15 Abs. 6 a Unterabs. 2 BAT. Die Rechtsprechung des EuGH gilt lediglich für eine Bewertung unter arbeitszeitschutzrechtlichen Gesichtspunkten und hat daher keinen Einfluss auf die Regelungen zur Vergütung (BAG Urt. v. 5. 6. 2003 – 6 AZR 114/02 – AP Nr. 7 zu § 611 BGB Bereitschaftsdienst).

Nach der Neuregelung des TvÖD beträgt die Arbeitszeit ab dem 1. Oktober 2005 in den Tarifgebieten West und Ost einheitlich 39 Stunden wöchentlich. Für den Bereich der kommunalen Arbeitgeber kann auf der Grundlage landesbezirklicher Vereinbarungen die Arbeitszeit auf bis zu 40 Stunden wöchentlich verlängert werden. Der Bereitschaftsdienst soll zumindest für Krankenhäuser und Pflegeeinrichtungen durch einen eigenen Tarifvertrag geregelt werden.

8. Vergütung und Eingruppierung. Die Vergütung im öffentlichen Dienst setzt sich nach § 26 BAT aus der **Grundvergütung** und dem **Ortszuschlag** zusammen (vgl. auch §§ 4, 5 VergTV). Dazu kommen Erschwerniszulagen nach § 33 BAT sowie diverse Funktionszulagen, wie etwa die Funktionszulage für die auf Fischereiforschungsschiffen des Bundes für meteorologische Aufgaben eingesetzten Angestellten des Deutschen Wetterdienstes nach Nr. 3 der SR 2i oder die Taucherzulage nach Nr. 5 der SR 2f.

Die **Eingruppierung** der Angestellten des öffentlichen Dienstes dürfte die wohl streitträchtigste Regelung des BAT sein. Die Höhe der Grundvergütung ergibt sich nach § 22 Abs. 1 BAT aus der Eingruppierung in eine bestimmte Vergütungsgruppe. Zentrale Norm zur Eingruppierung ist indes § 22 Abs. 2 BAT. Der Angestellte ist in die Vergütungsgruppe eingruppiert, deren Tätigkeitsmerkmalen die gesamte von ihm nicht nur vorübergehend auszuübende Tätigkeit entspricht. Daraus ergibt sich, dass es sich bei der Eingruppierung nicht um einen rechtsgestaltenden Akt, insbesondere nicht um eine Willenserklärung handelt, sondern um eine bewertende Subsumtion (BAG Urt. v. 16. 2. 2000 – 4 AZR 62/99 – AP Nr. 3 zu § 2 NachwG). Die Eingruppierung ergibt sich als zwingende Folge aus der auszuübenden Tätigkeit (sog. **Tarifautomatik**). Daraus ergeben sich gravierende Rechtsfolgen, insbesondere bei einer fehlerhaften Eingruppierung. Noch recht einfach ist der Fall zu beurteilen, in dem der Angestellte in eine zu **niedrige Vergütungsgruppe** eingruppiert wurde, die tatsächlich ausgeübte Tätigkeit also einer höheren Vergütungsgruppe entspricht. Mit der Übertragung der höherwertigen Aufgaben durch den Arbeitgeber und der vorbehaltlosen Annahme durch den Angestellten wird der Arbeitsvertrag so geändert, dass die höherwertige Tätigkeit geschuldet wird. Aus der Tarifautomatik ergibt sich, dass der Angestellte ab dem Tag der Aufgabenübertragung auch Vergütung nach der höherwertigen Vergütungsgruppe verlangen kann. Ist der Arbeitnehmer irrtümlich in eine **höhere Vergütungsgruppe** eingruppiert als es seiner Tätigkeit entspricht, kann der Arbeitgeber im Wege der korrigierenden **Rückgruppierung** jederzeit die Zahlung der übertariflichen Vergütung einstellen, ohne auf eine Änderungsvereinbarung oder gar eine Änderungskündigung angewiesen zu sein. (BAG Urt. v. 23. 4. 1986 – 4 AZR 90/85 – AP Nr. 118 zu § 22 BAT 1975). Das ist ebenfalls Ausfluss der Tarifautomatik. Etwas anderes gilt nur dann, wenn der Arbeitgeber dem Arbeitnehmer wissentlich eine zu hohe Vergütungsgruppe zugebilligt hat, der Arbeitnehmer also einen vertraglichen Anspruch auf eine übertarifliche Vergütung hat. Die Möglichkeit der korrigierenden Rückgruppierung hat immer wieder zu Versuchen von Arbeitnehmern geführt, aus der Angabe der Vergütungsgruppe im Arbeitsvertrag oder aus sonstigen Mitteilungen des Arbeitgebers einen vertraglichen Anspruch auf eine bestimmte Vergütungsgruppe herzuleiten. Dazu genügt allerdings für sich alleine noch nicht die nach § 22 Abs. 3 BAT vorgeschriebene Angabe der Vergütungsgruppe im Arbeitsvertrag. Damit wird nur wiedergeben, was der Arbeitgeber bei Anwendung der maßgeblichen Eingruppierungsbestimmungen als zutreffend angesehen hat. Ohne Hinzutreten weiterer Umstände kann ein Angestellter des öffentlichen Dienstes daraus keine außertarifliche Zusage ableiten, schon weil der Arbeitgeber des öffentlichen Dienstes grundsätzlich keine übertarifliche Vergütung gewähren will (BAG Urt. v. 16. 2. 2000 – 4 AZR 62/99 – AP Nr. 3 zu § 2 NachwG). Eine korrigierende Rückgruppierung ist also nur in besonderen Einzelfällen ausgeschlossen. Dem Personalrat steht zwar auch bei der korrigierenden Rückgruppierung ein Mitbeurteilungsrecht zu (BAG Urt. v. 30. 5. 1990 – 4 AZR 74/90 – AP Nr. 35 zu § 75 BPersVG), eine Verletzung der Mitbestimmungsrechte des Personalrats hat aber auf die tarifvertragliche Vergütung keinen Einfluss (zu den Auswirkungen einer Verletzung von Mitbestimmungsrechten des Personalrats bei Eingruppierungsentscheidungen vgl. ausführlich *Clemens/Scheuring* § 22 BAT Erl. 14.3).

In diesem Bereich bringt der TvÖD wohl die gravierendsten Neuregelungen. Aus 49 Lohn- und Vergütungsgruppen in verschiedenen Tarifverträgen werden 15 Entgeltgruppen in einem

4. Arbeitsvertrag nach BAT   A. II. 4

Tarifvertrag. Die etwa 17.000 Eingruppierungsmerkmale werden deutlich reduziert. Der TvÖD sieht keine rein zeitabhängigen Aufstiege in höhere Entgeltgruppen mehr vor. Durch eine neue niedrige Entgeltgruppe soll der Trend zu Outsourcing und Privatisierung gebremst werden. Bis zu acht Prozent der Gesamtentgeltsumme eines Arbeitgebers soll als variable zusätzliche Vergütung leistungsabhängig gezahlt werden. Familienstand und Kinderzahl spielen künftig für die Vergütung keine Rolle mehr.

9. Ortszuschlag und Zulagen. Der neue TvÖD lässt für seinen Geltungsbereich Orts- und Sozialzuschläge (mit Ausnahme der kinderbezogenen Zuschläge für bis zum 31. Dezember 2005 geborene Kinder) entfallen. Die im Formular verwendete Klausel ist daher für Arbeitsverhältnisse des Bundes und der kommunalen Arbeitgeber ab dem 1. Oktober 2005 entsprechend zu ändern.

10. Beendigung. Auch bei der Beendigung des Arbeitsverhältnisses ergeben sich Abweichungen gegenüber dem in der gewerblichen Wirtschaft Üblichen. Nach § 60 Abs. 1 BAT endet das Arbeitsverhältnis, ohne dass es einer Kündigung bedarf, mit Ablauf des Monats, in dem der Angestellte das **65. Lebensjahr** vollendet. Die **ordentliche Kündigung** ist in § 53 BAT geregelt. Die **Kündigungsfristen** nach längerer Dauer des Arbeitsverhältnisses sind nach § 53 Abs. 2 BAT jeweils einen Monat länger als nach § 622 Abs. 2 BGB. Nach einer Beschäftigungszeit von 15 Jahren und nach Vollendung des 40. Lebensjahres ist der Angestellte nach § 53 Abs. 3 BAT **ordentlich unkündbar**. Der BAT-O enthält keine solche Regelung. Während die **außerordentliche Kündigung** nach § 54 BAT generell aus jedem wichtigen Grund möglich ist, kann einem unkündbaren Angestellten nach § 55 Abs. 1 BAT nur aus in seinem Verhalten oder in seiner Person liegenden wichtigen Gründen außerordentlich gekündigt werden. Nach § 55 Abs. 2 BAT sind insbesondere dringende betriebliche Erfordernisse, die einer Weiterbeschäftigung des Angestellten entgegenstehen, kein zulässiger Kündigungsgrund. Eine betriebsbedingte Kündigung eines nach § 53 Abs. 3 BAT unkündbaren Angestellten ist damit grundsätzlich ausgeschlossen. Lediglich § 5 Abs. 2 des **Tarifvertrages über den Rationalisierungsschutz für Angestellte (RatSchTV)** enthält dazu eine Ausnahmeregelung. Nach § 5 Abs. 2 RatSchTV kann auch einem unkündbaren Angestellten im Zusammenhang mit Rationalisierungsmaßnahmen gekündigt werden, wenn er einen ihm angebotenen Arbeitsplatz entgegen § 3 Abs. 6 RatSchTV nicht annimmt. Diese Ausnahmeregelung dürfte kaum große praktische Bedeutung erlangen, setzt sie doch voraus, dass der Angestellte einen gleichwertigen Arbeitsplatz ablehnt. Möglich bleibt nach § 55 Abs. 2 Unterabs. 1 BAT lediglich die Änderungskündigung zur Herabgruppierung um eine Vergütungsgruppe, wenn eine vergütungsgerechte Beschäftigung nicht mehr möglich ist. Zunächst nur zu vergleichbaren tarifvertraglichen Regelungen im Bereich der Privatwirtschaft vertrat das BAG eine dem BAT widersprechende Ansicht. Danach kann die außerordentliche Kündigung aus betrieblichen Gründen nicht grundsätzlich ausgeschlossen werden. Könne der Arbeitgeber den Arbeitnehmer auch unter Einsatz aller zumutbaren Mittel, gegebenenfalls durch Umorganisation seines Betriebes, nicht weiterbeschäftigen, müsse die außerordentliche Kündigung auch gegenüber unkündbaren Arbeitnehmern zulässig sein (BAG Urt. v. 5. 2. 1998 – 2 AZR 227/97 – AP Nr. 143 zu § 626 BGB). Das BAG hat diese Rechtsprechung inzwischen auch für den Geltungsbereich des BAT bestätigt (BAG Urt. v. 27. 6. 2002 – 2 AZR 367/01 – AP Nr. 4 zu § 55 BAT). Allerdings hat das BAG gleichzeitig die Hürden für eine außerordentliche Kündigung aus betriebsbedingten Gründen sehr hoch gesetzt. Der Arbeitgeber des öffentlichen Dienstes müsse vor Ausspruch der Kündigung zumindest diejenigen Maßnahmen geprüft und gegebenenfalls durchgeführt haben, die der RatSchTV vor dem Ausspruch von Kündigungen nach Rationalisierungsmaßnahmen vorsehe. Mit den Regelungen des RatSchTV hätten die Tarifvertragsparteien Wertungsmaßstäbe für vergleichbare Situationen festgelegt. Diese Maßstäbe müssten auch für eine außerordentliche betriebsbedingte Kündigung herangezogen werden. Damit gilt im Ergebnis der RatSchTV nicht nur bei Arbeitsplatzreduzierungen im Zusammenhang mit Rationalisierungsmaßnahmen, sondern auch bei der außerordentlichen betriebsbedingten Kündigung eines ansonsten unkündbaren Angestellten. Die Regelungen zur Unkündbarkeit bleiben durch den TvÖD unberührt.

11. Schriftformerfordernis. S. Anm. 6 sowie Form. A. II. 1 Anm. 28.

5. Engagement-Letter[1]

[Briefkopf des Arbeitgebers]

Herrn ...... (Name und Anschrift des Arbeitnehmers)

...... (Datum)

Anstellungsvertrag

Sehr geehrter Herr ......,

unter Bezugnahme auf Ihre Bewerbung vom ...... und unser Gespräch vom ...... stellt Sie ...... („Gesellschaft") hiermit ab dem ...... zu folgenden Bedingungen[2] ein:
1. Sie werden bei der Gesellschaft als ...... in ...... tätig sein. Zu Ihren Aufgaben und Pflichten zählen insbesondere ......[3].
2. Ihre regelmäßige wöchentliche Arbeitszeit beträgt ...... Stunden. Die Lage der Arbeitszeit sowie der Pausen wird von der Gesellschaft bestimmt[4]. Sofern betriebliche Belange es erfordern, werden Sie Überstunden (einschließlich Samstags-, Sonn- und Feiertagsarbeit) leisten. Etwaige Überstunden werden nach Wahl der Gesellschaft durch Freizeit oder Geld ausgeglichen[5].
3. Sie erhalten für Ihre Tätigkeit ein Brutto-Monatsgehalt von EUR ...... (in Worten: Euro ......), zahlbar bargeldlos jeweils zum Monatsende[6]. Sofern Ihnen darüber hinaus Boni, Gratifikationen oder ähnliche Sonderleistungen gezahlt werden sollten, erfolgt dies freiwillig mit der Maßgabe, dass auch durch eine wiederholte Zahlung kein Rechtsanspruch – weder dem Grunde noch der Höhe nach, weder für die Vergangenheit noch für die Zukunft – begründet wird[7].
4. Sie haben einen Urlaubsanspruch von ...... Arbeitstagen pro Kalenderjahr[8].
5. Sie werden der Gesellschaft Ihre volle Arbeitskraft widmen und deren Interessen fördern. Jede weitere geldliche und unentgeltliche Nebentätigkeit bedarf der vorherigen schriftlichen Zustimmung der Gesellschaft. Die Gesellschaft wird ihre Zustimmung nur verweigern, wenn deren Interessen beeinträchtigt sind[9].
6. Ihr Arbeitsverhältnis ist zunächst auf die Dauer der Probezeit von sechs Monaten befristet. Während dieser Probezeit können sowohl Sie als auch die Gesellschaft das Arbeitsverhältnis unter Einhaltung einer Kündigungsfrist von zwei Wochen kündigen. Wird das Arbeitsverhältnis nach Ablauf der Probezeit einvernehmlich fortgesetzt, so geht es in ein Arbeitsverhältnis auf unbestimmte Zeit über, für das die gesetzlichen Kündigungsfristen gelten. Eine Verlängerung der für die Gesellschaft maßgeblichen Kündigungsfristen gilt auch für Sie. Im Falle der arbeitgeberseitigen Kündigung ist die Gesellschaft berechtigt, Sie von Ihrer weiteren Tätigkeit unter Fortzahlung der vertraglichen Vergütung freizustellen. Das Arbeitsverhältnis endet ohne Kündigung mit Ablauf des Monats, ab dem Sie erstmals einen Anspruch auf Regelaltersrente erwerben[10].
7. Einzelne Rechte und Pflichten aus dem Arbeitsverhältnis können nach Abschluss des Arbeitsvertrags durch Betriebsvereinbarung geändert werden. Es gelten vom Zeitpunkt der Änderung an ausschließlich die jeweiligen Regelungen der Betriebsvereinbarung, auch wenn diese für Sie ungünstiger sind[11].

Sie erhalten dieses Schreiben in zweifacher Ausfertigung. Falls Sie mit den vorstehenden Bedingungen einverstanden sind, bitten wir Sie, ein Exemplar bis zum ...... unterschrie-

5. Engagement-Letter — A. II. 5

ben an uns zurückzusenden. Bitte haben Sie Verständnis dafür, dass wir uns an das Angebot nur bis zu diesem Tag gebunden halten[12].
Wir freuen uns auf eine angenehme Zusammenarbeit.

Mit freundlichen Grüßen
......
Unterschrift der Gesellschaft[13]

Das Angebot auf Abschluss eines Anstellungsvertrags zu den vorstehenden Bedingungen nehme ich hiermit an.

......
Ort, Datum
......
Unterschrift des Mitarbeiters

Schrifttum: s. Form. A. II. 1.

Anmerkungen

1. Regelungsinhalt. In zahlreichen Unternehmen ist es üblich, **Arbeitsverträge in Briefform** abzufassen. Der Engagement-Letter des Arbeitgebers stellt hierbei ein Angebot auf Abschluss eines Arbeitsvertrags dar, das der Arbeitnehmer durch Gegenzeichnung und Rücksendung eines zusätzlichen Exemplars annimmt. Häufig werden sich die Vertragsparteien bereits im Rahmen des Bewerbungsgesprächs mündlich über die Einstellung und die (wesentlichen) Konditionen des Arbeitsverhältnisses verständigt haben, so dass der Engagement-Letter insoweit nur der schriftlichen Dokumentation der Arbeitsbedingungen dient.

Ob zur Begründung des Arbeitsverhältnisses ein Formular in Vertragsform (Form. A. II. 1) oder ein vom Arbeitnehmer gegenzuzeichnendes Schreiben verwendet wird, ist zum einen eine „Geschmacksfrage". Die Wiedergabe der Regelungen in Briefform wird häufig wegen der „persönlicheren Note" bevorzugt. Sie bringt zugleich ein gewisses Vertrauen der Gesellschaft zum Ausdruck, die es nämlich nicht für erforderlich hält, umfangreiche Regelungen in vertraglicher Form festzuhalten. Die bei der Abfassung des Arbeitsvertrags in Briefform gebotene Kürze bringt jedoch zum anderen zwangsläufig **Risiken für die Arbeitgeberseite** mit sich. Ein Anstellungsvertrag in Briefform erschiene unübersichtlich, wenn er mit allen erdenklichen Detailregelungen überfrachtet würde. Regelungen, die in typischen Verträgen weitgehend üblich sind, wie etwa Versetzungsklauseln, Abtretungs- und Verpfändungsverbote, Rückzahlungspflichten, Bestimmungen über ärztliche Untersuchungen, Geheimhaltungs- und Rückgabeklauseln, Bestimmungen über Freistellungsrechte nach Kündigung, Vertragsstrafenregelungen, Verfallklauseln und Schlussbestimmungen, würden das Format eines üblichen Engagement-Letters sprengen. Es bedarf daher der sorgfältigen Abwägung, ob die Gesellschaft auf entsprechende Klauseln verzichten kann und will.

Die Wiedergabe der Arbeitsbedingungen in Briefform ändert nichts daran, dass es sich hierbei in der Regel um **Allgemeine Geschäftsbedingungen** im Sinne der §§ 305 ff. BGB handelt. Hierzu wird auf die Ausführungen zu Form. A. II. 1 Anm. 1 verwiesen.

2. Nachweis der wesentlichen Arbeitsbedingungen. Auch beim Abschluss des Arbeitsvertrags in Briefform sind die wesentlichen Bedingungen des Arbeitsverhältnisses nach dem NachwG schriftlich niederzulegen (vgl. Form. A. II. 6). Die Verpflichtung zur Aushändigung eines gesonderten schriftlichen Nachweises entfällt nur, soweit bereits der Vertrag die erforderlichen Angaben enthält (§ 2 Abs. 1 S. 1 i.V.m. § 2 Abs. 4 NachwG). Das Formular beinhaltet die Angaben, die unter die **Dokumentationspflicht** fallen. Finden auf das Arbeitsverhältnis **Betriebsvereinbarungen** Anwendung, so ist hierauf allerdings ergänzend hinzuweisen (s. Form. A. II. 6 Anm. 13).

Beim Abschluss von Arbeitsverträgen in Briefform besteht nicht selten Unsicherheit über die **Identität des Arbeitgebers**. Besteht eine Unternehmensgruppe aus mehreren Gesellschaften, so wird häufig ein einheitliches Briefpapier verwendet, das auf mehrere Gesellschaften – unter Angabe der jeweiligen Rechtsform – hinweist. Es kommt aber bisweilen auch vor, dass die gesetzlich vorgeschriebenen Angaben zur Rechtsform der Gesellschaft, zu deren gesetzlichen Vertretern und zum Registergericht nicht vollständig auf dem Briefkopf abgedruckt sind. In solchen Fällen wird nicht nur die Nachweispflicht gemäß § 2 Abs. 1 Nr. 1 NachwG verletzt. Aufgrund der Unklarheiten können im späteren Verlauf des Arbeitsverhältnisses und insbesondere bei dessen Beendigung auch Auseinandersetzungen darüber entstehen, mit welcher Gesellschaft einer Unternehmensgruppe überhaupt ein Arbeitsverhältnis besteht. Bei Ausspruch einer arbeitgeberseitigen Kündigung kann es in solchen Fällen geboten sein, vorsorglich durch mehrere in Frage kommende Gesellschaften Kündigungen auszusprechen. Um entsprechende Risiken von vornherein auszuschließen, sollte der Arbeitgeber im Briefkopf – gegebenenfalls in Verbindung mit den Angaben in der Fußleiste des Briefbogens – eindeutig bezeichnet sein. Ergänzend wird der Arbeitgeber im Eingangssatz des Formulars namentlich angegeben.

3. Position und Aufgaben. S. Form. A. II. 1 Anm. 2. Im Vergleich zu Form. A. II. 1 fehlt hier insbesondere die Versetzungsklausel.

4. Dauer und Lage der Arbeitszeit. S. Form. A. II. 1 Anm. 3.

5. Anordnung von Überstunden. S. Form. A. II. 1 Anm. 4.

6. Vergütung. S. Form. A. II. 1 Anm. 6. Der Arbeitsvertrag in Briefform regelt nur die Höhe des monatlichen Bruttogehalts sowie den Freiwilligkeitsvorbehalt bei Sonderzahlungen. Auf ein Abtretungs- und Verpfändungsverbot sowie eine Verpflichtung des Arbeitnehmers zur Rückzahlung zuviel bezogener Vergütung wurde verzichtet (s. Form. A. II. 1 Anm. 8 f.).

7. Sonderzahlungen. S. Form. A. II. 1 Anm. 7.

8. Urlaub. S. Form. A. II. 1 Anm. 12. Weitergehende Detailregelungen zum Urlaub geben in der Regel nur die gesetzlichen Bestimmungen wieder (§ 7 BUrlG). Allerdings fehlt hier im Gegensatz zur Vertragsform eine Regelung, die bei Beendigung des Arbeitsverhältnisses die Abgeltung auf den gesetzlichen Mindesturlaub begrenzt (s. Form. A. II. 1 Anm. 12).

9. Nebenbeschäftigungen. S. Form. A. II. 1 Anm. 13. In Abweichung zu Form. A. II. 1 wird die kapitalmäßige Beteiligung an anderen Unternehmen nicht von der Zustimmung des Arbeitgebers abhängig gemacht.

10. Befristetes Probearbeitsverhältnis und Kündigungsfrist. S. Form. A. II. 1 Anm. 16 ff. Der Engagement-Letter sieht die Begründung eines befristeten Probearbeitsverhältnisses vor, das bei Fortsetzung in ein unbefristetes Arbeitsverhältnis übergeht. Im Vergleich zum Arbeitsvertrag in Vertragsform fehlen eine Vertragsstrafenregelung bei Kündigung vor Beginn der Laufzeit, eine Regelung über die Anrechnung des Zwischenverdienstes bei Freistellung sowie eine Vorfälligkeitsregelung (s. Form. A. II. 1 Anm. 20 bis 22).

11. Öffnungsklausel. S. Form. A. II. 1 Anm. 25.

12. Schriftform und Annahmefrist. Während Arbeitsverträge grundsätzlich **formlos** geschlossen werden können (s. aber zur Dokumentationspflicht nach § 2 Abs. 1 NachwG Form. A. II. 6 Anm. 1), bedarf das nach Ziffer 6 zu vereinbarende **befristete Probearbeitsverhältnis der Schriftform** (§ 14 Abs. 4 TzBfG). Dieses Schriftformerfordernis ließe sich zwar auch dadurch wahren, dass jede Partei das jeweils für die andere Partei bestimmte Exemplar unterzeichnet (§ 126 Abs. 2 S. 2 BGB), der Arbeitnehmer also gebeten wird, lediglich ein (nicht seitens der Gesellschaft unterzeichnetes) Zweitexemplar unterschrieben zurückzuschicken. In diesem Falle können sich aber in der Praxis für die Arbeitgeberseite Beweisschwierigkeiten ergeben. Sie ist möglicherweise nicht in der Lage, den Nachweis zu erbringen, dass der Arbeitnehmer eine im Original unterschriebene Ausfertigung erhalten hat. Daher ist es zu empfehlen, dem Mitarbeiter zwei Originalschreiben zu übermitteln, von denen er ein Exemplar gegengezeichnet zurückzuschicken hat.

6. Dokumentation nach dem Nachweisgesetz   **A. II. 6**

Da im Falle der Absage des Arbeitnehmers womöglich andere Bewerber in Betracht gezogen werden sollen, wird der Gesellschaft an einer kurzfristigen Entscheidung gelegen sein. Ohne eine zeitliche Begrenzung des Angebots ist zweifelhaft, bis wann der Arbeitnehmer das Angebot annehmen kann. Nach der gesetzlichen Regelung kann die Annahme nämlich bis zu dem Zeitpunkt erklärt werden, in welchem der Eingang der Antwort unter regelmäßigen Umständen erwartet werden darf (§ 147 Abs. 2 BGB). Diese Unsicherheit wird durch eine klare **Annahmefrist** (§ 148 BGB) ausgeräumt.

13. Unterzeichnung. S. Form. A. II. 1 Anm. 32.

6. Dokumentation nach dem Nachweisgesetz

Niederschrift der wesentlichen Vertragsbedingungen des Arbeitsverhältnisses[1]		
1. Arbeitgeber[2] • Name • Anschrift	....	
2. Arbeitnehmer • Name • Anschrift	....	
3. Beginn des Arbeitsverhältnisses[3]	......	
4. Dauer des Arbeitsverhältnisses[4]	☐ unbefristet ☐ befristet bis: ...... ☐ Zweckbefristung: ...... ☐ auflösende Bedingung:	
5. Arbeitsort[5]	......	
6. Beschäftigungsmöglichkeit an verschiedenen Orten	☐ nein	☐ ja, nämlich ......
7. Tätigkeitsbeschreibung[6]	......	
8. Höhe des Arbeitsentgelts[7] Gesamtbetrag brutto, jährlich in EUR	......	

9. Arbeitsentgeltbestandteile[8], Beträge brutto, jährlich in EUR
• Grundgehalt
  – Betrag
  – Fälligkeit
• Zulagen
  – Art
  – gemäß Kollektivvereinbarung
 	
  – Betrag oder Berechnung
  – Fälligkeit
  – freiwillige/widerrufliche Leistung
	
	......
	......
	
	☐ nein
	☐ nein
	
	......
	......
	☐ nein
		
		☐ ja, nämlich
		......
		☐ ja, nämlich gemäß
		......
		
		☐ ja, nämlich
		......

Niederschrift der wesentlichen Vertragsbedingungen des Arbeitsverhältnisses[1]		
• Zuschläge – Art	☐ nein	☐ ja, nämlich ......
– gemäß Kollektivvereinbarung	☐ nein	☐ ja, nämlich gemäß ......
– Betrag oder Berechnung – Fälligkeit	....	
– freiwillige/widerrufliche Leistung	☐ nein	☐ ja, nämlich ......
• Prämien – Art	☐ nein	☐ ja, nämlich ......
– gemäß Kollektivvereinbarung	☐ nein	☐ ja, nämlich gemäß ......
– Betrag oder Berechnung – Fälligkeit	....	
– freiwillige/widerrufliche Leistung	☐ nein	☐ ja, nämlich
	☐ nein	☐ ja, nämlich ......
• Sonderzahlungen – Art	☐ nein	☐ ja, nämlich gemäß
– gemäß Kollektivvereinbarung		......
– Betrag oder Berechnung – Fälligkeit	...... 	
	☐ nein	☐ ja, nämlich
– freiwillige/widerrufliche Leistung	☐ nein	☐ ja, nämlich ......
• Provisionen – Art	☐ nein	☐ ja, nämlich gemäß ......
– gemäß Kollektivvereinbarung	......	
– Betrag oder Berechnung – Fälligkeit	☐ nein	☐ ja, nämlich
– freiwillige/widerrufliche Leistung	☐ nein	☐ ja, nämlich ......
• sonstige Entgeltbestandteile - Art	☐ nein	☐ ja, nämlich gemäß ......
- gemäß Kollektivvereinbarung	....	
– Betrag oder Berechnung – Fälligkeit – freiwillige/widerrufliche Leistung	☐ nein	☐ ja, nämlich ......
10. Arbeitszeit[9] – gemäß Kollektivvereinbarung	☐ nein	☐ ja, nämlich gemäß ......
– Arbeitszeitmodell – regelmäßige Arbeitszeit pro Woche/Monat/Jahr	....	

6. Dokumentation nach dem Nachweisgesetz — A. II. 6

Niederschrift der wesentlichen Vertragsbedingungen des Arbeitsverhältnisses[1]	
– Lage der Arbeitszeit – Verpflichtung zur Leistung von Überstunden/Kurzarbeit	...... ☐ nein ☐ ja
11. Urlaubsdauer[10] – gemäß Kollektivvereinbarung – gesetzlich – Tage	 ☐ nein ☐ ja, nämlich gemäß ...... ☐ nein ☐ ja, nämlich gemäß ....
12. Kündigungsfristen[11] – gemäß Kollektivvereinbarung – gesetzlich – Fristen	 ☐ nein ☐ ja, nämlich gemäß ...... ☐ nein ☐ ja, nämlich gemäß ....
13. Sonstige wesentliche Vertragsbedingungen[12]	......
14. Auf das Arbeitsverhältnis finden folgende Kollektivvereinbarungen Anwendung[13]: • Tarifverträge • Betriebsvereinbarungen • Dienstvereinbarungen	 Tarifverträge für den Tarifbereich ...... gemäß Auslage nach § 8 TVG (*Alternative*: Haustarifverträge mit der Gewerkschaft ......) (*Alternative*: ...... vom .... vom .... vom ......) ☐ in ihrer jeweils gültigen Fassung ☐ in der jeweils angegebenen Fassung Betriebsvereinbarungen, Gesamtbetriebsvereinbarungen und Konzernbetriebsvereinbarungen gemäß Auslage nach § 77 Abs. 2 BetrVG (*Alternative*: ...... vom .... vom .... vom ......) ☐ in ihrer jeweils gültigen Fassung ☐ in der jeweils angegebenen Fassung Dienstvereinbarungen gemäß Auslage (*Alternative*: ...... vom .... vom .... vom ......)

Niederschrift der wesentlichen Vertragsbedingungen des Arbeitsverhältnisses[1]	
• Sonstige Kollektivvereinbarungen	☐ in ihrer jeweils gültigen Fassung ☐ in der jeweils angegebenen Fassung …… …… ……

15. Auslandseinsatz[14]
• Dauer
• Währung, in der das Arbeitsentgelt ausgezahlt wird
• Zusatzleistungen
  – zusätzliches Arbeitsentgelt
  – zusätzliche Sachleistungen
• Rückkehrbedingungen
	von …… bis …
	……
	
	……
	……
	……

16. Hinweis auf Rentenversicherungs-option[15]	☐ Als geringfügig Beschäftigter können Sie in der gesetzlichen Rentenversicherung die Stellung eines versicherungspflichtigen Arbeitnehmers erwerben, wenn Sie nach § 5 Abs. 2 S. 2 SGB VI auf die Versicherungsfreiheit durch Erklärung gegenüber uns verzichten.
Ausstellung der Niederschrift[16] …… Ort, Datum …… Unterschrift Arbeitgeber	Erhalt der Niederschrift …… Ort, Datum …… Unterschrift Arbeitnehmer

Schrifttum: Bergwitz, Die Bedeutung des Nachweisgesetzes für die Darlegungs- und Beweislast des Arbeitgebers, BB 2001, 2316; *Birk*, Das Nachweisgesetz zur Umsetzung der Richtlinie 91/533/EWG in das deutsche Recht, NZA 1996, 281; *Friedrich/Kloppenburg*, Vergütungskorrektur und Nachweisrecht, RdA 2001, 293; *Hohmeister*, Beweislastumkehr durch das Nachweisgesetz?, BB 1996, 2406; *ders.*, Nochmals: Beweislastumkehr durch das Nachweisgesetz?, Zugleich Besprechung von EuGH, 4. 12. 1997 – Rs. C – 253/96, „Kampelmann", BB 1998, 587; *Leuchten/Zimmer*, Haftung des Arbeitgebers durch erweiterte Nachweispflichten?, NZA 1999, 969; *Lind/Lindemann*, Der Nachweis tarifvertraglicher Ausschlussfristen, NZA 2003, 649; *Müller-Glöge*, Zur Umsetzung der Nachweisrichtlinie in nationales Recht, RdA Sonderbeilage zu Heft 5/2001, 46; *Preis*, Das Nachweisgesetz – lästige Förmelei oder arbeitsrechtliche Zeitbombe?, NZA 1997, 10; *Richardi*, Formzwang im Arbeitsverhältnis, NZA 2001, 57; *Riesenhuber*, Die Sprache des arbeitsrechtlichen Nachweises, NZA 1999, 798; *Schaefer*, Das Nachweisgesetz, 2000; *Stückeman*, Nachweisgesetz: Geringe Bedeutung für die arbeitsrechtliche Praxis, BB 1999, 2670; *Wank*, Das Nachweisgesetz, RdA 1996, 21; *Weber*, Materielle und prozessuale Folgen des Nachweisgesetzes bei Nichterteilung des Nachweises, NZA 2002, 641.

Anmerkungen

1. Regelungsinhalt. Auf der Grundlage der RL 91/533/EWG (ABl. EG 1991 Nr. L 288, 32 v. 18. 10. 1998) regelt das Nachweisgesetz die Verpflichtung des Arbeitgebers, die **wesentlichen Bedingungen des Arbeitsverhältnisses** schriftlich niederzulegen (§ 2 Abs. 1 S. 1 NachwG). Die Nachweispflicht soll der Gefahr eines auf Arbeitnehmerseite bestehenden Informationsdefizits hinsichtlich der geltenden Vertragsbedingungen entgegenwirken und dient damit in erster Linie der Rechtssicherheit und Rechtsklarheit. Gerade bei kleineren Unternehmen verfügen – insbesondere gewerbliche – Arbeitnehmer nämlich häufig nicht über schriftliche Arbeitsverträge; außerdem werden Änderungen der Konditionen häufig nicht schriftlich dokumentiert.

Grundsätzlich erfasst die Nachweispflicht **alle Arbeitsverhältnisse**; ausgenommen sind lediglich Arbeitnehmer, die nur zur vorübergehenden Aushilfe von höchstens einem Monat eingestellt werden (§ 1 NachwG). Auch leitenden Angestellten ist eine Niederschrift auszuhändigen. Gleiches gilt für geringfügig Beschäftigte. Spezialgesetzliche Regelungen gelten für Leiharbeitnehmer (§ 11 AÜG), Auszubildende (4 BBiG), Volontäre und Praktikanten (§ 19 BBiG) und Seeleute (§ 24 SeemG).

Erheblich eingeschränkt wird die Dokumentationspflicht durch § 2 Abs. 4 NachwG. Danach entfällt die Verpflichtung zur schriftlichen Niederlegung der wesentlichen Vertragsbedingungen, wenn dem Arbeitnehmer ein **schriftlicher Arbeitsvertrag** ausgehändigt worden ist (s. Form. A. II. 1). Allerdings gilt dies nur, soweit dieser Arbeitsvertrag auch die gesetzlichen Mindestangaben enthält. Werden also nicht alle wesentlichen Vertragsbedingungen im Arbeitsvertrag aufgeführt oder zumindest in weiteren schriftlichen Dokumenten angegeben, bleibt der Arbeitgeber zur Aushändigung der Niederschrift verpflichtet.

Erfüllt der Arbeitgeber die Nachweispflicht nicht, so hat dies auf die Rechtswirksamkeit des Arbeitsverhältnisses keinen Einfluss; diese Bedarf keiner Form. Das NachwG enthält auch keine Sanktionen für den Fall der Verletzung der Nachweispflicht.

Dennoch kann die Verletzung der Nachweispflicht **Konsequenzen** nach sich ziehen. Zunächst einmal kann der Arbeitnehmer **Erfüllungsansprüche** auf Niederlegung, Unterzeichnung und Aushändigung der Niederschrift geltend machen, was allerdings nur selten vorkommen wird. Von größerer Bedeutung ist, dass die Verletzung der Nachweispflicht **Schadensersatzansprüche** aus § 280 Abs. 1 BGB begründen kann, beispielsweise dann, wenn Ansprüche des Arbeitnehmers aufgrund einer Ausschlussfrist, die er wegen fehlenden Nachweises nicht kannte, verfallen sind; allerdings wird es hier häufig an der Kausalität der Nachweispflichtverletzung für den Schadenseintritt fehlen (ArbG Frankfurt Urt. v. 25. 8. 1999 – 2 Ca 477/99 – NZA-RR 1999, 648). Ferner soll der Arbeitnehmer bei nicht oder nicht ordnungsgemäßer Erteilung des Nachweises seine **Arbeitsleistung nach § 273 BGB zurückbehalten** können (*Bergwitz* BB 2001, 2316, 2317; *Schaefer* D Rdn. 190).

Umstritten ist, ob die Nichterteilung des Nachweises eine **Beweislastumkehr** zugunsten des Arbeitnehmers nach sich zieht (so LAG Hamm v. 9. 7. 1996 – 4 Sa 487/96 – LAGE § 2 NachwG Nr. 2; *Birk* NZA 1996, 218, 289). Weit überwiegend wird dies abgelehnt (vgl. statt vieler *Richardi* NZA 2001, 57, 60; *Hohmeister* BB 1998, 587, 588), da der europäischen RL gerade nicht die Verpflichtung zu derartigen Konsequenzen zu entnehmen ist und der Gesetzgeber einem entsprechenden Vorschlag des Bundesrats nicht folgte.

Aufgrund des Vorlagebeschlusses des LAG vom 9. 7. 1996 (LAG Hamm Vorlagebeschluss v. 9. 7. 1996 – 4 Sa 668/94 – NZA 1997, 30) hat der EuGH entschieden, dass gemäß Art. 6 der EG-Nachweisrichtlinie die nationalen Beweislastregeln durch diese nicht berührt werden (EuGH Urt. v. 4. 12. 1997 – verb. Rs. C 253/96 bis C 258/96 – NZA 1998, 137). Vielmehr hätten die nationalen Gerichte die nationalen Beweislastregeln im Lichte des Zwecks der RL anzuwenden und auszulegen. Der schriftlichen Mitteilung des Arbeitgebers komme allerdings eine starke Vermutung der Richtigkeit zu; die Möglichkeit des Gegenbeweises bleibe zudem ebenfalls möglich (ebenso EuGH Urt. v. 8. 2. 2001 – Rs. C 350/99 – BB 2001, 1255).

Richtigerweise führt ein Verstoß gegen die Nachweispflicht regelmäßig nicht zu einer Beweislastumkehr. Abhängig von den Umständen des Einzelfalls kann aber eine **Beweisvereitelung** durch den Arbeitgeber vorliegen. Diese ist im Rahmen des § 286 ZPO zu berücksichtigen und kann zu einer erheblichen Erleichterung der Beweisführung für den Arbeitnehmer, im Einzelfall auch bis hin zur Beweislastumkehr, führen (LAG Hamm Urt. v. 14. 8. 1998 – 10 Sa 777/97 – NZA-RR 1999, 210; LAG Köln Urt. v. 31. 7. 1998 – 11 Sa 1484/97 – NZA 1999, 545; LAG Düsseldorf Urt. v. 17. 5. 2003 – 5 Sa 45/01 – BB 2001, 1995; LAG Frankfurt Urt. v. 29. 1. 2002 – 7 Sa 836/01 – AiB 2002, 575). Macht also beispielsweise der Arbeitnehmer Vergütungen geltend und ist er „mangels Erstellung einer Niederschrift durch den Arbeitgeber" nicht in der Lage, die entsprechende Entgeltvereinbarung zu beweisen, kann dies zu Lasten des Arbeitgebers gehen (LAG Hannover Urt. v. 21. 2. 2002 – 10 Sa 1683/92 – NZA-RR 2003, 520).

Häufig wird davon abgeraten, die Nachweispflicht anhand eines Formblattes abzuarbeiten. Um den komplexen Anforderungen an die Dokumentation nachzukommen, erweist sich das vorliegende Formular dennoch als hilfreich. Wichtig ist allerdings, bei dessen Verwendung die folgenden Anmerkungen genauestens zu beachten.

2. Vertragsparteien. Durch die Angabe des Namens und der Anschrift der Vertragsparteien (§ 2 Abs. 1 Nr. 1 NachwG) soll sichergestellt werden, dass der Arbeitnehmer über die **Identität des Arbeitgebers** in Kenntnis gesetzt wird. Dadurch sollen Unklarheiten über den richtigen Klagegegner und den Schuldner in der Zwangsvollstreckung vermieden werden (LAG Köln Urt. v. 9. 1. 1998 – 11 Sa 155/97 – NZA-RR 1998, 513; ErfKomm/*Preis* § 2 NachwG Rdn. 11). Anzugeben sind bei natürlichen Personen der Familienname und zumindest ein Vorname. Zwar verlangt das NachwG nicht die (zweckmäßige) Angabe der Rechtsform des Arbeitgebers; die Verpflichtung hierzu ergibt sich jedoch meist aus gesellschafts- und handelsrechtlichen Vorschriften (vgl. § 4 GmbHG, § 4 AktG, §§ 17ff. HGB). Nachdem die Rechtsfähigkeit der GbR durch die Rechtsprechung anerkannt ist (BGH Urt. v. 18. 2. 2002 – II ZR 331/00 – NJW 2002, 1207), genügt auch hier die Angabe des Namens der Gesellschaft; die Namen und Anschriften aller Gesellschafter müssen nicht mehr aufgeführt werden. Als Anschrift ist beim Arbeitgeber der Betrieb anzugeben, in dem die Personalverwaltung vorgenommen wird.

3. Beginn des Arbeitsverhältnisses. Zeitpunkt des Beginns des Arbeitsverhältnisses (§ 2 Abs. 1 Nr. 2 NachwG) ist der Beginn der **Vertragslaufzeit**, der nicht zwingend mit dem Tag der tatsächlichen Arbeitsaufnahme übereinstimmen muss (ErfKomm/*Preis* § 2 NachwG Rdn. 12).

4. Dauer der Befristung. Bei befristeten Arbeitsverhältnissen ist nach § 2 Abs. 1 Nr. 3 NachwG die voraussehbare Dauer des Arbeitsverhältnisses anzugeben; ohnehin sieht § 14 Abs. 4 TzBfG nunmehr ein konstitutives Schriftformerfordernis für Befristungen vor.

Bei der **kalendermäßigen Befristung** (§ 3 Abs. 1 S. 2 TzBfG) genügt es, das Enddatum oder die Dauer des befristeten Arbeitsverhältnisses festzulegen; die Angabe des Befristungsgrundes ist nicht erforderlich. Im Falle der **Zweckbefristung** (§§ 3 Abs. 1 S. 2, 15 TzBfG) ist der Befristungszweck konkret zu schildern. Wurde eine **auflösende Bedingung** vereinbart (§ 21 TzBfG), so ist das Ereignis, bei dessen Eintreten das Vertragsverhältnis endet, so konkret wie möglich in den Nachweis aufzunehmen.

5. Arbeitsort. § 2 Abs. 1 Nr. 4 NachwG verlangt die Angabe des Arbeitsortes. Dies ist der **geographische Ort**, an dem der Arbeitnehmer seine Leistungen zu erbringen hat, nicht etwa ein bestimmter Arbeitsplatz (*Schaefer* D Rdn. 36). Enthält der Arbeitsvertrag eine **räumliche Versetzungsklausel**, so ist auch deren Inhalt in die Niederschrift aufzunehmen (ErfKomm/ *Preis* § 2 NachwG Rdn. 14). Des Weiteren ist anzugeben, ob der Arbeitnehmer aufgrund der Regelungen des Arbeitsvertrags im Rahmen des arbeitgeberseitigen Direktionsrechts an verschiedenen Orten beschäftigt werden kann.

6. Tätigkeitsbeschreibung. Während § 2 Abs. 1 Nr. 5 NachwG in seiner ursprünglichen Fassung nur die Bezeichnung oder eine allgemeine Beschreibung der vom Arbeitnehmer zu leistenden Tätigkeit verlangte, ist nun eine **kurze Charakterisierung oder Beschreibung der Tätigkeit** in den Nachweis aufzunehmen (ÄndG v. 29. Juli1998 BGBl. I S. 1694 aufgrund EuGH Urt. v. 4. 12. 1997 – Rs. C 253/96, C 258/96 – NZA 1998, 137). Es genügt daher nicht, eine bloße Funktionsbezeichnung in den Nachweis aufzuführen; darüber hinaus ist die Art der Tätigkeit des Arbeitnehmers knapp zu umschreiben. Allerdings werden detaillierte Ausführungen, wie sie sich etwa in einer Stellenbeschreibung befinden, nicht verlangt. Können dem Arbeitnehmer aufgrund einer Versetzungsklausel auch andere Tätigkeiten zugewiesen werden, sollte dies in dem Nachweis angegeben werden.

Die im Nachweis aufgeführte Charakterisierung oder Beschreibung der Tätigkeit kann Auswirkungen auf die **Eingruppierung** des Arbeitnehmers, die Reichweite des **Direktionsrechts** und damit wiederum auf den im Rahmen der **Sozialauswahl** zu berücksichtigenden

Kreis der vergleichbaren Arbeitnehmer haben. Dies sollte bei der Formulierung der Angaben bedacht werden.

7. Höhe des Arbeitsentgelts. § 2 Abs. 1 Nr. 6 NachwG regelt die Angabe der Zusammensetzung und der Höhe des Arbeitsentgelts. Unter Nr. 8 des Formulars ist der Gesamtbetrag der Bruttojahresvergütung anzugeben. Ist dies aufgrund variabler Vergütungsbestandteile nicht möglich, so bleibt dieses Feld offen.

8. Zusammensetzung des Arbeitsentgeltes. Detaillierte Angaben sind über die einzelnen Bestandteile des Arbeitsentgelts erforderlich. Zu diesen zählen – neben der Grundvergütung – insbesondere Zuschläge, Zulagen, Prämien und Sonderzahlungen. Darüber hinaus sind auch andere Entgeltbestandteile in den Nachweis aufzunehmen, wie etwa Provisionen, Gratifikationen, Angaben zur betrieblichen Altersversorgung und geldwerte Vorteile (z.B. die Privatnutzung eines Dienstfahrzeuges oder eines Mobiltelefons).

Die einzelnen Vergütungsbestandteile sind zunächst nach ihrer **Art** zu beschreiben (z.B. Überstunden-, Sonn- und Feiertagszuschläge, Leistungs-, Erschwernis- und Funktionszulagen). Grundsätzlich sind die einzelnen Vergütungsbestandteile mit ihrem **Betrag** anzugeben. Soweit dies wegen des variablen Charakters des Entgeltbestandteils nicht möglich ist, genügt die Erläuterung des **Berechnungsmodus**.

Niederzulegen sind auch Angaben zur **Fälligkeit** der einzelnen Vergütungsbestandteile. Beim Grundgehalt gehören hierzu auch Angaben über die Anzahl der Monatsgehälter.

Auch **freiwillige und widerrufliche Leistungen** fallen unter die Nachweispflicht (ErfKomm/ *Preis* § 2 NachwG Rdn. 18; *Müller-Glöge* RdA 2001, Sonderbeilage zu Heft 5, 46, 48). Wichtig ist es, die Widerruflichkeit oder Freiwilligkeit jeweils bezüglich der einzelnen Entgeltbestandteile im Nachweis zu erwähnen. Ansonsten wird es dem Arbeitgeber kaum gelingen, die mündliche Vereinbarung die Freiwilligkeits- oder Widerrufsvorbehalts nachzuweisen.

Soweit die erforderlichen Angaben in **Kollektivvereinbarungen**, also insbesondere einem Tarifvertrag, einer Betriebs- oder Dienstvereinbarung geregelt sind, genügt es nach § 2 Abs. 3 NachwG, auf diese Regelungswerke in konkreter Form zu verweisen. Es ist also jeweils für den einzelnen Vergütungsbestandteil anzugeben, in welchem Kollektivvertrag dieser geregelt wurde. Damit erübrigen sich weitere Angaben zu dem entsprechenden Entgeltbestandteil.

9. Arbeitszeit. Die vereinbarte Arbeitszeit ist nach § 2 Abs. 1 Nr. 7 NachwG in die Niederschrift aufzunehmen. Dies gilt auch dann, wenn der Arbeitsvertrag des Arbeitnehmers hierüber keine oder keine klare Regelung enthält.

Aufgrund der Komplexität vieler Arbeitszeitregelungen (Gleitzeit, Vertrauensarbeitszeit, Jahresarbeitszeit, kapazitätsorientierte variable Arbeitszeit) empfiehlt es sich auch hier, auf **Kollektivvereinbarungen** Bezug zu nehmen, soweit dies möglich ist. Anderenfalls ist das **Arbeitszeitmodell** kurz zu beschreiben. Die **Dauer der regelmäßigen Arbeitszeit** muss – je nach der geltenden Regelung wöchentlich, monatlich oder jährlich – angegeben werden. Daneben sind auch Angaben über die **Lage der Arbeitszeit** von der Nachweispflicht umfasst (*Schaefer* D Rdn. 91, 103f.). Gleiches gilt für die Verpflichtung zur Leistung von **Überstunden und Kurzarbeit** (jedenfalls nach § 2 Abs. 1 Satz 1 NachwG, vgl. EuGH Urt. v. 8. 2. 2001 – Rs. C 350/99 – BB 2001, 1255; *Schaefer* E Rdn. 97).

10. Urlaubsdauer. Nach § 2 Abs. 1 Nr. 8 NachwG ist die Dauer des jährlichen **Erholungsurlaubs** zu dokumentieren. Angaben zu etwaigen „Sonderurlauben" sind daher ebenso wenig erforderlich wie Hinweise auf Modalitäten der Urlaubsgewährung (*Birk* NZA 1996, 281, 286; *Schaefer* D Rdn. 123).

Auch hier empfiehlt es sich – soweit einschlägig – auf die tariflichen Bestimmungen zu verweisen. Wird nur der gesetzliche Mindesturlaub (§ 3 Abs. 1 BUrlG) gewährt, sind unter Umständen einschlägige Sonderregelungen für besondere Personengruppen zu erwähnen (§ 19 JArbSchG, § 125 SGB IX).

11. Kündigungsfristen. Auch hinsichtlich der aufzunehmenden Kündigungsfristen (§ 2 Abs. 1 Nr. 9 NachwG) empfiehlt es sich, von den Verweisungsmöglichkeiten nach § 2 Abs. 3 NachwG Gebrauch zu machen. Soweit sich die Kündigungsfristen nach gesetzlichen Vorschriften richten, sind diese anzugeben (also § 622 BGB, § 15 BBiG, § 86 SGB IX, § 29 Abs. 3 HAG, § 63 SeemG). Ist eine solche Bezugnahme nicht möglich, so müssen auch die maßgeblichen Kriterien für die Bemessung der Kündigungsfristen in die Niederschrift aufgenommen werden (*Birk* NZA 1996, 281, 286).

12. Sonstige wesentliche Vertragsbedingungen. Auch den Nachweis aller sonstigen wesentlichen Vertragsbedingungen des Arbeitsverhältnisses muss die Niederschrift enthalten (§ 2 Abs. 1 S. 1 NachwG). Wesentlich sind alle Vertragsbedingungen, die **üblicherweise in den Arbeitsverträgen bestimmter Arbeitnehmer vereinbart werden** (LAG Hannover Urt. v. 7. 12. 2000 – 10 Sa 1505/00 – NZA-RR 3001, 145, 146; ErfKomm/*Preis* § 2 NachwG Rdn. 7). Dazu zählen beispielsweise Haftungsregelungen, Vertragsstrafenbestimmungen, Nebentätigkeitsbeschränkungen, Verschwiegenheitspflichten, nachvertragliche Wettbewerbsverbote und Vereinbarungen über die Rückzahlungen von Fortbildungskosten.

13. Hinweis auf Kollektivvereinbarungen. Nach § 2 Abs. 1 Nr. 10 NachwG ist in die Niederschrift auch ein Hinweis auf die auf das Arbeitsverhältnis anzuwendenden Tarifverträge, Betriebs- oder Dienstvereinbarungen aufzunehmen. Dieser Hinweis ist „in allgemeiner Form" zu halten. Wie konkret die auf das Arbeitsverhältnis anwendbaren kollektiven Regelungen in Bezug zu nehmen sind, ist insbesondere hinsichtlich der geltenden Tarifbestimmungen umstritten. So wird die Auffassung vertreten, es seien stets die einzelnen Regelungsgegenstände des Tarifvertrages (wie Entgelt, Arbeitszeit, Urlaub und Kündigungsfristen) im Zusammenhang mit dem Hinweis zu erwähnen (*Richardi* NZA 2001, 57, 60). Dies gelte jedenfalls dann, wenn die einzelnen Kollektivbestimmungen wesentliche Vertragsbedingungen enthielten (ErfKomm/*Preis* § 2 NachwG Rdn. 27 f). Andere halten einen allgemeinen Hinweis auf „die einschlägigen Tarifverträge und Betriebsvereinbarungen" für ausreichend (*Wank* RdA 1996, 23). Nach Ansicht des BAG gebietet es der Zweck der Vorschrift, im Sinne der Rechtsklarheit und Rechtssicherheit auf die auf das Arbeitsverhältnis anzuwendenden Kollektivregelungen hinzuweisen, nicht, die tariflichen Bestimmungen quasi „wiederholend" nachzuweisen. Der Arbeitgeber ist bereits verpflichtet, die für den Betrieb maßgeblichen Tarifverträge an geeigneter Stelle auszulegen (§ 8 TVG). Daher reicht es für die gesetzliche Verpflichtung nach § 2 Abs. 1 Nr. 10 NachwG aus, wenn **allgemein auf die Geltung von Tarifverträgen unter Angabe des einschlägigen Tarifbereichs** hingewiesen wird (BT-Drucks. 13/668, S. 11). Eine detaillierte Auflistung der Regelungsinhalte der anwendbaren Tarifverträge ist nicht nötig (BAG Urt. v. 23. 8. 2003 – 4 AZR 56/01 – NZA 2002, 800). Dies gilt auch, soweit es sich um wesentliche Vertragsbedingungen, etwa um Ausschlussfristen, handelt (BAG, Urt. v. 5. 11. 2003 – 5 AZR 469/02 – NZA 2004, 102; LAG Kiel, Urt. v. 8. 2. 2000 – 1 Sa 563/99 – NZA-RR 2000, 196). Für Betriebsvereinbarungen, die ebenfalls nach § 77 Abs. 2 BetrVG im Betrieb auszulegen sind, kann nichts anderes gelten.

Hinzuweisen ist nicht nur auf Tarifverträge und tarifvertragliche Regelungen, die aufgrund **individualvertraglicher Bezugnahme** gelten (so aber LAG Köln Urt. v. 1. 12. 2000 – 3 Sa 1089/00 – NZA-RR 2001, 261; *Birk* NZA 1996, 281, 288). Auch Tarifverträge, die wegen **beiderseitiger Tarifgebundenheit** oder wegen ihrer **Allgemeinverbindlichkeit** gelten, sind nachzuweisen (BAG v. 23. 1. 2002 – 4 AZR 56/01 – NZA 2002, 800, 802; *Müller-Glöge* RdA 2001, Sonderbeilage zu Heft 5, 46, 54). Bei einzelvertraglicher Inbezugnahme ist auch aufzunehmen, ob es sich um eine statische oder dynamische Verweisung handelt.

Das Formular sieht vor, dass im Regelfall die einschlägigen Tarifverträge nach dem jeweiligen Tarifbereich angegeben werden. Wurden Haustarifverträge geschlossen, ist zu deren Beschreibung die vertragschließende Gewerkschaft anzugeben (Alternative 1). Gelten nur einzelne Tarifverträge kraft einzelvertraglicher Verweisung, sind diese in der Niederschrift im Einzelnen aufzulisten (Alternative 2); erstreckt sich die einzelvertragliche Bezugnahme nur auf einzelne Regelungen, so ist lediglich auf diese hinzuweisen.

14. Auslandseinsatz. Hat der Arbeitnehmer seine Arbeitsleistung länger als einen Monat im Ausland zu erbringen, so muss die Niederschrift nach § 2 Abs. 2 NachwG zusätzliche Mindestangaben enthalten; sie muss dem Arbeitnehmer vor seiner Abreise ausgehändigt werden.

Anzugeben sind die **Dauer** des Auslandseinsatzes (gegebenenfalls auch ein Hinweis auf eine Auslandstätigkeit auf unbestimmte Zeit), die **Währung**, in der das Arbeitsentgelt ausgezahlt wird, ein etwaiges **zusätzliches Arbeitsentgelt und zusätzliche Sachleistungen** (z. B. Kostenübernahme für Heimreisen, Unterkunft und Verpflegung) und die vereinbarten **Bedingungen für die Rückkehr** des Arbeitnehmers nach Beendigung des Auslandsaufenthalts.

15. Rentenversicherungsoption bei geringfügig Beschäftigten. Geringfügig Beschäftigte (§ 8 SGB VI) sind darauf hinzuweisen, dass sie trotz bestehender Versicherungsfreiheit auf diese gemäß § 5 Abs. 2 S. 2 SGB VI verzichten können, um dadurch die Stellung eines sozialversicherungspflichtigen Arbeitnehmers mit entsprechenden Rentenanwartschaften zu erwerben. Die Verletzung dieser Hinweispflicht kann zu Schadensersatzansprüchen des Arbeitnehmers nach § 280 Abs. 1 BGB führen (vgl. ErfKomm/*Preis* § 2 NachwG Rdn. 30).

16. Aushändigung der unterzeichneten Niederschrift. Die Niederschrift ist **eigenhändig** durch den Arbeitgeber zu unterzeichnen (§ 126 BGB) und dem Arbeitnehmer **im Original auszuhändigen**. Aus Beweisgründen sollte der Arbeitnehmer gebeten werden, den Erhalt der Niederschrift auf einem Zweitexemplar zu bestätigen.

Auch gegenüber ausländischen Arbeitnehmern genügt die Aushändigung einer in deutscher Sprache abgefassten Niederschrift (*Riesenhuber* NZA 1999, 798; anders bei Leiharbeitnehmern nach § 11 Abs. 2 S. 2 AÜG).

Die Niederschrift ist spätestens **einen Monat** nach dem vereinbarten Beginn des Arbeitsverhältnisses auszuhändigen. Kommt es später zu **Änderungen** der wesentlichen Vertragsbedingungen, sind diese dem Arbeitnehmer spätestens einen Monat nach der Änderung schriftlich mitzuteilen; § 3 S. 1 NachwG konstituiert jedoch kein Schriftformerfordernis für Vertragsänderungen. Ändern sich lediglich gesetzliche Vorschriften, Tarifverträge, Betriebs- oder Dienstvereinbarungen und ähnliche für das Arbeitsverhältnis geltende Regelungen, ist die Mitteilung entbehrlich (§ 3 S. 2 NachwG).

III. Vergütung

Sachbezüge

1. Dienstwagenvertrag[1]

Vertrag zwischen der
...... (Name und Anschrift der Gesellschaft) „Gesellschaft"
und
Herrn ...... (Name und Anschrift des Mitarbeiters) „Mitarbeiter"

§ 1 Dienstwagen[2]

(1) Die Gesellschaft stellt dem Mitarbeiter mit Wirkung vom ...... einen Dienstwagen im Wert von maximal EUR ...... (in Worten: Euro ......) (inländischer Brutto-Listenpreis inklusive Sonderausstattung und Umsatzsteuer) zur Verfügung. Die Wahl der Fahrzeugmarke und des -typs sowie der Erwerbsart (Kauf, Leasing o. ä.) obliegt der Gesellschaft.

(Alternative:

(1) Die Gesellschaft stellt dem Mitarbeiter mit Wirkung vom ...... einen Dienstwagen Marke ......, Typ ...... oder ähnlicher Kategorie zur Verfügung.)

(2) Die Gesellschaft ist jederzeit zum Austausch des Dienstwagens (Ersatzbeschaffung) berechtigt.

§ 2 Nutzungsumfang

(1) Der Dienstwagen wird zur dienstlichen und privaten Nutzung zur Verfügung gestellt[3].

(2) Die Nutzung des Dienstwagens durch Dritte ist unzulässig. Hiervon ausgenommen ist die Nutzung durch den Ehegatten, Lebensgefährten oder in häuslicher Gemeinschaft lebende Familienangehörige des Mitarbeiters, sofern diese über eine gültige Fahrerlaubnis verfügen.

§ 3 Übernahme

(1) Bei der Übernahme des Dienstwagens werden dem Mitarbeiter Fahrzeugschein, Fahrzeugschlüssel, Verbandskasten und Warndreieck ausgehändigt. Zubehör des Dienstwagens sind außerdem vier Sommer- und vier Winterreifen[4].

(2) Der Mitarbeiter erhält eine Tank- und Service-Karte („Tankkarte"). Über die Tankkarte sind alle mit der Nutzung des Dienstwagens verbundenen Kosten abzurechnen. Ist die Nutzung der Tankkarte ausnahmsweise nicht möglich, übernimmt die Gesellschaft die mit der Dienstwagennutzung verbundenen Kosten gegen Vorlage entsprechender Belege.

§ 4 Fahrerlaubnis

(1) Vor Übernahme des Dienstwagens hat der Mitarbeiter der Gesellschaft seinen Führerschein vorzulegen. Auch zu einem späteren Zeitpunkt ist der Mitarbeiter verpflichtet, der Gesellschaft den Führerschein auf Verlangen vorzulegen. Bei der Nutzung des Dienstwagens hat der Mitarbeiter Kraftfahrzeug- und Führerschein mitzuführen.

(2) Sollte der Führerschein in Verwahrung genommen, sichergestellt oder beschlagnahmt oder das Führen eines Kraftfahrzeugs verboten werden, so ist die Gesellschaft

unverzüglich hiervon zu unterrichten. Die Benutzung des Dienstwagens ist unverzüglich einzustellen.

(3) Die Gesellschaft behält sich das Recht vor, dem Mitarbeiter die Führung eines Fahrtenbuches aufzuerlegen.

§ 5 Instandhaltung

(1) Der Mitarbeiter hat für eine ordnungsgemäße Pflege und Wartung des Dienstwagens zu sorgen. Dazu gehören u. a. Wagenwäsche sowie Prüfung des Ölstands, der Batterie und der Bereifung.

(2) Der Mitarbeiter hat die im Kundendienst-Scheckheft vorgesehenen Inspektionen sowie die Fälligkeit zur Vorführung beim TÜV zu beachten und den Dienstwagen hierzu rechtzeitig in eine Vertragswerkstatt zu bringen.

(3) Notwendige Reparaturen hat der Mitarbeiter unverzüglich ausführen zu lassen. Reparaturen, deren Kosten sich voraussichtlich auf mehr als EUR ...... (in Worten: Euro ......) belaufen, sind der Gesellschaft unverzüglich anzuzeigen. Die Gesellschaft entscheidet dann über das weitere Vorgehen.

§ 6 Kosten/Versicherung[5]

(1) Die Kosten des Betriebs, der Pflege, der Wartung und der Reparaturen sowie die Kfz-Steuern trägt die Gesellschaft.

(2) Die Gesellschaft schließt eine Vollkaskoversicherung (Versicherungssumme: EUR ...... (in Worten: Euro......)) sowie eine Haftpflichtversicherung (Versicherungssumme: EUR ...... (in Worten: Euro ......)) ab und übernimmt die Versicherungsbeiträge.

§ 7 Schäden[6]

(1) Der Mitarbeiter haftet bei Beschädigung oder Verlust des Dienstwagens („Schaden") im Rahmen dienstlicher Nutzung, wenn der Schaden von ihm vorsätzlich oder grob fahrlässig verursacht wurde. Bei mittlerer Fahrlässigkeit haftet der Mitarbeiter anteilig je nach den Umständen des Einzelfalles. Soweit der Schaden von der Vollkaskoversicherung gedeckt ist, haftet der Mitarbeiter nur in Höhe der Selbstbeteiligung.

(2) Für Schäden im Rahmen privater Nutzung oder der Benutzung des Dienstwagens durch Dritte haftet der Mitarbeiter unabhängig vom Verschuldensgrad.

(3) Für Ansprüche Dritter gegen die Gesellschaft im Zusammenhang mit der Nutzung des Dienstwagens haftet der Mitarbeiter entsprechend den in vorstehenden Abs. (1) und (2) genannten Grundsätzen.

(4) Unfälle hat der Mitarbeiter der Gesellschaft unverzüglich schriftlich zu melden.

§ 8 Herausgabe[7]

(1) Bei Beendigung des Arbeitsverhältnisses hat der Mitarbeiter den Dienstwagen samt Zubehör am Sitz der Gesellschaft zurückzugeben.

(2) Die Gesellschaft ist dazu berechtigt, das Recht zur privaten Nutzung des Dienstwagens nach den vorstehenden Regelungen jederzeit für die Zukunft mit Wirkung zum Ablauf eines Kalendermonats aus sachlichen Gründen, insbesondere aufgrund der wirtschaftlichen Entwicklung der Gesellschaft, der Leistung oder des Verhaltens des Mitarbeiters, zu widerrufen und die Herausgabe des Dienstwagens zu verlangen, sofern dies dem Mitarbeiter zumutbar ist. Ein sachlicher Grund in diesem Sinne liegt insbesondere vor bei

- Freistellung des Mitarbeiters von der Verpflichtung zur Arbeitsleistung,
- Wegfall tatsächlicher Arbeitsleistung (z.B. bei Krankheit, Sonderurlaub o.ä.) nach Ablauf etwaiger Entgelt(fort)zahlungszeiträume,
- Ruhen des Arbeitsverhältnisses (z.B. wegen Schwangerschaft, Elternzeit, Wehrdienst o.ä.),

- Verlust der Fahrerlaubnis oder Verbot zum Führen eines Kraftfahrzeugs,
- Änderung der Arbeitsaufgabe, wenn die Überlassung des Dienstwagens im Zusammenhang mit der Arbeitsaufgabe stand,
- Durchführung von Wartungs- oder Reparaturarbeiten bzw. Ersatzbeschaffung.

(3) Im Fall des Widerrufs gemäß vorstehendem Abs. (2) ist der Mitarbeiter zur unverzüglichen Herausgabe des Dienstwagens samt Zubehör am Sitz der Gesellschaft verpflichtet. Ein Anspruch auf Entschädigung für die entgangene private Nutzungsmöglichkeit besteht nicht.

(4) Ein etwaiges Zurückbehaltungsrecht steht dem Mitarbeiter für den Fall des Widerrufs gemäß vorstehendem Abs. (2) nicht zu.

§ 9 Steuerliche Behandlung/Altersversorgung[8]

(1) Der Mitarbeiter hat den in der privaten Nutzungsmöglichkeit des Dienstwagens liegenden geldwerten Vorteil entsprechend den jeweils gültigen steuerrechtlichen Vorschriften zu versteuern. Die Gesellschaft nimmt den Lohnsteuerabzug vor.

(2) Für Zwecke einer etwa bestehenden betrieblichen Altersversorgung bleibt der in der privaten Nutzungsmöglichkeit des Dienstwagens liegende geldwerte Vorteil unberücksichtigt.

§ 10 Schlussbestimmungen[9]

(1) Änderungen oder Ergänzungen dieses Dienstwagenvertrages, einschließlich dieser Bestimmung, bedürfen zu ihrer Wirksamkeit der Schriftform. Mündliche Nebenabreden bestehen nicht.

(2) Sollte eine Bestimmung dieses Dienstwagenvertrages ganz oder teilweise unwirksam sein oder werden, so wird hiervon die Wirksamkeit der übrigen Bestimmungen nicht berührt. An die Stelle der unwirksamen Bestimmung tritt die gesetzlich zulässige Bestimmung, die dem mit der unwirksamen Bestimmung Gewollten wirtschaftlich am Nächsten kommt. Entsprechendes gilt für den Fall einer vertraglichen Lücke.

......
Ort, Datum

......
Unterschrift der Gesellschaft

......
Ort, Datum

......
Unterschrift des Mitarbeiters

Schrifttum: Annuß, AGB-Kontrolle im Arbeitsrecht: Wo geht die Reise hin, BB 2002, 458; *Gotthardt*, Der Arbeitsvertrag auf dem AGB-rechtlichen Prüfstand, ZIP 2002, 277; *Henssler*, Arbeitsrecht- und Schuldrechtsreform, RdA 2002, 129; *Küttner/Griese*, Personalhandbuch 2004, Dienstwagen, S. 929; *Nägele*, Der Dienstwagen; *Preis*, Widerrufsvorbehalte auf dem höchstrichterlichen Prüfstand, NZA 2004, 1014; *Richardi*, Gestaltung der Arbeitsverträge durch allgemeine Geschäftsbedingungen nach dem Schuldrechtsmodernisierungsgesetz, NZA 2002, 1057; *Schnitker/Grau*, Klauselkontrolle im Arbeitsvertrag, BB 2002, 2021; *Schmiedl*, Die Sicherung des Herausgeberanspruchs am Dienstwagen nach Beendigung des Arbeitsverhältnisses mittels einstweiliger Verfügung, BB 2002, 992; *Meier*, Konsequenzen aus dem unberechtigten Entzug eines Firmenwagens im Rahmen des Annahmeverzugs, NZA 1999, 1083; *Nägele*, Probleme beim Einsatz von Dienstfahrzeugen, NZA 1997, 1196; *van Bürck/Nussbaum*, Herausgabe des Dienstfahrzeugs während der Freistellung des Arbeitnehmers: Vertragliche Gestaltungsmöglichkeiten für die Praxis, BB 2002, 2278; *Becker-Schaffner*, Die Nutzung von Dienstfahrzeugen bei Beendigung des Arbeitsverhältnisses, DB 1993, 2078.

Anmerkungen

1. Vertragliche Regelung. Das Formular regelt die Überlassung eines Dienstwagens auf Basis eines separaten Dienstwagenvertrages. Der Abschluss eines solchen Dienstwagenvertrages bietet sich an, wenn es bei der Gesellschaft **keine Richtlinie (oder Betriebsvereinbarung)** gibt, die die Gestellung und Nutzung von Dienstwagen regelt. Existiert dagegen eine solche Richtlinie (oder Betriebsvereinbarung), kann der Textbaustein für den Arbeitsvertrag (s. Form. A. II. 2) verwendet werden. Der hier vorgeschlagene Dienstwagenvertrag enthält detaillierte Regelungen zur Gestellung und Nutzung des Dienstwagens.

2. Dienstwagen. Durch Angabe des maximalen Wertes des Dienstwagens verbunden mit dem Recht, Fahrzeugmarke und -typ zu wählen, behält sich der Arbeitgeber den größtmöglichen Spielraum vor. Dadurch lassen sich bei einer etwa erforderlichen Ersatzbeschaffung (z. B. bei Beendigung des Leasingvertrages oder Beschädigung des Dienstwagens) Streitigkeiten mit dem Arbeitnehmer über die Beschaffenheit des Ersatzfahrzeugs vermeiden. Weniger flexibel ist der Arbeitgeber, wenn er Marke und Typ genau bezeichnet. Ein in der Praxis üblicher Mittelweg wird in der Alternativregelung vorgestellt. Dort wird das Fahrzeug zwar auch durch Angabe von Marke und Typ konkretisiert (z. B. BMW 5-er-Serie, Audi A 6). Es wird jedoch zusätzlich vereinbart, dass der Dienstwagen auch „ähnlicher Kategorie" sein kann. In diesem Fall hat der Arbeitgeber die Möglichkeit, ein Fahrzeug entsprechender Kategorie zur Verfügung zu stellen (LAG Chemnitz Urt. v. 9. 4. 1997 – 10 Sa 936/96 – BB 1997, 1693). Nicht empfehlenswert, weil zu ungenau, sind Formulierungen wie „gehobene Mittelklasse".

Gemäß Abs. (1) ist der Zeitpunkt der Überlassung anzugeben. Für das rechtliche Verhältnis zwischen Arbeitgeber und Arbeitnehmer hinsichtlich der Überlassung eines Dienstwagens ist es weitgehend unerheblich, ob der Arbeitgeber das Fahrzeug least oder es in seinem Eigentum steht. Die meisten Unternehmen bieten ihren Arbeitnehmern Leasingfahrzeuge an. Dies hat den Vorteil, dass die Anschaffungskosten – insbesondere bei einer großen Anzahl von Dienstfahrzeugen – für den Arbeitgeber überschaubar bleiben. Mit einem sog. „Full-Service-Leasing", d. h. das Leasingunternehmen übernimmt Wartung, Reparaturen, Kfz-Steuer und -versicherung, etc., kann sich der Arbeitgeber zudem Verwaltungs- und Zeitaufwand ersparen.

Es fragt sich, welche Rechte der Arbeitnehmer für den Fall hat, dass ihm der Dienstwagen, gleich aus welchem Grund, entgegen der vertraglichen Vereinbarung **nicht oder verspätet zur Verfügung gestellt wird.** Die h. M. sieht hierin wegen des Fixschuldcharakters der Überlassung einen Fall der Unmöglichkeit mit der Folge eines **Schadensersatzanspruches** für den Arbeitnehmer gemäß § 283 BGB, wenn diesem der Dienstwagen auch zur privaten Nutzung überlassen wurde. Die Frage der Berechnung der Schadenshöhe hat das BAG unterschiedlich beantwortet: Zunächst hat es eine abstrakte Berechnung der Gebrauchsvorteile anhand der ADAC-Tabelle gebilligt (BAG Urt. v. 23. 6. 1994 – 8 AZR 537/92 – NZA 1994, 1128). Später hat es dazu tendiert, den Arbeitnehmer auf eine konkrete Schadensberechnung i. S. d. Ersatzes von tatsächlich erbrachten Aufwendungen für die Nutzung seines privaten Kfz zu verweisen (BAG Urt. v. 16. 11. 1995 – 8 AZR 240/95 – NZA 1996, 415). Nach aktueller Rechtsprechung ist der geldwerte Vorteil der privaten Nutzungsmöglichkeit in Höhe ihrer steuerlichen Bewertung (§ 6 Abs. 1 Nr. 4 EStG) anzusetzen (BAG Urt. v. 27. 5. 1999 – 8 AZR 415/98 – NZA 1999, 1038). In der Praxis wird all dies zumeist nicht im Zusammenhang mit der erstmaligen Gestellung des Dienstwagens oder einer etwa verzögerten Ersatzbeschaffung relevant, sondern im Zusammenhang mit dem Entzug des Dienstwagens durch den Arbeitgeber bei Ausspruch einer Kündigung. Einem Schadensersatzanspruch des Arbeitnehmers kann hier durch sachgerechte Vertragsgestaltung vorgebeugt werden (vgl. § 8 des Formulars).

3. Nutzungsumfang. Die Bestimmung des Nutzungsumfangs ist von erheblicher Bedeutung. Das Formular sieht die in der Praxis übliche Konstellation vor, dass der Arbeitgeber den Dienstwagen **zur dienstlichen und zur privaten Nutzung** zur Verfügung stellt. Die Möglichkeit zur privaten Nutzung des Dienstwagens ist eine **Gegenleistung für die Arbeitsleistung.** Die Überlassung des Dienstwagens stellt insoweit **Arbeitslohn** in Form eines Sachbezugs dar. In arbeitsrechtlicher Hinsicht stellt sich – ebenso wie in den Fällen ausschließlich dienstlicher Nutzung – zum einen die Frage, inwieweit der Arbeitgeber Herausgabe des Dienstwagens verlangen kann und inwieweit dem Arbeitnehmer hier ein Zurückbehaltungsrecht zusteht (vgl. hierzu die Regelung in § 8 des Formulars).

Zum anderen ist bereits im Vorfeld zu klären, ob bei der erstmaligen Überlassung des Dienstwagens **Beteiligungsrechte des Betriebsrats** zu beachten sind. Da es sich bei Überlassung auch zur privaten Nutzung um Arbeitslohn handelt, könnte ein Mitbestimmungsrecht des Betriebsrats aus § 87 Abs. 1 Nr. 10 BetrVG bestehen. Nach dieser Norm hat der Betriebsrat bei Fragen der betrieblichen Lohngestaltung, insbesondere bei der Aufstellung von Entlohnungsgrundsätzen und der Einführung und Anwendung von neuen Entlohnungsmethoden sowie bei deren Änderung mitzubestimmen. Die Überlassung von Dienstwagen auf Basis von Dienstwagenverträgen wird i.d.R. einen kollektiven Tatbestand darstellen, so dass eine wesentliche Voraussetzung der Mitbestimmung gegeben ist. Zu der Frage, ob die Einführung von Dienstwagen zur (auch) privaten Nutzung ein Mitbestimmungsrecht auslöst, hat sich noch keine höchstrichterliche Rechtsprechung entwickelt. Das BAG hat diese Frage in einer Entscheidung offen gelassen (BAG Urt. v. 22. 3. 1983 – 1 ABR 48/81 – n.a.v.). In Literatur und instanzgerichtlicher Rechtsprechung werden unterschiedliche Auffassungen vertreten: Teilweise wird das Mitbestimmungsrecht bejaht, teilweise wird die Erlaubnis zur privaten Nutzung nur als unwesentlicher Reflex der (vorrangigen) dienstlichen Nutzung angesehen mit der Folge, dass kein „Entlohnungsgrundsatz" im engeren Sinne vorläge. Unseres Erachtens besteht ein beachtliches Risiko, dass die Rechtsprechung das Mitbestimmungsrecht bejahen würde. Die Konsequenzen für den Arbeitgeber wären weitreichend. Denn grundsätzlich ist jede Maßnahme, die unter Verletzung erzwingbarer Mitbestimmungsrechte durchgeführt wird, nach der so genannten Wirksamkeitstheorie nichtig. Mithin ist nicht auszuschließen, dass ein Gericht im Streitfall auch die Regelungen im Dienstwagenvertrag als unwirksam ansieht. Deshalb empfiehlt sich, den Betriebsrat bei der Einführung von Dienstwagen zumindest vorsorglich zu beteiligen. Dabei unterliegen nicht alle Aspekte der Mitbestimmung. Mitbestimmungsfrei ist beispielsweise die grundsätzliche Entscheidung, ob für eine bestimmte Mitarbeitergruppe überhaupt Dienstwagen eingeführt werden sollen. Spiegelbildlich hierzu kann der Betriebsrat auch nicht mitbestimmen bei der konkreten Entscheidung darüber, den Dienstwagen wieder zurückzuverlangen, d.h. das Herausgabeverlangen des Arbeitgebers während des bestehenden Arbeitsverhältnisses bzw. nach dessen Ende unterliegt keinem Beteiligungsrecht. Allerdings wäre die konkrete Ausgestaltung der Überlassung mitbestimmungspflichtig. Das bedeutet, dass über alle Modalitäten bezüglich Übergabe, Nutzung und Rückgabe des Dienstwagens mit dem Betriebsrat Einvernehmen herbeigeführt werden sollte. Deshalb werden in der Praxis häufig (Gesamt-)Betriebsvereinbarungen über die Nutzungsmodalitäten von Dienstwagen abgeschlossen.

Die Privatnutzung ist **als geldwerter Vorteil steuerlich zu erfassen** (§ 8 Abs. 2 S. 2 i.V.m. § 6 Abs. 1 Nr. 4 EStG). Dies kann im Wege des sog. Einzelnachweises oder durch Ansatz einer Nutzungspauschale erfolgen. Der Einzelnachweis (vgl. Abschnitt 31 Abs. 9 Nr. 2 LStR) wird kaum praktiziert, denn er verlangt detaillierte Angaben zu den dienstlichen Fahrten in einem Fahrtenbuch. Verbreitet ist deshalb die Anwendung der Nutzungspauschale (Abschnitt 31 Abs. 9 Nr. 1 LStR). Hierbei werden derzeit 1% des inländischen Brutto-Listenpreises des Kraftfahrzeuges zum Zeitpunkt der Erstzulassung zuzüglich der Kosten für Sonderausstattungen einschließlich der Umsatzsteuer für jeden Kalendermonat (sog. „1%-Regelung") als Besteuerungsgrundlage angesetzt. Mit dem geldwerten Vorteil von 1% werden allerdings nur die Fahrten rein privaten Zwecks abgegolten. Für die Fahrten zwischen Wohnung und Arbeitsstätte müssen zusätzlich 0,03% des Listenpreises pro einfachem Entfernungskilometer als weiterer geldwerter Vorteil bei der Berechnung der Lohnsteuer angesetzt werden (Abschnitt 31 Abs. 9 Nr. 1 LStR).

Natürlich steht es dem Arbeitgeber frei, die private Nutzung noch weiter einzuschränken, als im Formular vorgesehen, z.B. Auslandsfahrten auszuschließen.

Wird der Dienstwagen – was in der Praxis selten der Fall ist – **ausschließlich zur dienstlichen Nutzung** überlassen, so handelt es sich bei dem Fahrzeug um ein reines Arbeitsmittel. Der Arbeitnehmer erlangt keinen Besitz und damit auch kein Recht zum Besitz am Dienstwagen. Er ist nur Besitzdiener (§ 855 BGB). Weigert sich der Arbeitnehmer in diesem Fall, einem Herausgabeverlangen des Arbeitgebers nachzukommen, so schwingt er sich zum unmittelbareren Eigenbesitzer auf und übt verbotene Eigenmacht (§ 858 Abs. 1 BGB). Dem Arbeitgeber stehen dann Herausgabeansprüche aus Vertrag (§§ 666, 667 BGB analog), wegen Besitzentziehung (§ 861 Abs. 1 BGB), aus Eigentum (§ 985 BGB) – soweit es sich nicht um einen Leasingwagen handelt – und aus unerlaubter Handlung (§ 823 Abs. 1 BGB) zu. Diesen Ansprüchen kann der Arbeitnehmer **kein** auf etwaige eigene Ansprüche gestütztes **Zurückhal-**

tungsrecht entgegensetzen. Ein solches Zurückbehaltungsrecht ist zwar nicht deshalb ausgeschlossen, weil es an der Gleichartigkeit der einander geschuldeten Leistungen im Sinne von § 387 BGB fehlt. Denn diese Vorschrift enthält keine Aussage zum Zurückbehaltungsrecht (a. A. *Nägele* NZA 1997, 1196, 1199). Das Zurückbehaltungsrecht ist auch nicht deshalb ausgeschlossen, weil es an der Konnexität der gegenseitigen Ansprüche fehlt (so aber *Becker/Schaffner* DB 1993, 2078, 2079; *van Bürck/Nussbaum* BB 2002, 2278). Vielmehr gilt bei Arbeitmitteln, dass das Zurückbehaltungsrecht wegen der Eigenart des Gegenstandes unter dem Gesichtspunkt der Natur des Schuldverhältnisses ausgeschlossen ist (LAG Düsseldorf Urt. v. 4. 7. 1975 – 9 Sa 334/75 – DB 1975, 2040).

4. Übernahme. Es empfiehlt sich, bei der Übergabe des Dienstwagens noch eine **separate Empfangsbestätigung** hinsichtlich aller Zubehörteile durch den Arbeitnehmer gegenzeichnen zu lassen. Damit wird dokumentiert, dass die Gegenstände entsprechend der Regelung im Dienstwagenvertrag auch tatsächlich übergeben wurden.

5. Kosten/Versicherung. Es obliegt der vertraglichen Vereinbarung, welche Kosten hinsichtlich der Nutzung des Fahrzeugs (insbesondere bezüglich Betrieb, Pflege, Wartung und Reparaturen) vom Arbeitgeber oder Arbeitnehmer zu tragen sind. Zwar ist der Arbeitgeber nicht bereits aufgrund seiner Fürsorgepflicht zum Abschluss einer Vollkaskoversicherung verpflichtet. Allerdings empfiehlt sich eine solche Absicherung. Denn dann beschränken sich etwaige Auseinandersetzungen darüber, wer für Schäden aufzukommen hat (vgl. Anm. 6), hinsichtlich der Schadenshöhe auf die bei der Vollkaskoversicherung vorgesehene Eigenbeteiligung.

6. Schäden. Die Regelung zur Haftung bei Beschädigung oder Verlust des Dienstwagens entspricht der Rechtsprechung des BAG zur **Haftung des Arbeitnehmers bei betrieblich veranlassten Tätigkeiten** (vgl. BAG GS Beschl. v. 27. 9. 1994 – GS 1/89 (A) – NZA 1994, 1083). Danach kommt bei Vorsatz des Arbeitnehmers eine Haftungsbeschränkung grundsätzlich nicht in Betracht. Dasselbe gilt bei grober Fahrlässigkeit. Eine Ausnahme wird hier nur gemacht, wenn der Verdienst des Arbeitnehmers in einem deutlichen Missverhältnis zum Schadensrisiko seiner Tätigkeit steht (vgl. BAG Urt. v. 23. 1. 1997 – 8 AZR 893/95 – NZA 1998, 140). Bei leichter Fahrlässigkeit haftet der Arbeitnehmer überhaupt nicht. Bei mittlerer Fahrlässigkeit ist der Schaden zwischen dem Arbeitnehmer und dem Arbeitgeber im Rahmen einer Abwägung aller Gesamtumstände aufzuteilen. Hierbei sind der Grad des dem Arbeitnehmer zur Last fallenden Verschuldens, die Gefahrgeneigtheit der Arbeit, die Höhe des Schadens, ein vom Arbeitgeber einkalkuliertes oder durch Versicherung deckbares Risiko, die Stellung des Arbeitnehmers im Betrieb und die Höhe des Arbeitsentgelts sowie u. U. die persönlichen Verhältnisse des Arbeitnehmers zu berücksichtigen. In diesem Sinne handelt es sich bei der Regelung im Formular um eine deklaratorische Bestimmung. Dieses Haftungsprivileg gilt aber ausschließlich bei betrieblich veranlassten Tätigkeiten. Der Arbeitgeber ist nicht mit dem allgemeinen Lebensrisiko des Arbeitnehmers zu belasten. Deshalb enthält das Formular in Abs. (2) eine klarstellende Bestimmung dahingehend, dass bei privater Nutzung oder Nutzung des Dienstwagens durch Dritte kein Haftungsprivileg besteht. Eine Privatnutzung des PKW ist auch die Fahrt zum Arbeitsplatz.

7. Herausgabe. Streitigkeiten im Zusammenhang mit der Überlassung von Dienstwagen ergeben sich häufig im Zusammenhang mit deren Rückgabe an den Arbeitgeber, sei es weil dieser die Herausgabe verlangt, sei es weil er dem Mitarbeiter den Dienstwagen einseitig wegnimmt. In Rechtsprechung und Literatur wird intensiv darüber diskutiert, bei welcher Situation ein Herausgabeverlangen des Arbeitgebers rechtmäßig ist und ob der Entzug des Dienstwagens dem Arbeitnehmer entschädigt werden muss. Die Fragen sind hier nicht so einfach zu beantworten wie im Fall der Überlassung eines Dienstwagens ausschließlich zur dienstlichen Nutzung (vgl. Anm. 3). Denn die Herausgabe bzw. der Entzug eines Dienstwagens, der (auch) zur privaten Nutzung überlassen wurde, führt zunächst dazu, dass der Mitarbeiter einen entsprechenden Vergütungsbestandteil verliert. Sicher ist, dass der Mitarbeiter den Dienstwagen bei Beendigung des Arbeitsverhältnisses zurückzugeben hat. Im Übrigen war bisher anerkannt, dass der Arbeitgeber in all den Fällen die Herausgabe des Dienstwagens verlangen konnte, in denen er kein Entgelt mehr an den Mitarbeiter erbringen muss, z. B. nach Ablauf des Entgeltfortzahlungszeitraums bei Krankheit (vgl. § 3 Abs. 3 EFZG; LAG Köln Urt. v. 29. 11. 1995 – 2 Sa 843/95 – NZA 1996, 986). Dagegen lässt sich eine Herausgabepflicht allein aufgrund der Tatsache, dass die dienstliche Nutzung des Kfz im Einzelfall nicht mehr gegeben ist, z. B. wegen Urlaubs oder nach Kündigung und Freistellung, nicht begründen. Die Rechtsprechung hat eine Pflicht des Arbeitgebers zur weiteren Überlassung des Dienstwagens sogar bei Wegfall seiner Verpflichtung zur Zahlung von Arbeitsentgelt angenommen, wenn auf „anderer Grundlage" – im konkreten Fall: Verpflichtung zur Zahlung eines Zuschusses zum Mutterschaftsgeld während des Beschäftigungsverbots nach MuSchG – die Überlassung weiterhin geschuldet sei (BAG Urt. v. 11. 10. 2000 – 5 AZR 240/99 – DB 2001, 486).

Die intensive Diskussion darüber, unter welchen Voraussetzungen das Herausgabeverlangen des Arbeitgebers gerechtfertigt ist, „vernebelt" die Tatsache, dass hier durch sachgerechte Vertragsgestaltung eine Lösung zugunsten des Arbeitgebers gefunden werden kann. Der Arbeitgeber muss sich den **Widerruf der privaten Nutzungsmöglichkeit** im Dienstwagenvertrag vorbehalten. Dabei ist jedoch zu beachten, dass die bisherige grundsätzliche **Zulässigkeit von Änderungs- und Widerrufsvorbehalten** durch die Einführung der **AGB-Kontrolle** wieder in die Diskussion geraten ist. Die dadurch entstandene Rechtsunsicherheit wurde teilweise durch eine Entscheidung des BAG (BAG Urt. v. 12. 1. 2005 – 5 AZR 364/04 – BB 2005, 833) beseitigt. Deren Vorgaben für einen wirksamen Widerrufsvorbehalt sind im Formular berücksichtigt, indem beispielhaft sachliche Gründe für den Widerruf der privaten Nutzungsmöglichkeit aufgeführt werden (zu weiteren Einzelheiten hinsichtlich der Wirksamkeit eines Widerrufsvorbehalts vgl. Form. A. III. 6 Anm. 20).

Das BAG hat auch entschieden, dass die berechtigte Rücknahme des Dienstwagens **keine Entschädigungspflicht** für den Arbeitgeber auslöst (BAG Urt. v. 17. 9. 1998 – 8 AZR 791/96 – AuR 1999, 111). An diesem Grundsatz dürfte sich auch durch die nunmehr zu berücksichtigende AGB-Kontrolle nichts geändert haben. Vorsorglich wird im Formular noch einmal klargestellt, dass eine Entschädigungspflicht nicht besteht.

Da es sich bei Überlassung eines Dienstwagens (auch) zur privaten Nutzung nicht um die Zurverfügungstellung eines Arbeitsmittels handelt, ist ein **Zurückbehaltungsrecht des Arbeitnehmers** (vgl. § 273 Abs. 1 BGB) jedenfalls nicht wegen der Eigenart des Gegenstandes unter dem Gesichtspunkt der Natur des Schuldverhältnisses ausgeschlossen. Damit besteht das Risiko, dass der Mitarbeiter sich einem auf Ausübung des Widerrufsrechts gestützten Herausgabeverlangen des Arbeitgebers unter Berufung auf (vermeintliche) Gegenansprüche widersetzt und ein Zurückbehaltungsrecht geltend macht. Deshalb wurde eine Klausel aufgenommen, der zufolge ein etwaiges Zurückbehaltungsrecht ausgeschlossen wird. Die AGB-Kontrollvorschriften verbieten allerdings den Ausschluss eines Leistungsverweigerungsrechts des Vertragspartners (§ 309 Nr. 2a BGB). Die Rechtsprechung hat bisher noch nicht geklärt, ob die „Besonderheiten des Arbeitsrechts" (vgl. § 310 Abs. 4 S. 2 BGB) für diesen Fall dennoch die Rechtmäßigkeit eines Ausschlusses des Zurückbehaltungsrechts bei Dienstwagen bedingen.

8. Steuerliche Behandlung/Betriebliche Altersversorgung. Es ist nicht ratsam, die im Zeitpunkt des Vertragsschlusses maßgeblichen steuerlichen Vorschriften explizit in den Vertragstext aufzunehmen. Dies könnte den Arbeitnehmer dazu veranlassen, für den Fall einer steuerrechtlichen Veränderung zu seinen Lasten vom Arbeitgeber Ausgleich der Einbuße zu verlangen. Hinreichend und empfehlenswert ist, auf die steuerrechtliche Lage (vgl. hierzu Anm. 3) abstrakt hinzuweisen.

Zur Vermeidung einer Berücksichtigung der geldwerten Vorteile aus der privaten Nutzungsmöglichkeit des Dienstwagens im Rahmen der betrieblichen Altersversorgung muss eine entsprechende Regelung getroffen werden. Anderenfalls fließt der geldwerte Vorteil als Vergütungsbestandteil in die Berechnung der Anwartschaften mit ein, soweit die Versorgungsregelungen keine abweichenden Bestimmungen enthalten. Die Klausel im Formular geht von der Situation aus, dass zwar gegenwärtig keine betriebliche Altersversorgung besteht, eine solche aber künftig eingeführt werden könnte.

9. Schlussbestimmungen. S. Form. A. II. 1 Anm. 29.

2. Dienstwagenklausel[1]

§ ... Dienstwagen

(1) Die Gesellschaft stellt dem Mitarbeiter mit Wirkung vom ...... einen Dienstwagen im Wert von maximal EUR ...... (in Worten: Euro ......) (inländischer Brutto-Listenpreis inklusive Sonderausstattung und Umsatzsteuer) zur dienstlichen und privaten Nutzung zur Verfügung. Die Wahl der Fahrzeugmarke und des -typs sowie der Erwerbsart (Kauf oder Leasing o. ä.) obliegt der Gesellschaft.

(*Alternative*:

(1) Die Gesellschaft stellt dem Mitarbeiter mit Wirkung vom ...... einen Dienstwagen (Marke ......, Typ ......) zur dienstlichen und privaten Nutzung zur Verfügung[2].)

(2) Der Mitarbeiter hat den in der privaten Nutzungsmöglichkeit des Dienstwagens liegenden geldwerten Vorteil entsprechend den jeweils gültigen steuerrechtlichen Vorschriften zu versteuern. Die Gesellschaft nimmt den Lohnsteuerabzug vor[3].

(3) Die Gesellschaft ist bei Vorliegen eines sachlichen Grundes berechtigt, das Recht zur privaten Nutzung des Dienstwagens zu widerrufen und die Herausgabe des Dienstwagens zu verlangen, sofern dies dem Mitarbeiter zumutbar ist. Diese Voraussetzungen sind insbesondere gegeben bei:

- Freistellung des Mitarbeiters von der Verpflichtung zur Arbeitsleistung,
- Wegfall tatsächlicher Arbeitsleistung (z. B. bei Krankheit, Sonderurlaub o. ä.) nach Ablauf etwaiger Entgelt(fort)zahlungszeiträume,
- Ruhen des Arbeitsverhältnisses (z. B. wegen Schwangerschaft, Elternzeit, Wehrdienst o. ä.),
- Verlust der Fahrerlaubnis oder Verbot zum Führen eines Kraftfahrzeugs,
- Änderung der Arbeitsaufgabe, wenn die Überlassung des Dienstwagens im Zusammenhang mit der Arbeitsaufgabe stand,
- Durchführung von Wartungs- oder Reparaturarbeiten bzw. Ersatzbeschaffung.

Im Fall des Widerrufs ist der Mitarbeiter zur unverzüglichen Herausgabe des Dienstwagens samt Zubehör am Sitz der Gesellschaft verpflichtet. Ein Anspruch auf Entschädigung für die entgangene private Nutzungsmöglichkeit besteht nicht. Ein etwaiges Zurückbehaltungsrecht steht dem Mitarbeiter nicht zu[4].

(4) Die Richtlinie der Gesellschaft über die Benutzung von Dienstwägen in ihrer jeweils geltenden Fassung findet Anwendung. Die aktuelle Fassung dieser Richtlinie ist als Anlage A beigefügt[5].

Schrifttum: S. Form. A. III. 1.

Anmerkungen

1. Vertragliche Regelung. Dieser Textbaustein regelt die wesentlichen Aspekte für die Überlassung eines Dienstwagens an den Mitarbeiter. Er basiert auf der Annahme, dass bei der Gesellschaft eine Richtlinie über die Benutzung von Dienstwagen besteht (siehe Abs. (4) des Textbausteins), die weitere diesbezügliche Fragen klärt, z. B. Nutzung durch Dritte, Übergabe- bzw. Rückgabeverfahren, Übernahme von Betriebs-, Unterhaltungs- und Versicherungskosten, Haftung bei Beschädigung oder Verlust, Vorschriften zu Betrieb, Pflege, Wartung und Reparatur. Ist eine solche Dienstwagenrichtlinie nicht vorhanden, sollte anstelle des Textbausteins ein gesonderter Dienstwagenvertrag (s. Form. A. III. 1) geschlossen werden, der die Gestellung und Nutzung von Dienstwagen ausführlich und abschließend regelt.

2. Dienstwagen. Die Regelung zur Bestimmung des Dienstwagens und der Alternativvorschlag entsprechen inhaltlich der im Dienstwagenvertrag vorgeschlagenen Regelung (s. Form

A. III. 1, dort unter § 1). Der Nutzungsumfang erstreckt sich auch hier auf die private Nutzung des Dienstwagens (s. Form A. III. 1 Anm. 3).

3. Versteuerung. Wenn ein Dienstwagen privat genutzt wird, ist die Privatnutzung als geldwerter Vorteil zu versteuern (§ 8 Abs. 2 S. 2 i.V.m. § 6 Abs. 1 Nr. 4 EStG; s. Form. A. III. 1, Anm. 3).

4. Herausgabe. S. Form. A. III. 1, Anm. 7.

5. Einbeziehung Dienstwagenrichtlinie. Da die Überlassung des Dienstwagens notwendigerweise der Ergänzung durch die Regelungen der Dienstwagenrichtlinie bedarf, sollte diese in Bezug genommen werden. Wenn die aktuelle Fassung der Dienstwagenrichtlinie als Anlage zum Anstellungsvertrag genommen wird, wird sie Vertragsbestandteil und damit verbindlich. Schwierig ist es, auf die Dienstwagenrichtlinie „in ihrer jeweils gültigen Fassung" zu verweisen. Denn ob und gegebenenfalls in welchem Umfang derartige „Jeweiligkeitsklauseln" der AGB-Kontrolle standhalten, ist noch nicht endgültig geklärt. Es wird insbesondere diskutiert, ob solche Klauseln dem Transparenzgebot (§ 307 Abs. 1 S. 2 BGB) bzw. dem Überraschungsschutz (§ 305 c Abs. 1 BGB) genügen (vgl. Preis II J 4). Im Arbeitgeberinteresse sollte die Klausel dennoch in der vorliegenden Form verwendet werden.

Sonderzahlungen

3. 13. Monatsgehalt

§ ... Vergütung

(1) (...)[1]

(2) **Der Mitarbeiter erhält pro Kalenderjahr ein 13. Monatsgehalt**[2]**, zahlbar mit dem Novembergehalt**[3]**. Bei unterjährigem Beginn oder unterjähriger Beendigung des Arbeitsverhältnisses wird das 13. Monatsgehalt zeitanteilig gezahlt**[4]**.**

Schrifttum: Beckers, Jahressonderzahlungen: Wegfall der Zahlungsverpflichtung – Zulässigkeit von Bindungs- und Rückzahlungsklauseln, NZA 1997, 129; *Hanau/Vossen,* Die Kürzung von Jahressonderzahlungen aufgrund fehlender Arbeitsleistung, DB 1992, 213; *Gaul,* Der Zweck von Sonderzahlungen, BB 1994, 494; *Kania,* Flexible Vertragsgestaltung, DB 1998, 2418; *Lindemann/Simon,* Flexible Bonusregelungen im Arbeitsvertrag, BB 2002, 1807; *Reiserer,* Freiwilligkeits- und Widerrufsvorbehalt bei Gratifikationen, DB 1997, 426; *Schiefer,* Die schwierige Handhabung der Jahressonderzahlungen, NZA-RR 2000, 561; *Schwarz,* Sonderzahlungen: Ausfall und Kürzung bei Fehlzeiten, NZA 1996, 571; *Speiger,* Die Reduzierung von Gratifikationsleistungen durch betriebliche Übung, NZA 1998, 510; *Swoboda/Kinner,* Mitarbeitermotivation durch arbeitsvertragliche Sonderzahlungen, BB 2003, 418.

Anmerkungen

1. Ergänzende Regelung. Die Klausel ist eine Ergänzung zu Form. A. II. 1. Sie ist im Anschluss an die Vergütungsregelung (§ 3) nach Abs. (1) einzufügen. Die Folgeregelungen in § 3 von Form. A. II. 1 müssen dann angepasst werden.

2. Reiner Entgeltcharakter. Mit dem 13. Monatsgehalt gewährt der Arbeitgeber dem Arbeitnehmer eine zusätzliche Vergütung. Dabei handelt es sich um eine **Sonderzahlung mit reinem Entgeltcharakter** (Arbeitsentgelt im engeren Sinne). Eine derartige Sonderzahlung hat keinen über die Entlohnung erbrachter Arbeitsleistung hinausgehenden Zweck. Deshalb wird sie auch als arbeitsleistungsbezogene Sonderzahlung bezeichnet (BAG Urt. v. 21. 3. 2001 – 10 AZR 28/00 – NZA 2001, 785; BAG Urt. v. 11. 4. 2000 – 9 AZR 225/99 – NZA 2001, 512). Den Sonderzahlungen mit reinem Entgeltcharakter stehen **Sonderzahlungen mit Mischcharak-**

13. Monatsgehalt **A. III. 3**

ter (Arbeitsentgelt im weiteren Sinne) gegenüber. Mit letzteren werden neben der Honorierung der Arbeitsleistung auch andere Zwecke verfolgt, z. B. die Honorierung von Betriebstreue (s. Form. A. III. 4).

Im Rahmen der Vertragsgestaltung ist die Frage des **Zwecks einer Sonderzahlung** deshalb von entscheidender Bedeutung (vgl. *Swoboda/Kinner* BB 2003, 418, 419) Hiervon hängt ab, ob und in welchem Umfang Ausschluss-, Kürzungs- und Stichtagsregelungen wirksam vereinbart werden können. Der Zweck der Sonderzahlung ist durch **Auslegung** zu ermitteln (§§ 133, 157 BGB). Ergibt sich kein eindeutiges Auslegungsergebnis, so ist die Sonderzahlung im Zweifel als Arbeitsentgelt im engeren Sinne zu verstehen (vgl. BAG Urt. v. 8. 11. 1978 – 5 AZR 358/77 – AP Nr. 100 zu § 611 BGB Gratifikationen: Zusage einer „Jahresleistung" ohne Nennung weiterer Anspruchsvoraussetzungen; LAG Düsseldorf Urt. v. 27. 6. 1996 – 12 Sa 506/96 – NZA-RR 1996, 441). Die vertragliche Regelung muss deshalb so präzise gefasst werden, dass kein Zweifel verbleibt, welchen Zweck die Sonderzahlung verfolgt. Dafür bedarf es zunächst der **Verwendung eindeutiger Begriffe**. Der Bezeichnung „13. Monatsgehalt" kommt zwar nur Indizwert zu. Sie spricht aber dafür, dass allein die Arbeitsleistung vergütet werden soll, mithin kein anderer Zweck mit der Zahlung verbunden ist (vgl. BAG Urt. v. 24. 10. 1990 – 6 AZR 156/89 – NZA 1991, 318; BAG Urt. v. 11. 4. 2000 – 9 AZR 225/99 – NZA 2001, 512). Will der Arbeitgeber beispielsweise ein Weihnachtsgeld gewähren und diejenigen Mitarbeiter von der Gewährung ausschließen, die am 31. Dezember nicht mehr bei ihm beschäftigt sind oder sich in gekündigter Stellung befinden, so darf er das Weihnachtsgeld nicht als „13. Monatsgehalt" bezeichnen. Andernfalls läuft er Gefahr, dass das Weihnachtsgeld im Fall eines Rechtsstreits als Sonderzahlung mit reinem Entgeltcharakter klassifiziert und er zur – zumindest anteiligen – Zahlung verurteilt wird (vgl. Anm. 4). Bei Sonderzahlungen mit Mischcharakter ist es darüber hinaus häufig ratsam, den Zweck der Zahlung im Vertrag explizit festzulegen. Hierdurch wird das Risiko verringert, dass eine Auslegung der Klausel zu einem anderen als dem gewünschten Ergebnis führt (vgl. hierzu Form. A. III. 4 Anm. 1 und 5).

Ob ein 13. Monatsgehalt unter einen **Widerrufsvorbehalt** gestellt werden kann, ist von der Rechtsprechung noch nicht abschließend geklärt (vgl. zum Widerrufsvorbehalt Form. A. III. 6 Anm. 20). Diesbezügliche Bedenken werden zum einen aus der Gefahr einer Umgehung des Schutzes vor Änderungskündigungen hergeleitet (vgl. § 2 KSchG). Ein Widerrufsvorbehalt sei deshalb unwirksam, sofern wesentliche Elemente des Arbeitsvertrags – der vom BAG so genannte „Kernbereich" – einer einseitigen Änderung unterliegen, so dass das Gleichgewicht zwischen Leistung und Gegenleistung gestört wäre. Dabei kommt es maßgeblich darauf an, wie hoch der Anteil der zur Disposition des Arbeitgebers stehenden Vergütung an der Gesamtvergütung des Arbeitnehmers ist. Das BAG hat insoweit den jederzeitigen Widerruf einer Leistungszulage zugelassen, die sich auf 20% des tariflichen Brutto-Gehalts belief (BAG Urt. v. 7. 10. 1982 – 2 AZR 455/80 – DB 1983, 1368). Ebenso hat es entschieden bei einer widerruflichen Leistungszulage zum tariflichen Stundenlohn, die etwa 25 bis 30% der Vergütung ausmachte (BAG Urt. v. 13. 5. 1987 – 5 AZR 125/86 – NZA 1988, 95). Bei Spitzenverdiensten wurde sogar die Kürzung einer Zulage zugelassen, die 40% der Vergütung umfasste (BAG Urt. v. 28. 5. 1997 – 5 AZR 125/96 – DB 1997, 2620). Des Weiteren muss ein Widerrufsvorbehalt der AGB-Kontrolle standhalten. Maßgebliche Kontrollvorschrift ist hierbei § 308 Nr. 4 BGB (vgl. BAG Urt. v. 12. 1. 2005 – 5 AZR 364/04 – BB 2005, 833; vgl. hierzu auch Form. A. III. 6 Anm. 20). Wenn die genannten Voraussetzungen im Rahmen der Vertragsgestaltung beachtet werden, sollte die Vereinbarung eines Widerrufsvorbehalts beim 13. Monatsgehalt keinen rechtlichen Bedenken unterliegen. Ein etwaiger Widerruf auf Basis eines entsprechenden vertraglichen Vorbehalts wirkt aber stets nur für die Zukunft. Der Arbeitgeber kann deshalb hierdurch nicht den in der Vergangenheit „anteilig erdienten" Anspruch (vgl. Anm. 4) beseitigen. Ein Beispiel für einen Widerrufsvorbehalt findet sich in Form. A. III. 6.

Die Vereinbarung eines **Freiwilligkeitsvorbehalts** dürfte beim 13. Monatsgehalt dagegen **nicht zulässig** sein (vgl. zum Freiwilligkeitsvorbehalt Form. A. III. 4 Anm. 17). Die bisherige Rechtsprechung des BAG zur Zulässigkeit von Freiwilligkeitsvorbehalten bezog sich ausschließlich auf Gratifikationen, also auf Sonderzahlungen mit Mischcharakter (vgl. Küttner/ *Kania* Widerrufsvorbehalt/Freiwilligkeitsvorbehalt Rdn. 11; *Swoboda/Kinner* BB 2003, 418,

420). Die überwiegende Auffassung in der Literatur lehnt einen Freiwilligkeitsvorbehalt bei Sonderzahlungen mit reinem Entgeltcharakter ab (*Lindemann/Simon* BB 2002, 1807, 1810; *Kania* DB 1998, 2418; Küttner/*Kania* Widerrufsvorbehalt/Freiwilligkeitsvorbehalt Rdn. 11). Einzelnen Autoren zufolge soll dagegen ein Freiwilligkeitsvorbehalt möglich sein, soweit nicht in den Kernbereich des Arbeitsverhältnisses eingegriffen wird (*Swoboda/Kinner* BB 2003, 418, 420). Ungeachtet dessen beinhaltet die Vereinbarung eines Freiwilligkeitsvorbehalts das Risiko, dass die Sonderzahlung im Wege der Auslegung nicht als 13. Monatsgehalt, sondern als Sonderzahlung mit Mischcharakter (Arbeitsentgelt im weiteren Sinne) angesehen wird und damit anderen Regeln unterliegt (vgl. Form. A. III. 4).

Als Vergütungsbestandteil ist das 13. Monatsgehalt **Teil des Verzugslohns**, den der Arbeitgeber dem Arbeitnehmer gemäß §§ 611 Abs. 1 i. V. m. 615 S. 1 BGB zu zahlen hat, wenn er mit der Annahme der Arbeitsleistung in Verzug gerät (Palandt/*Putzo* § 615 BGB Rdn. 3). Nach § 87 Abs. 1 Nr. 10 BetrVG besteht ein **erzwingbares Mitbestimmungsrecht des Betriebsrats** bei Fragen der betrieblichen Lohngestaltung und damit, soweit der Aspekt der Verteilung betroffen ist, auch beim 13. Monatsgehalt.

3. Fälligkeit. Der Anspruch auf Auszahlung des 13. Monatsgehalts wird erst zum vertraglich vereinbarten Zeitpunkt fällig (vgl. BAG Urt. v. 24. 10. 1990 – 6 AZR 156/89 – DB 1991, 446; BAG Urt. v. 17. 4. 1996 – 10 AZR 558/95 – NZA 1997, 55). Das gilt auch, wenn der Arbeitnehmer unterjährig ausscheidet (vgl. BAG Urt. v. 12. 10. 1972 – 5 AZR 227/72 – BB 1973, 144 für „Treueprämie"). Die im Formular verwendete Regelung einer Auszahlung „mit dem Novembergehalt" knüpft die Fälligkeit des 13. Monatsgehalts an die Fälligkeit der monatlichen Bezüge (hier: des Novemberbezugs). Letztere sollte sich dann aus anderweitigen Regelungen im Vertragswerk ergeben. Eine alternative Formulierung ist natürlich möglich.

4. Bestand des Arbeitsverhältnisses. Aus dem reinen Entgeltcharakter des 13. Monatsgehalts ergibt sich der Rückschluss darauf, in welchen Fällen das 13. Monatsgehalt überhaupt nicht oder nur anteilig gezahlt werden muss. Für Zeiten, in denen das Arbeitsverhältnis nicht besteht, wird ohne entsprechende Abrede keine – auch keine anteilige – Zahlung geschuldet. Die im Formular vorgesehene Regelung, dass bei unterjährigem Beginn oder unterjähriger Beendigung des Arbeitsverhältnisses eine nur zeitanteilige Auszahlung erfolgt, ist also nur deklaratorisch. Sie empfiehlt sich zur Vermeidung von Streitigkeiten.

Eine überproportionale Kürzung des 13. Monatsgehalts für Zeiten, in denen das Arbeitsverhältnis noch nicht bestand (Fall des **unterjährigen Eintritts**), ist aufgrund des reinen Entgeltcharakters des 13. Monatsgehalts unzulässig. Umgekehrt ist auch der Bestand des Arbeitsverhältnisses zum Auszahlungstermin (Fall des **unterjährigen Austritts**) keine Anspruchsvoraussetzung. Die Auszahlung des 13. Monatsgehalts kann deshalb nicht von der Bedingung abhängig gemacht werden, dass das Arbeitsverhältnis an einem bestimmten Tag noch besteht (sog. Stichtagsregelung; vgl. BAG Urt. v. 13. 6. 1991 – 6 AZR 421/89 – EzA § 611 BGB Gratifikation, Prämie Nr. 86). Falls der Anspruch auf das 13. Monatsgehalt dennoch mit einer Stichtagsregelung verbunden wird, verändert dies gegebenenfalls den Charakter der Zahlung. Denn Klauseln, die die Vereinbarung einer Wartezeit oder eine Stichtagsregelung beinhalten, verfolgen häufig einen über den reinen Entgeltcharakter hinausgehenden Zweck, insbesondere die Honorierung von Betriebstreue. Daher ist eine **Stichtagsregelung Indiz** für eine **Sonderzahlung mit Mischcharakter** (Arbeitsentgelt im weiteren Sinne; vgl. LAG Düsseldorf Urt. v. 27. 6. 1996 – 12 Sa 506/96 – NZA-RR 1996, 441). Möglich ist in diesen Fällen aber auch, dass ein mit einer Stichtagsregelung verbundenes „13. Monatsgehalt" dennoch als Sonderzahlung mit reinem Entgeltcharakter ausgelegt wird (vgl. BAG Urt. v. 7. 11. 1984 – 5 AZR 278/83 – n. a. v.; BAG Urt. v. 12. 1. 1973 – 3 AZR 211/72 – AP HGB § 87a Nr. 4). Dies etwa, wenn die Zahlung an die Leistung des Mitarbeiters anknüpft. Denn ein hinreichend intensiver Leistungsbezug spricht für „verdienten Lohn" und damit für den reinen Entgeltcharakter der Zahlung. Er „überwindet" folglich die Indizwirkung der Stichtagsregelung. Folge einer derartigen Auslegung ist dann die Unwirksamkeit der Stichtagsregelung. Denn sie widerspricht dem Zweck einer Sonderzahlung mit reinem Entgeltcharakter. Diese wird bereits mit (laufender) Erbringung der Arbeitsleistung durch den Arbeitnehmer – unabhängig von vergangener oder künftiger Betriebstreue – „verdient" (vgl. BAG Urt. v. 13. 9. 1974 – 5 AZR

48/74 – DB 1974, 2483; BAG Urt. v. 7. 11. 1984 – 5 AZR 278/83 – n. a. v.). Daher kann der durch Arbeitsleistung entstandene Anspruch nicht infolge der Stichtagsregelung nachträglich wieder entfallen. Wird folglich vor allem Wert auf die Wirksamkeit einer Stichtagsregelung gelegt, sollte die Sonderzahlung **deutlich als Sonderzahlung mit Mischcharakter** und nicht als 13. Monatsgehalt ausgestaltet werden (s. hierzu Form. A. III. 4). Entscheidet sich der Arbeitgeber dagegen, eine Sonderzahlung als 13. Monatsgehalt auszugestalten, ist auf eine Stichtagsregelung zu verzichten. Folglich ist auch im Formular keine Stichtagsregelung enthalten.

Für Zeiten, in denen das **Arbeitsverhältnis ruht,** kann das 13. Monatsgehalt anteilig gekürzt werden. Dies folgt aus dem Grundsatz „Ohne Arbeit kein Lohn". Der Arbeitnehmer „verdient" das 13. Monatsgehalt laufend durch seine Arbeitsleistung während des Bezugszeitraums. Einer Vereinbarung über die Kürzung bedarf es nicht, weshalb eine solche im Formular auch nicht vorgesehen ist. Erbringt der Mitarbeiter beispielsweise im Bezugszeitraum (hier: Kalenderjahr) nur einen Monat lang Arbeitsleistung bei im übrigen ruhendem Arbeitsverhältnis, so schuldet der Arbeitgeber auch nur ein Zwölftel des 13. Monatsgehalts (vgl. zur Elternzeit: EuGH Urt. v. 21. 10. 1999 – Rs. C-333/97 – NZA 1999, 1325; BAG Urt. v. 19. 4. 1995 – 10 AZR 49/94 – NZA 1995, 1098; BAG Urt. v. 24. 10. 1990 – 6 AZR 156/89 – NZA 1991, 318; anders bei Teilzeittätigkeit bei demselben Arbeitgeber während der Elternzeit: BAG Urt. v. 12. 1. 2000 – 10 AZR 930/98 – NZA 2000, 1060; zur Teilnahme an einem rechtmäßigen Streik: BAG Urt. v. 3. 8. 1999 – 1 AZR 735/98 – NJW 2000, 1285; vgl. zum Wehrdienst: *Schiefer* NZA-RR 2000, 561, 567).

Auch für **sonstige Fehlzeiten**, in denen das Arbeitsverhältnis zwar nicht ruht, aber dennoch keine gesetzlichen Entgeltansprüche bestehen, kann das 13. Monatsgehalt anteilig gekürzt werden. Dies folgt wiederum aus dem Grundsatz „Ohne Arbeit kein Lohn". Auch insoweit bedarf es keiner Vereinbarung über die Kürzung, weshalb eine solche im Formular auch nicht vorgesehen ist. Beispiel: Krankheitsbedingte Arbeitsunfähigkeit nach Ablauf des sechswöchigen Entgeltfortzahlungszeitraums (BAG Urt. v. 21. 3. 2001 – 10 AZR 28/00 – NZA 2001, 785).

Für **Mutterschutzzeiten** (§§ 3 Abs. 2, 6 Abs. 1 MuSchG) ist nach Ansicht des BAG allerdings eine Kürzung von Sonderzahlungen ausgeschlossen. Denn die Verpflichtung des Arbeitgebers zur Zahlung der Vergütung werde während dieser Zeiten „nicht in vollem Umfang aufgehoben". Vielmehr bleibe der Arbeitgeber zur Zahlung eines Zuschusses zum Mutterschaftsgeld verpflichtet (BAG Urt. v. 25. 11. 1998 – 10 AZR 595/97 – NZA 1999, 766; BAG Urt. v. 24. 2. 1999 – 10 AZR 258/98 – NZA 1999, 772). Diese Entscheidungen sind nur schwer nachvollziehbar. Denn der Arbeitgeberzuschuss zu einer gesetzlichen Sozialleistung kann nicht als „Kompensation" für die entfallene Vergütung zur Aufrechterhaltung des ungekürzten Anspruchs auf das 13. Monatsgehalt fungieren.

4. Gratifikation[1]

§ ... Vergütung

(1) (...)[2]

(2) Die Gesellschaft gewährt[3] dem Mitarbeiter (*Optional:* erstmalig ab dem ...... Jahr der Betriebszugehörigkeit[4]) eine Gratifikation in Höhe von EUR ...... (in Worten: Euro ......) brutto pro Kalenderjahr. Mit der Leistung der Gratifikation bezweckt[5] die Gesellschaft die Belohnung der in der Vergangenheit gezeigten Betriebstreue und die Förderung zukünftiger Betriebstreue des Mitarbeiters. Gleichzeitig dient die Gratifikation der Belohnung der Arbeitsleistung als solcher (Sonderzahlung mit Mischcharakter). Die Gratifikation wird am ...... zur Zahlung fällig.

(*Alternative*[6]:

Die Gesellschaft gewährt dem Mitarbeiter eine Gratifikation, die bei ununterbrochener Betriebszugehörigkeit von

einem Jahr	EUR ...... (in Worten: Euro ......)
2 Jahren	EUR ...... (in Worten: Euro ......)
4 Jahren	EUR ...... (in Worten: Euro ......)
6 Jahren	EUR ...... (in Worten: Euro ......)
8 Jahren	EUR ...... (in Worten: Euro ......)
10 Jahren	EUR ...... (in Worten: Euro ......)

(......)
brutto pro Kalenderjahr beträgt. Mit der Leistung der Gratifikation bezweckt die Gesellschaft die Belohnung der in der Vergangenheit gezeigten Betriebstreue und die Förderung zukünftiger Betriebstreue des Mitarbeiters. Gleichzeitig dient die Gratifikation der Belohnung der Arbeitsleistung als solcher (Sonderzahlung mit Mischcharakter). Die Gratifikation wird am ...... zur Zahlung fällig.)

(*Optional*[7]:
Bei unterjährigem Beginn des Arbeitsverhältnisses wird die Gratifikation zeitanteilig gezahlt.)

Die Gratifikation wird für krankheitsbedingte Fehlzeiten und sonstige Fehlzeiten ohne gesetzliche Entgeltfortzahlungsansprüche[8] mit Ausnahme von Zeiten des Mutterschutzes[9] und für Zeiten des Ruhens des Arbeitsverhältnisses (z.B. infolge Elternzeit, Sonderurlaub oder Wehrdienst)[10] zeitanteilig gekürzt.

(*Optional*[11]:
Regelung zur Kürzung für krankheitsbedingte Fehlzeiten mit Entgeltfortzahlungsansprüchen.)

(3) Der Anspruch auf die Gratifikation besteht nur[12], wenn das Arbeitsverhältnis zum Zeitpunkt der Fälligkeit der Zahlung noch besteht, nicht gekündigt[13] und zu diesem Zeitpunkt kein Aufhebungsvertrag abgeschlossen worden ist[14]. (*Optional:* Der Anspruch bleibt aber erhalten, wenn das Arbeitsverhältnis zum Zeitpunkt der Fälligkeit der Zahlung noch besteht und aus betriebsbedingtem Grund gekündigt oder zu diesem Zeitpunkt aus betriebsbedingtem Grund ein Aufhebungsvertrag abgeschlossen worden ist[15].)

(4) Die Gratifikation ist zurückzuzahlen[16], wenn das Arbeitsverhältnis aufgrund Eigenkündigung, aufgrund Kündigung der Gesellschaft oder aufgrund Aufhebungsvertrags vor Ablauf des 31. März des auf die Auszahlung folgenden Kalenderjahrs oder, sofern die Gratifikation eine Monatsvergütung übersteigt, vor Ablauf des 30. Juni des auf die Auszahlung folgenden Kalenderjahrs endet.

(5) Die Gratifikation ist eine freiwillige Leistung, auf die selbst bei wiederholter Auszahlung kein Rechtsanspruch für die Zukunft entsteht[17].

(*Alternative:*
Die Gratifikation kann aus ...... Gründen, insbesondere bei ...... mit Wirkung für das folgende Kalenderjahr widerrufen werden, sofern dies dem Mitarbeiter zumutbar ist[18].)

Schrifttum: Däubler/Dorndorf, AGB-Kontrolle im Arbeitsrecht – Kommentierung zu den §§ 305 bis 310 BGB; *Freitag,* Über die Freiwilligkeit freiwilliger Leistungen, NZA 2002, 294; *Gaul,* Der Zweck von Sonderzahlungen, DB 1994, 494; *Hanau/Vossen,* Kürzung von Jahressonderzahlungen aufgrund fehlender Arbeitsleistung, BB 1992, 213 – 222; *Küttner,* Personalhandbuch, 2004; *Lindemann/Simon,* Flexible Bonusregelungen im Arbeitsvertrag, BB 2002, 1807; *Reiserer,* Freiwilligkeits- und Widerrufsvorbehalt bei Gratifikationen, DB 1997, 426; *Schiefer,* Die schwierige Handhabung von Jahressonderzahlungen, NZA 1993, 1015; Fortsetzung: *Schiefer,* Die schwierige Handhabung der Jahressonderzahlungen, NZA – RR 2000, 561; *Schwarz,* Sonderzahlungen: Ausfall und Kürzung bei Fehlzeiten, NZA 1996, 571; *Schnitker/Grau,* Zur Vereinbarkeit von Änderungs-, Anpassungs- und Widerrufsvorbehalten mit dem Recht der Allgemeinen Geschäftsbedingungen, BB 2002, 2120; *Sievers,* Individualrechtliche Möglichkeiten und Grenzen einer Entgeltreduzierung, NZA 2002, 1182; *Swoboda/Kinner,* Mitarbeitermotivation durch arbeitsvertragliche Sonderzahlung, BB 2003, 418; *Preis/Peters-Lange,* Der Arbeitsvertrag, Handbuch der Vertragspraxis und -gestaltung, 2002.

4. Gratifikation A. III. 4

Anmerkungen

1. Gratifikation. Die Gratifikation ist eine Zuwendung des Arbeitgebers zu einem bestimmten Anlass (z. B. Weihnachten, Urlaub, Jubiläum). Gratifikationen sind **Arbeitsentgelt im weiteren Sinne**. Mit ihnen wird über die Entlohnung erbrachter Arbeitsleistung hinaus ein weitergehender Zweck verfolgt, z. B. die Honorierung von **Betriebstreue** (vgl. Küttner/*Griese* Gratifikation 208 Rdn. 2 f.; BAG Urt. v. 24. 10. 1990 – 6 AZR 156/89 – AP Nr. 135 zu § 611 Gratifikation; Preis/*Peters-Lange* II S 40 Rdn. 20). Der Mitarbeiter soll durch diese Sonderzahlung, die zusätzlich zum Arbeitsentgelt im engeren Sinne geleistet wird, an den Betrieb „gebunden" werden (daher auch die Bezeichnung „Sonderzahlungen mit Bindungswirkung"). Zwar wird der Begriff „Gratifikation" im Hinblick auf Sonderzahlungen teilweise auch nicht in diesem Sinne verwendet. So bezeichnen manche auch Sonderzahlungen mit reinem Entgeltcharakter, die ausschließlich bereits erbrachte Arbeitsleistung belohnen (**Arbeitsentgelt im engeren Sinne**, z. B. 13. Monatsgehalt, vgl. Form. A. III. 3), als Gratifikationen (vgl. *Reiserer* DB 1997, 426; Bauer/*Lingemann* M 12.15 1. Alternative 362). Mehrheitlich werden Sonderzahlungen mit reinem Entgeltcharakter aber nicht als Gratifikationen bezeichnet (vgl. Küttner/*Griese* Gratifikation 208 Rdn. 1; *Swoboda* BB 2003, 418).

Für die **Abgrenzung** der Gratifikationen von **Sonderzahlungen mit reinem Entgeltcharakter**, die ausschließlich bereits erbrachte Arbeitsleistung entlohnen, werden von der Rechtsprechung zur Bestimmung des Zwecks einer Sonderzahlung **Indizien** herangezogen. Die **Bezeichnung** (z. B. als Weihnachtsgratifikation) und die Abhängigkeit der Zahlung vom (ungekündigten) Bestand des Arbeitsverhältnisses an einem bestimmten Tag (sog. **Stichtagsregelung**) sprechen für die Bindungswirkung und damit für das Vorliegen einer Gratifikation (vgl. BAG Urt. v. 13. 6. 1991 – 6 AZR 421/89 – EzA Nr. 86 zu § 611 BGB Gratifikation; BAG Urt. v. 21. 5. 2003 – 10 AZR 408/02 – NJOZ 2004, 1532). Für das Vorliegen einer Gratifikation spricht auch die **Staffelung** der Höhe der Auszahlungssumme **nach Betriebszugehörigkeit** (BAG Urt. v. 18. 1. 1978 – 5 AZR 685/77 – AP Nr. 93 zu § 611 BGB Gratifikation), die Abhängigkeit des Anspruchs auf Sonderzahlung von der Erfüllung einer bestimmten **Wartezeit** und die Aufnahme eines **Freiwilligkeitsvorbehalts** (vgl. MünchHdbArbR/*Hanau* Bd. 1 § 69 Rdn. 6).

Es gibt zwei verschiedene Formen von Gratifikationen. Eine Gratifikation kann im Unterschied zu der in Form. A. III. 3 dargestellten Sonderzahlung mit reinem Entgeltcharakter (13. Monatsgehalt) auch **ohne jeglichen Bezug zur Arbeitsleistung** ausgestaltet werden (sog. „Sonderzahlung nur für Betriebstreue"). Soll allein die Betriebstreue maßgeblich sein, ist Zweck i. d. R. sowohl die Belohnung der vom Mitarbeiter in der Vergangenheit gezeigten Betriebstreue als auch die Förderung der Betriebstreue des Mitarbeiters für die Zukunft. Eine Gratifikation kann schließlich den Zweck verfolgen, neben der Betriebstreue auch die Arbeitsleistung als solche zu honorieren. Dann werden **zwei Zwecke verfolgt** (sog. „Sonderzahlung mit Mischcharakter"). Diese Zweckkumulierung, d. h. das Erfordernis von Arbeitsleistung und Betriebstreue, ist zulässig (vgl. BAG Urt. v. 15. 2. 1990 – 6 AZR 381/88 – AP Nr. 15 Anwesenheitsprämie; BAG Urt. v. 30. 3. 1994 – 10 AZR 134/93 – AP Nr. 161 zu § 611 BGB Gratifikation).

Die Ausgestaltung der Gratifikation als **Sonderzahlung nur für Betriebstreue**, die im Gegensatz zur Sonderzahlung mit Mischcharakter nicht auch die Arbeitsleistung, sondern nur die Betriebstreue honoriert, ist in der Praxis allerdings selten. Häufig wird eine **Mischmotivation** des Arbeitgebers gegeben sein. Im Zweifel soll ebenfalls die geleistete Arbeit honoriert werden (BAG Urt. v. 7. 9. 1989 – 6 AZR 637/88 – DB 1990, 942). Diese Zweifelsregelung gilt jedoch nicht, wenn der Arbeitgeber deutlich macht, dass die Sonderzahlung allein vom Bestand des Arbeitsverhältnisses abhängig ist (BAG Urt. v. 23. 8. 1990 – 6 AZR 124/89 – DB 1990, 2610; vgl. auch BAG Urt. v. 20. 12. 1995 – 10 AZR 742/94 – NZA 1996, 491). Die Ausgestaltung einer Gratifikation als Sonderzahlung nur für Betriebstreue begünstigt den Arbeitnehmer in besonderer Weise. Denn für Zeiten des **Ruhens des Arbeitsverhältnisses** ist bei einer solchen Gratifikation **keine Kürzung** – auch nicht bei entsprechender Vereinbarung – möglich. Denn der Zweck dieser Form der Gratifikation (Sonderzahlung nur für Betriebstreue) wird auch ohne tatsächlich erbrachte Arbeit erreicht. Eine Kürzung im Fall des Ruhens des Arbeitsverhältnisses wäre mit dieser Zwecksetzung unvereinbar und folglich unzulässig (*Hanau/Vossen* DB 1992, 213, 218; *Küttner/Griese* Gratifikation 208 Rdn. 13; *Preis/Peters-Lange* II S 40 Rdn. 53; vgl. auch BAG Urt. v. 13. 9. 1974 – 5 AZR 48/74 – DB 1974, 2483).

Der Frage des Zwecks einer Sonderzahlung wird relevant, wenn es zur Diskussion um bestimmte Anspruchsvoraussetzungen für die Zahlung kommt. So ermittelt die Rechtsprechung z. B. für die Frage, ob eine Sonderzahlung für bestimmte (Fehl)Zeiten gekürzt werden kann oder ob die Sonderzahlung bei Ausscheiden eines Mitarbeiters vor dem Fälligkeitszeitpunkt anteilig zu leisten ist, den Zweck der Sonderzahlung. Liegt dieser Zweck nicht klar auf der Hand, geschieht dies unter Heranziehung der genannten Indizien (Bezeichnung der Sonderzahlung, Aufnahme von Stichtagsregelungen, Wartezeiten oder Kürzungsregelungen usw.). Um nicht auf diese gegebenenfalls unbefriedigende Auslegung angewiesen zu sein, sollte der Arbeitgeber im Hinblick auf die Ausgestaltung von Sonderzahlungen Folgendes tun: Zuerst muss der **Zweck** der Sonderzahlung, z. B. Sonderzahlung nur für Betriebstreue, Sonderzahlung mit Mischcharakter oder Sonderzahlung mit reinem Entgeltcharakter (z. B. 13. Monatsgehalt, vgl. Form A. III. 3), **bestimmt werden.** Dieser **Zweck** sollte dann zumindest bei Gratifikationen (Sonderzahlungen nur für Betriebstreue oder Sonderzahlungen mit Mischcharakter) **schriftlich niedergelegt werden.** Schließlich muss der Arbeitgeber bei **Ausgestaltung** der weiteren Regelungen zur Sonderzahlung (z. B. Stichtagsregelungen oder Kürzungsvereinbarungen) darauf achten, dass er eine Gestaltung **entsprechend dem bestimmten Zweck wählt.** Dies bedeutet beispielsweise für den Fall, dass der Arbeitgeber eine Sonderzahlung nur für Betriebstreue oder eine Sonderzahlung mit Mischcharakter vorsehen will, dass er Stichtagsregelungen und/oder Wartezeitregelungen und/oder Rückzahlungsregelungen aufnimmt. Andernfalls kann nicht ausgeschlossen werden, dass ein Gericht trotz eindeutiger Zweckbestimmung und Bezeichnung der Sonderzahlung im Rahmen der Auslegung dazu kommt, dass nicht eine Sonderzahlung nur für Betriebstreue oder eine Sonderzahlung mit Mischcharakter vorliegt, sondern eine Sonderzahlung mit reinem Entgeltcharakter. Dies kann beispielsweise dazu führen, dass eine Stichtagsregelung unwirksam ist und der Mitarbeiter bei Ausscheiden vor dem Stichtag eine anteilige Zahlung erhält.

Im Formular wurde die Gratifikation als **Sonderzahlung mit Mischcharakter** ausgestaltet. Die Art der Sonderzahlung und der Zweck wurden im Formular auch ausdrücklich bezeichnet. Für den Arbeitgeber ist diese Ausgestaltung insoweit vorteilhaft, als der Arbeitnehmer Doppeltes leisten muss, um die Sonderzahlung zu erhalten: Er muss im gesamten Bezugszeitraum **arbeiten** (Belohnung der Arbeitsleistung) oder wenigstens **Entgeltansprüche haben** und er muss **Betriebstreue** wahren (vgl. MünchHdbArbR/*Hanau* § 69 Rdn. 34). Der Arbeitgeber kann die Gratifikation dementsprechend ausgestalten und sowohl Kürzungsvereinbarungen (Folge des Zwecks „Honorierung der Arbeitsleistung") als auch eine Stichtagsregelung (Folge des Zwecks „Honorierung der Betriebstreue") aufnehmen. Hierdurch kann **maximale Flexibilität** bei der Gewährung von Sonderzahlungen erreicht werden. Denn bei der Ausgestaltung als Sonderzahlung mit reinem Entgeltcharakter wäre zwar die Kürzung für Fehltage und für Zeiten des Ruhens des Arbeitsverhältnisses möglich. Die Vereinbarung einer Stichtagsregelung wäre dagegen wegen der ausschließlichen Honorierung der Arbeitsleistung nicht möglich (vgl. Form. A. III. 3 Anm. 4; BAG Urt. v. 13. 6. 1991 – 6 AZR 421/89 – n. a. v.; BAG Urt. v. 13. 9. 1974 – 5 AZR 48/74 – DB 1974, 2483). Genau umgekehrt verhält es sich bei einer Sonderzahlung nur für Betriebstreue. Diese könnte für Zeiten des Ruhens des Arbeitsverhältnisses nicht gekürzt werden (vgl. BAG Urt. v. 10. 5. 1995 – 10 AZR 648/94 – NZA 1995, 1096). Die Aufnahme einer Stichtagsregelung wäre jedoch zulässig (vgl. BAG Urt. v. 19. 11. 1992 – 10 AZR 264/91 – NZA 1993, 353). Bei der hier gewählten Sonderzahlung mit Mischcharakter können die **Vorteile beider Arten von Sonderzahlungen genutzt** und sowohl Stichtagsregelungen als auch Kürzungsvereinbarungen aufgenommen werden (vgl. BAG Urt. v. 10. 2. 1993 – 10 AZR 207/91 – NZA 1993, 803).

2. Ergänzende Regelung. Die Klausel ist eine Ergänzung zu Form. A. II. 1. Sie ist im Anschluss an die Vergütungsregelung (§ 3) nach Abs. (1) einzufügen. Die Folgeregelungen in § 3 von Form. A. II. 1 müssen dann angepasst werden.

3. Gleichbehandlungsgrundsatz. Auch wenn der Arbeitgeber eine Gratifikation freiwillig, d. h. ohne Verpflichtung aufgrund Gesetz, Tarifvertrag oder Betriebsvereinbarung, gewährt, muss er bei seiner Entscheidung, ob und unter welchen Voraussetzungen er „freiwillige" Leistungen gewährt, den (allgemeinen) arbeitsrechtlichen Gleichbehandlungsgrundsatz beachten. Danach ist es ihm verwehrt, einzelne Arbeitnehmer oder Gruppen von Arbeitnehmern von allgemein begünstigenden Regelungen auszunehmen, wenn kein **sachlicher Grund für die Ungleichbehandlung** vorliegt (vgl. BAG Urt. v. 10. 3. 1998 – 1 AZR 509/97 – NZA 1998, 1298; *Freitag* NZA 2002, 294, 296). Ein solcher sachlicher Grund kann beispielsweise angenommen werden, wenn der Arbeitgeber eine bestimmte Arbeitnehmergruppe stärker an den Betrieb binden will, weil deren Weggang zu besonderen Belastungen führen würde (vgl. BAG Urt. v. 19. 3. 2003 – 10 AZR 365/02 – NZA 2003, 724). Will der Arbeitgeber nach Leistung differenzieren, muss er hierfür sachlich gerechtfertigte und nachvollziehbare Kriterien aufstellen (vgl. Küttner/*Griese* Gratifikation 208 Rdn. 8; vgl. BAG Urt. v. 6. 12. 1990 – 6 AZR 159/89 – NZA 1991, 350; BAG Urt. v. 27. 10. 1998 – 9 AZR 299/97 – NZA 1999, 700). Eine Gratifikation, für die der Arbeitgeber von einem Dritten (z. B. Agentur für Arbeit) arbeitsplatzgebundene Mittel erhält, muss er nicht auch auf anderen Arbeitsplätzen beschäftigten Arbeitnehmern aus eigenen Mitteln gewähren. Denn die Fremdfinanzierung stellt einen sachlichen Differenzierungsgrund dar (vgl. BAG Urt. v. 21. 5. 2003 – 10 AZR 524/02 – AP Nr. 251 § 611 BGB Gratifikation).

Gegen den (gesetzlich vorgesehenen) Gleichbehandlungsgrundsatz wird verstoßen, wenn Teilzeitbeschäftigte aufgrund ihres unterschiedlichen Arbeitspensums von einer Gratifikationsregelung völlig ausgeschlossen werden (vgl. § 4 Abs. 1 S. 2 TzBfG). Zulässig ist jedoch, Teilzeitbeschäftigten nur eine ihrer Arbeitszeit entsprechende anteilige Gratifikation zu gewähren (vgl. BAG Urt. v. 6. 12. 1990 – 6 AZR 159/89 – NZA 1991, 350). Wenn die Gratifikation Teilzeitbeschäftigten nur anteilig gewährt werden soll, muss dies ausdrücklich vertraglich geregelt werden. Denn bei einer Gratifikation, die zumindest auch die Betriebstreue des Arbeitnehmers belohnt, ergibt sich eine anteilige Gewährung nicht automatisch. Die Aufnahme eines Freiwilligkeitsvorbehalts (vgl. Anm. 17) schließt die Anwendung des Gleichbehandlungsgrundsatzes nicht aus.

4. Wartezeitregelung. Die als möglicher Zusatz vorgesehene Wartezeitregelung verdeutlicht den Zweck der Gratifikation, die Betriebstreue zu honorieren. Die Verknüpfung einer Sonderzahlung mit einer Wartezeitregelung in Abhängigkeit von der Betriebszugehörigkeit ist grundsätzlich **zulässig** (vgl. BAG Urt. v. 8. 12. 1993 – 10 AZR 638/92 – DB 1994, 585; Preis/*Peters-Lange* II S 40 Rdn. 46). Soweit eine Wartezeit zusammen mit einer Stichtagsregelung aufgenommen wird, muss der Arbeitnehmer beide Voraussetzungen erfüllen, um die Gratifikation zu erhalten (Preis/*Peters-Lange* II S 40 Rdn. 47).

5. Zweck. Um die in der Praxis häufigen Auslegungsprobleme zu vermeiden (vgl. Anm. 1) wurde vorliegend der Zweck der Gratifikation **ausdrücklich niedergelegt**. Die Belohnung der vergangenen Betriebstreue und die Förderung der zukünftigen Betriebstreue belegen, dass die Gratifikation einen über die Belohnung der Arbeitsleistung hinausgehenden Zweck verfolgt. Gleichzeitig wird geregelt, dass die Gratifikation auch eine Belohnung der Arbeitsleistung als solcher bezweckt. Durch die Nennung beider Zwecke wird der Charakter als Sonderzahlung mit Mischcharakter deutlich (vgl. Anm. 1).

6. Staffelung nach Betriebszugehörigkeit. Die Gratifikation ist in der Alternative entsprechend der Dauer der Betriebszugehörigkeit der Höhe nach gestaffelt. Auch durch die Staffelung der Gratifikationshöhe wird deutlich, dass die Sonderzahlung einen über die Belohnung der Arbeitsleistung hinausgehenden Zweck, die Honorierung von Betriebstreue, verfolgt (vgl. Anm. 1).

7. Anteilige Zahlung bei Eintritt. Bei Sonderzahlungen mit Mischcharakter ist aufgrund des Zwecks, Arbeitsleistung zu honorieren, auch eine Klausel zulässig, die die **zeitanteilige Kürzung** der Gratifikation **bei unterjährigem Eintritt** vorsieht (vgl. BAG Urt. v. 7. 11. 1991 – 6 AZR 489/89 – BB 1992, 142). Eine derartige – hier als Zusatz vorgeschlagene – Klausel verdeutlicht die Ausgestaltung der Gratifikation als Sonderzahlung mit Mischcharakter (vgl. Hanau/*Vossen* DB 1992, 213, 215).

Im Hinblick auf die anteilige Berechnung im Eintrittsjahr stellt die Klausel eine **echte Anspruchskürzung** dar (vgl. Preis/*Peters-Lange* II S 40 Rdn. 83). Denn die Gratifikation ist vorliegend mit einer Stichtagsregelung verbunden (vgl. Anm. 12). Soweit weder eine Wartezeitregelung (vgl. Anm. 4) noch eine Staffelung der Gratifikationshöhe nach Betriebszugehörigkeit (vgl. Anm. 6) vorgesehen sind, würde der Gratifikationsanspruch in voller Höhe entstehen, wenn der Stichtag erreicht wird. Der Arbeitnehmer würde die Gratifikation bei Erreichen des Stichtags erhalten, auch wenn er erst kurze Zeit vorher in das Unternehmen eingetreten ist. Etwas anderes gilt in dieser Konstellation nur, wenn die Gratifikation – wie im Formular als Zusatz vorgesehen – im Eintrittsjahr (nur) zeitanteilig gewährt wird.

Bei Aufnahme dieser Klausel muss berücksichtigt werden, dass sie der im Formular als Zusatz vorgesehenen Wartezeitregelung (vgl. Anm. 4) bzw. der in der Alternative vorgesehenen Staffelung der Gratifikationshöhe nach Betriebszugehörigkeit (vgl. Anm. 6) widerspricht. Denn soweit eine Wartezeitregelung bzw. die Staffelung der Gratifikationshöhe nach Betriebszugehörigkeit vorsehen, dass ein Gratifikationsanspruch erst nach einem Jahr der Betriebszugehörigkeit entsteht, ist für das **Eintrittsjahr** keine anteilige Zahlung möglich. In diesen Fällen muss daher auf die hier vorgesehene Klausel zur anteiligen Zahlung im Eintrittsjahr verzichtet werden.

8. Kürzung bei Fehlzeiten ohne gesetzliche Entgeltfortzahlungsansprüche. Durch die hier vorgesehene Kürzungsregelung wird der Bezug zur Arbeitsleistung hergestellt und der Charakter einer Sonderzahlung mit Mischcharakter deutlich gemacht. Grundsätzlich besteht bei Sonderzahlungen mit Mischcharakter – anders als bei Sonderzahlungen mit reinem Entgeltcharakter (vgl. Form. A. III. 3 Anm. 4) – bei Fehlzeiten des Arbeitnehmers (z.B. infolge Ruhen des Arbeitsverhältnisses, krankheitsbedingter Abwesenheit) **kein „automatisches" Kürzungsrecht** (vgl. BAG Urt. v. 10. 2. 1993 – 10 AZR 207/91 – NZA 1993, 803; BAG Urt. v. 10. 5. 1995 – 10 AZR 648/94 – NZA 1995, 1096; Küttner/*Griese* Gratifikation 208 Rdn. 14). Der Anspruch auf Zahlung der Gratifikation würde ohne vertraglich vereinbartes Kürzungsrecht selbst dann bestehen, wenn der Arbeitnehmer im Bezugszeitraum überhaupt keine Arbeitsleistung erbracht hat (anders noch die frühere Rechtsprechung, die zumindest eine 14-tägige Arbeitsleistung forderte, vgl. BAG Urt. v. 29. 8. 1979 – 5 AZR 511/79 – DB 1979, 2376; Preis/*Peters-Lange* II S 40 Rdn. 42). Die hier vorgesehene Kürzungsregelung hat also konstitutive Wirkung. Sie ist Vorraussetzung für ein Kürzungsrecht des Arbeitgebers.

Fehlzeiten sind hiernach sowohl krankheitsbedingte als auch anderweitige Fehlzeiten (z.B. unentschuldigtes Fernbleiben von der Arbeit, Teilnahme an rechtswidrigem Streik). Das Kürzungsrecht entsprechend der im Formular gewählten Formulierung umfasst **nur Fehlzeiten ohne gesetzliche Entgeltfortzahlungsansprüche**. Dies bedeutet, dass der Arbeitgeber die Gratifikation z.B. bei Krankheit im Entgeltfortzahlungszeitraum (§ 3 Abs. 1 S. 1 EFZG) oder bei Urlaub (§ 1 BUrlG) nicht kürzen kann (vgl. zur Kürzung bei Fehlzeiten infolge Krankheit im Entgeltfortzahlungszeitraum aber Anm. 11 und Form. A. III. 5 Abs. (3)).

Manchmal haben die Arbeitsvertragsparteien vereinbart, dass auch für Zeiten über den gesetzlichen Entgeltfortzahlungszeitraum hinaus (gegebenenfalls gemindertes) Arbeitsentgelt gezahlt wird. In diesen Fällen kann der Arbeitgeber nach der hier vorgesehenen Klausel dennoch die Gratifikation für die Fehlzeiten kürzen, da (und soweit) keine **gesetzlichen** Entgeltfortzahlungsansprüche mehr bestehen. Soweit sich Entgeltfortzahlungsansprüche nicht aus Gesetz, sondern aus anderer Rechtsgrundlage (z.B. Tarifvertrag, Betriebsvereinbarung) ergeben, sollte die Klausel eine Kürzung ebenfalls ermöglichen.

Kleingratifikationen bis zu EUR 100,– (Rechtsprechung erging zu DM 200,–) dürfen nicht gekürzt werden (vgl. BAG Urt. 15. 2. 1990 – 6 AZR 381/88 – AP Nr. 15 § 611 BGB Anwesenheitsprämie). Teile der Literatur wollen infolge Neuregelung des § 4a EFZG an diesem Kürzungsverbot mangels Berücksichtigung der Rechtsprechung zu Kleingratifikationen in § 4a EFZG nicht mehr festhalten (vgl. Form. A. III. 5 Anm. 7). Da sich die Rechtsprechung dem bisher jedoch nicht angeschlossen hat, sollte bei Kleingratifikationen auf Regelungen zur Kürzung verzichtet werden.

9. Keine Kürzung bei Fehlzeiten wegen Mutterschutz. Im Formular ist zur Klarstellung aufgenommen, dass Mutterschutzzeiten (vgl. §§ 3 Abs. 2, 6 Abs. 1 MuSchG) keine „sonstigen

Fehlzeiten" darstellen und damit nicht zum Anlass für eine Kürzung der Gratifikation genommen werden können. Die im Hinblick auf Kürzungsvereinbarungen für Mutterschutzzeiten ergangene Rechtsprechung ist uneinheitlich. Nach früherer Rechtsprechung konnte eine jährlich zu zahlende Sonderzahlung nicht für Fehlzeiten, die durch Mutterschutzzeiten entstehen, gekürzt werden (vgl. BAG Urt. v. 12. 5. 1993 – 10 AZR 528/91 – NZA 1993, 1002). Dagegen wurde nur kurze Zeit später vom BAG festgestellt, dass Mutterschutzzeiten nicht mehr wie Zeiten tatsächlicher Arbeitsleistung zu behandeln und daher einer Kürzungsvereinbarung zugänglich sind (vgl. BAG Urt. v. 12. 7. 1995 – 10 AZR 511/94 – NZA 1995, 1165; *Schwarz* NZA 1996, 571). Dem widerspricht wiederum eine spätere Entscheidung des EuGH, nach der ein Verstoß gegen das Diskriminierungsverbot (vgl. Art. 141 EG) anzunehmen ist, wenn ein Arbeitgeber bei der Gewährung einer Gratifikation Mutterschutzzeiten anteilig anspruchsmindernd berücksichtigt (vgl. EuGH Urt. v. 21. 10. 1999 – Rs. C-333/97 – NZA 1999, 1325). Vor dem Hintergrund dieser Entscheidung wurden hier Fehlzeiten infolge Mutterschutz nicht in die Kürzungsklausel einbezogen (vgl. Preis/*Peters-Lange* II S 40 Rdn. 82). Der Arbeitgeber kann also keine Kürzung der Gratifikation für Fehlzeiten infolge Mutterschutzzeiten vornehmen.

10. Kürzung bei Fehlzeiten wegen Ruhens des Arbeitsverhältnisses. Ruhen des Arbeitsverhältnisses bedeutet, dass die Hauptleistungspflichten aus dem Arbeitsverhältnis suspendiert sind (vgl. BAG Urt. v. 10. 5. 1989 – 6 AZR 660/87 – DB 1989, 2127). Das Arbeitsverhältnis ruht z. B. bei Elternzeit (BAG Urt. v. 24. 5. 1995 – 10 AZR 619/94 – NZA 1996, 31), Wehr- oder Ersatzdienst oder Wehrübung (vgl. Küttner/*Griese* Gratifikation 208 Rdn. 15), unbezahltem Sonderurlaub (vgl. BAG Urt. v. 25. 1. 1994 – 9 AZR 540/91 – NZA 1994, 546) oder rechtmäßigem Arbeitskampf (vgl. BAG Urt. v. 20. 12. 1995 – 10 AZR 742/94 – NZA 1996, 491).

Zwar ließen sich Zeiten des Ruhens des Arbeitsverhältnisses auch als „Fehlzeiten" (vgl. Anm. 8) klassifizieren. Denn auch während des Ruhens des Arbeitsverhältnisses erscheint der Arbeitnehmer nicht zur Arbeit und „fehlt" daher. Aus Klarstellungsgründen wurden jedoch Fälle des Ruhens des Arbeitsverhältnisses im Formular ausdrücklich genannt. Denn es findet sich in der Rechtsprechung keine Aussage dazu, dass Kürzungsregelungen zu Fehlzeiten auch Zeiten des Ruhens des Arbeitsverhältnisses erfassen.

Im Formular ist vorgesehen, dass die Gratifikation für Zeiten des Ruhens des Arbeitsverhältnisses anteilig gekürzt wird. Damit fallen **alle vertraglichen oder gesetzlichen Ruhenstatbestände** unter die Kürzungsregel (ErfKomm/*Preis* § 611 Rdn. 682; vgl. aber auch BAG Urt. v. 3. 8. 1999 – 1 AZR 735/98 – AP GG Art. 9 Arbeitskampf Nr. 156 zur Streikteilnahme). Denkbar ist auch, bereits alle Ruhenstatbestände, die zu einer Kürzung der Gratifikation führen, ausdrücklich in der Vereinbarung zu nennen. Die Gratifikation kann dann aber nicht wegen solcher Ruhenstatbestände gekürzt werden, die nicht in der Vereinbarung genannt sind (vgl. BAG Urt. v. 22. 2. 1995 – 10 AZR 782/93 – NZA 1995, 951). Wenn einzelne Ruhenstatbestände genannt werden sollen, ist die im Formular vorgesehene (nur) beispielhafte Aufzählung („z. B. infolge") daher vorzugswürdig.

11. Kürzung bei krankheitsbedingten Fehlzeiten mit gesetzlichen Entgeltfortzahlungsansprüchen. Als Zusatz könnte eine Regelung gemäß § 4a EFZG für krankheitsbedingte Fehlzeiten mit gesetzlichen Entgeltfortzahlungsansprüchen vorgesehen werden. Die Gratifikation enthält dann den Charakter einer Anwesenheitsprämie (vgl. zur Vertragsgestaltung in diesem Fall Form. A. III. 5, dort Anm. 7).

12. Stichtagsregelung. Unter einer Stichtagsregelung versteht man eine Klausel, nach der der Anspruch auf eine Gratifikation nur entsteht, wenn das Arbeitsverhältnis zu einem bestimmten Zeitpunkt noch nicht beendet ist (und es sich zu diesem Zeitpunkt auch nicht im „Beendigungsstadium" befindet). **Stichtagsregelungen** sind sowohl bei Gratifikationen in Form von Sonderzahlungen mit Mischcharakter als auch bei Gratifikationen in Form von Sonderzahlungen nur für Betriebstreue zulässig (BAG Urt. v. 19. 11. 1992 – 10 AZR 264/91 – NZA 1993, 353). Sie verdeutlichen den Zweck der Honorierung von Betriebstreue und ermöglichen so die Abgrenzung zu Sonderzahlungen mit reinem Entgeltcharakter (vgl. BAG Urt. v. 21. 5. 2003 – 10 AZR 408/02 – NJOZ 2004, 1532; *Gaul* BB 1994, 494). In der Praxis wird häufig der Auszahlungstag als Stichtag gewählt. Im Formular wurde stattdessen als Stichtag der Zeitpunkt der Fälligkeit der Zahlung gewählt. Dies vermeidet Unsicherheiten, die mit gegebenenfalls jeweils unterschiedlichen Auszahlungstagen einhergehen.

Zulässig sind jedenfalls all die Stichtagsregelungen, die einen Stichtag innerhalb des Bezugszeitraums vorsehen (vgl. Preis/*Peters-Lange* II S 40, Rdn. 26). Unter Bezugszeitraum versteht man den Zeitraum, für den die Gratifikation gezahlt wird. Soweit ein Stichtag gewählt wird, der außerhalb des Bezugszeitraums liegt, die Gratifikation aber bereits früher ausgezahlt wird, liegt eine verdeckte Rückzahlungsklausel vor. Eine Rückzahlungsklausel ist aber nur unter bestimmten Voraussetzungen wirksam. Denn durch sie entsteht eine Bindungswirkung, die den Mitarbeiter gegebenenfalls im Hinblick auf seine Kündigungsrechte unzulässig einschränkt (vgl. Anm. 16).

13. Ungekündigtes Arbeitsverhältnis. Maßgeblich für den Anspruch auf Zahlung der Gratifikation nach der hier vorgeschlagenen Regelung ist, dass sich der Arbeitnehmer am Stichtag in einem ungekündigten Arbeitsverhältnis befindet. Die im Formular vorgesehene Formulierung umfasst **alle Arten der Kündigung des Arbeitsverhältnisses** (vgl. Schaub/*Linck*, § 78 Rn. 428). Unerheblich ist dabei, ob eine ordentliche oder eine außerordentliche Kündigung vorliegt und ob die Kündigung seitens des Arbeitnehmers oder des Arbeitgebers erfolgt (BAG Urt. v. 22. 6. 1983 – 5 AZR 252/81 – n. a. v.; vgl. BAG Urt. v. 26. 10. 1994 – 10 AZR 109/93 – AP Nr. 167 § 611 BGB Gratifikation; BAG Urt. v. 4. 5. 1999 – 10 AZR 290/98 – AP Nr. 55 § 242 BGB Betriebliche Übung). Aufgrund der Formulierung „ungekündigt" sind hierbei gerade (auch) Fälle umfasst, bei denen das Arbeitsverhältnis am Stichtag zwar noch besteht, aber bereits eine Kündigung ausgesprochen wurde. Hierdurch kommt der Stichtagsregelung eine über den Stichtag und über den Bezugszeitraum hinausgehende (Bindungs-) Wirkung zu. Dies ist rechtlich unbedenklich. Denn der Arbeitnehmer hat bereits zum Stichtag Gewissheit über den Erhalt der Sonderzahlung. Die Bezugnahme auf ein ungekündigtes Arbeitsverhältnis ist daher auch bei langen Kündigungsfristen zulässig (vgl. BAG Urt. v. 23. 5. 1984 – 5 AZR 398/82 – n. a. v.).

Eine Stichtagsregelung unterliegt aber richterlicher Inhalts- und Billigkeitskontrolle (vgl. BAG Urt. v. 19. 11. 1992 – 10 AZR 264/91 – NZA 1993, 353). Dies entspricht bei vorformulierten Arbeitsverträgen der Inhaltskontrolle nach den AGB-Kontrollvorschriften (vgl. § 307 Abs. 1 BGB; vgl. *Däubler/Dorndorf* § 307 BGB Rdn. 3). Hiernach darf keine unangemessene Benachteiligung des Arbeitnehmers vorliegen. Eine solche ist dann anzunehmen, wenn keine **wirksame Kündigung** vorliegt (BAG Urt. v. 7. 12. 1989 – 6 AZR 324/88 – AP Nr. 14 § 1 TVG Tarifverträge: Textilindustrie). Hat eine Kündigungsschutzklage daher Erfolg, so entfällt die Gratifikation nicht. Dies gilt auch dann, wenn die Kündigung unwirksam war, das Arbeitsverhältnis aber auf einen hilfsweisen Auflösungsantrag nach §§ 9, 10 KSchG hin aufgelöst wird (vgl. BAG a. a. O.; Bauer/*Lingemann* M 12.15 S. 362). Die Wirksamkeit der Kündigung kann auch im Rahmen einer Klage auf Zahlung der Gratifikation (inzident) überprüft werden (vgl. BAG Urt. v. 7. 12. 1989 – 6 AZR 324/88 – AP Nr. 14 § 1 TVG Tarifverträge: Textilindustrie).

Wird seitens des Arbeitgebers **betriebsbedingt gekündigt**, so ging das BAG in seiner früheren Rechtsprechung davon aus, dass einem Arbeitnehmer der Anspruch auf die Gratifikation nicht genommen werden kann. Denn der Arbeitnehmer werde durch die betriebsbedingte Kündigung vom Arbeitgeber daran gehindert, Betriebstreue zu erweisen (BAG Urt. v. 13. 9. 1974 – 5 AZR 48/74 – DB 1974, 2483; BAG Urt. v. 26. 6. 1975 – 5 AZR 412/74 – DB 1975, 2089). Später hat das BAG entschieden, dass der Arbeitnehmer auch dann seinen Anspruch verliert, wenn eine **sozial gerechtfertigte betriebsbedingte Kündigung** vorliegt (BAG Urt. v. 19. 11. 1992 – 10 AZR 264/91 – NZA 1993, 353). Auch der Fall der betriebsbedingten Kündigung wird daher durch die im Formular vorgesehene Stichtagsregelung erfasst.

Soweit ein Arbeitsverhältnis erst nach dem Stichtag infolge einer **Befristung** endet, steht dies dem Fall des **gekündigten Arbeitsverhältnisses** oder dem Fall des **geschlossenen Aufhebungsvertrags nicht gleich** (vgl. BAG Urt. v. 14. 12. 1993 – 10 AZR 661/92 – AP Nr. 160 § 611 BGB Gratifikation). Keine Rechtsprechung existiert zur Frage, ob eine Regelung zulässig wäre, die die Gratifikation an den Bestand eines **unbefristeten** Arbeitsverhältnisses am

Stichtag bindet. Gegen die Möglichkeit, die Zahlung der Gratifikation von einem unbefristeten Arbeitsverhältnis abhängig zu machen, könnte der Gleichbehandlungsgrundsatz sprechen (vgl. § 4 Abs. 2 S. 1, 2 TzBfG). Danach dürfen befristet beschäftigte Arbeitnehmer, auch im Hinblick auf das Arbeitsentgelt, im Vergleich zu unbefristet beschäftigten Arbeitnehmern nicht benachteiligt werden. Das BAG hat bisher nur entschieden, dass es für die Beurteilung, ob sachliche Gründe eine unterschiedliche Behandlung von befristet und unbefristet beschäftigten Arbeitnehmern bei der Gewährung tariflicher Zulagen zulassen, auf den Zweck der Zulage ankommt (BAG Urt. v. 11. 12. 2003 – 6 AZR 64/03 – NZA 2004, 723). Danach ist eine Ungleichbehandlung nicht gerechtfertigt, wenn die Zulage das Ziel verfolgt, die bisherige Vergütung zu sichern und eine Lohnminderung auszugleichen (BAG Urt. v. 11. 12. 2003 a. a. O.). Als sachlicher Grund für die Ungleichbehandlung ließe sich im Unterschied zum vom BAG entschiedenen Fall aber argumentieren, dass eine Gratifikation nicht nur die Belohnung bereits erbrachter Arbeitsleistung bezweckt, sondern auch die Förderung zukünftiger Betriebstreue des Arbeitnehmers. Der Zweck, zukünftige Betriebstreue zu fördern, kann bei einem Arbeitnehmer, der sich in einem befristeten Arbeitsverhältnis befindet, nur sehr viel eingeschränkter erreicht werden als bei einem unbefristet beschäftigten Arbeitnehmer. Denn aufgrund der Befristung steht bereits fest, dass der Arbeitnehmer dem Betrieb (eventuell) nicht auf Dauer erhalten bleibt. Andererseits ist der Zweck, vergangene Betriebstreue zu belohnen, bei befristet Beschäftigten nicht weniger erreicht als bei unbefristet Beschäftigten. Auch beruht die Befristung des Arbeitsverhältnisses regelmäßig auf dem Willen des Arbeitgebers. Im Formular wurde die Stichtagsregelung aufgrund der unklaren Rechtslage vorsorglich nicht dergestalt erweitert, dass sich der Arbeitnehmer zum Stichtag in einem unbefristeten Arbeitsverhältnis befinden muss. Nach der Klausel im Formular erhält daher ein befristet beschäftigter Arbeitnehmer die Gratifikation, wenn er sich **am Stichtag noch im (befristeten) Arbeitsverhältnis befindet**, selbst wenn dieses kurze Zeit später endet.

14. Aufhebungsvertrag. Zweckmäßig ist auch die hier vorgesehene Formulierung, dass eine Gratifikation dann nicht geleistet wird, wenn bereits vor dem Stichtag ein Aufhebungsvertrag geschlossen wurde (vgl. Bauer/*Lingemann* M 12.15.363). Ohne vertragliche Vereinbarung wäre dieser Fall nicht von der Stichtagsregelung umfasst. Denn nach der Rechtsprechung steht ein vor dem Stichtag abgeschlossener Aufhebungsvertrag einer Kündigung des Arbeitsverhältnisses nicht gleich (vgl. BAG Urt. v. 7. 10. 1992 – 10 AZR 186/91 – AP Nr. 146 § 611 BGB Gratifikation).

15. Betriebsbedingter Grund als Ausnahme. Der Arbeitgeber mag Arbeitnehmern, deren Arbeitsverhältnis betriebsbedingt gekündigt oder mit denen aus betriebsbedingtem Grund ein Aufhebungsvertrag abgeschlossen wurde, einen Anspruch auf die Gratifikation zusprechen wollen. Für diesen Fall kann der vorgesehene Zusatz (als Durchbrechung der Stichtagsregelung) verwendet werden.

16. Rückzahlungsklauseln. Die im Formular gewählte Rückzahlungsklausel stellt darauf ab, dass die Gratifikation am 1. November (mit dem Novembergehalt) oder am 1. Dezember (mit dem Dezembergehalt) fällig wird. Soweit ein anderer Auszahlungszeitpunkt gewählt wird, muss die Klausel entsprechend der Rechtsprechung zur zulässigen Bindungsdauer (drei- bzw. sechsmonatige Bindungsfrist; vgl. hierzu sogleich) angepasst werden.

Inhalt von sog. Rückzahlungsklauseln ist bei Gratifikationen regelmäßig die Pflicht zur Rückzahlung der Gratifikation für den Fall, dass der Arbeitnehmer zu einem bestimmten, nach der Auszahlung der Gratifikation liegenden Zeitpunkt aus dem Arbeitsverhältnis ausscheidet. Gratifikationen stehen nicht automatisch unter einem Rückzahlungsvorbehalt. Wird ein solcher vereinbart, ist dies folglich ein Indiz für die Entlohnung der Betriebstreue und damit für den Charakter der Sonderzahlung als Gratifikation (vgl. Anm. 1). Ein Rückzahlungsvorbehalt ist nur dann wirksam, wenn die **Voraussetzungen**, die die Pflicht zur Rückzahlung auslösen, ausdrücklich geregelt sind und die Rückzahlungspflicht den Arbeitnehmer nicht unangemessen lange bindet (vgl. BAG Urt. v. 14. 6. 1995 – 10 AZR 25/94 – AP Nr. 176 zu § 611 BGB Gratifikation; BAG Urt. v. 21. 5. 2003 – 10 AZR 390/02 – AP Nr. 250 zu § 611 BGB Gratifikation). Ohne eine ausdrücklich und eindeutig vereinbarte Rückzahlungspflicht ist der Arbeitnehmer zur Rückzahlung nicht verpflichtet (vgl. bei vorformulierten Arbeitsverträgen § 307 Abs. 1 S. 2 BGB; Tschöpe/*Schmalenberg*, 2 A III Rdn. 516). Rückzahlungsklauseln sind im Zweifel eng, d. h. zugunsten des Arbeitnehmers auszulegen (sog. Unklarheitenregel, § 305c Abs. 2 BGB; vgl. *Däubler/Dörner* Anhang zu § 307 BGB Rdn. 66).

Im Formular wurde im Hinblick auf die Kündigung durch den Arbeitgeber nicht nach der **Art des Kündigungsgrunds** differenziert. Die Rückzahlungspflicht entsteht hiernach unabhängig davon, ob die Kündigung auf verhaltens-, personen- oder betriebsbedingten Gründen beruht. Verlässliche Rechtsprechung zur Frage, ob die hier gewählte (umfassende) Rückzahlungsklausel für jeden Fall der Kündigung (insbesondere auch bei personen- und betriebsbedingter Kündigung) rechtlich unbedenklich ist, existiert allerdings nicht. Im Einzelnen:

Klarheit besteht insoweit, als eine Rückzahlungspflicht für den Fall der **Eigenkündigung** des Arbeitnehmers oder der Arbeitgeberkündigung aufgrund **verhaltensbedingter Gründe** vereinbart werden kann (vgl. Küttner/*Griese* Gratifikation 208 Rdn. 24). Im letzteren Fall entsteht eine Rückzahlungspflicht aber nur, wenn das schuldhafte Verhalten des Arbeitnehmers für die Arbeitgeberkündigung unmittelbar ausschlaggebend war (vgl. BAG Urt. v. 23. 1. 1992 – 6 AZR 539/89 – BB 1992, 922).

Eine Rückzahlungspflicht ist auch wirksam im Fall einer **personenbedingten Kündigung**, wenn die Rückzahlungspflicht in einem Tarifvertrag vereinbart wurde (vgl. BAG Urt. v. 14. 3. 1984 – 5 AZR 217/82 – n. a. v.). In dieser Entscheidung hat das BAG aber im Hinblick auf die Wirksamkeit einer etwaigen einzelvertraglichen Vereinbarung zur Rückzahlung bei personenbedingter Kündigung Zweifel geäußert. Allerdings datiert die Entscheidung aus dem Jahr 1984. In dieser Zeit ging das Gericht auch noch davon aus, dass eine Stichtagsregelung (vgl. Anm. 12), die auch betriebsbedingte Kündigungen erfasst, unwirksam ist (BAG Urt. v. 13. 9. 1974 – 5 AZR 48/74 – DB 1974, 2483; BAG Urt. v. 26. 6. 1975 – 5 AZR 412/74 – DB 1975, 2089). Dies hat das BAG im Jahr 1992 revidiert (BAG Urt. v. 19. 11. 1992 – 10 AZR 264/91 – NZA 1993, 353). Vor diesem Hintergrund besteht die Chance, dass die Rechtsprechung die Rückzahlungsklausel auch bei Ausspruch einer personenbedingten Kündigung als wirksam erachtet. Daher wurde der Fall der personenbedingten Kündigung in der Klausel zur Rückzahlung nicht ausgeschlossen.

Die Rechtsprechung hat bisher nicht entschieden, ob eine Rückzahlungsverpflichtung auch für den Fall einer **betriebsbedingten Kündigung** aufgenommen werden kann. Teile der Literatur lehnen eine Rückzahlungsverpflichtung in diesem Fall ab. Denn Rückzahlungsverpflichtungen würden den Arbeitnehmer stärker binden als Stichtagsregelungen. Der Arbeitnehmer müsse eine Gratifikation zurückzahlen, die er gegebenenfalls bereits ausgegeben hat. Bei einer Stichtagsregelung sei eine finanzielle Belastung insoweit dagegen ausgeschlossen. Denn der Arbeitnehmer erhalte die Gratifikation nur bei Erfüllung der Voraussetzungen der Stichtagsregelung. Er habe damit bereits im Moment der Auszahlung Gewissheit darüber, ob er die Sonderzahlung verbrauchen kann oder nicht (vgl. Küttner/*Griese* Gratifikation 208 Rdn. 24). Die Rechtsprechung hat bisher nur für Stichtagsregelungen bestimmt, dass diese auch **betriebsbedingte Kündigungen** umfassen können (BAG Urt. v. 19. 11. 1992 – 10 AZR 264/91 – NZA 1993, 353). Im Hinblick auf ihre Zwecksetzung sind Stichtagsregelungen mit Rückzahlungsklauseln aber durchaus vergleichbar. Denn beide sollen den Arbeitnehmer über einen längeren Zeitraum an den Betrieb binden. Daher besteht die Chance, dass das BAG seine Rechtsprechung zu Stichtagsregelungen auf Rückzahlungsklauseln überträgt. Folglich wurde der Fall der betriebsbedingten Kündigung in der Klausel zur Rückzahlung nicht ausgeschlossen.

Soweit der Arbeitgeber die Rückzahlungspflicht aufgrund der rechtlichen Unsicherheit nicht auf die Fälle personen- und betriebsbedingter Kündigung erstrecken will, kann er die Rückzahlungsklausel auf den Ausspruch einer verhaltensbedingten Kündigung beschränken („aufgrund verhaltensbedingter Kündigung").

Die Rückzahlungspflicht bei Kündigungen umfasst nicht die Konstellation, dass der Arbeitnehmer infolge **Aufhebungsvertrags** aus dem Arbeitsverhältnis ausscheidet (LAG Hamm Urt. v. 12. 2. 1999 – 10 Sa 1621/98 – NZA-RR 1999, 514). Daher muss dieser Fall ausdrücklich – wie im Formular vorgesehen – geregelt werden.

Rückzahlungsklauseln dürfen den Arbeitnehmer nicht in unzulässiger Weise in seinem grundrechtlich geschützten Recht auf freie Wahl des Arbeitsplatzes (Art. 12 GG) einschränken. Bei vorformulierten Arbeitsverträgen wird dies im Rahmen einer Inhaltskontrolle (vgl.

4. Gratifikation A. III. 4

§ 307 BGB), andernfalls im Rahmen einer Billigkeitskontrolle (vgl. § 315 BGB) überprüft (vgl. BAG Urt. v. 28. 4. 2004 – 6 AZR 356/03 – BB 2004, 1687, 1688). Das BAG hat hierbei ein gestuftes **System zulässiger Bindungszeiten** entwickelt. Die zulässige Bindungsdauer richtet sich nach Höhe und Zeitpunkt der vereinbarten Fälligkeit der Leistung. Dies gilt auch dann, wenn eine als einheitlich bezeichnete Leistung in zwei Teilbeträgen zu unterschiedlichen Zeitpunkten fällig wird (vgl. BAG Urt. v. 21. 5. 2003 – 10 AZR 390/02 – AP Nr. 250 zu § 611 BGB Gratifikation). Im Einzelnen:

Gratifikationen in Höhe von bis zu EUR 100,– (Kleingratifikationen) dürfen keiner Rückzahlungspflicht unterworfen werden (BAG Urt. v. 17. 3. 1982 – 5 AZR 1185/79 – DB 1982, 1881; vgl. Palandt/*Putzo* § 611 BGB Rdn. 90).

Bei Gratifikationen in Höhe **von EUR 100,– bis zu einem Monatsverdienst** ist eine ca. **dreimonatige Bindungsfrist** zulässig. Bei einer Gratifikation, die Ende November fällig wird und der damit im Hinblick auf Weihnachten eine besondere Bedeutung zukommt, ist eine Bindung bis zu einem vor dem 31. März des folgenden Jahrs liegenden Termin und damit für ca. vier Monate zulässig (vgl. BAG Urt. v. 28. 4. 2004 – 10 AZR 356/03 – BB 2004, 1687; BAG Urt. v. 9. 6. 1993 – 10 AZR 529/92 – NZA 1993, 935; BAG Urt. v. 21. 5. 2003 – 10 AZR 390/02 AP Nr. 250 zu § 611 BGB Gratifikation). Entscheidend ist, dass das Arbeitsverhältnis nicht bereits vor dem 31. März endet. Kündigt der Mitarbeiter zum 31. März und endet das Arbeitsverhältnis (erst) mit Ablauf des 31. März, entsteht folglich keine Rückzahlungspflicht.

Bei Gratifikationen **in Höhe von mehr als einem Monatsverdienst**, ist eine Bindung von ca. **sechs Monaten** oder – soweit die Gratifikation im November fällig wird – eine Bindung von ca. sieben Monaten bis zu einem vor dem 30. Juni des Folgejahrs liegenden Termin zulässig (vgl. BAG Urt. v. 12. 12. 1962 – 5 AZR 324/62 – DB 1963, 454; BAG Urt. v. 12. 10. 1967 – 5 AZR 159/67 – DB 1968, 44; BAG Urt. v. 13. 11. 1969 – 5 AZR 232/69 – DB 1970, 352).

Bei Gratifikationen in Höhe von genau einem Monatsverdienst ist eine mehr als ca. dreimonatige Bindung bis zum nächst zulässigen nach dem 31. März liegenden Kündigungstermin, maximal jedoch bis zu einem vor dem 30. Juni des Folgejahrs liegenden Termin (also eine Bindungsdauer von ca. sechs Monaten) möglich (vgl. BAG Urt. v. 28. 4. 2004 – 10 AZR 356/03 – BB 2004, 1687; BAG Urt. v. 20. 3. 1974 – 5 AZR 327/73 – AP Nr. 82 zu § 611 BGB Gratifikation; BAG Urt. v. 10. 5. 1962 – 5 AZR 452/61 – NJW 1962, 1537; LAG Hamm Urt. v. 14. 8. 1998 – 10 Sa 153/98 – AP Nr. 208 § 611 BGB Gratifikation). Im Formular wurde diese Möglichkeit aufgrund der Vielzahl von Kündigungsterminen nicht berücksichtigt. Vielmehr ist der Arbeitnehmer nach der hier vorgeschlagenen Klausel bei einer Gratifikation in Höhe eines Monatsverdienstes nur bis zu einem vor dem 31. März des Folgejahrs liegenden Termin gebunden.

Bei Gratifikationen in **Höhe von (mindestens) zwei Monatsverdiensten** und nur im Ausnahmefall ist eine Bindung von mehr als sechs Monaten oder – soweit die Gratifikation im November fällig wird – über den 30. Juni hinaus, möglich (vgl. BAG Urt. v. 13. 11. 1969 – 5 AZR 232/69 – DB 1970, 352). So ist beispielsweise eine Bindung über den 30. Juni ausnahmsweise dann zulässig, wenn eine Gratifikation in Höhe von zwei Monatsverdiensten in zwei Teilbeträgen (November und Dezember) ausgezahlt wird und die Rückzahlungsverpflichtung gestaffelt ist, d. h. bei Ausscheiden bis zu einem vor dem 31. März des Folgejahrs liegenden Termin eineinhalb Monatsverdienste, bei Ausscheiden bis zu einem vor dem 30. Juni des Folgejahrs liegenden Termin ein Monatsverdienst und bei Ausscheiden bis zu einem vor dem 30. September des Folgejahrs liegenden Termin ein halber Monatsverdienst zurückzuzahlen ist. Aufgrund des Ausnahmecharakters dieser BAG-Entscheidung wurde dieser Fall im Formular nicht berücksichtigt.

Ob eine Sonderzahlung einen Monatsverdienst übersteigt, bestimmt sich nicht nach der durchschnittlichen Jahresvergütung, sondern nach dem vertraglich geschuldeten **Monatsverdienst** des Arbeitnehmers zum **Zeitpunkt der Auszahlung** der Gratifikation (vgl. BAG Urt. v. 28. 4. 2004 – 10 AZR 356/03 – BB 2004, 1687; BAG Urt. v. 21. 5. 2003 – 10 AZR 390/02 – AP Nr. 250 zu § 611 BGB Gratifikation).

Bei einer wirksamen Rückzahlungsklausel verbleibt dem Arbeitnehmer nicht der Sockelbetrag in Höhe der Kleingratifikation. Er muss vielmehr die vollständige Leistung zurückgewähren (BAG Urt. v. 11. 6. 1964 – 5 AZR 472/63 – AP Nr. 36 zu § 611 BGB Gratifikation).

Unklar ist, wie in dem Fall zu verfahren ist, dass eine Rückzahlungsklausel eine zu lange Bindungsdauer vorsieht. Nach früherer Rechtsprechung war Folge einer zu langen Bindung nicht die Nichtigkeit der Rückzahlungsklausel, sondern nur eine Verkürzung auf die zulässige Bindungsdauer (**sog. geltungserhaltende Reduktion**; vgl. BAG Urt. v. 20. 3. 1974 – 5 AZR 327/73 – DB 1974, 1296). Ob hieran auch nach der Einführung der AGB-Kontrolle für Formulararbeitsverträge festzuhalten ist, ist zweifelhaft.

17. Freiwilligkeitsvorbehalt. Der Freiwilligkeitsvorbehalt verhindert von vornherein die Entstehung eines Anspruchs auf Leistung (BAG Urt. v. 6. 12. 1995 – 10 AZR 198/95 – AP Nr. 187 zu § 611 BGB Gratifikation; BAG Urt. v. 5. 6. 1996 – 10 AZR 883/95 – NZA 1996, 1028; BAG Urt. v. 12. 1. 2000 – 10 AZR 840/98 – NZA 2000, 944). Die Freiwilligkeit der Leistung hat zur Folge, dass der Arbeitgeber die zugesagte Leistung **ohne weitere Voraussetzungen** einstellen kann. Es bedarf hierfür weder eines sachlichen Grundes noch der Beachtung der Grundsätze billigen Ermessens (*Lindemann/Simon* BB 2002, 1807, 1810; *Swoboda/Kinner* BB 2003, 418, 421). Der Freiwilligkeitsvorbehalt bezieht sich nicht nur auf Ansprüche für die Zukunft, sondern auch auf Ansprüche **für den laufenden Bezugszeitraum** (BAG Urt. v. 5. 6. 1996 – 10 AZR 883/95 – NZA 1996, 1028 unter Aufgabe von BAG Urt. v. 26. 6. 1975 – 5 AZR 412/74 – AP Nr. 86 zu § 611 BGB Gratifikation). Ein Rechtsanspruch auf die Sonderzahlung für ein bestimmtes Jahr entsteht dann entweder mit einer vorbehaltlosen Zusage oder erst mit der tatsächlichen Zahlung nach Maßgabe des arbeitsrechtlichen Gleichbehandlungsgrundsatzes (BAG Urt. v. 6. 12. 1995 – 10 AZR 198/95 – AP Nr. 187 zu § 611 BGB Gratifikation; BAG Urt. v. 12. 1. 2000 – 10 AZR 840/98 – NZA 2000, 944). Ein weiterer Vorteil des Freiwilligkeitsvorbehalts liegt darin, dass er nicht bei jeder Auszahlung wiederholt werden muss, um die Entstehung einer betrieblichen Übung zu verhindern (BAG Urt. v. 5. 6. 1996 – 10 AZR 883/95 – NZA 1996, 1028).

Ein Freiwilligkeitsvorbehalt muss **deutlich klarstellen**, dass der Arbeitgeber nur freiwillig leistet und die Entstehung eines Rechtsanspruchs auch bei wiederholten Zahlungen für die Zukunft ausschließen will (BAG Urt. v. 5. 6. 1996 – 10 AZR 883/95 – NZA 1996, 1028; vgl. auch das Transparenzgebot bei Formulararbeitsverträgen, § 307 Abs. 1 S. 2 BGB). Eine Inhaltskontrolle nach § 308 Nr. 4 BGB findet nicht statt. Denn ein Freiwilligkeitsvorbehalt betrifft keine vom Arbeitgeber bereits „versprochene" Leistung (vgl. *Däubler/Dorndorf* § 308 Rdn. 3 und 50). Das Vorliegen einer versprochenen Leistung ist jedoch Voraussetzung für eine Kontrolle nach § 308 Nr. 4 BGB (vgl. OLG Köln v. 13. 7. 1998 – 16 U 2/98 – ZIP 1999, 21 zur AGB-Kontrolle eines Änderungsvorbehalts nach früherer Rechtslage).

Umstritten ist, ob der Freiwilligkeitsvorbehalt bei Formulararbeitsverträgen der **allgemeinen Angemessenheitskontrolle** unterworfen ist (vgl. §§ 307, 310 Abs. 4 S. 2 BGB). Dies wird von einem Teil der Literatur bejaht, um Wertungswidersprüche zu anderen Bestimmungsrechten wie Widerrufsvorbehalten und Befristungen einzelner Arbeitsbedingungen zu vermeiden (vgl. *Preis/Preis* II V 70 Rdn. 105 ff.; *Däubler/Dorndorf* § 307 Rdn. 199). Die Rechtsprechung hat vor Änderung der Rechtslage im AGB-Recht den Freiwilligkeitsvorbehalt bei Sonderzahlungen, z. B. Weihnachtsgratifikationen, als **grundsätzlich kontrollfrei** behandelt (vgl. BAG Urt. v. 12. 1. 2000 – 10 AZR 840/89 – NZA 2000, 944; BAG Urt. v. 6. 12. 1995 – 10 AZR 198/95 – NZA 1996, 1027). Bereits früher hätte eine mit der Angemessenheitskontrolle des § 307 Abs. 1 BGB vergleichbare Billigkeitskontrolle (§ 315 BGB) durch die Rechtsprechung vorgenommen werden können. Die Tatsache, dass ein Freiwilligkeitsvorbehalt von der Rechtsprechung vor Änderung der Rechtslage keiner Billigkeitskontrolle unterzogen wurde, spricht dafür, dass eine Änderung der Rechtsprechung im Hinblick auf Freiwilligkeitsvorbehalte entsprechend dem AGB-Recht nicht erfolgen wird. Dem steht auch die BAG-Rechtsprechung zur Inhaltskontrolle bei Widerrufsvorbehalten (§ 308 Nr. 4 BGB) nicht entgegen. Denn diese Rechtsprechung betrifft den Freiwilligkeitsvorbehalt nicht (vgl. BAG Urt. v. 12. 1. 2005 – 5 AZR 364/04 – BB 2005, 833).

18. Widerrufsvorbehalt. Eine Gratifikation kann, alternativ zum Freiwilligkeitsvorbehalt, auch unter den Vorbehalt des Widerrufs gestellt werden. Durch Ausübung des Widerrufsrechts, das ausdrücklich vereinbart sein muss (vgl. BAG Urt. v. 14. 6. 1995 – 5 AZR 126/94 – NJW 1996, 75), kann der Arbeitgeber die Weitergewährung der zunächst unbefristet zugesagten Leistung beenden. Der Widerrufsvorbehalt wirkt damit im Gegensatz zum Freiwilligkeitsvorbehalt nur für die Zukunft. Allerdings muss der Widerrufsvorbehalt selbst rechtmäßig und die Ausübung des Widerrufsrechts im Einzelfall wirksam sein. Wegen der Einzelheiten zum Widerrufsvorbehalt vgl. Form. A. III. 6 Anm. 20.

Aus den hier (Anm. 17 und 18) und in Form. A. III. 6 (dort Anm. 20) dargestellten Gründen ist der Freiwilligkeitsvorbehalt dem Widerrufsvorbehalt bei der Gestaltung von Gratifikationen aus Arbeitgebersicht vorzuziehen. Denn der Freiwilligkeitsvorbehalt ist weitreichender und flexibler als der Widerrufsvorbehalt und die Anforderungen an die Rechtmäßigkeit des Freiwilligkeitsvorbehalts sind geringer.

5. Anwesenheitsprämie[1]

§ ... Vergütung

(...)[2]

(...) Die Gesellschaft gewährt[3] dem Mitarbeiter erstmalig ab dem ...... Jahr der Betriebszugehörigkeit[4] zusätzlich zur Vergütung gemäß Abs. (1) eine Anwesenheitsprämie in Höhe von EUR ...... (in Worten: Euro ......) brutto pro Kalenderjahr (Sondervergütung)[5]. Die Anwesenheitsprämie wird am ...... zur Zahlung fällig. Bei unterjähriger Beendigung des Arbeitsverhältnisses wird die Anwesenheitsprämie zeitanteilig gezahlt[6].

(...) Die Anwesenheitsprämie wird für jeden Tag der Arbeitsunfähigkeit infolge Krankheit im Bezugszeitraum um ein Viertel des Arbeitsentgelts, das im Jahresdurchschnitt auf einen Arbeitstag entfällt, gekürzt[7]. Der Jahresdurchschnittsverdienst bemisst sich nach dem in den zwölf Monaten vor dem Auszahlungsmonat verdienten Arbeitsentgelt. Als Arbeitsentgelt gelten alle geldwerten Leistungen an den Arbeitnehmer, gleich ob es sich um Geld- oder Sachbezüge handelt. Zur Ermittlung des auf einen Arbeitstag entfallenden Teils des Arbeitsentgelts wird von 260 Jahresarbeitstagen ausgegangen[8]. Die Anwesenheitsprämie wird für Zeiten des Ruhens des Arbeitsverhältnisses im Bezugszeitraum (z.B. infolge Elternzeit, Sonderurlaub oder Wehrdienst) zeitanteilig gekürzt[9]. Für sonstige Fehlzeiten[10] mit Ausnahme von Zeiten des Mutterschutzes[11] erfolgt eine Kürzung in Höhe von je 1/60 der Anwesenheitsprämie pro Fehltag.

(...) Die Anwesenheitsprämie ist eine freiwillige Leistung, auf die selbst bei wiederholter Auszahlung kein Rechtsanspruch für die Zukunft entsteht[12].

(*Alternative*[13]:

(...) Die Gesellschaft gewährt dem Mitarbeiter eine monatliche Anwesenheitsprämie in Höhe von EUR ...... (in Worten: Euro ......) brutto.)

(*Optional*:

Unberechtigte Fehlzeiten im Bezugszeitraum (z.B. unentschuldigtes Zuspätkommen, unentschuldigtes Fernbleiben von der Arbeit) führen zu einem vollständigen Verlust der Anwesenheitsprämie[14].)

Schrifttum: *Buchner/Becker*, Mutterschutzgesetz und Bundeserziehungsgeldgesetz; *Fleddermann/Tschöpe*, Urlaubsgeld und Prämien rechtssicher regeln, AuA 2002, 310; *Gaul*, Aktuelles Arbeitsrecht, Bd. II, *Kania/Wackerbarth*, Die Anwesenheitsprämie, AR-Blattei SD 90; *Küttner*, Personalhandbuch 2004; *Lindemann/Simon*, Flexible Bonusregelungen im Arbeitsvertrag, BB 2002, 1807; *Mayer*, Kürzung einer Anwesenheitsprämie bei Krankheit, AiB 2003, 59; *Patterson-Baysal*, Einführung einer rechtmäßigen Anwesenheitsprämie, FA 2000, 309; *Preis*, Das arbeitsrechtliche Beschäftigungsförderungsgesetz, NJW 1996, 3369; *Schiefer*, Die schwierige Handhabung von Jahressonderzahlungen, NZA-RR 2000, 561 ff.; *Schmitt*, Entgeltfortzahlungsgesetz; *Schwarz*, Sonderzahlungen: Ausfall und Kürzung bei Fehlzeiten, NZA 1996, 571; *Sowka*, Erziehungsurlaub/Elternzeit, 2. Aufl. 2001; *Swoboda/Kinner*, Mitarbeitermotivation durch arbeitsvertragliche Sonderzahlungen, BB 2003, 418; *Vogelsang*, Entgeltfortzahlung; *Weinrich/Weinrich*, Gratifikationen, Anwesenheits- und Treuprämien, 1998.

Anmerkungen

1. Anwesenheitsprämie. Vgl. Anm. 2. Mit der Zusage einer Anwesenheitsprämie soll dem Arbeitnehmer der Anreiz dafür geboten werden, die Zahl seiner Fehlzeiten im Bezugszeitraum möglichst gering zu halten. Es wird eine über das Jahr gleichmäßige Leistung des Arbeitnehmers ohne Unterbrechungen durch Fehlzeiten erstrebt (vgl. BAG Urt. v. 25. 7. 2001 – 10 AZR 502/00 – DB 2001, 2608; ErfKomm/*Dörner* EFZG § 4a Rdn. 10). Hauptzweck der Anwesenheitsprämie ist also, die **Anwesenheit zu honorieren**. Darin liegt kein Verstoß gegen das Maßregelungsverbot des § 612a BGB (vgl. BAG Urt. v. 21. 12. 1994 – 10 AZR 677/93 – NZA 1995, 1005).

Eine Anwesenheitsprämie kann als **Arbeitsentgelt im engeren Sinne** (sog. „laufender Bezug") oder als **Arbeitsentgelt im weiteren Sinne** (sog. „**Sondervergütung**") ausgestaltet werden. Dabei ist der Begriff „Sondervergütung" strikt zu unterscheiden vom Begriff „Sonderzahlung". Sonder**zahlungen** können Arbeitsentgelt im engeren Sinne (z.B. 13. Monatsgehalt; vgl. Form. A. III. 3) oder Arbeitsentgelt im weiteren Sinne (z.B. Gratifikation; vgl. Form. A. III. 4) sein. Die Ausgestaltung einer Anwesenheitsprämie als Sonder**vergütung** bedeutet dagegen stets, dass es sich um Arbeitsentgelt im weiteren Sinne handelt. Die Unterscheidung zwischen laufendem Bezug und Sondervergütung hat weitreichende Konsequenzen. Denn hat eine Anwesenheitsprämie Sondervergütungscharakter (Arbeitsentgelt im weiteren Sinne), kann sie für krankheitsbedingte Fehlzeiten mit Entgeltfortzahlungsanspruch (vgl. § 3 Abs. 1 S. 1 EFZG) in bestimmtem Umfang gekürzt werden (vgl. § 4a EFZG; vgl. hierzu auch Anm. 7). Wird eine Anwesenheitsprämie dagegen als laufender Bezug (Arbeitsentgelt im engeren Sinne) ausgestaltet, ist eine Kürzung für Fehlzeiten wegen Arbeitsunfähigkeit infolge Krankheit mit gesetzlichem Entgeltfortzahlungsanspruch nicht möglich. Vielmehr umfasst der Entgeltfortzahlungsanspruch im Krankheitsfall bei einer solchen Gestaltung auch die Anwesenheitsprämie in voller Höhe (vgl. BAG Urt. v. 15. 2. 1990 – 6 AZR 381/88 – NZA 1990, 601; BAG Urt. v. 4. 10. 1978 – 5 AZR 886/77 – DB 1979, 797; *Vogelsang* V.C.b) Rdn. 482). Eine abweichende vertragliche Vereinbarung wäre unwirksam (§ 12 EFZG).

Im Hinblick auf die unterschiedlichen Gestaltungsformen ist daher entscheidend, wann die Anwesenheitsprämie als Arbeitsentgelt im engeren Sinne und wann sie als Arbeitsentgelt im weiteren Sinne anzusehen ist. Hierfür bedarf es **Abgrenzungskriterien**. Der **Hauptzweck** der Anwesenheitsprämie, einen Anreiz für möglichst wenige Fehlzeiten des Arbeitnehmers zu schaffen (Honorierung der Anwesenheit), hilft bei dieser Unterscheidung nicht weiter. Denn dieser Zweck wird bei beiden Gestaltungsformen der Anwesenheitsprämie verfolgt. Auch die gesetzliche Regelung zur Kürzungsmöglichkeit (§ 4a EFZG) ist wenig hilfreich. Zwar werden hier Sondervergütungen als „Leistungen, die der Arbeitgeber zusätzlich zum laufenden Arbeitsentgelt erbringt" definiert (vgl. § 4a S. 1 EFZG). Allerdings ist z.B. auch das 13. Monatsgehalt eine Leistung, die der Arbeitgeber zusätzlich zum laufenden Arbeitsentgelt erbringt (Einmalbezug). Dennoch kann das 13. Monatsgehalt (weil Arbeitsentgelt im engeren Sinne) nicht für Fehlzeiten mit gesetzlichem Entgeltfortzahlungsanspruch gekürzt werden.

Nach früherer Rechtsprechung und auch heute verbreiteter Literaturmeinung erfolgt die Abgrenzung im Hinblick auf die **Zahlungsweise** einer Anwesenheitsprämie. Werde die Prämie **laufend** gezahlt (z.B. täglich, monatlich oder quartalsweise), so stelle sie Arbeitsentgelt im engeren Sinne dar. Denn der „Rhythmus" von Zahlungen mit dem laufenden Arbeitsentgelt spräche für die Einordnung als Arbeitsentgelt im engeren Sinne (vgl. BAG Urt. v. 9. 11. 1972 – 5 AZR 144/72 – AP Nr. 9 zu § 611 BGB Anwesenheitsprämie; BAG Urt. v. 15. 2. 1990 – 6 AZR 381/88 – NZA 1990, 601; ErfKomm/*Dörner* § 4a Rdn. 10 EFZG; *Schaub/Linck* § 79 Rdn. 5; *Küttner/Griese* Anwesenheitsprämie Rdn. 2; *Vogelsang* V.C.b) Rdn. 481). Werde die Prämie dagegen **einmalig (pro Jahr)** gezahlt, so stelle sie Arbeitsentgelt im weiteren Sinne, d.h. eine „Sondervergütung" i.S.d. § 4a EFZG, dar (vgl. *Gaul* 7c).

In einer neueren Entscheidung hat das BAG allerdings festgestellt, dass eine Anwesenheitsprämie unabhängig von ihrer Zahlungsweise (im konkreten Fall: quartalsweise) Arbeitsentgelt

5. Anwesenheitsprämie

im weiteren Sinne und damit eine (kürzbare) Sondervergütung i.S.d. § 4a EFZG sein könne (vgl. BAG Urt. v. 25. 7. 2001 – 10 AZR 502/00 – DB 2001, 2608). Dieses Urteil spricht dafür, dass die **Zahlungsweise** für die Einordnung einer Anwesenheitsprämie als Arbeitsentgelt im engeren oder im weiteren Sinne **allein nicht entscheidend** sein kann. Der Zahlungsweise kommt vielmehr (nur) eine – wenn auch nicht unwesentliche – Indizwirkung zu. Zusätzlich zum Kriterium der Zahlungsweise der Prämie müssen daher weitere Abgrenzungskriterien zur Klassifizierung einer Anwesenheitsprämie herangezogen werden. Richtig dürfte sein, eine Anwesenheitsprämie **entsprechend ihres weiteren Zwecks**, der hinter dem Hauptzweck der Honorierung der Anwesenheit steht, einzuordnen. Danach kommt es darauf an, ob der Arbeitgeber mit Zahlung der Anwesenheitsprämie (neben Honorierung der Anwesenheit) nur noch die Belohnung der Arbeitsleistung als solche bezweckt. Die Anwesenheitsprämie wäre dann Arbeitsentgelt im engeren Sinne. Bezweckt der Arbeitgeber hingegen mit der Zahlung (neben Honorierung der Anwesenheit) einen weiteren, über die reine Belohnung der Arbeitsleistung hinausgehenden Zweck, wie die Belohnung von Betriebstreue, ist die Anwesenheitsprämie Arbeitsentgelt im weiteren Sinne.

Kriterien für die Ermittlung des Zwecks sind wie beim 13. Monatsgehalt (vgl. Form. A. III. 3) und bei der Gratifikation (vgl. Form. A. III. 4) die **Bezeichnung** der Anwesenheitsprämie **und** der damit verbundenen **Begleitregelungen**. Dies bedeutet z.B., dass die Bezeichnung einer Anwesenheitsprämie als Weihnachtsgratifikation für deren Zweck, zumindest auch die Betriebstreue zu belohnen, und damit für die Einordnung als Arbeitsentgelt im weiteren Sinne spricht. Da aber auch der Bezeichnung für die rechtliche Einordnung nur Indizwirkung zukommt, sind zur Ermittlung des Zwecks noch die weiteren mit der Prämie verbundenen Begleitregelungen heranzuziehen. So sprechen z.B. eine Wartezeit- oder Stichtagsregelung, eine Rückzahlungsvereinbarung oder ein Freiwilligkeitsvorbehalt für den Zweck der Prämie, zusätzlich auch die Betriebstreue zu honorieren.

Für den Arbeitgeber stellt sich die Frage, welche Art der Anwesenheitsprämie (laufender Bezug oder Sondervergütung) für ihn vorteilhafter ist. Diese Frage ist nicht einfach zu beantworten. Der Arbeitgeber möchte mit Zahlung einer Anwesenheitsprämie einen Anreiz für den Arbeitnehmer schaffen, Fehlzeiten zu vermeiden. Die Arbeitskraft soll gesichert, Kosten (Entgeltfortzahlung, Lohnnebenkosten) sollen vermieden werden. Dieses Ziel kann effektiv nur durch eine Anwesenheitsprämie in Form einer Sondervergütung (Arbeitsentgelt im weiteren Sinne) erreicht werden. Denn nur bei dieser Form der Anwesenheitsprämie können Kürzungsvereinbarungen auch für krankheitsbedingte Fehlzeiten im gesetzlichen Entgeltzahlungszeitraum, d.h. für die ersten sechs Wochen der Erkrankung, aufgenommen werden (§ 4a S. 1 EFZG; vgl. Anm. 7). Allerdings ist der Kürzungsbetrag der Höhe nach beschränkt (§ 4a S. 2 EFZG; vgl. Anm. 7). Dagegen ist bei der Anwesenheitsprämie in Form des laufenden Bezugs (Arbeitsentgelt im engeren Sinne) eine Kürzung für krankheitsbedingte Fehlzeiten im Entgeltfortzahlungszeitraum nicht möglich. Bei dieser Form der Anwesenheitsprämie erfolgt eine („automatische") Kürzung nur für krankheitsbedingte Fehlzeiten außerhalb des gesetzlichen Entgeltfortzahlungszeitraums, d.h. i.d.R. nach Ablauf der ersten sechs Wochen der Erkrankung (vgl. Anm. 13). Allerdings ist dann eine Kürzung pro rata temporis (proportionale Kürzung) möglich. Der Kürzungsbetrag mag in diesen Fällen höher sein als der Kürzungsbetrag, den § 4a S. 2 EFZG zulässt. Das hängt vom Einzelfall, namentlich vom Verhältnis der Höhe des Arbeitsentgelts zur Höhe der Anwesenheitsprämie ab. Als grobe Faustregel lässt sich nur sagen, dass der Arbeitgeber mit einer Sondervergütung „besser fährt", wenn bereits Kurzerkrankungen zu einer Kürzung führen sollen (aber Kürzungsvereinbarung nötig) und mit einem laufenden Bezug, wenn vor allem Langzeiterkrankungen zu einer Kürzung führen sollen („automatische" Kürzungsmöglichkeit). Regelmäßig wird der Arbeitgeber die Anwesenheitsprämie daher in Form der Sondervergütung ausgestalten wollen.

Im Formular wird folglich eine Anwesenheitsprämie in Form der Sondervergütung vorgeschlagen. Als maßgebende Elemente für die Einordnung als Sondervergütung finden sich im Formular der Wortlaut (vgl. Anm. 5), die Wartezeitregelung (vgl. Anm. 4) und der Freiwilligkeitsvorbehalt (vgl. Anm. 12). Die Anwesenheitsprämie in Form des laufenden Bezugs wird im Formular in der Alternative dargestellt (vgl. Anm. 13).

2. Ergänzende Regelung. Die Klausel ist eine Ergänzung zu Form. A. II. 1. Sie ist im Anschluss an die Vergütungsregelung (§ 3) nach Abs. (1) einzufügen. Die Folgeregelungen in § 3 von Form. A. II. 1 müssen dann angepasst werden.

3. Gleichbehandlungsgrundsatz. Bei Gewährung der Anwesenheitsprämie ist, ebenso wie bei einer Gratifikation, der allgemeine arbeitsrechtliche Gleichbehandlungsgrundsatz zu berücksichtigen (vgl. hierzu Form. A. III. 4 Anm. 3).

4. Wartezeit. Die Anwesenheitsprämie wurde im Formular mit einer Wartezeitregelung verbunden. Dies bedeutet, dass der Anspruch auf Zahlung der Anwesenheitsprämie erst **ab einer bestimmten Zeit der Betriebszugehörigkeit** entsteht. Durch die Wartezeitregelung wird deutlich, dass die Anwesenheitsprämie einen über die Belohnung erbrachter Arbeitsleistung hinausgehenden Zweck (Belohnung von Betriebstreue) verfolgt und damit Arbeitsentgelt im weiteren Sinne ist (vgl. Anm. 1).

5. Anwesenheitsprämie als Sondervergütung. Aufgrund der geschilderten Interessenlage (vgl. Anm. 1) wurde im Formular eine Anwesenheitsprämie in Form der Sondervergütung vorgesehen. Da dem Wortlaut der Klausel bei der Abgrenzung zur Anwesenheitsprämie in Form des Arbeitsentgelts im engeren Sinne Bedeutung zukommt, wurde die Anwesenheitsprämie im Formular zudem **ausdrücklich als „Sondervergütung"** bezeichnet. Zur weiteren Verdeutlichung dieses Charakters der Anwesenheitsprämie wurde die Formulierung **„zusätzlich zur Vergütung gemäß Abs. (1)"** aufgenommen.

Das Formular sieht vor, dass die Anwesenheitsprämie **einmalig im Kalenderjahr** zu leisten ist. Es ist zwar möglich, eine Anwesenheitsprämie in Form der Sondervergütung mehrmals jährlich (z. B. quartalsweise) zu zahlen (vgl. BAG Urt. v. 25. 7. 2001 – 10 AZR 502/00 – DB 2001, 2608). Je häufiger eine Anwesenheitsprämie im Jahr geleistet wird, desto mehr drängt sich jedoch der Bezug zum laufenden Arbeitsentgelt auf, was für den Charakter einer Anwesenheitsprämie als Arbeitsentgelt im engeren Sinne spricht. Denn wie bereits gezeigt (vgl. Anm. 1) ist die Zahlungsweise ein wichtiges Kriterium für die Einordnung der Anwesenheitsprämie. Um zu vermeiden, dass die hier vorgesehen Anwesenheitsprämie allein aufgrund der Zahlungsweise als Arbeitsentgelt im engeren Sinne qualifiziert wird, wurde eine jährliche Zahlung vorgesehen.

Empfehlenswert ist weiter, den über die Belohnung der Anwesenheit und Arbeitsleistung hinausgehenden Zweck der **Belohnung der Betriebstreue erkennbar zu machen**. Dies kann dadurch geschehen, dass dieser Zweck wie bei der Gratifikation (vgl. Form. A. III. 4) in der Klausel ausdrücklich erwähnt wird. Bei Anwesenheitsprämien ist dies allerdings eher unüblich. Alternativ kann daher der Zweck der Belohnung der Betriebstreue durch Begleitregelungen (Wartezeit- oder Stichtagsregelung, Rückzahlungsvereinbarung, Freiwilligkeits- oder Widerrufsvorbehalt; vgl. Anm. 1) verdeutlicht werden. Im Formular wurden zur Verdeutlichung eine Wartezeitregelung (vgl. Anm. 4) und ein Freiwilligkeitsvorbehalt (vgl. Anm. 12) aufgenommen.

6. Anteilige Kürzung bei unterjähriger Beendigung. Die hier vorgesehene Regelung, dass die Anwesenheitsprämie bei Beendigung des Arbeitsverhältnisses (nur) anteilig gewährt wird, ist notwendig. Denn bei Anwesenheitsprämien in Form des Arbeitsentgelts im weiteren Sinne ergibt sich ein Kürzungsrecht – anders als beim Arbeitsentgelt im engeren Sinne (dort gilt das Lohnausfallprinzip; vgl. Form. A. III. 3 Anm. 4) – nicht automatisch. Dass hier auf die „unterjährige" Beendigung des Arbeitsverhältnisses abgestellt wurde, folgt aus der vorgesehenen kalenderjährlichen Zahlungsweise. Bei hiervon abweichender Regelung zur Zahlungsweise (z. B. quartalsweise) müsste die Austrittsklausel an den dann anderen Bemessungszeitraum angepasst werden (z. B.: „Bei Beendigung des Arbeitsverhältnisses vor Quartalsende").

Für den unterjährigen Beginn des Arbeitsverhältnisses wurde eine Regelung zur anteiligen Kürzung nicht vorgesehen. Denn die Klausel im Formular enthält eine Wartezeitregelung (vgl. Anm. 4). Wird keine Wartezeitregelung aufgenommen, kann der Arbeitgeber auch für den unterjährigen Eintritt eine anteilige Kürzung vertraglich vorsehen (z. B.: „Bei unterjährigem Beginn oder unterjähriger Beendigung des Arbeitsverhältnisses wird die Anwesenheitsprämie zeitanteilig gezahlt.").

7. Kürzungsvereinbarung für krankheitsbedingte Fehlzeiten. Die Kürzung der Anwesenheitsprämie in Form der Sondervergütung ist für krankheitsbedingte Fehlzeiten auch während der Zeit mit gesetzlichem Entgeltfortzahlungsanspruch zulässig. Die Kürzungsmöglichkeit unterliegt jedoch **zwei gesetzlichen Beschränkungen**: Zum einen muss die **Kürzungsvereinbarung vor Entstehung der Fehlzeiten** geschlossen worden sein (vgl. § 4 a S. 1 EFZG). Eine Kürzungsvereinbarung für vergangene Fehlzeiten ist nicht möglich. Zum anderen ist die **Kürzung der Höhe nach beschränkt** (§ 4 a S. 2 EFZG). Sie darf pro Krankheitstag maximal ein Viertel des im Jahresdurchschnitt auf einen Arbeitstag entfallenden Arbeitsentgelts betragen.

Möglich ist grundsätzlich auch eine Regelung, wonach der Anspruch auf die Anwesenheitsprämie aufgrund krankheitsbedingter Fehltage nicht in voller Höhe zur Entstehung gelangt (sog. **Aufbauprämie**). Die Aufbauprämie ist lediglich das funktionale Äquivalent zur Kürzungsvereinbarung („Kürzungsvereinbarung in anderem Gewand"). Es macht daher im Ergebnis keinen Unterschied, ob eine anteilige Kürzung oder ein anteiliger Aufbau einer Anwesenheitsprämie vereinbart wird. Lediglich die Technik der vertraglichen Regelung ist verschieden (vgl. BAG Urt. v. 25. 7. 2001 – 10 AZR 502/00 – DB 2001, 2608; *Schmitt* § 4 a EFZG Rdn. 15).

Auf die **Ursache der Krankheit** kommt es für die Kürzung nicht an (vgl. für Krankheit infolge eines Arbeitsunfalls: BAG Urt. v. 15. 12. 1999 – 10 AZR 626/98 – DB 2000, 1181; im Zusammenhang mit Schwangerschaft: BAG Urt. v. 27. 7. 1994 – 10 AZR 314/93 – BB 1994, 2418). Kürzungen der Anwesenheitsprämie können grundsätzlich auch für Zeiten von Kuraufenthalten oder Rehabilitationsmaßnahmen vereinbart werden. Denn die Kürzungsmöglichkeit nach § 4 a EFZG für krankheitsbedingte Fehlzeiten ist auch auf diese Zeiten entsprechend anwendbar (vgl. § 9 Abs. 1 EFZG). Für **Urlaubstage** kann die Anwesenheitsprämie dagegen nicht gekürzt werden. Denn eine Kürzungsmöglichkeit entsprechend § 4 a EFZG ist im Urlaubsrecht nicht vorgesehen (vgl. *Dörner/Luczak/Wildschütz* Rdn. 740).

Anwesenheitsprämien bis max. EUR 100,– (Rechtsprechung erging zu DM 200,–) dürfen nicht gekürzt werden (BAG Urt. v. 15. 2. 1990 – 6 AZR 381/88 – AP Nr. 15 zu § 611 BGB Anwesenheitsprämie; ErfKomm/*Dörner* § 4 a EFZG Rdn. 8; *Schaub/Linck* § 79 Rdn. 11; a. A. aufgrund der Neuregelung des § 4 a EFZG: MünchHdbArbR/*Hanau* § 69 Rdn. 41; *Schmitt* § 4 a EFZG Rdn. 16; vgl. hierzu auch Form. A. III. 4 Anm. 8).

8. Berechnungsgrundlage. Bei der Berechnung der Kürzung für krankheitsbedingte Fehlzeiten besteht nur eine beschränkte Vertragsfreiheit. Die Beschränkungen ergeben sich aus § 4 a S. 2 EFZG. Daher orientiert sich das Formular an dieser Stelle am Wortlaut des Gesetzes. Es sieht die maximal zulässige Kürzung der Anwesenheitsprämie vor. Ein geringerer Kürzungsbetrag könnte natürlich vereinbart werden; insoweit besteht Vertragsfreiheit. Entsprechend der gesetzlichen Vorgabe darf die Kürzung „für jeden Tag der Arbeitsunfähigkeit infolge Krankheit ein Viertel des Arbeitsentgelts, das im Jahresdurchschnitt auf einen Arbeitstag entfällt, nicht überschreiten." Der maximale Kürzungsbetrag setzt also **nicht** an der **Höhe der Anwesenheitsprämie**, sondern an der **Höhe des Arbeitsentgelts** an. Die Höhe des Arbeitsentgelts entscheidet über den Umfang der Kürzung. Aus der gesetzlichen Kürzungsformel ergibt sich folgender Schluss: Je höher das Arbeitsentgelt im Verhältnis zur Anwesenheitsprämie ist, desto höher ist der mögliche Kürzungsbetrag pro Fehltag.

Die Berechnung des „täglichen Arbeitsentgelts" i. S. d. § 4 a EFZG hängt von drei Faktoren ab: Erstens der Festlegung des Jahres, auf Basis dessen die Durchschnittsberechnung erfolgt, zweitens der Ermittlung der Entgeltbestandteile, die in den Jahresverdienst einzubeziehen sind, und drittens der Festlegung der Zahl der Jahresarbeitstage, durch die dieser Jahresverdienst zu teilen ist. Im Hinblick auf diese drei Berechnungsgrundlagen besteht ein gewisser Gestaltungsspielraum für den Arbeitgeber. Das Formular nutzt diesen Gestaltungsspielraum im Interesse einer für den Arbeitgeber möglichst hohen Kürzungsmöglichkeit aus. Im Einzelnen:

Das Gesetz orientiert sich im Hinblick auf den Referenzzeitraum, aus dem sich der zu kürzende Betrag ergibt, am „**Jahres**durchschnitt". Dabei sieht das Gesetz nicht vor, was unter „Jahr" zu verstehen ist. Auch Rechtsprechung hierzu ist nicht ersichtlich. Denkbar wäre, auf den der Fälligkeit der Anwesenheitsprämie unmittelbar vorangehenden abgelaufenen Teil des laufenden Kalenderjahrs (z. B. bei Fälligkeit der Anwesenheitsprämie am 1. August auf den Durchschnitt des täglichen Arbeitsentgelts vom 1. Januar bis 31. Juli) abzustellen. In der Literatur wird vorwiegend auf den der Fälligkeit der Anwesenheitsprämie unmittelbar vorangehenden Zeitraum von zwölf Monaten abgestellt (vgl. *Vogelsang* C. V. Rdn. 583; ErfKomm/*Dörner* § 4a EFZG Rdn. 17 ff.). Denn anders als im BUrlG (vgl. § 7 Abs. 3 BUrlG) findet sich in § 4a EFZG gerade keine Bezugnahme auf das laufende Kalenderjahr. Im Formular wurde daher ebenfalls auf den vergangenen Zwölfmonatszeitraum vor Fälligkeit der Anwesenheitsprämie abgestellt.

Des Weiteren ist für die Berechnung das im Jahresdurchschnitt auf einen Arbeitstag entfallende **Arbeitsentgelt** heranzuziehen. Es muss also zunächst ein Jahresarbeitsentgelt ermittelt werden. Das Gesetz sagt nicht, was unter „Arbeitsentgelt" in diesem Sinne zu verstehen ist. Auch Rechtsprechung hierzu ist nicht ersichtlich. Nach der Literatur sind auch solche Sonderzahlungen, die Arbeitsentgelt im weiteren Sinne sind (z. B. Gratifikationen), miteinzubeziehen. Hierfür spräche, dass der Gesetzgeber in § 4a S. 2 EFZG nicht zwischen laufendem Arbeitsentgelt und Sondervergütung, wie in S. 1 der Bestimmung, unterschieden hat (vgl. Erf-Komm/*Dörner* § 4a EFZG Rdn. 19; *Schaub/Linck* § 79 Rdn. 15; *Bauer/Lingemann* BB 1996, 15). Im Formular sind daher auch Sonderzahlungen, die Arbeitsentgelt im weiteren Sinne darstellen, in die Berechnung einbezogen. Denn die Einbeziehung hat den Vorteil, dass der Kürzungsbetrag höher ist.

Unklar ist, ob im Hinblick auf das durchschnittliche Arbeitsentgelt auch andere **geldwerte Vorteile** (z. B. private Dienstwagennutzung) miteinbezogen werden können. Für die Einbeziehung spricht, dass auch sonstige geldwerte Vorteile Lohnbestandteile sind. Auch die systematische Stellung des § 4a EFZG spricht für die Einbeziehung. Denn auch der Entgeltfortzahlungsanspruch im Krankheitsfall (vgl. § 3 EFZG) umfasst sonstige geldwerte Vorteile. Das Formular sieht daher im Interesse eines möglichst hohen Kürzungsbetrags vor, dass sämtliche geldwerten Vorteile in die Berechnung einbezogen werden.

Schließlich wird für die Berechnung des Kürzungsbetrags auf die **Anzahl der jährlichen Arbeitstage** abgestellt. Denn das durchschnittlich auf einen Arbeitstag entfallende Entgelt wird ermittelt, indem das Jahresarbeitsentgelt durch die Zahl der Arbeitstage dieses Jahres geteilt wird. Die Anzahl der jährlichen Arbeitstage richtet sich nach der vertraglichen Verpflichtung des Arbeitnehmers unter Anwendung der für die Berechnung des Urlaubs angewandten Formel. Das Formular geht von der Vereinbarung einer Fünf-Tage-Woche aus. Bei 52 Kalenderwochen ergibt dies 260 Arbeitstage. Die Urlaubstage sind dabei nach überwiegender Meinung nicht in Abzug zu bringen, da für sie gesetzliche Entgeltfortzahlungsansprüche bestehen (vgl. ErfKomm/*Dörner* § 4a EFZG Rdn. 21; *Schaub/Linck* § 79 Rdn. 17; a. A. *Bauer/Lingemann* BB 1996,13). Alternativ kann in der Vereinbarung auch der genaue Kürzungsbetrag pro Fehltag genannt werden.

9. Ruhen des Arbeitsverhältnisses. Soll eine Anwesenheitsprämie in Form der Sondervergütung (Arbeitsentgelt im weiteren Sinne) für Zeiten des Ruhens des Arbeitsverhältnisses gekürzt werden, setzt dies eine **vertragliche Regelung** voraus (vgl. BAG Urt. v. 10. 5. 1995 – 10 AZR 648/94 – NZA 95, 1096). Anders als bei Anwesenheitsprämien in Form des laufenden Bezugs (Arbeitsentgelt im engeren Sinne) ergibt sich die Kürzungsmöglichkeit nicht bereits aus dem Leistungszweck bzw. aus der Suspendierung der Hauptleistungspflichten während der Ruhensphase. Haben die Parteien – wie im Formular vorgesehen – vereinbart, dass die Anwesenheitsprämie für Zeiten des Ruhens des Arbeitsverhältnisses gekürzt wird, so fallen grundsätzlich alle vertraglichen oder gesetzlichen Ruhenstatbestände unter die Kürzungsregel (vgl. ErfKomm/*Preis* § 611 Rdn. 682). Das Arbeitsverhältnis ruht z. B. bei Elternzeit, Wehr- oder Ersatzdienst oder Wehrübung, unbezahltem Sonderurlaub oder rechtmäßigem Arbeitskampf. Eine zeitanteilige Kürzung der Anwesenheitsprämie für Zeiten der Elternzeit verstößt nicht gegen das Diskriminierungsverbot (vgl. EuGH Urt. v. 21. 10. 1995 – Rs. C-333/97 – NZA 1999, 1325; BAG Urt. v. 24. 5. 1995 – 10 AZR 619/94 – NZA 1996, 31).

10. Sonstige Fehlzeiten. Grundsätzlich ist im Hinblick auf etwaige Kürzungsmöglichkeiten bei der Kürzung von Sonderzahlungen (z. B. Anwesenheitsprämien oder Gratifikationen) zwischen krankheitsbedingten Fehlzeiten und sonstigen Fehlzeiten zu unterscheiden. § 4a EFZG

5. Anwesenheitsprämie A. III. 5

sieht eine Beschränkung der Kürzungsmöglichkeit nur für krankheitsbedingte Fehlzeiten vor, wobei sich der zulässige Kürzungsbetrag allerdings aus der Höhe des Arbeitsentgelts (und nicht aus der Höhe der Anwesenheitsprämie; vgl. Anm. 8) ergibt. Daher besteht keine gesetzliche Beschränkung für Kürzungsvereinbarungen bei **nicht krankheitsbedingten Fehlzeiten** (**„sonstige Fehlzeiten"**).

Insoweit wäre daran zu denken, eine Kürzungsmöglichkeit zu schaffen, die **an der Höhe der Anwesenheitsprämie selbst anknüpft**. Eine solche Kürzungsmöglichkeit könnte eine proportionale, eine unterproportionale oder eine überproportionale Kürzung zulassen. Unter einer proportionalen Kürzung versteht man die anteilige Kürzung der Anwesenheitsprämie pro Fehltag (pro rata temporis). Soweit man hierbei – wie üblicherweise – etwa von 260 Arbeitstagen im Jahr ausgeht, beträgt der Kürzungsfaktor 1/260. Unter einer unterproportionalen Kürzung versteht man die Kürzung der Anwesenheitsprämie mit einem geringeren Kürzungsfaktor als 1/260 (z.B. 1/300). Die Kürzung fällt dann geringer aus als bei einer proportionalen Kürzung. Eine überproportionale Kürzung ist dagegen bei einem Faktor von mehr als 1/260 gegeben (z.B. 1/60). Die Kürzung fällt dann höher aus als bei einer proportionalen Kürzung.

Nach bisheriger Rechtsprechung – ausgehend von 260 Jahresarbeitstagen bei einer Fünf-Tage-Woche – ist die **überproportionale Kürzung** einer Anwesenheitsprämie für Fehlzeiten aufgrund einzelvertraglicher Vereinbarung in Höhe von höchstens **1/60** der Prämie pro Fehltag und aufgrund Betriebsvereinbarung in Höhe von höchstens **1/30** der Prämie pro Fehltag möglich (vgl. BAG Urt. v. 15. 2. 1990 – 6 AZR 381/88 -- NZA 1990, 601; BAG Urt. v. 26. 10. 1994 – 10 AZR 482/93 – NZA 1995, 266).

Da die Neuregelung des § 4a EFZG nur auf krankheitsbedingte Fehlzeiten Anwendung findet, dürften die von der Rechtsprechung aufgestellten Grundsätze bei sonstigen Fehlzeiten weiter gelten. Auch stellt die formularmäßige Vereinbarung einer überproportionalen Kürzung keine unangemessene Benachteiligung des Arbeitnehmers dar (vgl. § 307 Abs. 1 BGB). Im Formular wurde daher eine Kürzungsrate von 1/60 pro Fehltag – ausgehend 260 Jahresarbeitstagen – vorgesehen. Eine höhere Kürzungsrate (1/30) wäre nach der genannten Rechtsprechung nur bei Regelung in einer Betriebsvereinbarung möglich.

Fraglich ist weiter, ob für **krankheitsbedingte Fehlzeiten ohne Entgeltfortzahlungsanspruch** ebenfalls eine der Höhe nach nicht durch § 4a EFZG beschränkte und außerdem überproportionale Kürzung möglich ist. Nach der Rechtsprechung vor Einführung des § 4a EFZG war eine solche Kürzung auch bei krankheitsbedingten Fehlzeiten – unabhängig von etwaigen Entgeltfortzahlungsansprüchen – möglich (vgl. BAG Urt. v. 15. 2. 1990 a.a.O.). Nach Ansicht der Literatur bleibt es auch nach Einführung des § 4a EFZG bei diesen Grundsätzen, soweit Krankheitszeiten außerhalb des gesetzlichen Entgeltfortzahlungszeitraums betroffen sind. Die für krankheitsbedingte Fehlzeiten mit gesetzlichem Entgeltfortzahlungsanspruch vorgesehene Kürzungsregel (§ 4a EFZG) sei weder unmittelbar noch analog auf andere krankheitsbedingte Fehlzeiten anwendbar. Auch die systematische Stellung des § 4a EFZG zeige, dass nur Fehlzeiten mit Entgeltfortzahlungsanspruch aus § 3 Abs. 1 S. 1 EFZG betroffen sein sollen. Daher sei eine von § 4a EFZG unabhängige und außerdem überproportionale Kürzung bei Krankheit außerhalb des gesetzlichen Entgeltfortzahlungszeitraums möglich (vgl. ErfKomm/*Dörner* § 4a EFZG Rdn. 15; MünchHdbArbR/*Hanau* § 69 Rdn. 40). Andererseits findet sich im Wortlaut der gesetzlichen Regelung gerade keine ausdrückliche Beschränkung auf krankheitsbedingte Fehlzeiten mit gesetzlichem Entgeltfortzahlungsanspruch. Deshalb wurde im Formular vorsorglich eine überproportionale Kürzung (1/60; vgl. im Formular Abs. (3) S. 6) nur für „sonstige Fehlzeiten" vorgesehen. Die Anwesenheitsprämie kann daher auch bei krankheitsbedingten Fehlzeiten ohne gesetzlichen Entgeltfortzahlungsanspruch, ebenso wie bei krankheitsbedingten Fehlzeiten mit gesetzlichem Entgeltfortzahlungsanspruch, auf Basis des Formulars nur nach S. 1 um ein Viertel des täglichen Arbeitsentgelts gekürzt werden (vgl. hierzu Anm. 7).

Aus vorstehenden Ausführungen ergibt sich, dass der Anwendungsbereich der Klausel zu „sonstigen Fehlzeiten" im Formular beschränkt ist. Auch Urlaubszeiten sind hierunter nicht zu verstehen. Denn die Anwesenheitsprämie hat gerade nicht den Sinn, den Arbeitnehmer von der Inanspruchnahme seines Urlaubs abzuhalten. Daher kann die Anwesenheitsprämie für

Zeiten des Urlaubs nicht gekürzt werden. Erfasst werden als „sonstige Fehlzeiten" i. S. d. Formulars z. B. noch Fälle persönlicher Verhinderung (§ 616 BGB) oder unentschuldigten Fernbleibens von der Arbeit.

11. Mutterschutzzeiten. Die Kürzungsmöglichkeit nach § 4a EFZG umfasst unmittelbar nur Fehlzeiten wegen Krankheit, nicht jedoch Fehlzeiten wegen Mutterschutzzeiten. Fraglich ist daher, ob § 4a EFZG auch für Mutterschutzzeiten (§§ 3 Abs. 2, 6 Abs. 1 MuSchG) entsprechend anwendbar ist. Ein Teil der Literatur bejaht eine solche Analogie und setzt Mutterschutzzeiten den krankheitsbedingten Fehlzeiten mit gesetzlichem Entgeltfortzahlungsanspruch gleich (vgl. MünchHdbArbR/*Hanau* § 69 Rdn. 42; KHzA/*Lippke* 2.3 Rdn. 234). Folge wäre, dass eine Kürzungsvereinbarung auch für Mutterschutzzeiten, allerdings nur in den Grenzen des § 4a EFZG, getroffen werden könnte. Andere Autoren lehnen die Analogie ab (vgl. ErfKomm/*Preis* § 611 Rdn. 683; *Preis/Peters-Lange* II, S. 40 Rdn. 82; Küttner/*Griese* Anwesenheitsprämie Rdn. 14; *Buchner/Becker* § 11 MuSchG Rdn. 182 ff.). Folge hiervon wäre eigentlich, dass eine Kürzung der Anwesenheitsprämie bei Mutterschutzzeiten als „sonstigen Fehlzeiten" in den dargestellten Grenzen der alten Rechtsprechung (vgl. Anm. 10) möglich wäre. Rechtsprechung zur Frage der analogen Anwendung des § 4a EFZG auf Zeiten des Mutterschutzes ist nicht ersichtlich. Die Gerichte haben sich jedoch mit der Frage befasst, ob Zeiten des Mutterschutzes „Beschäftigungszeiten" darstellen. Nach der früheren Rechtsprechung des BAG steht die Zeit der Beschäftigungsverbote während des Mutterschutzes der Zeit tatsächlicher Arbeitsleistung gleich (BAG Urt. v. 12. 5. 1993 – 10 AZR 528/91 – NZA 1993, 1002). Demnach wäre eine Kürzung wegen der Mutterschutzzeiten nicht möglich. Später hat das BAG seine Rechtsprechung geändert. Sonderzahlungen sollten danach für die Zeit der Beschäftigungsverbote während des Mutterschutzes aufgrund Vereinbarung gekürzt werden können (BAG Urt. v. 12. 7. 1995 – 10 AZR 511/94 – NZA 1995, 1165; vgl. auch ErfKomm/*Preis* § 611 Rdn. 683; *Sowka* 42, 43). Diese neuere Rechtsprechung des BAG steht jedoch im Widerspruch zur Rechtsprechung des EuGH. Hiernach sind im Hinblick auf das Diskriminierungsverbot (Art. 141 EG) Zeiten des Mutterschutzes mit Beschäftigungszeiten gleichzusetzen, so dass Sonderzahlungen wegen Mutterschutzzeiten nicht gekürzt werden dürften (EuGH Urt. v. 21. 10. 1999 – Rs. C-333/97 – NZA 1999, 1325). Infolge dieser EuGH-Rechtsprechung wurde die Kürzungsvereinbarung nach § 4a EFZG im Formular nicht auf Fehlzeiten wegen Mutterschutzzeiten erstreckt. Hinsichtlich der Regelung zur überproportionalen Kürzung für sonstige Fehlzeiten wurden Zeiten des Mutterschutzes ausdrücklich ausgenommen.

12. Freiwilligkeitsvorbehalt. Es wurde ein Freiwilligkeitsvorbehalt vorgesehen. Hierdurch wird der Charakter der Anwesenheitsprämie als Arbeitsentgelt im weiteren Sinne zum Ausdruck gebracht (vgl. zum Freiwilligkeitsvorbehalt Form. A. III. 4 Anm. 17).

13. Anwesenheitsprämie als Arbeitsentgelt im engeren Sinne. In der Alternative wurde eine Anwesenheitsprämie in Form des laufenden Bezugs (sog. Arbeitsentgelt im engeren Sinne) vorgesehen. Die Anwesenheitsprämie wird folglich monatlich gezahlt. Zweck der hier vorgesehenen Form der Anwesenheitsprämie ist neben der Belohnung der Anwesenheit nur noch die Belohnung der in der Vergangenheit erbrachten Arbeitsleistung. Weitergehende Zwecke werden nicht verfolgt (vgl. Anm. 1). Da die Anwesenheitsprämie in dieser Ausgestaltung Arbeitsentgelt im engeren Sinne darstellt, unterliegt sie, ebenso wie das 13. Monatsgehalt (Form. A. III. 3), den **gesetzlichen Entgeltfortzahlungsbestimmungen** (vgl. Anm. 1). § 4a EFZG findet keine Anwendung. Dies bedeutet, dass **keine** – auch keine nach § 4a EFZG beschränkte und auch keine unterproportionale – **Kürzung für krankheitsbedingte Fehlzeiten im gesetzlichen Entgeltfortzahlungszeitraum möglich ist.** Dies gilt auch für alle anderen Fehlzeiten mit gesetzlichem Entgeltfortzahlungsanspruch (vgl. BAG Urt. v. 25. 11. 1998 – 10 AZR 595/97 – NZA 1999, 766; *Buchner/Becker* § 11 MuSchG Rdn. 172, 182 ff.).

Eine Kürzung der Anwesenheitsprämie als Arbeitsentgelt im engeren Sinne pro rata temporis (proportionale Kürzung) für **krankheitsbedingte Fehlzeiten nach Ablauf des gesetzlichen Entgeltfortzahlungszeitraums** ist indessen **zulässig**, ohne dass es hierfür einer gesonderten Kürzungsvereinbarung bedarf. Der Anspruch entfällt hier wegen des Grundsatzes „Ohne Arbeit kein Lohn" automatisch (vgl. BAG Urt. v. 21. 3. 2001 – 10 AZR 28/00 – NJW 2001, 2275;

vgl. auch Form A. III. 3 Anm. 4). Auch für Zeiten des **Ruhens des Arbeitsverhältnisses** besteht mangels erbrachter Arbeitsleistung aufgrund des Lohnausfallprinzips ein „automatisches" Kürzungsrecht bezüglich der Anwesenheitsprämie ohne die Obergrenze des § 4a EFZG (vgl. auch *Vogelsang* V.C.b) Rdn. 482; vgl. BAG Urt. v. 23. 5. 1984 – 5 AZR 500/81 – NZA 1985, 89; BAG Urt. v. 19. 4. 1995 – 10 AZR 136/94 – NZA 1996, 133).

14. Unberechtigte Fehlzeiten. Als möglicher Zusatz in dieser Alternative ist der vollständige Wegfall der Anwesenheitsprämie für unberechtigte Fehlzeiten (z.B. unentschuldigtes Fernbleiben von der Arbeit, Zuspätkommen) vorgesehen. Nach früherer Rechtsprechung war insoweit auch eine Vereinbarung zur **überproportionalen Kürzung bis hin zum Wegfall** der Anwesenheitsprämie zulässig (vgl. BAG Urt. v. 31. 10. 1995 – 10 AZR 217/95 – NZA 1996, 389, 391; LAG Nürnberg Urt. v. 6. 2. 1995 – 7 (5) Sa 785/93 – NZA 1996, 784). Bereits ein einmaliges unberechtigtes Fehlen konnte zum Erlöschen des Anspruchs auf die gesamte Prämie führen (vgl. Küttner/*Griese* Anwesenheitsprämie Rdn. 9). Dies betraf z.B. **geringfügige streikbedingte Fehlzeiten** (etwa Teilnahme an einem einstündigen Warnstreik), sofern der Streik rechtswidrig war und die Vereinbarung nicht die Streikbereitschaft als solches beeinflussen sollte (andernfalls Verstoß gegen das Maßregelungsverbot gemäß § 612a BGB; vgl. BAG Urt. v. 31. 10. 1995 – 10 AZR 217/95 – NZA 1996, 389, 391; LAG Nürnberg Urt. v. 6. 2. 1995 – 7 (5) Sa 785/93 – NZA 1996, 784; vgl. ErfKomm/*Preis* § 612a BGB Rdn. 20).

Auf Basis dieser Rechtsprechung wurde im Formular der vollständige Wegfall der Anwesenheitsprämie für unberechtigte Fehlzeiten vorgesehen. Entscheidungen zur Angemessenheit einer solchen Klausel nach den Grundsätzen zur AGB-Kontrolle (vgl. § 307 Abs. 1 BGB) liegen noch nicht vor.

Variable Vergütung

6. Vermittlungsprovision[1]

Vereinbarung

zwischen
...... (Name und Anschrift des Arbeitgebers) „Gesellschaft"
und
Herrn ...... (Name und Anschrift des Arbeitnehmers) „Mitarbeiter"

§ 1 Vermittlungsprovision

Der Mitarbeiter erhält neben dem monatlichen Grundgehalt[2] gemäß § ...... des Arbeitsvertrags vom ...... ab dem ...... eine monatliche Vermittlungsprovision in Höhe von ...... Prozent[3] der Netto-Rechnungsbeträge (§ 5), die sich aus allen provisionspflichtigen Geschäften (§ 3 Abs. (1)) ergeben.

§ 2 Vertragsgegenstand

(1) Der Mitarbeiter wird mit der Vermittlung von Geschäften der Gesellschaft in dem in Anlage 1 definierten Vertragsgebiet („Vertragsgebiet") betraut[4].

(2) Die Tätigkeit des Mitarbeiters bezieht sich auf die in Anlage 2 genannten Erzeugnisse und Leistungen der Gesellschaft („Vertragsprodukte")[5].

§ 3 Provisionspflichtige Geschäfte

(1) Provisionspflichtige Geschäfte sind solche, die der Mitarbeiter während seines Arbeitsverhältnisses im Vertragsgebiet in Bezug auf die Vertragsprodukte vermittelt[6].

(2) Geschäfte, die vor Beginn des Arbeitsverhältnisses abgeschlossen wurden, sind auch dann nicht provisionspflichtig, wenn sie erst nach Beginn des Arbeitsverhältnisses ausgeführt werden[7].

(3) Ist der Abschluss eines Geschäftes nicht allein auf die Vermittlungstätigkeit des Mitarbeiters zurückzuführen, sondern haben ein oder mehrere Mitarbeiter der Gesellschaft in zulässiger Weise zum Abschluss des Geschäfts beigetragen, so wird der Provisionsanspruch auf die am Abschluss des Geschäfts Beteiligten nach dem Ausmaß ihrer Mitursächlichkeit verteilt. Die Beteiligten haben sich auf eine angemessene Aufteilung zu einigen. Kommt eine Einigung nicht zustande, entscheidet die Gesellschaft nach billigem Ermessen[8].

(4) Für Geschäfte, die innerhalb von ...... Monaten nach Beendigung des Arbeitsverhältnisses abgeschlossen werden, entsteht ein Provisionsanspruch, wenn der Mitarbeiter diese Geschäfte noch während seines Arbeitsverhältnisses vermittelt oder eingeleitet und so vorbereitet hat, dass der Abschluss überwiegend auf seine Tätigkeit zurückzuführen ist[9]. Der Provisionsanspruch steht einem in die Position des Mitarbeiters nachfolgenden Mitarbeiter anteilig zu, sofern wegen besonderer Umstände eine Teilung der Provision der Billigkeit entspricht[10].

§ 4 Entstehung und Wegfall des Provisionsanspruchs

(1) Der Anspruch auf Provision entsteht, sobald und soweit der Kunde seine Gegenleistung erbracht hat[11]. Unabhängig davon hat der Mitarbeiter einen Anspruch auf Provisionsvorschuss[12], wenn die Gesellschaft das Geschäft ausgeführt hat. Der Provisionsvorschuss beläuft sich auf die Hälfte der Provision, die dem Mitarbeiter für die Vermittlung dieses Geschäftes zusteht. Der Anspruch auf Provisionsvorauszahlung wird am letzten Tag des Monats fällig, der dem Monat folgt, in dem die Gesellschaft das Geschäft ausgeführt hat.

(2) Der Provisionsanspruch mindert sich anteilig oder entfällt, wenn die Gesellschaft das Geschäft ganz oder teilweise nicht ausführt oder nicht so ausführt, wie es abgeschlossen worden ist, wenn und soweit die nur teilweise Ausführung oder Nichtausführung von der Gesellschaft nicht zu vertreten ist[13].

(3) Der Anspruch auf Provision entfällt, wenn feststeht, dass der Kunde nicht leistet; gezahlte Vorschüsse sind zurückzuzahlen. Zur gerichtlichen Geltendmachung und Vollstreckung des Erfüllungsanspruchs gegen den Kunden ist die Gesellschaft nur verpflichtet, wenn diese Maßnahmen nach den Umständen des Einzelfalls für die Gesellschaft zumutbar sind[14].

§ 5 Bemessungsgrundlage des Provisionsanspruchs

Bemessungsgrundlage für die Provision ist der Netto-Rechnungsbetrag. Netto-Rechnungsbetrag ist der Rechnungsbetrag abzüglich Mehrwertsteuer, Nebenkosten für Transport, Fracht, Verpackung, Zoll, Steuern sowie abzüglich Nachlässen bei Barzahlung[15].

§ 6 Provisionsabrechnung und Fälligkeit

(1) Die Gesellschaft hat dem Mitarbeiter bis spätestens zum 20. eines jeden Kalendermonats eine Abrechnung über die im vorhergehenden Kalendermonat entstandenen Ansprüche auf Provision zu erteilen[16].

(2) Die Provision wird in dem Monat, in dem die Abrechnung zu erfolgen hat, mit dem Grundgehalt zum Monatsende ausgezahlt[17].

(3) Die erteilte Provisionsabrechnung ist vom Mitarbeiter unverzüglich zu überprüfen. Er hat der Gesellschaft eine Kopie der Abrechnung mit der Erklärung, ob und inwieweit er die Abrechnung anerkennt, innerhalb von zwei Wochen nach Erhalt der Abrechnung zurückzusenden[18].

(*Optional*:

(4) Im ersten Monat der Geltung dieser Provisionsvereinbarung erhält der Mitarbeiter neben einem eventuellen Provisionsvorschuss nach § 4 Abs. (1) einen Vorschuss in Höhe von EUR ...... (in Worten: Euro ......). Dieser Vorschuss wird gleichmäßig mit den Provisionsansprüchen und/oder dem Grundgehalt der nächsten drei Monate, spätestens jedoch bei Beendigung des Arbeitsverhältnisses als Gehaltsvorschuss verrechnet[19].)

§ 7 Änderungs- und Widerrufsvorbehalt[20]

Die Gesellschaft ist dazu berechtigt, die Verpflichtung zur Zahlung einer Provision nach den vorstehenden Regelungen jederzeit für die Zukunft mit Wirkung zum Ablauf eines Kalendermonats[21] aus sachlichen Gründen, insbesondere aufgrund der wirtschaftlichen Entwicklung der Gesellschaft, der Leistung oder des Verhaltens des Mitarbeiters, zu ändern oder ganz zu widerrufen, sofern dies dem Mitarbeiter zumutbar ist. Ein solcher sachlicher Grund liegt insbesondere vor, wenn

- das Vertragsgebiet neu strukturiert wird,
- die Vertragsprodukte bzw. die diesbezügliche Preisgestaltung geändert werden und/oder
- es der Gesellschaft aufgrund einer schlechten wirtschaftlichen Lage nicht zumutbar ist, weiterhin am Provisionssystem festzuhalten.

§ 8 Schlussbestimmungen[22]

(1) Mündliche Nebenabreden bestehen nicht. Änderungen oder Ergänzungen dieser Vereinbarung, einschließlich dieser Bestimmung, bedürfen zu ihrer Wirksamkeit der Schriftform.

(2) Sollte eine Bestimmung dieser Vereinbarung ganz oder teilweise unwirksam sein oder werden, so wird hiervon die Wirksamkeit der übrigen Bestimmungen dieser Vereinbarung nicht berührt. An die Stelle der unwirksamen Bestimmung tritt die gesetzlich zulässige Bestimmung, die dem mit der unwirksamen Bestimmung Gewollten wirtschaftlich am nächsten kommt. Dasselbe gilt für den Fall einer vertraglichen Lücke.

......
Ort, Datum

......
Ort, Datum

......
Unterschrift der Gesellschaft

......
Unterschrift des Mitarbeiters

Schrifttum: Abrahamczik, Die Abgrenzung des Handelsvertreters zum angestellten Außendienstmitarbeiter, DStR 1996, 184; *Emde*, Anerkenntnis von Provisionsabrechnungen durch Schweigen, MDR 1996, 331; *Heinze*, Die Mitbestimmungsrechte des Betriebsrats bei Provisionsentlohnung, NZA 1986, 1; *Leuchten*, Widerrufsvorbehalt und Befristung von Arbeitsvertragsbedingungen, insbesondere Provisionsordnungen, NZA 1994, 721; *Reinecke*, Vertragskontrolle im Arbeitsverhältnis, Sonderbeilage zu NZA Heft 3/2000, 23; *Scherer*, Nachforderung von Provision – Verzicht durch widerspruchslose Hinnahme der Abrechnungen, BB 1996, 2205; *Schiek*, Formulararbeitsverträge mit Verkaufsfahrern, BB 1997, 310; *Schnitker/Grau*, Klauselkontrolle im Arbeitsvertrag, BB 2002, 2120; *Stötter*, Die Provisionsabrechnung nach § 87c Abs. 1 HGB (i. V. m. den anderen Hilfsansprüchen nach Abs. 2–4) und der Abschluss eines Schuldanerkenntnisvertrags, DB 1983, 867; *Trinkhaus*, Provisionsvereinbarungen mit Arbeitnehmern, DB 1967, 859; *v. Gamm*, Die neuere Rechtsprechung des BGH zum Handelsvertreterrecht, NJW 1979, 2492; *Westhoff*, Die Fortzahlung der Provisionen bei Krankheit, Urlaub und in anderen Fällen der Arbeitsverhinderung, NZA Beilage 1986, Nr. 3, 25.

Anmerkungen

1. Vermittlungsprovision. Das Formular regelt eine Vermittlungsprovision. Dabei handelt es sich um eine **erfolgsabhängige Vergütung**. Die Provision knüpft an einen konkreten Geschäftserfolg des Arbeitnehmers an – hier die Vermittlung des Abschlusses eines Geschäfts zwischen dem Arbeitgeber und dem Kunden. Nicht für seine Tätigkeit, sondern für den Erfolg erhält der Arbeitnehmer die Provision. Der **Vermittlungsprovision** steht die Bezirksprovision gegenüber (vgl. zu den verschiedenen Provisionsarten Form. B. IV. 1 Anm. 5).

Bei der Ausgestaltung von Provisionsvereinbarungen werden den Vertriebsmitarbeitern oft bestimmte Postleitzahlengebiete oder sog. „named accounts" (bestimmte Kunden) zugewiesen. Es stellt sich dann die Frage, ob damit lediglich der Tätigkeitskreis des Vertriebsmitarbeiters beschränkt oder eine **Bezirksprovision** vereinbart wurde. Letzteres ist regelmäßig nicht gewollt. Wegen der Unklarheitsregel (§ 305c Abs. 2 BGB) ist auf eine eindeutige Formulierung zu achten. Es empfiehlt sich daher in derartigen Fällen, ausdrücklich klarzustellen, dass keine Bezirksprovision vereinbart ist.

Die Provision knüpft an den für das abgeschlossene Geschäft in Rechnung gestellten Betrag an. Unberücksichtigt bleibt dabei, ob das Geschäft für den Arbeitgeber einen Gewinn eingebracht hat, nur kostendeckend war oder gar mit einem Verlust verbunden war. In der Praxis wird deshalb zunehmend versucht, bestimmte Deckungsbeiträge zu verprovisionieren bzw. zusätzlich zu umsatzbezogenen Provisionen Boni für das Erreichen sonstiger qualitativer oder nicht umsatzbezogener quantitativer Ziele zu gewähren.

Soll eine Provision individualvertraglich vereinbart werden, so kann dies entweder im Arbeitsvertrag oder – wie im Formular – in Form einer **gesonderten Vereinbarung** erfolgen. Das Formular ist für die Verwendung in einem Arbeitsverhältnis zugeschnitten (s. zum Handelsvertretervertrag Form. B. IV. 1 und zur Abgrenzung von Handelsvertreter und Arbeitnehmer Form. B. IV. 1 Anm. 2). Für Handlungsgehilfen ordnet § 65 HGB die Anwendung des § 87 Abs. 1 und Abs. 3 sowie der §§ 87a – 87c HGB an (handelsrechtliche Vorschriften des Handelsvertreterrechts). Handlungsgehilfe ist, wer in einem Handelsgewerbe zur Leistung kaufmännischer Dienste gegen Entgelt angestellt ist (§ 59 S. 1 HGB). Die Einordnung als Handlungsgehilfe hat in der Praxis aber keine weitere Bedeutung, weil auch auf andere Arbeitnehmer die in § 65 HGB in Bezug genommenen Vorschriften entsprechend angewendet werden (Preis/*Preis* II A 75 Rdn. 17; MünchKommHGB/*v. Hoyningen-Huene* § 65 HGB Rdn. 2).

Bei der Einführung und Ausgestaltung von Provisionsvereinbarungen besteht ein **Mitbestimmungsrecht des Betriebsrats**, weil die Lohngestaltung betroffen ist (§ 87 Abs. 1 Nr. 10 BetrVG). Der Mitbestimmung unterliegen die Festlegung der Provisionsarten, die Staffelung der Provisionssätze und das Verhältnis von Provision und Festgehalt bzw. einzelner Provisionen zueinander (*Staub* § 65 Rdn. 16 m. weit. Nachw.). Dagegen ist die Ein- und Zuteilung der Bearbeitungsgebiete an die Mitarbeiter nicht mitbestimmungspflichtig (BAG Beschl. v. 16. 7. 1991 – 1 ABR 66/90 – AP Nr. 49 zu § 87 BetrVG 1972 Lohngestaltung). Nach der Rechtsprechung greift das erweiterte Mitbestimmungsrecht bei Leistungsentgelten (§ 87 Abs. 1 Nr. 11 BetrVG) nicht ein, weil es bei der Vermittlungsprovision an einer Bezugsleistung fehlt, zu der die Leistung ins Verhältnis gesetzt werden könnte (BAG Urt. v. 13. 3. 1984 – 1 ABR 57/82 – NZA 1984, 296).

Im **Krankheitsfall** bestimmen sich die Bezüge sowohl nach dem Grundgehalt des Arbeitnehmers, als auch nach der Provision. Hinsichtlich des durch die Provision erlangten Gehaltsanteils ist der vom Arbeitnehmer in der für ihn maßgebenden regelmäßigen Arbeitszeit erzielbare Durchschnitt der Provisionen zugrunde zu legen (§ 4 Abs. 1a S. 2 EFZG). Die Berechnung für den Ausfallzeitraum fällt schwer, weil die Leistung des Mitarbeiters nicht konstant ist. Der Referenzzeitraum sollte daher nicht zu kurz angesetzt werden. Vorgeschlagen wird, bei der Berechnung die Zahlen aus dem Vorjahr zugrunde zu legen, wobei etwaige Steigerungen oder Minderungen des laufenden Jahrs zu berücksichtigen sind (ErfKomm/ *Dörner* § 4 EFZG Rdn. 37). Andere wollen die Durchschnittsvergütung von einem oder mehreren Monaten zugrunde legen (MünchHdbArbR/*Kreßel* § 68 Rdn. 74). Bei der Bestimmung des Referenzzeitraums kommt es auf die jeweiligen Umstände bei der Vermittlung der Geschäfte an. Erfordert dies eine längere Bearbeitungszeit, können sachgerechte Ergebnisse nur bei Zugrundelegung eines längerfristigen Referenzzeitraums gewonnen werden (BAG Urt. v. 5. 6. 1985 – 5 AZR 459/83 – AP Nr. 39 zu § 63 HGB). Sind die Geschäftsabschlüsse typischerweise saisonalen Schwankungen unterworfen, können bei der Berechnung entsprechende Zeitabschnitte des Vorjahrs herangezogen werden.

Während des **Urlaubs** ist nach § 11 BUrlG der Provisionsdurchschnitt der letzten abgerechneten 13 Wochen vor Urlaubsantritt zu zahlen (BAG Urt. v. 11. 4. 2000 – 9 AZR 266/99 – NZA 2001, 153). Provisionen, die während des Urlaubs fällig werden, dürfen hierauf nicht angerechnet werden (BAG Urt. v. 5. 2. 1970 – 5 AZR 223/69 – BB 1970, 581). Eine abweichende – für den Arbeitnehmer ungünstigere – Berechnungsmethode kann nach § 13 BUrlG nur durch Tarifvertrag, nicht jedoch durch Einzelarbeitsvertrag festgelegt werden (vgl. BAG Urt. v. 21. 3. 1985 – 6 AZR 565/82 – DB 1985, 2153).

2. Festgehalt und Provision. Im Rahmen von Arbeitsverträgen wird üblicherweise vereinbart, dass die Provision neben ein Festgehalt tritt. Ob ein Arbeitsvertrag **ausschließlich auf Provisionsbasis** – ohne Festgehalt oder Garantie einer Mindestprovision – zulässig ist, wird kontrovers beurteilt. Ein Teil der Rechtsprechung und Literatur ordnet die Vereinbarung einer ausschließlich erfolgsabhängigen Vergütung als unzulässige Abwälzung des Betriebs- und Wirtschaftsrisikos auf den Arbeitnehmer ein. Daher sei eine derartige Regelung sittenwidrig (§ 138 Abs. 1 BGB; vgl. LAG Hamm Urt. v. 16. 10. 1989 – 19 (13) Sa 1510/88 – ZIP 1990, 880; *Schiek* BB 1997, 310, 312; *Wank* Anmerkung zu BAG Urt. v. 19. 1. 2000 – 4 AZR 814/98 – RdA 2002, 110, 115). Nach Auffassung des BAG ist die Vereinbarung einer ausschließlichen Provisionsvergütung im Rahmen der Vertragsfreiheit zwar grundsätzlich zulässig (BAG Urt. v. 14. 11. 1966 – 3 AZR 158/66 – BB 1967, 501). Allerdings soll ein Verstoß gegen § 138 Abs. 1 BGB dann vorliegen, wenn von vornherein absehbar ist, dass der Arbeitnehmer aus den Provisionen keinen angemessenen Verdienst erreichen kann (BAG Urt. v. 20. 6. 1989 – 3 AZR 504/87 – NZA 1989, 843; LAG Berlin Urt. v. 3. 11. 1986 – 9 Sa 65/86 – LAGE Nr. 1 zu § 138 BGB).

Dagegen findet eine Überprüfung der Entgeltvereinbarung auf eine unangemessene Benachteiligung des Arbeitnehmers am (strengeren) Maßstab des § 307 Abs. 1 S. 1 und Abs. 2 BGB nicht statt. Denn eine Inhaltskontrolle ist nur für Allgemeine Geschäftsbedingungen durchzuführen, die von Rechtsvorschriften abweichen oder diese ergänzende Regelungen enthalten (§ 307 Abs. 3 S. 1 BGB). Dadurch sollen die Hauptleistungspflichten, insbesondere die Entgelthöhe, der Inhaltskontrolle entzogen werden (*Gotthardt* Rdn. 238; ErfKomm/*Preis* §§ 305–310 BGB Rdn. 38).

Eine Überprüfung von individualvertraglichen Vergütungsabreden auf eine eventuelle unangemessene Benachteiligung findet auch nicht anhand des geltenden Tariflohngefüges statt. Zwar wird von einer Mindermeinung vertreten, dass aufgrund der Gleichstellung von **Tarifverträgen und Betriebsvereinbarungen** mit Rechtsvorschriften (§ 310 Abs. 4 S. 3 BGB) auch die Höhe des Arbeitsentgelts der Inhaltskontrolle unterläge, wenn die individualvertragliche Vereinbarung hiervon abweicht (*Däubler* NZA 2001, 1329, 1334). Dem kann jedoch nicht gefolgt werden. § 310 Abs. 4 S. 1 BGB entzieht Tarifverträge und Betriebsvereinbarungen dem Anwendungsbereich der §§ 305 ff. BGB. Durch deren Gleichstellung mit Rechtsnormen in § 310 Abs. 4 S. 3 BGB sollte vermieden werden, dass Tarifverträge und Betriebsvereinbarungen auch nicht mittelbar im Falle einzelvertraglicher Bezugnahme der Inhaltskontrolle unterzogen werden (BT-Drucks. 14/6857 S. 54). Nicht bezweckt war hingegen, kollektive Vereinbarungen selbst zum Maßstab der Klauselkontrolle zu machen. Das wäre auch im Hinblick auf die negative Koalitionsfreiheit (Art. 9 Abs. 3 GG) verfassungsrechtlich bedenklich (vgl. ErfKomm/*Preis* §§ 305–310 BGB Rdn. 38 m. weit. Nachw.).

Ungeachtet dessen ist auch für Entgeltabreden das **Transparenzgebot** (§ 307 Abs. 3 S. 2 i. V. m. Abs. 1 S. 2 BGB) zu beachten.

Im Regelfall wird jedoch vereinbart, dass sich die Vergütung aus Provision und einem Festgehalt zusammensetzt. Für die Frage nach dem **Verhältnis zwischen Festgehalt und Provisionsanteil** gilt wiederum: Entscheidend ist, dass der Arbeitnehmer einen Anspruch auf eine angemessene Entlohnung als Mindestgehalt hat, die in keinem auffälligen Missverhältnis zu seiner geschuldeten Arbeitsleistung steht. Andernfalls kann ein Verstoß gegen § 138 Abs. 1 BGB vorliegen. Die Relation zwischen Festgehalt und Provision hängt also auch davon ab, wie ertragreich die monatlichen Provisionszahlungen voraussichtlich sind. Dies richtet sich insbesondere nach der Höhe des vereinbarten Provisionssatzes. Jedenfalls muss ein Sockelbetrag verbleiben, der dem Arbeitnehmer einen angemessenen Verdienst sichert. Eine „Faustregel" für ein angemessenes Verhältnis zwischen Festgehalt und Provision gibt es nicht.

3. Provisionssatz. Erfahrungsgemäß fällt es Vertriebsmitarbeitern schwer, in einem neuen Vertriebsgebiet eine ausreichende Anzahl von Geschäften zu vermitteln. Um dennoch einen hinreichenden Anreiz zu geben, einen neuen Kundenstamm aufzubauen, wird dem Mitarbeiter in der Anfangsphase oft ein höherer Provisionssatz gewährt. Mit der Zeit wird der Satz dann typischerweise wieder auf das normale Maß „zurückgefahren". Um eine unvernünftig hohe Provision zu vermeiden, kann auch eine Obergrenze für die Provision vorgesehen werden. Die Provision kann beispielsweise auf das Zwei- oder Dreifache der Festvergütung „gedeckelt" werden.

Unterfällt das Arbeitsverhältnis einem Tarifvertrag, ist darauf zu achten, dass die tarifliche Mindestvergütung gesichert ist. Regelmäßig werden Festgehalt und Provision zusammen das Tarifgehalt übersteigen. Die Rechtsprechung hat gebilligt, dass sich die Vergütung aus einem **untertariflichen Festgehalt zuzüglich Provisionszahlungen** zusammensetzt. Die versprochenen Provisionszahlungen dienen dann der Auffüllung des Gehalts bis zur Erreichung der tariflichen Mindestvergütung. Sie gelangen erst mit ihrem dieses Delta übersteigenden Teil „effektiv" zur Auszahlung (LAG Köln Urt. v. 3. 11. 1995 – 13 Sa 668/95 – NZA-RR 1996, 296). Die tarifliche Mindestvergütung kann somit nicht zusätzlich oder unabhängig von der Höhe der verdienten Provisionen verlangt werden (BAG Urt. v. 19. 1. 2000 – 4 AZR 814/98 – RdA 2002, 110; LAG Mainz Urt. v. 11. 4. 2002 – 4 Sa 77/02 – n. a. v.).

Soweit die Provisionszahlungen in einem Monat jedoch nicht ausreichen, um die Differenz zwischen vereinbartem Festgehalt und tariflicher Mindestvergütung „aufzufüllen", ist der Arbeitgeber verpflichtet, jedenfalls die tarifliche Mindestvergütung zu zahlen. Aufgrund der unmittelbaren und zwingenden Wirkung geht die tarifliche Regelung vor (§ 4 Abs. 1 TVG). Als günstigere Regelung (§ 4 Abs. 3 Alt. 2 TVG) kommt die individualvertragliche Regelung erst dann zum tragen, wenn Festgehalt und Provision zusammen die tarifliche Mindestvergütung überschreiten. Wenn der Arbeitgeber dann zum Zwecke der „Auffüllung" der Differenz zur tariflichen Mindestvergütung geleistete Zahlungen mit überschüssigen Provisionen im Folgemonat verrechnen will, so bedarf es hierfür einer ausdrücklichen Abrede. Hierfür könnte in § 1 ein weiterer Absatz mit folgender Klausel angefügt werden:

Optional:
(2) Soweit auf das Arbeitsverhältnis ein Tarifvertrag Anwendung findet, werden, falls im laufenden Monat das Grundgehalt gemäß § ...... des Arbeitsvertrags vom ...... zuzüglich der Provisionszahlung nicht das tarifliche Mindestgehalt erreicht, zusätzliche Zahlungen in Höhe der Differenz zum tariflichen Mindestgehalt geleistet. Die zur Erreichung des tariflichen Mindestgehalts geleisteten zusätzlichen Zahlungen werden mit Provisionszahlungen des Folgemonats verrechnet, soweit es dadurch nicht zu einer Unterschreitung des tariflichen Mindestgehalts kommt.

4. Vertragsgebiet. S. Form. B. IV. 1 Anm. 7 mit Formulierungsvorschlag für die Anlage 1. Die Möglichkeit für eine einseitige Änderung des Vertragsgebiets wurde durch den Änderungs- und Widerrufsvorbehalt in § 7 gesichert (vgl. Anm. 20). Aufgrund Vertragsfreiheit kann eine Änderung auch im Wege einer einverständlichen Regelung erfolgen. Dabei ist darauf zu achten, dass die Schriftform beachtet wird (§ 8 Abs. (1)).

5. Vertragsprodukte. S. Form. B. IV. 1 Anm. 9 mit Formulierungsvorschlag für die Anlage 2 (in Form. B. IV. 1 ist dies Anlage 3). Auch insoweit kommt eine Anpassung über den Widerrufsvorbehalt oder über eine einverständliche Regelung in Betracht (vgl. Anm. 4).

6. Kausalzusammenhang zwischen Geschäftsabschluss und Vermittlungstätigkeit. Die Klausel ist deklaratorisch, sollte aber aus Gründen der Rechtssicherheit in den Vertrag aufgenommen werden. Der Anspruch auf Provision entsteht nur dann, wenn die Vermittlungstätigkeit des Arbeitnehmers ursächlich für den Abschluss des provisionspflichtigen Geschäfts war. Die Beweislast für die Kausalität seiner Vermittlungsbemühungen trifft – wie auch für die anderen Anspruchsvoraussetzungen – den Arbeitnehmer. Allerdings gelten für den Nachweis der Kausalität die Grundsätze des Anscheinsbeweises (MünchKommHGB/*v. Hoyningen-Huene* § 87 HGB Rdn. 49).

6. Vermittlungsprovision A. III. 6

Das Formular geht von einem „bloßen" Vermittlungsvertreter aus. Denkbar ist es auch, dem Mitarbeiter eine **Abschlussvollmacht** einzuräumen (vgl. hierzu Formulierungsbeispiel in Form. B. IV. 1 Anm. 12).

7. Geschäftsabschlüsse vor Beginn des Arbeitsverhältnisses. Der Kausalzusammenhang fehlt, wenn das Geschäft vor Einstellung des Arbeitnehmers geschlossen wurde. Der Geschäftsabschluss kann nicht auf die Tätigkeit des Arbeitnehmers während seines Vertragsverhältnisses zurückgeführt werden. Auch wenn dies eindeutig erscheint, sollte insoweit eine klarstellende Regelung aufgenommen werden.

8. Provisionsteilungsabrede. Soweit eine mögliche „**Provisionskollision**" zwischen Mitarbeitern denkbar ist, empfiehlt es sich, eine Provisionsteilungsabrede zu treffen. Damit beugt der Arbeitgeber dem Risiko vor, dass er die Provision jeweils in voller Höhe an mehrere Mitarbeiter ausbezahlen muss, obwohl diese insgesamt nur ein Geschäft vermittelt haben. Eine Provisionsteilungsabrede muss **mit allen potentiellen Provisionskonkurrenten** abgeschlossen werden, da die jeweilige Provisionsteilungsabrede nur inter partes wirkt. Übersieht der Arbeitgeber nur einen der potentiellen Konkurrenten, so läuft er Gefahr, dass er die Provision doppelt bezahlen muss. Der Kreis der Provisionskonkurrenten wird durch die Beschränkung „in zulässiger Weise" von vornherein eingeschränkt: In zulässiger Weise trägt ein Arbeitnehmer nur dann zu einem Geschäftsabschluss bei, wenn ihm dies erlaubt war. Ist ihm untersagt, den Geschäftsabschluss mit einem bestimmten Kunden zu vermitteln, so findet sein Vermittlungsbeitrag keine Berücksichtigung. Hierzu können Regelungen zu „**Exklusivkunden**" aufgenommen werden (s. Form. B. IV. 1, dort unter § 2 und Anm. 10): Ist einem Mitarbeiter die Vermittlung von Geschäften mit bestimmten Kunden untersagt, entsteht hinsichtlich dieses Kunden kein Anspruch auf anteilige Auszahlung der Provision. Sein „Anteil" wächst vielmehr den anderen Beteiligten zu. Zum Zweck der Entlastung sollte der Arbeitgeber mögliche Auseinandersetzungen über die angemessene Aufteilung zunächst den beteiligten Arbeitnehmern überlassen und erst dann eingreifen, wenn diese keine Einigung erzielen. Wenn der Arbeitgeber über die Aufteilung des Provisionsanspruchs entscheidet – nach den Anteilen der Mitursächlichkeit der Konkurrenten –, unterliegt seine Entscheidung allerdings der gerichtlichen Kontrolle (§ 315 BGB).

9. Nachgeschäft. Die Regelung entspricht § 87 Abs. 3 Ziff. 1 HGB und ist daher deklaratorisch. Das Gesetz verlangt, dass das Geschäft innerhalb einer angemessenen Frist nach Beendigung des Arbeitsverhältnisses abgeschlossen worden sein muss. Was angemessen ist, bestimmt sich nach Art und Bedeutung des Geschäftes. Je länger die Vorbereitung eines einzelnen Geschäftsabschlusses üblicherweise dauert, desto länger dauert auch die Provisionspflicht nach Vertragsende. Bei Saisonartikeln beispielsweise muss der Abschluss i. d. R. innerhalb der Saison erfolgen (*Schaub* § 76 Rdn. 14). Aus Gründen der Rechtssicherheit sieht das Formular einen **genauen Zeitraum** vor, innerhalb dessen ein Geschäftsabschluss noch provisionspflichtig ist. Die Bemessung der Frist sollte sich an den Besonderheiten der typischen provisionspflichtigen Geschäfte orientieren, die der Arbeitnehmer vermitteln soll. § 87 Abs. 3 HGB ist disponibel. Deshalb könnten die Parteien Provisionsansprüche für Geschäfte, die erst nach Ende des Arbeitsverhältnisses abgeschlossen wurden, auch ganz ausschließen oder hierfür niedrigere Provisionssätze vereinbaren. Derartige Klauseln sind jedoch Beschränkungen unterworfen. Werden sie formularmäßig verwendet, müssen sie sich an § 307 BGB messen lassen. Dabei ist zu berücksichtigen, dass einem Arbeitnehmer der Ausgleichsanspruch nach § 89 b HGB nicht zusteht, weil dieser Anspruch von der Verweisung des § 65 HGB nicht erfasst ist. Die vor der Schuldrechtsreform ergangene Rechtsprechung verlangt für den Ausschluss von Provisionsansprüchen bei Nachgeschäften einen sachlichen Grund (vgl. BAG Urt. v. 4. 7. 1972 – 3 AZR 477/71 – DB 1972, 2113; BAG Urt. v. 20. 7. 1973 – 3 AZR 359/72 – WM 1974, 140; BAG Urt. v. 30. 7. 1985 – 3 AZR 405/83 – NZA 1986, 474, 475; BAG Urt. v. 20. 8. 1996 – 9 AZR 471/95 – NZA 1996, 1151). Ein solcher sachlicher Grund kann gegeben sein, wenn dem Arbeitnehmer zu Beginn des Vertragsverhältnisses Provisionen aus Verträgen gezahlt werden, die der Vorgänger zustandegebracht hat, dem Arbeitnehmer (vergleichbar mit § 89 b HGB) bei Beendigung des Arbeitsverhältnisses eine Abfindung gezahlt wird oder erhebliche Nacharbeiten im Hinblick auf den Abschluss des Geschäfts notwendig sind, die er nicht mehr durchführen kann (*Schaub* § 76 Rdn. 33).

Von den Nachgeschäften ist die **Überhangprovision** zu unterscheiden. Diese entsteht für die Geschäfte, die zwar vor Beendigung des Arbeitsverhältnisses abgeschlossen werden, aber erst danach zur Ausführung kommen. Der Ausschluss von Überhangprovisionen in einer formularmäßigen Vereinbarung ist bereits bei einem Handelvertreter bedenklich (s. Form. B. IV. 1, dort Anm. 24). Wegen des Fehlens eines Ausgleichsanspruchs nach § 89b HGB und unter dem Gesichtspunkt der Kündigungserschwerung (§ 622 Abs. 6 BGB) dürften an einen Ausschluss im Arbeitsverhältnis noch strengere Anforderungen zu stellen sein. Im Formular wurde daher von einer entsprechenden Regelung abgesehen.

10. Teilung der Provision. Die Regelung übernimmt § 87 Abs. 3 S. 2 HGB und ist damit **deklaratorisch.** Der Nachfolger wird nur dann an der Provision beteiligt, wenn **besondere Umstände** vorliegen, die eine Teilung aus Billigkeitsgründen gebieten. Bei einer nur geringen Mitwirkung des Nachfolgers erhält der Mitarbeiter deshalb die volle Provision. Eine Teilung kommt dagegen bei überwiegender Beteiligung des Nachfolgers am Geschäftsabschluss in Betracht (MünchKommHGB/*v. Hoyningen-Huene* § 87 Rdn. 114).

11. Entstehung des Anspruchs. § 87a Abs. 1 S. 1 HGB knüpft die Entstehung des Provisionsanspruchs an die Ausführung des Geschäfts durch den Arbeitgeber an. Die Vorschrift ist disponibel. Im Formular wurde die Provision daher davon abhängig gemacht, dass der Geschäftsgegner seine Leistung erbringt. Die Vorteile einer derartigen Regelung liegen auf der Hand: Der Arbeitgeber muss die Provision erst dann ausbezahlen, wenn der Kunde gezahlt hat. Er erspart sich Aufwand für eine etwaige Rückabwicklung gegebenenfalls bereits an den Mitarbeiter gezahlter Provisionen, falls der Kunde das Geschäft nicht ausführt.

12. Provisionsvorschuss. Die Entstehung des Provisionsanspruchs kann nur dann von der Erbringung der Leistung des Geschäftsgegners abhängig gemacht werden, wenn der Arbeitgeber dem Arbeitnehmer einen angemessenen Vorschuss zahlt (vgl. § 87a Abs. 1 S. 2 HGB). Der Mitarbeiter hat unter Umständen erhebliche Aufwendungen getätigt. Zu deren Vorfinanzierung soll er aber nicht verpflichtet sein. Die Angemessenheit des Vorschusses richtet sich vor allem nach der Nähe und Sicherheit der Geschäftserfüllung durch den Kunden, dem Bedürfnis des Mitarbeiters und der Zahlungsfähigkeit des Unternehmens (Baumbach/Hopt/*Hopt* § 87a HGB Rdn. 9). Es empfiehlt sich, eine bestimmte Prozentangabe aufzunehmen. Das Formular sieht die Zahlung eines Vorschusses in Höhe der Hälfte der Provision vor.

13. Provisionsanspruch trotz (Teil-)Nichtausführung des Geschäfts durch Gesellschaft. S. Form. B. IV. 1, dort Anm. 26.

14. Wegfall des Provisionsanspruchs bei Nichtausführung des Geschäfts durch Kunden. S. Form. B. IV. 1, dort Anm. 26.

15. Bemessungsgrundlage. Die Bemessungsgrundlage richtet sich bei Fehlen einer vertraglichen Regelung nach § 87b Abs. 2 und 3 HGB (vgl. zu den Einzelheiten Form. B. IV. 1 Anm. 23). Diese handelsrechtlichen Vorschriften sind disponibel. Die Parteien können die Bemessungsgrundlage für die Berechnung der Provision daher grundsätzlich frei vereinbaren (vgl. Baumbach/Hopt/*Hopt* § 87b Rdn. 18). So kann beispielsweise mit Automobilverkäufern vereinbart werden, dass bei dem Verkauf eines Neuwagens unter Inzahlunggabe eines gebrauchten Fahrzeugs die Provision lediglich aus dem Neupreis abzüglich des Anrechnungswerts für den in Zahlung genommenen alten Wagen zu berechnen ist (BAG Urt. v. 24. 9. 1965 – 3 AZR 231/65 – BB 1966, 386). Ebenso kann die Mehrwertsteuer von der Provisionspflicht ausgenommen werden (BAG Urt. v. 23. 3. 1982 – 3 AZR 637/79 – BB 1983, 195).

Die im Formular verwendete Regelung orientiert sich an § 87b Abs. 2 HGB und ist im Arbeitgeberinteresse ausgestaltet. Es wurde von der Möglichkeit Gebrauch gemacht, die Mehrwertsteuer von der Provisionspflicht auszunehmen. Abweichend von der gesetzlichen Regelung ist vorgesehen, dass Nebenkosten, unabhängig von einer gesonderten Ausweisung in der Rechnung, sowie Nachlässe bei Barzahlung abgezogen werden (vgl. auch Alternativklausel in Form. B. IV. 1, dort Anm. 23).

16. Abrechnungszeitraum. Da der Arbeitnehmer die Möglichkeit haben muss, die Richtigkeit der Abrechnungen im Einzelnen zu kontrollieren, müssen bestimmte, periodische Ab-

6. Vermittlungsprovision A. III. 6

rechnungszeiträume vereinbart werden. Der Abrechnungszeitraum kann bis zu drei Monaten betragen (§ 87c Abs. 1 S. 1 HGB).

17. Fälligkeit. Das Formular geht davon aus, dass die Provision neben dem Grundgehalt gewährt wird (vgl. § 1). Daher wird auch eine Auszahlung der Provision zusammen mit dem Grundgehalt vorgeschlagen. Es ist deshalb darauf zu achten, dass diese Fälligkeitsregelung mit der im Arbeitsvertrag vorgesehenen Regelung harmonisiert wird (s. Form. A. II. 1, dort unter § 3). Wenn eine Vergütung ausschließlich auf Provisionsbasis vorgesehen wird (vgl. Anm. 2), ist eine Auszahlung mit dem Grundgehalt naturgemäß nicht möglich. Die Fälligkeit muss dann eigenständig geregelt sein (s. Form. B. IV. 1, dort § 8 und Anm. 27).

18. Bestätigung der Abrechnung. Ziel der Abrechnung ist es, die Grundlage für ein Schuldanerkenntnis (§§ 781, 782 BGB) zu schaffen. Der Arbeitgeber erkennt den von ihm ermittelten Saldo der Provisionsabrechnung als richtig und für ihn verbindlich an. Mit der Übersendung der Abrechnung bietet er dem Arbeitnehmer stillschweigend an, ein Schuldanerkenntnis zu vereinbaren und dadurch den ermittelten Saldo ebenfalls als richtig anzuerkennen. Die Annahme dieses Angebots kann der Arbeitnehmer nur durch ausdrückliches oder konkludentes Handeln erklären (BAG Urt. v. 23. 3. 1982 – 3 AZR 637/79 – BB 1983, 195; *Stötter* DB 1983, 867, 869). Die im Formular verwendeten Klauseln dienen der Rechtssicherheit, da der Arbeitnehmer gehalten ist, eine ausdrückliche Erklärung abzugeben, ob und inwieweit er die Abrechnung anerkennt.

Allerdings fehlt es insoweit an einer Sanktion, wenn der Mitarbeiter eine entsprechende Erklärung nicht abgibt. Man könnte daher an eine Regelung denken, nach der das Anerkenntnis mit Ablauf einer bestimmten Frist fingiert wird. AGB-rechtlich wäre hierfür an sich nur erforderlich, dass dem Mitarbeiter eine angemessene Frist zur Abgabe einer ausdrücklichen Erklärung eingeräumt wird und der Arbeitgeber sich bereits in der Klausel verpflichtet, den Mitarbeiter bei Beginn der Frist besonders darauf hinzuweisen, was geschieht, wenn er sich nicht innerhalb der Frist erklärt (vgl. § 308 Ziff. 5 BGB). Allerdings hat das BAG entschieden, dass derartige Klauseln die Rechte nach § 87c Abs. 1 bis 4 HGB beschränken, was nach § 87c Abs. 5 HGB unzulässig ist (BAG Urt. v. 23. 3. 1982 – 3 AZR 637/79 – BB 1983, 195; BAG Urt. v. 16. 2. 1973 – 3 AZR 286/72 – DB 1973, 1128). Klauseln, die ein Anerkenntnis fingieren sollen, sind daher unwirksam. Im Formular wurde die Regelung folglich auf die Verpflichtung des Mitarbeiters zur Abgabe einer entsprechenden Erklärung beschränkt.

19. Vorschuss. Nach der vorgeschlagenen Fälligkeitsregelung (§ 6 Abs. (2)) erhält der Mitarbeiter erst am Ende des zweiten Monats nach Geltung der Provisionsvereinbarung erstmals eine Provision. Der Mitarbeiter muss hier in Vorlage treten. Bei einem hohen Anteil des variablen Vergütungsbestandteils an der Gesamtvergütung kann dies beim Mitarbeiter zu finanziellen Engpässen führen. Es kann daher die Zahlung eines einmaligen Vorschusses vorgesehen werden, um derartige Belastungen auszugleichen. Klarstellend sollte – wie im Formular geschehen – darauf hingewiesen werden, dass es sich lediglich um einen Vorschuss handelt, der mit späteren Ansprüchen auf Provision und Grundgehalt verrechnet wird.

20. Änderungs- und Widerrufsvorbehalt. Soweit keine vorsorgliche Vertragsregelung getroffen wird, kann die Provisionsvereinbarung nur einvernehmlich oder im Wege der Änderungskündigung geändert oder vollständig aufgehoben werden. Daher ist es sinnvoll, einen ausdrücklichen Änderungs- und Widerrufsvorbehalt zu vereinbaren. Ist der Anteil der Provision an der Gesamtvergütung sehr groß, wird er seitens des Mitarbeiters als wesentlicher Bestandteil seiner Vergütung empfunden werden. Der Mitarbeiter könnte daher gegen eine solche Regelung Einwände erheben.

Mit der Einführung der AGB-Klauselkontrolle ist Rechtsunsicherheit eingetreten, ob und in welchem Umfang Änderungs- und Widerrufsvorbehalte wirksam vereinbart werden können. Eine neuere BAG-Entscheidung hat diese Fragen teilweise beantwortet (BAG Urt. v. 12. 1. 2005 – 5 AZR 364/04 – BB 2005, 833). Das Gericht hat an seinem **zweistufigen Prüfungsaufbau** festgehalten. Auf erster Stufe ist die Wirksamkeit der Widerrufsklausel und auf zweiter Stufe die Ausübung des Widerrufs zu prüfen. Auf erster Stufe wurde der Prüfungsmaßstab ausgebaut. Wie bisher ist zu prüfen, ob die Klausel den gesetzlichen **Vertragsinhaltsschutz** (§ 2 KSchG) wahrt. Danach dürfen dem Arbeitgeber durch die Vereinbarung einseitiger Leistungsbestimmungsrechte keine Eingriffe in den „Kernbereich" des Arbeitsverhältnisses möglich sein. Ein solcher unzulässiger Eingriff liegt jedenfalls dann nicht vor, wenn insgesamt weniger als 25% der Gesamtvergütung von der Widerrufsmöglichkeit erfasst wird.

Es ist nicht klar, ob das BAG in dieser letzten Entscheidung eine feste Grenze von 25% aufstellen wollte. Die hierzu ergangene Rechtsprechung war nicht eindeutig. So wurde der Widerruf einer Leistungszulage zugelassen, die sich auf 20% des tariflichen Brutto-Gehalts belief (BAG Urt. v. 7. 10. 1982 – 2 AZR 455/80 – DB 1983, 1368). Ebenso wurde bei einer widerruflichen Leistungszulage zum tariflichen Stundenlohn entschieden, die etwa 25 bis 30% der Vergütung ausmachte (BAG Urt. v. 13. 5. 1987 – 5 AZR 125/86 – NZA 1988, 95). Bei Spitzenverdienern wie Chefärzten wurde sogar die Kürzung einer Zulage zugelassen, die 40% der Vergütung umfasste (BAG Urt. v. 28. 5. 1997 – 5 AZR 125/96 – NZA 1997, 1160). Die größere Flexibilisierungsmöglichkeit wurde im letzten Fall vor allem mit dem allgemein hohen Gehalt von Chefärzten begründet. Es spricht daher viel dafür, dass die Rechtsprechung nicht starr auf der Grenze von 25% beharren, sondern jeweils entsprechend des Einzelfalls entscheiden wird.

In allen Fällen ist jedoch darauf zu achten, dass die widerruflichen Lohnbestandteile insgesamt kein **Gesamtvolumen** erreichen, das den „Kernbereich" unzulässig einengt. Bei Vertragsschluss muss deshalb bedacht werden, welche anderen Lohnbestandteile (bereits) unter Widerrufsvorbehalt stehen und welches Volumen sie haben.

Im Hinblick auf die AGB-Klauselkontrolle wird die Klausel nun aber auch einer Überprüfung anhand von § 308 Nr. 4 BGB unterzogen. Danach muss dem Arbeitnehmer die Änderung unter Berücksichtigung der Interessen des Arbeitgebers zumutbar sein. Nach dem Bundesarbeitsgericht ist dem Mitarbeiter ein **Widerruf zumutbar**, wenn er nicht grundlos erfolgt, sondern wegen der unsicheren Entwicklung der Verhältnisse als Instrument der Anpassung notwendig ist. Weiterhin wird die Regelung nun auf die Einhaltung des **Transparenzgebots** (§ 307 Abs. 1 S. 2 BGB) überprüft. Das bedeutet, dass die widerrufliche Leistung bereits in der Klausel nach Art und Höhe eindeutig bestimmt sein muss. Im Hinblick auf die Widerrufsgründe hat das Gericht die Vorgabe gemacht, dass sich bereits aus der Formulierung der Klausel die „Richtung" ergeben muss, aus der der Widerruf möglich sein soll. So kann der Arbeitgeber allgemein auf die wirtschaftliche Entwicklung, die Leistung oder das Verhalten des Arbeitnehmers abstellen und den Klauseltext entsprechend abstrakt halten. Das eröffnet dem Gericht dann aber einen weiten Prüfungsrahmen bei der Kontrolle der Ausübung des Widerrufs auf die Einhaltung billigen Ermessens (§ 315 BGB). Die Alternative ist, die Widerrufsgründe in der Klausel genau zu definieren. Will man beispielsweise den Widerruf vom Grad der Störung abhängig machen (z. B. wirtschaftliche Notlage, negatives wirtschaftliches Ergebnis, nicht ausreichender Gewinn o. ä.), muss dies klar und deutlich aus der Klausel hervorgehen. Dabei besteht jedoch das Risiko, dass man hierdurch den Rahmen für eine einseitige Änderungsmöglichkeit zu eng setzt. Einzelne Widerrufsgründe könnten übersehen werden. Es können in der Zukunft dann Konstellationen entstehen, in denen sich zwar ein Widerruf hätte vereinbaren lassen können, die Situation jedoch bei Abfassung der Klausel noch nicht berücksichtigt werden konnte. Ein Widerruf kann dann hierauf nicht gestützt werden.

Das Formular geht einen Mittelweg. In die Klausel wurde eine abstrakte Umschreibung (wirtschaftliche Entwicklung, Leistung oder Verhalten des Arbeitnehmers) aufgenommen, um möglichst alle Konstellationen zu erfassen. Entsprechend § 308 Ziff. 4 BGB wurde die Änderung bzw. der Widerruf daran geknüpft, dass sie/er dem Mitarbeiter zumutbar ist. Um dem Transparenzgebot trotz der abstrakten Umschreibung Genüge zu tun, wurde zusätzlich eine beispielhafte – nicht abschließende – Aufzählung aufgenommen.

Wie bereits dargestellt, hat sich die Rechtsprechung bei Änderungs- und Widerrufsvorbehalten offen gehalten, weiterhin auf zweiter Stufe den Widerruf selbst auf die **Einhaltung billigen Ermessens** (§ 315 BGB) hin zu überprüfen. Dies hat anhand der konkreten Umstände des Einzelfalls durch Abwägung der beiderseitigen Interessen zu erfolgen (BAG Urt. v. 26. 5. 1992 – 9 AZR 174/91 – DB 1993, 642). Aus Sicht des Arbeitgebers „vernünftige Gründe" reichen für die Angemessenheit eines Widerrufs nicht aus. Vielmehr sind „sachliche Gründe" erforderlich (BAG Urt. v. 13. 5. 1987 – 5 AZR 125/86 – NZA 1988, 95, 96). Dabei muss der Grund für den Widerruf am Zweck der Leistung gemessen werden.

Aufgrund der aufgezeigten Beschränkungen könnte daran gedacht werden, stattdessen einen **Freiwilligkeitsvorbehalt** (s. dazu Form. A. III. 4 Anm. 17) zu vereinbaren. Von der überwiegenden Ansicht im Schrifttum wird dieser in Bezug auf Vergütungsbestandteile, die im unmittelbaren Gegenseitigkeitsverhältnis zur Arbeitsleistung stehen (z. B. Provisionen, Leistungszulagen), jedoch für unzulässig gehalten (vgl. *Kania* DB 1998, 2418, 2419; ErfKomm/ *Preis* §§ 305–310 BGB Rdn. 71; Preis/*Preis* II V 70 Rdn. 103). Der Freiwilligkeitsvorbehalt soll nach dieser Auffassung nur für Gratifikationen und ähnliche Vergütungsbestandteile zulässig sein. Höchstrichterliche Rechtsprechung zu dieser Frage liegt noch nicht vor, da sich das BAG mit der Zulässigkeit von Freiwilligkeitsvorbehalten lediglich im Zusammenhang mit Gratifikationen beschäftigt hat.

21. Widerruf für die Vergangenheit. Ein Widerrufsrecht für den laufenden Abrechnungszeitraum ist ausgeschlossen, da der Mitarbeiter die Provision entsprechend der vermittelten Geschäfte verdient hat. Ein bereits entstandener Vergütungsanspruch kann nicht einseitig durch den Arbeitgeber genommen werden.

22. Schlussbestimmungen. S. Form. A. II. 1 Anm. 29.

7. Regelung im Arbeitsvertrag zur Zielvereinbarung[1]

§ ... Vergütung

(...) Zusätzlich zum Grundgehalt gemäß Abs. ...... erhält der Mitarbeiter als variable Vergütung einen erfolgsabhängigen jährlichen Bonus, der bei 100% Zielerreichung EUR ...... (in Worten: Euro ......) brutto beträgt („Zielbonus")[2].

Alternative: Der Anspruch wird erstmals bezogen auf das der Einstellung folgende Geschäftsjahr (*Alternative*: Kalenderjahr) erworben)[3].

Die Einzelheiten[4], insbesondere zum Verfahren der Zielfestlegung, zur Feststellung der Zielerreichung und zur Fälligkeit ergeben sich aus dem Rahmenvertrag zur Zielvereinbarung in seiner jeweils geltenden Fassung. Die Art der Ziele, die Voraussetzungen für ihre Erreichung und ihre Gewichtung zueinander werden für das jeweilige Geschäftsjahr[5] in einer gesonderten Zielfestlegung niedergelegt.

Schrifttum: *Bauer/Diller/Göpfert*, Zielvereinbarungen auf dem arbeitsrechtlichen Prüfstand, BB 2002, 882; *Behrens/Rinsdorf*, Beweislast für die Zielerreichung bei Vergütungsabsprachen aus Zielvereinbarungen, NZA 2003, 364; *Berwanger*, Zielvereinbarungen und ihre rechtlichen Grundlagen, BB 2003, 1499; ders., Noch einmal: Zielvereinbarungen auf dem Prüfstand, BB 2004, 551; *Breisig*, Entlohnen und Führen mit Zielvereinbarungen – Orientierungs- und Gestaltungshinweise für Betriebs- und Personalräte sowie Personalverantwortliche, 2. Aufl., 2001; *Däubler*, Zielvereinbarungen und AGB-Kontrolle, ZIP 2004, 2209; *Deich*, Die rechtliche Beurteilung von Zielvereinbarungen im Arbeitsverhältnis – Schwerpunkt Individualarbeitsverhältnis, 2004; *Gaul*, Berechnung leistungs- oder erfolgsbezogener Jahressonderzahlungen bei Betriebsratsmitgliedern, BB 1998, 101; *Geffken*, Zielvereinbarungen – Eine Herausforderung für Personalwesen und Arbeitsrecht, NZA 2000, 1033; ders., 360°-Beurteilung, NZA 2000, 1095; *Hommerich/Schüller*, Führen durch Zielvereinbarungen, Anwalt 2003, 19; *Kolmhuber*, Konfliktfälle bei Zielvereinbarungen, ArbRB 2003, 117; *Lindemann/Simon*, Flexible Bonusregelungen im Arbeitsvertrag, BB 2002, 1807; *Mauer*, Zielbonusvereinbarungen als Vergütungsgrundlage im Arbeitsverhältnis, NZA 2002, 540; *Range-Ditz*, Balanced Scorecard (BSC) – Flexibilisierung zusätzlicher Arbeitsentgelts, ArbRB 2003, 123; *Schanz*, Mitarbeiterbeteiligungsprogramme, NZA 2002, 626; *Rieble/Gistel*, Betriebsratszugriff auf Zielvereinbarungsentgelte? BB 2004, 2462; *Schmiedl*, Variable Vergütung trotz fehlender Zielvereinbarung? BB 2004, 329; *Swoboda*, Mitarbeitermotivation durch arbeitsvertragliche Sonderzahlungen, BB 2003, 418; *Wagner*, Ergebnisorientierte variable Vergütungen, BB 1997, 150; ders., Führungskräftebeteiligungsmodelle: Bausteine unternehmerischer Führung auch außerhalb von Shareholder Value, NZG 1998, 127.

Anmerkungen

1. Zielvereinbarung. Mit einer Zielvereinbarung werden Teile des Arbeitsentgelts von der Erreichung bestimmter Ziele abhängig gemacht. Die Zielvereinbarung ermöglicht es dem Arbeitgeber, die Personalkosten über die Vereinbarung von Unternehmenszielen zu einem gewissen Teil an den Unternehmenserfolg zu koppeln. Außerdem kann für die Mitarbeiter ein Leistungsanreiz über die Festlegung persönlicher Ziele gesetzt werden. Um diesen doppelten Effekt zu erzielen, werden häufig beide Zielarten miteinander verknüpft. Mit Zielvereinbarungen schafft der Arbeitgeber eine erfolgsabhängige Vergütung (vgl. dazu MünchHdbArbR/ *Hanau* § 66 Rdn. 8, 33). Soweit die Bonuszahlung an die Erreichung **persönlicher Ziele** des Mitarbeiters anknüpft, ist sie von der Arbeitsleistung abhängig. Soweit sie an die Erreichung von **Unternehmenszielen** anknüpft, steht sie dagegen außerhalb des Synallagmas. Denn allein die bloße Arbeitsleistung führt nicht zum Anspruch auf die Bonuszahlung. Möglich ist auch eine zusätzliche Verknüpfung mit **Bereichszielen**. Sie beziehen sich im Gegensatz zu Unternehmenszielen nicht auf das gesamte Unternehmen, sondern auf einen bestimmten Unternehmensbereich (z. B. Betrieb, Abteilung). Bei der Festlegung von Bereichszielen sollte darauf geachtet werden, dass auch der Unternehmensbereich, dem der Mitarbeiter zugeordnet ist, möglichst genau festgelegt wird, damit es später nicht zu Streitigkeiten kommt. Während Zielvereinbarungen früher fast ausschließlich für Führungskräfte vorgesehen waren, werden sie nun zunehmend auch auf unteren Hierarchieebenen eingeführt. Unterstützung hat die Einführung von Zielsystemen durch die von den Tarifpartnern eröffnete Möglichkeit erfahren, einen Teil des Tariflohns variabel gestalten zu können (beispielsweise im Bankensektor).

Grundsätzliche rechtliche Bedenken gegenüber Zielvereinbarungsmodellen bestehen nicht. Da der Arbeitnehmer seine Grundvergütung auch dann erhält, wenn er seine Ziele nicht erreicht, wird mit einer Zielvereinbarung auch **kein unzulässiges werkvertragliches Element** in den Arbeitsvertrag eingeführt. Denn der Arbeitnehmer wird nicht zusätzlich mit einem Erfolgsrisiko belastet. Die Provisionsvorschriften (§§ 65, 87 Abs. 1 und 3, 87a bis 87c HGB) finden auf Zielvereinbarungen keine Anwendung. Unter einer Provision versteht die Rechtsprechung nur die Abschluss- und Vermittlungsprovision und nicht sonstige auf Absatzerfolge abstellende Vergütungsbestandteile (vgl. BAG Urt. v. 16. 8. 2000 – 10 AZR 519/99 – n. a. v.; vgl. zur Provision Form. A. III. 6). Ein gewisses Risiko verbleibt jedoch insoweit, als die Gerichte im Rahmen der Klauselkontrolle Rechtsgedanken aus den HGB-Vorschriften wegen der etwa im Einzelfall gegebenen Nähe eines Zielvereinbarungssystems zu einem Provisionssystem heranziehen könnten.

Wenn der Arbeitgeber Zielvereinbarungen einführen will, muss er hierbei die **Mitbestimmungsrechte des Betriebsrats** beachten. Bei der Einführung oder Änderung von Zielvereinbarungsmodellen sind insbesondere **Fragen der betrieblichen Lohngestaltung i. S. d. § 87 Abs. 1 Nr. 10 BetrVG** betroffen. Das Mitbestimmungsrecht der Arbeitnehmervertretung ist jedoch nicht umfassend. Der Arbeitgeber kann frei darüber entscheiden, ob er überhaupt ein Zielsystem einführen will und welchen Zweck sowie welchen finanziellen Rahmen dieses System haben soll. Darüber hinaus kann er auch frei festlegen, welchem – nach abstrakten Kriterien bestimmten – Personenkreis er den Bonus zukommen lassen will. Das Mitbestimmungsrecht greift erst ein, wenn die Ausgestaltung des Zielsystems im Einzelnen betroffen ist.

Soweit der Bonus an die Erreichung persönlicher Ziele geknüpft ist, stellt sich auch die Frage nach einem Mitbestimmungsrecht wegen eines **vergleichbaren leistungsbezogenen Entgelts i. S. d. § 87 Abs. 1 Nr. 11 BetrVG** (vgl. *Kolmhuber* ArbRB 2003, 117; Preis/*Preis* II Z 5 Rdn. 46). Ein dem Akkord- und Prämienlohn vergleichbares leistungsbezogenes Entgelt im Sinne dieser Vorschrift liegt nur vor, wenn eine Leistung des Arbeitnehmers gemessen, mit einer Bezugsleistung verglichen und das nach dem Verhältnis der gezeigten Leistung zur Bezugsleistung bemessene Entgelt für eben diese gezeigte Leistung gezahlt wird. Dieser Zusammenhang fehlt, wenn die für die Zahlung maßgebliche Leistung nicht aufgrund objektiv messbarer Kriterien, sondern aufgrund einer Beurteilung festgestellt wird (BAG Beschl. v. 22. 10. 1985 – 1 ABR 67/83 – NZA 1986, 296). Bei „weichen" Zielen (z. B. Kundenzufriedenheit, Führungskompetenz, etc.) fehlt es an objektiv messbaren Kriterien und es ist regelmäßig eine Beurteilung hinsichtlich der Zielerreichung notwendig. Insoweit besteht kein Mitbestimmungsrecht nach § 87 Abs. 1 Nr. 11 BetrVG (vgl. *Rieble/Gistel* BB 2004, 2462, 2463). Anders ist dies bei „harten" Zielen. Sie sind dadurch gekennzeichnet, dass messbare Kriterien aufgestellt werden (z. B. individueller Umsatz, Anzahl von Kundenbeschwerden, etc.). Hier liegt eine entsprechende Bezugsleistung vor und das Mitbestimmungsrecht wird ausgelöst.

Ein Mitbestimmungsrecht wegen **Aufstellung allgemeiner Beurteilungsgrundsätze bzw. Beurteilungsrichtlinien i. S. d. § 94 Abs. 2 BetrVG** besteht dagegen nach zutreffender Auffassung nicht. Denn das Mitbestimmungsrecht aus § 94 Abs. 2 BetrVG wird durch das speziellere Mitbestimmungsrecht aus § 87 Abs. 1 Nr. 10 BetrVG verdrängt, wenn die Beurteilung der Entgeltfindung dient (Richardi/*Richardi* § 94 Rdn. 58; H/S/W/*Glock* § 94 Rdn. 30; *Rieble/ Gistel* BB 2004, 2462, 2463 f.).

Bei der elektronischen Erfassung von Ergebnissen der Mitarbeiter wird i. d. R. ein Mitbestimmungsrecht wegen **Einführung und Anwendung technischer Überwachungseinrichtungen i. S. d. § 87 Abs. 1 Nr. 6 BetrVG** ausgelöst. Dieses Mitbestimmungsrecht besteht nicht nur dann, wenn verhaltens- und leistungsrelevante Daten der Mitarbeiter mittels einer technischen Einrichtung erhoben werden. Der Betriebsrat hat auch dann mitzubestimmen, wenn die auf nichttechnischem Wege erhobenen Daten in ein elektronisches Datenverarbeitungs- oder Informationssystem eingegeben werden, soweit hierdurch Aussagen über das Verhalten oder die Leistung einzelner Mitarbeiter gewonnen werden können (BAG Beschl. v. 14. 9. 1984 – 1 ABR 23/82 – AP Nr. 9 zu § 87 BetrVG 1972 Überwachung). Mitbestimmungspflichtig ist daher beispielsweise auch, wenn die manuell ermittelten Arbeitsergebnisse in ein elektronisches Personalinformationssystem (PAISY) eingegeben werden, um so die Gesamtleistung des Mitarbeiters im laufenden Berechnungszeitraum zu ermitteln.

Sofern im Unternehmen ein Gesamtbetriebsrat besteht, kann dieser zuständig sein, wenn auf Unternehmensebene Zielsysteme eingeführt werden sollen. Entsprechendes gilt für den Konzernbetriebsrat, sofern Zielsysteme konzernweit etabliert werden sollen. Außerdem sind die Informations- und Beratungsrechte des Wirtschaftsausschusses zu beachten (§§ 106 ff. BetrVG).

2. Zielbonus. Der Zielbonus ist für den Fall einer Zielerreichung von 100% versprochen. Das Formular sieht als Zielbonus einen Festbetrag vor. Ebenso ist es möglich, einen prozentualen Anteil vom Grundgehalt zu vereinbaren. Eine prozentuale Errechnung führt dann bei Erhöhung des Grundgehalts automatisch zu einer Erhöhung des Zielbonus. Es ist strikt darauf zu achten, dass der Betrag des Zielbonus in der Regelung im Arbeitsvertrag zur Zielvereinbarung (dieses Formular) identisch ist mit dem Betrag des Zielbonus im Rahmenvertrag zur Zielvereinbarung (Form. A. III. 8, dort unter § 1 Abs. (2) und Anm. 3).

3. Ausschluss für das Jahr der Einstellung. Das Verfahren zur Zielfestlegung erfordert einen gewissen Aufwand. Zunächst sind die Unternehmensziele zu ermitteln, die dann auf die einzelnen Mitarbeiterebenen „heruntergebrochen" werden müssen. Bei der Vereinbarung persönlicher Ziele kommt es entscheidend auf die Kenntnisse und Fähigkeiten des jeweiligen Mitarbeiters an. Am Anfang des Arbeitsverhältnisses wird es schwierig sein, zu beurteilen, wie der neue Arbeitnehmer am besten zur Erreichung der Unternehmensziele beitragen kann. Damit der Mitarbeiter seine Tätigkeit nach den vereinbarten Zielen ausrichten kann, müssen diese auch bereits vor Beginn des jeweiligen Berechnungszeitraums festgelegt sein. Ein Ausschluss von der Beteiligung am Zielsystem im Einstellungsjahr ist deshalb gerechtfertigt. Im Übrigen ist die Erfüllung von Wartezeiten als sachlicher Grund für eine unterschiedliche Behandlung gesetzlich anerkannt (vgl. § 4 Abs. 2 S. 3 TzBfG). Der Bonus wird dann erst ab dem folgenden Geschäfts- bzw. Kalenderjahr (je nach Wahl des Berechnungszeitraums hierfür; vgl. Anm. 5 und Form. A. III. 8 Anm. 6) gezahlt. Wird die Alternativklausel verwendet, ist darauf zu achten, dass auch der Rahmenvertrag zur Zielvereinbarung (Form. A. III. 8) entsprechend angepasst wird.

Um die geschilderten typischen Probleme zu Beginn der Anstellung zu berücksichtigen und den finanziellen Bedürfnissen des Mitarbeiters Rechnung zu tragen, wird häufig in den ersten sechs oder zwölf Monaten des Arbeitsverhältnisses ein Mindestbetrag garantiert; sog. „Garantiebonus" (vgl. hierzu Form. A. III. 8, dort Zusatzklausel zu § 5 Abs. (5) und Anm. 23).

4. Verweisung auf Rahmenvertrag und Zielfestlegung. Die Einzelheiten, insbesondere zum Verfahren der Zielfestlegung, zur Feststellung der Zielerreichung, zur Fälligkeit des Bonus, zur Art der Ziele, zu den Voraussetzungen für ihre Erreichung und zur Gewichtung der Ziele sind dem Rahmenvertrag zur Zielvereinbarung und der Zielfestlegung vorbehalten. Auf diese Weise wird eine „Überfrachtung" des Arbeitsvertrags mit Detailregelungen verhindert. Auf eine Verweisung im Arbeitsvertrag sollte jedoch nicht verzichtet werden. Der Mitarbeiter, der nach den Bestandteilen seiner Vergütung im Zweifelsfall zunächst nur im Arbeitsvertrag „suchen" wird, sollte bereits dort einen Hinweis auf die gesonderten Regelungen finden. Damit vermeidet man den Einwand, dass die ausgelagerten Bestimmungen überraschend sind (§ 305c Abs. 1 BGB).

5. Berechnungszeitraum. Nach welchem Zeitraum die Ziele neu vereinbart werden sollen, können die Parteien frei bestimmen. Eine „Faustregel" für den idealen Turnus gibt es nicht. Dieser hängt von den Umständen des Einzelfalls ab. In der Praxis werden Zielvereinbarungen meist für den Zeitraum eines Jahrs getroffen. Kürzere Perioden als ein Jahr erscheinen angesichts des von der Gesellschaft zu betreibenden Aufwands, die Ziele festzulegen und nach Ablauf des Zeitraums die Zielerreichung festzustellen, ineffektiv. Je länger dagegen der Berechnungszeitraum ist, umso weniger Flexibilität hat die Gesellschaft für die Anpassung des Zielsystems an die aktuelle Situation.

Das Formular knüpft an das Geschäftsjahr an. Alternativ kann auch auf das Kalenderjahr oder einen anderen Berechnungszeitraum abgestellt werden. Weicht das Geschäftsjahr vom Kalenderjahr ab, empfiehlt es sich, auf ersteres abzustellen, damit die Erreichung der Unternehmensziele für den Berechnungszeitraum ohne die Aufstellung etwaiger Zwischenbilanzen festgestellt werden kann. Bei Änderungen ist darauf zu achten, dass diese durchgängig in die Regelung im Arbeitsvertrag zur Zielvereinbarung (dieses Formular), in den Rahmenvertrag zur Zielvereinbarung (Form. A. III. 8) und in die Zielfestlegung (Form. A. III. 9) übernommen werden.

8. Rahmenvertrag zur Zielvereinbarung[1]

Rahmenvertrag

zwischen
...... (Name und Anschrift des Arbeitgebers) „Gesellschaft"
und
Herrn ...... (Name und Anschrift des Arbeitnehmers) „Mitarbeiter"

§ 1 Gegenstand der Vereinbarung

(1) Der Mitarbeiter erhält neben dem Jahresgrundgehalt als variable Vergütung einen Bonus (§ ...... Abs. ...... des Arbeitsvertrags vom ......).

(2) Die Höhe des Bonus beträgt bei 100% Zielerreichung EUR ...... (in Worten: Euro ......) brutto[2] („Zielbonus")[3]. Die Regelungen in §§ 6 bis 8 bleiben hiervon unberührt.

(3) Diese Vereinbarung regelt die allgemeinen Anspruchsvoraussetzungen und die Verfahrensweise zur Bemessung und Auszahlung des Bonus.

§ 2 Ziele

(1) Der Bonus hängt von der Erreichung von Zielen ab. Die Ziele setzten sich aus Unternehmenszielen[4] und persönlichen Zielen[5] zusammen.

(2) Die Art der Ziele, die Voraussetzungen für ihre Erreichung und ihre Gewichtung für die Bemessung des Bonus werden für jedes Geschäftsjahr (Alternative: kalenderjährlich)[6] in einer gesonderten[7] Zielfestlegung näher konkretisiert.

§ 3 Verfahren zur Zielfestlegung

(1) Spätestens im vierten Quartal des Geschäftsjahrs[8] werden die Art der Unternehmensziele und die Voraussetzungen für ihre Erreichung für das folgende Geschäftsjahr durch die Gesellschaft nach billigem Ermessen[9] festgelegt und in der Zielfestlegung niedergelegt. Nimmt der Mitarbeiter seine Tätigkeit für die Gesellschaft unterjährig auf, wird dieses Verfahren für das laufende Geschäftsjahr innerhalb von einem Monat ab der Tätigkeitsaufnahme für den Rest des laufenden Geschäftsjahrs durchgeführt[10].

(2) Spätestens im vierten Quartal des Geschäftsjahrs werden die Art der persönlichen Ziele, die Voraussetzungen für ihre Erreichung sowie die Gewichtung der Unternehmensziele und persönlichen Ziele für die Bemessung des Bonus für das folgende Geschäftsjahr in einem Zielvereinbarungsgespräch zwischen der Gesellschaft und dem Mitarbeiter einvernehmlich festgelegt[11] und in der Zielfestlegung niedergelegt. Nimmt der Mitarbeiter seine Tätigkeit für die Gesellschaft unterjährig auf, wird dieses Verfahren für das laufende Geschäftsjahr innerhalb von einem Monat ab der Tätigkeitsaufnahme für den Rest des laufenden Geschäftsjahrs durchgeführt.

(3) Kann im Zielvereinbarungsgespräch über die Art der persönlichen Ziele, die Voraussetzungen für ihre Erreichung und/oder die Gewichtung der Unternehmensziele und/ oder persönlichen Ziele für die Bemessung des Bonus keine Einigung erreicht werden, erfolgt insoweit die Festlegung durch die Gesellschaft nach billigem Ermessen[12].

(4) Der Mitarbeiter hat keinen Anspruch auf die Festlegung bestimmter Arten von Unternehmenszielen und persönlichen Zielen, bestimmter Voraussetzungen für deren Erreichung oder einer bestimmten Gewichtung der Unternehmensziele und persönlichen Ziele für die Bemessung des Bonus, auch wenn für mehrere Berechnungszeiträume insoweit gleiche oder ähnliche Faktoren festgelegt wurden[13].

(5) Werden nicht bis zum Ablauf des Geschäftsjahrs die Art der Unternehmensziele und die Voraussetzungen für ihre Erreichung für das folgende Geschäftsjahr gemäß Abs. (1) festgelegt und/oder die Art der persönlichen Ziele, die Voraussetzungen für ihre Erreichung sowie die Gewichtung der Unternehmensziele und persönlichen Ziele für das folgende Geschäftsjahr gemäß Abs. (2) vereinbart bzw. gemäß Abs. (3) festgelegt, so gilt die bisherige Zielfestlegung auch für das folgende Geschäftsjahr[14]. Die Parteien sind berechtigt, nachträglich, auch mit Rückwirkung, einvernehmlich eine andere Zielfestlegung abzuschließen[15].

(6) Zeigt sich während des laufenden Geschäftsjahrs, dass die Zielerreichung aufgrund Änderung wesentlicher Umstände unmöglich ist, können die Parteien auch rückwirkend eine Änderung der festgelegten Ziele vereinbaren. Ein Anspruch des Mitarbeiters auf eine solche Vereinbarung besteht nicht[16].

§ 4 Verfahren zur Feststellung der Zielerreichung

(1) Im dritten Quartal des Geschäftsjahrs soll ein Zielkontrollgespräch zwischen dem Mitarbeiter und der Gesellschaft stattfinden, in welchem der voraussichtliche Grad der Erreichung der persönlichen Ziele für dieses Geschäftsjahr besprochen wird.

(2) Die abschließende Feststellung des Grads der Erreichung der Unternehmensziele erfolgt durch die Gesellschaft[17] innerhalb von drei Monaten nach Feststellung und Vorliegen des Jahresabschlusses[18]. Die abschließende Feststellung des Grads der Erreichung der persönlichen Ziele erfolgt durch die Gesellschaft ebenfalls bis zu diesem Termin.

(3) Soweit der Gesellschaft bei der Feststellung des Grads der Erreichung der Ziele ein Beurteilungsspielraum verbleibt, erfolgt die Feststellung nach billigem Ermessen[19].

§ 5 Ermittlung der Bonushöhe

(1) Der Bonus wird anhand des Grads der Erreichung der in der Zielfestlegung bestimmten Ziele sowie der dort festgelegten Gewichtung der einzelnen Ziele zueinander errechnet.

(2) Bei einer Zielerreichung von 100% besteht Anspruch auf Bonus in Höhe des Zielbonus.

(3) Bei einer Zielerreichung von über 100% (Übererfüllung) erhöht sich der Bonus gemäß der Staffelung in der Zielfestlegung bis zu dem dort genannten Höchstbetrag[20].

(4) Bei einer Zielerreichung von unter 100% (Untererfüllung) entsteht der Anspruch auf Bonus nur bei Erreichung des in der Zielfestlegung genannten Mindestziels[21]. Die Höhe des Bonus richtet sich dann nach der Staffelung in der Zielfestlegung.

(5) Die Höhe des Bonus wird durch die Gesellschaft festgestellt[22]. (Optional: Für das Geschäftsjahr ...... wird dem Mitarbeiter ein Betrag von EUR ...... (in Worten: Euro ......) brutto als Bonus garantiert[23].)

§ 6 Fehlzeiten und Ruhen des Arbeitsverhältnisses

(1) Bei der Feststellung der Erreichung der persönlichen Ziele sind krankheitsbedingte Fehlzeiten des Mitarbeiters, in denen ihm ein Entgeltfortzahlungsanspruch nach dem Entgeltfortzahlungsgesetz (EFZG) zusteht, zu berücksichtigen. Insoweit ist der Zielerreichungsgrad zu ermitteln, den der Mitarbeiter erreicht hätte, wenn er während dieser Zeit gearbeitet hätte[24].

(2) Für krankheitsbedingte und anderweitige Fehlzeiten, in denen kein gesetzlicher Entgeltfortzahlungsanspruch besteht, kürzt sich der Zielbonus gemäß § 1 Abs. (2) pro rata temporis[25]. Die Regelungen in §§ 4 und 5 bleiben hiervon unberührt.

(3) Für Zeiten, in denen das Anstellungsverhältnis ruht, z.B. während Elternzeit, Wehr- oder Ersatzdienst, kürzt sich der Zielbonus gemäß § 1 Abs. (2) pro rata temporis[26]. Die Regelungen in §§ 4 und 5 bleiben hiervon unberührt.

§ 7 Unterjähriger Ein- und Austritt und Freistellung

(1) Nimmt der Mitarbeiter unterjährig seine Tätigkeit für die Gesellschaft auf oder wird das Arbeitsverhältnis unterjährig beendet, kürzt sich der Zielbonus gemäß § 1 Abs. (2) pro rata temporis[27]. Die Regelungen in §§ 4 und 5 bleiben hiervon unberührt. Ein Anspruch auf Erstellung einer Zwischenbilanz für den Zeitpunkt der Aufnahme der Tätigkeit bzw. der Beendigung des Arbeitsverhältnisses besteht nicht[28].

(2) Für Zeiten, in denen der Mitarbeiter berechtigt von seiner Arbeitspflicht freigestellt ist, kürzt sich der Zielbonus gemäß § 1 Abs. (2) pro rata temporis[29]. Die Regelungen in §§ 4 und 5 bleiben hiervon unberührt.

§ 8 Außerordentliche Kündigung

Im Falle einer unberechtigten außerordentlichen Kündigung durch den Mitarbeiter oder einer berechtigten außerordentlichen verhaltensbedingten Kündigung durch die Gesellschaft entfällt der gesamte Bonusanspruch für das laufende Geschäftsjahr[30].

§ 9 Fälligkeit

Der Bonus wird mit Ablauf von drei Monaten nach Feststellung und Vorliegen des Jahresabschlusses zur Zahlung fällig. Er wird mit der darauf folgenden Gehaltsabrechnung ausgezahlt[31].

§ 10 Änderungs- und Widerrufsvorbehalt[32]

Die Gesellschaft ist dazu berechtigt, die Verpflichtung zur Zahlung eines Bonus bei Zielerreichung nach den vorstehenden Regelungen jederzeit für die Zukunft mit Wir-

kung zum Ablauf des Geschäftsjahrs[33] aus sachlichen Gründen, insbesondere aufgrund der wirtschaftlichen Entwicklung der Gesellschaft, der Leistung oder des Verhaltens des Mitarbeiters, zu ändern oder ganz zu widerrufen, sofern dies dem Mitarbeiter zumutbar ist. Ein solcher sachlicher Grund liegt insbesondere vor, wenn
- nach einer Erprobungszeit von ...... Jahren das Unternehmensergebnis vor Steuern nicht um insgesamt ......% gesteigert wird und/oder
- es der Gesellschaft aufgrund einer schlechten wirtschaftlichen und konjunkturellen Lage nicht zumutbar ist, weiterhin am Bonussystem festzuhalten.

§ 11 Schlussbestimmungen[34]

(1) Mündliche Nebenabreden bestehen nicht. Änderungen oder Ergänzungen dieser Vereinbarung, einschließlich dieser Bestimmung, bedürfen zu ihrer Wirksamkeit der Schriftform. Das Schriftformerfordernis bezieht sich auch auf etwaige Ansprüche aus betrieblicher Übung.

(2) Sollte eine Bestimmung dieser Vereinbarung ganz oder teilweise unwirksam sein oder werden, so wird hiervon die Wirksamkeit der übrigen Bestimmungen dieser Vereinbarung nicht berührt. An die Stelle der unwirksamen Bestimmung tritt die gesetzlich zulässige Bestimmung, die dem mit der unwirksamen Bestimmung Gewollten wirtschaftlich am nächsten kommt. Dasselbe gilt für den Fall einer vertraglichen Lücke.

(3) Der Mitarbeiter hat eine Ausfertigung dieser Vereinbarung erhalten.

......
Ort, Datum

......
Unterschrift der Gesellschaft

......
Ort, Datum

......
Unterschrift des Mitarbeiters

Schrifttum: S. Form. A. III. 7.

Anmerkungen

1. Rahmenvertrag zur Zielvereinbarung. Aufgrund des Umfangs der erforderlichen Regelungen zum Verfahren der Zielfestlegung und der Feststellung der Zielerreichung ist es empfehlenswert, die Rahmenregelungen zur Zielvereinbarung in eine separate Vereinbarung auszugliedern.

Das Formular setzt sich aus **vorformulierten Vergütungsbedingungen** zusammen und soll i.d.R. nicht nur im Einzelfall verwendet werden. Es wird meist ohne Vertragsverhandlung akzeptiert werden. Die Bestimmungen unterliegen daher als Allgemeine Geschäftsbedingungen der Kontrolle nach §§ 305 ff. BGB. Zu beachten sind insbesondere die Unklarheitenregelung (§ 305c Abs. 2 BGB) und das Transparenzgebot (§ 307 Abs. 1 S. 2 BGB).

2. Variable Vergütung. Das Formular geht davon aus, dass eine Vergütung in Geld vereinbart wird. Die Bonusleistung bei Erreichen der vereinbarten Ziele kann aber auch in Sachwerten bestehen, z.B. in Incentive-Reisen oder Sonderverkaufsveranstaltungen. In der Praxis besteht der Bonus regelmäßig in Geld. Die Vereinbarung ausschließlich von Sachleistungen ist selten. Eher gebräuchlich ist dann eine Mischung aus Geld- und Sachleistungen.

3. Zielbonus. Der Zielbonus ist für den Fall einer Zielerreichung von 100% versprochen. Das Formular sieht als Zielbonus einen Festbetrag vor. Ebenso ist es möglich, einen prozentualen Anteil vom Grundgehalt zu vereinbaren. Eine prozentuale Errechnung führt dann bei Erhöhung des Grundgehalts automatisch zu einer Erhöhung des Zielbonus. Es ist strikt darauf zu achten, dass der Betrag des Zielbonus im Rahmenvertrag zur Zielvereinbarung (dieses Formular) identisch ist mit dem Betrag des Zielbonus in der Regelung im Arbeitsvertrag zur Zielvereinbarung (Form. A. III. 7 Anm. 2).

4. Unternehmensziele. Die Bonuszahlung in Abhängigkeit von der Erreichung eines Unternehmensziels knüpft nur indirekt an die Leistung des einzelnen Mitarbeiters an, weil sein Einfluss auf den Erfolg des gesamten Unternehmens nur schwer feststellbar ist. Bei der Zielfestlegung (s. Form. A. III. 9) sollte die Berechnung weitestgehend transparent gemacht werden. Nur so kann Vertrauen in das Bonussystem entstehen. Unter Berücksichtigung des allgemeinen arbeitsrechtlichen Gleichbehandlungsgrundsatzes müssen identische Ziele für die Arbeitnehmer festgelegt werden, soweit nicht sachliche Gründe dafür sprechen, für verschiedene Arbeitnehmergruppen unterschiedliche Unternehmensziele zu bestimmen. Ebenso ist bei möglichen Bereichszielen für die Arbeitnehmer desselben Unternehmensbereichs zu verfahren. Dagegen sind Differenzierungen leichter möglich bei der Höhe des Zielbonus und bei den persönlichen Zielen. Denn aufgrund der individuellen Situation, insbesondere der Fähigkeiten und Kenntnisse des Arbeitnehmers, wird hier i.d.R. ein sachlicher Grund für eine unterschiedliche Festlegung gegeben sein.

5. Persönliche Ziele. Persönliche Ziele können zum einen sog. „weiche" Ziele sein, deren Bewertung objektiven Kriterien weitgehend entzogen ist, z.B. Kundenzufriedenheit, Führungsqualität, Teamfähigkeit, Weiterentwicklung der eigenen Fähigkeiten. Vor allem hier ist das Transparenzgebot zu beachten (§ 307 Abs. 1 S. 2 BGB). Es sollte deshalb darauf Wert gelegt werden, dass möglichst auch die qualitativen Ziele indirekt an messbare Faktoren geknüpft werden (z.B. maximale Anzahl von Kundenbeschwerden pro Monat). Sollen „weiche" Ziele in die Zielfestlegung aufgenommen werden, so ist es nicht einfach, am Ende des Berechnungszeitraums den Grad der Zielerreichung zu bestimmen (vgl. Anm. 18 und 19; *Mauer* NZA 2002, 540, 541). Empfehlenswerter ist deshalb die Vereinbarung sog. „harter" Ziele. Bei diesen kann der Grad der Zielerreichung direkt anhand von objektiven und messbaren Kriterien ermittelt werden (z.B. Anzahl der erfolgreich abgewickelten Projekte, Umsatzdurchschnitt der abgewickelten Projekte, Zeitaufwand pro erfolgreichem Projekt, Akquisitionserfolge).

6. Berechnungszeitraum. Nach welchem Zeitraum die Ziele neu vereinbart werden sollen, können die Parteien frei bestimmen. Eine „Faustregel" für den idealen Turnus gibt es nicht. Dieser hängt von den Umständen des Einzelfalls ab. In der Praxis werden Zielvereinbarungen meist für den Zeitraum eines Jahrs getroffen. Kürzere Perioden als ein Jahr erscheinen angesichts des von der Gesellschaft zu betreibenden Aufwands, die Ziele festzulegen und nach Ablauf des Zeitraums die Zielerreichung festzustellen, ineffektiv. Je länger dagegen der Berechnungszeitraum ist, umso weniger Flexibilität hat die Gesellschaft für die Anpassung des Zielsystems an die aktuelle Situation.

Das Formular knüpft an das Geschäftsjahr an. Alternativ kann auch auf das Kalenderjahr oder einen anderen Berechnungszeitraum abgestellt werden. Weicht das Geschäftsjahr vom Kalenderjahr ab, empfiehlt es sich, auf ersteres abzustellen, damit die Erreichung der Unternehmensziele für den Berechnungszeitraum ohne die Aufstellung etwaiger Zwischenbilanzen festgestellt werden kann. Bei Änderungen ist darauf zu achten, dass diese durchgängig in den Rahmenvertrag zur Zielvereinbarung (dieses Formular), in die Regelung im Arbeitsvertrag zur Zielvereinbarung (Form. A. III. 7) und in die Zielfestlegung (Form. A. III. 9) übernommen werden.

7. Gesonderte Zielfestlegung. Eine Aufteilung in Rahmenvereinbarung und Zielfestlegung erscheint sinnvoll, da eine größere Flexibilität für die Gesellschaft erreicht wird. Der Mitarbeiter hat durch die Verweisung im Arbeitsvertrag und den Rahmenvertrag zur Zielvereinbarung Gewissheit über die grundsätzliche Zusammensetzung der Vergütung. Die Gesellschaft hat die Möglichkeit, durch die jährliche Zielfestlegung Anpassungen (z.B. an die aktuelle Marktlage und die Unternehmenssituation) vorzunehmen, ohne sämtliche Vertragsbestandteile erneut verhandeln und vereinbaren zu müssen.

8. Rechtzeitige Zielfestlegung. Eine rechtzeitige Festlegung ist notwendig, da die motivierende Wirkung erst dann einsetzen kann, wenn der Mitarbeiter weiß, was von ihm erwartet wird. Für die Gesellschaft bedeutet dies, dass sie sich rechtzeitig um die Ausarbeitung der Ziele kümmern muss. Bezüglich der Konsequenzen einer ausbleibenden oder nicht rechtzeitigen Festlegung der Ziele vgl. Anm. 12 und 14.

9. Einseitige Festlegung der Unternehmensziele. Die Erreichung der Unternehmensziele ist nicht von den besonderen Fähigkeiten und Kenntnissen des Arbeitnehmers abhängig. Auch ist häufig das Interesse der Gesellschaft vorhanden oder es besteht aufgrund des allgemeinen arbeitsrechtlichen Gleichbehandlungsgrundsatzes eine entsprechende Pflicht (vgl. Anm. 4), diese Ziele gruppen-, bereichs- oder unternehmensweit einheitlich vorzugeben und nicht zur Disposition zu stellen. Das Formular sieht deshalb insoweit eine (einseitige) Festlegung durch die Gesellschaft vor. Da sich der Arbeitgeber auf diese Weise ein einseitiges Leistungsbestimmungsrecht vorbehält, ist die Festlegung an **billiges Ermessen** geknüpft (§ 315 Abs. 1 BGB). Die Entscheidung des Arbeitgebers unterliegt daher der gerichtlichen Billigkeitskontrolle (*Mauer* NZA 2002, 540, 548).

10. Zielfestlegung bei unterjährigem Eintritt. Das Formular sieht eine turnusmäßige Festlegung der Ziele vor Beginn des Geschäftsjahrs vor (s. Anm. 8). Regelungsbedürftig ist, was im Hinblick auf neu eintretende Mitarbeiter gelten soll. Für diesen Fall ist vorgesehen, dass das Verfahren der Zielfestlegung innerhalb eines Monats nach der Tätigkeitsaufnahme durchgeführt wird. Ist es innerhalb dieses Zeitraums nicht zu einer Zielfestlegung gekommen, dürften sich kaum Schwierigkeiten ergeben, wenn dies nachgeholt wird und der Mitarbeiter noch im Hinblick auf die Zielerreichung tätig werden kann. Es sollte dann die bisherige Entwicklung berücksichtigt werden. Problematisch ist dagegen der Fall, dass gar keine Ziele festgelegt werden. Auf eine Festlegung aus früheren Zeiträumen kann bei eintretenden Mitarbeitern nicht abgestellt werden. Es ist zu befürchten, dass ein im Streitfall befasstes Gericht den vollen Bonus zusprechen würde (vgl. Anm. 14). Entsprechendes gilt für eine unterlassene einvernehmliche Festlegung der persönlichen Ziele und der Zielgewichtung bei unterjährigem Eintritt (vgl. § 3 Abs. (2) S. 2).

11. Einvernehmliche Festlegung der persönlichen Ziele und Zielgewichtung. Das Formular geht von einer einverständlichen Bestimmung der persönlichen Ziele und der Gewichtung der Unternehmensziele und der persönlichen Ziele für die Bemessung des Bonus aus. Hierzu sind rechtzeitig Zielvereinbarungsgespräche zu führen. Im Sinne eines ständigen kontinuierlichen Verbesserungsprozesses soll auch der Mitarbeiter seine Erfahrungen einbringen können, auf welche Weise er am besten zur Verwirklichung der übergeordneten Unternehmensziele beitragen kann. Dabei kommt es natürlich entscheidend auf die Fähigkeiten und Kenntnisse des Mitarbeiters an. Schließlich soll der Arbeitnehmer an den persönlichen Zielen auch seine Tätigkeit ausrichten. Eine einverständliche Festlegung erhöht zudem die Transparenz und Akzeptanz des Zielsystems sowie die Motivation des Mitarbeiters.

Werden die persönlichen Ziele und die Zielgewichtung vereinbart, **entfällt die Kontrolle nach § 315 BGB**, weil es dann an einem einseitigen Leistungsbestimmungsrecht des Arbeitgebers fehlt. Soweit man den Arbeitnehmer als Verbraucher (§ 13 BGB) einordnet, findet zwar auch bei einmaliger Verwendung eine Klauselkontrolle statt (§ 310 Abs. 3 Nr. 2 BGB). Entgeltabreden sind jedoch gemäß § 307 Abs. 3 BGB lediglich am Transparenzgebot (§ 307 Abs. 1 S. 2 BGB) zu messen. Eine Überprüfung der einvernehmlichen Festlegung der persönlichen Ziele und der Zielgewichtung ist im Hinblick auf die hierin enthaltene Vergütungschance nur gemäß § 138 Abs. 1 BGB auf Vorliegen von Sittenwidrigkeit möglich (vgl. Form. A. III. 6 Anm. 2).

12. Regelung für Nichteinigung. Eine praktisch sehr relevante Frage ist, was geschieht, wenn die Parteien entgegen dem Konzept des Zielsystems keine Ziele vereinbart haben. Teilweise wird vertreten, dass dem Mitarbeiter zwar keine Pflicht, wohl aber eine Obliegenheit träfe, ein Zielvereinbarungsgespräch zu fordern (so *Bauer/Diller/Göpfert* BB 2002, 882). Verletze der Mitarbeiter diese Obliegenheit, so entstünde ein Anspruch auf Bonus mangels Vereinbarung nicht. Allerdings ist davon auszugehen, dass die Rechtsprechung dieser Ansicht nicht folgen wird. Eher wird sie eine Pflicht des Arbeitgebers annehmen, das Zielvereinbarungsgespräch mit dem Mitarbeiter so zu führen, wie es der Rahmenvertrag vorsieht. Kommt der Arbeitgeber dieser Pflicht nicht nach, dürfte dies nicht anders beurteilt werden, als wenn der Mitarbeiter die Festlegung der Ziele ausdrücklich verlangt und der Arbeitgeber diesem Verlangen nicht nachkommt: In beiden Fällen vereitelt der Arbeitgeber treuwidrig die Möglichkeit, die Ziele (vollständig) zu erreichen. Insoweit ist zu befürchten, dass das Bundesarbeitsgericht dem Arbeitnehmer den Bonusanspruch in voller Höhe – unter dem Aspekt der Bedingungsvereitelung gemäß § 162 Abs. 1 BGB analog oder der positiven Vertragsverletzung gemäß § 280 Abs. 1 BGB (so LAG Köln Urt. v. 23. 5. 2003 – 7 Sa 71/02 – NZA-RR 2003, 305), über eine Billigkeitskontrolle gemäß § 315 Abs. 3 S. 2 BGB (so ArbG Düsseldorf Urt. v. 13. 8. 2003 – 10 Ca 10348/02 – DB 2004, 1103) bzw. im Wege einer ergänzenden Vertragsauslegung (so *Schmiedl* BB 2004, 329, 331 f.) – zuspricht. Es empfiehlt sich deshalb für den Arbeitgeber dringend, Zielvereinbarungsgespräche rechtzeitig zu führen. Andernfalls läuft er Gefahr, dass Arbeitnehmer geltend machen, die Möglichkeit zur vollständigen Zielerreichung sei ihnen genommen worden und ihnen deshalb vom Arbeitsgericht die maximal erreichbare Vergütung zugesprochen wird.

Finden zwar Gespräche statt, wird aber **keine Einigung** erzielt, stellt sich die Frage, welche Ziele und welche Gewichtung nun gelten. Geht man davon aus, dass ohne Einigung kein Anspruch auf die Bonuszahlung entsteht, befindet sich der Mitarbeiter bei den Vertragsverhandlungen in der schwächeren Position, so dass es faktisch auf eine einseitige Bestimmung der offenen Komponenten durch die Gesellschaft hinauslaufen wird. Geht man davon aus, dass ohne Zielvereinbarung zumindest ein angemessener oder der Billigkeit entsprechender Bonus gezahlt werden müsste, könnte der Mitarbeiter auf unverhältnismäßig niedrig angesetzte Voraussetzungen bestehen und die Gespräche so scheitern lassen. Dadurch würde er sich einen Mindestbonus ohne entsprechende Zielerreichung sichern. Eine Entscheidung im Einzelfall, je nachdem, wer das Scheitern zu vertreten hat, ist ebenfalls unpraktikabel. Denn die vom Mitarbeiter geforderten Ziele werden aus Sicht der Gesellschaft regelmäßig zu niedrig, die von der Gesellschaft geforderten Ziele aus Sicht des Mitarbeiters regelmäßig zu hoch sein (*Mauer* NZA 2002, 540, 547).

Im Formular ist deshalb für den Fall fehlender Einigung vorgesehen, dass der Gesellschaft die **Letztentscheidung** verbleibt. Es handelt sich dabei um eine sinnvolle **Auffangregelung**. Bei der dann erforderlichen einseitigen Bestimmung der Ziele durch die Gesellschaft ergibt sich aber wieder ein Problem, wenn die Gesellschaft die Zielfestlegung nicht oder nicht rechtzeitig vornimmt. Hierfür bedarf es einer **weiteren Auffangregelung**, die sich in Abs. (5) findet (vgl. Anm. 14). Die einseitige Zielfestlegung durch die Gesellschaft unterliegt einer gerichtlichen Billigkeitskontrolle gemäß § 315 Abs. 1 BGB (vgl. Anm. 9; *Mauer* NZA 2002, 540, 548).

13. Betriebliche Übung. Diese Formulierung soll Ansprüchen des Mitarbeiters vorbeugen, die aus betrieblicher Übung entstehen können (vgl. *Mauer* NZA 2002, 540, 543).

14. Verspätete oder unterlassene Zielfestlegung. Es wurde gezeigt, dass der Rahmenvertrag eine Auffangregelung dafür vorsehen muss, dass sich Arbeitgeber und Arbeitnehmer über die persönlichen Ziele und die Zielgewichtung nicht einigen können. Das Formular sieht für diesen Fall als Auffangregelung ein Letztentscheidungsrecht zugunsten des Arbeitgebers vor (Anm. 12). Damit ist aber eine in der Praxis **weit verbreitete „Unsitte"** nicht behoben: Die verspätete oder unterlassene Zielfestlegung durch die Gesellschaft. Nicht nur Zielvereinbarungsgespräche werden von Vorgesetzten bzw. Geschäftsleitung häufig gescheut. Wegen hoher Arbeitsbelastung und Nachlässigkeit kommt es in vielen Fällen entweder zu überhaupt keiner Zielfestlegung für den Berechnungszeitraum oder zu einer verspäteten Zielfestlegung. Dies kann für den Arbeitgeber erhebliche finanzielle Belastungen bewirken. Zwar ist bislang höchstrichterlich noch nicht geklärt, welche Risiken für den Arbeitgeber entstehen, wenn er es unterlässt, Ziele rechtzeitig festzulegen. Die Gerichte tendieren jedoch – wie gesagt (Anm. 12) – dazu, dem Arbeitnehmer für diese Fälle den maximal möglichen Bonus zuzusprechen (vgl. LAG Köln Urt. v. 23. 5. 2003 – 7 Sa 71/02 – NZA-RR 2003, 305; ArbG Düsseldorf Urt. v. 13. 8. 2003 – 10 Ca 10348/02 – DB 2004, 1103).

Deshalb empfiehlt sich eine **weitere Auffangregelung** für den Fall der verspäteten oder unterlassenen Zielfestlegung. Im Formular ist vorgesehen, dass die **Zielfestlegung aus dem Vorjahr** auch für den aktuellen Berechnungszeitraum gelten soll. Das mag natürlich häufig nicht „passen", insbesondere weil die Unternehmensziele nunmehr völlig andere wären oder wegen zwischenzeitlichen Tätigkeitsänderungen individuelle Ziele des Vorjahres nicht mehr zugrunde gelegt werden können. Zumindest wird durch diese Auffangregelung aber erst einmal eine

Grundlage für die Bonusberechnung geschaffen. Entsprechende Lücken dieser Auffangregelung sind dann durch sachgerechte Vertragsauslegung zu schließen. Es steht dem Arbeitgeber natürlich frei, eine andere Auffangregelung für diese Tatbestände vorzusehen. Denkbar wäre z. B., im Fall verspäteter oder unterlassener Zielfestlegung einen Pauschalbonus festzulegen. Denkbar wäre auch, ein Recht der Gesellschaft zur nachträglichen Festlegung der noch für den Rest des Geschäftsjahres zu erreichenden Ziele vertraglich zu regeln. Eher problematisch wäre dagegen eine Regelung, wonach die Gesellschaft das Recht erhalten soll, nachträglich Ziele für das Geschäftsjahr festzulegen, die auch zurückliegende Zeiträume erfassen sollen. Zumindest hinsichtlich individueller Ziele würde dem Mitarbeiter insoweit jede Steuerungsmöglichkeit genommen.

15. Nachverhandlung. Aufgrund Vertragsfreiheit (§ 105 S. 1 GewO) können die Parteien die Ziele grundsätzlich abweichend festlegen. Das Formular regelt daher nur eine Selbstverständlichkeit. Die Parteien sind aber nicht nur berechtigt, nachträglich einvernehmlich eine andere Zielfestlegung abzuschließen, sondern sollten dies bei unterlassener Zielfestlegung natürlich auch tun. Denn nur eine an den Verhältnissen des aktuellen Geschäftsjahrs ausgerichtete Zielfestlegung ist sinnvoll. Der Klausel kommt damit auch appellativer Charakter zu. Kommt eine Einigung nicht zustande, bleibt es bei der Auffangregelung, d. h. die Zielfestlegung aus dem Vorjahr gilt auch für den aktuellen Berechnungszeitraum (s. Anm. 14).

16. Nachträgliche Änderung. Während des Berechnungszeitraums mögen Umstände eintreten, die die festgelegten Ziele unerreichbar machen (z. B. unerwartet starker Umsatzeinbruch, Ausscheiden mehrerer Leistungsträger). Im Interesse einer konsensualen Lösung ist im Formular vorgesehen, dass die Parteien in solchen Fällen eine Änderung der festgelegten Ziele vereinbaren können. Durch eine derartige Nachverhandlung und gegebenenfalls erneute Einigung wird wiederum die Transparenz des Systems und die ihm innewohnende Motivationswirkung verstärkt. Soweit eine Vereinbarung geschlossen wird, „überholt" diese die bisherigen Festlegungen.

Alternativ wäre denkbar, der Gesellschaft bei unvorhergesehenen Umständen eine einseitige Änderungsmöglichkeit einzuräumen. Eine solche Klausel wäre als Änderungsvorbehalt auszulegen. Hierfür müssten die für den Änderungs- und Widerrufsvorbehalt geltenden Anforderungen beachtet werden (vgl. Anm. 32).

Klarstellend wurde im Formular aufgenommen, dass dem Mitarbeiter kein Anspruch auf eine entsprechende Vereinbarung zur Zielanpassung eingeräumt wird. Im Einzelfall kann sich allerdings ein Anspruch des Mitarbeiters auf eine entsprechende Anpassung aus den Grundsätzen zur **Störung der Geschäftsgrundlage** (§ 313 BGB) ergeben (vgl. *Däubler* ZIP 2004, 2209, 2213). Zwar wird dem Mitarbeiter durch die Zielvereinbarung ein konkreter Bezug nicht nur zum Erfolg, sondern auch zum Misserfolg des Unternehmens und seiner Leistung vermittelt. Negativ wirkende nachträgliche Umstände wirken sich nach der vertraglichen Regelung zu seinen Lasten aus. Fallen diese Umstände allerdings ausnahmsweise in die Risikosphäre beider Vertragsparteien, kommt eine Anpassung des Zielsystems an die geänderte Lage in Betracht. Dabei ist dann zu berücksichtigen, was festgelegt worden wäre, wenn der überraschend hinzutretende Umstand bereits bei Festlegung der Ziele bekannt gewesen wäre.

17. Zielfeststellung. Die **Feststellungskompetenz** im Hinblick auf die Zielerreichung liegt grundsätzlich beim Arbeitgeber (*Behrens/Rinsdorf* NZA 2003, 364; kritisch *Berwanger* BB 2004, 551, 553). Klarstellend wurde dies im Formular erwähnt. Alternativ könnte geregelt werden, dass die Erreichung der Ziele im Einvernehmen mit dem Mitarbeiter festgestellt wird (z. B. durch gemeinsam erstelltes Protokoll). Das führt jedoch wegen des dann erforderlichen weiteren Mitarbeitergesprächs zu zusätzlichem Aufwand und birgt die Gefahr, dass keine Einigung mit dem Mitarbeiter erzielt werden kann.

Je transparenter das Verfahren der Zielfeststellung ist, umso größer wird auch die Akzeptanz des Mitarbeiters sein. Auch für eine gerichtliche Billigkeitskontrolle der Feststellung der Zielerreichung nach § 315 BGB bleibt umso weniger Raum, je konkreter (und messbarer) bereits die Ziele selbst festgelegt wurden. Die Kriterien für die Erreichung der Ziele selbst wiederum unterliegen – wie gesagt – nur dann der Billigkeitskontrolle, wenn sie nicht auf einer Vereinbarung, sondern auf einer einseitigen Festlegung durch den Arbeitgeber beruhen (vgl.

Anm. 9). Da der Vergütungsanspruch erst nach Festlegung der Ziele und anschließender Feststellung der Zielerreichung entsteht, hat der Mitarbeiter einen **Anspruch auf verbindliche Zielfeststellung** bis zu dem vertraglich vereinbarten Zeitpunkt (vgl. Anm. 18). Bei Zielen, die an objektiv bestimmbare Kriterien anknüpfen, hat der Mitarbeiter, wie bei anderen erfolgsabhängigen Vergütungsansprüchen auch, einen Anspruch auf Auskunft.

Praktische Schwierigkeiten können dann auftreten, wenn sich Arbeitgeber und Arbeitnehmer uneins sind, in welchem Maß ein bestimmtes Ziel erreicht worden ist. Diese Frage wird sich insbesondere bei „weichen" Zielen stellen, da deren Erreichung nicht exakt messbar ist. Soweit ersichtlich, gibt es noch keine höchstrichterliche Rechtsprechung, wer im Streitfall den Grad der Zielerreichung wie nachweisen muss.

In der Literatur wird teilweise vorgeschlagen, die von der Rechtsprechung für Zeugnisrechtsstreitigkeiten (vgl. BAG Urt. v. 14. 10. 2003 – 9 AZR 12/03 – NZA 2004, 842) entwickelten Regeln der **abgestuften Darlegungs- und Beweislast** entsprechend heranzuziehen. Danach trägt der Arbeitnehmer die Darlegungs- und Beweislast für eine überdurchschnittliche und der Arbeitgeber die Darlegungs- und Beweislast für eine unterdurchschnittliche Beurteilung. Entsprechendes könnte auch für die Bewertung der Zielerreichung gelten (*Mauer* NZA 2002, 540, 549). Dies soll jedoch von der Voraussetzung abhängig sein, dass die jeweilige Zielvereinbarung eine Durchschnittsleistung definiert oder sich die Durchschnittsleistung, von der die Parteien ausgehen, entweder ausdrücklich aus der Zielvereinbarung oder stillschweigend aus den Gesamtumständen entnehmen lässt (vgl. *Mauer* NZA 2002, 540, 549).

Nach der Gegenauffassung trägt der **Arbeitnehmer** die **volle Beweislast** für die Zielerreichung. Die Rechtssprechung für Zeugnisstreitigkeiten wird als unpassend empfunden. Denn sie knüpft an den Umstand des oft langjährigen Bestehens des Arbeitsverhältnisses an, bei dem die nachträgliche Rekonstruierbarkeit der Arbeitsleistung für beide Seiten schwierig ist. Demgegenüber ist bei einer Zielvereinbarung der maßgebende Berechnungszeitraum relativ kurz – in der Praxis meist ein Jahr. Zudem sind die zu erreichenden Ziele überschaubar, so dass das Verfahren für beide Seiten transparent bleibt. Gegen die Annahme eines Durchschnittswerts sprächen Sinn und Zweck der Zielvereinbarung, da eine durchschnittliche Leistung bereits mit dem Grundgehalt abgegolten wird, während der Arbeitnehmer mit der Zielvereinbarung gerade zur Leistungsoptimierung innerhalb seines Verantwortungsbereichs motiviert werden soll (*Behrens/Rinsdorf* NZA 2003, 364, 365). Erleichterungen für den Arbeitnehmer sollen durch die Übertragung der Rechtsprechung zu den Anforderungen an die Darlegungslast bei der Geltendmachung von Überstundenvergütung erreicht werden. Danach muss der Arbeitgeber einen hinreichenden Informationsfluss im Betrieb sicherstellen. Bei einem Zielvereinbarungssystem soll sich die Pflicht für die Gesellschaft ergeben, sich über den Leistungsstand des Arbeitnehmers zu informieren und dabei festgestellte Defizite zu dokumentieren. Für die Darlegungslast bedeutet das, dass der Arbeitnehmer zunächst substantiiert vortragen muss, auf welchen Tatsachen die von ihm behauptete Zielerreichung beruht. Diesen Vortrag kann der Arbeitgeber nur durch den substantiierten Vortrag von Defiziten bestreiten. Erst dann ist es am Mitarbeiter, zu beweisen, dass er auch in den als defizitär gekennzeichneten Bereichen Leistungen erbracht hat, die den vereinbarten Zielvorgaben entsprechen. Beweiserleichterungen, beispielsweise in Form des Anscheinsbeweises, sollen dem Mitarbeiter dagegen nicht zugute kommen (*Behrens/Rinsdorf* NZA 2003, 364, 366).

Um etwaige Streitigkeiten um den Grad der Zielerreichung sachgerecht zu lösen, wird außerdem vorgeschlagen, eine **Schiedsklausel** zu vereinbaren (*Mauer* NZA 2002, 540, 549). Derartige Regelungen sind jedoch unpraktikabel. Die Schaffung eines entsprechenden Gremiums ist aufwendig. Auch kann dem Mitarbeiter hierdurch die Möglichkeit einer gerichtlichen Überprüfung nicht abgeschnitten werden.

Der Grad der Zielerreichung kann in anonymisierter Form **im Unternehmen publiziert** werden, um einen zusätzlichen Ansporn zu geben. Denkbar ist auch, sog. „Bestenlisten" zu veröffentlichen (str. vgl. *Gola/Wronka* Rdn. 474). Unzulässig ist dagegen die Bekanntmachung von „Low-Performern". Eine Veröffentlichung von Bereichsergebnissen ist unbedenklich, sofern nicht aufgrund anderer Umstände eine klare Zuordnung einzelner Leistungen zu bestimmten Mitarbeitern erfolgen kann.

18. Zeitnahe Feststellung der Zielerreichung. In zeitlicher Hinsicht ist zwischen dem Zeitpunkt der Feststellung des Grads der Erreichung von Unternehmenszielen und persönlichen Zielen einerseits und dem Zeitpunkt der Fälligkeit des Bonus andererseits zu unterscheiden. Die Auszahlung des Bonus sollte zeitnah nach Ende des Berechnungszeitraums erfolgen. Der Bonus kann jedoch nicht vor Feststellung der Zielerreichung ausgezahlt werden. Für die Ermittlung der Erreichung von Unternehmenszielen ist oft das Vorliegen des Jahresabschlusses erforderlich. Bei persönlichen Zielen wird dagegen häufig eine subjektive Einschätzung (Beurteilung) von Nöten sein. Das Formular verbindet beide Aspekte. Es ist vorgesehen, dass die Erreichung der Unternehmensziele innerhalb von drei Monaten nach Feststellung und Vorliegen des Jahresabschlusses festzustellen ist. Dieser Zeitraum ist auch ausreichend bemessen, um eventuelle für die Erreichung von persönlichen Zielen notwendige Beurteilungen vornehmen zu können. Die Vereinbarung kürzerer oder längerer Zeiträume ist natürlich möglich. In diesem Fall ist jedoch darauf zu achten, dass auch die Regelung zu Fälligkeit angepasst wird (vgl. im Form. § 9 und Anm. 31).

19. Beurteilungsspielraum. Soweit die Gesellschaft die Feststellung der Zielerreichung bei „weichen" persönlichen Zielen zu treffen hat, hat sie einen Beurteilungsspielraum (§ 315 BGB). Als grober Anhaltspunkt für die Grenze des Beurteilungsspielraums können die für das Zeugnisrecht entwickelten Grundsätze herangezogen werden (vgl. Form. A. XVI. Anm. 1 f.).

20. Bonushöhe. Den Fall der „Übererfüllung" zusätzlich zu belohnen, hat den Vorteil, dass auch bei vorzeitiger Erreichung des Jahresziels weiterhin ein Leistungsanreiz für den (besonders erfolgreichen) Mitarbeiter existiert. Um den Bonus für die Gesellschaft nicht unkalkulierbar zu machen, sollte eine **Obergrenze** vereinbart werden. Das Formular sieht hierfür eine Regelung in der gesonderten Zielfestlegung vor (vgl. Form. A. III. 9, dort unter Ziff. 3 Abs. (2) und Anm. 11).

21. Anteilige Bonuszahlung. Eine fehlende Zielerreichung führt eigentlich dazu, dass der Anspruch auf die zielvereinbarungsgestützte Vergütung nicht entsteht. Etwas anderes gilt nur, wenn die Zielfestlegung eine anteilige Kürzung entsprechend dem Zielerreichungsgrad vorsieht. Das lässt sich aber auch „positiv" regeln, indem für Fälle der „**Untererfüllung**" – wie im Formular vorgesehen – eine Staffelung des Bonus vorgesehen wird. Eine prozentuale Auszahlung des Bonus entsprechend einer Staffel erscheint sachgerecht, da es sich bezüglich der persönlichen Ziele um eine leistungsbezogene Vergütung handelt (vgl. Form. A. III. 7 Anm. 1) und die Ziele immerhin teilweise erreicht wurden. Zudem würde ansonsten die Motivationswirkung entfallen, wenn der Mitarbeiter unterjährig zu der Überzeugung gelangt, dass das festgesetzte Ziel für ihn diesmal voraussichtlich nicht zu erreichen ist.

Es kann jedoch ein **Mindestgrad** der Zielerreichung festgelegt werden, bei dessen Unterschreitung kein Anspruch auf eine Bonuszahlung begründet wird. Damit wird auch kein sachfremdes werkvertragliches Element in den Arbeitsvertrag eingeführt (s. zu dieser Frage bereits Form. A. III. 7 Anm. 1). Denn der Mitarbeiter wird nicht verpflichtet, einen Erfolg herbeizuführen. Es wird vielmehr lediglich ein Teil der Vergütung vom Erreichen des Mindestziels abhängig gemacht.

22. Feststellung der Bonushöhe. Zur Klarstellung wurde aufgenommen, dass der Gesellschaft nicht nur die Kompetenz zur Feststellung des Grads der Erreichung der einzelnen Ziele (s. Anm. 17), sondern auch zur Feststellung der Höhe des Bonus zusteht.

23. Garantiebonus. Es kann sinnvoll sein, dem Mitarbeiter einen gewissen Bonusbetrag **fest zuzusagen**. Das gilt vor allem bei der erstmaligen Einführung des Zielsystems (für das Jahr der Einführung des Systems) oder bei neu eintretenden Mitarbeitern (für das Jahr der Anstellung). Hierdurch wird eine finanzielle Absicherung des Mitarbeiters bewirkt und damit die Akzeptanz des Systems gewährleistet und das Vertrauen des Mitarbeiters in das System gestärkt.

24. Auswirkungen von Krankheit bei persönlichen Zielen. Soweit von Teilen der Literatur davon ausgegangen wird, dass krankheitsbedingte Fehlzeiten bei der Berechnung außer Betracht zu bleiben haben, weil nur bei vollständiger Zielerreichung der Zielbonus geschuldet sei (*Kolmhuber* ArbRB 2003, 117, 118; *Bauer/Diller/Göpfert* BB 2002, 882, 885), kann dem nicht gefolgt werden. Etwas anderes ergibt sich bereits aus § 4 Abs. 1 a S. 2 EFZG, wonach bei einer arbeitsleistungsbezogenen Vergütung der erzielbare Durchschnittsverdienst bei der Berechnung des Krankheitslohns zugrunde zu legen ist. Aufgrund des zwingenden Charakters der §§ 3, 4 EFZG sind abweichende Vereinbarungen nicht zulässig (§ 12 EFZG). Zustimmung verdient die Gegenauffassung. Nach dieser ist für Krankheitsfehlzeiten mit Entgeltfortzahlungsanspruch fiktiv zu errechnen, wie hoch die Zielerreichung und damit der Bonus ohne die Fehlzeit gewesen wäre (*Berwanger* BB 2003, 1499, 1503; *Lindemann/Simon* BB 2002, 1807, 1813 f.). Dies kann jedoch nicht schematisch dadurch geschehen, dass das vorgegebene Ziel entsprechend der Fehltage herab- bzw. die Bonuszahlung entsprechend heraufgesetzt wird. § 4 Abs. 1 EFZG liegt das Lohnausfallprinzip zugrunde. Dies bedeutet, dass der Arbeitnehmer so gestellt werden soll, als hätte er während der Fehlzeit seine Arbeitsleistung erbringen können. Dann hätte er die Möglichkeit gehabt, zur Erreichung der persönlichen Ziele beizutragen. Also bedarf es einer hypothetischen Betrachtung. In der Praxis wird eine solche hypothetische Betrachtung allerdings häufig nicht durchgeführt, d. h. es erfolgt keine fiktive „Zielerreichungsfortschreibung". Bei Unternehmenszielen bedarf es der genannten hypothetischen Betrachtung nicht. Hier ist ein Einfluss von Fehlzeiten im Regelfall nicht messbar. Der Ausfall des Arbeitnehmers wird i. d. R. durch die Kollegen, durch Vertretung oder Leistung von Mehrarbeit abgedeckt. Das nach der Zielvereinbarung zu erreichende Ziel kann aber nur dann einer bestimmten Arbeitsleistung zugeordnet werden, wenn es durch die Arbeit des Mitarbeiters überhaupt beeinflussbar ist. Auf die Erreichung von Unternehmenszielen kann sich eine Erkrankung daher nicht negativ auswirken (vgl. zur Beeinflussbarkeit bei Umsatzvorgaben *Gaul* BB 1998, 101 unter Besprechung einer Entscheidung des LAG Berlin Urt. v. 28. 6. 1996 – 6 Sa 37/96 – NZA 1997, 224).

25. Fehlzeiten ohne Entgeltfortzahlungsanspruch. Für Fehlzeiten, in denen kein Entgeltfortzahlungsanspruch besteht, ist eine **zeitanteilige Kürzung** des Zielbonus vorgesehen. Soweit man in der Zahlung des Bonus eine Vergütung mit reinem Entgeltcharakter sieht, ergibt sich dies auch ohne entsprechende Kürzungsvereinbarung (vgl. Form. A. III. 3 Anm. 4). Zur Klarstellung ist die Aufnahme einer entsprechenden Regelung jedoch ratsam. Der Hinweis in § 6 Abs. (2) S. 2 des Formulars, demzufolge die Regelungen in §§ 4 und 5 unberührt bleiben, soll dem Missverständnis vorbeugen, dass bei krankheitsbedingten und anderweitigen Fehlzeiten ohne Entgeltfortzahlungsanspruch stets der pro rata temporis gekürzte Zielbonus zu zahlen wäre. Richtig ist allein, dass zunächst der Zielbonus pro rata temporis zu kürzen und dann auf Basis dieser neuen Berechnungsgrundlage der konkret geschuldete Bonus zu errechnen ist.

26. Ruhen des Arbeitsverhältnisses. Da ein Bonus nur dann gezahlt werden soll, wenn der Arbeitnehmer tatsächlich gearbeitet hat, sieht das Formular zur Vermeidung von Zweifeln eine **zeitanteilige Kürzung** des Zielbonus vor. Bei „harten" persönlichen Zielen wird sich das Problem zwar häufig nicht stellen, weil diese Ziele ohne Arbeitsleistung nicht erreicht werden können. Anders verhält es sich dagegen bei Unternehmenszielen. Die Gesellschaft kann auch im Ruhenszeitraum ein gutes Unternehmensergebnis erreichen. Ihr wird allerdings nicht daran gelegen sein, einen Mitarbeiter, der nicht einmal mittelbar durch seine Arbeitsleistung hierzu beigetragen hat, hieran teilhaben zu lassen.

27. Unterjähriger Austritt. Durch die **zeitanteilige Kürzung** des Zielbonus als Bezugsgröße für die Bemessung des Bonus wird das Recht des Arbeitnehmers zur Kündigung nicht in unzulässiger Weise eingeschränkt (vgl. § 622 Abs. 6 BGB). Die Zahlung des Bonus ist auf das Jahr bezogen. Durch die Regelung verbleibt dem Mitarbeiter der auf seine Beschäftigungszeit entfallende Teil der variablen Vergütung. Unzulässig wäre es dagegen, den Bonus bei unterjährigem Ausscheiden ganz auszuschließen (ArbG Wiesbaden Urt. v. 19. 12. 2000 – 8 Ca 1897/00 – NZA-RR 2001, 80).

Etwas komplizierter liegen die Dinge für den Fall der unterjährigen Tätigkeitsaufnahme. Hier ist in § 1 Abs. (2) der Betrag des für das gesamte Jahr erreichbaren Zielbonus anzugeben. Infolge der Regelung in § 7 Abs. (1) kürzt sich dieser dann wieder entsprechend dem Zeitraum der „verspäteten" Aufnahme der Tätigkeit des Mitarbeiters. Gemäß § 3 Abs. (1) S. 2 hat die Gesellschaft dann die Unternehmensziele und die Voraussetzungen für ihre Erreichung innerhalb eines Monats ab Tätigkeitsaufnahme für den Rest des laufenden Jahres fest-

8. Rahmenvertrag zur Zielvereinbarung

zulegen. Gemäß § 3 Abs. (2) S. 2 soll die Zielvereinbarung hinsichtlich der persönlichen Ziele für das laufende Jahr ebenfalls innerhalb dieses Zeitraums erfolgen. Gemäß §§ 4 und 5 ist dann die Zielerreichung festzustellen und die Bonushöhe zu ermitteln unter Zugrundelegung des pro rata temporis gekürzten Zielbonus.

28. Kein Anspruch auf Zwischenbilanz. Zwar hat der Arbeitnehmer auch bei Fehlen einer entsprechenden Regelung keinen Anspruch auf Erstellung einer Zwischenbilanz bei unterjährigem Ein- oder Austritt. Denn ein solcher Anspruch besteht nur, wenn dies ausdrücklich vereinbart worden ist (BAG Urt. v. 3. 6. 1958 – 2 AZR 406/55 – DB 1958, 804). Dennoch empfiehlt sich eine Klarstellung. Die Frage wird hauptsächlich dann relevant, wenn der Bonus an Unternehmensziele anknüpft.

29. Freistellung. Weitgehend ungeklärt ist bislang die Frage, wie sich eine **Freistellung des Arbeitnehmers** auf den Bonusanspruch auswirkt, insbesondere ob und inwieweit der Arbeitgeber für diesen Fall zur – anteiligen – Kürzung der Zahlung berechtigt ist. Um einen Streit über diesen Punkt zu vermeiden, sollte eine Regelung für den Freistellungsfall aufgenommen werden. Im Formular ist insoweit eine Kürzung des Zielbonus für **Zeiten berechtigter Freistellung** vorgesehen.

Die Vereinbarung einer anteiligen Kürzung des Zielbonus ist sachgerecht. Der Ausschluss des gesamten Bonusanspruchs im Falle einer (möglicherweise nur wenige Tage andauernden) Freistellung dürfte der AGB-Kontrolle dagegen nicht standhalten (vgl. § 307 Abs. 1 BGB).

Rechtlichen Bedenken wäre auch eine Vereinbarung zur Kürzung des Zielbonus für **Zeiten unberechtigter Freistellung** ausgesetzt. Denn in diesem Fall steht dem Mitarbeiter noch der Beschäftigungsanspruch zu, so dass er den Bonus hätte verdienen können. Vorsorglich wurde die Kürzung daher auf Zeiten berechtigter Freistellung beschränkt. Denn bei berechtigter Freistellung besteht kein Beschäftigungsanspruch und der sich allenfalls aus Annahmeverzugsgründen ergebende Zahlungsanspruch (§ 611 i.V.m. § 615 S. 1 BGB) ist abdingbar. Die im Formular vorgesehene Klausel stellt eine solche Abbedingung dar. Zwar wird in der Literatur vertreten, dass eine Abbedingung des § 615 S. 1 BGB in AGB gemäß § 307 Abs. 2 Ziff. 1 BGB unzulässig sei (vgl. *Däubler/Dorndorf* § 307 BGB Rdn. 241). Diese Auffassung stützt sich auf den Gedanken des § 615 S. 3 BGB, wonach der Arbeitgeber das sog. Beschäftigungs- und Betriebsrisiko zu tragen hat. Vorliegend greift dieses Argument – hält man es überhaupt für tragfähig – jedoch nicht. Denn der Arbeitnehmer hat im Fall einer berechtigten Freistellung den Anlass für die Freistellung (z.B. durch Abwerben von Kunden) selbst gegeben. Wohl nicht kürzbar wird der Zielbonus (auch) bei berechtigter Freistellung sein, wenn und soweit die Gesellschaft die Unternehmensziele oder der Arbeitnehmer die persönlichen Ziele bereits vor der Freistellung erreicht hatte.

30. Außerordentliche Kündigung. Das Formular sieht einen Ausschluss des Bonus für die Fälle unberechtigter außerordentlicher Kündigung durch den Mitarbeiter oder berechtigter außerordentlicher Kündigung durch die Gesellschaft vor. Darin liegt keine unzulässige Erschwerung der Kündigungsmöglichkeit für den Mitarbeiter (vgl. § 622 Abs. 6 BGB). Berechtigte außerordentliche Kündigungen durch den Mitarbeiter werden gerade nicht erfasst. Für den Fall der unterjährigen Beendigung des Arbeitsverhältnisses infolge ordentlicher Kündigung durch den Mitarbeiter ist (nur) eine zeitanteilige Kürzung des Zielbonus vorgesehen (vgl. im Form. § 7 Abs. (1) und Anm. 27). Die hier vorgeschlagene Klausel zum Wegfall des Bonus bei außerordentlicher Kündigung stellt nach unserer Ansicht auch keine unzulässige Vertragsstrafen- (vgl. § 309 Ziff. 9 BGB und BAG Urt. v. 4. 3. 2004 – 8 AZR 196/03 – NZA 2004, 727) oder Verwirkungsregelung (vgl. § 307 BGB) dar.

31. Fälligkeit. Es können auch **Abschlagszahlungen** vereinbart werden. Dies erscheint vor allem dann sinnvoll, wenn der Anteil der variablen Vergütung an der gesamten Vergütung hoch ist. In diesem Fall sollten eine Anrechnung des gezahlten Abschlags sowie Rückzahlungsmodalitäten bei Überzahlung, insbesondere der Ausschluss des Entreicherungseinwands des Mitarbeiters, geregelt werden (s. dazu Form. A. II. 1, dort unter § 3 Anm. 6 ff.).

32. Änderungs- und Widerrufsvorbehalt. Neben dem **Widerrufsvorbehalt**, der unter bestimmten Voraussetzungen eine vollständige Einstellung der Bonuszahlung für die Zukunft ermöglicht, ist im Formular auch ein **Änderungsvorbehalt** vorgesehen. Dieser ermöglicht statt der vollständigen Einstellung der Zahlung eine Anpassung der Voraussetzungen, unter denen der Bonus gezahlt wird, an geänderte Umstände. Hierdurch wird eine schnelle Anpassung an die aktuelle Marktsituation gewährleistet.

Da die Vereinbarung eines **Freiwilligkeitsvorbehalts** (vgl. Form. A. III. 4 Anm. 17) geringeren Beschränkungen unterworfen ist als die Vereinbarung eines Änderungs- und Widerrufsvorbehalt (vgl. Form. A. III. 6 Anm. 20), könnte daran gedacht werden, einen Freiwilligkeitsvorbehalt auch in den Rahmenvertrag zur Zielvereinbarung aufzunehmen. Die überwiegende Meinung im Schrifttum geht jedoch davon aus, dass arbeitsleistungsbezogene Zahlungen nicht unter einen Freiwilligkeitsvorbehalt gestellt werden können (vgl. *Kania* DB 1998, 2418, 2419; ErfKomm/*Preis* §§ 305 – 310 BGB Rdn. 71; Preis/*Preis* II V 70 Rdn. 103). Die Zulässigkeit eines Freiwilligkeitsvorbehalts wurde durch das BAG bisher nur für **Gratifikationen** anerkannt (BAG Urt. v. 11. 5. 1995 – 2 AZR 265/94 – BB 1995, 1411; vgl. Form. A. III. 4 Anm. 17). Im Formular ist deshalb ein Änderungs- und Widerrufsvorbehalt vorgesehen (s. zum Änderungs- und Widerrufsvorbehalt auch Form. A. III. 6 Anm. 20).

Eine hiervon zu trennende Frage ist, ob ein **erfolgsabhängiges Vergütungssystem** auch auf einen **bestimmten Zeitraum befristet** werden kann. Das BAG verlangt für die wirksame Befristung einzelner Vertragsbedingungen das Vorliegen eines sachlichen Grundes (BAG Urt. v. 14. 1. 2004 – 7 AZR 213/03 – NZA 2004, 719). Eine Umgehung des gesetzlichen Vertragsinhaltsschutzes (vgl. § 2 KSchG) soll so verhindert werden. Dies erscheint dem BAG notwendig, da die wesentlichen Vertragsbedingungen ohne Befristung nur mittels Änderungskündigung einseitig geändert werden könnten, welche dann der gerichtlichen Kontrolle unterliegen würde. Dem lässt sich zwar entgegnen, dass die Vergütung mittels Bonus an sich freiwillig durch die Gesellschaft eingeführt wird. So geht auch das BAG davon aus, dass eine Befristung einer bloß zusätzlich zum Grundgehalt gewährten Vergütung zulässig ist (BAG Urt. v. 21. 4. 1993 – 7 AZR 297/92 – AP Nr. 34 zu § 2 KSchG). Allerdings ist das Grundgehalt bei Einführung von Zielsystemen häufig geringer, als ohne mögliche Bonuszahlung. Der Bonus wird i. d. R. gerade nicht additiv sondern substitutiv gezahlt. Liegt im Einzelfall eine additive Zahlung vor, bedarf die Befristung wohl keines sachlichen Grundes. Die Vertragsfreiheit geht in diesem Fall vor. Verlangt man bei substitutiver Zahlung des Bonus einen Sachgrund für die Befristung, so kommen insoweit z. B. die Erprobung des Bonussystems oder die unsichere wirtschaftliche Lage in Betracht (vgl. dazu *Lindemann/Simon* BB 2002, 1807). Im Formular wurde wegen der genannten Unsicherheit eine Befristung des Zielsystems nicht vorgesehen.

Die Frage nach einer eventuell unzulässigen Befristung von Arbeitsbedingungen stellt sich aber nicht nur hinsichtlich der Befristung des Zielsystems an sich, sondern auch hinsichtlich der **für den jeweiligen Berechnungszeitraum (zumeist: Geschäftsjahr) festgelegten Ziele**. Denn die Ziele gelten nur im Berechnungszeitraum und sind Teil der Berechnungsgrundlage für die Ermittlung des Bonus. Die sachliche Rechtfertigung der Befristung liegt hier darin, dass die Ziele entweder bereits Unternehmensziele sind oder – handelt es sich um persönliche Ziele – zumindest an den übergeordneten Unternehmenszielen ausgerichtet sind. Unternehmensziele bedürfen aber einer kontinuierlichen Anpassung. Das ist den Arbeitsvertragsparteien bewusst und dem Zielvereinbarungsmodell immanent. Die in diesem Formular, in der Regelung im Arbeitsvertrag zur Zielvereinbarung (Form. A. III. 7) und in der Zielfestlegung (Form. A. III. 9) vorgesehene Zielfestlegung für das jeweilige Geschäftsjahr begegnet daher keinen Bedenken.

33. Widerruf für die Vergangenheit. Ein Widerrufsrecht für den laufenden Berechnungszeitraum ist ausgeschlossen, da der Mitarbeiter den Bonus entsprechend seinem bisherigen Zielerreichungsgrad bereits verdient hat. Ein bereits entstandener Vergütungsanspruch kann jedoch nicht einseitig durch den Arbeitgeber beseitigt werden.

34. Schlussbestimmungen. s. Form. A. II. 1 Anm. 29.

9. Zielfestlegung[1]

Unter Bezugnahme auf den Anstellungsvertrag vom ...... und den Rahmenvertrag zur Zielvereinbarung vom ...... werden nachfolgend die Art der Ziele, die Voraussetzungen für deren Erreichung und die Gewichtung der einzelnen Ziele zueinander für die Bemessung des Bonus für das Geschäftsjahr (*Alternative:* Kalenderjahr)[2] ...... bestimmt.

1. Unternehmensziele[3]

(1) Unternehmensziele sind:
- Ziel 1: Erreichen eines bestimmten EBIT
- Ziel 2: Erreichen eines bestimmten Deckungsbeitrags in der Abteilung ......

Innerhalb der Unternehmensziele haben die Ziele folgende Gewichtung:
- Ziel 1: 50%
- Ziel 2: 50%.

(2) Im Geschäftsjahr ...... soll das EBIT (earnings before interest and tax – Gewinn vor Zinsaufwand und Steuern) einen Betrag von EUR 1.700.000,- erreichen. Maßgeblich ist die Steuerbilanz (Alternative: Handelsbilanz).

Der Grad der Zielerreichung bestimmt sich wie folgt[4]:

EBIT	Zielerreichungsgrad
≥ EUR 2.000.000,-	150%
< EUR 2.000.000,- ≥ EUR 1.800.000,-	125%
< EUR 1.800.000,- ≥ EUR 1.600.000,-	100%
< EUR 1.600.000,- ≥ EUR 1.400.000,-	75%
< EUR 1.400.000,- ≥ EUR 1.200.000,-	50%
< EUR 1.200.000,- ≥ EUR 1.000.000,-	25%
< EUR 1.000.000,-	0%

(3) Im Geschäftsjahr ...... soll der Deckungsbeitrag in der Abteilung ...... einen Betrag von EUR 300.000,- erreichen. Der Deckungsbeitrag ist wie folgt zu errechnen: ......[5].

Der Grad der Zielerreichung bestimmt sich wie folgt:

Deckungsbeitrag	Zielerreichungsgrad
≥ EUR 360.000,-	150%
< EUR 360.000,- ≥ EUR 320.000,-	125%
< EUR 320.000,- ≥ EUR 280.000,-	100%
< EUR 280.000,- ≥ EUR 240.000,-	75%
< EUR 240.000,- ≥ EUR 200.000,-	50%
< EUR 200.000,- ≥ EUR 160.000,-	25%
< EUR 160.000,-	0%

......
Ort, Datum

......
Ort, Datum
Zur Kenntnis genommen[6]:

......
Unterschrift der Gesellschaft

......
Unterschrift des Mitarbeiters

2. Persönliche Ziele[7]

(1) Persönliche Ziele sind:
- Ziel 1: erfolgreiche Auftragsbearbeitung
- Ziel 2: Kundenzufriedenheit
- Ziel 3: erfolgreiche Fortbildung

Innerhalb der persönlichen Ziele haben die Ziele folgende Gewichtung:
- Ziel 1: 50%
- Ziel 2: 25%
- Ziel 3: 25%.

(2) Erfolgreiche Auftragsbearbeitung bedeutet, dass der Mitarbeiter Geschäfte für die Gesellschaft mit Gewinn abschließt. Im Geschäftsjahr ...... wird vom Mitarbeiter ein Gewinn in Höhe von EUR 50.000,– erwartet. Der Gewinn ist wie folgt zu errechnen: ......[8].

Der Grad der Zielerreichung bestimmt sich wie folgt:

Gewinn	Zielerreichungsgrad
≥ EUR 75.000,–	150%
< EUR 65.000,– ≥ EUR 55.000,–	125%
< EUR 55.000,– ≥ EUR 45.000,–	100%
< EUR 45.000,– ≥ EUR 35.000,–	75%
< EUR 35.000,– ≥ EUR 25.000,–	50%
< EUR 25.000,– ≥ EUR 15.000,–	25%
< EUR 15.000,–	0%

(3) Maßgeblich für die Bestimmung der Kundenzufriedenheit ist die Anzahl der Kundenbeschwerden[9]. Diese bedürfen keiner bestimmten Form. Im Geschäftsjahr ...... sollen nicht mehr als zwei Kundenbeschwerden bei der Gesellschaft eingehen.

Der Grad der Zielerreichung bestimmt sich wie folgt:

Anzahl der Kundenbeschwerden	Zielerreichungsgrad
0	150%
1	125%
2	100%
3	75%
4	50%
5	25%
6	0%

(4) Das Ziel der erfolgreichen Fortbildung ist erreicht, wenn der Mitarbeiter im Geschäftsjahr ...... die Fortbildungsmaßnahme ...... erfolgreich abschließt.

Der Grad der Zielerreichung bestimmt sich wie folgt:

Note	Zielerreichungsgrad
1	150%
2	100%
3	50%
4	0%

3. Zusammensetzung und Obergrenze des Bonus

(1) Die Unternehmensziele bestimmen 40% des Bonus, die persönlichen Ziele bestimmen 60% des Bonus[10].

(2) Der Bonus beträgt maximal 150%[11] des Zielbonus.

......
Ort, Datum

......
Unterschrift der Gesellschaft

......
Ort, Datum
Einverstanden[12]:

......
Unterschrift des Mitarbeiters

Schrifttum: S. Form. A. III. 7.

Anmerkungen

1. Zielfestlegung. Die Festlegung der Ziele muss anhand der konkreten Gegebenheiten und Bedürfnisse des Unternehmens erfolgen. Dabei sind zunächst die vom Unternehmen verfolgten Zielstellungen zu ermitteln. Diese sind dann auf die Mitarbeiterebene „herunterzubrechen". Das Formular kann deshalb nicht ohne Anpassung an den konkreten Fall benutzt werden. Es soll lediglich als **Beispiel** eine Hilfestellung für die Niederlegung der Ziele für den jeweiligen Mitarbeiter bieten. Das Formular geht von einem Vertriebsmitarbeiter aus. Er soll an einem positiven Unternehmens- und Abteilungsergebnis beteiligt werden („Unternehmensziele"). Dieses will die Gesellschaft im Beispielsfall durch erfolgreiche Vertriebsmitarbeiter, hohe Kundenzufriedenheit und kompetente Ansprechpartner erreichen. Die individuelle Zielstellung ist deshalb im Beispiel auf gewinnorientierte Geschäftsabschlüsse, das Vermeiden von Kundenbeschwerden und die Steigerung des Kenntnisstands ausgerichtet („Persönliche Ziele"). Das Formular kann daher – wie gesagt – nur als Beispiel dienen; die konkreten Ziele müssen nach den Erfordernissen des Unternehmens und bezogen auf den jeweiligen Mitarbeiter ermittelt werden.

Grundsätzlich können die Parteien jedes Ziel festsetzen, solange keine gesetzes- oder sittenwidrige Handlung verlangt und nicht die Grenze der – aus der Funktion des Arbeitsverhältnisses folgenden – Risikozuweisungen überschritten wird. Soll das **Betriebsrisiko** auf den Arbeitnehmer abgewälzt werden, ist dies unzulässig. Eine Vereinbarung mit diesem Zweck oder Effekt wäre sittenwidrig (§ 138 Abs. 1 BGB; vgl. dazu MünchHdbArbR/*Hanau* § 62 Rdn. 91; *Berwanger* BB 1499, 1502; vgl. Form. A. III. 6 Anm. 2).

Bei der Auswahl der persönlichen Ziele ist darauf zu achten, dass die Ziele möglichst messbar, realistisch und erreichbar sind sowie mit der übergeordneten Unternehmensstrategie übereinstimmen (*Mauer* NZA 2002, 540, 541). Zusammengefasst wird dies mit der **SMART-Regel**. Das bedeutet: Ziele sollen **S**chriftlich fixiert, präzise und klar; **M**essbar, d. h. in Zahlen ausdrückbar, nachvollziehbar und überprüfbar; **A**nspruchsvoll, d. h. eine Herausforderung darstellend aber dennoch **R**ealistisch und erreichbar; sowie **T**erminiert, d. h. auf einen konkreten Zeitraum bezogen sein. Ferner sollte die Anzahl übersichtlich bleiben, um größtmögliche Transparenz zu gewährleisten. In der Praxis werden daher selten mehr als sechs Ziele vereinbart. Es muss sichergestellt werden, dass der Mitarbeiter die Ziele versteht. Nur wer weiß, was von ihm verlangt wird, arbeitet motiviert.

Da im Rahmen der Zielfestlegung der **Gleichbehandlungsgrundsatz** zu beachten ist (vgl. Form. A. III. 8 Anm. 4), empfiehlt es sich, für sämtliche Mitarbeiter desselben Bereichs auch dieselben Ziele festzulegen. Auch die Erfolgsquote sollte identisch sein. Der Zielbonus selbst kann natürlich abweichen. Bei vergleichbaren Leistungen muss eine Ungleichbehandlung bei Zieldefinition oder Zielbewertung einen sachlichen Grund haben (vgl. dazu MünchHdbArbR/*Hanau* § 62 Rdn. 87 f.).

2. Berechnungszeitraum. S. Form. A. III. 7 Anm. 5.

3. Unternehmensziele. Anstelle des EBIT und des Deckungsbeitrags einer Abteilung können auch andere Unternehmenskennziffern verwendet werden. Aus der Formulierung der Ziele muss für den Mitarbeiter deutlich werden, was sich hinter dem Ziel verbirgt. Nur so wird dem Transparenzgebot Genüge getan (vgl. § 307 Abs. 1 S. 2 BGB). Im Übrigen verhindert eine klare Umschreibung der Ziele spätere Streitigkeiten über den Grad der Zielerreichung. Bei mehreren Zielen muss stets ihre Gewichtung zueinander angegeben werden.

4. Voraussetzungen für die Zielerreichung. Die Voraussetzungen für die Zielerreichung und die Spannen für den jeweiligen Zielerreichungsgrad sollten genau angegeben werden.

5. Definitionen. Aus Transparenzgründen und zur Vermeidung von Streitigkeiten sollten nichtallgemeingültige Begriffe definiert werden.

6. Einseitige Festlegung der Unternehmensziele. Der Aufbau des Beispiels für die Zielfestlegung orientiert sich am Formular zum Rahmenvertrag zur Zielvereinbarung (vgl. Form. A. III. 8, dort unter § 3 Abs. (1) S. 1 und Anm. 9). Dort ist vorgesehen, dass die Unternehmensziele durch die Gesellschaft festgelegt werden. Entscheidet man sich dafür, dass auch über die Unternehmensziele Einvernehmen mit dem Mitarbeiter erzielt werden soll, entfällt die Unterschriftenzeile zur Kenntnisnahme des Mitarbeiters an dieser Stelle. Es verbleibt dann bei der Unterschriftenzeile zur Erklärung des Einverständnisses des Mitarbeiters am Ende der Zielfestlegung.

7. Persönliche Ziele. Statt der vorgeschlagenen Ziele „erfolgreiche Auftragsbearbeitung", „Kundenzufriedenheit" und „erfolgreiche Fortbildung" kann auch jedes andere Ziel gewählt werden. Die Parteien sind insoweit frei. Die gewählten Ziele müssen aber für den Mitarbeiter erreichbar sein.

8. Definitionen. Vgl. Anm. 5.

9. Weiche Ziele. Weiche Ziele (vgl. Form. A. III. 8 Anm. 5) sollten soweit wie möglich objektiviert werden. Dies kann durch einen **Kriterienkatalog** erreicht werden. Welche Kriterien dabei relevant sind, kann der Arbeitgeber entscheiden. Durch die Wahl der Kriterien kann eine Personal- und Unternehmenspolitik zum Ausdruck kommen. Im Formular wurde das weiche Ziel „Kundenzufriedenheit" durch die Anzahl der eingehenden Kundenbeschwerden näher konkretisiert.

Wenig hilfreich sind **pauschale Umschreibungen**, z.B. Skalen von „sehr deutlich unterschritten" über „voll erreicht" bis „sehr deutlich überschritten" (vgl. *Mauer* NZA 2002, 540, 541). Wenn sich objektive Kriterien, wie im Formular verwendet, nicht finden lassen, sollte zumindest eine möglichst konkrete Beschreibung für den jeweiligen Grad der Zielerreichung gesucht werden. Bei „Aufgabenerfüllung" könnte die Skala z.B. von „Alle übertragenen Aufgaben wurden uneingeschränkt erledigt; es wurden darüber hinaus zusätzliche Aufgaben übernommen." über „Alle übertragenen Aufgaben wurden uneingeschränkt erledigt." usw. bis „Von den übertragenen Aufgaben wurden mehrere, z.T. auch wichtige, nicht ausreichend erledigt." reichen (vgl. *Lindemann/Simon* BB 2002, 1807, 1809).

10. Gewichtung der Ziele. Die Gewichtung der Ziele zueinander muss angegeben werden. Die Gewichtung ist grundsätzlich frei wählbar. Im Formular erfolgte an dieser Stelle die Angabe des Verhältnisses von Unternehmenszielen und persönlichen Ziele zueinander. Die Gewichtung der Einzelziele innerhalb dieser Zielgruppen zueinander ist jeweils nach der Aufzählung der Einzelziele angegeben (vgl. im Formular Ziff. 1 Abs. (1) und Ziff. 2 Abs. (1)).

11. Obergrenze. Um den Bonus kalkulierbar zu machen, sollte eine Obergrenze angegeben werden (vgl. Form. A. III. 8 Anm. 20). Die Mindestvoraussetzungen für die Ausschüttung eines Bonus – also die **Untergrenze** – sind jeweils bei der Definition der Einzelziele tabellarisch festgelegt.

12. Einvernehmliche Festlegung der persönlichen Ziele und Zielgewichtung. Der Aufbau des Beispiels für die Zielfestlegung folgt auch hier dem Formular zum Rahmenvertrag zur Zielvereinbarung (vgl. Form. A. III. 8, dort unter § 3 Abs. (2) S. 1 und Anm. 11). Dort ist

9. Zielfestlegung A. III. 9

vorgesehen, dass die persönlichen Ziele und die Zielgewichtung einvernehmlich bestimmt werden. Kann mit dem Mitarbeiter kein Einvernehmen über diese Festlegungen erzielt werden, ist im Rahmenvertrag vorgesehen, dass in diesem Fall die Gesellschaft nach billigem Ermessen entscheidet (vgl. Form. A. III. 8, dort unter § 3 Abs. (3) und Anm. 12). Dies muss dann auch in der Unterschriftenzeile deutlich gemacht werden. Wie in der Unterschriftenzeile nach Ziff. 1 der Zielfestlegung muss es dann statt „Einverstanden" „Zur Kenntnis genommen" lauten. Es genügt dann die Unterschrift am Ende des Dokuments. Die in dieser Konstellation inhaltsgleiche Unterschriftenzeile nach Ziff. 1 im Formular ist dann entbehrlich.

13. Anhang – Beispielsrechnung. Die nachstehende Beispielsrechnung soll zu Verdeutlichung dienen. Zugrunde gelegt wurde, dass das Unternehmen einen Gewinn von EUR 1.475.000,– und die Abteilung einen Deckungsbeitrag von EUR 375.000,– erzielt hat. Der Mitarbeiter hat einen Gewinn von EUR 38.000,– erwirtschaftet, eine Kundebeschwerde erhalten und die Fortbildung mit der Note „2" bestanden. Seine Tätigkeit hat der Mitarbeiter erst zum 1. März aufgenommen. Während seiner Tätigkeit hat er zehn Kalendertage ohne Anspruch auf Entgeltfortzahlung gefehlt. Vereinbart war ein Zielbonus, bezogen auf das gesamte Geschäftsjahr, in Höhe von EUR 25.000,–.

Zielerreichung Unternehmensziele				
	Erreichtes Ergebnis	Zielerreichung Einzelziele (Ziff. 1 Abs. (2) u. (3) ZFL)	Gewichtung bzgl. Unternehmenszielen (Ziff. 1 Abs. (1) ZFL)	Anteil an Unternehmenszielen
Ziel 1 (EBIT)	EUR 1.475.000,–	75%	50%	37,50%
Ziel 2 (Deckungsbeitrag)	EUR 375.000,–	150%	50%	75,00%
			Unternehmensziele	112,50%
Zielerreichung persönliche Ziele				
	Erreichtes Ergebnis	Zielerreichung Einzelziele (Ziff. 2 Abs. (2) bis (4) ZFL)	Gewichtung bzgl. persönlicher Ziele (Ziff. 2 Abs. (1) ZFL)	Anteil an persönlichen Zielen
Ziel 1 (Gewinn)	EUR 38.000,–	75%	50%	37,50%
Ziel 2 (Kundenzufriedenheit)	1	125%	25%	31,25%
Ziel 3 (Fortbildung)	2	100%	25%	25,00%
			Persönliche Ziele	93,75%
Zielerreichung gesamt				
		Zielerreichung Gruppenziele	Gewichtung bzgl. Zielerreichung (Ziff. 3 Abs. (1) ZFL)	Anteil an Zielerreichung
	Unternehmensziele	112,50%	40%	45,00%
	Persönliche Ziele	93,75%	60%	56,25%
			Zielerreichung	101,25%

Bereinigter Zielbonus					
Zielbonus (§ 1 Abs. (2) RV)	Kürzung gem. (§ 6 RV)	Kürzung gem. (§ 7 RV)	Ausschluss (§ 8 RV)	Kürzung gesamt	Bereinigter Zielbonus
EUR 25.000,–	10/365	59/365	nein	69/365	EUR 20.273,97
	~2,74%	~16,16%		~18,90%	
Bonus					
Bereinigter Bonus		Zielerreichung		Bonus	
EUR 20.273,97		101,25%		EUR 20.527,39	

* RV: Rahmenvertrag zur Zielvereinbarung (Form. A. III. 8.)
ZFL: Zielfestlegung (Form. A. III. 9)

Vermögensbildung

10. Arbeitgeberfinanzierte vermögenswirksame Leistungen[1]

Vereinbarung[2] über vermögenswirksame Leistungen

zwischen
...... (Name und Anschrift des Arbeitgebers) „Gesellschaft"
und
Herrn...... (Name und Anschrift des Arbeitnehmers) „Mitarbeiter"
Der zwischen den Parteien geschlossene Arbeitsvertrag vom ...... wird wie folgt ergänzt:

§ 1 Vermögenswirksame Leistungen

Die Gesellschaft gewährt dem Mitarbeiter vermögenswirksame Leistungen im Sinne des „Fünften Gesetzes zur Förderung der Vermögensbildung der Arbeitnehmer – Vermögensbildungsgesetz" in der Fassung und Bekanntmachung vom 4. März 1994 (5. VermBG) für die unter § 3 dieser Vereinbarung genannten Anlagearten.

§ 2 Anspruchsberechtigung[3]

(1) Anspruchsberechtigt ist der Mitarbeiter erst, wenn er mehr als sechs Monate ununterbrochen bei der Gesellschaft beschäftigt ist[4].

(2) Der Anspruch auf vermögenswirksame Leistungen ist ausgeschlossen, sofern der Mitarbeiter für denselben Zeitraum von der Gesellschaft oder einem früheren Arbeitgeber bereits vermögenswirksame Leistungen erhalten hat oder erhält. Der Mitarbeiter ist verpflichtet, auf Verlangen der Gesellschaft eine Bescheinigung seines früheren Arbeitgebers vorzulegen, ob und gegebenenfalls für welchen Zeitraum und in welcher Höhe er vermögenswirksame Leistungen erhalten hat oder erhält[5].

(3) Der Anspruch auf vermögenswirksame Leistungen entsteht ab Beginn des Kalendermonats, der auf den Monat folgt, in dem der Mitarbeiter eine schriftliche Mitteilung der Anlageart, des Anlageinstituts, des Unternehmens oder des Gläubigers sowie der Nummer des begünstigten Kontos für die Anlage der vermögenswirksamen Leistungen vorlegt. Im Fall der Anlageart des § 2 Abs. 1 Nr. 5 5. VermBG hat der Mitarbeiter der Gesellschaft die zweckentsprechende Verwendung der vermögenswirksamen Leistungen auf Verlangen nachzuweisen.

(4) Der Anspruch auf vermögenswirksame Leistungen ist nicht übertragbar.

§ 3 Anlagearten[6]

(1) Der Mitarbeiter kann zwischen den in § 2 5. VermBG vorgesehenen vermögenswirksamen Anlagen frei wählen. Pro Kalenderjahr kann der Mitarbeiter jedoch nur eine Anlageart wählen. Eine unterjährige Änderung der Anlageart kann nur mit Zustimmung der Gesellschaft erfolgen.

(2) Die arbeitgeberseitig finanzierten vermögenswirksamen Leistungen können mit der vermögenswirksamen Anlage von Teilen des Arbeitsentgelts (§ 11 5. VermBG) kombiniert werden. In diesem Fall soll der Mitarbeiter möglichst dieselbe Anlageart und dasselbe Anlageinstitut wählen.

§ 4 Leistungsumfang

(1) Die vermögenswirksamen Leistungen betragen für den Mitarbeiter EUR ...... (in Worten: Euro ......) brutto pro Monat[7].

(2) Die vermögenswirksamen Leistungen werden für jeden Kalendermonat erbracht, in dem der Mitarbeiter Anspruch auf Arbeitsentgelt hat[8]. Bei Durchschnittslohnberechnungen bleiben die vermögenswirksamen Leistungen außer Betracht[9].

(3) Die vermögenswirksamen Leistungen werden monatlich (*Alternative*: vierteljährlich/jährlich) zum ...... auf das bei dem Anlageinstitut geführte Konto unter Bezeichnung des Namens des Mitarbeiters und der Vertragsnummer oder einer anderen Kennzeichnungsnummer ausbezahlt. Wählt der Mitarbeiter eine Anlageform des § 2 Abs. 1 Nr. 5 5. VermBG, zahlt die Gesellschaft die vermögenswirksamen Leistungen auf Verlangen des Mitarbeiters nach schriftlicher Bestätigung des Gläubigers des Mitarbeiters an den Gläubiger aus[10].

(4) Die Gesellschaft weist die vermögenswirksamen Leistungen in der monatlichen Gehaltsabrechnung gesondert aus.

(5) Eine Barauszahlung der vermögenswirksamen Leistungen ist ausgeschlossen, es sei denn, dies lässt das 5. VermBG zu.

§ 5 Anrechnung[11]

Sollte die Gesellschaft aufgrund Tarifvertrag oder Betriebsvereinbarung zu vermögenswirksamen Leistungen i.S.d. 5. VermBG verpflichtet sein, kann sie die nach dieser Vereinbarung an den Mitarbeiter zu zahlenden vermögenswirksamen Leistungen auf die aus Tarifvertrag oder Betriebsvereinbarung resultierenden Leistungen anrechnen.

§ 6 Unterrichtungspflichten des Mitarbeiters

(1) Der Mitarbeiter ist verpflichtet, der Gesellschaft einen Wechsel der Anlageart oder des Anlageinstituts ...... Wochen vor Beginn des neuen Kalenderjahres mitzuteilen.

(2) Im Fall der Anlageform gemäß § 2 Abs. 1 Nr. 5 5. VermBG ist der Mitarbeiter verpflichtet, der Gesellschaft das Auslaufen der Entschuldung unverzüglich anzuzeigen.

§ 7 Beendigung des Arbeitsverhältnisses[12]

Endet das Arbeitsverhältnis während eines Kalendermonats, werden die vermögenswirksamen Leistungen für den Austrittsmonat anteilig nach Kalendertagen bis zum Beendigungstermin gezahlt.

§ 8 Widerrufsvorbehalt[13]

Die Gesellschaft ist dazu berechtigt, die Verpflichtung zur Gewährung vermögenswirksamer Leistungen nach den vorstehenden Regelungen jederzeit für die Zukunft mit Wirkung zum Ablauf eines Kalendermonats aus sachlichen Gründen, insbesondere aufgrund der wirtschaftlichen Entwicklung der Gesellschaft, der Leistung oder des Verhaltens des Mitarbeiters, zu widerrufen, sofern dies dem Mitarbeiter zumutbar ist. Ein solcher sachlicher Grund liegt insbesondere vor, wenn

- es der Gesellschaft aufgrund einer schlechten wirtschaftlichen Lage nicht zumutbar ist, weiterhin an der Verpflichtung zur Gewährung vermögenswirksamer Leistungen festzuhalten
- ......
- ......

§ 9 Schlussbestimmungen[14]

(1) Mündliche Nebenabreden bestehen nicht. Änderungen oder Ergänzungen dieser Vereinbarung, einschließlich dieser Bestimmung, bedürfen zu ihrer Wirksamkeit der Schriftform.

(2) Sollte eine Bestimmung dieser Vereinbarung ganz oder teilweise unwirksam sein oder werden, so wird hiervon die Wirksamkeit der übrigen Bestimmungen dieser Vereinbarung nicht berührt. An die Stelle der unwirksamen Bestimmung tritt die gesetzlich zulässige Bestimmung, die dem mit der unwirksamen Bestimmung Gewollten wirtschaftlich am nächsten kommt. Dasselbe gilt für den Fall einer vertraglichen Lücke.

....
Ort, Datum Ort, Datum
....
Unterschrift der Gesellschaft Unterschrift des Mitarbeiters

Schrifttum: Drukarczyk/Schwetzler, Staatliche Förderung von Mitarbeiterbeteiligungen und finanzielle Wirkungen, DB 1991, 1181; *Jungblut*, Vermögensbildung nach dem Fünften Vermögensbildungsgesetz, NWB Nr. 47, S. 4535; *Klöckner*, Fünftes Vermögensbildungsgesetz: Änderungen durch das Dritte Vermögensbeteiligungsgesetz, DB 1998, 1631; *Kuhny*, Änderung des Fünften Vermögensbildungsgesetzes durch das Dritte Vermögensbeteiligungsgesetz, FA 1998, 312; *Langanke*, Vermögenswirksame Leistungen im Arbeitsverhältnis, BuW 1992, 432; *Preis*, Widerrufsvorbehalt auf dem höchstrichterlichen Prüfstand, NZA 2004, 1014; *Rieble*, Wegfall der steuerlichen Sperrfrist für die Vermögensbildung von Arbeitnehmern – Handlungsbedarf für die Arbeitsvertragsparteien?, BB 2002, 731; *Schanz*, Mitarbeiterbeteiligungsprogramme, NZA 2000, 626; *Schimana/Frauenkorn*, Arbeitsrechtliche Aspekte einer betrieblichen Regelung der Vermögensbildung durch Gewinn- und Kapitalbeteiligung, DB 1980, 445; *Schlarb*, Zeitliche Zuordnung vermögenswirksamer Leistungen, DB 1980, 613; *Schmitt*, Entgeltfortzahlungsgesetz, 5. Aufl., 2005; *Schoen*, Das Fünfte Vermögensbildungsgesetz, BB 1987, 894; *Singer*, Arbeitsvertragsgestaltung nach der Reform des BGB, RdA 2003, 194; *Troglauer/Nieber*, Verbesserte Vermögensbildung für Arbeitnehmer, AiB 1998, 487; *v. Bornhaupt*, Kumulierungsverbote bei prämienbegünstigten Zahlungen in Verbindung mit vermögenswirksamen Leistungen, BB 1976, 1307; *v. Werder*, Entscheidungsprobleme bei der Inanspruchnahme vermögenswirksamer Leistungen (I), DB 1979, 1805; *ders.*, Entscheidungsprobleme bei der Inanspruchnahme vermögenswirksamer Leistungen (II), DB 1979, 1857.

Anmerkungen

1. Vermögenswirksame Leistungen. Vermögenswirksame Leistungen sind Geldleistungen, die der Arbeitgeber nach Maßgabe der im 5.VermBG vorgesehenen Anlageformen anlegt, um das Vermögen des Arbeitnehmers langfristig zu mehren. Gängige Anlageformen sind beispielsweise Aktien, Wertpapiervermögen sowie Anteilsscheine an Investmentfonds, Aufwendungen für Bausparverträge und Beiträge für Kapitallebensversicherungen.

Gegenstand des Formulars ist die **individualvertragliche Vereinbarung** vermögenswirksamer Leistungen aus dem **Vermögen des Arbeitgebers** (vgl. § 10 5. VermBG). Die vermögenswirksamen Leistungen werden in diesem Fall zusätzlich zum regulären Arbeitsentgelt erbracht. Rechtsgrundlage eines solchen Anspruchs kann auch ein Tarifvertrag oder eine freiwillige Betriebsvereinbarung sein. Ein Anspruch auf vermögenswirksame Leistungen kann auch aus betrieblicher Übung folgen (a. A. LAG Hamm Urt. v. 6. 9. 1991 – 18 Sa 1546/90 – LAGE § 242 BGB Betriebliche Übung Nr. 11).

Hiervon zu unterscheiden ist die vermögenswirksame Anlage von **Teilen des Arbeitslohns** (vgl. § 11 5.VermBG). In diesem Fall werden die Mittel für die vermögenswirksame Anlage durch den **Arbeitnehmer selbst** aufgebracht. Der Arbeitgeber behält lediglich einen Teil des Lohns ein, um diesen in der vom Arbeitnehmer bestimmten Form anzulegen. Auch die angelegten Teile des Arbeitslohns gelten gemäß § 11 5. VermBG als vermögenswirksame Leistungen. Unabhängig davon, ob es sich um arbeitgeber- oder arbeitnehmerfinanzierte vermögenswirksame Leistungen handelt, muss der Arbeitgeber diese **unmittelbar** an das Anlageinstitut überweisen (§ 3 Abs. 2 5. VermBG).

Durch die **Arbeitnehmer-Sparzulage** wird die Vermögensbildung des Arbeitnehmers staatlich gefördert. Diese Zulage wurde seit 1990 in erheblichem Maße eingeschränkt, so dass Vereinbarungen über vermögenswirksame Leistungen in der **Praxis selten** geworden sind. Eine Zulage vom Staat wird derzeit nur gewährt, sofern der Arbeitnehmer die Anlageform frei wählen kann (§ 12 5. VermBG) und die vermögenswirksamen Leistungen in einer in § 2 Abs. 1 Nr. 1 bis 5, Abs. 2 bis 4 5. VermBG bezeichneten Weise angelegt werden (§ 13 Abs. 2 5. VermBG). Anspruch auf die Arbeitnehmer-Sparzulage besteht ferner nur, wenn die versteuerten Einkünfte aus nichtselbständiger Tätigkeit (§ 19 Abs. 1 EStG) im Kalenderjahr der Anlage den Betrag von EUR 17.000,– bzw. bei Veranlagung mit dem Ehegatten (§ 26b EStG) EUR 35.800,– nicht übersteigen. Die Höhe der Arbeitnehmer-Sparzulage beträgt 18% der vermögenswirksamen Leistungen, die nach § 2 Abs. 1 Nr. 1–3, Abs. 2 bis 4 5. VermBG angelegt werden, soweit diese EUR 400,– im Kalenderjahr nicht übersteigen, und 9% der nach § 2 Abs. 1 Nr. 4 und 5 5. VermBG angelegten Leistungen, soweit diese EUR 470,– im Kalenderjahr nicht übersteigen (§ 13 Abs. 2 5. VermBG). Der Arbeitgeber haftet dem Staat gegenüber für die Arbeitnehmer-Sparzulage, wenn er seine Mitteilungspflichten aus dem 5. VermBG verletzt und die Arbeitnehmer-Sparzulage von Seiten des Staates wegen dieser Pflichtverletzung zu Unrecht gezahlt wurde und nicht rückforderbar ist (§ 15 Abs. 3 5. VermBG).

Vermögenswirksame Leistungen sind **steuerpflichtiger Arbeitslohn** und **Arbeitsengelt i. S. d. Sozialversicherung** (§ 2 Abs. 6 5. VermBG). Die laufenden vermögenswirksamen Leistungen sind dabei dem Lohnzahlungszeitraum zuzurechnen, dem auch der übrige laufende Arbeitslohn zuzurechnen ist. Auf den Zeitpunkt des Eingangs beim Anlageinstitut kommt es nicht an. Für den Arbeitgeber stellen die vermögenswirksamen Leistungen **Betriebsausgaben** dar. Seit 1990 besteht neben der Einstufung als Betriebsausgaben (Arbeitslohn) für den Arbeitgeber **keine Steuervergünstigung** mehr.

Da vermögenswirksame Leistungen Lohnbestandteil sind (§ 2 Abs. 7 Satz 1 5. VermBG), gehören sie zu den Fragen der betrieblichen Lohngestaltung, über die der **Betriebsrat** nach § 87 Abs. 1 Nr. 10 BetrVG **mitzubestimmen** hat (D/K/K/*Klebe* § 87 Rdn. 243; Richardi/*Richardi* § 88 Rdn. 31; *Schimana* DB 1980, 445, 447). Der Betriebsrat kann den Arbeitgeber jedoch nicht zwingen, Maßnahmen zur Förderung der Vermögensbildung einzuführen. Entscheidet sich der Arbeitgeber aber dazu, vermögenswirksame Leistungen zu gewähren, hat der Betriebsrat über die Verteilungsgrundsätze mitzubestimmen (Richardi/*Richardi* § 88 Rdn. 31).

2. Schriftliche Vereinbarung. Zur Regelung der vermögenswirksamen Leistungen empfiehlt sich der Abschluss einer **Zusatzvereinbarung** zum Arbeitsvertrag, wenn dieser nicht bereits eine entsprechende Regelung vorsieht.

Die vermögenswirksamen Leistungen sind Lohnbestandteil (§ 2 Abs. 7 5. VermBG), so dass der Arbeitgeber die Abrede über vermögenswirksame Leistungen spätestens innerhalb eines Monats nach Beginn des Arbeitsverhältnisses schriftlich niederlegen muss (§ 2 Abs. 1 Nr. 6 NachwG). Ein Verstoß gegen das Nachweisgesetz berührt zwar nicht die Wirksamkeit der Vereinbarung, kann jedoch Nachteile in einem etwaigen Rechtsstreit nach sich ziehen (vgl. Form. A. II. 6, dort Anm. 1) und zu Schadensersatzansprüchen des Arbeitnehmers führen (vgl. BAG Urt. v. 17. 4. 2002 – 5 AZR 89/01 – NZA 2002, 1097).

Von der Vereinbarung über die Gewährung vermögenswirksamer Leistungen zwischen Arbeitnehmer und Arbeitgeber ist der Vertrag über die konkrete **Anlage der vermögenswirksamen Leistungen** zu unterscheiden. Diesen schließt der Arbeitnehmer je nach gewählter Anlageart mit einem Kreditinstitut oder einem Versicherungsunternehmen. Sofern die Anlage der vermögenswirksamen Leistungen im eigenen Unternehmen erfolgt, wird der Anlagevertrag mit dem Arbeitgeber geschlossen. In diesem Fall ist der Arbeitgeber gemäß § 2 Abs. 5a 5.

VermBG verpflichtet, in Zusammenarbeit mit dem Arbeitnehmer Vorkehrungen zur **Insolvenzsicherung** zu treffen. Hierfür eignen sich z. B. Bankbürgschaften oder staatliche Bürgschaften (Kittner/Zwanziger/*Schoof* § 59 Rdn. 123).

3. Anspruchsberechtigung. Anspruchsberechtigt nach dem 5. VermBG sind alle Arbeitnehmer einschließlich der zu ihrer Berufsausbildung Beschäftigten (§ 1 Abs. 1 5. VermBG). Ausgeschlossen sind hingegen die gesetzlichen Vertreter juristischer Personen und die durch Gesetz, Satzung oder Gesellschafterversammlung zur Vertretung von Personengesellschaften berufenen Personen (§ 1 Abs. 3 5. VermBG). Das Formular schränkt den Kreis dieser gesetzlich vorgesehenen Anspruchsberechtigten ein, indem es die Gewährung der vermögenswirksamen Leistungen an weitere Voraussetzungen knüpft (s. Anm. 4 und 5).

4. Wartezeit. Das Formular sieht eine ununterbrochene **Beschäftigungsdauer von sechs Monaten** als Wartezeit vor. Damit soll sichergestellt werden, dass ein Anspruch des Mitarbeiters auf vermögenswirksame Leistungen erst nach Ablauf der „Probezeit" und der damit einhergehenden positiven Entscheidung des Arbeitgebers für die weitere Zusammenarbeit entsteht.

5. Ausschluss des Anspruchs. Um eine **Doppelbegünstigung** auszuschließen, sieht das Formular ferner vor, dass ein Anspruch auf vermögenswirksame Leistungen dann nicht besteht, wenn durch die Gesellschaft oder einen früheren Arbeitgeber bereits vermögenswirksame Leistungen erbracht werden. Auf Verlangen der Gesellschaft hat der Arbeitnehmer entsprechende Bescheinigungen seines früheren Arbeitgebers vorzulegen.

6. Anlagearten. Die einzelnen Anlagearten i. S. d. 5. VermBG sind in § 2 Abs. 1 des 5. VermBG abschließend aufgeführt. Die freie Wahlmöglichkeit ist Voraussetzung für die Gewährung der staatlichen **Arbeitnehmer-Sparzulage** (§ 12 5. VermBG). Um jedoch eine praktische Handhabung der arbeitgeberfinanzierten vermögenswirksamen Leistungen zu gewährleisten, sieht das Formular für unterjährige Änderungen der Anlageart einen Zustimmungsvorbehalt zu Gunsten der Gesellschaft vor. Dies ermöglicht eine Planungs- und Abwicklungssicherheit für den Arbeitgeber.

Zudem ist eine Soll-Vorschrift dahingehend aufgenommen worden, dass bei der zulässigen Kombination von arbeitgeber- und arbeitnehmerfinanzierten vermögenswirksamen Leistungen möglichst eine Anlageart und ein Anlageinstitut gewählt wird. Dies dient der einfacheren Handhabung der vermögenswirksamen Leistungen im Unternehmen. Ein Anspruch des Arbeitgebers auf eine einheitliche Anlageart besteht allerdings nicht, denn der Arbeitgeber muss das Interesse des Arbeitnehmers berücksichtigen, den Höchstbetrag der bezuschussten vermögenswirksamen Leistungen (EUR 870,–) ausschöpfen zu wollen. Dies ist nur möglich, wenn die vermögenswirksamen Leistungen in zwei unterschiedlichen Gruppen von Anlageformen angelegt werden (vgl. Anm. 1).

7. Leistungsumfang. Der Leistungsumfang der arbeitgeberseitigen Verpflichtung ist als **Bruttobetrag** zu deklarieren. Teilzeitbeschäftigte haben unter dem Gesichtspunkt der Gleichbehandlung regelmäßig Anspruch auf eine anteilige Leistung entsprechend dem Verhältnis ihrer Arbeitszeit zur Vollarbeitszeit im Betrieb (vgl. § 4 Abs. 1 Satz 2 TzBfG).

8. Fehlzeiten. Vom Arbeitgeber finanzierte vermögenswirksame Leistungen sollten – wie im Formular vorgesehen – stets an den **Lohnanspruch** geknüpft werden. In diesem Fall müssen vermögenswirksame Leistungen als Teil des Arbeitslohns gewährt werden, sofern auch der Lohnanspruch besteht. Ein Anspruch auf vermögenswirksame Leistungen besteht daher z. B. auch im Fall der Entgeltfortzahlung bei **krankheitsbedingter Arbeitsunfähigkeit** (ErfKomm/*Dörner* § 4 EFZG Rdn. 32; *Schmitt* § 4 EFZG Rdn. 115). Hat der Arbeitnehmer zudem Anspruch auf einen Zuschuss zum Krankengeld, sollte sichergestellt werden, dass dieser Zuschuss die vermögenswirksamen Leistungen enthält, um Unklarheiten und Doppelansprüche des Arbeitnehmers zu vermeiden. Eine entsprechende Klausel könnte lauten:

Optional:
Auf einen etwaigen Krankengeldzuschuss werden die vermögenswirksamen Leistungen angerechnet, die der Arbeitnehmer für den Zeitraum erhalten würde, für den er Anspruch auf Krankengeldzuschuss hat.

10. Arbeitgeberfinanzierte vermögenswirksame Leistungen   A. III. 10

Während der Zeit der **Mutterschutzfrist** (§ 3 Abs. 2 und § 6 Abs. 1 MuSchG) fließen die vermögenswirksamen Leistungen – wegen ihres Entgeltcharakters – in die Berechnung des Zuschusses des Arbeitgebers zum Mutterschaftsgeld nach § 14 Abs. 1 MuSchG ein (BAG Urt. v. 15. 8. 1984 – 5 AZR 47/83 – NZA 1985, 223; *Buchner/Becker* § 11 Rdn. 84). Für die **Elternzeit** gilt, dass vermögenswirksame Leistungen nicht zu erbringen sind, da während der Elternzeit die Hauptpflichten aus dem Arbeitsverhältnis ruhen und damit kein Entgeltanspruch besteht (*Buchner/Becker* § 11 Rdn. 84; *Schleicher* BB 1986, Beilage 1/86, 8; *Küttner* Vermögenswirksame Leistungen Rdn. 22; a. A. LAG Frankfurt Urt. v. 23. 4. 1991 – 7 Sa 1297/90 – n. a. v.).

9. Durchschnittslohnberechnungen. Nach Ansicht des BAG sind vermögenswirksame Leistungen für Zwecke der Berechnung des Urlaubsentgelts bei Ermittlung des Durchschnittslohns nach § 11 Abs. 1 S. 1 BUrlG nicht zu berücksichtigen (BAG Urt. v. 17. 1. 1991 – 8 AZR 644/89 – NZA 1991, 778). Zwar handelt es sich bei vermögenswirksamen Leistungen um Entgeltbestandteile. Mit ihnen wird jedoch nicht die Arbeitsleistung in den durch den Referenzzeitraum bestimmten Abrechnungsabschnitten abgegolten. Deshalb sind auch bei einer etwaigen Durchschnittslohnberechnung im Fall krankheitsbedingter Arbeitsunfähigkeit nach § 4 Abs. 1a S. 2 EFZG vermögenswirksame Leistungen nicht zu berücksichtigen. Die Regelung in § 4 Abs. (6) des Formulars ist daher lediglich deklaratorisch.

10. Abführung der vermögenswirksamen Leistungen durch den Arbeitgeber. Der Arbeitgeber ist gemäß § 3 5. VermBG verpflichtet, die vermögenswirksamen Leistungen an das Unternehmen, das Anlageinstitut oder den Gläubiger zu überweisen, mit dem Kaufpreis zu verrechnen oder bei Anlagen für den Wohnungsbau auf Nachweis unmittelbar an den Arbeitnehmer (zur Weiterleitung an den Gläubiger) zu zahlen. Da die vermögenswirksamen Leistungen Bestandteil des Arbeitslohns sind, macht sich der Arbeitgeber **schadensersatzpflichtig**, wenn er mit der Überweisung der vermögenswirksamen Leistungen in **Verzug** gerät (BAG Urt. v. 5. 3. 1981 – 3 AZR 316/78 – DB 1981, 2546; LAG Frankfurt Urt. v. 15. 2. 1984 – 10 Sa 951/83 – NZA 1984, 230). Bei Abführung der Leistung ist der Arbeitgeber verpflichtet, diese unter Angabe der Kontonummer oder der Vertragsnummer ausreichend zu **kennzeichnen** (§ 3 Abs. 2 5. VermBG). Seit 1994 besteht hingegen keine Verpflichtung mehr, zulagebegünstigte vermögenswirksame Leistungen auch auf der **Lohnsteuerbescheinigung** auszuweisen. Um Unklarheiten und Streitigkeiten zwischen den Arbeitsvertragsparteien zu vermeiden, empfiehlt sich eine derartige Ausweisung gleichwohl.

11. Anrechnung. Die Klausel stellt sicher, dass in Fällen von künftigen tarifvertraglichen Regelungen oder von Betriebsvereinbarungen, die den Arbeitgeber zur Gewährung vermögenswirksamer Leistungen verpflichten, eine Anrechung der auf Grund einzelvertraglicher Vereinbarung erbrachten vermögenswirksamen Leistungen erfolgen kann. Dies vermeidet Doppelansprüche des Mitarbeiters.

12. Beendigung des Arbeitsverhältnisses. Für den Fall, dass der Arbeitnehmer während des laufenden Monats ausscheidet, sieht das Formular eine nur zeitanteilige Gewährung der vermögenswirksamen Leistungen vor. Damit wird sichergestellt, dass nicht die auf den gesamten Monat bezogenen vermögenswirksamen Leistungen zu gewähren sind.

13. Widerrufsvorbehalt. Seit Einführung der AGB-Klauselkontrolle stellt sich die Frage, ob und in welchem Umfang Widerrufsvorbehalte wirksam vereinbart werden können. Die offenen Fragen wurden zum Teil durch das BAG geklärt (BAG v. 12. 1. 2005 – 5 AZR 364/04 – BB 2005, 833). Das Formular berücksichtigt die Vorgaben dieser Entscheidung für einen wirksamen Widerrufsvorbehalt (weitere Einzelheiten s. Form. A. III. 6, dort Anm. 20).

Im Hinblick auf die **Mitbestimmungsrechte des Betriebsrats** ist bei einem Widerruf der Verpflichtung zur Gewährung vermögenswirksamer Leistungen Folgendes zu berücksichtigen: Bei einer **vollständigen Einstellung** der vermögenswirksamen Leistungen besteht kein Mitbestimmungsrecht des Betriebsrats. Wenn die Leistungen allerdings lediglich **gekürzt** werden, sei es durch teilweisen Widerruf oder Anrechnung einer Tariflohnerhöhung, hat der Betriebsrat hierüber gemäß § 87 Abs. 1 Nr. 10 BetrVG mitzubestimmen, sofern sich die Verteilungsgrundsätze ändern (vgl. BAG GS Beschl. v. 3. 12. 1991 – GS 1/90 – AP Nr. 51 zu § 87 BetrVG 1972 Lohngestaltung).

14. Schlußbestimmungen. S. Form. A. II. 1, dort Anm. 29.

Soziale Absicherung

11. Arbeitgeberfinanzierte private Unfallversicherung[1]

§ ... Unfallversicherung

(1) Die Gesellschaft wird zugunsten des Mitarbeiters für die Dauer des Arbeitsverhältnisses auf ihre Kosten eine private Unfallversicherung bei der Versicherungsgesellschaft ...... für den Invaliditäts- und Todesfall abschließen[2] und unterhalten[3]. Die Unfallversicherung wird für folgende Deckungssummen abgeschlossen:
für den Todesfall: EUR ...... (in Worten: Euro ......)
für den Invaliditätsfall: EUR ...... (in Worten: Euro ......).

(Alternative:)
(1) Der Mitarbeiter nimmt während der Dauer des Arbeitsverhältnisses an der bei der Versicherungsgesellschaft ...... für die Mitarbeiter der Gesellschaft abgeschlossenen Gruppenversicherung zur privaten Unfallversicherung auf Kosten der Gesellschaft teil. Die Einzelheiten der Gruppenversicherung und des Versicherungsschutzes ergeben sich aus der Anlage ...... zu diesem Arbeitsvertrag. Sollte es zu einer Änderung der zurzeit bestehenden Gruppenversicherung kommen, wird alternativ ein äquivalenter Versicherungsschutz zur Verfügung gestellt.)

(2) Im Invaliditätsfall wird eine etwaige Entgeltfortzahlung im Krankheitsfall auf Leistungen aus der privaten Unfallversicherung[4] wegen Invalidität angerechnet[5].

(3) Die Pflicht der Gesellschaft zur Prämienzahlung erlischt mit Beendigung des Arbeitsverhältnisses. Der Mitarbeiter ist berechtigt, die Versicherung – vorbehaltlich der Zustimmung der Versicherungsgesellschaft – auf seine Kosten zu übernehmen, wobei er die Gesellschaft von allen Verpflichtungen aus der Versicherung freizustellen hat. Der Mitarbeiter erstattet der Gesellschaft etwaige für Zeiträume nach Beendigung des Arbeitsverhältnisses bereits durch die Gesellschaft geleistete Prämien[6].

Schrifttum: Honsell, Berliner Kommentar zum Versicherungsvertragsgesetz, 1999; *Macher,* Steuerrechtliche Behandlung von freiwilligen Unfallversicherungen der Arbeitnehmer, NZA 2000, 1048; *Römer/Langheid,* VVG, Versicherungsvertragsgesetz mit PflVG und KfzPlVV, 2. Aufl. 2003; *Plenker,* Neue Verwaltungsanweisungen zu Firmenunfallversicherungen, BC 2000, 277; *Weyers/Wandt,* Versicherungsvertragsrecht, 3. Aufl. 2003.

Anmerkungen

1. Unfallversicherung. Arbeitnehmer sind gegen berufsbedingte Arbeitsunfälle und Berufskrankheiten im Rahmen des SGB VII **gesetzlich unfallversichert.** Abgedeckt werden von der gesetzlichen Unfallversicherung die Folgen von **Arbeitsunfällen,** worunter auch Unfälle auf dem Weg zur und von der Arbeit fallen (§ 8 SGB VII) sowie von **Berufskrankheiten** (§ 9 SGB VII), sofern diese in einem inneren Zusammenhang mit dem Beschäftigungsverhältnis stehen. Träger der gesetzlichen Unfallversicherung sind die **Berufsgenossenschaften** (Anlage 1

11. Arbeitgeberfinanzierte private Unfallversicherung A. III. 11

zu § 114 SGB VII). Finanziert wird die gesetzliche Unfallversicherung allein durch Beiträge der Arbeitgeber. Nach Eintritt eines Versicherungsfalls (§ 7 Abs. 1 SGB VII), also eines Arbeitsunfalls oder einer Berufskrankheit, hat der Versicherte Anspruch auf Heilbehandlung einschließlich Leistungen der medizinischen Rehabilitation, auf berufsfördernde, soziale und ergänzende Leistungen hierzu, auf Leistungen bei Pflegebedürftigkeit sowie auf Geldleistungen (§§ 26 ff. SGB VII). Für bleibende Unfallfolgen werden u. U. Renten oder Abfindungen gewährt (§§ 56 ff. SGB VII).

Gegenstand des Formulars ist die Zusage des Arbeitgebers auf Abschluss und Finanzierung einer **privaten Unfallversicherung**. Die private Unfallversicherung dient der **zusätzlichen Absicherung** des Arbeitnehmers vor Unfallfolgen. Der Versicherungsschutz erstreckt sich nicht nur auf Arbeitsunfälle und Berufskrankheiten, sondern auch auf nicht berufsbedingte Unfälle, sog. **Freizeitunfälle**. Ziel der privaten Unfallversicherung ist es, die Arbeitsfähigkeit wiederherzustellen und Einkommensverluste sowie Einbußen bei der Lebensqualität auszugleichen.

Die private Unfallversicherung ist im VVG sowie in den Allgemeinen Unfallversicherungsbedingungen 94 (AUB 94) geregelt. Nach § 1 Abs. 3 AUB 94 liegt ein Unfall dann vor, „wenn der Versicherte durch ein plötzlich von außen auf seinen Körper wirkendes Ereignis (Unfallereignis) unfreiwillig eine Gesundheitsbeschädigung erleidet". Folgen solcher Unfälle können neben der Gesundheitsbeschädigung auch Invalidität und Tod sein. Die private Unfallversicherung gilt regelmäßig weltweit und „rund um die Uhr". Sie kann für eine Person (**Einzelunfallversicherung**) oder für eine bestimmte Gruppe (**Gruppenunfallversicherung**), z. B. für die bei einer Gesellschaft tätigen Arbeitnehmer, abgeschlossen werden. Das Formular sieht beide Alternativen in Abs. (1) vor. Inhaltlich kann es sich um eine **Vollversicherung** handeln, die gegen sämtliche Unfallfolgen auf der Grundlage der Allgemeinen Unfallversicherungsbedingungen Schutz bietet oder um eine sog. **Ausschnittsversicherung**, die nur bestimmte Tätigkeiten versichert, z. B. Freizeit-, Jagd-, Sportboot- oder Reitunfälle. Kernstück der privaten Unfallversicherung ist die **Invaliditätsleistung**. Darüber hinaus können beispielsweise auch **Todesfallleistungen, Krankenhaustagegeld, Kurbeihilfen, Bergungskosten** oder **Rettungsflüge** vereinbart werden. Die Einzelheiten ergeben sich aus dem jeweiligen Versicherungspaket. Der Arbeitnehmer sollte daher die Einzelheiten der (Gruppen)Unfallversicherung kennen. Bei bereits bestehender Gruppenversicherung bietet sich insoweit an, dem Arbeitsvertrag die Versicherungsbedingungen in einer Anlage beizufügen.

2. Vertragliche Zusage des Arbeitgebers. Ohne entsprechende Zusage des Arbeitgebers besteht grundsätzlich **kein Anspruch** des Mitarbeiters auf Abschluss einer privaten Unfallversicherung. Ob und gegebenenfalls wem der Arbeitgeber die Teilhabe an einer privaten Unfallversicherung anbietet, steht in seinem **Ermessen**. Allerdings ist der Gleichbehandlungsgrundsatz zu beachten. In der Praxis sind die von der arbeitgeberfinanzierten privaten Unfallversicherung begünstigten Mitarbeiter häufig **leitende Angestellte**. Gängig ist eine solche Versicherungszusage auch im Rahmen von Geschäftsführerverträgen. Selbstverständlich kann sie aber auch gegenüber allen übrigen Mitarbeitern erfolgen. Entscheidet sich der Arbeitgeber dafür, für den Mitarbeiter eine Unfallversicherung abzuschließen, so sollte dies in einer **schriftlichen Vereinbarung** festgehalten werden. Das Formular sieht hierfür eine ergänzende Klausel zum Arbeitsvertrag (s. Form. A. II. 1) vor, die die Frage der privaten Unfallversicherung abschließend regelt.

Schließt der Arbeitgeber für seinen Mitarbeiter eine private (Gruppen)Unfallversicherung ab, so ist er Versicherungsnehmer und der Arbeitnehmer Versicherter. Es handelt sich um eine sog. Versicherung für fremde Rechnung, auch **Fremdversicherung** genannt (vgl. §§ 179 Abs. 2 i. V. m. 74 ff. VVG), bei der der Arbeitgeber die Versicherung im eigenen Namen (§ 74 Abs. 2 VVG) abschließt. Nach § 74 Abs. 1 VVG braucht die Person des Versicherten nicht benannt werden. Ob es sich bei der Fremdversicherung um einen Vertrag zu Gunsten Dritter handelt, ist umstritten, für die Praxis jedoch weitgehend irrelevant (vgl. *Römer/Langheid* § 74 Rdn. 3). **Begünstigter** und damit Inhaber der Leistungsansprüche aus der Unfallversicherung ist der **Arbeitnehmer**. Dem **Arbeitgeber** als Versicherungsnehmer steht jedoch die **Verfügungsberechtigung** über die Ansprüche gegenüber dem Versicherungsunternehmen zu. Obwohl der Arbeitnehmer also Inhaber der Ansprüche auf Versicherungsleistungen ist, steht grundsätzlich ausschließlich dem Arbeitgeber das Recht zu, diese Ansprüche gegenüber dem Versicherungsunternehmen geltend zu machen. Der Arbeitnehmer kann ohne Zustimmung des Arbeitgebers über seine Rechte nur verfügen, wenn er im Besitz des Versicherungsscheins ist (§ 179 Abs. 2 i. V. m. § 75 Abs. 2 VVG). Dies gilt auch für die gerichtliche Geltendmachung im Versicherungsfall (§ 179 Abs. 2 i. V. m. § 75 Abs. 2 VVG). Es ist daher Nebenpflicht des Arbeitgebers, den Eintritt eines Versicherungsfalls und die Erfolgsaussichten einer Klage gegen das Versicherungsunternehmen zu prüfen.

Der Arbeitgeber ist verpflichtet, die Prämien selbst direkt an das Versicherungsunternehmen zu erbringen. Kommt er mit der Zahlung der Versicherungsprämie in **Verzug**, haftet er dem Arbeitnehmer für den Ausfall der Versicherungsleistungen, der dem Arbeitnehmer aufgrund des Prämienrückstandes oder durch eine vorzeitige Kündigung des Versicherungsvertrags durch das Versicherungsunternehmen entsteht (Honsell/*Schwintowski* § 170 Rdn. 22). Zudem hat der Arbeitgeber seinen sonstigen Obliegenheiten als Versicherungsnehmer nach dem VVG nachzukommen, will er Schadensersatzansprüche des Arbeitnehmers vermeiden.

3. Lohnsteuer und Sozialversicherungsbeiträge. Ob die Beitragsleistungen des Arbeitgebers als **lohnsteuerpflichtiger Arbeitslohn** anzusehen sind, hängt davon ab, wem die Ausübung der Rechte aus dem Versicherungsvertrag zusteht. Steht sie **ausschließlich dem Arbeitgeber** zu, wie es bei der Fremdversicherung regelmäßig der Fall ist, so sind die Beitragsleistungen **kein Arbeitslohn** (BFH Urt. v. 16. 4. 1999 – VI R 60/96 – DStR 1999, 1149). Tritt allerdings der Versicherungsfall wegen eines im privaten Bereich erlittenen Unfalls ein und kehrt der Arbeitgeber die Zahlungen der Versicherung an den Arbeitnehmer aus, so stellen diese Zahlungen in voller Höhe steuerpflichtigen Arbeitslohn dar. Der Arbeitgeber hat entsprechend Lohnsteuer einzubehalten (vgl. BMF-Schreiben vom 17. Juli 2000 – IV C 5 – S 2332 – 67/00 – DStR 2000, 1262).

Liegt der bei einer Fremdversicherung seltene Fall vor, dass der **Arbeitnehmer** nach den Versicherungsbedingungen **berechtigt** ist, den Versicherungsanspruch **unmittelbar gegenüber dem Versicherungsunternehmen geltend** zu machen, gehören bereits die **Beitragsleistungen** zum lohnsteuerpflichtigen **Arbeitslohn** (BMF-Schreiben vom 17. Juli 2000 – IV C 5 – S 2332 – 67/00 – DStR 2000, 1262). Dies gilt unabhängig davon, ob es sich um eine Einzel- oder Gruppenunfallversicherung handelt. Beiträge zur Gruppenunfallversicherung sind nach der Zahl der versicherten Arbeitnehmer auf diese aufzuteilen; der jeweils auf die einzelnen Arbeitnehmer entfallende Beitrag ist als lohnsteuerpflichtiger Arbeitslohn zu versteuern.

Auch die Spitzenverbände der **Sozialversicherung** differenzieren danach, wem die Ausübung der Rechte aus dem Versicherungsvertrag zusteht. Dementsprechend stellen die Beitragsleistungen auch sozialversicherungsrechtlich **kein Arbeitsentgelt** dar, wenn – wie bei einer Fremdversicherung üblich – die Ausübung der Rechte aus dem Versicherungsvertrag **ausschließlich** dem **Arbeitgeber** zusteht (vgl. Mitteilung der Spitzenverbände der Sozialversicherung DB 2000, 1467).

4. Versicherungsleistung. Der Versicherer zahlt die Versicherungsleistung **an den Arbeitgeber**, soweit dieser im Besitz des Versicherungsscheins ist (§§ 179 Abs. 2 i. v. m. 76 Abs. 2 VVG). Da der Arbeitnehmer jedoch der materiell-rechtlich Berechtigte ist, muss der Arbeitgeber die Zahlung an den Arbeitnehmer **weiterleiten** (LAG Frankfurt a. M. Urt. v. 6. 7. 1999 – 9 Sa 2745/98 – NVersZ 2000, 177). Dies gilt auch für den Fall, dass die Konzernmutter Versicherungsnehmerin ist und die Versicherungsleistung an die Tochter erbracht wurde (BAG Urt. v. 17. 6. 1997 – 9 AZR 839/95 – NZA 1998, 376).

5. Anrechnung. Eine **Anrechnung** der Leistungen aus der (Gruppen)Unfallversicherung auf etwaige (Rück)Zahlungsansprüche gegenüber dem Arbeitnehmer scheidet regelmäßig aus (BAG Urt. v. 17. 6. 1997 – 9 AZR 839/95 – NZA 1998, 376; LAG Frankfurt a. M. Urt. v. 6. 7. 1999 – 9 Sa 2745/98 – NVersZ 2000, 177). Etwas anderes gilt nur dann, wenn eine ausdrückliche **Anrechnungsvereinbarung** zwischen den Parteien besteht. Dies bietet sich z. B. bei Entgeltfortzahlungskosten im Krankheitsfall an, um etwaige Doppelansprüche des Arbeitnehmers zu vermeiden. Das Formular sieht daher vor, dass im Falle des Zusammentreffens von Invaliditätsleistungen aus der privaten Unfallversicherung und Entgeltfortzahlung im Krankheitsfall durch den Arbeitgeber eine Anrechung erfolgt.

6. Beendigung des Arbeitsverhältnisses. Das Formular sieht zudem vor, dass die Übernahme der Prämienleistung nur für die Dauer des Arbeitsverhältnisses erfolgt. Um dem Arbeitnehmer jedoch die Fortführung der privaten Unfallversicherung nach Beendigung des Arbeitsverhältnisses zu ermöglichen, wurde eine Fortführungsberechtigung geregelt. Da der Arbeitgeber Vertragspartner des Versicherungsunternehmens ist, steht diese Fortführung allerdings unter dem Vorbehalt der Zustimmung des Versicherungsunternehmens. Die Fortführung gestaltet sich i. d. R. bei Gruppenunfallversicherungen schwierig, da hier die Versicherungsunternehmen erhebliche Rabatte auf die Beitragsleistungen gewähren und dementsprechend erst neue Beiträge ausgehandelt werden müssten. Kommt es zu einer Fortführung durch den Arbeitnehmer, hat er ab dem Beendigungszeitpunkt die Beitragsleistungen zu erbringen und den Arbeitgeber von allen Verpflichtungen aus dem Versicherungsverhältnis freizustellen. Häufig wird der Arbeitgeber zu Beginn eines jeden Kalenderjahres die Beitragsleistung für das gesamte Versicherungsjahr vorab geleistet haben, so dass von ihm bereits Beiträge für Zeiträume nach Beendigung des Arbeitsverhältnisses gezahlt wurden. Deshalb sieht das Formular einen eigenständigen Erstattungsanspruch des Arbeitgebers für die zeitanteilig zu viel entrichtete Beiträge vor.

12. Sterbegeld

§ ... Sterbegeld[1]

(1) Beim Tod des Mitarbeiters während der Dauer des Arbeitsverhältnisses erhält sein nächster Hinterbliebener ein Sterbegeld. Als nächster Hinterbliebener gilt nach Maßgabe folgender Stufenfolge[2]:

a) der Ehegatte bzw. der Lebenspartner i. S. d. Lebenspartnerschaftsgesetzes,

b) unterhaltsberechtigte Kinder, die mit dem Mitarbeiter zum Zeitpunkt seines Todes in einem Haushalt lebten oder für die er das Sorgerecht hatte,

(*Optional:*

c) der Lebensgefährte, der mit dem Mitarbeiter zum Zeitpunkt seines Todes in häuslicher Gemeinschaft lebte,

d) Kinder, Eltern und Geschwister, die nachweislich vom Mitarbeiter unterhalten wurden.)

Ein Hinterbliebener schließt eine Anspruchsberechtigung Hinterbliebener nachfolgender Stufen aus. Bei gleichzeitigem Tod des Mitarbeiters und eines eigentlich anspruchsberechtigten Hinterbliebenen ist der nach Maßgabe der Stufenfolge nächste Hinterbliebene gleicher bzw. nachfolgender Stufe anspruchsberechtigt[3].

(2) Zweck des Sterbegelds ist es, die dem nächsten Hinterbliebenen durch den Tod des Mitarbeiters entstehenden finanziellen Belastungen zu verringern. (Optional: Des Weiteren soll die Betriebstreue des Mitarbeiters honoriert werden.)[4]

(3) Als Sterbegeld wird die Vergütung für die restlichen Kalendertage des Sterbemonats sowie die Vergütung für weitere ...... Monate gezahlt[5]. Der Berechnung ist das im Zeitpunkt des Todes durch den Mitarbeiter bezogene Bruttomonatsgrundgehalt zugrunde zu legen[6]. Gratifikationen, Tantiemen, Provisionen und andere variable Gehaltsbestandteile bleiben bei der Berechnung außer Betracht.

(*Alternative – Pauschalbetrag:*

(3) Als Sterbegeld wird ein Betrag in Höhe von EUR ...... (in Worten: Euro ......) brutto gezahlt.)

(*Alternative* – Pauschalbetrag mit Steigerung nach Dauer der Betriebszugehörigkeit:
(3) Als Sterbegeld wird ein Betrag in Höhe von EUR ...... (in Worten: Euro ......) brutto gezahlt. Der Betrag erhöht sich pro vollendetem Jahr der Betriebszugehörigkeit des Mitarbeiter um ...... Prozent.)

(4) Soweit die Gesellschaft nach Tarifvertrag und/oder Betriebsvereinbarung verpflichtet ist, ein Sterbegeld zu zahlen, wird das nach Abs. (3) zu zahlende Sterbegeld auf diese Zahlung angerechnet. Die Anrechnung ist davon unabhängig, ob der sich nach Abs. (1) ergebende nächste Hinterbliebene mit dem nach Tarifvertrag und/oder Betriebsvereinbarung anspruchsberechtigten Hinterbliebenen identisch ist[7].

(5) Das Sterbegeld wird auch gewährt, wenn zum Zeitpunkt des Todes des Mitarbeiters wegen Krankheit, Elternzeit, Wehr- oder Ersatzdienst kein Anspruch auf Vergütung bestand[8]. Der Berechnung ist dann das durch den Mitarbeiter zuletzt bezogene Bruttomonatsgrundgehalt zugrunde zu legen[9].

(*Alternative:*
(5) Das Sterbegeld wird nicht gewährt, wenn das Arbeitsverhältnis zum Zeitpunkt des Todes des Mitarbeiters geruht hat[10].)

(6) War das Arbeitsverhältnis im Zeitpunkt des Todes bereits gekündigt bzw. eine Vereinbarung über die Beendigung des Arbeitsverhältnisses geschlossen, besteht der Sterbegeldanspruch längstens für den Zeitraum bis zum Kündigungstermin bzw. vereinbarten Beendigungstermin (*Alternative, falls in Abs. (3) ein Pauschalbetrag gewählt wurde:* (...) ist der Sterbegeldanspruch der Höhe nach auf das Bruttomonatsgrundgehalt beschränkt, dass der Mitarbeiter im Zeitraum bis zum Kündigungstermin bzw. vereinbarten Beendigungstermin fiktiv verdient hätte.) Das gilt nicht, wenn die Vereinbarung über die Beendigung des Arbeitsverhältnisses darauf beruhte, dass der Mitarbeiter im Anschluss Altersrente oder Rente wegen teilweiser oder voller Erwerbsminderung in Anspruch nehmen oder in Vorruhestand gehen wollte.

(7) Über den Sterbetag hinaus an den Mitarbeiter gezahlte Vergütungen oder Vorschüsse werden auf das Sterbegeld angerechnet. Die Rückforderungsansprüche der Gesellschaft gegen den Mitarbeiter bzw. dessen Erben gehen in Höhe der Anrechnung auf den nächsten Hinterbliebenen über[11]. Bestehen mehrere Rückforderungsansprüche, bestimmt die Gesellschaft, welcher Anspruch übergeht.

(8) Mehrere nächste Hinterbliebene einer Stufe sind Gesamtgläubiger (§ 428 BGB). Die Gesellschaft kann nach ihrer freien Entscheidung an jeden einzelnen dieser nächsten Hinterbliebenen mit schuldbefreiender Wirkung leisten[12].

(9) Wer den Tod des Mitarbeiters vorsätzlich und widerrechtlich herbeigeführt hat, hat keinen Anspruch auf Sterbegeld[13].

(10) Der nächste Hinterbliebene ist zur Vorlage einer aktuellen Lohnsteuerkarte verpflichtet[14]. Die Entstehung des Anspruchs ist hiervon abhängig. Die Gesellschaft wird vom Sterbegeld Steuern und etwaige sonstige Abgaben[15] einbehalten und abführen und den sich ergebenden Nettobetrag an den nächsten Hinterbliebenen ausbezahlen.

Anmerkungen

1. Sterbegeld. Zweck des Sterbegeldes ist es, die Zeit zwischen dem Tod des Mitarbeiters und der Zahlung gesetzlicher oder sonstiger Renten zu überbrücken. Zudem wird damit Betriebstreue belohnt. Bei einer Vereinbarung über Sterbegeld handelt es sich um einen **echten Vertrag zugunsten Dritter** (§§ 328 ff. BGB; vgl. BAG Urt. v. 4. 4. 2001 – 4 AZR 242/00 – DB 2001, 2200; ErfKomm/*Schaub* § 1 TVG Rdn. 124). Das bedeutet, dass der Berechtigte einen eigenen Anspruch gegen den Arbeitgeber erwirbt. Vertragsschließender und Anspruchsberechtigter sind beim Sterbegeld nicht identisch. Da ein eigener Anspruch des Hinterbliebenen auf

Sterbegeld begründet wird, fällt dieser **nicht** in den **Nachlass** des verstorbenen Mitarbeiters und kann deshalb auch nicht von dessen Erben beansprucht werden. Anders verhält es sich bei den Vergütungsansprüchen, die bis zum Tod des Mitarbeiters entstanden sind. Da der Mitarbeiter diese bereits erworben hatte, stehen sie seinen Erben zu. Abgesehen von dieser Besonderheit ist das Sterbegeld mit einer Gratifikation vergleichbar. Es besteht keine gesetzliche Verpflichtung für den Arbeitgeber, ein Sterbegeld zu zahlen. Allerdings ist in vielen Tarifverträgen die Zahlung eines Sterbegelds vorgesehen. Die vertragliche Regelung ist bei Vorliegen einer solchen tariflichen Regelung entsprechend anzupassen, damit es nicht zu Überschneidungen oder ungewollten Doppelansprüchen kommt. Eine Anpassung ist jedoch nicht möglich, falls die kollektivrechtliche Vereinbarung erst später abgeschlossen wird und daher bei der Klausel zum Sterbegeld nicht berücksichtigt werden konnte. Hiervor schützt eine Anrechnungsklausel (vgl. Anm. 7).

2. Auswahl der Berechtigten. Bei der Benennung der Anspruchsberechtigten sollte auf eine möglichst klare Regelung geachtet werden. Die Berechtigten sollten so bezeichnet werden, dass sie ohne große Nachforschungen ermittelt werden können. Zu Schwierigkeiten kann beispielsweise eine Benennung „der Erben" führen. Der Arbeitgeber wird nur schwer oder überhaupt nicht feststellen können, ob und welche letztwilligen Verfügungen getroffen wurden, ob diese wirksam sind und wer gegebenenfalls aufgrund gewillkürter Erbfolge anspruchsberechtigt wäre. Auch die gesetzliche Erbfolge kann unter Umständen schwer zu ermitteln sein. Im Formular wurde daher auf erster Stufe der Ehegatte bzw. der Lebenspartner benannt. Lebenspartner i. S. d. des LPartG sind gleichgeschlechtliche Personen, die sich unter gleichzeitiger Anwesenheit vor der zuständigen Behörde unter Angabe ihres Vermögensstands erklären, miteinander eine Partnerschaft auf Lebenszeit führen zu wollen (§ 1 Abs. 1 LPartG). Auf zweiter Stufe sind die unterhaltsberechtigten Kinder, die mit dem Mitarbeiter in einem Haushalt lebten oder für die er das Sorgerecht hatte, bezugberechtigt. Zu Abgrenzungsschwierigkeiten kann der optional unter Buchstabe c) genannte Lebensgefährte führen. Die Regelung trägt dem Umstand Rechnung, dass immer mehr Paare eine außereheliche Lebensgemeinschaft bilden. Unter Umständen kann es zu Streit mit den auf nächster Stufe Berechtigten kommen, wenn es um die Frage geht, ob die Beziehung eine so hinreichende Verfestigung erfahren hat, dass es sich bereits um einen Lebensgefährten handelt. Im Formular wurde zur Konkretisierung auf das Bestehen einer häuslichen Gemeinschaft abgestellt. Es ist daher abzuwägen, ob man den gesellschaftlichen Verhältnissen Rechnung tragen will oder einer klaren Abgrenzung der Anspruchsberechtigten den Vorrang einräumt. Auf letzter Stufe sind optional die Kinder, Eltern und Geschwister genannt, die nachweislich vom Mitarbeiter unterhalten wurden. Abs. (8) gibt einen gewissen Schutz, wenn mehrere Berechtigte auf gleicher Stufe um das Sterbegeld streiten. Besteht Streit um den Anspruch zwischen Hinterbliebenen unterschiedlichen Stufen, bietet sich die Hinterlegung (§§ 372 ff. BGB) an, wenn sich die Anspruchsberechtigung nicht klären lässt.

3. Gleichzeitiges Versterben. Für den Fall des gleichzeitigen Todes des Mitarbeiters und des eigentlich Anspruchsberechtigten (z. B. bei einem Unfall), regelt das Formular, dass der nach Maßgabe der Stufenfolge nächste Hinterbliebene derselben oder einer nachfolgenden Stufe anspruchsberechtigt wird.

4. Zweckangabe. Zweck des Sterbegelds ist es, die momentan durch den Tod des Mitarbeiters entstehenden finanziellen Belastungen aufzufangen oder zu verringern. Das Sterbegeld soll eine „Überbrückungshilfe" für den Hinterbliebenen des regelmäßig unterhaltspflichtigen Mitarbeiters sein (BAG Urt. v. 10. 8. 1993 – 3 AZR 185/93 – NZA 1994, 515). Um Zweifel auszuschließen und Streitigkeiten zu vermeiden, empfiehlt es sich, diesen Zweck der Zahlung in den Vertragstext aufzunehmen. Dabei kann auch auf den weiteren Zweck, die Honorierung der Betriebstreue des Mitarbeiters, hingewiesen werden.

5. Höhe. Bei der Bestimmung der Höhe des Sterbegelds ist der Arbeitgeber, vorbehaltlich etwaiger kollektivrechtlicher Regelungen, frei. Das Formular sieht die Zahlung der restlichen Vergütung für den Sterbemonat und für eine darüber hinausgehende Anzahl weiterer Monate vor. Anstelle der Fortzahlung der Bezüge kann auch ein Pauschalbetrag vorgesehen werden (vgl. Alt. 1 im Formular). Der Pauschalbetrag kann auch entsprechend der Betriebszugehörigkeit des verstorbenen Mitarbeiters (z. B. prozentual) steigen (vgl. Alt. 2 im Formular).

6. Vergütung. Wird an die Vergütung des Mitarbeiters angeknüpft, empfiehlt es sich, variable Vergütungsbestandteile beim Sterbegeld außer Betracht zu lassen. Das vereinfacht die Berechnung und beschränkt die Höhe des Anspruchs. Sollen variable Vergütungsbestandteile in das Sterbegeld einfließen, muss die Bemessungsgrundlage präzise festgelegt werden, um Streit über die zutreffende Berechnung des Sterbegelds zu vermeiden.

7. Anrechnungsklausel. Dem Arbeitgeber wird i. d. R. nicht daran gelegen sein, das individualvertraglich zugesagte Sterbegeld zusätzlich zu Zahlungen an Hinterbliebene zu leisten, zu denen er aufgrund Tarifvertrages oder Betriebsvereinbarung verpflichtet ist. Sind solche kollektivrechtlichen Vereinbarungen bei Vertragsschluss bekannt, können sie bei der Formulierung der individualvertraglichen Sterbegeldregelung berücksichtigt werden (vgl. Anm. 1). Auf kollektivrechtlicher Ebene können solche Zahlungspflichten jedoch auch später noch begründet oder abgeändert werden. Das Formular sieht daher eine Anrechnung vor. Zur Vermeidung von Doppelzahlungen wurde die Anrechnung auch für den Fall vorgesehen, dass die Anspruchsberechtigten in individualvertraglicher und kollektivrechtlicher Vereinbarung nicht identisch sind.

8. Gewährung bei fehlendem Vergütungsanspruch. Das Sterbegeld hat einen über den Entgeltcharakter hinausgehenden Zweck (vgl. Abs. (2) im Formular sowie Anm. 2 und 4). Aus diesem Grund kommt es nicht darauf an, ob zum Zeitpunkt des Todes ein Vergütungsanspruch bestand oder nicht. Der Zweck der Überbrückung finanzieller Engpässe des Hinterbliebenen und der Honorierung von Betriebstreue kann auch dann erfüllt werden, wenn sich der Mitarbeiter im Zeitpunkt des Todes in Elternzeit, Wehr- oder Ersatzdienst befand, oder wenn ihm aufgrund längerer Krankheit kein Entgeltfortzahlungsanspruch mehr zustand. Daher wurde im Formular vorgesehen, dass auch in diesen Fällen Sterbegeld zu zahlen ist.

9. Pauschalbetrag. Wurde für die Berechnung des Sterbegelds nicht auf die Vergütung des Arbeitnehmers abgestellt, sondern ein Pauschalbetrag (gegebenenfalls mit Erhöhung nach Betriebszugehörigkeit) gewählt (vgl. Abs. (3) im Formular sowie Anm. 5), so entfällt dieser Satz.

10. Ausschluss bei Ruhen des Arbeitsverhältnisses. Die Alternativklausel sieht vor, dass ein Anspruch auf Sterbegeld nicht besteht, wenn das Arbeitsverhältnis des Mitarbeiters im Zeitpunkt seines Todes ruht. Dieser Anspruchsausschluss begegnet keinen rechtlichen Bedenken. Denn beim Sterbegeld geht es nicht um Ansprüche des Arbeitnehmers, sondern um eigene Ansprüche des Hinterbliebenen als Dritten. Etwas anderes ergibt sich auch dann nicht, wenn man wegen des Zusammenhangs des Sterbegelds mit dem vormaligen Arbeitsverhältnis die BAG-Rechtsprechung zu Sonderzahlungen übertragen möchte. Denn auch hiernach können Zeiten des Ruhens des Arbeitsverhältnisses anspruchsmindernd berücksichtigt werden (vgl. für Sonderzahlungen mit reinem Entgeltcharakter – „automatische Kürzung": Form. A. III. 3 Anm. 4; für Sonderzahlungen mit Mischcharakter – mit Kürzungsvereinbarung: Form. A. III. 4 Anm. 10).

11. Anrechnung. Der Arbeitgeber kann vor dem Problem stehen, dass er an den Arbeitnehmer gegebenenfalls Vorauszahlungen geleistet hat und er Rückzahlungsansprüche dann gegenüber den Erben durchsetzen müsste. Es bietet sich daher an, diese Leistungen auf das Sterbegeld anzurechnen. Zu bedenken ist insoweit jedoch, dass der durch die Sterbegeldregelung begünstigte Hinterbliebene nicht zwangsläufig Erbe des Mitarbeiters sein muss. Ein bloßer Anrechnungsvorbehalt erscheint deshalb problematisch im Hinblick auf § 307 BGB, weil er Personen treffen kann, die nicht gleichzeitig erbrechtlich verpflichtet sind. Es käme dann zu einer einseitigen Begünstigung der tatsächlichen Erben. Das Formular geht einen Mittelweg. Vorgesehen ist eine Anrechnung. Allerdings gehen im Fall einer Anrechnung in entsprechender Höhe die Rückzahlungsansprüche des Arbeitgebers auf den nächsten Hinterbliebenen über. Ist der begünstigte Hinterbliebene identisch mit dem Erben, erlischt der Rückzahlungsanspruch (Konfusion). Andernfalls ist der nächste Hinterbliebene nicht (wie bei einem bloßen Anrechnungsvorbehalt) rechtlos gestellt, sondern kann jedenfalls Ansprüche bis zur maximalen Höhe des (entgangenen) Sterbegelds gegen die Erben geltend machen. Die Überwälzung des Insolvenzrisikos bezüglich der Erben auf den nächsten Hinterbliebenen erscheint bei einer Gesamtbetrachtung angemessen. Die Zahlung eines Sterbegelds ist ausschließlich begünstigend. Sie erfolgt, weil der Verstorbene im Arbeitsverhältnis stand. Daher ist es nicht unangemessen, dass der Arbeitgeber die Leistung des Sterbegelds in der Weise erbringt, dass er dem nächsten Hinterbliebenen Zahlungsansprüche gegenüber dem Mitarbeiter respektive dessen Erben (als Gesamtrechtsnachfolger) überträgt.

12. Gesamtgläubigerschaft. Das Formular sieht eine Gesamtgläubigerschaft der nächsten Hinterbliebenen derselben Stufe vor (§ 428 BGB). Das hat den Vorteil, dass der Arbeitgeber von der Pflicht zur Zahlung des Sterbegelds bereits dadurch frei wird, dass er den gesamten Betrag an einen Anspruchsberechtigten zahlt. Die Entscheidung über den Empfänger der Zahlung steht in seinem Belieben. Der Arbeitgeber muss allerdings einen (von mehreren) Berechtigten der zutreffenden Stufe im Rahmen der Stufenfolge wählen. Die Anspruchsberechtigten dieser Stufe müssen dann untereinander zu einem Ausgleich kommen (§ 430 BGB).

13. Ausschluss bei Tötung. Die vorsätzliche und widerrechtliche Tötung stellt einen Grund für die Erbunwürdigkeit dar (§ 2339 Abs. 1 Ziff. 1 BGB). Es ist daher auch angemessen, den Anspruch auf Sterbegeld in dieser Konstellation auszuschließen.

14. Lohnsteuer. Das Sterbegeld gehört zu den **steuerbegünstigten Versorgungsbezügen** (§ 19 Abs. 2 EStG, R 76 Abs. 3 Ziff. 2 und 3 LStR). Der ursprünglich im jeweiligen Veranlagungszeitraum steuerfreie Betrag von 40%, höchstens EUR 3.072,–, wird im Zeitraum von 2005 bis 2040 bis auf Null „abgeschmolzen". Die Besteuerung richtet sich im Übrigen nach den steuerlichen Verhältnissen der Berechtigten. Der Arbeitgeber muss den Lohnsteuerabzug auf das Sterbegeld vornehmen. Die Anspruchsberechtigten müssen hierfür ihre Lohnsteuerkarte vorlegen. Zur Klarstellung wurde dies im Formular geregelt und die Zahlung des Sterbegelds von der Vorlage der Lohnsteuerkarte abhängig gemacht.

15. Keine Sozialversicherungspflicht. Beiträge zur Sozialversicherung sind für das Sterbegeld nicht abzuführen. Es stellt kein Arbeitsentgelt (§ 14 SGB IV) dar, weil es kein Anspruch des Verstorbenen für geleistete Dienste, sondern ein eigenständiger Anspruch des Hinterbliebenen ist. Es handelt sich auch nicht um Versorgungsbezüge, die in der Kranken- und Pflegeversicherung beitragspflichtig sind (§§ 226 Abs. 1 S. 1 Ziff. 3, 229 SGB V, 57 Abs. 1 SGB XI). Für das Sozialversicherungsrecht ist der Begriff der beitragspflichtigen Versorgungsbezüge gesondert definiert. Erfasst sind insoweit auch Renten der betrieblichen Altersversorgung, auch wenn sie als Einmalzahlung erbracht werden (§ 229 Abs. 1 S. 1 Ziff. 5 und S. 3 SGB V). Sterbegelder sind jedoch nicht der betrieblichen Altersversorgung zuzuordnen. Denn sie sollen die mit dem Tod des Mitarbeiters verbundenen besonderen finanziellen Belastungen mildern, nicht jedoch einer nachhaltigen Versorgung dienen (*Höfer* BetrAVG I ART Rdn. 80; *Blomeyer/Otto* § 1 Rdn. 62). Anders verhält es sich jedoch, wenn das Sterbegeld über einen längeren Zeitraum gezahlt wird und es dadurch seinen „Überbrückungscharakter" verliert. Ein Zeitraum von drei über den Sterbemonat hinausgehenden Monaten dürfte jedoch unbedenklich sein. Es kann nicht ausgeschlossen werden, dass Sterbegeldzahlungen durch entsprechende Gesetzgebung zukünftig in der Sozialversicherung beitragspflichtig werden. Im Formular wurde daher vorsorglich geregelt, dass etwaige sonstige Abgaben vom Sterbegeld ebenfalls in Abzug gebracht werden.

IV. Sonstige Abreden

1. Nachvertragliches Wettbewerbsverbot für Arbeitnehmer

Zusatzvereinbarung zum Arbeitsvertrag[1] vom ......
zwischen
...... GmbH (Name und Anschrift des Arbeitgebers)   „Gesellschaft"
und
Herrn ...... (Name und Anschrift des Arbeitnehmers)   „Mitarbeiter"

Wettbewerbsverbot

(1) Der Mitarbeiter unterliegt nach Beendigung seines Anstellungsverhältnisses mit der Gesellschaft einem nachvertraglichen Wettbewerbsverbot für ...... (maximal 24) Monate nach Maßgabe der folgenden Bestimmungen.[2]

(2) Während der Dauer des nachvertraglichen Wettbewerbsverbots wird der Mitarbeiter weder unmittelbar noch mittelbar, weder als Angestellter noch als Berater noch in einer ähnlichen Funktion, weder entgeltlich noch unentgeltlich, für ein Unternehmen tätig sein oder sich an einem Unternehmen beteiligen, welches mit der Gesellschaft in Wettbewerb steht („Konkurrenzunternehmen") und wird auch nicht sonst in selbstständiger Funktion oder sonst eine Konkurrenztätigkeit ausüben.

Als Konkurrenzunternehmen gelten insbesondere
- ......
- ......
- ......

und mit diesen verbundene Unternehmen (im Sinn von § 15 AktG).
Unter Konkurrenztätigkeit verstehen die Parteien jedwede Tätigkeit, die mit der vom Mitarbeiter in den letzten beiden Jahren seiner Anstellung bei der Gesellschaft für die Gesellschaft ausgeübten Tätigkeit identisch oder gleichartig ist („Konkurrenztätigkeit").

(*Alternative*:
Unter Konkurrenztätigkeit verstehen die Parteien ...... (Genaue Beschreibung der Tätigkeit).)

Der Mitarbeiter wird mit Konkurrenzunternehmen nur dann ein Anstellungs-, Dienst- oder Beratungsverhältnis eingehen oder erfüllen, oder auf sonstige Weise solche Leistungen gegenüber einem Konkurrenzunternehmen erbringen und er wird sich während dieses Zeitraumes an einem Konkurrenzunternehmen direkt oder mittelbar nur beteiligen, wenn er gegenüber dem Geschäftsführer der Gesellschaft unaufgefordert einen klaren und überzeugenden Nachweis erbringt, dass seine Tätigkeit innerhalb eines Konkurrenzunternehmens sowohl vertraglich als auch tatsächlich so abgegrenzt ist, dass er keine Konkurrenztätigkeit erbringt.[3]

(3) Das nachvertragliche Wettbewerbsverbot erstreckt sich räumlich auf die Gebiete, in denen die Gesellschaft bei Beendigung der Anstellung tätig ist und auf die Gebiete, in denen die Gesellschaft bei Beendigung der Anstellung die Aufnahme einer Geschäftstätigkeit geplant hat.

(*Alternative*:
Das nachvertragliche Wettbewerbsverbot erstreckt sich räumlich auf das Gebiet von ...... (Genaue Beschreibung des Gebiets)[4].)

1. Nachvertragliches Wettbewerbsverbot für Arbeitnehmer

(4) Für die Dauer des nachvertraglichen Wettbewerbsverbots verpflichtet sich die Gesellschaft, eine Entschädigung zu zahlen, welche für jedes Jahr des Verbotes die Hälfte (Alternative: ...... (Genaue Prozentangabe $\geqq$ 50%)) der vom Mitarbeiter zuletzt bezogenen vertragsmäßigen Leistungen erreicht[5].

(5) Bis zur Beendigung des Anstellungsverhältnisses kann die Gesellschaft schriftlich auf das Wettbewerbsverbot mit der Wirkung verzichten, dass mit Ablauf eines Jahres seit der Erklärung die Verpflichtung zur Zahlung der Entschädigung nach obigem Abs. (4) entfällt[6].

(6) Sofern der Mitarbeiter gegen die übernommenen Verpflichtungen aus dieser Vereinbarung verstößt, kann die Gesellschaft von ihm eine Vertragsstrafe für jeden Fall der Zuwiderhandlung in Höhe von ...... (drei) Brutto-Monatsgehältern verlangen. Im Falle eines Dauerverstoßes von über einem Monat ist eine Vertragsstrafe in Höhe von ...... (zwei) Brutto-Monatsgehältern pro angefangenem Monat des Verstoßes verwirkt. Die Geltendmachung sonstiger Rechte durch die Gesellschaft, insbesondere Unterlassungsansprüche und Ansprüche auf Ersatz eines weitergehenden Schadens, bleibt hiervon unberührt[7].

(7) Das Wettbewerbsverbot geht auf einen möglichen Rechtsnachfolger der Gesellschaft über. Es geht bei einer Veräußerung des Betriebes oder Betriebsteils auf den Betriebs(teil)erwerber über. Damit ist der Mitarbeiter einverstanden, dies auch für den Fall, dass sein Anstellungsverhältnis schon geendet hat, aber der Verbotszeitraum nach obigem Abs. (1) noch andauert[8].

(8) §§ 74 ff. HGB gelten ergänzend[9, 10].

(9) Sollte eine Bestimmung dieser Vereinbarung ganz oder teilweise unwirksam sein oder werden, so wird hiervon die Wirksamkeit der übrigen Bestimmungen dieser Vereinbarung nicht berührt. An die Stelle der unwirksamen Bestimmung tritt die gesetzlich zulässige Bestimmung, die dem mit der unwirksamen Bestimmung Gewollten wirtschaftlich am nächsten kommt. Dasselbe gilt für den Fall einer vertraglichen Lücke[11].

......
Ort, Datum

....
Unterschrift der Gesellschaft   Unterschrift des Mitarbeiters

Der Mitarbeiter bestätigt, dass er eine von der Gesellschaft unterschriebene vollständige Ausfertigung dieser Zusatzvereinbarung am ...... (Datum) erhalten hat[12].

......
Ort, Datum

......
Unterschrift des Mitarbeiters

(*Optional:*[13]
(...) Das Wettbewerbsverbot tritt nicht in Kraft und es besteht damit auch keine Pflicht zur Zahlung der Entschädigung, wenn das Anstellungsverhältnis mit dem Mitarbeiter nicht über die vereinbarte Probezeit hinaus fortgesetzt und nicht innerhalb der vereinbarten Probezeit von einer der Parteien gekündigt wird.

(...) Das Wettbewerbsverbot tritt nicht in Kraft und es besteht damit auch keine Pflicht zur Zahlung der Entschädigung, wenn der Mitarbeiter mit Vollendung des 65. Lebensjahres aus dem Anstellungsverhältnis ausscheidet.)

Schrifttum: Bauer, Wettbewerbsverbote und Kündigung von Arbeitsverhältnissen, DB 1979, 500; *ders.*, Aktuelle Probleme des nachvertraglichen Wettbewerbsverbots, NZA Beil. 3/1991; *Bauer/Diller*, Wettbewerbsverbote, 3. Aufl., 2002; *Bauer/Diller*, Wechselwirkungen zwischen Wettbewerbstätigkeit, Ruhestand und betrieblicher Altersversorgung, BB 1997, 990; *Bengelsdorf*, Karenzentschädigung und Studium, BB

1983, 905; *Buchner*, Wettbewerbsverbote während und nach Beendigung des Arbeitsverhältnisses, Schriften zur AR-Blattei Neue Folge Bd. 2, 1995; *Diller*, Nachvertragliche Wettbewerbsverbote und AGB-Recht, NZA 2005, 250; *Dombrowski/Zettelmeyer*, Die Wertermittlung der Nutzungsvorteile von Firmenwagen im Rahmen der Karenzentschädigung nach § 74 II HGB, NZA 1995, 155; *Ebert*, Nachvertragliche Wettbewerbsverbote – Berechnung der Karenzentschädigung, FA 1999, 346; *Fischer*, Wettbewerbsverbot im internationalen Konzern bei Ausübung von Aktienoptionen durch Arbeitnehmer, DB 1999, 1702; *Gaul*, Neues zum nachvertraglichen Wettbewerbsverbot, DB 1995, 874; *Grunsky*, Wettbewerbsverbote für Arbeitnehmer, RWS-Skript 104, 2. Aufl. 1987; *Lahusen*, Aktuelle Rechtsprechung zum nachvertraglichen Wettbewerbsverbot, NZA 1985, 802; *Löwe*, Der Interessenausgleich zwischen Arbeitgeber und Arbeitnehmer beim nachvertraglichen Wettbewerbsverbot, 1988; *Reinfeldt*, Das nachvertragliche Wettbewerbsverbot im Arbeits- und Wirtschaftsrecht, 1993; *Schwedes*, Vertragliche Wettbewerbsbeschränkungen für die Zeit nach Beendigung des Arbeitsverhältnisses, 1990; *Wertheimer*, Wirksamkeit nachvertraglicher Wettbewerbsverbote bei nicht kündigungsbedingter Beendigung des Arbeitsverhältnisses, NZA 1997, 522; *ders.*, Bezahlte Karenz oder entschädigungslose Wettbewerbsenthaltung des ausgeschiedenen Arbeitnehmers?, BB 1999, 1600; *Winterstein*, Nachvertragliches Wettbewerbsverbot und Karenzentschädigung, NJW 1989, 1463.

Anmerkungen

1. Einführung. Die vorliegende Klausel stellt eine Zusatzvereinbarung zu einem bestehenden Arbeitsvertrag dar. Sie kann alternativ auch bereits in den Arbeitsvertrag (vgl. Form. A. II. 1) aufgenommen werden, wobei sich in diesem Fall als Standort ein neuer Paragraf nach § 7 des Form. A. II. 1 empfiehlt.

Arbeitgeber werden typischerweise nicht für alle Mitarbeiter nachvertragliche Wettbewerbsverbote vorsehen, sondern nur für Mitarbeiter in Führungspositionen oder Träger von Sonderwissen. Dies auch nur dann, wenn sie befürchten müssen, dass diese nach einem Ausscheiden ihre Kenntnisse bei einem Konkurrenzunternehmen einbringen und dem Arbeitgeber dadurch erheblichen Schaden zufügen können.

Die ausdrückliche Vereinbarung eines nachvertraglichen Wettbewerbsverbots ist erforderlich, weil ein Mitarbeiter nach Beendigung seiner Anstellung ansonsten keinem Wettbewerbsverbot mehr unterliegt. Insbesondere lässt sich auch aus der nachwirkenden Treuepflicht kein nach der Beendigung der Anstellung fortwirkendes Wettbewerbsverbot ableiten. Einem ausgeschiedenen Mitarbeiter steht es daher – wenn kein nachvertragliches Wettbewerbsverbot vereinbart wurde – frei, zu seinem ehemaligen Arbeitgeber in Wettbewerb zu treten. Dabei muss er lediglich die Grenzen einhalten, die durch die Gesetze gezogen sind. Gesetzliche Schadensersatzpflichten können sich ergeben, wenn die Wettbewerbstätigkeit in einer Art und Weise erfolgt, dass sie als rechtswidrige und schuldhafte Verletzung eines eingerichteten und ausgeübten Gewerbebetriebs anzusehen wäre (§§ 823 Abs. 1, 826 BGB). Wettbewerbstätigkeiten können auch als verbotener unlauterer Wettbewerb anzusehen sein (§ 3 UWG). Beides wird allerdings nur ausnahmsweise der Fall sein. Somit kann sich der ehemalige Arbeitgeber in der Regel nur durch die Vereinbarung eines nachvertraglichen Wettbewerbsverbots dagegen schützen, dass ein ausgeschiedener Mitarbeiter in Konkurrenz zu ihm tritt. Bei der Formulierung eines solchen nachvertraglichen Wettbewerbsverbots muss der Arbeitgeber eine Reihe von zwingenden gesetzlichen Vorschriften beachten, die sich auf Umfang, Inhalt und Durchführung des Verbots beziehen sowie auf die dem Mitarbeiter zu zahlende Entschädigung; zudem muss der Arbeitgeber die von der Rechtsprechung entwickelten Erfordernisse beachten. Andernfalls kann das nachvertragliche Wettbewerbsverbot nichtig oder jedenfalls nicht durchsetzbar sein. Bevor im Einzelnen angemerkt wird, welche Formulierungen der Arbeitgeber unter Berücksichtigung der von Gesetz und Rechtsprechung vorgegebenen Rahmenbedingungen wählen sollte, soll nachfolgend zunächst kurz dargestellt werden, welche Erfordernisse zu beachten sind.

Die gesetzlichen Erfordernisse finden sich in den §§ 74 ff. HGB. Diese Vorschriften gelten direkt nur für sog. Handlungsgehilfen. Sie werden aber entsprechend auf alle Arbeitsverhältnisse angewendet (so § 110 GewO) Der Hintergrund für die gesetzlichen Restriktionen ist die Berufsfreiheit des Arbeitnehmers (Art. 12 Abs. 1 GG). §§ 74 ff. HGB normieren folgende Grenzen eines nachvertraglichen Wettbewerbsverbots, aufgrund derer im Ergebnis nur ein geringer Gestaltungsspielraum für vertragliche Regelungen besteht:

1. Nachvertragliches Wettbewerbsverbot für Arbeitnehmer — A. IV. 1

Das Wettbewerbsverbot darf nur einen so engen Umfang haben, dass es dem **Schutz der berechtigten geschäftlichen Interessen des Arbeitgebers** dient (§ 74a Abs. 1 S. 1 HGB) und unter Berücksichtigung der gewährten Entschädigung nach Ort, Zeit oder Gegenstand das **Fortkommen des Arbeitnehmers nicht unbillig erschwert** (§ 74a Abs. 1 S. 2 HGB). Die berechtigten Interessen des Arbeitgebers an der Wettbewerbsenthaltung müssen also höherrangig sein als die berechtigten Interessen des Arbeitnehmers am beruflichen Fortkommen. Berechtigte und höherrangige Interessen des Arbeitgebers an einem Wettbewerbsverbot liegen vor, wenn das Wettbewerbsverbot entweder **dem Schutz von Geschäfts- oder Betriebsgeheimnissen dient oder den Einbruch in den Kunden- oder Lieferantenstamm verhindern soll**. Das bloße Interesse, Konkurrenz einzuschränken, genügt nicht. Wenn sich bei einer Tätigkeit des Mitarbeiters für die Konkurrenz diese Gefahren nicht realisieren können, ist ein gleichwohl vereinbartes Wettbewerbsverbot nicht durchsetzbar. Dies könnte z.B. der Fall sein, wenn der Mitarbeiter keinen Zugang zu von der Konkurrenz verwertbaren Geschäftsgeheimnissen gehabt hatte und ein Einbruch in den Kundenstamm z.B. wegen der Langlebigkeit der vom Arbeitgeber vertriebenen Produkte (einmalige Investitionen der Kunden) nicht zu befürchten wäre (vgl. BAG Urt. v. 1. 8. 1995 – 9 AZR 884/93 – AP Nr. 5 zu § 74a HGB). Bei einer rein untergeordneten Stellung des Mitarbeiters wird überdies nur in Ausnahmefällen ein bindendes Wettbewerbsverbot möglich sein, weil wegen der untergeordneten Stellung oftmals ein berechtigtes geschäftliches Interesse des Arbeitgebers am Wettbewerbsverbot fehlen wird. Im Streitfall wird dabei auf die jeweils konkreten Verhältnisse abgestellt, also auf die tatsächlich vom Mitarbeiter beim ehemaligen Arbeitgeber durchgeführten Tätigkeiten und auf die (geplante oder bereits begonnene) Tätigkeit des Mitarbeiters für den neuen Arbeitgeber.

Werden die vorstehend beschriebenen Grenzen bei der Formulierung des Verbots nicht eingehalten, so kommt es entweder zur **Nichtigkeit** oder zur **Unverbindlichkeit** des Wettbewerbsverbots. In anderen Fällen kann es auch zu einer teilweisen Unverbindlichkeit kommen (vgl. Anm. 2., 3.). Zur Nichtigkeit kommt es in der Regel nur dann, wenn überhaupt keine Entschädigung vereinbart wurde. Zur Unverbindlichkeit kommt es nach der gesetzlichen Regelung, wenn die Wettbewerbsverbotsabrede dem Arbeitnehmer nicht die Mindestkarenzentschädigung zusagt (§ 74 Abs. 2 HGB, vgl. Anm. 5.), wenn es nicht dem Schutz der berechtigten Interessen des Arbeitgebers dient (§ 74a Abs. 1 S. 1 HGB) oder eine unbillige Erschwerung des Fortkommens des Arbeitnehmers enthält (74a Abs. 1 S. 2 HGB). Unverbindlichkeit bedeutet, dass der Mitarbeiter wählen kann, ob er Wettbewerb betreiben will – und keinen Anspruch auf die vereinbarte Karenzentschädigung hat – oder ob er sich des Wettbewerbs enthalten – und die vereinbarte Karenzentschädigung einfordern – will. Wegen des Wahlrechts des Mitarbeiters ist ein unverbindliches Wettbewerbsverbot für den Arbeitgeber häufig sogar ungünstiger als ein nichtiges Wettbewerbsverbot. Denn ein ausgeschiedener Mitarbeiter wird von dem Wahlrecht je nach seiner Interessenlage Gebrauch machen: Wird er von der Konkurrenz umworben, wird er sich nicht an das Wettbewerbsverbot halten. Hat er kein Angebot von einem Wettbewerber (regelmäßig deshalb, weil er von den Wettbewerbern nicht für interessant genug gehalten wird), wird er sich an das Wettbewerbsverbot halten und die Karenzentschädigung einfordern. Der ehemalige Arbeitgeber kann sich nicht auf die Unverbindlichkeit eines Wettbewerbsverbots berufen, da die Regelungen der § 74ff. HGB zur Unverbindlichkeit allein dem Schutz des Arbeitnehmers dienen; er kann nur auf das Wettbewerbsverbot verzichten (vgl. zum Verzicht Anm. 6 unten; vgl. BAG Urt. v. 2. 8. 1971 – 3 AZR 121/71 – AP Nr. 25 zu § 615 BGB).

Um ein durchsetzbares nachvertragliches Wettbewerbsverbot vereinbaren zu können, muss der Arbeitgeber bereit sein, die **gesetzlich gebotene Entschädigung** zu versprechen. Diese Karenzentschädigung beträgt für die Laufzeit des Verbots mindestens die Hälfte der letzten vertragsmäßigen Vergütung des Mitarbeiters (vgl. auch Anm. 5). Zur Vermeidung von unnötigen Zahlungsverpflichtungen muss der Arbeitgeber vor der Vereinbarung eines derartigen Wettbewerbsverbots mit dem Mitarbeiter also prüfen, ob eine Konkurrenztätigkeit nach Beendigung der Anstellung für ihn tatsächlich so riskant wäre, dass die Vereinbarung eines nachvertraglichen Wettbewerbsverbots mit Entschädigungsverpflichtung wirtschaftlich sinnvoll ist. Auch während des Arbeitsverhältnisses sollte bei einem vereinbarten nachvertraglichen Wettbewerbsverbot in regelmäßigen Abständen geprüft werden, ob angesichts der gegenwärtigen und zukünftig zu erwartenden Stellung des Mitarbeiters die Aufrechterhaltung des nachvertraglichen Wettbewerbsverbots gerechtfertigt ist. Andernfalls sollte von der Möglichkeit des Verzichts nach § 75a HGB Gebrauch gemacht werden (vgl. dazu Anm. 6).

Dabei ist zu beachten, dass auch ein verbindlich vereinbartes Wettbewerbsverbot nur dann sicher wirksam wird, wenn der Arbeitnehmer selbst ordentlich kündigt. Dies wird der Regelfall sein, in dem der Arbeitgeber Interesse an der Einhaltung des Wettbewerbsverbots hat. In den anderen Fällen der Beendigung des Anstellungsverhältnisses (ordentliche Kündigung des Arbeitgebers, außerordentliche Kündigung, Abschluss eines Aufhebungsvertrags) bestehen Handlungsalternativen für den Arbeitgeber oder den Arbeitnehmer, die Auswirkungen auf die Wirksamkeit des Wettbewerbsverbots haben (vgl. im Einzelnen Anm. 10).

2. Dauer des Verbots/Karenzzeit. Das Formular sieht in seinem Absatz (1) vor, dass die Parteien eine feste Dauer des nachvertraglichen Verbots vereinbaren. Dabei muss der Arbeitgeber beachten, dass ein nachvertragliches Wettbewerbsverbot nach der zwingenden Bestimmung des § 74a Abs. 1 S. 3 HGB maximal für die Dauer von **zwei Jahren** nach der Beendigung des Arbeitsverhältnisses vereinbart werden kann. In der Praxis wird dieser zeitliche Rahmen oft voll ausgeschöpft. Die gesetzliche Höchstgrenze bedeutet jedoch nicht, dass eine zweijährige Verbotsdauer immer zulässig vereinbart werden kann. Der Arbeitgeber muss vielmehr bei der Entscheidung, welchen Zeitraum er in Absatz (1) des Formulars vereinbart, darauf achten, dass nur eine Verbotsdauer vereinbart werden darf, die erforderlich ist, um legitime Arbeitgeberinteressen zu schützen. Wenn somit beispielsweise eine Konkurrenztätigkeit des Mitarbeiters wegen eines schnell veraltenden technischen Spezialwissens für den Arbeitgeber nur für die Dauer von wenigen Monaten nach Beendigung der Anstellung „gefährlich" werden kann, darf das Wettbewerbsverbot nur für diese wenigen Monate vereinbart werden. Bei der Vereinbarung einer Karenzzeit von über zwei Jahren ist nach (allerdings älterer) Rechtsprechung und der derzeit vorherrschenden Meinung in der Literatur wirksam und durchsetzbar ein Verbot für die Dauer von zwei Jahren vereinbart worden und nur der zwei Jahre überschreitende Zeitraum unverbindlich (vgl. BAG Urt. v. 19. 5. 1983 – 2 AZR 171/81 – AP Nr. 25 zu § 123 BGB; *Bauer/Diller* Rdn. 235).

3. Sachlicher Umfang des Verbots. Das Formular regelt in seinem Absatz (2) den sachlichen Umfang des Wettbewerbsverbots. Die Regelung setzt dabei an bei der Tätigkeit, die der Mitarbeiter in den letzten beiden Jahren beim Arbeitgeber ausgeübt hat. Diese wird als „Konkurrenztätigkeit" definiert. Dem Mitarbeiter ist verboten, selbst die so definierte Konkurrenztätigkeit auszuüben oder in irgendeiner Weise für ein Unternehmen tätig zu sein, welches seinerseits – durch seine Mitarbeiter – eine solche Konkurrenztätigkeit ausübt. Bestimmte derartige Unternehmen, die vom Arbeitgeber und Mitarbeiter schon bei Abschluss der nachvertraglichen Wettbewerbsbeschränkung identifiziert werden können, werden in der Vereinbarung ausdrücklich genannt. Da es Unternehmen geben wird, die so groß und so diversifiziert sind, dass sie neben den Tätigkeiten, die identisch mit den zuletzt ausgeübten Tätigkeiten des Mitarbeiter sind, auch eine Vielzahl anderer Geschäftsbereiche haben und andere Tätigkeiten ausüben, wird dem Mitarbeiter erlaubt, für solche Unternehmen zu arbeiten, solange sichergestellt ist, dass er dort keine Konkurrenztätigkeit erbringt.

Diese Regelungstechnik von Absatz (2) des Formulars wird gewählt, um den in Bezug auf die inhaltliche Reichweite des Verbots bestehenden gesetzlichen Beschränkungen Rechnung zu tragen. Diese erfordern, dass die durch das Wettbewerbsverbot untersagten Tätigkeiten so genau und so eng definiert werden, dass sie dem Mitarbeiter eindeutig die verbotene Tätigkeit klar machen und sein berufliches Fortkommen nicht unbillig erschweren. Grundsätzlich kann gesagt werden: Je mehr die im Verbot untersagte Tätigkeit den Arbeitgeber in dessen berechtigten geschäftlichen Interessen schädigen würde (je mehr sie dem Arbeitgeber „weh tun" würde), je enger die Reichweite des Verbots nach Gegenstand, Ort und Zeit ist und je mehr die zugesagte Karenzentschädigung das gesetzliche Mindestmaß überschreitet, desto bessere Chancen auf Wirksamkeit hat das nachvertragliche Wettbewerbsverbot. Ein „allumfassendes" Wettbewerbsverbot ist fast immer unverbindlich.

Die untersagte **Konkurrenztätigkeit** wird in der hier vorgeschlagenen ersten Alternative auf die Tätigkeiten des Mitarbeiters beschränkt, die er in den letzten zwei Jahren seiner Anstel-

1. Nachvertragliches Wettbewerbsverbot für Arbeitnehmer A. IV. 1

lung beim ehemaligen Arbeitgeber ausgeübt hat. Dies dient zum einen einer Flexibilisierung der Art der verbotenen Tätigkeit bei einem länger andauernden Anstellungsverhältnis mit dem Mitarbeiter, bei dem der Aufgabenbereich des Mitarbeiters wechseln kann. Zum anderen dient es der Beschränkung des Verbots auf ein überschaubares – und damit den Mitarbeiter nicht unbillig in seinem Fortkommen einschränkendes – Tätigkeitsfeld. Diese Formulierung birgt jedoch das Restrisiko in sich, dass die Definition im Streitfall von einem Gericht als „zu weit" und damit unverbindlich angesehen werden könnte. Dieses Risiko lässt sich jedoch bei einer flexiblen, auf die Zukunft bezogenen Formulierung nicht ausschließen. Die zweite vorgeschlagene Alternative ist rechtssicherer und daher vorzugswürdig. Sie sieht eine genaue Umschreibung der verbotenen Tätigkeit vor. Diese Alternative wird aber nicht verwendet werden können, wenn nicht sicher ist, ob sich das Tätigkeitsfeld des Mitarbeiters bis zu seinem Ausscheiden ändern wird. Zumindest bei „Spezialisten" wird eine genaue Umschreibung möglich sein, wenn zu erwarten ist, dass sie bis zur Beendigung der Anstellung nur in einem bestimmten Tätigkeitsfeld arbeiten werden und auch gerade die Ausübung dieser Tätigkeit bei einem Wettbewerber durch den Arbeitnehmer für den ehemaligen Arbeitgeber „gefährlich" ist.

Am rechtssichersten dürfte es sein, wenn die verbotene Konkurrenztätigkeit konkret beschrieben wird und nur diese untersagt wird, ohne dass zugleich auch die Tätigkeit bei einem Konkurrenzunternehmen als solche untersagt wird. Dies würde jedoch das Risiko in sich bergen, dass der Mitarbeiter zu einem Unternehmen wechselt, das in Konkurrenz zum ehemaligen Arbeitgeber steht, und dort formal eine Stelle einnimmt, die nicht die untersagte Konkurrenztätigkeit beinhaltet, er faktisch jedoch sein Wissen auch in Bezug auf Konkurrenztätigkeiten einbringt. Bei einer solchen Konstellation – die für den ehemaligen Arbeitgeber nicht minder schädlich sein kann als eine unmittelbare Konkurrenztätigkeit – schützt ein alleiniges Verbot von Konkurrenztätigkeit die Interessen des ehemaligen Arbeitgebers wohl nicht ausreichend.

Daher ist in Absatz (2) des Formulars vorgesehen, dass generell auch die Tätigkeit bei **Konkurrenzunternehmen** untersagt ist. Einige dieser Unternehmen – die besonders gefährliche direkten Konkurrenten – sind beispielhaft aufzuzählen, um für diese Klarheit zu schaffen und Anhaltspunkte für die Geschäftsstruktur eines „Konkurrenzunternehmens" zu spezifizieren. Dabei ist die Aufzählung auf **wenige** Unternehmen zu beschränken. Das Formular sieht vor, dass als Konkurrenzunternehmen auch diejenigen Unternehmen gelten, die mit den namentlich benannten Unternehmen konzernmäßig verbunden sind. Diese Regelung wird deshalb gewählt, weil nicht ausgeschlossen werden kann, dass ein ausscheidender Mitarbeiter nicht unmittelbar von einem Konkurrenzunternehmen angestellt wird bzw. für dieses tätig wird, sondern bei einem mit diesem verbundenen Unternehmen, welches selbst direkt keine Konkurrenz zum ehemaligen Arbeitgeber betreibt. In einem solchen Fall besteht die Gefahr, dass dem ehemaligen Arbeitgeber gefährliches Wissen des ehemaligen Mitarbeiters über die Unternehmensgrenzen hinweg zum verbundenen Konkurrenzunternehmen weitergereicht wird. Die im Formular vorgesehene Erweiterung des Verbots auf eine Tätigkeit bei oder für verbundene Unternehmen schützt berechtigte Interessen des Arbeitgebers und müsste daher zulässig sein. Rechtsprechung dazu ist jedoch, soweit ersichtlich, bisher nicht ergangen. Dem Mitarbeiter müssen jedoch genügend potentielle neue Arbeitgeber verbleiben, mit denen er auch unter Einhaltung des Wettbewerbsverbots eine seinen Fähigkeiten und seinem Wissen entsprechende Anstellung eingehen kann. Dies kann bei extremen Spezialisierungen des Arbeitnehmers und einer eng begrenzten Zahl von potentiellen Arbeitgebern, die Mitarbeiter mit dieser Spezialisierung beschäftigen, dazu führen, dass einige der weniger „gefährlichen" Konkurrenzunternehmen ausdrücklich aus dem Verbot ausgeschlossen werden müssen, damit dem Arbeitnehmer überhaupt die Möglichkeit verbleibt, einen neuen Arbeitgeber zu finden.

Das allgemeine Verbot der Tätigkeit bei Konkurrenzunternehmen kann jedoch wiederum zu einem zu weitem und damit unverbindlichen Wettbewerbsverbot führen. Bei grundsätzlich zum ehemaligen Arbeitgeber in Konkurrenz stehenden großen Unternehmen mit weit gefächerten Geschäftsfeldern wird es beispielsweise möglich sein, dass der ehemalige Mitarbeiter dort eine Stelle annimmt, die vom konkurrierenden Geschäftsbereich so abgegrenzt ist, dass durch die Tätigkeit des ehemaligen Mitarbeiters keine Gefahren für berechtigte Interessen des ehemaligen Arbeitgeber entstehen. Das Wettbewerbsverbot wäre in diesem Fall „insoweit" unverbindlich, also grundsätzlich verbindlich und nur in Hinsicht auf die vertraglich untersagte aber nicht mehr dem Schutz berechtigter Interessen des ehemaligen Arbeitgebers dienenden Tätigkeiten – dem „überschießenden Teil" – unverbindlich (§ 74 a Abs. 1 S. 1 HGB). Die Vorschrift des § 74 a Abs. 1 S. 1 HGB wird dabei so interpretiert, dass sie gesetzlich eine **geltungserhaltende Reduktion** anordnet. Die geltungserhaltende Reduktion soll auch dem AGB-Recht vorgehen, das grundsätzlich bei formularmäßig oder einseitig vorgegebenen Vertragsklauseln ein Verbot der geltungserhaltenden Reduktion vorsieht (vgl. LAG Hamm Urt. v. 14. 4. 2003 – 7 Sa 1881/02 – NZA-RR 2003, 513; *Bauer* NZA 2005, 250, 251). Es ist aber nicht sicher, dass ein Gericht bei formularmäßigen Wettbewerbsverboten mit einer „zu weiten Reichweite" der in § 74 a Abs. 1 HGB angeordneten geltungserhaltenden Reduktion als Sonderregelung immer den Vorzug vor dem Grundsatz des Verbots der geltungserhaltenden Reduktion im AGB-Recht geben wird.

Denn zum einen ist der Kontrollbereich der AGB-Kontrolle nicht deckungsgleich mit dem Kontrollbereich des § 74 a Abs. 1 HGB. Damit kann argumentiert werden, dass die AGB-Kontrolle als weitere Kontrollstufe eingreift. Zum anderen ist denkbar, dass bei einem einseitig vorgegebenen Wettbewerbsverbot auch das Bedürfnis nach einer AGB-Kontrolle gegeben ist. Wird das Wettbewerbsverbot in vorformulierten Verträgen dem Arbeitnehmer vorgelegt, wird dieser regelmäßig nicht über die Reichweite verhandeln (können). Dies ist aber der Ansatzpunkt für die AGB-Kontrolle. Ein Gericht könnte bei formularmäßigen Wettbewerbsverboten das Verbot der geltungserhaltenden Reduktion des AGB-Rechts also durchaus neben den Regelungen des § 74 a HGB anwenden und bei einer zu weiten Reichweite des Wettbewerbsverbots dessen geltungserhaltende Reduktion ablehnen. Eine Entscheidung des BAG zu dieser Problematik ist bisher nicht ergangen. Wegen dieser Unsicherheit wurde im Formular bevorzugt der sicherere Weg gewählt, möglichst enge Formulierungen zu wählen, die auch den Anforderungen der AGB-Kontrolle Rechung tragen sollen. Dies soll bewirken, dass im Streitfall nicht auf die Argumente für die geltungserhaltende Reduktion zurückgegriffen werden muss, um das Wettbewerbsverbot „wirksam zu machen".

Um dem Risiko der Unverbindlichkeit wegen zu weiter Umschreibung von Konkurrenzunternehmen zu begegnen, ist im Formular vorgesehen, dass der Mitarbeiter bei einer angestrebten Tätigkeit für ein Konkurrenzunternehmen den Nachweis führen kann, dass seine Tätigkeit für dieses Unternehmen keine Konkurrenztätigkeit darstellt. Da Feststellungen zur vertraglichen und tatsächlichen Tätigkeit des Mitarbeiters bei seinem neuen Arbeitgeber durch den alten Arbeitgeber kaum erhoben werden können, wird dem Mitarbeiter aufgegeben nachzuweisen, dass seine Tätigkeit beim neuen Arbeitgeber keine Konkurrenztätigkeit ist. Dies beeinträchtigt den Mitarbeiter nicht unbillig, da ihm so die Möglichkeit gegeben wird, auch bei einem Konkurrenzunternehmen gewisse Tätigkeiten aufzunehmen, die ihm ohne diese Nachweismöglichkeit nach der vertraglichen Vereinbarung verboten wären; gerichtlich erprobt ist diese Klausel jedoch noch nicht. Die Beweislast dafür, dass das Wettbewerbsverbot nicht von den berechtigten Interessen des Arbeitgebers gedeckt ist, liegt nach herrschender Auffassung beim Arbeitnehmer (vgl. *Bauer/Diller* Rdn. 218), so dass mit der Formulierung keine Veränderung der Beweislast herbeigeführt wird, die nach § 309 Nr. 12 BGB zur Unwirksamkeit führen würde. Wenn der Mitarbeiter bei einem Konkurrenzunternehmen eine Führungsposition einnimmt, wird dies oftmals als Konkurrenztätigkeit anzusehen sein, da Führungskräfte regelmäßig nicht nur einen engen technischen Bereich betreuen, sondern Einfluss auf alle Bereiche des Unternehmens haben, also auch auf den Bereich, der untersagte Konkurrenztätigkeit darstellen würde.

4. Geographische Erstreckung des Verbots. Die geografische Reichweite des Verbots wurde in Absatz (3) des Formulars in der ersten Alternative relativ weit und flexibel ausgestaltet. Eine derartig weite Erstreckung des Verbots wird nur dann in diesem Umfang wirksam sein, wenn der Arbeitgeber zu befürchten hat, dass ihm in allen den räumlichen Gebieten Konkurrenz droht, in denen er geschäftstätig ist oder die Aufnahme von Geschäftstätigkeit plant. Bei einem technischen Spezialwissen des Mitarbeiters kann eine weite räumliche Erstreckung des Verbots gerechtfertigt sein. Denn eine deutschlandweite oder internationale Aufstellung der

1. Nachvertragliches Wettbewerbsverbot für Arbeitnehmer   **A. IV. 1**

Konkurrenz begründet durchaus die Gefahr, dass ein Konkurrenzunternehmen – auch bei Anstellung des Mitarbeiters in großer Entfernung zu seinem bisherigen Arbeitsort – Betriebs- oder Geschäftsgeheimnisse des ehemaligen Arbeitgebers für sich ausnutzen kann oder in den Kundenstamm des ehemaligen Arbeitgebers einbricht. Hat der Arbeitgeber nur ein räumlich kleines Geschäftsgebiet (beispielsweise einen Friseursalon mit nur einer Filiale) oder beschränkt sich die Gefahr des Einbruchs in den Kundenstamm nur auf ein kleines Gebiet (beispielsweise bei Vertriebsmitarbeitern, die nur einen bestimmten Bezirk betreuen und daher nur in diesem Bezirk in den Kundenstamm einbrechen könnten), so muss das Wettbewerbsverbot räumlich auf dieses Gebiet beschränkt werden, also die zweite Alternative des Formulars verwendet werden. Die Umschreibung des Gebietes sollte dann möglichst genau erfolgen, beispielsweise durch die Angabe von (Bundes-)Ländern oder Postleitzahlenbezirken.

5. Vereinbarung der Karenzentschädigung. Absatz (4) des Formulars sagt dem Mitarbeiter eine Entschädigung für die Einhaltung des Wettbewerbsverbots zu. Mit dem Wettbewerbsverbot muss dem Mitarbeiter eine Karenzentschädigung für die Dauer des Verbots zugesagt werden. Die Höhe der Karenzentschädigung beträgt nach § 74 Abs. 2 HGB mindestens „für jedes Jahr des Verbots die Hälfte der zuletzt bezogenen vertragsmäßigen Leistungen". Wenn überhaupt keine Entschädigung zugesagt wird, ist das Wettbewerbsverbot nichtig (vgl. BAG Urt. v. 13. 9. 1969 – 3 AZR 138/63 – AP Nr. 24 zu § 611 BGB Konkurrenzklausel; BAG Urt. v. 3. 5. 1994 – 9 AZR 606/92 – AP Nr. 65 zu § 74 HGB). Wenn eine zu geringe Entschädigung zugesagt wird, ist das Wettbewerbsverbot insgesamt unverbindlich. Im Regelfall wird die Zusage der gesetzlichen Mindestentschädigung von 50% der zuletzt bezogenen vertragsmäßigen Leistungen ausreichen. In Sonderfällen, beispielsweise wenn räumlich oder inhaltlich ein besonders weit reichendes Wettbewerbsverbot vereinbart wird, kann die Zusage einer über 50% liegenden Entschädigung eine Unverbindlichkeit des Wettbewerbsverbots unter Umständen vermeiden. Denn bei einer höheren Entschädigung können die Interessen des Mitarbeiters an seinem beruflichen Fortkommen eher zurücktreten (vgl. § 74a Abs. 1 S. 2 HGB). Es ist darauf zu achten, dass die Wortwahl „zuletzt bezogenen vertragsmäßigen Leistungen" in die Vereinbarung Eingang findet und die Angabe der Höhe der Karenzentschädigung nicht durch einen fixen Betrag, sondern durch Prozentangaben von 50% oder höher erfolgt. Denn welche Vergütungsbestandteile in welcher Höhe als „bezogene vertragsmäßige Leistungen" gelten, ist nicht abschließend geklärt. Bei der Angabe eines fixen Betrages besteht also die Gefahr, dass dieser im entscheidenden Zeitpunkt des Ausscheidens des Mitarbeiters unter der 50%-Grenze liegt, was zu einer Unverbindlichkeit des gesamten Wettbewerbsverbots führen würde. Eine Begrenzung der Bemessungsgrundlage auf einzelne Vergütungsbestandteile würde nahezu zwangsläufig zur Unverbindlichkeit des Verbots führen. Teilweise hat die Rechtsprechung im Wege der Auslegung jedoch Wettbewerbsverbote als verbindlich gelten lassen trotz einer Formulierung zur Höhe der zugesagten Karenzentschädigung, die rechtlich angreifbar war (vgl. Anm. 11).

Der Arbeitgeber muss entscheiden, ob die Wettbewerbsenthaltung ihm die Zahlung von der Hälfte der zuletzt bezogenen vertragsmäßigen Leistungen als Gegenleistung wert ist. Dabei ist zu berücksichtigen, dass auch dem Mitarbeiter gewährte Aktienoptionen unter die vertraggemäßen Leistungen fallen können (vgl. Anm. 9).

Wenn ein wirksames nachvertragliches Wettbewerbsverbot vereinbart wurde und der Arbeitgeber das Anstellungsverhältnis ordentlich kündigt, muss er sich sogar (schon bei Ausspruch der Kündigung) bereit erklären, die vollen zuletzt vom Mitarbeiter bezogenen vertragsmäßigen Leistungen als Karenzentschädigung zu zahlen. Andernfalls kann der Mitarbeiter sich vom Wettbewerbsverbot lösen (§ 75 Abs. 2, 1 HGB, vgl. Anm. 10).

6. Verzicht auf das Wettbewerbsverbot durch den Arbeitgeber. Das Formular sieht in Absatz (5) eine **einseitige Möglichkeit für den Arbeitgeber** vor, sich vom Wettbewerbsverbot durch Ausübung eines Verzichts zu lösen. In regelmäßigen Abständen, spätestens bei einem voraussichtlichen Ausscheiden des Mitarbeiters in absehbarer Zeit, sollte der Arbeitgeber überdenken, ob für das nachvertragliche Wettbewerbsverbot noch ein Bedarf besteht oder er nicht vorzeitig auf das Wettbewerbsverbot verzichten will. Der Verzicht des Arbeitgebers, der in § 75a HGB vorgesehen und im Formular klarstellend erwähnt wird, ist eine einseitige, empfangsbedürftige und der Schriftform unterliegende Erklärung. Er muss eindeutig erklärt werden und das gesamte Wettbewerbsverbot umfassen. Ein Verzicht kann – nur – bis zur rechtlichen Beendigung der Anstellung – regelmäßig also bis zum dem Ablauf der Kündigungsfrist – erklärt werden. Hierfür ist erforderlich, dass der Arbeitgeber klar zum Ausdruck bringt, dass er nicht nur selbst keine Karenzentschädigung zahlen, sondern auch den Arbeitnehmer mit sofortiger Wirkung von dessen Pflichten aus dem Wettbewerbsverbot entbinden will (vgl. BAG Urt. v. 13. 4. 1978 – 3 AZR 822/76 – AP Nr. 7 zu § 75 HGB). Ein erklärter Verzicht hat die Wirkung, dass der Arbeitgeber von der Verpflichtung zur Zahlung der Entschädigung, die mit Beendigung der Anstellung einsetzt, ein Jahr nach Ausspruch der Verzichtserklärung frei wird. Wenn also der Arbeitgeber am 30. Juni dem Mitarbeiter die wirksame Erklärung des Verzichts auf das Wettbewerbsverbot übergibt, gleichzeitig mit einer wirksamen Kündigung des Arbeitsverhältnisses zum 30. September des gleichen Jahres, ist Karenzentschädigung nur bis zum 30. Juni des Folgejahres zu zahlen. Da die Zahlung der Karenzentschädigung erst mit dem Ende des Arbeitsverhältnisses beginnt (30. September), muss der Arbeitgeber dann nur neun Monte lang die Karenzentschädigung zahlen (1. Oktober bis 30. Juni des Folgejahres), statt der regelmäßig vereinbarten 24 Monate. Der Mitarbeiter darf bei einem erklärten Verzicht jedoch unmittelbar nach dem Ende des Arbeitsverhältnisses Wettbewerb betreiben.

Das Wettbewerbsverbot kann **jederzeit einvernehmlich aufgehoben** werden, auch in einem Aufhebungs- oder Abwicklungsvertrag. Eine allgemeine Ausgleichsklausel in einem gerichtlichen oder außergerichtlichen Vergleich über die Beendigung des Arbeitsverhältnisses wird regelmäßig das nachvertragliche Wettbewerbsverbot umfassen (vgl. BAG Urt. v. 31. 7. 2002 – 10 AZR 558/01 – AP Nr. 48 zu § 611 BGB; BAG Urt. v. 31. 7. 2002 – 10 AZR 513/01 – AP Nr. 74 zu § 74 HGB). Sicherheitshalber ist jedoch in den entsprechenden Vereinbarungen auf eine eindeutige Formulierung zu achten.

7. Vertragsstrafe. Nach der Regelung in Absatz (6) des Formulars muss der Mitarbeiter eine Vertragsstrafe zahlen, wenn er dem Wettbewerbsverbot zuwider handelt (vgl. allgemein zur Wirksamkeit der Vereinbarung einer Vertragsstrafe: Form. A.II.1 Anm. 20). Ohne die Vereinbarung einer Vertragsstrafe ist das Wettbewerbsverbot oft wertlos, denn der Nachweis eines konkreten Schadens wird dem ehemaligen Arbeitgeber nahezu unmöglich sein und eine Unterlassungsverfügung (vgl. Anm. 9) wird oftmals zu spät ergehen, um den Schaden durch die Konkurrenztätigkeit zu verhindern. Die Höhe der Vertragsstrafe kann bei einer Klage des zahlungspflichtigen ehemaligen Mitarbeiters vom Gericht überprüft und gegebenenfalls herabgesetzt werden (§§ 75 c Abs. 1 S. 2 HGB, 343 BGB). Die Vereinbarung einer Vertragsstrafe stellt hier keinen Fall des § 309 Nr. 6 BGB dar (vgl. LAG Hamm Urt. v. 14. 4. 2003 – 7 Sa 1881/02 – NZA-RR 2003, 513). Nach der neuen Rechtsprechung zur AGB-Kontrolle im Arbeitsrecht wird jedoch die Vereinbarung einer zu hohen Vertragsstrafe zur Unwirksamkeit der gesamten Vertragsstrafenvereinbarung führen (vgl. BAG Urt. v. 4. 3. 2004 – 8 AZR 196/03 – NZA 2004, 727). Als Höhe der Vertragsstrafe werden drei Brutto-Monatsgehälter für den Fall eines einmaligen Verstoßes vorgeschlagen, für den Fall eines Dauerverstoßes – beispielsweise einer andauernden Konkurrenztätigkeit in Festanstellung – zwei Brutto-Monatsgehälter für jeden Monat des Verstoßes. Vertragsstrafen in dieser Höhe dürften auch unter Berücksichtigung der AGB-Kontrolle nicht unangemessen hoch sein, da bei einer Wettbewerbstätigkeit des ehemaligen Arbeitnehmers dem ehemaligen Arbeitgeber hohe Schäden drohen. Die Strafe darf durchaus eine empfindliche Höhe erreichen. Es gibt keinen allgemeingültigen Rechtssatz, dass ein angemessenes Verhältnis zwischen Vertragsstrafe und Karenzentschädigung bestehen müsste. In vielen Fällen ist es sogar sachgerecht, eine kurze vertragswidrige Wettbewerbstätigkeit deshalb mit einer verhältnismäßig hohen Strafe zu belegen, weil der frühere Arbeitnehmer die für die Konkurrenz entscheidenden Tatsachen schon in kurzer Zeit weitergeben kann (vgl. BAG Urt. v. 21. 5. 1971 – 3 AZR 359/70 – AP Nr. 1 zu § 75 c HGB). Als äußerste Grenze werden oftmals zwölf Gehälter angesehen.

8. Rechtsnachfolger. Die Regelungen in Absatz (7) des Formulars zur Rechtsnachfolge sollen sicherstellen, dass das Wettbewerbsverbot auch auf einen Rechtsnachfolger übergeht. Die Veräußerung eines Betriebs(teils) wird oftmals dazu führen, dass der durch das Wettbe-

1. Nachvertragliches Wettbewerbsverbot für Arbeitnehmer — A. IV. 1

werbsverbot geschützte Geschäftsbereich beim Veräußerer wegfällt, er also nach der Veräußerung keine berechtigten Interessen an dem Wettbewerbsverbot mehr hat. Ob ein Wettbewerbsverbot auch ohne eine entsprechende ausdrückliche Vereinbarung auf einen Erwerber übergeht, ist umstritten (vgl. *Bauer/Diller* Rn. 667 ff.). Bei einer Rechtsnachfolge im Zeitraum zwischen Ausscheiden des Arbeitnehmers und Ende des Verbotszeitraumes geht es nach der Rechtsprechung ohne eine vertragliche Vereinbarung nicht nach § 613a BGB auf den Rechtsnachfolger über (vgl. LAG Frankfurt a.M. Urt. v. 3. 5. 1993 – 10 Sa Ga 345/93 – NZW 1994, 1033). Ob eine ausdrückliche Zustimmung des Mitarbeiters zu einem Übergang auch für diesen Zeitraum wirksam möglich ist, ist gerichtlich nicht geklärt, jedoch mit der herrschenden Meinung zu bejahen (vgl. *Bauer/Diller* Rdn. 687a, *Welsau* Rdn. 555f) Bei einer Rechtsnachfolge ist darauf zu achten, dass geprüft wird, ob die Reichweite des Verbots auch berechtigte Interessen des Rechtsnachfolgers schützt. Gegebenenfalls ist die Vereinbarung einvernehmlich abzuändern.

9. Gesetzliche Regelungen zu den Wirkungen eines Wettbewerbsverbots. Das Formular verweist in Absatz (8) ergänzend auf die § 74 ff. HGB, die die gesetzlichen Regeln für das nachvertragliche Wettbewerbsverbot enthalten. Diese sollen im Folgenden kurz dargestellt werden, damit die Auswirkungen (insbesondere die Kostenbelastung für den Arbeitgeber), die beim Ausscheiden eines an ein Wettbewerbsverbot gebundenen Mitarbeiters entstehen, vom Arbeitgeber eingeschätzt werden können.

Durchsetzung des Wettbewerbsverbots. Während der Dauer des nachvertraglichen Wettbewerbsverbots hat sich der ehemalige Mitarbeiter der umschriebenen Wettbewerbstätigkeit zu enthalten. Er schuldet also nur die bloße Unterlassung des Wettbewerbs. Warum er den Wettbewerb unterlässt und ob es ihm überhaupt möglich ist, Wettbewerb zu betreiben, ist unerheblich. Wenn jedoch der Verdacht besteht, dass der ehemalige Mitarbeiter Wettbewerb betreibt, hat der ehemalige Arbeitgeber **Auskunftsansprüche** gegen den Mitarbeiter, ob und welche berufliche Tätigkeit dieser entwickelt hat oder entwickelt. Bei einem festgestellten und nachweisbaren Verstoß gegen das Wettbewerbsverbot kann der ehemalige Arbeitgeber **Unterlassensansprüche** gegen den Mitarbeiter geltend machen, die gerichtlich auch im Wege einer **einstweiligen Verfügung** durchgesetzt werden können. Ferner entfällt für den ehemaligen Arbeitgeber die Pflicht zur Zahlung der Karenzentschädigung für den Zeitraum, in dem der ehemalige Mitarbeiter Wettbewerb betreibt. Dem ehemaligen Arbeitgeber können Schadensersatzansprüche gegen den ehemaligen Mitarbeiter zustehen, wenn diese in der Höhe die vereinbarte Vertragsstrafe übersteigen. In Einzelfällen kann der ehemalige Arbeitgeber auch vom Wettbewerbsverbot zurücktreten (vgl. *Bauer/Diller* Rdn. 630a ff).

Auszahlung der Karenzentschädigung. Der ehemalige Arbeitgeber hat als Gegenleistung für die Unterlassung des Wettbewerbs dem ehemaligen Mitarbeiter für die Dauer des nachvertraglichen Wettbewerbsverbots die vereinbarte Karenzentschädigung zu zahlen. Da die Karenzentschädigung regelmäßig in einem Prozentverhältnis zu den vertragsmäßigen Leistungen angegeben wird, hängt die Berechnung von der Höhe der „zuletzt bezogenen vertragsmäßigen Leistungen" ab.

Die zuletzt bezogenen vertragsmäßigen Leistungen sind das monatliche Bruttofestgehalt (wobei etwaiges Urlaubsgeld und Weihnachtsgeld monatlich anteilig berücksichtigt werden) plus das monatliche Brutto etwaiger variabler Vergütung (wobei nach § 74b Abs. 2 HGB der Durchschnitt der variablen Vergütung der letzten drei Jahre anzusetzen ist) plus der monatliche geldwerte Vorteil der Nutzung eines Firmenwagens plus sonstige vertragsmäßige Leistungen, die dem Mitarbeiter gewährt wurden (jeweils im monatlichen Durchschnitt). Zu den „vertragsmäßigen Leistungen" i.S.v. § 74 Abs. 2 HGB gehört auch eine dem Arbeitnehmer geschuldete Gewinnbeteiligung. Sie ist für die Zeiten zu berücksichtigen, für die sie gezahlt wird. Dabei kommt es nicht darauf an, wann der Anspruch auf die Gewinnbeteiligung fällig geworden ist oder tatsächlich ausgezahlt wird (vgl. BAG Urt. v. 9. 1. 1990 – 3 AZR 110/88 – AP Nr. 59 zu § 74 HGB). Letztlich sind also alle Vorteile, die der Arbeitgeber dem Mitarbeiter gewährt hat, in Geld umzurechen und zu berücksichtigen. Auch dem Mitarbeiter gewährte Aktienoptionen können zu berücksichtigen sein (vgl. LAG Frankfurt a.M. Urt. v. 14. 8. 2000 – 10 Sa 982/99 – NJOZ 2001, 45, 48), wobei allerdings die Ermittlung des zu veranschlagenden Wertes von nicht ausgeübten Optionen nicht geklärt ist. Der so ermittelte Betrag der vertragsmäßigen Leistungen ist mit der vereinbarten Prozentzahl zu multiplizieren, um den Bruttobetrag der monatlich zu zahlenden Karenzentschädigung zu ermitteln. Der ermittelte Betrag ist am Ende jeden Monats für die Dauer des Wettbewerbsverbots auszuzahlen.

Anrechnung anderen Erwerbs auf die Karenzentschädigung. Wenn der ehemalige Mitarbeiter während der Laufzeit des Wettbewerbsverbots anderes Einkommen durch die Verwertung seiner Arbeitskraft erzielt, beispielsweise durch eine neue Anstellung, die keine Konkurrenztätigkeit ist, oder durch selbständige Tätigkeit auf einem Nicht-Konkurrenz-Gebiet, so ist dieses Einkommen nach § 74c HGB in einem bestimmten Umfang auf die Karenzentschädigung anzurechnen. Das neue Einkommen wird dabei nach den gleichen Regeln berechnet wie die „vertragsmäßigen Leistungen", die der Mitarbeiter von seinem ehemaligen Arbeitgeber erhalten hat (vgl. BAG Urt. v. 9. 1. 1990 – 3 AZR 110/88 – AP Nr. 59 zu § 74 HGB). Angerechnet wird das neue Einkommen, wenn und soweit es zusammen mit der vom ehemaligen Arbeitgeber zu zahlenden Karenzentschädigung 110% der bisherigen vertragsmäßigen Leistungen beim ehemaligen Arbeitgeber überschreitet. Ist der Mitarbeiter wegen des Wettbewerbsverbots zu einem Wechsel des Wohnsitzes gezwungen worden, erhöht sich die Anrechnungsgrenze auf 125%.

Folgendes Beispiel soll der Veranschaulichung dienen:

Eckdaten:

„alte" vertragsmäßige Leistungen beim ehemaligen Arbeitgeber:	durchschnittlich	EUR 5.000,00 brutto im Monat
zugesagte Karenzentschädigung (50% der „alten" vertragsmäßigen Leistungen):	durchschnittlich	EUR 2.500,00 brutto im Monat
„neue" vertragsmäßige Leistungen bei neuem Arbeitgeber:	durchschnittlich	EUR 4.000,00 brutto im Monat

Anrechnung dem Grunde nach:
Die „neuen" Leistungen addiert mit der zugesagte Karenzentschädigung (= EUR 6.500 brutto) übersteigen 110% der „alten" Leistungen (EUR 5.500,00 brutto), so dass eine Anrechnung dem Grunde nach erfolgt.

Anrechnung der Höhe nach:

110% der „alten" Leistungen:	durchschnittlich	EUR 5.500,00 brutto
– „neue" Leistungen:	durchschnittlich	<u>– EUR 4.000,00 brutto</u>
= zu zahlende Entschädigung:		EUR 1.500,00 brutto

Es wäre also im Beispielsfall eine Karenzentschädigung von EUR 1.500,00 brutto im Monat zu zahlen.

Über die Höhe der neuen vertragsmäßigen Leistungen steht dem ehemaligen Arbeitgeber ein Auskunftsanspruch gegen den Mitarbeiter zu. Es ist also darauf zu achten, dass von einem mit einem nachvertraglichen Wettbewerbsverbot ausgeschiedenem Mitarbeiter diese Auskunft eingefordert wird, die er auch in der Regel zu belegen hat (vgl. BAG Urt. v. 25. 2. 1975 – 3 AZR 148/74 – AP Nr. 6 zu § 74c HGB).

Wenn der ehemalige Mitarbeiter böswillig anderen (erlaubten) Erwerb während der Karenzzeit unterlässt, sind die Bezüge anzurechnen, deren Erwerb er böswillig unterlassen hat (§ 74c Abs. 1 S. 1 2. Alt HGB). An die „Böswilligkeit" werden jedoch hohe Anforderungen gestellt und oftmals wird der Nachweis des böswilligen Unterlassens dem ehemaligen Arbeitgeber nicht möglich sein. Beispielsweise muss die Aufnahme eines Studiums durch den Mitarbeiter während der Karenzzeit kein böswilliges Unterlassen anderen Erwerbs darstellen (vgl. BAG Urt. v. 13. 2. 1996 – 9 AZR 931/94 – AP Nr. 18 zu § 74c HGB).

Keine Erstattungsverpflichtungen gegenüber dem Arbeitsamt: § 148 aF SGB III, der in verfassungsrechtlich bedenklicher Weise den ehemaligen Arbeitgeber verpflichtete, der Bundesanstalt für Arbeit bei einem vereinbartem Wettbewerbsverbot einen Teil des dem Mitarbeiter

gezahlten Arbeitslosengeldes zu erstatten, wurde mit Wirkung ab dem 1. Januar 2004 aufgehoben.
Anrechung von Arbeitslosengeld: Wenn der ehemalige Mitarbeiter Arbeitslosengeld erhält, so ist dies auf die zu zahlende Karenzentschädigung anzurechnen. Nach der wohl vorherrschenden Meinung ist nur der Betrag des Arbeitslosengeldes, den der Mitarbeiter „netto" erhält, nach den oben angeführten Regeln anzurechnen (§ 148 Abs. 1 S. 2 aF SGB III, § 74 c HGB, vgl. BAG Urt. v. 23. 11. 2004 – 9 AZR 595/03 – NZA 2005, 411). Meist wird wegen der 110%-Grenze das Arbeitslosengeld nicht anzurechnen sein, weil es zusammen mit der Karenzentschädigung 110% der bisherigen vertragsmäßigen Leistungen nicht überschreiten wird.

10. Gesetzliche Regelungen zu den Auswirkungen der Art der Beendigung des Arbeitsverhältnisses. Die Art der Beendigung des Arbeitsverhältnisses kann nach dem Gesetz Auswirkungen auf das Wirksamwerden des Wettbewerbsverbots haben und Handlungsbedarf oder Gestaltungsmöglichkeiten für beide Parteien ergeben (vgl. § 75 HGB). Um das vereinbarte Wettbewerbsverbot im Fall eines Ausscheidens des Mitarbeiters handhaben zu können, ist es nötig, dass diese Auswirkungen berücksichtigt werden. Sie sollen im Folgenden kurz umrissen werden:
Ordentliche Kündigung durch den Mitarbeiter. Wenn der Mitarbeiter selbst das Arbeitsverhältnis ordentlich kündigt, treten keine Besonderheiten auf. Diese Konstellation wird der „Normalfall" sein, in dem der Arbeitgeber besonderes Interesse an der Wettbewerbsenthaltung hat.
Ordentliche Kündigung durch den Arbeitgeber. Wenn demgegenüber der Arbeitgeber das Arbeitsverhältnis ordentlich kündigt (oder außerordentlich aus Gründen, die nicht auf einem vertragswidrigen Verhalten des Arbeitnehmers beruhen), so muss der Arbeitgeber, wenn das Wettbewerbsverbot aufrecht erhalten werden soll, dem Mitarbeiter **schon bei Ausspruch der Kündigung erklären**, dass er nicht nur die vereinbarte Entschädigung von regelmäßig 50% der letzten Vergütung zahlen werde, sondern die **vollen** zuletzt bezogenen vertragsmäßigen Leistungen (§ 75 Abs. 2 HGB). Andernfalls kann der Mitarbeiter sich innerhalb eines Monats nach Zugang der Kündigung durch schriftliche Erklärung vom Wettbewerbsverbot lösen. Die Zusage der Zahlung von 100% der letzten Vergütung als Karenzentschädigung wird regelmäßig für den Arbeitgeber uninteressant sein, da ein ordentlich gekündigter Mitarbeiter meist keine Gefahr für den Arbeitgeber darstellen wird – andernfalls wäre er wohl nicht gekündigt worden –, also der Arbeitgeber kein Interesse an der Aufrechterhaltung des Wettbewerbsverbots gegen erhöhte Zahlungen haben wird. Wenn kein Interesse an der Aufrechterhaltung des Wettbewerbsverbots besteht, sollte der Arbeitgeber entweder das Wettbewerbsverbot einvernehmlich mit dem Mitarbeiter aufheben oder zumindest vor Ablauf der Kündigungsfrist auf das Wettbewerbsverbot verzichten (vgl. Anm. 6).
Eine Ausnahme gilt für eine ordentliche Kündigung, die der Arbeitgeber erklärt, weil in der Person oder im Verhalten des Mitarbeiters ein erheblicher Anlass vorliegt. Sofern dieser Anlass tatsächlich gegeben ist, also ein verhaltensbedingter oder personenbedingter Kündigungsgrund vorliegt, bleibt das Wettbewerbsverbot wirksam, ohne dass eine erhöhte Zahlung zugesagt werden muss. Es ist bisher nicht gerichtlich entschieden worden, ob dafür jeder nach dem KSchG anerkannte personen- oder verhaltensbedingte Grund ausreicht. Dies kann angezweifelt werden, weil das KSchG später in Kraft trat als die Vorschriften über das nachvertragliche Wettbewerbsverbot des HGB.
Außerordentliche Kündigung durch den Mitarbeiter wegen vertragswidrigen Verhaltens des Arbeitgebers. Wenn der Mitarbeiter selbst außerordentlich aus wichtigem Grund wegen vertragswidrigen Verhaltens des Arbeitgebers wirksam kündigt – oder zu einer solchen Kündigung berechtigt gewesen wäre, aber ein anderer Weg der Beendigung gewählt wird (ordentliche Kündigung, gerichtlicher Auflösungsantrag) –, kann er innerhalb eines Monats nach Zugang der Kündigung schriftlich erklären, dass er sich an das Wettbewerbsverbot nicht gebunden erachtet (§ 75 Abs. 1 HGB). Wenn er diese Lossagung erklärt, wird das Wettbewerbsverbot unwirksam. Wenn er die Lossagung nicht erklärt, bleibt das Wettbewerbsverbot bestehen. Jedoch kommen bei einer Lossagung nach außerordentlicher Kündigung durch den

Mitarbeiter Schadensersatzansprüche des Mitarbeiters nach § 628 Abs. 2 BGB gegen den Arbeitgeber in Betracht.

Außerordentliche Kündigung durch den Arbeitgeber wegen vertragswidrigen Verhaltens des Mitarbeiters. Die Konstellation der außerordentlichen Kündigung des Arbeitgebers wegen vertragswidrigen Verhaltens des Arbeitnehmers war früher in § 75 Abs. 3 HGB geregelt. Dieser Absatz wurde vom BAG schon im Jahr 1977 für verfassungswidrig gehalten, so dass jetzt eine Regelungslücke besteht. Diese Regelungslücke wird so auszufüllen sein, dass dem Arbeitgeber in dieser Konstellation die gleichen Rechte zugebilligt werden, die der Mitarbeiter bei seiner außerordentlichen Kündigung wegen vertragswidrigen Verhaltens des Arbeitgebers hat (vgl. BAG Urt. v. 23. 2. 1977 – 3 AZR 620/75 – AP Nr. 6 zu § 75 HGB). Der Arbeitgeber kann daher in diesem Fall innerhalb eines Monats schriftlich die Lösung vom Wettbewerbsverbot erklären.

Einvernehmliche Aufhebung/Ausgleichsklausel. Das Gesetz enthält keine Sonderregeln für eine einvernehmliche Beendigung der Anstellung. In den entsprechenden Vereinbarungen (Aufhebungsvertrag oder gerichtlicher Vergleich) ist deshalb auf eine eindeutige Regelung zum Schicksal des Wettbewerbsverbots zu achten. Eine allgemeine Abgeltungsklausel einer Ausscheidensvereinbarung wird das Wettbewerbsverbot regelmäßig aufheben (vgl. Anm. 6).

11. Salavatorische Klausel. Absatz (9) des Formulars enthält eine salvatorische Klausel (vgl. Form. A. II. 1 Anm. 29). Diese wurde hier verwendet – flankierend und ergänzend zu den gesetzlichen Möglichkeiten des § 74a Abs. 1 S. 1 HGB (vgl. Anm. 3) –, um den Gerichten die Möglichkeit einer geltungserhaltenden Reduktion offen zu halten. Denn in Einzelfällen haben Landesarbeitsgerichte den Arbeitgeber bei zweifelhaften Formulierungen (insbesondere in Hinsicht auf die zugesagte Höhe der Karenzentschädigung) nicht mit der Folge der Unverbindlichkeit „bestraft", sondern über die Auslegung der Vertragsbestimmungen entschieden, dass das Wettbewerbsverbot trotzdem verbindlich sei (vgl. LAG Hamm Urt. v. 14. 4. 2003 – 7 Sa 1881/02 – NZA-RR 2003, 513). Die Auslegung, dass der Parteiwille zum Ausdruck gekommen sei, ein verbindliches Wettbewerbsverbot zu schaffen, hat das BAG aus revisionsrechtlicher Sicht in einer Entscheidung nicht beanstandet (vgl. BAG Urt. v. 9. 1. 1990 – 3 AZR 110/88 – AP Nr. 59 zu § 74 HGB).

12. Formelle Wirksamkeitsvoraussetzungen. Die Vereinbarung eines nachvertraglichen Wettbewerbsverbots bedarf der Schriftform und ein vom Arbeitgeber unterschriebenes Exemplar muss dem Mitarbeiter nachweislich ausgehändigt werden (§ 74 Abs. 1 HGB). Wird dem Mitarbeiter nicht ein unterschriebenes Exemplar ausgehändigt, so führt dies nach neuer Rechtsprechung nicht zur Nichtigkeit, sondern zur Unverbindlichkeit des Wettbewerbsverbots (BAG Urt. v. 23. 11. 2004 – 9 AZR 595/03 – NZA 2005, 411). Das Wettbewerbsverbot ist daher in zwei Originalen auszufertigen, bei einem Umfang von über einer Seite sind die Seiten dauerhaft zu verbinden, jede Seite sollte von beiden Parteien paraphiert werden und beide Originale sind von beiden Parteien zu unterschreiben. Ein Original ist dem Mitarbeiter auszuhändigen. Der Mitarbeiter soll den Empfang auf dem Exemplar quittieren, das beim Arbeitgeber verbleibt.

13. Zusatzklauseln. Für besondere Konstellationen kann es zu empfehlen sein, eine oder beide der im Formular vorgeschlagenen Zusatzklauseln in die Vereinbarung einzufügen (vor Absatz 8 des Formulars). Die im Formular exemplarisch vorgeschlagenen Zusatzklauseln knüpfen das Wirksamwerden des Wettbewerbsverbots an objektive Bedingungen, was zulässig ist. Unverbindlich wäre demgegenüber ein Wettbewerbsverbot, das im Ergebnis die Entscheidung über das Wirksamwerden vom Willen des Arbeitgebers abhängig macht, beispielsweise die Vereinbarung, dass das Wettbewerbsverbot nur gelten soll, wenn der Arbeitgeber seine Einhaltung verlangt.

Die erste Zusatzklausel sieht vor, dass das Wettbewerbsverbot erst nach „Bestehen" der Probezeit in Kraft tritt. Es ist anerkannt, dass dies rechtswirksam vereinbart werden kann (vgl. BAG Urt. v. 27. 4. 1982 – 3 AZR 814/79 – AP Nr. 16 zu § 620 BGB Probearbeitsverhältnis). Bei einer Neuanstellung kann es für den Arbeitgeber unerwünscht sein, dass der Mitarbeiter bei einem Ausscheiden nach nur kurzer Betriebszugehörigkeit auch dem Wettbewerbsverbot unterliegen soll und die Karenzentschädigung zu zahlen ist. Dies insbesondere, wenn die Gefahren durch eine Konkurrenztätigkeit bei einem frühen Ausscheiden nicht gegeben sind. Dann ist anzuraten, das Wettbewerbsverbot erst nach Bestehen der Probezeit oder einer bestimmten Betriebszugehörigkeit in Kraft treten zu lassen.

Die zweite Zusatzklausel bestimmt, dass das Wettbewerbsverbot nicht in Kraft tritt, wenn der Mitarbeiter bei seinem Ausscheiden das 65. Lebensjahr vollendet hat. Der Arbeitgeber kann ein Interesse daran haben, dass das Wettbewerbsverbot und die Verpflichtung zur Zahlung einer Karenzentschädigung nicht eingreifen, wenn der Mitarbeiter bei seinem Ausscheiden eine bestimmte Altersgrenze erreicht hat. Die Festlegung einer objektiven Altersgrenze ist rechtswirksam möglich, sofern sie nicht von weiteren Bedingungen – wie z.B. dem Rentenbezug – abhängig gemacht wird (vgl. *Bauer/Diller* Rdn. 347a). Es besteht bei Verwendung dieser Zusatzklausel für den Arbeitgeber das Risiko, dass der Mitarbeiter zwar nach Erreichen der Altersgrenze ausscheidet, jedoch nicht in den Ruhestand geht und Konkurrenztätigkeit aufnimmt.

2. Nachvertragliches Wettbewerbsverbot für ein Organmitglied

Zusatzvereinbarung zum Geschäftsführervertrag[1] vom ......
zwischen
...... GmbH (Name und Anschrift der Gesellschaft) „Gesellschaft"
hier vertreten durch ihre Gesellschafterversammlung, die Alleingesellschafterin ...... AG, diese vertreten durch ihren Vorstand
und
Herrn ...... (Name und Anschrift des Geschäftsführers) „Geschäftsführer"

Nachvertraglicher Kundenschutz und nachvertragliches Wettbewerbsverbot

(1) Der Geschäftsführer ist verpflichtet, nach der Beendigung des Dienstverhältnisses für die Dauer von zwei Jahren nicht in geschäftliche Beziehungen zu solchen Lieferanten oder Kunden zu treten, die während der letzten drei Jahre vor der Beendigung des Dienstverhältnisses Geschäftskontakte zu der Gesellschaft unterhalten haben („nachvertraglicher Kundenschutz")[2]. Für die Einhaltung des Verbotes erhält er keine gesonderte Entschädigung. Unter Geschäftskontakten verstehen die Parteien auch Kontakte, welche dem Geschäftsführer im Rahmen von Akquisitionsmaßnahmen bekannt geworden sind.

(2) Darüber hinaus unterliegt der Geschäftsführer nach Beendigung seines Dienstverhältnisses mit der Gesellschaft einem nachwirkenden Wettbewerbsverbot für die Dauer von zwei Jahren nach Maßgabe der folgenden Abs. (3)–(8) („nachvertragliches Wettbewerbsverbot")[3,4]. Im Fall einer Freistellung des Geschäftsführers nach § 3 Abs. (4) des Geschäftsführervertrages verkürzt sich die Dauer des nachvertraglichen Wettbewerbsverbots um die Dauer der Freistellung.

(3) Während der Dauer des nachvertraglichen Wettbewerbsverbots wird der Geschäftsführer weder unmittelbar noch mittelbar, weder als Angestellter, Dienstnehmer oder Berater noch in einer ähnlichen Funktion, weder entgeltlich noch unentgeltlich, für ein Unternehmen tätig sein oder sich an einem Unternehmen beteiligen, welches mit der Gesellschaft in Wettbewerb steht („Konkurrenzunternehmen") und wird auch nicht sonst in selbstständiger Funktion oder sonst eine Konkurrenztätigkeit ausüben.
Als Konkurrenzunternehmen gelten insbesondere

- ......
- ......
- ......
- ......

und mit diesen verbundene Unternehmen (i.S.d. § 15 AktG).

Unter Konkurrenztätigkeit verstehen die Parteien jedwede Tätigkeit, die mit der vom Geschäftsführer in den letzten beiden Jahren seiner Anstellung bei der Gesellschaft (im Fall einer Freistellung des Geschäftsführers nach § 3 Abs. (4) des Geschäftsführervertrags: in den letzten beiden Jahren vor der Freistellung) für die Gesellschaft ausgeübten Tätigkeit identisch oder gleichartig ist („Konkurrenztätigkeit").

(*Alternative*:

Unter Konkurrenztätigkeit verstehen die Parteien ...... (Genaue Beschreibung der Tätigkeit).)

Der Geschäftsführer wird mit Konkurrenzunternehmen nur dann ein Anstellungs-, Dienst- oder Beratungsverhältnis eingehen oder erfüllen, oder auf sonstige Weise solche Leistungen gegenüber einem Konkurrenzunternehmen erbringen und er wird sich während dieses Zeitraumes an einem Konkurrenzunternehmen direkt oder mittelbar nur beteiligen, wenn er gegenüber der Gesellschaft unaufgefordert einen klaren und überzeugenden Nachweis erbringt, dass seine Tätigkeit innerhalb eines Konkurrenzunternehmens sowohl vertraglich als auch tatsächlich so abgegrenzt ist, dass er keine Konkurrenztätigkeit erbringt.

(4) Das nachvertragliche Wettbewerbsverbot erstreckt sich räumlich auf die Gebiete, in denen die Gesellschaft bei Beendigung des Dienstverhältnisses tätig ist und auf die Gebiete, in denen die Gesellschaft bei Beendigung des Dienstverhältnisses die Aufnahme einer Geschäftstätigkeit geplant hat.

(*Alternative*:

Das nachvertragliche Wettbewerbsverbot erstreckt sich räumlich auf das Gebiet von ...... (Genaue Beschreibung des Gebiets).)[5]

(5) Für die Dauer des nachvertraglichen Wettbewerbsverbots nach Abs. (2) verpflichtet sich die Gesellschaft eine Entschädigung zu zahlen, welche für jedes Jahr des Verbotes die Hälfte der vom Geschäftsführer zuletzt bezogenen Bruttojahresfestvergütung erreicht[6]. Etwaige anderweitige Vergütung, die der Geschäftsführer während der Dauer des nachvertraglichen Wettbewerbsverbots durch Verwertung seiner Arbeitskraft erzielt oder zu erzielen böswillig unterlässt, wird auf die Entschädigung angerechnet, sofern die anderweitige Vergütung zusammengerechnet mit der Entschädigung die zuletzt bezogene Bruttojahresfestvergütung übersteigt[7]. Der Geschäftsführer ist verpflichtet, die Aufnahme einer Beschäftigung der Gesellschaft unverzüglich schriftlich anzuzeigen und zum Ende eines jeden Quartals unaufgefordert der Gesellschaft schriftlich mitzuteilen, in welcher Höhe er anderweitige Vergütung erzielt hat. Er hat diese Angaben auf Aufforderung der Gesellschaft durch geeignete Nachweise zu belegen. Die Entschädigung wird monatlich im Nachhinein zeitanteilig ausgezahlt.

(6) Bis zur Beendigung des Dienstverhältnisses kann die Gesellschaft jederzeit schriftlich auf das nachvertragliche Wettbewerbsverbot mit der Wirkung verzichten, dass die Verpflichtung zur Zahlung der Entschädigung nach obigem Abs. (5) mit Ablauf von sechs Monaten seit der Erklärung entfällt und dass der Geschäftsführer mit Zugang der Erklärung und Beendigung seines Dienstverhältnisses frei ist, Wettbewerb zu treiben. Ein solcher Verzicht berührt die Wirksamkeit des nachvertraglichen Kundenschutzes des Abs. (1) nicht[8].

(7) Das Verzichtsrecht nach vorstehendem Abs. (6) steht der Gesellschaft auch nach Beendigung des Dienstverhältnisses zu[9].

(8) Im Übrigen gelten für das nachvertragliche Wettbewerbsverbot die §§ 74 ff. HGB ergänzend, soweit sie Regelungen zu Gunsten der Gesellschaft treffen. Im Fall einer wirksamen außerordentlichen Kündigung des Dienstverhältnisses wegen vertragswidrigen Verhaltens des Geschäftsführers kann die Gesellschaft sich innerhalb von einem Monat nach Ausspruch der außerordentlichen Kündigung durch schriftliche Erklärung gegenüber dem Geschäftsführer von dem nachvertraglichen Wettbewerbsverbot mit so-

fortiger Wirkung lösen, womit die Gesellschaft von der Verpflichtung zur Zahlung der Entschädigung nach Abs. (5) frei wird[10].

(9) Sofern der Geschäftsführer gegen die übernommenen Verpflichtungen aus dieser Vereinbarung verstößt, kann die Gesellschaft von ihm eine Vertragsstrafe für jeden Fall der Zuwiderhandlung in Höhe von der Hälfte der zuletzt vom Geschäftsführer bezogenen Bruttojahresfestvergütung verlangen. Im Falle eines Dauerverstoßes von über einem Monat ist eine Vertragsstrafe in Höhe von einem Viertel der zuletzt vom Geschäftsführer bezogenen Bruttojahresfestvergütung pro angefangenen Monat des Verstoßes verwirkt. Die Geltendmachung sonstiger Rechte durch die Gesellschaft, insbesondere Unterlassungsansprüche und Ansprüche auf Ersatz eines weitergehenden Schadens, bleibt hiervon unberührt[11].

(10) Die Parteien sind sich einig, dass das nachvertragliche Wettbewerbsverbot und der nachvertragliche Kundenschutz auch für den Fall gelten, dass die geschäftlichen Interessen der Gesellschaft, deren Schutz das Wettbewerbsverbot und der Kundenschutz zum Ziel haben, auf einen Rechtsnachfolger oder einen Erwerber übergehen. Dies gilt auch, wenn das Dienstverhältnis des Geschäftsführers weiter mit der Gesellschaft besteht.
Um diesen Zweck zu erreichen, werden folgende Regelungen getroffen:
   a) Sofern im Fall einer Gesamtrechtsnachfolge (z.B. einer Umwandlung der Gesellschaft nach dem UmwG, insbesondere einer Verschmelzung oder Spaltung) die Reichweite des nachvertraglichen Wettbewerbsverbots nicht mehr von den berechtigten geschäftlichen Interessen der Gesellschaft gedeckt ist (beispielsweise, weil der Geschäftsbereich, auf den sich das Wettbewerbsverbot bezieht, nicht bei der Gesellschaft verbleibt) oder das nachvertragliche Wettbewerbsverbot nicht durchsetzbar wird (beispielsweise, weil der Geschäftsführer seine Organstellung verliert), verpflichten sich die Parteien, anstelle der unwirksamen Bestimmung eine dem Parteiwillen möglichst nahe kommende wirksame Bestimmung zu treffen.
   b) Sofern wesentliche Bereiche, Betriebe oder Betriebsteile der Gesellschaft an einen Erwerber im Wege der Einzelrechtsnachfolge veräußert werden und die Gesellschaft dem Erwerber gegenüber verpflichtet ist oder sich verpflichtet, sich des Wettbewerbs zu enthalten, so gilt diese Verpflichtung gegenüber dem Erwerber als berechtigtes geschäftliches Interesse der Gesellschaft an der Wettbewerbsenthaltung des Geschäftsführers nach dieser Vereinbarung.
   c) Vorstehende Regelungen gelten auch für den Fall, dass das Dienstverhältnis des Geschäftsführers mit der Gesellschaft im Zeitpunkt der Rechtsnachfolge oder des Erwerbs bereits beendet ist oder wird, aber der Verbotszeitraum nach Abs. (1) und (2) dieser Vereinbarung noch andauert oder erst anläuft[12].

(11) Diese Vereinbarung ersetzt alle eventuellen vorherigen Vereinbarungen zwischen den Parteien über nachvertraglichen Kundenschutz und nachvertragliche Wettbewerbsenthaltung. Mündliche Nebenabreden bestehen nicht. Änderungen oder Ergänzungen dieser Vereinbarung einschließlich dieser Bestimmung bedürfen zu ihrer Wirksamkeit der Schriftform[13].

(12) Sollte eine Bestimmung dieser Vereinbarung ganz oder teilweise unwirksam sein oder werden, so wird hiervon die Wirksamkeit der übrigen Bestimmungen dieser Vereinbarung nicht berührt. An die Stelle der unwirksamen Bestimmung tritt die gesetzlich zulässige Bestimmung, die dem mit der unwirksamen Bestimmung Gewollten wirtschaftlich am nächsten kommt. Dasselbe gilt für den Fall einer vertraglichen Lücke[14].

……
Ort, Datum
…… GmbH
hier vertreten durch ihre Gesellschafterversammlung,

die Alleingesellschafterin ...... AG,
diese vertreten durch ihren Vorstand

....
Unterschrift des Vorstandsmitglieds   Unterschrift des Vorstandsmitglieds[15]
......
Unterschrift des Geschäftsführers

(*Optional*:

Das Wettbewerbsverbot tritt nicht in Kraft und es besteht damit auch keine Pflicht zur Zahlung der Entschädigung, wenn der Geschäftsführer mit Vollendung des 65. Lebensjahres aus dem Dienstverhältnis ausscheidet[16].)

Schrifttum: *Bauer/Diller*, Wettbewerbsverbote, 3. Aufl., 2002, Rdn. 703 ff.; *Haas/Ohlendorf*, Anstellungsvertrag des Vorstandsmitglied der Aktiengesellschaft, 2004, S. 159 ff.; *Heidenhain*, Nachvertragliches Wettbewerbsverbot des GmbH-Geschäftsführers, NZG 2002, 605; *Heller*, Nachvertragliches Wettbewerbsverbot bei Geschäftsführern, GmbHR 2000, 371; *Jäger*, Das nachvertragliche Wettbewerbsverbot und die Karenzentschädigung für Organmitglieder juristischer Personen, DStR 1995, 724; *Kamanabrou*, Teilverbindlichkeit überschießender nachvertraglicher Wettbewerbsverbote für GmbH-Geschäftsführer, ZGR 2002, 898; *Kukat*, Vorsicht ist besser als Nachsicht – Praktische Hinweise zur Vereinbarung nachvertraglicher Wettbewerbsverbote für Geschäftsführer und zur Anrechnung anderweitigen Erwerbs, BB 2001, 951; *Manger*, Das nachvertragliche Wettbewerbsverbot des GmbH-Geschäftsführers, GmbHR 2001, 89; *Schnelle*, Wettbewerbsverbot für Gesellschafter-Geschäftsführer beim Unternehmenskauf, GmbHR 2000, 599; *Thüsing*, Nachorganschaftliche Wettbewerbsverbote bei Vorständen und Geschäftsführern – Ein Streifzug durch die neuere Rechtsprechung und Literatur, NZG 2003, 9; *Weber/Dahlbender*, Verträge für GmbH-Geschäftsführer und Vorstände, 2. Aufl., 2000; *Weber/Hoß/Burmester*, Handbuch für Managerverträge, 2000, Rdn. 471 ff.

Anmerkungen

1. Regelungsgegenstand. Die vorliegende Klausel enthält ein nachvertragliches Wettbewerbsverbot für ein Organmitglied. Zur Veranschaulichung wurde hier die Form einer Zusatzvereinbarung zu einem bestehenden Geschäftsführervertrag gewählt. Das Formular kann für andere Organmitglieder angepasst werden oder bereits in den Geschäftsführervertrag (vgl. Form. B. I. 1.) aufgenommen werden, wobei sich als Standort ein neuer Paragraf nach § 8 des Form. B. I. 1. empfiehlt. Das Formular **ist für die Verwendung bei einem Fremd-Geschäftsführer vorgesehen**, also für einen Geschäftsführer, der nicht zugleich Gesellschafter ist. Zu den rechtlichen Grenzen eines nachvertraglichen Wettbewerbsverbots mit einem Geschäftsführer gibt es nur wenig veröffentlichte Rechtsprechung des BGH und teilweise widersprüchliche Rechtsprechung der OLG. Hier wurde unter Heranziehung der veröffentlichten Entscheidungen versucht, das nachvertragliche Wettbewerbsverbot möglichst weit reichend zu Gunsten der Gesellschaft und dennoch rechtssicher auszugestalten.

Der Formulartext entspricht in seinen Grundzügen dem Formular für das nachvertragliche Wettbewerbsverbot für Arbeitnehmer (vgl. Form. A. IV. 1.), so dass ergänzend auf die dortigen Anmerkungen verwiesen wird.

Die Klausel kann auch für ein nachvertragliches Wettbewerbsverbot mit einem **Vorstandsmitglied** verwendet werden, wobei dann die Bezeichnungen entsprechend auszutauschen sind. Die folgenden Kommentierungen gelten ebenfalls entsprechend für Vorstände. Die rechtlichen Grenzen für ein nachvertragliches Wettbewerbsverbot mit einem Vorstand werden zumindest nicht enger sein als die Grenzen eines nachvertraglichen Wettbewerbsverbots mit einem Geschäftsführer. § 88 AktG, der dem Vorstand ein Wettbewerbsverbot für die Zeit seiner Amtsausübung auferlegt (vgl. Form B. II. 1 Anm. 34), gilt nicht für die Zeit nach der Abberufung und Beendigung des Dienstverhältnisses des Vorstandes (vgl. OLG Frankfurt a. M. Urt. v. 5. 11. 1999 – 10 U 257/98 – NZG 2000, 738; selbst dann nicht, wenn das Vorstandsmitglied seine Kündigung angreift).

Grundsätzlich unterliegt ein Geschäftsführer – ebenso wie ein Arbeitnehmer – **nach Beendigung seiner Anstellung ohne gesonderte Vereinbarung keinem Wettbewerbsverbot**, wenn

2. Nachvertragliches Wettbewerbsverbot für ein Organmitglied — A. IV. 2

auch seine nachwirkenden Treuepflichten weiter gehen als die eines Arbeitnehmers. Selbst wenn das Dienstverhältnis wegen schwerer Pflichtverletzung außerordentlich gekündigt wird, ermöglicht nicht einmal die Schadensersatzpflicht bei vertragswidrigem Verhalten der anderen Partei (§ 628 Abs. 2 BGB) ihn bis zum Ablauf der vereinbarten Kündigungsfrist an einer Konkurrenztätigkeit zu hindern (vgl. OLG Frankfurt Urt. v. 13. 5. 1997 – 11 U (Kart) 68/96 – GmbHR 1998, 376). Ein nachvertragliches Wettbewerbsverbot muss also vereinbart werden, wenn der Geschäftsführer (zeitlich begrenzt) an Konkurrenztätigkeiten gehindert werden soll. Wenn der Geschäftsführer in einer starken Verhandlungsposition ist, wird er sich oftmals gegen die Vereinbarung eines nachvertraglichen Wettbewerbsverbots sperren oder versuchen, für sich bessere Konditionen zu verhandeln als im Formular vorgesehen – insbesondere hinsichtlich der Entschädigungshöhe und der Verzichtsmöglichkeit. Denn ein Geschäftsführer verliert vergleichsweise schnell seinen „Marktwert" als Manager, wenn er längere Zeit nicht am Geschäftsverkehr teilgenommen hat. Wenn er also ein Wettbewerbsverbot hinnimmt, wird er zumindest bestrebt sein, eine möglichst hohe Entschädigungszahlung zu erhalten, die auch einen eventuellen „Verlust an Marktwert" ausgleichen soll.

Ein **nachvertragliches Wettbewerbsverbot mit einem Geschäftsführer** unterliegt nach der Rechtsprechung des BGH **grundsätzlich nicht der Kontrolle** durch die – für die Gesellschaft restriktiven – Bestimmungen der §§ 74 ff. HGB (BGH Urt. v. 4. 3. 2002 – II ZR 77/00 – DStR 2002, 735; BGH Urt. v. 17. 2. 1992 – II ZR 140/91 – BB 1992, 723 f.; BGH Urt. v. 26. 3. 1984 – II ZR 229/83 – NJW 1984, 2366 f.; OLG Düsseldorf Urt. v. 10. 3. 2000 – 17 U 133/99 – NZG 2000, 737). Die §§ 74 ff. HGB setzen enge Grenzen für die Vereinbarung eines Wettbewerbsverbots mit Arbeitnehmern. Allerdings soll eine Anwendung der die Interessen der Gesellschaft wahrenden Bestimmungen der §§ 74 ff. HGB (z.B. das Verzichtsrecht nach § 75 a HGB) auf Wettbewerbsverbote mit Geschäftsführern möglich sein (BGH Urt. v. 17. 2. 1992 – II ZR 140/91 – BB 1992, 723 f.). In der Literatur (und in älterer unterinstanzlicher Rechtsprechung) wird dahingegen teilweise für eine Anwendbarkeit auch der für die Gesellschaft restriktiven Bestimmungen der §§ 74 ff. HGB plädiert, hauptsächlich mit dem Argument, dass der Fremd-Geschäftsführer wirtschaftlich und sozial in gleicher Weise von seinem Dienstverhältnis abhängig sein kann wie ein Arbeitnehmer von seinem Arbeitsverhältnis (*Bauer/Diller* Rdn. 716 m. weit. Nachw.; *Kamanabrou* ZGR 2002, 898, 907). Nach der Rechtsprechung des BGH würde auch die Formvorschrift des § 74 Abs. 1 HGB nicht eingreifen, so dass das Wettbewerbsverbot also mündlich vereinbart werden könnte. Es sollte aber schon aus Beweiszwecken in jedem Fall schriftlich abgeschlossen werden.

Auch nach BGH kann ein **nachvertragliches Wettbewerbsverbot mit einem Geschäftsführer** aber nicht vollkommen frei vereinbart werden, sondern **muss sich innerhalb der Grenzen des „§ 138 BGB – i.V.m. Art. 2 und 12 GG – und der hierzu ergangenen Rechtsprechung" bewegen, wobei die Rechtsprechung „strenge Anforderungen" stellt und die „Rechtsgrundsätze, die in den §§ 74 ff. HGB zum Ausdruck kommen,"** zur Ermittlung der Grenzen heranzieht (vgl. BGH Urt. v. 26. 3. 1984 – II ZR 229/83 – NJW 1984, 2366, 2367).

Die Rechsprechung prüft nachvertragliche Wettbewerbsverbote **am Maßstab des § 138 Abs. 1 BGB (i.V.m. Art. 2 Abs. 1, 12 GG) in zwei Stufen** (vgl. zu dieser Prüfungsreihenfolge: *Bauer/ Diller* Rdn. 720 mm. weit. Nachw. und OLG Hamm Urt. v. 11. 1. 1988 – 8 U 142/87 – GmbHR 1988, 344):

Auf der **ersten Stufe** wird geprüft, ob die Gesellschaft für das konkrete Verbot überhaupt ein **berechtigtes geschäftliches Interesse** hat. Ist dieses nicht gegeben, ist das Verbot per se unwirksam (unabhängig von der Frage ob und in welcher Höhe eine Karenzentschädigung zugesagt wird). Die Reichweite der berechtigten geschäftlichen Interessen der Gesellschaft ist besonders zu beachten, wenn weit reichende Tätigkeitsverbote oder auch konzernweite Verbote aufgestellt werden. Das bloße Interesse der Gesellschaft, den Geschäftsführer von jedweder potentiell zum Wettbewerb geeigneten Tätigkeit fernzuhalten – also ihn als Konkurrenten auszuschalten –, wird nicht als berechtigtes schutzwürdiges Interesse anerkannt, da die vollständige Ausschaltung als Wettbewerber mit der verfassungsrechtlich geschützten Freiheit der Berufausübung nicht vereinbar ist. Das Wettbewerbsverbot darf nur zu dem Zweck vereinbart werden, die Gesellschaft vor illoyaler Verwertung ihr zustehender Arbeitserfolge und vor einer missbräuchlichen Ausnutzung der Berufsfreiheit des Geschäftsführers zu ihren Lasten zu schützen (vgl. OLG Düsseldorf Urt. v. 10. 3. 2000 – 17 U 133/99 – NZG 2000, 737, 738; OLG Düsseldorf Urt. v. 3. 12. 1998 – 6 U 151/98 – NZG 1999, 405).

Nur wenn das berechtigte Interesse der Gesellschaft am Wettbewerbsverbot grundsätzlich gegeben ist, wird auf der **zweiten Stufe** die Frage geprüft, ob eine **unbillige Erschwerung des beruflichen Fortkommens des Geschäftsführers (in räumlicher, zeitlicher und gegenständlicher Hinsicht)** vorliegt. Erst auf dieser Stufe ist bei der Einzelfallprüfung ein möglicherweise entscheidendes Kriterium, in welchem Umfang eine Karenzentschädigung zugesagt wurde. Die Differenzierung zwischen bloßer Unverbindlichkeit und Nichtigkeit der Wettbewerbsvereinbarung – wie bei Wettbewerbsverboten mit Arbeitnehmern – ist von der Rechtsprechung bisher nicht in Erwägung gezogen worden. Die Rechtsprechung geht bei Verstößen gegen eine oder mehrere Wirksamkeitsvoraussetzungen vielmehr von der Nichtigkeit der Wettbewerbsabrede aus (vgl. BGH Urt. v. 26. 3. 1984 – II ZR 229/83 – NJW 1984, 2366, 2367) und lässt eine geltungserhaltende Reduktion und damit eine teilweise Aufrechterhaltung des Verbots im gesetzlich zulässigen Maße – ohne Vereinbarung einer salvatorischen Klausel – bisher nur bei einer zu langen Laufzeit des Wettbewerbsverbots zu (zur Reichweite von salvatorischen Klauseln vgl. Anm. 14).

In Rechtsprechung und Literatur **wird zwischen** reinen **Kunden-/Mandantenschutzklauseln und „echten" nachvertraglichen Wettbewerbsverboten unterschieden.** Kundenschutzklauseln bezwecken nur die Verhinderung des Einbruchs in den Kunden- und/oder Lieferantenstamm, verbieten also nicht den Wettbewerb an sich. Ihre Vereinbarung ist ohne Zusage einer Karenzentschädigung möglich. Nachvertragliche Wettbewerbsverbote gehen demgegenüber weiter: sie verbieten Konkurrenztätigkeiten, auch wenn nicht in den Kunden-/Lieferantenstamm eingebrochen wird. Sie müssen regelmäßig von der Zusage einer Karenzentschädigung flankiert werden, um durchsetzbar zu sein. In Gerichtsentscheidungen wurden nachvertragliche Wettbewerbsverbote oftmals wegen Verstoßes gegen § 138 Abs. 1 BGB für nichtig erklärt, wohingegen Kunden-/Mandantenschutzklauseln regelmäßig für wirksam gehalten wurden.

Aus diesen Gründen sieht das **Formular eine zweigeteilte Vereinbarung** vor: eine Kundeschutzklausel **(Abs. (1)) und** zusätzlich **ein nachvertragliches Wettbewerbsverbot (Abs. (2) ff.)**, damit, selbst wenn ein Gericht die Unwirksamkeit des nachvertraglichen Wettbewerbsverbots annehmen sollte, die Gesellschaft noch durch die Kundenschutzklausel geschützt ist (wenn auch in einem geringeren Umfang).

2. Kundenschutzklausel. Abs. (1) des Formulars stellt eine Kundenschutzklausel auf. Mit ihr **soll der Einbruch in den Kunden- oder Lieferantenstamm** der Gesellschaft durch den (ausgeschiedenen) Geschäftsführer **verhindert werden**, indem dem Geschäftsführer Geschäftskontakte mit Kunden/Lieferanten der Gesellschaft untersagt werden. Den Wettbewerb an sich verbietet sie dem Geschäftsführer nicht. Vergleichbare Klauseln finden sich auch oftmals bei Mitarbeitern freier Berufe, denen der Einbruch in den Mandantenstamm untersagt wird (Mandantenschutzklausel). Auch Kundenschutzklauseln sind nicht unbegrenzt von den berechtigten Interessen der Gesellschaft gedeckt. Sie dürfen sich nur auf aktuelle Kunden der Gesellschaft beziehen. Regelmäßig – und von der Rechtsprechung anerkannt – wird auf solche Kunden abgestellt, die in den letzten **drei Jahren** vor dem Ausscheiden des Geschäftsführers noch im Geschäftskontakt mit der Gesellschaft gestanden haben. Bei „älteren" Kunden, die schon seit mehr als drei Jahren keine Geschäftskontakte mehr mit der Gesellschaft hatten, wird regelmäßig davon ausgegangen, dass sich die Kundenbindung innerhalb dieser Zeit so „verflüchtigt" hat, dass die Gesellschaft keine berechtigten Interessen daran hat, dass diese (ehemaligen) Kunden nicht vom ausscheidenden Geschäftsführer umworben werden.

Das Formular legt fest, dass auch Kontakte aus Akquisitionsmaßnahmen unter den Begriff „Geschäftskontakte" fallen. Dies bezweckt, dem ausscheidenden Geschäftsführer zu verbieten, die „Früchte zu ernten", die die Gesellschaft zuvor „gesät" hat. Potentielle Kunden, die umworben werden, ohne dass dies dem Geschäftsführer bekannt ist (beispielsweise während einer Freistellung nach Kündigung), werden demgegenüber nicht zu den „berechtigt geschützten" potentiellen Kunden gehören. Denn hinsichtlich dieser Kontakte hätte der Geschäftsführer keine aus seiner Geschäftsführerzeit bezogenen Kontakte oder Informationen, die er aus-

2. Nachvertragliches Wettbewerbsverbot für ein Organmitglied

nützen könnte. Daher sieht das Formular die Einschränkung vor, dass nur auf dem Geschäftsführer bekannte Akquisitionsmaßnahmen abgestellt wird.

Der Kundenstamm darf auch nicht auf eine unbegrenzte Zeit durch eine Kundenschutzklausel geschützt werden. Regelmäßig wird davon auszugehen sein, dass **zwei Jahre** Abstinenz nach dem Ausscheiden des Geschäftsführers ausreichen, um der Gesellschaft zu ermöglichen, den Kundenstamm vor Einbrüchen durch den ehemaligen Geschäftsführer hinreichend zu sichern. Denn dessen Kundenkontakte und -kenntnisse verlieren nach dem Ausscheiden an Intensität und werden nach zwei Jahren meist kein solches Gefahrenpotential mehr darstellen, dass ein längerer Kundenschutz gerechtfertigt wäre.

Das Formular sieht keine Entschädigung für die Einhaltung der Kundenschutzbestimmung vor. Denn eine Kundenschutzklausel mit einem Geschäftsführer kann wegen des mit ihr verbundenen eher geringen Eingriffs in die Berufsfreiheit **grundsätzlich auch ohne Zusage einer Karenzentschädigung** vereinbart werden (BGH Urt. v. 4. 3. 2002 – II ZR 77/00 – DStR 2002, 735; OLG Düsseldorf Urt. v. 10. 3. 2000 – 17 U 133/99 – NZG 2000, 737; OLG Düsseldorf Urt. v. 22. 8. 1996 – 6 U 150/95 – BB 1996, 2377, 2379).

Es wird allgemein davon ausgegangen, dass eine derartige begrenzte Kundenschutzklausel die Berufsausübung oder sonstige wirtschaftliche Betätigung des Geschäftsführers zeitlich, örtlich und gegenständlich nicht unbillig erschwert, also einer Kontrolle am Maßstab des § 138 BGB standhält. Denn dem Geschäftsführer steht bereits unmittelbar nach seinem Ausscheiden der Markt offen und er darf auch Konkurrenz betreiben – solange er nicht Geschäfte mit den Kunden/Lieferanten der Gesellschaft macht. Allerdings könnte im Fall eines Marktes mit extrem wenigen Kunden/Lieferanten, die größtenteils Geschäftspartner der Gesellschaft sind, auch eine bloße Kundenschutzklausel den Geschäftsführer möglicherweise unbillig einschränken und damit unwirksam sein.

3. Nachvertragliches Wettbewerbsverbot. Die Abs. (2)–(8) des Formulars stellen ein (echtes) nachvertragliches Wettbewerbsverbot auf, das es dem Geschäftsführer (zusätzlich zur Kundenschutzklausel) im festgelegten Rahmen verbietet, zu der Gesellschaft in Wettbewerb zu treten.

4. Dauer des Verbots. Die in Abs. (2) des Formulars festgelegte Dauer des Wettbewerbsverbots beträgt **zwei Jahre**. Dies ist die regelmäßig **maximal zulässige Dauer**. Nachdem für Arbeitnehmer nach § 74a Abs. 1 S. 3 HGB ein Verbot von maximal zwei Jahren zulässig ist, dürfte bei Geschäftsführern in jedem Fall auch ein maximaler Verbotszeitraum von zwei Jahren erlaubt sein, sofern die berechtigten Interessen der Gesellschaft ein derartig langes Verbot rechtfertigen. Von der Vereinbarung eines über zwei Jahre dauernden Wettbewerbsverbots ist abzuraten. Ein auf drei Jahre angelegtes Wettbewerbsverbot wird mit sehr hoher Wahrscheinlichkeit nichtig sein (vgl. BGH Urt. v. 9. 5. 1968 – II ZR 158/66 – NJW 1968, 1717). Oftmals wird ein kürzeres Verbot als zwei Jahre ausreichend sein. Auch wenn ein Verbotszeitraum von zwei Jahren zulässig ist, kann es die Gesellschaft aus finanziellen Erwägungen (zur Verringerung der Verpflichtung zur Zahlung der Karenzentschädigung) in Betracht ziehen, vor Ablauf der zwei Jahre auf das Wettbewerbsverbot nach Abs. (6) oder (7) des Formulars zu verzichten (vgl. Anm. 8).

Im Formular ist vorgesehen, dass sich die **Dauer des Wettbewerbsverbots um die Zeit verkürzt, die der Geschäftsführer vor Ablauf der Kündigungsfrist freigestellt wird.** Diese Kürzung scheint nach der Rechtsprechung des BGH (Urt. v. 4. 3. 2002 – II ZR 77/00 – DStR 2002, 735) rechtlich zulässig zu sein und dürfte im Interesse beider Parteien liegen. Der Geschäftsführer hat daran ein Interesse, weil er früher von der Beschränkung des Wettbewerbsverbots befreit wird. Die Gesellschaft hat daran ein Interesse, weil sie für kürzere Zeit die Karenzentschädigung zu zahlen hat und das Wettbewerbsrisiko auch schon während einer Freistellung durch den Verlust des Kontaktes zum Markt abnimmt. Während der Freistellung bis zum Ende des Dienstverhältnisses unterliegt der Geschäftsführer ohnehin noch dem vertraglichen Wettbewerbsverbot.

5. Reichweite des Verbots. Das Formular bietet in seinen Abs. (3) und (4) – wie Form. A. IV. 1. für nachvertragliche Wettbewerbsverbote mit Arbeitnehmern – für die Umschreibung der Reichweite des Verbots **zwei Alternativformulierungen** an. Die **allgemein gehaltene (weniger rechtssichere) Alternative** einer flexiblen, auf die Zukunft bezogenen Formulierung kann wegen der damit verbundenen weiten Reichweite des Verbots eventuell nicht mehr von den berechtigten Interessen der Gesellschaft gedeckt sein. Wegen dieser Rechtsunsicherheit ist nach Möglichkeit die **Alternative der genauen und ausreichend restriktiven Umschreibung der geographischen und sachlichen Reichweite des Verbots** vorzuziehen. Insoweit wird auf die Anm. 3–4 zu Form A. IV. 1. verwiesen. Auch hier ist insbesondere darauf zu achten, dass die sachliche und räumliche Reichweite des Wettbewerbsverbots nur so weit festgelegt wird, wie dies zum Schutz der berechtigten Interessen der Gesellschaft erforderlich ist. Werden vom Wettbewerbsverbot auch Tätigkeiten des Geschäftsführers in Bereichen umfasst, in denen die Gesellschaft selbst nicht geschäftlich tätig ist, so liegt eine sachlich nicht gerechtfertigte Beschränkung der wirtschaftlichen Freiheit des Geschäftsführers vor (vgl. OLG Düsseldorf Urt. v. 18. 5. 1989 – 8 U 143/88 – DB 1990, 1960). Dem Geschäftsführer muss nach seinem Ausscheiden ein ausreichender „Spielraum" verbleiben, in dem er ohne Verstoß gegen das Wettbewerbsverbot tätig werden kann. Jedoch wird ein nachvertragliches Wettbewerbsverbot mit einem Geschäftsführer tendenziell eine weitere Reichweite haben dürfen als ein Wettbewerbsverbot mit einem Arbeitnehmer. Denn Konkurrenz durch den ehemaligen Geschäftsführer kann – wegen seines umfassenderen Einblicks in die Geschäfte der Gesellschaft – grundsätzlich in einem weiten sachlichen und geographischen Feld so schadensträchtig für die Gesellschaft sein, dass ein entsprechend weites Wettbewerbsverbot von den berechtigten Interessen der Gesellschaft noch gedeckt ist.

6. Karenzentschädigung. Das Formular sieht in Abs. (5) die Zahlung einer Entschädigung für die Einhaltung des Wettbewerbsverbots in Höhe von 50% der Festvergütung vor. Die rechtswirksame Verhinderung der Tätigkeit des Geschäftsführers für ein Konkurrenzunternehmen in Form eines nachvertraglichen Wettbewerbsverbots – im Gegensatz zu einer bloßen Kundenschutzklausel – wird nur gegen Zusage einer i.d.R. hohen Karenzentschädigung zu bekommen sein. Die in Anm. 2 zitierte Rechtsprechung zur Möglichkeit, eine Kundenschutzklausel auch ohne Karenzentschädigung wirksam zu vereinbaren, bezieht sich zwar allgemein auf nachvertragliche Wettbewerbsverbote. Im Ergebnis wird sie aber nur für Kundenschutzklauseln gelten, nicht für „echte" nachvertragliche Wettbewerbsverbote. Dementsprechend wird nach dem Formular die Karenzentschädigung nur für die Einhaltung des nachvertraglichen Wettbewerbsverbots gezahlt, nicht für die Einhaltung der Kundenschutzklausel.

Lediglich bei zeitlich ganz kurzen Wettbewerbsverboten (allenfalls wenige Monate) könnte auf die Zusage einer Entschädigung verzichtet werden (vgl. OLG Hamm Urt. v. 11. 1. 1988 – 8 U 142/87 – GmbHR 1988, 344, 345). Hinsichtlich der erforderlichen **Höhe der zu gewährenden Karenzentschädigung** besteht keine Einigkeit. Sicher ist nur, dass ein ohne jede Entschädigung vereinbartes weit reichendes – nach Verbotsdauer und -reichweite – nachvertragliches Wettbewerbsverbot unwirksam ist. Die Höhe der Karenzentschädigung ist nach den Umständen des Einzelfalls und der Reichweite des Verbots (nach Zeit, Ort und Gegenstand) zu beurteilen. Will die Gesellschaft sichergehen, dass die Wirksamkeit des Wettbewerbsverbots nicht an der Höhe der zugesagten Entschädigung scheitert, sollte – wie beim Arbeitnehmer – vereinbart werden, dass als Karenzentschädigung 50% (sämtlicher) zuletzt bezogener vertragsmäßigen Leistungen gezahlt werden. Diese Höhe sollte insbesondere dann vereinbart werden, wenn eine weite sachliche und geographische Reichweite des Wettbewerbsverbots geregelt werden soll. Jedoch kann auch die Zusage einer hohen Karenzentschädigung ein Wettbewerbsverbot nicht „retten", das nicht von den berechtigten geschäftlichen Interessen der Gesellschaft gedeckt ist.

Ob die im Formular vorgesehene Beschränkung der Karenzentschädigung auf **50% des Festgehalts** (ohne variable oder sonstige Entgeltbestandteile und Nebenleistungen) möglich ist, ist nicht abschließend geklärt. Eine derartige Beschränkung ist jedoch in der Praxis üblich und es spricht auch viel für deren Zulässigkeit (vgl. m. weit. Nachw. *Thüsing* NZG 2004, 9, 12; *Weber/Dahlbender* 62). – zumindest sofern sich die Gesamtvergütung des Geschäftsführers nicht zu einem hohen Anteil aus variablen Vergütungsbestandteilen zusammensetzt.

7. Anrechnung anderweitigen Erwerbs. Abs. (5) des Formulars enthält eine im Vergleich zu Wettbewerbsverboten mit Arbeitnehmern weiterreichende Anrechnungsmöglichkeit anderweitigen Erwerbs auf die an den ausgeschiedenen Geschäftsführer zu zahlende Karenzentschädi-

2. Nachvertragliches Wettbewerbsverbot für ein Organmitglied A. IV. 2

gung (vgl. Form. A. IV. 1 Anm. 9). Anderweitiger Erwerb des ausgeschiedenen Geschäftsführers während der Karenzzeit (durch Tätigkeit, die keine Wettbewerbstätigkeit darstellt) ist nach dem Formular bereits dann anzurechen, wenn er zusammengerechnet mit der Karenzentschädigung 100% der letzten Festvergütung des Geschäftsführers erreicht. Damit werden dem Geschäftsführer alle anderweitigen Einkünfte (also auch eventuell variable Bestandteile) so angerechnet, dass die Karenzentschädigung diese Einkünfte nur auf maximal 100% der letzten Festvergütung „aufstockt". Ob eine derart umfangreiche Anrechnung zulässig ist, ist in der Rechtsprechung bislang nicht geklärt. Unseres Erachtens müsste sie aber zumindest dann zulässig sein, wenn die Gesamtvergütung des Geschäftsführers zu einem hohen Anteil aus Festvergütung besteht. Denn dann wird trotz der Anrechnung die wirtschaftliche und soziale Absicherung des Geschäftsführers während der Karenzzeit gesichert sein. (Zur Höhe des anzurechnenden anderen Erwerbs und dem Modus der Anrechnung vgl. Form. A. IV. 1 Anm. 9.) Die hier vorgesehene Anrechnungsregelung führt dazu, dass keine Karenzentschädigung zu zahlen ist, wenn der Geschäftsführer eine neue Anstellung findet, die ihm eine Gesamtvergütung bietet, die sein letztes Festgehalt erreicht. Zur Absicherung der Gesellschaft wird dem Geschäftsführer im Formular aufgegeben, die Aufnahme einer neuen Beschäftigung anzuzeigen, die Höhe des anderweitigen Erwerbs quartalsweise mitzuteilen und auf Anforderung durch geeignete Nachweise zu belegen.

8. Verzicht vor Ende des Dienstverhältnisses. In Abänderung der für Arbeitnehmer geltenden Vorschrift des § 75a HGB wird in Abs. (6) des Formulars vereinbart, dass die Gesellschaft auf das Wettbewerbsverbot mit einer Frist von nur sechs Monaten verzichten kann. Bei Zugang der Verzichtserklärung vor oder gleichzeitig mit dem Ende des Dienstverhältnisses ist der Geschäftsführer mit dem Ende der Anstellung frei, Wettbewerb zu treiben und die Zahlungsverpflichtungen der Gesellschaft erlöschen sechs Monate nach Zugang der Verzichtserklärung. Bei Zugang der Verzichtserklärung mindestens sechs Monate vor dem Ende des Dienstverhältnisses würden also keine Zahlungsverpflichtungen aus dem Wettbewerbsverbot für die Gesellschaft entstehen. Allerdings wird die Kundenschutzklausel des Abs. (1) des Formulars vom Verzicht ausdrücklich ausgenommen, so dass der Geschäftsführer weiter an diese gebunden wäre.

9. Verzicht nach Ende des Dienstverhältnisses. Abs. (7) des Formulars sieht vor, dass der Verzicht auch nach dem Ende des Dienstverhältnisses erklärt werden kann. § 74a HGB allein würde nur einen Verzicht bis zum Zeitpunkt des Ausscheidens erlauben. Eine vertragliche Regelung wie im Formular vorgesehen ist nach der Rechtsprechung zulässig (vgl. OLG Koblenz Urt. v. 16. 12. 1999 – 6 U 982/97 – NZG 2000, 653, 654; OLG Düsseldorf Urt. v. 22. 8. 1996 – 6 U 150/95 – BB 1996, 2377). Dabei wird diskutiert, wie lange nach Erklärung des Verzichts die Entschädigung noch weiterbezahlt werden muss. Eine Sechs-Monats-Frist kann wohl nicht als unbillig kurz bezeichnet werden (vgl. hierzu auch OLG Düsseldorf Urt. v. 22. 8. 1996 – 6 U 150/95 – BB 1996, 2377, das sogar eine Drei-Monats-Frist für zulässig gehalten hat) – zumindest dann nicht, wenn auch die Kündigungsfrist des Geschäftsführervertrags nicht länger ist.

10. Teilweise Einbeziehung der §§ 74ff. HGB. Das Formular enthält im Abs. (8) die Bestimmung, dass die Regelungen der §§ 74ff. HGB, **zu Gunsten der Gesellschaft** gelten, auf das nachvertragliche Wettbewerbsverbot ergänzend Anwendung finden. Ohne gesonderte Vereinbarung ist der Regelungskomplex der §§ 74ff. HGB grundsätzlich nicht insgesamt auf Wettbewerbsverbote mit Geschäftsführern anwendbar. Hier wird die Anwendung der §§ 74ff. HGB beschränkt auf „zu Gunsten" der Gesellschaft geltende gesetzliche Bestimmungen. Denn der BGH hat entschieden, dass die Regelungen der §§ 74ff. HGB, die zum Ziel haben, die Interessen der Gesellschaft zu wahren, auch ohne ausdrückliche vertragliche Abrede Anwendung finden können (vgl. BGH Urt. v. 17. 2. 1992 – II ZR 140/91 – BB 1992, 723, 724). Eine Vereinbarung, die diese beschränkte Anwendung ausdrücklich bestimmt, ist also erlaubt. Sie soll sicherstellen, dass die zu Gunsten der Gesellschaft geltenden Regelungen der §§ 74ff. HGB zumindest für den Fall der Unwirksamkeit vertraglicher Regelungen Anwendung finden.

Aus Gründen der Rechtssicherheit wurde in das Formular ausdrücklich noch das Lösungsrecht der Gesellschaft bei außerordentlicher Kündigung wegen vertragswidrigen Verhaltens des Geschäftsführers aufgenommen. Dieses Lösungsrecht der Gesellschaft war ursprünglich in § 75 Abs. 3 HGB geregelt, der aber für verfassungswidrig erklärt wurde. Es wird jetzt mit einer analogen Anwendung des § 75 Abs. 1 HGB begründet (vgl. Form. A. IV. 1 Anm. 10).

11. Vertragsstrafe. Das Formular sieht in Abs. (9) eine Vertragsstrafe vor. Schadensersatzansprüche wären in der Regel nur schwer nachweis- und durchsetzbar, können aber zusätzlich – ebenso wie Unterlassungsansprüche – vorbehalten werden. Die Höhe der Vertragsstrafe soll einerseits abschrecken, andererseits aber auch dem Maßstab des § 307 BGB genügen. Im Formular wird eine Vertragsstrafe von **einem halben Jahresfestgehalt bei einmaligen Verstößen** und von **einem viertel Jahresfestgehalt monatlich bei Dauerverstößen** von über einem Monat vorgeschlagen. In Anbetracht des hohen Schadenspotentials, welches durch eine Konkurrenztätigkeit des ausgeschiedenen Geschäftsführers erwächst, erscheint eine solche Vertragsstrafenvereinbarung angemessen – auch im Vergleich zu der für Arbeitnehmer bei gleichartigen Verstößen vorgeschlagenen geringeren Vertragsstrafe (vgl. Form. A. VI. 1 Anm. 7).

12. Rechtsnachfolge. Zur Absicherung des nachvertraglichen Wettbewerbsverbots und der Kundenschutzklausel wurde in Abs. (10) des Formulars eine ausführliche Regelung aufgenommnen, die sicherstellen soll, dass diese auch bei einer eventuellen Gesamt- oder Einzelrechtsnachfolge gelten sollen. Der Erwerber eines Unternehmens oder Betriebsteils kann daran ein starkes Interesse haben, da eine Wettbewerbstätigkeit des Geschäftsführers den mit dem Unternehmenskauf bezweckten wirtschaftlichen Erfolg des Erwerbers oftmals zunichte machen kann. Eine vertragliche Bestimmung, die alle Fälle der Rechtsnachfolge regelt, wird wegen der Vielfältigkeit der denkbaren Konstellationen kaum möglich sein. Daher wurde hier nur eine Bestimmung getroffen, die die in der Praxis wesentlichen Fälle abdeckt: die Umwandlung des Unternehmens nach dem UmwG und die Einzelrechtsnachfolge (asset deal). Rechtsprechung dazu, ob ein Wettbewerbsverbot durch entsprechende Regelungen in den Fällen der Rechtsnachfolge aufrechterhalten bzw. angepasst werden kann, ist – soweit ersichtlich – bisher nicht ergangen. Daher können keine abschließenden Aussagen über die Wirksamkeit derartiger Vereinbarungen gemacht werden.

Bei einer Gesamtrechtsnachfolge (Umwandlung nach dem UmwG) geht das Dienstverhältnis des Geschäftsführers zwar grundsätzlich auf den Rechtsnachfolger über, jedoch nicht die Organstellung. Wenn der Geschäftsführer nicht zum (Mit-)Geschäftsführer des Rechtsnachfolgers bestellt wird, kann das vereinbarte Wettbewerbsverbot daher eventuell wieder an den engen Grenzen der §§ 74 ff. HGB zu messen und damit dessen Durchsetzbarkeit gefährdet sein. Auch wenn der Geschäftsführer im Fall einer Abspaltung beim verbleibenden Unternehmensteil bleibt, kann das Wettbewerbsverbot unwirksam werden, wenn gerade derjenige Geschäftsbereich abgespalten wird, der durch das nachvertragliche Wettbewerbsverbot besonders geschützt wurde. Denn dann hätte die Gesellschaft keine berechtigten geschäftlichen Interessen (mehr) an der Einhaltung des Wettbewerbsverbots durch den Geschäftsführer. Die Reichweite des vereinbarten Wettbewerbsverbots und die berechtigten geschäftlichen Interessen würden auseinander fallen. Um zu vermeiden, dass das Wettbewerbsverbot damit nichtig wird, wurde in Abs. (10) a) des Formulars geregelt, dass die Parteien in diesen Fällen das Wettbewerbsverbot an die veränderten Gegebenheiten anpassen müssen.

Oftmals wird der Geschäftsführer ohnehin im Zusammenhang mit der Umstrukturierung auf Wunsch der Gesellschaft ausscheiden. Für den Fall, dass der Geschäftsführer entweder vor oder mit der Umstrukturierung ausscheidet – aber der Verbotszeitraum zumindest noch andauert –, sieht das Formular in Abs. (10) c) vor, dass die Vereinbarung zur Rechtsnachfolge in Abs. (10) des Formulars trotzdem gelten soll.

Vorzugswürdig ist in jedem Fall – insbesondere wegen der Rechtsunsicherheiten –, das Wettbewerbsverbot im Zusammenhang mit einer Umstrukturierung einer Prüfung zu unterziehen und gegebenenfalls vertraglich an die durch die Umstrukturierung veränderte Situation anzupassen.

13. Schriftformerfordernis. S. Form. A. II. 1 Anm. 28.

14. Salvatorische Klausel. Abs. (13) des Formulars enthält eine salvatorische Klausel. Die Rechtsprechung dazu, ob ein zu weit reichendes nachvertragliches Wettbewerbsverbot teilweise aufrechterhalten werden kann oder nicht, ist uneinheitlich (vgl. m. weit. Nachw. *Thüsing* NZG

2004, 9, 13 f.). Eine geltungserhaltende Reduktion erscheint bei Verwendung einer salvatorischen Klausel aber zumindest möglich. Ihre Vereinbarung gibt dem Gericht im Streitfall also zumindest die Möglichkeit, ein Wettbewerbsverbot, das zu weit reichend formuliert ist (also nicht mehr von den berechtigten geschäftlichen Interessen gedeckt ist), im noch wirksamen Teil aufrecht zu erhalten (Teilnichtigkeit) (vgl. OLG Zweibrücken Urt. v. 21. 9. 1989 – 7 U 230/89 – NJW-RR 1990, 482, 483). Vgl. im Übrigen Form. A. II. 1 Anm. 29.

15. Unterzeichnung. S. Form B. I. 1 Anm. 33.

16. Zusatzklausel. Im Bedarfsfall kann noch die vorgeschlagene Zusatzklausel verwendet werden (vgl. Form. A. IV. 1 Anm. 13). Unseres Erachtens ist dies aber nur selten angebracht, insbesondere weil die Gesellschaft bei einem Geschäftsführer ohnehin die Möglichkeit eines Verzichts mit kurzer Frist auch nach Beendigung der Anstellung hat.

3. Urheberrechte und Arbeitnehmererfindungen[1]

Zusatzvereinbarung zum Arbeitsvertrag vom ......
zwischen
...... (Name und Anschrift des Arbeitgebers) „Gesellschaft"
und
Herrn ...... (Name und Anschrift des Arbeitnehmers) „Mitarbeiter"

§ ...... Urheberrechte

(1) Der Mitarbeiter überträgt der Gesellschaft das ausschließliche, zeitlich, räumlich und inhaltlich unbeschränkte[2] Nutzungs- und Verwertungsrecht für alle etwaigen nach Urheberrecht schutzfähigen Arbeitsergebnisse, die der Mitarbeiter während der Dauer seines Anstellungsverhältnisses, während seiner Arbeitszeit oder, sofern sie Bezug zu seinen arbeitsvertraglichen Aufgaben haben, auch außerhalb seiner Arbeitszeit erstellt.

(2) Die der Gesellschaft nach vorstehendem Satz eingeräumten Rechte umfassen insbesondere auch die Erlaubnis zur Bearbeitung und Lizenzvergabe an Dritte mit der Erlaubnis zur Unterlizenzierung.

(3) Die Einräumung von Rechten nach dieser Ziffer (3) ist vollumfänglich mit der unter § (...) Abs. (...) geregelten Vergütung abgegolten[3].

(4) Der Mitarbeiter verzichtet ausdrücklich auf alle sonstigen, ihm als Urheber zustehenden Rechte an den Arbeitsergebnissen, insbesondere auf das Recht der Namensnennung und auf Zugänglichmachung des Werks[4].

....
Ort, Datum   Ort, Datum
....
Unterschrift der Gesellschaft   Unterschrift des Mitarbeiters

Erhalten:
......
Ort, Datum
......
Unterschrift des Mitarbeiters

Schrifttum: Balle, Der urheberrechtliche Schutz von Arbeitsergebnissen, NZA 1997, 868; *Bayreuther*, Zum Verhältnis zwischen Arbeits-, Urheber- und Arbeitnehmererfindungsrecht – Unter besonderer Berücksichtigung der Sondervergütungsansprüche des angestellten Softwareerstellers, GRUR 2003, 570; *Bussmann/Pietzcker/Kleine*, Gewerblicher Rechtsschutz und Urheberrecht, 3. Aufl., 1962; *Gaul*, Wechselwirkungen zwischen Urheberrecht und Arbeitsrecht, insbes. Grenzfragen des Arbeitnehmer-Erfinderrechts,

NJW 1961, 1509; *Grobys/Foerstl*, Die Auswirkungen der Urheberrechtsreform auf Arbeitsverträge, NZA 2002, 1015; *Meiser*, Urheberrechtliche Besonderheiten bei angestellten Filmschaffenden, NZA 1998, 291; *Rehbinder*, Urheberrecht, 10. Aufl., 1998; *Schwab*, Das Namensnennungsrecht des angestellten Werkschöpfers, NZA 1999, 1254; *Thüsing*, Tarifvertragliche Chimären – Verfassungsrechtliche und arbeitsrechtliche Überlegungen zu den gemeinsamen Vergütungsregeln nach § 36 UrhG n. F., GRUR 2002, 203; *Ullmann*, Zur Vergütung eines im Arbeitsverhältnis erstellten Computer-Programms, Arbeitnehmerurheberrecht und § 36 UrhG, CR 1986, 564.

Anmerkungen

1. Übertragung von Nutzungs- und Verwertungsrechten. Ziffer (1) des Formulars regelt die Übertragung etwaiger urheberrechtlich schutzfähiger Arbeitsergebnisse auf den Arbeitgeber. Die Vorschriften des UrhG über die Einräumung und Vergütung urheberrechtlicher Nutzungsrechte sind **auch auf Arbeitsverhältnisse anwendbar**, § 43 UrhG, soweit sich aus dem Vertrag nichts anderes ergibt. Da die Rechteklausel auf die Einräumung von Nutzungsrechten an künftigen Werken zielt, die überhaupt nicht näher oder nur der Gattung nach bestimmt sind, ist gemäß § 40 UrhG für eine entsprechende Vereinbarung die **Schriftform** zwingend vorgeschrieben.

2. Umfang der Übertragung. Bei der Übertragung von Urhebernutzungsrechten gilt der Grundsatz der **Zweckübertragungstheorie**, nach dem urheberrechtliche Nutzungsrechte dann, wenn die Nutzungsarten nicht ausdrücklich einzeln bezeichnet sind, nur in dem Umfange übertragen werden, wie dies zur Erfüllung des Vertragszwecks unbedingt erforderlich ist (§ 31 Abs. 5 S. 1 UrhG). Das Gleiche gilt auch für die Frage, ob die Nutzungsrechte dem Arbeitgeber ausschließlich (d. h., auch unter Ausschluss der Nutzung durch den Urheber selbst) oder lediglich einfach (Urheber bleibt selbst zur Nutzung berechtigt und kann auch Dritten Nutzungsrechte an dem Werk einräumen) eingeräumt werden, sowie für den Umfang und etwaige Einschränkungen der eingeräumten Nutzungsrechte (§ 31 Abs. 5 S. 2 UrhG). Die Zweckübertragungstheorie ist Ausdruck des rechtspolitischen Willens des Gesetzgebers, dem Urheber als geistigem Eigentümer möglichst weitreichende Dispositionsbefugnisse hinsichtlich der Auswertung der von ihm geschaffenen Werke zu erhalten. Entgegen der vermeintlich eindeutigen Formulierung der Rechteklausel in Ziffer (1) des Formulars, nach der scheinbar sämtliche denkbaren Nutzungsrechte auf den Arbeitgeber übertragen werden, werden tatsächlich nur die zur Erfüllung des Vertragszwecks erforderlichen Rechte auf den Arbeitgeber übertragen. Um welche Rechte es sich dabei handelt, ist im Wege der Auslegung des Vertrages stets im Einzelfall zu ermitteln.

Eine Ausnahme von der eingeschränkten Rechteübertragung sieht das Urheberrecht nur für Computerprogramme vor, die von Arbeitnehmern in Wahrnehmung ihrer Aufgaben oder nach den Vorgaben des Arbeitgebers geschaffen werden. Gemäß § 69 b UrhG ist insoweit ausschließlich der Arbeitgeber zur Ausübung aller vermögensrechtlichen Befugnisse an dem Computerprogramm befugt, soweit nichts anderes vereinbart ist.

Um sicherzustellen, dass der Arbeitgeber vom Arbeitnehmer sämtliche Rechte erhält, die er für die von ihm beabsichtigte Verwertung des Werks benötigt, bieten sich zwei Lösungswege an, die miteinander kombiniert werden sollten.

Zunächst sollte der **Vertragszweck** so genau wie möglich beschrieben werden. Ist beispielsweise beabsichtigt, Schriftwerke sowohl in einem Printobjekt als auch in einem korrespondierenden Online-Auftritt zu veröffentlichen, so sollte dies im Vertrag ausdrücklich geregelt werden. Beabsichtigt der Arbeitgeber, die Werke nicht nur selbst, sondern auch durch andere Konzerngesellschaften verwerten zu lassen, so sollte dies ebenfalls ausdrücklich geregelt werden (eine entsprechende Klarstellung kann auch unter dem Punkt „Urheberrechte" eingefügt werden). Da der Umfang der eingeräumten Rechte stets erst aufgrund einer Auslegung des Vertragszwecks festgestellt werden kann, verbleibt in vielen Fällen jedoch eine rechtliche Unsicherheit über den genauen Umfang der übertragenen Rechte.

Die möglichst genaue Umschreibung des Vertragszwecks allein ist dann nicht ausreichend, wenn auch Rechte übertragen werden sollen, die zur Erreichung des Vertragszwecks nicht zwingend erforderlich sind. Dies ist z. B. dann der Fall, wenn ein angestellter Autor für eine TV-Serie Drehbücher verfasst, die der Arbeitgeber nicht nur zur Verfilmung nutzen möchte,

3. Urheberrechte und Arbeitnehmererfindungen

sondern vielmehr auch als Grundlage eines von einem Drittautor zu verfassenden „Buchs zur Serie" nutzen und verwerten will. Derartige Rechte, die zur Erfüllung des Vertragszwecks nicht erforderlich sind, sind in der Rechteklausel detailliert aufzunehmen, um deren Erwerb sicherzustellen.

In der Praxis wird von den Arbeitgebern häufig ein umfassender, d. h. über den Vertragszweck hinausgehender Rechteerwerb gewünscht, damit diese die Werke in jeder denkbaren Nutzungsart auswerten können. Die Unternehmen in den unterschiedlichen Bereichen der Medienbranche verwenden aus diesem Grunde zumeist umfangreiche, detaillierte Nutzungsrechtsklauseln, in denen sämtliche für die jeweilige Branche und das Unternehmen relevanten Nutzungsrechte aufgeführt werden. Da die Anforderungen und Üblichkeiten zwischen den unterschiedlichen Branchen des Medienbereichs differieren, wird an dieser Stelle von der Wiedergabe einer ausführlichen Rechteklausel, die lediglich exemplarischen Charakter haben kann, abgesehen. Es ist vielmehr mit Blick auf die besonderen Üblichkeiten der Branche und die konkreten Erfordernisse des Unternehmens stets im Einzelfall herauszuarbeiten, wie die Rechteklausel auszugestalten ist. Beispiele für ausführliche Rechteklauseln finden sich in MünchVetr/*Vinck* Bd. 3 Teil VII Urheber- und Verlagsrecht. Die ausführliche Rechteklausel kann entweder in den Vertrag selbst aufgenommen werden oder aber als Anlage zum Vertrag, auf die in der Rechteklausel Bezug genommen wird und die zum Bestandteil des Vertrages gemacht werden muss, beigefügt werden.

Nach derzeitiger Rechtslage können aufgrund der Regelung in § 31 Abs. 4 UrhG keine Rechte an noch unbekannten Nutzungsarten übertragen werden. Dies hat für den Arbeitgeber den Nachteil, dass er dann, wenn nach Vertragsschluss neue Nutzungsarten bekannt werden, die eine wirtschaftlich aussichtsreiche Verwertung ermöglichen, die entsprechenden Rechte gesondert von dem Arbeitnehmer erwerben muss. Der Arbeitnehmer kann entsprechende Rechte aber auch Dritten einräumen. Derzeit erwägt der Gesetzgeber, künftig auch die Übertragung von Nutzungsrechten an noch nicht bekannten Nutzungsarten zu ermöglichen und dem Arbeitnehmer im Gegenzug lediglich ein befristetes Rückrufrecht bzw. einen Anspruch auf angemessene Vergütung für den Fall der Nutzung der entsprechenden Rechte zuzugestehen. Das Gesetzgebungsverfahren ist jedoch noch nicht abgeschlossen. Die weitere Entwicklung bleibt insoweit abzuwarten.

Die Verpflichtung zur Übertragung von urheberrechtlichen Nutzungsrechten auf den Arbeitgeber kann sich auch aus **Tarifverträgen** ergeben (z. B. Tarifvertrag für Film- und Fernsehschaffende vom 1. Januar 1996, Manteltarifvertrag für Redakteure und Redakteurinnen an Zeitschriften vom 1. Januar 1990 in der Fassung vom 30. April 1998 (Neufassung vom 1. Januar 1998), etc.). Sind beide Vertragsparteien tariflich gebunden, wird die Geltung des Tarifvertrages durch den Arbeitsvertrag im Einzelfall vereinbart oder ist der Tarifvertrag für allgemeinverbindlich erklärt worden, so ergibt sich der Umfang der einzuräumenden Nutzungsrechte aus den entsprechenden tarifvertraglichen Regelungen. Auch insoweit ist aber unter Berücksichtigung der Zweckübertragungstheorie eine Einschränkung der zu übertragenden Rechte hinsichtlich des betrieblichen Zwecks des Arbeitgebers vorzunehmen. Vertragliche Vereinbarungen zulasten des Arbeitnehmers sind in diesem Fall nur möglich, wenn diese durch den entsprechenden Tarifvertrag gestattet sind. Darüber hinaus können sich aus den tarifvertraglichen Regelungen auch ergänzende Vergütungsansprüche des Arbeitnehmers für bestimmte Nutzungsarten ergeben.

Soweit die Nutzungsrechte nicht auf den Arbeitgeber übertragen wurden, steht es dem Arbeitnehmer frei, diese anderweitig zu verwerten. Einschränkungen können sich aber u. a. aus der arbeitsvertraglichen Treuepflicht und aus Wettbewerbsverboten ergeben.

3. Vergütung. Eine gesonderte Vergütung für die Rechteübertragung – abgesehen von dem vertraglichen Arbeitsentgelt – ist für die Übertragung der Nutzungsrechte nicht vereinbart. Im Formular müsste – soweit als Ergänzung in Form. A. II. 1 eingepflegt – dort auf § 3 Abs. (1) verwiesen werden. Soweit ein anderer Arbeitsvertrag verwendet wird, ist der Verweis entsprechend auf die Stelle der dort vorhandenen Vergütungsregelung anzupassen. Sofern die Vergütung jedoch unangemessen ist, hat der Urheber einen Anspruch gegen den Arbeitgeber als Vertragspartner auf Anpassung der Vergütung nach § 32 Abs. 2 UrhG. Eine abweichende vertragliche Regelung ist unzulässig, § 32 Abs. 3 S. 1 UrhG. Ob eine Vergütung angemessen ist, kann nicht nach festen Grundsätzen oder Richtlinien bestimmt werden. Dies ist vielmehr in jedem Einzelfall individuell zu ermitteln. Hierbei ist für die Angemessenheit darauf abzustellen, ob die Vergütung im Zeitpunkt des Vertragsschlusses dem entspricht, „was im Geschäftsverkehr nach Art und Umfang der eingeräumten Nutzungsmöglichkeiten, insbesondere nach Dauer und Zeitpunkt der Nutzung, unter Berücksichtigung aller Umstände üblicher- und redlicherweise zu leisten ist" (§ 32 Abs. 2 S. 2 UrhG). Dem Arbeitnehmer kann insoweit nicht mit dem Argument begegnet werden, dass bestimmte Vergütungssätze branchenüblich sind, da diese Sätze über die Üblichkeit hinaus auch redlich sein müssen. Die Angemessenheit und Redlichkeit der Vergütung ist vor allen Dingen auch im Hinblick auf den Umfang der eingeräumten Nutzungsrechte hin zu überprüfen. Das spricht für einen eher restriktiven Rechteerwerb. Denn je größer der Umfang der vom Urheber übertragenen Nutzungsrechte ist, desto größer ist auch die Gefahr, dass die Vergütung mit Blick auf eben diesen Umfang der Nutzungsrechte im Streitfall möglicherweise als nicht mehr angemessen oder redlich angesehen werden kann. Hierauf ist insbesondere bei der Verwendung umfassender Nutzungsrechteklauseln zu achten.

Haben Urhebervereinigungen mit Vereinigungen von Werknutzern oder einzelnen Werknutzern gemeinsame Vergütungsregeln (§ 36 UrhG) aufgestellt, so ist eine nach diesen Vergütungsregeln ermittelte Vergütung als angemessen anzusehen (§ 32 Abs. 2 UrhG). Es bleibt allerdings abzuwarten, ob die Interessenverbände der Urheber und Werknutzer von der mit Novellierung des Urhebergesetzes zum 1. Juli 2002 eingeführten Möglichkeit der Festlegung gemeinsamer Vergütungsregeln tatsächlich Gebrauch machen werden.

Im Falle einer **tarifvertraglichen Regelung** entfällt der Anspruch des Urhebers auf Einwilligung in die Änderung des Vertrages, soweit die Vergütung für die Nutzung tarifvertraglich geregelt ist, § 32 Abs. 4 UrhG. Die Tarifverträge sehen häufig prozentuale Mindestbeteiligungsansprüche des Urhebers an den Erlösen aus bestimmten Verwertungsarten vor. Auch hier gilt, dass die in den Tarifverträgen genannten Mindestbeteiligungssätze nicht zulasten des Arbeitnehmers anderweitig vertraglich geregelt werden dürfen.

Ist die für die Einräumung der Nutzungsrechte gewährte Vergütung zwar angemessen i. S. d. § 32 UrhG, steht das Honorar aber in einem auffälligen Missverhältnis zu den Erträgen aus der Werknutzung, so hat der Urheber gegen den Arbeitgeber einen Anspruch auf Einwilligung in eine Vertragsänderung, durch die dem Urheber eine **weitere angemessene Beteiligung** gewährt wird, § 32a UrhG. Auf den Anspruch auf eine weitere angemessene Beteiligung kann nicht im Voraus verzichtet werden. Anders als im Fall des § 32 UrhG ist Anspruchsgegner bei dem Anspruch auf eine weitere angemessene Beteiligung derjenige, im Verhältnis zu dem sich das auffällige Missverhältnis zwischen gewährter Vergütung und den Erträgen oder Vorteilen aus der Werksnutzung ergibt. Hat der Arbeitgeber daher beispielsweise Nutzungsrechte an Dritte weiter lizenziert und erzielt ausschließlich der Dritte – nicht der Arbeitgeber selbst – entsprechende Erträge aus der Nutzung, so ist der Anspruch des Urhebers unmittelbar gegen den Dritten zu richten; die Haftung des Arbeitgebers entfällt in diesem Fall, vgl. § 32a Abs. 2 UrhG.

Der Anspruch auf Einwilligung in eine Vertragsänderung entfällt, soweit eine Vergütung nach einer gemeinsamen Vergütungsregel oder tarifvertraglich bestimmt worden ist, § 32a Abs. 4 UrhG.

4. Verzicht auf Namensnennung. Grundsätzlich hat der Arbeitnehmer – wie jeder andere Urheber auch – einen Anspruch darauf, dass sein Name an dem von ihm geschaffenen Werk angebracht wird (Recht der Namensnennung). Im Einzelfall kann der Arbeitnehmer aber schuldrechtlich auf die Namensnennung verzichten. Hinsichtlich des Verzichts auf Namensnennung besteht zwar weder ein Formerfordernis, noch muss dieser ausdrücklich erklärt werden. Da aber im Falle der Nutzung urheberrechtlich geschützter Werke ohne Urhebernennung erhebliche Schadensersatzforderungen drohen und der Arbeitgeber im Streitfall den Verzicht darzulegen und zu beweisen hat (was äußerst schwierig sein dürfte), sollte der Verzicht aus Gründen der Rechtssicherheit stets ausdrücklich im Vertrag geregelt sein.

Ist die Nennungsverpflichtung nicht ausdrücklich abbedungen, so kann sich aber auch aus den Umständen ein Verzicht auf die Namensnennung ergeben. Eine bloße Branchenübung, nach der eine Namensnennung der Urheber nicht erfolgt, reicht insoweit für die Annahme eines Verzichts auf die Namensnennung allerdings nicht aus. Würde aber beispielsweise die wirtschaftliche Verwertung eines Werks durch die Anbringung einer Urheberbezeichnung leiden, so kann daraus unter Umständen der Verzicht des Arbeitnehmers auf Nennung abgeleitet werden. Auch hier gibt es aufgrund der Vielfältigkeit der denkbaren Fallkonstellationen keine einheitliche Richtlinie, in welchen Fällen von einem (stillschweigenden) Verzicht auf Namensnennung ausgegangen werden kann. Auch daher empfiehlt sich eine möglichst eindeutige Regelung.

4. Datenschutzverpflichtung für Arbeitnehmer mit datenverarbeitender Tätigkeit

Verpflichtungserklärung nach § 5 Bundesdatenschutzgesetz (BDSG)

Herr ...... (Name und Anschrift des Arbeitnehmers) „Mitarbeiter"
wird hiermit auf das Datengeheimnis[1] wie folgt verpflichtet[2]:
1. Der Mitarbeiter übt im Rahmen seiner Tätigkeit als ...... eine datenverarbeitende Tätigkeit[3] im Sinne des Bundesdatenschutzgesetzes (BDSG) aus. Er erhält hierbei Kenntnis von personenbezogenen Daten[4], d. h. von Einzelangaben über persönliche oder sachliche Verhältnisse einer bestimmten oder bestimmbaren natürlichen Person.
2. Dem Mitarbeiter ist es nach § 5 BDSG untersagt, personenbezogene Daten unbefugt zu erheben, zu verarbeiten oder zu nutzen (Datengeheimnis)[5]. Das Datengeheimnis gilt auch über die Beendigung des Arbeitsverhältnisses hinaus[6].
3. Der Mitarbeiter wird darauf hingewiesen, dass Verstöße gegen das Datengeheimnis nach § 44 BDSG in Verbindung mit § 43 Abs. 2 BDSG und anderen Strafvorschriften mit Freiheits- oder Geldstrafe geahndet werden können. Abschriften der einschlägigen Bestimmungen (§§ 5, 43 Absatz 2 und 44 BDSG) sind beigefügt[7].
4. Dem Mitarbeiter ist bekannt, dass er sich bei weiteren Fragen jederzeit an den betrieblichen Datenschutzbeauftragten wenden kann.
5. Die allgemeine Geheimhaltungsverpflichtung des Mitarbeiters wird durch diese Verpflichtungserklärung nicht berührt.

......
Ort, Datum

......
Unterschrift der Gesellschaft

Die vorstehende Verpflichtungserklärung habe ich heute erhalten. Meine Verpflichtung auf das Datengeheimnis habe ich zur Kenntnis genommen und verstanden.[8]

......
Ort, Datum

......
Unterschrift des Mitarbeiters

(*Alternative:*
Die vorstehende Verpflichtungserklärung wurde dem Mitarbeiter heute ausgehändigt.

......
Ort, Datum

......
Unterschrift des Personalsachbearbeiters)

Anhang: Auszug aus dem Bundesdatenschutzgesetz (BDSG)

§ 5 Datengeheimnis

Den bei der Datenverarbeitung beschäftigten Personen ist untersagt, personenbezogene Daten unbefugt zu erheben, zu verarbeiten oder zu nutzen (Datengeheimnis). Diese Personen sind, soweit sie bei nicht-öffentlichen Stellen beschäftigt werden, bei der Aufnahme ihrer Tätigkeit auf das Datengeheimnis zu verpflichten. Das Datengeheimnis besteht auch nach Beendigung ihrer Tätigkeit fort.

§ 43 Bußgeldvorschriften

(1) Ordnungswidrig handelt, wer vorsätzlich oder fahrlässig
1. entgegen § 4d Abs. 1, auch in Verbindung mit § 4e S. 2, eine Meldung nicht, nicht richtig, nicht vollständig oder nicht rechtzeitig macht,
2. entgegen § 4f Abs. 1 S. 1 oder 2, jeweils auch in Verbindung mit S. 3 und 6, einen Beauftragten für den Datenschutz nicht, nicht in der vorgeschriebenen Weise oder nicht rechtzeitig bestellt,
3. entgegen § 28 Abs. 4 S. 2 den Betroffenen nicht, nicht richtig oder nicht rechtzeitig unterrichtet oder nicht sicherstellt, dass der Betroffene Kenntnis erhalten kann,
4. entgegen § 28 Abs. 5 S. 2 personenbezogene Daten übermittelt oder nutzt,
5. entgegen § 29 Abs. 2 S. 3 oder 4 die dort bezeichneten Gründe oder die Art und Weise ihrer glaubhaften Darlegung nicht aufzeichnet,
6. entgegen § 29 Abs. 3 S. 1 personenbezogene Daten in elektronische oder gedruckte Adress-, Rufnummern-, Branchen- oder vergleichbare Verzeichnisse aufnimmt,
7. entgegen § 29 Abs. 3 S. 2 die Übernahme von Kennzeichnungen nicht sicherstellt,
8. entgegen § 33 Abs. 1 den Betroffenen nicht, nicht richtig oder nicht vollständig benachrichtigt,
9. entgegen § 35 Abs. 6 S. 3 Daten ohne Gegendarstellung übermittelt,
10. entgegen § 38 Abs. 3 S. 1 oder Abs. 4 S. 1 eine Auskunft nicht, nicht richtig, nicht vollständig oder nicht rechtzeitig erteilt oder eine Maßnahme nicht duldet oder
11. einer vollziehbaren Anordnung nach § 38 Abs. 5 S. 1 zuwiderhandelt.

(2) Ordnungswidrig handelt, wer vorsätzlich oder fahrlässig
1. unbefugt personenbezogene Daten, die nicht allgemein zugänglich sind, erhebt oder verarbeitet,
2. unbefugt personenbezogene Daten, die nicht allgemein zugänglich sind, zum Abruf mittels automatisierten Verfahrens bereithält,
3. unbefugt personenbezogene Daten, die nicht allgemein zugänglich sind, abruft oder sich oder einem anderen aus automatisierten Verarbeitungen oder nicht automatisierten Dateien verschafft,
4. die Übermittlung von personenbezogenen Daten, die nicht allgemein zugänglich sind, durch unrichtige Angaben erschleicht,
5. entgegen § 16 Abs. 4 S. 1, § 28 Abs. 5 S. 1, auch in Verbindung mit § 29 Abs. 4, § 39 Abs. 1 S. 1 oder § 40 Abs. 1, die übermittelten Daten für andere Zwecke nutzt, indem er sie an Dritte weitergibt, oder
6. entgegen § 30 Abs. 1 S. 2 die in § 30 Abs. 1 S. 1 bezeichneten Merkmale oder entgegen § 40 Abs. 2 S. 3 die in § 40 Abs. 2 S. 2 bezeichneten Merkmale mit den Einzelangaben zusammenführt.

(3) Die Ordnungswidrigkeit kann im Falle des Absatzes 1 mit einer Geldbuße bis zu fünfundzwanzigtausend Euro, in den Fällen des Absatzes 2 mit einer Geldbuße bis zu zweihundertfünfzigtausend Euro geahndet werden.

4. Datenschutzverpflichtung bei datenverarbeitender Tätigkeit   A. IV. 4

§ 44 Strafvorschriften

(1) Wer eine in § 43 Abs. 2 bezeichnete vorsätzliche Handlung gegen Entgelt oder in der Absicht, sich oder einen anderen zu bereichern oder einen anderen zu schädigen, begeht, wird mit Freiheitsstrafe bis zu zwei Jahren oder mit Geldstrafe bestraft.

(2) Die Tat wird nur auf Antrag verfolgt. Antragsberechtigt sind der Betroffene, die verantwortliche Stelle, der Bundesbeauftragte für den Datenschutz und die Aufsichtsbehörde.

Schrifttum: Däubler, Das neue Bundesdatenschutzgesetz und seine Auswirkungen im Arbeitsrecht, NZA 2001, 874; *Gola/Schomerus*, Bundesdatenschutzgesetz Kommentar, 7. Aufl. 2002; *Schaffland/Wiltfang*, Bundesdatenschutzgesetz, Kommentar, Loseblatt, Stand Februar 2003.

Anmerkungen

1. Datengeheimnis. Ausfluss des grundgesetzlich gewährleisteten Persönlichkeitsrechts (Art. 2 Abs. 1 i. V. m. Art. 1 Abs. 1 GG) ist das **Recht auf informationelle Selbstbestimmung**, wie es das Bundesverfassungsgericht im Volkszählungsurteil 1983 entwickelt hat (BVerfG Urt. v. 15. 12. 1983 – 1 b VR 209/83 – NJW 1984, 419). Dieses gilt aufgrund der mittelbaren Drittwirkung auch im Rahmen des Arbeitsverhältnisses. Das informationelle Selbstbestimmungsrecht schützt den Einzelnen im Arbeitsleben nicht nur vor zu weitgehender Kontrolle und Ausforschung seiner Persönlichkeit durch den Arbeitgeber, sondern auch vor der Offenlegung aller personenbezogener Daten, selbst wenn der Arbeitgeber von diesen in zulässiger Weise Kenntnis erhalten hat (BAG Urt. v. 4. 4. 1990 – 5 AZR 299/89 – AP Nr. 21 zu § 611 BGB – Persönlichkeitsrecht).

Die Anforderungen, denen der Arbeitgeber zum Schutz der Arbeitnehmer gerecht werden muss, werden größtenteils vom **Bundesdatenschutzgesetz (BDSG)** sowie den ergänzenden Landesdatenschutzgesetzen umschrieben. Das BDSG stellt die nationale Umsetzung der EG-Datenschutzrichtlinie 95/46/EG vom 24. 10. 1995 (ABl. Nr. L 281 S. 31 ff.) dar. Dementsprechend enthält § 1 Abs. 5 BDSG eine Kollisionsregel.

Die **Anwendbarkeit des BDSG** auf Arbeitsverhältnisse ergibt sich aus § 1 Abs. 2 Nr. 3 in Verbindung mit §§ 27 ff. BDSG. Danach gilt das BDSG unter anderem für die Erhebung, Verarbeitung und Nutzung personenbezogener Daten durch nicht-öffentliche Stellen, sofern sie nicht ausschließlich für persönliche oder familiäre Tätigkeiten erfolgt. Personenbezogene Daten definiert das BDSG als Einzelangaben über persönliche oder sachliche Verhältnisse einer bestimmten oder bestimmbaren natürlichen Person, des sog. Betroffenen (§ 3 Abs. 1 BDSG). **Nicht-öffentliche Stellen** sind alle natürlichen und juristischen Personen und andere Personenvereinigungen des privaten Rechts (§ 2 Abs. 4 BDSG), soweit sie nicht als öffentliche Stellen definiert sind (§ 2 Abs. 1–3 BDSG), d. h. in der Regel jede privatwirtschaftlich tätige Gesellschaft.

Nach der **Subsidiaritätsklausel** tritt das BDSG hinter andere bundesgesetzliche Regelungen zu personenbezogenen Daten zurück (§ 1 Abs. 3 BDSG); lediglich gegenüber dem VwVfG hat das BDSG Vorrang (§ 1 Abs. 4 BDSG). Die Subsidiarität des BDSG gilt nicht für Geheimhaltungsverpflichtungen (*Gola/Schomerus* § 5 BDSG Rdn. 2). Dem BDSG vorrangig sein können weiter Regelungen in **Tarifverträgen, Betriebsvereinbarungen** (s. Form. C. II. 16), **Dienstvereinbarungen und Einigungsstellensprüche** aufgrund ihrer normativen Wirkung als andere Rechtsvorschriften i. S. v. § 4 Abs. 1 BDSG (Kittner/Zwanziger/*Bantle* § 133 Rdn. 10, 12).

Der Arbeitgeber hat bei der Erhebung, Verarbeitung und Übermittlung geschützter Daten die Vorgaben des BDSG einzuhalten. Die gesetzlichen Regelungen sollen hierbei einen Ausgleich zwischen dem informationellen Selbstbestimmungsrecht des Arbeitnehmers und der Notwendigkeit, Daten im Arbeitsverhältnis zu erheben, schaffen (§§ 4, 28 BDSG). Unter bestimmten Voraussetzungen hat der Arbeitgeber einen Datenschutzbeauftragten zur Überwachung der Vorgaben zu bestellen (§§ 4 f, 4 g BDSG; s. Form. C. II. 16 Anm. 10 ff.).

Zu beachten ist, dass die Missachtung der Vorschriften über den Umgang mit Daten sowie über die Bestellung eines Datenschutzbeauftragten eine Ordnungswidrigkeit darstellt (§ 43

BDSG). Unter bestimmten Voraussetzungen kann auch die Schwelle zur Straftat überschritten werden (§ 44 BDSG).

2. Verpflichtung auf das Datengeheimnis. Der Arbeitgeber hat sicherzustellen, dass die Vertraulichkeit gerade von den Mitarbeitern gewahrt wird, die die geschützten Daten bearbeiten (§ 5 BDSG). Er muss daher Personen, die personenbezogene Daten erheben, verarbeiten oder nutzen, auf das Datengeheimnis verpflichten (§ 5 S. 2 BDSG). Dieser Personenkreis darf mit den Daten nur nach Maßgabe des BDSG umgehen. Den Arbeitgeber trifft die Verpflichtung, die betroffenen Arbeitnehmer über die gesetzlichen Regelungen aufzuklären (vgl. *Gola/Schomerus* § 5 BDSG Rdn. 12).

Die Verpflichtung auf das Datengeheimnis ist ausdrücklich neben der allgemeinen **Verschwiegenheitsverpflichtung** des Arbeitnehmers erforderlich, weil sie sich darüber hinaus auf die Beachtung der speziellen Datenschutzvorschriften bezieht (*Gola/Schomerus* § 5 BDSG Rdn. 2).

3. Betroffener Personenkreis. Auf das Datengeheimnis sind alle mit der **Datenverarbeitung beschäftigten Personen** zu verpflichten. Dies sind zunächst all diejenigen, die im Rahmen ihrer täglichen Arbeit typischerweise mit personenbezogenen Daten in Berührung kommen. Darunter fallen die Mitarbeiter der Personalabteilung sowie der Lohnbuchhaltung. Im Einzelfall sind jedoch auch solche Mitarbeiter betroffen, denen keine unmittelbare Datenverarbeitungsbefugnis zukommt, die jedoch als **Reflex** ihrer arbeitsvertraglichen Tätigkeit mit personenbezogenen Daten in Berührung kommen. Dies können Schreibkräfte oder aber auch das Wartungspersonal im Rahmen des IT-Supports sein. Nicht erfasst sind solche Personen, die lediglich in der Nähe von Datenverarbeitungsanlagen tätig sind, z. B. der Reinigungsdienst (so auch *Gola/Schomerus* § 5 BDSG Rdn. 9).

Der Status der betroffenen Personen spielt keine Rolle. Es kann sich um Arbeitnehmer oder freie Mitarbeiter handeln, die nur kurzfristig oder längerfristig mit der Datenverarbeitung beauftragt sind; ausgenommen sind Aufsichtsrat, Unternehmensinhaber und gesetzliche Vertreter (*Schaffland/Wiltfang* § 5 BDSG Rdn. 7f.). Sollen Mitarbeiter von Drittunternehmen beauftragt werden, so müssen diese nicht noch einmal auf das Datengeheimnis verpflichtet werden, wenn ihr Arbeitgeber bestätigt, dass dies bereits geschehen ist (*Schaffland/Wiltfang* § 5 BDSG Rdn. 25).

Auch Betriebsratsmitglieder sind als bei der Datenverarbeitung beschäftigte Personen i. S. d. § 5 S. 1 BDSG anzusehen (BAG Beschl. v. 3. 6. 2003 – 1 ABR 19/02 – DB 2003, 2496, 2498). Die Verschwiegenheitspflichten des BDSG treffen damit auch Betriebsratsmitglieder und werden nicht grundsätzlich von etwaigen Informations- oder Unterrichtungsrechten nach dem BetrVG verdrängt. Der Betriebsrat muss vielmehr in jedem Einzelfall eine Prüfung der datenschutzrechtlichen Zulässigkeit etwa der Weitergabe von personenbezogenen Daten vornehmen (BAG Beschl. v. 3. 6. 2003 – ABR 19/02 – DB 2003, 2496, 2498). Nach wie vor umstritten ist die Frage, ob der Arbeitgeber die Betriebsratsmitglieder gemäß § 5 S. 2 BDSG verpflichten muss und darf (vgl. zum Meinungsstand *Schaffland/Wiltfang* § 5 BDSG Rdn. 9 m. weit. Nachw.). Der Datenschutzbeauftragte jedenfalls hat keine Kontrollbefugnis gegenüber dem Betriebsrat (BAG Beschl. v. 11. 11. 1997 – 1 ABR 21/97 – NZA 1998, 385).

Die Verpflichtung auf das Datengeheimnis ist erforderlich unabhängig davon, ob die Daten automatisiert verarbeitet werden (definiert in § 3 Abs. 2 S. 2 BDSG; § 1 Abs. 2 Nr. 3 i. V. m. § 27 BDSG), oder ob automatisierte Daten manuell bearbeitet werden (vgl. *Schaffland/Wiltfang* § 5 BDSG Rdn. 10).

4. Personenbezogene Daten. Gegenstand des Datengeheimnisses sind personenbezogene Daten. Diese werden definiert als Einzelangaben über persönliche und sachliche Verhältnisse einer bestimmten oder bestimmbaren Person (§ 3 Abs. 1 BDSG). Letztlich stellt das Gesetz für die Personenbezogenheit darauf ab, ob eine Information bereits einer bestimmten Person zugeordnet ist oder zumindest zugeordnet werden kann.

5. Unbefugtes Erheben, Verarbeiten und Nutzen von Daten. Dem verpflichteten Personenkreis ist es untersagt, unbefugt Daten zu erheben, zu verarbeiten und zu nutzen. Datenerhebung ist das Beschaffen von Daten über den Betroffenen (§ 3 Abs. 3 BDSG). Datenverarbeitung ist das Speichern, Verändern, Übermitteln, Sperren und Löschen personenbezogener

4. Datenschutzverpflichtung bei datenverarbeitender Tätigkeit　　　　**A. IV. 4**

Daten (§ 3 Abs. 4 BDSG), während Nutzen jede andere Datenverwendung ist, die nicht unter Verarbeitung fällt (§ 3 Abs. 5 BDSG). **Unbefugt** ist jede rechtswidrige Datenverarbeitung, die also den Bestimmungen des BDSG oder anderer Rechtsvorschriften zuwiderläuft und/oder die nicht mit Einwilligung des betroffenen Arbeitnehmers erfolgt ist (vgl. §§ 4, 27 ff. BDSG). Unbefugt handelt auch derjenige, der der ihm intern zugewiesenen Zugriffsberechtigung oder der Zweckbestimmung der Datenverarbeitung zuwiderhandelt sowie derjenige, der den Kreis der befugten Personen erweitert (*Gola/Schomerus* § 5 BDSG Rdn. 6). In der Praxis kann dies ernsthafte Probleme aufwerfen. Verlangt der Arbeitgeber etwa von einem Arbeitnehmer die unbefugte Erhebung, Verarbeitung oder Nutzung von Daten, ohne dass etwaige **Mitbestimmungsrechte des Betriebsrats** (z. B. § 87 Abs. 1 Nr. 6 BetrVG) beachtet wurden, ist dies eine unbefugte – weil rechtswidrige – Nutzung. Ob dies dem die Daten unbefugt nutzenden Arbeitnehmer vorgeworfen werden kann, hängt zum einen von den betrieblichen Gegebenheiten und dem Aufgabenbereich dieses Arbeitnehmers sowie zum anderen von der Offenkundigkeit und Schwere des Verstoßes ab. Bei einer offensichtlichen Verletzung des Mitbestimmungsrechts des Betriebsrats wird vom Arbeitnehmer teilweise die Verpflichtung zur Unterlassung, teilweise die Verpflichtung zur „Remonstration" beim Arbeitgeber verlangt (*Gola/Schomerus* § 5 BSDG Rdn. 5). Strafbare Handlungen (§ 44 BDSG) hat der Arbeitnehmer jedenfalls zu verweigern.

Unrichtige Daten sind zu berichtigen (§ 35 Abs. 1 BDSG). Unzulässigerweise erhobene sowie sensitive Daten müssen gelöscht werden (§ 35 Abs. 2 BDSG). Löschung bedeutet die Vernichtung bzw. Unkenntlichmachung der Daten. Ein bloßer Ungültigkeitsvermerk reicht nicht aus. Bei sensitiven Daten obliegt die Beweislast für die Richtigkeit der Gesellschaft (§ 35 Abs. 2 S. 2 Nr. 2 BDSG).

6. Dauer des Datengeheimnisses. Das Datengeheimnis umfasst in zeitlicher Hinsicht nicht nur den Zeitraum der datenverarbeitenden Tätigkeit, sondern auch den Zeitraum nach Beendigung der konkreten datenverarbeitenden Tätigkeit während des Fortbestehens des Arbeitsverhältnisses sowie den Zeitraum nach der Beendigung des Arbeitsverhältnisses. Die Datenschutzverpflichtung ist mithin dauerhaft (§ 5 S. 3 BDSG).

7. Hinweis auf gesetzliche Bestimmungen. Der Mitarbeiter ist auf die einschlägigen gesetzlichen Bestimmungen hinzuweisen. Es ist daher zweckmäßig, dem Mitarbeiter eine Zusammenstellung der auf die Gesellschaft anwendbaren Gesetze, Betriebsvereinbarungen, etc. in Form eines Merkblattes auszuhändigen (*Gola/Schomerus* § 5 BDSG Rdn. 12). Das Formular gibt die §§ 5, 43 Abs. 2 und 44 BDSG wörtlich wieder. Zu erwägen ist auch, dem Mitarbeiter darüber hinaus die datenschutzrechtlichen Regelungen zu erläutern. Als Muster hierzu wird auf das Merkblatt bei *Schaffland/Wiltfang*, § 4g BDSG, Anhang 2, verwiesen.

8. Verpflichtungsnachweis. Für die Verpflichtung der mit der Datenverarbeitung beschäftigten Personen ist **keine** besondere **Form** erforderlich. Aus dem Schutzzweck ist jedoch zu schließen, dass ein klarer und eindeutiger Hinweis auf das Datengeheimnis erfolgen muss. Aus Beweisgründen empfiehlt sich daher ein **schriftlicher Hinweis**. Der Arbeitgeber sollte sich die Verpflichtungserklärung vom Mitarbeiter durch seine Unterschrift bestätigen lassen und ein Exemplar zur Personalakte nehmen (*Schaffland/Wiltfang* § 5 BDSG Rdn. 22). In diesem Fall sollte die Personalabteilung die Aushändigung der Erklärung dokumentieren.

Die Belehrung sollte nicht in den Arbeitsvertrag aufgenommen werden. Dann bestünde nämlich das Risiko, dass die Belehrung nicht hinreichend deutlich hervorgehoben wird und damit letztlich ins Leere geht. Idealerweise sollte die Verpflichtungserklärung dem Mitarbeiter zusammen mit dem Arbeitsvertrag, jedoch als gesondertes Dokument, vorgelegt werden.

Dem Schutzzweck des § 5 BDSG dürfte nur eine persönlich an den Arbeitnehmer gerichtete Verpflichtungserklärung entsprechen. Ein Aushang am schwarzen Brett oder ein Hinweis im Rahmen einer Betriebsordnung reichen daher nicht aus (so auch *Gola/Schomerus* § 5 BDSG Rdn. 11).

5. Vereinbarung über private Internet- und E-Mail-Nutzung[1]

Vereinbarung
zwischen
...... (Name und Anschrift des Arbeitgebers) „Gesellschaft"
und
Herrn ...... (Name und Anschrift des Arbeitnehmers) „Mitarbeiter"
In Ergänzung des Arbeitsvertrags[2] vom ...... wird folgende Vereinbarung[3] geschlossen:

§ 1 Nutzung des Internets[4]

(1) Der Mitarbeiter hat den Internetzugang am Arbeitsplatz grundsätzlich und vorrangig für dienstliche Zwecke zu nutzen[5].

(2) Der Mitarbeiter ist berechtigt, den Internetzugang am Arbeitsplatz in maßvollem Umfang auch privat zu nutzen, sofern der Arbeitsablauf dadurch nicht beeinträchtigt wird.

(*Alternative:*
(2) Der Mitarbeiter ist berechtigt, gegen ein Entgelt von EUR ...... pro ...... Minuten den Internetzugang am Arbeitsplatz in maßvollem Umfang auch privat zu nutzen, sofern der Arbeitsablauf dadurch nicht beeinträchtigt wird. Die Gesellschaft legt dem Mitarbeiter monatlich zum ...... eine Abrechnung über die angefallenen Kosten vor und behält diese unter Beachtung der Pfändungsfreigrenzen von der Vergütung des Mitarbeiters ein. Ist ein solcher Einbehalt nicht möglich, überweist der Mitarbeiter den Betrag spätestens zum ...... auf das folgende Konto der Gesellschaft: ......)[6].

(3) Das Erstellen, Besuchen, Speichern, Herunterladen und Verbreiten von Internetseiten mit strafrechtlich relevantem, fremdenfeindlichem, verfassungsfeindlichem, gewaltverherrlichendem oder pornografischem Inhalt oder von nicht vertrauenswürdigen Seiten ist unzulässig. Unzulässig ist auch jede Internetnutzung, die geeignet ist, den Interessen der Gesellschaft oder ihrem Ansehen in der Öffentlichkeit zu schaden[7].

(4) Das Kopieren oder Installieren weiterer Programme auf dem PC sowie das Herunterladen von Spielfilmen oder Musikstücken oder vergleichbar großer Datenmengen ist untersagt.

(5) Der Mitarbeiter darf weder chatten, Dialer benutzen noch kostenpflichtige Seiten besuchen oder herunterladen.

§ 2 Nutzung von E-Mail-Adressen

Der Mitarbeiter hat die dienstliche E-Mail-Adresse grundsätzlich und vorrangig für dienstliche Zwecke zu benutzen. Er darf diese Adresse insbesondere nur für dienstliche Zwecke bekannt gegeben.

(*Alternative:*
Der Mitarbeiter hat die dienstliche E-Mail-Adresse ausschließlich für dienstliche Zwecke zu benutzen. Er ist berechtigt, eine zweite, neben der dienstlichen E-Mail-Adresse auf ihn ausgestellte E-Mail-Adresse privat zu nutzen.)[8]

(*Alternative:*
Der Mitarbeiter hat die dienstliche E-Mail-Adresse ausschließlich für dienstliche Zwecke zu benutzen. Die Gesellschaft gestattet dem Mitarbeiter, sich über einen kostenlosen Anbieter eine zweite private E-Mail-Adresse einzurichten, auf die er während der Arbeitszeit Zugriff nehmen kann (Freemail).)[9]

§ 3 Intranet[10]

Das Intranet dient ausschließlich der unternehmensinternen Information und Kommunikation zu dienstlichen Zwecken. Jede private Nutzung ist ausgeschlossen.

§ 4 Benutzungsregeln

(1) Der Mitarbeiter hat die private Nutzung nach § 1 und § 2 auf ein vernünftiges Maß zu beschränken[11]. Dies gilt auch für die heruntergeladenen, gespeicherten oder versendeten Datenmengen. Für die private Nutzung sind, außer in dienstlich begründeten Ausnahmefällen, ausschließlich die Pausen oder Zeiten außerhalb der täglichen Arbeitszeit zu nutzen. Die private Nutzung darf weder den Arbeitsablauf noch den dienstlichen Gebrauch der Kommunikationsmittel behindern oder stören.

(2) Der Mitarbeiter hat, sofern es nicht ausnahmsweise unerlässlich ist, die Speicherung von privat recherchierten Internetseiten und privaten E-Mails zu unterlassen. In Ausnahmefällen sind die Daten auf eigenen Datenträgern oder auf dem Server in dem für die Ablage privater Dokumente vorgesehenen Bereich zu speichern und kurzfristig wieder zu entfernen.

(3) Der Mitarbeiter ist verpflichtet, zu Dokumentationszwecken alle ein- und ausgehenden dienstlichen E-Mails auszudrucken und diese Ausdrucke aufzubewahren.

(4) Im Fall seiner Abwesenheit ist der Mitarbeiter verpflichtet, die eingehenden E-Mails an einen Stellvertreter weiterzuleiten und durch eine automatische Abwesenheitsnotiz den Absender über seine Abwesenheit zu informieren. In Fällen unvorhergesehener Abwesenheit werden die IT-Verantwortlichen der Gesellschaft die automatische Abwesenheitsnotiz aktivieren.

(5) Für Veränderungen der technischen Spezifikation und der installierten Software ist ausschließlich die Gesellschaft zuständig. Für durch unzulässige Eingriffe entstandene Schäden haftet der Mitarbeiter. Die Gesellschaft ist zur Installation einer oder mehrerer Firewalls berechtigt.

§ 5 Vertraulichkeit, Sicherheit

(1) Der Mitarbeiter hat die ihm zugeteilten Zugangsdaten, insbesondere seine Passworte, geheim zu halten und darf sie nicht an Dritte weitergeben. Die Weitergabe der Passworte an vertrauensvolle Mitarbeiter der Gesellschaft ist nur in Ausnahmefällen zulässig, sofern dies für den Arbeitsablauf unerlässlich ist. Jeglicher Internet- und E-Mail-Gebrauch, der auf die Benutzung seiner Zugangsdaten zurückzuführen ist, wird dem Mitarbeiter zugerechnet.

(2) Die Weitergabe von vertraulichen Daten über das Internet oder per E-Mail darf nur nach Rücksprache mit dem Vorgesetzten erfolgen. Dabei ist in Zusammenarbeit mit den IT-Verantwortlichen der Gesellschaft sicherzustellen, dass der Zugriff Dritter auf diese Daten nach den verfügbaren technischen Möglichkeiten ausgeschlossen ist und dass die Daten als „persönlich/vertraulich" gekennzeichnet sind[12].

(3) Der Mitarbeiter hat sowohl bei der dienstlichen als auch bei der privaten Nutzung von Internet und E-Mail-Adresse die allgemeinen Sicherheitsstandards zu berücksichtigen; insbesondere darf er nur auf sicheren Seiten surfen, E-Mails und Dateien unbekannter Herkunft nicht öffnen und hat regelmäßig eine Viruskontrolle durchzuführen. Der Mitarbeiter ist verpflichtet, im Zweifel bei den IT-Verantwortlichen der Gesellschaft nachzufragen[13].

(4) Der Mitarbeiter ist verpflichtet, Sicherheitsprobleme oder Fehler-/Warnmeldungen des Systems unverzüglich den IT-Verantwortlichen der Gesellschaft zu melden.

§ 6 Kontrolle[14]

Es wird darauf hingewiesen, dass alle auf der dienstlichen E-Mail-Adresse ein- und ausgehenden E-Mails von der Gesellschaft oder deren Beauftragten bei konkretem Anlass gezielt und ansonsten stichprobenartig geöffnet und gelesen werden können. Dies gilt auch, wenn diese E-Mails als „privat", „vertraulich", „persönlich" o. ä. gekennzeichnet sein sollten. Das gleiche gilt für dienstlich veranlasste Internetrecherchen.

§ 7 Folgen der Missachtung[15]

(1) Der Mitarbeiter hat bei Missachtung der vorstehenden Regeln mit strafrechtlichen und arbeitsrechtlichen Konsequenzen wie Abmahnung oder Kündigung zu rechnen.

(2) Die Gesellschaft behält sich die Geltendmachung von Ersatzansprüchen vor, sofern ihr durch die Missachtung der Regeln einen Schaden entsteht.

(3) Die Gesellschaft behält sich vor, im Falle der Missachtung der Regeln dem Mitarbeiter den Internetzugang und die E-Mail-Funktion zeitweilig oder auf Dauer zu sperren oder nur unter weiteren Einschränkungen freizugeben.

§ 8 Bedingungen/Freiwilligkeitsvorbehalt[16]

(1) Die Erlaubnis zur privaten Nutzung von Internet und E-Mail-Funktion wird erst wirksam, wenn der Mitarbeiter die nachfolgende Einwilligung nach §§ 4 Abs. 1, 4a BDSG, 3 Abs. 2 TDDSG erteilt. Die Erlaubnis entfällt mit sofortiger Wirkung, wenn der Mitarbeiter die Einwilligung widerruft.

(2) Es besteht kein Anspruch des Arbeitnehmers auf die mit dieser Vereinbarung erteilte Erlaubnis zur privaten Nutzung von Internet und E-Mail-Funktion. Die Gesellschaft ist jederzeit berechtigt, die private Nutzung von Internet und E-Mail-Funktion ohne Zustimmung des Mitarbeiters zu ändern oder vollständig aufzuheben. Für eine derartige Änderung oder Aufhebung genügt die schriftliche Mitteilung durch die Gesellschaft.

§ 9 Schlussbestimmungen[17]

(1) Sollte in Ausnahmefällen für dienstliche Zwecke eine Abweichung von den vorstehenden Regelungen erforderlich sein, so ist in Abstimmung mit dem Vorgesetzten und mit den IT-Verantwortlichen der Gesellschaft eine angemessene Lösung zu finden.

(2) Mündliche Nebenabreden bestehen nicht. Änderungen oder Ergänzungen dieser Vereinbarung einschließlich dieser Bestimmung bedürfen zu ihrer Wirksamkeit der Schriftform.

(3) Sollte eine Bestimmung dieser Vereinbarung ganz oder teilweise unwirksam sein oder werden, so wird hiervon die Wirksamkeit der übrigen Bestimmungen dieser Zusatzvereinbarung nicht berührt. An die Stelle der unwirksamen Bestimmung tritt die gesetzlich zulässige Bestimmung, die dem mit der unwirksamen Bestimmung Gewollten wirtschaftlich am nächsten kommt. Dasselbe gilt für den Fall einer vertraglichen Lücke.

(4) Der Mitarbeiter hat eine Ausfertigung dieser Vereinbarung erhalten.

……
Ort, Datum

……
Unterschrift der Gesellschaft

……
Ort, Datum

……
Unterschrift des Mitarbeiters

Einwilligung des Mitarbeiters nach §§ 4 Abs. 1, 4a BDSG, 3 Abs. 2 TDDSG[18]:

Ich erteile hiermit meine Einwilligung zur Erhebung, Verarbeitung und Nutzung der folgenden Verbindungs- und Entgeltdaten im Zusammenhang mit meiner Nutzung von Internet und E-Mail-Funktion am Arbeitsplatz: ……. Die erhobenen Daten werden regelmäßig nach einem Zeitraum von …… Wochen gelöscht. Zweck der Erhebung, Verarbeitung und Nutzung der Daten ist in erster Linie die Abrechnung der durch die private Nutzung des Internets entstandenen Kosten. Ich bin auch damit einverstanden, dass die Gesellschaft oder …… im Auftrag der Gesellschaft anhand dieser Daten bei konkretem Anlass gezielt oder ansonsten durch Stichproben nachprüfen, ob sich die private Nutzung von Internet und E-Mail-Funktion im Rahmen der Erlaubnis nach dieser Vereinbarung hält. Ich bin darauf hingewiesen worden, dass ich diese Einwilligung jederzeit widerrufen kann.

Mir ist auch bekannt, dass die Erlaubnis zur privaten Nutzung von Internet und E-Mail-Funktion erst mit Erteilung dieser Einwilligung wirksam wird und im Falle des Widerrufs der Einwilligung mit sofortiger Wirkung entfällt.

......
Ort, Datum

......
Unterschrift des Mitarbeiters

Schrifttum: Balke/Müller, Arbeitsrechtliche Aspekte beim betrieblichen Einsatz von e-mails, DB 1997, 326; *Beckschulze/Henkel* Der Einfluss des Internets auf das Arbeitsrecht, DB 2001, 1491; *Däubler*, Internet und Arbeitsrecht, 3. Auflage 2004; *Däubler*, Nutzung des Internets durch Arbeitnehmer, K&R 2000, 323; *Ernst*, Der Arbeitgeber, die E-Mail und das Internet, NZA 2002, 585; *Dickman*, Inhaltliche Ausgestaltung von Regelungen zur privaten Internetnutzung im Betrieb, NZA 2003, 1009; *Fischer*, Zweifelsfragen zur Steuerbefreiung der privaten Nutzung von betrieblichen PC und Telekommunikationsgeräten durch den Arbeitnehmer, DStR 2001, 201; *Gola*, Neuer Tele-Datenschutz für Arbeitnehmer? Die Anwendung von TKG und TDDSG im Arbeitsverhältnis, MMR 1999, 322; *Lindemann*, Betriebsvereinbarung zur E-mail, Internet- und Intranet-Nutzung, BB 2001, 1950; *Raffler/Hellich*, Unter welchen Voraussetzungen ist die Überwachung von Arbeitnehmer-e-mails zulässig?, NZA 1997, 862; *Scheurle/Mayen*, TKG Kommentar 2002; *Spindler/Schmitz/Geis*, TDG Kommentar, 1. Aufl. 2004; *Vehslage*, Privates Surfen am Arbeitsplatz, AnwBl 2001, 145.

Anmerkungen

1. Regelungsinhalt. Die meisten mit Computer ausgestatteten Arbeitsplätze verfügen über einen Internetanschluss. Wie das Telefon am Arbeitsplatz verführt jedes Kommunikationsmittel dazu, diese Einrichtung der Einfachheit halber auch privat zu nutzen. Genauso wie das schnelle Kurztelefonat im Ortsnetz den Arbeitsablauf nicht stört, könnte jede maßvolle private Nutzung der neuen Medien geduldet werden. Der Arbeitgeber hat aber ein erhebliches Interesse daran, dass die Privatnutzung nicht ausufert. Die Erfahrungen haben gezeigt, dass manche Arbeitnehmer einen nicht unerheblichen Teil ihrer Arbeitszeit der privaten Nutzung von Internet und E-Mail widmen. Dies kann auch zu einer Aus- oder gar Überlastung der Kommunikationssysteme führen und zudem – je nach Tarifgestaltung – erhebliche Kosten verursachen. Die Verbreitung anstößiger Inhalte oder der Aufruf entsprechender Internetseiten kann der Reputation des Unternehmens schaden. Erhebliche Schäden drohen, wenn der Server des Arbeitgebers im Zuge der Privatnutzung mit Viren, Würmern oder Trojanern befallen wird; dieses Risiko ist beim Surfen auf Seiten mit pornographischen Inhalten besonders hoch. Daneben birgt das Internet auch höhere Gefahren einer kriminellen Nutzung als dies beispielsweise am Telefon möglich wäre.

Dem Mitarbeiter steht **kein Anspruch auf eine private Nutzung von E-Mail und Internet** zu. Anders ist das allerdings bei der Nutzung von E-Mail und Internet durch den **Betriebsrat**. Ist der Betriebsrat mit einem Personalcomputer ausgerüstet und wird im Betrieb das Internet genutzt, kann der Betriebsrat den Anschluss an das Internet jedenfalls dann für erforderlich halten und daher einen entsprechenden Anspruch gegen den Arbeitgeber aus § 40 Abs. 2 BetrVG haben, wenn dem Arbeitgeber dadurch keine zusätzlichen Kosten entstehen und er keine anderen entgegenstehenden betrieblichen Belange geltend macht. Das Internet ist nämlich geeignet, dem Betriebsrat die zur Erfüllung seiner Aufgaben notwendigen Informationen zu vermitteln (BAG Beschl. v. 3. 9. 2003 – 7 ABR 8/03 – AP Nr. 79 zu § 40 BetrVG 1972).

Ist keine Regelung getroffen, so ist dem Mitarbeiter die **private Nutzung nicht gestattet** (*Küttner/Kreitner* Internetnutzung Rdn. 5; *Ernst* NZA 2002, 585). Eine **eindeutige Regelung** ist aber erforderlich, damit der Arbeitgeber bei Missbrauch arbeitsrechtliche Konsequenzen ziehen, insbesondere eine Kündigung aussprechen kann (LAG Mainz Urt. v. 12. 7. 2004 – 7 Sa 1243/03 – n.v.; ArbG Frankfurt/M. Urt. v. 14. 7. 2004 – 9 Ca 10.256/03 – MMR 2004, 829).

Konkrete **gesetzliche Vorgaben** zur Internetnutzung am Arbeitsplatz fehlen, allerdings ist aufgrund der vergleichbaren Situation die **Kasuistik zu den privaten Telefongesprächen** als Anhaltspunkt heranzuziehen (ArbG Düsseldorf Urt. v. 1. 8. 2001 – 4 Ca 3437/01, nicht rechtskräftig – NZA 2001, 1386 ff.; *Lindemann* BB 2001, 1950, 1952). Ob eine bestehende Vereinbarung zu privaten Telefongesprächen unausgesprochen auch für die Internetnutzung gilt, ist zweifelhaft (dafür *Däubler* Rdn. 184 a, sofern dem Arbeitgeber wegen einer Pauschalabrede keine weiteren Kosten entstehen; a. A. *Beckschulz/Henkel* DB 2001, 1491, 1492 mit Hinweis auf das ungleich höhere Gefahrenpotential; *Ernst* NZA 2002, 585, 586; *Dickmann* NZA 2003, 1009, 1010).

Es gibt **verschiedene rechtliche Gestaltungswege**, die private Nutzung von Internet am Arbeitsplatz und der dienstlichen E-Mail-Adresse zu regeln; dies kann durch **Individualvertrag**, durch eine **Betriebsvereinbarung** (vgl. Form. C. II. 14) oder eine **Firmenrichtlinie**, die Bestandteil jedes Arbeitsvertrags wird, geschehen. Strittig ist allerdings, ob dieser Bereich allein durch eine Firmenrichtlinie geregelt werden kann. Denn mit dieser **einseitigen Gestaltung** kann der Arbeitgeber grundsätzlich nur Bereiche regeln, die dem Weisungsrecht unterliegen, da andernfalls eine Zustimmung des Mitarbeiters notwendig ist. Soll die private Internetnutzung verboten werden, so liegt darin nur die Klarstellung des grundsätzlich schon existenten Verbotes. Soll aber mit dieser Regelung etwa eine betriebliche Übung über die Gestattung der Privatnutzung abgeändert werden oder die Privatnutzung unter Auflage von Verhaltensmaßregeln gestattet werden, so liegt darin eine Änderung der Arbeitsbedingungen, die der Zustimmung des Mitarbeiters bedarf. In letzteren Fällen ist daher die einseitige Regelung nicht möglich.

Für die Wahl der rechtlichen Gestaltung ist auch darauf zu achten, dass in Unternehmen mit Betriebsrat die **Betriebsvereinbarung** alleine schon wegen der Mitbestimmungsrechte (s. sogleich und Form C. II. 14 Anm. 8) **vorzugswürdig** ist. Außerdem können die Betriebsparteien mit einer Betriebsvereinbarung auch zu Ungunsten der Arbeitnehmer von den Vorschriften des **Bundesdatenschutzgesetzes** (BDSG) abweichen. (BAG Beschl. v. 27. 5. 1986 – 1 ABR 48/84 – DB 1986, 2080, 2084; ArbG Kiel, Urt. v. 1. 2. 2001 – 2 Ca 2248 d/00; zit. n. juris; *Raffler/Hellich* NZA 1997, 862, 864).

Zu beachten ist, dass im Betrieb bereits durch **betriebliche Übung** ein Verhaltenskodex entstanden sein kann, der bei der Neuregelung der privaten Nutzung der Kommunikationseinrichtungen zu beachten ist. In der Regel wird davon auszugehen sein, dass eine derartige betriebliche Übung bei einer Dauer von einem halbem bis zu einem Jahr entsteht (*Däubler* Rdn. 185; *Dickmann* NZA 2003, 1009, 1010).

Zu regeln ist die Benutzung des **Internets und der E-Mail-Funktion**. Sofern vorhanden, sollte zugleich eine angemessene Leitlinie für die Benutzung des **Intranets** getroffen werden, da diese ähnliche Datenschutzprobleme aufwirft.

An **gesetzlichen Regelungen** sind das **Betriebsverfassungsgesetz** (BetrVG), das **Bundesdatenschutzgesetz** (BDSG), das **Teledienstgesetz** (TDG), das **Gesetz über den Datenschutz bei Telediensten** (TDDSG), der **Mediendienstestaatsvertrag** (MDStV) sowie das **Telekommunikationsgesetz** (TKG) zu beachten. Die durch die Nutzung der modernen Kommunikationsmittel aufkommenden Daten sind als **personenbezogene Daten** vom Anwendungsbereich des BDSG erfasst. Dem Betriebsrat, der schon generell bei der Einführung von Telekommunikationseinrichtungen nach § 87 Abs. 1 Nr. 6 BetrVG mitzubestimmen hat, steht auch bei der Einführung der Ordnungsregeln für deren Benutzung ein Mitbestimmungsrecht nach § 87 Abs. 1 Nr. 1 BetrVG zu. Außerdem hat er nach § 80 Abs. 1 Nr. 1 BetrVG darüber zu wachen, dass die genannten datenschutzrechtlichen Vorgaben eingehalten werden (*Däubler* Rdn. 108). Zu beachten ist, dass das Recht der **Personalvertretung** hier einige Unterschiede aufweist (*Däubler* Rdn. 143 ff.).

2. Individualvertragliche Vereinbarung. Im Formular wird die private Internet- und E-Mail-Nutzung nachträglich in Ergänzung zum bestehenden Arbeitsvertrag vereinbart. Soll die Privatnutzung in einem neuen Arbeitsverhältnis von Anfang an mitgeregelt werden, können die hier aufgeführten Regelungen in den Arbeitsvertrag (vgl. Form. A.II.1) aufgenommen werden.

3. Entscheidungsrahmen. Der Arbeitgeber hat völlige Entscheidungsfreiheit, ob er die private Internet- und E-Mail-Nutzung zulassen will oder nicht (*Ernst* NZA 2002, 585). Der Betriebsrat kann nicht erzwingen, dass der am Arbeitsplatz vorhandene Anschluss für die private Nutzung freigegeben wird.

4. Eingeschränkte Erlaubnis. Im Formular wird beispielhaft eine eingeschränkte Privatnutzung von Internet und E-Mail zugelassen. Als Rahmen gilt Folgendes:
Der Arbeitgeber ist bei dieser Lösung gegenüber seinen Mitarbeitern **Telekommunikations-Diensteanbieter nach § 3 Nr. 6, 10 und 24, § 88 ff. TKG.** Denn der Arbeitgeber erbringt geschäftsmäßig (auch ohne Gewinnerzielungsabsicht) Telekommunikationsdienste für Dritte, die in der Regel nur gegen Entgelt erbracht werden. Der privat nutzende Mitarbeiter wird im Gegensatz zu dem im Auftrag des Arbeitgebers zu Dienstzwecken nutzenden Mitarbeiter als Dritter i.S.d. § 3 Nr. 10 TKG angesehen. Der Arbeitgeber hat daher u.a. unter der Strafdrohung des § 206 StGB das **Fernmeldegeheimnis des § 88 TKG** zu wahren. Weiter darf er nach § 88 Abs. 3 Satz 1 TKG Daten nur in einem eng begrenzten Rahmen erfassen. Außerdem hat er nach § 107 Abs. 2 TKG die vorgeschriebenen Sicherheits- und Kontrollmechanismen anzubringen.

Die Anwendbarkeit der spezielleren Regelungen des TDG/TDDSG auf die Nutzung von E-Mail und Internet am Arbeitsplatz war zunächst umstritten. Zweifelhaft war, ob zwischen Arbeitgeber und Mitarbeiter ein Nutzungsverhältnis vorliegt und der Mitarbeiter geschützter „Dritter" im Sinne des TDDSG ist (*Ernst* NZA 2002, 585). § 1 Abs. 1 Nr. TDDSG stellt nunmehr klar, dass das TDDSG nicht im Arbeitsverhältnis gilt, soweit die Nutzung ausschließlich zu beruflichen oder dienstlichen Zwecken erfolgt. Die Regelungen des TDG/TDDSG sind nur im Fall der privaten Nutzung durch die Mitarbeiter anwendbar. Soweit der Arbeitgeber die private Nutzung überwachen will, ist die Kontrolle daher durch die strengen datenschutzrechtlichen Vorschriften des TDG/TDDSG eingeschränkt. (*Spindler/Schmitz/Geis* TDDSG § 1 Rdn. 40; *Beckschulze/Henkel* DB 2001, 1491, 1495; *Däubler* Rdn. 241 mit einer Liste der Konsequenzen daraus unter Rdn. 280 ff.).

5. Dienstliche Nutzung. Zu beachten ist, dass die dienstliche Nutzung auch die **dienstlich motivierte Privatnutzung** erfasst, z.B. wenn der Mitarbeiter aus dienstlichen Gründen (wegen Überstunden etc.) seine Freizeit umplanen muss und dies per E-Mail anstatt per Telefon erledigt (*Ernst* NZA 2002, 585, 588). Ebenso ist ein E-Mail-Austausch im Rahmen des sozialen Kontakts am Arbeitsplatz als dienstliche Nutzung zulässig (*Ernst* NZA 2002, 585, 588; *Däubler* Rdn. 178 f.).

6. Kosten der Privatnutzung. In der Regel wird der Arbeitgeber die Kosten für die Privatnutzung tragen. Sofern allerdings eine Kostenerstattung durch den Mitarbeiter gewünscht wird, ist das Formular, wie in der Alternative zu § 1 Abs. (2) formuliert, zu ergänzen.

Wird eine Kostenerstattung vom Mitarbeiter verlangt, ist der Arbeitgeber nach § 6 TDDSG jedenfalls berechtigt, die **zur Abrechnung erforderlichen Daten** zu erfassen und zu speichern (*Ernst* NZA 2002, 585, 587). Ungelöst ist dabei die Problematik, ob bei der Datenerfassung für die Abrechnung auch die Empfänger- oder Zieladressen der privat versandten E-Mails gespeichert werden dürfen. Während bei privaten Telefonaten jedenfalls eine Erfassung der verkürzten Telefonnummer zulässig ist (s. Form. C.II.15 Anm. 7), wird man bei E-Mail-Adressen eine Speicherung zur Abrechnung oder zur Überwachung der begrenzten Privatnutzung als zulässig ansehen müssen, da eine sinnvolle Verkürzung der E-Mail-Adressen nicht möglich ist (*Beckschulze/Henkel* DB 2001, 1491, 1494).

7. Klarer Ausschluss von Internetseiten. Neben der generalklauselartigen Beschreibung einer maßvollen Internetnutzung sollte ausdrücklich auf die Unzulässigkeit der strafrechtlich relevanten und anstößigen Internetnutzung hingewiesen werden. Sofern es im Einzelfall sinnvoll ist, kann auch die Anwahl bestimmter Internetadressen verboten werden (*Ernst* NZA 2002, 585, 586).

8. Zweite private E-Mail-Adresse. Darf der Mitarbeiter die dienstliche E-Mail-Adresse auch privat nutzen, so ist es der Gesellschaft zum Schutz der Privatsphäre des Mitarbeiters verwehrt, die gesamten E-Mails – also auch die rein geschäftlichen – zu lesen, da nach außen nicht erkennbar ist, ob es sich um private oder dienstliche Nachrichten handelt. Um der Gesellschaft aber die Kontrolle zumindest über die Geschäftspost zu erhalten, sollte dem Mitarbeiter für seine **private Korrespondenz** eine eigene E-Mail-Adresse eingeräumt werden. Deren Inhalt kann nur für eine **Störungsbehebung** und **Missbrauchskontrolle** oder mit **richterlicher Anordnung** eingesehen werden (*Beckschulze/Henkel* DB 2001, 1491, 1494).

Weniger praktikabel erscheint die Lösung, dem Mitarbeiter nur eine E-Mail-Adresse zur Verfügung zu stellen, ihn aber dazu zu verpflichten, die privaten E-Mails bereits in der Betreffzeile zu kennzeichnen (*Beckschulze/Henkel* DB 2001, 1491, 1494).

Sofern der Mitarbeiter unter Verstoß gegen das Verbot der übermäßigen privaten Nutzung sehr viele private E-Mails schreibt und speichert, kann der Arbeitgeber diese nach § 88 TKG nur unter Beachtung des Fernmeldegeheimnisses lesen. Ist der private Charakter bereits aus dem Betreff kenntlich, darf diese E-Mail nicht gelesen werden. Ist der private Charakter nach außen nicht erkennbar, so hat der Arbeitgeber, sofern er die E-Mail als Geschäftspost geöffnet hat, diese unverzüglich zu schließen (*Beckschulze/Henkel* DB 2001, 1491, 1494).

9. **Freemail** Eine weitere Alternative besteht darin, die Nutzung der dienstlichen E-Mail-Adresse auf dienstliche Zwecke zu beschränken und dem Mitarbeiter im Gegenzug die private Nutzung eines Freemail-Dienstes im Internet zu erlauben. Eine Vielzahl von Diensten (z. B. web.de, GMX) bieten werbefinanziert kostenlose E-Mail-Adressen an. Der Mitarbeiter kann sich über das Internet bei einem solchen Dienst anmelden und dort online E-Mails empfangen und versenden.

10. **Intranet.** Das Intranet ist ein Netzwerk, das nur einer geschlossenen Benutzergruppe zur Verfügung steht, sog. „corporate network". Auch für das Intranet gelten die Regelungen des TKG und des TDG/TDDSG. Soweit der Arbeitgeber die private Kommunikation in einem Intranet überwachen will, gelten die aus dem Fernmeldegeheimnis abgeleiteten datenschutzrechtlichen Bestimmungen des TKG und des TDDSG (BeckTKG-Komm/*Büchner*, § 85 TKG a. F. Rdn. 4; *Spindler/Schmitz/Geis*, § 2 TDG Rdn. 9).

Das Verbot der privaten Nutzung des Intranets wurde nur zur **Klarstellung** aufgenommen. In der Regel wird nur ein beschränkter Personenkreis einen Zugang zum Intranet haben, der das Einstellen von Dokumenten ermöglicht. Dadurch kann die Gesellschaft bereits rein faktisch steuern, welcher Mitarbeiter welche Inhalte im Intranet veröffentlicht. Auch hinsichtlich des Intranets ist die Sonderstellung des Betriebsrats zu beachten. Der **Betriebsrat** kann nach § 40 Abs. 2 BetrVG einen Anspruch darauf haben, Informationen und Beiträge in einem vom Arbeitgeber eingerichteten Intranet zu veröffentlichen, da dies der umfassenden und rechtzeitigen Information der Arbeitnehmer über die Tätigkeit des Betriebsrats im Rahmen seines Aufgabenkreises dient. Er darf die Nutzung des Intranets jedenfalls dann für erforderlich halten, wenn dem Arbeitgeber dadurch keine besonderen Kosten entstehen und dieser auch keine sonstigen entgegenstehenden betrieblichen Belange geltend macht (BAG Beschl. v. 3. 9. 2003 – 7 ABR 12/03 – AP Nr. 78 zu § 40 BetrVG 1972).

11. **Umfang der Nutzung.** Der Arbeitgeber kann die maßvolle Benutzung durch Bezeichnung des zeitlichen Umfangs oder Nennung einer maximalen Obergrenze (pro Tag nur eine gewisse Anzahl an E-Mails, die eine bestimmte Größe nicht überschreiten dürfen etc.) konkretisieren. Im Formular wurde allerdings eine allgemeine Formulierung gewählt, die dem Arbeitnehmer mehr Freiheiten lässt. Darüber hinaus ist zu berücksichtigen, dass sich Arbeitnehmer bei genau definierten Nutzungsvorgaben „verpflichtet" fühlen können, den ihnen zur Verfügung gestellten Rahmen auch zu nutzen und auszuschöpfen.

Zwar besteht dann im Einzelfall die Schwierigkeit zu definieren, wann die Grenze eines vernünftigen Maßes überschritten ist. Es sollte selbstverständlich sein, dass die Gestattung der Privatnutzung nicht die Erlaubnis zur Vernachlässigung der Arbeitspflichten ist (*Ernst* NZA 2002, 585, 586). Fehlt es an klaren Vorgaben, so ist davon auszugehen, dass sich die Erlaubnis nur auf einen sparsamen Umgang zu nicht störenden Zeiten wie Arbeitspausen und vor oder nach Dienstschluss, auf eine Nutzung ohne Gefährdung der Kapazitätsauslastung und keinesfalls auf eine strafrechtlich erhebliche oder das Image des Unternehmens schädigende Nutzung bezieht (*Vehslage* AnwBl 2001, 145, 146).

12. Vertrauliche Daten. Sofern der Arbeitgeber intern einheitliche Kategorien für vertrauliche Daten hat, kann an dieser Stelle auch die konkrete Kategorie von Daten genannt werden, deren Übertragung per Internet ausgeschlossen sein soll.

13. Sicherheit. Zusätzlich zu den allgemeinen im Formular genannten Sicherheitsstandards bleibt es dem Arbeitgeber vorbehalten, alle Internetfunktionen zu blockieren, die möglicherweise zu einem Missbrauch führen können, z. B. alle Programme, die zur Benutzung von Spielen oder zum Ansehen von Videoclips und Filmen im Netz erforderlich sind. Die Verpflichtung, im Zweifel bei den für IT verantwortlichen Mitarbeitern nachzufragen, vermindert das Risiko schädlicher Verhaltensweisen und stellt eine einheitliche Verfahrensweise sicher.

14. Kontrolle. Wegen des Fernmeldegeheimnisses nach § 88 TKG unterliegt der Arbeitgeber, sobald er die private Nutzung zulässt, im Grundsatz einem generellen Kontrollverbot. Er darf also weder den Inhalt noch die äußeren Daten überwachen oder diese Informationen gar aufzeichnen. Die Erhebung der Abrechnungsdaten ist nur möglich, soweit auf deren Basis die private Nutzung mit dem Mitarbeiter jeweils abgerechnet werden soll. Auch unter dem Aspekt, nachprüfen zu wollen, ob der Mitarbeiter seine Geheimhaltungs- und Wettbewerbspflichten verletzt, ist eine **andauernde inhaltliche Prüfung** der privaten Internet- und E-Mail-Nutzung nicht möglich; nur **anlassbezogene Nachforschungen** sind vom Verhältnismäßigkeitsgrundsatz noch gedeckt (*Balke/Müller* DB 1997, 326, 328).

Auch soweit die §§ 28 Abs. 1 Nr. 1 und 2, 31 BDSG die Erhebung, Speicherung und Übermittlung im Rahmen der Zweckbestimmung des Arbeitsverhältnisses und zur Wahrung überwiegender berechtigter eigener Interessen erlauben, ist stets der **Grundsatz der Verhältnismäßigkeit** zu beachten (*Balke/Müller* DB 1997, 326, 329). Zu beachten ist außerdem, dass das TDG und das TDDSG als Spezialgesetze vorrangig gelten; in ihrem Anwendungsbereich ist ein Rückgriff auf die allgemeinen Erlaubnistatbestände in §§ 28 ff. BDSG nicht möglich (s. Anm. 4).

Unzulässige Kontroll- oder Überwachungsmaßnahmen verletzen den Mitarbeiter in seinem **Persönlichkeitsrecht.** Gegen unzulässige Kontrollen der Gesellschaft hat der Mitarbeiter einen **Unterlassungsanspruch** analog §§ 823 Abs. 1, 1004 Abs. 1 BGB. Ein **Löschungsanspruch** steht dem Mitarbeiter aus §§ 823, 1004 Abs. 1 Satz 1 BGB und aus § 35 BDSG zu (*Vehslage* AnwBl 2001, 145, 148 f.). Daneben führt eine unzulässige Kontrolle meist dazu, dass das Kontrollergebnis mit einem **Beweisverwertungsverbot** belegt wird. Auch **Schadensersatzansprüche** sind bei schuldhafter Verletzung des Persönlichkeitsrechts denkbar. Diese können sich aus § 280 Abs. 1 BGB ergeben, da die Verletzung des Persönlichkeitsrechts eine Verletzung einer arbeitsvertraglichen Nebenpflicht ist; daneben kommen die §§ 823 ff. BGB als Anspruchsgrundlage in Betracht.

Der Mitarbeiter ist aber nicht berechtigt, bereits im Vorfeld z. B. durch Benutzen eines Anti-Überwachungs-Programms oder eines Verschlüsselungsprogramms für E-Mails die Kontrolle zu verhindern (*Ernst* NZA 2002, 585, 590). Zu beachten ist, dass das Installieren dieser Programme bereits ein Verstoß gegen § 1 Abs. 4 des Formulars darstellt.

Die vom Arbeitgeber verwendeten **Kontrolleinrichtungen** selbst sind nach § 87 Abs. 1 Nr. 6 BetrVG **mitbestimmungspflichtig.**

Zur Einwilligung des Mitarbeiters s. Anm. 18.

15. Arbeitsrechtliche und zivilrechtliche Konsequenzen bei Missbrauch. Ist die private Nutzung generell verboten, hat der Arbeitgeber keine Abgrenzungsschwierigkeiten, welche Nutzung noch innerhalb der erlaubten Privatnutzung liegt, und eher selten Probleme mit der Kontrolle der Nutzung. Bei einem generellen Verbot stellt die Privatnutzung eine **Verletzung der arbeitsrechtlichen Pflichten** dar. Der Arbeitgeber kann den Mitarbeiter daher **nach Abmahnung verhaltensbedingt ordentlich** oder auch **außerordentlich** kündigen, wenn er vorher das Verbot und die Konsequenzen eines Verstoßes deutlich gemacht hat (LAG Frankfurt Urt. v. 13. 12. 2001 – 5 Sa 987/01 – DB 2002, 901 f.). Fehlt hingegen eine eindeutige Bestimmung, kann sich der Arbeitgeber z. B. in einer ersten Einarbeitungszeit nicht auf die private Internetnutzung als Kündigungsgrund berufen (ArbG Wesel Urt. v. 21. 2. 2001 – 5 Ca 4021/00 – NZA 2001, 786 ff.). Grob schematisiert kann die Abmahnung vor einer **außerordentlichen Kündigung** entbehrlich sein, wenn die missbräuchliche Privatnutzung im Zusammenhang mit Straftaten oder Pornographie steht (ArbG Düsseldorf Urt. v. 1. 8. 2001 – 4 Ca 3437/01, nicht rechtskräftig – NZA 2001, 1386 ff.; ArbG Braunschweig Urt. v. 22. 1. 1999 – 3 Ca 370/98 – NZA-RR 1999, 192 ff.; ebenso bei veröffentlichten Beleidigungen des Arbeitgebers LAG Kiel Urt. v. 4. 11. 1998 – 2 Sa 330/98 – NZA-RR 1999, 132 ff.; *Vehslage* AnwBl 2001, 145, 149). Folgende Vorgänge wurden vom ArbG Hannover (Urt. v. 1. 12. 2000 – 1 Ca 504/00 B – NZA 2001, 1022, 1023) als schwerwiegende Pflichtverletzung, die eine außerordentliche Kündigung rechtfertigen können, anerkannt:

- das private Nutzen des dem Mitarbeiter zur Verfügung gestellten dienstlichen PC am Arbeitsplatz ohne Erlaubnis,
- das private Nutzen des PC während der Arbeitszeit,
- das Herunterladen einer erheblichen Menge pornographischen Bildmaterials aus dem Internet und dessen Speichern auf Datenträgern des Arbeitgebers,
- das Nutzen des ihm gewährten Internet-Zugangs zum Einrichten einer Web-Page mit sexuellem Inhalt, ohne dass dies mit Wissen und Wollen des Arbeitgebers geschah.

16. Bedingungen und Freiwilligkeitsvorbehalt. Der Arbeitgeber sollte die (eingeschränkte) Erlaubnis zur privaten Nutzung von Internet und E-Mail nur solchen Arbeitnehmern gewähren, die bereit sind, die gewünschte Einwilligungserklärung zu erteilen. Die Erlaubnis sollte wiederum erlöschen, wenn die Einwilligung widerrufen wird. Eine solche Verknüpfung von Einwilligung und Leistungserbringung ist möglich, wenn dem Nutzer ein anderer Zugang zu den fraglichen Diensten in zumutbarer Weise möglich ist. Angesichts privater Internet-Zugänge und der Existenz von Internet-Cafes ist dies der Fall. Zum Freiwilligkeitsvorbehalt s. Anm. 3.

17. Schlussbestimmungen. S. Form. A. II. 1 Anm. 28 f.

18. Einwilligung. Wie unter Anm. 14 dargestellt, besteht hinsichtlich der privaten Nutzung von Internet und E-Mail im Grundsatz ein Kontrollverbot für den Arbeitgeber. Allerdings kann er sich im Rahmen einer individualvertraglichen Vereinbarung vom Mitarbeiter zumindest die Einwilligung zur Speicherung und Kontrolle der Verbindungs- und Entgeltdaten geben lassen. Zwar kann der Mitarbeiter auch in die Erhebung und Speicherung von Inhaltsdaten nach §§ 3 Abs. 1 TDDSG, 4a BDSG einwilligen, aber die Einwilligung ist nach §§ 3 Abs. 2 TDDSG, 4a Abs. 1 S. 2 BDSG streng zweckgebunden. Eine pauschale Einwilligung im Voraus dürfte damit unwirksam sein. Eine knappe Einteilung der Bestands-, Verbindungs-, Entgelts- und Inhaltsdaten ist bei *Beckschulze/Henkel* DB 2001, 1491, 1493 zu finden.

Für die Einwilligung ist die Form des § 4 BDSG zu beachten. Diese Einwilligung kann zwar im Rahmen weiterer Vereinbarungen erteilt werden, ist dann aber z. B. durch Fettdruck besonders hervorzuheben, § 4a Abs. 1 Satz 4 BDSG. Vorsorglich wird die gesondert zu unterschreibende Einwilligung am Ende des Formulars wiedergegeben.

Es ist außerdem zu beachten, dass bei erlaubter Privatnutzung neben dem BDSG auch noch das TKG bzw. das TDG/TDDSG anzuwenden sind. Gemäß § 97 TKG und § 6 TDDSG können zwar für die Abrechnung auch ohne Einwilligung des Mitarbeiters die notwendigen Verbindungsdaten erhoben, gespeichert (und baldmöglichst gelöscht) werden, allerdings nur soweit der Arbeitgeber diese Daten gerade für die Abrechnung gegenüber dem Arbeitnehmer benötigt. Möchte der Arbeitgeber diese Daten auch benutzen um nachzuprüfen, ob sich die tatsächliche Nutzung im Rahmen der gestatteten Privatnutzung hält, ist eine Einwilligung nach §§ 3 Abs. 2 TDDSG, 4 BDSG erforderlich, wobei die Formvorschriften und Voraussetzungen der §§ 3 Abs. 3, und 4 Abs. 2 TDDSG sowie § 4a BDSG zu beachten sind. Es muss daher insbesondere auf den Zweck der Datenkontrolle hingewiesen werden.

Die Einschränkung der Kontrollen auf Stichproben oder bei konkretem Anlass ist notwendig, da auch eine einzelvertraglich eingeräumte Kontrollbefugnis dem Verhältnismäßigkeitsmaßstab genügen muss (*Ernst* NZA 2002, 585, 591).

Auf die in § 8 des Formulars geregelte Verknüpfung zwischen Einwilligung und Erlaubnis der Privatnutzung ist in der Einwilligung hinzuweisen.

6. Arbeitgeberdarlehen[1]

Darlehensvertrag

zwischen der
...... (Name und Anschrift des Arbeitgebers) „Gesellschaft"
und
Herrn ...... (Name und Anschrift des Arbeitnehmers) „Mitarbeiter"
Im Hinblick auf das bestehende Arbeitsverhältnis[2] vereinbaren die Parteien folgendes Darlehen[3]:

§ 1 Darlehen

Die Gesellschaft gewährt dem Mitarbeiter ein Darlehen in Höhe von EUR ...... (in Worten: Euro ......) („Darlehensbetrag").

§ 2 Fälligkeit der Auszahlung[4]

Die Auszahlung des Darlehensbetrages erfolgt am ...... („Auszahlungstag").

§ 3 Zins/Lohnsteuer[5, 9]

(1) Das Darlehen ist mit ...... Prozent (Zinssatz) beginnend mit dem ...... (Datum des Beginns der Verzinsung) zu verzinsen. Die Zinsen werden kalendervierteljährlich berechnet.

(2) Die aufgrund des geldwerten Vorteils entstehende Lohnsteuer trägt der Mitarbeiter.

(3) Die kalendervierteljährlich berechneten Zinsen sind zusammen mit der letzen Tilgungsrate des Kalendervierteljahres fällig.

§ 4 Tilgung

(1) Das Darlehen ist in monatlichen Raten von EUR ...... (in Worten: Euro ......) (Höhe der Einzelraten), beginnend mit dem ...... (Datum der ersten Ratenzahlung), zu tilgen.

(2) Die Tilgungsraten sind jeweils am Ersten eines Monats fällig.

§ 5 Einbehalt[6]

(1) Die Gesellschaft ist berechtigt, die am gleichen Tag fälligen und pfändbaren Lohnansprüche des Arbeitnehmers mit den Darlehenstilgungs- und Zinsansprüchen zu verrechnen.

(2) Bei Kündigung des Darlehens[10] ist die Gesellschaft berechtigt, den ausstehenden Darlehensrestbetrag gegen den Abfindungsanspruch des Mitarbeiters zu verrechnen, soweit zu diesem Zeitpunkt ein Abfindungsanspruch besteht.

§ 6 Laufzeit des Darlehens

(1) Der ausstehende Restbetrag des Darlehens wird insgesamt fällig, wenn das Arbeitverhältnis, gleich aus welchem Grunde, beendet wird[7].

(2) Dies gilt nicht für den Fall der betriebsbedingten Kündigung und der durch die Gesellschaft veranlassten Eigenkündigung[8].

§ 7 Sicherheiten[11, 12]

(1) Der Mitarbeiter bestellt der Gesellschaft zur Sicherheit eine Briefhypothek ...... (Rang) Ranges am Grundstück ...... Grundbuch ...... Flurnummer ...... (Bezeichnung des Grundstücks) in Höhe von EUR ...... (in Worten: Euro ......) (Betrag).

(2) Der Mitarbeiter tritt hiermit im Voraus den jeweils pfändbaren Teil seines Lohn- und Gehaltsanspruchs gegen seinen jeweiligen Arbeitgeber in Höhe der offenen Tilgungs- und Zinszahlungen nach §§ 3 und 4 dieses Vertrags an die Gesellschaft ab. Die Abtretung bezieht sich auch auf alle zukünftigen Vergütungsansprüche aus Dienstverträgen oder Verträgen als freier Mitarbeiter, Provisionsansprüche, Abfindungen und Tantiemen.

Die Gesellschaft wird gegenüber einem neuen Arbeitgeber die Abtretung nur offen legen, wenn der Mitarbeiter seinen Zahlungsverpflichtungen nach Ausscheiden aus dem Arbeitsverhältnis bei der Gesellschaft nicht nachkommt. Von der Abtretung wird nur in Höhe der noch ausstehenden Forderungen Gebrauch gemacht werden.

§ 8 Schlussbestimmungen[13]

(1) Der Mitarbeiter verpflichtet sich, unabhängig vom Bestehen des Arbeitsverhältnisses, der Gesellschaft unverzüglich jede Änderung seiner Anschrift für die Dauer dieses Darlehensvertrages mitzuteilen. Insbesondere ist der Mitarbeiter verpflichtet, der Gesellschaft Name und Anschrift von zukünftigen Arbeitgebern sowie sämtliche Pfändungen, Verpfändungen und Abtretungen seiner Vergütungsansprüche mitzuteilen.

(2) Bislang sind die Vergütungsansprüche des Mitarbeiters wie folgt abgetreten:
- ......,
- ....

(3) Mündliche Nebenabreden bestehen nicht, Änderungen oder Ergänzungen dieses Vertrages einschließlich dieser Bestimmung bedürfen zu ihrer Wirksamkeit der Schriftform.

(4) Sollte eine der vorgenannten Klauseln unwirksam oder der Vertragstext lückenhaft sein, so berührt dies die Wirksamkeit des Vertrages im Übrigen nicht. An die Stelle der unwirksamen Bestimmung tritt die gesetzlich zulässige Bestimmung, die dem mit der unwirksamen Bestimmung Gewollten wirtschaftlich am nächsten kommt. Dasselbe gilt für den Fall der vertraglichen Lücke.

......
Ort, Datum

......
Unterschrift der Gesellschaft

......
Ort, Datum

......
Unterschrift des Mitarbeiters[14]

Schrifttum: Küttner, Personalbuch 12. Auflage 2005; *Günther*, Besteuerung von Zinsersparnissen bei Arbeitgeberdarlehen, GStB 2003, 256; *Hunold*, Ausgewählte Rechtssprechung zur Vertragskontrolle im Arbeitsrecht, NZA-RR 2002, 225; *Preis*, Der Arbeitsvertrag – Vertragsgestaltung nach der Schuldrechtsreform 2002, 2002; *Warnke*, Zinsersparnisse und Zinszuschüsse bei Arbeitgeberdarlehen, EStB 2003, 395–397.

Anmerkungen

1. Arbeitgeberdarlehen. Ein **Arbeitgeberdarlehen** liegt vor, wenn der Arbeitgeber mit Rücksicht auf das Arbeitsverhältnis einem Arbeitnehmer Kapital zur vorübergehenden Nutzung, typischerweise zu günstigeren Bedingungen als auf dem Kapitalmarkt überlässt (ErfKomm/*Preis* § 611 BGB Rdn. 544). Von Arbeitgeberdarlehen spricht man dabei nicht schon dann, wenn die Parteien des Darlehensvertrages gleichzeitig in einem Arbeitverhältnis stehen, sondern nur dann, wenn die Gesellschaft ihrem Mitarbeiter das Darlehen gerade im Hinblick auf das bestehende Arbeitsverhältnis und außerhalb ihres sonstigen Geschäftszweiges und/oder zu Sonderkonditionen gewährt. Kein Arbeitgeberdarlehen ist daher das Darlehen eines Kreditinstituts an seine Mitarbeiter zu marktüblichen Konditionen (*Preis*/*Stoffels* II D 10 Rdn. 1). Umgekehrt spricht man von einem **Arbeitnehmerdarlehen**, wenn der Mitarbeiter der Gesellschaft Geld zur Verfügung stellt (Küttner/*Thomas* Arbeitgeberdarlehen Rdn. 12; *Preis*/*Stoffels* II D 10 Rdn. 10; ErfKomm/*Preis* § 611 BGB Rdn. 638).

6. Arbeitgeberdarlehen — A. IV. 6

Das formularmäßig abgefasste Arbeitgeberdarlehen unterliegt der Inhaltskontrolle nach den zwingenden Vorschriften über die Einbeziehung und Wirksamkeit von Allgemeinen Geschäftsbedingungen (§§ 305 ff. BGB). Dies galt auch schon für die Vorgängervorschriften des Gesetzes zur Regelung des Rechts der Allgemeinen Geschäftsbedingungen (AGBG). Denn trotz des Bezugs zum Beschäftigungsverhältnis wurde der Darlehensvertrag als eigenständiges Rechtsverhältnis neben dem Arbeitsvertrag angesehen mit der Folge, dass die frühere Bereichsausnahme des AGBG nicht galt (so schon BAG Urt. v. 23. 9. 1992 – 5 AZR 569/91 – BB 93, 1438 und 26. 5. 1993 – 5 AZR 219/92 – BB 1993, 1659, welche beide auf der Rechtslage vor Streichung der arbeitsrechtlichen Bereichsausnahme in § 310 BGB im Zuge der Schuldrechtsreform basieren). Weiterhin sind die Darlehensvorschriften der §§ 488 ff. BGB (vertragstypische Pflichten, Kündigungsvorschriften, Vorschriften über das Verbraucherdarlehen) maßgeblich (*Preis/Stoffels* II D 10 Rdn. 5). Zwar ist der Mitarbeiter als Darlehensnehmer Verbraucher im Sinne von § 13 BGB, welcher den Verbraucher als jede natürliche Person definiert, die ein Rechtsgeschäft zu einem Zwecke abschließt, der weder ihrer gewerblichen noch ihrer selbständigen beruflichen Tätigkeit zugerechnet werden kann. Somit wären grundsätzlich auch die zwingenden Vorschriften über das Verbraucherdarlehen nach §§ 491 ff. BGB (betreffend Form, Vertragsinhalt und Widerrufsrecht) zu beachten. Da aber in der Regel das Arbeitgeberdarlehen zinslos bzw. zu niedrigeren als den marktüblichen Zinsen gewährt werden wird, finden die zwingenden und spezielleren Vorschriften über das Verbraucherdarlehen keine Anwendung; denn § 491 Abs. 2 Nr. 2 BGB regelt, dass die zwingenden und spezielleren Vorschriften über das Verbraucherdarlehen keine Anwendung finden auf Arbeitgeberdarlehen, welche zu Zinsen gewährt werden, die unter den marktüblichen Sätzen liegen. Sofern das Arbeitgeberdarlehen aber zu marktüblichen Zinsen vergeben wird und sich nur durch anderweitige Sonderkonditionen auszeichnet, greift die Ausnahmevorschrift des § 491 Abs. 2 Nr. 2 BGB nicht und die zwingenden und spezielleren Vorschriften über das Verbraucherdarlehen (§§ 491 ff. BGB) sind wieder zu beachten.

Der Mitarbeiter kann das Arbeitgeberdarlehen für alle Zwecke verwenden, außer für den Kauf von Produkten oder Dienstleistungen der Gesellschaft. Die Finanzierung eines Kaufs der vom Arbeitgeber selbst hergestellten oder vertriebenen Produkte oder Dienstleistungen ist nach § 107 Abs. 2 S. 2 GewO (Verbot der kreditmäßigen Überlassung von Waren an den Arbeitnehmer; sog. Truck-Verbot) verboten und kreditfinanzierte Kaufverträge über Produkte oder Dienstleistungen des Arbeitgebers sind somit nichtig gem. § 134 BGB (Nichtigkeit eines Rechtsgeschäfts wegen Verstoßes gegen ein gesetzliches Verbot). Sittenwidrig und somit nichtig nach § 138 Abs. 1 BGB ist im Übrigen ein Arbeitgeberdarlehensvertrag, mit welchem der Mitarbeiter nach Wunsch des Arbeitgebers seine Arbeitsmittel finanzieren soll (MünchHdb-ArbR/*Hanau* § 71 Rdn. 5).

Die generelle Ausgestaltung von Arbeitgeberdarlehen unterliegt gemäß § 87 Abs. 1 Nr. 10 BetrVG der Mitbestimmung des Betriebsrats, nicht jedoch die einzelvertragliche Gewährung selbst (s. hierzu BAG Urt. v. 9. 12. 1980 – 1 ABR 80/77 – AP Nr. 5 zu § 87 BetrVG 1972 Lohngestaltung und Beschl. v. 10. 6. 1986 – 1 ABR 65/84 – AP Nr. 22 zu § 87 BetrVG 1972 Lohngestaltung). Bei gleichförmiger Gewährung von zinsgünstigen Arbeitgeberdarlehen an mehrere Mitarbeiter können auch andere Mitarbeiter unter Hinweis auf den Gleichbehandlungsgrundsatz die Gewährung eines Darlehens verlangen (BAG Urt. v. 27. 7. 1994 – 10 AZR 538/93 – AP Nr. 2 zu § 611 BGB Arbeitnehmerdarlehen).

2. Gerichtliche Geltendmachung und tarifliche Ausschlussfristen. Der Darlehensvertrag ist als rechtlich selbständiger Vertrag neben dem Arbeitsverhältnis zu werten. Ansprüche aus dem Darlehensvertrag sind daher keine Ansprüche im Sinne des § 2 Abs. 1 Nr. 3 a ArbGG (Zuständigkeit der Arbeitsgerichte für bürgerliche Rechtsstreitigkeiten zwischen Arbeitnehmer und Arbeitgeber über **Ansprüche aus dem Arbeitsverhältnis**). Wohl aber können die Arbeitsgerichte gem. § 2 Abs. 1 Nr. 4 a ArbGG (Zuständigkeit der Arbeitsgerichte für bürgerliche Rechtsstreitigkeiten zwischen Arbeitnehmer und Arbeitgeber über **Ansprüche, die mit dem Arbeitsverhältnis in rechtlichem oder unmittelbar wirtschaftlichem Zusammenhang stehen**) zuständig sein, nämlich dann, wenn das Darlehen durch das Arbeitsverhältnis beeinflusst war (MünchHdbArbR/*Hanau* § 71 Rdn. 23). Eine Beeinflussung durch das Arbeitsverhältnis ist regelmäßig dann anzunehmen, wenn das Darlehen zu einem günstigeren Zinssatz gewährt wird oder – wie in § 6 (1) des Formulars – das Darlehen an den Bestand des Arbeitsverhältnisses gekoppelt wurde.

Ebenfalls können in einem solchen Fall der Beeinflussung tarifliche Ausschlussfristen auch die Tilgungs- und Zinsansprüche aus dem Arbeitgeberdarlehen erfassen (s. hierzu BAG Urt. v. 23. 2. 1999 – 9 AZR 737/97 – NZA 1999, 1212). Das BAG lässt hierbei schon jeden entfernten Zusammenhang genügen (BAG Urt. v. 20. 2. 2001 – 9 AZR 11/00 – AP Nr. 5 zu § 611 BGB Arbeitnehmerdarlehen m. weit. Nachw.; a.A. *Schaub* § 70 Rdn. 15 mit dem Argument, dass die Ausschlussfristen nur Rechtsklarheit, aber keine Vermögensverschiebungen schaffen sollen). Im entschiedenen Fall hat das BAG die Vorinstanz bestätigt (LAG Hannover Urt. v. 9. 11. 1999 – 7 Sa 321/99 – DB 2000, 227) und die Kriterien eines marktunüblichen Zinses und einer Bindung an den Bestand des Arbeitsverhältnisses genügen lassen, um die Tilgungs- und Zinsansprüche der tariflichen Ausschlussfrist zu unterwerfen.

3. Darlehen. Das Darlehen muss von einem bloßen Vorschuss abgegrenzt werden. Unter einem Vorschuss versteht man eine Leistung auf das künftig noch zu verdienende Entgelt (Küttner/*Griese* Arbeitgeberdarlehen Rdn. 1). Eine Abgrenzung erfolgt primär durch die konkrete Wortwahl „Darlehen". Weitere Indizien für das Vorliegen eines Darlehensvertrages im Gegensatz zu einer Vorschussvereinbarung ist die Vereinbarung der Zinshöhe und einer Rückzahlungsverpflichtung (s. hierzu LAG Düsseldorf Urt. v. 14. 7. 1955 – 2 a Sa 158/55 – AP Nr. 1 zu § 614 BGB Gehaltsvorschuss). Diese Unterscheidung wird relevant für die Aufrechnung, weil sich das Darlehen im Gegensatz zum Vorschuss gemäß § 394 BGB (Nichtaufrechenbarkeit von unpfändbaren Forderungen) nur gegen den pfändbaren Teil des Arbeitseinkommens aufrechnen lässt (s. hierzu BAG Urt. v. 11. 2. 1987 – 4 AZR 144/86 – AP Nr. 11 zu § 850 ZPO für die Anrechnung einer vom Arbeitgeber geleisteten Abschlagszahlung auf den unpfändbaren Teil der Vergütung des Arbeitnehmers). Bei dem vorliegenden Formular handelt es sich aufgrund der Formulierung „Darlehen", der Zinsregelung in § 3 (1) sowie der in § 4 geregelten Tilgungsvereinbarung eindeutig um einen Darlehensvertrag. Im Einzelfall ist jedoch zu überlegen, ob es im Hinblick auf die uneingeschränkte Anrechenbarkeit für die Gesellschaft nicht eine günstigere Alternative darstellen würde, dem Mitarbeiter lediglich einen Vorschuss zu gewähren.

4. Fälligkeit der Auszahlung. Die Fälligkeit der Auszahlung des Darlehens kann auch alternativ zu § 2 wie folgt geregelt werden:

Alternative 1:
§ 2 Fälligkeit
Der Darlehensbetrag ist am …… fällig.

Alternative 2:
Der Darlehensbetrag kann vom Mitarbeiter je nach Bedarf zweckgebunden abgerufen werden.

Letztere Formulierung ermöglicht es dem Arbeitnehmer das Darlehen erst zu dem Zeitpunkt und nur in der Höhe in Anspruch zu nehmen, zu welchem und in welcher er es auch tatsächlich benötigt.

5. Zinsen und deren steuerliche Behandlung. Da der gesetzliche Regelfall die entgeltliche Gewährung des Darlehens ist und bei unterbliebener Vereinbarung eines bestimmten Zinssatzes der gesetzliche Zinssatz als vereinbart gilt (Paland/*Putzo* § 488 BGB Rdn. 19), muss im Falle der gewollten unentgeltlichen Gewährung des Darlehens dies als Alternative zu § 3 (1) wie folgt im Vertrag festgehalten werden:

Alternative:
(1) **Das Darlehen ist nicht zu verzinsen.**

Sofern die Kreditvergabe zu den üblichen Handelsgeschäften der Gesellschaft gehört, erhält der Mitarbeiter durch die **zinslose Darlehensgewährung** bzw. durch die Gewährung zu erniedrigtem Zinssatz einen **geldwerten Vorteil** im Sinne von § 8 Abs. 3 EStG (Bewertung von Belegschaftsrabatten) (s. hierzu BFH Urt. v. 4. 11. 1994 – VI R 81/93 – DStR 1995, 90). Dieser ist vom Mitarbeiter zu versteuern, wobei aber gem. § 8 Abs. 3 S. 1 EStG der Bewertungsabschlag in Höhe von 4% sowie gem. § 8 Abs. 3 S. 2 EStG der Rabattfreibetrag von derzeit EUR 1.080,– zu beachten sind. Gemäß dieser Vorschriften muss lediglich der um 4% geminderte Endpreis versteuert werden, zu dem der Arbeitgeber die Dienstleistung (in diesem Fall das Darlehen) fremden Letztverbrauchern im allgemeinen Geschäftsverkehr anbietet. Ebenfalls sind die sich nach Abzug der vom Arbeitnehmer gezahlten Entgelte ergebenden Vorteile steuerfrei, soweit sie aus dem Dienstverhältnis insgesamt EUR 1.080,– im Kalenderjahr nicht übersteigen.

Vergibt eine nicht im Kreditwesen tätige Gesellschaft ein Arbeitgeberdarlehen, so liegt in dem Zinsvorteil ein steuerbarer Arbeitslohn als Sachbezug nach § 8 Abs. 2 EStG (Bewertung der nicht in Geld bestehenden Einnahmen) (BFH Urt. v. 15. 3. 2001 – II B 171/99 – ZEV 2001, 414). Der Rabattfreibetrag des § 8 Abs. 3 S. 2 EStG (s. o.) gilt nicht (BFH Urt. v. 18. 9. 2002 – VI R 134/99 – NZA 2003, 36). Der Zinsvorteil besteht grundsätzlich in der Differenz zwischen dem marktüblichen und dem vereinbarten Zinssatz (*Preis/Stoffels/Wagner* II D 10 Rdn. 26). Allerdings sind die Vereinfachungsregeln der Finanzverwaltung zu beachten. Im aktuellen Stand gilt nach der Lohnsteuerrichtlinie LStR 31 Abs. 11 ein Darlehen nur als Arbeitslohn, wenn am Ende des Lohnzahlungszeitraums die Summe aller noch nicht getilgten Darlehen EUR 2.600,– überschreitet und bezogen jeweils auf die einzelnen Darlehen der Effektivzins 5,5 v. H. unterschreitet. Bei der Einsetzung des gewünschten Zinssatzes in § 3 (1) des Formulars sind somit neben den allgemeinen betriebs- und finanzwirtschaftlichen Überlegungen auch die o. g. steuerrechtlichen Konsequenzen eines zu niedrigen Zinssatzes zu beachten.

Im Sinne einer arbeitnehmerfreundlichen Gestaltung kann auch die Gesellschaft, wie in der folgenden Alternative zu § 3, die Zahlung der Steuer übernehmen, was dann allerdings einen weiteren, zu versteuernden, geldwerten Vorteil bedeutet:

Alternative:

§ 3 Zins, Lohnsteuer

(1) Das Darlehen ist nicht zu verzinsen.

(2) Die auf den geldwerten Vorteil entfallenden Steuern werden vollumfänglich von der Gesellschaft getragen.

In der Alternative der zinslosen Darlehensgewährung ist zu beachten, dass der Mitarbeiter hier gem. § 488 Abs. 3 S. 3 BGB zur jederzeitigen Rückzahlung des Darlehensbetrages unabhängig von einer Kündigung berechtigt ist.

Die Auszahlung des Darlehensbetrags selbst führt nicht zu einer Besteuerung beim Mitarbeiter, da wegen der Rückzahlungspflicht das Darlehen selbst kein Einkommen ist (*Preis/Stoffels/Wagner* II D 10 Rdn. 25). Sofern die Gesellschaft allerdings auf die Rückzahlung des ausstehenden Restbetrages verzichten würde, hätte der Mitarbeiter in Höhe des Betrages, auf dessen Rückzahlung verzichtet wurde, steuerbare Einkünfte (s. hierzu BFH Urt. v. 15. 3. 2001 – II B 171/99 – a. a. O.). Sind sich Arbeitgeber und Arbeitnehmer schon von vorne herein einig, dass in der Zukunft auf die Rückzahlung verzichtet werden soll, ist es ratsam, einen Verzicht im Darlehensvertrag lediglich als Möglichkeit vorzusehen und für den Fall des Verzichts etwaige lohnsteuerrechtliche Folgen zu regeln. Z. B. könnte für den Fall des Verzichts auf Tilgung der dadurch anfallenden Lohnsteuer ein weiteres Darlehen gewährt werden, welches durch eine zu erwartende Lohnsteuerrückerstattung zu tilgen ist. Hierzu kann folgende Formulierung verwendet werden.

Optional:

§ ... Verzicht/zweites Darlehen

(1) Für den Fall des Verzichts auf das erste Darlehen gewährt die Gesellschaft dem Mitarbeiter ein zweites Darlehen. Die Darlehenshöhe ist begrenzt auf die durch den Verzicht ausgelöste Lohnsteuer, etwaige Kirchensteuer, und den Solidaritätszuschlag hierauf.

(2) Das Darlehen nach Abs. (1) ist im Zeitpunkt des Verzichts zur Auszahlung fällig. Die Gesellschaft und der Mitarbeiter sind sich darüber einig, dass die Gesellschaft das Darlehen nicht an den Mitarbeiter, sondern als Lohnsteuer im Sinne von § 38 Abs. 4 EStG für den Mitarbeiter direkt an das zuständige Finanzamt entrichten wird.

(3) Das Darlehen nach Abs. (1) ist mit ...... Prozent jährlich beginnend mit dem Zeitpunkt der Ausreichung zu verzinsen.

(4) Das Darlehen zuzüglich Zinsen hierauf ist zum Ende des Monats, in welchem dem Mitarbeiter der Einkommensteuerbescheid für das Jahr ...... bekannt gegeben worden ist, zurückzuzahlen. Der Mitarbeiter hat der Gesellschaft die Bekanntgabe des Einkommensteuerbescheides unverzüglich mitzuteilen.

(5) Der Mitarbeiter verpflichtet sich, spätestens bis 31. Mai ...... (*Jahr*) eine Einkommensteuererklärung abzugeben.

(6) Der Mitarbeiter versichert, dass nach seiner Kenntnis weder aus dem bestehenden Arbeitsverhältnis noch aus anderen Einkunftsquellen für das Jahr ...... Steuernachzahlungen zu erwarten sind.

Diese Fallkonstellation ist die eines atypischen Arbeitgeberdarlehens. Dementsprechend müssen auch die restlichen Klauseln im Formular abgeändert werden. So ist zunächst die Festschreibung der Konditionen für das erste Darlehen nötig. Auch ist es ratsam, die geplante Vorgehensweise in einer Präambel zu beschreiben.

6. Einbehalt. Mit der Klausel in § 5 (1) des Formulars ist die Aufrechenbarkeit des Lohnanspruchs hergestellt. Zu beachten ist aber die absolute Pfändungsgrenze von Arbeitseinkommen (§ 850c ZPO), die in diesem Fall wegen der oben dargelegten Verknüpfung von Aufrechenbarkeit und Pfändbarkeit (§ 394 BGB) auch die Verrechnungsmöglichkeit begrenzt. Es ist daher bei Einsetzung der Tilgungsraten in § 4 (1) des Formulars darauf zu achten, dass dem Mitarbeiter trotz der Aufrechenbarkeit nach Abzug seiner Unterhaltsverpflichtungen monatlich noch der unpfändbare Teil seines Einkommens verbleibt.

Die Aufrechnungsmöglichkeit wurde in § 5 (2) des Formulars ebenfalls auf mögliche Abfindungsansprüche bezogen. Damit soll eine Aufrechnung in den Fällen erleichtert werden, in welchen das Arbeitsverhältnis unter Zahlung einer Abfindung aufgehoben wird und der noch ausstehende Darlehensrestbetrag zum Beendigungstermin und damit gleichzeitig mit der Auszahlung der Abfindung fällig wird.

7. Fälligkeit. Grundsätzlich besteht der Darlehensvertrag unabhängig vom Arbeitsverhältnis, wird also nicht von der Beendigung des Arbeitsverhältnisses berührt. Eine Pflicht zur Rückzahlung des Darlehens bei Beendigung des Arbeitsverhältnisses kann in der Regel weder durch ergänzende Vertragsauslegung nach §§ 133, 157 BGB (Vorschriften über die Auslegung von Willenserklärungen nach dem wirklichen Willen und Verträgen nach Treu und Glauben und mit Rücksicht auf die Verkehrssitte) noch unter Anwendung von § 313 BGB (Vorschrift über den Wegfall der Geschäftsgrundlage, welche als Konsequenz zunächst eine Vertragsanpassung anordnet) erreicht werden (MünchHdbArbR/*Hanau* § 71 Rdn. 12f.; *Preis/Stoffels* II D 10 Rdn. 15). Im Interesse der Gesellschaft, nur eigenen Mitarbeitern ein – regelmäßig wirtschaftlich vorteilhaftes – Arbeitgeberdarlehen zu gewähren, wurde deshalb durch die Klausel in § 6 (1) des Formulars der Gleichlauf zwischen Beendigung des Arbeitsverhältnisses und der Laufzeit des Darlehens hergestellt.

Idealerweise ist dies bereits pauschal im Anstellungsvertrag geregelt, z. B. durch eine Klausel der folgenden Art:

Optional:

Sollte der Mitarbeiter der Gesellschaft bei Ausspruch einer Kündigung Beträge aufgrund von Darlehen schulden, werden sämtliche Beträge sofort fällig und – unter Beachtung der Pfändungsgrenzen – aufrechenbar. Dies gilt nicht bei betriebsbedingter Kündigung oder bei durch den Arbeitgeber veranlasster Eigenkündigung des Arbeitnehmers.

Sofern der Anstellungsvertrag bereits den Gleichlauf der Fälligkeit herstellt, sollte aus Gründen der Übersichtlichkeit dennoch § 6 (1) des Formulars mit aufgenommen und somit der Gleichlauf von Arbeitsverhältnis und Darlehen noch einmal im Darlehensvertrag wiederholt werden.

Der Gleichlauf von Beendigung des Arbeitsverhältnisses und Fälligkeit des Darlehensrestbetrages ist **grundsätzlich** – anders als bei den Rückzahlungsklauseln für Gratifikationen – keine unangemessene Benachteiligung des Arbeitnehmers im Sinne von § 242 BGB (zivilrechtliche Generalklausel über die Leistung nach Treu und Glauben) oder § 307 BGB (korrespondierende Vorschrift für Allgemeine Geschäftsbedingungen, wonach diese unwirksam sind, wenn sie gegen das Gebot von Treu und Glauben verstoßen oder den Geschäftspartner in anderer Weise unzulässig benachteiligen) (MünchHdbArbR/*Hanau* § 71 Rdn. 14; *Preis/Stoffels* II D 10 Rdn. 16).

8. Unterschiedliche Behandlung nach Kündigungsgrund und kündigender Person. Problematisch ist dennoch, ob die Verknüpfung von Beendigung des Arbeitsverhältnisses und Darlehensfälligkeit nach Art. 12 Abs. 1 GG (Grundrecht der Berufsfreiheit) eine unzulässige Erschwerung der Kündigung darstellt (Küttner/*Griese* Arbeitgeberdarlehen Rdn. 9). Teilweise wird argumentiert, die unzulässige Kündigungserschwerung des Mitarbeiters liege darin, dass ein kündigungswilliger Mitarbeiter die eigentlich beabsichtigte Kündigung deshalb unterlasse, weil er den dann fälligen Darlehensrestbetrag nicht bezahlen könne. Umgekehrt wird auch vertreten, dass – anders als bei einer aufgrund vertraglicher Rückzahlungsklausel im Kündigungsfall zurückzuerstattender Gratifikation – dem Mitarbeiter, welcher ein Darlehen erhält, welches nach der vertraglichen Regelung bei Beendigung der Anstellung zurückzuzahlen ist, von Anfang an bekannt ist, dass er das Darlehen, in jedem Fall später einmal zurückzahlen müsse, und dass wegen dieser unterschiedlichen Ausgangslage gerade keine unzulässige Kündigungserschwerung vorliege (*Preis/Stoffels* II D 10 Rdn. 17).

Problematisch sind aber insbesondere die Fälle der betriebsbedingten Kündigung und der veranlassten Eigenkündigung des Mitarbeiters. Hintergrund ist § 162 Abs. 2 BGB, wonach der Eintritt einer Bedingung als nicht erfolgt gilt, wenn er von der Partei, zu deren Vorteil er gereicht, wider Treu und Glauben herbeigeführt wurde bzw. der Rechtsgedanke, dass treuwidriges Verhalten nicht zum eigenen Vorteil gereichen darf (Palandt/*Heinrichs* § 162 BGB Rdn. 6). Da aber im Falle einer betriebsbedingten Kündigung der Arbeitgeber nur sein Recht wahrnimmt, erscheint es überzogen, in diesen Fällen der berechtigten Rechtsausübung die Verknüpfung von Kündigung des Arbeitsverhältnisses und Fälligkeit der Rückzahlung abzulehnen, zumal bei ähnlicher Problematik bei der betriebsbedingten Kündigung auch die Rückzahlung von Gratifikationen nicht entfällt (Palandt/*Heinrichs* § 162 BGB Rdn. 4; MünchHdbArbR/*Hanau* § 71 Rdn. 15; a.A. *Schaub* § 70 III Rdn. 15). Denn sofern die Gesellschaft wirksam kündigt, besteht kein Vertrauensschutz des Mitarbeiters, über das Arbeitsverhältnis hinaus das Darlehen auch in Zukunft gewährt zu bekommen. Allerdings hat das BAG in einer früheren Entscheidung für den Fall der vom Arbeitgeber veranlassten Eigenkündigung des Arbeitnehmers eine ergänzende Auslegung nach §§ 133, 157 BGB (s. o.) vorgenommen und die gleichzeitige Fälligkeit des Darlehens abgelehnt (BAG Urt. v. 24. 2. 1964 – 5 AZR 201/63 – AP Nr. 1 zu § 607 BGB).

Aufgrund dieser Rechtsunsicherheit wurde in § 6 (2) des Formulars für die Fälle der betriebsbedingten Kündigung sowie der vom Arbeitgeber veranlassten Eigenkündigung die sofortige Rückzahlung ausdrücklich ausgeschlossen: damit dürfte die Wirksamkeit der Koppelungsklausel im Übrigen auch unter Berücksichtigung der oben geschilderten Meinungen in Rechtsprechung und Literatur gewährleistet sein.

Unklar ist auch, ob eine Abrede über die sofortige Rückzahlungspflicht auch dann wirksam ist, wenn sie für den Fall der einvernehmlichen Beendigung des Arbeitsverhältnisses oder für den Fall einer im Kündigungsschutzverfahren erfolgten gerichtlichen Auflösung des Arbeitsverhältnisses vereinbart wurde (s. hierzu BAG Urt. v. 5. 3. 1964 – 5 AZR 173/63 – AP Nr. 2 zu § 607 BGB). Aus diesem Grunde wurde auch dieser Fall in § 6 (2) des Formulars ausgenommen.

9. Weiterführung zu geänderten Konditionen. Es bleibt den Parteien unbenommen, unabhängig vom Bestehen des Arbeitsverhältnisses eine Weiterführung des Darlehens, eventuell zu geänderten Zinskonditionen, zu vereinbaren. Zu beachten ist aber, dass in diesem Fall dem Mitarbeiter nicht das Risiko der Zinssatzänderung aufgebürdet werden darf, d.h. der erhöhte

Zinssatz muss von Anfang an bestimmt sein (BAG Urt. v. 23. 2. 1999 – 9 AZR 737/97 – NZA 1999, 1212; LAG Saarbrücken Urt. v. 29. 4. 1987 – 1 Sa 91/86 – NJW-RR 1988, 1008; *Kittner/Zwanziger/Schoof* § 47 Rdn. 35). Formulierungen wie „Prozentpunkte über dem Basiszinssatz" oder „zu marktüblichen Konditionen" sind daher zu vermeiden.

Zu beachten ist hierbei ebenfalls, dass mit der Erhöhung des Zinssatzes auf einen marktüblichen Zinssatz das Darlehen zu einem Verbraucherdarlehen wird. D. h., wenn diese Alternative gewählt wird, muss der gesamte Vertrag – von Anfang an oder gegebenenfalls durch spätere Abänderung – den Anforderungen genügen, die an ein Verbraucherdarlehen gestellt werden. Denn nur so kann gewährleistet werden, dass die Auszahlung der Valuta von Anfang an auf einer wirksamen Vertragsgrundlage basiert. So muss z. B. ein Widerrufsrecht im Sinne von § 355 BGB (allgemeine Vorschrift über die Pflicht zur Einräumung eines Widerrufsrechts bei Verbraucherverträgen) vorgesehen sein. Ein solches könnte wie folgt lauten:

Optional:
§ ... Widerrufsrecht
Der Mitarbeiter kann die Erklärung zu diesem Vertrag vom …… innerhalb von zwei Wochen ohne Angabe von Gründen schriftlich der Gesellschaft gegenüber widerrufen. Die Frist beginnt frühestens mit Erhalt dieser Belehrung. Zur Wahrung der Widerrufsfrist genügt die rechtzeitige Absendung des Widerrufs.
Im Falle des wirksamen Widerrufs sind die beiderseitig empfangenen Leistungen zurückzugewähren und gegebenenfalls gezogene Nutzungen herauszugeben.
Der Widerruf gilt als nicht erfolgt, wenn der Mitarbeiter das bereits empfangene Darlehen nicht binnen zweier Wochen nach Erklärung des Widerrufs oder Auszahlung des Darlehens zurückzahlt.

……
Ort/Datum
……
Unterschrift des Mitarbeiters

Wichtig ist, dass das Widerrufsrecht vom Mitarbeiter gesondert unterzeichnet wird. Weitere im Rahmen eines Verbraucherdarlehens zu beachtende Erfordernisse finden sich insbesondere in § 492 BGB, nämlich: Schriftform, Angabe des Nettodarlehensbetrages, Angabe des Gesamtbetrages aller vom Darlehensnehmer zur Tilgung des Darlehens sowie zur Zahlung der Zinsen und sonstiger Kosten zu entrichtenden Teilzahlungen, Angabe der Art und Weise der Rückzahlung des Darlehens, Angabe des Zinssatzes sowie aller weiteren Kosten, Angabe des effektiven Jahreszinses, Angaben der Kosten einer Restschuld- oder sonstigen Versicherung, Angabe der zu bestellenden Sicherheiten.

Unwirksam ist ebenfalls die Vereinbarung einer rückwirkenden Aufhebung der Zinsvergünstigung. Vielmehr kann die Anpassung immer nur für die Zukunft erfolgen (in diesem Sinne auch BAG Urt. v. 16. 10. 1991 – 5 AZR 35/91 – NZA 1992, 793).

10. Kündigung des Darlehens. Wurde kein Rückzahlungstermin vereinbart, ist die Rückzahlung des Darlehens nach der Gesetzeslage erst nach einer Kündigung des Darlehensvertrages fällig (§ 488 Abs. 3 Satz 1 BGB). Die Kündigung beträgt grundsätzlich für beide Parteien 3 Monate (§ 488 Abs. 3 S. 2). Eine einzelvertragliche Verkürzung dieser dreimonatigen Kündigungsfrist ist möglich (Palandt/*Putzo* § 488 Rdn. 33; *Preis/Stoffels* II D 10 Rdn. 21) und im Einzelfall zu bedenken; sie erscheint aber vor dem Hintergrund einer Inhaltskontrolle nach § 307 BGB (s. o.) bzw. § 242 BGB (s. o.) nicht ratsam (siehe allgemein zur Angemessenheit von Kündigungsfristen und die darin entwickelten Grundsätze BGH Urt. v. 26. 9. 1985 – III ZR 14/85 – WM 1985, 1437 und BGH Urt. v. 30. 5. 1985 – III ZR 112/84 – WM 1985, 1128.)

Daneben gilt gem. § 489 Abs. 4 S. 1 BGB für den Mitarbeiter das nicht abdingbare Kündigungsrecht nach § 489 BGB, wonach z. B. gem. Abs. 1 Nr. 1 der Darlehensnehmer einen Darlehensvertrag, bei dem für einen bestimmten Zeitraum ein fester Zinssatz vereinbart wurde, ganz oder teilweise kündigen kann, wenn die Zinsbindung vor der für die Rückzahlung bestimmten Zeit endet und keine neue Vereinbarung über den Zinssatz getroffen wurde (*Preis/Stoffels* II D 10 Rdn. 13).

Die Kündigungsproblematik wird jedoch bei Verwendung dieses Formulars regelmäßig nicht relevant, da in § 6 (1) der Gleichlauf von Darlehen und Arbeitsverhältnis vereinbart wurde.

Wäre kein Gleichlauf von Darlehen und Arbeitsverhältnis gewollt, müsste § 6 in diesem Fall alternativ wie folgt formuliert werden:

Alternative:

§ 6 Laufzeit des Darlehens/Kündigung

(1) Das Darlehen wird unabhängig vom Bestehen des Arbeitsverhältnisses durchgeführt, allerdings beträgt der Zinssatz ab Beendigung des Arbeitsverhältnisses ...... Prozent (Zinssatz) pro Jahr.

(2) Im Übrigen kann jede Partei das Darlehen nach § 488 Abs. 3 BGB jederzeit mit einer Frist von 3 Monaten kündigen.

In dieser Alternativklausel sollte der Zinssatz, der nach Beendigung des Arbeitsverhältnisses gelten soll, von Anfang an festgelegt werden und zwar durch konkrete Bezifferung. Formulierungen wie „Prozentpunkte über dem Basiszinssatz" oder „zu marktüblichen Konditionen" sollten nicht gewählt werden und werden im Formular bewusst vermieden, da durch diese dem Mitarbeiter das Risiko der Zinsänderung aufgebürdet würde und § 6 in diesem Falle einer richterlichen Überprüfung nicht Stand halten würde (s. o. Anm. 9).

11. Sicherheiten. Durch den in § 5 des Vertrages geregelten Einbehalt ist die Gesellschaft zumindest während des laufenden Arbeitsverhältnisses durch den sofortigen Zugriff auf den Lohn abgesichert. Dies deckt in Verbindung mit der Vorauszession aller künftigen Lohnansprüche das erste Sicherungsbedürfnis der Gesellschaft ab. Je nach Höhe des Darlehens kann aber darüber hinaus eine Gewährung von weiteren Sicherheiten angebracht sein. Sofern das Darlehen zur Finanzierung von Wertgegenständen wie einer Wohnung oder eines Hauses verwendet wird, empfiehlt sich, wie in § 7 (1) des Formulars vorgesehen, die Einräumung einer (Brief-)Hypothek oder Grundschuld. In diesem Fall würde dadurch allerdings der Darlehensvertrag formbedürftig (§ 311b BGB, notarielle Beurkundung). Bei anderen Wertgegenständen wie z.B. einem Kfz wäre je nach Interessenlage auch eine Sicherungsübereignung der Gegenstände denkbar, welche als Alternative zu § 7 (1) wie folgt formuliert werden könnte:

Alternative:

(1) Der Mitarbeiter übereignet der Gesellschaft zur Sicherheit ...... (Auto, Wertpapiere oder sonstiger Wertgegenstand). Die Parteien sind sich hiermit über den Eigentumsübergang einig. Die Besitzübergabe wird dadurch ersetzt, dass

......

......

......

12. Vorausabtretung. Die in § 7 (2) des Formulars vorgesehene Vorausabtretung der Lohn- und Gehaltsansprüche gegen zukünftige Arbeitgeber schützt die Gesellschaft für den Fall, dass das Arbeitsverhältnis bereits beendet ist, obwohl der Mitarbeiter noch ausstehende Tilgungs- und Zinszahlungen zu leisten hat. Insbesondere bei der Darlehensgewährung zur Hausfinanzierung schützt die Vorausabtretung die Gesellschaft vor etwaigen Pfändungen der Bauunternehmer und Handwerker.

Sollte der Mitarbeiter etwaige Vergütungsansprüche schon an andere Gläubiger abgetreten haben, empfiehlt es sich, wie in § 8 (2) vorgesehen, dies in den Darlehensvertrag mit aufzunehmen. Sollte dies jedoch nicht der Fall sein, ist die folgende Alternative zu § 8 (2) denkbar:

Alternative:

(2) Der Mitarbeiter versichert, dass bislang keinerlei Vergütungsansprüche abgetreten oder verpfändet wurden.

13. Qualifizierte Schriftformklausel/salvatorische Klausel. Vgl. Form. A. II. 1 Anm. 28, 29.

14. Unterschrift. Vgl. Form. A. II. 1 Anm. 32.

7. Fortbildungsvertrag[1]

Fortbildungsvertrag

zwischen
...... (Name und Anschrift des Arbeitgebers) „Gesellschaft"
und
Herrn ...... (Name und Anschrift des Arbeitnehmers) „Mitarbeiter"

§ 1 Fortbildung

(1) Der Mitarbeiter nimmt vom ...... (Beginn der Fortbildung) bis zum ...... (Ende der Fortbildung) an ...... (Bezeichnung der Schulung/Kurses) bei ...... (Bezeichnung des Ausbilders/Instituts) teil.

(2) Diese Fortbildung erfolgt auf Wunsch der Gesellschaft[2].

§ 2 Freistellung

(1) Während der Dauer der Teilnahme an ...... (Bezeichnung des Kurses) wird der Mitarbeiter freigestellt[3].

(2) Der Mitarbeiter erhält während der Dauer der Teilnahme seine Vergütung weiterbezahlt. Die monatliche Vergütung wird dabei nach dem Durchschnittsverdienst berechnet, den der Mitarbeiter in den dem Beginn der Fortbildung unmittelbar vorangegangenen drei Monaten hatte[4].

(3) Die Parteien sind sich einig, dass es sich bei der Teilnahme nicht um Urlaub handelt[5].

(4) Nach Ende der Teilnahme an der Fortbildung, voraussichtlich am ...... (vorgesehenes Ende der Fortbildung), wird der Mitarbeiter weiter in seiner bisherigen Position als ...... (Funktionsbezeichnung) gemäß dem Arbeitsvertrag vom ......_ (Datum des Arbeitsvertrags) tätig sein[6].

§ 3 Fortbildungskosten[7]

(1) Die Gesellschaft trägt die Kosten der Fortbildung, d.h. ...... (Liste der übernommenen Kosten), soweit sie beim Mitarbeiter tatsächlich anfallen.

(2) Soweit der Mitarbeiter Kosten nach Abs. (1) bezahlt hat, erstattet die Gesellschaft die Auslagen nach Vorlage entsprechender Belege.

§ 4 Rückzahlung[8]

(1) Endet das Arbeitsverhältnis durch Kündigung des Mitarbeiters oder wird ihm seitens der Gesellschaft verhaltensbedingt ordentlich oder außerordentlich gekündigt, hat der Mitarbeiter der Gesellschaft die nach § 2 gezahlte Vergütung[9] und die nach § 3 dieser Vereinbarung übernommenen Fortbildungskosten zurückzuerstatten[10].

(2) Die Rückzahlung erfolgt in gleichen Raten von monatlich EUR ...... (Monatsrate). Die Zahlung beginnt mit dem Kalendermonat, der auf den Monat folgt, in welchem das die Rückzahlung auslösende Ereignis lag.

(3) Der vom Mitarbeiter zurückzuerstattende Gesamtbetrag kürzt sich für jeden Monat, während dessen er nach Abschluss der Ausbildung bei der Gesellschaft in einem Arbeitsverhältnis stand, um ...... (Kürzungsrate)[11].

§ 5 Wohlverhalten, Rückzahlung bei schuldhaftem Misserfolg[12]

(1) Der Mitarbeiter verpflichtet sich, die Fortbildungsveranstaltung stetig zu besuchen und den erfolgreichen Abschluss der Weiterbildung nicht durch schuldhaftes Verhalten wie unentschuldigtes Fernbleiben oder mangelnden Arbeitseinsatz zu gefährden.

(2) Erreicht der Mitarbeiter das Fortbildungsziel schuldhaft nicht, so ist er zur Rückzahlung der von der Gesellschaft nach § 2 gezahlte Vergütung und der von der Gesellschaft getragenen Fortbildungskosten nach § 3 dieser Vereinbarung verpflichtet.

(3) Entschließt sich der Mitarbeiter nach mehr als ...... (Bruchteil) der Fortbildung aus von ihm zu vertretenden Gründen, diese abzubrechen, ist er der Gesellschaft zur Erstattung der bis dahin bezahlten Bezüge und entstandenen Fortbildungskosten verpflichtet. Der Mitarbeiter erstattet den Gesamtbetrag in Monatsraten in der in § 4 Abs. (2) genannten Höhe, beginnend mit dem ersten Kalendermonat, der auf den Monat des Fortbildungsabbruchs folgt.

§ 6 Schlussbestimmungen

(1) Mündliche Nebenabreden bestehen nicht, Änderungen und Ergänzungen dieses Vertrages einschließlich dieser Bestimmung bedürfen zu ihrer Wirksamkeit der Schriftform[13].

(2) Sollte eine der vorgenannten Klauseln unwirksam oder der Vertragstext lückenhaft sein, so berührt dies die Wirksamkeit des Vertrages im Übrigen nicht. An die Stelle der unwirksamen Bestimmung tritt die gesetzlich zulässige Bestimmung, die dem mit der unwirksamen Bestimmung Gewollten wirtschaftlich am nächsten kommt[14].

......
Ort, Datum

......
Ort, Datum

......
Unterschrift der Gesellschaft

......
Unterschrift des Mitarbeiters[15]

Schrifttum: Franzen, Das Mitbestimmungsrecht des Betriebsrats bei der Einführung von Maßnahmen der betrieblichen Berufsbildung nach § 97 II BetrVG, NZA 2001, 865–869; *Hanau,* Probleme der Neuregelung der Betriebsverfassung, ZIP 2001, 1981–1987; *Hennige,* Rückzahlung von Aus- und Fortbildungskosten, NZA-RR 2000, 617 – 625; *Lingemann,* Allgemeine Geschäftsbedingungen und Arbeitsvertrag, NZA 2002, 181–192; *Mauer/Holthausen,* „Der nicht mehr zeitgemäße Weihnachtsmann" – Zur Zulässigkeit betriebsbedingter Kündigungen auf Grund geänderten Anforderungsprofils, NZA 2003, 1370–1375; *Morsch/Becker,* Überlegungen zur steuerlichen Abzugsfähigkeit von Aufwendungen für die Berufsaus- und Fortbildung, DStR 2004, 73–77; *Preis,* Der Arbeitsvertrag - Vertragsgestaltung nach der Schuldrechtsreform 2002, 2002; *Schmidt,* Die Beteiligung der Arbeitnehmer an den Kosten der beruflichen Bildung – Umfang und Grenzen der Vertragsgestaltung, NZA 2004, 1002; *Stöcker,* Dammbruch bei der steuerlichen Absetzbarkeit von Aus- und Fortbildungskosten, NJW 2004, 249–256; *Roscher/von Bornhaupt,* Die lohnsteuerliche Behandlung beruflicher Fort- und Weiterbildungsmaßnahmen des Arbeitgebers, DStR 2003, 964–968; *Zeranski,* Rückzahlung von Ausbildungskosten bei Kündigung des Arbeitsverhältnisses, NJW 2000, 336–337.

Anmerkungen

1. Fortbildungsvertrag. Der **Fortbildungsvertrag** umfasst diejenigen Regelungen, die getroffen werden, wenn eine Gesellschaft es einem Mitarbeiter ermöglichen möchte, während der Arbeitszeit eine Fortbildung zu besuchen. Dem vorliegenden Formular liegt die Situation zugrunde, dass der Mitarbeiter von der Arbeit gänzlich befreit wird und für einen längeren Zeitraum (von mehreren Wochen oder Monaten) durchgängig an einer vom Arbeitgeber finanzierten Fortbildungsveranstaltung teilnimmt. Das Formular regelt für diesen Fall den Zeitraum der Fortbildung, die Kostentragung, die Freistellung von der normalen Arbeitstätigkeit und die Wiederaufnahme derselben und es enthält im Interesse der Gesellschaft vor allem eine Klausel über die Rückzahlung der Fortbildungskosten. Im Formular sollte zur möglichst präzisen Beschreibung der Fortbildungsveranstaltung neben deren genauer Bezeichnung auch angegeben werden, ob die Fortbildungsveranstaltung ganztägig stattfindet oder es sich um eine berufsbegleitende Fortbildung handelt. In letzterem Fall sollten möglichst die Zeiträume, in denen die Fortbildung stattfindet, angegeben werden sowie der Umfang der Arbeitsbefreiung.
Berufliche Fortbildung, die Gegenstand dieses Formulars ist, ist die **Stufe nach der Erstausbildung.** Sie ist **keine Einarbeitung** in ein bestimmtes Arbeitsgebiet oder eine kurze Anweisung

für die Erledigung einer Arbeitsaufgabe. Eine Einarbeitung liegt vor, wenn ein Kurs nur sicherstellen soll, dass der Arbeitnehmer gerade die Anforderungen an einen bestimmten Arbeitsplatz beim Arbeitgeber erfüllen kann. Der Mitarbeiter kann diese Fähigkeiten bei keinem anderen Arbeitgeber verwenden und es erwachsen ihm keine Vorteile, die über die Wahrnehmung des derzeitigen Arbeitsplatzes hinausgehen. Im Falle der bloßen Einarbeitung profitiert nur die Gesellschaft von dem speziell geschulten Mitarbeiter. Dieser erwirbt jedoch keine Qualifikation, die für ihn auf dem Arbeitsmarkt gewinnbringend ist. Bei Teilnahme an Einarbeitungsmaßnahmen erfüllt der Arbeitnehmer seine Arbeitspflicht, der Arbeitgeber ist zur Lohnzahlung verpflichtet.

Die **berufliche Fortbildung** im technischen Sinne dagegen soll es dem Einzelnen ermöglichen, berufliche Kenntnisse und Fertigkeiten zu erhalten, zu erweitern, der technischen Entwicklung anzupassen oder aber beruflich aufzusteigen (§ 1 Abs. 3 BBiG), vgl. im Einzelnen Form. C. II. 4. Die Fortbildung baut damit als selbständige Bildungsform auf einer regelmäßig bereits abgeschlossenen Berufsausbildung und gewonnener Berufserfahrung auf. Sie vermittelt dem Arbeitnehmer zusätzliche Kenntnisse, welche er auf dem Arbeitsmarkt verwerten kann.

Grundsätzlich liegt es in der Hand der Gesellschaft, **ob und welchem Mitarbeiter** sie Fortbildung gewähren will. Gleichwohl kann sich **im Einzelfall** für Mitarbeiter ein **Anspruch auf Fortbildung** ergeben. Dies ist beispielsweise dann der Fall, wenn ein einschlägiger Tarifvertrag oder eine Betriebsvereinbarung einen entsprechenden Anspruch begründen. Ebenso ist es denkbar, dass einem Mitarbeiter bereits in seinem Arbeitsvertrag ein Anspruch auf Fortbildung eingeräumt wurde. Schließlich kann sich auch unter dem Gesichtspunkt des arbeitsrechtlichen Gleichbehandlungsgrundsatzes unter Umständen ein Anspruch auf Fortbildung ergeben (Küttner/*Reinecke* § 189 Rdn. 15). Weiterhin dürfte der Arbeitgeber zur Abwendung betriebs- oder personenbedingter Kündigungen im Rahmen seiner Möglichkeiten zu zumutbaren betrieblichen Fortbildungsmaßnahmen verpflichtet sein (vgl. hierzu *Mauer/Holthausen* NZA 2003, 1373). Denn eine ordentliche Kündigung ist sozialwidrig und damit unwirksam, wenn eine Weiterbeschäftigung des Arbeitnehmers nach zumutbaren Umschulungs- und Fortbildungsmaßnahmen möglich ist (§ 1 Abs. 2 S. 3 KSchG).

Eine **gesetzliche Regelung** zum Fortbildungsvertrag **fehlt**. Insbesondere gelten die §§ 3 bis 19 BBiG nicht für Fortbildungsverträge. Denn berufliche Fortbildung ist keine Berufsausbildung, sondern baut auf dieser gerade auf. Für den Fortbildungsvertrag gilt damit im Grundsatz das **Prinzip der Vertragsfreiheit**. Der Vertragsfreiheit werden allerdings **Grenzen** gezogen durch das **Grundrecht der Berufsfreiheit** des Arbeitnehmers (Art. 12 GG), welches über die Generalklausel des § 242 BGB Eingang in das Arbeitsrecht findet. Daneben sind seit Inkrafttreten der Schuldrechtsreform zum 1. Januar 2002 auch im Arbeitsrecht Formularverträge einer **AGB-Kontrolle** zu unterziehen.

Der Fortbildungsvertrag sollte aus Gründen der Rechtsklarheit und Beweissicherung **vor der Teilnahme** des Arbeitnehmers an der Fortbildungsmaßnahme **schriftlich** abgeschlossen werden. Dadurch vermeidet der Arbeitgeber auch den Vorwurf, er habe den Arbeitnehmer unter unerlaubten Druck gesetzt, was die Vereinbarung, insbesondere eine Rückzahlungsklausel, unwirksam machen würde (vgl. BAG Urt. v. 19. 3. 1980 – 5 AZR 362/78 – AP Nr. 5 zu § 611 Ausbildungshilfe).

Im Formular wird davon ausgegangen, dass der Fortbildungsvertrag **im Rahmen eines bestehenden Arbeitsverhältnisses** geschlossen wurde. In diesem Fall tritt der Fortbildungsvertrag zum bestehenden Arbeitsvertrag hinzu. Der sich fortbildende Arbeitnehmer bleibt Betriebsangehöriger wie jeder andere Mitarbeiter des Betriebs.

Denkbar ist aber auch die Konstellation, dass gleichzeitig mit dem Fortbildungsvertrag erst ein (unbefristetes oder befristetes) Arbeitsverhältnis begründet wird, sei es nur für die Dauer der Ausbildung oder mit Übernahmeaussichten nach deren Beendigung. In diesem Fall sind die Klauseln des Fortbildungsvertrages als Bestandteil in den dann zu schließenden Arbeitsvertrag aufzunehmen.

2. Fortbildung im Interesse des Arbeitgebers. § 1 Abs. (2) des Formulars stellt klar, dass die Fortbildung auf Wunsch des Arbeitgebers und in dessen Interesse erfolgt. Diese **Klarstellung** hat einen **steuerrechtlichen Hintergrund**. Denn der Arbeitnehmer hat die ihm im Zusammenhang mit der Fortbildung gewährten Leistungen des Arbeitgebers (vgl. Anm. 7) nur dann nicht als Arbeitslohn zu versteuern, wenn die Fortbildung im ganz überwiegenden betrieblichen Interesse des Arbeitgebers erfolgt (LStR 74 Abs. 1, 2). Ist dies dagegen nicht der Fall, stellt die Kostenübernahme der Fortbildungsmaßnahme durch den Arbeitgeber einen steuerpflichtigen Sachbezug dar. Auch ersetzte Aufwendungen des Arbeitnehmers sind dann als steuerpflichtige Einnahmen zu erfassen. Allerdings kann der Arbeitnehmer den Wert der beruflichen Fortbildungsmaßnahme und seine Aufwendungen dann auch als Werbungskosten bei seinen Einkünften aus nicht selbständiger Arbeit geltend machen, sofern die Aufwendungen getätigt werden, um die Kenntnisse und Fertigkeiten im ausgeübten Beruf zu erhalten, zu erweitern oder den sich ändernden Anforderungen anzupassen (vgl. LStR 74 Abs. 2 S. 7 und allgemein zur steuerrechtlichen Behandlung von Aus- und Fortbildungskosten *Morsch/Becker* DStR 2004, 73; *Stöcker* NJW 2004, 249; *Roscher/von Bornhaupt* DStR 2003, 964). Für den Arbeitgeber sind die Aufwendungen im Zusammenhang mit der beruflichen Fortbildung unabhängig von der steuerlichen Behandlung beim Arbeitnehmer in jedem Fall Betriebsausgaben.

3. Freistellung. Hat der Arbeitgeber sich zur Fortbildung eines Mitarbeiters verpflichtet, so erstreckt sich diese Verpflichtung ebenfalls auf die Freistellung des Mitarbeiters von der Arbeitsleistung (MünchHdbArbR/*Natzel* § 178 Rdn. 396). Die Arbeitspflicht des Arbeitnehmers tritt zugunsten der verpflichtenden Teilnahme an der Fortbildungsmaßnahme entweder ganz – bei einer Vollzeitteilnahme – oder teilweise – bei einer berufsbegleitenden Maßnahme – zurück. Dies regelt das Formular in § 2.

4. Weiterzahlung des Arbeitsentgelts. Während der Zeit der Freistellung ist der **Arbeitgeber grundsätzlich nicht** zur Zahlung einer Vergütung **verpflichtet** (BAG Urt. v. 29. 6. 1962 – 1 AZR 343/61 – NJW 1962, 1981; MünchHdbArbR/*Natzel* § 178 Rdn. 395; a.A. Schaub §176 Rdn. 6, der bei einem abgeschlossenen Fortbildungsvertrag den Arbeitgeber entsprechend der Interessenlage beim Ausbildungsvertrag zur Vergütung verpflichtet hält; differenzierend Küttner/*Reinecke* § 189 Rdn. 5, welcher eine Zahlungsverpflichtung zumindest bei völliger Freistellung von der Arbeit bei Wahrnehmung einer außerbetrieblichen längerfristigen Fortbildung und gleichzeitiger Vereinbarung unbezahlten Urlaubs verneint). Als Hauptargument für die fehlende Zahlungsverpflichtung wird angeführt, dass die Teilnahme an der Fortbildungsveranstaltung grundsätzlich nicht an die Stelle der Arbeitspflicht des Arbeitnehmers tritt und der Arbeitgeber seinerseits bereits mit der Gewährung der Fortbildung die ihm obliegende Hauptpflicht erfüllt.

Zahlt die Gesellschaft – wie in § 2 (2) des Formulars vorgeschlagen – dennoch während der Zeit der Fortbildung die Vergütung weiter, ohne dafür eine Arbeitsleistung seitens des Mitarbeiters zu erhalten, so sind die Bezüge als **rückforderungsfähige Ausbildungsbeihilfe** anzusehen (BAG Urt. v. 6. 11. 1996 – 5 AZR 334/95 – NZA 1997, 778). Soweit die Vergütung **für die Teilnahme an der Fortbildung** gezahlt wurde, kann sie somit, soweit eine wirksame Rückzahlungsklausel (vgl. Anm. 8) vereinbart wurde und deren Voraussetzungen erfüllt sind, vom Arbeitnehmer zurückverlangt werden.

Diese Rückforderungsmöglichkeit besteht allerdings nur dann, wenn der Arbeitnehmer tatsächlich an einer echten Fortbildungsmaßnahme teilgenommen hat. Liegt dagegen eine von einer Fortbildung zu unterscheidende Einarbeitungsmaßnahme des Arbeitgebers vor (vgl. Anm. 1), erbringt der Mitarbeiter seine Arbeitsleistung gerade durch die Teilnahme an der Weiterbildung. In diesen Fällen bleibt die Gesellschaft auch ihrerseits zur Erbringung der Hauptleistungspflicht aus dem Arbeitsvertrag verpflichtet. Das geleistete Arbeitsentgelt kann nicht zurückgefordert werden. Eine Rückforderungsklausel im Arbeitsvertrag wäre unwirksam und nicht durchsetzbar.

§ 2 Abs. (2) stellt zur Berechnung der Vergütung während der Fortbildung ab auf den Durchschnittsverdienst des Mitarbeiters während des unmittelbar vor dem Beginn der Fortbildungsmaßnahme liegenden Dreimonatszeitraums. Da **Prämien, Boni** und andere **Gratifikationen Arbeitsentgelt** darstellen und somit ebenfalls unter den in § 2 Abs. (2) gewählten Begriff „Durchschnittsverdienst" fallen, müssen diese gegebenenfalls, wie in der folgenden Alternativformulierung von § 2 Abs. (2), explizit ausgenommen werden:

Alternative zu § 2 Abs. (2):

(2) Der Mitarbeiter erhält während der Dauer der Teilnahme seinen Lohn weiterbezahlt. Die Vergütung wird dabei nach dem Durchschnittsverdienst der letzten drei Monate mit Ausnahme von ...... (Bezeichnung der ausgenommenen Prämien, Bonusvergütungen, etc.) berechnet.

5. Urlaub. Die **Freistellung** des Arbeitnehmers für Zwecke der beruflichen Fortbildung stellt **keine Urlaubsgewährung** dar. Vielmehr bleibt der Anspruch auf Erholungsurlaub von der Freistellung zur Teilnahme an der Fortbildung unangetastet. Denn der Urlaubsanspruch knüpft sich allein an den rechtlichen Bestand des Arbeitsverhältnisses und ist unabhängig von dem Umfang der Arbeitsleistung (KHzA/*Bengelsdorf*, 5.2 Berufliche Bildung Rdn. 279). Bei berufsbegleitenden Fortbildungsmaßnahmen hat der Arbeitnehmer auch während der Fortbildung Anspruch auf Urlaubsgewährung (*Schaub* § 176 Rdn. 10). Soweit er nämlich neben der Fortbildung zur (entsprechend verringerten) Arbeitsleistung verpflichtet ist, kann er von dieser auch vom Arbeitgeber freigestellt werden (KHzA/*Bengelsdorf*, 5.2 Berufliche Bildung Rdn. 279). Allerdings ist bei der Festlegung des Urlaubs zu beachten, dass die Teilnahme an der Weiterbildung nicht durch den Urlaub gestört wird (*Schaub* § 176 Rdn. 6). Die Weiterbildung dürfte somit als ein betrieblicher Umstand i.S.d. § 7 Abs. 1 S. 1 und Abs. 2 S. 1 BUrlG anzusehen sein, welcher nach diesen Vorschriften einer Berücksichtigung der Urlaubswünsche des Arbeitnehmers bei der zeitlichen Festlegung des Urlaubs oder der zusammenhängenden Gewährung desselben entgegensteht.

Alternativ zu einer Freistellung des Arbeitnehmers für Zwecke der Fortbildung, gegebenenfalls unter Fortzahlung des Arbeitsentgelts, kann zwischen Arbeitgeber und Arbeitnehmer auch vereinbart werden, dass dem Arbeitnehmer für die Dauer der Teilnahme an Fortbildungsveranstaltung **Erholungsurlaub** gewährt wird. Dies ist allerdings nur dann möglich, wenn die Freistellung auf Wunsch des Arbeitnehmers erfolgt. § 2 des Formulars wäre dann folgendermaßen zu formulieren:

Alternative:

§ 2 Freistellung

Die Gesellschaft erteilt dem Arbeitnehmer für die Dauer der Fortbildung Erholungsurlaub.

6. Ende der Freistellung. Die Freistellung nach § 2 Abs. (1) soll nur solange andauern, wie der Mitarbeiter tatsächlich an der Fortbildung teilnimmt. § 2 Abs. (4) des Formulars stellt dies sicher und statuiert als Beendigungszeitpunkt das Ende der Fortbildung selbst. Aber auch für den Fall, dass der Mitarbeiter die Fortbildung abbricht, eine erforderliche Zwischenprüfung nicht besteht oder durch eine vorgezogene Prüfung vorzeitig beendet, ist durch die Klausel in § 2 Abs. (4) sichergestellt, dass ab diesem Zeitpunkt die Freistellung endet und der Mitarbeiter seine bisherige Arbeit wieder aufnehmen muss.

§ 2 Abs. (4) des Formulars stellt zudem klar, dass der Arbeitnehmer auch bei erfolgreicher Absolvierung der Fortbildung allein aus der Teilnahme an der Fortbildungsmaßnahme keinen Anspruch auf Beförderung oder Höherstufung herleiten kann. Vielmehr lebt nach Abschluss der Fortbildungsmaßnahme das ursprüngliche Arbeitsverhältnis unverändert wieder auf.

7. Fortbildungskosten. Kosten der Fortbildung sind alle durch die Fortbildung veranlassten Kosten, wie z.B. die Schulungskosten selbst, Übernachtungs- und Anreisekosten, Verpflegungskosten, etc. Das Formular sieht in § 3 vor, dass die Gesellschaft die Kosten der Fortbildung zur Gänze übernimmt. Abweichend könnte auch vorgesehen werden, dass die Gesellschaft die Kosten nur teilweise übernimmt oder dass die Kostenübernahme auf einen Höchstbetrag beschränkt wird (Küttner/*Reinecke* § 189 Rdn. 5; MünchHdbArbR/*Natzel* § 178 Rdn. 395; a.A. *Schaub* § 176 Rdn. 9). Zulässig wäre es auch, die Fortbildungskosten zu pauschalieren und zu vereinbaren, dass nur diese Kostenpauschale vom Arbeitgeber getragen wird (*Schaub* § 176 Rdn. 9). Zur steuerlichen Behandlung der Übernahme der Fortbildungskosten vgl. Anm. 2.

Will der Arbeitgeber nur spezielle Kosten übernehmen, so kann späterer Streit vermieden werden, indem § 3 Abs. (1) des Formulars entsprechend abgewandelt wird. Die gewünschte Formulierung kann dabei aus den im Folgenden dargestellten Alternativen gewählt werden:

Alternative zu § 3 Abs. (1):

(1) Die Gesellschaft trägt
- nur die Schulungskosten
- die Schulungskosten sowie sonstige Ausgaben nach Maßgabe der jeweils gültigen Reisekostenrichtlinie der Gesellschaft
- die Hälfte der Fortbildungskosten
- ...... % (Prozentzahl) der Fortbildungskosten
- die Fortbildungskosten bis maximal EUR ...... (Maximalbetrag).

Eine – wie in der folgenden Alternativklausel zu §§ 3 und 4 formulierte – Kostentragung durch den Arbeitnehmer ist angebracht, wenn die Fortbildung in seinem überwiegenden Interesse steht:

Alternative:

§ 3 Kosten

Der Mitarbeiter hat sämtliche Fortbildungskosten und damit zusammenhängende weitere Kosten zu tragen.

8. Rückzahlungsklausel. Die Rückzahlungsklausel in § 4 des Formulars ist das Herzstück des Fortbildungsvertrages. Nur mit ihr kann die Gesellschaft sicherstellen, dass sie entweder für eine angemessene Zeit von dem Mitarbeiter und seinen erweiterten Kenntnissen profitiert oder zumindest ihre Aufwendungen für die Fortbildung ersetzt bekommt.

Eine gesetzliche Regelung gibt es für die Rückzahlungsklausel ebenso wenig wie für den Fortbildungsvertrag als solchen. Das gesetzliche Verbot der Entschädigung nach § 5 Abs. 2 Ziff. 1 BBiG, wonach eine Vereinbarung über die Verpflichtung des Auszubildenden, für die Berufsausbildung eine Entschädigung zu zahlen, nichtig ist, befasst sich nur mit der Ausbildung und ist auf die Fortbildung weder direkt noch analog anwendbar (BAG Urt. v. 20. 2. 1975 – 5 AZR 240/74 – AP Nr. 2 zu § 611 BGB Ausbildungsbeihilfe).

Um die **Zulässigkeit** einer Rückzahlungsklausel zu beurteilen, muss eine Abwägung zwischen dem Grundrecht des Arbeitnehmers auf freie Wahl des Arbeitsplatzes (Art. 12 GG) und dem Interesse des Arbeitgebers an einer Amortisation der Fortbildungskosten vorgenommen werden.

Nach ständiger Rechtsprechung des BAG kann eine Rückzahlungspflicht vereinbart werden. Sie verstößt allerdings nur dann nicht gegen den Grundsatz von Treu und Glauben (§ 242 BGB) und ist somit nur dann als zulässig anzusehen, wenn sie bei Abwägung aller Umstände des Einzelfalles **für den Arbeitnehmer zumutbar** ist und aus dem Blickwinkel eines verständigen Betrachters einem **begründeten und billigenswerten Interesse des Arbeitgebers** entspricht (s. hierzu BAG Urt. v. 29. 6. 1962 – I AZR 343/61 – AP Nr. 25 zu Art. 12 GG und BAG Urt. v. 24. 1. 1963 – 5 AZR 100/62 – AP Nr. 29 zu Art. 12 GG, in welchen das BAG diesen Grundsatz erstmals aufstellt hat, sowie exemplarisch für die Vielzahl an Urteilen, in welchen dieser Grundsatz angewendet wurde BAG Urt. v. 16. 3. 1994 – 5 AZR 339/92 – NZA 1994, 937; BAG Urt. v. 5. 12. 2002 – 6 AZR 216/01 – AP Nr. 2 zu § 19 BBiG; BAG Urt. v. 5. 12. 2002 – 6 AZR 537/00 – AP Nr. 11 zu 5 BBiG und BAG Urt. v. 21. 11. 2002 – 6 AZR 77/01 – EzA Nr. 2 zu § 611 BGB Ausbildungsbeihilfe). Bei der Abwägung aller Umstände des Einzelfalles sind nach der Rechtsprechung des BAG insbesondere der **Weiterbildungsvorteil für den Arbeitnehmer**, die **Höhe der Kosten der Fortbildung** sowie die **Bindungsdauer an das Arbeitsverhältnis** maßgeblich.

Mit Integration des Arbeitsrechts in das **AGB-Recht** zum 1. Januar 2002 dürfte sich lediglich der Prüfungsmaßstab von § 242 BGB auf § 307 Abs. 1 BGB verlagert haben. Inhaltlich aber ist davon auszugehen, dass sich die Wirksamkeit von Rückzahlungsklauseln auch weiterhin nach den vom BAG entwickelten Kriterien bestimmt.

Die Rückzahlung von Fortbildungskosten ist dem Arbeitnehmer nach der BAG-Rechtsprechung insbesondere dann zumutbar, wenn er durch die Fortbildung eine auf dem Arbeitsmarkt **chancenreich vermarktbare Qualifikation** erwirbt, welche als angemessene Gegenleistung des Arbeitgebers für die durch die Rückzahlungspflicht bezweckte und bewirkte Bindung des Mitarbeiters an die Gesellschaft angesehen werden kann (s. hierzu LAG Frankfurt Urt. v. 7. 9. 1988 – 2 Sa 359/88 – DB 1989, 887, wonach ein dreiwöchiges Seminar zur Auffrischung bereits vorhandener Kenntnisse keine angemessene Gegenleistung darstellt, welche eine Bindung des Mitarbeiter durch eine Rückzahlungsklausel angemessen erscheinen lässt). Um eine angemessene und damit rückforderungsfähige Gegenleistung handelt es sich auch dann nicht, wenn es sich nicht um eine Fortbildung in technischen Sinne sondern um eine bloße Einarbeitung handelt, welche lediglich im Interesse des Arbeitgebers stattfindet (vgl. BAG Urt. v. 29. 3. 2001 – 11 Sa 1760/00 – NZA-RR 2002, 292).

Das Interesse des Arbeitgebers an der Rückzahlung der Fortbildungskosten wird im Gegensatz dazu dann als begründet und billigenswert angesehen werden können, wenn für diesen mit der Fortbildung **hohe Kosten** verbunden waren, diese sich als **sehr zeitintensiv** gestaltet hat und sie **nicht nur im Interesse der Gesellschaft** stattfand.

Eine **zu lange Bindungsdauer** (s. Anm. 11) soll nach der BAG-Rechtsprechung gegen die Zulässigkeit einer solchen Klausel sprechen.

Ob die im Formular vorgesehene Rückzahlungsklausel mit dem in § 4 Abs. (2) vorgesehenen monatlichen Rückzahlungsbetrag und der in § 4 Abs. (3) vorgesehenen Rückzahlungsrate im Einzelfall wirksam und durchsetzbar wäre, beurteilt sich anhand der konkreten Umstände des Einzelfalles (s. hierzu ebenfalls Anm. 11).

Zu beachten ist, dass das BAG auf alle „rechtlichen Konstruktionen", die wirtschaftlich einer Rückzahlungsklausel entsprechen, die oben genannten Grundsätze anwendet (s. hierzu BAG Urt. v. 11. 4. 1990 – 5 AZR 308/89 – AP Nr. 14 zu § 611 Ausbildungsbeihilfe; 26. 10. 1994 – 5 AZR 390/92 – AP Nr. 19 zu § 611 Ausbildungsbeihilfe). Die vom BAG postulierten Beschränkungen für die Rückzahlungsvereinbarung können also nicht dadurch vermieden werden, dass die Fortbildungskosten dem Arbeitnehmer als Darlehen zur Verfügung gestellt werden und die Rückzahlung des Darlehens für den Fall einer vorzeitigen Beendigung des Arbeitsverhältnisses vorgesehen wird.

Die **Darlegungs- und Beweislast** für die Voraussetzungen der wirksamen Rückzahlungsklausel trifft die Gesellschaft (BAG Urt. v. 18. 8. 1976 – 5 AZR 399/75 – AP Nr. 3 zu § 611 BGB Ausbildungsbeihilfe; BAG Urt. v. 11. 4. 1990 – 5 AZR 308/89 – AP Nr. 14 zu § 611 BGB; BAG Urt. v. 24. 7. 1991 – 5 AZR 443/90 – AP Nr. 16 zu § 611 BGB Ausbildungshilfe). In seiner neueren Rechtsprechung (BAG Urt. v. 16. 3. 1994 – 5 AZR 339/92 – NZA 1994, 937; BAG Urt. v. 30. 11. 1994 – 5 AZR 715/93 – NZA 1995, 727) behält das BAG diese Beweislastverteilung zwar bei, jedoch müssen Arbeitgeber seither lediglich die Umstände darlegen und beweisen, aus welchen sich ergibt, dass im Zeitpunkt der Vereinbarung der Rückzahlungsklausel durch die Weiterbildung ein beruflicher **Vorteil** für den Arbeitnehmer **mit überwiegender Wahrscheinlichkeit** zu erwarten war. Diese Rechtsprechung erleichtert die Durchsetzung einer Rückzahlungsklausel, wie sie in § 4 des Formulars vorgesehen ist.

Ob die **Vereinbarung einer Rückzahlungsklausel gemäß §§ 96 ff. BetrVG mitbestimmungspflichtig** ist, ist **umstritten** (dies bejahend z. B. Küttner/*Reinecke* § 103 Betriebliche Berufsbildung Rdn. 10 sowie *Hanau* ZIP 2001, 1981 im Gegensatz zu ErfKomm/*Kania* § 98 BetrVG Rdn. 6 und *Franzen* NZA 2001, 865). Mangels höchstrichterlicher Rechtsprechung zu diesem Problemfeld ist somit ratsam, sofern ein Betriebsrat vorhanden ist und Kollektivbezug besteht, vor Abschluss von Fortbildungsverträgen diesen zu beteiligen.

9. Rückerstattung der weiterbezahlten Bezüge. Die Rückzahlungsklausel kann die während der Fortbildung weitergezahlte Vergütung nur insoweit umfassen, als es sich bei dieser um eine Fortbildungsbeihilfe und nicht um echtes Arbeitsentgelt gehandelt hat (vgl. Anm. 4). Diese Differenzierung erlangt insbesondere bei berufsbegleitenden Fortbildungsmaßnahmen Bedeutung. Hier kann nur der Anteil der Vergütung zurückgefordert werden, der für die Zeiten der Teilnahme an der Fortbildungsveranstaltung (und damit während einer Freistellung von der Arbeitsleistung) gezahlt wurde. Soweit dagegen die Vergütung zur Abgeltung einer während der Fortbildungsphase tatsächlich erbrachten Arbeitsleistung gezahlt wurde, kann sie nicht zurückgefordert werden.

10. Beendigungstatbestand. Eine Rückzahlungsklausel kann, wie im Formular vorgesehen, wirksam nur für den Fall vereinbart werden, dass der **Mitarbeiter selbst kündigt** oder er durch sein Verhalten eine wirksame **verhaltensbedingte ordentliche oder außerordentliche**

Kündigung des Arbeitgebers veranlasst hat (ErfKomm/*Preis* § 611 BGB Rdn. 563; *Schaub* § 176 Rdn. 25; Küttner/*Reinecke* § 359 Rdn. 17; *Zeranski* NJW 2000, 336; zur Provokation einer arbeitgeberseitigen Kündigung vgl. BAG Urt. v. 24. 6. 2004 – 6 AZR 383/03 – NZA 2004, 1035). Sie kann nicht wirksam für den Fall einer betriebsbedingten ordentlichen Kündigung vereinbart werden. Denn in diesem Fällen hat der Mitarbeiter keine Chance, die Rückzahlungspflicht durch Abwarten der Bindungszeit zu vermeiden (BAG Urt. v. 6. 5. 1998 – 5 AZR 535/97 – NZA 1999, 79 sowie bereits *Blomeyer* Anm. zu BAG Urt. v. 19. 6. 1974 – 4 AZR 299/73 – AP Nr. 1 zu § 611 BGB Ausbildungsbeihilfe). Aus der gleichen Überlegung heraus dürfte eine Rückzahlungsklausel auch dann nicht greifen, wenn der Grund für eine Kündigung seitens des Mitarbeiters, wie z. B. im Falle des „Mobbings", aus der Sphäre der Gesellschaft stammt (vgl. *Zeranski* NJW 2000, 337). Der Kündigung seitens des Arbeitnehmers steht die Auflösung des Arbeitsverhältnisses auf dessen Wunsch gleich (BAG Urt. v. 5. 7. 2000 – 5 AZR 883/98 – BB 2000, 2208).

Die höchstrichterliche Rechtsprechung hat bislang nicht geklärt, inwieweit Rückzahlungsklauseln auch bei der **Ausübung von Sonderkündigungsrechten** wie § 10 Abs. 1 MuSchG (Sonderkündigungsrecht während der Schwangerschaft und während der Schutzfrist nach der Entbindung) oder § 19 BErzGG (Sonderkündigungsrecht zum Ende der Elternzeit) eingreifen. Wahrscheinlich darf aber gerade das Sonderkündigungsrecht nicht durch eine Rückzahlungsklausel behindert werden (*Henninge* NZA-RR 2000, 619). Daher wurde die Rückzahlungsklausel in § 4 Abs. (1) des Formulars auf die „normale" Kündigung des Mitarbeiters beschränkt.

11. Dauer der Bindung. Das Formular sieht als Beispiel eine Kürzungsrate von 1/36 vor. Dies entspricht einer Bindungsdauer von drei Jahren. D. h. erst drei Jahre nach Abschluss der Fortbildungsmaßnahme kann der Mitarbeiter ohne irgendwelche Rückzahlungsverpflichtungen das Arbeitsverhältnis beenden. Wird eine Kürzungsrate mit höherem Divisor (z. B. 48) vereinbart, entspricht dies einer längeren angestrebten Bindungsdauer; eine Kürzungsrate mit niedrigerem Divisor (z. B. 12) entspricht einer kürzeren angestrebten Bindungsdauer.

Die durch die Kürzungsrate ausgedrückte **Dauer der angestrebten Bindung** des Arbeitnehmers ist entscheidend für die Beurteilung der **Zulässigkeit** der Rückzahlungsklausel. Wird der Arbeitnehmer zu lange dazu verpflichtet, bei selbst veranlasstem Ausscheiden aus dem Arbeitsverhältnis die Fortbildungskosten zurückzuzahlen, so wird dies als unzulässiger Eingriff in sein Recht aus Art. 12 GG auf freie Berufswahl bewertet und der Arbeitnehmer kann die Rückzahlung mit Hinweis auf § 242 BGB verweigern. Die Dauer der angestrebten Bindung muss aus diesem Grunde gegenüber der Dauer der Fortbildung, der Höhe der Fortbildungskosten und dem Vorteil für den Mitarbeiter aus der Fortbildung angemessen sein (s. hierzu auch Anm. 8).

Eine mathematische Gleichung zwischen Fortbildungsdauer und Höchstdauer der zulässigen Bindung wird von der BAG-Rechtsprechung nicht vorgegeben (s. hierzu BAG Urt. v. 6. 9. 1995 – 5 AZR 241/94 – NZA 1996, 314, welches dies im Leitsatz ausdrücklich klarstellt). Das BAG hat bisher Zeiträume von sechs Monaten (BAG Urt. v. 5. 12. 2002 – 6 AZR 216/01 – AP Nr. 2 zu § 19 BBiG) bis zu fünf Jahren (BAG Urt. v. 19. 6. 1974 – 5 AZR 299/73 – AP Nr. 1 zu § 611 Ausbildungsbeihilfe; BAG Urt. v. 12. 12. 1979 – 5 AZR 1056/77 – AP Nr. 4 zu § 611 Ausbildungsbeihilfe; BAG Urt. v. 6. 9. 1995 – 5 AZR 241/94 – AP Nr. 22 zu § 611 Ausbildungsbeihilfe sowie Zusammenfassung der bisherigen Rechtsprechung in BAG Urt. v. 6. 9. 1995 – 5 AZR 174/94 – AP Nr. 22 zu § 611 Ausbildungsbeihilfe) anerkannt. Länger als fünf Jahre darf die Bindung jedoch schon wegen § 624 BGB (Möglichkeit der ordentlichen Kündigung eines Dienstverhältnisses auf Lebenszeit oder über einen längeren Zeitraum als fünf Jahre nach Ablauf von fünf Jahren) nicht sein (Küttner/*Reinecke* § 359 Rdn. 14).

Aus diesem Grunde enthält die in § 4 des Formulars vorgeschlagene Rückzahlungsklausel keinen festen Wert für die Bindungsdauer. Vielmehr muss im konkreten Einzelfall die noch zulässige Bindungsdauer ermittelt werden, wobei hierfür der Maximalzeitraum 5 Jahre beträgt. Als **grobe Orientierungsskala** für die höchst zulässige Bindungsdauer können folgende Richtwerte aus der Rechtsprechung herangezogen werden. Diese allerdings geben keine verlässliche Aussage für die im Einzelfall unter Berücksichtigung aller konkreten Umstände noch zulässige Bindungsdauer:

Lehrgangsdauer	Bindungsdauer
bis zu 1 Monat	bis zu 6 Monaten
bis zu 2 Monaten	bis zu 12 Monaten
bis zu 4 Monaten	bis zu 24 Monaten
6 bis 12 Monate	bis zu 36 Monate
mehr als 24 Monate	bis zu 60 Monaten

Bei einer **unzulässig langen Bindung** des Arbeitnehmers war nach **bisheriger Rechtsprechung des BAG** die Rückzahlungsklausel nicht nichtig, sondern sie wurde **auf das zulässige Maß reduziert** (BAG Urt. v. 15. 5. 1985 – 5 AZR 161/84 – AP Nr. 9 zu § 611 Ausbildungsbeihilfe; BAG Urt. v. 16. 3. 1994 – 5 AZR 339/92 – NZA 1994, 937; BAG Urt. v. 6. 9. 1995 – 5 AZR 241/94 – AP Nr. 23 zu § 611 BGB Ausbildungsbeihilfe; BAG Urt. v. 5. 12. 2002 – 6 AZR 216/01 – AP Nr. 2 zu § 19 BBiG).

Seit Inkrafttreten der **Schuldrechtsreform** bestimmen sich die Rechtsfolgen unwirksamer Rückzahlungsvereinbarungen nach § 306 BGB. Der BGH folgert aus § 306 Abs. 2 BGB ein grundsätzliches **Verbot geltungserhaltender Reduktion**: Unwirksame Vertragsklauseln dürfen danach nicht auf das gerade noch zulässige Maß reduziert werden; der Klauselverwender trägt vielmehr das Risiko vollständiger Unwirksamkeit (ständige Rechtsprechung vgl. nur BGH Urt. v. 17. 5. 1982 – VII ZR 316/81 – NJW 1982, 2309). Das BAG hat sich in einer neueren Entscheidung der ständigen Rechtsprechung des BGH zum Verbot geltungserhaltender Reduktion angeschlossen (BAG Urt. v. 4. 3. 2004 – 8 AZR 196/03 – AP Nr. 3 zu § 309 BGB). Für den Bereich der Rückzahlungsvereinbarungen könnte damit bereits ein geringfügiges Überschreiten der angemessenen Bindungsdauer zukünftig möglicherweise die Unwirksamkeit der gesamten Rückzahlungsklausel zur Folge haben. Eine arbeitsgerichtliche Entscheidung zur neuen Rechtslage liegt bislang, soweit ersichtlich, noch nicht vor. Es kann daher derzeit nur spekuliert werden, ob die Arbeitsgerichte ihre bisherige Rechtsprechung, die Bindungsdauer auf das zulässige Maß zu reduzieren, tatsächlich aufgeben werden oder sie vielmehr unter Berufung auf die ergänzende Vertragsauslegung fortsetzen werden (vgl. zu diesem Ansatz *Schmidt* NZA 2004, 1002). Soweit der Arbeitgeber die Rechtswirksamkeit der Rückzahlungsklausel sicherstellen will, sollte bis zum Vorliegen einer BAG-Entscheidung daher besonders darauf geachtet werden, keine unzulässig langen Bindungszeiten zu vereinbaren (d. h. die Kürzungsraten im Formular nicht zu niedrig anzusetzen).

12. Verpassen des Fortbildungszieles. Es besteht ein starkes Interesse der Gesellschaft daran, dass der Mitarbeiter das Fortbildungsziel auch tatsächlich erreicht. Denn im Falle des Nichterreichens des Fortbildungsziels sind für die Gesellschaft die Ausgaben genauso vergeblich wie im Falle der sofortigen/baldigen Beendigung des Arbeitsverhältnisses nach erfolgreichem Abschluss der Fortbildung. Mit der Klausel in § 5 des Formulars über das Wohlverhalten wurde versucht, eine Rückzahlungsklausel auch für diesen Fall einzuführen und somit den **vorzeitigen Abbruch der Fortbildung** oder das **schuldhafte Nichtbestehen der Prüfung** zu verhindern. Laut BAG ist im Rahmen der Prüfung der Zulässigkeit einer solchen Rückzahlungsklausel das Interesse des Arbeitgebers an der Nutzung der erworbenen Kenntnisse im Betrieb abzuwägen gegen die Möglichkeit des Arbeitnehmers, an der Fortbildung teilzunehmen und dadurch etwaige Qualifikationen und Chancen auf dem Arbeitsmarkt zu erwerben (BAG Urt. v. 20. 2. 1975 – 5 AZR 240/74 – AP BGB § 611 Ausbildungsbeihilfe Nr. 2).

Die tatsächlichen Grenzen einer derartigen Rückzahlungsklausel sind noch unklar, da sich bislang nur der 5. Senat des BAG in zwei Fällen damit auseinander gesetzt hat (BAG Urt. v. 20. 2. 1975 – 5AZR 240/74 – AP BGB § 611 Ausbildungsbeihilfe Nr. 2 und BAG Urt. v. 12. 12. 1979 – 5 AZR 1056/77 – AP BGB § 611 Ausbildungsbeihilfe Nr. 4). Somit ist nicht sicher, ob die vorliegende Rückzahlungsklausel einer richterlichen Überprüfung Stand halten wird. Da das BAG jedoch klargestellt hat, dass im Falle der Vereinbarung einer Rückzahlungsklausel auch für den Fall des vorzeitigen Abbruchs und des verschuldeten Misserfolgs eine solche nur zulässig ist, wenn der Abbruch der Fortbildung nicht von der Gesellschaft zu vertreten ist (BAG Urt. v. 12. 12. 1979 – 5 AZR 1056/77 – AP BGB § 611 Ausbildungsbeihilfe Nr. 4), wurde im Formular die Rückzahlung nur für den Fall vorgesehen, dass der Arbeitnehmer den Abbruch zu vertreten hat. Damit werden die Chancen auf Wirksamkeit der Klausel erhöht.

§ 5 des Formulars sollte trotz der vorstehend beschriebenen Rechtsunsicherheit auf jeden Fall mit aufgenommen werden und somit der Fall des verschuldeten vorzeitigen Abbruchs und des verschuldeten Misserfolgs **ausdrücklich** geregelt werden. Zwar gelangt das BAG in Einzelfällen (so geschehen in BAG Urt. v. 12. 12. 1979 – 5 AZR 1056/77 – AP BGB § 611 Ausbildungsbeihilfe Nr. 4) auch im Wege der ergänzenden Vertragsauslegung nach §§ 133, 157 BGB zu dem Ergebnis, dass im Fortbildungsvertrag auch der Fall der Rückzahlung aufgrund vorzeitigen Abbruchs oder verschuldeten Misserfolgs mitgeregelt werden sollte. Es gibt bislang jedoch kein Indiz dafür, dass das BAG die Rückzahlungspflicht in diesen Fällen **immer** nach §§ 133, 157 BGB als eine normale Rückzahlungsklausel auslegen wird.

Wenn, wie im Formular in § 5 Abs. (2), eine Rückzahlungspflicht auch bei Abbruch der Fortbildung vereinbart wird, sollte dem Mitarbeiter eine **Bedenkzeit** eingeräumt werden, innerhalb derer er ohne jegliches Kostenrisiko die Fortbildung abbrechen kann (BAG Urt. v. 20. 2. 1975 – 5 AZR 240/74 – AP Nr. 2 zu § 611 BGB Ausbildungsbeihilfe Nr. 2). Diese Bedenkzeit ist im Formular in § 5 Abs. (3) vorgesehen. Gegen das Erfordernis einer Bedenkzeit wird in der Literatur zwar angeführt, es sei nicht zu rechtfertigen, dass der Arbeitnehmer auf Kosten des Arbeitgebers seine Fähigkeiten und Neigungen testen dürfe (s. hierzu *Hennige* NZA-RR 2000, 621, welcher davon ausgeht, dass das BAG diese vom Arbeitgeber finanzierte Selbstfindungsphase nicht mehr aufrecht erhalten wird). Dem ist aber entgegenzuhalten, dass es dem Arbeitgeber noch viel teurer zu stehen kommt, wenn der Arbeitnehmer trotz allen Eifers wegen persönlicher Ungeeignetheit am Ende einer aufwendigen Fortbildung das Fortbildungsziel nicht erreicht. Für den Fall eines Misserfolgs der Fortbildung sieht das Formular keine Rückzahlungspflicht des Arbeitnehmers vor und für diesen Fall kann der Arbeitnehmer auch regelmäßig nicht zu einer Rückzahlung verpflichtet werden, weil ihm bezüglich des Misserfolgs typischerweise kein Verschulden vorgeworfen werden kann, dies jedoch eine Voraussetzung für die Zulässigkeit einer Rückzahlungspflicht wäre (s. hierzu auch *Küttner/Reinecke* § 359 Rdn. 18, welcher damit argumentiert, dass es im Risikobereich des Arbeitgebers liegt, sich über die Fähigkeiten des Arbeitnehmers zu vergewissern).

Im Formular ist die Dauer der Bedenkzeit offen gelassen. Im Normalfall sollte ca. 1/3 der Gesamtdauer der Fortbildung als Bedenkzeit ausreichen. Dies ist jedoch keine feste Größe. Die Bedenkzeit könnte vielmehr im Einzelfall länger sein müssen, damit z. B. der Mitarbeiter bei mehrteiligen Fortbildungen innerhalb der Bedenkzeit die Möglichkeit hat, sowohl nach der Teilnahme an der theoretischen als auch an der praktischen Fortbildung die Konsequenzen eines Abbruchs hinreichend zu reflektieren. Ebenfalls kann im Einzelfall eine kürzere Bedenkzeit angebracht sein.

13. Qualifizierte Schriftformklausel. Vgl. Form. A. II. 1 Anm. 28.

14. Salvatorische Klausel. Vgl. Form. A. II. 1 Anm. 29.

15. Unterschrift. Vgl. Form. A. II. 1 Anm. 32.

8. Werkwohnung

Mietvertrag über eine Werkwohnung[1]

zwischen
...... (Name und Anschrift des Arbeitgebers) „Gesellschaft"
und
Herrn ...... (Name und Anschrift des Arbeitnehmers) „Mitarbeiter"
(*Alternative*:
und
Herrn/Frau ...... (Name und Anschrift der Ehefrau/Lebenspartnerin/des Lebenspartners des Arbeitnehmers)[2])

Im Hinblick auf das bestehende Arbeitsverhältnis wird folgende Vereinbarung getroffen:

§ 1 Mietgegenstand[3]

(1) Die Gesellschaft vermietet an den Mitarbeiter folgende Werkmietwohnung: ...... (Anschrift, Geschoss, Lage), bestehend aus ...... (Anzahl) Zimmern, Küche und Bad, insgesamt ca. ...... (Anzahl) qm. Die Angabe der Grundfläche der Wohnung stellt keine Zusicherung dar.

(*Alternative*:

Mitvermietet sind auch ...... (Keller(abteil), Speicher, Garage, Stellplatz etc). Der Mitarbeiter ist berechtigt, folgende Gemeinschaftseinrichtungen/-anlagen mitzubenutzen: ......).

(2) Der überlassene Wohnraum ist funktionsgebunden im Sinne von § 576 Abs. 1 Nr. 2 BGB wegen ...... (Begründung der Nähe oder sonstigen Beziehung zur Arbeitsstätte)[4].

(3) Der Mitarbeiter wird die Wohnung allein bewohnen.

(*Alternative*:

(3) Der Mitarbeiter wird die Wohnung zusammen mit seiner Ehefrau/Lebenspartnerin/seinem Lebenspartner bewohnen.)

(*Alternative*:

(3) Der Mitarbeiter wird die Wohnung mit seiner Ehefrau/Lebenspartnerin/seinem Lebenspartner und ...... (Anzahl) Kindern bewohnen.)

(4) Jede Veränderung der Anzahl der Mitbewohner wird der Mitarbeiter der Gesellschaft unverzüglich anzeigen.

§ 2 Mietzins und Betriebskosten[5]

(1) Der Mietzins beträgt monatlich EUR ...... (in Worten: Euro ......).

(2) Während des laufenden Arbeitsverhältnisses reduziert sich der monatliche Mietzins auf ...... % des unter Abs. (1) genannten Mietzinses und beträgt demnach EUR ...... (in Worten: Euro ......).

(3) Der Mitarbeiter trägt die in § 27 der 2. Berechnungsverordnung aufgelisteten Betriebskosten. Eine Aufstellung der Betriebskosten ist beigefügt.

(4) Für die Betriebskosten ist eine monatliche Vorauszahlung von derzeit EUR ...... (in Worten: Euro ......) zu leisten.

(5) Die Abrechnung der Betriebskosten erfolgt jährlich. Die Höhe der Vorauszahlung wird angeglichen, wenn die Betriebskosten steigen oder die jährliche Abrechnung der Betriebskosten eine Anpassung erfordert.

(6) Der Mietzins und die Betriebskostenvorauszahlung sind zum 3. Werktag jeden Kalendermonats fällig. Der aus der Betriebskostenabrechnung geschuldete Betrag wird nach Zugang der Abrechnung fällig.

(7) Die Gesellschaft verrechnet den Mietzins und die Betriebskostenvorauszahlung monatlich mit der Nettovergütung des Mitarbeiters.

(8) Sofern und soweit eine Verrechnung nicht möglich ist, sind der Mietzins und die Betriebskostenvorauszahlung zum Fälligkeitszeitpunkt auf das Konto ...... der Gesellschaft zu überweisen.

§ 3 Dauer des Mietverhältnisses[6]

(1) Das Mietverhältnis beginnt am ...... (Datum).

(2) Das Mietverhältnis ist unbefristet.

(*Alternative*:

(2) Das Mietverhältnis ist befristet und endet automatisch am ...... (Datum), ohne dass es einer Kündigung bedarf.)

§ 4 Kündigung, Rückgabe[7]

(1) Es gelten die gesetzlichen Kündigungsfristen. Auf die besonderen Bestimmungen der §§ 576 ff. BGB wird hingewiesen.

(2) Die ordentliche Kündigung dieses Mietverhältnisses ist für beide Vertragspartner auch während des bestehenden Arbeitsverhältnisses zulässig.

(3) Die Kündigung bedarf der Schriftform.

(4) Die Wohnung ist geräumt und besenrein zu übergeben. Beschädigungen der Wohnung, die der Mitarbeiter, seine Familienmitglieder oder seine Erfüllungsgehilfen sowie Dritte, für die der Mitarbeiter verantwortlich ist, schuldhaft verursacht haben, sind vom Mitarbeiter zu beseitigen.

(5) Der Mitarbeiter hat folgende, ihm beim Einzug (Alternative: bei Vertragsschluss) übergebene Schlüssel herauszugeben: ...... (Bezeichnung der Schlüssel und jeweilige Anzahl). Einen Verlust der Schlüssel hat der Mitarbeiter jederzeit unverzüglich zu melden. In diesem Fall ist die Gesellschaft berechtigt, auf Kosten des Mitarbeiters einen Nachschlüssel anfertigen zu lassen oder, sofern aus Sicherheitsgründen erforderlich, auf seine Kosten das betreffende Schloss austauschen zu lassen.

(6) Setzt der Mitarbeiter den Gebrauch der Wohnung nach Ablauf der Mietzeit fort, so gilt das Mietverhältnis nicht als verlängert. § 545 BGB findet keine Anwendung.

§ 5 Kaution[8]

(1) Der Mitarbeiter leistet an die Gesellschaft eine Kaution in Höhe von drei monatlichen Mietzinsen gemäß § 2 Abs. (2), also insgesamt EUR ...... (in Worten: Euro ......). Der Mitarbeiter ist berechtigt, die Kaution in drei Monatsraten zu zahlen. Die erste Rate ist zu Beginn des Mietverhältnisses fällig.

(*Alternative*:

(1) Der Mitarbeiter und seine Ehefrau/Lebenspartnerin/sein Lebenspartner haften gesamtschuldnerisch für die Forderungen aus diesem Mietverhältnis.)

(2) Die Gesellschaft wird die Kaution nach vollständigem Erhalt bei einem Kreditinstitut zu dem für Spareinlagen mit dreimonatiger Kündigungsfrist üblichen Zinssatz anlegen.

(3) Nach Beendigung der Mietzeit, Abnahme der Wohnung und Schlussabrechnung der Betriebskosten rechnet die Gesellschaft über die Kaution ab und zahlt die verbleibende Kautionssumme einschließlich der Zinsen an den Mitarbeiter aus. Der Rückzahlungsanspruch des Mitarbeiters wird frühestens zwei Monate nach Ablauf der Mietzeit fällig.

§ 6 Schönheitsreparaturen und Pflege[9]

(1) Der Mitarbeiter hat die Wohnung und die darin befindlichen Einrichtungsgegenstände der Gesellschaft sorgsam zu behandeln.

(2) Der Mitarbeiter hat die Schönheitsreparaturen fachgerecht durchzuführen, wenn sie erforderlich werden. Üblicherweise sind Schönheitsreparaturen in folgenden Zeitabständen erforderlich:
- Küche, Bad und Toilette alle drei Jahre,
- alle übrigen Räume alle fünf Jahre.

(3) Endet das Mietverhältnis vor Fälligkeit der Schönheitsreparaturen, kann die Gesellschaft zeitanteilig Entgelt für die anstehenden Schönheitsreparaturen verlangen.

(4) Der Mitarbeiter hat die als Anlage beigefügten Pflege- und Benutzungshinweise für ...... (Fußboden/Parkett/Teppichboden/Spül-maschine/Waschmaschine/Herd/Kühlschrank etc.) zu beachten.

(*Alternative*:
(5) Der Mitarbeiter ist verpflichtet, wöchentlich/abwechselnd mit den übrigen Hausbewohnern ...... (Treppenhaus/Gang auf dem Stockwerk/Hof) zu reinigen. Der Mitarbeiter übernimmt die Verkehrssicherungspflichten und hat die zur Wohnung und zum Haus gehörigen Wege ordnungsgemäß zu kehren und bei Glätte entsprechende Maßnahmen zu ergreifen.)

§ 7 Mängel[10]

(1) Der Mitarbeiter hat Mängel an der Wohnung unverzüglich gegenüber der Gesellschaft anzuzeigen. Das Gleiche gilt, wenn sich ein Dritter Rechte an der Wohnung anmaßt.

(2) Unterlässt der Mitarbeiter die Anzeige nach vorstehendem Abs. (1), so ist er zum Ersatz des daraus entstehenden Schadens verpflichtet. Gleiches gilt, wenn der Mitarbeiter die Anzeige verspätet erstattet. Er ist, soweit die Gesellschaft infolge der unterlassenen Anzeige außerstande ist, Abhilfe zu schaffen, nicht berechtigt, die in § 536 BGB (Mietminderung) bestimmten Rechte geltend zu machen oder nach § 543 Abs. 2 Nr. 1, Abs. 3 BGB ohne Bestimmung einer Frist zu kündigen oder Schadenersatz wegen Nichterfüllung zu verlangen.

(3) Bagatellreparaturen bis zu jeweils EUR 50 sind bis zu einem Gesamtbetrag von insgesamt 8% der Bruttomiete (Summe aus Mietzins und Betriebskosten), maximal jedoch bis zu EUR 150 pro Jahr, vom Mitarbeiter zu tragen. Dies gilt nur für Reparaturen an Gegenständen, auf die der Mitarbeiter oder seine Mitbewohner häufig und direkt zugreifen, wie Armaturen, Tür- und Fenstergriffe, Licht- und sonstige Stromschalter, Gas- und Wasserhähne, Jalousien/Fensterläden und Ähnliches.

§ 8 Betreten der Miete Räume

(1) Die Gesellschaft ist zur Prüfung des Zustandes der Wohnung oder zum Ablesen von Messgeräten in angemessenen Abständen und nach rechtzeitiger Ankündigung während der üblichen Besuchszeiten berechtigt, die Wohnung durch einen Vertreter oder Beauftragten zu betreten. Dabei ist auf eine persönliche Verhinderung des Mitarbeiters Rücksicht zu nehmen.

(2) In Fällen dringender Gefahr kann die Wohnung durch Vertreter und Beauftragte der Gesellschaft zu jeder Tages- und Nachtzeit auch bei Abwesenheit des Mitarbeiters betreten werden.

(3) Der Mitarbeiter hat sicherzustellen, dass bei Zeiten längerer Abwesenheit die Schlüssel zur Wohnung für Notfälle an einem bekannten Ort hinterlegt sind.

(4) Der Mitarbeiter hat nach Ausspruch der Kündigung eine Besichtigung der Wohnung durch potentielle Mieter, eventuell in Begleitung von Beauftragten der Gesellschaft, nach Vorankündigung zu dulden. Das Gleiche gilt entsprechend, wenn die Gesellschaft die Wohnung verkaufen und die Wohnung mit einem Kaufinteressenten besichtigen will.

§ 9 Modernisierungen[11]

(1) Der Mitarbeiter verpflichtet sich, Maßnahmen zur Verbesserung der Wohnung, zur Einsparung von Energie oder Wasser oder zur Schaffung neuen Wohnraums seitens der Gesellschaft zu dulden. Dies gilt nicht, wenn die Maßnahme unter Berücksichtigung der vorzunehmenden Arbeiten, der baulichen Folgen, vorausgegangener Verwendungen des Mitarbeiters oder der zu erwartenden Mieterhöhung für den Mitarbeiter (*Alternative*: oder seine Familie oder einen anderen Angehörigen seines Haushalts) eine Härte bedeuten würde, die auch unter Würdigung der berechtigten Interessen der Gesellschaft und anderer Mieter in dem Gebäude nicht zu rechtfertigen ist; die zu erwartende Miet-

erhöhung ist nicht zu berücksichtigen, wenn die Wohnung lediglich in einen Zustand versetzt wird, wie er allgemein üblich ist.

(2) Die Gesellschaft hat den Mitarbeiter drei Monate vor Maßnahmenbeginn deren Art und voraussichtlichen Umfang, Beginn und Dauer sowie die zu erwartende Mieterhöhung in Textform mitzuteilen. Der Mitarbeiter ist berechtigt, bis zum Ablauf des Monats, der auf den Zugang der Mitteilung folgt, für den Ablauf des nächsten Monats zu kündigen.

(3) Die vorstehenden Abs. (1) und (2) gelten nicht bei Maßnahmen, die mit keiner oder nur mit einer unerheblichen Einwirkung auf die Wohnung verbunden sind und zu keiner oder nur zu einer unerheblichen Mieterhöhung führen.

(4) Der Mitarbeiter ist nicht befugt, ohne Zustimmung der Gesellschaft bauliche Veränderungen an der Wohnung vorzunehmen.

§ 10 Untervermietung[12]

Die entgeltliche und unentgeltliche Untervermietung ist nur mit schriftlicher Erlaubnis der Gesellschaft gestattet.

§ 11 Hausordnung[13]

(1) Die als Anlage beigefügte Hausordnung ist in ihrer jeweils gültigen Form Teil des Mietvertrags und zu beachten.

(2) Der Mitarbeiter trägt dafür Sorge, dass die Hausordnung von ihm, den Mitbewohnern der Wohnung sowie seinen Gästen und Verrichtungsgehilfen eingehalten wird.

§ 12 Schlussbestimmungen[14]

(1) Der Mitarbeiter wird der Gesellschaft, unabhängig vom Bestehen des Arbeitsverhältnisses, jede Änderung seiner Anschrift unverzüglich mitteilen.

(2) Mündliche Nebenabreden bestehen nicht. Änderungen oder Ergänzungen dieses Mietvertrages einschließlich dieser Bestimmung bedürfen zu ihrer Wirksamkeit der Schriftform.

(3) Sollte eine Bestimmung dieses Mietvertrages ganz oder teilweise unwirksam sein oder werden, so wird hiervon die Wirksamkeit der übrigen Bestimmungen dieses Vertrages nicht berührt. An die Stelle der unwirksamen Bestimmung tritt die gesetzlich zulässige Bestimmung, die dem mit der unwirksamen Bestimmung Gewollten wirtschaftlich am nächsten kommt. Dasselbe gilt für den Fall der vertraglichen Lücke.

(4) Erfüllungsort und Gerichtsstand richten sich nach den gesetzlichen Vorschriften[15].

(5) Der Mitarbeiter hat eine Ausfertigung dieses Mietvertrages erhalten.

Ort, Datum

Unterschrift der Gesellschaft

Ort, Datum

Unterschrift des Mitarbeiters

(*Optional*:

Ort/Datum

Unterschrift Ehefrau/Lebenspartnerin/
Lebenspartner des Mitarbeiters)

Schrifttum: Buch, Die Kündigung von Werkwohnungen, NZM 2000, 167; *Gather*, Zeitmietvertrag, Tod des Mieters und Eintrittsrecht Dritter in den Wohnraummietvertrag, NZM 2001, 57; *Hannemann*, Im Überblick: Risiken des Zeitmietvertrags bei der Wohnraummiete, NZM 1999, 585; *Julius*, Rechtsweg für Streitigkeiten aus der Überlassung von Werkdienstwohnungen, WM 2000, 340; *Schmidt-Futterer*, Die

Werkdienstwohnung nach neuem Recht, BB 1976, 1033; *Schmitz-Justen*, Die Werkwohnung – Überblick und Ausblick, WuM 2000, 582; *Sonnenschein*, Die Entwicklung des privaten Wohnraummietrechts 1989 bis 1996 (Teil 2) – Pflichten des Mieters und Beendigung des Mietverhältnisses, NJW 1998, 2172; *Wiese*, Beteiligungsrechte des Betriebsrats bei Drittbeziehungen des Arbeitgebers, NZA 2003, 1113.

Anmerkungen

1. Regelungsinhalt. Durch einen Werkwohnungsmietvertrag wird einem Arbeitnehmer Wohnraum mit Rücksicht auf das Arbeitsverhältnis überlassen. Im Gegensatz zu der unter A. IV. 9 behandelten Überlassung einer Dienstwohnung ist das Arbeitsverhältnis dabei nur äußerer Anlass, aber nicht ausschlaggebend für den Abschluss des Mietvertrages (BAG Urt. v. 18. 7. 1978 – 1 ABR 20/75 – AP Nr. 4 zu § 87 BetrVG 1972 Werkmietwohnungen). Mietvertrag und Arbeitsvertrag bleiben rechtlich selbstständig. Rechtlich betrachtet unterscheidet sich der Werkwohnungsmietvertrag von einem regulären Mietvertrag nur durch die **besonderen Kündigungsvorschriften in §§ 576, 576 a BGB** und die **Mitbestimmungsrechte** des Betriebsrats (*Buch* NZM 2000, 167; *Schmitz-Justen* WuM 2000, 582).

Dem Betriebsrat steht gemäß § 87 Abs. 1 Nr. 9 BetrVG ein Mitbestimmungsrecht zu. Dieses umfasst die Zuweisung der Wohnung, die Erstellung des Mustermietvertrages sowie der Hausordnung, die Festlegung der Grundsätze über die Mietzinsbildung und die Kündigung der Werkmietwohnung; nicht umfasst vom Mitbestimmungsrecht ist die individuelle Festlegung des Mietzinses (*Schmitz-Justen* WuM 2000, 582, 583 ff.; *Wiese* NZA 2003, 1113, 1117; *F/E/S/T/L* § 87 Rdn. 379 ff.; GKBetrVG/*Wiese* § 87 Rdn. 764 ff.). Werden die Werkmietwohnungen als Sozialeinrichtung betrieben, so kann die Mitbestimmungspflicht sich auch aus § 87 Abs. 1 Nr. 8 BetrVG ergeben.

Das Mitbestimmungsrecht gemäß § 87 Abs. 1 Nr. 9 BetrVG ist streng genommen ein Sonderfall des Rechtes aus § 87 Abs. 1 Nr. 8 BetrVG. Gemäß Nr. 9 ist eine soziale Zielrichtung jedoch nicht erforderlich, um das Mitbestimmungsrecht des Betriebsrats zu begründen. Demnach kann – im Unterschied zu § 87 Abs. 1 Nr. 8 BetrVG – die Miete auch marktüblich oder sogar höher als marktüblich sein (*F/E/S/T/L* § 87 Rdn. 379 f.).

Der **Arbeitgeber entscheidet zunächst allein** darüber, **ob** er überhaupt Arbeitnehmern Wohnraum zur Verfügung stellen will und in welchem finanziellen Rahmen er sich dafür engagieren möchte. Wie bei sonstigen freiwilligen Arbeitgeberleistungen kann der Arbeitgeber auch bei der Vergabe von Wohnräumen frei den **abstrakt begünstigten Personenkreis** bestimmen (*F/E/S/T/L* § 87 Rdn. 388; BAG Beschl. v. 23. 3. 1993 – 1 ABR 65/92 – AP Nr. 8 zu § 87 BetrVG 1972 Werkmietwohnungen). Folgerichtig ist auch die Entscheidung des Arbeitgebers mitbestimmungsfrei, einen bisher gleichmäßig allen Arbeitnehmern zur Verfügung gestellten Wohnungsbestand in Zukunft nur noch leitenden Angestellten zur Verfügung zu stellen. Stellt der Arbeitgeber jedoch den Wohnraum nicht nur leitenden Angestellten, sondern auch anderen Arbeitnehmern zur Verfügung, besteht das Mitbestimmungsrecht des Betriebsrats bei der Zuweisung von Wohnräumen auch insoweit, als die Zuweisungen von Wohnungen an leitende Angestellte betroffen sind. Hintergrund dafür ist, dass durch eine Zuweisung von Wohnraum an leitende Angestellte der den anderen Arbeitnehmern zur Verfügung stehende Wohnraum vermindert wird (vgl. nur BAG Beschl. v. 28. 7. 1992 – 1 ABR 23/92 – AP Nr. 7 zu § 87 BetrVG 1972 Werkmietwohnungen).

Die **Zuweisung der vorhandenen Werkwohnungen an einzelne Arbeitnehmer** bedarf der Zustimmung des Betriebsrats. Nach der Theorie der Wirksamkeitsvoraussetzung im Bereich des § 87 BetrVG schlägt die fehlende Beteiligung des Betriebsrats auch auf die individualrechtliche Ebene durch. Dies bedeutet, dass eine Wohnungszuweisung an einen Arbeitnehmer, die ohne vorherige ordnungsgemäße Beteiligung des Betriebsrats erfolgt ist, diesem gegenüber unwirksam ist (*F/E/S/T/L* § 87 Rdn. 393; *Wiese* NZA 2003, 1113, 1117). Zwar bleibt der Werkwohnungsmietvertrag, der ohne Beteiligung des Betriebsrats abgeschlossen wurde, zivilrechtlich wirksam; der Betriebsrat kann aber dessen Kündigung verlangen (GKBetrVG/*Wiese* § 87 Rdn. 779; ErfKomm/*Kania* § 87 Rdn. 89). Hat der Arbeitgeber selbst kein (Letzt-)Entscheidungsrecht über die Belegung der Wohnräume, sondern kann dem Vermieter nur einen Vorschlag unterbreiten, besteht das Mitbestimmungsrecht des Betriebsrats nur in Bezug auf den dem Vermieter unterbreiteten Belegungsvorschlag (*Wiese* NZA 2003, 1113, 1117).

Dem Betriebsrat steht ein Mitbestimmungsrecht auch zu, soweit die **Kündigung** des Wohnraumes betroffen ist (*F/E/S/T/L* § 87 Rdn. 394). Kündigungen, die ohne Zustimmung des Betriebsrats ausgesprochen werden, sind unwirksam. Dabei erstreckt sich das Mitbestimmungsrecht des Betriebsrats auch auf Kündigungen von Wohnräumen von leitenden Angestellten, wenn die Wohnräume neben leitenden Angestellten auch „normalen" Arbeitnehmern zugute kommen. Nicht mitbestimmungspflichtig ist hingegen die einvernehmliche Aufhebung des Mietverhältnisses (GKBetrVG/*Wiese* § 87 Rdn. 786).

Neben der Mitbestimmung in Bezug auf die Zurverfügungstellung des Wohnraumes an Mitarbeiter kann der Betriebsrat auch mitbestimmen, soweit die **Nutzungsbedingungen** für den Wohnraum allgemein festgelegt werden (*F/E/S/T/L* § 87 Rdn. 399). Damit sind insbesondere der standardmäßige Inhalt von Mietverträgen, die Festlegung einer Hausordnung und die Festsetzung von Grundsätzen über die Mietzinsbildung innerhalb der arbeitgeberseitig vorgegebenen Dotierung mitbestimmungspflichtig (BAG Beschl. v. 28. 6. 1992 – 1 ABR 22/92 – AP Nr. 7 zu § 87 BetrVG Werkmietwohnungen).

2. Vertragsparteien. Mietvertragsparteien sind i. d. R. der Arbeitgeber als Vermieter und der Arbeitnehmer als Mieter. Dabei können auf Arbeitnehmerseite auch Ehegatten und Lebenspartner beteiligt sein. Auf Arbeitgeberseite muss nicht der Arbeitgeber selbst Vertragspartner des Mietvertrages sein. Vielmehr kann dies auch eine dem Arbeitgeber „nahe stehende Person" sein (*Schmitz-Justen* WuM 2000, 582); als solche kommt etwa ein mit dem Arbeitgeber verbundenes Unternehmen in Betracht.

3. Mietgegenstand. Entsprechend den mietrechtlichen Rahmenbestimmungen sollte der Mietgegenstand, d. h. die Wohnung mit allen gemieteten Flächen und Räumen, so genau wie möglich bezeichnet werden. Formulierungsvorschläge hierzu sowie zu den übrigen mietvertraglichen Klauselvorschlägen können den speziellen Vertragshandbüchern entnommen werden (vgl. MünchVtr/*Blank* Bd. 5, Bürgerliches Recht I, Form II. mit Anm.). Die folgenden Anmerkungen beschränken sich im Wesentlichen auf die Erläuterung von Besonderheiten, die aus der Beziehung des Mietvertragsverhältnisses zu dem Arbeitsverhältnis entstehen.

4. Funktionsgebundenheit. Wegen der Auswirkungen auf die Kündigung ist zu empfehlen, eine etwaige **Funktionsgebundenheit** des Wohnraums von Anfang an klarzustellen. Nach § 576 Abs. 1 Nr. 2 BGB kann von einer funktionsgebundenen Werkmietwohnung gesprochen werden, wenn die Überlassung des Wohnraumes bereits durch das zugrunde liegende Arbeitsverhältnis erfordert wird, der Wohnraum also in unmittelbarer Beziehung oder Nähe zur Arbeitsstätte steht (*Küttner/Griese* 143 Dienstwohnung Rdn. 2). Liegt eine funktionsgebundene Werkmietwohnung vor, kann der Arbeitnehmer auch zum Bezug verpflichtet werden. In solchen Fällen kann den Arbeitgeber die Verpflichtung zur Übernahme von Umzugskosten treffen. Liegt eine Funktionsgebundenheit vor, sollte diese ausdrücklich im Mietvertrag dargestellt werden, da insoweit die erleichterte Kündigungsmöglichkeit gemäß § 576 Abs. Nr. 2 BGB bewirkt werden kann.

5. Mietzins und Mieterhöhung. I. d. R. wird der Arbeitgeber dem Arbeitnehmer als besonderen Anreiz die Wohnung zu einem gegenüber den marktüblichen Konditionen niedrigeren Mietzins überlassen wollen. Dies kann dadurch geschehen, dass bereits von vornherein ein (gegenüber der marktüblichen Miete) reduzierter monatlicher Mietzins ausgewiesen wird. Zu empfehlen ist aber der hier vorgeschlagene Weg der **prozentualen Kürzung für die Dauer des Arbeitsverhältnisses**. Da die Gesellschaft nicht vorhersehen kann, ob das Mietverhältnis die Dauer des Arbeitsverhältnisses übersteigt, sollte für diesen Fall bereits eine angemessene Miete vereinbart werden.

Im Übrigen kann die Gesellschaft bei den jeweiligen **Mieterhöhungen** angeben, zu welchem Prozentsatz die Erhöhung während des laufenden Arbeitsverhältnisses wirksam sein soll. Auf diese Weise kann sie zwar den Mitarbeiter subventionieren, verhindert aber gleichzeitig, bei Beendigung des Arbeitsverhältnisses auf eine unrealistisch niedrige Miete zurückzufallen. Da der Werkwohnungsmietvertrag mit wenigen Ausnahmen wie ein normaler Wohnraummietvertrag behandelt wird, gelten für die Mieterhöhungen die allgemeinen gesetzlichen Bestimmungen. Gemäß § 557 BGB sind Mieterhöhungen grundsätzlich nur im Einvernehmen zwischen Vermieter und Mieter möglich. Dabei kann gemäß § 557a BGB eine sog. Staffelmiete oder gemäß § 557b BGB eine sog. Indexmiete vorgesehen werden. Eine einseitige Mieterhöhung während des Laufes des Mietvertrages ist an die Voraussetzungen der §§ 558 bis 560 BGB geknüpft.

Der Mitbestimmung des Betriebsrats unterliegt nicht die Festlegung des Mietzinses im konkreten Einzelfall. Jedoch kann der Betriebsrat bei der Festlegung von Grundsätzen, nach denen der Mietzins ermittelt wird, mitbestimmen (*F/E/S/T/L* § 87 Rdn. 400).

Steuerrechtlich ist die verbilligte Überlassung des Wohnraums als sonstiger Sachbezug nach § 8 EStG zu behandeln. Die Einzelheiten regelt die Sachbezugsverordnung. Im Unterschied zur Überlassung von Dienstfahrzeugen bietet sich bei der Überlassung von Wohnraum für Arbeitgeber und Arbeitnehmer nur in seltenen Fällen ein Spielraum, der zur Verminderung von Steuern und Sozialversicherungsbeiträgen genutzt werden kann. Insoweit bieten örtliche Mietspiegel für die Betriebsprüfungen der zuständigen Finanzämter einen ausreichenden Anhaltspunkt, um bewerten zu können, ob die Überlassung des Wohnraumes zu marktüblichen oder zu deutlich vergünstigten Konditionen erfolgt.

§ 556 BGB verweist für die umlagefähigen **Betriebskosten** auf die entsprechende Verordnung nach Wohnraumförderungsgesetz bzw. auf § 27 der Zweiten Berechnungsverordnung. Bei der Festlegung von Grundsätzen der Weitergabe von Betriebskosten an Mitarbeiter ist das Mitbestimmungsrecht des Betriebsrats zu beachten (s. Anm. 1). § 556b BGB setzt seit der Mietrechtsreform die **Vorleistungspflicht** des Mieters fest.

6. Dauer des Mietverhältnisses. Das Mietverhältnis kann entweder auf eine bestimmte Zeit **befristet oder unbefristet** abgeschlossen werden. Eine **Bedingung**, wonach das Mietverhältnis automatisch mit der Beendigung des zugrunde liegenden Arbeitsverhältnisses endet, verstieße als Bedingung zum Nachteil des Mitarbeiters gegen § 572 Abs. 2 BGB, so dass sich die Gesellschaft hierauf nicht berufen könnte (LG Düsseldorf Urt. v. 9. 3. 1982 – 24 S 361/81 – WuM 1985, 151). Eine Befristung des Mietverhältnisses bietet sich vor allem bei befristeten Arbeitsverhältnissen an. Eine Befristung ist auch im Übrigen gemäß § 575 Abs. 1 Nr. 3 BGB bei Werkmietwohnungen unproblematisch zulässig (Palandt/*Weidenkaff* § 575 BGB Rdn. 8).

7. Kündigung. Das Formular lässt in § 4 Abs. 2 explizit die ordentliche Kündigung auch während des bestehenden Arbeitsverhältnisses zu. Anderenfalls wird teilweise von einem konkludenten Ausschluss des Kündigungsrechtes während des Bestandes des Arbeitsverhältnisses ausgegangen (*Schmitz-Justen* WuM 2000, 582, 585; *Buch* NZM 2000, 167, 168; jeweils m. weit. Nachw.).

Da auch der Werkwohnungsmietvertrag ein „normaler" Mietvertrag ist, richtet sich die **Kündigung grundsätzlich nach den Bestimmungen der §§ 568 ff. BGB**. Für die ordentliche Kündigung gilt dabei gemäß § 573 Abs. 2 BGB, dass einer ordentlichen Kündigung ein berechtigtes Interesse des Vermieters zugrunde liegen muss. Dieses liegt nach § 573 Abs. 2 Nr. 1 bis 3 BGB insbesondere vor, wenn der Mieter seine vertraglichen Pflichten schuldhaft nicht unerheblich verletzt hat (Mietrückstand), der Vermieter Eigenbedarf angemeldet hat oder der Vermieter durch die Fortsetzung des Mietverhältnisses an einer angemessenen wirtschaftlichen Verwertung des Grundstücks gehindert und dadurch erhebliche Nachteile erleiden würde. Gemäß § 573 Abs. 3 BGB muss das Kündigungsschreiben die Gründe für das berechtigte Interesse des Vermieters enthalten. Von dieser Regel kann gemäß § 573 Abs. 4 BGB zum Nachteil des Mieters nicht durch vertragliche Vereinbarung abgewichen werden. Die Fristen für die ordentliche Kündigung bestimmen sich gemäß § 573c BGB. Danach ist die Kündigung (beidseitig) spätestens am dritten Werktag eines Kalendermonats zum Ablauf des übernächsten Monats zulässig. Für den **Vermieter** verlängert sich die Kündigungsfrist nach fünf bzw. acht Jahren Laufzeit um jeweils drei Monate. Gemäß § 574 BGB kann der Mieter der Kündigung widersprechen und so die Fortsetzung des Mietverhältnisses verlangen. Dieser Widerspruch ist gemäß § 574b BGB schriftlich zu erklären. Auf Verlangen hat der Mieter die Gründe des Widerspruches unverzüglich anzuzeigen. Der Vermieter kann nach § 574b Abs. 2 BGB darüber hinaus die Fortsetzung des Mietverhältnisses ablehnen, wenn der Mieter ihm

8. Werkwohnung

den Widerspruch nicht spätestens zwei Monate vor der Beendigung des Mietverhältnisses erklärt hat. Dabei ist die Einschränkung nach § 576a Abs. 2 zu beachten. Danach ist bei einer funktionsgebundenen Wohnung, bei Kündigung seitens des Mitarbeiters bzw. bei berechtigter verhaltensbedingter Kündigung ein Widerspruch nicht möglich. Hat der Vermieter ihn jedoch nicht auf die Möglichkeit des Widerspruches hingewiesen, kann der Mieter den Widerspruch auch noch im ersten mündlichen Termin des Räumungsrechtsstreites wirksam erklären.

Für die ordentliche Kündigung des Wohnraummietvertrages in der Zeit **nach Beendigung des Arbeitsverhältnisses** (d.h. nach Auslaufen der Kündigungsfrist) gelten zwar die **besonderen Kündigungsbestimmungen der §§ 576, 576a BGB.** Hierbei ist jedoch zu beachten, dass diese keine eigenen Kündigungsgründe liefern, sondern vielmehr verkürzte Kündigungsfristen ermöglichen sowie das Vorliegen eines berechtigten Interesses in bestimmten Fallgruppen indizieren. Die Kündigung des Wohnraummietvertrages ist dabei rechtlich unabhängig von der Kündigung des Arbeitsverhältnisses (Palandt/*Weidenkaff* § 576 BGB Rdn. 3; Ermann/*Jendrek* § 576 BGB Rdn. 7; Bamberger/*Roth* § 576 BGB Rdn. 9f.; Staudinger/*Rolfs* § 576 BGB Rdn. 19ff.). Die Sonderregeln gelten aber nur für eine Kündigung des Mietvertrages nach Beendigung des Arbeitsverhältnisses (Staudinger/*Rolfs* § 576 BGB Rdn. 17; *Buch* NZM 2000, 167, 168; *Schmitz-Justen* WuM 2000, 582, 585 f.). Teilweise wird die Auffassung vertreten, dass § 576 BGB nur dann Anwendung findet, wenn die Kündigung über den Wohnraum im zeitlichen Zusammenhang mit der Beendigung des Arbeitsverhältnisses steht (*Schmitz-Justen* WuM 2000, 582, 587; *Buch* NZM 2000, 167, 168; a.A. Staudinger/*Rolfs* § 578 BGB Rdn. 72). Auch bei einer ordentlichen Kündigung des Wohnraummietvertrages nach Beendigung des Arbeitsverhältnisses sind die allgemeinen Kündigungsvoraussetzungen zu berücksichtigen. Dies umfasst insbesondere die Schriftlichkeit der Kündigung und die Benennung der Kündigungsgründe gemäß §§ 573 Abs. 3, 568 Abs. 1 BGB.

Bei den Kündigungsfristen gemäß § 576 BGB ist danach zu unterscheiden, ob es sich um eine **gewöhnliche** Werkmietwohnung (Abs. 1 Nr. 1) oder um eine **funktionsgebundene** Werkmietwohnung (Abs. 1 Nr. 2) handelt. Bei einer gewöhnlichen Werkmietwohnung erschöpft sich die Besonderheit der Umstände darin, dass diese unter Rücksicht auf das Arbeitsverhältnis zur Verfügung gestellt wird. Verkürzte Kündigungsfristen greifen nach § 576 Abs. 1 Nr. 1 BGB nur dann ein, wenn das Mietverhältnis weniger als zehn Jahre besteht. Bei einer funktionsgebundenen Werkmietwohnung wird nach § 576 Abs. 1 Nr. 2 BGB zunächst die Kündigungsfrist weitergehend verkürzt. Voraussetzung hierfür ist, dass der funktionsgebundene Wohnraum nach der Kündigung aus dem gleichen (funktionsgebundenen) Grund für einen anderen zur Dienstleistung Verpflichteten benötigt wird. Nach richtiger Auffassung muss der neue Mieter dabei im Kündigungsschreiben nicht benannt werden. Es genügt der Hinweis darauf, dass wegen eines Funktionszusammenhanges die Wohnung für einen anderen Arbeitnehmer benötigt wird (Palandt/*Weidenkaff* § 576 Rdn. 8; Staudinger/*Rolfs* § 576 Rdn. 35).

Zu beachten ist, dass eine ordentliche Kündigung unter verkürzten Kündigungsfristen gemäß § 576 BGB nur bei einer **rechtswirksamen Beendigung** des zugrunde liegenden Arbeitsverhältnisses möglich ist. Dies bedeutet also, dass während eines arbeitsgerichtlichen Rechtsstreits über die Wirksamkeit der Kündigung des Arbeitsverhältnisses Unklarheit darüber besteht, ob eine verkürzte Kündigungsfrist für den Wohnraum gilt. Insofern kann der mietrechtliche Räumungsstreit gemäß § 148 ZPO ausgesetzt werden (Staudinger/*Rolfs* § 576 BGB Rdn. 24 m. weit. Nachw.). Zu beachten ist auch, dass § 576 BGB ausweislich des Wortlautes nur bei Kündigungen über den Wohnraum nach Beendigung des Arbeitsverhältnisses gilt. Dies bedeutet, dass die Kündigung über den Wohnraum erst nach Beendigung des Arbeitsverhältnisses (d.h. nach Ablauf der arbeitsrechtlichen Kündigungsfrist) zugehen darf (Staudinger/*Rolfs* § 576 BGB Rdn. 25; Ermann/*Jendrek* § 576 BGB Rdn. 8).

Unabhängig davon, ob es sich um eine Kündigung nach den §§ 573 ff BGB oder nach §§ 576, 576a BGB handelt, ist die **Kündigung nach § 87 Abs. 1 Nr. 9 BetrVG mitbestimmungspflichtig** (s. Anm. 1). Die Kündigung von Werkmietwohnungen ist dabei nicht nur dann mitbestimmungspflichtig, wenn der Mieter ein Arbeitnehmer ist, sondern auch dann, wenn der Mieter leitender Angestellter oder ein sonstiger Dritter ist, aber der Mietraum insgesamt nicht nur diesen, sondern auch „normalen" Arbeitnehmern zur Verfügung gestellt wird (*Schmitz-Justen* WuM 2000, 582, 584; *Buch* NZM 2000, 167, 168 ff.; Küttner/*Griese* 143 Dienstwohnung Rdn. 16 f.). Dies ist auf die Objektbezogenheit des Mitbestimmungsrechtes des Betriebsrats zurückzuführen (*Schmitz-Justen* WuM 2000, 582, 584). Das Mitbestimmungsrecht des Betriebsrats hat auch Auswirkungen auf die Wirksamkeit der Kündigung über den Wohnraummietvertrag selbst; eine Kündigung ohne Zustimmung des Betriebsrats ist rechtsunwirksam (Küttner/*Griese* 143 Dienstwohnung Rdn. 16; *Schmitz-Justen* WuM 2000, 582, 584). Der Mitarbeiter oder sonstige Mieter einer Werkmietwohnung kann die Kündigung gemäß den §§ 182, 111 S. 2 und 3 BGB zurückweisen, wenn ihm nicht mit der Kündigung die schriftliche Zustimmung des Betriebsrats übergeben wird (Küttner/ *Griese* 143 Dienstwohnung Rdn. 16; *Schmitz-Justen* WuM 2000, 582, 584). Stimmt der Betriebsrat der Kündigung nicht zu, verbleibt dem Arbeitgeber nur der Weg über die Einigungsstelle. Im Hinblick darauf sollte mit dem Betriebsrat eine Vereinbarung getroffen werden, die einen schnelleren Konfliktlösungsmechanismus für den Fall vorsieht, dass Betriebsrat und Arbeitgeber keine Einigung darüber erzielen können, ob Wohnraum gekündigt werden soll oder nicht. Das Fehlen der Zustimmung des Betriebsrats wird auch im mietrechtlichen Räumungsprozess von den ordentlichen Gerichten berücksichtigt (OLG Frankfurt Beschl. v. 14. 8. 1992 – 20 RE-Miet 1/92 – WuM 1992, 525; LG Aachen Urt. v. 15. 4. 1983 – 5 S 45/83 – ZMR 1984, 280). Eine spätere Genehmigung kann dabei nach zutreffender Ansicht den Mangel der Kündigung nicht heilen (LG Aachen Urt. v. 15. 4. 1983 – 5 S 45/83 – ZMR 1984, 280). Nach zutreffender Auffassung besteht das Mitbestimmungsrecht des Betriebsrats auch nach Beendigung des Arbeitsverhältnisses weiterhin unverändert fort (so BAG Beschl. v. 28. 7. 1992 – 1 ABR 22/92 – AP Nr. 7 zu § 87 BetrVG 1972 Werkmietwohnungen; a. A. LG Ulm Urt. v. 22. 8. 1979 – 1 S 55/79 – WuM 1979, 244; OLG Frankfurt Beschl. v. 14. 8. 1992 – 20 RE-Miet 1/92 – WuM 1992, 525).

8. Kaution. Gemäß § 551 Abs. 1 BGB ist die Höhe einer zu entrichtenden Kaution auf das dreifache der auf einen Monat entfallenden Miete (ausschließlich der Betriebskosten) beschränkt. Des Weiteren hat der Mieter gemäß § 551 Abs. 2 BGB ein Recht darauf, die Sicherheit in drei Monatsraten zu leisten. Die Verpflichtung des Vermieters, die zur Sicherheit geleistete Kaution zinsbringend anzulegen, ergibt sich aus § 551 Abs. 3 BGB.

9. Schönheitsreparaturen und Pflege. Bezüglich der in vielen Standardmietverträgen vorgesehenen Verpflichtung des Mieters zur Vornahme von **Schönheitsreparaturen** in festgelegten zeitlichen Abständen ist die aktuelle BGH-Rechtsprechung zu beachten. Danach kann eine solche Klausel den Mieter – insbesondere in Verbindung mit einer Endrenovierungsverpflichtung – bei Auszug unangemessen benachteiligen und beide Verpflichtungen daher unwirksam sein, wenn auch eine beider Klauseln für sich genommen unwirksam ist (BGH Urt. v. 14. 5. 2003 – 8 ZR 308/02 – NZM 2003, 594; BGH VU v. 25. 6. 2003 – 8 ZR 335/02 – NJW 2003, 3192; BGH Urt. v. 30. 6. 2004 – 8 ZR 243/03 – n. v.). Im Hinblick auf die aktuelle Rechtsprechung sieht das Vertragsmuster keine strikt bindenden Fristen für die Vornahme von Schönheitsreparaturen vor. Vielmehr wird eine Vorgabe gegeben, die sich an der Erforderlichkeit der Schönheitsreparatur orientiert und lediglich zeitliche Praxiserfahrung weitergibt. Die Verpflichtung zur Renovierung bei Auszug berücksichtigt dabei, ob solche Schönheitsreparaturen bereits vorgenommen wurden oder nicht und verpflichtet den Mieter dementsprechend nur zur zeitanteiligen Kostentragung.

In den meisten Wohnhäusern/Wohnanlagen wird mittlerweile eine von der Hausverwaltung angestellte Reinigungskraft oder der Hausmeister die Pflege des Treppenhauses und ähnliche Aufgaben übernehmen. Sollte dies nicht der Fall sein, ist die in der Alternative vorgeschlagene Regelung zusätzlich zu übernehmen. Bei der Vereinbarung von Pflichten des Mieters zur Treppenhausreinigung und Ähnlichem ist das Mitbestimmungsrecht des Betriebsrats gemäß § 87 Abs. 1 Nr. 9 BetrVG bezüglich der allgemeinen Nutzungsbedingungen (s. Anm. 1) zu beachten.

10. Mängel. Liegen Mängel vor, so berechtigen diese den Mitarbeiter zur **Minderung**. Ein Ausschluss des Minderungsrechts verstößt gegen § 536 Abs. 4 BGB und ist unwirksam. Die Minderung bezieht sich auf die Bruttomiete, also den Mietzins einschließlich aller Nebenkosten (BGH Urt. v. 6. 4. 2005 – 8 ZR 225/03 – n. v.).

Die Abwälzung der **Kosten für Bagatellschäden** wurde bewusst niedrig gehalten, da hier nach der bisherigen Rechtssprechung sehr schnell eine Überforderung des Mieter im Sinne von § 307 BGB gesehen wird (vgl. nur Palandt/*Weidenkaff* § 535 Rdn. 44; BGH Urt. v. 6. 5. 1992 – 8 ZR 129/91 – NJW 1992, 1759).

11. Modernisierungen. Die rechtliche Zulässigkeit von Modernisierungsmaßnahmen bestimmt sich nach § 554 BGB. Soweit dadurch Mieterhöhungen gerechtfertigt werden sollen, sind §§ 558, 559 BGB zu berücksichtigen. Die im Formular verwendete Klausel ist weitgehend dem MünchenerVertr/*Blank* Bd. 5, Bürgerliches Recht I, Form. II. 1. entnommen. Zur Kommentierung der rechtlichen Rahmenbestimmungen wird auf die dortigen Hinweise unter Anm. 239 verwiesen.

12. Untervermietung. Der Mieter ist grundsätzlich nicht berechtigt, ohne Erlaubnis des Vermieters den Gebrauch der Mietsache einem Dritten zu überlassen, diese insbesondere weiterzuvermieten (§ 540 Abs. 1 BGB). Im Einzelnen kann der Mieter jedoch ein berechtigtes Interesse daran haben, die Wohnung unterzuvermieten. Dem kann der Vermieter dann nur mit berechtigten Eigeninteressen entgegentreten (vgl. MünchenerVertr/*Blank* Bd. 5, Bürgerliches Recht I, Form. II. 1. Anm. 184).

13. Hausordnung. Bei Erlass einer Hausordnung ist an das Mitbestimmungsrecht des Betriebsrats gemäß § 87 Abs. 1 Nr. 9 BetrVG (s. Anm. 1) zu denken.

14. Schlussbestimmungen. s. Form. A. II. 1 Anm. 26 ff.

15. Gerichtsstand. Die gerichtliche Zuständigkeit für Streitigkeiten in Bezug auf den Mietvertrag liegt wie bei jedem Mietverhältnis ausschließlich beim Amtsgericht, §§ 23 Nr. 2 a GVG, 29 a Abs. 1 ZPO (LAG Düsseldorf Urt. v. 19. 8. 1996 – 4 Sa 286/66 – AP Nr. 1 zu § 565 b BGB; LG München I Urt. v. 14. 4. 1999 – 14 S 20936/98 – WuM 1999, 464; LG Berlin Urt. v. 18. 4. 1991 – 62 S 445/90 – WuM 1991, 697; BAG Urt. v. 24. 1. 1999 – 5 AZR 749/87 – WuM 1999, 391; BAG Beschl. v. 2. 11. 1999 – 5 AZB 18/99 – NZA 2000, 277; LAG Frankfurt a. M. Beschl. v. 29. 12. 1997 – 16 Ta 568/98 – NZA-RR 1998, 558). Dies schließt es allerdings nicht aus, dass die Arbeitsvertragsparteien im Rahmen der einvernehmlichen Beendigung des Arbeitsverhältnisses auch vor den Arbeitsgerichten einen Räumungsvergleich vereinbaren. Hierbei sollten insbesondere der Auszugstermin festgelegt und etwaige Streitfragen für die Restlaufzeit des Mietverhältnisses geklärt werden, beispielsweise die Höhe des Mietzinses und die Übernahme von Renovierungsarbeiten (MAH Moll/Bengelsdorf § 46 Rdn. 245). Bei der Vereinbarung einer Vertragsstrafe für den Fall der verspäteten Rückgabe der Werkmietwohnung ist zu berücksichtigen, dass eine verschuldensunabhängige Schadensersatzpflicht des Arbeitnehmers sowie Vereinbarungen, die ihm das Recht nehmen, sich gegenüber dem Schadensersatzanspruch auf Billigkeitsgründe zu berufen, unwirksam sind (§ 571 Abs. 1, 3 BGB).

9. Dienstwohnung

Vereinbarung über die Überlassung einer Werkdienstwohnung[1]

zwischen
...... (Name und Anschrift des Arbeitgebers) „Gesellschaft"
und
Herrn ...... (Name und Anschrift des Arbeitnehmers) „Mitarbeiter"
In Ergänzung des Arbeitsvertrags vom ...... wird folgende Vereinbarung geschlossen:

§ 1 Dienstwohnung[2]

(1) Im Hinblick auf das bestehende Arbeitsverhältnis überlässt die Gesellschaft dem Mitarbeiter folgenden Wohnraum als Dienstwohnung: ...... (Anschrift, Geschoss, Lage),

bestehend aus ...... (Anzahl) Zimmern, Küche und Bad, insgesamt ca. ...... (Anzahl) qm. Die Angabe der Grundfläche der Wohnung stellt keine Zusicherung dar.

(*Alternative*:
Mitüberlassen werden auch ...... (Keller(abteil), Speicher, Garage, Stellplatz etc.). Der Mitarbeiter ist berechtigt, folgende Gemeinschaftseinrichtungen/-anlagen mitzubenutzen: ....
Die Wohnung ist mit folgenden Einrichtungsgegenständen ausgestattet: ....)

(2) Die Wohnung ist Werkdienstwohnung im Sinne von § 576b BGB.

(3) Der Mitarbeiter wird die Wohnung allein bewohnen.

(*Alternative*:
(3) Der Mitarbeiter wird die Wohnung zusammen mit seiner Ehefrau/Lebenspartnerin/seinem Lebenspartner bewohnen.)

(*Alternative*:
(3) Der Mitarbeiter wird die Wohnung mit seiner Ehefrau/Lebenspartnerin/seinem Lebenspartner und ...... (Anzahl) Kindern bewohnen.)

(*Alternative*:
(3) Der Mitarbeiter ist verpflichtet, ab Beginn des Arbeitsverhältnisses am ...... die Wohnung zu beziehen. Die Gesellschaft trägt die Umzugskosten bis zu einer Höhe von maximal EUR ...... (in Worten: Euro ......).)

(4) Jede Veränderung der Anzahl der Mitbewohner wird der Mitarbeiter der Gesellschaft unverzüglich anzeigen.

(*Alternative*:
(5) Der Mitarbeiter ist nicht berechtigt, die vollständig möblierte Wohnung mit eigenen Einrichtungsgegenständen auszustatten.)

(*Alternative*:
(5) Der Mitarbeiter darf die weitgehend möblierte Wohnung nur mit folgenden Einrichtungsgegenständen ausstatten: ...... (Bezeichnung der Einrichtungsgegenstände).)

§ 2 Mietzins und Betriebskosten[3]

(1) Die Überlassung der Wohnung erfolgt unentgeltlich. Die Parteien sind sich darüber einig, dass der Wert der Überlassung der Wohnung derzeit monatlich EUR ...... (in Worten Euro ......) beträgt.

(*Alternative*:
(1) Der Mietzins beträgt monatlich EUR ...... (in Worten: Euro ......).

(2) Der Mitarbeiter trägt die in § 27 der 2. Berechnungsverordnung aufgelisteten Betriebskosten. Eine Aufstellung der Betriebskosten ist beigefügt.

(3) Für die Betriebskosten ist eine monatliche Vorauszahlung von derzeit EUR ...... (in Worten: Euro ......) zu leisten.

(4) Die Abrechnung der Betriebskosten erfolgt jährlich. Die Höhe der Vorauszahlung wird angeglichen, wenn die Betriebskosten steigen oder die jährliche Abrechnung der Betriebskosten eine Anpassung erfordert.

(5) (*Alternative*: Der Mietzins und) Die Betriebskostenvorauszahlung ist (*Alternative*: sind) zum 3. Werktag jeden Kalendermonats fällig. Der aus der Betriebskostenabrechnung geschuldete Betrag wird nach Zugang der Abrechnung fällig.

(6) Die Gesellschaft verrechnet (*Alternative*: den Mietzins und) die Betriebskostenvorauszahlung monatlich mit der Nettovergütung des Mitarbeiters.

(7) Sofern und soweit eine Verrechnung nicht möglich ist, ist (*Alternative*: sind der Mietzins und) die Betriebskostenvorauszahlung zum Fälligkeitszeitpunkt auf das Konto ...... der Gesellschaft zu überweisen.

§ 3 Dauer der Überlassung[4]

(1) Die Überlassung der Wohnung endet mit der Beendigung des Arbeitsverhältnisses, ohne dass es einer Kündigung bedarf.

(2) Hat der Mitarbeiter die Wohnung überwiegend mit eigenen Einrichtungsgegenständen ausgestattet oder lebt er in der Wohnung mit seiner Familie oder mit Personen, mit denen er einen auf Dauer angelegten gemeinsamen Haushalt führt, so gelten für die Beendigung der Überlassung der Wohnung die gesetzlichen Vorschriften über Mietverhältnisse entsprechend. Auf die besonderen Bestimmungen der §§ 576 ff. BGB wird hingewiesen. Die Kündigung bedarf der Schriftform.

(3) Die Wohnung ist geräumt und besenrein zu übergeben. Beschädigungen der Wohnung, die der Mitarbeiter, seine Familienmitglieder oder seine Erfüllungsgehilfen sowie Dritte, für die der Mitarbeiter verantwortlich ist, schuldhaft verursacht haben, sind vom Mitarbeiter zu beseitigen.

(4) Der Mitarbeiter hat folgende, ihm beim Einzug/bei Vertragsschluss übergebene Schlüssel herauszugeben: ...... (Bezeichnung der Schlüssel und jeweilige Anzahl). Einen Verlust der Schlüssel hat der Mitarbeiter jederzeit unverzüglich zu melden. In diesem Fall ist die Gesellschaft berechtigt, auf Kosten des Mitarbeiters einen Nachschlüssel anfertigen zu lassen oder, sofern aus Sicherheitsgründen erforderlich, auf seine Kosten das betreffende Schloss austauschen zu lassen.

(5) Setzt der Mitarbeiter den Gebrauch der Wohnung nach Beendigung der Überlassung fort, so kommt kein Mietverhältnis auf unbestimmte Zeit zustande. § 545 BGB findet keine entsprechende Anwendung.

§ 4 Kaution[5]

(1) Der Mitarbeiter leistet an die Gesellschaft eine Kaution in Höhe des dreifachen monatlichen Wertes der Überlassung gemäß § 2 Abs. (1), also insgesamt EUR ...... (in Worten: Euro ......). Der Mitarbeiter ist berechtigt, die Kaution in drei Monatsraten zu zahlen. Die erste Rate ist zu Beginn der Überlassung der Wohnung fällig.

(2) Die Gesellschaft wird die Kaution nach vollständigem Erhalt bei einem Kreditinstitut zu dem für Spareinlagen mit dreimonatiger Kündigungsfrist üblichen Zinssatz anlegen.

(3) Nach Beendigung der Überlassung, Abnahme der Wohnung und Schlussabrechnung der Betriebskosten rechnet die Gesellschaft über die Kaution ab und zahlt die verbleibende Kautionssumme einschließlich der Zinsen an den Mitarbeiter aus. Der Rückzahlungsanspruch des Mitarbeiters wird frühestens zwei Monate nach Beendigung der Überlassung fällig.

§ 5 Schönheitsreparaturen und Pflege[6]

(1) Der Mitarbeiter hat die Wohnung und die darin befindlichen Einrichtungsgegenstände der Gesellschaft sorgsam zu behandeln.

(2) Der Mitarbeiter hat die Schönheitsreparaturen fachgerecht durchzuführen, wenn sie erforderlich werden. Üblicherweise sind Schönheitsreparaturen in folgenden Zeitabständen erforderlich:
- Küche, Bad und Toilette alle drei Jahre;
- alle übrigen Räume alle fünf Jahre.

(3) Endet die Überlassung der Wohnung vor Fälligkeit der Schönheitsreparaturen, kann die Gesellschaft zeitanteilig Entgelt für die anstehenden Schönheitsreparaturen verlangen.

(4) Der Mitarbeiter hat die als Anlage beigefügten Pflege- und Benutzungshinweise für ...... (Fußboden/Parkett/Teppichboden/Spülmaschine/Waschmaschine/Herd/Kühlschrank etc.) zu beachten.

(*Alternative*:
(5) Der Mitarbeiter ist verpflichtet, wöchentlich/abwechselnd mit den übrigen Hausbewohnern ...... (Treppenhaus/Gang auf dem Stockwerk/Hof) zu reinigen. Der Mitarbeiter übernimmt die Verkehrssicherungspflichten und hat die zur Wohnung und zum Haus gehörigen Wege ordnungsgemäß zu kehren und bei Glätte entsprechende Maßnahmen zu ergreifen.)

§ 6 Mängel[7]

(1) Der Mitarbeiter hat Mängel an der Wohnung unverzüglich gegenüber der Gesellschaft anzuzeigen. Das Gleiche gilt, wenn sich ein Dritter Rechte an der Wohnung anmaßt.

(2) Unterlässt der Mitarbeiter die Anzeige nach vorstehendem Abs. (1), so ist er zum Ersatz des daraus entstehenden Schadens verpflichtet. Gleiches gilt, wenn der Mitarbeiter die Anzeige verspätet erstattet. Er ist, soweit die Gesellschaft infolge der unterlassenen Anzeige außerstande ist, Abhilfe zu schaffen, nicht berechtigt, die in § 536 BGB (Mietminderung) bestimmten Rechte geltend zu machen oder nach § 543 Abs. 2 Nr. 1, Abs. 3 BGB ohne Bestimmung einer Frist zu kündigen oder Schadenersatz wegen Nichterfüllung zu verlangen.

(3) Bagatellreparaturen bis zu jeweils EUR 50 sind bis zu einem Gesamtbetrag von insgesamt 8% der Bruttomiete (Summe aus dem monatlichen Wert der Überlassung und Betriebskosten), maximal jedoch bis zu EUR 150 pro Jahr, vom Mitarbeiter zu tragen. Dies gilt nur für Reparaturen an Gegenständen, auf die der Mitarbeiter oder seine Mitbewohner häufig und direkt zugreifen, wie Armaturen, Tür- und Fenstergriffe, Licht- und sonstige Stromschalter, Gas- und Wasserhähne, Jalousien/Fensterläden und Ähnliches.

§ 7 Betreten der Wohnung

(1) Die Gesellschaft ist zur Prüfung des Zustandes der Wohnung oder zum Ablesen von Messgeräten in angemessenen Abständen und nach rechtzeitiger Ankündigung während der üblichen Besuchszeiten berechtigt, die Wohnung durch einen Vertreter oder Beauftragten zu betreten. Dabei ist auf eine persönliche Verhinderung des Mitarbeiters Rücksicht zu nehmen.

(2) In Fällen dringender Gefahr kann die Wohnung durch Vertreter und Beauftragte der Gesellschaft zu jeder Tages- und Nachtzeit auch bei Abwesenheit des Mitarbeiters betreten werden.

(3) Der Mitarbeiter hat sicherzustellen, dass bei Zeiten längerer Abwesenheit die Schlüssel zur Wohnung für Notfälle an einem bekannten Ort hinterlegt sind.

(4) Der Mitarbeiter hat nach Ausspruch der Kündigung eine Besichtigung der Wohnung durch potentielle Mieter, eventuell in Begleitung durch Beauftragte der Gesellschaft, nach Vorankündigung zu dulden. Das Gleiche gilt entsprechend, wenn die Gesellschaft die Wohnung verkaufen und die Wohnung mit einem Kaufinteressenten besichtigen will.

§ 8 Modernisierungen[8]

(1) Der Mitarbeiter verpflichtet sich, Maßnahmen zur Verbesserung der Wohnung, zur Einsparung von Energie oder Wasser oder zur Schaffung neuen Wohnraums seitens der Gesellschaft zu dulden. Dies gilt nicht, wenn die Maßnahme unter Berücksichtigung der vorzunehmenden Arbeiten, der baulichen Folgen, vorausgegangener Verwendungen des Mitarbeiters oder der zu erwartenden Mieterhöhung für den Mitarbeiter (*Alternative*: oder seine Familie oder einen anderen Angehörigen seines Haushalts) eine Härte bedeuten würde, die auch unter Würdigung der berechtigten Interessen der Gesellschaft

und anderer Mieter in dem Gebäude nicht zu rechtfertigen ist; die zu erwartende Mieterhöhung ist nicht zu berücksichtigen, wenn die Wohnung lediglich in einen Zustand versetzt wird, wie er allgemein üblich ist.

(2) Die Gesellschaft hat den Mitarbeiter drei Monate vor Maßnahmenbeginn deren Art und voraussichtlichen Umfang, Beginn und Dauer sowie die zu erwartende Mieterhöhung in Textform mitzuteilen. Der Mitarbeiter ist berechtigt, bis zum Ablauf des Monats, der auf den Zugang der Mitteilung folgt, für den Ablauf des nächsten Monats zu kündigen.

(3) Die vorstehenden Abs. (1) und (2) gelten nicht bei Maßnahmen, die mit keiner oder nur mit einer unerheblichen Einwirkung auf die Wohnung verbunden sind und zu keiner oder nur zu einer unerheblichen Mieterhöhung führen.

(4) Der Mitarbeiter ist nicht befugt, ohne Zustimmung der Gesellschaft bauliche Veränderungen an der Wohnung vorzunehmen.

§ 9 Überlassung der Wohnung an Dritte[9]

Die entgeltliche und unentgeltliche Überlassung der Wohnung an Dritte ist nur mit schriftlicher Erlaubnis der Gesellschaft gestattet.

§ 10 Hausordnung[10]

(1) Die als Anlage beigefügte Hausordnung ist in ihrer jeweils gültigen Form Teil dieser Vereinbarung und zu beachten.

(2) Der Mitarbeiter trägt dafür Sorge, dass die Hausordnung von ihm, den Mitbewohnern der Wohnung sowie seinen Gästen und Verrichtungsgehilfen eingehalten wird.

§ 11 Schlussbestimmungen[11]

(1) Der Mitarbeiter wird der Gesellschaft, unabhängig vom Bestehen des Arbeitsverhältnisses, jede Änderung seiner Anschrift unverzüglich mitteilen.

(2) Mündliche Nebenabreden bestehen nicht. Änderungen oder Ergänzungen dieser Vereinbarung einschließlich dieser Bestimmung bedürfen zu ihrer Wirksamkeit der Schriftform.

(3) Sollte eine Bestimmung dieser Vereinbarung ganz oder teilweise unwirksam sein oder werden, so wird hiervon die Wirksamkeit der übrigen Bestimmungen dieser Vereinbarung nicht berührt. An die Stelle der unwirksamen Bestimmung tritt die gesetzlich zulässige Bestimmung, die dem mit der unwirksamen Bestimmung Gewollten wirtschaftlich am nächsten kommt. Dasselbe gilt für den Fall der vertraglichen Lücke.

(4) Erfüllungsort und Gerichtsstand richten sich nach den gesetzlichen Vorschriften[12].

(5) Der Mitarbeiter hat eine Ausfertigung dieser Vereinbarung erhalten.

Ort, Datum

Unterschrift der Gesellschaft

Ort, Datum

Unterschrift des Mitarbeiters

Schrifttum: Buch, Die Kündigung von Werkwohnungen, NZM 2000, 167; *Gather*, Zeitmietvertrag, Tod des Mieters und Eintrittsrecht Dritter in den Wohnraummietvertrag, NZM 2001, 57; *Hannemann*, Im Überblick: Risiken des Zeitmietvertrags bei der Wohnraummiete, NZM 1999, 585; *Julius*, Rechtsweg für Streitigkeiten aus der Überlassung von Werkdienstwohnungen, WM 2000, 340; *Schmidt-Futterer*, Die Werkdienstwohnung nach neuem Recht, BB 1976, 1033; *Schmitz-Justen*, Die Werkwohnung – Überblick und Ausblick, WuM 2000, 582; *Sonnenschein*, Die Entwicklung des privaten Wohnraummietrechts 1989 bis 1996 (Teil 2) – Pflichten des Mieters und Beendigung des Mietverhältnisses, NJW 1998, 2172; *Wiese*, Beteiligungsrechte des Betriebsrats bei Drittbeziehungen des Arbeitgebers, NZA 2003, 1113.

Anmerkungen

1. Regelungsinhalt. (Werk-)Dienstwohnungen sind Wohnungen, die der Arbeitgeber dem Mitarbeiter **im Rahmen des Arbeitsverhältnisses** überlässt. **Grundlage** für die Überlassung des Wohnraums ist also das Bestehen des **Arbeitsverhältnisses** (Küttner/*Griese* § 143 Dienstwohnung Rdn. 3; *Schmitz-Justen* WuM 2000, 582; *Buch* NZM 2000, 167; Staudinger/*Rolfs* § 576 b BGB Rdn. 9). Typische Beispielsfälle sind die Dienstwohnungen von Hausmeistern und Heimleitern (in Altersheimen/Internaten), die Dienstwohnung des Betriebsleiters auf dem Werksgelände sowie andere Wohnräume, die für Mitarbeiter mit Rufbereitschaft zur Verfügung gestellt werden. Allerdings reicht auch jeder andere Raum zum vorübergehenden Gebrauch im Rahmen des Dienstverhältnisses aus.

Arbeitsverhältnis und Mietverhältnis bilden einen **gemischten Vertrag**, in dem das Arbeitsverhältnis vorherrscht. Der Dienstwohnungsvertrag ist unabhängig von der rechtlichen Konstruktion als **rechtliche Einheit** mit dem Arbeitsvertrag anzusehen. Daher ist es grundsätzlich unerheblich, ob die entsprechenden Regelungen in die Urkunde über den Arbeitsvertrag mit aufgenommen werden oder in einer davon getrennten Urkunde abgehandelt werden (vgl. BAG Urt. v. 23. 8. 1989 – 5 AZR 569/88 – NZA 1990, 191 ff.). Im Falle der Überlassung der Dienstwohnung zu Beginn des Arbeitsverhältnisses empfiehlt es sich, die hier behandelten Regelungen in den Arbeitsvertrag mit aufzunehmen; dadurch werden jegliche Zweifel, es handele sich tatsächlich um ein gesondertes Mietverhältnis über eine Werkmietwohnung (s. Form. A. IV. 8), ausgeschlossen. Das Formular ist als Ergänzungsvereinbarung zum Arbeitsvertrag ausgestaltet.

Den Parteien steht es auch frei, die Überlassung von Wohnraum nach ursprünglich „normalem" Miet- bzw. Werkmietvertrag später einvernehmlich als Überlassung einer Dienstwohnung zu vereinbaren (Staudinger/*Rolfs* § 576 b BGB Rdn. 7). Dabei sollte jedoch eindeutig zum Ausdruck kommen, dass nunmehr eine Werkdienstwohnung vorliegt.

Im Unterschied zur Werkmietwohnung (s. Form. A. IV. 8 Anm. 1) unterliegen weder die Zuweisung oder Kündigung der Wohnung noch die Ausgestaltung der Nutzungsbedingungen dem **Mitbestimmungsrecht des Betriebsrats** (grundlegend BAG Beschl. v. 3. 6. 1975 – 1 ABR 118/73 – AP Nr. 3 zu § 87 BetrVG 1972 – Werkmietwohnungen). Die Überlassung der Dienstwohnung ist zur Erledigung der Dienstverpflichtung erforderlich und somit keine soziale Angelegenheit. Unter Umständen kann ein Mitbestimmungsrecht des Betriebsrats nach § 87 Abs. 1 Nr. 10 BetrVG (betriebliche Lohngestaltung) in Betracht kommen.

2. Beschreibung der Wohnung. S. Form. A. IV. 8 Anm. 3.

3. Mietzins. Die Überlassung der Dienstwohnung ist **Teil des Arbeitsentgelts**. Mieterhöhungen sind somit, da es sich immer auch um eine Änderung der Vergütung handelt, nur aufgrund einer Änderungskündigung oder einer einvernehmlichen Vertragsänderung möglich (ArbG Hannover Urt. v. 14. 11. 1990 – 10 Ca 379/90 – BB 1991, 554).

Probleme können dann auftreten, wenn die Überlassung des Wohnraums unentgeltlich erfolgte und diese nach Beendigung des Arbeitsverhältnisses fortgesetzt wird. Dann ist im Einzelnen streitig, wie sich der Mietzins errechnen soll (vgl. Staudinger/*Rolfs* § 576 b BGB Rdn. 16 m. weit. Nachw.). Es empfiehlt sich daher, den **Wert der Überlassung** in der Vereinbarung explizit zu nennen, auch wenn dieser „Mietzins" faktisch nicht vom Arbeitnehmer getragen wird.

Steuerrechtlich stellt die Überlassung des Wohnraums bei unentgeltlicher Überlassung eine Naturalvergütung dar. Wird ein Mietzins entrichtet und ist dieser niedriger als die ortsübliche Miete, liegt ein **geldwerter Vorteil** im Sinne von § 8 EStG vor, der entsprechend zu versteuern ist. Auf diesen ist auch der Rabattfreibetrag des § 8 Abs. 3 EStG anzuwenden, sofern die Überlassung von Wohnraum auch zu den üblichen Dienstleistungen der Gesellschaft gehört (LStR 32 Abs. 1 Nr. 2 insbesondere Satz 3; Änderung der bis dahin anderen Verwaltungspraxis durch BFH Urt. v. 4. 11. 1994 – VI R 81/93 – DStR 1995, 90 ff.). Zu beachten ist die Steuerfreiheit nach § 3 Nr. 59 EStG.

4. Beendigung. Die rechtliche Einheit des Nutzungsverhältnisses mit dem Arbeitsverhältnis hat zur Folge, dass das Mietverhältnis nicht gesondert gekündigt werden kann. Eine separate

Kündigung der Überlassung des Wohnraums ist als **unzulässige Teilkündigung** nicht möglich (BAG Urt. v. 23. 8. 1989 – 5 AZR 569/88 – NZA 1990, 191 ff.).

Wegen der rechtlichen Einheit von Miet- und Arbeitsverhältnis **endet das Nutzungsrecht am Wohnraum** grundsätzlich **mit dem Ende des Arbeitsverhältnisses**. Eine gesonderte Kündigung ist dann nicht notwendig (*Schmidt-Futterer* BB 1976, 1033 f.). Im Falle eines befristeten Arbeitsverhältnisses ist das Mietverhältnis gleichfalls befristet und endet gemäß § 542 Abs. 2 BGB.

Eine **mietrechtliche Ausnahme** gilt allerdings nach § 576b Abs. 1 BGB. Danach sind mietrechtliche Vorschriften entsprechend anwendbar, wenn der Mitarbeiter entweder den Wohnraum überwiegend mit eigenen Einrichtungsgegenständen ausgestattet hat (vgl. Staudinger/*Rolfs* § 576b BGB Rdn. 9) oder darin mit seiner Familie oder anderen Personen lebt, mit denen er einen auf Dauer angelegten gemeinsamen Haushalt führt (Staudinger/*Rolfs* § 576b BGB Rdn. 10). Dies hat zur Konsequenz, dass der Arbeitgeber **im Falle der Kündigung des Arbeitsverhältnisses das „Mietverhältnis" gesondert kündigen muss**. Die Ausführungen in Form. A. IV. 8 (Anm. 7) gelten dann mit der Maßgabe, dass ein Mitbestimmungsrecht des Betriebsrats nicht besteht.

Wird die Überlassung der Wohnung über die Beendigung des Arbeitsverhältnisses hinaus **fortgesetzt**, so ist streitig, welche Rechtsnatur der Fortsetzung zukommt. Vertreten wird, es handele sich um ein Abwicklungsverhältnis, es entstehe ein Mietverhältnis kraft Gesetzes oder es bestehe ein gesetzliches Mietverhältnis nach § 242 BGB (vgl. Staudinger/*Rolfs* § 576b Rdn. 16; *Schmitz-Justen*, WuM 2000, 582, 587; Ermann/*Jendrek* § 576b BGB Rdn. 7).

5. Kaution. S. Form. A. IV. 8 Anm. 8.

6. Schönheitsreparaturen und Pflege. S. Form. A. IV. 8 Anm. 9.

7. Mängel. S. Form. A. IV. 8 Anm. 10.

8. Modernisierungen. S. Form. A. IV. 8 Anm. 11.

9. Überlassung der Dienstwohnung an Dritte. S. Form A. IV. 8 Anm. 12.

10. Hausordnung. S. Form. A. IV. 8 Anm. 13.

11. Schlussbestimmungen. S. Form. A. II. 1 Anm. 27 ff.

12. Gerichtsstand. Solange das Arbeitsverhältnis noch besteht, fallen Streitigkeiten in den **Zuständigkeitsbereich der Arbeitsgerichte** (BAG Urt. v. 2. 11. 1999 – 5 AZB 18/99 – NZA 2000, 277). Für alle anderen Fälle sind höchstrichterliche Entscheidungen noch nicht ersichtlich. Richtigerweise entsteht nach Beendigung des Arbeitsverhältnisses bei gleichzeitiger Fortführung der Wohnraumnutzung ein „normales" Mietverhältnis. Dann entfällt die Zuständigkeit der Arbeitsgerichtsbarkeit, da ein Bezug zum Arbeitsverhältnis nicht mehr besteht; die **allgemeine Zuständigkeit der Amtsgerichte** ist begründet gemäß §§ 23 Nr. 2a GVG, § 29a Abs. 1 ZPO (Staudinger/*Rolfs* § 576b BGB Rdn. 7, 26; *Schmitz-Justen* WuM 2000, 582, 583).

10. US-Stock-Options im Anstellungsvertrag[1, 2, 3, 4]

§ ... US-Stock-Options

(1) Vorbehaltlich der Zustimmung des Board of Directors der ...... (Muttergesellschaft) erhält der Mitarbeiter ...... (Anzahl) Optionen zum Erwerb von Anteilen an der ...... (US-Obergesellschaft) gewährt. Der Ausübungspreis (Strike Price) für die Optionen ist der am Tag der Gewährung (Grant Date) maßgebliche Verkehrswert, sofern nicht bei der Gewährung schriftlich ein anderer Ausübungspreis bestimmt wird.

(2) Die Erlangung der Ausübungs- und Verwertungsreife (Vesting), die Ausübung und der Verfall sowie alle etwaigen sonstigen Rechte und Pflichten bezüglich der Optionen richten sich nach den Bestimmungen desjenigen Stock-Option-Plans der ...... (US-

Obergesellschaft), nach welchem sie ausgegeben wurden. Die Parteien sind sich einig, dass für alle Rechte und Pflichten, welche im Stock-Option-Plan geregelt sind, diejenige Rechtsordnung maßgeblich sein soll, welche der Stock-Option-Plan selbst als maßgebliches Planstatut vorsieht.

Schrifttum: Annuß/Lembke, Aktienoptionspläne der Konzernmutter und arbeitsrechtliche Bindungen, BB 2003, 2230; *Baeck/Diller*, Arbeitsrechtliche Probleme bei Aktienoptionen und Belegschaftsaktien, DB 1998, 1405; *Buhr/Radtke*, Internationale Aktienoptionspläne und deren arbeitsrechtliche Behandlung in Deutschland, DB 2001, 1882; *Bauer/Gemmeke*, Zur steuerlichen Behandlung von Aktienoptionsrechten nach dem Erlass des Finanzministeriums NRW vom 27. 3. 2003, DStR 2003, 1818; *Busch*, Aktienoptionspläne – arbeitsrechtliche Fragen, BB 2000, 1294; *Fischer*, Wettbewerbsverbot im internationalen Konzern bei Ausübung von Aktienoptionen durch Arbeitnehmer, DB 1999, 1702; *Harrer*, Mitarbeiterbeteiligungen und Stock-Option-Pläne, 2. Aufl. 2004; *Haunhorst*, Der Lohnzufluss bei Gewährung handelbarer Aktienoptionen – oder wie aus dem Traum vom günstigen Aktienbezug ein Alptraum werden kann, DB 2003, 1864; *Kau/Kukat*, Aktienoptionspläne und Mitbestimmung des Betriebsrats, BB 1999, 2505; *Lembke*, Die Ausgestaltung von Aktienoptionsplänen in arbeitsrechtlicher Hinsicht, BB 2001, 1469; *ders.* BB 2003, 1071; *Lingemann/Diller/Mengel*, Aktienoptionen im internationalen Konzern – ein arbeitsrechtsfreier Raum?, NZA 2000, 1191; *Maletzky*, Verfallklauseln bei Aktienoptionen für Mitarbeiter, NZG 2003, 715; *Mechlem/Melms*, Verfall- und Rückzahlungsklauseln bei Aktienoptionsplänen, DB 2000, 1614; *Piran*, DB 2003, 1066; *Röder/Göpfert*, Aktien statt Gehalt, BB 2001, 2002; *von Steinau-Steinrück*, Die Grenzen des § 613 a BGB bei Aktienoptionen im Konzern, NZA 2003, 473; *Tappert*, Auswirkungen eines Betriebsübergangs auf Aktienoptionsrechte von Arbeitnehmern, NZA 2002, 1188; *Urban-Crell/ Manger*, Konzernweite Aktienoptionspläne und Betriebsübergang, NJW 2004, 125.

Anmerkungen

1. Deutscher Arbeitgeber als Vertragspartei. Das Formular geht von der Situation aus, dass eine deutsche Gesellschaft, die in einen weltweit tätigen US-Konzern eingebunden ist, ihren in Deutschland tätigen Arbeitnehmern – zumeist in Übereinstimmung mit einer weltweiten Konzern-Policy der US-Konzernobergesellschaft – zu Beginn des Anstellungsverhältnisses Optionen zum Erwerb von Anteilen an der US-Konzernobergesellschaft versprechen will. Das Formular ist so konzipiert, dass die Stock-Option-Gewährung eine Klausel im Anstellungsvertrag darstellt (zum Anstellungsvertrag im Übrigen s. Form. A. II. 1).

2. Alternativ: US-Konzernobergesellschaft als Vertragspartei. Demgegenüber wäre auch denkbar (was jedoch einen anderen, im Formular nicht abgebildeten Fall darstellen würde), dass die Optionen nicht durch den deutschen Arbeitgeber im Rahmen des deutschen Anstellungsvertrags versprochen werden, sondern unmittelbar durch die US-Obergesellschaft in einer Vereinbarung, die direkt zwischen der US-Obergesellschaft und dem Mitarbeiter geschlossen wird. Zwei aus Sicht des deutschen Rechts gewichtige Aspekte würden für die – in der Praxis eher seltene – letztere Gestaltungsvariante sprechen:

Erstens erhöht eine direkte Zusage der US-Konzernobergesellschaft die Wahrscheinlichkeit, dass eine Rechtswahl zugunsten des auf den Stock-Option-Plan anwendbaren US-amerikanischen Rechts auch für die individuelle Stock-Option-Vereinbarung wirksam getroffen werden kann. Denn es gibt Stimmen in der Literatur, die vertreten, dass sich die **unmittelbare** Gewährung von Aktienoptionen durch die US-Konzernobergesellschaft an die Mitarbeiter eines deutschen verbundenen Unternehmens grundsätzlich nicht nach arbeitsrechtlichen, sondern nach allgemeinen zivilrechtlichen Grundsätzen beurteilt (*Piran* DB 2003, 1066, 1067). Dies hätte die Konsequenz, dass sich das anwendbare Recht nicht nach Art. 30 EGBGB, sondern nach Art. 27 ff. EGBGB (*Annuß/Lembke* BB 2003, 2230, 2234). Dies würde – vorbehaltlich einer entsprechenden ausdrücklichen Rechtswahl in der Gewährungsvereinbarung zwischen Mitarbeiter und US-Konzernobergesellschaft – dazu führen, dass das gewählte ausländische Recht auf die Optionsvereinbarung und auf alle aus ihr abgeleiteten Rechte und Pflichten anwendbar wäre. Grenzen der Anwendung ausländischen Rechts würden sich nach dieser Literaturansicht allenfalls aus Art. 34 EGBGB ergeben. Andere Stimmen in der Literatur sprechen sich allerdings für eine Anwendung von Art. 30 EGBGB und damit letztlich von deutschem Recht aus (*Buhr/Radtke* DB 2001, 1882, 1883).

10. US-Stock-Options im Anstellungsvertrag A. IV. 10

Zweitens verbessert die direkte Zusage der US-Konzernobergesellschaft die „Verkäuflichkeit" des Betriebes, weil nach dem sog. Nokia-Urteil (BAG Urt. v. 12. 2. 2003 – 10 AZR 299/02 – NZA 2003, 487) etwaige Optionsansprüche gegen die Konzernmutter im Fall eines Betriebsüberganges nicht als Bestandteil des (deutschen) Arbeitsverhältnisses gelten und somit nicht gegen den Erwerber gerichtet werden können (vgl. zum Nokia-Urteil auch die Anmerkungen von *Steinau-Steinrück* NZA 2003, 473; *Urban-Crell/Manger* NJW 2004, 125).

3. Anwendbares Recht. Sofern es z. B. aus organisatorischen Gründen oder weil der Mitarbeiter oder der Betriebsrat darauf bestehen, dass die Gewährung der Optionen vom deutschen Arbeitgeber selbst zugesagt wird, nicht möglich ist, dass die Vereinbarung über die Gewährung von Stock-Options zwischen der US-Konzernobergesellschaft und dem Mitarbeiter direkt getroffen wird, verbleibt es dabei (wie im Formular vorgesehen), dass die Vereinbarung zwischen dem deutschen Arbeitgeber und dem Mitarbeiter im Anstellungsvertrag getroffen wird.

Das Formular geht dabei davon aus, dass auf das Arbeitsverhältnis als solches deutsches Recht anwendbar ist. Die Anwendbarkeit deutschen Rechts ist für einen Vertrag zwischen einer in Deutschland ansässigen Arbeitgeber-Gesellschaft und einem in Deutschland arbeitenden Mitarbeiter auch ohne ausdrückliche vertragliche Rechtswahlklausel zugunsten des deutschen Rechts im Regelfall gegeben (Art. 30 EGBGB). Sie wäre im Übrigen gegeben, falls im Anstellungsvertrag eine Klausel enthalten wäre, welche das deutsche Recht ausdrücklich zum maßgeblichen Vertragsstatut bestimmt.

Im Formular wurde davon abgesehen, die Optionsgewährung insgesamt und sämtliche mit der Gewährung zusammenhängende Rechtsfragen ausdrücklich demjenigen ausländischen Recht zu unterstellen, welches für den Stock-Option-Plan selbst zur Anwendung kommt (US-amerikanische Stock-Option-Pläne enthalten in der Regel eine Rechtswahlklausel, die sie dem Recht desjenigen US-Bundesstaates unterstellen, in dem die US-Obergesellschaft ihren tatsächlichen Sitz hat). Der Grund hierfür ist, dass es fraglich ist, ob eine solche Rechtswahl für eine im deutschen Arbeitsvertrag zugesagte Optionsgewährung anerkannt würde. Denn die Tatsache, dass die Stock-Option-Regelung im Arbeitsvertrag getroffen und zwischen dem deutschen Arbeitgeber und seinem Mitarbeiter vereinbart wird, stellt einen so gewichtigen Bezug zu dem dem deutschen Recht unterstehenden Arbeitsverhältnis darstellt, dass davon ausgegangen werden muss, dass ein deutsches Gericht trotz einer Rechtswahl zugunsten von ausländischem Recht für den gesamten Komplex der Stock-Option-Gewährung die zwingenden Schutzbestimmungen des deutschen Arbeitsrechts anwenden würde. Dann würden jedoch zwei Rechtsordnungen und Regelwerke (nämlich die im Vertrag gewählte ausländische Rechtsordnung und die zwingenden Schutzbestimmungen des deutschen Arbeitsrechts) kumulativ auf die Gewährungsvereinbarung Anwendung finden. Dies würde zum einen zu schwer vorhersehbaren Rechtsfolgen führen und für den Arbeitgeber in der Regel auch nicht günstiger sein, als es bei der alleinigen Anwendbarkeit des deutschen Arbeitsrechts zu belassen.

Das Formular sieht daher lediglich eine eingeschränkte Sonderrechtswahl vor, die das ausländische Planstatut insoweit für maßgeblich erklärt, als es um die im Plan geregelten und aufgrund der – anderweitig vereinbarten – Gewährung der Optionen bestehenden Rechte und Pflichten geht, wie insbesondere die Erlangung der Ausübungs- und Verwertungsreife (Vesting), die Ausübung und der Verfall. Eine solche eingeschränkte Sonderrechtswahl könnte aufgrund einer neuen Entscheidung des BAG (BAG Urt. v. 20. 4. 2004 – 3 AZR 301/03 – BB 2004, 2360), welches eine Sonderanknüpfung erlaubt hat, für eine einem Arbeitnehmer gemachte Versorgungszusage mit Auslandsberührung – zulässig sein. Denn die genannte BAG-Entscheidung könnte eventuell auf US-Stock-Option-Pläne übertragbar sein und demgemäß die Schlussfolgerung erlauben, dass auch eine Regelung über die mit der Gewährung von Stock-Options an einer ausländischen Gesellschaft verbundenen Rechte und Pflichten an eine andere Rechtsordnung angeknüpft werden könnte, als sie für das Arbeitsverhältnis im Übrigen gilt.

Bis zu einer weiteren Klärung durch die höchstrichterliche Rechtsprechung ist davon auszugehen, dass trotz einer solchen ausdrücklichen Rechtswahl für die Festlegung der wirtschaftlichen Eckdaten der Optionsgewährung und bestimmte Schnittstellen zwischen Optionsgewährung und Arbeitsverhältnis im übrigen die zwingenden Schutzbestimmungen des deutschen Arbeitsrechts gelten würden (siehe unten Anm. 5).

Derartige Schnittstellen, für die in jedem Fall deutsches Arbeitsrecht gelten würde, könnten Ansprüche aus dem allgemeinen Gleichbehandlungsgrundsatz und speziellen Antidiskriminierungsvorschriften sein sowie eine etwaige Betriebsrats-Mitbestimmung bei der Festlegung der individuell zugesagten Anzahl der Optionen bzw. der Ausübungspreise. Daneben spielt die Frage des anwendbaren Rechts und damit die Frage der Anwendbarkeit von zwingenden Schutzbestimmungen des deutschen Arbeitsrechts auch noch eine wichtige Rolle beim Schutz des Besitzstands anlässlich von Betriebsübergängen. Unabhängig von der Frage, welches Arbeitsrechtsstatut auf die Optionsvereinbarung anzuwenden ist, dürfte in jedem Fall eine Pflicht des in Deutschland ansässigen Arbeitgebers bestehen, für etwaige Optionsgewinne, die bei ihm angestellte und in Deutschland arbeitende Mitarbeiter von der US-Konzernobergesellschaft ausgezahlt erhalten haben, Lohnsteuer einzubehalten und abzuführen (s. hierzu auch Form A. IV. 11 Anm. 11).

3. Wirtschaftliche Eckdaten der individuellen Gewährung. In Abs. (1) des Formulars werden die individuellen wirtschaftlichen Eckdaten der Optionsgewährung geregelt. Diese beinhalten, wie viele Optionen der Mitarbeiter erhalten soll, zu welchem Stichtag er sie erhält und welcher Ausübungspreis für ihn gelten soll.

Das Formular beziffert den **Ausübungspreis** nicht, weil er regelmäßig dem Verkehrswert am Tag der endgültigen Gewährung (Grant Date) entspricht und dieses Datum erst dann feststeht, wenn klar ist, an welchem Tag das „Board" der US-Konzernobergesellschaft die Zustimmung zur Gewährung der Optionen gibt. Deshalb verweist das Formular, wie in der Praxis üblich, insoweit nur auf diese Gegebenheit und bestimmt den Ausübungspreis nur abstrakt als den maßgeblichen Verkehrswert (= Aktienkurs) am Tag der Zustimmung des „Board" und damit der Gewährung der Optionen. Das Formular sieht zudem die Möglichkeit vor, dass bei der Gewährung ein anderer Ausübungspreis bestimmt werden kann. Dabei ist allerdings im Einzelfall zu beachten, dass US-Stock-Option-Pläne in der Regel den Verkehrswert am Grant Date als „Mindestausübungspreis" vorsehen (sog. „Fair Market Value"). Die in den Klammerzusätzen verwendeten englischsprachigen Begriffe („Strike Price" und „Grant Date" in Anm. 1, „Vesting" in Anm. 2) müssen den im jeweiligen Stock-Option-Plan verwendeten Begriffen entsprechen; durch den Verweis auf die Begrifflichkeiten aus dem Stock Option Plan wird der notwendige Bezug und Gleichlauf zu diesem hergestellt, was der Klarheit und Vermeidung von späteren Streitigkeiten dient.

Bis auf den Zustimmungsvorbehalt (s. hierzu nachfolgend Anm. 4) könnten die individualisierenden Regelungen in Abs. (1) sogar ganz entfallen, wenn die US-Konzernobergesellschaft nach der endgültigen Genehmigung der Optionsgewährung durch das „Board" der US-Konzernobergesellschaft die individuelle Options-Gewährung in einem entsprechenden Schreiben an den einzelnen Mitarbeiter bestätigt, welches Einzelheiten wie die Anzahl der gewährten Optionen, den Tag der Gewährung („Grant Date") und den genauen Ausübungspreis festschreibt und daneben häufig auch das „Vesting-Schedule" beschreibt. Wenn der deutsche Arbeitgeber bei Abschluss des Anstellungsvertrags die Eckdaten der Optionsgewährung noch nicht kennen sollte, kann er auf die Angabe der Eckdaten im Anstellungsvertrag verzichten und stattdessen lediglich auf das zu erwartende Schreiben der US-Konzernobergesellschaft verweisen. In diesem Fall würde Abs. (1) der Klausel alternativ wie folgt lauten:

Alternative:
(1) Vorbehaltlich der Zustimmung des Board of Directors der ...... (*US-Obergesellschaft*) erhält der Mitarbeiter Optionen zum Erwerb von Anteilen an der ...... (*US-Obergesellschaft*) gewährt. Die Anzahl der gewährten Optionen sowie der Ausübungspreis (Strike Price) für die Optionen bestimmen sich nach dem bei der Gewährung von der ...... (*US-Obergesellschaft*) herausgegebenen Schreiben.

4. Anzahl der Optionen – Zustimmung des Board of Directors. Das Formular macht die Gewährung der Optionen von der Zustimmung des zuständigen „Board" der US-Konzernobergesellschaft abhängig. Dies entspricht den Erfordernissen des US-amerikanischen Gesellschafts- und Steuerrechts, welches auf die US-Konzernobergesellschaft Anwendung findet und

10. US-Stock-Options im Anstellungsvertrag

ist im Übrigen auch schon deshalb notwendig, weil sichergestellt sein muss, dass nicht mehr Optionen zugesagt werden, als die US-Konzernobergesellschaft überhaupt ausgeben kann. Dies bedeutet, dass der deutsche Arbeitgeber die Gewährung einer bestimmten Anzahl von Optionen im Anstellungsvertrag nur (fest) in Aussicht stellen kann, letztlich die Gewährung jedoch erst wirksam wird, wenn das Board of Directors der US-Konzernobergsellschaft seine Zustimmung gegeben hat.

5. Einschränkungen aus deutschem Arbeitsrecht bei der Festlegung der wirtschaftlichen Eckdaten. Der deutsche Arbeitgeber muss sich bei Abschluss einer Vereinbarung über US-Stock-Options bewusst sein, dass er bei der Ausgestaltung der Regelung nur bedingt frei ist, weil er nämlich – trotz der im Formular vorgesehenen Sonderrechtswahl zugunsten des Planstatuts – für bestimmte Aspekte der Optionsgewährung zwingende Arbeitnehmer-Schutzbestimmungen des deutschen Rechts beachten muss, welche die vertragliche Gestaltung überlagern und gegebenenfalls korrigieren. Zu einer solchen Überlagerung und Korrektur kann es vor allem aufgrund des arbeitsrechtlichen Grundsatzes der Gleichbehandlung kommen sowie aufgrund des Mitbestimmungsrechts des Betriebsrats und eventuell auch wegen der Rechtsprechung zum Verbot der Kündigungserschwerung.

Gleichbehandlung. Die einzelvertragliche Regelung über die Anzahl der gewährten Optionen könnte überlagert und korrigiert werden durch den **allgemeinen arbeitsrechtlichen Gleichbehandlungsgrundsatz**. Verstößt der Arbeitgeber bei seiner Entscheidung, einem Mitarbeiter (nur) eine bestimmte Anzahl an Optionen zu gewähren, gegen den Gleichbehandlungsgrundsatz, hat der Mitarbeiter trotz der im Einzelvertrag vereinbarten (niedrigeren) Zahl an Optionen einen Anspruch auf eine höhere Zahl von Optionen. Da der Gleichbehandlungsgrundsatz nicht nur die Anzahl der an die Mitarbeiter gewährten Optionen betrifft, sondern auch die Bedingungen der Gewährung (z. B. Ausübungspreis, Wartefristen, etc.), kann der Gleichbehandlungsgrundsatz den Arbeitgeber auch zwingen, einem Mitarbeiter günstigere Optionsbedingungen einzuräumen als sie in der einzelvertraglichen Regelung vereinbart worden sind. Die Beschränkung der Gewährung von Stock-Options auf bestimmte Hierarchieebenen, z. B. die Führungsebene, dürfte eine sachlich gerechtfertigte Differenzierung und damit eine wohl zulässige Ungleichbehandlung darstellen (so auch *Harrer* Rdn. 428). Denkbar scheint auch, dass innerhalb derselben Hierarchieebene eine Differenzierung nach Leistungskriterien für zulässig und nicht als Verstoß gegen den Gleichbehandlungsgrundsatz angesehen würde (so auch *Baeck/Diller* DB 1998, 1405, 1409).

Eine spezielle Ausprägung des Gleichbehandlungsgrundsatzes findet sich im gesetzlich normierten Diskriminierungsverbot für **Teilzeitkräfte** (§ 4 Abs. 1 S. 1 TzBfG). Teilzeitkräfte haben daher nach Anwendbarkeit deutschen Arbeitsrechts bzw. der zwingenden Schutzbestimmungen des deutschen Arbeitsrechts grundsätzlich auch dann einen anteiligen Anspruch auf die Gewährung von Stock-Options, wenn der US-Stock-Option-Plan dies nicht vorsieht und der Arbeitgeber daher eine Teilzeitkraft von der ansonsten generellen Gewährung von Stock Options ausnehmen will. Von diesem Grundsatz kann nur abgewichen werden, wenn dafür sachliche Gründe vorliegen. In der Literatur wird diskutiert, was als sachlicher Grund für den Ausschluss von Teilzeitbeschäftigten von der Optionsgewährung in Betracht kommen könnte. So wird die Ansicht vertreten, dass ein Ausschluss von Teilzeitbeschäftigten in Betracht komme, wenn der Stock-Option-Plan der US-Konzernobergesellschaft nur bei Ausschluss von Teilzeitbeschäftigten steuerlich begünstigt wäre (so auch *Lembke* BB 2001, 1469, 1472; andere Beispiele bei *Baeck/Diller* DB 1998, 1405, 1408; *Küttner* Aktienoptionen Rdn. 10). Dagegen rechtfertigt ein höherer Verwaltungsaufwand für Teilzeitbeschäftigte allein wohl keine Ungleichbehandlung zwischen Voll- und Teilzeitkräften, da dieser erhöhte Aufwand in der Natur des Teilzeitarbeitsverhältnisses angelegt ist und daher wohl kein sachlicher Differenzierungsgrund ist (so auch *Küttner* Aktienoptionen Rdn. 10; a. A. *Baeck/Diller* DB 1998, 1408, die einen Ausschluss dann für zulässig halten, wenn der Verwaltungsaufwand bei anteilige Gewährung z. B. an geringfügig Beschäftigte außer Verhältnis zum Wert der Ansprüche steht; diesem zustimmend *Buhr/Radtke* DB 2001, 1882, 1886).

Ein ähnliches Diskriminierungsverbot wie für Teilzeitbeschäftigte kennt das Gesetz auch für **befristet Beschäftigte** (§ 4 Abs. 2 S. 1 TzBfG). Ein befristet beschäftigter Arbeitnehmer hat daher grundsätzlich einen Anspruch, einen solchen Prozentsatz der einem Vollzeitbeschäftigten gewährten Optionen zu erhalten, die dem Verhältnis seiner Arbeitszeit zur Vollzeit-Arbeitszeit entspricht. Als sachlicher Grund für den Ausschluss befristet Beschäftigter soll allerdings regelmäßig in Betracht kommen, wenn bei nur kurzzeitigen Arbeitsverhältnissen die anteilige Gewährung von bestimmten Zusatzleistungen nur zu sehr geringfügigen Beträgen führt. Bei Stock-Options ist die Frage der Gleichbehandlung befristet Beschäftigter in der Praxis häufig kaum relevant, da die Mehrzahl der befristet Beschäftigten in der Regel vor Ablauf der – zumeist mindestens einjährigen – Wartefrist ausscheiden. Das Gesetz erlaubt nämlich, bestimmte Beschäftigungsbedingungen auch bei befristet Beschäftigten von der Dauer des Bestehens des Arbeitsverhältnisses abhängig zu machen (§ 4 Abs. 2 S. 3 TzBfG). Hat das befristete Arbeitsverhältnis eine kürzere Dauer als die Wartezeit, liegt somit keine unzulässige Ungleichbehandlung im Vergleich zu anderen, unbefristet eingestellten Mitarbeitern vor, die vor Ablauf der Wartezeit ausscheiden und daher auch keine Ansprüche aus dem Stock-Option-Plan geltend machen können.

Nach Inkrafttreten des geplanten Antidiskriminierungsgesetzes werden die dort verpönten Diskriminierungsmerkmale zu beachten sein.

Mitbestimmungsrechte des Betriebsrats. Wurde bei der einzelvertraglichen Gewährung von Stock-Options ein etwaiges Mitbestimmungsrecht des Betriebsrats nicht beachtet, kann dies dazu führen, dass der Anspruch des Mitarbeiters auf Stock-Options über das hinausgeht, was einzelvertraglich (mit der Musterklausel) vereinbart wurde. Denn der Betriebsrat kann in diesem Fall später noch sein Mitbestimmungsrecht einfordern und u. U. eine andere Verteilung der dem deutschen Arbeitgeber insgesamt von der US-Konzernobergesellschaft zur Verfügung gestellten Gesamtzahl an Stock-Options auf die Belegschaft erzwingen, als sie der Arbeitgeber zunächst – ohne Abstimmung mit dem Betriebsrat – vorgenommen hat. Ein etwaiges Mitbestimmungsrecht des Betriebsrats kann sich aus § 87 Abs. 1 Nr. 10 BetrVG ergeben (so auch *Küttner/Röller* Aktienoptionen, 11; *Baeck/Diller* DB 1998, 1405, 1410 f.; kritisch *Kau/Kukat* BB 1999, 2505 ff).

Kein solches Mitbestimmungsrecht dürfte bestehen, wenn nicht der deutsche Arbeitgeber, sondern allein die US-Konzernobergesellschaft entscheidet, wie viele Stock-Options an die einzelnen Mitarbeiter der deutschen Belegschaft verteilt werden und der deutsche Arbeitgeber bei dieser Entscheidung überhaupt kein Mitsprache- oder Vorschlagsrecht hat; höchstrichterliche Rechtsprechung zu dieser Frage existiert allerdings noch nicht (wie hier auch *Buhr/Radtke* DB 2001, 1882, 1886; *Lingemann/Diller/Mengel* NZA 2000, 1191, 1200; *Annuß/Lembke* BB 2003, 2230, 2231 f.; gegen ein Mitbestimmungsrecht auch *Lembke* BB 2003, 1071, 1072; zur de facto Aushebelung der Mitbestimmungsrechte *Baeck/Diller* DB 1998, 1405, 1411). Das LAG Nürnberg will dem Betriebsrat die Nachprüfung eines solchen Mitwirkungsrechts des deutschen Arbeitgebers und damit des Mitbestimmungsrechts des Betriebsrats dadurch ermöglichen, dass es dem Betriebsrat einen Anspruch auf Zurverfügungstellung der erforderlichen Unterlagen gibt (LAG Nürnberg Urt. v. 22. 1. 2002 – 6 TaBV 13/01 – NZA-RR 2002, 247; kritisch hierzu *Annuß/Lembke* BB 2003, 2230, 2231 f.).

6. Sonstige Bedingungen – Verweis auf US-Stock-Option-Plans.

Das Formular regelt den sonstigen Inhalt der gewährten Optionen nicht selbst, sondern verweist insoweit in Abs. (2) auf den maßgeblichen US-Stock-Option-Plan.

Dies ist sinnvoll, weil die Pläne typischerweise ein dichtes Regelwerk enthalten und alle vorhersehbaren Konstellationen in Bezug auf Gewährung, *Vesting*, Ausübung und Verfall in großer Detailliertheit regeln. Da die Stock-Option-Pläne allerdings in der Praxis zumeist alle paar Jahre in einer neuen Fassung herausgegeben werden und die verschiedenen Fassungen unterschiedliche Regelungen insbesondere in Bezug auf das *Vesting* enthalten können, muss im Formular klargestellt werden, welcher Plan auf die jeweils gewährten Optionen Anwendung findet. Denkbar wäre, den Plan genau, d. h. mit der maßgeblichen Jahreszahl, zu definieren. Weil dieser bei Abfassung des Anstellungsvertrags für den deutschen Mitarbeiter nicht immer verlässlich bekannt ist, verwendet Abs. (2) der Musterklausel eine abstrakte Definition und bestimmt, dass sich die Rechte und Pflichten nach den Bestimmungen desjenigen Plans richten, nach welchem sie ausgegeben wurden. Diese Klausel ist dann ausreichende, wenn im individuellen Gewährungsschreiben der maßgebliche Plan genau bezeichnet wird.

Typischerweise sieht ein US-Stock-Option-Plan vor, dass Optionen nur Mitarbeitern oder mitarbeiterähnlichen Personen gewährt werden können. Der Plan sieht ebenfalls typischerweise vor, dass bei der Optionsgewährung ein Preis festgelegt wird (sog. „Ausübungspreis"), der regelmäßig dem Aktienkurs am Tag der Gewährung der Optionen entspricht. Des Weiteren werden bestimmte Mindestwartezeiten, sog. „Vesting Periods" festgelegt oder geregelt, dass diese innerhalb eines bestimmten Rahmens individuell vereinbart werden können. Diese „Vesting Periods" sind nicht selten so ausgestaltet, dass 20% der gewährten Optionen zum ersten Jahrestag der Einstellung ausübungsreif werden und je weitere 20% zu den darauf folgenden Jahrestagen, so dass nach fünf Jahren alle Optionen ausübungsreif geworden wären. Wenn der Mitarbeiter ausübungsreife Optionen ausübt (was er typischerweise nur tun wird, wenn der bei Ausübungsreife maßgebliche Kurswert der Aktie über dem Ausübungspreis liegt), erzielt der Mitarbeiter einen Gewinn in Höhe der Differenz zwischen dem maßgeblichen Ausübungspreis und dem aktuellen Kurs zum Zeitpunkt der Ausübung der Option.

Üblicherweise sieht der US-Stock-Option-Plan vor, dass die **Ausübung der Option** durch schriftliche Erklärung gegenüber einer bestimmten, typischerweise im Stock-Option-Plan definierten Ausübungsstelle erfolgt. Die Ausübung kann mit oder ohne finanziellem Engagement des Mitarbeiters stattfinden. Ist im Stock-Option-Plan ein finanzielles Engagement des Mitarbeiters vorgesehen, überweist der Mitarbeiter den Ausübungspreis auf ein bestimmtes Konto und erhält dafür die benannte Zahl an Aktien übertragen. Häufig erfolgt die Ausübung aber ohne finanzielles Engagement des Mitarbeiters: Dabei werden die Aktien (z.B. durch einen Makler) erworben und in einer zeitgleichen Transaktion wieder verkauft. Die Differenz zwischen dem Ausübungspreis und dem Verkaufspreis wird dann an den Mitarbeiter ausgeschüttet.

US-Stock-Option-Pläne sehen überdies ganz typischerweise regelmäßig vor, dass das **Vesting** (Erlangung der Ausübungsreife) mit der Beendigung des Anstellungsverhältnisses endet, d.h. bei Beendigung des Anstellungsverhältnisses noch nicht ausübungsreife Optionen werden nicht mehr ausübungsreif. Bereits ausübungsreife Optionen können i.d.R. nach den Bestimmungen der Stock-Option-Pläne nur noch während eines bestimmten Zeitraums (regelmäßig 60–90 Tage) nach Beendigung der Anstellung **ausgeübt** werden („Ausübungsfrist"). Bei Nicht-Ausübung innerhalb dieses Zeitraums verfallen sie ersatzlos.

7. Auswirkung der Optionsgewährung auf andere arbeitsvertragliche Regelungen – Nachvertragliches Wettbewerbsverbot. Soll in dem Anstellungsvertrag, in dem auch die Gewährung von Stock-Options vereinbart wird, zugleich auch ein nachvertragliches Wettbewerbsverbot vereinbart werden, muss der Arbeitgeber sich darüber im Klaren sein, dass er ein wirksames Verbot nur vereinbaren kann, wenn er sich verpflichtet, dem Arbeitnehmer eine Entschädigung in der gesetzlichen Mindesthöhe zu zahlen (mindestens die Hälfte der vom Arbeitnehmer zuletzt bezogenen vertragsgemäßen Leistungen, § 74 Abs. 2 HGB). Diese Mindestentschädigung ist dabei so zu berechnen, dass sämtliche Vergütungsbestandteile berücksichtigt werden. Etwaige Gewinne, die ein Mitarbeiter aus der Ausübung von Stock-Options bezogen hat, sind dann nicht als Vergütungsbestandteil anzusehen, wenn die Gewährung von Stock-Options in einem anderen Abschnitt im Anstellungsvertrag geregelt ist als die Vergütung oder die Gewährung gar in einer separaten Vereinbarung erfolgt ist. Ebenso sprechen gegen eine Qualifizierung als „Vergütungsbestandteil" Absprachen und Regelungen im Rahmen der Optionsgewährung, aus denen erkennbar wird, dass die Optionsgewährung nicht die Entlohnung der Arbeitsleistung bezweckte, sondern den Zweck hatte, den Mitarbeiter an das Unternehmen zu binden und ihn zu besonderem Einsatz und Engagement bei seiner Arbeit zu motivieren und anzuspornen. (siehe *Busch* BB 2000, 1294, 1296; *Bauer/Diller* Rdn. 254a; zur Anwendbarkeit der §§ 74 ff. HGB im internationalen Konzern vgl. *Fischer* DB 1999, 1702 ff.).

11. US-Stock-Options im Aufhebungsvertrag[1]

§ ... US-Stock-Options

(1) Der Mitarbeiter hat Optionen zum Erwerb von Anteilen an der ...... (Muttergesellschaft) erhalten. Die Parteien sind sich einig, dass sich Verwertungsreife, Ausübung, Verfall und alle anderen Rechte und Pflichten bezüglich der gewährten Stock-Options nach den bei der Gewährung schriftlich getroffenen einzelvertraglichen Regelungen sowie den Bestimmungen desjenigen Stock-Option-Plans der ...... (US-Obergesellschaft) richten, nach welchem sie ausgegeben wurden.

(*Alternative*:[2]

(1) Der Mitarbeiter hat Optionen zum Erwerb von Anteilen an der ...... (Muttergesellschaft) gewährt erhalten. Die Parteien sind sich einig, dass zum Beendigungstermin ...... (Anzahl) dieser Stock-Options zu einem Bezugspreis von ...... pro Aktie sowie weitere ...... (Anzahl) Stock-Options zu einem Bezugspreis von ...... verwertungsreif („vested") sind. Eine Verwertungsreife bezüglich weiterer Optionen wird nicht mehr eintreten. Sofern diese Optionen nicht spätestens innerhalb von ...... Tagen nach dem Beendigungstermin ausgeübt werden, verfallen sie.[3]

(2) Die Parteien sind sich einig, dass sich Verwertungsreife, Ausübung, Verfall und alle anderen Rechte und Pflichten bezüglich der gewährten Stock-Options im übrigen nach den bei der Gewährung oder danach schriftlich getroffenen einzelvertraglichen Regelungen sowie den Bestimmungen desjenigen Stock-Option-Plans der ...... (US-Obergesellschaft) richten, nach welchem sie ausgegeben wurden.)

§ ... Abgeltung

(...) Mit Unterzeichnung dieses Aufhebungsvertrags sind mit Ausnahme der sich aus diesem Aufhebungsvertrag ergebenden Ansprüche alle Ansprüche des Mitarbeiters aus dem Arbeitsverhältnis oder im Zusammenhang mit dessen Beendigung sowie aus sonstigem Rechtsgrund, gleich welcher Art, gegen die Gesellschaft (*Optional:* oder eine andere Gesellschaft der ...... -Gruppe) abgegolten und erledigt.[4]

Schrifttum: S. Form. A. IV. 10.

Anmerkungen

1. Knappe Klausel im Aufhebungsvertrag. Das Formular stellt eine Klausel im Aufhebungsvertrag dar (zum Aufhebungsvertrag im Übrigen siehe Form. A. XV. 1). Da US-Stock-Option-Pläne typischerweise detaillierte Bestimmungen dazu enthalten, wie bei Beendigung des Anstellungsverhältnisses mit noch nicht ausübungsreifen Optionen einerseits und ausübungsreifen Optionen andererseits verfahren wird, genügt in der Regel eine knappe Regelung im Aufhebungsvertrag. Diese muss lediglich die Tatsache ansprechen, dass der Mitarbeiter Optionen erhalten hat, um sie auf diese Weise von der Erledigungswirkung einer umfassenden Abgeltungsklausel auszunehmen, und kann sich im Übrigen darauf beschränken, auf den jeweils anwendbaren Stock-Option-Plan zu verweisen.

Typischerweise sehen US-Stock-Option-Pläne vor, dass bei Beendigung des Anstellungsverhältnisses noch nicht ausübungsreife Optionen nicht mehr ausübungsreif werden (das *vesting* endet mit der Beendigung des Anstellungsverhältnisses) und bei Beendigung der Anstellung bereits ausübungsreife Optionen nur noch während eines bestimmten Zeitraums, regelmäßig 60–90 Tage, nach Beendigung der Anstellung ausgeübt werden können („Ausübungsfrist"). Bei Nicht-Ausübung innerhalb dieses Zeitraums verfallen sie ersatzlos.

2. Alternative – Detailliertere Regelung. Um Unklarheiten und spätere Streitigkeiten zu vermeiden, kann es sich empfehlen, im Aufhebungsvertrag genau anzugeben, wie viele Optionen des Mitarbeiters bei Beendigung der Anstellung ausübungsreif (= *vested*) sind. Dies kann insbesondere dann sinnvoll sein, wenn es während der Anstellung einen oder mehrere Aktien-Splits gegeben hat oder wenn die Dokumentation über die Zahl der gewährten Optionen sowie den maßgeblichen Ausübungspreis aus irgendeinem Grund nicht vollständig oder nicht aussagekräftig ist. Es kann sich auch dann empfehlen, wenn dem Mitarbeiter mehrmals nacheinander Optionen zu unterschiedlichen Bedingungen gewährt wurden, z. B. unter Festlegung unterschiedlicher Ausübungspreise oder auf der Grundlage verschiedener Stock-Option-Pläne. Eine derartige Regelung enthält die Alternative. In Ziff. 1 der Alternative ist genau geregelt, wie viele Aktien zu welchem Bezugspreis bei Beendigung der Anstellung ausübungsreif sind. Zudem wird klargestellt, dass eine Ausübungsreife bezüglich weiterer Optionen nicht mehr eintreten wird, sowie dass diese Optionen spätestens innerhalb der angegebenen Zahl von Tagen nach dem Beendigungstermin ausgeübt werden müssen. Die maßgebliche Zahl der Tage muss individuell ergänzt werden. Sie kann dabei entweder der im Stock-Option-Plan vorgesehenen Verfallfrist entsprechen oder – im Fall einer individuellen Verlängerung der Ausübungsfrist – die individuell vereinbarte und damit ausnahmsweise maßgebliche Verfallfrist angeben.

Gelegentlich versuchen Mitarbeiter, in den Verhandlungen über einen Aufhebungsvertrag eine **Verlängerung der Ausübungsfrist** für gewährte und bei Beendigung ausübungsreife Stock-Options zu erreichen, um noch längere Zeit nach dem Ausscheiden von einem (erhofften) steigenden Aktienkurs profitieren zu können. Deutsches Recht stünde einer einzelvertraglichen Abmachung im Aufhebungsvertrag oder einer separaten Vereinbarung über die Verlängerung der Ausübungsfrist nicht entgegen. Allerdings wird der deutsche Arbeitgeber eine solche Verlängerung der Ausübungsfrist im Aufhebungsvertrag nur festschreiben, wenn er zuvor das Einverständnis der den Plan verwaltenden US-Konzernobergesellschaft eingeholt hat. Diese sind in der Praxis jedoch nur selten bereit, derartige individuelle Abweichungen von ihren Stock-Option-Plänen zu erlauben, unter anderem auch deshalb, weil sie keine Präzedenzfälle schaffen wollen, auf die sich dann andere Mitarbeiter (weltweit) berufen könnten. Wenn im Einzelfall die US-Konzernobergesellschaft eine Ausnahme macht und zulässt, dass eine Verlängerung der Ausübungsfrist erfolgen kann, sollte die Dauer der Verlängerung und die Anzahl der Optionen, für die sie Geltung haben soll, präzise im Aufhebungsvertrag geregelt werden.

3. *Vesting*-Regelungen und Verfall der Optionen keine unzulässige Kündigungserschwerung. Trotz der üblichen Regelung in US-Stock-Option-Plänen, wonach das Recht am Sitz der US-Konzernobergesellschaft auf den Plan anwendbar sein soll, kann deutsches Arbeitsrecht zusätzlich auf bestimmte Fragen im Zusammenhang mit den gewährten Optionen Anwendung finden (siehe im Einzelnen Formular A. IV. 10 Anm. 3). Soweit die zwingenden Schutzbestimmungen des deutschen Rechts Anwendung finden, muss sich der deutsche Arbeitgeber mit der Frage auseinandersetzen, ob der Verweis auf die *Vesting* – und Verfall-Regelungen des US-Stock-Option-Plans genügt, damit sich *Vesting* und Verfall auch wirklich allein nach den Vorschriften des US-Stock-Option-Plans richten. Dies wäre dann nicht der Fall, wenn die Vorschriften des US-Stock-Option-Plans überlagert würden durch zwingende Schutzbestimmungen des deutschen Rechts. Ein Problem könnte hierbei insbesondere darstellen, ob die Regelungen zum *Vesting* und Verfall der Optionen, wie sie typischerweise im US-Stock-Option-Plan enthalten sind (siehe oben Anm. 1), aus Sicht des deutschen Rechts als unzulässige Kündigungserschwerung angesehen würden.

Aus § 622 Abs. 6 BGB wird abgeleitet, dass Vertragsklauseln unwirksam sind, die eine Kündigung des Arbeitsverhältnisses durch den Arbeitnehmer unbillig erschweren. Wann genau im Einzelfall eine „unbillige Erschwerung" vorliegt, ist dabei nicht endgültig geklärt. Im Falle von Stock-Options kann in Anlehnung an die BAG-Rechtsprechung zu Sonderleistungen wie folgt unterschieden werden (siehe auch *Maletzky*, NZG 2003, 715, 716; *Lembke*, BB 2001, 1469, 1470; *Busch*, BB 2000, 1294, 1296): Sieht der Arbeitsvertrag vor, dass die Optionen als fester Vergütungsbestandteil mit Entgeltcharakter für die erbrachte Arbeit (= Entgelt im engeren Sinne) gewährt werden, wären *Vesting* und Verfallregelungen wohl am Maßstab des § 622 Abs. 6 BGB zu messen. Die Gewährung von Stock-Options hat dann Entgeltcharakter, wenn die Stock-Options an Stelle einer ansonsten vorgesehenen geldmäßigen festen Vergütung vereinbart wurden. Stellt die Optionsgewährung jedoch – was durch Auslegung des Vertrags zu ermitteln ist – eine Sonderleistung dar im Sinn einer neben die geldmäßige feste Vergütung tretenden Zusatzleistung des Arbeitgebers (= Entgelt im weiteren Sinne), wären nach der BAG-Rechtsprechung *Vesting*-Regelungen und Verfallklauseln wirksam. Eine neben die Vergütung tretende Zusatzleistung wird vom BAG angenommen, wenn die Leistung vom Arbeitgeber als Tätigkeitsanreiz und zur Bindung des Arbeitnehmers an den Betrieb gewährt wird.

V*esting*-Regelungen und Verfallklauseln können allerdings auch dann, wenn sie eigentlich als Zusatzleistungen im Sinn eines Entgelts im weiteren Sinn anzusehen sind, dann **unwirksam** sein, wenn die Bindungsfrist übermäßig lang ist. Als übermäßig lang dürfte dabei, in Anlehnung an § 624 BGB, wohl ein Zeitraum von über fünf Jahren angesehen werden (*Maletzky*, NZG 2003, 715, 717; *Mechlem/Melms*, DB 2000, 1614, 1615; *Röder/Göpfert*, BB 2001, 2002, 2004).

4. Vorzugswürdig: Einseitige Abgeltungsklausel im Aufhebungsvertrag, S. Form. A. XV. 1, dort unter § 9., Form A. XV. 1 Anm. 39. Wenn Zweifel daran bestehen, ob der deutsche Arbeitgeber auf etwaige Gewinne eines Mitarbeiters aus Stock-Options ordnungsgemäß Lohnsteuer abgeführt hat, sollte der Arbeitgeber möglichst keine beidseitige Abgeltung im Aufhebungsvertrag vereinbaren. Denn der deutsche Arbeitgeber unterliegt der Lohnsteuerhaftung und könnte sich durch eine beiderseitige Abgeltungsklausel im Aufhebungsvertrag den Regressanspruch, den er im Fall einer Inanspruchnahme aus der Lohnsteuerhaftung gegen den Mitarbeiter hätte (aus Auftragsrecht oder über § 426 BGB), abschneiden. Auch nach Inkrafttreten der Schuldrechtsreform und der seither auch in arbeitsrechtlichen Formularverträgen durchzuführenden AGB-Kontrolle dürften einseitige Abgeltungsklauseln zu Gunsten des Arbeitgebers von der Rechtsprechung wohl weiterhin als wirksam angesehen werden (s. dazu Form. A. XV. 1 Anm. 39).

Für die Frage, ob Zweifel an der korrekten lohnsteuerlichen Behandlung der gewährten Stock-Options bestehen müssen, ist folgendes zu beachten: Nach der Rechtsprechung des BFH liegt bei nicht handelbaren Aktienoptionen der maßgebliche steuerpflichtige **Zufluss** nicht bereits mit Einräumung des Optionsrechts vor, sondern erst bei verbilligtem Aktienbezug nach **Ausübung** der Option. Denn erst mit Ausübung des Optionsrechts fließt dem Mitarbeiter ein geldwerter Vorteil in Höhe der Differenz zwischen dem Ausgabepreis laut Vereinbarung und dem Verkehrswert der Aktien im Zeitpunkt der Ausübung zu (BFH Urt. v. 20. 6. 2001 – VI R 105/99 – DStR 2001, 1341; BFH Urt. v. 24. 1. 2001 – I R 100/98 – DStR 2001, 931; BFH Urt. v. 24. 1. 2001 – I R 119/98 – NZA-RR 2001, 376; allgemein, insbesondere auch zur Behandlung handelbarer Aktienoptionen, *Haunhorst*, DB 2003, 1864 ff m. w. N.; FinMin NRW, Erlass vom 27. März 2003, BB 2003, 1095 und hierzu *Bauer/Gemmeke*, DStR 2003, 1818 ff). Arbeitet der Mitarbeiter in Deutschland, muss der Gewinn, den der Mitarbeiter durch die Ausübung der Optionen erzielt (regelmäßig: Differenz zwischen dem vereinbartem Ausübungspreis und dem Aktienkurs im Zeitpunkt der Ausübung) in Deutschland voll versteuert werden. Er unterliegt dem Lohnsteuerabzug durch den deutschen Arbeitgeber (§ 19 Abs. 1 Nr. 1 EStG) auch dann, wenn die Transaktion unmittelbar in den USA durchgeführt und der Gewinn einem dortigen Konto des Mitarbeiters gutgeschrieben wird.

V. Befristung

Sachgrundlose Befristung gemäß § 14 Abs. 2 TzBfG

1. Befristeter Arbeitsvertrag ohne Sachgrund gemäß § 14 Abs. 2 TzBfG[1]

Arbeitsvertrag

zwischen
...... (Name und Anschrift des Arbeitgebers) „Gesellschaft"
und
Herrn ...... (Name und Anschrift des Arbeitnehmers) „Mitarbeiter"

§ 1 Position und Aufgaben[2]

§ 2 Arbeitszeit[3]

§ 3 Vergütung[4]

§ 4 Abwesenheit/Krankheit[5]

(1) Der Mitarbeiter hat in jedem Fall einer unvorhergesehenen Abwesenheit die Gesellschaft unverzüglich hierüber sowie über den Grund und die Dauer seiner voraussichtlichen Abwesenheit zu informieren. Dabei hat der Mitarbeiter die Gesellschaft auf vordringlich zu erledigende Aufgaben hinzuweisen.

(2) Dauert die Arbeitsunfähigkeit länger als drei Kalendertage, hat der Mitarbeiter eine ärztliche Bescheinigung über das Bestehen der Arbeitsunfähigkeit sowie deren voraussichtliche Dauer spätestens an dem darauf folgenden Arbeitstag vorzulegen. Die Gesellschaft ist berechtigt, die Vorlage der Arbeitsunfähigkeitsbescheinigung früher zu verlangen.

(3) Die Einstellung erfolgt unter dem Vorbehalt der gesundheitlichen Eignung des Mitarbeiters für seine Tätigkeit nach diesem Arbeitsvertrag. Der Mitarbeiter ist verpflichtet, sich während des ersten Monats der Vertragslaufzeit durch einen Arzt seines Vertrauens auf Kosten der Gesellschaft auf seine gesundheitliche Eignung untersuchen zu lassen. Der Mitarbeiter entbindet den Arzt von der ärztlichen Schweigepflicht, soweit dies zur Beurteilung seiner gesundheitlichen Eignung notwendig ist. Ergibt die ärztliche Untersuchung die Nichteignung des Mitarbeiters, so endet der Arbeitsvertrag zwei Wochen nach Zugang der schriftlichen Mitteilung der Gesellschaft an den Mitarbeiter über die festgestellte gesundheitliche Nichteignung.

(4) Der Mitarbeiter wird sich auch während der weiteren Vertragslaufzeit bei Vorliegen sachlicher Gründe auf Verlangen der Gesellschaft durch einen Arzt seines Vertrauens auf Kosten der Gesellschaft auf seine gesundheitliche Eignung für die Tätigkeit nach diesem Arbeitsvertrag untersuchen lassen. Der Mitarbeiter entbindet den Arzt von der ärztlichen Schweigepflicht, soweit dies zur Beurteilung seiner gesundheitlichen Eignung notwendig ist.

§ 5 Reisekosten/Auslagen[6]

§ 6 Urlaub[7]

§ 7 Nebentätigkeiten[8]

§ 8 Geheimhaltung/Behandlung von Gegenständen und Daten[9]

§ 9 Schutzrechte[10]

§ 10 Laufzeit/Kündigung[11]/Vertragsstrafe/Freistellung/Vorfälligkeit

(1) Der gemäß § 14 Abs. 2 TzBfG[12] befristete Arbeitsvertrag beginnt am ...... und endet mit Ablauf des ......[13], ohne dass es einer Kündigung bedarf.

(2) Das Arbeitsverhältnis kann von der Gesellschaft und dem Mitarbeiter mit einer Frist[14] von ...... gekündigt werden. Vor Beginn des Arbeitsvertrags ist die ordentliche Kündigung ausgeschlossen.

(3) Die Kündigung bedarf der Schriftform[15].

(4) KÜNDIGT DER MITARBEITER VERTRAGSWIDRIG VOR BEGINN DES ARBEITSVERTRAGS, NIMMT ER SEINE TÄTIGKEIT NICHT VERTRAGSGEMÄẞ AUF ODER BEENDET ER DEN ARBEITSVERTRAG VERTRAGSWIDRIG, INSBESONDERE UNTER MISSACHTUNG DER GELTENDEN KÜNDIGUNGSFRISTEN, VERWIRKT ER EINE VERTRAGSSTRAFE. DIES GILT AUCH FÜR DEN FALL, DASS DIE GESELLSCHAFT DURCH SCHULDHAFT VERTRAGSWIDRIGES VERHALTEN DES ARBEITNEHMERS ZUR FRISTLOSEN KÜNDIGUNG DES ARBEITSVERTRAGS VERANLASST WIRD. DIE HÖHE DER VERTRAGSSTRAFE ENTSPRICHT DER VERGÜTUNG NACH § 3 ABS. (1), DIE FÜR DEN ZEITRAUM DER JEWEILS EINSCHLÄGIGEN KÜNDIGUNGSFRIST GESCHULDET IST; SIE BETRÄGT ABER MAXIMAL EIN BRUTTO-MONATSGEHALT. DIE GESELLSCHAFT BEHÄLT SICH DIE GELTENDMACHUNG WEITEREN SCHADENS VOR[16].

(5) Die Gesellschaft ist im Falle der Kündigung des Arbeitsvertrags durch die Gesellschaft berechtigt, den Mitarbeiter von seiner weiteren Tätigkeit für die Gesellschaft freizustellen. Während der Zeit der Freistellung behält der Mitarbeiter seinen Anspruch auf die vertragliche Vergütung; er muss sich jedoch den Wert desjenigen anrechnen lassen, was er infolge des Unterbleibens der Dienstleistung erspart oder durch anderweitige Verwendung seiner Dienste erwirbt oder zu erwerben böswillig unterlässt. Im Fall einer unwiderruflichen Freistellung wird die Freistellungszeit auf etwaige Urlaubs- oder Freizeitausgleichsansprüche angerechnet[17].

(6) Sollte der Mitarbeiter der Gesellschaft bei Ausspruch einer Kündigung durch die Gesellschaft Beträge aufgrund von Gehaltsvorschüssen oder ähnlichen Vorauszahlungen schulden, werden sämtliche Beträge sofort fällig und – unter Beachtung der Pfändungsgrenzen – aufrechenbar. Dem Mitarbeiter gewährte Darlehen gelten mit Ausspruch der Kündigung als ordentlich mit einer Frist von einem Monat gekündigt. Entsprechendes gilt bei Ausspruch einer Kündigung durch den Mitarbeiter, es sei denn es liegt eine von der Gesellschaft verschuldete außerordentliche Kündigung vor[18].

§ 11 Verfall von Ansprüchen, Verjährung[19]

§ 12 Neueinstellung[20]

Der Mitarbeiter erklärt, bisher in keinem Arbeitsverhältnis[21] mit der Gesellschaft oder einer Rechtsvorgängerin[22] gestanden zu haben. Dem Mitarbeiter ist bewusst, dass eine unrichtige Erklärung die Gesellschaft zur Anfechtung und zur fristlosen Kündigung des Arbeitsvertrags aus wichtigem Grund berechtigen kann[23].

§ 13 Schlussbestimmungen[24]

......
Ort, Datum

......
Unterschrift der Gesellschaft[25]

......
Ort, Datum

......
Unterschrift des Mitarbeiters

1. Befristeter Arbeitsvertrag ohne Sachgrund   A. V. 1

Schrifttum: Annuß/Thüsing, Teilzeit- und Befristungsgesetz, 2002; *Bauer*, Befristete Arbeitsverträge unter neuen Vorzeichen, BB 2001, 2473; *Bauer*, Befristete Arbeitsverträge unter neuen Vorzeichen, BB 2001, 2526; *Berkowsky*, Das Gesetz über Teilzeitarbeit und befristete Arbeitsverträge, NZI 2001, 188; *Bezani/ Müller*, Das Gesetz über Teilzeitarbeit und befristete Arbeitsverträge, DStR 2001, 87; *Däubler*, Das neue Teilzeit- und Befristungsgesetz, ZIP 2001, 217; *Dörner*, Der befristete Arbeitsvertrag, 2004; *Hromadka*, Das neue Teilzeit- und Befristungsgesetz, NJW 2001, 400; *Hromadka*, Befristete und bedingte Arbeitsverhältnisse neu geregelt, BB 2001, 621; *Hunold*, Befristete Arbeitsverträge nach neuem Recht, 2001; *Hunold*, Aktuelle Fragen des Befristungsrechts unter Berücksichtigung von §§ 14, 16 TzBfG, NZA 2002, 255; *Keller*, Die ärztliche Untersuchung des Arbeitnehmers im Rahmen des Arbeitsverhältnisses, NZA 1988, 561; *Kliemt*, Das neue Befristungsrecht, NZA 2001, 296; *Klette/Backfisch*, Teilzeitarbeit und befristete Arbeitsverträge nach dem Teilzeit- und Befristungsgesetz, DStR 2002, 593; *Klette*, Gesetzliche Neuregelung der befristeten Arbeitsverträge, BC 2001, 137; *Löwisch*, „Zuvor" bedeutet nicht: „In aller Vergangenheit", BB 2001, 254; *Meinel/Heyn/Herms*, Teilzeit- und Befristungsgesetz, 2004; *Osnabrügge*, Die sachgrundlose Befristung von Arbeitsverhältnissen nach § 14 II TzBfG, NZA 2003, 639; *Preis/ Gotthardt*, Schriftformerfordernis für Kündigungen, Aufhebungsverträge und Befristungen nach § 623 BGB, NZA 2000, 348; *Ring*, Gesetz über Teilzeitarbeit und befristete Arbeitsverträge, 2001; *Rolfs*, Schriftform für Kündigungen und Beschleunigung des arbeitsgerichtlichen Verfahrens, NJW 2000, 1227; *Rolfs*, Teilzeit- und Befristungsgesetz, 2002; *Sievers*, Befristungsrecht, RdA 2004, 291; *Sponer/Steinherr*, Befristete Arbeitsverträge unter Berücksichtigung der Besonderheiten des öffentlichen Dienstes (SR 2 y BAT), 2002 *Thüsing/Lambrich*, Umsetzungsdefizite in § 14 TzBfG?, BB 2002, 829; *Worzalla/Will/Mailänder/Worch/ Heise*, Teilzeitarbeit und befristete Arbeitsverträge, wann besteht Rechtsanspruch auf Teilzeitarbeit?; Wann ist der befristete Arbeitsvertrag gültig?; Beteiligungsrechte des Betriebsrats, 2001.

Anmerkungen

1. Befristete Arbeitsverträge. Kapitel A. V. behandelt die Befristung von Arbeitsverhältnissen. Auch der „Standard-Arbeitsvertrag" (Form. A. II. 1) ist als befristeter (Probe-) Vertrag ausgestaltet. Diese Ausgestaltung ist wegen besonderer Kündigungsbeschränkungen, die bereits vor der Wartefrist aus § 1 Abs. 1 KSchG eingreifen, notwendig (vgl. Form. A. II. 1 Anm. 16). Anders als Form. A. II. 1 sind die **befristeten Arbeitsverträge in Kapitel A. V.** aber nicht darauf ausgerichtet, das Arbeitsverhältnis unbefristet zu unveränderten Bedingungen fortzuführen. Ausgegangen wird für die Formulare in Kapitel A. V. davon, dass entweder bei Vertragsschluss gar keine Fortführung geplant ist oder jedenfalls die Konditionen geändert werden sollen (vgl. Form. A. V. 6 Anm. 7). Soweit zum Ende einer Befristung gemäß § 14 Abs. 2 TzBfG eine **befristete Fortführung** des Arbeitsverhältnisses in Betracht kommt, stehen insbesondere der Verlängerungsvertrag (s. Form. A. V. 2) sowie die weiteren Befristungsmöglichkeiten aus § 14 TzBfG (Form. A. V. 3–5) zur Verfügung. Auch spezialgesetzliche Befristungen kommen grundsätzlich für eine befristete Fortführung in Betracht.

Sollen die verschiedenen **Befristungsmöglichkeiten aus § 14 Abs. 1–3 TzBfG** nacheinander genutzt werden, muss auf Arbeitgeberseite unbedingt auf die **richtige Reihenfolge** geachtet werden. An die sachgrundlose Befristung gemäß § 14 Abs. 2 TzBfG kann eine Sachgrundbefristung (Form. A. V. 3–5, 7) angeschlossen werden. Die umgekehrte Reihenfolge ist wegen § 14 Abs. 2 S. 2 TzBfG unzulässig. Denn die für den Arbeitgeber günstige Befristung ohne Sachgrund kommt nur in Betracht, wenn mit dem Arbeitnehmer zuvor noch kein Arbeitsverhältnis (befristet oder unbefristet) bestanden hat. Bei mehreren Befristungen nacheinander muss also mit der sachgrundlosen Befristung gemäß § 14 Abs. 2 TzBfG begonnen werden. Das gilt auch soweit durch **mehrere sachgrundlose Befristungen nacheinander** die zulässige Höchstdauer von zwei Jahren ausgeschöpft werden soll. Nach § 14 Abs. 2 TzBfG kann z.B. ein zunächst auf ein halbes Jahr geschlossener Arbeitsvertrag dreimal jeweils um ein halbes Jahr verlängert werden.

2. Position und Aufgaben. S. Form. A. II. 1, dort unter § 1.

3. Arbeitszeit. S. Form. A. II. 1, dort unter § 2.

4. Vergütung. S. Form. A. II. 1, dort unter § 3.

5. Abwesenheit/Krankheit. Verwiesen wird auf Anm. 10 zu Form. A. II. 1. Zu berücksichtigen ist allerdings, dass im vorliegenden befristeten Vertrag – anders als in Form. A. II. 1 –

keine Probezeit vorgesehen ist (vgl. dazu Form. A. II. 1 Anm. 16). Daher ist der Arbeitnehmer hier nach § 4 Abs. (3) verpflichtet, die ärztliche Untersuchung im ersten Monat der Vertragslaufzeit (und nicht in der Probezeit) durchführen zu lassen. In § 4 Abs. (4) ist die Formulierung „nach Ablauf der Probezeit" aus Form. A. II. 1 durch die Formulierung „während der weiteren Vertragslaufzeit" ersetzt.

Insbesondere für befristete Arbeitsverhältnisse von sehr kurzer Dauer kann sich anbieten, auf § 4 Abs. (3) und (4) zu verzichten. Denn dann steht der Aufwand beim Arbeitgeber (organisatorische Abwicklung, Kosten der Untersuchung) oftmals in keinem Verhältnis zum möglichen rechtlichen Vorteil. Auch bei Arbeitsverhältnissen von kurzer Dauer sind aber **gesetzliche Untersuchungspflichten** zu beachten.

6. Reisekosten/Auslagen. S. Form. A. II. 1, dort unter § 5.

7. Urlaub. S. Form. A. II. 1, dort unter § 6.

8. Nebentätigkeiten. S. Form. A. II. 1, dort unter § 7.

9. Geheimhaltung/Behandlung von Gegenständen und Daten. S. Form. A. II. 1, dort unter § 8.

10. Schutzrechte. S. Form. A. II. 1, dort unter § 9.

11. Kündigungsmöglichkeit. Während des befristeten Arbeitsverhältnisses ist die ordentliche Kündigung grundsätzlich ausgeschlossen (§ 15 Abs. 3 TzBfG). Soweit neben außerordentlicher Kündigung gemäß § 626 BGB und Aufhebungsvertrag auch die ordentliche Kündigung als Beendigungstatbestand zur Verfügung stehen soll, muss die **Möglichkeit der ordentlichen Kündigung vertraglich vereinbart werden.** Etwas anderes gilt in der Insolvenz. Gemäß § 113 Abs. 1 InsO kann der Insolvenzverwalter ein Arbeitsverhältnis mit einer Frist von drei Monaten zum Monatsende kündigen, auch wenn im befristeten Arbeitsvertrag kein Recht zur ordentlichen Kündigung vereinbart worden ist. Denn § 113 Abs. 1 InsO geht als lex specialis § 15 Abs. 3 TzBfG vor, so dass ein ordentliches Kündigungsrecht auch ohne vertragliche Regelung besteht (BAG Urt. v. 27. 5. 1993 – 2 AZR 601/92 – DB 1993, 2082 zur Rechtslage nach der KO).

Die **Aufnahme des Rechts zur ordentlichen Kündigung in den Arbeitsvertrag ist zu empfehlen.** Über die Befristung des Vertrages hinaus wird dadurch der Handlungsspielraum des Arbeitgebers weiter erhöht. Zudem führt eine unwirksame Befristung zum Vorliegen eines unbefristeten Arbeitsverhältnisses. Dieses kann gemäß § 16 TzBfG vom Arbeitgeber nur dann vor vereinbartem Vertragsende durch ordentliche Kündigung beendet werden, wenn eine vertragliche Kündigungsmöglichkeit vereinbart wurde.

Auch die Kündigung im befristeten Arbeitsverhältnis unterliegt dem **allgemeinen** und dem **besonderen Kündigungsschutz.** Insbesondere muss die ordentliche Kündigung gemäß § 1 KSchG sozial gerechtfertigt sein, soweit das Arbeitsverhältnis bei entsprechender Betriebsgröße länger als sechs Monate bestanden hat (§§ 1 Abs. 1, 23 Abs. 1 KSchG). Diese Dauer des Arbeitsverhältnisses kann auch über die Verlängerung eines befristeten Arbeitsvertrags erreicht werden.

12. Zitiergebot. Die Norm – § 14 Abs. 2 TzBfG – muss im Arbeitsvertrag nicht genannt werden. Denn es besteht **kein Zitiergebot für § 14 Abs. 2 TzBfG** (*Worzalla/Will/Mailänder/Worch/Heise* §14 TzBfG B Rdn. 54). Die Wirksamkeit einer sachgrundlosen Befristung hängt weder von der Einigung der Vertragsparteien über die Anwendung dieser Norm noch von der Nennung von § 14 Abs. 2 TzBfG im Vertrag ab (ErfKomm/*Müller-Glöge* § 14 TzBfG Rdn. 109). Enthält ein einschlägiger Tarifvertrag jedoch ein Zitiergebot, so ist dieses für die Wirksamkeit der Befristung zu beachten (BAG Urt. v. 5. 6. 2002 – 7 AZR 241/01 – NZA 2003, 152).

In der Praxis sollte eine eindeutige Vereinbarung getroffen werden, um spätere Auseinandersetzungen über die Wirksamkeit der sachgrundlosen Befristung zu vermeiden. Bei **Nennung von § 14 Abs. 2 TzBfG im Arbeitsvertrag** kann der Arbeitnehmer nicht einwenden, dass eine Sachgrundbefristung gewollt war, der Sachgrund aber tatsächlich nicht vorgelegen habe. Bei einer sachgrundlosen Befristung gemäß § 14 Abs. 2 TzBfG sollte der Arbeitgeber also unbedingt darauf achten, dass die Norm auch im Arbeitsvertrag genannt wird.

1. Befristeter Arbeitsvertrag ohne Sachgrund   A. V. 1

13. Befristung/Schriftform. Die sachgrundlose Befristung ist gemäß § 14 Abs. 2 S. 1 TzBfG bis zu einer Höchstdauer von zwei Jahren zulässig, sofern tarifvertraglich keine andere Grenze gilt (§ 14 Abs. 2 S. 3 TzBfG). Insofern können die gesetzlichen Befristungsmöglichkeiten durch Tarifvertrag auch zum Nachteil des Arbeitnehmers geändert werden.

Für die Wirksamkeit einer sachgrundlosen Befristung kommt es alleine auf das **objektive Vorliegen der Befristungsvoraussetzungen bei Vertragsschluss** an (BAG Urt. v. 5. 6. 2002 – 7 AZR 241/01 – NZA 2003, 149 ff.). Selbst wenn hieraus gefolgert werden könnte, dass sich der Arbeitgeber bei Vorliegen der Voraussetzungen von § 14 Abs. 2 TzBfG selbst dann auf eine sachgrundlose Befristung berufen darf, wenn ein tatsächlich nicht vorliegender Sachgrund im Vertrag genannt ist (vgl. *Worzalla/Will/Mailänder/Worch/Heise* § 14 TzBfG B Rdn. 54; a. A. *Meinel/Heyn/Herms/Meinel* § 14 Rdn. 89), so sollte auf die Aufnahme eines etwaigen „zusätzlichen" Befristungsgrundes in jedem Falle verzichtet werden.

Nach der Rechtsprechung des BAG können Arbeitgeber und Arbeitnehmer die **Möglichkeit der sachgrundlosen Befristung abbedingen**. „Wesentliches Indiz" für einen solchen Ausschluss stellt die Benennung eines Sachgrundes im Vertrag dar (BAG Urt. v. 5. 6. 2002 – 7 AZR 241/01 – NZA 2003, 149 ff.) Zwar genügt dieses allein für eine Abbedingung nicht, erforderlich ist vielmehr, dass mit dem näher bestimmtem Sachgrund die Befristung „stehen und fallen" soll (BAG a. a. O.). Kann der Arbeitgeber aber die Befristung zulässig auf § 14 Abs. 2 TzBfG stützen, erweist sich die zusätzliche Festschreibung eines – an sich nicht erforderlichen – Sachgrundes allein als streitanfällig und nachteilig. Teilweise wird für diesen Fall dem Arbeitgeber der Rückgriff auf § 14 Abs. 2 TzBfG gar gänzlich versagt (*Meinel/Heyn/Herms/Meinel* § 14 Rdn. 89).

Die Befristung des Arbeitsverhältnisses bedarf der **Schriftform** (§ 14 Abs. 4 TzBfG). Wird die Schriftform nicht beachtet, so gilt das Arbeitsverhältnis als auf unbestimmte Zeit geschlossen (§ 16 TzBfG). Formbedürftig ist allein die Befristungsabrede, nicht der gesamte Arbeitsvertrag. Dies gilt unabhängig davon, aus welcher gesetzlichen Bestimmung die Zulässigkeit der Befristung folgt (BAG 23. 6. 2004 – 7 AZR 636/03 – NZA 2004, 1333).

Es ist zwingend darauf zu achten, dass vor tatsächlicher Arbeitsaufnahme eine schriftliche Vereinbarung getroffen wird (§§ 14 Abs. 4, 16 TzBfG). Eine zunächst nur mündlich vereinbarte Befristung und die schriftliche Vereinbarung erst nach Tätigkeitsbeginn führen in der Regel zur Begründung eines unbefristeten Arbeitsverhältnisses (BAG Urt. v. 1. 12. 2004 – 7 AZR 198/04 – NZA 2005, 575).

14. Kündigungsfrist. Soweit Arbeitgeber und Arbeitnehmer nichts anderes vereinbaren, gelten die gesetzlichen Kündigungsfristen (vgl. Form. A. II. 1 Anm. 17). Bei einer individuellen Regelung sollte zur übersichtlicheren Handhabung neben der Kündigungsfrist auch der Kündigungstermin (z. B. Monats- oder Quartalsende) vertraglich fixiert werden.

Anders als Form. A. II. 1 enthält dieser befristete Vertrag keine Probezeitregelung. Arbeitgeber und Arbeitnehmer können allerdings auch in einen befristeten Vertrag eine **Probezeit** aufnehmen (Tschöpe/*Schmalenberg* Teil 3 I Rdn. 66; Preis/*Rolfs* II B 10 Rdn. 30). Anwendung findet damit aber lediglich die kurze Kündigungsfrist des § 622 Abs. 3 BGB. Denn einem befristeten Vertrag darf keine Probezeit als eigenständiger befristeter Vertrag vorgeschaltet werden (BAG Urt. v. 12. 9. 1996 – 7 AZR 64/96 – AP Nr. 183 zu § 620 BGB Befristeter Arbeitsvertrag; Annuß/Thüsing/*Maschmann* § 14 Rdn. 48). Soll bei vereinbartem Recht zur ordentlichen Kündigung eine Probezeit zur Verkürzung der Kündigungsfrist aufgenommen werden, müssen Probezeit, Vertragslaufzeit und Tätigkeit außerdem in einem angemessenen Verhältnis zueinander stehen (MünchHdbArbR/*Wank* Ergänzungsbd. § 116 Rdn. 133). Daher wird jedenfalls für befristete Arbeitsverträge von kurzer Dauer allenfalls eine sehr kurze Probezeit angemessen sein.

15. Schriftform. S. Form. A. II. 1 Anm. 19.

16. Vertragsstrafe. S. Form. A. II. 1 Anm. 20. Die Höhe der Vertragsstrafe wird an den für den Lauf der Frist für die ordentliche Kündigung des befristeten Arbeitsvertrags erzielbaren Bruttoverdienst des Arbeitnehmers geknüpft.

17. Freistellung. S. Form. A. II. 1 Anm. 21.

18. Vorfälligkeitsregelung. S. Form. A. II. 1 Anm. 22.

19. Verfall von Ansprüchen, Verjährung. S. Form. A. II. 11, dort unter § 11.

20. Fragerecht des Arbeitgebers. Eine sachgrundlose Befristung gemäß § 14 Abs. 2 TzBfG kommt nicht in Frage, wenn zwischen Arbeitgeber und Arbeitnehmer bereits zuvor ein befristetes oder unbefristetes Arbeitsverhältnis bestanden hat (§ 14 Abs. 2 S. 2 TzBfG).

Für den Arbeitgeber birgt die **Regelung in § 14 Abs. 2 S. 2 TzBfG erhebliches Gefahrenpotenzial** in folgender Konstellation: Die Voraussetzungen für eine Sachgrundbefristung liegen nicht vor. Der Arbeitgeber beabsichtigt eine sachgrundlose Befristung gemäß § 14 Abs. 2 TzBfG, übersieht aber ein vorheriges Arbeitsverhältnis mit dem Arbeitnehmer. Damit entsteht ungewollt ein unbefristetes Arbeitsverhältnis. Regelmäßig hätte der Arbeitgeber in dieser Konstellation aber von einer Einstellung insgesamt abgesehen, wenn ihm die Unzulässigkeit der sachgrundlosen Befristung bewusst gewesen wäre.

Dem Arbeitgeber steht gegenüber dem Arbeitnehmer aber ein **Fragerecht im Hinblick auf ein vorheriges Arbeitsverhältnis** zu (*Schaub* § 39 Rdn. 99; *Kliemt* NZA 2001, 296, 300). Von diesem Fragerecht sollte der Arbeitgeber vor Abschluss des Arbeitsvertrags unbedingt Gebrauch machen. Die Formulierung in § 12 von Form. A. V. 1 dokumentiert (formularmäßig) die Erklärung des Arbeitnehmers, dass zuvor kein Arbeitsverhältnis mit der Gesellschaft oder einer Rechtsvorgängerin bestanden hat. Zusätzlich sollte diese Erklärung des Arbeitnehmers noch in Form eines vom Arbeitnehmer gegengezeichneten Vermerks in die Personalakte aufgenommen werden.

21. Vorheriges Arbeitsverhältnis. Auszugehen ist von der **grundsätzlichen Definition des Arbeitsverhältnisses.** Ein vorangegangenes Arbeitsverhältnis i. S. d. § 14 Abs. 2 S. 2 TzBfG liegt nicht vor bei einer Berufsausbildung, einem Anstellungsverhältnis als freier Mitarbeiter, einer Beschäftigung im Rahmen eines freiwilligen sozialen Jahres, einer Tätigkeit als Leiharbeitnehmer oder einer Tätigkeit aufgrund eines Eingliederungsvertrages nach §§ 229 ff. SGB III.

Ob es sich bei einer **Umschulung** um ein vorangegangenes Arbeitsverhältnis handelt, ist vom BAG ausdrücklich offen gelassen worden (BAG Beschl. v. 21. 5. 1997 – 5 AZB 30/96 – AP Nr. 32 zu § 5 ArbGG 1979). Um nicht die Unwirksamkeit einer (sachgrundlosen) Befristung zu riskieren, muss von einem befristeten Arbeitsvertrag gemäß § 14 Abs. 2 TzBfG nach einer Umschulung Abstand genommen werden.

§ 14 Abs. 2 S. 2 TzBfG schließt eine sachgrundlose Befristung aus, wenn **zwischen Arbeitgeber und Arbeitnehmer zuvor ein Arbeitsverhältnis bestanden hat.** Nach der Formulierung von § 14 Abs. 2 TzBfG kommt es nicht darauf an, **wann das vorhergehende Arbeitsverhältnis bestanden hat** (so auch BAG Urt. v. 6. 11. 2003 – 2 AZR 690/02 – AP Nr. 7 zu § 14 TzBfG). Wortlaut und Entstehungsgeschichte der Norm belegen, dass der Gesetzgeber sachgrundlose Befristungen nach jedem wann auch immer vorangegangen Arbeitsverhältnis ausschließen wollte. Auf einen engen sachlichen oder zeitlichen Zusammenhang zu einem vorhergehenden Arbeitsverhältnis kommt es nicht an. Selbst langjährige Unterbrechungen führen zur Anwendbarkeit von § 14 Abs. 2 S. 2 TzBfG (Meinel/Heyn/Herms/*Meinel* § 14 Rdn. 76; *Klette/ Backfisch* DStR 2002, 593, 596). Damit trifft der Gesetzgeber u. a. vor Jahrzehnten im selben Unternehmen kurzzeitig tätige Werkstudenten (vgl. *Kliemt* NZA 2001, 296, 300), mit denen kein gemäß § 14 Abs. 2 TzBfG wirksam befristeter Arbeitsvertrag geschlossen werden kann (vgl. zum Streitstand zur teleologischen Reduktion von § 14 Abs. 2 S. 2 TzBfG ErfKomm/ *Müller-Glöge* § 14 TzBfG Rdn. 125).

22. Arbeitgeber/Rechtsvorgänger. Abgestellt wird auf die Identität der natürlichen oder juristischen Person des Arbeitgebers als Vertragspartner (BAG Urt. v. 10. 11. 2004 – 7 AZR 101/04 – NZA 2005, 514). Betreiben mehrere natürliche oder juristische Personen einen **gemeinsamen Betrieb,** sind sie nicht als ein Arbeitgeber anzusehen. Identität der Arbeitgeber liegt aber bei einem vorangegangenen Arbeitsverhältnis in einem anderen Betrieb desselben Unternehmens vor (Annuß/Thüsing/*Maschmann* § 14 Rdn. 75).

Keine Identität besteht bei einer vorangegangenen Tätigkeit für andere Unternehmen desselben **Konzerns** (*Rolfs* § 14 Rdn. 77). § 14 Abs. 2 S. 2 TzBfG steht einer sachgrundlosen Befristung aber entgegen, wenn bei einer Versetzung im Konzern das ursprüngliche Arbeitsverhältnis ruht (Annuß/Thüsing/*Maschmann* § 14 Rdn. 75). Das Konzernunternehmen, mit dem das ruhende Arbeitsverhältnis besteht, kann den Arbeitnehmer bei Rückkehr nicht sachgrundlos befristet beschäftigen. Dagegen ist die Konzentration der Personalentscheidung innerhalb eines Konzerns für die Annahme eines einheitlichen Arbeitgebers und damit die Anwendung von § 14 Abs. 2 S. 2 TzBfG nicht ausreichend (Meinel/Heyn/Herms/*Meinel* § 14 Rdn. 83).

Ein **Unternehmenskauf** bedeutet arbeitsrechtlich oftmals, dass ein Betriebsübergang gemäß § 613a BGB stattfindet. Die beim Veräußerer beschäftigten Arbeitnehmer gehen auf den Erwerber über. Nach einem **Arbeitgeberwechsel gemäß § 613a BGB** ist neben dem Veräußerer auch der Erwerber gehindert, einen sachgrundlos befristeten Arbeitsvertrag abzuschließen (ErfKomm/*Müller-Glöge* § 14 TzBfG Rdn. 120). Denn durch den Übergang des Arbeitsverhältnisses auf den Erwerber ist auch dieser Arbeitgeber geworden. Damit steht § 14 Abs. 2 S. 2 TzBfG auch einer sachgrundlosen Befristung zwischen Arbeitnehmer und Erwerber entgegen. Ein **nach dem Ausscheiden des Arbeitnehmers vollzogener Betriebsübergang gemäß § 613a BGB** steht der sachgrundlos befristeten Beschäftigung des Arbeitnehmers beim Erwerber nicht entgegen. Denn in dieser Konstellation war der Arbeitnehmer nie beim Erwerber beschäftigt (BAG Urt. v. 10.11.2004 – 7 AZR 101/04 – NZA 2005, 515).

23. Anfechtung/außerordentliche Kündigung des Arbeitsverhältnisses bei Falschbeantwortung. Der Arbeitnehmer ist verpflichtet, die Frage nach einem vorangegangen Arbeitsverhältnis wahrheitsgemäß zu beantworten.

Eine Falschbeantwortung berechtigt den Arbeitgeber zur **Anfechtung des Arbeitsvertrags wegen arglistiger Täuschung gemäß § 123 Abs. 1, 1. Alt. BGB** (*Schaub* § 39 Rdn. 99; Meinel/Heyn/Herms/*Meinel* § 14 Rdn. 76). Verschweigt der Arbeitnehmer unwissentlich ein vorangegangenes Arbeitsverhältnis, besteht insoweit ein beiderseitiger Irrtum. Die Frage der Vorbeschäftigung ist aber keine verkehrswesentliche Eigenschaft, so dass kein Anfechtungsgrund gemäß § 119 Abs. 2 BGB vorliegt (Annuß/Thüsing/*Maschmann* § 14 Rdn. 79; Worzalla/Will/Mailänder/Worch/Heise § 14 TzBfG B Rdn. 67; weitergehend *Kliemt* NZA 2001, 296, 300, der auch eine Anfechtungsmöglichkeit nach § 119 Abs. 2 BGB sieht). Neben der Anfechtung kann eine **außerordentliche Kündigung des Arbeitsverhältnisses gemäß § 626 BGB** in Betracht kommen.

24. Schlussbestimmungen. S. Form. A. II. 1, dort unter § 13.

25. Unterschrift der Gesellschaft. S. Form. A. II. 1 Anm. 32.

2. Verlängerungsvertrag zum befristeten Arbeitsvertrag ohne Sachgrund gemäß § 14 Abs. 2 TzBfG[1]

Vertrag

zwischen
...... (Name und Anschrift des Arbeitgebers) „Gesellschaft"
und
Herrn ...... (Name und Anschrift des Arbeitnehmers) „Mitarbeiter"

§ 1 Verlängerungsabrede[2]
Die Gesellschaft und der Mitarbeiter haben am ...... einen gemäß § 14 Abs. 2 TzBfG befristeten Arbeitsvertrag mit einer Laufzeit von ...... bis ...... geschlossen. Dieser Vertrag wird bis zum Ablauf des ...... gemäß § 14 Abs. 2 TzBfG verlängert.

§ 2 Fortgeltung der Vertragsbedingungen[3]

Die Bedingungen des am ...... zwischen der Gesellschaft und dem Mitarbeiter gemäß § 14 Abs. 2 TzBfG befristet geschlossenen Arbeitsvertrags gelten unverändert auch für den Verlängerungszeitraum gemäß § 1 dieses Vertrages.

......
Ort, Datum
......
Unterschrift der Gesellschaft[4]

......
Ort, Datum
......
Unterschrift des Mitarbeiters

Schrifttum: S. Form. A. V. 1.

Anmerkungen

1. Befristete Arbeitsverträge. S. Form. A. V. 1 Anm. 1.

2. Verlängerung. Nach § 14 Abs. 2 S. 1 Hs. 2 TzBfG ist die dreimalige Verlängerung eines kalendermäßig befristeten Arbeitsverhältnisses bis zu einer Höchstdauer von maximal zwei Jahren zulässig.

Verlängerung i. S. d. § 14 Abs. 2 S. 1 TzBfG ist die einvernehmliche Abänderung des Endtermins des befristeten Arbeitsverhältnisses, welche allein die Befristungsdauer betrifft, den weiteren Vertragsinhalt aber unverändert bestehen lässt (BAG Urt. v. 26. 7. 2000 – 7 AZR 51/99 – NZA 2001, 546, 548; BAG Urt. v. 25. 10. 2000 – 7 AZR 483/99 – Nr. 6 zu § 1 BeschFG 1996).

Eine Vertragsverlängerung muss *vor* Ablauf des befristeten Vertrages vereinbart werden (BAG Urt. v. 26. 7. 2000 – 7 AZR 51/99 – NZA 2001, 546, 548). Nur während der Laufzeit des Vertrages kann dieser verlängert werden. Ist der Vertrag mit Ablauf des Befristungszeitraumes dagegen beendet, so sind die wechselseitigen Rechte und Pflichten erloschen und müssen für eine Fortsetzung neu vereinbart werden (BAG a. a. O.). Von einer Verlängerung kann dann begrifflich nicht mehr gesprochen werden.

Schon eine Unterbrechung von einem Tag führt zu einem Neuabschluss eines Arbeitsvertrags (Annuß/Thüsing/*Maschmann* § 14 Rdn. 64 m. weit. Nachw.). Dies gilt auch dann, wenn dieser Tag gesetzlicher Feiertag ist (ErfKomm/*Müller-Glöge* § 14 TzBfG Rdn. 114).

Auch die befristete Verlängerung eines befristeten Vertrages bedarf nach § 14 Abs. 4 TzBfG der Schriftform (Annuß/Thüsing/*Maschmann* § 14 Rdn. 66; Meinel/Heyn/Herms/ *Meinel* § 14 Rdn. 86; *Sievers* § 14 Rdn. 218). Als Änderung des formbedürftigen befristeten Arbeitsvertrags im Hinblick auf dessen Laufzeit muss die Verlängerung selbst der für den befristeten Arbeitsvertrag vorgeschriebenen Form genügen (*Preis/Gotthardt* NZA 2000, 348, 357f.; einschränkend LAG Düsseldorf Urt. v. 6. 12. 2001 – 11 Sa 1204/01 – LAGE Nr. 1 zu § 17 TzBfG; in dieser Sache BAG Urt. v. 16. 4. 2003 – 7 AZR 119/02 – AP Nr. 2 zu § 17 TzBfG ohne Stellungnahme).

Die einvernehmliche „rückwirkende Verlängerung" nach Ablauf der ursprünglichen Befristungsdauer stellt eine neue arbeitsvertragliche Abrede dar, da sie eine Regelung des Fortbestehens der Pflichten aus dem Arbeitsverhältnis zwischen ursprünglich vorgesehener Beendigung und Abschlusszeitpunkt enthält. Sie ist keine Verlängerung i. S. d. § 14 Abs. 2 S. 1 TzBfG, da keine Unterbrechung der Vertragskontinuität innerhalb der Zweijahresfrist des § 14 Abs. 2 TzBfG zulässig ist (ErfKomm/*Müller-Glöge* § 14 TzBfG Rdn. 114).

Für die Praxis ist folglich zu beachten: Der Arbeitgeber hat bei beabsichtigter Fortsetzung der Tätigkeit des Arbeitnehmers mit diesem stets vor Ablauf der ursprünglichen Befristungsdauer einen Verlängerungsvertrag zu schließen. Geschieht dies nicht, so ist im Mindestmaß darauf zu achten, dass der Arbeitnehmer nicht ohne unverzüglichen Widerspruch wissentlich über die ursprüngliche Befristungsdauer hinaus beschäftigt wird, da sonst die Begründung eines unbefristeten Arbeitsverhältnisses droht, § 15 Abs. 5 TzBfG.

Liegt eine Unterbrechung vor, so kann der neue Arbeitsvertrag wegen § 14 Abs. 2 S. 2 TzBfG (Unzulässigkeit bei vorherigem Arbeitsverhältnis) nicht ohne Vorliegen eines Sachgrundes nochmals befristet ausgestaltet werden.

2. Verlängerungsvertrag zum befristeten Arbeitsvertrag ohne Sachgrund   A. V. 2

Gemäß § 14 Abs. 2 S. 3 TzBfG kann durch Tarifvertrag von der gesetzlichen Regelung der Höchstdauer und der Anzahl der Verlängerungsmöglichkeiten abgewichen werden. Eine Abweichung sowohl von der Höchstdauer wie der Anzahl der Verlängerungen soll nach der klaren Gesetzesbegründung kumulativ möglich sein (BT-Drucks. 14/4374, 20). Der Tarifvertrag kann für den Arbeitnehmer sowohl günstigere als auch ungünstigere Regelungen enthalten (Annuß/Thüsing/*Maschmann* § 14 Rdn. 67; BT-Drucks. 14/4374, 20).

Zulässig ist insbesondere, dass Tarifverträge Befristungen nur bei Bestehen eines sachlich rechtfertigenden Grundes zulassen, eine sachgrundlose Befristung nach § 14 Abs. 2 S. 1 TzBfG ausschließen (BAG Urt. v. 21. 2. 2001 – 7 AZR 98/00 – NZA 2001, 1141, 1142).

Im Geltungsbereich eines Tarifvertrages können auch nicht tarifgebundene Arbeitnehmer und Arbeitgeber die Anwendung der abweichenden tariflichen Regelung vereinbaren, § 14 Abs. 2 S. 4 TzBfG.

3. Fortgeltung der Vertragsbedingungen. Für die Wirksamkeit eines Verlängerungsvertrages gemäß § 14 Abs. 2 S. 1 Hs. 2 TzBfG dürfen die bisherigen Vertragsbedingungen nicht geändert werden, da dies zu einem Neuabschluss führen würde (ErfKomm/*Müller-Glöge* § 14 TzBfG Rdn. 114; *Hromadka* BB 2001, 621, 627). Alle Vertragsbestandteile mit Ausnahme des Beendigungszeitpunktes müssen von der Parteivereinbarung unberührt bleiben (BAG Urt. v. 26. 7. 2000 – 7 AZR 51/99 – NZA 2001, 546, 548; BAG Urt. v. 19. 2. 2003 – 7 AZR 648/01 – NJOZ 2004, 518, 519).

Es sollte deshalb vermieden werden, jegliche – auch für den Arbeitnehmer günstige – Vertragsänderungen *in* der Verlängerungsvereinbarung vorzunehmen.

Die Parteien des Arbeitsvertrags sind gleichwohl nicht durch § 14 Abs. 2 S. 1 TzBfG an jeglicher einvernehmlicher Veränderung der Arbeitsbedingungen während der Dauer der sachgrundlosen Befristung gehindert. Mit dem BAG sind Vereinbarungen von Arbeitnehmer und Arbeitgeber über die Änderung von Arbeitsbedingungen im laufenden Arbeitsverhältnis zulässig und unterliegen nicht selbst einer gesonderten Befristungskontrolle im Sinne einer unzulässigen Verlängerung (BAG Urt. v. 19. 2. 2003 – 7 AZR 648/01 – NJOZ 2004, 518, 519 f.) Die Befristungskontrolle durch die Gerichte erfolgt nur dann, wenn (auch) die Laufzeit des bisherigen Vertrages verändert wird (BAG a. a. O.). Sollen also Arbeitsbedingungen einvernehmlich ohne eine Veränderung der Laufzeit geändert werden, so ist sicherzustellen, dass diese Einigung gesondert und möglichst zeitlich vor oder nach dem Abschluss der Verlängerungsvereinbarung erfolgt.

Soweit dagegen mit der Verlängerungsvereinbarung allein eine tarifliche Lohnerhöhung weitergegeben wird, soll dies allein nicht zur Annahme des Neuabschlusses eines Arbeitsvertrags führen (BAG Urt. v. 24. 1. 2001 – 7 AZR 567/99 – FA 2001, 242). Diese Rechtsprechung kann bislang jedoch nicht auf andere, eigenständige Regelungen zur Vergütung innerhalb einer Verlängerungsvereinbarung ausgedehnt werden.

Haben die Parteien eine weite Versetzungsklausel vereinbart (s. Form. A. II. 1 Anm. 2), ist die Zuweisung einer geänderten Tätigkeit ohne eine Vertragsänderung möglich, so dass eine Befristungskontrolle nicht ausgelöst wird.

4. Unterschrift der Gesellschaft. S. Form. A. II. 1 Anm. 32.

Sachgrundbefristung gemäß § 14 Abs. 1 TzBfG

3. Zeitbefristeter Arbeitsvertrag mit Sachgrund gemäß § 14 Abs. 1[1, 2, 3] TzBfG[4]

Arbeitsvertrag

zwischen
...... (Name und Anschrift des Arbeitgebers) „Gesellschaft"
und
Herrn ...... (Name und Anschrift des Arbeitnehmers) „Mitarbeiter"

§ 1 Position und Aufgaben[5]

§ 2 Arbeitszeit[6]

§ 3 Vergütung[7]

§ 4 Abwesenheit/Krankheit[8]

§ 5 Reisekosten/Auslagen[9]

§ 6 Urlaub[10]

§ 7 Nebentätigkeiten[11]

§ 8 Geheimhaltung/Behandlung von Gegenständen und Daten[12]

§ 9 Schutzrechte[13]

§ 10 Laufzeit/Kündigung[14]/Vertragsstrafe/Freistellung/Vorfälligkeit

(1) Der Arbeitsvertrag beginnt am ...... und endet mit Ablauf des ......, ohne dass es einer Kündigung bedarf.

(2) Das Arbeitsverhältnis kann von der Gesellschaft und von dem Mitarbeiter mit einer Frist[15] von ...... gekündigt werden. Vor Beginn des Arbeitsvertrags ist die ordentliche Kündigung ausgeschlossen.

(3) Die Kündigung bedarf der Schriftform[16].

(4) KÜNDIGT DER MITARBEITER VERTRAGSWIDRIG VOR BEGINN DES ARBEITSVERTRAGS, NIMMT ER SEINE TÄTIGKEIT NICHT VERTRAGSGEMÄß AUF ODER BEENDET ER DEN ARBEITSVERTRAG VERTRAGSWIDRIG, INSBESONDERE UNTER MISSACHTUNG DER GELTENDEN KÜNDIGUNGSFRISTEN, VERWIRKT ER EINE VERTRAGSSTRAFE. DIES GILT AUCH FÜR DEN FALL, DASS DIE GESELLSCHAFT DURCH SCHULDHAFT VERTRAGSWIDRIGES VERHALTEN DES ARBEITNEHMERS ZUR FRISTLOSEN KÜNDIGUNG DES ARBEITSVERTRAGS VERANLASST WIRD. DIE HÖHE DER VERTRAGSSTRAFE ENTSPRICHT DER VERGÜTUNG NACH § 3 ABS. (1), DIE FÜR DEN ZEITRAUM DER JEWEILS EINSCHLÄGIGEN KÜNDIGUNGSFRIST GESCHULDET IST; SIE BETRÄGT ABER MAXIMAL EIN BRUTTO-MONATSGEHALT. DIE GESELLSCHAFT BEHÄLT SICH DIE GELTENDMACHUNG WEITEREN SCHADENS VOR[17].

(5) Die Gesellschaft ist im Falle der Kündigung des Arbeitsvertrags durch die Gesellschaft berechtigt, den Mitarbeiter von seiner weiteren Tätigkeit für die Gesellschaft freizustellen. Während der Zeit der Freistellung behält der Mitarbeiter seinen Anspruch auf die vertragliche Vergütung; er muss sich jedoch den Wert desjenigen anrechnen lassen,

was er infolge des Unterbleibens der Dienstleistung erspart oder durch anderweitige Verwendung seiner Dienste erwirbt oder zu erwerben böswillig unterlässt. Im Fall einer unwiderruflichen Freistellung wird die Freistellungszeit auf etwaige Urlaubs- oder Freizeitausgleichsansprüche angerechnet[18].

(6) Sollte der Mitarbeiter der Gesellschaft bei Ausspruch einer Kündigung durch die Gesellschaft Beträge aufgrund von Gehaltsvorschüssen oder ähnlichen Vorauszahlungen schulden, werden sämtliche Beträge sofort fällig und – unter Beachtung der Pfändungsgrenzen – aufrechenbar. Dem Mitarbeiter gewährte Darlehen gelten mit Ausspruch der Kündigung als ordentlich mit einer Frist von einem Monat gekündigt. Entsprechendes gilt bei Ausspruch einer Kündigung durch den Mitarbeiter, es sei denn, es liegt eine von der Gesellschaft verschuldete außerordentliche Kündigung vor[19].

§ 11 Verfall von Ansprüchen, Verjährung[20]

§ 12 Schlussbestimmungen[21]

......
Ort, Datum

......
Unterschrift der Gesellschaft[22]

......
Ort, Datum

......
Unterschrift des Mitarbeiters

Schrifttum: S. Form. A. V. 1.

Anmerkungen

1. Sachgrunderfordernis. Kommt der Abschluss eines befristeten Arbeitsvertrags gemäß § 14 Abs. 2, Abs. 2a oder Abs. 3 TzBfG nicht in Betracht, bedarf jeder befristete Vertrag des Vorliegens eines sachlichen Grundes (§ 14 Abs. 1 TzBfG).
Bereits vor Schaffung des TzBfG war die Wirksamkeit der sog. Sachgrundbefristung durch das BAG anerkannt. Das Erfordernis des sachlich rechtfertigenden Grundes sollte die Umgehung des gesetzlichen Kündigungsschutzes durch den Abschluss befristeter Arbeitsverträge verhindern. Der Gesetzgeber hat mit der Schaffung des § 14 Abs. 1 TzBfG die bisherige Rechtsprechung aufgenommen und insbesondere die vom BAG anerkannten Sachgründe gesetzlich fixiert. Mit der ausdrücklichen Regelung im TzBfG sind folglich weder für Kleinbetriebe (vgl. § 23 Abs. 1 KSchG) noch für die ersten sechs Monate der Beschäftigung (vgl. § 1 Abs. 1 KSchG) oder für die befristete Beschäftigung leitender Angestellter (vgl. § 14 Abs. 2 KSchG) Ausnahmen vom Sachgrunderfordernis zu machen. Zugleich gilt, dass auch für Arbeitnehmer mit besonderem Kündigungsschutz keine über § 14 Abs. 1 TzBfG hinausgehenden Anforderungen an den Abschluss befristeter Arbeitsverträge anzulegen sind (vgl. §§ 9 MuSchG, 18 BErzGG, 85 SGB IX).
Der Sachgrund muss **im Zeitpunkt des Vertragsschlusses** vorliegen (Annuß/Thüsing/ *Maschmann* § 14 Rdn. 8 m. weit. Nachw.). Fällt der sachliche Grund später weg, wird die einmal zulässige Befristung des Arbeitsverhältnisses nicht unwirksam (BAG Urt. v. 31. 10. 1974 – 2 AZR 483/73 – AP Nr. 39 zu § 620 BGB Befristeter Arbeitsvertrag). Dagegen führt das erstmalige Vorliegen eines Sachgrundes nach Abschluss des Vertrages nicht zur nachträglichen Zulässigkeit der in diesem Fall von Anfang an unwirksamen Befristung (Annuß/ Thüsing/*Maschmann* § 14 Rdn. 8; KR/*Lipke* § 14 TzBfG Rdn. 36).
Nach der bisherigen Rechtsprechung bedurfte die **Dauer** der Befristung keiner eigenständigen Rechtfertigung in Form eines Sachgrunds (BAG Urt. v. 26. 8. 1988 – 7 AZR 101/88 – AP Nr. 124 zu § 620 Befristeter Arbeitsvertrag). Diese Rechtsprechung hat auch weiterhin Gültigkeit (Annuß/Thüsing/*Maschmann* § 14 Rdn. 9; KR/*Lipke* § 14 TzBfG Rdn. 30). Für eine enge Verknüpfung von Sachgrund und Dauer der Befristung ergeben sich nur Anhaltspunkte, wenn die Dauer der Befristung ein Teil des Sachgrunds ist (beispielsweise Befristungen zur Erprobung gemäß § 14 Abs. 1 Nr. 5 TzBfG; KR/*Lipke* § 14 TzBfG Rdn. 34). Im

Übrigen ist das bloße Zurückbleiben der vereinbarten Vertragsdauer hinter der bei Vertragsabschluss voraussehbaren Dauer des sachlichen Befristungsgrundes nicht stets und ohne weiteres geeignet, den Sachgrund für die Befristung in Frage zu stellen (BAG Urt. v. 26. 8. 1988 – 7 AZR 101/88 – AP Nr. 124 zu § 620 Befristeter Arbeitsvertrag).

Schließen Arbeitgeber und Arbeitnehmer nacheinander mehrere befristete Arbeitsverträge (sog. **Kettenarbeitsverträge**), steigen mit jeder neuen Befristung die Anforderungen an die vom Arbeitgeber zu stellende Prognose für das Vorliegen des Sachgrunds (BAG Urt. v. 11. 12. 1991 – 7 AZR 431/90 – AP Nr. 141 zu § 620 BGB Befristeter Arbeitsvertrag; K/D/Z/*Däubler* § 14 TzBfG Rdn. 35). In seiner Rechtsprechung zum BeschFG hat das BAG lediglich den letzten Arbeitsvertrag einer Befristungskontrolle unterzogen (BAG Urt. v. 5. 6. 2002 – 7 AZR 241/01 – NZA 2002, 149). Zwar kann nicht ausgeschlossen werden, dass unter Geltung des TzBfG jeder befristete Arbeitsvertrag Gegenstand einer richterlichen Prüfung sein kann (Annuß/Thüsing/ *Maschmann* § 14 Rdn. 11; KR/*Lipke* § 14 TzBfG Rdn. 43). Da aber die Unwirksamkeit jeder einzelnen Befristung jeweils innerhalb der Klagefrist des § 17 TzBfG gerichtlich geltend gemacht werden muss, bleiben die Auswirkungen einer solchen Sichtweise für die Praxis zumeist gering. Erhebt der Arbeitnehmer nicht innerhalb von drei Wochen nach dem vereinbarten Befristungsende Feststellungsklage zum Arbeitsgericht, wird die Befristung mit Ablauf dieser Frist wirksam und ist nachfolgend nicht mehr Gegenstand gerichtlicher Überprüfung.

Beim nur zeitbefristeten Arbeitsvertrag muss der **Sachgrund nicht in den Vertragstext** aufgenommen werden. (vgl. aber zur Zweckbefristung Form. A. V. 4 Anm. 3). Die früher von der Rechtsprechung für den Befristungsgrund der Erprobung anerkannte **Ausnahme** hat das BAG für Befristungen nach § 14 Abs. 1 Nr. 5 TzBfG nicht mehr aufrechterhalten (BAG Urt. v. 23. 6. 2004 – 7 AZR 646/03 – NZA 2004, 1333).

Aus Arbeitgebersicht besteht darüber hinaus auch keine Veranlassung, sich ohne Not vorzeitig auf einen Sachgrund festzulegen (*Kliemt* NZA 2001, 296, 299). Es genügt, wenn der Arbeitgeber im Streitfall darlegen und beweisen kann, dass der Sachgrund im Zeitpunkt des Vertragsschlusses vorlag. Dringend anzuraten ist daher, dass der Arbeitgeber die Einzelheiten des sachlichen Grunds für die eigenen Unterlagen schriftlich festhält.

2. § 14 Abs. 1 Nr. 1 TzBfG (Zusätzlicher Arbeitsbedarf). S. Form. A. V. 4 Anm. 15.

§ 14 Abs. 1 Nr. 2 TzBfG (Anschlussbefristung). Die befristete Beschäftigung eines Auszubildenden oder Studenten gemäß § 14 Abs. 1 Nr. 2 TzBfG im Anschluss an das Ende der Ausbildung bedarf einer ausdrücklichen Vereinbarung. Wird keine Befristungsabrede getroffen, entsteht bei Weiterbeschäftigung des Auszubildenden ein unbefristetes Arbeitsverhältnis (§ 17 BBiG). § 14 Abs. 1 Nr. 2 TzBfG wurde in Anlehnung an tarifliche Regelungen entwickelt, welche Auszubildenden nach Abschluss der Ausbildung einen Anspruch auf befristete Beschäftigung gewähren. Es sollte der Tatsache Rechnung getragen werden, dass befristete Arbeitsverhältnisse den Berufsstart erleichtern können (BT-Drucks. 14/4374, S. 19).

§ 78 a BetrVG schützt Auszubildende, die Mitglieder der Jugend- und Auszubildendenvertretung oder des Betriebsrats sind. Ein **Auszubildender, auf den die Voraussetzungen des § 78 a BetrVG zutreffen**, hat im Regelfall Anspruch auf unbefristete Weiterbeschäftigung im Ausbildungsbetrieb. Dies steht einer Befristungsvereinbarung jedoch nicht entgegen (*Ring* § 14 TzBfG Rdn. 52). Es steht Arbeitgeber und Auszubildendem frei, einen befristeten Vertrag auf Wunsch des Auszubildenden abzuschließen (vgl. *Ring* § 14 TzBfG Rdn. 52).

Umstritten ist, ob unter den **Begriff der Ausbildung** nur die Berufsausbildung i. S. d. BBiG und öffentlich-rechtlich ausgestaltete Ausbildungen fallen oder ob der Begriff weiter zu fassen ist. So wird vertreten, dass auch Weiterbildung und Umschulung in den Anwendungsbereich von § 14 Abs. 1 Nr. 2 TzBfG fallen, da für den Ausbildungsbegriff ein systematisch vermitteltes Ausbildungsziel ausreichend sei (*Rolfs* § 14 Rdn. 23; Meinel/Heyn/Herms/*Meinel* § 14 Rdn. 24 für die Umschulung zustimmend, abl. jedoch für die Weiterbildung). Aufgrund der geschichtlichen Entwicklung der Norm sind **Weiterbildungs- und Umschulungsmaßnahmen** aber nicht unter den Begriff der Ausbildung gemäß § 14 Abs. 1 Nr. 2 TzBfG zu fassen (so auch Annuß/Thüsing/*Maschmann* § 14 Rdn. 30; ErfKomm/*Müller-Glöge* § 14 TzBfG Rdn. 47; K/D/Z/*Däubler* § 14 TzBfG Rdn. 53, 55). Dafür spricht auch, dass § 10 TzBfG zwischen Aus- und Weiterbildung unterscheidet.

3. Zeitbefristeter Arbeitsvertrag mit Sachgrund A. V. 3

Nach § 14 Abs. 1 Nr. 2 TzBfG muss die befristete Beschäftigung im **Anschluss** an eine Ausbildung oder ein Studium erfolgen. In entsprechender Anwendung des § 14 Abs. 3 S. 3 TzBfG wird teilw. eine **kurze Unterbrechung** von bis zu sechs Monaten zugelassen (*Worzalla/Will/Mailänder/Worch/Heise* § 14 TzBfG B Rdn. 24; MünchHdbArbR/*Wank* Ergänzungsbd. § 116 Rdn. 105; *Kliemt* NZA 2001, 296, 297; nach *Däubler* ZIP 2001, 217, 223 sogar nur drei Monate). Mit guten Gründen wird darüber hinaus auch eine **länger andauernde Unterbrechung** beispielsweise für die Dauer der Elternzeit oder bei Langzeitarbeitslosen als ausreichend angesehen (*Rolfs* § 14 Rdn. 25; Meinel/Heyn/Herms/*Meinel* § 14 Rdn. 25; ErfKomm/*Müller-Glöge* § 14 TzBfG Rdn. 49). Nach der Gesetzesbegründung soll mit der Regelung der Berufsstart erleichtert werden (BT-Drucks. 14/4374, S. 19). Diese Begründung greift für die erste Beschäftigungsaufnahme auf der Grundlage eines Arbeitsvertrags auch nach Elternzeit oder Langzeitarbeitslosigkeit.

Die **Dauer der Befristung** nach § 14 Abs. 1 Nr. 2 TzBfG ist nicht gesetzlich geregelt. Bezugnehmend auf das Tarifrecht wird teilw. eine Höchstdauer von sechs Monaten bis zu einem Jahr angenommen (K/D/Z/*Däubler* § 14 TzBfG Rdn. 56; *Kliemt* NZA 2001, 296, 298). Über § 14 Abs. 2 TzBfG analog wird aufgrund der Ähnlichkeit dieses Befristungsgrunds zur sachgrundlosen Befristung andererseits auch die Höchstgrenze von zwei Jahren entsprechend angewendet (Meinel/Heyn/Herms/*Meinel* § 14 Rdn. 27; Annuß/Thüsing/*Maschmann* § 14 Rdn. 32; *Hromadka* BB 2001, 621, 623). Letztlich besteht keine starre Höchstgrenze. Für jeden Einzelfall muss eine Abwägung getroffen werden (vgl. auch ErfKomm/*Müller-Glöge* § 14 TzBfG Rdn. 50). Sinn und Zweck der Regelung rechtfertigen eine Befristung bis zu zwei Jahren, die aber nicht überschritten werden sollte.

§ 14 Abs. 1 Nr. 3 TzBfG (Vertretung). S. Form. A. V. 5 Anm. 15.

§ 14 Abs. 1 Nr. 4 TzBfG (Eigenart der Arbeitsleistung). Die „Eigenart der Arbeitsleistung" gemäß § 14 Abs. 1 Nr. 4 TzBfG fasst die durch die Rechtsprechung anerkannten Befristungsgründe der Rundfunkfreiheit und die sog. Verschleißtatbestände zusammen (Preis/*Rolfs* II B 10 Rdn. 56; K/D/Z/*Däubler* § 14 TzBfG Rdn. 67).

Nach der Rechtsprechung des BVerfG ist eine Befristung bei Mitarbeitern zulässig, die eine **programmgestaltende Tätigkeit** ausüben (Beschl. v. 18. 2. 2000 – 1 BvR 491, 562/93 u. 1 BvR 624/98 – NZA 2000, 653; MünchHdbArbR/*Wank* Ergänzungsbd. § 116 Rdn. 123). Im Bereich **Theater und Bühne** kann für Solisten sowie für künstlerische Mitarbeiter eine Befristung gerechtfertigt sein (BAG Urt. v. 5. 3. 1970 – 2 AZR 175/69 – AP Nr. 34 zu § 620 BGB Befristeter Arbeitsvertrag; BAG Urt. v. 21. 5. 1981 – 7 AZR 1117/78 – DB 1981, 2080; Annuß/Thüsing/*Maschmann* § 14 Rdn. 43). Auch Tätigkeiten als **Sporttrainer** oder **Profisportler** können unter den Befristungsgrund des § 14 Abs. 1 Nr. 4 TzBfG fallen (BAG Urt. v. 15. 4. 1999 – 7 AZR 437/97 – AP Nr. 213 zu § 620 BGB Befristeter Arbeitsvertrag; BAG Urt. v. 29. 10. 1998 – 7 AZR 436/97 – AP Nr. 14 zu § 611 BGB Berufssport). Gleiches gilt für **Mitarbeiter von Parlamentsfraktionen** für die Dauer der Legislaturperiode (BAG Urt. v. 26. 8. 1998 – 7 AZR 450/97 – AP Nr. 202 zu § 620 BGB Befristeter Arbeitsvertrag; Annuß/Thüsing/*Maschmann* § 14 Rdn. 45).

Nicht zulässig ist eine Befristung von Arbeitsverhältnissen deutscher im Ausland tätiger **Lehrer** sowie von **Fremdsprachenlektoren** (EuGH Urt. v. 20. 10. 1993 – Rs C 272/92 – AP EWG-Vertrag Art. 48 Nr. 17). Die Begründung, der allgemeine kulturelle und sprachliche Bezug zum Heimatland ginge mit der Zeit verloren, wurde als unzutreffend abgelehnt (BAG Urt. v. 15. 3. 1995 – 7 AZR 737/94 – NZA 1995, 1169; K/D/Z/*Däubler* § 14 TzBfG Rdn. 79).

§ 14 Abs. 1 Nr. 5 TzBfG (Befristung zur Erprobung) Um dem Arbeitgeber das Kennenlernen der persönlichen und fachlichen Eignung des Arbeitnehmers zu ermöglichen, kann eine Befristung vereinbart werden. Auch der Arbeitnehmer soll entscheiden können, ob die Stellung und die betrieblichen Verhältnisse seinen Erwartungen entsprechen. Typischerweise wird eine Befristung zur Erprobung im Rahmen eines auf unbestimmte Zeit angelegten Arbeitsvertrags als vorgeschaltetes befristetes Probearbeitsverhältnis vereinbart (s. Form. A. II. 1 Anm. 16). Die Erprobung nimmt keine Sonderstellung neben den weiteren Sachgründen des § 14 Abs. 1 TzBfG ein. Das gesetzliche Schriftformerfordernis findet auch bei der Erprobung keine Anwendung auf den sachlichen Grund selbst (BAG Urt. v. 23. 6. 2004 – 7 AZR 646/03

– NZA 2004, 1333). Das TzBfG sieht keine Höchstfrist für die Befristung zur Erprobung vor. Typischerweise aber wird ein Zeitraum von 6 Monaten genügen. Hierfür spricht die Vorbildwirkung anderer gesetzlicher Regelungen (§ 1 Abs. 1 KSchG, § 622 Abs. 3 BGB). Diese stehen einer längeren Befristungsdauer aber nicht entgegen, wenn der Arbeitgeber die Eignung und Leistung des Arbeitnehmers in dem typischen 6-Monats-Zeitraum nicht beurteilen kann (vgl. BAG Urt. v. 12. 9. 1996 – 7 AZR 31/96 – AP Nr. 27 zu § 611 BGB Musiker). Bestand zwischen den Parteien nicht bereits zuvor ein Arbeitsverhältnis, wird die – erstmalige – Befristung auf § 14 Abs. 2 TzBfG gestützt werden können, so dass es des Bestehens eines Sachgrundes in vielen Fällen gar nicht bedarf. An eine solche erste Befristung wird in der Regel eine nochmalige Befristung zur Erprobung nicht wirksam angeschlossen werden können (ErfKomm/*Müller-Glöge* § 14 TzBfG Rdn. 71 m. weit. Nachw.). Ausnahmen können gerechtfertigt sein, wenn der neue Arbeitsplatz abweichende Anforderungen stellt oder eine frühere Beschäftigung bereits länger zurückliegt (vgl. *Dörner* Rdn. 190 m. weit. Nachw.).

3. § 14 Abs. 1 Nr. 6 TzBfG (In der Person des Arbeitnehmers liegende Gründe). Hierzu gehört die Befristung aus **sozialen Gründen**. Diese liegen vor, wenn der Arbeitgeber den Arbeitnehmer im Anschluss an ein wirksam gekündigtes Arbeitsverhältnis weiterbeschäftigt, um ihm die Suche nach einem neuen Arbeitsplatz zu erleichtern (BAG Urt. v. 7. 3. 1980 – 7 AZR 177/78 – AP Nr. 54 zu § 620 BGB Befristeter Arbeitsvertrag; Meinel/Heyn/Herms/*Meinel* § 14 Rdn. 55). Auch eine **Beschäftigung nach §§ 18 ff. BSHG** kann einen Sachgrund gemäß § 14 Abs. 1 Nr. 6 TzBfG darstellen (BAG Urt. v. 22. 3. 2000 – 7 AZR 824/98 – NZA 2001, 605; KR/*Lipke* § 14 TzBfG Rdn. 195). Des Weiteren können soziale Gründe im **Erwerb einer Versorgungsanwartschaft** zum **Ausgleich sozialversicherungsrechtlicher Nachteile** und zum **Erwerb fehlender Qualifikationen** zu sehen sein (K/D/Z/*Däubler* § 14 TzBfG Rdn. 106; APS/*Backhaus* § 620 BGB Rdn. 453). Der Einstellung eines Arbeitnehmers aus sozialen Gründen steht ein **eigenes Interesse des Arbeitgebers** nicht entgegen. Die sozialen Gesichtspunkte müssen jedoch überwiegen (BAG Urt. v. 12. 12. 1985 – 2 AZR 9/85 – AP Nr. 96 zu § 620 BGB Befristeter Arbeitsvertrag).

Unter § 14 Abs. 1 Nr. 6 TzBfG fällt auch der **Wunsch des Arbeitnehmers** auf Abschluss eines befristeten Arbeitsvertrags. Bei der gerichtlichen Überprüfung eines auf Wunsch des Arbeitnehmers befristeten Arbeitsvertrags wird ein strenger Maßstab angelegt. Voraussetzung ist danach, dass der Arbeitnehmer selbst bei einem Angebot auf Abschluss eines unbefristeten Arbeitsverhältnisses nur eine befristete Tätigkeit gewollt hätte (BAG Urt. v. 6. 11. 1996 – 7 AZR 909/95 – AP Nr. 188 zu § 620 BGB Befristeter Arbeitsvertrag; ErfKomm/*Müller-Glöge* § 14 TzBfG Rdn. 82; APS/*Backhaus* § 620 BGB Rdn. 503; a. A. Meinel/Heyn/Herms/*Meinel* § 14 Rdn. 53). Nach diesem Prüfungsmaßstab des BAG müssen zum Zeitpunkt des Vertragsschlusses objektive Anhaltspunkte vorliegen, aus denen ein Interesse des Arbeitgebers gerade an einem befristeten Vertrag folgt (APS/*Backhaus* § 620 BGB Rdn. 504). Dem ist jedenfalls dann genügt, wenn der Arbeitgeber einen unbefristeten und einen befristeten Vertrag zu sonst gleichen Konditionen angeboten hat. Dann lässt sich auf den vom Arbeitgeber nicht beeinflussten Wunsch des Arbeitnehmers, nur befristet beschäftigt zu werden, schließen. Gegen ein wirkliches Interesse des Arbeitnehmers an befristeter Beschäftigung steht, wenn bereits die Kündigungsmöglichkeit in einem unbefristeten Arbeitsverhältnis den Interessen des Arbeitnehmers ausreichend Rechnung trägt (ErfKomm/*Müller-Glöge* § 14 TzBfG Rdn. 83).

Nicht-EU-Ausländer benötigen einen Aufenthaltstitel zur Ausübung einer Beschäftigung (§§ 4, 18 AufenthG; s. Form. A. VIII. 2). Wird für dessen Gültigkeitsdauer ein befristeter Arbeitsvertrag geschlossen, muss zum Zeitpunkt des Vertragsschlusses hinreichend wahrscheinlich sein, dass der Titel nicht verlängert werden wird (BAG Urt. v. 12. 1. 2000 – 7 AZR 863/98 – AP Nr. 217 zu § 620 BGB Befristeter Arbeitsvertrag; *Rolfs* § 14 Rdn. 49).

§ 14 Abs. 1 Nr. 7 TzBfG (Haushaltsrechtliche Gründe). Der Befristungsgrund des § 14 Abs. 1 Nr. 7 TzBfG findet bei **privatrechtlichen Arbeitgebern** keine Anwendung (Preis/*Rolfs* II B 10 Rdn. 69; Annuß/Thüsing/*Maschmann* § 14 Rdn. 60). Nach der Rechtsprechung des BAG können haushaltsrechtliche Gründe die Befristung eines Arbeitsvertrags rechtfertigen, wenn der **öffentliche Arbeitgeber** im Zeitpunkt des Vertragsschlusses auf Grund konkreter Tatsachen die Prognose erstellen kann, dass für die Beschäftigung des Arbeitnehmers Haus-

3. Zeitbefristeter Arbeitsvertrag mit Sachgrund — A. V. 3

haltsmittel nur vorübergehend zur Verfügung stehen werden (BAG Urt. v. 24. 10. 2001 – 7 AZR 542/00 – AP Nr. 229 zu § 620 Befristeter Arbeitsvertrag).

§ 14 Abs. 1 Nr. 8 TzBfG (Gerichtlicher Vergleich). Der Gesetzgeber hat ausdrücklich den **gerichtlichen Vergleich** als Sachgrund aufgenommen. Nach der Gesetzesbegründung gewährleistet die Mitwirkung des Gerichts ausreichend die Wahrung der Schutzinteressen des Arbeitnehmers (BT-Drucks. 14/4374, S. 19). Nach der bisherigen Rechtsprechung (BAG Urt. v. 22. 2. 1984 – 7 AZR 435/82 – AP Nr. 80 zu § 620 BGB Befristeter Arbeitsvertrag) war auch der **außergerichtliche Vergleich** ein Sachgrund zur Befristung. Unter dem TzBfG gilt das nicht mehr. Gesetzesbegründung und Wortlaut lassen eine analoge Anwendung von § 14 Abs. 1 Nr. 8 TzBfG nicht zu. Die Regelung stellt ausdrücklich auf die Mitwirkung des Gerichts ab (Erf-Komm/*Müller-Glöge* § 14 Rdn. 100).

4. Befristete Arbeitsverträge. S. Form. A. V. 1 Anm. 1.

5. Position und Aufgaben. S. Form. A. II. 1, dort unter § 1.

6. Arbeitszeit. S. Form. A. II. 1, dort unter § 2.

7. Vergütung. S. Form. A. II. 1, dort unter § 3.

8. Abwesenheit/Krankheit. S. Form. A. V. 1, dort unter § 4.

9. Reisekosten/Auslagen. S. Form. A. II. 1, dort unter § 5.

10. Urlaub. S. Form. A. II. 1, dort unter § 6.

11. Nebentätigkeiten. S. Form. A. II. 1, dort unter § 7.

12. Geheimhaltung/Behandlung von Gegenständen und Daten. S. Form. A. II. 1, dort unter § 8.

13. Schutzrechte. S. Form. A. II. 1, dort unter § 9.

14. Kündigungsmöglichkeit. S. Form. A. V. 1 Anm. 11.

15. Kündigungsfrist. S. Form. A. V. 1 Anm. 14.

16. Schriftform. S. Form. A. II. 1 Anm. 19.

17. Vertragsstrafe. S. Form. A. V. 1 Anm. 16.

18. Freistellung. S. Form. A. II. 1 Anm. 21.

19. Vorfälligkeitsregelung. S. Form. A. II. 1 Anm. 22.

20. Verfall von Ansprüchen/Verjährung. S. Form. A. II. 1, dort unter § 11.

21. Schlussbestimmungen. S. Form. A. II. 1, dort unter § 13.

22. Unterschrift der Gesellschaft. S. Form. A. II. 1 Anm. 32.

4. Zeit- und zweckbefristeter[1,2,3] Arbeitsvertrag gemäß § 14 Abs. 1 Nr. 1 TzBfG[4]

Arbeitsvertrag

zwischen

...... (Name und Anschrift des Arbeitgebers) „Gesellschaft"

und

Herrn ...... (Name und Anschrift des Arbeitnehmers) „Mitarbeiter"

§ 1 Position und Aufgaben[5]

§ 2 Arbeitszeit[6]

§ 3 Vergütung[7]

§ 4 Abwesenheit/Krankheit[8]

§ 5 Reisekosten/Auslagen[9]

§ 6 Urlaub[10]

§ 7 Nebentätigkeiten[11]

§ 8 Geheimhaltung/Behandlung von Gegenständen und Daten[12]

§ 9 Schutzrechte[13]

§ 10 Laufzeit/Kündigung[14]/Vertragsstrafe/Freistellung/Vorfälligkeit

(1) Der Arbeitsvertrag beginnt am .... Der Mitarbeiter wird befristet für die Dauer ...... (zusätzlicher Arbeitsbedarf) eingestellt[15]. Das Arbeitsverhältnis endet mit dem Wegfall des zusätzlichen Arbeitsbedarfs, jedoch spätestens mit Ablauf des ......[16], ohne dass es einer Kündigung bedarf[17].

(2) Der Arbeitsvertrag kann von der Gesellschaft und von dem Mitarbeiter mit einer Frist[18] von ...... gekündigt werden. Vor Beginn des Arbeitsvertrags ist die ordentliche Kündigung ausgeschlossen.

(3) Die Kündigung bedarf der Schriftform[19].

(4) KÜNDIGT DER MITARBEITER VERTRAGSWIDRIG VOR BEGINN DES ARBEITSVERTRAGS, NIMMT ER SEINE TÄTIGKEIT NICHT VERTRAGSGEMÄSS AUF ODER BEENDET ER DEN ARBEITSVERTRAG VERTRAGSWIDRIG, INSBESONDERE UNTER MISSACHTUNG DER GELTENDEN KÜNDIGUNGSFRISTEN, VERWIRKT ER EINE VERTRAGSSTRAFE. DIES GILT AUCH FÜR DEN FALL, DASS DIE GESELLSCHAFT DURCH SCHULDHAFT VERTRAGSWIDRIGES VERHALTEN DES ARBEITNEHMERS ZUR FRISTLOSEN KÜNDIGUNG DES ARBEITSVERTRAGS VERANLASST WIRD. DIE HÖHE DER VERTRAGSSTRAFE ENTSPRICHT DER VERGÜTUNG NACH § 3 ABS. (1), DIE FÜR DEN ZEITRAUM DER JEWEILS EINSCHLÄGIGEN KÜNDIGUNGSFRIST GESCHULDET IST; SIE BETRÄGT ABER MAXIMAL EIN BRUTTO-MONATSGEHALT. DIE GESELLSCHAFT BEHÄLT SICH DIE GELTENDMACHUNG WEITEREN SCHADENS VOR[20].

(5) Die Gesellschaft ist im Falle der Kündigung des Arbeitsvertrags durch die Gesellschaft berechtigt, den Mitarbeiter von seiner weiteren Tätigkeit für die Gesellschaft freizustellen. Während der Zeit der Freistellung behält der Mitarbeiter seinen Anspruch auf die vertragliche Vergütung; er muss sich jedoch den Wert desjenigen anrechnen lassen,

was er infolge des Unterbleibens der Dienstleistung erspart oder durch anderweitige Verwendung seiner Dienste erwirbt oder zu erwerben böswillig unterlässt. Im Fall einer unwiderruflichen Freistellung wird die Freistellungszeit auf etwaige Urlaubs- oder Freizeitausgleichsansprüche angerechnet[21].

(6) Sollte der Mitarbeiter der Gesellschaft bei Ausspruch einer Kündigung durch die Gesellschaft Beträge aufgrund von Gehaltsvorschüssen oder ähnlichen Vorauszahlungen schulden, werden sämtliche Beträge sofort fällig und – unter Beachtung der Pfändungsgrenzen – aufrechenbar. Dem Mitarbeiter gewährte Darlehen gelten mit Ausspruch der Kündigung als ordentlich mit einer Frist von einem Monat gekündigt. Entsprechendes gilt bei Ausspruch einer Kündigung durch den Mitarbeiter, es sei denn es liegt eine von der Gesellschaft verschuldete außerordentliche Kündigung vor[22].

§ 11 Verfall von Ansprüchen, Verjährung[23]

§ 12 Schlussbestimmungen[24]

......
Ort, Datum

......
Unterschrift der Gesellschaft[25]

......
Ort, Datum

......
Unterschrift des Mitarbeiters

Schrifttum: S. Form. A. V. 1.

Anmerkungen

1. Zweckbefristung. Neben der kalendermäßigen Befristung, welche durch bloßen Zeitablauf das Arbeitsverhältnis beendet, ohne dass es einer Kündigung oder einer sonstigen Erklärung bedarf, sieht auch das TzBfG die Möglichkeit einer so genannten Zweckbefristung vor.

Bei einer solchen Zweckbefristung ergibt sich die Dauer des Vertrages aus der Art, dem Zweck oder der Beschaffenheit der Arbeitsleistung. Das Arbeitsverhältnis soll mit einem Ereignis enden, dessen Eintritt von den Parteien als gewiss, allein aber in zeitlicher Hinsicht als ungewiss angesehen wird (BAG Urt. v. 26. 3. 1986 – 7 AZR 599/84 – AP Nr. 103 zu § 620 BGB Befristeter Arbeitsvertrag). Zu beachten ist hierbei, dass der Zweck von den Parteien ausdrücklich übereinstimmend zum Inhalt des Vertrages gemacht werden und insbesondere so genau bezeichnet sein muss, dass das in Bezug genommene Ereignis, mit dessen Eintritt das Arbeitsverhältnis enden soll, zweifelsfrei feststellbar ist (BAG Urt. v. 16. 3. 2000 – 2 AZR 196/99 – RzK I 9i Nr. 72).

Die Möglichkeit zweckbefristeter Verträge ist in den Fällen des § 14 Abs. 1 Nr. 1 TzBfG (vorübergehender betrieblicher Bedarf an der Arbeitsleistung) und des § 14 Abs. 1 Nr. 3 TzBfG (Vertretung, s. Form. A.V.5) anerkannt. Im Anwendungsbereich von § 14 Abs. 1 Nr. 1 und Nr. 3 TzBfG kann die Befristung ohne kalendermäßig bestimmbare Dauer angegeben werden (Ende des Projekts, Rückkehr des vertretenen Mitarbeiters). Für § 14 Abs. 1 Nr. 1 und Nr. 3 TzBfG wäre folglich auch eine alleinige Zweckbefristung denkbar, aber nicht ratsam (vgl. Form. A.V.4 Anm. 2).

2. Doppelbefristung. War die Zulässigkeit von zugleich zeit- und zweckbefristeten Arbeitsverträgen (sog. „Doppelbefristung") nach dem Grundsatz der Vertragsfreiheit unter Geltung des BeschFG anerkannt (BAG Urt. v. 3. 10. 1984 – 7 AZR 192/83 – AP Nr. 87 zu § 620 BGB Befristeter Arbeitsvertrag; BAG Urt. v. 21. 4. 1993 – 7 AZR 388/92 – AP Nr. 148 zu § 620 BGB Befristeter Arbeitsvertrag), so ist dieses unter Geltung des TzBfG noch nicht abschließend durch die Rechtsprechung geklärt.

Die Doppelbefristung ist für den Arbeitgeber grundsätzlich attraktiv, da sie zu einer Beendigung des Arbeitsverhältnisses mit Eintritt des jeweils zeitlich früheren Ereignisses oder kalendermäßig bestimmten Zeitpunktes führt. Erweist sich die Zweckbefristung als unwirksam oder wird der Arbeitnehmer über diese hinaus beschäftigt, führt jedenfalls die kalendermäßige Höchstbefristung – wiederum soweit wirksam – dennoch zur Beendigung des Arbeitsverhältnisses. Die eigenständige Beendigungswirkung von Zeit- und Zweckbefristung führt folglich zu einer Absicherung des Arbeitgebers gegen die ungewollte Begründung eines unbefristeten Arbeitsverhältnisses. Auch für den Arbeitnehmer bietet die Doppelbefristung den Vorteil, dass er sich auf die Beendigung spätestens zum genannten Termin der kalendermäßigen Befristung einstellen kann (BAG Urt. v. 3. 10. 1984 – 7 AZR 192/83 – AP Nr. 87 zu § 620 BGB Befristeter Arbeitsvertrag).

Vor Geltung des TzBfG hat das BAG die Zulässigkeit einer solchen Gestaltung zumindest auch darauf gestützt, dass die Parteien des Arbeitsvertrags mit einer Doppelbefristung wirksam eine Abweichung von § 625 BGB vereinbart hätten (BAG Urt. v. 21. 4. 1993 – 7 AZR 388/92 – AP Nr. 148 zu § 620 BGB Befristeter Arbeitsvertrag). Der Ablauf der kalendermäßigen Befristung konnte folglich das Arbeitsverhältnis wirksam auch noch dann beenden, wenn der Arbeitnehmer seine Tätigkeit nach Eintritt des vereinbarten Zwecks fortgesetzt hatte. Die Entstehung eines unbefristeten Arbeitsverhältnisses durch die Fortsetzung der Tätigkeit über den Zeitpunkt der Zweckerreichung hinaus (§ 625 BGB) war wirksam ausgeschlossen.

Zweifel an der Zulässigkeit der Doppelbefristung ergeben sich unter Geltung des TzBfG nunmehr deshalb, weil die neue und vorrangige Regelung des § 15 Abs. 5 TzBfG – anders als § 625 BGB – nicht zu Lasten des Arbeitnehmers abbedungen werden kann (§ 22 Abs. 1 TzBfG). Hieraus wird teilweise gefolgert, dass Doppelbefristungen die bisherige „Auffangwirkung" nicht mehr zukommen könne (A/P/S/*Backhaus* § 15 TzBfG Rdn. 90). Ein Teil der Literatur verneint die Anwendung des § 15 Abs. 5 TzBfG für die zuerst eintretende Befristung und hält die Doppelbefristung im Ergebnis weiterhin für zulässig. Vieles spricht dafür, dass sich der Arbeitgeber auch bei Weiterbeschäftigung des Arbeitnehmers nach Zweckerreichung auf eine zusätzliche Kalenderbefristung berufen kann (*Annuß*/Thüsing/Maschmann § 3 Rdn. 5; *Dörner* Rdn. 55; Küttner/*Kania* Ziffer 90 Rdn. 21; *Preis* II B 10 Rdn. 148; *Sowka* DB 2002, 1158, 1161).

Bis zu einer Entscheidung des BAG ist gleichwohl nicht endgültig geklärt, ob bei Eintritt des vereinbarten Zweckes und Weiterbeschäftigung des Arbeitnehmers die spätere kalendermäßige Befristung die Entstehung eines unbefristeten Arbeitsverhältnisses wirksam verhindern kann.

Unabhängig davon empfiehlt sich der Abschluss von doppelt befristeten Arbeitsverträgen mit folgender Maßgabe:

Der Arbeitgeber sollte sorgfältig den Eintritt eines vereinbarten Zweckes **vor** Ablauf der kalendermäßigen Befristung überwachen und dem Arbeitnehmer gem. § 15 Abs. 2 TzBfG den Zeitpunkt der Zweckerreichung mitteilen, um die Beendigungswirkung der Zweckbefristung zu erreichen (ausführlich zur Mitteilungspflicht bei Zweckerreichung s. Form. A. V. 8). Der Arbeitnehmer darf nicht wissentlich über die objektive Zweckerreichung hinaus tatsächlich beschäftigt werden, ohne dass ihm unverzüglich Mitteilung von der Zweckerreichung gemacht wird (§ 15 Abs. 5 TzBfG). Beachtet der Arbeitgeber dies nicht, so steht derzeit nicht fest, ob der spätere Eintritt der kalendermäßigen Befristung die Begründung eines unbefristeten Arbeitsverhältnisses noch wirksam verhindern kann. Ist bereits bei Vertragsschluss abzusehen, dass eine Überwachung der Zweckerreichung vor Ablauf der kalendermäßigen Befristung nur unzureichend zu gewährleisten ist, empfiehlt sich die Vereinbarung einer *allein* kalendermäßigen Befristung.

Die Doppelbefristung behält ihre sachliche Berechtigung damit insbesondere für die Fälle, in denen der vereinbarte Zweck tatsächlich – entgegen der Annahme bei Vertragsschluss – nicht oder nicht vor Ablauf der kalendermäßigen Befristung eintritt.

Im Zeitpunkt des Vertragsschlusses kann oft nicht sicher vorhergesagt werden, ob und wann der vereinbarte Zweck eintreten wird. Die Vereinbarung der Zweckbefristung neben der kalendermäßigen Befristung bei Überwachung und rechtzeitiger Mitteilung des Zweckeintritts stellt damit zunächst einmal sicher, dass das Arbeitsverhältnis nicht über den – allein wirtschaftlich sinnvoll – gewollten Zeitraum des vorübergehend erhöhten Arbeitskräftebedarfs hinaus andauert.

Tritt dagegen der zunächst bei Vertragsschluss in Aussicht genommene Zweck wider Erwarten nicht ein, so bewirkt die zusätzliche kalendermäßige Befristung in jedem Falle die Beendigung des Arbeitsverhältnisses zum näher bestimmten Zeitpunkt (*Preis* II B 10 Rdn. 148, 149).

Vom Instrument eines *ausdrücklichen* vertraglichen Ausschlusses der Wirkungen des § 15 Abs. 5 TzBfG kann unter Geltung des TzBfG nicht zulässig Gebrauch gemacht werden (§ 22 Abs. 1 TzBfG).

Ein zusätzlich vereinbartes ordentliches Kündigungsrecht (s. Formular A. V. 1 Anm. 11) sorgt für eine weitere Absicherung des Arbeitgebers. Bei Vorliegen einer Beschäftigung über die Dauer von sechs Monaten hinaus und einer entsprechenden Arbeitnehmerzahl (§§ 1 Abs. 1, 23 KSchG), muss aber die Kündigung den Voraussetzungen des § 1 KSchG genügen. Hier gelten keine Besonderheiten für die ordentliche Kündigung des befristeten Arbeitsverhältnisses.

Eine kombinierte Zeit- und Zweckbefristung sollte dann vereinbart werden, wenn eine sachgrundlose Befristung nach § 14 Abs. 2 TzBfG, insbesondere wegen eines vorherigen Arbeitsverhältnisses mit demselben Arbeitgeber, nicht zulässig wäre. Die sachgrundlose, allein kalendermäßige Befristung nach § 14 Abs. 2 TzBfG (s. Form. A. V. 1) ist für den Arbeitgeber stets vorzugswürdig, da es hierfür im Streit um die Entstehung eines unbefristeten Arbeitsverhältnisses der Darlegung und des Beweises eines sachlich rechtfertigenden Grundes nicht bedarf. Die Möglichkeit der bis zu dreimaligen Verlängerung (zum Verlängerungsvertrag s. Form. A. V. 2) einer ersten sachgrundlosen Befristung innerhalb einer Gesamtdauer von zwei Jahren schafft bei Vereinbarung einer zunächst angemessen kurzen Erstbefristung eine hinreichende Flexibilität.

Vom Abschluss eines **allein** zweckbefristeten Vertrages sollte in jedem Falle abgesehen werden: Unabhängig von der ausstehenden Stellungnahme des BAG zur Zulässigkeit von Doppelbefristungen kann die Aufnahme der zusätzlichen kalendermäßigen Befristung keine Verschlechterung der Position des Arbeitgebers bewirken. Sollte die Zweckbefristung unwirksam sein und das Arbeitsverhältnis nicht wirksam beenden, so kann dieses doch durch die zusätzliche kalendermäßige Befristung geschehen. Sollte das BAG hierzu anders entscheiden, so schafft die zusätzliche Aufnahme der kalendermäßigen Befristung jedenfalls keine Nachteile für den Arbeitgeber.

3. Aufnahme des Sachgrunds in den zweckbefristeten Vertrag. Anders als beim nur zeitbefristeten Vertrag gemäß § 14 Abs. 1 TzBfG (s. Form. A.V.3) muss beim (zumindest auch) zweckbefristeten Vertrag gemäß § 14 Abs. 1 TzBfG der Sachgrund in den Vertragstext aufgenommen werden. Zwar bedarf nach § 14 Abs. 4 TzBfG grundsätzlich nur die Befristungsabrede, nicht aber der Sachgrund der Befristung selbst oder gar der Arbeitsvertrag insgesamt der Schriftform (Meinel/Heyn/Herms/*Meinel* § 14 Rdn. 105; MünchHdbArbR/*Wank* Ergänzungsband § 116 Rdn. 220). Bei der Zweckbefristung allerdings ist zusätzlich auch das vertragsbeendende Ereignis schriftlich zu fixieren (*Annuß*/Thüsing/Maschmann § 3 Rdn. 4; Annuß/Thüsing/*Maschmann* § 14 Rdn. 87; Meinel/Heyn/Herms/*Meinel* § 14 Rdn. 112). Hier tritt der vereinbarte Zweck an die Stelle des Enddatums bei der kalendermäßigen Befristung. Der Zweck ist wesentlicher Bestandteil der formbedürftigen Befristungsabrede und sonach schriftlich zu vereinbaren (*Preis/Gotthardt* NZA 2000, 348, 359).

4. Befristete Arbeitsverträge. S. Form. A. V. 1 Anm. 1.

5. Position und Aufgaben. S. Form. A. II. 1, dort unter § 1.

6. Arbeitszeit. S. Form. A. II. 1, dort unter § 2.

7. Vergütung. S. Form. A. II. 1, dort unter § 3.

8. Abwesenheit/Krankheit. S. Form. A. V. 1, dort unter § 4.

9. Reisekosten/Auslagen. S. Form. A. II. 1, **dort unter § 5.**

10. Urlaub. S. Form. A. II. 1, dort unter § 6.

11. Nebentätigkeiten. S. Form. A. II. 1, dort unter § 7.

12. Geheimhaltung/Behandlung von Gegenständen und Daten. S. Form. A. II. 1, dort unter § 8.

13. Schutzrechte. S. Form. A. II. 1, dort unter § 9.

14. Kündigungsmöglichkeit. S. Form. A. V. 1 Anm. 11.

15. § 14 Abs. 1 Nr. 1 (Vorübergehender Arbeitskräftebedarf). Bereits vor In-Kraft-Treten des TzBfG war der nur vorübergehende betriebliche Mehrbedarf an Arbeitskräften vom BAG anerkannter Sachgrund für die Befristung von Arbeitsverhältnissen. Der Gesetzgeber hat mit § 14 Abs. 1 Nr. 1 TzBfG an dieser Rechtsprechung ausdrücklich anknüpfen wollen (BT-Drucks. 14/4374 S. 19).

Eine sachlich gerechtfertigte Befristung liegt vor, wo diese aufgrund eines von vornherein feststehenden, nur vorübergehenden Arbeitskräftebedarfs erfolgt, nicht aber dort, wo die Befristung allein einer Unsicherheit über die künftige wirtschaftliche Entwicklung und den hierdurch hervorgerufenen wechselnden Arbeitskräftebedarf geschuldet ist (BT-Drucks. 14/4374 S. 19; BAG Urt. v. 28. 3. 2001 – 7 AZR 701/99 – NZA 2002, 666). Konjunkturell oder konkret betriebswirtschaftlich bedingte Schwankungen gehören zum unternehmerischen Risiko. Sie rechtfertigen für sich keine Befristung gemäß § 14 Abs. 1 Nr. 1 TzBfG. Für diese Fälle bietet die sachgrundlose Befristung hinreichende Gestaltungsmöglichkeiten (§ 14 Abs. 2 TzBfG), wie insbesondere die Neuregelung des § 14 Abs. 2a S. 1 TzBfG für Unternehmen in der Gründungsphase verdeutlicht.

Die Situation der vorübergehend verstärkten Arbeitskräftenachfrage und des im Anschluss hieran vollständigen Wegfalls dieses Mehrbedarfs ist einerseits für Zeiten eines **erhöhten Personalbedarfs** (Beispiel: Schlussverkauf) anerkannt, kann aber auch dann vorliegen, wenn ein **Absinken des Arbeitskräftebedarfs** bevorsteht (Beispiel: bevorstehende Betriebsstilllegung), der bisherige Personalbedarf folglich nicht aufrechterhalten werden soll und aus diesem Grunde der Mehrbedarf vorübergehender Natur ist.

Ein **vorübergehend erhöhter Mehrbedarf** wurde vom BAG in folgenden Fällen angenommen: Vorübergehend erhöhter Auftragseingang (BAG Urt. v. 11. 8. 1988 – 2 AZR 95/88 – AP Nr. 70 zu § 1 TVG Tarifverträge: Metallindustrie); Abarbeitung von Auftragsspitzen (BAG Urt. v. 12. 9. 1996 – 7 AZR 790/95 – AP Nr. 182 zu § 620 BGB Befristeter Arbeitsvertrag); Abwicklung eines zeitlich begrenzten Projekts (BAG Urt. v. 28. 5. 1986 – 7 AZR 581/84 – AP Nr. 101 zu § 620 BGB Befristeter Arbeitsvertrag; BAG Urt. v. 28. 5. 1986 – 7 AZR 25/85 – AP Nr. 102 zu § 620 BGB Befristeter Arbeitsvertrag); vorübergehend höhere Schülerzahlen (BAG Urt. v. 14. 1. 1982 – 2 AZR 245/80 – AP Nr. 64 zu § 620 BGB Befristeter Arbeitsvertrag); befristete Kampagne- und Saisonarbeitsverträge (BAG Urt. v. 12. 10. 1960 – 3 AZR 65/59 – AP Nr. 16 zu § 620 BGB Befristeter Arbeitsvertrag; BAG Urt. 29. 1. 1987 – 2 AZR 109/86 – AP Nr. 1 zu § 620 BGB Saisonarbeit). Unter den Begriff der Saisonarbeit fallen beispielsweise die Erntearbeit, die Urlaubssaison in Hotelbetrieben und das Weihnachtsgeschäft. Saisonbetriebe sind zwar ganzjährig tätig, bestimmte Zeitabschnitte aber weisen eine stark erhöhte Geschäftstätigkeit auf. Kampagnebetriebe sind Betriebe, deren Tätigkeit außerhalb der Kampagnezeit vollständig ruht (Freibäder, Skilifte) (Annuß/Thüsing/*Maschmann* § 14 Rdn. 28; MünchHdbArbR/*Wank* Ergänzungsband § 116 Rdn. 96).

Ein **in Zukunft wegfallender Bedarf** wurde vom BAG in diesen Konstellationen anerkannt: Freihaltung von Planstellen, wenn der Arbeitgeber vertraglich verpflichtet ist, andere Arbeitnehmer zu übernehmen (BAG Urt. v. 21. 4. 1993 – 7 AZR 388/92 – AP Nr. 148 zu § 620 BGB Befristeter Arbeitsvertrag; BAG Urt. v. 6. 11. 1996 – 7 AZR 909/95 – AP Nr. 188 zu § 620 BGB Befristeter Arbeitsvertrag); Betriebs- oder Dienststellenschließung (BAG Urt. v. 3. 12. 1997 – 7 AZR 651/96 – AP Nr. 196 zu § 620 BGB Befristeter Arbeitsvertrag). Nach der Gesetzesbegründung kann auch die Inbetriebnahme einer neuen technischen Anlage einen Fall des künftig wegfallenden Arbeitskräftebedarfs darstellen (BT-Drucks. 14/4374 S. 19).

Die Eröffnung des Insolvenzverfahrens ist für sich kein hinreichender Befristungsgrund gemäß § 14 Abs. 1 Nr. 1 TzBfG (LAG Saarland Urt. v. 29. 4. 1987 – 1 Sa 191/86 – ZIP 1988, 528; LAG Düsseldorf Urt. v. 8. 3. 1994 – 16 Sa 163/94 – LAGE § 620 BGB Nr. 33). Gleichwohl können konkrete Umstände, etwa Restabwicklungsaufgaben, einen sachlich rechtfertigenden Grund darstellen (LAG Düsseldorf a. a. O.).

Ein vorübergehender Mehrbedarf an Arbeitskräften wie auch der zukünftige Wegfall eines Bedarfs sind vom Arbeitgeber in Form einer **Bedarfsprognose** darzulegen. Im Zeitpunkt des

Vertragsschlusses muss „aufgrund greifbarer Tatsachen mit einiger Sicherheit zu erwarten sein, dass für eine Beschäftigung des befristet eingestellten Arbeitnehmers über das vorgesehene Vertragsende hinaus kein Bedarf besteht" (BAG Urt. v. 12. 9. 1996 – 7 AZR 790/95 – AP Nr. 182 zu § 620 BGB Befristeter Arbeitsvertrag; vgl. BT-Drucks. 14/4374 S. 19). Die Prognose unterliegt hohen Anforderungen. Ihr müssen konkrete Anhaltspunkte zugrunde liegen, nicht allein die Unsicherheit über eine künftige Entwicklung (BAG a. a. O.).

Der Arbeitgeber sollte generell von der Sachgrundbefristung nach § 14 Abs. 1 Nr. 1 TzBfG nur zurückhaltend und unter Beachtung hoher Anforderungen an die Dokumentation im Zeitpunkt des Vertragsschlusses Gebrauch machen. Der Nachweis der von ihm geforderten Prognoseentscheidung im Streit um die Wirksamkeit einer Befristung vor Gericht ist durch die Rechtsprechung des BAG oft nur schwer zu führen. Weitaus mehr als bei anderen sachlichen Befristungsgründen muss der Arbeitgeber seine Prüfung und Nachweissicherung besonders sorgfältig an den Maßstäben einer späteren richterlichen Kontrolle ausrichten.

Das BAG nimmt für den Nachweis vorübergehenden Mehrbedarfs eine abgestufte Darlegungslast an. Erklärt der Arbeitnehmer, es bestehe ein dauerhafter, nicht nur vorübergehender Bedarf an seiner Arbeitsleistung, muss der Arbeitgeber diejenigen Tatsachen vortragen, die eine Prognose über Umfang und Dauer des im Zeitpunkt des Vertragsschlusses voraussichtlichen Mehrbedarfs zulassen. Der Arbeitgeber muss seine konkreten Erkenntnisquellen für dieses Wahrscheinlichkeitsurteil offen legen.

Für den Fall eines erhöhten Arbeitskräftebedarfs sind zunächst das gewöhnliche Arbeitsaufkommen und der hierfür benötigte Personalbedarf zu ermitteln und darzulegen. In einem zweiten Schritt ist nun die voraussichtliche Entwicklung des Arbeitsaufkommens zu bestimmen und auf dieser Grundlage schließlich der zusätzliche Arbeitskräftebedarf zu ermitteln (BAG Urt. v. 12. 9. 1996 – 7 AZR 790/95 – AP Nr. 182 zu § 620 BGB Befristeter Arbeitsvertrag).

Inhalt der prognostischen Betrachtung muss sein, ob im Zeitpunkt des Ablaufs der Befristung mit hinreichender Wahrscheinlichkeit kein Bedarf mehr an der Weiterbeschäftigung des Arbeitnehmers besteht. Wird die Prognose durch die spätere Entwicklung des Arbeitskräftebedarfs tatsächlich bestätigt, so besteht eine ausreichende Vermutung dafür, dass sie hinreichend fundiert erstellt worden ist. Es wäre am Arbeitnehmer, Tatsachen vorzutragen, nach denen zumindest im Zeitpunkt des Vertragsabschlusses diese Prognose nicht gerechtfertigt war. Hat sich die Prognose dagegen nicht bestätigt, muss der Arbeitgeber die ihm zum Zeitpunkt des Vertragsschlusses bekannten Tatsachen vortragen, die ihm jedenfalls damals den hinreichend sicheren Schluss darauf erlaubten, dass nach Ablauf der Befristung kein konkreter Bedarf mehr an der Arbeitsleistung des eingestellten Arbeitnehmers besteht (BAG a. a. O.).

Für das praktische Vorgehen empfiehlt sich daher eine im Zeitpunkt des Vertragsschlusses **sorgfältige Dokumentation** des Arbeitgebers, welche die vorstehend näher beschriebene Prognoseentscheidung und ihre tatsächlichen Grundlagen für die Zwecke etwaiger späterer Auseinandersetzungen festhält. Trotz objektiver Rechtfertigung der Befristung im Abschlusszeitpunkt fällt es Arbeitgebern oft genug schwer, ihrer Darlegungs- und Beweislast im späteren Prozess hinreichend zu genügen.

Im Formular ist im Einzelnen zu ergänzen (s. Anm. 3), worin der zusätzliche Arbeitsbedarf besteht, aufgrund dessen die Befristung vorgenommen wird. Die Beschreibung muss von solcher Art sein, dass sich aus ihr eindeutig die Umstände ergeben, mit deren Eintritt oder Wegfall das Arbeitsverhältnis enden soll (Zweckbefristung).

16. Beendigungszeitpunkt. S. Anm. 1.

17. Zweckerreichung, Beendigung und Mitteilung des Arbeitgebers. Der befristete Arbeitsvertrag endet mit objektiver Zweckerreichung gemäß § 15 Abs. 2 TzBfG, wenn der Arbeitgeber mindestens zwei Wochen vor Zweckerreichung dem Arbeitnehmer schriftlich den Zeitpunkt der Zweckerreichung mitgeteilt hat. Versäumt er eine entsprechende Mitteilung, endet das Arbeitsverhältnis erst zwei Wochen nach Zugang derselben (s. Form. A. V. 8 Anm. 2). Teilt der Arbeitgeber dem Arbeitnehmer die Zweckerreichung nicht rechtzeitig mit und wird das Arbeitsverhältnis über den Zeitpunkt der objektiven Zweckerreichung hinaus tatsächlich fortgesetzt, so fingiert § 15 Abs. 5 TzBfG das Bestehen eines unbefristeten Arbeitsverhältnisses (s. Form. A. V. 8 Anm. 2).

18. Kündigungsfrist. S. Form. A. V. 1 Anm. 14.
19. Schriftform. S. Form. A. II. 1 Anm. 19.
20. Vertragsstrafe. S. Form. A. V. 1 Anm. 16.
21. Freistellung. S. Form. A. II. 1 Anm. 21.
22. Vorfälligkeitsregelung. S. Form. A. II. 1 Anm. 22.
23. Verfall von Ansprüchen/Verjährung. S. Form. A. II. 1, dort unter § 11.
24. Schlussbestimmungen. S. Form. A. II. 1, dort unter § 13.
25. Unterschrift der Gesellschaft. S. Form. A. II. 1 Anm. 32.

5. Zeit- und zweckbefristeter[1,2,3] Arbeitsvertrag gemäß § 14 Abs. 1 Nr. 3 TzBfG[4]

Arbeitsvertrag

zwischen
...... (Name und Anschrift des Arbeitgebers) „Gesellschaft"
und
Herrn ...... (Name und Anschrift des Arbeitnehmers) „Mitarbeiter"

§ 1 Position und Aufgaben[5]

§ 2 Arbeitszeit[6]

§ 3 Vergütung[7]

§ 4 Abwesenheit/Krankheit[8]

§ 5 Reisekosten/Auslagen[9]

§ 6 Urlaub[10]

§ 7 Nebentätigkeiten[11]

§ 8 Geheimhaltung/Behandlung von Gegenständen und Daten[12]

§ 9 Schutzrechte[13]

§ 10 Laufzeit/Kündigung/Vertragsstrafe[14]/Freistellung/Vorfälligkeit

(1) Der Arbeitsvertrag beginnt am .... Der Mitarbeiter wird befristet zur Vertretung[15] des arbeitsunfähigen Mitarbeiters[16] ...... für die Dauer der Arbeitsunfähigkeit eingestellt[17]. Der Arbeitsvertrag endet jedoch spätestens mit Ablauf des ......, ohne dass es einer Kündigung bedarf[18].

(*Alternative*:
(1) Der Arbeitsvertrag beginnt am .... Der Mitarbeiter wird befristet zur Vertretung des beurlaubten Mitarbeiters ...... für die Dauer der Beurlaubung eingestellt. Der Arbeitsvertrag endet jedoch spätestens mit Ablauf des ......, ohne dass es einer Kündigung bedarf.)

(2) Der Arbeitsvertrag kann von der Gesellschaft und von dem Mitarbeiter mit einer Frist[19] von ...... gekündigt werden. Vor Beginn des Arbeitsvertrags ist die ordentliche Kündigung ausgeschlossen.

(3) Die Kündigung bedarf der Schriftform[20].

(4) KÜNDIGT DER MITARBEITER VERTRAGSWIDRIG VOR BEGINN DES ARBEITSVERTRAGS, NIMMT ER SEINE TÄTIGKEIT NICHT VERTRAGSGEMÄß AUF ODER BEENDET ER DEN ARBEITSVERTRAG VERTRAGSWIDRIG, INSBESONDERE UNTER MISSACHTUNG DER GELTENDEN KÜNDIGUNGSFRISTEN, VERWIRKT ER EINE VERTRAGSSTRAFE. DIES GILT AUCH FÜR DEN FALL, DASS DIE GESELLSCHAFT DURCH SCHULDHAFT VERTRAGSWIDRIGES VERHALTEN DES ARBEITNEHMERS ZUR FRISTLOSEN KÜNDIGUNG DES ARBEITSVERTRAGS VERANLASST WIRD. DIE HÖHE DER VERTRAGSSTRAFE ENTSPRICHT DER VERGÜTUNG NACH § 3 ABS. (1), DIE FÜR DEN ZEITRAUM DER JEWEILS EINSCHLÄGIGEN KÜNDIGUNGSFRIST GESCHULDET IST; SIE BETRÄGT ABER MAXIMAL EIN BRUTTO-MONATSGEHALT. DIE GESELLSCHAFT BEHÄLT SICH DIE GELTENDMACHUNG WEITEREN SCHADENS VOR[21].

(5) Die Gesellschaft ist im Falle der Kündigung des Arbeitsvertrags durch die Gesellschaft berechtigt, den Mitarbeiter von seiner weiteren Tätigkeit für die Gesellschaft freizustellen. Während der Zeit der Freistellung behält der Mitarbeiter seinen Anspruch auf die vertragliche Vergütung; er muss sich jedoch den Wert desjenigen anrechnen lassen, was er infolge des Unterbleibens der Dienstleistung erspart oder durch anderweitige Verwendung seiner Dienste erwirbt oder zu erwerben böswillig unterlässt. Im Fall einer unwiderruflichen Freistellung wird die Freistellungszeit auf etwaige Urlaubs- oder Freizeitausgleichsansprüche angerechnet[22].

(6) Sollte der Mitarbeiter der Gesellschaft bei Ausspruch einer Kündigung durch die Gesellschaft Beträge aufgrund von Gehaltsvorschüssen oder ähnlichen Vorauszahlungen schulden, werden sämtliche Beträge sofort fällig und – unter Beachtung der Pfändungsgrenzen – aufrechenbar. Dem Mitarbeiter gewährte Darlehen gelten mit Ausspruch der Kündigung als ordentlich mit einer Frist von einem Monat gekündigt. Entsprechendes gilt bei Ausspruch einer Kündigung durch den Mitarbeiter, es sei denn, es liegt eine von der Gesellschaft verschuldete außerordentliche Kündigung vor[23].

§ 11 Verfall von Ansprüchen, Verjährung[24]

§ 12 Schlussbestimmungen[25]

......
Ort, Datum

......
Unterschrift der Gesellschaft[26]

......
Ort, Datum

......
Unterschrift des Mitarbeiters

Schrifttum: S. Form. A. V. 1.

Anmerkungen

1. Zweckbefristung. S. Form. A. V. 4 Anm. 1.

2. Doppelbefristung. S. Form. A. V. 4 Anm. 2.

3. Aufnahme des Sachgrundes in den zweckbefristeten Arbeitsvertrag. S. Form. A. V. 4 Anm. 3.

4. Befristete Arbeitsverträge. S. Form. A. V. 1 Anm. 1.

5. Position und Aufgaben. S. Form. A. II. 1, dort unter § 1.

6. Arbeitszeit. S. Form. A. II. 1, dort unter § 2.

7. Vergütung. S. Form. A. II. 1, dort unter § 3.

8. Abwesenheit/Krankheit. S. Form. A. V. 1, dort unter § 4.

9. Reisekosten/Auslagen. S. Form. A. II. 1, dort unter § 5.

10. Urlaub. S. Form. A. II. 1, dort unter § 6.

11. Nebentätigkeiten. S. Form. A. II. 1, dort unter § 7.

12. Geheimhaltung/Behandlung von Gegenständen und Daten. S. Form. A. II. 1, dort unter § 8.

13. Schutzrechte. S. Form. A. II. 1, dort unter § 9.

14. Kündigungsmöglichkeit. S. Form. A. V. 1 Anm. 11.

15. § 14 Abs. 1 Nr. 3 TzBfG (Vertretung). Die Vertretung eines vorübergehend ausfallenden Arbeitnehmers war schon vor Inkrafttreten des TzBfG nach der Rechtsprechung des Bundesarbeitsgerichts anerkannter Sachgrund für die wirksame Befristung eines Arbeitsverhältnisses BAG Urt. v. 20. 2. 2002 – 7 AZR 600/00 AP Nr. 234 zu § 620 BGB Befristeter Arbeitsvertrag. Die sachliche Rechtfertigung einer solchen Befristungsabrede lag darin, dass der Arbeitgeber bereits zu einem vorübergehend ausfallenden Mitarbeiter in einem Rechtsverhältnis steht und mit der Rückkehr dieses Mitarbeiters rechnet (BAG a. a. O.). Für die Wahrnehmung der Aufgaben, die bislang dem ausfallenden Mitarbeiter oblagen, besteht von vornherein ein zeitlich begrenztes Bedürfnis (BAG Urt. v. 21. 2. 2001 – 7 AZR 200/00 – AP Nr. 226 zu § 620 BGB Befristeter Arbeitsvertrag). Die Regelung in § 14 Abs. 1 Nr. 3 TzBfG übernimmt diesen anerkannten Sachgrund.

Der Ausfall des Mitarbeiters kann durch Krankheit, Beurlaubung (Sonderurlaub), Einberufung zum Wehr-/Zivildienst oder durch Abordnung ins Ausland verursacht werden (BT-Drucks. 14/4374 S. 19; K/D/Z/*Däubler* § 14 TzBfG Rdn. 58; Meinel/Heyn/Herms/*Meinel* § 14 Rdn. 29), die einen vorübergehenden Beschäftigungsbedarf für den befristet eingestellten Mitarbeiter entstehen lassen. Zulässig ist eine Vertretung auch dann, wenn der Arbeitnehmer bis zur Übernahme eines Auszubildenden nach erfolgreicher Beendigung der Ausbildung beschäftigt werden soll. Es ist nicht notwendig, dass dem Auszubildenden bereits eine entsprechende Zusage erteilt worden ist (BAG Urt. v. 21. 4. 1993 – 7 AZR 388/92 – AP Nr. 148 zu § 620 BGB Befristeter Arbeitsvertrag; Preis/*Rolfs* II B 10 Rdn. 39). Die Vertretung eines Arbeitnehmers in Elternzeit ist auch in § 21 BErzGG (vgl. Form. A. V. 7) geregelt. § 21 BErzGG und § 14 Abs. 1 Nr. 3 TzBfG bestehen als Sachgründe nebeneinander (Annuß/Thüsing/*Lambrich* § 23 Rdn. 35).

Teil des Sachgrundes der Vertretung ist die Prognose des Arbeitgebers über den voraussichtlichen Wegfall des Vertretungsbedarfs, mithin, ob der zu vertretende Mitarbeiter seinen Dienst wieder antreten wird. Grundsätzlich nicht Gegenstand der Prognoseentscheidung dagegen ist die Frage, zu welchem Zeitpunkt mit der Rückkehr des zu vertretenden Mitarbeiters zu rechnen ist (BAG Urt. v. 20. 2. 2002 – 7 AZR 600/00 AP Nr. 234 zu § 620 BGB Befristeter Arbeitsvertrag).

Für die typische Krankheits- und Urlaubsvertretung heißt dies: Liegen nicht besondere Umstände vor, kann der Arbeitgeber grundsätzlich davon ausgehen, dass die zu vertretende Stammkraft zurückkehren wird. Erweiterte Pflichten zur Einholung von Informationen über die gesundheitliche Entwicklung des Erkrankten oder die Planungen des beurlaubten Arbeitnehmers bestehen vor Abschluss des befristeten Vertrages zur Vertretung grundsätzlich nicht (BAG Urt. v. 21. 2. 2001 – 7 AZR 200/00 – AP Nr. 226 zu § 620 BGB Befristeter Arbeitsvertrag). Allein bei erheblichen Zweifeln daran, dass der zu vertretende Mitarbeiter überhaupt zurückkehren wird, kann dies dafür sprechen, dass der Sachgrund der Vertretung nur vorgeschoben ist (BAG a. a. O.).

Wird aus Gründen der Personalplanung ein befristeter Arbeitsvertrag abgeschlossen, um die Zeit bis zur unbefristeten Neuanstellung eines anderen, neuen Mitarbeiters zu überbrücken, muss bereits zum Zeitpunkt des Abschlusses des befristeten Vertrages eine vertragliche Verpflichtung gegenüber dem neuen Mitarbeiter bestehen. Sonst fehlt es an einer sachlichen Rechtfertigung der Befristung (BAG Urt. v. 6. 11. 1996 – 7 AZR 909/95 – AP Nr. 188 zu § 620 BGB Befristeter Arbeitsvertrag; *Rolfs* § 14 Rdn. 32).

5. Zeit- und zweckbefristeter Arbeitsvertrag gemäß § 14 Abs. 1 Nr. 3 TzBfG   A. V. 5

In Abgrenzung zu § 14 Abs. 1 Nr. 1 TzBfG besteht im Falle der Befristung zur Vertretung kein vorübergehend erhöhter Bedarf an der Arbeitsleistung, die befristete Einstellung dient allein zur Deckung des unveränderten Bedarfs bei Ausfall des Vertretenen (ErfKomm/*Müller-Glöge* § 14 TzBfG Rdn. 52).

Unzulässig ist folglich regelmäßig die Anknüpfung der Zweckbefristung an das Ausscheiden des vertretenen Arbeitnehmers aus dem Dienst, da der Bedarf des Arbeitgebers an der Verrichtung der vormals vom Vertretenen auszuübenden Tätigkeit dann gerade nicht zeitlich begrenzt ist (BAG Urt. v. 5. 6. 2002 – 7 AZR 201/01 – AP Nr. 235 zu § 620 BGB Befristeter Arbeitsvertrag; Urt. v. 24. 9. 1997 – 7 AZR 669/96 – AP Nr. 192 zu § 620 BGB Befristeter Arbeitsvertrag). Anderes kann gelten, wenn der Arbeitgeber den Vertreter auf Grund konkreter Anhaltspunkte bei Vertragsschluss als zeitweilige Aushilfe, nicht aber als Dauerbesetzung für geeignet hält und deshalb den Arbeitsplatz bei Ausscheiden des Vertretenen anderweitig mit einem anderen qualifizierten Mitarbeiter besetzen will (BAG Urt. v. 5. 6. 2002 – 7 AZR 201/01 – AP Nr. 235 zu § 620 BGB Befristeter Arbeitsvertrag; Urt. v. 24. 9. 1997 – 7 AZR 669/96 – AP Nr. 192 zu § 620 BGB Befristeter Arbeitsvertrag). Praktischen Schwierigkeiten begegnet daher der Fall, dass eine *alleinige* Zweckbefristung an die Rückkehr des Vertretenen anknüpft. Eine solche Absprache wird für den Fall des Ausscheidens des Vertretenen anstelle der Rückkehr mit der Rechtsprechung des BAG (a. a. O.) auch nicht ergänzend dahin ausgelegt werden können, auch das Ausscheiden sei Beendigungstatbestand. Der Begründung eines unbefristeten Arbeitsverhältnisses kann damit allein durch die hier vorgesehene Zeit- und Zweckbefristung (Doppelbefristung) begegnet werden (s. Form. A. V. 4 Anm. 1).

Eine Vertretung kann auch wiederholt erfolgen. Gegenstand der Prognose ist grundsätzlich nur, *dass* der zu vertretende Mitarbeiter seinen Dienst wieder antritt, nicht aber, *wann* dies der Fall sein wird (BAG Urt. v. 22. 11. 1995 – 7 AZR 252/95 – AP Nr. 178 zu § 620 BGB Befristeter Arbeitsvertrag). Dabei erhöhen sich die Anforderungen mit zunehmender Zahl der Vertretungen bei langjährig befristet beschäftigten Arbeitnehmern hin zur Notwendigkeit einer „fundierten Prognose aufgrund konkreter Anhaltspunkte" zum Zeitpunkt des letzten Vertragsschlusses, diesmal werde der Beschäftigungsbedarf tatsächlich durch Rückkehr des Vertretenen sein Ende finden (BAG a. a. O.; K/D/Z/*Däubler* § 14 TzBfG Rdn. 61). Unzulässig ist eine Dauervertretung. Sie liegt vor, wenn im Zeitpunkt des Vertragsschlusses schon eine über das Ende des befristeten Vertrages hinausgehende befristete Beschäftigung des Arbeitnehmers vorgesehen ist (BAG Urt. v. 3. 10. 1984 – 7 AZR 192/83 – AP Nr. 87 zu § 620 BGB Befristeter Arbeitsvertrag; Annuß/Thüsing/*Maschmann* § 14 Rdn. 36).

Nicht notwendig ist es, dass der Vertreter die Arbeit des zu Vertretenden übernimmt (BAG Urt. v. 21. 2. 2001 – 7 AZR 107/00 – AP Nr. 228 zu § 620 BGB Befristeter Arbeitsvertrag; ErfKomm/*Müller-Glöge* § 14 TzBfG Rdn. 56; Berscheid/Kunz/Brand/*Kreft*/*Griese* Teil 2 B Rdn. 1541). Es ist kein unmittelbares „Einrücken" in die Position des Vertretenen erforderlich, sondern allein die Deckung des durch den Ausfall des Vertretenen entstehenden Arbeitsbedarfs (BAG Urt. v. 10. 3. 2004 – 7 AZR 402/03; BAG Urt. v. 17. 04. 2002 – 7 AZR 665/00 – AP Nr. 21 zu § 2 SR 2y BAT). Notwendig, aber auch ausreichend ist der ursächliche Zusammenhang der befristeten Einstellung mit dem zeitweiligen Ausfall des Vertretenen (BAG a. a. O.). Der Arbeitgeber muss jedoch bei einer mittelbaren Vertretung konkret vortragen, in welcher Weise eine Umorganisation erfolgte, um den befristet beschäftigten Arbeitnehmer als Vertretung ansehen zu können. Dieser Vortrag darf sich nicht in der Darstellung einer nur allgemeinen Personalsituation erschöpfen (BAG Urt. v. 10. 3. 2004 – 7 AZR 402/03 – NZA 2004, 925). Schon aus Darlegungs- und Beweisgesichtspunkten sollte der Arbeitgeber folglich im Streitfall den Nachweis des von der Rechtsprechung geforderten allein kausalen Zusammenhanges nicht durch eine erhebliche Neuorganisation der Aufgabenbereiche unnötig erschweren.

16. Arbeitnehmer. Der Begriff des zu vertretenden Arbeitnehmers umfasst entgegen dem Wortlaut des § 14 Abs. 1 Nr. 3 TzBfG auch die Vertretung von Beamten (BT-Drucks. 14/4374 S. 19; MünchHdbArbR/*Wank* Ergänzungsband § 116 Rdn. 111; ErfKomm/*Müller-Glöge* § 14 TzBfG Rdn. 58).

17. Zweckerreichung und Mitteilung des Arbeitgebers. S. Form A. V. 4 Anm. 17.

18. Beendigungszeitpunkt. S. Form. A. V. 4 Anm. 1.

19. Kündigungsfrist. S. Form. A. V. 1 Anm. 14.
20. Schriftform. S. Form. A. II. 1 Anm. 19.
21. Vertragsstrafe. S. Form. A. V. 1 Anm. 16.
22. Freistellung. S. Form. A. II. 1 Anm. 21.
23. Vorfälligkeitsregelung. S. Form. A. II. 1 Anm. 22.
24. Verfall von Ansprüchen/Verjährung. S. Form. A. II. 1, dort unter § 11.
25. Schlussbestimmungen. S. Form. A. II. 1, dort unter § 13.
26. Unterschrift der Gesellschaft. S. Form. A. II. 1 Anm. 32.

6. Vorübergehende Übertragung einer höherwertigen Tätigkeit

Zusatzvereinbarung

zwischen
...... (Name und Anschrift des Arbeitgebers) „Gesellschaft"
und
Herrn ...... (Name und Anschrift des Arbeitnehmers) „Mitarbeiter"

§ 1 Veränderte Position und Aufgaben[1, 2, 3, 4]

In Abänderung des Arbeitsvertrags vom ...... wird der Mitarbeiter bei der Gesellschaft ab dem ...... als ...... in ...... tätig. Zu seinen Aufgaben und Pflichten zählen insbesondere ....

§ 2 Laufzeit der Zusatzvereinbarung

Diese Vereinbarung tritt ab dem ...... in Kraft und endet mit Ablauf des ......, ohne dass es einer Kündigung bedarf.

§ 3 Vergütung

Für die Laufzeit der Zusatzvereinbarung erhält der Mitarbeiter als Vergütung für seine Tätigkeit ein Brutto-Monatsgehalt von EUR ...... (in Worten: Euro ......).

§ 4 Fortgeltung des Arbeitsvertrags

Soweit in dieser Zusatzvereinbarung nichts anderes geregelt ist, gelten die Regelungen des Arbeitsvertrags vom ...... fort. Ab Beendigung dieser Zusatzvereinbarung gelten allein die Regelungen des Arbeitsvertrags vom ...... unverändert fort.

......
Ort, Datum

......
Unterschrift der Gesellschaft[5]

......
Ort, Datum

......
Unterschrift des Mitarbeiters

Schrifttum: Sievers, Individualrechtliche Möglichkeiten und Grenzen einer Entgeltreduzierung NZA 2002, 1182; *Roth/Olbrich*, Das Entgelt des Arbeitnehmers bei vorübergehend höherwertiger Tätigkeit DB 1999, 2110, im Übrigen s. Form. A. V. 1.

6. Vorübergehende Übertragung einer höherwertigen Tätigkeit   A. V. 6

Anmerkungen

1. Veränderte Position und Aufgaben. Dieses Formular regelt die kalendermäßig befristete Übernahme einer höherwertigen Tätigkeit durch den Arbeitnehmer im Wege der vertraglichen Vereinbarung auf der Grundlage eines fortbestehenden Arbeitsvertrags der Parteien. Nicht das gesamte Arbeitsverhältnis erfährt eine inhaltliche Änderung. Es werden allein einzelne Arbeitsbedingungen einer befristeten Neubestimmung unterworfen.

Der Inhalt der vom Arbeitnehmer geschuldeten Tätigkeit bestimmt sich zunächst nach der im bisherigen Arbeitsvertrag enthaltenen Tätigkeitsbeschreibung. Die einseitige Zuweisung einer geringerwertigen Tätigkeit ist – auch unter Fortzahlung der bislang geschuldeten Vergütung – nicht möglich (BAG Urt. v. 30. 8. 1995 – 1 AZR 47/95 – AP Nr. 44 zu § 611 BGB Direktionsrecht). Ausnahmen können für Notfälle gelten.

Ob es für die vorübergehende Zuweisung einer höherwertigen Tätigkeit einer gesonderten vertraglichen Vereinbarung bedarf oder diese einseitig durch die Ausübung des Direktionsrechts (s. Form. A. II. 1 Anm. 2) erfolgen kann, ist Frage des Einzelfalles.

Zu unterscheiden ist die einseitige vorübergehende Zuweisung einer höherwertigen Tätigkeit innerhalb des Direktionsrechts, die einseitige vorübergehende Zuweisung unter Überschreitung des Direktionsrechts und schließlich die einvernehmliche Übertragung im Wege einer vertraglichen Vereinbarung (vorliegendes Formular).

2. Zuweisung kraft Direktionsrechts. Die vorübergehende Zuweisung einer höherwertigen Tätigkeit innerhalb des Direktionsrechts des Arbeitgebers muss nach billigem Ermessen erfolgen (§§ 106 S. 1 GewO, 315 BGB). Der Arbeitgeber muss die wesentlichen Umstände des Einzelfalles abwägen und die Interessen beider Parteien angemessen berücksichtigen. Dies wird vor allem eine wesentliche Rolle spielen, wenn der Arbeitnehmer sich später allein gegen die zeitliche Begrenzung der Zuweisung der höherwertigen Tätigkeit wendet und deren Übertragung auf Dauer fordert. Es unterliegt dann der gerichtlichen Kontrolle (§ 315 Abs. 3 BGB), ob die Tätigkeit – entgegen der Absicht des Arbeitgebers – auf Dauer zu übertragen ist. Unter Abkehr von seiner vorherigen Rechtsprechung zur Missbrauchskontrolle nimmt das BAG nunmehr eine „doppelte Billigkeitsprüfung" vor, die die Tätigkeitsübertragung an sich wie die „Nicht-Dauerhaftigkeit" umfasst (BAG Urt. v. 17. 4. 2002 – 4 AZR 174/01 – AP Nr. 23 zu § 24 BAT). Es bedarf hiernach ausdrücklich keines rechtfertigenden Sachgrundes vergleichbar dem für die Befristung des Arbeitsverhältnisses insgesamt, wohl aber der Prüfung der Billigkeit der Einzelübertragungen, gegebenenfalls auch im Rahmen eines dahinter stehenden Gesamtkonzepts. Entspricht die nur vorübergehende Übertragung der höherwertigen Tätigkeit nicht billigem Ermessen, so können die Gerichte im Rahmen der Leistungsbestimmung nach § 315 Abs. 3 S. 2 BGB die Übertragung für dauerhaft erklären oder deren zeitlichen Rahmen abweichend bestimmen (BAG a. a. O.). Eine allgemeingültige Bestimmung der Billigkeitsmaßstäbe ist nicht möglich. Jedenfalls dort, wo bei tariflicher Eingruppierung mit der vorübergehenden Übertragung auch automatisch eine höhere Vergütung geschuldet ist, ist das Interesse des Arbeitnehmers an der Beibehaltung der höherwertigen Tätigkeit und der besseren Bezahlung angemessen zu würdigen (BAG a. a. O.). Eine vorübergehende Übertragung von höherwertigen Aufgaben zum Zwecke der Erprobung im Wege der Ausübung des Direktionsrechtes kann – obgleich grundsätzlich zur Prüfung der eigenverantwortlichen Bewältigung von Aufgaben vertretbar – etwa unbillig sein, wenn bei Überschreitung von sechs Monaten der Arbeitgeber besondere Gründe für die Dauer der Erprobungszeit nicht darlegen kann (LAG Hamm Urt. v. 16. 5. 2003 – 18 Sa 1783/01 – NZA-RR 2004, 111 f.).

Mit der vom Direktionsrecht gedeckten Zuweisung erfolgt in der Regel keine Konkretisierung des Arbeitsverhältnisses auf die höherwertige Tätigkeit (LAG Mainz Urt. v. 13. 10. 1987 – 3 Sa 457/87 – NZA 1988, 471 f.). Der Arbeitgeber ist folglich grundsätzlich nicht durch eine solche Einschränkung des Direktionsrechtes im Hinblick auf die Zuweisung der vertraglich geschuldeten Tätigkeit gehindert, dem Arbeitnehmer zu einem späteren Zeitpunkt wieder seine ursprüngliche Tätigkeit zu übertragen.

Gleichwohl kann sich der Arbeitgeber mit der Ausübung seines Direktionsrechtes und den mit der Zuweisung der Tätigkeit verbundenen Erklärungen selbst binden. Erfolgt die vorübergehende Aufgabenzuweisung etwa allein mit der Maßgabe, der Arbeitnehmer solle sich auf der höherwertigen Stelle „bewähren" kann der Arbeitgeber gehindert sein, aus anderen Gründen die endgültige Zuweisung der Tätigkeit zu verweigern (BAG Urt. v. 17. 12. 1997 – 5 AZR 332/96 – AP Nr. 52 zu § 611 BGB Direktionsrecht).

Über die genannten, praktisch wesentlichen Beispiele hinaus ist eine kategorisierende Angabe von Fallgruppen und Billigkeitskriterien der nur vorübergehenden Zuweisung einer höherwertigen Tätigkeit – auch in Anbetracht der neuen BAG-Rechtsprechung – nur eingeschränkt möglich.

Die Wirksamkeitsanforderungen entsprechen nicht denjenigen des sachlichen Grundes i. S. d. § 14 Abs. 1 TzBfG, typische Fallgruppen aber werden erfasst. So wird hier insbesondere die der Vertretung eine wesentliche Rolle spielen.

Im Geltungsbereich von Tarifverträgen wird der Arbeitgeber oftmals aufgrund ausdrücklicher Regelungen (§ 24 BAT, § 5 Abs. 3 Bundesentgelttarifvertrag Chemische Industrie) oder – bei nicht nur ganz kurzfristiger Zuweisung – aufgrund Tarifautomatik dem Arbeitnehmer erhöhte Bezüge zahlen müssen. Außerhalb des Geltungsbereichs von Tarifverträgen kann eine erhöhte Vergütung nach § 612 Abs. 2 BGB geschuldet sein, wobei die Qualifikation des Arbeitnehmers wie die Dauer der Übertragung von Bedeutung sind. Allgemeingültige Regeln lassen sich der Rechtsprechung hierzu nicht entnehmen. Wohl aber soll von einem höher qualifizierten Arbeitnehmer die Übernahme einer höherwertigen Tätigkeit ohne zusätzliche Vergütung eher erwartet werden können (*Roth/Olbrisch* DB 1999, 2110).

3. Zuweisung in Überschreitung des Direktionsrechts. Überschreitet der Arbeitgeber bei einseitiger Zuweisung sein arbeitsvertragliches Direktionsrecht, erfolgt hierdurch auch bei tatsächlicher Ausübung der Tätigkeit durch den Arbeitnehmer regelmäßig keine stillschweigende Vertragsänderung (LAG Hamm Urt. v. 27. 3. 1992 – 18 Sa 1165/91 – LAGE Nr. 12 zu § 611 BGB Direktionsrecht). Der Arbeitnehmer ist nicht verpflichtet, die ihm in Überschreitung des Direktionsrechts zugewiesene Tätigkeit auszuüben.

4. Vertragliche Vereinbarung. Erlaubt schließlich das Direktionsrecht des Arbeitgebers keine einseitige Zuweisung, so bedarf es einer vertraglichen Regelung der Parteien zur – befristeten – Abänderung des Inhalts des Arbeitsvertrags (vorliegendes Formular). Auch dann, wenn im Arbeitsvertrag eine weite Versetzungsklausel vereinbart wird, wird die Zuweisung einer höherwertigen Tätigkeit oftmals nicht vom Direktionsrecht des Arbeitgebers gedeckt sein (s. Form. A. II. 1 Anm. 2), da von einer solchen Versetzungsklausel in aller Regel nur die Zuweisung von Aufgaben auf gleicher Hierarchieebene umfasst ist.

Bereits vor Schaffung des TzBfG hatte das BAG die Möglichkeit der Befristung einzelner Arbeitsbedingungen anerkannt (BAG Urt. v. 13. 6. 1986 – 7 AZR 650/84 – AP Nr. 19 zu § 2 KSchG 1969). Erfordernis für die wirksame Befristung der Übertragung einer höherwertigen Tätigkeit im Rahmen eines bestehenden unbefristeten Arbeitsverhältnisses war danach das Bestehen eines sachlich rechtfertigenden Grundes, wenn bei unbefristeter Änderung die neuen Arbeitsbedingungen dem Änderungsschutz des Kündigungsschutzgesetzes unterliegen würden, § 2 KSchG (BAG a. a. O.). Diese Rechtsprechung fand ihre Rechtfertigung in der möglichen Umgehung des gesetzlichen Kündigungsschutzes und übertrug letztlich das Erfordernis des sachlichen Grundes für die Befristung des Arbeitsverhältnisses im Hinblick auf die Umgehung des Beendigungsschutzes des § 1 KSchG auch auf die Befristung einzelner Arbeitsbedingungen wegen der Umgehung des Inhaltsschutzes nach § 2 KSchG. Fehlte es bei einer befristeten Zuweisung einer höherwertigen Tätigkeit an einem sachlichen Grund, so sollte eine „objektiv funktionswidrige Vertragsgestaltung" vorliegen mit der Folge, dass die unwirksam befristete Vertragsbedingung auf unbestimmte Zeit galt (BAG a. a. O.). Inhaltlich orientierten sich die Anforderungen an den Sachgrund an denjenigen, welche für die Befristung des Arbeitsverhältnisses insgesamt anerkannt waren, wobei die Tatsache, dass der Fortbestand des Arbeitsverhältnisses insgesamt nicht in Frage stand, durch eine angemessene Würdigung der deshalb vergleichsweise geringeren sozialen Schutzwürdigkeit gewährleistet werden sollte. Nicht vollkommen geklärt war, inwieweit diese qualifizierte Überprüfung auf solche befristeten Arbeitsbedingungen zu beschränken war, welche in den „geschützten Kernbereich" des Arbeits-

6. Vorübergehende Übertragung einer höherwertigen Tätigkeit　　A. V. 6

verhältnisses eingreifen (BAG Urt. v. 21. 4. 1993 – 7 AZR 297/92 – AP Nr. 34 zu § 2 KSchG 1969) oder „unmittelbar das Verhältnis von Leistung und Gegenleistung maßgeblich beeinflussen" (BAG Urt. v. 24. 1. 2001 – 7 AZR 208/99 – EzA Nr. 173 zu § 620 BGB). An den letztgenannten Einschränkungen hielt das Gericht zuletzt wohl nicht mehr fest (BAG Urt. v. 23. 1. 2002 – 7 AZR 563/00 – AP Nr. 12 zu § 1 BeschFG 1996).

Der Gesetzgeber hat mit Schaffung des TzBfG von einer ausdrücklichen Regelung der Anforderungen an die Befristung einzelner Arbeitsbedingungen abgesehen. Die Vorschriften beziehen sich allein auf die „Befristung eines Arbeitsvertrags" (vgl. Wortlaut §§ 14 Abs. 1 S. 1, Abs. 2 S. 1 TzBfG), nicht aber auf die von einzelnen Arbeitsbedingungen.

Die unter Geltung des TzBfG und mit Inkrafttreten des Gesetzes zur Schuldrechtsmodernisierung notwendigen Anforderungen an die Befristung einzelner Arbeitsbedingungen sind umstritten (für eine Abkehr von der bisherigen Rechtsprechung KR/*Lipke* § 14 TzBfG Rdn. 12 ff.; Staudinger/*Preis* § 620 BGB Rdn. 230 ff.). Wohl mehrheitlich aber wird im Ergebnis eine Fortschreibung der bisherigen Voraussetzungen befürwortet (Annuß/Thüsing/*Maschmann* § 14 Rdn. 16; *Dörner* Rdn. 159; ErfKomm/*Müller-Glöge* § 14 TzBfG Rdn. 52; Meinel/Heyn/Herms/*Meinel* § 14 Rdn. 19; K/D/Z/*Däubler* § 14 TzBfG Rdn. 140; *Sievers* NZA 2002, 1182, 1185 f.)

Trotz neuerer Stellungnahme des BAG verbleiben weitere Unsicherheiten:

Ohne bislang auf etwa zusätzliche Anforderungen in der Folge der Schuldrechtsmodernisierung eingehen zu müssen, hat das BAG (Urt. v. 14. 1. 2004 – 7 AZR 213/03 – NZA 2004, 719) entschieden, dass für die wirksame Befristung einzelner Arbeitsbedingungen die Vorschriften des TzBfG nicht anwendbar sind, vielmehr an der bisherigen Rechtsprechung zur Notwendigkeit eines rechtfertigenden Sachgrundes wegen des sonst möglichen Entzugs des gesetzlichen Änderungsschutzes, § 2 KSchG, festzuhalten ist.

Folgende Fallgruppen werden für die Rechtfertigung einer befristeten Übertragung höherwertiger Tätigkeit damit wohl weiterhin in Betracht kommen:

Die – wohl praktisch erhebliche – Tätigkeit zur **Vertretung eines anderen Mitarbeiters** (BAG Urt. v. 13. 6. 1986 – 7 AZR 650/84 – AP Nr. 19 zu § 2 KSchG 1969) ist tauglicher Sachgrund. Gleiches gilt für die **vorübergehende – befristete – Besetzung einer höherwertigen Stelle**, um Zeit für Überlegungen zu gewinnen, mit welchem Arbeitnehmer die Stelle endgültig besetzt werden soll (BAG a. a. O.). Auch können bestimmte Planungen des Arbeitgebers vorliegen, welche zu einem späteren Fortfall der höherwertigen Tätigkeit führen (BAG a. a. O.). Von erheblicher Bedeutung dürfte weiter die **Erprobung** eines Mitarbeiters im Wege der befristeten Vereinbarung einer höherwertigen Tätigkeit sein. Auch diese ist zulässig, wird aber im Hinblick auf die konkret vereinbarte Befristungsdauer an dem jeweiligen Erprobungszweck zu messen sein (A/P/S/*Backhaus* § 14 TzBfG Rdn. 69). Diese Befristungsdauer aber kann bei höher qualifizierten Tätigkeiten auch über den sonst regelmäßig maßstäblichen Zeitraum des § 1 Abs. 1 KSchG von sechs Monaten hinausgehen.

Für die Beurteilung der Wirksamkeit der befristeten Übertragung höherwertiger Tätigkeit durch Vereinbarung können im Wesentlichen die vom BAG für die Befristung des Arbeitsvertrags insgesamt entwickelten und in § 14 Abs. 1 TzBfG aufgegangenen Gründe angezogen werden. Mit der neuesten Rechtsprechung scheint das BAG insbesondere die Ansätze, wonach die Anforderungen an die regelmäßig notwendige Prognoseentscheidung des Arbeitgebers und deren gegebenenfalls notwendige Darlegung im Prozess bei der Befristung einzelner Arbeitsbedingungen geringer anzusetzen sind, nicht mehr fortzuführen, wendet vielmehr diejenigen Maßstäbe an, welche es für die Befristung des Arbeitsvertrags insgesamt entwickelt hat (BAG Urt. v. 14. 1. 2004 – 7 AZR 213/03 – NZA 2004, 719).

Will der Arbeitgeber folglich die Unwirksamkeit der Befristung einzelner Arbeitsbedingungen mit der Folge deren dauerhafter Geltung für das Arbeitsverhältnis vermeiden, sollte diese den für die Fallgruppen des § 14 Abs. 1 TzBfG entwickelten Anforderungen im Wesentlichen genügen. Ob die Rechtsprechung in Anbetracht der Tatsache, dass in den in Rede stehenden Fällen der Fortbestand des Arbeitsverhältnisses insgesamt nicht in Frage steht, hier zukünftig geringere Anforderungen genügen lassen wird, erscheint wegen des zuletzt uneingeschränkten Rückgriffs des BAG auf die Rechtsprechung zur Befristung des Arbeitsverhältnisses insgesamt zweifelhaft (BAG Urt. v. 14. 1. 2004 a. a. O.).

Die schon vorsorgliche Beachtung der höheren Anforderungen erscheint auch deshalb empfehlenswert, weil derzeit nicht abgesehen werden kann, welche weiteren Maßstäbe sich aus der Geltung der neuen §§ 305 ff. BGB, hier vorrangig § 307 BGB, ergeben. Es ist aber kaum davon auszugehen, dass eine über § 307 BGB etwa vorzunehmende Inhaltskontrolle die vom BAG nunmehr bestimmten hohen Anforderungen nochmals verschärfen kann.

Formal bedarf es für die wirksame Befristung einzelner Arbeitsbedingungen keiner Einhaltung des Schriftformgebotes des § 14 Abs. 4 TzBfG (BAG Urt. v. 3. 9. 2003 – 7 AZR 106/03 – NZA 2004, 255 ff.), da insoweit das TzBfG ausdrücklich nicht Anwendung findet. Hieraus folgert das BAG weiter, dass auch die §§ 15 Abs. 5 TzBfG wie 625 BGB keine Anwendung finden (BAG Urt. v. 3. 9. 2003 a. a. O.), folglich auch nach widerspruchslosem Fortsetzen des Arbeitsverhältnisses zu den geänderten Bedingungen nach Ablauf der kalendermäßigen Befristung keine Fiktion des Fortbestehens zu den geänderten Bedingungen eingreift. Schon aus Darlegungs- und Beweisgründen ist gleichwohl die Einhaltung der Schriftform zwingend geboten. Außerdem sollte zur Vermeidung unnötiger Risiken darauf geachtet werden, dass mit Ablauf der vereinbarten Frist der Arbeitnehmer zu seiner ursprünglichen Tätigkeit zurückkehrt.

Eine kalendermäßige Befristung einzelner Arbeitsbedingungen kann bei erstmaligem Abschluss eines Arbeitsvertrags nicht sachgrundlos auf § 14 Abs. 2 TzBfG gestützt werden (Beispiel: zeitlich begrenzte höhere Arbeitszeit) (so noch zu § 1 BeschFG – BAG Urt. v. 23. 1. 2002 – 7 AZR 563/00 – AP Nr. 12 zu § 1 BeschFG), kommt aber praktisch wohl für die Vereinbarung höherwertiger Tätigkeit nicht in Betracht.

Schließlich gilt, dass im Streitfalle auf die Kontrolle der Befristung einzelner Arbeitsbedingungen die Klagefrist des § 17 TzBfG keine Anwendung findet (BAG Urt. v. 4. 6. 2003 – 7 AZR 406/02 – NJOZ 2003, 3482 ff.).

5. Unterschrift der Gesellschaft. S. Form. A. II. 1 Anm. 32.

7. Zeit- und zweckbefristeter[1,2] Arbeitsvertrag gemäß § 21 BErzGG[3]

Arbeitsvertrag

zwischen
...... (Name und Anschrift des Arbeitgebers) „Gesellschaft"
und
Herrn ...... (Name und Anschrift des Arbeitnehmers) „Mitarbeiter"

§ 1 Position und Aufgaben[4]

§ 2 Arbeitszeit[5]

§ 3 Vergütung[6]

§ 4 Abwesenheit/Krankheit[7]

§ 5 Reisekosten/Auslagen[8]

§ 6 Urlaub[9]

§ 7 Nebentätigkeiten[10]

§ 8 Geheimhaltung/Behandlung von Gegenständen und Daten[11]

§ 9 Schutzrechte[12]

7. Zeit- und zweckbefristeter Arbeitsvertrag gemäß § 21 BErzGG   A. V. 7

§ 10 Laufzeit/Kündigung[13]/Vertragsstrafe/Freistellung/Vorfälligkeit

(1) Der Arbeitsvertrag beginnt am .... Der Mitarbeiter wird befristet für die Dauer[14] des Mutterschutzes zur Vertretung[15] der Mitarbeiterin ...... eingestellt. Der Arbeitsvertrag endet mit dem Ende des Mutterschutzes, jedoch spätestens mit Ablauf des ......[16], ohne dass es einer Kündigung bedarf.

(*Alternative*:
(1) Der Arbeitsvertrag beginnt am .... Der Mitarbeiter wird befristet für die Dauer der Elternzeit nach dem BErzGG der Mitarbeiterin (*Alternative*: des Mitarbeiters) ...... eingestellt. Das Arbeitsverhältnis endet mit dem Ende der Elternzeit, jedoch spätestens mit Ablauf des ......, ohne dass es einer Kündigung bedarf.)

(*Alternative*:
(1) Der Arbeitsvertrag beginnt am .... Der Mitarbeiter wird befristet für die Dauer des Mutterschutzes nach dem MuSchG und die Dauer der Elternzeit nach dem BErzGG der Mitarbeiterin ...... eingestellt. Das Arbeitsverhältnis endet mit dem Ende der Elternzeit, jedoch spätestens mit Ablauf des ......, ohne dass es einer Kündigung bedarf.)

(*Alternative*:
(1) Der Arbeitsvertrag beginnt am .... Der Mitarbeiter wird befristet für die Dauer des Sonderurlaubs zum Zwecke der Kinderbetreuung der Mitarbeiterin (*Alternative*: des Mitarbeiters) ...... eingestellt. Das Arbeitsverhältnis endet mit dem Ende des Sonderurlaubs, jedoch spätestens mit Ablauf des ......, ohne dass es einer Kündigung bedarf.)

(2) Das Arbeitsverhältnis kann von der Gesellschaft und von dem Mitarbeiter mit einer Frist[17] von ...... gekündigt werden. Vor Beginn des Arbeitsvertrags ist die ordentliche Kündigung ausgeschlossen.

(3) Die Kündigung bedarf der Schriftform[18].

(4) KÜNDIGT DER MITARBEITER VERTRAGSWIDRIG VOR BEGINN DES ARBEITSVERTRAGS, NIMMT ER SEINE TÄTIGKEIT NICHT VERTRAGSGEMÄSS AUF ODER BEENDET ER DEN ARBEITSVERTRAG VERTRAGSWIDRIG, INSBESONDERE UNTER MISSACHTUNG DER GELTENDEN KÜNDIGUNGSFRISTEN, VERWIRKT ER EINE VERTRAGSSTRAFE. DIES GILT AUCH FÜR DEN FALL, DASS DIE GESELLSCHAFT DURCH SCHULDHAFT VERTRAGSWIDRIGES VERHALTEN DES ARBEITNEHMERS ZUR FRISTLOSEN KÜNDIGUNG DES ARBEITSVERTRAGS VERANLASST WIRD. DIE HÖHE DER VERTRAGSSTRAFE ENTSPRICHT DER VERGÜTUNG NACH § 3 ABS. (1), DIE FÜR DEN ZEITRAUM DER JEWEILS EINSCHLÄGIGEN KÜNDIGUNGSFRIST GESCHULDET IST; SIE BETRÄGT ABER MAXIMAL EIN BRUTTO-MONATSGEHALT. DIE GESELLSCHAFT BEHÄLT SICH DIE GELTENDMACHUNG WEITEREN SCHADENS VOR[19].

(5) Die Gesellschaft ist im Falle der Kündigung des Arbeitsvertrags durch die Gesellschaft berechtigt, den Mitarbeiter von seiner weiteren Tätigkeit für die Gesellschaft freizustellen. Während der Zeit der Freistellung behält der Mitarbeiter seinen Anspruch auf die vertragliche Vergütung; er muss sich jedoch den Wert desjenigen anrechnen lassen, was er infolge des Unterbleibens der Dienstleistung erspart oder durch anderweitige Verwendung seiner Dienste erwirbt oder zu erwerben böswillig unterlässt. Im Fall einer unwiderruflichen Freistellung wird die Freistellungszeit auf etwaige Urlaubs- oder Freizeitausgleichsansprüche angerechnet[20].

(6) Sollte der Mitarbeiter der Gesellschaft bei Ausspruch einer Kündigung durch die Gesellschaft Beträge aufgrund von Gehaltsvorschüssen oder ähnlichen Vorauszahlungen schulden, werden sämtliche Beträge sofort fällig und – unter Beachtung der Pfändungsgrenzen – aufrechenbar. Dem Mitarbeiter gewährte Darlehen gelten mit Ausspruch der Kündigung als ordentlich mit einer Frist von einem Monat gekündigt. Entsprechendes

gilt bei Ausspruch einer Kündigung durch den Mitarbeiter, es sei denn es liegt eine von der Gesellschaft verschuldete außerordentliche Kündigung vor[21].

§ 11 Verfall von Ansprüchen, Verjährung[22]

§ 12 Schlussbestimmungen[23]

......
Ort, Datum

......
Unterschrift der Gesellschaft[24]

......
Ort, Datum

......
Unterschrift des Mitarbeiters

Schrifttum: Buchner/Becker, Mutterschutzgesetz und Bundeserziehungsgeldgesetz, 2003; *Joussen,* Elternzeit und Verringerung der Arbeitszeit, NZA 2005, 336; *Peters-Lange/Rolfs* Reformbedarf und Reformgesetzgebung im Mutterschutz- und Erziehungsgeldrecht, NZA 2000, 682; *Reiserer/Penner* Teilzeitarbeit in der Elternzeit – Ablehnung aus dringenden betrieblichen Gründen nach § 15 BErzGG, BB 2002, 1962; *Rudolf/Rudolf,* Zum Verhältnis der Teilzeitansprüche nach § 15 BErzGG, § 8 TzBfG, NZA 2002, 602; *Zmarzlik/Zipperer/Viethen/Vieß* Mutterschutzgesetz Mutterschaftsleistungen Bundeserziehungsgeldgesetz, 1999; im Übrigen s. Form. A. V. 1.

Anmerkungen

1. Befristete Arbeitsverträge gemäß § 21 BErzGG. Mit § 21 BErzGG hat der Gesetzgeber einzelne, die Befristung eines Arbeitsverhältnisses sachlich rechtfertigende Gründe ausdrücklich geregelt (§ 21 Abs. 1 und Abs. 2 BErzGG) und weitere geringfügige Erleichterungen für den Arbeitgeber in Fällen der befristeten Vertretung einer Stammkraft für Zeiten des Mutterschutzes, der Elternzeit oder einer sonstigen Arbeitsfreistellung zum Zwecke der Kinderbetreuung geschaffen (§ 21 Abs. 4 bis Abs. 7 BErzGG).

Die Regelung einer Befristung zu Vertretungszwecken in § 21 BErzGG hat neben § 14 Abs. 1 Nr. 3 TzBfG wie dem bereits vor dessen Geltung richterrechtlich anerkannten Sachgrund der Vertretung vor allem klarstellende und bestätigende Bedeutung (BAG Urt. v. 15. 8. 2001 – 7 AZR 263/00 – AP Nr. 5 zu § 21 BErzGG; Urt. v. 2. 7. 2003 – 7 AZR 529/02 – AP Nr. 254 zu § 620 BGB Befristeter Arbeitsvertrag).

In den Zeiten des Mutterschutzes bestehen zugunsten der Stammarbeitnehmerin Schutzfristen und Beschäftigungsverbote, während der Elternzeit ruhen die Pflichten aus dem Arbeitsverhältnis. Für diese Zeiträume besteht regelmäßig Bedarf an der Beschäftigung einer Vertretungskraft bis zur Rückkehr der Stammarbeitnehmerin an den Arbeitsplatz. Gleiches gilt für die Zeiten, in denen der Arbeitgeber aufgrund Tarifvertrages, Betriebsvereinbarung oder einzelvertraglicher Vereinbarung eine Arbeitsfreistellung zur Betreuung eines Kindes (Sonderurlaub) gewährt.

Die **Befristungsgründe nach § 21 BErzGG** im Einzelnen:

Das **MuSchG** enthält eine Mehrzahl von Tatbeständen, bei deren Eingreifen eine Beschäftigung der betroffenen Stammarbeitnehmerin insgesamt ausgeschlossen ist (s. § 10 Abs. (1)). Zunächst sind dies die Schutzfristen von sechs Wochen vor und in der Regel acht Wochen nach der Entbindung (§§ 3 Abs. 2 und 6 Abs. 1 MuSchG). Umfasst ist ebenfalls das Verbot der Beschäftigung, soweit nach ärztlichem Zeugnis das Leben oder die Gesundheit von Mutter oder Kind bei einer Fortdauer der Beschäftigung gefährdet sind (§ 3 Abs. 1 MuSchG). Daneben existieren Beschäftigungsverbote für schädliche Arbeiten (§ 4 MuSchG), für Arbeiten welche die nach ärztlichem Attest eingeschränkte Leistungsfähigkeit übersteigen (§ 6 Abs. 2 MuSchG), für stillende Mütter wegen näher bestimmter Arbeiten (§ 6 Abs. 3 MuSchG) wie schließlich für bestimmte Arbeitszeiten (§ 8 MuSchG). Nicht alle diese Beschäftigungsverbote führen zu einem vollständigen Entfall der Beschäftigungsmöglichkeit der Stammarbeitnehmerin. In dem Umfang, in dem die Tätigkeit ausgeschlossen ist, ist die befristete Beschäftigung einer Vertretung nach § 21 BErzGG grundsätzlich sachlich gerechtfertigt (A/P/S/*Backhaus* § 21 BErzGG Rdn. 14; KR/*Lipke* Rdn. 11).

7. Zeit- und zweckbefristeter Arbeitsvertrag gemäß § 21 BErzGG — A. V. 7

Für Arbeitnehmer, die sich in **Elternzeit gemäß §§ 15, 16 BErzGG** befinden, ist eine befristete Einstellung für die Dauer der Elternzeit oder Teile hiervon zulässig (s. § 10 Abs. (1) Alternative 1). Die Regelungen zur Inanspruchnahme der Elternzeit sind zuletzt deutlich flexibilisiert worden (beide Elternteile, auch im Wechsel oder gleichzeitig). Die sechs- oder achtwöchigen Fristen für die schriftliche Ankündigung der Inanspruchnahme (§ 16 Abs. 1 S. 1 BErzGG) sollen dem Arbeitgeber eine Arbeitkräftedisposition ermöglichen. Zwar muss die Stammarbeitskraft die Zeiträume, innerhalb derer Elternzeit genommen werden soll, angeben (§ 16 Abs. 1 BErzGG). Die Verlängerungsmöglichkeit (§ 16 Abs. 3 BerzGG) wie das mögliche Teilzeitverlangen (§ 15 Abs. 6 und 7 BErzGG) bedeuten hier aber eine erhebliche Planungserschwernis für den Arbeitgeber (KR/*Lipke* § 21 BerzGG Rdn. 12). Mit der Rechtsprechung des BAG zur Fassung des BErzGG vor 1996 war für die Befristung nach § 21 BErzGG zu fordern, dass die Stammkraft bereits die Gewährung von Elternzeit zu Recht verlangt hat (BAG Urt. v. 9. 11. 1994 – 7 AZR 243/94 – AP Nr. 1 zu § 21 BErzGG). Folglich konnte dem Arbeitgeber nicht empfohlen werden, ohne das Vorliegen eines solchen Verlangens einen befristeten Arbeitsvertrag mit einer Ersatzkraft zu schließen. Spricht auch einiges dafür, dass sich diese Rechtsprechung mit der Streichung der Worte „zu Recht verlangten" zum 1. Januar 1992 und der nachfolgenden Einführung der Zweckbefristung in § 21 Abs. 3 BErzGG zum 1. Oktober 1996 nicht mehr wird halten lassen (BT-Drucks. 13/4612 S. 18 f.; A/P/S/*Backhaus* § 21 BErzGG Rdn. 16), so fehlt es doch an einer Abkehr des BAG von seiner bisherigen Rechtsprechung. Es kann derzeit im Rahmen des § 21 BErzGG nicht zu einem einheitlichen befristeten Arbeitsvertrag über den Lauf der Mutterschutzfristen und der Elternzeit geraten werden, falls die Stammarbeitskraft nicht bereits die Elternzeit verlangt hat (für den Fall eines solchen frühzeitigen Verlangens s. Form. § 10 Abs. (1) Alt. 2). Zulässig und anzuraten ist die Begründung eines befristeten Arbeitsvertrags für die Zeiten des Mutterschutzes und der erneute Abschluss für den Zeitraum der Elternzeit, sobald diese von der Stammkraft tatsächlich verlangt wird (Annuß/Thüsing/*Lambrich* § 21 BErzGG Rdn. 48) (s. § 10 Abs. (1) und § 10 Abs. (1) Alternative 1).

Auch die **Arbeitsfreistellung zur Betreuung eines Kindes** stellt einen sachlichen Befristungsgrund dar (s. § 10 Abs. (1) Alternative 3). Weder schreibt das Gesetz hierzu die Notwendigkeit einer Betreuung im direkten Anschluss an die Elternzeit noch Altersgrenzen bezüglich des betreuten Kindes vor. Die Freistellung kann – unter Fortbestand des Arbeitsverhältnisses – aufgrund von Regelungen in Tarifverträgen, Betriebsvereinbarungen und einzelvertraglichen Absprachen mit der Stammarbeitskraft erfolgen. Die eigenständige Bedeutung der Regelung gegenüber dem Tatbestand des § 14 Abs. 1 Nr. 3 TzBfG ist eher gering.

Die Elternzeit von Beamten wird nicht durch das BErzGG geregelt (vgl. für Bundesbeamte, § 80 Nr. 2 BBG, § 1 Elternzeitverordnung). Ob die Vorschrift des § 21 BErzGG entsprechende Anwendung findet, ist vom BAG bisher offen gelassen worden, da in den zu entscheidenden Fällen der Sachgrund der Vertretung (§ 14 Abs. 1 Nr. 3 TzBfG) vorlag (BAG Urt. v. 9. 7. 1997 – 7 AZR 540/96 – n. a. v.; zust. ErfKomm/*Müller-Glöge* § 21 BErzGG Rdn. 5; abl. A/P/S/*Backhaus* § 21 BErzGG Rdn. 17).

2. Zeit und Zweck. Gemäß § 21 Abs. 3 BErzGG kann neben der **Zeitbefristung** eine **Zweckbefristung** abgeschlossen werden (zur Zweckbefristung allgemein s. Form. A.V.4 Anm. 1). Bei der Zweckbefristung muss die Dauer der Befristung der gesamten Ausfallzeit der Stammarbeitskraft entsprechen, für die Befristung einzelner Teile der Ausfallzeit ist nur die Zeitbefristung möglich (Annuß/Thüsing/*Lambrich* § 23 Rdn. 48). Auch für die Fälle der Befristungen nach § 21 BErzGG bietet sich eine sog. Doppelbefristung, die kombinierte kalendermäßige und Zweckbefristung, an (zur Doppelbefristung s. Form. A.V.4 Anm. 2). Der Zweck, welcher zur Beendigung des befristeten Arbeitsverhältnisses führen soll, muss so genau bezeichnet sein, dass das in Bezug genommene Ereignis zweifelsfrei feststellbar ist (BAG Urt. v. 16. 3. 2000 – 2 AZR 196/99 – RzK I 9i Nr. 72). Dies begegnet mit dem Ende des Mutterschutz-, Elternzeit- oder Sonderurlaubszeitraums regelmäßig keinen praktischen Schwierigkeiten. Eine Zweckerreichung ist dem Arbeitnehmer unverzüglich anzuzeigen (vgl. § 15 Abs. 2 und 5 TzBfG). Sollte sich der vertretene Arbeitnehmer entscheiden, nicht mehr an seinen Arbeitsplatz zurück zu kehren, muss durch eine ergänzende Vertragsauslegung ermittelt werden, ob die Vertragsparteien die Fortsetzung des Arbeitsverhältnisses geplant hätten (BAG Urt. v. 26. 6. 1996 – 7 AZR 674/95 – AP Nr. 23 zu § 620 BGB Bedingung). Insbesondere in diesem Fall ist die Doppelbefristung von Vorteil, bewirkt sie doch die Beendigung des befristeten Arbeitsverhältnisses zum zusätzlich vereinbarten Termin. Bis zu einer abschließenden Stellungnahme des BAG werden sich Risiken für die Vereinbarung einer Doppelbefristung aber nicht vollständig ausschließen lassen (s. Form. A. V. 4. Anm. 2).

Praktisch bedeutsam ist die Frage, ob die Stammarbeitskraft auch dann, wenn sie vollständige Freistellung begehrt und nicht zugleich einen Teilzeitanspruch schon vor Beginn der Elternzeit geltend macht, einen Teilzeitanspruch noch während der Elternzeit erfolgreich geltend machen kann (§ 15 Abs. 5 bis 7 BErzGG). Zwar sprechen gute Argumente dafür, dass die Regelungen des § 15 BErzGG wegen der geschützten Dispositionsmöglichkeiten des Arbeitgebers dahin auszulegen sind, dass die Stammarbeitskraft bereits mit dem Verlangen nach Elternzeit die Arbeitszeitverringerung begehren muss (*Peters-Lange/Rolfs* NZA 2000, 682, 686; *Küttner/Reinecke* Ziff. 157 Rdn. 25; nur im Ergebnis ähnlich *Rudolf/Rudolf* NZA 2002, 602, 604), eine später begehrte Teilzeittätigkeit nur mit Einverständnis des Arbeitgebers erfolgen kann und ein Rechtsanspruch in diesem Falle nicht besteht. Diese Auffassung wird auch durch instanzgerichtliche Entscheidungen gestützt (LAG Stuttgart Urt. v. 6. 5. 2004 – 3 Sa 44/03 – AuA 2004, 44). Der Stammarbeitnehmer hat hiernach ein Wahlrecht, ob er Elternzeit mit der Folge der Suspendierung der beiderseitigen Hauptpflichten oder aber in Form von Teilzeitarbeit in Anspruch nehmen will. Dieses Gestaltungsrecht ist bedingungsfeindlich und wird mit Ausübung verbraucht (LAG Stuttgart Urt. v. 6. 5. 2004 a. a. O.). Das BAG scheint nunmehr einen Anspruch auf Teilzeitbeschäftigung auch dann anzuerkennen, wenn die Stammarbeitskraft zunächst eine völlige Freistellung in Anspruch genommen hat (Urt. v. 19. 4. 2005 – 9 AZR 233/04 – PM 19/05).

Eine Mehrbelastung des Arbeitgebers durch die Beschäftigung der Vertretung und der Stammarbeitskraft (bis zu 30 Wochenstunden) lässt sich nicht durch Vorkehrungen im befristeten Vertrag mit der Ersatzkraft nach § 21 BErzGG verhindern. Es sprechen in diesem Fall aber „dringende betriebliche Gründe" für die berechtigte Ablehnung des Teilzeitverlangens der Stammkraft (§ 15 Abs. 7 Nr. 4 BErzGG, so auch BAG a. a. O.).

3. Verhältnis zu anderen Befristungsregelungen. Seit dem 1. Januar 2001 gelten für befristete Arbeitsverhältnisse die Regelungen des TzBfG. Nach § 23 TzBfG soll die Befristung von Arbeitsverhältnissen nach gesetzlichen Vorschriften außerhalb des TzBfG „unberührt" bleiben. Hieraus wird ganz überwiegend geschlossen, dass insbesondere die Normen des § 14 Abs. 1 und Abs. 2 TzBfG neben § 21 BErzGG stehen und alternative Befristungsmöglichkeiten bieten (Meinel/Heyn/Herms/*Herms* § 23 TzBfG Rdn. 33 m. weit. Nachw.). Auch dann, wenn eine Befristung nach § 21 BErzGG zulässig in Betracht kommt, sollte für Arbeitnehmer, mit denen vorher kein Arbeitsverhältnis bestand, von der Möglichkeit einer sachgrundlosen Befristung für einen Maximalzeitraum von 2 Jahren Gebrauch gemacht werden (§ 14 Abs. 2 TzBfG). Ist dies nicht möglich, kann die Befristung zur Vertretung neben § 21 BErzGG auch auf § 14 Abs. 1 Nr. 3 TzBfG gestützt werden (s. Form. A. V. 5).

Neben § 21 BErzGG können insbesondere tarifvertragliche Vorschriften zu beachten sein, welche für den Vertreter günstigere Regelungen beinhalten (Beispiel: zwingende Angabe des Befristungsgrundes oder Höchstdauer von Befristungen).

4. Position und Aufgaben. S. Form. A. II. 1, dort unter § 1.

5. Arbeitszeit. S. Form. A. II. 1, dort unter § 2.

6. Vergütung. S. Form. A. II. 1, dort unter § 3.

7. Abwesenheit/Krankheit. S. Form. A. V. , dort unter § 4.

8. Reisekosten/Auslagen. S. Form. A. II. 1, dort unter § 5.

9. Urlaub. S. Form. A. II. 1, dort unter § 6.

10. Nebentätigkeiten. S. Form. A. II. 1, dort unter § 7.

11. Geheimhaltung/Behandlung von Gegenständen und Daten. S. Form. A. II. 1, dort unter § 8.

12. Schutzrechte. S. Form. A. II. 1, dort unter § 9.

13. Kündigungsmöglichkeit. Neben der ausdrücklich individualvertraglich vereinbarten Kündigungsmöglichkeit, § 15 Abs. 3 TzBfG (s. Form. A. V. 1 Anm. 11), bietet § 21 Abs. 4 BErzGG dem Arbeitgeber ein **gesetzliches Sonderkündigungsrecht** für den Fall, dass die Elternzeit ohne Zustimmung des Arbeitgebers vorzeitig endet und der Stammarbeitnehmer die vorzeitige Beendigung der Elternzeit mitgeteilt hat. Dieses ermöglicht eine Kündigung des Vertreters mit einer dreiwöchigen Frist insbesondere für den Fall, dass der Stammarbeitnehmer vor Beendigung der ursprünglich begehrten Elternzeit seine Arbeit wieder aufnimmt. Längere Kündigungsfristen nach § 622 BGB sowie das KSchG finden keine Anwendung (Annuß/Thüsing/*Lambrich* § 23 Rdn. 59). Das Sonderkündigungsrecht gilt beim Tod des zu betreuenden Kindes (§ 16 Abs. 4 BErzGG), bei der Geburt eines weiteren Kindes oder bei der Eigenkündigung des Stammarbeitnehmers (BT-Drucks. 14/3553, S. 23). Des Weiteren greift das Sonderkündigungsrecht auch bei besonderen Härtefällen des § 1 Abs. 5 BErzGG, beispielsweise bei schwerer Erkrankung eines Elternteils oder bei der Gefährdung der wirtschaftlichen Existenz.

Das Sonderkündigungsrecht ist seinem Wortlaut nach nur auf Befristungen während der Elternzeit anwendbar und nicht analog auf die anderen Sachgründe des § 21 BErzGG übertragbar (KR/*Lipke* § 21 BErzGG Rdn. 22; Annuß/Thüsing/*Lambrich* § 23 Rdn. 59; *Buchner/Becker* § 21 BErzGG Rdn. 26; K/D/Z/*Däubler* § 21 BErzGG Rdn. 21).

§ 21 Abs. 7 BErzGG schafft eine **Sonderregelung zur Ermittlung der Zahl der Arbeitnehmer respektive Arbeitsplätze** im Falle der Vertretung einer Stammarbeitskraft in der Elternzeit oder für Zeiten der Freistellung zur Betreuung. Erhebliche Bedeutung hat dies vor allem für die Anwendung des KSchG (§ 23 Abs. 1 S. 2 KSchG), die Errichtung eines Betriebsrats und das Bestehen einzelner Beteiligungsrechte (§§ 1, 99, 111 BetrVG). Eine Vertretung führt nicht zu einer Erhöhung der relevanten Arbeitnehmer- oder Arbeitsplatzzahlen, da entweder die Stammarbeitskraft oder der Vertreter, nie aber beide in eine Zahlenermittlung einzubeziehen sind.

14. Dauer der Befristung. Die Dauer der Befristung nach § 21 BErzGG richtet sich nach den Zeiträumen der Beschäftigungsverbote des Mutterschutzes, der in Anspruch genommenen Elternzeit oder der Freistellung zur Betreuung des Kindes. Hierbei ist es auch möglich, Zeiten der Einarbeitung mit zu berücksichtigen. Dies gilt sowohl für die Einarbeitung der Vertretung als auch später für die Einarbeitung des Vertretenen (Annuß/Thüsing/*Lambrich* § 23 Rdn. 48; A/P/S/*Backhaus* § 21 BErzGG Rdn. 21; KR/*Lipke* § 21 BErzGG Rdn. 15). Ob der Arbeitgeber eine Vertretung für die ganze Zeit des Ausfalls oder nur für einzelne Teile davon einstellt, liegt grundsätzlich in seinem Ermessen (BAG Urt. v. 6. 12. 2000 – 7AZR 262/99 – NZA 2001, 721). Anderes aber gilt bei Vereinbarung einer Zweckbefristung (s. Anm. 2).

15. Vertretung. Für den Sachgrund der Vertretung gemäß § 21 BErzGG wird, wie auch bei der allgemeinen Regelung für Vertretungen, § 14 Abs. 1 Nr. 3 TzBfG (s. Form. A.V.5), eine **Prognose** des Arbeitgebers über den voraussichtlichen Wegfall des Vertretungsbedarfs vorausgesetzt (Annuß/Thüsing/*Lambrich* § 23 Rdn. 47; ErfKomm/*Müller-Glöge* § 21 BErzGG Rdn. 10). Es muss durch einen zeitweiligen Ausfall der Stammkraft aus den in § 21 Abs. 1 BErzGG genannten Gründen ein als vorübergehend einzustufender Bedarf an der Beschäftigung der Vertretungskraft entstehen und diese muss gerade wegen dieses vorübergehenden Bedarfs eingestellt werden.

Die an diese Prognose zu stellenden Anforderungen – insbesondere auch bei Mehrfachbefristungen – sind wesentlich geringer als bei der Vertretung nach § 14 Abs. 1 Nr. 3 TzBfG (Annuß/Thüsing/*Lambrich* § 23 Rdn. 48; KR/*Lipke* § 21 BErzGG Rdn. 10 f.).

Im Hinblick auf ein noch nicht erfolgtes Elternzeitverlangen der Stammarbeitskraft kann derzeit nicht empfohlen werden, eine auf § 21 BErzGG gestützte Befristung auf der Grundlage eine „Wahrscheinlichkeitsprognose" über die Anmeldung der Elternzeit vorzunehmen (s. Anm. 1).

Ein unmittelbarer Einsatz des Vertreters auf dem Arbeitsplatz des Vertretenen ist nicht erforderlich. Vielmehr ist lediglich ein **Kausalzusammenhang** zwischen der befristeten Einstellung und dem Ausfall des Stammarbeitnehmers notwendig (Annuß/Thüsing/*Lambrich* § 23 Rdn. 45; *Buchner/Becker* § 21 BErzGG Rdn. 9; ErfKomm/*Müller-Glöge* § 21 BErzGG Rdn. 8) (zur sog. „mittelbaren Vertretung" und ihren Grenzen s. ausführlich Form. A. V. 5 Anm. 15).

16. Doppelbefristung. Auch im Rahmen der Sachgrundbefristung nach § 21 BErzGG empfiehlt sich die Vereinbarung einer kombinierten Zeit- und Zweckbefristung (s. Anm. 2 und Form. A. V. 4 Anm. 2).

17. Kündigungsfrist. S. Form. A. V. 1 Anm. 14.

18. Schriftform. S. Form. A. II. 1 Anm. 19.

19. Vertragsstrafe. S. Form. A. II. 1 Anm. 20.

20. Freistellung. S. Form. A. II. 1 Anm. 21.

21. Vorfälligkeitsregelung. S. Form. A. II. 1 Anm. 22.

22. Verfall von Ansprüchen/Verjährung. S. Form. A. II. 1, dort unter § 11.

23. Schlussbestimmungen. S. Form. A. II. 1, dort unter § 13.

24. Unterschrift der Gesellschaft. S. Form. A. II. 1 Anm. 32. Auch für die Befristungsabrede im Rahmen der Sachgrundbefristung nach § 21 BErzGG gilt das **Schriftformerfordernis** (§ 14 Abs. 4 TzBfG). Grundsätzlich bedarf nur die Befristungsabrede, nicht aber der Sachgrund selbst der Schriftform (s. Form. A. V. 1 Anm. 12), dies gilt bei der Befristung gemäß § 21 BErzGG entsprechend. Soll indes – wie hier – von der Möglichkeit der Zweckbefristung nach § 21 Abs. 3 BErzGG Gebrauch gemacht werden, so ist der Sachgrund schriftlich in den Vertrag aufzunehmen (s. Form. A. V. 4 Anm. 3).

8. Mitteilung der Zweckerreichung gemäß § 15 Abs. 2 TzBfG[1, 2] – zweckbefristeter Arbeitsvertrag

[Briefkopf des Arbeitgebers]

Herrn ...... (Name und Anschrift des Arbeitnehmers)

...... (Datum)

Ihr Arbeitsvertrag vom ......

Sehr geehrter Herr ......,

hiermit teilen wir Ihnen mit, dass Ihr Arbeitsvertrag mit Ablauf des ......[3] aufgrund Zweckerreichung enden wird[4, 5].

Zugleich widersprechen wir schon jetzt vorsorglich einer Fortsetzung des Arbeitsverhältnisses.

Vorsorglich weisen wir Sie darauf hin, dass Sie sich unverzüglich bei der zuständigen Agentur für Arbeit zu melden sowie eigene Aktivitäten bei der Suche nach einer anderen Beschäftigung zu entfalten haben[6].

Mit freundlichen Grüßen

......

Unterschrift der Gesellschaft[7]

Schrifttum: S. Form. A. V. 1.

Anmerkungen

1. Zweckbefristung. S. Form. A. V. 4 Anm. 1.

2. Mitteilung der Zweckerreichung. Der zweckbefristete Arbeitsvertrag endet grundsätzlich mit dem Zeitpunkt des objektiven Eintritts des vertraglich vereinbarten Zwecks (der vertretene Mitarbeiter kehrt zurück, das Projekt wird beendet). Dies gilt allerdings nur unter der

8. Mitteilung der Zweckerreichung gemäß § 15 Abs. 2 TzBfG

Voraussetzung, dass der Arbeitgeber dem Arbeitnehmer diesen Zeitpunkt mindestens zwei Wochen vor Zweckeintritt schriftlich mitgeteilt hat (§ 15 Abs. 2 TzBfG). Der Gesetzgeber hat bei Schaffung des TzBfG die Rechtsprechung des BAG aufgenommen, wonach wegen der für den Arbeitnehmer oftmals mangelnden Erkennbarkeit des Zeitpunkts des Zweckeintritts für die wirksame Beendigung des zweckbefristeten Arbeitsverhältnisses eine Ankündigung durch den Arbeitgeber unter Beachtung der Mindestkündigungsfrist erforderlich war (BAG Urt. v. 26. 3. 1986 – 7 AZR 599/84 – AP Nr. 103 zu § 620 BGB Befristeter Arbeitsvertrag). Anderenfalls käme die Wirkung einer nicht vorausshebaren und nicht in überschaubarer Zeit liegenden Zweckerfüllung für den Arbeitnehmer einer außerordentlichen Kündigung gleich. Auf dieser Grundlage verpflichtet nunmehr § 15 Abs. 2 TzBfG den Arbeitgeber, den Arbeitnehmer schriftlich über den Zeitpunkt der Zweckerreichung zu unterrichten.

Nur dann, wenn dem Arbeitnehmer eine entsprechende Erklärung rechtzeitig zugegangen ist, endet das Arbeitsverhältnis mit dem objektiven Eintritt des Befristungszwecks. Erfolgt die Mitteilung verspätet, so endet das Arbeitsverhältnis frühestens zwei Wochen nach Zugang der Mitteilung, auch wenn der vereinbarte Zweck inzwischen tatsächlich eingetreten ist (§ 15 Abs. 2 TzBfG).

Noch nicht höchstrichterlich geklärt ist die Frage, inwieweit ein **Zweckfortfall** (Beispiel: vorzeitige Projektbeendigung durch Kündigung des Auftraggebers) immer auch zur wirksamen Beendigung des Arbeitsverhältnisses führt. Jedenfalls bei einer Befristung nach § 14 Abs. 1 Nr. 1 TzBfG wird eine Zweckabrede, deren Formulierung einen solchen vorübergehend erhöhten Arbeitsbedarf selbst beinhaltet (s. Form. A.V.4), nicht dazu führen können, dem Arbeitgeber die Berufung auf die Beendigung des befristeten Arbeitsverhältnisses bei ordnungsgemäßer Mitteilung nach § 15 Abs. 2 TzBfG wegen des von ihm zu tragenden „Wirtschaftsrisikos" zu versagen (so aber K/D/Z/*Däubler* § 15 Rdn. 4; dagegen Meinel/Heyn/Herms/*Meinel* § 15 Rdn. 8).

Die **Mitteilung** der Zweckerreichung nach § 15 Abs. 2 TzBfG muss **durch den Arbeitgeber oder ordnungsgemäß Bevollmächtigte** erfolgen. Eine Mitteilung durch nicht bevollmächtigte Dritte führt nicht zur gewünschten Beendigung (Meinel/Heyn/Herms/*Meinel* § 15 Rdn. 10; K/D/Z/*Däubler* § 15 Rdn. 6). Es genügt hierfür insbesondere auch keine sonstige unabhängige Kenntniserlangung des Arbeitnehmers von der alsbaldigen Erreichung des Zwecks.

Obgleich es sich rechtstechnisch nicht um eine Willenserklärung handelt, besteht weitgehend Einigkeit, dass die Mitteilung der **Schriftform** des § 126 BGB entsprechen muss. Bei der Mitteilung der Zweckerreichung handelt es sich um eine Wissenserklärung (*Rolfs* § 15 Rdn. 14). Die Entstehungsgeschichte des § 15 TzBfG macht aber deutlich, dass der für die Kündigung nach § 623 BGB geltende Schutz des § 126 BGB auch für die Zweckankündigung gelten soll (Annuß/Thüsing/*Maschmann* § 15 Rdn. 4; *Rolfs* § 15 Rdn. 14). Hieraus folgt, dass ein Zugang per E-Mail oder Telefax nicht genügt, dem Arbeitnehmer vielmehr das Original der Mitteilung überlassen werden muss (Annuß/Thüsing/*Maschmann* § 15 Rdn. 4). Rechtsfolgen werden erst durch ordnungsgemäßen Zugang der Mitteilung und den Zeitpunkt der Zweckerreichung beim Arbeitnehmer ausgelöst; es finden die Regelungen für den Zugang von Willenserklärungen entsprechende Anwendung (Annuß/Thüsing/*Maschmann* § 15 Rdn. 7).

Inhalt der Mitteilung gemäß § 15 Abs. 2 TzBfG ist der *genaue* Zeitpunkt der Zweckerreichung (s. Anm. 4) (Annuß/Thüsing/*Maschmann* § 15 Rdn. 6; Meinel/Heyn/Herms/*Meinel* § 15 Rdn. 11). Eine Pflicht des Arbeitgebers, darüber hinaus den Zweck genau zu bezeichnen und die Umstände der Zweckerreichung nachvollziehbar zu umschreiben, lässt sich nicht begründen (so aber K/D/Z/*Däubler* § 15 TzBfG Rdn. 6). Weder der Wortlaut des § 15 Abs. 2 TzBfG noch die Gesetzesmaterialien oder die frühere Rechtsprechung des BAG lassen ein solches Erfordernis erkennen. Sofern der *Zeitpunkt* der Zweckerreichung in der Mitteilung konkret benannt wird und der *Zweck selbst* im befristeten Arbeitsvertrag festgehalten ist (s. Form. A.V.4 Anm. 3), sind weitergehende Anforderungen an den Inhalt der Erklärung nicht zu beachten. Der mit der Mitteilung nach § 15 Abs. 2 TzBfG verfolgte Zweck, den Arbeitnehmer vor einer überraschenden Beendigung des Arbeitsverhältnisses zu schützen, rechtfertigt keine Ausdehnung der Anforderungen über den Wortlaut der Vorschrift hinaus (Meinel/Heyn/Herms/*Meinel* § 15 Rdn. 11).

3. Beendigungszeitpunkt. Der Zeitpunkt der Zweckerreichung ist in der Mitteilung nach § 15 Abs. 2 TzBfG genau zu bezeichnen. Anzugeben ist das konkrete Datum. Unbestimmte Zeiträume oder prognostische Angaben genügen nicht (A/P/S/*Backhaus* § 15 TzBfG Rdn. 9). Die Berechnung der Zweiwochenfrist folgt den §§ 186 ff. BGB. Fristbeginn ist der Tag des Zugangs der Unterrichtung. Dieser Tag zählt bei der Fristberechnung nicht mit.

Zur Illustration: Wird der objektive Zweck eines Arbeitsvertrags am Dienstag, dem 15. des Monats, erreicht, muss der Arbeitgeber eben diesen 15. des Monats in der Mitteilung angeben und für einen Zugang der Mitteilung noch am Montag, dem 1. des Monats, sorgen. Die Zweiwochenfrist beginnt am Dienstag, dem 2. des Monats, zu laufen und endet mit dem Zeitpunkt der Zweckerreichung am 15. des Monats. Zu diesem Zeitpunkt ist das Arbeitsverhältnis beendet. Unschädlich ist es, wenn der Arbeitgeber die Erklärung, der Zweck werde am Dienstag, dem 15. des Monats erreicht, bereits *vor* Montag, dem 1. des Monats, zugehen lässt. Das Arbeitsverhältnis endet mit Zweckerreichung am 15. des Monats.

Mit dem Wortlaut des § 15 Abs. 2 TzBfG ist die Annahme eines zusätzlichen Beurteilungsspielraums des Arbeitgebers (so aber Meinel/Heyn/Herms/*Meinel* § 15 Rdn. 12) im Hinblick auf den Zeitpunkt der Zweckerreichung abzulehnen.

4. Entstehung eines unbefristeten Arbeitsverhältnisses. Das Arbeitsverhältnis wird auf unbestimmte Zeit verlängert, wenn es „nach Zweckerreichung mit Wissen des Arbeitgebers fortgesetzt" wird, und „der Arbeitgeber nicht unverzüglich widerspricht oder dem Arbeitnehmer die Zweckerreichung nicht unverzüglich mitteilt" (§ 15 Abs. 5 TzBfG). Auf einen tatsächlichen Willen beider Parteien zur Verlängerung kommt es nicht an. Mit der Schaffung des § 15 Abs. 5 TzBfG wurde der frühere Streit um die Anwendbarkeit des § 625 BGB auf den zweckbefristeten Arbeitsvertrag gegenstandslos. Die neu geschaffene Norm soll sicherstellen, „dass der Arbeitgeber trotz objektiver Zweckerreichung das Ende des befristeten Arbeitsverhältnisses nicht beliebig hinausschieben kann." (BT-Drucks. 14/4374 S. 21).

Gem. § 15 Abs. 2 TzBfG (s. Anm. 2) hätte es der Arbeitgeber anderenfalls durch das Unterlassen der rechtzeitigen schriftlichen Mitteilung der Zweckerreichung in der Hand, den rechtlichen Beendigungszeitpunkt unabhängig vom Eintritt der objektiven Zweckerreichung einseitig zu bestimmen. § 15 Abs. 5 TzBfG sanktioniert ein solches willentliches Unterlassen durch die Begründung eines unbefristeten Arbeitsverhältnisses kraft Gesetzes.

Die **Fortsetzung des Arbeitsverhältnisses** i. S. d. § 15 Abs. 5 TzBfG ist die tatsächliche Arbeitsleistung des Arbeitnehmers über den Zeitpunkt der Zweckerreichung hinaus. Mit der Schaffung des § 15 Abs. 5 TzBfG ist zuletzt fraglich geworden, ob für dessen Anwendung allein Fortsetzungshandlungen des Arbeitnehmers in Betracht kommen (so noch bei § 625 BGB) oder aber auch einseitige Fortsetzungshandlungen des Arbeitgebers zur Begründung eines unbefristeten Arbeitsverhältnisses führen können (A/P/S/*Backhaus* § 15 TzBfG Rdn. 62 m. weit. Nachw.). Ihre praktische Bedeutung gewinnt diese Frage dort, wo der Arbeitgeber etwa Entgeltfortzahlung über den mitgeteilten Beendigungszeitpunkt hinaus leistet oder „Urlaub" erteilt. Eine Stellungnahme des BAG hierzu steht noch aus. Spricht auch vieles dafür, die gesetzliche Fiktion des unbefristeten Arbeitsverhältnisses weiter allein von Fortsetzungshandlungen des Arbeitnehmers abhängig zu machen, so sollte doch der Arbeitgeber stets darauf achten, den Arbeitnehmer nach Zweckerreichung nicht wie in einem fortbestehenden Arbeitsverhältnis zu behandeln. Solche Handlungen können als Indizien für eine konkludente Vereinbarung über die Fortsetzung des Arbeitsverhältnisses bewertet werden, womit es der Fiktion des § 15 Abs. 5 TzBfG gar nicht mehr bedürfte (vgl. BAG Urt. v. 2. 12. 1998 – 7 AZR 508/97 – NZA 1998, 482). Unschädlich sind dagegen all diejenigen Handlungen, welche sich gerade aus der Beendigung ergeben (Überstunden- und Urlaubsabgeltung, Zeugniserteilung etc.).

Praktisch wesentliche Handlungsrichtlinie für den Arbeitgeber bleibt es, eine Fortsetzung der Tätigkeit des Arbeitnehmers über den vertraglich vereinbarten Zweck hinaus nicht ohne unverzügliche Reaktion geschehen zu lassen.

Die Fortführung der Tätigkeit muss in unmittelbarem Anschluss an die Zweckerreichung erfolgen. Bereits eine kurze Unterbrechung führt zur Nichtanwendbarkeit der gesetzlichen Fiktion des § 15 Abs. 5 TzBfG (BAG Urt. v. 2. 12. 1998 – 7 AZR 508/97 – NZA 1998, 482).

8. Mitteilung der Zweckerreichung gemäß § 15 Abs. 2 TzBfG A. V. 8

Einigkeit besteht, dass das **Wissen des Arbeitgebers** sich mindestens auf die tatsächliche Arbeitsleistung des Arbeitnehmers beziehen muss. Hierbei wird auch die Kenntnis derjenigen Personen dem Arbeitgeber zugerechnet, welche zu seiner Vertretung befugt sind (BAG Urt. v. 31. 3. 1993 – 7 AZR 352/92 – n. a. v.; BAG Urt. v. 12. 12. 1984 – AP Nr. 85 zu § 620 BGB Befristeter Arbeitsvertrag). Zu fordern ist die positive Kenntnis des Arbeitgebers oder seiner Vertretungsberechtigten, nicht genügt dagegen die Kenntnis von sonstigen Arbeitskollegen des Arbeitnehmers.

Streit besteht dagegen, ob die Kenntnis des Arbeitgebers neben der Fortsetzung der Tätigkeit auch die Tatsache der Zweckerreichung umfassen muss. Mit der Mehrheit der Stimmen in der Literatur ist eine solche zusätzliche Kenntnis des Arbeitgebers für die Anwendung des § 15 Abs. 5 TzBfG nicht erforderlich (vgl. Annuß/Thüsing/*Maschmann* § 15 Rdn. 20 m. weit. Nachw.). Das BAG hat hierzu noch nicht explizit Stellung nehmen können, wenngleich es wohl dazu neigt, eine solche zusätzliche Kenntnis auch von der Beendigung des Arbeitsverhältnisses – hier allein die Kenntnis der objektiven Zweckerreichung – zu fordern, um die Fiktion des § 15 Abs. 5 TzBfG eingreifen zu lassen (so angedeutet in BAG Urt. v. 30. 11. 1984 – 7 AZR 539/83 – AP Nr. 1 zu § 22 MTV Ausbildung). Folge der verbleibenden Unsicherheit muss es für den Arbeitgeber sein, die im Grundsatz sinnvolle Vereinbarung eines – zumindest auch – zweckbefristeten Arbeitsvertrags mit einer genauen Beobachtung der Zweckerreichung zu verknüpfen (s. Form. A. V. 4 Anm. 2). Oftmals wird die Zweckerreichung unmittelbar erkennbar sein (Projektende, Rückkehr des vertretenen Arbeitnehmers), kann aber auch gesonderter Prüfung und Überwachung bedürfen (mittelbare Vertretung). Praktische Schwierigkeiten können sich insbesondere durch die Zurechnung etwaigen Wissens der vertretungsberechtigt für den Arbeitgeber handelnden Personen ergeben.

Erlangt der Arbeitgeber Kenntnis von der Fortsetzung der Tätigkeit, muss er dem Arbeitnehmer gegenüber **unverzüglich** – ohne schuldhaftes Zögern, § 121 BGB – eine Erklärung nach § 15 Abs. 5 abgeben. Einheitliche Anforderungen für die einzuhaltende Mitteilungsfrist bestehen nicht. Der Arbeitgeber sollte sich indes nicht auf eine teilweise angenommene Höchstgrenze von einer Woche (KR/*Fischermeyer* § 625 Rdn. 35 m. weit. Nachw.) verlassen, vielmehr in jedem Fall ab Kenntnis *umgehend* eine Erklärung abgeben (Meinel/Heyn/Herms/*Meinel* § 15 Rdn. 49).

Eine nicht mehr unverzügliche – folglich schuldhaft verzögerte – Mitteilung kommt wohl nur dort in Betracht, wo der Arbeitgeber – gegebenenfalls zurechenbare – Kenntnis nicht allein von der Fortsetzung der Tätigkeit an sich (die vor Zweckerreichung in gleicher Weise geschuldet wäre) hat, er vielmehr auch Kenntnis von der objektiven Zweckerreichung erlangt. Insoweit bleiben die praktischen Auswirkungen des oben dargelegten Streits um die Kenntnis des Arbeitgebers allein von Fortsetzung der Tätigkeit oder zusätzlich auch der Zweckerreichung im Falle hinreichender Überwachung gering.

5. Praktische Anforderungen (15 Abs. 2 und Abs. 5 TzBfG). Es bedarf zur wirksamen Beendigung des zweckbefristeten Arbeitsverhältnisses neben der objektiven Zweckerreichung weiterer Erklärungen des Arbeitgebers. Bis zu einer endgültigen Stellungnahme des BAG bleibt vorläufig ungeklärt, ob eine zusätzliche – hier durchgängig empfohlene – kalendermäßige Höchstbefristung (Doppelbefristung) geeignet ist, die vorherige Entstehung einer unbefristeten Arbeitsverhältnisses wirksam zu verhindern (ausführlich dazu s. Form. A. V. 4 Anm. 2). Der Arbeitgeber muss gleichwohl nicht vom Gebrauch dieses sinnvollen Gestaltungsmittels absehen. Bis zum Vorliegen einer Entscheidung des BAG ist er aber im besonderen Maße gehalten, den objektiven Zweckeintritt sorgfältig zu überwachen und nachfolgend nochmals zusammengefassten Mitteilungspflichten zu genügen (umfassend hierzu und m. weit. Nachw. Meinel/Heyn/Herms/*Meinel* § 15 Rdn. 18 ff.) Letzte Unsicherheiten bleiben bis zu einer Stellungnahme des BAG bestehen.

Liegt eine **rechtzeitige und ordnungsgemäße Mitteilung nach § 15 Abs. 2 TzBfG vor objektiver Zweckerreichung** vor, so endet das Arbeitsverhältnis mit dem objektiven Eintritt des vereinbarten Zwecks. Beschränkt der Arbeitgeber den Abschluss doppelt befristeter Arbeitsverträge auf diejenigen Fälle, in welchen er eine ordnungsgemäße Überwachung des Zweckeintritts und die rechtzeitige und inhaltlich wie formell ordnungsgemäße Unterrichtung sicherstellen kann, wird die Zweckbefristung zur unmittelbaren – wirtschaftlich sinnvollen – Beendigung des befristeten Arbeitsverhältnisses führen. Dennoch sollte auch in diesen Fällen sichergestellt werden, dass der Arbeitnehmer seine Tätigkeit nicht tatsächlich über den Termin des objektiven Zweckeintritts hinaus fortsetzt.

Erfolgt die **Mitteilung nach § 15 Abs. 2 TzBfG nicht rechtzeitig, aber noch vor objektiver Zweckerreichung**, so endet das Arbeitsverhältnis nicht mit objektiver Zweckerreichung, sondern erst mit Ablauf von 14 Tagen nach Zugang der Mitteilung nach § 15 Abs. 2 TzBfG. Es spricht vieles dafür, dass die Fortsetzung der Tätigkeit über den objektiven Zweckeintritt hinaus bis zum Ablauf der 14-Tages-Frist keinen Widerspruch nach § 15 Abs. 5 TzBfG notwendig macht. Das Formular nimmt allein vorsorglich nochmals einen Widerspruch auf. Jedenfalls dann aber, wenn der Arbeitnehmer noch nach Ablauf der 14-Tages-Frist nach Zugang der Mitteilung gemäß § 15 Abs. 2 TzBfG seine Tätigkeit fortsetzt, kann ohne unverzüglichen Widerspruch die Begründung eines unbefristeten Arbeitsverhältnisses nicht ausgeschlossen werden.

Liegt **keine ordnungsgemäße Mitteilung nach § 15 Abs. 2 TzBfG bis zur objektiven Zweckerreichung** vor, so ist zu unterscheiden:

Setzt der Arbeitnehmer seine Tätigkeit nach objektiver Zweckerreichung nicht fort, hat der Arbeitgeber für den – möglichst alsbaldigen – Zugang einer ordnungsgemäßen Mitteilung nach § 15 Abs. 2 TzBfG zu sorgen. Das Arbeitsverhältnis endet mit Ablauf der 14-Tages-Frist nach Zugang der Erklärung.

Setzt der Arbeitnehmer dagegen sein Tätigkeit nach objektiver Zweckerreichung mit Wissen des Arbeitgebers fort, so muss der Arbeitgeber unverzüglich die ordnungsgemäße Mitteilung nachholen (§ 15 Abs. 5 TzBfG). Anderenfalls droht die Entstehung eines unbefristeten Arbeitsverhältnisses.

Liegt eine **rechtzeitige und ordnungsgemäße Mitteilung nach § 15 Abs. 2 TzBfG vor objektiver Zweckerreichung** vor, **verzögert sich aber der tatsächliche Zweckeintritt**, so kommt es nicht zu einer automatischen Beendigung des Arbeitsverhältnisses zum mitgeteilten Zeitpunkt. Zwar wird sich der Arbeitnehmer einseitig zum zunächst vorgesehenen Zeitpunkt vom Vertrag lösen können, falls er etwa bereits eine Anschlussbeschäftigung gefunden hat. Eine vollwirksame rechtliche Beendigung des Arbeitsverhältnisses bedarf aber einer nochmaligen ordnungsgemäßen Mitteilung nach § 15 Abs. 2 TzBfG. Diese sollte der Arbeitgeber in jedem Fall sofort mit Kenntnis des tatsächlichen Zeitpunkts des objektiven Zweckeintritts abgeben, um eine frühestmögliche Beendigung zu erreichen. Setzt der Arbeitnehmer mit Wissen des Arbeitgebers seine Tätigkeit über den Zeitpunkt des objektiven Zweckeintritts hinaus fort, droht dagegen wiederum die Entstehung eines unbefristeten Arbeitsverhältnisses (§ 15 Abs. 5 TzBfG). Absolutes Mindesterfordernis ist folglich die unverzügliche Mitteilung der Zweckerreichung nach Eintritt des objektiven Zwecks.

Liegt eine **Mitteilung nach § 15 Abs. 2 TzBfG vor objektiver Zweckerreichung** vor, erfolgt **aber der tatsächliche Zweckeintritt früher** als mitgeteilt, so bedarf es der erneuten Mitteilung nach § 15 Abs. 2 TzBfG unter Angabe des zutreffenden Termins. Das Arbeitsverhältnis endet dann mit Ablauf der 14-Tages-Frist ab Zugang dieser Erklärung bzw. mit objektiver Zweckerreichung, falls diese erst nach Ablauf der 14-Tages-Frist eintritt.

Ist der **objektive Zweck bereits eingetreten**, und **noch keine Mitteilung nach § 15 Abs. 2 TzBfG** erfolgt, so richten sich die Anforderungen nach § 15 Abs. 5 TzBfG. Der Arbeitgeber muss unverzüglich die Mitteilung der Zweckerreichung nachholen. Das Arbeitsverhältnis wird dann mit Ablauf der 14-Tages-Frist nach Zugang der Mitteilung beendet. Setzt der Arbeitnehmer seine Tätigkeit mit Wissen des Arbeitgebers über den Zeitpunkt der Zweckerreichung fort und versäumt der Arbeitgeber die unverzügliche Nachholung, so kann auch bei Vereinbarung einer Doppelbefristung derzeit nicht ausgeschlossen werden, dass ein unbefristetes Arbeitsverhältnis zustande kommt.

6. Information nach § 2 Abs. 2 Nr. 3 SGB III. S. Form. A. XIV. 2 Anm. 5.

7. Unterschrift der Gesellschaft. S. Form. A. II. 1 Anm. 32.

VI. Teilzeit

1. Ablehnung eines Teilzeitverlangens nach § 8 TzBfG und § 15 BErzGG[1]

[Briefkopf des Arbeitgebers]

Herrn ...... (Name und Anschrift des Arbeitnehmers)

...... (Datum)

Ablehnung Ihres Teilzeitverlangens[2]

Sehr geehrter Herr _____,

wir beziehen uns auf Ihr Schreiben (Alternative: Gespräch mit Herrn/Frau ......) vom ......, in dem Sie uns mitgeteilt hatten, dass Sie ab dem ...... Ihre Tätigkeit als Teilzeittätigkeit durchführen wollen[3] und unser diesbezügliches Gespräch am ......, in dem wir keine Einigung über Ihren Teilzeitwunsch finden konnten[4].

Sie hatten uns mitgeteilt, dass Sie ...... (Inhalt des Teilzeitbegehrens, z.B. eine Halbierung Ihrer wöchentlichen Arbeitszeit anstreben und die verringerte Arbeitszeit gleichmäßig auf alle Arbeitstage verteilt – jedoch nur vormittags – leisten wollten). Wir lehnen die von Ihnen gewünschten Verringerung und der Verteilung der Arbeitszeit ab[5]. Ihrem Wunsch nach Verringerung und Verteilung der Arbeitszeit stehen betriebliche Gründe entgegen[6].

(*Optional:*

Eine Teilzeittätigkeit wäre in unserem Unternehmen jedoch – bei Interesse ihrerseits – auf der Position ...... im Bereich ...... möglich. Diese Position wäre als Teilzeittätigkeit geeignet und könnte von der Arbeitszeit her Ihren Wünschen entsprechend ausgestaltet werden. Wir bitten Sie, sich mit uns in Verbindung zu setzen, falls Sie Interesse an dieser Position haben[7].)

(*Optional:*

Wir fordern Sie auf, auch nach dem ...... zu den vereinbarten Arbeitszeiten zu arbeiten. Bei einer eigenmächtigen Verringerung der Arbeitszeit müssen Sie damit rechnen, dass wir Ihr Arbeitsverhältnis – ordentlich oder außerordentlich – kündigen werden[8].)

Wir dürfen Sie noch darauf hinweisen, dass Sie eine Verringerung der Arbeitszeit erst nach Ablauf von zwei Jahren wieder verlangen können[9].

Mit freundlichen Grüßen

......

Unterschrift des Arbeitgebers[10].

Erhalten:

......

Ort, Datum

......

Unterschrift des Arbeitnehmers[11]

Schrifttum: Annuß/Thüsing, Teilzeit- und Befristungsgesetz, 2002; *Backfisch*, Der Rechtsanspruch auf Teilzeitarbeit, BC 2001, 83; *Beckschulze*, Die Durchsetzbarkeit des Teilzeitanspruchs in der betrieblichen Praxis, DB 2000, 2598; *Berkowsk*, Das Gesetz über Teilzeitarbeit und befristete Arbeitsverträge, NZI 2001, 188; *Bezani/Müller*, Das Gesetz über Teilzeitarbeit und befristete Arbeitsverträge, DStR 2001, 87;

Däubler, Das neue Teilzeit- und Befristungsgesetz, ZIP 2001, 217; *Diller*, Der Teilzeitwunsch im Prozess: Maßgeblicher Beurteilungszeitpunkt, insbesondere bei nachfolgenden Tarifverträgen nach § 8 IV 3 TzBfG, NZA 2001, 589; *Gaul/Wisskirchen*, Änderung des Bundeserziehungsgeldgesetzes, BB 2000, 48; *Hanau*, Offene Fragen zum Teilzeitgesetz, NZA 2001, 1168; *Hohenhaus*, Grenze des allgemeinen Teilzeitanspruchs: Zum Begriff der „wesentlichen Beeinträchtigung der Organisation im Betrieb", DB 2003, 1954; *Hromadka*, Das neue Teilzeit- und Befristungsgesetz, NJW 2001, 400; *Hunold*, Die neueste Rechtsprechung zu § 8 TzBfG, NZA-RR 2004, 225; *Klette/Backfisch*, Teilzeitarbeit und befristete Arbeitsverträge nach dem Teilzeit- und Befristungsgesetz, DStR 2002, 593; *Kornbichler*, Anspruch auf Teilzeitarbeit – Eine Zwischenbilanz, AuA 2003, Heft 9, 16; *Meinel/Heyn/Herms*, Teilzeit- und Befristungsgesetz, 2004; *Riebele/Gutzeit*, Teilzeitanspruch nach § 8 TzBfG und betriebliche Mitbestimmung, NZA 2002, 7; *Ring*, Gesetz über Teilzeitarbeit und befristete Arbeitsverträge, 2001; *Rolfs*, Das neue Recht der Teilzeitarbeit, RdA 2001, 129; *ders.*, Teilzeit- und Befristungsgesetz, 2002; *Wisskirchen*, Aktuelle Rechtsprechung zum Anspruch auf Teilzeit, DB 2003, 277; *Worzalla/Will/Mailänder/Worch/Heise*, Teilzeitarbeit und befristete Arbeitsverträge, 2001.

Anmerkungen

1. Allgemein. Seit dem 1. Januar 2001 hat jeder Arbeitnehmer unter bestimmten Voraussetzungen einen **gesetzlichen, unabdingbaren Anspruch auf Teilzeitarbeit (§§ 8, 22 TzBfG).** Wenn der Arbeitgeber auf ein ordnungsgemäßes Teilzeitverlangen nicht nach den Regeln des TzBfG reagiert, insbesondere das Teilzeitverlangen nicht ordnungsgemäß ablehnt, tritt eine grundsätzlich unbefristete „automatische" Verringerung der Arbeitszeit entsprechend dem Verlangen des Arbeitnehmers ein, ohne dass dieser weitere Schritte unternehmen muss (§ 8 Abs. 5 S. 2 TzBfG). Das Formular als Schreiben mit dem der Arbeitgeber ein Teilzeitbegehren ablehnt, stellt den Abschluss des gesetzlich vorgesehenen außergerichtlichen Verfahrens dar. Im Folgenden wird auch das außergerichtliche Verfahren dargestellt, da Kenntnisse darüber für den Arbeitgeber unabdingbar sind, um ein Teilzeitbegehren wirksam ablehnen zu können. Wenn das Teilzeitverlangen ordnungsgemäß abgelehnt wurde, muss der Arbeitnehmer sein Teilzeitverlangen gerichtlich durchsetzen, sofern er es weiter verfolgen will (vgl. Anm. 4). Das Teilzeitbegehren kann nach dem Gesetz vom Arbeitgeber nur dann wirksam abgelehnt werden, wenn dem Begehren betriebliche Gründe entgegenstehen (§ 8 Abs. 4 TzBfG). Zu einigen Konstellationen, die zur Ablehnung des Teilzeitverlangens berechtigten können, ist schon aussagekräftige oberinstanzliche Rechtsprechung ergangen. Diese wird hier dargestellt. Für andere Konstellationen fehlt es dahingegen noch an einer einheitlichen Linie in der Rechtsprechung. Ob im Einzelfall tatsächlich betriebliche Gründe vorliegen, die den Arbeitgeber zur Ablehnung eines Teilzeitverlangens berechtigen, kann nur aufgrund des konkreten Sachverhalts und unter Berücksichtigung der jeweiligen betrieblichen Situation bestimmt werden. Das Formular lehnt das Teilzeitbegehren ohne die Angabe von Gründen ab. Es kann daher grundsätzlich in allen Konstellationen verwendet werden, in denen der Arbeitgeber dem Teilzeitbegehren nicht nachkommen will.

Die **Besonderheiten des Teilzeitverlangen bei Elternzeit nach dem BErzGG** und dessen Ablehnung werden in den jeweiligen Anmerkungen erläutert. Für die Ablehnung eines solchen Antrags kann der Aufbau des Formulars herangezogen werden, sie muss aber anders formuliert und schriftlich begründet werden (§ 15 Abs. 6 S. 5 BErzGG). Das **Verhältnis** zwischen einem **Teilzeitverlangen nach dem TzBfG** und einem **Teilzeitverlangen nach dem BErzGG** ist noch weitgehend **ungeklärt**. Ein Teilzeitantrag nach dem BErzGG ist teilweise „günstiger" für den Arbeitnehmer als ein Teilzeitverlangen nach dem TzBfG (z. B. zur Ablehnung sind dringende betriebliche Gründe nötig), teilweise auch „ungünstiger" (keine automatische Verringerung bei unterlassener form- und fristgerechter Ablehnung). Insgesamt ist der Teilzeitanspruch nach dem BErzGG wohl als günstiger für den Arbeitnehmer zu werten, da er ein „Rückkehrrecht" zur vorherigen Arbeitszeit vorsieht (§ 15 Abs. 5 S. 3 BErzGG – grundsätzlich befristete Verringerung der Arbeitszeit nach dem BErzGG), das das TzBfG so nicht kennt (grundsätzlich unbefristete Verringerung der Arbeitszeit nach dem TzBfG). Wenn ein Mitarbeiter, bei dem beide Anspruchsgrundlagen gegeben wären (§ 15 BErzGG und § 8 TzBfG) ein Teilzeitverlangen stellt, ist zunächst zu prüfen, ob sich durch den Wortlaut oder die Auslegung ergibt, auf welche Anspruchsgrundlage er sich stützen will. Wenn sich ein Teilzeitantrag beispielsweise wegen eines

1. Ablehnung eines Teilzeitverlangens nach § 8 TzBfG und § 15 BErzGG   A. VI. 1

Über- oder Unterschreitens des gesetzlich vorgegebenen Arbeitszeitkorridors von 15 bis 30 Wochenstunden des BErzGG bewegt, wird der Antrag auf das TzBfG gestützt sein. Gleiches gilt, wenn der Mitarbeiter deutlich macht, dass er unbefristet in Teilzeit arbeiten will, also nicht nur für die Dauer der Elternzeit. Wenn sich nicht eindeutig ermitteln lässt, auf welche Anspruchsgrundlage sich der Arbeitnehmer festgelegt hat, sollte der Arbeitgeber bei einer Ablehnung die entsprechenden Vorschriften aus beiden Gesetzen kumulativ einhalten. Der Arbeitnehmer wird eventuell absichtlich offen lassen, auf welche Grundlage er sein Teilzeitbegehren stützt, um seine Position durch die Ungewissheit zu verbessern.

2. Anspruch auf Verringerung der Arbeitszeit. Voraussetzung für den **allgemeinen Anspruch auf Teilzeit** nach dem TzBfG ist, dass der Arbeitnehmer länger als **sechs Monate im Arbeitsverhältnis** steht und dass der Arbeitgeber in der Regel **mehr als 15 Arbeitnehmer** beschäftigt (§ 8 Abs. 1, 7 TzBfG). Der Arbeitnehmer braucht **keine Gründe für sein Teilzeitbegehren**; seine Interessen für das Teilzeitbegehren sind unerheblich, so dass grundsätzlich (außer im einstweiligen Rechtsschutz, vgl. Anm. 5) keine Abwägung gegenläufiger Interessen von Arbeitnehmer und Arbeitgeber stattfindet (vgl. BAG Urt. v. 9. 12. 2003 – 9 AZR 16/03 – AP § 8 TzBfG Nr. 8). Der Teilzeitantrag einer allein erziehenden Mutter eines Kindes, die nur noch vormittags arbeiten will, weil sie ihr Kind nachmittags betreuen muss, wird also grundsätzlich nicht anders behandelt als der gleichlaufende Teilzeitantrag eines Mitarbeiters, der „das Geld nicht braucht" und mehr Freizeit haben möchte.

Die Voraussetzung für einen Anspruch auf **Teilzeitarbeit während der Elternzeit** sind folgende: Nach § 15 Abs. 4–7 BErzGG haben Arbeitnehmerinnen und Arbeitnehmer während der Inanspruchnahme der Elternzeit (also befristet auf die Dauer der Elternzeit) Anspruch auf Teilzeitbeschäftigung beim Arbeitgeber, sofern
– der Arbeitgeber in der Regel mehr als 15 Arbeitnehmer beschäftigt (ausschließlich Personen in der Berufsausbildung),
– das Arbeitsverhältnis im Betrieb oder Unternehmen mehr als sechs Monate bestanden hat,
– die Arbeitszeit für mindestens drei Monate auf einen Umfang zwischen 15 und 30 Wochenstunden verringert werden soll,
– der Anspruch dem Arbeitgeber mindestens acht Wochen vorher schriftlich mitgeteilt wurde (die Ankündigungsfrist verkürzt sich auf sechs Wochen für den Elternzeit nehmenden Mann bei Teilzeit unmittelbar nach der Geburt des Kindes und für die Elternzeit nehmende Mutter bei Teilzeit unmittelbar im Anschluss an die Mutterschutzfrist) und
– der Arbeitnehmer während der Elternzeit nicht schon zweimal eine Verringerung der Arbeitszeit beansprucht hat.

Das BAG hat kürzlich entschieden, dass ein Mitarbeiter, der zunächst für eine bestimmte Dauer Elternzeit „Null" beantragt hat, später auch während des beantragten Zeitraums einen Anspruch Teilzeittätigkeit nach dem BErzGG geltend machen kann. Der Arbeitgeber kann aber diesem Begehren nach Elternteilzeit ggf. entgegenhalten, dass er schon eine Vertretung eingestellt hat (BAG Urt. v. 19. 4. 2005 – 9 AZR 233/04 – n. a. v.).

3. Teilzeitverlangen. Spätestens **drei Monate vor** dem gewünschten **Beginn** der Verringerung der Arbeitszeit muss der Arbeitnehmer nach dem TzBfG seinen Wunsch nach Verringerung und den gewünschten Umfang der Verringerung dem Arbeitgeber mitteilen. Die von ihm angestrebte Verteilung der verringerten Arbeitszeit soll er angeben. Diese Eckdaten werden im Formular wiedergegeben. Wenn der Mitarbeiter eine Verteilung der Arbeitszeit nicht spätestens im Erörterungsgespräch mit dem Arbeitgeber angibt, kann der Arbeitgeber im Rahmen des Direktionsrechts die Verteilung der Arbeitszeit regeln (vgl. BAG Urt. v. 23. 11. 2004 – 9 AZR 644/03 – DB 2005, 1279) gegebenenfalls unter Wahrung der Mitbestimmungsrechte des Betriebsrats nach § 87 Abs. 1 Nr. 2 BetrVG bei kollektivem Bezug (vgl. LAG Hamm Urt. v. 12. 3. 2004 – 10 TaBV 161/03 – LAGReport 2003, 196, s. auch Form. A.II.1 Anm. 3, Form A.IV.2 Anm. 3). Das TzBfG schreibt **keine besondere Form** des „Antrags" auf Verringerung der Arbeitszeit vor, so dass der Arbeitnehmer seinen Wunsch **auch mündlich** äußern kann. Insbesondere bei einem mündlichen Teilzeitverlangen besteht für den Arbeitgeber die Gefahr, dass der zuständige Vorgesetzte des Mitarbeiters, an den letzterer das Teilzeitverlangen heranträgt, dieses schlicht vergisst oder nicht ernst nimmt und es von Arbeitgeberseite nicht ordnungsgemäß bearbeitet wird. Dann tritt die Zustimmungsfiktion ein (§ 8 Abs. 5 S. 2 TzBfG – vgl. Anm. 5). Wenn ein Mitarbeiter seinem Vorgesetzten gegenüber äußert „Ich möchte in Zukunft nur noch halbtags arbeiten" kann dies durchaus ein ordnungsgemäßes Teilzeitverlangen darstellen, das – nachweisbar – abgelehnt werden muss, um nicht automatisch zur Verringerung der Arbeitszeit zu führen (sofern der Mitarbeiter im Streitfall seine Äußerung nachweisen kann).

Ein Teilzeitwunsch ist vom Arbeitgeber also immer ernst zu nehmen und es ist darauf zu achten, dass die Kommunikation mit klaren und eindeutigen Worten erfolgt. Vage Äußerungen sind zu vermeiden; sie würden im Streitfall meist dem Arbeitgeber schaden. Zur Absicherung in einem eventuell nachfolgenden Prozess ist vom Arbeitgeber sicherzustellen, dass die Kommunikation nachgewiesen werden kann. Soweit möglich, sollte sie also schriftlich erfolgen. Gespräche sollten unter Hinzuziehung eines Zeugen erfolgen und in Form eines vom Zeugen unterzeichneten Aktenvermerks dokumentiert werden.

Nach dem Gesetz liegt Teilzeitarbeit vor, wenn die Arbeitszeit im Durchschnitt eines Zeitraums von bis zu einem Jahr unter der Arbeitszeit eines vergleichbaren Vollzeitbeschäftigten liegt (§ 2 Abs. 1 S. 2 TzBfG). Eine besondere Form der Teilzeittätigkeit wird im TzBfG nicht vorgeschrieben. Es sind also auch atypische Teilzeitverlangen möglich, beispielsweise das Begehren der Verteilung der Arbeitszeit auf „einen Monat Vollzeit, einen Monat Arbeitszeit Null" und der damit verbundenen Reduzierung der Arbeitszeit um die Hälfte (vgl. § 2 Abs. 1 TzBfG, LAG Düsseldorf Urt. v. 1. 3. 2002 – 18 (4) Sa 1269/01 – NZA-RR 2002, 407).

Wenn der Arbeitnehmer seinen Wunsch nach Verringerung der Arbeitszeit weniger als drei Monate vor dem von ihm ausdrücklich gewünschten Beginn der Verringerung geltend macht – also mit **zu kurzer Vorlaufsfrist** –, ist der Arbeitgeber nicht verpflichtet, den Wunsch zu diesem Datum nachzukommen. Der Antrag des Mitarbeiters wird dann aber regelmäßig so auszulegen sein, dass der Beginn der Verringerung der Arbeitszeit zum nächstmöglichen Zeitpunkt erfolgen soll, also drei Monate nach Äußerung des Verringerungswunsches. Ein Teilzeitverlangen, mit dem ausdrücklich ein zu früher Beginn der Arbeitszeitverringerung angegeben wird, löst aber nicht die Zustimmungsfiktion des § 8 Abs. 5 S. 2, 3 TzBfG aus (BAG Urt. v. 20. 7. 2004 – 9 AZR 626/03 – AP § 8 TzBfG Nr. 11; vgl. zur Zustimmungsfiktion s. u. Anm. 5). Es muss vielmehr vom Arbeitnehmer erst gerichtlich durchgesetzt werden. Zu beachten ist, dass der Arbeitgeber aber auf die Einhaltung der Drei-Monats-Frist verzichten kann, auch durch schlüssiges Verhalten. Ein solcher Verzicht kann beispielsweise in einer vorbehaltlosen Erörterung des Teilzeitbegehrens mit dem Mitarbeiter in Kenntnis der Fristversäumung liegen (BAG Urt. v. 14. 10. 2003 – 9 AZR 636/02 – AP § 8 TzBfG Nr. 6). Bei Nichteinhaltung der Vorlaufsfrist ist dem Arbeitgeber zu empfehlen, den Arbeitnehmer zunächst auf die nicht eingehaltene Frist hinzuweisen. Dann muss der Arbeitnehmer dem Arbeitgeber verdeutlichen, wie sein Verlangen auszulegen ist. Erst nach dieser Präzisierung muss der Arbeitgeber die entgegenstehenden betrieblichen Gründe mit dem Arbeitnehmer erörtern (vgl. BAG Urt. v. 20. 7. 2004 – 9 AZR 626/03 – AP § 8 TzBfG Nr. 11).

Eine maximale Vorlaufzeit, die zwischen Äußerung des Verringerungswunsches und gewünschten Beginn der Arbeitszeitverringerung nicht überschritten werden darf, sieht das Gesetz nicht vor. Im Interesse des Arbeitgebers ist es, dass der Arbeitnehmer ihm seinen Verringerungswunsch möglichst mit einer längeren Vorlaufzeit mitteilt als der gesetzlich vorgeschriebenen kurzen Drei-Monats-Frist. Dies, damit – sofern dem Teilzeitbegehren nachgekommen werden kann – entsprechende organisatorische Vorkehrungen getroffen werden können, und damit – sofern dem Teilzeitbegehren nicht nachgekommen werden kann – ausreichend Zeit verbleibt, um eine Ablehnung zu untermauern. Die unternehmensinterne Kommunikation der Bitte des Arbeitgebers um die Einhaltung einer längeren Vorankündigungsfrist bei Teilzeitbegehren (vor dem Hintergrund der dann für beide Parteien vorteilhaften „frühzeitigen Planungssicherheit") kann in der Praxis den Erfolg haben, dass die Arbeitnehmer Teilzeitbegehren tendenziell mit einer längeren Vorlaufzeit einreichen. Dazu gezwungen werden können sie nicht.

Bei einem **Teilzeitverlangen während der Elternzeit** nach dem BErzGG muss der Anspruch dem Arbeitgeber mindestens acht Wochen vorher schriftlich mitgeteilt werden. Die Ankündigungsfrist verkürzt sich auf sechs Wochen für den Elternzeit nehmenden Mann bei Teilzeit unmittelbar nach der Geburt des Kindes und für die Elternzeit nehmende Mutter bei Teilzeit

1. Ablehnung eines Teilzeitverlangens nach § 8 TzBfG und § 15 BErzGG   A. VI. 1

unmittelbar im Anschluss an die Mutterschutzfrist. Das BErzGG gibt im Gegensatz zum TzBfG einen „Arbeitszeitkorridor" vor: Der Mitarbeiter muss die Arbeitszeit für mindestens drei Monate auf einen Umfang zwischen 15 und 30 Wochenstunden verringern wollen (§ 15 Abs. 7 BErzGG).

4. Erörterung des Verlangens. Das Formular enthält auch einen Hinweis auf ein erfolgloses Erörterungsgespräch mit dem Mitarbeiter über dessen Teilzeitverlangen. Denn § 8 Abs. 3 TzBfG sieht vor, dass **mit dem Arbeitnehmer** die gewünschte **Verringerung** der Arbeitszeit **erörtert wird** und **möglichst eine Einigung** über die Verringerung und Verteilung erzielt wird. Im Falle einer Einigung kann selbstverständlich von der ursprünglich gewünschten Verringerung und Verteilung der Arbeitszeit abgewichen werden. Sofern eine Einigung erzielt wird, sollte diese schriftlich niedergelegt werden, vorzugsweise in einer ausführlicheren Regelung, die auch die Behandlung möglicher Streitpunkte festlegt (beispielsweise das Schicksal des Firmenwagens). § 8 Abs. 3 TzBfG zeigt, dass das Gesetz vorrangig eine Verhandlungslösung anstrebt. Es handelt sich dabei jedoch um eine Verhandlungsobliegenheit, nicht um eine einklagbare Verhandlungspflicht (BAG Urt. v. 18. 2. 2003 – 9 AZR 356/02 – AP § 8 TzBfG Nr. 1). Wenn der Arbeitgeber also den Antrag des Arbeitnehmers ablehnt, ohne vorher mit ihm verhandelt zu haben, so führt dies alleine nicht zur Unwirksamkeit der Ablehnung. Trotzdem ist dem Arbeitgeber zu den Verhandlungen (und zu einer Dokumentation des Verhandlungsverlaufs) zu raten. Denn im Verhandlungsweg kann eventuell eine Regelung getroffen werden, die weniger in die betrieblichen Abläufe eingreift als der ursprünglich vom Arbeitnehmer geäußerte Wunsch nach Verringerung und Verteilung der Arbeitszeit. Das Eingehen eines Kompromisses macht für den Arbeitgeber Sinn, wenn er „schlechte Karten" für die rechtliche Untermauerung einer Ablehnung des Teilzeitwunsches hat. Denn sollte der Arbeitgeber nach Ablehnung des Teilzeitverlangens in einem späteren Rechtsstreit unterliegen, so wird das Gericht dem Arbeitgeber die Verringerung und Verteilung der Arbeitszeit so aufzwingen, wie sie der Arbeitnehmer ursprünglich beantragt hat. Außerdem muss sich der Arbeitgeber ernsthaft mit den Wünschen des Arbeitnehmers befassen und prüfen, ob sie sich mit zumutbaren Aufwand verwirklichen lassen; er darf keine Blockadehaltung einnehmen (vgl. LAG Hamm Urt. v. 12. 3. 2004 – 10 TaBV 161/03 – LAGReport 2003, 196). Das BAG nimmt sogar an, dass der Arbeitgeber mit einer Einwendung in einem nachfolgenden Prozess über den Teilzeitanspruch ausgeschlossen (präkludiert) ist, die vom Arbeitnehmer im Rahmen der Erörterung hätte ausgeräumt werden können. Eine solche Einwendung soll im Prozess also unberücksichtigt bleiben (vgl. BAG Urt. v. 18. 2. 2003 – 9 AZR 356/02 – AP Nr. 1 zu § 8 TzBfG; BAG Urt. v. 19. 8. 2003 – 9 AZR 542/02 – AP Nr. 4 zu § 8 TzBfG). Unseres Erachtens ist es falsch, eine Präklusion anzunehmen. Denn die Verhandlungen über den Teilzeitwunsch dienen gerade dazu, eine Einigung zwischen den Parteien zu erzielen, die durchaus von dem ursprünglichen Teilzeitbegehren abweichen kann. In den Verhandlungen ist also der Standpunkt des Arbeitgebers „Ihr Teilzeitwunsch passt uns schlicht nicht, aber vielleicht können wir uns ja anderweitig einigen" erlaubt. Erst wenn es zu keiner Einigung kommt, muss über eine Ablehnung des konkreten Teilzeitwunsches und deren Begründung nachgedacht werden. Sinnvoll (und in Anbetracht der Rechtsprechung anzuraten) ist eine Ausarbeitung der „Argumentationslinie" aber sicherlich schon zu einem frühen Zeitpunkt.

Die Verhandlungen mit dem Arbeitnehmer müssen **spätestens einen Monat vor dem gewünschten Beginn der Verringerung abgeschlossen** sein, damit der Arbeitgeber dem Arbeitnehmer eine schriftliche Ablehnung des Teilzeitwunsches noch rechtzeitig innerhalb der Frist des § 8 Abs. 5 TzBfG zukommen lassen kann. Es empfiehlt sich also, die Verhandlungen möglichst frühzeitig aufzunehmen und abzuschließen.

Bei einem **Teilzeitverlangen während der Elternzeit** nach dem BErzGG soll vor der Ablehnung eine Verhandlung zwischen Arbeitgeber und Arbeitnehmer stattfinden, in der nach Möglichkeit eine Einigung über die Verringerung der Arbeitszeit und deren Ausgestaltung erzielt werden soll (§ 15 Abs. 5 BErzGG). Die Verhandlungsobliegenheit besteht auch, wenn der Antrag des Arbeitnehmers nicht form- und fristgerecht gestellt wurde

5. Schriftliche Ablehnung des Teilzeitverlangens/Fiktion der Verringerung der Arbeitszeit. Das Formular lehnt das Teilzeitbegehren des Mitarbeiters ausdrücklich ab. Sofern es zu keiner Einigung über die Verringerung und/oder Verteilung der Arbeitszeit kommt und der Arbeitgeber das Teilzeitbegehren ablehnen will, muss er dies **dem Arbeitnehmer spätestens einen Monat vor** dem gewünschten **Beginn** der Verringerung **schriftlich** mitteilen. Abzustellen ist auf den Zugang des Ablehnungsschreibens, der deswegen nachweisbar erfolgen muss. Empfehlenswert ist ein Übergabe des Ablehnungsschreibens im Betrieb (mit Empfangsbestätigung des Arbeitnehmers auf einer Kopie des Schreibens – wie im Formular vorgesehen, vgl. Anm. 11) – oder eine Zustellung durch Boten. Nach § 8 Abs. 5 S. 2, 3 TzBfG tritt **kraft Gesetzes die Verringerung (und gegebenenfalls Verteilung) der Arbeitszeit entsprechend den Wünschen des Arbeitnehmers ein, wenn das Ablehnungsschreiben** dem Arbeitnehmer **nicht rechtzeitig**, also spätestens einen Monat vor dem gewünschten Beginn der Verringerung, zugegangen ist.

Regelmäßig wird der Arbeitnehmer, wenn er eine Verringerung und eine bestimmte Verteilung der verringerten Arbeitszeit verlangt, die Verringerung mit der Verteilung derartig verknüpfen, dass das Teilzeitverlangen nur einheitlich abgelehnt werden kann (vgl. BAG Urt. v. 18. 2. 2003 – 9 AZR 164/02 – AP § 8 TzBfG Nr. 2). Das Begehren der Verringerung kann also mit dem Begehren auf Verteilung der verringerten Arbeitszeit eine Einheit bilden, die nur insgesamt angenommen oder abgelehnt werden kann. Wenn ein Mitarbeiter beispielsweise seine Arbeitszeit halbieren und nur noch vormittags arbeiten will (weil er nachmittags seine Kinder betreuen will), kann der Arbeitgeber nicht isoliert der Verringerung zustimmen, aber die Arbeitszeit auf nachmittags festsetzen. Wenn sich aus dem Teilzeitbegehren selbst nicht hinreichend sicher ergibt, ob der Arbeitnehmer eine derartige Verknüpfung herstellen will, ist er im Erörterungsgespräch aufzufordern, sich diesbezüglich festzulegen. Wenn der Mitarbeiter keine Verknüpfung zwischen Verringerung und Verteilung der Arbeitszeit herstellt und mit ihm grundsätzlich Einigkeit über die Verringerung der Arbeitszeit besteht, kann auch nur die angestrebte Verteilung der Arbeitszeit abgelehnt werden. Dann ist die Verringerung der Arbeitszeit dem Umfang nach aber vom Arbeitgeber hinzunehmen.

Das Unterlassen der rechtzeitigen schriftlichen Ablehnung hat gravierende Auswirkungen auf das Arbeitsverhältnis. Es ist daher darauf zu achten, dass Teilzeitbegehren von Arbeitnehmern rechtzeitig erfasst, bearbeitet und – falls ihnen nicht nachgekommen werden soll – innerhalb der Monatsfrist schriftlich abgelehnt werden. Insbesondere ist sicherzustellen, dass in der Personalakte dokumentiert wird, wann ein Arbeitnehmer einen Teilzeitwunsch geäußert hat (auch wenn dieser Wunsch nur mündlich oder per E-Mail geäußert wurde) und dass daraufhin rechtzeitig die notwendigen Schritte eingeleitet werden. Wenn der Arbeitnehmer sein Teilzeitbegehren mindestens drei Monate vor dem gewünschten Beginn der Verringerung gestellt hat und es der Arbeitgeber versäumt hat, das Teilzeitbegehren form- und fristgerecht abzulehnen, so darf der Arbeitnehmer – ohne dass von seiner Seite weitere Schritte veranlasst wären – ab dem von ihm gewünschten Zeitpunkt zu dem von ihm gewünschten Umfang und mit der von ihm gewünschten Verteilung der Arbeitszeit weiterarbeiten. Nach § 8 Abs. 5 S. 4 TzBfG kann der Arbeitgeber nur dann die Verteilung der Arbeitszeit wieder ändern, wenn das betriebliche Interesse an einer anderen Verteilung das Interesse des Arbeitnehmers an der Beibehaltung erheblich überwiegt und dem Arbeitnehmer die Änderung spätestens einen Monat vorher angekündigt wird. Eine Änderung des Umfangs der Arbeitszeit ist dann sogar nur noch einvernehmlich oder im Wege einer Änderungskündigung möglich.

Der Mitarbeiter kann, wenn sein Teilzeitverlangen nach dem TzBfG form- und fristgerecht abgelehnt wurde, rechtliche Schritte unternehmen um es durchzusetzen:

Einstweiliger Rechtsschutz des Arbeitnehmers. Wurde das Teilzeitbegehren vom Arbeitgeber form- und fristgemäß abgelehnt, ist der Arbeitnehmer auf den Rechtsweg verwiesen, um sein Teilzeitbegehren durchzusetzen. Bis zur rechtskräftigen Entscheidung in der Hauptsache (vgl. nächster Abs.) kann der Arbeitnehmer beim zuständigen Arbeitsgericht Antrag auf **Erlass einer einstweiligen Verfügung zur vorläufigen Regelung der Arbeitszeit** gemäß seinem Teilzeitbegehren stellen (Leistungsverfügung als Interimsregelung unter teilweiser Vorwegnahme der Hauptsache). Das Gericht wird die einstweilige Verfügung nur in Ausnahmefällen ohne mündliche Verhandlung erlassen. Denn der Erlass der einstweiligen Verfügung hat gravierende Einschnitte in die betrieblichen Abläufe zur Folge. An die Darlegung und Glaubhaftmachung von Verfügungsanspruch und Verfügungsgrund sind grundsätzlich strenge An-

1. Ablehnung eines Teilzeitverlangens nach § 8 TzBfG und § 15 BErzGG A. VI. 1

forderungen zu stellen, da es sich (teilweise) um eine Leistungsverfügung handelt. Verfügungsanspruch ist der Anspruch auf Teilzeitarbeit des § 8 TzBfG. Das Gericht wird in einer summarischen Prüfung die Voraussetzungen für den Teilzeitanspruch und die vom Arbeitgeber glaubhaft gemachten „entgegenstehenden betrieblichen Gründe" prüfen. Als Verfügungsgrund muss der Arbeitnehmer glaubhaft machen, dass die Verringerung der Arbeitszeit für ihn zur Abwehr wesentlicher Nachteile erforderlich erscheint, er also auf die Reduzierung (und Verteilung) der Arbeitszeit dringend angewiesen ist. Den Verfügungsgrund wird er oftmals glaubhaft machen können, wenn der Grund für die von ihm geforderte Verringerung der Arbeitszeit ist, dass er die „freiwerdende" Arbeitszeit für die Kindesbetreuung nutzen muss und er ohne die beantragte Arbeitszeitverkürzung nicht in der Lage ist, die Betreuung seiner Kinder zuverlässig zu gewährleisten. Der Arbeitnehmer hat insoweit darzulegen und glaubhaft zu machen, dass er alle ihm zumutbaren Anstrengungen unternommen hat, die Betreuung der Kinder so sicherzustellen, dass er zumindest zunächst zu den bisherigen Arbeitszeiten weiterarbeiten kann, und dass diese Anstrengungen erfolglos waren (vgl. LAG Mainz Urt. v. 12. 4. 2002 – 3 Sa 161/02 – NZA 2002, 856). Im Verfahren des einstweiligen Rechtsschutzes werden also auch die Motive berücksichtigt, die der Arbeitnehmer für sein Teilzeitbegehren hat. Der bloße Wunsch nach „mehr Freizeit" wird dabei nicht so hoch zu werten sein wie das Erfordernis der Kindesbetreuung während der freiwerdenden Arbeitszeit.

Klage auf Verringerung der Arbeitszeit. Nach einer ordnungsgemäßen Ablehnung des Teilzeitbegehrens muss der Arbeitnehmer, wenn er dieses durchsetzen will, **Klage** vor dem Arbeitsgericht **auf Zustimmung des Arbeitgebers zu der Verringerung und Verteilung der Arbeitszeit** stellen. Der Anspruch des Arbeitnehmers auf Verringerung der Arbeitszeit und deren Verteilung i. S. v. § 8 TzBfG richtet sich auf die Abgabe von Willenserklärungen des Arbeitgebers. Die Erklärungen des Arbeitgebers gelten mit Rechtskraft einer stattgebenden Entscheidung nach § 894 ZPO als abgegeben (BAG Urt. v. 19. 8. 2003 – 9 AZR 542/02 – AP Nr. 4 zu § 8 TzBfG). Im Verfahren wird die Einhaltung der formalen Vorschriften (Form, Frist) bezüglich des Ablehnungsschreibens geprüft. Die entgegenstehenden betrieblichen Gründe muss der Arbeitgeber im Verfahren genau darlegen.

Die Ablehnung eines **Teilzeitbegehrens nach dem BErzGG** muss **schriftlich** erfolgen **und** eine **schriftliche Begründung** enthalten. Zumindest einer der zulässigen Ablehnungsgründe muss also im Ablehnungsschreiben aufgeführt werden. Nach der schriftlichen Mitteilung des Arbeitnehmers muss die schriftliche Ablehnung **innerhalb von vier Wochen** dem Arbeitnehmer zugehen. Im Gegensatz zum Teilzeitbegehren nach dem TzBfG tritt aber bei einem Teilzeitbegehren nach dem BErzGG selbst bei einem ordnungsgemäßen schriftlichen Antrag des Mitarbeiters keine automatische Verringerung der Arbeitszeit ein, wenn der Arbeitgeber die Ablehnung nicht frist- und formgerecht erklärt hat. Der Arbeitnehmer ist also auch dann auf den Klageweg verwiesen, wenn die Ablehnung nicht ordnungsgemäß oder gar nicht erfolgt.

6. Ablehnungsgründe. Das Formular enthält die schlichte Aussage, dass betriebliche Gründe dem Teilzeitwunsch entgegenstehen. Denn die schriftliche **Ablehnung** des Teilzeitverlangens **nach dem TzBfG muss grundsätzlich nicht begründet werden**: Dies ergibt sich aus dem unterschiedlichen Wortlaut des § 8 Abs. 5 TzBfG im Vergleich zu § 15 Abs. 6 S. 2 BErzGG. Letzterer verlangt ausdrücklich eine schriftliche Begründung der Ablehnung. § 8 TzBfG verlangt vom Arbeitgeber nur die rechtzeitige schriftliche Ablehnung und nicht auch die Angabe einer Begründung. Der Arbeitgeber ist im Prozess weder an mitgeteilte Gründe gebunden noch daran gehindert, jedenfalls solche Gründe, die im Zeitpunkt der Ablehnung objektiv vorlagen, neu vorzutragen (vgl. LAG Düsseldorf Urt. v. 2. 7. 2003 – 12 Sa 407/03 – NZA-RR 2004, 234). Eine Präklusion bezüglich dem Mitarbeiter nicht mitgeteilter Einwendungen hat das BAG bisher nur bei Einwendungen angenommen, die im Rahmen der Erörterung des Teilzeitwunsches mit dem Mitarbeiter nach § 8 Abs. 3 TzBfG nicht angesprochen wurden (vgl. Anm. 4) – nicht jedoch bei Einwendungen, die im Ablehnungsschreiben nicht angesprochen wurden. In den meisten Fällen wird es taktisch klüger sein, keine Gründe im Ablehnungsschreiben anzuführen. Dies zum einen, um ein faktisches Präjudiz für einen späteren Rechtsstreit zu vermeiden und dem Arbeitnehmer nicht die Argumentationslinie vorzeitig aufzuzeigen. Denn ein Gericht wird oftmals, wenn im Ablehnungsschreiben Gründe ausdrücklich angeführt werden, seine rechtliche Prüfung auf diese Gründe konzentrieren. Der Arbeitnehmer wird, wenn er die Begründung im Detail schon aus dem Ablehnungsschreiben kennt, oftmals besser auf einen Rechtsstreit vorbereitet sein und kann seine Erfolgsaussichten besser einschätzen. Der Arbeitgeber könnte also seine Position im nachfolgenden Rechtsstreit durch die Angabe von Gründen im Ablehnungsschreiben schwächen. Zum anderen hat das Weglassen der Begründung den Vorteil, dass eine genaue rechtliche Prüfung zunächst nicht erfolgen muss. Denn eine Begründung der Ablehnung würde eine vorhergehende vertiefte rechtliche Prüfung der Gründe verlangen, damit die Ablehnung stichhaltig im Ablehnungsschreiben begründet werden kann. Diese, fast nur mit fachkundiger Hilfe vorzunehmende juristische Prüfung und Ausformulierung der Begründung, wäre im Ergebnis überflüssig gewesen, wenn der Arbeitnehmer nach Erhalt des Ablehnungsschreibens davon Abstand nimmt, sein Teilzeitverlangen gerichtlich durchzusetzen.

Ein **Antrag auf Teilzeit nach dem BErzGG** darf nur abgelehnt werden, wenn **dringende betriebliche Gründe** dem Teilzeitbegehren entgegenstehen. Die Ablehnung hat eine **schriftliche Begründung** zu enthalten. Da das BErzGG dringende betriebliche Gründe für eine Ablehnung des Teilzeitverlangens fordert, ist davon auszugehen, dass die Ablehnungsgründe, die die Ablehnung eines Teilzeitverlangens nach dem TzBfG erlauben würden, nicht stets auch eine Ablehnung eines Teilzeitverlangens nach dem BErzGG rechtfertigen. Denn das TzBfG spricht „nur" von betrieblichen Gründen. Jedoch dürften die Ansatzpunkte für die Ablehnungsgründe dieselben sein, die auch nach dem TzBfG gelten. Sie müssen aber stärker ausgeprägt, also „dringend" sein.

In den Fällen, in denen es der Arbeitgeber mit einem vermutlich einsichtigen Mitarbeiter zu tun hat kann aus Gründen des „Fair Play" und zur Vermeidung eines Rechtsstreits auch bei Ablehnung eines Teilzeitbegehrens nach dem TzBfG erwogen werden, die Ablehnungsgründe knapp auszuführen. Die Ausführungen sollten dann aber juristisch solide fundiert sein, damit der gewünschte Effekt, dass der Arbeitnehmer das Teilzeitbegehren nicht weiter verfolgt, erreicht wird. Wenn die Ablehnungsgründe im Schreiben ausgeführt werden, ist in das Schreiben vorsorglich der Hinweis aufzunehmen, dass die angeführten betrieblichen Gründe nicht abschließend aufgezählt wurden.

Oftmals wird der Arbeitgeber kein Interesse an der vom Arbeitnehmer gewünschten Verringerung und/oder Verteilung der Arbeitszeit haben, denn die ausfallende Arbeit muss dann von anderen Mitarbeitern erledigt werden, was regelmäßig erhöhte Kosten verursacht und zu „unproduktiver" Arbeitszeit durch die erforderliche Übergabe der Arbeit zwischen den Mitarbeitern führt. Diese Gesichtspunkte allein werden aber nur in Ausnahmefällen dazu führen, dass der Arbeitgeber das Teilzeitverlangen rechtmäßig ablehnen kann. Denn das TzBfG soll die Teilzeitarbeit fördern und nimmt dabei in Kauf, dass gewisse erhöhte Kosten und Reibungsverluste durch den Anspruch auf Teilzeitarbeit eintreten können.

§ 8 Abs. 4 TzBfG bestimmt, dass der Arbeitgeber der Verringerung zuzustimmen und die Verteilung entsprechend den Arbeitnehmerwünschen festzulegen hat, soweit **betriebliche Gründe** nicht **entgegenstehen**. Nach dem Gesetz liegt ein betrieblicher Grund insbesondere vor, wenn die Verringerung der Arbeitszeit die **Organisation**, den **Arbeitsablauf** oder die **Sicherheit im Betrieb wesentlich beeinträchtigt** oder **unverhältnismäßige Kosten** verursacht. Die Gesetzesbegründung spricht davon, dass keine unzumutbaren Anforderungen an die Ablehnung gestellt werden, und dass rationale, nachvollziehbare Gründe für die Ablehnung ausreichen sollen (BT-Drucks. 14/4374 S. 17). Dringende betriebliche Gründe sind nicht erforderlich, aber die Gründe müssen hinreichend gewichtig sein (vgl. BAG Urt. v. 18. 2. 2002 – 9 AZR 164/02 – AP § 8 TzBfG Nr. 2). Den Nachweis für die entgegenstehenden betrieblichen Gründe hat im Streitfall der Arbeitgeber zu führen. Die Behauptung des Arbeitnehmers, er könne aufgrund einer **Leistungsverdichtung** dieselbe Arbeit in geringerer Zeit erledigen, ist in diesem Zusammenhang unbeachtlich (vgl. BAG PM v. 21. 6. 2005 – 9 AZR 409/04). Der maßgebliche Zeitpunkt für die rechtliche Bewertung der Ablehnungsgründe ist der Zugang des Ablehnungsschreibens an den Arbeitnehmer (vgl. BAG Urt. v. 18. 2. 2003 – 9 AZR 356/02 – AP § 8 TzBfG Nr. 1; BAG Urt. v. 14. 10. 2003 – 9 AZR 636/02 – AP § 8 TzBfG Nr. 6, a. A. teilw. die LAG).

1. Ablehnung eines Teilzeitverlangens nach § 8 TzBfG und § 15 BErzGG   A. VI. 1

Durch Tarifverträge können die Ablehnungsgründe festgelegt werden. Arbeitnehmer und Arbeitgeber können sich auch im Geltungsbereich eines mangels Tarifgebundenheit nicht anwendbaren Tarifvertrags auf die Anwendung der entsprechenden tariflichen Regeln einigen (§ 8 Abs. 4 S. 3, 4 TzBfG). Der tarifgebundene Arbeitgeber muss also prüfen, ob die anwendbaren Tarifverträge entsprechende Festlegungen treffen.

Hinsichtlich der Art und des Gewichtes der Ablehnungsgründe hat die Rechtsprechung bisher meist nur entscheiden, welche Gründe nicht für eine Ablehnung ausreichen. Gefestigte allgemeingültige Leitlinien, welche Gründe eine Ablehnung rechtfertigen und welches Gewicht die Gründe haben müssen, hat die Rechtsprechung noch nicht erarbeitet. Eine wirksame Ablehnung können aber insbesondere die im Folgenden dargestellten praxisrelevanten Ablehnungsgründe tragen, zu denen schon aussagekräftige Entscheidungen ergangen sind.

Ablehnungsgrund: Unverhältnismäßige Kosten. Wenn der Arbeitgeber die Ablehnung des Teilzeitverlangens aus Kostengründen erwägt, hat er folgende Einschränkungen und Vorgaben zu bedenken, die sich aus der Gesetzesbegründung und der Rechtsprechung ergeben:

Dass durch die Teilzeittätigkeit regelmäßig Mehrkosten entstehen, reicht alleine nicht, um das Teilzeitbegehren abzulehnen. In der Gesetzesbegründung wird erwähnt, dass nach einem Jahr generell von einer allgemeinen Kostenneutralität des Arbeitsplatzes ausgegangen werden kann und dass dem Mehraufwand durch die Einstellung zusätzlicher Mitarbeiter laufende Kosteneinsparungen durch Produktivitätssteigerungen und bessere Kapitalnutzung gegenüberstehen können (vgl. BT-Drucks. 14/4374 S. 4, 11). Die Kosten, die regelmäßig durch die Neueinstellung eines weiteren Mitarbeiters entstehen (erhöhter Verwaltungsaufwand, Einarbeitungszeit) begründen also kein Ablehnungsrecht des Arbeitgebers. Jedoch ist es möglich, dass bei einer Aufteilung des bisherigen Arbeitsplatzes auf zwei Personen im Einzelfall unverhältnismäßig hohe Kosten entstehen, insbesondere wenn es sich nicht um einmalige höhere Kosten handelt, sondern um laufend anfallende höhere Kosten. In Betracht kommen z. B. erforderliche zusätzliche **Schulungs- und Fortbildungskosten**, sofern diese laufend in erheblichem Umfang anfallen und erforderlich sind, um die Mitarbeiter produktiv einsetzen zu können (vgl. BAG PM v. 21. 6. 2005 – 9 AZR 409/04; LAG Düsseldorf Urt. v. 19. 4. 2002 – 9 (12) Sa 11/02 – EzA-SD 2002, Nr. 6, 9–11 für den Fall, dass die Ersatzkraft fünf Stunden die Woche für die Verschaffung von Produktkenntnissen benötigt). Auch die notwendige **Anschaffung eines weiteren Dienstwagens** für die Ersatzkraft kann zu unverhältnismäßigen Kosten für den Arbeitgeber führen (vgl. LAG Hannover Urt. v. 18. 11. 2002 – 17 Sa 487/02 – BB 2003, 905). Es ist auch möglich, dass die durch die Einstellung einer Ersatzkraft entstehenden einmaligen Kosten für den Arbeitgeber unverhältnismäßig hoch sind, beispielsweise wenn die **Einrichtung eines zusätzlichen, teuren Arbeitsplatzes** erforderlich wäre, also insbesondere wenn die Mitarbeiter von einem auszustattenden **Home-Office** aus oder zeitlich zumindest teilweise parallel in der Betriebsstätte arbeiten müssten, also zwei Arbeitsplätze auszustatten wären. Auch wenn die Einarbeitung einer Ersatzkraft eine erhebliche Zeit dauern würde, kommt eine Ablehnung des Teilzeitbegehrens aus Kostengesichtspunkten in Betracht; eine **unverhältnismäßig lange Einarbeitungszeit** kann auch eine wesentliche Beeinträchtigung des Arbeitsablaufs darstellen. Welcher Einarbeitungsaufwand dem Arbeitgeber noch zuzumuten ist, wird von den individuellen betrieblichen Umständen abhängen, wobei insbesondere die vorgesehene wöchentliche Arbeitszeit der Ersatzkraft eine Rolle spielen wird. Als Orientierungshilfe könnte hierbei die Rechtsprechung zur Vergleichbarkeit von Arbeitnehmern im Kündigungsrecht herangezogen werden, wonach bei einer Einarbeitungszeit von drei Monaten eine Vergleichbarkeit nicht mehr gegeben ist (LAG Hannover Urt. v. 26. 6. 2003 – 4 Sa 1306/02 – NZA-RR 2004, 123, 125). Eine erforderliche Einarbeitungszeit der Ersatzkraft von drei Monaten oder länger würde den Arbeitgeber danach im Regelfall zur Ablehnung des Teilzeitverlangens berechtigen. Nach dem ArbG Frankfurt am Main (Urt. v. 7. 2. 2002 – 11 Ca 9087/01 – n. a. v.) stellen im Gegensatz dazu eine Fortbildung von neun Arbeitstagen und Schulungskosten in Höhe von EUR 1.000,– noch keine „nicht hinnehmbare Kostenbelastung" des Arbeitgebers dar. Der Arbeitgeber, der die Ablehnung des Teilzeitbegehrens auf den Gesichtspunkt der unzumutbaren Kosten stützen möchte, sollte zur Vorbereitung eines eventuell folgenden Rechtsstreits dokumentieren, warum welche zusätzlichen Kosten in welcher Höhe und für welche Zeit durch das Teilzeitbegehren des Mitarbeiters eintreten würden.

Ablehnungsgrund: Fehlen einer Ersatzkraft. Zur Ablehnung des Teilzeitverlangens kann sich der Arbeitgeber darauf berufen, keine geeignete zusätzliche Arbeitskraft finden zu können, die dem Berufsbild des seine Arbeitszeit reduzierenden Arbeitnehmers entspricht und die seinen Arbeitsausfall ausgleichen könnte (vgl. BT-Drucks. 14/4374 S. 17; BAG Urt. v. 14. 10. 2003 – 9 AZR 636/02 – AP § 8 TzBfG Nr. 6). Will der Arbeitgeber das Teilzeitbegehren ablehnen, weil er keine Ersatzkraft für die durch die Teilzeitarbeit ausfallende Arbeitszeit findet, so muss er die im Folgenden dargestellten Einschränkungen der Rechtsprechung berücksichtigen:

Zunächst ist dafür erforderlich, dass die ausfallende Arbeitszeit **nicht durch andere zumutbare organisatorische Maßnahmen aufgefangen werden kann**. Ein Auffangen durch zumutbare organisatorische Maßnahmen wäre beispielsweise nicht möglich, wenn der das Teilzeitverlangen stellende Mitarbeiter der einzige Mitarbeiter mit einer bestimmten Qualifikation ist und es aus betrieblichen Gründen notwendig ist, dass grundsätzlich während der gesamten betrieblichen Arbeitszeit ein Mitarbeiter mit dieser Qualifikation arbeitet. Als organisatorische Maßnahme ist die Anordnung von Überstunden für andere Mitarbeiter oder der Einsatz von Leiharbeitnehmern (zumindest wenn nicht ohnehin ständig Leiharbeit in Anspruch genommen wird) dem Arbeitgeber ebenso wenig zuzumuten wie der Abbau von Überstunden anderer Mitarbeiter bei Anstellung einer neuen Vollzeitkraft. Der Arbeitgeber hat keine Maßnahmen zu ergreifen, die über den bloßen Ausgleich des Arbeitszeitausfalls hinausgehen (vgl. BAG Urt. v. 9. 12. 2003 – 9 AZR 16/03 – AP § 8 TzBfG Nr. 8).

Wenn diese „Hürde genommen" ist, also andere zumutbare organisatorische Maßnahmen nicht in Betracht kommen, wird der Ablehnungsgrund „Fehlen einer Ersatzkraft" in vielen Fällen für den Arbeitgeber mit überschaubarem Aufwand nachzuweisen sein. Denn der Arbeitgeber muss „nur" den Nachweis führen, dass keine geeignete Ersatzkraft auf den für ihn maßgeblichen Arbeitsmarkt zur Verfügung steht. Insbesondere wenn es sich bei dem das Teilzeitverlangen stellenden Arbeitnehmer um eine spezialisierte Fachkraft handelt und er eine für ihn „günstige" Verteilung der Arbeitszeit wünscht (beispielsweise nur vormittags oder nur montags bis donnerstags) wird eine Ersatzkraft für die ausfallende Arbeitszeit tatsächlich kaum zu finden sein. Überhöhte Anforderungen dürfen an einen diesbezüglichen Nachweis des Arbeitgebers nicht gestellt werden. In jedem Fall wird er jedoch für die Stelle der Ersatzkraft der zuständigen **Agentur für Arbeit einen Vermittlungsauftrag erteilen** und eine **innerbetriebliche Stellenausschreibung** erfolglos durchführen müssen. Anzeigen in Tageszeitungen oder Stellenausschreibungen im Internet sind wohl nur erforderlich, wenn sie betriebsüblich sind; empfehlenswert sind sie für den Arbeitgeber jedoch immer. Um wirksam das Teilzeitverlangen ablehnen zu können, muss der Arbeitgeber bei der Formulierung der Stellenausschreibung beachten, dass die fachlichen Anforderungen, die an die Ersatzkraft gestellt werden, nicht überhöht sind. Denn bei zu hohen Anforderungen an die Ersatzkraft in der Stellenausschreibung kann der Ablehnungsgrund „Fehlen einer geeigneten Ersatzkraft" nicht darauf gestützt werden, dass sich auf die Ausschreibung hin kein Bewerber gemeldet hat (vgl. BAG Urt. v. 14. 10. 2003 – 9 AZR 636/02 – AP § 8 TzBfG Nr. 6). Sofern aus betrieblichen Gründen erforderlich ist, dass die Ersatzkraft zeitlich versetzt zu dem Arbeitnehmer arbeitet, der das Teilzeitbegehren stellt – also dessen ausfallende Arbeitszeit auch der Lage nach 1:1 ausgleicht –, müsste es ausreichend sein, dass keine geeignete Ersatzkraft für die abzudeckenden Zeiträume zu finden ist. Der Arbeitgeber hat zu dokumentieren, dass sich auf seine Bemühungen hin keine geeignete Ersatzkraft gemeldet hat, damit er dies in einem Rechtsstreit nachweisen kann. Wenn der Arbeitgeber nachweisen kann, dass sich keine Ersatzkraft gefunden hat, kann er das Teilzeitbegehren ablehnen. Wenn sich zwar grundsätzlich interessierte Ersatzkräfte gemeldet haben, diese jedoch für die Stelle nicht geeignet waren, hat der Arbeitgeber ebenfalls einen Ablehnungsgrund. Unseres Erachtens müsste ein Teilzeitbegehren darüber hinaus auch dann wirksam abgelehnt werden können, wenn sich zwar grundsätzlich geeignete Ersatzkräfte gemeldet haben, der Arbeitgeber sie aber aus billigenswerten, nachvollziehbaren Gründen nicht einstellen möchte. Denn der Arbeitgeber würde andernfalls indirekt gegen seinen Willen gezwungen werden, eine bestimmte Person einzustellen. Im deutschen Recht gibt es aber grundsätzlich keinen Kontrahierungszwang.

Ablehnungsgrund: Entgegenstehendes Organisationskonzept. Der Ablehnungsgrund des Organisationskonzepts, das zu einer Arbeitszeitregelung führt, die dem Teilzeitverlangen entgegensteht, ist der in der BAG-Rechtsprechung wohl am weitesten ausgearbeitete Ablehnungsgrund. Die Rechtsprechung stellt aber hohe Anforderungen an eine Ablehnung aus diesem Grund, denen der Arbeitgeber oftmals nicht gerecht werden können wird. Unternehmerische Vorstellungen über die „richtige" Arbeitszeitverteilung alleine rechtfertigen keine Ablehnung. Als Begründung kann der Arbeitgeber also beispielsweise nicht anführen, dass er grundsätzlich nur Vollzeitkräfte beschäftigt. Andernfalls wäre der gesetzliche Teilzeitanspruch im Ergebnis oft wertlos. Eine Ablehnung wird regelmäßig nur dann auf diesen Grund gestützt werden können, wenn das Organisationskonzept schon bestand, bevor das Teilzeitverlangen gestellt wurde, und auch im Betrieb keine vergleichbaren Teilzeitkräfte beschäftigt werden. Unseres Erachtens eignet sich dieser Ablehnungsgrund daher hauptsächlich dann, wenn er „von langer Hand" durch das Erstellen und Durchführen von organisatorischen Konzepten zukünftigen unerwünschten Teilzeitbegehren entgegenwirken kann. Im Folgenden werden die Voraussetzungen dargestellt, die nach der Rechtsprechung erfüllt sein müssen, damit der Arbeitgeber ein Teilzeitverlangen wegen eines entgegenstehenden Organisationskonzepts ablehnen kann:

Das **BAG** hat eine **Drei-Stufen-Prüfung** entwickelt, anhand der geprüft wird, ob ein betriebliches Organisationskonzept dem Teilzeitbegehren entgegensteht:

In der **ersten Stufe** ist festzustellen, **ob** überhaupt **und welches Organisationskonzept** der vom Arbeitgeber als erforderlich angesehenen Arbeitszeitregelung zugrunde liegt. Die Darlegungslast dafür, dass das Organisationskonzept die Arbeitszeitregelung bedingt, liegt beim Arbeitgeber. Die dem Organisationskonzept zugrunde liegende unternehmerische Aufgabenstellung und die daraus abgeleiteten organisatorischen Entscheidungen sind vom Gericht hinzunehmen, soweit sie nicht willkürlich sind. Voll überprüfen kann das Gericht dahingegen, ob das vorgetragene Konzept auch tatsächlich im Betrieb durchgeführt wird. Das Organisationskonzept muss also tatsächlich – bereits vor Stellung des Teilzeitbegehrens – vorliegen und im Unternehmen umgesetzt werden. Wenn Teilzeitbegehren zu erwarten und grundsätzlich aus betrieblichen Erwägungen eher unerwünscht sind, ist es dem Arbeitgeber zu raten, ein Organisationskonzept aufzustellen, das die berechtigten Interessen des Arbeitgebers hinreichend und angemessen schützt, dieses im Betrieb rechtzeitig und nachweisbar zu kommunizieren und auch möglichst „durchzuhalten". Bei Teilzeitbegehren, die erst nach der Kommunikation des Konzepts gestellt werden, entsteht dann nicht der Anschein, dass das Konzept erst (defensiv) zur Abwehr des individuellen Teilzeitanspruchs konstruiert wurde. Ein „präventives" Organisationskonzept, das auf nachvollziehbaren Gründen beruht, kann eher einem Teilzeitbegehren entgegen gehalten werden als das Berufen auf die gleichen Gründe, wenn sie nicht durch ein Organisationskonzept „abgesichert" sind.

Das BAG hat beispielsweise das Ziel eines Teppichgeschäfts, seinen Kunden jeweils nur einen Verkäufer als Ansprechpartner zu präsentieren, als ein nachvollziehbares servicefreundliches Organisationskonzept anerkannt (BAG Urt. v. 30. 9. 2003 – 9 AZR 665/02 – AP § 8 TzBfG Nr. 5). Bei einem Beratungsdienstleister soll ein anerkennenswertes Organisationskonzept vorliegen, wenn der Arbeitgeber sicherstellen will, dass die Berater den Kunden täglich zur sofortigen Erteilung von Auskünften zur Verfügung stehen (BAG Urt. v. 18. 2. 2003 – 9 AZR 164/02 – AP § 8 TzBfG Nr. 2). Gegen die ernsthafte Durchführung eines Konzepts spricht nicht unbedingt, wenn der Arbeitgeber im Einzelfall vom Konzept vorübergehend abweicht; es kommt vielmehr auf den Grund der Abweichung an (z.B. Krankheit, Urlaub). Denn vorübergehende Abweichungen von einem Konzept sind im betrieblichen Alltag unvermeidlich (vgl. BAG Urt. v. 19. 8. 2003 – 9 AZR 542/02 – AP § 8 TzBfG Nr. 4; BAG Urt. v. 14. 10. 2003 – 9 AZR 636/02 – AP § 8 TzBfG Nr. 6).

Auch eine auf das Arbeitsverhältnis anwendbare **Betriebsvereinbarung zur Arbeitzeit** kann dem Verteilungswunsch eines Mitarbeiters entgegenstehen. Die Regelung des § 8 TzBfG verdrängt nicht die Mitbestimmungsrechte des Betriebsrats bezüglich der Lage und Verteilung der Arbeitszeit (§ 87 Abs. 1 Nr. 2 BetrVG), sondern lässt sie unberührt (vgl. BAG Urt. v. 18. 2. 2003 – 9 AZR 164/02 – AP § 8 TzBfG Nr. 2). Eine Betriebsvereinbarung kann aber einem Teilzeitverlangen nur entgegenstehen, wenn die Teilzeitarbeit den in der Betriebsvereinbarung festgelegten Regelungen widersprechen würde, der Arbeitgeber also bei Gewährung des Teilzeitverlangens sich einem Unterlassungsanspruch des Betriebsrats ausgesetzt sähe (vgl. § 77 Abs. 1 BetrVG). Vom Arbeitgeber kann nicht verlangt werden, dass er sich betriebsverfassungswidrig verhält. Entscheidend hierfür ist, ob die vom Mitarbeiter gewünschte Arbeitszeitverteilung einen kollektiven Bezug hat, sich also abstrakt auf den ganzen Betrieb oder eine Gruppe von Arbeitnehmern oder einen Arbeitsplatz (nicht einen einzelnen Arbeitnehmer) bezieht (vgl. BAG Urt. v. 16. 3. 2004 – 9 AZR 323/03 – AP § 8 TzBfG Nr. 10). Fehlt der kollektive Bezug, so kann der Arbeitgeber seine Ablehnung nicht auf eine entgegenstehende Betriebsvereinbarung stützen.

In einer **zweiten Stufe** ist zu prüfen, **inwieweit** die **Arbeitszeitregelung dem Arbeitsverlangen** des Arbeitnehmers tatsächlich **entgegensteht.** Die bloße Behauptung des Arbeitgebers, dass die Teilzeitbeschäftigung nicht mit seinem Organisationskonzept zu vereinbaren sei, ist nicht ausreichend. Es wird an dieser Stelle vom BAG auch geprüft, ob das bestehende Organisationskonzept nicht durch zumutbare Änderungen von betrieblichen Abläufen oder des Personaleinsatzes mit dem Teilzeitverlangen des Arbeitnehmers in Einklang gebracht werden kann (auch wenn dieser Punkt sachlich eher auf der dritten Stufe zu prüfen wäre). Folgende Aspekte können beispielsweise im Rahmen eines bestehenden Organisationskonzepts gegen dem Arbeitgeber zumutbare Änderungen der Arbeitsabläufe sprechen: der Arbeitsablauf verlangt die Kundenbetreuung aus „einer Hand", der Mitarbeiter muss regelmäßig an im Voraus nicht planbaren Besprechungen teilnehmen oder es wären lange kosten- und zeitintensive Übergabegespräche bei einer „Teilung" der Stelle nötig.

In der **dritten Stufe** wird das **Gewicht der entgegenstehenden betrieblichen Gründe** geprüft: Werden durch die vom Arbeitnehmer gewünschte Abweichung die in § 8 Abs. 4 S. 2 TzBfG genannten besonderen betrieblichen Belange oder das betriebliche Organisationskonzept und die ihm zugrunde liegende unternehmerische Aufgabenstellung **wesentlich beeinträchtigt?** Eine wesentliche Beeinträchtigung liegt beispielsweise nicht vor, wenn das Konzept des Teppichgeschäfts, einen Kunden jeweils nur einen Verkäufer als Ansprechpartner zu präsentieren, schon deshalb nicht durchgehalten wird, weil das Geschäft eine Ladenöffnungszeit von mindestens 62 Stunden die Woche hat, aber selbst eine Vollzeitkraft nur 37,5 Stunden die Woche arbeitet (vgl. BAG Urt. v. 30. 9. 2003 – 9 AZR 665/02 – AP § 8 TzBfG Nr. 5). Abgesehen davon, dass dies schon an der Ernsthaftigkeit des Konzepts zweifeln lässt (was auf der ersten Stufe zu prüfen ist), würde eine Teilzeittätigkeit in das Konzept nicht wesentlich eingreifen. Denn das Ziel, dass ein Kunde nur mit einem Verkäufer zu tun haben soll, kann offensichtlich ohnehin nicht durchgehend erreicht werden. Es kann jedoch auch in einem solchen Fall eine „Überforderung" des Arbeitgebers durch eine Häufung von Teilzeitverlangen eintreten. Dies berechtigt aber nur dann zur Ablehnung, wenn die Überforderungsgrenze für den Arbeitgeber durch eine Vielzahl von Teilzeitverlangen erreicht ist, also nicht schon dann, wenn bei weiteren, zeitlich späteren Teilzeitbegehren eine Überforderung eintreten könnte. Als Anhaltspunkt für die Überforderungsgrenze kann die Regelung in § 3 Abs. 1 Nr. 3 ATZG herangezogen werden. Danach muss bei staatlich geförderter Altersteilzeit grundsätzlich sichergestellt werden, dass der Arbeitgeber nicht mehr als 5% der Belegschaft Altersteilzeit gewähren muss. Es lässt sich also argumentieren, dass bei Teilzeitverlangen von mehr als 5% der Belegschaft von einer Überforderung des Arbeitgebers ausgegangen werden kann.

7. Alternativangebot. Das Formular schlägt eine Formulierung vor, die verwendet werden kann, wenn der Arbeitgeber dem Mitarbeiter eine andere Teilzeitstelle anbieten kann (und will), die dessen Wunsch nach Verringerung und Verteilung der Arbeitszeit gerecht wird. Ein solches „Angebot" kann angezeigt sein, wenn eine Eskalation vermieden werden soll und ein Einsatz des Mitarbeiters auf der Alternativstelle sinnvoll ist. Es handelt sich dabei um kein Angebot im Rechtssinn, sondern um eine Aufforderung mit dem Arbeitgeber in Verhandlungen über eine Änderung der Arbeitsbedingungen zu treten. Die Alternativstelle kann durchaus geringer vergütet sein oder geringere Anforderungen stellen, denn es geht bei dem Angebot der Alternativstelle nicht um eine Erfüllung des Teilzeitbegehrens, sondern um eine einvernehmliche Änderung der Arbeitsbedingungen. Sollte es mit dem Mitarbeiter zu einer Einigung über die Aufnahme der Tätigkeit auf der Alternativstelle kommen, ist eine schriftliche Änderungsvereinbarung mit dem Mitarbeiter zu schließen.

8. Vorweggenommene Abmahnung. Das Formular enthält eine Formulierung mit einem Hinweis darauf, dass dem Mitarbeiter eine Kündigung droht, wenn er trotz Ablehnung des Teilzeitbegehrens seine Arbeitszeit „eigenmächtig" reduziert. Die Aufnahme dieses Hinweises erscheint uns wegen der „harten" Aussage nur dann angezeigt, wenn es sich bei dem Mitarbeiter um einen renitenten Mitarbeiter handelt, bei dem ein Einlenken ausgeschlossen ist und von dem sich der Arbeitgeber im Ergebnis trennen möchte. Die Formulierung stellt eine vorweggenommene Abmahnung dar (vgl. Form A. X. 1 Anm. 3), die es eventuell dem Arbeitgeber erleichtert, bei einer eigenmächtigen Reduzierung der Arbeitszeit ohne weitere Abmahnung eine wirksame Kündigung auszusprechen. Eine Kündigung kann aber auch dann nur wirksam ausgesprochen werden, wenn der Arbeitgeber form- und fristgerecht das Teilzeitbegehren abgelehnt hat und der Mitarbeiter trotzdem die Arbeitszeit eigenmächtig reduziert. Denn bei nicht form- und fristgerechter Ablehnung durfte der Arbeitnehmer seine Arbeitszeit reduzieren.

9. „**Sperrfrist**" **von zwei Jahren.** Das Formular enthält einen deklaratorischen Hinweis, dass der Arbeitnehmer erst nach zwei Jahren erneut Teilzeit verlangen kann. Denn nach § 8 Abs. 6 TzBfG hat der Arbeitnehmer nach berechtigter Ablehnung oder Zustimmung zu seinem Teilzeitbegehren eine Sperrfrist von zwei Jahren. Diese Regelung dient der **Planungssicherheit** für den Arbeitgeber. Eine unberechtigte Ablehnung des Teilzeitverlangens löst die Sperrfrist aber nicht aus. Es kann also die Konstellation entstehen, dass bei einem zweiten Teilzeitverlangen, das innerhalb der Sperrfrist aus diesem Grund abgelehnt wird, im Streitfall inzident geprüft wird, ob das vorhergehende erste Teilzeitverlangen berechtigt abgelehnt wurde. Dem Arbeitgeber ist also im Hinblick auf ein möglicherweise nachfolgendes weiteres Teilzeitbegehren anzuraten, die für die Ablehnung aufgestellte Dokumentation der Ablehnungsgründe für zwei Jahre aufzubewahren, auch wenn der Mitarbeiter das vorgehende erste Teilzeitbegehren nicht gerichtlich durchzusetzen versucht.

Für **Teilzeitverlangen nach dem BErzGG** gibt es keine derartige Sperrfrist. Indirekt ergeben sich aber Grenzen durch die Beschränkung auf zweimalige Beanspruchung der Verringerung nach § 15 Abs. 6 BErzGG und die „Vorlaufzeit" von acht Wochen nach § 15 Abs. 7 S. 1 Nr. 5.

10. Unterschrift. S. Form. A. XIV. 3 Anm. 7.

11. **Empfangsbestätigung.** Nachdem die Ablehnung des Teilzeitbegehrens fristgemäß zugehen muss, sieht das Formular ein Empfangsbestätigung des Arbeitnehmers vor (s. Form. A. XIV. 3 Anm. 8).

2. Teilzeitarbeitsvertrag[1]

Teilzeitarbeitsvertrag

zwischen
...... (Name und Anschrift des Arbeitgebers) „Gesellschaft"
und
Herrn ...... (Name und Anschrift des Arbeitnehmers) „Mitarbeiter"

§ 1 Position und Aufgaben[2]

(1) Der Mitarbeiter wird bei der Gesellschaft in Teilzeit als ...... in ...... tätig. Zu seinen Aufgaben und Pflichten zählen insbesondere ....

(2) Die Gesellschaft ist berechtigt, soweit dies zumutbar ist, dem Mitarbeiter jederzeit ein anderes, seinen Fähigkeiten und Qualifikationen entsprechendes Aufgaben- und Verantwortungsgebiet ohne Einschränkung seiner Vergütung zu übertragen oder den Mitarbeiter an einen anderen Ort zu versetzen.

(3) Der Mitarbeiter ist verpflichtet, die Richtlinien und Anweisungen der Gesellschaft in ihrer jeweiligen Fassung sowie die Anordnungen seiner Vorgesetzten zu beachten.

§ 2 Arbeitszeit

(1) Die regelmäßige wöchentliche Arbeitszeit des Mitarbeiters beträgt ...... Stunden.

(2) Die Lage der regelmäßigen wöchentlichen Arbeitszeit bestimmt sich wie folgt:
- Montag: ...... Uhr bis ...... Uhr
- Dienstag: ...... Uhr bis ...... Uhr

(...)[3]

(*Alternative*:

Die Lage der Arbeitszeit und der Pausen sowie auch der Arbeitstage unterliegen Schwankungen und können den betrieblichen Erfordernissen entsprechend angepasst werden. Die Einteilung der Arbeitszeit, Pausen und Arbeitstage erfolgt durch die Gesellschaft entsprechend den betrieblichen Erfordernissen und unter angemessener Berücksichtigung der berechtigten Interessen des Mitarbeiters.)[4]

(3) Der Mitarbeiter ist verpflichtet, sofern betriebliche Belange dies erfordern, Überstunden (einschließlich Samstags-, Sonn- und Feiertagsarbeit) zu leisten. Etwaige Überstunden werden nach Wahl der Gesellschaft durch Freizeit oder Geld ausgeglichen.[5]

(*Alternative*:

(3) Der Mitarbeiter ist verpflichtet, sofern betriebliche Belange dies erfordern, maximal ...... Überstunden (einschließlich Samstags-, Sonn- und Feiertagsarbeit) im Monat zu leisten. Diese Mehrarbeit ist mit der in § 3 Abs. (1) bestimmten Vergütung abgegolten.)

(4) Auf Wunsch der Gesellschaft wird der Mitarbeiter auch erforderliche Dienstreisen unternehmen. Reisezeiten, die außerhalb der regelmäßigen Arbeitszeit anfallen, gelten nicht als Arbeitszeit und werden nicht gesondert vergütet.[6]

§ 3 Vergütung[7]

(1) Der Mitarbeiter erhält als Vergütung für seine Tätigkeit ein Brutto-Monatsgehalt von EUR ...... (in Worten: Euro ......), zahlbar bargeldlos jeweils zum Monatsende.

(2) Die Zahlung von etwaigen Boni, Gratifikationen oder ähnlichen Sonderleistungen erfolgt freiwillig mit der Maßgabe, dass auch durch eine wiederholte Zahlung ein Rechtsanspruch des Mitarbeiters, weder dem Grunde noch der Höhe nach, weder für die Vergangenheit noch für die Zukunft, begründet wird. Gratifikationen, Einmalzahlungen oder Sonderzahlungen, die allen Mitarbeitern im Betrieb gleichermaßen gewährt werden, werden auch dem Mitarbeiter gewährt. Sie werden allerdings, sofern sie Entgeltcharakter haben und arbeitszeitbezogen sind, betragsmäßig gekürzt im Verhältnis der mit dem Mitarbeiter vereinbarten wöchentlichen Arbeitszeit zur jeweiligen wöchentlichen Arbeitszeit eines vollzeitbeschäftigten Mitarbeiters (derzeit ...... Wochenstunden).

(3) Dem Mitarbeiter ist es nicht gestattet, seine Vergütungsansprüche ohne vorherige schriftliche Zustimmung der Gesellschaft an Dritte abzutreten oder zu verpfänden.

(4) Der Mitarbeiter verpflichtet sich, etwa zuviel bezogene Vergütung vollumfänglich an die Gesellschaft zurückzuzahlen.

§ 4 Ärztliche Untersuchung/Abwesenheit/Krankheit[8]

§ 5 Reisekosten/Auslagen[9]

§ 6 Urlaub[10]

(1) Der Mitarbeiter hat einen Urlaubsanspruch, der anteilig ...... vollen Arbeitstagen Urlaub pro Kalenderjahr bei einem vollzeitbeschäftigten Mitarbeiter entspricht. Vollzeitbeschäftigung entspricht derzeit einer Arbeitszeit von ...... Wochenstunden an fünf Wochentagen. Arbeitstage sind alle Tage, die am Arbeitsort weder Samstage noch Sonntage oder gesetzliche Feiertage sind und an denen der Mitarbeiter nach obigem § 2

Abs. (2) zur Arbeitsleistung verpflichtet ist. Bei der Festlegung von Zeitpunkt und Dauer des Urlaubs werden die betrieblichen Interessen und Bedürfnisse angemessen berücksichtigt. Der Mitarbeiter hat die Gesellschaft rechtzeitig über seine Urlaubspläne zu informieren.

(2) Der gesamte Urlaub ist grundsätzlich im laufenden Kalenderjahr zu nehmen. Eine Übertragung des Urlaubs auf das nächste Kalenderjahr erfolgt nur, wenn dringende betriebliche oder in der Person des Mitarbeiters liegende Gründe dies rechtfertigen. In diesem Fall muss der Urlaub in den ersten drei Monaten des Folgejahres genommen werden. Andernfalls verfällt er.

(3) Bei Beendigung des Arbeitsvertrags erfolgt eine etwaige Urlaubsabgeltung nur bis zur Höhe des gesetzlichen Urlaubsanspruchs. Ein etwa bereits genommener Urlaub wird auf den gesetzlichen Urlaubsanspruch angerechnet.

§ 7 Nebentätigkeiten

(1) Der Mitarbeiter wird der Gesellschaft seine Arbeitskraft in dem in § 2 geregelten Umfang widmen und deren Interessen fördern.

(2) Der Mitarbeiter versichert, dass er bei Anstellungsbeginn gemäß § 10 Abs. (1) in keinem anderen Arbeitsverhältnis steht.[11]

(*Alternative*:
Der Mitarbeiter hat in einer Anlage zu diesem Vertrag sämtliche von ihm eingegangenen und bestehenden Arbeitsverhältnisse aufgelistet und den zeitlichen Umfang seiner nach diesen Arbeitsverhältnissen bestehenden Arbeitsverpflichtungen angegeben.)

Jede weitere entgeltliche Tätigkeit bedarf der vorherigen schriftlichen Zustimmung der Gesellschaft, wobei der Mitarbeiter auch den zeitlichen Umfang der beabsichtigten Nebentätigkeit der Gesellschaft unaufgefordert mitzuteilen hat. Die Gesellschaft wird ihre Zustimmung nur verweigern, wenn die Interessen der Gesellschaft beeinträchtigt sind.[12]

(3) Abs. (2) gilt entsprechend für unentgeltliche Nebentätigkeiten sowie die Beteiligung an anderen gewerblichen oder gemeinnützigen Unternehmen, sofern sie eine rein kapitalmäßige Beteiligung von ...... Prozent übersteigt.

§ 8 Geheimhaltung/Behandlung von Gegenständen und Daten[13]

§ 9 Schutzrechte[14]

§ 10 Laufzeit/Kündigung/Vertragsstrafe/Freistellung/Vorfälligkeit[15]

§ 11 Verfall von Ansprüchen, Verjährung[16]

§ 12 Öffnungsklausel für Betriebsvereinbarungen[17]

§ 13 Schlussbestimmungen[18]

......
Ort, Datum

......
Unterschrift der Gesellschaft[19]

......
Ort, Datum

......
Unterschrift des Mitarbeiters

Schrifttum: Annuß/Thüsing, Teilzeit- und Befristungsgesetz, 2002; *Berkowsky*, Das Gesetz über Teilzeitarbeit und befristete Arbeitsverträge, NZI 2001, 188; *Bezani/Müller*, Das Gesetz über Teilzeitarbeit und befristete Arbeitsverträge, DStR 2001, 87; *Däubler*, Das neue Teilzeit- und Befristungsgesetz, ZIP 2001, 217; *Buschmann*, Mitbestimmung bei Teilzeitbeschäftigung, NZA 1986, 177; *Heinze*, Flexible Arbeitszeitmodelle, NZA 1997, 681; *Hromadka*, Das neue Teilzeit- und Befristungsgesetz, NJW 2001, 400; *Hunold*, Nebentätigkeit und Arbeitszeitgesetz, NZA 1995, 558; *Kelber/Zeißig*, Das Schicksal der Gegenleistung bei der Reduzierung der Leistung nach dem Teilzeit- und Befristungsgesetz, NZA 2001, 577; *Klette/Backfisch*, Teilzeitarbeit und befristete Arbeitsverträge nach dem Teilzeit- und Befristungsgesetz,

DStR 2002, 593; *Lipke,* Betriebsverfassungsrechtliche Probleme der Teilzeitarbeit, NZA 1990, 758; *Meinel/Heyn/Herms,* Teilzeit- und Befristungsgesetz, 2004; *Ring,* Gesetz über Teilzeitarbeit und befristete Arbeitsverträge, 2001; *Rolfs,* Das neue Recht der Teilzeitarbeit, RdA 2001, 129; *ders.,* Teilzeit- und Befristungsgesetz, 2002; *Schwerdtner,* Beschäftigungsförderungsgesetz, Tarifautonomie und Betriebsverfassung, NZA 1985, 577; *Worzalla/Will/Mailänder/Worch/Heise,* Teilzeitarbeit und befristete Arbeitsverträge, 2001.

Anmerkungen

1. Teilzeitarbeitsverträge. Dieses Formular ist ein Anstellungsvertrag für in Teilzeit beschäftigte Mitarbeiter, der auf Basis des „Arbeitsvertrags ohne Tarifbindung" (Form. A. II. I) erstellt wurde. Es ist auf solche Fälle zugeschnitten, bei denen einvernehmlich schon zu Beginn der Anstellung ein Teilzeitarbeitsverhältnis vereinbart wird. Soweit ein Mitarbeiter von Vollzeit- in Teilzeittätigkeit wechselt (z. B. aufgrund eines Teilzeitwunsches, dem nachgekommen wird, oder aufgrund eines Teilzeitverlangens, das er durchsetzt), kann dieses Formular ebenfalls für vertragliche Regelungen verwendet werden.

Das Teilzeitarbeitsverhältnis ist rechtlich ein **Arbeitsverhältnis wie jedes andere auch,** es unterliegt lediglich in einigen Punkten besonderen Regelungen, insbesondere denen der §§ 6 ff. TzBfG. Im TzBfG kommt die gesetzgeberische Zielsetzung zum Ausdruck, die Teilzeitarbeit zu fördern und die Diskriminierung von teilzeitbeschäftigten Arbeitnehmern zu verhindern. Teilzeitbeschäftigt ist nach der gesetzlichen Definition des § 2 TzBfG ein Arbeitnehmer, dessen regelmäßige Wochenarbeitszeit kürzer ist als die eines vergleichbaren vollzeitbeschäftigten Arbeitnehmers. Teilzeitbeschäftigt ist jedoch auch ein Arbeitnehmer, dessen regelmäßige Jahresarbeitszeit unter der eines vergleichbaren vollzeitbeschäftigten Arbeitnehmers liegt. Letzterer Fall kommt in der Praxis jedoch eher selten vor, da dem Arbeitgeber meist daran gelegen ist, den Arbeitnehmer konstant mit einer verringerten Arbeitszeit zu beschäftigen. Den Schwerpunkt in der Praxis bilden Arbeitsverhältnisse, in denen der teilzeitbeschäftigte Mitarbeiter entweder jeden regelmäßigen Arbeitstag mit einer geringeren Stundenzahl beschäftigt ist (z. B. Montag bis Freitag von 8:00 Uhr bis 12:00 Uhr – die „klassische" Halbtagskraft), oder in denen er eine tägliche Arbeitszeit wie ein vollzeitbeschäftigter Mitarbeiter hat, jedoch nur an einzelnen Tagen die Woche arbeitet (z. B. Montag bis Mittwoch von 8:00 Uhr bis 17:00 Uhr). Auf diese Konstellation ist das Formular ausgerichtet.

Unterformen der Teilzeitbeschäftigung mit gesetzlichen Sondervorschriften sind die Arbeit auf Abruf (§ 12 TzBfG, vgl. Anm. 4) und das Jobsharing, das in der Praxis allerdings kaum zur Anwendung kommt (Arbeitsplatzteilung – § 13 TzBfG). Ferner finden sich Sonderregeln in §§ 15 Abs. 4–7, 18 Abs. 2 BErzGG für Teilzeitarbeit während der Elternzeit und im AltersteilzeitG für die Altersteilzeit. Auch geringfügig Beschäftigte auf 400-Euro-Basis (§ 8 SGB IV) sind regelmäßig Teilzeitbeschäftigte und unterfallen dem vollen Schutz des Arbeitsrechts; für sie gelten lediglich sozialversicherungs- und steuerrechtliche Besonderheiten. Das vorliegende Formular kann mit leichten Anpassungen für diese Unterformen verwendet werden. Für einen Altersteilzeitvertrag s. Form. A. XV. 3.

Unter bestimmten Voraussetzungen haben Mitarbeiter einen gesetzlichen **Anspruch auf Teilzeitbeschäftigung:** § 8 TzBfG (alle Arbeitnehmer – vgl. Form. A. IV. 1), § 15 Abs. 4–7 BErzGG (Arbeitnehmer in Elternzeit – vgl. Form. A. IV. 1) und § 81 Abs. 5 SGB IX (Schwerbehinderte Mitarbeiter und denen Gleichgestellte – vgl. *Berkowsky* NZI 2001, 188; *Rolfs* RdA 2001, 129, 132).

Beschäftigte in Teilzeitarbeit sind bei der Bestimmung von den **Schwellenwerten** nach einzelnen Gesetzen regelmäßig entweder nach Kopfzahl (vgl. §§ 1, 5, 7 BetrVG) – unabhängig von der Arbeitszeit – oder anteilig (vgl. § 23 Abs. 1 S. 4 KSchG, § 7 Abs. 3 S. 2 AltersteilzeitG, § 10 Abs. 2 S. 5, 6 LohnfortzG) – in Abhängigkeit von der Arbeitszeit – zu berücksichtigen. Zeiten, die ein Mitarbeiter in Teilzeitarbeit zurückgelegt hat, sind bei der Bestimmung der **Betriebszugehörigkeit** grundsätzlich wie Zeiten in Vollzeitarbeit zu bewerten. In Sozialplänen wird jedoch oftmals geregelt, dass für die Berechung der Abfindung Teilzeitarbeit nur anteilig einfließt (vgl. Form. C. I. 8 Anm. 6).

Oftmals enthalten auch **Tarifverträge** Bestimmungen zur Teilzeitarbeit, die in ihrem Geltungsbereich verbindlich sind. Der Arbeitgeber hat also die für ihn geltenden Tarifverträge

2. Teilzeitarbeitsvertrag A. VI. 2

daraufhin zu prüfen, ob die von ihm gewünschte Gestaltung nach den Regelungen für Teilzeitbeschäftigte in den Tarifverträgen zulässig ist.

2. Position und Aufgaben. s. Form. A. II. 1, dort unter § 1. Zur Klarstellung wird sowohl in der Überschrift des Vertrages, als auch in § 1 Abs. (1) das Wort „Teilzeit" verwendet.

3. Festlegung der Arbeitszeit. Im Anstellungsvertrag für den Teilzeitbeschäftigten sollte die zu leistende Arbeitszeit und deren Verteilung möglichst genau festgeschrieben werden.

In § 2 des Formulars wurde der Weg gewählt, sowohl die regelmäßige **wöchentliche Arbeitszeit** festzuschreiben (Abs. (1)) als auch die Festlegung der Arbeitstage innerhalb der Woche und die Lage der Arbeitszeit an diesen Tagen (Abs. (2)). Es ist darauf zu achten, dass die Summe der Arbeitsstunden nach Abs. (2) mit der in Abs. (1) eingesetzten wöchentlichen Gesamtstundenzahl – unter Berücksichtigung von Arbeitspausen – übereinstimmt. Der Vorteil der genauen Festschreibung der Arbeitszeit liegt darin, dass Arbeitnehmer und Arbeitgeber sich dauerhaft auf diese Arbeitszeiten einstellen können. Für den Arbeitnehmer ist dies insbesondere erwünscht, wenn er anderweitig zeitlich gebunden ist, beispielsweise durch Kinderbetreuung oder eine weitere Tätigkeit. Der Nachteil einer Festlegung für den Arbeitgeber liegt darin, dass eine möglicherweise angezeigte Flexibilisierung der Lage der Arbeitszeit gegen den Willen des Arbeitnehmers erschwert wird.

Die Lage der Arbeitszeit, also deren täglicher Beginn und das tägliche Ende sowie die Verteilung auf einzelne Wochentage, unterliegt nach § 87 Abs. 1 Nr. 2 der **Mitbestimmung des Betriebsrats**. Die Dauer der vereinbarten wöchentlichen Arbeitszeit unterliegt demgegenüber nicht der Mitbestimmung (vgl. BAG Urt. v. 13. 10. 1987 – 1 ABR 10/86 – AP Nr. 24 zu § 87 BetrVG 1972 Arbeitszeit, *Buschmann* NZA 1986, 177; *Heinze* NZA 1997, 681, 688; *Lipke* NZA 1990, 758, 763). Es ist darauf zu achten, dass in Betriebsvereinbarungen zu flexibler Arbeitszeit Regelungen zur Teilzeitbeschäftigung aufgenommen werden.

4. Flexibilisierung der Arbeitszeit. Die in § 2 des Formulars vorgeschlagene Alternativformulierung bezweckt die **Anpassung der Lage der Arbeitszeit an betriebliche Erfordernisse** (so genannte Arbeit auf Abruf – kapazitätsorientierte variable Arbeitszeit – **KAPOVAZ** – vgl. *Heinze* NZA 1997, 681, 686; *Schwerdtner* NZA 1985, 577, 582). Sie ermöglicht bei festgelegter wöchentlicher Arbeitszeit eine Flexibilisierung der Verteilung der Arbeitszeit innerhalb des Wochenzeitraums, ist jedoch für den Arbeitnehmer regelmäßig weniger attraktiv. Für die Arbeit auf Abruf enthält § 12 TzBfG Sonderbestimmungen: Wenn die Dauer der wöchentlichen Arbeitszeit – anders als im Formular – vertraglich nicht festgelegt wird, gilt eine wöchentliche Arbeitszeit von zehn Stunden als vereinbart (§ 12 Abs. 1 S. 2, 3 TzBfG). Der Arbeitgeber muss bei einer derart flexiblen Gestaltung die Arbeitsleistung jeweils für mindestens drei aufeinander folgende Stunden in Anspruch nehmen, außer wenn kürzere „Arbeitsblöcke" ausdrücklich festgelegt wurden (§ 12 Abs. 1 S. 4 TzBfG). Dem Mitarbeiter muss die Lage der Arbeitszeit jeweils mindestens vier Tage im Voraus mitgeteilt werden (§ 12 Abs. 2 TzBfG). Andernfalls ist der Arbeitnehmer nicht zur Arbeitsleistung verpflichtet; er kann jedoch trotzdem die Arbeit zu den mitgeteilten Zeiten antreten. Soweit Tarifbindung besteht, können durch den Tarifvertrag auch für die Arbeitnehmer nachteilige Bestimmungen getroffen werden, sofern der Tarifvertrag Regelungen über die tägliche und wöchentliche Arbeitszeit und die Vorankündigungsfrist vorsieht (§ 12 Abs. 3 S. 1 TzBfG). Dies gilt im fachlichen und persönlichen Geltungsbereich eines entsprechenden Tarifvertrags auch für nicht tarifgebundene Arbeitgeber und Arbeitnehmer, wenn die Anwendung der entsprechenden tariflichen Regelungen arbeitsvertraglich vereinbart wird (§ 12 Abs. 3 S. 2 TzBfG, vgl. *Meinel/Heyn/Herms* § 12 TzBfG Rdn. 61).

Die Festlegung der Lage der Arbeitszeit erfolgt durch einseitige empfangsbedürftige Erklärung des Arbeitgebers. Diese darf nur nach billigem Ermessen erfolgen (§ 315 Abs. 1 BGB). Dabei sind auch die Interessen des Arbeitnehmers zu berücksichtigen, beispielsweise seine zeitlichen Verpflichtungen durch ein weiteres Arbeitsverhältnis oder durch Kinderbetreuung. Wegen der Vorankündigungsfrist von vier Tagen für die Lage der Arbeitszeit lassen sich kurzfristige Krankheitsausfälle oder Bedarfsspitzen nicht sicher durch die Vereinbarung von Abrufarbeit auffangen. Bei einem kurzfristig entstehenden Arbeitsbedarf kann der Arbeitgeber einen Mitarbeiter, mit dem Abrufarbeit vereinbart ist, zwar auch mit einer kürzeren Ankündigungsfrist anfordern, der Mitarbeiter braucht dann aber nicht zur Arbeit zu erscheinen. Der Arbeitgeber ist also in diesen Fällen auf die Kooperation der Mitarbeiter angewiesen. Die in der Alternativformulierung vorgeschlagene Flexibilisierung der Arbeitszeit sollte nur erfolgen, wenn der Arbeitsbedarf stark schwankt oder die Lage der Arbeitszeit den einzelnen Mitarbeitern für einen längeren Zeitraum und mit einer längeren Vorankündigungsfrist mitgeteilt wird. Den Arbeitnehmern sollte spätestens am jeweiligen Mittwoch die Lage und Verteilung der gesamten Arbeitszeit für die Folgewoche kommuniziert werden, damit für Arbeitgeber und Arbeitnehmer eine gewisse Planungssicherheit gegeben ist.

Die Frage, ob und unter welchen Voraussetzungen Mitarbeiter mit Verträgen beschäftigt werden, die Arbeit auf Abruf vorsehen, unterliegt der Mitbestimmung (BAG Urt. v. 28. 9. 1988 – 1 ABR 41/87 – AP Nr. 29 zu § 87 BetrVG 1972 Arbeitszeit). Es empfiehlt sich, eine Betriebsvereinbarung abzuschließen, die die Rahmenbedingungen regelt.

5. Überstunden. Vgl. Form. A. II. 1 Anm. 4. Tarifverträge sehen oftmals vor, dass Überstunden nur dann zuschlagspflichtig sind, wenn sie über die für Vollzeitbeschäftigte festgelegte Regelarbeitszeit hinausgehen. Dies ist zulässig (EuGH Urt. v. 15. 12. 1994 – C 399/92 – AP Nr. 7 zu § 611 BGB Teilzeit; BAG Urt. v. 21. 11. 1991 – 6 AZR 551/89 – AP Nr. 2 zu § 34 BAT, MünchHdbArbR/*Schüren* § 162 Rdn. 141ff.). D.h., dass die Arbeitnehmer in diesen Fällen – sofern die Überstunden in Geld ausgeglichen werden – für die Überstunden, die zwischen der vereinbarten Arbeitszeit und der regelmäßigen Arbeitszeit eines vollzeitbeschäftigten Mitarbeiters liegen, nur die zuschlagsfreie Regelvergütung erhalten. Überstundenzuschläge erhalten sie erst, wenn die regelmäßige wöchentliche Arbeitszeit eines Vollzeitarbeitnehmers auch von ihnen überschritten wird.

Bei Verwendung der in § 2 Abs. (2) des Formulars vorgeschlagenen alternativen Regelung zu Überstunden ist darauf zu achten, dass die Anzahl der maximal mit der Festvergütung abgegoltenen Überstunden im Vergleich zu den betriebsüblichen Regelungen bei Vollzeitarbeitnehmern anteilig gekürzt wird.

6. Reisezeiten. Vgl. Form. A. II. 1 Anm. 5.

7. Vergütung. Da in § 2 Abs. (1) des Formulars eine feste wöchentliche Arbeitszeit festgelegt wird, kann in § 3 Abs. (1) des Formulars ein festes Brutto-Monatsgehalt eingesetzt werden. Insbesondere bei der Festlegung der Vergütung ist zu beachten, dass Teilzeitbeschäftigte gegenüber Vollzeitbeschäftigten nicht diskriminiert werden dürfen. Der Teilzeitarbeitnehmer muss also, wenn er beispielsweise die Hälfte eines vergleichbaren Vollzeitarbeitnehmers arbeitet, mindestens die Hälfte des Vollzeitfestgehalts erhalten.

Denn **§ 4 Abs. 1 TzBfG verbietet jede Diskriminierung** teilzeitbeschäftigter Arbeitnehmer wegen der Teilzeitarbeit, also eine unterschiedliche Behandlung gegenüber vollzeitbeschäftigten Arbeitnehmern, sofern kein sachlicher Grund die unterschiedliche Behandlung rechtfertigt (vgl. *Annuß/Thüsing* § 4 TzBfG Rdn. 8; ErfKomm/*Preis* § 4 TzBfG Rdn. 25ff.). Bei einer Diskriminierung von Teilzeitbeschäftigten wird regelmäßig auch eine mittelbare Geschlechtsdiskriminierung gegeben sein (vgl. Art. 141 EGV), da die überwiegende Zahl der Teilzeitbeschäftigten Frauen sind. Das Geschlechtsdiskriminierungsverbot kann unseres Erachtens aber nicht weiter reichen als das allgemeine Diskriminierungsverbot des § 4 Abs. 1 TzBfG. Das Diskriminierungsverbot gilt insbesondere für die Arbeitsvergütung. Als sachlicher Grund für eine unterschiedliche Behandlung ist der **Pro-rata-temporis-Grundsatz** anerkannt, der auch in § 4 Abs. 1 S. 2 TzBfG erwähnt wird. Dieser Grundsatz besagt in diesem Zusammenhang, dass **teilbare Leistungen**, die **Entgeltcharakter** haben und **arbeitszeitbezogen** sind, einem Teilzeitbeschäftigten nur in zeitanteiliger Höhe gewährt werden müssen. Sie können also in dem Verhältnis gekürzt werden, in dem die vereinbarte Arbeitszeit des Teilzeitbeschäftigten die Arbeitszeit eines vollzeitbeschäftigten vergleichbaren Mitarbeiters im Betrieb unterschreitet. Eine Besserstellung der Teilzeitbeschäftigten im Vergleich zu Vollzeitbeschäftigten ist nach dem TzBfG zulässig, kann jedoch eventuell nach dem Gleichbehandlungsgrundsatz zu Ansprüchen der dann ungleich behandelten Vollzeitarbeitnehmer gegen den Arbeitgeber führen (vgl. *Annuß/Thüsing* § 4 TzBfG Rdn. 32).

In § 3 Abs. (2) des Formulars wurde eine klarstellende Klausel eingesetzt, dass Sondervergütungen auch an Teilzeitbeschäftigte gezahlt werden, jedoch – sofern sie Entgeltcharakter haben und arbeitszeitbezogen sind – zeitanteilig gekürzt werden. Denn bei Sonderformen der Vergütung wird unterschieden: Sofern diese Entgeltcharakter haben und arbeitszeitbezogen sind, können sie ebenfalls zeitanteilig gekürzt werden. Dies aber nur soweit sie teilbar sind. Wenn die Sonderleistung allein an die Betriebstreue oder an die individuelle Leistung geknüpft ist, darf sie nicht gekürzt werden. Provisionen oder betragsmäßig festgelegte Jubiläumsprämien sind beispielsweise nicht arbeitszeitbezogen und müssen daher den Teilzeitbeschäftigten in gleicher Höhe wie den Vollzeitbeschäftigten gewährt werden. Provisionen sind also nach dem getätigten Umsatz zu ermitteln und dürfen nicht wegen der Teilzeittätigkeit gekürzt werden (vgl. *Kelber/Zeißig* NZA 2001, 577, 581). Bei Teilzeitbeschäftigten wird der Umsatz aber ohnehin regelmäßig geringer sein als der Umsatz der Vollzeitbeschäftigten. Betriebstreueprämien (Jubiläumsgeld) sind bei Erreichen der entsprechenden Betriebszugehörigkeit auszuzahlen und dürfen, wenn sie betragsmäßig festgelegt sind, nicht wegen einer Teilzeitbeschäftigung gekürzt werden (BAG Urt. v. 22. 5. 1996 – 10 AZR 618/95 – AP Nr. 1 zu § 39 BAT; MünchHdbArbR/*Schüren* § 162 Rdn. 126). Das Weihnachtsgeld wird demgegenüber regelmäßig als Entlohnung für geleistete Arbeitszeit angesehen und kann daher – wenn es nicht schon die individuelle monatliche Vergütung als Bezugsgröße hat - zeitanteilig gekürzt werden. Es darf jedoch den teilzeitbeschäftigten Mitarbeitern nicht völlig vorenthalten werden.

Problematisch und nicht vollständig geklärt ist die Behandlung von **unteilbaren Leistungen,** wie z.B. die Überlassung eines Firmenwagens auch zur privaten Nutzung (vgl. *Kelber/Zeißig* NZA 2001, 577, 579). Regelmäßig werden sie dem Teilzeitbeschäftigten „voll" zu gewähren sein (vgl. *Meinel/Heyn/Herms* § 4 TzBfG Rdn. 43). Jedoch ist ein gewisser Gestaltungsspielraum vorhanden: Sofern beispielsweise der Firmenwagen nur auf Grundlage des Arbeitsvertrags überlassen wird, ist darauf zu achten, dass die Überlassung je nach Intention im Teilzeitarbeitsvertrag geregelt wird; dies ist insbesondere wichtig bei einem einvernehmlichen Wechsel von Vollzeit- in Teilzeittätigkeit. Beruht die Überlassung des Dienstwagens auf einer kollektiven Regelung, so kann diese kollektive Regelung unseres Erachtens wirksam vorsehen, dass ein Teilzeitbeschäftigter, der eigentlich seiner Stellung nach Anspruch auf einen Firmenwagen hätte, entweder einen Firmenwagen mit niedrigerer Kategorie als ein Vollzeitbeschäftigter erhält oder aber keinen Firmenwagen erhält, stattdessen aber einen angemessenen finanziellen Ausgleich dafür erhält, dass ihm kein Firmenwagen zur Verfügung gestellt wird. Dies dürfte aus dem sachlichen Grund gerechtfertigt sein, dass der Teilzeitbeschäftigte den Wagen zeitlich in geringerem Umfang für dienstliche Zwecke verwendet als ein Vollzeitbeschäftigter. Der Mitarbeiter, der von Vollzeit in Teilzeit wechseln möchte und seinen Firmenwagen behält, sollte beachten, dass dann weiterhin der volle geldwerte Vorteil des Fahrzeugs auf seine geringere Teilzeitvergütung angerechnet wird. Im Übrigen s. Form. A.II.1 Anm. 6. – 9.

In Hinsicht auf die **betriebliche Altersversorgung** gilt, dass Teilzeitbeschäftigte nicht vollständig aus der betrieblichen Altersversorgung ausgenommen werden dürfen. Vor Abschluss eines Teilzeitvertrags ist zu prüfen, ob die kollektiven Regelungen zur betrieblichen Altersversorgung ausreichende Bestimmungen zur Berücksichtigung von Teilzeittätigkeit enthalten. Gegebenenfalls sind in den Teilzeitvertrag gesonderte Regelungen zur Berücksichtigung der geringeren Arbeitszeit bei der betrieblichen Altersversorgung zu treffen. Die Zeit für die Unverfallbarkeit der Anwartschaften läuft ohne Berücksichtigung der verringerten Arbeitszeit. Eine gleich hohe betriebliche Altersversorgung wie Vollzeitbeschäftigte können Teilzeitkräfte jedoch nicht fordern.

8. **Ärztliche Untersuchung/Abwesenheit/Krankheit.** S. Form. A. II. 1 Anm. 10. Auch der Mitarbeiter in Teilzeit muss seine unvorhergesehene Abwesenheit unverzüglich mitteilen, sofern die Abwesenheit auf einen Tag fällt, an dem er nach § 2 zu arbeiten hätte. Er muss nach § 5 EFZG bei einer länger als drei **Kalendertagen** dauernden Arbeitsunfähigkeit am darauf folgenden Arbeitstag, also an einem Tag, an dem er nach § 2 zu arbeiten hätte, die Arbeitsunfähigkeitsbescheinigung vorlegen. Auch die Tage, an denen er nach § 2 nicht arbeiten müsste, werden bei der Ermittlung der drei Kalendertage mitgezählt. Entgeltfortzahlung erhält der Mitarbeiter nur für die Krankheitstage, an denen er andernfalls gearbeitet hätte – und auch nur für die Stundenzahlen, die er dann gearbeitet hätte (Entgeltausfallprinzip). Bei flexibler Arbeitszeit ist zu ermitteln, ob der Mitarbeiter an den Krankheitstagen zur Arbeit herangezogen worden wäre und in welchem Umfang. Nur wenn sich dies nicht ermitteln lässt (beispielsweise an Hand von bereits aufgestellten Einsatzplänen für den Krankheitszeitraum oder bereits erfolgtem Abruf der Arbeitsleistung für den Zeitraum der Erkrankung), kann dabei auf die regelmäßige Verteilung der Arbeitszeit in den letzten drei Monaten vor der Erkrankung zurückgegriffen werden.

9. Reisekosten/Auslagen. S. Form. A. II. 1, dort unter § 5.

10. Urlaub. Die Ermittlung der einem Teilzeitarbeitnehmer zustehenden **Anzahl von Urlaubstagen** kann Schwierigkeiten bereiten. Daher wurde in § 6 Abs. (1) des Formulars eine Formulierung gewählt, die unabhängig von der Verteilung der Arbeitszeit des Mitarbeiters verwendet werden kann. Einzusetzen ist die Anzahl der Urlaubstage, die einem Vollzeitarbeitnehmer gewährt werden, und die wöchentliche Arbeitszeit einer Vollzeitkraft. Ein Teilzeitarbeitnehmer, der an den gleichen Tagen der Woche tätig ist wie ein Vollzeitarbeitnehmer, an diesen Tagen jedoch nur mit einer gleich bleibenden geringeren Stundenzahl (z. B. die „Halbtagskraft"), hat Anspruch auf die gleiche Anzahl von Urlaubstagen wie eine Vollzeitkraft. Er arbeitet ja auch die gleiche Anzahl von Tagen wie eine Vollzeitkraft und an „seinem" Urlaubstag fallen weniger Arbeitsstunden aus als bei einer Vollzeitkraft. Leicht fällt auch die Ermittlung der Urlaubstage, die eine Teilzeitkraft hat, die gleich bleibende tägliche Arbeitszeiten hat, jedoch nur an weniger Tagen in der Woche arbeitet. Die Anzahl der Urlaubstage für einen Vollzeitbeschäftigten wird dann entsprechend der verringerten Anzahl von Arbeitstagen des Teilzeitbeschäftigten gekürzt. Hat beispielsweise ein Vollzeitbeschäftigter 30 Tage Urlaub im Jahr bei einer Fünf-Tage-Woche und arbeitet der Teilzeitbeschäftigte an drei Tagen jeweils die gleiche Anzahl von Stunden, so stehen ihm (30 /5 x 3 =) 18 Tage Urlaub zu.

Schwieriger ist die Berechnung, wenn der Teilzeitbeschäftigte an seinen **Arbeitstagen unterschiedlich lange zu arbeiten hat** oder flexibel eingesetzt wird (vgl. ErfKomm/*Dörner* § 3 BUrlG Rdn. 27 ff.; mit Beispielsfällen: *Worzalla/Will/Mailänder/Worch/Heise* S. 117 ff.). Das Bundesurlaubsgesetz bestimmt Ansprüche auf „Urlaubstage", so dass eine Umrechnung auf „Urlaubsstunden" nicht möglich ist, zumindest nicht für den gesetzlichen Mindesturlaub (vgl. ErfKomm/*Dörner* § 3 BUrlG Rdn. 24). Bei einem Abstellen allein auf Urlaubstage kann es aber zu unbilligen Ergebnissen kommen. Dies soll folgendes Beispiel verdeutlichen: Nach dem BUrlG hat eine Teilzeitkraft, die an einem Tag der Woche voll und an zwei weiteren Tagen halbtags arbeitet, 18 Tage Urlaub wenn eine Vollzeitkraft 30 Tage Urlaub hat. Wenn sie diese Urlaubstage nun ausschließlich auf den Wochentag legt, an dem sie zur Vollzeittätigkeit verpflichtet ist, würde bei ihr überproportional viel Arbeitszeit ausfallen. Eigentlich wäre also eine Umrechnung auf Urlaubsstunden praktikabler. Daher wird im Formular als Referenz auch die wöchentliche Arbeitszeit eines Vollzeitmitarbeiters angegeben, anhand derer nach einer Stundenberechnung der den gesetzlichen Mindesturlaub überschreitende Urlaubsanspruch berechnet werden kann. Der Arbeitgeber sollte bei Urlaubsbegehren des Mitarbeiters wie im Beispielsfall, die Urlaubsfestlegung verweigern und den Mitarbeiter dazu drängen, für längere Zeiträume Urlaub zu nehmen (m. Hinw. auf § 7 Abs. 1 S. 1 und Abs. 2 BUrlG).

Für die Ermittlung des Urlaubsanspruchs einer Teilzeitkraft, die über die Wochen verteilt eine unterschiedliche Anzahl von Wochen-Arbeitstagen hat, sind längere Zeiträume zu bilden, nach denen sich jeweils die Verteilung wiederholt, längstens ein Zeiträume von einem Kalenderjahr (vgl. ErfKomm/*Dörner* § 3 BUrlG Rdn. 27 ff.). Für diese in sich abgeschlossenen Zeiträume ist die Anzahl der Arbeitstage zu ermitteln, die dann wieder in Relation zu setzen ist zu der Anzahl der Arbeitstage eines Vollzeitmitarbeiters in diesem Referenzzeitraum. Die Verhältnisangabe ist dann mit der Anzahl der Urlaubstage, die ein Vollzeitmitarbeiter in diesem Zeitraum hat, zu multiplizieren. Arbeitet ein Mitarbeiter in Teilzeit beispielsweise in unregelmäßigem Umfang in den einzelnen Wochen, aber im Durchschnitt aller sechs Kalendermonate an drei Tagen die Woche, und hat ein Vollzeitbeschäftigter 30 Tage Urlaub im Jahr bei einer Fünf-Tage-Woche, so hat der Mitarbeiter in Teilzeit einen Urlaubsanspruch von 18 Tagen.

Wenn der Arbeitnehmer Urlaub anmeldet, hat der Arbeitgeber ihm bei **Abrufarbeit** mitzuteilen, an welchen Tagen innerhalb des Urlaubszeitraums er ihn zur Arbeitsleistung herangezogen hätte. Diese Tage sind dann auf seinen Urlaubsanspruch zu verrechnen. Bei einer ungleichen Verteilung der Arbeitszeit kann die Urlaubsgewährung zu Nachteilen auf beiden Seiten führen. Daher ist es zu empfehlen, sich mit den Mitarbeitern zu einigen, wann diese Urlaub nehmen und welche Anzahl von Urlaubstagen auf die Zeiträume angerechnet wird. Auf den Urlaubsanspruch anzurechnende Arbeitstage sind immer nur die Tage, an denen der Mitarbeiter nach § 2 überhaupt zur Arbeit verpflichtet wäre. Im Übrigen vgl. Form. A. II. 1 Anm. 12.

11. Nebentätigkeiten. § 7 Abs. (1) des Formulars wurde im Vergleich zu Form. A. II. 1 leicht abgeändert. Denn der Mitarbeiter in Teilzeit ist nicht verpflichtet, der Gesellschaft seine volle Arbeitskraft zu widmen, sondern nur seine anteilige Arbeitskraft.

In das Formular wurde eine Formulierung aufgenommen, wodurch der Mitarbeiter versichert, dass er in **keinem anderen Beschäftigungsverhältnis steht**. Dies ist notwendig, weil bei mehreren (Teilzeit-)Arbeitsverhältnissen des Mitarbeiters die Gefahr besteht, dass diese zusammengerechnet die Höchstarbeitszeiten nach dem Arbeitszeitgesetz überschreiten (§ 2 Abs. 1 S. 1 ArbZG). Das BAG hält bei einer sehr erheblichen Überschreitung der zulässigen Höchstarbeitszeit das zeitlich später eingegangene Arbeitsverhältnis für nichtig (vgl. BAG Urt. v. 19. 6. 1959 – 1 AZR 565/57 – AP Nr. 1 zu § 611 BGB Doppelarbeitsverhältnisse).

Sollte es dem Mitarbeiter nicht möglich sein, den Arbeitsvertrag mit dieser Formulierung zu unterschreiben, weil er bereits ein anderes Teilzeitarbeitsverhältnis eingegangen ist, so ist die im Formular alternativ vorgeschlagene Formulierung zu wählen. Der Mitarbeiter hat dann vor Unterzeichnung des Arbeitsvertrags eine Anlage zu erstellen, in der er insbesondere auch den **zeitlichen Umfang seiner bestehenden Arbeitsverhältnisse angibt**. Der Arbeitgeber sollte nicht nur prüfen, ob die anderen Arbeitsverhältnisse seine Interessen wegen einer Konkurrenztätigkeit beeinträchtigen, sondern auch und insbesondere, ob die Arbeitszeiten der verschiedenen Arbeitsverhältnisse zusammengerechnet die Höchstarbeitszeitgrenzen des ArbZG überschreiten.

12. Untersagung von Nebentätigkeiten. In § 7 Abs. (2) des Formulars wurde aufgenommen, dass der Mitarbeiter nicht nur anzuzeigen hat, dass er eine Nebentätigkeit aufnehmen möchte, sondern auch, welchen zeitlichen Umfang diese haben soll. Dies erfolgt, um dem Arbeitgeber zu ermöglichen festzustellen, ob die Nebentätigkeit nach dem ArbZG unzulässig wäre. Dem Arbeitgeber wird es dann erlaubt sein, dem Mitarbeiter die Nebentätigkeit zu untersagen. Zu beachten ist, dass die Ordnungswidrigkeits- und Strafvorschriften der §§ 22, 23 ArbZG bei Beschäftigung über die Arbeitszeitgrenzen hinaus auch eingreifen können, wenn erst durch das Eingehen einer Nebentätigkeit die Höchstarbeitszeitgrenze überschritten wird (vgl. *Hunold* NZA 1995, 558, 559). Im Übrigen vgl. Form. A. II. 1 Anm. 13.

13. Geheimhaltung/Behandlung von Gegenständen und Daten. S. Form. A. II. 1, dort § 8.

14. Schutzrechte. S. Form. A. II. 1, dort § 9.

15. Laufzeit/Kündigung/Vertragsstrafe. S. Form. A. II. 1, dort § 10.

16. Verfall von Ansprüchen, Verjährung. S. Form. A. II. 1, dort § 11.

17. Öffnungsklausel für Betriebsvereinbarungen. S. Form. A. II. 1, dort § 12.

18. Schlussbestimmung. S. Form. A. II. 1, dort § 13.

19. Unterzeichnung des Arbeitsvertrags. S. Form. A. II. 1, Anm. 32.

VII. Sonderformen des Arbeitsverhältnisses

1. Aushilfsarbeitsvertrag[1]

Aushilfsarbeitsvertrag

zwischen
...... (Name und Anschrift des Arbeitgebers) „Gesellschaft"
und
Herrn ...... (Name und Anschrift des Arbeitnehmers) „Mitarbeiter"

§ 1 Position und Aufgaben[2]

§ 2 Arbeitszeit[3]

§ 3 Vergütung[4]

§ 4 Ärztliche Untersuchung, Abwesenheit, Krankheit[5]

§ 5 Urlaub[6]

§ 6 Nebentätigkeiten[7]

§ 7 Geheimhaltung/Behandlung von Gegenständen und Daten[8]

§ 8 Schutzrechte[9]

§ 9 Laufzeit/Kündigung[10]

(1) Das Arbeitsverhältnis beginnt am .... Es ist befristet für die Dauer der Erkrankung des Mitarbeiters Herrn ....

(2) Das Arbeitsverhältnis endet, ohne dass es einer Kündigung bedarf, mit Ablauf von 14 Tagen ab dem Ende der Woche, in der der erkrankte Mitarbeiter Herr ...... wieder an seinen Arbeitsplatz zurückkehrt. Die Gesellschaft wird den Mitarbeiter unverzüglich unterrichten, wenn dieser Zeitpunkt absehbar ist.

(*Alternative:*
(1) Das Arbeitsverhältnis beginnt am .... Es ist befristet bis zum .... Der Mitarbeiter erklärt, noch nie bei der Gesellschaft oder einer ihrer Rechtsvorgängerin in einem Arbeitsverhältnis gestanden zu haben.

(2) Das Arbeitsverhältnis endet mit Fristablauf, ohne dass es einer Kündigung bedarf.)

(3) Während der Dauer der Befristung sowie bei einer etwaigen Verlängerung für die Dauer der Verlängerung ist das Arbeitsverhältnis von beiden Parteien ordentlich kündbar. Während der ersten drei Monate gilt beiderseits eine tägliche Kündigungsfrist, danach gelten die gesetzlichen Kündigungsfristen.

(4) Die Kündigung bedarf der Schriftform.

(5) Die Gesellschaft ist im Falle der Kündigung des Arbeitsvertrags durch die Gesellschaft berechtigt, den Mitarbeiter von seiner weiteren Tätigkeit für die Gesellschaft freizustellen. Während der Zeit der Freistellung behält der Mitarbeiter seinen Anspruch auf die vertragliche Vergütung; er muss sich jedoch den Wert desjenigen anrechnen lassen, was er infolge des Unterbleibens der Dienstleistung erspart oder durch anderweitige Verwendung seiner Dienste erwirbt oder böswillig zu erwerben unterlässt. Im Falle einer

1. Aushilfsarbeitsvertrag

unwiderruflichen Freistellung wird die Freistellungszeit auf etwaige Urlaubs- oder Freizeitausgleichsansprüche angerechnet.

(6) Sollte der Mitarbeiter der Gesellschaft bei Ausspruch einer Kündigung durch die Gesellschaft Beträge aufgrund von Gehaltsvorschüssen oder ähnlichen Vorauszahlungen schulden, werden sämtliche Beträge sofort fällig und – unter Beachtung der Pfändungsgrenzen – aufrechenbar. Dem Mitarbeiter gewährte Darlehen gelten mit Ausspruch der Kündigung als ordentlich mit einer Frist von einem Monat gekündigt. Entsprechendes gilt bei Ausspruch einer Kündigung durch den Mitarbeiter, es sei denn, es liegt eine von der Gesellschaft verschuldete außerordentliche Kündigung vor.

§ 10 Verfall von Ansprüchen, Verjährung[11]

§ 11 Öffnungsklausel für Betriebsvereinbarungen[12]

§ 12 Schlussbestimmungen[13]

......
Ort, Datum

......
Ort, Datum

......
Unterschrift der Gesellschaft

......
Unterschrift des Mitarbeiters

Schrifttum: K. Dörner Aushilfsarbeitsverhältnis HwB-AR Juni 1994; *Gumpert,* Befristete Aushilfsarbeitsverhältnisse, BB 1965, 911; *Hunold,* Aktuelle Fragen des Befristungsrechts unter Berücksichtigung von §§ 14, 16 TzBfG, NZA 2002, 255; *Kliemt,* Das neue Befristungsrecht, NZA 2001, 296; *Preis/ Kliemt/Ulrich* Aushilfsarbeitsverhältnis AR-Blattei, SD 310; *dies.,* Aushilfs- und Probearbeitsverhältnis, 2. Aufl., 2003.

Anmerkungen

1. Regelungsgegenstand. Ein Aushilfsarbeitsverhältnis setzt voraus, dass ein Arbeitnehmer von vornherein zu dem Zweck eingestellt wird, einen vorübergehenden Bedarf an Arbeitskräften abzudecken. Dieser kann durch den Ausfall von Arbeitskräften (**personenbedingte Aushilfe**) oder einen zeitlichen begrenzten zusätzlichen Arbeitsanfall begründet sein (**aufgabenbezogene Aushilfe**, vgl. BAG Urt. v. 22. 5. 1986 – 2 AZR 392/85 – AP Nr. 23 zu § 622 BGB; *Hunold* NZA 2002, 255).

2. Position und Aufgaben. S. Form. A. II. 1, dort unter § 1.

3. Arbeitszeit. S. Form. A. II. 1, dort unter § 2.

4. Vergütung. S. Form. A. II. 1, dort unter § 3.

5. Abwesenheit, Krankheit. S. Form. A. II. 1, dort unter § 4.

6. Urlaub. S. Form. A. II. 1, dort unter § 6.

7. Nebentätigkeit. S. Form. A. II. 1, dort unter § 7.

8. Geheimhaltung/Behandlung von Gegenständen und Daten. S. Form. A. II. 1, dort unter § 8.

9. Schutzrechte. S. Form. A. II. 1, dort unter § 9.

10. Befristungsdauer. Das Formular sieht die **befristete** Einstellung von Aushilfsarbeitskräften entsprechend der gesetzlichen Regelung in § 14 Abs. 1 S. 2 Nr. 1 TzBfG (nur vorübergehend bestehender betrieblicher Bedarf an der Arbeitsleistung) oder § 14 Abs. 1 S. 2 Nr. 3 TzBfG (Beschäftigung zur Vertretung eines anderen Arbeitnehmers) vor.

Wird eine personen- oder aufgabenbedingte Aushilfe eingestellt, empfiehlt es sich, den **Grund** für die Aushilfsbeschäftigung aufzunehmen. Beispielhaft führt das Formular hier personenbedingt die Erkrankung eines Mitarbeiters auf, dessen Rückkehr nach Wiedergenesung zur Beendigung des Aushilfsarbeitsverhältnisses führt. Andere Gründe können z. B. Schwangerschaft,

Elternzeit, Wehrdienst oder Urlaub sein. Gründe für die Einstellung einer aufgabenbezogenen Aushilfe können z. B. die Erledigung von Eilaufträgen, besondere Produktionsaufträge, starker Kundenandrang in Kaufhäusern und Geschäften an verkaufsoffenen Tagen und vor Feiertagen, Inventur oder Sonderverkäufe sein (*Hunold* NZA 2002, 255). Es muss sich um Gründe handeln, die ihrer Natur nach einen vorübergehenden Beschäftigungsbedarf schaffen.

Wegen der Zwecksetzung des Aushilfsarbeitsverhältnisses muss eine Regelung enthalten sein, wonach dieses automatisch mit **Zweckfortfall** endet. Dies kann die Rückkehr des erkrankten Mitarbeiters oder der Ablauf der für den erhöhten Arbeitsanfall kalkulierten Frist sein. Wird das Arbeitsverhältnis allerdings trotz Fristablauf oder Zweckerreichung mit Wissen des Arbeitgebers **fortgesetzt**, wandelt es sich kraft Gesetzes in ein unbefristetes Arbeitsverhältnis, sofern der Arbeitgeber nicht unverzüglich widerspricht oder dem Arbeitnehmer die Zweckerreichung unverzüglich mitteilt (§ 15 Abs. 5 TzBfG). Zu beachten ist, dass § 15 Abs. 5 TzBfG, anders als die entsprechende Regelung in § 625 BGB, zwingend ist und daher vertraglich nicht abbedungen werden kann (*Kliemt* NZA 2001, 296, 302 m. weit. Nachw.).

Die Möglichkeit zur ordentlichen Kündigung des befristeten Aushilfsarbeitsverhältnisses ist ausdrücklich einzelvertraglich zu vereinbaren (§ 15 Abs. 3 TzBfG). Ansonsten kann das befristete Arbeitsverhältnis nicht ordentlich gekündigt werden.

Gemäß § 622 Abs. 5 S. 1 Nr. 1 BGB kann in Aushilfsarbeitsverhältnissen für die ersten drei Monate eine Kündigungsfrist vereinbart werden, die **kürzer** als die gesetzliche Grundkündigungsfrist des § 622 Abs. 1 BGB ist. Soweit die persönlichen, betrieblichen und zeitlichen Voraussetzungen für die Anwendung des KSchG gegeben sind, können sich Aushilfsarbeitskräfte wie andere Arbeitnehmer auch auf den allgemeinen Kündigungsschutz berufen. Gleiches gilt für den besonderen Kündigungsschutz, z. B. gemäß § 9 Abs. 1 MuSchG, §§ 85 ff. SGB IX. Vergleiche im Übrigen die Anmerkungen zu Form. A. V. 4.

11. Verfall von Ansprüchen, Verjährung. S. Form. A. II. 1, dort unter § 11.

12. Öffnungsklausel für Betriebsvereinbarungen. S. Form A. II. 1, dort unter § 12.

13. Schlussbestimmungen. S. Form. A. II. 1, dort unter § 13.

2. Berufsausbildungsvertrag[1]

Berufsausbildungsvertrag

zwischen
...... (Name und Anschrift der Gesellschaft) „Gesellschaft"[2]
und
...... (Name und Anschrift des Auszubildenden) „Auszubildender"
gesetzlich vertreten[3] durch ...... (Name und Anschrift des/der gesetzlichen Vertreter/s)

§ 1 Gegenstand des Vertrages[4]

(1) Der Auszubildende wird im Ausbildungsberuf ...... nach Maßgabe der Ausbildungsordnung ausgebildet.

(2) Die sachliche und zeitliche Gliederung der Berufsausbildung ergibt sich aus dem anliegenden Ausbildungsplan.

(*Alternative:*
Die Berufsausbildung gliedert sich sachlich und zeitlich wie folgt: ......)

§ 2 Beginn und Dauer der Berufsausbildung[5]

(1) Die Ausbildungszeit beträgt nach der Ausbildungsordnung ...... Monate.

(*Alternative:*
Die Ausbildungszeit beträgt nach der Ausbildungsordnung ...... Monate. Sie verkürzt sich nach Maßgabe des § 8 Abs. 1 BBiG um ...... Monate.)

(*Alternative:*
Die Ausbildungszeit beträgt nach der Ausbildungsordnung ...... Monate. Hierauf wird nach Maßgabe der Rechtsverordnung ...... der Besuch der berufsbildenden Schule ...... mit ...... Monaten/die Berufsausbildung in der Einrichtung ...... mit ...... Monaten/die Berufausbildung im Ausbildungsberuf ...... bei ...... mit ...... Monaten angerechnet.)

(2) Das Berufsausbildungsverhältnis beginnt am ...... und endet am ......

(3) Besteht der Auszubildende vor Ablauf der in Abs. (1) genannten Ausbildungszeit die Abschlussprüfung, so endet das Berufsausbildungsverhältnis mit dem Tage der förmlichen Bekanntgabe des Prüfungsergebnisses.

(4) Besteht der Auszubildende die Abschlussprüfung nicht, so verlängert sich das Ausbildungsverhältnis auf sein Verlangen bis zur nächstmöglichen Wiederholungsprüfung, für den Fall des Nichtbestehens der Wiederholungsprüfung verlängert sich das Ausbildungsverhältnis auf sein Verlangen bis zur zweiten Wiederholungsprüfung, jedoch höchstens um insgesamt ein Jahr. Ein entsprechendes Verlangen ist innerhalb angemessener Zeit gegenüber der Gesellschaft zu stellen.

§ 3 Probezeit[6]

(1) Die Probezeit beträgt ...... Monate.

(2) Wird die Berufsausbildung während der Probezeit um mehr als einen Monat unterbrochen, verlängert sich die Probezeit um den Zeitraum der Unterbrechung.

§ 4 Ausbildungsstätte[7]

(1) Die Ausbildung findet im Betrieb (*Alternative:* im Büro) der Gesellschaft in ...... statt.

(2) Der Auszubildende ist verpflichtet, auch an Ausbildungsmaßnahmen außerhalb der Ausbildungsstätte in ...... teilzunehmen.

§ 5 Dauer der regelmäßigen täglichen Ausbildungszeit[8]

(1) Die regelmäßige tägliche Ausbildungszeit beträgt ...... Stunden.

(2) Die Gesellschaft stellt den Auszubildenden für die Teilnahme am Berufsschulunterricht, an Prüfungen und Ausbildungsmaßnahmen außerhalb der Ausbildungsstätte unter Anrechnung auf die Ausbildungszeit frei.

§ 6 Vergütung[9]

(1) Die Gesellschaft zahlt dem Auszubildenden eine angemessene Vergütung in Höhe von monatlich brutto EUR ...... (in Worten: Euro ......).

(*Alternative:*
Die Gesellschaft zahlt dem Auszubildenden eine Vergütung, deren Höhe sich nach dem Tarifvertrag der ...... in seiner jeweils gültigen Fassung (*Alternative:* nach dem jeweils einschlägigen Tarifvertrag in seiner jeweils gültigen Fassung) richtet.

Diese beträgt zurzeit monatlich brutto
EUR ...... im ersten Ausbildungsjahr
EUR ...... im zweiten Ausbildungsjahr
EUR ...... im dritten Ausbildungsjahr
EUR ...... im vierten Ausbildungsjahr.)

(2) Die Gesellschaft wird die Vergütung auch während der Freistellung gemäß § 5 Abs. (2) fortzahlen. Darüber hinaus ist dem Auszubildenden die Vergütung bis zur Dauer von sechs Wochen zu zahlen, wenn er sich für die Berufsausbildung bereithält, diese aber ausfällt, oder er aus einem sonstigen, in seiner Person liegenden Grund unverschuldet verhindert ist, seine Pflichten aus dem Berufsausbildungsverhältnis zu erfüllen.

(3) Eine über die vereinbarte regelmäßige tägliche Ausbildungszeit hinausgehende Beschäftigung wird besonders vergütet oder durch entsprechende Freizeit ausgeglichen.

(4) Die Vergütung wird dem Auszubildenden spätestens am letzten Arbeitstag des Monats ausgezahlt.

§ 7 Pflichten der Gesellschaft[10]

(1) Die Gesellschaft verpflichtet sich, einen fachlich und persönlich geeigneten Ausbilder ausdrücklich mit der Ausbildung zu beauftragen. Die Gesellschaft hat nach Maßgabe der Ausbildungsordnung dafür zu sorgen, dass dem Auszubildenden durch Übertragung ausbildungsbezogener Aufgaben die berufliche Handlungsfähigkeit vermittelt wird, die zum Erreichen des Ausbildungsziels erforderlich ist und die Berufsaubildung nach Maßgabe des Ausbildungsplans so durchzuführen, dass das Ausbildungsziel in der vorgesehenen Ausbildungszeit erreicht werden kann.

(2) Die Gesellschaft hat dem Auszubildenden die erforderlichen Arbeitsmittel für die Ausbildung sowie zum Ablegen der Zwischen- und Abschlussprüfungen kostenlos zur Verfügung zu stellen.

(3) Die Gesellschaft verpflichtet sich, den Auszubildenden für die Teilnahme am Berufsschulunterricht, an Prüfungen und Ausbildungsmaßnahmen außerhalb der Ausbildungsstätte freizustellen.

(4) Die Gesellschaft hat den Auszubildenden zum Besuch der Berufsschule sowie gegebenenfalls zum Führen von vorgeschriebenen Berichtsheften oder Ausbildungsnachweisen anzuhalten und diese durchzusehen. Die Gesellschaft hat ferner dafür zu sorgen, dass der Auszubildende charakterlich gefördert sowie sittlich und körperlich nicht gefährdet wird.

§ 8 Pflichten des Auszubildenden[11]

(1) Der Auszubildende hat sich zu bemühen, die berufliche Handlungsfähigkeit zu erwerben, die zur Erreichung des Ausbildungsziels erforderlich ist.

(2) Der Auszubildende verpflichtet sich, die ihm im Rahmen seiner Ausbildung übertragenen Verrichtungen und Aufgaben sorgfältig auszuführen. Er hat Weisungen der Gesellschaft, des Ausbilders oder jeder anderen weisungsberechtigten Person, die ihm im Rahmen der Berufausbildung erteilt werden, zu folgen sowie die in der Ausbildungsstätte geltende Ordnung zu beachten.

(3) Der Auszubildende ist verpflichtet, am Berufsschulunterricht, an Prüfungen sowie an Ausbildungsmaßnahmen außerhalb der Ausbildungsstätte teilzunehmen, für die er nach § 5 Abs. (2) freigestellt wird.

(4) Der Auszubildende verpflichtet sich, der Gesellschaft insbesondere bei Fernbleiben von der Ausbildungsstätte, vom Berufsschulunterricht und von Ausbildungsmaßnahmen außerhalb der Ausbildungsstätte unter Angabe von Gründen unverzüglich Nachricht zu geben.

(5) Der Auszubildende hat Werkzeuge, Maschinen und sonstige Einrichtungen sowie die ihm von der Gesellschaft überlassenen Ausbildungsmittel pfleglich zu behandeln, sie nur zu den ihm übertragenen Tätigkeiten zu verwenden und nach Beendigung des Berufsausbildungsverhältnisses an die Gesellschaft zurückzugeben.

(6) Der Auszubildende verpflichtet sich, über die ihm bekannt gewordenen Betriebs- und Geschäftsgeheimnisse Stillschweigen zu bewahren.

(7) Der Auszubildende verpflichtet sich, soweit er noch nicht 18 Jahre alt ist, sich gemäß §§ 32, 33 JArbSchG ärztlich untersuchen zu lassen und zwar
  a) vor Beginn der Ausbildung
  b) erneut vor Ablauf des ersten Ausbildungsjahres.

Die Bescheinigungen dieser Untersuchungen wird der Auszubildende der Gesellschaft vorlegen[12].

§ 9 Urlaub[13]

(1) Die Gesellschaft gewährt dem Auszubildenden Erholungsurlaub nach den geltenden gesetzlichen Bestimmungen.

(Alternative:
Die Gesellschaft gewährt dem Auszubildenden Erholungsurlaub nach dem Tarifvertrag der ...... in seiner jeweils gültigen Fassung. (*Alternative:* nach dem jeweils einschlägigen Tarifvertrag in seiner jeweils gültigen Fassung).)
Es besteht zurzeit ein Urlaubsanspruch
im Jahr ...... von ...... Werktagen
im Jahr ...... von ...... Werktagen
im Jahr ...... von ...... Werktagen
im Jahr ...... von ...... Werktagen

(2) Der Urlaub soll zusammenhängend und in der Zeit der Berufsschulferien erteilt und genommen werden[14].

§ 10 Kündigung[15]

(1) Während der Probezeit nach § 3 kann das Ausbildungsverhältnis jederzeit ohne Einhalten einer Kündigungsfrist gekündigt werden.

(2) Nach der Probezeit kann das Ausbildungsverhältnis durch die Gesellschaft nur aus wichtigem Grund gekündigt werden.

(3) Der Auszubildende kann das Arbeitsverhältnis mit einer Frist von vier Wochen kündigen, wenn er sich anderweitig ausbilden lassen oder die Berufsausbildung aufgeben will.

(4) Die Kündigung muss schriftlich erfolgen und in den Fällen des Abs. (2) und (3) die Angabe der Kündigungsgründe enthalten.

(5) Eine Kündigung aus wichtigem Grund ist unwirksam, wenn die ihr zugrunde liegenden Tatsachen dem zur Kündigung Berechtigten länger als zwei Wochen bekannt sind. Ist ein vorgesehenes Güteverfahren nach § 12 Abs. (3) eingeleitet, so wird bis zu dessen Beendigung der Lauf dieser Frist gehemmt.

(6) Wird das Berufsausbildungsverhältnis nach der Probezeit vorzeitig gelöst, so kann die Gesellschaft oder der Auszubildende Ersatz des Schadens verlangen, wenn der andere den Grund für die Auflösung zu vertreten hat. Dies gilt nicht bei Kündigungen nach Abs. (3). Der Anspruch erlischt, wenn er nicht innerhalb von drei Monaten nach Beendigung des Berufsausbildungsverhältnisses geltend gemacht wird.

§ 11 Zeugnis[16]

(1) Die Gesellschaft wird dem Auszubildenden bei Beendigung des Berufsausbildungsverhältnisses ein Zeugnis ausstellen, das Angaben über Art, Dauer und Ziel der Berufsausbildung, über die erworbenen beruflichen Fertigkeiten, Kenntnisse und Fähigkeiten des Auszubildenden sowie auf Verlangen des Auszubildenden auch über Verhalten und Leistung enthält.

(2) Das Zeugnis soll auch der Ausbilder unterschreiben.

§ 12 Schlussbestimmungen

(1) Auf diesen Vertrag finden die Regelungen des Tarifvertrages ...... Anwendung[17].

(2) Änderungen und Ergänzungen des Berufsausbildungsvertrages sind nur wirksam, wenn sie schriftlich vereinbart werden[18].

(3) Bei Streitigkeiten aus dem bestehenden Berufsausbildungsverhältnis ist vor Anrufung des Arbeitsgerichts der nach § 111 Abs. 2 Arbeitsgerichtsgesetz gebildete Ausschuss einzuschalten[19].

......
Ort, Datum

......
Unterschrift der Gesellschaft

......
Ort, Datum

......
Unterschrift des Auszubildenden

......
Unterschrift des/der gesetzlichen Vertreter/s

Schrifttum: Alexander, Das weite Verständnis der betrieblichen Berufsausbildung, NZA 1992, 1057; *Basedau*, Zur Dauer des Anspruchs auf die Ausbildungsvergütung bei Ausfall der Ausbildung, NZA 1988, 417; *Blechmann*, Der Abschluss befristeter Arbeitsverträge zur übergangsweisen Beschäftigung von Berufsanfängern, NZA 1987, 191; *Bodewig*, Ausbildungsordnungen nach dem BBiG und Ausbildungspflichten der Betriebe, BB 1976, 982; *Eule*, Auslandspraktika in der Berufsausbildung, BB 1992, 986; *Große*, Rechtliche Gestaltungsmöglichkeiten zur vorzeitigen Beendigung des Berufsausbildungsverhältnisses, BB 1993, 2081; *Hennige*, Rückzahlung von Aus- und Fortbildungskosten, NZA-RR 2000, 617; *Hespeler*, Berufsausbildungsrecht. Eine systematische Darstellung des Rechts der Berufsausbildung, der Berufsfortbildung und der Umschulung, NZA 1993, 168; *Knigge*, Übersicht über das Recht der Berufsausbildung, AR-Blattei, Berufsausbildung I, AR-Blattei, SD 400.1; *Kohte*, Beschäftigungssicherung durch befristete Übernahme von Auszubildenden – Bedeutung und Struktur tariflicher Weiterbeschäftigungsklauseln, NZA 1997, 457; *Kraegeloh*, Die neue Ausbildungsverordnung für Rechtsanwalts- und Notargehilfen, NJA 1988, 532; *Küting/Kessler*, Grundsätze ordnungswidriger Verlustrückstellung – exemplifiziert an den Ausbildungskostenurteilen des BFH vom 25. 1. 1984 und vom 3. 2. 1993, DStR 1993, 1045; *Mehlich*, Betriebsübergang in der Ausbildungswerksatt, NZA 2002, 823; *Mintken*, Berufsausbildung im öffentlichen Dienst, PersV 1994, 387; *Mitsch/Richter*, Beschäftigungsmöglichkeiten volljähriger Lehrlinge, AuA 1997, 256; *Natzel*, Ausbildungsvergütung bei abgekürzter oder verlängerter Ausbildungsdauer, DB 1979, 1357; *ders.*, Zur Angemessenheit der Ausbildungsvergütung, DB 1992, 1521; *Opolony*, Die Beendigung von Berufsausbildungsverhältnissen, BB 1999, 1706; *ders.*, Die angemessene Ausbildungsvergütung gemäß § 10 Abs. 1 BBiG, BB 2000, 510; *Rohlfing*, Die Arbeitnehmereigenschaft von Auszubildenden und Umschülern im Sinne des Arbeitsgerichtsgesetzes und des Betriebsverfassungsgesetzes, NZA 1997, 365; *Schaub*, Arbeitsrechtshandbuch, §§ 174–175; *Scherer*, Verträge mit Praktikanten, NZA 1986, 280; *Taubert*, Neuregelungen im Berufsbildungsrecht, NZA 2005, 503.

Anmerkungen

1. Vertragliche Regelung. Ein Berufsausbildungsverhältnis kann nur durch einen entsprechenden Vertrag begründet werden, § 10 Abs. 1 BBiG. Das vorliegende Formular enthält einen Berufsausbildungsvertrag, wonach die Gesellschaft einen Auszubildenden zur Berufsausbildung einstellt. Dabei ist übereinstimmend mit dem BBiG mit **Berufsausbildung** die Erst- oder Zweitausbildung im Anschluss an die Vollzeitschulpflicht gemeint (ErfKomm/ *Schlachter* § 1 BBiG Rdn. 3). Mit dem Berufsausbildungsvertrag verpflichten sich der Ausbildende (im Formular „Gesellschaft" genannt) zur Ausbildung und der Auszubildende zum Erlernen des Ausbildungsberufes. Die Berufsausbildung erfolgt im „dualen System", d. h. sie findet regelmäßig parallel im Betrieb und der Berufsschule statt. Der Berufsausbildungsvertrag betrifft jedoch prinzipiell nur die betriebliche Berufsausbildung. Der Ausbildende hat unverzüglich nach Abschluss des Berufsausbildungsvertrages bei der zuständigen Industrie- und Handelskammer oder Handwerkskammer die Eintragung des Vertrages in das Verzeichnis der Berufausbildungsverhältnisse zu beantragen, § 36 BBiG. Entsprechendes gilt bei späteren Änderungen des wesentlichen Vertragsinhalts, § 11 Abs. 4 BBiG.

Auf einen Berufsausbildungsvertrag sind grundsätzlich die für einen **Arbeitsvertrag** geltenden Rechtsvorschriften und Rechtsgrundsätze anzuwenden. Abweichungen können sich insbesondere aus dem BBiG sowie aus dem Wesen und Zweck des Berufsausbildungsvertrages ergeben, § 10 Abs. 2 BBiG. Da alle **Vorschriften des BBiG** über das Berufsausbildungsverhältnis nach § 25 BBiG **unabdingbar** sind, ist eine vertragliche Vereinbarung, die zuungunsten des Auszubildenden von diesen Vorschriften abweicht, nichtig.

Der Berufsausbildungsvertrag ist auch **ohne Schriftform** wirksam. Die gemäß § 11 Abs. 1 BBiG unverzüglich nach Abschluss des Vertrages bis spätestens zum tatsächlichen Beginn der Ausbildung durch den Ausbildenden notwendige schriftliche Abfassung des Vertrages, die den in § 11 Abs. 1 S. 2 BBiG festgelegten Mindestinhalt haben und dem Auszubildenden sowie gegebenenfalls dessen gesetzlichen Vertretern ausgehändigt werden muss, § 11 Abs. 3 BBiG hat nur deklaratorische Wirkung (BAG Urt. v. 22. 2. 1972 – 2 AZR 205/51 – AP Nr. 1 zu § 15 BBiG; BAG 21. 8. 1997 – 5 AZR 713/96 – AP Nr. 1 zu § 4 BBiG). Bei Verstoß gegen § 11 Abs. 1, 3 und 4 BBiG liegt jedoch eine **Ordnungswidrigkeit** i. S. d. § 102 Abs. 1 BBiG, vor, die nach § 102 Abs. 2 BBiG mit einer Geldbuße geahndet werden kann. Ferner hat der Auszubildende Anspruch auf **Schadensersatz**, wenn und soweit er durch die Nichteinhaltung der nachträglichen Niederschrift einen Schaden erleidet (BAG Urt. v. 21. 8. 1997 – 5 AZR 713/96 – AP Nr. 1 zu § 4 BBiG; BAG Urt. v. 24. 10. 2002 – 6 AZR 743/00 – AP Nr. 2 zu § 4 BBiG).

Hinsichtlich **bestimmter Vertragsklauseln** sieht das BBiG in § 12 ausdrücklich deren **Nichtigkeit** vor. Bei der Vertragsgestaltung ist deshalb darauf zu achten, dass der Berufsausbildungsvertrag den Auszubildenden für die Zeit nach Beendigung des Ausbildungsverhältnisses nicht in der Ausübung seiner beruflichen Tätigkeit beschränkt (z. B. durch eine Weiterarbeitsklausel, BAG Urt. v. 5. 12. 2002 – 6 AZR 537/00 – AP Nr. 11 zu § 5 BBiG), ihn (oder die Eltern) nicht verpflichtet, für die Berufsausbildung eine Entschädigung zu zahlen (vgl. BAG Urt. v. 25. 4. 1984 – 5 AZR 386/83 – AP Nr. 5 zu § 5 BBiG zur Kostenfreiheit der Ausbildung), Schadensersatzansprüche ausschließt oder beschränkt, die Höhe des Schadensersatzes in Pauschbeträgen festsetzt oder Vertragsstrafen (vgl. aber wiederum § 12 Abs. 1 S. 2 BBiG, BAG Urt. v. 23. 6. 1982 – 5 AZR 168/80 – AP Nr. 4 zu § 5 BBiG) vorsieht.

Bei der Durchführung von Maßnahmen der betrieblichen Berufsbildung und der Einstellung von Auszubildenden besteht ein **Mitbestimmungsrecht** des Betriebsrats nach §§ 97 Abs. 2, 98, 99 BetrVG, soweit die zu ihrer Berufsausbildung Beschäftigten Arbeitnehmer i. S. d. § 5 Abs. 1 BetrVG sind, d. h. nicht in einem reinen Ausbildungsbetrieb beschäftigt werden (BAG Beschl. v. 21. 7. 1993 – 7 ABR 35/92 – AP Nr. 8 zu § 5 BetrVG 1972).

2. Gesellschaft (Ausbildender). Ausbildender ist nach § 10 Abs. 1 BBiG derjenige, der mit dem Auszubildenden den **Ausbildungsvertrag schließt**, also der Betriebsinhaber, bei juristischen Personen das für diese handelnde Organ (Vorstand, Geschäftsführer). Der Ausbildende muss über eine entsprechende **persönliche Eignung** verfügen, § 28 Abs. 1 S. 1 BBiG. Diese fehlt jedenfalls, wenn er Kinder und Jugendliche nicht beschäftigen darf oder wiederholt oder schwer gegen das BBiG verstoßen hat, § 29 BBiG. Ausbilder ist demgegenüber, wem die Ausbildung ausdrücklich übertragen wurde (vgl. im Form. § 7 Abs. (1)). Ein Ausbilder ist nach § 28 Abs. 2 BBiG erforderlich für die Einstellung eines Auszubildenden, wenn der Ausbildende nicht selbst über die fachliche Eignung zur Berufsausbildung verfügt (vgl. Anm. 10). Die Wirksamkeit des Berufsausbildungsvertrages wird von Mängeln in diesem Bereich zwar nicht berührt, § 10 Abs. 4 BBiG, jedoch kann der Auszubildende den Vertrag kündigen und gegebenenfalls nach § 23 Abs. 1 BBiG Schadensersatz geltend machen (MünchHdbArbR/*Natzel* § 178 Rdn. 19).

3. Gesetzliche Vertretung. Sofern der Auszubildende noch nicht volljährig ist, muss der Vertrag auch durch die gesetzlichen Vertreter unterzeichnet werden, wie sich mittelbar aus § 11 Abs. 2 BBiG ergibt. **§ 113 BGB gilt** insoweit **nicht** für den Berufsausbildungsvertrag (Palandt/*Heinrichs* § 113 BGB Rdn. 2; ErfKomm/*Schlachter* § 3 BBiG Rdn. 7). Daher empfiehlt es sich, die gesetzlichen Vertreter bereits an dieser Stelle aufzuführen. Grundsätzlich sind nach § 1629 Abs. 1 BGB beide Elternteile gemeinsam zur Vertretung berechtigt. Sofern ein Vormund bestellt wurde, ist für den Abschluss des Berufsausbildungsvertrages die Genehmigung des Vormundschaftsgerichtes erforderlich. Die Geschäftsfähigkeit ausländischer Auszubildender richtet sich ebenfalls nach deutschem Recht (MünchHdbArbR/*Natzel* § 178 Rdn. 8).

4. Gegenstand des Vertrages. Im Ausbildungsvertrag sind nach § 11 Abs. 1 S. 2 Nr. 1 BBiG ausdrücklich Art, sachliche und zeitliche Gliederung sowie Ziel der Ausbildung festzulegen. Insbesondere ist anzugeben, zu welchem Ausbildungsberuf der Auszubildende ausgebildet werden soll. Art und Ziel der Berufsausbildung sind regelmäßig in der für den angestrebten Beruf geregelten **Ausbildungsordnung** nach § 5 BBiG, § 25 HandwO festgelegt (vgl. im Form. § 1 Abs. (1)). Sofern eine solche nicht besteht, sind nach § 104 BBiG die bereits vor In-Kraft-Treten des BBiG anerkannten Lehrberufe zugrunde zu legen. Die sachliche und zeitliche Gliederung der Berufsausbildung ergibt sich entweder aus dem von der Gesellschaft für den Betrieb auf der Grundlage des Ausbildungsrahmenplans und der jeweiligen Ausbildungsordnung entwickelten **Ausbildungsplan** (vgl. im Form. § 1 Abs. (2)) oder wird alternativ dazu direkt im Vertrag aufgeführt. Im ersteren Falle ist der Ausbildungsplan dem Vertrag als Anlage beizufügen. Es kommen insoweit grundsätzlich zwei Varianten in Betracht, eine herkömmliche Monoausbildung oder eine Stufenausbildung (vgl. § 5 Abs. 2 BBiG), wobei in beiden Fällen sachlichen Ausbildungsinhalten konkrete Zeitabschnitte zugeordnet werden müssen.

5. Ausbildungsdauer. Beginn und Dauer der Ausbildung sind ebenfalls nach § 11 Abs. 1 S. 2 Nr. 2 BBiG im Vertrag festzuhalten. Die Dauer richtet sich nach der für den einzelnen Ausbildungsberuf maßgeblichen Ausbildungsordnung und beträgt **in der Regel drei Jahre**, § 5 Abs. 1 Nr. 2 BBiG (vgl. im Form. § 2 Abs. (1)). Verkürzungen oder Verlängerungen der Ausbildungszeit sind nach Maßgabe des § 8 BBiG möglich. Auf **Verkürzungen** beziehen sich die beiden alternativen Formulierungsvorschläge in § 2 Abs. (1) des Formulars. Anrechnungsverordnungen i. S. d. § 7 Abs. 1 BBiG rechnen bestimmte Vorkenntnisse als erstes Jahr der Berufsausbildung auf die Ausbildungszeit an. Dies hat auch Auswirkungen auf die Vergütung (vgl. Anm. 9). Letzteres gilt nicht für Verkürzungen gemäß § 8 Abs. 1 BBiG, die die Industrie- und Handelskammer oder Handwerkskammer auf Antrag vornimmt, wenn zu erwarten ist, dass der Auszubildende das Ausbildungsziel in der gekürzten Zeit erreicht (vgl. BAG Urt. v. 8. 12. 1982 AP – 5 AZR 474/80 – Nr. 1 zu § 29 BBiG). Das Berufsausbildungsverhältnis **beginnt** mit dem Tag, an dem die Ausbildung tatsächlich aufgenommen werden soll und **endet** – auch ohne eine Abschlussprüfung – mit dem Ablauf der Ausbildungszeit automatisch ohne Ausspruch einer Kündigung, § 21 Abs. 1 BBiG (vgl. im Form. § 2 Abs. (2)).

Das **vorzeitige Ende** des Ausbildungsverhältnisses tritt nach § 21 Abs. 2 BBiG mit dem **Bestehen der Abschlussprüfung** vor Ablauf der Ausbildungszeit ein. § 2 Abs. (3) des Formulars hat insofern mithin nur klarstellende Bedeutung für die Vertragsparteien. Die Abschlussprüfung ist bestanden, wenn das Prüfungsverfahren abgeschlossen ist und das Ergebnis der Prüfung mitgeteilt wird (BAG Urt. v. 7. 10. 1971 – 5 AZR 265/71 – AP Nr. 1 zu § 14 BBiG). Anderweitige Regelungen kann die jeweilige **Prüfungsordnung** enthalten, § 47 BBiG. Die **Verlängerung bei Nichtbestehen** der Prüfung ist in § 21 Abs. 3 BBiG geregelt. Ein vor Ablauf der vereinbarten Ausbildungszeit erklärtes Fortsetzungsverlangen verlängert das Ausbildungsverhältnis unabhängig davon, wie lange der Auszubildende vor Geltendmachung bereits Kenntnis vom Nichtbestehen der Prüfung hatte (BAG Urt. v. 23. 9. 2004 – 6 AZR 519/03 – AP Nr. 11 zu § 14 BBiG). Nach Ablauf der vereinbarten Ausbildungszeit muss der Auszubildende eine Verlängerung unverzüglich verlangen, was im Einzelfall aber auch eine angemessene Überlegungsfrist einschließen kann. Für den Fall, dass der Auszubildende die erste Wiederholungsprüfung auch nicht besteht, verlängert sich das Ausbildungsverhältnis bis zur zweiten Wiederholungsprüfung, wenn diese noch innerhalb eines Jahres nach Ende der Ausbildungszeit abgelegt wird und der Auszubildende ein entsprechendes Fortsetzungsverlangen stellt (BAG Urt. v. 15. 3. 2000 – 5 AZR 622/98 – AP Nr. 10 zu § 14 BBiG; bestätigt durch BAG Urt. v. 26. 9. 2001 – 5 AZR 630/99 – NZA 2002, 232). Jegliche Verlängerung setzt den Abschluss eines entsprechenden **Fortsetzungsvertrages** voraus, der jedoch auch stillschweigend geschlossen werden kann, sofern die Ausbildung des Auszubildenden bis zum Prüfungstermin auch wirklich fortgesetzt wird. Ansonsten wird bei bloßer Beschäftigung des Auszubildenden mit Wissen und Wollen oder nach Weisungen des Arbeitgebers ein **Arbeitsverhältnis auf unbestimmte Zeit begründet**, § 24 BBiG. Im Übrigen sind Verlängerung kraft Gesetzes möglich (§§ 6 ArbPlSchG, 9 MuSchG, 20 Abs. 1 S. 2 BErzGG).

6. Probezeit. Auch die Probezeit gehört zu den Mindestvertragsbestandteilen nach § 11 Abs. 1 S. 2 Nr. 5 BBiG. Diese muss gemäß § 20 S. 1 BBiG zwischen mindestens einem und höchstens vier Monaten liegen. Das bedeutet aber nicht, dass eine gleitende Probezeit von einem bis zu vier Monaten zulässig ist. Das BBiG enthält keine Regelung über eine **Verlänge-**

rung der Probezeit, sofern diese unterbrochen wurde. Demnach ist eine vertragliche Vereinbarung erforderlich (vgl. im Form. § 3 Abs. (2)), dass sich die Probezeit bei einer Unterbrechung von einem Monat um diesen Zeitraum verlängert, auch wenn dadurch insgesamt die Vier-Monats-Grenze überschritten wird (vgl. MünchHdbArbR/*Natzel* § 178 Rdn. 52). Dies gilt allerdings dann nicht, wenn der Ausbildende selbst die **Unterbrechung der Probezeit vertragswidrig** herbeigeführt hat (BAG Urt. v. 15. 1. 1981 – 2 AZR 943/78 – AP Nr. 1 zu § 13 BBiG). Da sich die Dauer der Probezeit unmittelbar auf die nach dem BBiG eingeschränkte Zulässigkeit der ordentlichen Kündigung auswirkt (vgl. § 10 des Formulars und Anm. 15), sollte die Möglichkeit der viermonatigen Probezeit regelmäßig voll ausgeschöpft werden.

7. Ausbildungsstätte. § 11 Abs. 1 S. 2 Nr. 3 BBiG bestimmt, dass auch Ausbildungsmaßnahmen außerhalb der Ausbildungsstätte, an welcher die Berufsausbildung erfolgen soll, vertraglich festgehalten werden sollen (vgl. im Form. § 4 Abs. (2)). Dies ist deswegen sinnvoll, weil oft nicht alle Kenntnisse im Betrieb des Ausbildenden vermittelt werden können, z. B. wenn Tätigkeiten in Laboratorien, Baustellen, Gemeinschaftslehrwerkstätten vorgenommen werden müssen oder Auslandspraktika geplant sind (vgl. ErfKomm/*Schlachter* § 4 BBiG Rdn. 4; MünchHdbArbR/*Natzel* § 178 Rdn. 47). Dies kann nach § 5 Abs. 2 Nr. 6 BBiG, § 26 Abs. 2 Nr. 6 HandwO in den Ausbildungsordnungen festgelegt werden. Die dem Auszubildenden durch die Fahrt zu den Ausbildungsmaßnahmen außerhalb der Ausbildungsstätte **entstehenden Kosten**, muss der Ausbildende nur bei entsprechender Regelung im Ausbildungsvertrag erstatten.

8. Tägliche Ausbildungszeit. Anzugeben ist im Vertrag lediglich die **regelmäßige** tägliche Ausbildungszeit (vgl. im Form. in § 5 Abs. (1)), so dass kürzere Beschäftigungszeiten an Samstagen oder Montagen sowie betriebliche Restausbildungszeiten, wenn der Berufsschulunterricht weniger als fünf Stunden beträgt, hierbei keine Rolle spielen (MünchHdbArbR/*Natzel* § 178 Rdn. 46). Zu berücksichtigen ist hier insbesondere ein für das Berufsausbildungsverhältnis geltende **Tarifvertrag**. Begrenzt ein Tarifvertrag z. B. die regelmäßige tägliche Ausbildungszeit auf 7,5 Stunden, so muss diese Dauer im Hinblick auf den Anspruch auf besondere Vergütung und entsprechende Freizeit nach § 17 Abs. 3 BBiG im Vertrag angegeben werden. Bei der Dauer der regelmäßigen täglichen Ausbildungszeit, welche nach § 11 Abs. 1 S. 2 Nr. 4 BBiG ebenfalls zum Mindestinhalt des Berufsausbildungsvertrages gehört, sind bei Auszubildenden, die noch nicht volljährig sind, §§ 8 Abs. 1, 4 Abs. 1 JArbSchG zu beachten. Demnach dürfen **Jugendliche** nicht mehr als acht Stunden täglich beschäftigt werden. Für die Teilnahme am Berufsschulunterricht und Prüfungen wird der jugendliche Auszubildende von der Arbeit freigestellt, § 9 Abs. 1 S. 1 JArbSchG (vgl. § 5 Abs. (2)). Prüfungen und Unterricht sind keine Arbeitszeit, werden aber auf diese **angerechnet**, wie sich aus § 9 Abs. 2, 10 Abs. 2 JArbSchG ergibt. Die Vorschriften des JArbSchG müssen jedoch im Vertrag nicht erwähnt werden. Bei volljährigen Auszubildenden gilt für die regelmäßige tägliche Arbeitszeit § 3 ArbZG. Die Freistellung des Auszubildenden ergibt sich dann aus § 15 BBiG. Mangels gesetzlicher Regelung findet eine Anrechnung der Berufsschulpflicht nicht statt. Insoweit muss dies im Vertrag ausdrücklich geregelt werden (vgl. im Form. in § 5 Abs. (2)).

9. Ausbildungsvergütung. Nach § 17 Abs. 1 BBiG ist dem Auszubildenden eine angemessene Vergütung zu zahlen, die entsprechend dem Lebensalter des Auszubildenden mit fortschreitender Berufsausbildung mindestens jährlich ansteigt. Sie ist nach § 11 Abs. 1 S. 2 Nr. 6 BBiG vertraglich festzulegen (§ 6 Abs. (1) des Formulars). Dabei handelt es sich um eine Nebenpflicht des Ausbildenden (BAG Urt. v. 17. 8. 2000 – 8 AZR 578/99 – AP Nr. 7 zu § 3 BBiG; ErfKomm/*Schlachter* § 10 BBiG Rdn. 1). Verkürzungszeiten nach § 7 Abs. 1 BBiG (vgl. im Form. in § 2 Abs. (2), 2. Alt.) gelten hierbei im Umfang ihrer Anrechnung als abgeleistete Zeiten eines Berufausbildungsverhältnisses (BAG Urt. v. 8. 12. 1982 – 5 AZR 474/80 – AP Nr. 1 zu § 29 BBiG), so dass bereits zu Beginn eines Ausbildungsverhältnisses eine Vergütung wie im zweiten Ausbildungsjahr möglich ist. Als angemessen gilt eine Vergütung, wenn sie dem Auszubildenden bei der Durchführung der Berufsausbildung im Hinblick auf seine Aufwendungen eine finanzielle Hilfe ist und zugleich eine Mindestentlohnung seiner Leistungen darstellt (BAG Urt. v. 11. 1. 1973 – 5 AZR 467/72 – AP Nr. 1 zu § 6 BBiG; BAG Urt. v. 10. 4. 1991 – 5 AZR 226/90 – AP Nr. 3 zu § 10 BBiG). Eine Bezugnahme auf die jeweils tariflich vereinbarte Ausbildungsvergütung – wie in der Alternative zu § 6 Abs. (1) – ist ausreichend, jedoch muss deren bei Vertragsschluss geltende Höhe für die einzelnen Lehrjahre im Vertrag angegeben werden (MünchHdbArbR/*Natzel* § 178 Rdn. 56). Auch eine Ausbildungsvergütung, die sich an einem entsprechenden Tarifvertrag ausrichtet, ist stets als angemessen anzusehen (BAG Urt. v. 8. 12. 1982 – 5 AZR 474/80 – AP Nr. 1 zu § 29 BBiG). Liegt die Ausbildungsvergütung um mehr als 20% unter den Regelungen des einschlägigen Tarifvertrages, so ist zu vermuten, dass sie nicht mehr angemessen i. S. v. § 17 Abs. 1 S. 1 BBiG ist (BAG Urt. v. 10. 4. 1991 – 5 AZR 226/90 – AP Nr. 1 zu § 10 BBiG), es sei denn, die Ausbildung wird durch die öffentliche Hand finanziert (BAG Urt. v. 15. 11. 2000 – 5 AZR 296/99 – AP Nr. 9 zu § 10 BBiG; BAG Urt. v. 24. 10. 2002 – 6 AZR 626/00 – AP Nr. 12 zu § 10 BBiG). Fehlt eine tarifliche Regelung, dienen die Empfehlungen der Kammern und Innungen als Orientierung (BAG Urt. v. 30. 9. 1998 – 5 AZR 690/97 – AP Nr. 8 zu § 10 BBiG). Eine mögliche Anrechnung von Sachleistungen wie einer Wohnung durch besondere vertragliche Vereinbarung darf nicht mehr als 75% der Bruttovergütung betragen, § 17 Abs. 2 BBiG. Bei der Ausbildungsvergütung handelt es sich zwar auch um Entgelt für geleistete Arbeit (BAG Urt. v. 30. 9. 1998 – 5 AZR 690/97 – AP Nr. 8 zu § 10 BBiG; a. A. *Natzel* DB 1992, 1521, 1524), als Erziehungsgeld i. S. d. § 850a Nr. 6 ZPO ist sie jedoch unpfändbar und kann infolgedessen nicht abgetreten oder verpfändet werden und ist auch einer Aufrechnung nicht zugänglich (ErfKomm/*Schlachter* § 10 BBiG Rdn. 2; MünchHdbArbR/ *Natzel* § 178 Rdn. 195 f.).

Für die Dauer der Freistellung hat der Ausbildende nach §§ 9 Abs. 3, 10 Abs. 2 S. 2 JArbSchG dem jugendlichen Auszubildenden das **Entgelt fortzuzahlen**. Bei volljährigen Auszubildenden ergibt sich diese Verpflichtung aus § 19 Abs. 1 S. 1 Nr. 1 BBiG (im Form. unter § 6 Abs. (2)). Insoweit ist die Vereinbarung einer unverzüglichen Anzeigepflicht des Auszubildenden für den Fall seiner Verhinderung sinnvoll (vgl. § 8 Abs. (4) des Formulars). Im Unterschied zu § 616 S. 1 BGB ist die Fortzahlung bei Leistungsverhinderung aus persönlichen Gründen nicht abdingbar und nicht auf eine verhältnismäßig nicht erhebliche Zeit beschränkt (ErfKomm/*Schlachter* § 12 BBiG Rdn. 12). Die Pflicht zur Entgeltfortzahlung folgt ansonsten aus § 19 Abs. 1 S. 1 Nr. 2, S. 2 BBiG. Das BBiG regelt die Entgeltfortzahlung **nicht abschließend**, so dass im Übrigen u. a. das EFZG gilt (vgl. MünchHdbArbR/*Natzel* § 178 Rdn. 235 ff.).

Überstunden sind nach § 17 Abs. 3 BBiG zu vergüten oder durch Freizeit auszugleichen (vgl. Regelung in § 6 Abs. (3) des Formulars). Zu beachten ist, dass bei Jugendlichen keine Abgeltung möglich ist, sondern nur der Ausgleich durch Verkürzung an anderen Tagen oder Freizeitausgleich innerhalb der darauf folgenden drei Wochen, § 21 Abs. 1 und 2 JArbSchG.

10. Pflichten der Gesellschaft (des Ausbildenden). Auszubildende darf nur ausbilden, wer hierzu **persönlich und fachlich geeignet** ist, § 28 Abs. 1 BBiG. Ist der Ausbildende lediglich persönlich (vgl. Anm. 2), aber nicht fachlich geeignet, muss er dementsprechend jemand anderen als **Ausbilder bestellen,** der die persönliche und fachliche Eignung, d. h. die erforderlichen beruflichen Fertigkeiten und Kenntnisse sowie die erforderlichen berufs- und arbeitspädagogischen Kenntnisse, besitzt (vgl. im Form. § 7 Abs. (1)). Ansonsten liegt eine Ordnungswidrigkeit gemäß § 102 Abs. 1 Nr. 5, 6 BBiG vor, die mit einer Geldbuße bis zu EUR 5.000,– geahndet werden kann. Der Betriebsrat hat bei der Bestellung des Ausbilders gemäß § 98 Abs. 2 BetrVG ein Mitbestimmungsrecht.

Die im Formular in § 7 aufgeführten Pflichten des Ausbildenden ergeben sich bereits aus §§ 14 ff. BBiG. Insoweit sind derartige vertragliche Regelungen deklaratorischer Natur. Gleichwohl empfiehlt sich eine vertragliche Festlegung, um den Parteien die gesetzlichen Pflichten aufzuzeigen. **Hauptpflicht** des Ausbildenden ist naturgemäß dafür zu sorgen, dass dem Auszubildenden die berufliche Handlungsfähigkeit für den angestrebten Beruf vermittelt wird, § 14 Abs. 1 Nr. 1 BBiG (vgl. § 7 Abs. (1) des Formulars). Ziel der Ausbildung ist nicht die Ablegung oder das Bestehen der Abschlussprüfung, sondern lediglich die Vermittlung der für die Ausübung einer qualifizierten beruflichen Tätigkeit notwendigen beruflichen Handlungsfähigkeit gemäß des Ausbildungsberufsbildes in den Ausbildungsordnungen (vgl. Anm. 4; MünchHdbArbR/*Natze*l § 178 Rdn. 29). Jedoch kommt ein Schadensersatzanspruch des Auszubildenden in Betracht, wenn das Nichtbestehen der Abschlussprüfung auf der fehlenden Vermittlung von Fertigkeiten und Kenntnissen beruht (BAG Urt. v. 10. 6. 1976 – 3 AZR 412/75 – AP Nr. 2 zu § 6 BBiG). Daneben bestehen noch **Erziehungs-, Ordnungs- und Schutzpflichten** (vgl. § 7 Abs. (2) und (4) des Formulars). Die ausdrückliche Aufnahme einer Freistellungspflicht für den Berufsschulunterricht in § 7 Abs. (3) (vgl. auch § 5 Abs. (2)) ist konstitutiv für Auszubildende, die nicht berufsschulpflichtig sind (vgl. LAG Köln v. 18. 9. 1998 AiB 1999, 52). Im Übrigen gilt dies bereits nach §§ 9 Abs. 1, 10 Abs. 1 Nr. 1 JArbSchG, § 15 BBiG.

11. Pflichten des Auszubildenden. Die Pflichten des Auszubildenden ergeben sich zum größten Teil aus den Regelungen in § 13 BBiG. Die dort vorgesehene Verpflichtung, sich zu bemühen, die berufliche Handlungsfähigkeit zu erwerben, die zur Erreichung des Ausbildungsziels notwendig sind (vgl. im Form. § 8 Abs. (1)), ist eine **aktive Mitwirkungspflicht** (ErfKomm/*Schlachter* § 9 BBiG Rdn. 1). Unter diese Vertragspflicht des Auszubildenden fällt nicht der Lehrstoff der Berufsschule, § 38 BBiG. Ansonsten würde man auch den Ausbildenden verpflichten, gegebenenfalls den Lehrstoff der Berufsschule zu vermitteln. Im Hinblick auf § 8 Abs. (2) des Formulars muss der Auszubildende nur Tätigkeiten ausführen und Weisungen befolgen, die mit der Berufsausbildung zusammenhängen, § 13 Nr. 1 und 3 BBiG. Der Auszubildende muss dem Ausbildenden über seinen Stundenplan in der Berufsschule informieren, damit dieser ihn entsprechend freistellen kann. Es empfiehlt sich dem Auszubildenden die Pflicht zur Teilnahme an Ausbildungsmaßnahmen wie in § 8 Abs. (3) ausdrücklich im Vertrag vor Augen zu führen, da ihm für Fehltage nach § 18 Abs. 1 BBiG die Vergütung gekürzt werden kann und dies im Wiederholungsfall nach vorheriger Abmahnung einen fristlosen Kündigungsgrund darstellt (MünchHdbArbR/*Natzel* § 178 Rdn. 154). Die **Anzeigepflicht** bei Verhinderung in § 8 Abs. (4) des Formulars folgt aus der Treuepflicht des Auszubildenden gegenüber dem Ausbildenden im Hinblick auf mögliche Entgeltfortzahlungsansprüche (vgl. Anm. 9). Ergänzend kann unter § 8 auch die Pflicht festgelegt werden, nach den Ausbildungsordnungen vorgeschriebene Berichtshefte oder Ausbildungsnachweise zu führen (vgl. BAG Urt. v. 11. 1. 1973 – 5 AZR 467/72 – AP Nr. 1 zu § 6 BBiG), zumal das Führen von Ausbildungsnachweisen nach §§ 43 Abs. 1 Nr. 2 BBiG, 36 Abs. 1 Nr. 2 HandwO Zulassungsvoraussetzung für die Abschlussprüfung ist.

12. Ärztliche Untersuchung. Die Regelung im Formular unter § 8 Abs. (7) erklärt sich vor dem Hintergrund, dass **jugendliche Auszubildende** erst beschäftigt werden dürfen, wenn sie nach § 32 JArbSchG von einem Arzt untersucht worden sind. Anderenfalls besteht ein gesetzliches Beschäftigungsverbot. Der Vertrag ist bis zur Vorlage der Bescheinigung oder bis zur Volljährigkeit des Auszubildenden schwebend unwirksam (BAG Urt. v. 22. 2. 1972 – 2 AZR 205/71 – AP Nr. 1 zu § 15 BBiG). Nach § 33 JArbSchG ist zudem eine Nachuntersuchung zwischen dem neunten und zwölften Beschäftigungsmonat erforderlich, worüber der Auszubildende dem Ausbildenden ebenfalls eine Bescheinigung vorzulegen hat.

13. Urlaub. Der dem Auszubildenden zustehende Jahresurlaub ist, wie sich aus § 11 Abs. 1 S. 2 Nr. 7 BBiG ergibt, vertraglich festzuhalten. Das Formular bezieht sich in § 9 Abs. (1) auf die gesetzlichen Urlaubsregelungen. Sofern der Auszubildende Jugendlicher i. S. d. § 2 Abs. 2 JArbSchG ist, muss für die Dauer des Urlaubs § 19 Abs. 2 JArbSchG beachtet werden. Danach steht dem Jugendlichen je nach Alter unterschiedlich viel Urlaub zu, so dass im Vertrag der Urlaub **für jedes einzelne Kalenderjahr angegeben** werden muss. Im Übrigen ist das BUrlG anzuwenden sowie der einschlägige Tarifvertrag zu beachten (vgl. alternative Regelung in § 9 Abs. (1) des Formulars). Die Angabe des Urlaubs für jedes einzelne Kalenderjahr ist aber auch bei volljährigen Auszubildenden notwendig. Bloße Hinweise auf gesetzliche oder tarifvertragliche Regelungen genügen nicht (ErfKomm/*Schlachter* § 4 BBiG Rdn. 5). Fehlt eine vertragliche Urlaubsregelung gilt der gesetzliche Mindestumfang.

14. Zeitpunkt des Urlaubs. Ist der Auszubildende Jugendlicher i. S. d. § 2 Abs. 2 JArbSchG, sollte der Arbeitgeber den Urlaub **während der Berufsschulferien** gewähren (vgl. § 9 Abs. 2), da ansonsten für jeden Berufsschultag ein weiterer Urlaubstag gewährt werden müsste, § 19 Abs. 3 JArbSchG.

15. Kündigung. Gemäß § 11 Abs. 1 S. 2 Nr. 8 BBiG hat der Vertrag die Voraussetzungen zu enthalten, unter denen er gekündigt werden kann. Das Formular erschöpft sich hier notwendigerweise in der Wiederholung der Kündigungsvoraussetzungen, die in § 22 BBiG ausdrücklich und **zwingend** geregelt sind. Ein Hinweis auf die Kündigungsvorschriften des BBiG im Vertrag genügt gleichwohl nicht. Demnach kann während der **Probezeit** eine ordentliche Kündigung jederzeit und fristlos erfolgen (vgl. im Form. § 10 Abs. (1)). Eine Auslauffrist ist zulässig, sofern sie nicht unangemessen lang ist (BAG Urt. v. 10. 11. 1988 – 2 AZR 26/88 – AP Nr. 8 zu § 15 BBiG). Danach ist seitens des Ausbildenden nur noch eine **außerordentliche Kündigung** aus wichtigem Grund i. S. d. § 626 BGB erlaubt (vgl. im Form. § 10 Abs. (2); zu wichtigen Gründen ErfKomm/*Schlachter* § 15 BBiG Rdn. 5 ff.). Die einzelvertragliche Konkretisierung von wichtigen Gründen ist im Rahmen der gesetzlichen Bestimmungen unter Berücksichtigung der Besonderheiten des Ausbildungsverhältnisses möglich (vgl. BAG Urt. v. 22. 11. 1973 – 2 AZR 580/72 – AP Nr. 67 zu § 626 BGB). Der Auszubildende kann demgegenüber auch mit einer vierwöchigen Frist **ordentlich kündigen**, sofern er sich anderweitig ausbilden lassen oder die Berufsausbildung aufgeben will (vgl. im Form. § 10 Abs. (3)). In beiden Fällen ist eine Begründung der Kündigung notwendig. Die **Vereinbarung einer ordentlichen Kündigungsmöglichkeit** des Ausbildenden ist nicht zulässig und wäre nach § 25 BBiG **nichtig**. Soll in Ergänzung zur gesetzlichen Regelung eine Kündigung vor Beginn der Ausbildung ausgeschlossen sein, so muss dies ausdrücklich vereinbart werden (vgl. ErfKomm/*Schlachter* § 15 BBiG Rdn. 2).

Die Regelung im Formular zur **Ausschlussfrist** in § 10 Abs. (5) folgt aus § 22 Abs. 4 BBiG, der sich an § 626 Abs. 2 BGB anlehnt. Die **Schadensersatzregelung** in § 10 Abs. (6) entspricht § 23 BBiG und gilt nicht nur für Kündigungen, sondern für **jegliche vorzeitige Beendigung** des Ausbildungsverhältnisses nach der Probezeit unabhängig von der rechtlichen Zulässigkeit der Beendigung (BAG Urt. v. 17. 8. 2000 – 8 AZR 578/99 – AP Nr. 7 zu § 3 BBiG).

16. Zeugnis. Die Regelung in § 11 über die Erteilung des Zeugnisses ergibt sich bereits zwingend aus § 16 BBiG und ist insoweit deklaratorisch. Die Pflicht des Ausbildenden zur Ausstellung eines Zeugnisses besteht unabhängig von der Art und Weise der Beendigung des Ausbildungsverhältnisses. Der Zeugnisanspruch des Auszubildenden setzt insbesondere nicht das Bestehen der Abschlussprüfung voraus (MünchHdbArbR/*Natzel* § 178 Rdn. 29, 320). Werden bei einer Stufenausbildung nach § 5 Abs. 2 Nr. 1 BBiG nicht alle Stufen in demselben Betrieb durchlaufen, besteht ein Zeugnisanspruch für jede Stufe. Zwecks Klarstellung kann dies ergänzend im Vertrag festgehalten werden.

17. Kollektive Vereinbarungen. Sofern auf das Berufsausbildungsverhältnis Tarifverträge, Betriebs- oder Dienstvereinbarungen anzuwenden sind, ist dies wie in § 12 Abs. (1) des Formulars durch einen **allgemeinen Hinweis** auf diese Regelungen vertraglich festzuhalten, § 11 Abs. 1 S. 2 Nr. 9 BBiG. Das dient der Kenntnisnahme von besonderen Arbeitsbedingungen, insbesondere auch von tariflichen Ausschlussfristen (vgl. BAG Urt. v. 24. 10. 2002 – 6 AZR 743/00 – AP Nr. 2 zu § 4 BBiG).

18. Abänderung des Vertrages. Nach § 11 Abs. 4 BBiG gelten für Änderungen des Vertrages § 11 Abs. 1 bis 3 BBiG entsprechend. Änderungen des Berufsausbildungsvertrages sind daher **schriftlich** zu vereinbaren (vgl. im Form. § 12 Abs. (2)).

19. Streitigkeiten. Die vorgesehene Regelung in § 12 Abs. (3) greift § 111 Abs. 2 ArbGG auf, wonach zur Beilegung von Streitigkeiten aus einem bestehenden Berufsausbildungsverhältnis die zuständigen Stellen Ausschüsse bilden können, deren Verhandlungen einem Verfahren vor dem Arbeitsgericht vorangehen müssen (**unverzichtbare Prozessvoraussetzung**). Streitigkeiten müssen demnach zuerst in einem **Schlichtungsverfahren** behandelt werden, vorausgesetzt ein entsprechender Ausschuss existiert. Streitigkeiten aus einem bestehenden Ausbildungsverhältnis setzen grundsätzlich dessen unanfechtbaren Bestand voraus, das BAG verlangt jedoch auch bei Streitigkeiten über die Wirksamkeit einer außerordentlichen Kündigung die Anrufung des Schlichtungsausschusses (BAG Urt. v. 18. 9. 1975 – 2 AZR 602/74 – Nr. 2 zu § 111 ArbGG 1952; vgl. weitergehend insgesamt MünchHdbArbR/*Natzel* § 181 Rdn. 5 ff.).

3. Job-Sharing Vertrag[1,2]

Job-Sharing Vertrag

zwischen
...... (Name und Anschrift des Arbeitgebers) „Gesellschaft"
und
Herrn ...... (Name und Anschrift des Arbeitnehmers) „Mitarbeiter"

§ 1 Position und Aufgaben

(1) Der Mitarbeiter wird zum ...... als ...... im Job-Sharing System[3] eingestellt. Er teilt sich den Arbeitsplatz mit ...... (Job-Sharing Partner).

(2) Der Mitarbeiter ist verpflichtet, auch andere, seinen Fähigkeiten und Qualifikationen entsprechende, zumutbare Aufgaben zu übernehmen.

§ 2 Arbeitszeit[4]

(1) Der regelmäßige wöchentliche (*Alternative:* monatliche) Arbeitszeitanteil des Mitarbeiters beträgt ...... Stunden.

(2) Der Mitarbeiter wird sich im Rahmen der in vorgenanntem Abs. (1) vereinbarten Arbeitszeit mit dem/den anderen Arbeitnehmern, mit dem/denen er sich den Arbeitsplatz teilt, über die Aufteilung der Arbeitszeit abstimmen.

(3) Die Arbeitszeiteinteilung hat so zu erfolgen, dass der Arbeitsplatz zu der betriebsüblichen Arbeitszeit ständig besetzt ist und die am gleichen Arbeitsplatz beschäftigten Arbeitnehmer wöchentlich ihre vertraglich vereinbarten Arbeitszeitanteile erreichen. Eine gleichzeitige Besetzung des Arbeitsplatzes ist ausgeschlossen.

(4) Die Übertragung von Arbeitszeitguthaben oder Arbeitszeitschulden bis zu ...... Stunden in die darauf folgende Woche ist zulässig. Eine weitergehende Übertragung bedarf der vorherigen Zustimmung der Gesellschaft[5].

(5) Der Mitarbeiter wird die Gesellschaft über die Arbeitszeiteinteilung informieren[6].

(*Alternative*:
(5) Der Mitarbeiter wird dem Arbeitgeber für den Zeitraum von ...... Wochen/Monaten einen Arbeitsplan über die Arbeitsaufteilung bis eine Woche vor Beginn des Zeitraumes vorlegen.)

(6) Können sich die Mitarbeiter über die Aufteilung der Arbeitszeit bis eine Woche vor Beginn des Zeitraums nicht einigen, kann die Gesellschaft diese unter Berücksichtigung der Interessen der beteiligten Mitarbeiter verbindlich festlegen[7].

(*Alternative*:
(6) Legt der Mitarbeiter nicht innerhalb der in Abs. (5) genannten Frist einen Arbeitsplan vor, kann die Gesellschaft die Arbeitszeit unter Berücksichtigung der Interessen der beteiligten Mitarbeiter festlegen.)

§ 3 Vertretung[8]

(1) Der Mitarbeiter ist, wenn hierfür ein dringendes betriebliches Erfordernis vorliegt, zur Vertretung des Job-Sharing Partners verpflichtet, sofern dieser an der Ausübung der Tätigkeit verhindert ist. Dies gilt nicht, wenn dem Mitarbeiter die Vertretung im Einzelfall nicht zuzumuten ist.

(2) Übernimmt der Mitarbeiter die Vertretung, so wird die Vertretungszeit nicht auf den Arbeitszeitanteil angerechnet. Sie wird nach § 5 Abs. (2) dieses Vertrages besonders vergütet.

§ 4 Überstunden[9]

(1) Der Mitarbeiter ist verpflichtet, auf Anweisung der Gesellschaft in dringenden Fällen Überstunden zu leisten. Überstunden liegen vor, wenn die erbrachte Arbeitsleistung die in § 2 Abs. (1) dieses Vertrages vereinbarte Arbeitszeit überschreitet.

(2) Vertretungszeiten nach § 3 dieses Vertrages, die im Rahmen des in § 2 Abs. (1) dieses Vertrages genannten Arbeitsdeputats liegen, gelten nicht als Überstunden oder Mehrarbeit.

§ 5 Vergütung

(1) Der Mitarbeiter erhält als Vergütung für seine Tätigkeit ein Bruttogehalt von EUR ...... (in Worten: Euro ......) monatlich (*Alternative:* pro Stunde), zahlbar bargeldlos jeweils zum Monatsende auf ein vom Mitarbeiter zu benennendes Bankkonto.

(2) Vertretungszeit nach § 3 dieses Vertrages wird mit EUR ...... (in Worten: Euro ......) brutto pro Stunde vergütet[10].

(3) Jede Überstunde gemäß § 4 des Vertrages wird mit EUR ...... (in Worten: Euro ......) brutto vergütet.

(4) Die Zahlung von Gratifikationen erfolgt freiwillig mit der Maßgabe, dass auch durch eine wiederholte Zahlung ein Rechtsanspruch des Mitarbeiters, weder dem Grunde noch der Höhe nach, weder für die Vergangenheit noch für die Zukunft, begründet wird.

§ 6 Urlaub[11]

(1) Der Mitarbeiter hat einen Urlaubsanspruch von ...... Arbeitstagen pro Kalenderjahr. Arbeitstage sind alle Tage, die am Arbeitsort weder Samstage noch Sonntage oder gesetzliche Feiertage sind. Bei der Festlegung von Zeitpunkt und Dauer des Urlaubs werden die Wünsche des Mitarbeiters unter Berücksichtigung der betrieblichen Interessen und Bedürfnisse angemessen berücksichtigt. Der Mitarbeiter hat die Gesellschaft rechtzeitig über seine Urlaubspläne zu informieren.

(2) Während des Urlaubs des Job-Sharing Partners kann Urlaub nicht genommen werden.

§ 7 Ärztliche Untersuchung/Abwesenheit/Krankheit[12]

§ 8 Nebentätigkeiten[13]

§ 9 Geheimhaltung/Behandlung von Gegenständen und Daten[14]

§ 10 Laufzeit, Kündigung[15]

§ 11 Tarifvertrag

Auf dieses Teilzeitarbeitsverhältnis finden die Vorschriften des geltenden Tarifvertrages ...... Anwendung. Dessen Bestimmungen gelten vorrangig auch, wenn diese zu Ungunsten des Mitarbeiters von den Bestimmungen dieses Vertrages abweichen[16].

§ 12 Öffnungsklausel für Betriebsvereinbarungen[17]

§ 13 Schlussbestimmungen[18]

_____   _____
Ort, Datum   Ort, Datum

Unterschrift der Gesellschaft   Unterschrift des Mitarbeiters

Schrifttum: Eich, Das Job-Sharing, NZA 1986, 712; *Lipke/Lipke*, Betriebsverfassungsrechtliche Probleme der Teilzeitarbeit, NZA 1990, 758; *Meinel/Heyn/Herms*, Teilzeit- und Befristungsgesetz, 2004; *Sowka/Köster*, Teilzeitarbeit und geringfügige Beschäftigung, 1993; *Stechl*, Teilzeit- und Aushilfskräfte, 3. Aufl., 1995; *Zietsch*, Zur Frage der Lohnfortzahlung im Krankheitsfall beim Job-Sharing, NZA 1997, 526.

Anmerkungen

1. Ausgangslage. Der vorliegende Vertrag enthält eine Vereinbarung zwischen Arbeitgeber und Arbeitnehmer. Der Arbeitnehmer soll künftig in ein Job-Sharing System eingebunden werden.

2. Regelungsgegenstand. Nach § 13 Abs. 1 S. 1 TzBfG liegt ein Job-Sharing Vertrag dann vor, wenn Arbeitgeber und Arbeitnehmer vereinbaren, dass sich der Arbeitnehmer einen Arbeitsplatz mit mindestens einem weiteren Arbeitnehmer teilt. Voraussetzung hierfür ist, dass mit den Arbeitnehmern, die sich den Arbeitsplatz teilen sollen, ein Teilzeitarbeitsverhältnis begründet wird und ein teilbarer Arbeitsplatz vorliegt. Es ist möglich, wenn auch nicht empfehlenswert, die Arbeitsverträge der Job-Sharer in einer Vertragsurkunde zusammenzufassen. Auch in diesem Fall liegen aber zwei oder mehr selbständige Arbeitsverträge vor.

Zwischen den Arbeitsplatzpartnern untereinander besteht keine vertragliche Bindung. Sie sind insbesondere nicht Gesamtschuldner im Hinblick auf die geschuldete gesamte Arbeitsleistung, sondern schulden dem Arbeitgeber lediglich ihr persönliches, vertraglich vereinbartes Arbeitsdeputat (MünchHdbArbR/*Schüren* Ergänzungsband § 166 Rdn. 93).

3. Ausdrückliche Vereinbarung. Der Arbeitsvertrag muss eine ausdrückliche Vereinbarung in Bezug auf die Arbeitsplatzteilung enthalten (LAG München Urt. v. 15. 9. 1993 – 5 Sa 976/92 – LAGE Nr. 1 zu § 5 BeschFG 1985).

4. Aufteilung der Arbeitszeit. Vertraglich festzulegen ist das persönliche Arbeitsdeputat des Arbeitnehmers. Demgegenüber obliegt die Festlegung der Lage der Arbeitszeit eigenverantwortlich den Arbeitnehmern, die sich den Arbeitsplatz teilen. Die Arbeitszeit kann im (halb-) täglichen, wöchentlichen oder monatlichen Wechsel zwischen den Arbeitnehmern aufgeteilt werden. Die Aufteilung der Arbeitszeit unter den Job-Sharern gehört zu der arbeitsvertraglichen Verpflichtung des Mitarbeiters. Dabei ist aber immer die mit dem Arbeitgeber vertraglich vereinbarte Arbeitszeit zu berücksichtigen.

5. Übertragung der Arbeitszeit. Sofern der Mitarbeiter in einem bestimmten Bezugszeitraum Arbeitszeitguthaben oder -defizite angesammelt hat, kann er diese auf einen späteren Bezugszeitraum übertragen. Der Bezugszeitraum ist im Formular mit einer Woche angegeben. Es empfiehlt sich, die Stundenzahl vertraglich auf einen bestimmten Umfang zu begrenzen und jede Überschreitung von der Zustimmung des Arbeitgebers abhängig zu machen. Anderenfalls hätte dies zur Folge, dass die Abstimmung mit dem Arbeitsplatzpartner erschwert wird.

6. Information des Arbeitgebers. Es empfiehlt sich wie in § 2 Abs. (5) vorgesehen, vertraglich festzuhalten, dass der Mitarbeiter den Arbeitgeber über die Arbeitszeitaufteilung zu informieren hat. Darüber hinaus kann auch ausdrücklich die Vorlage eines Arbeitsplanes bis zu einem bestimmten Termin für einen bestimmten Zeitraum verlangt werden. Die Vorlage eines Arbeitsplanes kommt insbesondere dann in Betracht, wenn nicht von vornherein davon ausgegangen werden kann, dass die Job-Sharing Partner zu einer einvernehmlichen Aufteilung der Arbeitszeit gelangen. Die Frist für die Vorlage des Arbeitsplanes sollte so bemessen sein, dass dem Arbeitgeber für den Fall der Nichteinigung genügend Zeit verbleibt, eine angemessene Aufteilung vorzunehmen und den Arbeitnehmern mit ausreichender Ankündigungsfrist bekannt zu geben

7. Direktionsrecht. Da es gerade dem Wesen des Job-Sharing Vertrages entspricht, die Einteilung der Arbeitszeit den Arbeitnehmern zu überlassen, sollte der Arbeitgeber erst dann, wenn sich die Arbeitnehmer nicht einigen können, im Rahmen seines Direktionsrechtes die Arbeitszeiteinteilung regeln (*Meinel/Hein/Herms* § 13 Rdn. 16).

8. Vertretung. Für den Fall, dass einer der Job-Sharer an der Erbringung seiner persönlichen Arbeitsleistung verhindert ist, enthält § 13 Abs. 1 S. 2 und 3 TzBfG besondere Regelungen. Verhinderung im Sinne dieser Norm bedeutet dabei zunächst, dass der zu Vertretene seine Arbeitsleistung aus persönlichen Gründen wie z. B. Arbeitsunfähigkeit oder Verhinderung nach § 616 BGB nicht erbringen kann. Darunter fällt nicht die bewusste Arbeitsverweigerung

(*Buschmann/Dieball/Stevens-Bartol*, TZA, § 13 TzBfG Rdn. 29 m. weit. Nachw.). Im Fall der Verhinderung ist der Arbeitsplatzpartner gemäß § 13 Abs. 1 S. 2 TzBfG nicht grundsätzlich zur Vertretung des anderen verpflichtet. Eine generelle, vorab vertraglich vereinbarte Vertretungspflicht ist nach § 134 BGB nichtig. Die Vertretungspflicht besteht aber dann, wenn der Mitarbeiter dieser im Einzelfall ausdrücklich zugestimmt hat. Diese Zustimmung kann auch konkludent durch die Arbeitsaufnahme erklärt werden.

Des Weiteren bestimmt § 13 Abs. 1 S. 3 TzBfG als Ausnahme zum vorgenannten generellen Vertretungsverbot, dass arbeitsvertraglich die Vertretungspflicht vorab festgelegt werden kann, wenn dringende betriebliche Gründe vorliegen und dies für den Vertreter im Einzelfall zumutbar ist. Dringende betriebliche Gründe bestehen u. a. dann, wenn der Arbeitgeber keine andere Vertretung einsetzen kann und ohne eine Vertretung der Betriebsablauf erheblich gestört würde oder wesentliche Schädigungen des Betriebes eintreten würden (*Meinel/Hein/Herms* § 13 Rdn. 21). Im Rahmen der Zumutbarkeit ist eine Interessenabwägung, insbesondere im Hinblick auf Lage, Dauer und Mitteilung der Vertretungszeit, vorzunehmen.

9. Überstunden. Gehen die Arbeitsstunden des Mitarbeiters über die vertraglich vereinbarte persönliche Arbeitszeit des Mitarbeiters hinaus, so liegen Überstunden vor, die besonders zu vergüten sind. Da sich die nach § 3 des Formulars geleistete Vertretungszeit ebenfalls an der vertraglich vereinbarten Arbeitszeitdauer orientiert, liegen Überstunden vor, wenn infolge Vertretungszeiten die vertragliche Arbeitszeit des Arbeitnehmers überschritten wird. Vertretungszeit, die sich im Rahmen der vertraglich vereinbarten Arbeitszeit hält, ist allerdings nicht als Über- oder Mehrarbeit anzusehen, wie im Formular klarstellend festgehalten wird. Mögliche Mehrarbeitszuschläge fallen erst dann an, wenn die gesamte Arbeitszeit des Arbeitnehmers die betriebsübliche Arbeitszeit überschreitet.

10. Vertretungsvergütung. Da die Job-Sharer bezüglich der Arbeitsleistung nicht gesamtschuldnerisch verpflichtet sind, ist die Vertretungszeit gesondert zu vergüten. Die Vertretungszeit ist aber nicht mit Überstunden gleichzusetzen (s. Anm. 9).

11. Urlaub. Selbstverständlich hat der Teilzeitarbeitnehmer Anspruch auf Jahresurlaub entsprechend seiner Arbeitszeit nach § 1 BUrlG. Dabei ist bei der Bemessung der Urlaubsdauer wegen des Gleichbehandlungsgrundsatzes auch der Urlaubsanspruch der Vollzeitkräfte zu berücksichtigen. Es wäre z. B. unzulässig, den Teilzeitkräften den gesetzlichen Mindesturlaub zu gewähren, während ein vergleichbarer Vollzeitarbeitnehmer einen über diesen Mindesturlaub hinausgehenden Urlaubsanspruch erhält. Im Hinblick auf die Berechnung des einzelnen Urlaubsanspruchs sowie des Urlaubsentgelts wird auf die Grundsätze zur Urlaubsabgeltung von Teilzeitkräften verwiesen (vgl. z. B. MünchHdbArbR/*Schüren* Ergänzungsband § 162 Rdn. 251 ff.).

Zu beachten ist, dass die Abstimmung der Lage der Arbeitszeit nicht auch die Urlaubsplanung umfasst (MünchHdbArbR/*Schüren* Ergänzungsband § 166 Rdn. 130). Das bedeutet, dass aus der Autonomie der Arbeitnehmer bei der Bestimmung der Lage der Arbeitszeit nicht gleichzeitig die Autonomie zur Festlegung des Urlaubs folgt.

12. Ärztliche Untersuchung/Abwesenheit/Krankheit. S. Form. A. II. 1, dort unter § 4.

13. Nebentätigkeit. S. Form. A. II. 1, dort unter § 7.

14. Geheimhaltung, Behandlung von Gegenständen und Daten. S. Form. A. II. 1, dort unter § 8.

15. Laufzeit, Kündigung. S. Form. A. II. 1, dort unter § 10. § 13 Abs. 2 TzBfG enthält ein absolutes Kündigungsverbot dahingehend, dass eine Kündigung eines Arbeitsplatzpartners nicht deswegen ausgesprochen werden kann, weil der andere Partner aus dem Arbeitsverhältnis ausscheidet. Es handelt sich dabei um einen selbstständigen Kündigungsausschluss i. S. d. § 13 Abs. 3 KSchG. Die Unwirksamkeit greift somit auch in Kleinbetrieben oder innerhalb der ersten sechs Monate des Arbeitsverhältnisses. Von diesem Kündigungsverbot werden aber ausdrücklich Änderungskündigungen sowie Kündigungen aus anderen Gründen nicht erfasst, § 13 Abs. 2 S. 2 TzBfG.

16. Tarifvertrag. Gemäß § 13 Abs. 4 TzBfG kann von den Bestimmungen des § 13 Abs. 1 und 3 TzBfG durch Tarifvertrag abgewichen werden. Damit können Tarifverträge u. a. die generelle Verpflichtung des Arbeitsplatzpartners zur Vertretung des anderen Jobsharers festlegen. Nicht abdingbar ist hingegen das in § 13 Abs. 2 TzBfG enthaltene Kündigungsverbot. Sofern das nicht tarifgebundene Arbeitsverhältnis vom fachlichen und persönlichen Geltungsbereich des Tarifvertrages umfasst wird, können die Vertragsparteien auch die Geltung der Regelungen zur Arbeitsplatzteilung vertraglich vereinbaren.

17. Öffnungsklausel für Betriebsvereinbarungen. S. Form. A. II. 1, dort unter § 12.

18. Schlussbestimmungen. S. Form. A. II. 1, dort unter § 13.

4. Telearbeitsvertrag[1]

Telearbeitsvertrag

zwischen
...... (Name und Anschrift des Arbeitgebers) „Gesellschaft"
und
Herrn ...... (Name und Anschrift des Arbeitnehmers) „Mitarbeiter"

§ 1 Position und Aufgaben

(1) Der Mitarbeiter wird für die Gesellschaft in alternierender Telearbeit (*Alternative:* in häuslicher Telearbeit/in mobiler Telearbeit/in Telearbeit in dem Nachbarschafts-/Satellitenbüro in ......) als ...... tätig[2]. Die Aufgaben des Mitarbeiters ergeben sich aus der als Anlage A beigefügten Stellenbeschreibung.

(2) Die Gesellschaft ist berechtigt, soweit dies zumutbar ist, dem Mitarbeiter jederzeit ein anderes, seinen Fähigkeiten und Qualifikationen entsprechendes zumutbares Aufgaben- und Verantwortungsgebiet ohne Einschränkung seiner Vergütung gemäß nachstehendem § 4 zu übertragen oder den Mitarbeiter an einen anderen Ort zu versetzen[3].

(3) Der Mitarbeiter ist verpflichtet, die Richtlinien und Anweisungen der Gesellschaft in ihrer jeweiligen Fassung sowie die Anordnungen seiner Vorgesetzten zu beachten.

§ 2 Arbeitsort

(1) Der Mitarbeiter wird seine Arbeitsleistung sowohl in seiner Wohnung (häusliche Arbeitsstätte) als auch im Betrieb der Gesellschaft (betriebliche Arbeitsstätte) erbringen. Die häusliche Arbeitsstätte befindet sich in ......[4].

(*Alternative*:
(1) Der Mitarbeiter wird seine Arbeitsleistung ausschließlich in der häuslichen Arbeitsstätte erbringen. Die häusliche Arbeitsstätte befindet sich in ......)

(*Alternative*:
(1) Der Mitarbeiter wird seine Arbeitsleistung bei den Kunden der Gesellschaft erbringen.)

(2) Der Mitarbeiter erklärt, dass sich die häusliche Arbeitsstätte im eigenen Haushalt in einem Raum befindet, der für den dauerhaften Aufenthalt von Personen zugelassen und vorgesehen sowie zur Aufgabenerledigung des Mitarbeiters geeignet ist. Die häusliche Arbeitsstätte muss den Anforderungen der Arbeitsstättenverordnung, der Bildschirmarbeitsverordnung, der Unfallverhütungsvorschriften und der sonst einschlägigen Bestimmungen, jeweils in ihrer gültigen Fassung, gerecht werden. Die Eignung der häuslichen Arbeitsstätte entsprechend den vorstehend genannten Voraussetzungen kann durch die Gesellschaft oder einen von ihr Beauftragten durch eine Begehung überprüft werden. Der Betriebsrat ist berechtigt, an der Begehung teilzunehmen[5].

(3) Steht der als häusliche Arbeitsstätte zu nutzende Raum nicht im alleinigen Eigentum des Mitarbeiters, so steht die Wirksamkeit dieser Vereinbarung unter der aufschiebenden Bedingung, dass der Mitarbeiter unverzüglich nach Abschluss dieses Vertrages der Gesellschaft eine schriftliche Erklärung der Eigentümer oder Miteigentümer vorlegt, wonach diese mit der Nutzung als häusliche Arbeitsstätte einverstanden sind[6].

(4) Der Mitarbeiter ist verpflichtet, in dem als häusliche Arbeitsstätte zu nutzenden Raum die erforderlichen technischen Anschlussvorrichtungen bereitzuhalten.

(5) Für die im Betrieb der Gesellschaft zu erbringenden Arbeitsleistung stellt die Gesellschaft dem Mitarbeiter einen für die Aufgabenerledigung geeigneten Arbeitsbereich zur Verfügung. Ein Anspruch auf einen dauernden persönlichen Arbeitsplatz besteht nicht[7].

§ 3 Arbeitszeit[8]

(1) Die zu leistende Arbeitszeit für die zu erledigenden Arbeitsaufgaben ist die arbeitsvertraglich vereinbarte durchschnittliche regelmäßige Arbeitszeit. Sie beträgt zurzeit …… Stunden pro Woche.

(2) Der Mitarbeiter hat seine Arbeitsleistung jeweils freitags in der betrieblichen Arbeitsstätte zu erbringen.

(3) Während der Tätigkeit in der betrieblichen Arbeitsstätte gelten die betriebsüblichen Arbeitszeiten.

Während der Tätigkeit in der häuslichen Arbeitsstätte hat der Mitarbeiter zu folgenden Zeiten erreichbar zu sein:
……
……
…… (betriebsbestimmte Arbeitszeit).

Im Übrigen ist der Mitarbeiter in der Einteilung der Lage der Arbeitszeit frei.

(4) Die Gesellschaft kann die Tätigkeit des Mitarbeiters in der betrieblichen Arbeitsstätte auch an Arbeitstagen verlangen, an denen er üblicherweise in der häuslichen Arbeitsstätte tätig wird, sofern dies im Einzelfall aus betrieblichen Gründen notwendig ist. Dies gilt auch, wenn die Arbeitsleistung an der häuslichen Arbeitsstätte aufgrund von Systemstörungen, Computervirenwarnungen, Mängeln oder Schäden an den überlassenen Arbeitsmitteln nicht möglich ist.

(5) Der Mitarbeiter hat auch bei seiner Tätigkeit in der häuslichen Arbeitsstätte die Bestimmungen des Arbeitszeitgesetzes einzuhalten[9].

(6) Mehrarbeit bedarf der vorherigen schriftlichen Anordnung der Gesellschaft. Soweit dem Mitarbeiter Zuschläge für Wochenend-, Feiertags- und Nachtarbeit zustehen, sind diese von der Gesellschaft nur bei vorheriger schriftlicher Anordnung des Arbeitseinsatzes zu diesen Zeiten zu zahlen[10].

(7) Die Erfassung der Arbeitszeit in der häuslichen Arbeitsstätte erfolgt durch den Mitarbeiter im Wege der Selbstdokumentation. Die Selbstdokumentation ist jeweils zum Monatsende dem Vorgesetzten des Mitarbeiters vorzulegen[11].

(8) Fahrtzeiten zwischen betrieblicher und häuslicher Arbeitsstätte finden keine Anrechnung auf die Arbeitszeit[12].

§ 4 Vergütung[13]

§ 5 Arbeitsmittel[14]

(1) Die Ausstattung der häuslichen Arbeitsstätte mit den notwendigen Arbeitsmitteln (Auf-, Um- und Abbau sowie deren Unterhaltung) erfolgen durch und auf Kosten der Gesellschaft. Die zur Verfügung gestellten Arbeitsmittel werden in ein Inventarverzeichnis nach Anlage 1 aufgenommen. Durch seine Unterschrift unter dem Inventarverzeich-

nis bestätigt der Mitarbeiter, die darin aufgeführten Arbeitsmittel erhalten zu haben. Die überlassenen Arbeitsmittel verbleiben im Eigentum der Gesellschaft und sind von dem Mitarbeiter pfleglich zu behandeln.

(2) Die überlassenen Arbeitsmittel dürfen ausschließlich zu betrieblichen Zwecken genutzt werden[15]. Sie dürfen Dritten weder zugänglich gemacht, noch diesen überlassen werden. Der Mitarbeiter hat dafür Sorge zu tragen, dass die überlassenen Arbeitsmittel vor dem Zugriff durch Dritte geschützt sind. Passwörter und Zugangswege zum Datennetz der Gesellschaft dürfen nicht an Dritte weitergegeben werden. Die Nutzung der überlassenen Kommunikationsmittel kann die Gesellschaft durch geeignete technische Maßnahmen einschränken und anhand der monatlichen Gebühren überprüfen.

(3) Die Nutzung von privaten Arbeitsmitteln ist nicht gestattet[16].

(*Alternative*:

(3) Die Nutzung von privaten Arbeitsmitteln ist ausschließlich nach vorheriger schriftlicher Zustimmung der Gesellschaft gestattet. Auch in diesem Falle erfolgt die Nutzung privater Arbeitsmittel auf Kosten und Risiko des Mitarbeiters. In keinem Falle darf der Mitarbeiter nicht lizenzierte Software einsetzen.)

(4) Der Mitarbeiter wird die Gesellschaft unverzüglich über Systemstörungen, Computervirenwarnungen, Mängel und Schäden an den überlassenen Arbeitsmitteln unterrichten.

§ 6 Kostenerstattung[17]

(1) Die Gesellschaft erstattet dem Mitarbeiter für die im Hinblick auf die häusliche Arbeitsstätte entstehenden Kosten, einschließlich der anfallenden Miet-, Heiz-, Energie- und sonstigen Kosten, einen monatlichen Pauschalbetrag in Höhe von EUR ...... (in Worten: Euro ......) brutto. Die Geltendmachung darüber hinausgehender Mehrkosten durch den Mitarbeiter ist ausgeschlossen. Die Höhe des Pauschalbetrags wird jährlich zum ...... überprüft.

(2) Die Gesellschaft erstattet dem Mitarbeiter monatlich gegen Vorlage entsprechender Belege die Betriebskosten der Arbeitsmittel.

(*Alternative*:

(2) Die Gesellschaft erstattet dem Mitarbeiter für die Betriebskosten der Arbeitsmittel einen pauschalen Auslagenersatz auf der Grundlage eines durch den Mitarbeiter zu führenden Einzelnachweises der Kosten über einen repräsentativen Zeitraum von drei Monaten. Bei einer wesentlichen Veränderung der Verhältnisse hat der Mitarbeiter die Gesellschaft unverzüglich zu informieren und den Nachweis erneut zu führen.)

(3) Fahrtkosten zwischen betrieblicher und häuslicher Arbeitsstätte werden nicht erstattet.

§ 7 Abwesenheit

(1) Der Mitarbeiter hat in jedem Fall einer unvorhergesehenen Abwesenheit die Gesellschaft unverzüglich hierüber sowie über den Grund und die Dauer seiner voraussichtlichen Abwesenheit zu informieren. Dies gilt sowohl für Arbeitsleistungen in der betrieblichen Arbeitsstätte als auch für Arbeitsleistungen, die während der betriebsbestimmten Arbeitszeit in der häuslichen Arbeitsstätte zu erbringen sind.

(2) In beiden Fällen hat der Mitarbeiter die Gesellschaft auf vordringlich zu erledigende Aufgaben hinzuweisen und die hierzu notwendigen Unterlagen der Gesellschaft nach Möglichkeit zugänglich zu machen.

§ 8 Urlaub[18]

§ 9 Nebentätigkeiten

(1) Der Mitarbeiter wird der Gesellschaft seine volle Arbeitskraft widmen und deren Interessen fördern.

(2) Jede weitere entgeltliche Tätigkeit bedarf der vorherigen schriftlichen Zustimmung der Gesellschaft. Die Gesellschaft wird ihre Zustimmung nur verweigern, wenn die Interessen der Gesellschaft beeinträchtigt sind.

(3) Abs. (2) gilt entsprechend für unentgeltliche Nebentätigkeiten sowie die Beteiligung an anderen gewerblichen oder gemeinnützigen Unternehmen, sofern sie eine rein kapitalmäßige Beteiligung von …… Prozent übersteigt.

(4) Nebentätigkeiten in der häuslichen Arbeitsstätte mit den Arbeitsmitteln der Gesellschaft sind untersagt[19].

§ 10 Schutzrechte[20]

§ 11 Zugangsrecht[21]

(1) Der Mitarbeiter ist verpflichtet, auf Verlangen der Gesellschaft oder einem von ihr Beauftragten sowie Personen, die aufgrund gesetzlicher Verpflichtung ein Zugangsrecht haben und dem Betriebsrat nach Maßgabe des § 80 BetrVG Zugang zur häuslichen Arbeitsstätte zu gewähren. Der Zugang ist mit dem Mitarbeiter zuvor abzustimmen und muss innerhalb der betriebsüblichen Arbeitszeit liegen. In Eilfällen ist der Zugang auch außerhalb der betriebsüblichen Arbeitszeit zu gestatten.

(2) Der Mitarbeiter sichert zu, dass auch die mit ihm in häuslicher Gemeinschaft lebenden Personen mit der in Abs. (1) getroffenen Regelung einverstanden sind.

§ 12 Arbeitsunfall[22]

(1) Für Arbeitsunfälle in der häuslichen Arbeitsstätte bei der Verrichtung von Telearbeit sowie für Wegeunfälle auf dem Weg zur betrieblichen Arbeitsstätte besteht der Schutz der gesetzlichen Unfallversicherung.

(2) Bei einem Unfall obliegt dem Mitarbeiter der Nachweis darüber, dass sich der Unfall während einer versicherten Tätigkeit ereignet hat.

§ 13 Haftung/Versicherung

(1) Die Haftung des Mitarbeiters für alle im Zusammenhang mit der häuslichen Arbeitsstätte entstehenden Schäden inklusive Folgeschäden unterliegt den gleichen Regeln wie an der betrieblichen Arbeitsstätte.

(2) Bei Schäden, die durch mit dem Mitarbeiter in häuslicher Gemeinschaft lebende Personen oder berechtigte Besucher verursacht werden, gelten die allgemeinen Haftungsregelungen[23].

(3) Die Gesellschaft schließt eine Versicherung ab, durch die Beschädigungen und Verluste der am Telearbeitsplatz eingesetzten Arbeitsmittel abgedeckt werden. Dies gilt nicht für den Fall vorsätzlicher Beschädigungen und Verluste[24].

§ 14 Schutz von Daten und Informationen in der häuslichen Arbeitsstätte[25]

(1) Die Gesellschaft stellt die Einhaltung der einschlägigen gesetzlichen Datenschutzregelungen durch geeignete technische und organisatorische Maßnahmen sicher.

(2) Der Mitarbeiter ist verpflichtet, die gesetzlichen und betriebsinternen Regelungen zur Umsetzung des Datenschutzes und der Datensicherheit zu beachten und anzuwenden. Diese Verpflichtung gilt sowohl in der betrieblichen als auch in der häuslichen Arbeitsstätte.

(3) Vertrauliche Daten und Informationen sind vom Mitarbeiter so zu schützen, dass dritte Personen keine Einsicht und Zugriff nehmen können.

§ 15 Laufzeit/Kündigung

(1) Der Arbeitsvertrag beginnt am …… und ist auf die Dauer der Probezeit von sechs Monaten befristet. Während der Probezeit können beide Parteien den Arbeitsvertrag unter Einhaltung einer Kündigungsfrist von zwei Wochen kündigen. Vor Beginn des Arbeitsvertrags ist die ordentliche Kündigung ausgeschlossen.

(2) Wird das Arbeitsverhältnis nach Ablauf der Probezeit einvernehmlich fortgesetzt, so geht es in ein Arbeitsverhältnis auf unbestimmte Zeit zu den in diesem Arbeitsvertrag geregelten Bedingungen über, für das die gesetzlichen Kündigungsfristen gelten. Eine Verlängerung der für die Gesellschaft geltenden Kündigungsfristen gilt auch für den Mitarbeiter.

(3) Die Kündigung bedarf der Schriftform.

(4) Die Gesellschaft ist im Falle der Kündigung des Arbeitsvertrags berechtigt, den Mitarbeiter von seiner weiteren Tätigkeit für die Gesellschaft freizustellen. Während der Zeit der Freistellung behält der Mitarbeiter seinen Anspruch auf die vertragliche Vergütung; er muss sich jedoch den Wert desjenigen anrechnen lassen, was er infolge des Unterbleibens der Dienstleistung erspart oder durch anderweitige Verwendung seiner Dienste erwirbt oder zu erwerben böswillig unterlässt. Im Falle einer unwiderruflichen Freistellung wird die Freistellungszeit auf etwaige Urlaubs- oder Freizeitausgleichsansprüche angerechnet.

(5) Sollte der Mitarbeiter der Gesellschaft bei Ausspruch einer Kündigung durch die Gesellschaft Beträge aufgrund von Gehaltsvorschüssen oder ähnlichen Vorauszahlungen schulden, werden sämtliche Beträge sofort fällig und – unter Beachtung der Pfändungsgrenzen – aufrechenbar. Dem Mitarbeiter gewährte Darlehen gelten mit Ausspruch der Kündigung als ordentlich mit einer Frist von einem Monat gekündigt. Entsprechendes gilt bei Ausspruch einer Kündigung durch den Mitarbeiter, es sei denn, es liegt eine von der Gesellschaft verschuldete außerordentliche Kündigung vor.

(6) Der Arbeitsvertrag endet ohne Kündigung mit Ablauf des Monats, in dem der Mitarbeiter das Alter erreicht, ab dem er erstmals einen Anspruch auf Regelaltersrente erwirbt.

(7) Die von der Gesellschaft gestellten Arbeitsmittel hat der Mitarbeiter bei Beendigung des Anstellungsverhältnisses unverzüglich an die Gesellschaft am Sitz der Gesellschaft zurückzugeben. Abbau und Rücktransport erfolgen durch und auf Kosten der Gesellschaft. Dies gilt auf Verlangen der Gesellschaft auch bei einer längerfristigen Freistellung von der Arbeitsleistung. Bei Rückgabe der Gegenstände bestätigt die Gesellschaft dem Mitarbeiter die Rückgabe auf dem Inventarverzeichnis nach Anlage 2 dieses Arbeitsvertrags[26].

§ 16 Beendigung der Telearbeit

(1) Während der Probezeit können der Mitarbeiter und die Gesellschaft die Telearbeit unter Einhaltung einer Frist von …… Monaten zum Monatsende widerrufen. Nach Ablauf der Probezeit beträgt die Widerrufsfrist …… Monate.

(2) Im Übrigen kann die Telearbeit von dem Mitarbeiter und der Gesellschaft jederzeit aus wichtigem Grund widerrufen werden. Ein wichtiger Grund auf Seiten der Gesellschaft liegt insbesondere vor, wenn der Mitarbeiter das der Telearbeit zugrunde liegende besondere Vertrauensverhältnis missbraucht[27].

(3) Der Widerruf bedarf der Schriftform.

(4) Mit Wirksamwerden des Widerrufs endet die Telearbeit. Der Mitarbeiter hat sodann seine Arbeitsleistung in vollem Umfang in der betrieblichen Arbeitsstätte zu verrichten.

(5) Im Falle eines Wohnungswechsels, den der Mitarbeiter der Gesellschaft unverzüglich anzuzeigen hat, endet die Telearbeit mit sofortiger Wirkung. Die etwaige Fortset-

zung der Telearbeit in der neuen Wohnung des Mitarbeiters bedarf einer erneuten Vereinbarung[28].

(6) Mit Beendigung der Telearbeit hat der Mitarbeiter der Gesellschaft alle überlassenen Arbeitsmittel zurückzugeben. Abbau und Rücktransport erfolgen durch und auf Kosten der Gesellschaft. Bei Rückgabe der Gegenstände bestätigt die Gesellschaft dem Mitarbeiter die Rückgabe auf dem Inventarverzeichnis nach Anlage 2.

§ 17 Verfall von Ansprüchen, Verjährung[29]

§ 18 Öffnungsklausel für Betriebsvereinbarungen[30]

§ 19 Schlussbestimmungen[31]

....
Ort, Datum   Ort, Datum
....
Unterschrift der Gesellschaft   Unterschrift des Mitarbeiters

Anlage 1 zum Arbeitsvertrag vom ......

Inventarverzeichnis

Arbeitsmittel	Erhalten (Datum, Unterschrift des Mitarbeiters)	Zurückerhalten (Datum, Unterschrift des Vorgesetzten)	Anmerkungen

Schrifttum: Albrecht, Die Einrichtung von Tele- und Außenarbeitsplätzen – Rechtliche und personalpolitische Anforderungen, NZA 1996, 1240; *Boemke*, Das Telearbeitsverhältnis, BB 2000, 147; *Boemke/Ankersen*, Das Telearbeitsverhältnis – Arbeitsschutz, Datenschutz und Sozialversicherungsrecht, BB 2000, 1570; *Collardin*, Aktuelle Rechtsfragen der Telearbeit, 1995; *Grafe*, Die Telearbeit, 1986; *Haupt/Wollenschläger*, Virtueller Arbeitsplatz – Scheinselbständigkeit bei einer modernen Arbeitsorganisationsform, NZA 2001, 289; *Hohmeister/Küper*, Individualvertragliche Arbeitszeitgestaltung bei der alternierenden Telearbeit, NZA 1998, 1206; *Kappus*, Telearbeit de lege ferenda, NZA 1987, 408; *Kilian/Borsum/Hoffmeister*, Telearbeit und Arbeitsrecht – Ergebnisse eines Forschungsprojekts, NZA 1987, 401; *Körner*, Telearbeit – neue Form der Erwerbsarbeit, alte Regeln?, NZA 1999, 1190; *Lenk*, Telearbeit – Möglichkeiten und Grenzen einer telekommunikativen Dezentralisierung von betrieblichen Arbeitsplätzen, 1989; *Linnenkohl*, Tele-Computing: Ein Modell für selbstbestimmte und flexible Arbeitszeit, BB 1996, 51; *Müllner*, Privatisierung des Arbeitsplatzes – Chancen, Risiken und rechtliche Gestaltbarkeit der Telearbeit, 1985; *Neumann*, Auswirkungen neuer Arbeitszeitmodelle auf die Versicherungspflicht, NZS 2001, 14; *Pasch/Utescher*, Die Telearbeit als Option zur Green Card – die steuerliche Behandlung von Telearbeitsplätzen, BB 2001, 1660; *Prinz*, Europäische Rahmenvereinbarung über Telearbeit, NZA 2002, 1268; *Schaub*, Heim- und Telearbeit sowie bei Dritten beschäftigte Arbeitnehmer im Referenten- und Regierungsentwurf zum BetrVG, NZA 2001, 364; *Schmechel*, Die Rolle des Betriebsrats bei der Einführung und Durchführung von Telearbeit, NZA 2004, 237; *Waniorek*, Gestaltungsformen der Telearbeit, Berlin 1989; *Wank*, Telearbeit, NZA 1999, 225; *Wedde*, Telearbeit und Mitbestimmung des Betriebsrats, CR 1994, 230; *ders.*, Aktuelle Rechtsfragen der Telearbeit, NJW 1999, 527.

Anmerkungen

1. Regelungsgegenstand. Der vorliegende Telearbeitsvertrag geht davon aus, dass mit einem neu einzustellenden Mitarbeiter eine **umfassende Vereinbarung** über das Arbeitsverhältnis getroffen wird. Denkbar ist es auch, ein bereits bestehendes Normalarbeitsverhältnis mittels Zusatzvereinbarung in ein Telearbeitsverhältnis umzuwandeln. In diesem Fall erübrigen sich Regelungen zu den allgemeinen Arbeitsbedingungen (Urlaub, Vergütung, Kündigung des Arbeitsverhältnisses, etc.), so dass nur auf die durch die Telearbeit bedingten Besonderheiten einzugehen wäre.

Der Begriff „Telearbeit" beschreibt allgemein Tätigkeiten, die mit einer gewissen Regelmäßigkeit und unter Nutzung von elektronischen Diensten und Netzen sowie von Computern außerhalb der Betriebsstätte eines Arbeitgebers erfolgen (*Wedde* NJW 1999, 527). Der vorliegende Telearbeitsvertrag geht im Grundentwurf von der Erbringung **alternierender Telearbeit** aus. Diese Form der Telearbeit, bei der die Tätigkeit sowohl von zu Hause als auch im Betrieb des Arbeitgebers ausgeübt wird, dürfte praktisch die größte Bedeutung erlangt haben (*Boemke* BB 2000, 147; *Körner* NZA 1999, 1190). Weitere Formen der Telearbeit sind die häusliche oder ausschließliche Telearbeit, die nur außerhalb der Betriebsstätte in der Wohnung des Arbeitnehmers oder an einem anderen von ihm selbst gewählten Ort erbracht wird und die mobile Telearbeit als moderne Spielart des herkömmlichen Außendiensts, bei der die Tätigkeit insbesondere in Betrieben von Kunden oder Lieferanten ausgeübt wird (*Wedde* NJW 1999, 527). Auch die Tätigkeit in Satelliten- oder Nachbarschaftsbüros, die in ausgelagerten Büros des Unternehmens oder in Gemeinschaftsbüros mehrerer Unternehmen erbracht wird, wird allgemein als eine Form der Telearbeit angesehen. In diesen Fällen unterscheidet sich der Telearbeitnehmer aber von den anderen Arbeitnehmern des Betriebs nur dadurch, dass er nicht im Hauptbetrieb tätig wird (*Wank* NZA 1999, 225, 233).

2. Tätigkeit als Telearbeitnehmer. Bereits bei der Beschreibung der Position und der Arbeitsaufgaben sollte aufgenommen werden, dass der Mitarbeiter für die Gesellschaft in Telearbeit tätig wird. Dabei kann festgelegt werden, in welcher Form der Telearbeit der Mitarbeiter tätig wird.

3. Versetzungsvorbehalt. Die Versetzungsklausel bezieht sich nur auf die Änderung der betrieblichen Arbeitsstätte. Die Änderung der häuslichen Arbeitsstätte ist in § 16 Abs. (5) geregelt, die Beendigung der Telearbeit insgesamt in § 16 Abs. (1) und (2).

4. Arbeitsort. Grundsätzlich bestimmt sich der Ort der Arbeitsleistung allein nach dem Arbeitsvertrag. Ohne eine besondere vertragliche Regelung können dem Arbeitnehmer lediglich Tätigkeiten innerhalb des Betriebs zugewiesen werden, da dieser in aller Regel als alleiniger Leistungsort anzusehen sein wird. Telearbeit setzt aber gerade eine Tätigkeit außerhalb der Betriebsstätte des Arbeitgebers voraus, so dass eine Regelung im Arbeitsvertrag immer erforderlich ist (*Boemke* BB 2000, 147, 149).

5. Geeignete Räumlichkeiten. S. Form. C. II. 11 Anm. 11.

6. Schriftliche Erklärung der Eigentümer. Grundsätzlich entspricht die Nutzung eines Wohnraums als Arbeitsplatz nicht der im Mietvertrag vorgesehenen Nutzung, so dass eine **Genehmigung** des Vermieters notwendig ist. Entsprechendes gilt, wenn die Wohnung etwa im Miteigentum des Arbeitnehmers und seiner Ehefrau steht. Zweckmäßigerweise ist die Genehmigung unmittelbar nach Abschluss des Telearbeitsvertrags vom Mitarbeiter beizubringen, um rechtzeitige Planungssicherheit für den Telearbeitgeber hinsichtlich der Anschaffung von Arbeitsmitteln zu gewährleisten. Aus Gründen der Rechtsklarheit wurde die Wirksamkeit des Vertrags im Formular unter die aufschiebende Bedingung der Herbeibringung der erforderlichen Genehmigung gestellt.

7. Kein Anspruch auf individuellen Arbeitsplatz. Soll die Telearbeit dem Ziel des Arbeitgebers dienen, Kosten einzusparen, empfiehlt es sich, den Anspruch des Telearbeitnehmers auf einen dauernden persönlichen Arbeitsplatz im Betrieb auszuschließen.

8. Arbeitszeit. Hinsichtlich der Arbeitszeitdauer ergeben sich keine Unterschiede zum Normalarbeitsverhältnis. Im Arbeitsvertrag kann eine bestimmte wöchentliche, monatliche oder jährliche Arbeitszeit vereinbart werden.

Bei der **Lage** der Arbeitszeit sind die Interessen des Telearbeitgebers und des Telearbeitnehmers in aller Regel gegenläufig. Der Telearbeitgeber hat ein Interesse daran, zu bestimmten Zeiten auf die Arbeitsleistung zugreifen zu können, während das Interesse des Telearbeitnehmers dahin geht, seine Arbeitszeit selbst zu bestimmen und an anderweitige Verpflichtungen anpassen zu können (*Boemke* BB 2000, 147, 150). Die Parteien können vertraglich Zeiten festlegen, in denen der Telearbeitgeber aus betrieblichen Gründen auf die Arbeitsleistung zugreifen kann, so dass der Telearbeitnehmer in dieser Zeit an seiner häuslichen Arbeitsstätte erreichbar sein muss. Je nach Berücksichtigung der betrieblichen Bedürfnisse kann aber auch eine vollkommen selbstbestimmte Arbeitszeit festgelegt werden, bei der es allein der Entscheidung des Telearbeitnehmers überlassen bleibt, zu welchen Zeiten er arbeitet (s. auch Form. C. II. 11 Anm. 18).

9. Einhaltung arbeitszeitrechtlicher Bestimmungen. Die Fürsorgepflicht des Telearbeitgebers gebietet es, darauf zu achten, dass der Telearbeitnehmer bei Erbringung der Arbeitsleistung die gesetzlichen Vorschriften, insbesondere des Arbeitszeitgesetzes, beachtet. Da der Telearbeitgeber jedoch keine **Einflussmöglichkeit** auf den selbstbestimmten Arbeitszeitanteil hat, muss insoweit eine vertragliche Verlagerung der Verantwortlichkeit auf den Telearbeitnehmer erfolgen.

10. Mehrarbeit. Wenn der Telearbeitnehmer innerhalb gewisser Grenzen die Lage und die tägliche Dauer seiner Arbeitszeit eigenhändig bestimmen kann, ist es mit dieser Selbstbestimmtheit unvereinbar, Mehrarbeitszuschläge oder Zuschläge für Arbeitsleistungen zu ungünstigen Zeiten zu zahlen, wenn der Telearbeitnehmer die Voraussetzungen hierfür im Rahmen selbstbestimmter Arbeitszeit geschaffen hat. Die Zahlung von Zuschlägen und sonstigen Ausgleichsregelungen wird daher in § 3 Abs. (6) davon abhängig gemacht, dass die Gesellschaft den Arbeitseinsatz zu diesen Zeiten ausdrücklich angeordnet hat (*Hohmeister/Küper* NZA 1998, 1206, 1208; *Boemke* BB 2000, 147, 151).

11. Erfassung der Arbeitszeit. S. Form. C. II. 11 Anm. 19.

12. Fahrtzeiten zwischen betrieblicher und häuslicher Arbeitsstätte. Die Arbeitspflicht stellt nach allgemeinen arbeitsrechtlichen Grundsätzen eine Bringschuld dar, so dass Fahrten zwischen unterschiedlichen Arbeitsorten grundsätzlich nicht als Arbeitsleistung angesehen werden können. Wegen der Besonderheiten der alternierenden Telearbeit (wechselnde betriebliche und häusliche Tätigkeiten) sollte klargestellt werden, dass Fahrtzeiten nicht als Arbeitszeiten gelten.

13. Vergütung. S. Form. A. II. 1, dort unter § 3.

14. Arbeitsmittel. S. Form. C. II. 11 Anm. 12.

15. Ausschluss der Privatnutzung der Arbeitsmittel. S. Form. C. II. 11 Anm. 13.

16. Verwendung privater Arbeitsmittel. S. Form. C. II. 11 Anm. 14.

17. Kostenerstattung. S. Form. C. II. 11 Anm. 16.

18. Urlaub. S. Form. A. II. 1, dort unter § 6.

19. Nebentätigkeiten mit Arbeitsmitteln der Gesellschaft. Wenn und soweit der Arbeitgeber Eigentümer der Arbeitsmittel in der häuslichen Arbeitsstätte bleibt, ist es ihm möglich Nebentätigkeiten mit diesen Arbeitsmitteln ausdrücklich zu untersagen. Die Regelung dient der Klarstellung, nachdem die Nutzung der Arbeitsmittel bereits durch § 5 Abs. 2 auf betriebliche Zwecke beschränkt ist.

20. Schutzrechte. S. Form. A. II. 1, dort unter § 9.

21. Zugangsrecht. S. Form. C. II. 11 Anm. 22.

22. Arbeitsunfall. Der Schutz der gesetzlichen Unfallversicherung greift auch dann, wenn der Telearbeitnehmer seine Arbeitsleistungen in der häuslichen Arbeitsstätte erbringt. Insoweit liegt eine versicherte Tätigkeit i. S. d. § 8 Abs. 1 S. 1 SGB VII vor. Allerdings wird es i. d. R. schwierig sein, nachzuweisen, ob sich ein Unfall des Telearbeitnehmers während der Erbringung der Arbeitsleistung oder während der Freizeitphase ereignet hat. Daher erlegt § 12 Abs. (2) dem Mitarbeiter den Nachweis hierüber auf.

23. Haftung. S. Form. C. II. 11 Anm. 23.

24. Versicherung. S. Form. C. II. 11 Anm. 24.

25. Datenschutz. Durch die räumliche Entfernung zum Betrieb und die Zugriffsmöglichkeiten dritter Personen ist die Telearbeit datenschutzrechtlich besonders sensibel (dazu ausführlich *Boemke/Ankersen* BB 2000, 1570, 1571). Daher empfiehlt es sich, eine Verpflichtung des Mitarbeiters zum Schutz vertraulicher Daten und Informationen ausdrücklich in den Telearbeitsvertrag aufzunehmen.

26. Rückgabe der Arbeitsmittel bei Beendigung des Anstellungsverhältnisses. Die dem Telearbeitnehmer vom Telearbeitgeber überlassenen Arbeitsmittel müssen bei Beendigung des Telearbeitsverhältnisses an den Arbeitgeber zurückgegeben werden. Dabei ist insbesondere festzulegen, ob der Telearbeitgeber die Arbeitsmittel beim Arbeitnehmer abholen oder ob dieser die Arbeitsmittel in den Betrieb des Arbeitgebers zurückbringen muss. Wegen der technischen Anforderungen an die Rückgabe der Gegenstände ist hier eine Verpflichtung des Arbeitgebers vorgesehen, die Gegenstände beim Telearbeitnehmer abzuholen. Zur Sicherstellung der Rückgabepflicht empfiehlt es sich ein Inventarverzeichnis zu führen, auf dem der Arbeitgeber die Rückgabe der Arbeitsmittel durch den Telearbeitnehmer bestätigt.

27. Widerruf wegen Vertrauensverlusts. S. Form. C. II. 11 Anm. 26.

28. Wohnungswechsel. S. Form. C. II. 11 Anm. 27.

29. Verfall von Ansprüchen, Verjährung. S. Form. A. II. 1, dort unter § 11.

30. Öffnungsklausel für Betriebsvereinbarung. S. Form. A. II. 1, dort unter § 12.

31. Schlussbestimmungen. S. Form. A. II. 1, dort unter § 13.

5. Traineevertrag[1]

Traineevertrag

zwischen
...... (Name und Anschrift des Arbeitgebers) „Gesellschaft"
und
Herrn ...... (Name und Anschrift des Arbeitnehmers) „Mitarbeiter"

§ 1 Position und Aufgaben

(1) Der Mitarbeiter wird von der Gesellschaft für die Zeit vom ...... bis ...... als Trainee eingestellt. Die Aufgaben und Einsatzbereiche des Mitarbeiters ergeben sich aus dem Ausbildungsplan nach Anlage A[2].

(2) Der Mitarbeiter ist verpflichtet, die Richtlinien und Anweisungen der Gesellschaft in ihrer jeweiligen Fassung sowie die Anordnungen seiner Vorgesetzten zu beachten.

§ 2 Befristung[3]

(1) Das Arbeitsverhältnis endet mit Ablauf des in § 1 Abs. (1) genannten Zeitraums, ohne dass es einer Kündigung bedarf (befristetes Arbeitsverhältnis). Der Mitarbeiter erklärt, noch nie bei der Gesellschaft oder einer ihrer Rechtsvorgängerinnen in einem Arbeitsverhältnis gestanden zu haben.

(2) Die Befristung erfolgt, um dem Mitarbeiter die Einarbeitung in die speziellen Aufgabenfelder und Tätigkeitsbereiche der Gesellschaft zu ermöglichen und ihm alle im Bereich ...... notwendigen Kenntnisse und Fertigkeiten zu vermitteln.

(*Alternative:*
(2) Die Befristung erfolgt, um dem Mitarbeiter im Rahmen seines Studiums Einblicke in die betriebliche Praxis zu vermitteln.)

(*Alternative:*
(2) Die Befristung erfolgt im Anschluss an das Studium, um den Übergang des Mitarbeiters in eine Anschlussbeschäftigung zu erleichtern.)

§ 3 Arbeitszeit[4]

§ 4 Vergütung[5]

§ 5 Ärztliche Untersuchung/Abwesenheit/Krankheit[6]

§ 6 Urlaub[7]

§ 7 Nebentätigkeiten[8]

§ 8 Geheimhaltung/Behandlung von Gegenständen und Daten[9]

§ 9 Schutzrechte[10]

§ 10 Probezeit/Kündigung/Freistellung/Vorfälligkeit[11]

(1) Die Parteien vereinbaren eine Probezeit von sechs Monaten. Während der Probezeit können beide Parteien das Anstellungsverhältnis unter Einhaltung einer Kündigungsfrist von zwei Wochen kündigen. Danach ist eine ordentliche Kündigung des Arbeitsvertrags für beide Parteien unter Einhaltung der gesetzlichen Kündigungsfristen möglich.

(2) Das Recht zur außerordentlichen Kündigung bleibt unberührt.

(3) Die Kündigung bedarf der Schriftform.

(4) Die Gesellschaft ist im Falle der Kündigung des Arbeitsvertrags durch die Gesellschaft berechtigt, den Mitarbeiter von seiner weiteren Tätigkeit für die Gesellschaft freizustellen. Während der Zeit der Freistellung behält der Mitarbeiter seinen Anspruch auf die vertragliche Vergütung; er muss sich jedoch den Wert desjenigen anrechnen lassen, was er infolge des Unterbleibens der Dienstleistung erspart oder durch anderweitige Verwendung seiner Dienste erwirbt oder zu erwerben böswillig unterlässt. Im Falle einer unwiderruflichen Freistellung wird die Freistellungszeit auf etwaige Urlaubs- oder Freizeitausgleichsansprüche angerechnet.

(5) Sollte der Mitarbeiter der Gesellschaft bei Ausspruch einer arbeitgeberseitigen Kündigung irgendwelche Beträge auf Grund von Gehaltsvorschüssen oder ähnlichen Vorauszahlungen schulden, werden sämtliche Beträge sofort fällig und – unter Beachtung der Pfändungsgrenzen – aufrechenbar. Dem Mitarbeiter gewährte Darlehen gelten mit Ausspruch der Kündigung als ordentlich mit einer Frist von einem Monat gekündigt. Entsprechendes gilt bei Ausspruch einer Kündigung durch den Mitarbeiter, es sei denn, es liegt eine von der Gesellschaft verschuldete außerordentliche Kündigung vor.

§ 11 Verfall von Ansprüchen, Verjährung[12]

§ 12 Öffnungsklausel für Betriebsvereinbarungen[13]

§ 13 Schlussbestimmungen[14]

......
Ort, Datum
......
Unterschrift der Gesellschaft

......
Ort, Datum
......
Unterschrift des Mitarbeiters

Schrifttum: S. ergänzend A. II. 1, A. V. 1.

Anmerkungen

1. Regelungsgegenstand. Die Bezeichnung „Trainee" ist kein feststehender rechtlicher Begriff. Als Trainees werden in aller Regel **Hochschulabsolventen** bezeichnet, denen im Wege eines „training on the job" der Einstieg in ein Unternehmen zur Vorbereitung auf spätere Fach- und Führungsaufgaben ermöglicht wird (vgl. exemplarisch den Sachverhalt bei LAG Frankfurt a. Main Beschl. v. 12. 2. 1998 – 12 TaBV 21/97 – NZA-RR 1998, 505). Im Vordergrund steht dabei der Erwerb praktischer Kenntnisse über innerbetriebliche Abläufe und Verfahren, der u. a. durch den Wechsel in verschiedene Abteilungen des Unternehmens und besondere Ausbildungsangebote gewährleistet wird. Für das Unternehmen hat die Traineeausbildung den Vorteil, dass eine weitreichende „Erprobung" des Trainees in verschiedenen Bereichen, sowohl im Hinblick auf dessen generelle Eignung als auch die konkreten späteren Einsatzbereiche, möglich ist. Denkbar sind ferner Traineeverträge mit **Studierenden**, die schon im Rahmen ihres Studiums praktische Erfahrungen gewinnen möchten. Dies wird aber eher die Ausnahme sein.

Eine spezielle gesetzliche Regelung über Traineeverträge existiert nicht. Vielmehr handelt es sich bei dem Traineevertrag um eine Sonderform eines – in der Regel befristeten – Arbeitsvertrags.

2. Ausbildungsplan. Ein Unternehmen, das eine Traineeausbildung anbietet, wird in aller Regel über einen allgemeinen Ausbildungsplan für Trainees verfügen, der Regelungen zu den Stationen des Einsatzes, der jeweiligen Verweildauer, den Schulungsmaßnahmen etc. enthält. Denkbar ist es auch, einen derartigen Ausbildungsplan konkret-individuell auf die Bedürfnisse der Vertragsparteien zuzuschneiden. In jedem Fall empfiehlt sich die arbeitsvertragliche Einbeziehung des Ausbildungsplans, um dessen Regelungen individuell verbindlich zu gestalten.

3. Befristung. Wie jedes andere Arbeitsverhältnis kann der Traineevertrag unbefristet oder befristet ausgestaltet werden. Bei einer Befristung müssen die Anforderungen der §§ 14 ff. TzBfG eingehalten werden.

Nach § 14 Abs. 2 TzBfG ist die kalendermäßige Befristung eines Arbeitsvertrags ohne Vorliegen eines sachlichen Grunds bis zur Dauer von zwei Jahren zulässig. Bis zu dieser Gesamtdauer von zwei Jahren ist auch die höchstens dreimalige Verlängerung eines kalendermäßig befristeten Arbeitsvertrags zulässig. Eine solche sachgrundlose Befristung ist nicht zulässig, wenn mit demselben Arbeitgeber bereits zuvor ein befristetes oder unbefristetes Arbeitsverhältnis bestanden hat. Diese Beschränkung erklärt die vorgeschlagene Regelung in § 2 Abs. (1) S. 2.

§ 14 Abs. 1 TzBfG regelt die Befristung eines Arbeitsverhältnisses für den Fall, dass die Befristung durch einen sachlichen Grund gerechtfertigt ist. Eine solche Sachgrundbefristung kann auch über zwei Jahre hinausgehen. Als Sachgrund bei der Beschäftigung von Hochschulabsolventen kann insbesondere § 14 Abs. 1 S. 2 Nr. 2 TzBfG in Betracht kommen. Danach liegt ein sachlicher Grund insbesondere vor, wenn die Befristung im Anschluss an eine Ausbildung oder ein Studium erfolgt, um den Übergang des Arbeitnehmers in eine Anschlussbeschäftigung zu erleichtern. Dem entspricht die zweite Alternative in § 2 Abs. (2).

Eine Befristung kann im Übrigen auch dann als sachgrundlose Befristung gerechtfertigt sein, wenn im Arbeitsvertrag ein Sachgrund genannt ist. Da § 14 Abs. 2 TzBfG ein Zitiergebot nicht enthält, reicht es aus, dass die Voraussetzungen dieser Vorschrift bei Vertragsschluss objektiv vorlagen (so zur entsprechenden Regelung in § 1 Abs. 1 S. 1 BeschFG 1996 BAG Urt. v. 5. 6. 2002 – 7 AZR 241/01 – AP BeschFG 1996 § 1 Nr. 13).

Wird das Arbeitsverhältnis trotz Fristablauf oder Zweckerreichung mit Wissen des Arbeitgebers fortgesetzt, wandelt es sich kraft Gesetzes in ein unbefristetes Arbeitsverhältnis, sofern der Arbeitgeber nicht unverzüglich widerspricht oder dem Arbeitnehmer die Zweckerreichung unverzüglich mitteilt (§ 15 Abs. 5 TzBfG). Zur Befristung vergleiche im Übrigen Form. A. V. 1 bis 6.

4. Arbeitszeit. S. Form. A. II. 1, dort unter § 2.

5. Vergütung. S. Form. A. II. 1, dort unter § 3.

6. Ärztliche Untersuchung/Abwesenheit/Krankheit. S. Form. A. II. 1, dort unter § 4.

7. Urlaub. S. Form. A. II. 1, dort unter § 6.

8. Nebentätigkeiten. S. Form. A. II. 1, dort unter § 7.

9. Geheimhaltung/Behandlung von Gegenständen und Daten. S. Form. A. II. 1, dort unter § 8.

10. Schutzrechte. S. Form. A. II. 1, dort unter § 9.

11. Probezeit/Kündigung. Grundsätzlich endet ein kalendermäßig befristeter Arbeitsvertrag mit Ablauf der vereinbarten Zeit. Da gemäß § 15 Abs. 3 TzBfG eine ordentliche Kündigung während der Laufzeit des Vertrags nur möglich ist, wenn dies einzelvertraglich oder in einem anwendbaren Tarifvertrag vereinbart ist, sollte eine entsprechende Regelung in den Traineearbeitsvertrag aufgenommen werden.

Das Recht zur außerordentlichen Kündigung gemäß § 626 BGB besteht dagegen ohne weiteres auch im (befristeten) Traineearbeitsverhältnis.

12. Verfall von Ansprüchen, Verjährung. S. Form. A. II. 1, dort unter § 11.

13. Öffnungsklausel für Betriebsvereinbarungen. S. Form. A. II. 1, dort unter § 12.

14. Schlussbestimmungen. S. Form. A. II. 1, dort unter § 13.

6. Heimarbeitsvertrag[1, 2]

Heimarbeitsvertrag

zwischen

...... (Name und Anschrift des Auftraggebers) „Gesellschaft"

und

Herrn ...... (Name und Anschrift des Heimarbeiters) „Heimarbeiter[3]"

§ 1 Art der Tätigkeit[4]

(1) Herr ...... wird bei der Gesellschaft als Heimarbeiter beschäftigt.

(2) Die Gesellschaft überträgt dem Heimarbeiter folgende Tätigkeiten: ...... Die dem Heimarbeiter übergebene Arbeitsbeschreibung wird Bestandteil dieses Vertrages; gleiches gilt für ausgehändigte Schablonen und Muster.

§ 2 Umfang der Tätigkeit[5]

(1) Der Heimarbeiter verpflichtet sich zur Annahme folgender Arbeiten: ......

(*Alternative*:

(1) Der Heimarbeiter verpflichtet sich, monatlich eine Heimarbeitsmenge zu bearbeiten und abzuliefern, deren Bearbeitungszeit unter Berücksichtigung der Normalleistung ...... Stunden monatlich beträgt.)

(2) Die Gesellschaft verpflichtet sich, entsprechende Arbeiten auszugeben, mindestens ...... Stück pro ......

§ 3 Anlagen/Geräte/technische Einrichtungen

(1) Die übertragene Tätigkeit verrichtet der Heimarbeiter mit eigenen Anlagen/Geräten/technischen Einrichtungen. Die notwendigen Anlagen/Geräte/technischen Einrichtungen stehen beim Heimarbeiter funktionsfähig zur Verfügung; die Bereitstellung erfolgt auf Kosten des Heimarbeiters.

(2) Der Heimarbeiter hält die notwendigen Anlagen/Geräte/technischen Einrichtungen auf seine Kosten einsatzbereit. Er trägt dafür Sorge, dass die Anlagen/Geräte/technischen Einrichtungen bei Beschädigung oder Ausfall kurzfristig repariert oder ersetzt werden.

§ 4 Arbeitszeit[6]

Der Heimarbeiter ist in der Einteilung seiner Arbeitszeit frei und unterliegt nicht den Weisungen der Gesellschaft.

§ 5 Anlieferung des Materials und Abholung der fertig gestellten Artikel[7]

Die Anlieferung des Materials sowie die Abholung der fertig gestellten Artikel erfolgt durch die Gesellschaft einmal wöchentlich (*Alternative:* monatlich), und zwar am ...... in der Zeit von ...... bis ...... Uhr.

(*Alternative:*

Der Heimarbeiter hat das Material abzuholen und wöchentlich (*Alternative:* monatlich) bei der Gesellschaft sowie die fertig gestellten Artikel abzuliefern und zwar einmal wöchentlich (*Alternative:* monatlich) und zwar am ...... in der Zeit von ...... bis ...... Uhr.)

§ 6 Vergütung[8]

(1) Der Heimarbeiter erhält als reines Entgelt die im Entgeltverzeichnis aufgeführten Stückentgelte.

(2) Das Entgelt ist so zu bemessen, dass bei Nutzung einer Arbeitsstunde mindestens ein Entgelt von EUR ...... (in Worten: Euro ......) erreicht wird.

(3) Das Entgeltverzeichnis liegt bei der Gesellschaft in den Räumen der Ausgabe und Abnahme offen aus. Soweit Musterbücher Verwendung finden, werden sie dem Entgeltverzeichnis beigefügt. Wird die Heimarbeit dem Heimarbeiter in die Wohnung oder Betriebsstätte gebracht, trägt die Gesellschaft Sorge dafür, dass das Entgeltverzeichnis zur Einsichtnahme vorgelegt wird.

(4) Das Entgeltverzeichnis enthält die Entgelte für jedes einzelne Arbeitsstück. Können Entgelte für das einzelne Arbeitsstück nicht aufgeführt werden, wird eine zuverlässige und klare Berechnungsgrundlage eingetragen.

(*Alternative:*

(1) Die Vergütung erfolgt nach Maßgabe der einschlägigen Entgeltregelung im Sinne von § 17 Abs. 2 HAG und der darauf basierenden Stückentgelte.

(2) Die einschlägige Entgeltregelung im Sinne von § 17 Abs. 2 HAG liegt bei der Gesellschaft in den Räumen der Ausgabe und Abnahme offen aus. Soweit Musterbücher Verwendung finden, werden sie der Entgeltregelung beigefügt. Wird die Heimarbeit dem Heimarbeiter in die Wohnung oder Betriebsstätte gebracht, trägt die Gesellschaft Sorge dafür, dass die einschlägige Entgeltregelung im Sinne von § 17 Abs. 2 HAG zur Einsichtnahme vorgelegt wird.]

§ 7 Zuschläge zur Vergütung[9]

(1) Der Heimarbeiter erhält bei der letzten Entgeltzahlung vor Urlaubsantritt ein Urlaubsentgeld[10] nach Maßgabe des § 12 Nr. 1 BUrlG.

(2) Der Heimarbeiter erhält ein Feiertagsgeld[11] nach Maßgabe des § 11 Abs. 2 EFZG. Das Feiertagsgeld wird jeweils bei der Entgeltzahlung vor dem Feiertag gezahlt.

(3) Der Heimarbeiter erhält einen Krankenlohnausgleich[12] nach Maßgabe des § 10 EFZG.

(4) Der Heimarbeiter erhält einen Heimarbeitszuschlag[13] in Höhe von EUR ...... (in Worten: Euro ......), mit dem alle Unkosten der Heimarbeit pauschal abgegolten sind.

§ 8 Entgeltbuch/Abrechnung[14]

(1) Dem Heimarbeiter wird auf Kosten der Gesellschaft ein Entgeltbuch ausgehändigt. Das Entgeltbuch verbleibt beim Heimarbeiter. Er hat für die ordnungsgemäße Aufbewahrung zu sorgen. Der Heimarbeiter ist verpflichtet, das Entgeltbuch bis zum Ablauf des dritten Kalenderjahrs, das auf das Jahr der letzten Eintragung folgt, aufzubewahren.

(2) Der Heimarbeiter hat in das Entgeltbuch bei jeder Ausgabe und Abnahme von Arbeit ihre Art und ihren Umfang, die Entgelte und die Tage der Ausgabe und der Lieferung einzutragen.

(3) Die Abrechnung erfolgt wöchentlich (*Alternative:* monatlich). Die Auszahlung erfolgt bargeldlos. Dies gilt sowohl für das reine Entgelt nach § 7 dieses Vertrages als auch für die Zuschläge nach § 8 dieses Vertrages, sofern nichts anderes bestimmt ist.

§ 9 Urlaub[15]

(1) S. Form. A. II. 1, dort § 6 Abs. (1) entsprechend.

(2) Die Vorschriften des BUrlG finden nach Maßgabe des § 12 BUrlG Anwendung.

§ 10 Geheimhaltung/Behandlung von Gegenständen und Daten[16]

(1) S. Form. A. II. 1, dort § 8 Abs. (1) entsprechend.

(2) Alle die Gesellschaft betreffenden Unterlagen, insbesondere Arbeitsbeschreibungen, Schablonen, Muster und ähnliche Dokumente (sowie Kopien oder sonstige – auch elektronische – Reproduktionen hiervon) und dem Heimarbeiter überlassene Gegenstände, insbesondere Roh- und Hilfsstoffe sowie Werkzeuge und Daten/Datenträger müssen sorgfältig behandelt werden. Sie dürfen nur mit vorheriger schriftlicher Zustimmung der Gesellschaft zu anderen als aus diesem Vertrag folgenden Zwecken verwendet oder vervielfältigt werden.

(3) S. Form. A. II. 1, dort § 8 Abs. (3) entsprechend.

(4) S. Form. A. II. 1, dort § 8 Abs. (4) entsprechend.

§ 11 Laufzeit/Kündigung[17]

(1) S. Form. A. II. 1, dort § 10 Abs. (1) entsprechend.

(2) Der Heimarbeitsvertrag kann von jedem Vertragspartner nach Maßgabe des § 29 HAG gekündigt werden.

(3) Die Kündigung bedarf der Schriftform.

§ 12 Verfall von Ansprüchen/Verjährung[18]

§ 13 Öffnungsklausel[19]

Sollten einzelne Rechte und Pflichten aus dem Arbeitsverhältnis durch Tarifvertrag oder bindende Festsetzungen nach § 19 HAG geändert werden, so gelten vom Zeitpunkt der Änderung an ausschließlich die jeweiligen Regelungen des Tarifvertrages oder der bindenden Festsetzung.

§ 14 Schlussbestimmungen[20]

......
Ort, Datum

......
Unterschrift der Gesellschaft[21]

......
Ort, Datum

......
Unterschrift des Heimarbeiters

Schrifttum: Brandes, Ökonomische Analyse des arbeitsrechtlichen Begriffs der Unselbständigkeit, dargelegt an den Besonderheiten der Heimarbeit, ZfA 1986, 449; *Brecht* Heimarbeitsgesetz 1977; *Fenski,* Außerbetriebliche Arbeitsverhältnisse – Heim- und Telearbeit, 2000; *Hohn/Romanovsky,* Vorteilhafte Arbeitsverträge, 4. Aufl., 1990; *Holtschmidt,* Die Gleichstellung nach dem HAG, Diss., 1984; *Maus/Schmidt* Heimarbeitsgesetz 3. Aufl., 1976; *Otten,* Die Bestimmung der Arbeitszeit im Bereich der Heimar-

6. Heimarbeitsvertrag A. VII. 6

beit, NZA 1987, 478; *ders.,* Heim- und Telearbeit, 1995; *ders.,* Heimarbeit – ein Dauerrechtsverhältnis eigener Art, NZA 1995, 289; *ders.,* Zum Begriff der in Heimarbeit Beschäftigten als Arbeitnehmer im Sinne des Betriebsverfassungsgesetzes, Diss., 1982; *ders.,* Zur Entgeltdifferenzierung und zum Transportkostenzuschlag im Heimarbeitsbereich, NZA 1991, 712; *Schaub,* Flexibilisierung des Personaleinsatzes, BB 1998, 2106; *Schmidt,* Die ordentliche Kündigung von Heimarbeitsverhältnissen, NJW 1976, 930; *ders.,* Gleichbehandlung von Betriebs- und Heimarbeitern in Sozialplänen?, NZA 1989, 126; *Schwedes,* Die Rechtsnatur der „Bindenden Festsetzung" (§ 19 Heimarbeitsgesetz), Diss., 1961.

Anmerkungen

1. Regelungsgegenstand. Dem vorliegenden Formular liegt ein Vertrag zwischen einem Gewerbetreibenden (Auftraggeber) und einem Heimarbeiter im Sinne von § 2 Abs. 1 HAG zugrunde. Der Vertrag stellt auf keine bestimmte Branche ab. Besonderheiten bei geringfügiger Beschäftigung sind nicht berücksichtigt.

2. In Heimarbeit Beschäftigte. In Heimarbeit Beschäftigte sind nach der Legaldefinition des § 1 Abs. 1 HAG Heimarbeiter und Hausgewerbetreibende sowie die ihnen in § 2 Abs. 2 HAG Gleichgestellten. In Heimarbeit Beschäftigte finden sich vor allem in der Eisen-, Metall-, Elektro- und optischen Industrie, in der Bekleidungs-, Wäsche- und Heimtextilindustrie sowie in der Papier- und Pappeverarbeitung oder auch der chemischen und kunststoffverarbeitenden Industrie (MünchHdbArbR/*Heenen* § 238 Rdn. 2). Klassische Bereiche sind die Fertigung von Spielwaren, Christbaumschmuck und Souvenirs (MünchHdbArbR/*Heenen* § 238 Rdn. 2).

3. Heimarbeiter. Heimarbeiter ist nach der Definition des § 2 Abs. 1 S. 1 HAG, wer in selbst gewählter Arbeitsstätte (dies kann die eigene Wohnung oder eine andere selbst gewählte Betriebsstätte sein) allein oder mit seinen Familienangehörigen (§ 2 Abs. 5 HAG) im Auftrag von Gewerbetreibenden oder Zwischenmeistern (§ 2 Abs. 3 HAG) erwerbsmäßig arbeitet, jedoch die Verwertung der Arbeitsergebnisse dem unmittelbar oder mittelbar in Auftrag gebenden Gewerbetreibenden überlässt. Die selbst gewählte Arbeitsstätte muss nicht im Eigentum des Heimarbeiters stehen, sie kann auch gemietet oder gepachtet sein (MünchHdbArbR/*Heenen* § 238 Rdn. 10). Der Heimarbeiter muss aber das volle Verfügungsrecht über die Arbeitsstätte haben (MünchHdbArbR/*Heenen* § 238 Rdn. 10). Erwerbsmäßigkeit liegt vor, wenn die Heimarbeit auf Dauer angelegt ist und zum Lebensunterhalt beitragen soll (BAG Urt. v. 12. 7. 1988 – 3 AZR 569/86 – AP Nr. 10 zu § 2 HAG). Der Heimarbeiter trägt nicht das unternehmerische Risiko, seine Produkte am Markt absetzen zu können. Vielmehr muss das in Heimarbeit gefertigte Produkt wieder an den Auftraggeber zurückgehen, wobei es genügt, wenn es der Auftraggeber selbst als Letztverbraucher verwertet (MünchHdbArbR/*Heenen* § 238 Rdn. 14). Beschafft der Heimarbeiter die Rohstoffe und Hilfsstoffe selbst, so wird hierdurch seine Eigenschaft als Heimarbeiter nicht beeinträchtigt, § 2 Abs. 1 S. 2 HAG. Die Eigenschaft als Heimarbeiter, Hausgewerbetreibender und Zwischenmeister ist auch dann gegeben, wenn Personen, Personenvereinigungen oder Körperschaften des privaten oder öffentlichen Rechts, welche die Herstellung, Bearbeitung oder Verpackung von Waren nicht zum Zwecke der Gewinnerzielung betreiben, die Auftraggeber sind, § 2 Abs. 4 HAG.

Nach überwiegender Ansicht handelt es sich bei Heimarbeitern nicht um Arbeitnehmer, sondern um arbeitnehmerähnliche Personen (MünchHdbArbR/*Heenen* § 238 Rdn. 7). Aus § 1 Abs. 2 S. 2 HAG folgt, dass Heimarbeiter wirtschaftlich, nicht aber persönlich abhängig sind (vgl. auch *Hueck/Nipperdey* Bd. I, 57). Heimarbeiter unterliegen nicht dem Direktionsrecht ihres Auftraggebers, da sie in selbst gewählter Arbeitsstätte Beginn und Ende der Arbeitszeit sowie deren Dauer und Lage bestimmen können. Ferner können Heimarbeiter nach der Definition des § 2 Abs. 1 HAG Familienangehörige zur Verrichtung der ihnen übertragenen Tätigkeit heranziehen, während Arbeitnehmer gemäß § 613 BGB im Zweifel in Person zu leisten haben. Auch ordnet das HAG für den Pfändungsschutz eine *entsprechende* Geltung der im Arbeitsrecht einschlägigen Vorschriften an. Nach einer Mindermeinung liegt ein Dauerrechtsverhältnis eigener Art vor (vgl. zum Streitstand *Otten* NZA 1995, 289).

Nach der Fiktion des § 12 Abs. 2 SGB IV gelten Heimarbeiter sozialversicherungsrechtlich als Beschäftigte. Heimarbeiter unterliegen der Beitrags- und Versicherungspflicht in der Kranken- und Pflegeversicherung (§§ 5 Abs. 1 Nr. 1 SGB V, 20 Abs. 1 S. 1 SGB XI), der Rentenversicherung (§ 1 Abs. 1 Nr. 1 SGB VI), der Arbeitslosen- (§§ 13, 24, 25 SGB III) und der Unfallversicherung (§ 2 Abs. 1 Nr. 1 SGB VIII).

4. Art der Tätigkeit. Eine möglichst genaue Tätigkeitsbeschreibung empfiehlt sich im Hinblick auf § 7a HAG. Danach hat, wer Heimarbeit aus- oder weitergibt, die Person, die die Arbeit entgegennimmt, vor Aufnahme der Beschäftigung über die Art und Weise der zu verrichtenden Arbeit zu unterrichten.

5. Umfang der Tätigkeit. Die Heimarbeit beruht auf mindestens zwei Verträgen (*Otten*, Heim- und Telearbeit, Vorbem. § 1 HAG Rdn. 14). Die vertragliche Begründung des Heimarbeitsverhältnisses (**Heimarbeitsvertrag**) soll als Dauerschuldverhältnis nur den äußeren Rahmen regeln. Aus § 11 Abs. 3 S. 2 u. 3 HAG wird abgeleitet, dass der Heimarbeiter durch den Heimarbeitsvertrag allein nicht verpflichtet ist, einen Auftrag anzunehmen und vollständig auszuführen (*Otten* NZA 1995, 289). Vielmehr bedarf es hierzu noch der Begründung eines konkreten **Auftragsverhältnisses** (oder auch eines **Werk- oder Werklieferungsvertrages bzw. eines Dienstvertrags**), das durch die Aus- und Weitergabe von Heimarbeit (Angebot) und deren Entgegennahme (Annahme) zustande kommt (*Otten* NZA 1995, 289). Auch mit der wiederholten Auftragserteilung und -ausführung soll keine Pflicht zur weiteren Auftragsvergabe und -entgegennahme verbunden sein (*Otten*, Heim- und Telearbeit, Vorbem. § 1 HAG Rdn. 15).

Die Vereinbarung einer bestimmten Mindestarbeitsmenge wird im Hinblick auf § 29 Abs. 8 HAG für erforderlich gehalten. Die Vorschrift gewährt dem Heimarbeiter einen besonderen Entgeltschutz für den Fall, dass der Auftraggeber die jährliche Arbeitsmenge um mindestens ¼ herabsetzt. Der Heimarbeiter soll zudem in der Lage sein, in etwa seinen monatlichen Verdienst vorauszusehen (*Hohn/Romanovsky* 230).

Gemäß § 11 HAG soll derjenige, der Heimarbeit an mehrere Heimarbeiter ausgibt, die Arbeitsmenge auf die Beschäftigten gleichmäßig unter Berücksichtigung ihrer Leistungsfähigkeit verteilen.

6. Arbeitszeit. Das AZG findet auf Heimarbeiter keine Anwendung. Vielmehr können Heimarbeiter ihre Arbeitszeit selbst einteilen (MünchHdbArbR/*Heenen* § 238 Rdn. 43). Einen gewissen Arbeitszeitschutz bieten insoweit § 10 HAG (vgl. hierzu Anm. 7) und § 11 HAG (vgl. hierzu Anm. 5).

7. Anlieferung des Materials und Abholung der fertig gestellten Artikel. Gemäß § 10 S. 1 HAG hat derjenige, der Heimarbeit ausgibt oder abnimmt, dafür zu sorgen, dass unnötige Zeitversäumnis bei der Ausgabe oder Abnahme vermieden wird.

Die Oberste Arbeitsbehörde des Landes oder die von ihr bestimmte Stelle kann im Benehmen mit dem Heimarbeitsausschuss die zur Vermeidung unnötiger Zeitversäumnis bei der Abfertigung erforderlichen Maßnahmen anordnen, § 10 S. 2 HAG. Bei Anordnungen gegenüber einem einzelnen Auftraggeber kann die Beteiligung des Heimarbeitsausschusses unterbleiben, § 10 S. 3 HAG. Die in § 10 S. 2 und 3 HAG genannten Anordnungen sind Verwaltungsakte. Gegen sie sind die Rechtsbehelfe der VwGO, namentlich Widerspruch gemäß § 68 VwGO und Anfechtungsklage gemäß § 42 Abs. 1 VwGO gegeben. Die Durchführung eines Vorverfahrens ist nicht erforderlich, wenn die Anordnung durch die Oberste Landesbehörde ergangen ist.

8. Vergütung. Gemäß § 8 HAG sind die Entgelte für jedes einzelne Arbeitsstück in Entgeltverzeichnisse aufzunehmen, § 8 Abs. 2 S. 1 HAG, die dem Heimarbeiter zugänglich gemacht werden müssen (vgl. § 8 Abs. 1 HAG). Der Vertragstext gibt im Wesentlichen die gesetzliche Regelung des § 8 HAG wieder.

Die Pflichten des § 8 HAG treffen jeden, der Heimarbeit ausgibt oder annimmt. Sind Ausgebender und Annehmender nicht identisch, befreit die offene Auslegung durch den einen, nicht den anderen (*Otten*, Heim- und Telearbeit, § 8 Rdn. 3). Der Verstoß gegen die Pflichten des § 8 HAG stellt eine Ordnungswidrigkeit dar und ist bußgeldbewehrt, § 32a HAG.

Die Vergütung kann nur insoweit frei vereinbart werden, als keine zwingenden Entgeltregelungen Anwendung finden. Zwingende Entgeltregelungen sind Tarifverträge (vgl. hierzu auch § 17 Abs. 1 HAG), bindende Festsetzungen von Entgelten und sonstigen Vertragsbedingungen (§ 19 HAG) und von Mindestarbeitsbedingungen für fremde Hilfskräfte (§ 22 HAG), § 17 Abs. 2 HAG. Sind in einer bindenden Festsetzung Entgeltgruppen enthalten, so hat der Betriebsrat bei der Eingruppierung der Heimarbeiter ein Mitwirkungsrecht nach § 99 BetrVG (LAG Bremen Beschl. v. 26. 1. 1990 – 4 Ta BV 27/89 – DB 1990, 1571).

Gemäß § 20 S. 1 HAG sind die Entgelte für Heimarbeiter in der Regel als Stückentgelte, und zwar möglichst auf der Grundlage von Stückzeiten zu regeln. Die Vorschrift richtet sich in erster Linie an die Tarifvertragsparteien und bindet den Heimarbeitsausschuss (MünchHdbArbR/*Heenen* § 238 Rdn. 67).

Stückentgelte sollen als Zeitakkord (Vorgabezeit je Stück x produzierte Menge x Geldfaktor = Akkordlohn) und können hilfsweise als Geldakkord (Arbeitsmenge x Geldfaktor = Akkordlohn) festgesetzt werden (MünchHdbArbR/*Heenen* § 238 Rdn. 68).

Sind Stückentgelte nicht möglich, sind Zeitentgelte festzusetzen, die der Stückentgeltberechnung im Einzelfall zugrunde gelegt werden, § 20 S. 2 HAG. Die Vorschrift greift vor allem dann ein, wenn das herzustellende Stück aus einer Vielzahl von einzelnen abgrenzbaren Arbeitsvorgängen besteht, die auch als Teilfertigung ausgeführt werden (MünchHdbArbR/*Heenen* § 238 Rdn. 69). Zum Entgeltschutz bei Kündigung s. Anm. 16.

Gemäß § 23 HAG hat die Oberste Arbeitsbehörde des Landes für eine wirksame Überwachung der Entgelte durch Entgeltprüfer Sorge zu tragen. Einzelheiten hierzu regeln die §§ 23 bis 28 HAG.

9. Zuschläge zur Vergütung. Der Heimarbeiter hat einen Anspruch auf Zuschläge zur Abgeltung von Urlaubsentgelt, Gehalts- und Lohnfortzahlung im Krankheitsfall und an Feiertagen sowie des Stillzeitentgelts (§§ 12 BUrlG, 19 Abs. 4 JArbSchG, 10, 11 EFZG, 7 Abs. 4, 8 Abs. 5 MuSchG). S. hierzu auch Anm. 10 bis 12.

10. Urlaubsentgelt. § 12 BUrlG ersetzt für Heimarbeiter die allgemeine Regelung des § 11 BUrlG vollständig (ErfKomm/*Dörner* § 12 BUrlG Rdn. 28). Das Urlaubsentgelt richtet sich gemäß § 12 Nr. 1 BUrlG nach dem vom Heimarbeiter verdienten Brutto-Arbeitsentgelt. Maßgebend ist das Arbeitsentgelt vor Abzug der Steuern und der Sozialversicherungsbeiträge, jedoch ohne einen etwa gewährten Kostenzuschlag und ohne die Vergütung, die für Feiertage, Krankheit und Urlaub zu zahlen ist (AR-Blattei SD-*Mehrle*, 40. Lfg. 1997).

11. Feiertagsgeld. Der Vertragstext ist deklaratorisch. Er verweist lediglich auf die gesetzlichen Bestimmungen des § 11 EFZG. Gemäß § 12 EFZG kann davon nicht zu Ungunsten des Heimarbeiters abgewichen werden.

Heimarbeiter können für solche Feiertage das gesetzliche Feiertagsgeld verlangen, an denen die Arbeit allein wegen des an diesem Feiertag bestehenden Arbeitsverbots ausfällt. Dieses Vergütungsausfallprinzip findet trotz des Wortlauts („jeder") des § 11 Abs. 2 S. 1 EFZG Anwendung, da der Gesetzgeber dem Heimarbeiter einen Anspruch nicht unabhängig vom Arbeitsausfall durch einen Feiertag gewähren wollte. Der Heimarbeiter hat demzufolge keinen Anspruch auf Vergütung für solche Feiertage, an denen er erkrankt oder im Urlaub ist. Er hat auch keinen Anspruch auf die Vergütung solcher Feiertage, die auf einen Sonntag fallen, es sei denn, der Heimarbeiter hätte an dem betreffenden Sonntag gearbeitet (BAG Urt. v. 26. 7. 1979 – 3 AZR 813/78 – AP Nr. 34 zu § 1 FeiertagslohnzahlungsG DB 1979, 2500).

Da für die Berechnung des Feiertagsgeldes der jeweils vorhergehende Zeitraum vom 1. November bis 30. April oder vom 1. Mai bis 31. Oktober zugrunde zu legen ist, erhält der Heimarbeiter während des ersten Halbjahreszeitraums seiner Beschäftigung kein Feiertagsgeld, da ein Berechnungszeitraum fehlt. Als Ausgleich dafür sind ihm bei Beendigung des Beschäftigungsverhältnisses alle noch fehlenden Feiertage des laufenden und alle Feiertage des folgenden Halbjahreszeitraums zu bezahlen (AR-Blattei SD-*Mehrle*, 40. Lfg., 1997).

12. Krankenlohnausgleich. Der Vertragstext ist deklaratorisch. Er verweist lediglich auf die gesetzlichen Bestimmungen des § 10 EFZG. Gemäß § 12 EFZG kann davon nicht zu Ungunsten des Heimarbeiters abgewichen werden.

13. Heimarbeitszuschlag. Die Gewährung eines Heimarbeitszuschlages ist fakultativ. Der Heimarbeiter hat nur dann einen Anspruch auf den Unkostenzuschlag, wenn dies in einer bindenden Festsetzung so vorgeschrieben ist (*Hohn/Romanovsky* 231).

14. Entgeltbuch/Abrechnung. Der Vertragstext ist deklaratorisch, da er im Wesentlichen den Wortlaut der gesetzlichen Regelung des § 9 Abs. 1 und 3 HAG wiedergibt. Anstelle von Entgeltbüchern können auch Entgelt- oder Arbeitszettel mit zu einer ordnungsgemäßen Sammlung geeigneten Heften ausgegeben werden, falls die Oberste Arbeitsbehörde des Landes oder die von ihr bestimmte Stelle dies genehmigt hat, § 9 Abs. 2 HAG.

Da die Entgeltbelege Grundlage der staatlichen Entgeltprüfung gemäß § 23 HAG (s. Anm. 8) sind, findet sich in §§ 10 bis 12 DVO eine eingehende Regelung der inhaltlichen und formellen Anforderungen (Muster hierzu bei *Brecht* § 9 HAG Rdn. 16).

15. Urlaub. Das BUrlG (vgl. hierzu Form. A. II. 1 Anm. 12) ist auf Heimarbeiter mit den in § 12 BUrlG genannten Modifikationen anwendbar. Gemäß §§ 1 und 3 BUrlG haben Heimarbeiter von Gesetzes wegen Anspruch auf 24 Werktage Urlaub. Für diese Zeit können sie verlangen, dass sie der Gewerbetreibende von Aufträgen freistellt (MünchHdbArbR/*Leinemann* § 92 Rdn. 36).

Gemäß § 12 Nr. 1 BUrlG errechnet sich das Urlaubsentgelt nach dem vom Heimarbeiter verdienten Arbeitsentgelt (vgl. oben Anm. 10). Daraus wird gefolgert, dass auch der Anspruch auf Urlaub erst entsteht, wenn er durch die Einkünfte des Heimarbeiters gedeckt ist (MünchHdbArbR/*Leinemann* § 92 Rdn. 37). Der Anspruch auf Jahresurlaub soll in voller Höhe demzufolge erst nach Ablauf eines vollen Kalenderjahrs entstehen (MünchHdbArbR/ *Leinemann* § 92 Rdn. 37). Ist das Heimarbeitsverhältnis hingegen erst im Laufe des Eintrittsjahrs begründet worden, sollen nur so viele Urlaubstage geschuldet sein, wie das Heimarbeitsverhältnis volle Monate bestanden hat und der Heimarbeiter Aufträge erledigt hat (MünchHdbArb/*Leinemann* § 92 Rdn. 37).

Aus § 1 BUrlG folgt, dass der Urlaubsanspruch des Heimarbeiters wie jeder Urlaubsanspruch befristet ist (ErfKomm/*Dörner* § 12 BUrlG Rdn. 32). Er ist allerdings nicht auf das Kalenderjahr befristet, vielmehr ist er bis zum 30. April des Folgejahrs zu nehmen. Danach verfällt der nicht geltend gemachte oder nicht erfüllte Urlaubsanspruch (ErfKomm/*Dörner* § 12 Rdn. BUrlG 32).

Eine Abgeltung des Urlaubs für Heimarbeiter sieht das Gesetz nicht vor.

16. Geheimhaltung/Behandlung von Gegenständen und Daten. S. Form. A. II. 1 Anm. 14.

17. Laufzeit/Kündigung. S. zunächst Form. A. II. 1 Anm. 16, 18.

Die Vereinbarung einer Probezeit, deren Dauer sechs Monate nicht überschreiten darf, stützt sich auf § 29 Abs. 3 S. 2 HAG.

Heimarbeiter sind keine Arbeitnehmer im Sinne des KSchG (MünchHdbArbR/*Heenen* § 238 Rdn. 89), so dass das KSchG auf sie nicht anwendbar ist. Jedoch gelten die besonderen Kündigungsschutzvorschriften des § 9 Abs. 4 MuSchG, der §§ 18, 20 BErzGG und des § 7 ArbPlSchG (MünchHdbArbR/*Heenen* § 238 Rdn. 89). § 613a BGB ist auf Heimarbeitsverhältnisse weder direkt noch analog anwendbar (BAG Urt. v. 24. 3. 1998 – 9 AZR 218/97 – NZA 1998, 1001).

Hinsichtlich der Kündigungsfristen ist § 29 Abs. 1 bis 4 HAG zu beachten. Danach kann das Vertragsverhältnis von jedem Vertragspartner innerhalb der ersten vier Wochen an jedem Tag für den Ablauf des folgenden Tages (§ 29 Abs. 1 HAG), danach mit einer Frist von zwei Wochen (§ 29 Abs. 2 HAG) gekündigt werden. Für langjährig beschäftigte Heimarbeiter statuiert § 29 Abs. 4 HAG einen besonderen Kündigungsschutz. Für die Kündigung aus wichtigem Grund gilt § 626 BGB entsprechend, § 29 Abs. 6 HAG.

Für die Dauer der Kündigungsfrist greift der Entgeltschutz des § 29 Abs. 7 HAG, der dafür Sorge tragen soll, dass der Auftraggeber den gekündigten Heimarbeiter während des Laufs der Kündigungsfrist bei der Auftragsvergabe auch weiterhin berücksichtigt (MünchHdbArbR/ *Heenen* § 238 Rdn. 100ff.).

Das in § 623 BGB statuierte Schriftformerfordernis für die Kündigung von Dienst- und Arbeitsverhältnissen gilt für Heimarbeitsverträge nicht, so dass diese auch mündlich wirksam gekündigt werden können (*Otten*, Heim- und Telearbeit, § 29 Rdn. 7). Die in den Vertragstext aufgenommene Schriftformklausel soll Beweisschwierigkeiten vorbeugen.

Der Heimarbeiter hat als arbeitnehmerähnliche Person bei Beendigung des Heimarbeitsvertrages einen auf § 630 BGB gestützten Anspruch auf Zeugniserteilung (ErfKomm/*Müller-Glöge* § 630 BGB Rdn. 9).

18. Verfall von Ansprüchen/Verjährung. S. Form. A. II. 1, dort § 11.

19. Öffnungsklausel. S. Form. A. II. 1 Anm. 25.

20. Schlussbestimmungen. S. Form. A. II. 1, dort § 13.

21. Unterschrift der Gesellschaft. S. Form. A. II. 1 Anm. 32.

7. Arbeitsvertrag mit Mitarbeiter im Außendienst[1]

Arbeitsvertrag

zwischen
...... (Name und Anschrift des Arbeitgebers) „Gesellschaft"
und
Herrn ...... (Name und Anschrift des Arbeitnehmers) „Mitarbeiter"

§ 1 Position

(1) Der Mitarbeiter wird bei der Gesellschaft als Mitarbeiter im Außendienst tätig[2]. Zu seinen Aufgaben zählen insbesondere die Vermittlung von Verkaufsgeschäften und die Betreuung von Kunden der Gesellschaft. Einzelheiten ergeben sich aus der als Anlage A beigefügten Stellenbeschreibung[3].

(2) Die Gesellschaft ist berechtigt, soweit dies zumutbar ist, dem Mitarbeiter jederzeit ein anderes, seinen Fähigkeiten und Qualifikationen entsprechendes Aufgaben- und Verantwortungsgebiet ohne Einschränkung seiner Vergütung zu übertragen und/oder den Mitarbeiter an einen anderen Ort zu versetzen.

(3) Der Mitarbeiter ist verpflichtet, die Richtlinien und Anweisungen der Gesellschaft in ihrer jeweiligen Fassung sowie die Anordnungen seiner Vorgesetzten zu beachten.

§ 2 Vertragsgebiet, Kundenbetreuung[4]

(1) Als Vertragsgebiet, auf das sich die Tätigkeit des Mitarbeiters erstreckt, weist die Gesellschaft dem Mitarbeiter widerruflich ...... zu. Die diesem Vertrag beigefügte Liste der Städte und Gemeinden innerhalb des Vertragsgebiets wird Vertragsbestandteil.

(2) Innerhalb des ihm zugewiesenen Vertragsgebiets ist der Mitarbeiter für die Betreuung der Kunden der Gesellschaft verantwortlich. Insbesondere hat der Mitarbeiter die im Vertragsgebiet bestehenden Geschäftsverbindungen zu pflegen und die Kunden regelmäßig zu besuchen und zu beraten. Dabei ist jeder Kunde mindestens ...... pro Jahr aufzusuchen, es sei denn, eine geringere Besuchsfrequenz ist durch sachliche Gründe gerechtfertigt.

(3) Das Vertragsgebiet kann einseitig durch die Gesellschaft aus betrieblichen Gründen mit einer Änderungsfrist von ...... Monaten zum Monatsende geändert werden, ohne dass es einer Kündigung bedarf. Betriebliche Gründe liegen vor, wenn

(a) die Gesellschaft eine Umorganisation des Zuschnitts mehrerer Verkaufsgebiete auf Bundes- oder Landesebene vornimmt,

(b) der Vertrieb einzelner oder aller vom Mitarbeiter vertretenen Produktlinien ganz oder teilweise eingestellt wird,

(c) sich die Zahl oder Struktur der Kunden innerhalb des Verkaufsgebiets wesentlich verändert,
(d) im Vertragsgebiet des Mitarbeiters über einen Zeitraum von ...... Monaten kontinuierlich Rückgänge im Auftragsvolumen von mindestens ......% festzustellen sind oder
(e) einzelne Kunden wegen unzureichender Betreuung durch den Mitarbeiter einen anderen Ansprechpartner ausdrücklich wünschen.

Änderungen können sich sowohl auf die Größe des bisherigen Vertragsgebiets als auch auf den Austausch des Vertragsgebiets beziehen.

(4) Die Gesellschaft ist ferner berechtigt, den Mitarbeiter aus den vorstehend genannten betrieblichen Gründen in den Innendienst zu versetzen. Gleiches gilt im Falle einer Kündigung des Arbeitsvertrags für die Dauer der Kündigungsfrist. Bei einer Versetzung in den Innendienst hat der Arbeitnehmer Anspruch auf die Vergütung, die er im Durchschnitt in den letzten drei Monaten im Außendienst erzielt hat, allerdings ohne Berücksichtigung des Aufwendungsersatzes gemäß nachstehendem § 5.

§ 3 Arbeitszeit[5]

(1) Die regelmäßige wöchentliche Arbeitszeit beträgt ...... Stunden. Die Lage der Arbeitszeit sowie der Pausen bestimmt der Mitarbeiter entsprechend seiner Aufgabenstellung gemäß § 1 dieses Vertrags unter angemessener Berücksichtigung der betrieblichen Interessen und Bedürfnisse.

(2) Die Vorschriften des Arbeitszeitgesetzes finden Anwendung. Der Mitarbeiter ist verpflichtet, selbst für die Einhaltung der gesetzlichen Bestimmungen Sorge zu tragen.

(3) Der Mitarbeiter ist verpflichtet, seine Arbeitszeit eigenverantwortlich im Wege der Selbstdokumentation zu erfassen, wobei das als Anlage 2 zu dieser Vereinbarung beigefügte Muster zu verwenden ist. Die Selbstdokumentation ist jeweils zum Monatsende dem Vorgesetzten des Mitarbeiters vorzulegen.

§ 4 Vergütung[6]

(1) Der Mitarbeiter erhält ein monatliches Fixgehalt von EUR ...... (in Worten: Euro ......) brutto, zahlbar bargeldlos jeweils zum Monatsende.

(2) Zusätzlich erhält der Mitarbeiter eine Provision für alle während des Vertragsverhältnisses abgeschlossenen Geschäfte, die auf seine Tätigkeit in seinem Vertragsgebiet zurückzuführen sind oder mit Dritten abgeschlossen werden, die er als Kunden für Geschäfte gleicher Art geworben hat. Näheres regelt die Provisionsordnung der Gesellschaft.

(3) Die Zahlung von etwaigen Boni, Gratifikationen oder ähnlichen Sonderleistungen erfolgt freiwillig mit der Maßgabe, dass auch durch eine wiederholte Zahlung kein Rechtsanspruch des Mitarbeiters – weder dem Grunde noch der Höhe nach, weder für die Vergangenheit noch für die Zukunft – begründet wird.

(4) Dem Mitarbeiter ist es nicht gestattet, seine Vergütungsansprüche ohne vorherige schriftliche Zustimmung der Gesellschaft an Dritte abzutreten oder zu verpfänden.

(5) Der Mitarbeiter verpflichtet sich, etwa zuviel bezogene Vergütung an die Gesellschaft zurückzuzahlen.

§ 5 Kosten/Auslagen[7]

(1) Die Gesellschaft erstattet dem Mitarbeiter notwendige und angemessene Auslagen und Reisekosten nach den jeweils maßgeblichen betrieblichen Richtlinien unter Berücksichtigung der jeweils anwendbaren steuerlichen Regelungen.

(2) Alle Aufwendungen und Auslagen sind vom Mitarbeiter zu dokumentieren und zusammen mit den entsprechenden Belegen gemeinsam mit der Stundendokumentation

gemäß vorstehendem § 3 Abs. (3) jeweils zum Monatsende dem Vorgesetzten des Mitarbeiters vorzulegen. Die Abrechnung durch die Gesellschaft erfolgt mit der nächsten Gehaltszahlung.

§ 6 Dienstwagen, Unfallversicherung

(1) Die Gesellschaft stellt dem Mitarbeiter für die Ausübung seiner Tätigkeit unter dem Vorbehalt des jederzeitigen Widerrufs einen Dienstwagen des Typs ...... zur Verfügung. Nähere Einzelheiten regelt der Nutzungsvertrag für das Dienstfahrzeug[8].

(2) Die Gesellschaft schließt für den Mitarbeiter eine Unfallversicherung mit einer Mindestversicherungssumme in Höhe von EUR ...... (in Worten: Euro ......) für den Todesfall und EUR ...... (in Worten: Euro _____) für den Invaliditätsfall ab[9].

§ 7 Ärztliche Untersuchung/Abwesenheit/Krankheit[10]

§ 8 Urlaub[11]

§ 9 Nebentätigkeiten[12]

§ 10 Geheimhaltung/Behandlung von Gegenständen und Daten[13]

§ 11 Nachvertragliches Wettbewerbsverbot[14]

§ 12 Laufzeit/Kündigung/Vertragsstrafe/Freistellung/Vorfälligkeit[15]

§ 13 Verfall von Ansprüchen, Verjährung[16]

§ 14 Öffnungsklausel für Betriebsvereinbarungen[17]

§ 15 Schlussbestimmungen[18]

....
Ort, Datum   Ort, Datum
...   .
Unterschrift der Gesellschaft   Unterschrift des Mitarbeiters

Schrifttum: Abrahamczik, Die Abgrenzung des Handelsvertreters zum angestellten Außendienstmitarbeiter, DStR 1996, 184; *Albert*, Zur Steuerpflicht privater Telefongespräche, insbesondere von einem Mobiltelefon, DStR 1999, 1133; *Bauer/Diller*, Wettbewerbsverbote, 3. Aufl., 2002; *Broudré*, Die steuerliche Behandlung von Bewirtungsaufwendungen, DStR 1995, 117; *Els*, Dienstreise und Arbeitszeit, BB 1986, 1192; *Erasmy*, Ausgewählte Rechtsfragen zum neuen Arbeitszeitrecht (I), NZA 1994, 1105; *Gitter*, Die Dienstreise, Vergütung und Arbeitszeitschutz, DB 1964, 442; *Heinze*, Die Mitbestimmungsrechte des Betriebsrats bei Provisionsentlohnung, NZA 1986, 1; *Hunold*, Arbeitsrecht im Außendienst, 1993; *ders.*, Arbeitszeit, insbesondere Reisezeit, im Außendienst, NZA 1993, 10; *ders.*, Die Rechtsprechung zur Mitbestimmung des Betriebsrats bei Versetzung, NZA-RR 2001, 617; *Igble*, Arbeitsrecht für den Außendienst, 3. Aufl., 1996; *Krasshöfer*, Arbeitsrecht im Außendienst, NZA 1993, 1027; *Leuchten*, Widerrufsvorbehalt und Befristung von Arbeitsvertragsbedingungen, insbesondere Provisionsordnungen, NZA 1994, 721; *Loritz*, Die Dienstreise des Arbeitnehmers – Mitbestimmung, Vergütung, Haftungsfragen, NZA 1997, 1188; *Loritz/Koch*, Reisezeit als Arbeitszeit, BB 1987, 1102; *Macher*, Arbeitnehmereigenschaft von Außendienstmitarbeitern der GEMA, NZA 2003, 844; *ders.*, Erstattung von Übernachtungskosten ab 2001 neu geregelt, NZA 2001, 248; *ders.*, Pauschale Kilometersätze ab 1. 1. 2002 bei Privatfahrzeugen für Dienstreisen, NZA 2001, 1298; *Mayer*, Mitarbeiter im Außendienst, 2. Aufl., 2003; *Müller*, Der Gerichtsstand des Erfüllungsortes bei arbeitsgerichtlichen Klagen von Außendienstmitarbeitern, BB 2002, 1094; *Ostrop/Zumkeller*, Die örtliche Zuständigkeit im Urteilsverfahren bei Außendienstmitarbeitern, NZA 1994, 644; *dies.*, Gerichtsstand bei Reisetätigkeit – Keine Klarheit durch BAG-Beschluss, NZA 1995, 16; *Preis*, Widerrufsvorbehalte auf dem höchstrichterlichen Prüfstand, NZA 2004, 1014; *Rieder*, Rechtsfragen im angestellten Außendienst, 2001; *Rumpenhorst*, Personalunion zwischen Arbeitnehmer und Selbständigem im gleichen Unternehmen, NZA 1993, 1067; *Schaefer*, Das rotierende Vertriebssystem auf der Grenze zwischen Arbeits- und Handelsvertreterrecht, NJW 2000, 320; *Schiek*, Formularverträge mit Verkaufsfahrern, BB 1997, 310; *Schlessmann*, Die Dienstreise – Vergütung und Arbeitszeitschutz, DB 1963, 1607; *Schlottfeld/Hoff*, „Vertrauensarbeitszeit" und arbeitszeitrechtliche Aufzeichnungspflicht nach § 16 II ArbZG, NZA 2001, 530; *Schulz*, Gerichtsstand bei Reisetätigkeit – Erwiderungen zu Ostrop/Zumkeller, NZA 1994, 644, NZA 1995, 14; *Trittin*, Umbruch des Arbeitsvertrags: Von der Arbeitszeit zum Arbeitsergebnis, NZA 2001, 1003; *Wagner*, Das arbeits- und sozialrechtliche „Korrekturgesetz" und die Scheinselbständigkeit am Beispiel von Außendienstmitarbeitern, DStR 1999, 503.

Anmerkungen

1. Regelungsgegenstand. Das vorliegende Formular stellt auf einen angestellten Außendienstmitarbeiter ohne Tarifbindung ab und orientiert sich dabei maßgeblich an einem Außendienstmitarbeiter im Vertrieb.

Der unselbständige angestellte Mitarbeiter im Außendienst ist vom **selbständigen Handelsvertreter** abzugrenzen (dazu ausführlich *Abrahamczik* DStR 1996, 184; *Wagner* DStR 1999, 503). Die Unterscheidung ist wichtig, weil einerseits dem selbständigen Handelsvertreter nach Beendigung des Vertragsverhältnisses mit dem Unternehmer ein Ausgleichsanspruch gemäß § 89 b HGB zusteht, der unselbständige Angestellte andererseits dem Arbeits- und Sozialversicherungsrecht unterfällt (*Abrahamczik* DStR 1996, 184).

Ansatzpunkt der Abgrenzung ist § 84 HGB. Danach ist Handelsvertreter, wer als selbständiger Gewerbetreibender ständig damit betraut ist, für einen anderen Unternehmer Geschäfte zu vermitteln oder in dessen Namen abzuschließen, § 84 Abs. 1 S. 1 HGB. Selbständig ist, wer im Wesentlichen frei seine Tätigkeit gestalten und seine Arbeitszeit bestimmen kann, § 84 Abs. 1 S. 2 HGB. Im Umkehrschluss gilt als Angestellter, wer ständig damit betraut ist, für einen Unternehmer Geschäfte zu vermitteln oder in dessen Namen abzuschließen, ohne selbständig i. S. d. Abs. 1 zu sein, § 84 Abs. 2 HGB (zu den Abgrenzungskriterien im Einzelnen vgl. Form. B. III. 2 Anm. 1 f.).

2. Positionsbeschreibung. Die Bezeichnung als Mitarbeiter im Außendienst ist lediglich ein Oberbegriff. Es sind unterschiedliche, zumeist **branchenbezogene** Erscheinungsformen denkbar. Beispiele sind der Versicherungsvertreter (KHzA/*Worzalla* 1.1 Rdn. 225 ff.) oder der Pharmaberater (KHzA/*Worzalla* 1.1 Rdn. 228 ff.). Als Propagandisten bezeichnet man Personen, die für ein bestimmtes Unternehmen oder Produkt verkaufsfördernde Maßnahmen durchführen, etwa die Anbieter von Kosmetikartikeln in Kaufhäusern (KHzA/*Worzalla* 1.1 Rdn. 231 ff.).

3. Stellenbeschreibung. Die Aufgabenbeschreibung kann für Außendienstmitarbeiter sehr unterschiedlich ausfallen. Sie hat sich am konkreten Arbeitsverhältnis zu orientieren und muss demzufolge den individuellen Erfordernissen anpasst werden.

Beispielhaft seien die Entgegennahme von Kundenbestellungen und -reklamationen und deren Übermittlung an die Gesellschaft, die Beobachtung der rechtlichen und wirtschaftlichen Verhältnisse der Kunden (Bonität, Kreditwürdigkeit) und eine entsprechende Berichtspflicht an die Gesellschaft sowie die Berichterstattung über die Besuchsplanung der kommenden Woche und über die Tätigkeiten in der vergangenen Woche genannt. Je nach den Umständen des Einzelfalls kann der Mitarbeiter auch zur Aufbewahrung von Waren oder Werbematerial in seiner Privatwohnung verpflichtet werden, z.B. wenn Wohnsitz des Mitarbeiters und Firmensitz räumlich weit auseinander fallen. Umgekehrt bedarf eine Außendiensttätigkeit begriffsnotwendig der Zurverfügungstellung der erforderlichen Informationen, Unterlagen und Gegenstände durch die Gesellschaft.

Die Verpflichtung zur regelmäßigen Berichterstattung erleichtert dem Arbeitgeber eine Kontrolle, ob der Mitarbeiter effektiv und umsatzsteigernd arbeitet. Dieses Berichtssystem ist deshalb von besonderer Bedeutung, weil die Tätigkeit des Mitarbeiters im Außendienst vom Arbeitgeber regelmäßig nicht in der gleichen Weise überwacht werden kann wie die Tätigkeit eines Mitarbeiters im Innendienst. Die entsprechenden Berichte geben die Möglichkeit, Minderleistungen zu identifizieren und entsprechend gegenzusteuern. Im Konfliktfall können sich aus den Berichten Ansatzpunkte für arbeitsrechtliche Sanktionen ergeben. Gerade bei der Beschäftigung einer Vielzahl von Außendienstmitarbeitern wird es sich anbieten, entsprechende Formblätter für die Berichterstattung vorzuhalten, die eine weitere interne Bearbeitung und Revision erleichtern.

4. Vertragsgebiet. Üblicherweise wird dem Außendienstmitarbeiter ein regionaler Tätigkeitsbereich zugewiesen, innerhalb dessen er für die Kundenbetreuung allein zuständig ist. Die Intensität der Kundenbetreuung, die zweckmäßigerweise in Besuchsintervallen festzulegen ist, hängt maßgeblich von der Größe des Vertragsgebiets und von den angebotenen Leistungen/Waren ab. So rechtfertigen Produkte des täglichen Bedarfs, die in größeren Mengen abgenommen werden können, eine andere Besuchsfrequenz als hochtechnisierte Geräte, bei denen der Nutzer/Verwender nach dem Kauf möglicherweise noch über einen längeren Zeitraum erhöhten Beratungs- oder Betreuungsbedarf hat.

Es empfiehlt sich, die Zuweisung eines bestimmten Vertragsgebiets mit einem **Widerrufsvorbehalt** in Form eines genau definierten Änderungsvorbehalts zu versehen.

Bislang hat die Rechtsprechung die Vereinbarung eines Widerrufsvorbehalts grundsätzlich als zulässig angesehen, solange nicht zwingende Vorschriften des Kündigungsschutzes umgangen wurden. Grenze für die konkrete Ausübung des Widerrufs war allein das billige Ermessen gemäß § 315 BGB (BAG Urt. v. 7. 1. 1971 – 5 AZR 92/70 – AP Nr. 12 zu § 315 BGB). Dabei mussten die wesentlichen Umstände des Einzelfalls abgewogen und die beiderseitigen Interessen der Vertragspartner angemessen berücksichtigt werden (BAG Urt. v. 12. 12. 1984 – 7 AZR 509/83 – AP Nr. 6 zu § 2 KSchG 1969; BAG Urt. v. 28. 11. 1989 – 3 AZR 118/88 – AP Nr. 6 zu § 88 BetrVG 1972). Die Zulässigkeit der Widerrufsklausel selbst wurde dagegen praktisch nicht in Zweifel gezogen.

Vor dem Hintergrund der durch das Schuldrechtsmodernisierungsgesetz eingeführten (eingeschränkten) Anwendbarkeit des AGB-Rechts auf Formulararbeitsverträge (§§ 307 ff. BGB; dazu ausführlich Form. A. II. 1 Anm. 1) stellt sich nun auch die Frage nach der Inhaltskontrolle weit reichender Widerrufsvorbehalte. Diese sind insbesondere am Transparenzgebot des § 307 Abs. 1 S. 2 BGB sowie an § 308 Nr. 4 BGB (Änderungsvorbehalt im Hinblick auf die versprochene Leistung) zu messen. In einer der ersten Entscheidungen zu dieser Problematik hat das LAG Hamm (Urt. v. 11. 5. 2004 – 19 Sa 2132/03 – NZA-RR 2004, 515; dazu *Preis* NZA 2004, 1014, 1017) eine pauschale Widerrufsmöglichkeit übertariflicher Zulagen und einer Fahrtkostenerstattung wegen Verstoßes gegen diese Vorschriften scheitern lassen. Dagegen ist das LAG Berlin (Urt. v. 30. 3. 2004 – 3 Sa 2206/03 – NZA 2004, 1047; dazu *Preis* NZA 2004, 1014, 1016) der Auffassung, dass ein Verstoß gegen §§ 308 Nr. 4, 307 Abs. 1 S. 2 BGB nicht schon vorläge, nur weil der Arbeitgeber in der Widerrufsklausel keine genauen Widerrufsgründe angegeben hat.

Bis höchstrichterliche Rechtsprechung zu dieser Frage vorliegt, sollte die Veränderung des Vertragsgebiets eines Außendienstmitarbeiters an genau definierte Voraussetzungen geknüpft werden. Anderenfalls besteht die Gefahr, dass eine auf eine pauschale Klausel gestützte Veränderung – ohne geltungserhaltende Reduktionsmöglichkeit (so zumindest LAG Hamm Urt. v. 11. 5. 2004 – 19 Sa 2132/03 – NZA-RR 2004, 515, 519) – als unwirksam angesehen wird. Die im Formular ausdrücklich genannten Widerrufsgründe sind lediglich Beispiele, die entsprechend der betrieblichen Bedürfnisse geändert und angepasst werden können. Eine Beschränkung auf „betriebliche Gründe" allein sollte jedenfalls vermieden werden.

Im Übrigen bleibt es – die Wirksamkeit des Widerrufsvorbehalts vorausgesetzt – bei der Ausübung billigen Ermessens im Einzelfall. Entscheidend bei der Zuweisung eines neuen Gebiets kann insbesondere sein, wie lange der Mitarbeiter sein bisheriges Gebiet bereits betreut, ob mit der Gebietsänderung ein Wohnungswechsel verbunden ist und wie stark der Arbeitnehmer seine familiäre Planung auf das ursprüngliche Verkaufsgebiet abgestellt hat (*Rieder/Puzicha* S. 71). Maßgeblich sind bei der Abwägung im Einzelfall auch die Verdienstmöglichkeiten in dem neuen Verkaufsgebiet im Vergleich zum bisherigen Verkaufsgebiet.

Sowohl die Zuweisung eines neuen Vertragsgebiets als auch die Versetzung in den Innendienst kann die **betriebsverfassungsrechtliche Ebene** tangieren. Dies gilt unabhängig davon, ob die Maßnahme individualrechtlich zulässig ist (F/E/S/T/L § 99 BetrVG Rdn. 89). Gemäß § 99 BetrVG hat der Betriebsrat ein Mitbestimmungsrecht bei Versetzungen. Eine Versetzung im Sinne des BetrVG ist die Zuweisung eines anderen Arbeitsbereichs, die voraussichtlich die Dauer von einem Monat überschreitet oder mit einer erheblichen Änderung der Umstände verbunden ist, unter denen die Arbeit zu leisten ist, § 95 Abs. 3 BetrVG. Die Zuweisung eines neuen Verkaufsgebiets stellt demnach eine Versetzung gemäß §§ 99, 95 Abs. 3 BetrVG dar (Rieder/*Puzicha* S. 78; ebenso LAG Köln Beschl. v. 24. 10. 1989 – 4 TaBV 35/89 – LAGE Nr. 9 zu § 95 BetrVG 1972). Etwas anderes gilt für die bloße **Verkleinerung des Verkaufsgebiets,** solange diese nicht zu einer Minderung des Einkommens führt (Riederer/ *Puzicha* 78).

Dagegen sind Veränderungen in der Produktpalette mitbestimmungsrechtlich nicht relevant. Weder die Art der Produkte noch die Entscheidung darüber, welche Produkte nach welchen Grundsätzen und in welchem Gebiet vertrieben werden, gehören zu den Bezugsgrößen, die Teile der mitbestimmungspflichtigen Lohngestaltung gemäß § 87 Abs. 1 Nr. 10 BetrVG sind (LAG Frankfurt am Main Beschl. v. 3. 7. 1990 – 5 TaBV 182/89 – LAGE Nr. 22 zu § 87 BetrVG 1972 Arbeitszeit). Vielmehr gehört dieser Bereich zu den „klassischen unternehmerischen Entscheidungen" (Rieder/*Puzicha* S. 81).

5. Arbeitszeit. Für Außendienstmitarbeiter gelten zunächst keine anderen arbeitszeitrechtlichen Bestimmungen als für Innendienstler (vgl. hierzu Form. A. II. 1 Anm. 3).

Die **Fahrtätigkeit** als solche gehört nicht zu den Hauptleistungspflichten eines Außendienstmitarbeiters; sie ist aber die Voraussetzung dafür, dass er einen wesentlichen Teil seiner Hauptleistungspflicht (Vermittlung von Verkaufsgelegenheiten, Betreuung der Kunden) erbringen kann (*Loritz* NZA 1997, 1188, 1189). Ob die Fahrzeiten auch Arbeitszeit i. S. d. Arbeitszeitgesetzes sind, ist umstritten, vgl. Form. A. II. 1 Anm. 3, 5. Nach einer neueren Auffassung gehören Fahrten mit dem selbst gesteuerten PKW zu Arbeitszeiten im Sinne des ArbZG (zum Meinungsstand vgl. *Loritz* NZA 1997, 1188, 1191).

Die Verpflichtung zur **Aufzeichnung der Arbeitszeit** mittels Selbstdokumentation, die im Formular als vertragliche Nebenpflicht ausgestaltet ist, ist notwendig, da der Arbeitgeber bei Außendienstmitarbeitern nur durch die Aufzeichnungen des Arbeitnehmers dessen Tätigkeit nachvollziehen kann. Da dies auch ein Kontrollelement enthält, unterliegt die EDV-gestützte Auswertung manuell aufgezeichneter Daten der **betrieblichen Mitbestimmung** gemäß § 87 Abs. 1 Nr. 6 BetrVG.

Die Verpflichtung zur Selbstdokumentation ist unter dem Gesichtspunkt der arbeitszeitrechtlichen Aufzeichnungspflicht des § 16 Abs. 2 S. 1 ArbZG nicht unproblematisch. Danach ist der Arbeitgeber verpflichtet, die über die werktägliche Arbeitszeit des § 3 S. 1 ArbZG hinausgehende Arbeitszeit der Arbeitnehmer aufzuzeichnen. Der Aufsichtsbehörde soll so eine Kontrolle über die Einhaltung der arbeitszeitrechtlichen Vorschriften ermöglicht werden (ErfKomm/*Wank* § 16 ArbZG Rdn. 7). Die Aufzeichnungspflicht erfasst sowohl die sonn- und feiertägliche Arbeitszeit als auch die acht Stunden werktäglich überschreitende Arbeitszeit.

Da § 16 Abs. 2 S. 1 ArbZG einerseits eine **Aufzeichnungsverpflichtung des Arbeitgebers** normiert, andererseits aber nicht festlegt, in welcher Form die Aufzeichnung zu erfolgen hat, ist umstritten, ob Eigenaufschreibungen durch die Mitarbeiter den gesetzlichen Anforderungen genügen (in diesem Sinne ErfKomm/*Wank* § 16 ArbZG Rdn. 10; *Baeck/Deutsch* § 16 ArbZG Rdn. 27; *Zmarzlik/Anzinger* § 16 ArbZG Rdn. 12; *Erasmy* NZA 1994, 1105, 1111; *Schlottfeld/Hoff* NZA 2001, 530, 532; a. A. *Buschmann/Ulber* § 16 ArbZG Rdn. 6; *Trittin* NZA 2001, 1003, 1006).

Da sich bei Außendiensttätigkeiten eine Aufzeichnung anders als durch Selbstaufschreibung der Mitarbeiter nicht realisieren lässt, müssen zumindest effektive Vorkehrungen zur Information und Überwachung der Mitarbeiter erfolgen. In jedem Fall hat der Arbeitgeber daher die organisatorischen Voraussetzungen dafür zu schaffen, dass der Mitarbeiter die Arbeitszeitnachweise führen kann (*Schlottfeld/Hoff* NZA 2001, 530, 532). Hier sollten entsprechende Formulare vorgehalten und den Mitarbeitern in ausreichender Zahl ausgehändigt werden. Eine effektive Überwachung erfordert neben stichprobenartigen Kontrollen auch die Sanktionierung von Verstößen gegen die Aufzeichnungspflichten (*Schlottfeld/Hoff* NZA 2001, 530, 532).

Der Arbeitgeber ist verpflichtet, die Arbeitszeitaufzeichnungen für mindestens zwei Jahre aufzubewahren. Verstöße gegen die Aufzeichnungs- oder Aufbewahrungspflicht stellen Ordnungswidrigkeiten dar, die gemäß § 22 Abs. 1 Nr. 9 ArbZG mit einer Geldbuße von bis zu EUR 15.000,– geahndet werden können.

6. Vergütung. Üblicherweise setzt sich die Vergütung eines Außendienstmitarbeiters aus einem festen Sockelbetrag und einem variablen Vergütungsbestandteil, der Provision, zusammen.

Inwieweit die Vereinbarung eines **festen Sockelbetrags** auch für außertarifliche Angestellte zwingend ist, ist umstritten. Während das BAG die Vereinbarung einer Vergütung ausschließlich auf Provisionsbasis in einer früheren Entscheidung für zulässig hielt (BAG Urt. v. 14. 11. 1966 – 3 AZR 158/66 – AP Nr. 4 zu § 65 HGB), geht das LAG Hamm davon aus, dass eine voll erfolgsabhängige Vergütung den Grundsätzen des Arbeitsrechts widerspricht, weil das Umsatzrisiko dadurch allein auf den Arbeitnehmer verlagert wird (LAG Hamm Urt. v. 16. 10. 1989 – 19 Sa 1510/88 – BB 1990, 105). In vielen Tarifverträgen ist ein festes Verhältnis von fixer zu variabler Vergütung oder eine Mindestvergütung geregelt. Eine rein umsatzbezogene Vergütung dürfte nur bei gleichzeitiger Zusage einer garantierten Mindestprovision zulässig sein.

Treffen die Parteien des Arbeitsverhältnisses eine **Provisionsabrede**, finden aufgrund der Verweisung in § 65 HGB die Vorschriften der §§ 87 Abs. 1 und 3, 87a bis 87c HGB auch auf angestellte Mitarbeiter im Außendienst Anwendung. Von der Verweisung ausgenommen sind nur die Bezirksprovision des § 87 Abs. 2 HGB sowie die Inkassoprovision des § 87 Abs. 4 HGB. Auf diese besteht ein Anspruch nur bei ausdrücklicher Vereinbarung.

Der Arbeitnehmer hat **Anspruch** auf die vereinbarte Provision, sobald und soweit der Arbeitgeber das Geschäft ausgeführt hat, § 87a Abs. 1 S. 1 HGB. Eine abweichende Vereinbarung ist zulässig, jedoch hat der Arbeitnehmer mit der Ausführung des Geschäfts durch den Arbeitgeber Anspruch auf einen angemessenen Vorschuss, der spätestens am letzten Tag des folgenden Monats fällig wird, § 87a Abs. 1 S. 2 HGB. Unabhängig von einer Vereinbarung hat der Arbeitnehmer Anspruch auf Provision, sobald und soweit der Dritte das Geschäft ausgeführt hat, § 87a Abs. 1 S. 3 HGB. Der Arbeitgeber hat die Provision, auf die der Arbeitnehmer Anspruch hat, monatlich abzurechnen, wobei der Abrechnungszeitraum auf höchstens drei Monate erstreckt werden kann, § 87c Abs. 1 S. 1 HGB. Der Anspruch auf Provision wird am letzten Tag des Monats fällig, in dem nach § 87c Abs. 1 HGB der Anspruch abzurechnen ist.

Die gesetzlichen Vorschriften können grundsätzlich abbedungen werden, soweit nicht im Gesetz selbst eine zwingende Geltung vorgesehen ist (vgl. §§ 87a Abs. 5, 87c Abs. 5 HGB) oder sich Einschränkungen aus der Natur des Anstellungsverhältnisses ergeben (zur Berücksichtigung der Provision bei der Entgeltfortzahlung im Krankheitsfall und beim Urlaubsentgelt s. u.).

Das Formular geht von einer **Vermittlungsprovision** aus, d.h. einer Beteiligung an dem Wert solcher Geschäfte, die durch den Provisionsberechtigten zustande gekommen sind (vgl. ausführlich hierzu Form. A. III. 6). Weiterhin denkbar sind **Bezirksprovisionen** für solche Geschäfte, die mit Kunden eines bestimmten Bezirks oder einem vorbehaltenen Kundenstamm abgeschlossen werden. Eine **Umsatzprovision** hingegen ist die Beteiligung an dem Wert sämtlicher Geschäfte eines Unternehmens oder einer Abteilung, deren Höhe nicht allein von der Leistung des Provisionsberechtigten, sondern auch von der der übrigen Mitarbeiter abhängig ist (zum Ganzen ErfKomm/*Schaub* § 65 HGB Rdn. 1 f. m. weit. Nachw.).

Nach der Rechtsprechung des BAG gehört zur betrieblichen Lohngestaltung i. S. d. § 87 Abs. 1 Nr. 10 BetrVG die Festlegung des Verhältnisses von festen zu variablen Einkommensbestandteilen sowie die Festlegung des Verhältnisses variabler Einkommensbestandteile untereinander (BAG Beschl. v. 6. 12. 1988 – 1 ABR 44/87 – NZA 1989, 479, 480). Der **Betriebsrat** hat deshalb mitzubestimmen über die Art der Provision, die Festlegung der Bezugsgröße und die Staffelung der Provisionssätze (Rieder/*Grundmann* S. 123 f.). In Betrieben, in denen ein Betriebsrat besteht, sind Provisionsfragen daher üblicherweise in einer Betriebsvereinbarung zu regeln. Doch auch in betriebsratslosen Betrieben empfiehlt sich die Schaffung einer allgemein gültigen Provisionsordnung, die geschäftsspezifische Eigenheiten der Provisionsleistung (Berechnungsgrundlagen, Fälligkeit der Provision, gegebenenfalls Höhe eines monatlichen Provisionsvorschusses) verbindlich festlegt.

Besonderheiten können sich bei der **Entgeltfortzahlung an Feiertagen** gemäß § 2 EFZG ergeben. Die gesetzlichen Feiertage sind durch Bundes- oder Landesgesetz geregelt. Grundsätzlich gilt das Feiertagsrecht des Arbeitsorts (ErfKomm/*Dörner* § 2 EFZG Rdn. 13; zur Bestimmung des Arbeitsortes vgl. Anm. 20). Bei einer länger andauernden Entsendung in ein anderes Bundesland ist das dortige Feiertagsrecht anzuwenden (*Schmitt* § 2 EFZG Rdn. 28).

Vereinbaren die Parteien des Arbeitsverhältnisses eine Entlohnung auf Provisionsbasis, ist § 4 Abs. 1a S. 2 EFZG für die **Entgeltfortzahlung im Krankheitsfall** zu beachten. Es ist der erzielbare Durchschnittsverdienst unter Einbeziehung einer fiktiven Provision zugrunde zu legen. Da die Höhe der monatlichen Provisionszahlungen nicht nur wegen der Zahl der Geschäftsabschlüsse, sondern auch wegen besonderer Fälligkeits- und Stornierungsregelungen schwankt, kann ein Rückgriff auf einen kurzen Vergleichszeitraum in der Vergangenheit zu unangemessenen Ergebnissen führen (ErfKomm/*Dörner* § 4 EFZG Rdn. 37). In einem Fall schwankender Arbeitszeit hat das BAG einen Rückgriff auf den Durchschnitt der vergangenen zwölf Monate für angemessen erachtet (BAG Urt. v. 21. 11. 2001 – 5 AZR 296/00 – AP Nr. 56 zu § 4 EFZG).

7. Kosten/Auslagen. Wegen den mit der Außendiensttätigkeit üblicherweise verbundenen erhöhten Aufwendungen infolge der Reisetätigkeit (z. B. Hotelübernachtungen, Tank-, Telefon- und Bewirtungskosten) ist es zweckmäßig, den Mitarbeiter zur gesammelten Einreichung der Belege zu verpflichten. Das Formular sieht eine monatliche Einreichung mit der Stundenaufschreibung des Mitarbeiters vor. Alternativ kann die Aufstellung der Auslagen auch mit den wöchentlichen Berichten eingereicht werden.

Ist der Mitarbeiter über die Stellenbeschreibung (vgl. Anm. 3) zur Lagerhaltung verpflichtet, sollte für die Raumüberlassung zusätzlich eine Pauschalzahlung vorgesehen werden, solange diese Verpflichtung tatsächlich besteht. Siehe im Übrigen Form. A. II. 1 Anm. 11.

8. Dienstwagen. Die Außendiensttätigkeit setzt zwingend die Mobilität des Mitarbeiters voraus. Denkbar sind zwei Verfahrensweisen: Zum einen kann der Mitarbeiter seinen Privat-Pkw für dienstliche Fahrten einsetzen und analog § 670 BGB Kostenerstattung gegenüber dem Arbeitgeber beanspruchen. Zum anderen, und dieser Weg dürfte den üblichen Gepflogenheiten des Außendienstes entsprechen, kann der Arbeitgeber ein Dienstfahrzeug zur Verfügung stellen. Folgefragen zu privater Nutzung, Haftungsrisiken, Rückgabepflichten etc. sollten ausführlich in einem gesonderten Nutzungsvertrag (s. Form. A. II. 1) geregelt werden.

9. Unfallversicherung. Die Unfallversicherung ist eine freiwillige Leistung des Arbeitgebers, die zumindest bei umfangreicher Fahrtätigkeit des Mitarbeiters erwägenswert ist.

10. Ärztliche Untersuchung/Abwesenheit/Krankheit. s. Form. A. II. 1, dort unter § 4. Zur Behandlung von Provisionen im Rahmen von § 4 Abs. 1a S. 2 EFZG sowie zur Behandlung von Auslagen vgl. Anm. 6.

11. Urlaub. S. Form. A. II. 1, dort unter § 6. Befindet sich der Arbeitnehmer im Urlaub, zählen zu dem für das **Urlaubsentgelt** gemäß § 11 Abs. 1 S. 1 BUrlG maßgeblichen Durchschnittsverdienst der letzten dreizehn Wochen vor Urlaubsbeginn auch die vertragsgemäß erhaltenen Provisionen.

12. Nebentätigkeiten. S. Form. A. II. 1, dort unter § 7.

13. Geheimhaltung/Behandlung von Gegenständen und Daten. S. Form. A. II. 1, dort unter § 8.

14. (Nachvertragliches) Wettbewerbsverbot. Während der Dauer des Arbeitsverhältnisses ist der Arbeitnehmer gemäß § 60 HGB zur Wettbewerbsenthaltung verpflichtet, ohne dass es einer ausdrücklichen vertraglichen Regelung bedarf. Danach darf der Handlungsgehilfe ohne Einwilligung des Prinzipals weder ein Handelsgewerbe betreiben noch in dem Geschäftszweig des Prinzipals für eigene oder fremde Rechnung Geschäfte machen. Zwar gilt die Vorschrift ihrem Wortlaut nach nur für kaufmännische Angestellte (so die moderne Terminologie für Handlungsgehilfen), doch ist sie nach ständiger Rechtsprechung des BAG Ausdruck eines allgemeinen Rechtsgedankens, der für alle Arbeitnehmer gleichermaßen gilt und dogmatisch auf die Treuepflicht des Arbeitnehmers gestützt wird (BAG Urt. v. 21. 10. 1970 – 3 AZR 479/69 – AP Nr. 13 zu § 242 BGB Auskunftspflicht; BAG Urt. v. 16. 1. 1975 – 3 AZR 72/74 – AP Nr. 8 zu § 60 HGB; BAG Urt. v. 16. 8. 1990 – 2 AZR 624/90 – NZA 1991, 141, 142).

Trotz des weit gefassten Wortlauts des § 60 HGB kann dem Arbeitnehmer der Betrieb eines jeglichen Handelsgewerbes nicht verwehrt werden. Nach der Rechtsprechung des BAG (Urt. v. 25. 5. 1970 – 3 AZR 384/69 – AP Nr. 4 zu § 60 HGB) ist dem Arbeitnehmer in verfassungskonformer Auslegung des § 60 Abs. 1 HGB der Betrieb eines Handelsgewerbes nur dann zu verwehren, wenn dies den Arbeitgeber schädigen kann. Dies sei nur der Fall, wenn der Arbeitnehmer ein Handelsgewerbe im Handelszweig des Arbeitgebers betreibe, so dass dieses Handelsgewerbe für den Arbeitgeber wettbewerbsrechtlich eine Gefahr darstelle (BAG Urt. v. 25. 5. 1970 – 3 AZR 384/69 – AP Nr. 4 zu § 60 HGB).

Zudem ist der Arbeitnehmer für die Dauer des Bestands des Arbeitsverhältnisses durch § 60 HGB nicht gehindert, Vorbereitungsmaßnahmen für die Gründung eines eigenen Unternehmens nach Beendigung des Arbeitsverhältnisses zu treffen (BAG Urt. v. 16. 1. 1975 – 3 AZR 72/74 – AP Nr. 8 zu § 60 HGB), insbesondere eine eigene Gesellschaft zum Handelsregister anzumelden und Mitarbeiter anzuwerben (zur Sittenwidrigkeit der Abwerbung von Mitarbeitern vgl. LAG Tübingen Urt. v. 31. 3. 1969 – 4 Sa 104/68 – BB 1969, 759). Auch der Besuch von Vorstellungsgesprächen bei Konkurrenzunternehmen bis hin zum Abschluss eines Arbeitsvertrags bleibt dem Arbeitnehmer vorbehalten.

Von dem vertraglichen Wettbewerbsverbot des § 60 HGB wird der Arbeitnehmer nicht schon befreit, wenn der Arbeitgeber eine **außerordentliche Kündigung** ausspricht, die der Arbeitnehmer für unwirksam hält und deswegen gerichtlich angreift (BAG Urt. v. 25. 4. 1991 – 2 AZR 624/90 – NZA 1992, 212, 214). Die Beendigung oder Suspendierung des Wettbewerbsverbotes kann bis zur gerichtlichen Klärung der Wirksamkeit der Kündigung nicht allein mit der Erwägung begründet werden, der Arbeitgeber habe mit seiner Kündigung bereits als erster die Treue aufgekündigt und deswegen brauche sich auch der Arbeitnehmer zunächst nicht mehr an vertragliche Bindungen zu halten (BAG Urt. v. 25. 4. 1991 – 2 AZR 624/90 – NZA 1992, 212, 214).

Soll das Wettbewerbsverbot über das Arbeitsverhältnis hinaus Bestand haben, bedarf es der Vereinbarung eines **nachvertraglichen Wettbewerbsverbots** (§§ 74 ff. HGB, s. hierzu Form. A. IV. 1). Gerade bei Außendienstmitarbeitern besteht die Gefahr, dass sie sich nach längerer Tätigkeit ein eigenes „Vertriebsnetz" aufbauen, das sie bei Ausscheiden aus der Gesellschaft für eigene Zwecke nutzen könnten. Von daher sollte bei Außendienstmitarbeitern sorgfältig abgewogen werden, ob zusätzlich ein nachvertragliches Wettbewerbsverbot vereinbart wird. Anders beim vertraglichen Wettbewerbsverbot des § 60 HGB ist dann aber für die Dauer der nachvertraglichen Wettbewerbsenthaltung eine Karenzentschädigung in Höhe der Hälfte der zuletzt bezogenen vertragsmäßigen Leistungen zu zahlen (§ 74 Abs. 2 HGB).

15. Laufzeit/Kündigung/Vertragsstrafe/Freistellung/Vorfälligkeit. S. Form. A. II. 1, dort unter § 10.

16. Verfall von Ansprüchen, Verjährung. S. Form. A. II. 1, dort unter § 11.

17. Öffnungsklausel für Betriebsvereinbarungen. S. Form. A. II. 1, dort unter § 12.

18. Schlussbestimmungen. S. Form. A. II. 1, dort unter § 13.

Die für die Frage des Gerichtsstands Ausschlag gebende Bestimmung des Erfüllungsorts (§ 29 ZPO) bereitet beim Außendienstmitarbeiter naturgemäß Probleme. Nach der Rechtsprechung des BAG ist bei Arbeitsverhältnissen regelmäßig von einem einheitlichen Erfüllungsort auszugehen (BAG Beschl. v. 3. 11. 1993 – 5 AS 20/93 – NZA 1994, 479, 480). Das sei der Ort, an dem der Arbeitnehmer die Arbeitsleistung zu erbringen hat. Auf die Frage, wo das Arbeitsentgelt gezahlt werde und wo sich die Personalverwaltung der Gesellschaft befinde, komme es regelmäßig nicht an (BAG Beschl. v. 3. 11. 1993 – 5 AS 20/93 – NZA 1994, 479, 480). Erfüllungsort für die Arbeitsleistung eines für die Bearbeitung eines größeren Bezirks angestellten Reisenden ist demzufolge dessen Wohnsitz, wenn er von dort aus seine Reisetätigkeit ausübt. Dies soll unabhängig davon gelten, ob er täglich nach Hause zurückkehrt und in welchem Umfang er vom Arbeitgeber Anweisungen für die Gestaltung seiner Reisetätigkeit erhält (BAG Beschl. v. 3. 11. 1993 – 5 AS 20/93 – NZA 1994, 479, 480). Zum gegenwärtigen Streitstand vgl. *Müller* BB 2002, 1094.

8. Gruppenarbeitsvertrag[1]

Arbeitsvertrag

zwischen
...... (Name und Anschrift des Arbeitgebers) „Gesellschaft"
und
Herrn ...... (Name und Anschrift des Arbeitnehmers) „Mitarbeiter"

§ 1 Position und Aufgaben

(1) Der Mitarbeiter wird bei der Gesellschaft in ...... in der Arbeitsgruppe ...... tätig. Seine Aufgaben und Pflichten werden unter Berücksichtigung des der Gesellschaft im Einzelfall geschuldeten Arbeitsergebnisses innerhalb der Arbeitsgruppe festgelegt[2].

(2) Der Mitarbeiter ist verpflichtet, die Richtlinien und Anweisungen der Gesellschaft in ihrer jeweiligen Fassung sowie die Anordnungen seiner Vorgesetzten zu beachten.

(3) Der Mitarbeiter ist verpflichtet, die Position des Gruppensprechers oder des stellvertretenden Gruppensprechers zu besetzen, sofern er von den Mitgliedern der Arbeitsgruppe oder von der Gesellschaft hierzu bestimmt wird[3].

§ 2 Arbeitszeit[4]

(1) Die regelmäßige wöchentliche Arbeitszeit beträgt ...... Stunden. Die Lage der Arbeitszeit sowie der Pausen wird unter Berücksichtigung der geforderten Arbeitsmenge und der vorgegebenen Termine autonom von der Arbeitsgruppe bestimmt, wobei die gesetzlichen Regelungen, insbesondere die des Arbeitszeitgesetzes, zu beachten sind.

(2) Der Mitarbeiter ist verpflichtet, sofern betriebliche Belange dies erfordern, Überstunden (einschließlich Samstags-, Sonn- und Feiertagsarbeit) zu leisten. Etwaige Überstunden werden nach Abstimmung innerhalb der Arbeitsgruppe durch Freizeit ausgeglichen.

(3) Der Mitarbeiter ist verpflichtet, seine Arbeitszeit im Wege der Selbstdokumentation durch Stundenaufschreibung zu erfassen. Die Stundenaufschreibung ist jeweils zum Monatsende dem Vorgesetzten des Mitarbeiters vorzulegen.

§ 3 Vergütung[5]

§ 4 Gruppenprämie[6]

(1) Zusätzlich zur Zahlung der Vergütung gemäß vorstehendem § 3 erhält der Mitarbeiter eine gruppenbezogene Prämie, deren Höhe vom Gruppenergebnis abhängt.

(2) Bei der Bewertung des Gruppenergebnisses werden die Arbeitsmenge und -qualität und die Reduzierung von Gemeinkosten, Leerlaufzeiten und Mehrarbeitsstunden ebenso berücksichtigt wie die Termintreue der Gruppe. Einzelheiten regelt die Betriebsvereinbarung ...... vom ....

(3) Jedes Gruppenmitglied erhält den gleichen Betrag als Prämie.
(*Alternative:*
(3) Über die interne Verteilung der Gruppenprämie entscheidet die Gruppe autonom.
(4) Der Mitarbeiter erklärt sich mit der Auszahlung der Gruppenprämie an den Gruppensprecher ausdrücklich einverstanden und ermächtigt diesen zur Entgegennahme der Prämienzahlung.)

§ 5 Qualifizierung[7]

(1) Der Mitarbeiter ist verpflichtet, an Qualifizierungsmaßnahmen teilzunehmen, die die Gruppenarbeit begleiten.

(2) Die Qualifizierungsmaßnahmen finden während der Arbeitszeit statt.

§ 6 Ärztliche Untersuchung/Abwesenheit/Krankheit[8]

(1) Die Einstellung erfolgt unter dem Vorbehalt der gesundheitlichen Eignung des Mitarbeiters für seine Tätigkeit nach diesem Arbeitsvertrag. Der Mitarbeiter ist verpflichtet, sich spätestens bis zum Ablauf der Probezeit durch einen Arzt seines Vertrauens auf Kosten der Gesellschaft auf seine gesundheitliche Eignung untersuchen zu lassen. Der Mitarbeiter entbindet den Arzt von der ärztlichen Schweigepflicht, soweit dies zur Beurteilung seiner gesundheitlichen Eignung notwendig ist. Ergibt die ärztliche Untersuchung die Nichteignung des Mitarbeiters, so endet der Arbeitsvertrag zwei Wochen nach Zugang der schriftlichen Mitteilung der Gesellschaft an den Mitarbeiter über die festgestellte gesundheitliche Nichteignung.

(2) Der Mitarbeiter wird sich auch nach Ablauf der Probezeit bei Vorliegen sachlicher Gründe auf Verlangen der Gesellschaft durch einen Arzt seines Vertrauens auf Kosten der Gesellschaft auf seine gesundheitliche Eignung für die Tätigkeit nach diesem Arbeitsvertrag untersuchen lassen. Der Mitarbeiter entbindet den Arzt von der ärztlichen Schweigepflicht, soweit dies zur Beurteilung seiner gesundheitlichen Eignung notwendig ist.

(3) Der Mitarbeiter hat in jedem Fall einer unvorhergesehenen Abwesenheit die Gesellschaft und den Gruppensprecher unverzüglich hierüber sowie über den Grund und die Dauer seiner voraussichtlichen Abwesenheit zu informieren. Dabei hat der Mitarbeiter den Gruppensprecher auf vordringlich zu erledigende Aufgaben hinzuweisen.

(4) Dauert eine Arbeitsunfähigkeit aufgrund Krankheit oder Unfall länger als drei Kalendertage, hat der Mitarbeiter beim Gruppensprecher eine ärztliche Bescheinigung über das Bestehen der Arbeitsunfähigkeit sowie deren voraussichtliche Dauer spätestens an dem auf den dritten Kalendertag folgenden Arbeitstag vorzulegen. Die Gesellschaft ist berechtigt, die Vorlage der Arbeitsunfähigkeitsbescheinigung früher zu verlangen.

§ 7 Reisekosten/Auslagen[9]

§ 8 Urlaub[10]

(1) Der Mitarbeiter hat einen Urlaubsanspruch von ...... Arbeitstagen pro Kalenderjahr. Arbeitstage sind alle Tage, die am Arbeitsort weder Samstage noch Sonntage oder gesetzliche Feiertage sind. Zeitpunkt und Dauer des Urlaubs werden innerhalb der Arbeitsgruppe festgelegt, wobei die Interessen der Arbeitsgruppe an der ordnungsgemäßen Erbringung der Gruppenarbeitsleistung angemessen berücksichtigt werden. Der Mitarbeiter hat die Gesellschaft und den Gruppensprecher rechtzeitig über seine Urlaubspläne zu informieren.

(2) Der gesamte Urlaub ist grundsätzlich im laufenden Kalenderjahr zu nehmen. Eine Übertragung des Urlaubs auf das nächste Kalenderjahr erfolgt nur, wenn dringende betriebliche, arbeitsgruppenspezifische oder in der Person des Mitarbeiters liegende Gründe dies rechtfertigen. In diesem Fall muss der Urlaub in den ersten drei Monaten des Folgejahres genommen werden; anderenfalls verfällt er.

(3) Bei Beendigung des Arbeitsvertrags erfolgt eine etwaige Urlaubsabgeltung nur bis zur Höhe des gesetzlichen Urlaubsanspruchs. Ein bereits genommener Urlaub wird auf den gesetzlichen Urlaubsanspruch angerechnet.

§ 9 Nebentätigkeiten[11]

§ 10 Geheimhaltung/Behandlung von Gegenständen und Daten[12]

§ 11 Schutzrechte[13]

§ 12 Laufzeit/Kündigung/Vertragsstrafe/Freistellung/Vorfälligkeit

(1) Der Arbeitsvertrag beginnt am ...... und ist auf die Dauer der Probezeit von sechs Monaten befristet. Während der Probezeit können beide Parteien den Arbeitsvertrag unter Einhaltung einer Kündigungsfrist von zwei Wochen kündigen. Vor Beginn des Arbeitsvertrags ist die ordentliche Kündigung ausgeschlossen.

(2) Wird das Arbeitsverhältnis nach Ablauf der Probezeit einvernehmlich fortgesetzt, so geht es in ein Arbeitsverhältnis auf unbestimmte Zeit zu den in diesem Arbeitsvertrag geregelten Bedingungen über, für das die gesetzlichen Kündigungsfristen gelten. Eine Verlängerung der für die Gesellschaft geltenden Kündigungsfristen gilt auch für den Mitarbeiter.

(3) Die Kündigung bedarf der Schriftform.

(4) Die Kündigung eines anderen Gruppenmitgliedes hat keinen Einfluss auf den Bestand dieses Arbeitsvertrags und berechtigt die Gesellschaft insbesondere nicht zur Kündigung des Mitarbeiters[14].

(5) Kündigt der Mitarbeiter vertragswidrig vor Beginn des Arbeitsvertrags, nimmt er seine Tätigkeit nicht vertragsgemäß auf oder beendet er den Arbeitsvertrag vertragswidrig, insbesondere unter Missachtung der geltenden Kündigungsfristen, verwirkt er eine Vertragsstrafe. Dies gilt auch für den Fall, dass die Gesellschaft durch schuldhaft vertragswidriges Verhalten des Mitarbeiters zur fristlosen Kündigung des Arbeitsvertrags veranlasst wird. Die Höhe der Vertragsstrafe entspricht der Vergütung nach § 3 Abs. (1), die für den Zeitraum der jeweils einschlägigen Kündigungsfrist geschützt ist; sie beträgt aber maximal ein Brutto-Monatsgehalt. Die Gesellschaft behält sich die Geltendmachung weiteren Schadens vor.

(6) Die Gesellschaft ist im Falle der Kündigung des Arbeitsvertrags durch die Gesellschaft berechtigt, den Mitarbeiter von seiner weiteren Tätigkeit für die Gesellschaft freizustellen. Während der Zeit der Freistellung behält der Mitarbeiter seinen Anspruch auf die vertragliche Vergütung; er muss sich jedoch den Wert desjenigen anrechnen lassen, was er infolge des Unterbleibens der Dienstleistung erspart oder durch anderweitige Verwendung seiner Dienste erwirbt oder zu erwerben böswillig unterlässt. Im Falle einer unwiderruflichen Freistellung wird die Freistellungszeit auf etwaige Urlaubs- oder Freizeitausgleichsansprüche angerechnet.

(7) Sollte der Mitarbeiter der Gesellschaft bei Ausspruch einer Kündigung durch die Gesellschaft Beträge aufgrund von Gehaltsvorschüssen oder ähnlichen Vorauszahlungen schulden, werden sämtliche Beträge sofort fällig und – unter Beachtung der Pfändungsgrenzen – aufrechenbar. Dem Mitarbeiter gewährte Darlehen gelten mit Ausspruch der Kündigung als ordentlich mit einer Frist von einem Monat gekündigt. Entsprechendes gilt bei Ausspruch einer Kündigung durch den Mitarbeiter, es sei denn, es liegt eine von der Gesellschaft zu vertretende außerordentliche Kündigung vor.

(8) Der Arbeitsvertrag endet ohne Kündigung mit Ablauf des Monats, in dem der Mitarbeiter das Alter erreicht, ab dem er erstmals einen Anspruch auf gesetzliche Regelaltersrente erwirbt.

§ 13 Verfall von Ansprüchen, Verjährung[15]

§ 14 Öffnungsklausel für Betriebsvereinbarungen[16]

§ 15 Schlussbestimmungen[17]

(1) Unvollständige oder unrichtige Angaben bei der Einstellung, insbesondere im Personalfragebogen, können zur sofortigen Beendigung des Arbeitsvertrags führen.

8. Gruppenarbeitsvertrag — A. VII. 8

(2) Der Mitarbeiter wird der Gesellschaft alle Änderungen über die Angaben zu seiner Person, soweit sie für den Arbeitsvertrag von Bedeutung sind, unverzüglich mitteilen. Der Mitarbeiter versichert, unter der jeweils angegebenen Adresse postalisch erreichbar zu sein und der Gesellschaft Änderungen der Zustelladresse unverzüglich schriftlich mitzuteilen. Aus der Nichtbeachtung dieser Verpflichtung etwa entstehende Nachteile gehen zu Lasten des Mitarbeiters.

(3) Dieser Arbeitsvertrag ersetzt alle eventuellen vorherigen Vereinbarungen zwischen den Vertragsparteien über das Arbeitsverhältnis. Mündliche Nebenabreden bestehen nicht. Änderungen oder Ergänzungen dieses Arbeitsvertrags einschließlich dieser Bestimmung bedürfen zu ihrer Wirksamkeit der Schriftform. Das Schriftformerfordernis bezieht sich auch auf etwaige Ansprüche aus betrieblicher Übung.

(4) Die Betriebsvereinbarung zur Gruppenarbeit vom ...... in ihrer jeweiligen Fassung ist Bestandteil dieses Arbeitsvertrags.

(5) Sollte eine Bestimmung dieses Arbeitsvertrags ganz oder teilweise unwirksam sein oder werden, so wird hiervon die Wirksamkeit der übrigen Bestimmungen dieses Arbeitsvertrags nicht berührt. An die Stelle der unwirksamen Bestimmung tritt die gesetzlich zulässige Bestimmung, die dem mit der unwirksamen Bestimmung Gewollten wirtschaftlich am nächsten kommt. Dasselbe gilt für den Fall einer vertraglichen Lücke.

(6) Erfüllungsort und Gerichtsstand richten sich nach den gesetzlichen Vorschriften.

(7) Der Mitarbeiter hat eine Ausfertigung dieses Arbeitsvertrags erhalten.

......
Ort, Datum

......
Unterschrift der Gesellschaft

......
Ort, Datum

......
Unterschrift des Mitarbeiters

Schrifttum: Blanke, Arbeitsgruppen und Gruppenarbeit in der Betriebsverfassung – Direktdemokratische Mitbestimmung als „zweiseitig paktierte Delegation", RdA 2003, 140; *Cox/Peter*, Rechtliche Rahmenbedingungen der Gruppenarbeit, AiB 1997, 371; *Elert*, Gruppenarbeit, Diss. 2001; *Heinze*, Zum Arbeitsrecht der Musiker, NJW 1965, 2112 ff.; *Herlitzius*, Eine produktivitätsorientierte Entlohnung bei Gruppenarbeit, AuA 1994, 320; *Hoffmann*, Die Gruppenakkordarbeit, 1981; *Hunold*, Die wichtigsten arbeitsrechtlichen Rahmenbedingungen bei Einführung von Lean Production, NZA 1993, 723; *Klein*, Das Phänomen des Gruppenarbeitsverhältnisses, Diss. 1982; *Kreßel*, Tarifvertragliche Regelungsbefugnisse bei Fragen der Arbeitsgestaltung, RdA 1994, 23; *Muster*, Gruppenarbeit als solidarisches Einsatzkonzept, AiB 1987, 99; *Naendrup*, Gruppen-Vertrags- insbesondere Gruppen-Arbeitsverhältnisse – Formale Struktur und inhaltliche Wertungsprobleme, BlSt-SozArbR 1975, 241; *Peter*, Lean Management, 1997; *Preis/Elert*, Erweiterung der Mitbestimmung bei Gruppenarbeit?, NZA 2001, 371; *Rüthers*, Probleme der Organisation des Weisungsrechts und der Haftung bei Gruppenarbeitsverhältnissen, ZfA 1977, 1; *Schack*, Gruppenarbeit in der chemischen Industrie: Gemeinsame Hinweise des Bundesarbeitgeberverbandes Chemie und der IG Chemie-Papier-Keramik, NZA 1996, 923; *Schaub*, Das Recht der Gruppenarbeitsverhältnisse, DB 1967, Beil. 19; *ders.*, Lean Production und arbeitsrechtliche Grundlagen, BB 1993, Beil. 15, 1; *Schindele*, Lean Production und Mitbestimmung des Betriebsrats, BB 1993, Beil. 15, 14; *Springer*, Gruppenarbeit – produktivitätsorientierter Motivationsansatz, AuA 1994, 17; *Wiese*, Die Mitbestimmung des Betriebsrats über die Grundsätze zur Durchführung von Gruppenarbeit nach § 87 Abs. 1 Nr. 13 BetrVG, BB 2002, 198; *Wilkesmann*, Gruppenarbeit, 1992.

Anmerkungen

1. Regelungsgegenstand. Der vorliegende Gruppenarbeitsvertrag steht in engem Zusammenhang mit der Betriebsvereinbarung über Gruppenarbeit (s. Form. C. II. 21) und setzt die dort enthaltenen Regelungen einzelvertraglich um. Dabei handelt es sich um eine umfassende arbeitsvertragliche Regelung und nicht lediglich um eine Nebenabrede zu einem bereits bestehenden Arbeitsvertrag, durch die ein bislang in einem Normalarbeitsverhältnis stehender Mitarbeiter in ein Gruppenarbeitsverhältnis überführt wird. Dagegen bedarf es bei einer Nebenabrede nur der Regelung der gruppenarbeitsspezifischen Besonderheiten, die sich aus der weitgehenden Selbstverwaltung der Arbeitsgruppe ergeben, wie z. B. die Verpflichtung zur Übernahme des Gruppensprecheramtes und die Einführung einer Gruppenprämie.

Ein Gruppenarbeitsverhältnis ist dadurch gekennzeichnet, dass mehrere Arbeitnehmer zu einer Arbeitsgruppe zusammengefasst sind und die geschuldete Arbeit nach dem Inhalt des Leistungsversprechens als Gruppenarbeit erbracht wird. Gruppenarbeit ist abzugrenzen von bloßen Zufallsgemeinschaften, bei denen es an einer auf enge Zusammenarbeit zielenden näheren Zwecksetzung fehlt (*Schaub* § 181 Rdn. 2). Reine Zufallsgemeinschaften liegen daher z. B. vor, wenn sich mehrere Arbeitnehmer ein Büro teilen oder lediglich gemeinsam an einer Maschine arbeiten (*Küttner/Kreitner* Gruppenarbeitsverhältnis Rdn. 1). Kein Gruppenarbeitsverhältnis, sondern ein mittelbares Arbeitsverhältnis liegt vor, wenn ein (Haupt-) Arbeitnehmer im Einverständnis mit dem Arbeitgeber einen Gehilfen mit der Erfüllung der Arbeitsverpflichtung beauftragt. Sonderform des Gruppenarbeitsverhältnisses ist das so genannte Job-Sharing (s. dazu Form. A. VII. 3).

Ein Gruppenarbeitsverhältnis kann entweder in Form der Eigengruppe oder als Betriebsgruppe vorliegen. Als Eigengruppe wird eine Mehrheit von Arbeitnehmern bezeichnet, die sich aus eigener Initiative zu gemeinsamer Arbeitsleistung zusammengeschlossen hat und als Gruppe ihre Dienstleistung dem Arbeitgeber anbietet (BAG Urt. v. 23. 2. 1961 – 5 AZR 110/60 – AP Nr. 2 zu § 611 BGB Akkordkolonne). Auf Bildung und Zusammensetzung der Eigengruppe hat der Arbeitgeber keinen Einfluss (*Schaub* § 183 Rdn. 1). Beispiele aus der Praxis sind Musikkapellen oder Ehepaare, die gemeinsam eine Dienstleistung (z. B. als Hausmeister) anbieten (*Küttner/Kreitner* Gruppenarbeitsverhältnis Rdn. 21). Weit häufiger anzutreffen sind Betriebsgruppen, bei denen der Arbeitgeber mehrere Arbeitnehmer aus arbeitsorganisatorischen Gründen zur Erreichung eines höheren Arbeitserfolges zusammenfasst. Derartige Betriebsgruppen werden vielfach als Akkordgruppen oder Montagekolonnen tätig (ErfKomm/*Preis* § 611 BGB Rdn. 190 f.). Die Betriebsgruppe wird vom Arbeitgeber kraft Direktionsrechts gebildet, zusammengesetzt und gegebenenfalls wieder aufgelöst. Gruppeninterne Rechtsbeziehungen bestehen hier weder in gesellschaftsrechtlicher noch in vereinsrechtlicher Form, sondern lediglich in tatsächlicher Hinsicht (*Küttner/Kreitner* Gruppenarbeitsverhältnis Rdn. 8). Die Arbeitsverträge der einzelnen Gruppenmitglieder sind unabhängig voneinander zu betrachten und in aller Regel nicht vom Bestand der übrigen Arbeitsverhältnisse abhängig (vgl. dazu insbesondere Anm. 14). Das bedeutet auch, dass die Vertragsbestimmungen der Einzelarbeitsverträge unterschiedlich sein können (*Schaub* § 182 Rdn. 10).

2. Gruppenautonome Festlegung der Aufgaben und Pflichten. Im Gruppenarbeitsverhältnis schuldet nicht der einzelne Arbeitnehmer, sondern die Gruppe gemeinschaftlich die Arbeitsleistung. Demgemäß gehört das Recht zur Selbstorganisation zu den Kernelementen der Gruppenarbeit. Zwar definiert der Arbeitgeber kraft Direktionsrechts die einzelnen, von der Gruppe zu erbringenden Aufgaben (vgl. dazu Form. C. II. 21, dort § 2 Abs. (3)). Intern legt die Arbeitsgruppe jedoch autonom fest, welches Gruppenmitglied welche Arbeitsgänge und Arbeitsabschnitte zu bewältigen hat (BAG Urt. v. 24. 4. 1974 – 5 AZR 480/73 – AP Nr. 4 zu § 611 BGB Akkordkolonne). Demgemäß hat das einzelne Gruppenmitglied keine isoliert zu beurteilende Arbeitsaufgabe. Vielmehr geht seine vertragliche Arbeitspflicht dahin, zu seinem Teil an der gemeinsamen Aufgabe mitzuwirken (BAG Urt. v. 24. 4. 1974 – 5 AZR 480/73 – AP Nr. 4 zu § 611 BGB Akkordkolonne, insbesondere auch zu den daraus resultierenden Haftungsfragen). Der Gedanke der Gruppenautonomie setzt sich bei der Wahl eines Gruppensprechers (dazu Anm. 3), bei der Festlegung des Urlaubs der einzelnen Gruppenmitglieder (dazu Anm. 10) sowie gegebenenfalls bei der Verteilung der Gruppenprämie (dazu Anm. 6) fort.

3. Gruppensprecher. Da es an gesellschafts- oder vereinsrechtlichen Rechtsbeziehungen innerhalb der Betriebsgruppe fehlt, muss die Funktionsfähigkeit der Gruppe durch ein Mindestmaß an Organisationsstrukturen gewährleistet sein. Dazu gehört insbesondere, dass die Arbeitsgruppe einen Gruppensprecher sowie dessen Stellvertreter wählt, der neben seiner Tätigkeit als Gruppenmitglied eine zusätzliche Funktion als Koordinationsorgan der Gruppe ausübt. So können dem Gruppensprecher die Koordination der Aufgabenverteilung, die Führung von Anwesenheitslisten, die Abstimmung von Pausen, Urlaubs- und Krankenvertretung etc. übertragen werden (vgl. Form. C. II. 21 Anm. 14). Um die Kontinuität des Gruppensprecheramtes zu gewährleisten, sollte jeder Gruppenmitarbeiter verpflichtet werden, gegebenenfalls die Position des Gruppensprechers zu besetzen. Es ist Ausdruck der Gruppenautonomie, dass der Gruppensprecher von den Mitgliedern der Arbeitsgruppe gewählt wird. Zu den Wahlgrundsätzen und zum Wahlverfahren vgl. Form. C. II. 21, dort unter § 6.

Kann sich die Gruppe nicht auf einen Gruppensprecher einigen oder stellen sich von vornherein keine Kandidaten zur Wahl, müssen der Gruppensprecher und dessen Stellvertreter von der Gesellschaft bestimmt werden. Vgl. dazu Form. C. II. 21, dort unter § 6 Abs. (5).

4. Arbeitszeit. S. Form. C. II. 21 Anm. 15.

5. Vergütung. S. Form. A. II. 1, dort unter § 3.

6. Gruppenprämie. S. Form. C. II. 21 Anm. 17. Da die Gruppenprämie durch die Arbeitsgruppe und nicht durch den einzelnen Mitarbeiter erwirtschaftet wird, sind verschiedene Möglichkeiten zur Verteilung der Gruppenprämie denkbar. Die Gruppe kann autonom entscheiden, ob alle Mitarbeiter den gleichen Prämienanteil erhalten oder ob einige Mitarbeiter wegen der Qualität ihrer Arbeitsbeiträge eine höhere oder geringere Prämie erhalten sollen.

Zweckmäßigerweise sollte die Gruppenprämie vom Arbeitgeber als Gesamtbetrag an die Gruppe ausgezahlt werden, die anschließend die interne Verteilung vornimmt. Hierzu sollte der Gruppensprecher von den einzelnen Mitarbeitern zur Entgegennahme der Gruppenprämie ermächtigt werden (MünchHdbArbR/*Marschall* § 171 Rdn. 4). In diesem Fall liegt in der Auszahlung der Gruppenprämie an den Gruppensprecher bereits die Erfüllung des Prämienanspruchs, auch gegenüber den einzelnen Mitarbeitern (§§ 362 Abs. 2, 185 Abs. 2 BGB).

Falls die Betriebsgruppe gegen Gruppenentlohnung arbeitet, kann sich der Arbeitgeber schadensersatzpflichtig machen, wenn er für ein ausgefallenes Gruppenmitglied nicht rechtzeitig Ersatz schafft. Gleiches gilt, wenn der Arbeitgeber der Gruppe ein in der Leistung unterdurchschnittliches Gruppenmitglied zuweist und sich hierdurch die Gruppenentlohnung mindert (*Schaub* § 182 Rdn. 4).

7. Qualifizierung. S. Form. C. II. 21 Anm. 16.

8. Ärztliche Untersuchung/Abwesenheit/Krankheit. Da die Arbeitsorganisation autonom durch die Arbeitsgruppe erfolgt, sollten die Mitarbeiter verpflichtet werden, ihren üblichen Informations-, Hinweis- und Nachweispflichten im Falle unvorhergesehener Abwesenheit auch gegenüber dem Gruppensprecher nachzukommen. Nur so kann gewährleistet werden, dass die Arbeitsgruppe auf unerwartete Arbeitsausfälle einzelner Gruppenmitglieder durch Umorganisation zeitnah reagieren kann. Im Übrigen s. Form. A. II. 1 Anm. 10.

9. Reisekosten/Auslagen. S. Form. A. II. 1, dort unter § 5.

10. Urlaub. Zur Einbeziehung des Gruppensprechers in die Urlaubsplanung gilt das zu Anm. 8 Gesagte entsprechend. Vgl. im Übrigen Form. A. II. 1 Anm. 12.

11. Nebentätigkeiten. S. Form. A. II. 1, dort unter § 7.

12. Geheimhaltung/Behandlung von Gegenständen und Daten. S. Form. A. II. 1, dort unter § 8.

13. Schutzrechte. S. Form. A. II. 1, dort unter § 9.

14. Kündigung von Gruppenmitgliedern. Die Zusammenfassung in einer Betriebsgruppe führt in aller Regel nicht dazu, dass die Arbeitsverhältnisse der einzelnen Gruppenmitglieder in ihrem Bestand voneinander abhängig sind. Die verhaltens- oder personenbedingte Kündigung eines Gruppenmitgliedes führt nicht zum Auseinanderbrechen der Betriebsgruppe im Übrigen und berechtigt den Arbeitgeber auch nicht dazu, die Arbeitsverhältnisse der übrigen Gruppenmitglieder zu kündigen.

Umgekehrt kann die Gruppe vom Arbeitgeber nicht verlangen, einzelne Gruppenmitglieder zu versetzen oder zu entlassen. Das Entfernungsverlangen der Gruppe oder einzelner Gruppenmitglieder rechtfertigt eine betriebsbedingte Kündigung nicht (*Schaub* § 182 Rdn. 3).

15. Verfall von Ansprüchen, Verjährung. S. Form. A. II. 1, dort unter § 11.

16. Öffnungsklausel für Betriebsvereinbarungen. S. Form. A. II. 1, dort unter § 12.

17. Schlussbestimmungen. Unter der Voraussetzung, dass bei Abschluss des Arbeitsvertrags die Betriebsvereinbarung zur Gruppenarbeit (s. Form. C. II. 21) bereits in Kraft ist, sollte diese zum unmittelbaren Bestandteil des Gruppenarbeitsvertrags erklärt werden. Damit erkennt der Mitarbeiter auch diejenigen Regelungen der Betriebsvereinbarung, die das Verhältnis zwischen Mitarbeiter und Arbeitgeber nicht unmittelbar beeinflussen (z. B. das Abhalten von Gruppengesprächen), vertraglich an. Vgl. im Übrigen Form. A. II. 1, Anm. 26 bis 31.

9. Abrufarbeitsvertrag (KAPOVAZ)

Abrufarbeitsvertrag

zwischen
...... (Name und Anschrift der Gesellschaft) „Gesellschaft"
und
Herrn ...... (Name und Anschrift des Arbeitnehmers) „Mitarbeiter"

§ 1 Position und Aufgaben[1]

§ 2 Arbeitszeit

(1) Der Mitarbeiter erbringt seine Arbeitsleistung entsprechend dem Arbeitsanfall[2]. Die Erbringung der Arbeitsleistung erfolgt auf Abruf der Gesellschaft. Die Gesellschaft entscheidet darüber, wann und in welchem Umfang der Arbeitsanfall den Einsatz des Mitarbeiters erforderlich macht. Der Mitarbeiter kann seine Arbeitsleistung nur nach Abruf durch die Gesellschaft erbringen.

(2) Die wöchentliche Arbeitszeit beträgt ...... Stunden[3].

(3) Die Gesellschaft bestimmt Beginn und Ende der täglichen Arbeitszeit und an welchen Tagen der Mitarbeiter seine Arbeitsleistung zu erbringen hat. Sie wird dem Mitarbeiter seinen Arbeitseinsatz, d. h. dessen Beginn und voraussichtliche Dauer jeweils mindestens vier Tage im Voraus mitteilen[4]. Die Bestimmung des Arbeitseinsatzes kann telefonisch, mündlich[5] oder in anderer geeigneter Weise erfolgen. Die Gesellschaft bestimmt die Lage der Pausen.

(4) Ruft die Gesellschaft die Arbeitsleistung ab, beträgt die Einsatzdauer jeweils mindestens drei aufeinander folgende Stunden. Im Übrigen liegt die Verteilung der wöchentlichen Arbeitszeit im freien Ermessen der Gesellschaft[6].

(5) Der Mitarbeiter ist verpflichtet, sofern betriebliche Belange dies erfordern, Überstunden (einschließlich Samstags-, Sonn- und Feiertagsarbeit) zu leisten[7].

§ 3 Vergütung[8]

§ 4 Abwesenheit/Krankheit

(1) Der Mitarbeiter hat in jedem Fall einer unvorhergesehenen Abwesenheit die Gesellschaft unverzüglich hierüber sowie über den Grund und die Dauer seiner voraussichtlichen Abwesenheit zu informieren. Dies gilt auch dann, wenn die Gesellschaft die persönliche Arbeitszeit des Mitarbeiters noch nicht festgelegt und eine Arbeitsleistung noch nicht abgerufen hat[9].

(2) Dauert eine Arbeitsunfähigkeit aufgrund Krankheit oder Unfall länger als drei Kalendertage, hat der Mitarbeiter eine ärztliche Bescheinigung über das Bestehen der Arbeitsunfähigkeit sowie deren voraussichtliche Dauer spätestens an dem auf den dritten Kalendertag folgenden Arbeitstag vorzulegen. Die Gesellschaft ist berechtigt, die Vorlage der Arbeitsunfähigkeitsbescheinigung früher zu verlangen.

(3) Wurde von dem Mitarbeiter für einen Arbeitstag, an dem er arbeitsunfähig ist, eine bestimmte Arbeitsleistung bereits abgerufen, so erhält der Mitarbeiter im Rahmen der gesetzlichen Bestimmungen Entgeltfortzahlung nach Maßgabe des zuvor angeforderten Umfangs der Arbeitsleistung. Umgekehrt erhält er keine Entgeltfortzahlung, wenn feststeht, dass keine Arbeit angefordert worden wäre. In den übrigen Fällen erhält der Mitarbeiter für jeden Arbeitstag der Arbeitsunfähigkeit Entgeltfortzahlung auf Basis des durchschnittlichen Tagesverdienstes der vorangegangenen 13 Wochen. Arbeitstage sind alle Tage, die am Arbeitsort weder Samstage noch Sonntage oder gesetzliche Feiertage sind[10].

(4) Für gesetzliche Feiertage gilt die Regelung des vorstehenden Absatzes sinngemäß[11].

§ 5 Urlaub

(1) Der Mitarbeiter hat einen Urlaubsanspruch von ...... Arbeitstagen pro Kalenderjahr. Bei der Festlegung von Zeitpunkt und Dauer des Urlaubs werden die betrieblichen Interessen und Bedürfnisse angemessen berücksichtigt. Der Mitarbeiter hat die Gesellschaft rechtzeitig über seine Urlaubspläne zu informieren, auch wenn die Gesellschaft die persönliche Arbeitszeit des Mitarbeiters noch nicht festgelegt hat.

(2) Der Mitarbeiter erhält ein Urlaubsentgelt, das arbeitstäglich auf der Basis des durchschnittlichen Tagesverdienstes der vorangegangenen 13 Wochen berechnet wird[12].

(3) Der gesamte Urlaub ist grundsätzlich im laufenden Kalenderjahr zu nehmen. Eine Übertragung des Urlaubs auf das nächste Kalenderjahr erfolgt nur, wenn dringende betriebliche oder in der Person des Mitarbeiters liegende Gründe dies rechtfertigen. In diesem Fall muss der Urlaub in den ersten drei Monaten des Folgejahres genommen werden; andernfalls verfällt er.

(4) Bei Beendigung des Arbeitsvertrags erfolgt eine Abgeltung des Urlaubs nur bis zur Höhe des gesetzlichen Urlaubsanspruchs. Ein etwa bereits genommener Urlaub wird auf den gesetzlichen Urlaubsanspruch angerechnet.

§ 6 Nebentätigkeiten[13]

§ 7 Geheimhaltung/Behandlung von Gegenständen und Daten[14]

§ 8 Laufzeit/Kündigung/Vertragsstrafe/Freistellung/Vorfälligkeit[15]

§ 9 Verfall von Ansprüchen, Verjährung[16]

§ 10 Öffnungsklausel für Betriebsvereinbarungen[17]

§ 11 Schlussbestimmungen[18]

......
Ort, Datum

......
Unterschrift der Gesellschaft

......
Ort, Datum

......
Unterschrift des Mitarbeiters

Schrifttum: Andritzky, Nochmals: Abrufarbeit mit variabler Arbeitszeit, NZA 1997, 643; *Reichold,* Zeitsouveränität im Arbeitsverhältnis: Strukturen und Konsequenzen, NZA 1998, 393; *Richardi,* Die Mitbestimmung des Betriebsrats bei flexibler Arbeitsgestaltung NZA 1994, 593; *Schüren,* Abrufarbeit mit variabler Arbeitszeit oder: Was steht eigentlich in § 4 BeschFG?, NZA 1996, 1306.

Anmerkungen

1. Position und Aufgaben. S. Form. A. II. 1, dort unter § 1.

2. Abrufarbeit. Nach § 12 Abs. 1 S. 1 TzBfG können Arbeitgeber und Arbeitnehmer vereinbaren, dass der Arbeitnehmer seine Arbeitsleistung entsprechend dem Arbeitsanfall zu erbringen hat (Arbeit auf Abruf oder „kapazitätsorientierte Verteilung der Arbeitszeit" – KAPOVAZ).

3. Dauer der wöchentlichen/täglichen Arbeitszeit. Die Vereinbarung muss eine bestimmte Dauer der wöchentlichen und täglichen Arbeitszeit festlegen (§ 12 Abs. 1 S. 2 TzBfG). Wenn die Dauer der wöchentlichen Arbeitszeit nicht ausdrücklich festgelegt ist, gilt eine Arbeitszeit von zehn Stunden als vereinbart (§ 12 Abs. 1 S. 3 TzBfG). Das Gesetz sieht keine bindende Mindestarbeitszeit vor. Zulässig sind daher auch Vereinbarungen über eine Arbeitszeit von weniger als zehn Stunden wöchentlich.

4. Ankündigungsfrist. Der Arbeitgeber hat dem Arbeitnehmer gemäß § 12 Abs. 2 TzBfG die Lage seiner Arbeitszeit jeweils mindestens vier Tage im Voraus mitzuteilen. Diese Frist soll den Arbeitnehmer vor einer übermäßigen Einschränkung seiner Dispositionsfreiheit wegen zu kurzfristigem Abruf von Arbeitsleistungen schützen. Der Abruf der Arbeitsleistung ist eine einseitige, empfangsbedürftige Gestaltungserklärung des Arbeitgebers, wodurch die Arbeitspflicht des Arbeitnehmers verbindlich festgelegt wird (MünchHdbArbR/*Schüren* § 166 Rdn. 43). Der Arbeitgeber kann die so festgelegte Verpflichtung zur Arbeitsleistung nur noch einvernehmlich mit dem Arbeitnehmer ändern, rückgängig kann er seine Anforderung einseitig nicht mehr machen.

Die Berechnung der 4-Tage-Frist erfolgt nach § 193 BGB. Der Tag der Ankündigung ist nach § 187 Abs. 1 BGB nicht mitzurechnen. Vom vorgesehenen Einsatztag ist daher der Ankündigungstag rückzurechnen. Fällt der so errechnete Tag auf einen Samstag, Sonntag oder Feiertag, so tritt an dessen Stelle der vorangehende Werktag (MünchHdbArbR/*Schüren* § 166 Rdn. 38).

Eine Vereinbarung über eine verkürzte Ankündigungsfrist ist weder durch Arbeitsvertrag noch durch Betriebsvereinbarung wirksam. Eine Verkürzung der Ankündigungsfrist kann nur durch Tarifvertrag nach § 12 Abs. 3 TzBfG erfolgen, wenn der Tarifvertrag Regelungen über die tägliche und wöchentliche Arbeitszeit und die Vorankündigungsfrist vorsieht. Im Geltungsbereich eines solchen Tarifvertrages können nicht tarifgebundene Arbeitgeber und Arbeitnehmer die Anwendung der tariflichen Regelungen über die Arbeit auf Abruf vereinbaren.

5. Form des Abrufs. Bei der Form der Mitteilung über den Abruf von Arbeitsleistungen sind die Vertragsparteien grundsätzlich frei. So könnte etwa auch die Schriftform für die vorherige Mitteilung vereinbart werden. Praktisch sinnvoller und zweckdienlicher erscheint es allerdings, von einem Schriftformerfordernis abzusehen und im Regelfall eine telefonische oder mündliche Mitteilung als zulässig zu vereinbaren. Bei der Durchführung ist jedoch mindestens Textform empfehlenswert, um den Abruf i. S. d. Ausübung eines Gestaltungsrechtes im Streitfall beweisen zu können.

6. Mindestzeit pro Abruf. Wenn die Dauer der täglichen Arbeitszeit nicht festgelegt ist, hat der Arbeitgeber die Arbeitsleistung jeweils für mindestens drei aufeinander folgende Stunden in Anspruch zu nehmen (§ 12 Abs. 1 S. 4 TzBfG). Das Gesetz sieht also keine Mindestdauer vor, so dass auch Vereinbarungen über eine tägliche Arbeitszeit von weniger als drei Stunden zulässig sind.

7. Überstunden. S. Form. A. II. 1 Anm. 4.

8. Vergütung. S. Form. A. II. 1, dort unter § 3.

9. Anzeige der Arbeitsverhinderung. Die Klarstellung, dass der Arbeitnehmer auch dann verpflichtet ist, eine Arbeitsverhinderung anzuzeigen, wenn keine Arbeitsleistung abgerufen worden ist, ist aus der Sicht des Arbeitgebers dringend geboten, da sie ihm die Disposition erleichtert.

10. Entgeltfortzahlung im Krankheitsfall. Bei der auch für die Abrufarbeit geltenden Verpflichtung des Arbeitgebers zur Entgeltfortzahlung im Krankheitsfall gemäß § 3 EFZG bedarf es aufgrund der besonderen Konstellation der Abrufarbeit einer genaueren Regelung. Insbesondere muss festgelegt werden, wie sich das fortzuzahlende Entgelt berechnet. Grundsätzlich muss die Entgeltfortzahlung im Krankheitsfall auf der Basis der hypothetischen Arbeitszeitlage abgerechnet werden (BAG Urt. v. 12. 6. 1996 – 5 AZR 960/94 – NZA 1997, 191). Ist das nicht möglich oder – was häufiger sein wird – mit einigen Schwierigkeiten verbunden, liegt es nahe, auf das Durchschnittsprinzip zurückzugreifen (MünchHdbArbR/*Schüren* § 166 Rdn. 70). Beide Gesichtspunkte sind in der Formulierung in § 4 Abs. (3) des Formulars berücksichtigt.

11. **Entgeltfortzahlung an Feiertagen.** Ebenso wie im Normalarbeitsverhältnis hat auch bei der Abrufarbeit gemäß § 2 EFZG eine Entgeltfortzahlung an gesetzlichen Feiertagen zu erfolgen. Diese ist ebenso zu ermitteln wie bei der Entgeltfortzahlung im Krankheitsfall.

12. **Urlaubsentgelt.** Da Urlaub im gesetzlichen Sinne „bezahlte Freistellung von der Arbeit" ist, ist auch für die Dauer von in Anspruch genommenen und gewährten Urlaubstagen das regelmäßige Entgelt fortzuzahlen. Dabei ist zur Berechnung des Urlaubsentgelts nach § 11 BUrlG wiederum auf die durchschnittliche Vergütung der letzten 13 Wochen zurückzugreifen.

13. **Nebentätigkeit.** S. Form. A. II. 1, dort unter § 7.

14. **Geheimhaltung/Behandlung von Gegenständen und Daten.** S. Form. A. II. 1, dort unter § 8.

15. **Laufzeit/Kündigung/Vertragsstrafe/Freistellung/Vorfälligkeit.** S. Form. A. II. 1, dort unter § 10.

16. **Verfall von Ansprüchen, Verjährung.** S. Form. A. II. 1, dort unter § 11.

17. **Öffnungsklausel für Betriebsvereinbarungen.** S. Form. A. II. 1, dort unter § 12.

18. **Schlussbestimmungen.** S. Form. A. II. 1, dort unter § 13.

10. Dreiseitiger Vertrag (Transfergesellschaft)[1]

Dreiseitiger Vertrag

zwischen
…… (Name und Anschrift des bisherigen Arbeitgebers) „Gesellschaft"
und
…… (Name und Anschrift der Transfergesellschaft) „TG"
und
Herrn …… (Name und Anschrift des Arbeitnehmers) „Mitarbeiter"[2]

§ 1 Wechsel in die TG

(1) Das zwischen dem Mitarbeiter und der Gesellschaft bestehende Arbeitsverhältnis endet aus betriebsbedingten Gründen einvernehmlich mit Ablauf des …….

(*Alternative*:

(1) Die Gesellschaft hat das Arbeitsverhältnis des Mitarbeiters am …… ordentlich, fristgerecht und betriebsbedingt gekündigt. Die Gesellschaft und der Mitarbeiter sind sich einig, dass die Kündigungsfrist im gegenseitigen Einvernehmen abgekürzt wird, um in die TG zu wechseln. Somit endet das Arbeitsverhältnis mit der Gesellschaft am ……)[3]

(2) Die an den Mitarbeiter zu zahlende Abfindung nach dem Sozialplan[4] vom …… bleibt unabhängig vom Wechsel in die TG erhalten[5].

§ 2 Arbeitsverhältnis mit der TG

(1) Die TG und der Mitarbeiter vereinbaren ein befristetes Arbeitsverhältnis mit einer Gesamtlaufzeit von …… Monaten. Das Arbeitsverhältnis mit der TG beginnt am …… und endet am ……, ohne dass es einer Kündigung bedarf[6].

(2) Die Beschäftigung in der TG erfolgt, um dem Mitarbeiter Qualifizierungsmöglichkeiten zu eröffnen und die Arbeitsmarktchancen des Mitarbeiters zu verbessern[7]. Geschäftsgrundlage für das Arbeitsverhältnis zwischen dem Mitarbeiter und der TG ist die Gewährung von Transferkurzarbeitergeld i. S. d. § 216b SGB III[8].

(3) Ein Anspruch des Mitarbeiters auf Beschäftigung gegenüber der TG besteht nicht. Die TG und der Mitarbeiter sind sich darüber einig, dass in der TG „Kurzarbeit Null", d. h. eine Reduzierung der Arbeitszeit auf Null, angeordnet wird. Der Mitarbeiter erklärt sich damit ausdrücklich einverstanden[9].

(4) Der Mitarbeiter erhält eine monatliche Vergütung in Höhe des ihm zustehenden Transferkurzarbeitergeldes gemäß § 216b SGB III sowie einen Zuschuss zum Kurzarbeitergeld. Die Höhe des Zuschusses ist so bemessen, dass der Mitarbeiter zusammen mit dem Kurzarbeitergeld monatlich 80% des zuletzt bei der Gesellschaft bezogenen monatlichen Nettoentgelts bezieht. Für die Berechnung wird ein maßgebliches Nettoentgelt von EUR ...... (in Worten: Euro ......) herangezogen. Zukünftige Lohnerhöhungen bei der Gesellschaft bleiben außer Betracht[10].

(*Alternative*:

(4) Der Mitarbeiter erhält eine monatliche Vergütung in Höhe des ihm zustehenden Transferkurzarbeitergeldes gemäß § 216b SGB III.)

(5) Der Mitarbeiter hat einen Urlaubsanspruch von ...... Arbeitstagen pro Kalenderjahr. Arbeitstage sind alle Tage, die am Arbeitsort weder Samstage noch Sonntage oder gesetzliche Feiertage sind. Bei der Festlegung von Zeitpunkt und Dauer des Urlaubs werden die betrieblichen Interessen und Bedürfnisse angemessen berücksichtigt, insbesondere unter Beachtung von Qualifizierungsmaßnahmen und Vermittlungsangeboten[11].

(6) Die Parteien sind sich darüber einig, dass die betriebliche Altersversorgung der Gesellschaft durch die TG nicht weitergeführt wird. Verpflichtungen der TG aus der betrieblichen Altersversorgung der Gesellschaft bestehen nicht. Sämtliche Ansprüche des Mitarbeiters aus der betrieblichen Altersversorgung richten sich ausschließlich gegen die Gesellschaft[12]. Dies gilt auch hinsichtlich aller sonstigen Ansprüche aus dem Arbeitsverhältnis mit der Gesellschaft.

§ 3 Qualifizierung und Vermittlung

(1) Gemäß § 216b SGB III hat der Mitarbeiter an einer Profiling-Maßnahme teilzunehmen[13].

(2) Der Mitarbeiter ist verpflichtet, während der Dauer des Beschäftigungsverhältnisses an angebotenen Weiterbildungs- und Qualifizierungsmaßnahmen teilzunehmen und die Hilfestellungen der TG, insbesondere Vermittlungsangebote (u. a. auch zu Zeitarbeitsunternehmen) aktiv zu nutzen. Qualifizierungsmaßnahmen können auch Praktika (Qualifizierung durch Arbeit) bis zur Dauer von sechs Monaten sein[14].

(3) Der Mitarbeiter ist im Rahmen der Kurzarbeit verpflichtet, sich bei der zuständigen Agentur für Arbeit arbeitssuchend zu melden und sich in ein anderes Arbeitsverhältnis auf dem ersten Arbeitsmarkt vermitteln zu lassen[15].

§ 4 Freistellung des Mitarbeiters während des Arbeitsverhältnisses mit der TG[16]

(1) Während der Dauer des Arbeitsverhältnisses mit der TG wird die TG den Mitarbeiter auf Wunsch für die Dauer eines Zweitarbeitsverhältnisses freistellen.

(2) Während der Freistellung ruhen die Rechte und Pflichten aus dem Arbeitsvertrag zwischen der TG und dem Mitarbeiter. Mit Beendigung des Zweitarbeitsverhältnisses leben diese Rechte und Pflichten wieder auf.

§ 5 Mitteilungspflichten[17]

(1) Der Mitarbeiter verpflichtet sich, für die Dauer der Beschäftigung in der TG dieser alle Änderungen über die Angaben zu seiner Person, soweit sie für den Arbeitsvertrag von Bedeutung sind, unverzüglich mitzuteilen. Hierzu gehören insbesondere Angaben über Nebentätigkeiten oder die Aufnahme einer selbständigen entgeltlichen Tätigkeit.

(2) Der Mitarbeiter versichert, unter der jeweils angegebenen Adresse postalisch erreichbar zu sein und der TG Änderungen der Zustelladresse unverzüglich schriftlich mitzuteilen.

(3) Aus der Nichtbeachtung dieser Verpflichtungen etwa entstehende Nachteile gehen zu Lasten des Mitarbeiters.

§ 6 Vorzeitiges Ausscheiden aus der TG[18]

(1) Während der Dauer der Befristung des Arbeitsverhältnisses mit der TG kann der Mitarbeiter jederzeit ohne Einhaltung einer Kündigungsfrist ausscheiden. Zusätzliche Ansprüche gegen die TG entstehen dadurch nicht.

(2) Die TG kann das Arbeitsverhältnis mit dem Mitarbeiter unter Einhaltung der gesetzlichen Kündigungsfristen kündigen, wenn in der Person oder im Verhalten des Arbeitnehmers Gründe liegen, die die Gewährung von Kurzarbeitergeld nachträglich in Wegfall bringen. Hierzu gehören auch alle Verletzungen von Mitwirkungshandlungen auf Seiten des Mitarbeiters, z.B. die Nichtteilnahme an Qualifizierungsmaßnahmen.

§ 7 Personaldaten, Arbeitspapiere[19]

(1) Der Mitarbeiter ist damit einverstanden, dass seine Personaldaten im Einklang mit den Bestimmungen des Bundesdatenschutzgesetzes gespeichert, verarbeitet und übermittelt werden. Dieses Einverständnis bezieht sich sowohl auf den Datentransfer von der Gesellschaft an die TG als auch auf die notwendigen Mitteilungen der TG gegenüber den Agenturen für Arbeit und Finanzämtern sowie an externe Dienstleister, mit denen die TG im Rahmen von Qualifizierungsmaßnahmen zugunsten des Mitarbeiters zusammenarbeitet.

(2) Die Parteien sind sich darüber einig, dass die Gesellschaft die für die Beschäftigungsaufnahme bei der TG notwendigen Arbeitspapiere (z.B. Lohnsteuerkarte, Sozialversicherungsausweis) direkt an die TG aushändigt.

§ 8 Erledigungsklausel für das Arbeitsverhältnis mit der Gesellschaft[20]

(1) Mit Abschluss dieser Vereinbarung sind sämtliche gegenseitige Ansprüche aus dem Arbeitsverhältnis zwischen der Gesellschaft und dem Mitarbeiter und anlässlich dessen Beendigung, gleich aus welchem Rechtsgrund, erledigt.

(2) Diese Erledigung gilt ausdrücklich nicht für die Ansprüche des Mitarbeiters aus dem Sozialplan vom ...... sowie für Entgeltansprüche bis zum Wechselzeitpunkt einschließlich aller Urlaubsansprüche, Freizeitguthaben aus Arbeitszeitverkürzung, Gleitzeit und flexiblen Arbeitszeiten, Ansprüche auf unverfallbare Versorgungsanwartschaften, Ansprüche aus dem betrieblichen Vorschlagswesen und auf Erfindervergütung sowie die Ansprüche des Mitarbeiters auf ein wohlwollendes Arbeitszeugnis und die Arbeitspapiere.

(3) Der Mitarbeiter verpflichtet sich, keine Kündigungsschutzklage zu erheben oder eine etwaige vor dem Arbeitsgericht anhängige Kündigungs- oder Bestandsschutzklage gegen die Gesellschaft zurückzunehmen.

§ 9 Hinweispflichten[21]

(1) Der Mitarbeiter wird darauf hingewiesen, dass er sich zur Aufrechterhaltung ungekürzter Ansprüche auf Arbeitslosengeld frühestens drei Monate vor Ablauf des Vertragsverhältnisses mit der TG persönlich bei der Agentur für Arbeit arbeitsuchend zu melden hat.

(2) Dem Mitarbeiter ist bekannt, dass Auskünfte über mögliche sozialversicherungsrechtliche und steuerrechtliche Auswirkungen dieser Vereinbarung durch die Sozialversicherungsträger (insbesondere die Agentur für Arbeit) sowie das Finanzamt erteilt werden. Der Mitarbeiter verzichtet insoweit auf weitere Hinweise der Gesellschaft.

§ 10 Schlussbestimmungen

(1) Dieser Vertrag wird unter der Maßgabe geschlossen, dass Transferkurzarbeitergeld bewilligt wird und die persönlichen Voraussetzungen für die Qualifizierung und Vermittelbarkeit des Mitarbeiters in eine neue Tätigkeit gegeben sind. Anderenfalls ist dieser Vertrag hinfällig.

(2) Mündliche Nebenabreden zu diesem Vertrag bestehen nicht. Änderungen oder Ergänzungen dieses Arbeitsvertrags einschließlich dieser Bestimmung bedürfen zu ihrer Wirksamkeit der Schriftform.

(3) Sollte eine Bestimmung dieses Vertrages ganz oder teilweise unwirksam sein oder werden, so wird hiervon die Wirksamkeit der übrigen Bestimmungen dieses Vertrages nicht berührt. An die Stelle der unwirksamen Bestimmung tritt die gesetzlich zulässige Bestimmung, die dem mit der unwirksamen Bestimmung Gewollten wirtschaftlich am nächsten kommt. Dasselbe gilt für den Fall einer vertraglichen Lücke.

(4) Erfüllungsort und Gerichtsstand richten sich nach den gesetzlichen Vorschriften.

....
Ort, Datum   Ort, Datum   Ort, Datum
....
Unterschrift der Gesellschaft   Unterschrift der TG   Unterschrift des Mitarbeiters

Schrifttum: Bachner/Schindele, Beschäftigungssicherung durch Interessenausgleich und Sozialplan – Der Beitrag struktureller Kurzarbeit zur Vermeidung von Arbeitslosigkeit, NZA 1999, 130; *Gaul/Kliemt,* Aktuelle Aspekte einer Zusammenarbeit mit Beschäftigungsgesellschaften, NZA 2000, 674; *Gaul/Otto,* Aktuelle Aspekte einer Zusammenarbeit mit Beschäftigungsgesellschaften, NZA 2004, 1301; *Hammer/Weiland,* Kurzarbeitergeld bei strukturell bedingten Arbeitsausfällen, BB 1994, 1558; *Hoehl/Grimmke,* SGB-Leistungen an Arbeitgeber nach den Hartz-Reformen, NZS 2004, 345; *Hümmerich/Welslau,* Beschäftigungssicherung trotz Personalabbau, NZA 2005, 610; *Kaiser,* Arbeitsrechtliche Probleme der Beschäftigungsgesellschaften in den neuen Bundesländern, NZA 1992, 193; *Kempter,* Der Betriebsübergang in der Insolvenz, NZI 1999, 93; *Lembke,* Umstrukturierung in der Insolvenz unter Einschaltung einer Beschäftigungs- und Qualifizierungsgesellschaft, BB 2004, 773; *Lingemann,* Betriebsänderung nach neuem BetrVG, NZA 2002, 934; *Mengel/Ullrich,* Erste praktische Erfahrungen mit dem neuen Recht der Beschäftigungs- und Qualifizierungsgesellschaften – zu den neuen Transferleistungen gemäß §§ 216a, 216b SGB III nach Hartz III, BB 2005, 1109; *Meyer,* Transfergesellschaften an der Schnittstelle zwischen Arbeits- und Sozialrecht, NZS 2002, 578; *ders.,* Transfer-Maßnahmen und Transfer-Kurzarbeitergeld nach §§ 216a und b SGB III, BB 2004, 490; *Petri,* Anm. zu LSG Baden-Württemberg Urt. v. 24. 1. 2002 – L 12 AL 1164/01, NZS 2002, 610; *Pivit,* Höhe des Krankengeldes bei struktureller Kurzarbeit gem. § 175 SGB III, NZS 2003, 472; *Ries,* Sanierung über Beschäftigungs- und Qualifizierungsgesellschaften – Kosten, Nutzen, Risiken, NZI 2002, 521; *Schweiger,* Die Auswirkungen des § 623 BGB auf das Recht der Lohnersatzleistungen im SGB III – Abgrenzung des (leistungsrechtlichen) Beschäftigungsverhältnisses vom Arbeitsverhältnis –, NZS 2001, 519; *Technologieberatungsstelle beim DGB-Landesbezirk Rheinland-Pfalz,* Sanierung durch Transfergesellschaften, 2001; *Welkoborsky,* Transferleistungen für betriebliche Restrukturierungen – veränderte Bedingungen durch Hartz III –, NZS 2004, 509; *Willemsen/Hohenstatt/Schweibert/Seibt,* Umstrukturierung und Übertragung von Unternehmen, 2. Auflage, München 2003; *Wolff,* Personalanpassung durch „Transfersozialplan" – Neues Konzept der Arbeitgeber der chemischen Industrie, NZA 1999, 622.

Anmerkungen

1. Transfergesellschaft – Begriff und Abgrenzung. Transfergesellschaften („TG") haben in den letzten Jahren wachsende Bedeutung bei Sanierungen oder Insolvenzen erlangt. I. d. R. handelt es sich dabei um eigenständige Rechtsträger, die im Auftrag anderer Unternehmen sog. „betriebsorganisatorisch eigenständige Einheiten" („beE") organisieren, in denen Transferkurzarbeit nach § 216b SGB III durchgeführt wird (*Gaul/Otto* NZA 2004, 1301, 1302). Derartige **externe** TGen werden in der Regel in Form einer GmbH betrieben. Denkbar ist es jedoch auch, dass der Arbeitgeber diejenigen Arbeitnehmer, die nicht mehr regulär weiterbeschäftigt werden können, in einen arbeitgebereigenen Beschäftigungsbetrieb überführt, in dem die Betroffenen qualifiziert werden (*Kaiser* NZA 1992, 193, 194). Bei der Entscheidung für eine **interne** TG ist allerdings zu bedenken, dass eine eindeutige Trennung zwischen den Arbeitnehmern der beE und denen des Betriebs unerlässlich ist (*Welkoborsky* NZS 2004, 509, 514). Idealerweise sollte eine interne TG daher nicht auf dem Betriebsgelände des Alt-Arbeitgebers betrieben werden.

Für den Alt-Arbeitgeber besteht der wesentliche Vorteil der Einschaltung einer externen TG darin, dass er das mit betriebsbedingten Kündigungen üblicherweise einhergehende Klagerisiko minimieren kann (*Meyer* NZS 2002, 578, 580). Unabhängig von den Erfordernissen an eine ordnungsgemäße Sozialauswahl können sich grundsätzlich auch ältere Arbeitnehmer zum Wechsel in die TG bereit erklären. Im Hinblick auf die Realisierung der betrieblichen Umstrukturierung kann wertvolle Zeit gespart werden, wenn die betroffenen Arbeitnehmer mittels dreiseitigen Vertrags schon vor Ablauf ihrer individuellen Kündigungsfristen in die TG wechseln. Dieser Umstand ist insbesondere hinsichtlich solcher Arbeitnehmer von Vorteil, deren Kündigungsfrist sich über einen langen Zeitraum erstreckt, die aber tatsächlich nicht mehr benötigt werden. Neben der Erhaltung des Betriebsfriedens kann gerade auch bei größeren Umstrukturierungen eine positive Öffentlichkeitswirkung erzeugt werden (*Bachner/Schindele* NZA 1999, 130, 136). Diese Vorteile wiegen die erhöhten Kosten und den erhöhten Verwaltungsaufwand im Ergebnis üblicherweise bei weitem auf (*Bachner/Schindele* NZA 1999, 130, 135).

Für die Arbeitnehmer liegt der Vorteil eines Wechsels in die TG vor allem darin, dass sie eine „verlängerte Kündigungsfrist" haben, während derer sie sich qualifizieren und aus einem bestehenden Arbeitsverhältnis um einen neuen Arbeitsplatz bewerben können. Nachteile beim Arbeitslosengeld, die beim Abschluss eines Aufhebungsvertrags üblicherweise zu erwarten sind, sind nicht zu befürchten, wenn zugleich der Wechsel in die TG erfolgt. Auch nach Ende des befristeten Arbeitsverhältnisses mit der TG kann eine Sperrzeit nicht verhängt werden, da es aufgrund der wirksamen Befristung an dem nach § 144 SGB III erforderlichen Verantwortungstatbestand des Arbeitnehmers fehlt (*Gaul/Otto* NZA 2004, 1301, 1304). Damit kommt es auch nicht zu einer Minderung der Dauer des Arbeitslosengeldanspruchs nach § 128 Abs. 1 Nr. 4 SGB III (*Lembke* BB 2004, 773, 781). Nachteil ist üblicherweise eine Reduzierung des bisherigen Entgelts (vgl. aber Anm. 10).

Als Instrument der Frühverrentung eignet sich die Einschaltung einer TG nicht. Dagegen sprechen die Förderungshöchstdauer von maximal zwölf Monaten und die Betonung des Vermittlungsgedankens, von dem die Förderung durch die Agentur für Arbeit maßgeblich abhängt (dazu Anm. 8). Soll älteren Arbeitnehmern die Möglichkeit zum verlängerten Bezug von Arbeitslosengeld erhalten bleiben, muss der Austritt aus der TG spätestens zum 30. Januar 2006 erfolgen. Denn nur dann tritt eine Arbeitslosigkeit noch vor dem 1. Februar 2006 ein mit der Folge, dass der ältere Arbeitnehmer (bei Vorliegen der übrigen Voraussetzungen) noch bis zu 32 Monaten Arbeitslosengeld beziehen kann. Für den Alt-Arbeitgeber ist in diesem Fall jedoch kritisch zu überprüfen, ob eine Pflicht zur Erstattung des Arbeitslosengeldes gemäß § 147a SGB III (noch) eingreifen kann. Bei größeren Personalabbaumaßnahmen kann sich ein Befreiungstatbestand möglicherweise aus § 147a Abs. 1 S. 2 Nr. 6, 7 SGB III ergeben (*Gaul/Otto* NZA 2004, 1301, 1305).

2. Dreiseitiger Vertrag. Das vorliegende Formular stellt eine Kombination aus Aufhebungsvertrag mit dem Alt-Arbeitgeber einerseits und befristetem neuen Arbeitsvertrag mit der TG andererseits dar. Alternativ ist auch eine getrennte Regelung ohne weiteres möglich. Ein dreiseitiger Vertrag unter Einbindung des alten und des neuen Arbeitgebers kann sich jedoch akzeptanzerhöhend auf die Belegschaft auswirken (*Gaul/Otto* NZA 2004, 1301, 1302).

3. Abkürzung von Kündigungsfristen. Der Wechsel in die TG ermöglicht die Abkürzung von Kündigungsfristen, ohne dass Nachteile für den Arbeitnehmer beim Bezug von Arbeitslosengeld zu erwarten sind. Die garantierte Verweildauer in der TG sollte aber mindestens die Kündigungsfrist des einzelnen Arbeitnehmers abdecken.

4. Transfersozialplan. Vgl. Form. C. I. 10. Neben dem dreiseitigen Vertrag, der die arbeitsrechtlichen Aspekte des Wechsels in die TG abdeckt, werden Finanzierung und Kostentragung der TG in einer separaten Vereinbarung zwischen dem Alt-Arbeitgeber und der TG geregelt. Ist beim Alt-Arbeitgeber ein Betriebsrat vorhanden, bedarf es darüber hinaus in aller Regel eines Sozialplans („Transfersozialplan"), in dem das Ob und Wie der Einschaltung einer TG geregelt wird und die von dem Wechsel betroffenen Arbeitnehmer benannt werden. Üblicherweise finden sich in den Sozialplänen bereits die maßgeblichen Vorgaben für die Gestaltung des Arbeitsvertrags mit der TG, z. B. im Hinblick auf die Fortführung betrieblicher Sonderleistungen oder die Bezuschussung des Transferkurzarbeitergeldes.

Voraussetzung für die Gewährung von Transferkurzarbeitergeld ist u. a., dass die Arbeitnehmer von einem dauerhaften unvermeidbaren Arbeitsausfall mit Entgeltausfall betroffen sind, § 216 b Abs. 1 Nr. 1 SGB III (zu den weiteren Voraussetzungen vgl. Anm. 8). Von einem dauerhaften Arbeitsausfall ist nach § 216 b Abs. 2 SGB III auszugehen, wenn infolge einer Betriebsänderung die Beschäftigungsmöglichkeiten nicht nur vorübergehend entfallen. Anders als bei der Vorläuferregelung in § 175 SGB III a. F. ist die Förderung daher nicht mehr an das Vorliegen einer Strukturkrise gebunden (*Meyer* BB 2004, 490, 493). Maßgeblich ist allein das Vorliegen von Rationalisierungsmaßnahmen (*Gaul/Otto* NZA 2004, 1301, 1306). Diese können allein auf einer innerbetrieblichen Rationalisierungsentscheidung (z. B. zur Produktionsverlagerung) beruhen.

Ein Anspruch auf Transferkurzarbeitergeld scheidet aus, wenn die Arbeitnehmer nur vorübergehend in der beE zusammengefasst werden sollen, um anschließend einen anderen Arbeitsplatz in dem gleichen oder einem anderen Betrieb des Unternehmens oder – im Konzern – in einem Betrieb eines anderen Konzernunternehmens zu besetzen, § 216 b Abs. 7 SGB III. Die TG eignet sich daher nicht als vorübergehender „Personalpool".

Wegen des Begriffes der „Betriebsänderung" verweisen §§ 216 b Abs. 2, 216 a Abs. 1 S. 3 SGB III auf § 111 BetrVG. Im Falle des Personalabbaus liegt eine interessenausgleichs- und sozialplanpflichtige Betriebsänderung i. S. d. § 111 S. 3 Nr. 1 BetrVG vor, wenn eine größere Anzahl von Arbeitnehmern vom Arbeitsplatzwegfall betroffen ist, wobei als Richtschnur auf die Zahlen- und Prozentangaben des § 17 Abs. 1 KSchG abgestellt werden kann, allerdings mit der Maßgabe, dass von dem Personalabbau mindestens 5% der Belegschaft des Betriebs betroffen sein müssen (BAG Urt. v. 7. 8. 1990 – 1 AZR 445/89 – AP Nr. 34 zu § 111 BetrVG 1972). Eine Betriebsänderung ist somit immer dann zu bejahen, wenn in Betrieben mit i. d. R. mehr als 20 und weniger als 60 Arbeitnehmern mehr als fünf Arbeitnehmer, in Betrieben mit i. d. R. mindestens 60 und weniger als 500 Arbeitnehmern 10% der im Betrieb regelmäßig beschäftigten Arbeitnehmer oder aber mehr als 25 Arbeitnehmer oder in Betrieben mit i. d. R. mindestens 500 Arbeitnehmern mindestens 30 Arbeitnehmer vom Personalabbau betroffen sind. Im Gegensatz dazu sollen nach Auffassung der Bundesagentur für Arbeit bei einem reinen Personalabbau jedoch die abweichenden Zahlengrenzen des § 112 a Abs. 1 BetrVG maßgeblich sein (*Hoehl/Grimmke* NZS 2004, 345, 348 unter Hinweis auf die Interpretationshilfe der BA zu Transfermaßnahmen 2.2 Abs. 4). Bei Zweifelsfällen sollte daher frühzeitig die zuständige Agentur für Arbeit eingeschaltet und um Beratung im Hinblick auf die Förderungsmöglichkeiten ersucht werden. Diese Möglichkeit ist gesetzlich ausdrücklich vorgesehen (§ 216 a Abs. 4 SGB III).

Eine Besonderheit ergibt sich dadurch, dass es gemäß §§ 216 b Abs. 2, 216 a Abs. 1 S. 3 SGB III ausdrücklich nicht auf das Vorliegen einer bestimmten Unternehmensgröße oder auf die Anwendbarkeit des BetrVG ankommt. Damit steht zum einen Kleinunternehmen mit bis zu 20 Arbeitnehmern die Möglichkeit einer Förderung durch Transferkurzarbeitergeld offen. Zum anderen können auch Tendenzbetriebe und Religionsgemeinschaften (§ 118 BetrVG) sowie öffentlich-rechtliche Betriebe (§ 130 BetrVG) bei Vorliegen der übrigen Voraussetzungen Transferkurzarbeit einführen.

Nach altem Recht war der Transfersozialplan selbst zuschussfähig, §§ 254 ff. SGB III a. F. Nunmehr fördern die Agenturen für Arbeit die Teilnahme an Transfermaßnahmen nach Maßgabe des § 216 a SGB III, wenn diese der Eingliederung von Arbeitnehmern in den Arbeitsmarkt dienen und der Arbeitgeber an der Finanzierung angemessen beteiligt ist. Transfermaßnahmen sind z. B. Profiling-Maßnahmen, die Finanzierung einer Outplacement-Beratung, Umzugshilfen oder Einstellungszuschüsse an andere Arbeitgeber. Als zu bezuschussender Träger von Transfermaßnahmen kommt grundsätzlich auch eine TG in Betracht. Allerdings sind andere Leistungen der aktiven Arbeitsförderung während der Teilnahme an

Transfermaßnahmen ausgeschlossen, § 216a Abs. 5 SGB III. Nach Auffassung der Bundesagentur für Arbeit bedeutet das, dass ein gleichzeitiger Bezug von Transferkurzarbeitergeld und Fördermitteln nach § 216a SGB III ausgeschlossen ist (so auch *Gaul/Otto* NZA 2004, 1301, 1308). Dagegen soll eine Gewährung von Transferkurzarbeitergeld im Anschluss an – erfolglose – Transfermaßnahmen möglich sein.

Die Einrichtung einer beE dürfte im Rahmen des Einigungsstellenverfahrens nicht erzwingbar sein (*Meyer* BB 2004, 490, 492 f.). Zwar muss die Einigungsstelle bei ihrer Entscheidung die Aussichten der betroffenen Arbeitnehmer auf dem Arbeitsmarkt berücksichtigen und die sich aus dem SGB III ergebenden Förderungsmöglichkeiten zur Vermeidung von Arbeitslosigkeit berücksichtigen, § 112 Abs. 5 S. 2 Nr. 2, 2 a BetrVG. Dies wird allerdings nur dazu führen können, dass eine Entscheidung der Einigungsstelle, die sich in keiner Weise mit Transfermaßnahmen auseinandersetzt, als ermessensfehlerhaft anzusehen wäre. Abgesehen davon, dass die Einrichtung einer beE ohnehin im Interessenausgleich zu regeln und daher ebenso wenig wie dieser erzwingbar ist (*Lingemann* NZA 2002, 934, 941), führte ein derartiger Einigungsstellenspruch zu einem Eingriff in die betrieblichen Strukturen und in die freie Entscheidung des Unternehmers, ob und wie er Betriebsänderungen durchführen will (*Henssler/ Willemsen/Kalb* § 112 BetrVG Rdn. 73 m. weit. Nachw.). Dagegen kann die Einigungsstelle Maßnahmen festsetzen, die die Auswirkungen der Unternehmerentscheidung mildern. Dementsprechend könnte ein Einigungsstellenspruch vorsehen, dass von einem feststehenden Sozialplanvolumen ein gewisser Betrag für Transfermaßnahmen, z. B. für einen Wechsel in eine bestehende beE, verwendet wird (*Lingemann* NZA 2002, 934, 941).

5. Abfindung. Üblicherweise enthält der Transfersozialplan auch Regelungen über die Zahlung einer Abfindung an die vom Personalabbau betroffenen Mitarbeiter. Sofern diese in die TG überwechseln, empfiehlt es sich, den Fälligkeitszeitpunkt für die Abfindungszahlungen auf den Zeitpunkt des Ausscheidens aus der TG zu verschieben. Anderenfalls würde die Abfindung schon mit der Beendigung des Arbeitsverhältnisses zum Alt-Arbeitgeber zur Zahlung fällig. Voraussetzung dafür ist allerdings, dass die Verschiebung der Fälligkeit im Sozialplan vorgesehen ist.

Häufig finden sich in Transfersozialplänen auch Austrittsprämien, die einen vorzeitigen Austritt aus der TG bei Aufnahme eines neuen Arbeitsverhältnisses oder nachweislichem Schritt in die Selbständigkeit nochmals gesondert finanziell honorieren. Auf diese Weise kann die Qualifizierungs- und Vermittlungsbereitschaft der TG-Mitarbeiter gegebenenfalls erhöht werden.

6. Befristung. Das Arbeitsverhältnis mit der TG ist üblicherweise befristet. Die Befristung ist gemäß § 14 Abs. 1 S. 2 Nr. 6 TzBfG sachlich gerechtfertigt, da die Beschäftigung zur Aus-, Fort- oder Weiterbildung einen sachlichen Grund in der Person des Arbeitnehmers darstellt (ErfKomm/*Müller-Glöge* § 14 TzBfG Rdn. 74).

Davon ausgehend könnte eine Befristung eigentlich über die Zwei-Jahres-Grenze des § 14 Abs. 2 TzBfG hinaus erfolgen. Wegen der Finanzierung über Transferkurzarbeitergeld ergibt sich aber eine zeitliche Begrenzung, da die maximale Bezugsdauer von Transferkurzarbeitergeld statt bisher 24 Monate nur noch zwölf Monate beträgt (§ 216b Abs. 8 SGB III). Die Höchstbezugsdauer von zwölf Monaten muss von den Agenturen für Arbeit nicht „en bloc" gewährt werden, sondern kann durch mehrmalige Verlängerung auch schritt- oder lediglich teilweise abgeschöpft werden (*Gaul/Otto* NZA 2004, 1301, 1302). Da die TG aber hinsichtlich der Finanzierung der von ihr beschäftigten Arbeitnehmer auf die Gewährung von Transferkurzarbeitergeld angewiesen ist, kann eine Beschäftigung nur solange erfolgen, wie die Kurzarbeit gemäß § 216b SGB III genehmigt wurde.

7. Qualifizierung als Betriebszweck der TG. Betriebszweck der TG ist die Qualifizierung und Fortbildung der Arbeitnehmer zur Vorbereitung auf die Wiedereingliederung in den ersten Arbeitsmarkt. Nach Wegfall der Erlaubnispflicht der Arbeitsvermittlung (vgl. § 291 SGB III a. F.) übernehmen die TGen auch die Aufgabe der Vermittlung der Arbeitnehmer in neue Beschäftigungsverhältnisse. Da die TG die produktiven oder dienstleistungsorientierten Zwecke des Alt-Arbeitgebers nicht weiterverfolgt, liegt im Wechsel der Arbeitnehmer auf die TG kein Betriebsübergang gemäß § 613a BGB (BAG Urt. v. 10. 12. 1998 – 8 AZR 324/97 – NZA 1999, 422; *Bachner/Schindele* NZA 1999, 130, 134; *Gaul/Kliemt* NZA 2000, 674, 675).

Konsequenz der Nichtfortführung des ursprünglichen Betriebszwecks in der TG ist, dass für den Arbeitnehmer normalerweise überhaupt keine Arbeit mehr vorhanden sein wird. De facto bedeutet dies „Kurzarbeit Null".

Die Nichtanwendbarkeit des § 613a BGB führt vor allem dazu, das eine bisherige Tarifbindung ersatzlos wegfällt und die TG für Verbindlichkeiten des Alt-Arbeitgebers nicht haftet. In der TG werden damit die arbeitsrechtlichen Beziehungen auf eine völlig neue vertragliche Grundlage gestellt (*Gaul/Otto* NZA 2004, 1301, 1303).

8. Finanzierung der TG über Transferkurzarbeitergeld und andere Quellen. Finanziert wird die TG in erster Linie über das Transferkurzarbeitergeld gemäß § 216b SGB III.

Auf der Grundlage des seit dem 1. Januar 2004 geltenden Rechts haben Arbeitnehmer Anspruch auf Kurzarbeitergeld zur Förderung der Eingliederung bei betrieblichen Restrukturierungen (Transferkurzarbeitergeld), wenn und solange sie von einem dauerhaften unvermeidbaren Arbeitsausfall mit Entgeltausfall betroffen sind, die betrieblichen sowie persönlichen Voraussetzungen erfüllt sind und der dauerhafte Arbeitsausfall der Agentur für Arbeit angezeigt worden ist (§ 216b Abs. 1 SGB III).

Ein dauerhafter Arbeitsausfall i.S.d. § 216b Abs. 1 Nr. 1 SGB III liegt vor, wenn infolge einer Betriebsänderung gemäß § 111 BetrVG die Beschäftigungsmöglichkeiten für die Arbeitnehmer nicht nur vorübergehend entfallen (§§ 216b Abs. 2, 216a Abs. 1 S. 3 SGB III, dazu bereits oben Anm. 4). Der Arbeitsausfall ist dann unvermeidbar, wenn der Arbeitsplatz des betroffenen Arbeitnehmers infolge der Betriebsänderung wegfällt und eine betriebliche Beschäftigungsmöglichkeit nicht mehr besteht (*Welkoborsky* NZS 2004, 509, 514; *Gaul/ Otto* NZA 2004, 1301, 1306). Er ist aber insbesondere dann vermeidbar, wenn aufgrund offensichtlicher Umstände lediglich ein vorübergehender Personal(mehr)bedarf anzunehmen war und gleichwohl Arbeitskapazitäten auf Dauer aufgebaut wurden (Beispiel bei *Lembke* BB 2004, 773, 779 unter Hinweis auf BT-Drucks. 15/1515, 92: unbefristete Einstellungen zur Bewältigung zeitlich befristeter einmaliger Projekte, etwa Organisation der Expo 2000).

Die betrieblichen Voraussetzungen sind nach § 216b Abs. 3 SGB III erfüllt, wenn in einem Betrieb i.S.d. § 171 SGB III Personalanpassungsmaßnahmen aufgrund einer Betriebsänderung durchgeführt und die von Arbeitsausfall betroffenen Arbeitnehmer zur Vermeidung von Entlassungen und zur Verbesserung ihrer Eingliederungschancen in einer beE zusammengefasst werden. Die beE ist eine organisatorisch und abrechnungstechnisch vom bisherigen Betrieb abgegrenzte Einheit (*Lembke* BB 2004, 773, 779). Nicht mehr Voraussetzung ist, dass die vom Arbeitsausfall betroffenen Arbeitnehmer zur Vermeidung von Entlassungen „einer erheblichen Anzahl von Arbeitnehmern" in einer beE zusammengefasst werden. Es bedarf lediglich der Darlegung, dass die Betriebsänderung eine erhebliche Anzahl von Arbeitnehmern i.S.d. § 111 BetrVG betrifft. Eine Mindestzahl an Eintritten in die zu errichtende beE kann jedoch nicht mehr verlangt werden (*Welkoborsky* NZS 2004, 509, 514). Zur Vermeidung von Missbrauchsgestaltungen ist der Anspruch auf Transferkurzarbeitergeld ausgeschlossen, wenn die Arbeitnehmer nur vorübergehend in der beE zusammengefasst werden, um anschließend im Betrieb, Unternehmen oder Konzern des (vormaligen) Arbeitgebers eingesetzt zu werden (§ 216b Abs. 7 SGB III).

Die persönlichen Voraussetzungen für die Gewährung von Transferkurzarbeitergeld sind nach § 216b Abs. 4 SGB III gegeben, wenn der Arbeitnehmer von Arbeitslosigkeit bedroht ist (§ 17 SGB III), nach Beginn des Arbeitsausfalls eine versicherungspflichtige Beschäftigung fortsetzt oder im Anschluss an die Beendigung eines Berufsausbildungsverhältnisses aufnimmt, nicht vom Kurzarbeitergeldbezug ausgeschlossen ist und vor der Überleitung in die beE an einer arbeitsmarktlich zweckmäßigen Maßnahme zur Feststellung der Eingliederungsaussichten teilgenommen hat (sog. „Profiling", dazu unten Anm. 13). Von Arbeitslosigkeit nicht bedroht sind Arbeitnehmer, die unkündbar sind. Dabei ist zu unterscheiden zwischen definitiver Unkündbarkeit, die ausnahmslos, z.B. nach Erreichen einer bestimmten Betriebszugehörigkeit oder eines bestimmten Lebensalters eintritt, und solchen Unkündbarkeitsklauseln, die Ausnahmen von der Unkündbarkeit vorsehen (z.B. bei Betriebsänderungen i.S.d. § 111 BetrVG oder dann, wenn der Arbeitnehmer nach einem Sozialplan Anspruch auf eine

10. Dreiseitiger Vertrag (Transfergesellschaft) A. VII. 10

Abfindung hat). Nur definitiv unkündbare Arbeitnehmer sind von der Förderung durch Transferkurzarbeitergeld ausgenommen.

Zuständig für die Anzeige des Arbeitsausfalls ist nach § 216 b Abs. 5 SGB III die Agentur für Arbeit, in deren Bezirk der personalabgebende Betrieb seinen Sitz hat. Maßgeblich ist also der Betriebssitz des in der Krise befindlichen Unternehmens, nicht der Sitz der die Arbeitgeberfunktionen wahrnehmenden TG.

Das Verfahren bei der Gewährung von Transferkurzarbeitergeld ist zweistufig ausgestaltet. Obwohl der Arbeitnehmer Anspruchsinhaber ist, wird die Realisierung des Anspruchs dem Arbeitgeber aufgrund seiner arbeitsvertraglichen Fürsorgepflichten auferlegt (Küttner/*Voelzke* Kurzarbeit Rdn. 50). Der Arbeitgeber hat zum einen der Agentur für Arbeit den Arbeitsausfall anzuzeigen und das Vorliegen des Arbeitsausfalls und der betrieblichen Voraussetzungen glaubhaft zu machen (§§ 216 b Abs. 5 S. 1, 173 Abs. 1 SGB III). Der Anzeige des Arbeitgebers ist eine Stellungnahme der Betriebsvertretung beizufügen (§§ 216 b Abs. 5 S. 1, 173 Abs. 1 S. 3 SGB III), deren Fehlen die Anzeige allerdings nicht unwirksam macht. Die Stellungnahme der Betriebsvertretung ist aber in diesem Fall zu einem späteren Zeitpunkt nachzureichen. Zum anderen bedarf es eines schriftlichen Antrags des Arbeitgebers auf Gewährung von Transferkurzarbeitergeld bei der Agentur für Arbeit, in deren Bezirk die für den Arbeitgeber zuständige Lohnabrechnungsstelle liegt (§§ 323 Abs. 2, 327 Abs. 3 SGB III). Auch diesem Antrag ist eine Stellungnahme der Betriebsvertretung beizufügen.

Gewährt die Arbeitsverwaltung Transferkurzarbeitergeld, ist der Arbeitgeber verpflichtet, die auf den einzelnen Arbeitnehmer entfallenden Beträge zu errechnen und unverzüglich auszubezahlen. Dagegen besteht keine Pflicht des Arbeitgebers, Transferkurzarbeitergeld vorzustrecken (Küttner/*Voelzke* Kurzarbeit Rdn. 55).

Ergänzend ist neben einzelfallbezogenen Förderungsmaßnahmen der Agenturen für Arbeit, Kommunen oder Ländern insbesondere in kleineren und mittleren Betrieben eine Teilfinanzierung von TGen im Rahmen des Europäischen Sozialfonds (ESF) möglich. Das Bundesprogramm für aus Mitteln des ESF mitfinanzierte zusätzliche Maßnahmen führt die Bundesagentur für Arbeit auf der Grundlage von Richtlinien des Bundesministeriums für Wirtschaft und Arbeit durch (ESF-BA-Programm). In Betracht kommt hierbei die Erstattung notwendiger Lehrgangskosten und tatsächlich anfallender Fahrkosten von drei Euro je Unterrichtstag für Teilnehmer an Qualifizierungsmaßnahmen. Eine Übernahme der beim Transferkurzarbeitergeld vom Arbeitgeber zu tragenden Beiträge zur Renten-, Kranken- und Pflegeversicherung ist nach der Neufassung der ESF-Richtlinie 2004 nicht mehr vorgesehen (*Hoehl/Grimmke* NZS 2004, 345, 349). Einzelheiten zum ESF sind dem „Merkblatt zur Förderung von Qualifizierungsmaßnahmen während des Bezugs von Transferkurzarbeitergeld im Rahmen des ESF-BA-Programms" zu entnehmen, das bei den Agenturen für Arbeit erhältlich ist. Daneben wird der größere Teil der ESF-Mittel nach einem zwischen dem Bund und den Bundesländern vereinbarten Verteilungsschlüssel direkt auf die Bundesländer verteilt. Diese beschließen jeweils eigene ESF-Programme und setzen ihre Förderschwerpunkte im Rahmen der oben beschriebenen Förderbereiche je nach lokalen und regionalen Bedürfnissen.

9. „Kurzarbeit Null". Grundsätzlich ist die Anordnung von Kurzarbeit nur wirksam, wenn die Möglichkeit der Anordnung einzelvertraglich wirksam vereinbart ist, wenn bei Tarifbindung eine tarifvertragliche Regelung besteht oder wenn sie durch Betriebsvereinbarung gemäß § 87 Abs. 1 Nr. 3 BetrVG bestimmt wird. Scheiden diese Möglichkeiten aus, bleibt dem Arbeitgeber nur eine einvernehmliche Absprache mit den einzelnen Arbeitnehmern oder der Ausspruch einer Änderungskündigung (GKSGBIII/*Feckler* § 172 Rdn. 39; ErfKomm/*Ascheid* § 2 KSchG Rdn. 19). Wegen der erheblichen Auswirkungen der „Kurzarbeit Null" sollte ein Hinweis auf das Einverständnis des Arbeitnehmers mit der Einführung von Kurzarbeit ausdrücklich in den Vertrag aufgenommen werden.

Ergänzend sei darauf hingewiesen, dass das Arbeitsverhältnis trotz Kurzarbeit Null weiterhin ein sozialversicherungspflichtiges Beschäftigungsverhältnis darstellt. Betriebliche Bildungsmaßnahmen sind gemäß § 7 Abs. 2 SGB IV dem Begriff der Beschäftigung gleichgesetzt. Die sozialversicherungsrechtlichen Arbeitgeberpflichten trägt daher die TG als Arbeitgeberin (Küttner/*Voelzke* Beschäftigungsgesellschaft Rdn. 14).

10. Vergütung. Das Transferkurzarbeitergeld beträgt gemäß §§ 216b Abs. 10, 178 Nr. 1, 129 Nr. 1 SGB III für Arbeitnehmer mit mindestens einem Kind 67% und gemäß §§ 216b Abs. 10, 178 Nr. 2 SGB III für alle übrigen Arbeitnehmer 60% des pauschalierten Nettoentgelts (dazu *Bachner/Schindele* NZA 1999, 130. 132). Das Transferkurzarbeitergeld ist steuerfrei (§ 3 Nr. 2 EStG). Es unterliegt aber dem Progressionsvorbehalt, so dass sich im Rahmen der Einkommenssteuererklärung eine Nachversteuerung ergeben kann.

Häufig wird zur Schaffung von Anreizen zum Wechsel in die TG vereinbart, dass zusätzlich zum Transferkurzarbeitergeld ein Zuschuss gezahlt wird. Die Kosten im Innenverhältnis hierfür trägt der Alt-Arbeitgeber. Das Formular geht von einem Zuschuss aus, mittels dessen der Arbeitnehmer 80% seines zuletzt erzielten Nettoeinkommens erreichen kann. Aus der Praxis sind Zuschüsse bekannt, die zwischen 70% und 100% des bisherigen Nettoentgelts gewährleisten. Wenn ein derartiger Zuschuss nicht gewollt oder nicht finanzierbar ist, ist die Alternativformulierung zu wählen. Gegen einen Zuschuss kann vor allem sprechen, dass der Arbeitgeber ohnehin durch die Tragung der Sozialversicherungsbeiträge sowie das Entgelt bei Urlaub, Krankheit und an Feiertagen finanziell belastet ist (*Willemsen/Hohenstatt/Schweibert/Seibt* C 251 b). So ist der Arbeitgeber verpflichtet, die Arbeitnehmer- und Arbeitgeberbeiträge zur Sozialversicherung auf der Basis eines fiktiven Arbeitsentgelts von 80% brutto zu leisten. Für Urlaubs- und Feiertage ergibt sich eine volle Einstandspflicht, da für diese Zeiträume kein Transferkurzarbeitergeld gewährt wird.

Zuschüsse zum Kurzarbeitergeld sind sozialversicherungsfrei, sofern sie zusammen mit dem Kurzarbeitergeld 80% des Unterschiedsbetrags zwischen Soll- und Istentgelt nicht übersteigen (§ 2 Abs. 2 Nr. 4 ArEV). Auf die Höhe des Kurzarbeitergeldes wirken sie sich nicht aus.

11. Urlaub. Als Arbeitgeberin ist die TG an die zwingenden Regelungen des BUrlG gebunden. Gemäß § 7 Abs. 1 S. 1 BUrlG hat die zeitliche Festlegung des Urlaubs unter Berücksichtigung der Urlaubswünsche des Arbeitnehmers zu erfolgen, sofern ihrer Berücksichtigung nicht dringende betriebliche Belange oder Urlaubswünsche anderer Arbeitnehmer entgegenstehen. Auf den Zweck der TG bezogen bedeutet dies, dass dringende betriebliche Gründe in erster Linie zeitlich zusammenhängende Qualifizierungsmaßnahmen sein können. Die vertragliche Regelung stellt daher klar, dass hier ein Ausgleich zwischen den Urlaubswünschen des Arbeitnehmers und den betrieblichen Interessen der geordneten Durchführung einer Qualifizierungsmaßnahme stattfinden muss.

12. Betriebliche Altersversorgung. Wie oben unter Anm. 7 bereits ausgeführt, findet mit dem Wechsel in die TG kein Betriebsübergang statt, und zwar unabhängig davon, wie viele Arbeitnehmer des alten Betriebes zum Wechsel bereit sind. Die TG ist daher nicht gemäß § 613a Abs. 1 S. 1 BGB verpflichtet, in alle Rechte und Pflichten aus dem Arbeitsverhältnis mit dem Alt-Arbeitgeber einzutreten. Dies gilt insbesondere für Verpflichtungen des Alt-Arbeitgebers im Rahmen der betrieblichen Altersversorgung, was hier wegen der besonderen Bedeutung der betrieblichen Altersversorgung gesondert hervorgehoben wird. Soweit Anwartschaften aus der betrieblichen Altersversorgung beim Alt-Arbeitgeber bereits unverfallbar geworden sind, bestehen diese Ansprüche gegenüber dem Alt-Arbeitgeber fort, wirken sich auf das Arbeitsverhältnis mit der TG aber nicht aus (vgl. insoweit auch Anm. 20).

13. Profiling-Maßnahme. Transferkurzarbeitergeld erhalten Arbeitnehmer nur, wenn sie vor der Überleitung in die beE aus Anlass der Betriebsänderung an einer arbeitsmarktlich zweckmäßigen Maßnahme zur Feststellung der Eingliederungsaussichten teilgenommen haben (§ 216b Abs. 4 Nr. 4 SGB III). In „berechtigten Ausnahmefällen" kann das Profiling nach dem Transfer innerhalb eines Monats nachgeholt werden, § 216b Abs. 4 Nr. 4, 2. HS SGB III. Denkbar ist dies, wenn die Entscheidung der Betriebsparteien zur Einrichtung einer beE unverschuldet so kurzfristig erfolgt, dass trotz Einschaltung der Agentur für Arbeit und vorhandener Infrastruktur eine qualitative Maßnahme der Eignungsfeststellung im Vorfeld nicht mehr durchführbar ist (*Lembke* BB 2004, 773, 780; BT-Drucks. 15/1515, 92).

Zweck des Profilings ist es, die Arbeitnehmer in die Lage zu versetzen, ihre eigenen Perspektiven auf dem Arbeitsmarkt besser einzuschätzen zu können und dementsprechend zu handeln (BT-Drucks. 15/1515, 92).

10. Dreiseitiger Vertrag (Transfergesellschaft) A. VII. 10

Die Profiling-Maßnahme kann vom Alt-Arbeitgeber oder einem Dritten durchgeführt werden. Bei Durchführung durch einen Dritten (auch die TG) ist eine Förderung nach § 216a SGB III durch die Agentur für Arbeit möglich. Dagegen reicht ein im Rahmen der Arbeitssuchendmeldung (§ 37b SGB III) durchgeführtes Profiling der Agentur für Arbeit nicht aus, um einen Anspruch auf Transferkurzarbeitergeld begründen zu können.

Der Eintritt in die TG steht auch Arbeitnehmern offen, denen im Rahmen des Profilings gute Arbeitsmarktaussichten bescheinigt wurden. Entscheidend ist allein, dass eine Profiling-Maßnahme durchgeführt wurde.

14. Qualifizierung und Vermittlung durch die TG. Arbeitnehmern mit Qualifizierungsdefiziten sollen während des Bezugs von Transferkurzarbeitergeld geeignete Maßnahmen zur Verbesserung ihrer Eingliederungsaussichten angeboten werden. Als geeignet erscheinen insbesondere betriebliche und betriebsnahe Weiterbildungs- und Qualifizierungsangebote (*Gaul/Otto* NZA 2004, 1301, 1305). Der Mitarbeiter sollte daher ausdrücklich auf die Wahrnehmung der Qualifizierungsangebote verpflichtet werden.

Um den Vorrang der Vermittlung in Arbeit während des Bezugs von Transferkurzarbeitergeld sicherzustellen, hat der Alt-Arbeitgeber oder die TG den geförderten Arbeitnehmern Vermittlungsvorschläge zu unterbreiten (§ 216b Abs. 6 S. 1 SGB III). Sofern die gewerbsmäßige Überlassung der Arbeitnehmer an Dritte vorgesehen ist, muss die TG über eine Überlassungserlaubnis verfügen (§ 1 Abs. 1 S. 1 AÜG). Ferner sind im Arbeitsverhältnis zwischen TG und (Leih-)Arbeitnehmer die Nachweispflichten des § 11 AÜG sowie das Schlechterstellungsverbot im Hinblick auf vergleichbare Arbeitnehmer des Entleihers („Equal Pay" und „Equal Treatment") nach §§ 10 Abs. 4, 9 Nr. 2, 3 Abs. 1 Nr. 3 AÜG n.F. zu beachten (*Lembke* BB 2004, 773, 775). In diesem Zusammenhang ist derzeit noch ungeklärt, ob sich eine TG dem Gebot des Equal Pay durch arbeitsvertragliche Bezugnahme auf Tarifverträge der Zeitarbeitsbranche entziehen kann oder ob es hierzu der Gründung einer eigens zum Zwecke der Arbeitnehmerüberlassung gegründeten Tochtergesellschaft der TG bedarf (dazu *Lembke* BB 2004, 773, 775f.).

Neben konkreten Vermittlungsvorschlägen sollen einzelnen Arbeitnehmern mit Qualifizierungsdefiziten geeignete Weiterbildungs- und Qualifizierungsmaßnahmen möglichst frühzeitig angeboten werden (§ 216b Abs. 6 S. 2 SGB III). Obwohl die Regelung nur als „Soll-Vorschrift" ausgestaltet ist, belegen erste Erfahrungen mit dem neuen Recht, dass die Agenturen für Arbeit Anträge auf Transferkurzarbeitergeld nur dann positiv bescheiden, wenn in den mit der TG zu schließenden Verträgen entsprechende Qualifizierungspflichten explizit geregelt sind (*Gaul/Otto* NZA 2004, 1301, 1306). Die TG kann insoweit selbst als Träger von Qualifizierungs-, Fortbildungs- und Weiterbildungsmaßnahmen auftreten. Fehlt allerdings das dafür notwendige Know-how, wird die TG nur als Vermittler von Maßnahmen aktiv, die durch externe Träger, insbesondere die Agentur für Arbeit, angeboten und durchgeführt werden (*Gaul/Otto* NZA 2004, 1301, 1302).

15. Vermittlung. Gemäß §§ 216b Abs. 4 S. 2, 172 Abs. 3 SGB III sind Arbeitnehmer von der Gewährung des Transferkurzarbeitergeldes ausgeschlossen, wenn und solange sie bei einer Vermittlung nicht in der von der Agentur für Arbeit verlangten und gebotenen Weise mitwirken. Die Nichtannahme oder der Nichtantritt einer von der Agentur für Arbeit angebotenen, zumutbaren Beschäftigung kann zum Anspruchsausschluss führen.

16. Freistellung für Zweitarbeitsverhältnis. Unter der Voraussetzung, dass die Maßnahme auf maximal sechs Monate begrenzt ist, ist auch eine zum Zwecke der Qualifizierung erfolgende Beschäftigung bei einem anderen Arbeitgeber möglich (§ 216b Abs. 6 S. 3 SGB III). Gegebenenfalls kann sich hieraus die Möglichkeit einer Weiterbeschäftigung über das begrenzte Zweitarbeitsverhältnis ergeben, so dass es im Interesse aller Vertragsparteien ist, diese Möglichkeit für den Arbeitnehmer zu eröffnen. Während der Zeit dieser Beschäftigung entfällt der Anspruch auf das Kurzarbeitergeld (Küttner/*Voelzke* Beschäftigungsgesellschaft Rdn. 34). Verläuft die Beschäftigung bei dem anderen Arbeitgeber ohne Erfolg, kann dem Arbeitnehmer das Recht zugestanden werden, aus dieser Beschäftigung in das Transferkurzarbeitergeld zurückzukehren (§ 216 Abs. 6 S. 4 SGB III). Diesem Umstand trägt die Vereinbarung über das Ruhen und das Wiederaufleben des Arbeitsverhältnisses mit der TG Rechnung.

17. Mitteilungspflichten. Einkünfte aus anderen Tätigkeiten während des Bezuges von Transferkurzarbeitergeld wirken sich auf die Höhe des Kurzarbeitergeldes aus (§§ 216b Abs. 10, 179 Abs. 3 SGB III). Daher müssen entgeltliche Nebentätigkeiten der TG angezeigt werden, und zwar unabhängig davon, ob es sich bei der Nebenbeschäftigung um eine abhängige oder selbständige Tätigkeit handelt.

18. Vorzeitiges Ausscheiden. Gelingt eine Vermittlung in ein anderes Arbeitsverhältnis, liegt es im Interesse aller Vertragsparteien, dem Arbeitnehmer eine schnelle Lösungsmöglichkeit anzubieten. Daher spricht nichts dagegen, es dem Arbeitnehmer zu ermöglichen, jederzeit ohne Einhaltung einer Kündigungsfrist aus dem Arbeitsverhältnis mit der TG auszuscheiden. Sollten betriebliche Bedürfnisse oder ähnliches einer derart schnellen Beendigung des Arbeitsverhältnisses entgegenstehen, kann alternativ eine kurze Kündigungsfrist, z.B. von zehn Tagen, vorgesehen werden.

Im befristeten Arbeitsverhältnis ist eine ordentliche Kündigung gemäß § 15 Abs. 3 TzBfG nur möglich, wenn dies vereinbart worden ist.

19. Zurverfügungstellung von Daten und Unterlagen. Um einen reibungslosen Wechsel des Mitarbeiters in die TG zu ermöglichen und auch den datenschutzrechtlichen Erfordernissen gerecht zu werden, empfiehlt es sich, ausdrücklich aufzunehmen, dass der Mitarbeiter mit der Datenübermittlung an die TG einverstanden ist. Darüber hinaus benötigt die TG die Arbeitspapiere des Mitarbeiters, soweit diese aus steuerlichen oder sozialversicherungsrechtlichen Gründen beim Arbeitgeber zu hinterlegen sind. Da sich die Unterlagen zum Wechselzeitpunkt noch bei dem Alt-Arbeitgeber befinden, ist eine direkte Übermittlung an die TG zweckmäßig.

20. Erledigungsklausel für Alt-Arbeitsverhältnis. Aus der Kombination von Aufhebungsvertrag und neuem Arbeitsvertrag folgt, dass eine Regelung über das Schicksal der restlichen Ansprüche aus dem Alt-Arbeitsverhältnis getroffen werden muss. Ansprüche, die vor dem Wechsel in die TG entstanden sind, sind allein durch den Alt-Arbeitgeber zu befriedigen.

Der Hinweis auf die Nichterhebung oder Rücknahme einer Kündigungsschutzklage entfällt, wenn das Arbeitsverhältnis einvernehmlich beendet wird. Nur bei einer tatsächlich ausgesprochenen betriebsbedingten Kündigung sollte ein Verzicht auf die gerichtliche Geltendmachung der Unwirksamkeit aufgenommen werden, um lang andauernde Rechtsstreitigkeiten vor den Arbeitsgerichten zu vermeiden.

21. Hinweispflichten. Wegen der Befristung des Arbeitsvertrags mit der TG von maximal zwölf Monaten empfiehlt es sich schon bei Abschluss des Arbeitsvertrags, den Arbeitnehmer darauf hinzuweisen, dass er sich – ohne Vermittlungserfolg – frühestens drei Monate vor der Beendigung des Arbeitsverhältnisses arbeitsuchend zu melden hat, § 37b S. 2 i.V.m. § 2 Abs. 2 S. 2 Nr. 3 SGB III (zur Auslegung der Vorschrift im Hinblick auf den spätesten Meldezeitpunkt bei befristeten Arbeitsverhältnissen vgl. SG Aachen Urt. v. 24. 9. 2004 – S 8 AL 81/04 – n.a.v.; SG Dortmund Urt. v. 26. 7. 2004 – S 33 AL 127/04 – n.a.v.).

VIII. Auslandsbezug

1. Ruhensvertrag

Vertrag

zwischen
...... (Name und Anschrift des Arbeitgebers) „Gesellschaft"
und
Herrn ...... (Name und Anschrift des Arbeitnehmers) „Mitarbeiter"

§ 1 Regelungsgegenstand[1]

(1) Der Mitarbeiter wird ab dem ...... bis zum ...... aufgrund Vertrages vom ...... („Versetzungsvertrag") mit der ...... („Auslandsgesellschaft") in ...... („Ausland") beschäftigt.

(2) Der Mitarbeiter ist seit dem ...... bei der Gesellschaft beschäftigt, zuletzt aufgrund des Arbeitsvertrags vom ...... („Arbeitsvertrag").

(3) Das Arbeitsverhältnis mit der Gesellschaft besteht rechtlich für die Zeit der Auslandstätigkeit fort. Die Rechte und Pflichten aus dem Arbeitsverhältnis ruhen, soweit dieser Vertrag nicht ausdrücklich anderes bestimmt. Alle weiteren Rechte und Pflichten richten sich für dessen Laufzeit ausschließlich nach dem Versetzungsvertrag.

§ 2 Auslandsvergütung[2]

(1) Der Mitarbeiter wird von der Auslandsgesellschaft nach Maßgabe des Versetzungsvertrages vergütet. Die Zahlung des Gehalts erfolgt durch die Auslandsgesellschaft in Landeswährung.

(2) Soweit die Vergütung durch die Auslandsgesellschaft die bisherige Vergütung durch die Gesellschaft übersteigt, besteht kein Anspruch auf die Fortzahlung dieser höheren Vergütung durch die Gesellschaft nach Ende des Versetzungsvertrages und Wiederaufnahme einer Tätigkeit für die Gesellschaft („Rückkehr").

§ 3 Vergleichbares Inlandsgehalt[3]

(1) Für den Mitarbeiter wird bei der Gesellschaft ausgehend von der bisherigen Vergütung in Höhe von EUR ...... (in Worten: Euro ......) brutto ein Inlandsgehalt fortgeschrieben und unter Heranziehung der Gehaltsanpassung vergleichbarer Mitarbeiter der Gesellschaft weiterentwickelt („Vergleichbares Inlandsgehalt").

(2) Für die Weiterentwicklung nach Abs. (1) zugrunde gelegt wird der durchschnittliche Steigerungssatz der Vergütung aller AT-Mitarbeiter der Fachabteilung(en) ......, ... (Aufzählung) der Gesellschaft innerhalb eines Kalenderjahres in Prozent. Die Gesellschaft wird jeweils nach Ablauf eines Kalenderjahres eine Prüfung der Gehaltsentwicklung vornehmen. Der Mitarbeiter erhält bei jeder Veränderung eine Mitteilung.

(3) Die Gesellschaft garantiert dem Mitarbeiter für seine Rückkehr ein Gehalt in Höhe des Vergleichbaren Inlandsgehalts.

(4) Soweit nicht ausdrücklich in diesem Vertrag anders bestimmt, ist das Vergleichbare Inlandsgehalt Bemessungsgröße für folgende vergütungsabhängige Leistungen der Gesellschaft: ......, ... (Aufzählung). Weitere vergütungsabhängige Leistungen werden von der Gesellschaft nicht geschuldet.

§ 4 Ruhen des Arbeitverhältnisses[4]

(1) Der Arbeitsvertrag des Mitarbeiters mit der Gesellschaft vom …… ruht bis zum Ende des Versetzungsvertrages.

(2) Der Mitarbeiter wird bei der Gesellschaft weiter als Arbeitnehmer geführt. Die Dauer der Tätigkeit bei der Auslandsgesellschaft nach dem Versetzungsvertrag wird für die Zwecke der Bestimmung von Kündigungsfristen, Leistungen der betrieblichen Altersversorgung, eventuellen Abfindungszahlungen, Jubiläen, ……, …… (Aufzählung) voll auf die Betriebszugehörigkeit des Mitarbeiters angerechnet.

(3) Der Mitarbeiter berichtet der Gesellschaft nach entsprechender Aufforderung über seine Tätigkeit bei der Auslandsgesellschaft. Diese Verpflichtung wird im Einzelfall durch Verpflichtungen des Mitarbeiters gegenüber der Auslandsgesellschaft begrenzt.

§ 5 Rückkehrgarantie[5]

(1) Nach Ende des Versetzungsvertrages bietet die Gesellschaft dem Mitarbeiter eine seiner bisherigen inländischen Tätigkeit als …… nach Aufgaben und Vergleichbarem Inlandsgehalt mindestens gleichwertige Tätigkeit an. Dies gilt nicht für den Fall, dass der Versetzungsvertrag aus einem von dem Mitarbeiter zu vertretenden Umstand vorzeitig beendet wurde. Überträgt die Auslandsgesellschaft dem Mitarbeiter während der Laufzeit des Versetzungsvertrages höherwertige Tätigkeiten, so hat der Mitarbeiter keinen Anspruch auf das Angebot einer solchen höherwertigen Tätigkeit nach Ende des Versetzungsvertrages.

(Alternative:

(1) Nach Ende des Versetzungsvertrages bietet die Gesellschaft dem Mitarbeiter eine seiner bisherigen inländischen Tätigkeit als …… nach Aufgaben und Vergleichbarem Inlandsgehalt mindestens gleichwertige Tätigkeit bei sich oder der …… in ……, der …… in …… (Aufzählung). Dies gilt nicht für den Fall, dass der Versetzungsvertrag aus einem von dem Mitarbeiter zu vertretenden Umstand vorzeitig beendet wurde. Überträgt die Auslandsgesellschaft dem Mitarbeiter während der Laufzeit des Versetzungsvertrages höherwertige Tätigkeiten, so hat der Mitarbeiter keinen Anspruch auf das Angebot einer solchen höherwertigen Tätigkeit nach Ende des Versetzungsvertrages.)

(2) Eine ordentliche Kündigung des ruhenden Arbeitsvertrags durch die Gesellschaft aus Gründen, die nicht im Verhalten des Arbeitnehmers liegen, ist vor Ende des Versetzungsvertrages ausgeschlossen. Im Übrigen gelten die im Arbeitsvertrag vom …… vereinbarten Kündigungsfristen. Das Recht zur außerordentlichen Kündigung bleibt unberührt.

(3) Die Gesellschaft behält sich vor, den Mitarbeiter mit einer Frist von …… Wochen, nicht aber vor Ablauf von …… Monaten seit Beginn der Auslandstätigkeit, vorzeitig vom Ort der Auslandstätigkeit abzuberufen, soweit dies im Interesse der Gesellschaft erforderlich ist. Für diesen Fall ist der Mitarbeiter verpflichtet, den Versetzungsvertrag einvernehmlich oder im Wege der Kündigung schnellstmöglich zu lösen. Abs. (1) S. 1 und S. 3 gelten entsprechend.

(4) Gesellschaft und Mitarbeiter werden rechtzeitig, mindestens aber …… Monate vor Ende des Versetzungsvertrages über die anschließende Tätigkeit des Mitarbeiters bei der Gesellschaft beraten.

§ 6 Rentenversicherung[6]

Der Mitarbeiter ist aufgrund Ausnahmevereinbarung weiterhin in der deutschen gesetzlichen Rentenversicherung pflichtversichert. Die Arbeitnehmer- und Arbeitgeberbeiträge werden durch die Auslandsgesellschaft abgeführt, der Arbeitnehmerbeitrag vom Auslandsgehalt des Mitarbeiters einbehalten.

§ 7 Krankenversicherung[7]

(1) Die Gesellschaft zahlt dem Mitarbeiter und seinen Familienangehörigen einen Zuschuss in Höhe von 50% zu den Kosten einer privaten Auslandskrankenversicherung, maximal jedoch monatlich ...... (in Worten: Euro ......) brutto. Dieser Zuschuss mindert sich um den Betrag, den die Auslandsgesellschaft als Zuschuss zu einer Krankenversicherung des Mitarbeiters und seiner Familienangehörigen leistet.

(2) Die Gesellschaft zahlt dem Mitarbeiter und seinen Familienangehörigen die Ruhensbeiträge zur nachteilsfreien Aufrechterhaltung in Deutschland bestehenden Krankenversicherungsschutzes während der Laufzeit des Versetzungsvertrages, maximal jedoch monatlich ...... (in Worten: Euro ......) brutto.

(3) Auf Leistungen der Gesellschaft nach Abs. (1) und (2) eventuell entfallende Lohnsteuer trägt der Mitarbeiter.

§ 8 Unfallversicherungen[8]

(1) Die Gesellschaft sorgt für das Bestehen geeigneten Auslandsunfallversicherungsschutzes für den Mitarbeiter, um diesen während seiner Auslandstätigkeit gegen Arbeitsunfälle (Betriebs- und Wegeunfälle) zu schützen.

(2) Die Gesellschaft sorgt für das Bestehen geeigneten privaten Unfallversicherungsschutzes für die Dauer des Versetzungsvertrages. Die Versicherungssummen betragen EUR ...... (in Worten: Euro ......) für den Todesfall und EUR ...... (in Worten: Euro ......) für den Invaliditätsfall.

(3) Der Mitarbeiter ist verpflichtet, Unfälle unverzüglich und schriftlich der Gesellschaft zu melden.

(4) Auf Leistungen der Gesellschaft nach Abs. (1) und (2) eventuell entfallende Lohnsteuer trägt der Mitarbeiter.

§ 9 Betriebliche Altersversorgung[9]

(1) Auf den Mitarbeiter finden während der Dauer des Versetzungsvertrages weiter die Regelungen zur betrieblichen Altersversorgung der Gesellschaft nach Maßgabe der ...... in ihrer jeweils gültigen Fassung Anwendung.

(2) Tritt während der Dauer des Versetzungsvertrages der Pensionsfall ein, so haben der Mitarbeiter oder seine Hinterbliebenen Anspruch auf aus bestehenden Versorgungsanwartschaften resultierende Leistungen wie wenn der Pensionsfall im Rahmen einer fortgesetzten Inlandstätigkeit nach dem Arbeitsvertrag vom ...... eingetreten wäre.

§ 10 Umzugskosten/Reisekosten/Einrichtungszuschüsse/Steuerberatung[10]

(1) Die Gesellschaft trägt die erforderlichen und nachgewiesenen Kosten der Übersiedlung des Mitarbeiters und seiner Familienangehörigen nach ......

(2) Bei Rückkehr des Mitarbeiters trägt die Gesellschaft die erforderlichen und nachgewiesenen Kosten der Rückübersiedlung mit der Maßgabe, dass bei vorzeitiger Beendigung des Versetzungsvertrages aus einem von dem Mitarbeiter zu vertretenden Umstand eine Kostentragung nur anteilig in dem Verhältnis erfolgt, dass dem Verhältnis der zurückgelegten Laufzeit des Versetzungsvertrages zu dessen vereinbarter Laufzeit entspricht. Eine Kostentragung entfällt gleichwohl, wenn der Versetzungsvertrag aus einem von dem Mitarbeiter zu vertretenden Umstand außerordentlich gekündigt wurde.

(3) Die Gesellschaft gewährt dem Mitarbeiter einen einmaligen Einrichtungszuschuss in Höhe von EUR ...... (in Worten: Euro ......).

(4) Die Gesellschaft trägt die Kosten der Beschaffung notwendiger Papiere für die Einreise und den Aufenthalt im Ausland für den Mitarbeiter und seine Familienangehörigen.

(5) Die Gesellschaft trägt die Kosten einer einmaligen Steuerberatung vor Aufnahme der Tätigkeit in Höhe von maximal EUR ...... (in Worten: Euro ......). Die Gesellschaft

trägt die Kosten der laufenden Steuerberatung des Mitarbeiters in Deutschland und im Ausland, maximal jedoch jährlich EUR .... (in Worten: Euro ......).

(6) Auf Leistungen der Gesellschaft nach Abs. (1)–(5) eventuell entfallende Lohnsteuer trägt der Mitarbeiter.

§ 11 Urlaub/Besprechungen[11]

(1) Der Versetzungsvertrag sieht für den Mitarbeiter jeweils nach Ablauf von ...... Monaten seiner Tätigkeit im Ausland einen von der Auslandsgesellschaft gewährten Zusatzurlaub von ...... Tagen für eine Heimreise vor.

(2) Der Mitarbeiter wird die Lage des Zusatzurlaubs mit der Auslandsgesellschaft und der Gesellschaft abstimmen.

(3) Die Gesellschaft übernimmt jeweils nach Ablauf von ...... Monaten für diesen Zusatzurlaub die Reisekosten auf Basis der ...... Klasse für den Mitarbeiter und seine Familienangehörigen vom ausländischen Einsatzort nach Deutschland und zurück. Hierauf eventuell entfallende Lohnsteuer trägt der Mitarbeiter.

(4) Während dieses Urlaubs steht der Mitarbeiter der Gesellschaft für ...... Tage für Besprechungen zur Verfügung. Mitarbeiter und Gesellschaft werden den Zeitpunkt der Besprechungen rechtzeitig vor Urlaubsantritt abstimmen. Diese Zeit verlängert den Urlaubsanspruch nach Abs. (1) nicht.

§ 12 Sprachunterricht[12]

Die Gesellschaft übernimmt die Kosten eines erforderlichen Sprachunterrichts des Mitarbeiters vor Beginn der Auslandstätigkeit. In Abstimmung mit der Gesellschaft werden auch die Kosten für erforderlichen Sprachunterricht von Familienangehörigen übernommen. Hierauf eventuell entfallende Lohnsteuer trägt der Mitarbeiter.

§ 13 Entschädigung[13]

(1) Der Mitarbeiter wird auf Abfindungs- oder Entschädigungszahlungen der Auslandsgesellschaft oder sonstige Zahlungen anlässlich des Endes des Versetzungsvertrages verzichten.

(2) Soweit der Mitarbeiter aufgrund zwingender Vorschriften im Ausland Zahlungen nach Abs. (1) erhält, führt er diese an die Gesellschaft ab.

(3) Unterlässt der Mitarbeiter die Abführung nach Abs. (2), kann die Gesellschaft diese Zahlungen der Auslandsgesellschaft auf bestehende oder zukünftige Ansprüche aus diesem Ruhensvertrag oder dem Arbeitsvertrag anrechnen.

(*Alternative:*

(4) Abs. (1)–(3) finden keine Anwendung, wenn der Mitarbeiter nach Ende des Versetzungsvertrages seine Tätigkeit bei der Gesellschaft nicht fortsetzt. Dies gilt nicht für den Fall, dass der Mitarbeiter von der Gesellschaft Abfindungs- oder Entschädigungszahlungen wegen der Beendigung seines Arbeitsverhältnisses mit der Gesellschaft in Deutschland erhält. Abs. (1)-(3) gelten in diesem Fall jeweils bis zur Höhe der Abfindungs- und Entschädigungszahlungen der Gesellschaft an den Mitarbeiter.)

§ 14 Schlussbestimmungen[14]

(1) Der Mitarbeiter wird der Gesellschaft alle Änderungen über die Angaben zu seiner Person, soweit sie für den Arbeitsvertrag von Bedeutung sind, unverzüglich mitteilen. Der Mitarbeiter versichert, unter der jeweils angegebenen Adresse postalisch erreichbar zu sein und der Gesellschaft Änderungen der Zustelladresse unverzüglich schriftlich mitzuteilen. Aus der Nichtbeachtung dieser Verpflichtung etwa entstehende Nachteile gehen zu Lasten des Mitarbeiters.

(2) Mündliche Nebenabreden bestehen nicht. Änderungen oder Ergänzungen dieses Arbeitsvertrags einschließlich dieser Bestimmung bedürfen zu ihrer Wirksamkeit der

Schriftform. Das Schriftformerfordernis bezieht sich auch auf etwaige Ansprüche aus betrieblicher Übung.

(3) Sollte eine Bestimmung dieses Ruhensvertrages ganz oder teilweise unwirksam sein oder werden, so wird hiervon die Wirksamkeit der übrigen Bestimmungen dieses Arbeitsvertrags nicht berührt. An die Stelle der unwirksamen Bestimmung tritt die gesetzlich zulässige Bestimmung, die dem mit der unwirksamen Bestimmung Gewollten wirtschaftlich am nächsten kommt. Dasselbe gilt für den Fall einer vertraglichen Lücke.

(4) Der Vertrag unterliegt deutschem Recht. Als Gerichtsstand wird ...... vereinbart.

(5) Der Mitarbeiter hat eine Ausfertigung dieses Ruhensvertrages erhalten.

......
Ort, Datum

......
Unterschrift der Gesellschaft

......
Ort, Datum

......
Unterschrift des Mitarbeiters

Schrifttum: Bittner, Arbeitsrechtlicher Gleichbehandlungsgrundsatz und ausländisches Arbeitsvertragsstatut, NZA 1993, 167; *Braun,* Sozialversicherungspflicht beim grenzüberschreitenden Arbeitsverhältnis, ArbRB 2002, 202; *Däubler,* Arbeitsrecht und Auslandsbeziehungen, AuR 1990, 1; *Däubler,* Die internationale Zuständigkeit der deutschen Arbeitsgerichte, NZA 2003, 1297; *Däubler/Kittner/Lörcher,* Internationale Arbeits- und Sozialordnung, 2. Aufl. 1994; *Eichenhofer,* Arbeitsbedingungen bei Entsendung von Arbeitnehmern, ZIAS 1996, 55; *Endres,* Steueraspekte bei Personalentsendungen in das Ausland – 12 typische Beispielsfälle, PIStB 2001, 330; *Eser,* Das Arbeitsverhältnis im multinationalen Unternehmen, 2. Aufl. 2002; *Eser,* Kündigung von Arbeitsverhältnissen in multinationalen Unternehmen, BB 1994, 1991; *Gaul,* Die Einmischung europäischer Betriebsräte, NJW 1995, 228; *Gaul,* Betriebsverfassungsrechtliche Aspekte einer Entsendung von Arbeitnehmern ins Ausland, DB 1990, 697; *Gaul,* Rechtssicher im Ausland, AuA 2001, 451; *Genz,* Das Arbeitsverhältnis im internationalen Konzern, NZA 2000, 3; *Gerauer u. a.,* Auslandseinsatz von Arbeitnehmern im Arbeits-, Sozialversicherungs- und Steuerrecht, 2000; *Gerauer,* Rechtliche Situation bei Fehlen einer Rechtswahl beim Auslandseinsatz, BB 1999, 2083; *Gnann/Gerauer,* Arbeitsvertrag bei Auslandsentsendung, 2. Aufl. 2002; *Görl,* Steuerrechtliche Probleme bei der Mitarbeitersendung, IStR 2002, 443; *Gotthardt,* Einsatz von Arbeitnehmern im Ausland – Arbeitsrechtliche Probleme und praktische Hinweise für die Vertragsgestaltung, MDR 2001, 961; *Gutmann,* Arbeiten im Ausland, 1994; *Heilmann,* Auslandsarbeit, AR-Blattei, 1; *Hickl,* Arbeitsverhältnisse mit Auslandsbürgern, NZA 1987 Beil. 1; *Hönsch,* Die Neuregelung des Internationalen Privatrechts aus arbeitsrechtlicher Sicht, NZA 1988, 113; *Hohloch,* Arbeitsverhältnis mit Auslandsbezug und Vergütungspflicht, RIW 1987, 353; *Joha u. a.,* Vergütung und Nebenleistungen bei Auslandsbeschäftigung, 2. Aufl. 2002; *Joussen,* Ausgewählte Probleme der Ausstrahlung im europäischen Sozialversicherungsrecht, NZS 2003, 19; *Junker,* Internationales Arbeitsrecht im Konzern, 1992; *Junker,* Arbeitsrecht im grenzüberschreitenden Konzern – Die kollisionsrechtliche Problematik, ZIAS 1995, 564; *Junker,* Internationale Zuständigkeit und anwendbares Recht in Arbeitssachen – Eine Einführung in die Praxis NZA 2005, 199; *Kreitner/Macher* in Küttner, Personalbuch, 10. Aufl. 2003, Nr. 82; *Krimphove,* Europäisches Arbeitsrecht, 2. Aufl. 2001; *Kronisch,* Auslandstätigkeit will gut vorbereitet sein, AuA 2001, 119; *Lingemann/von Steinau-Steinrück,* Konzernversetzung und Kündigungsschutz, DB 1999, 2161; *Louven/Louven,* Sozialversicherungsrechtliche Probleme bei der Entsendung von Arbeitnehmern ins Ausland, NZA 1992, 9; *Marienhagen/Pulte,* Arbeitsverträge bei Auslandseinsatz, 2. Aufl. 1993; *Mayer,* Betriebsverfassungs- und tarifvertragsrechtliche Fragen bei grenzüberschreitenden Personaleinsätzen, BB 1999, 842; *Müller,* Die Entsendung von Arbeitnehmern in der Europäischen Union, 1997; *Pohl,* Grenzüberschreitender Einsatz von Personal und Führungskräften, NZA 1998, 735; *Schlachter,* Grenzüberschreitende Arbeitsverhältnisse, NZA 2000, 57; *Schliemann,* Fürsorgepflicht und Haftung des Arbeitgebers beim Einsatz von Arbeitnehmern im Ausland, BB 2001, 1302; *Sonnenmoser,* Entsendungen ins Ausland: Vorbereitung of unzureichend, PersF Heft 11/2002, 22; *Thüsing,* Rechtsfragen grenzüberschreitender Arbeitsverhältnisse, NZA 2003, 1303; *von Weyhe,* Die Entsendung von Mitarbeitern ins Ausland, 1997; *Zehetmair,* Steuerfragen bei der Entsendung von Mitarbeitern ins Ausland aus der Sicht der beteiligten Unternehmen, IStR 1998, 257.

Anmerkungen

1. Regelungsgegenstand. Dieses Formular enthält eine Zusatzvereinbarung für den Arbeitnehmer, welcher auf der Grundlage eines Versetzungsvertrages mit der ausländischen Gesellschaft für diese im Ausland tätig wird. Der **Ruhensvertrag** (vereinzelt auch Rumpfarbeitsvertrag) nimmt auf den Versetzungsvertrag Bezug und ergänzt diesen um die fortbestehende vertragliche Anbindung an den deutschen Arbeitgeber, die Zusicherung der Rückkehr und Zahlungsverpflichtungen, welche die erhöhte finanzielle Belastung des Arbeitnehmers im Ausland ausgleichen, soweit diese nicht von der Auslandsgesellschaft getragen werden. Die arbeitsvertraglichen Hauptleistungspflichten werden suspendiert. Der Ruhensvertrag wird bei Versetzung zu einem Konzernunternehmen schon wegen der fortbestehenden Nebenpflichten, den Rückkehrregelungen und dem Abberufungsrecht (Direktionsrecht als Ausdruck persönlicher Abhängigkeit) weiterhin als Arbeitsvertrag zu qualifizieren sein (*Lingemann/v. Steinau-Steinrück* DB 1999, 2161, 2164).

Das Formular umfasst typische Regelungsgegenstände eines Ruhensvertrages. Insbesondere im Hinblick auf die komplexen Fragestellungen im Rahmen der Vergütungsfindung und -sicherung können allein Anhaltspunkte geliefert werden. Kaufkraftausgleich, Wechselkurssicherung, steuerliche und sozialversicherungsrechtliche Gesichtspunkte, anteilige Belastung der jeweiligen Gesellschaften mit Zahlungspflichten wie auch Anreizwirkungen für den Mitarbeiter sind nur in genauer Analyse der Bedingungen des Einsatzlandes wie auch lokaler zwingender Rechtsvorschriften unter abgestimmter Gestaltung von Versetzungs- und Ruhensvertrag möglich.

Der Arbeitsvertrag mit der Auslandsgesellschaft, der **Versetzungsvertrag**, unterliegt nach der Vereinbarung der Parteien oder international privatrechtlichen Regelungen vollständig oder wegen nur einzelner Rechte und Pflichten der Rechtsordnung des Tätigkeitsortes und richtet sich dann nach den dortigen nationalen gesetzlichen Bestimmungen. Auch die ausdrückliche Vereinbarung der Geltung deutschen Arbeitsrechts für den Versetzungsvertrag wird die Geltung von Bestimmungen der ausländischen Rechtsordnung nach kollisionsrechtlichen Regeln des internationalen Privatrechts nicht ausschließen. Oftmals wird der Vertrag deshalb ausschließlich der Rechtsordnung des Tätigkeitslandes unterstellt.

Seinem Wesen nach ist der Versetzungsvertrag ein eigenständiger, regelmäßig befristeter Arbeitsvertrag und nimmt nur wenige Besonderheiten der Auslandsentsendung auf. Der versetzte Arbeitnehmer wird möglichst weitgehend den lokalen Mitarbeitern der Auslandsgesellschaft gleichgestellt.

Am Versetzungsvertrag knüpfen regelmäßig diejenigen Arbeitgeberleistungen an, die die wirtschaftlichen Belastungen des Arbeitnehmers ausgleichen, die typischerweise allein im Ausland entstehen (Mietkostenzuschuss, Schulgeld, Betreuungskosten). Der Ruhensvertrag regelt dagegen vor allem die Fortschreibung oder den Ausgleich der Leistungen, die in Deutschland bezogen wurden und welche vom Versetzungsvertrag nicht umfasst sind. Die Verteilung der Pflichten der inländischen und der ausländischen Gesellschaft ist nicht zwingend und unterliegt in der Praxis verschiedenen Gestaltungen, die nicht selten auch steuerlichen Gegebenheiten Rechnung tragen.

2. Auslandsvergütung. Der Ruhensvertrag nimmt auf die Regelungen im Versetzungsvertrag Bezug und stellt unter Benennung des letzten Gehalts des Mitarbeiters klar, dass der Anteil der Auslandsbezüge, welcher die bisherigen Bezüge des Mitarbeiters übersteigt, nach dem Ende des Versetzungsvertrages nicht von der Gesellschaft geschuldet wird.

Die Vergütungsfindung ist nach Lohnniveau des ausländischen Tätigkeitslandes, Lebenskosten, Kaufkraft der Inlandswährung, Inflation und Abgabenniveau Gegenstand komplexer Systeme zur Verteilung von Belastungen zwischen deutscher und ausländischer Gesellschaft (*Gnann/Gerauer* 125 ff.; *Maurer* Rdn. 181 ff.).

Soweit das Gehalt des Mitarbeiters nach dem Versetzungsvertrag nicht in Euro bemessen ist, sondern in Landeswährung, kann zusätzlich eine Einkommensgarantie durch die Gesellschaft vorgesehen werden, nach welcher die Bezüge des Mitarbeiters unter Beachtung des offiziellen Wechselkurses monatlich angepasst werden (näher hierzu *Gnann/Gerauer* 160 ff.).

Auch kann eine Kaufkraftanpassung der Bezüge nach dem Versetzungsvertrag durch die Gesellschaft geboten sein, wobei ein bestimmter Prozentsatz (Verbrauchsanteil) des Gehalts nachträglich in bestimmten Abständen nach Maßgabe von Kaufkraftindizes angepasst wird (näher hierzu *Gnann/Gerauer* 158 ff.).

Teilweise sehen Ruhensverträge eine steuerliche Ausgleichsregelung vor, wonach die Steuern, die der Mitarbeiter im Ausland zu entrichten hat, in dem Umfang von der Gesellschaft erstattet werden, in dem sie hypothetisch in Deutschland anfallende Steuern übersteigen. Es ist dies eine wenig praktikable „Nettovereinbarung". Es müssten hierfür umfassende und andauernde Offenlegungspflichten des Arbeitnehmers gegenüber der Gesellschaft wie auch Pflichten zur Abgabe ordnungsgemäßer Steuererklärungen im Ausland aufgenommen werden. Ausgleichsansprüche würden oftmals bis zur endgültigen Bestandskraft von Steuerbescheiden nicht abschließend bezifferbar sein. Vorzugswürdig ist der Ausgleich unterschiedlicher Besteuerung durch vorausschauende adäquate Bemessung des Auslandsgehalts unter vorheriger Prüfung der steuerlichen Gegebenheiten.

Es sollte stets klargestellt werden, dass der Mitarbeiter nach seiner Rückkehr ins Inland keinen Anspruch gegen die Gesellschaft auf Fortzahlung der höheren Bezüge während des Auslandseinsatzes hat (vgl. § 2 Abs. (2)).

Für die Frage der **Besteuerung des Arbeitnehmers** als natürliche Person während der Laufzeit des Versetzungsvertrages stellen das deutsche wie auch praktisch alle ausländischen Steuersysteme wesentlich auf die Ansässigkeit des Arbeitnehmers ab. Mit der Ansässigkeit in einem Staat wird dort in der Regel das gesamte Einkommen des Arbeitnehmers (Welteinkommen) unabhängig von seiner Herkunft besteuert. Der Staat, in dem eine Ansässigkeit nicht gegeben ist, besteuert in der Regel allein bestimmte Einkünfte aus Quellen dieses Staates. Die Ansässigkeit bestimmt sich grundsätzlich nach Maßgabe des Bestehens eines Wohnsitzes oder eines gewöhnlichen Aufenthaltes in dem jeweiligen Staat. Je nach konkreter Regelung des deutschen und des ausländischen Steuerrechts und abhängig vom Einreisezeitpunkt, Beibehalten einer Wohnung in Deutschland etc. ist so die Anknüpfung des Besteuerungsrechts zu prüfen.

Mit vielen Staaten hat Deutschland Doppelbesteuerungsabkommen abgeschlossen, welche das Besteuerungsrecht für die Einkünfte des Mitarbeiters zwischen den beteiligten Staaten aufteilen und die Methode einer Vermeidung von Doppelbesteuerung bestimmten.

Es sollte bereits im Vorfeld des Auslandseinsatzes eine sorgfältige steuerliche Planung erfolgen. Hierfür ist es üblich, dass dem Arbeitnehmer Steuerberatungskosten in Deutschland und vor Ort ersetzt werden.

3. Vergleichbares Inlandsgehalt. Regelmäßig wird bei der Gesellschaft für den Mitarbeiter ein sog. „Schattengehalt" geführt, obgleich er von der Auslandsgesellschaft vergütet wird. Dieses Vergleichbare Inlandsgehalt nimmt an der Gehaltsentwicklung bei der Gesellschaft teil und erleichtert damit die nachteilsfreie Reintegration des Mitarbeiters im Falle der Rückkehr (*Gnann/Gerauer* 135; *Maurer* Rdn. 226 ff.).

Das Vergleichbare Inlandsgehalt dient zugleich als Bemessungsgrundlage für die Zwecke der betrieblichen Altersversorgung oder im gegebenen Falle auch für fortlaufende Beiträge zur inländischen Sozialversicherung.

Sind Lohn- oder Gehaltstarifverträge im Inland auf das Arbeitsverhältnis anwendbar, folgt die Fortschreibung deren jeweiligen Erhöhungen. In den in der Praxis vorrangigen Fällen der Auslandsversetzung von außertariflichen Mitarbeitern ist die Gehaltsentwicklung vergleichbarer Arbeitnehmer der Gesellschaft zugrunde zu legen.

Waren im ruhenden Arbeitsvertrag leistungsabhängige Vergütungsbestandteile vereinbart, so bietet sich die Fortschreibung auf der Basis der letzterreichten Bezüge oder aber eines Referenzzeitraumes in der Vergangenheit an.

4. Ruhen des Arbeitsverhältnisses. Der aktive deutsche Arbeitsvertrag wird für die Laufzeit des Versetzungsvertrages durch vertragliche Vereinbarung ruhend gestellt (s. auch § 1 Abs. (3)), der Arbeitnehmer schuldet keine Arbeitsleistung, die Gesellschaft nicht die bisher regelmäßige Vergütung (*Schaub* § 32 Rdn. 90). Der Ruhensvertrag schafft gleichwohl fortbestehende Zahlungspflichten der Gesellschaft mit Ausgleichs- und ggf. Anreizfunktion im Hinblick auf die Auslandstätigkeit. Berichtspflichten des Mitarbeiters sind auch allein auf Grundlage einer solchen fortbestehenden vertraglichen Bindung zu begründen. Allerdings erlaubt das Formular (was insbesondere dann, wenn im Einzelfall keine Konzernverbindung der Gesellschaften besteht, notwendig ist), dass der Mitarbeiter im jeweils gebotenen Umfang auch seinen Vertraulichkeitsverpflichtungen gegenüber der Auslandsgesellschaft Folge leisten kann.

5. Rückkehr. Mit Ende des Versetzungsvertrages wird der ruhend gestellte **Arbeitsvertrag** des Arbeitnehmers mit der Gesellschaft wieder **aktiviert** und die Gesellschaft schuldet Beschäftigung des Mitarbeiters nach Maßgabe des deutschen Arbeitsvertrags wie vor Beginn der Auslandstätigkeit und bei Rückkehr die Bezahlung der fortgeschriebenen Bezüge.

Die zusätzlich geregelte **Rückkehrgarantie** dient der Verdeutlichung des Reintegrationswillens des Arbeitgebers und legt die Mindestanforderungen an die zu übertragende Tätigkeit fest. Bei der Gestaltung dieser Re-Entry-Klausel sollte ein angemessener Ausgleich der sehr stark divergierenden Interessen von Arbeitnehmer und Gesellschaft gefunden werden.

Im Interesse des Arbeitnehmers ist es, die Auslandstätigkeit in dem Wissen anzutreten, sein inländisches Arbeitsverhältnis ohne die Gefahr einer zwischenzeitlichen Beendigung oder Veränderungen seiner vorherigen Tätigkeit unmittelbar nach Rückkehr fortzusetzen.

Die Gesellschaft wird für die Dauer der Auslandstätigkeit personellen Ersatz finden. Der alte Arbeitsplatz des versetzten Mitarbeiters wird nach Rückkehr möglicherweise nicht mehr zur Verfügung stehen, der Beschäftigungsbedarf generell entfallen sein oder nur noch bei verbundenen Unternehmen bestehen. Die Gesellschaft wird sich die Möglichkeit vorbehalten wollen, auf Pflichtverletzungen des Mitarbeiters auch unter dem Ruhensvertrag angemessen – bis hin zur Beendigung des Arbeitsverhältnisses – reagieren zu können.

Bei der vertraglichen Gestaltung ist zu beachten, dass der Arbeitnehmer bereits durch das bloße Wiederaufleben der Hauptpflichten des bislang ruhenden Arbeitsvertrags nach Ende des Versetzungsvertrages einen Anspruch auf Beschäftigung und Bezahlung nach Maßgabe dieses Arbeitsvertrags mit der Gesellschaft hat, ohne dass es hierzu der ausdrücklichen Rückkehrgarantie bedürfte. Die Re-Entry-Klausel hat aber durchaus materiellen Gehalt. Soweit etwa der inländische Arbeitsvertrag weite Einsatz- oder Versetzungsmöglichkeiten vorsieht, kann die Wiederaufnahmeklausel ein Direktionsrecht der Gesellschaft erheblich beschränken. Die alternative Formulierung nimmt dieses auf und erweitert den Einsatz nach Rückkehr auch auf eventuelle Tochtergesellschaften. Diese sollten auch bei einer individuellen Vereinbarung vorsorglich näher und mit Ortsangabe bezeichnet werden. Zwingend erforderlich ist dies bei vorgefertigten Vertragsbedingungen (vgl. *Hümmerich* NZA 2003, 753, 758). Soweit mit der Formulierung der Re-Entry-Klausel allerdings eine solche Konzernversetzungklausel vereinbart wird, ist darauf hinzuweisen, dass diese zu einer Kündigungserschwerung wegen einer konzernbezogenen Weiterbeschäftigungspflicht für die Gesellschaft führen kann. Zur Ausübung der Klausel durch die Gesellschaft bedarf es entsprechender Einwirkungsmöglichkeiten auf die anderen Konzerngesellschaften, da diese nicht durch den Ruhensvertrag selbst verpflichtet werden können.

Die ausdrückliche Rückkehrgarantie gilt nicht für den Fall, dass der Versetzungsvertrag aus einem von dem Mitarbeiter zu vertretenden Umstand vorzeitig beendet wurde. In diesem Fall soll die Gesellschaft insbesondere auch in die Lage versetzt werden, das inländische Arbeitsverhältnis zu kündigen.

Die Gesellschaft kann im Rahmen der Erforderlichkeit den Mitarbeiter **abberufen**. Für diesen Fall ist der Mitarbeiter zur schnellstmöglichen Lösung des Versetzungsvertrages verpflichtet. Das Abberufungsrecht ist ein einseitiges Leistungsbestimmungsrecht, welches unter Beachtung billigen Ermessens ausgeübt werden muss. Die Ankündigungsfrist und ein zugesicherter Mindestverbleib im Ausland nehmen diese Anforderungen billigen Ermessens vertraglich bereits teilweise vorweg.

Für eine anderweitige **vorzeitige Beendigung des Versetzungsvertrages** kann auf unterschiedliche Weise vertraglich Vorsorge getroffen werden. Oftmals wird in der Praxis eine automatische und vollständige Beendigung des Arbeitsverhältnisses mit der Gesellschaft für den Fall vereinbart, dass der Versetzungsvertrag vorzeitig beendet wurde und diese Beendigung aus Gründen erfolgt, die der Arbeitnehmer zu vertreten hat (*Gnann/Gerauer* 180; *Höreth/Vogel* 76).

Eine solche Beendigungswirkung erscheint nicht interessengerecht, ist vor allem aber rechtlich unzulässig (so auch Preis/*Preis* II A 140 Rdn. 41). Auch das ruhende Arbeitsverhältnis bedarf der Beendigung im Wege der Kündigung oder einvernehmlichen Aufhebung. Eine auflösende Bedingung ist nur in den Grenzen des § 21 TzBfG zulässig, bedarf eines sachlich rechtfertigenden Grundes gemäß § 14 Abs. 1 TzBfG. Die Einschlägigkeit eines anerkannten

Sachgrundes ist hier nicht ersichtlich. Tatsächlich werden im Falle der Bedingung der „Beendigung des Versetzungsvertrages aus vom Arbeitnehmer zu vertretenden Gründen" allein die Anforderungen an eine verhaltensbedingte Kündigung des ruhenden Arbeitsverhältnisses umgangen. Auch fehlt es bei den üblicherweise verwandten Formulierungen zur Verknüpfung des Bestandes beider Verträge an einer abschließenden Beschreibung in der Weise, dass eine objektive Nachprüfung des Bedingungseintritts im Hinblick auf das konkrete Arbeitsverhältnis möglich ist (APS/*Backhaus* § 620 Rdn. 188 ff.). Für die Feststellung des Vertretenmüssens sind schwierige wertende Betrachtungen unerlässlich, welche zu einer Unzulässigkeit der Bedingung mangels hinreichender Bestimmtheit führen (BAG v. 27. 10. 1998 – 2 AZR 109/88 – AP Nr. 16 zu § 620 BGB Bedingung).

Eine unmittelbare rechtliche Verknüpfung des Bestands des Versetzungsvertrages mit dem ruhenden Arbeitsvertrag erscheint auch nicht sachgerecht. Der Mitarbeiter wird nur auf der Grundlage des Ruhensvertrages und der Rückkehrzusage für eine Auslandstätigkeit gewonnen werden können. Nach dem Formular ist der Mitarbeiter insoweit abgesichert, als die Gesellschaft die ordentliche Kündigung des ruhenden Arbeitsverhältnisses ausschließt, soweit sie nicht auf Gründen beruht, die im Verhalten des Arbeitnehmers liegen.

Die **Anwendbarkeit des Kündigungsschutzgesetzes auf den Ruhensvertrag** ist nicht allgemeingültig zu bestimmen. Der Mitarbeiter ist bei reiner Auslandstätigkeit keinem inländischen Betrieb der Gesellschaft zuzuordnen, hierfür genügt wohl auch die verbleibende Stammhausanbindung durch den Ruhensvertrag nicht. Bei Konzernbezug wird mit dem BAG angesichts der Wahl deutschen Rechts, des bloßen Ruhens der Hauptpflichten und dem zusätzlichen Vorbehalt des Rückrufes von einer mindestens konkludenten und freiwilligen Vereinbarung des KSchG auszugehen sein (BAG Urteil vom 21. 1. 1999 – 2 AZR 648/97 – AP Nr. 9 zu § 1 KSchG 1969 Konzern; *Lingemann/v. Steinau-Steinrück* DB 1999, 2161, 2164 f.; *Maurer* Rdn. 400 ff.).

Findet das KSchG Anwendung, so sind im allgemeinen Arbeitnehmer im ruhenden Arbeitsverhältnis mangels Vergleichbarkeit nicht in eine soziale Auswahl einzubeziehen und fehlt auch das betriebliche Bedürfnis für eine Kündigung mangels tatsächlicher Beschäftigung und Vergütungspflicht (BAG Urt. v. 26. 2. 1987 – 2 AZR 177/86 – NZA 1987, 775). Spätestens mit feststehendem Ende des Versetzungsvertrages aber ist die wirksame Aussprache einer Kündigung aus betriebsbedingten Gründen nicht mehr ausgeschlossen. Die Absicherung des Arbeitnehmers, welcher sich zur Auslandsversetzung bereit erklärt, gegen eine solche Kündigung erscheint interessengerecht. Der Schutz geht nach der hier vorliegenden Regelung aber nicht weiter, als dass ihm die Fortsetzung des ursprünglichen Arbeitsverhältnisses in Deutschland für den Lauf der Kündigungsfrist ermöglicht wird.

Die vertragliche Gestaltung muss aber auch die Interessen der Gesellschaft angemessen würdigen. Die Gesellschaft muss aufgrund von Pflichtverletzungen des Mitarbeiters im Ausland oder nach dem Ruhensvertrag das Arbeitsverhältnis im Inland aus verhaltensbedingten Gründen kündigen können. Ein genereller Ausschluss der ordentlichen Kündigung vor Beendigung des Versetzungsvertrages erscheint nicht gerechtfertigt, da die Gesellschaft sonst unterhalb der Schwelle einer außerordentlichen Kündigung auf die Beendigung des Versetzungsvertrages durch die Auslandsgesellschaft angewiesen wäre oder den Mitarbeiter abberufen müsste, um erst danach das reaktivierte Arbeitsverhältnis beenden zu können. Dieses ist insbesondere im Hinblick auf Pflichtverstöße allein gegenüber der Gesellschaft nicht interessengerecht, da Nebenpflichten aus dem ruhenden Arbeitsverhältnis fortbestehen, wegen deren Verletzung die Auslandsgesellschaft den Versetzungsvertrag oft gar nicht wird kündigen können. Das Abberufungsrecht der Gesellschaft allein genügt als Reaktionsmöglichkeit auf Pflichtverletzungen wiederum nicht, so dass der teilweise vorgeschlagene vollständige Verzicht auf das Recht zur ordentlichen Kündigung nicht angemessen ist (*Gnann/Gerauer* 180; Preis/ *Preis* II A 140 Rdn. 41) Die Abberufung zum Zwecke der Kündigung könnte eine unbillige Ausübung des Weisungsrechts der Arbeitgebers darstellen (§ 106 S. 1 GewO). Eine Erweiterung des Abberufungsrechts wegen Pflichtverstößen birgt die Gefahr, dass mit dessen Ausübung bereits eine Sanktion als vereinbart gilt, die ein etwaiges Kündigungsrecht verbraucht.

Der partielle Ausschluss der ordentlichen Kündigungsmöglichkeit dagegen ist sachgerecht, sichert er doch den Arbeitnehmer gegen die isolierte Beendigung des ruhenden Arbeitsverhältnisses aus Gründen, welche er nicht zu vertreten hat. Der Arbeitnehmer hat sich regelmäßig allein auf der Grundlage des Ruhensvertrages zur Versetzung ins Ausland bereit erklärt und beide Vereinbarungen bestimmen gemeinsam seine Ansprüche. Das Vorsehen differenzierter Kündigungsgründe kann allerdings als Hinweis auf die Geltung des KSchG nach dem Willen der Parteien ausgelegt werden, soweit dieses nicht ohnehin Geltung für das ruhende Arbeitsverhältnis beansprucht.

Für die Praxis sollte aber folgende Leitlinie gelten:

Die hier gewählte Konstruktion – eingeschränktes Kündigungsverbot und Re-Entry-Zusage – schafft wesentliche, auch psychologisch bedeutsame Voraussetzungen für die Bereitschaft des Mitarbeiters, sein gewohntes Arbeitsumfeld zu verlassen und sein berufliches Fortkommen in der deutschen Gesellschaft Risiken auszusetzen.

Kann oder soll der Mitarbeiter absehbar nach Beendigung der Auslandtätigkeit nicht in Deutschland weiterbeschäftigt werden, sollte möglichst noch im Ausland während der Laufzeit des Versetzungsvertrages die einvernehmliche Beendigung der in Deutschland fortbestehenden arbeitsvertraglichen Beziehungen gegen Zahlung einer Abfindung gesucht werden. Eine Kündigung unmittelbar nach Rückkehr aus dem Ausland dürfte im Hinblick auf die interne Unternehmenskommunikation und die Bereitschaft anderer Mitarbeiter zum Auslandseinsatz selten ohne Auswirkungen bleiben.

6. Rentenversicherung/Arbeitslosenversicherung. Das **Territorialitätsprinzip der deutschen Sozialversicherung** (§ 3 SGB IV) knüpft die Anwendbarkeit deutschen Sozialversicherungsrechts an das Bestehen eines Beschäftigungsverhältnisses in Deutschland. Dieses Prinzip wird im Rahmen der Ausstrahlung der deutschen Versicherungsvorschriften (§ 4 SGB IV) bei einer zeitlich begrenzten Entsendung in das Ausland im Rahmen eines fortbestehendem Beschäftigungsverhältnisses im Inland durchbrochen („Entsendung im Sinne der Ausstrahlung"). Bei einem ruhenden Arbeitsverhältnis mit der Gesellschaft und organisatorischer Eingliederung in die Auslandsgesellschaft scheidet eine solche Ausstrahlungswirkung aus. Die Vorschriften über die Ausstrahlung treten aber hinter die Regelungen über- und zwischenstaatlichen Rechts zurück (§ 6 SGB IV).

Im Geltungsbereich der **Verordnung EWG 1408/71** ist der Mitarbeiter regelmäßig in dem jeweiligen Tätigkeitsstaat des Europäischen Wirtschaftsraums versicherungspflichtig (Art. 13 Abs. 2 EWG VO 1408/71). Die Verordnung erfasst alle Zweige der deutschen Sozialversicherung. Die Ausnahme einer Entsendung i. S. d. Verordnung mit der Folge der Fortgeltung deutschen Sozialversicherungsrechts liegt bei einem ruhenden Inlandsarbeitsverhältnis und aktivem Auslandsarbeitvertrag nicht vor. In Betracht kommt daher allenfalls der Abschluss einer Ausnahmevereinbarung zur Fortgeltung deutschen Sozialversicherungsrechts (Art. 17 EWG VO 1408/71). Die praktischen Anforderungen hieran sind je nach Mitgliedsstaat uneinheitlich. Voraussetzung ist regelmäßig das Fortbestehen einer vertraglichen Bindung in Deutschland, für welche der Ruhensvertrag genügen würde. Im Allgemeinen darf die Tätigkeit im EWR-Staat fünf Jahre nicht überschreiten.

Deutschland hat mit einer Reihe von Staaten **Abkommen über Soziale Sicherheit** geschlossen (sog. „Abkommenstaaten"), in denen Regelungen für die Versicherungspflicht ausgewählter Zweige der Sozialversicherung getroffen sind. Es sind nicht in jedem Fall Regelungen für alle Zweige der Sozialversicherung getroffen. Für jeden Abkommenstaat muss daher gesondert der persönliche und sachliche Geltungsbereich bestimmt werden. Die Abkommen ordnen für Entsendungen in gewissen zeitlichen Grenzen die Fortgeltung deutschen Sozialversicherungsrechts an. Auch im Rahmen dieser Verträge gilt die hier behandelte Auslandsversetzung mit Ruhensvertrag nicht als Entsendung. Die Abkommen erlauben aber in diesem Fall den Abschluss von Ausnahmevereinbarungen über die Fortgeltung der deutschen Rechtsvorschriften, soweit dieses den Interessen des Arbeitnehmers dient.

Das Formular nimmt die praktisch wesentliche Fallgestaltung der Ausnahmevereinbarung in Bezug.

Soll eine **Tätigkeit im „vertragslosen Ausland"** erfolgen, richtet sich die Versicherungspflicht allein nach den gesetzlichen Regelungen der beteiligten Staaten. Mangels Ausstrahlung (§ 4 SGB IV) wird dies zwar in der Regel nicht zu einer Doppelversicherung, im Einzelfall aber zum

Nichtbestehen jeglicher Versicherungspflichten und Leistungsansprüche führen können. Gleiches Ergebnis gilt für die Versicherungszweige, welche bei Tätigkeit in einem ausländischen „Abkommenstaat" von den zwischenstaatlichen Verträgen nicht erfasst sind.

Im Bereich der Rentenversicherung gilt die Besonderheit, dass bei Nichtbestehen einer Versicherungspflicht in Deutschland und ohne Abschluss einer Ausnahmevereinbarung eine freiwillige Versicherung (§ 7 SGB VI) oder eine Versicherungspflicht auf Antrag der inländischen Gesellschaft für den Arbeitnehmer begründet werden kann (§ 4 Abs. 1 SGB VI). Die Pflichtversicherung auf Antrag ist allein bei einer – hier gegebenen – zeitlichen Begrenzung der Tätigkeit im Ausland möglich. Diese Einschränkung gilt für die freiwillige Versicherung nicht.

Eine vergleichbare Möglichkeit der freiwilligen Versicherung besteht für die deutsche Arbeitslosenversicherung nicht.

7. Krankenversicherung. Auch bei möglicher Fortgeltung deutschen Sozialversicherungsrechts (Anm. 6) für die Dauer des Versetzungsvertrages ruht der Leistungsanspruch des Arbeitnehmers gegen die deutsche Krankenversicherung bei einem Auslandsaufenthalt. Zur Absicherung empfiehlt sich der Abschluss einer privaten Auslandskrankenversicherung. Dies gilt wegen möglicher Lücken des Versicherungsschutzes bei hohen ausländischen Behandlungskosten auch dann, wenn eine Erstattungspflicht des Arbeitgebers nach § 17 Abs. 1 S. 2 SGB V und dem korrespondierend der Krankenkasse nach § 17 Abs. 2 SGB V in Höhe der im Inland ersatzfähigen Kosten in Betracht kommt.

Im Fall des Bestehens einer privaten Krankenversicherung in Deutschland ermöglicht die Gesellschaft dem Arbeitnehmer die nachteilsfreie Aufrechterhaltung der Mitgliedschaft durch die Übernahme der Ruhensbeiträge.

8. Unfallversicherung. Nur im Ausnahmefall erlaubt eine in Deutschland bestehende berufsgenossenschaftliche Unfallversicherung nach Satzung eine Versicherung im Ausland (Beispiel: Auslandsunfallversicherung der BG Chemie). Ist dies nicht der Fall, wird die Gesellschaft eine private Unfallversicherung für Arbeits- und Wegeunfälle abschließen.

Üblich und angemessen ist auch die Gewährleistung eines Versicherungsschutzes für Unfallfolgen außerhalb der Arbeitszeit. Die Gesellschaft wird hier oftmals auf Gruppenversicherungen zurückgreifen können.

9. Betriebliche Altersversorgung. Besteht bei der Gesellschaft eine betriebliche Altersversorgung, so richten sich die Rechte des Arbeitnehmers bei ruhendem inländischen Arbeitsverhältnis nach der konkreten Versorgungsordnung (*Maurer* Rdn. 473).

Gestattet die Versorgungsordnung eine fortbestehende Mitgliedschaft, kann die Bemessungsgrundlage wegen der regelmäßig höheren Auslandsbezüge fraglich sein. Hier bietet sich – soweit möglich – die Festlegung der vergleichbaren Inlandsbezüge an.

Auch wenn die deutsche Gesellschaft Versorgungsschuldner bleibt, können die weiteren Fragen der Fortgeltung einer betrieblichen Altersversorgung nicht allgemeingültig beantwortet werden. Problematisch kann sein, ob für die Laufzeit des Versetzungsvertrages und die tatsächliche Tätigkeit im Ausland die Vorschriften des BetrAVG nur aufgrund des ruhenden Arbeitsverhältnisses in Deutschland zur Anwendung kommen oder aber ein ausgeübtes Arbeitsverhältnis erforderlich ist. Ähnliches gilt für die Fragen der Insolvenzsicherung über den Pensionssicherungsverein.

In jedem Falle sollte eine ausdrückliche, auf die konkrete betriebliche Altersversorgung abgestimmte Regelung getroffen werden.

10. Umzugskosten/Reisekosten/Eingliederungszuschuss. Die Übernahme entsprechender Kosten wird notwendige Voraussetzung für eine Bereitschaft des Mitarbeiters für einen Auslandseinsatz sein. Die Rückreisekostenregelung differenziert. Bei Beendigung des Versetzungsvertrages ohne Vertretenmüssen des Arbeitnehmers und Rückkehr ist eine volle Kostentragung geboten (vgl. BAG v. 26. 7. 1995 – 5 AZR 216/94 – AP Nr. 7 zu § 157 BGB). Hat der Mitarbeiter die Beendigung zu vertreten, so ist eine Einschränkung zwar gerechtfertigt, nicht aber in vollem Umfang (*Gnann/Gerauer* 170). Die hier gefundene Regelung schafft einen sachgerechten Ausgleich für Zeiten vertragsgemäßer Tätigkeit.

In steuerlicher Hinsicht bestimmt sich die Höhe der Beträge, welche steuerfrei erstattet werden können, nach der Auslandsumzugskostenverordnung (BGBl I 1991, 1072). Auch über die dort genannten Beträge hinaus kommt eine steuerfreie Erstattung dann in Betracht, wenn der Arbeitnehmer selbst übersteigende Aufwendungen als Werbungskosten geltend machen könnte. Soweit die so ermittelten Beträge gleichwohl überschritten sind, beugt die zusätzliche Klausel in Abs. (5) einer Auslegung als Nettolohnabrede vor.

Im **Versetzungsvertrag** werden oftmals zusätzliche Pflichten zur Kostenübernahme durch die Auslandsgesellschaft vorgesehen:

Üblich sind Mietkostenzuschüsse und die Übernahme von Maklerkosten. Ist im Ausland keine kostenfreie Schulbildung der Kinder des Arbeitnehmers möglich, so verpflichtet sich die Auslandsgesellschaft oftmals zur Übernahme der Kosten unter Begrenzung auf einen Höchstbetrag. Gleiches gilt für Betreuungskosten für nicht schulpflichtige Kinder.

11. Urlaub/Besprechungen. Die Regelung eines Zusatzurlaubs des Mitarbeiters unter Übernahme der Reisekosten durch die Gesellschaft ist üblich und im Interesse beider Parteien geboten. Der Zusatzurlaub bietet die Möglichkeit von Besprechungen in Deutschland, die insbesondere auch für die Vorbereitung der Rückkehr unerlässlich sein dürften. Entsprechend der Konzeption des ausgeübten Arbeitsverhältnisses im Ausland und des lediglich ruhenden Arbeitsverhältnisses im Inland muss der Zusatzurlaub von der Auslandsgesellschaft gewährt werden. Diese ist es, die den Arbeitnehmer von seiner Arbeitspflicht freizustellen hat.

Der Turnus von Zusatzurlaub und Reisekostenübernahme wird sich vorrangig nach der Dauer der Auslandstätigkeit und der Entfernung des Einsatzlandes bemessen.

12. Sprachunterricht. Die Erlangung hinreichender Sprachkenntnisse ist Voraussetzung eines erfolgreichen Einsatzes im Ausland. Die Kostenübernahme durch den Arbeitgeber sachgerecht und üblich. Für den Besuch von Sprachkursen kann eine Freistellung von der Arbeitspflicht in Deutschland vor Antritt der Auslandstätigkeit erfolgen.

13. Entschädigungszahlung. In verschiedenen Ländern bestehen zwingende Vorschriften, die für Mitarbeiter Abfindungen für das Ausscheiden aus dem Arbeitsverhältnis vorsehen. Auch dann, wenn in einem Versetzungsvertrag die Anwendung deutschen Rechts vereinbart sein sollte, welches eine solche Entschädigung nicht kennt, können sich zwingende arbeitnehmerschützende Vorschriften der ausländischen Rechtsordnung im Einzelfall durchsetzen.

Die Entschädigungszahlungen haben regelmäßig Ausgleichscharakter, etwa wegen unzureichender Absicherung der Arbeitslosigkeit oder des Verlusts von Anwartschaften auf eine betriebliche Altersversorgung. Versetzungs- und Ruhensvertrag schaffen in ihrem Zusammenspiel eine Absicherung des Arbeitnehmers, nach welcher es der Inanspruchnahme einer solchen Entschädigung nicht bedarf. Der Mitarbeiter verpflichtet sich folglich zum Verzicht auf die Entschädigung. Je nach Ausgestaltung des Entschädigungsanspruchs im Ausland ist es nicht ausgeschlossen, dass ein solcher Verzicht gegenüber der Auslandsgesellschaft nicht wirksam erklärt werden kann. Für diesen Fall ist der Arbeitnehmer zur Abführung der Entschädigung an die Gesellschaft verpflichtet. Höchst vorsorglich schließlich ist die Entschädigungszahlung auf Leistungen der Gesellschaft anrechenbar. Zur Anrechnung von Leistungen ist der Arbeitgeber nur berechtigt, soweit dieses vertraglich oder gesetzlich vorgesehen ist (näher *Schaub* § 87 Rdn. 21).

Teilweise wird vorgeschlagen, eine solche Verzichts-, Abführungs- und Anrechnungsklausel nur für den Fall zu vereinbaren, dass der Mitarbeiter seine Tätigkeit für die Gesellschaft tatsächlich nach Beendigung des Versetzungsvertrages wieder aufnimmt (Preis/*Preis* II A 140 Rdn. 43). Dies ist in der Alternative in Abs. (4) berücksichtigt. Damit dürfte ausgeschlossen sein, dass im Rahmen vorformulierter Vertragsbedingungen die Klausel insgesamt als unangemessene Benachteiligung des Arbeitnehmers gemäß § 307 Abs. 1 BGB gewertet wird.

14. Schlussbestimmungen. Es wird auf Form. A. II. 1, dort § 13, verwiesen. Abweichend bedarf es im Ruhensvertrag keiner Regelung zu unvollständigen oder unrichtigen Angaben des Arbeitnehmers bei der Einstellung (A. II. 1 § 13 Abs. (1)). Da der Ruhensvertrag nicht den bestehenden aktiven Arbeitsvertrag ersetzen soll, allein dessen Hauptpflichten inaktiviert, ist auch die Regelung in A. II. 1 § 13 Abs. (3) S. 1 nicht zu verwenden.

Auch ohne die vorliegende Vereinbarung unterliegt der Ruhensvertrag deutschem Recht. (Art. 30 oder Art. 28 Abs. 2 EGBGB). Es kommt dafür nicht entscheidend darauf an, ob man den Ruhensvertrag selbst als Arbeitsverhältnis i. S. d. Art. 30 EGBGB ansieht.

Der Arbeitnehmer erhält ein Exemplar der Vereinbarung ausgehändigt, so dass den Anforderungen des § 2 Abs. 2, Abs. 4 NachwG genügt wird.

2. Arbeitsvertrag mit ausländischem Arbeitnehmer[1]

Arbeitsvertrag

zwischen
...... (Name und Anschrift des Arbeitgebers) „Gesellschaft"
und
Herrn ...... (Name und Anschrift des Arbeitnehmers) „Mitarbeiter"

§ 1 Position und Aufgaben[2]

§ 2 Arbeitszeit[3]

§ 3 Vergütung[4, 5, 6]

§ 4 Ärztliche Untersuchung/Abwesenheit/Krankheit[7]

§ 5 Reisekosten/Auslagen[8]

§ 6 Urlaub[9]

§ 7 Persönliche Leistungshindernisse[10]

(1) Die Gesellschaft gewährt dem Mitarbeiter Entgeltfortzahlung in den nachfolgend aufgeführten Fällen, wenn der Mitarbeiter ohne sein Verschulden aus persönlichen Gründen vorübergehend an der Erbringung der Arbeitsleistung gehindert ist (§ 616 S. 1 BGB).
a) Niederkunft der Ehefrau (1 Arbeitstag),
b) Tod des Ehegatten, eines Kindes oder eines Elternteils (2 Arbeitstage),
c) Umzug aus dienstlichem Grund an einen anderen Ort (1 Arbeitstag).
Die Entgeltfortzahlung ist auf die jeweils angegebene Dauer beschränkt. In sonstigen Fällen, insbesondere bei Leistungsverweigerung aus Glaubens- und Gewissensgründen, wird keine Entgeltfortzahlung gewährt[11].

(2) Die Gesellschaft gewährt dem Mitarbeiter bei persönlichen Leistungshindernissen bis zu einer Höchstdauer von ...... Tagen pro Jahr unbezahlten Sonderurlaub, wenn die Arbeitsleistung dem Mitarbeiter unter Abwägung seiner Interessen mit den betrieblichen Interessen der Gesellschaft unzumutbar ist[12]. Der Mitarbeiter hat seinen Urlaubswunsch zwei Wochen vor Eintritt des Leistungshindernisses schriftlich und unter Angabe von Gründen anzumelden. Tritt ein persönliches Leistungshindernis so kurzfristig ein, dass der Mitarbeiter diese Ankündigungsfrist nicht einhalten kann, hat der Mitarbeiter seinen Urlaubswunsch unverzüglich nach Kenntnis des Leistungshindernisses der Gesellschaft anzuzeigen.

(3) Im Übrigen bleiben die gesetzlichen Rechte des Mitarbeiters bei persönlichen Leistungshindernissen unberührt[13].

§ 8 Nebentätigkeiten[14]

§ 9 Geheimhaltung/Behandlung von Gegenständen und Daten[15]

§ 10 Schutzrechte[16]

§ 11 Laufzeit/Kündigung[17], Vertragsstrafe[18]

§ 12 Aufenthaltstitel mit Berechtigung zur Ausübung einer Beschäftigung, Arbeitsgenehmigung-EU[19]

Der Mitarbeiter ist verpflichtet, rechtzeitig und selbständig die Erteilung oder Verlängerung des erforderlichen Aufenthaltstitels, der zur Ausübung einer Beschäftigung berechtigt, oder der erforderlichen Arbeitsgenehmigung-EU zu beantragen[20, 21, 22, 23, 24]. Er hat der Gesellschaft auf Verlangen Auskunft über den Stand des Verfahrens zu erteilen. Bei Ablehnung der Erteilung bzw. Verlängerung des erforderlichen Aufenthaltstitels bzw. der Arbeitsgenehmigung-EU hat der Mitarbeiter die Gesellschaft ohne Aufforderung unverzüglich zu informieren[25, 26].

§ 13 Verfall von Ansprüchen, Verjährung[27]

§ 14 Öffnungsklausel für Betriebsvereinbarungen und Tarifverträge[28]

§ 15 Gerichtsstand

Hat der Mitarbeiter keinen Wohnsitz in Deutschland, verlegt er seinen Wohnsitz oder gewöhnlichen Aufenthaltsort ins Ausland oder ist sein Wohnsitz oder sein gewöhnlicher Aufenthalt zum Zeitpunkt der Klageerhebung unbekannt, so wird der Sitz der Gesellschaft als Gerichtsstand vereinbart[29].

(*Alternative*[30]:
Gerichtsstand ist ......)

(*Alternative:*
Der Gerichtsstand richtet sich nach den europäischen Abkommen, sofern diese den deutschen gesetzlichen Vorschriften vorgehen.)

§ 16 Rechtswahl[31]

Das Arbeitsverhältnis und der Arbeitsvertrag unterliegen dem Recht der Bundesrepublik Deutschland.

§ 17 Schlussbestimmungen[32]

(1) Unvollständige oder unrichtige Angaben bei der Einstellung, insbesondere im Personalfragebogen, können zur sofortigen Beendigung des Arbeitsvertrags führen.

(2) Der Mitarbeiter wird der Gesellschaft alle Änderungen über die Angaben zu seiner Person, soweit sie für den Arbeitsvertrag von Bedeutung sind, unverzüglich mitteilen. Der Mitarbeiter versichert, unter der jeweils angegebenen Adresse postalisch erreichbar zu sein und der Gesellschaft Änderungen der Zustelladresse unverzüglich schriftlich mitzuteilen. Aus der Nichtbeachtung dieser Verpflichtung etwa entstehende Nachteile gehen zu Lasten des Mitarbeiters.

(3) Dieser Arbeitsvertrag ersetzt alle eventuellen vorherigen Vereinbarungen zwischen den Vertragsparteien über das Arbeitsverhältnis. Mündliche Nebenabreden bestehen nicht. Änderungen oder Ergänzungen dieses Arbeitsvertrags einschließlich dieser Bestimmung bedürfen zu ihrer Wirksamkeit der Schriftform. Das Schriftformerfordernis bezieht sich auch auf etwaige Ansprüche aus betrieblicher Übung.

(4) Sollte eine Bestimmung dieses Arbeitsvertrags ganz oder teilweise unwirksam sein oder werden, so wird hiervon die Wirksamkeit der übrigen Bestimmungen dieses Arbeitsvertrags nicht berührt. An die Stelle der unwirksamen Bestimmung tritt die gesetzlich zulässige Bestimmung, die dem mit der unwirksamen Bestimmung Gewollten wirtschaftlich am nächsten kommt. Dasselbe gilt für den Fall einer vertraglichen Lücke.

(5) Der Erfüllungsort richtet sich nach den gesetzlichen Vorschriften.
(6) Der Mitarbeiter hat eine Ausfertigung dieses Arbeitsvertrags erhalten[33].

......
Ort, Datum

......
Ort, Datum

......
Unterschrift der Gesellschaft[34]

......
Unterschrift des Mitarbeiters

Schrifttum: *Bittner*, Arbeitsvertraglicher Gleichbehandlungsgrundsatz und ausländisches Arbeitsvertragsstatut, NZA 1993, 161; *Canaris*, Grundrechte und Privatrecht, AcP 184 (1984), 201; *Dauner-Lieb*, Schuldrecht, 2002; *de Weerth*, Lohnsteuerabzug bei grenzüberschreitendem Arbeitnehmerverleih, IStR 2003, 123; *Fasshauer*, Rechtsfragen zur unbezahlten Freistellung, NZA 1986, 453, 457; *Franzen*, Internationale Gerichtsstandsvereinbarungen in Arbeitsverträgen zwischen EuGVÜ und autonomem internationalen Zivilprozessrecht, RIW 2000, 81; *Freckmann*, Greencard ist nicht alles: Beschäftigung von Ausländern in Deutschland, BB 2000, 1402; *Gaul/Lunk*, Greencard: Chancen und Probleme bei der Beschäftigung ausländische Arbeitnehmer im IT-Bereich, DB 2000, 1281; *Geimer/Schütze*, Europäisches Zivilverfahrensrecht, 1997; *Gotthardt*, Arbeitsrecht nach der Schuldrechtsreform, 2002; *Grabau*, Die Wahrnehmung religiöser Pflichten im Arbeitsverhältnis, BB 1991, 1257; *Greiner*, Ideelle Unzumutbarkeit, Diss. 2004; *Hartmann*, Grenzpendler, Lexikon des Steuer- und Wirtschaftsrechts Gruppe 4/159, 1; *Henssler* Das Leistungsverweigerungsrecht des Arbeitnehmers bei Pflichten- und Rechtsgüterkollision, AcP 190 (1990), 538; *Henssler*, Arbeitsrecht und Schuldrechtsreform, RdA 2002, 129; *Holzapfel*, Probleme der Besteuerung von Grenzgängern im Verhältnis zu Deutschland, SWI 2001, 426; *Hromadka*, Schuldrechtsmodernisierung und Vertragskontrolle im Arbeitsrecht, NJW 2002, 2523; *Klein*, Kommentar zur Abgabenordnung, 8. Aufl. 2003; *Lang/Zieseritsch*, Begriff der unselbständigen Arbeit nach Art. 15 OECD-MA, Arbeitnehmer im Recht der Doppelbesteuerungsabkommen 2003, 31; *Lingscheid*, Antidiskriminierung im Arbeitsrecht, Diss. 2004; *Otto*, Personale Freiheit und soziale Bindung, 129; *Marschner*, Einführung einer „Greencard" für ausländische Fachkräfte in der Informationstechnologie ZTR 2000, 401; *Moll/Reichel*, „Green Card" – Verfahren, Voraussetzungen und arbeitsrechtliche Fragen, RdA 2001, 308; *Niesel*, Kommentar zum SGB III, 2. Aufl. 2002; *Preis*, Der Arbeitsvertrag, 2. Aufl. 2005; *Preis/Greiner*, Anmerkung zu BAG Urt. v. 10. 2. 2002, RdA 2003, 244; *Reuter*, Das Gewissen des Arbeitnehmers als Grenze des Direktionsrechts des Arbeitgebers, BB 1986, 385, 389; *Schmidt*, Kommentar zum Einkommensteuergesetz, 23. Aufl. 2004; *Vogel/Lehner*, Kommentar zum Doppelbesteuerungsabkommen, 4. Aufl. 2003; *Wassermeyer*, Praktische Anwendung von Doppelbesteuerungsabkommen, insbesondere mit anderen EU-Staaten, Internationales Steuerrecht 2000, 95 (BeratungsAkzente 30); *Zöllner*, Regelungsspielräume im Schuldvertragsrecht, AcP 196 (1996), 1, 13 f.

Anmerkungen

1. Sachverhalt und Anwendungsbereich. Das vorliegende Formular ist für die Anstellung eines ausländischen Arbeitnehmers bei einem Arbeitgeber mit Sitz in Deutschland konzipiert, wobei unterstellt wird, dass der Arbeitnehmer seine Tätigkeit in Deutschland ausübt. Rechtliche Besonderheiten gegenüber der Beschäftigung deutscher Arbeitnehmer ergeben sich insbesondere in den Bereichen Besteuerung der Vergütung (s. dazu Anm. 6), bei Leistungshindernissen (Anm. 11 bis 14), Aufenthaltstitel und Arbeitsgenehmigung-EU (s. dazu Anm. 17 bis 21) sowie der Gerichtsstandsvereinbarung (Anm. 29 und 30). Das Formular beruht im Übrigen auf dem Arbeitsvertrag ohne Tarifbindung (s. Form. A. II. 1). Sofern ausländische Führungskräfte beschäftigt werden, können ergänzend die Regelungen des Arbeitsvertrags für Führungskräfte (Form. A. II. 3) herangezogen werden.

2. Position und Aufgaben. S. Form. A. II. 1, dort unter § 1.

3. Arbeitszeit. S. Form. A. II. 1, dort unter § 2.

4. Vergütung. Zu der vertraglichen Regelung der Vergütung im Allgemeinen s. Form. A. II. 1 § 3, Anm. 6 bis 9. Hinsichtlich der vertraglichen Vergütung des ausländischen Arbeitnehmers ist der Gleichbehandlungsgrundsatz zu beachten. Unterliegt das Anstellungsverhältnis deutschem Recht, darf der Arbeitgeber nach dem **Gleichbehandlungsgrundsatz** ausländische Arbeitnehmer nicht willkürlich schlechter behandeln als inländische (KHzA/*Braasch* 1.2 Rdn. 100; Schaub/*Schaub* § 42 Rdn. 3). Bei der Wahl eines ausländischen Vertragsstatuts, die bei dem hier unterstellten Sachverhalt nicht zweckmäßig erscheint, ergäbe sich die Anwendbarkeit des Gleichbehandlungsgrundsatzes aus Art. 27 Abs. 3, Art. 30 Abs. 1 oder Art. 34 EGBGB (*Bittner* NZA 1993, 161 ff.). Eine vollständige Gleichstellung aufgrund des Gleichbehandlungsgrundsatzes ist zwar nicht erforderlich, sachliche Differenzierungsgründe (wie z. B. eine fehlende gleichwertige Ausbildung) dürfen vielmehr zur unterschiedlichen Behandlung von inländischen und ausländischen Arbeitnehmern führen. Im Bereich der Vergütung ist der Gleichbehandlungsgrundsatz bei individuell vereinbarter Vergütung im Übrigen bislang auch nur beschränkt anwendbar, da der Grundsatz der Vertragsfreiheit Vorrang hat (BAG Urt. v. 13. 2. 2002 – 5 AZR 713/00 – AP Nr. 184 zu § 242 BGB Gleichbehandlung; BAG Urt. v. 19. 8. 1992 – 5 AZR 513/91 – AP Nr. 102 zu § 242 BGB Gleichbehandlung). Angehörige eines EU-Mitgliedstaates sind durch Art. 39 (ex-Art. 48) EGV und Art. 7 Abs. 1 der VO EWG Nr. 1612/68 vom 15. 10. 1968 über die Freizügigkeit der Arbeitnehmer innerhalb der Gemeinschaft vor Diskriminierung hinsichtlich der Beschäftigungs- und Arbeitsbedingungen besonders geschützt. Der Gleichbehandlungsgrundsatz gilt auch bei der betrieblichen Altersversorgung. Wenn eine betriebliche Versorgungsordnung eine Gesamtversorgung vorsieht, dann ist grundsätzlich auch eine Anrechnung ausländischer Renten nach Maßgabe des § 5 Abs. 2 S. 2 BetrAVG möglich (BAG Urt. v. 24. 4. 1990 – 3 AZR 309/88 – EzA Nr. 23 zu § 5 BetrAVG). Zu beachten sind in diesem Zusammenhang europarechtliche Regelungen (wie z. B. die VO (EWG) 1408/71 – EG Soziale Sicherheits-Verordnung) und sonstige zwischenstaatliche Vereinbarungen (s. dazu Schaub/*Schaub* § 3 Rdn. 204).

5. Einkommensteuer. Die Einkommensteuer wird bei Einkünften aus nichtselbständiger Tätigkeit grundsätzlich im Wege des Lohnsteuerabzugverfahrens erhoben, sofern der Arbeitgeber in Deutschland ansässig ist (§ 38 Abs. 1 S. 1 Nr. 1 EStG). Der Arbeitgeber ist verpflichtet, die Lohnsteuer einzubehalten und abführen (§§ 38 Abs. 3 S. 1, 41a Abs. 1 EStG). Die Besteuerung ausländischer Arbeitnehmer knüpft unabhängig von deren Staatsangehörigkeit an den Wohnsitz oder den gewöhnlichen Aufenthaltsort des Arbeitnehmers (Ansässigkeit) an (§ 1 Abs. 1 EStG; zur Bestimmung des Wohnsitzes s. Klein/*Gersch* § 8 Rdn. 5, zum gewöhnlichen Aufenthalt Klein/*Gersch* § 9 Rdn. 2). Bei der Besteuerung ausländischer Arbeitnehmer mit Tätigkeit in Deutschland sind im Wesentlichen zwei Fallgestaltungen relevant: Der ausländische Arbeitnehmer hat seinen Wohnsitz bzw. Aufenthaltsort nur in Deutschland oder er behält seine heimatliche Ansässigkeit (z. B. bei Pendlern in Grenzregionen).

Befinden sich Wohnsitz oder gewöhnlicher Aufenthaltsort in Deutschland, ist der in Deutschland tätige Arbeitnehmer in Deutschland unbeschränkt steuerpflichtig, § 1 Abs. 1 EStG. Die Staatsangehörigkeit berührt die Steuerpflicht grundsätzlich nicht (Schmidt/*Heinicke* EStG § 1 Rdn. 11). Besteht eine unbeschränkte Einkommensteuerpflicht, besteuert der Staat das gesamte Welteinkommen des Steuerpflichtigen.

Behält der ausländische Arbeitnehmer seine heimatliche Ansässigkeit bei (dies richtet sich nach dem dort geltenden nationalen Recht), folgt daraus i. d. R. die (beschränkte) Besteuerung der Einkünfte aus nichtselbständiger Arbeit in Deutschland. Besteht mit dem Heimatstaat des Arbeitnehmers ein **Doppelbesteuerungsabkommen** (DBA), folgt die beschränkte Steuerpflicht aus Art. 15 Abs. 1 OECD-Musterabkommen (das OECD-Musterabkommen liegt den mit verschiedenen Staaten geschlossenen einzelnen Doppelbesteuerungsabkommen zugrunde). Gilt **kein DBA** und hat der Arbeitnehmer weder Wohnsitz noch gewöhnlichen Aufenthalt in Deutschland, folgt die beschränkte Steuerpflicht aus § 1 Abs. 4 EStG; § 49 Abs. 1 Nr. 4 EStG.

Ist der Arbeitnehmer sowohl in seinem Heimatland als auch in Deutschland ansässig und besteht mit dem Heimatstaat des Arbeitnehmers ein DBA (doppelte Ansässigkeit), bestimmt Art. 4 Abs. 2 OECD-MA, welcher Vertragsstaat für die Anwendung des OECD-MA als alleiniger Ansässigkeitsstaat gilt. Gilt Deutschland als alleiniger Ansässigkeitsstaat, so ist der Arbeitnehmer in Deutschland unbeschränkt steuerpflichtig. Gilt im Fall der doppelten Ansässigkeit kein DBA, so ist der ausländische Arbeitnehmer in Deutschland unbeschränkt steuerpflichtig und unterliegt zudem dem nationalen Steuerrecht seines Heimatlandes. Bezüglich weiterführender Literatur zur Besteuerung s. Schrifttumsangaben.

6. Sozialversicherung. Grundsätzlich unterliegen auch ausländische Staatsbürger den inländischen Vorschriften über die Sozialversicherungspflicht und die Sozialversicherungsberechtigung, wenn sie in Deutschland als Arbeitnehmer beschäftigt sind, § 3 Nr. 1 SGB IV. Zu beachten sind über- und zwischenstaatliche Regelungen zur Sozialversicherung, die dem deutschen Recht vorgehen, § 6 SGB IV. So regelt die VO (EWG) 1408/71 die Kollision der Sozialversicherungsvorschriften mehrerer EU/EWR-Staaten dahingehend, dass grundsätzlich die Vorschriften des Staates anwendbar sind, in dem der Arbeitnehmer abhängig beschäftigt ist (Art. 13 Abs. 2 lit. a) VO 1408/71). Im Falle der Tätigkeit eines EU-Ausländers in Deutschland für einen deutschen Arbeitgeber ist daher grundsätzlich das deutsche Sozialversicherungsrecht anwendbar.

7. Abwesenheit/Krankheit. S. Form. A. II. 1, dort unter § 4.

8. Reisekosten. S. Form. A. II. 1, dort unter § 5.

9. Urlaub. S. zunächst Form. A. II. 1, dort unter § 6. In der Praxis wird ausländischen Arbeitnehmern häufig **unbezahlter Sonderurlaub** gewährt, um ihnen einen längeren Aufenthalt im Heimatland zu ermöglichen. Ein Anspruch des Arbeitnehmers auf unbezahlten Sonderurlaub kann sich aus Arbeits- oder Tarifvertrag, Betriebsvereinbarung, betrieblicher Übung und Gleichbehandlungsgrundsatz ergeben (KHzA/*Braasch* 1.2 Rdn. 100). Zu Sonderurlaub und Leistungsverweigerungsrechten s. Anm. 11 bis 14.

10. Persönliche Leistungshindernisse. Gerade bei ausländischen Arbeitnehmern besteht die Gefahr einer Leistungsverweigerung aus persönlichen Gründen. Zu denken ist einerseits an interkulturelle Konfliktsituationen: Der Arbeitnehmer verweigert die Arbeit wegen eines religiösen Feiertages (LAG Düsseldorf Urt. v. 14. 2. 1963 – 7 Sa 581/62 – JZ 1964, 258; dazu *Echterhölter* BB 1964, 597), wegen kurzer Gebetspausen (LAG Hamm Urt. v. 18. 1. 2002 – 5 Sa 1782/01 – NZA 2002, 675) oder wegen Unvereinbarkeit des Arbeitsinhalts mit Grundsätzen seines Glaubens. Andererseits kommen auch „äußere" Pflichtkollisionen in Betracht: Der Arbeitnehmer will sich um einen erkrankten Familienangehörigen in seinem Heimatland kümmern oder wird zum Wehrdienst in seinem Heimatland eingezogen (BAG Urt. v. 22. 12. 1982 – 2 AZR 282/82 – AP Nr. 23 zu § 123 BGB; BAG Urt. v. 7. 9. 1983 – 7 AZR 433/82 – AP Nr. 7 zu § 1 KSchG 1969 Verhaltensbedingte Kündigung; BAG, Urt. v. 20. 5. 1988 – 2 AZR 682/87 – AP Nr. 9 zu § 1 KSchG 1969 Personenbedingte Kündigung). In diesen Fällen gewährt vor allem § 275 Abs. 3 BGB dem Arbeitnehmer ein Leistungsverweigerungsrecht, sofern ihm die Erbringung der Arbeitsleistung unter Abwägung der wechselseitigen Interessen unzumutbar ist. Streitig ist die systematische Einordnung der Glaubens- und Gewissenskonflikte (für eine Einordnung unter § 275 Abs. 3 BGB u.a.: *Schaub* § 45 Rdn. 30; *Gotthardt* Rdn. 92 und 150; *Henssler* RdA 2002, 129.131; ErfKomm/*Preis* § 611 BGB Rdn. 849 m. weit. Nachw.; zur systematischen Einordnung *Greiner* 135 ff., 364 ff; für die Einordnung unter § 313 *Dauner-Lieb* § 275 Rdn. 19). Im Ergebnis ist dieser Streit jedoch ohne Bedeutung, da ein Leistungsverweigerungsrecht wegen Unzumutbarkeit – unabhängig von der Rechtsgrundlage – anerkannt wird.

Mit der Regelung im Formular wird der Versuch unternommen, die Problematik einerseits durch eine Einschränkung des Anwendungsbereichs von § 616 BGB und andererseits durch die Einräumung eines Anspruchs auf unbezahlten Sonderurlaub angemessen zu regeln.

11. Entgeltfortzahlung bei persönlichen Leistungshindernissen. Nach der gesetzlichen Konzeption wird dem Arbeitnehmer bei einer einseitigen Leistungsverweigerung (§ 275 Abs. 3 BGB) Entgeltfortzahlung gewährt, wenn die Dauer der Leistungshinderung eine „verhältnismäßig nicht erhebliche Zeit" nicht übersteigt, § 616 S. 1 BGB. Möglich ist es jedoch, § 616 BGB vertraglich insoweit abzubedingen, als abschließend geregelt werden kann, welche Fälle hiervon erfasst sein sollen (BAG Urt. v. 18. 1. 2001 – 6 AZR 492/99 – AP Nr. 8 zu BAT § 52; BAG (GS) Beschl. v. 17. 12. 1959 – GS 2/59 – BAGE 8, 285, 292; ErfKomm/*Dörner* § 616 BGB Rdn. 19; Palandt/*Putzo* § 616 BGB Rdn. 3).

In Abs. (1) der vorgeschlagenen Klausel werden daher Fälle, in denen Entgeltfortzahlung nach § 616 BGB gewährt wird, abschließend aufgeführt. Die Leistungsverweigerung aus Gewissens- und religiösen Gründen wird dabei angenommen (§ 7 Abs. 1 S. 3). Ob § 616 BGB überhaupt auf Glaubens- und Gewissenskonflikte Anwendung findet, ist umstritten (befürwortend u. a. *Canaris* AcP 184 (1984), 201, 238; *Grabau* BB 1991, 1257, 1262; *Henssler* AcP

190 (1990), 538, 567; ablehnend u.a. Staudinger/*Oetker* § 616 BGB Rdn. 69; *Reuter* BB 1986, 385, 389; *Kohte* NZA 1989, 161, 167). Jedenfalls dient der ausdrückliche vertragliche Ausschluss des Entgeltfortzahlungsanspruchs gemäß § 616 BGB einer Klärung der umstrittenen Rechtslage. Die Regelung dürfte auch im Hinblick auf die Inhaltskontrolle bei allgemeinen Geschäftsbedingungen unbedenklich sein.

12. Sonderurlaub. Um der einseitigen Leistungsverweigerung durch den Arbeitnehmer und daraus folgenden Konflikten vorzubeugen, kann es sich anbieten, arbeitsvertraglich einen Anspruch auf (unbezahlten) Sonderurlaub bei bestimmten persönlichen Konflikten zu vereinbaren. Dies wird durch Abs. (2) der vorgeschlagenen Klausel umgesetzt. Ein solches Zugeständnis des Arbeitgebers dürfte dem Betriebsfrieden zuträglich sein, da auf diese Weise eine Klärung der schwierigen Rechtslage erreicht wird. Allerdings kann auch durch eine solche Vereinbarung keine substantielle Einschränkung der Freistellung bei persönlichen Konflikten erreicht werden: Das Leistungsverweigerungsrecht des § 275 Abs. 3 BGB besteht grundsätzlich auch neben einer vertraglichen Sonderurlaubsregelung fort, sofern es nicht wirksam vertraglich ausgeschlossen ist (dazu unten Anm. 13).

Der Sonderurlaubsanspruch kann – anders als das gesetzliche Leistungsverweigerungsrecht – in seiner jährlichen Höchstdauer beschränkt werden. Auch kann die Gewährung von der Einhaltung einer Ankündigungsfrist abhängig gemacht werden. Da es persönliche Leistungshindernisse gibt, die sehr kurzfristig eintreten – etwa die notwendige Betreuung eines erkrankten Familienangehörigen –, sieht die Klausel für diese Fälle eine Ausnahme von der sonst vorgeschlagenen zweiwöchigen Ankündigungsfrist vor.

Der Arbeitnehmer hat ein Wahlrecht, ob er sich auf den vertraglichen Sonderurlaubsanspruch oder sein gesetzliches Leistungsverweigerungsrecht beruft. Oft wird er angesichts der klaren vertraglichen Regelung (unbezahlten) Sonderurlaub in Anspruch nehmen, auch wenn dieser gegenüber der Ausübung des Leistungsverweigerungsrechts – mit Blick auf die Entgeltfortzahlung nach § 616 BGB – zunächst ungünstiger ist. Macht der Arbeitnehmer lediglich von seinem vertraglichen Sonderurlaubsanspruch Gebrauch, hat dies für ihn den Vorteil, dass die Inanspruchnahme von Sonderurlaub – anders als eine einseitige Leistungsverweigerung nach § 275 Abs. 3 BGB (*Preis/Greiner* RdA 2003, 244, 247) – kein Anknüpfungspunkt für eine personenbedingte Kündigung sein kann. Auch kommen dann – anders als bei der einseitigen Leistungsverweigerung – Schadensersatzansprüche gegen den Arbeitnehmer (§§ 280 Abs. 1, 3, 283 BGB) nicht in Betracht, da es sich um keine „Pflichtverletzung" i.S.d. § 280 Abs. 1 BGB handelt (vgl. zu den sekundären Rechtsfolgen der Leistungsverweigerung unten Anm. 13).

Eine Vereinbarung über die Gewährung von unbezahltem Sonderurlaub in unmittelbarem Zusammenhang mit dem Erholungsurlaub unterliegt nach der Rechtsprechung der **Mitbestimmung des Betriebsrats**, § 87 Abs. 1 Nr. 5 BetrVG (BAG Beschl. v. 18.6.1974 – 1 ABR 25/73 – AP § 87 BetrVG1972 Urlaub Nr. 1). Auch ohne diesen Zusammenhang wird das Mitbestimmungsrecht für Freistellungen wie Sonder- oder Bildungserlaub bejaht (*F/E/S/T/L* § 87 Rdn. 210; Richardi/*Richardi* § 87 Rdn. 466; a.A. *Faßhauer* NZA 1986, 453, 457, der das Mitbestimmungsrecht auf die Fälle des Erholungsurlaubs begrenzen will). Das Mitbestimmungsrecht besteht in jedem Einzelfall (*F/E/S/T/L* § 87 Rdn. 206; Richardi/*Richardi* § 87 Rdn. 467).

13. Gesetzliches Leistungsverweigerungsrecht. Damit die Regelung zu den Leistungshindernissen auch in anderen Fällen der Inhaltskontrolle standhält, wird in Abs. (3) ausdrücklich darauf hingewiesen, dass die gesetzlichen Rechte des Arbeitnehmers im Übrigen unberührt bleiben. Damit ist das gesetzliche Leistungsverweigerungsrecht bei Unzumutbarkeit (hier: der Erbringung der Arbeitsleistung) gemäß § 275 Abs. 3 BGB gemeint.

Die Bestimmung ist erforderlich, da ein formularmäßiger Ausschluss des Leistungsverweigerungsrechts durch Allgemeine Geschäftbedingungen regelmäßig an der Inhaltskontrolle (§ 307 Abs. 1 S. 1 BGB) scheitern dürfte. Anerkannt ist aber, dass ein konkludenter Verzicht auf das Leistungsverweigerungsrecht eintritt, wenn der Arbeitnehmer beim Abschluss des Arbeitsvertrags bereits weiß, dass es zu einem Konflikt zwischen seiner Arbeitspflicht und persönlichen Gütern kommen wird (vgl. *Berger-Delhey* Anm. zu BAG AP Nr. 1 zu § 611 BGB

Gewissensfreiheit; *Zöllner* AcP 196 (1996), 1, 13 f.). Dies kann sich vor allem auch aus der Art der Tätigkeit ergeben: Wer am Fließband tätig ist, weiß bei Eingehung des Arbeitsverhältnisses, dass eine Unterbrechung seiner Tätigkeit für Gebetspausen ausscheidet (*Greiner* 197 f.). Für eine Leistungsverweigerung ist dann kein Raum. Grundrechtsverzicht kann sich zudem durch eine Individualvereinbarung ergeben, die nach h. M. nicht der Inhaltskontrolle unterliegt (Palandt/*Heinrichs* § 310 BGB Rdn. 17 § 305 BGB Rdn. 18 ff.; *Preis* I C Rdn. 55 ff.; a. A. *Hromadka* NJW 2002, 2523, 2525).

Das gesetzliche Leistungsverweigerungsrecht steht dem Arbeitnehmer nur zu, wenn eine Interessenabwägung ergibt, dass dem Arbeitnehmer die Arbeitsleistung nicht zumutbar ist. Da grundrechtliche Wertungen für die Präzisierung des Begriffs der „Unzumutbarkeit" entscheidend sind und der Arbeitnehmer sich in den eingangs aufgeführten Fällen auf Art. 1 Abs. 1 GG (Menschenwürde), Art. 4 Abs. 1, 2 GG (Glaubens- und Gewissensfreiheit) oder Art. 6 Abs. 1, 2 GG (Schutz von Ehe und Familie) berufen kann, wird ihm häufig ein Leistungsverweigerungsrecht zustehen (so schon zum alten Schuldrecht *Henssler* AcP 190 (1990), 538 ff.). Störungen im Betriebsablauf können zu einem überwiegenden Arbeitgeberinteresse führen, müssen dafür jedoch regelmäßig ein so erhebliches Ausmaß erreichen, dass die Grundrechtssphäre des Arbeitgebers berührt wird, also Unternehmer-, Berufs- oder Eigentumsfreiheit beeinträchtigt sind (*Greiner* 106 ff., 345 ff.). Eine ständig wiederkehrende Unterbrechung der Arbeit für kurze Gebetspausen dürfte daher regelmäßig ausscheiden, jedenfalls wenn die Unterbrechungen den Betriebsablauf beeinträchtigen (vgl. LAG Hamm Urt. v. 18. 1. 2002 – 5 Sa 1782/01 – NZA 2002, 675).

Die Ausübung des Leistungsverweigerungsrechts führt grundsätzlich dazu, dass der Arbeitnehmer, abgesehen von den Fällen kurzzeitiger Leistungshinderung (§ 616 BGB), seinen Entgeltanspruch verliert (§ 326 Abs. 1 BGB). Bei einer dauerhaften, lang andauernden oder sich häufig wiederholenden Leistungsverweigerung kann ihm außerdem personenbedingt gekündigt werden (ErfKomm/*Preis* § 611 BGB Rdn. 850). Überdies kann der Arbeitnehmer sich schadensersatzpflichtig machen; er haftet auf Schadensersatz statt der Leistung (§§ 280 Abs. 1, 3, 283 BGB), wenn er die Leistungshinderung zu vertreten hat. Der Arbeitnehmer muss dem Arbeitgeber die Leistungsverweigerung rechtzeitig anzeigen, wenn die Art des Leistungshindernisses dies zulässt. Fordert der Arbeitgeber von seinem Arbeitnehmer, dass sich dieser vor dem Besuch einer Moschee abmelden muss, so verstößt dies nicht gegen die Religionsfreiheit (EKMR Entsch. v. 12. 3. 1981 – Nr. 8160/78 – NJW 1981, 2630). Die Verletzung der Nebenpflicht zur rechtzeitigen Anzeige kann eine Abmahnung und im Wiederholensfall eine verhaltensbedingte Kündigung nach sich ziehen (ErfKomm/*Preis* § 611 BGB Rdn. 850).

14. Nebentätigkeiten. S. Form. A. II. 1, dort unter § 7.

15. Geheimhaltung/Umgang mit Gegenständen und Daten. S. Form. A. II. 1, dort unter § 8.

16. Schutzrechte. S. Form. A. II. 1, dort unter § 9.

17. Laufzeit/Kündigung. Zur Kündigung im Allgemeinen vgl. Form. A. II. 1, dort unter § 10. Umstritten ist, ob die schriftliche Kündigungserklärung dem sprachunkundigen Arbeitnehmer erst nach Ablauf einer für die Beschaffung der Übersetzung erforderlichen Frist zugeht (so für die Abmahnung BAG Urt. v. 9. 8. 1984 – 2 AZR 400/83 – NJW 1985, 823; LAG Hamm Beschl. v. 5. 1. 1979 – 8 Ta 105/78 – EzA Nr. 9 zu § 130 BGB; *Freckmann* BB 2000, 1402, 1406; Schaub/*Schaub* § 42 Rdn. 7;) oder ob der **Zugang** bereits mit der Möglichkeit der Kenntnisnahme durch den Arbeitnehmer eintritt, ohne dass es auf seine individuellen Verständnismöglichkeiten ankommt (so LAG Köln v. 24. 3. 1988 – 8 Ta 46/88 – NJW 1988, 1870, 1871; LAG Hamburg v. 6. 7. 1990 – 1 Ta 3/90 – LAGE § 130 BGB Nr. 16; Schaub/*Linck* § 123 Rdn. 19; Stahlhacke/*Preis* § 7 Rdn. 212; *Schlüter* Anm. zu LAG Hamm v. 5. 1. 1979 EzA Nr. 9 zu § 130 BGB; *Söllner* Anm. zu LAG Hamm v. 5. 1. 1979 AR-Blattei ES, Kündigung II, Entsch. 19). Da das BAG auch in anderen Fällen unter Aufgabe der älteren Rechtsprechung nun die abstrakte Möglichkeit der Kenntnisnahme einer Kündigung als ausreichend erachtet und nicht auf persönliche Umstände abstellt (vgl. BAG v. 2. 3. 1989 – 2 AZR 275/88 – AP Nr. 17 zu § 130 BGB; BAG Urt. v. 16. 3. 1988 – 7 AZR 587/87 – AP

Nr. 16 zu § 130 BGB), ist davon auszugehen, dass der Zugang auch bei Sprachunkundigen nach allgemeinen Regeln erfolgt (Stahlhacke/*Preis* § 7 Rdn. 212). Der Zeitpunkt des Zugangs der Kündigungserklärung hat gegebenenfalls Bedeutung für die Einhaltung einer Kündigungsfrist und die Wahrung der Drei-Wochen-Frist des § 4 KSchG. Angesichts der umstrittenen Rechtslage ist es bereits wegen der wirtschaftlichen Bedeutung der Einhaltung der Kündigungsfrist ratsam, dem sprachunkundigen Arbeitnehmer die Kündigungserklärung mit einem gewissen zeitlichen Vorlauf zuzustellen, so dass dem Arbeitnehmer Zeit für die Beschaffung einer Übersetzung verbleibt.

Auf eine unverschuldete Fristversäumnis gemäß § 5 Abs. 1 KSchG kann sich der ausländische Arbeitnehmer nur berufen, wenn er die notwendige Sorgfalt zur Wahrung seiner eigenen Rechte im Arbeitsleben seines Gastlandes angewendet hat. Hierzu gehört auch, dass er ein für ihn unverständliches Schreiben seines Arbeitgebers unverzüglich nach Erhalt übersetzen lassen muss, um dann die notwendigen Schritte zur fristgerechten Klageerhebung ergreifen zu können (LAG Hamburg Beschl. v. 20. 11. 1984 – 1 Ta 12/84 – NZA 1985, 127; *Freckmann* BB 2000, 1402, 1406). Zur Vermeidung der Zugangsproblematik könnte auch daran gedacht werden, eine Kündigungserklärung mit Übersetzung in die Muttersprache des ausländischen Arbeitnehmers abzugeben. Hierbei besteht jedoch das Risiko von Übersetzungsfehlern. Zur Kündigung wegen fehlendem Aufenthaltstitel bzw. Arbeitsgenehmigung-EU vgl. Anm. 25.

18. **Vertragsstrafe.** S. Form. A. II. 1 Anm. 20.

19. **Beschäftigung von Ausländern.** Grundsätzlich benötigen Ausländer, die in Deutschland eine unselbständige Erwerbstätigkeit ausüben wollen, neben einem gültigen Pass oder Passersatz einen Aufenthaltstitel, der zur Ausübung einer Beschäftigung berechtigt, § 4 Abs. 3 AufenthG (s. dazu Anm. 20). Bürger aus EU-/EWR-Staaten benötigen keinen Aufenthaltstitel, während einer Übergangsphase ist jedoch nach der Neuregelung in § 284 Abs. 1 SGB III für Angehörige der Beitrittsstaaten eine Arbeitsgenehmigung-EU erforderlich, (s. dazu Anm. 22) Verfügt der ausländische Arbeitnehmer nicht über einen entsprechenden Aufenthaltstitel bzw. die Arbeitsgenehmigung-EU, darf der Arbeitgeber ihn nicht beschäftigen, § 4 Abs. 3 AufenthG, § 284 Abs. 1 SGB III (s. dazu Anm. 25). Durch das **Zuwanderungsgesetz** (Gesetz zur Steuerung und Begrenzung der Zuwanderung und zur Regelung des Aufenthalts und der Integration von Unionsbürgern und Ausländern) vom 30. Juli 2004 (BGBl I 1950) wurde mit Wirkung zum 1. Januar 2005 das Aufenthaltsrecht und das Arbeitserlaubnisrecht grundlegend neu geregelt. Das Zuwanderungsgesetz unterscheidet zwischen EU-Bürgern und Staatsangehörigen sonstiger Staaten (Drittstaaten). Für EU-Bürger sind für den Aufenthalt und die Aufnahme einer Beschäftigung in Deutschland künftig die Vorschriften des Gesetzes über die allgemeine Freizügigkeit von Unionsbürgern (Freizügigkeitsgesetz/EU) maßgeblich. Für Ausländer aus Drittstaaten gilt das Gesetz über den Aufenthalt, die Erwerbstätigkeit und die Integration von Ausländern im Bundesgebiet (Aufenthaltsgesetz).

20. **Aufenthaltsrecht bei Nicht-EU/EWR-Staatsangehörigen.** Ausländer aus Nicht-EU/EWR-Staaten bedürfen für die Einreise und den Aufenthalt im Bundesgebiet eines Aufenthaltstitels. Ausnahmen bestehen aufgrund von Rechtsverordnungen oder falls auf Grund des Abkommens vom 12. September 1963 zur Gründung einer Assoziation zwischen der Europäischen Wirtschaftgemeinschaft und der Türkei (Assoziationsabkommen EWG/Türkei) ein Aufenthaltsrecht besteht, § 4 Abs. 1 AufenthG. Mit der Einführung des Aufenthaltsgesetzes zum 1. Januar 2005 sind im Bereich des Aufenthaltsrechts und im Bereich des Arbeitserlaubnisrechts (s. dazu Anm. 23) für Nicht-EU/EWR-Ausländer erhebliche Neuerungen eingetreten.

Das AufenthaltsG sieht drei Aufenthaltstitel vor: Das **Visum** (§ 6 AufenthG) wird erteilt als Schengen-Visum für die Durchreise oder für kurzfristige Aufenthalte in der Bundesrepublik Deutschland. Für längerfristige Aufenthalte ist ein nationales Visum erforderlich. Die **Aufenthaltserlaubnis** (§§ 7, 8 AufenthG) ist ein befristeter aber verlängerbarer Aufenthaltstitel. Sie wird für bestimmte Zwecke, z.B. zur Ausbildung, zur Ausübung einer Erwerbstätigkeit oder aus familiären Gründen erteilt bzw. verlängert. Die **Niederlassungserlaubnis** (§ 9 AufenthG) ist ein unbefristeter Aufenthaltstitel. Sie setzt unter anderem den fünfjährigen Besitz einer Aufenthaltserlaubnis sowie einen gesicherten Lebensunterhalt voraus und berechtigt automatisch zur Ausübung einer Erwerbstätigkeit.

Staatsangehörige bestimmter Staaten, u.a. Australien, Japan, Kanada, Neuseeland und der USA sind für die Einreise und den Aufenthalt im Bundesgebiet, auch bei Überschreitung der zeitlichen Grenze eines Kurzaufenthalts von drei Monaten vom Erfordernis eines Aufenthaltstitels, somit auch eines Visums, befreit. Im Falle einer Erwerbstätigkeit können sie den erforderlichen Aufenthaltstitel nach der Einreise ins Bundesgebiet einholen (§ 41 Abs. 1 AufenthV).

21. Erlaubnis der Beschäftigung für Nicht-EU/EWR-Staatsangehörige. Arbeitgeber dürfen Angehörige der Nicht-EU/EWR-Staaten grundsätzlich nur beschäftigen, wenn der Ausländer über einen Aufenthaltstitel verfügt, der eine Beschäftigung erlaubt, § 4 Abs. 3 S. 1 AufenthG. Da jeder Aufenthaltstitel erkennen lassen muss, ob die Ausübung einer Erwerbstätigkeit erlaubt ist, ist die Kontrolle durch den Arbeitgeber einfach, § 4 Abs. 2 S. 2 AufenthG. Anders als unter Geltung des Ausländergesetzes 1990 entscheidet allein die Auslandsvertretung im Visumverfahren oder die zuständige Ausländerbehörde im Falle einer zulässigen Antragstellung im Inland über die Frage, ob einem ausländischen Arbeitnehmer der Zugang zum deutschen Arbeitsmarkt eröffnet werden soll. Einer eigenständigen Arbeitsgenehmigung durch die Bundesagentur für Arbeit bedarf es nicht mehr, nachdem die früheren Vorschriften über die Arbeitsgenehmigung in §§ 284 bis 286 SGB III mit Wirkung zum 1. Januar 2005 aufgehoben worden sind (Art. 9 Nr. 2a und 3 ZuwG). Die Neuregelung in § 284 SGB III betrifft allein die Arbeitsgenehmigung-EU für Staatsangehörige der neuen Mitgliedstaaten der EU (vgl. Anm. 22). Allerdings ist die Erteilung eines Aufenthaltstitels zur Arbeitsaufnahme an die interne Zustimmung der Bundesagentur für Arbeit gebunden, soweit nicht eine Rechtsverordnung etwas anderes bestimmt, § 39 Abs. 1 AufenthG. Die Beteiligung der Bundesagentur für Arbeit findet daher nun in einem verwaltungsinternen Verfahren statt, das bisherige doppelte Genehmigungsverfahren (Arbeit/Aufenthalt) entfällt.
Die Bundesagentur für Arbeit kann gemäß § 39 Abs. 2 AufenthG der Erteilung und Verlängerung eines Aufenthaltstitels nur zustimmen, wenn sich durch die Beschäftigung von Ausländern nachteilige Auswirkungen auf den Arbeitsmarkt, insbesondere hinsichtlich der Beschäftigungsstruktur, der Regionen und der Wirtschaftszweige, nicht ergeben (S. 1 Nr. 1 a)), wenn für die Beschäftigung deutsche Arbeitnehmer sowie vorrangig zu berücksichtigende Ausländer etwa aus EU-Staaten oder bereits länger erwerbstätige Drittstaatsangehörige nicht zur Verfügung stehen (S. 1 Nr. 1 b)), oder wenn sie durch Prüfung nach S. 1 Nr. 1a) und b) für einzelne Berufsgruppen oder für einzelne Wirtschaftszweige festgestellt hat, dass die Besetzung der offenen Stelle mit ausländischen Bewerbern arbeitsmarkt- und integrationspolitisch verantwortbar ist. Ferner darf der ausländische Arbeitnehmer nicht zu ungünstigeren Arbeitsbedingungen als vergleichbare deutsche Arbeitnehmer beschäftigt werden. Für die Beschäftigung stehen deutsche Arbeitnehmer und diesen gleichgestellte Ausländer auch dann zur Verfügung, wenn sie nur mit Förderung der Agentur für Arbeit vermittelt werden können, § 39 Abs. 2 S. 2 AufenthG. Die genannten Voraussetzungen entsprechen weitestgehend den Regelungen des § 285 Abs. 1 S. 1 und 2 SGB III a. F. Die Zustimmung der Bundesagentur für Arbeit kann die Dauer und berufliche Tätigkeit festlegen sowie die Beschäftigung auf bestimmte Betriebe oder Bezirke beschränken. Grundsätzlich gilt weiterhin ein Anwerbestopp für Nicht- und Geringqualifizierte Ausländer aus Nicht EU-/EWR-Staaten, § 18 Abs. 3 AufenthG. Erfordert die Beschäftigung keine qualifizierte Berufausbildung, darf eine Aufenthaltserlaubnis nur erteilt werden, wenn dies entweder durch eine zwischenstaatliche Vereinbarung oder durch eine Rechtsverordnung nach § 42 AufenthG vorgesehen ist. Auch für qualifizierte Ausländer wird der Anwerbestopp grundsätzlich beibehalten. Ausnahmen können für bestimmte Berufsgruppen oder im begründeten Einzelfall zugelassen werden, wenn an der Beschäftigung ein öffentliches Interesse besteht, § 18 Abs. 4 AufenthG. Ist dies nicht der Fall, kann die Erteilung des Aufenthaltstitels zur Ausübung einer Beschäftigung abgelehnt werden, ohne dass die Bundesagentur für Arbeit beteiligt werden müsste.
Auch der Arbeitgeber kann bei der Prüfung der Bundesagentur für Arbeit beteiligt werden. Er hat im Rahmen des Verfahrens zur Erteilung der Aufenthaltserlaubnis zur Ausübung einer Beschäftigung Auskunft über Arbeitsentgelt, Arbeitszeiten und sonstige Arbeitsbedingungen zu erteilen, § 39 Abs. 2 S. 3. Der Arbeitgeber wird dem (künftigen) Arbeitnehmer auch bestä-

tigen müssen, dass er ihn einstellen will, da ein Aufenthaltstitel zur Ausübung einer Beschäftigung nur erteilt werden darf, wenn ein konkretes Arbeitsplatzangebot vorliegt, § 18 Abs. 5 AufenthG.

Die Zustimmung der Bundesagentur muss nicht in jedem Fall für die Aufnahme einer Beschäftigung erteilt werden. Ausnahmen von dem Zustimmungserfordernis können durch Rechtsverordnung oder zwischenstaatliche Vereinbarung vorgesehen sein (vgl. § 18 Abs. 2, 3 AufenthG). Die Verordnung über das Verfahren und die Zulassung von im Inland lebenden Ausländern zur Ausübung einer Beschäftigung (Beschäftigungsverfahrensverordnung – BeschVerfV; BGBl. I, 2934) und die Verordnung über die Zulassung von neu einreisenden Ausländern zur Ausübung einer Beschäftigung (Beschäftigungsverordnung – BeschV; BGBl. I 2937) jeweils vom 22. November 2004 regeln entsprechende Ausnahmetatbestände. Relevant für die zustimmungsfreie Beschäftigung sind dabei vor allem die Bestimmungen für Hochqualifizierte, Führungskräfte und Wissenschaftler.

Die Anwerbung ausländischer Arbeitnehmer aus dem Nicht-EU/EWR-Ausland für eine Beschäftigung im Inland kann für bestimmte Berufe und Tätigkeiten gemäß § 292 SGB III durch Rechtsverordnung auf die Bundesagentur für Arbeit beschränkt werden. Soweit ersichtlich, sind derartige Verordnungen bislang nicht ergangen. Es ist aber anzuraten, die Verordnungslage vor einer Anwerbung aus dem Nicht-EU/EWR-Ausland erneut zu überprüfen.

22. Aufenthaltsrecht und Beschäftigung bei EU-/EWR-Staatsangehörigen. Die Beschäftigung von EU-Staatsangehörigen ist durch das Freizügigkeitsgesetz/EU (in Kraft ab dem 1. Januar 2005) weiter erleichtert worden. Das Freizügigkeitsgesetz/EU regelt die Einreise und den Aufenthalt von Staatsangehörigen anderer Mitgliedsstaaten der EU (Unionsbürger) und ihrer Familienangehörigen (§ 1 FreizügG/EU) und löst das Aufenthaltsgesetz/EWG und die Freizügigkeitsverordnung/EG ab. Unionsbürger bedürfen nunmehr für die Einreise keines Visums und für den Aufenthalt keines Aufenthaltstitels (§ 2 Abs. 4 FreizügG/EU), es besteht lediglich eine Meldepflicht bei den Meldebehörden. Familienangehörige, die nicht Unionsbürger sind, bedürfen für die Einreise eines Visums, sofern eine Rechtsvorschrift dies vorsieht. Weitere Einzelheiten des Einreise- und Aufenthaltsrechts von Familienangehörigen regelt § 3 FreizügG/EU. Freizügigkeitsberechtigten Unionsbürgern und ihren Familienangehörigen mit Staatsangehörigkeit eines EU-Staates wird von Amts wegen eine Bescheinigung über das Aufenthaltsrecht ausgestellt, § 5 Abs. 1 FreizügG/EU. Demgegenüber erhalten Familienangehörige von EU-Bürgern, die aus Drittstaaten stammen, von Amts wegen eine Aufenthaltserlaubnis/EU, § 5 Abs. 2 FreizügG/EU. Sowohl die Bescheinigung als auch die Aufenthaltserlaubnis/EU sind lediglich deklaratorischer Natur, so dass der Aufenthalt im Bundesgebiet, ohne im Besitz eines solchen Dokuments zu sein, unschädlich und nicht mir ordnungsbehördlichen oder bußgeldrechtlichen Sanktionen belegt ist (vgl. §§ 3, 8, 10 FreizügG/EU). Die Einreise berechtigt auch automatisch zur Aufnahme einer Erwerbstätigkeit, ohne dass hierfür eine Arbeitsgenehmigung oder eine sonstige Erlaubnis erforderlich wäre. Das FreizügG/EU gilt – ohne Einschränkung – auch für Staatsangehörige der EWR-Staaten und ihre Familienangehörigen, § 12. Zu den heutigen EWR-Mitgliedsstaaten gehören Island, Norwegen und Liechtenstein. Die Schweiz ist dem EWR nicht beigetreten. Aufgrund einer bilateralen Vereinbarung zwischen der Schweiz und der EG und ihren Mitgliedsstaaten vom 21. Juni 1999 (in Kraft getreten zum 1. Juni 2002) sind Schweizer Bürger i. S. d. Freizügigkeitsregelung den EU-Bürgern und den EWR-Staatsangehörigen gleichgestellt. Durch die Regelung in § 28 AufenthaltsV wird dies bestätigt.

Eine bedeutsame Einschränkung der Freizügigkeit gilt für Angehörige der Staaten, die der EU am 1. Mai 2004 beigetreten sind (Beitrittsvertrag vom 16. April 2003, BGBl. II 1408). Sie dürfen eine Beschäftigung nur mit Genehmigung der Bundesagentur für Arbeit ausüben, soweit nach Maßgabe des EU-Beitrittsvertrages Übergangsregelungen zur Arbeitnehmerfreizügigkeit Anwendung finden, § 284 SGB III. Arbeitgeber müssen daher genau prüfen, ob der einzustellende EU-Ausländer aus einem Beitrittsland kommt. Für die Staatsangehörigen der neuen EU-Staaten Malta und Zypern gilt von Anfang an uneingeschränkte Freizügigkeit, sie unterliegen daher auch keinen Beschränkungen bei der Beschäftigungsaufnahme. Staatsangehörige der übrigen Beitrittstaaten (Estland, Lettland, Litauen, Ungarn, Polen, Slowenien,

Tschechien und der Slowakei) bedürfen für die Aufnahme einer Beschäftigung einer Arbeitsgenehmigung-EU. Ohne diese Arbeitsgenehmigung-EU dürfen sie nicht beschäftigt werden, § 284 Abs. 1 SGB III. Die Genehmigung wird befristet als Arbeitserlaubnis-EU erteilt, sofern nicht Anspruch auf eine unbefristete Erteilung als Arbeitsberechtigung-EU besteht, § 284 Abs. 2 SGB III. Die Erteilung der Arbeitserlaubnis-EU unterliegt den Voraussetzungen des § 39 Abs. 2 bis 4 und 6 AufenthG und damit den Anforderungen, die auch für Nicht-EU-Ausländer gelten. Staatsangehörige der Beitrittsstaaten sind daher auch deutschen Arbeitnehmern oder Ausländern, die nach dem Recht der Europäischen Union einen Anspruch auf vorrangigen Zugang zum Arbeitsmarkt haben, nachgeordnet, § 39 Abs. 2 Nr. 1. b) AufenthG. Für die Aufnahme einer Beschäftigung, die eine qualifizierte Berufsausbildung voraussetzt, haben sie jedoch Vorrang gegenüber Staatsangehörigen von Drittstaaten, die zum Zweck der Beschäftigung einreisen, § 39 Abs. 6 S. 2 AufenthG. Für die Aufnahme einer Beschäftigung, die keine qualifizierte Berufsausbildung voraussetzt, gelten zusätzliche enge Voraussetzungen für die Erteilung einer Arbeitserlaubnis-EU, § 284 Abs. 4 S. 1 SGB III. Wird die Arbeitserlaubnis-EU von der Bundesagentur für Arbeit erteilt, finden die für EU-Bürger geltenden Freizügigkeitsregelungen auch für die Angehörigen der Beitrittsstaaten Anwendung.

Sofern der Angehörige des Beitrittsstaats am 1. Mai 2004 oder später für einen ununterbrochenen Zeitraum von mindestens zwölf Monaten im Bundesgebiet zum Arbeitsmarkt zugelassen war, haben er und unter erleichterten Voraussetzungen auch seine Familienangehörigen Anspruch auf Erteilung einer unbefristeten Arbeitsberechtigung, § 284 Abs. 2, 5 i. V. m. § 12a ArGV.

23. Aufenthaltsgenehmigung bei türkischen Staatsangehörigen. Türkische Staatsangehörige unterliegen nicht den erleichterten Aufenthaltsbestimmungen des FreizügigkeitsG/EU, da die Türkei nicht der EU oder dem EWR angehört. Erleichterte Regelungen gelten jedoch gemäß § 4 Abs. 5 AufenthG aufgrund des **Assoziierungsabkommens EG-Türkei** vom 12. September 1963 (BGBl. II 1964, 509) und des hierzu ergangenen Zusatzprotokolls vom 23. November 1970 (BGBl. II 1972, 385) sowie der Beschlüsse des Assoziationsrats. Von Bedeutung sind insbesondere die Assoziationsratsbeschlüsse ARB 2/76 und 1/80, die unmittelbar anwendbar sind (vgl. EuGH Urt. v. 20. 9. 1990 – Rs. C – 192/89 – NVwZ 1991, 255; EuGH Urt. v. 16. 12. 1992 – Rs. C-237/91 – NVwZ 1993, 258). Durch die beiden Beschlüsse sind die näheren Umstände und Bedingungen für die Aufnahme von Arbeitsverhältnissen und den Aufenthalt türkischer Arbeitnehmer, die dem regulären Arbeitsmarkt eines Mitgliedsstaats angehören, geregelt worden (KHzA/Braasch 1.2 Rdn. 30). Gemäß Art. 6 ARB 1/80 kann ein türkischer Arbeitnehmer je nach Länge einer vorhergehenden ordnungsgemäßen Beschäftigung in Deutschland einen erleichterten Anspruch auf Erneuerung seiner Arbeitserlaubnis haben. Nach der Rechtsprechung des EuGH gelten wegen der engen Verknüpfung von Aufenthalts- und Arbeitsgenehmigungsrecht jedenfalls die Regelungen des Art. 6 Abs. 1, 1. und 3. Spiegelstrich ARB 1/80 nicht nur für die Erneuerung der Arbeitserlaubnis, sondern auch für die Aufenthaltsberechtigung (EuGH Urt. v. 16. 12. 1992 – Rs. C 237/91 – NVwZ 1993, 258, 260 Tz. 30 „Kus-Urteil"; EuGH Vorabentsch. v. 20. 9. 1990 – Rs. C 237/91 – NVwZ 1991, 255, 256 Tz. 29 „Sevince-Urteil"). Besteht demnach ein Aufenthaltsrecht, ist es von dem türkischen Arbeitnehmer nachzuweisen, dem dann eine Aufenthaltserlaubnis ausgestellt wird, § 4 Abs. 5 AufenthG.

24. Greencard und Hochqualifizierte. Eine bekannte Ausnahme von dem Anwerbestopp für ausländische Arbeitnehmer wurde aufgrund eines konkreten Mangels an IT-Spezialisten durch die Verordnung über die Arbeitsgenehmigung für hochqualifizierte ausländische Fachkräfte der Informations- und Kommunikationstechnologie (IT-ArGV) vom 28. Juli 2000 (BGBl. 2000 I S. 1146; sog. **Greencard-Regelung**) geschaffen. Der Antrag auf Erteilung einer erstmaligen Arbeitsgenehmigung nach der IT-ArGV musste bis zum 31. Dezember 2004 gestellt werden. Nach Erteilung der erstmaligen Arbeitserlaubnis können Verlängerungen beantragt werden, so dass die IT-ArGV auch über den 31. Dezember 2004 hinaus Bedeutung haben wird. Im Ergebnis wird sie aber durch die neuen Bestimmungen des AufenthG und der hierzu ergangenen Verordnungen abgelöst werden.

Voraussetzungen für die Erteilung der Arbeitsgenehmigung nach der IT-ArGV sind einerseits eine bestimmte Qualifikation des Ausländers und andererseits die Ausübung eines Berufs der Informations- und Kommunikationstechnologie. Die Arbeitserlaubnis darf an Fachkräfte erteilt werden, die eine Hochschul- oder Fachhochschulausbildung mit Schwerpunkt auf dem Gebiet der Informations- und Kommunikationstechnologie abgeschlossen haben oder wenn die Qualifikation auf diesem Gebiet durch eine Vereinbarung mit dem Arbeitgeber über ein Jahresgehalt von mindestens EUR 51.000,– nachgewiesen wird, § 2 Nr. 2 IT-ArGV. (vgl. dazu *Gaul/Lunk* DB 2000, 1281; vgl. auch Runderlass 37/2000 der Bundesagentur für Arbeit, Anm. C 4; Broschüre des BMA „Das IT-Sofortprogramm der Bundesregierung", S. 5). Eine Arbeitserlaubnis kann auch solchen Ausländern erteilt werden, die sich im Zusammenhang mit einem Hochschul- oder Fachhochschulstudium mit Schwerpunkt auf dem Gebiet der Informations- und Kommunikationstechnologie im Bundesgebiet aufhalten. Dabei liegt ein Anschluss an das Studium auch dann vor, wenn zwischen dem Hochschulabschluss und der Beschäftigung noch eine Promotion oder Habilitation liegt (Runderlass 37/2000 der Bundesagentur für Arbeit, Anm. C 6; *Moll/Reichel* RdA 2001, 308, 311). Die Arbeitserlaubnis kann in den Berufen der Informations- und Kommunikationstechnologie, beispielsweise für Beschäftigungen als System-, Internet- und Netzwerkspezialist, Software-, Multimedia-Entwickler und Programmierer, Entwickler von Schaltkreisen und IT-Systemen und Fachkraft für IT-Consulting erteilt werden, § 3 IT-ArGV.

Die Arbeitserlaubnis wird bei der Erteilung auf die Dauer der Beschäftigung, längstens auf fünf Jahre befristet. Bei mehreren aufeinander folgenden Beschäftigungen dürfen die Arbeitserlaubnisse bis zu einer Gesamtgeltungsdauer von fünf Jahren erteilt werden, § 6 S. 1 und 2 IT-ArGV. Die Erteilung einer Arbeitserlaubnis für IT-Fachkräfte liefe leer, würde nicht gleichzeitig auch eine Aufenthaltsgenehmigung vorgesehen. Daher ist parallel zur IT-ArGV eine Verordnung über Aufenthaltserlaubnisse, die IT-AV, erlassen worden. Diese sieht vor, dass zunächst die Arbeitserlaubnis erteilt oder zugesichert wird, § 1 Abs. 1 IT-AV. Ist dies geschehen, so soll nach der IT-AV eine dem voraussichtlichen Beschäftigungszeitraum entsprechende Aufenthaltserlaubnis erteilt werden, § 1 Abs. 2 IT-AV.

Auch das AufenthaltsG sieht besondere Regelungen für hoch qualifizierte Personen aus dem Ausland vor. Nach § 19 Abs. 1 AufenthG kann einem hoch qualifizierten Ausländer in besonderen Fällen eine Niederlassungserlaubnis erteilt werden. Als Beispiele genannt werden Wissenschaftler mit besonderen fachlichen Kenntnissen, Lehrpersonen oder wissenschaftliche Mitarbeiter in herausgehobener Funktion, Spezialisten und leitende Angestellte mit besonderer Berufserfahrung und einem Gehalt, das mindestens das Doppelte der Beitragsbemessungsgrenze der gesetzlichen Krankenversicherung erreicht. Für die Erteilung der Niederlassungserlaubnis ist die Zustimmung der Bundesagentur für Arbeit erforderlich, wenn die Erteilung nicht durch eine Rechtsverordnung (BeschV oder BeschVerfV) oder eine zwischenstaatliche Bestimmung geregelt ist. Zusätzlich muss die Annahme gerechtfertigt sein, dass die Integration in die Lebensverhältnisse der Bundesrepublik Deutschland und die Sicherung des Lebensunterhalts ohne staatliche Hilfe gewährleistet ist.

25. Fehlen des erforderlichen Aufenthaltstitels bzw. der Arbeitserlaubnis-EU. Es ist davon auszugehen, dass die vor Inkrafttreten des Zuwanderungsgesetzes aus dem Fehlen des erforderlichen Aufenthaltstitels bzw. der erforderlichen Arbeitserlaubnis gezogenen Konsequenzen auch unter der neuen Gesetzeslage entsprechend weiter gelten. Für eine grundlegend andere Beurteilung ist kein Anhaltspunkt ersichtlich. Die im Folgenden genannten Gerichtsentscheidungen und Literaturangaben beziehen sich auf die frühere Gesetzeslage.

Die Erteilung des für die Ausübung der Beschäftigung erforderlichen Aufenthaltstitels erfolgt auf Antrag, § 81 Abs. 1 AufenthG. Der Arbeitgeber hat zwar kein eigenes Antragsrecht, er kann den Antrag jedoch aufgrund einer entsprechenden Bevollmächtigung für den ausländischen Arbeitnehmer stellen (KHzA/*Braasch* 1.2 Rdn. 38; *Freckmann* BB 2000, 1402, 1403.) Im bestehenden Arbeitsverhältnis folgt aus der Kenntnis des Arbeitgebers vom Ablauf des Aufenthaltstitels bzw. der Arbeitsgenehmigung-EU nicht schon die Pflicht, den Arbeitnehmer darauf hinzuweisen. Hierfür müssen besondere Umstände vorliegen. Aus einer früheren Hilfeleistung des Arbeitgebers kann sich ein Vertrauenstatbestand und damit die Pflicht zur erneuten Hilfe-

2. Arbeitsvertrag mit ausländischem Arbeitnehmer — A. VIII. 2

leistung ergeben. Unterlässt der Arbeitgeber in diesem Fall die erforderliche Mitwirkung, kann es ihm verwehrt sein, sich auf einen fehlenden Aufenthaltstitel – etwa im Hinblick auf eine personenbedingte ordentliche Kündigung oder bei der Frage, ob Lohnfortzahlung im Krankheitsfall geleistet werden muss – zu berufen (vgl. BAG Urt. v. 26. 6. 1996 – 5 AZR 872/94 – BB 1996, 2045, 2046; BAG Urt. v. 19. 1. 1977 – 3 AZR 66/75 – AP Nr. 3 zu § 19 AFG).

Hat der erlaubnispflichtige ausländische Arbeitnehmer keinen Aufenthaltstitel bzw. keine Arbeitsgenehmigung-EU, so besteht gemäß § 4 Abs. 3 AufenthG, § 284 Abs. 1 SGB III ein gesetzliches **Beschäftigungsverbot**. Hinsichtlich der Konsequenzen für den Arbeitsvertrag ist zu unterscheiden, ob die erforderliche Genehmigung bereits bei Abschluss des Arbeitsvertrags nicht vorgelegen hat, oder ob sie (etwa durch Zeitablauf) nachträglich weggefallen ist. Wird ein Arbeitsvertrag geschlossen, bevor eine Genehmigung vorliegt, so ist der Vertrag nur dann gemäß § 134 BGB nichtig, wenn er nach der Absicht der Vertragsparteien trotz Kenntnis des Genehmigungserfordernisses ohne Genehmigung durchgeführt werden sollte (BAG Urt. v. 6. 12. 1976 – 3 AZR 716/75 – AP Nr. 4 zu § 19 AFG; BAG Urt. v. 30. 5. 1969 – 5 AZR 256/68 – DB 1969, 1611; *Freckmann* BB 2000, 1402, 1406). Dagegen ist der Vertrag zunächst schwebend unwirksam, wenn mit der Erteilung des Aufenthaltstitels bzw. der Arbeitsgenehmigung-EU gerechnet werden kann (BAG Urt. v. 30. 5. 1969 – 5 AZR 256/68 – DB 1969, 1611). Wird die Erteilung anschließend verweigert, so ist der Arbeitsvertrag endgültig unwirksam. Wird dagegen der Aufenthaltstitel bzw. die Arbeitsgenehmigung-EU vor Arbeitsbeginn erteilt, so wird der Vertrag von Anfang an wirksam (BAG Urt. v. 30. 5. 1969 – 5 AZR 256/68 – DB 1969, 1611).

Besteht ein Beschäftigungsverbot nach § 4 Abs. 3 AufenthG, § 284 Abs. 1 S. 1 SGB III, so kommt der Arbeitgeber nicht in **Annahmeverzug** nach § 615 BGB, wenn er die Annahme der Arbeitsleistung verweigert (KR/Spilger § 11 Rdn. 16). Sofern der ausländische Arbeitnehmer trotz fehlendem Aufenthaltstitel bzw. fehlender Arbeitsgenehmigung-EU arbeitet, gelten die Regeln über das faktische Arbeitsverhältnis entsprechend. Dies hat zur Folge, dass trotz des Verstoßes gegen das Beschäftigungsverbot ein **Vergütungsanspruch** des ausländischen Arbeitnehmers entsteht (Niesel/*Düe* § 284 Rdn. 7; Erf*Komm*/*Preis* § 611 Rdn. 170 ff.). Fallen Zeiten von fehlendem Aufenthaltstitel bzw. fehlender Arbeitsgenehmigung-EU mit Arbeitsunfähigkeit zusammen, hängt die Entgeltfortzahlungspflicht des Arbeitgebers davon ab, ob bei rechtzeitiger Beantragung eine neue Arbeitsgenehmigung erteilt worden wäre. Ist dies der Fall, muss der Arbeitgeber trotz des Beschäftigungsverbots Entgeltfortzahlung im Krankheitsfall leisten, da die Arbeitsunfähigkeit die alleinige Ursache für den Arbeitsausfall darstellt (BAG Urt. v. 26. 6. 1996 – 5 AZR 872/94 – BB 1996, 2045).

Hat bei Vertragsschluss ein Aufenthaltstitel bzw. eine Arbeitsgenehmigung-EU vorgelegen und wird diese nicht verlängert, bleibt der Arbeitsvertrag wirksam (BAG Urt. v. 7. 2. 1990 – 2 AZR 359/89 – DB 1990, 2373, 2374). Da wegen des Beschäftigungsverbots die Erfüllung des Arbeitsvertrags unmöglich ist, sind die wechselseitigen Vertragsverpflichtungen suspendiert (Niesel/*Düe* § 284 Rdn. 7). Hat der Arbeitgeber das Fehlen des Aufenthaltstitels bzw. der Arbeitsgenehmigung-EU nicht zu vertreten und ist mit der Erteilung in absehbarer Zeit auch nicht zu rechnen, besteht für den Arbeitgeber die Möglichkeit, das Arbeitsverhältnis personenbedingt ordentlich zu kündigen (vgl. BAG a. a. O.). Eine verhaltensbedingte **Kündigung** kommt in Betracht, wenn sich der Arbeitnehmer nicht um den Aufenthaltstitel bzw. die Arbeitsgenehmigung-EU bemüht (Niesel/*Düe* § 284 Rdn. 8). Der fehlende Aufenthaltstitel bzw. die fehlende Arbeitsgenehmigung-EU kann in Einzelfällen auch einen wichtigen Grund für eine außerordentliche Kündigung i. S. d. § 626 Abs. 1 BGB darstellen, so z. B. wenn der Arbeitnehmer gegenüber dem Arbeitgeber verschweigt, dass er zur Ausreise aufgefordert, seine Ausreisepflicht für sofort vollziehbar erklärt wurde und deshalb seine Arbeitserlaubnis entfallen ist (LAG Nürnberg, Urt. v. 21. 9. 1994 – 3 Sa 1176/93 – NZA 1995, 228). Besondere Kündigungsschutzvorschriften (z. B. §§ 9 MuSchG; 85 SGB IX) gelten uneingeschränkt und müssen auch bei einer Kündigung wegen fehlendem Aufenthaltstitel bzw. Arbeitsgenehmigung-EU beachtet werden (*Heuser*/*Heidenreich*/*Förster* B I 6.2.2).

26. Haftung des Arbeitgebers. Die Beschäftigung eines ausländischen Arbeitnehmers ohne erforderlichen Aufenthaltstitel bzw. erforderliche Arbeitsgenehmigung-EU kann gemäß § 404

Abs. 2 Nr. 3, Abs. 3 SGB III mit einem Bußgeld bis zu EUR 500.000,- geahndet werden (zur erschlichenen Arbeitserlaubnis vgl. BayObLG Beschl. v. 29. 1. 1996 – 3 ObOWi 136/95 – NZA-RR 1996, 474). Weiterhin haftet der Arbeitgeber für die Kosten, die durch eine Abschiebung entstehen, § 66 Abs. 4 AufenthG. Beachtet der Arbeitgeber allerdings die gebotene Sorgfalt indem er prüft, ob der Ausländer zum Aufenthalt und zur Aufnahme einer Beschäftigung befugt ist, soll keine Haftung eintreten (VGH Kassel Urt. v. 21. 9. 1994 – 10 UE 985/94 – NVwZ-RR 1995, 111). Ob sich der Arbeitgeber dabei – zumindest vorübergehend – auf die bloße Behauptung des Ausländers, er sei zum Aufenthalt berechtigt, verlassen darf, ist zweifelhaft (verneinend BVerwG Beschl. v. 22. 7. 1987 – 1 B 170/86 – NVwZ 1987, 1086). Um ein Haftungsrisiko zu vermeiden, sollte sich der Arbeitgeber den Pass des Ausländers vorlegen lassen, in dem der Aufenthaltstitel und der Umfang einer erlaubten Erwerbstätigkeit eingetragen sind (vgl. VGH Kassel Urt. v. 21. 9. 1994 a. a. O.). Beschäftigt der Arbeitgeber einen Arbeitnehmer aufgrund einer von der Agentur für Arbeit erteilten Auskunft, der Arbeitnehmer dürfe bis zur endgültigen Entscheidung arbeiten, muss sich der Arbeitgeber nach dem Ausgang des Verfahrens erkundigen (BayObLG Beschl. v. 27. 2. 1998 – 3 ObOWi 14/98 – NZA-RR 1998, 423).

27. Verfall von Ansprüchen, Verjährung. S. Form. A. II. 1, dort unter § 11.

28. Öffnungsklausel für Betriebsvereinbarungen und Tarifverträge. S. Form. A. II. 1, dort unter § 12.

29. Gerichtsstandsvereinbarung bei Verträgen ohne EU/EFTA-Auslandsberührung. Die im Formular vorgeschlagene Klausel soll die Fälle erfassen, in denen der Arbeitnehmer seinen Wohnsitz im Nicht-EU/EFTA-Ausland beibehält und keinen Wohnsitz im Inland hat (z. B. weil der Arbeitnehmer seine Tätigkeit vertragswidrig nicht aufnimmt) oder der Arbeitnehmer seinen Wohnsitz im Inland hat und ihn möglicherweise nach Abschluss des Arbeitsvertrags in das Ausland verlegt. Die erste Alternative ist in den Fällen anwendbar, in denen der ausländische Arbeitnehmer seinen Wohnsitz im EU/EFTA-Ausland hat (s. dazu Anm. 30). Hintergrund dieser unterschiedlichen Regelungen sind die – je nach Sachverhalt – unterschiedlichen Gestaltungsmöglichkeiten für Gerichtsstandsvereinbarungen. Diese sind entweder nach den Vorschriften der deutschen ZPO (§ 38 ZPO) oder nach europäischem Zivilverfahrensrecht (EuGVVO, EuGVÜ) zu beurteilen. Ist der Anwendungsbereich der europäischen Abkommen eröffnet, gehen diese den nationalen Vorschriften der ZPO vor (Baumbach/*Hartmann* § 38 Rdn. 22, Thomas/Putzo/*Hüßtege* Vorbem. EuGVVO Rdn. 4; *Franzen* RIW 2000, 81). Anknüpfungspunkt ist i. d. R. der Wohnsitz des Arbeitnehmers.

Hat der Arbeitnehmer seinen Wohnsitz im Nicht-EU/EFTA-Ausland (sog. Drittstaat) soll nach h. M. für die Gerichtsstandsvereinbarung § 38 ZPO anwendbar sein, da die europäischen Abkommen nur den Rechtsschutz zwischen den Vertragsstaaten erleichtern sollen (vgl. BGH Urt. v. 14. 11. 1991 – IX ZR 250/90 – NJW 1993, 1070, 1071; Stein/Jonas/Bork § 38 ZPO Rdn. 22; Baumbach/Albers Art. 23 EuGVVO Rdn. 4 m. weit. Nachw. auch zur Gegenansicht). Die Formulierung der Gerichtsstandsvereinbarung sollte daher eng an den Wortlaut des § 38 Abs. 2, 3 ZPO angelehnt werden. Die im Formular vorgeschlagene Klausel trägt dem Rechnung.

Sog. reine Inlandsfälle (Vereinbarungen zwischen Parteien mit (Wohn-)Sitz im gleichen Vertragsstaat über die Zuständigkeit von Gerichten dieses Vertragsstaates) sind ebenfalls an § 38 ZPO zu messen (MünchKommZPO/*Gottwald* Art. 17 EuGVÜ Rdn. 4 m. weit. Nachw.; Geimer/Schütze Art. 17 Rdn. 47; a. A. wohl *Franzen* RIW 2000, 81, 83 m. weit. Nachw., der die europäischen Abkommen auch dann anwenden will, wenn diese nur Bezug zu einem Vertragsstaat haben). Dem steht die ausländische Staatsbürgerschaft des Arbeitnehmers nicht entgegen, da diese bei der Bestimmung des Anwendungsbereichs der europäischen Abkommen irrelevant ist (vgl. *Thomas/Putzo/Hüßtege* Vorbem. EuGVVO Rdn. 9). Bei reinen Inlandssachverhalten kann eine Gerichtstandsvereinbarung im Arbeitsvertrag (also vor Entstehen der Streitigkeit) daher nur in den in § 38 Abs. 3 Nr. 2 ZPO genannten Fällen der Wohnsitzverlegung oder des unbekannten Aufenthaltsorts Wirkung entfalten.

30. Gerichtsstandsvereinbarung bei Verträgen mit EU/EFTA-Auslandsbezug. Die als erste Alternative vorgeschlagene Klausel kann für Arbeitsverträge mit EU/EFTA-Auslandsbezug verwendet werden. Weist der Arbeitsvertrag einen solchen Auslandsbezug auf, so beurteilt sich die Zulässigkeit von Gerichtsstandsvereinbarungen nicht nach den nationalen Vorschriften der ZPO, sondern nach den einschlägigen europäischen Abkommen (h. M. MünchKomm-ZPO/*Gottwald* Rdn. 21 vor Art. 1 EuGVÜ; MünchHdbArbR/*Birk* § 23 Rdn. 44). In den EU-Mitgliedsstaaten mit Ausnahme von Dänemark gilt seit dem 1. März 2002 die Verordnung (EG) Nr. 44/2001 vom 22. Dezember 2000 (EuGVVO – abgedruckt bei *Thomas/Putzo* EuGVVO). Im Verhältnis zu Dänemark gilt weiterhin die Vorgängerregelung der EuGVVO, das Brüsseler Übereinkommen vom 27. September 1968 in der Fassung vom 29. November 1996 (EuGVÜ – abgedruckt bei *Zöllner* Anh I EuGVÜ). Im Verhältnis zu den vier EFTA-Staaten (z. Zt. Norwegen, Island, Liechtenstein und Schweiz) ist das Lugano-Übereinkommen vom 16. September 1988 (LGVÜ – Auszüge abgedruckt bei *Zöllner* Anh I LugÜ) anzuwenden, welches in seinem Wortlaut größtenteils mit der EuGVÜ übereinstimmt.

Im Vergleich zu den Vorschriften der ZPO sind die Anforderungen an Gerichtsstandvereinbarungen nach Art. 21 EuGVVO bzw. Art. 17 EuGVÜ gering (vgl. Preis/*Rolfs* II G 20 Rdn. 39). Der Anwendungsbereich der Abkommen ist z. B. dann eröffnet, wenn der ausländische Arbeitnehmer seinen Wohnsitz in einem anderen Mitgliedsstaat hat als der Arbeitgeber oder bei Wohnsitz der Arbeitsvertragsparteien im gleichen Mitgliedsstaat die Zuständigkeit eines in einem anderen Mitgliedsstaat gelegenen Gerichts vereinbart wird (vgl. MüKomm-ZPO/*Gottwald* Art. 17 EuGVÜ Rdn. 2 ff. m. weit. Nachw. und Anwendungsfällen). Die im Formular als Alternative vorgeschlagene allgemein gehaltene Klausel kann daher für Formulararbeitsverträge im Anwendungsbereich dieser Abkommen übernommen und durch den Sitz des jeweiligen Gerichts vervollständigt werden.

Allerdings entfaltet eine vor Entstehen der konkreten Streitigkeit getroffene Gerichtsstandsvereinbarung gemäß Art. 21 EuGVVO gegenüber dem Arbeitnehmer nur dann Wirkung, wenn sie ihm einen zusätzlichen Gerichtsstand eröffnet (*Baumbach/Albers* Art. 23 EuGVVO Rdn. 19). Gleiches gilt gemäß Art. 17 Abs. 5 EuGVÜ für individualarbeitsrechtliche Streitigkeiten im Anwendungsbereich des EuGVÜ (*Geimer/Schütze* Art. 17 Rdn. 54). Ein im Arbeitsvertrag vereinbarter Gerichtsstand tritt demnach lediglich neben die nach der EuGVVO oder dem EuGVÜ eröffneten Gerichtsstände, und auch dies nur zugunsten des Arbeitnehmers, nicht jedoch für Klagen des Arbeitgebers (Preis/*Rolfs* II G 20 Rdn. 33). Die Aufnahme einer solchen Vereinbarung empfiehlt sich daher nur für den – in der Praxis wohl seltenen – Fall, dass dem ausländischen Arbeitnehmer eine zusätzliche Wahlmöglichkeit eingeräumt werden soll. Eine Möglichkeit für den Arbeitgeber, sich durch eine Gerichtsstandsvereinbarung im Arbeitsvertrag gegen Wohnsitzwechsel des Arbeitnehmers kompetenzrechtlich zu schützen und damit für Rechtssicherheit zu sorgen, bietet sich hingegen nicht (*Geimer/Schütze* Art. 17 Rdn. 56). Im Anwendungsbereich des LGVÜ (etwa bei Wohnsitz des Arbeitnehmers in der Schweiz – vgl. BGH Urt. v. 22. 2. 2001 – IX ZR 19/00 – NJW 2001, 1731) ist eine im Arbeitsvertrag vereinbarte Gerichtsstandsvereinbarung auch zugunsten des Arbeitnehmers unwirksam (Art. 17 Abs. 5 LGVÜ).

In den Fällen, in denen ein (zusätzlicher) Gerichtsstand nicht vereinbart werden kann oder soll, kann die Formulierung in der zweiten Alternative verwendet werden, mit der – lediglich klarstellend – auf die europäischen bzw. deutschen Bestimmungen verwiesen wird. Ist die EuGVVO anwendbar, hat der Arbeitnehmer bei Klagen gegen den Arbeitgeber ein Wahlrecht zwischen dem Gericht am Wohnsitz des Arbeitgebers, demjenigen an dem Ort, an dem er seine Arbeit gewöhnlich verrichtet bzw. zuletzt gewöhnlich verrichtet hat, oder wenn er seine Arbeit gewöhnlich nicht in ein und demselben Staat verrichtet hat, dem Gericht des Ortes, in dem sich die Niederlassung, die den Arbeitnehmer eingestellt hat, befindet oder befand. Klagen des Arbeitgebers gegen den Arbeitnehmer können nach Art. 20 Abs. 1 EuGVVO grundsätzlich nur am Wohnsitz des Arbeitnehmers erhoben werden.

31. Rechtswahl. Treffen die Arbeitsvertragsparteien keine Rechtswahl, so gilt bereits aufgrund objektiver Anknüpfung deutsches Recht, da bei dem zu Grunde gelegten Sachverhalt der ausländische Arbeitnehmer, der von einem deutschen Arbeitgeber eingestellt wird, seine Arbeit in Deutschland verrichtet (Art. 30 Abs. 2 Nr. 1 EGBGB). Eine ausdrückliche Regelung im Arbeitsvertrag, wie in dem Formular in § 16 vorgesehen, ist jedoch aus Gründen der Klarstellung empfehlenswert.

32. Schlussbestimmungen. Zu den Regelungen in § 16 Abs. 1 bis 5 vgl. Form. A. II. 1 Anm. 26 bis 29.

33. Übergabe des Arbeitsvertrags und Sprachrisiko. Zur Übergabe s. Form. A. II. 1 Anm. 31. Es besteht regelmäßig keine rechtliche Verpflichtung, mit ausländischen Arbeitnehmern, die die deutsche Sprache nicht oder nicht ausreichend gut beherrschen, Arbeitsverträge in einer anderen Sprache abzuschließen oder dem Arbeitnehmer eine Übersetzung zur Verfügung zu stellen. Vielmehr kommt ein schriftlich geschlossener Arbeitsvertrag in deutscher Sprache mit einem ausländischen Arbeitnehmer mit seinem Gesamtinhalt zustande, auch wenn der Arbeitnehmer der deutschen Sprache ganz oder teilweise nicht mächtig ist (LAG Stuttgart Urt. v. 30. 12. 1970 – 4 Sa 64/70 – DB 1971, 245; ErfKomm/*Preis* § 2 NachwG, Rdn. 4). Bezüglich weiterer Einzelheiten s. Form. A. VIII. 5 Anm. 2. Besonderheiten bestehen bei sog. Greencard – Arbeitnehmern, die aufgrund der IT-ArGV eine Arbeitserlaubnis erhalten. Für diese Arbeitnehmer ist nach dem Runderlass 37/2000 der Bundesagentur für Arbeit zur Beantragung der Arbeitserlaubnis die Vorlage eines Arbeitsvertrags in deutscher Sprache sowie in einer für den ausländischen Arbeitnehmer verständlichen Zweitsprache erforderlich (vgl. Runderlass 37/2000 der Bundesagentur für Arbeit, Anm. 6 a. E. – http://www.arbeitsagentur.de/content/de).

34. Unterzeichnung des Arbeitsvertrags. S. Form. A. II. 1 Anm. 32.

3. Zweisprachiger Musterarbeitsvertrag (Deutsch-Englisch)[1]

Arbeitsvertrag	Employment Contract
zwischen …… (Name und Anschrift des Arbeitgebers) „Gesellschaft" und Herrn _____ (Name und Anschrift des Arbeitnehmers) „Mitarbeiter"	between …… (name and address of the employer) „Company" and Mr _____ (name and address of the employee) „Employee"

§ 1 Position und Aufgaben

(1) Der Mitarbeiter wird bei der Gesellschaft als …… in ……. tätig. Zu seinen Aufgaben und Pflichten zählen insbesondere ……

(2) Die Gesellschaft ist berechtigt, soweit dies zumutbar ist, dem Mitarbeiter jederzeit ein anderes, seinen Fähigkeiten und Qualifikationen entsprechendes Aufgaben- und Verantwortungsgebiet ohne Einschränkung seiner Vergütung zu übertragen und den Mitarbeiter an einen anderen Ort zu versetzen.

(3) Der Mitarbeiter ist verpflichtet, die Richtlinien und Anweisungen der Gesellschaft in ihrer jeweiligen Fassung sowie die Anordnungen seiner Vorgesetzten zu beachten.

§ 1 Position and duties

(1) The Employee shall be employed by the Company as …… in ……. His tasks and duties shall notably include ……

(2) The Company reserves the right to transfer the Employee at any time to any other area of work or responsibility which can be reasonably expected of the Employee in consideration of his abilities and qualifications without restricting his remuneration and to transfer the Employee to another location.

(3) The Employee is obliged to comply with the guidelines and instructions of the Company in their version as amended, as well as with the instructions of his superiors

§ 2 Arbeitszeit

(1) Die regelmäßige wöchentliche Arbeitszeit beträgt ...... Stunden. Die Lage der Arbeitszeit sowie der Pausen wird von der Gesellschaft bestimmt.

(2) Der Mitarbeiter ist verpflichtet, sofern betriebliche Belange dies erfordern, Überstunden (einschließlich Samstags-, Sonn- und Feiertagsarbeit) zu leisten. Etwaige Überstunden werden nach Wahl der Gesellschaft durch Freizeit oder Geld ausgeglichen.

(Alternative:
Der Mitarbeiter ist verpflichtet, sofern betriebliche Belange dies erfordern, maximal ...... Überstunden (einschließlich Samstags-, Sonn- und Feiertagsarbeit) im Monat zu leisten. Diese Mehrarbeit ist mit der in § 3 Abs. (1) bestimmten Vergütung abgegolten).

(3) Die Gesellschaft kann Kurzarbeit anordnen, wenn die gesetzlichen Voraussetzungen für die Gewährung von Kurzarbeitergeld erfüllt sind. Dies ist der Fall, wenn ein erheblicher Arbeitsausfall mit Entgeltausfall vorliegt, die betrieblichen und persönlichen Voraussetzungen erfüllt sind und der Arbeitsausfall der Arbeitsverwaltung angezeigt ist (§§ 169 ff. SGB III). Der Mitarbeiter ist damit einverstanden, dass für die Dauer der Kurzarbeit die Vergütung dem Verhältnis der verkürzten zur regelmäßigen Arbeitszeit entsprechend reduziert wird.

(4) Auf Wunsch der Gesellschaft wird der Mitarbeiter auch erforderliche Dienstreisen unternehmen. Reisezeiten, die außerhalb der regelmäßigen Arbeitszeit anfallen, gelten nicht als Arbeitszeit und werden nicht gesondert vergütet.

§ 3 Vergütung

(1) Der Mitarbeiter erhält als Vergütung für seine Tätigkeit ein Brutto-Monatsgehalt von EUR ...... (in Worten: Euro ......), zahlbar bargeldlos jeweils zum Monatsende.

(2) Die Zahlung von etwaigen Boni, Gratifikationen oder ähnlichen Sonder-

§ 2 Working time

(1) The Employee shall have a regular working week of ...... urs. The timing of the working hours and breaks shall be determined by the Company.

(2) The Employee is obliged, to the extent that this is necessary in the interests of the Company, to work overtime (including work on Saturdays, Sundays and public holidays). Any overtime shall, at the discretion of the Company, be compensated by free time or money.

(Alternatively:
The Employee is obliged, to the extent this is necessary in the interests of the Company, to work overtime, however not exceeding ...... hours per month (including work on Saturdays, Sundays and public holidays). This overtime is covered by the remuneration stipulated in § 3 para. (1).

(3) The Company may impose short-time work if the statutory conditions for granting short-time benefits are fulfilled. This is the case in the event of considerable reduction in workload and corresponding reduction in remuneration, if the operational and personal conditions are met and the employment agency has been notified of the reduction in workload (Secs. 169 et seq. of the German Social Security ode III [Sozialgesetzbuch – SGB III]). The Employee agrees that for the duration of the short-time work, remuneration shall be reduced according to the ratio of the reduced working hours to regular working hours.

(4) At the request of the Company, the Employee shall also undertake necessary business trips. Travel outside of regular working hours shall not count as working time and shall not be remunerated separately.

§ 3 Remuneration

(1) The Employee shall receive as remuneration for his work a gross monthly salary of EUR ...... (in words: ...... euros), payable non-cash at the end of each month.

(2) The payment of any bonuses or similar special benefits shall be voluntary

leistungen erfolgt freiwillig mit der Maßgabe, dass auch durch eine wiederholte Zahlung kein Rechtsanspruch des Mitarbeiters – weder dem Grunde noch der Höhe nach, weder für die Vergangenheit noch für die Zukunft – begründet wird.

(3) Dem Mitarbeiter ist es nicht gestattet, seine Vergütungsansprüche ohne vorherige schriftliche Zustimmung der Gesellschaft an Dritte abzutreten und/ oder zu verpfänden.

(4) Der Mitarbeiter verpflichtet sich, etwa zuviel bezogene Vergütung vollumfänglich an die Gesellschaft zurückzuzahlen.

§ 4 Ärztliche Untersuchung/ Abwesenheit/ Krankheit

(1) Die Einstellung erfolgt unter dem Vorbehalt der gesundheitlichen Eignung des Mitarbeiters für seine Tätigkeit nach diesem Arbeitsvertrag. Der Mitarbeiter ist verpflichtet, sich spätestens bis zum Ablauf der Probezeit durch einen Arzt seines Vertrauens auf Kosten der Gesellschaft auf seine gesundheitliche Eignung untersuchen zu lassen. Der Mitarbeiter entbindet den Arzt von der ärztlichen Schweigepflicht, soweit dies zur Beurteilung seiner gesundheitlichen Eignung notwendig ist. Ergibt die ärztliche Untersuchung die Nichteignung des Mitarbeiters, so endet der Arbeitsvertrag zwei Wochen nach Zugang der schriftlichen Mitteilung der Gesellschaft an den Mitarbeiter über die festgestellte gesundheitliche Nichteignung.

(2) Der Mitarbeiter wird sich auch nach Ablauf der Probezeit bei Vorliegen sachlicher Gründe auf Verlangen der Gesellschaft durch einen Arzt seines Vertrauens auf Kosten der Gesellschaft auf seine gesundheitliche Eignung für die Tätigkeit nach diesem Arbeitsvertrag untersuchen lassen. Der Mitarbeiter entbindet den Arzt von der ärztlichen Schweigepflicht, soweit dies zur Beurteilung seiner gesundheitlichen Eignung notwendig ist.

(3) Der Mitarbeiter hat in jedem Fall einer unvorhergesehenen Abwesenheit die Gesellschaft unverzüglich hierüber sowie über den Grund und die Dauer seiner voraussichtlichen Abwesenheit zu infor-

and subject to the proviso that even a repeated payment shall not establish a legal claim on the part of the Employee, neither on the merits nor on quantum, and neither for the past nor for the future.

(3) The Employee is not entitled to assign or pledge his remuneration claims to third parties without the Company's prior written consent.

(4) The Employee undertakes to repay to the Company in full any remuneration overpayments.

§ 4 Medical examination/Absence/Illness

(1) The Employee shall be hired subject to the provision that he is in sufficiently good health and fit for his area of work under this Employment Contract. The Employee shall undergo a medical examination to determine his fitness, at least prior to expiry of his trial period, by a doctor of his choice at the expense of the Company. The Employee shall release the doctor from his doctor-patient confidentiality to the extent necessary for the assessment of his fitness. Should the medical examination reveal that the Employee is unfit for the job, the Employment Contract shall end two weeks after receipt of the written notification by the Company to the Employee regarding this lack of fitness.

(2) At the request of the Company and for material reasons, the Employee shall also undergo a medical examination after the end of his trial period by a doctor of his choice at the expense of the Company – to determine his fitness for work under this Employment Contract. The Employee shall release the doctor from his doctor-patient confidentiality to the extent necessary for the assessment of his fitness.

(3) In each case of unforeseen absence from the Company, the Employee shall inform the Company thereof without undue delay as well as of the reason and the duration of his probable absence. The

mieren. Dabei hat der Mitarbeiter die Gesellschaft auf vordringlich zu erledigende Aufgaben hinzuweisen.

(4) Dauert eine Arbeitsunfähigkeit aufgrund Krankheit oder Unfall länger als drei Kalendertage, hat der Mitarbeiter eine Bescheinigung über das Bestehen der Arbeitsunfähigkeit sowie deren voraussichtliche Dauer spätestens an dem auf den dritten Kalendertag folgenden Arbeitstag vorzulegen. Die Gesellschaft ist berechtigt, die Vorlage der Arbeitsunfähigkeitsbescheinigung früher zu verlangen.

§ 5 Reisekosten/Auslagen

Die Gesellschaft erstattet dem Mitarbeiter notwendige und angemessene Auslagen und Reisekosten nach den jeweils maßgeblichen betrieblichen Richtlinien unter Berücksichtigung der jeweils anwendbaren steuerlichen Regelungen.

§ 6 Urlaub

(1) Der Mitarbeiter hat einen Urlaubsanspruch von ...... Arbeitstagen pro Kalenderjahr. Arbeitstage sind alle Tage, die am Arbeitsort weder Samstage noch Sonntage oder gesetzliche Feiertage sind. Bei der Festlegung von Zeitpunkt und Dauer des Urlaubs werden die betrieblichen Interessen und Bedürfnisse angemessen berücksichtigt. Der Mitarbeiter hat die Gesellschaft rechtzeitig über seine Urlaubspläne zu informieren.

(2) Der gesamte Urlaub ist grundsätzlich im laufenden Kalenderjahr zu nehmen. Eine Übertragung des Urlaubs auf das nächste Kalenderjahr erfolgt nur, wenn dringende betriebliche oder in der Person des Mitarbeiters liegende Gründe dies rechtfertigen. In diesem Fall muss der Urlaub in den ersten drei Monaten des Folgejahres genommen werden; andernfalls verfällt er.

(3) Bei Beendigung des Arbeitsvertrags erfolgt eine etwaige Urlaubsabgeltung nur bis zur Höhe des gesetzlichen Urlaubsanspruchs. Ein etwa bereits genommener Urlaub wird auf den gesetzlichen Urlaubsanspruch angerechnet.

Employee shall simultaneously draw the Company's attention to any pressing tasks which need to be dealt with urgently.

(4) Should inability to work due to sickness or accident last longer than three calendar days, the Employee shall submit a medical certificate regarding his inability to work and stating the probable duration of such condition by no later than the working day following the third calendar day. The Company is entitled to demand submission of the certificate of inability to work at an earlier date.

§ 5 Travel expenses/Outlays

The Company shall reimburse the Employee any necessary and reasonable outlays and travel expenses pursuant to the relevant company guidelines and taking into account the applicable fiscal regulations.

§ 6 Holiday leave

(1) The Employee is entitled to a holiday leave of ...... working days per calendar year. „Working days" refers to all calendar days which at the location of employment are neither Saturdays, Sundays, nor statutory holidays. When determining the date and duration of the holiday leave, the interests and needs of the Company shall be taken into consideration to a reasonable extent. The Employee shall inform the Company about his holiday plans in due time.

(2) The entire annual holiday leave shall as a rule be taken during the current calendar year. Holiday leave shall be carried forward to the following calendar year only if justified either by urgent operational reasons or by personal reasons of the Employee. In this case, the holiday leave shall be taken within the first three months of the following year; otherwise it shall be forfeited.

(3) Upon termination of the Employment Contract, any payment in lieu of holiday leave shall be made only up to the statutory entitlement to holiday leave. Any holiday leave already taken shall be deducted from the statutory claim to holiday leave.

§ 7 Nebentätigkeiten

(1) Der Mitarbeiter wird der Gesellschaft seine volle Arbeitskraft widmen und deren Interessen fördern.

(2) Jede weitere entgeltliche Tätigkeit bedarf der vorherigen schriftlichen Zustimmung der Gesellschaft. Die Gesellschaft wird ihre Zustimmung nur verweigern, wenn die Interessen der Gesellschaft beeinträchtigt sind.

(3) Abs. (2) gilt entsprechend für unentgeltliche Nebentätigkeiten sowie die Beteiligung an anderen gewerblichen oder gemeinnützigen Unternehmen, sofern sie eine rein kapitalmäßige Beteiligung von ...... Prozent übersteigt.

§ 8 Geheimhaltung/Behandlung von Gegenständen und Daten

(1) Der Mitarbeiter ist verpflichtet, alle vertraulichen Angelegenheiten, insbesondere Betriebs- und Geschäftsgeheimnisse, der Gesellschaft und mit der Gesellschaft verbundener Unternehmen streng geheim zu halten. Diese Verpflichtung gilt auch nach Beendigung des Arbeitsvertrags.

(2) Alle die Gesellschaft oder mit ihr verbundene Unternehmen betreffenden Unterlagen, insbesondere alle Notizen, Spezifikationen für Angebote und/oder Aufträge, Zeichnungen, Protokolle, Berichte, Korrespondenz und ähnliche Dokumente (sowie Kopien oder sonstige – auch elektronische – Reproduktionen hiervon), und dem Mitarbeiter dienstlich überlassene Gegenstände (z.B. Handy, Laptop usw.) und Datenträger/Daten müssen sorgfältig behandelt werden. Sie dürfen nur mit vorheriger schriftlicher Zustimmung der Gesellschaft zu anderen als dienstlichen Zwecken verwendet, vervielfältigt oder aus den Geschäftsräumen der Gesellschaft entfernt werden.

(3) Zum Zeitpunkt der Beendigung des Arbeitsverhältnisses oder einer unwiderruflichen Freistellung nach § 10 Abs. (5) wird der Mitarbeiter der Gesellschaft unaufgefordert, während des Bestehens seines Arbeitsvertrags auf Anforderung, alle in seinem Besitz befindlichen und in Abs. (2) genannten Unterlagen, Gegen-

§ 7 Secondary activities

(1) The Employee shall devote his entire working capacity to the Company and promote its interests.

(2) Any additional paid employment requires the Company's prior written consent. The Company shall refuse its consent only if its interests are impaired.

(3) Para. (2) shall apply analogously for non-gainful secondary activities as well as the participation in other commercial or non-profit enterprises to the extent that such participation exceeds ...... percent in purely capital terms.

§ 8 Secrecy/Handling of items and data

(1) The Employee is obliged to maintain strict confidentiality with regard to all confidential matters, notably trade and business secrets, of the Company and its affiliates. This obligation shall also apply after the end of the Employment Contract.

(2) All documents relating to the Company or its affiliates, notably all notes, specifications for quotations and/or contracts, drawings, minutes, reports, correspondence and similar documents (as well as all copies or other reproductions thereof, including in electronic form), and items (e.g. mobile, laptop, etc.) and data carriers/data with which the Employee has been provided for work purposes must be handled with care. They may be used, copied or removed from Company premises other than for business purposes only with Company's prior written consent.

(3) The Employee shall, without prior solicitation upon termination of the Employment Contract or in the event of an irrevocable release from his working activities pursuant to § 10 para. (5), and upon request during the term of the Employment Contract, return to the Company all documents, items and data

stände und Datenträger zurückgeben. Sinngemäß gilt das Gleiche für nichtkörperliche Informationen und Materialien, z.B. Computerprogramme oder sonstige Daten. Dem Mitarbeiter ist es nicht gestattet, Sicherungskopien hiervon zu behalten.

(4) Der Mitarbeiter erkennt an, dass die in Abs. (2) und (3) genannten Gegenstände, Unterlagen und Datenträger/Daten alleiniges Eigentum der Gesellschaft oder mit ihr verbundener Unternehmen sind. Der Mitarbeiter hat daran kein Zurückbehaltungsrecht.

§ 9 Schutzrechte

(1) Der Mitarbeiter überträgt der Gesellschaft das ausschließliche, zeitlich, räumlich und inhaltlich unbeschränkte Nutzungs- und Verwertungsrecht für alle etwaigen nach Urheber-, Geschmacksmuster-, Gebrauchsmuster-, Marken- und/oder einem anderen Schutzrecht schutzfähigen Arbeitsergebnisse, die der Mitarbeiter während der Dauer seines Arbeitsvertrags während seiner Arbeitszeit oder, sofern sie Bezug zu seinen arbeitsvertraglichen Aufgaben haben, auch außerhalb seiner Arbeitszeit erstellt.

(2) Die Übertragung des Nutzungs- und Verwertungsrechts umfasst insbesondere auch die Erlaubnis zur Bearbeitung und Lizenzvergabe an Dritte.

(3) Der Mitarbeiter verzichtet ausdrücklich auf sonstige ihm etwa als Urheber oder sonstigen Schutzrechtsinhaber zustehenden Rechte an den Arbeitsergebnissen, insbesondere auf das Recht auf Namensnennung, auf Bearbeitung und auf Zugänglichmachung des Werkes.

(4) Die Einräumung von Rechten und der Verzicht auf Rechte nach diesem § 9 sind vollumfänglich mit der in § 3 Abs. (1) geregelten Vergütung abgegolten.

(5) Die Vorschriften des Arbeitnehmererfindungsgesetzes sowie § 69b Urhebergesetz bleiben unberührt.

carriers in his possession which are specified in para. (2). The same applies analogously to non-physical information and materials such as computer programs or other data. The Employee is not permitted to retain back-up copies of these.

(4) The Employee acknowledges that the items, documents and data carriers/data specified in paras. (2) and (3) are the sole property of the Company or of its affiliates. The Employee has no right of retention in these.

§ 9 Intellectual property rights

(1) The Employee shall assign to the Company the exclusive right of use or exploitation unlimited as to term, territory and content in any and all work results the Employee produces during his term of employment during his working hours or – to the extent they are related to his duties under the Employment Contract – also outside of his working hours, and which are eligible for protection under copyright, industrial design, utility model or trade mark law and/or any intellectual property law.

(2) The assignment of the right to use and exploitation shall also notably include the permission for processing and licensing to third parties.

(3) The Employee expressly waives all other rights in the work results to which he might be entitled as author or other holder of an intellectual property right, notably the right to be named as author/creator, to adaptation and to making the work accessible.

(4) The granting of rights and the waiver of rights pursuant to this § 9 are fully covered by the remuneration provided for in § 3 para. (1).

(5) The provisions of the German Employee Inventions Act [Arbeitnehmererfindungsgesetz] and Sec. 69b of the German Copyright Act [Urhebergesetz] shall not be affected thereby.

§ 10 Laufzeit/Kündigung/Vertragsstrafe/ Freistellung/Vorfälligkeit

(1) Der Arbeitsvertrag beginnt am ...... und ist auf die Dauer der Probezeit von sechs Monaten befristet. Während der Probezeit können beide Parteien den Arbeitsvertrag unter Einhaltung einer Kündigungsfrist von zwei Wochen kündigen. Vor Beginn des Arbeitsvertrags ist die ordentliche Kündigung ausgeschlossen.

(2) Wird das Arbeitsverhältnis nach Ablauf der Probezeit einvernehmlich fortgesetzt, so geht es in ein Arbeitsverhältnis auf unbestimmte Zeit zu den in diesem Arbeitsvertrag geregelten Bedingungen über, für das die gesetzlichen Kündigungsfristen gelten. Eine Verlängerung der für die Gesellschaft maßgeblichen Kündigungsfristen gilt auch für den Mitarbeiter.

(*Alternative*:

(1) Der Arbeitsvertrag beginnt am ...... und wird für unbestimmte Zeit geschlossen.

(2) Die ersten sechs Monate gelten als Probezeit. Während der Probezeit kann der Arbeitsvertrag unter Einhaltung einer Kündigungsfrist von zwei Wochen gekündigt werden. Vor Beginn des Arbeitsvertrags ist die ordentliche Kündigung ausgeschlossen. Nach Ablauf der Probezeit gelten die gesetzlichen Kündigungsfristen. Eine Verlängerung der für die Gesellschaft maßgeblichen Kündigungsfristen gilt auch für den Mitarbeiter.)

(3) Die Kündigung bedarf der Schriftform.

(4) KÜNDIGT DER MITARBEITER VERTRAGSWIDRIG VOR BEGINN DES ARBEITSVERTRAGES, NIMMT ER SEINE TÄTIGKEIT NICHT VERTRAGSGEMÄß AUF ODER BEENDET ER DEN ARBEITSVERTRAG VERTRAGSWIDRIG, INSBESONDERE UNTER MISSACHTUNG DER GELTENDEN KÜNDIGUNGSFRISTEN, VERWIRKT ER EINE VERTRAGSSTRAFE. DIES GILT AUCH FÜR DEN FALL, DASS DIE GESELLSCHAFT DURCH SCHULDHAFT VERTRAGSWIDRIGES VERHALTEN DES ARBEITNEHMERS ZUR FRISTLO-

§ 10 Term/Termination/Contractual penalty/Release from working duties/ Acceleration

(1) The Employment Contract shall commence on ...... and is limited to the trial period of six months. During the trial period both Parties may terminate the Employment Contract on two weeks' notice. Prior to commencement of the Employment Contract, termination with due notice shall be excluded.

(2) If the employment relationship is continued by common consent after the end of the trial period, such relationship shall become a relationship of indefinite term subject to the conditions specified in this Employment Contract, for which the statutory notice periods apply. An extension of the notice periods applicable to the Company shall also apply to the Employee.

(*Alternatively*:

(1) The Agreement shall commence on ...... and is concluded for an indefinite term.

(2) The first six months shall be a trial period. During the trial period both Parties may terminate the Employment Contract on two weeks' notice. Prior to commencement of the Employment Contract, ordinary notice of termination shall be excluded. Upon expiry of the trial period, the statutory notice periods shall apply. An extension of the notice periods applicable to the Company shall also apply to the Employee.)

(3) Notice of termination must be given in writing.

(4) IF THE EMPLOYEE GIVES NOTICE OF TERMINATION PRIOR TO COMMENCEMENT OF THE EMPLOYMENT CONTRACT IN BREACH OF CONTRACT, IF HE DOES NOT TAKE UP HIS WORK ACCORDING TO CONTRACT, OR IF HE TERMINATES THE EMPLOYMENT CONTRACT IN BREACH OF CONTRACT, NOTABLY DISREGARDING THE APPLICABLE NOTICE PERIODS, HE SHALL INCUR A CONTRACT PENALTY. THIS ALSO APPLIES IN THE EVENT THAT THE COMPANY IS ENTITLED TO TER-

SEN KÜNDIGUNG DES ARBEITSVERTRAGES VERANLASST WIRD. DIE HÖHE DER VERTRAGSSTRAFE ENTSPRICHT DER VERGÜTUNG NACH § 3 ABS.(1), DIE FÜR DEN ZEITRAUM DER JEWEILS EINSCHLÄGIGEN KÜNDIGUNGSFRIST GESCHULDET IST; SIE BETRÄGT ABER MAXIMAL EIN BRUTTO-MONATSGEHALT. DIE GESELLSCHAFT BEHÄLT SICH DIE GELTENDMACHUNG WEITEREN SCHADENS VOR

(5) Die Gesellschaft ist im Falle der Kündigung des Arbeitsvertrags durch die Gesellschaft berechtigt, den Mitarbeiter von seiner weiteren Tätigkeit für die Gesellschaft freizustellen. Während der Zeit der Freistellung behält der Mitarbeiter seinen Anspruch auf die vertragliche Vergütung; er muss sich jedoch den Wert desjenigen anrechnen lassen, was er infolge des Unterbleibens der Dienstleistung erspart oder durch anderweitige Verwendung seiner Dienste erwirbt oder zu erwerben böswillig unterlässt. Im Fall einer unwiderruflichen Freistellung wird die Freistellungszeit auf etwaige Urlaubs- oder Freizeitausgleichsansprüche angerechnet.

(6) Sollte der Mitarbeiter der Gesellschaft bei Ausspruch einer Kündigung durch die Gesellschaft Beträge aufgrund von Gehaltsvorschüssen oder ähnlichen Vorauszahlungen schulden, werden sämtliche Beträge sofort fällig und – unter Beachtung der Pfändungsgrenzen – aufrechenbar. Dem Mitarbeiter gewährte Darlehen gelten mit Ausspruch der Kündigung als ordentlich mit einer Frist von einem Monat gekündigt. Entsprechendes gilt bei Ausspruch einer Kündigung durch den Mitarbeiter, es sei denn es liegt eine von der Gesellschaft verschuldete außerordentliche Kündigung vor.

(7) Der Arbeitsvertrag endet ohne Kündigung mit Ablauf des Monats, in dem der Mitarbeiter das Alter erreicht, ab dem er erstmals einen Anspruch auf Regelaltersrente erwirbt.

MINATE THE EMPLOYMENT CONTRACT WITHOUT NOTICE DUE TO CULPABLE BEHAVIOR IN BREACH OF CONTRACT ON THE PART OF THE EMPLOYEE. THE AMOUNT OF THE CONTRACT PENALTY SHALL CORRESPOND TO THE REMUNERATION STIPULATED IN § 3 PARA. (1) WHICH IS OWED FOR THE PERIOD OF THE RESPECTIVELY APPLICABLE NOTICE PERIOD; THE MAXIMUM AMOUNT SHALL HOWEVER BE ONE GROSS MONTH'S SALARY. THE COMPANY RESERVES THE RIGHT TO ASSERT A CLAIM FOR FURTHER-REACHING DAMAGES.

(5) In the event of termination of the Employment Contract by the Company, the Company may release the Employee from performing further work for the Company. The Employee shall retain his claim to contractual remuneration for the period of release; however, he shall set off against such remuneration the amount of what he saves as a result of not rendering the services, or earns by employing his services otherwise, or which he maliciously refrains from earning. In the event of an irrevocable release from working duties, the period of release shall be deducted from any holiday leave or compensation for overtime owed.

(6) If, upon notice of termination by the Company, the Employee owes the Company any amounts due to advance payments on salary, or similar advance payments, all such amounts shall fall due immediately and – observing the limits on garnishment of wages – be subject to set-off. Upon notice of termination, loans granted to the Employee shall be deemed to have been terminated with a notice period of one month. This applies analogously in the event of notice of termination by the Employee, except in the case of termination with good cause through fault of the Company.

(7) The Employment Contact shall end without requiring notice of termination upon expiry of the month in which the Employee reaches the age as of which he qualifies for a regular old age pension.

§ 11 Verfall von Ansprüchen, Verjährung

(1) Alle Ansprüche der Vertragsparteien aus oder in Zusammenhang mit dem Arbeitsverhältnis verfallen, wenn sie nicht innerhalb von ...... Monaten nach ihrer Fälligkeit schriftlich gegenüber der anderen Vertragspartei geltend gemacht werden. Dies gilt nicht bei Haftung wegen Vorsatzes. Die Ausschlussfrist beginnt, wenn der Anspruch entstanden ist und der Anspruchsteller von den anspruchsbegründenden Umständen Kenntnis erlangt oder grob fahrlässig keine Kenntnis erlangt hat. Die Versäumung der Ausschlussfrist führt zum Verlust des Anspruchs.

(2) Die Verjährungsfrist für alle Ansprüche der Vertragsparteien aus oder in Zusammenhang mit dem Arbeitsverhältnis beträgt ein Jahr. Dies gilt nicht bei Haftung wegen Vorsatzes. Im Übrigen bleiben die gesetzlichen Vorschriften über den Eintritt der Verjährung unberührt.

(*Alternative:*
(2) Lehnt der Anspruchsgegner den Anspruch ab oder äußert er sich nicht innerhalb von zwei Wochen nach schriftlicher Geltendmachung gem. Abs. (1), verfallen die Ansprüche, wenn sie nicht innerhalb von ...... Monaten nach der Ablehnung oder nach dem Ablauf der Äußerungsfrist gerichtlich geltend gemacht werden.

(3) Die Verjährungsfrist für alle Ansprüche der Vertragsparteien aus oder in Zusammenhang mit dem Arbeitsverhältnis beträgt ein Jahr. Dies gilt nicht bei Haftung wegen Vorsatzes. Im Übrigen bleiben die gesetzlichen Vorschriften über den Eintritt der Verjährung unberührt.)

§ 12 Öffnungsklausel für Betriebsvereinbarungen

Einzelne Rechte und Pflichten aus dem Arbeitsverhältnis können nach Abschluss des Arbeitsvertrags durch Betriebsvereinbarung geändert werden. Es gelten vom Zeitpunkt der Änderung an ausschließlich die jeweiligen Regelungen der Betriebsvereinbarung, auch wenn sie für den Mitarbeiter ungünstiger sind.

§ 11 Forfeiture of claims/Statute of limitations

(1) All claims of the Parties arising under or in connection with the Employment Contract shall be deemed forfeited unless they are asserted in writing vis-à-vis the other Party within ...... months after falling due. This shall not apply to liability for intent. The limitation period shall commence once the claim has arisen and the claimant either has become aware of the circumstances giving rise to the claim or has not become aware thereof due to gross negligence. Failure to comply with the limitation period shall lead to loss of the claim.

(2) The limitation period for all claims by the Parties arising under or in connection with this employment relationship shall be one year. This shall not apply to liability for intent. The statutory regulations governing the expiry of the limitation period shall not be affected.

(*Alternatively:*
(2) If the respondent of the claim rejects the claim or does not make any statement within two weeks of written assertion of the claim pursuant to para. (1), the claims shall be deemed forfeited unless they are asserted before a court within ...... months of rejection or the expiry of the period granted to make a statement.

(3) The limitation period for all claims by the Parties arising under or in connection with this employment relationship shall be one year. This shall not apply to liability for intent. The statutory regulations governing the expiry of the limitation period shall not be affected.)

§ 12 Opening clause for works council agreements

Individual rights and obligations arising under the employment relationship may be amended after conclusion of the Employment Contract by a works council agreement. Commencing with the date of amendment, the respective provisions of the works council agreement shall apply, even if they are less favourable for the Employee.

§ 13 Rechtswahl

Das Arbeitsverhältnis und der Arbeitsvertrag unterliegen dem Recht der Bundesrepublik Deutschland.[2]

§ 14 Schlussbestimmungen

(1) Unvollständige oder unrichtige Angaben bei der Einstellung, insbesondere im Personalfragebogen, können zur sofortigen Beendigung des Arbeitsvertrags führen.

(2) Der Mitarbeiter wird der Gesellschaft alle Änderungen über die Angaben zu seiner Person, soweit sie für den Arbeitsvertrag von Bedeutung sind, unverzüglich mitteilen. Der Mitarbeiter versichert, unter der jeweils angegebenen Adresse postalisch erreichbar zu sein und der Gesellschaft Änderungen der Zustelladresse unverzüglich schriftlich mitzuteilen. Aus der Nichtbeachtung dieser Verpflichtung etwa entstehende Nachteile gehen zu Lasten des Mitarbeiters.

(3) Dieser Arbeitsvertrag ersetzt alle eventuellen vorherigen Vereinbarungen zwischen den Vertragsparteien über das Arbeitsverhältnis. Mündliche Nebenabreden bestehen nicht. Änderungen und/oder Ergänzungen dieses Arbeitsvertrags einschließlich dieser Bestimmung bedürfen zu ihrer Wirksamkeit der Schriftform. Das Schriftformerfordernis bezieht sich auch auf etwaige Ansprüche aus betrieblicher Übung.

(4) Sollte eine Bestimmung dieses Arbeitsvertrags ganz oder teilweise unwirksam sein oder werden, so wird hiervon die Wirksamkeit der übrigen Bestimmungen dieses Arbeitsvertrags nicht berührt. An die Stelle der unwirksamen Bestimmung tritt die gesetzlich zulässige Bestimmung, die dem mit der unwirksamen Bestimmung Gewollten wirtschaftlich am nächsten kommt. Dasselbe gilt für den Fall einer vertraglichen Lücke.

(5) Erfüllungsort und Gerichtsstand richten sich nach den gesetzlichen Vorschriften.

§ 13 Governing law

The employment relationship and the Employment Contract shall be governed by the laws of the Federal Republic of Germany.

§ 14 Final provisions

(1) Incomplete or incorrect information provided during the hiring procedure, notably in the personnel questionnaire, may lead to immediate termination of this Employment Contract.

(2) The Employee shall inform the Company without undue delay of any changes relating to his personal data to the extent that they are of importance for the Employment Contract. The Employee assures the Company that he can be contacted by post at the address provided and that he will notify the Company without undue delay and in writing of any changes in his postal address. Any adverse consequences resulting from failure to observe this obligation shall be borne by the Employee.

(3) This Employment Contract replaces any prior agreements between the Parties with regard to the employment relationship. No oral side agreements exist. Changes and/or amendments to this Employment Contract including this provision require written form to be valid. The written form requirement shall also apply to any claims resulting from company usages.

(4) Should any provision of this Employment Contract be or become invalid in whole or in part, this shall not affect the validity of the remaining provisions of this Employment Contract. The invalid provision shall be replaced with a provision permitted by statute which most closely approximates the intended economic result of the invalid provision. The same shall apply for any gap in the Contract.

(5) Place of performance and place of jurisdiction shall be determined in line with statutory provisions.

(6) Dieser Arbeitsvertrag ist in deutscher und englischer Sprache verfasst. Bei Auslegungsfragen und Streitigkeiten gilt ausschließlich der deutsche Vertragstext.³

(7) Der Mitarbeiter hat eine Ausfertigung dieses Arbeitsvertrags erhalten.

......
Ort, Datum/Place, date
......
Unterschrift der Gesellschaft/
Signature of the Company

(6) This Employment Contract has been drafted in both a German and an English version. In the event of questions regarding interpretation or disputes, the German version of the contract shall apply exclusively.

(7) The Employee has received a counterpart of this Employment Contract.

Schrifttum: S. Form. A. VIII. 2.

Anmerkungen

1. Sachverhalt. Das Formular enthält einen Musterarbeitsvertrag nach deutschem Recht mit englischer Übersetzung. Eine derartige zweisprachige Vertragsfassung wird häufig dann verwendet, wenn das Arbeitgeberunternehmen einem internationalen Konzern angehört und der Arbeitsvertrag Führungskräften vorgelegt oder sogar von diesen unterzeichnet wird, die der deutschen Sprache nicht mächtig sind. Das Vertragsmuster beruht auf dem Formular des Arbeitsvertrags ohne Tarifbindung (s. Form. A. II. 11). Hinzugefügt sind lediglich die Bestimmungen zum anwendbaren Recht in § 13 und zu dem maßgeblichen Vertragstext in § 14 Abs. (6).

2. Anwendbares Recht. In § 13 wird das deutsche Recht auf den Arbeitsvertrag und das Arbeitsverhältnis für anwendbar erklärt. Diese ausdrückliche Regelung empfiehlt sich zur Vermeidung von Zweifelsfragen. Zur Rechtswahl s. Form. A. VIII. 2 Anm. 31.

3. Maßgebliche Sprache. Der deutsche Vertragswortlaut wird bei Auslegungsfragen und Streitigkeiten als maßgeblich bestimmt. Die Wahl des deutschen Vertragswortlauts als maßgeblich ist dabei nicht zwingend; grundsätzlich könnte auch der englische Text für maßgeblich erklärt werden. Neben dem nahe liegenden Interesse des deutschen Arbeitgebers, den maßgeblichen Vertragswortlaut in „seiner" Sprache zu vereinbaren, sprechen für die Wahl des deutschen Vertragswortlauts verschiedene Gründe. Der Arbeitgeber, der den englischen Vertragstext für maßgeblich erklärt, trägt das beweisrechtliche Risiko von Übersetzungsfehlern (*Riesenhuber* NZA 1999, 798, 799). Im Hinblick auf Auslegungsfragen empfiehlt es sich regelmäßig, derjenigen Sprache den Vorrang zu geben, deren Recht der Vertrag unterliegt, da sich Rechtsbegriffe nicht immer unter vollständiger Wahrung ihrer Bedeutung in eine andere Sprache übersetzen lassen. So können Rechtsbegriffe in der Zweitsprache entweder gar nicht existieren oder eine andere Bedeutung haben. Bei der Bestimmung des maßgeblichen Vertragstextes ist auch zu berücksichtigen, dass vor deutschen Gerichten aufgrund gesetzlicher Bestimmung deutsch die Gerichtssprache ist, § 184 GVG. Im Falle eines Rechtsstreits vor einem deutschen Gericht wird bei einer maßgeblichen nichtdeutschen Vertragsfassung die Vorlage einer beglaubigten Übersetzung und gegebenenfalls die Einholung eines Sachverständigengutachtens erforderlich werden, wodurch das Verfahren verzögert und zusätzliche Kosten verursacht werden. Ferner stellt sich (insbesondere bei der Verwendung interner Terminologie des Arbeitgeberkonzerns im Rahmen komplexer Vergütungssysteme) das praktische Problem, dass bei einer beglaubigten Übersetzung des Vertragstextes aus der englischen in die deutsche Sprache nicht gewährleistet ist, dass die Übersetzung auch den ursprünglich gewollten Vertragsinhalt wiedergibt. Dies wird durch die zweisprachige Vertragsfassung vermieden, da bereits bei Abfassung des Vertrages eine deutsche Übersetzung angefertigt wird und dabei Verständnisprobleme und Interpretationsspielräume früh erkannt und einer eindeutigen Formulierung in deutscher Sprache zugeführt werden können. Diese kann dann im Streitfall auch von einem Gericht nachvollzogen und überprüft werden.

Grundsätzlich besteht für den Arbeitgeber jedoch keine rechtliche Verpflichtung, mit ausländischen Arbeitnehmern, die die deutsche Sprache nicht oder nicht ausreichend gut beherrschen, Arbeitsverträge in einer anderen als der deutschen Sprache abzuschließen oder dem Arbeitnehmer eine Übersetzung zur Verfügung zu stellen. Vielmehr kommt ein schriftlich geschlossener Arbeitsvertrag in deutscher Sprache mit einem ausländischen Arbeitnehmer mit seinem Gesamtinhalt zustande, auch wenn der Arbeitnehmer der deutschen Sprache ganz oder teilweise nicht mächtig ist. Der Arbeitnehmer trägt das Sprachrisiko, d.h. es geht zu seinen Lasten, wenn er den Inhalt des Arbeitsvertrags nicht versteht (LAG Stuttgart Urt. v. 30. 12. 1970 – 4 Sa 64/70 – DB 1971, 245; LAG Frankfurt a.M. Urt. v. 7. 6. 1974 – Sa 45/74 – BB 1975, 788; LAG Hamm Urt. v. 7. 9. 1992 – 19 Sa 531/92 – LAGE § 611 BGB Nr. 6; ErfKomm/*Preis* § 2 NachwG, Rdn. 4; *Freckmann* BB 2000, 1402,*1408*; a.A. KHzA/*Braasch* Kap 1.2 Rdn. 116; einschränkend *Schaub*, § 42 Rdn. 7). Dies ist anders bei nicht verkörperten (mündlichen oder fernmündlichen) Erklärungen: Hier geht die Sprachunkenntnis des Empfängers regelmäßig zu Lasten des Erklärenden (Palandt/*Heinrichs* § 130 Rdn. 14). Auch aus dem NachwG ergibt sich keine Verpflichtung des Arbeitgebers, dem ausländischen Arbeitnehmer eine Übersetzung des deutschen Vertragstextes oder eine Fassung in der Muttersprache des Arbeitnehmers zur Verfügung zu stellen. Mit dem Abschluss eines schriftlichen Arbeitsvertrags in deutscher Sprache würde der Arbeitgeber daher auch den Anforderungen des NachwG genügen. Nach § 2 Abs. 1 S. 1 NachwG hat der Arbeitgeber spätestens einen Monat nach dem vereinbarten Beginn des Arbeitsverhältnisses die wesentlichen Vertragsbedingungen (vgl. hierzu § 2 Abs. 1 S. 2 NachwG) schriftlich niederzulegen, die Niederschrift zu unterzeichnen und dem Arbeitnehmer auszuhändigen. Es obliegt dem sprachunkundigen Arbeitnehmer, sich eine Übersetzung des deutschen Vertragstextes zu beschaffen (*Moll/Reichel* RdA 2001, 308, 314; *Riesenhuber* NZA 1999, 798, 800).

Besonderheiten bestehen bei so genannten Greencard – Arbeitnehmern, die aufgrund der IT-ArGV eine Arbeitserlaubnis erhalten. Für diese Arbeitnehmer ist nach dem Runderlass 37/2000 der Bundesagentur für Arbeit zur Beantragung der Arbeitserlaubnis die Vorlage eines Arbeitsvertrags in deutscher Sprache sowie in einer für den ausländischen Arbeitnehmer verständlichen Zweitsprache erforderlich (vgl. Runderlass 37/2000 der Bundesagentur für Arbeit, Anm. 6 a.E. – http://www.arbeitsagentur.de/content/de DE/hauptstelle/a-04/importierter inhalt7pdf/37 2000a.pdf). Eine Sonderregelung gilt auch für ausländische Leiharbeitnehmer, denen der Verleiher einen Nachweis über die wesentlichen Vertragsbestimmungen in ihrer Muttersprache erteilen muss, § 11 Abs. 2 AÜG.

IX. Arbeitnehmerüberlassung

1. Vertrag zwischen Verleiher und Entleiher[1]

Vertrag

zwischen

...... (Name und Anschrift der Gesellschaft) „Verleiher"

und

...... (Name und Anschrift der Gesellschaft) „Entleiher[2]"

über gewerbliche Arbeitnehmerüberlassung.

§ 1 Erlaubnis[3]

(1) Die Erlaubnis zur gewerbsmäßigen Arbeitnehmerüberlassung wurde dem Verleiher gemäß § 1 Arbeitnehmerüberlassungsgesetz (AÜG) von der Regionaldirektion der Bundesagentur für Arbeit ...... (Sitz der Regionaldirektion) am ...... erteilt.

(2) Der Verleiher verpflichtet sich, Änderungen seiner Erlaubnis oder ihren etwaigen Wegfall dem Entleiher unaufgefordert unverzüglich mitzuteilen.

§ 2 Überlassung

Der Verleiher verpflichtet sich, dem Entleiher die in der Anlage 1 aufgeführten Arbeitnehmer zu überlassen[4].

(*Alternative*:

Der Verleiher verpflichtet sich, dem Entleiher für die Zeit vom ...... bis ...... (Anzahl) Arbeitnehmer zu überlassen, die die folgende Qualifikation besitzen und für die folgende Tätigkeit eingesetzt werden:

1. Anzahl der Arbeitnehmer: ......
   erforderliche Qualifikation: ......
   vorgesehene Tätigkeit: ......
   Stundensatz: EUR ...... + MwSt.
2. Anzahl der Arbeitnehmer: ......
   erforderliche Qualifikation: ......
   vorgesehene Tätigkeit: ......
   Stundensatz: EUR ...... + MwSt.
3. Anzahl der Arbeitnehmer: ......
   erforderliche Qualifikation: ......
   vorgesehene Tätigkeit: ......
   Stundensatz: EUR ...... + MwSt.)

§ 3 Vergütung[5]

(1) Der Entleiher zahlt an den Verleiher für jeden Leiharbeitnehmer die für diesen gemäß Anlage 1 vereinbarte Vergütung zuzüglich der jeweiligen gesetzlichen Mehrwertsteuer.

(2) Der Entleiher zahlt bei Vorlage der entsprechenden Rechnung an den Entleiher wöchentlich jeweils montags im Nachhinein einen Abschlag in Höhe von 20 Prozent der bei Durchführung dieses Vertrages voraussichtlich anfallenden Monatsvergütung. Die Endabrechnung erfolgt am Monatsende aufgrund der vom Entleiher unterzeichneten Stundennachweise und unter Berücksichtigung der bereits geleisteten Anzahlungen.

1. Vertrag zwischen Verleiher und Entleiher **A. IX. 1**

Diejenige Partei, die eine Zahlung schuldet, hat den jeweiligen Betrag bis zum ......
Werktag des auf die Endabrechnung folgenden Monats zu zahlen.

§ 4 Wesentliche Arbeitsbedingungen beim Entleiher[6]

Für die mit den in Anlage 1 genannten Leiharbeitnehmern vergleichbaren Arbeitnehmer im Betrieb des Entleihers gelten die folgenden wesentlichen Arbeitsbedingungen.

(1) Für die unter Ziffer 1. bis ...... der Anlage 1 genannten Arbeitnehmer:
  a) Vergleichbare Tätigkeit:
  b) Für die Arbeitsverhältnisse einschlägige Tarifverträge und Betriebs- oder Dienstvereinbarungen:
  c) Höhe und Zusammensetzung des Arbeitsentgelts einschließlich der Zuschläge, Prämien und sonstiger Sonderzahlungen:
  d) Aufwandsersatz:
  e) Leistungen für die betriebliche Altersversorgung:
  f) Arbeitszeit:
  g) Dauer des Erholungsurlaubs:
  h) Überstunden:
  i) Pausen/Ruhezeiten:
  j) Ausschlussfristen:
  k) Verschwiegenheitspflichten und Wettbewerbsverbote:
  l) Sonstige wesentliche Arbeitsbedingungen:

(2) Für die unter Ziffer ...... bis ...... der Anlage 1 genannten Arbeitnehmer:
  a) Vergleichbare Tätigkeit:
  b) Für die Arbeitsverhältnisse einschlägige Tarifverträge und Betriebs- oder Dienstvereinbarungen:
  c) Höhe und Zusammensetzung des Arbeitsentgelts einschließlich der Zuschläge, Prämien und sonstiger Sonderzahlungen:
  d) Aufwandsersatz:
  e) Leistungen für die betriebliche Altersversorgung:
  f) Arbeitszeit:
  g) Dauer des Erholungsurlaubs:
  h) Überstunden:
  i) Pausen/Ruhezeiten:
  j) Ausschlussfristen:
  k) Verschwiegenheitspflichten und Wettbewerbsverbote:
  l) Sonstige wesentliche Arbeitsbedingungen:

§ 5 Beschäftigung, Weisung und Überwachung[7]

Der Entleiher verpflichtet sich, die Leiharbeitnehmer nur mit Arbeiten zu beschäftigen, für die sie gemäß Anlage 1 vorgesehen sind oder die der Qualifikation der Leiharbeitnehmer entsprechen. Der Entleiher ist berechtigt, den Leiharbeitnehmern hinsichtlich der konkreten Ausgestaltung der Tätigkeit Weisungen zu erteilen und die Arbeitsausführung zu überwachen.

§ 6 Arbeitsschutz/Arbeitsunfälle[8]

(1) Der Entleiher verpflichtet sich, die gesetzlichen Bestimmungen des Arbeitsschutzes und die Unfallverhütungsvorschriften zu befolgen.

(2) Der Entleiher haftet gegenüber dem Verleiher für Vermögensschäden aufgrund von Arbeitsunfällen der Leiharbeitnehmer nur, wenn der Entleiher diese vorsätzlich verursacht hat.

(3) Bei einem Arbeitsunfall hat der Entleiher den Verleiher unverzüglich zu benachrichtigen. Der Verleiher wird den Arbeitsunfall dann dem Unfallversicherungsträger melden.

§ 7 Betriebliche Mitbestimmung[9]

Der Entleiher verpflichtet sich, im Verhältnis zu den Leiharbeitnehmern betriebsverfassungsrechtlichen Pflichten nachzukommen.

§ 8 Treuepflicht[10]

Der Verleiher hat die überlassenen Leiharbeitnehmer arbeitsvertraglich zu verpflichten, dem Entleiher gegenüber Treue und Verschwiegenheit wie gegenüber einem Arbeitgeber zu wahren, soweit nicht berechtigte Interessen des Verleihers entgegenstehen.

§ 9 Arbeitszeit[11]

(1) Die regelmäßige Arbeitszeit der Leiharbeitnehmer richtet sich nach dem ...... (Bezeichnung des einschlägigen Tarifvertrages der Zeitarbeitsbranche).

(Alternative:
(1) Die regelmäßige Arbeitszeit richtet sich nach der in § 4 genannten Arbeitszeit eines vergleichbaren Arbeitnehmers im Entleiherbetrieb.)

(2) Die Anordnung von Überstunden oder Mehrarbeit bedarf der vorherigen Genehmigung durch den Verleiher. Der vom Entleiher gemäß § 3 i. V. m. Anlage 1 zu zahlende Stundensatz erhöht sich im Fall von Mehrarbeit um ...... Prozent.

§ 10 Austausch von Leiharbeitnehmern[12]

(1) Der Verleiher ist berechtigt, während des Arbeitseinsatzes Leiharbeitnehmer ohne Einhaltung einer Frist durch andere, in gleicher Weise geeignete Arbeitnehmer auszutauschen.

(2) Der Entleiher ist berechtigt, am ersten Tag des Arbeitseinsatzes eines Leiharbeitnehmers bis 16.00 Uhr dessen Austausch ohne Angabe von Gründen zu verlangen. Nach diesem Zeitpunkt besteht ein Recht auf Austausch nur, wenn der Leiharbeitnehmer für die vorgesehene Tätigkeit nicht geeignet ist. Kommt der Verleiher dem Verlangen nicht unverzüglich nach, kann der Entleiher den Vertrag hinsichtlich dieses Arbeitnehmers ohne vorherige Fristsetzung mit sofortiger Wirkung kündigen (Teilkündigung) und Schadensersatz wegen Nichterfüllung verlangen.

§ 11 Haftung[13]

Der Verleiher steht dafür ein, dass die überlassenen Leiharbeitnehmer allgemein für die jeweils in Anlage 1 angegebenen Tätigkeiten geeignet sind; er ist jedoch zur Nachprüfung von Arbeitspapieren, insbesondere von Zeugnissen der Arbeitnehmer auf ihre Richtigkeit hin oder zur Einholung von polizeilichen Führungszeugnissen nicht verpflichtet. Auch trifft ihn über die richtige Auswahl der Leiharbeitnehmer hinaus keine weitergehende Verpflichtung, insbesondere übernimmt der Verleiher keine Verantwortung für die Arbeitsleistung der überlassenen Leiharbeitnehmer. Die überlassenen Arbeitnehmer sind weder Bevollmächtigte noch Erfüllungsgehilfen des Verleihers.

§ 12 Kündigung[14]

Verleiher und Entleiher können den Arbeitnehmerüberlassungsvertrag – entweder insgesamt oder im Hinblick auf jeden einzelnen Arbeitnehmer – spätestens am Fünfzehnten eines Monats zum Schluss des Kalendermonats ordentlich kündigen. Die Kündigung bedarf zu ihrer Wirksamkeit der Schriftform.

§ 13 Schlussbestimmungen[15]

(1) Mündliche Nebenabreden bestehen nicht. Änderungen und Ergänzungen dieses Vertrages einschließlich dieser Bestimmung bedürfen zu ihrer Wirksamkeit der Schriftform.

(2) Sollte eine Bestimmung dieses Vertrages ganz oder teilweise unwirksam sein oder werden, so wird hiervon die Wirksamkeit der übrigen Bestimmungen dieses Vertrages

1. Vertrag zwischen Verleiher und Entleiher — A. IX. 1

nicht berührt. An die Stelle der unwirksamen Bestimmung tritt die gesetzlich zulässige Bestimmung, die dem mit der unwirksamen Bestimmung Gewollten wirtschaftlich am nächsten kommt. Dasselbe gilt für den Fall einer vertraglichen Lücke.

......
Ort, Datum
......
Unterschrift des Verleihers

......
Ort, Datum
......
Unterschrift des Entleihers

Anlage 1

Folgende Arbeitnehmer werden überlassen:
1. Name: ......
   Vorname: ......
   Geburtsdatum: ......
   Staatsangehörigkeit: ......
   Anschrift: ......
   erforderliche Qualifikation: ......
   vorgesehene Tätigkeit: ......
   Stundensatz: EUR ...... + MwSt.
   Beginn der Überlassung: ......
   Ende der Überlassung: ......
2. Name: ......
   Vorname: ......
   Geburtsdatum: ......
   Staatsangehörigkeit: ......
   Anschrift: ......
   erforderliche Qualifikation: ......
   vorgesehene Tätigkeit: ......
   Stundensatz: EUR ...... + MwSt.
   Beginn der Überlassung: ......
   Ende der Überlassung: ......
3. Name: ......
   Vorname: ......
   Geburtsdatum: ......
   Staatsangehörigkeit: ......
   Anschrift: ......
   erforderliche Qualifikation: ......
   vorgesehene Tätigkeit: ......
   Stundensatz: EUR ...... + MwSt.
   Beginn der Überlassung: ......
   Ende der Überlassung: ......

Schrifttum: Ankersen, Neues AÜG seit 1. 3. 2003 bundesweit in Kraft, NZA 2003, 421; *Boemke*, Arbeitnehmerüberlassungsgesetz, Kommentar; *Boemke/Lembke*, Arbeitnehmerüberlassungsgesetz, Kommentar Nachtrag; *Böhm*, Zeitenwende bei der Zeitarbeit: Start mit Irritationen, NZA 2003, 828; *Brors*, „Leiharbeitnehmer wählen ohne zu zahlen" – eine kurzlebige Entscheidung, NZA 2003, 1380; *Freckmann*, Arbeitnehmerüberlassung und „Hartz-Reform", DStR 2003, 294; *Hamann*, Betriebsverfassungsrechtliche Auswirkungen der Reform der Arbeitnehmerüberlassung, NZA 2003, 526; *Kokemoor*, Neuregelung der Arbeitnehmerüberlassung durch die Hartz-Umsetzungsgesetze – Überblick über das seit dem 1. Januar 2003 geltende Recht der Arbeitnehmerüberlassung, NZA 2003, 238; *Leßmann/Liersch*, Die Novelle des Betriebsverfassungsgesetzes, DStR 2001, 1302; *Löwisch*, Änderung der Betriebsverfassung durch das Betriebsverfassungs-Reformgesetz, BB 2001, 1734; *Niebler/Biebl/Ross*, Arbeitnehmerüberlassungsgesetz – Ein Leitfaden für die betriebliche Praxis; *Reichold*, Die reformierte Betriebsverfassung 2001 – Ein

A. IX. 1

IX. Arbeitnehmerüberlassung

Überblick über die neuen Regelungen des Betriebsverfassungs-Reformgesetzes, NZA 2001, 857; *Rieble/Klebeck*, Lohngleichheit für Leiharbeit, NZA 2003, 23; *Schüren*, Arbeitnehmerüberlassungsgesetz: AÜG, Kommentar, 2. Aufl., 2003; *Schüren/Behrend*, Arbeitnehmerüberlassung nach der Reform – Risiken der Neuen Freiheit, NZA 2003, 521; *Ulber*, Arbeitnehmerüberlassungsgesetz und Arbeitnehmerentsendegesetz, Kommentar für die Praxis; *Wank*, Der Richtlinienvorschlag der EG-Kommission zur Leiharbeit und das „Erste Gesetz für moderne Dienstleistungen am Arbeitsmarkt", NZA 2003, 14.

Anmerkungen

1. Arbeitnehmerüberlassungsvertrag. Die Arbeitnehmerüberlassung ist durch eine Dreiecksbeziehung gekennzeichnet, die sich wie folgt darstellt: Zwischen zwei Unternehmen, dem Verleiher und dem Entleiher, wird ein Arbeitnehmerüberlassungsvertrag abgeschlossen. Zwischen dem Verleiher und dem Leiharbeitnehmer besteht ein Arbeitsvertrag.

Das Formular enthält einen Arbeitnehmerüberlassungsvertrag, welcher nach § 12 Abs. 1 AÜG der **Schriftform** bedarf. Es handelt sich dabei um einen **gegenseitigen Vertrag eigener Art** (BAG Urt. v. 26. 4. 1995 – 7 AZR 850/94 – AP Nr. 19 zu § 1 AÜG), dessen Inhalt im Wesentlichen der freien Parteivereinbarung unterliegt. Das AÜG selbst sieht neben dem Schriftformerfordernis lediglich in § 12 AÜG einige Hinweispflichten vor. In der Praxis üblich ist entweder die abschließende Regelung der vertraglichen Beziehung im Arbeitnehmerüberlassungsvertrag selbst, wie es das Formular vorsieht, oder die weitgehende Bezugnahme auf vom Verleiher gestellte AGB.

Für die rechtliche Einordnung des Vertrages zwischen dem Verleiher und Entleiher kommt es weder auf die von den Parteien gewünschte Rechtsfolge noch auf die von ihnen gewählte Bezeichnung an. Vielmehr bestimmt der sich in dem Wortlaut des Vertrages und dessen praktischer Durchführung ergebende wirkliche Wille der Vertragspartner den Geschäftsinhalt und damit den Vertragstyp. Die Parteien können deshalb die **zwingenden Schutzvorschriften des AÜG** nicht dadurch umgehen, dass sie eine vom tatsächlichen Geschäftsinhalt abweichende Vertragstypenbezeichnung wählen.

2. Vertragsparteien. Das Formular geht davon aus, dass es sich bei den Parteien des Arbeitnehmerüberlassungsvertrages, Entleiher und Verleiher, um zwei gesellschaftsrechtlich nicht verbundene Unternehmen handelt. Besteht dagegen zwischen den Parteien ein **Konzernverhältnis**, so handelt es sich um eine sog. **konzerninterne Arbeitnehmerüberlassung**, für die besondere Regelungen gelten (s. Form. A. IX. 3).

3. Erlaubnis und Erlaubnispflicht. Gemäß § 12 Abs. 1 AÜG hat der Entleiher in der Vertragsurkunde anzugeben, ob er die Erlaubnis nach § 1 AÜG besitzt. Einer Erlaubnis nach § 1 AÜG bedarf jeder Arbeitgeber, der als Verleiher Dritten (Entleihern) Arbeitnehmer (Leiharbeitnehmer) gewerbsmäßig zur Arbeitsleistung überlassen will. Des Weiteren trifft ihn gemäß § 12 Abs. 2 AÜG die Pflicht, den Entleiher unverzüglich über den Zeitpunkt des Wegfalls der Erlaubnis sowie gegebenenfalls über das voraussichtliche Ende der Abwicklung und die gesetzliche Abwicklungsfrist zu unterrichten. Aus Gründen der Klarstellung wurden diese Pflichten in das Formular aufgenommen.

Erste Voraussetzung der Erlaubnispflicht ist, dass es sich begrifflich um **Arbeitnehmerüberlassung** handelt. Eine **Definition** enthält das Gesetz nicht. Nach der ständigen Rechtsprechung des BAG ist nicht jeder drittbezogene Arbeitseinsatz eine Arbeitnehmerüberlassung i. S. d. AÜG. Notwendiger Inhalt eines Arbeitnehmerüberlassungsvertrages ist die Verpflichtung des Verleihers gegenüber dem Entleiher, ihm zur Förderung seiner Betriebszwecke Arbeitnehmer zur Verfügung zu stellen (BAG Urt. v. 22. 6. 1994 – 7 AZR 286/93 – AP Nr. 16 zu § 1 AÜG; BAG Urt. v. 26. 4. 1995 – 7 AZR 850/94 – AP Nr. 19 zu § 1 AÜG). Arbeitnehmerüberlassung liegt nur dann vor, wenn die Arbeitskräfte voll **in den Betrieb des Entleihers eingegliedert** sind, ihre Arbeit allein nach dessen Weisungen ausführen und nach seinen Vorstellungen und Zielen in seinem Betrieb wie seine eigenen Arbeitnehmer eingesetzt werden (z. B. BAG Urt. v. 8. 11. 1978 – 5 AZR 261/77 – AP Nr. 2 zu § 1 AÜG; BAG Urt. v. 13. 5. 1992 – 7 AZR 284/91 – NZA 1993, 357). Die Rechtsprechung entscheidet über die Qualifizierung eines Vertrages anhand einer **Gesamtbetrachtung**.

1. Vertrag zwischen Verleiher und Entleiher A. IX. 1

Keine Arbeitnehmerüberlassung liegt vor, wenn Arbeitnehmer lediglich als Erfüllungsgehilfen im Rahmen eines **Dienst- oder Werkvertrages** in Fremdbetrieben eingesetzt werden. Des Weiteren scheidet eine Arbeitnehmerüberlassung nach der Rechtsprechung aus, wenn sich der drittbezogene Personaleinsatz auf Seiten des Vertragsarbeitgebers nicht darauf beschränkt, einem Dritten den Arbeitnehmer zur Förderung von dessen Betriebszwecken zur Verfügung zu stellen, sondern der Vertragsarbeitgeber damit **eigene Betriebszwecke** verfolgt. Dementsprechend liegt z. B. keine Arbeitnehmerüberlassung vor, wenn die Arbeitnehmer in einen **Gemeinschaftsbetrieb** entsandt werden, zu dessen gemeinsamer Führung sich ihr Vertragsarbeitgeber und ein Dritter rechtlich verbunden haben (vgl. BAG Urt. v. 3. 12. 1997 – 7 AZR 764/96 – AP Nr. 24 zu § 1 AÜG) oder wenn zwar ein gemeinsamer Betrieb nicht vorliegt, die beteiligten Arbeitgeber aber im Rahmen einer unternehmerischen Zusammenarbeit mit dem Einsatz ihrer Arbeitnehmer jeweils ihre eigenen Betriebszwecke verfolgen.

Im Zusammenhang mit der Privatisierung ehemals öffentlich-rechtlicher Einrichtungen stellt sich die Frage der rechtlichen Qualifizierung häufig beim Abschluss sog. **Personalgestellungsverträge**. Diese waren bisher kaum Gegenstand gerichtlicher Auseinandersetzungen. Bei dieser Art der Personalgestellung bleibt das Arbeitsverhältnis mit dem öffentlich-rechtlichen Träger unangetastet und der Arbeitnehmer weiterhin im öffentlichen Dienst beschäftigt. Damit der Arbeitnehmer seine Arbeitsleistung gleichwohl für den privaten Arbeitgeber erbringen kann, wird er dem fachlichen Weisungsrecht der privaten Gesellschaft unterstellt. Werden hierbei nicht nur fachliche Weisungsrechte, sondern auch Arbeitgeberbefugnisse in personellen und sozialen Angelegenheiten übertragen (z. B. Befugnis zur Urlaubserteilung, Schichteinteilung, etc.) und erfolgt eine Eingliederung in den Betrieb der privaten Gesellschaft, so handelt es sich begrifflich um Arbeitnehmerüberlassung.

Zweite Voraussetzung einer Erlaubnispflicht ist, dass die Arbeitnehmerüberlassung gewerbsmäßig erfolgt. **Gewerbsmäßigkeit** i. S. d. AÜG ist jede nicht nur gelegentliche, sondern auf eine gewisse Dauer angelegte und auf die Erzielung unmittelbarer oder mittelbarer Vorteile gerichtete selbständige Tätigkeit. Die Gewerbsmäßigkeit kann unabhängig vom sonstigen Betriebszweck des Unternehmens vorliegen, also auch bei sog. Mischbetrieben. Die insbesondere bei der Personalgestellung durch öffentlich-rechtliche Träger relevante Frage, ob mit Absicht der Gewinnerzielung auch derjenige handelt, der Arbeitnehmer lediglich zum Ausgleich oder zur Minderung eigener fixer Personalkosten überlässt, ist umstritten (*Schüren/Schüren* § 1 AÜG Rdn. 317 m. weit. Nachw.).

Weitere Voraussetzung einer erlaubnispflichtigen Arbeitnehmerüberlassung ist schließlich, dass es sich nicht um **Arbeitsvermittlung** handelt und dass keine der Ausnahmen der §§ 1 Abs. 3, 1a AÜG (Vermeidung von Kurzarbeit, konzerninterne Arbeitnehmerüberlassung, Auslandsverleih) vorliegt.

Zuständig für die Erlaubniserteilung ist die **Regionaldirektion der Bundesagentur für Arbeit**, in deren Bezirk der Antragsteller seinen Wohnsitz oder Hauptgeschäftssitz hat. Das AÜG stellt keine besonderen Anforderungen an den Inhalt des Antrags. Es ist ausreichend, wenn der Antragsteller und das Begehren auf Erteilung der Erlaubnis klar aus dem Antrag hervorgehen. Bei den für die Erlaubniserteilung zuständigen Regionaldirektionen sind entsprechende Vordrucke auf Erteilung oder Verlängerung der Erlaubnis erhältlich.

Die Gründe für die **Versagung** oder Nichtverlängerung einer Verleiherlaubnis sind in § 3 AÜG abschließend aufgeführt. Neben der mangelnden **Zuverlässigkeit** oder **Betriebsorganisation** kann ein Grund für die Versagung sein, dass der Verleiher das sogenannte „**Equal-Pay-Gebot**" missachtet (vgl. Form. A. IX. 2 Anm. 4 bis 6).

4. Überlassungspflicht. Der Verleiher schuldet als Hauptleistungspflicht aus dem Arbeitnehmerüberlassungsvertrag, dem Entleiher während des Vertragszeitraums eine oder mehrere geeignete Arbeitskräfte zur Verfügung zu stellen. Das Formular geht von dem in der Praxis typischen Fall aus, dass mehrere Leiharbeitnehmer überlassen werden, so dass es sich um eine Bündelung mehrerer Überlassungsvereinbarungen in einem einheitlichen Vertrag handelt. Der Verleiher ist berechtigt, den oder die geeigneten Arbeitnehmer auszuwählen und an den Entleiher zu versenden. In der Praxis üblich, aber nicht zwingend erforderlich ist je nach Branche, dass die von dem Verleiher ausgewählten **Arbeitnehmer namentlich bezeichnet**

Gastell 413

werden, sei es – wie hier vorgeschlagen – in einer Anlage zum Vertrag, sei es – wie in der Alternative dargestellt – unmittelbar als Teil des Vertragstexts. Ebenso möglich ist es, lediglich die Anzahl der einzusetzenden Arbeitnehmer festzulegen.

Die **Dauer** der Überlassung ist jeweils einzeln für jeden Arbeitnehmer in der Anlage 1 zum Arbeitnehmerüberlassungsvertrag zu bestimmen. Eine gesetzliche Vorgabe darüber, für welche Dauer eine Überlassung zu erfolgen hat, existiert nicht. Insbesondere ist durch das Erste Gesetz für moderne Dienstleistungen am Arbeitsmarkt (BGBl. I 2002 S. 4607) die bis dahin bestehende Beschränkung der Überlassungsdauer auf 24 Monate gemäß § 3 Abs. 1 Nr. 6 AÜG a. F. aufgehoben worden. Es ist daher nicht erforderlich, in der Anlage 1 unter „Ende der Überlassung" ein Datum einzutragen. Verleiher und Entleiher können ebenso vereinbaren, dass die Überlassung unbefristet erfolgt.

5. Vergütung. In der Praxis üblich ist die Vereinbarung einer Vergütung entsprechend näher festgelegter Stundensätze. Die Gewinnmarge des Verleihers entspricht der Differenz zwischen den monatlichen Brutto-Arbeitsentgelten, die er an die Leiharbeitnehmer zu zahlen hat sowie seinen weiteren Kosten für Verwaltung, Vertrieb, Sozialversicherungsanteile, etc. und der sich aus den Stundensätzen ergebenden Gesamtvergütung für die Überlassung. Das Formular enthält neben der Vereinbarung einer **wöchentlichen Abschlagszahlung** das Erfordernis einer **monatlichen Endabrechnung**. Dies dient einerseits dem Interesse des Verleihers, nicht gegenüber dem Entleiher in Vorleistung treten zu müssen, und hält andererseits den bürokratischen Aufwand gering.

6. Wesentliche Arbeitsbedingungen beim Entleiher. Seit der Neufassung des AÜG durch das Erste Gesetz für moderne Dienstleistungen am Arbeitsmarkt muss gemäß § 12 Abs. 1 S. 3 AÜG in der Vertragsurkunde angegeben werden, welche besonderen Merkmale die für den Leiharbeitnehmer vorgesehene **Tätigkeit** hat und welche berufliche **Qualifikation** dafür erforderlich ist. Im Formular ist vorgesehen, dies in der Anlage 1 zum Arbeitnehmerüberlassungsvertrag für jeden Leiharbeitnehmer einzeln aufzuführen. Außerdem muss die Vertragsurkunde die wesentlichen Arbeitsbedingungen enthalten, die einschließlich des Arbeitsentgelts im Betrieb des Entleihers für einen vergleichbaren Arbeitnehmer des Entleihers gelten. Teilweise werden solche Dokumentationspflichten auch in Tarifverträgen geregelt.

Seit dem 1. Januar 2004 stellt der letzte Halbsatz des § 12 Abs. 1 S. 3 AÜG klar, dass die Angabe der im Entleiherbetrieb geltenden Arbeitsbedingungen in jedem Fall erforderlich ist. Die Angabe dieser Arbeitsbedingungen ist entbehrlich, wenn es sich entweder bei dem Leiharbeitnehmer um einen zuvor Arbeitslosen handelt und das von dem Verleiher gezahlte Nettoarbeitsentgelt mindestens dem zuletzt bezogenen Arbeitslosengeld entspricht, oder wenn ein Tarifvertrag anwendbar ist, der eine Ausnahme von dem Schlechterstellungsverbot zulässt, §§ 3 Abs. 1 Nr. 3, 9 Nr. 2 AÜG.

Der Zweck der Hinweispflicht gemäß § 12 Abs. 1 S. 3 AÜG ergibt sich aus dem **Schlechterstellungsverbot** des neuen § 9 Nr. 2 AÜG. Danach sind Vereinbarungen zwischen Verleiher und Leiharbeitnehmer nur dann wirksam, wenn – verkürzt gesagt – entweder für die Zeit der Überlassung gleiche Arbeitsbedingungen wie im Entleiherbetrieb vorgesehen sind oder ein Tarifvertrag der Zeitarbeitsbranche Anwendung findet (vgl. dazu ausführlich Form. A. IX. 2 Anm. 4 bis 6). Damit der Verleiher diese Gleichbehandlungspflicht erfüllen kann, sieht § 12 Abs. 1 S. 3 AÜG die Aufnahme der entsprechenden Arbeitsbedingungen in den Arbeitnehmerüberlassungsvertrag vor.

Das Erfordernis der Feststellung der wesentlichen Arbeitsbedingungen ist für Verleiher und Entleiher nicht nur äußerst unpraktikabel, sondern auch mit einer erheblichen Rechtsunsicherheit belastet (vgl. dazu ausführlich Form. A. IX. 2 Anm. 5).

Der Sache nach handelt es sich bei § 12 Abs. 1 S. 3 AÜG um einen Auskunftsanspruch, der den Verleiher in die Lage versetzen soll, seiner Verpflichtung zur Gleichbehandlung nachkommen zu können. Die Unvollständigkeit von Angaben zu den wesentlichen Arbeitsbedingungen im Entleiherbetrieb oder deren vollständiges Fehlen führt nach richtiger Ansicht **nicht gemäß § 125 BGB zur Nichtigkeit** des Arbeitnehmerüberlassungsvertrages. Es handelt sich nämlich nicht um eine Formvorschrift, sondern um eine den Informationszwecken des Verleihers dienende Bestimmung (so auch *Boemke/Lembke* § 12 AÜG Rdn. 10).

Diese Regelung ist sinnvoll, denn wenn sich die das Leiharbeitsverhältnis regelnden Arbeitsbedingungen aus einem gerade für das Leiharbeitsverhältnis einschlägigen Tarifvertrag ergeben, besteht kein Informationsbedürfnis des Verleihers nach den bei dem Entleiher geltenden Arbeitsbedingungen und der Zweck der Auskunftspflicht entfällt.

7. Beschäftigung, Weisungen und Überwachung. Dem Wesen der Arbeitnehmerüberlassung entspricht es, dass das **Recht auf Arbeitsleistung** dem Entleiher zusteht und dass er zur Ausübung dieses Rechts ein Direktionsrecht gegenüber dem Leiharbeitnehmer hat. Aufgrund des Direktionsrechts kann der Entleiher die vom Leiharbeitnehmer zu erbringende Arbeitsleistung hinsichtlich **Zeit, Ort und Inhalt** näher konkretisieren und Einzelanweisungen erteilen. Ihre **Grenzen** findet das Direktionsrecht jedoch einerseits in dem Arbeitsvertrag zwischen dem Leiharbeitnehmer und dem Verleiher und andererseits in dem Arbeitnehmerüberlassungsvertrag. Der Entleiher darf den Leiharbeitnehmer nicht zu einer anderen Tätigkeit heranziehen als im Arbeitnehmerüberlassungsvertrag vereinbart ist. Insofern dient § 5 Abs. (1) S. 1 des Formulars nur der Klarstellung.

8. Arbeitsschutz/Arbeitsunfälle. Da die Leiharbeitnehmer im Entleiherbetrieb arbeiten, bestimmt § 16 Abs. 1 SGB VII, dass die spezifischen **Unfallverhütungsvorschriften** sowie die **sonstigen Einrichtungen und Maßnahmen zur Unfallverhütung** auf die Leiharbeitnehmer zu erstrecken sind. Der Entleiher ist verpflichtet, für die Einhaltung zu sorgen, denn er hat im Regelfall die Unfallverhütungsvorschriften seiner Berufsgenossenschaft auszuführen. Dies stellt auch § 11 Abs. 6 S. 1 AÜG klar. Gemäß § 11 Abs. 6 S. 2 AÜG hat der Entleiher den Leiharbeitnehmer zudem über Gefahren für Sicherheit und Gesundheit sowie über etwaige Gefahrverhütungsmaßnahmen zu unterrichten. Bei der Pflicht, für sichere Arbeitsplätze zu sorgen, handelt es sich nicht nur um eine öffentlich-rechtliche Pflicht des Entleihers, sondern auch um eine Nebenpflicht im Verhältnis zum Verleiher. Das Formular enthält daher eine entsprechende Verpflichtungsklausel.

Verletzt sich der Leiharbeitnehmer bei einem Arbeitsunfall im Betrieb des Entleihers, so kann es zu einem **Vermögensschaden des Verleihers** kommen, weil dieser Überlassungsaufträge nicht ausführen kann und Entgelt fortzahlen muss. Hat der Entleiher die Verletzung des Leiharbeitnehmers – z.B. durch Verletzung seiner Fürsorge- oder Aufsichtspflicht – schuldhaft verursacht, so kommt grundsätzlich eine **Haftung des Entleihers** für die Schäden des Verleihers in Betracht. Insbesondere die Haftungsbeschränkung des § 104 SGB VII ist nicht einschlägig, da sie nur das Verhältnis eines Betriebsinhabers gegenüber den im Betrieb tätigen Personen regelt. Dem Charakter der Arbeitnehmerüberlassung entspricht es jedoch eher, dass der Entleiher dem Verleiher dieses Kostenrisiko „abgekauft" hat, dass also dieses Risiko durch die reguläre Überlassungsvergütung abgegolten sein soll, so § 6 Abs. (2) des Formulars. Der Entleiher will den Leiharbeitnehmer nämlich wie eigenes Personal einsetzen können. Da in einem Arbeitsverhältnis die Haftung gemäß § 104 SGB VII beschränkt wäre, entspricht es regelmäßig dem Willen der Parteien, einen entsprechenden **Haftungsausschluss** auch gegenüber dem Verleiher zu vereinbaren (so auch Schüren/*Schüren* Einleitung zum AÜG Rdn. 354). Soweit es sich bei dem Arbeitnehmerüberlassungsvertrag um vom Entleiher gestellte Allgemeine Geschäftsbedingungen i.S.d. § 305 BGB handelt, ist ein Ausschluss der Haftung für grobes Verschulden wegen § 309 Nr. 7 lit. b) BGB unwirksam. Da die Vertragsformulare jedoch i.d.R. vom Verleiher und nicht vom Entleiher gestellt werden, enthält das Formular die dann zulässige Beschränkung der Haftung auf Vorsatz (vgl. § 276 Abs. 3 BGB).

Die Versicherung in der gesetzlichen **Unfallversicherung** knüpft an das Leiharbeitsverhältnis an (§ 2 Abs. 1 Nr. 1 SGB VII i.V.m. § 7 SGB IV). Beitragspflichtig ist allein der Verleiher. Wird der Leiharbeitnehmer bei einem Arbeitsunfall im Betrieb des Entleihers verletzt, so begründet dies gemäß § 2 Abs. 1 Nr. 1 SGB VII Leistungsansprüche gegen die für den Verleiher zuständige Berufsgenossenschaft. Meldepflichtig gegenüber der Berufsgenossenschaft des Verleihers als dem Unfallversicherungsträger i.S.d. § 193 Abs. 1 SGB VII sind sowohl der Entleiher als auch der Verleiher (Schüren/*Schüren* Einleitung zum AÜG Rdn. 669). Das Formular sieht deshalb vor, dass der Entleiher zur unverzüglichen Mitteilung eines Arbeitsunfalls verpflichtet ist, damit der Verleiher die Meldepflicht gegenüber dem Unfallversicherungsträger erfüllen kann.

9. Betriebliche Mitbestimmung. Der Leiharbeitnehmer bleibt gemäß § 14 Abs. 1 AÜG auch während der Zeit seiner Arbeitsleistung beim Entleiher Angehöriger des entsendenden Betriebs des **Verleihers**. Es handelt sich bei § 14 Abs. 1 AÜG um eine bloße Klarstellung. Denn die Entsendung in den Entleiherbetrieb lässt die primäre Weisungszuständigkeit des Verleihers, also die Entscheidung, bei welchem Entleiher der Leiharbeitnehmer mit welcher Art von Tätigkeiten und in welchem zeitlichen Umfang beschäftigt werden soll, unberührt. Da die Betriebszugehörigkeit durch die Unterstellung unter das (primäre) Weisungsrecht begründet wird, ergibt sich die Betriebszugehörigkeit zum Verleiherbetrieb schon aus allgemeinen Grundsätzen (*Boemke/Lembke* § 14 AÜG Rdn. 11).

Auch im **Entleiherbetrieb** sind im Hinblick auf den Leiharbeitnehmer jedoch Betriebsverfassungsrechte zu beachten. Bei mehr als dreimonatiger Zugehörigkeit zu dem Betrieb des Entleihers sind Leiharbeitnehmer bei Betriebsratswahlen im Entleiherbetrieb **aktiv wahlberechtigt**, § 7 S. 2 BetrVG. Die Wählbarkeit ist ihnen im Entleiherbetrieb dagegen gemäß § 14 Abs. 2 S. 1 AÜG versagt. Gemäß § 14 Abs. 3 AÜG ist zudem der Betriebsrat des Entleiherbetriebs zu beteiligen, bevor ein Leiharbeitnehmer übernommen wird.

§ 14 Abs. 2 S. 2 und 3 AÜG sehen schließlich besondere **betriebsverfassungsrechtliche Rechte** des Leiharbeitnehmers im Entleiherbetrieb vor. Die Einräumung von betriebsverfassungsrechtlichen Rechten im Entleiherbetrieb schließt allerdings nicht aus, dass dem Leiharbeitnehmer dieselben Rechte daneben auch noch im Verleiherbetrieb zustehen (BT-Drucks. 9/847 S. 9). Die Rechte des Leiharbeitnehmers im Entleiherbetrieb, die § 14 Abs. 2 S. 2 und 3 AÜG nennen, sind nicht abschließend. Darauf hat der Gesetzgeber bereits bei der Schaffung der Vorschrift hingewiesen (BT-Drucks. 9/847 S. 9). Da somit die vom Entleiher einzuhaltenden Betriebsverfassungsrechte des Leiharbeitnehmers nicht einzeln benannt werden können, enthält das Formular lediglich eine pauschale Verpflichtung zur Einhaltung von betriebsverfassungsrechtlichen Pflichten. Ausdrücklich geregelt sind in § 14 Abs. 2 S. 2 und 3 AÜG ein Recht auf die Teilnahme an Sprechstunden, Unterrichtungs- und Erörterungsrechte, Anhörungs- und Vorschlagsrechte sowie ein Beschwerderecht des Leiharbeitnehmers im Entleiherbetrieb. Daneben gilt nach überwiegender Ansicht für Leiharbeitnehmer auch § 75 BetrVG, wonach Arbeitnehmer im Betrieb nach den Grundsätzen von Recht und Billigkeit zu behandeln sind und ihr Recht auf freie Entfaltung der Persönlichkeit im Betrieb zu schützen und zu fördern ist.

Nur zum Teil durch höchstrichterliche Rechtsprechung geklärt ist die Frage, ob das aktive Wahlrecht der Leiharbeitnehmer im Entleiherbetrieb dazu führt, dass diese auch bei den **Schwellenwerten** des BetrVG, etwa bei der Beurteilung der Betriebsratsfähigkeit (§ 1 BetrVG), zu berücksichtigen sind. Das BAG hat mehrfach entschieden, dass Leiharbeitnehmer jedenfalls keine Arbeitnehmer i. S. d. § 9 BetrVG sind und darum für die Anzahl der zu wählenden Betriebsratsmitglieder nicht zu berücksichtigen seien (BAG, Beschl. v. 16. 4. 2003 – 7 ABR 53/02 – AP Nr. 1 zu § 9 BetrVG 2002; BAG, Beschl. v. 10. 3. 2004 – 7 ABR 49/03 – zit. n. juris). Auch für die Bestimmung der Zahl freizustellender Betriebsratsmitglieder nach § 38 BetrVG sind Leiharbeitnehmer nicht einzubeziehen (BAG Beschl. v. 22. 10. 04 – 7 ABR 3/03 – AP Nr. 28 zu § 38 BetrVG 1972). Letztere Entscheidung hat im Hinblick auf die nunmehr zeitlich unbeschränkte Einsatzmöglichkeit der Leiharbeitnehmer im Entleiherbetrieb Kritik erfahren (*Brors* NZA 2003, 1380, 1382).

Im Hinblick auf die weiteren Schwellenwerte, z. B. Betriebsratsfähigkeit (§ 1 BetrVG), die Mitbestimmung bei personellen Einzelmaßnahmen (§ 99 BetrVG), die Bildung eines Wirtschaftsausschusses (§ 106 BetrVG) sowie Betriebsänderungen einschließlich Interessenausgleich und Sozialplan (§§ 111–113 BetrVG), liegt noch keine abschließende Entscheidung vor, allerdings will der 7. Senat des BAG die Leiharbeitnehmer wohl insoweit grundsätzlich nicht berücksichtigt wissen (*Junker* EWiR 2003, 1069, 1070). Auch die systematische Stellung der Neuregelung in § 7 S. 2 BetrVG spricht eindeutig dafür, dass einer bestimmten Gruppe von Leiharbeitnehmern das aktive Wahlrecht eingeräumt, nicht jedoch der Status als Arbeitnehmer i. S. d. BetrVG im Einsatzbetrieb verliehen werden sollte. Wäre dies beabsichtigt gewesen, hätte der Gesetzgeber dies in § 5 Abs. 1 BetrVG zum Ausdruck bringen müssen, der die Definition des Arbeitnehmers i. S. d. BetrVG enthält und im Zuge der Novelle ebenfalls geändert wurde. Leiharbeitnehmer sollen im Einsatzbetrieb also „wählen, aber nicht zählen" (LAG

Düsseldorf Beschl. v. 31. 10. 2002 – 5 TaBV 42/02 – AP Nr. 6 zu § 7 BetrVG 1972; LAG Hamm Urt. v. 15. 11. 2002 – 10 TaBV 92/02 – DB 2003, 342; *Konzen* RdA 2001, 76, 83, 84; *Löwisch* BB 2001, 1734, 1737; *Leßmann/Liersch* DStR 2001, 1302, 1304; a. A. *Reichold* NZA 2001, 857, 861).

10. Treuepflicht. Da es an einem arbeitsvertraglichen Verhältnis zwischen dem Entleiher und dem Leiharbeitnehmer fehlt, bestehen zwischen diesen an sich auch keine arbeitsvertraglichen Nebenpflichten wie Treuepflichten (Interessenwahrnehmungs- und Unterlassungspflichten) und Verschwiegenheitspflichten. Das Formular sieht daher vor, dass der Verleiher den Leiharbeitnehmer vertraglich zur Einhaltung entsprechender Pflichten gegenüber dem Entleiher verpflichtet.

11. Arbeitszeit. Die Bestimmung des Umfangs, in dem der Leiharbeitnehmer dem Entleiher zur Verfügung steht, ist wesentlicher Regelungsbestandteil des Überlassungsvertrages. Wie sich aus § 3 i. V. m. Anlage 1 ergibt, hängt von der Dauer des Arbeitseinsatzes des Leiharbeitnehmers die Höhe der Überlassungsvergütung ab. Regelmäßig wird der Verleiher ein Interesse daran haben, dass die vereinbarte Überlassungszeit der Arbeitszeit entspricht, die er mit dem Leiharbeitnehmer vereinbart hat, damit keine „vermittlungsfreien" Zeiten von ihm vergütet werden müssen.

Finden auf das Leiharbeitsverhältnis keine Tarifverträge der Zeitarbeitsbranche Anwendung (s. Form. A. IX. 2 Anm. 6), kann auf die in § 4 von dem Entleiher genannten Arbeitszeiten eines vergleichbaren Arbeitnehmers in seinem Betrieb verwiesen werden. Richtet sich die Arbeitszeit des Leiharbeitnehmers nach bestimmten Tarifverträgen der Zeitarbeitsbranche, so sind diese in Bezug zu nehmen.

Die rechtliche Befugnis, **Mehrarbeit** anzuordnen, hat grundsätzlich allein der Verleiher, nicht der Entleiher. Der Entleiher bedarf daher einer Ermächtigung im Überlassungsvertrag, um Mehrarbeit gegenüber dem Leiharbeitnehmer anordnen zu dürfen. Es ist insbesondere darauf zu achten, dass die Anordnung von Überstunden arbeitsvertraglich überhaupt zulässig ist. Sieht z. B. der Arbeitsvertrag vor, dass bis zu 20 Stunden Mehrarbeit angeordnet werden dürfen, so wären vom Entleiher angeordnete Mehrarbeitsstunden, die über diese 20 Stunden wöchentlicher Mehrarbeit hinausgingen, als „übervertragsmäßige Arbeit" des Leiharbeitnehmers zu bewerten und vom Entleiher zu vergüten. Darüber hinaus schuldete der Entleiher dem Verleiher als Schadensersatz den entgangenen Unternehmensgewinn aus der Überlassung (Schüren/*Schüren* Einleitung zum AÜG Rdn. 155). Um solche Rechtsstreitigkeiten zu vermeiden, sieht das Formular vor, dass der Entleiher jeweils vor Anordnung der Überstunden die Einwilligung des Verleihers einzuholen hat.

12. Austausch von Leiharbeitnehmern. Es entspricht dem Charakter des Arbeitnehmerüberlassungsvertrages, dass der Verleiher die Befugnis hat, Leiharbeitnehmer während der Verleihzeit auszuwechseln. Er schuldet nur die Bereitstellung eines geeigneten Arbeitnehmers „mittlerer Art und Güte". Demzufolge hat der Verleiher auch das Recht, einen überqualifizierten Leiharbeitnehmer abzuziehen, um ihn anderweitig einzusetzen und die Position mit einem hinreichend qualifizierten anderen Arbeitnehmer zu besetzen (*Konzen* ZfA 1982, 280; Schüren/*Schüren* Einleitung zum AÜG Rdn. 278). Die **Ersetzungsbefugnis** kann allerdings nach Treu und Glauben ausgeschlossen sein, wenn das spezifische Anforderungsprofil der übertragenen Tätigkeit dazu führt, dass eine Erreichung der Vertragszwecke nur bei kontinuierlichem Einsatz desselben Leiharbeitnehmers gewährleistet ist. Dies kann z. B. dann der Fall sein, wenn wegen der besonderen Arbeitsumstände im Entleiherbetrieb eine ungewöhnlich lange Einarbeitungszeit erforderlich ist.

Das **Recht des Entleihers**, seinerseits den Austausch von Leiharbeitnehmern zu verlangen, wird in Arbeitnehmerüberlassungsverträgen sehr unterschiedlich geregelt. Üblich ist die im Formular vorgesehene Bestimmung, nach der der Entleiher den Austausch lediglich bis zu einer näher bestimmten Uhrzeit des ersten Tags des Arbeitseinsatzes **ohne Angabe von Gründen** verlangen kann. Hierdurch erlangt der Verleiher frühzeitig Gewissheit darüber, ob er den Vertrag mit den von ihm ausgewählten Leiharbeitnehmern erfüllen kann.

Das Formular sieht zudem vor, dass der Verleiher den Austausch später verlangen kann, wenn der Leiharbeitnehmer für die vorgesehene Tätigkeit **ungeeignet** ist. Für die fehlende

Eignung ist der Entleiher dann jedoch beweispflichtig. Die fehlende Eignung kann sich daraus ergeben, dass der Leiharbeitnehmer bestimmte Qualifikationen oder sonstige berufliche Fähigkeiten und Fertigkeiten nicht erfüllt. Charakterliche Eigenschaften (z. B. strafrechtliches Verhalten eines Buchhalters) und sonstige subjektive Merkmale (z. B. Mutterschaft, die nach § 8 MuSchG das Verbot von Nacht- sowie Sonn- und Feiertagsarbeit zur Folge hat, fehlende Arbeitsgenehmigung eines Ausländers) können die fehlende Eignung begründen (*Ulber* § 12 AÜG Rdn. 9).

Verlangt der Entleiher – wegen Einhaltung der Frist oder wegen der tatsächlich fehlenden Eignung – berechtigt den Austausch und kommt der Verleiher diesem Verlangen nicht unverzüglich nach, steht dem Entleiher ein Recht zur fristlosen Kündigung zu. Als unverzüglich wird die Stellung einer Ersatzkraft anzusehen sein, wenn sie bis zum Ablauf des dem Austauschverlangen folgenden Arbeitstags erfolgt. Rechtlich handelt es sich um die Kündigung eines Dauerschuldverhältnisses aus wichtigem Grund gemäß § 314 BGB, bei dem auf das Erfordernis einer Fristsetzung zur Abhilfe verzichtet wird.

Gemäß § 314 Abs. 4 BGB wird die Berechtigung, Schadensersatz zu verlangen, durch die Kündigung nicht ausgeschlossen. Allerdings setzen §§ 280 Abs. 1 S. 2 und 3, 283 BGB grundsätzlich voraus, dass der Schaden auf einer vom Schuldner zu vertretenden Pflichtverletzung beruht. Das Formular sieht dagegen einen **verschuldensunabhängigen Schadensersatzanspruch** vor. Dies erklärt sich vor dem Hintergrund, dass es sich bei dem Arbeitnehmerüberlassungsvertrag zwar um ein Dauerschuldverhältnis handelt, dass jedoch die vom Verleiher geschuldete Leistung i. d. R. eine Gattungsschuld ist, bei der den Schuldner gemäß §§ 280 Abs. 1 und 3, 283, 276 Abs. 1 S. 1 Hs. 2 BGB eine Beschaffungspflicht trifft (Schüren/*Schüren* Einleitung zum AÜG Rdn. 329). Der Verleiher hat durch geeignete Maßnahmen der Personalbeschaffung sicherzustellen, dass ein geeigneter Leiharbeitnehmer für die vereinbarte Leistungszeit zur Verfügung steht (vgl. zur Rechtslage vor der Schuldrechtsreform: *Ulber* § 12 AÜG Rdn. 9, 14). Stellt er dem Entleiher vertragswidrig keinen oder keinen geeigneten Leiharbeitnehmer zur Verfügung, hat der Verleiher unabhängig von einem Verschulden dem Entleiher den Schaden zu ersetzen, der ihm durch den Ausfall des Leiharbeitnehmers entsteht.

Von dem vom Entleiher verlangten Austausch des ungeeigneten Leiharbeitnehmers ist der Fall zu unterscheiden, dass ein geeigneter Leiharbeitnehmer später z. B. wegen **Krankheit, Muterschutz, Urlaub oder Tod** ausfällt. Auch hier muss der Verleiher unverzüglich eine Ersatzkraft stellen, um einer Haftung aus Verzug oder aus Unmöglichkeit zu entgehen. Lösen kann sich der Entleiher vom Vertrag jedoch, da es sich nicht um eine schwerwiegende Verletzung von Vertragspflichten handelt, nur mittels der ordentlichen Kündigung gemäß § 2 Abs. (2).

13. Haftung. Die Haftungsregelung in § 11 hat überwiegend klarstellende Funktion und wiederholt das, was nach dem Charakter des Arbeitnehmerüberlassungsvertrages ohnehin gelten würde.

Zur Hauptleistungspflicht des Verleihers gehört die ordnungsgemäße **Auswahl des Leiharbeitnehmers**. Das Formular schränkt insoweit die Anforderungen an die Sorgfaltspflicht des Verleihers ein, als es diesen von der Pflicht zur Nachprüfung von Arbeitspapieren und zur Einholung von polizeilichen Führungszeugnissen entbindet. Wählt der Verleiher Leiharbeitnehmer aus, die für die vorgesehenen Tätigkeiten schon aufgrund der vorgelegten Unterlagen **nicht geeignet** sind oder lässt er sich erforderliche Unterlagen gar nicht erst vorlegen, begeht er eine **Vertragspflichtverletzung**. Ist ein solcher Auswahlfehler kausal für den Schaden des Entleihers, weil z. B. der Leiharbeitnehmer mangels erforderlicher Ausbildung Maschinen falsch bedient, so hat der Verleiher diesen Schaden zu ersetzen. Konnte der Entleiher allerdings erkennen, dass der Leiharbeitnehmer für die vorgesehene Arbeit ungeeignet war und setzt er ihn gleichwohl ein, muss sich der Entleiher sein Mitverschulden nach § 254 Abs. 1 BGB anrechnen lassen (*Niebler/Biebl/Ross* AÜG Rdn. 398).

Da der Verleiher mit der richtigen Auswahl eines beruflich, fachlich und persönlich geeigneten Leiharbeitnehmers und mit dessen Überlassung seine Leistungspflichten gegenüber dem Entleiher erfüllt hat, haftet der Verleiher nicht für Schäden einer **"normalen" Schlechtleistung** eines an sich qualifizierten Leiharbeitnehmers. Der Verleiher selbst schuldet weder als Haupt-

noch als Nebenpflicht die Erbringung der Leistung selbst, so dass der Leiharbeitnehmer auch nicht als sein Erfüllungsgehilfe angesehen werden kann. Daher sind Schadensersatzansprüche des Entleihers gegen den Leiharbeitnehmer möglich, bei deren gerichtlicher Geltendmachung der Rechtsweg zu den Arbeitsgerichten eröffnet ist (LAG Hamm Beschl. v. 4. 8. 2003 – 2 Ta 739/02 – EzAÜG Nr. 11 zu § 611 BGB Haftung).

14. Kündigung. Spezialgesetzliche Vorgaben im Hinblick auf die Beendigung des Überlassungsverhältnisses existieren nicht. Ist die jeweilige Überlassung befristet, was regelmäßig der Fall sein dürfte, so bedarf das Recht zur fristgemäßen Kündigung der besonderen vertraglichen Vereinbarung (Schüren/*Schüren* Einleitung zum AÜG Rdn. 285). Die im Formular geregelte Kündigungsfrist orientiert sich an der zulässigen Kündigungsfrist bei freien Dienstverhältnissen gemäß § 621 Nr. 3 BGB, wenn die Vergütung nach Monaten bemessen ist. Da es sich um ein Dauerschuldverhältnis, nicht aber um einen Dienstvertrag handelt, ist die Anlehnung an die dienstvertraglichen Fristen jedoch nicht zwingend.

Die Befugnis beider Seiten, den Überlassungsvertrag aus **wichtigem Grund** fristlos zu kündigen, ergibt sich bereits aus § 314 BGB. Danach können Dauerschuldverhältnisse aus wichtigem Grund gekündigt werden, wenn dem kündigenden Teil unter Berücksichtigung aller Umstände des Einzelfalls und unter Abwägung der beiderseitigen Interessen die Fortsetzung des Vertragsverhältnisses bis zur vereinbarten Beendigung oder bis zum Ablauf der Kündigungsfrist nicht zugemutet werden kann.

15. Schlussbestimmungen. S. Form. A. II. 1 Anm. 28 und 29.

2. Vertrag zwischen Verleiher und Leiharbeitnehmer[1]

Vertrag

zwischen
...... (Name und Anschrift der Gesellschaft) „Verleiher"
und
...... (Name und Anschrift des Arbeitnehmers) „Leiharbeitnehmer"

§ 1 Erlaubnisse[2]

(1) Die Erlaubnis zur gewerbsmäßigen Arbeitnehmerüberlassung wurde dem Verleiher gemäß § 1 Arbeitnehmerüberlassungsgesetz (AÜG) von der Regionaldirektion ...... der Bundesagentur für Arbeit am ...... erteilt.

(2) Der Leiharbeitnehmer hat die ...... Staatsangehörigkeit und darf aufgrund dessen eine Beschäftigung nur mit Genehmigung der Bundeagentur für Arbeit ausüben. Der Verleiher hat die von der Agentur für Arbeit ...... am ...... erteilte Arbeitsgenehmigung des Leiharbeitnehmers eingesehen. Der Leiharbeitnehmer versichert, den Verleiher unverzüglich zu unterrichten, falls seine Arbeitsgenehmigung vorzeitig endet oder eingeschränkt oder geändert wird.

§ 2 Tätigkeit und Arbeitsumfang[3]

(1) Der Leiharbeitnehmer wird als ...... eingestellt. Der Verleiher ist berechtigt, soweit dies zumutbar ist, dem Leiharbeitnehmer auch andere, seinen fachlichen Fähigkeiten entsprechende Tätigkeiten zuzuweisen.

(2) Der Leiharbeitnehmer hat folgende Abschlüsse oder sonstige Qualifikationen erworben:
1. ......
2. ......
3. ......

Der Leiharbeitnehmer verfügt über berufliche Erfahrung in den folgenden Tätigkeitsbereichen:
1. ......
2. ......
3. ......

(3) Der Leiharbeitnehmer ist damit einverstanden, an wechselnde Entleiher zur Arbeitsleistung überlassen zu werden. Die Zuweisung zu wechselnden Einsatzstellen stellt keine betriebsverfassungsrechtliche Versetzung dar.

§ 3 Anwendung der wesentlichen Arbeitsbedingungen[4]

Die jeweiligen wesentlichen Arbeitsbedingungen einschließlich des Arbeitsentgelts eines vergleichbaren Arbeitnehmers des Entleiherbetriebs werden vor Beginn jeder Entleihung in der Anlage 1 „Wesentliche Arbeitsbedingungen beim Entleiherbetrieb" notiert. Auf das Arbeitsverhältnis finden die aus der jeweils einschlägigen Anlage 1 ersichtlichen wesentlichen Arbeitsbedingungen Anwendung[5].

(*Alternative*[6]:
(1) Auf das Arbeitsverhältnis finden der nachstehend bezeichnete Manteltarifvertrag in seiner jeweils gültigen Fassung und die ihn ergänzenden, ändernden und ersetzenden Tarifverträge Anwendung:
1. ......
2. ......
3. ......

(2) Im Hinblick auf solche Gegenstände, über die in den unter Abs. (1) bezeichneten Tarifverträgen keine Regelung getroffen wird, finden die folgenden zwischen dem Verleiher und dem Betriebsrat abgeschlossenen Betriebsvereinbarungen Anwendung:
1. ......
2. ......
3. ......)

§ 4 Einsatzgebiet/Wegezeiten[7]

(1) Das übliche Einsatzgebiet des Leiharbeitnehmers ist grundsätzlich durch eine Entfernung von bis zu ...... km vom Ort der einstellenden Geschäftsstelle des Verleihers in ...... definiert.

(2) Der Leiharbeitnehmer ist damit einverstanden, auch an Einsatzorten außerhalb des üblichen Einsatzgebiets im gesamten Gebiet ...... die ihm zugewiesenen Arbeiten aufzunehmen.

(3) Liegt ein Einsatzort außerhalb des üblichen Einsatzgebiets im Sinne von Abs. (1) und müssen für den einfachen Weg mehr als ...... Minuten bei Benutzung des zeitlich günstigsten öffentlichen Verkehrsmittels aufgewendet werden, so wird die bei Benutzung von Bahn oder Bus über 90 Minuten hinausgehende Wegezeit je Hin- und Rückweg als Arbeitszeit angesehen und (ohne Zuschläge) vergütet, sofern der Leiharbeitnehmer tatsächlich mindestens diese Wegezeit aufgewandt hat.

(*Alternative*:
Einsatzgebiet und Wegezeiten richten sich nach den Bestimmungen der in § 3 bezeichneten Tarifverträge.)

§ 5 Laufzeit/Kündigung[8]

(1) Das Arbeitsverhältnis beginnt am ...... und wird auf unbestimmte Zeit geschlossen.

(2) Das Arbeitsverhältnis kann von dem Verleiher oder von dem Leiharbeitnehmer nur mit einer Frist von ...... gekündigt werden. Vor Beginn des Arbeitsvertrags ist die ordentliche Kündigung ausgeschlossen.

2. Vertrag zwischen Verleiher und Leiharbeitnehmer

(*Alternative*:
(2) Die Kündigungsfristen richten sich nach den Bestimmungen der in § 3 bezeichneten Tarifverträge.)

§ 6 Vergütung/Sonstige Leistungen/Aufwendungsersatz[9]

(1) Während des Einsatzes bei einem Entleiher gelten die in § 3 bezeichneten Arbeitsbedingungen des Entleiherbetriebs.

(2) Während der Zeiten, in denen der Leiharbeitnehmer nicht verliehen wird, gewährt der Verleiher dem Leiharbeitnehmer ein Brutto-Monatsgehalt von EUR ...... (in Worten: Euro ......), zahlbar jeweils zum Monatsende. Die Zahlung von etwaigen Boni, Gratifikationen oder ähnlichen Sonderleistungen erfolgt freiwillig mit der Maßgabe, dass auch durch eine wiederholte Zahlung kein Rechtsanspruch des Leiharbeitnehmers – weder dem Grunde noch der Höhe nach, weder für die Vergangenheit noch für die Zukunft – begründet wird. Im Übrigen gelten die Arbeitsbedingungen während des letzten Einsatzes in einem Entleiherbetrieb weiter. Bei Nichteinsatzzeiten durch den Verleiher kann der Leiharbeitnehmer nicht verpflichtet werden, diese Zeiten nachzuarbeiten oder (bezahlten oder unbezahlten) Urlaub zu nehmen.

(3) Dem Leiharbeitnehmer ist es nicht gestattet, seine Vergütungsansprüche ohne vorherige schriftliche Zustimmung des Verleihers an Dritte abzutreten oder diese zu verpfänden.

(4) Der Leiharbeitnehmer verpflichtet sich, etwa zuviel bezogene Vergütung vollumfänglich an den Verleiher zurückzuzahlen.

(*Alternative*:
Die Vergütung, die Gewährung sonstiger Leistungen und die Erstattung von Aufwendungen richten sich nach den Bestimmungen der in § 3 bezeichneten Tarifverträge.)

§ 7 Arbeitszeit[10]

Während des Einsatzes bei einem Entleiher gelten die in § 3 bezeichneten Arbeitsbedingungen des Entleiherbetriebs.

(*Alternative*:
Die Arbeitszeit richtet sich nach den Bestimmungen der in § 3 bezeichneten Tarifverträge.)

§ 8 Urlaub

Es gelten die in § 3 bezeichneten Arbeitsbedingungen des Entleiherbetriebs.

(*Alternative*:
Der Erholungsurlaub richtet sich nach den Bestimmungen der in § 3 bezeichneten Tarifverträge.)

§ 9 Nebentätigkeit

Es gelten die in § 3 bezeichneten Arbeitsbedingungen des Entleiherbetriebs.

(*Alternative*:
Die Zulässigkeit von Nebentätigkeit richtet sich nach den Bestimmungen der in § 3 bezeichneten Tarifverträge.)

§ 10 Ärztliche Untersuchung/Abwesenheit/Krankheit[11]

(1) Die Einstellung erfolgt unter dem Vorbehalt der gesundheitlichen Eignung des Leiharbeitnehmers für seine Tätigkeiten nach diesem Arbeitsvertrag. Der Leiharbeitnehmer ist verpflichtet, sich spätestens bis zum Ablauf der Probezeit durch einen Arzt seines Vertrauens auf Kosten des Verleihers auf seine gesundheitliche Eignung untersuchen zu lassen. Der Leiharbeitnehmer entbindet den Arzt von der ärztlichen Schweigepflicht, soweit dies zur Beurteilung seiner gesundheitlichen Eignung notwendig ist. Er-

gibt die ärztliche Untersuchung die Nichteignung des Leiharbeitnehmers, so endet der Arbeitsvertrag zwei Wochen nach Zugang der schriftlichen Mitteilung des Verleihers an den Leiharbeitnehmer über die festgestellte gesundheitliche Nichteignung.

(2) Der Leiharbeitnehmer hat in jedem Fall einer unvorhergesehenen Abwesenheit den Verleiher unverzüglich hierüber sowie über den Grund und die Dauer seiner voraussichtlichen Abwesenheit zu informieren.

(3) Dauert eine Arbeitsunfähigkeit aufgrund Krankheit oder Unfall länger als drei Kalendertage, hat der Leiharbeitnehmer eine ärztliche Bescheinigung über das Bestehen der Arbeitsunfähigkeit sowie deren voraussichtliche Dauer spätestens an dem auf den dritten Kalendertag folgenden Arbeitstag vorzulegen. Der Verleiher ist berechtigt, die Vorlage der Arbeitsunfähigkeitsbescheinigung früher zu verlangen.

(*Alternative*:
(3) Die Pflichten des Leiharbeitnehmers bei Arbeitsverhinderung richten sich nach den Bestimmungen der in § 3 bezeichneten Tarifverträge.)

§ 11 Arbeitsnachweis[12]

Der Leiharbeitnehmer ist verpflichtet, die geleisteten Arbeitsstunden in den jeweils vom Verleiher ausgehändigten Stundennachweis einzutragen und vom Entleiher mit Stempel und Unterschrift bestätigen zu lassen. Die Stundennachweise sind unverzüglich an den Verleiher weiterzuleiten.

§ 12 Geheimhaltung/Behandlung von Gegenständen und Daten/Treuepflicht[13]

(1) Der Leiharbeitnehmer ist verpflichtet, alle vertraulichen Angelegenheiten des Verleihers, insbesondere dessen Betriebs- und Geschäftsgeheimnisse, streng geheim zu halten. Diese Verpflichtung gilt auch nach Beendigung des Arbeitsverhältnisses.

(2) Alle den Verleiher betreffenden Unterlagen – insbesondere alle Notizen, Spezifikationen für Angebote und Aufträge, Zeichnungen, Protokolle, Berichte, Korrespondenz und ähnliche Dokumente (sowie Kopien oder sonstige – auch elektronische – Reproduktionen hiervon) – und dem Leiharbeitnehmer dienstlich überlassene Gegenstände (z. B. Handy, Laptop, usw.) und Datenträger/Daten müssen sorgfältig behandelt werden. Sie dürfen nur mit vorheriger Zustimmung des Verleihers zu anderen als dienstlichen Zwecken verwendet, vervielfältigt oder aus den Geschäftsräumen des Verleihers entfernt werden.

(3) Nach Beendigung des Arbeitsverhältnisses wird der Leiharbeitnehmer dem Verleiher unaufgefordert alle in seinem Besitz befindlichen und in Abs. (2) genannten Unterlagen, Gegenstände und Datenträger zurückgeben. Sinngemäß gilt das Gleiche für nichtkörperliche Informationen und Materialien, z. B. Computerprogramme oder sonstige Daten. Dem Leiharbeitnehmer ist nicht gestattet, Sicherungskopien hiervon zu behalten.

(4) Der Leiharbeitnehmer erkennt an, dass die in Abs. (2) und (3) genannten Gegenstände, Unterlagen und Datenträger alleiniges Eigentum des Verleihers sind oder dem Verleiher ein Recht an diesen Gegenständen zusteht. Der Leiharbeitnehmer hat daran kein Zurückbehaltungsrecht.

(5) Im Verhältnis zu den Entleihern richten sich die Verschwiegenheitspflicht und der Umgang mit Firmeneigentum nach den in § 3 bezeichneten Arbeitsbedingungen im Entleiherbetrieb. Der Leiharbeitnehmer verpflichtet sich zur Einhaltung dieser Bestimmungen während und nach den jeweiligen Einsätzen.

(6) Der Leiharbeitnehmer ist im Übrigen gegenüber dem Entleiher wie gegenüber einem Arbeitgeber zur Treue verpflichtet, soweit nicht berechtigte Interessen des Verleihers entgegenstehen.

§ 13 Unfallverhütung/Unfallmeldung[14]

(1) Der Leiharbeitnehmer verpflichtet sich, die beim Entleiher jeweils geltenden Unfallverhütungsvorschriften und arbeitssicherheitstechnischen Anweisungen einzuhalten und sich vor dem jeweiligen Arbeitseinsatz über deren Inhalt zu informieren. Des Weiteren verpflichtet sich der Leiharbeitnehmer, zur Verfügung gestellte Arbeitskleidung, sofern diese Schutzkleidung darstellt, sowie Arbeitsschutzkleidung und Arbeitsschutzausrüstungen zu tragen.

(2) Die allgemeinen und speziellen Unfallverhütungsvorschriften liegen in den Geschäftsräumen des Verleihers sowie des Entleihers zur Einsichtnahme aus.

(3) Soweit geregelt, finden die entsprechenden, in § 3 bezeichneten Arbeitsbedingungen des Entleiherbetriebs ergänzende Anwendung.

(*Alternative*:

(3) Soweit geregelt, finden die entsprechenden Bestimmungen des in § 3 bezeichneten Tarifvertrages ergänzende Anwendung.)

§ 14 Nachweispflicht[15]

Wenn der Leiharbeitnehmer seine Arbeitsleistung länger als einen Monat im Ausland zu erbringen hat, wird der Verleiher ihm vor der Abreise eine Niederschrift aushändigen, die Folgendes beinhalten muss (§ 2 Abs. 2 Nachweisgesetz):
1. die Dauer der im Ausland auszuübenden Tätigkeit,
2. die Währung, in der das Arbeitsentgelt ausgezahlt wird,
3. ein zusätzliches, mit dem Auslandsaufenthalt verbundenes Arbeitsentgelt und damit verbundene, zusätzliche Sachleistungen,
4. die vereinbarten Bedingungen für die Rückkehr des Leiharbeitnehmers.

§ 15 Vertragsstrafe[16]

Für jeden Arbeitstag, an dem der Leiharbeitnehmer rechtswidrig und schuldhaft die ihm zugewiesenen Arbeit nicht aufnimmt oder den Arbeitsplatz rechtswidrig und schuldhaft verlässt, verwirkt er eine Vertragsstrafe in Höhe einer Bruttotagesvergütung bis zur maximalen Höhe einer Brutto-Monatsvergütung. Eine Fehlzeit von mindestens drei Stunden zählt als ein Fehlarbeitstag. Im Falle eines Dauerverstoßes ist die Vertragsstrafe für jeden angefangenen Fehlarbeitstag verwirkt. Die Geltendmachung eines weiteren Schadens bleibt vorbehalten.

§ 16 Merkblatt[17]

Der Leiharbeitnehmer bestätigt, eine gleichlautende Ausfertigung des Arbeitsvertrags und das Merkblatt der Bundesagentur für Arbeit nach § 11 AÜG bei Vertragsschluss erhalten zu haben.

§ 17 Schlussbestimmungen[18]

(1) Unvollständige oder unrichtige Angaben bei der Einstellung, insbesondere im Personalfragebogen, können zur sofortigen Beendigung des Arbeitsvertrags führen.

(2) Der Leiharbeitnehmer wird dem Verleiher alle Änderungen über die Angaben zu seiner Person, soweit sie für den Arbeitsvertrag von Bedeutung sind, unverzüglich mitteilen. Der Leiharbeitnehmer versichert, unter der jeweils angegebenen Adresse postalisch erreichbar zu sein und dem Verleiher Änderungen der Zustelladresse unverzüglich schriftlich mitzuteilen. Aus der Nichtbeachtung dieser Verpflichtung etwa entstehende Nachteile gehen zu Lasten des Leiharbeitnehmers.

(3) Dieser Arbeitsvertrag ersetzt alle Vereinbarungen zwischen den Vertragsparteien über das Arbeitsverhältnis. Mündliche Nebenabreden bestehen nicht. Änderungen sowie Ergänzungen dieses Arbeitsvertrags einschließlich dieser Bestimmung bedürfen zu ihrer Wirksamkeit der Schriftform. Das Schriftformerfordernis bezieht sich auch auf etwaige Ansprüche aus betrieblicher Übung.

(4) Sollte eine Bestimmung dieses Arbeitsvertrags ganz oder teilweise unwirksam sein oder werden, so wird hiervon die Wirksamkeit der übrigen Bestimmungen dieses Arbeitsvertrags nicht berührt. An die Stelle der unwirksamen Bestimmung tritt die gesetzlich zulässige Bestimmung, die dem mit der unwirksamen Bestimmung Gewollten wirtschaftlich am nächsten kommt. Dasselbe gilt für den Fall einer vertraglichen Lücke.

(5) Erfüllungsort und Gerichtsstand richten sich nach den gesetzlichen Vorschriften.

......
Ort, Datum

......
Unterschrift des Verleiher

......
Ort, Datum

......
Unterschrift des Leiharbeitnehmers

Anlage 1[19]

Wesentliche Arbeitsbedingungen beim Entleiherbetrieb

Zwischen
...... (Name und Anschrift des Verleihers) „Verleiher"
und
Herrn ...... (Name und Anschrift des Leiharbeitnehmers) „Leiharbeitnehmer"
wird die nachstehende Anlage zu § 3 des Arbeitsvertrags vom ...... abgeschlossen:
...... (Vor- und Nachname des Leiharbeitnehmers) wird als ...... im Entleihbetrieb ...... ab dem ...... eingesetzt.
Die nachstehend genannten wesentlichen Arbeitsbedingungen einschließlich des Arbeitsentgelts eines vergleichbaren Arbeitnehmers des Entleiherbetriebs werden ab Überlassungsbeginn in vollem Umfang gewährt:
1. Im Entleiherbetrieb findet der Tarifvertrag ...... in seiner/ihrer jeweils gültigen Fassung einschließlich der ergänzenden Lohntarifverträge, Zuwendungstarifverträge, ... Anwendung. Der Leiharbeitnehmer erhält eine Ausfertigung der Tarifverträge. Eine weitere Ausfertigung wird zur Personalakte des Leiharbeitnehmers genommen.
2. Zusätzlich zu dem unter Ziffer 1 angegebenen Tarifvertrag finden noch folgende zwischen dem Entleiherbetrieb und seinem Betriebsrat abgeschlossenen Betriebsvereinbarungen Anwendung:
    1. ......
    2. ......
    3. ......
Der Leiharbeitnehmer erhält eine Ausfertigung der Betriebsvereinbarung. Eine weitere Ausfertigung der Betriebsvereinbarung wird zur Personalakte des Leiharbeitnehmers genommen.
3. Im Übrigen gelten für mit dem Leiharbeitnehmer vergleichbare Arbeitnehmer folgende Arbeitsbedingungen:
    1. ......
    2. ......
    3. ......
    4. ......
    5. ......
Der Leiharbeitnehmer bestätigt, eine Ausfertigung der vorstehende Anlage sowie eine Ausfertigung bzw. Kopie der Unterlagen nach Ziffer ...... erhalten zu haben.

......
Ort, Datum

......
Unterschrift der Gesellschaft

......
Ort, Datum

......
Unterschrift des Leiharbeitnehmers

2. Vertrag zwischen Verleiher und Leiharbeitnehmer A. IX. 2

Anlage 2[20]

Merkblatt für Leiharbeitnehmer der Bundesagentur für Arbeit

Schrifttum: S. Form. A. IX. 1.

Anmerkungen

1. Leiharbeitsvertrag. Nach der Grundkonstellation des AÜG besteht lediglich zwischen dem Verleiher und dem Leiharbeitnehmer ein Arbeitsverhältnis. Nur wenn der der Arbeitnehmerüberlassung zugrunde liegende Arbeitsvertrag zwischen Verleiher und Leiharbeitnehmer nach § 9 Nr. 1 AÜG unwirksam ist, weil der Verleiher nicht die nach § 1 AÜG erforderliche Erlaubnis hat, fingiert § 10 Abs. 1 S. 1 AÜG ein Arbeitsverhältnis zwischen Entleiher und Leiharbeitnehmer.

Das Vorliegen eines Arbeitsverhältnisses zwischen dem Verleiher und dem Leiharbeitnehmer ist zugleich Voraussetzung für die Anwendbarkeit des AÜG. Besteht zwischen Verleiher und – vermeintlichem – Leiharbeitnehmer kein Arbeitsverhältnis, sondern wird letzterer als freier Mitarbeiter oder selbständiger Werkunternehmer tätig, findet das AÜG keine Anwendung (BAG Urt. v. 9. 11. 1994 – 7 AZR 217/94 – AP Nr. 18 zu § 1 AÜG).

Gegenüber einem herkömmlichen Arbeitsverhältnis zwischen Arbeitgeber und Arbeitnehmer ist für das Leiharbeitsverhältnis zwischen Verleiher und Leiharbeitnehmer kennzeichnend, dass der Leiharbeitnehmer verpflichtet ist, seine Arbeitsleistung einem Dritten, dem Entleiher, gegenüber zu erbringen und vorübergehend in dessen Betrieb eingegliedert ist (vgl. Form. A. IX. 1 Anm. 3). Die Frage, ob dem Entleiher durch den Leiharbeitsvertrag ein primärer Leistungsanspruch eingeräumt wird oder ob dem Leiharbeitsvertrag in Bezug auf den Entleiher eine drittschützende Wirkung zukommt, ist in Literatur und Rechtsprechung umstritten (Schüren/*Schüren* Einleitung zum AÜG Rdn. 81 ff. m. weit. Nachw.). Einigkeit besteht jedoch darüber, dass der Entleiher – entweder unmittelbar oder nach den Grundsätzen der Schadensliquidation im Drittinteresse (so z. B. *Schaub* § 120 Rdn. 68) – vertragliche Sekundäransprüche gegen den Leiharbeitnehmer geltend machen kann.

Die ausschließliche Zuordnung des Leiharbeitnehmers zum Verleiher wird des Weiteren im Hinblick auf die Sozialversicherungsbeiträge partiell durchbrochen. Gemäß § 28e Abs. 2 S. 1 SGB IV haftet der Entleiher „wie ein selbstschuldnerischer Bürge" für diejenigen Beiträge zur Kranken-, Pflege-, Renten- und Arbeitslosenversicherung, die auf die Zeit der entgeltlichen Überlassung an ihn entfallen und vom Verleiher nicht oder nicht vollständig abgeführt wurden. Für die Beiträge zur Unfallversicherung haftet er gemäß § 150 Abs. 3 SGB VII i. V. m. § 28e Abs. 2 SGB IV in gleicher Weise.

2. Erlaubnisse. Gemäß § 11 Abs. 1 S. 2 Nr. 1 AÜG muss in dem Arbeitsvertrag neben den üblichen Nachweispflichten aus dem NachwG ein Hinweis auf die Erlaubnisbehörde sowie auf Ort und Datum der Erteilung der Erlaubnis nach § 1 AÜG erfolgen.

Das Erfordernis der Vorlage einer Arbeitsgenehmigung bei **ausländischen Leiharbeitnehmern** und der Anzeige ihres etwaigen Endes ergibt sich insbesondere aus der Bußgeldvorschrift des § 404 Abs. 2 Nr. 3 SGB III. Danach handelt ein Arbeitgeber ordnungswidrig, der vorsätzlich oder fahrlässig einen Ausländer ohne die nach § 284 Abs. 1 SGB III erforderliche Arbeitsgenehmigung beschäftigt. Der im Formular verwendete Begriff der „Arbeitsgenehmigung" umfasst als Oberbegriff sowohl die Berechtigung als auch die Erlaubnis. Je nach Einzelfall kann eine Präzisierung des Begriffes erfolgen. Die Arbeitsgenehmigung wird von der zuständigen Agentur für Arbeit erteilt.

Fehlen beide Erlaubnisse, sowohl die Erlaubnis des Verleihers zur Arbeitnehmerüberlassung als auch die Arbeitsgenehmigung des ausländischen Arbeitnehmers, kann sich der Verleiher sogar strafbar machen (§ 15 Abs. 1 AÜG).

3. Tätigkeit. Wie in jedem Arbeitsvertrag ist die vom Leiharbeitnehmer zu leistende Tätigkeit kurz zu **charakterisieren** und zu **beschreiben** (§ 2 Abs. 1 Nr. 5 NachwG). Die in Abs. (1)

S. 2 enthaltene Versetzungsklausel gewährleistet, dass der Verleiher an die vereinbarte Tätigkeit nicht zeitlich unbefristet gebunden ist, sondern dem Leiharbeitnehmer im Wege des Direktionsrechts andere Tätigkeiten zuweisen kann (vgl. Form. A. II. 1 Anm. 2).

Besondere Bedeutung hat im Rahmen des Abschlusses eines Leiharbeitsvertrages die Feststellung der **Fähigkeiten und Qualifikationen** des Leiharbeitnehmers. Da der Leiharbeitnehmer nicht im Betrieb des Verleihers, sondern in wechselnden Betrieben von Entleihern tätig werden soll, muss der Verleiher wissen, in welche Arbeitseinsätze er ihn vermitteln kann. Dies ist insbesondere deshalb wichtig, weil der Verleiher sich gegenüber dem Entleiher zur Auswahl geeigneter Leiharbeitnehmer verpflichtet und für Schäden, die aus einer fehlerhaften Auswahl resultieren, haftet (s. Form. A. IX. 1 Anm. 4, 14). Um spätere Rechtsstreitigkeiten darüber zu vermeiden, welche Fähigkeiten der Leiharbeitnehmer zu besitzen vorgegeben hat, sieht das Formular in § 2 Abs. (2) die ausdrückliche Auflistung der Abschlüsse und Qualifikationen (z. B. abgeschlossene Ausbildung, Meisterbrief, Hochschulstudium, etc.) sowie der beruflichen Erfahrungen vor.

§ 2 Abs. (3) enthält die Einverständniserklärung des Leiharbeitnehmers zur Überlassung an wechselnde Entleiher. Hier liegt der maßgebliche Unterschied zu herkömmlichen Arbeitsverträgen. Ein „normaler" Arbeitsvertrag lässt die **Unterstellung unter ein fremdes Weisungsrecht** nicht zu. Dies ergibt sich aus der gesetzlichen Regelung des § 613 S. 2 BGB, nach der der Anspruch auf die Arbeitsleistung des Arbeitnehmers nicht übertragbar ist. Die Auslegungsregel des § 613 S. 2 BGB kann durch eine entsprechende Vereinbarung abbedungen werden. Der Leiharbeitnehmer muss sich daher ausdrücklich verpflichten, in den ihm vom Verleiher zugewiesenen Entleiherbetrieben nach den Weisungen eines anderen Arbeitgebers zu arbeiten.

§ 2 Abs. (3) S. 2 dient lediglich der Klarstellung, denn der Einsatz des Leiharbeitnehmers in wechselnden Entleiherbetrieben fällt nicht unter den Versetzungsbegriff des § 95 Abs. 3 S. 2 BetrVG, so dass dem Betriebsrat des Verleihers kein Mitbestimmungsrecht nach § 99 BetrVG zusteht. Bei Arbeitnehmern, die auf Grund der Eigenart ihres Arbeitsverhältnisses nicht ständig an einem bestimmten Arbeitsplatz, sondern vielmehr ständig an wechselnden Arbeitsplätzen beschäftigt werden, gilt die Bestimmung des jeweiligen Arbeitsplatzes nicht als Versetzung. Bei stetig wechselnden Beschäftigungsorten prägt gerade dieser Wechseleinsatz das Arbeitsverhältnis, so dass die Begriffsmerkmale einer **Versetzung** i. S. d. § 95 Abs. 3 BetrVG nicht vorliegen. Eine Versetzung läge in einem solchen Fall vielmehr erst vor, wenn man die Beschäftigung im Wechseleinsatz aufhöbe (Richardi/*Thüsing* § 99 Rdn. 117). Dem Betriebsrat des Verleihers steht deshalb kein Mitbestimmungsrecht nach § 99 BetrVG zu. Beteiligt werden muss allerdings gemäß § 14 Abs. 3 AÜG der Betriebsrat des Entleiherbetriebs, da die Übernahme des Leiharbeitnehmers als Einstellung angesehen wird (s. Form. A. IX. 1 Anm. 10).

4. Regelung der Arbeitsbedingungen. Eine wesentliche Änderung im Hinblick auf die Vertragsfreiheit von Verleiher und Leiharbeitnehmer hat sich durch die Einführung des Gleichstellungsgebots, auch „**Equal-Pay-Gebot**" oder präziser „**Schlechterstellungsverbot**" genannt (vgl. ausführlich Anm. 5), durch das Erste Gesetz für moderne Dienstleistungen am Arbeitsmarkt ergeben. Gemäß § 9 Nr. 2 AÜG sind Verträge zwischen Verleiher und Leiharbeitnehmer **unwirksam**, wenn sie für die Zeit der Überlassung Arbeitsbedingungen vorsehen, die schlechter sind als die für einen vergleichbaren Stammarbeitnehmer des Entleihers geltenden Arbeitsbedingungen. Ausnahmen von diesem Schlechterstellungsverbot bestehen, wenn ein einschlägiger Tarifvertrag auf das Leiharbeitsverhältnis Anwendung findet oder wenn es sich um einen zuvor arbeitslosen Arbeitnehmer handelt. Diesem ist während der ersten sechs Wochen der Anstellung mindestens ein Netto-Arbeitsentgelt in Höhe des zuletzt bezogenen Arbeitslosengelds zu zahlen. Im Falle eines Verstoßes gegen das Schlechterstellungsverbot kann der Leiharbeitnehmer gemäß § 10 Abs. 4 AÜG von dem Verleiher die Gewährung der im Betrieb des Entleihers für einen vergleichbaren Arbeitnehmer geltenden Arbeitsbedingungen nebst Arbeitsentgelt verlangen.

Wegen des Schlechterstellungsverbots sind Verleiher und Leiharbeitnehmer gehindert, individuell die Arbeitsbedingungen des Leiharbeitsvertrages auszuhandeln. Das Schlechterstel-

2. Vertrag zwischen Verleiher und Leiharbeitnehmer   A. IX. 2

lungsverbot verletzt weder die negative Koalitionsfreiheit noch die Berufsfreiheit der Verleiher (BVerfG Beschl. v. 29. 12. 2004 – 1 BvR 2283/03 – DB 2005, 110). Die Gestaltung des Vertrages zwischen Verleiher und Leiharbeitnehmer hängt maßgeblich davon ab, ob auf das Arbeitsverhältnis ein einschlägiger Tarifvertrag Anwendung findet. Das Formular geht grundsätzlich davon aus, dass dies nicht der Fall ist und sieht nur jeweils in der Alternative Klauseln vor, die im Fall einer Anwendung von Tarifverträgen der Zeitarbeitsbranche verwandt werden können.

5. Anwendung der Arbeitsbedingungen im Entleiherbetrieb. Wie dargelegt, müssen die Leiharbeitsvertragsparteien grundsätzlich mindestens die **Gewährung der wesentlichen Arbeitsbedingungen für vergleichbare Arbeitnehmer** des Entleihers vereinbaren. Da es sich nicht um ein Gleichbehandlungsgebot, sondern um ein Schlechterstellungsverbot handelt, ist auch eine **Besserstellung** des Leiharbeitnehmers zulässig (zweifelnd *Freckmann* DStR 2003, 294, 295).

Maßgeblich ist, welche Arbeitsbedingungen für einen vergleichbaren Stammarbeitnehmer des Entleihers gelten. Gibt es mehrere vergleichbare Arbeitnehmer, für die unterschiedliche, individuell ausgehandelte Arbeitsbedingungen gelten, so genügt es, wenn dem Leiharbeitnehmer das **Minimum** gewährt wird. Es entspricht nicht dem Sinn und Zweck des § 9 Nr. 2 AÜG, den Leiharbeitnehmer besser zu stellen als einige der Stammarbeitnehmer (so auch *Lembke* BB 2003, 98, 101; *Freckmann* DStR 2003, 294, 295). Nicht geregelt ist, was gilt, wenn es vollständig an vergleichbaren Arbeitnehmern fehlt. In einem solchen Fall muss ermittelt werden, welche Arbeitsbedingungen für vergleichbare Arbeitnehmer in ähnlichen Betrieben **üblicherweise** (z. B. durch Tarifvertrag) gelten würden (*Freckmann* DStR 2003, 294, 295; *Boemke/Lembke* § 9 AÜG Rdn. 29).

Erhebliche Unsicherheit besteht darüber, welche Arbeitsbedingungen als „wesentlich" i. S. d. § 9 Nr. 2 Hs. 1 AÜG anzusehen sind. Nach der Gesetzesbegründung (BT-Drucks. 15/25 S. 41) handelt es sich um „alle nach dem allgemeinen Arbeitsrecht vereinbarten Bedingungen wie Dauer der Arbeitszeit und des Urlaubs oder die Nutzung sozialer Einrichtungen. Unter Arbeitsentgelt sind nicht nur das laufende Entgelt, sondern auch Zuschläge, Ansprüche auf Entgeltfortzahlung und Sozialleistungen und andere Lohnbestandteile zu verstehen". Wesentlich sind alle Arbeitsbedingungen, welche die Haupt- und Nebenpflichten der Vertragsparteien wesentlich berühren, auch z. B. Überstundenregelung, Verschwiegenheitspflichten, nachvertragliches Wettbewerbsverbot, Ausschlussfristen, usw. Eine betriebliche Altersversorgung oder der Dienstwagen gehören grundsätzlich ebenfalls zu den wesentlichen Arbeitsbedingungen. Das Problem der Gewährung solcher Bedingungen für kurze Zeiträume wird allerdings regelmäßig dadurch entschärft werden, dass derartige Lohnnebenleistungen meist eine längere Betriebszugehörigkeit voraussetzen.

Da die dem Leiharbeitnehmer zu gewährenden Arbeitsbedingungen sich mit jedem Einsatz bei einem neuen Entleiherbetrieb ändern, sieht das Formular die Bezugnahme auf eine Anlage vor, in der der Leiharbeitnehmer bestätigt, die jeweils einschlägigen Arbeitsbedingungen beim Entleiherbetrieb in schriftlicher Form ausgehändigt bekommen zu haben. Die erforderlichen schriftlichen Informationen über den Entleiherbetrieb erhält der Verleiher durch den Vertragsschluss mit dem Entleiher. Dieser ist gemäß § 12 Abs. 1 S. 3 AÜG verpflichtet, in der Vertragsurkunde anzugeben, welche wesentlichen Arbeitsbedingungen einschließlich des Arbeitsentgelts in seinem Betrieb für einen vergleichbaren Arbeitnehmer gelten (vgl. Form. A. IX. 1 Anm. 7).

6. Anwendbarkeit von Tarifverträgen und Betriebsvereinbarungen. Die Alternative sieht eine Klausel für Leiharbeitsverträge vor, die unter die Ausnahme des § 9 Nr. 2 Hs. 3 oder 4 AÜG fallen. Voraussetzung dafür, dass das Schlechterstellungsverbot des § 9 Nr. 2 Hs. 1 AÜG nicht zur Anwendung gelangt, ist die Geltung eines einschlägigen Tarifvertrages.

Wirksame Zeitarbeitstarifverträge wurden etwa von **DGB-Gewerkschaften** mit dem Bundesverband Zeitarbeit Personal-Dienstleistungen e. V. (BZA) und mit dem Interessenverband Deutscher Zeitarbeitsunternehmen (iGZ e. V.) abgeschlossen. Als problematisch könnte sich eine Bezugnahme auf die Tarifverträge, die die **Tarifgemeinschaft Christliche Gewerkschaften**

Zeitarbeit und PSA (CGZP) seit Anfang 2003 mit Verleihern abgeschlossen hat, erweisen, obschon diese Tarifverträge aus Arbeitgebersicht „günstige" Arbeitsbedingungen enthalten. In der Literatur wird die Tariffähigkeit der CGZP bezweifelt und deshalb bestritten, dass diese Tarifverträge die Anforderungen des § 9 Nr. 2 Hs. 3, 4 AÜG erfüllen. Tatsächlich ist die Tariffähigkeit der christlichen Gewerkschaften angesichts ihres geringen Organisationsgrads zweifelhaft. Der Christlichen Gewerkschaft Metall (CGM) und der Christlichen Gewerkschaft Deutschlands (CGD) wurde zunächst von den Arbeitsgerichten Stuttgart (Beschl. v. 12. 9. 2003 – 15 BV 250/96 – NZA-RR 2004, 540) und Gera (Beschl. v. 17. 10. 2002 – 2 BV 3/2000 – ArbuR 2002, 478) die Gewerkschaftseigenschaft aberkannt. Das LAG Stuttgart hat diese Entscheidung jedoch aufgehoben und die Tariffähigkeit der CGM bejaht (Beschl. v. 1. 10. 2004 – 4 TaBV 1/04 – zit. n. juris). Über diese Frage wird nun wohl das BAG zu entscheiden haben. Außerdem ist umstritten, ob eine fehlende Tariffähigkeit die von einer Gewerkschaft abgeschlossenen Tarifverträge ex tunc unwirksam machen würde (dafür *Böhm* DB 2003, 2598; *Schüren/Schüren* § 9 AÜG Rdn. 218 ff.; dagegen *Schöne* DB 2004, 136). Will der Verleiher jedoch sicher gehen, dass die Leiharbeitnehmer später nicht erfolgreich auf „gleichen Lohn" klagen können, sollte er die von den **DGB-Gewerkschaften** abgeschlossenen Tarifverträge zur Anwendung bringen.

Nach einer Mindermeinung in der Literatur erlaubt die Ausnahmevorschrift des § 9 Nr. 2 Hs. 3, 4 AÜG nicht nur eine Abweichung vom Schlechterstellungsverbot, wenn der Tarifvertrag selbst abweichende Regelungen trifft, sondern auch dann, wenn der anwendbare Tarifvertrag Ausnahmen zulässt und die „Ausfüllung" durch die Arbeitsvertrags- oder Betriebsparteien erfolgt (*Boemke/Lembke* § 9 AÜG Rdn. 73). Richtig ist, dass der Wortlaut des § 9 Nr. 2 Hs. 3 AÜG („ein Tarifvertrag kann abweichende Regelungen zulassen") eine solche Auslegung nahe legt. Die Begründung des Gesetzentwurfs der Regierungsfraktionen deutet jedoch in eine andere Richtung: Danach ermöglicht es die Ausnahmevorschrift „den Tarifvertragsparteien, die Arbeitsbedingungen flexibel zu gestalten" (BT-Drucks. 15/25 S. 42). Dies spricht dafür, dass eine Abweichung vom Schlechterstellungsverbot nur dann zulässig ist, wenn der anwendbare Tarifvertrag selbst entsprechende Regelungen über Arbeitsbedingungen enthält.

Die Ausnahmevorschrift ist zum einen erfüllt, wenn ein entsprechender Tarifvertrag kraft **beiderseitiger Tarifbindung** normativ gilt. Es genügt jedoch auch, dass der Tarifvertrag durch **einzelvertragliche Inbezugnahme** im Arbeitsvertrag zur Anwendung gelangt. Voraussetzung ist dann allerdings, dass der Betrieb, in dem der Leiharbeitnehmer beschäftigt wird, in den **Geltungsbereich des Tarifvertrages** fällt. Dies bestimmt § 9 Nr. 2 Hs. 4 AÜG ausdrücklich („im Geltungsbereich eines solchen Tarifvertrages"). Dies bedeutet, dass der Tarifvertrag – abgesehen von der fehlenden Tarifbindung – einschlägig sein muss. Die Bezugnahme auf einen branchenfremden Tarifvertrag oder auf einen Firmentarifvertrag eines anderen Unternehmens genügt nicht. Für Mischunternehmen, die nicht überwiegend gewerbsmäßige Arbeitnehmerüberlassung betreiben, scheidet somit die Bezugnahme auf einen Verbandstarifvertrag der Zeitarbeitsbranche aus (*Boemke/Lembke* § 9 AÜG Rdn. 71). Die nachträgliche Einführung einer solchen Bezugnahmeklausel kann einvernehmlich oder durch Änderungskündigung erfolgen. Diese Änderungskündigung unterliegt voll den von der Rechtsprechung aufgestellten Anforderungen an eine Änderungskündigung zur Entgeltabsenkung (LAG Düsseldorf Urt. v. 22. 2. 2005 – 8 Sa 1756/04 – DB 2005, 1116; n. rkr.).

Möglich ist es schließlich, lediglich auf **einzelne Regelungskomplexe** der einschlägigen Tarifverträge zu verweisen und im Übrigen entsprechend dem Schlechterstellungsverbot die Arbeitsbedingungen beim Entleiherbetrieb anzuwenden (*Boemke/Lembke* § 9 AÜG Rdn. 70). Dies wird allerdings regelmäßig unpraktikabel sein. Das Formular sieht daher vor, dass die jeweiligen Tarifverträge der Zeitarbeitsbranche insgesamt in Bezug genommen werden. Soweit einzelne Gegenstände nicht durch diese Tarifverträge geregelt sein sollten, da es sich nicht um wesentliche Arbeitsbedingungen handelt (z. B. Rauchverbot), kann gegebenenfalls auf im Verleiherbetrieb geltende **Betriebsvereinbarungen** verwiesen werden.

7. Einsatzgebiet/Wegezeiten. Wesentlicher Regelungsgegenstand eines Leiharbeitsvertrages ist das örtliche Einsatzgebiet des Leiharbeitnehmers. Es handelt sich hierbei um eine spezifi-

2. Vertrag zwischen Verleiher und Leiharbeitnehmer A. IX. 2

sche Leiharbeitsvertragsbestimmung, die primär die „Verleihbarkeit" des Leiharbeitnehmers betrifft. Es verstößt daher nicht gegen § 9 Nr. 2 Hs. 1 AÜG, insoweit keine Gleichstellung mit den Arbeitnehmern im Entleiherbetrieb herbeizuführen, sondern eine eigenständige Regelung zu treffen. Eine **Ungleichbehandlung** bei Vorliegen eines solchen sachlichen Grundes ist möglich (*Lembke* BB 2003, 98, 103).

Normale Arbeitsverträge enthalten häufig gar keine oder eine sehr weitgehende **Versetzungsklausel**, die die Zuweisung einer Tätigkeit z. B. innerhalb des Gebiets der Bundesrepublik Deutschland erlaubt. Bei einem Leiharbeitsverhältnis besteht die Besonderheit, dass ein häufiger Wechsel des Einsatzgebiets bereits im Vertrag angelegt ist, d. h. dass der Leiharbeitnehmer häufig ohne Wechsel seines Wohnorts an verschiedenen Arbeitsorten eingesetzt werden soll. Da also vom Leiharbeitnehmer eine größere Flexibilität als von einem normalen Arbeitnehmer erwartet wird, ist eine Wegezeit von unter eineinhalb Stunden für den Leiharbeitnehmer regelmäßig als hinnehmbar anzusehen.

Damit die Möglichkeiten, den Leiharbeitnehmer bei interessierten Entleihern einzusetzen, nicht vorab beschränkt werden, empfiehlt sich die Aufnahme einer **kombinierten Einsatzklausel**, wie sie das Formular vorsieht. Danach wird der Leiharbeitnehmer regelmäßig innerhalb eines durch die Entfernung von der einstellenden Geschäftsstelle des Verleihers definierten Einsatzgebiets tätig. Liegt der Betrieb des Entleihers, in den der Leiharbeitnehmer entsandt wird, weiter entfernt, so wird die Wegezeit als Arbeitszeit angesehen und entsprechend vergütet, soweit eine bestimmte Zeitspanne (z. B. 90 Minuten) überschritten wird. Als Maßstab dient insoweit das günstigste öffentliche Verkehrsmittel. Die Vergütung erfolgt jedoch nur, soweit der Leiharbeitnehmer tatsächlich – z. B. mit dem Pkw – eine entsprechend lange Wegezeit aufwenden muss. Zur Klarstellung sollte darauf hingewiesen werden, dass für die zu vergütende Wegezeit keine Zulagen (z. B. Erschwerniszulagen) gezahlt werden. Da es sich, wie eingangs dargelegt, um eine spezifische Leiharbeitsvertragsbestimmung handelt, greift das Schlechterstellungsverbot nicht ein, zumal der Leiharbeitnehmer für die im Entleiherbetrieb erbrachte Arbeitsleistung die Vergütung erhält, die auch die Stammarbeitnehmer des Entleihers erhalten.

In der Alternative sieht das Formular einen Verweis auf die Tarifverträge der Zeitarbeitsbranche vor. Enthalten diese, wie z. B. der Manteltarifvertrag der BZA, selbst Einsatzregelungen, ist eine eigenständige Regelung nicht erforderlich.

8. Laufzeit/Kündigung. Der Leiharbeitsvertrag kann wie ein „normaler" Arbeitsvertrag unbefristet oder befristet abgeschlossen werden.

Wesentlich geändert haben sich die Möglichkeiten zur Vereinbarung von **Befristungen des Leiharbeitsvertrages**. Die in § 3 Abs. 1 Nr. 3–5 AÜG a. F. vorgesehenen Verbote einer Synchronisation mit Einsätzen bei Entleihern, der wiederholten Befristung und der Wiedereinstellung nach vorangegangener Kündigung, sind aufgehoben worden.

Für die Parteien des Leiharbeitsvertrages bedeutet dies, dass sich die Zulässigkeit einer Befristung allein nach den allgemeinen Regeln, insbesondere nach **§ 14 TzBfG**, richtet. Die Gestaltungsfreiheit der Leiharbeitsvertragsparteien ist dadurch jedoch nicht wesentlich erweitert worden. Gemäß § 14 Abs. 2 TzBfG können Arbeitsverträge nur **maximal bis zu einer Dauer von zwei Jahren** befristet und in dieser Zeit **höchstens dreimal verlängert** werden. Dabei steht das Anschlussbefristungsverbot des § 14 Abs. 2 AÜG einem sich nach Ausschöpfung der maximal zweijährigen Befristungsdauer anschließendem Einsatz als Leiharbeitnehmer im Betrieb des bisherigen Arbeitgebers nicht entgegen. Das Ausschlussverbot knüpft nicht an eine vorangegangene Beschäftigung in demselben Betrieb an, sondern allein daran, dass der Vertragsarbeitgeber in beiden Arbeitsverhältnissen identisch ist (LAG Hannover Beschl. v. 29. 1. 2003 – 10 Sa 18/02 – NZA-RR 2003, 624). Im Übrigen erfordert – von Ausnahmeregelungen und § 14 Abs. 3 TzBfG abgesehen – jede Befristung einen **Sachgrund**, § 14 Abs. 1 TzBfG. Maßgeblich ist die rechtliche Zuordnung des Leiharbeitnehmers zum Verleiher und nicht zum Entleiher. Befristungsgründe können sich also nur aus diesem Verhältnis ergeben. Ein Sachgrund für eine Befristung ist bei Leiharbeitnehmern tendenziell schwieriger zu begründen als bei normalen Arbeitnehmern. Es ist insbesondere anerkannt, dass der Befristungsgrund des § 14 Abs. 1 Nr. 4 TzBfG – Eigenart einer Arbeitsleistung – für Leiharbeitsverhältnisse nicht einschlägig ist (*Schüren/Behrend* NZA 2003, 521, 522 m. weit. Nachw.). Auch kann der Befristungsgrund des § 14 Abs. 1 Nr. 1 TzBfG – vorübergehender Bedarf – nicht mit den zeitlich begrenzten Überlassungen begründet werden. Schließlich wird der Befristungsgrund des § 14 Abs. (1) Nr. 3 – Vertretung – selten vorliegen, da regelmäßig von der Austauschbarkeit der Leiharbeitnehmer auszugehen ist.

Der **gesetzliche Kündigungsschutz** gilt ohne Einschränkung auch für Leiharbeitsverhältnisse. Fehlt es an geeigneten Überlassungsmöglichkeiten, rechtfertigt dies eine betriebsbedingte Kündigung nur, wenn es sich nicht lediglich um ein vorübergehendes Problem handelt. Wenn ein dauerhafter Überhang an Arbeitskräften wahrscheinlich ist, kann der Arbeitgeber darauf mit betriebsbedingten Kündigungen reagieren (BAG Urt. v. 15. 6. 1989 – 2 AZR 600/88 – AP Nr. 45 zu § 1 KSchG 1969 Betriebsbedingte Kündigung). Bei der Sozialauswahl ist zu berücksichtigen, dass grundsätzlich auch die gerade bei einem Entleiher eingesetzten Leiharbeitnehmer einbezogen werden müssen.

Das Abmahnungserfordernis bei einer verhaltensbedingten Kündigung gilt ohne Ausnahme auch für Arbeitnehmerüberlassungsunternehmen. Sie tragen das Risiko, dass der Arbeitnehmer aus verhaltensbedingten Gründen nicht mehr beim Kunden eingesetzt werden kann, weil der Kunde eine Beschäftigung ablehnt. Der Schutz des Arbeitnehmers wird nicht dadurch verringert, dass ein Dritter mit eigener Begründung die Beschäftigung des Arbeitnehmers für nicht möglich erklärt (LAG Hannover Urt. v. 31. 10. 2003 – 16 Sa 1211/03 – zit. n. juris).

Die **Kündigungsfristen** können Verleiher und Leiharbeitnehmer im Rahmen der Grenzen des § 622 BGB frei vereinbaren. Das Schlechterstellungsverbot des § 9 Nr. 2 Hs. 1 AÜG greift nicht ein, da im Hinblick auf die Ambivalenz von Kündigungsfristen eine Qualifizierung als „besser" oder „schlechter" nicht möglich ist. Längere Kündigungsfristen erhöhen zwar den Bestandsschutz, binden aber auch länger (so auch *Boemke/Lembke* § 9 AÜG Rdn. 44 m. weit. Nachw.).

In der Alternative sieht das Formular einen Verweis auf die Tarifverträge der Zeitarbeitsbranche vor, die regelmäßig Kündigungsfristen vorsehen.

9. Vergütung/Sonstige Leistungen/Aufwendungsersatz. Für die Vergütung, die sonstigen Leistungen und den Aufwendungsersatz während der Verleihung gilt das Schlechterstellungsverbot des § 9 Nr. 2 Hs. 1 AÜG. § 6 Abs. (1) verweist daher vollumfänglich auf § 3 und die darin bezeichneten Arbeitsbedingungen des Entleiherbetriebs.

Das Verbot der Schlechterstellung gilt jedoch nicht in **verleihfreien Zeiten**. § 6 Abs. (2) sieht daher eine eigenständige Regelung der Vergütung für diese Zeiträume vor. Hiermit ist zugleich § 11 Abs. 1 S. 2 Nr. 2 AÜG genügt, der eine Niederschrift über die Art und Höhe der Leistungen für Zeiten verlangt, in denen der Arbeitnehmer nicht verliehen ist. Der erforderliche sachliche Grund für diese Teilbefristung ist gegeben, da der Leiharbeitnehmer in verleihfreien Arbeitszeiten keine Arbeitsleistung erbringt und für den Verleiher keine Einkünfte erzielt. Grundsätzlich gilt insoweit die individuelle Vertragsfreiheit bis zur Grenze der Sittenwidrigkeit und des Lohnwuchers gemäß § 138 BGB (Schüren/*Schüren* § 9 Rdn. 215). Das BAG hat bisher keine Richtwerte zur Feststellung eines auffälligen Missverhältnisses zwischen Leistung und Gegenleistung entwickelt, sondern lediglich festgestellt, dass weder auf den Abstand zwischen Arbeitsentgelt und Sozialhilfe abgestellt werden kann, noch die Pfändungsgrenze des § 850 c ZPO Anhaltspunkte liefert (BAG Urt. v. 24. 3. 2004 – 5 AZR 303/03 – AP Nr. 59 zu § 138 BGB).

Im Übrigen gelten in verleihfreien Zeiten weiterhin die Arbeitsbedingungen, die während der letzten Einsatzzeit bei einem Entleiher Anwendung fanden. Diese Regelung ist prakti-'kabel, da sie die Parteien des Leiharbeitsvertrages davon entbindet, bei jeder kurzen Einsatzpause eine „Umstellung" sämtlicher Arbeitsbedingungen vornehmen zu müssen. Die Arbeitsbedingungen mit Ausnahme der Vergütung ergeben sich dann weiterhin aus der dem Leiharbeitnehmer bei seinem letzten Einsatz vorgelegten schriftlichen Mitteilung.

§ 6 Abs. (3) und (4) enthalten einen Zustimmungsvorbehalt bei Abtretungen oder Verpfändungen des Vergütungsanspruchs sowie einen vertraglichen Erstattungsanspruch. Es handelt sich hierbei nicht um wesentliche Arbeitsbedingungen, so dass eine Gleichbehandlung mit den Stammarbeitnehmern nicht erforderlich ist.

In der Alternative sieht das Formular einen Verweis auf die Tarifverträge der Zeitarbeitsbranche vor.

10. Arbeitszeit/Urlaub/Nebentätigkeit. Bei der Arbeitszeit, beim Urlaub und bei der Zulässigkeit von Nebentätigkeit handelt es sich um wesentliche Arbeitsbedingungen, für die jeweils auf vergleichbare Arbeitnehmer im Entleiherbetrieb abgestellt oder auf die Tarifverträge der Zeitarbeitsbranche verwiesen werden muss.

11. Ärztliche Untersuchung/Abwesenheit/Krankheit. In § 10 Abs. (1) wird das Leiharbeitsverhältnis unter die auflösende Bedingung der gesundheitlichen Nichteignung des Leiharbeitnehmers gestellt (s. Form. A. II. 1 Anm. 10). Da diese Vertragsklausel die Begründung des Leiharbeitsverhältnisses – noch vor dem ersten Einsatz bei einem Entleiher – betrifft, kommt ein Verstoß dieser Regelung gegen das Schlechterstellungsverbot nicht in Betracht.

In § 10 Abs. (2) bis (3) enthält das Formular zusammengefasst einige wesentliche Pflichten bei Abwesenheit und Arbeitsunfähigkeit des Leiharbeitnehmers. Da es sich um deklaratorische Bestimmungen handelt, die lediglich die gesetzlichen Vorgaben der § 5 EFZG wiedergeben, ist eine Schlechterstellung gegenüber Stammarbeitnehmern grundsätzlich nicht zu befürchten. Anderes gilt nur dann, wenn Tarifverträge des Entleihers ausnahmsweise zugunsten der Stammarbeitnehmer von den Vorgaben des EFGZ abweichen. In der Alternative sieht das Formular einen Verweis auf die Tarifverträge der Zeitarbeitsbranche vor.

12. Arbeitsnachweis. Im Verhältnis zwischen Verleiher und Entleiher bemisst sich die Vergütung regelmäßig nach der Anzahl der vom Leiharbeitnehmer geleisteten Stunden, für die jeweils ein bestimmter Stundensatz vereinbart wird (s. Form A. IX. 1, dort unter § 3). Das Formular sieht deshalb eine Verpflichtung des Leiharbeitnehmers zur Erstellung und Abzeichnung von Stundennachweisen vor.

13. Geheimhaltung/Behandlung von Gegenständen und Daten/Treuepflicht. Im Verhältnis zwischen Verleiher und Leiharbeitnehmer bedarf es einer ausdrücklichen Regelung der Verschwiegenheitspflichten und der Pflichten im Umgang mit Firmeneigentum. Da es sich hierbei um wesentliche Arbeitsbedingungen handelt, sind während der Zeiten beim Entleiher die dort für vergleichbare Stammarbeitnehmer geltenden Bestimmungen maßgebend. Da ein Arbeitsverhältnis mit den vertraglichen Nebenpflichten nur zum Verleiher besteht, sieht § 12 Abs. (5) eine entsprechende Verpflichtung vor. Zur Aufnahme einer solchen vertraglichen Regelung ist der Verleiher regelmäßig auch **durch den Überlassungsvertrag verpflichtet** (s. Form. A. IX. 1, dort unter § 8).

Da sich Verschwiegenheitspflichten und Regelungen zum Umgang mit Firmeneigentum häufig nicht in Tarifverträgen finden, enthält § 12 keine Verweisklausel. Sollte dies ausnahmsweise doch der Fall sein und sind die tarifvertraglichen Regelungen für den Leiharbeitnehmer günstiger, finden diese Anwendung.

Zur **Treuepflicht** im Übrigen s. Form. A. IX. 1 Anm. 10.

14. Unfallverhütung/Unfallmeldung. Da die Leiharbeitnehmer im Entleiherbetrieb arbeiten, bestimmt § 16 Abs. 1 SGB VII ausdrücklich, dass die spezifischen Unfallverhütungsvorschriften sowie die sonstigen Einrichtungen und Maßnahmen zur Unfallverhütung auch auf die Leiharbeitnehmer zu erstrecken sind. Der Entleiher ist verpflichtet, für die Einhaltung der Unfallverhütungsvorschriften seiner Berufsgenossenschaft zu sorgen. Da ein arbeitsvertragliches Verhältnis nur zwischen Leiharbeitnehmer und Verleiher besteht, ist der Leiharbeitnehmer im Leiharbeitsvertrag ausdrücklich vom Verleiher zu verpflichten, die beim Entleiher jeweils geltenden Unfallverhütungsvorschriften und arbeitssicherheitstechnischen Anweisungen einzuhalten sowie sich über deren Inhalt zu informieren. Für den Fall, dass für die Einsatztätigkeit Schutzkleidung getragen werden muss, sollte auch insoweit eine entsprechende Verpflichtungsklausel aufgenommen werden.

In der Alternative sieht das Formular ergänzend einen Verweis auf die Tarifverträge der Zeitarbeitsbranche vor.

15. Nachweispflicht. § 14 des Formulars ist eine Wiederholung des Wortlauts von § 2 Abs. 2 NachwG.

16. Vertragsstrafe. Das Formular sieht eine in der Zeitarbeitsbranche übliche Vertragsstrafenregelung für den Fall vor, dass der Leiharbeitnehmer die ihm zugewiesene Arbeit nicht aufnimmt oder den Arbeitsplatz rechtswidrig und schuldhaft verlässt. Diese soll den Verleiher vor **unzuverlässigen Leiharbeitnehmern** schützen.

Eine Vertragsstrafenregelung war früher nach der Rechtsprechung auch in formularmäßigen Arbeitsverträgen zulässig, sofern bestimmte Höchstgrenzen beachtet wurden. Daran hat sich nach der Rechtsprechung des **BAG** auch nach der Änderung des BGB durch das Schuldrechtsmodernisierungsgesetz und der Einführung der AGB-Kontrolle von Vertragsstrafen nichts geändert. Zwar sehe § 309 Nr. 6 BGB die generelle Unzulässigkeit von Vertragsstrafen in Formularverträgen vor. Anderes gelte aber für **Formulararbeitsverträge**, in denen die Vereinbarung einer **Vertragsstrafe** wegen der im Arbeitsrecht geltenden Besonderheiten, § 310 Abs. 4 S. 2 BGB, insbesondere der fehlenden Vollstreckbarkeit der Arbeitspflicht – im Rahmen des Angemessenen – **zulässig** sei (BAG Urt. v. 4. 3. 2004 – 8 AZR 196/03 – BB 2004, 1740, 1743). Die Höhe der Vertragsstrafe muss in Relation zu der Pflichtverletzung stehen. Deshalb hängt im Formular die Höhe der Vertragsstrafe von der Anzahl der Fehltage ab. Will der Verleiher die Wirksamkeit einer darüber hinausgehenden Vertragsstrafenregelung sicherstellen, sollte er diese mit dem Leiharbeitnehmer verhandeln und dies z. B. durch einen handschriftlichen Vermerk kenntlich machen.

17. Arbeitsvertrag und Merkblatt. Gemäß § 11 Abs. 2 AÜG ist der Verleiher verpflichtet, dem Leiharbeitnehmer bei Vertragsschluss ein Merkblatt der Erlaubnisbehörde über den wesentlichen Inhalt des AÜG auszuhändigen. Nichtdeutsche Leiharbeitnehmer erhalten das Merkblatt auf Verlangen in ihrer Muttersprache. Das Merkblatt wird von den Regionaldirektionen der Bundesagentur für Arbeit auf Anfrage verschickt. Zudem ist das Merkblatt über das Internet verfügbar unter www.arbeitsagentur.de.

18. Schlussbestimmungen. S. Form. A. II. 1 Anm. 27 bis 30.

19. Anlage 1 Wesentliche Arbeitsbedingungen beim Entleiherbetrieb. S. Anm. 5.

20. Anlage 2 Merkblatt für Leiharbeitnehmer. S. Anm. 17.

3. Vertrag über konterninterne Arbeitnehmerüberlassung[1]

Vertrag

zwischen

...... (Name und Anschrift des Arbeitgebers) „Verleiher"

und

...... (Name und Anschrift der Konzerngesellschaft) „Entleiher"

und

Herrn ...... (Name und Anschrift des Mitarbeiters) „Mitarbeiter"[2]

§ 1 Konzerninterner Verleih[3]

(1) Der Verleiher verpflichtet sich, dem Entleiher den Mitarbeiter vom ...... bis zum ...... zu überlassen. Der Mitarbeiter ist mit seiner Überlassung einverstanden.

(*Alternative:*

(1) Der Verleiher verpflichtet sich, dem Entleiher den Mitarbeiter zur Verfügung zu stellen. Die Überlassung endet mit dem Wegfall des zusätzlichen Arbeitsbedarfs in der Abteilung ......, ohne dass es einer Kündigung bedarf.)

(2) Verleiher und Entleiher können den Arbeitnehmerüberlassungsvertrag spätestens am Fünfzehnten eines Monats zum Schluss des Kalendermonats ordentlich kündigen. Die Kündigung bedarf zu ihrer Wirksamkeit der Schriftform[4].

§ 2 Erstattung der Personalkosten[5]

Der Entleiher erstattet dem Verleiher für die Dauer des Verleihs sämtliche Personalkosten, die der Verleiher für den Mitarbeiter zu tragen hat. Zusätzlich zahlt der Entleiher an den Verleiher eine monatliche Überlassungsvergütung in Höhe von EUR .... Die Vergütung ist jeweils am ...... eines Monats fällig.

§ 3 Beschäftigung/Weisung/Überwachung[6]

Der Entleiher verpflichtet sich, den Mitarbeiter nur mit Arbeiten zu beschäftigen, deren Erbringung der Mitarbeiter arbeitsvertraglich schuldet. Der Entleiher ist berechtigt, dem Mitarbeiter hinsichtlich der konkreten Ausgestaltung der Tätigkeit Weisungen zu erteilen und die Arbeitsausführung zu überwachen.

§ 4 Arbeitsschutz/Arbeitsunfälle[7]

(1) Der Entleiher verpflichtet sich, die gesetzlichen Bestimmungen des Arbeitsschutzes und die Unfallverhütungsvorschriften zu erfüllen.

(2) Der Entleiher haftet gegenüber dem Verleiher für Vermögensschäden aufgrund von Arbeitsunfällen des Mitarbeiters nur, wenn der Entleiher diese vorsätzlich verursacht hat.

(3) Bei einem Arbeitsunfall hat der Entleiher den Verleiher unverzüglich zu benachrichtigen. Der Verleiher wird den Arbeitsunfall dann dem Unfallversicherungsträger melden.

§ 5 Arbeitszeit und sonstige Arbeitsbedingungen[8]

(1) Die Dauer der Arbeitszeit richtet sich nach dem Arbeitsvertrag des Mitarbeiters. Die Lage der Arbeitszeit richtet sich nach den betrieblichen Erfordernissen beim Entleiher.

(2) Die Anordnung von Überstunden oder Mehrarbeit durch den Entleiher ist im Rahmen der arbeitsvertraglichen Grenzen zulässig. Die zusätzlichen Kosten hat der Entleiher dem Verleiher gemäß § 2 zu erstatten.

(3) Im Übrigen gelten die im Arbeitsvertrag vom ...... geregelten Arbeitsbedingungen weiter.

§ 6 Betriebliche Mitbestimmung[9]

Der Entleiher verpflichtet sich, im Verhältnis zu dem Mitarbeiter etwaigen betriebsverfassungsrechtlichen Pflichten nachzukommen.

§ 7 Treuepflicht[10]

Der Mitarbeiter ist verpflichtet, dem Entleiher gegenüber Treue und Verschwiegenheit wie gegenüber einem Arbeitgeber zu wahren, soweit nicht berechtigte Interessen des Verleihers entgegenstehen.

§ 8 Schlussbestimmungen[11]

(1) Mündliche Nebenabreden bestehen nicht. Änderungen oder Ergänzungen dieses Vertrages einschließlich dieser Bestimmung bedürfen zu ihrer Wirksamkeit der Schriftform.

(2) Sollte eine Bestimmung dieses Vertrages ganz oder teilweise unwirksam sein oder werden, so wird hiervon die Wirksamkeit der übrigen Bestimmungen dieses Vertrages nicht berührt. An die Stelle der unwirksamen Bestimmung tritt die gesetzlich zulässige

Bestimmung, die dem mit der unwirksamen Bestimmung Gewollten wirtschaftlich am nächsten kommt. Dasselbe gilt für den Fall einer vertraglichen Lücke.

......
Ort, Datum
......
Unterschrift des Verleihers

......
Ort, Datum
......
Unterschrift des Entleihers

......
Ort, Datum
......
Unterschrift des Mitarbeiters

Schrifttum: S. Form. A. IX. 1.

Anmerkungen

1. Konzerninterne Arbeitnehmerüberlassung. Gemäß § 1 Abs. 3 Nr. 2 AÜG ist die sog. konzerninterne Arbeitnehmerüberlassung, nämlich die vorübergehende (s. dazu Anm. 4) Überlassung von Mitarbeitern zwischen zwei Konzernunternehmen i. S. d. § 18 AktG, unter bestimmten Voraussetzungen **privilegiert**. Liegt ein Fall der konzerninternen Arbeitnehmerüberlassung vor, finden lediglich die Einschränkungen im Baugewerbe (§ 1 b S. 1 AÜG) sowie die entsprechenden Ordnungswidrigkeitsbestimmungen (§ 16 Abs. 1 Nr. 1 b und Abs. 2 bis 5 AÜG) und Verwaltungsvorschriften (§§ 17, 18 AÜG) Anwendung. Ohne Bedeutung sind Anlass und Zweck der Überlassung. In der Beschlussempfehlung des Ausschusses für Arbeit und Sozialordnung sind beispielhaft die Einweisung und Ausbildung als Überlassungsgründe genannt (BT-Drucks. 10/3206 S. 33).

Zweck der Ausnahmevorschrift ist es, bürokratische Förmlichkeiten in einem Fall zu vermeiden, in dem der Schutzzweck des Gesetzes auch ohne Erlaubnis gewährleistet ist (vgl. BT-Drucks. 10/3206 S. 33).

Voraussetzung für die Anwendbarkeit des § 1 Abs. 3 Nr. 2 AÜG ist zunächst, dass die Arbeitnehmerüberlassung innerhalb eines Konzerns erfolgt. Zur Abgrenzung verweist § 1 Abs. 3 Nr. 2 AÜG auf § 18 AktG. Nach einhelliger Ansicht handelt es sich um eine rechtsformneutrale Verweisung, d. h. der **Konzernbegriff** des § 1 Abs. 3 Nr. 2 AÜG richtet sich allein danach, ob die **materiellen Merkmale eines Konzerns** vorliegen. Ein Konzern kann also auch zwischen mehreren rechtlich selbständigen Unternehmen gebildet werden, von denen keines die Rechtsform einer AG oder KGaA hat (BAG Urt. v. 5. 5. 1988 – 2 AZR 795/87 – AP Nr. 8 zu § 1 AÜG). Auch ist nicht erforderlich, dass es sich um einen rein inländischen Konzern handelt (Schüren/*Hamann* § 1 AÜG Rdn. 559). Voraussetzung ist lediglich, dass eines der beteiligten Konzernunternehmen seinen Sitz im Inland hat (*Boemke/Lembke* § 1 AÜG Rdn. 181; Schüren/*Hamann* § 1 AÜG Rdn. 559). Der Konzernbegriff richtet sich auch dann nach § 18 AktG, wenn eines der konzernangehörigen Unternehmen nach ausländischem Recht organisiert ist.

Ein Konzern i. S. d. § 18 AktG setzt voraus, dass mindestens **zwei selbständige Unternehmen unter einheitlicher Leitung** zusammengefasst sind. Als rechtlich selbständig in diesem Sinne gelten auch Gemeinschaftsunternehmen, also rechtlich selbständige Unternehmen, die unter gemeinschaftlicher Leitung zweier oder mehrerer anderer Unternehmen stehen. Schon begrifflich liegt dagegen keine Arbeitnehmerüberlassung vor, wenn mehrere Unternehmen einen Gemeinschaftsbetrieb führen und ihre Arbeitnehmer dort einsetzen. In diesem Fall wird der Arbeitnehmer nämlich nicht einem anderen Arbeitgeber überlassen und in dessen Betrieb vollständig eingegliedert (BAG Urt. v. 3. 12. 1997 – 7 AZR 764/96 – NZA 1998, 876; BAG Urt. v. 3. 12. 1997 – 7 AZR 727/96 – AP Nr. 24 zu § 1 AÜG).

Unerheblich ist, ob ein Unternehmen das andere beherrscht (Unterordnungskonzern, §§ 17, 18 Abs. 1 AktG) oder nicht (Gleichordnungskonzern, § 18 Abs. 2 AktG). Andererseits ist beim Unterordnungskonzern ohne Belang, ob der Arbeitnehmer vom herrschenden oder beherrsch-

3. Vertrag über konzerninterne Arbeitnehmerüberlassung — A. IX. 3

ten Unternehmen überlassen wird. Beim Gemeinschaftsunternehmen greift die Privilegierung jedoch nicht, wenn die Überlassung von Arbeitnehmern zwischen den gleichberechtigt herrschenden Unternehmen erfolgt. Da die herrschenden Unternehmen mit dem Gemeinschaftsunternehmen jeweils verschiedene Konzerne bilden, läge keine konzerninterne Überlassung vor (ErfKomm/*Wank* § 1 AÜG Rdn. 84).

2. Vertragsparteien. Das Formular sieht einen **dreiseitigen** Vertrag zwischen den an der Überlassung Beteiligten, dem verleihenden Arbeitgeber, dem Arbeitnehmer und der entleihenden Konzerngesellschaft vor. Der Arbeitnehmer ist ebenfalls Vertragspartei, weil die Verpflichtung zur Ableistung von Arbeit in einem anderen Konzernunternehmen häufig nicht von dessen Arbeitsvertrag gedeckt ist. Der Verleih bedarf daher der **Zustimmung** des Arbeitnehmers. Eine solche Zustimmung ist allerdings entbehrlich, wenn im Arbeitsvertrag eine **konzernweite Versetzungsklausel** vereinbart wurde. Dies wird z. T. mit dem Argument bestritten, eine Versetzungsklausel erlaube regelmäßig nicht die vollumfänglich Unterstellung unter fremdes Weisungsrecht (*Ulber* § 1 AÜG Rdn. 254, § 9 AÜG Rdn. 24). Diese Ansicht ist jedoch unzutreffend. Die ausdrückliche Regelung eines Einsatzes in anderen Konzernunternehmen ist regelmäßig dahin auszulegen, dass auch ein Einsatz in Form einer Arbeitnehmerüberlassung zulässig sein sollte. In diesem Fall ist daher der Arbeitgeber auf Grund seines Direktionsrechts zur Anordnung der Überlassung befugt (so auch Schüren/*Hamann* § 1 AÜG Rdn. 590).

Allerdings können nach der Änderung des BGB durch das Schuldrechtsmodernisierungsgesetz und der Einführung der AGB-Kontrolle Zweifel an der Wirksamkeit eines so weitgehenden Direktionsrechts bestehen. Nach § 308 Nr. 4 BGB ist die Vereinbarung eines Rechts des Verwenders, die versprochene Leistung zu ändern oder von ihr abzuweichen, nur wirksam, wenn die Änderung für den anderen Vertragsteil zumutbar ist. Dementsprechend hat das BAG auch in der Vergangenheit Änderungsvorbehalte nur für zulässig erachtet, wenn dies im konkreten Einzelfall der Billigkeit entsprach. Auf die Wirksamkeit des formularmäßig vereinbarten Direktionsrechts kommt es jedoch bei vorliegendem Einverständnis des Arbeitnehmers nicht an.

3. Inhalt und Form des Überlassungsvertrages. Inhalt eines Vertrages über konzerninterne Arbeitnehmerüberlassung ist wie bei einem „normalen" Überlassungsvertrag, dass der Verleiher dem Entleiher die Überlassung eines Arbeitnehmers und der Entleiher die Zahlung einer Vergütung schuldet (vgl. zur Vergütung Anm. 5). Da regelmäßig das Einverständnis des Arbeitnehmers zu seiner Überlassung erforderlich ist, sieht das Formular vor, dass der Arbeitnehmer als Vertragspartei der Überlassung ausdrücklich zustimmt.

Gesetzlich notwendig ist der Abschluss eines schriftlichen Vertrages über die konzerninterne Arbeitnehmerüberlassung nicht. Das Schriftformerfordernis des § 12 Abs. 1 S. 1 AÜG gilt für die konzerninterne Arbeitnehmerüberlassung nach § 1 Abs. 3 Nr. 2 AÜG nicht. Vorausgesetzt, dass zwischen dem Arbeitnehmer und dem Verleiher bereits ein Arbeitsvertrag besteht, erfüllt dieser bereits die Voraussetzungen des § 2 Abs. 1 NachwG.

4. Befristung und Kündigungsrecht. Weitere Voraussetzung für die Privilegierung ist, dass es sich um eine lediglich **vorübergehende Überlassung** handelt. Dadurch soll verhindert werden, dass durch die Einbeziehung eines reinen Verleihunternehmens in einen Konzern der Verleih von Arbeitnehmern innerhalb des Konzerns unbeschränkt zulässig wird (BT-Drucks. 10/3206 S. 33). Zudem bestehe auch bei einem innerhalb des Konzerns verliehenen Arbeitnehmer die Gefahr, so das BAG, dass sich eine langfristige Überlassung wegen der damit verbundenen sektoralen Aufspaltung der Arbeitgeberfunktionen zum Nachteil des Arbeitnehmers auswirke, z. B. bei Beförderungen, der Gewährung von betrieblichen Sozialleistungen oder der Höhe der Vergütung. Mit zunehmender Dauer der Überlassung wachse für den Arbeitnehmer das Bestandsschutzrisiko, da i. d. R. sein vorheriger Arbeitsplatz entweder anderweitig besetzt oder wegen zwischenzeitlicher Umorganisation nicht mehr vorhanden sei (vgl. BAG Urt. v. 21. 3. 1990 – 7 AZR 198/89 – AP Nr. 15 zu § 1 AÜG).

Weder aus dem Gesetzeswortlaut noch aus der Rechtsprechung des BAG ergibt sich allerdings eine **bestimmte zeitliche Höchstgrenze** der Überlassung. Der Begriff „vorübergehend" ist weit auszulegen. Unter die Privilegierung fällt auch eine **langfristige, nicht aber die endgül-**

tig geplante Arbeitnehmerüberlassung (LAG Frankfurt a. Main Urt. v. 26. 5. 2000 – 2 Sa 423/99 – NZA-RR 2000, 572). Daher muss im Zeitpunkt der Überlassung bereits feststehen, dass der Einsatz im fremden Unternehmen befristet ist. Der genaue Rückkehrzeitpunkt muss zwar nach überwiegender Ansicht noch nicht feststehen (Schüren/*Hamann* § 1 AÜG Rdn. 577; *Boemke/Lembke* § 1 AÜG Rdn. 187; a.A. *Ulber* § 1 AÜG Rdn. 25, der eine Zeit- oder Zweckbefristung verlangt). Der Einsatz ist aber nur dann als vorübergehend anzusehen, wenn eine befristete Einstellung i.S.d. § 14 Abs. 1 S. 2 TzBfG sachlich gerechtfertigt wäre. Soll der Arbeitnehmer über einen längeren Zeitraum typische Daueraufgaben übernehmen, liegt eine vorübergehende Überlassung regelmäßig nicht vor.

Scheidet eine vorübergehende konzerninterne Arbeitnehmerüberlassung mangels Rückkehrperspektive aus, wird gemäß § 1 Abs. 2 AÜG das Vorliegen einer **unerlaubten Arbeitsvermittlung** vermutet. Die Rechtsfolge einer solchen Arbeitsvermittlung ist nach Ansicht des BAG allerdings nicht das Entstehen eines Arbeitsverhältnisses mit dem Entleiher. Durch die Aufhebung des ehemaligen § 13 AÜG mit Ablauf des 31. März 1997 sei die Rechtsgrundlage hierfür jedenfalls für nach diesem Tag begründete Arbeitsverhältnisse entfallen (BAG Urt. v. 19. 3. 2003 – 7 AZR 267/02 – AP Nr. 4 zu § 13 AÜG; a.A. Schüren/*Hamann* § 1 AÜG Rdn. 362; *Ulber* Einl. D Rdn. 46). Wenn allerdings – wie wohl zumeist in dieser Konstellation – der Verleiher nicht über die erforderliche Erlaubnis zur Arbeitnehmerüberlassung verfügt, kommt zwischen Entleiher und Leiharbeitnehmer ein Leiharbeitsverhältnis nach § 10 Abs. 1 S. 1 AÜG zustande. Teilweise wird – unabhängig von dem Vorliegen einer Arbeitnehmerüberlassungserlaubnis – vertreten, dass mit der Arbeitsaufnahme bei dem vermeintlichen Entleiher zwischen diesem und dem vermittelten Arbeitnehmer ein Arbeitsverhältnis begründet werde, das das regelmäßig zuvor mit dem vermeintlichen Verleiher begründete Arbeitsverhältnis beende (*Behrend* BB 2001 S. 2641, 2643; Schüren/*Schüren* § 1 AÜG Rdn. 442).

Um Streitigkeiten über die Dauerhaftigkeit des Einsatzes zu vermeiden, sollte eine Befristungsabrede in den Vertrag aufgenommen werden. § 2 Abs. (1) enthält eine **Zeitbefristung**, in der Alternative ist eine **Zweckbefristung** vorgesehen.

Soweit bei dem befristeten Einsatz neben der **außerordentlichen Kündigung** auch die **ordentliche Kündigung** als Beendigungstatbestand zur Verfügung stehen soll, muss die Möglichkeit der Kündigung vertraglich vereinbart werden.

5. Erstattung der Personalkosten. Anders als bei der „normalen", von einem Zeitarbeitsunternehmen betriebenen Arbeitnehmerüberlassung wird bei einer konzerninternen Arbeitnehmerüberlassung nicht immer eine Vergütung nach Stundensätzen vereinbart. Gerade wenn ein Konzernunternehmen in einem Bereich dringenden Aushilfsbedarf hat, während in einem anderen Unternehmen Überkapazitäten bestehen, kann es dem verleihenden Unternehmen vor allem um eine Erstattung der Personalkosten gehen. Gegebenenfalls wird, wie im Formular vorgesehen, eine zusätzliche monatliche Pauschalvergütung vereinbart. Häufig kann dagegen – insbesondere bei regelmäßigem Verleih von mehreren Arbeitnehmern – ein Bedarf nach einer Vergütung nach Stundensätzen bestehen (vgl. hierzu Form. A. IX. 1, dort unter § 3, und Form. A. IX. 2 Anm. 12).

6. Beschäftigung/Weisung/Überwachung. S. Form. A. IX. 1 Anm. 7.

7. Arbeitsschutz/Arbeitsunfälle. S. Form. A. IX. 1 Anm. 8.

8. Arbeitszeit und sonstige Arbeitsbedingungen. Im Fall der konzerninternen Arbeitnehmerüberlassung gilt das **Schlechterstellungsverbot** der §§ 3 Abs. 1 Nr. 3, 9 Nr. 2 AÜG (s. ausführlich Form. A. IX. 2 Anm. 5) nicht. Die für den Arbeitnehmer im Arbeitsvertrag vereinbarten Arbeitsbedingungen gelten daher weiter.

Sollten im Entleiherbetrieb andere Arbeitszeiten gelten (z.B. 38- statt 40-Stunden-Woche), ist gegebenenfalls eine entsprechende Änderung mit dem Arbeitnehmer zu vereinbaren. Jedenfalls sollte – wie im Formular vorgesehen – klargestellt werden, dass sich die Lage der Arbeitszeit nach den betrieblichen Erfordernissen des Entleihers richtet.

Da der Entleiher dem Verleiher die entstandenen Personalkosten erstattet, ist die Anordnung von Überstunden durch den Entleiher insofern unproblematisch, als dieser die Mehrkosten im Ergebnis selbst trägt.

9. Betriebliche Mitbestimmung. Im Hinblick auf die betriebliche Mitbestimmung gilt dasselbe, was auch für die „normale" Arbeitnehmerüberlassung gilt. Zwar ist die konzerninterne Arbeitnehmerüberlassung von der Anwendung der Vorschriften des AÜG ausgenommen, es besteht jedoch kein Grund, die betriebsverfassungsrechtliche Zuordnung anders vorzunehmen als bei der gewerbsmäßigen und der nicht gewerbsmäßigen Arbeitnehmerüberlassung (s. Form A. IX. 1 Anm. 9), so dass der Arbeitnehmer betriebsverfassungsrechtlich dem Verleiherbetrieb zugeordnet bleibt und bei der Übernahme ein Mitbestimmungsrecht des Entleiher-Betriebsrats gemäß § 99 BetrVG in Betracht kommt (ErfKomm/*Wank* § 1 AÜG Rdn. 90; Schüren/*Hamann* § 1 AÜG Rdn. 611; MünchHdbArbR/*Joost* § 304 Rdn. 58). Dementsprechend sind konzernintern überlassene Arbeitnehmer keine Arbeitnehmer des Entleiherbetriebs i. S. v. § 9 BetrVG und deshalb bei der für die Anzahl der zu wählenden Betriebsratsmitglieder maßgeblichen Belegschaftsstärke nicht zu berücksichtigen. Konzernintern überlassene Arbeitnehmer sind auch zum Betriebsrat des Entleiherbetriebs nicht nach § 8 BetrVG wählbar (BAG Beschl. v. 10. 3. 2004 – 7 ABR 49/03 – NZA 2004, 1340).

10. Treuepflicht. S. Form. A. IX. 1 Anm. 10.

11. Schlussbestimmungen. S. Form. A. II. 1 Anm. 28 und 29.

X. Störungen des Arbeitsverhältnisses

1. Abmahnung wegen unerlaubter Internetnutzung[1]

[Briefkopf des Arbeitgebers]

Herrn ...... (Name und Anschrift des Arbeitnehmers)

...... (Datum)

Abmahnung wegen unerlaubter Nutzung des Internets

Sehr geehrter Herr ......,

wir mahnen[2] Sie hiermit aus folgenden Gründen[3] ab: In jüngster Zeit[4] haben Sie Ihre arbeitsvertraglichen Pflichten verletzt, was wir nicht unbeanstandet hinnehmen. Bei einer Stichprobenkontrolle der Protokolle der Internetnutzung für die Zeit vom ...... bis ...... haben wir festgestellt, dass Sie den Internetzugang an Ihrem Arbeitsplatz am ...... unerlaubt während der Kernzeit genutzt haben, indem Sie – ausweislich der Protokolle der Internetnutzung vom ...... – die Homepage des Fremdenverkehrsamts S. von 14.33 Uhr bis 14.57 Uhr und weiterhin die Homepage des N-Reiseunternehmens im Zeitraum von 15.08 Uhr bis 15.46 Uhr[5] besucht haben. Diese Internetnutzung steht offensichtlich in keinem Zusammenhang mit Ihrer dienstlichen Tätigkeit für unser Haus. Die private Internetnutzung während der Kernzeit ist nicht erlaubt. Wir weisen Sie auf § 5 der Betriebsvereinbarung vom ...... hin[6].

Wir fordern Sie hiermit auf, die Privatnutzung des Internets während der Kernzeit zukünftig zu unterlassen und Ihren Pflichten aus dem Arbeitsvertrag nachzukommen. Sollten Sie dies nicht einhalten, müssen Sie damit rechnen, dass wir im Wiederholungsfall Ihr Arbeitsverhältnis – ordentlich oder außerordentlich – kündigen werden[7].

Eine Kopie dieser Abmahnung werden wir zu Ihrer Personalakte[8] nehmen.

Mit freundlichen Grüßen

......

Unterschrift des Arbeitgebers[9]

Erhalten[10]:

......

Ort, Datum

......

Unterschrift des Arbeitnehmers

Schrifttum: Becker-Schaffner, Die Abmahnung in der Praxis, BB 1995, 2526; *Berkowsky,* Die verhaltensbedingte Kündigung – Teil 2, NZA-RR 2001, 57; *Brill,* Verwirkung und Wirkungslosigkeit von Abmahnungen, NZA 1985, 110; *Eich,* Anspruch auf Entfernung einer berechtigten Abmahnung aus der Personalakte durch Zeitablauf, NZA 1988, 759; *Falkenberg,* Die Abmahnung, NZA 1988, 492; *Freckmann,* Green Card ist nicht alles: Beschäftigung von Ausländern in Deutschland, BB 2000, 1402; *Heinze,* Zur Abgrenzung von Betriebsbuße und Abmahnung, NZA 1990, 169; *Hunold,* Die Rechtsprechung zur Abmahnung und Kündigung bei Vertragsstörungen im Vertrauensbereich, NZA-RR 2003, 57; *Kammerer,* Die „letzte Abmahnung" in der Rechtsprechung des BAG, BB 2002, 1747; *Kramer,* Internetnutzung als Kündigungsgrund, NZA 2004, 457; *Mästle,* Sexuelle Belästigungen im Betrieb – angemessene Reaktionsmöglichkeiten des Arbeitgebers, BB 2002, 250; *Moll,* „Green Card"-Verfahren, Voraussetzungen und arbeitsrechtliche Fragen, RdA 2001, 308; *Pauly,* Hauptprobleme der arbeitsrechtlichen Abmahnung, NZA 1995, 449; *Schaller,* Arbeitsrechtliche Abmahnung als Wirksamkeitsvoraussetzung einer Kündigung, DStR 1997, 203; *Schaub,* Die arbeitsrechtliche Abmahnung, NJW 1990, 873; *ders.,* Die Abmahnung als zusätz-

1. Abmahnung wegen unerlaubter Internetnutzung A. X. 1

liche Kündigungsvoraussetzung, NZA 1997, 1185; *Schmid,* Die Abmahnung und ihre rechtliche Problematik, NZA 1985, 409; *Tschöpe,* Verhaltensbedingte Kündigung – eine systematische Darstellung im Lichte der BAG-Rechtsprechung, BB 2002, 778; *Walker,* Fehlentwicklungen bei der Abmahnung im Arbeitsrecht, NZA 1995, 601; *Wilhelm,* Anhörung des Arbeitnehmers vor Ausspruch einer Abmahnung?, NZA-RR 2002, 449.

Anmerkungen

1. Sachverhalt. Der Mitarbeiter arbeitet seit drei Jahren als Lohnbuchhalter für die X-GmbH, in deren einzigem Betrieb 20 Mitarbeiter beschäftigt sind. In der Betriebsvereinbarung über die Internetnutzung findet sich in § 5 folgende Regelung:
„Die Nutzung des Internets am Arbeitsplatz zu privaten Zwecken ist während der Kernzeiten nicht erlaubt. Außerhalb der Kernzeiten sind die Mitarbeiter berechtigt, das Internet in einem Zeitrahmen von 75 Minuten pro Woche auch zu privaten Zwecken zu nutzen. Der Arbeitgeber behält sich das Recht vor, regelmäßig Stichproben zu machen. Internet-Recherchen zur Erledigung dienstlicher Aufgaben bleiben von diesen Verboten unberührt."
Bei der X-GmbH gilt „Gleitzeit". Kernzeit ist täglich von 8.30 Uhr bis 16.00 Uhr. Alle einschlägigen datenschutzrechtlichen Vorschriften sind gewahrt.

2. Funktion. Die Abmahnung hat als **Vorstufe zur verhaltensbedingten Kündigung** große praktische Funktion. Mit der Abmahnung missbilligt der Arbeitgeber die Pflichtverletzung des Arbeitnehmers und droht zusätzlich die Beendigung des Arbeitsverhältnisses für den Wiederholungsfall an (BAG Urt. v. 17. 2. 1994 – 2 AZR 616/93 – NZA 1994, 656). Die Abmahnung besteht aus drei Elementen: Aus der Dokumentation des vorgeworfenen Sachverhalts (vgl. Anm. 5); aus dem Hinweis, dass dieses Verhalten des Mitarbeiters eine Pflichtverletzung darstellt (vgl. Anm. 6) und aus der Androhung, dass im Wiederholungsfall bestimmte arbeitsrechtliche Konsequenzen folgen werden (vgl. Anm. 7) (LAG Chemnitz Urt. v. 5. 3. 2004 – 2 Sa 625/03 – zit. n. juris). Fehlt eines der drei Elemente, liegt keine Abmahnung im Rechtssinne vor. Aus den drei Elementen der Abmahnung folgen auch ihre Funktionen: die **Hinweis-, Dokumentations- und Warnfunktion.** Die Abmahnung kann sich auch auf die Nichterfüllung von Pflichten beziehen, deren Geltungsgrund eine kollektivrechtliche Vereinbarung ist, etwa aus der Nichterfüllung von Pflichten aus einer Betriebsvereinbarung oder einem Tarifvertrag. Auch ein Betriebsratsmitglied kann abgemahnt werden, sofern es eine Pflicht aus dem Arbeitsverhältnis verletzt hat; davon zu unterscheiden sind seine Amtspflichten als Betriebsrat.
Die Abmahnung ist **formfrei.** Sie kann deshalb auch mündlich ausgesprochen werden. Einige Tarifverträge gebieten jedoch die Schriftform der Abmahnung. Unabhängig davon ist zu Beweiszwecken immer eine **schriftliche Abmahnung** ratsam. Die ausdrückliche Bezeichnung als „Abmahnung" ist nicht erforderlich. Es genügt, dass sich aus dem Inhalt der Mitteilung ergibt, dass der Arbeitgeber eine konkret bezeichnete Pflichtverletzung des Arbeitnehmers rügt und für den Wiederholungsfall die Beendigung des Arbeitsverhältnisses androht (BAG Urt. v. 18. 1. 1980 – 7 AZR 75/78 – DB 1980, 1351).
Vor Ausspruch der Abmahnung ist auch eine **Beteiligung des Betriebsrats** nicht erforderlich (BAG Beschl. v. 1. 8. 1989 – 1 ABR 54/88 – DB 1990, 483). Der Betriebsrat kann konsequenterweise auch nicht verlangen, dass ihm eine Durchschrift oder eine Kopie der Abmahnung zugeleitet wird (LAG Kiel Beschl. v. 27. 5. 1983 – 3(4) TaBV 31/82 – DB 1983, 2145). Ebenso wenig steht dem Betriebsrat das Recht zu, eine zur Personalakte genommene Abmahnung einzusehen. Einige Personalvertretungsgesetze sehen aber eine Beteiligung des Personalrats vor Ausspruch einer Abmahnung vor, so etwa § 74 LPVG NRW.
Eine **Anhörung des Arbeitnehmers** vor Ausspruch der Abmahnung **ist nicht erforderlich** (vgl. dazu *Wilhelm* NZA-RR 2002, 449, 453 m. weit. Nachw.). Nach bislang ganz herrschender Auffassung ist es auch nicht erforderlich, den Betroffenen vor Aufnahme der Abmahnung in die Personalakte anzuhören (a. A. ArbG Frankfurt/Oder Urt. v. 7. 4. 1999 – 6 Ca 61/99 – NZA-RR 1999, 467; *Wilhelm* NZA-RR 2002, 449, 452). Etwas anderes gilt nur für Arbeitsverhältnisse, die dem BAT unterfallen: Vor der Aufnahme der Abmahnung in die Personalakte ist der Betroffene anzuhören (§ 13 Abs. 2 BAT). Unterbleibt die Anhörung, ist die

Abmahnung formell unwirksam. Gleichwohl ist die Abmahnung für die Kündigung ausreichend, da der Arbeitgeber sie auch mündlich hätte aussprechen können und ihre Warnfunktion nicht von der Form abhängt (BAG Urt. v. 21. 5. 1992 – 2 AZR 551/91 – DB 1992, 2143; vgl. *Wilhelm* NZA-RR 2002, 449, 452). In Einzelfällen kann es jedoch aus Gründen der Sachverhaltsaufklärung ratsam sein, den Arbeitnehmer vor Ausspruch einer Abmahnung anzuhören. Auf diese Weise können Umstände eruiert werden, die bis zu diesem Zeitpunkt nicht bekannt waren. Zudem wird der Arbeitnehmer nach einem Personalgespräch die Abmahnung voraussichtlich eher akzeptieren.

Wenn ein Arbeitnehmer keinen allgemeinen Kündigungsschutz genießt, ist eine Abmahnung zur Vorbereitung einer Kündigung entbehrlich (vgl. *Schaub* NZA 1997, 1185, 1186; *Wilhelm* NZA-RR 2002, 449, 450 m. weit. Nachw.). In der **Probezeit** kann also dem Arbeitnehmer ohne vorausgegangene Abmahnung gekündigt werden. Das Erfordernis der Abmahnung als Regelvoraussetzung einer verhaltensbedingten Kündigung kann nicht vertraglich ausgeschlossen werden, da die Abmahnung – sofern sie nicht entbehrlich ist – Regelvoraussetzung der sozialen Rechtfertigung der verhaltensbedingten Kündigung ist.

Daraus ergibt sich auch, dass die Abmahnung in **Dienstverhältnissen**, die keine Arbeitsverhältnisse sind, keine Funktion hat und deshalb nicht erforderlich ist. Dienstnehmer – etwa GmbH-Geschäftsführer oder Vorstände von Aktiengesellschaften – müssen deshalb vor Ausspruch einer Kündigung nicht abgemahnt werden (vgl. BGH Urt. v. 14. 2. 2000 – II ZR 218/98 – NJW 2000, 1638).

3. Abmahnungsgründe. Von der Art und Schwere der Pflichtverletzung hängen viele praktische Konsequenzen ab. Dies ist vor allem entscheidend für die Frage, ob vor Ausspruch der Kündigung eine Abmahnung ausgesprochen werden muss. Eine Abmahnung ist grundsätzlich bei **jedem steuerbaren Verhalten** des Arbeitnehmers erforderlich, das er in Zukunft selbst beseitigen kann, sofern zu erwarten ist, die Vertragstreue und das Vertrauen werde wiederhergestellt (BAG Urt. v. 4. 6. 1997 – 2 AZR 526/96 – NZA 1997, 1281; vgl. dazu *Hunold* NZA-RR 2003, 57). Mit einer Wiederherstellung der Vertragstreue und des Vertrauens ist vor allem dann zu rechnen, wenn der Arbeitnehmer davon ausgehen konnte, sein Verhalten werde von dem Arbeitgeber nicht als schwerwiegende, den Bestand seines Arbeitsverhältnisses gefährdende Pflichtverletzung betrachtet (vgl. BAG Urt. v. 1. 7. 1999 – 2 AZR 676/98 – NZA 1999, 1270; *Tschöpe* BB 2002, 778, 779). Die Unterscheidung zwischen Störungen im Vertrauens- oder im Leistungsbereich ist mittlerweile überholt, so dass nunmehr eine Abmahnung unabhängig von der Art der Störung unter den oben geschilderten Voraussetzungen immer erforderlich ist (vgl. BAG Beschl. v. 10. 2. 1999 – 2 ABR 31/98 – DB 1999, 1121). Auch vor Ausspruch einer verhaltensbedingten **Änderungskündigung** ist eine Abmahnung erforderlich.

Bei **personenbedingten Kündigungen** kann die Abmahnung grundsätzlich keine ihrer Funktionen erfüllen. Sollte der Arbeitnehmer – aufgrund seiner physischen Konstitution oder seiner intellektuellen Fähigkeiten – nicht in der Lage sein, die geschuldete Leistung zu erbringen, kann ihm das vertragswidrige Verhalten nicht vorgeworfen werden; eine Abmahnung ist funktionslos. Da sich in der Praxis – insbesondere bei Schlechtleistungen des Mitarbeiters – nicht exakt zwischen Unfähigkeit und fehlendem Leistungswillen unterscheiden lässt, empfiehlt es sich gleichwohl, den Arbeitnehmer vorsorglich abzumahnen. Eine womöglich nachfolgende Kündigung kann dann gleichermaßen auf personen- und verhaltensbedingte Gründe gestützt werden.

Die **Beweislast für die inhaltliche Richtigkeit** der Abmahnung trifft den Arbeitgeber. Wenn der Arbeitnehmer behauptet, er habe die in der Abmahnung behauptete Pflichtverletzung nicht begangen, so verbleibt es bei der Beweislast des Arbeitgebers; Beweiserleichterungen wie den Anscheinsbeweis räumt die Rechtsprechung dem Arbeitgeber nicht ein (vgl. *Schaub* § 61 Rdn. 32). In einem nachfolgenden Kündigungsrechtsstreit kann der Arbeitnehmer deshalb die inhaltliche Unrichtigkeit der Abmahnung einwenden und somit die Unwirksamkeit der Abmahnung geltend machen (vgl. BAG Urt. v. 13. 3. 1987 – 7 AZR 601/85 – NZA 1987, 518). Die schriftliche Abmahnung entfaltet keine urkundenähnliche Beweiskraft (vgl. *Pauly* NZA 1995, 449, 451). Ungerechtfertigt ist eine Abmahnung nicht nur dann, wenn sie auf einem unzutreffenden oder vor Gericht nicht nachweisbaren Sachverhalt beruht, sondern auch dann,

1. Abmahnung wegen unerlaubter Internetnutzung   A. X. 1

wenn sie unverhältnismäßig oder verwirkt ist (LAG Kiel Urt. v. 11. 5. 2004 – 5 Sa 170 c/02 – zit. n. juris). Sie darf auch keine über einen Tadel hinausgehenden Unwerturteile enthalten (LAG Köln Urt. v. 12. 5. 1995 – 13 Sa 137/95 – NZA-RR 1996, 204).

Eine Abmahnung kann unter bestimmten Voraussetzungen **entbehrlich** sein. Dies ist jedenfalls bei solchen Pflichtverstößen der Fall, infolge derer das Vertrauensverhältnis zwischen Arbeitgeber und Mitarbeiter endgültig zerstört ist: Der Ausspruch einer Abmahnung ist dann nicht erforderlich, wenn der Arbeitnehmer nicht zur Vertragstreue willens oder fähig ist (BAG Urt. v. 26. 1. 1995 – 2 AZR 649/94 – NZA 1995, 517, 520).

Eine Kündigung ohne vorausgegangene Abmahnung ist auch dann zulässig, wenn für den Arbeitnehmer die Rechtswidrigkeit seines pflichtwidrigen Verhaltens ohne weiteres erkennbar ist und er mit einer Billigung durch den Arbeitgeber schlechthin nicht mehr rechnen konnte (BAG Beschl. v. 10. 2. 1999 – 3 ABR 31/98 – NZA 1999, 708).

Für die Frage, wann eine Abmahnung entbehrlich ist, lässt sich **keine allgemeingültige oder schematische Regel** aufstellen (vgl. *Pauly* NZA 1995, 449, 451). Typischerweise entfällt das Erfordernis einer Abmahnung, wenn die Pflichtverletzung des Arbeitnehmers so schwer wiegt, dass der Arbeitgeber zum Ausspruch einer außerordentlichen Kündigung berechtigt ist (vgl. § 626 BGB). Entbehrlich ist die Abmahnung im Falle einer ordentlichen Kündigung bei schweren Störungen des Betriebsfriedens, bei gegen den Arbeitgeber gerichteten Straftaten, beharrlicher Arbeitsverweigerung oder der Manipulation von Zeitkontrolleinrichtungen (BAG Beschl. v. 27. 1. 1977 – 2 ABR 77/76 – AP Nr. 7 zu § 103 BetrVG 1972). Die Rechtsprechung zur Frage der Entbehrlichkeit der Abmahnung ist kasuistisch und kann hier nicht umfassend dargestellt werden. Es sollen im Folgenden nur einige typische Fälle und Fallgruppen angesprochen werden.

Eine Abmahnung ist nicht erforderlich, wenn der Arbeitnehmer seine **Arbeitsunfähigkeit vortäuscht** und nicht zur Arbeit erscheint. Sobald der Nachweis der Täuschung einmal erbracht ist, kann keine positive Zukunftsprognose mehr getroffen werden (LAG Berlin Urt. v. 1. 11. 2000 – 13 Sa 1746/00 – NZA-RR 2001, 470). Geht ein Arbeitnehmer während seiner Arbeitsunfähigkeit einer Nebentätigkeit nach, so kann die Abmahnung unter Umständen entbehrlich sein (BAG Urt. v. 26. 8. 1993 – 2 AZR 154/93 – NZA 1994, 63). Bei **Straftaten** zu Lasten des Arbeitgebers ist eine Abmahnung regelmäßig entbehrlich. Bisher hielt die Rechtsprechung auch bei Bagatelldelikten eine Abmahnung für nicht erforderlich (LAG Köln Urt. v. 24. 8. 1995 – 5 Sa 504/95 – NZA-RR 1996, 86, 88). Neuerdings wird aber in der instanzgerichtlichen Rechtsprechung vertreten, dass eine Abmahnung bei minder schweren Delikten erforderlich sei. Auch bei der Entwendung von Büromaterialien in geringem Wert soll in der Regel eine Abmahnung erforderlich sein (LAG Köln Urt. v. 30. 9. 1999 – 5 Sa 872/99 – NZA-RR 2001, 83). Anderes soll jedoch gelten, wenn der Arbeitnehmer Vorbildfunktion hat: Ein Diebstahl oder eine Unterschlagung wirke sich in diesem Fall so stark auf das Vertrauensverhältnis aus, dass eine Abmahnung nicht erforderlich sei (vgl. ArbG Frankfurt a. M. Urt. v. 31. 1. 2001 – 7 Ca 6116/00 – NZA-RR 2001, 368). Empfehlenswert ist in derartigen Fällen – im Zweifel – vor Ausspruch der Kündigung eine Abmahnung auszusprechen.

Hinsichtlich der unerlaubten Nutzung von **elektronischen Kommunikationsmitteln** des Arbeitgebers zeigt sich nach einer anfänglichen Unsicherheit eine gewisse Linie. Während bei unerlaubtem privaten E-Mail-Verkehr vor einer Kündigung grundsätzlich eine Abmahnung erforderlich sein soll (LAG Frankfurt a. M. Urt. v. 13. 12. 2001 – 5 Sa 987/01 – DB 2002, 901), finden sich hinsichtlich der unerlaubten privaten Internetnutzung auch anders lautende Entscheidungen.(z. B. ArbG Düsseldorf Urt. v. 1. 8. 2001 – 4 Ca 3437/01 – NZA 2001, 1386). Nunmehr ist davon auszugehen, dass die unerlaubte private Nutzung von E-Mail oder Internet für sich genommen keinen Grund für eine Kündigung ohne vorhergehende Abmahnung darstellt. Nur für den Fall, dass durch die unerlaubte Nutzung andere schwerwiegende Interessen des Arbeitgebers beeinträchtigt werden, ist eine Abmahnung entbehrlich (LAG Hannover Beschl. v. 26. 4. 2002 – 3 Sa 726/01 – MMR 2002, 766; LAG Mainz Urt. v. 18. 12. 2003 – 4 Sa 1288/03 – MMR 2004, 475; LAG Köln Urt. v. 17. 2. 2004 – 5 Sa 1049/03 – zit. n. juris). So ist eine Abmahnung entbehrlich, wenn die Internetnutzung das Ansehen des Arbeitgebers schädigt, etwa durch das Herunterladen und Speichern pornographischer Daten und den Aufbau einer Webpage sexuellen Inhalts über den Internetzugang am Arbeitsplatz (ArbG Hannover Urt. v. 1. 12. 2000 – 1 Ca 504/00 – NZA 2001, 1022).

Wegen privater Telefongespräche am Arbeitsplatz ist eine Kündigung ohne vorherige Abmahnung dann möglich, wenn der Arbeitnehmer die Kosten nicht erstattet und diese sich auf einen größeren Betrag belaufen (ArbG Würzburg Urt. v. 2. 12. 1997 – 1 Ca 1326/97 – NZA-RR 1998, 444). Eine Abmahnung ist weiterhin bei erheblicher Störung des **Betriebsfriedens** entbehrlich (BAG Urt. v. 12. 7. 1984 – 2 AZR 320/83 – DB 1985, 340, 341). Dies ist insbesondere der Fall bei grundlosen Beleidigungen anderer Arbeitnehmer (BAG Urt. v. 12. 7. 1984 – 2 AZR 320/83 – DB 1985, 340, 341) oder sexuellen Übergriffen gegenüber Kollegen oder Kolleginnen (BAG Beschl. v. 9. 1. 1986 – 2 ABR 24/85 – NZA 1986, 467, 468), nicht aber schon, wenn der Arbeitnehmer gegenüber dem Betriebsrat bewusst falsche Behauptungen über Vorgesetzte aufstellt (LAG Berlin Urt. v. 2. 4. 2004 – 6 Sa 2209/03 – zit. n. juris). Eine Abmahnung ist ebenfalls nicht erforderlich, wenn ein Arbeitnehmer in gehobener Stellung seine Vollmachten offensichtlich zugunsten eigener Interessen überschreitet und den Arbeitgeber hierdurch in Misskredit bringt (LAG Köln Urt. v. 28. 3. 2001 – 8 Sa 405/00 – NZA-RR 2002, 85).

Einen Sonderfall stellt die „**vorweggenommene Abmahnung**" dar. Eine Abmahnung soll dann entbehrlich sein, wenn der Arbeitgeber eindeutig erklärt hat, dass bestimmte Pflichtverletzungen unweigerlich die Kündigung nach sich zögen (vgl. *Pauly* NZA 1995, 449, 451; *Becker-Schaffner* BB 1995, 2526, 2529). Entschieden wurde der Fall der vorweggenommenen Abmahnung unter anderem für die Selbstbeurlaubung: Eine Abmahnung wegen unberechtigten Urlaubsantritts soll dann entbehrlich sein, wenn der Arbeitgeber schon im Vorgriff für diesen Fall eine Kündigung angedroht hatte (BAG Urt. v. 5. 4. 2001 – 2 AZR 580/99 – NZA 2001, 893, 898; LAG Hamm Urt. v. 12. 9. 1996 – 4 Sa 486/96 – LAGE § 626 BGB Nr. 105; im Ergebnis ähnlich: LAG Köln Urt. v. 6. 8. 1999 – 11 Sa 1085/98 – NZA-RR 2000, 24). Eine einheitliche Rechtsprechung hat sich zu dieser Frage noch nicht entwickelt. Die Literatur steht der vorweggenommenen Abmahnung kritisch gegenüber (vgl. *v. Hoyningen-Huene/Linck* § 1 KSchG Rdn. 288c; *MünchKommBGB/Schwerdtner* § 622 BGB Anh. Rdn. 120; vgl. aber *Staudinger/Preis* § 626 BGB Rdn. 120).

4. Zeitliche Aspekte. Der **Ausspruch der Abmahnung** ist an keine Frist gebunden. Ratsam ist gleichwohl, eine Abmahnung bald nach Feststellung des Pflichtverstoßes auszusprechen. Andernfalls droht die Verwirkung der Abmahnungsberechtigung, wenn der Arbeitgeber gegenüber dem Arbeitnehmer einen Vertrauenstatbestand schafft (§ 242 BGB). Das Abmahnungsrecht ist beispielsweise verwirkt, wenn der Arbeitgeber dem Arbeitnehmer den Eindruck vermittelt, die Angelegenheit sei „vergessen" und der Arbeitnehmer sich über einen längeren Zeitraum vertragstreu verhalten hat (LAG Köln Urt. v. 23. 9. 2003 – 13 Sa 1137/02 – zit. n. juris).

Inwieweit eine **ausgesprochene Abmahnung** nach einer gewissen Zeit ihre Wirkung – im Hinblick auf eine spätere Kündigung – verliert, ist umstritten. Eine Regelfrist für die Wirkungsdauer einer Abmahnung wird in der höchstrichterlichen Rechtssprechung – zutreffend – nicht anerkannt (BAG Urt. v. 18. 11. 1986 – 7 AZR 674/84 – NZA 1987, 418). Einzelne Instanzgerichte nehmen dagegen an, die Abmahnung verliere ihre Wirkung nach zwei Jahren (LAG Hamm Urt. v. 14. 5. 1986 – 2 Sa 320/86 – NZA 1987, 26). Ein Teil der Literatur will für die Bestimmung des Zeitraums nach der Schwere der Pflichtverletzung differenzieren (dazu *Brill* NZA 1985, 109, 110; *Falkenberg* NZA 1988, 489, 492). Maßgeblich sind immer die Umstände des Einzelfalls. Duldet der Arbeitgeber rügelos weitere gleichgelagerte Pflichtverletzungen des Arbeitnehmers oder anderer Mitarbeiter, so läuft er Gefahr, dass die ausgesprochene Abmahnung wirkungslos und für einen etwaigen nachfolgenden Kündigungsrechtsstreit unbeachtlich wird.

5. Dokumentationsfunktion. Die Pflichtverletzung des Mitarbeiters muss in der Abmahnung **präzise geschildert** werden. Die Rechtsprechung stellt diesbezüglich hohe Anforderungen. Der pauschale Hinweis auf ein Fehlverhalten genügt den Anforderungen, die an eine wirksame Abmahnung gestellt werden, nicht. Allgemeine Formulierungen wie „Sie haben das Internet in unzulässiger Weise genutzt" oder „Sie sind in den vergangenen Wochen wiederholt zu spät zur Arbeit gekommen" oder „Sie haben den Betriebsfrieden erheblich gestört", „Sie waren unzuverlässig" reichen daher nicht aus. Derartige „Abmahnungen" sind unwirksam und werden deshalb in einem Kündigungsrechtsstreit nichts nützen. Es ist vielmehr erforderlich, den konkreten Vorfall exakt und detailliert – möglichst unter Nennung des Datums und der Uhrzeit – zu beschreiben (*Kramer* NZA 2004, 457, 462). Bei einer Abmahnung wegen mangelhafter Arbeitsleistung muss beispielsweise genau beschrieben werden, weshalb und inwieweit der Arbeitnehmer die geschuldete Leistung nicht erbracht hat. Trifft der in der Abmahnung gegen den Arbeitnehmer erhobene Vorwurf nicht zu oder wird er nur schlagwortartig oder pauschal geschildert, so ist die Abmahnung unwirksam. Typischerweise scheitern viele schriftliche Abmahnungen daran, dass der Sachverhalt, auf den das Abmahnungsschreiben gestützt wird, zu pauschal geschildert wird. Auch wenn ein Personalgespräch mit dem Mitarbeiter vorangegangen ist, anlässlich dessen dieser die ihm vorgeworfenen Pflichtverletzungen eingeräumt hat, reicht es für eine – nachfolgende – schriftliche Abmahnung nicht aus, dass sich der Arbeitgeber lediglich auf die „Ihnen bekannten Vorkommnisse" oder dergleichen bezieht. Eine derartige schriftliche „Abmahnung" ist unwirksam, auch wenn dem Arbeitnehmer im vorangegangenen Gespräch konkret und detailliert mitgeteilt wurde, was ihm vorgeworfen wird.

Abzuraten ist von „**Sammelabmahnungen**", in denen verschiedenartige Pflichtverstöße des Arbeitnehmers in einem Schreiben gerügt werden. Sollte nur einer der Vorwürfe unberechtigt sein, steht dem Arbeitnehmer ein Anspruch auf Beseitigung der **gesamten** Abmahnung aus der Personalakte zu. Es ist aber möglich und zulässig, eine erneute Abmahnung auszusprechen, die nur auf die berechtigten Vorwürfe gestützt ist (vgl. BAG Urt. v. 13. 3. 1991 – 5 AZR 133/90 – DB 1991, 1527).

6. Hinweisfunktion. Der Arbeitgeber muss zu erkennen geben, dass er das Verhalten des Arbeitnehmers als vertragswidrig ansieht; häufig wird sich dies aus den Umständen ergeben. Aus Gründen der Rechtssicherheit empfiehlt es sich, dies explizit auszusprechen.

7. Warnfunktion. Das dritte Element der Abmahnung ist die – auch konkludente – **Kündigungsandrohung** für den Wiederholungsfall. Es ist nicht erforderlich, expressis verbis die Kündigung selbst anzudrohen (vgl. BAG Urt. v. 17. 2. 1994 – 2 AZR 616/93 – NZA 1994, 656), gleichwohl ist dies aus Gründen der Klarheit und Rechtssicherheit empfehlenswert. Es muss deutlich werden, dass im Wiederholungsfall der Bestand des Arbeitsverhältnisses gefährdet ist (BAG Urt. v. 18. 1. 1980 – 7 AZR 75/78 – DB 1980, 1351; BAG Urt. v. 26. 1. 1995 – 2 AZR 649/94 – NZA 1995, 517, 520; LAG Bremen Urt. v. 17. 9. 2001 – 4 Sa 43/01 – NZA-RR 2002, 186, 191).

Wurde der Arbeitnehmer wegen eines bestimmten Fehlverhaltens abgemahnt, so kann der Arbeitgeber eine Kündigung nicht mehr auf diesen Sachverhalt stützen: mit Ausspruch und Zugang der Abmahnung verzichtet der Arbeitgeber insoweit konkludent auf das Kündigungsrecht (BAG Urt. v. 10. 11. 1988 – 2 AZR 215/88 – NZA 1989, 633). Erst wenn sich nach einer Abmahnung der Pflichtverstoß in seiner Art wiederholt, ist eine Kündigung möglich. Erforderlich ist also ein **gleichartiger Verstoß** (vgl. dazu *Becker-Schaffner* BB 1995, 2526, 2528). Dies bedeutet, dass sich das Fehlverhalten unter einem einheitlichen Bezugspunkt zusammenfassen lassen muss. Kommt der Arbeitnehmer im vorstehenden Beispielsfall nicht pünktlich zur Arbeit (Kernzeit) so hat dieser Verstoß eine andere Qualität als das hier abgemahnte Verhalten. Der Arbeitgeber kann, sofern die Verspätung alleine keine Kündigung rechtfertigt, nur eine weitere Abmahnung aussprechen, die sich auf die Unpünktlichkeit bezieht. Deshalb empfiehlt es sich, vor Ausspruch einer Abmahnung zu überprüfen, ob der Sachverhalt nicht schon eine Kündigung ohne vorherige Abmahnung rechtfertigt. Dem Arbeitnehmer muss nach Ausspruch der Abmahnung ein gewisser Zeitraum bleiben, in dem er seine Vertragstreue unter Beweis stellen kann (vgl. *Pauly* NZA 1995, 449, 453; *Becker-Schaffner* BB 1995, 2526, 2527; *Schaub* NZA 1997, 1185, 1187; vgl. auch LAG Hamm Urt. v. 15. 3. 1983 – 11 (10) Sa 904/82 – DB 1983, 1930).

Eine allgemeingültige Regel, ob und wann es vor Ausspruch einer Kündigung einer **weiteren Abmahnung** bedarf, gibt es nicht. Vielmehr kommt es auf die Umstände des Einzelfalls an. Liegt die abgemahnte Pflichtverletzung des Arbeitnehmers schon länger zurück oder wiegt sie nicht besonders schwer, so kann eine – ohne erneute Abmahnung ausgesprochene – Kündigung wegen eines gleichartigen Pflichtverstoßes unverhältnismäßig und damit sozial nicht gerechtfertigt sein. Sofern der Arbeitgeber den Arbeitnehmer nicht bereits nach der ersten

Abmahnung kündigen kann oder will, sind aber an die darauf folgenden Abmahnungen strengere Anforderungen zu stellen (LAG Saarbrücken Urt. v. 23. 4. 2003–2 Sa 134/02 – zit. n. juris). Hier muss die letzte Abmahnung vor Ausspruch der Kündigung „qualifiziert" sein und dem Arbeitnehmer auf besonders eindringliche Art und Weise deutlich machen, dass der Bestand seines Arbeitsverhältnisses gefährdet ist. Andernfalls wird die Warnfunktion der Abmahnung nicht mehr erfüllt (vgl. BAG Urt. v. 16. 9. 2004 – 2 AZR 406/03 – NZA 2005, 459; *Wilhelm* NZA-RR 2002, 449, 451).

8. Aufnahme in die Personalakte – Beseitigungsanspruch. Zu Dokumentationszwecken sollte eine schriftliche Abmahnung immer zur Personalakte genommen werden. Ist sie sachlich ungerechtfertigt, so steht dem Arbeitnehmer ein Beseitigungsanspruch zu (vgl. BAG Urt. v. 27. 11. 1985 – 5 AZR 101/84 – NZA 1986, 227). Der Arbeitnehmer kann den Beseitigungsanspruch nach Beendigung des Arbeitsverhältnisses nur noch geltend machen, wenn ihm der Eintrag in der Personalakte noch schaden kann (BAG Urt. v. 14. 9. 1994 – 5 AZR 632/93 – DB 1995, 732). Davon zu unterscheiden ist der weitergehende Anspruch auf Widerruf der Abmahnung. Ein solcher Anspruch setzt voraus, dass die in der Abmahnung aufgestellten Behauptungen auch nach Entfernung aus der Personalakte schwerwiegende Störungen nach sich ziehen, insbesondere bei Ehrverletzungen oder Rufschädigungen (LAG Frankfurt Urt. v. 15. 8. 1997 – 13 Sa1365/96 – zit. n. juris). Nach überwiegender Auffassung ist es nicht zulässig, im Beseitigungsprozess Abmahnungsgründe nachzuschieben (*Schaub* § 61 Rdn. 41), weil die Abmahnung im Gegensatz zur Kündigung Dokumentationsfunktion hat und deshalb immer an einen bestimmten Sachverhalt geknüpft ist. Es bleibt dem Arbeitgeber jedoch unbenommen, eine weitere Abmahnung aufgrund anderer Gründe auszusprechen. Der Streitwert einer Beseitigungsklage wird meist mit einem halben (LAG Kiel Beschl. v. 13. 12. 2000 – 6 Ta 168/00 – NZA-RR 2001, 496) oder einem ganzen Brutto-Monatsverdienst angesetzt (LAG Hamm Beschl. v. 16. 8. 1989 – 2 Sa 308/89 – DB 1989, 2032).

9. Abmahnungsberechtigung. Zum Ausspruch einer Abmahnung ist berechtigt, wer gegenüber dem Arbeitnehmer weisungsbefugt, also autorisiert ist, Anweisungen zu erteilen, wie, wo und wann die Arbeitsleistung erbracht werden soll (BAG Urt. v. 18. 1. 1980 – 7 AZR 75/78 – DB 1980, 1351): Dies ist regelmäßig der **Dienst- oder Fachvorgesetzte**. Eine Kündigungsberechtigung des Abmahnenden ist demgegenüber nicht erforderlich (vgl. aber *Schaub* NJW 1990, 872, 873). Um jeden Streit über die Berechtigung zur Abmahnung von vornherein zu unterbinden, empfiehlt es sich, die Abmahnung auch von einer kündigungsberechtigten Person unterzeichnen zu lassen. Möglich ist auch eine Abmahnung durch einen Bevollmächtigten (vgl. BAG Urt. v. 15. 7. 1992 – 7 AZR 466/91 – NZA 1993, 220, 221).

10. Zugang. Für die Abmahnung als geschäftsähnliche Handlung gelten die allgemeinen Regeln des Zugangs von Willenserklärungen entsprechend (§§ 130 ff. BGB). Den Arbeitgeber trifft für den Zugang und die Kenntnisnahme der Abmahnung die Darlegungs- und Beweislast. Für die Zugangsproblematik wird auf die Anmerkungen zur Kündigung verwiesen (vgl. dazu Form. A. XIV. 2 Anm. 8).

2. Ermahnung bezüglich Anlegen von Schutzkleidung

[Briefkopf des Arbeitgebers]

Herrn ...... (Name und Anschrift des Arbeitnehmers)

...... (Datum)

Sehr geehrter Herr ......,

wir müssen Sie ermahnen[1], weil Sie am ...... nicht die vorgeschriebene Schutzkleidung getragen haben. § 4 Ihres Arbeitsvertrags gebietet Ihnen, die von unserem Unternehmen hergestellten Mikrochips ausschließlich mit speziellen Schutzhandschuhen zu berühren.

2. Ermahnung bezüglich Anlegen von Schutzkleidung — A. X. 2

Am ...... haben Sie ohne diese Handschuhe gearbeitet. Dadurch ist eine Produktionsserie von Mikrochips unbrauchbar geworden. Wir fordern Sie hiermit auf, künftig immer die vorgeschriebene Schutzkleidung zu tragen.
Eine Kopie dieser Ermahnung werden wir zu Ihrer Personalakte[2] nehmen.

Mit freundlichen Grüßen

......

Unterschrift des Arbeitgebers

Erhalten:

......

Ort, Datum

......

Unterschrift des Arbeitnehmers

Schrifttum: Kranz, Die Ermahnung in der arbeitsrechtlichen Praxis, DB 1998, 1464.

Anmerkungen

1. Funktion. Mit der Ermahnung rügt der Arbeitgeber eine Pflichtverletzung des Arbeitnehmers, ohne die Beendigung des Arbeitsverhältnisses anzudrohen: Die Ermahnung hat also – im Gegensatz zur Abmahnung – **keine Warnfunktion** und ersetzt deshalb nicht die – regelmäßig vor Ausspruch einer ordentlichen verhaltensbedingten Kündigung erforderliche – Abmahnung (vgl. *Kranz* DB 1998, 1464).

Im Gegensatz zur Abmahnung „verbraucht" die Ermahnung nicht das Kündigungsrecht des Arbeitgebers: Spricht der Arbeitgeber wegen einer bestimmten Pflichtverletzung eine Abmahnung aus, so kann er eine Kündigung auf diesen Sachverhalt nicht mehr stützen. Die Kündigung aufgrund einer Pflichtverletzung, wegen derer der Arbeitnehmer lediglich ermahnt wurde, ist jedoch nicht ausgeschlossen (BAG Urt. v. 6. 3. 2003 – 2 AZR 128/02 – AP Nr. 30 zu § 611 BGB Abmahnung).

Als individualrechtliche Rüge verhindert die Ermahnung die stillschweigende Änderung des Vertrages. Duldet beispielsweise der Arbeitgeber rügelos, dass der Arbeitnehmer über einen längeren Zeitraum hinweg zu spät zur Arbeit kommt, so kann darin die stillschweigende Zustimmung des Arbeitgebers liegen. Der Gefahr, dass auf diese Weise der Vertrag konkludent geändert wird, kann der Arbeitgeber daher mit einer Rüge entgegentreten. Zum Ausspruch einer bloßen Ermahnung ist dem Arbeitgeber nur dann zu raten, wenn er vorrangig daran interessiert ist, das Arbeitsverhältnis fortzusetzen (vgl. *Kranz* DB 1998, 1464). Ansonsten ist der **Ausspruch einer Abmahnung vorzugswürdig**, da sie gleichfalls Rüge und zugleich Regelvoraussetzung einer etwaigen nachfolgenden Kündigung ist.

Wie die Abmahnung ist auch die Ermahnung nicht form- und fristgebunden. Für die Fragen der inhaltlichen Bestimmtheit, des Zuganges und des Nachweises einer Ermahnung kann auf die parallel gelagerten Ausführungen zur Abmahnung verwiesen werden (vgl. Form A. X. 1 Anm. 5, 8, 10). Wie die Abmahnung ist auch die Ermahnung mitbestimmungsfrei.

2. Beseitigungsanspruch. Die Rechtsprechung billigt dem Arbeitnehmer einen Anspruch auf **Entfernung einer unberechtigten Ermahnung aus der Personalakte** zu (LAG Halle Urt. v. 19. 12. 2001 – 3 Sa 479/01 – zit. n. juris), soweit die missbilligende Äußerung unrichtige Tatsachenbehauptungen enthält, die den Arbeitnehmer in seiner Rechtsstellung oder seinem beruflichen Fortkommen beeinträchtigen. Nach Auffassung des BAG wird der Anspruch auf Beseitigung auch nicht durch ein Recht des Arbeitnehmers auf Gegendarstellung – etwa nach § 83 Abs. 2 BetrVG – ausgeschlossen (BAG Urt. v. 12. 6. 1986 – 6 AZR 559/84 – NZA 1987, 153). Nach anderer Auffassung soll ein Beseitigungsanspruch ausgeschlossen sein (*Kranz* DB 1998, 1464, 1465; *Schaub* § 61 I 5 d; vgl. ArbG Freiburg Urt. v. 27. 1. 1987 – 2 Ca 386/86 – DB 1987, 748: ein Rechtsschutzbedürfnis bestehe nur, wenn auf Entfernung einer **Abmahnung** geklagt werde).

3. Vertragsstrafe wegen Verletzung der Verschwiegenheitspflicht[1]

§ ... Geheimhaltung[2]

(1) Der Mitarbeiter ist verpflichtet, alle vertraulichen Angelegenheiten, insbesondere Betriebs- und Geschäftsgeheimnisse der Gesellschaft und mit der Gesellschaft verbundener Unternehmen, streng geheim zu halten. Diese Verpflichtung gilt auch nach Beendigung des Anstellungsvertrages.

(2) Für jeden Fall[3] der Zuwiderhandlung[4] gegen die in vorstehendem Abs. (1) genannte Pflicht[5] verwirkt der Mitarbeiter eine Vertragsstrafe in Höhe[6] eines Brutto-Monatsgehalts. Im Falle eines Dauerverstoßes ist die Vertragsstrafe für jeden angefangenen Monat verwirkt[7]. Die Geltendmachung eines weiteren Schadens bleibt vorbehalten[8].

Schrifttum: Annuß, AGB-Kontrolle im Arbeitsrecht: Wo geht die Reise hin?, BB 2002, 458; *Bayreuther*, Das Verbot der geltungserhaltenden Reduktion im Arbeitsrecht – Zur Kehrtwendung des BAG vom 4. 3. 2004, NZA 2004, 953; *Däubler*, Die Auswirkungen der Schuldrechtsmodernisierung auf das Arbeitsrecht, NZA 2001, 1329; *Gotthardt*, Arbeitsrecht nach der Schuldrechtsreform, 2002; *Grobys*, Rechtskontrolle von Arbeits- und Dienstverträgen nach dem Schuldrechtsmodernisierungsgesetz, GmbHR 2002, R29; *Heinze*, Konventionalstrafe und andere Sanktionsmöglichkeiten in der arbeitsrechtlichen Praxis, NZA 1994, 244; *Hümmerich*, Gestaltung von Arbeitsverträgen nach der Schuldrechtsreform, NZA 2003, 753; *Kraft*, Sanktionen im Arbeitsverhältnis, NZA 1989, 777; *Lingemann*, Allgemeine Geschäftsbedingungen und Arbeitsvertrag, NZA 2002, 181; *Preis*, Der Arbeitsvertrag, 2002; *Reichenbach*, Konventionalstrafe für den vertragsbrüchigen Arbeitnehmer, NZA 2003, 309; *Reinecke*, Kontrolle Allgemeiner Arbeitsbedingungen nach dem Schuldrechtsmodernisierungsgesetz, DB 2002, 583; *Thüsing*, Was sind die Besonderheiten des Arbeitsrechts?, NZA 2002, 591; *v. Koppenfels*, Vertragsstrafen im Arbeitsrecht nach der Schuldrechtsmodernisierung, NZA 2002, 598.

Anmerkungen

1. Funktion und Gestaltungsspielraum. Die Vertragsstrafe fungiert als individualrechtliches **Druckmittel** gegenüber dem Arbeitnehmer und erleichtert die **Durchsetzung einer Schadensersatzforderung** (BAG Urt. v. 5. 2. 1986 – 5 AZR 564/84 – DB 1986, 1980; Bamberger/Roth/*Janoschek* § 339 BGB Rdn. 1): Der Arbeitgeber kann die verwirkte Strafe als Mindestbetrag des Schadens verlangen (§ 340 Abs. 2 S. 1 BGB). Darin liegt ein entscheidender praktischer Vorteil der Vertragsstrafe. Der Arbeitgeber entledigt sich mit ihr der Last, einen etwaigen – durch den Arbeitnehmer verursachten – Schaden darlegen und beweisen zu müssen (BAG Urt. v. 29. 6. 1972 – 2 ZR 101/70 – NJW 1972, 1893). Die Vereinbarung einer Vertragsstrafe ist in Fällen empfehlenswert, in denen der Arbeitgeber in der Regel einen Schaden nur unter großen Schwierigkeiten nachweisen kann – etwa beim Verstoß gegen Wettbewerbsverbote. Beim Verrat von Geschäftsgeheimnissen lassen sich Schäden kaum exakt beziffern, dem Arbeitgeber drohen aber erhebliche wirtschaftliche Nachteile.

Auch wenn Vertragsstrafen in Arbeitsverträgen grundsätzlich zulässig sind (BAG Urt. v. 30. 11. 1994 – 5 AZR 702/93 – NZA 1995, 695; BAG Urt. v. 23. 5. 1984 – 4 AZR 129/82 – NZA 1984, 225; *Preis* II V 30 Rdn. 8; *v. Koppenfels* NZA 2002, 598, 598), sind dem vertraglichen **Gestaltungsspielraum der Parteien** durch das Gesetz und den Schutzzweck des Arbeitsrechts Grenzen gesetzt. Nichtig sind Vertragsstrafen im Rahmen von Ausbildungsverhältnissen (§ 5 Abs. 2 Nr. 2 BBiG). Unwirksam sind sie auch dann, wenn sie eine unzulässige Kündigungserschwernis darstellen – insbesondere, wenn dem Arbeitnehmer ein einseitiger Vermögensnachteil für den Fall der Eigenkündigung auferlegt wird (*Preis* V 30 Rdn. 14; *v. Koppenfels* NZA 2002, 598, 599). Die fristgerechte Kündigung durch den Arbeitnehmer kann deshalb nicht mit einer Vertragsstrafe sanktioniert werden; eine derartige Klausel ist unwirksam (BAG Urt. v. 9. 3. 1972 – 5 AZR 246/71 – AP BGB § 622 Nr. 12). Arbeitsrechtliche Vertragsstrafen dürfen sich auch nicht in Widerspruch zu den von der Rechtsprechung entwickelten und nicht zur Disposition der Parteien stehenden Beschränkungen der Arbeitnehmerhaftung setzen (zur Arbeitnehmerhaftung vgl. BAG Beschl. v. 12. 6. 1992 – GS 1/89 – NZA 1993, 547; BGH Beschl. v. 21. 9. 1993 – GmS-OGB 1/93 – NZA 1994, 270; BAG Urt. v. 23. 1. 1997 – 8 AZR 893/95 – NZA 1998, 140; BAG Urt. v. 12. 11. 1998 – 8 AZR 221/97 – NJW 1999, 966). Soll eine Vertragsstrafe für den Fall der Schlechtleistung des Arbeitnehmers ausbedungen werden, so ist es deswegen ratsam, allein an eine vorsätzliche Pflichtverletzung anzuknüpfen (so *Preis* II V 30 Rdn. 33 f.).

Formularmäßig vereinbarte Arbeitsbedingungen unterliegen seit dem 1. Januar 2002 der **AGB-Kontrolle** (vgl. § 310 Abs. 4 S. 1 und S. 2 BGB). Seit dem 1. Januar 2003 gilt die AGB-Kontrolle auch für Verträge, die vor dem 1. Januar 2002 abgeschlossen worden sind (Art. 229 § 5 EGBGB). Bei formularmäßig geregelten Vertragsstrafen besteht daher ein beachtliches Risiko, dass diese Regelungen unwirksam (geworden) sind. Nach der neueren Rechtsprechung des BAG kommt bei unwirksamen Vertragsbestimmungen eine geltungserhaltende Reduktion nicht in Betracht (BAG Urt. v. 4. 3. 2004 – 8 AZR 196/03 – NZA 2004, 727). Die hier verwendete Strafklausel unterliegt nicht wie Strafklauseln für den Nichtantritt des Arbeitsverhältnisses oder vertragswidrige Kündigungen der Regelung des § 309 Nr. 6 BGB (vgl. Form. A.II.1 Anm. 20) Sie unterliegt aber uneingeschränkt der Angemessenheitskontrolle nach § 307 BGB (*Hümmerich* NZA 2003, 753). Die Angemessenheitskontrolle wirkt sich insbesondere auf die Regelung zur Höhe der Vertragsstrafe aus (dazu sogleich unter Anm. 6)

Da §§ 305 ff. BGB nicht für Betriebs-, Dienstvereinbarungen und auch Tarifverträge gelten (§ 310 Abs. 4 S. 3 BGB), bleibt die Möglichkeit, Vertragsstrafen in solche Regelungen aufzunehmen und damit eine **AGB-Kontrolle zu vermeiden**. Es bleibt dem Arbeitgeber auch unbenommen, eine Vertragsstrafe individuell zu vereinbaren (vgl. *Lingemann* NZA 2002, 181, 192), um auf diese Weise der AGB-Kontrolle zu entgehen. Die Klausel muss aber von den Parteien „ausgehandelt" werden, wobei die Rechtsprechung auch individuell vereinbarte Arbeitsverträge – einschließlich Vertragsstrafen – einer Billigkeitskontrolle unterzieht (vgl. BAG Urt. v. 23. 5. 1984 – 4 AZR 129/82 – NZA 1984, 255).

Die Vereinbarung einer Vertragsstrafe unterliegt **nicht der Mitbestimmung des Betriebsrats** nach § 87 Abs. 1 Nr. 1 BetrVG (vgl. BAG Urt. v. 5. 2. 1986 – 5 AZR 564/84 – DB 1986, 1980): Die Vertragsstrafe sichert allein das individuelle Interesse des Arbeitgebers als Gläubiger der Arbeitsleistung (*Preis* II V 30 Rdn. 3; vgl. aber *Schaub* § 60 Rdn. 5).

2. Vorbemerkung. Die Klausel ergänzt die Geheimhaltungsverpflichtung in Form A. II. 1, dort unter § 8.

3. Wiederholte Verstöße. Die Vertragsstrafe wird für jeden Fall der Zuwiderhandlung bedungen; damit wird auf den Arbeitnehmer Druck ausgeübt, da bei wiederholten Verstößen ein enormes Haftungspotential verwirklicht werden kann. Bei der Verwendung einer Formulierung wie „Die Einrede des Fortsetzungszusammenhangs ist ausgeschlossen" ist Vorsicht angeraten. Der BGH hat den uneingeschränkten Verzicht auf die „Einrede" des Fortsetzungszusammenhangs im Regelfall für unwirksam erachtet (BGH Urt. v. 10. 12. 1992 – 1 ZR 186/90 – NJW 1993, 721). Von der Verwendung einer derartigen Klausel ist deshalb in der Regel abzuraten.

4. Verschuldenserfordernis. Dass die Strafe nur im Falle schuldhaften Verhaltens des Arbeitnehmers verwirkt wird, muss im Vertragstext nicht explizit klargestellt werden. Soll aber im Umkehrzuge das Verschuldenserfordernis ausgeschlossen werden, so muss dies ausdrücklich vereinbart werden. In Formulararbeitsverträgen verstößt eine verschuldensunabhängige Vertragsstrafe regelmäßig gegen § 307 Abs. 2 Nr. 1 BGB; eine derartige Klausel ist daher unwirksam.

5. Inhaltliche Bestimmtheit. Angeknüpft wird im Formular an die Verletzung der Verschwiegenheitspflicht. Der Anknüpfungstatbestand der Strafe – die Pflichtverletzung des Arbeitnehmers – muss so bestimmt oder bestimmbar sein, dass der Arbeitnehmer sein Verhalten darauf einstellen kann (vgl. BAG Urt. v. 14. 12. 1988 – 5 AZR 10/88 – n. a. v.; *Preis* II V 30 Rdn. 17, 64; vgl. auch BAG Urt. v. 5. 2. 1986 – 5 AZR 564/84 – DB 1986, 1980)

Von Formulierungen wie „im Falle schwerwiegender Pflichtverletzungen" oder „im Falle des Vertragsbruches" als Anknüpfungstatbestand der Vertragsstrafe ist abzuraten (vgl. dazu OLG Düsseldorf Urt. v. 18. 10. 1991 – 16 U 173/90 – DB 1992, 86; *Preis* II V 30 Rdn. 8 ff. mit zahlreichen Beispielen). Das Gleiche gilt für „globale" Strafversprechen, die die Erfüllung sämtlicher arbeitsvertraglicher Pflichten sichern sollen, die zwar allumfassend, aber pauschal von einer „schuldhaften Nichterfüllung des Vertrages" sprechen (vgl. dazu *Preis* II V 30 Rdn. 61). Derartige Klauseln sind inhaltlich zu unpräzise und werden bestenfalls von den Gerichten restriktiv ausgelegt (vgl. BAG Urt. v. 14. 6. 1975 – 5 AZR 245/74 – BB 1975, 1160). In formularmäßigen Vertragsklauseln verstoßen sie gegen das in § 307 Abs. 1 S. 2 BGB enthaltene Transparenzgebot (LAG Hamm Urt. v. 11. 5. 2004 – 19 Sa 2132/03 – zit. n. juris).

Soll die Erfüllung von **Nebenpflichten** durch eine Vertragsstrafe gesichert werden, so müssen diese eindeutig benannt werden (BAG Urt. v. 4. 9. 1964 – 5 AZR 511/63 – DB 1964, 1666; vgl. dazu auch *Preis* II V 30 Rdn. 64).

6. Höhe der Strafe. Art und Höhe der verwirkten Strafe müssen im **individuell ausgehandelten** Vertrag nicht eindeutig festgelegt werden. Es reicht aus, wenn ein **Strafrahmen** vereinbart wird, innerhalb dessen der Arbeitgeber oder ein Dritter die Höhe der Vertragsstrafe festlegen kann (BAG Urt. v. 5. 2. 1986 – 5 AZR 564/84 – DB 1986, 1980). Wird die Bestimmung dem Arbeitgeber oder einem Dritten überlassen, so hat dieser nach billigem Ermessen (§ 315 BGB) zu entscheiden. Unzulässig ist jedoch eine Regelung, mit der die Bestimmung der verwirkten Strafe oder deren Höhe dem Gericht übertragen wird (vgl. BAG Urt. v. 25. 9. 1980 – 3 AZR 133/80 – DB 1981, 533).

Bei der – regelmäßig – **formularmäßigen Vereinbarung** von Strafklauseln sind die sich aus § 307 BGB ergebenden Anforderungen zu beachten. Nicht nur der Tatbestand, der die Strafe auslösen soll, sondern auch die Art und Höhe der vereinbarten Strafe müssen klar und eindeutig bezeichnet sein, damit der Arbeitnehmer sich darauf einstellen kann (*Hümmerich* NZA 2003, 753, 762). Nach bisheriger Rechtsprechung konnte eine unverhältnismäßig hohe Vertragsstrafe nach § 343 Abs. 1 BGB durch Urteil herabgesetzt werden (BAG Urt. v. 30. 11. 1994 – 5 AZR 702/93 – NZA 1995, 695). Nach der neueren Rechtsprechung, die Strafklauseln grundsätzlich den Regelungen zu allgemeinen Geschäftsbedingungen unterwirft, ist eine solche geltungserhaltende Reduktion nicht mehr möglich. Die Strafklausel ist in diesem Fall im Ganzen unwirksam (BAG Urt. v. 4. 3. 2004 – 8 AZR 196/03 – NZA 2004, 727; LAG Hannover Urt. v. 31. 10. 2003 – 16 Sa 1211/03 – MDR 2004, 638; LAG Stuttgart Urt. v. 10. 4. 2003 – 11 Sa 17/03 – DB 2003, 2551; *Bayreuther* NZA 2004, 953). Will der Arbeitgeber nicht die Unwirksamkeit der gesamten Vertragsstrafenregelung riskieren, empfiehlt es sich, den Betrag der verwirkten Strafe im „Normalfall" auf eine angemessene Summe (z. B. ein bis zwei Monatsgehälter) zu begrenzen. Dieser Betrag hat sich in der Rechtsprechung als übliche Grenze eines arbeitnehmerseitigen Strafversprechens eingebürgert (vgl. BAG Urt. v. 23. 5. 1984 – 4 AZR 129/82 – NZA 1984, 255; LAG Düsseldorf Urt. v. 7. 10. 1958 – 3 Sa 253/58 – BB 1959, 117; LAG Berlin Urt. v. 19. 5. 1980 – 8 Sa 19/80 – NJW 1981, 480; LAG Stuttgart Urt. v. 30. 7. 1985 – 13 Sa 39/85 – BB 1985, 1793; BAG Urt. v. 23. 5. 1984 – 4 AZR 129/82 – NZA 1984, 255; BAG Urt. v. 30. 11. 1994 – 5 AZR 702/93 – NZA 1995, 695). Dies schließt nicht aus, dass bei einem besonderen Interesse des Arbeitgebers im Einzelfall ein höherer Betrag vereinbart werden kann. Sollen wichtige Betriebsgeheimnisse gewahrt werden, von denen der Arbeitnehmer beispielsweise aufgrund seiner herausgehobenen Position im Unternehmen Kenntnis erhalten hat, kann eine höhere Vertragsstrafe zulässig sein.

7. Dauerverstoß. Die Regelung schneidet den möglichen Einwand des Arbeitnehmers ab, dass ein Dauerverstoß gegen die strafbewehrte Vertragspflicht nur eine einzige Pflichtverletzung darstelle und deshalb die Vertragsstrafe nur einmal verwirkt sei.

8. Weitergehende Schadensersatzansprüche. Die Klausel entspricht der gesetzlichen Regelung (§§ 340 Abs. 2 S. 1, 341 Abs. 2 S. 2 BGB) und ist deshalb **deklaratorisch**. Sie sollte jedoch aus Gründen der **Rechtssicherheit** aufgenommen werden. Dem Arbeitnehmer wird damit vor Augen geführt, dass neben der verwirkten Strafe weitere Zahlungspflichten auf ihn zukommen können.

4. Betriebsbuße wegen Rauchverbot[1]

[Briefkopf des Arbeitgebers]

Herrn ...... (Name und Anschrift des Arbeitnehmers)

...... (Datum)

Betriebsbuße wegen unerlaubten Rauchens

Sehr geehrter Herr ......,

am ...... um ...... wurden Sie in Ihrem Büro rauchend angetroffen. Dies stellt einen Verstoß gegen das Rauchverbot in § 3 der Betriebsvereinbarung vom ......[2] dar. Bereits am ...... und am ...... haben Sie in Ihrem Büro verbotenerweise geraucht und wurden deswegen am ...... mündlich verwarnt und erhielten am ...... einen schriftlichen Verweis. Aufgrund des erneuten Verstoßes wird von der Betriebskommission gegen Sie eine Betriebsbuße in Form einer Geldbuße[3] verhängt. Die Höhe der Geldbuße beträgt ......[4]. Der Betrag wird im Rahmen der nächsten Gehaltsauszahlung einbehalten.

Sie hatten Gelegenheit, sich zu Ihrem Fehlverhalten und auch zur Verhängung der Geldbuße im Rahmen der Anhörung vor der Betriebskommission am ...... zu äußern[5].

Der Betriebsrat hat der Verhängung der Geldbuße am ...... zugestimmt[6].

Mit freundlichen Grüßen

......

Unterschrift des Arbeitgebers

Erhalten:

......

Ort, Datum

......

Unterschrift des Arbeitnehmers

Schrifttum: Heinze, Zur Abgrenzung von Betriebsbuße und Abmahnung, NZA 1990, 169; *Kraft*, Sanktionen im Arbeitsverhältnis, NZA 1989, 777; *Leßmann*, Betriebsbuße statt Kündigung, DB 1989, 1769; *Schaub*, Die arbeitsrechtliche Abmahnung, NJW 1990, 872; *Schmid*, Die Abmahnung und ihre rechtliche Problematik, NZA 1985, 409; *Stadler*, Voraussetzungen und Grenzen von Betriebsbußen, BB 1968, 801.

Anmerkungen

1. Sachverhalt. Ein Mitarbeiter der Gesellschaft hat trotz Rauchverbots zum wiederholten Male eine Zigarette geraucht. Mündliche Verwarnungen und ein schriftlicher Verweis gingen voran. Dem Rauchverbot liegt eine Betriebsvereinbarung zugrunde, die folgende Regelungen enthält:

„§ 3 Rauchverbot

Den Mitarbeitern ist es untersagt, in den Geschäftsräumen der Gesellschaft, einschließlich des Foyers und der Gänge, zu rauchen. Davon ausgenommen ist die Cafeteria im ersten Obergeschoss.

§ 4 Verstöße gegen die Bestimmungen des § 3

Verstöße gegen das Rauchverbot werden wie folgt geahndet:
(1) Beim ersten Verstoß wird dem Mitarbeiter eine mündliche Verwarnung erteilt.
(2) Im Wiederholungsfalle erhält der Mitarbeiter einen schriftlichen Verweis.
(3) Jeder weitere Verstoß gegen das Rauchverbot zieht eine Geldbuße nach sich, deren Höhe maximal die Hälfte des durchschnittlichen Tageslohns des Mitarbeiters beträgt. Die Geldbuße wird der Sozialkasse zugeführt.

(4) Im Fall einer Geldbuße wird der festgesetzte Betrag sofort fällig. Bei nicht sofortiger Zahlung wird der Betrag bei der nächsten Gehaltszahlung einbehalten.

§ 5 Bildung einer Betriebskommission

(1) Verwarnungen, Verweise und Geldbußen werden von einer durch die Geschäftsleitung und den Betriebsrat eingesetzten Betriebskommission, bestehend aus insgesamt 6 Personen, verhängt. Den Vorsitz führt ein Vertreter der Geschäftsleitung.

(2) (...)

§ 6 Anhörung

(1) Dem betroffenen Mitarbeiter ist Gelegenheit zu geben, sich zu den von der Betriebskommission getroffenen Maßnahmen zu äußern.

(2) Der Mitarbeiter hat das Recht, sich hierbei vertreten zu lassen."

2. Funktion und Rechtsgrundlage. Die Betriebsbuße ist eine **betriebliche Disziplinarmaßnahme**. Sie hat Sanktionscharakter und soll zugleich auch die kollektive Ordnung des Betriebs aufrechterhalten. Wegen ihrer pönalen Funktion und ihres kollektivrechtlichen Charakters hindert eine Betriebsbuße nicht individualrechtliche „Rechtsbehelfe" des Arbeitgebers wegen der gleichen Pflichtverletzung des Arbeitnehmers: **Ermahnung, Abmahnung, Vertragsstrafe** und **Betriebsbuße** können **kumuliert** werden. Ob dies im Einzelfall sinnvoll und angemessen ist, ist eine andere Frage.

Die Verhängung einer Betriebsbuße darf **keine diskriminierende Wirkung** haben. Eine Veröffentlichung der Betriebsbuße am Schwarzen Brett des Unternehmens („Ehrenstrafe") ist unzulässig; dies wäre eine Verletzung des Persönlichkeitsrechts des Arbeitnehmers (Münch-HdbArbR/*Matthes* § 333 Rdn. 28).

Voraussetzung für die Verhängung einer Betriebsbuße ist eine **„Bußordnung" in Form einer Betriebsvereinbarung** (BAG Beschl. v. 17. 10. 1989 – 1 ABR 100/88 – AP Nr. 12 zu § 87 BetrVG 1972 Betriebsbuße). Neben den besonderen Voraussetzungen, die die Rechtsprechung an eine Bußordnung stellt, muss die betriebliche Bußordnung auch den Anforderungen des § 77 Abs. 2 BetrVG genügen (F/E/S/T/L § 87 Rdn. 81), also von Betriebsrat und Arbeitgeber beschlossen, schriftlich niedergelegt und von beiden Seiten unterzeichnet sein. Des Weiteren hat der Arbeitgeber die Bußordnung an geeigneter Stelle im Betrieb auszulegen. Sämtliche Arbeitnehmer müssen in der Lage sein, von ihrem Inhalt Kenntnis zu erlangen (F/E/S/T/L § 77 Rdn. 25). Um dies sicherzustellen, bietet sich eine Verteilung von Abschriften, ein Aushang am Schwarzen Brett oder – soweit vorhanden – eine Verbreitung über das Intranet an.

3. Arten der Betriebsbuße. Üblicherweise kommen als Betriebsbußen neben einer meist mündlichen Verwarnung, ein schriftlicher Verweis oder eine Geldbuße in Betracht (Münch-HdbArbR/*Blomeyer* § 56 Rdn. 13); aber auch die Kürzung oder der Widerruf freiwilliger Leistungen (*Kraft* NZA 1998, 777). Individualrechtliche Rechtsakte wie Kündigung, Abmahnung, Versetzung können keine Betriebsbuße sein. Ihnen fehlt der Sanktionscharakter, auch wenn sie de facto Sanktionswirkung haben können (BAG Urt. v. 5. 2. 1986 – 5 AZR 564/84 – NZA 1986, 782; BAG Urt. v. 7. 11. 1979 – 5 AZR 962/77 – AP Nr. 3 zu § 87 BetrVG 1972 Betriebsbuße). Bei Verwarnung und Verweis ist auf eine Abgrenzung zur Abmahnung zu achten. Die Abmahnung ist Hinweis auf eine Vertragsverletzung verbunden mit der Androhung einer Kündigung im Wiederholungsfall (s. Form. A. X. 1). Verwarnung und Verweis enthalten darüber hinaus eine Sanktion, die das Mitbestimmungsrecht des Betriebsrats auslöst (LAG Köln Urt. v. 12. 5. 1995 – 13 Sa 137/95 – NZA-RR 1996, 204).

4. Höhe der Buße. Die Höhe der Buße kann im Einzelfall festgelegt werden. Es genügt, wenn in der Bußordnung ein Strafrahmen vorgegeben ist. Allerdings darf die Geldbuße einen halben Tagesverdienst des betroffenen Mitarbeiters nicht übersteigen (*Richardi* § 87 BetrVG Rdn. 239). Nur in besonders schweren Fällen von Verstößen gegen die betriebliche Ordnung liegt die Obergrenze bei einem ganzen Tageslohn. Die Geldbuße darf nach überwiegender Ansicht nicht dem Arbeitgeber selbst zugute kommen, sondern ist an eine gemeinnützige oder betriebliche Sozialeinrichtung abzuführen (F/E/S/T/L § 87 Rdn. 88; a. A. *Richardi* § 87 BetrVG Rdn. 240, der die Geldbuße allerdings als Vertragsstrafe qualifiziert). Um Rechtsklarheit zu schaffen, sollte in der Bußordnung klargestellt werden, dass das Geld einer (betrieblichen) Sozialeinrichtung zufließt.

5. Anhörung. Vor Verhängung der Betriebsbuße muss dem Arbeitnehmer Gelegenheit gegeben werden, sich zu den Vorwürfen zu äußern (*Kraft* NZA 1989, 777; *Richardi* § 87 BetrVG Rdn. 241). Geht der Arbeitnehmer gegen die Betriebsbuße vor, wird die der Buße zugrunde liegende Bußordnung überprüft (vgl. *Richardi* § 87 BetrVG Rdn. 246 m. weit. Nachw.). Zudem wird die Einhaltung des in der Betriebsbuße vorgesehenen Verfahrens kontrolliert, sowie ob der Arbeitnehmer den ihm vorgeworfenen Verstoß überhaupt begangen hat und ob die verhängte Betriebsbuße in einem angemessenen Verhältnis dazu steht (MünchHdbArbR/*Matthes* § 333 Rdn. 32).

6. Mitbestimmung des Betriebsrats. Nicht nur die Verabschiedung der Betriebsbußenordnung selbst ist mitbestimmungspflichtig, sondern auch die Verhängung einer Betriebsbuße im Einzelfall (*Richardi* § 87 BetrVG Rdn. 214 m. weit. Nachw.). Der Arbeitgeber muss deshalb den Betriebsrat vor der Verhängung einer Betriebsbuße nicht nur anhören, sondern dessen – positive – Zustimmung einholen. Kommen Betriebsrat und Arbeitgeber zu keiner Einigung, so kann jede Seite die Einigungsstelle anrufen (§ 87 Abs. 2 BetrVG). Verhängt der Arbeitgeber eine Betriebsbuße ohne die vorherige Zustimmung des Betriebsrats, so führt dies zur Unwirksamkeit der Betriebsbuße (sog. „Theorie der Wirksamkeitsvoraussetzung", BAG Beschl. v. 17. 10. 1989 – 1 ABR 100/88 – AP Nr. 12 zu § 87 BetrVG 1972 Betriebsbuße): Der Arbeitnehmer muss die Geldbuße nicht bezahlen und kann die Auszahlung des vollen Lohns verlangen.

XI. Änderungen während des Arbeitsverhältnisses

1. Vertragsänderung[1] am Beispiel verlängerter Entgeltfortzahlung

Vereinbarung

zwischen

...... (Name und Anschrift des Arbeitgebers) „Gesellschaft"

und

Herrn ...... (Name und Anschrift des Arbeitnehmers) „Mitarbeiter"

1. Ab dem ...... wird der Zeitraum, für den Entgeltfortzahlung im Krankheitsfalle von der Gesellschaft zu leisten ist, auf drei Monate verlängert[2]. Dieser Zeitraum verlängert sich um jeweils einen weiteren Monat für jeweils fünf weitere Jahre der Zugehörigkeit des Mitarbeiters zum Betrieb der Gesellschaft ab dem ......, maximal jedoch auf sechs Monate[3].
2. Alle Zahlungen, die der Mitarbeiter im Zusammenhang mit der Arbeitsunfähigkeit bezieht oder auf die sonst ein Anspruch besteht, insbesondere gegenüber Trägern der gesetzlichen Krankenversicherung oder gegenüber einer privaten Krankenversicherung, werden auf die Leistungen der Gesellschaft angerechnet[4]. Der Mitarbeiter ist verpflichtet, unaufgefordert und unverzüglich über solche Zahlungen von dritter Seite Auskunft zu geben und sie auf Verlangen der Gesellschaft zu belegen.
3. Kann der Mitarbeiter aufgrund gesetzlicher Vorschriften von einem Dritten Schadensersatz wegen des Verdienstausfalls beanspruchen, der ihm durch die Arbeitsunfähigkeit entstanden ist, so geht dieser Anspruch insoweit auf die Gesellschaft über, als diese dem Mitarbeiter aufgrund des Entgeltfortzahlungsgesetzes oder aufgrund dieser Vereinbarung Arbeitsentgelt fortgezahlt und darauf entfallende, von der Gesellschaft zu tragende Beiträge zur Bundesagentur für Arbeit, Arbeitgeberanteile an Beiträgen zur Sozialversicherung und zur Pflegeversicherung sowie zu Einrichtungen der zusätzlichen Alters- und Hinterbliebenenversorgung abgeführt hat. Der Forderungsübergang umfasst nicht Ansprüche gegen Familienangehörige, die mit dem Mitarbeiter in häuslicher Gemeinschaft leben, wenn die Schädigung nicht vorsätzlich erfolgt[5]. Alle übrigen gesetzlichen Bestimmungen, insbesondere Anzeige- und Nachweispflichten, bleiben unberührt und beziehen sich auch auf die verlängerte Entgeltfortzahlung nach dieser Vereinbarung[6].
4. Die Gesellschaft kann die Zusage der verlängerten Entgeltfortzahlung nach dieser Vereinbarung jederzeit unter Wahrung einer sechsmonatigen Ankündigungsfrist schriftlich widerrufen, wenn der Gesetzgeber die Dauer der Entgeltfortzahlung im Krankheitsfall ändert oder die wirtschaftliche Lage der Gesellschaft sich nachhaltig so wesentlich verschlechtert, dass ihr die Aufrechterhaltung der zugesagten Leistung nicht mehr zugemutet werden kann[7]. Die Gesellschaft wird von diesem Widerrufsrecht nach billigem Ermessen Gebrauch machen.
5. Alle übrigen Vereinbarungen über das Arbeitsverhältnis, insbesondere gemäß Anstellungsvertrag vom ......, bleiben unberührt[8].

......
Ort, Datum

......
Unterschrift der Gesellschaft

......
Ort, Datum

......
Unterschrift des Mitarbeiters

1. Vertragsänderung am Beispiel verlängerter Entgeltfortzahlung   A. XI. 1

Schrifttum: Koppenfels, Die Entgeltfortzahlung im Krankheitsfall an der Schnittstelle von Arbeits- und Sozialrecht, NZS 2002, 241; *Preis,* Widerrufsvorbehalte auf dem höchstrichterlichen Prüfstand, NZA 2004, 1014; *Rieble,* Vertragsrecht und AGB-Klauselwerke, NZA 2004, 304; *Roloff,* Vertragsänderung und Schriftformklausel, NZA 2004, 1191; *Schmitt,* Entgeltfortzahlungsgesetz, 5. Aufl. 2005.

Anmerkungen

1. Vertragsänderung. Im Rahmen der allgemeinen arbeitsrechtlichen Regelungen (z. B. gesetzliche oder tarifvertragliche Mindestansprüche, Mitbestimmung des Betriebsrats) können die Arbeitsvertragsparteien jederzeit Änderungen an den bestehenden Regelungen über das Arbeitsverhältnis vornehmen (**Vertragsfreiheit**). Für die Änderung von Arbeitsverträgen, die ihren Bestand unangetastet lässt, besteht an sich kein **Formzwang**. Jedoch sind die wesentlichen Vertragsbedingungen spätestens einen Monat nach Beginn des Arbeitsverhältnisses schriftlich niederzulegen, § 2 NachwG. Das gilt auch für Änderungen der wesentlichen Vertragsbedingungen, § 3 NachwG. Die Regelungen zur Entgeltfortzahlung dürften als wesentliche Vertragsbedingungen anzusehen sein. Darüber hinaus ist die Schriftform natürlich schon zu **Beweiszwecken** zu empfehlen.

Von den gesetzlichen Regelungen des Entgeltfortzahlungsgesetzes darf nicht zuungunsten des Arbeitnehmers abgewichen werden, § 12 EFZG. Das gilt für jede Abweichung. Unzulässig sind daher auch Kombinationen von Begünstigung und Benachteiligung, etwa eine Verlängerung des Fortzahlungszeitraums gegen eine Absenkung der Fortzahlungshöhe (*Schmitt* § 12 EFZG Rdn. 29).

2. Verlängerung der Entgeltfortzahlung. Die Regelungen zur Entgeltfortzahlung im Krankheitsfall modifizieren den Grundsatz „ohne Arbeit kein Lohn" zugunsten des Arbeitnehmers. In der Praxis sind Erweiterungen der Entgeltfortzahlung nicht selten. Soweit sie zugunsten des Arbeitnehmers wirken, sind sie uneingeschränkt rechtlich zulässig, § 12 EFZG (vgl. nur MAH Moll/*Kolvenbach*/*Glaser* § 22 Rdn. 169). Regelungen finden sich sowohl auf kollektivrechtlicher (z. B. § 9 III. 2. MTV Chemische Industrie vom 24. Juni 1992) als auch auf individualrechtlicher Ebene wie im Formular vorgesehen. Bei letzteren wird in aller Regel lediglich der Entgeltfortzahlungszeitraum verlängert.

3. Staffelung. Um einerseits Betriebstreue zu belohnen und andererseits der gesteigerten Anfälligkeit älterer Arbeitnehmer für längere Krankheitsausfallzeiten Rechnung zu tragen, bietet sich eine gestaffelte Verlängerung der Entgeltfortzahlung an.

4. Anrechnung anderweitiger Leistungen. Nach der gesetzlichen Verteilung des Lohnrisikos bei Krankheit trägt der Arbeitgeber die Entgeltfortzahlung für einen Zeitraum von bis zu sechs Wochen. Danach erhält der Arbeitnehmer ein Krankengeld in Höhe von 70% seines regelmäßigen Bruttoentgelts (§§ 44 ff. SGB V). Der Anspruch auf Krankengeld ändert sich nicht durch einen vertraglich vereinbarten verlängerten Entgeltfortzahlungszeitraum. Weil der Arbeitnehmer aber durch die krankheitsbedingte Arbeitsunfähigkeit keinen „Gewinn" machen soll, ist die **Anrechnung** krankheitsbedingter **Lohnersatzleistungen**, gleich ob aus gesetzlicher oder privater Krankenversicherung, erforderlich. Aus diesem Motiv heraus sehen **Tarifverträge** häufig lediglich einen **Zuschuss** zum Krankengeld statt einer Verlängerung des Entgeltfortzahlungszeitraums vor. Bei einzelvertraglichen Regelungen mit leitenden Angestellten oder anderen hervorgehobenen Arbeitnehmern tritt dieser Aspekt zurück, weil diese Arbeitnehmergruppen in aller Regel von der gesetzlichen Krankenversicherungspflicht befreit sind und private Krankenversicherungsverträge unterhalten. Diese Arbeitnehmer werden ihren privaten Versicherungsschutz an die Verlängerung des Entgeltfortzahlungszeitraums anpassen. Das ist nicht illegitim, weil über die hälftige Beitragsbelastung auch der Arbeitgeber im Ergebnis von den dann günstigeren Versicherungstarifen profitiert (§ 257 Abs. 2, 2a SGB V). Für diese Arbeitnehmer laufen die im Formular vorgesehenen Auskunfts- und Nachweispflichten regelmäßig leer.

5. Übergang von Schadensersatzansprüchen. Die Regelung ist weitgehend identisch mit der in § 6 EFZG angeordneten **cessio legis** von Schadensersatzansprüchen des Arbeitnehmers gegen Dritte. Mit diesem Forderungsübergang soll zum einen verhindert werden, dass der Arbeitnehmer eine **Doppelentschädigung** erhält, und zum anderen die Belastung des Arbeitgebers mit Kosten vermieden werden, die nicht aus der arbeitsvertraglichen Bindung resultieren. Die cessio legis erfasst allerdings lediglich Zahlungen des Arbeitgebers, die dieser aufgrund des EFZG erbracht hat. Deshalb muss für darüber hinausgehende Leistungen im Krankheitsfall der Forderungsübergang gesondert vereinbart werden. Zu beachten ist, dass der gesetzliche Forderungsübergang keine Schadensersatzansprüche erfasst, die sich gegen **Familienangehörige** richten, die in häuslicher Gemeinschaft mit dem Arbeitnehmer leben, es sei denn die Schädigung erfolgte vorsätzlich. Diese für die vergleichbaren Regelungen der §§ 116 Abs. 6 SGB X und 67 Abs. 2 VVG geltende Regelung ist auf § 6 EFZG entsprechend anzuwenden (BGH Urt. v. 4. 3. 1976 – VI ZR 60/75 – AP Nr. 2 zu § 4 LFZG). Entsprechend ist die Klausel im Formular gefasst, um eine von den gesetzlichen Regelungen abweichende Vertragslage zu vermeiden.

Regelungen, die z. B. die Arbeitsunfähigkeit aus bestimmten Gründen, etwa Reitunfälle oder Ähnliches, von der verlängerten (nicht der gesetzlichen) Entgeltfortzahlung ausnehmen, sind zulässig und verstoßen nicht gegen § 12 EFZG.

6. Anzeigepflichten. Die ansonsten für den gesetzlichen Anspruch auf Entgeltfortzahlung geltenden Melde- und Anzeigepflichten (§ 5 EFZG) sollen auch für die verlängerten Entgeltfortzahlung gelten. Damit ist klargestellt, dass auch insoweit bei unterlassener Krankmeldung oder fehlendem ärztlichen Attest für den Arbeitgeber ein Zurückbehaltungsrecht entsteht (§ 7 EFZG).

7. Widerrufsvorbehalt. Da die Verlängerung der Entgeltfortzahlung auf der gesetzlich geregelten Entgeltfortzahlung aufbaut, ist es sinnvoll, den Widerruf der Vereinbarung vorzusehen, falls die vertragliche Regelung durch Gesetzesänderung lückenhaft oder (teilweise) überflüssig wird oder gar systematisch nicht mehr zum Gesetzesinhalt passt. Die mit der Verlängerung der Entgeltfortzahlung einhergehende Kostenbelastung kann in schwierigen Zeiten für das Unternehmen so belastend werden, dass auch eine Widerrufsmöglichkeit aus wirtschaftlichen Gründen in das Formular aufgenommen wurde.

Seit der Schuldrechtsreform unterliegen auch Arbeitsverträge der AGB-Kontrolle (§ 310 Abs. 4 S. 1 BGB). Im Zusammenhang mit Widerrufsvorbehalten ist § 308 Nr. 4 BGB zu beachten. Das BAG scheint dazu zu neigen, das bislang vom BGH in diesem Bereich angewandte Prüfungsprogramm auf das Arbeitsrecht zu übertragen (BAG Urt. v. 4. 3. 2004 – 8 AZR 196/03 – NZA 2004, 727). Für Widerrufsvorbehalte bedeutet das, dass der Widerruf für den anderen Teil, also den Arbeitnehmer, zumutbar sein muss (vgl. zu Widerrufsklauseln Form. A. II. 1 Anm. 7). Des Weiteren folgt aus dem Transparenzgebot des § 307 Abs. 1 S. 2 BGB, dass ein freier Widerruf nicht mehr möglich ist und die Gründe für den Widerruf, soweit möglich, genau bezeichnet werden müssen (*Preis* NZA 2004, 1014).

Wird die vertragliche Regelung durch Gesetzesänderungen lückenhaft, überflüssig oder systematisch verfehlt, ist das ein Widerrufsgrund, der auch für den Arbeitnehmer zumutbar ist, zumal der Widerruf an eine angemessene Frist gebunden ist. Die Widerrufsgründe für die wirtschaftliche Notlage entsprechen den im Bereich der betrieblichen Altersversorgung anerkannten Widerrufsgründen.

8. Arbeitsvertrag bleibt unberührt. Bei allen Zusatzverträgen ist es aus Gründen der Transparenz sinnvoll, ausdrücklich festzuhalten, dass alle übrigen Vertragsbestimmungen, die für das Arbeitsverhältnis gelten, unberührt bleiben.

2. Versetzung (endgültig)

[Briefbogen des Arbeitgebers]
Herrn ...... (Name des Arbeitnehmers)
– im Hause –

...... (Datum)

Versetzung[1]

Sehr geehrter Herr ......,
wie Sie wissen, hat die Geschäftsführung als Reaktion auf den dramatischen Rückgang der Auflage unserer Zeitung und die damit einhergehenden verringerten Anzeigeneinahmen ein „Streamlining" der Hamburger Redaktionsbereiche beschlossen. Auf der Grundlage dieser Maßnahmen werden zukünftig erheblich weniger Redakteure in Hamburg beschäftigt werden. Die Geschäftsleitung ist sich aber ihrer sozialen Verantwortung bewusst und schöpft deshalb alle Möglichkeiten aus betriebsbedingte Kündigungen zu vermeiden.
Aus diesen Gründen versetzen[2] wir Sie daher mit Wirkung vom ...... in die Lübecker Redaktion unserer Zeitung. Das bisher bestehende Anstellungsverhältnis, insbesondere gemäß Arbeitsvertrag vom ......, bleibt im Übrigen unberührt.
Wie bereits in unseren ausführlichen Gesprächen über die bevorstehende Versetzung am ...... sowie am ...... versichert, werden wir im Rahmen des Sozialplans vom ...... dazu beitragen, die für Sie mit dieser Versetzung verbundenen Nachteile abzumildern. Insbesondere steht Ihnen der gestaffelte Fahrtkostenzuschuss für die ersten zwölf Monate Ihrer Tätigkeit in Lübeck zu. Darüber hinaus sind wir – ohne Anerkenntnis einer Rechtspflicht aus dem o. a. Sozialplan – bereit, Ihnen zwei zusätzliche Tage Sonderurlaub zu gewähren, wenn Sie sich entschließen, Ihren Lebensmittelpunkt nach Lübeck zu verlegen und dorthin umzuziehen.
Der guten Ordnung halber erlauben wir uns festzuhalten, dass die Rechte des Betriebsrats gewahrt wurden.
Wir hoffen auf Ihr Verständnis für unsere Entscheidung und auf weiterhin gute Zusammenarbeit. Es liegt im gemeinsamen Interesse aller Arbeitnehmer sowie der Geschäftsleitung, den Prozess „Streamlining" erfolgreich umzusetzen und damit das wirtschaftliche Überleben unserer Zeitung sowie den Fortbestand der Arbeitsplätze zu gewährleisten.

Mit freundlichen Grüßen
......
Unterschrift der Gesellschaft

Schrifttum: Gerauer, Keine Mitbestimmung bei Versetzung aufgrund einer Umsetzungs- oder Versetzungsklausel, BB 1995, 406; *Hümmerich,* Die Gestaltung von Arbeitsverträgen nach der Schuldrechtsreform, NZA 2003, 753; *Lakies,* Das Weisungsrecht des Arbeitgebers (§ 106 GewO) – Inhalt und Grenzen, BB 2003, 364; *v. Hoyningen-Huene,* Grundlagen und Auswirkungen einer Versetzung, NZA 1993, 145; *v. Hoyningen-Huene/Boemke,* Die Versetzung, 1993; *Hunold,* Die Rechtsprechung zur Mitbestimmung des Betriebsrats bei Versetzungen, NZA-RR 2001, 617.

Anmerkungen

1. Versetzungsbegriff. Zwischen dem betriebsverfassungsrechtlichen Begriff der Versetzung (vgl. § 95 Abs. 3 BetrVG) und der individualrechtlichen Versetzung ist strikt zu differenzieren. Die Versetzungsbegriffe sind nicht inhaltsidentisch, so dass z. B. eine betriebsverfassungsrechtliche Versetzung sich individualrechtlich als Änderungskündigung darstellen und auch das Mitbestimmungsrecht des Betriebsrats gemäß § 102 BetrVG auslösen kann (D/K/K/ *Kittner* § 99 BetrVG Rdn. 89).

Auch unabhängig von dieser zwar formalen, aber rechtlich bedeutsamen Differenzierung ist der Begriff der Versetzung im Hinblick auf die **„Eingriffsintensität"** durchaus uneinheitlich. Es kann die bloße „Umsetzung" von einem Büro ins benachbarte Büro, der Wechsel von der Dauernachtschicht in die Wechselschicht (vgl. BAG Urt. v. 29. 9. 2004 – 5 AZR 559/03 – NZA 2005, 184), die teilweise Veränderung des Tätigkeitsbereiches (vgl. BAG Urt. v. 2. 4. 1996 – 1 AZR 743/95 – AP Nr. 34 zu § 95 BetrVG 1972), die Versetzung einer Pflegekraft auf eine andere Station (BAG Beschl. v. 29. 2. 2000 – 1 ABR 5/99 – AP Nr. 36 zu § 95 BetrVG 1972), die Übernahme einer Aufgabe in einem anderen Unternehmen des gleichen Konzerns (BAG Urt. v. 21. 1. 1999 – 2 AZR 648/97 – AP Nr. 9 zu § 1 KSchG 1969) oder die räumliche Veränderung des Arbeitsplatzes, auch ins Ausland, gemeint sein.

Für die Zwecke des hier vorliegenden Formulars wird vorausgesetzt, dass dem Rechtsgrunde nach ein Versetzungsrecht gegeben ist, das sich entweder aus den konkreten vertraglichen Bestimmungen, theoretisch sogar aus einem **Tarifvertrag** (vgl. nur BAG Urt. v. 23. 9. 2004 – 6 AZR 442/03 – NZA 2005, 475), oder schlicht aus den Umständen des Anstellungsverhältnisses ergeben kann.

2. Versetzung im Einzelfall. Wenn und soweit ein Versetzungsrecht des Arbeitgebers dem Grunde nach besteht, muss der Arbeitgeber bei der Ausübung dieses Gläubigerrechts die Grenzen **billigen Ermessens** beachten, was gerichtlich überprüfbar ist (§ 106 GewO). Im Formular ist die typische Situation eines Arbeitsplatzabbaus in einem Betrieb des Arbeitgebers und die Existenz von Vakanzen in einem anderen Betrieb des Arbeitgebers als Beispiel aufgegriffen. Schon um seinen Pflichten aus dem Kündigungsschutzgesetz in der Situation **betriebsbedingter Kündigungen** nachzukommen, muss der Arbeitgeber prüfen, ob er geeignete freie Positionen verfügbar machen kann, die dem betroffenen Arbeitnehmer anzubieten sind, bevor eine betriebsbedingte Kündigung ausgesprochen werden darf. Die Abgrenzung zwischen Versetzung und **Änderungskündigung** ist schwierig. Da die Rechtsprechung am **ultima-ratio-Prinzip** festhält und deshalb Änderungskündigungen für unwirksam hält, wenn eine Versetzung als milderes Mittel die gleiche Wirkung erzielt hätte, ist in Zweifelsfällen zur praktischen Durchsetzung der Arbeitgeberplanung zu einer Kombination von Versetzung und Änderungskündigung zu raten (vgl. A. XI. 4 Anm. 4). Wenn möglich, sind einvernehmliche Lösungen natürlich stets vorzuziehen.

Da der Arbeitgeber bei der Ausübung seines Gläubigerrechtes gehalten ist, nach billigem Ermessen zu entscheiden, sind alle betrieblichen und persönlichen Interessen des Arbeitnehmers zu berücksichtigen. Dazu kann insbesondere die familiäre Situation des Arbeitnehmers gehören, aber auch sein schutzwürdiges Vertrauen auf die Fortsetzung einer jahrelangen Beschäftigung auf einem bestimmten Arbeitsplatz, wenn nicht ohnehin eine **Konkretisierung** eingetreten ist, welche dem Versetzungsrecht dem Grunde nach entgegensteht (vgl. MAH Moll/*Gragert* § 10 Rdn. 10 m. weit. Nachw. zur zahlreichen Rechtsprechung).

3. Beteiligung des Betriebsrats. Eine individualrechtlich zulässige Versetzung kann – auch wenn sie einvernehmlich erfolgt – mehrere Mitbestimmungsrechte des Betriebsrats auslösen. Das Mitbestimmungsrecht ergibt sich insbesondere aus § 99 BetrVG, kann sich aber im Falle der Änderungskündigung auch aus § 102 BetrVG ergeben (s. Form. C. I. 4 und C. I. 1). Obwohl im Umkehrschluss aus § 102 Abs. 4 BetrVG zu entnehmen ist, dass der Mitarbeiter nicht über die Beteiligung des Betriebsrats im Falle einer Versetzung zu unterrichten ist, lehrt die praktische Erfahrung, dass ein Hinweis wie im Formular auf die Zustimmung des Betriebsrats oder zumindest auf dessen Beteiligung die Akzeptanz durch den Mitarbeiter fördert.

3. Versetzung (vorübergehend)

Aktennotiz

An: Personalabteilung

Von: Abteilungsleiter ...... (Name), Abteilung ...... (Bezeichnung)

Versetzung[1] von Frau ...... in die Abteilung ......

Am ...... habe ich ein längeres Gespräch mit Frau ...... geführt und sie gebeten, in den nächsten zwei Wochen den Arbeitsplatz von Herrn ...... in der Abteilung ...... zu versehen[2]. Aufgrund des ärztlichen Attests, das Herr ...... heute Morgen hereingereicht hat, wissen wir, dass er noch zwei Wochen ausfallen wird, was – angesichts des aufgelaufenen Rückstands in der Abteilung ...... – nur durch eine interimistische Besetzung seines Arbeitsplatzes aufgefangen werden kann.

Frau ...... war wenig angetan davon, dass sie ihren eigenen Arbeitsplatz in unserer Abteilung ...... in den nächsten zwei Wochen ruhen lassen muss und sich ausschließlich um den Arbeitsplatz von Herrn ...... in der Abteilung ...... kümmern soll. Auch meine Ankündigung, dass etwa erforderliche Überstunden in der Abteilung ...... natürlich „abgefeiert" werden können, sobald sie in die Abteilung ...... zurückkehrt, vermochten hieran nichts zu ändern.

Im Ergebnis hat Frau ...... aber die dienstliche Weisung akzeptiert und wird ab sofort den Arbeitsplatz von Herrn ...... in der Abteilung ...... versehen. Sie ist deshalb kurzfristig unter der Telefon-Durchwahl von Herrn ...... zu erreichen.

......
Unterschrift (Absender Aktennotiz)

Schrifttum: S. Form. A. XI. 2.

Anmerkungen

1. Vorübergehende Versetzung. Im Gegensatz zu der dauerhaften Versetzung (dazu Form. A. XI. 2), die sich stets am Rande einer Vertragsänderung bewegt, ist der vorübergehende Einsatz eines Arbeitnehmers in einer anderen Abteilung, etwa aufgrund krankheitsbedingter Lücken, wesentlich weniger aufwendig, aber gleichwohl praxisrelevant. Nicht nur aufgrund der zunehmenden Flexibilisierung ist es immer wieder erforderlich, „Löcher zu stopfen", indem Arbeitnehmern angetragen wird, kurzfristig in einer anderen Abteilung auszuhelfen. Von dieser Situation geht auch das Formular aus. Um jedoch zu betonen, dass Versetzungen formfrei ausgesprochen werden können und in der Praxis häufig mit niedrigem Aufwand durchgeführt werden, ist dieses Formular bewusst in Form einer Aktennotiz eines zuständigen Abteilungsleiters gehalten, die dieser nach erfolgter mündlicher Versetzung einer Mitarbeiterin angefertigt hat.

2. Kurzfristige Versetzung. Prinzipiell gelten die gleichen Anforderungen an eine kurzfristige wie an eine langfristige Versetzung (vgl. Form. A. XI. 2). Erste Voraussetzung ist also, dass der Arbeitgeber befugt ist, dem Arbeitnehmer – auch nur für kurze Zeit – einen anderen Arbeitsplatz zuzuweisen. Dies wird in diesem Formular unterstellt.

Zudem muss der Arbeitgeber auch in dieser Situation **billiges Ermessen** (§ 106 GewO) bei seiner Entscheidung anwenden (BAG Urt. v. 23. 9. 2004 – 6 AZR 567/03 – NZA 2005, 359). Selbstverständlich sind die Anforderungen in Anbetracht der geringeren „Eingriffsintensivität" deutlich niedriger. Bieten sich jedoch mehrere Mitarbeiter an, um – im Beispiel – die Lücke in einer anderen Abteilung zu schließen, muss der Arbeitgeber nicht nur die Eignung der potentiellen Kandidaten berücksichtigen, sondern auch die Auswirkungen für die betroffenen Kandidaten. Dies gilt etwa im Falle veränderter Arbeitszeiten in dieser anderen Abteilung, die beispielsweise mit den Kinderbetreuungszeiten der betroffenen Mitarbeiterin im Einklang stehen oder gebracht werden müssen. Auch weitere individuelle Interessen der Mitarbeiter, wie z. B. die Urlaubsplanung, können eine Rolle spielen.

3. Beteiligung des Betriebsrats. Aufgrund der Fristenregelung (vgl. § 95 Abs. 3 S. 1 BetrVG) dürfte die kurzfristige, einen Monat unterschreitende Zuweisung eines anderen Arbeitsbereiches ohne erhebliche Änderung der sonstigen Arbeitsumstände in aller Regel keine mitbestimmungspflichtige Versetzung i. S. d. § 99 Abs. 1 BetrVG darstellen.

4. Änderungskündigung[1]

[Briefkopf des Arbeitgebers]

Herrn ...... (Name und Anschrift des Arbeitnehmers)

...... (Datum)

Sehr geehrter Herr ......,

hiermit kündigen wir Ihr Arbeitsverhältnis fristgemäß zum ......, hilfsweise zum nächsten zulässigen Zeitpunkt[2].

Gleichzeitig bieten wir Ihnen an, das Arbeitsverhältnis danach nicht mehr in unserem Hamburger, sondern in unserem Dresdner Betrieb zu im Übrigen unveränderten Bedingungen fortzusetzen[3, 4].

Im Zusammenhang mit Ihrem möglichen Umzug nach Dresden können Sie Leistungen nach dem Sozialplan vom ...... in Anspruch nehmen[5].

Der Betriebsrat wurde zu der Änderungskündigung angehört und hat keine Stellungnahme abgegeben[6].

Bitte teilen Sie uns unverzüglich, spätestens innerhalb von drei Wochen nach Zugang dieser Erklärung mit, ob Sie mit der Änderung der Arbeitsvertragsbedingungen einverstanden sind. Wenn Sie sich nicht innerhalb dieser Frist äußern oder die Änderung innerhalb der Frist ablehnen, endet das Arbeitsverhältnis zum ......[7].

Für diesen Fall weisen wir Sie vorsorglich darauf hin, dass Sie sich unverzüglich bei der zuständigen Agentur für Arbeit zu melden sowie eigene Aktivitäten bei der Suche nach einer anderen Beschäftigung zu entfalten haben[8].

Mit freundlichen Grüßen

......

Unterschrift der Gesellschaft[9]

Erhalten:

......

Ort, Datum

......

Unterschrift des Arbeitnehmers[10]

Schrifttum: Becker-Schaffner, Die Änderungskündigung aus materiellrechtlicher und prozessualer Sicht, BB 1991, 129; *Berkowsky,* Der Arbeitsrichter in der Flugsicherung – Überlegungen zur Sozialauswahl bei betriebsbedingten Änderungskündigungen, DB 1990, 834; *Berkowsky,* Änderungskündigung, Direktionsrecht und Tarifvertrag – Zur Dogmatik der „überflüssigen Änderungskündigung", NZA 1999, 293; *Berkowsky,* Die betriebsbedingte Änderungskündigung und ihr Streitgegenstand, NZA 2000, 1129; *Berkowsky,* Die Änderungskündigung; NZA-RR 2003, 449; *Berkowsky,* Änderungskündigung zur Änderung von Nebenabreden, NZA 2003, 1130; *Boewer,* Streitgegenstand und Prüfungsmaßstab bei der Änderungsschutzklage, BB 1996, 2618; *Fischermeier,* Die betriebsbedingte Änderungskündigung, NZA 2000, 737;

4. Änderungskündigung

Friedhofen/Weber, Flexibler Personaleinsatz – Direktionsrecht oder Änderungskündigung – Die Erweiterung des Direktionsrechts durch einzelvertragliche Vereinbarung, NZA 1986, 145; *Gaul,* Änderungskündigung zur Absenkung oder Flexibilisierung von Arbeitszeit und/oder Arbeitsentgelt, DB 1998, 1913; *Grobys,* Änderungskündigung zur Entgeltreduzierung, NJW-Spezial 2004, 81; *Hohenstatt/Kock,* Die ordentliche Änderungskündigung mir sofortiger Wirkung, NZA 2004, 524; *Hohmeister,* Die Beteiligung des Betriebsrats bei unter Vorbehalt angenommener Änderungskündigung, BB 1994, 1777; *Hoß,* Voraussetzungen und Umsetzung der Änderungskündigung zur Kürzung von Gehältern, ArbRB 2002, 107; *Hromadka,* Änderung von Arbeitsbedingungen, RdA 1992, 234; *Hromadka,* Möglichkeiten und Grenzen der Änderungskündigung, NZA 1996, 1; *Krause,* Die Änderungskündigung zum Zweck der Entgeltreduzierung, DB 1995, 574; *Leßmann,* Die Grenzen des arbeitgeberseitigen Direktionsrechts, DB 1992, 1137; *Löwisch,* Die Änderungen von Arbeitsbedingungen auf individualrechtlichem Wege, insbesondere durch Änderungskündigung, NZA 1988, 633; *Sievers,* Individualrechtliche Möglichkeiten und Grenzen einer Entgeltreduzierung, NZA 2002, 1182; *Spirolke,* Änderungskündigung zur Reduzierung bisheriger tariflicher Sonderzahlungen; BB 2002, 1918; *Stuppi,* Betriebsbedingte Beendigungskündigung und betriebsbedingte Änderungskündigung in der Rechtsprechung des Bundesarbeitsgerichts, DStR 2000, 881; *Weber/Ehrich,* Direktionsrecht und Änderungskündigung bei Veränderungen im Arbeitsverhältnis, BB 1996, 2246; *Zirnbauer,* Die Änderungskündigung, NZA 1995, 1073.

Anmerkungen

1. Änderungskündigung. Hier wird die „klassische" Änderungskündigung behandelt, bei der die Beendigungskündigung mit dem Angebot, das Arbeitsverhältnis zu veränderten Bedingungen fortzusetzen, in einer Erklärung kombiniert wird. Anstelle der Kombination von Beendigungskündigung und Änderungsangebot in einer Erklärung ist es auch zulässig (und kann sich u. U. anbieten), die Beendigungskündigung und das Angebot, das Arbeitsverhältnis zu veränderten Bedingungen fortzusetzen, in zwei Erklärungen zu trennen.

Praktisch eher unbedeutend ist die in der rechtswissenschaftlichen Literatur (KR/*Rost* § 2 KSchG Rdn. 13 m. weit. Nachw.) behandelte Unterscheidung zwischen unbedingten und bedingten Änderungskündigungen. Das Formular ist eine **unbedingte Änderungskündigung**, mit der der Arbeitgeber Klarheit schafft, indem er das bestehende Arbeitsverhältnis kündigt und zugleich die Fortsetzung zu geänderten Bedingungen anbietet. Eine **bedingte Änderungskündigung** liegt hingegen vor, wenn der Arbeitgeber in erster Linie ein Änderungsangebot unterbreitet und nur für den Fall, dass der Arbeitnehmer dies nicht annimmt, eine Beendigungskündigung ausspricht. In der Praxis spielt diese Unterscheidung allenfalls bei der Betriebsratsanhörung eine Rolle, denn hier muss der Arbeitgeber klarstellen, ob es sich um eine unbedingte oder eine bedingte Änderungskündigung handelt.

Da jede Änderungskündigung materiellrechtlich eine Beendigungskündigung enthält, müssen alle formalen und sonstigen rechtlichen Anforderungen einer Kündigung erfüllt sein, insbesondere das **Schriftformgebot** (§ 623 BGB) sowie die vorherige **Anhörung des Betriebsrats** (§ 102 BetrVG). Auch jede Art von Sonderkündigungsschutz ist grundsätzlich anwendbar, z. B. zugunsten von Schwangeren, Schwerbehinderten oder Betriebsräten (zu § 15 KSchG instruktiv BAG Urt. v. 6. 3. 1986 – 2 ABR 15/85 – NZA 1987, 102).

Lediglich bei einzelnen Aspekten gibt es Unterschiede zwischen Beendigungs- und Änderungskündigung. So hat das BAG z. B. in der „Schwimmmeister-Entscheidung" erkannt, dass die betroffenen Arbeitnehmer im Rahmen einer **Sozialauswahl** (§ 1 Abs. 3 KSchG) sowohl im Hinblick auf die wegfallende als auch im Hinblick auf die zu besetzende Position vergleichbar sein müssen (BAG Urt. v. 13. 6. 1986 – 7 AZR 623/84 – NZA 1987, 155). Wenn z. B. in Abteilung A ein Arbeitsplatz wegfällt und ausgewählt werden soll, wer von der Abteilung A auf einen Arbeitsplatz in die Abteilung B wechseln soll, sind nur die Mitarbeiter in der Abteilung A in die Sozialauswahl einzubeziehen, die die Anforderungen in der Abteilung B erfüllen. Arbeitnehmer der Abteilung A, die z. B. aufgrund fehlender Qualifikation keine Position in der Abteilung B ausfüllen können, scheiden deshalb aus dem Kreis der vergleichbaren Arbeitnehmer aus. Es ist damit irrelevant, ob diese weniger qualifizierten Arbeitnehmer sozial stärker als die anderen Mitarbeiter der Abteilung A sind. In der Konsequenz kann diese Rechtssprechung dazu führen, dass sozial schutzwürdigere Mitarbeiter benachteiligt werden können, wenn sie weniger vielseitig sind als ihre Kollegen.

Außerdem gibt es gesetzliche Bestimmungen, die eindeutig nur für Beendigungskündigungen gelten, also nicht im Falle einer Änderungskündigung. Der Anspruch z. B. auf der bisherigen Position während des Änderungsschutzprozesses **weiterbeschäftigt** zu werden, besteht nicht für Arbeitnehmer, die das Änderungsangebot des Arbeitgebers unter dem Vorbehalt der sozialen Rechtfertigung angenommen haben (vgl. § 102 Abs. 5 S. 1 BetrVG).

Der Arbeitgeber darf auch unmittelbar eine Beendigungskündigung erklären, wenn er zuvor die Situation mit dem Arbeitnehmer erörtert, ihm die neue Position angeboten, unter Hinweis auf eine sonst erforderliche Beendigungskündigung eine einwöchige Bedenkzeit eingeräumt und der Arbeitnehmer das Angebot gleichwohl nicht (fristgerecht) angenommen hat (vgl. hierzu insbesondere die Rechtsprechung des BAG zum sog. **„Wochengespräch"**, Urt. v. 27. 9. 1984 – 2 AZR 62/83 – NZA 1985, 455). Die hiermit eröffnete Möglichkeit des Arbeitgebers, praktisch die Änderungsschutzfrist von drei Wochen auf eine Woche zu verkürzen, ist zwar in der juristischen Literatur häufig kritisiert worden (vgl. nur die ablehnende Anm. von *v. Hoyningen-Huene* in AP Nr. 8 zu § 2 KSchG 1969). Da das BAG hiervon jedoch (noch) nicht abgerückt ist, bietet das Wochengespräch in der Praxis eine interessante Handlungsalternative für Arbeitgeber. Nur wenn der betroffene Mitarbeiter vor Ablauf der Wochenfrist um den Ausspruch einer Änderungskündigung bittet, tritt anstelle des vom Arbeitgeber angestrebten **Zeitgewinns** (Verkürzung der Bedenkzeit des Mitarbeiters von drei Wochen auf eine Woche) eine Verzögerung ein, weil der Arbeitgeber die Änderungskündigung eben erst nach dieser Reaktion des Mitarbeiters erklären kann.

Es ist grundsätzlich unzulässig, **zuerst eine Beendigungskündigung** auszusprechen und **zu einem späteren Zeitpunkt ein Änderungsangebot** abzugeben, weil der Arbeitgeber damit die gesetzlich vorgesehene Dreiwochen-Frist (§ 2 KSchG) beliebig abkürzen oder ganz eliminieren könnte (str., offen gelassen in LAG Mainz Urt. v. 6. 2. 1987 – 6 Sa 372/86 – LAGE § 2 KSchG Nr. 6; vgl. zum Streitstand KR/*Rost* § 2 KSchG Rdn. 22 m. weit. Nachw.). Es ist eine andere Frage, ob ein nachträgliches Änderungsangebot als selbständige Änderungskündigung auszulegen ist (vgl. hierzu *Rost* a. a. O.), deren Verhältnis zu der zunächst ausgesprochenen Beendigungskündigung im Einzelfall zu klären ist (wie hier *Rost* a. a. O. sowie K/D/Z/ *Zwanziger* § 2 KSchG Rdn. 120 f. jeweils m. weit. Nachw. zur Gegenansicht). Von der Beendigungskündigung mit nachgeschobenem Änderungsangebot zu unterscheiden ist der Fall, dass der Arbeitgeber dem Mitarbeiter zunächst eine Änderungskündigung ausgesprochen hat und das Änderungsangebot später präzisiert oder in unbedeutenden Details korrigiert. Bei solchen Präzisierungen und Korrekturen darf es sich nicht um wesentliche Bestandteile des Änderungsangebotes handeln, sie dürfen also nur nebensächliche oder unbedeutende Aspekte betreffen, die die Entscheidung des Arbeitnehmers über die Annahme des Angebotes schlechthin nicht beeinflussen können (z. B. Korrektur einer Hausnummer bei der Adresse des neuen Betriebs in einer anderen Stadt, in der der Arbeitnehmer nach dem Angebot des Arbeitsgebers zukünftig arbeiten soll).

2. Kündigungserklärung. Dies ist eine eindeutige Formulierung, wie sie auch sonst in Beendigungskündigungen verwendet wird. Arbeitgeber sind nicht verpflichtet, unaufgefordert einen **Kündigungsgrund** anzugeben (arg e § 626 Abs. 2 S. 3 BGB) und sollten dies auch tunlich unterlassen. Gleichwohl unterliegt die Änderungskündigung dem Kündigungsschutzgesetz und muss gegebenenfalls in einem Änderungsschutzverfahren sorgfältig begründet werden. Genau wie bei Beendigungskündigungen kommen bei Änderungskündigungen nur drei Kategorien von Kündigungsgründen in Betracht, nämlich personen-, verhaltens- sowie betriebsbedingte Kündigungsgründe. Letztere überwiegen in der Praxis. Im Rahmen eines Änderungsschutzverfahrens muss der Arbeitgeber u. a. den Wegfall des bisherigen Arbeitsplatzes sowie die Vornahme einer Sozialauswahl (zu den Besonderheiten, vgl. Anm. 1: „Schwimmmeister-Entscheidung", BAG Urt. v. 13. 6. 1986 – 7 AZR 623/84 – NZA 1987, 155) nach den allgemeinen Grundsätzen darlegen und beweisen.

Wie bei Beendigungskündigungen ist die für den individuellen Arbeitnehmer maßgebliche **Kündigungsfrist** zu bestimmen, die sich aus Einzelvertrag, Tarifvertrag oder dem Gesetz ergibt.

4. Änderungskündigung

3. Änderungsangebot. Das Änderungsangebot muss so klar, eindeutig und abschließend formuliert sein, dass der Mitarbeiter das Angebot mit einem einfachen „Ja" oder „Nein" beantworten kann. Die Formulierung eines solchen Angebots kann im Einzelfall oft schwieriger als in dem gewählten Beispiel des Formulars sein, etwa wenn komplizierte Sachverhalte oder mehrere Vertragsbedingungen betroffen sind. In solchen Fällen ist es ratsam, anhand des existierenden Arbeitsvertrags die sich ändernden Vertragsbestimmungen genau zu bezeichnen und anzugeben, ob sie gänzlich wegfallen oder durch welche Vertragsformulierung sie ersetzt werden sollen.

Praktisch selten erfolgreich sind Änderungskündigungen mit dem Ziel der **Gehaltsherabsetzung**, weil das BAG sich insoweit streng an dem Grundsatz pacta sunt servanda orientiert. In der Praxis ist zwischen zwei Motiven des Arbeitgebers für eine Gehaltsherabsetzung zu differenzieren: Zum einen mag der Arbeitsplatz des Arbeitnehmers sich verändert haben. Zum anderen kann der Arbeitsplatz des Arbeitnehmers zwar unverändert geblieben sein, der Arbeitgeber ist aber aufgrund massiver wirtschaftlicher Probleme bestrebt, eine Gehaltsherabsetzung zu erreichen. Auch in diesem Fall ist eine Gehaltsherabsetzung nur in ganz engen Grenzen zulässig, insbesondere wenn der Betrieb anderenfalls unrentabel wird, ein Sanierungsplan aufgestellt wurde und die Arbeitsverhältnisse sonst nicht zu unveränderten Bedingungen fortgeführt werden könnten (vgl. zu allen Einzelheiten m. weit. Nachw. zur BAG-Rechtsprechung K/D/Z/Zwanziger § 2 KSchG Rdn. 168 a ff.). Wenig beachtet ist eine Konsequenz, die das BAG selbst einmal (BAG Urt. v. 1. 7. 1999 – 2 AZR 826/98 – AP Nr. 53 zu § 2 KSchG 1969) festgestellt hat: *„Hat der Arbeitnehmer ein fest umrissenes Arbeitsgebiet, so kann, wenn die Personalkosten seines konkreten Arbeitsplatzes auf dem Markt nicht mehr durchsetzbar sind, für den Arbeitgeber die Situation entstehen, dass er für diesen konkreten Arbeitsplatz keine kostendeckenden Aufträge mehr akquirieren kann und er deshalb zur Vermeidung einer Beendigungskündigung das Entgelt des betreffenden Arbeitnehmers an die neuen Marktbedingungen anpassen muss."*

Wenn sich der Arbeitsplatz des Mitarbeiters verändert, kann auch eine Gehaltsherabsetzung durchsetzbar sein; dies gilt insbesondere, wenn der neue Arbeitsplatz lediglich die Anforderungen einer niedrigeren tariflichen Vergütungsgruppe erfüllt. Wenn es solche tariflichen Vergütungsstrukturen nicht gibt, die Gehälter also frei ausgehandelt werden, treten oft erhebliche Schwierigkeiten auf, wie das neue Gehalt des Mitarbeiters zu bemessen ist, wobei insbesondere die Anforderungen des neuen Arbeitsplatzes, die Vergleichbarkeit zu anderen Mitarbeitern und die im Unternehmen erdiente Betriebszugehörigkeit des betroffenen Mitarbeiters eine Rolle spielen. **Prozessual** stellt sich für den Arbeitgeber dabei das Problem, dass ein etwa angerufenes Arbeitsgericht nicht ein angemessenes Gehalt festsetzen kann, sondern lediglich entscheidet, ob die ausgesprochene Änderungskündigung wirksam oder unwirksam ist. Wenn dabei das neue Gehalt des betroffenen Mitarbeiters – nach den Feststellungen des Arbeitsgerichts – auch nur um einen Euro zu niedrig angesetzt wird, ist die Änderungskündigung unwirksam und das Arbeitsverhältnis bleibt zu den bisherigen Bedingungen bestehen. Andererseits will der Arbeitgeber nicht von vornherein ein zu hohes Gehalt anbieten, nur um in einem etwaigen Änderungsschutzverfahren „auf der sicheren Seite zu stehen". Um dieses Dilemma aufzulösen und Zeitverluste durch wiederholte Änderungskündigungen zu vermeiden, bietet sich die **„Stufen-Änderungskündigung"** an. Dem betroffenen Mitarbeiter wird ein in Stufen steigendes Gehalt angeboten, so dass das etwa angerufene Arbeitsgericht das angemessene Gehalt auswählen kann. In diesem Fall würde man in der Änderungskündigung wie folgt formulieren:

Alternative:
Zugleich bieten wir Ihnen danach die Fortführung des Arbeitsverhältnisses als Buchhalter (Stellenbeschreibung anbei) in der Abteilung XYZ zu einem Brutto-Monatsgehalt in Höhe von EUR 2.200,- an. Die übrigen Bedingungen des Arbeitsverhältnisses bleiben unverändert. Vorsorglich für den Fall, dass sich das vorstehende Änderungsangebot hinsichtlich der Vergütung als sozial ungerechtfertigt erweisen sollte, bieten wir Ihnen die Fortführung des Arbeitsverhältnisses wie beschrieben mit der Maßgabe an, dass Ihr künftiges Brutto-Monatsgehalt EUR 2.250,- beträgt.

Vorsorglich für den Fall, dass sich auch das verbesserte Änderungsangebot als sozial ungerechtfertigt erweisen sollte, bieten wir Ihnen die Fortführung des Arbeitsverhältnisses wie beschrieben mit der Maßgabe an, dass Ihr zukünftiges Brutto-Monatsgehalt EUR 2.300,- beträgt.

Ein ähnliches prozessuales Problem kann sich bei **Änderungskündigungen stellen, die mehrere vertragliche Aspekte betreffen,** weil nämlich schon eine sozial ungerechtfertigte Änderung zur Unwirksamkeit der gesamten Änderungskündigung führt (vgl. z.B. LAG Köln Urt. v. 21. 6. 2002 – 11 Sa 1418/01 – BB 2003, 212, rkr.). Im Einzelfall kann die Aufspaltung in mehrere förmliche Änderungskündigungen dieses Problem lösen, ähnlich wie die Rechtsprechung des BAG die Aufspaltung eines Lebensvorgangs, der mehrere vorwerfbare Verhalten eines Mitarbeiters enthält, in mehrere förmliche Abmahnungen nahe legt.

4. Verhältnis Änderungskündigung/Direktionsrecht. Nach der Rechtsprechung des BAG ist eine Änderungskündigung unzulässig, wenn die Veränderung der Arbeitsvertragsbedingungen schon auf der Grundlage des Direktionsrechts des Arbeitgebers, also ohne Vertragsänderung, erreicht werden kann (vgl. grundlegend BAG Urt. v. 28. 4. 1982 – 7 AZR 1139/79 – AP Nr. 3 zu § 2 KSchG, sowie KR/*Rost* § 2 KSchG Rdn. 106a m. weit. Nachw.). Die Grenzen des Direktionsrechts sind freilich im Einzelfall schwierig zu bestimmen, weil es auf die Auslegung unbestimmter Rechtsbegriffe wie „billiges Ermessen" (vgl. § 315 BGB, § 106 GewO) ankommt. Aufgrund der Rechtsprechung des BAG ist es für den Arbeitgeber keine sichere Variante, jedenfalls eine Änderungskündigung zu erklären. Das BAG hat zwar seinen Grundsatz etwas eingeschränkt, wonach eine Änderungskündigung jedenfalls unwirksam ist, wenn der Arbeitgeber das gleiche Ziel aufgrund des Direktionsrechts erreichen könnte: Wenn der Arbeitnehmer eine solche Änderungskündigung unter Vorbehalt annimmt, ist sie nicht von vornherein unwirksam (vgl. BAG Urt. v. 26. 1. 1995 – 2 AZR 371/94 – NZA 1995, 626 sowie BAG Urt. v. 9. 7. 1997 – 4 AZR 635/95 – AP Nr. 233 zu §§ 22, 23 BAT 1975). Selbst diese Rechtsprechung hilft dem Arbeitgeber kaum, weil man nicht im Vorhinein weiß, ob der Arbeitnehmer das Änderungsangebot wenigstens unter Vorbehalt annehmen wird. Zudem wird diese neue Rechtsprechung in der rechtswissenschaftlichen Literatur inhaltlich angegriffen (vgl. nur *von Hoyningen/Huene* KSchG § 2 Rdn. 23c sowie *Rost* a.a.O. m. weit. Nachw.), und zwar mit dem (eher formalen) Argument, dass die Kündigung stets das äußerste anwendbare Mittel des Arbeitgebers sein sollte und deshalb unzulässig ist, wenn es mildere Mittel gibt, wie z.B. die Versetzung auf der Grundlage des Direktionsrechts. Die grundsätzliche Ansicht des BAG, wonach eine Änderungskündigung unwirksam ist, wenn der Arbeitgeber das gleiche Ziel aufgrund des Direktionsrechts erreichen könnte, sowie die gegen die neue Rechtsprechung geäußerte Kritik überzeugen nicht, weil ein Arbeitgeber, der seinen Arbeitnehmer schon ohne Vertragsänderung versetzen darf, diesen erst recht im Wege einer Änderungskündigung an einem anderen Ort einsetzen können muss.

In der Praxis sollte der Arbeitgeber in solchen Fällen den Arbeitnehmer aufgrund des Direktionsrechts versetzen und vorsorglich eine Änderungskündigung erklären (dazu *Löwisch* NZA 1988, 633, 641). Natürlich ist die Kombination der Versetzung aufgrund des Direktionsrechts und einer vorsorglichen Änderungskündigung nur sinnvoll, wenn für das Direktionsrecht wenigstens theoretisch Raum ist. Dies wäre beispielsweise nicht der Fall, wenn aufgrund des bestehenden Arbeitsvertrags eine örtliche Versetzung ausgeschlossen ist und ausschließlich eine Position an einem anderen Ort in Betracht kommt. Von der Kombination der Versetzung aufgrund des Direktionsrechts mit einer vorsorglichen Änderungskündigung ist ebenfalls abzuraten, wenn das Direktionsrecht eindeutig die Versetzung rechtfertigt. In Zweifelsfällen, also wenn 'eine Versetzung aufgrund des Direktionsrechts auch in Betracht kommen könnte, müsste im Formular deshalb als Alternative (nach der Anrede) folgender Satz eingefügt werden:

Alternative:
(...)
hiermit versetzen wir Sie mit Wirkung ab dem 1. November 2004 von unserem Hamburger in unseren Dresdener Betrieb. Sie werden dort zu im Übrigen unveränderten Bedingungen weiter beschäftigt werden.

4. Änderungskündigung

Für den Fall, dass die vorstehende Versetzung wider Erwarten unwirksam sein sollte, kündigen wir vorsorglich das zwischen Ihnen und der Gesellschaft bestehende Arbeitsverhältnis zum 31. Dezember 2004, hilfsweise zum nächsten zulässigen Termin. In diesem Fall bieten wir Ihnen zugleich an, das Arbeitsverhältnis danach nicht mehr in unserem Hamburger, sondern in unserem Dresdner Betrieb zu im Übrigen unveränderten Bedingungen fortzusetzen.

(...)

Neben der erhöhten Rechtssicherheit bietet die „vorgeschaltete Versetzung" aufgrund des Direktionsrechts aber noch einen weiteren Vorteil, weil **Kündigungsfristen** für solche Versetzungen nicht gelten. Es ist also möglich, den Mitarbeiter z.B. mit einer Frist von sechs Wochen aufgrund des Direktionsrechts zu versetzen und vorsorglich eine Änderungskündigung zu erklären, die, wenn überhaupt, erst nach sechsmonatiger Kündigungsfrist wirksam werden würde. Der Arbeitnehmer ist grundsätzlich gut beraten, der Versetzung Folge zu leisten, weil er anderenfalls den Ausspruch einer fristlosen Kündigung wegen Arbeitsverweigerung riskiert, wenn schon das Direktionsrecht des Arbeitgebers die Versetzung gerechtfertigt haben sollte. Mit diesem Vorteil, der rascheren Umsetzung der neuen Arbeitsvertragsbedingungen, korrespondieren allerdings Nachteile des Arbeitgebers: Eine vertragswidrige Versetzung aufgrund des Direktionsrechts kann der Mitarbeiter gegebenenfalls mit dem Antrag auf Erlass einer **einstweiligen Verfügung** beantworten, mit der er die Beibehaltung des status quo durchzusetzen versucht. Da eine rechtswidrige Versetzung zudem eine Vertragsverletzung bedeutet, kann der Arbeitnehmer auch Schadensersatz vom Arbeitgeber verlangen; erfahrungsgemäß ist dieses Risiko wirtschaftlich jedoch zumeist zu vernachlässigen. Je nach den Umständen des Einzelfalls muss der betroffene Arbeitgeber prüfen, ob er solche zusätzlichen Auseinandersetzungen in Kauf nehmen will.

Unabhängig davon, ob lediglich eine Änderungskündigung erklärt wird oder ob eine Versetzung auf der Grundlage des Direktionsrechts sowie einer vorsorglichen Änderungskündigung erklärt wird, muss der Arbeitgeber die Beteiligung des **Betriebsrats** nach § 99 BetrVG und § 102 BetrVG sicherstellen (s. ausführlich Anm. 6).

5. Hinweis auf etwa anwendbaren Sozialplan oder andere Informationen. Beispielhaft ist diese Formulierung im Formular aufgenommen. Da sie nicht die zukünftigen Arbeitsbedingungen betrifft, sondern nur die Modalitäten der Umsetzung der Änderungskündigung, ist diese Angabe nicht zwingend. Aber gerade wenn Arbeitgeber daran interessiert sind, dass der betroffene Arbeitnehmer das Änderungsangebot annimmt, nützt dieser Hinweis.

6. Stellungnahme des Betriebsrats. Auch bei Änderungskündigungen gilt § 102 Abs. 4 BetrVG, wonach ein Widerspruch des Betriebsrats gegen die Änderungskündigung der Kündigungserklärung beizufügen ist. Zwar betrifft diese Vorschrift nur den Widerspruch des Betriebsrats (also keine anderen Reaktionen des Betriebsrats, z.B. eine Zustimmung, Kenntnisnahme oder eine fehlende Stellungnahme des Betriebsrats) und außerdem ist anerkannt, dass ein Verstoß des Arbeitgebers gegen § 102 Abs. 4 BetrVG keine rechtlichen Konsequenzen hat, insbesondere ist eine unter Verstoß gegen § 102 Abs. 4 BetrVG erklärte Kündigung nicht deshalb rechtswidrig (vgl. z.B. ErfKomm/*Hanau/Kania* § 102 Rdn. 28 m. weit. Nachw.). Keine Reaktion des Betriebsrats, wie im Beispiel, ist als Zustimmung zu werten (§ 102 Abs. 2 S. 2 BetrVG). Trotzdem belegt die betriebliche Praxis, dass auch in diesen Fällen ein Hinweis auf die (fehlende) Reaktion des Betriebsrats eher nutzt als schadet, weil die Akzeptanz des Mitarbeiters gefördert wird.

Im Falle einer (örtlichen) Versetzung, wie im Formularbeispiel, ist der Betriebsrat des aufnehmenden Betriebes zudem nach § 99 BetrVG zu beteiligen (D/K/K/*Kittner* § 99 Rdn. 89, 219). Ein Verstoß gegen § 99 BetrVG führt zwar nicht zur Unwirksamkeit der Änderungskündigung. Die Vertragsänderung darf aber betriebsverfassungsrechtlich erst durchgeführt werden, sobald das Verfahren nach § 99 BetrVG abgeschlossen ist (BAG Urt. v. 30. 9. 1993 – 2 AZR 283/93 – NZA 1994, 615, mit zustimmender Anm. *Wlotzke* in AP Nr. 33 zu § 2 KSchG, der auch auf abw. Auffassungen hinweist). Arbeitgeber haben also ein Interesse, den Abschluss dieses Verfahrens spätestens vor Ablauf der Kündigungsfrist zu erreichen. Eines Hinweises im Änderungskündigungsschreiben auf die Reaktion des Betriebsrats des aufnehmenden Betriebs im Zusammenhang mit § 99 BetrVG bedarf es nicht, weil es in dieser Vorschrift keine Parallele zu § 102 Abs. 4 BetrVG gibt. Sollte der Betriebsrat des aufnehmenden Betriebes aber schon zugestimmt haben, mag ein Hinweis hierauf sogar nützlich sein, um die Akzeptanz des betroffenen Arbeitnehmers zu fördern.

7. Belehrung des Mitarbeiters über rechtliche Konsequenzen. Solche Erläuterungen werden von der Rechtsprechung des BAG nicht gefordert (vgl. z. B. Urt. v. 6. 2. 2003 – 2 AZR 674/01 – NZA 2003, 659). Theoretisch könnten Arbeitgeber deshalb versucht sein, diesen Hinweis wegzulassen, in der Hoffnung, dass der Arbeitnehmer sich überhaupt nicht zu der Änderungskündigung äußert und das Arbeitsverhältnis damit fristgerecht endet. Da es bei Änderungskündigungen jedoch grundsätzlich um die gütliche Fortsetzung des Arbeitsverhältnisses geht, erscheint eine faire, transparente Information der Mitarbeiter geboten, zumal betroffene Mitarbeiter sich ohnehin leicht über ihre Rechte unterrichten können.

Überdies gibt es einen weiteren wichtigen Grund dafür, dem Arbeitnehmer zumindest eine klare **Annahmefrist** für das Änderungsangebot zu setzen (§ 148 BGB). Das BAG (Urt. v. 6. 2. 2003 – 2 AZR 674/01 – NZA 2003, 659) hat nämlich entschieden, dass der Arbeitnehmer anderenfalls das Änderungsangebot regelmäßig bis zu dem Tag vorbehaltlos annehmen kann, an dem der Arbeitgeber letztmalig unter Einhaltung der ordentlichen Kündigungsfrist hätte kündigen können. Auf die vorbehaltlose Annahmeerklärung ist die in § 2 S. 2 KSchG vorgesehene Dreiwochenfrist nämlich nicht entsprechend anwendbar.

Der Versuch des Arbeitgebers, die gesetzliche Bedenkfrist des Mitarbeiters in dem Änderungskündigungsschreiben ausdrücklich zu verkürzen, ist gefährlich, weil noch immer unentschieden ist, ob dies per se zur Unwirksamkeit der Änderungskündigung führt (vgl. LAG Köln Urt. v. 21. 6. 2002 – 11 Sa 1418/01 – BB 2003, 212, rkr.).

Grundsätzlich haben Arbeitnehmer **vier Optionen, auf die Änderungskündigung zu reagieren:**

- (1) Wenn der betroffene Arbeitnehmer gar nicht reagiert, also insbesondere das Angebot nicht annimmt und keine Kündigungsschutzklage erhebt, gilt das Angebot als abgelehnt (§ 147 BGB) und die Beendigungskündigung als sozial gerechtfertigt (§ 7 KSchG).
- (2) Wenn der betroffene Arbeitnehmer sich darauf beschränkt, gegen die Beendigung des Arbeitsverhältnisses eine Kündigungsschutzklage zu erheben, geht es um „Alles oder Nichts". In dem Kündigungsschutzprozess um die Beendigung des Arbeitsverhältnisses kann der Mitarbeiter nicht mehr vorbringen, dass der Arbeitgeber ihm die angebotene oder andere freie Positionen anstelle der Kündigung hätte anbieten müssen, jedenfalls wenn das Angebot angemessen war (K/D/Z/*Zwanziger* § 2 KSchG Rdn. 126 m. weit. Nachw.).
- (3) Wenn der Arbeitnemer das Änderungsangebot vorbehaltlos annimmt, wird das Arbeitsverhältnis zu geänderten Bedingungen fortgesetzt.
- (4) Wenn der Arbeitnehmer das Änderungsangebot „**unter dem Vorbehalt der sozialen Rechtfertigung**" annimmt (§ 2 KSchG) und innerhalb von drei Wochen eine Änderungsschutzklage erhebt (vgl. § 7 KSchG), wird das Arbeitsverhältnis nach Ablauf der Kündigungsfrist und bis zum rechtskräftigen Abschluss des Änderungsschutzverfahrens zu geänderten Arbeitsvertragsbedingungen fortgesetzt. Gewinnt der Arbeitnehmer den Änderungsschutzprozess, bleibt es bei den ursprünglichen Arbeitsvertragsbedingungen (vgl. § 8 KSchG). In diesem Fall muss der Arbeitgeber ihn rückwirkend so stellen, als sei die Veränderung der Arbeitsvertragsbedingungen nach Ablauf der Kündigungsfrist tatsächlich nie eingetreten, d. h. beispielsweise bei einer Gehaltsreduzierung im Wege der Änderungskündigung muss die Differenz zu der ursprünglichen Vergütung nachgezahlt werden. Der Ausgang des Änderungsschutzverfahrens hängt davon ab, ob die Änderungskündigung sozial gerechtfertigt war. Gibt der Arbeitnehmer die Annahmeerklärung unter dem Vorbehalt der sozialen Rechtfertigung nicht ab, kann die Änderungsschutzklage gleichwohl erfolgreich sein. Diese Erklärung kann nämlich konkludent in der Änderungsschutzklage enthalten sein (zweifelhaft, so aber BAG Urt. v. 17. 6. 1998 – 2 AZR 336/97 – AP Nr. 49 zu § 2 KSchG). Allerdings muss die Änderungsschutzklage dem Arbeitgeber in diesem Fall innerhalb der 3-Wochenfrist zugestellt worden sein, § 167 ZPO (= § 270 Abs. 3 ZPO a. F.) gilt insoweit nicht (vgl. BAG a. a. O.).

4. Änderungskündigung A. XI. 4

Der Verlauf eines Kündigungsschutzprozesses hängt in der Praxis oft entscheidend von dem sog. „**Verzugslohnrisiko**" ab (vgl. §§ 615 BGB, 11 KSchG): Wenn über die Jahre des Prozessverlaufes ein hoher Verzugslohn entsteht, den der Arbeitgeber am Ende erstatten müsste, ist er eher bereit nachzugeben, als wenn überhaupt kein Verzugslohn entsteht, etwa weil der Mitarbeiter sofort eine neue Position mit gleicher oder höherer Vergütung findet. Wenn ein Kündigungsschutzprozess um die Beendigung des Arbeitsverhältnisses geführt wird, nachdem der betroffene Arbeitnehmer das Änderungsangebot des Arbeitgebers vorbehaltlos abgelehnt hat (vgl. die Option (2)), kann sich das Verzugslohnrisiko des Arbeitgebers vermindern. Im Falle jeder Beendigungskündigung besteht nämlich die Obliegenheit des Arbeitnehmers, seine Arbeitskraft nach Ablauf der Kündigungsfrist angemessen zu verwerten, wobei Einkommen aus einer anderen Beschäftigung sowie einer hypothetischen Beschäftigung, die der Arbeitnehmer hätte annehmen können, aber „böswillig" nicht angenommen hat, obwohl es eine zumutbare Arbeit war, gegebenenfalls auf seine Gehaltsansprüche gegenüber der Gesellschaft angerechnet werden (vgl. §§ 615 BGB, 11 KSchG).

Auch nach einer vorbehaltlosen Ablehnung eines Änderungsangebotes kann sich genau die zuvor beschriebene Konstellation ergeben. Nach der Rechtsprechung des BAG kommt die Anrechnung böswillig nicht erzielten Zwischenverdienstes auch in Betracht, wenn die Beschäftigungsmöglichkeit bei dem gleichen Arbeitgeber bestand, der sich im Annahmeverzug befindet (BAG Urt. v. 7. 11. 2002 – 2 AZR 650/00 – AP § 615 BGB Nr. 98). Wenn ein Arbeitnehmer das Kündigungsschutzverfahren gewinnt, stellt sich die Frage, ob er sich das hypothetische Einkommen aus der abgelehnten neuen Position bei dem gleichen Arbeitgeber auf seinen Verzugslohn anrechnen lassen muss. Diese Konstellation kann in der Praxis durchaus entstehen, etwa wenn der Arbeitgeber den Wegfall des früheren Arbeitsplatzes des Mitarbeiters nicht beweisen kann, die angetragene Änderung aber nicht unangemessen wäre. Man wird diese Frage nach den allgemeinen Kriterien lösen, indem zu prüfen ist, ob die angebotene Position eine „zumutbare Arbeit" i. S. d. § 11 Nr. 2 KSchG war. In solchen Fällen, in denen es nach dem Willen des Arbeitgebers ausschließlich um die Beendigung des Arbeitsverhältnisses geht und in denen die Ablehnung des Änderungsangebotes durch den Arbeitnehmer von vornherein feststeht, kann die Änderungskündigung also ein wichtiges taktisches Mittel des Arbeitgebers sein, das Verzugslohnrisiko einzuschränken.

8. Information über sozialversicherungsrechtliche Pflichten. Im Hinblick auf die Obliegenheiten eines gekündigten Mitarbeiters nach § 2 Abs. 2 Nr. 3 SGB III und der möglichen Belehrungspflicht des Arbeitgebers ist dieser gut beraten, in jedem Fall einer Beendigungs- oder Änderungskündigung den Mitarbeiter vorsorglich darauf hinzuweisen, dass er sich unmittelbar nach Zugang der Kündigungserklärung bei einer Agentur für Arbeit zu melden hat (vgl. Form. A. XIV. 2 Anm. 5).

9. Schriftform und Vertretungsverhältnisse. Die Änderungskündigung unterliegt auch dem strengen Schriftlichkeitsgebot (§ 623 BGB), vgl. Form. A. XIV. 2 Anm. 7.

Der Formzwang des § 623 BGB erstreckt dabei nicht allein auf die Kündigung als solche. Auch das Änderungsangebot muss schriftlich abgegeben werden (BAG Urt. v. 16. 9. 2004 – 2 AZR 628/03 – DB 2005, 395).

10. Zugang. S. Form. A. XIV. 2 Anm. 8.

5. Herabsetzung der Arbeitszeit

Änderungsvertrag zum Arbeitsvertrag vom ......

zwischen
...... (Name und Anschrift des Arbeitgebers) „Gesellschaft"
und
...... (Name und Anschrift des Arbeitnehmers) „Mitarbeiter"
Zur Abänderung[1] des Arbeitsvertrags vom ...... und zur Erfüllung des Anspruchs des Mitarbeiters auf Teilzeitbeschäftigung nach § 8 TzBfG[2] vereinbaren die Parteien Folgendes:

§ 1 Arbeitszeit

(1) Die bisherige wöchentliche Arbeitszeit von 40 Stunden pro Woche wird ab dem ...... auf 20 Stunden pro Woche reduziert[3].

(2) Die Wochenarbeitszeit wird gleichmäßig auf die Wochentage Montag bis Freitag verteilt. Die tägliche Arbeitszeit beträgt vier Stunden von 10:00 Uhr bis 14:00 Uhr[4].

(3) Der Mitarbeiter erklärt sich bereit, Überstunden zu leisten, wenn das aus betrieblichen Gründen dringend erforderlich ist. Die von der Gesellschaft üblicherweise gezahlten Überstundenzuschläge erhält der Mitarbeiter erst dann, wenn seine Arbeitszeit 40 Stunden pro Woche überschreitet[5].

§ 2 Vergütung

(1) Die bisherige Vergütung von EUR ...... brutto (in Worten: Euro ......) monatlich wird entsprechend der Verkürzung der Arbeitszeit herabgesetzt. Sie beträgt ab dem Beginn der Teilzeitbeschäftigung EUR ...... brutto (in Worten: Euro ......) monatlich.

(2) Das jährliche Urlaubsgeld von EUR ...... brutto (in Worten: Euro ......) sowie der monatliche Essenszuschuss in Höhe von EUR ...... brutto (in Worten: Euro ......) werden in unveränderter Höhe gezahlt[6].

§ 3 Urlaub

(1) Der Jahresurlaub richtet sich nach den Arbeitstagen pro Woche.

(2) Bei der derzeitigen Verteilung der Arbeitszeit gemäß § 1 Abs. (2) des Vertrages ergibt sich eine Urlaubsdauer von 20 Arbeitstagen pro Jahr[7].

§ 4 Erneute Vertragsänderung

(1) Der Mitarbeiter kann nicht vor dem Ablauf von zwei Jahren nach Beginn der Teilzeitbeschäftigung eine erneute Verringerung der Arbeitszeit verlangen[8].

(2) Verlangt der Mitarbeiter die Verlängerung der Arbeitszeit, wird die Gesellschaft dieses Verlangen bei der Besetzung freier Stellen unter Berücksichtigung der Arbeitszeitwünsche anderer teilzeitbeschäftigter Arbeitnehmer berücksichtigen[9].

§ 5 Verschiedenes

(1) Soweit in diesem Vertrag nicht abweichend geregelt, gilt im Übrigen der Arbeitsvertrag vom ...... fort.

(2) Nebenabreden neben dieser Vertragsänderung bestehen nicht. Weitere Nebenabreden bedürfen der Schriftform. Mündliche Vertragsänderungen oder solche in elektronischer Form sind unwirksam. Das gilt auch für die Änderung des Schriftformerfordernisses.

(3) Sollten einzelne Bestimmungen dieses Vertrages unwirksam sein, berührt das die Wirksamkeit des Vertrages im Übrigen nicht. Die unwirksame Regelung wird durch eine wirksame Regelung ersetzt, die der unwirksamen Regelung wirtschaftlich möglichst nahe kommt und die die Parteien vereinbart hätten, wenn sie um die Unwirksamkeit der ursprünglichen Regelung gewusst hätten. Das Gleiche gilt im Falle einer vertraglichen Lücke.

......
Ort, Datum

......
Unterschrift der Gesellschaft

......
Ort, Datum

......
Unterschrift des Mitarbeiters

Schrifttum: Diller, Der Teilzeitwunsch im Prozess: Maßgeblicher Beurteilungszeitpunkt, insbesondere bei nachfolgenden Tarifverträgen nach § 8 Abs. IV S. 3 TzBfG, NZA 2001, 589; *Gotthard*, Teilzeitanspruch und einstweiliger Rechtsschutz, NZA 2001, 1183; *Grobys, Bram,* Die prozessuale Durchsetzung des Teilzeitanspruches, NZA 2001, 1175; *Hanau,* Offene Fragen zum Teilzeitgesetz, NZA 2001, 1168; *Hunold,* Die neueste Rechtsprechung zu § 8 TzBfG, NZA-RR 2004, 225; *Kliemt,* Der neue Teilzeitanspruch – Die gesetzliche Neuregelung zum 1. 1. 2001, NZA 2001, 63; *Otto,* Mitbestimmung des Betriebsrats bei der Regelung von Dauer und Lage der Arbeitszeit, NZA 1992, 97; *Rieble, Gutzeit,* Teilzeitanspruch nach § 8 TzBfG und Arbeitszeitmitbestimmung, NZA 2002, 7; *Schiefer,* Anspruch auf Teilzeitarbeit nach § 8 TzBfG – Die ersten Entscheidungen, NZA-RR 2002, 393; *Straub,* Die ersten Erfahrungen mit dem Teilzeit- und Befristungsgesetz, NZA 2001, 919.

Anmerkungen

1. Änderung des Arbeitsvertrags. Die vertraglichen Regelungen zur Dauer der Arbeitszeit gehören zum Kernbereich des Arbeitsverhältnisses (BAG Urt. v. 12. 12. 1984 – 7 AZR 509/83 – AP Nr. 6 zu § 2 KSchG 1969). Die Dauer der Arbeitszeit unterliegt damit nicht dem Direktionsrecht des Arbeitgebers und steht selbstverständlich auch nicht im Belieben des Arbeitnehmers. Die Veränderung der Arbeitszeit muss daher vertraglich geregelt werden. Obwohl nachfolgend überwiegend auf eine Vereinbarung der Arbeitszeitherabsetzung nach einem Teilzeitverlangen (§ 8 TzBfG) eingegangen wird, kommt eine solche Vereinbarung natürlich auch außerhalb dieses förmlichen Verfahrens in Betracht.

2. Anspruch auf Teilzeitbeschäftigung. § 8 TzBfG sieht einen Anspruch des Arbeitnehmers auf Abschluss einer Vereinbarung über die **Verringerung der Arbeitszeit** vor. Voraussetzung des Anspruches ist zum einen, dass das Arbeitsverhältnis mehr als sechs Monate bestanden hat und zum anderen, dass der Arbeitgeber i. d. R. mehr als 15 Mitarbeiter ohne Berücksichtigung der Auszubildenden beschäftigt. Der Arbeitnehmer muss nach § 8 Abs. 2 TzBfG den Anspruch mindestens drei Monate vor Beginn der Verringerung der Arbeitszeit geltend machen, eine bestimmte Form ist allerdings nicht vorgeschrieben. Der Arbeitnehmer soll dabei auch Angaben über die gewünschte **Verteilung der Arbeitszeit** machen. Eine isolierte Veränderung der Verteilung der regelmäßigen oder einer reduzierten Arbeitszeit kann der Arbeitnehmer allerdings nicht beanspruchen. Nach § 8 Abs. 3 TzBfG hat der Arbeitgeber mit dem Arbeitnehmer den Wunsch nach Verringerung und Verteilung der Arbeitszeit mit dem Ziel einer Einigung zu erörtern. Der Arbeitgeber kann dem Teilzeitwunsch des Arbeitnehmers nur betriebliche Gründe entgegensetzen. Diese liegen insbesondere vor, wenn die Organisation, der Arbeitsablauf oder die Sicherheit im Betrieb wesentlich beeinträchtigt oder unverhältnismäßige Kosten verursacht werden. Die Entscheidung des Arbeitgebers über den Teilzeitwunsch des Arbeitnehmers muss diesem spätestens einen Monat vor Beginn der Teilzeit schriftlich mitgeteilt werden. Versäumt der Arbeitgeber diese Frist, wird nach § 8 Abs. 5 S. 2, 3 TzBfG dessen Zustimmung zum Verlangen des Arbeitnehmers sowohl hinsichtlich der Dauer als auch hinsichtlich der Verteilung fingiert.

Lehnt der Arbeitgeber den Teilzeitwunsch des Arbeitnehmers ab, ohne ihn vorher mit dem Arbeitnehmer erörtert zu haben, ist die Ablehnung nicht unwirksam. Der Arbeitgeber kann sich in einem eventuell anschließenden Gerichtsverfahren aber nicht auf Argumente berufen, die in Verhandlungen mit dem Arbeitnehmer hätten ausgeräumt werden können (BAG Urt. v. 18. 2. 2003 – 9 AZR 356/02 – AP Nr. 1 zu § 8 TzBfG).

Der Teilzeitwunsch des Arbeitnehmers, der sich sowohl auf die Dauer der Arbeitszeit als auch auf deren Lage bezieht, stellt ein **einheitliches Angebot** zur Vertragsänderung dar. Es kann nach § 150 BGB nur insgesamt angenommen oder abgelehnt werden (BAG Urt. v. 18. 2. 2003 – 9 AZR 164/02 – AP Nr. 1 zu § 8 TzBfG) Der Arbeitgeber kann also nicht einer Verringerung der Arbeitszeit zustimmen, aber eine andere Verteilung der Arbeitszeit vornehmen.

Ein ähnlicher Anspruch ergibt sich aus § 15 Abs. 5 BErzGG für einen Teilzeitbeschäftigung während der **Elternzeit**. Auch hier ist Grundvoraussetzung, dass der Arbeitgeber i. d. R. ohne Berücksichtigung der Auszubildenden mehr als 15 Mitarbeiter beschäftigt und das Arbeitsverhältnis mehr als sechs Monate besteht. Wegen der während der Elternzeit nur beschränkt zulässigen Teilzeitbeschäftigung soll die verringerte Arbeitszeit zwischen 15 und 30 Stunden wöchentlich liegen. Parallel zu § 8 TzBfG sieht auch § 15 Abs. 5 BErzGG vor, dass sich Arbeitgeber und Arbeitnehmer über die Teilzeitbeschäftigung einigen sollen. Die Ablehnung des Antrags muss innerhalb von vier Wochen **mit schriftlicher Begründung** erfolgen. Im Gegensatz zu § 8 TzBfG kann der Arbeitgeber dem Teilzeitverlangen nur *dringende* betriebliche Gründe entgegensetzen. Anders als nach § 8 Abs. 5 S. 2, 3 TzBfG gilt nach § 15 Abs. 7 BErzGG aber bei Fristversäumung die Zustimmung nicht als fingiert. Der Arbeitnehmer muss Klage auf Verringerung der Arbeitszeit erheben.

Strittig ist, ob ein Teilzeitverlangen nach § 15 Abs. 5 BErzGG auch während der Elternzeit zulässig ist oder nur vor dem Beginn der Elternzeit. Für die letztere Ansicht spricht, dass bei einem während der Elternzeit ruhenden Arbeitsverhältnis eine Reduzierung der Arbeitszeit nicht mehr in Betracht kommt, da diese bereits auf null reduziert ist. Zudem hat sich der Arbeitgeber bereits auf das ruhende Arbeitsverhältnis eingestellt und eventuell für Vertretung gesorgt. Diese Dispositionen würden in Frage gestellt. Weiteres Argument ist, dass auch die Elternzeit die Voraussetzung für das Teilzeitverlangen gemäß § 15 Abs. 5 BErzGG ist, vor deren Beginn zu beantragen ist, womit das Wahlrecht des Arbeitnehmers verbraucht ist (LAG Stuttgart Urt. v. 6. 5. 2004 – 3 Sa 44/03 – n. a. v.). Allerdings lässt sich dieser formale Standpunkt aus dem Gesetz heraus nicht begründen. § 15 Abs. 5 BErzGG geht gerade von einer Teilzeitbeschäftigung während der Elternzeit aus. Dispositionen des Arbeitgebers sind im Rahmen der dringenden betrieblichen Gründe, die er nach § 15 Abs. 7 Nr. 4 BErzGG dem Teilzeitwunsch entgegenhalten kann, zu berücksichtigen. Daher ist davon auszugehen, dass auch während der Elternzeit der Arbeitnehmer jederzeit eine Teilzeitbeschäftigung verlangen kann (HWK/*Gaul* BErzGG § 15 Rdn. 12).

3. Verringerung der Arbeitszeit. Der Arbeitnehmer hat in seinem Antrag anzugeben, wie lang die künftige Arbeitszeit sein soll. Ein bestimmter Umfang der Verringerung ist gemäß § 8 TzBfG nicht vorgeschrieben. Die hier vorgesehene hälftige Reduzierung ist demgemäß beispielhaft.

4. Lage der Arbeitszeit. Nach § 8 Abs. 2 S. 3 TzBfG soll der Arbeitnehmer bei seinem Antrag auf Verringerung der Arbeitszeit auch die gewünschte **Verteilung der Arbeitszeit** angeben. Im Formular ist eine gleichmäßige Verteilung der Arbeitszeit auf die Wochentage vorgesehen. Das Gesetz enthält keine Vorgaben über die Verteilung der Arbeitszeiten. Es ist deshalb nicht notwendig, die Verteilung an der Wochenarbeitszeit zu orientieren, denkbar ist auch eine verringerte Monats- oder Jahresarbeitszeit.

Problematisch ist, ob und inwieweit dem Betriebsrat ein **Mitbestimmungsrecht** zusteht. Das Mitbestimmungsrecht kann sich dabei nach § 87 Abs. 1 Nr. 2 BetrVG nur auf die Lage der Arbeitszeit beziehen. Die Dauer der Arbeitszeit ist als Kern des Synallagmas den Arbeitsvertragsparteien vorbehalten. Die Mitbestimmungsrechte nach § 87 BetrVG werden durch die Rechte des einzelnen Arbeitnehmers nach § 8 TzBfG nicht verdrängt. Ebenso wenig verdrängen Mitbestimmungsrechte die Individualansprüche des Arbeitnehmers (*Hunold* NZA-RR 2004, 7). Soweit dem Arbeitgeber bei der Ausgestaltung der Arbeitszeitregelung ein Gestaltungsspielraum verbleibt und soweit ein kollektiver Bezug gegeben ist, besteht auch das Mitbestimmungsrecht nach § 87 Abs. 1 Nr. 2 BetrVG. Umgekehrt kann eine Verteilung der

Arbeitszeit durch **Betriebsvereinbarung** als betrieblicher Grund dem Verteilungswunsch des Arbeitnehmers entgegengehalten werden, wenn diese den Verteilungswunsch des Arbeitnehmers ausschließt (BAG Urt. v. 18. 2. 2003 – Az. 9 AZR 164/02 – AP Nr. 2 zu § 8 TzBfG).

5. Überstunden. Bei Teilzeitbeschäftigten kann die Frage auftauchen, ob diese überhaupt zur Leistung von Überstunden verpflichtet sind. Immerhin haben sie durch die Vereinbarung einer geringeren als der üblichen Arbeitszeit zu erkennen gegeben, nicht darüber hinaus für die Arbeitsleistung zur Verfügung zu stehen. Die Verpflichtung, in dringenden Fällen Überstunden zu leisten, sollte deshalb Gegenstand einer eindeutigen vertraglichen Regelung sein. **Überstundenzuschläge** können Teilzeitbeschäftigte erst dann verlangen, wenn die Arbeitszeit von Vollzeitbeschäftigten überschritten wird. Darin liegt keine nach § 4 Abs. 1 TzBfG verbotene Ungleichbehandlung, denn der Teilzeitbeschäftigte erhält pro geleisteter Arbeitsstunde die gleiche Vergütung wie ein Vollzeitbeschäftigter (BAG Urt. v. 5. 11. 2003 – 5 AZR 8/03 – AP Nr. 6 zu § 4 TzBfG).

6. Vergütung. Nach § 4 Abs. 1 TzBfG ist die **Diskriminierung** von Teilzeitbeschäftigten untersagt. Insbesondere schreibt § 4 Abs. 1 S. 2 TzBfG vor, dass dem Teilzeitbeschäftigten Arbeitsentgelt und andere teilbare geldwerte Leistungen mindestens in dem Umfang zu gewähren sind, der dem Anteil seiner Arbeitszeit an der Arbeitszeit eines Vollzeitbeschäftigten entspricht (pro-rata-temporis). Sämtliche arbeitszeitabhängigen Entgeltbestandteile sind auch den Teilzeitbeschäftigten – freilich anteilig – zu gewähren. Das gilt auch für Funktionszulagen, soweit diese arbeitszeitabhängig sind (BAG Urt. v. 10. 2. 1999 – 10 AZR 711/97 – NZA 1999, 1001 Pflegezulage). Steht die Vergütung nicht in Abhängigkeit von der Arbeitszeit, sondern soll etwa eine besondere Belastung wegen der Lage der Arbeitszeit ausgeglichen oder die Betriebstreue belohnt werden, darf keine anteilige Kürzung vorgenommen werden. So haben Teilzeitbeschäftigte Anspruch auf gleich hohe Nachtarbeitszuschläge wie Vollzeitbeschäftigte, auch das Urlaubsgeld darf nicht gekürzt werden (BAG Urt. v. 23. 4. 1996 – 9 AZR 696/94 – AP Nr. 7 zu § 17 BErzGG). Das gilt, wie im Formular vorgesehen, auch für Essenszuschüsse und Ähnliches (BAG Urt. v. 26. 9. 2001 – 10 AZR 714/00 – AP Nr. 1 zu § 4 TzBfG).

7. Urlaub. Bei der Berechnung der **Urlaubsdauer** von Teilzeitbeschäftigten ist grundsätzlich von dem Urlaubsanspruch für Vollzeitbeschäftigte auszugehen. Die Arbeitstage des Teilzeitbeschäftigten sind zu denen der Vollzeitbeschäftigten in Relation zu setzen. Damit wird der gesetzliche Urlaubsanspruch der konkreten Arbeitsverpflichtung des Arbeitnehmers angepasst. Weiter ist bei Teilzeitbeschäftigten zu berücksichtigen, dass der Urlaubsanspruch tage- und nicht stundenweise zu berechnen ist. Die im Gesetz genannte Urlaubsdauer wird durch sechs Werktage in der Woche geteilt und mit der Anzahl der Arbeitstage multipliziert (BAG Urt. v. 27. 1. 1987 – 8 AZR 579/84 – AP Nr. 30 zu § 13 BUrlG) Für einen Teilzeitbeschäftigten, der an zwei Tagen pro Woche jeweils 4 Stunden arbeitet, ergibt sich auf dieser Grundlage folgender Urlaubsanspruch: 24 Urlaubstage: 6 Werktage × 2 Arbeitstage = 8 Urlaubstage. Bei der im Formular vorgesehenen Verteilung der Arbeitszeit ergibt sich 24:6 × 5 = 20 Urlaubstage und damit keine Veränderung gegenüber Vollzeitbeschäftigten.

8. Erneute Vertragsänderung. Nach § 8 Abs. 6 TzBfG kann der Arbeitnehmer eine erneute Verringerung der Arbeitszeit frühestens nach Ablauf von zwei Jahren verlangen, nachdem der Arbeitgeber einer Verringerung zugestimmt oder sie berechtigt abgelehnt hat. Das gilt auch für die Verteilung der Arbeitszeit. Der Arbeitnehmer kann allerdings nicht die Verringerung der Arbeitszeit von vornherein für eine bestimmte Zeit verlangen. Eine solche Festlegung stünde in Widerspruch zu § 9 TzBfG, wonach bei der Besetzung von Vollzeitstellen die Interessen anderer Teilzeitbeschäftigter berücksichtigt werden müssen.

9. Erhöhung der Arbeitszeit. Die Vertragsklausel zur Erhöhung der Arbeitszeit entspricht der Regelung des § 9 TzBfG.

6. Flexibilisierung der Arbeitszeit

Änderungsvertrag zum Arbeitsvertrag vom ......

zwischen
...... (Name und Anschrift des Arbeitgebers) „Gesellschaft"
und
...... (Name und Anschrift des Arbeitnehmers) „Mitarbeiter"

Vorbemerkung[1]

Der Mitarbeiter ist im Außendienst eingesetzt. Um dem Teilzeitwunsch des Mitarbeiters einerseits und den Anforderungen des Außendienstes andererseits zu genügen, soll der Mitarbeiter die Einteilung seiner Arbeitszeit anhand der ihm gestellten Aufgaben eigenverantwortlich vornehmen. Zur Abänderung des Arbeitsvertrags vom ...... und zur Einführung einer flexiblen Arbeitszeitregelung vereinbaren die Parteien Folgendes:

§ 1 Dauer und Verteilung der Arbeitszeit

(1) Die Dauer der Arbeitszeit beträgt ab dem ...... statt 40 Stunden pro Woche nur noch 30 Stunden[2].

(2) Die Arbeitszeit wird regelmäßig auf die Tage von Montag bis Freitag von 9:00 Uhr bis 15:30 Uhr einschließlich einer Pause von 0:30 Minuten verteilt[3].

§ 2 Abweichungen von der regelmäßigen Verteilung der Arbeitszeit[4]

(1) Der Mitarbeiter ist berechtigt, von der regelmäßigen Verteilung der Arbeitszeit abzuweichen, wenn die Organisation seiner Aufgaben das erfordert.

(2) Abweichungen von der Arbeitszeit gemäß Abs. (1) dürfen nicht zu einer höheren Wochenarbeitszeit als 60 Stunden führen; eine Reduktion bis zu null Stunden ist zulässig.

§ 3 Aufzeichnung der Arbeitszeit[5]

(1) Der Mitarbeiter ist verpflichtet, über seine Arbeitszeiten Aufzeichnungen zu führen. Die Aufzeichnungen sind in tabellarischer und elektronisch lesbarer Form zu führen. Sie müssen Angaben zu Datum, täglicher Arbeitszeit, den täglich erledigten Aufgaben sowie eine Zusammenfassung der wöchentlichen Arbeitszeit enthalten. Dabei sind die reguläre Arbeitszeit gemäß § 1 Abs. (2) des Vertrages und die diese überschreitenden Arbeitszeiten als Überstunden getrennt kenntlich zu machen.

(2) Die Aufzeichnungen sind jeweils am Montag der nachfolgenden Woche dem Leiter der Vertriebsabteilung in elektronischer Form zu übermitteln.

§ 4 Überwachung der Arbeitszeit

(1) Der Mitarbeiter hat dafür Sorge zu tragen, dass seine Arbeitszeiten die Vorgaben des § 3 Arbeitszeitgesetz (durchschnittlich höchstens acht Arbeitsstunden pro Tag in einem Zeitraum von sechs Monaten) nicht überschreiten.

(2) Fallen in einem Monat mehr als 50 Überstunden an, ist der Mitarbeiter verpflichtet, mit dem Leiter der Vertriebsabteilung geeignete Maßnahmen zu erörtern, um einen Ausgleich der Überstunden bei Erfüllung der anstehenden Aufgaben zu ermöglichen.

§ 5 Vergütung[6]

(1) Die fixe Vergütung wird gemäß der verringerten Arbeitszeit herabgesetzt. Sie beträgt EUR ...... brutto (in Worten: Euro ......) monatlich. Für die variable Vergütung

gilt die für alle Vertriebsmitarbeiter geltende Provisionsregelung vom ...... in ihrer jeweils gültigen Fassung.

(2) Die Regelungen zu Urlaubs- und Weihnachtsgeld sowie die Regelungen zur Spesenerstattung bleiben unverändert.

§ 6 Verschiedenes

(1) Soweit in diesem Vertrag nicht abweichend geregelt, gilt im Übrigen der Arbeitsvertrag vom...... fort.

(2) Nebenabreden neben dieser Vertragsänderung bestehen nicht. Weitere Nebenabreden bedürfen der Schriftform. Mündliche Vertragsänderungen oder solche in elektronischer Form sind unwirksam. Das gilt auch für die Änderung des Schriftformerfordernisses.

(3) Sollten einzelne Bestimmungen dieses Vertrages unwirksam sein, berührt das die Wirksamkeit des Vertrages im Übrigen nicht. Die unwirksame Regelung wird durch eine wirksame Regelung ersetzt, die der unwirksamen Regelung wirtschaftlich möglichst nahe kommt und die die Parteien vereinbart hätten, wenn sie um die Unwirksamkeit der ursprünglichen Regelung gewusst hätten. Das Gleiche gilt im Falle einer vertraglichen Lücke.

......
Ort, Datum

......
Unterschrift der Gesellschaft

......
Ort, Datum

......
Unterschrift des Mitarbeiters

Schrifttum: Diller, Das neue Gesetz zur Absicherung flexibler Arbeitszeitregelungen („Flexi-Gesetz"), NZA 1998, 792; *Hunold,* Die neueste Rechtsprechung zu § 8 TzBfG, NZA-RR 2004, 225; *ders.,* Bedarfsgerechter Personaleinsatz: Aktuelle Probleme bei sog. Pool-Lösungen und Arbeit auf Abruf, NZA 2003, 896; *Schiefer,* Anspruch auf Teilzeitarbeit nach § 8 TzBfG – die ersten Entscheidungen, NZA-RR 2002, 393; *Schlottfeld/Hoff,* „Vertrauensarbeitszeit" und arbeitsrechtliche Aufzeichnungspflicht nach § 16 Abs. 2 ArbZG, NZA 2001, 530; s. auch Form XI. 5.

Anmerkungen

1. Vorbemerkung. Das Formular geht von einer Situation aus, in dem ein Vertriebsmitarbeiter im Außendienst einen Teilzeitwunsch gemäß § 8 TzBfG geltend gemacht hat (vgl. dazu ausführlich Form. A. XI. 5). Da sich im Außendienst die Arbeitszeit kaum regelmäßig planen lässt, sollen die Spielräume, die das Arbeitszeitrecht zur Flexibilisierung lässt, in möglichst weitem Rahmen ausgenutzt werden. Für das Arbeitsverhältnis gilt kein Tarifvertrag.

2. Dauer der Arbeitszeit. Nach § 3 ArbZG beträgt die tägliche Arbeitszeit bis zu acht Stunden. Sie kann auf bis zu zehn Stunden täglich ausgedehnt werden, wenn innerhalb von sechs Kalendermonaten oder innerhalb von 24 Wochen im Durchschnitt acht Stunden werktäglich nicht überschritten werden. Die Vereinbarung eines längeren **Ausgleichszeitraums** ist nach § 7 Abs. 1 Nr. 1b ArbZG nur in oder aufgrund eines Tarifvertrages zulässig. Die Vertragsparteien können den Ausgleichszeitraum – im gesetzlichen Rahmen – selbst bestimmen. Strittig ist dabei, ob der Ausgleichszeitraum sechs Kalendermonate beträgt oder ob **Zeitmonate** gemeint sind (*Neumann/Biebl,* ArbZG § 3 Rdn. 8). Nach letzterer Ansicht wäre bei jeder Arbeitszeitverlängerung ein mitlaufendes Zeitfenster von sechs Monaten zu betrachten und zu prüfen, ob der zulässige Durchschnitt eingehalten ist. Zuzugeben ist, dass diese Auslegung zu einem Gleichlauf mit der Betrachtung des Ausgleichszeitraums von 24 Wochen führt. Das ändert aber nichts an dem eindeutigen Wortlaut „Kalendermonate". Der Ausgleichszeitraum beginnt daher immer am ersten eines Kalendermonats und endet sechs Monate später (ErfK/*Wank* § 3 ArbZG Rdn. 11). Der damit eröffnete Spielraum ist rechnerisch nicht unbeachtlich. Da die Verteilung der Arbeitszeit innerhalb des Ausgleichszeitraums nicht festgelegt ist, wäre etwa ein **Arbeitszyklus** von sechs Wochen ohne Arbeit, zwanzig Wochen 60-Stunden-Woche im ersten Halbjahr, zwanzig 60-Stunden-Wochen und sechs Wochen keine Arbeit im zweiten Halbjahr durchaus zulässig (H/W/K/*Gäntgen* § 3 ArbZG Rdn. 9), aber in der Praxis kaum relevant. Bei einer einigermaßen gleichmäßigen Arbeitszeitverteilung ist der Spielraum für Arbeitszeitflexibilität bei Vollzeitbeschäftigung relativ gering. Der Spielraum lässt sich dadurch vergrößern, dass eine Teilzeitbeschäftigung vereinbart wird, denn damit wird eine zum Ausgleich zur Verfügung stehende Arbeitszeitmenge unterhalb der Schwelle des § 3 ArbZG geschaffen.

3. Verteilung der Arbeitszeit. Die regelmäßige Verteilung der Arbeitszeit auf die Wochentage dient in der dem Formular zugrunde liegenden Situation lediglich der Festlegung einer Berechnungsgrundlage. Obwohl die Flexibilisierung angestrebt wird (vgl. insbesondere § 2), sollte die grundsätzliche Arbeitsverteilung stets im Vertrag festgelegt werden. Damit steht die Basis fest, was tendenziell Auseinandersetzungen zu vermeiden hilft.

4. Flexibilisierung der individuellen Arbeitszeit. Das Formular geht davon aus, dass der Arbeitnehmer sich seine Arbeitszeit selbständig aufgabenorientiert einteilt. Da der Sonnabend ein Werktag ist und eine tägliche Arbeitszeit bis zu zehn Stunden zulässt, ergibt sich eine zulässige **Wochenhöchstarbeitszeit** von 60 Stunden. Die Untergrenze liegt bei null Stunden werktäglicher Arbeitszeit. Ein freier Arbeitstag kann damit die Überschreitung der regelmäßigen werktäglichen Arbeitszeit an vier Arbeitstagen ausgleichen. Streitig ist die Frage, wie sich sonstige Arbeitsbefreiungen auf den Ausgleich auswirken. Sieht man den Zweck der Arbeitszeitregelungen lediglich in dem Schutz der Gesundheit der Arbeitnehmer vor einer Überlastung, spricht nichts dagegen, etwa **Arbeitsunfähigkeitszeiten** oder **Urlaubstage** in die Berechnung des Ausgleichszeitraums einzubeziehen. Gegen diese Ansicht spricht aber, dass Art. 16 Nr. 2 der Arbeitszeitrichtlinie (RL 93/104/EWG) Urlaubstage nicht als Ausgleich zulässt. Grundsätzlich ist daher davon auszugehen, dass nur solche Tage zum Ausgleich herangezogen werden können, in denen von dem Arbeitnehmer eine Arbeitsleistung verlangt werden darf. Zum Ausgleich trägt daher ein freier Sonnabend bei, nicht aber Sonntage, Arbeitsunfähigkeits- und Urlaubszeiten (H/W/K/*Gäntgen* ArbZG § 3 Rdn. 10; ErfK/*Wank* ArbZG § 3 Rdn. 12).

5. Aufzeichnung und Überwachung der Arbeitszeit. Nach § 16 Abs. 2 ArbZG ist der Arbeitgeber verpflichtet, die über die reguläre tägliche Arbeitszeit nach § 3 ArbZG hinausgehende Arbeitszeit aufzuzeichnen und diese Aufzeichnungen über mindestens zwei Jahre aufzubewahren. Die **Aufzeichnungspflicht** dient dazu, den Aufsichtsbehörden die Überprüfung der Einhaltung des ArbZG zu ermöglichen (BT-Drucks. 12/5888 S. 31). Nach §§ 22, 23 ArbZG ist der Arbeitgeber für die Einhaltung der arbeitszeitrechtlichen Vorschriften (auch strafrechtlich) verantwortlich. Erforderlich ist eine Aufzeichnung der geleisteten Arbeitsstunden sowie der Ausgleichszeiträume (*Schlottfeld/Hoff* NZA 2001, 530). Im Rahmen der Flexibilisierung der Arbeitszeiten müssen daher Vorkehrungen getroffen werden, die dem Arbeitgeber die Überwachung der Arbeitszeiten ermöglichen und sichern. In § 4 Abs. (2) des Formulars ist daher vorgesehen, dass Mitarbeiter und Vorgesetzter bei Überschreitung einer bestimmten Grenze Maßnahmen ergreifen müssen, um einen Arbeitszeitausgleich sicherzustellen.

6. Vergütung. Die Vergütung wird – jedenfalls in ihrem festen Anteil – gemäß der verringerten Arbeitszeit herabgesetzt. Inwieweit auch variable Vergütungsbestandteile an die Arbeitszeit angepasst werden müssen, hängt von der Ausgestaltung des Provisionssystems ab. Vergütungsbestandteile (im Formular als Beispiel: Urlaubs- und Weihnachtsgeld), die arbeitszeitunabhängig sind, müssen unverändert fortgezahlt werden (s. Form. A. XI. 5 Anm. 6).

7. Verlängerung der Arbeitszeit (ohne Lohnausgleich)

Änderungsvertrag zum Arbeitsvertrag vom ......

zwischen
...... (Name und Anschrift des Arbeitgebers) „Gesellschaft"
und
...... (Name und Anschrift des Arbeitnehmers) „Mitarbeiter"

Zur Abänderung[1] des Arbeitsvertrags vom ...... vereinbaren die Vertragsparteien Folgendes:

§ 1 Arbeitszeit[2]

(1) Die bisherige wöchentliche Arbeitszeit von bisher 37,5 Stunden pro Woche wird ab dem ...... auf 40 Stunden pro Woche erhöht.

(2) Die Wochenarbeitszeit wird nach wie vor gleichmäßig auf die Wochentage Montag bis Freitag verteilt. Die tägliche Arbeitszeit erhöht sich um 30 Minuten. Die regelmäßige betriebliche Arbeitszeit beginnt arbeitstäglich um 8.00 Uhr und endet um 17.00 Uhr (einschließlich einstündiger, unbezahlter Mittagspause).

§ 2 Vergütung[2]

Die bisherige Vergütung von derzeit EUR ...... brutto (in Worten: Euro ......) monatlich sowie alle sonstigen Vergütungsbestandteile der Gesellschaft bleiben unverändert.

§ 3 Sonstiges[3]

Im Übrigen bleibt der Arbeitsvertrag vom ...... unberührt.

....
Ort, Datum Ort, Datum
....
Unterschrift der Gesellschaft Unterschrift des Mitarbeiters

Schrifttum: Auktor, Flexibilität durch Arbeitszeitverlängerung, DB 2002, 1714; *Börner,* Anpassung des Arbeitszeitgesetzes an das Gemeinschaftsrecht, NJW 2004, 1559; *Gotthard,* Grenzen von Tarifverträgen zur Beschäftigungssicherung durch Arbeitszeitverkürzung, DB 2000, 1462; *Schliemann,* Allzeit bereit, NZA 2004, 513.

Anmerkungen

1. Änderung des Arbeitsvertrags. Veränderungen von Entgelt und Arbeitszeit zu Lasten der anderen Vertragspartei können grundsätzlich nicht ohne Änderungen des Arbeitsvertrags durchgesetzt werden. Die Änderung im Wege des Direktionsrechts scheidet aus, weil damit in den durch § 2 KSchG geschützten Kernbereich des Arbeitsverhältnisses eingegriffen würde (BAG Urt. v. 21. 4. 1993 – 7 AZR 297/92 – NZA 1994, 476).

2. Vertragliche Regelungen. Die einzelvertragliche Umsetzung der Arbeitszeitverlängerung ohne Lohnausgleich ist grundsätzlich einfach. Es ist lediglich erforderlich, die neue wöchentliche Arbeitszeit, den Zeitpunkt der Vertragsänderung sowie die Auswirkungen auf die tägliche Arbeitszeit zu regeln. Wichtig ist eine ausdrückliche Regelung zur Höhe der künftigen Vergütung. Ohne eine vertragliche Regelung zur künftigen Entgelthöhe wird die Auslegung des Vertrages regelmäßig ergeben, dass eine Anpassung des Entgelts an die veränderten Arbeitszeiten beabsichtigt war, also ein Lohnausgleich erfolgen soll. Dieses Verständnis hat der Gesetzgeber nämlich auch den Regelungen im TzBfG zugrunde gelegt, in denen bei

Arbeitszeitverringerung oder -erhöhung kein Wort über eine Anpassung der Vergütung verloren und von einer automatischen Anpassung ausgegangen wird (§ 4 Abs. 1 S. 2 TzBfG). Bei einer Arbeitszeitverlängerung ohne Lohnausgleich muss daher ausdrücklich geregelt werden, dass die Vergütung unverändert bleibt.

Wenn für das Arbeitsverhältnis Tarifverträge gelten, die auch die Arbeitszeit regeln, ist darauf zu achten, dass die tarifliche Arbeitszeit nicht überschritten wird. Zwar lässt sich die Auffassung vertreten, dass eine Überschreitung der tarifvertraglichen Arbeitszeit eine für den Arbeitnehmer günstigere Regelung i.S.d. § 4 Abs. 3 TVG ist (*Wiedemann/Wank* § 4 TVG Rdn. 479). Die Günstigkeit kann sich aber nur aus einer entsprechend angepassten Vergütung ergeben. Die Arbeitszeitverlängerung über die tarifliche Arbeitszeit hinaus ohne Lohnausgleich ist niemals eine günstigere Regelung mit der Folge, dass die Vertragsänderung unwirksam ist.

Im Einzelfall kann es erforderlich sein, weitere vertragliche Absprachen zu treffen, z.B. im Hinblick auf **Überstundenvergütung** oder Auswirkungen auf den **Jahresurlaub**. Sollte nämlich ein Mitarbeiter z.B. aufgrund eines früheren Teilzeitverlangens eine Viertagewoche (32 Wochenstunden) gewählt haben, die nun auf fünf Tage (40 Wochenstunden) erhöht wird, wird sich die Anzahl der Urlaubstage um 25% erhöhen.

3. Beteiligung des Betriebsrats. Bei individuellen Abreden ist grundsätzlich keine Betriebsratsbeteiligung erforderlich. Selbst wenn es gleich lautende individuelle Vereinbarungen und damit einen „**kollektiven Bezug**" geben sollte, besteht kein Mitbestimmungsrecht des Betriebsrats. Es handelt sich nämlich nicht um eine **vorübergehende** Verlängerung der Arbeitszeit (vgl. § 87 Abs. 1 Nr. 3 BetrVG). Auch die **Lage** der Arbeitszeit ist nicht betroffen, weil eine andere Arbeitszeit geregelt wird; die Dauer der wöchentlichen Arbeitszeit unterliegt nicht dem Mitbestimmungsrecht des Betriebsrats (BAG Beschl. v. 22. 7. 2003 – 1 ABR 28/02 – AP Nr. 6 zu § 5 ArbZG; a.A. D/K/K/*Klebe*, § 87 BetrVG Rdn. 72 m. weit. Nachw.).

8. Erteilung einer Prokura[1]

[Briefkopf der Gesellschaft]

...... (Name und Anschrift des Arbeitgebers) „Gesellschaft"
vertreten durch ...... (Bezeichnung/Name des vertretungsberechtigten Organs)[2]
erteilt hiermit Herrn ...... (Name und Anschrift des Arbeitnehmers) „Mitarbeiter"
Prokura[3].

Die Prokura ist als Gesamtprokura ausgestaltet. Der Mitarbeiter ist berechtigt, die Gesellschaft gemeinschaftlich mit einem weiteren Prokuristen[4] oder einem Geschäftsführer[5] der Gesellschaft zu vertreten. Die Prokura gilt nur für die Niederlassung der Gesellschaft in ......[6].
Der Mitarbeiter ist nicht befugt, Grundstücke zu veräußern oder zu belasten[7]. Der Mitarbeiter darf nur Geschäfte vornehmen, die den Geschäftsbereich ...... betreffen und ein Volumen von EUR ...... (in Worten: Euro ......) nicht überschreiten[8].
Der Mitarbeiter ist von den Beschränkungen des § 181 BGB befreit[9].
Die Gesellschaft ist berechtigt, die Prokura jederzeit zu widerrufen[10].

......
Ort, Datum
......
Unterschrift der Gesellschaft

Schrifttum: Bärwald/Hadding, Die Bindung des Prokuristen an die Mitwirkung des Prinzipals, NJW 1998, 1103; *Baumbach/Hopt,* Handelsgesetzbuch, 13. Aufl. 2003; *Haag/Tiberius,* Interimsmanagement – rechtliche Aspekte und Einordnung, NZA 2004, 190; *Langenfeld,* Die Vorsorgevollmacht des Unterneh-

8. Erteilung einer Prokura

mers, ZEV 2005, 52; *von Westphalen,* Die Prokura – Erteilung, Umfang, Missbrauch und Erlöschen, DStR 1993, 1186; vgl. Form. B. IV.

Anmerkungen

1. Prokura. Die Prokura ist die **Vollmacht** des Kaufmanns im Sinne des § 167 BGB mit der Besonderheit, dass ihr **Umfang** durch die §§ 49, 50 HGB **gesetzlich** zwingend **festgelegt** ist. Will der Arbeitgeber den Mitarbeiter, dem er Prokura erteilt, kontrollieren oder will er sich nicht völlig auf ihn verlassen, muss der Umfang der Prokura beschränkt werden, wirksam allerdings nur im **Innenverhältnis** (vgl. Anm. 8).

Die Vollmachtserteilung ist ein **einseitiges**, empfangsbedürftiges **Rechtsgeschäft** und bedarf zu ihrer Wirksamkeit nicht der Mitwirkung des künftigen Prokuristen. Entsprechend ist die Erteilung der Prokura im Formular als einseitige Erklärung ausgestaltet, wenn auch in der Praxis eine Prokuraerteilung gegen den Willen des Mitarbeiters nicht vorkommen dürfte.

Die Erteilung der Prokura ist in das **Handelsregister** einzutragen (§ 53 HGB). Die Eintragung im Handelsregister ist **nicht konstitutiv**, die Prokura ist auch ohne Eintragung wirksam (*Baumbach/Hopt* § 53 HGB Rdn. 1).

2. Bevollmächtigender. Die Prokura kann nur von dem **Inhaber** eines **Handelsgeschäfts** oder seinem gesetzlichen Vertreter erteilt werden (§ 48 Abs. 1 HGB). Der Inhaber des Handelsgeschäfts muss Vollkaufmann sein, auch oHG und KG können Prokura erteilen. Für die GmbH und die AG ist die Kaufmannseigenschaft gesetzlich geregelt (§§ 3 AktG, 13 Abs. 3 GmbHG).

3. Art der Vollmacht. Die Erteilung einer Prokura muss **ausdrücklich** erfolgen (§ 48 Abs. 1 HGB). Bestehen Zweifel, ob eine Prokura erteilt ist, fehlt es an der Ausdrücklichkeit, so dass lediglich eine Handlungsvollmacht (§ 50 HGB) gegeben ist. Im Formular ist deshalb die Prokura ausdrücklich erwähnt. Von Umschreibungen wie „alle notwendigen Vollmachten" oder Ähnlichem sollte abgesehen werden.

4. Gesamtprokura. Will sich der Arbeitgeber vor einem Missbrauch der Vollmacht schützen, ist die Prokura zweckmäßigerweise als **Gesamtprokura** auszugestalten. Die Prokura wird an mehrere Personen gemeinschaftlich erteilt mit der Konsequenz, dass sie den Arbeitgeber nur gemeinschaftlich vertreten können (§ 48 Abs. 2 HGB). Kann der Prokurist nur gemeinsam mit den anderen Prokuristen handeln, spricht man von **allseitiger Gesamtprokura**. Kombinationen sind denkbar, etwa dergestalt, dass ein Prokurist Einzelvertretungsbefugnis hat, der andere aber an die Mitwirkung eines oder aller Prokuristen gebunden ist (**halbseitige Gesamtprokura**).

5. Bindung an Prinzipal. Im Formular ist vorgesehen, dass der Prokurist nur gemeinschaftlich mit einem Geschäftsführer – es ist an eine GmbH gedacht – der Gesellschaft, also nur mit dem Vollmachtgeber (Prinzipal) handeln kann. Die Bindung des Prokuristen an die Mitwirkung des Vollmachtgebers widerspricht zwar dem gesetzlichen Leitbild des § 48 Abs. 1 HGB, wird aber für Personenhandels- und Kapitalgesellschaften in Rechtsprechung und Praxis für zulässig gehalten (BGH Beschl. v. 6. 11. 1986 – V ZB 8/86 – NJW 1987, 841). Für den Einzelkaufmann besteht diese Möglichkeit nicht. Hier ist nur Einzelprokura möglich. Ist das nicht gewollt, muss auf die Erteilung einer Prokura verzichtet werden (BayObLG Beschl. v. 23. 9. 1997 – 3 ZBR 329/97 – BB 1997, 2396; zum Streitstand *Bärwald/Hadding* NJW 1998, 1103).

6. Filialprokura. Beschränkungen des Umfangs der Prokura sind Dritten gegenüber unwirksam, das gilt auch für Beschränkungen hinsichtlich eines bestimmten Ortes, auf den sich die Prokura beziehen soll (§ 50 Abs. 2 HGB). Unabhängig davon ist es zulässig, eine **Niederlassungs- oder Filialprokura** zu erteilen. Voraussetzung ist jedoch, dass die Niederlassungen unter verschiedenen Firmen betrieben werden, also unterscheidbar sind (§ 50 Abs. 3 HGB), z. B. „X-GmbH Niederlassung Berlin-Süd".

7. Grundstücksgeschäfte. Nach dem Formular ist der Prokurist nicht bevollmächtigt, Grundstücke zu veräußern oder zu belasten. Die Prokura umfasst solche Geschäfte nur, wenn der Prokurist dazu ausdrücklich ermächtigt ist (§ 49 Abs. 2 HGB). Diese gesetzliche Beschränkung der Prokura erklärt sich daraus, dass die Prokura die Vollmacht zur Vornahme von **Handelsgeschäften** ist. Die Veräußerung oder Belastung von Grundstücken betrifft aber die Existenz des Unternehmens, also die so genannten **Grundgeschäfte**, die dem Inhaber bzw. den Gesellschaftern vorbehalten sind. Der Erwerb von Grundstücken oder Rechten an Grundstücken ist allerdings vom gesetzlichen Umfang der Prokura umfasst.

8. Einschränkung der Prokura. Auch wenn der Umfang der Prokura gesetzlich festgelegt und Einschränkungen gegenüber Dritten unwirksam sind, ist es in der Praxis üblich, den Umfang der Vertretungsmacht einzuschränken. Diese Einschränkungen wirken, abgesehen von Fällen des kollusiven Verhaltens, nur im **Innenverhältnis**, sind also rein arbeitsrechtlicher Natur. Eine Überschreitung der Vollmacht durch den Prokuristen macht das Geschäft in der Regel nicht unwirksam. Die **Vollmachtsüberschreitung** ist eine Vertragsverletzung, die eine Abmahnung und im Wiederholungsfall eine ordentliche **Kündigung** oder Schadensersatzforderungen des Arbeitgebers gegen den Prokuristen rechtfertigen. Bei entsprechender Schwere des Verstoßes kann auch eine außerordentliche Kündigung gerechtfertigt sein (KR/*Fischermeier* § 626 BGB RN 458). Die Beschränkung der Prokura kann sich, wie im Formular, auf einen bestimmten **Geschäftsbereich** und auf ein bestimmtes **Geschäftsvolumen** beziehen. Denkbar ist es auch, die einzelnen ausgeschlossenen Geschäfte aufzuzählen oder durch (dynamische) Verweisung auf die **Satzung** oder den **Gesellschaftsvertrag** die für die Geschäftsführer oder Vorstände der Gesellschaft geltenden Beschränkungen zu übernehmen.

9. Selbstkontrahieren. Üblicherweise kann der Vertreter nicht gleichzeitig als Vertreter und als Vertragspartner auftreten (§ 181 BGB). Der Vollmachtgeber kann den Vertreter aber von diesem Verbot des Selbstkontrahierens befreien. Ob das sinnvoll ist, ist eine Frage des Einzelfalles.

10. Widerruf. Die Prokura ist ohne Rücksicht auf das der Erteilung zugrunde liegende Rechtsverhältnis **jederzeit widerruflich** (§ 52 Abs. 1 HGB). Ein objektiv nachvollziehbarer Grund ist nicht erforderlich (*von Westphalen* DStR 1993, 1186). Der Arbeitsvertrag muss dafür nicht geändert werden, erst recht ist keine Änderungskündigung notwendig. Ein durchsetzbarer Anspruch auf (Wieder-) Erteilung einer Prokura ist ausgeschlossen (BAG Urt. v. 26. 8. 1986 – 3 AZR 94/85 – NJW 1987, 862). Ein vertragswidriger Entzug der Prokura gibt dem Arbeitnehmer ein (außerordentliches) Kündigungsrecht, gegebenenfalls macht sich der Arbeitgeber schadensersatzpflichtig. Der Widerruf der Prokura lässt im Übrigen das Arbeitsverhältnis unberührt, insbesondere behält der Mitarbeiter den ungeschmälerten Anspruch auf Vergütung (§ 52 Abs. 1 HGB). Umgekehrt ist zu beachten, dass in der **Kündigung** des Arbeitsverhältnis **kein Widerruf** der Prokura liegt. Der Widerruf muss ebenso ausdrücklich erklärt werden wie die Erteilung. Die Prokura endet erst mit der Beendigung des Arbeitsverhältnisses (vgl. § 168 BGB). Zu beachten ist der Vertrauensschutz nach § 15 Abs. 1 HGB. Der Arbeitgeber muss daher rechtzeitig die Löschung der Prokura aus dem Handelsregister beantragen.

9. Sabbatical

Änderungsvertrag zum Arbeitsvertrag vom ......

zwischen
...... (Name und Anschrift des Arbeitgebers) „Gesellschaft"
und
...... (Name und Anschrift des Arbeitnehmers) „Mitarbeiter"

Zur Abänderung des Arbeitsvertrags vom ...... und zur Ermöglichung einer „Sabbatical-Zeit"[1] vereinbaren die Vertragsparteien folgendes:

9. Sabbatical

§ 1 Teilzeitarbeitsverhältnis

(1) Die Vertragsparteien sind sich darüber einig, dass das Arbeitsverhältnis ab dem …… als Teilzeitarbeitsverhältnis[2] fortgeführt wird.

(2) Ab dem …… bis zum …… wird der Mitarbeiter gemäß den nachfolgenden Regelungen von der Arbeitsleistung freigestellt (Sabbatical-Zeit), wenn der Mitarbeiter zuvor ein Arbeitszeitguthaben erwirbt, das mindestens dieser Dauer der Sabbatical-Zeit entspricht.

(3) Nach dem Ende der Sabbatical-Zeit wird das Arbeitsverhältnis wieder als Vollzeitarbeitsverhältnis gemäß dem Arbeitsvertrag vom …… fortgeführt[3].

§ 2 Arbeitszeit und Verteilung

(1) Die regelmäßige individuelle Arbeitszeit des Mitarbeiters beträgt ab dem …… statt 40 Stunden pro Woche nur noch 30 Stunden pro Woche[4].

(2) Bis zum Beginn der Sabbatical-Zeit gibt die Gesellschaft dem Mitarbeiter die Gelegenheit, im Durchschnitt wöchentlich zehn Überstunden zu leisten.

(3) Während der Sabbatical-Zeit gemäß vorstehendem § 1 Abs. (2) ist der Mitarbeiter nicht zur Arbeitsleistung verpflichtet.

§ 3 Vergütung[5]

Der Mitarbeiter erhält ab Beginn der Teilzeit (§ 1 Abs. (1)) bis zum Ende der Sabbatical-Zeit (§ 1 Abs. (2)) eine entsprechend der gemäß § 2 Abs. (1) verringerten Arbeitszeit herabgesetzte, monatlich gleich bleibende Vergütung. Diese beträgt EUR …… brutto (in Worten: Euro ……) monatlich.

§ 4 Zeitguthaben[6]

(1) Bis zum Beginn der Sabbatical-Zeit baut der Mitarbeiter durch Überschreitung der regelmäßigen individuellen Arbeitszeit gemäß § 2 Abs. (1) ein Zeitguthaben auf. Dieses Zeitguthaben wird anhand der Vergütung pro Stunde (EUR …… brutto) in einen Geldwert umgerechnet und dem Mitarbeiter auf einem gesondert geführten Konto gutgeschrieben (Arbeitszeitkonto).

(2) Arbeitszeiten über 40 Stunden pro Woche sind mit der Vergütung gemäß § 3 abgegolten und werden dem Arbeitszeitkonto nicht gutgeschrieben.

§ 5 Berücksichtigung von Krankheitszeiten[7]

(1) Im Falle krankheitsbedingter Arbeitsunfähigkeit leistet der Arbeitgeber Entgeltfortzahlung gemäß den gesetzlichen Bestimmungen. Bemessungsgrundlage für die Entgeltfortzahlung ist die Vergütung nach § 3 Abs. (1).

(2) Während des gesetzlichen Entgeltfortzahlungszeitraums wird dem Mitarbeiter Arbeitszeit gutgeschrieben, als wäre die Arbeitsunfähigkeit nicht eingetreten. Arbeitsunfähigkeitszeiten nach Ablauf des gesetzlichen Entgeltfortzahlungszeitraums wirken sich auf das Arbeitszeitkonto weder positiv noch negativ aus. Das gilt entsprechend während der Sabbatical-Zeit.

(3) Ist zu Beginn der Sabbatical-Zeit nach § 1 Abs. (2) wegen krankheitsbedingter Arbeitsunfähigkeit kein ausreichendes Guthaben zur Abdeckung der Sabbatical-Zeit aufgebaut, kann die Sabbatical-Zeit nach Wahl des Mitarbeiters verkürzt oder auf einen späteren Termin verschoben werden.

§ 6 Sabbatical, Abbau des Guthabens, Nebenbeschäftigung[8]

(1) Während der Sabbatical-Zeit ist der Mitarbeiter nicht zur Arbeitsleistung verpflichtet.

(2) Während der Sabbatical-Zeit wird die Vergütung des Mitarbeiters aus dem Arbeitszeitkonto gezahlt. Der Mitarbeiter hat keine Vergütungsansprüche, die das auf dem Arbeitszeitkonto befindliche Guthaben übersteigen.

(3) Der Mitarbeiter ist berechtigt, während der Sabbatical-Zeit einer weiteren entgeltlichen oder unentgeltlichen Beschäftigung nachzugehen. Der Mitarbeiter wird der Gesellschaft die Aufnahme einer Beschäftigung mindestens zwei Wochen vor Beginn anzeigen. Die Gesellschaft kann die Aufnahme einer Beschäftigung untersagen, wenn der Mitarbeiter dadurch in Konkurrenz zur Gesellschaft tritt oder sonstige dringende Interessen der Gesellschaft verletzt werden können.

§ 7 Urlaub[9]

Der Urlaubsanspruch wird durch die Herabsetzung der Arbeitszeit nicht berührt. Der Urlaub ist vor Beginn der Sabbatical-Zeit zu nehmen.

§ 8 Beendigung des Arbeitsverhältnisses und Abrechnung[10]

(1) Im Falle der Beendigung des Arbeitsverhältnisses vor Beginn der Sabbatical-Zeit ist die Gesellschaft berechtigt, den Mitarbeiter während der Kündigungsfrist von der Arbeitsleistung unter Anrechnung auf Urlaubs- und sonstige Freizeitausgleichsansprüche sowie inbesondere zum Abbau des Arbeitszeitkontos von der Arbeitsleistung freizustellen. Ein bei Beendigung des Arbeitsverhältnisses noch vorhandenes Guthaben wird mit der letzten Vergütung zur Auszahlung gebracht.

(2) Im Falle der Beendigung des Arbeitsverhältnisses nach Beginn, aber vor Ablauf der Sabbatical-Zeit ist das Guthaben auf dem Arbeitszeitkonto mit der letzten Vergütung zur Auszahlung zu bringen.

§ 9 Verwaltung des Kontos, Übertragbarkeit[11]

(1) Das Arbeitszeitkonto wird von der Gesellschaft auf deren Kosten verwaltet. Das Konto wird gesondert für den Mitarbeiter geführt.

(2) Das Guthaben auf dem Arbeitszeitkonto wird mit ……% pro Jahr verzinst.

(3) Der Mitarbeiter kann das Zinsguthaben entweder für eine Verlängerung der Sabbatical-Zeit verwenden oder sich am Ende der Sabbatical-Zeit auszahlen lassen.

(4) Der Mitarbeiter ist berechtigt, das Guthaben auf dem Arbeitszeitkonto auf einen anderen Mitarbeiter zu übertragen. Eine Übertragung auf andere Personen ist ausgeschlossen.

(5) Das Guthaben auf dem Arbeitszeitkonto ist vererblich.

§ 10 Insolvenzsicherung[12]

(1) Die Gesellschaft legt das Guthaben des Mitarbeiters in einem Fond bei einer inländischen Bank an, der ausschließlich deutsche festverzinsliche Wertpapiere hält. Zinserträge, die über den in § 9 Abs. 2 genannten Satz hinausgehen, stehen der Gesellschaft und dem Mitarbeiter je zur Hälfte zu.

(2) Die Gesellschaft verpfändet ihre Anteile an dem Fond unwiderruflich an den Mitarbeiter. Der Mitarbeiter nimmt hiermit das Pfandrecht an. Die Gesellschaft zeigt dem Fond unverzüglich die Verpfändung an und weist dem Mitarbeiter die Verpfändungsanzeige nach.

(3) Die Gesellschaft erteilt dem Mitarbeiter Abschriften der regelmäßigen Depotkontoauszüge.

§ 11 Schlussbestimmungen

(1) Soweit in diesem Vertrag nicht abweichend geregelt, gilt im Übrigen der Arbeitsvertrag vom …… fort.

9. Sabbatical A. XI. 9

(2) Weitere mündliche oder schriftliche Nebenabreden neben dieser Vertragsänderung bestehen nicht. Änderungen und Ergänzungen dieses Vertrages einschließlich dieser Bestimmung bedürfen zu ihrer Wirksamkeit der Schriftform.

(3) Sollten Bestimmungen dieses Vertrages ganz oder teilweise unwirksam sein oder werden, so wird hiervon die Wirksamkeit der übrigen Bestimmungen dieses Vertrages nicht berührt. An die Stelle der unwirksamen Bestimmung tritt die gesetzlich zulässige Bestimmung, die dem mit der unwirksamen Bestimmung Gewollten wirtschaftlich am nächsten kommt. Dasselbe gilt für den Fall einer vertraglichen Lücke.

......
Ort, Datum

......
Unterschrift der Gesellschaft

......
Ort, Datum

......
Unterschrift des Mitarbeiters

Schrifttum: Diller, Das neue Gesetz zur Absicherung flexibler Arbeitszeitregelungen („Flexi-Gesetz"), NZA 1998, 792; *Hunold,* Die neueste Rechtsprechung zu § 8 TzBfG, NZA-RR 2004, 225; *Küppers/Louven,* Outsourcing und Insolvenzsicherung von Pensionsverpflichtungen durch Contractual Trust Arrangements, BB 2004, 337; *Schiefer,* Anspruch auf Teilzeitarbeit nach § 8 TzBfG – die ersten Entscheidungen, NZA-RR 2002, 393; s. auch Form. A. XI. 5.

Anmerkungen

1. Sabbatical. Unter Sabbatical versteht man eine über die übliche Urlaubsdauer hinausgehende Unterbrechung der Arbeitsleistung. Diese arbeitsfreien Zeiten lassen sich auf zwei Wegen erreichen. Der Arbeitsvertrag kann einvernehmlich beendet und dem Arbeitnehmer eine **Wiedereinstellungszusage** gemacht werden. Das hat den Nachteil, dass während der Freizeit kein **sozialversicherungsrechtliches Beschäftigungsverhältnis** vorliegt und also insbesondere die Krankenversicherung privat sichergestellt werden muss. Aus diesem Grund hat sich das Modell der (Lang-)**Zeitkonten** durchgesetzt. Der Arbeitnehmer baut zunächst durch Überstunden bzw. indirekt durch einen Gehaltsverzicht ein Zeitkonto auf. Das Zeitguthaben wird dann während der Freistellungsphase abgebaut. Auch die Zeit der Freistellung gilt nach § 7 Abs. 1a SGB IV als **sozialversicherungspflichtige Beschäftigung** gegen Entgelt. Voraussetzung dafür ist einmal eine schriftliche Vereinbarung und zum anderen, dass die Entgelte in der Arbeitsphase und in der Freistellungsphase nicht unangemessen voneinander abweichen und in der Freistellungsphase mindestens EUR 400,- brutto monatlich erreicht werden.

2. Teilzeitarbeitsverhältnis. Nach dem Formular wird zunächst ein Teilzeitarbeitsverhältnis vereinbart. Sabbatical-Vereinbarungen sind häufig nur im Rahmen eines Teilzeitarbeitsverhältnisses sinnvoll. § 3 ArbZG schreibt eine tägliche Arbeitszeit von acht Stunden vor. Eine Verlängerung auf bis zu zehn Stunden ist nur möglich, wenn in einem Ausgleichszeitraum von sechs Kalendermonaten oder 24 Wochen die durchschnittliche Arbeitszeit von acht Stunden nicht überschritten wird. Damit sind zwar extreme, aber kaum praktikable Arbeitszyklen möglich (vgl. Form. A. XI. 6 Anm. 2) Der Aufbau größerer Zeitguthaben über einen längeren Zeitraum ist so allerdings nicht möglich. Die Verlängerung des Ausgleichszeitraums als Ausweg kommt ebenfalls nicht immer in Betracht. Nach § 7 Abs. 1 Nr. 1b ArbZG ist die Verlängerung des Ausgleichszeitraums nur durch oder aufgrund eines Tarifvertrages möglich. Als Ausweg kommt daher die Reduzierung der vertraglichen Arbeitszeit in Betracht. Mit der Leistung von Überstunden, aus denen sich das Zeitguthaben zusammensetzt, überschreitet der Arbeitnehmer nicht die Grenzen des § 3 ArbZG, so dass auch der sechsmonatige Ausgleichszeitraum nicht eingehalten werden muss. Im Formular ist beispielhaft eine Reduzierung der vertraglich geschuldeten Arbeitszeit um ¼ vorgesehen. Bei Beibehaltung der vollen Arbeitszeit während der Arbeitsphase wird also ein Zeitguthaben für eine dreimonatige Sabbatical-Zeit nach zwölf Monaten erreicht, wenn der Arbeitnehmer ausreichend Arbeitszeitguthaben aufbaut (vgl. hierzu vorsorglich § 1 Abs. 2 des Formulars). Wenn es dabei Schwierigkeiten gibt

(z. B. durch über sechs Wochen dauernde Arbeitsunfähigkeit vor Beginn der Sabbatical-Zeit), verkürzt sich die Sabbatical-Zeit und das Verhältnis von 1 zu 3 ändert sich.

3. Befristetes Arbeitsverhältnis. Das Formular geht von einer Situation aus, in der ein Arbeitnehmer in einem überschaubaren Zeitraum ein Zeitguthaben aufbauen und dieses auch in einem überschaubaren Zeitraum wieder auflösen möchte, etwa anlässlich einer längeren Reise. Die Sabbatical-Vereinbarung ist deshalb als befristete Vereinbarung ausgestaltet. Die Befristung beruht dabei regelmäßig auf einem Wunsch des Arbeitnehmers und ist damit nach § 14 Abs. 1 S. 2 Nr. 6 TzBfG gerechtfertigt. Grundsätzlich ist auch eine unbefristete Sabbatical-Vereinbarung möglich. Die Freistellungsphase kann dann entweder innerhalb des laufenden Arbeitsverhältnisses oder am Ende („Vorruhestand") liegen. Soll die Freistellung auch während des laufenden Arbeitsverhältnisses möglich sein, sind in den Vertrag Regelungen über Ankündigungsfristen, Mindest- und Höchstdauer der Freistellung sowie Voraussetzungen einer vorzeitigen Beendigung der Freistellungsphase durch den Arbeitgeber in Notfällen aufzunehmen.

4. Arbeitszeit. Nach dem Formular wird zunächst die regelmäßige Arbeitszeit auf eine **Teilzeitbeschäftigung** reduziert. Im Anschluss ist die Verteilung der Arbeitszeit auf die Arbeitsphase und die Freistellungsphase zu regeln. Durch die Überschreitung der vertraglichen Arbeitszeit während der Arbeitsphase entsteht ein Zeitguthaben, das für ein Zeitkonto zur Verfügung steht.

5. Vergütung. Die Vergütung wird zunächst entsprechend der Verringerung der Arbeitszeit gekürzt, aber während der gesamten Laufzeit des Vertrages gleichmäßig ausgezahlt. Damit ist sichergestellt, dass der Arbeitnehmer auch während der Freistellungsphase ein gleichmäßiges Einkommen hat. Vergütungsbestandteile, die zeitabhängig gezahlt werden wie etwa Funktionszulagen, sind ebenfalls anteilig zu kürzen (BAG Urt. v. 17. 4. 1996 – 10 AZR 617/95 – AP Nr. 18 zu § 22 BAT Zulagen). Das gilt entsprechend für Sonderzuwendungen wie 13. Gehalt, Weihnachts- und Urlaubsgeld, Gratifikationen. Diese Sonderzuwendungen stehen Teilzeitbeschäftigten anteilig zu (BAG Urt. v. 24. 5. 2000 – 10 AZR 629/99 – AP Nr. 79 zu § 2 BeschFG 1985). Problematisch sind Sachbezüge, die unteilbar sind wie etwa die private Nutzung eines Dienstwagens („halbierter Dienstwagen"). In Anlehnung an die Regelung des § 3 Abs. 1a S. 2 ATG sollte im Vertrag geregelt werden, dass solche Sachbezüge ausschließlich in der Arbeitsphase gewährt werden, nicht aber während der Freistellungsphase (vgl. Form. A. XV. 3).

Die im Gegenzug zur Herabsetzung der Arbeitszeit zu vereinbarende Gehaltsherabsetzung muss sich für den Arbeitnehmer – zumindest netto – nicht einmal „1 : 1" auswirken, da die Einkommenssteuerprogression in aller Regel zu einer überverhältnismäßigen **Absenkung der Lohnsteuer** führen wird. Zudem kann sich die Gehaltsherabsetzung für den Arbeitnehmer im Hinblick auf **staatliche Subventionen** (z. B. Eigenheimzulage) positiv auswirken; nicht selten spielen solche Motive in der Praxis eine wichtige Rolle. Dagegen ist bei Sabbaticals, die in aller Regel auf Wunsch des Arbeitnehmers vereinbart werden, kein Raum für die Vereinbarung, dass die ursprüngliche Gehaltshöhe nachträglich im Hinblick auf das Arbeitslosengeld wieder hergestellt wird, weil jedenfalls ab dem 1. Januar 2005 eine entgegenstehende gesetzliche Regelung besteht (vgl. § 131 Abs. 3 Nr. 2 SGB III, vgl. zu einer ähnlichen Problematik Form. A. XIII. 1).

6. Zeitguthaben. Durch die Fortsetzung der Vollzeitbeschäftigung trotz der an sich verringerten Arbeitszeit baut der Arbeitnehmer während der Arbeitsphase ein **Zeitguthaben** auf, das auf einem Arbeitszeitkonto festgehalten wird. Das **Zeitkonto** kann als reines Stundenkonto, aber auch als **Wertkonto** geführt werden, in dem das Zeitguthaben in die jeweilige Vergütung umgerechnet und diese gutgeschrieben wird. Das Wertkonto hat den Vorteil, dass das Guthaben verzinst werden kann und eventuelle Erhöhungen der Vergütung sich automatisch in einem höheren Guthaben widerspiegeln. Jedenfalls längerfristige Arbeitszeitkonten sollten daher als Wertkonten geführt werden (vgl. Form. C. II. 8).

Die Nichtberücksichtigung von Arbeitszeiten, die über die betriebliche Arbeitszeit von hier 40 Stunden pro Woche hinausgehen, soll dazu dienen, einen Anreiz zur Ableistung von "echten" Überstunden zu vermeiden. Auch bei der Einführung von Langzeitkonten sollte darauf geachtet werden, dass pro Zeiteinheit nur ein bestimmtes Maß an Stunden dem Arbeitszeitkonto gutgeschrieben werden kann, um die Arbeitnehmer nicht zu unproduktiven Überstunden zu verleiten.

7. **Arbeitsunfähigkeitszeiten.** Die Vereinbarung einer Teilzeitbeschäftigung zur Erarbeitung eines Sabbatical-Guthabens ändert nichts an den zwingenden Regelungen zur Entgeltfortzahlung im Krankheitsfall. Zwar sind nach § 4 Abs. 4 EFZG tarifvertragliche Regelungen möglich, die in Zeiten der Arbeitsunfähigkeit den Aufbau von Freizeitguthaben ausschließen (BAG Urt. v. 20. 10. 1993 – 5 AZR 715/92 – NZA 1994, 178). In Individualverträgen ist eine solche Abweichung von § 4 EFZG nicht zulässig. Während der Arbeitsphase ist daher Entgeltfortzahlung nach den gesetzlichen Regelungen zu zahlen. Während einer langfristigen Erkrankung ist der Arbeitgeber nicht zur Lohnzahlung verpflichtet. Infolgedessen wird in dieser Zeit auch kein Zeitguthaben aufgebaut. Entsprechendes gilt in der Freistellungsphase. Während einer kurzfristigen Erkrankung bis zu sechs Wochen gilt § 3 EFZG. Danach ist der Arbeitgeber nicht zur Fortzahlung verpflichtet. Entsprechend wird auch das Zeitguthaben des Arbeitnehmers nicht angegriffen. Bei Langzeiterkrankungen während der Arbeitsphase kann der Fall auftreten, dass zum vorgesehenen Beginn der Freistellungsphase noch kein ausreichendes Guthaben aufgebaut ist. Dann muss sich entweder die Freistellungsphase verkürzen oder ihr Beginn muss soweit verschoben werden, bis der Arbeitnehmer ein ausreichendes Guthaben aufgebaut hat.

8. **Freistellungsphase.** Während der Sabbatical-Zeit wird das während der Arbeitsphase aufgebaute Wertguthaben durch die Fortzahlung der Vergütung abgebaut. Die Regelungen zur Nebenbeschäftigung entsprechen den auch ansonsten während des laufenden Arbeitsverhältnisses geltenden Regelungen (ErfKomm/*Preis* § 611 BGB Rdn. 886).

9. **Urlaub.** Die Dauer des Urlaubsanspruches hängt von der Verteilung der Arbeitszeit auf die Wochentage ab. Bei einer gleichmäßigen Verteilung der Arbeitszeit ergeben sich keine Besonderheiten (vgl. Form. A. XI. 5 Anm. 7). Der Urlaub ist während der Arbeitsphase zu nehmen, da Urlaubsgewährung Arbeitspflicht voraussetzt.

10. **Beendigung des Arbeitsverhältnisses.** Für die Gründe, aus denen das Arbeitsverhältnis während der Sabbatical-Vereinbarung beendet werden kann, gelten keine vom sonstigen Arbeitsrecht abweichenden Regeln. Insbesondere kann das Arbeitsverhältnis sowohl während der Arbeitsphase als auch während der Sabbatical-Zeit betriebsbedingt gekündigt werden. Zwar hat das BAG eine betriebsbedingte Kündigung eines Arbeitnehmers in Altersteilzeit während der Freistellungsphase ausgeschlossen (BAG Urt. v. 5. 12. 2002 – 2 AZR 571/01 – AP Nr. 125 zu § 1 KSchG 1969 Betriebsbedingte Kündigung). Das zentrale Argument, dass es in diesem Fall mangels Beschäftigungspflicht nicht auf den Wegfall des Arbeitsplatzes ankommen könne, gilt nicht für Sabbatical-Zeiten während eines laufenden Arbeitsverhältnisses. Nach Ablauf der Sabbatical-Zeit muss der Arbeitnehmer weiterbeschäftigt werden, also kann bei Wegfall des Arbeitsplatzes auch ein dringendes betriebliches Bedürfnis für eine Kündigung bestehen. Die Sabbatical-Zeit hat allerdings Auswirkungen auf den richtigen Beendigungszeitpunkt. Die Kündigung ist erst zum Ende der Sabbatical-Zeit zulässig, weil sich erst dann der Wegfall des Arbeitsplatzes auf das Arbeitsverhältnis auswirkt.

11. **Verwaltung des Kontos, Übertragbarkeit.** Das Zeitkonto wird vom Arbeitgeber verwaltet. Wird das Zeitkonto als Wertguthaben geführt, sollte der dort angesammelte Betrag angemessen verzinst werden. Das Zinsguthaben kann entweder zur Verlängerung der Sabbatical-Zeit verwendet oder an den Arbeitnehmer ausgezahlt werden. Das Zeit- oder Wertguthaben stellt eine Forderung des Arbeitnehmers gegen den Arbeitgeber dar, die grundsätzlich nach den §§ 398 ff. BGB abgetreten werden kann. Inwieweit die Abtretung eingeschränkt oder ganz ausgeschlossen wird, ist eine Frage der Praktikabilität. In einer individuellen Sabbatical-Vereinbarung mit einem einzelnen Arbeitnehmer wird der Arbeitgeber eher ein Interesse daran haben, die Abtretbarkeit auszuschließen. Werden Sabbatical-Vereinbarungen mit einer Vielzahl von Arbeitnehmern, etwa auch aufgrund einer kollektiven Regelung, getroffen und sind diese Arbeitnehmer untereinander austauschbar, etwa in einem größeren Produktionsbe-

trieb, spricht nichts gegen eine Abtretbarkeit jedenfalls unter den Arbeitnehmern. Das Wertguthaben ist stets vererblich.

12. Insolvenzsicherung. Nach § 7 d SBG IV sind in einer Sabbatical-Vereinbarung Vorkehrungen zu vereinbaren, die im Falle der Insolvenz die Erfüllung der Wertguthaben einschließlich des Arbeitgeberanteils am Gesamtsozialversicherungsbeitrag sicherstellen, soweit kein Anspruch auf Insolvenzgeld besteht und das Wertguthaben einschließlich des Arbeitgeberanteils am Gesamtsozialversicherungsbeitrag das dreifache der monatlichen Bezugsgröße nach § 18 SGB IV überschreitet und der Ausgleichszeitraum 27 Monate übersteigt. Der Arbeitgeber hat den Arbeitnehmer alsbald über die Maßnahmen des Insolvenzschutzes zu unterrichten. Das Gesetz gibt keinen Hinweis darauf, auf welche Weise eine Insolvenzsicherung durchgeführt werden kann. Nach dem insoweit vergleichbaren § 8 a ATG sind bilanzielle Rückstellungen sowie zwischen Konzernunternehmen begründete Einstandspflichten wie Bürgschaften oder Patronatserklärungen keine geeigneten Sicherungsmittel. Wie sich aus der Gesetzesbegründung ergibt, hält der Gesetzgeber die Verpfändung von Wertpapieren, insbesondere Fonds, Rückdeckungsversicherungen und das sog. Modell der doppelten Treuhand für geeignet (BT-Drucks. 15/1515, S. 134). Im Formular vorgesehen ist die Verpfändung von Anteilen an einem Wertpapierfonds zugunsten des Arbeitnehmers. Die Verpfändung von Forderungsrechten ist wegen der nicht unkomplizierten Regelungen des BGB zum Pfandrecht an Rechten (Zustimmungserfordernis des Arbeitnehmers, Anzeige an den Schuldner, §§ 1273 ff. BGB) nur bei einer geringen Zahl von Arbeitnehmern ein geeignetes Modell. Wegen der mit der Verpfändung zusammenhängenden Problemen bei einer Vielzahl von Arbeitnehmern (Rangfolge bei zeitlich nachfolgenden Verpfändungen etc.) beginnt sich das Outsourcing von Wertguthaben durch Contractual Trust Arrangements (CTA) als doppeltes Treuhandmodell durchzusetzen (vgl. dazu Form. F. I. 5 sowie ausführlich *Küppers/Louven* BB 2004, 337).

XII. Der Übergang eines Arbeitsverhältnisses

1. Mitarbeiterinformation gemäß § 613a Abs. 5 BGB[1]

Herrn ......
– gegen Empfangsbekenntnis
...... (Datum)

Sehr geehrter Herr ......,
wie wir Ihnen bereits mündlich mitgeteilt haben, soll der Betrieb der X-GmbH ...... (Anschrift) am Standort M. im Wege einer Unternehmensteilveräußerung auf die Y-GmbH ...... (Anschrift) übertragen werden. Die Übertragung führt zu einem Betriebsübergang nach § 613a BGB, über den wir Sie nachfolgend unter Berücksichtung der gesetzlichen Vorschriften unterrichten[2].
Der Betriebsübergang wird nach derzeitigem Planungsstand zum ...... erfolgen[3]. Ihm liegt ein Unternehmenskaufvertrag („Asset-Deal") zugrunde, auf dessen Grundlage die Y-GmbH sämtliche materiellen und immateriellen Wirtschaftsgüter der X-GmbH am Standort M. erwerben wird. Die Veräußerung beruht auf der unternehmerischen Entscheidung der X-GmbH, sich künftig auf ihr Kerngeschäft zu konzentrieren. Dazu zählt die Geschäftssparte ...... am Standort M. nicht[4].
Betroffen von dem Betriebsübergang sind sämtliche Mitarbeiter der X-GmbH, die derzeit dem Betrieb in M. angehören. Die Y-GmbH tritt daher mit dem Vollzug des Betriebsübergangs kraft Gesetzes in Ihr Arbeitsverhältnis ein und führt das bestehende Arbeitsverhältnis gemäß § 613a BGB mit sämtlichen Rechten und Pflichten unter Anrechnung der vollen Betriebszugehörigkeit bei der X-GmbH fort. Die Ihnen von der X-GmbH erteilte Versorgungszusage wird ebenfalls von der Y-GmbH übernommen[5].
Die X-GmbH haftet neben der Y-GmbH für die Verpflichtungen aus dem Arbeitsverhältnis, soweit sie vor dem Betriebsübergang entstanden sind und vor Ablauf von einem Jahr nach diesem Zeitpunkt fällig werden, als Gesamtschuldner. Werden solche Verpflichtungen nach dem Übergang fällig, so haftet die X-GmbH für sie jedoch nur in dem Umfang, der dem im Zeitpunkt des Übergangs abgelaufenen Teil Ihres Bemessungszeitraums entspricht[6].
Eine Kündigung des Arbeitsverhältnisses durch die X-GmbH oder die Y-GmbH wegen des Betriebsübergangs ist unwirksam. Das Recht zur Kündigung des Arbeitsverhältnisses aus anderen Gründen bleibt unberührt[7].
Die Y-GmbH ist – ebenso wie die X-GmbH – Mitglied im Arbeitgeberverband der ...... Industrie. Daher bleiben die für Ihr Arbeitsverhältnis maßgeblichen Tarifverträge der ...... Industrie auch nach dem Betriebsübergang weiterhin anwendbar[8].
Da die Y-GmbH die Betriebsorganisation am Standort M. übernehmen und fortführen wird, bleiben die bestehenden Betriebsvereinbarungen auch nach dem Betriebsübergang in Kraft. Der für den Standort gewählte Betriebsrat bleibt im Amt. Eine Neuwahl aufgrund des Betriebsübergangs ist nicht erforderlich[9].
Die Y-GmbH wird nach dem Betriebsübergang voraussichtlich mehr als 500 Arbeitnehmer beschäftigen. Infolgedessen finden die Vorschriften des Drittelbeteiligungsgesetzes Anwendung. Danach ist die Errichtung eines Aufsichtsrats bei dieser Gesellschaft unter der Beteiligung von Arbeitnehmern vorgesehen[10].
Nach dem derzeitigen Planungsstand werden die betriebliche Struktur und die betriebliche Organisation am Standort M. von dem Betriebsübergang nicht berührt. Die

Y-GmbH beabsichtigt, das bestehende Geschäft unverändert weiterzuführen. Besondere Maßnahmen hinsichtlich der übergehenden Mitarbeiter sind derzeit nicht in Aussicht genommen[11].

Wir bitten Sie, Ihre Tätigkeit, wie in der Vergangenheit auch, in bewährter Weise bei Ihrem neuen Arbeitgeber fortzusetzen. Entscheiden Sie sich für eine solche Fortsetzung, bitten wir Sie, Ihr Einverständnis auf dem beigefügten Doppel dieses Schreibens bis spätestens zum ...... schriftlich gegenüber der X-GmbH oder der Y-GmbH zu erklären. Sollte uns bis zu diesem Zeitpunkt eine ausdrückliche Erklärung nicht vorliegen, gehen wir von Ihrem stillschweigenden Einverständnis mit dem Betriebsübergang aus[12].

Sie können dem Übergang Ihres Arbeitsverhältnisses aber auch innerhalb eines Monats nach Zugang dieser Unterrichtung schriftlich widersprechen. Der Widerspruch kann gegenüber der X-GmbH ...... (Anschrift) oder der Y-GmbH ...... (Anschrift) erklärt werden[13]. Für den Fall eines Widerspruchs können wir das Risiko einer betriebsbedingten Kündigung allerdings nicht ausschließen, da aufgrund des Betriebsübergangs Ihr bisheriger Arbeitsplatz bei der X-GmbH ersatzlos wegfällt und gegebenenfalls eine alternative Beschäftigungsmöglichkeit nicht existiert[14].

Für Rückfragen stehen wir Ihnen gerne zur Verfügung. Sie können sich hierfür insbesondere an die Personalleitung der X-GmbH, Herrn ......, wenden.

Mit freundlichen Grüßen

......

Unterschrift der X-GmbH[15]

......

Unterschrift der Y-GmbH[15]

Mit dem Übergang meines Arbeitsverhältnisses auf die Y-GmbH bin ich einverstanden:

......

Ort, Datum

......

Unterschrift des Arbeitnehmers[16]

Schrifttum: Bauer/Haußmann, Tarifwechsel durch Branchenwechsel, DB 2003, 610; *Bauer/von Steinau-Steinrück*, Neuregelung des Betriebsübergangs: Erhebliche Risiken und viel mehr Bürokratie!, ZIP 2002, 457; *Gaul*, Das Arbeitsrecht der Betriebs- und Unternehmensspaltung, 2002; *Gaul/Otto*, Unterrichtungsanspruch und Widerspruchsrecht bei Betriebsübergang und Umwandlung – Ergänzung von § 613a BGB, ArbR 2002, 634; *Grobys*, Die Neuregelung des Betriebsübergangs in § 613a BGB, BB 2002, 726; *Heinze*, Arbeitsrechtliche Probleme bei der Umstrukturierung von Unternehmen, DB 1998, 1861; *Kallmeyer*, Kommentar zum Umwandlungsgesetz, 2. Aufl., 2001; *Kania*, Tarifeinheit bei Betriebsübergang?, DB 1994, 529; *Meyer*, Die Novelle im Praktikerblick, AuA 2002, 159; *Rieble/Gutzeit*, Betriebsvereinbarungen nach Unternehmensumstrukturierung, NZA 2003, 233; *Willemsen/Lembke*, Die Neuregelung von Unterrichtung und Widerspruchsrecht der Arbeitnehmer beim Betriebsübergang, NJW 2002, 1159; *Worzalla*, Neue Spielregeln bei Betriebsübergang – Die Änderungen des § 613a BGB, NZA 2002, 353.

Anmerkungen

1. Sachverhalt. Dem Formular liegt die Übertragung eines kompletten Betriebs zwischen zwei Unternehmen zugrunde. Die Y-GmbH übernimmt im Wege eines „Asset Deal", d. h. im Wege der Einzelrechtsnachfolge, sämtliche materiellen und immateriellen Wirtschaftsgüter der X-GmbH an deren Standort in M. (s. auch dazu Form. A. XII. 2). Es wird davon ausgegangen, dass die Y-GmbH in derselben Branche wie die X-GmbH tätig ist und dass sie den erworbenen Betrieb am Standort M. mit der vorhandenen Geschäfts- und Belegschaftsstruktur fortführen wird. Eine Zusammenlegung des Betriebs mit anderen Betriebs- oder Unternehmensteilen der Y-GmbH ist nicht beabsichtigt. Die Veräußerung erfolgt demnach unter Wahrung der betrieblichen „Identität" (vgl. zu den damit verbundenen Konsequenzen insbesondere Anm. 6 und Anm. 7). Der Veräußerung liegt die unternehmerische Entscheidung der X-GmbH zugrunde, sich künftig auf das Kerngeschäft zu konzentrieren und ihrer Aktivitäten in Randgeschäftsbereichen, zu denen auch der Standort M. zu rechnen ist, weitestgehend zu reduzieren.

1. Mitarbeiterinformation gemäß § 613 a Abs. 5 BGB

Die X-GmbH beschäftigt weniger als 500 Arbeitnehmer. Ihre Beschäftigten haben am Standort M. einen Betriebsrat gewählt; Gesamt- oder Konzernbetriebsräte existieren nicht. Für die Y-GmbH wird unterstellt, dass diese bisher ebenfalls weniger als 500 Arbeitnehmer beschäftigt und dass dort bislang keine Betriebsräte existieren. Beide Gesellschaften sind Mitglied in demselben zuständigen Arbeitgeberverband und wenden kraft Verbandszugehörigkeit die für sie gültigen Tarifverträge an.

In der Praxis werden die vorzufindenden Rahmenbedingungen häufig von diesem Sachverhalt abweichen. Es wurde daher bewusst darauf verzichtet, das Formular branchenspezifisch auszugestalten oder mit komplexen tatsächlichen und rechtlichen Fragestellungen zu überfrachten, um seine Verwendbarkeit als Grundlage für möglichst viele Fallgestaltungen zu gewährleisten. Soweit erforderlich, werden in den einzelnen Anmerkungen weitere Hinweise zu den möglichen rechtlichen Implikationen bei Betriebsübergängen gegeben. Deren konkrete Umsetzung in eine Mitarbeiterinformation nach § 613a Abs. 5 BGB kann nur einzelfallbezogen erfolgen.

2. Unterrichtungspflicht. Die an einem Betriebsübergang auf Veräußerer- und Erwerberseite beteiligten Arbeitgeber sind seit dem 1. April 2002 verpflichtet, die von dem Übergang betroffenen Arbeitnehmer über die näheren Umstände des Betriebsübergangs und seine Auswirkungen auf die übergehenden Arbeitsverhältnisse zu unterrichten. Als **Mindestinhalt** der Unterrichtung sieht § 613a Abs. 5 eine Mitteilung über (Nr. 1) den Zeitpunkt oder den geplanten Zeitpunkt des Übergangs, (Nr. 2) den Grund für den Übergang, (Nr. 3) die rechtlichen, wirtschaftlichen und sozialen Folgen des Übergangs für die Arbeitnehmer und (Nr. 4) die hinsichtlich der Arbeitnehmer in Aussicht genommenen Maßnahmen vor (vgl. zur europarechtlichen Dimension dieser Regelung krit. *Grobys* BB 2002, 726). Die Regelung muss im Zusammenhang mit dem in § 613a Abs. 6 BGB normierten Widerspruchsrecht gesehen werden. Danach können Arbeitnehmer dem Übergang ihres Arbeitsverhältnisses innerhalb eines Monats nach Zugang der Unterrichtung schriftlich widersprechen (vgl. dazu Anm. 13). Die Unterrichtung dient also in erster Linie als „Auslöser" für den Lauf der Widerspruchsfrist. Daneben soll damit den betroffenen Arbeitnehmern eine Entscheidungsgrundlage für die Ausübung ihres Widerspruchsrechts, insbesondere vor dem Hintergrund einer wesentlichen Änderung ihrer Arbeitsbedingungen oder der beruflichen Entwicklungsmöglichkeiten infolge des Betriebsübergangs, verschafft werden (BT-Drucks. 14/7760, S. 19). Die Beschäftigten sollen die Möglichkeit haben, eine sachgerechte Entscheidung zu treffen. Zudem soll die Regelung den beteiligten Arbeitgebern vor dem Betriebsübergang Klarheit geben, mit welchen der betroffen Arbeitnehmern sie weiterhin rechnen können und rechnen müssen (BT-Drucks. 14/7760, S. 19). Streitig ist, ob sich die Unterrichtungspflicht aufgrund dieser Interessenlage auf eine bloße Obliegenheit der beteiligten Arbeitgeber reduzieren lässt (so *Bauer/von Steinau-Steinrück* ZIP 2002, 457, 463; a. A. *Gaul* § 11 Rdn. 76ff. m. weit. Nachw.: Schadensersatzansprüche aufgrund mangelnder Unterrichtung oder Falschunterrichtung möglich; LAG Berlin Urt. v. 29. 4. 2004 – 18 Sa 2424/03 – NZA-RR 2005, 126: Unwirksamkeit einer Kündigung wegen Wegfalls der Beschäftigungsmöglichkeit beim Betriebsveräußerer nach Widerspruch auf Basis mangelnder Unterrichtung). Der Streit ist für die Gestaltung des Unterrichtungsschreibens weitgehend irrelevant und braucht an dieser Stelle nicht entschieden zu werden. Allerdings lässt sich aus dem genannten Gesetzeszweck im Einzelfall eine sachgerechte Begrenzung des Unterrichtungsumfangs gewinnen (vgl. dazu ausführlich Anm. 5).

Sowohl die Pflicht zur Unterrichtung als auch das Widerspruchsrecht setzen einen Betriebsübergang i. S. d. § 613a BGB voraus. Es muss also ein Betrieb oder Betriebsteil unter Wahrung seiner wirtschaftlichen Identität vom Betriebsinhaber durch Rechtsgeschäft auf einen Erwerber übertragen werden (vgl. zu den Voraussetzungen eines Betriebsübergangs zusammenfassend BAG Urt. v. 22. 7. 2004 – 8 AZR 350/03 – NZA 2004, 1383 m. weit. Nachw.; BAG Urt. v. 20. 6. 2002 – 8 AZR 459/01 – NZA 2003, 318, 320 m. weit. Nachw.; BAG Urt. v. 8. 8. 2002 – 8 AZR 583/01 – NZA 2003, 315, 317 m. weit. Nachw.). Transaktionen, bei denen sich lediglich auf gesellschaftsrechtlicher Ebene ein Wechsel der Gesellschafter vollzieht („Share-Deal") lösen demnach keine Unterrichtungspflicht aus. Hier kann allenfalls der Wirtschaftsausschuss nach allgemeinen Grundsätzen zu informieren sein (s. dazu Form. A. XII. 5).

Nach dem Gesetzeswortlaut hat die Unterrichtung der Arbeitnehmer **vor dem Übergang** zu erfolgen. Laut Gesetzesbegründung soll allerdings auch eine nachträgliche Unterrichtung zulässig sein (BT-Drucks. 14/7760, S. 20). Hierfür spricht insbesondere die in § 613a Abs. 6 BGB getroffene Regelung, nach der die Widerspruchsfrist der Arbeitnehmer mit Zugang der Unterrichtung, nicht aber mit Kenntnis vom Betriebsübergang zu laufen beginnt. Auch das BAG gestattete dem Arbeitnehmer bislang einen Widerspruch unabhängig vom Zeitpunkt der Kenntniserlangung der für den Betriebsübergang maßgeblichen Tatsachen (vgl. BAG Urt. v. 19. 3. 1998 – 8 AZR 139/97 – NZA 1998, 750, 751 m. weit. Nachw.). Unabhängig davon ist in der Praxis in jedem Fall eine frühzeitige Unterrichtung der Belegschaft vor dem Betriebsübergang geboten, um rechtzeitig Klarheit über die Anzahl der übergehenden und widersprechenden Arbeitnehmer zu gewinnen.

Die Unterrichtung hat in **Textform** (§ 126b BGB) zu erfolgen. Um der Textform zu genügen, bedarf es weder einer Urkunde noch einer eigenhändigen Unterschrift. Allerdings muss die Unterrichtungserklärung in irgendeiner Form verkörpert sein. Die Person des Erklärenden muss genannt und der Abschluss der Erklärung durch Nachbildung der Namensunterschrift oder anders erkennbar gemacht werden (vgl. dazu Palandt/*Heinrichs* § 126b BGB Rdn. 5). Denkbar ist also, dass die betroffenen Arbeitnehmer per E-Mail, Intranet oder durch Aushang am schwarzen Brett unterrichtet werden (*Gaul/Otto* DB 2002, 634, 635; *Worzalla* NZA 2002, 353, 356). In diesem Fall besteht allerdings die Schwierigkeit, den individuellen Zugang beim einzelnen Arbeitnehmer nachzuweisen. Hierfür gelten die allgemeinen Zugangsvorschriften für Willenserklärungen (§§ 130 ff. BGB). Die Beweislast für den Zugang trifft den Betriebsveräußerer oder -erwerber. Vorzugswürdig ist daher die persönliche Übergabe eines Unterrichtungsschreibens gegen **Empfangsbekenntnis** an jeden einzelnen Arbeitnehmer oder eine Zustellung an die Wohnanschrift unter Anfertigung eines Zustellungsprotokolls.

Zu beachten ist, dass die Pflicht zur Unterrichtung nach § 613a Abs. 5 BGB unabhängig von anderen gesetzlichen Informations- und Mitteilungspflichten besteht. Die Unterrichtung hat insbesondere unabhängig von etwa einschlägigen kollektiven Beteiligungsrechten (z. B. Information des Wirtschaftsausschusses gemäß § 106 BetrVG, Verhandlung und Abschluss eines Interessenausgleichs mit dem Betriebsrat gemäß §§ 111 ff. BetrVG, Informationspflichten aus einer Betriebsvereinbarung) zu erfolgen. Auch auf Betriebsübergänge, die sich in Umwandlungsfällen im Wege einer Gesamtrechtsnachfolge vollziehen, ist § 613a Abs. 5 BGB anwendbar (vgl. § 324 UmwG; dazu *Düwell* FA 2002, 107, 109; zur Ausübung des Widerspruchsrechts in diesen Fällen *Grobys* BB 2002, 726, 730).

3. Geplanter Zeitpunkt des Übergangs. Die Arbeitnehmer müssen über den **Zeitpunkt** oder den **geplanten Zeitpunkt** des Betriebsübergangs informiert werden (§ 613a Abs. 5 Nr. 1 BGB). Der Betriebsübergang selbst erfolgt, wenn der Erwerber die tatsächliche Leitungsmacht über den Betrieb beziehungsweise Betriebsteil übernimmt. Dieser Zeitpunkt muss nicht notwendig mit dem rechtlichen Übergang des Betriebs oder Betriebsteils zusammenfallen. Erforderlich und ausreichend ist, dass der Betriebserwerber aufgrund rechtsgeschäftlicher Übereinkunft in die Lage versetzt wird, die Leitungsmacht im Betrieb mit dem Ziel der Betriebsfortführung auszuüben (BAG Urt. v. 26. 3. 1996 – 3 AZR 965/94 – NZA 1997, 94, 95; BAG Urt. v. 20. 6. 2002 – 8 AZR 459/01 – NZA 2003, 318, 320). Dies wird im Regelfall der Stichtag der Unternehmensübertragung sein. Auch wenn dieser Zeitpunkt aus Sicht der Beteiligten bereits feststehen mag, empfiehlt sich in jedem Fall die Aufnahme eines einschränkenden Zusatzes im Unterrichtungsschreiben (z. B. Hinweis auf den „derzeitigen Planungsstand"), denn bis zum tatsächlichen Vollzug des Betriebsüberganges kann auch ein abgeschlossener Unternehmenskaufvertrag aus den verschiedensten Gründen nicht vollzogen oder wieder rückgängig gemacht werden. Ein solcher Zusatz ist rechtlich unbedenklich, da das Gesetz ausdrücklich die Angabe des „geplanten" Zeitpunkts genügen lässt.

Folglich ist auch die Angabe eines bestimmten **Datums** nicht zwingend erforderlich, z. B. wenn der Tag des rechtlichen Wirksamwerdens der Übertragung und der damit einhergehende Übergang der Leitungsmacht nicht exakt benannt werden können. Dieser Fall kann z. B. bei einer Umwandlung eintreten, da sich hier allenfalls der Tag der Antragstellung, nicht aber der Tag der Eintragung im Handelsregister beeinflussen lässt. Hier genügt ein Hinweis auf die

1. Mitarbeiterinformation gemäß § 613 a Abs. 5 BGB

geplante Antragstellung verbunden mit der Angabe, dass sich der Betriebsübergang mit der Eintragung im Handelsregister vollziehen wird (vgl. *Gaul/Otto* DB 2002, 634, 635).

Umstritten ist, wie verfahren werden muss, wenn sich der geplante Zeitpunkt des Betriebsübergangs verschiebt. Dies lässt sich insbesondere bei groß angelegten Restrukturierungsmaßnahmen nicht ausschließen. In der Literatur wird das Problem kontrovers diskutiert (vgl. *Gaul* § 11 Rdn. 22 m. weit. Nachw.). In Anlehnung an die Pflicht zur Weiterleitung von umwandlungsrechtlichen Rechtsgeschäften an den Betriebsrat (vgl. § 5 Abs. 3 UmwG) bietet sich eine differenzierende Lösung an: Nach Sinn und Zweck des Gesetzes wird man davon auszugehen haben, dass eine Abweichung des tatsächlichen Betriebsübergangs von dem mitgeteilten Zeitpunkt grundsätzlich unbeachtlich ist, sofern den Unterrichtungsempfängern die Vorläufigkeit der zeitlichen Planung klar vor Augen geführt wurde und nur eine unwesentliche Abweichung von der mitgeteilten Planung vorliegt. Wird der Betriebsübergang dagegen um eine erhebliche Zeit vorgezogen oder zeitlich nach hinten verschoben und kann dadurch unter Umständen auch die Ausübung des Widerspruchsrechts beeinflusst werden, ist jedenfalls in der Praxis vorsorglich eine Klarstellung der ursprünglichen Mitteilung zu empfehlen (vgl. *Worzalla* NZA 2002, 353, 354; zur Rechtslage im Umwandlungsrecht Kallmeyer/*Willemsen* § 5 UmwG Rdn. 77). Ändern sich aufgrund der zeitlichen Verschiebung auch die rechtlichen, wirtschaftlichen oder sozialen Rahmenbedingungen des Betriebsübergangs, ist eine neue Unterrichtung in jedem Fall geboten.

4. Grund für den Übergang. Gemäß § 613a Abs. 5 Nr. 2 BGB ist in der Unterrichtung der **Grund** für den Betriebsübergang anzugeben. Der Gesetzeswortlaut ist unklar. Daraus geht insbesondere nicht hervor, ob die Angabe der rechtsgeschäftlichen Grundlage (z.B. Unternehmenskaufvertrag) oder die Angabe der wirtschaftlichen Ursachen (z.B. drohende Insolvenz des Veräußerers) erforderlich ist. Letzteres dürfte angesichts der Komplexität einer unternehmerischen Entscheidung eher ausscheiden. Bis zu einer Klärung der Frage dürfte es in der Praxis ratsam sein, vorsorglich nicht nur die rechtlichen, sondern – jedenfalls schlagwortartig – auch die wesentlichen tatsächlichen Gründe für den Übergang mitzuteilen. Eine Offenlegung vertraulicher Geschäftsinhalte (z.B. Kalkulation des Kaufpreises) kommt aber in keinem Fall in Betracht. Hieran besteht im Hinblick auf die Ausübung des Widerspruchsrechts kein schutzwürdiges Interesse der Beschäftigten (vgl. *Willemsen/Lembke* NJW 2002, 1159, 1162; weitergehend offenbar *Meyer* AuA 2002, 159, 160).

5. Rechtliche, wirtschaftliche und soziale Folgen. § 613a Abs. 5 Nr. 3 BGB sieht vor, dass die Unterrichtung auch die rechtlichen, wirtschaftlichen und sozialen Folgen des Betriebsübergangs für die Arbeitnehmer umfassen soll. Die Bestimmung wirft angesichts des weiten Gesetzeswortlauts zahlreiche rechtliche und praktische Fragen auf. Eine präzise Abgrenzung zwischen den rechtlichen, wirtschaftlichen und sozialen Auswirkungen eines Betriebsübergangs ist kaum möglich, da die meisten rechtlichen Konsequenzen (z.B. Fortbestand des Arbeitsverhältnisses) zugleich auch eine wirtschaftliche und soziale Dimension (Aufrechterhaltung der Arbeitsbedingungen) haben. In der Unterrichtung sollte daher u.E. darauf verzichtet werden, einzelne Folgen als rechtliche, wirtschaftliche oder soziale zu bezeichnen. Es empfiehlt sich vielmehr, die Konsequenzen des Betriebsübergangs – ausgehend vom Wortlaut des § 613a BGB – einheitlich darzustellen. Dabei wird man davon ausgehen müssen, dass den Arbeitnehmern lediglich solche Umstände mitzuteilen sind, die einen konkreten Bezug zu dem übergehenden Arbeitsverhältnis und der Erbringung der geschuldeten Arbeitsleistung beim Veräußerer haben und die eine gewisse Erheblichkeit aufweisen (*Grobys* BB 2002, 726, 728).

In diesem Zusammenhang stellt sich die Frage, mit welchem **Detaillierungsgrad** die einzelnen Folgen dargestellt werden müssen. Praktische Bedeutung erlangt die Frage insbesondere im Hinblick auf den Lauf der Widerspruchsfrist, die nach der Gesetzesbegründung nur bei einer „ordnungsgemäßen" Unterrichtung in Gang gesetzt werden soll (s. dazu Anm. 13). Ähnlich wie bei den arbeitsrechtlichen Angaben in Umwandlungsfällen, z.B. in einem Verschmelzungsvertrag (vgl. § 5 Abs. 1 Nr. 9 UmwG), wird man davon ausgehen müssen, dass angesichts der Komplexität und Vielschichtigkeit der rechtlichen und tatsächlichen Auswirkungen eines Betriebsübergangs eine restriktive Auslegung des Gesetzes geboten ist (in diesem

Sinn auch *Bauer/von Steinau-Steinrück* ZIP 2002, 457, 462; *Gaul* § 11 Rdn. 18; vgl. zu den Angaben im Verschmelzungsvertrag Kallmeyer/*Willemsen* § 5 UmwG Rdn. 50ff.). Grundsätzlich genügt es daher, die Arbeitnehmer – gegebenenfalls auch einzelne Arbeitnehmergruppen – abstrakt zu informieren. Die Erstellung eines individuellen Rechtsgutachtens ist in keinem Fall erforderlich (ebenso *Gaul/Otto* DB 2002, 634, 635; *Worzalla* NZA 2002, 353, 355). Entscheidend ist vielmehr, dass den betroffenen Arbeitnehmern mit der Unterrichtung eine Grundlage für weitere Erkundigungen gegeben wird. Den Einzelnen trifft dann die Obliegenheit, sich bei Bedarf – gegebenenfalls unter Einschaltung des Betriebsrats oder der Gewerkschaft – weitere Informationen zu verschaffen (zutreffend *Meyer* AuA 2002, 159, 162). Zu Recht wird in diesem Zusammenhang darauf hingewiesen, dass es praktisch objektiv unmöglich ist, über alle rechtlichen und wirtschaftlichen Auswirkungen eines Betriebsübergangs, die unter Umständen für eine Vielzahl von Beschäftigten verschieden zu beantworten sind, vorab erschöpfend zu unterrichten (vgl. *Meyer* AuA 2002, 159, 162).

Fraglich ist auch, aus wessen Sicht und über welchen Prognosezeitraum die Auswirkungen des Betriebsübergangs für die Beschäftigten zu bestimmen sind. Grundsätzlich wird man hier von einer „**subjektiven Determination**" der Unterrichtungspflicht ausgehen müssen (vgl. *Grobys* BB 2002, 726, 728). Dies bedeutet, dass sowohl der bisherige Arbeitgeber als auch der neue Betriebsinhaber nur solche Umstände mitteilen können und müssen, die zum Zeitpunkt der Unterrichtung konkret absehbar sind. Der Gesetzgeber geht davon aus, dass insoweit in die Unterrichtung sowohl die (Er)Kenntnisse des Erwerbers als auch die des Veräußerers einfließen müssen (vgl. BT-Drucks. 14/7760, S. 19). Dies erscheint zutreffend vor dem Hintergrund, dass etliche der geforderten Angaben (z. B. nach dem Betriebsübergang in Aussicht genommene Maßnahmen) ohnehin nur der Erwerber sinnvoll machen kann. Für die subjektive Determination dürfte daher der Wissensstand beider Parteien der Betriebs(teil)übertragung zum Zeitpunkt der Unterrichtung maßgeblich sein (ebenso *Gaul* § 11 Rdn. 19).

Das Formular beschränkt sich auf einige wesentliche Punkte, die in keiner Unterrichtung fehlen sollten. Hierzu gehören einerseits der Hinweis auf den Übergang und den unveränderten Fortbestand des Arbeitsverhältnisses gemäß § 613a Abs. 1 S. 1 BGB. Dies schließt auch einen Fortbestand einzelvertraglicher Zusagen auf Betriebsrente ein (vgl. dazu MünchHdbArbR/*Förster/Rühmann* § 106 Rdn. 41 ff.). Eine besondere Erwähnung von Versorgungsansprüchen im Unterrichtungsschreiben empfiehlt sich vorwiegend aus personalpolitischen Gründen, weil sie für die Beschäftigten im Regelfall eine besondere Bedeutung haben. Des Weiteren ist ein Hinweis zu der gesetzlichen Haftung des alten und des neuen Arbeitgebers aufzunehmen. Das Formular knüpft in diesem Punkt an den Wortlaut von § 613a Abs. 2 BGB an (vgl. zu Einzelfragen der Haftung *Willemsen/Hohenstatt/Schweibert/Seibt* G Rdn. 214ff.). Obligatorisch erscheint auch ein Hinweis auf das in § 613a Abs. 4 BGB enthaltene Kündigungsverbot. Weitere rechtliche Angaben können insbesondere zu kollektivrechtlichen Fragen, z. B. der Fortgeltung von Tarifverträgen und Betriebsvereinbarungen, erforderlich sein (s. dazu Anm. 8 und Anm. 9).

Unabhängig von dem vorliegenden Sachverhalt kommen als weitere rechtliche, wirtschaftliche oder soziale Umstände für eine Unterrichtung in Betracht:

- Hinweis auf etwaige Änderungen beim Kündigungsschutz infolge des Betriebsübergangs (z. B. Absenkung der Arbeitnehmerzahl unter den Schwellenwert des § 23 KSchG).
- Hinweis auf mögliche Versetzungen im Zusammenhang mit dem Betriebsübergang (z. B. Verlagerung des Betriebs durch den Erwerber).
- Änderung der funktionalen Stellung einzelner Abteilungen innerhalb der Unternehmenshierarchie infolge einer Eingliederung in den Erwerberbetrieb.
- Hinweis auf einen etwa bestehenden Interessenausgleich und Sozialplan des Veräußerers und/oder Erwerbers.
- Hinweis auf etwa vom Erwerber einzuhaltende Beschäftigungszusagen, befristete Kündigungsverzichte oder Standortgarantien.
- Aufklärung der Mitglieder der Arbeitnehmervertretungen über die Beeinflussung individueller Rechtspositionen durch den Betriebsübergang (z. B. Mandatsbeendigung durch Auflösung des Betriebsrats, Kündigungsschutz nach § 15 KSchG).

1. Mitarbeiterinformation gemäß § 613 a Abs. 5 BGB   A. XII. 1

- Hinweis auf das den Arbeitnehmern zustehende Widerspruchsrecht und den Lauf der Widerspruchsfrist (§ 613 a Abs. 6 BGB).

Vermutungen und Spekulationen über die **allgemeine** wirtschaftliche **Entwicklung** sowie die Entwicklung des übergegangenen Betriebs müssen von den Beteiligten nicht angestellt werden. Ebenso wenig sind Angaben zur Solvenz oder der finanziellen Situation des Erwerbers erforderlich, da es sich hierbei nicht um wirtschaftliche „Folgen" des Betriebsübergangs handelt, sondern um Umstände, die unabhängig davon bestehen (*Grobys* BB 2002, 726, 728; a. A. offenbar *Worzalla* NZA 2002, 353, 355 für laufende Insolvenzverfahren).

6. Haftung von Veräußerer und Erwerber. Angaben zu der Haftung von Veräußerer und Erwerber anlässlich des Betriebsübergangs zählen zu den rechtlichen Folgen i. S. d. § 613 a Abs. 5 Nr. 1 BGB (vgl. dazu Anm. 5).

7. Kündigung. Gemäß § 613 a Abs. 4 BGB ist die Kündigung eines Arbeitsverhältnisses wegen eines Betriebsübergangs unzulässig. Es handelt sich dabei um einen Umstand, der den Arbeitnehmern im Rahmen der Unterrichtung nach § 613 a Abs. 5 Nr. 1 BGB mitzuteilen ist (vgl. Anm. 5).

8. Rechtliche Folgen: Tarifverträge. Zu den rechtlichen Folgen i. S. d. § 613 a Abs. 5 Nr. 3 BGB gehört auch das Schicksal von Tarifverträgen anlässlich des Betriebsübergangs. Sind sowohl der Veräußerer als auch der Erwerber in derselben Branche tätig und im selben Arbeitgeberverband organisiert (so der vorliegende Fall), gelten die einschlägigen Tarifverträge im Regelfall unbeschadet des Betriebsübergangs **kollektivrechtlich** fort (vgl. dazu *Heinze* DB 1998, 1861, 1862; *Kania* DB 1994, 529, 533; MünchKommBGB/*Schaub* § 613 a BGB Rdn. 125 ff.). Ist der Betriebserwerber dagegen nicht oder in einem anderen Arbeitgeberverband als der Veräußerer organisiert, findet grundsätzlich eine Transformation der tarifvertraglichen Normen gemäß § 613 a Abs. 1 S. 2 BGB statt, soweit das Arbeitsverhältnis nach dem Betriebsübergang nicht von einem anderen Tarifvertrag erfasst wird (vgl. § 613 a Abs. 1 S. 2 bis S. 4 BGB; s. ausführlich zu den dabei denkbaren Fallkonstellationen *Gaul* § 24 Rdn. 18 ff.; 38 ff.). Für **Haustarifverträge** ist zu beachten, dass das BAG bei Betriebsübergängen, die auf einer **Gesamtrechtsnachfolge** beruhen, unter Hinweis auf die umwandlungsrechtlichen Haftungsvorschriften stets von einem kollektivrechtlichen Fortbestand des Tarifvertrags ausgeht (BAG Urt. v. 24. 6. 1998 – 4 AZR 208/97 – AuR 1999, 151 mit zustimmender Anm. von *Mengel*). Eine Gesamtrechtsnachfolge liegt z. B. vor, wenn sich der Unternehmenserwerb auf der Grundlage der Vorschriften des Umwandlungsgesetzes (z. B. in Form einer Verschmelzung oder Spaltung) vollzieht (vgl. §§ 2 ff., 123 ff. UmwG).

Unter Berücksichtigung der in Anm. 5 aufgezeigten Grundsätze genügt es, wenn die Beschäftigten in abstrakter Form auf die vor und nach dem Betriebsübergang anwendbaren Tarifverträge sowie den gegebenenfalls einschlägigen Ablösungsmechanismus gemäß § 613 a Abs. 1 S. 2 bis S. 4 BGB hingewiesen werden. Eine namentliche Nennung aller einschlägigen Tarifwerke (z. B. Manteltarifvertrag XY, Entgelttarifvertrag XY, Tarifvertrag über Altersteilzeit XY, Tarifvertrag über Vermögensbildung XY, Tarifvertrag zur Standortsicherung XY, usw.) ist nicht geboten. Vielmehr genügt eine Bezugnahme auf die einschlägige Branche (Beispiel: „Bundestarifverträge der Chemischen Industrie"), denn damit sind die anwendbaren Rechtsgrundlagen zweifelsfrei bestimmbar, so dass sich die Betroffenen bei Bedarf weitere Informationen selbst einholen können. Die beteiligten Arbeitgeber sind keine Rechtsberater ihrer Beschäftigten. Eine Darstellung des Inhalts der anwendbaren Tarifverträge ist daher ebenso wenig erforderlich wie eine konkrete Subsumtion der tarifrechtlichen Folgen für jedes einzelne Arbeitsverhältnis. Sofern erforderlich, kommt allenfalls eine pauschale Differenzierung in organisierte und nicht organisierte Arbeitnehmer in Betracht, falls die tarifrechtlichen Folgen für diese Arbeitnehmergruppen ausnahmsweise unterschiedlich zu beurteilen sind (vgl. dazu *Kania* DB 1994, 529, 532; Zum Tarifwechsel durch Branchenwechsel s. *Bauer/Haußmann* DB 2003, 610, 611).

9. Rechtliche Folgen: Betriebsvereinbarungen und Betriebsräte. Zu den rechtlichen Folgen i. S. d. § 613 a Abs. 5 Nr. 3 BGB gehören auch Angaben zum rechtlichen Schicksal von Betriebsvereinbarungen und Betriebsräten anlässlich des Betriebsübergangs. Soweit die Auffassung vertreten wird, dass die Folgen für Arbeitnehmervertretungen (z. B. Betriebsrat, Sprecherausschuss, Schwerbehindertenvertretung, usw.) nicht von der Unterrichtungspflicht umfasst würden (so *Willemsen/Lembke* NJW 2002, 1159, 1162), scheint dies wenig überzeugend, da die Existenz oder Nichtexistenz dieser Organe für die betroffenen Beschäftigten jedenfalls eine wirtschaftliche und/oder soziale Dimension haben kann. Im vorliegenden Fall ist dieser Punkt weitgehend unproblematisch, da die **Betriebsidentität** am Standort M. von dem Übergang nicht berührt wird. Dies bedeutet, dass die betriebliche Organisation und die vorhandenen Leitungsstrukturen auch nach dem Betriebsübergang fortbestehen (s. zu den Voraussetzungen und dem Inhalt der Betriebsidentität im Einzelnen *Willemsen/Hohenstatt/Schweibert/Seibt* D Rdn. 68 ff.). In diesem Fall bedarf es keiner Transformation vorhandener Betriebsvereinbarungen gemäß § 613a Abs. 1 S. 2 BGB, da der Betrieb als Bezugspunkt des Kollektivrechts nicht untergeht (vgl. *Heinze* DB 1998, 1861, 1863). Liegen die genannten Voraussetzungen vor, bleibt auch das Amt des Betriebsrats von dem Betriebsübergang unberührt (*F/E/S/T/L* § 21 BetrVG Rdn. 34). Wird der veräußerte Betrieb dagegen räumlich und/oder funktional in einen anderen Betrieb des Erwerbers eingegliedert, so gelten die beim Veräußerer bestehenden Betriebsvereinbarungen lediglich kraft gesetzlicher Anordnung gemäß § 613a Abs. 1 S. 2 BGB weiter, sofern sie nicht durch gleichartige Betriebsvereinbarungen beim Erwerber verdrängt werden (§ 613a Abs. 1 S. 3 und S. 4 BGB). Das Schicksal des Betriebsrats richtet sich in diesem Fall nach § 21a und § 21b BetrVG (s. dazu *F/E/S/T/L* § 21 BetrVG Rdn. 6 ff.; § 21b BetrVG Rdn. 5 ff.).

Rechtlich weitgehend ungeklärt ist der Fortbestand von **Konzern- und Gesamtbetriebsvereinbarungen** beim Betriebsübergang (s. dazu neuerdings BAG Beschl. v. 18. 9. 2002 – 1 ABR 54/01 – BB 2003, 1387 sowie *Rieble/Gutzeit* NZA 2003, 233; *Meyer* DB 2000, 1174; *Röder/Haußmann* DB 1999, 1754). Nach Auffassung des BAG können Gesamtbetriebsvereinbarungen, die für das Unternehmen des Veräußerers geschlossen wurden, nach einem Betriebsübergang als Einzelbetriebsvereinbarung (kollektivrechtlich) weiter bestehen, sofern der Erwerber einen kompletten Betrieb erwirbt und diesen nicht in einen anderen Betrieb eingliedert (BAG v. 18. 9. 2002 – 1 ABR 54/01 – BB 2003, 1387). Die Dogmatik für dieses Ergebnis ist diffus (krit. auch *Rieble/Gutzeit* NZA 2003, 233, 237). Folgt man dem BAG, muss man bei einem Übergang sämtlicher Betriebe des Veräußerers unter Erhalt der betrieblichen Strukturen im neuen Unternehmen konsequenter Weise auch von einem Fortbestand des **Gesamtbetriebsrats** ausgehen (so BAG Beschl. v. 5. 6. 2002 – 7 ABR 17/01 – NZA 2003, 336).

Hinsichtlich des Umfangs der Unterrichtung gelten die Ausführungen in Anm. 8 entsprechend. Es ist also nicht erforderlich, jede einzelne Betriebsvereinbarung, die vor und nach dem Betriebsübergang anwendbar ist, aufzulisten und ihren Inhalt zu kommentieren. Dies wäre in Großunternehmen mit mehreren hundert Betriebsvereinbarungen allein aus organisatorischen und administrativen Gründen problematisch. Darüber hinaus ist es nicht Sache der beteiligten Arbeitgeber, den Beschäftigten anlässlich des Betriebsübergangs ein Rechtsgutachten über Art und Umfang ihrer Arbeitsbedingungen anzufertigen. Nur dort, wo signifikante Änderungen im Bestand der vorhandenen Betriebsvereinbarungen eintreten, kann gegebenenfalls ein schlagwortartiger Hinweis – z. B. auf die Verdrängung einzelner Regelungskomplexe durch konkurrierende Kollektivregelungen des Erwerbers – geboten sein (vgl. mit unterschiedlichen Schwerpunkten *Gaul/Otto* DB 2002, 634, 635; *Meyer* AuA 2002.159, 160; *Worzalla* NZA 2002, 353, 355; *Willemsen/Lembke* NJW 2002, 1159, 1163). Insbesondere bei einem Fortbestand der Betriebsidentität (so der vorliegenden Fall) besteht für eine Nennung einzelner Regelungsinhalte aber keine Veranlassung.

10. **Rechtliche Folgen: Unternehmensmitbestimmung.** Umstritten ist, ob Angaben zur Unternehmensmitbestimmung von § 613a Abs. 5 Nr. 3 BGB umfasst werden (vgl. zum Streitstand *Gaul* § 11 Rdn. 17). In praktischer Hinsicht besteht die Schwierigkeit, dass die Unterrichtung bei einer Ignorierung mitbestimmungsrechtlicher Fragen unvollständig sein kann und damit die Widerspruchsfrist gemäß § 613a Abs. 6 BGB nicht in Gang gesetzt wird (s. dazu Anm. 13). Andererseits wird der Hinweis auf eine mögliche (Um-)Bildung von Aufsichtsräten häufig nicht dem Interesse der beteiligten Unternehmen entsprechen. Dies gilt insbesondere in Fällen, in denen mitbestimmte Aufsichtsräte bislang – etwa aus Unkenntnis oder mangelnder

1. Mitarbeiterinformation gemäß § 613 a Abs. 5 BGB   A. XII. 1

Initiative der Arbeitnehmerseite – entgegen den gesetzlichen Vorgaben (noch) nicht bestehen. Es besteht dann die Gefahr, mit der Unterrichtung „schlafende Hunde" zu wecken. Im Formular wurden die Angaben unbeschadet dieser Bedenken der Vollständigkeit halber aufgenommen.

11. In Aussicht genommene Maßnahmen. Die vom Betriebsübergang betroffenen Arbeitnehmer sind über die in Aussicht genommenen Maßnahmen zu unterrichten (§ 613 a Abs. 5 Nr. 4 BGB). Der Begriff der **Maßnahme** ist unscharf. Nach der Gesetzesbegründung sollen hierunter insbesondere Weiterbildungsmaßnahmen im Zusammenhang mit geplanten Produktionsumstellungen oder Umstrukturierungen und andere Maßnahmen, die die berufliche Entwicklung betreffen, fallen (BT-Drucks. 14/7760, S. 19). Darüber hinaus wird man aber auch solche unternehmerischen Vorhaben unter den Tatbestand fassen müssen, die nicht nur die Arbeitnehmer, sondern auch die Entwicklung des Gesamtbetriebs (z. B. geplante Betriebsänderungen, Stilllegungen oder Betriebsverlagerungen) betreffen (a. A. *Bauer/von Steinau-Steinrück* ZIP 2002, 459, 463 unter Hinweis auf den Gesetzeswortlaut). Nur in den seltensten Fällen wird ein Unternehmer aber die mit dem Erwerb eines Betriebs oder Betriebsteils verbundenen Konsequenzen auf operativer Ebene zum Zeitpunkt der Unterzeichnung des Kaufvertrags abschließend überschauen können. Zudem hängt die berufliche Entwicklung des übernommen Arbeitnehmers von vielen unterschiedlichen Faktoren, z. B. ihren eigenen Kenntnissen und Fertigkeiten, ihren persönlichen Leistungen und ihrer Einsatzbereitschaft, der Entwicklung des Erwerberbetriebs sowie der gesamtwirtschaftlichen Entwicklung usw., ab. Die Vorschrift kann daher nicht so zu verstehen sein, dass den Arbeitnehmern sämtliche (theoretisch) möglichen Entwicklungen ihres Arbeitsplatzes und des Erwerberunternehmens aufgezeigt werden müssten. Ebenso wie bei § 613 a Abs. 5 Nr. 3 BGB kommt es daher auf eine „subjektive Determination" der Unterrichtung an (vgl. hierzu Anm. 5).

Dabei können nur solche Vorhaben „in Aussicht genommen" sein, deren Umsetzung der Betriebserwerber in unmittelbarem Zusammenhang mit dem Übergang zielgerichtet plant. Liegen hierüber zum Zeitpunkt der Unterrichtung (noch) keine hinreichenden Vorstellungen vor, ist – wie im vorliegenden Fall – eine Negativerklärung ausreichend, selbst wenn dann später aufgrund einer veränderten Entscheidungslage Umstrukturierungen vorgenommen werden.

12. Einverständniserklärung des Arbeitnehmers. Im Formular ist dem Arbeitnehmer die Möglichkeit eröffnet, sich mit dem Betriebsübergang ausdrücklich einverstanden zu erklären. Dies bedeutet freilich nicht, dass der Übergang des Arbeitsverhältnisses von einer Einverständniserklärung abhängig wäre. Dieser tritt vielmehr automatisch – allein durch die gesetzliche Anordnung in § 613 a BGB – ein.

Die Aufforderung zur Abgabe einer Einverständniserklärung ist nicht obligatorisch. Sie empfiehlt sich aber aus praktischen Überlegungen, um die Beschäftigten zu einer positiven Stellungnahme zu bewegen. Aus diesem Grund sollte auch eine separate Frist für das Einverständnis bestimmt und am Ende des Unterrichtungsschreibens eine vorgefertigte Einverständniserklärung angefügt werden. Dies kann insbesondere hilfreich sein, wenn möglichst viele Arbeitnehmer – unter Verzicht auf die Ausübung des Widerspruchsrechts – zu einem Wechsel veranlasst werden sollen. Dies unterstellt, wurde in dem Formular davon abgesehen, am Ende der Unterrichtung eine (rechtlich und tatsächlich vorhandene) Wahlmöglichkeit zwischen Widerspruch und Einverständnis vorzusehen (z.B. durch Vorgabe entsprechender Kästchen zum Ankreuzen). Eine unzulässige Beeinflussung der Willensbildung liegt hierin nicht, da das Gesetz für die Gestaltung des Schreibens keine zwingenden Vorgaben enthält und die Unterrichtung im Übrigen einen umfassenden und deutlichen Hinweis auf die Widerspruchsmöglichkeit enthält. Es ist einem verständigen Arbeitnehmer zumutbar, auf einem separaten Blatt Papier ein eigenes Widerspruchsschreiben anzufertigen.

Eine Einverständniserklärung kann auch als **Verzicht** auf das Widerspruchsrecht angesehen werden. Ob ein Verzicht zulässig ist, wird unterschiedlich beurteilt. Er wird von einigen Autoren jedenfalls dann für möglich gehalten, wenn ein bestimmter Betriebsübergang konkret bevorsteht (so *Gaul* § 11 Rdn. 49; ebenso bislang das BAG Urt. v. 19. 3. 1998 – 8 AZR 139/97 – NZA 1998, 750, 751, a. A. *Grobys* BB 2002, 726, 730). Unbeschadet dieses Streits ist es empfehlenswert, die Beschäftigten in jedem Fall zur ausdrücklichen Zustimmung mit dem Betriebsübergang aufzufordern. Liegt eine Einverständniserklärung vor, ist damit nicht nur ein starkes faktisches Präjudiz für den Übergang geschaffen. Zusätzlich lässt sich argumentieren, dass damit eine dreiseitige rechtsgeschäftliche „Überleitungsvereinbarung" zwischen Erwerber, Veräußerer und dem betroffenen Arbeitnehmer zustande gekommen ist, die einen eigenständigen Rechtsgrund für die Fortführung des Arbeitsverhältnisses bildet. Eine solche Vereinbarung wäre auch außerhalb des Anwendungsbereichs von § 613a BGB im Rahmen der allgemeinen Vertragsfreiheit zulässig. Außerdem setzt sich der Arbeitnehmer dem Vorwurf widersprüchlichen Verhaltens aus, wenn er trotz erklärter Einwilligung später gegen den Betriebsübergang opponiert (§ 242 BGB).

13. Widerspruchsrecht. Nach § 613a Abs. 6 BGB können die von einem Betriebsübergang betroffenen Arbeitnehmer dem Übergang ihres Arbeitsverhältnisses auf den Erwerber verhindern, wenn sie innerhalb eines Monats nach Zugang der Unterrichtung schriftlich gegenüber ihrem bisherigen oder dem neuen Arbeitgeber widersprechen. Für die **Schriftform** des Widerspruchs sowie die **Fristberechnung** gelten allgemeine zivilrechtliche Grundsätze (§§ 126, 126a BGB; §§ 186ff. BGB). Erklärungen, die nach Ende der üblichen Geschäftszeiten abgegeben werden, dürften erst am nächsten Tag als zugegangen gelten (vgl. dazu Palandt/*Heinrichs* § 130 BGB Rdn. 6). Aufgrund des Schriftformerfordernisses kann bloßes Schweigen nicht als Widerspruch angesehen werden. Um den Beschäftigten die Zustellung ihres Widerspruchs zu erleichtern, empfiehlt sich in jedem Fall eine vollständige Angabe der Adressen von Veräußerer und Erwerber in der Unterrichtung.

Unabhängig davon, ob man einen Hinweis auf das Widerspruchsrecht im Unterrichtungsschreiben für obligatorisch erachtet (dagegen *Bauer/von Steinau-Steinrück* ZIP 2002, 457, 463), ist eine Aufklärung der Arbeitnehmer hierüber in jedem Fall sinnvoll. Einerseits können die beteiligten Unternehmen damit deutlich machen, dass sie die Unterrichtung als vollständig betrachten und deshalb vom Beginn der Widerspruchsfrist mit Zugang des Unterrichtungsschreibens ausgehen. Zudem scheint es sinnvoll, die Beschäftigten ergänzend über die mit einem Widerspruch verbundenen Konsequenzen aufmerksam zu machen (dazu Anm. 14). Dies gilt besonders in Fällen, in denen aufgrund der unternehmerischen Konzeption der Transaktion Widersprüche möglichst vermieden werden sollen.

Problematisch ist, dass die Widerspruchsfrist nach der Gesetzesbegründung lediglich bei einer „**vollständigen**" Unterrichtung ausgelöst werden soll (BT-Drucks. 14/7760, S. 19). Damit kann für die an dem Betriebsübergang beteiligten Arbeitgeber eine nicht unerhebliche Rechtsunsicherheit entstehen. Denn angesichts der Vielschichtigkeit möglicher Unterrichtungsinhalte lässt sich die Frage, ob eine Unterrichtung „vollständig" ist oder nicht, kaum zuverlässig beantworten. Dennoch besteht in der Literatur bislang die Tendenz, der Sichtweise des Gesetzgebers zu folgen (*Willemsen/Lembke* NJW 2002, 1159, 1164; *Gaul/Otto* DB 2002, 634, 638; *Bauer/von Steinau-Steinrück* ZIP 2002, 457, 464; *Worzalla* NZA 353, 357; für lediglich formelle Prüfungskompetenz der Gerichte *Grobys* BB 2002, 726, 729; ErfKomm/*Preis* § 613a BGB Rdn. 89). Dies bedeutet in der praktischen Konsequenz, dass nicht nur eine unterbliebene, sondern auch eine mangelhafte Unterrichtung den Lauf der Widerspruchsfrist nicht auslösen kann und die betroffenen Arbeitnehmer damit – in den Grenzen allgemeiner Verwirkung – ein zeitlich unbegrenztes Widerspruchsrecht und damit gegebenenfalls ein Druckmittel gegenüber den an der Transaktion beteiligten Arbeitgebern haben (vgl. *Grobys* BB 2002, 726, 729). Daher wird künftig den Fallgruppen einer möglichen Verwirkung des Widerspruchsrechts besondere Bedeutung zukommen.

Eine **Verwirkung des Widerspruchsrechts** kann insbesondere bei widersprüchlichem Verhalten vorliegen, z.B. wenn der Arbeitnehmer gegenüber seinem bisherigen Arbeitgeber oder dem neuen Betriebsinhaber erklärt, er werde dem geplanten Betriebsübergang keinesfalls widersprechen und er hierfür besondere finanzielle Vorteile (z.B. „Treueprämie") erhält (vgl. BAG Urt. v. 15. 2. 1984 – 5 AZR 123/82 – AP Nr. 37 zu § 613a BGB; BAG Urt. v. 19. 3. 1998 – 8 AZR 139/97 – NZA 1998, 750, 751). Auch eine tatsächliche Weiterarbeit in Kenntnis des Betriebsübergangs über einen längeren Zeitraum kann zu einer Verwirkung des Widerspruchsrechts führen (vgl. BAG Urt. v. 17. 11. 1977 – 5 AZR 618/76 – AP Nr. 10 zu § 613a BGB). Die Ausübung des Widerspruchsrechts verstößt hier – trotz unterbliebener oder

1. Mitarbeiterinformation gemäß § 613 a Abs. 5 BGB

mangelhafter Unterrichtung – jedenfalls dann gegen Treu und Glauben, wenn der alte oder der neue Arbeitgeber nachweisen kann, dass der Mitarbeiter seine Tätigkeit erkennbar nicht von einer Kenntnis der in § 613a Abs. 5 BGB genannten Umstände abhängig machen wollte.

In praktischer Hinsicht kann sich der Erwerber einen Vorteil dadurch verschaffen, dass Arbeitnehmer, die dem Betriebsübergang im Vorfeld nicht ausdrücklich zugestimmt haben, sondern ihre Tätigkeit lediglich (stillschweigend) fortsetzen, nach dem Betriebsübergang im Wege eines proaktiven „Follow-up" zu einem ausdrücklichen Einverständnis bewegt werden (z. B. durch den Abschluss eines neuen Arbeitsvertrags).

Ob ein Widerspruchsrecht auch dann besteht, wenn das Unternehmen des Veräußerers infolge des Betriebsübergangs untergeht, ist umstritten. Dieser Fall kann z. B. bei Umwandlungen in Form einer Verschmelzung oder Aufspaltung (vgl. §§ 2, 123 Abs. 1 UmwG) auftreten, wenn das übertragende Unternehmen infolge der Umwandlung erlischt (vgl. BT-Drucks. 14/7760, S. 20). Einige Autoren wollen dem Arbeitnehmer in diesem Fall ein Recht zur außerordentlichen Kündigung zubilligen (so *Willemsen/Hohenstatt/Schweibert/Seibt* G Rdn. 61 ff. m. weit. Nachw.). Vorzugswürdig erscheint dagegen die Auffassung, wonach die Ausübung des Widerspruchsrechts in diesen Fällen zu einer automatischen Auflösung des Arbeitsverhältnisses führt (ArbG Münster Urt. v. 14. 4. 2000 – 3 Ga 13/00 – DB 2000, 1182). Für die Gestaltung des Unterrichtungsschreibens ist der Streit weitgehend irrelevant. Bis zu einer abschließenden gerichtlichen Klärung sollten die Arbeitnehmer vorsorglich in jedem Fall auf das ihnen zustehende Widerspruchsrecht aufmerksam gemacht werden.

14. Folgen eines Widerspruchs. Der in dem Formular enthaltene Hinweis auf den drohenden Arbeitsplatzverlust soll in erster Linie Signalwirkung entfalten. Eine rechtliche Notwendigkeit hierfür besteht nicht. Die Arbeitnehmer sollen damit motiviert werden, von einem Widerspruch möglichst abzusehen.

Wird das Widerspruchsrecht wirksam ausgeübt, besteht das Arbeitsverhältnis mit dem ursprünglichen Arbeitgeber (Betriebsveräußerer) fort. Diese Rechtsfolge ist unstreitig. In der Praxis besteht dann regelmäßig die Schwierigkeit, dass die widersprechenden Mitarbeiter nicht mehr beschäftigt werden können, da jedenfalls ihre „Arbeitsplätze" – unbeschadet des Widerspruchs – auf den Erwerber übergegangen sind. Im Regelfall wird der Veräußerer für diese Arbeitnehmer daher betriebsbedingte **Kündigungen** in Betracht ziehen, deren Wirksamkeit sich nach allgemeinen Voraussetzungen richtet (§§ 1 ff. KSchG). Dies bedeutet insbesondere, dass neben dem Wegfall des Arbeitsplatzes geprüft werden muss, ob gegebenenfalls an anderer Stelle im Unternehmen (oder Konzern) eine Weiterbeschäftigungsmöglichkeit existiert (vgl. dazu B/B/D/W/*Bram* § 1 KSchG Rdn. 305 ff.). Umstritten ist, ob die widersprechenden Arbeitnehmer auch in die **Sozialauswahl** einbezogen werden müssen. Das Bundesarbeitsgericht steht auf dem Standpunkt, dass der Widerspruch allein keinen legitimen Grund darstellt, von der Sozialauswahl gänzlich abzusehen (BAG Urt. v. 22. 4. 2004 – 2 AZR 244/03 – NZA 2004, 1389; BAG Urt. v. 24. 2. 2000 – 8 AZR 145/99 – AP Nr. 47 zu § 1 KSchG 1969 Soziale Auswahl). Allerdings soll ergänzend darauf abzustellen sein, ob der Arbeitnehmer berechtigte Gründe für seinen Widerspruch hatte und wie groß im Einzelnen die Unterschiede in der sozialen Schutzbedürftigkeit zwischen den vergleichbaren Arbeitnehmern sind: „Ist der widersprechende Arbeitnehmer sozial nicht ganz erheblich, sondern nur gering schutzwürdiger als die vergleichbaren Arbeitnehmer, verdient er allenfalls dann den Vorrang, wenn seinem Widerspruch die berechtigte Befürchtung eines baldigen Arbeitsplatzverlusts oder einer baldigen wesentlichen Verschlechterung seiner Arbeitsbedingungen bei dem Erwerber zugrunde liegt" (so BAG Urt. v. 18. 3. 1999 – 8 AZR 190/98 – BB 1999, 1712, 1713; krit. ErfKomm/*Preis* § 613a BGB Rdn. 104).

Darüber hinaus drohen Arbeitnehmern, die einem Betriebsübergang widersprechen und deren Arbeitsverhältnis wirksam betriebsbedingt beendet wird, u. U. Nachteile bei der Berechnung potentieller **Sozialplanabfindungen**. Da den Betroffenen die Fortsetzung ihrer Arbeitstätigkeit bei dem Betriebserwerber im Regelfall zumutbar sein wird, kann ein Sozialplan für den Fall der Ablehnung dieser Weiterbeschäftigungsmöglichkeit in zulässiger Weise den Ausschluss oder die Kürzung von Abfindungsansprüchen vorsehen (s. dazu ErfKomm/*Preis* § 613a BGB Rdn. 105 m. weit. Nachw.).

15. Absender der Unterrichtung. Nach dem Gesetzeswortlaut hat entweder der Erwerber oder der Veräußerer die betroffenen Arbeitnehmer zu unterrichten. Die Unterrichtung muss also nicht notwendigerweise durch beide an der Transaktion beteiligten Arbeitgeber erfolgen (vgl. dazu den Vorschlag in Form. A. XII. 2). Dennoch kann in der Praxis eine gemeinsame Unterrichtung empfehlenswert sein, weil der Veräußerer und der Erwerber im Vorfeld des Betriebsübergangs ohnehin kooperieren müssen, um den vom Gesetz geforderten Inhalt des Unterrichtungsschreibens vorzubereiten und abzustimmen. Aus diesem Grund wird mitunter auch eine gesamtschuldnerische Haftung der beteiligten Rechtsträger für die Unterrichtung angenommen (*Gaul* § 11 Rdn. 24). Folglich können etwaige Fehler in der Unterrichtung nicht mit dem Hinweis gerechtfertigt werden, dass dem Absender – mangels Kooperation der Gegenseite oder mangels eigener Kenntnis – nicht die gesetzlich geforderten Informationen vorgelegen hätten. Aus Sicht der zu unterrichtenden Arbeitnehmer kommt es allein auf die objektive Tatsachen- und Rechtslage an. Etwaige Folgen einer mangelnden Kooperation zwischen Veräußerer und Erwerber können daher nur im Innenverhältnis der Transaktionspartner ausgeglichen werden (s. dazu Form. A. XII. 2 Anm. 8).

16. Einverständniserklärung. S. dazu Anm. 12.

2. Übergang durch Unternehmenskauf (Asset-Deal)[1]

Vertrag

zwischen
X-GmbH ...... (Name und Anschrift der Gesellschaft) „Verkäufer"
und
Y-GmbH ...... (Name und Anschrift der Gesellschaft) „Käufer"

Präambel

Der Verkäufer betreibt am Standort M. ein Unternehmen, dessen Gegenstand die Herstellung und der Vertrieb von ...... ist („Unternehmen"). Der Verkäufer ist daran interessiert, das Unternehmen im Wege der Übertragung sämtlicher dem Unternehmen zuzuordnenden Vermögensgegenstände und Vertragsverhältnisse zu veräußern. Der Käufer ist daran interessiert, das Unternehmen im Wege des Erwerbs der dazugehörigen Vermögensgegenstände und Vertragsverhältnisse zu erwerben. Verbindlichkeiten, die dem Unternehmen zuzuordnen sind, sollen nur dann von dem Erwerb des Unternehmens umfasst sein, soweit dies nachfolgend ausdrücklich vorgesehen ist.

Dies vorausgeschickt, vereinbaren die Parteien Folgendes:

§ 1 Gegenstand des Vertrags, Stichtag

(1) Der Verkäufer verkauft an und überträgt dem Käufer das Unternehmen nach Maßgabe dieses Vertrags und zwar wie folgt: ......

(2) Der Kauf und die Übertragung des Unternehmens erfolgen mit rechtlicher Wirkung zum ...... („Stichtag")[2].

§ 2 Übergang von Arbeitsverhältnissen[3]

Mit dem Stichtag tritt der Käufer gemäß § 613a BGB in die beim Verkäufer zum Stichtag bestehenden Arbeitsverhältnisse ein, die in Anlage ...... zu diesem Kaufvertrag aufgeführt sind („übergehende Arbeitnehmer"), soweit diese übergehenden Arbeitnehmer dem Übergang ihres Arbeitsverhältnisses nicht widersprechen. Übergehende Arbeitnehmer, die dem Übergang ihres Arbeitsverhältnisses widersprechen, sowie Arbeitnehmer des Verkäufers, die nicht in Anlage ...... aufgeführt sind, werden nachfolgend als „ausgeschlossene Arbeitnehmer" bezeichnet.

§ 3 Unterrichtung der Arbeitnehmer und Widerspruch

(1) Der Verkäufer ist verpflichtet, die übergehenden Arbeitnehmer unverzüglich, jedoch bis spätestens ...... (4 Wochen vor dem angestrebten Stichtag), umfassend in Textform über den Übergang ihres Arbeitsverhältnisses gemäß § 613a BGB zu unterrichten und im Rahmen der Unterrichtung der übergehenden Arbeitnehmer sämtliche nach § 613a Abs. 5 BGB vorgeschriebenen Anforderungen zu beachten. Der Verkäufer wird den Wortlaut der Unterrichtung mit dem Käufer abstimmen und vor Absendung seine Zustimmung einholen. Auf Wunsch des Käufers werden der Verkäufer und der Käufer eine solche Unterrichtung der übergehenden Arbeitnehmer gemeinsam durchführen. Die Parteien sind verpflichtet, sich gegenseitig die für eine Unterrichtung erforderlichen Informationen mitzuteilen und zugänglich machen[4].

(2) Der Verkäufer wird sich nach besten Kräften bemühen, von den übergehenden Arbeitnehmern bis zum Stichtag eine schriftliche Erklärung zu erhalten, wonach diese dem Betriebsübergang zustimmen[5].

(3) Die Parteien werden sich gegenseitig unverzüglich über Widersprüche einzelner Arbeitnehmer gegen den Betriebsübergang sowie über sonstige Stellungnahmen der übergehenden Arbeitnehmer, die diese im Zusammenhang mit dem Erwerb des Unternehmens machen, umfassend informieren und der jeweils anderen Partei die in diesem Zusammenhang erhaltene oder geführte Korrespondenz unverzüglich und vollständig zugänglich machen[6].

(4) Der Widerspruch von Arbeitnehmern gegen den Übergang ihres Arbeitsverhältnisses nach § 613a BGB berührt die Wirksamkeit dieses Kaufvertrages nicht[7].

§ 4 Abgrenzung der arbeitsrechtlichen Verpflichtungen zum Stichtag[8]

(1) Ansprüche von übergehenden Arbeitnehmern, die bis zum Stichtag entstehen oder die auf einem Sachverhalt vor dem Stichtag beruhen, hat im Innenverhältnis allein der Verkäufer zu erfüllen.

(2) Ansprüche von übergehenden Arbeitnehmern, die keine ausgeschlossenen Arbeitnehmer sind, die einen Entstehungszeitraum betreffen, der teilweise vor und teilweise nach dem Stichtag liegt (insbesondere Ansprüche wegen nicht genommenen Urlaub, Gratifikationen, Bonuszahlungen, 13. Monatsgehalt, Weihnachtsgeld oder Ähnliches) sind vom Verkäufer und vom Käufer anteilig im Verhältnis der Anzahl von Tagen vom ...... (Beginn des Entstehungszeitraums) bis zum Stichtag zur Anzahl von Tagen vom Stichtag bis zum ...... (Ende des Entstehungszeitraums) zu tragen.

(3) Der Käufer übernimmt keine Haftung für Ansprüche von ausgeschlossenen Arbeitnehmern, unabhängig davon, ob solche Ansprüche vor oder nach dem Stichtag entstehen oder fällig werden.

(4) Sämtliche Kosten und Aufwendungen, die mit einer Fortbeschäftigung von ausgeschlossenen Arbeitnehmern verbunden sind, (insbesondere Gehaltszahlungen, Abfindungen, Gerichts- und Anwaltskosten, Sozialversicherungsbeiträge) sind ausschließlich vom Verkäufer zu tragen. Dies gilt nicht für arbeitsvertragliche Ansprüche, die übergehenden Arbeitnehmern aufgrund einer zwischen dem Stichtag und der Ausübung des Widerspruchsrechts für den Käufer erbrachten Arbeitsleistung zustehen; diese sind allein vom Käufer zu erfüllen.

§ 5 Freistellung und Entschädigung[9]

(1) Der Verkäufer stellt den Käufer von sämtlichen Ansprüchen von ausgeschlossenen Arbeitnehmern frei, insbesondere von Ansprüchen, die unter Hinweis auf § 613a BGB erhoben werden.

(2) Weiter stellt der Verkäufer den Käufer von sämtlichen Ansprüchen von übergehenden Arbeitnehmern frei, die im Innenverhältnis der Verkäufer gemäß § 4 zu erfüllen hat.

(3) Soweit der Käufer Ansprüche erfüllt, für die er vom Verkäufer gemäß Abs. (1) und Abs. (2) freizustellen wäre, erstattet der Verkäufer dem Käufer auf erstes Anfordern sämtliche geleisteten Zahlungen zuzüglich 8% Zinsen per anno seit dem Zeitpunkt der Zahlung durch den Käufer.

(4) Die Freistellung und Erstattung umfasst insbesondere sämtliche Kosten, Schäden und Aufwendungen (insbesondere Gehaltszahlungen und Abfindungen, Sozialversicherungsbeiträge, Gerichts- und Anwaltskosten), die dem Käufer in diesem Zusammenhang entstehen.

§ 6 Garantien für Arbeitsverhältnisse[10]

Der Verkäufer sichert dem Käufer im Wege eines selbständigen, verschuldensunabhängigen Garantieversprechens i.S.d. § 311 Abs. 1 BGB zu, dass die folgenden Aussagen sowohl zum Tag des Abschlusses dieses Vertrags wie zum Stichtag richtig sind:

(1) Der Verkäufer hat alle fälligen Vergütungs- und sonstigen Ansprüche der übergehenden Arbeitnehmer vollständig befriedigt. Der Verkäufer hat sämtliche fälligen Steuern und Sozialversicherungsbeiträge ordnungsgemäß abgeführt und die gesetzlichen Bestimmungen in diesem Zusammenhang beachtet.

(2) Außer den in Anlage ...... aufgelisteten sind auf die übergehenden Arbeitnehmer keine Tarifverträge und Betriebsvereinbarungen anwendbar.

(3) Die Liste der übergehenden Arbeitnehmer einschließlich der Angaben über Geburtsdatum, Beginn des Anstellungsverhältnisses, Kündigungsfrist und Vergütung (Anlage ......) ist richtig und vollständig. Die auf die übergehenden Arbeitnehmer anwendbare Pensionsordnung ist in Anlage ...... beigefügt. Andere Pensionsordnungen sind auf die übergehenden Arbeitnehmer nicht anwendbar. Es bestehen über die in den Anlagen ...... genannten Verpflichtungen keine weiteren Verpflichtungen des Verkäufers gegenüber den übergehenden Arbeitnehmern, in die der Käufer mit dem Stichtag eintritt.

(4) Es bestehen keine Streitigkeiten des Verkäufers mit Gewerkschaften oder dem Betriebsrat. Weder bestehen noch drohen Streitigkeiten mit übergehenden Arbeitnehmern noch sind Gerichtsverfahren mit übergehenden Arbeitnehmern anhängig, mit Ausnahme der in Anlage ...... aufgeführten Streitigkeiten und Gerichtsverfahren.

(5) Der Verkäufer hat alle arbeitsrechtlichen, insbesondere betriebsverfassungsrechtlichen und tarifrechtlichen Verpflichtungen im Zusammenhang mit dem Verkauf des Unternehmens erfüllt.

Schrifttum: Beisel/Klumpp, Der Unternehmenskauf, 4. Aufl., 2003; *Gaul*, Das Arbeitsrecht der Betriebs- und Unternehmensspaltung, 2002; *Grimm*, Die arbeits- und sozialversicherungsrechtliche Due Diligence, NZA 2002, 193; *Hettler/Stretz/Hörtnagl*, Beck'sches Mandatshandbuch Unternehmenskauf, 2004; *Hölters,* Handbuch des Unternehmens- und Beteiligungskaufs, 5. Aufl., 2002; *Picot*, Kauf und Restrukturierung von Unternehmen, 1995; *Picot/Schnitker*, Arbeitsrecht bei Unternehmenskauf und Restrukturierung, 2001; *Rödder/Hötzel/Mueller-Thuns*, Unternehmenskauf Unternehmensverkauf, 2003.

Anmerkungen

1. Sachverhalt. Der Unternehmenskaufvertrag knüpft an den in Form. A. XII. 1 Anm. 1 dargestellten Sachverhalt an. Er regelt – auszugsweise – die Rechte und Pflichten der X-GmbH und der Y-GmbH als Verkäufer bzw. Käufer des Betriebs am Standort M. Der Vertrag ist aus Käufersicht konzipiert (Einschränkung s. Anm. 9). Ausgangspunkt ist die Annahme, dass der Käufer nicht mit gewissen wirtschaftlichen Risiken belastet werden soll, die aus der Anwendung des § 613a BGB entstehen können. Inwieweit eine solche Risikoaufteilung in den Vertragsverhandlungen durchgesetzt werden kann, ist eine Frage des Einzelfalls. Im Rahmen der vorliegenden Darstellung werden nur solche Vertragsbestimmungen wiedergegeben und kommentiert, die im Zusammenhang mit dem Übergang von Arbeitsverhältnissen von rechtlicher und wirtschaftlicher Bedeutung sind (vgl. im Übrigen die im Schrifttum angegebenen Nachw.).

2. Stichtag. Die Festlegung eines bestimmten Stichtages für das Wirksamwerden des Unternehmenskaufs dient der erforderlichen Klärung der Eigentums- und sonstigen Rechtsverhältnisse der Parteien am Kaufgegenstand. Soweit nichts anderes vereinbart ist, wird damit zugleich der Zeitpunkt für die faktische Übernahme der (operativen) Leitungsmacht durch den Käufer markiert. Dieser Umstand ist von entscheidender Bedeutung für die Frage, wann die Arbeitsverhältnisse der von dem Unternehmenskauf betroffenen Arbeitnehmer nach § 613a BGB auf den Käufer übergehen (vgl. BAG Urt. v. 25. 5. 2000 – 8 AZR 416/99 – DB 2000, 1966, 1967).

3. Übergang von Arbeitsverhältnissen. Der Eintritt des Käufers in die beim Verkäufer zum Stichtag bestehenden Arbeitsverhältnisse ist bei Vorliegen eines – hier unterstellten – Betriebs(teil)übergangs in § 613a BGB zwingend angeordnet. Diese Rechtsfolge kann nicht von den Parteien abbedungen werden (vgl. *Beisel/Klumpp* Kap. 10 Rdn. 75; *Picot/Schnitker* Teil I Rdn. 195). In der ausdrücklichen Anerkennung der Rechtsfolgen des § 613a BGB durch den Käufer kann allerdings ein (tatbestandliches) Indiz für das Vorliegen eines Betriebsübergangs liegen (so ErfKomm/*Preis* § 613a BGB Rdn. 51). Die Parteien können dagegen nicht mit Wirkung für die betroffenen Arbeitnehmer festlegen, welche Arbeitsverhältnisse auf den Käufer übergehen und welche gegebenenfalls beim Verkäufer verbleiben sollen. Dies richtet sich allein nach der Auslegung des Tatbestandsmerkmals „bestehende Arbeitsverhältnisse" in § 613a Abs. 1 S. 1 BGB (s. zu den damit verbundenen Fragen bei zweifelhafter Zuordnung *Willemsen/Hohenstatt/Schweibert/Seibt* G Rdn. 157ff.). Mit der Regelung im Formular werden daher lediglich die Verantwortlichkeiten von Käufer und Verkäufer im **Innenverhältnis** festgelegt. Die Parteien treffen damit – i. V. m. den Regelungen in § 4 und § 5 – eine von den Wirkungen des § 613a BGB unabhängige interne Haftungsverteilung. Dem Käufer wird dadurch das wirtschaftliche Risiko unerwarteter Personalkosten abgenommen. Er ist im Ergebnis davor geschützt, andere als die im Kaufvertrag genannten Arbeitnehmer bezahlen zu müssen (vgl. auch Anm. 6). Praktisch gesehen erfolgt die Haftungsaufteilung durch Auflistung der einzelnen Arbeitsverhältnisse, die nach dem Parteiwillen vom Käufer übernommen und fortgeführt werden sollen, in einer separaten Vertragsanlage. Damit ist zugleich auch der Kreis derjenigen Mitarbeiter abgesteckt, die eine Unterrichtung nach § 613a Abs. 5 BGB erhalten (dazu Form. A. XII. 1 Anm. 2). Eine Aktualisierung der Anlage bis zum Stichtag ist ratsam, aber nicht zwingend. Wird eines der genannten Arbeitsverhältnisse kurzfristig vor dem Stichtag beendet, trifft den Käufer hierfür nach dem Vertragswortlaut („zum Stichtag bestehende Arbeitsverhältnisse") keine Übernahmeverpflichtung.

4. Kooperationsverpflichtung. Die Regelung betrifft die nach § 613a Abs. 5 BGB anlässlich eines Betriebsübergangs erforderliche Unterrichtung von Arbeitnehmern (vgl. dazu Form. A. XII. 1 Anm. 2). Nach dem Gesetzeswortlaut reicht es grundsätzlich aus, wenn entweder der Verkäufer *oder* der Käufer die betroffenen Mitarbeiter unterrichtet. Es kann sich aber auch empfehlen, dass beide Parteien ein Unterrichtungsschreiben gemeinsam erstellen. Andernfalls besteht die Gefahr, dass die gesetzlich geforderten Angaben nur unvollständig oder unrichtig erfüllt werden. Das Formular sieht insoweit ein Wahlrecht des Käufers hinsichtlich der Unterrichtungsform vor. Im Hinblick auf einen reibungslosen Übergang wird es regelmäßig im Interesse beider Parteien liegen, das Risiko unkalkulierbarer Widersprüche (die unter Hinweis auf eine mangelhafte Unterrichtung erhoben werden) möglichst zu vermeiden. Diesem Ziel dient die in Abs. (1) getroffene Regelung. Ob sich eine entsprechende Kooperationsverpflichtung bereits als **gesetzliche Verpflichtung** aus § 613a Abs. 5 BGB ergibt, ist unklar. In der Gesetzesbegründung findet sich lediglich der Hinweis, dass Veräußerer und Erwerber „sich verständigen" sollen (BT-Drucks. 14/7760, S. 19). Diese Aussage dürfte aber eher als praktischer Hinweis zu verstehen sein. Nach dem Gesetzeswortlaut ist vielmehr eine Unterrichtung ausschließlich durch den Käufer oder ausschließlich durch den Verkäufer möglich. Nach wohl h. M. soll sich daraus ein gesetzliches **Gesamtschuldverhältnis** zwischen Veräußerer und Erwerber ergeben (*Gaul* § 11 Rdn. 24). Zwingende Schlussfolgerungen für das Verhältnis der Gesamtschuldner untereinander – insbesondere eine mögliche Kooperationspflicht im Vorfeld des Übergangs – folgen aus dieser Erkenntnis allerdings nicht. Daher sollte eine ausdrückliche Kooperationsregelung in den Kaufvertrag aufgenommen werden.

Die Folgen einer **Verletzung** der Kooperationspflicht ergeben sich aus dem allgemeinen Schuldrecht. Sobald z. B. der Käufer bestimmte Umstände, die für die Unterrichtung nach § 613a Abs. 5 BGB von Bedeutung sind, schuldhaft verschweigt oder nur unvollständig offen legt, ist er insoweit dem Verkäufer nach allgemeinen Grundsätzen zum Schadensersatz verpflichtet (§ 280 Abs. 1 BGB). Dieser Fall ist z. B. denkbar, wenn der Käufer zum Zeitpunkt der Unterzeichnung des Kaufvertrags bereits fest die Absicht hatte, den erworbenen Betrieb oder Betriebsteil nach dem Erwerb umzustrukturieren und in größerem Umfang einen Personalabbau durchzuführen. Wird dieser Umstand dem Verkäufer wissentlich verschwiegen, um keine Widersprüche der betroffenen Arbeitnehmer zu provozieren, liegt eine schuldhafte Vertragspflichtverletzung vor, die den Verkäufer nach allgemeinen Grundsätzen zum Schadensersatz verpflichtet (§§ 249 ff. BGB). Ob und inwieweit auf Käuferseite ein ersatzfähiger Schaden entsteht, ist Tatfrage und kann nur im Einzelfall entschieden werden.

5. Zustimmungserklärung. S. dazu Form. A. XII. 1 Anm. 12.

6. Information über Widersprüche. Die Regelung ergänzt die in Abs. (1) getroffene Kooperationsverpflichtung im Hinblick auf mögliche Widersprüche der von dem Übergang betroffenen Arbeitnehmer. Sie entspricht dem Interesse beider Parteien, möglichst frühzeitig von ausgeübten Widersprüchen Kenntnis zu erlangen und die Rechtmäßigkeit solcher Widersprüche anhand der geführten Korrespondenz rechtssicher beurteilen zu können. Auch wenn sich eine entsprechende allgemeine Interessenwahrungspflicht bereits als Nebenpflicht aus dem Kaufvertrag ergeben dürfte, scheint eine ausdrückliche Klarstellung im Kaufvertrag sinnvoll, um einen möglichst reibungslosen Ablauf des Unternehmenskaufs sicherzustellen.

7. Widerspruch kein Wirksamkeitshindernis. Nach der vorliegend getroffenen Regelung soll der Vollzug des Kaufvertrags von der Ausübung möglicher Widersprüche unabhängig sein. Dem Käufer ist es daher verwehrt, sich nachträglich auf einen Wegfall der Geschäftsgrundlage zu berufen, selbst wenn sich herausstellen sollte, dass sämtliche Arbeitnehmer dem Übergang ihrer Arbeitsverhältnisse (kollektiv) widersprechen (vgl. zur Wirksamkeit eines solchen „kollektiven Widerspruchs" bis zur Grenze des institutionellen Missbrauchs BAG Urt. v. 30. 9. 2004 – 8 AZR 462/03 – NZA 2005, 43). Aus wirtschaftlicher Sicht kann der Erfolg einer Transaktion – je nach Sachlage – aber auch davon abhängen, dass eine maßgebliche Anzahl von Beschäftigten ihre Arbeit bei dem Unternehmenskäufer *fortsetzt*. Dies gilt insbesondere für personalintensive Branchen (z. B. Call-Center), in denen das eigentliche „Kapital" des veräußerten Betriebs oder Betriebsteils das Know-how der Mitarbeiter und die vorhandene Betriebsorganisation sind. Gegebenenfalls kann die Übernahme aus Käufersicht hier wirtschaftlich sinnlos sein, wenn lediglich eine „Hülle ohne Kern" erworben wird. In solchen Fällen ist es – abweichend von der vorliegenden Regelung – denkbar, den Kaufvertrag insgesamt unter die Bedingung zu stellen, dass eine bestimmte Mitarbeiteranzahl oder bestimmte namentlich genannte Mitarbeiter dem Betriebsübergang nicht widersprechen.

8. Haftungsverteilung. Bei der Haftung des Käufers und Verkäufers für arbeitsvertragliche Ansprüche der übergehenden Arbeitnehmer muss sorgfältig zwischen dem **Außenverhältnis** (Haftung der Kaufvertragsparteien gegenüber den Arbeitnehmern) und dem **Innenverhältnis** (Haftung der Kaufvertragsparteien untereinander) unterschieden werden. Die vorliegende Regelung betrifft allein das Innenverhältnis. Welche Ansprüche von den Parteien im Außenverhältnis getragen werden müssen, richtet sich dagegen ausschließlich nach § 613a BGB.

Gemäß § 613a Abs. 1 S. 1 BGB haftet der Käufer im **Außenverhältnis** für sämtliche offenen Verbindlichkeiten aus den Arbeitsverträgen der übergehenden Arbeitnehmer, ganz gleich ob diese vor oder nach dem Stichtag fällig geworden sind bzw. fällig werden. Der Käufer haftet im Außenverhältnis im Ergebnis also ohne zeitliche Beschränkung (vgl. Hölters/*Bauer/von Steinau-Steinrück* Teil 5 Rdn. 241). Dies gilt insbesondere auch für Ansprüche der übergehenden Arbeitnehmer auf betriebliche Altersversorgung und für noch nicht erfüllte Ansprüche aus Sozialplänen. In § 613a Abs. 2 BGB ist daneben eine **gesamtschuldnerische (Mit)Haftung** des Veräußerers für Verbindlichkeiten angeordnet, die vor dem Stichtag entstehen und innerhalb eines Jahres **nach** dem Stichtag fällig werden. Nach Sinn und Zweck der Vorschrift wer-

2. Übergang durch Unternehmenskauf (Asset-Deal) A. XII. 2

den aber auch solche Ansprüche erfasst, deren Entstehung *und* Fälligkeit vor dem Stichtag liegen (vgl. Hölters/*Bauer/von Steinau-Steinrück* Teil 5 Rdn. 244; *Rödder/Hötzl/Mueller-Thuns* § 12 Rdn. 58). Soweit die gesamtschuldnerische Haftung im Außenverhältnis reicht, kann sich der Arbeitnehmer wahlweise an den Käufer oder Verkäufer halten (Beispiel: Betriebsübergang zum 1. September; ausstehendes Gehalt für den Monat August kann gegenüber Verkäufer oder Käufer geltend gemacht werden). Eine Sonderregelung enthält § 613 a Abs. 2 S. 2 BGB für Leistungen, die sich auf einen längeren Entstehungszeitraum beziehen. Hierunter fallen z. B. Ansprüche auf Erholungsurlaub (vgl. § 1 BUrlG) und Sonderzahlungen wie Gratifikationen, Tantiemen, Einmalprovisionen oder sonstige erfolgsbezogene Zahlungen (vgl. Hölters/*Bauer/von Steinau-Steinrück* Teil 5 Rdn. 245). Während der Käufer für solche Ansprüche – soweit sie vor dem Stichtag vom Verkäufer noch nicht erfüllt wurden – unbeschränkt haftet (§ 613 a Abs. 1 BGB), ist der Verkäufer als Gesamtschuldner im Außenverhältnis nur verpflichtet, soweit die betroffene Leistung/Zahlung der Zeit vor dem Stichtag zuzuordnen ist und diese Leistung/Zahlung innerhalb eines Jahrs nach dem Stichtag fällig wird (Beispiel: Betriebsübergang am 1. September; übergehende Arbeitnehmer können 8/12 des am 30. November fälligen 13. Monatsgehalts vom Verkäufer verlangen). In der Praxis gestaltet sich die Abwicklung dieser Ansprüche im Regelfall wie folgt: Da der Verkäufer die laufenden Gehälter und sonstigen finanziellen Leistungen bis zum Stichtag im Regelfall ordnungsgemäß erbringen wird, tritt der Käufer praktisch mit Wirkung vom Stichtag an in die laufenden Gehaltsverpflichtungen ein. Ab dem Stichtag werden dann sämtliche weitere Leistungen (einschließlich Urlaubsgewährung, Abwicklung von Sonderzahlungen oder Ähnliches) gegenüber den übernommenen Arbeitnehmern ausschließlich von ihm erbracht.

Die für das **Innenverhältnis** in Abs. (1) getroffene Regelung orientiert sich an diesem Sachverhalt und weist dementsprechend dem Verkäufer die volle Verantwortung für die ordnungsgemäße (finanzielle) Abwicklung des Arbeitsverhältnisses bis zum Stichtag zu (vgl. *Rödder/Hötzl/Mueller-Thuns* § 12 Rdn. 58). Hinsichtlich solcher Zahlungen, die einen **längeren Entstehungszeitraum** betreffen, sieht der Vertrag in Abs. (2) eine anteilige Beteiligung des Verkäufers im Verhältnis zum Stichtag vor. Nach Auffassung des BGH soll sich eine entsprechende Ausgleichspflicht im Innenverhältnis jedenfalls für Urlaubsansprüche bereits aus der Wertung des § 613 a Abs. 2 BGB i. V. m. § 426 BGB ergeben (so BGH Urt. v. 4. 7. 1985 – IX ZR 172/84 – NJW 1985, 2643; bestätigt durch BGH Beschl. v. 25. 3. 1999 – III ZR 27/98 – NZA 1999, 817). Unbeschadet dessen empfiehlt sich aus Gründen der Rechtssicherheit in jedem Fall die Aufnahme einer ausdrücklichen Regelung in den Kaufvertrag.

Die Regelung in Abs. (3) stellt klar, dass der Käufer keinerlei Kosten im Zusammenhang mit etwaigen **Widersprüchen** übernimmt, die im Zuge des Unternehmenskaufs nach § 613 a Abs. 6 BGB ausgesprochen werden. Für Mitarbeiter, die dem Übergang ihres Arbeitsverhältnisses **vor dem Stichtag** widersprechen, haftet der Käufer im Außenverhältnis ohnehin nicht, da ein Eintritt in die Arbeitgeberstellung infolge des Widerspruchs von vornherein nicht stattfindet. Der Käufer wird daher stets um eine rechtzeitige Unterrichtung der Beschäftigten nach § 613 a Abs. 5 BGB bemüht sein, damit die einmonatige Widerspruchsfrist nach Möglichkeit noch vor dem Stichtag abläuft (vgl. Form. A. XII. 1 Anm. 2). Alleiniger Anspruchsgegner des widersprechenden Arbeitnehmers bleibt in diesem Fall der Verkäufer, der nach wie vor zur (Weiter)Beschäftigung und zur Zahlung des Arbeitsentgelts verpflichtet ist. Die im Formular getroffene Regelung bestimmt darüber hinaus, dass der Verkäufer auch sämtliche „Freisetzungskosten", d. h. solche Kosten, die im Zusammenhang mit einer möglichen betriebsbedingten Kündigung/Aufhebung des Arbeitsverhältnisses nach dem Widerspruch stehen, zu tragen hat. Damit hat der Käufer im Ergebnis sämtliche wirtschaftlichen Risiken etwaiger Widersprüche auf den Verkäufer abgewälzt.

Die beschriebene Haftungsverteilung greift grundsätzlich auch dann ein, wenn Arbeitnehmer dem Übergang ihres Arbeitsverhältnisses **nach dem Stichtag** widersprechen. Dieser Fall kann insbesondere eintreten, wenn die nach § 613 a Abs. 5 BGB erfolgte Unterrichtung mangelhaft war und infolgedessen ein unbefristetes Widerspruchsrecht besteht (vgl. Form. A. XII. 1 Anm. 13). Der vorliegende Vertrag differenziert insoweit nicht danach, welcher Sphäre die Mangelhaftigkeit der Unterrichtung zuzuordnen ist. Der Verkäufer bleibt daher grundsätzlich auch dann zur Kostenübernahme verpflichtet, wenn die Unrichtigkeit des Unterrichtungsschreibens auf einer nachlässigen Informationspolitik des Käufers (z. B. hinsichtlich geplanter Umstrukturierungen/Entlassungen nach der Übernahme) beruht. Bei einer schuldhaften Verletzung seiner Kooperationsverpflichtung kann der Käufer dem Verkäufer allerdings zum Schadensersatz verpflichtet sein (vgl. dazu Anm. 4).

Wird ein Widerspruch nach dem Stichtag wirksam ausgeübt, fällt das inzwischen beim Verkäufer fortgesetzte Arbeitsverhältnis mit Wirkung *ex nunc* (a. A. *Gaul* § 11 Rdn. 62: ex tunc) an den Verkäufer zurück; jedenfalls aber besteht bis zur Ausübung des Widerspruchs ein faktisches Arbeitsverhältnis. Insoweit dürfte es gerechtfertigt sein, dem Käufer in Abweichung zu der vorherigen Fallgestaltung (Widerspruch vor dem Stichtag) jedenfalls diejenigen Entgeltansprüche zuzuordnen, die den (zunächst) bis zum Widerspruch übergehenden Arbeitnehmern aufgrund einer für den Käufer erbrachten Arbeitsleistung nach § 613a Abs. 1 BGB zustehen.

9. Freistellung und Entschädigung. Die Regelung knüpft an die in § 4 getroffene Haftungsaufteilung an. Soweit der Käufer danach bestimmte Kosten nicht zu tragen hat, kann er vom Verkäufer eine entsprechende Freistellung oder, soweit im Außenverhältnis bereits Zahlungen erbracht wurden, Entschädigung verlangen. Die Klausel erfasst insbesondere den Fall, dass Mitarbeiter, die nicht als „übergehende Arbeitnehmer" in der Anlage zum Kaufvertrag aufgeführt sind und die nach dem Parteiwillen nicht vom Käufer übernommen werden sollen, unter Hinweis auf § 613a BGB eine **Klage** auf den Übergang und den **Fortbestand ihres Arbeitsverhältnisses** beim Käufer erheben. Derartige Klagen drohen in der Praxis z. B. dann, wenn lediglich ein bestimmter Teil eines Betriebs (z. B. EDV-Abteilung) verkauft werden soll. Hier kann häufig zweifelhaft sein, welche Arbeitnehmer der betroffenen Einheit zuzurechnen sind (vgl. Anm. 3). Darüber hinaus wird aus Käufersicht häufig der Wunsch bestehen, bestimmte Arbeitnehmer der betroffenen Betriebsabteilung nicht übernehmen zu müssen, obwohl sie dem betroffenen Betriebsteil an sich zuzuordnen sind („Cherry Picking"). Besonders in Fällen, in denen die beim Verkäufer „zurückgebliebenen" Arbeitnehmer mit arbeitsrechtlichen Maßnahmen wie Kündigung/Versetzung oder Ähnliches rechnen müssen, besteht das Risiko, dass die Betroffenen unter Berufung auf § 613a BGB einen Anspruch auf Fortsetzung ihres Arbeitsverhältnisses beim Käufer erheben (vgl. zu diesem Fortsetzungsanspruch BAG Urt. v. 12. 11. 1998 – 8 AZR 265/97 – NZA 1999, 311; BAG Urt. v. 10. 12. 1998 – 8 AZR 324/97 – NZA 1999, 422). Bei einer – erfolgreichen oder erfolglosen – Durchsetzung derartiger Ansprüche gibt die vorliegende Klausel dem Käufer das Recht, damit verbundene Aufwendungen (insbesondere Gehaltszahlungen, Kosten der Rechtsverteidigung und etwaige Freisetzungskosten) vom Verkäufer ersetzt zu verlangen. Im Ergebnis trägt damit der Verkäufer das volle wirtschaftliche Risiko der im Kaufvertrag getroffenen Zuordnung von Arbeitsverhältnissen.

Die Freistellungs- und Entschädigungsregelung erfasst darüber hinaus solche Ansprüche, für die der Käufer nicht nach § 4 des Kaufvertrags einzustehen hat. Hierzu gehören z. B. Ansprüche der übergehenden Arbeitnehmer auf rückständige – d. h. vor dem Stichtag fällige – Gehaltszahlungen, die der Verkäufer im Außenverhältnis nicht befriedigt hat und die nach dem Übergang im Außenverhältnis gegenüber dem Käufer geltend gemacht werden. Darüber hinaus erfasst die Regelung die anteilige Entschädigung des Käufers für nach dem Stichtag im Außenverhältnis gewährten Urlaub bzw. gezahlte Einmal- und Sonderzahlungen (vgl. dazu Anm. 8).

Schließlich wird in Abs. (4) der **Umfang** der Freistellung und Entschädigung konkretisiert. Vorgesehen ist eine umfassende Verpflichtung des Verkäufers, die nicht nur unmittelbar aufgrund des Arbeitsvertrags geschuldete Zahlungen nebst Arbeitgeberanteilen an der Sozialversicherung erfasst, sondern auch etwaige Anwalts- und Gerichtskosten sowie Freisetzungskosten, die dem Käufer im Zusammenhang mit der gerichtlichen Durchsetzung von Fortsetzungsansprüchen entstehen können. Eine vertragsimmanente Grenze der Erstattungspflicht wird man allerdings dort ziehen müssen, wo der Käufer aus sachfremden Erwägungen heraus Verpflichtungen gegenüber den betroffenen Arbeitnehmern (z. B. in einem Aufhebungsvertrag) eingeht, die den Entschädigungsumfang unnötig in die Höhe treiben (§ 242 BGB).

10. Garantien für Arbeitsverhältnisse. Mit der Gewährleistungsregelung übernimmt der Verkäufer gegenüber dem Käufer eine verschuldensunabhängige Einstandspflicht für bestimmte rechtliche, tatsächliche und wirtschaftliche Zustände in Form einer selbständigen, verschuldensunabhängigen Garantie (vgl. *Rödder/Hötzel/Mueller-Thuns* § 10 Rdn. 2; *Beisel/ Klumpp* Kapitel 16 Rdn. 91; MünchVtr/*Günther* Form. III.1 2 Anm. 98, 99). Derartige Garantieversprechen sind auch nach der Schuldrechtsreform – unbeschadet der gesetzlichen Neuregelung der kaufrechtlichen Gewährleistungsvorschriften in §§ 434 ff. BGB – weiterhin zulässig (vgl. nur *Weitnauer* NJW 2002, 2511, 2515). Die im Einleitungssatz gewählte Formulierung stellt insoweit klar, dass es sich nicht (nur) um die gesetzliche Einstandspflicht für Rechts- und Sachmängel handelt. Aus Käufersicht ist die Aufnahme einer entsprechenden Regelung in jedem Fall sinnvoll, selbst wenn der Käufer im Regelfall vor Vertragsunterzeichnung eine umfassende „Due Diligence" über die Werthaltigkeit des Unternehmens durchführen wird (dazu aus arbeitsrechtlicher Sicht *Grimm* NZA 2002, 193, 194). Inwieweit die im Muster vorgesehene Risikoverteilung, nach der der Verkäufer unabhängig von seiner Kenntnis und/oder einem Verschulden für das (Nicht)Vorhandensein der genannten Umstände einzutreten hat, in der Praxis durchsetzbar ist, hängt von den Umständen des Einzelfalls – namentlich auch dem vereinbarten Kaufpreis – ab (vgl. *Rödder/Hötzel/Mueller-Thuns* § 10 Rdn. 26). Unabhängig davon sollte zusätzlich zu den vorgeschlagenen Bestimmungen eine eigene Rechtsfolgenregelung in den Kaufvertrag aufgenommen werden. Insoweit ist eine umfassende vertragliche Regelung zu empfehlen, mit der die unterschiedlichen gesetzlichen Haftungstatbestände (Nachbesserung/Erfüllungsanspruch, Rücktritt, Minderung, Schadensersatz) vollständig und abschließend durch eine Parteivereinbarung ersetzt werden. Seit der Neuregelung des Kaufrechts zum 1. Januar 2002 ist allerdings umstritten, ob §§ 443, 444 BGB einer freien Gestaltung der Käuferansprüche im Garantiefall entgegenstehen (vgl. zum Streitstand MünchVtr/*Günther* Form. III. 1, 2 Anm. 98 mit weit. Nachw., zu Einzelheiten siehe die einschlägigen Formulare zum Unternehmenskauf, etwa MünchVtr/*Günther* Form. III. 1 §§ 14 ff.).

3. Übergang durch Umwandlung (Verschmelzung)[1]

Verschmelzungsvertrag

zwischen
...... (Name und Anschrift der übertragenden GmbH) „übertragende GmbH"
und
...... (Name und Anschrift der übernehmenden GmbH) „übernehmende GmbH"

Präambel
Die übertragende GmbH und die übernehmende GmbH sind beide im Handel mit ...... tätig. Die übertragende GmbH soll im Wege der Verschmelzung durch Aufnahme mit der übernehmenden GmbH verschmolzen werden.

Dies vorausgeschickt, vereinbaren die Parteien was folgt:

§ ... Folgen der Verschmelzung für die Arbeitnehmer und deren Vertretungen und insoweit vorgesehene Maßnahmen

(1) Mit Wirksamwerden der Verschmelzung[2] kommt es zu einem Betriebsübergang nach § 613a BGB[3]. Die übernehmende GmbH tritt mit Wirksamwerden der Verschmelzung als neuer Arbeitgeber in sämtliche Rechte und Pflichten aus den Arbeitsverhältnissen aller Arbeitnehmer der übertragenden GmbH unter Anerkennung der bei der übertragenden GmbH erworbenen Betriebszugehörigkeit ein und führt die Arbeitsverhältnisse fort (§ 613a Abs. 1 S. 1 BGB)[4]. Eine Kündigung der bei Wirksamkeit der Verschmelzung übergehenden Arbeitnehmer wegen des Betriebsübergangs ist unwirksam (§ 613a Abs. 4 S. 1 BGB). Das Recht zu einer Kündigung aus anderen Gründen bleibt unberührt (§ 613a Abs. 4 S. 2 BGB)[5].

(2) Die von dem Betriebsübergang betroffenen Arbeitnehmer der übertragenden GmbH werden gemäß § 613a Abs. 5 BGB vor dem Betriebsübergang über dessen Auswirkungen unterrichtet[6]. Sie können dem Übergang ihres Arbeitsverhältnis innerhalb eines Monats nach Zugang der Unterrichtung widersprechen (§ 613a Abs. 6 BGB). Der Widerspruch kann gegenüber dem bisherigen Arbeitgeber (übertragende GmbH) oder gegenüber dem neuen Arbeitgeber (übernehmende GmbH) erklärt werden[7]. Ein etwaiger Widerspruch[8] der Arbeitnehmer gegen den Übergang ihrer Arbeitsverhältnisse gemäß § 613a Abs. 6 BGB liefe ins Leere, da nach Wirksamwerden der Verschmelzung der bisherige Arbeitgeber der übertragenden GmbH in der übernehmenden GmbH aufgeht und fortan nicht mehr existiert. Ein Widerspruch führt allerdings mit Wirksamwerden der Verschmelzung zum Erlöschen des Arbeitsverhältnisses mit der übertragenden GmbH, da der bisherige Arbeitgeber (übertragende GmbH) mit Eintragung der Verschmelzung nicht mehr existiert[9].

(3) Mit Wirksamwerden der Verschmelzung tritt die übernehmende GmbH gemäß § 613a BGB in alle etwaigen Rechte und Pflichten bezüglich einer betrieblichen Altersversorgung ein, soweit diese für Arbeitnehmer der übertragenden GmbH besteht, die mit Wirksamwerden der Verschmelzung auf die übernehmende GmbH übergehen[10].

(4) Die übernehmende GmbH wird infolge der Verschmelzung Gesamtrechtsnachfolgerin der übertragenden GmbH. Eine zusätzliche gesamtschuldnerische Haftung der übertragenden GmbH im Sinne von § 613a Abs. 2 BGB[11] entfällt, da die übertragende GmbH mit Wirksamwerden der Verschmelzung als Rechtsträger erlischt.

(5) Die Verschmelzung als solche führt zu keiner Veränderung der bisherigen betrieblichen Struktur der übertragenden GmbH. Eine Betriebsänderung wird durch die Verschmelzung und den damit verbundenen Betriebsübergang nicht bewirkt. Die für den Betrieb der übertragenden GmbH gültigen Betriebsvereinbarungen gelten auch nach der Verschmelzung unverändert fort; der bestehende Betriebsrat der übertragenden GmbH bleibt unbeschadet der Verschmelzung im Amt[12].

(6) Für die Arbeitnehmer der übernehmenden GmbH und den bei der übernehmenden GmbH bestehenden Betriebsrat hat die Verschmelzung keine Auswirkungen.

(7) Sowohl die übertragende GmbH als auch die übernehmende GmbH sind Mitglied im Arbeitgeberverband für den ...... und infolgedessen an die Tarifverträge des ...... gebunden. Diese Tarifverträge gelten daher nach dem Wirksamwerden der Verschmelzung für die früheren Arbeitnehmer der übertragenden GmbH kollektivrechtlich weiter[13].

(8) Eine Unternehmensmitbestimmung ist gegenwärtig weder bei der übernehmenden GmbH noch bei der übertragenden GmbH geboten. Die Voraussetzungen für eine Unternehmensmitbestimmung nach dem Drittelbeteiligungsgesetz oder dem MitbestG sind wegen der Arbeitnehmerzahlen gegenwärtig weder bei der übertragenden GmbH noch bei der übernehmenden GmbH gegeben. Hieran ändert sich auch durch das Wirksamwerden der Verschmelzung nichts[14].

(9) Weitere Auswirkungen ergeben sich für die Arbeitnehmer der übernehmenden GmbH oder der übertragenden GmbH durch das Wirksamwerden der Verschmelzung nicht. Im Übrigen sind keine besonderen arbeitsrechtlichen Maßnahmen aus Anlass der Verschmelzung vorgesehen.

Schrifttum: Bauer/Lingemann, Das neue Umwandlungsrecht und seine arbeitsrechtlichen Auswirkungen, NZA 1994, 1057; *Boecken,* Der Übergang von Arbeitsverhältnissen bei Spaltung nach dem neuen Umwandlungsrecht, ZIP 1994, 1087; *Kreßel,* Arbeitsrechtliche Aspekte des neuen Umwandlungsbereinigungsgesetzes, BB 1995, 925; *Semler/Stengel,* UmwG, Kommentar, 2003; *Willemsen/Hohenstatt/ Schweibert/Seibt,* Umstrukturierung und Übertragung von Unternehmen, 2. Aufl., 2003; *Zerres,* Arbeitsrechtliche Aspekte bei der Verschmelzung von Unternehmen, ZIP 2001, 359.

3. Übergang durch Umwandlung (Verschmelzung) A. XII. 3

Anmerkungen

1. Sachverhalt. Dem Formular liegt die Verschmelzung von zweier Gesellschaften mit beschränkter Haftung zugrunde. Der hier dargestellte Ausschnitt aus dem Verschmelzungsvertrag zu arbeitsrechtlichen Regelungen enthält insbesondere die nach § 5 Abs. 1 Nr. 9 UmwG vorgeschriebenen Angaben. Das Formular geht dabei von folgenden Annahmen aus: Bei beiden Gesellschaften besteht jeweils ein Betriebsrat; im Zusammenhang mit der Verschmelzung werden die Betriebe in ihrer derzeitigen Form fortgeführt; beide Gesellschaften sind tarifgebunden und Mitglied im gleichen Arbeitgeberverband; eine Unternehmensmitbestimmung ist vor Verschmelzung bei keiner der beteiligten Gesellschaften geboten, woran sich auch nach Wirksamwerden der Verschmelzung für die übernehmende Gesellschaft nichts ändert.

2. Wirksamwerden der Verschmelzung. Die Verschmelzung wird gemäß § 20 UmwG mit der Eintragung der Verschmelzung in das Register des Sitzes des übernehmenden Rechtsträgers wirksam. In diesem Zeitpunkt geht das Vermögen des übertragenden Rechtsträgers einschließlich der Verbindlichkeiten auf den übernehmenden Rechtsträger über (§ 20 Abs. 1 Nr. 1 UmwG). Der übertragende Rechtsträger erlischt, ohne dass es einer besonderen Löschung bedarf (§ 20 Abs. 1 Nr. 2 UmwG). Gemäß § 324 UmwG bleibt durch die Wirkung der Eintragung der Verschmelzung § 613a Abs. 1, 4 bis 6 BGB unberührt (siehe im Einzelnen Anm. 3).

3. Betriebsübergang. Im Falle der Verschmelzung gehen die Arbeitsverträge mitsamt allen Rechten und Pflichten aus dem Arbeitsverhältnis gemäß § 613a Abs. 1 S. 1 BGB auf den neuen Rechtsträger über. Allerdings enthält § 324 UmwG eine Rechtsgrundverweisung (vgl. *Zerres* ZIP 2001, 359). Das bedeutet, dass die Voraussetzungen des Betriebsübergangs bei einer Verschmelzung selbständig zu prüfen sind (BAG Urt. v. 25. 5. 2000 – 8 AZR 416/99 – ZIP 2000, 1630). Da § 613a BGB zwingendes Recht darstellt (BAG Urt. v. 28. 1. 1986 – 3 AZR 312/84 – AP Nr. 14 zu § 1 BetrAVG Betriebsveräußerung), kann hiervon auch nicht zum Nachteil der betroffenen Arbeitnehmer abgewichen werden. Von diesem automatischen Übergang kraft Gesetzes werden nur die bestehenden Arbeitsverhältnisse erfasst. Die Vorschrift gilt daher nicht für ausgeschiedene Arbeitnehmer, insbesondere also nicht für Rentner und mit unverfallbaren Anwartschaften ausgeschiedene Mitarbeiter. Organmitglieder juristischer Personen fallen ebenfalls nicht in den Anwendungsbereich des § 613a Abs. 1 S. 1 BGB, weil sie nicht als Arbeitnehmer anzusehen sind (BAG Urt. v. 18. 12. 1996 – 5 AZB 25/96 – NZA 1997, 509). Bei der Verschmelzung gehen ihre Dienstverhältnisse jedoch gemäß § 20 Abs. 1 Nr. 1 UmwG auf den übernehmenden Rechtsträger über. Das Gleiche gilt für Versorgungsansprüche ausgeschiedener Arbeitnehmer.

4. Eintritt in die Rechte und Pflichten aus dem Arbeitsverhältnis. Der in § 613a Abs. 1 S. 1 BGB vorgesehene Eintritt in die Rechte und Pflichten aus dem Arbeitsverhältnis führt zu einem Austausch des Vertragspartners des Arbeitnehmers. Der neue Rechtsträger tritt vollständig in die Arbeitgeberstellung ein, aus der der übertragende Rechtsträger ausscheidet (vgl. *Willemsen/Hohenstatt/Schweibert/Seibt* G Rdn. 137). In diesem Zusammenhang bleibt insbesondere die beim übertragenden Rechtsträger zurückgelegte Betriebszugehörigkeit auch gegenüber dem neuen Rechtsträger erhalten. Dieser muss die abgeleistete Betriebstreue bei gesetzlichen und vertraglichen Rechten des Arbeitnehmers gegen sich gelten lassen, insbesondere z.B. im Hinblick auf die Anwendbarkeit des Kündigungsschutzgesetzes, auf die Berechnung von Kündigungsfristen oder von Wartezeiten und Unverfallbarkeitsfristen im Rahmen der betrieblichen Altersversorgung (vgl. BAG Urt. v. 8. 2. 1983 – 3 AZR 229/81 – AP Nr. 35 zu § 613a BGB; BAG Urt. v. 30. 10. 1980 – 3 AZR 805/79 – AP Nr. 4 zu § 1 BetrAVG).

5. Kündigungsverbot. Gemäß § 613a Abs. 4 S. 1 BGB ist die Kündigung eines Arbeitsverhältnisses wegen eines Betriebsübergangs unzulässig. Da § 324 UmwG auch für den Fall eines Betriebsübergangs im Rahmen einer Verschmelzung auf diese Regelung verweist, gilt dieses Kündigungsverbot auch hier. Davon unberührt bleibt die Möglichkeit zur Kündigung aus anderen Gründen (§ 613a Abs. 4 S. 2 BGB).

6. Mitarbeiterinformation. Die an einem Betriebsübergang beteiligten Arbeitgeber sind seit dem 1. April 2002 verpflichtet, die von dem Übergang betroffenen Arbeitnehmer über die näheren Umstände des Betriebsübergangs und seine Auswirkungen auf die übergehenden Arbeitsverhältnisse zu unterrichten (vgl. Form. A. XII. 1). Da § 324 UmwG auf § 613a Abs. 5 BGB verweist, ist diese Informationspflicht auch im Rahmen eines Betriebsübergangs durch Verschmelzung zu beachten.

7. Widerspruchsrecht. S. dazu Form. A. XII. 1 Anm. 13.

8. Allgemeine Folgen eines Widerspruchs. S. dazu Form. A. XII. 1 Anm. 14.

9. Folgen eines Widerspruchs bei Verschmelzung. Bei einer Verschmelzung im Wege der Aufnahme besteht die Besonderheit, dass der übertragende Rechtsträger erlischt (§ 20 Abs. 1 Nr. 2 UmwG). Damit kann die eigentlich von § 613a BGB intendierte Rechtsfolge des Widerspruchs – das „Zurückfallen" des Arbeitsverhältnisses auf den bisherigen Arbeitgeber – nicht eintreten: Denn der bisherige Arbeitgeber existiert bei der Verschmelzung im Wege der Aufnahme nicht mehr. Aus diesem Grund wird teilweise in der arbeitsrechtlichen Literatur vertreten, das Institut des Widerspruchs sei für Verschmelzungsfälle unpassend, ein Widerspruchsrecht daher grundsätzlich nicht anzuerkennen (vgl. *Kreßel* BB 1995, 925; *Willemsen/Hohenstatt/Schweibert/Seibt* G Rdn. 180). Für diese Ansicht spricht, dass auch in der Gesetzesbegründung zur Reform des § 613a BGB ausgeführt wird, dass es keinen Ansatz für ein Widerspruchsrecht gibt, wenn das übertragende Unternehmen in Folge der Umwandlung erlischt, also in den Fällen der Verschmelzung, Aufspaltung und vollständigen Vermögensübertragung (vgl. BT-Drucks. 14/7760).

Andererseits hat der Gesetzgeber mittlerweile die Verweisungsvorschrift des § 324 UmwG geändert und auch in den Fällen der Verschmelzung ausdrücklich auf die Neuregelung des Widerspruchsrechts in § 613a Abs. 6 BGB verwiesen. Diese Verweisung wäre sicherlich nicht erfolgt, wenn der Gesetzgeber ein Widerspruchsrecht im Falle der Verschmelzung hätte ausschließen wollen. Die überwiegende Meinung in der Literatur erkennt aus diesem Grund auch im Falle der Verschmelzung ein Widerspruchsrecht an (*Stengel/Simon/Semmler* § 324 UmwG Rdn. 52; *Boecken* ZIP 1994, 1087; Staudinger/*Richardi/Annuß* § 613a BGB Rdn. 129 m. weit. Nachw.). Auch erste Urteile befürworten das Bestehen eines Widerspruchsrechts (vgl. ArbG Münster Urt. v. 14. 4. 2000 – 3 Ga 13/00 – DB 2000, 1182). Da der übertragende Rechtsträger jedoch nicht mehr existiert, führt der Widerspruch nach dieser Auffassung automatisch zu einer Vertragsauflösung. Der Arbeitnehmer kann daher im Ergebnis durch Erklärung des Widerspruchs ein einseitiges Lösungsrecht wählen und sich – ohne Einhaltung von Kündigungsfristen – aus dem Arbeitsverhältnis lösen (vgl. *Bauer/Lingemann* NZA 1994, 1057; ArbG Münster Urt. v. 14. 4. 2000 a. a. O.). Folgt man der h. M. in der Literatur und in der Rechtsprechung, so können folglich Arbeitnehmer eine Verschmelzung zum Anlass nehmen, um sich einseitig aus dem Arbeitsverhältnis zu lösen. Damit erlangt das Widerspruchsrecht im Falle der Verschmelzung kaum praktische Relevanz, da die betroffenen Arbeitnehmer ihren Arbeitsplatz in der Regel nicht werden aufgeben wollen. Es verbleibt jedoch ein Restrisiko, dass sich einzelne Arbeitnehmer – insbesondere dringend benötigte Leistungsträger – im Zuge der Verschmelzung ohne Einhaltung einer Kündigungsfrist aus dem Arbeitsverhältnis lösen. Dieses Risiko besteht insbesondere dann, wenn attraktive Angebote von Wettbewerbern vorliegen, die der betreffende Arbeitnehmer bis dato angesichts einer eventuellen langfristigen Vertragsbindung nicht wahrnehmen konnte. Daneben kann sich der Arbeitnehmer durch Ausübung des Widerrufsrechts einseitig von einem vereinbarten nachvertraglichen Wettbewerbsverbot lösen, da Konsequenz des Widerspruchs die Vertragsauflösung (inklusive Wettbewerbsverbot) ist.

10. Betriebliche Altersversorgung. Da bei der Verschmelzung durch die Gesamtrechtsnachfolge kraft Gesetzes in einem Akt alle Vermögensgegenstände auf den übernehmenden Rechtsträger übergehen, gilt dies auch für Versorgungsverpflichtungen aufgrund einer betrieblichen Altersversorgung. Die Ansprüche auf betriebliche Versorgungsleistungen richten sich damit kraft Gesetzes gegen den übernehmenden Rechtsträger. Dabei werden die Versorgungszusagen von aktiven Arbeitnehmern von § 613a Abs. 1 S. 1 BGB erfasst, während die

3. Übergang durch Umwandlung (Verschmelzung) A. XII. 3

Versorgungsanwartschaften von Rentnern und mit unverfallbarer Anwartschaft ausgeschiedenen Mitarbeitern dem Regelungsbereich von § 20 Abs. 1 Nr. 1 UmwG unterfallen.

11. Keine gesamtschuldnerische Haftung. Da § 324 UmwG gerade nicht auf § 613a Abs. 2 BGB verweist und zudem der übertragende Rechtsträger gemäß § 20 Abs. 1 Nr. 2 UmwG erlischt, kommt eine gesamtschuldnerische Haftung nicht in Betracht. Zur gesamtschuldnerischen Haftung im Rahmen eines Betriebsübergangs durch Unternehmenskauf s. Form. A. XII. 2 Anm. 8.

12. Betriebsvereinbarungen und Betriebsräte. Im vorliegenden Fall sind die Folgen der Verschmelzung für bestehende Betriebsvereinbarungen unproblematisch, da im Zuge der Verschmelzung die Betriebsidentität der übertragenen Betriebe nicht berührt wird, da die betriebliche Organisation und die vorhandenen Leitungsstrukturen auch nach der Verschmelzung fortbestehen. Dies ist bei einer rein gesellschaftsrechtlich durchgeführten Verschmelzung, zu der keine weiterreichenden organisatorischen oder arbeitsrechtlichen Maßnahmen hinzutreten, stets der Fall. In einer derartigen Konstellation kommt es folglich nicht zu einer Transformation vorhandener Betriebsvereinbarungen gemäß § 613a Abs. 1 S. 2 BGB, da die Betriebsidentität gewahrt wird und somit der Betrieb als Bezugspunkt des kollektiven Arbeitsrechts nicht untergeht. Aus diesem Grund bleibt auch das Amt des Betriebsrats bei einer Verschmelzung durch Aufnahme im Regelfall unberührt. Werden im Zuge der Verschmelzung jedoch ein Betrieb oder Betriebsteile räumlich oder funktional in einen Betrieb des übernehmenden Rechtsträgers eingegliedert, so gelten die beim Veräußerer bestehenden Betriebsvereinbarungen lediglich individualvertraglich gemäß § 613a Abs. 1 S. 2 BGB weiter, sofern sie nicht durch gleichartige Betriebsvereinbarungen beim übernehmenden Rechtsträger verdrängt werden (§ 613a Abs. 1 S. 3 und S. 4 BGB). Die Folgen für den Betriebsrat richten sich dann nach den Regelungen der §§ 21a und 21b BetrVG.

Zum Schicksal von Konzern- und Gesamtbetriebsvereinbarungen s. Form. A. XII. 1 Anm. 9.

13. Tarifverträge. Sind sowohl der übertragende als auch der übernehmende Rechtsträger in derselben Branche tätig und im selben Arbeitgeberverband organisiert, so gelten die einschlägigen Tarifverträge im Regelfall unbeschadet der Verschmelzung kollektivrechtlich fort. Ist der übernehmende Rechtsträger jedoch in einem anderen Arbeitgeberverband als der übertragende Rechtsträger organisiert, so findet eine Transformation der tarifvertraglichen Rechte und Pflichten statt. Sie werden Inhalt des Arbeitsverhältnisses zwischen dem übernehmenden Rechtsträger und dem Arbeitnehmer und dürfen gemäß § 613a Abs. 1 S. 2 BGB nicht vor Ablauf eines Jahrs ab Verschmelzung zum Nachteil der Arbeitnehmer geändert werden, soweit das Arbeitsverhältnis nach der Verschmelzung nicht dem Anwendungsbereich eines anderen Tarifvertrags unterfällt (§ 613a Abs. 1 S. 3, 4 BGB). Im Hinblick auf die umwandlungsrechtlichen Vorschriften geht das BAG bei Betriebsübergängen, die auf einer Verschmelzung beruhen, hinsichtlich Haustarifverträgen stets von einem kollektivrechtlichen Fortbestand aus (BAG Urt. v. 24. 6. 1998 – 4 AZR 208/97 – AuR 1999, 151).

14. Unternehmensmitbestimmung. Durch die Verschmelzung kann sich der Mitbestimmungsstatus des übernehmenden Rechtsträgers dadurch ändern, dass die Arbeitnehmerzahl beim übernehmenden Rechtsträger sich derart erhöht, dass die Schwellenwerte für die Anwendbarkeit der gesetzlichen Mitbestimmungsregelungen erreicht werden. Insbesondere kann es zu einem „Hineinwachsen" in die Mitbestimmung kommen, wenn durch die Verschmelzung die mitbestimmungsrelevante Arbeitnehmerzahl des übernehmenden Rechtsträgers die Schwelle von 500 Arbeitnehmern (§ 1 DrittelbG) oder von 2000 Arbeitnehmern (§ 1 MitbestG) übersteigt (ausführlich zu den dabei denkbaren Fallkonstellationen siehe *Willemsen/Hohenstatt/Schweibert/Seibt* F Rdn. 84 ff.).

Beim übertragenden Rechtsträger erlöschen die Ämter sämtlicher Organe und somit auch die Organstellung etwaiger Aufsichtsratsmitglieder (vgl. *Willemsen/Hohenstatt/Schweibert/Seibt* F Rdn. 80).

4. Zuleitung Verschmelzungsvertrag an Betriebsrat

[Briefkopf der Gesellschaft]

Betriebsrat Betrieb ......
z. Hd. des (*Alternative:* stellvertretenden) Betriebsratsvorsitzenden[1]
Herrn ......
...... (Anschrift des Betriebsrats)

...... (Datum)

Verschmelzung der ...... auf die ......

Sehr geehrter Herr ......,

als Anlage überreichen wir Ihnen eine Kopie des Entwurfs des Verschmelzungsvertrages zwischen der ...... als übertragender Gesellschaft und der ...... als übernehmender Gesellschaft nebst Anlagen.

Da wir die rechtzeitig[2] an Sie erfolgte Zuleitung des Entwurfs des Verschmelzungsvertrages bei der Anmeldung der Verschmelzung zum Handelsregister gemäß § 17 Abs. 1 UmwG nachzuweisen haben, bitten wir Sie, den Erhalt dieses Anschreibens und des beiliegenden Entwurfs des Verschmelzungsvertrages nebst Anlagen auf den beigefügten zwei Ausfertigungen dieses Schreibens zu bestätigen und diese an uns zurückzusenden.

(*Optional*:
Um ein möglichst zügiges Verfahren des Verschmelzungsvorgangs zu gewährleisten, bitten wir Sie weiterhin, auf die Einhaltung der Ein-Monatsfrist gemäß § 5 Abs. 3 UmwG zu verzichten und dies durch die Unterzeichnung der Empfangsbestätigung zu dokumentieren.)

Wir danken für Ihre Unterstützung.

Mit freundlichen Grüßen
......
Unterschrift der Gesellschaft

Anlage: Entwurf des Verschmelzungsvertrages nebst Anlagen

Empfangsbestätigung des Betriebsrats[3]

Wir bestätigen, heute den Entwurf des Verschmelzungsvertrages zur Verschmelzung der ...... als übertragender Gesellschaft auf die ...... als übernehmende Gesellschaft nebst Anlagen erhalten zu haben (*Optional:* und erklären hiermit den Verzicht auf die Einhaltung der Ein-Monatsfrist gemäß § 5 Abs. 3 UmwG).

Für den Betriebsrat
......
Ort, Datum
......
Unterschrift des (*Alternative:* stellvertretenden) Betriebsratsvorsitzenden

Schrifttum: Bauer/Lingemann, Das neue Umwandlungsrecht und seine arbeitsrechtlichen Auswirkungen, NZA 1994, 1057; *Boecken*, Der Übergang von Arbeitsverhältnissen bei Spaltung nach dem neuen Umwandlungsrecht, ZIP 1994, 1087; *Kreßel*, Arbeitsrechtliche Aspekte des neuen Umwandlungsbereinigungsgesetzes, BB 1995, 925; *Semler/Stengel*, UmwG, Kommentar, 2003; *Willemsen/Hohenstatt/ Schweibert/Seibt*, Umstrukturierung und Übertragung von Unternehmen, 2. Aufl., 2003; *Zerres*, Arbeitsrechtliche Aspekte bei der Verschmelzung von Unternehmen, ZIP 2001, 359.

Anmerkungen

1. Zuleitung an Betriebsräte. Die Pflicht zur Zuleitung des Verschmelzungsvertrages bzw. seines Entwurfs an die Betriebsräte ergibt sich aus § 5 Abs. 3 UmwG, wobei der gesamte Vertrag – nicht etwa nur die arbeitsrechtlichen Angaben – dem Betriebsrat vorgelegt werden müssen. Der Nachweis der rechtzeitigen Zuleitung des Umwandlungsvertrages bzw. seines Entwurfs an den zuständigen Betriebsrat ist gemäß § 17 Abs. 1 UmwG eine notwendige Anlage der Anmeldung zum Handelsregister und damit Eintragungsvoraussetzung. Fehlen die Angaben nach § 5 Abs. 1 Nr. 9 UmwG völlig oder sind wesentliche Teilbereiche nicht abgedeckt, so kann das Registergericht die Eintragung der Verschmelzung ablehnen (*Willemsen/Hohenstatt/Schweibert/Seibt* C Rdn. 378). Zuständiger Betriebsrat im Sinne des § 5 Abs. 3 UmwG ist der Betriebsrat jedes beteiligten Rechtsträgers, der gemäß § 13 Abs. 1 UmwG über die Zustimmung zum Verschmelzungsvertrag beschließen soll (zur Zuständigkeit von Gesamt- und Konzernbetriebsräten vgl. *Willemsen/Hohenstatt/Schweibert/Seibt* C Rdn. 357).

2. Monatsfrist für die Zuleitung. Gemäß § 5 Abs. 3 UmwG muss dem zuständigen Betriebsrat der Verschmelzungsvertrag oder sein Entwurf spätestens einen Monat vor dem Tage der Versammlung der Anteilsinhaber der abgebenden und der aufnehmenden Gesellschaft, die über die Zustimmung zum Verschmelzungsvertrag beschließen sollen, zugeleitet werden. Die Monatsfrist für die Zuleitung des Verschmelzungsvertrags bzw. seines Entwurfs an die Betriebsräte ist gemäß §§ 187 ff. BGB zu berechnen. Umstritten ist, ob der Betriebsrat auf die Einhaltung der Monatsfrist verzichten kann; dies wird überwiegend bejaht (*Willemsen/Hohenstatt/Schweibert/Seibt* C Rdn. 360 m. weit. Nachw., OLG Naumburg Beschl. v. 17. 3. 2003 – 7 Wx 6/02 – AP Nr. 2 zu § 5 UmwG; nicht verzichten kann der Betriebsrat jedoch auf die Zuleitung des Entwurfs oder des Verschmelzungsvertrages als solchen). Deshalb bieten sich – insbesondere bei zeitkritischen Verschmelzungen – gegebenenfalls die im Formular vorgesehenen Alternativformulierungen zum Verzicht auf die Wahrung der Ein-Monatsfrist an.

3. Empfangsbekenntnisse. Die Kopien der zugeleiteten Verträge mit Empfangsbekenntnissen dienen als Nachweis der Einhaltung der Monatsfrist im Hinblick auf § 17 Abs. 1 UmwG. Empfangsberechtigt auf Seiten der Betriebsräte sind gemäß § 26 Abs. 3 S. 2 BetrVG die jeweiligen Vorsitzenden oder, im Falle ihrer Verhinderung, deren Stellvertreter. Noch nicht abschließend geklärt ist die Frage, wie vorzugehen ist, wenn sich nach Zuleitung des Entwurfs an den Betriebsrat noch Änderungen am Verschmelzungsvertrag ergeben. Nach einer Entscheidung des Landgerichts Essen (LG Essen Beschl. v. 15. 3. 2002 – 42 T 1/02 – NZG 2002, 736) richtet sich die Frage nach einer erneuten Zuleitung an den Betriebsrat bei Änderungen im Entwurf danach, ob durch eine Nichtzuleitung eine unangemessene Benachteiligung der Betriebsratsarbeit erfolge. Das OLG Sachsen-Anhalt (OLG Sachsen-Anhalt Beschl. v. 17. 3. 2003 – 7 Wx 6/02 – AP Nr. 2 zu § 5 UmwG) hat hingegen festgestellt, dass im Hinblick auf die Zuleitungspflicht nicht zwischen wichtigen und unwichtigen Angaben unterschieden werden könne. Alles was Gegenstand der Anmeldung sein müsse und solle, müsse dem Betriebsrat auch zugeleitet werden. Im Gegensatz zu letzterer Entscheidung stehen die Gesetzesmaterialien. Der Rechtsausschuss des Bundestags hat in seinen Beratungen die Auffassung vertreten, unwesentliche Änderungen des Entwurfs führten nicht zu einer erneuten Zuleitungspflicht. Vor dem Hintergrund der nicht abschließend geklärten Rechtslage ist es praktisch empfehlenswert, den Betriebsrat zumindest in den Fällen von Änderungen des Vertragstexts zu unterrichten – und hierdurch eine erneute Monatsfrist in Gang zu setzen –, wenn die Änderungen die Folgen der Umwandlung für die Arbeitnehmer beeinflussen, und zwar wesentlich abweichend von den ursprünglichen Darlegungen.

5. Information des Wirtschaftsausschusses[1]

[Briefkopf des Arbeitgebers]

An den Wirtschaftsausschuss der ...... (Name des Arbeitgebers)

...... (Datum)

Verschmelzung der ...... auf die ......

Sehr geehrte Damen und Herren,

wir möchten hiermit den Wirtschaftsausschuss darüber informieren[2], dass geplant[3] ist, unsere Gesellschaft („übertragende GmbH") auf die ...... GmbH („übernehmende GmbH") zu verschmelzen. Die übertragende GmbH und die übernehmende GmbH sind beide im Handel mit ...... tätig. Die übertragende GmbH soll im Wege der Verschmelzung durch Aufnahme mit der übernehmenden GmbH verschmolzen werden.

Die Konsequenzen dieser Verschmelzung sind wie folgt zusammenzufassen[4]:

In arbeitsrechtlicher Hinsicht hat die Verschmelzung folgende Auswirkungen:

(1) Mit Wirksamwerden der Verschmelzung kommt es zu einem Betriebsübergang nach § 613a BGB[5]. Die übernehmende GmbH tritt mit Wirksamwerden der Verschmelzung als neuer Arbeitgeber in sämtliche Rechte und Pflichten aus den Arbeitsverhältnissen aller Arbeitnehmer der übertragenden GmbH unter Anerkennung der bei der übertragenden GmbH erworbenen Betriebszugehörigkeit ein und führt die Arbeitsverhältnisse fort (§ 613a Abs. 1 S. 1 BGB)[6]. Eine Kündigung der bei Wirksamkeit der Verschmelzung übergehenden Arbeitnehmer wegen des Betriebsübergangs ist unwirksam (§ 613a Abs. 4 S. 1 BGB). Einer Kündigung aus anderen Gründen steht § 613a Abs. 4 BGB nicht entgegen[7].

(2) Die von dem Betriebsübergang betroffenen Arbeitnehmer der übertragenden GmbH werden gemäß § 613a Abs. 5 BGB vor dem Betriebsübergang über dessen Auswirkungen unterrichtet[8]. Sie können dem Übergang ihres Arbeitsverhältnisses innerhalb eines Monats nach Zugang der Unterrichtung widersprechen (§ 613a Abs. 6 BGB). Der Widerspruch kann gegenüber dem bisherigen Arbeitgeber (übertragende GmbH) oder gegenüber dem neuen Arbeitgeber (übernehmende GmbH) erklärt werden[9]. Ein etwaiger Widerspruch[10] der Arbeitnehmer gegen den Übergang ihrer Arbeitsverhältnisse gemäß § 613a Abs. 6 BGB liefe ins Leere, da nach Wirksamwerden der Verschmelzung der bisherige Arbeitgeber, die übertragende GmbH, in der übernehmenden GmbH aufgeht und fortan nicht mehr existiert. Ein Widerspruch führt daher mit Wirksamwerden der Verschmelzung zum Erlöschen des Arbeitsverhältnisses, da der bisherige Arbeitgeber (übertragende GmbH) mit Eintragung der Verschmelzung nicht mehr existiert und aufgrund des Widerspruchs ein Übergang des Arbeitsverhältnisses auf die übernehmende GmbH nicht erfolgt[11].

(3) Mit Wirksamwerden der Verschmelzung tritt die übernehmende GmbH gemäß § 613a BGB in alle etwaigen Rechte und Pflichten bezüglich einer betrieblichen Altersversorgung ein, soweit diese für Arbeitnehmer der übertragenden GmbH besteht, die mit Wirksamwerden der Verschmelzung auf die übernehmende GmbH übergehen[12].

(4) Die übernehmende GmbH wird infolge der Verschmelzung Gesamtrechtsnachfolgerin der übertragenden GmbH. Eine zusätzliche gesamtschuldnerische Haftung der übertragenden GmbH im Sinne von § 613a Abs. 2 BGB[13] entfällt, da die übertragende GmbH mit Wirksamwerden der Verschmelzung als Rechtsträger erlischt.

(5) Die Verschmelzung als solche führt zu keiner Veränderung der bisherigen betrieblichen Struktur der übertragenden GmbH. Eine Betriebsänderung wird durch die Verschmelzung und den damit verbundenen Betriebsübergang nicht bewirkt. Die für den Betrieb der übertragenden GmbH gültigen Betriebsvereinbarungen gelten auch nach der Verschmelzung unverändert fort; der bestehende Betriebsrat der übertragenden GmbH bleibt unbeschadet der Verschmelzung im Amt[14].
(6) Für die Arbeitnehmer der übernehmenden GmbH und den bei der übernehmenden GmbH bestehenden Betriebsrat hat die Verschmelzung keine Auswirkungen.
(7) Sowohl die übertragende GmbH als auch die übernehmende GmbH sind Mitglied im Arbeitgeberverband für den …… und infolgedessen an die Tarifverträge des …… gebunden. Diese Tarifverträge gelten daher nach dem Wirksamwerden der Verschmelzung für die früheren Arbeitnehmer der übertragenden GmbH kollektivrechtlich weiter[15].
(8) Eine Unternehmensmitbestimmung ist gegenwärtig weder bei der übernehmenden GmbH noch bei der übertragenden GmbH geboten. Die Voraussetzungen für eine Unternehmensmitbestimmung nach dem Drittelbeteiligungsgesetz oder dem MitbestG sind wegen der Arbeitnehmerzahlen gegenwärtig weder bei der übertragenden GmbH noch bei der übernehmenden GmbH gegeben. Hieran ändert sich auch durch das Wirksamwerden der Verschmelzung nichts[16].
(9) Das Amt des Wirtschaftsausschusses der übertragenden GmbH erlischt mit Wirksamwerden der Verschmelzung[17].
(10) Weitere Auswirkungen ergeben sich für die Arbeitnehmer der übernehmenden GmbH oder der übertragenden GmbH durch das Wirksamwerden der Verschmelzung nicht. Im Übrigen sind keine besonderen arbeitsrechtlichen Maßnahmen aus Anlass der Verschmelzung vorgesehen.

Mit freundlichen Grüßen
……
Unterschrift des Arbeitgebers

Erhalten:
……
Ort, Datum

Für den Wirtschaftsausschuss
……
Unterschrift

Schrifttum: Bauer/Lingemann, Das neue Umwandlungsrecht und seine arbeitsrechtlichen Auswirkungen, NZA 1994, 1057; *Boecken,* Der Übergang von Arbeitsverhältnissen bei Spaltung nach dem neuen Umwandlungsrecht, ZIP 1994, 1087; *Franzen,* Informationspflichten und Widerspruchsrecht beim Betriebsübergang nach § 613a Abs. 5 und 6 BGB, RdA 2002, 258; *Kreßel,* Arbeitsrechtliche Aspekte des neuen Umwandlungsbereinigungsgesetzes, BB 1995, 925; *Meyer,* Unterrichtungspflicht und Widerspruchsrecht beim Betriebsübergang, BB 2003, 1010; *Semler/Stengel,* UmwG, Kommentar, 2003; *Willemsen/Hohenstatt/Schweibert/Seibt,* Umstrukturierung und Übertragung von Unternehmen, 2. Aufl., 2003; *Zerres,* Arbeitsrechtliche Aspekte bei der Verschmelzung von Unternehmen, ZIP 2001, 359.

Anmerkungen

1. Sachverhalt. Dem Formular liegt die Verschmelzung zweier Gesellschaften mit beschränkter Haftung zugrunde. Die hier dargestellte Information des Wirtschaftsausschusses zu arbeitsrechtlichen Regelungen geht dabei von folgenden Annahmen aus: Bei beiden Gesellschaften besteht jeweils ein Betriebsrat; im Zusammenhang mit der Verschmelzung werden die Betriebe in ihrer derzeitigen Form fortgeführt; beide Gesellschaften sind tarifgebunden und Mitglied im gleichen Arbeitgeberverband; eine Unternehmensmitbestimmung ist vor Verschmelzung bei keiner der beteiligten Gesellschaften geboten, woran sich auch nach Wirksamwerden der Verschmelzung für die übernehmende Gesellschaft nichts ändert.

2. Unterrichtungspflicht des Arbeitgebers. Die Unterrichtungspflicht des Arbeitgebers ergibt sich aus § 106 Abs. 2 und 3 BetrVG. Im Gegensatz zu den meisten anderen Vorschriften des BetrVG ist im Rahmen der Unterrichtungspflicht gegenüber dem Wirtschaftsausschuss der Arbeitgeber allerdings in seiner Eigenschaft als Unternehmer und nicht in seiner Funktion als Arbeitgeber angesprochen. Grund hierfür ist, dass dem Wirtschaftsausschuss derjenige gegenübertreten soll, der die wirtschaftlichen Ziele verfolgt, denen die arbeitstechnische Leistung des Betriebs zu dienen bestimmt ist und der die Unternehmensziele, den finanziellen Rahmen und damit die Planungs- und Leistungsvorgaben für die Betriebe festlegt.

3. Rechtzeitige Unterrichtung. Gemäß § 106 Abs. 2 BetrVG hat der Unternehmer den Wirtschaftsausschuss rechtzeitig und umfassend über die wirtschaftlichen Angelegenheiten des Unternehmens zu unterrichten. Rechtzeitig bedeutet in diesem Zusammenhang, dass der Wirtschaftsausschuss vor einer Entscheidung des Unternehmers unterrichtet werden muss. Der Wirtschaftsausschuss muss deshalb bereits im Planungsstadium und noch vor dem Betriebsrat unterrichtet werden, weil anderenfalls eine Beratung sinnlos ist. Denn der Betriebsrat muss seine Beteiligungsrechte noch wahrnehmen und auf die Willensbildung des Unternehmens Einfluss nehmen können. Im Ergebnis muss also die Unterrichtung so frühzeitig geschehen, dass die Angelegenheit mit dem Unternehmer noch in einer Sitzung des Wirtschaftsausschusses beraten werden und der Betriebsrat dem Ergebnis unterrichtet werden kann. Dadurch wird gewährleistet, dass der Betriebsrat die Mitwirkungs- und Mitbestimmungsrechte, z.B. aus §§ 111ff. BetrVG, noch ausüben kann, bevor die geplante Maßnahme durchgeführt wird.

4. Umfang der Unterrichtung. Die Unterrichtung hat umfassend zu sein, d.h. der Wirtschaftsausschuss muss alle Informationen erhalten, die für eine sinnvolle Beratung der Angelegenheit erforderlich sind. Im Ergebnis müssen Unternehmer und die Mitglieder des Wirtschaftsausschusses über die gleichen Informationen verfügen. Bei der Information über den Zusammenschluss oder die Spaltung von Unternehmen oder Betrieben (§ 106 Abs. 3 Nr. 8 BetrVG) muss der Wirtschaftsausschuss in arbeitsrechtlicher Hinsicht zumindest darüber informiert werden, welche Betriebe und Betriebsteile und welche Arbeitsverhältnisse bei der Transaktion auf welchen Rechtsträger übergehen sollen. Er ist darüber zu unterrichten, ob mit der Transaktion ein Wechsel in einen anderen Tarifbereich verbunden ist, ob sich Betriebsvereinbarungen wegen Verlusts der Identität ändern, ob sich der Betriebsrat verkleinert, ein Gesamtbetriebsrat wegfällt oder Ähnliches. Darüber hinaus ist der Wirtschaftsausschuss auch über später vorgesehene Maßnahmen zu unterrichten, also auch über etwaige Folgen nach der Transaktion. Dabei kann es sich insbesondere um personelle Maßnahmen (z.B. Versetzungen oder Kündigungen) oder um Betriebsänderungen im Sinne von § 111 BetrVG handeln. Vor diesem Hintergrund ist empfehlenswert, dem Wirtschaftsausschuss jedenfalls diejenigen Informationen zukommen zu lassen, die den nach § 5 Abs. 1 Nr. 9 UmwG vorgeschriebenen Angaben über die Folgen der Verschmelzung für die Arbeitnehmer und deren Vertretungen und den insoweit vorgesehenen Maßnahmen entsprechen. Das Formular orientiert sich daher an den Angaben in Form. A. XII. 3. Daneben können im Einzelfall weitere Informationen über die wirtschaftlichen Hintergründe und Konsequenzen der Transaktion angezeigt sein, auch wenn Arbeitnehmer davon nicht unmittelbar betroffen sind. Denn die Beteiligungsrechte des Wirtschaftsausschusses betreffen gerade nicht nur arbeitsrechtliche Maßnahmen, sondern wirtschaftliche Angelegenheiten. Dabei ist der Wirtschaftsausschuss zwar sehr weitreichend über die wirtschaftlichen Angelegenheiten des Unternehmens zu unterrichten (§ 106 Abs. 3 BetrVG), er ist aber im Ergebnis auf die Unterrichtung und Beratung beschränkt, hat also kein Mitbestimmungsrecht. Dieses steht vielmehr allein den Betriebsräten zu. Der Wirtschaftsausschuss ist daher kein eigenständiges Organ der Belegschaft, sondern Hilfsorgan des Betriebsrats bzw. des Gesamtbetriebsrats (BAG Beschl. v. 18. 11. 1980 – 1 ABR 31/78 – AP Nr. 2 zu § 108 BetrVG 1972; BAG Beschl. v. 7. 4. 2004 – 7 ABR 41/03 – AP Nr. 17 zu § 106 BetrVG 1972).

5. Information des Wirtschaftsausschusses

Die Unterrichtung hat dabei unter Vorlage der maßgeblichen Unterlagen zu erfolgen (vgl. § 106 Abs. 2 BetrVG). Sofern keine Geschäftsgeheimnisse berührt werden, hat der Unternehmer – ohne dass es eines ausdrücklichen Verlangens des Wirtschaftsausschusses bedarf – die Unterlagen vorzulegen, die auch ihm zur Verfügung stehen, gleichgültig ob er sie selbst oder ob Dritte sie angefertigt haben (so jedenfalls LAG Frankfurt Urt. v. 19. 3. 1996 – 4 TaBV 12/96 – AiB 1996, 668). Die Unterlagen müssen dem Wirtschaftsausschuss allerdings nur zur Einsichtnahme überlassen werden. Die Mitglieder des Wirtschaftsausschusses können sich schriftliche Aufzeichnungen machen, dürfen gegen den Willen des Unternehmers aber keine Ablichtungen anfertigen (vgl. BAG Urt. v. 20. 11. 1984 – 1 ABR 64/82 – AP Nr. 3 zu § 106 BetrVG 1972).

Über den Umfang der Unterrichtungspflicht entscheidet im Streitfalle die Einigungsstelle (§ 109 BetrVG). Die Einigungsstelle ist also auch für die Entscheidung zuständig, ob Unterlagen in ausreichendem Maße vorgelegt wurden und ob ein Einsichtsrecht des Wirtschaftsausschusses besteht. Erfüllt der Unternehmer die ihm obliegende Auskunftspflicht nicht, wahrheitswidrig, verspätet oder unvollständig, so handelt er ordnungswidrig. Gemäß § 121 BetrVG können derartige Ordnungswidrigkeiten mit einer Geldbuße bis zu EUR 10.000,– geahndet werden.

5. Betriebsübergang. Im Falle der Verschmelzung gehen die Arbeitsverträge mitsamt allen Rechten und Pflichten aus dem Arbeitsverhältnis gemäß § 613a Abs. 1 S. 1 BGB auf den neuen Rechtsträger über. Allerdings enthält § 324 UmwG eine Rechtsgrundverweisung (vgl. *Zerres* ZIP 2001, 359). Das bedeutet, dass die Voraussetzungen des Betriebsübergangs bei einer Verschmelzung selbständig zu prüfen sind. Einzelheiten s. Form. A. XII. 3 Anm. 3.

6. Eintritt in die Rechte und Pflichten aus dem Arbeitsverhältnis. Der in § 613a Abs. 1 S. 1 BGB vorgesehene Eintritt in die Rechte und Pflichten aus dem Arbeitsverhältnis führt zu einem Austausch des Vertragspartners des Arbeitnehmers. Der neue Rechtsträger tritt vollständig in die Arbeitgeberstellung ein, aus der der übertragende Rechtsträger ausscheidet. Einzelheiten s. Form. A. XII. 3 Anm. 4.

7. Kündigungsverbot. Gemäß § 613a Abs. 4 S. 1 BGB ist die Kündigung eines Arbeitsverhältnisses wegen eines Betriebsübergangs unzulässig. Da § 324 UmwG auch für den Fall eines Betriebsübergangs im Rahmen einer Verschmelzung auf diese Regelung verweist, gilt dieses Kündigungsverbot auch hier. Davon unberührt bleibt die Möglichkeit zur Kündigung aus anderen Gründen.

8. Mitarbeiterinformation. Die an einem Betriebsübergang beteiligten Arbeitgeber sind seit dem 1. April 2002 verpflichtet, die von dem Übergang betroffenen Arbeitnehmer über die näheren Umstände des Betriebsübergangs und seine Auswirkungen auf die übergehenden Arbeitsverhältnisse zu unterrichten (Details s. Form. A. XII. 1).

9. Widerspruchsrecht. S. dazu Form. A. XII. 1 Anm. 13.

10. Allgemeine Folgen eines Widerspruchs. S. dazu Form. A. XII. 1 Anm. 14.

11. Folgen eines Widerspruchs bei Verschmelzung. S. dazu Form. A. XII. 3 Anm. 9.

12. Betriebliche Altersversorgung. Da bei der Verschmelzung durch die Gesamtrechtsnachfolge kraft Gesetzes in einem Akt alle Vermögensgegenstände auf den übernehmenden Rechtsträger übergehen, gilt dies auch für Versorgungsverpflichtungen aufgrund einer betrieblichen Altersversorgung. Die Ansprüche auf betriebliche Versorgungsleistungen richten sich damit kraft Gesetzes gegen den übernehmenden Rechtsträger. Dabei werden die Versorgungszusagen von aktiven Arbeitnehmern von § 613a Abs. 1 S. 1 BGB erfasst, während die Versorgungsanwartschaften von Rentnern und mit unverfallbarer Anwartschaft ausgeschiedenen Arbeitnehmern dem Regelungsbereich von § 20 Abs. 1 Nr. 1 UmwG unterfallen.

13. Keine gesamtschuldnerische Haftung. Da § 324 UmwG gerade nicht auf § 613a Abs. 2 BGB verweist und zudem der übertragende Rechtsträger gemäß § 20 Abs. 1 Nr. 2 UmwG erlischt, kommt eine gesamtschuldnerische Haftung nicht in Betracht. Zur gesamtschuldnerischen Haftung im Rahmen eines Betriebsübergangs durch Unternehmenskauf (s. Form. A. XII. 2 Anm. 8).

14. Betriebsvereinbarungen und Betriebsräte. S. dazu Form. A. XII. 3 Anm. 12.

15. Tarifverträge. S. dazu Form. A. XII. 3 Anm. 13.

16. Unternehmensmitbestimmung. Durch die Verschmelzung kann sich der Mitbestimmungsstatus des übernehmenden Rechtsträgers dadurch ändern, dass die Arbeitnehmerzahl beim übernehmenden Rechtsträger sich derart erhöht, dass die Schwellenwerte für die Anwendbarkeit der gesetzlichen Mitbestimmungsregelungen erreicht werden. Insbesondere kann es zu einem „Hineinwachsen" in die Mitbestimmung kommen, wenn durch die Verschmelzung die mitbestimmungsrelevante Arbeitnehmerzahl des übernehmenden Rechtsträgers die Schwelle von 500 Arbeitnehmern (§ 1 DrittelbG) oder von 2000 Arbeitnehmern (§ 1 MitbestG) übersteigt (ausführlich zu den dabei denkbaren Fallkonstellationen siehe *Willemsen/Hohenstatt/Schweibert/Seibt* F Rdn. 84 ff.).

Beim übertragenden Rechtsträger erlöschen die Ämter sämtlicher Gesellschaftsorgane und somit auch die Organstellung etwaiger Aufsichtsratsmitglieder (vgl. *Willemsen/Hohenstatt/Schweibert/Seibt* F Rdn. 80).

17. Erlöschen der Ämter des Wirtschaftsausschusses. Sofern bei der übertragenden GmbH ein Wirtschaftsausschuss besteht, erlöschen die Ämter. Ein Übergangsmandat ist gesetzlich nicht vorgesehen. Nach Wirksamwerden der Verschmelzung wird der Wirtschaftsausschuss in der Regel neu zu bilden sein, weil die Voraussetzungen gemäß § 106 Abs. 1 S. 1 BetrVG regelmäßig weiterhin erfüllt sein werden.

6. Unternehmensübernahme (Angebotsunterlage)[1]

Veröffentlichung gemäß § 14 Abs. 3 Wertpapiererwerbs- und Übernahmegesetz

Angebotsunterlage

Öffentliches Übernahmeangebot zum Erwerb von Wertpapieren der
...... (Name und Anschrift der Gesellschaft) „Bieterin"
an alle Aktionäre der
...... (Name und Anschrift der Gesellschaft) „AG"
zum Erwerb Ihrer Aktien der AG gegen Zahlung eines Geldbetrags in Höhe von
EUR ...... je Aktie.
Annahmefrist: von ...... bis ......, 24 Uhr

§ ... Voraussichtliche Folgen des Angebots für die AG/Absichten der Bieterin[2]

(1) Die Bieterin beabsichtigt zurzeit weder eine wesentliche Änderung der Geschäftstätigkeit[3] der AG noch eine Veränderung ihrer gesellschaftsrechtlichen Verhältnisse, etwa durch eine Verschmelzung, den Abschluss eines Beherrschungs- oder Gewinnabführungsvertrages oder einen Ausschluss von Minderheitsaktionären (Sqeeze-Out). Es bestehen zurzeit insbesondere keine Absichten, die zu einer kurzfristigen Änderung des Sitzes oder des Standorts wesentlicher Unternehmensteile der AG führen würden. Die Durchführung des Angebots hat keine unmittelbaren Auswirkungen auf das Vermögen[4] oder die künftigen Verpflichtungen[5] der AG.

(2) Die Durchführung des Angebots hat keine unmittelbaren Auswirkungen auf die Arbeitnehmer der AG, die Arbeitnehmervertretungen (Alternative: und die freiwilligen Arbeitnehmervertretungen der AG), die Mitglieder der Geschäftsführungsorgane der AG oder ihre Beschäftigungsbedingungen[6,7].

(3) Die Bieterin beabsichtigt, nach derzeitiger Planung denjenigen Teilnehmern der bei der AG bestehenden Mitarbeiterbeteiligungsprogramme[8] eine Barabfindung zu zahlen, die auf die Ausübung ihrer sich daraus ergebenden Umtauschrechte verzichten. Die

Höhe der Barabfindung soll der Differenz zwischen EUR ...... und dem jeweiligen Ausübungspreis entsprechen.

Schrifttum: Geibel/Süßmann, Erwerbsangebote nach dem Wertpapiererwerbs- und Übernahmegesetz, BKR 2002, 52; *Geibel/Süßmann*, WpÜG, Kommentar, 2002; *Grobys*, Arbeitsrechtliche Aspekte des Wertpapiererwerbs- und Übernahmegesetzes, NZA 2002, 1; *Kallmeyer*, Umwandlungsgesetz, Kommentar, 2. Aufl., 2001; *Hüffer*, Aktiengesetz, Kommentar, 6. Aufl., 2004; *Krause*, die geplante Take-over Richtlinie der Europäischen Union mit Ausblick auf das geplante deutsche Übernahmegesetz, NZG 2000, 905; *Lenz/Behnke*, Das WpÜG im Praxistest – 1 Jahr Angebotsverfahren unter der Regie des neuen Gesetzes, BKR 2003, 43; *Riehmer/Schröder*, Praktische Aspekte bei der Planung, Durchführung und Abwicklung eines Übernahmeangebots, BB 2001, 1.

Anmerkungen

1. Sachverhalt. Dem Formular liegt das Angebot einer Übernahme nach dem WpÜG zugrunde. Die hier dargestellten Angaben des Bieters zu den voraussichtlichen Folgen des Übernahmeangebots für die Zielgesellschaft und deren verbleibende Aktionäre gehen dabei von den Annahmen aus, dass keine wesentlichen Änderungen der Geschäftstätigkeit der Zielgesellschaft geplant sind. Weiterhin wird davon ausgegangen, dass keine unmittelbaren Auswirkungen auf die Arbeitnehmer oder die Arbeitnehmervertretungen der Zielgesellschaft entstehen und auch keine Änderungen der Beschäftigungsbedingungen geplant sind.

2. Absichten des Bieters. Im Interesse der Wertpapierinhaber und der Arbeitnehmer der Zielgesellschaft hat der Bieter gemäß § 11 Abs. 2 S. 3 Nr. 2 WpÜG seine Absichten in Bezug auf die Zielgesellschaft offen zu legen. Bei der Offenlegung der Absichten handelt es sich naturgemäß nur um die Darstellung der **subjektiven Vorstellungen** des Bieters. Einklagbare Ansprüche der Wertpapierinhaber oder der Arbeitnehmer der Zielgesellschaft können hieraus nicht erwachsen. Ebenso wenig erwachsen dem Bieter aus diesen unverbindlichen Absichtserklärungen gesellschaftsrechtliche Pflichten. Vor diesem Hintergrund bietet es sich eventuell sogar an, zur Vermeidung falscher Eindrücke in der Angebotsunterlage auf die Unverbindlichkeit der Absichtserklärung hinzuweisen.

3. Künftige Geschäftstätigkeit. Angaben sind erforderlich im Hinblick auf die künftige Geschäftstätigkeit der Zielgesellschaft, insbesondere zu **Sitz** und **Standort wesentlicher Unternehmensteile**, also z. B. die Planung, den Sitz der Zielgesellschaft oder einzelne Standorte zu verlegen, Standorte der Zielgesellschaft mit eigenen Standorten des Bieters zusammenzulegen, Standorte zu schließen, die Konzentration auf Kerngeschäftsfelder, die weitere Investitions- und Wachstumspolitik.

4. Verwendung des Vermögens. Die Absichten zur Verwendung des Vermögens der Zielgesellschaft umfassen beispielsweise Angaben, ob Unternehmensteile der Zielgesellschaft veräußert, ausgegliedert oder abgespalten werden sollen oder ob die Zielgesellschaft mit einem anderen Unternehmen verschmolzen werden soll. Ferner sind Angaben darüber zu machen, ob das Vermögen der Zielgesellschaft z. B. für künftige Unternehmensakquisitionen verwendet werden soll oder ob eine Veränderung der Kapitalstruktur, z. B. durch einen Abbau von Verbindlichkeiten der Zielgesellschaft, vorgesehen ist.

5. Künftige Verpflichtungen. Angaben zu den Absichten in Bezug auf künftige Verpflichtungen der Zielgesellschaft schließen insbesondere geplante **konzernrechtliche Maßnahmen** (Abschluss von Beherrschungs- und Ergebnisabführungsverträgen, sonstige Unternehmensverträge, Eingliederung der Zielgesellschaft) ein, können aber z. B. auch Verpflichtungen im Rahmen des Lieferungs- und Leistungsverkehrs, z. B. bei wesentlichen Änderungen der Vertriebsstrukturen, erfassen.

6. Arbeitnehmer und deren Vertretungen. Der Bieter hat sich auch zu seinen Absichten im Hinblick auf die Arbeitnehmer und ihre Vertretungen sowie **wesentliche Änderungen der Beschäftigungsbedingungen** einschließlich der insoweit vorgesehenen Maßnahmen zu äußern. Die Vorschrift ähnelt §§ 5 Abs. 1 Nr. 9, 126 Abs. 1 Nr. 11, 194 Abs. 1 Nr. 7 UmwG, die eine

Darstellung der Umwandlungsfolgen für die Arbeitnehmer und ihre Vertretungen im Verschmelzungs- oder Spaltungsvertrag bzw. Umwandlungsbeschluss vorschreiben (hierzu ausführlich *Boecken* Rdn. 308 ff.; *Widmann/Mayer* § 5 UmwG Rdn. 176 ff.; *Kallmeyer/Willemsen* § 5 UmwG Rdn. 50 ff.). Aufgrund des abweichenden Gesetzeswortlauts und der abweichenden Rechtsfolgen sind Schlussfolgerungen aus dem Umwandlungsrecht allerdings nur eingeschränkt zulässig. Im Gegensatz zu umwandlungsrechtlichen Rechtsakten muss die Angebotsunterlage lediglich Angaben über die „Absichten" des Bieters im Hinblick auf die Beschäftigten und Beschäftigungsbedingungen der Zielgesellschaft enthalten. Demgegenüber war in § 12 Abs. 2 S. 2 Nr. 8 Diskussionsentwurf zum WpÜG noch von den „Folgen" der Übernahme die Rede. Die Änderung dürfte wohl darauf zurückzuführen sein, dass die Übernahme als solche keine unmittelbaren arbeitsrechtlichen Folgen auslösen kann, was ausdrücklich klargestellt werden sollte.

7. Umfang der Mitteilung. Eine streng am Wortlaut orientierte Auslegung könnte zu dem Ergebnis führen, dass eine Beschreibung der **rechtlichen Folgen**, die anlässlich der Realisierung der geplanten Maßnahmen eintreten (z. B. Übergang von Arbeitsverhältnissen gemäß § 613a BGB im Fall einer Unternehmensveräußerung), nicht in die Angebotsunterlage aufzunehmen sind. Bei einer solchen Auslegung hätte es allerdings einer ausdrücklichen Erwähnung der Arbeitnehmervertretungen im Gesetz nicht bedurft, da ihre Existenz der Disposition des Bieters entzogen ist. Der Fortfall von Betriebsräten oder anderen Vertretungen kann sich vielmehr stets nur als Rechtsfolge einer tatsächlich beabsichtigten und entsprechend umgesetzten Umstrukturierung ergeben. Um die Vorschrift insoweit nicht leer laufen zu lassen, ist jedenfalls eine **schlagwortartige Angabe** der (rechtlichen) Auswirkungen vom Bieter beabsichtigter Maßnahmen auf die Vertretungen der Arbeitnehmer erforderlich (z. B. Fortfall von Betriebsräten durch Betriebszusammenführung). Dem Bieter ist darüber hinaus zu empfehlen, sämtliche Rechtsfolgen, die mit der Umsetzung seiner Absichten verbunden sind, jedenfalls kurz in der Angebotsunterlage aufzuzeigen (z. B. der Hinweis auf § 613a BGB im Falle einer geplanten Unternehmensveräußerung oder der Fortfall einer bestehenden Tarifbindung).

Die Angabepflicht des Bieters beschränkt sich auf seine „Absichten" und die „insoweit vorgesehenen Maßnahmen", d. h. auf die aus seiner Sicht zum Zeitpunkt der Abfassung der Angebotsunterlage tatsächlich gewollten **arbeitsrechtlichen Vorhaben** und die im Hinblick auf ihre Auswirkungen geplanten **Ausgleichsmaßnahmen**. Hierfür ist erforderlich, dass diese Vorhaben und Maßnahmen bereits ein konkretes Planungsstadium erreicht haben und ihre Umsetzung für den Fall einer erfolgreichen Übernahme vom Bieter angestrebt wird (vgl. *Kallmeyer/Willemsen* § 5 UmwG Rdn. 55, für die Angabe arbeitsrechtlicher Folgen im Verschmelzungsvertrag). Im Ergebnis handelt es sich also um eine **subjektive Determination**. Nach dieser im Betriebsverfassungsrecht entwickelten Theorie muss der Arbeitgeber dem Betriebsrat bei einer geplanten Kündigung lediglich solche Kündigungsgründe mitteilen, die er zum Zeitpunkt eines Anhörungsverfahrens nach § 102 BetrVG kennt und auf die er die Kündigung tatsächlich stützen will (vgl. hierzu BAG Urt. v. 8. 9. 1988 – 2 AZR 103/88 – NZA 1989, 852, 853; BAG Urt. v. 21. 5. 1992 – 2 AZR 551/91 – NZA 1992, 1028, 1031; *F/E/S/T/L* § 102 BetrVG Rdn. 18; *Richardi/Thüsing* § 102 BetrVG Rdn. 52; *Bitter* Beil. 3 zu NZA 1991, 16, 19). Diese Grundsätze können vom Rechtsgedanken auch hier herangezogen werden. Daraus folgt, dass der Bieter zu arbeitsrechtlichen Vorgängen, deren Inhalt er bei Erstellung der Angebotsunterlage nicht absehen kann, keine Angaben machen muss. Hierzu gehören auch Maßnahmen, deren abschließende Planung und Umsetzung den Geschäftsleitungen einzelner Tochterunternehmen vorbehalten bleiben soll.

Bei der Übernahme eines herrschenden Unternehmens eines Unterordnungskonzerns i. S. d. § 18 Abs. 1 AktG bezieht sich die Angabepflicht nicht nur auf die Arbeitnehmer der Zielgesellschaft, sondern auch auf die Beschäftigten der **abhängigen Gesellschaften** und ihre Vertretungen, da der Bieter mit der Zielgesellschaft mittelbar auch die Kontrolle über die abhängigen Unternehmen erwirbt.

Als **Vertretungen der Arbeitnehmer** kommen sämtliche Gremien in Betracht, die kraft Gesetzes unmittelbar mit der Wahrnehmung von Arbeitnehmerinteressen befasst sind, z. B. Konzern-, Gesamt- und Einzelbetriebsräte, Sprecherausschüsse, Jugend- und Auszubildendenvertretungen, Schwerbehindertenvertretungen, Europäischer Betriebsrat. Zweifelhaft ist, ob hierunter auch **mitbestimmte Aufsichtsräte** fallen. Die Gesetzesbegründung liefert hierfür keinen Anhaltspunkt. Dagegen spricht, dass der Aufsichtsrat ein kraft gesellschaftsrechtlicher Organisationsform einzurichtendes Überwachungsorgan ist, dessen Zusammensetzung durch die Vorschriften zur Unternehmensmitbestimmung lediglich modifiziert wird (vgl. *Hüffer* § 111 AktG Rdn. 1; *Schaub/Koch* § 260 Rdn. 1; MünchHdbArbR/*Wißmann* § 375 Rdn. 12 ff.). Er nimmt nicht unmittelbar die Interessen der Arbeitnehmer, sondern Aufgaben innerhalb der gesellschaftsrechtlichen Kompetenzordnung wahr (vgl. *Hüffer* § 111 AktG Rdn. 1). Im Umwandlungsrecht ist allerdings anerkannt, dass zu den Arbeitnehmervertretungen auch mitbestimmte Organe der Unternehmensverfassung zählen (vgl. §§ 55 Abs. 1 Nr. 9, 126 Abs. 1 Nr. 11, 194 Abs. 1 Nr. 7 UmwG, *Boecken* Rdn. 327; *Joost* ZIP 1995, 976, 983; Lutter/*Lutter* § 5 UmwG Rdn. 52; *Widmann/Mayer* § 5 UmwG Rdn. 197). Dies dürfte – trotz begrifflicher Bedenken – im Interesse einer einheitlichen Rechtsanwendung auch im Bereich des WpÜG gelten. Der Bieter sollte daher auch Angaben zum Schicksal mitbestimmter Aufsichtsräte in die Angebotsunterlage aufnehmen.

Angaben zur wesentlichen Änderung von Beschäftigungsbedingungen sind nur erforderlich, wenn der Bieter zum Zeitpunkt der Erstellung der Angebotsunterlage eine wesentliche Änderung der Arbeitsbedingungen des übernommenen Unternehmens oder seiner Tochterunternehmen plant. Hierfür ist erforderlich, dass die angestrebten Veränderungen Teil eines vom Bieter entwickelten unternehmerischen Konzeptes sind, das zu einer nicht unerheblichen Umgestaltung des bestehenden Lohn- oder Gehaltsgefüges oder sonstiger Arbeitsbedingungen (z. B. Einführung von Schichtarbeit, Einführung neuer Produktionsmethoden) bei der Zielgesellschaft führen soll. Unerheblich ist, auf welche Weise der Bieter die Änderungen durchsetzen will (z. B. individuelle Änderungskündigung, Austritt aus dem Arbeitgeberverband, Tarifwechsel infolge Branchenwechsel, Kündigung von Betriebsvereinbarungen, usw.).

Zu den für die Arbeitnehmer, ihre Vertretungen und Arbeitsbedingungen relevanten Bieterabsichten können z. B. gehören: Auswirkung der geplanten Veräußerung oder Verlagerung von Unternehmen und Unternehmensteilen (gegebenenfalls auch in das Ausland) auf die Existenz von Betriebsräten, Sprecherausschüssen und mitbestimmten Aufsichtsräten; wesentliche Veränderungen tariflicher Strukturen durch strategische und operative Neuausrichtung des Geschäfts (z. B. Produktwechsel, Konzentration auf Kerngeschäftsbereiche); ein geplanter Personalabbau zur Realisierung von Synergieeffekten, die konzernweite Vereinheitlichung von Beschäftigungsbedingungen mit wesentlichen Auswirkungen für die Arbeitnehmer sowie Maßnahmen zur Abmilderung sozialer Härten in den vorgenannten Fällen.

8. Mitarbeiterbeteiligung. Nicht selten werden bei der Zielgesellschaft Mitarbeiterbeteiligungsprogramme in Form von sog. Stock-Option-Plänen bestehen. Wenn dies der Fall ist, empfiehlt es sich, bereits in die Angebotsunterlage die beabsichtigte Regelung hinsichtlich deren Behandlung im Zuge der Übernahme darzulegen. Insbesondere kann sich in diesem Zusammenhang eine Abfindung als Gegenleistung für den Verzicht der Mitarbeiter auf ihre Rechte aus dem Stock-Option-Plan anbieten.

XIII. Das Arbeitsverhältnis in der Unternehmenskrise

1. Gehaltsverzicht (ohne Besserungsschein)[1]

Vereinbarung

zwischen
...... (Name und Anschrift des Arbeitgebers) „Gesellschaft"
und
Herrn ...... (Name und Anschrift des Arbeitnehmers) „Mitarbeiter"

1. Mit Wirkung ab dem 1. Oktober 2004[2] wird das Brutto-Monatsgehalt des Mitarbeiters von EUR 3.800,– auf EUR 3.300,– herabgesetzt. Die Herabsetzung gilt auch für die Jahressonderzahlungen in Höhe von je einem halben Bruttomonatsgehalt im Mai sowie im November eines Kalenderjahres. Die Jahressonderzahlung, die im November 2004 fällig wird, wird EUR 1.775,– betragen[3].
2. Wenn die Gesellschaft vor dem 1. Oktober 2006[4] gegenüber dem Mitarbeiter eine betriebsbedingte Kündigung erklären sollte, erhöht sich dessen Brutto-Monatsgehalt ab dem auf die Kündigungserklärung folgenden Kalendermonat um EUR 500,–, anteilig auch im Hinblick auf Jahressonderzahlungen.
Zudem zahlt die Gesellschaft dem Mitarbeiter die Brutto-Gehaltsdifferenz zwischen dem bisherigen Gehalt (siehe vorstehende Nr. 1 dieser Vereinbarung) und dem tatsächlich bezogenen Gehalt mit dem letzten Monatsgehalt nach, längstens aber für den Zeitraum von 52 Wochen vor der Beendigung des Arbeitsverhältnisses[5].
(*Alternative 1* zu den ersten beiden Absätzen von Nr. 2:
Wenn die Gesellschaft vor dem 1. Oktober 2006 gegenüber dem Mitarbeiter eine betriebsbedingte Kündigung erklärt, wird der Gehaltsverzicht gemäß der Nr. 1 dieser Vereinbarung vollständig rückabgewickelt[6].)
(*Alternative 2* zu den ersten beiden Absätzen von Nr. 2:
Die Gesellschaft wird vor dem 1. Oktober 2006 gegenüber dem Mitarbeiter keine betriebsbedingte Kündigungen aussprechen[7].)
3. Soweit in dieser Vereinbarung nicht anders geregelt, bleiben alle übrigen vertraglichen Bestimmungen über das Arbeitsverhältnis, insbesondere gemäß Arbeitsvertrag vom ...., unberührt[8].

Schrifttum: Hromadka, Änderung von Arbeitsbedingungen, 1. Aufl. 1990; *Hromadka*, Änderung von Arbeitsbedingungen, RdA 1992, 234.

Anmerkungen

1. Gehaltsverzicht. Um wirtschaftliche Krisen zu bewältigen, müssen betroffene Unternehmen in der Regel die Kosten reduzieren. Der Personalabbau ist dabei nicht immer das geeignete Mittel, etwa wenn es genug Arbeit gibt, freilich nur zu anderen Preisen. Um wenigstens Marktanteile zu halten, was im Hinblick auf einen späteren wirtschaftlichen Aufschwung angezeigt sein kann, muss die Kostenreduktion ohne Personalabbau gelingen. Um dieses Ziel zu erreichen, bietet sich eine Gehaltsherabsetzung an, die freilich einseitig, also im Wege der Änderungskündigung, für den Arbeitgeber kaum durchsetzbar ist (vgl. zur Änderungskündigung Form. A. XI. 4). Um das Ziel der Personalkostenreduktion ohne Personalreduktion einver-

1. Gehaltsverzicht (ohne Besserungsschein) A. XIII. 1

nehmlich zu erreichen, können Arbeitgeber und Arbeitnehmer z. B. einen Urlaubsverzicht, eine Arbeitszeiterhöhung ohne (vollen) Lohnausgleich, den Wegfall ganzer Gehaltsbestandteile (z. B. 13. Monatsgehalt, s. Form. A. III. 3) oder eben eine Herabsetzung der laufenden Bezüge vereinbaren. Natürlich gibt es Gehaltsverzichte auch in „Boomphasen", etwa um einen „**Low Performer**" zu einem angemessenen Gehalt weiterbeschäftigen zu können.

Hier werden echte Gehaltsverzichte behandelt. Eine wichtige praktische Alternative ist die einvernehmliche Umwandlung (bisher) fester in (zukünftig) variable Gehaltsbestandteile (sog. „Variabilisierung"), die in Form. A. XIII. 2 behandelt wird. Variabilisierungen werden von Arbeitnehmern eher akzeptiert und können – bei kluger Gestaltung – auch für den Arbeitgeber eine günstigere Option darstellen als die bloße Gehaltsherabsetzung, z. B. bei im Vertrieb tätigen Mitarbeitern. Die Variabilisierung des bisherigen Fixeinkommens wird von der Rechtsprechung des BAG zu einseitigen Gehaltskürzungen durch den Arbeitgeber eher akzeptiert als bloße Herabsetzungen des bisherigen Fixeinkommens (BAG Urt. v. 20. 8. 1998 – 2 AZR 84/98 – NZA 1999, 255).

Gehaltsverzichtsverträge sind **keine Erlassverträge** (a. A. ErfKomm/*Preis*, § 611 BGB Rdn. 590), weil § 397 BGB nicht für künftige Forderungen gilt. Vielmehr handelt es sich um einen Vertrag sui generis, der im Rahmen der Vertragsfreiheit und gesetzlicher Grenzen, insbesondere gem. §§ 123, 138, 242 BGB, jederzeit zwischen den Arbeitsvertragsparteien wirksam vereinbart werden kann. Soweit die Gehaltsansprüche freilich in **Tarifverträgen** oder Betriebsvereinbarungen (letzteres ist wegen § 77 Abs. 3 BetrVG eher die Ausnahme) niedergelegt sind, setzt die Rechtswirksamkeit des Gehaltsverzichts die Zustimmung der Tarifvertrags- oder Betriebsparteien voraus (vgl. §§ 4 Abs. 4 S. 1 TVG, 77 Abs. 4 S. 2 BetrVG). Im Einzelfall können zudem andere rechtliche Schranken bestehen, etwa wenn gleichzeitig ein Eingriff in eine betriebliche Altersversorgung vorliegt, die an die jeweilige Gehaltshöhe anknüpft. Da regelmäßig mehr als ein Arbeitnehmer von dem Gehaltsverzicht betroffen sein dürfte und der Arbeitgeber standardisierte Muster für die vertraglichen Vereinbarungen verwenden wird, sind schließlich auch AGB-Probleme denkbar (vgl. §§ 305 ff. BGB).

2. Erfasster Zeitraum. Es ist unerlässlich, in dem Gehaltsverzichtsvertrag anzugeben, ab wann der Gehaltsverzicht effektiv werden soll. Wenn im Einzelfall eine **Rückwirkung** vorgesehen werden soll, ist es zudem zweckmäßig, eine Regelung darüber zu treffen, ob der Arbeitnehmer zu Rückzahlungen verpflichtet sein soll. Wenn – wie im Formular – kein Enddatum angegeben ist, wirkt der Gehaltsverzicht unbefristet und dauernd. Es ist zulässig und je nach den Umständen des Einzelfalls sinnvoll, einen **befristeten** oder gar **auflösend bedingten** Gehaltsverzicht zu vereinbaren. Im letztgenannten Fall empfiehlt es sich, große Sorgfalt auf die Formulierung der Bedingung zu verwenden, weil es in diesem Bereich erfahrungsgemäß leicht zu Auseinandersetzungen zwischen den Vertragsparteien kommen kann. Es ist z. B. abzuraten von allgemeinen Sätzen wie „bis es der Gesellschaft wieder gut geht" (**vgl. auch Form A. XIII. 3**).

3. Genaue Betragsangaben: Es hat sich in der Praxis bewährt, die Beträge genau anzugeben, weil damit Missverständnisse aufgedeckt oder ausgeschlossen werden. Zudem senkt die höhere Transparenz der Vereinbarung das Risiko, dass hierin eine Übervorteilung oder gar eine „Überrumpelung" des Arbeitnehmers erblickt werden kann, die sogar zur Unwirksamkeit der Vereinbarung führen kann. Soweit weitere Gehaltsbestandteile (z. B. 13. Monatsgehalt, s. Form. A. III. 3) von dem Gehaltsverzicht (gegebenenfalls mittelbar) betroffen sind, ist dies ausdrücklich zu erwähnen. Wenn die Berechnung des Gehaltsverzichts, wie im Hinblick auf mittelbar betroffene Gehaltsbestandteile zweifelhaft werden kann, empfiehlt es sich wiederum, dass die Vertragsparteien den konkreten Betrag genau nennen. Im Formular ergibt sich die Höhe der Jahressonderzahlung, die im November ausgezahlt wird, zwar mathematisch. Trotzdem ist es zweckmäßig, deren Höhe anzugeben, um Auseinandersetzungen oder Missverständnisse über die genauen Beträge zu vermeiden.

4. Datum. Die exakte Formulierung und genaue Bestimmung des relevanten Datums bei der Wiederherstellung des früheren Zustandes gemäß Nr. 2 des Formulars ist von erheblicher Bedeutung. Dabei gibt es Gestaltungsspielräume mit erheblichen praktischen Auswirkungen. Wenn es im Formular heißt, dass der frühere Zustand wiederhergestellt wird (d. h. Erhöhung des Bruttomonatsgehaltes um EUR 500,-), wenn der Arbeitgeber vor dem 1. Oktober 2006 eine Kündigung erklärt, ist diese Bestimmung für den Mitarbeiter günstiger, als wenn auf den 30. September 2006 abgestellt würde: Im letztgenannten Fall könnte der Arbeitgeber nämlich am 30. September 2006 eine Kündigung aussprechen, ohne dass das Bruttomonatsgehalt anschließend wieder anheben zu müssen. Der relevante Unterschied besteht darin, dass aufgrund von Monats- oder gar Quartalskündigungsfristen regelmäßig andere Beendigungszeitpunkte erreicht werden können, je nachdem ob die Kündigung am 30. September oder dem 1. Oktober 2006 ausgesprochen wird.

5. Wiederherstellung des ursprünglichen Gehaltsniveaus/Nachzahlung/Konsequenzen für das Arbeitslosengeld. Gehaltsverzichte werden in der Regel vereinbart, um betriebsbedingte Kündigungen zu verhindern. Gleichwohl sind die betroffenen Arbeitnehmer daran interessiert, mit dem Gehaltsverzicht auch die Konsequenzen einer etwa dennoch erforderlichen betriebsbedingten Kündigung zu regeln, wenn diese nicht sogar gänzlich ausgeschlossen werden (vgl. Anm. 7). Es ist üblich, für den Fall der betriebsbedingten Kündigung eine Wiederherstellung des ursprünglichen Gehaltsniveaus und ggf. auch eine Nachzahlung der Gehaltsbestandteile zu vereinbaren, auf die der Arbeitnehmer zunächst verzichtet hatte. Da das Gehalt „nur" um den Betrag (im Formular: EUR 500,-) angehoben wird, um den es zuvor gesenkt wurde, verzichten die Arbeitnehmer – im Hinblick auf den Minderungsbetrag – auf Gehaltserhöhungen, die zwischen Abschluss der Vereinbarung und Ausspruch der betriebsbedingten Kündigung erfolgen, was in dem typischen wirtschaftlichen Umfeld der schweren Krisen, in denen Gehaltsverzichte vereinbart werden, aber ohnehin eher eine theoretische Größe sein dürfte.

Eine Gehaltsherabsetzung führt zu einer Verkürzung der Bemessungsgrundlage für das **Arbeitslosengeld**, also zu einer Verringerung der Ansprüche auf Arbeitslosengeld. Es ist in der Praxis oft zu beobachten, dass gar nicht einmal der Gehaltsverzicht als solcher, sondern vielmehr die Konsequenzen auf das Arbeitslosengeld von dem betroffenen Arbeitnehmer problematisiert werden, obwohl eine etwaige spätere Arbeitslosigkeit zum Zeitpunkt des Gehaltsverzichts alles andere als ausgemacht ist, sondern – im Gegenteil – gerade vermieden werden soll. Wie bei „**Standsortsicherungs-Tarifverträgen**" oder „**Rationalisierungs-Schutzabkommen**", die in der Regel zwischen Arbeitgeberverbänden und Gewerkschaften vereinbart werden, ist es auch bei einem individualrechtlichen Gehaltsverzicht verbreitet, Vorkehrungen gegen Nachteile beim Bezug von Arbeitslosengeld zu treffen. Da der Bemessungszeitraum für die Höhe des Arbeitslosengeldes in der Regel die letzten 52 Wochen des Arbeitsverhältnisses umfasst (vgl. § 130 SGB III, im Falle der Arbeitszeitherabsetzung ist § 131 Abs. 2 S. 1 Nr. 2 SGB III zu beachten), wird durch die Vereinbarung im Formular (Nr. 2) sichergestellt, dass der betroffene Arbeitnehmer in den letzten 52 Wochen des Arbeitsverhältnisses zumindest sein vormaliges Arbeitsentgelt weiter erzielt. Wenn es insoweit wirklich nur um die angestrebte Sicherung der Ansprüche auf Arbeitslosengeld geht, kann der Arbeitgeber natürlich vorschlagen, dass die zukünftige und nachträgliche Erhöhung des Arbeitsentgeltes nur bis zur Höhe der **Beitragsbemessungsgrenze** in der Arbeitslosenversicherung vorgenommen wird, weil darüber hinausgehende Entgeltbestandteile zur Weiterberechnung des Arbeitslosengeldes irrelevant sind. Praktisch wird er damit freilich selten durchdringen.

Nach der „reinen Lehre" sind Nachzahlungs-Vereinbarungen (genau wie „Standsortsicherungs-Tarifverträge" oder „Rationalisierungs-Schutzabkommen") für die Höhe des Arbeitslosengeldes unbeachtlich, weil es sich bei den Nachzahlungen um Arbeitsentgelte handelt, die im Hinblick auf eine Arbeitslosigkeit vereinbart worden sind (vgl. § 134 Abs. 1 S. 3 Nr. 1 SGB III). Solche Nachzahlungen können in der Regel nicht dazu führen, dass der Mitarbeiter im Hinblick auf das Arbeitsentgelt, das der Berechnung des Arbeitslosengeldes zugrunde zu legen ist, genauso zu behandeln ist, wie bei unverändertem Verlauf des Anstellungsverhältnisses, also ohne Gehaltsverzicht (vgl. hierzu auch *Gagel* § 134 Rdn. 23 k). In der Praxis gibt es jedoch Agenturen für Arbeit, die sich nicht dem mit solchen Vereinbarungen verfolgtem Ziel verschließen, auf welcher Rechtsgrundlage auch immer. Soweit das Entgelt des betroffenen Mitarbeiters ab Ausspruch der betriebsbedingten Kündigung wieder auf den ursprünglichen Stand angehoben wird, bildet es hingegen unzweifelhaft die Grundlage für die Bemessung des Arbeitslosengeldes.

6. Vollständige Korrektur des Gehaltsverzichts. Wenn nicht nur die Sorge um die Höhe des Arbeitslosengeldes bei dem vertragsschließenden Arbeitnehmer eine Rolle spielt, wird er typischerweise als Gegenleistung für den Gehaltsverzicht eine „Arbeitsplatzgarantie" (**Ausschluss betriebsbedingter Kündigung**, dazu Anm. 7) fordern, zumindest aber die vertragliche Zusage, dass er im Falle einer betriebsbedingten Kündigung innerhalb eines bestimmten Zeitraums (im Formular: zwei Jahre) eine Rückerstattung des gesamten Gehaltsverzichtes erhält. Ob und in welchem Umfang der Arbeitgeber dieses Zugeständnis machen will oder machen muss, ist natürlich Verhandlungssache. Selbst wenn der Mitarbeiter nur unter dieser Bedingung zum Gehaltsverzicht bereit ist, ist dies immer noch ein beachtliches Zugeständnis, weil der Mitarbeiter das **Insolvenzrisiko** trägt, das naturgemäß nicht unbeträchtlich sein dürfte, wenn schon über Gehaltsverzichte verhandelt wird.

7. Kündigungsverzicht. Alternativ können die Vertragsparteien einen Kündigungsverzicht vereinbaren, was aber zumindest einzelvertraglich selten vorkommt. Daran dürfte es auch liegen, dass die sich ergebenden komplizierten Rechtsfolgen weitgehend ungeklärt sind, falls der Arbeitgeber (oder schon der Insolvenzverwalter) – trotz der „Arbeitsplatzgarantie" – kein Gehalt mehr zahlen oder keine Arbeit mehr anbieten kann und deshalb eine betriebsbedingte Kündigung erklären müsste. Man wird insoweit die Grundsätze zur außerordentlichen Kündigung tariflich unkündbarer Mitarbeiter (BAG Urt. v. 5. 2. 1998 – 2 AZR 227/97 – NZA 1998, 771) heranziehen können, weil es für den Arbeitgeber in beiden Konstellationen gleichermaßen unzumutbar ist, an dem Kündigungsausschluss festgehalten zu werden.

8. Fortgeltung der übrigen Vertragsbestandteile. Es hat sich in der Praxis bewährt, festzuhalten, dass alle übrigen Vertragsbestandteile in Kraft bleiben.

2. Gehaltsvariabilisierung[1]

Vereinbarung

zwischen
...... (Name und Anschrift des Arbeitgebers) „Gesellschaft"
und
Herrn ...... (Name und Anschrift des Arbeitnehmers) „Mitarbeiters"

Vorbemerkung
Da die Preise für die Produkte für die Leistungen der Gesellschaft gefallen sind, während die Kosten (insbesondere im Personalbereich) unverändert geblieben sind, ist die Gesellschaft in eine wirtschaftlich schwierige Situation geraten. Zur Anpassung der Personalkostenstruktur der Gesellschaft an die Ertragssituation und damit zur Sicherung der Arbeitsplätze vereinbaren die Vertragsparteien die Umwandlung eines Teils des Fixgehalts in eine variable, erfolgsabhängige Vergütung (Variabilisierung). Der Mitarbeiter leistet damit einen Beitrag zur wirtschaftlichen Stabilisierung des Unternehmens. Sollte diese wider Erwarten scheitern, wird der Mitarbeiter so gestellt, als wäre die Gehaltsumwandlung nicht eingetreten.

1. Mit Wirkung ab dem ...... wird das Gehalt des Mitarbeiters von EUR 3.800,– brutto auf EUR 3.300,– brutto herabgesetzt. Die Herabsetzung bezieht auch auf die Jahressonderzahlungen in Höhe von je einem halben Bruttomonatsgehalt im Mai sowie im November eines Kalenderjahres. Die Jahressonderzahlung, die im November 2004 fällig wird, wird somit EUR 1.775,– brutto betragen.
Mit Wirkung vom ...... (gleiches Datum wie oben) erhält der Mitarbeiter einen jährlichen Bonus in Höhe von bis zu EUR 9.750,– brutto, wenn und soweit die in der Anlage 1 zu diesem Vertrag (Zielvereinbarung) niedergelegten Ziele erreicht werden[2].

Im Jahre ...... (gleiches Jahr wie oben) sowie im Austrittsjahr wird der bei voller Zielerreichung zu erzielende Bonushöchstbetrag in Höhe von derzeit EUR 9.750,- brutto ratierlich gekürzt. Der Bonushöchstbetrag beträgt für jeden vollen Monat der Betriebszugehörigkeit während der Geltung dieser Vereinbarung 1/12 des Jahresbetrages. Im Jahr ...... (gleiches Jahr wie oben) beträgt der Bonushöchstbetrag damit EUR 2.437,50 brutto[3]. Dieser Betrag ist verdient, wenn die entsprechend herabgesetzten Ziele aus der Zielvereinbarung vollständig erreicht werden.
2. Wenn die Gesellschaft vor dem ...... (späteres Datum) gegenüber dem Mitarbeiter eine betriebsbedingte Kündigung erklären sollte, gilt folgendes:
2.1 Das Gehalt des Mitarbeiters erhöht sich ab dem auf die Kündigungserklärung folgenden Kalendermonat um EUR 500,- brutto, anteilig auch im Hinblick auf die folgenden Jahressonderzahlungen.
2.2 Die Gesellschaft zahlt dem Mitarbeiter die Differenz zwischen dem Gehalt, das er ohne Variabilisierung erhalten hätte und dem tatsächlich bezogenen Gehalt mit dem letzten Monatsgehalt nach, längstens aber für den Zeitraum von 52 Wochen vor der Beendigung des Arbeitsverhältnisses.
2.3 Alle Bonuszahlungen im Zusammenhang mit der Bonuszusage gemäß Nr. 1 dieser Vereinbarung, also bereits erfolgte Bonuszahlungen sowie solche Boni, die dem Mitarbeiter noch für die Zeit bis zur Beendigung des Arbeitsverhältnisses zustehen, werden auf Leistungen der Gesellschaft nach Nr. 2.1 und Nr. 2.2 nach Maßgabe der folgenden Regelungen angerechnet[4]:
- Die Nachzahlung nach Nr. 2.2 wird um die Summe bereits ausgezahlter Boni gekürzt.
- Ist die Summe der bereits ausgezahlten Boni höher als die Nachzahlung nach Nr. 2.2, wird der die Nachzahlung übersteigende Betrag mit Gehaltsanpassungen gem. Nr. 2.1 verrechnet. Die Gehaltsanpassungen gemäß Nr. 2.1 werden solange und soweit ausgesetzt, bis die vor Ausspruch der betriebsbedingten Kündigung ausgezahlten Boni verrechnet sind.
- Boni, die nach Ausspruch der betriebsbedingten Kündigung zur Auszahlung fällig werden, werden herabgesetzt, soweit die Gesellschaft noch Gehaltsanpassungen gemäß Nr. 2.1 gewährt hat oder noch gewähren müsste.
- Danach noch verbleibende Boni stehen dem Mitarbeiter zu.
Bei dem gesamten Anrechnungsverfahren gemäß dieser Nr. 2.3 werden stets Bruttobeträge berücksichtigt.
(*Alternative* zu Nr. 2.3:
Die Bonuszusage gemäß Nr. 2, zweiter Absatz dieser Vereinbarung wird rückwirkend mit Wirkung von Anfang an aufgehoben. Es finden keine Zahlungen hieraus mehr statt. Soweit Bonuszahlungen an den Mitarbeiter bereits erfolgt sind, werden diese auf die Zahlungspflichten der Gesellschaft gemäß Nr. 2.2 und Nr. 2.1 angerechnet; eine darüber hinausgehende Rückzahlung der Boni, die der Mitarbeiter bereits bezogen hat, findet nicht statt.[5])
4. Soweit in dieser Vereinbarung nicht anders geregelt, bleiben alle übrigen vertraglichen Bestimmungen über das Arbeitsverhältnis, insbesondere gemäß Arbeitsvertrag vom ...... unberührt.

Schrifttum: Vgl. Form. A. XIII. 1.

Anmerkungen

1. Umwandlung fester in variable Gehaltsbestandteile. Dieses Formular beruht weitgehend auf Form. A. XIII. 1 und 2, in dem der einvernehmliche Gehaltsverzicht behandelt wurde. Deshalb wird auf die dortigen Anmerkungen verwiesen. Nicht selten, insbesondere bei

Außendienstmitarbeitern, ist den Interessen beider Vertragsparteien damit gedient, feste Gehaltsbestandteile in variable umzuwandeln (sog. „**Variabilisierung**"). Dabei erhält der Mitarbeiter gelegentlich sogar die Möglichkeit, eine höhere Vergütung zu erzielen, als ohne den „Gehaltsverzicht", was natürlich die Akzeptanz erhöht und für den Arbeitgeber – bei kluger Zielvorgabe – immer noch günstiger ist als ein hohes Fixgehalt. Diesen Gedanken trägt auch dieses Formular Rechnung (zu den Einzelheiten vgl. Anm. 2). Die Variabilisierung des bisherigen Fixeinkommens wird auch von der Rechtsprechung des BAG zu einseitigen Gehaltskürzungen durch den Arbeitgeber eher akzeptiert als bloße Herabsetzungen des bisherigen Fixeinkommens (BAG Urt. v. 20. 8. 1998 – 2 AZR 84/98 – NZA 1999, 255); anstelle einer einseitigen Gehaltsherabsetzung kommt es daher alternativ eher zu Gehaltsvariabilisierungen.

2. Bonus statt Festgehalt. Das Konzept einer Variabilisierung ist einfach, weil feste Gehaltsbestandteile in – typischerweise – leistungsabhängige Gehaltsbestandteile umgewandelt werden. Der Mitarbeiter behält also die Chance, den Gehaltsanteil, auf den er verzichtet hat (im Formular: EUR 6.500,– p.a.) weiterhin zu erzielen, wenn er die Bonusvoraussetzungen erfüllt. Der Arbeitgeber erreicht also nicht einfach nur eine Herabsetzung der Kosten, sondern möglicherweise sogar eine bessere Leistung des Mitarbeiters oder eine bessere Verwertung seiner Leistung, im Falle eines Außendienstmitarbeiters, z.B. höhere Verkaufsumsätze. Um dieses ehrgeizige Ziel zu erreichen, sind viele Arbeitgeber bereit, zusätzliche Anreize zu schaffen und deshalb die Zugeständnisse des Mitarbeiters beim Festeinkommen überproportional durch einen erhöhten Zielbonus auszugleichen. Im Formular beträgt der Zielbonus EUR 9.750,– p.a., mithin 150% der Festgehaltseinbuße. In der Praxis würde man sicherlich beobachten können, dass dieser Betrag auf EUR 10.000,– angehoben wird, was rechtlich unproblematisch ist, was erst recht für noch höhere Zielboni gilt.

Ganz wichtig ist es natürlich, die Voraussetzungen, Einschränkungen sowie nähere Bedingungen der Bonuszahlungen zu regeln, gegebenenfalls auch durch einen Verweis auf bereits bestehende Bonusregelungen (vgl. zu Sonderzahlungen Form. A. III. 3 f.).

3. Zielbonus im Eintritts- und Beendigungsjahr. Im Formular (Nr. 1, dritter Absatz) ist vorgesehen, dass der Zielbonus im ersten und im letzten Jahr ratierlich gekürzt wird (im Formular für ein Vierteljahr: Ein Viertel von EUR 9.750,–, also EUR 2.437,50). Natürlich sind auch andere Gestaltungen denkbar (s. Form A. III. 7, 8 und 9 zu Zielvereinbarung).

4. Berücksichtigung des Bonus bei der Wiederherstellung des ursprünglichen Gehaltsniveaus sowie bei der Nachzahlung von Gehältern. Wenn neben dem Gehaltsverzicht und dem wirtschaftlichen Ausgleich durch einen Bonus auch die Nachzahlung der Gehaltsbestandteile, auf die der Mitarbeiter zunächst verzichtet hatte, vereinbart war (vgl. Nr. 1 des Formulars sowie A. XIII. 1 Anm. 5), stellt sich die Frage nach dem Verhältnis der vertraglich vorgesehenen Nachzahlung zu dem Bonus. Am einfachsten wäre es, die Bonusregelung im Nachhinein vollständig aufzuheben (das sieht die Alternative vor, vgl. hierzu Anm. 5). Attraktiver für beide Vertragsparteien, wenngleich auf den ersten Blick komplizierter, ist die Nr. 2.3 des Formulars. Die Bonuszusage bleibt nämlich bestehen und kann bis zur Wirksamkeit der betriebsbedingten Kündigung noch positive Auswirkungen für den Mitarbeiter haben. Es entspricht dem beabsichtigten Motivationseffekt, der der Variabilisierung innewohnt und dem Motiv des Arbeitgebers, eine „**Win-Win-Situation**" für Arbeitnehmer und Arbeitgeber zu schaffen, dass dem Mitarbeiter die Vorteile der Bonuszusage, soweit sie den Gehaltsverzicht übersteigen, verbleiben. In diesem Szenario hat der Arbeitnehmer engagiert daran mitgewirkt, einen letzten Versuch zur Rettung seines Arbeitsplatzes sowie möglicherweise zur Rettung des Unternehmens zu unternehmen. Sollte dies fehlgeschlagen sein, ist dies dem Arbeitnehmer in aller Regel nicht anzulasten. Es ist fair, ihm etwaige Vorteile der Bonusregelung, die den Umfang des Gehaltsverzichts übersteigen, zu belassen. Der Arbeitgeber ist insoweit nicht uneigennützig: Natürlich ist eine Variabilisierung des Gehaltes, die für den Mitarbeiter im günstigsten Fall sogar auf eine Erhöhung seiner Bezüge hinauslaufen kann, für diesen eher hinnehmbar als eine bloße Gehaltsherabsetzung oder eine Variabilisierung, die dazu führt, dass ihm bestenfalls seine bisherigen Bezüge verbleiben. Es hat sich in der Praxis ausgezahlt, durch einen überproportionalen Zielbonus die wirtschaftlichen Interessen von Arbeitgeber und Arbeitnehmer noch enger miteinander zu verknüpfen. Es ist allerdings zu konstatieren, dass diese Konstellation, in der der Mitarbeiter aufgrund guter Leistungen hohe Boni bezogen und gleichwohl betriebsbedingt entlassen werden muss, eher theoretisch ist.

5. Alternative. Aufhebung der Bonuszusage. Wie bereits zuvor ausgeführt (vgl. vorstehende Anm. 4) ist dies der einfachere und auf den ersten Blick einleuchtendere Weg. Für den Mitarbeiter ist diese Regelung aber weniger attraktiv, weil er gegenüber der Hauptvariante zu Nr. 2.3 im Formular keine Einkünfte aus der Bonuszusage in der Zukunft mehr erzielen kann. Konsequent aber unpraktikabel wäre es, den Mitarbeiter zur Rückzahlung der die Gehaltsnachzahlung übersteigenden Boni zu verpflichten. Erst damit wäre die Bonusregelung vollständig und rückwirkend aufgehoben. Für den Mitarbeiter ist die Variabilisierung unattraktiv und kaum akzeptabel, wenn ihn sogar noch **Rückzahlungspflichten** treffen können. Deshalb haben wir zu dieser theoretischen möglichen Gestaltung keine Vorschläge unterbreitet.

3. Gehaltsverzicht (mit Besserungsschein)[1,2]

Vereinbarung

zwischen
...... (Name und Anschrift des Arbeitgebers) „Gesellschaft"
und
Herrn ...... (Name und Anschrift des Arbeitnehmers) „Mitarbeiter"

Vorbemerkung

Aufgrund der konjunkturellen Krise, die viele Kunden der Gesellschaft erfasst hat, ist auch diese in wirtschaftliche Schwierigkeiten geraten. Bei der gegenwärtigen Kostenstruktur könnten Aufträge kaum noch kostendeckend angenommen und abgearbeitet werden, von Gewinnerzielung ganz zu schweigen. Die Geschäftsführung und die Belegschaft der Gesellschaft sind jedoch der übereinstimmenden Auffassung, dass das wirtschaftliche Überleben gesichert werden kann, wenn es gelingt, die Wettbewerbsfähigkeit durch Kostensenkungen zu steigern. Die Gesellschaft hat daher beschlossen, in allen Bereichen Kosten einzusparen. Alle Mitarbeiter haben sich bereit erklärt, durch einen individuellen, dauerhaften Gehaltsverzicht einen Beitrag zur Lösung der wirtschaftlichen Krise zu leisten und damit zur Sicherung der Arbeitsplätze beizutragen. Die akute Finanzkrise wurde durch ein Entgegenkommen der Banken, der Gläubiger sowie der Gesellschafter der Gesellschaft erreicht.

Dies vorausgeschickt, vereinbaren die Vertragsparteien folgendes:

1. Mit Wirkung ab dem 1. Oktober 2004 wird das Brutto-Monatsgehalt des Mitarbeiters von EUR 3.800,– auf EUR 3.300,– herabgesetzt. Die Herabsetzung gilt auch für die Jahressonderzahlungen in Höhe von je einem halben Bruttomonatsgehalt im Mai sowie im November eines Kalenderjahres. Die Jahressonderzahlung, die im November 2004 fällig wird, wird EUR 1.775,– brutto betragen.

2. Wenn die Gesellschaft vor dem 1. Oktober 2006 gegenüber dem Mitarbeiter eine betriebsbedingte Kündigung erklären sollte, erhöht sich dessen Brutto-Monatsgehalt ab dem auf die Kündigungserklärung folgenden Kalendermonat um EUR 500,– anteilig auch im Hinblick auf die Berechnung der Jahressonderzahlungen.

Im Falle der betriebsbedingten Kündigung zahlt die Gesellschaft dem Mitarbeiter zudem die Brutto-Gehaltsdifferenz zwischen dem bisherigen Gehalt (siehe vorstehende Nr. 1 dieser Vereinbarung) und dem tatsächlich bezogenen Gehalt mit dem letzten Monatsgehalt nach, längstens aber für den Zeitraum von 52 Wochen vor der Beendigung des Arbeitsverhältnisses[3].

3. Gehaltsverzicht (mit Besserungsschein) A. XIII. 3

(*Alternative 1 zu den ersten beiden Absätzen von Nr. 2:*
Wenn die Gesellschaft vor dem 1. Oktober 2006 gegenüber dem Mitarbeiter eine betriebsbedingte Kündigung erklärt, wird der Gehaltsverzicht gemäß der Nr. 1 dieser Vereinbarung vollständig rückabgewickelt.)

(*Alternative 2 zu den ersten beiden Absätzen von Nr. 2:*
Die Gesellschaft wird vor dem 1. Oktober 2006 gegenüber dem Mitarbeiter keine betriebsbedingte Kündigung aussprechen.)

3. Wenn der Mitarbeiter keine Ansprüche nach vorstehender Nr. 2 erworben und sich die wirtschaftliche Lage der Gesellschaft nach Maßgabe des nachstehenden Absatzes verbessert hat[4], zahlt die Gesellschaft ihm eine Entschädigung in Höhe von EUR 14.625,– brutto[5] für den Zeitraum bis einschließlich 31. Dezember 2006. Die Entschädigungszahlung wird am 30. April 2007 fällig.

Die wirtschaftliche Lage der Gesellschaft gilt nur dann als verbessert im Sinne des vorstehenden Absatzes, wenn sie einen handelsrechtlichen Gewinn von mehr als 3% der Umsatzerlöse im Durchschnitt der Geschäftsjahre 2004, 2005 oder 2006 erzielt. Die Entschädigung wird nicht gewährt, soweit der durchschnittliche handelsrechtliche Gewinn in den genannten Geschäftsjahren – unter Berücksichtigung der Entschädigungszahlungen für Gehaltsverzichte dieser Art an den Mitarbeiter und andere Mitarbeiter der Gesellschaft – unter 3% der Umsatzerlöse sinkt. Soweit Entschädigungsforderungen mehrerer betroffener Mitarbeiter der Gesellschaft bestehen, die nicht vollständig bedient werden können, werden alle Entschädigungsforderungen der betroffenen Mitarbeiter gleichmäßig prozentual herabgesetzt.

Für die Geschäftsjahre 2007 und 2008 werden nach Maßgabe dieses Absatzes ebenfalls Entschädigungen gewährt. Die Entschädigungsforderung des Mitarbeiters erhöht sich um jeweils EUR 6.500,– brutto p.a., wobei gewährte Entschädigungen aus Vorjahren jeweils angerechnet werden. Zum Zwecke der Berechnung von Entschädigungszahlungen, die zum 30. April 2008 und 30. April 2009 fällig sind, wird – unter Einschluss des jeweils davor liegenden Geschäftsjahres (d.h. Referenzzeitraum von vier (30. April 2008) und fünf (30. April 2009) Geschäftsjahren) – die gleiche Betrachtung angestellt wie nach dem vorstehenden Absatz.

Für die Zeit nach dem 31. Dezember 2008 werden keine Entschädigungen mehr gewährt.

Die Höhe der Entschädigung verringert sich entsprechend der tatsächlichen Kosteneinsparung der Gesellschaft aufgrund des geleisteten Gehaltsverzichts (Basis: EUR 6.500,– brutto p.a.)[6], wenn vor einem der Berechnungsstichtage für die Entschädigungen (nämlich 31. Dezember 2006, 31. Dezember 2007 oder 31. Dezember 2008)
- der Mitarbeiter aus dem Unternehmen ausscheidet,
- der Mitarbeiter zeitweise oder dauerhaft tatsächlich keine Arbeitsleistung erbringt,
- der Mitarbeiter zeitweise oder dauerhaft tatsächlich eine verringerte Arbeitsleistung erbringt oder
- das Arbeitsverhältnis ruht

und kein Fall der vorstehenden Nr. 2 vorliegt. Soweit ein Rechtsanspruch des Mitarbeiters auf Gehaltszahlung in einem der vorstehenden Fälle besteht, insbesondere nach dem Entgeltfortzahlungsgesetz, verringert sich die Entschädigung nicht. Das gleiche gilt im Falle von Beschäftigungsverboten und während des Mutterschutzes.

4. Soweit in dieser Vereinbarung nicht anders geregelt, bleiben alle übrigen vertraglichen Bestimmungen über das Arbeitsverhältnis, insbesondere gemäß Arbeitsvertrag vom ...., unberührt.

......
Ort, Datum

......
Unterschrift der Gesellschaft

......
Ort, Datum

......
Unterschrift des Mitarbeiters

A. XIII. 3 XIII. Das Arbeitsverhältnis in der Unternehmenskrise

Schrifttum: *Hromadka*, Änderung von Arbeitsbedingungen, 1. Aufl. 1990; *Hromadka*, Änderung von Arbeitsbedingungen, RdA 1992, 234.

Anmerkungen

1. Gehaltsverzicht. Dieses Formular beruht auf dem unter A. XIII. 1 erläuterten Formular „Gehaltsverzicht ohne Besserungsschein". Auf die dortige Kommentierung wird verwiesen. Das vorliegende Formular weicht nur in Nr. 3 von dem Formular „Gehaltsverzicht ohne Besserungsschein" ab.

2. Besserungsschein. Als Besserungsschein bezeichnet man eine – zumeist in der Insolvenzpraxis bekannte Vereinbarung, wonach die Gläubiger, die im Rahmen eines gerichtlichen oder außergerichtlichen Vergleichs zum Zwecke der Erhaltung der Liquidität des Schuldners auf einen Teil ihrer Forderungen verzichtet haben, Nachzahlungen erhalten, wenn und soweit sich die Vermögensverhältnisse des Schuldners bessern (BGH Urt. v. 13. 6. 1984 – IV a ZR 196/82 – NJW 1984, 2762, 2763). Der Rechtsgrund der Forderung wird durch den Besserungsschein nicht berührt; in seiner Ausstellung liegt nach dem üblichen Sprachgebrauch keine Schuldumwandlung oder Schuldumschaffung (BGH a. a. O.). Besserungsscheine sind schon lange bekannt (vgl. nur RGZ 94, 290) und haben auch in der aktuellen Arbeitsrechtspraxis einen festen Platz (z. B. BAG Urt. v. 24. 1. 2001 – 4 AZR 655/99 – NZA 2001, 788). In dem besonderen Spannungsfeld von **Insolvenzrecht** und **betrieblicher Altersversorgung** ist das Konzept des Besserungsscheins sogar gesetzlich geregelt (vgl. § 7 Abs. 4 S. 5 BetrAVG). In der Praxis sind Besserungsscheine oft die Kompensation für den Verzicht auf Forderungen und tragen daher erheblich zur Akzeptanz von zum Beispiel Gehaltsverzichten bei. Ein wirtschaftlich ähnliches Ergebnis ließe sich durch eine **Stundung** von Gehaltsforderungen erreichen. Allerdings nutzen Stundungen betroffenen Unternehmen häufig bilanziell nichts, weil gestundete Verbindlichkeiten – im Gegensatz zu „Verbindlichkeiten auf Besserungsschein" – nach wie vor bilanziert werden müssen.

3. Rückabwicklung des Gehaltsverzichts (keine Entschädigung) im Falle betriebsbedingter Kündigungen. Wie bereits ausführlich dargelegt (s. Form. A. XIII. 1, dort Anm. 5) dienen Gehaltsverzichte in aller Regel dem Arbeitsplatzerhalt. Werden Mitarbeiter trotz Gehaltsverzichts später entlassen, sehen Gehaltsverzichtsvereinbarungen in aller Regel vor, dass der Gehaltsverzicht rückabgewickelt wird (vgl. Nr. 2 dieses Formulars). Gehaltsverzicht und Besserungsschein passen für Mitarbeiter nicht, die trotz ihrer Bereitschaft zum Sanierungsbeitrag betriebsbedingt gekündigt werden mussten. Im Hinblick auf den möglichen Bezug von **Arbeitslosengeld** ist es für diese Mitarbeiter gegebenenfalls wichtig, wieder ihre frühere Gehaltshöhe zu erreichen (vgl. Anm. 5 zu Form. A. XIII. 1).

Im Formular (Nr. 2) führt nur die betriebsbedingte Kündigung zur Rückabwicklung. Dies ist deshalb nahe liegend, weil der Gehaltsverzicht zum Arbeitsplatzerhalt beitragen und damit vor betriebsbedingten Kündigungen schützen soll. Es ist nicht unverbreitet, im Hinblick auf vorzeitig ausscheidende Arbeitnehmer nach den Ursachen für die vorzeitige Beendigung des Arbeitsverhältnisses noch weiter zu differenzieren (vgl. auch hierzu Anm. 6 zu A. XIII. 3, dort zur Frage der Herabsetzung der Entschädigung). Man könnte eine Rückabwicklung z. B. ausschließen, wenn der betroffene Arbeitnehmer aufgrund einer außerordentlichen Kündigung des Arbeitgebers oder (alternativ) aus Gründen ausgeschieden ist, die er zu vertreten hat (relevant bei krankheitsbedingtem Ausscheiden). Selbstverständlich könnte man auch die Rückabwicklung (wie im Formular nach Nr. 2) gänzlich ausschließen oder – das andere Extrem – jedem vorzeitig ausscheidenden Arbeitnehmer die Rückabwicklung des Gehaltsverzichts anbieten, selbst wenn er z. B. aufgrund einer Eigenkündigung oder einer fristlosen Kündigung des Arbeitgebers wegen schwerwiegender Vertragsverletzung ausgeschieden sein sollte.

4. Entschädigung bei Besserung der wirtschaftlichen Lage („Besserungsschein"). Der einmal geübte Gehaltsverzicht als solcher wirkt nach Nr. 1 dieses Formulars dauerhaft. Wenn sich die finanziellen Verhältnisse des betroffenen Unternehmens verbessern, kann der Ge-

3. Gehaltsverzicht (mit Besserungsschein) A. XIII. 3

haltsverzicht für die Zukunft durch überproportionale Gehaltsanhebungen korrigiert werden. Bei einem Besserungsschein geht es um den – mehr oder weniger genauen – Ausgleich für den in der Vergangenheit geübten Gehaltsverzicht und den damit von den Mitarbeitern erbrachten Beitrag zur Sanierung des Unternehmens, falls sich die wirtschaftliche Lage der Gesellschaft wieder verbessert hat. Es ist essentiell, dass sich die Vertragspartner über einen geeigneten Parameter für eine solche Verbesserung der wirtschaftlichen Lage des Unternehmens einigen. In der Praxis sind verschiedene Parameter anzutreffen; die Orientierung an einer Gewinnschwelle bezogen auf Umsatzerlöse – wie im Formular – lehnt sich an ein praktisches Beispiel aus der Rechtsprechung des BAG an (vgl. BAG Urt. v. 24. 1. 2001 – 4 AZR 655/99 – NZA 2001, 788). In der Beratungspraxis ist darauf zu achten, dass die vereinbarten Parameter hinreichend klar sind und dem Unternehmen genug Zeit lassen, sich wirtschaftlich zu erholen. Es wäre weder für das Unternehmen noch für die Belegschaft viel gewonnen, wenn zwar eine kleine Verbesserung der wirtschaftlichen Lage erreicht wird, die jedoch sofort wieder durch Ausgleichszahlungen an die Mitarbeiter zunichte gemacht wird. Deshalb ist im Formular ein Zeitraum von etwas mehr als zwei Jahren vorgesehen, innerhalb dessen das Unternehmen „gesunden" soll, ohne Entschädigungsleistungen erbringen zu müssen. Wenn nach Vorlage der Bilanzen der abgelaufenen Jahre (im Formular 2005 und 2006; zumeist ist im Jahr des Gehaltsverzichts – 2004 – keine nachhaltige Verbesserung zu erwarten) die vereinbarten wirtschaftlichen Parameter erreicht werden, kann die Entschädigungsleistung gewährt werden. Die **Fälligkeit** der Entschädigungsleistung sollte so bestimmt werden, dass zuverlässig das Erreichen der vereinbarten Parameter beurteilt werden kann. Im Formular ist der 30. April gewählt worden, weil zu diesem Zeitpunkt der Jahresabschluss des Vorjahres vorliegen sollte.

Dem Zwecke der langfristigen Erholung des Unternehmens folgend, wird in dem Formular eine Durchschnittsbetrachtung auf drei Geschäftsjahre angestellt. Wenn es der Gesellschaft – auch durch den Beitrag der Arbeitnehmer – gelingt, im dritten Jahr (2006) einen ausreichenden Gewinn zu erwirtschaften, können dadurch schlechtere Ergebnisse in den kritischen Jahren (2004 und 2005) kompensiert werden. Um allerdings zu verhindern, dass die Entschädigungsleistungen an Arbeitnehmer für in der Vergangenheit geübte Gehaltsverzichte das positive Ergebnis wieder zunichte machen, ist im Formular vorgesehen, dass die vorgesehene 3%ige Gewinnschwelle jedenfalls erhalten werden muss. Wenn die durchschnittliche Gewinnschwelle von 3% also zum Beispiel per 31. Dezember 2006 um EUR 300.000,- überschritten wird, aber Entschädigungsforderungen von betroffenen Mitarbeitern in Höhe von EUR 500.000,- auszugleichen sind, findet – nach den Regelungen im Formular – nur eine 60%ige Befriedigung aller offenen Entschädigungsforderungen statt. Dass sich durch diese Regelung im Nachhinein die Höhe der Entschädigungsverbindlichkeiten der Gesellschaft in früheren Geschäftsjahren noch ändern kann, ist im Rechnungswesen nichts Ungewöhnliches. Da **bilanziell** ohnehin Vorsorge für die Entschädigungszahlungen (z. B. durch Rückstellungen oder Rücklagen) getroffen werden muss, lässt sich trotz des späten Abrechnungstages (erstmals 30. April 2007) die Korrektur in den jeweiligen Geschäftsjahren sicherstellen.

Es ist in der Praxis nicht unüblich, **mehrere Stichtage** für die Berechnung etwaiger Entschädigungsleistungen vorzusehen, im Formular zusätzlich der 31. Dezember 2007 und der 31. Dezember 2008. Selbstverständlich werden etwa erfolgte Zahlungen der Vergangenheit auf aktuelle Entschädigungsforderungen angerechnet (vgl. Nr. 3, dritter Absatz, letzter Satz des Formulars). Es ist aber auch selbstverständlich (und vom Berater beim Abschluss eines Gehaltsverzichts mit Besserungsschein sicherzustellen), dass der frühere Gehaltsverzicht ab einem bestimmten Termin keine Verbindlichkeiten des Unternehmens mehr auslösen kann. Im Formular ist der 30. April 2009 vorgesehen, so dass letztmals zum 31. Dezember 2008 festgestellt wird, ob noch eine Entschädigungspflicht für den Gehaltsverzicht aus dem Jahre 2004 besteht. Bei Verhandlungen mit Gewerkschaften ist zu beobachten, dass diese oft auf eine längerfristige Bindung der Gesellschaft hinzuwirken versuchen.

5. Berechnung der Entschädigung. Im Formular hat der betroffene Mitarbeiter ursprünglich 13 Gehälter à EUR 3.800,- p. a. bezogen. Der Gehaltsverzicht betrug EUR 500,- monatlich, mithin EUR 6.500,- p. a. Da der Mitarbeiter im Beispielsfall zum 1. Stichtag (31. Dezember 2006) für 2 ¼ Jahre (1. Oktober 2004 bis 31. Dezember 2006) auf EUR 6.500,– p. a. verzichtet hatte, ergibt sich eine Entschädigungsforderung in Höhe von EUR 14.625,– per 31. Dezember 2006. Die Erhöhung dieser Entschädigung um jeweils EUR 6.500,– p. a. für die Geschäftsjahre 2007 und 2008 entspricht exakt dem Gehaltsverzicht. Wie in der Praxis üblich, ist in dem Formular nicht vorgesehen, dass der Mitarbeiter einen Ausgleich für einen **Zinsschaden** oder eine etwa eingetretene **Inflation** bezieht. Auch mögliche Gehaltserhöhungen (oder weitere Gehaltsverzichte) bleiben bei der Berechnung außer Betracht, was der betrieblichen Praxis entspricht, die stets einfache Lösungen bezwecken sollte. Zusätzlich zu den zuvor aufgezählten Nachteilen (keine Verzinsung, kein Inflationsausgleich, keine Berücksichtigung von Gehaltserhöhungen) trägt der Mitarbeiter das – zumeist akute – **Insolvenzrisiko** seines Arbeitgebers.

6. Ausgeschiedene Mitarbeiter/tatsächliche geringere Arbeitsleistung. Natürlich macht die Entschädigung nur im Falle derjenigen Mitarbeiter Sinn, die real auf Gehalt verzichtet haben. Sollte der Mitarbeiter, mit dem die Vereinbarung gemäß diesem Formular geschlossen wird, das Unternehmen z. B. zum 31. Dezember 2005 (nicht aufgrund einer betriebsbedingten Kündigung) verlassen haben, hat er real nur auf EUR 8.125,– verzichtet und nur in dieser Höhe einen Beitrag zur Gesundung des Unternehmens geleistet. Die Entschädigung sollte den individuellen Sanierungsbeitrag nicht übersteigen. Das gleiche muss natürlich gelten, wenn der Mitarbeiter aufgrund anderer Umstände (z. B. Erziehungsurlaub, Arbeitsunfähigkeit über sechs Wochen hinaus, Wehrdienst, Teilzeit usw.) das frühere Gehalt gar nicht (oder nicht in voller Höhe) bezogen hätte, also gar keinen tatsächlichen Gehaltsverzicht leistet. Mutterschutz oder Beschäftigungsverbote führen nach dem Muster nicht zu finanziellen Nachteilen. Wenn in der Sanierungsphase **Kurzarbeit** geleistet werden muss, sollte z. B. in einer Kurzarbeitsbetriebsvereinbarung eine Regelung getroffen werden, mit der klargestellt wird, ob die Kurzarbeit zur Herabsetzung der Entschädigung führt oder nicht. Ohne solche ergänzende Regelung fallen der tatsächliche Gehaltsverzicht des Mitarbeiters und damit die mögliche Entschädigungsforderung geringer aus. Durch die Formulierung „entsprechend der tatsächlichen Kosteneinsparung der Gesellschaft aufgrund des geleisteten Gehaltsverzichts" (Nr. 3 letzter Abs.) ist sichergestellt, dass der durch die Kurzarbeit (teilweise) nicht wirksam werdende Gehaltsverzicht insoweit bei einer möglichen Entschädigung außer Betracht bleibt. An den Mitarbeiter etwa gezahltes **Kurzarbeitergeld** bleibt ebenfalls außer Betracht.

Im Unterschied zu der Rückabwicklung des Gehaltsverzichts bei betriebsbedingten Kündigungen (Nr. 2 im Formular) dürften Entschädigungszahlungen (Nr. 3 im Formular) für die Berechnung der Höhe des **Arbeitslosengeldes** in aller Regel irrelevant bleiben.

Bereits im Hinblick auf die Rückabwicklung des Gehaltsverzichts stellt sich die Frage, ob hinsichtlich der Ausscheidensgründe differenziert werden sollte (s. o. Anm. 3). Für die Entschädigungsforderung des Mitarbeiters kommt es nach der Regelung im Formular nicht auf den Grund für das Ausscheiden an; lediglich im Hinblick auf die Höhe der Entschädigungsforderung wird differenziert (s. o., z. B. Ausscheiden aufgrund von Elternzeit oder Mutterschutz). Im Einzelfall kann der Mitarbeiter durch seinen vorzeitigen Weggang der Sanierung des Unternehmens durchaus schaden, etwa wenn es sich um einen Spezialisten handelt, der zum Wettbewerb wechselt. Daher könnte man jede Entschädigungsleistung davon abhängig machen, dass der Mitarbeiter sich zum Zeitpunkt der Berechnung der Entschädigungsforderung noch in einem Arbeitsverhältnis mit der Gesellschaft befindet. Dass die Eigenkündigung (oder eine außerordentliche Kündigung des Arbeitsgebers im Falle einer erheblichen Vertragsverletzung des Mitarbeiters) nicht zu den gleichen – für den Arbeitnehmer günstigen – Rechtsfolgen wie eine betriebsbedingte Kündigung (vgl. im Formular nach Nr. 2) führen muss, ist keine unangemessene und damit unzulässige **Kündigungserschwerung** (vgl. § 622 Abs. 6 BGB). Es handelt sich um einen bloßen Reflex, der auch anderen Bereichen zu beobachten ist und hingenommen wird, z. B. bei der vertraglichen Pflicht zur Rückzahlung von Ausbildungskosten, wo die betriebsbedingte Kündigung für den Arbeitnehmer ebenfalls finanziell (unmittelbar) günstiger ist als die Eigenkündigung (vgl. BAG Urt. v. 6. 5. 1998 – 5 AZR 535/97 – NZA 1999, 79). Eine relevante **Ungleichbehandlung** zwischen vorzeitig austretenden und im Unternehmen verbleibenden Mitarbeitern würde durch eine Differenzierung bei den

Entschädigungszahlungen auch nicht entstehen. Es ist z. B. anerkannt, dass Betriebstreue und Loyalität unterschiedliche Gratifikationen rechtfertigen *(vgl. Anm. zu A. III. 4)*. Dies muss erst recht im Fall der Unternehmenskrise gelten, weil zusätzlich noch die Risikobereitschaft des verbleibenden Mitarbeiters belohnt werden muss (s. o., Insolvenzrisiko, keine Verzinsung, kein Inflationsausgleich, keine Berücksichtigung von Gehaltserhöhungen).

Im Formular ist der rechtlich mögliche Entschädigungsverlust etwa bei vorzeitiger Eigenkündigung aus Praktikabilitätsgründen nicht umgesetzt worden: Es geht beim Gehaltsverzicht mit Besserungsschein um **Kosteneinsparungen**, nicht um Motivation. Das vorrangige Ziel der Kosteneinsparung sollte nicht ohne Not gefährdet werden.

4. Freiwilliges Abfindungsprogramm

(Entwurf eines Mitteilungsschreibens an die gesamte Belegschaft, entweder Verbreitung über das Intranet, per Email, Aushänge oder persönliche Anschreiben):

[Briefkopf des Arbeitgebers]

An alle Mitarbeiterinnen und Mitarbeiter
der Gesellschaft

Freiwilliges Ausscheiden[1]

...... (Datum)

Liebe Mitarbeiterinnen,
liebe Mitarbeiter,

wie Sie wissen, befindet sich unser Unternehmen in einer schweren Krise. In den beiden letzten Geschäftsjahren haben wir erhebliche Verluste erwirtschaftet, auch im jetzt laufenden Geschäftsjahr sieht es nicht nach einer Verbesserung der Situation aus, im Gegenteil: Wenn wir unsere Mitbewerber sowie das gesamte Marktumfeld kritisch betrachten, müssen wir feststellen, dass unser Unternehmen bei weitem nicht das einzige ist, das von der Krise betroffen wurde. In den vergangenen Jahren, Monaten und Wochen haben wir auf verschiedene Weise versucht, dagegen zu steuern. Da Umsatzzuwächse nicht zu erzielen waren, hat die Geschäftsleitung schon seit einiger Zeit das Hauptaugenmerk auf Kostenreduktion gelegt. Daher wurden z. B. Lieferantenverträge geprüft und gekündigt, Investitionen in das Fabrikgebäude verschoben, die Dienstwagen-Flotte verkleinert, die betriebliche Altersversorgung eingestellt und der Vorstand verkleinert[2].

Nachdem alle vorgenannten Maßnahmen keinen oder nicht den ausreichenden Erfolg mit sich brachten, sieht sich die Geschäftsleitung nunmehr gezwungen, Mitarbeiter zu entlassen. Wie Sie alle sich hoffentlich vorstellen können, tut sich die Geschäftsleitung bei diesem Schritt keineswegs leicht. Wir haben versucht, durch die Kurzarbeit der vergangenen Monate diesen Schritt zu vermeiden, leider vergeblich, wie sich jetzt zeigt. Wir sind uns sehr wohl darüber bewusst, dass betriebsbedingte Kündigungen zu Arbeitslosigkeit und erheblichen Härten für die Betroffenen führen können. Auch wenn der Ausspruch betriebsbedingter Kündigungen im Ergebnis unvermeidlich sein könnte, wollen wir noch einen Versuch unternehmen, solche einseitigen Maßnahmen zu vermeiden.

Es soll in diesem Unternehmen niemand betriebsbedingt gekündigt werden, solange es noch einen anderen Mitarbeiter gibt, der an seiner Stelle das Unternehmen zu verlassen bereit ist. Daher hat sich die Geschäftsleitung entschlossen, denjenigen den Abschluss eines Abfindungsvergleichs[3] anzubieten, die sich in den nächsten drei Wochen, also bis zum ......, bei den zuständigen Personalreferenten melden, wobei wir uns vorbehalten, im Einzelfall solche Angebote nicht zu unterbreiten. Die wichtigsten Konditionen eines solchen Abfindungsvergleiches sind:

- Das Arbeitsverhältnis endet unter Beachtung der anwendbaren Kündigungsfrist.
- Die Brutto-Abfindung beträgt ein halbes Bruttomonatsgehalt (Grundgehalt ohne Sonderzahlungen, Boni, Zuschläge, Gegenwert der Privatnutzung eines Pkw oder sonstige Ergänzungen zu dem Bruttomonatsgehalt) pro Jahr der Betriebszugehörigkeit (kaufmännische Auf- bzw. Abrundung auf volle Jahre). Zusätzlich wird die Brutto-Abfindung um ein Bruttomonatsgehalt für diejenigen Mitarbeiter erhöht, die innerhalb einer Woche, also bis zum ......, einen Abfindungsvergleich abschließen[4].

Nach den Planungen der Geschäftsleitung werden hauptsächlich Mitarbeiter aus der Produktionsabteilung, aber auch aus dem Verwaltungsbereich und der Logistik-Abteilung entlassen werden müssen.

Nur der guten Ordnung halber erlauben wir uns den Hinweis, dass dieses Schreiben keinen Rechtsansprüche begründet – insbesondere behält sich die Geschäftsleitung vor, nicht jedes Angebot eines Mitarbeiters, der freiwillig gegen Zahlung einer Abfindung ausscheiden will, anzunehmen.

Soweit individuelle Einzelheiten zu berücksichtigen sind, wird dies in den jeweiligen Vereinbarungen mit den betroffenen Mitarbeitern geschehen.

Die vorstehenden Abfindungsregelungen werden kurzfristig zu einer erheblichen Kostenbelastung führen, die nur dadurch gerechtfertigt ist, dass der Personalabbau schnell, unkompliziert und auf freiwilliger Grundlage (d.h. keine zusätzlichen Kosten) umgesetzt werden kann. Deshalb ist es nach der Auffassung der Geschäftsleitung völlig undenkbar, dass – im Falle des Scheiterns dieses freiwilligen Abfindungsprogramms – ein Sozialplan verabschiedet wird, der eine genau so großzügige Abfindungsregelung vorsieht wie dieses Angebot, geschweige denn eine noch höhere. Sollte dies jedoch wider Erwarten der Fall sein, werden wir uns verpflichten, Abfindungen, die nach diesem freiwilligen Abfindungsprogramm gewährt wurden, allen Sozialplanregelungen anzupassen, die in den nächsten sechs Monaten verabschiedet werden[5].

Für Rückfragen stehen Ihnen die bekannten Personalreferenten zur Verfügung.

Wir sind zuversichtlich, dass es mit diesem Schritt gelingt, unser Unternehmen rasch in eine langfristig verbesserte Kostensituation hinein- und damit aus der Krise hinauszuführen. Insbesondere hoffen wir, dass es mit diesem freiwilligen Programm vermieden werden kann, diejenigen Mitarbeiter zur Beendigung des Arbeitsverhältnisses zu zwingen, die uns keinesfalls verlassen wollen.

Selbstverständlich wird jedem einzelnen Mitarbeiter, der sich bei uns als Freiwilliger meldet, Vertraulichkeit gegenüber allen Kollegen und Vorgesetzen zugesagt[6].

Mit freundlichen Grüßen
......
Unterschrift des Arbeitgebers

Schrifttum: *Annuß/Willemsen,* Kündigungsschutz nach der Reform, NJW 2004, 177; *Bauer/Krieger,* Neuer Abfindungsanspruch – 1a daneben!, NZA 2004, 77; *Bauer/Preis/Schunder,* Das Gesetz zu Reformen am Arbeitsmarkt – Reform oder nur Reförmchen?, NZA 2004, 195; *Besgen/Giesen,* Fallstricke des neuen gesetzlichen Abfindungsanspruchs, NJW 2004, 185; *Busch,* Abfindungen nur bei Klageverzicht jetzt auch in Sozialplänen? BB 2004, 267; *Däubler,* Neues zur betriebsbedingten Kündigung, NZA 2004, 177; *Geiger,* Neues zu Aufhebungsvertrag und Sperrzeit, NZA 2003, 838; *Grobys,* Der gesetzliche Abfindungsanspruch in der betrieblichen Praxis, DB 2003, 2174; *Preis,* Die „Reform" des Kündigungsschutzrechts, DB 2004, 70; *Raab,* Der Abfindungsanspruch gemäß § 1a KSchG, RdA 2005, 1.

Anmerkungen

1. Freiwilliges Ausscheiden. Im Vorfeld von Massenentlassungen ist immer wieder zu beobachten, dass es einen nicht unerheblichen Anteil von Mitarbeitern gibt, die geradezu auf die nächste „Chance" warten, das Unternehmen zu verlassen und dabei noch eine Abfindung zu

4. Freiwilliges Abfindungsprogramm

beziehen. Bei Massenentlassungen ist es zunehmend problematischer, individuelle Kündigungen durchzusetzen, weil die Chancen für die betroffenen Mitarbeiter auf dem Arbeitsmarkt noch schlechter als in den Vorjahren geworden sind. Zudem führen auch die Neuregelungen zu den gesetzlichen Sozialversicherungssystemen dazu, dass es sich immer weniger Arbeitnehmer „leisten" können, arbeitslos zu werden. Deshalb stößt der Arbeitgeber in Kündigungsschutzprozessen immer häufiger auf erbitterten Widerstand der betroffenen Arbeitnehmer.

Angesichts dieser beiden Befunde (einige Arbeitnehmer wollen das Unternehmen verlassen; andere Arbeitnehmer erschweren dem Arbeitgeber die Durchsetzung der Kündigung mit allen Mitteln) liegt es nahe, vor der Durchsetzung einer Massenentlassung herauszufinden, welche Mitarbeiter das Unternehmen freiwillig zu verlassen bereit sind. Zu diesem Zweck ist es in anderen Rechtsordnungen durchaus üblich, freiwillige Abfindungsprogramme (sog. „**Voluntary Severance Program**") aufzulegen, in Deutschland allerdings noch nicht. Ein Grund für die deutsche Zurückhaltung mag in der Betriebsverfassung liegen: Ein groß angelegter Personalabbau dürfte in aller Regel auch eine **Betriebsänderung** gemäß § 111 BetrVG darstellen, so dass der Arbeitgeber – auch bei freiwilligen Abfindungsprogrammen – zunächst einen Interessenausgleich mit dem Betriebsrat herstellen müsste. Damit sind meistens die Vorteile eines freiwilligen Abfindungsprogramms, enorme Entbürokratisierung und rasche Umsetzungen, verloren, so dass viele Arbeitgeber davor zurückschrecken, ein freiwilliges Abfindungsprogramm mit ihrem Betriebsrat zu erörtern. Führt der Arbeitgeber das freiwillige Abfindungsprogramm gleichwohl durch, drohen ungünstige Rechtsfolgen, **insbesondere einstweilige Verfügungen auf Unterlassung** (in manchen Landesarbeitsgerichts-Bezirken) und **Nachteilsausgleichsansprüche** (§ 113 BetrVG). Wenn der Arbeitgeber sich über diese Bedenken hinwegsetzt und das freiwillige Abfindungsprogramm ohne Betriebsratsbeteiligung durchführt, wird die künftige Zusammenarbeit mit dem Betriebsrat belastet sein. Insbesondere wird der Betriebsrat bei etwa nachfolgenden Interessenausgleichs- und Sozialplanverhandlungen das Ziel verfolgen, das Abfindungsniveau des freiwilligen Abfindungsprogramms zu übersteigen. Es soll den Mitarbeitern auf diese Weise vor Augen geführt werden, dass einzig der Betriebsrat für ihre Interessen streitet und dass es sich nicht lohne, voreilig auf vermeintliche großzügige Angebote des Arbeitgebers einzugehen.

Trotz aller vorgenannten Schwierigkeiten gibt es – auch in Deutschland – immer wieder Situationen, in denen ein freiwilliges Abfindungsprogramm zweckmäßig ist, zum Teil im Einvernehmen mit dem Betriebsrat. Für diese Fälle ist dieses Formular gedacht. Individualrechtlich soll es noch keine unmittelbaren Rechtswirkungen erzeugen, weil es als „**invitatio ad offerendum**" konzipiert ist. Das bedeutet, dass der Arbeitgeber mit dem freiwilligen Abfindungsangebot, also diesem Formular, noch kein rechtsgeschäftliches Angebot abgibt, das der Arbeitnehmer zum Zustandekommen eines Vertrages nur annehmen müsste. Es bedarf noch eines Vertragsschlusses. Insbesondere kann der Arbeitgeber damit nicht gezwungen werden, Beendigungsangebote von Mitarbeitern anzunehmen, die er gar nicht verlieren will. Trotzdem führt ein freiwilliges Abfindungsangebot zu Rechtswirkungen, z.B. im Hinblick auf mögliche Beteiligungsrechte des Betriebsrats (s.o.). Im Hinblick auf das im Gesetzgebungsverfahren befindliche **Antidiskriminierungsgesetz** müssen Arbeitgeber zudem sicherstellen, dass die Auswahl derjenigen Mitarbeiter, deren Angebot auf Abschluss eines Beendigungsvertrages angenommen wird, nicht mit einem der dort genannten unzulässigen Differenzierungskriterien in Verbindung gebracht werden kann.

Darüber hinaus ist es zur Absicherung des verfolgten Zweckes in erster Linie wichtig, in der jeweiligen praktischen Situation „den richtigen Ton zu treffen" und die richtigen Zeichen zu setzen. Es hat sich z.B. nicht bewährt, abfällige Bemerkungen über den Betriebsrat oder „Drohszenarien" aufzunehmen.

2. Darstellung der Alternativen. Ob und wie die Geschäftsleitung eines Unternehmens dessen Mitarbeiter auf ein freiwilliges Abfindungsprogramm anspricht, hängt ganz von den Verhältnissen des Einzelfalls ab, insbesondere von den Usancen im Haus. Erfahrungsgemäß steigert es die Akzeptanz bei der Belegschaft jedoch erheblich, wenn der Arbeitgeber nicht als erstes oder als einziges an Kostenreduktionen und Personalabbau denkt, sondern zunächst an

Umsatzausweitung. Auch bei Kostensenkungsmaßnahmen ist es – wiederum rein psychologisch – hilfreich, nicht zuerst an einen Personalabbau zu denken. Reizpunkte wie Dienstwagen, Vorstandsgröße, Boni und Pensionen für Vorstandsmitglieder sollten geprüft werden, bevor Mitarbeiter entlassen werden.

3. Abfindungsvergleich. Der Ausdruck „Abfindungsvergleich" ist an sich dem im Rahmen eines Kündigungsschutzprozesses abgeschlossenen Vergleich zur Abwicklung eines Arbeitsverhältnisses vorbehalten, hat sich darüber hinaus aber auch für außergerichtliche Aufhebungsverträge eingebürgert, obwohl hier kein Vergleich i. S. d. § 779 BGB vorliegt. Um Rechtssicherheit zu erhalten, muss der Arbeitgeber mit den Arbeitnehmern Aufhebungs- oder Abwicklungsverträge schließen. Aufhebungsverträge führen zu Nachteilen beim Bezug von Arbeitslosengeld (Sperrzeit und Verkürzung des Bezugszeitraums, §§ 128, 144 SGB III). Nach dem Urteil des BSG vom 18. Dezember 2003 (B 11 AL 35/03 R – NZA 2004, 661) dürfte das auch für eine Vielzahl von Abwicklungsverträgen gelten. Dennoch kann der Abschluss von Aufhebungs- oder Abwicklungsverträgen für Arbeitnehmer durchaus von Interesse sein, sei es weil ein neuer Arbeitsplatz in Aussicht ist oder die Beendigung des Arbeitsverhältnisses sonst in die individuelle Lebensplanung passt (in etwa 60% aller Fälle geht die Initiative zur Lösung des Arbeitsverhältnisses vom Arbeitnehmer aus).

Da der vielfache Abschluss von gerichtlichen Vergleichen in Kündigungsschutzprozessen als von der Bundesagentur für Arbeit akzeptierter Abfindungsvergleich für das Unternehmen regelmäßig nicht praktikabel ist, bietet § 1a KSchG nunmehr die Möglichkeit, dem Arbeitnehmer in Verbindung mit einer Kündigung ein Abfindungsangebot zu machen. Die Annahme des Angebots führt nach der Durchführungsanweisung der Bundesagentur für Arbeit (EzA Schnelldienst 13/2004) nicht zu Nachteilen beim Bezug von Arbeitslosengeld, jedenfalls wenn es sich nicht um eine offenbar rechtswidrige Kündigung handelt. Allerdings treten die Rechtsfolgen des § 1a KSchG nur ein, wenn gerade die gesetzlich vorgesehene Abfindung angeboten wird. Es ist also weder das Angebot einer höheren noch einer niedrigeren Abfindung möglich. Es ist derzeit noch nicht abzusehen, ob die Bundesagentur für Arbeit zumindest für die Fälle, in denen eine höhere als die gesetzliche Abfindung angeboten wurde, von der Verhängung einer Sperrzeit absehen wird. Zudem tritt bei einem Verfahren nach § 1a KSchG Rechtssicherheit erst nach Ablauf der dreiwöchigen Klagefrist ein. Das kann in für das Unternehmen bedrohlichen Zeiten zu lang sein. Infolgedessen bleibt das „**Voluntary Severance Program**" als praktikabler Weg zur einvernehmlichen Beendigung einer Vielzahl von Arbeitsverhältnissen sinnvoll.

4. Turbo-Zuschlag. Im Formular wird (zufällig) die gesetzliche Abfindung angeboten und um ein Bruttomonatsgehalt erhöht; letzterer Abfindungsanteil dient dazu, einen Anreiz zum besonders raschen Abschluss des angebotenen „Abfindungsvergleiches" zu bieten („Turbo-Prämie"). Die Wirkung dieses Anreizes hängt natürlich von den Verhältnissen im jeweiligen Betrieb ab. Wenn dort überwiegend jüngere Mitarbeiter tätig sind, deren Abfindungen durch ein Bruttomonatsgehalt relativ erheblich erhöht werden, ist es ungleich wirksamer als in Betrieben, in denen die Mitarbeiter ohnehin aufgrund ihrer langen Betriebszugehörigkeiten schon hohe Abfindungen beziehen. Dort mag ein prozentualer Zuschlag zweckmäßiger sein. Auch um den richtigen „Mix" zu erzielen, kann der Arbeitgeber bei seinem Angebot Anreize setzen, etwa indem er die Abfindung bei allen Mitarbeitern, die das 45. Lebensjahr vollendet haben, pauschal um 20% erhöht.

Die Vereinbarung solcher „Turbo-Zuschläge" in individuellen Abfindungsverträgen ist – jedenfalls nach derzeitiger Rechtslage – rechtlich unproblematisch. Nach einer neuen Entscheidung des BAG (Urt. v. 31. 5. 2005 – 1 AZR 254/04 – n. v.) dürften auch angemessene Zuschläge zur Abfindung („Turbo-Prämien") in Sozialplänen zulässig sein, die für den Fall gewährt werden, dass ein Arbeitnehmer keine Kündigungsschutzklage erhebt, sondern innerhalb einer vorgegebenen Frist einen Beendigungsvertrag mit dem Arbeitgeber abschließt (anders noch die bisherige h. L. und Rspr., vgl. nur LAG Kiel Urt. v. 20. 4. 2004 – 5 Sa 539/03 – n. a. v.). Demgegenüber ist der vollständige Verlust einer Sozialplan-Abfindung für den Fall, dass der Arbeitnehmer eine Kündigungsschutzklage erhebt, unzulässig (BAG Urt. v. 20. 6. 1985 – 2 AZR 427/84 – AP Nr. 33 zu § 112 BetrVG 1972). Hintergrund dieser Rechtspre-

4. Freiwilliges Abfindungsprogramm   A. XIII. 4

chung ist aber, dass den Betriebsparteien keine Regelungskompetenz hinsichtlich des individuellen Klagerechts zusteht. Diese Argumentation trifft auf die hier vorgestellte Situation, in der die Vertragsparteien frei verhandeln und der Arbeitnehmer frei entscheidet, nicht zu (BAG Urt. v. 20. 12. 1983 – 1 AZR 442/82 – AP Nr. 17 zu § 112 BetrVG 1972). Die bisherige Rechtsprechung steht aber ohnehin zur Überprüfung an.

5. Zusicherung einer späteren Sozialplanformel. Ob der Arbeitgeber zu dem Verhältnis der vertraglich vereinbarten Abfindung zu eventuellen späteren Sozialplanabfindungen überhaupt etwas sagen sollte, hängt vom Einzelfall ab. Zumeist stehen dem Arbeitgeber nach dem freiwilligen Abfindungsprogramm noch schwierige Verhandlungen mit dem Betriebsrat bevor, so dass er seine Verhandlungsposition kaum im Vorhinein verschlechtern will. Andererseits wird ein Mitarbeiter sich leichter und vor allem rascher zu einem Abfindungsvergleich bereit erklären, wenn er weiß, dass ein schneller Vertragsschluss ihm jedenfalls keine Nachteile bringen wird. Im Zweifel spricht also einiges dafür, eine solche Zusage, wie im Formular vorgesehen, zu erteilen. Jedenfalls sollte aber in dem jeweiligen Vertrag mit dem Mitarbeiter eine Regelung aufgenommen werden, wie sich Ansprüche, die der Mitarbeiter infolge der Beendigung des Arbeitsverhältnisses noch haben könnte (insbesondere der Nachteilsausgleich nach § 113 BetrVG), zu der vertraglich vereinbarten Abfindung verhalten.

6. Vertraulichkeit. Die Zusicherung einer Vertraulichkeit ist völlig unproblematisch, wenn dieser Mitarbeiter kurze Zeit später ausscheidet. Handelt es sich jedoch um einen solchen Mitarbeiter, den die Geschäftsleitung nicht ziehen lassen will oder bei dem die Beendigung am Ende aus anderen Gründen scheitert, ist dies schon problematischer. Auskunftsansprüche des Betriebsrats dürften nicht bestehen. Gleichwohl ist es natürlich für den Arbeitgeber bei der weiteren Personalplanung interessant zu berücksichtigen, dass dieser Mitarbeiter „auf dem Sprung" ist. Sein Vorgesetzter wird dies bei der Übertragung von Verantwortung, der Vergabe von „Beförderungspositionen" und sonstigen Annehmlichkeiten (z.B. Weiterbildungsmöglichkeiten) berücksichtigen wollen. Wenn der Arbeitgeber an dieser Stelle aber zusichert, dass Vertraulichkeit gewährleistet wird, muss dies auch (und aus Sicht des Mitarbeiters gerade) für die Personalentwicklung und insbesondere für den Vorgesetzten des Mitarbeiters gelten.

XIV. Einseitige Beendigung des Arbeitsverhältnisses

Anfechtung

1. Anfechtung eines Anstellungsvertrags[1]

[Briefkopf des Arbeitgebers]

Herrn ...... (Name und Anschrift des Arbeitnehmers)

...... (Datum)

Anfechtung Ihres Anstellungsvertrags

Sehr geehrter Herr ......,
hiermit fechten wir Ihren Anstellungsvertrag vom ...... wegen Täuschung an.
Im Bewerbungsverfahren haben Sie in dem Ihnen vorgelegten Fragebogen angegeben, dass Sie nicht vorbestraft seien[2]. Wie wir in der Zwischenzeit feststellen mussten[3], sind Sie jedoch im Jahre ...... wegen gefährlicher Körperverletzung verurteilt worden. Hätten Sie wahrheitsgemäß auf Ihre Vorstrafe hingewiesen, hätten wir Sie nicht für unseren Sicherheitsdienst eingestellt[4].
Vorsorglich kündigen wir Ihr Arbeitsverhältnis außerordentlich fristlos, hilfsweise fristgemäß zum nächst zulässigen Zeitpunkt[5].
Ihr Arbeitsverhältnis endet damit mit dem heutigen Tage[6].
Vorsorglich weisen wir Sie darauf hin, dass Sie sich unverzüglich bei der zuständigen Agentur für Arbeit zu melden sowie eigene Aktivitäten bei der Suche nach einer anderen Beschäftigung zu entfalten haben[7].

Mit freundlichen Grüßen
......
Unterschrift des Arbeitgebers[8]

Erhalten:
......
Ort, Datum
......
Unterschrift des Arbeitnehmers[9]

Schrifttum: Bauer/Diller, Wettbewerbsverbote, 3. Aufl. 2002; *Beuthien*, Das fehlerhafte Arbeitsverhältnis als bürgerlich-rechtliches Abwicklungsproblem, RdA 1969, 161; *Dörner*, Anfechtung im Arbeitsrecht, AR-Blattei SD 60; *Großmann*, Schwerbehinderte im Konflikt zwischen Statusrecht und Offenbarungspflicht, NZA 1989, 702; *Hanel*, Nichtigkeit und Anfechtbarkeit von Arbeitsverträgen, Personal 1990, 85; *Heidsiek*, Anfechtung des Arbeitsvertrags wegen Verschweigens von Stasi-Tätigkeiten, BB 1994, 2496; *Hromadka*, Zur Anfechtung eines Arbeitsvertrags wegen arglistiger Täuschung aufgrund wahrheitswidriger Beantwortung der Frage nach einer Schwerbehinderteneigenschaft, EWiR 1999, 439; *Preis/Gotthardt*, Schriftformerfordernis für Kündigung, Aufhebungsverträge und Befristungen nach § 623 BGB, NZA 2000, 348; *Richardi*, Arbeitsrechtliche Probleme bei Einstellung und Entlassung Aids-infizierter Arbeitnehmer, NZA 1988, 73; *Messingschlager*, „Sind Sie schwerbehindert?" – Das Ende einer (un)beliebten Frage, NZA 2003, 302; *Rudolph*, Anfechtung des Arbeitsvertrags wegen Nachtarbeitsverbot für Schwangere, BetrR 1994, 95; *Strick*, Die Anfechtung von Arbeitsverträgen durch den Arbeitgeber, NZA 2000, 695; *Wisskirchen*, Wahrheitswidrige Verneinung der Frage nach der Schwerbehinderteneigenschaft bei Abschluss eines Arbeitsvertrags, EWiR 1994, 329.

1. Anfechtung eines Anstellungsvertrags   A. XIV. 1

Anmerkungen

1. Anfechtung. Das Formular enthält das Muster einer Anfechtungserklärung. Ein Anstellungsvertrag kann, wie jeder andere Vertrag auch, angefochten werden. Insbesondere wird eine Anfechtung nicht dadurch ausgeschlossen, dass das Arbeitsverhältnis auch **außerordentlich fristlos gekündigt** werden kann. Vielmehr handelt es sich bei der außerordentlichen fristlosen Kündigung und der Anfechtung um **zwei verschiedene Gestaltungsrechte**, die getrennt voneinander zu betrachten sind (vgl. noch Anm. 5).

Im Gegensatz zur Kündigung ist vor Ausspruch einer Anfechtung nicht der **Betriebsrat** anzuhören. § 102 BetrVG gilt nicht, auch nicht analog (BAG Urt. v. 11. 11. 1993 – 2 AZR 467/93 – AP Nr. 38 zu § 123 BGB). Sofern jedoch, wie im Formular, mit der Anfechtung eine Kündigung verbunden werden soll, muss der Betriebsrat vorher **angehört** worden sein. Auch **Sonderkündigungsschutz**, etwa für Mütter, Elternzeitler oder Schwerbehinderte, hindert nicht die Anfechtung, wohl aber eine vorsorglich ausgesprochene Kündigung.

Der Arbeitnehmer kann die Wirksamkeit der Anfechtung gerichtlich überprüfen lassen. Der Antrag richtet sich dann auf die Feststellung, dass das zwischen den Parteien bestehende Arbeitsverhältnis über den Anfechtungszeitpunkt hinaus unangefochten fortbesteht. Insbesondere nach der Ausdehnung der dreiwöchigen **Klagefrist** des § 4 KSchG auf sämtliche Unwirksamkeitsgründe einer Kündigung spricht viel dafür, diese Frist analog auch auf Anfechtungen anzuwenden (ErfKomm/*Preis* § 611 BGB Rdn. 467). Das Bundesarbeitsgericht hat diese Frage (allerdings vor Änderung des § 4 KSchG) offen gelassen (BAG Urt. v. 14. 12. 1979 – 7 AZR 38/78 – AP Nr. 4 zu § 119 BGB).

2. Anfechtungsgrund. Es ist nicht aus Rechtsgründen erforderlich, den Anfechtungsgrund, also den Sachverhalt, der zur Anfechtung führte, im Anfechtungsschreiben darzulegen. Im Regelfall wird aber nichts dagegen sprechen, den Anfechtungsgrund zumindest kurz darzustellen, insbesondere wenn dies den Arbeitnehmer veranlassen könnte, davon abzusehen, gegen die Anfechtung vorzugehen. Ein möglicher Nachteil kann sich aber aus der abzulehnenden Rechtsprechung des Bundesarbeitsgerichts ergeben, dass nach Ablauf der Anfechtungsfrist ein „Nachschieben" von **Anfechtungsgründen** ausscheidet, wenn die Anfechtung auf einen bestimmten Grund gestützt wurde (BAG Urt. v. 21. 1. 1981 – 7 AZR 1093/78 – AP Nr. 5 zu § 119 BGB). Mit Blick auf diese Rechtsprechung könnte überlegt werden, keinen Anfechtungsgrund anzugeben, um (zeitlichen) Spielraum für die endgültige Festlegung zu erhalten. Ein echter Vorteil ist dies aber wohl nicht, zumal der Anfechtungsgrund im Regelfall ohnehin feststehen dürfte.

Die Anfechtung kann auf alle gesetzlichen Anfechtungsgründe nach §§ 119, 120 und 123 BGB gestützt werden.

Praktisch bedeutsam ist vor allem die **Anfechtung wegen arglistiger Täuschung** gemäß § 123 Abs. 1 BGB. Die Anfechtung wegen arglistiger Täuschung wird regelmäßig darauf gestützt, dass der Arbeitnehmer in der Bewerbungsphase vorsätzlich falsche Angaben gemacht hat, beispielsweise in einem Personalfragebogen. Voraussetzung einer erfolgreichen Anfechtung ist selbstverständlich, dass die vom Arbeitgeber gestellte **Frage zulässig** war (s. dazu Form. A. I. 2. Anm. 1 f.), andernfalls entfällt die Rechtswidrigkeit (vgl. BAG Urt. v. 21. 2. 1991 – 2 AZR 449/90 – AP Nr. 35 zu § 123 BGB). Eine unzulässigerweise gestellte Frage darf der Bewerber falsch beantworten, ohne dass dies den Arbeitgeber zur Anfechtung berechtigen würde. Die Frage nach Vorstrafen ist, wie im Beispielsfall, berechtigt, wenn und soweit die Art des zu besetzenden Arbeitsplatzes dies erfordert (BAG Urt. v. 20. 5. 1999 – 2 AZR 320/98 – AP Nr. 50 zu § 123 BGB).

Auch eine Anfechtung wegen **Täuschung durch Unterlassen** kommt in Betracht. Dies setzt jedoch voraus, dass den Arbeitnehmer eine Rechtspflicht traf, den Arbeitgeber auf eine bestimmte Tatsache hinzuweisen. Dies wird nur in seltenen Ausnahmefällen der Fall sein, insbesondere bei Umständen, die den Arbeitnehmer an der Leistungserbringung hindern.

Eine **Anfechtung wegen Eigenschaftsirrtums** gemäß § 119 Abs. 2 BGB kann vorliegen, wenn sich der Arbeitgeber darüber irrt, dass der Arbeitnehmer gesundheitlich in der Lage ist, die geschuldete Arbeit überhaupt zu erbringen. Im Übrigen ist ein Irrtum über die **Leistungs-**

fähigkeit unbeachtlich. Der Irrtum über die **Ehrlichkeit** und **Vertrauenswürdigkeit** eines Arbeitnehmers kann ausnahmsweise zur Irrtumsanfechtung berechtigen, wenn eine Vertrauensposition zu besetzen ist (vgl. BAG Urt. 12. 2. 1970 – 2 AZR 184/69 – AP Nr. 17 zu § 123 BGB). Dies ist bedenklich. Dem Arbeitgeber ist zuzumuten, nach objektiven Tatsachen wie etwa Vorstrafen zu fragen, so dass er wegen arglistiger Täuschung anfechten kann, wenn der Arbeitnehmer nicht wahrheitsgemäß antwortet. Stellt er solche Fragen nicht, mag in extremen Fällen eine Täuschung durch Unterlassen in Betracht kommen. Es besteht kein Anlass, hierüber hinauszugehen, indem schon der Irrtum über objektiv praktisch nicht messbare Charaktereigenschaften eine Anfechtung rechtfertigen soll.

Wenn eine Anfechtung sowohl wegen Täuschung als auch wegen Irrtums in Frage kommt, sollte der Text des Anfechtungsschreibens klarstellen, dass beides gewollt ist (vgl. BAG Urt. v. 21. 2. 1991 – 2 AZR 449/90 – AP Nr. 35 zu § 123 BGB).

3. Anfechtungsfrist. Die **Anfechtung wegen arglistiger Täuschung oder Drohung** hat gemäß § 124 BGB **innerhalb eines Jahres** nach Aufdeckung der Täuschung oder, im Falle der Drohung, nach Wegfall der Zwangslage zu erfolgen. Die Zwei-Wochen-Frist des § 626 Abs. 2 BGB gilt nicht, auch nicht analog (BAG Urt. v. 19. 5. 1983 – 2 AZR 171/81 – AP Nr. 25 zu § 123 BGB). Es handelt sich hierbei um einen wesentlichen Vorteil der Anfechtung gegenüber der außerordentlichen fristlosen Kündigung. Der Arbeitgeber sollte aber im Eigeninteresse mit der Anfechtung nicht allzu lange warten. Zum einen droht der Einwand des Arbeitnehmers, die Anfechtung verstoße gegen Treu und Glauben, weil der Anfechtungsgrund durch Zeitablauf an Bedeutung verloren habe (BAG Urt. v. 19. 5. 1983 – 2 AZR 171/81 – AP Nr. 25 zu § 123 BGB; vgl. Anm. 4). Zum anderen liegt nah, die vorbehaltlose Weiterbeschäftigung des Arbeitnehmers als Bestätigung i. S. d. § 144 BGB anzusehen (vgl. Anm. 5). Eine Anfechtung scheidet dann aus.

Eine **Anfechtung wegen Irrtums**, insbesondere eine Anfechtung wegen Irrtums über verkehrswesentliche Eigenschaften gemäß § 119 Abs. 2 BGB hat gemäß § 121 BGB **unverzüglich** zu erfolgen. Nach der Rechtsprechung des Bundesarbeitsgerichts setzt Unverzüglichkeit voraus, dass die Anfechtungserklärung spätestens **innerhalb von zwei Wochen** erklärt wird, nachdem der Arbeitgeber Kenntnis vom Anfechtungsgrund erlangt hat (BAG Urt. v. 21. 2. 1991 – 2 AZR 449/90 – AP Nr. 35 zu § 123 BGB; BAG Urt. v. 14. 12. 1979 – 7 AZR 38/78 – AP Nr. 4 zu § 119 BGB). Die Anfechtungsfrist ist in diesem Fall somit an § 626 Abs. 2 BGB angepasst. Es handelt sich aber um eine **Höchstgrenze**. Auch eine noch innerhalb der Zwei-Wochen-Frist ausgesprochene Kündigung kann unter Umständen nicht unverzüglich sein (BAG Urt. v. 21. 2. 1991 – 2 AZR 449/90 – AP Nr. 35 zu § 123 BGB).

4. Kausalität. Zwischen dem Anfechtungsgrund und dem Abschluss des Anstellungsvertrags muss Kausalität bestehen (BAG Urt. v. 28. 5. 1998 – 2 AZR 549/97 – NZA 1998, 1052; BAG Urt. v. 11. 11. 1993 – 2 AZR 467/93 – AP Nr. 38 zu § 123 BGB). Dies ist nicht der Fall, wenn der Irrtum des Arbeitgebers bzw. die Täuschung des Arbeitnehmers sich nur auf einen Umstand bezieht, der für den Abschluss des Anstellungsvertrags ohne Bedeutung war. Der Umstand, dass der Arbeitgeber in der Bewerbungsphase eine Frage stellt, indiziert, dass die Beantwortung der Frage für die Einstellungsentscheidung kausal wird. Der Umstand, dass der Bewerber die Frage falsch beantwortet, indiziert (bedingten) Vorsatz hinsichtlich der Kausalität (BAG Urt. v. 11. 11. 1993 – 2 AZR 467/93 – AP Nr. 38 zu § 123 BGB).

Eine Anfechtung verstößt gegen **Treu und Glauben** (§ 242 BGB), wenn der Anfechtungsgrund nach den Umständen des Einzelfalls nach langjähriger Tätigkeit für die Durchführung des Arbeitsverhältnisses so sehr an Bedeutung verloren hat, dass er eine Auflösung des Arbeitsverhältnisses nicht mehr rechtfertigt (BAG Urt. v. 28. 5. 1998 – 2 AZR 549/97 – NZA 1998, 1052; BAG Urt. v. 11. 11. 1993 – 2 AZR 467/93 – AP Nr. 38 zu § 123 BGB; BAG Urt. v. 12. 2. 1970 – 2 AZR 184/69 – AP Nr. 17 zu § 123 BGB). Dies bedeutet aber nicht, dass – wie bei einer außerordentlichen Kündigung – eine **Interessenabwägung** stattzufinden hätte.

5. Vorsorgliche Kündigung. Zusammen mit der Anfechtungserklärung kann eine **außerordentliche fristlose Kündigung** erklärt werden. Überschneidungen können mit der Anfechtung wegen arglistiger Täuschung oder Drohung vorkommen, kaum mit einer Anfechtung wegen Irrtums. Da eine erfolgreiche Anfechtung zur Nichtigkeit des Anstellungsvertrags führt, wird die außerordentliche fristlose Kündigung nur relevant, wenn die Anfechtung unwirksam ist.

1. Anfechtung eines Anstellungsvertrags   **A. XIV. 1**

Jedenfalls im bereits in Kraft gesetzten Arbeitsverhältnis unterscheiden sich die Rechtsfolgen einer fristlosen Kündigung nicht wesentlich von den Rechtsfolgen der Anfechtung, da auch die Anfechtung nur zur Nichtigkeit mit ex nunc-Wirkung führt.

Für die außerordentliche fristlose Kündigung gelten die allgemeinen Grundsätze (s. Form. A. XIV. 6). In materiellrechtlicher Hinsicht muss insbesondere ein **wichtiger Grund** vorliegen, der die Fortsetzung des Arbeitsverhältnisses auch nur bis zum Ablauf der Kündigungsfrist unzumutbar macht. Auch Fehlverhalten des Arbeitnehmers in der Bewerbungsphase kann eine außerordentliche fristlose Kündigung begründen. Die Zwei-Wochen-Frist des § 626 Abs. 2 BGB ist einzuhalten und ein bestehender Betriebsrat anzuhören.

Arbeitgeber sollten hinsichtlich der Phase zwischen Kenntnis vom Anfechtungsgrund und Anfechtung einen weiteren Aspekt beachten. Gemäß § 144 BGB scheidet eine Anfechtung aus, wenn der Anfechtungsberechtigte das Rechtsgeschäft **bestätigt** hat. Eine Bestätigung des Arbeitsvertrags durch den Arbeitgeber liegt vor, wenn sein Verhalten den Schluss zulässt, dass er am Arbeitsverhältnis festhält. Dies kann beispielsweise der Fall sein, wenn er zunächst **fristgemäß kündigt** und erst später, etwa nach Beratung durch einen Anwalt, auch anficht. Der in der Kündigung zum Ausdruck kommende Wille, dass das Arbeitsverhältnis zumindest bis zum Ablauf der Kündigungsfrist aufrecht erhalten bleiben soll, kann als Bestätigung i. S. d. § 144 BGB angesehen werden (vgl. BAG Urt. v. 21. 2. 1991 – 2 AZR 449/90 – AP Nr. 35 zu § 123 BGB).

6. Folgen der Anfechtung. Die Anfechtung führt gem. § 142 BGB zu einer **rückwirkenden Vernichtung** des Vertrages (ex tunc), mit der Folge einer vollständigen Rückabwicklung der gewährten Leistungen. Dieser Grundsatz lässt sich auf die Anfechtung von Arbeitsverhältnissen nur dann ohne weiteres übertragen, wenn das Arbeitsverhältnis **noch nicht in Vollzug gesetzt** war.

Hat der Arbeitnehmer seine Arbeit hingegen bereits aufgenommen, so führt eine erfolgreiche Anfechtung abweichend von § 142 BGB grundsätzlich zu einer **Auflösung des Arbeitsverhältnisses für die Zukunft** (ex nunc) (ständige Rechtsprechung seit BAG Urt. v. 5. 12. 1957 – 1 AZR 594/56 – AP Nr. 2 zu § 123 BGB), wobei diese Folge nicht zwingend in der Anfechtungserklärung zu erwähnen ist. Bereits erbrachte Leistungen sind also nicht rückabzuwickeln. Es spricht aber nichts dagegen, die Anfechtung auf einen Zeitpunkt zurückwirken zu lassen, ab dem das Arbeitsverhältnis wieder außer Funktion gesetzt war (BAG Urt. v. 16. 9. 1982 – 2 AZR 228/80 – AP Nr. 24 zu § 123 BGB). Dies gilt etwa, wenn der Arbeitnehmer zum Zeitpunkt der Anfechtung arbeitsunfähig war (BAG Urt. v. 3. 12. 1998 – 2 AZR 754/97 – AP Nr. 49 zu § 123 BGB).

Nach einer Irrtumsanfechtung kann der Arbeitnehmer **Schadensersatz** gemäß § 122 BGB verlangen, nach einer Täuschungsanfechtung der Arbeitgeber gemäß §§ 280, 241 Abs. 2, 311 Abs. 2 S. 1 BGB bzw. gemäß § 823 Abs. 2 BGB oder § 826 BGB.

Die Folgen einer Anfechtung auf ein **nachvertragliches Wettbewerbsverbot** sind nicht abschließend geklärt. Es spricht vieles dafür, dass das nachvertragliche Wettbewerbsverbot mit der Anfechtung des Anstellungsvertrags seine Grundlage verliert (Schlegelberger/*Schröder* § 74 HGB Rdn. 10c; a. A. *Bauer/Diller* Rdn. 38 m. weit. Nachw.). Gegebenenfalls sollte daher anstelle der Anfechtung eine außerordentliche fristlose Kündigung ausgesprochen werden, um das Wahlrecht gem. § 75 HGB zu erhalten (vgl. Anm. 5 und Form. A. XIV. 6 Anm. 6).

7. Information über sozialversicherungsrechtliche Pflichten. S. Form. A. XIV. 2 Anm. 5.

8. Form. Für die Anfechtungserklärung gilt **nicht das Schriftformerfordernis**, das § 623 BGB für Kündigungserklärungen aufstellt (*Preis/Gotthardt* NZA 2000, 348; vgl. demgegenüber Form. A. XIV. 2 Anm. 7). Die Anfechtung kann daher auch **mündlich** erklärt werden, wobei aber schon aus Beweiszwecken zu einer schriftlichen Anfechtung zu raten ist.

Bei der Anfechtung handelt es sich um eine einseitige Willenserklärung. Soweit ein Vertreter die Anfechtung erklären soll, gilt § 174 BGB mit der Folge, dass der Vertreter eine **Original-Vollmacht** vorweisen muss (s. Form. A. XIV. 2 Anm. 7).

9. Zugang. Die Anfechtungserklärung muss dem Mitarbeiter beweisbar zugehen. Die Ausführungen zum Zugang einer Kündigungserklärung gelten entsprechend (s. Form. A. XIV. 2 Anm. 8).

Kündigung durch den Arbeitgeber

2. Ordentliche Kündigung[1]

[Briefkopf des Arbeitgebers]
Herrn ...... (Name und Anschrift des Arbeitnehmers)
...... (Datum)

Kündigung

Sehr geehrter Herr ......,
hiermit kündigen wir Ihr Arbeitsverhältnis fristgemäß[2] (Optional: aus betriebsbedingten Gründen[3]) zum ......[4], hilfsweise zum nächst zulässigen Zeitpunkt.
Vorsorglich weisen wir Sie darauf hin, dass Sie sich unverzüglich bei der zuständigen Agentur für Arbeit zu melden sowie eigene Aktivitäten bei der Suche nach einer anderen Beschäftigung zu entfalten haben[5].
Für Ihre berufliche Zukunft wünschen wir Ihnen alles Gute[6].

Mit freundlichen Grüßen
......
Unterschrift des Arbeitgebers[7]

Erhalten[8]:
......
Ort, Datum
......
Unterschrift des Arbeitnehmers

Schrifttum: Bauer/Diller, Kündigung durch Einwurf-Einschreiben – ein Kunstfehler, NJW 1998, 2795; *Bauer/Krets,* Gesetz für moderne Dienstleistungen am Arbeitsmarkt, NJW 2003, 537; *Beck,* Elektronische Form und Textform im Arbeitsrecht, Wege durch den Irrgarten, NZA 2002, 876; *Berkowsky,* Die betriebsbedingte Kündigung, 4. Aufl. 1997; *Caspers,* Rechtsfolgen des Formverstoßes bei § 623 BGB, RdA 2001, 28; *Diller,* § 622 BGB und Quartalskündigungsfristen, NZA 2000, 293; *Gagel/Vogt,* Beendigung von Arbeitsverhältnissen, 5. Aufl. 1996; *Gaul/Otto,* Gesetz für moderne Dienstleistungen am Arbeitsmarkt, DB 2002, 2486; *Grobys,* AGB-Kontrolle von Arbeits- und Dienstverträgen nach dem Schuldrechtsmodernisierungsgesetz, DStR 2002, 1002; *Herbert,* Die Zugangsproblematik schriftlicher Willenserklärungen unter Einschaltung von Empfangsboten, NZA 1994, 391; *Hosenfeld,* Zugangsnachweise für miet- und wohnungseigentumsrechtliche Erklärungen – Segnungen und Fluch des Einwurfeinschreibens, NZM 2002, 93; *Hümmerich,* Kündigung von Arbeitsverhältnissen, 1999; *Däubler,* Obligatorische Schriftform für Kündigungen, Aufhebungsverträge und Befristungen, AiB 2000, 188; *Kleinebrink,* Gesetzliche Schriftform bei der Beendigung von Arbeitsverhältnissen, FA 2000, 174; *Knorr/Bichlmeier/Kremhelmer,* Handbuch des Kündigungsrechts, 4. Aufl. 1998; *Kramer,* Die Kündigung im Arbeitsrecht, 8. Aufl. 1997; *Lakies,* Neu ab 1. Mai 2000: Verbessertes Arbeitsgerichtsverfahren und Schriftform für die Beendigung von Arbeitsverhältnissen, BB 2000, 667; *Langhein,* Notarieller Rechtsverkehr mit englischen Gesellschaften, NZG 2001, 1123; *Lingemann/Grothe,* Betriebsbedingte Kündigung im öffentlichen Dienst, NZA 1999, 1072; *Liwinska,* Übersendung von Schriftsätzen per Telefax – Zulässigkeit, Beweisbarkeit und Fristprobleme, MDR 2000, 500; *Löwisch,* Grenzen der ordentlichen Kündigung in kündigungsschutzfreien Betrieben, BB 1997, 782; *Lohr,* Kündigung des Arbeitsvertrags – Zurückweisung wegen fehlender Vollmachtsurkunde, MDR 2000, 620; *Mäschle,* Lexikon der Kündigungsgründe, 2. Aufl. 1996; *Neuvians/Mensler,* Die Kündigung durch Einschreiben nach Einführung der neuen Briefzusatzleistungen, BB 1998, 1206; *Preis/Gotthardt,* Schriftformerfordernis für Kündigung, Aufhebungsverträge und Befristungen nach § 623 BGB, NZA 2000, 348; *Richardi,* Formzwang im Arbeitsverhältnis, NZA 2001, 57; *Richardi/Annuß,* Der neue § 623 BGB – Eine Falle im Arbeitsrecht?, NJW 2000, 1231; *Vorpeil/Wieder,* Vertretungsbefugnis und Legitimationsprüfung bei englischen Kapital- und Personengesellschaften, RIW 1995, 285; *Wagner,* Die Kündigung durch den Arbeitgeber – Checkliste, NZA 1989, 384; *Zimmer,* Kündigungen im Management: § 623 BGB gilt nicht für GmbH-Geschäftsführer und AG-Vorstände, BB 2003, 1175; *Zwanziger,* Neue Tatsachen nach Zugang einer Kündigung, BB 1997, 42.

Anmerkungen

1. Ordentliche Kündigung. Grundsätzlich kann jedes unbefristete Arbeitsverhältnis ordentlich gekündigt werden, sofern die Kündbarkeit nicht durch (Tarif-)Vertrag oder Gesetz ausgeschlossen oder beschränkt ist. Die jeweilige Kündigungsfrist ist zu beachten im Gegensatz zur außerordentlichen Kündigung aus wichtigem Grund, die regelmäßig fristlos erfolgt (vgl. Form. A. XIV. 6).

Das Formular stellt die „Grundversion" einer Kündigungserklärung dar. In der Praxis werden Kündigungen häufig mit weiteren Erklärungen verbunden, etwa einer Freistellung oder einem Verzicht auf ein nachvertragliches Wettbewerbsverbot. Für solche zusätzlichen Erklärungen s. Form. A. XIV. 3.

Angesichts des restriktiven Kündigungsschutzes wird das Hauptaugenmerk bei der Vorbereitung der Kündigung eines Arbeitnehmers verständlicherweise auf die Prüfung gelegt, ob Kündigungsgründe nach dem KSchG vorliegen. Hierüber sollte nicht übersehen werden, dass zum einen die Kündigungserklärung strikten formalen Anforderungen unterworfen ist und zum anderen eine ganze Reihe taktischer Erwägungen in die Abfassung einfließen können. Auch ein zunächst einmal einfaches Dokument wie eine Kündigungserklärung sollte daher mit der **gebotenen Sorgfalt vorbereitet und umgesetzt** werden. Nichts ist ärgerlicher, als wenn eine nach dem KSchG eigentlich wirksame Kündigung an einem vermeidbaren Fehler scheitert, etwa an Mängeln bei der Schriftform (vgl. Anm. 7) oder bei der Zustellung (vgl. Anm. 8). In einem solchen Fall bleibt dem Arbeitgeber nichts anderes übrig, als die Kündigung (vorsorglich) noch einmal auszusprechen mit der Folge, dass die Kündigungsfrist erst ab dem Ausspruch der zweiten Kündigung zu laufen beginnt und das Arbeitsverhältnis gegebenenfalls später endet. Noch gravierender ist es, wenn in der Zwischenzeit **Sonderkündigungsschutz** etwa wegen Schwerbehinderung oder Schwangerschaft eingetreten ist und eine Kündigung unter Umständen gar nicht mehr oder jedenfalls nur unter erheblichen Einschränkungen ausgesprochen werden kann (vgl. noch Form. A. XIV. 9 und Form A. XIV. 12).

Die Erfahrung lehrt, dass es im Zusammenhang mit dem Ausspruch einer Kündigung häufig zu **Verzögerungen** kommt, sei es im Zusammenhang mit der Unterzeichnung des Kündigungsschreibens (Geschäftsführer befindet sich auf Geschäftsreise, ist erkrankt oder im Urlaub) oder sei es, dass sich bei der Zustellung des Kündigungsschreibens Schwierigkeiten ergeben. Im Regelfall muss die Kündigung dem Arbeitnehmer aber spätestens zu einem bestimmten Termin zugehen, um – unter Berücksichtigung der anwendbaren Kündigungsfrist – das Arbeitsverhältnis zum „Wunschtermin" zu beenden. Bei einer anwendbaren Kündigungsfrist von drei Monaten zum Monatsende muss die Kündigungserklärung dem Arbeitnehmer spätestens am 30. September zugehen, wenn das Arbeitsverhältnis noch am 31. Dezember desselben Jahres enden soll. Eine Verzögerung um auch nur einen Tag führt dazu, dass das Arbeitsverhältnis einen Monat später endet. Noch größer ist das Risiko der Gesellschaft, wenn eine Kündigungsfrist vereinbart wurde, die beispielsweise nur zwei Beendigungstermine pro Jahr vorsieht, wie dies bei Führungskräften bisweilen geschieht („Kündigung mit einer Frist von drei Monaten zum Halbjahres- oder Jahresende"). Eine Verzögerung von nur einem Tag kann hier dazu führen, dass das Arbeitsverhältnis sechs Monate länger dauert als geplant. Es kann daher nur dringend geraten werden, den **Ausspruch einer Kündigung rechtzeitig vorzubereiten und etwaige Verzögerungen einzukalkulieren**. Dies gilt natürlich umso mehr, wenn ein Betriebsrat angehört werden muss (vgl. Form. A. XIV. 3 Anm. 2 und ausführlich Form. C. I. 1), da dies bei Ausspruch einer ordentlichen Kündigung zu einer weiteren Verzögerung von bis zu einer Woche führen kann.

2. Kündigungsfrist. Die ordentliche Kündigung beendet das Arbeitsverhältnis mit Ablauf der anwendbaren Kündigungsfrist. Kündigungsfristen ergeben sich insbesondere aus Gesetz (§ 622 BGB), Tarifvertrag oder Arbeitsvertrag.

Die gesetzliche Kündigungsfrist innerhalb einer vereinbarten **Probezeit** von längstens sechs Monaten beträgt zwei Wochen (§ 622 Abs. 3 BGB). Es kommt auf den Zeitpunkt des Zugangs der Kündigungserklärung an. Eine Probezeitkündigung kann somit noch bis zum letzten Tag der Probezeit zugehen, auch wenn das Arbeitsverhältnis dann erst mit Ablauf der Kündigungsfrist tatsächlich endet, also nach der Probezeit.

Nach Ablauf der Probezeit oder wenn keine Probezeit vereinbart wurde, beträgt die **gesetzliche Kündigungsfrist** vier Wochen zum 15. oder zum Ende eines Kalendermonats (§ 622 Abs. 1 BGB). Der Tag des Kündigungszugangs selbst zählt bei der Fristberechnung nicht mit (§§ 187 Abs. 1, 188 Abs. 2 BGB). Eine am 3. Mai zugegangene Kündigung beendet das Arbeitsverhältnis daher zum 31. Mai. Mit zunehmender Beschäftigungsdauer erhöht sich die gesetzliche Kündigungsfrist (§ 622 Abs. 2 BGB) und beträgt nach

2 Jahren:	einen Monat zum Ende eines Kalendermonats,
5 Jahren:	zwei Monate zum Ende eines Kalendermonats,
8 Jahren:	drei Monate zum Ende eines Kalendermonats,
10 Jahren:	vier Monate zum Ende eines Kalendermonats,
12 Jahren:	fünf Monate zum Ende eines Kalendermonats,
15 Jahren:	sechs Monate zum Ende eines Kalendermonats,
20 Jahren:	sieben Monate zum Ende eines Kalendermonats.

Bei der Berechnung der Beschäftigungsdauer werden nur Zeiten **nach Vollendung des 25. Lebensjahres** des Arbeitnehmers berücksichtigt.

Durch **Anstellungsvertrag** können allenfalls **längere** als die gesetzlichen Kündigungsfristen vereinbart werden (Ausnahmen bestehen bei Aushilfen und im Kleinbetrieb, § 622 Abs. 5 BGB). **Tarifverträge** können auch **kürzere** Kündigungsfristen vorsehen. Ist dies geschehen, können im Geltungsbereich des Tarifvertrages nicht tarifgebundene Arbeitgeber und Arbeitnehmer die Anwendung der kürzeren Kündigungsfristen vereinbaren (§ 622 Abs. 4 BGB), wobei die tarifliche Kündigungsregelung in ihrer Gesamtheit übernommen werden muss. Durch Tarifvertrag kann dem Arbeitgeber sogar das Recht eingeräumt werden, ohne Einhaltung einer Frist („entfristet") ordentlich zu kündigen (BAG Urt. v. 4. 6. 1987 – 2 AZR 416/86 – AP Nr. 16 zu § 1 KSchG 1969 Soziale Auswahl).

In keinem Fall darf die **vom Arbeitnehmer einzuhaltende Kündigungsfrist länger** sein als die von der **Gesellschaft einzuhaltende Frist** (§ 622 Abs. 6 BGB).

3. Nennung des Kündigungsgrundes. Die Gesellschaft ist nicht von Gesetzes wegen verpflichtet, in der Kündigungserklärung den Kündigungsgrund zu nennen, wobei sich etwas anderes aus **Arbeitsvertrag**, einer (freiwilligen) **Betriebsvereinbarung** oder aus einem **Tarifvertrag** ergeben kann (vgl. etwa BAG Urt. v. 27. 3. 2003 – 2 AZR 173/02 – NZA 2003, 1055; BAG Urt. v. 10. 2. 1999 – 2 AZR 176/98 – AP Nr. 2 zu § 54 BAT-GII; MAH Moll/*Vossen* § 39 Rdn. 15). Auch ohne entsprechende Pflicht spricht nichts dagegen, den Kündigungsgrund zu nennen, wenn dieser offensichtlich ist (beispielsweise bei einer Betriebsschließung). In diesem Fall kann der Kündigungsgrund entweder abstrakt („aus betriebsbedingten Gründen") oder konkret („wegen Schließung des Betriebes/der X-Abteilung") bezeichnet werden. Ausführungen zum Kündigungsgrund können die Akzeptanz einer Kündigung erhöhen und dazu beitragen, dass ein Arbeitnehmer nicht gegen die Kündigung vorgeht.

In anderen Fällen ist aus taktischen Gründen aber zu erwägen, keine Ausführungen zum Kündigungsgrund zu machen. Dies gilt insbesondere bei einer verhaltensbedingten Kündigung, also einer Kündigung wegen Vertragsverstößen des Arbeitnehmers. Es sollte bedacht werden, dass ein Arbeitgeber sich, wenn auch nicht unbedingt rechtlich, so doch tatsächlich festlegt, wenn er schon im Kündigungsschreiben den Kündigungsgrund konkret erwähnt („weil Sie am 15. Oktober EUR 200,– entwendet haben"). Eine solche Formulierung kann dazu führen, dass **Argumentationsspielraum eingebüßt** wird. Es kann für den Arbeitgeber vorteilhaft sein, wenn er in nachfolgenden Verhandlungen mit dem Arbeitnehmer oder in einem Kündigungsschutzrechtsstreit seiner Argumentation einen anderen Schwerpunkt geben kann, ohne dass dies wegen einer ausdrücklichen Nennung des Kündigungsgrundes im Kündigungsschreiben unglaubwürdig wirkt. Ein weiterer Aspekt ist, dass sich mit ausdrücklicher Nennung des Fehlverhaltens im Kündigungsschreiben die Gefahr erhöht, dass gegen den Arbeitnehmer nach Ausscheiden aus dem Arbeitsverhältnis eine **Sperrzeit** verhängt wird (§ 144 Abs. 1 Nr. 1 SGB III). Zwar muss der Arbeitgeber bei der Wahrheit bleiben, wenn er etwa in der Arbeitsbescheinigung gegenüber der Agentur für Arbeit Angaben zum Kündigungsgrund

2. Ordentliche Kündigung

macht (vgl. Form A. XVI. 4 Anm. 2). Dennoch kann dieser Punkt bei Verhandlungen mit dem Arbeitnehmer über eine vergleichsweise Einigung durchaus relevant werden.

4. Beendigungstermin. Das Formular sieht eine **konkrete Angabe** des Beendigungstermins vor. Dies ist allerdings gesetzlich nicht zwingend notwendig; eine Kündigung „zum nächst zulässigen Zeitpunkt" reicht aus (ErfKomm/*Müller-Glöge* § 620 BGB Rdn. 19). Dennoch ist zu empfehlen, ein konkretes Datum zu nennen, schon um Nachfragen des Arbeitnehmers zu vermeiden, der natürlich wissen muss, wie lange das Anstellungsverhältnis nach Auffassung des Arbeitgebers noch besteht.

Sollte der Arbeitgeber bei der Berechnung des Beendigungstermins ein Fehler unterlaufen sein, etwa weil irrtümlich eine zu kurze Kündigungsfrist zugrunde gelegt wurde, so ist die Kündigung nach der Rechtsprechung des Bundesarbeitsgerichts regelmäßig zwar nicht nichtig, das Arbeitsverhältnis endet aber erst entsprechend später (BAG Urt. v. 8. 4. 1985 – 2 AZR 197/84 – AP Nr. 20 zu § 622 BGB). Beispiel: Der Arbeitgeber kündigt im September unter Zugrundelegung einer vertraglichen Kündigungsfrist von zwei Monaten zum 30. November. Tatsächlich gilt eine gesetzliche Kündigungsfrist von drei Monaten zum Monatsende. Das Anstellungsverhältnis endet erst am 31. Dezember.

Um Auslegungsprobleme zu vermeiden, ist es aber ratsam – wie in dem Formular vorgesehen – ausdrücklich in die Kündigungserklärung aufzunehmen, dass die Kündigung selbst bei einem Fehler bei der Berechnung des Beendigungstermins jedenfalls **zum nächst zulässigen Zeitpunkt** enden soll.

Schwieriger ist es, wenn sich der Arbeitgeber **zugunsten des Arbeitnehmers** verrechnet hat. Beispiel: Kündigung zum 30. November; das Arbeitsverhältnis hätte fristgerecht aber schon zum 31. Oktober beendet werden können, was sich aber erst später – vielleicht nach anwaltlicher Beratung – herausstellt. In diesem Fall würde der Arbeitgeber wohl an seiner Kündigungserklärung selbst dann festgehalten werden, wenn er auf die Arbeitskraft des Arbeitnehmers nicht mehr angewiesen war und dieser während des Laufes der Kündigungsfrist ohnehin freigestellt wurde (vgl. BAG Urt. v. 18. 4. 1985 – 2 AZR 197/84 – AP Nr. 20 zu § 622 BGB). Alternativ könnte im Kündigungsschreiben daher formuliert werden:

Alternative:
Hiermit kündigen wir Ihr Arbeitsverhältnis fristgemäß zum nächst zulässigen Zeitpunkt. Dies ist nach unserer Berechnung der ....

Die Formulierung stellt klar, dass eine **möglichst schnelle Beendigung** gewollt ist, so dass ein bloßer Rechenfehler – je nach den Umständen des Einzelfalles – auch zu Lasten des Arbeitnehmers korrigiert werden kann. Das BAG hat jedenfalls keine Bedenken, eine „zum 1. April" ausgesprochene Kündigung so auszulegen, dass das Arbeitsverhältnis fristgerecht zum 31. März enden soll (BAG Urt. v. 25. 9. 2002 – 10 AZR 7/02 – DB 2003, 156).

Kollidiert eine beispielsweise **einzelvertragliche Kündigungsfrist**, die als Beendigungstermin ein **Quartalsende** vorsieht, mit einer **gesetzlichen oder tarifvertraglichen Kündigungsfrist**, die auf das **Monatsende** als Beendigungstermin abstellt, so ist alternativ zu errechnen, wann das Arbeitsverhältnis einerseits bei Anwendung der einzelvertraglichen Kündigungsfrist und andererseits bei Anwendung der gesetzlichen/tarifvertraglichen Frist enden würde. Der spätere Zeitpunkt gilt. Es muss nicht die längere Kündigungsfrist aus Gesetz oder Tarifvertrag und mit dem späteren Beendigungstermin aus dem Einzelvertrag kombiniert werden (BAG Urt. v. 4. 7. 2001 – 2 AZR 460/00 – AP Nr. 59 zu § 622 BGB). Beispiel: Der Anstellungsvertrag sieht eine Kündigungsfrist von drei Monaten zum Quartalsende vor. Die gesetzliche Kündigungsfrist beträgt vier Monate zum Monatsende. Bei Ausspruch der Kündigung am 28. März würde das Arbeitsverhältnis gemäß vertraglicher Kündigungsfrist am 30. Juni enden und bei Anwendung der gesetzlichen Kündigungsfrist am 31. Juli. Es gilt die gesetzliche Frist und somit der 31. Juli als Beendigungstermin. Gesetzliche Kündigungsfrist (vier Monate) und vertraglicher Beendigungstermin (Quartalsende) sind nicht mit der Folge zu kombinieren, dass das Arbeitsverhältnis erst am 30. September endet.

5. Information über sozialversicherungsrechtliche Pflichten. § 2 Abs. 2 Nr. 3 SGB III verpflichtet den Arbeitgeber, den Arbeitnehmer vor der Beendigung des Arbeitsverhältnisses frühzeitig darüber zu informieren, dass er **eigene Aktivitäten** bei der Suche nach einer anderen

Beschäftigung aufnehmen sowie sich unverzüglich **bei der Agentur für Arbeit melden** muss. Es ist bisher nicht höchstrichterlich entschieden, ob ein Verstoß gegen die Informationspflicht zur Folge haben kann, dass der Arbeitgeber dem Arbeitnehmer einen Schaden zu ersetzen hat, der sich aus einer nicht rechtzeitigen Meldung bei der Agentur für Arbeit ergibt. Nach derzeitigem Erkenntnisstand erscheint dies eher unwahrscheinlich, schon weil die Verpflichtung nur als „Soll-Vorschrift" formuliert ist (LAG Düsseldorf Urt. v. 29. 9. 2004 – 12 Sa 1323/04 – DB 2004, 2645; ArbG Verden Urt. v. 27. 11. 2003 – 3 Ca 1567/03 – BB 2004, 1632; *Bauer/ Krets* NJW 2003, 541 f.; zweifelnd *Gaul/Otto* DB 2002, 2486).

6. Höflichkeitsformel. Aus rechtlicher Sicht spricht nichts dagegen, Höflichkeitsformeln oder „persönliche Worte" in ein Kündigungsschreiben aufzunehmen. Der Arbeitgeber sollte aber darauf achten, nicht etwa zynisch oder sarkastisch zu wirken. So wären die im Formular erwähnten Wünsche für die berufliche Zukunft im Fall einer fristlosen Kündigung eher schlechter Stil.

7. Schriftform. Für Kündigungserklärungen gilt strenge gesetzliche **Schriftform** gem. §§ 623, 126 BGB. Das Kündigungsschreiben muss im **Original eigenhändig unterschrieben** sein, so dass eine **mündlich** ausgesprochene Kündigung ebenso nichtig ist, wie eine Kündigung per **Telefax** oder per **E-mail**. Auch die Übergabe einer **Kopie** des Kündigungsschreibens an den Arbeitnehmer reicht nicht aus (vgl. aber BAG Urt. v. 4. 11. 2004 – 2 AZR 17/04 – NZA 2005, 513 zu einem Fall, in dem der Arbeitgeber versehentlich die Kopie der Kündigung ausgehändigt und der Arbeitnehmer den Empfang auf dem Original quittiert hat). Allenfalls in höchst seltenen Ausnahmefällen kann es treuwidrig sein, wenn sich der Arbeitnehmer auf die Formnichtigkeit beruft (vgl. BAG Urt. v. 16. 9. 2004 – 2 AZR 659/03 – NZA 2005, 162; BAG Urt. v. 4. 12. 1997 – 2 AZR 799/96 – AP Nr. 141 zu § 626 BGB). Hingegen ist es möglich, den **Entwurf** einer Kündigungserklärung per Telefax oder E-mail zum Unterzeichner zu senden. Dieser kann dann das Telefax oder den E-mail-Ausdruck unterzeichnen. Das unterzeichnete Dokument wird so zum Original.

Die Unterzeichnung muss die Erklärung nach unten abschließen. Es reicht also beispielsweise nicht aus, eine Kündigungserklärung als „P. S." unter ein Schreiben mit anderem Inhalt zu setzen.

Um jeden Zweifel zu vermeiden, dass derjenige oder diejenigen, die die Kündigungserklärung unterzeichnen, hierzu berechtigt sind, unterschreibt idealerweise eine Person, deren Vertretungsmacht aufgrund gesetzlich zwingender Vorschrift nicht in Zweifel stehen kann. Bei Kündigung durch eine **GmbH** sollte die Kündigungserklärung (je nach Eintragung der Vertretungsbefugnisse im Handelsregister) von einem alleinvertretungsberechtigten **Geschäftsführer**, von mehreren gesamtvertretungsberechtigten Geschäftsführern (vgl. BAG Urt. v. 18. 12. 1980 – 2 AZR 980/78 – AP Nr. 4 zu § 174 BGB zur internen Ermächtigung eines Geschäftsführers) oder (bei gemischter Gesamtvertretungsbefugnis) von einem Geschäftsführer und einem Prokuristen unterzeichnet werden. Ähnliches gilt bei Kündigung durch eine **AG** für die Unterzeichnung durch den **Vorstand**. Ein alleinvertretungsberechtigter und entsprechend ins Handelsregister eingetragener **Prokurist** kann die Kündigungserklärung ohne weiteres unterzeichnen (BAG Urt. v. 11. 6. 1991 – 2 AZR 107/91 – NZA 1992, 449). Bei Kündigung durch einen **Einzelkaufmann** sollte dieser unterschreiben, bei Kündigung durch eine **OHG** (vorbehaltlich anderer Satzungsbestimmung, § 125 HGB) ein Gesellschafter, bei Kündigung durch eine **KG** ein Komplementär und bei Kündigung durch eine **GmbH & Co. KG** der oder die Vertretungsberechtigten der Komplementär-GmbH (*Lohr* MDR 2000, 621).

Sofern keine Person unterzeichnen soll, deren Vertretungsmacht durch Gesetz feststeht, muss die Vertretungsmacht durch Vorlage einer **Original-Vollmacht** nachgewiesen werden (Vollmachtsurkunde s. Form. A. XIV. 7). Wird dies nicht beachtet, so kann der Arbeitnehmer die Kündigungserklärung **gemäß § 174 BGB zurückweisen**, wenn dem zu kündigenden Arbeitnehmer die Berechtigung dessen, der die Kündigungserklärung unterzeichnet, nicht ohnehin bekannt ist, § 174 Satz 2 BGB. Eine Zurückweisung führt zur Unwirksamkeit der Kündigung. Es muss noch einmal gekündigt werden, wodurch häufig nur noch ein späterer Beendigungstermin erreicht werden kann, wenn nicht sogar etwa wegen zwischenzeitlicher Schwangerschaft oder Schwerbehinderung eine Kündigung ganz ausgeschlossen ist. **Zweifelsfälle** sollten möglichst **vermieden** werden. Insbesondere sollte sich ein Arbeitgeber nur dann darauf verlassen, dass die

2. Ordentliche Kündigung

Berechtigung zur Unterzeichnung von Kündigungen dem Arbeitnehmer bekannt ist, wenn eine solche Bekanntmachung (nachweislich) erfolgte (*Lohr* MDR 2000, 622). Bei **Personalabteilungsleitern** ist regelmäßig davon auszugehen, dass dem Arbeitnehmer die Kündigungsberechtigung bekannt ist (BAG Urt. v. 29. 10. 1992 – 2 AZR 460/92 – AP Nr. 10 zu § 174 BGB; BAG Urt. v. 22. 1. 1998 – 2 AZR 267/97 – AP Nr. 11 zu § 174 BGB; LAG Hannover Urt. v. 19. 9. 2003 – 16 Sa 694/03 – MDR 2004, 159: auch bei Kündigung eines Arbeitnehmers der gleichen Leitungsebene), hingegen nicht ohne weiteres bei **Referatsleitern** innerhalb einer Personalabteilung (BAG Urt. v. 20. 8. 1997 – 2 AZR 518/96 – AP Nr. 13 zu § 174 BGB).

Schwierigkeiten können sich bei **ausländischen Gesellschaften** ergeben, insbesondere bei Gesellschaften, die – wie im anglo-amerikanischen Raum – einem Board-System unterliegen. Nach unserer Auffassung gelten die obigen Grundsätze auch hier. Das Kündigungsschreiben sollte von denjenigen unterschrieben werden, die nach dem jeweiligen nationalen Recht der Gesellschaft als gesetzliche Vertreter anzusehen sind. Dies ist im Einzelfall jedoch oft gar nicht so leicht festzustellen, da das Konzept ausländischer Rechtsordnungen zur Vertretungsmacht häufig nicht mit dem deutschen System vergleichbar ist. So hat in einem **Board of Directors** einer englischen Ltd. grundsätzlich nicht jeder Director Einzelvertretungsbefugnis. Vielmehr sind alle Directors gesamtvertretungsbefugt (*Langhein* NZG 2001, 1123; *Vorpeil/Wieder* RIW 1995, 287). Allerdings delegiert das Board in der Regel Befugnisse an einen einzelnen Director (dann häufig Managing Director genannt). Zumindest wenn die Ermächtigung in die „Articles of Association", also die Satzung der Gesellschaft aufgenommen wurde, spricht vieles dafür, dass ein (Managing) Director eine Stellung hat, die nach deutschem Verständnis und mit Blick auf § 174 BGB der eines gesetzlichen Vertreters gleichkommt. Es lässt sich aber nicht ausschließen, dass deutsche Gerichte diese **interne Ermächtigung** als bloß **rechtsgeschäftliche Vollmacht** ansehen, die einer von nur einem Director unterzeichneten Kündigungserklärung gemäß § 174 BGB wiederum im Original beigefügt werden müsste (vgl. zur internen Ermächtigung gesamtvertretungberechtigter Geschäftsführer BAG Urt. v. 18. 12. 1980 – 2 AZR 980/78 – AP Nr. 4 zu § 174 BGB). Ebenso ist nicht sicher, ob ein Gericht wenigstens zu dem Ergebnis käme, dass bei einem Director jedenfalls gemäß § 174 S. 2 BGB anzunehmen ist, dieser sei im Regelfall zum Ausspruch einer Kündigung ermächtigt. Um ganz sicher zu gehen, kann in einem solchen Fall – soweit irgendwie praktikabel – das Kündigungsschreiben daher von allen Directors unterzeichnet oder jedenfalls eine vom Board ausgestellte Original-Bevollmächtigung des Alleinunterzeichners beigefügt werden.

8. Zugang. Die Kündigungserklärung muss dem Arbeitnehmer **zugehen**. Der Arbeitgeber sollte besondere Sorgfalt darauf verwenden, dass der Zugang der Kündigungserklärung vor Gericht **bewiesen** werden kann. In der Praxis kann die Sicherstellung des Zugangs erhebliche Schwierigkeiten bereiten. Einen „Königsweg" gibt es nicht. Insbesondere dann, wenn der Arbeitgeber schon Schwierigkeiten bei der Zustellung erwartet, kann es Sinn machen, mehrere Original-Kündigungserklärungen auszufertigen und **alternative Zustellungswege** zu versuchen.

Die sicherste Zustellungsmethode ist die **persönliche Übergabe** der Kündigungserklärung an den Arbeitnehmer. Der Arbeitnehmer sollte aufgefordert werden, den Erhalt der Kündigungserklärung durch Unterzeichnung einer Kopie zu bestätigen. Das Original der Kündigungserklärung verbleibt selbstverständlich beim Arbeitnehmer. Für den Fall, dass sich der Arbeitnehmer weigert, eine entsprechende Unterschrift zu leisten, sollte ein **Zeuge** anwesend sein, der die persönliche Übergabe vor Gericht beweisen kann. Gesetzliche Vertreter des Arbeitgebers (also insbesondere Geschäftsführer oder Vorstände) können nicht als Zeugen vor Gericht auftreten. Sofern dem Arbeitnehmer die Kündigungserklärung in einem verschlossenen Umschlag gegeben wird, sollte der Zeuge selbst gesehen haben, wie die Kündigungserklärung im Original in den Briefumschlag gesteckt wurde.

Eine ebenfalls sichere Zustellungsmethode ist der **Einwurf** der Kündigungserklärung **in den Hausbriefkasten** des Arbeitnehmers. Bei Einwurf in den Hausbriefkasten gilt die Kündigungserklärung zu dem Zeitpunkt als zugegangen, zu dem unter normalen Umständen mit der Leerung des Briefkastens gerechnet werden kann. Eine Kündigungserklärung, die am Nachmittag in den Hausbriefkasten eingeworfen wurde, geht damit erst am nächsten Tag zu, jedenfalls sofern der Arbeitnehmer nicht ausnahmsweise damit rechnen musste, dass die Kündigung gerade an diesem Tag zugestellt werden würde (hierzu LAG Berlin Urt. v. 11. 12. 2003 – 16 Sa 1926/03 – DB 2004, 824). Dies ist zu berücksichtigen, wenn eine Kündigungserklärung beispielsweise noch am 31. eines Monats zugehen soll. Auch der Einwurf in den Hausbriefkasten muss notfalls vor Gericht bewiesen werden können. Im Idealfall erfolgt der Einwurf über einen für diesen Zweck ausgesuchten **Boten**, beispielsweise einen Arbeitnehmer des Arbeitgebers, der als Zeuge vor Gericht die Zustellung bestätigen kann.

Beim Versuch, eine Kündigungserklärung durch Einwurf in den Hausbriefkasten zuzustellen, treten bisweilen unerwartete **Hindernisse** auf. So ist eventuell kein Briefkasten vorhanden, es kann an der eindeutigen Beschriftung fehlen oder der Briefkasten kann beschädigt sein. Eine Lösung für jeden Einzelfall gibt es nicht. In der Rechtsprechung herrscht jedoch die Tendenz vor, einen Arbeitgeber, der sich ernsthaft bemüht, eine Kündigungserklärung durch Einwurf in den Hausbriefkasten zuzustellen, nicht vor unüberwindbare Hürden zu stellen. So soll den Arbeitnehmer grundsätzlich die Verpflichtung treffen, nutzbare Empfangseinrichtungen bereit zu halten. Fehlt also beispielsweise ein persönlicher Hausbriefkasten, kann eine Kündigungserklärung auch dadurch zugestellt werden, dass sie nach vergeblichem Klingeln zwischen Glasscheibe und Metallgitter der Haustür (LAG Hamm Beschl. v. 25. 2. 1993 – 8 Ta 333/91 – NZA 1994, 32) oder in einen gemeinsamen Briefschlitz eines Mehrfamilienhauses (LAG Düsseldorf Urt. v. 19. 9. 2000 – 16 Sa 925/00 – NZA 2001, 408) gesteckt wird.

Selbstverständlich können der Versuch der persönlichen Übergabe und die Zustellung durch Einwurf in den Hausbriefkasten dadurch kombiniert werden, dass der Überbringer der Kündigungserklärung bei einem beispielsweise erkrankten Arbeitnehmer zu Hause klingelt, die Kündigungserklärung dann aber in den Hausbriefkasten einwirft, wenn er den Arbeitnehmer nicht erreicht. Öffnet nicht der Arbeitnehmer, sondern ein Dritter, sollte diesem die Kündigungserklärung nur dann überreicht werden, wenn kein Zweifel besteht, dass der Dritte zur Entgegennahme berechtigt ist. Dies wird beispielsweise bei **Ehegatten** oder im Haushalt lebenden **Angehörigen** der Fall sein (nicht aber bei kleinen Kindern). Bei Zweifeln sollte die Kündigungserklärung in den Hausbriefkasten eingeworfen werden. Dies gilt auch, wenn der Arbeitnehmer die Annahme verweigert.

Die **urlaubsbedingte Abwesenheit** des Arbeitnehmers führt nicht dazu, dass eine Kündigung erst nach Rückkehr als zugegangen gilt (BAG Urt. v. 16. 3. 1988 – 7 AZR 587/87 – AP Nr. 16 zu § 130 BGB). Allerdings wird der Arbeitnehmer gemäß § 5 Abs. 1 KSchG gegebenenfalls auch nach Versäumung der dreiwöchigen Klagefrist (§ 4 S. 1 KSchG) noch nachträglich Kündigungsschutzklage erheben können (BAG Urt. v. 2. 3. 1989 – 2 AZR 275/88 – AP Nr. 17 zu § 130 BGB zum Fall der Untersuchungshaft).

Scheidet eine Zustellung durch persönliche Übergabe oder durch Einwurf in den Hausbriefkasten unter Einschaltung eines Boten aus oder ist dies zu aufwendig, bleibt die Zustellung per Post bzw. durch Einschaltung eines Kurierdienstes. Diese Zustellungswege haben jedoch Nachteile:

Zu einer Zustellung durch **einfachen Brief** kann nicht geraten werden, da in diesem Fall der Zugang beim Arbeitnehmer nicht bewiesen werden kann.

Eine per **Einschreiben** übersendete Kündigungserklärung in den von der Deutsche Post AG angebotenen Varianten **Rückschein** oder **eigenhändig** geht erst in dem Moment zu, in dem der Arbeitnehmer die Kündigungserklärung tatsächlich in Empfang nimmt. Wird das Einschreiben also beim Postamt hinterlegt, weil der Arbeitnehmer nicht zu Hause angetroffen wurde, so erfolgt Zugang erst dann, wenn der Arbeitnehmer das Einschreiben abholt. Es kommt somit in jedem Fall zu einer Verzögerung. Schlimmstenfalls erfolgt überhaupt keine Zustellung, nämlich wenn der Arbeitnehmer das Einschreiben nicht beim Postamt abholt (so BGH Urt. v. 26. 11. 1997 – VIII ZR 22/97 – NJW 1998, 976 f.). Nach dem Bundesarbeitsgericht kann sich der Arbeitgeber in einem solchen Fall allerdings jedenfalls dann auf **Treu und Glauben** berufen, wenn der Arbeitnehmer damit rechnen musste, dass eine Kündigung zugestellt werden soll (BAG Urt. v. 7. 11. 2002 – 2 AZR 475/01 – BB 2003, 1178), wobei der Arbeitgeber verpflichtet ist, eine zweite Zustellung zu versuchen (BAG Urt. v. 3. 4. 1986 – 2 AZR 258/85 – AP Nr. 9 zu § 18 SchwbG; LAG Köln Urt. v. 1. 3. 2002 – 11 Sa 1188/01 – NZA-RR 2003, 20). Auch dies setzt aber voraus, dass der Arbeitgeber überhaupt beweisen kann, dass zumindest die **Benachrichtigungskarte** zugestellt wurde. Die Zustellung per Einschreiben in den Varianten Rückschein oder eigenhändig bietet sich daher allenfalls an, wenn eine Verzögerung unschädlich ist und gegebenenfalls auch ein **weiterer Zustellungsversuch** unternommen werden kann. In jedem Fall sollte versucht werden, dem Arbeitnehmer (telefonisch) **mitzuteilen**, dass eine Kündigungserklärung per Einschreiben zugestellt wird, wobei derjenige, der das Telefonat seitens des Arbeitgebers führt, als Zeuge vor Gericht auftreten können muss, also kein gesetzlicher Vertreter der Gesellschaft sein darf.

Das BAG vertritt im übrigen die zutreffende Auffassung, dass auch die **vertragliche Vereinbarung** einer Zustellung per Einschreiben in der Regel nur die Funktion hat, den Zugang zu sichern, aber nicht zur Folge haben soll, dass eine auf anderem Weg beweisbar zugegangene Kündigung unwirksam wäre (BAG Urt. v. 20. 9. 1979 – 2 AZR 967/77 – AP Nr. 8 zu § 125 BGB). Inzwischen dürfte die Vereinbarung in einem Standard-Anstellungsvertrag, dass eine Kündigung per Einschreiben zu erfolgen hat, ohnehin gemäß § 309 Nr. 13 BGB unwirksam sein (vgl. *Grobys* DStR 2002, 1008).

Beim **Einwurf-Einschreiben** wirft der Postbote das Schreiben in den Hausbriefkasten ein, wenn er den Empfänger nicht erreicht. Nach den Vorschriften der Deutsche Post AG soll der Zusteller in diesem Fall den Einwurf dokumentieren. Eine Bestätigung dieser Dokumentation in Form eines Datenauszuges kann über die Deutsche Post AG eingeholt werden. Im Gegensatz etwa zum Einschreiben/Rückschein wird das Schreiben also nicht beim Postamt hinterlegt, wenn der Empfänger nicht angetroffen wird. Die Kündigungserklärung gilt damit mit Einwurf in den Hausbriefkasten als zugegangen. Das Problem ist jedoch die Beweisbarkeit. Es kann bisher nicht sicher davon ausgegangen werden, dass durch Vorlage des Datenauszugs oder durch Vernehmung des Postboten als Zeuge die Zustellung gerichtsfest bewiesen werden kann. Insbesondere ist fraglich, ob ein **Anscheinsbeweis** vorliegt (so AG Paderborn Urt. v. 3. 8. 2000 – 51 C 76/00 – NJW 2000, 3722 f., *Neuvians/Mensler* BB 1998, 1206 f.; a. A. *Bauer/Diller* NJW 1998, 2795 f.; zu einem Sonderfall LG Potsdam Urt. v. 27. 7. 2000 – 11 S 233/99 – NJW 2000, 3722; zum Streitstand *Hosenfeld* NZM 2002, 93 ff.). Der Postbote selbst wird sich kaum an die konkrete Zustellung erinnern, sondern (allenfalls) aussagen können, dass er bei der Zustellung von Einwurf-Einschreiben generell vorschriftsmäßig verfährt.

Ähnliches gilt für die Zustellung durch einen kommerziellen **Kurierdienst**. Auch hier wird der Bote, der das Kündigungsschreiben überbracht hat, kaum Monate später vor einem Gericht ordnungsgemäße Zustellung bezeugen können. Im Ergebnis bliebe als Beweismittel allenfalls eine durch den Kurierdienst standardisiert ausgestellte Bestätigung, dass die Kündigungserklärung zugestellt wurde. Der Beweiswert einer solchen Bestätigung in einem Gerichtsverfahren muss als gering eingestuft werden.

3. Ordentliche Kündigung (ausführliche Fassung)[1]

[Briefkopf des Arbeitgebers]

Herrn ...... (Name und Anschrift des Arbeitnehmers)

...... (Datum)

Kündigung

Sehr geehrter Herr ......,

hiermit kündigen wir Ihr Arbeitsverhältnis fristgemäß zum ......, hilfsweise zum nächst zulässigen Zeitpunkt.

Der Betriebsrat wurde vor Ausspruch der Kündigung angehört. Er hat der Kündigung zugestimmt[2]. (*Alternative:* Er hat der Kündigung widersprochen. Eine Kopie des Widerspruchs liegt an.)

Wir stellen Sie hiermit mit sofortiger Wirkung (*Alternative:* ab dem ......) frei[3]. Die Freistellung erfolgt unwiderruflich und unter Anrechnung auf etwaige Urlaubs- oder Freizeitausgleichsansprüche[4], wobei Ihnen etwaig zustehender Urlaub zu Beginn der

Freistellungsperiode gewährt wird[5]. Sie unterliegen während der Freistellung weiter dem vertraglichen Wettbewerbsverbot[6]. Anderweitiger Verdienst während der Freistellung wird auf Ihre vertragliche Vergütung angerechnet. Es gilt § 615 S. 2 BGB[7].

Das Recht, den Ihnen überlassenen Dienstwagen privat zu nutzen, wird hiermit widerrufen[8]. Sie haben den Dienstwagen unverzüglich in der Niederlassung ...... zu Händen von Herrn ...... zurückzugeben[9]. (gegebenenfalls: Sie werden für den Wegfall der privaten Nutzungsmöglichkeit vertragsgemäß entschädigt[10].)

Sie haben alle Ihnen dienstlich überlassenen Gegenstände, insbesondere ......, und alle die Gesellschaft betreffenden Unterlagen, Daten und Datenträger unverzüglich in der Niederlassung ...... zu Händen von Herrn ...... zurückzugeben[11].

Wir verzichten hiermit gemäß § 75 a HGB auf das mit Ihnen vereinbarte nachvertragliche Wettbewerbsverbot[12]. Es steht Ihnen daher frei, nach Ablauf der Kündigungsfrist (nicht aber vorher) eine Konkurrenztätigkeit aufzunehmen. Unsere Verpflichtung zur Zahlung der vereinbarten Karenzentschädigung endet mit Ablauf eines Jahres nach Zugang dieser Erklärung[13].

(*Optional:* Wir werden Ihnen Ihre zuletzt bezogenen vertragsmäßigen Leistungen trotz der Kündigung für die Dauer des mit Ihnen vereinbarten nachvertraglichen Wettbewerbsverbotes weitergewähren. Wir weisen darauf hin, dass Sie aus diesem Grund nicht mehr das Recht haben, sich gemäß § 75 Abs. 2 HGB von dem nachvertraglichen Wettbewerbsverbot zu lösen[14].)

Vorsorglich weisen wir Sie darauf hin, dass Sie sich unverzüglich bei der zuständigen Agentur für Arbeit zu melden sowie eigene Aktivitäten bei der Suche nach einer anderen Beschäftigung zu entfalten haben.

Für Ihre berufliche Zukunft wünschen wir Ihnen alles Gute.

Mit freundlichen Grüßen

......

Unterschrift des Arbeitgebers

Erhalten:

......

Ort, Datum

......

Unterschrift des Arbeitnehmers

Schrifttum: Bader, Das Gesetz zu Reformen am Arbeitsmarkt: Neues im Kündigungsschutzgesetz und im Befristungsrecht, NZA 2004, 65; *Bauer/Baeck*, Die Anrechnung anderweitigen Verdienstes bei der Freistellung eines Arbeitnehmers, NZA 1989, 784; *Bauer/Göpfert*, Zielvereinbarungen auf dem arbeitsrechtlichen Prüfstand, BB 2002, 882; *Becker-Schaffner*, Die Nutzung von Firmenfahrzeugen bei Beendigung des Arbeitsverhältnisses, DB 1993; *van Bürck/Nussbaum*, Herausgabe des Dienstfahrzeugs während der Freistellung des Mitarbeiters: Vertragliche Gestaltungsmöglichkeiten für die Praxis, BB 2002, 2278; *Däubler*, Neues zur betriebsbedingten Kündigung, NZA 2004, 177; *Düwell*, § 102 IV BetrVG – eine noch zu entdeckende Formvorschrift, NZA 1988, 866; *Dunkl/Moeller/Baur/Feldmeier*, Handbuch des vorläufigen Rechtsschutzes, 3. Aufl. 1999; *Fischer*, Die formularmäßige Abbedingung des Beschäftigungsanspruchs des Arbeitnehmers während der Kündigungsfrist, NZA 2004, 233; *Meier*, Freistellung als Urlaubsgewährung, NZA 2002, 873; *Meier*, Möglichkeiten zum Entzug der Privatnutzung des Dienstwagens, NZA 1997, 298; *Nägele*, Anrechnung von Zwischenverdienst in der Freistellungsphase nach erfolgter Kündigung, BB 2003, 45; *Schmiedel*, Die Sicherung des Herausgabeanspruchs am Dienstwagen nach Beendigung des Arbeitsverhältnisses mittels einstweiliger Verfügung, BB 2002, 992; s. ferner Form. A. XIV. 2.

Anmerkungen

1. Module. Um eine möglichst große Vielzahl von Sachverhalten zu erfassen, haben wir das Formular einer einfachen Kündigungserklärung (Form. A. XIV. 2) um verschiedene **Module** ergänzt, die je nach konkretem Fall verwendet werden können. Alle allgemeinen Anmerkungen zum Form. A. XIV. 2, etwa zur Angabe des Kündigungsgrundes, Kündigungsfrist, Schriftform, Unterzeichnung oder Zustellung gelten auch hier.

2. Anhörung des Betriebsrats. Besteht ein Betriebsrat, ist dieser vor dem Ausspruch der Kündigung gemäß § 102 BetrVG anzuhören (dazu ausführlich Form. C. I. 1). Stimmt der Betriebrat der Kündigung entweder ausdrücklich oder gemäß gesetzlicher Fiktion dadurch zu, dass er sich nicht fristgerecht äußert, so sollte dies schon deshalb in der Kündigungserklärung erwähnt werden, um deutlich zu machen, dass die Gesellschaft bei Ausspruch der Kündigung keine „einsame Entscheidung" getroffen hat. Hat der Betriebsrat der Kündigung hingegen **widersprochen**, verlangt das Gesetz, dass eine **Abschrift der Stellungnahme** des Betriebsrats der Kündigung beizufügen ist, § 102 Abs. 4 BetrVG. Ein Verstoß gegen diese gesetzliche Verpflichtung führt allerdings nach h. M. nicht dazu, dass die Kündigung unwirksam wäre (etwa LAG Köln Urt. vom 19. 10. 2000 – 10 Sa 342/00 – MDR 2001, 517; Richardi/*Richardi/Thüsing* § 102 BetrVG Rdn. 191; a. A. *Düwell* NZA 1988, 866 ff.). Allenfalls mag in praktisch eher seltenen Fällen ein Schadensersatzanspruch des Arbeitnehmers bestehen, wenn dieser dadurch Nachteile erleiden sollte, dass er über den Widerspruch des Betriebsrats nicht informiert wurde. Auch kann der Betriebsrat bei wiederholtem Verstoß einen Unterlassungsantrag nach § 23 Abs. 3 BetrVG stellen (*F/E/S/T/L* § 102 BetrVG Rdn. 100; D/K/K/*Kittner* § 102 BetrVG Rdn. 224).

3. Freistellung. Sofern der Arbeitnehmer ganz oder teilweise während des Laufes der Kündigungsfrist **freigestellt** werden soll, bietet es sich an, eine solche Erklärung unmittelbar in das Kündigungsschreiben aufzunehmen, schon weil hierdurch Zugang sichergestellt wird.

Ein Recht des Arbeitgebers, den Arbeitnehmer während der Kündigungsfrist freizustellen, kann sich insbesondere aus dem zugrunde liegenden Anstellungsvertrag ergeben (dazu ausführlich Form. A. II. 1 Anm. 21; gegen ein formularmäßiges Freistellungsrecht beispielsweise ArbG Frankfurt/Main Urt. v. 19. 11. 2003 – 2 Ga 251/03 – DB 2004, 934; *Fischer* NZA 2004, 234). Unabhängig davon, ob ein Freistellungsrecht vereinbart wurde, hat aber in jedem Fall eine **Interessenabwägung** stattzufinden. Der Anspruch des Arbeitnehmers, während der Dauer des Arbeitsverhältnisses tatsächlich beschäftigt zu werden, gründet nach Ansicht des Bundesarbeitsgerichts in der Würde des Arbeitnehmers und seinem Recht auf freie Persönlichkeitsentfaltung und ist gemäß Art. 1 und Art. 2 GG von der Verfassung geschützt (grundlegend BAG GS Beschl. v. 27. 2. 1985 – GS 1/84 – AP Nr. 14 zu § 611 BGB Beschäftigungspflicht). Eine Freistellung ist daher nur dann gegen den Willen des Arbeitnehmers durchsetzbar, wenn überwiegende Interessen des Arbeitgebers die Freistellung notwendig erachten lassen (so etwa LAG Hamburg Urt. v. 30. 9. 1994 – 3 Sa 72/94 – LAGE § 611 BGB Beschäftigungspflicht Nr. 39; LAG München Urt. v. 19. 8. 1992 – 5 Ta 185/92 – LAGE § 611 BGB Beschäftigungspflicht Nr. 32, ErfKomm/*Preis* § 611 BGB Rdn. 708 ff.). Nach Ansicht des Großen Senates des BAG (Beschl. v. 27. 2. 1985 – GS 1/84 – AP Nr. 14 zu § 611 BGB Beschäftigungspflicht unter C. II. 3. c.) liegt dies nahe bei der Gefahr des Verrates von Geschäftsgeheimnissen durch den Arbeitnehmer (hierzu auch LAG Hamm Urt. v. 3. 11. 1993 – 15 Sa 1592/93 – LAGE § 611 BGB Beschäftigungspflicht Nr. 36), in Fällen strafbaren oder schädigenden Verhaltens des Arbeitnehmers oder bei einer unzumutbaren wirtschaftlichen Belastung des Arbeitgebers. Der Arbeitnehmer kann einen Beschäftigungsanspruch unter Umständen im Wege der **einstweiligen Verfügung** durchsetzen.

Während einer Freistellung bleibt der Anspruch des Arbeitnehmers auf die **vertragliche Vergütung** unberührt. Auch ein zur privaten Nutzung überlassener **Dienstwagen** muss dem Arbeitnehmer grundsätzlich verbleiben (vgl. aber noch Anm. 9 und 10 zum Widerruf der Dienstwagennutzung). Schwierigkeiten können sich bei **Gratifikationen, Sonderzahlungen, Tantiemen, Provisionen, Boni oder ähnlichen Leistungen** ergeben. Eine einheitliche Aussage, inwiefern eine Freistellung solche Ansprüche berührt, lässt sich nicht treffen. Die vertraglichen Grundlagen und der Zweck der Leistung sind zu berücksichtigen. Wenn die als Voraussetzung für einen Anspruch vereinbarten Kriterien aber nur deshalb nicht erfüllt wurden, weil der Arbeitnehmer freigestellt wurde oder ihm durch die Freistellung jedenfalls die Chance zur Erfüllung genommen wurde, liegt es nahe, § 162 BGB anzuwenden und dem Arbeitnehmer den Anspruch zu gewähren. Hier ist etwa an den Fall zu denken, dass ein Jahresbonus von der Erreichung persönlicher Leistungsziele abhängt und der Arbeitnehmer die Ziele wegen einer längeren Freistellung nicht erreicht (a. A. *Bauer/Göpfert* BB 2002, 885 f.). Bei im **Ermessen** stehenden Leistungen bleibt es dem Arbeitgeber hingegen unbenommen, das Ausscheiden des Arbeitnehmers angemessen zu berücksichtigen (so BGH Urt. v. 9. 5. 1994 – II ZR 128/93 – BB 1994, 2096, 2097 zum Tantiemeanspruch eines ausscheidenden Geschäftsführers). Dies muss dann auch für eine Freistellung während der Kündigungsfrist gelten, schon weil der Arbeitnehmer zum wirtschaftlichen Erfolg des Arbeitgebers in dieser Zeit nicht beigetragen hat.

4. Anrechnung von Urlaub. Eine Freistellung soll nach dem Willen des Arbeitgebers regelmäßig dazu führen, dass mit ihr etwaig **offene Urlaubsansprüche** oder andere Freizeitausgleichsansprüche (etwa Ausgleich von Überstunden) **abgegolten** werden. Dies setzt aber voraus, dass der Wille des Arbeitgebers zur Erfüllung des Urlaubsanspruchs **eindeutig** erkennbar wird (BAG Urt. v. 9. 6. 1998 – 9 AZR 43/97 – AP Nr. 23 zu § 7 BUrlG; BAG Urt. v. 25. 1. 1994 – 9 AZR 312/92 – AP Nr. 16 zu § 7 BUrlG) und die Freistellung **unwiderruflich** erfolgte (BAG Urt. v. 19. 3. 2002 – 9 AZR 16/01 – BB 2002, 1703 f.). Wenn der Arbeitnehmer damit rechnen muss, dass er seine Arbeit jederzeit wieder aufnehmen muss, wäre der Urlaubszweck nicht gewährleistet. Der Arbeitgeber muss also entscheiden, ob es notwendig werden kann, den Arbeitnehmer während des Laufes der Kündigungsfrist zu „reaktivieren". Wenn ja, sollte die Freistellung nur widerruflich erfolgen. Gerade dann muss ausstehender Urlaub aber ausdrücklich und für eine bestimmte Zeit gewährt werden, um Abgeltungsansprüche des Arbeitnehmers zu vermeiden (Anm. 5). Während des Urlaubs darf der Arbeitnehmer dann natürlich nicht zur Arbeit aufgefordert werden.

5. **Festlegung des Urlaubs während der Freistellung.** Die Rechtsprechung geht davon aus, dass der Arbeitnehmer selbst die **zeitliche Lage des abgegoltenen Urlaubs** innerhalb einer längeren Freistellungsphase bestimmen kann, wenn der Arbeitgeber dies nicht ausdrücklich tut (BAG Urt. v. 19. 3. 2002 – 9 AZR 16/01 – BB 2002, 1703 f.; BAG Urt. v. 9. 11. 1999 – 9 AZR 922/98, n. v.). Urlaub und „sonstige" Freistellung zeitigen unterschiedliche Rechtsfolgen. So kann während des Urlaubs sonstiger Verdienst nicht angerechnet werden und eine Erkrankung des Arbeitnehmers hindert die Erfüllung des Urlaubsanspruchs. Es empfiehlt sich eine **ausdrückliche Festlegung** des Urlaubs durch den Arbeitgeber, um eine nachteilige Gestaltung durch den Arbeitnehmer zu vermeiden (Beispiel: Gekündigter Arbeitnehmer mit zehn Tagen Resturlaub erkrankt die letzten zwei Wochen einer zweimonatigen Freistellung und verlangt Urlaubsabgeltung mit dem Argument, gerade die letzten zwei Wochen hätten „echter" Urlaub und nicht bloße Freistellung sein sollen). Es bietet sich an, den Urlaubsanspruch zu **Beginn der Freistellungsphase** zu erfüllen. Diese Festlegung ist jedenfalls dann wirksam, wenn der Arbeitnehmer keinen begründeten anderen Wunsch äußert (BAG Urt. v. 23. 1. 2001 – 9 AZR 922/98 – AP Nr. 93 zu § 615 BGB).

6. **Wettbewerbsverbot auch während Freistellung.** Ein gekündigter Arbeitnehmer darf während des Laufs der Kündigungsfrist trotz Freistellung nicht für einen Wettbewerber des Arbeitgebers tätig werden. Das gesetzliche Wettbewerbsverbot (entsprechend § 60 HGB) bleibt bis zur formalen Beendigung des Arbeitsverhältnisses in Kraft (vgl. noch unten Form. A. XIV. 6 Anm. 6 zum Fall einer unwirksamen fristlosen Kündigung).

7. Anrechnung von Zwischenverdienst. Wenn ein Arbeitnehmer während einer längeren Kündigungsfrist unwiderruflich freigestellt ist, kommt es vor, dass er schon vor deren Ablauf eine neue Beschäftigung aufnimmt (wenn auch nicht für einen Wettbewerber, Anm. 6). Es liegt im Interesse des Arbeitgebers, vom Arbeitnehmer so erzielte **Einkünfte auf den Vergütungsanspruch anzurechnen**, wobei eine Anrechnung aber jedenfalls in dem Maße ausscheidet, als die Freistellung zur Erfüllung offener Urlaubsansprüche genutzt wird (vgl. Anm. 5; BAG Urt. v. 19. 3. 2002 – 9 AZR 16/01 – BB 2002, 1703). Ohne entsprechende vertragliche Vereinbarung werden aber auch außerhalb dieses Zeitraumes erzielte Einkünfte nicht auf die Vergütung angerechnet. § 615 S. 2 BGB gilt während einer Freistellung nicht (BAG Urt. v. 23. 1. 2001 – 9 AZR 922/98 – AP Nr. 93 zu § 615 BGB). Der Arbeitgeber kann jedoch versuchen, eine Anrechnung solchen Zwischenverdienstes dadurch zu erreichen, dass er eine ent-

3. Ordentliche Kündigung (ausführliche Fassung)

sprechende Regelung in die Freistellungserklärung aufnimmt. Jedenfalls dann, wenn der Arbeitnehmer die Freistellung widerspruchslos akzeptiert, dürfte dies als (konkludente) Annahme zu sehen sein (BAG Urt. v. 19. 3. 2002 – 9 AZR 16/01 – BB 2002, 1703; BAG Urt. v. 9. 11. 1999 – 9 AZR 922/98, n. v.; so wohl auch *Nägele* BB 2003, 46).

8. **Widerruf der privaten Dienstwagennutzung.** Sofern der Arbeitgeber sich arbeitsvertraglich das Recht vorbehalten hat, die **private Nutzung eines Dienstwagens zu widerrufen**, bietet es sich an, von diesem Recht während einer Freistellung des Arbeitnehmers Gebrauch zu machen. Ohne einen solchen Vorbehalt behält der Arbeitnehmer das Recht, ein zu privaten Zwecken überlassenes Fahrzeug zu nutzen, da es sich bei der Gewährung um einen **Vergütungsbestandteil** handelt, der von einer Freistellung eben unberührt bleibt.

Hinsichtlich der **Wirksamkeit eines vertraglichen Widerrufsvorbehaltes**, insbesondere im Licht von § 308 Nr. 4 BGB, s. ausführlich Form. A. III. 1 und 2. Die **Ausübung** eines wirksam vorbehaltenen Widerrufs muss sich ferner an § 315 BGB messen lassen, also billigem Ermessen genügen. Jedenfalls wenn die dienstliche Nutzung des Fahrzeugs im Vordergrund stand und der Arbeitnehmer nach einer Kündigung freigestellt wurde, dürfte ein Widerruf auch der privaten Nutzung keinen Bedenken begegnen (BAG Urt. v. 17. 9. 1998 – 8 AZR 791/96 – ArbuR 1999, 111).

9. **Rückgabe des Dienstwagens.** Wenn das Recht zur Nutzung des Dienstwagens widerrufen wird, sollte unmittelbar in die Kündigungserklärung aufgenommen werden, **wann und wo** der Dienstwagen **zurückzugeben** ist. Praktisch stellt sich die Durchsetzung des Herausgabeanspruchs aber regelmäßig als schwierig dar. Arbeitnehmer berufen sich häufig auf ein **Zurückbehaltungsrecht**, welches sich daraus ergeben soll, dass noch offene Forderungen aus dem Arbeitsverhältnis bestünden. Selbst wenn der Herausgabeanspruch des Arbeitgebers besteht, muss er wirkungsvoll durchgesetzt werden. Angesichts der Zeit, die vergeht, bis ein vollstreckbarer Titel im ordentlichen Gerichtsverfahren erlangt wird, liegt es nahe, Herausgabe im Wege der **einstweiligen Verfügung** zu verlangen. Insbesondere der Verfügungsgrund (Vereitelung oder wesentliche Erschwerung eines Anspruchs) bereitet aber Schwierigkeiten. Eine bloß drohende Wertminderung des Dienstwagens rechtfertigt eine einstweilige Verfügung noch nicht. Wenn der Dienstwagen aber dringend für einen anderen Arbeitnehmer benötigt wird, ist eine einstweilige Verfügung nach unserer Auffassung möglich (so wohl auch *Baur* in Handbuch des vorläufigen Rechtsschutzes, Rdn. 40 zu B; noch weiter *Schmiedel* BB 2002, 995). Sollte der Arbeitnehmer den Dienstwagen trotz Aufforderung nicht herausgeben, sollte der Arbeitgeber seinerseits von seinem Zurückbehaltungsrecht Gebrauch machen und keine weitere Vergütung zahlen.

10. **Entschädigung wegen Widerrufs der Dienstwagennutzung.** Sofern der Dienstwagen nach der vertraglichen Regelung nur gegen Zahlung einer **Entschädigung** zurückgefordert werden kann, sollte eine entsprechende Formulierung gewählt werden.

11. **Rückgabe von Gegenständen.** Insbesondere im Fall der Freistellung können bereits im Kündigungsschreiben die **Gegenstände**, die vom Arbeitnehmer herausgegeben werden müssen, konkret bezeichnet werden. Sofern es sich nicht ausnahmsweise (etwa bei einem privat nutzbaren Mobiltelefon) um Gegenstände handelt, deren private Nutzbarkeit Vergütungscharakter hat, können diese jederzeit vom Arbeitgeber herausverlangt werden. Zur Durchsetzbarkeit gilt das oben (Anm. 9) im Hinblick auf den Dienstwagen Gesagte. Die Durchsetzung eines Herausgabeanspruchs im Wege der **einstweiligen Verfügung** liegt insbesondere dann nahe, wenn etwa Geschäftsunterlagen vom Arbeitgeber dringend benötigt werden.

12. **Verzicht auf nachvertragliches Wettbewerbsverbot.** Sofern die Gesellschaft an einem etwaig vereinbarten nachvertraglichen Wettbewerbsverbot kein Interesse mehr hat, sollte über einen **Verzicht** gemäß § 75a HGB nachgedacht werden (s. hierzu ausführlich Form. A. IV. 1). Dies gilt insbesondere dann, wenn eine lange Kündigungsfrist einzuhalten ist. Da die Pflicht zur Zahlung der Karenzentschädigung erst mit tatsächlicher Beendigung des Arbeitsverhältnisses einsetzt, aber der **Zwölf-Monats-Zeitraum**, während dessen die **Karenzentschädigung** gemäß § 75a HGB fortzuzahlen ist, bereits mit Erklärung des Verzichtes beginnt, verkürzt sich der Zahlungszeitraum bei langer Kündigungsfrist entsprechend. Beispiel: Es gilt eine Kündigungsfrist von sechs Monaten zum Monatsende. Die Kündigung wird am 28. April ausgesprochen. Gleichzeitig wird auf das nachvertragliche Wettbewerbsverbot verzichtet. Das Arbeitsverhältnis endet am 31. Oktober. Die Karenzentschädigung ist nur für den Zeitraum vom 1. November bis zum 28. April des Folgejahres zu zahlen.

Bei einer kurzen Kündigungsfrist kann es hingegen Sinn machen, auf das nachvertragliche Wettbewerbsverbot selbst dann nicht zu verzichten, wenn der Arbeitgeber eigentlich kein Interesse mehr an der Durchsetzung hat. Dies gilt insbesondere dann, wenn beispielsweise ein nachvertragliches Wettbewerbsverbot nicht für den gesetzlich längsten Zeitraum von zwei Jahren, sondern beispielsweise nur für zwölf Monate vereinbart wurde. Das Einsparpotential durch einseitigen Verzicht auf das nachvertragliche Wettbewerbsverbot ist in einem solchen Fall so gering, dass es mehr Sinn macht, mit dem Arbeitnehmer **Verhandlungen** mit dem Ziel aufzunehmen, das nachvertragliche Wettbewerbsverbot einvernehmlich aufzuheben.

Der Verzicht muss **schriftlich** und **vor Beendigung des Arbeitsverhältnisses** erklärt werden und der **Zugang** muss bewiesen werden können. Dies lässt sich sicherstellen, wenn der Verzicht in die Kündigungserklärung aufgenommen wird.

13. **Hinweis auf Verpflichtung zur Zahlung der Karenzentschädigung nach Verzicht auf nachvertragliches Wettbewerbsverbot.** Das Formular weist ausdrücklich auf die Verpflichtung des Arbeitgebers hin, die vereinbarte Karenzentschädigung trotz Verzicht für maximal zwölf Monate zu zahlen. Der Verzicht wäre aber auch ohne eine solche Erklärung wohl wirksam (*Bauer/Diller* Rdn. 384), wobei es – soweit ersichtlich – keine höchstrichterliche Entscheidung zu dieser Frage gibt.

14. **Ausschluss des Lösungsrechts des Arbeitnehmers.** Wenn der Arbeitgeber das Arbeitsverhältnis kündigt, ohne dass der Arbeitnehmer einen Anlass für die Kündigung gegeben hat, kann sich der Arbeitnehmer gemäß § 75 Abs. 2 HGB von einem nachvertraglichen Wettbewerbsverbot innerhalb eines Monats schriftlich **lösen**. Will der Arbeitgeber dies verhindern, muss er sich bereit erklären, die zuletzt bezogene **gesamte Vergütung** einschließlich sämtlicher Vergütungsbestandteile fortzuzahlen. Die Erklärung, wonach die gesamte Vergütung fortgezahlt wird, muss **zusammen mit der Kündigung** erfolgen. Tatsächlich kommt dieser Fall eher selten vor. Wenn der Arbeitnehmer wichtiges Know-how besitzt, dessen Schutz es rechtfertigt, diese ganz erhebliche finanzielle Verpflichtung einzugehen, wird der Arbeitgeber in der Regel nicht kündigen.

4. Ordentliche Kündigung mit Abfindungsangebot nach § 1 a KSchG[1]

[Briefkopf des Arbeitgebers]

Herrn ...... (Name und Anschrift des Arbeitnehmers)

...... (Datum)

Kündigung

Sehr geehrter Herr ......,

hiermit kündigen wir Ihr Arbeitsverhältnis aus dringenden betrieblichen Erfordernissen[2] fristgemäß zum ......[3], hilfsweise zum nächst zulässigen Zeitpunkt.
Als soziale Entschädigung für den Verlust des Arbeitsplatzes bieten wir Ihnen gemäß § 1 a KSchG[4] eine Abfindung an, die einen halben Monatsverdienst für jedes Jahr des Bestehens des Arbeitsverhältnisses beträgt[5]. Sie können dieses Angebot annehmen, indem Sie die Kündigung nicht gerichtlich angreifen, also die gesetzliche Drei-Wochen-Frist verstreichen lassen, innerhalb der Sie Klage erheben müssten[6]. Die Abfindung wird dann mit Ihrem letzten Gehalt ausgezahlt[7]. Sollten Sie hingegen gegen die Kündigung Klage erheben, erhalten Sie keine Abfindung[8].

4. Ordentliche Kündigung mit Abfindungsangebot nach § 1 a KSchG   A. XIV. 4

Nähere Auskünfte zur Berechnung der Abfindung und zur steuerlichen Behandlung erteilt Ihnen auf Wunsch gern die Personalabteilung[9].

Vorsorglich weisen wir Sie darauf hin, dass Sie sich unverzüglich bei der zuständigen Agentur für Arbeit zu melden sowie eigene Aktivitäten bei der Suche nach einer anderen Beschäftigung zu entfalten haben.

Für Ihre berufliche Zukunft wünschen wir Ihnen alles Gute.

Mit freundlichen Grüßen

......

Unterschrift des Arbeitgebers

Erhalten:

......

Ort, Datum

......

Unterschrift des Arbeitnehmers

Schrifttum: Bader, Das Gesetz zu Reformen am Arbeitsmarkt: Neues im Kündigungsschutzgesetz und im Befristungsrecht, NZA 2004, 65; *Bauer/Krieger,* Neuer Abfindungsanspruch – 1 a daneben!, NZA 2004, 77; *Bauer/Krieger,* Das Ende der außergerichtlichen Beilegung von Kündigungsstreitigkeiten?, NZA 2004, 12; *Boecken/Hümmerich,* Gekündigt, abgewickelt, gelöst, gesperrt, DB 2004, 2046; *Däubler,* Neues zur betriebsbedingten Kündigung, NZA 2004, 177; *Grobys,* Der gesetzliche Abfindungsanspruch in der Praxis, DB 2003, 2174; *Kamanabrou,* Verfassungsrechtliche Aspekte eines Abfindungsschutzes bei betriebsbedingten Kündigungen, RdA 2004, 333; *Lilienfeld/Spellbrink,* Für eine sperrzeitrechtliche Neubewertung des Abwicklungsvertrags im Lichte des § 1 a KSchG, RdA 2005, 88; *Löwisch,* Die kündigungsrechtlichen Vorschläge der „Agenda 2010", NZA 2003, 689; *Meinel,* Agenda 2010 – Regierungsentwurf zu Reformen am Arbeitsmarkt, DB 2003, 1438; *Preis,* Die „Reform" des Kündigungsschutzrechts, DB 2004, 70; *Raab,* Der Abfindungsanspruch gemäß § 1 a KSchG, RdA 2005, 1; *Thüsing/Stelljes,* Fragen zum Entwurf eines Gesetzes zu Reformen am Arbeitsmarkt, BB 2003, 1673; *Willemsen/Annuß,* Kündigungsschutz nach der Reform, NJW 2004, 177; *Wolter,* Reformbedarf beim Kündigungsrecht aus Arbeitnehmersicht – Praxiserfahrungen und Schlussfolgerungen, NZA 2003, 1068.

Anmerkungen

1. Kündigung mit Abfindungsangebot. Durch den mit Wirkung zum 1. Januar 2004 eingefügten § 1 a KSchG möchte der Gesetzgeber Arbeitgeber und Arbeitnehmer ein (auf den ersten Blick) unkompliziertes Instrument zur Verfügung stellen, ein Arbeitsverhältnis betriebsbedingt gegen Zahlung einer gesetzlich bestimmten Abfindung zu beenden. Der Arbeitgeber bietet im Kündigungsschreiben die Abfindung an; der Arbeitnehmer akzeptiert das Abfindungsangebot des Arbeitgebers durch schlichtes Verstreichenlassen der dreiwöchigen Klagefrist. Er muss keine Klage erheben und es ist auch nicht nötig, einen Aufhebungs- oder Abwicklungsvertrag abzuschließen.

Hinter dieser Regelung steht der zutreffende Gedanke, dass viele Arbeitnehmer selbst dann gegen eine betriebsbedingte Kündigung klagen, wenn sie eigentlich bereit wären, gegen eine angemessene Abfindung auszuscheiden. Es bleibt aber abzuwarten, ob dieses Instrument in der Praxis angenommen wird, zumal eine Vielzahl von **rechtlichen Fragen noch nicht geklärt** ist.

Auf Arbeitgeberseite mag zudem die Befürchtung bestehen, dass Arbeitnehmer trotz einer im Kündigungsschreiben angebotenen Abfindung Kündigungsschutzklage erheben, um in der Güteverhandlung eine höhere Abfindung auszuhandeln. Verhandlungstaktisch ist der Arbeitgeber im Nachteil, wenn er schon ein Angebot unterbreitet hat.

Auch nach der Gesetzesänderung bleibt es weiter die **freie Entscheidung des Arbeitgebers**, ob er überhaupt eine Abfindung anbietet und, wenn ja, ob er von § 1 a KSchG Gebrauch macht. Umgekehrt bleibt es ebenso die **freie Entscheidung des Arbeitnehmers**, ob er das Angebot (durch Verstreichen der Klagefrist, vgl. Anm. 6) annimmt oder ob er gegen die Kündigung vorgeht.

Ein großer Vorteil des Verfahrens nach § 1 a KSchG ist, dass die Arbeitsverwaltung keine **Sperrzeit** verhängt, wenn bei einer betriebsbedingten Kündigung eine Abfindung gemäß § 1 a

KSchG gezahlt wird (Ziffer 2.2.1. der Durchführungsanweisung der Bundesagentur für Arbeit zu § 144 SGB III, § 1a KSchG). Das Verstreichenlassen der Klagefrist ist **keine aktive Beteiligung** des Arbeitnehmers an der Beendigung des Arbeitsverhältnisses, die nach der Rechtsprechung des Bundessozialgerichts Voraussetzung für eine Sperrzeit ist (BSG Urt. v. 18. 12. 2003 – B 11 AL 35/03 R – NZA 2004, 661; BSG Urt. v. 25. 4. 2002 – B 11 AL 89/01 R – AP Nr. 8 zu § 119 AFG; *Lilienfeld/Spellbrink* RdA 2005, 94). Es ist denkbar, dass dies in der Praxis in Situationen genutzt wird, in denen ein Arbeitnehmer grundsätzlich bereit ist, gegen Zahlung einer Abfindung auszuscheiden oder sogar selbst auszuscheiden wünscht, aber das Sperrzeitrisiko scheut. Hier ist jedoch Vorsicht geboten. Jede (auch mündliche) Abrede zwischen Arbeitgeber und Arbeitnehmer, dass gemäß § 1a KSchG vorgegangen werden soll, dürfte als aktive Beteiligung des Arbeitnehmers auszulegen sein, die grundsätzlich eine Sperrzeit nach sich zieht (vgl. BSG Urt. v. 18. 12. 2003 – B 11 AL 35/03 R – NZA 2004, 661; *Lilienfeld/Spellbrink* RdA 2005, 94; a. A. *Raab* RdA 2005, 12).

Nach der oben angeführten Auffassung der Arbeitsverwaltung darf die Kündigung zudem auch nicht **offensichtlich rechtswidrig** sein, was beispielsweise bei Sonderkündigungsschutz oder bei einer Kündigung ohne Betriebsratsanhörung der Fall wäre. Es ist fraglich, ob sich dies mit der zitierten Rechtsprechung des BSG vereinbaren lässt, die eine aktive Mitwirkung des Arbeitnehmers an der Beendigung verlangt.

Zusammengefasst empfiehlt sich das Verfahren nach § 1a KSchG wohl vor allem für Fälle, in denen der Arbeitgeber ohnehin bereit ist, die von § 1a KSchG geforderte Abfindung (vgl. Anm. 5) zu zahlen, oder wenn der Arbeitgeber vermutet, dass ein Arbeitnehmer sich nur deshalb nicht auf einen Aufhebungsvertrag einlassen würde, weil er eine Sperrzeit fürchtet.

Für allgemeine Anmerkungen zur Kündigungserklärung s. Form. A. XIV. 2. Die in Form. A. XIV. 3 dargestellten **zusätzlichen Module** können auch hier verwendet werden.

2. Betriebsbedingter Kündigungsgrund. § 1a KSchG greift nur, wenn eine betriebsbedingte Kündigung ausgesprochen wird. Der Text des Kündigungsschreibens muss die Betriebsbedingtheit erwähnen, § 1a Abs. 1 S. 2 KSchG.

§ 1a KSchG ist auch auf die **betriebsbedingte Änderungskündigung** anwendbar, wobei dies nur für den Fall relevant wird, dass der Arbeitnehmer das Änderungsangebot ablehnt (*Däubler* NZA 2004, 177; *Raab* RdA 2005, 5).

3. Fristgemäße Kündigung. Die Kündigung muss unter Einhaltung der anwendbaren Kündigungsfrist ausgesprochen werden (vgl. Form. A. XIV. 2 Anm. 2). Dem steht der Fall der **außerordentlichen Kündigung mit Auslauffrist** eines ordentlich unkündbaren Arbeitnehmers gleich (*Willemsen/Annuß* NJW 2004, 177; *Grobys* DB 2003, 2174).

4. Verweis auf § 1a KSchG im Text. Es bietet sich an, ausdrücklich auf § 1a KSchG zu verweisen. Bei **Auslegungsproblemen**, etwa hinsichtlich der Abfindungshöhe, kann dann unmittelbar auf § 1a KSchG zurückgegriffen werden (vgl. hierzu auch Anm. 5).

5. Abfindungshöhe. Die Höhe der Abfindung ist in § 1a Abs. 2 KSchG definiert. Sie beträgt 0,5 Monatsverdienste für jedes Jahr des Bestehens des Arbeitsverhältnisses.

Der **Zeitfaktor** (Jahre des Bestehens des Arbeitsverhältnisses) ist verhältnismäßig leicht zu bestimmen. Gemäß § 1a Abs. 2 S. 3 KSchG ist ein Zeitraum von mehr als sechs Monaten auf ein volles Jahr **aufzurunden**. Zeiträume von bis zu sechs Monaten werden abgerundet und bleiben daher außer Betracht. Hieraus folgt auch, dass § 1a KSchG keine Anwendung findet, wenn der Arbeitnehmer noch keine sechs Monate beschäftigt ist, die Wartezeit gemäß § 1 Abs. 1 KSchG also noch nicht vollendet hat.

War das Arbeitsverhältnis in der Vergangenheit unterbrochen, stellt sich die Frage, ob **frühere Beschäftigungszeiten** beim selben Arbeitgeber mitzurechnen sind. Es bietet sich an, auf die Rechtsprechung zu der ähnlich gelagerten Frage zurückzugreifen, ob die Wartezeit von sechs Monaten (§ 1 Abs. 1 KSchG) nach einer Unterbrechung neu zu laufen beginnt (vgl. hierzu etwa ErfKomm/*Ascheid* § 1 KSchG Rdn. 75).

Betriebszugehörigkeit bei einem **anderen Konzernunternehmen** zählt nur dann mit, wenn dies vertraglich vereinbart wurde. Ist das Arbeitsverhältnis im Wege des **Betriebsübergangs** auf den kündigenden Arbeitgeber übergegangen, erhöhen Beschäftigungszeiten beim Betriebsveräußerer die Abfindung.

4. Ordentliche Kündigung mit Abfindungsangebot nach § 1 a KSchG

Hinsichtlich des **Geldfaktors** („0,5 Monatsverdienste") verweist § 1 a Abs. 2 S. 2 KSchG auf § 10 Abs. 3 KSchG, also **nicht** auf die **Obergrenze** nach § 10 Abs. 2 KSchG. Nach § 10 Abs. 3 KSchG gilt als Monatsverdienst das, was dem Arbeitnehmer bei der für ihn maßgebenden regelmäßigen Arbeitszeit in dem Monat, in dem das Arbeitsverhältnis endet (§ 9 Abs. 2 KSchG) an Geld und Sachbezügen **brutto** zusteht. Regelmäßig gezahlte **Zulagen** sind zu berücksichtigen. Auch eine Gehaltserhöhung im Austrittsmonat führt zu einer höheren Abfindung. Reine **Aufwandsentschädigungen** wie Spesenersatz bleiben jedoch außer Betracht.

Es ist auf die **regelmäßige Arbeitszeit** abzustellen, so dass Überstunden oder Kurzarbeit herauszurechnen sind (KR/*Spilger* § 10 KSchG Rdn. 29; K/D/Z/*Kittner* § 10 KSchG Rdn. 18). Bezüge, die für einen längeren Zeitraum gezahlt werden (**Urlaubsgeld, Weihnachtsgeld, Gratifikationen, Boni**) sind auf einen Monat umzurechnen. Dies gilt unabhängig davon, ob mit der Leistung tatsächliche Arbeit, Betriebstreue oder beides honoriert werden soll (ErfKomm/*Ascheid* § 10 KSchG Rdn. 3; a.A. für Leistungen ohne Entgeltcharakter: KR/*Spilger* § 10 KSchG Rdn. 33; v. *Hoyningen-Huene/Linck* § 10 KSchG Rdn. 8; A/P/S/*Biebl* § 1 a KSchG § 10 Rdn. 18; Schaub/*Linck* § 141 Rdn. 73).

Die wörtliche Anwendung von § 10 Abs. 3 KSchG im Hinblick auf die Relevanz des **Austrittsmonats** würde insbesondere bei **Provisionen** zu nicht akzeptablen Zufälligkeiten führen. Je nachdem, ob der Provisionsanspruch des gekündigten Arbeitnehmers im Austrittsmonat außergewöhnlich hoch oder außergewöhnlich niedrig war, würde sich eine erhebliche Differenz ergeben. Dies ist schon deshalb nicht sachgerecht, als der Arbeitnehmer zu dem Zeitpunkt, zu dem er entscheidet, ob er die Klagfrist verstreichen lassen soll, kaum wissen wird, wie hoch sein Provisionsanspruch im Monat seines Ausscheidens sein wird. Sachgerecht wäre beispielsweise eine **Durchschnittsbildung** auf der Basis eines sachgerechten Referenzzeitraumes, etwa sechs Monaten oder einem Jahr (unklar v. *Hoyningen-Huene/Linck* § 10 KSchG Rdn. 7). Eine endgültige Klärung wird jedoch erst durch die Rechtsprechung erfolgen.

Sachbezüge sind ausdrücklich erwähnt. Der geldwerte Vorteil der privaten **Dienstwagennutzung** ist daher einzurechnen.

Das Formular wiederholt hinsichtlich der Berechnung der Abfindung lediglich den Wortlaut von § 1 a Abs. 2 KSchG und **verweist** im Übrigen ausdrücklich **auf § 1 a KSchG**. Dies hat den Nachteil, dass der Arbeitgeber – jedenfalls bis zur Klärung der Zweifelsfälle durch die Rechtsprechung – nicht immer sicher wissen wird, wie hoch die Abfindung tatsächlich ausfallen wird. Nimmt der Arbeitnehmer das Abfindungsangebot an, indem er die Klagfrist verstreichen lässt, verlangt er dann aber unter Berufung auf eine für ihn günstige Auslegung eine höhere Abfindung als der Arbeitgeber errechnet hat, so müsste dieser Streit letztlich gerichtlich geklärt werden. Aus Sicht des Arbeitgebers wird aber ein Rechtsstreit über die Höhe der Abfindung und damit mit begrenztem Risiko einem Rechtsstreit über die Wirksamkeit der Kündigung häufig vorzuziehen sein.

Als Alternative wäre zu überlegen, eine **konkrete Abfindungssumme** zu nennen. Streit über die Höhe der Abfindung würde zunächst einmal vermieden. Allerdings ist fraglich, welche Rechtsfolgen sich ergeben, wenn der konkret angebotene Betrag „objektiv" von dem gemäß § 1 a KSchG berechneten Betrag abweicht. Es ist offen, wie die Rechtsprechung mit dieser Konstellation umgehen wird.

Sofern zusätzlich ein konkreter Verweis auf § 1 a KSchG erfolgte (vgl. Anm. 4), würde ein Gericht den Abfindungsbetrag gegebenenfalls **korrigierend auslegen** (*Bauer/Krieger* NZA 2004, 77; *Preis* DB 2004, 70; KR/*Spilger* § 1 a KSchG Rdn. 33; *Raab* RdA 2005, 7; a.A. *Bader* NZA 2004, 65; *Willemsen/Annuß* NJW 2004, 177; *Grobys* DB 2003, 2174), wobei aber kaum eine Korrektur zu Lasten des Arbeitnehmers möglich sein wird (a.A. *Lilienfeld/Spellbrink* RdA 2005, 95).

Fehlt ein solcher Verweis oder scheidet eine korrigierende Auslegung aus (etwa bei einem ausdrücklichen Angebot von 0,25 Bruttomonatsgehältern) muss davon ausgegangen werden, dass es sich eben nicht um eine Kündigung „gemäß § 1 a KSchG" handelt, sondern um ein **mit der Kündigung verbundenes „normales" Abfindungsangebot**. Dieses könnte der Arbeitnehmer jedenfalls dann durch bloßes Verstreichenlassen der Klagfrist annehmen, wenn der Arbeitgeber ihn hierzu im Kündigungsschreiben entsprechend aufgefordert hat. Dogmatisch liegt ein Abfindungsangebot vor, bei dem der Arbeitgeber gemäß § 151 S. 2 BGB auf den Zugang der Annahmeerklärung verzichtet hat (*Bauer/Krieger* NZA 2004, 77; *Bader* NZA 2004, 65; *Thüsing/Stelljes* BB 2003, 1673; zu den Schwierigkeiten der dogmatischen Einordnung des Verstreichenlassens der Klagefrist vgl. auch noch Anm. 6).

Der Abfindungsanspruch des Arbeitnehmers würde auch nicht am **Formerfordernis** des § 623 BGB scheitern. Das Formerfordernis bezieht sich auf den Beendigungstatbestand, also hier auf die Kündigung. Der „Abfindungsvertrag" kann formfrei geschlossen werden.

Allerdings muss befürchtet werden, dass der Arbeitnehmer die oben erwähnte Privilegierung verliert, wonach bei Vorgehen nach § 1a KSchG regelmäßig kein **Sperrzeittatbestand** vorliegt (vgl. Anm. 1). Die Arbeitsverwaltung wird diesen Fall vermutlich dem Abschluss eines Abwicklungsvertrages gleichstellen und einer „normalen" Prüfung im Hinblick auf Sperrzeittatbestände unterziehen (vgl. BSG Urt. v. 18. 12. 2003 – B 11 AL 35/03 R – NZA 2004, 661; a.A. *Bauer/Krieger* NZA 2004, 640; *Lilienfeld/Spellbrink* RdA 2005, 96). Sofern der Arbeitgeber also wegen Unsicherheiten bei der Berechnung der Abfindung nicht „blanko" auf § 1a KSchG verweisen oder sofern er bewusst eine von § 1a KSchG abweichende Abfindung anbieten möchte, sollte schon zur Vermeidung von Unsicherheiten ein Aufhebungs- bzw. Abwicklungsvertrag abgeschlossen werden.

6. Abfindungsanspruch bei Verstreichenlassen der Klagfrist. Der Arbeitnehmer kann die Abfindung beanspruchen, wenn er die dreiwöchige Klagfrist gemäß § 4 KSchG verstreichen lässt. Der Arbeitgeber muss auf diese Folge im Kündigungsschreiben **hinweisen**, § 1a Abs. 1 S. 2 KSchG.

Liegt eine Konstellation vor, in der der Arbeitnehmer gemäß § 5 KSchG nach Ablauf der dreiwöchigen Frist zulässig **nachträglich Klage erhebt**, besteht kein Anspruch auf die Abfindung (*Däubler* NZA 2004, 177; *Grobys* DB 2003, 2174). Eine etwaig bereits ausgezahlte Abfindung ist zurückzuzahlen.

Die **dogmatische Einordnung** des Verstreichenlassens der Klagfrist bedarf noch der Klärung durch die Rechtsprechung. Nach wohl herrschender Ansicht handelt es sich um einen Realakt (*Willemsen/Annuß* NJW 2004, 177; *Bader* NZA 2004, 65; *Grobys* DB 2003, 2174; *KR/Spilger* § 1a KSchG Rdn. 72ff.; *Raab* RdA 2005, 3; a.A. *Preis* DB 2004, 70; *Löwisch* NZA 2003, 689; *Däubler* NZA 2004, 177; *Bauer/Krieger* NZA 2004, 77). **Willensmängel** wären damit ohne Bedeutung. Eine **Anfechtung** durch den Arbeitnehmer fiele aus.

7. Entstehung und Fälligkeit der Abfindung. Die Abfindung **entsteht** zum Beendigungstermin (Ablauf der Kündigungsfrist) und wird gleichzeitig **fällig** (*Däubler* NZA 2004, 177; *Bader* NZA 2004, 65; *Willemsen/Annuß* NJW 2004, 177; *Raab* RdA 2005, 10; unklar *Bauer/Krieger* NZA 2004, 77). Von diesem Zeitpunkt an unterliegt der Anspruch etwaigen **Verfallfristen**.

Wird während des Laufs der Kündigungsfrist wirksam **fristlos** gekündigt, entsteht der Abfindungsanspruch nicht (*Däubler* NZA 2004, 177). Das gleiche gilt, wenn der Arbeitnehmer vor Ablauf der Kündigungsfrist **verstirbt** (*Bader* NZA 2004, 65; *KR/Spilger* § 1a KSchG Rdn. 98).

In **steuerrechtlicher Hinsicht** bestehen keine Besonderheiten. Die Abfindung ist innerhalb der Freibeträge von § 3 Nr. 9 EStG steuerfrei und im Übrigen unter den weiteren Voraussetzungen von §§ 24, 34 EStG steuerbegünstigt.

8. Keine Abfindung bei Klage gegen die Kündigung. Mit dem Abfindungsangebot ist **kein Präjudiz** hinsichtlich der Wirksamkeit der Kündigung verbunden. Erhebt der Arbeitnehmer Kündigungsschutzklage, wird das Abfindungsangebot **gegenstandslos**. Auch eine **Rücknahme der Klage** führt nicht dazu, dass der Arbeitnehmer die Abfindung nun doch noch verlangen könnte (*Däubler* NZA 2004, 177; *Bauer/Krieger* NZA 77; *Preis* DB 2004, 70).

Selbstverständlich steht es den Parteien frei, im Kündigungsschutzstreit einen Vergleich zu verhandeln, der wiederum eine Abfindung vorsieht. Besonderheiten bestehen nicht. Insbesondere ist der Arbeitgeber nicht an das zuvor unterbreitete Abfindungsangebot gebunden.

9. Auskünfte. Aus den dargestellten Gründen (Anm. 5) erwähnt der Entwurf die konkrete Höhe der Abfindung nicht. Dies mag beim Arbeitnehmer zu **Unsicherheit** führen, welche Zahlung er denn erwarten kann, wenn er darauf verzichtet, Klage zu erheben. Es bietet sich an, dem durch das Angebot an den Arbeitnehmer zu begegnen, sich in der Personalabteilung zu erkundigen, wie hoch die Abfindung nach Berechnung des Arbeitgebers ausfällt. Das gleiche gilt im Hinblick auf die steuerliche Behandlung (Anm. 7).

5. Vorsorgliche Kündigung[1]

[Briefkopf des Arbeitgebers]

Herrn ...... (Name und Anschrift des Arbeitnehmers)

...... (Datum)

Vorsorgliche Kündigung

Sehr geehrter Herr ......,

bekanntlich haben wir Ihr Arbeitsverhältnis mit Schreiben vom ...... betriebsbedingt fristgemäß zum ...... gekündigt und Sie gleichzeitig freigestellt. Sie haben gegen diese Kündigung Kündigungsschutzklage erhoben[2].

In der Zwischenzeit mussten wir erfahren, dass Sie noch während der Kündigungsfrist ein Arbeitsverhältnis zu einem unserer Wettbewerber aufgenommen haben. Vorsorglich kündigen wir daher hiermit Ihr Arbeitsverhältnis erneut fristgemäß zum ......, hilfsweise zum nächst zulässigen Zeitpunkt.

(*Alternative:* Wir sind der Auffassung, dass Sie ausschließlich in einem Geschäftsführer-Anstellungsverhältnis zur Y-GmbH stehen und nicht etwa in einem Arbeits- oder anderen Dienstverhältnis zur X-GmbH[3]. Rein vorsorglich kündigen wir hiermit ein etwaig bestehendes Arbeits- oder anderes Dienstverhältnis zwischen Ihnen und der X-GmbH fristgemäß zum ......, hilfsweise zum nächst zulässigen Zeitpunkt.)

Vorsorglich weisen wir Sie darauf hin, dass Sie sich unverzüglich bei der zuständigen Agentur für Arbeit zu melden sowie eigene Aktivitäten bei der Suche nach einer anderen Beschäftigung zu entfalten haben.

Für Ihre berufliche Zukunft wünschen wir Ihnen alles Gute.

Mit freundlichen Grüßen

......

Unterschrift des Arbeitgebers

Erhalten:

......

Ort, Datum

......

Unterschrift des Arbeitnehmers

Schrifttum: Bader, Kündigungsprozesse richtig führen – typische Fehler im Kündigungsprozess, NZA 1997, 905; *Bauer,* Nun Schriftform bei der Beförderung zum Geschäftsführer?, GmbHR 2000, 767; *Bittner,* Zur Kombination von Kündigungsschutzklage mit allgemeiner Feststellungsklage, DB 1997, 1407; *Kamanabrou,* Das Anstellungsverhältnis des GmbH-Geschäftsführers im Licht neuerer Rechtsprechung, DB 2002, 148; s. ferner Form. A. XIV. 2.

Anmerkungen

1. Vorsorgliche Kündigung. Bei der vorsorglichen Kündigung handelt es sich um ein aus Arbeitgebersicht sehr hilfreiches Instrument, von dem immer dann Gebrauch gemacht werden sollte, wenn **Zweifel an der Durchsetzbarkeit** einer schon ausgesprochenen Kündigung bestehen. Der Text der Kündigungserklärung ist (gegebenenfalls unter Einbeziehung der Module aus Form. A. XIV. 3) an den jeweiligen Sachverhalt anzupassen. In formaler Hinsicht (insbesondere Schriftform, Unterzeichnung, Zugang) müssen alle Anforderungen an eine Kündigung erfüllt sein. S. hierzu die ausführlichen Anmerkungen zu Form. A. XIV. 2.

2. Zweifel an der Wirksamkeit der Kündigung. Unser Formular beruht in der Hauptvariante auf einem Sachverhalt, bei dem nach Ausspruch der ersten Kündigung ein **neuer Kündigungsgrund** eingetreten ist. Es ist aber eine Vielzahl von weiteren Anwendungsfällen denkbar, so beispielsweise wenn der Arbeitnehmer bestreitet, dass die erste Kündigungserklärung **ordnungsgemäß zugegangen** ist, wenn die erste Kündigungserklärung **gemäß § 174 BGB zurückgewiesen** wurde oder wenn der **Betriebsrat in der Zwischenzeit vorsorglich ergänzend angehört** wurde (s. Form. C. I. 1). Der Text des Formulars wäre jeweils entsprechend anzupassen.

Die vorsorgliche Kündigung dient der Reduzierung des Risikos des Arbeitgebers. Wenn das gekündigte Arbeitsverhältnis nicht schon aufgrund der ersten Kündigung zum ursprünglich gewünschten Termin enden sollte, so doch vielleicht aufgrund der vorsorglichen Kündigung zu einem späteren Termin. Es kann nur dringend geraten werden, von diesem Instrument Gebrauch zu machen. Es ist höchst misslich, wenn sich beispielsweise nach langem Rechtsstreit der Zugang einer Kündigungserklärung nicht beweisen lässt, ohne dass zumindest vorsorglich eine weitere Kündigung ausgesprochen wurde, die das Arbeitsverhältnis dann etwas später beendet.

Die vorsorgliche Kündigung wird gegenstandslos, wenn das Arbeitsverhältnis schon durch die zuvor ausgesprochene Kündigung endet. In **prozessualer Hinsicht** muss der gekündigte Arbeitnehmer die vorsorgliche Kündigung mit einem **Kündigungsschutzantrag** nach § 4 KSchG angreifen. Ein **allgemeiner Feststellungsantrag** i. S. v. § 256 ZPO wäre in einem über die „Haupt"-Kündigung anhängigen Kündigungsrechtsstreit subsidiär und damit unzulässig, da § 4 KSchG die speziellere Vorschrift ist (ErfKomm/*Ascheid* § 4 KSchG Rdn. 86). Streng genommen dürfte der Kläger einen allgemeinen Feststellungsantrag daher nur in einer Phase stellen, in der er zwar mit einer weiteren Kündigung rechnen muss, diese aber noch nicht ausgesprochen wurde: Wenn er nämlich nicht mit einer weiteren Kündigung rechnen muss, ist der allgemeiner Feststellungsantrag mangels Rechtsschutzbefürfnis i. S. d. § 256 ZPO unzulässig, worauf das Arbeitsgericht hinweisen muss (ErfKomm/*Ascheid* § 4 KSchG Rdn. 89). Nach Ausspruch einer weiteren Kündigung ist, wie erwähnt, § 4 KSchG die speziellere Norm und ein zuvor gestellter allgemeiner Feststellungsantrag wäre umzustellen. In der Praxis wird diese Unterscheidung häufig nicht konsequent durchgehalten. Jedenfalls besteht Einigkeit, dass eine vorsorgliche Kündigung von einem (zurecht oder zu Unrecht) als zulässig behandelten **allgemeinen Feststellungsantrag** erfasst wird. Der allgemeine Feststellungsantrag wirkt fristwahrend i. S. d. § 4 KSchG für alle späteren Kündigungen (vgl. BAG Urt. v. 13. 3. 1997 – 2 AZR 512/96 – AP Nr. 38 zu § 4 KSchG 1969 mit Anm. *Diller*; *Bittner* DB 1997, 1407).

3. Mögliche Rechtsbeziehung zu mehreren Gesellschaften. Eine vorsorgliche Kündigung sollte nicht nur dann ausgesprochen werden, wenn fraglich ist, ob eine zuvor ausgesprochene Kündigung durchsetzbar ist. Vielmehr kommt eine vorsorgliche Kündigung auch dann in Betracht, wenn zweifelhaft ist, ob überhaupt ein Arbeitsverhältnis besteht, das gekündigt werden müsste. Diese Konstellation tritt insbesondere dann ein, wenn ein Arbeitnehmer in **Rechtsbeziehungen zu verschiedenen Gesellschaften** steht oder zumindest stand. Der Formulartext geht in der Alternative von einem Sachverhalt aus, bei dem die Befürchtung besteht, der Geschäftsführer einer Tochtergesellschaft (Y-GmbH) könnte behaupten, in einem Arbeitsverhältnis zur Konzernmutter (X-GmbH) zu stehen (vgl. etwa den vom BAG mit Urt. v. 29. 10. 1995 – 5 AZB 5/95 – GmbHR 1996, 289 entschiedenen Sachverhalt). Eine ähnliche Konstellation liegt vor, wenn ein Arbeitnehmer innerhalb eines Konzerns von einer Gesellschaft zu einer anderen Gesellschaft gewechselt ist, ohne dass das Arbeitsverhältnis mit dem ersten Arbeitgeber formell beendet wurde, oder – innerhalb einer Gesellschaft – beim sog. **ruhenden Arbeitsverhältnis** eines Geschäftsführers (hierzu BAG Urt. v. 5. 4. 2002 – 2 AZR 352/01 – NZA 2003, 272; BAG Urt. v. 8. 6. 2000 – 2 AZR 207/99 – AP Nr. 49 zu § 5 ArbGG; *Kamanabrou* DB 2002, 148 ff. m. weit. Nachw.; *Bauer* GmbHR 2000, 767). Auch in solchen Konstellationen kann sich eine vorsorgliche Kündigung empfehlen, wobei jeweils abzuwägen ist, ob nicht „schlafende Hunde geweckt" werden.

Wenn Rechtsbeziehungen zu verschiedenen Gesellschaften in Frage stehen, ist besonders darauf zu achten, dass das Kündigungsschreiben von den **richtigen Vertretungsberechtigten aller betroffenen Gesellschaften** unterzeichnet wird. Soll das Dienstverhältnis eines Geschäftsführers einer GmbH gekündigt werden, wird die Gesellschaft von der Muttergesellschaft vertreten, die wiederum durch ihre Geschäftsführung vertreten wird. Soll, wie im Formular, vorsorglich auch ein etwaiges Arbeitsverhältnis zur Muttergesellschaft gekündigt werden, wird diese wiederum durch ihre Geschäftsführung vertreten. Wenn, anders als im Formular, die Kündigung des Geschäftsführer-Anstellungsverhältnisses und die vorsorgliche Kündigung des Arbeitsverhältnisses im selben Dokument erklärt werden sollen, so unterzeichnet die Geschäftsführung der Muttergesellschaft das Kündigungsschreiben somit sowohl für die Tochtergesellschaft (hinsichtlich des Geschäftsführer-Anstellungsverhältnisses) als auch für die Muttergesellschaft (hinsichtlich eines etwaigen Arbeitsverhältnisses). Die unterschiedlichen Vertretungsverhältnisse sollten dann im Kündigungsschreiben deutlich gemacht werden, etwa durch zweimalige Unterzeichnung mit Nennung der jeweiligen Funktion.

6. Außerordentliche Kündigung[1]

[Briefkopf des Arbeitgebers]

Herrn ...... (Name und Anschrift des Arbeitnehmers)
...... (Datum)[2]

Außerordentliche Kündigung

Sehr geehrter Herr ......,
hiermit kündigen wir Ihr Arbeitsverhältnis außerordentlich fristlos, hilfeweise fristgemäß zum nächst zulässigen Zeitpunkt[3].
(*Alternative:* Hiermit kündigen wir Ihr Arbeitsverhältnis aus wichtigem Grund unter Einhaltung einer Auslauffrist von ...... Monaten zum Monatsende, also zum ......, hilfsweise zum nächst zulässigen Zeitpunkt[4].)
(*Optional:* Die Gesellschaft hat sich zu diesem Schritt entschlossen, weil zu unserer Überzeugung feststeht, dass Sie am ...... EUR 20,– aus der Verkaufskasse entwendet haben[5]. Sie wurden hierbei beobachtet. Ihre Behauptung, das Geld nur für die Mittagspause entleihen und anschließend zurücklegen zu wollen, halten wir für unglaubwürdig. Im Übrigen zerstört aber schon der durch Ihre Einlassung nicht ausgeräumte Verdacht, dass Sie das Geld entwenden wollten, das Vertrauen in Sie als Kassierer. Wir sehen daher keine Möglichkeit für eine weitere Zusammenarbeit mit Ihnen.)
(*Optional:* Wir sagen uns hiermit gemäß § 75 HGB von dem mit Ihnen vereinbarten nachvertraglichen Wettbewerbsverbot los[6]. Sie haben keinen Anspruch auf die vereinbarte Karenzentschädigung.)
Vorsorglich weisen wir Sie darauf hin, dass Sie sich unverzüglich bei der zuständigen Agentur für Arbeit zu melden sowie eigene Aktivitäten bei der Suche nach einer anderen Beschäftigung zu entfalten haben.

Mit freundlichen Grüßen
......
Unterschrift des Arbeitgebers

Erhalten:
......
Ort, Datum
......
Unterschrift des Arbeitnehmers

Schrifttum: Adam, Abschied vom „Unkündbaren?", NZA 1999, 846; *Becker-Schaffner,* Die Rechtsprechung zur Ausschlussfrist des § 626 Abs. 2 BGB, DB 1987, 2147; *Becker-Schaffner,* Fragen und Grundsätzliches zur verhaltensbedingten Kündigung, ZTR 97, 3; *Berkowsky,* Die verhaltensbedingte Kündigung

– Teil 1, NZA-RR 2001, 1; *Busch,* Die Verdachtskündigung im Arbeitsrecht, MDR 1995, 217; *Eckert,* Verdachtskündigung bei Straftat, Frist zur außerordentlichen Kündigung, DStR 1994, 404; *Eckert,* Verdachtskündigung bleibt zulässig, DStR 1995, 947; *Eckert,* Außerordentliche Kündigung bei Strafantritt des Arbeitnehmers, DStR 1996, 33; *Fischer,* Die Anhörung des Arbeitnehmers vor der Verdachtskündigung, BB 2003, 522; *Groeger,* Probleme der außerordentlichen betriebsbedingten Kündigung ordentlich unkündbarer Arbeitnehmer, NZA 1999, 850; *Hunold,* Die Rechtsprechung zur Abmahnung und Kündigung bei Vertragsstörungen im Vertrauensbereich, NZA-RR 2003, 57; *Laber/Legerlotz,* Verpflichtung zur Unterlassung von Wettbewerb während und nach Beendigung eines Dienstverhältnisses, DStR 2000, 1605; *Lohr,* Die fristlose Kündigung des Dienstvertrags eines GmbH-Geschäftsführers, NZG 2001, 826; *Lücke,* Unter Verdacht: Die Verdachtskündigung, BB 1997, 1842; *Lücke,* Die Verdachtskündigung, Fragen aus der Praxis, BB 1998, 2259; *Schmidt,* Die Umdeutung der außerordentlichen Kündigung im Spannungsverhältnis zwischen materiellem und Prozessrecht, NZA 1989, 661; *Schulte Westenberg,* Die außerordentliche Kündigung im Spiegel der neueren Rechtsprechung, NZA-RR 2000, 449; *Schulte Westenberg,* Die außerordentliche Kündigung im Spiegel der neueren Rechtsprechung, NZA-RR 2002, 561; *Stückmann/Kohlepp,* Verhältnismäßigkeitsgrundsatz und „ultima-ratio-Prinzip" im Kündigungsrecht – Richterliche Praxis ohne dogmatische Begründung, RdA 2000, 331; *Tschöpe,* Außerordentliche Kündigung bei Diebstahl geringwertiger Sachen, NZA 1985, 588; *Tschöpe,* Verhaltensbedingte Kündigung – Eine systematische Darstellung im Lichte der BAG-Rechtsprechung, BB 2002, 778; *Wagner,* Die Kündigung durch den Arbeitgeber – Checkliste, NZA 1989, 384; *Zuber,* Das Abmahnungserfordernis vor Ausspruch verhaltensbedingter Kündigung, NZA 1999, 1142.

Anmerkungen

1. Außerordentliche Kündigung. Die Gesellschaft kann das Arbeitsverhältnis aus wichtigem Grund außerordentlich kündigen. Eine solche außerordentliche Kündigung wird meistens fristlos, also **ohne Einhaltung einer Kündigungsfrist erfolgen**, wenn Tatsachen vorliegen, die es **unzumutbar** machen, das Arbeitsverhältnis auch nur bis zum Ablauf der Kündigungsfrist fortzusetzen, § 626 Abs. 1 BGB. Ausnahmsweise kann eine außerordentliche Kündigung aber auch unter Gewährung einer Auslauffrist ausgesprochen werden, die der „eigentlich" geltenden Kündigungsfrist entspricht (s. die Abwandlung des Form. und Anm. 4).

Regelfall der außerordentlichen fristlosen Kündigung ist die verhaltensbedingte Kündigung, der ein erhebliches Fehlverhalten des Arbeitnehmers vorausgegangen sein muss (gegebenenfalls nach vorheriger Abmahnung). Umstände, die eine fristlose Kündigung rechtfertigen können, sind beispielsweise Straftaten zu Lasten der Gesellschaft, beharrliche Arbeitsverweigerung, sexuelle Belästigung von Mitarbeitern oder rassistisches Verhalten. Entscheidend ist aber immer eine Bewertung des Einzelfalles, in die eine **Interessenabwägung** selbst bei Sachverhalten einzufließen hat, die einen wichtigen Grund darstellen, der an sich eine außerordentliche Kündigung rechtfertigen würde.

Für die **Formalien** des Kündigungsschreibens (Schriftform, Unterzeichnung, Zugang beim Arbeitnehmer) s. Form A. XIV. 2, für weitere **optionale Textmodule** (beispielsweise Stellungnahme des Betriebsrats, Widerruf der Dienstwagennutzung) s. Form. A. XIV. 3.

2. Ausschlussfrist. Bei Ausspruch einer außerordentlichen Kündigung ist unbedingt auf die Ausschlussfrist gemäß § 626 Abs. 2 BGB zu achten. Danach muss eine außerordentliche Kündigung dem Arbeitnehmer innerhalb von **zwei Wochen** nach dem Zeitpunkt zugehen, zu dem der Arbeitgeber von dem Sachverhalt Kenntnis erlangt hat, auf den die Kündigung gestützt wird. Wenn die Kündigung auf einen **Dauertatbestand** gestützt wird, also auf eine andauernde Verletzung des Vertrages, beispielsweise unerlaubtes Fernbleiben von der Arbeit, beginnt die Ausschlußfrist nicht mit dem Beginn der Vertragsverletzung, sondern erst mit ihrer Beendigung, etwa mit dem Wiederantritt der Arbeit (ErKomm/*Müller-Glöge* § 626 BGB Rdn. 267).

Es ist also regelmäßig rasches Handeln erforderlich, insbesondere wenn ein Betriebsrat anzuhören ist. Das Anhörungsverfahren gemäß § 102 BetrVG muss so rechtzeitig eingeleitet werden, dass die Kündigung auch nach Ablauf der dreitägigen Bedenkfrist des Betriebsrats (§ 102 Abs. 2 S. 3 BetrVG) noch innerhalb der Zwei-Wochen-Frist zugestellt werden kann.

3. Vorsorglicher Ausspruch einer ordentlichen fristgerechten Kündigung. Es kommt nicht selten vor, dass das Fehlverhalten des Arbeitnehmers zwar keine außerordentliche fristlose, aber eventuell eine fristgerechte Kündigung rechtfertigen würde. Nach Ansicht des Bundesarbeitsgerichts (BAG Urt. v. 15. 11. 2001 – 2 AZR 310/00 – AP Nr. 13 zu § 140 BGB; BAG Urt. v. 18. 9. 1975 – 2 AZR 311/74 – AP Nr. 10 zu § 626 BGB Druckkündigung) kann eine fristlose Kündigung in eine fristgerechte Kündigung **umgedeutet** werden, wenn aus der fristlosen Kündigung für den Arbeitnehmer erkennbar der Wille des Arbeitgebers spricht, das Arbeitsverhältnis in jedem Fall zu beenden. Trotz dieser Rechtsprechung sollte unmittelbar in das Kündigungsschreiben aufgenommen werden, dass vorsorglich zumindest eine fristgerechte Beendigung gewollt ist. Auch zu dieser vorsorglichen Kündigung ist der Betriebsrat – in Verbindung mit der Anhörung zur außerordentlichen Kündigung – anzuhören (vgl. hierzu Form. C. I. 1).

4. Außerordentliche Kündigung mit Auslauffrist. Insbesondere Tarifverträge (etwa § 53 Abs. 3 BAT) sehen häufig vor, dass Arbeitnehmer ab einem bestimmten Alter und einer bestimmten Betriebszugehörigkeit **nicht mehr ordentlich gekündigt** werden können. Auch arbeitsvertraglich kann der Ausschluß der ordentlichen Kündbarkeit vereinbart werden (BAG Urt. v. 25. 3. 2004 – 2 AZR 153/03 – BB 2004, 2303). Eine außerordentliche fristlose Kündigung, etwa bei schweren Vertragsverstößen des Arbeitnehmers, bleibt in jedem Fall weiter möglich.

Es gibt aber Fallgestaltungen, in denen einem Arbeitgeber wegen eines Fehlverhaltens des Arbeitnehmers zwar einerseits nicht zugemutet werden kann, das Arbeitsverhältnis bis zum Renteneintritt fortzusetzen, andererseits aber das Fehlverhalten nur die Qualität erreicht, die bei ordentlich kündbaren Arbeitnehmern eine **fristgemäße verhaltensbedingte Kündigung** rechtfertigen würde. Es käme zu einem offensichtlichen Wertungswiderspruch, wenn der tariflich nicht kündbare Arbeitnehmer bei einer solchen Sachlage außerordentlich fristlos gekündigt werden könnte. Das BAG behilft sich damit, dass zwar eine außerordentliche verhaltensbedingte Kündigung gemäß § 626 BGB ausgesprochen werden kann, aber eine **Auslauffrist** einzuräumen ist, die der fiktiven ordentlichen Kündigungsfrist entspricht, die gelten würde, wenn der Arbeitnehmer „normal" kündbar wäre (vgl. BAG Urt. v. 11. 3. 1999 – 2 AZR 427/98 – AP Nr. 150 zu § 626 BGB; BAG Urt. v. 12. 8. 1999 – 2 AZR 923/98 – AP Nr. 28 zu § 626 BGB Verdacht strafbarer Handlungen). Das Formular sieht eine Auslauffrist zum Monatsende vor. Wäre mit dem Arbeitnehmer aber etwa vertraglich eine Kündigungsfrist von drei Monaten zum Quartalsende vereinbart worden, wäre auch eine entsprechende Auslauffrist zu gewähren. Eine unwirksame außerordentliche fristlose Kündigung kann in eine außerordentliche Kündigung mit Auslauffrist umgedeutet werden (BAG Urt. v. 25. 3. 2004 – 2 AZR 153/03 – BB 2004, 2303).

Das Gleiche gilt für die **außerordentliche betriebsbedingte Kündigung** (etwa BAG Urt. v. 5. 2. 1998 – 2 AZR 227/97 – AP Nr. 143 zu § 626 BGB; BAG Urt. v. 27. 6. 2002 – 2 AZR 367/01 – DB 2003, 102: wenn sonst ein sinnloses Arbeitsverhältnis gegebenenfalls bis zur Pensionierung des Arbeitnehmers allein durch Vergütungszahlungen aufrechterhalten werden müsste) oder die **außerordentliche personenbedingte Kündigung** (etwa BAG Urt. v. 18. 10. 2000 – 2 AZR 627/99 – AP Nr. 9 zu § 626 BGB Krankheit).

Die **Zwei-Wochen-Ausschlussfrist** gemäß § 626 Abs. 2 BGB gilt grundsätzlich auch für die außerordentliche Kündigung mit Auslauffrist. Insbesondere bei einer außerordentlichen betriebsbedingten oder personenbedingten Kündigung wird aber häufig ein **Dauertatbestand** vorliegen (Anm. 2). In diesem Fall droht keine Verfristung (etwa BAG Urt. v. 5. 2. 1998 – 2 AZR 227/97 – AP Nr. 143 zu § 626 BGB für den Fall der Betriebsstilllegung).

5. Angabe des Kündigungsgrundes. Es gibt keine gesetzliche Verpflichtung, den Kündigungsgrund in das Anschreiben aufzunehmen. Wie oben (Form. A. XIV. 2 Anm. 3) ausgeführt, sprechen regelmäßig Gründe dagegen, zum Kündigungsgrund Stellung zu nehmen. Der Arbeitgeber ist jedoch gemäß § 626 Abs. 2 S. 3 BGB verpflichtet, auf **Verlangen** des Arbeitnehmers den Kündigungsgrund unverzüglich schriftlich mitzuteilen. Ein Verstoß gegen diese Verpflichtung führt nicht zur Unwirksamkeit der Kündigung, kann aber (zumindest theoretisch) Schadensersatzansprüche nach sich ziehen, etwa wenn der Arbeitnehmer gegen die Kündigung klagt, dies aber unterlassen hätte, wenn ihm der Arbeitgeber den Kündigungsgrund mitgeteilt hätte.

Wenn ein Kündigungsgrund angegeben wird, sollte darauf geachtet werden, eine Darstellung zu wählen, die möglichst wenig Argumentationsoptionen abschneidet. Wenn – wie im gewählten Beispiel – eine Kündigung wegen einer als erwiesen erachteten Straftat ausgesprochen wird, kann im Einzelfall auch schon der bloße Verdacht die Kündigung rechtfertigen (vgl. zum Verhältnis von **Tatkündigung** und **Verdachtskündigung** etwa BAG Urt. v. 14. 9. 1994 – 2 AZR 164/94 – AP Nr. 24 zu § 626 BGB Verdacht strafbarer Handlungen; BAG Urt. v. 12. 8. 1999 – 2 AZR 923/98 – AP Nr. 28 zu § 626 BGB Verdacht strafbarer Handlungen; ErfKomm/*Müller-Glöge* § 626 BGB Rdn. 215 ff.). Es sollten dann **vorsorgliche Ausführungen** auch zur Verdachtskündigung gemacht werden. Natürlich muss in einem solchen Fall auch ein bestehender Betriebsrat entsprechend angehört worden sein und es müssen die weiteren Voraussetzungen der Verdachtskündigung (z. B. Anhörung des Arbeitnehmers) vorliegen.

6. Lösung vom nachvertraglichen Wettbewerbsverbot. Beruht die fristlose Kündigung, wie regelmäßig, auf einer Vertragsverletzung des Arbeitnehmers, hat der Arbeitgeber das Recht, sich von einem vereinbarten nachvertraglichen Wettbewerbsverbot bis zu einem Monat nach Ausspruch der Kündigung schriftlich zu **lösen**, § 75 Abs. 1 HGB analog. Macht der Arbeitgeber von diesem Recht Gebrauch, kann sich der Arbeitnehmer grundsätzlich sofort in Wettbewerb zum Arbeitgeber stellen. Das nachvertragliche Wettbewerbsverbot entfaltet dann keine Wirkungen mehr. Allerdings kann der Arbeitnehmer, sofern er die außerordentliche Kündigung seines Arbeitsverhältnisses durch vertragswidriges schuldhaftes Verhalten herbeigeführt hat, dem Arbeitgeber zum Schadensersatz verpflichtet sein (§ 628 Abs. 2 BGB). Nach der nicht überzeugenden Rechtsprechung des BAG (Urt. v. 23. 2. 1977 – 3 AZR 620/75 – AP Nr. 6 zu § 75 HGB; a. A. OLG Frankfurt a. M. Urt. v. 13. 5. 1997 – 11 U (Kart) 68/96 – GmbHR 1998, 376, 378) soll sich unter dem Gesichtspunkt des Auflösungsschadens eine entschädigungslose Verpflichtung des Arbeitnehmers ergeben können, sich bis zum nächst zulässigen Kündigungstermin des Arbeitsverhältnisses nicht in Wettbewerb zum Arbeitgeber zu stellen.

Wenn sich der Arbeitgeber gemäß § 75 Abs. 1 HGB analog vom nachvertraglichen Wettbewerbsverbot löst, hat der Arbeitnehmer (im Gegensatz zum Verzicht durch den Arbeitgeber gemäß § 75a HGB, vgl. oben A. XIV. 3 Anm. 12) **keinen Anspruch auf Karenzentschädigung**. § 75 Abs. 3 HGB, der dem Arbeitgeber noch weitergehende Rechte einräumte, wurde vom BAG für verfassungswidrig erklärt (BAG Urt. v. 23. 2. 1977 – 3 AZR 620/75 – AP Nr. 6 zu § 75 HGB).

Auch wenn kein nachvertragliches Wettbewerbsverbot vereinbart wurde (s. Form. A. IV. 1), ist es für den Arbeitnehmer nicht risikolos, sich nach Ausspruch einer fristlosen Kündigung in Wettbewerb zum (ehemaligen) Arbeitgeber zu stellen, also beispielsweise eine Tätigkeit für ein Konkurrenzunternehmen aufzunehmen. Dies gilt jedenfalls dann, wenn der Arbeitnehmer die Wirksamkeit der fristlosen Kündigung bestreitet und entsprechend Klage erhebt. Nach der Rechtsprechung bleibt ein Arbeitnehmer auch nach einer unwirksamen fristlosen Kündigung an das **vertragliche Wettbewerbsverbot** gebunden, da die Kündigung das Arbeitsverhältnis nicht beenden konnte (BAG Urt. v. 25. 4. 1991 – 2 AZR 624/90 – AP Nr. 104 zu § 626 BGB). Die Gesellschaft kann daher vorsorglich für den Fall, dass die fristlose Kündigung als unwirksam erachtet werden sollte, die Wettbewerbstätigkeit des Arbeitnehmers zum Anlass nehmen, eine vorsorgliche weitere Kündigung (gegebenenfalls sogar fristlos) auszusprechen, um das Risiko der Unwirksamkeit der fristlosen Kündigung zu vermindern und die Verhandlungsposition über eine mögliche vergleichsweise Einigung zu verbessern (vgl. Form. A. XIV. 5).

7. Vollmachtsurkunde zum Ausspruch einer Kündigung[1]

[Briefkopf des Arbeitgebers]

Vollmacht

Hiermit bevollmächtigen wir Herrn ......, das Arbeitsverhältnis zwischen uns und Herrn ...... in unserem Namen fristgemäß zu kündigen. Diese Vollmacht umfasst das Recht zum Ausspruch weiterer Kündigungen, insbesondere vorsorglicher oder fristloser Kündigungen sowie das Recht, eine einvernehmliche Regelung über das Ausscheiden von Herrn ...... zu treffen[2].
Diese Vollmacht bleibt bis zu ihrem Widerruf wirksam[3].

......
Ort, Datum
......
Unterschrift des Arbeitgebers[4]

Schrifttum: Bader, Kündigungsprozesse richtig führen – typische Fehler im Kündigungsprozess, NZA 1997, 905; *Brehsan/Gohrke/Opolony*, Der ausreichende Nachweis ordnungsgemäßer Bevollmächtigung nach § 174 BGB aus anwaltlicher Sicht; *Deggau*, § 174 BGB – eine ungenutzte Vorschrift, JZ 1982, 796; *Diller*, Zurückweisung der Kündigung nach § 174 BGB – eine vergessene Waffe, FA 1999, 106; *Häublein*, § 174 S. 1 BGB – eine (Haftungs-) Falle nicht nur für Rechtsanwälte, NJW 2002, 1398; *Lohr*, Kündigung des Arbeitsvertrags – Zurückweisung wegen fehlender Vollmachtsurkunde, MDR 2000, 620; *Lohr*, Die fristlose Kündigung des Dienstvertrags eines GmbH-Geschäftsführers, NZG 2001, 826; *Opolony*, Die Nichtverlängerungsmitteilung bei befristeten Bühnenarbeitsverhältnissen, NZA 2001, 1351; *Wagner*, Die Kündigung durch den Arbeitgeber – Checkliste, NZA 1989, 384.

Anmerkungen

1. Kündigungsvollmacht. Wenn ein Kündigungsschreiben weder durch einen gesetzlichen Vertreter der Gesellschaft noch durch eine Person unterzeichnet wird, deren entsprechende Befugnis dem gekündigten Mitarbeiter bekannt war oder hätte bekannt sein müssen, sollte dem Kündigungsschreiben unbedingt eine **Vollmacht** beigefügt werden. Andernfalls droht eine Zurückweisung der Kündigung gemäß § 174 BGB und damit deren **Unwirksamkeit** (s. hierzu schon oben Form. A. XIV. 2 Anm. 7).

Dies gilt insbesondere auch dann, wenn ein **Rechtsanwalt** bevollmächtigt werden soll, die Kündigung auszusprechen (vgl. Lohr MDR 2000, 623). Die Vollmachtsurkunde muss der Kündigungserklärung im **Original** beigefügt werden. Ein Telefax oder eine Kopie reichen nicht aus. In der Praxis hat es sich bewährt, mehrere Originalvollmachten auszustellen und dem Bevollmächtigten zukommen zu lassen. So kann dieser mehrere Kündigungserklärungen ausfertigen, wenn verschiedene Zustellungsversuche unternommen werden sollen (s. Form. A. XIV. 2 Anm. 8).

2. Erstreckung der Vollmacht auf weitere Erklärungen. Es kommt nicht selten vor, dass in der Folge einer Kündigung, etwa im Laufe eines Kündigungsschutzverfahrens **weitere Kündigungen** ausgesprochen werden, entweder als vorsorgliche Kündigung (s. Form. A. XIV. 5) oder als außerordentliche fristlose Kündigung (s. Form. A. XIV. 6), so etwa wenn während des Laufes der Kündigungsfrist schwerwiegende Verfehlungen des Mitarbeiters bekannt werden. Es bietet sich an, die Vollmacht auch auf solche nur möglicherweise später auszusprechenden Kündigungen zu erstrecken.

Sofern mit der Kündigungserklärung **weitere Erklärungen** verbunden werden sollen, etwa eine Freistellung oder eine Lösung vom Wettbewerbsverbot (s. Form. A. XIV. 3), sollte die Vollmacht entsprechend ergänzt werden.

Es kann sich auch anbieten, in die Vollmacht das Recht des Bevollmächtigten aufzunehmen, einen **Aufhebungs- oder Abwicklungsvertrag** zu verhandeln und abzuschließen. Dabei muss aber beachtet werden, dass es als Zeichen der Unsicherheit angesehen werden kann, wenn sich schon aus der Vollmacht zum Ausspruch einer vielleicht sogar außerordentlichen fristlosen Kündigung ersehen lässt, dass der Arbeitgeber Verhandlungen über eine einvernehmliche Trennung führen will. Es kann der Eindruck entstehen, dass der Arbeitgeber selbst nicht an die Wirksamkeit der Kündigung glaubt.

3. Widerruf/Verlust der Wirksamkeit. Gegenüber dem Bevollmächtigten kann die Vollmacht jederzeit **widerrufen** werden (§ 168 BGB). Wurde dem Bevollmächtigten allerdings eine Vollmachtsurkunde ausgehändigt und die Urkunde dem zu kündigenden Mitarbeiter bereits vorgelegt, bleibt die Vollmacht in Kraft, bis die Vollmachtsurkunde **zurückgegeben** wurde oder jedenfalls dem Mitarbeiter das Erlöschen der Bevollmächtigung **bekannt** sein musste (§§ 172 Abs. 2, 173 BGB).

Ein ausdrücklicher Hinweis darauf, dass die Vollmacht bis zu ihrem Widerruf gültig bleiben soll, kann insbesondere dann hilfreich sein, wenn die Erteilung der Vollmacht bei Ausspruch der Kündigung schon einige Zeit zurückliegt. Durch die Formulierung wird deutlich, dass die Vollmacht ohne zeitliche Beschränkung gelten soll und nicht nur für eine bestimmte Situation erteilt wurde.

4. Unterzeichnung. Im Bezug auf die Unterzeichnung der Vollmacht wird auf Form. A. XIV. 2 Anm. 7 verwiesen. Die Vollmacht sollte bei einer Gesellschaft von ihrem gesetzlichen Vertreter, also beispielsweise dem vertretungsberechtigten Geschäftsführer einer GmbH, oder von einer Person unterzeichnet werden, deren entsprechende Berechtigung dem Mitarbeiter, der gekündigt werden soll, nachweislich bekannt ist.

8. Zurückweisung einer Zurückweisung gemäß § 174 BGB[1]

[Briefkopf des Rechtsanwaltes des Arbeitgebers]

Herrn Rechtsanwalt ...... (Name und Anschrift des Rechtsanwaltes des Arbeitnehmers)
...... (Datum)[2]

Herr ..../. ...... GmbH
Zurückweisung Ihrer Zurückweisung vom ......

Sehr geehrter Herr Kollege ......,

wir vertreten die ...... GmbH. Auf uns lautende Originalvollmacht[3] liegt an.
Unsere Mandantin hat unter dem ...... Ihrem Mandanten ...... fristgemäß gekündigt.
Das Kündigungsschreiben wurde von Herrn ...... unterzeichnet, dem Vorgesetzten von Herrn ......
Mit Schreiben vom ...... haben Sie unserer Mandantin mitgeteilt, dass Sie Herrn ...... vertreten. Gleichzeitig haben Sie die Kündigungserklärung gemäß § 174 BGB mit der Begründung zurückgewiesen, dass die Bevollmächtigung von Herrn ...... zur Unterzeichnung der Kündigungserklärung nicht durch Vorlage einer Vollmachtsurkunde belegt gewesen sei.
Nach unserer Auffassung geht diese Behauptung ins Leere[4]. Ihrem Mandanten war bekannt, dass Herr ...... zur Unterzeichnung von Kündigungserklärungen berechtigt war. So hat er auch in der Vergangenheit Kündigungserklärungen allein unterzeichnet.
Im Übrigen weisen wir die in Ihrem Schreiben vom ...... erklärte Zurückweisung unsererseits gemäß § 174 BGB zurück. Ihre Zurückweisungserklärung ist ein einseitiges

8. Zurückweisung einer Zurückweisung gemäß § 174 BGB   A. XIV. 8

Rechtsgeschäft, das Sie als Vertreter für Herrn ...... vorgenommen haben, ohne Ihre Bevollmächtigung durch Vorlage einer Vollmachtsurkunde nachzuweisen[5].

Mit freundlichen kollegialen Grüßen

......

Unterschrift des Rechtsanwaltes

Schrifttum: S. Form. A. XIV. 7.

Anmerkungen

1. Zurückweisungserklärung. Dem Formular liegt ein Fall zugrunde, in dem eine Gesellschaft einem Arbeitnehmer gekündigt hat. Der Rechtsanwalt des Arbeitnehmers hat das Kündigungsschreiben gemäß § 174 BGB zurückgewiesen (s. Form. A. XIV. 7) ohne sich durch eine Vollmacht zu legitimieren. In der Praxis wird bisweilen nicht bedacht, dass das Schreiben, mit dem die Kündigungserklärung gemäß § 174 BGB zurückgewiesen wird, selbst eine **einseitige Willenserklärung** ist, auf die § 174 BGB Anwendung findet. Wenn das Zurückweisungsschreiben von einem Vertreter unterzeichnet wird (hier: dem Rechtsanwalt des gekündigten Arbeitnehmers), muss daher eine auf den Unterzeichner ausgestellte **Vollmacht** beigefügt werden. Wird dies übersehen, kann die Gesellschaft das Zurückweisungsschreiben ihrerseits gemäß § 174 BGB zurückweisen. Das gleiche gilt, wenn der Vertreter sich zwar durch Vollmacht legitimiert, aber nur per Telefax, die Vollmacht also nicht im **Original** vorgelegt wird (Lohr MDR 2000, 624). Im Beispiel hat die Gesellschaft daher ihrerseits einen Rechtsanwalt mit der Zurückweisung beauftragt.

2. Unverzügliche Zurückweisung. Die Zurückweisung muss **unverzüglich** erfolgen, also ohne schuldhaftes Zögern. Eine zeitliche Obergrenze, auf die sich der Zurückweisende verlassen kann, gibt es nicht. Jede Verzögerung sollte vermieden werden. So hätte das OLG Hamm (Urt. v. 26. 10. 1990 – 20 U 71/90 – NJW 1991, 1185) ausweislich der Entscheidungsgründe in einem Fall eine Zurückweisung innerhalb von **zwei Tagen** verlangt. Dies scheint zwar übertrieben, da es insbesondere jedermann frei stehen muss, zunächst zeitnah Rechtsrat einzuholen, ohne dass schon Nachteile durch Fristversäumnis drohen (BAG Urt. v. 5. 4. 2001 – 2 AZR 159/00 – AP Nr. 171 zu § 626 BGB; BAG Urt. v. 30. 5. 1978 – 2 AZR 633/76 – AP Nr. 2 zu § 174 BGB). Nach hiesiger Ansicht besteht aber spätestens nach **Ablauf einer Woche** ein erhebliches Risiko, dass die Zurückweisung als nicht mehr unverzüglich angesehen wird. Zwei Wochen sind regelmäßig zu lang (BAG Urt. v. 5. 4. 2001 – 2 AZR 159/00 – AP Nr. 171 zu § 626 BGB; ErfKomm/*Müller-Glöge* § 620 BGB Rdn. 23 m. weit. Nachw.; MAH Moll/ *Vossen* § 39 Rdn. 19).

3. Beifügung einer Originalvollmacht. Da es sich auch bei der Zurückweisung eines Zurückweisungsschreibens um eine einseitige Willenserklärung handelt, muss wiederum eine **Originalvollmacht** beigefügt werden, wenn sie – wie im Formular – von einem Rechtsanwalt als Vertreter der Gesellschaft erklärt wird. Wir verweisen auf unsere Anmerkungen zu Form. A. XIV. 7.

4. Angabe von Hilfserwägungen. Regelmäßig wird die versäumte Beifügung einer Originalvollmacht nicht das einzige Argument sein, das gegen die Zurückweisung der Kündigungserklärung durch den Arbeitnehmer (bzw. dessen Vertreter) vorgebracht werden soll. Häufig wird die vorrangige Argumentation des Arbeitgebers dahin gehen, dass das eigene Kündigungsschreiben ohnehin nicht gegen § 174 BGB verstieß, insbesondere weil dieses Schreiben von einer Person unterzeichnet wurde, deren entsprechende Berechtigung dem Arbeitnehmer bekannt war. Solche **vorsorgliche Argumentation** sollte in das Schreiben aufgenommen werden. Zu denken ist auch an den Fall, dass die Zurückweisungserklärung des Arbeitnehmers nicht **unverzüglich** erfolgte (vgl. dazu Anm. 2).

5. Zurückweisung wegen fehlenden Nachweises der Bevollmächtigung. Die Zurückweisung der Zurückweisung muss gerade darauf gestützt werden, dass die Bevollmächtigung desjenigen, der die Zurückweisung der Kündigung unterzeichnet hat, nicht durch eine Vollmacht nachgewiesen war. Eine Zurückweisung aus anderen Gründen reicht nicht aus. Der Text des Zurückweisungsschreibens muss daher ausdrücklich auf die unterbliebene Vorlage der Vollmacht Bezug nehmen.

Sonderkündigungsschutz

9. Antrag auf Zustimmung zur ordentlichen Kündigung eines schwerbehinderten Menschen[1]

[Briefkopf des Arbeitgebers]

An das Integrationsamt ...... (Anschrift des Integrationsamtes)[2]

...... (Datum)

Antrag auf Zustimmung zur ordentlichen betriebsbedingten Kündigung
Mitarbeiter: Herr ......

Sehr geehrter Herr ......[3],

wir stellen hiermit den Antrag, der ordentlichen betriebsbedingten Kündigung unseres schwerbehinderten Mitarbeiters[4]

Herr ......[5]
geb. am ......
Familienstand ......
Anzahl der Kinder ......
wohnhaft in ......
betriebszugehörig seit ......[6]

zuzustimmen. Wir sind ein Unternehmen der Versicherungsbranche. Bei uns sind derzeit insgesamt ...... Arbeitnehmer[7] beschäftigt, darunter (einschließlich Herrn ......) ...... schwerbehinderte bzw. gleichgestellte behinderte Menschen. Die Pflichtquote gemäß § 71 SGB IX ist erfüllt. Es wurde ein Betriebsrat gewählt. Eine Schwerbehindertenvertretung besteht nicht[8].
Nach einem Informatikstudium trat Herr ...... als IT-Spezialist in unser Haus ein. Er ist für die Betreuung des Netzwerkes zuständig und behebt aufgetretene Störungen an Rechnern (IT-Support). Herr ...... leidet seit einem Verkehrsunfall im Jahre ...... an einem Wirbelsäulenschaden. Mit Bescheid vom ...... hat das Versorgungsamt ...... festgestellt, dass Herr ...... mit Wirkung vom ...... mit einem Grad der Behinderung von 50 schwerbehindert ist[9].
Herr ...... bezieht derzeit eine monatliche Vergütung in Höhe von EUR ...... zuzüglich Weihnachtsgeld. Es gilt die gesetzliche Kündigungsfrist von einem Monat zum Monatsende[10].
Wir haben uns entschlossen, aus wirtschaftlichen Gründen die Tätigkeiten im IT-Bereich von einem Dienstleister durchführen zu lassen, der die Betreuung des Netzwerkes und die Behebung auftretender Störungen übernimmt. Dies kann (je nach Art der Aufgabe) telefonisch, online oder vor Ort geschehen. Wir gehen von einer jährlichen Einsparung in Höhe von EUR ...... aus, da die Dienstleistung nur dann in Anspruch genommen und somit tatsächlich bezahlt werden muss, wenn tatsächlicher Bedarf besteht. Der Vertrag mit dem Dienstleister ist unterschriftsreif und wird abgeschlossen werden, sobald feststeht, wann Herr ...... ausscheidet[11]. Ein freier Arbeitsplatz, auf dem Herr

9. Kündigung eines schwerbehinderten Menschen A. XIV. 9

...... weiterbeschäftigt werden könnte, besteht nicht. Da Herr ...... aufgrund seiner Ausbildung nicht außerhalb des IT-Bereichs eingesetzt werden könnte, schied auch eine Sozialauswahl[12] aus.

Bei Ausübung pflichtgemäßen Ermessens wird das Integrationsamt der Kündigung zuzustimmen haben[13]. Die Kündigung steht in keinem Zusammenhang mit der körperlichen Behinderung. Durch die Auslagerung der Arbeiten im IT-Bereich wird der Arbeitsplatz von Herrn ...... wegfallen. Es besteht keine Möglichkeit, Herrn ...... weiter zu beschäftigen. Die Kündigung ist sogar nach dem Maßstab des Kündigungsschutzgesetzes sozial gerechtfertigt, wobei das Integrationsamt die arbeitsrechtliche Wirksamkeit der beabsichtigten Kündigung ohnehin nicht zu überprüfen hat[14].

Wir haben mit Herrn ...... Gespräche über eine einvernehmliche Aufhebung seines Arbeitsverhältnisses gegen Zahlung einer angemessenen Entschädigung geführt. Herr ...... war jedoch bisher zu keiner Einigung bereit. Wir sind zur Fortsetzung der Gespräche gern bereit[15].

Wir bitten um möglichst rasche antragsgemäße Entscheidung jedenfalls aber innerhalb der Monatsfrist des § 88 Abs. 1 SGB IX[16]. Die Kündigung soll unmittelbar nach Erteilung der Zustimmung ausgesprochen werden, möglichst also noch im ......[17], und würde dann zum ...... wirksam werden.

Für Rückfragen stehen wir Ihnen gern zur Verfügung. Bitte wenden Sie sich in diesem Fall an Herrn ......[18].

Mit freundlichen Grüßen
......

Unterschrift des Arbeitgebers[19]

Schrifttum: Brill, Die Zustimmung zur Kündigung von Schwerbehinderten aus der Sicht des Arbeitgebers und des Arbeitnehmers, BehindertenR 1993, 97; *Brose*, Das betriebliche Eingliederungsmanagement nach § 84 Abs. 2 SGB IX als eine neue Wirksamkeitsvoraussetzung für die krankheitsbedingte Kündigung?, DB 2005, 390; *Cramer*, Die Neuerungen im Schwerbehindertenrecht des SGB IX – Gesetz zur Förderung der Ausbildung und Beschäftigung schwerbehinderter Menschen, NZA 2004, 698; *Dau/Düwell/Haines*, Lehr- und Praxiskommentar SGB IX, 2002; *Düwell*, Neu geregelt: Die Stellung der Schwerbehinderten im Arbeitsrecht, BB 2001, 1527; *Düwell*, Schwerbehinderung im reformierten Kündigungsrecht, DB 2003, 1574; *Düwell*, Der Kündigungsschutz schwerbehinderter Beschäftigter nach der Novelle vom 23. 4. 2004, BB 2004, 2811; *Griebeling*, Neues im Sonderkündigungsschutz schwerbehinderter Menschen, NZA 2005, 494; *Grimm/Brock/Windeln*, Einschränkung des besonderen Kündigungsschutzes für Schwerbehinderte im SGB IX, DB 2005, 282; *Großmann*, Kein einstweiliger Rechtsschutz im Verfahren betreffend die Zustimmung der Hauptfürsorgestelle nach den §§ 15 ff. Schwerbehindertengesetz?, ZSR 1988, 590; *Großmann*, Geltendmachung und Nachweis der Schwerbehinderteneigenschaft bei Kündigungen, NZA 1992, 241; *Großmann*, Die Beteiligung der Schwerbehindertenvertretung als Wirksamkeitsvoraussetzung einer Kündigung, BehindertenR 1991, 145; *Grünberger*, Kündigungsschutz Schwerbehinderter und Gleichgestellter nach dem Schwerbehindertengesetz, BuW 1997, 705; *Helser*, Die Kündigung von Schwerbehinderten und das Schlichtungsverfahren vor der Hauptfürsorgestelle für Schwerbehindertenfragen, ZAP Fach 17, 577; *Hohmeister/Baron*, Sonderkündigungsschutz im Arbeitsverhältnis, BuW 1996, 368; *Kossens/von der Heide/Maaß*, Praxiskommentar zum Behindertenrecht (SGB IX), 2002; *Mianowicz*, Zur Problematik des Sonderkündigungsschutzes nach den §§ 15 ff. SchwbG 86, RdA 1998, 281; *Otto*, Kündigung Schwerbehinderter – aufschiebende Wirkung des Widerspruchs gegen die Zustimmung der Hauptfürsorgestelle, DB 1975, 1554; *Rewolle*, Kündigung Schwerbehinderter – aufschiebende Wirkung des Widerspruchs gegen die Zustimmung der Hauptfürsorgestelle, DB 1975, 1123; *Rewolle*, Die Bekanntgabe der Entscheidung der Hauptfürsorgestelle über den Antrag auf Zustimmung zur Kündigung, BB 1977, 202; *Seidel*, Die Aussetzung des Kündigungsschutzverfahrens durch das Arbeitsgericht bei Kündigung eines Schwerbehinderten oder Gleichgestellten, DB 1994, 1286; *Seidel*, Der Kündigungsschutz nach dem Schwerbehindertengesetz, DB 1996, 1409 und MDR 1997, 804 und AuA 1997, 292; *Seidel*, Der Kündigungsschutz für schwerbehinderte Menschen im Arbeitsleben (SGB IX), 2. Aufl., 2001; *Wiedemann/Kunz*, Schwerbehindertenrecht, 7. Aufl. 1996; *Wolfin/Schmidt*, Schwerbehinderte im Betrieb, 1993.

Anmerkungen

1. Sonderkündigungsschutz. Gemäß § 85 SGB IX bedarf die Kündigung des Arbeitsverhältnisses eines schwerbehinderten Menschen durch den Arbeitgeber der vorherigen Zustimmung des Integrationsamtes. Das gleiche gilt gemäß § 68 Abs. 1 SGB IX für die Kündigung eines gleichgestellten behinderten Menschen. Eine ohne Zustimmung des Integrationsamtes ausgesprochene Kündigung ist unheilbar **nichtig.**

Das Erfordernis vorheriger Zustimmung des Integrationsamtes gilt für alle Arten der Kündigung, also beispielsweise auch für die **Änderungskündigung** (s. Form. A. XI. 4), die **vorsorgliche Kündigung** oder die außerordentliche **fristlose Kündigung** (hierzu noch Form. A. XIV. 10), nicht aber für eine **Aufhebungsvereinbarung** oder die Beendigung aufgrund **Befristung.**

2. Zuständiges Integrationsamt. Zuständig ist das Integrationsamt am **Sitz des Betriebes** des Arbeitgebers, § 87 Abs. 1 S. 1 SGB IX. Im Gegensatz etwa zu den Regelungen zum Gerichtsstand ist für die Kündigung eines Außendienstmitarbeiters somit nicht das Integrationsamt an dessen Wohnsitz einzuschalten. Der Begriff des Betriebes deckt sich mit dem entsprechenden Begriff des Betriebsverfassungsgesetzes, § 87 Abs. 1 S. 2 SGB IX, so dass beispielsweise auch ein gemäß § 4 Abs. 1 BetrVG selbständiger Betriebsteil als eigener Betrieb gilt. Wenn Zweifel bestehen, welches Integrationsamt zuständig ist, sollten mehrere (vorsorgliche) Anträge bei verschiedenen Integrationsämtern gestellt werden. Adressen von Integrationsämtern können unter www.integrationsaemter.de abgerufen werden.

Manche Integrationsämter (etwa München für den Regierungsbezirk Oberbayern) halten **Formulare** bereit, die im **Internet** abgerufen werden können.

3. Persönliche Ansprache. Es ist zu empfehlen, den zuständigen Sachbearbeiter persönlich anzusprechen. Eine vorherige Kontaktaufnahme, etwa über das Telefon, kann den Ablauf des Verfahrens erleichtern.

4. Sonderkündigungsschutz nur für Arbeitsverhältnisse. Nur Arbeitnehmer (einschließlich leitende Angestellte und Auszubildende) genießen Sonderkündigungsschutz. Die Dienstverhältnisse schwerbehinderter **Geschäftsführer oder Vorstände** können hingegen ohne Zustimmung des Integrationsamtes gekündigt werden (BGH Urt. v. 9. 2. 1978 – II ZR 189/76 – DB 1978, 878; OLG Hamm Urt. v. 2. 6. 1988 – 8 U 298/85 – GmbHR 1987, 307).

Nach der Rechtsprechung des BAG ist allerdings nicht grundsätzlich ausgeschlossen, dass ein GmbH-Geschäftsführer trotz seiner Organstellung in einem Arbeitsverhältnis steht (vgl. BAG Urt. v. 26. 5. 1999 – 5 AZR 664/98 – AP Nr. 10 zu § 36 GmbHG). In diesem Fall bedürfte eine Kündigung wohl der vorherigen Zustimmung des Integrationsamtes. Beruft sich ein schwerbehinderter Geschäftsführer oder Vorstand auf diese Argumentation oder ist dies zumindest zu befürchten, bietet sich folgende Vorgehensweise an, um Verzögerungen zu vermeiden: Zunächst wird ohne Einschaltung des Integrationsamtes gekündigt. Parallel wird aber ein **vorsorglicher Antrag** an das Integrationsamt gestellt und eine vorsorgliche Kündigung nachgeschoben, nachdem entweder die Zustimmung erteilt wurde oder das Integrationsamt durch **Negativattest** erklärt hat, unzuständig zu sein (vgl. zum Negativattest: BAG Urt. v. 27. 5. 1983 – 7 AZR 428/81 – AP Nr. 12 zu § 12 SchwbG; KR/*Etzel* §§ 85 – 90 SGB IX Rdn. 54 ff.; *Düwell* BB 2004, 2811; MAH Moll/*Schulte* § 42 Rdn. 72).

5. Sachverhaltsdarstellung. Grundsätzlich gilt im Verfahren vor dem Integrationsamt der **Amtsermittlungsgrundsatz** (§ 20 SGB X, BVerwG Urt. v. 19. 10. 1995 – 5 C 24.93 – BVerwGE 99, 336, 338). Die Behörde muss alle Tatsachen ermitteln, die sie für ihre Entscheidung benötigt (BVerwG Urt. v. 2. 7. 1992 – 5 C 51.90 – BVerwGE 90, 288, 294; BVerwG Urt. v. 11. 11. 1999 – 5 C 23.99 – AP Nr. 1 zu § 17 SchwbG 1986). Schon um eine zügige Durchführung des Verfahrens zu gewährleisten, ist dem Arbeitgeber aber zu raten, von sich aus in den Antrag **umfassend alle Informationen** aufzunehmen, die das Integrationsamt für eine Entscheidung über den Antrag benötigen mag (Anm. 13). Dabei handelt es sich insbesondere um

9. Kündigung eines schwerbehinderten Menschen   A. XIV. 9

- Persönliche Daten des Arbeitnehmers: beispielsweise Name, Alter, Anschrift (wegen der Anhörung des Arbeitnehmers gemäß § 87 Abs. 2 SGB IX), Familienstand, Unterhaltspflichten, Ausbildung,
- Informationen zum Arbeitsverhältnis: beispielsweise Position, Dauer der Betriebszugehörigkeit, Vergütung, Kündigungsfrist,
- Informationen zur Kündigung: ordentlich oder außerordentlich, Beendigungs- oder Änderungskündigung, voraussichtlicher Ausspruch der Kündigung und angestrebter Beendigungstermin,
- Informationen zum Kündigungsgrund.

Wegen des Amtsermittlungsgrundsatzes obliegt es dem Arbeitgeber nicht zwingend, **Beweismittel** zu präsentieren, etwa durch Benennung von Zeugen oder Einreichung eidesstattlicher Versicherungen. Da das Integrationsamt aber mehr als eine bloße Schlüssigkeitsprüfung durchführt (BVerwG Urt. v. 19. 10. 1995 – 5 C 24.93 – BVerwGE 99, 336, 338), kann es – je nach Einzelfall – zur Vermeidung von Verzögerungen angebracht sein, dem Antrag Anlagen beizufügen oder den Sachverhalt durch (schriftliche) Aussagen von Zeugen zu belegen. Im Beispielsfall dürfte dies nicht notwendig sein, da der Sachverhalt vermutlich unstreitig ist.

6. Wartezeit. Innerhalb der ersten **sechs Monate** des Arbeitsverhältnisses kann eine Kündigung ausgesprochen werden, ohne dass das Integrationsamt zuzustimmen hätte, § 90 Abs. 1 Nr. 1 SGB IX. Die Gesellschaft muss die Beendigung des Arbeitsverhältnisses dem Integrationsamt in diesem Fall zwar innerhalb von vier Tagen **anzeigen**, § 90 Abs. 3 SGB IX. Ein Verstoß gegen diese Verpflichtung führt aber nicht zur Unwirksamkeit der Kündigung.
§ 90 SGB IX enthält **weitere Ausnahmen vom Sonderkündigungsschutz**.

7. Größe des Betriebes. Der Sonderkündigungsschutz gilt unabhängig von der Größe des Betriebes. Ein **Schwellenwert**, wie ihn etwa das Kündigungsschutzgesetz oder auch § 71 SGB IX für die Pflichtquote hinsichtlich der Beschäftigung von schwerbehinderten Menschen vorsehen, besteht nicht.

8. Stellungnahmen von Betriebsrat und Schwerbehindertenvertretung. Gemäß § 87 Abs. 2 SGB IX holt das Integrationsamt eine Stellungnahme des **Betriebsrats** und der **Schwerbehindertenvertretung** ein. Es sollte daher im Antrag ausdrücklich darauf hingewiesen werden, ob entsprechende Interessenvertretungen bestehen. Gemäß § 94 Abs. 1 SGB IX wird eine Schwerbehindertenvertretung in Betrieben gewählt, in denen wenigstens fünf schwerbehinderte Menschen beschäftigt sind.

Erhält das Integrationsamt trotz Anforderung keine Stellungnahme, steht dies einer Entscheidung nicht entgegen (Kossens/von der Heide/Maaß/*Kossens* § 87 SGB IX Rdn. 7). Ohnehin können Versäumnisse des Integrationsamtes bei der Einholung der Stellungnahmen noch in einem Widerspruchsverfahren geheilt werden (BVerwG Urt. v. 11. 11. 1999 – 5 C 23.99 – AP Nr. 1 zu § 17 SchwbG 1986).

9. Schwerbehinderung/Gleichstellung. Sonderkündigungsschutz genießen schwerbehinderte Menschen (§ 68 Abs. 1 i. V. m. § 2 Abs. 1 und 2 SGB IX) und diesen gleichgestellte behinderte Menschen (§ 68 Abs. 1 i. V. m. § 2 Abs. 3 SGB IX).

Seit der Einfügung von § 90 Abs. 2a SGB IX mit Wirkung vom 1. Mai 2004 ist unklar, ob die Schwerbehinderung bzw. Gleichstellung zum Zeitpunkt des Zugangs der Kündigung durch Bescheid der zuständigen Behörde (Versorgungsamt bzw. – für die Gleichstellung – Agentur für Arbeit) gemäß § 69 Abs. 1 SGB IX bereits **festgestellt** sein muss, damit der Arbeitnehmer Sonderkündigungsschutz genießt.

Nach altem Recht reichte aus, dass der Arbeitnehmer vor Zugang der Kündigung einen **Antrag auf Feststellung** gestellt hatte, natürlich nur wenn der Antrag auch letztlich erfolgreich war, also dazu führte, dass die Schwerbehinderung festgestellt wurde (BAG vom 5. 7. 1990 – 2 AZR 8/90 – AP Nr. 1 zu § 15 SchwbG 1986). Es genügte sogar schon, dass der schwerbehinderte Arbeitnehmer den Arbeitgeber vor Ausspruch der Kündigung über seine körperliche Beeinträchtigung informiert und über die **beabsichtigte Antragstellung** in Kenntnis gesetzt hat (BAG Urt. v. 7. 3. 2002 – 2 AZR 612/00 – AP Nr. 11 zu § 15 SchwbG 1986). Für die Gleichstellung galt dasselbe (KR/*Etzel* §§ 85–90 SGB IX Rdn. 17). Antragsstellung nach Zugang der

Kündigung war dagegen zu spät, selbst wenn das Versorgungsamt schließlich zu dem Ergebnis kam, dass bereits zum Kündigungszeitpunkt eine Schwerbehinderung vorlag (BAG vom 5. 7. 1990 – 2 AZR 8/90 – AP Nr. 1 zu § 15 SchwbG 1986; a. A. KR/*Etzel* §§ 85–90 SGB IX Rdn. 23).

Gemäß § 90 Abs. 2 a SGB IX soll nunmehr kein Sonderkündigungsschutz bestehen, wenn „zum Zeitpunkt der Kündigung" die Schwerbehinderung „nicht nachgewiesen ist oder das Versorgungsamt nach Ablauf der Frist des § 69 Abs. 1 Satz 2 eine Feststellung wegen fehlender Mitwirkung nicht treffen konnte". Die erste Variante liest sich so, als sei Voraussetzung des Sonderkündigungsschutzes, dass ein **Feststellungsbescheid** besteht (so wohl auch KR/*Etzel* §§ 85 – 90 SGB IX Rdn. 29 b). Nach der Gesetzesbegründung (BT-Drucks. 15/2357 S. 24 re. Sp.) sollte die alte Rechtslage (in der dargestellten Ausprägung durch das Bundesarbeitsgericht) aber wohl nur für den Fall geändert werden, dass der Arbeitnehmer durch **Verzögerung des Verwaltungsverfahrens** verhindert hat, dass die Schwerbehinderung vor Zugang der Kündigung festgestellt ist. Danach würde es ausreichen, wenn der Antrag auf Feststellung vor Zugang der Kündigung gestellt ist und der Arbeitnehmer das Feststellungsverfahren zügig betreibt. Eine Entscheidung muss dann vor Zugang der Kündigung noch nicht ergangen sein. Dieser Interpretation ist trotz des unklaren Wortlautes von § 90 Abs. 2a SGB IX zuzustimmen (*Cramer* NZA 2004, 704). Die zweite Variante von § 90 Abs. 2a SGB IX („keine Entscheidung des Versorgungsamtes nach Ablauf der Frist des § 69 Abs. 1 S. 2" = wegen Verzögerung durch den Arbeitnehmer) wäre sonst überflüssig, da ja dann zum Zeitpunkt des Zugang der Kündigung ein Feststellungsbescheid offensichtlich noch nicht vorgelegen hat. Die entscheidende Frage bleibt damit aber weiter offen, nämlich ob es ausreicht, wenn ein Arbeitnehmer, der etwa durch eine Betriebsratsanhörung von der Kündigungsabsicht erfährt, noch vor Zugang der Kündigung einen Antrag stellt, das Verfahren dann aber zügig betreibt (wohl für Sonderkündigungsschutz in diesem Fall: ErfKomm/*Rolfs* § 85 SGB IX Rdn. 4 und § 91 SGB IX Rdn. 4a; a. A. *Düwell* BB 2004, 2812; *Griebeling* NZA 2005, 498; *Grimm/Brock/Windeln* DB 2005, 283: Antragstellung drei bzw. sieben Wochen vor Kündigung erforderlich).

Die Anwendung dieser Grundsätze auf die **Gleichstellung** führt noch zu größeren Unklarheiten (vgl. *Düwell* BB 2004, 2813). Nach der hier vertretenen Auffassung muss die Gleichstellung zum Zeitpunkt der Kündigung **positiv festgestellt** worden sein.

Auch weiter dürfte gelten, dass – auch wenn noch keine Feststellung erfolgte oder wenigstens beantragt wurde – Sonderkündigungsschutz besteht, wenn die **Schwerbehinderung offenkundig** ist (BT-Drucks 15/2357, S. 24 re. Sp.; *Düwell* BB 2004, 2814; *Cramer* NZA 2004, 704; vgl. auch BAG Urt. v. 28. 6. 1995 – 7 AZR 555/94 – AP Nr. 6 zu § 59 BAT). Da dem Arbeitnehmer die sich aus einer Behinderung ergebende gesetzliche Privilegierung nicht „aufgezwungen" werden kann, sollte er aber nach unserer Auffassung nur dann in den Genuss des Sonderkündigungsschutzes kommen, wenn er zumindest innerhalb eines Monats nach Zugang der Kündigung einen Antrag auf Feststellung der Schwerbehinderung stellt und den Arbeitgeber hiervon in Kenntnis setzt. Es ist aber fraglich, ob die Rechtsprechung diesem Ansatz folgen wird (BAG Urt. v. 16. 1. 1985 – 7 AZR 373/83 – AP Nr. 14 zu § 12 SchwbG; BAG Urt. v. 28. 6. 1995 – 7 AZR 555/94 – AP Nr. 6 zu § 59 BAT; ErfKomm/*Rolfs* § 85 SGB IX Rdn. 9).

Wenn der Arbeitgeber weiß, dass der Arbeitnehmer die Feststellung einer Schwerbehinderung beantragt hat, aber noch **kein Feststellungsbescheid** vorliegt, bietet es sich an, die Kündigung dennoch auszusprechen. Schließlich kann es sein, dass das Versorgungsamt keine Schwerbehinderung feststellt oder dass sich nach Einführung von § 90 Abs. 2a SGB IX die Auffassung durchsetzt, Sonderkündigungsschutz setze erst ein, wenn ein Feststellungsbescheid tatsächlich vorliegt. Gleichzeitig sollte beim Integrationsamt **vorsorglich** die Zustimmung zu einer **weiteren Kündigung** beantragt werden, die dann nach positivem Bescheid ausgesprochen wird. Das Integrationsamt kann die Zustimmung durch **vorsorglichen Verwaltungsakt** erteilen, wenn noch nicht feststeht, ob tatsächlich eine Schwerbehinderung vorliegt (BVerwG Urt. v. 15. 12. 1988 – 9 B 84 A 2177 – NZA 1989, 554; KR/*Etzel* §§ 85–90 SGB IX Rdn. 55; *Grimm/Brock/Windeln* DB 2005, 284; *Düwell* in LPK-SGB IX § 88 SGB IX Rdn. 5). Freilich wird die Position des Arbeitnehmers in etwaigen Verhandlungen über eine einvernehmliche Lösung verbessert, solange nicht feststeht, ob das Versorgungsamt seinem Antrag auf Fest-

9. Kündigung eines schwerbehinderten Menschen — A. XIV. 9

stellung der Schwerbehinderung stattgibt, und solange nicht ausgeschlossen ist, dass dies trotz § 90 Abs. 2a SGB IX die Unwirksamkeit der Kündigung zur Folge hätte.

Die Rechtsprechung des Bundesarbeitsgerichts, wonach die **Kenntnis des Arbeitgebers** von einer festgestellten Schwerbehinderung/Gleichstellung (oder einem Antrag auf Feststellung) zunächst ohne Bedeutung ist, dürfte auch nach der Einführung von § 90 Abs. 2a SGB IX unverändert Gültigkeit behalten (*Grimm/Brock/Windeln* DB 2005, 285). Selbst wenn dem Arbeitgeber zum Zeitpunkt des Ausspruchs der Kündigung nicht bekannt war, dass der Arbeitnehmer schwerbehindert oder gleichgestellt ist, und er also keine Veranlassung hatte, das Integrationsamt einzuschalten, gilt dennoch Sonderkündigungsschutz, d. h. die Kündigung ohne Zustimmung des Integrationsamtes ist unwirksam. Das Bundesarbeitsgericht verlangt vom Arbeitnehmer allerdings, dass er den Arbeitgeber innerhalb einer Regelfrist **von einem Monat** nach Zustellung der Kündigung von seiner Schwerbehinderung oder Gleichstellung formfrei in Kenntnis setzt (BAG Urt. v. 5. 7. 1990 – 2 AZR 8/90 – AP Nr. 1 zu § 15 SchwbG 1986 auch zur Frage, auf wessen Kenntnis es beim Arbeitgeber ankommt).

10. Kündigungsfrist. Die Kündigungsfrist beträgt **mindestens vier Wochen**, § 86 SGB IX. Da während einer sechsmonatigen Wartezeit ohnehin kein Sonderkündigungsschutz besteht (§ 90 Abs. 1 Nr. 1 SGB IX; Anm. 6), dürfte diese Mindestkündigungsfrist nur selten Bedeutung erlangen.

11. Zeitpunkt des Ausscheidens des Arbeitnehmers. Das BAG verlangt vom Arbeitgeber, der eine **betriebsbedingte Kündigung** ausspricht, eine begründete Prognose, dass zum Zeitpunkt der vorgesehenen Beendigung des Arbeitsverhältnisses der Arbeitsplatz weggefallen sein wird (BAG Urt. v. 12. 4. 2002 – 2 AZR 256/01 – DB 2002, 2653). Der Arbeitgeber muss bei seiner Planung berücksichtigen, dass wegen der ungewissen Länge des Verfahrens vor dem Integrationsamt (vgl. Anm. 16) nicht feststeht, wann die Kündigung ausgesprochen werden kann und wann das Arbeitsverhältnis somit tatsächlich endet. Das Verfahren vor dem Integrationsamt sollte insofern rechtzeitig eingeleitet werden. Andererseits wird das Integrationsamt aber auch keine „Vorratszustimmung" erteilen. Zum Zeitpunkt der Einleitung des Verfahrens muss daher schon hinreichend konkret feststehen, dass der Arbeitsplatz tatsächlich wegfallen wird.

12. Sozialauswahl. Eine Sozialauswahl wird nur selten zum Ergebnis haben, dass einem schwerbehinderten oder gleichgestellten Arbeitnehmer gekündigt wird. Auch wenn die Schwerbehinderung seit dem 1. Januar 2004 ausdrücklich ein Kriterium ist, das bei der Sozialauswahl Berücksichtigung findet, dürfte es weiterhin möglich sein, schwerbehinderte Arbeitnehmer von der Sozialauswahl **auszunehmen** (KR/*Etzel* § 1 KSchG Rdn. 664; A/P/S/*Kiel* § 1 KSchG Rdn. 692). Im Zweifel werden Arbeitgeber daher häufig einem nicht-schwerbehinderten Arbeitnehmer kündigen, schon um das Verfahren vor dem Integrationsamt zu vermeiden.

Es ist aber andererseits auch nicht ausgeschlossen, dass der Arbeitgeber bei der Entscheidung über betriebsbedingte Kündigungen eine **Sozialauswahl zwischen nicht-schwerbehinderten Arbeitnehmern und schwerbehinderten oder gleichgestellten Arbeitnehmern** durchführt, also einem schwerbehinderten Arbeitnehmer mit dem Argument kündigt, ein vergleichbarer nicht-schwerbehinderter Arbeitnehmer sei sozial schwächer und daher schutzwürdig. Entscheidet sich der Arbeitgeber hierzu, geht er aber ein Risiko ein, dass das Integrationsamt seine Zustimmung zur Kündigung verweigert. Obwohl das Integrationsamt die Wirksamkeit der Kündigung in arbeitsrechtlicher Hinsicht grundsätzlich nicht überprüfen darf (s. Anm. 14; vgl. auch *Düwell* in LPK-SGB IX § 89 SGB IX Rdn. 16), prüft es, ob die sich **spezifisch aus der Schwerbehindertenfürsorge** herrührenden Gesichtspunkte in die Auswahl eingeflossen sind (BVerwG Urt. v. 11. 11. 1999 – 5 C 23.99 – AP Nr. 1 zu § 17 SchwbG 1986). Der schwerbehinderte oder gleichgestellte Arbeitnehmer könnte aber ja offensichtlich auf dem Arbeitsplatz des Arbeitnehmers weiterbeschäftigt werden, den der Arbeitgeber bei Durchführung der Sozialauswahl als sozial schwächer angesehen hat. Daher liegt für das Integrationsamt die Ablehnung der Zustimmung jedenfalls dann nahe, wenn der Arbeitgeber seine Auswahlentscheidung nicht besonders gut begründen kann, etwa weil der nicht-schwerbehinderte Arbeitnehmer im Hinblick auf die übrigen Sozialdaten erheblich schutzwürdiger ist (weiter *Düwell* DB 2003, 1574; vgl. auch A/P/S/*Kiel* § 1 KSchG Rdn. 725a m.w.N.).

13. Entscheidung des Integrationsamtes/Kündigungsgrund. Das Gesetz stellt praktisch keine Kriterien für den Prüfungsumfang und die Entscheidung des Integrationsamtes auf. Das Integrationsamt muss seine Entscheidung nach **pflichtgemäßem Ermessen** treffen (BVerwG Urt. v. 28. 2. 1968 – V C 33.66 – AP Nr. 29 zu § 14 SchwBeschG; BVerwG Urt. v. 2. 7. 1992 – 5 C 51.90 – BVerwGE 90, 288, 293; BVerwG Urt. v. 11. 11. 1999 – 5 C 23.99 – AP Nr. 1 zu § 17 SchwbG 1986).

Für besondere Fallgestaltungen ist das Ermessen gebunden oder zumindest eingeschränkt, so (jeweils bei Erfüllung weiterer Kriterien) bei

- **Schließung** des Betriebes, § 89 Abs. 1 S. 1 SGB IX,
- **wesentlicher Einschränkung** des Betriebes, § 89 Abs. 1 S. 2 SGB IX,
- Sicherstellung eines anderen **angemessenen zumutbaren Arbeitsplatzes**, § 89 Abs. 2 SGB IX (relevant insbesondere für die Änderungskündigung; vgl. BVerwG Urt. v. 12. 1. 1966 – V C 62.64 – BVerwGE 23, 123, 125 f.) oder
- **Insolvenz**, § 89 Abs. 3 SGB IX.

Wenn – wie im für das Formular gewählten Beispiel – keine dieser Ausnahmen einschlägig ist, hat das Integrationsamt das **Interesse des Schwerbehinderten** am Erhalt seines Arbeitsplatzes und das **Interesse des Arbeitgebers**, die vorhandenen Arbeitsplätze wirtschaftlich zu nutzen, **gegeneinander abzuwägen** (BVerwG Urt. v. 28. 2. 1968 – V C 33.66 – AP Nr. 29 zu § 14 SchwBeschG; BVerwG Urt. v. 2. 7. 1992 – 5 C 51.90 – BVerwGE 90, 288, 293). Es ist dem Fürsorgecharakter des SGB IX Rechnung zu tragen, um die Nachteile des schwerbehinderten Menschen auf dem allgemeinen Arbeitsmarkt auszugleichen, damit er nicht gegenüber gesunden Arbeitnehmern ins Hintertreffen gerät (BVerwG Urt. v. 12. 1. 1966 – V C 62.64 – BVerwGE 23, 123, 127; BVerwG Urt. v. 28. 2. 1968 – V C 33.66 – AP Nr. 29 zu § 14 SchwBeschG; BVerwG Urt. v. 2. 7. 1992 – 5 C 51.90 – BVerwGE 90, 288, 293). Es spricht vieles spricht dafür, einer Kündigung zuzustimmen, wenn diese in **keinem Zusammenhang zur Schwerbehinderung** steht (OVG Schleswig Beschl. v. 12. 6. 2002 – 2 M 50/02 – BehindertenR 2003, 91, 92; VGH Mannheim Urt. v. 4. 2. 2002 – 7 S 1651/01 – NZA-RR 2002, 417, 421). In die Interessenabwägung können die Aussichten des Arbeitnehmers auf dem Arbeitsmarkt eingehen sowie der Umstand, ob der Arbeitgeber die Pflichtbeschäftigungsquote gemäß § 71 SGB IX erfüllt (*Düwell* in LPK-SGB IX § 89 SGB IX Rdn. 3). Auch die wirtschaftliche Situation der Gesellschaft berücksichtigen Integrationsämter bisweilen, wobei dies vom Ansatz fraglich ist und die Integrationsämter überfordern dürfte.

Der Schutz des einzelnen schwerbehinderten Menschen findet seine Grenze an der **Zumutbarkeit** für den Betrieb. Das Unternehmen muss den Arbeitnehmer nicht „durchschleppen", wenn dieser wegen seiner körperlichen Behinderung auf seinem Arbeitsplatz nicht mehr eingesetzt werden kann und eine Umsetzung auf einen anderen Arbeitsplatz ausscheidet (BVerwG Urt. v. 28. 11. 1958 – V C 32.56 – BVerwGE 8, 46, 51; BVerwG Urt. v. 28. 2. 1968 – V C 33.66 – AP Nr. 29 zu § 14 SchwBeschG; zweifelnd BVerwG Urt. v. 19. 10. 1995 – 5 C 24.93 – BVerwGE 99, 336, 339). Die Gestaltungsmöglichkeiten des Arbeitgebers dürfen nicht ausgehöhlt werden (BVerwG Urt. v. 28. 2. 1968 – V C 33.66 – AP Nr. 29 zu § 14 SchwBeschG; ErfKomm/*Rolfs* § 89 SGB IX Rdn. 2; einschränkend *Düwell* in LPK-SGB IX § 89 SGB IX Rdn. 15: wenn Pflichtbeschäftigungsquote nicht erfüllt). Insbesondere die Bindung an die **freie Unternehmerentscheidung** bleibt also bestehen (KR/*Etzel* §§ 85–90 SGB IX Rdn. 82a). Schwerbehindertenschutz verfolgt nicht den Zweck, den Schwerbehinderten praktisch unkündbar zu machen (BVerwG Urt. v. 28. 2. 1968 – V C 33.66 – AP Nr. 29 zu § 14 SchwBeschG).

Wenn die Schwerbehinderung eine Fortsetzung der Tätigkeit auf dem bisherigen Arbeitsplatz unmöglich macht, ist zu prüfen, ob eine **Weiterbeschäftigung auf einem anderen Arbeitsplatz** möglich ist, gegbqenenfalls nach einer Änderungskündigung. Dem Unternehmen ist die Zuweisung eines geeigneten, freien Arbeitsplatzes aber nur zumutbar, wenn ein solcher vorhanden ist (BVerwG Urt. v. 5. 6. 1975 – V C 57.73 – BVerwGE 48, 264, 267). In keinem Fall kann der Schwerbehinderte verlangen, dass das Unternehmen einen anderen Arbeitnehmer entlässt und ihn an dessen Stelle treten lässt (BVerwG Urt. v. 28. 2. 1968 – V C 33.66 – AP Nr. 29 zu § 14 SchwBeschG; so auch BAG, Urt. v. 28. 4. 1998 – 9 AZR 348/97 – AP Nr. 2 zu § 14 SchwbG 1986 für die Beurteilung nach dem KSchG). Der Schwerbehinderte hat auch kein Wahlrecht hinsichtlich eines bestimmten Arbeitsplatzes (BVerwG Urt. v. 28. 2. 1968 – V C 33.66 – AP Nr. 29 zu § 14 SchwBeschG).

Gegen die Entscheidung des Integrationsamtes kann **Widerspruch** eingelegt und gegen den Widerspruchsbescheid **Anfechtungsklage** vor dem Verwaltungsgericht erhoben werden. Lehnt das Integrationsamt ab, der Kündigung zuzustimmen, kann der Arbeitgeber die Kündigung erst aussprechen, wenn er im Widerspruchs- oder Klageverfahren eine positive Entscheidung erreicht hat.

Stimmt das Integrationsamt der Kündigung zu, ist der Arbeitgeber auch durch einen Widerspruch des Arbeitnehmers nicht gehindert, die Kündigung auszusprechen. Widerspruch und Anfechtungsklage des Arbeitnehmers haben **keine aufschiebende Wirkung**, § 88 Abs. 4 SGB IX. Sollte aber im Widerspruchsverfahren oder durch das Verwaltungsgericht letztlich festgestellt werden, dass das Integrationsamt die Zustimmung nicht hätte erteilen dürfen, so wird die zwischenzeitlich ausgesprochene Kündigung des Arbeitnehmers rückwirkend unwirksam. Angesichts des Umstandes, dass dem Arbeitgeber in diesem Fall **Annahmeverzugsansprüche** gegebenenfalls für mehrere Jahre drohen, neigen Arbeitnehmervertreter dazu, gegen eine positive Entscheidung des Integrationsamtes in jedem Fall Rechtsmittel einzulegen. Das geschilderte wirtschaftliche Risiko eines laufenden Verwaltungsverfahrens veranlasst Arbeitgeber häufig, einem für sie eher ungünstigen Vergleich zuzustimmen.

Dies gilt umso mehr, wenn das Arbeitsgericht – wie häufig – das Verfahren über die Wirksamkeit der zwischenzeitlich ausgesprochenen Kündigung wegen des schwebenden Verwaltungsverfahrens gemäß § 148 ZPO, § 46 Abs. 2 ArbGG **aussetzt** (BAG Urt. v. 26. 9. 1991 – 2 AZR 132/91 – AP Nr. 28 zu § 1 KSchG 1969 Krankheit; *Düwell* in LPK-SGB IX § 85 SGB IX Rdn. 39; ErfKomm/*Rolfs* § 85 SGB IX Rdn. 15). Aus Arbeitgebersicht bleibt zu hoffen, dass sich die Auffassung des LAG Hamburg durchsetzt, wonach in der Regel nicht ausgesetzt werden soll (Urt. v. 22. 10. 2002 – 3 Ta 5/02 – n. v.; MAH Moll/*Schulte* § 42 Rdn. 77; a. A. KR/*Etzel* §§ 85–90 SGB IX Rdn. 143: Pflicht zur Aussetzung).

14. Keine Überprüfung der arbeitsrechtlichen Wirksamkeit der Kündigung. Die arbeitsrechtliche Wirksamkeit der Kündigung ist zunächst einmal ohne Bedeutung. Das Integrationsamt hat **kein inzidentes Kündigungsschutzverfahren** durchzuführen (BVerwG Urt. v. 2. 7. 1992 – 5 C 51.90 – BVerwGE 90, 288, 293; BVerwG Urt. v. 19. 10. 1995 – 5 C 24.93 – BVerwGE 99, 336, 340; OVG Schleswig Beschl. v. 12. 6. 2002 – 2 M 50/02 – BehindertenR 2003, 91, 92; *Düwell* in LPK-SGB IX § 89 SGB IX Rdn. 14; ErfKomm/*Rolfs* § 89 SGB IX Rdn. 2). Es soll gewährleisten, dass die sich aus der körperlichen Beeinträchtigung ergebende besondere Schutzbedürftigkeit berücksichtigt wird, nicht aber Aspekte prüfen, die in keinem Zusammenhang mit der Behinderung stehen und ohne weiteres auch im Kündigungsschutzverfahren vor den (sachnäheren) Arbeitsgerichten geltend gemacht werden können (BVerwG Urt. v. 2. 7. 1992 – 5 C 51.90 – BVerwGE 90, 288, 293f.; VGH Mannheim Urt. v. 4. 2. 2002 – 7 S 1651/01 – NZA-RR 2002, 417). Etwas anderes mag nur bei **offensichtlicher Rechtswidrigkeit** der Kündigung gelten (BVerwG Urt. v. 2. 7. 1992 – 5 C 51.90 – BVerwGE 90, 288, 294), wobei hier ein sehr strenger Maßstab anzulegen ist (VGH Mannheim Urt. v. 4. 2. 2002 – 7 S 1651/01 – NZA-RR 2002, 417: bei tariflicher Unkündbarkeit). Als Reflexwirkung können Fragen der sozialen Auswahl aber für die Entscheidung des Integrationsamtes von Bedeutung sein (vgl. Anm. 12).

15. Gütliche Einigung. Das Integrationsamt wirkt gemäß § 87 Abs. 3 SGB IX in jeder Lage des Verfahrens auf eine gütliche Einigung hin. Dies kann – je nach Fallgestaltung – auf eine Versetzung des Arbeitnehmers, aber auch auf eine einvernehmliche Trennung typischerweise gegen Zahlung einer Abfindung hinauslaufen.

16. Entscheidungsfrist. Gemäß § 88 Abs. 1 SGB IX soll das Integrationsamt seine Entscheidung **innerhalb eines Monats** nach Eingang des Antrags treffen. Die Versäumung dieser Frist bleibt jedoch folgenlos. Es gibt grundsätzlich keine Fiktion, wonach die Zustimmung ab einem gewissen Zeitpunkt als erteilt gilt. Gegebenenfalls kann – zumindest theoretisch – bei ungebührlicher Verzögerung der Entscheidung durch das Integrationsamt ein Amtshaftungsanspruch oder eine Untätigkeitsklage in Betracht kommen (ErfKomm/*Rolfs* § 88 SGB IX Rdn. 1; *Düwell* in LPK-SGB IX § 88 SGB IX Rdn. 4).

Es gibt allerdings eine Ausnahme von dem Grundsatz, dass es folgenlos bleibt, wenn das Integrationsamt nicht innerhalb eines Monats entscheidet: Gemäß § 88 Abs. 5 SGB IX wird die Zustimmung „in den Fällen des § 89 Abs. 1 S. 1 und Abs. 3" fingiert, also bei **Schließung** eines Betriebes oder bei **Insolvenz** des Unternehmens.

Sollte sich das Verfahren vor dem Integrationsamt in den Fällen, in denen keine Fiktion eintritt, so lange verzögern, dass der ursprünglich beabsichtigte Beendigungstermin nicht mehr erreicht werden kann, muss der Arbeitgeber insbesondere bei einer betriebsbedingten Kündigung entscheiden, ob der Arbeitnehmer zwischen dem ursprünglich beabsichtigten Beendigungstermin und dem tatsächlichen Beendigungstermin weiterbeschäftigt oder **freigestellt** wird. Eine Freistellung sollte jedenfalls dann erwogen werden, wenn eine tatsächliche Weiterbeschäftigung über den ursprünglich beabsichtigten Beendigungstermin hinaus als Indiz gewertet werden könnte, dass der betriebsbedingte Kündigungsgrund tatsächlich nicht besteht, etwa wenn die Notwendigkeit der Kündigung mit angeblichem Arbeitsmangel wegen des bevorstehenden Wegfalls eines Auftrages begründet wurde.

17. Ausspruch der Kündigung nach Zustimmung des Integrationsamtes. Der Arbeitgeber kann kündigen, nachdem das Integrationsamt der Kündigung zugestimmt hat, vgl. § 88 Abs. 2 SGB IX. Die Kündigung muss dem Arbeitnehmer innerhalb **eines Monats** nach Zustimmung zugehen, § 88 Abs. 3 SGB IX.

Die Zustimmung muss dem Arbeitgeber **förmlich zugestellt** worden sein (BAG Urt. v. 16. 10. 1991 – 2 AZR 332/91 – AP Nr. 1 zu § 18 SchwbG), nicht aber dem Arbeitnehmer (BAG Urt. v. 17. 2. 1982 – 7 AZR 846/79 – AP Nr. 1 zu § 15 SchwbG). Anders als bei der außerordentlichen Kündigung (dazu Form. A. XIV. 10 Anm. 5) reicht eine bloß mündliche Auskunft des Integrationsamtes, wonach die Zustimmung erteilt sei, ebenso wenig aus wie eine per Telefax übersendete Zustimmung. Einem Nicht-Juristen nur schwer vermittelbar ist die Auffassung, dass die förmliche Zustellung eines **Einschreibens** aufgrund verwaltungsrechtlicher Vorschriften selbst dann erst drei Tage nach Aufgabe des Zustimmungsbescheides zur Post erfolgt, wenn der Arbeitgeber den Bescheid tatsächlich schon vorher erhalten hat (so LAG Hamm Urt. v. 9. 11. 2000 – 8 Sa 1016/00 – LAGE § 18 SchwbG Nr. 2; MAH Moll/*Schulte* § 42 Rdn. 78; vgl. aber LAG Nürnberg Urt. v. 29. 8. 1995 – 2 Sa 203/95 – AP Nr. 6 zu § 15 SchwbG). Hier ist große Vorsicht geboten.

Es ist unschädlich, wenn der Arbeitgeber die Kündigung vor Erteilung der Zustimmung bereits auf den Weg bringt (etwa per Post), wenn nur der **Zugang** der Kündigung beim Arbeitnehmer erst erfolgt, nachdem die Zustimmung dem Arbeitgeber förmlich zugestellt wurde (BAG Urt. v. 15. 5. 1997 – 2 AZR 43/96 – AP Nr. 45 zu § 123 BGB; *Düwell* in LPK-SGB IX § 85 SGB IX Rdn. 28). Wegen der hohen Fehleranfälligkeit kann aber allenfalls in Ausnahmefällen geraten werden, eine Kündigung in der Erwartung zu versenden, die Zustimmung des Integrationsamtes werde dem Arbeitgeber noch rechtzeitig vor Zugang der Kündigung beim Arbeitnehmer förmlich zugestellt werden.

Will der gekündigte Arbeitnehmer gegen die Kündigung vorgehen, muss er dies innerhalb der **dreiwöchigen Klagfrist** aus § 4 Satz 1 KSchG nach Zugang der Kündigung tun, wobei die Besonderheit besteht, dass die Klagfrist **nicht vor Bekanntgabe der Entscheidung des Integrationsamtes** an den Arbeitnehmer beginnt (§ 4 S. 4 KSchG). Der Arbeitnehmer muss aber nach der hier vertretenen Auffassung innerhalb von drei Wochen nach Zugang der Kündigung Kündigungsschutzklage erheben, wenn der Arbeitgeber die Zustimmung des Integrationsamtes nicht eingeholt hat, weil ihm die Schwerbehinderung bzw. Gleichstellung nicht bekannt war (*Preis* DB 2004, 77; vgl. Form. A. XIV. 12 Anm. 8).

18. Benennung eines Ansprechpartners. Im Interesse einer zügigen Durchführung des Verfahrens vor dem Integrationsamt ist zu empfehlen, dem Integrationsamt einen Ansprechpartner beim Arbeitgeber zu nennen, am besten unter Angabe einer Telefonnummer. Dies hat den Vorteil, dass das Integrationsamt Nachfragen zum Sachverhalt schnell und ohne Verzögerung stellen kann.

10. Außerordentliche Kündigung eines schwerbehinderten Menschen　A. XIV. 10

19. Form. Der Antrag muss **schriftlich** gestellt werden, § 87 Abs. 1 S. 1 SGB IX. Eine Übermittlung per **Telefax** reicht nach herrschender Ansicht aber aus (ErfKomm/*Rolfs* § 87 SGB IX Rd 2; Kossens/von der Heyde/Maß/*Kossens* § 87 SGB IX Rdn. 2).

10. Antrag auf Zustimmung zur außerordentlichen Kündigung eines schwerbehinderten Menschen[1]

[Briefkopf des Arbeitgebers]

An das Integrationsamt ...... (Anschrift des Integrationsamtes)

...... (Datum)

Antrag auf Zustimmung zur außerordentlichen fristlosen, hilfsweise fristgemäßen Kündigung

Mitarbeiter: Herr ......

Sehr geehrter Herr ......,

wir stellen hiermit den Antrag, der außerordentlichen fristlosen, hilfsweise fristgemäßen verhaltensbedingten Kündigung unseres schwerbehinderten Mitarbeiters

Herr	......
geb. am	......
Familienstand	......
Anzahl der Kinder	......
wohnhaft in	......
betriebszugehörig seit	......

zuzustimmen (weitere Ausführungen zur Gesellschaft, zum Mitarbeiter, zur Schwerbehinderung und zum Arbeitsverhältnis[2]).

Am ...... hat Herr ...... zu seinem türkischen Kollegen ...... gesagt, dass es diesem „schlecht ergeht, wenn wir erst an der Macht sind" und ihm geraten, „Deutschland zu verlassen, solange Du das noch kannst"[3]. Der Unterzeichner – in seiner Funktion als Leiter der Personalabteilung – hat von diesem Vorfall am ...... erfahren[4]. Herr ...... wurde daraufhin noch am selben Tag vom Unterzeichner zur Rede gestellt. Herr ...... gab zu, Mitglied einer rechtsradikalen Vereinigung zu sein. Er bestätigte, dass die Äußerungen gegenüber seinem ausländischen Kollegen so gefallen seien. Er habe damit aber nicht zum Ausdruck bringen wollen, dass dieser Angst um sein Leben habe müsse. Er sei aber der Auffassung, dass es in Deutschland zu viele Ausländer gebe und Ausländer daher ausgewiesen werden sollten. Der Bemerkung sei ein Streit mit dem Kollegen vorausgegangen.

Der Unterzeichner hat daraufhin Kollegen von Herrn ...... befragt, die erklärten, dass dieser schon in der Vergangenheit abfällige Äußerungen über Ausländer gemacht habe. So habe er während des letzten Sommerfestes erklärt, „Ausländer kommen nur nach Deutschland, um sich hier mit Sozialhilfe ein schönes Leben zu machen".

Der Sachverhalt dürfte unstreitig sein. Gern stehen aber unsere Mitarbeiter sowie der Unterzeichner als Zeugen bereit, um die Vorfälle und die Stellungnahme von Herrn ...... zu bestätigen.

Auch wenn Herr ...... bisher nicht einschlägig abgemahnt wurde, können wir sein Verhalten unter keinen Umständen dulden. Eine weitere Zusammenarbeit mit ihm ist nicht möglich. Wir haben ihn daher zunächst mit sofortiger Wirkung freigestellt. Herr ...... soll **unverzüglich**[5] nach Erteilung der Zustimmung durch das Integrationsamt fristlos, **hilfsweise fristgemäß**[6] gekündigt werden. Die Kündigung steht nicht im Zusammenhang

Kruip

mit der Behinderung von Herrn ......, so dass gemäß § 91 Abs. 4 SGB IX die Zustimmung zu erteilen sein wird[7]. Wir bitten um eine möglichst rasche Entscheidung[8].
Für Rückfragen stehen wir Ihnen gern zur Verfügung. Bitte wenden Sie sich in diesem Fall an den Unterzeichner.

Mit freundlichen Grüßen
......
Unterschrift des Arbeitgebers

Schrifttum: s. Form. A. XIV. 9.

Anmerkungen

1. Antrag auf Zustimmung zur außerordentlichen Kündigung. Gemäß § 91 Abs. 1 SGB IX gelten die Vorschriften über die Zustimmungsbedürftigkeit einer ordentlichen Kündigung grundsätzlich auch für eine außerordentliche Kündigung. Es kann daher auf unsere Anmerkungen zu Form. A. XIV. 9 verwiesen werden. Auch das Verfahren läuft ähnlich ab. So wird das Integrationsamt auch bei einer beabsichtigten außerordentlichen fristlosen Kündigung versuchen, Stellungnahmen des Betriebsrats und der Schwerbehindertenvertretung (soweit vorhanden) einzuholen, und den schwerbehinderten Menschen anhören, § 87 Abs. 2 SGB IX.

Das BAG ist der Auffassung (Urt. v. 13. 5. 2004 – 2 AZR 36/04 – AP Nr. 12 zu § 626 BGB Krankheit; Urt. v. 12. 8. 1999 – 2 AZR 748/98 – AP Nr. 7 zu § 21 SchwbG 1986; krit. *Düwell* in LPK-SGB IX § 91 SGB IX Rdn. 8), dass sich das Zustimmungsverfahren auch bei einer **außerordentlichen Kündigung mit Auslauffrist** (s. dazu Form. A. XIV. 6 Anm. 4) nach § 91 SGB IX richtet und nicht nach den Vorschriften über die ordentliche Kündigung.

2. Sachverhaltsdarstellung. Für die allgemeine Sachverhaltsdarstellung verweisen wir auf Form. A. XIV. 9 Anm. 5.

3. Darstellung des Kündigungsgrundes. Der Kündigungssachverhalt sollte ausführlich dargestellt werden. Auch wenn der Amtsermittlungsgrundsatz gilt (§ 20 SGB X), hat der Arbeitgeber sogar ein besonderes Interesse, dies zu tun, da das Integrationsamt innerhalb von zwei Wochen entscheiden muss (s. Anm. 8). Es besteht also die Gefahr, dass das Integrationsamt die Zustimmung ablehnt, wenn es den Sachverhalt nicht innerhalb dieser kurzen Frist aufklären kann. Dem Antrag können – je nach Einzelfall – Anlagen beigefügt werden oder der Sachverhalt kann durch (schriftliche) Aussagen von Zeugen belegt werden (s. Form A. XIV. 9 Anm. 5).

Hat der Arbeitgeber den Arbeitnehmer zu dem Kündigungssachverhalt angehört, bietet es sich an, dessen Stellungnahme dem Integrationsamt darzustellen. Auch dies hilft, Verzögerungen zu vermeiden, die sich ergeben können, wenn das Integrationsamt erstmals durch die von ihm selbst eingeholte Stellungnahme des Arbeitnehmers von etwaig entlastenden Tatsachen erfährt und der Arbeitgeber hierauf wieder reagieren muss.

4. Einleitung des Zustimmungsverfahrens innerhalb von zwei Wochen. Gemäß § 626 Abs. 2 BGB muss eine außerordentliche Kündigung innerhalb von zwei Wochen nach dem Zeitpunkt erfolgen, zu dem der Kündigungsberechtigte von den für die Kündigung maßgebenden Tatsachen Kenntnis erlangt hat (s. Form A. XIV. 6).

Diese gesetzliche Vorgabe kann nicht eingehalten werden, wenn der Arbeitgeber vor Ausspruch der Kündigung ein Verwaltungsverfahren durchführen muss. § 91 Abs. 2 und 5 SGB IX lösen das Problem so, dass der Arbeitgeber innerhalb der Zwei-Wochen-Frist lediglich den **Antrag an das Integrationsamt** auf Zustimmung zur außerordentlichen Kündigung stellen und unverzüglich nach erteilter Zustimmung kündigen muss. Die Frist zur Stellung des Antrags beginnt entsprechend § 626 Abs. 2 BGB mit Kenntnis des Arbeitgebers von den für die Kündigung maßgebenden Tatsachen (s. Form A. XIV. 6 Anm. 2).

Auch bei der außerordentlichen Kündigung eines Schwerbehinderten gilt, dass die Zwei-Wochen-Frist bei einem **Dauertatbestand** keine Wirkung hat, da dieser sich fortlaufend neu verwirklicht (BAG Urt. v. 13. 5. 2004 – 2 AZR 36/04 – AP Nr. 12 zu § 626 BGB Krankheit:

10. Außerordentliche Kündigung eines schwerbehinderten Menschen A. XIV. 10

für die außerordentliche Kündigung mit Auslauffrist eines dauerhaft arbeitsunfähigen Schwerbehinderten, der tariflich ordentlich unkündbar war).

5. Unverzüglicher Ausspruch der Kündigung nach Erteilung der Zustimmung. Wird die Zustimmung erteilt, muss der Arbeitgeber die Kündigung **unverzüglich** erklären, § 91 Abs. 5 SGB IX. Im Gegensatz zur Zustimmung zur ordentlichen Kündigung, § 88 Abs. 3 SGB IX, kommt es **nicht** auf die **förmliche Zustellung** des Zustimmungsbescheids an (vgl. Form. A. XIV. 9 Anm. 17). Es reicht aus, wenn das Integrationsamt den Arbeitgeber beispielsweise telefonisch oder per Telefax von der Erteilung der Zustimmung in Kenntnis setzt (BAG Urt. v. 15. 11. 1990 – 2 AZR 255/90 – AP Nr. 6 zu § 21 SchwbG 1986).

Für die Frage, ob die Kündigung unverzüglich ausgesprochen wurde, kommt es – wie üblich – auf den Zugang der Kündigungserklärung an. Unverzüglich bedeutet **ohne schuldhaftes Zögern**. Die Frist ist aber jedenfalls **kurz** (BAG Urt. v. 22. 1. 1987 – 2 ABR 6/86 – AP Nr. 24 zu § 103 BetrVG 1972). Im Einzelfall hat das BAG zwar eine zwei Wochen nach Zustimmung des Integrationsamtes zugegangene Kündigung als noch „unverzüglich" angesehen (BAG Urt. v. 27. 5. 1983 – 7 AZR 482/81 – AP Nr. 12 zu § 12 SchwbG). Hier ist jedoch Vorsicht geboten. Im entschiedenen Fall hat das BAG unter anderem ein langes Maiwochenende mit Betriebsruhe zugunsten des Arbeitgebers berücksichtigt. Im Regelfall sollte es dem Arbeitgeber möglich sein, die Kündigung innerhalb weniger Tage auszusprechen, nachdem das Integrationsamt zugestimmt hat. Nach einer – allerdings kritisierten – anderen Entscheidung des Bundesarbeitsgerichtes (Urt. v. 3. 7. 1980 – 2 AZR 340/78 – AP Nr. 2 zu § 18 SchwbG) soll dann auch schon ein Zeitraum von sechs bis acht Tagen zu lang sein können. Zur Anhörung des Betriebsrats s. noch Form. A. XIV. 11 Anm. 3.

Läuft ausnahmsweise sogar die **Zwei-Wochen-Frist** des § 626 Abs. 2 BGB noch, wenn das Integrationsamt die Zustimmung erteilt, so kann der Arbeitgeber die Kündigung bis zum Ablauf dieser Frist selbst dann erklären, wenn dies **nicht mehr „unverzüglich"** i. S. d. § 91 Abs. 5 SGB IX sein sollte (BAG Urt. v. 15. 11. 01 – 2 AZR 380/00 – AP Nr. 45 zu § 626 BGB Ausschlussfrist). Beispiel: Arbeitgeber erfährt am 1. März vom Kündigungssachverhalt und stellt noch am selben Tag den Antrag beim Integrationsamt. Das Integrationsamt stimmt am 4. März zu. Die Kündigung kann noch am 15. März zugestellt werden, selbst wenn dies nicht mehr „unverzüglich" nach Erteilung der Zustimmung durch das Integrationsamt wäre.

Dies wird besonders relevant, wenn die Zwei-Wochen-Frist keine Wirkung entfaltet, weil die Kündigung auf einen **Dauertatbestand** gestützt wird (Anm. 4). Auch in diesem Fall muss die Kündigung nicht unverzüglich nach Zustimmung durch das Integrationsamt ausgesprochen werden. Ein besonders langes Zuwarten des Arbeitgebers bis zum Ausspruch der Kündigung kann allerdings gegen Treu und Glauben verstoßen (BAG Urt. v. 13. 5. 2004 – 2 AZR 36/04 – AP Nr. 12 zu § 626 BGB Krankheit: kein Verstoß gegen Treu und Glauben bei Kündigung circa drei Wochen nach Zustimmung durch das Integrationsamt).

6. Hilfsweise fristgemäße Kündigung. Im Regelfall wird ein Arbeitgeber eine außerordentliche Kündigung nicht nur als fristlose Kündigung, sondern zusätzlich hilfsweise als fristgemäße Kündigung aussprechen wollen. Der **Antrag** an das Integrationsamt muss sich dann entsprechend **auch auf die hilfsweise fristgemäße Kündigung** beziehen. Nach einer (durchaus zweifelhaften) Auffassung in der Rechtsprechung soll nämlich die Zustimmung des Integrationsamtes zur außerordentlichen fristlosen Kündigung nicht zugleich die Zustimmung zur hilfsweisen ordentlichen fristgemäßen Kündigung enthalten (LAG Kiel Urt. v. 8. 9. 1988 – 1 Sa 111/98 – LAGE SchwbG 1986 § 21 Nr. 2; *Düwell* in LPK-SGB IX § 91 SGB IX Rdn. 20). Jedenfalls eröffnet der kombinierte Antrag hinsichtlich außerordentlich fristloser und hilfsweise fristgemäßer Kündigung dem Integrationsamt die Möglichkeit, zwar die Zustimmung zur fristlosen Kündigung abzulehnen, der fristgemäßen Kündigung jedoch zuzustimmen. Hiermit ist dem Arbeitgeber zumindest etwas geholfen.

7. Entscheidung des Integrationsamtes. Der Ermessensspielraum des Integrationsamtes (vgl. Form. A. XIV. 9 Anm. 13) ist gemäß § 91 Abs. 4 SGB IX eingeschränkt. Das Integrationsamt soll die Zustimmung erteilen, wenn die Kündigung aus einem Grund erfolgt, der **nicht im Zusammenhang mit der Behinderung** steht. Im Beispiel, das dem Formular zugrunde liegt, wird das Integrationsamt daher voraussichtlich zustimmen.

Nur wenn ein **atypischer Fall** vorliegt, besteht diese Bindung nicht. Nach Auffassung des BVerwG (Urt. v. 2. 7. 1992 – 5 C 31/91 – AP Nr. 1 zu § 21 SchwbG 1986) ist dies der Fall, wenn den Schwerbehinderten die Kündigung auch im Vergleich zu den gerade für Schwerbehinderte mit einer außerordentlichen Kündigung allgemein verbundenen Belastungen besonders hart trifft. In einem solchen atypischen Fall entscheidet das Integrationsamt wiederum nach **pflichtgemäßem Ermessen**. Das Gleiche gilt, wenn der Kündigungsgrund mit der Behinderung zusammenhängt. Auf die entsprechenden Ausführungen zur ordentlichen Kündigung (Form. A. XIV. 9 Anm. 13) wird verwiesen.

Die arbeitsrechtliche Wirksamkeit der Kündigung prüft das Integrationsamt ebenso wenig wie bei einer beabsichtigten ordentlichen Kündigung (BVerwG Beschl. v. 2. 7. 1992 – 5 C 31/91 – AP Nr. 1 zu § 21 SchwbG 1986).

8. Entscheidung des Integrationsamtes innerhalb von zwei Wochen. Das Integrationsamt muss innerhalb von zwei Wochen vom Tage des Eingangs des Antrags an entscheiden, § 91 Abs. 3 S. 1 SGB IX. Trifft das Integrationsamt innerhalb dieser Frist keine Entscheidung, **gilt die Zustimmung als erteilt**, § 91 Abs. 3 S. 2 SGB IX. Da die Verpflichtung zum **unverzüglichen** Ausspruch der Kündigung (s. Anm. 5) auch mit einer nur fiktiven Zustimmung beginnt, muss das Unternehmen eine **Fristkontrolle** sicherstellen.

Zunächst einmal obliegt es der Gesellschaft zu prüfen, wann der Antrag beim Integrationsamt eingegangen ist, um den **Fristbeginn** festzustellen (BAG Urt. v. 3. 7. 1980 – 2 AZR 340/78 – AP Nr. 2 zu § 18 SchwbG). Der Eingang des Antrags wird von der Behörde regelmäßig bestätigt. Dann muss die Gesellschaft den **Fristablauf** errechnen. Dies wird allerdings dadurch erschwert, dass die Zustimmungsfiktion nach Auffassung des BAG nicht greift, wenn die ablehnende Entscheidung den Machtbereich der Behörde innerhalb der Zwei-Wochen-Frist verlassen hat, auch wenn sie dem Arbeitgeber nicht innerhalb dieser Frist zugeht (BAG Urt. v. 9. 2. 1994 – 2 AZR 720/93 – AP Nr. 3 zu § 21 SchwbG 1986). Wenn eine Gesellschaft am 1. März (Eingangsdatum) beim Integrationsamt die Zustimmung zur außerordentlichen Kündigung eines Arbeitnehmers beantragt, kann sie also nicht ohne weiteres am 15. März die Kündigung aussprechen, wenn ihr bis zu diesem Zeitpunkt kein Bescheid des Integrationsamtes zugestellt (oder zumindest telefonisch bekannt gegeben) wurde. Vielmehr muss sie damit rechnen, dass das Integrationsamt am 15. März einen ablehnenden Bescheid fristgemäß zur Post gegeben hat, der dem Unternehmen beispielsweise erst am 17. März zugestellt wird. Die ausgesprochene Kündigung wäre dann unwirksam. Das Unternehmen kann, um diesem Dilemma zu entgehen, einige Tage warten, ob ein Bescheid zugestellt wird. Wartet es zu lange, eröffnet es dem Arbeitnehmer aber Argumentationsspielraum, die Kündigung sei nicht unverzüglich nach der (fiktiven) Zustimmung des Integrationsamtes ausgesprochen worden. Es ist daher in jedem Fall zu empfehlen, zum Fristende (im Beispiel: 15. März) beim Integrationsamt **telefonisch anzufragen**, ob eine Entscheidung getroffen wurde. Eine **mündliche Bekanntgabe** der Zustimmung zur Kündigung reicht aus (s. Anm. 5).

11. Kündigung eines schwerbehinderten Menschen nach Zustimmung des Integrationsamtes[1]

[Briefkopf des Arbeitgebers]

Herrn ...... (Name und Anschrift des Arbeitnehmers)

...... (Datum)

Kündigung

Sehr geehrter Herr ......,

hiermit kündigen wir Ihr Arbeitsverhältnis fristgemäß zum ......, hilfsweise zum nächst zulässigen Zeitpunkt. Die Kündigung erfolgt aus betriebsbedingten Gründen.

11. Kündigung nach Zustimmung des Integrationsamtes

(*Alternative:* Hiermit kündigen wir Ihr Arbeitsverhältnis außerordentlich fristlos, hilfsweise fristgemäß zum nächst zulässigen Zeitpunkt.)
Das Integrationsamt hat der Kündigung mit Bescheid vom ...... zugestimmt[2].
Der Betriebsrat wurde vor Ausspruch der Kündigung angehört[3]. Er hat der Kündigung zugestimmt. (*Alternative*: Er hat der Kündigung widersprochen. Eine Kopie des Widerspruchs liegt an.)
Die Schwerbehindertenvertretung wurde ordnungsgemäß beteiligt[4]. Sie hat der Kündigung zugestimmt (*Alternative*: widersprochen) (*Alternative:* sich nicht geäußert).
Vorsorglich weisen wir Sie darauf hin, dass Sie sich unverzüglich bei der zuständigen Agentur für Arbeit zu melden sowie eigene Aktivitäten bei der Suche nach einer anderen Beschäftigung zu entfalten haben.
Für Ihre berufliche Zukunft wünschen wir Ihnen alles Gute.

Mit freundlichen Grüßen
......
Unterschrift des Arbeitgebers

Erhalten:
......
Ort, Datum
......
Unterschrift des Arbeitnehmers

Schrifttum: S. Form. A. XIV. 9.

Anmerkungen

1. Kündigungserklärung. Das Formular stellt eine fristgemäße (in der Alternative: außerordentliche fristlose) Kündigung dar, die ausgesprochen wird, nachdem die gemäß § 85 SGB IX obligatorische Zustimmung des Integrationsamtes erlangt wurde.

Wegen der Anforderungen etwa an Schriftform, Unterzeichnung und Zugang eines Kündigungsschreibens sowie wegen ergänzender Erklärungen, die mit dem Kündigungsschreiben verbunden werden können, verweisen wir auf Form. A. XIV. 2 und 3. Die dortigen Anmerkungen gelten entsprechend.

2. Ausspruch der Kündigung. Die **ordentliche Kündigung** muss **innerhalb eines Monats nach förmlicher Zustellung des Zustimmungsbescheides des Integrationsamtes zugehen, § 88 Abs. 3 SGB IX** (s. Form. A. XIV. 9 Anm. 17); die **außerordentliche Kündigung unverzüglich** nach Erteilung der Zustimmung, § 91 Abs. 5 SGB IX (s. Form. A. XIV. 10 Anm. 5). Der Zustimmungsbescheid muss dem Kündigungsschreiben nicht beigefügt werden (vgl. BAG Urt. v. 4. 3. 2004 – 2 AZR 147/03 – AP Nr. 50 zu § 103 BetrVG 1972).

3. Anhörung des Betriebsrats. Wie vor jeder Kündigung muss der **Betriebsrat** auch vor der Kündigung eines schwerbehinderten Menschen gemäß § 102 BetrVG **angehört** werden, auch wenn Ausführungen hierzu im Kündigungsschreiben nicht zwingend erforderlich sind (s. Form. A. XIV. 3 Anm. 2 und ausführlich zur Anhörung des Betriebsrats Form. C. I. 1).

Grundsätzlich bleibt es dem Arbeitgeber bei Ausspruch einer **ordentlichen Kündigung** überlassen, ob er den Betriebsrat vor, während oder nach Beendigung des Verfahrens vor dem Integrationsamt anhört (BAG Urt. v. 20. 1. 2000 – 2 AZR 378/99 – AP Nr. 38 zu § 1 KSchG Krankheit; *Düwell* in LPK-SGB IX § 85 SGB IX Rdn. 54). Angesichts des Umstandes, dass das Verfahren vor dem Integrationsamt häufig längere Zeit dauert, ist jedoch im Regelfall nicht zu empfehlen, den Betriebsrat schon zuvor anzuhören. Wenn sich während der Dauer des Verfahrens vor dem Integrationsamt neue kündigungsrelevante Aspekte ergeben, müsste der Betriebsrat ohnehin erneut oder jedenfalls ergänzend angehört werden (BAG Urt. v. 20. 1. 2000 – 2 AZR 378/99 – AP Nr. 38 zu § 1 KSchG Krankheit).

Eine Anhörung erst nach Zustimmung des Integrationsamtes hat insofern einige Vorteile. Das Anhörungsverfahren kann auch ohne weiteres innerhalb der Monatsfrist des § 88 Abs. 3 SGB IX durchgeführt werden, in der die Kündigung nach Erteilung der Zustimmung ausgesprochen werden muss. Allerdings kann die weitere **Verzögerung** durch die Betriebsratsanhörung dazu führen, dass ein Kündigungstermin (etwa Monatsende) versäumt wird. Auch aus diesem Gesichtspunkt bietet es sich an, während des Verwaltungsverfahrens mit dem Integrationsamt Kontakt zu halten. Wenn sich abzeichnet, wann das Integrationsamt entscheidet, lässt sich auch abschätzen, wann der Betriebsrat anzuhören ist, um die Kündigung rechtzeitig aussprechen zu können.

Dies gilt grundsätzlich auch bei der **außerordentlichen Kündigung** eines Schwerbehinderten. Hier ist jedoch zu beachten, dass die Kündigung gemäß § 91 Abs. 5 SGB IX **unverzüglich** nach Erteilung der Zustimmung des Integrationsamtes (oder Eintritt der Fiktion gemäß § 91 Abs. 3 S. 2 SGB IX) erklärt werden muss (s. Form. A. XIV. 10 Anm. 5). Wird der Betriebsrat erst nach Erteilung der Zustimmung angehört, vergehen aber häufig drei weitere Tage, ehe die Kündigung ausgesprochen werden kann, § 102 Abs. 2 S. 3 BetrVG. Dennoch akzeptiert die Rechtsprechung, dass der Betriebsrat erst nach Erteilung der Zustimmung zur außerordentlichen Kündigung angehört wird. Die Anhörung muss dann aber **sofort** nach (gegebenenfalls mündlicher, Form. A. XIV. 10 Anm. 5) Bekanntgabe der Zustimmung (d. h. spätestens am nächsten Arbeitstag) eingeleitet und die Kündigung **sofort** (d. h. spätestens am nächsten Arbeitstag) nach Eingang der Stellungnahme des Betriebsrats bzw. nach Ablauf der Drei-Tages-Frist ausgesprochen werden (BAG Urt. v. 3. 7. 1980 – 2 AZR 340/78 – AP Nr. 2 zu § 18 SchwbG; KR/*Etzel* § 91 SGB IX Rdn. 30 c). In jedem Fall sollte sich der Arbeitgeber spätestens nach Ablauf der zweiwöchigen Entscheidungsfrist des Integrationsamtes bei diesem nach der Entscheidung erkundigen, um keine weitere Zeit zu verlieren.

Alternativ kann überlegt werden, den Betriebsrat schon anzuhören, während das Verfahren vor dem Integrationsamt noch läuft. Wiederum gilt aber, dass die Betriebsratsanhörung gegebenenfalls zu ergänzen oder zu wiederholen ist, wenn sich neue Erkenntnisse ergeben, die für die Kündigung von Bedeutung sein könnten, etwa durch die vom Integrationsamt eingeholte Stellungnahme des Schwerbehinderten.

4. Anhörung der Schwerbehindertenvertretung. Gemäß § 95 Abs. 2 SGB IX hat der Arbeitgeber die **Schwerbehindertenvertretung** in allen Angelegenheiten, die einen schwerbehinderten oder gleichgestellten Menschen berühren, unverzüglich und umfassend zu **unterrichten** und vor einer Entscheidung **anzuhören**, wobei Ausführungen zur Anhörung im Kündigungsschreiben nicht zwingend erforderlich sind.

Eine Schwerbehindertenvertretung ist in Betrieben zu wählen, in denen wenigstens fünf schwerbehinderte Menschen nicht nur vorübergehend beschäftigt sind (§ 94 Abs. 1 SGB IX).

Die Kündigung eines schwerbehinderten Menschen ist eine Maßnahme im Sinne von § 95 Abs. 2 SGB IX. Der Arbeitgeber wird die Schwerbehindertenvertretung häufig schon angemessen beteiligen können, indem er ihr die (schriftliche) Anhörung des Betriebsrats zugänglich macht.

In Bezug auf die Beteiligung der Schwerbehindertenvertretung fehlt eine Vorschrift wie § 102 Abs. 1 S. 3 BetrVG für die Anhörung des Betriebsrats. Die Kündigung ist daher **nicht unwirksam**, wenn die Schwerbehindertenvertretung nicht oder nicht ausreichend angehört wird (BAG Urt. v. 28. 7. 1983 – 2 AZR 122/82 – AP Nr. 1 zu § 22 SchwbG). § 95 Abs. 2 S. 2 SGB IX sieht lediglich vor, dass eine ohne Beteiligung der Schwerbehindertenvertretung getroffene Kündigungsentscheidung **auszusetzen** und die Beteiligung innerhalb von sieben Tagen **nachzuholen** ist. Die Sanktionswirkung dieser Regelung ist aber begrenzt. Zum einen kann nur die Schwerbehindertenvertretung den Aussetzungsanspruch geltend machen, nicht aber der betroffene Arbeitnehmer selbst. Zum anderen ist die Gesellschaft nicht etwa dazu verpflichtet, die Kündigung zurückzunehmen, wenn diese schon ausgesprochen wurde, **bevor** die Schwerbehindertenvertretung ihr Recht auf Aussetzung der Entscheidung gerichtlich (gegebenenfalls durch einstweilige Verfügung) durchgesetzt hat. Ein Verstoß gegen die Beteiligung der Schwerbehindertenvertretung stellt aber eine **Ordnungswidrigkeit** dar. Gemäß § 156 Abs. 1 Nr. 9, Abs. 2 SGB IX droht eine Geldbuße bis zu EUR 2.500,–.

In der rechtswissenschaftlichen Literatur wird vertreten, dass die **Schwerbehindertenvertretung** angehört werden muss, **bevor** die Zustimmung des Integrationsamtes beantragt wird (etwa *Düwell* in LPK-SGB IX § 87 SGB IX Rdn. 10; *Cramer* § 25 SchwbG Rdn. 6). Andernfalls habe das Integrationsamt die Zustimmung zu verweigern. Dies ist abzulehnen. Da das Integrationsamt die Schwerbehindertenvertretung ohnehin unmittelbar beteiligt, § 87 Abs. 2 SGB IX, ist für die Entscheidung der Behörde ohne Bedeutung, ob der Arbeitgeber diese bereits selbst angehört hat. Außerdem führt diese Auffassung mittelbar doch wieder dazu, dass Versäumnisse bei der Anhörung der Schwerbehindertenvertretung auf die Kündigung „durchschlagen". Das Verfahren vor dem Integrationsamt dient aber nicht der Sicherstellung der Beteiligungsrechte der Schwerbehindertenvertretung. Es steht dem Arbeitgeber daher insbesondere auch frei, die Schwerbehindertenvertretung – ebenso wie den Betriebsrat – **nach** Durchführung des Verfahrens vor dem Integrationsamt anzuhören (KR/*Etzel* vor §§ 85–92 SGB IX Rdn. 37; inkonsequent daher *Düwell* in LPK-SGB IX § 85 SGB IX Rdn. 55).

§ 95 Abs. 2 SGB IX bestimmt keine **Frist**, innerhalb derer die Schwerbehindertenvertretung Stellung zu nehmen hätte. Es ist dem Arbeitgeber wohl nicht vorwerfbar, wenn er eine ordentliche Kündigung eine Woche nach Unterrichtung der Schwerbehindertenvertretung ausspricht und eine außerordentliche fristlose Kündigung nach drei Tagen (*Düwell* in LPK-SGB IX § 85 SGB IX Rdn. 55).

12. Antrag auf Zulässigerklärung der ordentlichen Kündigung einer Schwangeren[1]

[Briefkopf des Arbeitgebers]

An das ...... (Anschrift der zuständigen Behörde)[2]

...... (Datum)[3]

Antrag auf Zulässigerklärung einer ordentlichen betriebsbedingten Kündigung Mitarbeiterin: Frau ......

Sehr geehrter Herr ......[4],

wir stellen hiermit den Antrag, die ordentliche[5] betriebsbedingte Kündigung unserer Mitarbeiterin

Frau	......[6]
geb. am	......
Familienstand	......
Anzahl der Kinder	......
wohnhaft in	......
betriebszugehörig seit	......[7]

für zulässig zu erklären.

Am ...... teilte uns Frau ...... mit, dass sie schwanger sei[8]. Ärztlich bescheinigter Entbindungstermin ist der ......[9].

Unsere Gesellschaft vertreibt im deutschsprachigen Raum (Deutschland, Österreich und Schweiz) Software-Produkte, die von unserer US-amerikanischen Muttergesellschaft hergestellt werden. Wir beschäftigen derzeit ...... Mitarbeiter[10]. Es besteht ein Betriebsrat[11]. Frau ...... ist als Buchhalterin für uns tätig und verdient monatlich EUR .... Sie nimmt an unserer betrieblichen Altersversorgung teil und hat eine unverfallbare Anwartschaft erworben. Es gilt die gesetzliche Kündigungsfrist von ...... Monaten zum Monatsende.

Im Einklang mit unserer Muttergesellschaft wurde beschlossen, dass der Vertrieb der Software im deutschsprachigen Raum in Zukunft über konzernfremde Unternehmen erfolgen soll, die auf Provisionsbasis tätig werden. Unsere Gesellschaft wird daher zum ...... ihren Geschäftsbetrieb einstellen und liquidiert werden.
Wir haben mit dem Betriebsrat am ...... einen Interessenausgleich und einen Sozialplan abgeschlossen. Danach werden sämtliche Arbeitsverhältnisse unter Beachtung der jeweiligen Kündigungsfrist mit Wirkung zum ...... gekündigt werden. Die Mitarbeiter erhalten eine Abfindung, so auch Frau ......
Die Kündigung wird antragsgemäß für zulässig zu erklären sein, § 9 Abs. 3 MuSchG[12]. Die Einstellung des Geschäftsbetriebes zum ...... stellt einen besonderen Fall dar, der eine Kündigung ausnahmsweise rechtfertigt. Über dieses Datum hinaus besteht keine Beschäftigungsmöglichkeit mehr. Da alle Mitarbeiter entlassen werden, scheidet eine Sozialauswahl aus. Es besteht offensichtlich kein Zusammenhang zwischen Kündigung und Schwangerschaft[13].
Der Betriebsrat wurde bereits am ...... gemäß § 102 BetrVG zur Kündigung angehört[14]. Er hat der Kündigung am ...... zugestimmt.
Wir bitten um möglichst rasche antragsgemäße Entscheidung[15]. Die Kündigung soll spätestens im ...... ausgesprochen werden, um eine fristgerechte Beendigung zum ...... zu gewährleisten[16].
Für Rückfragen stehen wir Ihnen gern zur Verfügung. Bitte wenden Sie sich in diesem Fall an Herrn ......[17].

Mit freundlichen Grüßen
......
Unterschrift des Arbeitgebers[18]

Schrifttum: Beitzke, Kündigung trotz Mutterschutz und trotz Übereinkommen Nr. 3 der internationalen Arbeitsorganisation?, RdA 1983, 141; *Berkowsky,* Die personenbedingte Kündigung – Teil 2, NZA-RR 2001, 449; *Buchner/Becker,* Mutterschutzgesetz und Bundeserziehungsgeldgesetz, 6. Aufl. 1998; *Colneric,* Tarifvertragliche und betriebliche Regelungen zur besseren Vereinbarkeit von Familie und Beruf, RdA 1994, 65; *Edel,* Die Entwicklung des Mutterschutzrechtes in Deutschland, 1993; *Grönert,* Erziehungsgeld, Mutterschutz, Erziehungsurlaub, 1995; *Harmuth,* Zum Kündigungsschutz nach dem Mutterschutzgesetz, AuR 1953, 118; *Heinze,* Maßnahmen zur besseren Vereinbarkeit von Berufstätigkeit und Familie, DVBl. 1994, 908; *Kaiser,* Handbuch zum Mutterschutzgesetz, 15. Aufl. 1997; *Gröninger/Thomas,* Mutterschutzgesetz, Loseblatt; *Marburger,* Die ausnahmsweise Kündigung durch den Arbeitgeber im Falle der Schwanger- und Mutterschaft, BlStSozArbR 1983, 241; *Maurer,* Mitteilung der Schwangerschaft und Kündigungsschutz, AuR 1954, 345; *Meisel/Sowka,* Mutterschutz und Erziehungsurlaub, 5. Aufl. 1999; *Molitor,* Grundsätzliches zum Kündigungsschutz des MuSchG, BlStSozArbR 1953, 250; *Preis,* Die „Reform" des Kündigungsschutzrechts, DB 2004, 70; *Schulte Westenberg,* Aktuelles vom EuGH zur Kündigung wegen Schwangerschaft, NJW 2003, 490; *Sowka,* Änderungen im Mutterschutzrecht und im Jugendarbeitsschutzrecht, NZA 1997, 296; *Weber,* Mutterschutzgesetz, Kommentar, 21. Aufl. 2000; *Zmarzlik/Zipperer/Viethen,* Mutterschutzgesetz, Mutterschaftsleistungen, Bundeserziehungsgeldgesetz, 8. Aufl. 1999.

Anmerkungen

1. Sonderkündigungsschutz. Sonderkündigungsschutz gemäß § 9 MuSchG genießen Schwangere und Mütter bis zum Ablauf von vier Monaten nach der Entbindung. Der Arbeitgeber darf erst kündigen, nachdem die für den Arbeitsschutz zuständige oberste Landesbehörde (vgl. Anm. 2) die Kündigung **für zulässig erklärt** hat (§ 9 Abs. 3 MuSchG). Eine ohne Zulässigerklärung ausgesprochene Kündigung ist unheilbar nichtig. Dies bedeutet, dass der Arbeitgeber die beantragte Zulässigerklärung gegebenenfalls im Wege der **Verpflichtungsklage über die Verwaltungsgerichtsbarkeit** erzwingen muss, wenn die Behörde den Antrag ablehnt. Vorher kann eine Kündigung nicht wirksam ausgesprochen werden. Durch den Sonderkündigungsschutz soll der Arbeitsplatz als wirtschaftliche Existenzgrundlage erhalten

12. Antrag auf Zulässigerklärung der Kündigung einer Schwangeren

bleiben und die Mitarbeiterin vor der psychischen Belastung eines Kündigungsschutzprozesses geschützt werden (BAG Urt. v. 31. 3. 1993 – 2 AZR 595/92 – NZA 1993, 646).

Es soll (im Gegensatz etwa zum Schwerbehindertenschutz, vgl. Form. A. XIV. 9 Anm. 4) nicht ausreichen, wenn die Behörde in Form eines **Negativattestes** erklärt, eine Zulässigerklärung sei nicht erforderlich (BAG Urt. v. 28. 1. 1965 – 2 AZR 29/64 – AP Nr. 25 zu § 9 MuSchG allerdings zu einem Sonderfall; *Meisel/Sowka* § 9 MuSchG Rdn. 110a). Gegebenenfalls sollte der Arbeitgeber daher bei einer Behörde, die ihre Zuständigkeit anzweifelt, auf eine **vorsorgliche** Zulässigerklärung dringen.

Die Zulässigerklärung der obersten Landesbehörde ist für **jede Art von Kündigung** einzuholen, also für eine ordentliche Kündigung ebenso wie für eine außerordentliche Kündigung, eine vorsorgliche Kündigung oder eine Änderungskündigung. Andere Beendigungsformen wie die **Aufhebungsvereinbarung** oder die **Befristung** sind jedoch ausgenommen. Das gleiche gilt für eine **Eigenkündigung** der Mitarbeiterin (vgl. § 9 Abs. 2 MuSchG) oder eine **Anfechtung** des Arbeitsverhältnisses.

Sollte die Mitarbeiterin wegen eines weiteren Kindes zusätzlich auch **Elternzeit** in Anspruch nehmen, ist neben der Zulässigerklärung nach § 9 MuSchG auch die Zulässigerklärung gemäß § 18 BErzGG erforderlich (BAG Urt. v. 31. 3. 1993 – 2 AZR 595/92 – NZA 1993, 646; *Zmarzlik/Zipperer/Viethen* § 9 MuSchG Rdn. 136 ff.; Form. A. XIV. 14).

Organe, etwa **GmbH-Geschäftsführer** genießen keinen Sonderkündigungsschutz (vgl. Form. A. XIV. 9 Anm. 4).

2. Zuständige Behörde. Die Zulässigkeit der Kündigung erklärt gemäß § 9 Abs. 3 S. 1 MuSchG die für den **Arbeitsschutz zuständige oberste Landesbehörde** oder „die von ihr bestimmte Stelle". Die zuständige Behörde kann im Internet unter www.bmfsfj.de/Redaktion BMFSFJ/Abteilung2/Pdf-Anlagen/PRM-23.746 Aufsichtsbehorden.pdf abgefragt werden. Mit Stand 21. Juli 04 galt:

Baden-Württemberg: Gewerbeaufsichtsämter
Bayern: Gewerbeaufsichtsämter
Berlin: Landesamt für Arbeitsschutz, Gesundheitsschutz und technische Sicherheit
Brandenburg: Ämter für Arbeitsschutz und Arbeitssicherheit
Bremen: Gewerbeaufsichtsämter
Hamburg: Behörde für Wissenschaft, Forschung und Gesundheit, Abteilung Arbeitnehmerschutz
Hessen: Regierungspräsidien, Abteilung Arbeitsschutz und Sicherheitstechnik
Mecklenburg-Vorpommern: Ämter für Arbeitsschutz und technische Sicherheit, Gewerbeaufsicht
Niedersachen: Gewerbeaufsichtsämter
Nordrhein-Westfalen: Ämter für Arbeitsschutz
Rheinland-Pfalz: Struktur- und Genehmigungsdirektionen, Gewerbeaufsicht
Saarland: Landesamt für Verbraucher-, Gesundheits- und Arbeitsschutz
Sachsen: Gewerbeaufsichtsämter
Sachsen-Anhalt: Gewerbeaufsichtsämter
Schleswig-Holstein: Landesamt für Gesundheit und Arbeitssicherheit
Thüringen: wahlweise Landesamt für Soziales und Familie oder Ämter für Arbeitsschutz

Die **örtliche Zuständigkeit** bemisst sich nach Landesrecht, § 20 MuSchG (*Zmarzlik/Zipperer/Viethen* § 20 MuSchG Rdn. 4). Es ist regelmäßig die Behörde zuständig, in deren Bezirk die Tätigkeit ausgeübt wird, im Zweifel der Betriebssitz (ErfKomm/*Schlachter* § 20 MuSchG Rdn. 1; vgl. Form A. XIV. 9 Anm. 2). Bei Zweifeln über die Zuständigkeit sollten mehrere (vorsorgliche) Anträge gestellt werden (vgl. Form. A. XIV. 9 Anm. 2).

3. Antragsfrist. Wenn – wie im Formular – eine **ordentliche Kündigung** ausgesprochen werden soll, muss der Arbeitgeber den Antrag nicht innerhalb einer bestimmten Frist stellen. Selbstverständlich empfiehlt sich aber eine frühzeitige Antragstellung.

Wenn eine betriebsbedingte Kündigung im Rahmen eines größeren Personalabbaus ausgesprochen werden soll, ist es wohl sogar möglich, einen Antrag an die Behörde zu stellen, bevor etwaige Verhandlungen mit dem Betriebsrat über einen Interessenausgleich abgeschlossen bzw. endgültig gescheitert sind. Dies gilt jedenfalls dann, wenn der Antrag vorbehaltlich des Ergebnisses der Verhandlungen mit dem Betriebsrat gestellt wird. Der praktische Nutzen einer so frühzeitigen Antragstellung ist jedoch voraussichtlich begrenzt. Die Behörde wird das Verfahren erst dann effektiv betreiben, wenn die Verhandlungen mit dem Betriebsrat über einen Interessenausgleich abgeschlossen oder gescheitert sind. Außerdem kann ein frühzeitiger Antrag die Verhandlungen mit dem Betriebsrat belasten.

Bei einer **außerordentlichen Kündigung** muss der Antrag innerhalb der Frist des § 626 Abs. 2 BGB gestellt werden, also innerhalb von zwei Wochen nach Kenntnis des Arbeitgebers von den die Kündigung begründenden Tatsachen (LAG Hamm Urt. v. 3. 10. 1986 – 17 Sa 935/86 – DB 1987, 544; vgl. auch BAG Urt. v. 11. 9. 1979 – 6 AZR 753/78 – AP Nr. 6 zu § 9 MuSchG 1968; KR/*Bader* § 9 MuSchG Rdn. 79; *Meisel/Sowka* § 9 MuSchG Rdn. 117; *Buchner/Becker* § 9 MuSchG Rdn. 173; Form. A. XIV. 10 Anm. 4 zur gleichen Frage beim Sonderkündigungsschutz Schwerbehinderter).

4. Persönliche Ansprache. Die persönliche Ansprache des zuständigen Sachbearbeiters kann einen reibungslosen Ablauf des Verfahrens unterstützen.

5. Art der Kündigung. Die zuständige Behörde kann die Kündigung nur „in einem besonderen Fall" und nur „ausnahmsweise" für zulässig erklären (s. noch Anm. 12). Dies hat nichts damit zu tun, ob es sich um eine ordentliche oder um eine außerordentliche Kündigung handelt. Im Fall einer Betriebsstilllegung – wie im gewählten Beispiel – wird der Arbeitgeber trotz des Sonderkündigungsschutzes regelmäßig kündigen können (Anm. 12), aber selbstverständlich „nur" ordentlich unter Einhaltung der Kündigungsfrist. Schweres Fehlverhalten einer Schwangeren kann hingegen unter Umständen auch eine außerordentliche fristlose Kündigung rechtfertigen. Es ist darauf zu achten, dass sich aus dem Antrag eindeutig ergibt, was für eine Kündigung beabsichtigt ist.

Bei einer außerordentlichen fristlosen Kündigung wird regelmäßig jedenfalls hilfsweise auch eine ordentliche Kündigung gewollt sein. Der Antrag sollte entsprechend gestaltet werden.

6. Sachverhaltsdarstellung. Das Mutterschutzgesetz schreibt für den Antrag keinen Mindestinhalt vor. Zudem gilt der Amtsermittlungsgrundsatz, vgl. § 24 VwVfG. Der Arbeitgeber hat aber ein erhebliches Eigeninteresse, der Behörde selbständig alle Informationen zu unterbreiten, die diese für ihre Entscheidung benötigt. Dabei wird es sich – ähnlich wie beim Antrag an das Integrationsamt (Form. A. XIV. 9 Anm. 5) – insbesondere um folgende Angaben handeln:
- Persönliche Daten der Mitarbeiterin: insbesondere Name, Alter, Anschrift, Familienstand, Unterhaltspflichten, Ausbildung,
- Informationen zum Arbeitsverhältnis: insbesondere Position, Betriebszugehörigkeit, Vergütung, Kündigungsfrist,
- Informationen zur Kündigung: ordentlich oder außerordentlich (Anm. 5), Beendigungs- oder Änderungskündigung, voraussichtlicher Ausspruch der Kündigung und angestrebter Beendigungstermin,
- Informationen zum Kündigungsgrund (Anm. 12).

Auch wirtschaftliche Folgen der Kündigung sollten erwähnt werden, im Beispiel, das dem Formular zugrunde liegt, etwa eine zu erwartende Sozialplanabfindung.

Vorhandene **Beweismittel** (etwa Unterlagen oder schriftliche Aussagen von Zeugen) können – je nach Einzelfall – zum Beleg beigefügt werden.

7. Dauer der Betriebszugehörigkeit. Der Sonderkündigungsschutz setzt (etwa im Gegensatz zum Kündigungsschutz schwerbehinderter Menschen, Form. A. XIV. 9 Anm. 6) nicht voraus, dass die Mitarbeiterin für eine bestimmte Zeit beschäftigt war. Auch eine Kündigung in der **Probezeit** ist nichtig, wenn die zuständige Behörde nicht zugestimmt hatte (*Meisel/Sowka* § 9 MuSchG Rdn. 55).

8. Kenntnis von Schwangerschaft oder Entbindung. Sonderkündigungsschutz setzt voraus, dass dem Arbeitgeber die Schwangerschaft bzw. Entbindung der Mitarbeiterin zum Zeitpunkt der Kündigung entweder bereits bekannt war oder dass die Mitarbeiterin dem Arbeitgeber

12. Antrag auf Zulässigerklärung der Kündigung einer Schwangeren A. XIV. 12

innerhalb von zwei Wochen nach Zugang der Kündigung entsprechende Mitteilung macht (§ 9 Abs. 1 S. 1, 1. Hs. MuSchG) bzw. eine spätere Mitteilung ohne Verschulden der Mitarbeiterin unverzüglich erfolgt (§ 9 Abs. 1 S. 1, 2. Hs. MuSchG).

In der ersten Variante muss der Arbeitgeber **positive Kenntnis von Schwangerschaft oder Entbindung** gehabt haben (hierzu *Buchner/Becker* § 9 MuSchG Rdn. 71 ff.; *Zmarzlik/Zipperer/Viethen* § 9 MuSchG Rdn. 15 ff.; *Meisel/Sowka* § 9 MuSchG Rdn. 82 ff.). Eine bloße Vermutung reicht nicht aus. Eine Gesellschaft muss sich die Kenntnis eines gesetzlichen Vertreters oder eines personalverantwortlichen Vorgesetzten zurechnen lassen (*Buchner/Becker* § 9 MuSchG Rdn. 79). Hingegen ist die Kenntnis von Kollegen, vom Betriebsrat oder vom Betriebsarzt unschädlich (ErfKomm/*Schlachter* § 9 MuSchG Rdn. 7). Die Beweislast für die Kenntnis des Arbeitgebers liegt bei der Mitarbeiterin (*Buchner/Becker* § 9 MuSchG Rdn. 81).

Wenn der Arbeitgeber zum Zeitpunkt des Zugangs der Kündigung keine Kenntnis von der Schwangerschaft hatte, reicht es aus, wenn ihn die Mitarbeiterin (selbst oder durch Dritte) von Schwangerschaft oder Entbindung innerhalb von **zwei Wochen** nach Zugang der Kündigung formlos **in Kenntnis** setzt. Das Gesetz nimmt damit in Kauf, dass eine Kündigung mangels vorheriger Zulässigerklärung nichtig ist, obwohl der Arbeitgeber wegen fehlender Kenntnis vom Sonderkündigungsschutz keine Möglichkeit hatte, sich gesetzeskonform zu verhalten. Unter bestimmten Umständen ist auch die **Überschreitung der Zwei-Wochen-Frist** unschädlich, nämlich wenn die Mitarbeiterin die Überschreitung **nicht zu vertreten hat** und der Arbeitgeber jedenfalls **unverzüglich** formlos über Schwangerschaft oder Entbindung **informiert** wird (§ 9 Abs. 1 S. 1, 2. Hs. MuSchG; *Zmarzlik/Zipperer/Viethen* § 9 MuSchG Rdn. 20 ff.). Die Schwangerschaft muss nicht innerhalb dieser Frist nachgewiesen werden (*Zmarzlik/Zipperer/Viethen* § 9 MuSchG Rdn. 21). Die Versäumung der Zwei-Wochen-Frist ist insbesondere dann unverschuldet, wenn die Schwangere selbst noch keine Kenntnis von der Schwangerschaft hatte. Dabei muss sich die Schwangere aber jedenfalls dann Gewissheit verschaffen, wenn zwingende Anhaltspunkte vorliegen, die das Bestehen einer Schwangerschaft praktisch unabweisbar erscheinen lassen (BAG Urt. v. 6. 10. 1983 – 2 AZR 368/82 – AP Nr. 12 zu § 9 MuSchG 1968; *Buchner/Becker* § 9 MuSchG Rdn. 106; MAH Moll/*Schulte* Arbeitsrecht § 42 Rdn. 15). Auch urlaubsbedingte Abwesenheit kann Verschulden ausschließen (BAG Urt. v. 13. 6. 1996 – 2 AZR 736/95 – AP Nr. 22 zu § 9 MuSchG 1968).

Bezüglich der Auslegung des Merkmals „unverzüglich" ist – wie sonst auch – auf den Einzelfall abzustellen. Eine Mitteilung innerhalb von einer Woche, nachdem das Hindernis wegfiel, das der Information des Arbeitgebers entgegen stand, ist wohl noch zu akzeptieren (BAG Urt. v. 6. 10. 1983 – 2 AZR 368/82 – AP Nr. 12 zu § 9 MuSchG 1968; BAG Urt. v. 26. 9. 2002 – 2 AZR 392/01 – DB 2003, 1448; ErfKomm/*Schlachter* § 9 MuSchG Rdn. 9; *Buchner/Becker* § 9 MuSchG Rdn. 110; KR/*Bader* § 9 MuSchG Rdn. 57b m. weit. Nachw.).

Konsequenterweise ist gemäß § 5 Abs. 1 S. 2 KSchG auch trotz **Überschreitens der dreiwöchigen Klagefrist** aus § 4 S. 1 KSchG eine Klage gegen die Kündigung **nachträglich zuzulassen**, wenn eine Frau aus einem von ihr nicht zu vertretenen Grund erst nach Ablauf der Frist Kenntnis von ihrer Schwangerschaft erlangt hat. Allerdings ist das Gesetz **nicht widerspruchsfrei**. Gemäß § 4 S. 4 KSchG beginnt die Klagefrist in Fällen, in denen die Kündigung, wie bei einer Schwangeren, der Zustimmung durch eine Behörde bedarf, nämlich ausnahmsweise nicht mit Zugang der Kündigung, sondern frühestens mit **Bekanntgabe der Entscheidung der Behörde** an den Arbeitnehmer. Einer nachträglichen Zulassung der Klage gemäß § 5 Abs. 1 S. 2 KSchG würde es dann aber gar nicht bedürfen, da der Arbeitgeber die Zustimmung der Behörde nicht eingeholt haben wird, wenn der Schwangeren ihre Schwangerschaft nicht einmal bekannt war. Die Schwangere könnte bis zur Grenze der Verwirkung Klage erheben (vgl. BAG Urt. v. 3. 7. 2003 – 2 AZR 7/02 – AP Nr. 7 zu § 18 BErzGG). In der rechtswissenschaftlichen Literatur wird versucht, diesen Widerspruch wie folgt aufzulösen: Die Klagefrist beginnt danach nur dann erst mit Bekanntgabe der Behördenentscheidung i.S.v. § 4 S. 4 KSchG, wenn dem Arbeitgeber bei Ausspruch der Kündigung **bekannt** war, dass die Arbeitnehmerin schwanger war (*Preis* DB 2004, 77; ErfKomm/*Ascheid* § 4 KSchG Rdn. 58). Wußte der Arbeitgeber nicht von der Schwangerschaft, beginnt die Klagefrist mit Zugang der Kündigung und die gekündigte Mitarbeiterin kann unter den Voraussetzungen des § 5 Abs. 1 S. 2 KSchG nachträgliche Klagzulassung verlangen.

9. Dauer des Sonderkündigungsschutzes. Der Sonderkündigungsschutz gilt **während der Schwangerschaft** und bis zum Ablauf von **vier Monaten nach der Entbindung**. Es kommt auf den Zugang der Kündigungserklärung an.

Nach ständiger Rechtsprechung des Bundesarbeitsgerichts ist der **Beginn der Schwangerschaft** durch Rückrechnung um 280 Tage ausgehend vom voraussichtlichen Entbindungstermin zu ermitteln (etwa BAG Urt. v. 7. 5. 1998 – 2 AZR 417/97 – AP Nr. 24 zu § 9 MuSchG 1968; BAG Urt. v. 27. 10. 1983 – 2 AZR 566/82 – AP Nr. 14 zu § 19 MuSchG 1968; krit. KR/*Bader* § 9 MuSchG Rdn. 64 ff. m. weit. Nachw.). Der voraussichtliche Tag der Entbindung wird regelmäßig gemäß § 5 Abs. 2 MuSchG vom Arzt oder einer Hebamme festgestellt und zählt bei der Rückrechnung nicht mit. Auch nach der Rechtsprechung des Bundesarbeitsgerichts besteht aber nur eine Vermutung, dass die Schwangerschaft an dem Tag begann, der sich durch Rückrechnung vom bescheinigten mutmaßlichen Entbindungstermin ergibt. Der Arbeitgeber kann den Beweiswert der Bescheinigung widerlegen, wenn er Umstände beweist, die belegen, dass bei Zugang der Kündigung keine Schwangerschaft bestand (BAG Urt. v. 7. 5. 1998 – 2 AZR 417/97 – AP Nr. 24 zu § 9 MuSchG 1968).

Der Sonderkündigungsschutz endet **vier Monate nach der tatsächlichen Entbindung**, unabhängig davon, ob dieser Tag mit dem zuvor bescheinigten mutmaßlichen Entbindungstermin übereinstimmt. Der Sonderkündigungsschutz endet vorzeitig, wenn die Schwangerschaft ohne Entbindung endet, also insbesondere bei einem Schwangerschaftsabbruch, aber auch bei einer Fehlgeburt (*Zmarzlik/Zipperer/Viethen* § 9 MuSchG Rdn. 13; *Buchner/Becker* § 9 MuSchG Rdn. 15).

10. Größe des Betriebes. Sonderkündigungsschutz gilt unabhängig von der Größe des Betriebes, also auch in Kleinbetrieben.

11. Anhörungen im Verwaltungsverfahren. Im Regelfall wird die Behörde den **Betriebsrat** im Laufe des Verfahrens **anhören** (*Buchner/Becker* § 9 MuSchG Rdn. 199), obwohl eine entsprechende Verpflichtung grundsätzlich nicht besteht (*Meisel/Sowka* § 9 MuSchG Rdn. 116). Eine **Anhörung der Mitarbeiterin** ist hingegen in jedem Fall erforderlich (vgl. § 28 Abs. 1 VwVfG; *Buchner/Becker* § 9 MuSchG Rdn. 198; vgl. auch BVerwG Urt. v. 18. 8. 1977 – V C 8.77 – AP Nr. 5 zu § 9 MuSchG 1968).

12. Entscheidung der Behörde/Kündigungsgrund. Die Behörde kann die Kündigung unter zwei Voraussetzungen für zulässig erklären. Zum einen muss es sich um einen „besonderen Fall" handeln. Zum anderen darf die Zulässigkeitserklärung nur „ausnahmsweise" erfolgen. Das Mutterschutzgesetz stellt durch diese Voraussetzungen eine sehr hohe Hürde auf. Der Kündigungsschutz dient insbesondere der Sicherung der materiellen Existenzgrundlage der Mitarbeiterin und der Vermeidung psychischer Belastungen (BAG Urt. v. 31. 3. 1993 – 2 AZR 595/92 – NZA 1993, 646; BVerwG Urt. v. 21. 10. 1970 – V C 34.69 – AP Nr. 33 zu § 9 MuSchG; KR/*Bader* § 9 MuSchG Rdn. 120).

Bei dem Merkmal **„besonderer Fall"** handelt es sich um einen unbestimmten Rechtsbegriff, welcher in vollem Umfang durch die Verwaltungsgerichte überprüft werden kann (BVerwG Urt. v. 29. 10. 1958 – V C 88.56 – AP Nr. 14 zu § 9 MuSchG; *Meisel/Sowka* § 9 MuSchG Rdn. 112). Es müssen außergewöhnliche Umstände vorliegen, die es rechtfertigen, in einer Abwägung die vom Gesetz als vorrangig angesehenen Interessen der Schwangeren hinter die des Arbeitgebers zurücktreten zu lassen (BVerwG Urt. v. 21. 10. 1970 – V C 34.69 – AP Nr. 33 zu § 9 MuSchG; BVerwG Urt. v. 29. 10. 1958 – V C 88.56 – AP Nr. 14 zu § 9 MuSchG; *Zmarzlik/Zipperer/Viethen* § 9 MuSchG Rdn. 68).

Einzelne Bundesländer haben **Verwaltungsrichtlinien** entwickelt, die der näheren Konkretisierung des unbestimmten Rechtsbegriffes im Verwaltungsgebrauch dienen (*Zmarzlik/Zipperer/Viethen* Anh. 13; KR/*Bader* § 9 MuSchG Rdn. 115).

Angesichts des unterschiedlichen Schutzzwecks von § 9 MuSchG und § 18 BErzGG (BAG Urt. v. 31. 3. 1993 – 2 AZR 595/92 – NZA 1993, 646) ist hingegen eine entsprechende Anwendung der **Allgemeinen Verwaltungsvorschriften zum Kündigungsschutz in der Elternzeit** dogmatisch schwer zu begründen (KR/*Bader* § 9 MuSchG Rdn. 114a). Gleichwohl dürften

12. Antrag auf Zulässigerklärung der Kündigung einer Schwangeren   **A. XIV. 12**

die in den allgemeinen Verwaltungsvorschriften aufgeführten Fälle (dazu Form. A. XIV. 14 Anm. 12) regelmäßig auch einen „besonderen Fall" i.S.v. § 9 Abs. 3 MuSchG darstellen (*Meisel/Sowka* § 9 MuSchG Rdn. 113). Augenscheinlich lehnt sich auch die Rechtsprechung in den Fällen, in denen sie eine Kündigung als zulässig anerkannt hat (dazu sogleich), an die Verwaltungsvorschriften an.

Ein besonderer Fall, der eine **betriebsbedingte Kündigung** rechtfertigt, wird insbesondere bei einer Stilllegung (so unser Beispiel im Formular; BVerwG Urt. v. 18. 8. 1977 – V C 8.77 – AP Nr. 5 zu § 9 MuSchG 1968) oder Verlagerung des Betriebes vorliegen oder bei einer Gefährdung der wirtschaftlichen Existenz der Gesellschaft (VGH Kassel Urt. v. 24. 1. 1989 – 9 UE 251/85 DB 1989, 2080; *Meisel/Sowka* § 9 MuSchG Rdn. 113). Eine Beendigungskündigung scheidet aber aus, wenn die Mitarbeiterin nach einer Umsetzung weiterbeschäftigt werden kann (BVerwG Urt. v. 18. 8. 1977 – V C 8.77 – AP Nr. 5 zu § 9 MuSchG 1968). Häufig mag streitig sein, ob ein Betrieb tatsächlich stillgelegt wurde oder ob nicht vielmehr ein **Betriebsübergang** gemäß § 613a BGB vorliegt. Nur bei einer Betriebsstilllegung kommt eine betriebsbedingte Kündigung in Frage. Bei einem Betriebsübergang geht das Arbeitsverhältnis der Mitarbeiterin hingegen auf den Erwerber über. Ob eine Betriebsstilllegung oder ein Betriebsübergang vorliegt, ist jedoch – von Evidenzfällen abgesehen – nicht von der Behörde, sondern vom Arbeitsgericht zu prüfen, falls die Mitarbeiterin gegen die ausgesprochene Kündigung vorgeht (vgl. OVG Münster Urt. v. 21. 3. 2000 – 22 A 5137/99 – AP Nr. 5 zu § 18 BErzGG).

Eine **verhaltensbedingte Kündigung** kann für zulässig erklärt werden, wenn die Mitarbeiterin besonders schwere Verstöße gegen arbeitsvertragliche Pflichten begangen hat, insbesondere Straftaten zu Lasten des Arbeitgebers. Selbst ein Fehlverhalten, das als „wichtiger Grund" eine außerordentliche fristlose Kündigung arbeitsrechtlich rechtfertigen würde, muss aber nicht zwingend dazu führen, dass die Kündigung mutterschutzrechtlich für zulässig erklärt wird (OVG Lüneburg Urt. v. 5. 12. 1990 – 14 L 12/90 – AP Nr. 18 zu § 9 MuSchG 1968: Fernbleiben von der Arbeit; VGH Mannheim Urt. v. 7. 12. 1993 – 7 K 562/92 – BB 1994, 940: Indiskretion gegenüber Ehefrau des Geschäftsführers; *Meisel/Sowka* § 9 MuSchG Rdn. 12).

Ein **personenbedingter Grund** wird kaum einmal einen „besonderen Fall" darstellen, der die Kündigung einer Schwangeren oder einer jungen Mutter rechtfertigen kann (KR/*Bader* § 9 MuSchG Rdn. 122; ErfKomm/*Schlachter* § 9 MuSchG Rdn. 16).

Auch nach Feststellung eines „besonderen Falles" verbleibt noch ein **Ermessensspielraum** der Behörde (BVerwG Urt. v. 18. 8. 1977 – V C 8.77 – AP Nr. 5 zu § 9 MuSchG; MAH Moll/*Schulte* Arbeitsrecht § 42 Rdn. 29). Da die Kündigung trotz Vorliegens eines besonderen Falles nur „ausnahmsweise" zulässig sein soll, soll grundsätzlich dem Interesse der Mitarbeiterin an der Erhaltung ihres Arbeitsplatzes der Vorrang einzuräumen sein (*Meisel/Sowka* § 9 MuSchG Rdn. 114; *Buchner/Becker* § 9 MuSchG Rdn. 188). Nach unserer Auffassung ist dies bedenklich, da die sehr einschränkende Auslegung des Merkmals „besonderer Fall" den Schutz der Mitarbeiterin in ausreichendem Maße gewährleistet. Dies gilt umso mehr, als in die Auslegung des Begriffs „besonderer Fall" bereits eine Interessenabwägung einfließen soll. Im Regelfall sollte daher, wenn einmal ein besonderer Fall vorliegt, die Ermessensentscheidung zugunsten des Arbeitgebers ausfallen (vgl. Form A. XIV. 14 Anm. 12 zum Parallelproblem beim Sonderkündigungsschutz während der Elternzeit).

13. Kein Zusammenhang zwischen Schwangerschaft und Kündigung. § 9 Abs. 3 MuSchG sieht ausdrücklich vor, dass eine Kündigung ausscheidet, wenn der **Kündigungsgrund** mit der Schwangerschaft oder der Situation der Mutter nach der Entbindung **im Zusammenhang** steht. Dies kann auch bei einer Kündigung wegen schweren Fehlverhaltens der Fall sein, beispielsweise, wenn eine schwangerschaftsbedingte Persönlichkeitsveränderung (Depression) das Fehlverhalten bedingt (*Meisel/Sowka* § 9 MuSchG Rdn. 113).

14. Anhörung des Betriebsrats gemäß § 102 BetrVG. Es liegt in der Entscheidung des Arbeitgebers, ob er den Betriebsrat gemäß § 102 BetrVG vor, während oder nach dem Verfahren vor der Behörde anhört (*Meisel/Sowka* § 9 MuSchG Rdn. 142; a.A. *Zmarzlik/Zipperer/Viethen* § 9 MuSchG Rdn. 78; vgl. zum ähnlichen Problem bei der Kündigung eines schwerbehinderten Menschen Form. A. XIV. 11 Anm. 3). Dem Formular liegt der Fall einer

Einstellung des Geschäftsbetriebes zugrunde. Es ist kaum damit zu rechnen, dass sich während des Verfahrens vor der Behörde weitere Gesichtspunkte ergeben, die eine ergänzende Anhörung des Betriebsrats erforderlich machen. In einem solchen Fall spricht daher – auch zur Verfahrensvereinfachung – einiges dafür, den Betriebsrat zu einem Zeitpunkt zur Kündigung der schwangeren Mitarbeiterin anzuhören, zu dem er auch zur Kündigung der restlichen Belegschaft angehört wird, also regelmäßig vor Entscheidung der Behörde über die Zulässigkeit der Kündigung der Schwangeren. Selbstverständlich muss in der Anhörung zur Sprache kommen, dass die Zulässigerklärung beantragt und die Kündigung erst nach Zulässigerklärung ausgesprochen werden wird.

15. Entscheidungsfrist. Das Gesetz sieht keine Frist vor, innerhalb derer die Behörde über den Antrag des Arbeitgebers zu entscheiden hat. Es besteht jedoch Einigkeit, dass von der Behörde eine zügige Entscheidung erwartet werden kann. Sollte die Behörde unnötige Verzögerungen zu verantworten haben, kann ein Schadensersatzanspruch in Frage kommen (*Meisel/Sowka* § 9 MuSchG Rdn. 118). Für den vergleichbaren Fall der Kündigung eines Mitarbeiters in der Elternzeit sieht § 5 Abs. 1 der Allgemeinen Verwaltungsvorschriften eine **unverzügliche** Entscheidung vor (Form. A. XIV. 14 Anm. 14).

16. Ausspruch der Kündigung nach Zulässigerklärung. Die Kündigung kann ausgesprochen werden, sobald die Behörde der Gesellschaft die Zulässigerklärung bekannt gegeben hat. Da das Gesetz keine förmliche Zustellung vorsieht, reicht – im Gegensatz zur ordentlichen Kündigung eines schwerbehinderten Menschen (Form. A. XIV. 9 Anm. 17) – eine mündliche Bekanntgabe aus (*Buchner/Becker* § 9 MuSchG Rdn. 202; vgl. auch *Meisel/Sowka* § 9 MuSchG Rdn. 118).

Bei einer **ordentlichen Kündigung** gibt es keine Frist, innerhalb derer die Kündigung ausgesprochen werden muss (*Meisel/Sowka* § 9 MuSchG Rdn. 116; anders bei der Kündigung eines schwerbehinderten Menschen, A. XIV. 9 Anm. 17).

Bei einer **außerordentlichen Kündigung** muss die Kündigung **unverzüglich** erklärt werden, nachdem sie von der Behörde für zulässig erklärt wurde. § 91 Abs. 5 SGB IX ist entsprechend anzuwenden (LAG Hamm Urt. v. 3. 10. 1986 – 17 Sa 935/86 – DB 1987, 544; KR/*Bader* § 9 MuSchG Rdn. 79; *Meisel/Sowka* § 9 MuSchG Rdn. 117; Form. A. XIV. 10 Anm. 5).

Die Entscheidung der Behörde, durch die die Kündigung für zulässig erklärt wird, kann von der Arbeitnehmerin im Verwaltungsrechtsweg angegriffen werden. Statthafter Rechtsbehelf ist der **Widerspruch** bzw. die (wenn die oberste Landesbehörde entschieden hat, § 68 Abs. 1 S. 2 Nr. 1 VwGO) unmittelbar die **Anfechtungsklage** zum Verwaltungsgericht.

Da es im Gegensatz zum Sonderkündigungsschutz für schwerbehinderte Menschen (§ 88 Abs. 4 SGB IX) an einer gesetzlichen Regelung fehlt, war lange im Streit, ob Widerspruch und Anfechtungsklage **aufschiebende Wirkung** haben (vgl. KR/*Bader* § 9 MuSchG Rdn. 127). Dies ist jetzt vom Bundesarbeitsgericht zwar bejaht worden, allerdings kommt das Bundesarbeitsgericht zu dem Ergebnis, dass die aufschiebende Wirkung den Arbeitgeber **nicht** hindert, die Kündigung auszusprechen (BAG Urt. v. 17. 6. 2003 – 2 AZR 245/02 – AP MuSchG 1968 § 9 Nr. 33; BAG Urt. v. 25. 3. 2004 – 2 AZR 295/03). Die Kündigung ist also nicht schon deshalb unwirksam, weil sie zu einem Zeitpunkt ausgesprochen wurde, in dem noch ein Rechtsbehelf anhängig war. Es ist daher nicht nötig, mit dem Antrag, die Kündigung für zulässig zu erklären, einen Antrag auf Anordnung der sofortigen Vollziehung zu verbinden.

Selbstverständlich wird die bereits ausgesprochene Kündigung unwirksam, wenn die Zulässigerklärung der Behörde rechtskräftig **aufgehoben** wird. Daher besteht für den Arbeitgeber auch unter diesem Aspekt regelmäßig ein Annahmeverzugsrisiko.

17. Benennung eines Ansprechpartners. Es ist zu empfehlen, einen Ansprechpartner beim Arbeitgeber zu benennen, damit die Behörde Nachfragen schnell und ohne Verzögerung stellen kann.

18. Form. Es bestehen **keine Formvorschriften** (*Buchner/Becker* § 9 MuSchG Rdn. 195). Theoretisch könnte der Antrag daher auch mündlich gestellt werden. Selbstverständlich ist aber schriftliche Antragstellung zu empfehlen. Es bestehen aber keine Einwände, den Antrag per Telefax einzureichen.

13. Kündigung einer Schwangeren nach Zulässigerklärung durch die zuständige Behörde[1]

[Briefkopf des Arbeitgebers]

Frau ...... (Name und Anschrift der Arbeitnehmerin)

...... (Datum)

Kündigung

Sehr geehrte Frau ......,

hiermit kündigen wir Ihr Arbeitsverhältnis fristgemäß zum ......, hilfsweise zum nächst zulässigen Zeitpunkt.

Die Kündigung erfolgt aus betriebsbedingten Gründen[2]. Wie Ihnen bekannt ist, wird unsere Gesellschaft ihren Geschäftsbetrieb zum ...... einstellen und liquidiert werden. Da alle Mitarbeiter entlassen werden, scheidet eine Sozialauswahl aus. Eine Weiterbeschäftigung über diesen Termin hinaus ist daher nicht möglich.

Das ...... hat die Kündigung mit Bescheid vom ...... für zulässig erklärt[3].

Der Betriebsrat wurde vor Ausspruch der Kündigung angehört[4]. Er hat der Kündigung zugestimmt. (*Alternative*: Er hat der Kündigung widersprochen. Eine Kopie des Widerspruchs liegt an.)

Vorsorglich weisen wir Sie darauf hin, dass Sie sich unverzüglich bei der zuständigen Agentur für Arbeit zu melden sowie eigene Aktivitäten bei der Suche nach einer anderen Beschäftigung zu entfalten haben.

Für Ihre berufliche Zukunft wünschen wir Ihnen alles Gute.

Mit freundlichen Grüßen

......

Unterschrift des Arbeitgebers

Erhalten:

......

Ort, Datum

......

Unterschrift der Arbeitnehmerin

Schrifttum: S. Form. A. XIV. 12.

Anmerkungen

1. Kündigungserklärung. Das Formular stellt eine Kündigung dar, die ausgesprochen wird, nachdem die Behörde die Kündigung einer Schwangeren für zulässig erklärt hat. Wir haben uns am Sachverhalt aus Form. A. XIV. 12 orientiert.

Wegen der Anforderungen etwa an Schriftform, Unterzeichnung und Zustellung eines Kündigungsschreibens sowie wegen ergänzender Erklärungen, die mit dem Kündigungsschreiben verbunden werden können, verweisen wir auf Form. A. XIV. 2 und A. XIV. 3. Die dortigen Anmerkungen gelten entsprechend.

2. Angabe des Kündigungsgrundes. Gemäß § 9 Abs. 3 S. 2 MuSchG bedarf die Kündigung nicht nur der **Schriftform** (Form. A. XIV. 2 Anm. 7), sondern sie muss zusätzlich den **Kündigungsgrund** angeben. Die Mitteilung über den Kündigungsgrund nimmt am Schriftformerfordernis der Kündigung teil (*Buchner/Becker* § 9 MuSchG Rdn. 219), so dass es insbesondere nicht ausreichen würde, den Kündigungsgrund auf einem gesonderten (nicht unterschriebenen) Schriftstück oder in Form eines „P. S." nach den Unterschriften zu erwähnen (*Zmarzlik/Zipperer/Viethen* § 9 MuSchG Rdn. 72 h).

Übertriebene Anforderungen an die Mitteilung des Kündigungsgrundes dürfen nicht gestellt werden. Es muss ausreichen, wenn die Mitarbeiterin über die **Tatsachen** in Kenntnis gesetzt wird, die die Kündigung notwendig machen (*Buchner/Becker* § 9 MuSchG Rdn. 219; so auch BAG Urt. v. 27. 3. 2003 – 2 AZR 173/02 – NZA 2003, 1055 und BAG Urt. v. 10. 2. 1999 – 2 AZR 176/98 – AP Nr. 2 zu § 54 BMT-G II für tarifliche Begründungspflichten). Bei einer betriebsbedingten Kündigung sollte auch erwähnt werden, dass eine Sozialauswahl durchgeführt wurde. Weitergehende Angaben zu den **Sozialdaten** vergleichbarer Arbeitnehmer sind wohl nicht erforderlich (BAG Urt. v. 27. 3. 2003 – 2 AZR 173/02 – NZA 2003, 1055). Rein pauschale und stichwortartige Umschreibungen („wegen Vertragsverletzung") sollte der Arbeitgeber in jedem Fall vermeiden. Wenn beispielsweise eine fristlose Kündigung wegen grober Vertragsverletzung ausgesprochen wird, sollten die wesentlichen Tatsachen mitgeteilt werden, auf die der Arbeitgeber seine Entscheidung stützt und die die Behörde veranlasst haben, die Kündigung für zulässig zu erklären (BAG Urt. v. 10. 2. 1999 – 2 AZR 176/98 – AP Nr. 2 zu § 54 BMT-G II). Dies gilt auch für etwaige vorsorgliche Kündigungsgründe. Wir halten es für gefährlich, wenn sich der Arbeitgeber auf den Standpunkt stellt, der Mitarbeiterin seien die Kündigungsgründe ja schon durch ihre **Anhörung** im Rahmen des Verfahrens vor der Behörde (Form. A. XIV. 12 Anm. 11) bekannt (mit dieser Tendenz aber BAG Urt. v. 27. 3. 2003 – 2 AZR 173/02 – AP Nr. 4 zu § 54 BMT-G II).

3. Ausspruch der Kündigung. Die Kündigung kann erklärt werden, nachdem die Behörde die Kündigung für zulässig erklärt und ihre Entscheidung dem Arbeitgeber bekannt gegeben hat (Form. A. XIV. 12 Anm. 16). Die Zulässigerklärung muss dem Kündigungsschreiben nicht beigefügt werden (vgl. BAG Urt. v. 4. 3. 2004 – 2 AZR 147/03 – AP Nr. 50 zu § 103 BetrVG 1972).

Der Arbeitgeber muss eine **ordentliche Kündigung nicht** innerhalb einer bestimmten **Frist** nach Zulässigerklärung durch die Behörde aussprechen; eine **außerordentliche Kündigung** muss hingegen **unverzüglich** erklärt werden (Form. A. XIV. 12 Anm. 16).

4. Anhörung des Betriebsrats. Sofern ein Betriebsrat besteht, muss dieser gemäß § 102 BetrVG vor Ausspruch der Kündigung angehört werden. Es steht dem Arbeitgeber grundsätzlich frei, ob er den Betriebsrat vor, während oder nach dem Verfahren vor der Behörde anhört (s. Form. A. XIV. 12 Anm. 14).

14. Antrag auf Zulässigerklärung der ordentlichen Kündigung eines Mitarbeiters in Elternzeit[1]

[Briefkopf des Arbeitgebers]

An das ...... (Anschrift der zuständigen Behörde)[2]

...... (Datum)[3]

Antrag auf Zulässigerklärung einer ordentlichen betriebsbedingten Kündigung
Mitarbeiter: Herr ......

Sehr geehrter Herr ......[4],
wir stellen hiermit den Antrag, die ordentliche[5] betriebsbedingte Kündigung unseres Mitarbeiters

Herr ...... [6]
geb. am ......
Familienstand ......
Anzahl der Kinder ......

14. Antrag auf Kündigung eines Mitarbeiters in Elternzeit A. XIV. 14

wohnhaft in ......
betriebszugehörig seit ......[7]
für zulässig zu erklären.
Herr ...... ist als Personalreferent für uns tätig und verdient derzeit monatlich EUR ...... Es wurde eine Kündigungsfrist von zwei Monaten zum Monatsende vereinbart, die die gesetzliche Kündigungsfrist übersteigt. Herr ...... befindet sich seit dem ...... in Elternzeit für seinen am ...... geborenen Sohn[8]. Die Elternzeit endet am ......
Wir sind ein Unternehmen der Metallbranche, das ganz überwiegend Einzelteile für die Automobilindustrie zuliefert. In unserem Betrieb in ...... beschäftigen wir ...... Mitarbeiter[9]. Es besteht ein Betriebsrat[10]. 90% unseres Umsatzes erwirtschaften wir mit Kunden in Baden-Württemberg. Dies bedeutet, dass wir unsere Produkte zurzeit mehrere hundert Kilometer zum Kunden transportieren müssen. Unsere Kunden verlangen „just in time"-Anlieferung. Bei verspäteter Lieferung müssen wir eine Vertragsstrafe bezahlen und gefährden die Kundenbeziehung.
Die strikten Vorgaben unserer Kunden veranlassen uns, den Betrieb ins baden-württembergische ...... zu verlegen. Die kürzeren Lieferwege erhöhen die Planungssicherheit und reduzieren nicht nur die Transportkosten, sondern insbesondere auch das Risiko, aufgrund unvorhersehbarer Verkehrsverhältnisse vereinbarte Liefertermine zu versäumen. Die Verlegung wird zum ...... umgesetzt. Unser Betriebsrat wurde ordnungsgemäß beteiligt. Am ...... wurden ein Interessenausgleich und ein Sozialplan vereinbart.
So wie der gesamten Belegschaft wurde auch Herrn ...... angeboten, sein Arbeitsverhältnis ab dem ...... in ...... fortzusetzen[11]. Herr ...... hat uns am ...... schriftlich bestätigt, dass ein Umzug für ihn aus persönlichen Gründen nicht in Frage kommt. Die Frau von Herrn ...... ist berufstätig, die beiden älteren Kinder gehen zur Schule.
Nach dem Sozialplan wird Herr ...... für den Verlust des Arbeitsplatzes eine Abfindung erhalten.
Die Kündigung wird antragsgemäß für zulässig zu erklären sein, § 18 Abs. 1 S. 2 BErzGG[12]. Die Verlegung des Betriebes nach ...... stellt einen besonderen Fall dar, der eine Kündigung ausnahmsweise rechtfertigt. Da Herr ...... einen Umzug aus nachvollziehbaren Gründen abgelehnt hat, besteht über den ...... hinaus keine Beschäftigungsmöglichkeit mehr. Eine Sozialauswahl war nicht durchzuführen. Es besteht offensichtlich kein Zusammenhang zwischen Kündigung und Elternzeit.
Der Betriebsrat wurde bereits am ...... gemäß § 102 BetrVG zur Kündigung angehört[13]. Er hat der Kündigung am ...... zugestimmt.
Wir bitten um möglichst rasche antragsgemäße Entscheidung[14]. Die Kündigung soll spätestens im ...... ausgesprochen werden, um eine fristgerechte Beendigung zum ...... zu gewährleisten[15].
Für Rückfragen stehen wir Ihnen gern zur Verfügung. Bitte wenden Sie sich in diesem Fall an Herrn ......[16].

Mit freundlichen Grüßen

......
Unterschrift des Arbeitgebers[17]

Schrifttum: Betz, Unklarheiten und Widersprüche der Regelungen im Bundeserziehungsgeldgesetz, NZA 2000, 248; *Buchner/Becker,* Mutterschutzgesetz und Bundeserziehungsgeldgesetz, 6. Aufl. 1998; *Böttcher,* Eltern- und Mutterschutzrecht, Basiskommentar, 1999; *Grönert,* Erziehungsgeld, Mutterschutz, Erziehungsurlaub, 1995; *Köster/Schiefer/Überacker,* Arbeits- und sozialversicherungsrechtliche Fragen des Bundeserziehungsgeldgesetzes, DB 1994, 2341; *Lindemann/Simon,* Die neue Elternzeit, NJW 2001, 258; *Meisel/Sowka,* Mutterschutz und Erziehungsurlaub, 5. Aufl. 1999; *Ramrath,* Arbeitsrechtliche Fragen der Teilzeitarbeit während des Erziehungsurlaubs, DB 1987, 1785; *Schiefer,* Kündigungsschutz und Unternehmerfreiheit – Auswirkungen des Kündigungsschutzes auf die betriebliche Praxis, NZA 2002, 770; *Sowka,* Streitfragen des Erziehungsurlaubs, NZA 1994, 102; *Sowka,* Offene Fragen des Erziehungsurlaubs, NZA 1998, 347; *Sowka,* Der Erziehungsurlaub nach neuem Recht – Rechtslage ab 1. 1. 2001, NZA 2000, 1185; *Sowka,* Vom Erziehungsurlaub zur Elternzeit, BB 2001, 935; *Stichler,* Der Kündigungsschutz des Teilzeitarbeitsverhältnisses während des Erziehungsurlaubes, BB 1995, 355; *Viethen,* Erziehungsurlaub – zum arbeitsrechtlichen Teil des Bundeserziehungsgeldgesetzes, NZA 1986, 245; *Zmarzlik,* Erziehungsgeld und Erziehungsurlaub, AuR 1986, 103; *Zmarzlik/Zipperer/Viethen,* Mutterschutzgesetz, Mutterschaftsleistungen, Bundeserziehungsgeldgesetz, 8. Aufl. 1999.

Anmerkungen

1. Sonderkündigungsschutz. Mitarbeiter in der Elternzeit genießen Sonderkündigungsschutz gemäß § 18 BErzGG. Zumindest einem Elternteil soll es möglich sein, sich in der ersten Lebensphase des Kindes dessen Betreuung und Erziehung zu widmen (BAG Urt. v. 31. 3. 1993 – 2 AZR 595/92 – NZA 1993, 649).

Die Struktur der Regelungen ähnelt der des Sonderkündigungsschutzes für Schwangere und Mütter nach der Entbindung (vgl. Form. A. XIV. 12). Der Arbeitgeber darf die Kündigung erst dann aussprechen, wenn sie von der für den Arbeitsschutz zuständigen obersten Landesbehörde (Anm. 2) für **zulässig erklärt** wurde. Anderenfalls ist die Kündigung unheilbar **nichtig.** Angesichts der ähnlichen Struktur kann zum großen Teil auf die Anmerkungen zu Form. A. XIV. 12 verwiesen werden.

Das Formular geht von dem „Normalfall" aus, dass der Arbeitgeber das Arbeitsverhältnis beenden will. Ein besonderes Problem tritt jedoch auf, wenn der Mitarbeiter während der Elternzeit gemäß § 15 Abs. 4 S. 1 BErzGG mit bis zu 30 Stunden wöchentlich in **Teilzeit** beim Arbeitgeber tätig bleibt. Im Regelfall wird davon auszugehen sein, dass es sich trotz der Teilzeittätigkeit um ein **einheitliches Arbeitsverhältnis** handelt, für das Sonderkündigungsschutz gilt (§ 18 Abs. 2 Nr. 1 BErzGG) und das auch (mit Ausnahme einer Änderungskündigung) nur in seiner Gesamtheit gekündigt werden kann (vgl. BAG Urt. v. 23. 4. 1996 – 9 AZR 696/94 – AP Nr. 7 zu § 17 BErzGG; ErfKomm/*Ascheid* § 18 BErzGG Rdn. 6; *Buchner/Becker* § 18 BErzGG Rdn. 35; für die Möglichkeit, eine isolierte Kündbarkeit zu vereinbaren: *Meisel/Sowka* § 18 BErzGG Rdn. 16; *Sowka* BB 2001, 937; *Stichler* BB 1995, 356 f.). Allenfalls in seltenen Sonderfällen mag es sich beim Teilzeitarbeitsverhältnis um ein **gesondertes Arbeitsverhältnis** handeln, wenn nämlich nicht nur die Arbeitszeit reduziert wird, sondern der Arbeitnehmer eine vollständig andere Tätigkeit übernimmt. Ein solches gesondertes Arbeitsverhältnis könnte zwar isoliert gekündigt werden. Selbst dann muss aber davon ausgegangen werden, dass eine Kündigung, die nur das Teilzeitarbeitsverhältnis betrifft, der vorherigen Zulässigerklärung durch die Behörde bedarf (a. A. *Meisel/Sowka* § 18 BErzGG Rdn. 16).

Sonderkündigungsschutz gilt gemäß § 18 Abs. 2 Nr. 2 sogar dann, wenn ein **Teilzeitarbeitnehmer keine Elternzeit** in Anspruch nimmt, sofern er (ungeachtet des tatsächlichen Einkommens) Anspruch auf Erziehungsgeld und auf Elternzeit hätte (vgl. *Buchner/Becker* § 18 BErzGG Rdn. 36 f.; *Meisel/Sowka* § 18 BErzGG Rdn. 18 ff.; *Zmarzlik/Zipperer/Viethen* § 18 BErzGG Rdn. 11). Es kommt nicht darauf an, ob das Arbeitsverhältnis bei Geburt des Kindes schon bestanden hat (BAG Urt. v. 27. 3. 2003 – 2 AZR 627/01 – NZA 2004, 155). Aus rechtspolitischer Sicht ist diese Vorschrift bedenklich, da Sonderkündigungsschutz schon zu beachten ist, wenn der Mitarbeiter nicht in Betracht zieht, Elternzeit zu beantragen, ja sogar, wenn der Arbeitgeber nicht einmal weiß, dass der Mitarbeiter Anspruch auf Erziehungsgeld und Elternzeit hätte. Der Gesetzgeber hat dieses Problem offensichtlich nicht gesehen. In Analogie zu § 9 Abs. 1 S. 1 MuSchG ist aber zu fordern, dass der Mitarbeiter den Arbeitgeber zumindest innerhalb von zwei Wochen nach Zugang der Kündigung davon in Kenntnis setzt, dass die Voraussetzungen für den Sonderkündigungsschutz vorliegen (*Zmarzlik/Zipperer/Viethen* § 18 BErzGG Rdn. 11; *Meisel/Sowka* § 18 BErzGG Rdn. 19; KR/*Bader* § 18 BErzGG Rdn. 20; ähnlich *Buchner/Becker* § 18 BErzGG Rdn. 37).

2. Zuständige Behörde. Der Antrag ist – ebenso wie der Antrag auf Zulässigerklärung der Kündigung einer Schwangeren – an die für den **Arbeitsschutz zuständige oberste Landesbehörde** oder die von dieser bestimmten Stelle zu richten. Die Ausführungen zu Form. A. XIV. 12 Anm. 2 gelten entsprechend.

14. Antrag auf Kündigung eines Mitarbeiters in Elternzeit   **A. XIV. 14**

Gemäß § 4 S. 1 der Allgemeinen Verwaltungsvorschriften zum Kündigungsschutz bei Erziehungsurlaub ist die Behörde am Sitz des Betriebes **örtlich zuständig**. Die Regelung entspricht § 87 Abs. 1 S. 1 SGB IX für die Kündigung eines schwerbehinderten Menschen (Form. A. XIV. 9 Anm. 2).

3. Antragsfrist. S. Form. A. XIV. 12 Anm. 3.

4. Persönliche Ansprache. S. Form. A. XIV. 12 Anm. 4.

5. Art der Kündigung. S. Form. A. XIV. 12 Anm. 5.

6. Sachverhaltsdarstellung. Gemäß § 4 S. 2 der Allgemeinen Verwaltungsvorschriften zum Kündigungsschutz bei Erziehungsurlaub sind im Antrag der **Arbeitsort** und die **vollständige Anschrift** des Arbeitnehmers, dem gekündigt werden soll, anzugeben. Der Antrag ist zu **begründen** und etwaige **Beweismittel** sind beizufügen oder zu benennen. Über diese Regelung hinaus sollte schon deshalb zum Kündigungssachverhalt umfassend vorgetragen werden, um Nachfragen zu vermeiden, die das Verfahren verzögern (s. Form. A. XIV. 12 Anm. 6).

7. Dauer der Betriebszugehörigkeit. S. Form. A. XIV. 12 Anm. 7.

8. Dauer des Sonderkündigungsschutzes. Gemäß § 18 Abs. 1 S. 1 BErzGG beginnt der Sonderkündigungsschutz mit dem Zeitpunkt, in dem der Mitarbeiter vom Arbeitgeber **Elternzeit verlangt**, höchstens jedoch **acht Wochen vor Beginn der Elternzeit**. Voraussetzung des Sonderkündigungsschutzes ist, dass der Mitarbeiter einen gemäß § 15 BErzGG tatsächlich bestehenden Anspruch auf Elternzeit wirksam gemäß § 16 BErzGG geltend gemacht hat (*Zmarzlik/Zipperer/Viethen* § 18 BErzGG Rdn. 7). Es kommt nicht darauf an, ob das Arbeitsverhältnis **bei Geburt des Kindes schon bestanden** hat (BAG Urt. v. 11. 3. 1999 – 2 AZR 19/98 – NZA 1999, 1047; BAG Urt. v. 27. 3. 2003 – 2 AZR 627/01 – NZA 2004, 155).

Der Sonderkündigungsschutz dauert **während der gesamten Elternzeit** an. Sollte die Elternzeit in mehreren Blöcken genommen werden, beispielsweise für das erste und dritte Lebensjahr des Kindes, so gilt die Vorverlegung des Sonderkündigungsschutzes auf den Zeitpunkt, zu dem Elternzeit verlangt wurde, nur für den **ersten** Abschnitt (*Buchner/Becker* § 18 BErzGG Rdn. 12; *Meisel/Sowka* § 18 BErzGG Rdn. 2). Sollte die Gesellschaft jedoch die zwischen zwei Elternzeitabschnitten liegende Zeit, in der kein Sonderkündigungsschutz gilt, nutzen wollen, den Mitarbeiter gerade wegen der Elternzeit zu kündigen, so kann die Kündigung wegen Verstoßes gegen das Maßregelungsverbot nach § 612a BGB unwirksam sein (*Meisel/Sowka* § 18 BErzGG Rdn. 2).

Ein **nachwirkender Kündigungsschutz** besteht nicht. Die Wirksamkeit der Kündigung nach Ende der Elternzeit richtet sich nach allgemeinen Regeln. Es kommt auf den Zeitpunkt des Zugangs der Kündigungserklärung an. Eine während der Elternzeit zugehende Kündigung ist daher, sofern nicht die Behörde zugestimmt hat, auch dann nichtig, wenn sie erst nach Ende der Elternzeit wirksam werden soll.

9. Größe des Betriebes. S. Form. A. XIV. 12 Anm. 10.

10. Anhörungen im Verwaltungsverfahren. Gemäß § 5 Abs. 2 der Allgemeinen Verwaltungsvorschriften zum Kündigungsschutz bei Erziehungsurlaub hat die Behörde dem Betriebsrat sowie dem betroffenen Mitarbeiter Gelegenheit zu geben, sich mündlich oder schriftlich zu äußern.

11. Angebot der Fortsetzung des Arbeitsverhältnisses zu geänderten Bedingungen. In einer Situation, wie sie dem Formular zugrunde liegt (Betriebsverlegung), hat der Arbeitgeber dem Mitarbeiter die Fortsetzung des Arbeitsverhältnisses an der neuen Betriebsstätte anzubieten. Dies kann im Wege der **Änderungskündigung** geschehen, wobei selbstverständlich auch eine Änderungskündigung von der Behörde für zulässig erklärt worden sein muss.

Hat der Mitarbeiter jedoch **endgültig und verbindlich** erklärt, dass eine Fortsetzung des Arbeitsverhältnisses an der neuen Betriebsstätte für ihn nicht in Frage kommt, so spricht nichts dagegen, eine **Beendigungskündigung** auszusprechen. Auch § 2 Abs. 1 Nr. 4 der Allgemeinen Verwaltungsvorschriften zum Kündigungsschutz bei Erziehungsurlaub (vgl. noch Anm. 12) geht offensichtlich von diesem Fall aus. Wichtig ist jedoch, dass der Arbeitgeber den Arbeitnehmer vollständig über die drohende Beendigungskündigung und über die Bedingungen, unter denen eine Fortsetzung des Arbeitsverhältnisses möglich ist, informiert hat und der Mitarbeiter ausreichend Bedenkzeit hatte, nämlich mindestens eine Woche (vgl. BAG Urt. v. 27. 9. 1984 – 2 AZR 62/83 – AP Nr. 8 zu § 2 KSchG 1969; krit. LAG Köln Urt. v. 20. 11. 2003 – 6 Sa 645/03 – LAGReport 2004, 204 – Revision eingelegt). Der Arbeitgeber sollte darauf achten, dass das Angebot an den Mitarbeiter und dessen Ablehnung beweisbar dokumentiert sind.

12. Entscheidung der Behörde/Kündigungsgrund. Ähnlich wie im Fall der Kündigung einer schwangeren Mitarbeiterin kann die Behörde die Kündigung nur unter zwei Voraussetzungen für zulässig erklären. Es muss ein **besonderer Fall** vorliegen und die Zulässigkeitserklärung darf nur **ausnahmsweise** erfolgen. Auf die Ausführungen zum Form. A. XIV. 12 Anm. 12 kann zwar weitgehend verwiesen werden. Es bestehen jedoch einige Unterschiede.

Zum einen ist der unterschiedliche Schutzzweck von § 18 BErzGG und § 9 MuSchG zu berücksichtigen. Der Sonderkündigungsschutz während der Elternzeit soll den Eltern ermöglichen, sich in der ersten Lebensphase des Kindes dessen Betreuung und Erziehung zu widmen, während der Sonderkündigungsschutz für Schwangere und Mütter den Arbeitsplatz als wirtschaftliche Existenzgrundlage erhalten und die Mitarbeiterin vor den psychischen Belastungen eines Kündigungsschutzprozesses schützen soll (BAG Urt. v. 31. 3. 1993 – 2 AZR 595/92 – NZA 1993, 649).

Zum anderen ist die Behörde an die Vorgaben der Allgemeinen Verwaltungsvorschriften zum Kündigungsschutz bei Erziehungsurlaub gebunden. Gemäß § 1 S. 2 der Allgemeinen Verwaltungsvorschriften liegt ein „besonderer Fall" vor, wenn es gerechtfertigt erscheint, dass das als **vorrangig angesehene Interesse des Mitarbeiters am Fortbestand des Arbeitsverhältnisses wegen außergewöhnlicher Umstände hinter die Interessen des Arbeitgebers zurücktritt.** Beim Merkmal „besonderer Fall" handelt es sich um einen gerichtlich voll überprüfbaren unbestimmten Rechtsbegriff. § 2 Abs. 1 der Allgemeinen Verwaltungsvorschriften zählt als Varianten des besonderen Falls „insbesondere" (also nicht abschließend) auf

- Stilllegung eines Betriebes,
- Stilllegung einer Betriebsabteilung,
- Verlagerung eines Betriebes oder einer Betriebsabteilung,
- Gefährdung der Existenz des Betriebes oder der wirtschaftlichen Existenz des Arbeitgebers durch Aufrechterhaltung des Arbeitsverhältnisses nach Beendigung des Erziehungsurlaubs,
- Unzumutbarkeit der Aufrechterhaltung des Arbeitsverhältnisses wegen besonders schwerer Verstöße gegen arbeitsvertragliche Pflichten oder vorsätzlicher strafbarer Handlung des Mitarbeiters.

Im Fall der Stilllegung bzw. Verlagerung von Betrieb oder Betriebsabteilung liegt ein besonderer Fall aber nur dann vor, wenn der Arbeitnehmer eine ihm angebotene **zumutbare Weiterbeschäftigung** auf einem anderen Arbeitsplatz abgelehnt hat (Anm. 11).

Aus Sicht des Arbeitgebers kann der Wunsch eines Mitarbeiters, Elternzeit in Anspruch zu nehmen, insbesondere dann zu Schwierigkeiten führen, wenn er **keine Ersatzkraft** findet, die bereit ist, befristet tätig zu werden (vgl. § 21 BErzGG). Gemäß § 2 Abs. 2 der Allgemeinen Verwaltungsvorschriften kann auch diese Situation einen „besonderen Fall" darstellen, wenn der Arbeitgeber hierdurch in die Nähe der Existenzgefährdung kommt. **Kleinbetriebe** mit höchstens fünf Arbeitnehmern können sich auf diese Konstellation unter erleichterten Voraussetzungen berufen (§ 2 Abs. 2 S. 2 Nr. 1 Allgemeine Verwaltungsvorschriften zum Kündigungsschutz bei Erziehungsurlaub).

Im Anschluss an die Feststellung, dass ein besonderer Fall vorliegt, hat die Behörde gemäß § 3 der Allgemeinen Verwaltungsvorschriften zum Kündigungsschutz bei Erziehungsurlaub im Rahmen **pflichtgemäßen Ermessens** zu entscheiden, ob das **Interesse des Arbeitgebers** an einer Kündigung während der Elternzeit so erheblich **überwiegt**, dass die Kündigung **ausnahmsweise** gerechtfertigt ist. Da gemäß § 1 Abs. 1 S. 2 der Allgemeinen Verwaltungsvorschriften zum Kündigungsschutz bei Erziehungsurlaub schon im Rahmen der Auslegung des unbestimmten Rechtsbegriffs „besonderer Fall" eine Interessenabwägung stattfindet, er-

14. Antrag auf Kündigung eines Mitarbeiters in Elternzeit

scheint eine nochmalige Abwägung im Rahmen des pflichtgemäßen Ermessens gekünstelt und in der Praxis kaum unterscheidbar. Wie schon bei Form. A. XIV. 12 Anm. 12 zum Parallelproblem bei der Kündigung einer Schwangeren ausgeführt, werden nach unserer Auffassung die Interessen des Arbeitgebers regelmäßig überwiegen, wenn ein „besonderer Fall" vorliegt, wobei das Merkmal „besonderer Fall" restriktiv auszulegen ist.

13. **Anhörung des Betriebsrats gemäß § 102 BetrVG.** S. Form. A. XIV. 12 Anm. 14.

14. Entscheidungsfrist. Gemäß § 5 der Allgemeinen Verwaltungsvorschriften zum Kündigungsschutz bei Erziehungsurlaub soll die Behörde ihre Entscheidung **unverzüglich** treffen. Eine zeitliche Obergrenze, wie sie § 88 Abs. 1 SGB IX für die Entscheidung des Integrationsamtes über die Zustimmung zur Kündigung eines Schwerbehinderten vorsieht (Form. A. XIV. 9 Anm. 16), gibt es nicht. Verzögert die Behörde die Entscheidung grundlos, können (zumindest theoretisch) Schadensersatzansprüche oder eine Untätigkeitsklage in Betracht kommen.

15. Ausspruch der Kündigung nach Zulässigerklärung. Die Zulässigerklärung ist sowohl dem Arbeitgeber als auch dem Mitarbeiter **zuzustellen** (§ 7 Allgemeine Verwaltungsvorschriften zum Kündigungsschutz bei Erziehungsurlaub). Verwaltungsvorschriften binden grundsätzlich nur die Behörde. Dennoch spricht angesichts der Parallele zu § 88 Abs. 2 SGB IX vieles dafür, mit dem Ausspruch der Kündigung zu warten, bis die **förmliche Zustellung** erfolgt ist. Wir verweisen auf unsere Ausführungen unter Form. A. XIV. 9 Anm. 17. Wenn hingegen ein früher Ausspruch der Kündigung notwendig ist, um noch einen bestimmten Beendigungstermin zu erreichen, ist zu überlegen, nach (mündlicher) Bekanntgabe der Zulässigerklärung zu kündigen und sicherheitshalber nach förmlicher Zustellung eine weitere vorsorgliche Kündigung nachzuschieben.

Gesetzlich ist keine Frist geregelt, innerhalb derer die Kündigung nach Zulässigerklärung ausgesprochen werden muss. Insbesondere bei Ausspruch einer **außerordentlichen Kündigung** ist jedoch dringend anzuraten, diese **unverzüglich** zu erklären, nachdem die Kündigung von der Behörde für zulässig erklärt wurde. Eine Analogie zu § 91 Abs. 5 SGB IX bietet sich an (vgl. Form. A. XIV. 10 Anm. 5 und Form. A. XIV. 12 Anm. 16 zur Parallelfrage bei der Kündigung einer Schwangeren).

Rechtsbehelfe des Mitarbeiters gegen die Zulässigerklärung durch die Behörde hindern den Ausspruch der Kündigung nicht (vgl. Form. A. XIV. 12 Anm. 16 zur Parallelfrage bei der Kündigung einer Schwangeren).

Der gekündigte Mitarbeiter muss gemäß § 4 Satz 1 KSchG innerhalb von **drei Wochen** nach Zugang der Kündigung **Kündigungsschutzklage** erheben. Allerdings beginnt die Klagefrist **nicht vor Bekanntgabe der Entscheidung** der Behörde an den Mitarbeiter (§ 4 S. 4 KSchG; vgl. Form. A. XIV. 9 Anm. 17 und Form. A. XIV. 12 Anm. 8).

16. Benennung eines Ansprechpartners. Vgl. Form. A. XIV. 12 Anm. 17.

17. Form. Gemäß § 4 S. 1 der Allgemeinen Verwaltungsvorschriften zum Kündigungsschutz bei Erziehungsurlaub ist die Zulässigerklärung bei der zuständigen Behörde **schriftlich** oder **zu Protokoll** zu beantragen.

Es kann davon ausgegangen werden, dass eine Übermittlung per **Telefax** ausreicht (vgl. zum gleichen Problem beim Antrag an das Integrationsamt Form. A. XIV. 9 Anm. 19).

15. Kündigung eines Mitarbeiters in Elternzeit nach Zulässigerklärung durch die zuständige Behörde[1]

[Briefkopf des Arbeitgebers]

Herrn ...... (Name und Anschrift des Arbeitnehmers)

...... (Datum)

Kündigung

Sehr geehrter Herr ......,

hiermit kündigen[2] wir Ihr Arbeitsverhältnis fristgemäß zum ......, hilfsweise zum nächst zulässigen Zeitpunkt.
Das ...... hat der Kündigung mit Bescheid vom ...... zugestimmt[3].
Der Betriebsrat wurde vor Ausspruch der Kündigung angehört[4]. Er hat der Kündigung zugestimmt. (*Alternative*: Er hat der Kündigung widersprochen. Eine Kopie des Widerspruchs liegt an.)
Vorsorglich weisen wir Sie darauf hin, dass Sie sich unverzüglich bei der zuständigen Agentur für Arbeit zu melden sowie eigene Aktivitäten bei der Suche nach einer anderen Beschäftigung zu entfalten haben.
Für Ihre berufliche Zukunft wünschen wir Ihnen alles Gute.

Mit freundlichen Grüßen

......

Unterschrift des Arbeitgebers

Erhalten:

......

Ort, Datum

......

Unterschrift des Arbeitnehmers

Schrifttum: S. Form. A. XIV. 14.

Anmerkungen

1. Kündigungserklärung. Das Formular stellt eine Kündigung dar, die ausgesprochen wird, nachdem die Behörde die Kündigung eines Mitarbeiters in Elternzeit für zulässig erklärt hat. Wegen der Anforderungen etwa an Schriftform, Unterzeichnung und Zustellung eines Kündigungsschreibens sowie wegen ergänzender Erklärungen, die mit dem Kündigungsschreiben verbunden werden können, verweisen wir auf Form. A. XIV. 2 und Form. A. XIV. 3. Die dortigen Anmerkungen gelten entsprechend.

2. Angabe des Kündigungsgrundes. Das Formular enthält keine Angaben zum Kündigungsgrund, weil solche Angaben im Gegensatz zur Kündigung einer Schwangeren oder jungen Mutter nicht vom Gesetz gefordert werden (vgl. Form. A. XIV. 13 Anm. 2). Im Regelfall dürften aber keine Bedenken bestehen, den Kündigungsgrund jedenfalls kurz zu skizzieren, zumal dieser in dem der Kündigung vorausgegangenen Verwaltungsverfahren ohnehin ausführlich erörtert wurde.

3. Ausspruch der Kündigung. S. Form. A. XIV. 14 Anm. 15.

4. Anhörung des Betriebsrats. S. Form. A. XIV. 12 Anm. 14.

16. Antrag auf Zustimmung zur außerordentlichen Kündigung eines Betriebsratsmitglieds[1]

[Briefkopf des Arbeitgebers]

An den Betriebsrat
z. Hd. des Betriebsratsvorsitzenden[2]
Herrn ......
– im Hause –

...... (Datum)[3]

Antrag auf Zustimmung zur außerordentlichen fristlosen Kündigung
Mitarbeiter: Herr ......

Sehr geehrter Herr ......,

wir stellen hiermit gemäß § 103 Abs. 1 BetrVG den Antrag, der außerordentlichen fristlosen Kündigung[4] des Betriebsratsmitglieds[5]

Herr	......
geb. am	......
Familienstand	......
Anzahl der Kinder	......
wohnhaft in	......
betriebszugehörig seit	......

zuzustimmen. (Weitere Ausführungen zum Mitarbeiter und zum Arbeitsverhältnis[6].)
Wie Ihnen bekannt ist, haben wir in den letzten Monaten unsere EDV-Ausrüstung erneuert und insbesondere neue PCs angeschafft. Die bisher genutzten PCs haben wir in einem Kellerraum verstaut. Über die weitere Verwendung ist noch nicht entschieden.
Am ...... hat Herr ...... zwei dieser PCs aus dem Lagerraum entnommen und gegen einen Betrag in Höhe von EUR 200,00 an einen Bekannten verkauft. Den Erlös führte Herr ...... der Kasse der Betriebsfußballmannschaft zu, der er angehört. Der Vorfall kam zutage, da Herr ...... am ...... seinem Kollegen ......, der ebenfalls Mitglied der Fußballmannschaft ist, erzählte, woher das Geld stammt. Hiervon haben wir am ...... Kenntnis erlangt.
Wir haben Herrn ...... am ...... zur Rede gestellt. Er erklärte, dass er sich keiner Schuld bewusst sei. Schließlich wären die PCs doch ohnehin nicht mehr verwendet worden und er habe das Geld nicht für sich verwendet, sondern der Betriebsfußballmannschaft und damit letztlich auch wieder dem Arbeitgeber zukommen lassen.
Eine Fortsetzung des Arbeitsverhältnisses mit Herrn ...... ist ausgeschlossen[7]. Herr ...... hat in schwerer Weise gegen arbeitsvertragliche Pflichten verstoßen und sich wahrscheinlich sogar strafbar gemacht. Die Grundlage für eine weitere Zusammenarbeit ist damit nicht mehr gegeben. Auch wenn Herr ...... zuvor nicht abgemahnt worden war, so konnte er in keinem Fall damit rechnen, dass sein Verhalten geduldet werden würde.
Der Umstand, dass er das Geld der Betriebsfußballmannschaft zugute kommen ließ, entlastet ihn nicht. Es liegt ausschließlich in der freien Entscheidung des Unternehmens, ob Unternehmensgegenstände verkauft werden und was mit dem Erlös geschieht. Im Gegenteil zeigt die Reaktion von Herrn ......, als er zur Rede gestellt wurde, dass er völlig uneinsichtig ist. Die außerordentliche fristlose Kündigung ist daher gemäß § 15 Abs. 1 KSchG, § 626 BGB berechtigt.
Wir bitten um möglichst rasche antragsgemäße Entscheidung[8].

Für Rückfragen stehen wir Ihnen gern zur Verfügung. Bitte wenden Sie sich in diesem Fall an Herrn ......[9].

Mit freundlichen Grüßen

......

Unterschrift des Arbeitgebers[10]

Erhalten[11]:

......

Ort, Datum

......

Unterschrift des Betriebsratsvorsitzenden

Schrifttum: Ascheid, Zustimmungsersetzung nach § 103 BetrVG und Individualprozess, FS Hanau, S. 685; *Bachner,* Voraussetzungen und Reichweite des Analogieschlusses im Betriebsverfassungsrecht, NZA 1999, 1241; *Belling,* Die Beteiligung des Betriebsrats bei der Kündigung von Amtsträgern wegen der Stilllegung des Betriebs oder einer Betriebsabteilung, NZA 1985, 481; *Bernstein,* Die Kündigung von Betriebsratsmitgliedern bei Stilllegung einer Betriebsabteilung nach § 15 V KSchG, NZA 1993, 728; *Bieback,* Arbeitsverhältnis und Betriebsratsamt bei der außerordentlichen Kündigung von Betriebsratsmitgliedern, RdA 1978, 82; *Buus,* Die Ersetzung der Zustimmung zur außerordentlichen Kündigung von Betriebs- bzw. Personalratsmitgliedern, BB 1979, 1508; *Eich,* Der Einfluss eines Antrags auf Aussetzung eines Beschlusses des Betriebsrats auf den Lauf der Frist des § 626 II BGB im Zustimmungsverfahren nach § 103 BetrVG, DB 1978, 586; *Eisenbeis,* Die Ausschlussfrist im Zustimmungsersetzungsverfahren oder der „sichere" Weg in die Fristversäumnis?, FA 1997, 34; *Etzel,* Der besondere Kündigungsschutz für Betriebsratsmitglieder und andere Arbeitnehmer, die Aufgaben der Betriebsverfassung wahrnehmen, BlStSozArbR 1972, 86; *Etzel,* Die außerordentliche Kündigung nach dem neuen Betriebsverfassungsgesetz, DB 1973, 1017; *Etzel,* Kündigungsschutz für Wahlbewerber und Ersatzmitglieder betriebsverfassungsrechtlicher und verwandter Organe, BlStSozArbR 1976, 209; *Eylert/Fenski,* Untersuchungsgrundsatz und Mitwirkungspflichten im Zustimmungsersetzungsverfahren nach § 103 Abs. 2 BetrVG, BB 1990, 2401; *Fischmeier,* Die Beteiligung des Betriebsrats bei außerordentlichen Kündigungen gegenüber Betriebsratsmitgliedern und anderen Funktionsträgern, ZTR 1998, 433; *Fuchs,* Kündigungsschutz von Wahlbewerbern, Wahlvorstandsmitgliedern und Vertrauensleuten der Schwerbehinderten in betriebsratslosen Betrieben, DB 1976, 677; *Gamillscheg,* Betriebsrat und Kündigung, FS BAG, S. 117; *Helm/Müller,* Kündigung von Betriebsratsmitgliedern, AiB 1999, 604; *Hilbrandt,* Sonderkündigungsschutz und Mitwirkung des Betriebsrats in der Rechtsprechung des Bundesarbeitsgerichts, FS BAG, S. 243; *Klebe/Schumann,* Unwirksamkeit der Kündigung von Organen der Betriebsverfassung bei fehlerhafter Zustimmung des Betriebsrats?, DB 1978, 1591; *Klein,* Der besondere Schutz der Betriebsratsmitglieder, ZBVR 2000, 36; *Lepke,* Zustimmung des Betriebsrats zu außerordentlichen Kündigungen des Arbeitgebers in besonderen Fällen, BB 1973, 894; *Löwisch,* Die Verknüpfung von Kündigungsschutz und Betriebsverfassung nach dem BetrVG 1972, DB 1975, 349; *Maurer,* Kündigung von Mitgliedern einer Betriebsvertretung, BB 1972, 971; *Meier,* Beteiligungsrechte des Betriebsrats bei Versetzung und Änderungskündigungen, NZA 1988, Beil. 3, S. 3; *Müller,* Gedanken zum arbeitsrechtlichen Kündigungsrecht, ZfA 1982, 475; *Nägele/Nestel,* Besonderer Kündigungsschutz bei erstmaliger Wahl eines Betriebsrats, BB 2002, 354; *Nerreter,* Die Kündigung von Betriebsratsmitgliedern bei Stilllegung eines Betriebes nach § 15 IV KSchG, NZA 1995, 54; *Oetker,* Außerordentliche Kündigung von Betriebsratsmitgliedern – Aktuelle Probleme des Stimmrechtsausschlusses wegen Interessenkollision, AuR 1987, 224; *Preis,* Der Kündigungsschutz außerhalb des Kündigungsschutzgesetzes, NZA 1997, 1256; *Richardi,* Ersetzung der Zustimmung des Betriebsrats durch Beschluss des Arbeitsgerichts im Rahmen von § 103 BetrVG, RdA 1975, 73; *Schmidt,* Die Kündigung gegenüber Betriebsratsmitgliedern, RdA 1973, 294; *Scholz,* Die Beteiligung des Personalrats bei der ordentlichen und außerordentlichen Kündigung und der Änderungskündigung, Die Personalvertretung 1979, 218; *Schulz,* Das Erlöschen der betriebsverfassungsrechtlichen Amtsträgereigenschaft während des Zustimmungsersetzungsverfahrens, NZA 1995, 1130; *Stein,* Kündigungsschutz von Bewerbern um betriebsverfassungsrechtliche Ämter, AuR 1975, 201; *Uhmann,* Kündigungsschutz von Ersatzmitgliedern des Betriebsrats, NZA 2000, 576; *Weber/Ehrich,* Direktionsrecht und Änderungskündigung bei Veränderungen im Arbeitsverhältnis, BB 1996, 2246; *Weber/Lohr,* Der Sonderkündigungsschutz von Betriebsratsmitgliedern, BB 1999, 2350; *Weisemann,* Neue Aspekte bei der außerordentlichen Kündigung von Betriebsratsmitgliedern, DB 1974, 2476; *Zumkeller,* Die Anhörung des Betriebsrats bei der Kündigung von Ersatzmitgliedern – Unter besonderer Berücksichtigung des Verhältnisses von § 103 BetrVG zu § 102 BetrVG, NZA 2001, 823.

16. Antrag auf Zustimmung zur Kündigung eines Betriebsratsmitglieds

Anmerkungen

1. Allgemeines. § 15 Abs. 1–3 KSchG räumt bestimmten Organen **Sonderkündigungsschutz** ein, so insbesondere Betriebsratsmitgliedern (vgl. noch Anm. 5 zum persönlichen und zeitlichen Geltungsbereich). Betriebsratsmitglieder können gemäß § 15 Abs. 1 KSchG grundsätzlich nur gekündigt werden, wenn ein wichtiger Grund vorliegt, der eine **außerordentliche fristlose Kündigung** gemäß § 626 BGB rechtfertigt. § 15 KSchG gilt auch für Änderungskündigungen (vgl. Anm. 7 sowie ausführlich Form. A. XI. 4), nicht aber für andere Beendigungstatbestände wie Aufhebungsvertrag, Auslaufen einer Befristung oder Anfechtung (KR/*Etzel* § 15 KSchG Rdn. 14).

Der durch § 15 KSchG vermittelte Schutz wird durch § 103 BetrVG noch einmal erheblich verstärkt. Vor Ausspruch der außerordentlichen Kündigung muss der Betriebsrat nicht gemäß § 102 BetrVG angehört werden. Stattdessen muss der Betriebsrat gemäß § 103 Abs. 1 BetrVG der **Kündigung zustimmen**. Eine Kündigung, die ohne vorherige Zustimmung des Betriebsrats ausgesprochen wird, ist **nichtig**. Auch eine nachträgliche Zustimmung des Betriebsrats heilt die Nichtigkeit nicht.

Das Formular enthält das Muster eines Antrages an den Betriebsrat, der außerordentlichen Kündigung eines Betriebsratsmitgliedes zuzustimmen. Für die Kündigung anderer Organe, die von §§ 15 Abs. 1–3 KSchG, 103 BetrVG geschützt werden (s. Anm. 5 zum persönlichen Geltungsbereich), also etwa eines Wahlvorstandes, kann das Formular entsprechend verwendet werden.

Erteilt der Betriebsrat die Zustimmung nicht, muss der Arbeitgeber sie gemäß § 103 Abs. 2 BetrVG vom Arbeitsgericht ersetzen lassen, bevor er die Kündigung ausspricht (s. Form. A. XIV. 17). Da die Ersetzung erst mit Rechtskraft der gerichtlichen Entscheidung wirksam wird, besteht ein ganz erhebliches **Verzögerungspotential**. Dieses wird noch dadurch verstärkt, dass das betroffene Betriebsratsmitglied zwingend Beteiligter des arbeitsgerichtlichen Beschlussverfahrens über die Ersetzung der Zustimmung wird, § 103 Abs. 2 Satz 2 BetrVG, selbst Rechtsmittel einlegen und somit die Rechtskraft der Entscheidung hinauszögern kann (s. Form. A. XIV. 18 Anm. 4). Schon wenn das Verfahren „nur" über zwei Instanzen geht, kann es ohne weiteres länger als ein Jahr dauern.

Der Arbeitgeber bleibt während des ganzen Verfahrens, also bis zum Ausspruch der außerordentlichen Kündigung, verpflichtet, das Entgelt fortzuzahlen. Dies gilt unter dem Gesichtspunkt des **Annahmeverzuges** auch, wenn er das Betriebsratsmitglied **freistellt** (BAG Urt. v. 11. 11. 1976 – 2 AZR 457/75 – AP Nr. 8 zu § 103 BetrVG 1972). Annahmeverzug soll zwar nicht eintreten, wenn dem Arbeitgeber unzumutbar ist, den Arbeitnehmer weiter zu beschäftigen (BAG Urt. v. 11. 11. 1976 – 2 AZR 457/75 – AP Nr. 8 zu § 103 BetrVG 1972). Es muss aber davon ausgegangen werden, dass sich der Arbeitgeber hierauf nur in seltenen Ausnahmefällen wird berufen können (vgl. BAG GS Urt. v. 26. 4. 1956 – GS 1/56 – AP Nr. 5 zu § 9 MuSchG zu einem tätlichen Angriff mit einem Beil).

Ob das Betriebsratsmitglied überhaupt wirksam freigestellt werden kann, richtet sich nach allgemeinen Grundsätzen. Eine Freistellung beendet aber jedenfalls nicht das **Betriebsratsamt** (KR/*Etzel* § 103 BetrVG Rdn. 149), es sei denn der Arbeitgeber hat erfolgreich (etwa im Wege der einstweiligen Verfügung) gemäß § 23 Abs. 1 BetrVG den Ausschluss des Betriebsratsmitglieds aus dem Betriebsrat betrieben (vgl. noch Anm. 7).

Trotz der ganz erheblichen finanziellen Folgen wird der Arbeitgeber im Regelfall gut beraten sein, das Betriebsratsmitglied, soweit durchsetzbar, für die Dauer eines gerichtlichen Ersetzungsverfahrens freizustellen. Der Arbeitgeber setzt sich in einen **unauflösbaren Widerspruch**, wenn er einerseits die außerordentliche fristlose Kündigung des Betriebsratsmitgliedes betreibt, also erklärt, ihm sei eine Weiterbeschäftigung auch nur während der Kündigungsfrist unzumutbar (s. Anm. 7), andererseits aber tatsächlich während des gerichtlichen Ersetzungsverfahrens, also über Monate, wenn nicht Jahre hinweg weiter mit ihm zusammenarbeitet.

Hat der Betriebsrat die Zustimmung zur Kündigung seines Mitgliedes erst einmal verweigert, befindet sich der Arbeitgeber somit in einer **Kostenfalle**, die häufig zu einem für ihn fi-

Kruip

nanziell sehr ungünstigen **Vergleich** führt: Vor die Wahl gestellt, das Ersetzungsverfahren bis zur Rechtskraft der gerichtlichen Entscheidung durchzuführen und das Betriebsratsmitglied schließlich nach einer langen „bezahlten Freistellung" außerordentlich fristlos zu kündigen, sieht sich der Arbeitgeber häufig zu einem Vergleich gezwungen, der eine ganz **erhebliche Abfindungszahlung** vorsieht. Wenn man sich vor Augen führt, dass diese Abfindung an einen Arbeitnehmer gezahlt wird, der jedenfalls in der Einschätzung des Arbeitgebers eine so schwere Vertragsverletzung begangen hat, dass er außerordentlich gekündigt werden soll, ist dieses Ergebnis in hohem Maße unbefriedigend.

Dem dargestellten Dilemma entgeht der Arbeitgeber nur, wenn er erreicht, dass der Betriebsrat der außerordentlichen Kündigung des Betriebsratsmitgliedes zustimmt. Es empfiehlt sich also, den Antrag an den Betriebsrat gut vorzubereiten und **Überzeugungsarbeit** zu leisten. Bisweilen zögern Betriebsräte, die gewünschte Zustimmung zu erteilen, weil sie sich nicht zum „Helfershelfer" des Arbeitgebers machen lassen wollen. Hier kann der Hinweis helfen, dass das betroffene Betriebsratsmitglied die Wirksamkeit der Kündigung auch nach Zustimmung durch den Betriebsrat voll vor den Arbeitsgerichten überprüfen lassen kann (vgl. demgegenüber zur Präjudizwirkung der gerichtlichen Zustimmungsersetzung Form. A. XIV. 18). Der betroffene Mitarbeiter ist also alles andere als schutzlos. Es kann auch Wirkung haben, einem verständigen Betriebsrat die erheblichen finanziellen Folgen eines Zustimmungsersetzungsverfahrens (Annahmeverzugslohn) vor Augen zu führen. Dies ändert aber nichts daran, dass der Betriebsrat eines seiner Mitglieder aus **falsch verstandener Solidarität** schlicht dadurch in eine exzellente Verhandlungsposition bringen kann, dass er die Zustimmung verweigert. Einen Schutz hiervor gibt es praktisch nicht (vgl. noch Anm. 8).

2. Adressat des Antrags. Adressat des Antrags ist der Betriebsrat als Organ, vertreten durch seinen **Vorsitzenden**, § 26 Abs. 2 S. 2 BetrVG. Es gelten die gleichen Grundsätze wie beim Antrag nach § 102 BetrVG (s. Form. C. I. 1 und C. I. 2).

Soll der Vorsitzende des Betriebsrats gekündigt werden, ist der Antrag an den **stellvertretenden Vorsitzenden** des Betriebsrats zu richten, vgl. § 26 Abs. 2 S. 2 BetrVG (MünchHdB-ArbR/*Joost* § 307 Rdn. 26; KR/*Etzel* § 103 BetrVG Rdn. 74). Hieran ist festzuhalten, auch wenn das Bundesarbeitsgericht in der Zwischenzeit entschieden hat, dass der Betriebsratsvorsitzende und nicht sein Stellvertreter zuständig sind, dem Arbeitgeber die Weigerung des Betriebsrats mitzuteilen, einer personellen Einzelmaßnahme zuzustimmen, die den Betriebsratsvorsitzenden selbst betrifft (BAG Urt. v. 19. 3. 2003 – 7 ABR 15/02 – AP Nr. 77 zu § 40 BetrVG 1972). Um Risiken zu vermeiden, die sich daraus ergeben können, dass der falsche Erklärungsempfänger gewählt wurde, sollte sicherheitshalber ein Antrag an den Vorsitzenden des Betriebsrats und ein weiterer Antrag an seinen Stellvertreter gerichtet werden.

3. Antragsfrist. Wie bei jeder außerordentlichen fristlosen Kündigung findet die Zwei-Wochen-Frist des § 626 Abs. 2 BGB Anwendung (Form. A. XIV. 6 Anm. 2). Es gelten die folgenden Grundsätze:

Der Arbeitgeber muss beim Betriebsrat die Zustimmung zur Kündigung so rechtzeitig beantragen, dass die Kündigung, wenn die Zustimmung erteilt wird, dem Betriebsratsmitglied noch innerhalb von zwei Wochen zugeht, nachdem der Arbeitgeber Kenntnis von den für die Kündigung maßgeblichen Tatsachen erhalten hat. Der Betriebsrat hat analog § 102 Abs. 2 S. 3 BetrVG eine Bedenkzeit von drei Tagen (ErfKomm/*Hanau/Kania* § 103 BetrVG Rdn. 9).

Stimmt der Betriebsrat der Kündigung nicht zu, muss der Arbeitgeber noch innerhalb der Zwei-Wochen-Frist beim Arbeitsgericht den **Antrag** stellen, die **Zustimmung** gemäß § 103 Abs. 2 BetrVG zu **ersetzen** (BAG Beschl. v. 18. 8. 1977 – 2 ABR 19/77 – AP Nr. 10 zu § 103 BetrVG 1972; Form. A. XIV. 17). Nach rechtskräftiger Ersetzung der Zustimmung muss er unverzüglich kündigen (Form. A. XIV. 18 Anm. 2). Diese Grundsätze gelten auch, wenn der Betriebsrat keine Stellungnahme abgibt. Die Zustimmungsfiktion gemäß § 102 Abs. 2 S. 2 BetrVG gilt nicht, so dass die Zustimmung verweigert ist, wenn sich der Betriebsrat nicht äußert (BAG Beschl. v. 18. 8. 1977 – 2 ABR 19/77 – AP Nr. 10 zu § 103 BetrVG 1972). Wegen dieser engen Fristen ist der Arbeitgeber daher gut beraten, die eigene Entscheidungsfindung über den Ausspruch einer Kündigung sowie die Vorbereitung des Antrags an den Betriebsrat zügig voranzutreiben.

Der Tag der Antragstellung beim Betriebsrat selbst zählt nicht mit, § 187 Abs. 1 BGB. Die Frist zur Stellungnahme läuft also am Donnerstag, 24 Uhr, ab, wenn der Antrag beim Betriebsrat an einem Montag gestellt wurde. Sofern dieser nicht zustimmt oder ausdrücklich ablehnt, kann der Zustimmungsersetzungsantrag an das Arbeitsgericht daher erst am Freitag gestellt werden (vgl. BAG, Urt. v. 12. 12. 1996 – 2 AZR 809/95 – AiB 1998, 113; a.A. Fristablauf bereits mit Ende des Dienstschlusses der Personalabteilung des Arbeitgebers LAG Hamm, Urt. v. 11. 2. 1992 – 2 Sa 1615/91 – DB 1992, 2640). Da das Wochenende und Feiertage voll mitzählen, kann der Zustimmungsersetzungsantrag ab Dienstag gestellt werden, wenn der Antrag an den Betriebsrat an einem Freitag gestellt wurde. Fällt der Fristablauf hingegen auf einen Tag am Wochenende oder einen Feiertag, zählt dieser nicht mit, § 193 BGB. Wurde der Antrag an den Betriebsrat daher an einem Mittwoch gestellt, kann der Zustimmungsersetzungsantrag ebenfalls erst am nächsten Dienstag gestellt werden.

Ein **vor Fristablauf** beim Arbeitsgericht eingegangener Zustimmungsersetzungsantrag, egal ob unbedingt oder bedingt, ist **unzulässig** und wahrt die Zwei-Wochen-Frist nicht (BAG Beschl. v. 7. 5. 1986 – 2 ABR 27/85 – AP Nr. 18 zu § 103 BetrVG 1972).

4. Außerordentliche Kündigung. Im Beispiel soll das Betriebsratsmitglied nach einem Vertragsverstoß **außerordentlich fristlos** gekündigt werden. Fehlverhalten, das „nur" eine verhaltensbedingte ordentliche Kündigung rechtfertigen würde, berechtigt gemäß § 15 Abs. 1 KSchG ohnehin nicht zur Kündigung eines Betriebsratmitglieds. Es ist daher in diesem Fall nicht nötig, in den Antrag den sonst bei fristlosen Kündigung üblichen Zusatz aufzunehmen, dass die Kündigung „hilfsweise fristgemäß zum nächst zulässigen Zeitpunkt" ausgesprochen werden soll (vgl. Form A. XIV. 6 Anm. 3).

5. Persönlicher und zeitlicher Geltungsbereich des Sonderkündigungsschutzes. Gemäß § 15 Abs. 1 KSchG, § 103 BetrVG genießen nicht nur **Betriebsratsmitglieder** Sonderkündigungsschutz, sondern auch, worauf im folgenden nicht näher eingegangen werden soll, Mitglieder der **Jugend- und Auszubildendenvertretung**, Mitglieder einer **Bordvertretung** und Mitglieder eines **Seebetriebsrates**. § 15 Abs. 3, § 103 BetrVG KSchG erstrecken den Sonderkündigungsschutz auf Mitglieder des **Wahlvorstandes** und auf **Wahlbewerber**. **Initiatoren einer Betriebsratswahl** genießen hingegen gemäß § 15 Abs. 3a KSchG „nur" insoweit Sonderkündigungsschutz, als eine Kündigung einen „wichtigen Grund" voraussetzt. Hingegen gilt nicht der zusätzliche Schutz, dass der Betriebsrat der Kündigung zugestimmt haben muss. Somit erwähnt auch § 103 BetrVG Initiatoren einer Betriebsratswahl nicht.

Der durch § 15 Abs. 1 S. 1 KSchG, § 103 BetrVG vermittelte Sonderkündigungsschutz für Betriebsratsmitglieder **beginnt** mit der Amtszeit des Betriebsratsmitglieds. Es besteht weitgehend Einigkeit, dass Schutzlücken, die sich theoretisch für den Zeitraum zwischen Wahl des Mitgliedes und Aufnahme des Amtes ergeben können (kein Wahlbewerber mehr und noch kein Betriebsratsmitglied), geschlossen werden müssen, wenn auch über die Einzelheiten Streit besteht (vgl. BAG Urt. v. 22. 9. 1983 – 6 AZR 323/81 – AP Nr. 11 zu § 78a BetrVG 1972; vgl. KR/*Etzel* § 103 BetrVG Rdn. 19; ErfKomm/*Ascheid* § 15 KSchG Rdn. 15). Im Ergebnis erfordert eine Kündigung daher auch in dieser Phase die Zustimmung des Betriebsrats.

Der Sonderkündigungsschutz gemäß § 15 Abs. 1 S. 1 KSchG **endet** mit dem Ende der Amtszeit des Betriebsrats, § 21 BetrVG, oder mit dem Erlöschen der Mitgliedschaft des Arbeitnehmers im Betriebsrat aus einem anderen Grund, § 24 BetrVG (BAG Urt. v. 5. 7. 1979 – 2 AZR 521/77 – AP Nr. 6 zu § 15 KSchG 1969; KR/*Etzel* § 15 KSchG Rdn. 61 ff.) Eine Freistellung oder das Ruhen des Arbeitsverhältnisses, etwa während einer Elternzeit, beenden den Sonderkündigungsschutz nicht, solange der Arbeitnehmer Mitglied des Betriebsrats bleibt.

Nach Ende des Sonderkündigungsschutzes genießt der Arbeitnehmer **nachwirkenden besonderen Kündigungsschutz** gemäß § 15 Abs. 1 S. 2 KSchG, es sei denn, die Beendigung der Mitgliedschaft beruhte auf einer gerichtlichen Entscheidung. Während des nachwirkenden Kündigungsschutzes muss der Betriebsrat einer außerordentlichen Kündigung nicht gemäß § 103 BetrVG zustimmen, sondern nur gemäß § 102 BetrVG **angehört** werden.

Theoretisch kann nach Ende des (nachwirkenden) Sonderkündigungsschutzes eine ordentliche Kündigung ausgesprochen werden, die auf ein Fehlverhalten gestützt wird, das das Betriebsratsmitglied während des Sonderkündigungsschutzes begangen hat und das für eine außerordentliche Kündigung nicht ausreichte (vgl. BAG Urt. v. 13. 6. 1996 – 2 AZR 431/95 – AP Nr. 2 zu § 15 KSchG 1969 Wahlbewerber). Allerdings liegt – je nach Einzelfall – **Verwirkung** nahe und ein Gericht wird berücksichtigen, dass sich das Betriebsratsmitglied über einen längeren Zeitraum beanstandungsfrei verhalten hat.

Ersatzmitglieder genießen den durch die Kombination von § 15 Abs. 1 S. 1 KSchG und § 103 BetrVG vermittelten besonders starken Schutz nur für die Zeit, in der sie zur Vertretung eines Betriebsratsmitglieds in den Betriebsrat nachgerückt sind (zu Beginn und Ende des Sonderkündigungsschutzes näher *Uhmann* NZA 2000, 576; KR/*Etzel* § 103 BetrVG Rdn. 44 ff.). Endet die Vertretung, weil ein zeitweilig verhindertes Betriebsratsmitglied zurückgekehrt ist, genießt das Ersatzmitglied noch nachwirkenden besonderen Kündigungsschutz, aber – wie oben ausgeführt – ohne den ergänzenden Schutz, dass der Betriebsrat einer außerordentlichen Kündigung gemäß § 103 BetrVG zustimmen müsste. Es gilt § 102 BetrVG.

Arbeitgeber mögen bisweilen den Verdacht haben, dass ein Betriebsratsmitglied nur deshalb zeitweilig verhindert war, um einem Ersatzmitglied zu ermöglichen, nachzurücken und somit (nachwirkenden) Kündigungsschutz zu erlangen. In einem solchen Fall kann der Arbeitgeber versuchen, eine **rechtsmissbräuchliche Gestaltung** einzuwenden mit dem Ergebnis, dass das Ersatzmitglied sich nicht auf Sonderkündigungsschutz berufen könnte (BAG Urt. v. 12. 2. 2004 – 2 AZR 163/03 – AP Nr. 1 zu § 15 KSchG 1969 Ersatzmitglied; BAG Urt. v. 5. 9. 1986 – 7 AZR 175/85 – AP Nr. 26 zu § 15 KSchG 1969). In der Praxis wird dem Arbeitgeber der Nachweis einer rechtsmissbräuchlichen Gestaltung aber regelmäßig schwer fallen. Dies gilt umso mehr, als das BAG Sonderkündigungsschutz eintreten lässt, selbst wenn objektiv kein Fall der Vertretung vorgelegen hat, solange sich dies dem Ersatzmitglied nur nicht aufdrängen musste (BAG Urt. v. 12. 2. 2004 – 2 AZR 163/03 – AP Nr. 1 zu § 15 KSchG 1969 Ersatzmitglied).

In **Tendenzunternehmen** i. S. d. § 118 BetrVG ist keine Zustimmung gemäß § 103 BetrVG einzuholen, wenn die Kündigung auf einem tendenzbedingten Grund beruht (BAG Urt. v. 28. 8. 2003 – 2 ABR 48/02 – AP Nr. 49 zu § 103 BetrVG 1972; KR/*Etzel* § 103 BetrVG Rdn. 16). Der Betriebsrat ist dann nur gemäß § 102 BetrVG anzuhören.

6. Sachverhaltsdarstellung. Hinsichtlich der Sachverhaltsdarstellung gilt für den Zustimmungsantrag nach § 103 BetrVG der gleiche Maßstab wie für die Anhörung nach § 102 BetrVG (KR/*Etzel* § 103 BetrVG Rdn. 66, s. auch Form. C. I. 1). Insbesondere der **Kündigungsgrund**, also im Beispiel das Verhalten des Arbeitnehmers, das zur Kündigung Anlass gab, sollte unter Darlegung konkreter Tatsachen umfassend dargestellt werden (s. Anm. 7). Es gilt, den Betriebsrat zu überzeugen. Von einer tendenziösen oder gar verfälschenden Darstellung ist Abstand zu nehmen, da diese nicht nur den Betriebsrat gegen die Kündigung aufbringen, sondern vor allem selbst bei erteilter Zustimmung zur Unwirksamkeit der Kündigung wegen fehlerhafter Information führen kann (BAG Urt. v. 5. 2. 1981 – 2 AZR 1135/78 – AP Nr. 1 zu § 72 LPVG NW). Den Arbeitnehmer entlastende Aspekte, beispielsweise dessen Einlassung im Rahmen einer Anhörung, sind darzustellen.

Der Arbeitgeber muss nur solche **Umstände** mitteilen, die **für seine Kündigungsentscheidung von Bedeutung** sind (vgl. Form. C. I. 1). Danach muss er persönliche Daten wie Unterhaltspflichten des Arbeitnehmers nicht erwähnen, wenn diese beispielsweise bei einer verhaltensbedingten Kündigung seinen Kündigungsentschluss nicht beeinflusst haben (vgl. BAG Urt. v. 2. 3. 1989 – 2 AZR 280/88 – AP Nr. 101 zu § 626 BGB). Da eine fristlose Kündigung ausgesprochen werden soll, ist streng genommen beispielsweise auch die Kündigungsfrist ohne Bedeutung. Es ist aber dennoch dazu zu raten, auch solche Daten, soweit bekannt, umfassend anzugeben. Der Arbeitgeber hat ein erhebliches Eigeninteresse, den Betriebsrat zu überzeugen, und sollte den Eindruck vermeiden, er halte Informationen zurück.

7. Kündigungsgrund. Die Wirksamkeit der außerordentlichen fristlosen Kündigung bemisst sich nach § 626 BGB. § 15 Abs. 1 KSchG enthält keinen abweichenden eigenen Maßstab (ErfKomm/*Ascheid* § 15 KSchG Rdn. 24; KR/*Etzel* § 15 KSchG Rdn. 21).

Regelfall ist die **außerordentliche fristlose verhaltensbedingte Kündigung** nach einem Vertragsverstoß des Betriebsratsmitglieds. Dem Formular liegt ein solcher Fall zugrunde.

Es ist allerdings zu beachten, dass ein Betriebsrat **verschiedenen Pflichtenkreisen** unterworfen ist, nämlich neben den Pflichten aus seinem Anstellungsvertrag auch betriebsverfassungs-

16. Antrag auf Zustimmung zur Kündigung eines Betriebsratsmitglieds **A. XIV. 16**

rechtlichen Pflichten aus dem BetrVG. Wenn das Betriebsratsmitglied eine **Pflicht** verletzt hat, die sich **ausschließlich aus dem Betriebsratsamt** ergibt, scheidet eine Kündigung des Arbeitsverhältnisses aus, etwa wenn ein Betriebsratsmitglied gegen Schweigepflichten gemäß § 79 BetrVG verstoßen hat. In diesem Fall ist der Arbeitgeber darauf beschränkt, gemäß § 23 Abs. 1 BetrVG den **Ausschluss** des Betriebsratsmitgliedes **aus dem Betriebsrat** zu betreiben.

Wenn das Betriebsratsmitglied **gleichzeitig Pflichten aus dem Betriebsratsamt und arbeitsvertragliche Pflichten** verletzt, kann der Arbeitgeber auch das Arbeitsverhältnis kündigen, natürlich nur wenn der Verstoß nach dem Maßstab des § 626 BGB hinreichend gravierend ist. Dabei ist ein besonders strenger Maßstab anzulegen, der Raum lässt, zu Gunsten des Betriebsratsmitgliedes einen Zusammenhang zwischen der Pflichtverletzung und der Tätigkeit im Rahmen des Betriebsratsamtes zu berücksichtigen (BAG Beschl. v. 22. 8. 1974 – 2 ABR 17/74 – AP Nr. 1 zu § 103 BetrVG 1972; a. A. KR/*Etzel* § 15 KSchG Rdn. 26 a). Hierfür mag beispielsweise Bedarf bestehen, wenn das Betriebsratsmitglied den Arbeitgeber im Rahmen von Verhandlungen über eine Betriebsvereinbarung beleidigt (vgl. BAG Beschl. v. 16. 10. 1986 – 2 ABR 71/85 – AP Nr. 95 zu § 626 BGB).

Wenn der Betriebsrat die Zustimmung zur außerordentlichen Kündigung verweigert, sollte dann darüber nachgedacht werden, mit dem Zustimmungsersetzungsantrag nach § 103 Abs. 2 BetrVG einen **vorsorglichen Ausschließungsantrag** nach § 23 Abs. 1 BetrVG zu verbinden (BAG Beschl. v. 21. 2. 1978 – 1 ABR 54/76 – AP Nr. 1 zu § 74 BetrVG 1972; vgl. Form. A. XIV. 17 Anm. 6).

Steht die Pflichtverletzung hingegen **in keinem Zusammenhang mit dem Betriebsratsamt**, bestehen keine besonderen Anforderungen an den Kündigungsgrund. So würde der Sachverhalt, der dem Formular zugrunde liegt, eine außerordentliche fristlose Kündigung wohl rechtfertigen (vgl. BAG Beschl. v. 10. 2. 1999 – 2 ABR 31/98 – AP Nr. 42 zu § 15 KSchG 1969). Ein Ausschließungsantrag nach § 23 Abs. 1 BetrVG scheidet in diesen Fällen aus. Denn eine Verletzung betriebsverfassungsrechtlicher Pflichten liegt nicht vor. Allerdings hat das Ausscheiden des Betriebsratsmitglieds nach wirksamer außerordentlicher fristloser Kündigung natürlich auch zur Folge, dass das Betriebsratsamt endet.

Für die Prüfung, ob dem Arbeitgeber die weitere Zusammenarbeit mit dem Betriebsratsmitglied zumutbar ist, ist nach der umstrittenen Auffassung des Bundesarbeitsgerichts auf die **fiktive ordentliche Kündigungsfrist** abzustellen und nicht auf das Ende der Dienstzeit (BAG Beschl. v. 10. 2. 1999 – 2 ABR 31/98 – AP Nr. 42 zu § 15 KSchG 1969; a. A. KR/*Etzel* § 15 KSchG Rdn. 22 m. weit. Nachw.).

Die oben geschilderten Fallgruppen und das Formular beruhen auf einem Sachverhalt, bei dem der Arbeitgeber die Trennung vom Betriebsratsmitglied betreibt, weil dieses Pflichten verletzt hat. Hiervon zu unterscheiden ist die Kündigung aus **betriebsbedingten Gründen.**

Zunächst einmal enthalten § 15 Abs. 4 und 5 KSchG Ausnahmen vom Sonderkündigungsschutz der Betriebsratsmitglieder (und der anderen geschützten Organe). Bei einer **Stilllegung des Betriebes** kann das Betriebsratsmitglied **ordentlich gekündigt** werden (§ 15 Abs. 4 KSchG). Das Gleiche gilt bei **Stilllegung der Betriebsabteilung**, in der das Betriebsratsmitglied beschäftigt ist, wobei in diesem Fall hinzukommen muss, dass das Betriebsratsmitglied nicht (auch nicht nach **Freikündigung** eines Arbeitsplatzes, BAG Urt. v. 18. 10. 2000 – 2 AZR 494/99 – AP Nr. 49 zu § 15 KSchG; KR/*Etzel* § 15 KSchG Rdn. 126) in einer anderen Abteilung weiterbeschäftigt werden kann (§ 15 Abs. 5 KSchG). Eine Manipulation des Arbeitgebers mit dem Ziel, sich eines unbequemen Betriebsratsmitglieds zu entledigen, liegt in diesen Fällen fern. Außerdem ist das Betriebsratsmitglied nicht schwerer betroffen als der Rest der Belegschaft.

Der geringere Schutz, den das Betriebsratsmitglied in diesen Fallgruppen genießt, spiegelt sich darin wieder, dass der Betriebsrat der Kündigung nicht gemäß § 103 BetrVG zustimmen muss. Da es sich um eine **ordentliche** Kündigung handelt, ist nur eine **Anhörung nach § 102 BetrVG** erforderlich. Das oben unter Anm. 1 geschilderte Verzögerungspotential fällt damit weg.

Soweit nicht der ganze Betrieb oder eine ganze Betriebsabteilung stillgelegt werden, kommt von vornherein nur eine **außerordentliche Kündigung** des Betriebsratsmitglieds aus betriebsbedingten Gründen in Betracht. Die **Zwei-Wochen-Frist** des § 626 Abs. 2 BGB beginnt in diesem Fall jedenfalls nicht vor dem Zeitpunkt zu laufen, in dem der betriebsbedingte Grund umgesetzt wird, etwa der Arbeitsplatz wegfällt (BAG Beschl. v. 21. 6. 1995 – 23 ABR 28/94 –

AP Nr. 36 zu § 15 KSchG 1969). Vorzugswürdig erscheint es aber, bei einem betriebsbedingten Kündigungsgrund von einem **Dauertatbestand** auszugehen, der die Anwendung der Zwei-Wochen-Frist ganz ausschließt (vgl. etwa BAG Urt. v. 5. 2. 1998 – 2 AZR 227/97 – AP Nr. 143 zu § 626 BGB zur außerordentlichen Kündigung eines tariflich unkündbaren Arbeitnehmers).

Wenn ein Betriebsratsmitglied gekündigt wird, weil keine Weiterbeschäftigungsmöglichkeit besteht, nachdem es einem **Betriebsübergang widersprochen** hat, sind § 15 Abs. 4, 5 KSchG entweder unmittelbar oder analog anzuwenden, jedenfalls ist keine Zustimmung nach § 103 BetrVG erforderlich (BAG Beschl. v. 18. 9. 1997 – 2 ABR 15/97 – AP Nr. 35 zu § 103 BetrVG 1972 m. Anm. *Hilbrandt*).

Aus Arbeitgebersicht wäre es günstig, wenn der durch § 15 KSchG, § 103 BetrVG vermittelte Sonderkündigungsschutz auch in anderen Fällen einer **betriebsbedingten (Massen-)Kündigung** eingeschränkt würde, etwa durch analoge Anwendung von § 15 Abs. 4 und 5 KSchG oder durch teleologische Reduzierung von § 15 Abs. 1 KSchG. Naheliegender Fall wäre die **Massenänderungskündigung**, etwa wegen einer **Verlegung des Betriebes** oder zur **Änderung von Position und Vergütungsbestandteilen** im Anschluss an eine Umstrukturierung. Der Betriebsrat müsste dann nicht zustimmen, sondern nur angehört werden. Hierfür spricht viel. Auch eine solche Kündigung trifft das Betriebsratsmitglied nicht anders als jedes andere Belegschaftsmitglied. Das Betriebsratsmandat bleibt regelmäßig unberührt, da sich das Arbeitsverhältnis fortsetzt, und § 78 S. 2 BetrVG verbietet jede Begünstigung des Betriebsratsmitglieds (so etwa *Hilbrandt* NZA 1997, 467 f. und NZA 1998, 1260 f.; *F/E/S/T/L* § 103 BetrVG Rdn. 10). Eine grundsätzliche Herausnahme der betriebsbedingten Massen(änderungs)kündigung aus dem Schutzbereich von § 15 Abs. 1 KSchG (und damit von § 103 BetrVG) lehnt das BAG aber ab (etwa BAG Urt. v. 7. 10. 2004 – 2 AZR 81/04 – NZA 2005, 156; BAG Urt. v. 9. 4. 1987 – 2 AZR 279/86 – NZA 1987, 807; *Weber/Lohr* BB 1999, 2351).

Stattdessen soll gegebenenfalls eine **außerordentliche betriebsbedingte Änderungskündigung** in Betracht kommen, die aber § 103 BetrVG unterfällt und daher der Zustimmung des Betriebsrats bedarf. Bei der Frage der Zumutbarkeit der Weiterbeschäftigung sei nicht auf die fiktive Kündigungsfrist abzustellen, sondern darauf, dass bei einem Betriebsratsmitglied die **Dauer des Sonderkündigungsschutzes** nicht absehbar ist und damit auch nicht, wann der Arbeitgeber die Änderung im Wege der ordentlichen Kündigung durchsetzen könnte (BAG Beschl. v. 21. 6. 1995 – 23 ABR 28/94 – AP Nr. 36 zu § 15 KSchG 1969; vgl. auch *Weber/Lohr* BB 1999, 2352 f.). Eine solche außerordentliche Kündigung wird aber in jedem Fall nur unter Einhaltung einer **Auslauffrist** ausgesprochen werden können, die der sonst geltenden Kündigungsfrist entspricht (s. Form. A. XIV. 6 Anm. 4).

Im Einzelfall kann **unklar** sein, ob gemäß § 102 BetrVG **anzuhören** oder gemäß § 103 BetrVG die **Zustimmung** des Betriebsrats einzuholen ist. So kann fraglich sein, ob ein Betrieb **stillgelegt oder verlegt** wird (vgl. BAG Urt. v. 12. 2. 1987 – 2 AZR 247/86 – AP Nr. 67 zu § 613 a BGB; BAG Urt. v. 6. 11. 1959 – 1 AZR 329/58 – AP Nr. 15 zu § 13 KSchG) oder ob die organisatorische Einheit, die stillgelegt wird, eine **Abteilung** i. S. d. § 15 Abs. 5 KSchG ist. Es spricht zwar vieles dafür, dass ein Antrag nach § 103 BetrVG als „Minus" auch eine Anhörung gemäß § 102 BetrVG enthält (vgl. *Zumkeller* NZA 2001, 824 f.; KR/*Etzel* § 103 BetrVG Rdn. 67). Dennoch ist aber schon aus taktischen Gründen zu empfehlen, den Betriebsrat ausdrücklich gemäß § 102 BetrVG zu einer **ordentlichen betriebsbedingten Kündigung** anzuhören und nach Ablauf der Wochenfrist unter Berufung auf § 15 Abs. 4 oder 5 KSchG ordentlich zu kündigen. Gleichzeitig sollte vorsorglich gemäß § 103 BetrVG, § 15 Abs. 1 KSchG, die Zustimmung des Betriebsrats zu einer **vorsorglichen außerordentlichen betriebsbedingten Kündigung** (unter Gewährung einer Auslauffrist) beantragt werden. Verweigert der Betriebsrat die Zustimmung, kann vorsorglich das Ersetzungsverfahren gemäß § 103 Abs. 2 BetrVG eingeleitet werden.

8. Entscheidung des Betriebsrats. Der Betriebsrat hat analog § 102 Abs. 2 S. 3 BetrVG eine Bedenkzeit von drei Tagen. Mit Fristablauf gilt die Zustimmung als **verweigert**. Allerdings bleibt eine spätere Zustimmung möglich, auch wenn der Betriebsrat zuvor seine Zustimmung (ausdrücklich oder durch Fristablauf) verweigert hatte (KR/*Etzel* § 103 BetrVG Rdn. 92).

16. Antrag auf Zustimmung zur Kündigung eines Betriebsratsmitglieds A. XIV. 16

Es liegt **nicht** etwa im **Ermessen des Betriebsrats**, ob er seine Zustimmung erteilt. Wenn ein Grund für eine außerordentliche fristlose Kündigung besteht, muss er zustimmen (*F/E/S/T/L* § 103 BetrVG Rdn. 31), wobei nicht zu verkennen ist, dass die Entscheidung, ob ein Verhalten eine außerordentliche fristlose Kündigung rechtfertigt, immer ein **wertendes Element** beinhaltet. Verweigert der Betriebsrat die Zustimmung pflichtwidrig, kann der Arbeitgeber (theoretisch) gemäß § 23 Abs. 1 BetrVG Auflösung des Betriebsrats verlangen (vgl. auch BAG Urt. v. 7. 10. 2004 – 2 AZR 81/04 – NZA 2005, 156). Dieser Weg dürfte aber zum einen häufig nicht opportun und zum anderen nur in seltenen Ausnahmefällen erfolgversprechend sein. Im Ergebnis wird sich ein Betriebsrat in aller Regel auf die Position zurückziehen können, er sei ohne groben Fehler zu der Einschätzung gekommen, eine Kündigung sei nach dem Maßstab von § 626 BGB nicht gerechtfertigt.

Bei der **Beschlussfassung des Betriebsrats** hat das betroffene Betriebsratsmitglied keine Stimme (BAG Urt. v. 25. 3. 1976 – 2 AZR 163/75 – AP Nr. 6 zu § 103 BetrVG 1972; MünchHdBArbR/*Joost* § 307 Rdn. 46; vgl. auch BAG Urt. v. 19. 3. 2003 – 7 ABR 15/02 – AP Nr. 77 zu § 40 BetrVG 1972). Es darf auch an der entsprechenden Sitzung des Betriebsrats nicht teilnehmen (BAG Urt. v. 26. 8. 1981 – 7 AZR 550/79 – AP Nr. 13 zu § 103 BetrVG 1972). Soll mehreren Betriebsratsmitgliedern wegen identischer (vielleicht sogar gemeinsamer) Verstöße gekündigt werden, so ist jedes betroffene Betriebsratsmitglied nur insofern von Beratung und Abstimmung ausgeschlossen, als es um seine eigene Kündigung geht. Hingegen soll es nach Auffassung des Bundesarbeitsgerichts ohne weiteres über die Zustimmung zur Kündigung eines anderen Betriebsratsmitgliedes mitentscheiden dürfen (BAG Urt. v. 25. 3. 1976 – 2 AZR 163/75 – AP Nr. 6 zu § 103 BetrVG 1972).

Interne Fehler bei der Willensbildung des Betriebsrats sollen nach der Auffassung des Bundesarbeitsgerichts zur **Nichtigkeit** einer erteilten Zustimmung führen, etwa die Mitwirkung des betroffenen Betriebsratsmitglieds an der Entscheidung (BAG Urt. v. 23. 8. 1984 – 2 AZR 391/83 – AP Nr. 17 zu § 103 BetrVG 1972). Die sogenannte Sphärentheorie (s. Form. C. I. 1 Anm. 10) gilt nicht. Allerdings soll der Arbeitgeber auf die Wirksamkeit einer erteilten Zustimmung vertrauen dürfen, wenn ihm die Tatsachen, die zur Unwirksamkeit des Beschlusses führten, weder bekannt waren noch (ohne Erkundigungspflicht) hätten bekannt sein müssen (BAG Urt. v. 23. 8. 1984 – 2 AZR 391/83 – AP Nr. 17 zu § 103 BetrVG 1972; KR/*Etzel* § 103 BetrVG Rdn. 105 ff.). Ein großer Unterschied zur Sphärentheorie dürfte im praktischen Ergebnis häufig nicht bestehen.

Die Zustimmung kann mündlich erteilt werden. Arbeitgeber sollten aber auf eine **schriftliche Zustimmung** drängen.

Auch wenn ein **Personalausschuss** (vgl. §§ 27, 28 BetrVG) besteht, kann die Zustimmung zur Kündigung gemäß § 103 BetrVG diesem nicht übertragen werden. Zuständig bleibt also der Betriebsrat (ErfKomm/*Hanau/Kania* § 103 BetrVG Rdn. 7 m. weit. Nachw.; a. A. KR/*Etzel* § 103 BetrVG Rdn. 76 m. weit. Nachw.).

9. Ansprechpartner. Es sollte ein Ansprechpartner für Rückfragen genannt werden.

10. Unterzeichnung und Form. Der Antrag muss nicht zwingend schriftlich gestellt werden. Schon aus Beweisgründen **empfiehlt sich** aber ein **schriftlicher Antrag**. Auf den Antrag soll nach abzulehnender Auffassung § 174 BGB anwendbar sein (KR/*Etzel* § 103 BetrVG Rdn. 65; MAH Moll/*Schulte* Arbeitsrecht § 42 Rdn. 113). In der Praxis dürften Probleme selten vorkommen, da die Anhörung regelmäßig von der Geschäftsführung oder einem Personalleiter durchgeführt wird, so dass eine Zurückweisung gemäß § 174 BGB ausscheidet (vgl. Form. A. XIV. 2 Anm. 7).

In der Praxis hat es sich bewährt, den (schriftlichen) Antrag zu **übergeben** und **die Angelegenheit** entweder bei Übergabe des Antrags oder in einem gesonderten Termin **mündlich** mit dem Betriebsratvorsitzenden oder dem gesamten Betriebsrat **zu besprechen**. Es muss oberstes Ziel des Arbeitgebers sein, den Betriebsrat von der Notwendigkeit der Kündigung zu überzeugen und zur Zustimmung zu veranlassen. Dies geht in einem persönlichen Gespräch erfahrungsgemäß am besten.

11. Zugang. Zu Beweiszwecken sollte sich der Arbeitgeber vom Betriebsratsvorsitzenden den Zugang des Antrags bescheinigen lassen (s. Form. C. I. 1 Anm. 11).

17. Antrag auf Ersetzung der Zustimmung zur außerordentlichen Kündigung eines Betriebsratsmitglieds[1]

[Briefkopf des Rechtsanwaltes]

Arbeitsgericht ...... (Anschrift des Arbeitsgerichts)[2]

...... (Datum)[3]

In dem Beschlussverfahren[4]
betreffend ...... (Name des Arbeitgebers)
mit den Beteiligten
1. ......, vertreten durch ...... (Daten des Arbeitgebers)

–Beteiligte zu 1–

Prozessbevollmächtigter: Rechtsanwalt ......
2. Betriebsrat des Betriebs ...... (Bezeichnung und Anschrift des Betriebes) der ...... (Bezeichnung des Arbeitgebers), vertreten durch den Betriebsratsvorsitzenden ...... (Name des Betriebsratsvorsitzenden)

–Beteiligter zu 2–

3. Betriebsratsmitglied Herr ...... (Name und Anschrift des Betriebsratsmitglieds)

–Beteiligter zu 3[5]–

vertreten wir die Beteiligte zu 1. Wir beantragen,
die Zustimmung des Beteiligten zu 2 zur außerordentlichen fristlosen Kündigung des Beteiligten zu 3 zu ersetzen[6].

Begründung:

1. ...... (Allgemeine Angaben zum Arbeitgeber, zum Betrieb, zum Betriebsrat und zum Arbeitsverhältnis des zu kündigenden Betriebsratsmitglieds).
2. Die Beteiligte zu 1 hat zwischen ...... und ...... ihre EDV-Ausrüstung erneuert und insbesondere neue PCs angeschafft[7]. Die bisher genutzten PCs wurden in einem Kellerraum verstaut. Über die weitere Verwendung war noch nicht entschieden.
Am ...... hat der Beteiligte zu 3 zwei dieser PCs aus dem Lagerraum entnommen und gegen einen Betrag in Höhe von EUR 200,00 an einen Bekannten verkauft. Den Erlös führte Herr ...... der Kasse der Betriebsfußballmannschaft zu, der er angehört. Der Vorfall kam zutage, weil Herr ...... am ...... seinem Kollegen ......, der ebenfalls Mitglied der Fußballmannschaft ist, erzählte, woher das Geld stammt.

B e w e i s :   Zeugnis des ......, zu laden über die Beteiligte zu 1

Die Beteiligte zu 1 hat hiervon am ...... Kenntnis erlangt.

B e w e i s :   Zeugnis des ......, zu laden über die Beteiligte zu 1

Die Beteiligte zu 1 hat den Beteiligten zu 3 am ...... durch ihren Personalleiter zur Rede gestellt. Der Beteiligte zu 3 erklärte, dass er sich keiner Schuld bewusst sei. Schließlich wären die PCs ohnehin nicht mehr verwendet worden und er habe das Geld nicht für sich verwendet, sondern der Betriebsfußballmannschaft und damit letztlich auch wieder der Beteiligten zu 1 zukommen lassen.

B e w e i s :   Zeugnis des ......, zu laden über die Beteiligte zu 1

3. Die Beteiligte zu 1 entschied sich daraufhin, den Beteiligten zu 3 außerordentlich fristlos zu kündigen. Die Einlassung des Beteiligten zu 3, er habe das Geld nicht für sich verwenden wollen, entlastet ihn nicht. Der Beteiligte zu 3 hat seine arbeitsvertraglichen Pflichten in unentschuldbarer Weise verletzt. Auch wenn er den Erlös des unberechtigten Verkaufs zweier PCs nicht unmittelbar sich selbst, sondern „nur" der Betriebsfußballmannschaft zukommen ließ, ändert dies nichts daran, dass er zu Las-

17. Antrag auf Ersetzung der Zustimmung: Betriebsratskündigung   A. XIV. 17

ten der Beteiligten zu 1 ein Eigentumsdelikt begangen hat. Es liegt ausschließlich in der freien Entscheidung der Beteiligten zu 1, ob Unternehmensgegenstände verkauft werden und was mit dem Erlös geschieht. Das Fehlverhalten des Beteiligten zu 3 rechtfertigt eine außerordentliche fristlose Kündigung (vgl. BAG Beschl. v. 10. 2. 1999 – 2 ABR 31/98 – AP Nr. 42 zu § 15 KSchG).

4. Die Beteiligte zu 1 hat daraufhin am ...... beim Beteiligten zu 2 beantragt, der außerordentlichen fristlosen Kündigung des Beteiligten zu 3 zuzustimmen,

Anlage Ast 1.

Am selben Tag hat der Personalleiter der Beteiligten zu 1, Herr ......, die beabsichtigte Kündigung mit dem Vorsitzenden des Beteiligten zu 2 auch mündlich erörtert.

B e w e i s : Zeugnis des Herrn ......, zu laden über die Beteiligte zu 1

Der Beteiligte zu 2 hat im Folgenden keine Stellungnahme abgegeben. Die Beteiligte zu 1 ist daher gezwungen, die Zustimmung des Beteiligten zu 2 gemäß § 103 Abs. 2 BetrVG ersetzen zu lassen. Wir bitten um antragsgemäße Entscheidung[8].

Für die Beteiligte zu 1:

......

Unterschrift des Rechtsanwalts

Schrifttum: S. Form. A. XIV. 16.

Anmerkungen

1. Antrag auf Zustimmungsersetzung. Im Zusammenhang mit Form. A. XIV. 16 wurde bereits ausgeführt, dass Betriebsratsmitglieder (und andere betriebsverfassungsrechtliche Organe) Sonderkündigungsschutz genießen. Eine Kündigung ist regelmäßig nur möglich, wenn das Betriebsratsmitglied einen Grund für eine außerordentliche fristlose Kündigung gesetzt hat. Der Arbeitgeber muss vor Ausspruch der Kündigung die Zustimmung des Betriebsrats einholen. Stimmt dieser der Kündigung nicht zu, muss der Arbeitgeber die **Zustimmung vom Arbeitsgericht ersetzen** lassen (§ 103 Abs. 2 BetrVG). Erst wenn das Arbeitsgericht die Zustimmung rechtskräftig ersetzt hat (Form. A. XIV. 18 Anm. 4) kann die Kündigung wirksam ausgesprochen werden.

Das Formular stellt einen solchen Zustimmungsersetzungsantrag dar. Der Sachverhalt entspricht dem Sachverhalt, der Form. A. XIV. 16 zugrunde liegt.

2. Örtliche Zuständigkeit. Das Arbeitsgericht am **Sitz des Betriebes** ist örtlich zuständig, § 82 Abs. 1 Satz 1 ArbGG.

3. Antragstellung. Der Antrag muss innerhalb von **zwei Wochen** beim Arbeitsgericht eingehen, nachdem der Arbeitgeber von den die Kündigung begründenden Tatsachen Kenntnis hat (Form A. XIV. 16 Anm. 3). Andernfalls ist die Kündigung gemäß § 626 Abs. 2 BGB verfristet. Da Betriebsratsmitglieder aus verhaltensbedingten Gründen nicht ordentlich gekündigt werden können, bedeutet dies, dass eine Kündigung dann ganz ausscheidet.

4. Verfahren. Über die Ersetzung der Zustimmung wird im **Beschlussverfahren** entschieden. Dies bedeutet auch, dass der Arbeitgeber gemäß § 40 Abs. 1 BetrVG die **Kosten** für einen vom Betriebsrat eingeschalteten Rechtsanwalt zu übernehmen hat. Das zu kündigende Betriebsratsmitglied hat hingegen die Kosten eines von ihm beauftragten Rechtsanwaltes in der ersten Instanz selbst zu tragen (BAG Beschl. v. 3. 4. 1979 – 6 ABR 63/76 – AP Nr. 16 zu § 40 BetrVG 1972), während – Obsiegen des Betriebsratsmitglieds vorausgesetzt – ein Anspruch auf Erstattung der Kosten für die zweite Instanz besteht (BAG Beschl. v. 31. 1. 1990 – 7 ABR 39/89 – NZA 1991, 152).

Stimmt der Betriebsrat der Kündigung während des Verfahrens zu, kann das Verfahren auf Antrag des Arbeitgebers auch dann gemäß § 83 Abs. 2 ArbGG für **erledigt** erklärt werden, wenn das beteiligte Betriebsratsmitglied widerspricht (BAG Beschl. v. 23. 6. 1993 – 2 ABR 58/92 – AP Nr. 2 zu § 83a ArbGG 1979).

5. Betriebsratsmitglied als Beteiligter. Das Betriebsratsmitglied, das gekündigt werden soll, ist zwingend Beteiligter des Verfahrens (§ 103 Abs. 2 S. 2 BetrVG). Es hat alle Rechte eines Beteiligten. Insbesondere kann es selbst **Rechtsmittel** gegen eine dem Antrag des Arbeitgebers stattgebende Entscheidung einlegen und zwar auch dann, wenn der Betriebsrat selbst kein Rechtsmittel einlegt (st. Rspr., etwa BAG Beschl. v. 10. 12. 1992 – 2 ABR 32/92 – AP Nr. 4 zu § 87 ArbGG 1979).

6. Antrag. Der Antrag ist auf Ersetzung der Zustimmung des Betriebsrats zur **außerordentlichen fristlosen Kündigung** gerichtet.

Beabsichtigt der Arbeitgeber, beispielsweise nach Verlegung des Betriebes, aus betriebsbedingten Gründen eine **außerordentliche Änderungskündigung unter Gewährung einer Auslauffrist** auszusprechen (vgl. hierzu Form. A. XIV. 16 Anm. 7), so ist der Antrag entsprechend zu fassen:

Alternative:
„die Zustimmung des Beteiligten zu 2 zur außerordentlichen Änderungskündigung des Beteiligten zu 3 unter Gewährung einer Auslauffrist von …… Monaten zum Monatsende zu ersetzen."

Wenn das dem Betriebsratsmitglied vorgeworfene Verhalten nicht nur arbeitsvertragliche Pflichten, sondern auch Pflichten aus dem Betriebsratsamt verletzt (vgl. Form. A. XIV. 16 Anm. 7), kann mit dem Antrag nach § 103 Abs. 2 BetrVG ein **vorsorglicher Ausschließungsantrag** nach § 23 Abs. 1 BetrVG verbunden werden:

Alternative:
„hilfsweise: den Beteiligten zu 3 aus dem Betriebsrat auszuschließen."

7. Sachverhaltsdarstellung. Es gilt zwar der **Untersuchungsgrundsatz** (§ 83 Abs. 1 ArbGG). Es obliegt aber dem **Arbeitgeber**, den Sachverhalt vorzutragen, auf den er die Kündigung stützt. Das Arbeitsgericht hat seine Ermittlung nur insoweit auszudehnen, wie der ihm schon bekannte Sachverhalt bei pflichtgemäßer Würdigung Anhaltspunkte dafür bietet, dass der entscheidungserhebliche Sachverhalt weiterer Aufklärung bedarf (BAG Beschl. v. 10. 12. 1992 – 2 ABR 32/92 – AP Nr. 4 zu § 87 ArbGG 1979). Kündigungsgründe, auf die sich der Arbeitgeber nicht ausdrücklich stützt, zieht es selbst dann nicht für die Entscheidung heran, wenn diese im Laufe des Verfahrens bekannt werden (BAG Beschl. v. 27. 1. 1977 – 2 ABR 77/76 – AP Nr. 7 zu § 103 BetrVG 1972).

Da es im Interesse des Arbeitgebers liegt, einen zügigen Fortgang des Verfahrens zu fördern, sollte er dem Gericht die Arbeit bestmöglich erleichtern, etwa auch durch **Beweisangebote**. Über unstreitigen Sachverhalt ist aber kein Beweis zu erheben (BAG Beschl. v. 10. 12. 1992 – 2 ABR 32/92 – AP Nr. 4 zu § 87 ArbGG 1979).

Zum Kündigungsgrund s. Form. A. XIV. 16 Anm. 7. Grundsätzlich kann der Arbeitgeber die Kündigung nicht auf Gründe stützen, die er dem Betriebsrat im Rahmen des Zustimmungsantrags nicht mitgeteilt hat. Ein solches **Nachschieben von Gründen** ist nur möglich, wenn der Arbeitgeber beim Betriebsrat im Hinblick auf solchen neuen Sachverhalt noch einmal erfolglos die Zustimmung zur außerordentlichen Kündigung beantragt hat, und zwar innerhalb von zwei Wochen (§ 626 Abs. 2 BGB) nach Kenntnis des Kündigungssachverhaltes, der nachgeschoben werden soll (BAG Beschl. v. 22. 8. 1974 – 2 ABR 17/74 – AP Nr. 1 zu § 103 BetrVG 1972; Beschl. v. 27. 1. 1977 – 2 ABR 77/76 – AP Nr. 7 zu § 103 BetrVG 1972). Hingegen soll es nicht darauf ankommen, ob der neue Kündigungsgrund auch noch innerhalb der Zwei-Wochen-Frist in das Zustimmungsersetzungsverfahren **eingeführt** wird (BAG Beschl. v. 22. 8. 1974 – 2 ABR 17/74 – AP Nr. 1 zu § 103 BetrVG 1972; a. A. KR/*Etzel* § 103 BetrVG Rdn. 124). Arbeitgeber tun dennoch gut daran, keine Zweifel aufkommen zu lassen und nach Möglichkeit neue Kündigungsgründe noch innerhalb von zwei Wochen nach Kenntnisnahme auch in das Zustimmungsersetzungsverfahren einzuführen.

8. Entscheidung des Gerichts. Das Arbeitsgericht prüft die Rechtmäßigkeit der beabsichtigten Kündigung und, ob der Antrag auf Zustimmung ordnungsgemäß gestellt wurde. Es hat die Zustimmung zu ersetzen, wenn die Voraussetzungen des §§ 15 KSchG, 103 BetrVG erfüllt sind. Es trifft **nicht** etwa eine **Ermessensentscheidung** (BAG Beschl. v. 22. 8. 1974 – 2 ABR 17/74 – AP Nr. 1 zu § 103 BetrVG 1972; F/E/S/T/L § 103 BetrVG Rdn. 27b). Die Entscheidung des Arbeitsgerichts ist daher in vollem Umfang in der Beschwerdeinstanz überprüfbar. Eine rechtskräftige Entscheidung im Zustimmungsersetzungsverfahren hat **Präjudizwirkung** für ein späteres Kündigungsschutzverfahren (Form. A. XIV. 18 Anm. 1).

Der Arbeitgeber hat die außerordentliche fristlose Kündigung **unverzüglich** nach rechtskräftiger Entscheidung des Arbeitsgerichts auszusprechen (Form. A. XIV. 18 Anm. 4).

18. Kündigung eines Betriebsratsmitglieds nach Zustimmung des Betriebsrats[1]

[Briefkopf des Arbeitgebers]

Herrn ...... (Name und Anschrift des Arbeitnehmers)

...... (Datum)[2]

Kündigung

Sehr geehrter Herr ......,

hiermit kündigen wir Ihr Arbeitsverhältnis außerordentlich fristlos. Der Betriebsrat hat der Kündigung zugestimmt. Die Zustimmungserklärung fügen wir als Anlage bei[3].
(*Alternative*: Wie Ihnen bekannt ist, hat das Landesarbeitsgericht die Zustimmung des Betriebsrats zu dieser Kündigung mit Beschluss vom ...... ersetzt. Der Beschluss ist rechtskräftig[4].)

Vorsorglich weisen wir Sie darauf hin, dass Sie sich unverzüglich bei der zuständigen Agentur für Arbeit zu melden sowie eigene Aktivitäten bei der Suche nach einer anderen Beschäftigung zu entfalten haben.

Mit freundlichen Grüßen

......

Unterschrift des Arbeitgebers

Erhalten:

......

Ort, Datum

......

Unterschrift des Betriebsratsmitglieds

Schrifttum: S. Form. A. XIV. 16.

Anmerkungen

1. Kündigungserklärung. Das Formular stellt eine außerordentliche fristlose Kündigung eines Betriebsratsmitglieds nach Zustimmung des Betriebsrats gemäß § 15 Abs. 1 KSchG, § 103 Abs. 1 BetrVG bzw. in der Alternative nach arbeitsgerichtlicher Ersetzung der Zustimmung gemäß § 103 Abs. 2 BetrVG dar.

Dem Betriebsratsmitglied steht es frei, die Wirksamkeit der Kündigung gerichtlich anzugreifen. Sollte allerdings, wie in der Alternative, die Zustimmung vom Arbeitsgericht ersetzt worden sein, so hat diese Entscheidung des Arbeitsgerichts **Präjudizwirkung** auch für einen Kündigungsschutzprozess. Das Betriebsratsmitglied kann sich gegen die Wirksamkeit der Kündigung nicht mit Erwägungen richten, die Gegenstand des Zustimmungsersetzungsverfahrens waren oder die es (als zwingend Beteiligter) im Zustimmungsersetzungsverfahren hätte vorbringen können (st. Rspr. etwa BAG Urt. v. 24. 4. 1975 – 2 AZR 118/74 – AP Nr. 3 zu § 103 BetrVG 1972; KR/*Etzel* § 103 BetrVG Rdn. 139). Hingegen kann das Betriebsratsmitglied im Kündigungsschutzprozess beispielsweise Formfehler der Kündigung einwenden oder vorbringen, dass die Kündigung nicht unverzüglich nach Rechtskraft der Entscheidung zur Zustimmungsersetzung zugestellt worden sei.

Wegen der Anforderungen etwa an Schriftform, Unterzeichnung und Zugang eines Kündigungsschreibens sowie wegen ergänzender Erklärungen, die mit dem Kündigungsschreiben verbunden werden können, verweisen wir auf Form. A. XIV. 2 und 3. Die dortigen Anmerkungen gelten entsprechend.

2. Zeitpunkt der Kündigung. Grundsätzlich muss die Kündigung dem Betriebsratsmitglied gemäß § 626 Abs. 2 BGB innerhalb von **zwei Wochen** zugehen, nachdem der Arbeitgeber Kenntnis von den die Kündigung begründenden Tatsachen hat (s. Form. A. XIV. 16 Anm. 3 und Form. A. XIV. 6 Anm. 2).

Wurde die Zustimmung des Betriebsrats, wie in der Alternative des Formulars, rechtskräftig ersetzt, so hat der Arbeitgeber die außerordentliche fristlose Kündigung **unverzüglich**, also ohne schuldhaftes Zögern, nach **formeller Rechtskraft** (s. Anm. 4) der gerichtlichen Entscheidung auszusprechen (st. Rspr. etwa BAG Urt. v. 24. 4. 1975 – 2 AZR 118/74 – AP Nr. 3 zu § 103 BetrVG 1972; BAG Urt. v. 25. 1. 1979 – 2 AZR 983/77 – AP Nr. 12 zu § 103 BetrVG 1972, a. A. *F/E/S/T/L* § 103 Rdn. 29: innerhalb von zwei Wochen).

Eine vor rechtskräftiger Ersetzung der Zustimmung ausgesprochene Kündigung ist unheilbar nichtig und, was noch schlimmer ist, „verbraucht" regelmäßig das Zustimmungsersetzungsverfahren, so dass der Arbeitgeber nicht noch einmal kündigen kann (BAG Urt. v. 24. 10. 1996 – 2 AZR 3/96 – AP Nr. 32 zu § 103 BetrVG; BAG Urt. v. 9. 7. 1998 – 2 AZR 142/98 – AP Nr. 36 zu § 103 BetrVG).

3. Zustimmung des Betriebsrats. Auch eine **mündlich** erteilte Zustimmung ist wirksam. Arbeitgeber sollten aber auf eine schriftliche Zustimmung drängen. §§ 182 Abs. 3, 111 BGB sind nicht anwendbar, so dass dem Kündigungsschreiben **kein Original der schriftlichen Zustimmungserklärung** beigefügt werden muss (BAG Urt. v. 4. 3. 2004 – 2 AZR 147/03 – AP Nr. 50 zu § 103 BetrVG 1972; a. A. LAG Hamm Urt. v. 22. 7. 1998 – 3 Sa 766/98 – LAGE Nr. 13 zu § 103 BetrVG 1972; KR/*Etzel* § 103 BetrVG Rdn. 89; *Weber/Lohr* BB 1999, 2355).

4. Rechtskraft der Ersetzung der Zustimmung. Die Entscheidung wird formell rechtskräftig, wenn weder der Betriebsrat noch das betroffene Betriebsratsmitglied gegen eine die Zustimmung ersetzende Entscheidung des **Arbeitsgerichts** Beschwerde einlegen, also mit **Ablauf der Beschwerdefrist**. Der Arbeitgeber ist gehalten zu überprüfen, wann die erstinstanzliche Entscheidung zugestellt wurde, damit er **Fristlauf** und Rechtskraft der Entscheidung **überwachen** kann. Hierzu gehört auch, beim Arbeitsgericht zu erfragen, ob Rechtsmittel eingelegt wurden (KR/*Etzel* § 103 BetrVG Rdn. 136).

Das Gleiche gilt bei einer die Zustimmung ersetzenden Entscheidung durch das **Landesarbeitsgericht** als zweite Instanz. Rechtskraft tritt mit ergebnislosem **Ablauf der Rechtsbeschwerdefrist** ein bzw., wenn das Landesarbeitsgericht die Rechtsbeschwerde nicht zugelassen hat, mit Ablauf der Frist für die **Nichtzulassungsbeschwerde** (BAG Urt. v. 25. 1. 1979 – 2 AZR 983/77 – AP Nr. 12 zu § 103 BetrVG). Legt der Arbeitnehmer Nichtzulassungsbeschwerde ein, steht es dem Arbeitgeber frei zu warten, bis über die Nichtzulassungsbeschwerde entschieden wurde (BAG Urt. v. 9. 7. 1998 – 2 AZR 142/98 – AP Nr. 36 zu § 103 BetrVG). Falls eine Nichtzulassungsbeschwerde offensichtlich unstatthaft ist, soll er hingegen auch schon nach Zustellung der Entscheidung des Landesarbeitsgerichts kündigen können (BAG Urt. v. 25. 1. 1979 – 2 AZR 983/77 – AP Nr. 12 zu § 103 BetrVG). Die frühere Auffassung des BAG, wonach dies der Fall war, wenn das Landesarbeitsgericht keinen allgemeinen Rechtssatz aufgestellt hat, also keine Divergenz zu einer Entscheidung des BAG vorliegen kann (BAG Urt. v. 25. 1. 1979 – 2 AZR 983/77 – AP Nr. 12 zu § 103 BetrVG), ist nach Erweiterung der Revisionsgründe in § 72 ArbGG durch das Anhörungsrügengesetz mit Wirkung vom 1. Januar 2005 obsolet. Die Zustellung der Gründe sollte in jedem Fall abgewartet werden (ArbG Berlin Urt. v. 3. 11. 1988 – 27 Ca 282/88 – DB 1989, 486). Eine Kündigung vor Entscheidung des BAG über die Nichtzulassungsbeschwerde ist aber riskant, so dass hierzu nicht vorbehaltlos geraten werden kann: Wenn das BAG die Einschätzung des Arbeitgebers nicht teilt und der Nichtzulassungsbeschwerde stattgibt, ist die Kündigung unheilbar nichtig (BAG Urt. v. 9. 7. 1998 – 2 AZR 142/98 – AP Nr. 36 zu § 103 BetrVG) und das Zustimmungsersetzungsverfahren „verbraucht".

Geht das Verfahren in die dritte Instanz, tritt Rechtskraft mit **Verkündung** der Entscheidung durch das **BAG** ein.

19. Außerordentliche Kündigung eines Auszubildenden[1]

[Briefkopf des Ausbildenden]

Herrn ...... (Name und Anschrift des Auszubildenden)[2]

...... (Datum)[3]

Außerordentliche Kündigung

Sehr geehrter Herr ......,

hiermit kündigen wir Ihr Ausbildungsverhältnis außerordentlich fristlos. Wir bedauern, dass wir zu diesem Schritt wegen Ihres fortgesetzten Fehlverhaltens gezwungen sind[4]. Ihnen war Urlaub für den Zeitraum zwischen dem ...... und dem ...... gewährt worden, so dass Sie am ...... wieder im Betrieb hätten erscheinen müssen. Tatsächlich meldeten Sie sich erst am ...... aus dem Urlaub zurück, ohne die Überschreitung entschuldigen zu können. Bekanntlich mussten wir Sie schon im ...... und im ...... letzten Jahres wegen ungenehmigter „Verlängerung" Ihres Urlaubes abmahnen.

Der Betriebsrat wurde vor Ausspruch der Kündigung angehört[5]. Er hat der Kündigung zugestimmt. (*Alternative*: Er hat der Kündigung widersprochen. Eine Kopie des Widerspruchs liegt an.)

Vorsorglich weisen wir Sie darauf hin, dass Sie sich unverzüglich bei der zuständigen Agentur für Arbeit zu melden sowie eigene Aktivitäten bei der Suche nach einer anderen Beschäftigung zu entfalten haben.

Mit freundlichen Grüßen

......

Unterschrift des Ausbildenden[6]

Erhalten:

......

Ort, Datum

......

Unterschrift des Auszubildenden[7]

Schrifttum: Barwasser, Die Kündigung des Ausbildungsverhältnisses, DB 1976, 434; *Große*, Rechtliche Gestaltungsmöglichkeiten zur vorzeitigen Beendigung des Berufsausbildungsverhältnisses, BB 1993, 2081; *Grünberger*, Beendigung von Berufsausbildungsverhältnissen, AuA 1996, 155; *Hegmanns*, Die Kündigung von Berufsausbildungsverhältnissen bei Konkurs des Arbeitgebers, BB 1978, 1365; *Hurlebaus*, Schlichtungsverfahren, Kündigungsschutzgesetz und Reform des Berufsbildungsgesetzes, BB 1975, 1533; *Kreuzfeldt/Kramer*, Rechtsfragen der Kündigung des Berufsausbildungsverhältnisses, DB 1995, 975; *Leinemann/Taubert*, Berufsbildungsgesetz, 2002; *Monjau*, Außerplanmäßige Beendigung von Lehrverhältnissen, DB 1968, 1066; *Natzel*, Das Berufsausbildungsverhältnis, 3. Aufl. 1982; *Oestreicher/Decker*, Berufsbildungsgesetz, Loseblatt, 2000; *Opolony*, Die Beendigung von Berufsausbildungsverhältnissen, BB 1999, 1706; *Petri-Klar*, Kündigung des Berufsausbildungsverhältnisses, AiB 1992, 138; *Sarge*, Auszubildende und Fristen beim Kündigungsschutz, DB 1989, 879; *Spiertz/Gedon*, Berufsbildungsrecht, Loseblatt, Stand 2000; *Taubert*, Neuregelungen im Berufsbildungsrecht, NZA 2005, 503; *Wohlgemuth*, Berufsbildungsgesetz, 2 Aufl. 1995; *Zirwes*, Klagefrist bei der außerordentlichen Kündigung eines Berufsausbildungsverhältnisses, GewArch 1995, 465.

Anmerkungen

1. Kündigungserklärung. Das Formular ist das Muster einer Erklärung, mit der einem Auszubildenden außerordentlich fristlos gekündigt wird.

Während der **Probezeit** von höchstens vier Monaten (vgl. § 20 BBiG), kann das Ausbildungsverhältnis beidseitig jederzeit ohne Einhaltung einer Frist gekündigt werden (§ 22 Abs. 1 BBiG). Obwohl keine Kündigungsfrist einzuhalten ist, handelt es sich um eine **ordentliche Kündigung**.

Die Vorschrift ist verfassungsgemäß (BAG Urt. v. 16. 12. 2004 – 6 AZR 127/04 – NZA 2005, 578). § 22 BBiG hat seit dem 1. April 2005 den früheren § 15 BBiG ersetzt.

Nach Ablauf der Probezeit setzt eine Kündigung durch den Ausbildenden hingegen voraus, dass ein **wichtiger Grund** vorliegt, der eine außerordentliche fristlose Kündigung rechtfertigt (§ 22 Abs. 2 Nr. 1 BBiG). Eine ordentliche Kündigung ist ausgeschlossen.

Der **Auszubildende selbst** kann hingegen mit einer Frist von vier Wochen ordentlich kündigen, wenn er die **Ausbildung aufgeben** oder sich für eine andere Berufstätigkeit ausbilden lassen will (§ 22 Abs. 2 Nr. 2 BBiG).

Gemäß § 26 BBiG gelten die Kündigungsregelungen in § 22 BBiG entsprechend auch für **Volontäre, Praktikanten** und andere Rechtsverhältnisse, sofern der Erwerb von beruflichen Kenntnissen, Fertigkeiten oder beruflichen Erfahrungen und nicht die Arbeitsleistung im Vordergrund steht (BAG Urt. v. 5. 12. 2002 – 6 AZR 216/01 – AP Nr. 2 zu § 19 BBiG).

2. **Empfänger der Kündigungserklärung.** Grundsätzlich ist die Kündigung gegenüber dem Auszubildenden auszusprechen.

Besonderheiten bestehen aber, wenn der Auszubildende noch minderjährig ist. Gemäß § 131 BGB kann in diesem Fall die Kündigung nur gegenüber dem gesetzlichen Vertreter, also regelmäßig den Eltern, ausgesprochen werden (BAG Urt. v. 25. 11. 1976 – 2 AZR 751/75 – AP Nr. 4 zu 15 BBiG). Wenn beide Eltern die elterliche Sorge haben, **ist jeder Elternteil** empfangsbefugt, § 1629 Abs. 1 S. 2 BGB (Palandt/*Diederichsen* § 1629 BGB Rdn. 14). Es kann wie folgt formuliert werden:

Alternative:
Sehr geehrte Frau ......,
sehr geehrter Herr ......,
hiermit kündigen wir das **Ausbildungsverhältnis Ihres Sohnes** ...... außerordentlich fristlos.

Beide Eltern sollten angesprochen werden, auch wenn die Kündigung streng genommen nur einem Elternteil zugestellt werden muss.

Es ist umstritten, ob ein Auszubildender trotz seiner Minderjährigkeit empfangsberechtigt ist, wenn die gesetzlichen Vertreter ihn gemäß § 113 BGB **ermächtigt** haben, das Ausbildungsverhältnis einzugehen. Das Bundesarbeitsgericht hat diese Frage bisher offen gelassen (BAG Urt. v. 25. 11. 1976 – 2 AZR 751/75 – AP Nr. 4 zu § 15 BBiG). Es spricht vieles dafür, von einer Empfangsberechtigung des minderjährigen Auszubildenden auszugehen (MünchKomm/*Einsele* § 131 BGB Rdn. 7 m. weit. Nachw.; *Wohlgemuth* § 15 BBiG Rdn. 21). Um Zweifel zu vermeiden, sollten aber **zwei Kündigungsschreiben** ausgefertigt und zugestellt werden; eines für den Auszubildenden und eines für den gesetzlichen Vertreter.

3. **Ausschlussfrist.** Die Kündigung muss **innerhalb von zwei Wochen** zugehen, nachdem dem zur Kündigung Berechtigten die der Kündigung zugrunde liegenden Gründe bekannt sind (§ 22 Abs. 4 S. 1 BBiG). Diese Regelung zur Ausschlussfrist entspricht § 626 Abs. 2 BGB und ist entsprechend auszulegen (ErfK/*Schlachter* § 15 BBiG Rdn. 10). Bei eigenmächtiger Urlaubsnahme oder -verlängerung beginnt die Frist somit mit Rückkehr des Auszubildenden in den Betrieb (*Leinemann/Taubert* § 15 BBiG Rdn. 100).

Gemäß § 22 Abs. 4 S. 2 BBiG wird der Ablauf der Frist durch die Einleitung eines vorgesehenen **Güteverfahrens** vor einer außergerichtlichen Stelle gehemmt. Der Zeitraum, während dem das Güteverfahren dauert, zählt also für den Ablauf der Zwei-Wochen-Frist nicht mit. Ein solches Güteverfahren kann beispielsweise in einem Ausbildungsvertrag, einem Tarifvertrag oder der Satzung einer Innung vorgesehen sein (*Leinemann/Taubert* § 15 BBiG Rdn. 100). Das in § 111 Abs. 2 ArbGG geregelte **Verfahren vor dem Schlichtungsausschuss** etwa der Handwerksinnung oder der IHK ist hingegen kein „vorgesehenes" Güteverfahren in diesem Sinne (*Leinemann/Taubert* § 15 BBiG Rdn. 100; a.A. *Wohlgemuth* § 15 BBiG Rdn. 24). Zwar kann es schon vor Ausspruch der Kündigung eingeleitet werden. Hemmung der Zwei-Wochen-Frist tritt aber nicht ein, so dass Vorsicht geboten ist. Etwas anderes gilt nur, wenn im Ausbildungsvertrag vorgesehen ist, dass vor Ausspruch einer Kündigung der Schlichtungsausschuss angerufen werden muss.

Nach Ausspruch einer Kündigung muss allerdings der **Auszubildende** das Schlichtungsverfahren durchführen, bevor er Klage erhebt. Es handelt sich um eine unverzichtbare Prozessvoraussetzung (BAG Urt. v. 18. 9. 1975 – 2 AZR 602/74 – AP Nr. 2 zu § 111 ArbGG; BAG Urt. v. 25. 11. 1976 – 2 AZR 751/75 – AP Nr. 4 zu 15 BBiG). Die dreiwöchige Klagefrist gilt in diesem Fall nicht, auch nicht für die Einleitung des Schlichtungsverfahrens (BAG Urt. v. 13. 4. 1989 – 2 AZR 441/88 – AP Nr. 21 zu § 4 KSchG 1969). Voraussetzung ist selbstverständlich, dass die Ausbildung in einem Bezirk stattfindet, in dem ein Schlichtungsausschuss gebildet wurde. Wenn nicht, muss der Auszubildende innerhalb von drei Wochen Klage erheben (BAG Urt. v. 26. 1. 1999 – 2 AZR 134/98 – Nr. 43 zu § 4 KSchG 1969).

4. Kündigungsgrund. Gemäß § 22 Abs. 3 BBiG muss der Grund für die außerordentliche Kündigung **in der Kündigungserklärung angegeben** werden. Ein Verstoß gegen die Begründungspflicht führt zur **Nichtigkeit** der Kündigung. Eine Heilung durch nachträgliche Angabe des Kündigungsgrundes scheidet aus. Ein erneuter Ausspruch der Kündigung, diesmal unter Angabe des Kündigungsgrundes, wird häufig daran scheitern, dass die zweiwöchige Ausschlussfrist (Anm. 3) verstrichen ist.

Auch wenn keine Substantiierungstiefe wie in einem Gerichtsverfahren verlangt werden kann, so müssen die Kündigungsgründe zumindest so genau bezeichnet werden, dass der **Auszubildende erkennen kann, was ihm zur Last gelegt wird**, und er entscheiden kann, ob er sich gegen die Kündigung zur Wehr setzen soll (BAG Urt. v. 25. 11. 1976 – 2 AZR 751/75 – AP Nr. 4 zu § 15 BBiG; BAG Urt. v. 10. 2. 1999 – 2 AZR 176/98 – AP Nr. 2 zu § 54 BMT-G II zu einer tariflichen Begründungspflicht). Will der Ausbildende die Kündigung auf mehrere Gründe stützen, nennt er im Kündigungsschreiben aber nur einen Grund, so ist die Kündigung zwar nicht nichtig. Der Ausbildende ist aber materiellrechtlich daran gehindert, die weiteren Kündigungsgründe in einem Rechtsstreit über die Wirksamkeit der Kündigung zu verwenden (LAG Hamburg Urt. v. 29. 8. 1997 – 3 SA 51/97 – LAGE Nr. 11 zu § 15 BBiG; ErfKomm/*Schlachter* § 15 BBiG Rdn. 9). Im Übrigen wird verwiesen auf die Ausführungen zu Form. A. XIV. 13 Anm. 2.

Für die Frage, ob ein **wichtiger Grund** vorliegt, der die Kündigung **materiell** rechtfertigt, können die zu § 626 BGB entwickelten Grundsätze nicht ohne weiteres übernommen werden. Es ist nicht nur die Zweckbestimmung des Vertrages zu berücksichtigen, nämlich zu einem Berufsabschluss des Auszubildenden zu führen, sondern auch die im Zeitpunkt der Kündigung bereits zurückgelegte Ausbildungszeit im Verhältnis zur Gesamtdauer der Ausbildung (BAG Urt. v. 10. 5. 1973 – 2 AZR 328/72 – AP Nr. 3 zu § 15 BBiG). Die außerordentliche fristlose Kündigung ist gerechtfertigt, wenn das Ausbildungsziel erheblich gefährdet und die Fortsetzung des Ausbildungsverhältnisses unzumutbar ist (LAG Hamm Urt. v. 7. 11. 1978 – 6 Sa 1096/78 – DB 1979, 606; ErfKomm/*Schlachter* § 15 BBiG Rdn. 4).

Im Sachverhalt, der dem Formular zugrunde liegt, wird eine außerordentliche Kündigung allenfalls wirksam sein, wenn der Auszubildende zuvor, wie geschehen, **abgemahnt** wurde (vgl. LAG Hamm Urt. v. 7. 11. 1978 – 6 Sa 1096/78 – DB 1979, 606 zu einem Sachverhalt, in dem der Auszubildende wiederholt verspätet zur Ausbildung erschien). Bei besonders schwerwiegenden Pflichtverletzungen, deren Rechtswidrigkeit dem Auszubildenden ohne weiteres erkennbar und bei denen eine Hinnahme durch den Ausbildenden offensichtlich ausgeschlossen ist, ist eine Abmahnung hingegen nicht erforderlich (BAG Urt. v. 1. 7. 1999 – 2 AZR 676/98 – AP Nr. 11 zu § 15 BBiG).

5. Anhörung des Betriebsrats. Sofern ein Betriebsrat besteht, ist dieser vor Ausspruch der Kündigung anzuhören (§ 102 BetrVG, s. Form. C. I. 1). Besonderheiten bestehen nicht. Insbesondere ist **nicht** etwa die **Jugend- und Auszubildendenvertretung** anzuhören. Die Jugend- und Auszubildendenvertretung hat zwar das Recht, die Aussetzung von Beschlüssen des Betriebsrats zu verlangen (§ 66 Abs. 1 BetrVG). Eine etwaige Aussetzung des Beschlusses des Betriebsrats verhindert aber nicht, dass die dreitägige Anhörungsfrist abläuft (§ 102 Abs. 2 S. 3 BetrVG).

6. Schriftform. Die Kündigung muss schriftlich erfolgen (§ 22 Abs. 3 BBiG). Besonderheiten gegenüber § 623 BGB bestehen nicht. Es kann auf Form. A. XI. 2 Anm. 7 verwiesen werden.

7. Zugang. Der Zugang der Kündigungserklärung beim Auszubildenden bzw. gegebenenfalls beim gesetzlichen Vertreter (Anm. 2) ist sicherzustellen (Form. A. XI. 2 Anm. 8).

Massenentlassung

20. Massenentlassungsanzeige

20. Massenentlassungsanzeige

			Bitte beachten!
34	Eine im Einvernehmen mit dem Betriebsrat (soweit vorhanden) erstellte Liste mit Alters-, Berufs-, Staatsangehörigkeits- und sonstigen Angaben	☐ ist beigefügt ☐ wird nachgereicht	Nr. 3.2 des Merkblattes Vordruck KSchG 3 bitte verwenden.
	Erklärung Die Aufgliederung der Zahl der Entlassungen unter Nr. 31 nach Geschlecht und Arbeitnehmereigenschaft sowie die Angaben in der Liste - falls beigefügt - stehen unter dem Vorbehalt etwaiger noch eintretender Änderungen	☐ ja ☐ nein	
35	In den letzten 30 Kalendertagen vor den angezeigten Entlassungen sind bereits Arbeitnehmer gekündigt worden	☐ ja ☐ nein	Nr. 4.5 und 4.6 des Merkblattes Diese Angaben sind zur Prüfung der Anzeigepflicht erforderlich.
	Wenn ja:	Datum	Zahl der AN	
	Kündigungserklärung am ...			
4	**Antrag auf Abkürzung der Entlassungssperre**		Nr. 6.2 des Merkblattes
	Für die vor Ablauf der einmonatigen Entlassungssperre geplanten Entlassungen wird die Zustimmung zur Abkürzung nach § 18 Abs. 1 KSchG beantragt - siehe unter 31 - .	☐ ja ☐ nein	
	Wenn ja: Begründung:		Bitte eingehend erläutern; ggf. zusätzliches Blatt verwenden. Auf die Frage, weshalb die Entlassungen nicht früher angezeigt wurden, ist besonders einzugehen.
5	**Sonstige Angaben**		Nr. 1.1, 1.2, 2.1 und 5.1 bis 5.3 des Merkblattes
	Die Stellungnahme des Betriebsrates zu den angezeigten Entlassungen ist beigefügt	☐ ja ☐ nein	Bitte nur ausfüllen, soweit ein Betriebsrat vorhanden ist. Fehlt die Stellungnahme des Betriebsrates, sollten Sie mit der Anzeige auch den Stand der Beratungen darlegen.
	Wenn nein: Der Betriebsrat wurde gemäß § 17 Abs. 2 KSchG über die Entlassungen schriftlich unterrichtet	☐ ja ☐ nein	
	Wenn ja: Eine Abschrift dieser Mitteilung wurde der Agentur für Arbeit zugeleitet	☐ ja ☐ nein	
	Wenn nein: Eine Abschrift der Mitteilung ist beigefügt	☐ ja ☐ nein	

Prüfen Sie bitte noch einmal, ob Sie alle Felder ausgefüllt bzw. ☒ angekreuzt und die erforderlichen Unterlagen beigefügt haben.
Fehlen Angaben oder Unterlagen der unter 11, 12, 13, 21, 31, 32, 33 und 5 bezeichneten Art ganz oder teilweise, wird die Anzeige erst nach Eingang dieser vollständigen Angaben bzw. Unterlagen wirksam. Weitere Voraussetzungen für die Wirksamkeit der Anzeige sind die Angaben zu den Berufsgruppen der zu entlassenden und in der Regel beschäftigten Arbeitnehmer (siehe Vordruck „Anlage zur Anzeige von Entlassungen").

Ort und Datum	Firmenstempel und Unterschrift	Anlagen
		☐ Vordruck „Anlage zur Anzeige von Entlassungen" ☐ Liste ☐ Stellungnahme d. Betriebsrates ☐ Sonstige (bitte erläutern)

(Abrufbar nebst Anlagen unter www.arbeitsagentur.de)

Schrifttum: Bauer/Krieger/Powietzka, Geänderte Voraussetzungen für Massenentlassungen nach der „Junk"-Entscheidung des EuGH, DB 2005, 445; *Bauer/Powietzka*, Heilung unterbliebener Massenentlassungsanzeigen nach § 17 KSchG, DB 2000, 1073; *Bauer/Powietzka*, Neues zur Nachholbarkeit von Massenentlassungsanzeigen, DB 2001, 383; *Bauer/Röder*, Aufhebungsverträge bei Massenentlassungen und bei Betriebsänderungen, NZA 1985, 201; *Bender/Schmidt*, KSchG 2004: Neuer Schwellenwert und einheitliche

A. XIV. 20   XIV. Einseitige Beendigung des Arbeitsverhältnisses

Klagefrist, NZA 2004, 358; *Berscheid,* Massenentlassung und Einhaltung von Kündigungsterminen, ZIP 1987, 1512; *Busch,* Massenentlassungen unter Beachtung der §§ 111–113 BetrVG und § 17 KSchG, DB 1992, 1474; *Eckert,* Richtlinie über Massenentlassung verabschiedet, DStR 1992, 1373; *Ehlers,* Personalabbau in schwierigen Zeiten – Ein Plädoyer für einen Beschäftigungspakt und die Mediation, NJW 2003, 2337; *Ermer,* Neuregelungen der anzeigepflichtigen Entlassungen nach §§ 17 ff. KSchG, NJW 1998, 1288; *Falkenroth,* Befugnisse der Massenentlassungsausschüsse im Sinne von §§ 15 ff. des Kündigungsschutzgesetzes, BB 1956, 1110; *Gumpert,* Entscheidung über die Anzeigepflicht bei Massenentlassungen, BB 1953, 708; *Kleinebrink,* Ordnungsgemäße Beteiligung des Betriebsrats vor der Anzeige von Massenentlassungen, FA 2000, 366; *Lipinski,* Keine Unwirksamkeit der Kündigung bei fehlender oder fehlerhafter Massenentlassungsanzeige gem. § 17 KSchG auch unter Berücksichtigung der Richtlinie 98/59/EG, BB 2004, 1790; *Nicolai,* Neue Regeln für Massenentlassungen, NZA 2005, 206; *Nikisch,* Streitfragen bei der Behandlung von Massenentlassungen, DB 1960, 1274; *Nipperdey,* Die „Unwirksamkeit" von Massenentlassungen und die Lehre von der Nichtigkeit, RdA 1960, 285; *Opolony,* Die anzeigepflichtige Entlassung nach § 17 KSchG, NZA 1999, 791; *Picot/Schnitker,* Arbeitsrecht bei Unternehmenskauf und Restrukturierung, 2001; *Preis,* Auf dem Weg zur Kollektivierung des Kündigungsschutzes, DB 1998, 1614; *Quecke,* Die Änderung des Kündigungsschutzgesetzes zum 1. 1. 2004, RdA 2004, 86; *Riesenhuber/Domröse,* Richtlinienkonforme Auslegung der §§ 17, 18 KSchG und Rechtsfolgen fehlerfahfter Massenentlassungen, NZA 2005, 568; *Schaub,* Personalabbau im Konzern, ZIP 1999, 1949; *Steike,* Die Durchführung der Massenentlassung, DB 1995, 674; *Valverde,* Die Massenentlassung im spanischen Recht und die europäischen Massenentlassungs-Richtlinien 75/129 und 92/56, RdA 1998, 216; *Weiss,* Die europarechtliche Regelung der Massenentlassung, RdA 1992, 367; *Willemsen/Hohenstatt/Schweibert/Sebt,* Umstrukturierung und Umwandlung von Unternehmen, 2. Aufl. 2003; *Wißmann,* Probleme bei der Umsetzung der EG-Richtlinie über Massenentlassungen in deutsches Recht, RdA 1998, 221.

Anmerkungen

1. Massenentlassungsanzeige. Entlässt der Arbeitgeber in einem bestimmten Zeitraum eine bestimmte Anzahl von Arbeitnehmern, hat er dies der Agentur für Arbeit gemäß § 17 KSchG anzuzeigen. Nach bisherigem Verständnis diente diese Verpflichtung zunächst einmal **nicht dem individuellen Rechtsschutz** des entlassenen Arbeitnehmers, sondern vielmehr der Sicherstellung, **dass die Arbeitsverwaltung rechtzeitig informiert wird**, wenn damit gerechnet werden muss, dass eine Vielzahl von Arbeitnehmern arbeitslos wird. Die Arbeitsverwaltung soll sich hierauf einstellen und auf eine schnelle Vermittlung der betroffenen Arbeitnehmer hinwirken können. Als **Reflexwirkung** konnten aber auch gekündigte Arbeitnehmer von Versäumnissen bei der Massenentlassungsanzeige profitieren, insbesondere dadurch, dass die Kündigung das Arbeitsverhältnis erst zu einem späteren Zeitpunkt beendet als ursprünglich vorgesehen (vgl. Anm. 7).

Durch das **Urteil des EuGH** in Sachen **Junk/Kühnel** (EuGH Urt. v. 27. 1. 2005 – C-188/03 – NZA 2005, 213) ist die bisherige deutsche Dogmatik zu §§ 17, 18 KSchG in erheblichem Maße in Frage gestellt. Während nach bisherigem Verständnis „Entlassung" i. S. d. §§ 17 ff. KSchG die tatsächliche Beendigung des Arbeitsverhältnisses war, also regelmäßig mit **Ende der Kündigungsfrist** eintrat, zwingt nach Auffassung des EuGH die §§ 17, 18 KSchG zugrundeliegende Richtlinie 98/59/EG zu einer Anknüpfung an den Beendigungstatbestand, also regelmäßig den **Ausspruch der Kündigung**. Auswirkungen hat dies vor allem für die Frage, **ob eine Massenentlassung** vorliegt (Anm. 2 und 3) und **zu welchem Zeitpunkt** die Massenentlassung anzuzeigen ist (Anm. 5).

Die Folgen dieses Urteils sind noch nicht abzusehen. Es bleibt zu hoffen, dass der deutsche Gesetzgeber bald für Klarheit sorgt und §§ 17, 18 KSchG in Einklang mit der Richtlinie 98/59/EG und unter Beachtung der Rechtsprechung des EuGH überarbeitet.

Bis dahin sehen sich Arbeitgeber, die eine Massenentlassung beabsichtigen, vor einer **wenig befriedigenden Situation**: EU-Richtlinien haben keine unmittelbare Wirkung. Auch wenn deutsches Recht gegen eine Richtlinie verstößt, bleibt es in Kraft, bis es vom deutschen Gesetzgeber geändert wird (vgl. BAG Urt. v. 18. 2. 2003 – 1 ABR 2/02 – AP Nr. 12 zu § 611 BGB Arbeitsbereitschaft). Dies gilt jedoch nicht, wenn das deutsche Gesetz richtlinienkonform ausgelegt werden kann, denn dann geht die Auslegung vor. Es ist aber im Streit, ob §§ 17, 18 KSchG, wofür vieles spricht, jedenfalls im Kern einer **richtlinienkonformen Auslegung** zugänglich sind (so ArbG Berlin Urt. v. 1. 3. 2005 – 36 Ca 19726/02 – NZA 2005, 585; ArbG Bochum Urt. v. 17. 3. 2005 – 3 Ca 307/04 – NZA 2005, 587; *Nicolai* NZA 2005, 206;

20. Massenentlassungsanzeige   A. XIV. 20

a. A. die wohl überwiegende Ansicht ArbG Krefeld Urt. v. 14. 4. 2005 – 1 Ca 3731/04 – NZA 2005, 582; ArbG Lörrach Urt. v. 24. 3. 2005 – 2 Ca 496/04 – NZA 2005, 584; *Bauer/Krieger/Powietzka* DB 2005, 446; *Grimm/Brock* in Anm. zu EuGH v. 27. 1. 2005 – C-188/03 – EWiR 2005, 214; vgl. auch BAG Urt. v. 24. 2. 2005 – 2 AZR 207/04 – das eher gegen eine richtlinienkonforme Auslegung spricht). Arbeitgeber sollten daher für den Fall, dass deutsche Arbeitsgerichte die §§ 17, 18 KSchG für richtlinienkonform auslegbar halten, eine Massenentlassung **im Einklang** mit den Vorgaben anzeigen, die sich aus der neuen **Rechtsprechung des EuGH** ergeben (und die im folgenden dargestellt werden; insbesondere Anm. 3 und 5). Wenn die §§ 17, 18 KSchG hingegen nicht richtlinienkonform ausgelegt werden können, gelten sie trotz Europarechtswidrigkeit weiter, bis der deutsche Gesetzgeber sie ändert. Der Arbeitgeber muss also, um Risiken zu vermeiden, **zusätzlich** die Massenentlassung im Einklang mit den Kriterien anzeigen, die sich nach **bisherigem Verständnis** aus §§ 17, 18 KSchG ergaben (*Bauer/Krieger/Powietzka* DB 2005, 446).

Dies verkompliziert die Materie maßgeblich und provoziert mindestens erhöhten Verwaltungsaufwand, schlimmstenfalls aber Fehler, und das, obwohl die Massenentlassungsanzeige „eigentlich" keine materiellen Probleme aufwirft, sofern nur auf eine **sorgfältige Durchführung** geachtet wird.

In jedem Fall empfiehlt sich zur Vermeidung von Risiken, **mit der zuständigen Agentur für Arbeit** (Anm. 6) **Kontakt** aufzunehmen und **Zweifelsfragen direkt zu klären**. Die Agentur für Arbeit kann etwa durch **Negativbescheid** feststellen, dass keine Massenentlassungsanzeige erstattet werden muss (vgl. Anm. 2; *Grimm/Brock* in Anm. zu EuGH v. 27. 1. 2005 – C-188/03 – EWiR 2005, 214).

Die vorstehend abgedruckten **Formulare** werden von der Arbeitsverwaltung im **Internet** (www.arbeitsagentur.de) bereitgestellt (Stand: Juni 2005). Sie stellen noch auf das „alte Verständnis" von § 17 KSchG ab und mit einer Überarbeitung ist zu rechnen. Bis zu diesem Zeitpunkt sollten sie dennoch verwendet werden, und zwar schon weil bis zu einer Änderung von §§ 17 ff. KSchG eine Massenentlassung auch im Einklang mit deren bisheriger Auslegung angezeigt werden sollte. Durch die Verwendung der Formulare wird verhindert, dass der Arbeitgeber die vom Gesetz vorgeschriebenen Angaben übersieht. Allerdings ist die Verwendung nicht zwingend.

Auch sofern eine Massenentlassung, wie empfohlen, auch nach den **vom EuGH aufgestellten neuen Kriterien** angezeigt wird, können die Formulare benutzt werden, allerdings mit der gebotenen Vorsicht. Es sollte dann insbesondere unter Punkt 31 auf den **Beendigungstatbestand** (regelmäßig Ausspruch der Kündigung) abgestellt werden. Gegebenenfalls sollte auf einem Beiblatt klargestellt werden, wann wieviele Mitarbeiter zu welchem Datum gekündigt werden. Wie gesagt, empfiehlt sich ohnehin, die Vorgehensweise im konkreten Fall mit der Agentur für Arbeit abzusprechen.

Der besseren Übersicht halber werden im Folgenden – entgegen dem sonstigen Konzept dieses Werkes – nicht die Formulare, die hier aus sich selbst heraus verständlich sind, kommentiert. Stattdessen werden Voraussetzungen, Verfahren und „Fallstricke" der Massenentlassungsanzeige auch unter Berücksichtigung der neuen Rechtsprechung des EuGH systematisch dargestellt.

2. Anzeigepflichtige Massenentlassung. Eine anzeigepflichtige Massenentlassung liegt vor, wenn in einem Betrieb

mit in der Regel mehr als 20 und weniger als 60 Arbeitnehmern	mehr als 5 Arbeitnehmer,
mit in der Regel mindestens 60 und weniger als 500 Arbeitnehmern	10% der im Betrieb regelmäßig beschäftigten Arbeitnehmer oder aber mehr als 25 Arbeitnehmer,
mit in der Regel mehr als 500 Arbeitnehmern	mindestens 30 Arbeitnehmer

innerhalb von 30 Kalendertagen **entlassen** werden. Zur Änderung der Auslegung des Begriffs „Entlassung" und den sich ergebenden Problemen vgl. Anm. 1 und 3.

Es ist auf den jeweiligen **Betrieb**, nicht auf das Unternehmen abzustellen. Es gilt der Betriebsbegriff des BetrVG, so dass beispielsweise Betriebsteile gemäß § 4 Abs. 1 BetrVG für die

Berechnung der Schwellenwerte als eigene Betriebe anzusehen sind (BAG Urt. v. 13. 4. 2000 – 2 AZR 215/99 – AP Nr. 13 zu § 17 KSchG 1969).

Gemäß § 22 KSchG gilt die Verpflichtung zur Massenentlassungsanzeige nicht **für Saisonbetriebe** und **Kampagne-Betriebe**, also Betriebe, in denen das Geschäftsfeld die regelmäßige Entlassung erheblicher Teile der Belegschaft mit sich bringt. Das gleiche gilt für **Kleinbetriebe** bis zu 20 Arbeitnehmern.

In die Berechnung gehen alle Arbeitsverhältnisse ein, einschließlich der zur **Berufsausbildung** Beschäftigten. Arbeitnehmer zählen schon **während der ersten sechs Monate** ihres Arbeitsverhältnisses mit. **Teilzeitkräfte** werden nicht nur anteilig gerechnet (ErfKomm/*Ascheid* § 17 KSchG RN 6). Die **gesetzlichen Vertretungsorgane** der Gesellschaft bleiben unberücksichtigt, § 17 Abs. 5 Nr. 1 und 2 KSchG, ebenso **leitende Angestellte**, die zur selbstständigen Einstellung oder Entlassung von Arbeitnehmern berechtigt sind, § 17 Abs. 5 Nr. 3 KSchG.

Es ist auf die Zahl der **in der Regel beschäftigten** Arbeitnehmer zum Zeitpunkt der Entlassung abzustellen. Dies erfordert eine wertende Betrachtung unter Berücksichtigung sowohl der Vergangenheit als auch der zukünftigen Entwicklung (BAG Urt. v. 13. 4. 2000 – 2 AZR 215/99 – AP Nr. 13 zu § 17 KSchG 1969). Schwankungen sind nach Möglichkeit herauszurechnen. Bei einer **Betriebsstilllegung** ist nur auf die in der Vergangenheit liegende Beschäftigtenzahl abzustellen (BAG Urt. v. 24. 2. 2005 – 2 AZR 207/04 –; BAG Urt. v. 13. 4. 2000 – 2 AZR 215/99 – AP Nr. 13 zu § 17 KSchG 1969). **Gestaffelte Entlassungen** sind zusammenzurechnen, wenn sie auf einem einheitlichen Konzept beruhen (BAG Urt. v. 24. 2. 2005 – 2 AZR 207/04 –; BAG Urt. v. 8. 6. 1989 – 2 AZR 624/88 – AP Nr. 6 zu § 17 KSchG 1969).

Nicht nur **betriebsbedingte Kündigungen** zählen mit, sondern alle Arten von ordentlichen Kündigungen, also auch **verhaltensbedingte** und **personenbedingte Kündigungen**. Gemäß § 17 Abs. 1 Satz 2 KSchG stehen Kündigungen andere Beendigungen des Arbeitsverhältnisses gleich, sofern sie vom Arbeitgeber veranlasst werden. **Aufhebungsverträge** und **Eigenkündigungen** zählen also mit, wenn sie nicht allein auf Initiative des Arbeitnehmers erfolgen.

Änderungskündigungen zählen dann mit, wenn das Arbeitsverhältnis tatsächlich endet, wenn der Arbeitnehmer also das Änderungsangebot nicht, auch nicht unter Vorbehalt **annimmt**. Da der Arbeitgeber im Vorhinein nicht abschätzen kann, ob der Arbeitnehmer das Änderungsangebot annehmen wird, sollten Arbeitnehmer, die eine Änderungskündigung erhalten, **vorsorglich mitgezählt** werden (Moll/*Eckhoff* MAH § 47 Rdn. 12; *Bauer/Krieger/ Powietzka* DB 2005, 446).

Fristlose Kündigungen zählen nicht mit (§ 17 Abs. 4 Satz 2 KSchG), ebenso wenig Beendigungen durch **Befristung**.

Die dargestellten Grundsätze mögen nicht immer zu einer eindeutigen Entscheidung führen, ob eine anzeigepflichtige Massenentlassung vorliegt. Verbleiben **Zweifel**, sollte der Arbeitgeber vorsorglich eine Massenentlassungsanzeige abgeben oder ein **Negativattest** der Agentur für Arbeit einholen (BAG Urt. v. 21. 5. 1970 – 2 AZR 294/69 – AP Nr. 11 zu § 15 KSchG). Zur Beweislast s. Anm. 11.

3. Entlassungen innerhalb eines 30-Tage-Zeitraums. Es kommt darauf an, wie viele Arbeitnehmer in einem Zeitraum von 30 Kalendertagen **entlassen** werden. Nach bisherigem Verständnis stellte „Entlassung" auf das **Ausscheiden** des Arbeitnehmers, also den Beendigungstermin ab und nicht auf den Ausspruch der Kündigung (etwa BAG Urt. v. 13. 4. 2000 – 2 AZR 215/99 – AP Nr. 13 zu § 17 KSchG 1969). Bei unterschiedlich langen Kündigungsfristen konnte es danach sein, dass zwar die Gesamtzahl der von einem Personalabbau erfassten Arbeitnehmer den Schwellenwert übersteigen würde, aber in keinem 30-Tages-Zeitraum das Arbeitsverhältnis einer solchen Anzahl von Beschäftigten endete, dass eine Massenentlassung angezeigt werden müsste.

Beispiel: In einem Unternehmen mit 100 Arbeitnehmern liegt der Schwellenwert gem. § 17 Abs. 1 KSchG bei zehn Arbeitnehmern. Wenn am 31. Dezember insgesamt 15 Arbeitnehmer gekündigt werden, so lag nach bisherigem Verständnis dennoch keine anzeigepflichtige Massenentlassung vor, wenn acht Arbeitnehmer zum 28. Februar und sieben Arbeitnehmer zum 31. März ausscheiden, da zwischen dem 28. Februar und dem 31. März mehr als 30 Kalendertage liegen. Scheiden im gleichen Beispiel hingegen acht Arbeitnehmer zum 31. Januar und sieben Arbeitnehmer zum 28. Februar aus, werden in einem Zeitraum von 30 Kalendertagen insgesamt 15 Arbeitnehmer entlassen, so dass eine Massenentlassung anzuzeigen wäre.

Dieses Verständnis des Begriffs „Entlassung" ist durch das Urteil des **EuGH** in Sachen **Junk/Kühnel** (EuGH Urt. v. 27. 1. 2005 – C-188/03 – NZA 2005, 213 Junk/Kühnel) in Frage gestellt. Nach Auffassung des EuGH stellt Entlassung auf den **Beendigungstatbestand** ab, also auf den Ausspruch der Kündigung bzw. bei Aufhebungsverträgen auf den Abschluss des Vertrages (*Bauer/Krieger/Powietzka* DB 2005, 446). Im obigen Beispiel würde daher unabhängig vom Datum des individuellen Ausscheidens eine Massenentlassung vorliegen, da es auf den Ausspruch der Kündigungen am 31. Dezember ankommt. Wie in Anm. 1 ausgeführt, sollte der Arbeitgeber daher im Beispiel in jedem Fall eine Massenentlassungsanzeige erstatten, die sich an der neuen Rechtsprechung des EuGH orientiert, es sei denn die Agentur für Arbeit erteilt ein **Negativattest**, dass keine anzeigepflichtige Massenentlassung vorliegt. Zusätzlich sollte in der Variante mit den Beendigungsterminen 31. Januar/28. Februar eine Massenentlassung angezeigt werden, die sich am bisherigen Verständnis der §§ 17 ff. KSchG ausrichtet.

Liegen die Voraussetzungen einer Massenentlassungsanzeige vor, sind **alle Arbeitnehmer** aufzunehmen, die **im Rahmen des Personalabbaus** entlassen werden, also auch solche, deren Beendigungstermin **nicht** in den 30-Tages-Zeitraum fällt. Wenn in der zweiten Variante des obigen Beispiels also zusätzlich noch ein Arbeitsverhältnis am 15. Januar endet und ein weiteres am 31. März, so sind diese auch nach bisherigem Verständnis der §§ 17, 18 KSchG in die Massenentlassungsanzeige aufzunehmen. Dies gilt bei gemeinsamem Ausspruch der Kündigung am 31. Dezember natürlich in jedem Fall für eine Massenentlassungsanzeige auf der Basis der neuen Rechtsprechung des EuGH.

Da auf den Beendigungstatbestand abzustellen ist, liegt nach der Rechtsprechung des EuGH gegebenenfalls keine Massenentlassung vor, wenn der **Ausspruch der Kündigungen gestaffelt** wird, aber alle Arbeitsverhältnisse wegen unterschiedlicher Kündigungsfristen am selben Tag enden.

Beispiel: In einem Unternehmen mit 100 Arbeitnehmern werden am 28. Februar acht Arbeitnehmer mit einer Kündigungsfrist von zwei Monaten zum Monatsende und am 31. März sieben Arbeitnehmer mit einer Kündigungsfrist von einem Monat zum Monatsende gekündigt.

Da 15 Arbeitsverhältnisse am 30. April enden, wäre der Schwellenwert aus § 17 KSchG nach bisherigem Verständnis überschritten und eine Massenentlassung wäre anzuzeigen. Nach der Rechtsprechung des EuGH liegt hingegen keine anzeigepflichtige Massenentlassung vor, da in keinem 30-Tages-Zeitraum mehr als zehn Arbeitnehmer entlassen = gekündigt wurden. Wenn es, wie etwa bei Schließung einer Betriebsabteilung, auf einen einheitlichen Beendigungstermin ankommt, kann es sich je nach Einzelfall daher aus Arbeitgebersicht anbieten, Kündigungen nach Kündigungsfristen gestaffelt auszusprechen, wenn der Zeitrahmen dies zuläßt und so vermieden werden kann, dass eine Massenentlassung nach der Auslegung des EuGH vorliegt.

4. Beteiligung des Betriebsrats. Wenn ein Betriebsrat besteht, beginnt das Verfahren mit dessen Einschaltung. Der Arbeitgeber hat dem Betriebsrat gemäß § 17 Abs. 2 KSchG rechtzeitig die **zweckdienlichen Auskünfte** zu erteilen und ihn **schriftlich** zu unterrichten über
- die Gründe für die geplanten Entlassungen,
- die Zahl und die Berufsgruppen der zu entlassenden Arbeitnehmer,
- die Zahl und die Berufsgruppen der in der Regel beschäftigten Arbeitnehmer,
- den Zeitraum, in dem die Entlassungen vorgenommen werden sollen,
- die vorgesehenen Kriterien für die Auswahl der zu entlassenden Arbeitnehmer,
- die für die Berechnung etwaiger Abfindungen vorgesehenen Kriterien.

Da es sich bei einer Massenentlassung regelmäßig auch um eine mitbestimmungspflichtige **Betriebsänderung** im Sinne von § 111 BetrVG handeln wird (*Grimm/Brock* in Anm. zu EuGH v. 27. 1. 2005 – C-188/03 – EWiR 2005, 214), ist ein Großteil der Informationen dem Betriebsrat ohnehin gem. § 111 S. 1 BetrVG im Rahmen der Verhandlungen über einen Interessenausgleich und Sozialplan mitzuteilen.

Die Verhandlungen über einen Interessenausgleich und Sozialplan ersetzen allerdings **nicht** per se die Verpflichtung, den Betriebsrat gemäß § 17 Abs. 2 KSchG zu unterrichten. Vielmehr ist im Einzelfall darauf zu achten, ob alle von § 17 Abs. 2 KSchG geforderten Informationen dem Betriebsrat (schriftlich), mit Empfangsbestätigung und unter Hinweis auf § 17 Abs. 2 KSchG gegeben wurden. Ist dies geschehen, kann (und sollte) **in den Interessenausgleich aufgenommen** werden, dass die Unterrichtung gemäß § 17 Abs. 2 KSchG erfolgt ist (vgl. BAG Urt. v. 18. 9. 2003 – 2 AZR 79/02 – NZA 2004, 375).

Andernfalls muss die Unterrichtung gesondert erfolgen, und zwar mindestens **zwei Wochen** vor dem Tag, an dem die Massenentlassung der Agentur für Arbeit angezeigt werden soll (Anm. 5). Eine Möglichkeit ist, hierzu bereits die Massenentlassungsanzeige **vorzubereiten** (Anm. 6) und diese dem **Betriebsrat als Entwurf vorzulegen**. Der Arbeitgeber sollte sich den Empfang bestätigen lassen. Die vom Gesetz geforderte Mitteilung an den Betriebsrat entspricht nämlich weitgehend dem Inhalt der Massenentlassungsanzeige selbst, mit der Ergänzung, dass der Betriebsrat zusätzlich über die **Kriterien für die Berechnung etwaiger Abfindungen** zu informieren ist, die sich aber praktisch immer aus einem Sozialplan ergeben. Wurde zum Zeitpunkt der Massenentlassungsanzeige noch kein Sozialplan abgeschlossen, reicht es hinsichtlich der Kriterien für die Abfindungsberechnung aus, auf den späteren Sozialplan zu verweisen (BAG Urt. v. 30. 3. 2004 – 1 AZR 7/03 – NZA 2004, 931; BAG Urt. v. 18. 9. 2003 – 2 AZR 79/02 – NZA 2004, 375).

Eine lediglich **mündliche** Information des Betriebsrats erfüllt die gesetzlichen Anforderungen nicht, wird aber geheilt, wenn der Betriebsrat eine Stellungnahme abgibt (LAG Hamm Urt. v. 6. 6. 1986 – 16 Sa 2188/86 – LAGE § 17 KSchG Nr. 2; K/D/Z/*Kittner* § 17 KSchG Rdn. 32).

Der Betriebsrat hat, nachdem er die Mitteilung erhalten hat, mit dem Arbeitgeber über die Entlassungen zu **beraten** und er kann eine **Stellungnahme** abgeben. Es muss davon ausgegangen werden, dass die **Beratung Wirksamkeitsvoraussetzung** für die ordnungsgemäße Beteiligung des Betriebsrats und damit für die Massenentlassungsanzeige ist (so EuGH Urt. v. 27. 1. 2005 – C-188/03 – NZA 2005, 213 Junk/Kühnel; im Ergebnis auch *Bauer/Krieger/ Powietzka* DB 2005, 449), auch wenn diese Frage nach bisherigem Verständnis der §§ 17, 18 KSchG umstritten war (für Wirksamkeitsvoraussetzung: KR/*Weigand* § 17 KSchG Rdn. 63; *Willemsen/ Hohenstatt/Schweibert/Seibt* C-348; a. A. *v. Hoyningen-Huene/Linck* § 17 KSchG Rdn. 49; *Lipinski* BB 2004, 1790; unklar ErfKomm/*Ascheid* § 17 KSchG Rdn. 22 und Rdn. 35; offen gelassen von BAG Urt. v. 18. 9. 2003 – 2 AZR 79/02 – NZA 2004, 375). Schon weil der Betriebsrat nicht zu Beratungen gezwungen werden kann, muss es nach unserer Auffassung aber ausreichen, **wenn der Arbeitgeber dies ernsthaft anbietet.** Dies sollte zusammen mit der Mitteilung über die Massenentlassung geschehen. Auch um diesen Problemen aus dem Weg zu gehen, sollte der Arbeitgeber versuchen, **in den Interessenausgleich aufzunehmen,** dass der Betriebsrat gem. § 17 Abs. 2 KSchG informiert wurde und keine Stellungnahme abgibt. Nach § 1 Abs. 5 Satz 4 KSchG ersetzt ein Interessenausgleich ohnehin die Stellungnahme, wenn dieser eine **Namensliste** der zu kündigenden Arbeitnehmer enthält.

Konzernangehörige Unternehmen können sich ihrer Mitteilungs- und Beratungspflicht nicht mit dem Argument entziehen, die Kündigungsentscheidung sei von einem **herrschenden Unternehmen** getroffen worden und sie hätten die notwendigen Informationen nicht, § 17 Abs. 3 a KSchG.

Bereits die Mitteilung an den Betriebsrat muss der Arbeitgeber gem. § 17 Abs. 3 Satz 1 KSchG **gleichzeitig** der **Agentur für Arbeit zuleiten,** allerdings ohne Angaben zur Berechnung etwaiger Abfindungen. Es handelt sich hierbei nicht etwa schon um die Massenentlassungsanzeige selbst, sondern nur um die vorgeschaltete Information, dass der Betriebsrat beteiligt wird. Rechtspolitisch lässt sich trefflich streiten über Sinn und Zweck dieser Vorschrift, die allerdings auf der Richtlinie 98/59/EG beruht. In der Praxis wird der Verpflichtung häufig nicht nachgekommen, insbesondere, wenn die Mitteilung an den Betriebsrat „konkludent" im Rahmen der Verhandlungen über einen Interessenausgleich erfolgt. Es ist noch nicht abschließend entschieden, ob ein Verstoß zur Unwirksamkeit der Massenentlassungsanzeige führt (BAG Urt. v. 30. 3. 2004 – 1 AZR 7/03 – NZA 2004, 931; zu Recht für weitgehende Folgenlosigkeit KR/*Weigand* § 17 KSchG Rdn. 65).

Die Information im Rahmen von § 17 Abs. 2 KSchG entbindet den Arbeitgeber nicht von der Verpflichtung, den Betriebsrat gemäß **§ 102 BetrVG** vor jeder individuellen Kündigung **anzuhören** (s. Form. C. I. 1).

5. Zeitpunkt der Massenentlassungsanzeige. Die Massenentlassung muss gemäß § 17 Abs. 1 KSchG angezeigt werden, bevor die Arbeitnehmer „entlassen" werden. Nach bisherigem Verständnis reichte es damit aus, wenn die Massenentlassung unter Berücksichtigung der einmonatigen Sperrfrist aus § 18 KSchG (Anm. 7) **vor Beendigung des jeweiligen Arbeitsverhältnisses** angezeigt wurde. Es war nicht notwendig, die Massenentlassung vor Ausspruch der Kündigung bzw. Abschluss des Aufhebungsvertrags anzuzeigen. Im Gegenteil war der Arbeitgeber wegen der 90-tägigen Freifrist gem. § 18 Abs. 4 KSchG regelmäßig sogar gezwungen, die Anzeige **nach Ausspruch der Kündigung/Abschluss des Aufhebungsvertrags** zu erstatten (hierzu Anm. 9).

Dies steht nach Auffassung des EuGH (Urt. v. 27. 1. 2005 – C-188/03 – NZA 2005, 213 Junk/Kühnel) nicht in Einklang mit der Richtlinie 98/59/EG. Danach muss die Massenentlassung der Agentur für Arbeit **vor Ausspruch der Kündigung** bzw. Abschluss des Aufhebungsvertrags angezeigt werden. Ansonsten sind Kündigung/Aufhebungsvertrag unwirksam (vgl. Anm. 10). Bis zur Klarstellung durch den Gesetzgeber bedeutet dies, dass der Arbeitgeber gegebenenfalls **mehrere Massenentlassungsanzeigen** zu erstatten hat (Anm. 9).

Auch in der Auslegung des EuGH muss aber zwischen Anzeige der Massenentlassung und Ausspruch der Kündigung **nicht** auch noch die **einmonatige Sperrfrist** aus § 18 Abs. 1 KSchG abgewartet werden (vgl. Anm. 7).

Verhandelt der Arbeitgeber mit einem Betriebsrat über einen **Interessenausgleich**, wird er die Massenentlassung jedenfalls erst **nach Abschluss der Verhandlungen** anzeigen können, da er erst dann abschließend entscheiden darf, wieviele und welche Arbeitnehmer entlassen werden.

6. Inhalt der Massenentlassungsanzeige. Die Anzeige bei der Agentur für Arbeit muss gem. § 17 Abs. 3 Satz 4 KSchG Angaben enthalten über
1. den Namen des Arbeitgebers,
2. den Sitz und die Art des Betriebes,
3. die Gründe für die geplanten Entlassungen,
4. die Zahl und die Berufsgruppen der zu entlassenden und der in der Regel beschäftigten Arbeitnehmer,
5. den Zeitraum, in dem Entlassungen vorgenommen werden sollen und
6. die vorgesehenen Kriterien für die Auswahl der zu entlassenden Arbeitnehmer.

Die von der Arbeitsverwaltung bereitgestellten Formulare fragen diese Informationen ab (vgl. jedoch Anm. 1 dazu, dass die Formulare nur modifiziert verwendet werden sollten). Im Einvernehmen mit dem Betriebsrat sollen (also nicht: müssen) Angaben über Geschlecht, Alter, Beruf und Staatsangehörigkeit der zu entlassenen Arbeitnehmer gemacht werden (§ 17 Abs. 3 Satz 5 KSchG).

Zuständig ist die Agentur für Arbeit, in deren Bezirk der Betrieb seinen **Sitz** hat. Es gilt **Schriftform**, so dass die Massenentlassungsanzeige eigenhändig vom Arbeitgeber zu unterzeichnen ist. Ein Telefax wahrt die Schriftform (KR/*Weigand* § 17 KSchG Rdn. 72a).

Besteht ein **Betriebsrat**, ist Voraussetzung für die Wirksamkeit der Massenentlassungsanzeige, dass seine **Stellungnahme beigefügt** ist, § 17 Abs. 3 Satz 2 KSchG. Wenn der Betriebsrat keine gesonderte Stellungnahme abgegeben hat, muss der Arbeitgeber glaubhaft machen, dass er den Betriebsrat mindestens **zwei Wochen** vor Erstattung der Massenentlassungsanzeige unterrichtet hat, und den **Stand der Beratungen** darlegen, § 17 Abs. 3 Satz 3 KSchG (s. Anm. 4). Die **Glaubhaftmachung** erfolgt im Zweifel dadurch, dass dem Antrag die Mitteilung an den Betriebsrat und dessen **Empfangsbestätigung** beigefügt werden (ErfKomm/*Ascheid* § 17 KSchG Rdn. 30). Wollte der Betriebsrat trotz Angebot des Arbeitnehmers keine Beratungen aufnehmen, sollte es ausreichen, dies mitzuteilen.

Wenn, worauf der Arbeitgeber hinwirken sollte, der Betriebsrat in einem **Interessenausgleich** bestätigt hat, informiert worden zu sein und keine Stellungnahme abgeben zu wollen (Anm. 4), so reicht es, eine Abschrift des Interessenausgleichs der Massenentlassungsanzeige beizufügen.

Der Arbeitgeber hat eine **Abschrift** der Massenentlassungsanzeige wiederum dem **Betriebsrat** zuzuleiten, § 17 Abs. 3 Satz 6 KSchG. Der Betriebsrat kann gegenüber der Agentur für Arbeit weitere Stellungnahmen abgeben.

7. Sperrfrist von einem Monat. Entlassungen werden erst mit **Ablauf eines Monats nach Eingang der Massenentlassungsanzeige** bei der Agentur für Arbeit wirksam, § 18 Abs. 1 KSchG (Sperrfrist). Hierdurch soll der Agentur für Arbeit eine Vorbereitungszeit verschafft werden, bevor die betroffenen Arbeitnehmer aus dem Arbeitsverhältnis ausscheiden. Unabhängig von der neuen Rechtsprechung des EuGH zur Auslegung des Begriffes „Entlassung" (EuGH Urt. v. 27. 1. 2005 – C-188/03 – NZA 2005, 213 Junk/Kühnel; vgl. Anm. 1 und 3) bezieht sich die Sperrzeit auf den Zeitpunkt, zu dem die Entlassung **wirksam** wird, also auf den **Beendigungstermin**. Es ist daher nicht nötig, mit dem Ausspruch der Kündigung einen Monat nach Anzeige der Massenentlassung zu warten (*Bauer/Krieger/Powietzka* DB 2005, 447, die allerdings eine andere Meinung für möglich halten).

Im Übrigen ist aber wieder zu unterscheiden. Wenn ein Fall vorliegt, der in der Auslegung des EuGH eine Massenentlassung darstellt (Anm. 3), so ist die Anzeige ohnehin **vor Ausspruch der Kündigung/Abschluss des Aufhebungsvertrags** zu erstatten. Ansonsten ist die Kündigung/der Aufhebungsvertrag unwirksam (Anm. 10). Die Sperrzeit wird daher nur relevant, wenn eine besonders **kurze Kündigungsfrist** gilt, etwa während einer Probezeit, oder wenn ein kurzfristiger Aufhebungsvertrag abgeschlossen wird.

Wenn ein Fall vorliegt, der zwar nicht in der Auslegung des EuGH, wohl aber nach bisherigem Verständnis von § 17 KSchG eine Massenentlassung darstellt (Anm. 3), hat der Arbeitgeber größeren Spielraum: Hier ist unbedenklich, wenn die **Massenentlassung nach Ausspruch der Kündigung** angezeigt wird (BAG Urt. v. 24. 10. 1996 – 2 AZR 895/95 – AP Nr. 8 zu § 17 KSchG 1969). Der Arbeitgeber muss aber darauf achten, dass die Massenentlassungsanzeige **spätestens einen Monat vor dem ersten Beendigungsdatum** bei der Agentur für Arbeit eingeht. Wegen der zeitlich begrenzten Freifrist von 90 Tagen (hierzu Anm. 9) sollte die Massenentlassung sogar immer dann, wenn Arbeitnehmer mit unterschiedlich langen Kündigungsfristen entlassen werden, **so spät wie möglich** angezeigt werden, um möglichst viele Entlassungen zu erfassen.

Wird die Sperrzeit verletzt, führt dies dazu, dass die **Beendigung des Arbeitsverhältnisses hinausgeschoben** wird (BAG Urt. v. 11. 3. 1999 – 2 AZR 461/98 – AP Nr. 12 zu § 17 KSchG 1969; vgl. noch Anm. 10 zu Fehlern bei der Massenentlassungsanzeige). Die Arbeitsverhältnisse enden dann mit Ablauf der Sperrfrist, aber nicht etwa erst mit dem nächsten erreichbaren Kündigungstermin (ErfKomm/*Ascheid* § 18 KSchG Rdn. 12; KR/*Weigand* § 18 KSchG RN 31 a; a. A. LAG Frankfurt a. M. Urt. v. 16. 3. 1990 – 6 Sa 1298/90 – DB 1991, 658; *Berscheid* ZIP 1957, 1516). Der Arbeitnehmer muss sich hierauf allerdings berufen (Anm. 11). Auch vom Arbeitgeber veranlasste **Aufhebungsverträge** enden nicht vor Ablauf der Sperrfrist und zwar sogar dann, wenn eine Generalquittung vereinbart wurde (BAG Urt. v. 11. 3. 1999 – 2 AZR 461/98 – AP Nr. 12 zu § 17 KSchG). Für die **Fristberechnung** gelten §§ 187, 188 BGB.

Beispiel: Wenn in einem Unternehmen mit 100 Arbeitnehmern (vgl. Anm. 3) bei einmonatiger Kündigungsfrist acht Arbeitnehmer am 15. Januar mit Wirkung zum 28. Februar und sieben Arbeitnehmer am 28 Februar mit Wirkung zum 31. März gekündigt werden, liegt zwar nach bisherigem Verständnis von § 17 KSchG eine Massenentlassung vor, nicht aber nach der neuen Rechtsprechung des EuGH. In diesem Fall muss die Massenentlassung nicht vor Ausspruch der ersten Kündigung angezeigt werden. Sie muss aber wegen der einmonatigen Sperrfrist aus § 18 Abs. 1 KSchG spätestens am 31. Januar bei der Agentur für Arbeit eingehen. Wird die Massenentlassung erst am 7. Februar angezeigt, so führen die Kündigungen, die die Arbeitsverhältnisse eigentlich zum 28. Februar beenden sollten, erst zu einer Beendigung zum 7. März. Die Kündigungen zum 31. März sind nicht betroffen.

Wird der Beendigungstermin wegen § 18 Abs. 1 KSchG hinausgeschoben, gerät der Arbeitgeber in **Annahmeverzug** (BAG Urt. v. 11. 3. 1999 – 2 AZR 461/98 – AP Nr. 12 zu § 17 KSchG 1969; BAG Urt. v. 18. 9. 2003 – 2 AZR 79/02 – NZA 2004, 375). Entgegen den allgemeinen Grundsätzen beim Annahmeverzug soll der Arbeitnehmer allerdings seine Arbeit **konkret anbieten** müssen (KR/*Weigand* § 17 KSchG Rdn. 38; *v. Hoyningen-Huene/Linck* § 18 KSchG Rdn. 38; *Picot/Schnitker*, Teil IV, E 197). Es muss aber ausreichen, wenn der Arbeitnehmer erkennen lässt, die Kündigung nicht akzeptieren zu wollen, beispielsweise indem er Klage erhebt.

8. Verkürzung oder Verlängerung der Sperrfrist. Auf Antrag des Arbeitgebers kann die Agentur für Arbeit gemäß § 18 Abs. 1 KSchG zustimmen, dass die Entlassungen **vor Ablauf eines Monats** nach Eingang der Massenentlassungsanzeige wirksam werden, und zwar rückwirkend bis zum Tag des Antrags. Praktisch kommt es zu einer Verkürzung der Sperrfrist. Sollte der Arbeitgeber die Anzeige verspätet abgegeben haben, empfiehlt es sich daher, möglichst schnell mit der Agentur für Arbeit Kontakt aufzunehmen und deren Zustimmung zu den Entlassungen zu beantragen. Aber Achtung: Die Agentur für Arbeit kann **nur die Sperrfrist abkürzen**. Hat der Arbeitgeber die Massenentlassung entgegen der neuen Rechtsprechung des EuGH nicht vor Ausspruch der Kündigung angezeigt, ist – richtlinienkonforme Auslegung der §§ 17, 18 KSchG vorausgesetzt (Anm. 1) – die Kündigung unwirksam (Anm. 10). Eine Verkürzung der Sperrfrist durch die Agentur für Arbeit hilft hier nicht.

Gemäß § 18 Abs. 2 KSchG kann die Agentur für Arbeit aber auch die Sperrfrist von einem Monat auf längstens **zwei Monate** verlängern. Dies kann für einen Arbeitgeber, der hiermit nicht gerechnet hat, ausgesprochen nachteilig sein. Liegt ein Fall vor, in dem in der Auslegung des EuGH eine Massenentlassung erfolgt, wird der Arbeitgeber die Anzeige regelmäßig erst kurz vor Ausspruch der Kündigung erstatten können. Eine Verlängerung der Sperrfrist auf zwei Monate führt dann dazu, dass auch die Wirksamkeit der Kündigung von Arbeitnehmern mit einer Kündigungsfrist von einem Monat hinausgezögert wird (vgl. Anm. 7).

Eine ähnliche Situation tritt ein, wenn zwar nicht in der Auslegung des EuGH, aber nach bisherigem Verständnis eine Massenentlassung vorliegt. Hier kann es vorkommen, das der Arbeitgeber im Vertrauen auf die Regelsperrfrist von einem Monat die Massenentlassungsanzeige einen Monat vor dem Termin erstattet hat, zu dem der erste Arbeitnehmer ausscheiden soll. Die Verlängerung führt dann, sofern sich der Arbeitnehmer hierauf beruft (Anm. 11), dazu, dass diese Arbeitsverhältnisse erst mit Ablauf der verlängerten Sperrfrist enden und Annahmeverzug droht (Anm. 7). Es empfiehlt sich daher, bei der zuständigen Agentur für Arbeit **nachzufragen**, ob mit einer Verlängerung der Sperrfrist gerechnet werden muss, und die Massenentlassung gegebenenfalls entsprechend früher anzuzeigen.

Die Agentur für Arbeit darf die Sperrfrist nur unter **Abwägung der gegenseitigen Interessen und Berücksichtigung aller Umstände des Einzelfalls** verlängern. Die Sperrfrist darf nicht deshalb verlängert werden, weil der Eintritt von Arbeitslosigkeit und damit die Inanspruchnahme von Arbeitslosengeld herausgezögert werden soll (*Picot/Schnitker*, Teil IV, E 195). Hingegen kann die Sperrfrist verlängert werden, wenn die Agentur für Arbeit mehr Zeit benötigt, Maßnahmen vorzubereiten, die die Arbeitslosigkeit vermeiden helfen.

Die Entscheidung über Verkürzung und Verlängerung der Sperrfrist trifft gemäß § 20 KSchG die **Geschäftsführung der Agentur für Arbeit** bzw. ein **Ausschuss**, wenn mindestens 50 Arbeitnehmer entlassen werden. In dem Ausschuss sitzen unter anderem Arbeitgeber- und Arbeitnehmervertreter, § 20 Abs. 2 KSchG.

9. Freifrist von 90 Tagen. Nach Ablauf der (gegebenenfalls verlängerten oder verkürzten) Sperrfrist öffnet sich ein Zeitfenster von 90 Tagen (vgl. § 18 Abs. 4 KSchG), innerhalb dessen die Entlassungen durchgeführt werden können (**Freifrist**). Der Tag, an dem die Sperrfrist endet, zählt nicht mit (§§ 187 ff. BGB).

Gerade im Zusammenhang mit der Freifrist führt die Unsicherheit, die sich aus der neuen Rechtsprechung des EuGH zur Massenentlassungsanzeige ergibt, zu besonderen Ärgernissen, und zwar wenn ein Fall vorliegt, der sowohl nach der Rechtsprechung des EuGH als auch nach bisherigem Verständnis des § 17 KSchG eine Massenentlassung darstellt (Anm. 3). Wenn § 18 Abs. 4 im Sinne der neuen Rechtsprechung des EuGH richtlinienkonform ausgelegt wird, ist die „Entlassung durchgeführt", wenn die **Kündigung ausgesprochen** bzw. der **Aufhebungsvertrag abgeschlossen** ist. Wenn die Massenentlassung, wie regelmäßig, kurz vor Ausspruch der Kündigung/Abschluss des Aufhebungsvertrags angezeigt wird (vgl. Anm. 5), entsteht kein Problem.

Nach bisherigem Verständnis von § 18 Abs. 4 KSchG wird die Entlassung hingegen mit Wirksamwerden der Beendigung durchgeführt, also regelmäßig mit **Ende der Kündigungsfrist**. Beispiel: Wird eine Massenentlassung am 31. Januar angezeigt, endet die Sperrfrist am 28. Februar (ohne Schaltjahr). Entlassungen können zwischen dem 1. März und dem 29. Mai (einschließlich) wirksam werden. Bereits eine Kündigung zum 31. Mai fällt somit nach bisherigem Verständnis nicht mehr in die Freifrist.

Dies führt zu folgender Konsequenz: Um der Rechtsprechung des EuGH zu genügen, muss die Anzeige vor Ausspruch der ersten Kündigung erstattet werden. Bei längeren Kündigungsfristen enden die Arbeitsverhältnisse dann aber nicht innerhalb der 90-tägigen Freifrist und die Kündigung ist somit ohne Wirkung, wenn § 18 Abs. 4 KSchG doch weiter nach bisherigem Verständnis ausgelegt werden sollte.

Dem Arbeitgeber ist daher bis zur Klärung der Rechtslage anzuraten, in solchen Fällen **mehrere Massenentlassungsanzeigen** zu erstatten: eine Anzeige vor Ausspruch der Kündigungen und eine weitere Anzeige, die so rechtzeitig erstattet wird, dass (unter Beachtung der ein- oder zweimonatigen Sperrfrist) die Beendigungstermine in die Freifrist fallen (*Bauer/Krieger/Powietzka* DB 2005, 448).

Schon nach bisherigem Verständnis der §§ 17, 18 KSchG fielen etwa bei **sehr unterschiedlich langen Kündigungsfristen** nicht alle Beendigungen in das durch die 90-tägige Freifrist gewährte Zeitfenster. Dies führt dazu, dass sogar **drei oder mehr Anzeigen** zu erstatten sein können, um alle Beendigungen zu erfassen. Zwar wurde zu § 18 Abs. 4 KSchG schon bisher vereinzelt vertreten, dass eine erneute Massenentlassungsanzeige nur dann notwendig ist, wenn allein die Anzahl der Arbeitsverhältnisse, die nach Ende der Freifrist enden, die Schwellenwerte des § 17 Abs. 1 KSchG überschreiten (KR/*Weigand* § 18 KSchG Rdn. 49; *Picot/Schnitker*, Teil IV, E 199). Hierauf sollte sich der vorsichtige Arbeitgeber aber nicht verlassen.

Um unnötige Mühe zu vermeiden, sollte darauf geachtet werden, dass die Beteiligung des **Betriebsrats** (Anm. 4) von Beginn an hinsichtlich aller möglichen Massenentlassungsanzeigen erfolgt, so dass er nicht noch einmal eingeschaltet werden muss.

10. Fehler bei der Massenentlassungsanzeige. Die Auswirkungen von Fehlern bei der Massenentlassungsanzeige nach der neuen Rechtsprechung des EuGH (Urt. v. 27. 1. 2005 – C-188/03 – NZA 2005, 213 Junk/Kühnel) stehen nicht eindeutig fest.

Eine Kündigung, die vor Anzeige der Massenentlassung ausgesprochen wurde, dürfte **unwirksam** sein (*Bauer/Krieger/Powietzka* DB 2005, 448; vgl. aber *Nicolai* NZA 2005, 206); natürlich aber nur, wenn ein Fall vorliegt, der nach der Rechtsprechung des EuGH eine Massenentlassung darstellt (Anm. 3) und wenn §§ 17, 18 KSchG richtlinienkonform ausgelegt werden können (Anm. 1). § 4 KSchG findet Anwendung: ein betroffener Arbeitnehmer muss daher **innerhalb von drei Wochen Kündigungsschutzklage** erheben, wenn er sich auf die Unwirksamkeit berufen will (*Bauer/Krieger/Powietzka* DB 2005, 448; *Nicolai* NZA 2005, 208). Auch ein vor Massenentlassungsanzeige abgeschlossener **Aufhebungsvertrag** ist dann unwirksam.

Es dürfte in diesem Zusammenhang nicht darauf ankommen, ob der Arbeitgeber keine Massenentlassungsanzeige erstattet hat oder ob die Anzeige **Mängel** aufwies, etwa **unvollständig** war (a. A. *Bauer/Krieger/Powietzka* DB 2005, 449). Eine Ausnahme besteht nur dann, wenn die Agentur für Arbeit gem. § 18 KSchG bestandskräftig zustimmt. Eine solche Zustimmung **heilt** etwaige formale Mängel der Anzeige (BAG Urt. v. 24. 10. 1996 – 2 AZR 895/95 – AP Nr. 8 zu § 17 KSchG 1969; *Bauer/Krieger/Powietzka* DB 2005, 449; offener BAG Urt. v. 18. 9. 2003 – 2 AZR 79/02 – NZA 2004, 375).

Auch Fehler bei der **Beteiligung des Betriebsrats** können zur Unwirksamkeit der Massenentlassungsanzeige und damit der Kündigung führen (Anm. 4).

Dagegen dürfte sich an der bisherigen Rechtslage nichts ändern, wenn entweder ein Fall vorliegt, in dem zwar nach bisherigem Verständnis von § 17 KSchG eine Massenentlassung vorliegt, nicht aber nach der Rechtsprechung des EuGH (Anm. 3), oder wenn sich die Auffassung durchsetzt, dass §§ 17, 18 KSchG einer richtlinienkonformen Auslegung nicht zugänglich sind (vgl. Anm. 1). Bisher galt, dass die einmonatige Sperrfrist erst mit Eingang der vollständigen Massenentlassungsanzeige begann. **Mängel**, die vor dem beabsichtigten Beendigungstermin **behoben** werden, also beispielsweise eine verspätete Übermittlung der Stellungnahme des Betriebsrats oder die Nachreichung zwingender Angaben, führten daher nur dazu, dass sich der Beginn der Sperrfrist verzögert und Arbeitsverhältnisse gegebenenfalls später beendet werden (Anm. 7). Die **Wirksamkeit der Kündigung** als solche war hiervon nicht betroffen (BAG Urt. v. 18. 9. 2003 – 2 AZR 79/02 – NZA 2004, 375; BAG Urt. v. 11. 3. 1999 – 2 AZR 461/98 – AP Nr. 12 zu § 17 KSchG 1969; *Grimm/Brock* in Anm. zu EuGH v. 27. 1. 2005 – 27. 1. 2005 – C-188/03 – EWiR 2005, 214). Wiederum heilt eine bestandskräftige Zustimmung der Agentur für Arbeit nach § 18 KSchG etwaige formale Mängel der Anzeige (BAG Urt. v. 24. 10. 1996 – 2 AZR 895/95 – AP Nr. 8 zu § 17 KSchG 1969; KR/*Weigand* § 17 KSchG Rdn. 101; offener BAG Urt. v. 18. 9. 2003 – 2 AZR 79/02 – NZA 2004, 375).

Nicht eindeutig war hingegen die Rechtsprechung des BAG zur Frage, was passiert, wenn der Arbeitgeber **bis zum vorgesehenen Beendigungstermin überhaupt keine Massenentlassungsanzeige** abgegeben hat. Ein Urteil des BAG vom 13. 4. 2000 liest sich so, als sollte eine Nachholung in diesem Fall ausscheiden: Zwar soll die Kündigung nicht unwirksam sein, sie soll aber das Arbeitsverhältnis nicht (auch nicht zu einem späteren Zeitpunkt) beenden können (BAG Urt. v. 13. 4. 2000 – 2 AZR 215/99 – AP Nr. 13 zu § 17 KSchG 1969; KR/*Weigand* § 17 KSchG Rdn. 52; *Bauer/Powietzka* DB 2001, 383; Moll/*Eckhoff* MAH § 47 Rdn. 106; a. A. wohl *Picot/Schnitker*, Teil IV, E 198; unklar ErfKomm/*Ascheid* § 17 KSchG Rdn. 35 und § 18 KSchG Rdn. 15). Im Ergebnis müsste die Kündigung **erneut** ausgesprochen werden; eine Konsequenz, die in einem späteren Urteil (BAG Urt. v. 18. 9. 2003 – 2 AZR 79/02 – NZA 2004, 375) jedenfalls für den Fall eines nachholbaren formalen Versäumnisses (Beratung mit dem Betriebsrat) nicht gezogen wird. Letzteres ist auch richtig: Wenn zeitgleich eine Vielzahl von Kündigungen mit unterschiedlich langen Kündigungsfristen ausgesprochen wird, die Massenentlassung aber erst angezeigt wird, nachdem der erste Beendigungstermin vorbei ist, führt die Gegenauffassung dazu, dass die Kündigungen, die mit der kürzesten Kündigungsfrist ausgesprochen wurden, wiederholt werden müssen, während die Beendigung der Arbeitsverhältnisse der Arbeitnehmer mit längeren Kündigungsfristen allenfalls hinausgeschoben wird. Für diese Unterscheidung besteht keine Rechtfertigung. Wie oben gesagt, kommt es hierauf aber ohnehin nur dann an, wenn die Kündigung nicht schon deshalb **unwirksam** ist, weil die neue Rechtsprechung des EuGH Anwendung findet.

11. Berufung des Arbeitnehmers auf Mängel bei der Massenentlassungsanzeige. Ist die Kündigung mit der neuen Rechtsprechung des EuGH **unwirksam**, muss der Arbeitnehmer innerhalb von drei Wochen **Kündigungsschutzklage** erheben (Anm. 10).

Auch wenn die Kündigung mangels Anwendbarkeit der EuGH-Rechtsprechung nicht unwirksam ist, sondern das Arbeitsverhältnis lediglich **nicht zu dem beabsichtigten Termin endet** (Anm. 7 und Anm. 10), muss sich Arbeitnehmer hierauf **berufen** (BAG Urt. v. 13. 4. 2000 – 2 AZR 215/99 – AP Nr. 13 zu § 17 KSchG 1969; BAG Urt. v. 23. 10. 1959 – 2 AZR 181/56 – AP Nr. 5 zu § 15 KSchG). Tut er dies nicht, endet das Arbeitsverhältnis zum vorgesehenen Zeitpunkt. Die **Drei-Wochen-Frist** des § 4 KSchG dürfte hier schon deshalb **nicht gelten**, weil die Kündigung nicht rechtsunwirksam ist. Zudem kann es nach bisherigem Verständnis bei längeren Kündigungsfristen vorkommen, dass innerhalb der Drei-Wochen-Frist des § 4 KSchG nicht feststeht, ob der Arbeitgeber die Massenentlassung nicht noch rechtzeitig anzeigt (Anm. 5 und 7). Der Arbeitnehmer kann dann jedoch sein Recht **verwirken**, sich auf Versäumnisse bei der Massenentlassungsanzeige zu berufen (BAG Urt. v. 18. 9. 2003 – 2 AZR 79/02 – NZA 2004, 375). Im Interesse der Rechtssicherheit sollte Verwirkung nach einem recht kurzen Zeitraum eintreten.

Die **Beweislast**, dass eine anzeigepflichtige Massenentlassung vorliegt, trifft den Arbeitnehmer (BAG Urt. v. 22. 3. 2001 – 8 AZR 565/00 – AP Nr. 59 zu Art. 101 GG; BAG Urt. v. 19. 6. 1991 – 2 AZR 127/91 – AP Nr. 53 zu § 1 KSchG 1969 Betriebsbedingte Kündigung).

12. Ablaufplan. Folgender Ablaufplan sollte beachtet werden:

Zu Beginn der Planungen
a) Prüfung, ob
– nach der neuen Rechtsprechung des EuGH
– nach bisherigem Verständnis von §§ 17, 18 KSchG
eine Massenentlassung vorliegt (vgl. Anm. 2, 3).

b) gegebenenfalls Absprache mit der zuständigen Agentur für Arbeit, ob diese Negativbescheid erteilt und ob mit Verlängerung der Sperrzeit (vgl. Anm. 8) gerechnet werden muss.

Festlegung der Termine, zu denen die Massenentlassung angezeigt werden muss
a) wenn Massenentlassung nach EuGH
   – vor Ausspruch der ersten Kündigung/Abschluss des ersten Aufhebungsvertrags (vgl. Anm. 5)
b) wenn Massenentlassung nach bisherigem Verständnis von §§ 17, 18 KSchG
   – spätestens einen Monat (bei drohender Verlängerung der Sperrzeit: spätestens zwei Monate) vor dem ersten Beendigungstermin (vgl. Anm. 5)
   – auf 90-Tage-Freifrist achten: gegebenenfalls weitere Anzeigen einplanen (vgl. Anm. 9)
c) wenn sowohl Massenentlassung nach EuGH als auch nach bisherigem Verständnis der §§ 17, 18 KSchG
   – gegebenenfalls mehrere Anzeigen planen (vgl. Anm. 5, 9)

Wenn Betriebsrat vorhanden
a) spätestens zwei Wochen vor der ersten Massenentlassungsanzeige (vgl. Anm. 4)
   – schriftliche Unterrichtung des Betriebsrats und Angebot, Verhandlungen aufzunehmen (geschieht regelmäßig im Rahmen der Verhandlungen gem. § 111 BetrVG)
   – Zuleitung der schriftlichen Unterrichtung an Agentur für Arbeit
b) möglichst Bestätigung im Interessenausgleich, dass der Betriebsrat bezüglich aller geplanten Massenentlassungsanzeigen gem. § 17 Abs. 2 KSchG informiert wurde und keine weitere Stellungnahme abgibt (vgl. Anm. 4)

Erstattung der Massenentlassungsanzeige(n)
a) amtliche Formulare verwenden, aber auf Modifikation achten (Anm. 1 und Anm. 6)
b) wenn Betriebsrat vorhanden
   – erster Massenentlassungsanzeige Interessenausgleich bzw. Stellungnahme des Betriebsrats beifügen oder Glaubhaftmachung, dass Information erfolgte, und Mitteilung des Standes der Verhandlungen (vgl. Anm. 4)

Anhörung Betriebsrat gem. § 102 BetrVG und Ausspruch Kündigungen/Abschluss Aufhebungsverträge

XV. Einvernehmliche Beendigung des Arbeitsverhältnisses

1. Aufhebungsvertrag[1, 2, 3]

Aufhebungsvertrag

zwischen
...... (Name und Anschrift des Arbeitgebers) „Gesellschaft"
und
Herrn ...... (Name und Anschrift des Arbeitnehmers) „Mitarbeiter"

Präambel

Der Mitarbeiter ist aufgrund des Arbeitsvertrags vom ...... samt Nachträgen vom ...... und vom ...... seit dem ...... bei der Gesellschaft beschäftigt. Die Parteien sind übereingekommen, die Beendigung des Arbeitsverhältnisses einvernehmlich zu regeln.
Dies vorausgeschickt, vereinbaren die Parteien Folgendes[4]:

§ 1 Beendigung

Die Parteien sind sich darüber einig, dass das Arbeitsverhältnis des Mitarbeiters mit der Gesellschaft (*Optional*: sowie jedwedes etwaige sonstige Dienst- oder Arbeitsverhältnis zwischen dem Mitarbeiter und der Gesellschaft oder einer anderen Gesellschaft der ...... -Gruppe)[5] auf Veranlassung der Gesellschaft[6] am ...... (im Folgenden: „Beendigungstermin")[7] (*Optional*: aus betriebsbedingten Gründen)[8] enden wird (*Alternative*: beendet worden ist).

(*Alternative*[9]:

(1) Die Parteien sind sich darüber einig, dass das Arbeitsverhältnis des Mitarbeiters mit der Gesellschaft (*Optional*: sowie jedwedes etwaige sonstige Dienst- oder Arbeitsverhältnis zwischen dem Mitarbeiter und der Gesellschaft oder einer anderen Gesellschaft der ...... -Gruppe) auf Veranlassung der Gesellschaft am ...... (im Folgenden: „Beendigungstermin") enden wird.

(2) Der Mitarbeiter kann mit einer Ankündigungsfrist von 14 Kalendertagen zum Ende eines Kalendermonats schriftlich die vorzeitige Beendigung seines Arbeitsverhältnisses zum Ende eines jeden Kalendermonats vor dem Beendigungstermin („Vorzeitiger Beendigungstermin") verlangen. In diesem Fall endet das Arbeitsverhältnis zum Vorzeitigen Beendigungstermin. In allen nachfolgenden Bestimmungen wird für diesen Fall der Begriff „Beendigungstermin" durch den Begriff „vorzeitiger Beendigungstermin" ersetzt; zudem gilt ergänzend § 3 Abs. (2).)

§ 2 Abrechnung[10]

(1) Die Gesellschaft wird das monatliche Grundgehalt des Mitarbeiters in Höhe von EUR ...... (in Worten: Euro ......) brutto bis zum Beendigungstermin ordnungsgemäß abrechnen und die sich hieraus ergebenden Netto-Beträge an den Mitarbeiter auszahlen.

(*Alternative*:

(1) Die Parteien sind sich einig, dass die Gesellschaft das monatliche Grundgehalt des Mitarbeiters in Höhe von EUR ...... (in Worten: Euro ......) brutto bis zum Beendigungstermin ordnungsgemäß abgerechnet und die sich hieraus ergebenden Netto-Beträge an den Mitarbeiter ausgezahlt hat.)

(2) Sonstige Vergütung (Boni, Zulagen, Prämien, Provisionen, Gratifikationen oder Ähnliches) ist nicht geschuldet.

(3) Die Parteien sind sich einig, dass alle Reisekosten und sonstigen Auslagen des Mitarbeiters abgerechnet und dem Mitarbeiter erstattet wurden.

(*Optional*[11]:
(4) Die Restschuld des dem Mitarbeiter gewährten Darlehens in Höhe von EUR ...... (in Worten: Euro ......) wird zum Beendigungstermin zur Rückzahlung fällig. Die Gesellschaft ist zur Verrechnung mit etwa noch ausstehender Vergütung bzw. mit der Abfindung berechtigt.)

§ 3 Abfindung

(1) Als sozialen Ausgleich für den Verlust seines Arbeitsplatzes und die damit verbundenen Nachteile erhält der Mitarbeiter eine Abfindung in Höhe von EUR ...... (in Worten: Euro ......) brutto[12].

(2) Die Abfindung ist vererblich[13] und wird in den Grenzen des § 3 Nr. 9 EStG in seiner jeweils geltenden Fassung abgabefrei ausbezahlt. Der restliche Betrag unterliegt dem Lohnsteuerabzug. Der danach auszuzahlende Netto-Abfindungsbetrag ist fällig zum Beendigungstermin, jedoch nicht vor vollständiger Erfüllung der Rückgabepflichten des Mitarbeiters gemäß § 7[14].

(*Alternative* zu Abs. (1) und (2) bei Sozialplanabfindung[15]:
Die Parteien sind sich einig, dass der Mitarbeiter Anspruch auf eine Abfindung in Höhe von EUR ...... (in Worten: Euro ......) brutto aus dem zwischen der Gesellschaft und dem Betriebsrat des Betriebs ...... (*Alternative*: Gesamtbetriebsrat, Konzernbetriebsrat) am ...... abgeschlossenen Sozialplan hat. Abrechnung und Auszahlung der Abfindung richten sich nach den Bestimmungen des Sozialplans.)

(*Alternative* zu Abs. (1) bei Sozialplanabfindung[16]:
Als sozialen Ausgleich für den Verlust seines Arbeitsplatzes und die damit verbundenen Nachteile erhält der Mitarbeiter eine Abfindung in Höhe von EUR ...... (in Worten: Euro ......) brutto. Diese Abfindung wird auf die Abfindung aus dem zwischen der Gesellschaft und dem Betriebsrat des Betriebs ...... (*Alternative*: Gesamtbetriebsrat, Konzernbetriebsrat) am ...... abgeschlossenen Sozialplan angerechnet.)

(*Alternative* zu Abs. (1) und (2) bei Beendigungsoption, korrespondierend zu Alternative bei § 1[17]:
(1) Als sozialen Ausgleich für den Verlust seines Arbeitsplatzes und die damit verbundenen Nachteile erhält der Mitarbeiter eine Abfindung in Höhe von EUR ...... (in Worten: Euro ......) brutto („Abfindung").

(2) Im Fall einer vorzeitigen Beendigung gemäß § 1 Abs. (2) erhält der Mitarbeiter eine zusätzliche Brutto-Abfindung in Höhe der Summe der monatlichen Brutto-Grundgehälter, welche ab dem vorzeitigen Beendigungstermin bis zum Beendigungstermin entstanden wären („Zusatzabfindung").

(3) Die Summe aus Abfindung und einer etwaigen Zusatzabfindung ist vererblich und wird in den Grenzen des § 3 Nr. 9 EStG in seiner jeweils geltenden Fassung abgabefrei ausbezahlt. Der restliche Betrag unterliegt dem Lohnsteuerabzug. Der danach auszuzahlende Netto-Abfindungsbetrag ist fällig zum Beendigungstermin, jedoch nicht vor vollständiger Erfüllung der Rückgabepflichten des Mitarbeiters gemäß § 7.)

(*Optional*[18]:
Kommt zwischen der Gesellschaft und dem Mitarbeiter innerhalb eines Jahres nach dem Beendigungstermin ein neues Arbeitsverhältnis zustande, so mindert sich die Abfindung abhängig vom Zeitpunkt der Begründung des neuen Arbeitsverhältnisses. Der Minderungsbetrag entspricht dem Brutto-Abfindungsbetrag abzüglich 1/12 des Brutto-Abfindungsbetrags für jeden vollendeten Monat zwischen dem Beendigungstermin und der Begründung des neuen Arbeitsverhältnisses. Der Minderungsbetrag ist in diesem Fall spätestens einen Monat nach Begründung des neuen Arbeitsverhältnisses an die Gesell-

schaft zurückzuzahlen. Die Gesellschaft ist zur Verrechnung mit etwa noch ausstehender Vergütung berechtigt. Wird das neue Arbeitsverhältnis nicht innerhalb des ersten Jahres nach dem Beendigungstermin, sondern später begründet, erfolgt keine Minderung der Abfindung mehr.)

§ 4 Freistellung/Urlaub

(1) Die Gesellschaft stellt den Mitarbeiter ab dem ...... (*Alternative*: mit sofortiger Wirkung) bis zum Beendigungstermin von jeglicher weiteren Tätigkeit unwiderruflich frei. Die Freistellung erfolgt vorsorglich unter Anrechnung auf sämtliche etwaige Urlaubs- und Freizeitausgleichsansprüche des Mitarbeiters[19]. § 615 S. 2 BGB findet Anwendung[20].

(*Alternative* bei Freistellung[21]:
(1) Die Gesellschaft stellt den Mitarbeiter ab dem ...... (*Alternative*: mit sofortiger Wirkung) bis zum Beendigungstermin von jeglicher weiteren Tätigkeit unwiderruflich frei. Die Freistellung erfolgt vorsorglich unter Anrechnung auf sämtliche etwaige Urlaubs- und Freizeitausgleichsansprüche des Mitarbeiters. Der Mitarbeiter hat noch einen Urlaubsanspruch von ...... Arbeitstagen. Der Urlaubszeitraum wird auf den ...... bis ...... festgelegt. Im Übrigen findet § 615 S. 2 BGB Anwendung.)

(*Alternative* bei Freistellung:
(1) Die Gesellschaft stellt den Mitarbeiter ab dem ...... (*Alternative*: mit sofortiger Wirkung) bis zum Beendigungstermin von jeglicher weiteren Tätigkeit frei. Sie behält sich vor, den Mitarbeiter während des Freistellungszeitraums ganz oder teilweise an seinen Arbeitsplatz zurückzurufen. § 615 S. 2 BGB findet Anwendung.

(*Alternative* bei Freistellung:
(1) Der Mitarbeiter ist bereits seit dem ...... von jeglicher weiteren Tätigkeit unwiderruflich freigestellt unter Anrechnung auf sämtliche etwaige Urlaubs- und Freizeitausgleichsansprüche. Hierbei verbleibt es. § 615 S. 2 BGB findet Anwendung.)

(*Alternative* bei Freistellung:
(1) Die Parteien sind sich einig, dass die Gesellschaft den Mitarbeiter durch einseitige Erklärung bis zum Beendigungstermin von jeglicher weiteren Tätigkeit freistellen kann.)

(2) Die Parteien sind sich darüber einig, dass der gesamte Urlaub für das laufende Jahr sowie aus den Vorjahren bis zum Zeitpunkt der Unterzeichnung dieser Vereinbarung in natura gewährt und genommen wurde[22].

(*Alternative* bei Urlaub – unter Streichung von Abs. (1) S. 2:
(2) Etwaige Ansprüche des Mitarbeiters auf Urlaub oder Freizeitausgleich werden bei Beendigung des Arbeitsverhältnisses finanziell abgegolten.)

(3) Während der Freistellungsphase bleibt das vertragliche Wettbewerbsverbot bestehen[23].

(*Optional* zusätzlich bei nachvertraglichem Wettbewerbsverbot[24]:
(4) Die Parteien heben das gemäß Vertrag vom ...... vereinbarte nachvertragliche Wettbewerbsverbot mit sofortiger Wirkung einvernehmlich auf. Damit sind die Pflichten der Parteien hieraus erloschen, insbesondere schuldet die Gesellschaft keine Entschädigung.

(*Alternative* bei nachvertraglichem Wettbewerbsverbot:
(4) Das gemäß Vertrag vom ...... vereinbarte nachvertragliche Wettbewerbsverbot wird von dieser Vereinbarung nicht berührt.)

§ 5 Betriebliche Altersversorgung[25]

Etwaige Ansprüche des Mitarbeiters auf betriebliche Altersversorgung bleiben von dieser Vereinbarung unberührt.

(*Alternative*:
Für den Mitarbeiter besteht eine betriebliche Altersversorgung. Nach seinem Ausscheiden bleibt hieraus eine unverfallbare Anwartschaft in ratierlicher Höhe nach § 2 Abs. 1 BetrAVG aufrechterhalten. Zum Beendigungstermin erhält der Mitarbeiter eine Auskunft nach § 4 a BetrAVG über die voraussichtliche Höhe dieser unverfallbaren Anwartschaft.)

(*Alternative*:
Die Gesellschaft räumt dem Mitarbeiter mit Beendigung des Arbeitsverhältnisses das Recht ein, die bei der ...... -Versicherung abgeschlossene Direktversicherung (Nr. ......) fortzuführen. Sie wird alle hierzu notwendigen Erklärungen gegenüber dem Versicherer abgeben. Etwaige Übertragungskosten trägt der Mitarbeiter. Die Beiträge für die Direktversicherung werden, soweit sie die Zeit bis zum Beendigungstermin betreffen, von der Gesellschaft und soweit sie die Zeit nach dem Beendigungstermin betreffen vom Mitarbeiter getragen.)

(*Alternative*:
Die Parteien sind sich darüber einig, dass der Mitarbeiter keine unverfallbare Anwartschaft nach dem BetrAVG erworben hat.)

§ 6 Zeugnis, Arbeitspapiere[26]

Die Gesellschaft verpflichtet sich, dem Mitarbeiter ein wohlwollendes qualifiziertes Zeugnis zu erteilen. Sie händigt dem Mitarbeiter zum Beendigungstermin die Arbeitspapiere aus.

(*Alternative*:
Die Gesellschaft erteilt dem Mitarbeiter das dieser Vereinbarung als Anlage A im Entwurf beigefügte Zeugnis. Sie händigt dem Mitarbeiter zum Beendigungstermin die Arbeitspapiere aus.)

(*Alternative*:
Die Gesellschaft erteilt dem Mitarbeiter ein qualifiziertes Zeugnis, in welches als Leistungsbeurteilung ...... und als Verhaltensbeurteilung ...... aufgenommen wird. Die Schlussformel des Zeugnisses wird wie folgt lauten: ...... Die Gesellschaft händigt dem Mitarbeiter zum Beendigungstermin die Arbeitspapiere aus.)

§ 7 Rückgabe von Gegenständen[27]/(*Optional*: Dienstwagen)

(1) Der Mitarbeiter wird sämtliche Gegenstände, die der Gesellschaft gehören oder ihm von der Gesellschaft (*Optional*: und/oder einer anderen Gesellschaft der ...... -Gruppe) überlassen wurden, spätestens zum Beendigungstermin (*Alternative*: Beginn der Freistellungsphase) unbeschädigt an die Gesellschaft zurückgeben.

(2) Des Weiteren wird der Mitarbeiter sämtliche Unterlagen (insbesondere Korrespondenz, Vermerke, Notizen, Kundenlisten, Zeichnungen, Skizzen), die der Gesellschaft gehören oder die er von Dritten für die Gesellschaft erhalten hat oder die die Gesellschaft (*Optional*: oder eine andere Gesellschaft der ......) betreffen und/oder im Zusammenhang mit der Tätigkeit des Mitarbeiters entstanden sind, spätestens zum Beendigungstermin vollständig an die Gesellschaft zurückgeben. Der Mitarbeiter verpflichtet sich, keine Kopien oder sonstige Reproduktionen der Unterlagen zu behalten. Diese Regelung gilt sinngemäß für elektronisch gespeicherte Daten.

(*Optional* zusätzlich bei Dienstwagen[28]:
(3) Der Mitarbeiter kann den ihm überlassenen Dienstwagen (Typ ......, amtliches Kennzeichen ......) im bisherigen Umfang und zu den bisherigen Bedingungen bis zum Beendigungstermin weiter nutzen. Spätestens zum Beendigungstermin ist der Dienstwagen samt Zubehör (......) in ordnungsgemäßem Zustand an die Gesellschaft zurückzugeben.)

1. Aufhebungsvertrag

(*Alternative* bei Dienstwagen[29]:
(3) Die Parteien sind sich einig, dass der Mitarbeiter – vorbehaltlich der Zustimmung der ...... – anstelle der Gesellschaft zum Beendigungstermin in den Leasingvertrag vom ...... mit der ...... über den Dienstwagen (Typ ......, amtliches Kennzeichen ......) auf seine Kosten eintritt. Die Gesellschaft verpflichtet sich, alle für die Vertragsübernahme notwendigen Erklärungen gegenüber der ...... abzugeben. Erteilt die ...... ihre Zustimmung nicht, so ist der Dienstwagen samt Zubehör (......) spätestens zum Beendigungstermin in ordnungsgemäßem Zustand an die Gesellschaft zurückzugeben.)

(*Alternative* bei Dienstwagen[30]:
(3) Der Mitarbeiter übernimmt den Dienstwagen (Typ ......, amtliches Kennzeichen ......) samt Zubehör (......) zum Beendigungstermin käuflich zum Preis von EUR ...... (in Worten: Euro ......)[31]. Der Kaufpreis ist am ...... zahlbar. (*Alternative*: Der Kaufpreis wird von der nach § 3 auszuzahlenden Netto-Abfindung in Abzug gebracht.) Die Parteien sind sich über den Eigentumsübergang einig. Die Besitzübergabe wird dadurch ersetzt, dass der Mitarbeiter den Dienstwagen in seinem Besitz behält und ab dem Beendigungstermin für sich selbst besitzt. Im Hinblick auf Gewährleistung[32] gilt Folgendes:
a) Der Mitarbeiter kauft den Dienstwagen wie er steht und liegt. Etwaige Rechte des Mitarbeiters auf Nacherfüllung, Rücktritt vom Kaufvertrag, Minderung des Kaufpreises oder Aufwendungsersatz werden hiermit ausgeschlossen.
b) Die Haftung der Gesellschaft wegen etwaiger Schadensersatzansprüche des Mitarbeiters aufgrund von Sachmängeln des Dienstwagens wird für nicht grob fahrlässige Pflichtverletzungen ausgeschlossen, soweit keine Verletzung von Leben, Körper oder Gesundheit vorliegt.
c) Etwaige Schadensersatzansprüche des Mitarbeiters aufgrund von Sachmängeln des Dienstwagens verjähren mit Ablauf eines Jahres nach Unterzeichnung dieses Aufhebungsvertrags.)

(*Alternative* bei Dienstwagen[33]:
(3) Die Gesellschaft überlässt dem Mitarbeiter den Dienstwagen samt Zubehör (......) zum Beendigungstermin als Natural-Abfindung. Die Parteien gehen von einem Verkehrswert von EUR ...... (in Worten: Euro ......) aus. Die auf diesen geldwerten Vorteil entfallende Lohnsteuer wird von der nach § 3 auszuzahlenden Netto-Abfindung in Abzug gebracht. Die Parteien sind sich über den Eigentumsübergang einig. Die Besitzübergabe wird dadurch ersetzt, dass der Mitarbeiter den Dienstwagen in seinem Besitz behält und ab dem Beendigungstermin für sich selbst besitzt.)

(3) (bzw. (4)) Die Rückgabe der Gegenstände/Unterlagen (*Optional*: und des Dienstwagens) hat in ...... zu erfolgen[34].

(4) (bzw. (5)) Ein etwaiges Zurückbehaltungsrecht des Mitarbeiters wird ausgeschlossen[35].

§ 8 Geheimhaltung

(1) Der Mitarbeiter verpflichtet sich, alle ihm während seiner Tätigkeit bekannt gewordenen vertraulichen Angelegenheiten der Gesellschaft (*Optional*: oder einer anderen Gesellschaft der ...... -Gruppe), vor allem Geschäfts- und Betriebsgeheimnisse, auch über den Beendigungstermin hinaus strengstens geheim zu halten. Ergänzend gelten die nachwirkenden Verpflichtungen aus dem Arbeitsvertrag[36].

(2) Außerdem verpflichtet sich der Mitarbeiter, Dritten gegenüber über den Inhalt dieses Aufhebungsvertrags Stillschweigen zu bewahren[37].

§ 9 Abgeltung

Mit Unterzeichnung dieses Aufhebungsvertrags sind mit Ausnahme der sich aus diesem Aufhebungsvertrag ergebenden Ansprüche alle wechselseitigen (*Optional*: finanziellen) Ansprüche der Parteien aus dem Arbeitsverhältnis oder im Zusammenhang mit dessen Beendigung sowie aus sonstigem Rechtsgrund, gleich welcher Art, (*Optional*: mit Ausnahme des Anspruchs des Mitarbeiters/der Gesellschaft auf ......) abgegolten und erledigt[38].

(*Alternative*:
Mit Unterzeichnung dieses Aufhebungsvertrags sind mit Ausnahme der sich aus diesem Aufhebungsvertrag ergebenden Ansprüche alle Ansprüche des Mitarbeiters aus dem Arbeitsverhältnis oder im Zusammenhang mit dessen Beendigung sowie aus sonstigem Rechtsgrund, gleich welcher Art, gegen die Gesellschaft (*Optional*: oder eine andere Gesellschaft der ...... -Gruppe) abgegolten und erledigt[39].)

§ 10 Belehrung

(1) Die Gesellschaft weist den Mitarbeiter darauf hin, dass er sich unverzüglich nach Kenntnis des Zeitpunkts der Beendigung seines Arbeitsverhältnisses bei der zuständigen Agentur für Arbeit zu melden sowie eigene Aktivitäten bei der Suche nach einer anderen Beschäftigung zu entfalten hat, um Rechtsnachteile beim Bezug von Arbeitslosengeld zu vermeiden. Weitere Auskünfte hierzu erteilen die Agenturen für Arbeit[40].

(2) Die Gesellschaft weist den Mitarbeiter darauf hin, dass Auskünfte über mögliche sozialversicherungs- und steuerrechtliche Auswirkungen dieses Aufhebungsvertrags durch die Sozialversicherungsträger (insbesondere Agentur für Arbeit) sowie das Finanzamt erteilt werden. Der Mitarbeiter verzichtet insoweit auf weitere Hinweise der Gesellschaft[41].

§ 11 Schlussbestimmungen[42]

(1) Änderungen oder Ergänzungen dieses Aufhebungsvertrags, einschließlich dieser Bestimmung, bedürfen zu ihrer Wirksamkeit der Schriftform. Mündliche Nebenabreden bestehen nicht.

(2) Sollte eine Bestimmung dieses Aufhebungsvertrags ganz oder teilweise unwirksam sein oder werden, so wird hiervon die Wirksamkeit der übrigen Bestimmungen nicht berührt. An die Stelle der unwirksamen Bestimmung tritt die gesetzlich zulässige Bestimmung, die dem mit der unwirksamen Bestimmung Gewollten wirtschaftlich am Nächsten kommt. Entsprechendes gilt für den Fall einer vertraglichen Lücke.

......
Ort, Datum

......
Unterschrift der Gesellschaft[43]

......
Ort, Datum

......
Unterschrift des Mitarbeiters

Schrifttum: Bauer, Neue Spielregeln für Aufhebungs- und Abwicklungsverträge durch das geänderte BGB?, NZA 2002, 169; *ders.*, Arbeitsrechtliche Aufhebungsverträge, 7. Aufl., 2004; *Bauer/Hümmerich*, Nichts Neues zu Aufhebungsvertrag und Sperrzeit oder: Alter Wein in neuen Schläuchen, NZA 2003, 1076; *Becker-Schaffner*, Umfang und Grenzen der arbeitgeberseitigen Hinweis- und Belehrungspflichten, BB 1993, 1281; *Bengelsdorf*, Aufhebungsvertrag und Abfindungsvereinbarungen, 4. Aufl., 2004; *Dahlem/Wiesner*, Arbeitsrechtliche Aufhebungsverträge in einem Vergleich nach § 278 VI ZPO, NZA 2004, 530; *Freckmann*, Abwicklungs- und Aufhebungsverträge – in der Praxis noch immer ein Dauerbrenner, BB 2004, 1564; *Gaul*, Aufhebungs- und Abwicklungsvertrag: Aktuelle Entwicklungen im Arbeits- und Sozialversicherungsrecht, BB 2003, 2457; *Geiger*, Neues zu Aufhebungsvertrag und Sperrzeit, NZA 2003, 838; *Gotthardt*, Arbeitsrecht nach der Schuldrechtsreform, 2. Aufl., 2003; *Grobys*, Erstattungspflicht des Arbeitgebers für Arbeitslosengeld bei einvernehmlicher Beendigung des Arbeitsverhältnisses, NZA 2002, 660; *Hoß*, Hinweis- und Aufklärungspflichten des Arbeitgebers beim Abschluß von Aufhebungsverträgen, DB 1997, 625; *Hümmerich*, Alea iacta est – Aufhebungsvertrag kein Haustürgeschäft, NZA 2004, 809; *Hunold*, Ausgewählte Rechtsprechung zur Vertragskontrolle im Arbeitsverhältnis, NZA-RR 2002, 225; *Lakies*, Inhaltskontrolle von Vergütungsvereinbarungen im Arbeitsrecht NZA-RR 2002, 337; *Lingemann*, Allgemeine Geschäftsbedingungen und Arbeitsvertrag, NZA 2002, 181; *Nägele*, Aufklärungs- und Hinweispflichten des Arbeitgebers bei Abschluß eines Aufhebungsvertrags, BB 1992, 1274; *Richardi/Annuß*, Der neue § 623 BGB – Eine Falle im Arbeitsrecht?, NJW 2000, 1231; *Schiefe*, Beendigung des Arbeitsver-

1. Aufhebungsvertrag

hältnisses – Aktuelle Entwicklungen, DB 2000, 669; *Schleusener*, Zur Widerrufsmöglichkeit von arbeitsrechtlichen Aufhebungsverträgen nach § 312 BGB, NZA 2002, 949; *Weber/Ehrich/Burmester*, Handbuch der arbeitsrechtlichen Aufhebungsverträge, 4. Aufl., 2004; *Wisskirchen/Worzala*, Aktuelle Fragen zu arbeitsrechtlichen Aufhebungsverträgen, DB 1994, 577.

Anmerkungen

1. Vorteile des Aufhebungsvertrags. Es gibt zahlreiche Beendigungsgründe für das Arbeitsverhältnis, z. B. Zeitablauf bei Befristung (§ 620 Abs. 1 BGB), Bedingungseintritt bei auflösender Bedingung (§ 158 Abs. 2 BGB), Tod des Arbeitnehmers (vgl. § 613 BGB), gerichtliches Auflösungsurteil (§§ 9, 10 KSchG) und lösende Aussperrung (strittig). Die weitaus häufigsten Beendigungstatbestände sind die Kündigung und der Aufhebungsvertrag. Aufhebungsverträge sind nach dem Grundsatz der Vertragsfreiheit (§ 311 Abs. 1 BGB) zulässig. Sie haben gegenüber der Kündigung für beide Arbeitsvertragsparteien zahlreiche Vorteile.

Vorteilhaft für den Arbeitgeber ist, dass weder der allgemeine (§ 1 KSchG) noch der besondere (z. B. § 15 KSchG, § 9 MuSchG) Kündigungsschutz eingreift. So können beispielsweise Arbeitsverhältnisse von Schwerbehinderten und Schwangeren zwar nicht ohne weiteres durch Kündigungserklärung (vgl. § 85 SGB IX, § 9 MuSchG), wohl aber durch Aufhebungsvertrag beendet werden (für Schwerbehinderte: BAG Urt. v. 13. 7. 1982 – 3 AZR 34/80 – AP Nr. 1 zu § 1 BetrAVG; BAG Urt. v. 25. 6. 1996 – 9 AZR 182/95 – NZA 1996, 1153; BAG Urt. v. 28. 10. 1999 – 6 AZR 288/98 – AP Nr. 1 zu § 1 TVG Tarifverträge Telekom; BAG Urt. v. 11. 12. 2001 – 3 AZR 339/00 – AP Nr. 2 zu § 1 BetrAVG Auskunft; für Schwangere: BAG Urt. v. 18. 5. 1955 – 2 AZR 13/54 – AP Nr. 4 zu § 9 MuSchG; BAG Urt. v. 16. 2. 1983 – 7 AZR 134/81 – AP Nr. 22 zu § 123 BGB). Bei betriebsbedingtem Personalabbau muss der Arbeitgeber die Grundsätze der Sozialauswahl nicht beachten. Er kann sich von leistungsschwachen Mitarbeitern trennen und so eine vernünftige Alters- und Qualifikationsstruktur sichern oder herstellen. Auch suspendiert der Aufhebungsvertrag von der Verpflichtung zur Einhaltung von Kündigungsfristen oder -terminen. Der Arbeitgeber vermeidet kosten- und zeitintensive Kündigungsschutzprozesse. Beteiligungsrechte des Betriebsrats bestehen beim Abschluss von Aufhebungsverträgen nicht, insbesondere bedarf es keiner vorherigen Anhörung des Betriebsrats gemäß § 102 BetrVG (*F/E/S/T/L* § 102 Rdn. 15; *D/K/K/Kittner* § 102 BetrVG Rdn. 19; GKBetrVG/*Wiese* § 102 BetrVG Rdn. 25; *H/S/G* § 102 BetrVG Rdn. 13). Von erheblicher Bedeutung ist schließlich die dem Aufhebungsvertrag als einvernehmlichen Beendigungstatbestand innewohnende Befriedungsfunktion.

Auch für den Arbeitnehmer hat der Aufhebungsvertrag zahlreiche Vorteile. Ebenso wie der Arbeitgeber vermeidet er einen kosten- und zeitintensiven Kündigungsschutzprozess. Er erhält gegebenenfalls eine Abfindung oder sonstige Leistungen, auf die er sonst von Gesetzes wegen keinen Anspruch hätte. Wenn er eine neue Stelle gefunden hat und die Arbeit dort schnell aufnehmen möchte oder muss, verschafft ihm der Aufhebungsvertrag hierzu die Möglichkeit. Denn Kündigungsfristen oder -termine sind nicht zu beachten. Schließlich ist mit dem Aufhebungsvertrag nicht der „Makel der Kündigung" verbunden, der nicht nur psychologisch wirkt sondern auch bei entsprechender Erwähnung z. B. in Zeugnissen für den Arbeitnehmer von Nachteil ist. Wesentlich aus Sicht des Arbeitnehmers dürfte schließlich die bereits erwähnte Befriedungsfunktion sein.

2. Begriff, Zustandekommen und Widerruf von Aufhebungsverträgen. Das BAG versteht unter einem Aufhebungsvertrag die Vereinbarung zwischen Arbeitnehmer und Arbeitgeber über das vorzeitige Ausscheiden des Arbeitnehmers aus dem Arbeitsverhältnis als Dauerschuldverhältnis (BAG Urt. v. 26. 8. 1997 – 9 AZR 227/96 – AP Nr. 8 zu § 620 BGB Aufhebungsvertrag; BAG Urt. v. 12. 2. 2000 – 7 AZR 48/99 – AP Nr. 16 zu § 620 BGB Aufhebungsvertrag). Notwendiger Mindestinhalt des Aufhebungsvertrags ist folglich, dass Arbeitgeber und Arbeitnehmer sich darüber geeinigt haben, dass das zwischen ihnen bestehende Arbeitsverhältnis zu einem bestimmten Zeitpunkt enden soll. Der Aufhebungsvertrag ist zu unterscheiden vom Abwicklungsvertrag (vgl. zum Abwicklungsvertrag Form. A. XV. 2), der Erklärung zum Verzicht auf Kündigungsschutzklage und dem Klageverzichtsvertrag. Während mit dem Aufhebungsvertrag das Arbeitsverhältnis zunächst beendet und nachfolgend abgewickelt wird, regelt der Abwicklungsvertrag lediglich die Abwicklung eines bereits aufgrund sonstigen Beendigungstatbestands (insbesondere Kündigung) beendeten Arbeitsverhältnisses. Die Erklärung zum Verzicht auf Kündigungsschutzklage wird als einseitige Erklärung des Arbeitnehmers grundsätzlich nicht als Aufhebungsvertrag angesehen (vgl. BAG Urt. v. 3. 5. 1979 – 2 AZR 679/77 – NJW 1979, 2267). Ein Aufhebungsvertrag ist in diesem Fall nur dann anzunehmen, wenn sich aufgrund besonderer Anknüpfungspunkte ein rechtsgeschäftlicher Wille des Arbeitnehmers herleiten lässt, durch einen Vertrag sein Arbeitsverhältnis beenden zu wollen (vgl. BAG Urt. v. 6. 4. 1977 – 4 AZR 721/75 – AP Nr. 4 zu § 4 KSchG 1969). Im Unterschied zum Aufhebungsvertrag lässt die Klageverzichtserklärung ebenso wie der Klageverzichtsvertrag den Bestand des Arbeitsverhältnisses unberührt (ErfKomm/*Ascheid* § 7 KSchG Rdn. 2). Im Fall der Erhebung einer Kündigungsschutzklage erweist sich der Klageverzichtsvertrag aber als prozesshindernde Einrede (*Baumbach/Hartmann* Einf. §§ 306, 307 ZPO Rdn. 2).

Der Aufhebungsvertrag kann, ebenso wie der Abwicklungsvertrag, sowohl außergerichtlich als auch gerichtlich abgeschlossen werden. Wird der Aufhebungsvertrag vor Gericht – i. d. R. im Rahmen eines Kündigungsschutzprozesses – abgeschlossen, so handelt es sich zugleich um einen Prozessvergleich i. S. d. § 794 Abs. 1 Nr. 1 ZPO.

Nach bisheriger Rechtsprechung war ein Recht des Arbeitnehmers auf Widerruf eines einmal abgeschlossenen Aufhebungsvertrags nicht anzuerkennen (BAG Urt. v. 14. 2. 1996 – 2 AZR 234/95 – NZA 1996, 811; BAG Urt. v. 30. 9. 1993 – 2 AZR 268/93 – NZA 1994, 209). Infolge des zum 1. Januar 2002 in Kraft getretenen Schuldrechtsmodernisierungsgesetzes war die Diskussion über das Widerrufsrecht erneut entbrannt (vgl. LAG Hamm Urt. v. 1. 4. 2003 – 19 Sa 1901/02 – NZA-RR 2003, 401; LAG Brandenburg Urt. v. 30. 10. 2002 – 7 Sa 386/02 – NZA 2003, 503; LAG Köln Urt. v. 18. 12. 2002 – 8 Sa 979/02 – NZA-RR 2003, 406). Denn nach § 312 BGB steht Verbrauchern bei sog. Haustürgeschäften ein Widerrufsrecht zu. Ein Haustürgeschäft i. S. d. Gesetzes liegt u. a. dann vor, wenn der Verbraucher zu dessen Abschluss durch mündliche Verhandlungen an seinem Arbeitsplatz bestimmt worden ist (§ 312 Abs. 1 S. 1 Nr. 1 BGB). Aufhebungsverträge werden i. d. R. am Arbeitsplatz des Arbeitnehmers abgeschlossen oder beruhen zumindest auf mündlichen Verhandlungen am Arbeitsplatz. Das BAG hat am 27. 11. 2003 entschieden, dass bei Aufhebungsverträgen, die am Arbeitsplatz abgeschlossen werden, kein Widerrufsrecht nach §§ 355, 312 Abs. 1 S. 1 Nr. 1 BGB besteht (BAG Urt. v. 27. 11. 2003 – 2 AZR 135/03 – NZA 2004, 597 sowie BAG Urt. v. 27. 11. 2003 – 2 AZR 177/03 – n.a.v.; vgl. auch *Hümmerich* NZA 2004, 809). Am 22. 4. 2004 hat es diese Rechtsprechung fortgeführt und umfassend zur Thematik Stellung genommen: Es widerspräche der Gesetzessystematik, § 312 BGB auf Aufhebungsverträge anzuwenden. Denn als vertragstypenbezogenes Verbraucherschutzrecht würden die §§ 312 ff. BGB nur „besondere Vertriebsformen" erfassen, wozu weder Arbeits- noch Aufhebungsverträge gehörten. Ein etwaiges unbefristetes Widerrufsrecht bei nicht ordnungsgemäßer Belehrung sei darüber hinaus unvereinbar mit dem Beschleunigungsinteresse arbeitsrechtlicher Beendigungsstreitigkeiten (vgl. Wertung der §§ 4, 7 KSchG, § 17 TzBfG). Gegen die Anwendbarkeit des gesetzlichen Widerrufsrechts auf Aufhebungsverträge spräche auch die Entstehungsgeschichte der Vorschrift. So habe der Gesetzgeber das Widerrufsrecht in das BGB in voller Kenntnis der Rechtsprechung des BAG zur Frage der Gewährung von Bedenkzeit bei Aufhebungsverträgen integriert. Da die Nichteinräumung einer solchen Bedenkzeit nach der bisherigen Rechtsprechung keine unzulässige Rechtsausübung des Arbeitgebers (§ 242 BGB) darstellt, hätte der Gesetzgeber – wollte er von dieser Rechtsprechung abkehren – das Widerrufsrecht ausdrücklich auf arbeitsrechtliche Tatbestände erstreckt. Auch Sinn und Zweck der Regelung zum Widerrufsrecht sprächen gegen eine Erstreckung auf Aufhebungsverträge. Denn von einer „Überrumpelung" aufgrund des Verhandlungsorts kann nicht ausgegangen werden, wenn Gespräche über das Arbeitsverhältnis und dessen Beendigung im Betrieb stattfinden. Das sei der typische Platz für derartige Gespräche. Der allgemeinen Gefahr einer möglichen Überrumpelung des Arbeitnehmers könne allein über Informationspflichten und das Gebot fairen Verhandelns begegnet werden (BAG Urt. v. 22. 4. 2004 – 2 AZR 281/03 – n.a.v.). Damit steht fest, dass ein Widerrufsrecht bei Aufhebungsverträgen weder kraft Ge-

1. Aufhebungsvertrag

setzes noch kraft Rechtsprechung anzuerkennen ist. Unberührt bleibt natürlich die Möglichkeit des Arbeitgebers, dem Arbeitnehmer ein (an sich nicht gegebenes) Widerrufsrecht im Aufhebungsvertrag selbst einzuräumen.

Ergänzend ist darauf hinzuweisen, dass Aufhebungsverträge auch dann nicht unwirksam oder anfechtbar sind, wenn der Arbeitgeber dem Arbeitnehmer vor Unterzeichnung **keine Bedenkzeit** einräumt (BAG Urt. v. 30. 9. 1993 – 2 AZR 268/93 – NZA 1994, 209; BAG Urt. v. 14. 2. 1996 – 1 AZR 234/95 – NZA 1996, 811; BAG Urt. v. 22. 4. 2004 – 2 AZR 281/03 – n. a. v.).

3. AGB-Kontrolle. Seit dem 1. Januar 2002 unterliegen Verträge auf dem Gebiet des Arbeitsrechts, die vorformulierte Vertragsbedingungen enthalten und die der Arbeitgeber dem Arbeitnehmer bei Vertragsschluss einseitig stellt, einer besonderen Rechtskontrolle nach den Vorschriften über allgemeine Geschäftsbedingungen (§§ 305 ff. BGB). Da Aufhebungsverträge regelmäßig vorformulierte Vertragsklauseln enthalten, die für eine mehrfache Verwendung bestimmt sind und von der Gegenseite voraussichtlich ohne größere substanzielle Änderungen akzeptiert werden, liegen allgemeine Geschäftsbedingungen (AGB) i. S. d. BGB vor (vgl. *Lingemann* NZA 2002, 181; *Bauer* NZA 2002, 169; instruktiver Rückblick auf die bisherige BAG-Rechtsprechung zur Kontrolle von Aufhebungsverträgen: *Hunold* NZA-RR 2002, 225).

Bei der Inhaltskontrolle von **Arbeitsverträgen** nach Maßgabe der §§ 307 ff. BGB sind die im Arbeitsrecht geltenden Besonderheiten angemessen zu berücksichtigen (§ 310 Abs. 4 S. 2 Hs. 1 BGB). Nach überwiegender Ansicht ist das Gesetz weit auszulegen, so dass die Berücksichtigung der arbeitsrechtlichen Besonderheiten auch bei **Aufhebungsverträgen** erfolgen muss (*Bauer* NZA 2002, 169). Als „arbeitsrechtliche Besonderheit" in diesem Sinne lässt sich feststellen, dass beim Aushandeln eines Aufhebungsvertrags ein strukturelles Ungleichgewicht zwischen Arbeitgeber und Arbeitnehmer nicht gegeben ist. Denn der Arbeitnehmer befindet sich nicht in einer unterlegenen Verhandlungsposition. Deshalb kommt bei Aufhebungsverträgen nach zutreffender Ansicht nur eine sehr eingeschränkte AGB-Kontrolle in Betracht (*Bauer* NZA 2002, 169; *Lingemann* NZA 2002, 181).

Außerdem ist zu beachten, dass überhaupt nur solche Bestimmungen in Aufhebungsverträgen kontrollfähig sind, durch die von Rechtsvorschriften abweichende oder diese ergänzende Regelungen vereinbart werden (§ 307 Abs. 3 S. 1 BGB). Deshalb kommt eine AGB-Kontrolle hinsichtlich der „**Hauptleistungspflichten**" im Aufhebungsvertrag (z. B. Beendigungstermin, Höhe der Abfindung, etc.) nach zutreffender Ansicht nicht in Betracht (vgl. BAG Urt. v. 22. 4. 2004 – 2 AZR 281/03 – n. a. v.; LAG Hamm Urt. v. 1. 4. 2003 – 19 Sa 1901/02 – NZA-RR 2003, 401; *Bauer* NZA 2002, 169; *Lingemann* NZA 2002, 181).

4. Vorbemerkung. Während eine Präambel häufig als Auslegungshilfe bei Verträgen herangezogen werden kann (s. hierzu Form. E. II. 1), erfüllt die hier vorgeschlagene Präambel diese Voraussetzung nicht. Sie ist lediglich aus Gründen der „Optik" aufgenommen und kann auch vollständig weggelassen werden, wenn nichts „Überflüssiges" ausgesagt werden soll. Wir halten eine derartige Einleitung in einem Vertragswerk aber für sinnvoll. Denn sie dokumentiert mit dem Hinweis auf die einvernehmliche Regelung der Beendigung des Arbeitsverhältnisses die dem Aufhebungsvertrag innewohnende „Befriedungsfunktion" (vgl. Anm. 1) und macht das Vertragswerk besser „lesbar".

5. Beendigung des Arbeitsverhältnisses. Arbeitgeber und Arbeitnehmer müssen sich über die Beendigung des Arbeitsverhältnisses einigen. Sinnvoll ist, diese beendigende Wirkung auch bezüglich weiterer Dienst- oder Arbeitsverhältnisse, die die Parteien gegebenenfalls im Moment des Vertragsschlusses nicht bedenken, vorzusehen. Auch die vorsorgliche Erstreckung der Beendigungswirkung auf etwaige Dienst- oder Arbeitsverhältnisse mit anderen Gesellschaften der Unternehmensgruppe des Arbeitgebers bietet sich an, wenn ein vollständiges Ausscheiden des Mitarbeiters aus der Unternehmensgruppe gewünscht ist. Juristische Sicherheit vermitteln insoweit natürlich nur separate Aufhebungsverträge mit den jeweiligen Gesellschaften der Unternehmensgruppe. Werden diese aber vergessen, so kann sich die Drittgesellschaft auf die Beendigungswirkung des nicht mit ihr geschlossenen Aufhebungsvertrags berufen. Zwar ist sie nicht Partei des Aufhebungsvertrags. Sie kann dem Handeln allerdings, wenn keine vorherige Zustimmung (Einwilligung) erteilt wurde, nachträglich zustimmen

(Genehmigung). Folge ist, dass auch etwa zwischen ihr und dem Mitarbeiter bestehende Dienst- oder Arbeitsverhältnisse aufgehoben werden (§§ 177, 184 BGB).

6. Beendigung auf Veranlassung der Gesellschaft. Durchaus üblich ist die Formulierung, dass das Arbeitsverhältnis „**auf Veranlassung der Gesellschaft**" beendet wird. Hierdurch soll gegenüber den Finanzbehörden dokumentiert werden, dass für die Abfindung der Steuerfreibetrag gemäß § 3 Nr. 9 EStG in Betracht kommt. Dies liegt im Interesse beider Parteien.

7. Bestimmung des Beendigungstermins. Vielfältige rechtliche Schwierigkeiten ranken sich um die Frage des von den Parteien konkret gewählten Zeitpunkts der Beendigung des Arbeitsverhältnisses. Der Beendigungstermin kann vom Zeitpunkt des Abschlusses des Aufhebungsvertrags aus gesehen in der Vergangenheit oder in der Zukunft liegen. Die eher seltene Gestaltung, dass Beendigungstermin der Tag der Unterzeichnung des Aufhebungsvertrags ist, lässt sich über die nachfolgend dargestellten Grundsätze lösen, die für die Wahl eines Beendigungstermins in der Zukunft gelten.

Bei Entscheidung für einen Beendigungstermin in der Vergangenheit gilt Folgendes: Eine rückwirkende Auflösung des Arbeitsverhältnisses ist nur insoweit möglich, als der Mitarbeiter für die Zeit nach dem Beendigungstermin bereits keine Arbeitsleistung mehr erbracht hat, z. B. infolge einer Freistellung. Das Arbeitsverhältnis muss folglich im Zeitraum zwischen dem Beendigungstermin und der Unterzeichnung des Aufhebungsvertrags außer Vollzug gewesen sein. Denn mit tatsächlicher Erbringung der Arbeitsleistung entfaltet das Arbeitsverhältnis steuer- und sozialversicherungsrechtliche Wirkungen, die durch einen Aufhebungsvertrag nicht mehr rückgängig gemacht werden können. Insoweit stehen die zum fehlerhaften Arbeitsverhältnis entwickelten Grundsätze entgegen (BAG Urt. v. 10. 12. 1998 – 8 AZR 324/97 – NZA 1999, 422; BAG Urt. v. 13. 3. 1961 – 2 AZR 509/59 – AP Nr. 6 zu § 15 SchwbG zur Anfechtung).

Ein Beendigungstermin in der Zukunft kann **vor, zum** oder **nach dem Ablauf der Kündigungsfrist** liegen. Maßgeblich für diese Unterscheidung ist die Kündigungsfrist, die im konkreten Fall bei Ausspruch einer Kündigung – gerechnet ab dem Tag des Abschlusses des Aufhebungsvertrags – hätte eingehalten werden müssen. Insoweit gilt: Beendigungstermine **zum Ablauf der Kündigungsfrist** sind regelmäßig unproblematisch. Wird ein Beendigungstermin **vor Ablauf der Kündigungsfrist** und – wie i. d. R. – eine Abfindung vereinbart, so wird die Agentur für Arbeit eine Ruhenszeit hinsichtlich des Anspruchs auf Arbeitslosengeld verhängen (§ 143a SGB III). Zwar treffen den Arbeitgeber insoweit nur begrenzte Aufklärungspflichten (vgl. Anm. 40 und 41). Im Interesse des Mitarbeiters und zur Vermeidung eines Streits um Umfang und Inhalt der etwa geschuldeten bzw. erfolgten Aufklärung, sollte aber an diese Konsequenz gedacht werden. Wird ein Beendigungstermin **nach Ablauf der Kündigungsfrist** vereinbart, so kann dies eine unzulässige Umgehung der arbeitsrechtlichen Befristungskontrolle darstellen. Denn in Fällen, in denen die Restlaufzeit des Arbeitsvertrags die Kündigungsfrist **um ein Vielfaches überschreitet** und (!) es an weiteren Vereinbarungen im Zusammenhang mit der Beendigung des Arbeitsverhältnisses, wie sie im Aufhebungsvertrag **regelmäßig getroffen werden**, fehlt, ist der Aufhebungsvertrag nicht auf eine Beendigung, sondern auf eine befristete Fortsetzung des Arbeitsverhältnisses gerichtet (BAG Urt. v. 12. 1. 2000 – 7 AZR 48/99 – DB 2000, 145; BAG Urt. v. 13. 11. 1996 – 10 AZR 340/96 – NZA 1997, 390; BAG Urt. v. 7. 3. 2002 – 2 AZR 93/01 – BB 2002, 2070). Dann bedarf die vertragliche Regelung (d. h. die vereinbarte Befristung) eines sachlichen Grunds (vgl. § 14 Abs. 1 TzBfG). Fehlt dieser, ist die Vereinbarung zur Beendigung des Arbeitsverhältnisses und damit der Aufhebungsvertrag unwirksam.

Die Wahl des Beendigungstermins unterliegt nach zutreffender Ansicht keiner Überprüfung anhand der AGB-Kontrolle gemäß § 307 ff. BGB. Denn hierbei handelt es sich um Hauptleistungspflichten, die einer AGB-Kontrolle grundsätzlich entzogen sind (§ 307 Abs. 3 S. 1 BGB). Sollte die Rechtsprechung dies anders sehen, würde eine AGB-Kontrolle jedenfalls dann nicht zur Angreifbarkeit der Klausel führen, wenn der Beendigungstermin dem möglichen Kündigungstermin entspricht.

8. Beendigung aus betriebsbedingten Gründen. Der Zusatz, dass die Beendigung des Arbeitsverhältnisses „**aus betriebsbedingten Gründen**" erfolgt, wird häufig verwendet. Er be-

1. Aufhebungsvertrag

zweckt, die Verhängung einer Sperrzeit hinsichtlich des Bezugs von Arbeitslosengeld durch die Agenturen für Arbeit zu vermeiden. Denn eine Sperrzeit wird vor allem dann verhängt, wenn der Arbeitslose, ohne für sein Verhalten einen wichtigen Grund zu haben, das **Beschäftigungsverhältnis gelöst** oder **durch ein arbeitsvertragswidriges Verhalten** Anlass für die Lösung des Beschäftigungsverhältnisses gegeben und dadurch vorsätzlich oder grob fahrlässig die Arbeitslosigkeit herbeigeführt hat (§ 144 Abs. 1 S. 1 Nr. 1 SGB III). Mit der Formulierung der Auflösung des Arbeitsverhältnisses „**aus betriebsbedingten Gründen**" soll gezeigt werden, dass der Arbeitnehmer sich nicht arbeitsvertragswidrig verhalten habe. Dabei ist Folgendes zu bedenken:

Zum einen hilft die Formulierung einer Beendigung des Arbeitsverhältnisses aus betriebsbedingten Gründen in keiner Weise für die von den Agenturen für Arbeit vorzunehmende Beurteilung, ob der Arbeitslose ohne wichtigen Grund das **Beschäftigungsverhältnis gelöst** hat (§ 144 Abs. 1 S. 1 Nr. 1 Alt. 1 SGB III). Nach der maßgeblichen Dienstanweisung der Bundesagentur für Arbeit hat der Arbeitnehmer das Beschäftigungsverhältnis gelöst, wenn er mit dem Arbeitgeber einen Aufhebungsvertrag abschließt. Denn er hat durch seine Unterschrift unter den Aufhebungsvertrag kausal an der Beendigung des Arbeitsverhältnisses mitgewirkt (vgl. ErfKomm/*Rolfs* § 144 SGB III Rdn. 7). Ob eine Abfindung gezahlt worden ist, spielt keine Rolle. Der Eintritt der Sperrzeit kann also nur dadurch verhindert werden, dass der Arbeitnehmer einen wichtigen Grund für sein Verhalten darlegt. Ein wichtiger Grund liegt insbesondere vor, wenn folgende vier Voraussetzungen gegeben sind: Eine Kündigung muss durch den Arbeitgeber mit Bestimmtheit in Aussicht gestellt worden sein, ohne dass der Arbeitnehmer hierzu durch arbeitsvertragswidriges Verhalten Anlass gegeben hat, und diese Kündigung wäre zu dem selben Zeitpunkt, zu dem das Beschäftigungsverhältnis geendet hätte, wirksam geworden, und diese Kündigung wäre arbeitsrechtlich zulässig gewesen, und dem Arbeitnehmer war nicht zuzumuten, die arbeitgeberseitige Kündigung abzuwarten. Letzteres ist der Fall, wenn der Arbeitnehmer objektive Nachteile aus einer arbeitgeberseitigen Kündigung für sein berufliches Fortkommen vermieden hat oder sonstige gleichgewichtige Gründe darlegt, aus denen er objektiv Nachteile aus einer arbeitgeberseitigen Kündigung befürchten musste (vgl. zu den Voraussetzungen BSG Urt. v. 2. 9. 2004 – B 7 AL 18/04 R – BeckRS 2004). Im Ergebnis hängt es daher vom Einzelfall und von der Handhabung der jeweiligen Agentur für Arbeit ab, ob eine Sperrzeit verhängt wird. Aufklärungspflichten über diese für den Mitarbeiter wichtige Frage treffen den Arbeitgeber nur in beschränktem Umfang (vgl. Anm. 41).

Darüber hinaus ist zu bedenken, dass die Formulierung einer Beendigung „**aus betriebsbedingten Gründen**" nur aufgenommen werden darf, wenn sie der Wahrheit entspricht. Andernfalls liegt ein von Arbeitgeber und Arbeitnehmer gemeinschaftlich versuchter oder vollendeter Betrug zulasten der Sozialversicherungsträger vor (§ 263 StGB). Die gängige Praxis, auch bei personen- oder verhaltensbedingten Gründen im Aufhebungsvertrag von betriebsbedingten Gründen zu sprechen, verstößt daher gegen geltendes Recht. Richtig und vertretbar ist diese Praxis allein insoweit, als der Arbeitgeber jederzeit die unternehmerische Entscheidung treffen kann, einen Aufhebungsvertrag mit dem Mitarbeiter nicht wegen personen- oder verhaltensbedingter Gründe, sondern aufgrund seiner unternehmerischen Entscheidung zum Wegfall der Beschäftigungsmöglichkeit abzuschließen. Wenn es sich hierbei nicht um eine nur vorgeschobene, sondern sachlich nachvollziehbare Entscheidung handelt, begegnet dies keinen Bedenken.

9. Beendigungsoption. Bei einem Beendigungstermin, der in der Zukunft liegt, ist daran zu denken, dem Mitarbeiter die Option einzuräumen, sein Arbeitsverhältnis vor dem vereinbarten Beendigungstermin **vorzeitig durch einseitige Erklärung zu beenden**. Eine solche Option wird i. d. R. damit verbunden, dass nicht nur das Arbeitsverhältnis zu einem bestimmten früheren Zeitpunkt endet, sondern auch damit, dass die bis zum ursprünglichen Beendigungstermin eigentlich noch auszuzahlende Vergütung (teilweise oder ganz) als Erhöhungsbetrag der Abfindung zugute kommt. Letzteres ist durch Verweis auf die Alternativ-Formulierung in § 3 des Formulars vorgesehen. Eine solche vertragliche Gestaltung ist vor allem dann sinnvoll, wenn der Mitarbeiter noch „Ausschau" nach einer neuen Beschäftigung halten muss, ihm hierfür Zeit eingeräumt werden soll, die neue Beschäftigungsmöglichkeit sich aber auch sehr kurzfristig ergeben kann. Dann hat der Mitarbeiter die Möglichkeit, mit kurzer Ankündigungsfrist (im Formular sind 14 Kalendertage vorgeschlagen) das Arbeitsverhältnis schnell zu beenden (im Formular ist als erster Termin das Ende des Kalendermonats vorgeschlagen, in dem die Ankündigung erfolgt).

10. Abrechnung. Es ist weit verbreitet, lediglich die Verpflichtung der Gesellschaft zur ordnungsgemäßen Abrechnung des Arbeitsverhältnisses bis zum Beendigungstermin im Aufhebungsvertrag festzuschreiben. Teilweise wird nicht einmal dies vertraglich geregelt, da eine ordnungsgemäße Abrechnung der Vergütung bis zum Beendigungstermin ohnehin selbstverständlich sei – ungeachtet dessen, ob der Mitarbeiter freigestellt wird oder nicht. Diese Praxis ist risikoreich. Mit Zunahme verschiedener Arten der Vergütung und gleichzeitiger Flexibilisierung der Vergütungssysteme, gibt es immer häufiger Fälle, in denen neben einem Festgehalt variable Vergütungsbestandteile wie Boni, Gratifikationen, Tantiemen, Provisionen, etc. gezahlt werden. Wird der Umgang mit diesen Lohnbestandteilen im Rahmen der Beendigung des Arbeitsverhältnisses nicht explizit geregelt, ist Streit über den Umfang der Zahlungsverpflichtungen des Arbeitgebers nach Abschluss des Aufhebungsvertrags „vorprogrammiert". Denn die flexiblen Vergütungssysteme „halten i.d.R. nicht, was sie versprechen". Damit ist gemeint, dass sie regelmäßig keine Bestimmungen zum Umgang mit der flexiblen Vergütung bei Beendigung des Arbeitsverhältnisses durch Aufhebungsvertrag enthalten. Damit ist dann „das Feld offen" für beide Parteien, den ihnen jeweils günstigsten Standpunkt zu vertreten. So wird der Arbeitgeber bei Bonussystemen, die an die Leistung des Mitarbeiters anknüpfen, für die Zeit einer etwaigen Freistellung bis zum Beendigungstermin auf Basis eines Aufhebungsvertrags keinen Bonus mehr zahlen wollen. Der Arbeitnehmer wird in derselben Situation den Standpunkt vertreten, er habe der Freistellung nur unter der Prämisse voller Lohnfortzahlung zugestimmt und zu seinem Lohn gehöre nun einmal auch der Leistungsbonus, der folglich zu 100% gezahlt werden müsse. Es ist daher dringlich anzuraten, die Behandlung aller Lohnbestandteile bis zum Beendigungstermin im Aufhebungsvertrag explizit zu regeln. Das Formular geht von der einfachsten Konstellation aus, dass keine zusätzlichen Lohnbestandteile gezahlt werden sollen. Sollen diese dagegen gezahlt werden, so reicht eine bloße diesbezügliche Verpflichtung nicht. Vielmehr sollte betragsmäßig angegeben werden, in welcher Höhe welche Zahlung zu welchem Zeitpunkt erfolgt.

Die Höhe der vereinbarten Zahlungen unterliegt nach zutreffender Ansicht keiner Überprüfung anhand der AGB-Kontrolle gemäß §§ 307ff. BGB. Denn hierbei handelt es sich um Hauptleistungspflichten, die einer AGB-Kontrolle grundsätzlich entzogen sind (§ 307 Abs. 3 S. 1 BGB).

11. Darlehen/Sonstige Regelungen. Die Klausel zur Rückzahlung der Restschuld eines Arbeitgeber-Darlehens soll beispielhaft verdeutlichen, dass weitere regelungsbedürftige Punkte existieren können, die dann auch im Aufhebungsvertrag „abgearbeitet" werden müssen. Beispiele: Behandlung von Arbeitnehmererfindungen, Werksmiet- oder Dienstwohnungen, Rückforderungsansprüche des Arbeitgebers auf Grund von Fortbildungsverträgen, Verrechnung von Reisekostenvorschüssen oder Vermittlung einer Outplacement-Beratung.

12. Höhe der Abfindung. Sofern der Arbeitnehmer nur gegen Zahlung einer Abfindung zum Abschluss des Aufhebungsvertrags bereit ist, muss die Höhe der Abfindung im Aufhebungsvertrag geregelt werden. Hierfür gibt es keine generellen Regeln. Die von den Arbeitsgerichten üblicherweise zugrunde gelegte Formel „Brutto-Monatsgehalt × Dienstjahre × 0,5" stellt nur eine Faustformel da. Die Abfindung sollte grundsätzlich als Bruttobetrag deklariert werden.

13. Vererblichkeit der Abfindung. Die Parteien können Regelungen zur Vererblichkeit der Abfindung aufnehmen. Fehlen derartige Regelungen, so gilt Folgendes: Schuldrechtliche Ansprüche entstehen regelmäßig mit Abschluss des Rechtsgeschäfts, durch das die Rechtsbeziehungen der Vertragsschließenden geregelt werden, hier also durch Abschluss des Aufhebungsvertrags. Plastisch formuliert das BAG: Über allen von Menschen abgeschlossenen Verträgen liege bei der stets vom Tode bedrohten Existenz des Menschen ohnehin eine gewisse Unsi-

1. Aufhebungsvertrag
A. XV. 1

cherheit über die Lebensdauer des Vertragspartners. Deshalb könne im Regelfall nicht angenommen werden, der Arbeitnehmer müsse davon ausgehen, eine Abfindungszusage werde hinfällig, wenn er den Beendigungstermin des Arbeitsverhältnisses nicht erlebe (BAG Urt. v. 22. 5. 2003 – 2 AZR 250/02 – AP Nr. 8 zu § 767 ZPO; BAG Urt. v. 25. 6. 1987 – 2 AZR 504/86 – NZA 1988, 466). Folglich ist die Abfindung auch bei Tod des Arbeitnehmers **nach Abschluss** des Aufhebungsvertrags aber **vor dem Beendigungstermin** grundsätzlich vererblich. Etwas anderes gilt nur, wenn sich **aus dem Aufhebungsvertrag** ergibt, dass das Erleben des Beendigungstermins Vertragsinhalt geworden ist. Das kann entweder **ausdrücklich** so im Aufhebungsvertrag niedergelegt sein. Es kann sich aber auch **konkludent** hieraus ergeben aufgrund einer Würdigung der Interessenlage der Parteien (BAG Urt. v. 22. 5. 2003 a.a.O.; BAG Urt. v. 26. 8. 1997 – 9 AZR 227/96 – AP Nr. 8 zu § 620 BGB Aufhebungsvertrag). Maßgeblich für diese Würdigung der Interessenlage ist, welchem Zweck die Abfindung dienen sollte. Stellt sie – wie i.d.R. – in erster Linie eine Gegenleistung des Arbeitgebers für die Einwilligung des Arbeitnehmers in die vorzeitige Beendigung des Arbeitsverhältnisses dar, so spricht dies für Vererblichkeit. Dient sie dagegen im Rahmen eines Frühpensionierungsprogramms vor allem dem Zweck, den Verdienstausfall des Arbeitnehmers zwischen Beendigung des Arbeitsverhältnisses und frühestmöglichem Bezug einer gesetzlichen Altersrente auszugleichen, spricht dies gegen Vererblichkeit (BAG Urt. v. 22. 5. 2003 a.a.O.; BAG Urt. v. 16. 5. 2000 – 9 AZR 277/99 – AP Nr. 20 zu § 620 BGB Aufhebungsvertrag).

14. Fälligkeit der Abfindung. Neben der Höhe sollte auch die Fälligkeit der Abfindung geregelt werden. Soweit keine vertragliche Regelung erfolgt, entsteht der Anspruch auf Abfindung erst mit dem im Aufhebungsvertrag genannten Beendigungstermin (vgl. *Schiefer* DB 2000, 669). Im Formular wurde ebenfalls der Beendigungstermin als Fälligkeitszeitpunkt vorgesehen, dies jedoch – was aus Arbeitgebersicht zweckmäßig ist – von der vollständigen Erfüllung der Pflichten des Mitarbeiters zur Rückgabe von Firmeneigentum abhängig gemacht.

15. Abfindung aus Sozialplan. Schwierigkeiten bereitet immer wieder die Festlegung von Abfindungen in Aufhebungsverträgen im Rahmen von Betriebsänderungen, für die ein Sozialplan mit Abfindungsregelungen abgeschlossen wurde. Hier sind im Wesentlichen zwei Fallgruppen praxisrelevant: Mitarbeiter werden häufig aus dem Unternehmen mit Aufhebungsvertrag und auf Basis der Sozialplanabfindung ausscheiden. Die Mitarbeiter wollen den Aufhebungsvertrag aber verständlicherweise nur dann unterschreiben, wenn er die genaue Höhe der Sozialplanabfindung beinhaltet. In diesen Fällen muss Folgendes getan werden: Selbstverständlich ist zunächst, dass die Anspruchsberechtigung des Mitarbeiters nach dem Sozialplan geprüft wird. Dann muss die Höhe der Sozialplanabfindung (zutreffend) errechnet werden. Schließlich ist darauf zu achten, dass kein eigenständiger Anspruchsgrund für die Abfindung (aus Aufhebungsvertrag) neben dem eigentlichen Anspruchsgrund (Sozialplan) geschaffen wird. Denn wenn im Sozialplan – was nicht der Fall sein sollte – keine Bestimmung zur Anrechnung anderweitiger Abfindungen auf die Sozialplanabfindung vorgesehen ist, könnten Mitarbeiter bei missverständlicher Formulierung der Abfindung im Aufhebungsvertrag eine **doppelte Anspruchsberechtigung** erlangen – einmal aus Sozialplan und einmal aus Aufhebungsvertrag. Die Alternativklausel im Formular vermeidet eine derartige doppelte Anspruchsberechtigung. Sie macht aber die erwähnte Prüfung der Anspruchsberechtigung und die richtige Berechnung der Sozialplanabfindung nicht entbehrlich. Gerade bei der Berechnung der Abfindungshöhe ist zu bedenken, dass etwaige Rechenfehler zu Lasten des Mitarbeiters durch Nacherstattung vom Arbeitgeber korrigiert werden müssten, während Berechnungsfehler zugunsten des Mitarbeiters gegebenenfalls keine Auszahlung (nur) des tatsächlich niedrigeren Sozialplananspruchs ermöglichen.

16. Höhere Abfindung als Sozialplan. Der zweite Fall ist, dass Mitarbeitern individualvertraglich eine höhere als die Sozialplanabfindung bezahlt werden soll. Diese Situation tritt vor allem dann auf, wenn nach betriebsbedingter Kündigung der Kündigungsschutzprozess zu Ungunsten des Arbeitgebers verläuft und er sich daher gezwungen sieht, die Sozialplanabfindung gegenüber einzelnen Mitarbeitern „aufzustocken". Hier ist zunächst der arbeitsrechtliche Gleichbehandlungsgrundsatz zu beachten. Er verlangt einen Sachgrund für diese Erhöhung, wenn mit mehreren Arbeitnehmern Aufhebungsverträge abgeschlossen werden (hierzu sogleich). Vor allem ist aber auch insoweit darauf zu achten, keine **doppelte Anspruchsberechtigung** herbeizuführen. Im Aufhebungsvertrag kann nicht geregelt werden, dass die Sozialplanabfindung auf die individualrechtlich vereinbarte Abfindung angerechnet wird. Der Sozialplan stellt eine Betriebsvereinbarung dar (§ 112 Abs. 1 S. 3 BetrVG). Ein Verzicht auf die Sozialplanabfindung, wie er in der genannten Anrechnungsklausel enthalten wäre, wäre nur mit Zustimmung des Betriebsrats zulässig (§ 77 Abs. 4 S. 2 BetrVG). Diese Zustimmung liegt regelmäßig nicht vor. Einzig gangbar ist daher der umgekehrte Weg: Die im Aufhebungsvertrag vereinbarte Abfindung ist auf die Sozialplanabfindung anzurechnen. Das ist natürlich kraft Vertragsfreiheit ohne weiteres zulässig und hierfür dient die Alternativklausel im Formular.

Vor allem bei Betriebsänderungen – mit oder ohne Sozialplan – hat der Arbeitgeber den allgemeinen arbeitsrechtlichen Gleichbehandlungsgrundsatz zu beachten. Denn der Grundsatz „Vertragsfreiheit geht vor Gleichbehandlung" gilt zwar auch für den Aufhebungsvertrag. Er wird aber dann durchbrochen, wenn mit mehreren Arbeitnehmern in vergleichbarer Situation Aufhebungsverträge abgeschlossen werden, sich der Aufhebungsvertrag also nicht als individuelle Maßnahme, sondern als Kollektiv- bzw. Gesamtmaßnahme darstellt. Dann verlangt der allgemeine arbeitsrechtliche Gleichbehandlungsgrundsatz, dass der Arbeitgeber nicht willkürlich in einem Aufhebungsvertrag freiwillige Zahlungen an einen Arbeitnehmer vorsehen kann, während ein anderer Arbeitnehmer in vergleichbarer Situation keine oder geringere Zahlungen erhält (BAG Urt. v. 25. 11. 1993 – 2 AZR 324/93 – AP Nr. 79 zu § 112 BetrVG 1972). Gleichbehandlung wird natürlich nur dann gefordert, wenn die Situation der Arbeitnehmer rechtlich und wirtschaftlich vergleichbar ist. Außerdem ist Ungleichbehandlung stets dann erlaubt, wenn hierfür ein sachlich rechtfertigender Grund vorliegt, die Entscheidung des Arbeitgebers sich mithin nicht als willkürlich erweist (BAG Urt. v. 25. 11. 1993 a. a. O.).

Im Rahmen von Aufhebungsverträgen hat das BAG insoweit Folgendes entschieden: Der Grundsatz der Gleichbehandlung gilt für alle freiwilligen Leistungen des Arbeitgebers (MünchHdbArbR/*Richardi* § 14 Rdn. 12 ff.). Die Ungleichbehandlung verschiedener Arbeitnehmergruppen bei freiwilligen Leistungen ist nur dann mit dem allgemeinen arbeitsrechtlichen Gleichbehandlungsgrundsatz vereinbar, wenn die Unterscheidung nach dem Zweck der Leistung gerechtfertigt ist (ständige Rechtsprechung, vgl. BAG Urt. v. 5. 3. 1980 – 5 AZR 881/78 – AP Nr. 44 zu § 242 BGB Gleichbehandlung; BAG Urt. v. 11. 9. 1985 – 7 AZR 371/83 – AP Nr. 76 zu § 242 BGB Gleichbehandlung). Zahlt der Arbeitgeber bei einer Betriebsstilllegung freiwillig, d. h. ohne entsprechende Rechtspflicht (z. B. aus einem Sozialplan), an eine Vielzahl von Arbeitnehmern Abfindungen, so ist es sachlich gerechtfertigt, Mitarbeitern, die bereits eine neue Stelle gefunden haben, eine geringere Abfindung zu versprechen als Mitarbeitern, deren Chancen auf dem Arbeitsmarkt ungünstig sind (BAG Urt. v. 25. 11. 1993 a. a. O.). Abgesehen von dieser Entscheidung hat das Gericht bisher zur Frage des arbeitsrechtlichen Gleichbehandlungsgrundsatzes bei Zahlung von Abfindungen nicht Stellung genommen. Umfangreiche Judikatur existiert allerdings für den Bereich von Sozialplanabfindungen (vgl. Form. C. I. 8 Anm. 6). Auf diese Rechtsprechung kann zurückgegriffen werden, wenngleich der Gestaltungsspielraum für Differenzierungen für die Betriebspartner im Rahmen eines Sozialplans weiter sein dürfte als für den Arbeitgeber bei einseitigem Handeln.

17. Beendigungsoption und Abfindung. Es handelt sich um Alternativklauseln für den Fall, dass dem Mitarbeiter die Option zur vorzeitigen Beendigung des Arbeitsverhältnisses durch einseitige Erklärung (vgl. Anm. 9) eingeräumt wurde.

18. Minderung der Abfindung bei Wiedereinstellung. Oftmals kommt eine Wiedereinstellung des Mitarbeiters in Betracht. Dann mag es der Arbeitgeber für unbillig halten, eine Abfindung auf Basis der bisherigen Betriebszugehörigkeit zu zahlen. Sachgerecht erscheint es, den Abfindungsbetrag abhängig vom Zeitpunkt der Wiederaufnahme der Tätigkeit beim Arbeitgeber entsprechend zu mindern nach dem Grundsatz: Je früher die Wiederaufnahme der Tätigkeit erfolgt, desto geringer ist die geschuldete Abfindung. Da eine Wiederaufnahme der Tätigkeit bei Beendigung des Arbeitsverhältnisses und damit die Auszahlung der Abfindung meist nicht absehbar ist, muss der Mitarbeiter dann nach Wiedereinstellung einen Teil des Abfindungsbetrags zurückzahlen. Der Rückzahlungsbetrag bemisst sich hier nach der Brutto-Zahlung an den Mitarbeiter. Die Klausel sieht darüber hinaus vor, dass der Minde-

1. Aufhebungsvertrag

rungsbetrag mit etwa noch aus dem alten Arbeitsverhältnis ausstehender Vergütung verrechnet werden kann. Dass er mit der Vergütung aus dem neuen Arbeitsverhältnis verrechnet werden kann, können die Parteien in der Vereinbarung zur Wiedereinstellung (gegebenenfalls neuer Arbeitsvertrag) ohnehin vereinbaren.

19. Art der Freistellung. Die Frage einer Freistellung stellt sich naturgemäß nur dann, wenn zwischen Unterzeichnung des Aufhebungsvertrags und Beendigung des Arbeitsverhältnisses noch eine Zeitspanne liegt (Beendigungstermin in der Zukunft). Ob und gegebenenfalls in welchem Umfang der Mitarbeiter dann von seiner Tätigkeit für die Gesellschaft freigestellt wird, obliegt der Vereinbarung der Parteien. Selbiges gilt für Fragen des Urlaubs. Die Klauseln im Formular stellen die häufigsten Regelungen zu diesen beiden Themenkomplexen dar.

Erfolgt die Freistellung unwiderruflich, hat der Arbeitgeber keine Möglichkeit, den Mitarbeiter während des Freistellungszeitraums ganz oder teilweise an seinen Arbeitsplatz zurückzurufen. Hierzu bedürfte es der ausdrücklichen Regelung der Widerruflichkeit der Freistellung. Bei widerruflicher Freistellung ist dann aber eine Anrechnung etwaiger Urlaubs- sowie sonstiger Freizeitausgleichsansprüche des Mitarbeiters nicht möglich. Eine solche Anrechnung ist nur bei unwiderruflicher Freistellung zulässig. Wenn Urlaubsabgeltungsansprüche (vgl. § 7 Abs. 4 BUrlG) vermieden werden sollen, ist jedenfalls eine explizite Anrechnung des Urlaubsanspruchs notwendig. Denn durch eine Freistellung des Mitarbeiters bis zum Ende des Arbeitsverhältnisses allein ist noch keine Abrede darüber getroffen, dass eine Anrechnung von Urlaubsansprüchen erfolgt (vgl. BAG Urt. v. 18. 12. 1986 – 8 AZR 481/84 – AP Nr. 19 zu § 11 BUrlG; *Leinemann/Linck* § 7 BUrlG Rdn. 9).

20. Anderweitiger Verdienst während Freistellung. Sollte der Mitarbeiter während des Freistellungszeitraums anderweitigen Verdienst erzielen, so ist dieser auf die Vergütung nach überwiegender Ansicht nicht anzurechnen. Deshalb findet sich im Formular der Satz „§ 615 S. 2 BGB findet Anwendung". Nach § 615 S. 2 BGB muss sich der Mitarbeiter den Wert desjenigen anrechnen lassen, was er infolge des Unterbleibens der Dienstleistung erspart oder durch anderweitige Verwendung seiner Dienste erwirbt oder zu erwerben böswillig unterlässt. Es kommt also insbesondere zur Anrechnung anderweitigen, bei Dritten bezogenen Verdiensts. Eine solche Anrechnung anderweitiger Einkünfte ist aber praktisch nur schwer durchsetzbar. Denn Voraussetzung der Anrechnung ist, dass der Arbeitgeber Kenntnis von der anderweitigen Einkunftsquelle hat. Der Mitarbeiter ist insoweit zwar auskunftspflichtig (BAG Urt. v. 19. 7. 1978 – 5 AZR 748/77 – AP Nr. 16 zu § 242 BGB Auskunftspflicht). Die Auskunft müsste aber im Streitfall (gerichtlich) durchgesetzt werden. Regelmäßig wirft der Hinweis auf § 615 S. 2 BGB Fragen der Mitarbeiter nach dem Inhalt der Bestimmung auf. Alternativ kann daher auch der gesamte Text der Vorschrift in den Aufhebungsvertrag aufgenommen werden.

21. Festlegung des Urlaubszeitraums. Komplexe Überlegungen hat das BAG zur Anrechnung anderweitigen Verdienstes bei unwiderruflicher Freistellung unter Anrechnung von Urlaubsansprüchen angestellt: Die erklärte Anrechnung von vergütungspflichtigen Urlaubsansprüchen ohne nähere Festlegung des Urlaubszeitraums könne aus Sicht des Arbeitnehmers nur bedeuten, dass sich der Arbeitgeber vorbehaltlos zur Fortzahlung des Entgelts im Freistellungszeitraum verpflichten wollte und der Arbeitnehmer über seine Arbeitsleistung frei verfügen könne. Der Arbeitgeber überlasse es insoweit dem Arbeitnehmer, die zeitliche Lage seines Urlaubs während der Freistellungsphase festzulegen (BAG Urt. v. 19. 3. 2002 – 9 AZR 16/01 – AuA 2002, 375; vgl. BAG Urt. v. 9. 11. 1999 – 9 AZR 922/98 – n. a. v.). Eine Anrechnung anderweitigen Verdiensts scheide danach aus, weil während des Urlaubs anderweitiger Verdienst auf das vom Arbeitgeber geschuldete Arbeitsentgelt nicht angerechnet werden darf (vgl. § 13 BUrlG; BAG Urt. v. 19. 3. 2002 a. a. O.; BAG Urt. v. 25. 2. 1988 – 8 AZR 596/85 – NZA 1988, 607). Das Gericht scheint folglich davon auszugehen, dass der Mitarbeiter bei unterlassener Festlegung des Urlaubszeitraums in der Freistellungsphase vorbringen kann, der Urlaub liege genau in dem Zeitraum, in dem er anderweitigen Verdienst erzielt hat (mit der Folge Anrechnungsverbot). Das geht natürlich überhaupt nur insoweit, als der Zeitraum des Bezugs anderweitigen Verdiensts den Zeitraum des in der Freistellungsphase eingebrachten Urlaubs nicht überschreitet. Letzteres hat das BAG bisher so aber nicht gesagt. Es mag sich daher empfehlen, den Zeitraum des Urlaubs in der Freistellungsphase zu fixieren und die Anrechnung auf den Zeitraum außerhalb der Urlaubszeit zu beschränken. Dies kann dann natürlich wiederum dazu führen, dass der Mitarbeiter gerade im vereinbarten Urlaubszeitraum anderweitigen Verdienst erzielt.

22. Tatsachenvergleich zum Urlaub. Hinsichtlich der Behandlung von (Rest)urlaub sind vielfältige Gestaltungen möglich: Wenn der Mitarbeiter nicht freigestellt wird, kann geregelt werden, dass er den Urlaub bis zum Beendigungstermin nimmt. Auch kann vorgesehen werden, dass der Urlaub finanziell abgegolten wird (vgl. § 7 Abs. 4 BUrlG). Bei einer Freistellung des Mitarbeiters kann die Inanspruchnahme von Urlaub bis zum Beginn der Freistellungsphase oder, wenngleich dies unüblich ist, eine Urlaubsgeltung trotz Freistellung, d.h. der Verzicht auf die Anrechnung des Urlaubsanspruchs auf die Freistellungsphase vorgesehen werden. Im Formular ist eine Einigung der Parteien dahingehend vorgesehen, dass der gesamte Urlaub in natura gewährt und genommen wurde. Zwar ist ein Verzicht auf eventuelle Urlaubsansprüche in einem Aufhebungsvertrag unwirksam (vgl. § 13 Abs. 1 S. 3 BUrlG). Der im Formular enthaltene Tatsachenvergleich darüber, dass keine Urlaubsansprüche mehr bestehen, ist allerdings wirksam (vgl. *Neumann/Fenski* § 13 BUrlG Rdn. 76 f. m. weit. Nachw.). Wie lange die Rechtsprechung die ungereimte Unterscheidung zwischen dem (unzulässigen) Verzicht auf zwingende gesetzliche Regelungen und dem (zulässigen) Tatsachenvergleich noch aufrechterhält, ist natürlich ungewiss.

23. Vertragliches Wettbewerbsverbot. Regelungen zum Verbot des Wettbewerbs im Aufhebungsvertrag müssen zwischen dem vertraglichen und nachvertraglichen Wettbewerbsverbot differenzieren. Während des rechtlichen Bestands des Arbeitsverhältnisses ist der Arbeitnehmer grundsätzlich daran gehindert, in Wettbewerb zum Arbeitgeber zu treten (vgl. § 60 HGB). Sofern der Arbeitnehmer bis zur Beendigung des Arbeitsverhältnisses von der Verpflichtung zur Arbeitsleistung freigestellt wird, empfiehlt sich aber eine Klarstellung darüber, ob dieses vertragliche Wettbewerbsverbot auch **für die Zeit der Freistellung** gelten soll. Eine derartige (deklaratorische) Klausel enthält das Formular.

24. Nachvertragliches Wettbewerbsverbot. Sofern die Parteien bei Begründung des Arbeitsverhältnisses oder während dessen Verlaufs ein nachvertragliches Wettbewerbsverbot vereinbart haben (vgl. §§ 74 ff. HGB, s. auch Form. A. IV. 1), ist vor Abschluss eines Aufhebungsvertrags zu prüfen, ob und gegebenenfalls mit welchem Umfang dieses nachvertragliche Wettbewerbsverbot **weiterhin Bestand haben soll**. Der Arbeitgeber muss insbesondere prüfen, ob für ihn die Einhaltung des nachvertraglichen Wettbewerbsverbots nach wie vor wichtig ist, weil der Arbeitnehmer ihm bei einem Konkurrenzunternehmen schaden kann. Diesen Gesichtspunkt muss er abwägen gegen die Pflicht zur Zahlung der Karenzentschädigung. Die Parteien können das nachvertragliche Wettbewerbsverbot in einem Aufhebungsvertrag **einvernehmlich aufheben**. Durch die einvernehmliche Beendigung des Arbeitsverhältnisses selbst und ohne eine entsprechende Regelung im Aufhebungsvertrag wird das Wettbewerbsverbot aber nicht berührt. Soll das Wettbewerbsverbot beibehalten werden, empfiehlt sich ebenfalls eine entsprechende (klarstellende) Regelung im Vertragstext. Das Formular enthält für beide Fallkonstellationen entsprechende Klauselvorschläge.

25. Betriebliche Altersversorgung. Für die Parteien eines Aufhebungsvertrags stellt sich hauptsächlich die Frage, ob eine Versorgungsanwartschaft **unverfallbar** ist. Unverfallbarkeit bedeutet, dass die Anwartschaft bei einer Beendigung des Arbeitsverhältnisses vor Eintritt des Versorgungsfalls nicht erlischt, sondern **zeitanteilig bestehen bleibt** (vgl. § 2 BetrAVG). Bei Insolvenz des Arbeitgebers ist der Pensionssicherungsverein für bereits unverfallbare Anwartschaften einstandspflichtig (vgl. §§ 7 ff. BetrAVG). Ist die Anwartschaft nicht unverfallbar, so **verfällt sie mit Beendigung des Arbeitsverhältnisses**.

Die Anwartschaft auf Leistungen aus der betrieblichen Altersversorgung wird unverfallbar, wenn das Arbeitsverhältnis vor Eintritt des Versorgungsfalls endet und der Arbeitnehmer das 30. Lebensjahr vollendet und die Versorgungszusage zu diesem Zeitpunkt mindestens fünf Jahre bestanden hat (§ 1b Abs. 1 S. 1 BetrAVG). Sofern die Parteien keine von den gesetzlichen Vorschriften abweichenden Regelungen treffen wollen, genügt ein **bloßer Hinweis** auf

1. Aufhebungsvertrag   A. XV. 1

die betriebliche Altersversorgung. Die Klausel im Formular ist sogar noch mit weiterer Einschränkung (etwaige Ansprüche) verbunden. Sie macht aber eine detaillierte Überprüfung derartiger Ansprüche und insbesondere ihrer finanziellen Auswirkungen, die häufig weitreichend sind, nicht entbehrlich.

Die Alternativklauseln betreffen die Fälle, dass das Bestehen oder Nichtbestehen einer unverfallbaren Anwartschaft vertraglich festgeschrieben werden soll. Zusätzlich enthält das Formular eine Alternativklausel für den häufigen Fall, dass eine (verfallbare) Direktversicherung zum Beendigungstermin auf den Mitarbeiter übertragen werden soll, um ihm die Möglichkeit zur Fortführung auf eigene Kosten zu geben. Eine derartige Gestaltung ist natürlich von der Zustimmung des Lebensversicherers abhängig.

Die Vertragsparteien haben schließlich auch die Möglichkeit, eine etwa verfallbare Anwartschaft in einem Aufhebungsvertrag durch schuldrechtliche Vereinbarung **unverfallbar zu stellen**. Dagegen ist die Abfindung einer unverfallbaren Anwartschaft nur unter engen Voraussetzungen möglich (vgl. § 3 BetrAVG).

26. Zeugnis, Arbeitspapiere. Der Inhalt des Zeugnisses sollte aus Sicht des Arbeitgebers nicht Gegenstand der Diskussion mit dem Mitarbeiter sein. Im Gegenteil: Die Aussicht auf ein gutes Zeugnis vermag die Einigungsbereitschaft auf Seiten des Mitarbeiters häufig zu erhöhen. Um spätere Auseinandersetzungen über den Zeugnisinhalt zu vermeiden, kann es sich empfehlen, den Inhalt des Zeugnisses bereits vor Abschluss des Aufhebungsvertrags festzulegen oder sich zumindest auf Formulierungen zur Leistungs- und Verhaltensbeurteilung zu einigen.

27. Rückgabe von Gegenständen. Die Rückgabe von Geschäftsunterlagen wie Verträgen, Mustern, Prospekten, Kunden- und Lieferantenlisten, Kalkulationen, etc. sowie jeglichen sonstigen Firmeneigentums, wie Laptops, Handys, Datenträger, etc. sollte im Aufhebungsvertrag geregelt werden. Der Mitarbeiter sollte sich auch zur Herausgabe aller firmenbezogenen Daten sowie sämtlicher etwaiger Reproduktionen von Geschäftsunterlagen oder Daten verpflichten. Es empfiehlt sich, alle Gegenstände, die der Mitarbeiter zurückzugeben hat, vollständig aufzulisten. Die Klauseln im Formular sind dann durch entsprechende Konkretisierungen zu ergänzen:

Alternative:
(...) insbesondere ...... (...) zurückzugeben.

28. Rückgabe des Dienstwagens. Sofern dem Arbeitnehmer mit Rücksicht auf das Arbeitsverhältnis ein Dienstwagen **zur dienstlichen und privaten Nutzung** zur Verfügung gestellt worden ist, sollte der Aufhebungsvertrag eine Regelung zum Dienstwagen enthalten. Dies gilt insbesondere dann, wenn die Beendigung des Arbeitsverhältnisses in der Zukunft liegt und der Arbeitnehmer bis zum Beendigungstermin von der Verpflichtung zur Arbeitsleistung freigestellt ist. Denn die Nutzung des Dienstwagens ist Teil der Vergütung des Arbeitnehmers (Sachbezug), die der Arbeitgeber nicht einseitig entziehen kann. Es ist allerdings zulässig, bereits im Kfz-Überlassungsvertrag eine Regelung zu treffen, wonach der Dienstwagen bei einer Freistellung unverzüglich zurückzugeben ist (BAG Urt. v. 17. 9. 1998 – 8 AZR 791/96 – ArbuR 1999, 111). In diesem Fall erübrigt sich eine weitergehende Regelung im Aufhebungsvertrag.

Andernfalls können die Parteien vereinbaren, dass der Arbeitnehmer den Dienstwagen bis zum Ablauf der Kündigungsfrist zu den bisherigen Bedingungen **weiternutzen darf** und zum Beendigungstermin **zurückzugeben** hat. Sie können auch vereinbaren, dass der Arbeitnehmer den Dienstwagen unverzüglich nach Abschluss der Vereinbarung zurückzugeben hat. Hierzu wird der Arbeitnehmer i.d.R. nur gegen Zahlung einer Entschädigung bereit sein. Die Höhe der Entschädigung wegen Ausfalls der Nutzungsmöglichkeit ist Verhandlungssache, richtet sich i.d.R. aber nach der steuerlichen Bewertung der privaten Nutzungsmöglichkeit (§ 6 Abs. 1 Nr. 4 EStG – vgl. BAG Urt. v. 27. 5. 1999 – 8 AZR 415/98 – BB 1999, 1660). In jedem Fall sollten Übergabegegenstand (Bezeichnung des Dienstwagens samt Zubehör, z.B. Schlüssel, Fahrzeugpapiere, Tankkarte, Freisprechanlage, etc.) und Übergabetermin präzise geregelt werden.

29. Übernahme des Dienstwagens (Leasingvertrag). Möglich ist auch eine Vereinbarung, dass der Mitarbeiter den Dienstwagen übernimmt. Steht der Dienstwagen im Eigentum einer Leasinggesellschaft, so kann der Mitarbeiter den Leasingvertrag übernehmen. Dabei muss entweder im Zeitpunkt des Vertragsschlusses die Zustimmung der Leasinggesellschaft vorliegen oder es muss – wie im Formular – eine Regelung im Aufhebungsvertrag getroffen werden für den Fall, dass die Zustimmung nicht erteilt wird.

30. Übernahme des Dienstwagens (Kauf). Steht der Dienstwagen im Eigentum des Arbeitgebers, so kann der Aufhebungsvertrag die Einigung über den Verkauf und über den Eigentumsübergang beinhalten.

31. Lohnsteuer bei verbilligter Überlassung (Kauf). Wird der Dienstwagen dem Mitarbeiter verbilligt verkauft, so stellt die Differenz zwischen Zeitwert und Kaufpreis Arbeitslohn dar, welcher der Lohnsteuerpflicht unterliegt (Küttner/*Thomas* Dienstwagen Rdn. 19). Da sich die verbilligte Überlassung des Dienstwagens als Teil der Abfindung darstellt – so eine solche gezahlt wird – muss geprüft werden, ob in Addition mit der Barabfindung die Grenzen des § 3 Nr. 9 EStG überschritten werden.

Der Zeitwert ist nach § 8 Abs. 2 S. 1 EStG mit dem Preis anzusetzen, der im allgemeinen Geschäftsverkehr von Letztverbrauchern in der Mehrzahl der Verkaufsfälle am Abgabeort für gleichartige Gebrauchtwagen tatsächlich gezahlt wird. Er schließt die Umsatzsteuer und sonstige Preisbestandteile mit ein (Lohnsteuer-Richtlinien 2004 zu § 8 R 31). Nach einer Entscheidung des FG Düsseldorf (FG Düsseldorf, Urt. v. 18. 12. 2002 – 13 K 2376/01 E – DStRE 2004, 625; zugelassene Revision eingelegt: BFH – VI R 37/03) ist für den Zeitwert der Händlerverkaufspreis maßgebend. Dies erscheint zweifelhaft, da der Arbeitgeber beim Verkauf des Dienstwagens tatsächlich die Händlerspanne gar nicht erzielen kann. Der Dienstwagen wird vielmehr ohne Zwischenschaltung eines Händlers an den Mitarbeiter veräußert, so dass die Bewertung mit dem Händlereinkaufspreis (etwa der Schwacke-Liste entnommen) naheliegender wäre. Denn würde der Arbeitgeber den Gebrauchtwagen an einen beliebigen Dritten (Letztverbraucher) verkaufen, so könnte er kaum mehr als diesen Preis erzielen.

Ein Bewertungsabschlag und ein Rabattfreibetrag nach § 8 Abs. 3 EStG können angesetzt werden, wenn der Arbeitgeber entweder Kfz-Hersteller oder -Händler ist oder regelmäßig gebrauchte Dienstwägen an Dritte veräußert und lediglich im Ausnahmefall ein gebrauchter Dienstwagen einem Mitarbeiter verbilligt überlassen wird (Küttner/*Thomas* Sachbezug Rdn. 32).

32. Gewährleistung (Kauf). Bei einem Verkauf des Dienstwagens kann der Mitarbeiter bei Mängeln grundsätzlich die Gewährleistungsrechte nach § 437 BGB geltend machen. Deshalb ist dem Arbeitgeber die Aufnahme eines Gewährleistungsausschlusses in den Aufhebungsvertrag zu empfehlen.

Rechtlich zulässig ist jedenfalls eine Beschränkung von Schadensersatzansprüchen des Mitarbeiters. Allerdings darf die Haftung bei AGB nur für nicht grobe Fahrlässigkeit und nur insoweit ausgeschlossen werden, als nicht eine Verletzung von Leben, Körper oder Gesundheit vorliegt (§ 309 Nr. 7 a und b BGB). Eine entsprechende Regelung findet sich im Formular unter lit. b) der Alternative.

Unklar ist, ob neben der erwähnten Beschränkung von Schadensersatzansprüchen auch die Gewährleistung im Übrigen ausgeschlossen werden kann. Wenn der Kaufvertrag zwischen der Gesellschaft und dem Mitarbeiter als „Verbrauchsgüterkauf" i.S.d. § 474 Abs. 1 S. 1 BGB anzusehen ist, verbietet § 475 Abs. 1 BGB einen weitergehenden Gewährleistungsausschluss. Zur Frage, ob es sich um einen Verbrauchsgüterkauf handelt, existiert derzeit noch keine Rechtsprechung. Das BAG hat bisher auch keine Stellung bezogen zur Frage, ob der Arbeitnehmer überhaupt als „Verbraucher" i.S.d. § 13 BGB anzusehen ist. Allerdings sprechen gewichtige Gründe dafür, dass die Arbeitsgerichte das Vorliegen eines Verbrauchsgüterkaufs annehmen werden. Denn ungeachtet des Streits um die Klassifizierung des Arbeitnehmers als „Verbraucher" besteht doch weitgehend Einigkeit, dass jedenfalls bei Vertragsschlüssen, die vom Arbeitsverhältnis und der betrieblichen Organisation losgelöst sind, Verbraucherschutzrecht zu beachten ist (*Fiebig* DB 2002, 1610; *Bauer/Kock* DB 2002, 42; ErfK/*Preis* § 611 BGB Rdn. 208). Diesem Gedanken trägt auch § 491 Abs. 2 Nr. 2 BGB Rechnung, demzufolge Arbeitgeberdarlehen nur dann nicht dem Verbraucherschutzrecht unterfallen, wenn die Zinsen unter den marktüblichen Sätzen liegen.

Es empfiehlt sich dennoch, den in der Alternative unter Buchstabe a) vorgeschlagenen Gewährleistungsauschluss aufzunehmen. Denn ein Teil der Literatur ist der Ansicht, dass ein Verbrauchsgüterkauf in analoger Anwendung von § 492 Abs. 2 Nr. 2 BGB zu verneinen ist, wenn der Kaufpreis unter dem marktüblichen Niveau liegt (*Bauer/Kock* DB 2002, 42). Außerdem lässt sich argumentieren, dass sich der Verkauf des Dienstwagens für die Gesellschaft regelmäßig als atypisches, ihrer eigentlichen gewerblichen Tätigkeit fremdes Geschäft darstellt, so dass die gesetzliche Regelung zum Verbrauchsgüterkauf (§ 474 Abs. 1 BGB) teleologisch zu reduzieren ist. Jedenfalls aber führt eine etwaige Unwirksamkeit des weitergehenden Gewährleistungsausschlusses wohl nicht dazu, dass auch der Haftungsausschluss für Schadensersatzansprüche unwirksam wird. Es muss allerdings darauf geachtet werden, beide Klauseln inhaltlich (Verständlichkeit jeder Klausel aus sich heraus) und räumlich (eigener Absatz für jede Klausel) hinreichend zu trennen – vgl. die Regelung im Formular in Abs. a) und b). Dann führt die Aufnahme eines Gewährleistungsausschlusses zu keinen Nachteilen für den Arbeitgeber.

33. Übernahme des Dienstwagens (Natural-Abfindung). Steht der Dienstwagen im Eigentum des Arbeitgebers, so kann der Aufhebungsvertrag auch eine Überlassung des Fahrzeugs als Natural-Abfindung und eine Einigung über den Eigentumsübergang vorsehen. Nach der Entscheidung des FG Düsseldorf (FG Düsseldorf, Urt. v. 18. 12. 2002 – 13 K 2376/01 E – DStRE 2004, 625; zugelassene Revision eingelegt: BFH – VI R 37/03; vgl. Anm. 31) wäre der Dienstwagen auch hier mit dem Händlerverkaufspreis für entsprechende Gebrauchtwagen zu bewerten. Aus den genannten Gründen (vgl. Anm. 31) erscheint indes die Bewertung mit dem Händlereinkaufspreis zutreffend.

34. Übergabeort. Wenn Wohnsitz oder Dienstort des Mitarbeiters und der Ort, an dem die Rückgabe der Gegenstände und Unterlagen erfolgen soll, weit auseinander liegen, empfiehlt sich eine Regelung zum Ort der Rückgabe. Dies gilt vor allem für die Rückgabe des Dienstwagens (z.B. am Firmensitz, Sitz des Leasingunternehmens). Besonders hier ergibt sich oft Streit aus der etwa notwendigen Überführung über weite Strecken.

35. Ausschluss des Zurückbehaltungsrechts. Hinsichtlich aller Rückgabepflichten empfiehlt sich eine Klausel zum Ausschluss eines etwaigen Zurückbehaltungsrechts des Mitarbeiters. Die Klausel könnte einer AGB-Kontrolle aber gegebenenfalls nicht standhalten. Denn nach den AGB-Kontrollvorschriften ist der Ausschluss von Leistungsverweigerungsrechten zum Nachteil des Vertragspartners unzulässig (vgl. § 309 Nr. 2 BGB). Allerdings müssen bei der Anwendung dieser Vorschrift, wie stets, „arbeitsrechtliche Besonderheiten" angemessen berücksichtigt werden (vgl. § 310 Abs. 4 S. 2 BGB). Der Arbeitgeber hat durchaus ein schutzwürdiges Interesse daran, dem Mitarbeiter überlassene Gegenstände bei Bedarf, insbesondere anlässlich der Beendigung des Arbeitsverhältnisses zügig zurück zu erlangen. Hiermit kann unter Umständen ein erheblicher Wert für das Unternehmen verbunden sein. Dies spricht im Ergebnis für die Zulässigkeit der Klausel. Sie sollte daher als zusätzliches Sicherungsmittel in Aufhebungsverträgen enthalten sein.

36. Geheimhaltung bezüglich Geschäftsgeheimnissen. Da die Verschwiegenheitspflicht über **Geschäfts- und Betriebsgeheimnisse** nach der Rechtsprechung auch nach Beendigung des Arbeitsverhältnisses ohnehin fortdauert, dient die Geheimhaltungsklausel insbesondere dazu, den Mitarbeiter noch einmal hierauf aufmerksam zu machen. Die Bestimmung geht freilich über das genannte Pflichtenprogramm hinaus. Denn sie verpflichtet auch zur Verschwiegenheit hinsichtlich **sonstiger vertraulicher Angelegenheiten** des Arbeitgebers oder eines Unternehmens seiner Unternehmensgruppe; ungeachtet dessen, ob es sich um Geschäfts- und Betriebsgeheimnisse handelt.

Die von der Rechtsprechung anerkannte Geheimhaltungspflicht bezieht sich grundsätzlich nur auf Betriebs- oder Geschäftsgeheimnisse (vgl. zum Begriff: BAG Urt. v. 15. 12. 1987 – 3 AZR 474/86 – NZA 1988, 502). Sofern das vom Mitarbeiter erworbene Wissen für die weitere Ausübung seines Berufs unabdingbar ist, kann ihm dessen Verwertung auch durch eine Geheimhaltungsklausel nicht verboten werden. In einem solchen Fall würde praktisch ein

Wettbewerbsverbot vorliegen, das mangels Vereinbarung einer Entschädigung unwirksam wäre (vgl. § 74 Abs. 2 HGB; BAG Urt. v. 15. 6. 1993 – 9 AZR 558/91 – NZA 1994, 502; BAG Urt. v. 19. 5. 1998 – 9 AZR 394/97 – NZA 1999, 200). Die exakte Grenze zwischen zulässiger Geheimhaltungsvereinbarung und unzulässigem Wettbewerbsverbot lässt sich nur schwer ziehen. Wir befürworten dennoch, die Geheimhaltungsverpflichtung möglichst weit zu fassen wegen des damit verbundenen „Abschreckungseffekts". Sollte die Klausel in vorliegender Form für unwirksam erklärt werden, ist dies wegen der ohnehin fortgeltenden Verpflichtung zur Geheimhaltung von Geschäfts- und Betriebsgeheimnissen für den Arbeitgeber nicht mit Risiken verbunden.

37. Geheimhaltung bezüglich Aufhebungsvertrag. Die Verpflichtung, über den Inhalt des Aufhebungsvertrags Stillschweigen zu bewahren, sollte vor allem dann aufgenommen werden, wenn der Aufhebungsvertrag Ansprüche für den Mitarbeiter begründet, die im Unternehmen nicht üblich sind (z. B. erhöhte Abfindung).

38. Abgeltung (beidseitig). Wenn die Parteien des Aufhebungsvertrags beabsichtigen, mit dem Aufhebungsvertrag auch (etwaige) Ansprüche aus dem Arbeitsverhältnis, die im Aufhebungsvertrag nicht explizit genannt sind, abschließend zu regeln, sollte eine Ausgleichsklausel aufgenommen werden. Inhalt und Umfang einer Abgeltungsklausel sind durch Auslegung zu ermitteln (§§ 133, 157 BGB). Als rechtstechnische Mittel kommen der **Erlassvertrag** (§ 397 Abs. 1 BGB) sowie das **deklaratorische** oder **konstitutive Schuldanerkenntnis** (vgl. § 397 Abs. 2 BGB) in Betracht (BAG Urt. v. 7. 9. 2004 – 9 AZR 612/03 – BeckRS 2005.40671; BAG Urt. v. 19. 11. 2003 – 10 AZR 174/03 – NZA 2004, 554; LAG Kiel, Urt. v. 24. 9. 2003 – 3 Sa 6/03 – NZA-RR 2004, 74; LAG München Urt. v. 24. 4. 1997 – 2 Sa 1004/96 – BB 1998, 269 mit Anm. *Lücke* BB 1998, 270; OLG Düsseldorf Urt. v. 9. 7. 1997 – 3 U 11/97 – BB 1997, 2237).

In zeitlicher Hinsicht sollte die Ausgleichsklausel zu einem Erlöschen aller Ansprüche bereits „mit Unterzeichnung" des Aufhebungsvertrags führen. Nicht anzuraten ist dagegen die verbreitete Formulierung, dass eine Abgeltung erst „mit Erfüllung aller Ansprüche aus dem Aufhebungsvertrag" erfolgt. Eine solche Klausel birgt die Gefahr einer Interpretation der Erfüllung als aufschiebende Bedingung des Ausgleichs (vgl. § 158 Abs. 1 BGB), der durch mutwillige Verzögerung der Erfüllung bestimmter Ansprüche folglich verhindert werden kann (vgl. hierzu LAG München Urt. v. 24. 4. 1997 – 2 Sa 1004/96 – BB 1998, 269).

Inhaltlich regelt die im Formular enthaltene Klausel eine pauschale Abgeltung aller Ansprüche aus dem Arbeitsverhältnis, aller Ansprüche im Zusammenhang mit dessen Beendigung und aller Ansprüche aus sonstigem Rechtsgrund. Sie ist als **beidseitige Abgeltungsklausel** ausgestaltet, erfasst daher nicht nur Ansprüche des Mitarbeiters gegen den Arbeitgeber, sondern auch Ansprüche des Arbeitgebers gegen den Mitarbeiter (zur einseitigen Abgeltungsklausel vgl. Anm. 39). Bevor der Arbeitgeber eine derartige Klausel aufnimmt, muss er detailliert prüfen, ob ihm gegebenenfalls noch Ansprüche (z. B. wegen Darlehen, Schadensersatz, Lohnüberzahlung, Rückforderung von Auslagenvorschüssen, etc.) zustehen können. Nach Unterzeichnung des Aufhebungsvertrags mit einer beidseitigen Abgeltungsklausel wäre die Geltendmachung solcher Ansprüche ausgeschlossen. Es versteht sich von selbst, dass eine Abgeltungsklausel dieses Wortlauts Ansprüche aus dem Aufhebungsvertrag selbst (z. B. Abrechnung und Auszahlung der Vergütung bis zum Beendigungstermin, der Abfindung, etc.) nicht erfasst. Diesbezüglichen Bedenken, die von Mitarbeitern häufig geäußert werden, wurde in der Klausel mit einem klarstellenden Zusatz („mit Ausnahme der sich aus diesem Aufhebungsvertrag ergebenden Ansprüche") begegnet.

Auch eine pauschale Abgeltungsklausel erfasst aber trotz ihres scheinbar eindeutigen Wortlauts nicht alle Ansprüche. Ihre Wirkung wird durch zwei Aspekte beschränkt: Abgeltungsklauseln sind zum einen **restriktiv auszulegen** wegen des mit ihnen bezweckten Verzichts des Arbeitnehmers auf grundlegende Arbeitnehmerschutzrechte. Zum anderen können sich Abgeltungsklauseln nicht auf **kraft Gesetzes unverzichtbare Ansprüche** beziehen. Deshalb werden durch Abgeltungsklauseln folgende Ansprüche nicht tangiert: Ansprüche auf Erteilung eines Zeugnisses, auf Herausgabe der Arbeitspapiere, auf betriebliche Altersversorgung (BAG Urt. v. 17. 10. 2000 – 3 AZR 69/99 – NZA 2001, 203; vgl. § 17 Abs. 3 BetrAVG), aus einem Wettbewerbsverbot (fraglich: BAG Urt. v. 31. 7. 2002 – 10 AZR 513/01 – AP Nr. 74 zu § 74 HGB), auf Arbeitnehmererfindervergütung, aus Tarifverträgen – sofern es sich nicht um einen von den Tarifvertragsparteien gebilligten Vergleich oder einen so genannten Tatsachenvergleich handelt (vgl. § 4 Abs. 4 S. 1 TVG), aus Betriebsvereinbarungen (insbesondere Sozialplänen – sofern nicht die Zustimmung des Betriebsrats vorliegt und es sich auch nicht um einen sog. Tatsachenvergleich handelt; vgl. § 77 Abs. 4 S. 2 BetrVG), auf den gesetzlichen Mindesturlaub (vgl. § 13 BUrlG), auf Urlaubsabgeltung (vgl. § 7 Abs. 4 BUrlG) und auf Entgeltfortzahlung bei Krankheit (vgl. § 12 EFZG).

Dem Gedanken, dass pauschale Abgeltungsklauseln gegen das Transparenzgebot (§ 307 Abs. 1 S. 2 BGB) verstoßen könnten, weil sie die fehlende Abgeltung kraft Gesetzes unverzichtbarer Ansprüche nicht erkennen lassen, ist das BAG bisher zu Recht nicht näher getreten.

Abgeltungsklauseln sollte stets ein eigener Paragraph mit entsprechender Überschrift zugewiesen werden. Andernfalls besteht das Risiko, dass sie als für den Arbeitnehmer überraschend eingestuft werden mit der Folge, dass sie nicht wirksam in den Aufhebungsvertrag einbezogen sind (vgl. § 305 c Abs. 1 BGB).

39. Abgeltung (einseitig). Die Alternative im Formular sieht eine **einseitige Abgeltungsklausel** vor. Sie betrifft nur Ansprüche des Mitarbeiters gegen den Arbeitgeber. Nicht geklärt ist, ob einseitige Abgeltungsklauseln, die nur Ansprüche des Mitarbeiters gegen den Arbeitgeber erfassen, eine unangemessene Benachteiligung des Arbeitnehmers i. S. d. § 307 Abs. 1, Abs. 2 Nr. 2 BGB darstellen (vgl. hierzu ErfK/*Preis* §§ 305–310 BGB Rdn. 74 b; *Preis* NZA Sonderbeilage 16/2003, 29; *Reinecke* DB 2002, 568). Das BAG hat im Zusammenhang mit Ausschlussfristen eine einseitige Ausgestaltung nur bei tariflicher, nicht aber bei individualvertraglicher Ausschlussfrist zugelassen (vgl. BAG Urt. v. 2. 3. 2004 – 1 AZR 271/03 – AP Nr. 31 zu § 3 TVG; BAG Urt. v. 24. 3. 1988 – 2 AZR 630/87 – NZA 1989, 101). BAG-Rechtsprechung zu einseitigen Abgeltungsklauseln in Aufhebungsverträgen steht noch aus. Jedenfalls in den Fällen, in denen der Aufhebungsvertrag Leistungen zugunsten des Mitarbeiters vorsieht – und dies ist in der Praxis aufgrund Abfindungszahlungen fast immer der Fall –, liegt unseres Erachtens keine unangemessene Benachteiligung des Mitarbeiters vor. Vielmehr „erkauft" sich der Arbeitgeber hier mit derartigen Leistungen die durch die Abgeltungsklausel bewirkte Rechtssicherheit, welche ihm nicht mittels Verdikt der Unwirksamkeit (nur) der Abgeltungsklausel wieder genommen werden darf. Das ist auch der Unterschied zur einseitigen individualvertraglichen Ausschlussfrist, die im Arbeitsvertrag vereinbart wird und Ansprüche des Mitarbeiters ohne derartige Kompensation zum Erlöschen bringt (vgl. LAG Kiel, Urt. v. 24. 9. 2003 – 3 Sa 6/03 – NZA-RR 2004, 74). Dem kann natürlich entgegengehalten werden, dass eine Abfindung nicht die Abgeltung etwa bestehender weiterer Ansprüche des Mitarbeiters, sondern den Verlust des Arbeitsplatzes ausgleichen soll (anderer Kompensationszweck). Auch ließe sich, je nach Höhe der Abfindung, einwenden, dass ein etwa gewollter Ausgleich für den Verlust weiterer Ansprüche im Einzelfall nicht gegeben ist (keine Kompensationswirkung). Dem ersten Einwand kann der Arbeitgeber dadurch begegnen, dass er bei der Regelung zur Abfindung als Zweck der Zahlung nicht nur den sozialen Ausgleich für den Verlust des Arbeitsplatzes, sondern auch den Ausgleich für den Verlust etwa weitergehender Ansprüche ausdrücklich im Aufhebungsvertrag nennt (Beispiel: „Als sozialen Ausgleich für den Verlust seines Arbeitsplatzes und zur Kompensation etwaiger Ansprüche, die infolge der Abgeltungsklausel gemäß Ziffer ...... nicht mehr geltend gemacht werden können, erhält der Mitarbeiter eine Abfindung in Höhe von EUR ...... (in Worten: Euro ......) brutto"). Dem zweiten Einwand könnte der Arbeitgeber nur dadurch begegnen, dass er aufzeigt, inwieweit der Abfindung im Hinblick auf etwa verlorene finanzielle Leistungen ein hinreichender Kompensationseffekt für den Arbeitnehmer zukommt. Dazu müsste der Arbeitgeber aber den jeweiligen Anspruchsgrund kennen, die Anspruchsvoraussetzungen prüfen und die Anspruchshöhe beziffern können. Die (Gesamt-)Anspruchshöhe müsste er dann in Relation zur Höhe der Abfindung setzen. Das kann vom Arbeitgeber aber nicht verlangt werden. Denn es ist gerade Sinn und Zweck der Abgeltungsklausel, den Streit darüber zu beenden, ob und ggf. welche Ansprüche des Mitarbeiters noch bestehen. Die Arbeitsgerichte müssten sich also gerade mit dieser Frage detailliert auseinandersetzen bei der Prüfung, ob der Abfindungszahlung hinreichende Kompensationswirkung auch im Hinblick auf die Abgeltung von Ansprüchen des Mitarbeiters zukommt. Dies erscheint theoretisch. Dem Arbeitgeber ist bei Wunsch nach einer einseitigen Abgeltungsklausel entsprechend der Alternative im Formular also zu empfehlen, den Kompensationszweck der Abfindung durch entsprechende Formulierung im Aufhebungsvertrag auch auf die Abgeltung von Ansprüchen zu beziehen. Eine weitere Überprüfung der Kompensationswirkung durch die Arbeitsgerichte darf dann nicht mehr stattfinden. Vorsorglich sollten außerdem im Rahmen der jeweiligen Regelungskomplexe des Aufhebungsvertrags Bestimmungen dahingehend aufgenommen werden, dass weitergehende Ansprüche des Mitarbeiters (insoweit) nicht bestehen (Beispiel im Formular: § 2 Abs. (2)).

40. Belehrung bezüglich Arbeitslosmeldung. Im Rahmen der sog. „Hartz-Reform" wurde unter anderem eine Verpflichtung für den Arbeitgeber normiert, die Mitarbeiter rechtzeitig über die Notwendigkeit eigener Aktivitäten bei der Suche nach einer neuen Beschäftigung, insbesondere das Erfordernis einer rechtzeitigen Arbeitslosmeldung, zu informieren (vgl. § 2 Abs. 2 S. 2 Nr. 3 SGB III). Was bei Nichtbeachtung dieser Vorschrift geschieht, ist gesetzlich nicht geregelt. Es ist noch nicht abzusehen, welche Rechtsfolgen die Rechtsprechung an die Nichtbeachtung knüpfen wird. Aus derzeitiger Sicht besteht für den Arbeitgeber das Risiko, sich durch eine unterlassene Information gegenüber dem Mitarbeiter oder gegenüber der Agentur für Arbeit schadensersatzpflichtig zu machen (einen Schadensersatzanspruch ablehnend: ArbG Verden Urt. v. 27. 11. 2003 – 3 Ca 1567/03 – BB 2004, 1632). Um einer etwaigen Schadensersatzpflicht von vornherein zu begegnen, empfiehlt sich die vorgeschlagene Formulierung.

41. Belehrung im Allgemeinen. Beim Abschluss von Aufhebungsverträgen stellt sich grundsätzlich die Frage, ob und gegebenenfalls in welchem Umfang den Arbeitgeber vor Abschluss des Aufhebungsvertrags eine **Pflicht zur Aufklärung über die Folgen des Aufhebungsvertrags** gegenüber dem Arbeitnehmer trifft (hierzu: *Nägele* BB 1992, 1274; *Hoß* DB 1997, 625; *Becker/Schaffner* BB 1993, 1281; *Wisskirchen/Worzala* DB 1994, 577). Festzuhalten ist zunächst, dass Auskünfte, insbesondere über steuer- und sozialversicherungsrechtliche Konsequenzen eines Aufhebungsvertrags, die der Arbeitgeber dem Arbeitnehmer aus eigenem Antrieb heraus erteilt, richtig und zutreffend sein müssen. Andernfalls macht sich der Arbeitgeber schadensersatzpflichtig (BAG Urt. v. 17. 10. 2000 – 3 AZR 605/99 – NZA 2001, 206; BAG Urt. v. 13. 11. 1984 – 3 AZR 255/84 – AP Nr. 5 zu § 1 BetrAVG Zusatzversorgungskassen). Von entsprechenden Auskünften sollte daher Abstand genommen werden. Schwieriger wird die Situation, wenn der Arbeitnehmer an den Arbeitgeber mit der Bitte um Auskunft über eine mögliche Folge des Aufhebungsvertrags herantritt. Der Arbeitgeber muss dann eine richtige Auskunft erteilen, soweit er das zuverlässig zu tun vermag (vgl. BAG Urt. v. 3. 7. 1990 – 3 AZR 382/89 – NZA 1990, 971). Es empfiehlt sich auch insoweit, den Arbeitnehmer an eine für die Auskunft zuständige und kompetente Stelle zu verweisen (vgl. BAG Urt. v. 3. 7. 1990 a. a. O.).

Die arbeitsvertraglichen Nebenpflichten des Arbeitgebers beschränken sich aber nicht darauf, dem Arbeitnehmer keine falschen Auskünfte zu erteilen. Vielmehr können den Arbeitgeber auch ohne Frage des Arbeitnehmers Hinweis- und Aufklärungspflichten treffen. Voraussetzung und Umfang der Hinweis- und Aufklärungspflichten ergeben sich aus dem **Grundsatz von Treu und Glauben** (§ 242 BGB) (BAG Urt. v. 17. 10. 2000 a. a. O.; BAG Urt. v. 3. 7. 1990 a. a. O.). Dabei gilt der Grundsatz: Der Arbeitnehmer muss sich vor Abschluss eines Vertrages, durch den sein Arbeitsverhältnis aufgelöst werden soll, über die rechtlichen Folgen dieses Schritts **selbst Klarheit verschaffen**, wenn er von diesen die Beendigung abhängig machen will (BAG Urt. v. 22. 4. 2004 – 2 AZR 281/03 – n. a. v.; BAG Urt. v. 11. 12. 2001 – 3 AZR 339/00 – AP Nr. 2 zu § 1 BetrVG Auskunft; BAG Urt. v. 17. 10. 2000 a. a. O.; BAG Urt. v. 3. 7. 1990 a. a. O.; BAG Urt. v. 10. 3. 1988 – 8 AZR 420/85 – DB 1988, 2006). Bei Beendigung des Arbeitsverhältnisses braucht der Arbeitgeber daher ohne besondere Umstände nicht von einem besonderen Informationsbedürfnis des Arbeitnehmers ausgehen. Von diesem Grundsatz geht die Klausel im Formular aus.

Die Klausel hilft dem Arbeitgeber dann aber nicht, wenn ausnahmsweise ein **besonderes Informationsbedürfnis** des Arbeitnehmers besteht. Nach der Rechtsprechung muss der Arbeitgeber den Arbeitnehmer über für diesen nachteilige Folgen des Aufhebungsvertrags aufklären, wenn die Abwägung der beiderseitigen Interessen unter Billigkeitsgesichtspunkten und unter Berücksichtigung aller Umstände des Einzelfalls ergibt, dass der Arbeitnehmer durch eine sachgerechte und vom Arbeitgeber redlicher Weise zu erwartende Aufklärung vor der Auflösung des Arbeitsverhältnisses geschützt werden muss, weil er sich durch sie aus Unkenntnis selbst schädigen würde (BAG Urt. v. 22. 4. 2004 – 2 AZR 281/03 – n. a. v.; BAG Urt. v. 10. 3. 1988 a. a. O.; BAG Urt. v. 17. 10. 2000 a. a. O.). Dabei sind die erkennbaren Informationsbedürfnisse des Arbeitnehmers einerseits und die Beratungsmöglichkeiten des Arbeitgebers andererseits zu beachten. Das BAG hat entschieden, dass den Arbeitgeber vor allem dann gesteigerte Hinweispflichten treffen können, wenn der Aufhebungsvertrag auf seine Initiative und in seinem Interesse zustande kommt (BAG Urt. v. 17. 10. 2000 a. a. O.). Im konkreten Fall standen erhebliche Einbußen bei der betrieblichen Altersversorgung durch das vorzeitige Ausscheiden des Arbeitnehmers inmitten. Das BAG hielt den Arbeitgeber für verpflichtet, „wenigstens das Problembewusstsein" des Arbeitnehmers zu wecken, indem er „wenigstens in groben Umrissen über die Ursache dieses außergewöhnlichen Risikos unterrichtet". Eine detaillierte Auskunft wurde nicht verlangt. Angesichts dieser Rechtsprechung wird im Einzelfall häufig schwer feststellbar sein, ob eine Pflicht des Arbeitgebers zur Aufklärung besteht und wie konkret die Auskunft gegebenenfalls sein muss. Noch nicht entschieden ist auch, ob der Arbeitnehmer auf eine (rechtlich gebotene) Aufklärung wirksam verzichten kann.

Vor allem für den Fall nachteiliger **steuer- und sozialversicherungsrechtlicher Auswirkungen** von Aufhebungsverträgen tendiert die Rechtsprechung aber dazu, den Arbeitnehmer auf eigene Informationsmöglichkeiten zu verweisen (BAG Urt. v. 10. 3. 1988 a. a. O.; LAG Berlin Urt. v. 18. 1. 1999 – 9 Sa 107/98 – BB 1999, 747). Denn insoweit stehen dem Arbeitnehmer sachkundige und kompetente Berater der entsprechenden Leistungsträger zur Verfügung, von denen er Aufklärung erwarten und verlangen kann und an die er sich in Zweifelsfragen zu wenden hat. Für diesen Bereich und für den geschilderten Grundfall erscheint es daher ausreichend, den Mitarbeitern als „Einstiegshilfe" in die Thematik und zur Schärfung ihres Problembewusstseins einen kurzen pauschalen Hinweis zu geben, dass sie sich für die Erörterung derartiger Fragen gegebenenfalls an die Agenturen für Arbeit oder an das Finanzamt wenden können. Auch der Verzicht auf weitere Hinweise sollte zumindest aus taktischen Gründen aufgenommen werden.

Bei schwierigen betriebsrentenrechtlichen Problemen mit weitreichenden finanziellen Auswirkungen im **Bereich der betrieblichen Altersversorgung** des Arbeitnehmers ist jedoch erhöhte Vorsicht geboten. Hier besteht grundsätzlich ein hohes Informationsbedürfnis des Arbeitnehmers, wenn die einvernehmliche Beendigung des Arbeitsverhältnisses im zeitlichen oder sachlichen Zusammenhang mit dem Ruhestand steht. Zwar ist der Arbeitgeber nicht verpflichtet, die genaue Höhe etwa drohender Versorgungsnachteile mitzuteilen. Der Arbeitgeber sollte den Arbeitnehmer in solchen Fällen jedoch darauf hinweisen, dass mit Einbußen zu rechnen ist und dieses Risiko auf der angebotenen vorzeitigen Beendigung des Arbeitsverhältnisses beruht (BAG Urt. v. 17. 10. 2000 a. a. O. vgl. aber auch BAG Urt. v. 11. 12. 2001 a. a. O. zur Frage, ob es sich um typische oder atypische Versorgungseinbußen handelt). Der Klauselvorschlag im Formular betrifft betriebsrentenrechtliche Fragen nicht und wäre inhaltlich bei einer entsprechenden Fallgestaltung auch ungenügend.

42. Schlussbestimmungen. S. Form. A. II. 1 (dort Anm. 29) und vgl. auch Form. B. I. 3 § 13.

43. Schriftform. Seit 1. Mai 2000 bedürfen Aufhebungsverträge der Schriftform (§ 623 BGB i. V. m. § 126 BGB). Gemäß § 623 Hs. 2 BGB ist dabei die elektronische Form nicht ausreichend. Zur Erfüllung des Schriftformerfordernisses müssen alle wesentlichen Bestandteile des Aufhebungsvertrags in der Urkunde selbst fixiert sein. Der Aufhebungsvertrag ist eigenhändig zu unterschreiben. Eine Unterzeichnung durch Stempel oder Faximile ist unzulässig. Der Aufhebungsvertrag kann, wie im Formular, aus einer von beiden Parteien zu unterzeichnenden Urkunde bestehen. Möglich ist auch, zwei gleichlautende Urkunden zu erstellen, wobei jede Partei das für die jeweils andere Partei bestimmte Exemplar unterzeichnet (§ 126 Abs. 2 S. 2 BGB; vgl. *Richardi/Annuß* NJW 2000, 1231). Wird der Aufhebungsvertrag im Rahmen eines Prozesses als Vergleich geschlossen, so ist dem Schriftformerfordernis durch die Protokollierung genüge getan (§ 127 a BGB).

2. Abwicklungsvertrag[1]

Abwicklungsvertrag

zwischen
...... (Name und Anschrift des Arbeitgebers) „Gesellschaft"
und
Herrn ...... (Name und Anschrift des Arbeitnehmers) „Mitarbeiter"

Präambel

Der Mitarbeiter ist aufgrund des Arbeitsvertrags vom ...... samt Nachträgen vom ...... und vom ...... seit dem ...... bei der Gesellschaft beschäftigt. Mit Schreiben vom ...... hat die Gesellschaft das Arbeitsverhältnis ordentlich zum ...... gekündigt. Die Parteien sind übereingekommen, die Bedingungen im Zusammenhang mit der Beendigung des Arbeitsverhältnisses einvernehmlich zu regeln.

Dies vorausgeschickt, vereinbaren die Parteien Folgendes:

§ 1 Beendigung

Die Parteien sind sich darüber einig, dass das Arbeitsverhältnis des Mitarbeiters mit der Gesellschaft auf Veranlassung der Gesellschaft aufgrund ordentlicher betriebsbedingter (*Alternative*: personenbedingter, verhaltensbedingter) Kündigung der Gesellschaft[2,3] vom ...... am ...... (im Folgenden: „Beendigungstermin") enden wird (*Alternative*: beendet worden ist).

§ 2 Abrechnung[4]

§ 3 Abfindung[5]

§ 4 Freistellung/Urlaub[6]

§ 5 Betriebliche Altersversorgung[7]

§ 6 Zeugnis, Arbeitspapiere[8]

§ 7 Rückgabe von Gegenständen/(*Optional*: Dienstwagen)[9]

§ 8 Geheimhaltung[10]

(*Optional*:
§ 9 Gerichtsverfahren

Der Mitarbeiter verpflichtet sich, die beim Arbeitsgericht ...... anhängige Kündigungsschutzklage (Az.: ......) unverzüglich nach Unterzeichnung dieser Vereinbarung zurückzunehmen. Die Kosten des gerichtlichen Verfahrens werden gegeneinander aufgehoben.)[11]

§ 9 (bzw. § 10) Abgeltung[12]

§ 10 (bzw. § 11) Belehrung[13]

§ 11 (bzw. § 12) Schlussbestimmungen[14]

......
Ort, Datum

......
Ort, Datum

......
Unterschrift der Gesellschaft[15]

......
Unterschrift des Mitarbeiters

2. Abwicklungsvertrag   A. XV. 2

Schrifttum: Kern/Kreutzfeldt, Arbeitsrechtliche Abwicklungsverträge am Ende?, NJW 2004, 3081; *Boecken/Hümmerich*, Gekündigt, abgewickelt, gelöst, gesperrt, DB 2004, 2046; *Besgen*, Nochmals: Abfindungsanspruch nach § 1a KSchG und Sperrzeit, FA 2004, 294; *Bauer*, Neue Spielregeln für Aufhebungs- und Abwicklungsverträge durch das geänderte BGB?, NZA 2002, 169; *ders.*, Arbeitsrechtliche Aufhebungsverträge, 7. Aufl., 2004; *Bauer/Hümmerich*, Nichts Neues zu Aufhebungsvertrag und Sperrzeit oder: Alter Wein in neuen Schläuchen, NZA 2003, 1076; *Bauer/Krieger*, Das Ende der außergerichtlichen Beilegung von Kündigungsstreitigkeiten?, NZA 2004, 640; *Freckmann*, Abwicklungs- und Aufhebungsverträge – in der Praxis noch immer ein Dauerbrenner, BB 2004, 1564; *Gaul*, Aufhebungs- und Abwicklungsvertrag: Aktuelle Entwicklungen im Arbeits- und Sozialversicherungsrecht, BB 2003, 2457; *Geiger*, Neues zu Aufhebungsvertrag und Sperrzeit, NZA 2003, 838; *Gotthardt*, Arbeitsrecht nach der Schuldrechtsreform, 2. Aufl., 2003; *Grunewald*, Der arbeitsrechtliche Abwicklungsvertrag – Alternative oder Ende des arbeitsrechtlichen Aufhebungsvertrags?, NZA 1994, 441; *Heuchemer/Insam*, Keine Bevorzugung von Abwicklungsverträgen gegenüber Aufhebungsverträgen bei der Verhängung von Sperrzeiten, BB 2004, 1679; *dies.*, Keine Sperrzeit nach Freistellung im Aufhebungsvertrag, BB 2004, 1562; *Hümmerich*, Neues zum Abwicklungsvertrag, NZA 2001, 1280; *ders.*, Abschied vom arbeitsrechtlichen Aufhebungsvertrag, NZA 1994, 200; *ders.*, Acht aktuelle Vorteile beim Abwicklungsvertrag, BB 1999, 1868; *Lakies*, Neu ab 1. Mai 2000: Verbessertes Arbeitsgerichtsverfahren und Schriftform für die Beendigung von Arbeitsverhältnissen, BB 2000, 667; *Nebeling/Schmid*, Zulassung der verspäteten Kündigungsschutzklage nach Anfechtung eines Abwicklungsvertrags wegen arglistiger Täuschung, NZA 2002, 1310; *Werner*, Sozialrechtliche Folgen des Abwicklungsvertrags, NZA 2002, 262.

Anmerkungen

1. Begriff des Abwicklungsvertrages. In der Praxis wird häufig keine deutliche Unterscheidung zwischen Aufhebungs- und Abwicklungsverträgen vorgenommen. Die arbeitsgerichtliche Rechtsprechung hat sich bisher lediglich mit dem Begriff des Aufhebungsvertrags auseinandergesetzt. Ein Aufhebungsvertrag sei die Vereinbarung zwischen Arbeitnehmer und Arbeitgeber über das vorzeitige Ausscheiden des Arbeitnehmers aus dem Arbeitsverhältnis als Dauerschuldverhältnis (BAG Urt. v. 26. 8. 1997 – 9 AZR 227/96 – AP Nr. 8 zu § 620 BGB Aufhebungsvertrag; BAG Urt. v. 12. 2. 2000 – 7 AZR 48/99 – AP Nr. 16 zu § 620 BGB Aufhebungsvertrag). Eine **Definition des Abwicklungsvertrages** haben BAG und BSG bisher nicht vorgelegt. Richtig dürfte es sein, Aufhebungs- und Abwicklungsvertrag nach den durch diese Vereinbarungen bewirkten Rechtsfolgen zu unterscheiden: Der Aufhebungsvertrag beendet das Arbeitsverhältnis, während der Abwicklungsvertrag lediglich die Abwicklung eines bereits aufgrund sonstigen Beendigungstatbestands endenden bzw. beendeten Arbeitsverhältnisses regelt. Der Aufhebungsvertrag kann und wird natürlich auch Regelungen für die Abwicklung des Arbeitsverhältnisses beinhalten. Für ihn ist aber kennzeichnend, dass er die (konstitutive) Einigung zwischen Arbeitgeber und Arbeitnehmer über die Beendigung des Arbeitsverhältnisses enthält. Dagegen gehen Arbeitgeber und Arbeitnehmer beim Abwicklungsvertrag davon aus, dass das Arbeitsverhältnis nicht durch den Abwicklungsvertrag selbst, sondern aus anderem Grund, z.B. arbeitgeberseitiger Kündigung, Eigenkündigung, Eintritt eines Befristungstermins oder infolge auflösender Bedingung endet bzw. geendet hat.

In der Literatur werden zum Teil hiervon abweichende Begriffe verwendet. Eine Ansicht klassifiziert als Abwicklungsvertrag nur Vereinbarungen, bei denen Arbeitgeber und Arbeitnehmer von der Beendigung des Arbeitsverhältnisses **aufgrund arbeitgeberseitiger Kündigung** ausgehen (*Grunewald* NZA 1994, 441, 441; *Hümmerich* NZA 1994, 200, 200 f.; *ders.* NZA 2001, 1280, 1280; *ders.* BB 1999, 1868, 1868). Nach anderer Ansicht gibt es einen sog. „**echten**" und einen sog. „**unechten**" **Abwicklungsvertrag**. Ein unechter Abwicklungsvertrag läge vor, wenn Arbeitgeber und Arbeitnehmer sich darauf verständigt hätten, dass eine Kündigung ausgesprochen und dann eine Vereinbarung über die Abwicklung des Arbeitsverhältnisses getroffen wird. Würde dagegen eine Kündigung ausgesprochen, ohne dass sich die Vertragsparteien vorab hierauf verständigt haben, läge ein echter Abwicklungsvertrag vor (*Bauer* Rdn. 18 a).

Die begriffliche Beschränkung auf Vereinbarungen im Gefolge arbeitgeberseitiger Kündigungen entsprechend der erstgenannten Ansicht führt zu einer Ausblendung entsprechender Absprachen im Gefolge anderweitiger Beendigungstatbestände (z.B. Eigenkündigung, Befristung, auflösende Bedingung). Der zweitgenannten Auffassung, derzufolge es auch sog. „unechte" Abwicklungsverträge gäbe, wird entgegengehalten, dass hier in Wahrheit ein Aufhebungsvertrag vorliege. Denn infolge einer „Vorfeldabsprache" sei der übereinstimmende Wille von Arbeitgeber und Arbeitnehmer auf Beendigung des Arbeitsverhältnisses gerichtet und die Parteien hätten dann entgegen diesem übereinstimmenden Willen nur die Form der Kündigungserklärung samt anschließender Vereinbarung über die Abwicklung des Arbeitsverhältnisses gewählt. Es handle sich folglich um eine sog. „falsa demonstratio" (*Werner* NZA 2002, 262, 263; *Hümmerich* BB 1999, 1868, 1868). Im Ergebnis ist es aber rechtlich unerheblich, ob man in den Fällen der Vorfeldabsprache dogmatisch von einem Aufhebungs- oder einem Abwicklungsvertrag ausgeht. Entscheidend ist allein, welche etwaigen Rechtsfolgen daran anknüpfen, dass die Parteien sich über das Vorgehen im Wege der Kündigung mit anschließender Vereinbarung vorab verständigt hatten. Deshalb bedarf es auch des Begriffs des „unechten" Abwicklungsvertrages nicht. Festzuhalten bleibt daher, dass jede Vereinbarung, die das Arbeitsverhältnis beendet, ein Aufhebungsvertrag und jede Vereinbarung, die lediglich die Rechtsfolgen der Beendigung des Arbeitsverhältnisses regelt, ein Abwicklungsvertrag ist (ebenso: *Gaul* BB 2003, 2457, 2457).

Der Abwicklungsvertrag kann sowohl außergerichtlich als auch gerichtlich abgeschlossen werden. Wird der Abwicklungsvertrag vor Gericht – i.d.R. im Rahmen eines Kündigungsschutzprozesses – abgeschlossen, so handelt es sich zugleich um einen Prozessvergleich im Sinne von § 794 Abs. 1 Nr. 1 ZPO. Ohne ausdrückliche Vereinbarung besteht für keine Partei ein Recht, einen einmal abgeschlossenen Abwicklungsvertrag zu widerrufen (vgl. im Einzelnen Nachweise zum Aufhebungsvertrag in Form. A. XV. 1 Anm. 2).

2. Beendigung durch Kündigung. Der weitaus häufigste Fall des Abwicklungsvertrages ist die Vereinbarung über die Abwicklung des Arbeitsverhältnisses im Gefolge einer **arbeitgeberseitigen Kündigung**. Ob es sich dabei um eine betriebs-, personen- oder verhaltensbedingte Kündigung handelt, ist unerheblich. Uneinheitlich wird bei der Frage verfahren, wie im Abwicklungsvertrag auf den (anderweitigen) Beendigungstatbestand verwiesen werden sollte. Teilweise wird vorgeschlagen, im Vertrag nur einen Hinweis auf die vom Arbeitgeber ausgesprochene Kündigung aufzunehmen oder vertraglich zu vereinbaren, dass gegen die Kündigung keine Einwendungen erhoben werden (*Hümmerich*, Arbeitsrecht, § 4 Rdn. 202 f.). Für mehr Klarheit sorgt die im Formular gewählte Formulierung, derzufolge sich die Vertragsparteien darüber einig sind, dass das Arbeitsverhältnis aufgrund der Kündigung der Gesellschaft endet. An einer derartigen Formulierung wird allerdings Kritik geübt. Sie nähme eine „Zwitterstellung" ein. Denn einerseits sei von der Beendigung des Arbeitsverhältnisses durch Kündigung die Rede, andererseits hieße es, dass sich die Parteien über das Ende des Arbeitsverhältnisses einig seien (was wiederum Kennzeichen eines Aufhebungs- und nicht eines Abwicklungsvertrages sei; vgl. *Hümmerich* AE 2004, 147, 148). Das Gegenteil ist richtig: Nur die hier vorgeschlagene Formulierung verdeutlicht, dass die Parteien von einer Beendigung des Arbeitsverhältnisses durch Kündigung ausgehen und genau hierüber Einvernehmen erzielt haben. Denn maßgeblicher Inhalt des Abwicklungsvertrages ist nicht nur, Einzelheiten der Abwicklung des Arbeitsverhältnisses zu regeln, sondern vor allem, jeden zukünftigen **Streit über die Wirksamkeit der Kündigung auszuschließen**. Die Klausel führt daher dazu, dass eine etwaige Kündigungsschutzklage des Arbeitnehmers nach Abschluss der Vereinbarung unbegründet wäre. Ihr würde der Einwand unzulässiger Rechtsausübung – venire contra factum proprium (§ 242 BGB) – entgegenstehen.

3. Abwicklungsvertrag oder Aufhebungsvertrag? Die „Qual der Wahl" zwischen Aufhebungs- und Abwicklungsvertrag stellt sich für den Arbeitgeber vor allem dann, wenn er sich von einem Mitarbeiter trennen möchte und andere Trennungsmöglichkeiten (Auslaufen einer Befristung, Vorruhestands- und Altersteilzeitmodelle, etc.) ausscheiden. Dann muss der Arbeitgeber entscheiden, ob er dem Mitarbeiter einen Aufhebungsvertrag anbietet oder eine Kündigung ausspricht. Entscheidet er sich für die Kündigung, muss er sich bei einer betriebsbedingten Kündigung überlegen, ob er vom gesetzlich geregelten Abfindungsangebot (§ 1a KSchG; hierzu Form. A. XIV. 4) Gebrauch macht. Liegt keine betriebsbedingte Kündigung vor oder entschließt er sich gegen ein Vorgehen gemäß § 1a KSchG, muss er sich überlegen,

2. Abwicklungsvertrag
A. XV. 2

ob und vor allem zu welchem Termin er einen Abwicklungsvertrag anbieten möchte. Das „stets richtige" Vorgehen gibt es nicht. Vielmehr bedingen die tatsächlichen und rechtlichen Rahmenbedingungen im Einzelfall und taktische Überlegungen die Entscheidung. Einfließen in diese Überlegungen wird auch, welche **sozialversicherungsrechtlichen Folgen** mit dem Abschluss eines Abwicklungsvertrages verbunden sind. Hier stellt sich die vieldiskutierte Frage, ob der Abwicklungsvertrag zur **Verhängung einer Sperrzeit nach § 144 Abs. 1 Nr. 1 SGB III** führt.

Nach § 144 Abs. 1 S. 1 Nr. 1 SGB III wird eine Sperrzeit verhängt, wenn der Arbeitnehmer das **Beschäftigungsverhältnis gelöst** oder **durch ein arbeitsvertragswidriges Verhalten** Anlass für die Lösung des Beschäftigungsverhältnisses gegeben und dadurch vorsätzlich oder grob fahrlässig die Arbeitslosigkeit herbeigeführt hat (sog. Sperrzeit wegen Arbeitsaufgabe), ohne für sein Verhalten einen **wichtigen Grund** zu haben. Die Dauer der etwaigen Sperrzeit beträgt bis zu 12 Wochen (§ 144 Abs. 3 SGB III). Infolge einer Sperrzeit verkürzt sich der Bezugszeitraum für den Anspruch auf Arbeitslosengeld (§ 128 Abs. 1 Nr. 4 SGB III).

Eine Sperrzeit wird daher verhängt, wenn der Abwicklungsvertrag nach verhaltensbedingter arbeitgeberseitiger Kündigung abgeschlossen wird. Denn in diesem Fall hat der Arbeitnehmer durch ein arbeitsvertragswidriges Verhalten Anlass für die Lösung des Beschäftigungsverhältnisses gegeben (§ 144 Abs. 1 S. 1 Nr. 1 Alt. 2 SGB III). Schwieriger ist die Beurteilung für die übrigen Fälle. Hier stellt sich zunächst die Frage, ob der Arbeitnehmer das **Beschäftigungsverhältnis gelöst** hat (§ 144 Abs. 1 S. 1 Nr. 1 Alt. 1 SGB III). Ein Teil der Literatur sieht diese Tatbestandsvoraussetzung bei Abwicklungsverträgen als nicht erfüllt an. Denn mit dem Abwicklungsvertrag löse der Arbeitnehmer das Beschäftigungsverhältnis gerade nicht. Vielmehr werde dieses durch den anderweitigen Beendigungstatbestand, insbesondere die arbeitgeberseitige Kündigung, beendet. Das sei gerade der Unterschied zwischen Aufhebungs- und Abwicklungsvertrag (*Hümmerich* BB 1999, 1868, 1869; *ders.* AE 2004, 147, 149f.; *Bauer/Hümmerich* NZA 2003, 1076, 1076f.). Das BSG ist dem zu Recht nicht gefolgt. Es vertritt einen sog. „offenen Lösungsbegriff", demzufolge auch Vereinbarungen nach Ausspruch der Arbeitgeberkündigung als „Lösen des Beschäftigungsverhältnisses" angesehen werden können (BSG Urt. v. 18. 12. 2003 – B 11 AL 35/03 R – NZA 2004, 661; hierzu: *Heuchemer/Insam* BB 2004, 1679; *Bauer/Krieger* NZA 2004, 640). Es sei gerade Sinn derartiger Vereinbarungen, das Ende des Beschäftigungsverhältnisses herbeizuführen. Zweck der Sperrzeitregelung sei es, den Arbeitnehmer davon abzuhalten, sich an der Beendigung des Arbeitsverhältnisses aktiv zu beteiligen. Da durch den Abschluss von Abwicklungsverträgen auf die Geltendmachung des Kündigungsrechts verzichtet würde, leiste der Arbeitnehmer einen wesentlichen Beitrag zur Herbeiführung seiner Beschäftigungslosigkeit. Die Bewertung dieses Verhaltens als „Lösen des Beschäftigungsverhältnisses" i. S. d. Gesetzes gebiete auch Sinn und Zweck der Sperrzeit, die Versichertengemeinschaft typisierend gegen Risikofälle zu schützen, deren Eintritt der Versicherte selbst zu vertreten hat. Insoweit mache es keinen Unterschied, ob der Arbeitnehmer durch Abschluss eines Aufhebungsvertrags die Beendigung des Beschäftigungsverhältnisses unmittelbar herbeiführt oder hinsichtlich des Bestands der Kündigung verbindliche Vereinbarung träfe. Für die Beendigung des Beschäftigungsverhältnisses träfe ihn in beiden Fällen wesentliche Verantwortung (BSG Urt. v. 18. 12. 2003 a.a.O.). Für eine entsprechende Gleichstellung von Aufhebungs- und Abwicklungsvertrag hatten sich bereits vor dieser BSG-Rechtsprechung zahlreiche Autoren ausgesprochen (*Geiger* NZA 2003, 838; *Gaul* BB 2003, 2457, 2459). Der BSG-Rechtsprechung ist zuzustimmen. Denn die dogmatisch feinsinnige Unterscheidung zwischen übereinstimmenden Willenserklärungen zur Beendigung des Arbeitsverhältnisses (Aufhebungsvertrag) und übereinstimmenden Willenserklärungen zur Akzeptanz einer arbeitgeberseitigen Kündigung mit Folge Beendigung des Arbeitsverhältnisses (Abwicklungsvertrag) kann für die sozialversicherungsrechtliche Behandlung aufgrund der vom BSG dargelegten Argumente nicht entscheidend sein.

Das BSG-Urteil steht auch nicht im Widerspruch zur BSG-Rechtsprechung für Fälle der **Hinnahme einer arbeitgeberseitigen Kündigung**. Insoweit gilt der Grundsatz, dass die Verhängung einer Sperrzeit wegen Arbeitsaufgabe an ein **aktives** Verhalten des Arbeitnehmers anknüpft. Die bloße Hinnahme einer Kündigung stellt also kein Lösen des Beschäftigungsverhältnisses durch den Arbeitnehmer dar (BSG Urt. v. 25. 4. 2002 – B 11 AL 89/01 R – AP

Nr. 8 zu § 119 AFG; BSG Urt. v. 9. 11. 1995 – 11 RAr 27/95 – BB 1996, 1510). Eine Ausnahme hiervon hat die Rechtsprechung nur gemacht, wenn der Arbeitnehmer eine offensichtlich rechtswidrige Kündigung im Hinblick auf eine zugesagte finanzielle Vergünstigung hingenommen hat, z. B. durch Unterlassen einer Kündigungsschutzklage. Dogmatisch ordnet das BSG diese Fälle aber als Aufhebungsvertrag ein: Nähme der Arbeitnehmer bei offensichtlich rechtswidriger Kündigung eine zugesagte finanzielle Vergünstigung entgegen und verzichte er auf eine Kündigungsschutzklage, so sei der wirkliche Wille der Vertragsparteien auf den Abschluss eines Aufhebungsvertrags gerichtet. Die Kündigung des Arbeitgebers sei bloßes Scheingeschäft gemäß § 117 Abs. 2 BGB (BSG Urt. v. 9. 11. 1995, a. a. O.; BSG Urt. v. 25. 4. 2002, a. a. O.).

Man mag kritisieren, dass das BSG die Fälle der Hinnahme einer offensichtlich rechtswidrigen Kündigung bei zugesagter finanzieller Vergünstigung mit dem beschriebenen „Kunstgriff" als verdeckte Aufhebungsverträge klassifiziert. Dagegen lässt sich kein Widerspruch zwischen der Rechtsprechung zur bloßen Hinnahme einer Kündigung und zum Abschluss eines Abwicklungsvertrages erkennen. Denn dass der Arbeitnehmer bei Abschluss des Abwicklungsvertrages nicht bloß die Kündigung hinnimmt (passives Verhalten), sondern diese Hinnahme **rechtsgeschäftlich verbindlich erklärt** (aktives Verhalten) ist ein grundlegender Unterschied (dies verkennen *Bauer/Hümmerich* NZA 2003, 1076, 1078 f.).

Zu kritisieren ist die neue BSG-Rechtsprechung zur Sperrzeit beim Abwicklungsvertrag lediglich insoweit, als sie hinsichtlich des **Zeitpunkts** und des **Orts** des Abschlusses des Abwicklungsvertrages Fragen unbeantwortet gelassen hat. So hat das BSG nur angedeutet, dass eine andere Bewertung der Sperrzeitproblematik denkbar wäre, wenn **nach Ablauf der Frist für die Erhebung der Kündigungsschutzklage (§ 4 KSchG)** „lediglich Einzelheiten zur Beendigung des Arbeitsverhältnisses" geregelt werden. Außerdem könne eine andere Bewertung geboten sein, wenn Abwicklungsverträge **als Prozessvergleiche in einem arbeitsgerichtlichen Verfahren** geschlossen werden (BSG Urt. v. 18. 12. 2003 a. a. O.; vgl. *Bauer/Krieger* NZA 2004, 640; *Heuchemer/Insam* BB 2004, 1679). Das Tatbestandsmerkmal des „Lösens des Beschäftigungsverhältnisses" ist tatsächlich nicht mehr gegeben, wenn innerhalb von drei Wochen nach Zugang der schriftlichen Kündigung keine Kündigungsschutzklage eingereicht wurde. Denn dann endet das Arbeitsverhältnis definitiv mit der Kündigung und ungeachtet jeder etwaigen Erklärung des Arbeitnehmers hierzu. In allen anderen Fällen müsste dagegen folgerichtig ein Lösen des Beschäftigungsverhältnisses angenommen werden. Dies gilt sowohl für den außergerichtlich nach Ablauf der Drei-Wochen-Frist abgeschlossenen Abwicklungsvertrag (wenn eine Kündigungsschutzklage eingereicht wurde), als auch für Abwicklungsverträge als Prozessvergleiche im Rahmen von Kündigungsschutzverfahren (insoweit richtig *Bauer/Hümmerich* NZA 2003, 1076, 1079: „Dies müsste dann auch für den seit Jahrzehnten praktizierten gerichtlichen Prozessvergleich im Rahmen eines Kündigungsschutzprozesses gelten (...)"; ebenso *Kern/Kreutzfeldt* NJW 2004, 3081). Auf Basis der BSG-Rechtsprechung ist völlig unerfindlich, welches Privileg Abwicklungsverträge, die vor einem Arbeitsgericht geschlossen werden, haben sollten. Denn alle vom BSG angestellten Überlegungen zum Sinn und Zweck der Sperrzeitregelung gelten ungeachtet dessen, ob der Mitarbeiter eine entsprechende Vereinbarung außergerichtlich oder vor Gericht abschließt. Wenn das BSG ausführt, dass ein „Lösen des Beschäftigungsverhältnisses" und damit eine Verhängung der Sperrzeit bei Abwicklungsverträgen vor Gericht gegebenenfalls nicht in Betracht kommt, weil den Arbeitnehmer „keine Obliegenheit des Arbeitslosenversicherungsrechts zur Erhebung einer Kündigungsschutzklage" trifft, so ist dies zwar richtig, aber irrelevant. Denn es geht nicht darum, welche Obliegenheiten den Arbeitnehmer zum Vorgehen gegen eine Kündigung treffen, sondern darum, inwieweit er durch aktives Handeln (hier Abschluss des Prozessvergleichs) an der Beendigung des Arbeitsverhältnisses mitgewirkt hat.

Es lässt sich noch vermuten, dass das BSG mit der Privilegierung von Prozessvergleichen sog. „**Vorfeldabsprachen**" bekämpfen will. So ist anerkannt, dass eine Abrede zwischen Arbeitnehmer und Arbeitgeber, dass der Arbeitgeber eine Kündigung aussprechen wird und die Parteien dann einen Abwicklungsvertrag schließen, als „Vorfeldabsprache" zur Verhängung einer Sperrzeit führt (vgl. Durchführungsanweisung der Bundesagentur für Arbeit zu § 144 SGB III, Ziff. 1.1.1.3.1; BSG Urt. v. 18. 12. 2003 a. a. O.). Als Mittel zur „Bekämpfung" derartiger Umgehungsversuche, wäre die Privilegierung des Prozessvergleichs freilich wenig tauglich. Denn ebenso wie Arbeitgeber und Arbeitnehmer den Ausspruch einer Kündigung mit anschließendem außergerichtlichen Abwicklungsvertrag vereinbaren können, können sie den Ausspruch einer Kündigung mit anschließender Klageeinreichung und Abwicklungsvertrag als Prozessvergleich vereinbaren. Im Ergebnis führt die Rechtsprechung daher nur zu einer weiteren Überlastung der Arbeitsgerichte (zutreffend: *Bauer/Krieger* NZA 2004, 640, 641).

Gelangt man nach Maßgabe der vorstehenden Ausführungen zu dem Ergebnis, dass der Abwicklungsvertrag ein „Lösen des Beschäftigungsverhältnisses" i. S. d. § 144 Abs. 1 S. Nr. 1 Alt. 1 SGB III darstellt, kommt es auf das Vorliegen der zweiten (negativen) Tatbestandsvoraussetzung dieser Norm an. Der Arbeitnehmer darf für sein Verhalten keinen **wichtigen Grund** gehabt haben (§ 144 Abs. 1 S. 1 a. E.). Für die Frage, wann ein solcher wichtiger Grund vorliegt, läge es nahe, auf die für Aufhebungsverträge hierzu entwickelten Grundsätze zurückzugreifen (vgl. Form. A. XV. 1 Anm. 8). Nach dem BSG ist allerdings einzig entscheidend, ob die vom Arbeitgeber ausgesprochene Kündigung **objektiv rechtmäßig** ist (BSG Urt. v. 18. 12. 2003 a. a. O.). Die Agenturen für Arbeit haben daher die objektive Rechtmäßigkeit der Kündigung zu prüfen. Selbstverständlich sind sie an eine entsprechende Vereinbarung zwischen Arbeitgeber und Arbeitnehmer im Abwicklungsvertrag nicht gebunden. Außerdem hat der Arbeitnehmer die für die Beurteilung des wichtigen Grunds maßgeblichen Tatsachen darzulegen und nachzuweisen, soweit ihm dies möglich ist (§ 144 Abs. 1 S. 4 SGB III).

Aufgrund der BSG-Rechtsprechung zur Sperrzeit bei Abwicklungsverträgen wird gegenwärtig weithin der „**Tod des Abwicklungsvertrages**" postuliert. Das ist bereits deshalb falsch, weil Prozessvergleiche im Rahmen von Kündigungsschutzverfahren i. d. R. Abwicklungsverträge sind und die Zahl solcher Prozessvergleiche infolge der neuen Rechtsprechung sogar noch zunehmen wird. Wenn überhaupt, so lässt sich nur vom „Tod des außergerichtlichen Abwicklungsvertrages" sprechen. Auch dieser ist aber bisher (noch) nicht festzustellen. Abwicklungsverträge werden in der Praxis immer noch geschlossen. Ob und wie die Agenturen für Arbeit die Rechtsprechung des BSG umsetzen, bleibt abzuwarten. Schließlich mehren sich die Stimmen, die für eine Änderung der Rechtsprechung plädieren, wobei häufig auf die Wertung des § 1a KSchG als „gesetzgeberische Anregung zum Abschluss eines Abwicklungsvertrages" (*Kern/Kreuzfeldt* NJW 2004, 3081) verwiesen wird. Richtig ist allerdings, dass aus jetziger Sicht die „Überlebenschance" des außergerichtlichen Abwicklungsvertrages dramatisch gesunken ist.

Vor diesem Hintergrund sollen abschließend noch einige Hinweise für den Abschluss von Abwicklungsverträgen gegeben werden: Wegen möglicher **Hinweis- und Aufklärungspflichten** bezüglich der Verhängung einer Sperrzeit sollte die Belehrungsklausel (§ 10; vgl. Form. A. XV. 1 Anm. 41) aufgenommen werden. Auf Basis der Ausführungen des BSG erscheinen, wenngleich dies unverständlich ist, **Prozessvergleiche** sowie **Vergleiche nach § 278 Abs. 6 ZPO** als vorzugswürdig, wenn Nachteile für den Arbeitnehmer vermieden werden sollen. Bei einem Kündigungstermin in der Zukunft kann der Abwicklungsvertrag – wenn dies im Einzelfall opportun ist – eine zwölfwöchige bezahlte Freistellungsphase vorsehen. Dies vermeidet eine „Zahlungslücke" zu Lasten des Arbeitnehmers, da die Sperrzeit dann bereits vor dem Kündigungstermin (Ende der Gehaltszahlung) beendet ist (vgl. *Heuchemer/Insam* BB 2004, 1562; dies. BB 2004, 1679, 1681). Es verbleibt der Nachteil, dass der Bezugszeitraum des Arbeitslosengelds gekürzt wird (vgl. § 128 Abs. 1 Nr. 4 SGB III). Anstelle des Abwicklungsvertrages mag der Arbeitgeber sich dazu entscheiden, von der **Möglichkeit des § 1a KSchG** Gebrauch zu machen (s. hierzu Form. A. XIV. 4). Denn hier kommen die Grundsätze zur (bloßen) Hinnahme einer Kündigung zur Anwendung. Danach kommt es zu keiner Sperrzeit zu Lasten des Arbeitnehmers bei Kündigung samt Abfindungsangebot nach § 1a KSchG, soweit die Kündigung nicht offensichtlich rechtswidrig ist (Durchführungsanweisung der Bundesagentur für Arbeit zu § 144 SGB III, Ziff. 2.2.1; *Bauer/Krieger* NZA 2004, 640, 641 f.). Nachteil dieser Handlungsoption ist natürlich, dass der Arbeitgeber bis zum Ablauf der Drei-Wochen-Frist keine Gewissheit über die Frage der Einlegung einer Kündigungsschutzklage erhält. Außerdem fehlen hilfreiche Klauseln für die Abwicklung des Arbeitsverhältnisses, wie sie im Abwicklungsvertrag regelmäßig vereinbart würden.

4. Abrechnung. S. Form. A. XV. 1, dort unter § 2.

5. Abfindung. S. Form. A. XV. 1, dort unter § 3.

6. Freistellung/Urlaub. S. Form. A. XV. 1, dort unter § 4.

7. Betriebliche Altersversorgung. S. Form. A. XV. 1, dort unter § 5.

8. Zeugnis, Arbeitspapiere. S. Form. A. XV. 1, dort unter § 6.

9. Rückgabe von Gegenständen. S. Form. A. XV. 1, dort unter § 7.

10. Geheimhaltung. S. Form. A. XV. 1, dort unter § 8.

11. Rücknahme der Kündigungsschutzklage. Die Klausel im Formular geht davon aus, dass der Abwicklungsvertrag nach Einreichung einer Kündigungsschutzklage als außergerichtliche Vereinbarung abgeschlossen wird. In diesem Fall ist die Vereinbarung zur Rücknahme der Kündigungsschutzklage üblich. Es sollte dann noch eine Regelung zur Kostentragung aufgenommen werden. Im Formular ist Kostenaufhebung vorgesehen.

12. Abgeltung. S. Form. A. XV. 1, dort unter § 9.

13. Belehrung. S. Form. A. XV. 1, dort unter § 10.

14. Schlussbestimmungen. S. Form. A. XV. 1, dort unter § 11.

15. Schriftform. Es ist umstritten, ob Abwicklungsverträge der Formvorschrift des § 623 BGB unterfallen. Nach dem am 1. Mai 2000 in Kraft getretenen § 623 BGB bedarf die Beendigung des Arbeitsverhältnisses durch Kündigung oder Auflösungsvertrag der schriftlichen Form i. S. d. § 126 BGB, wobei gemäß § 623 Hs. 2 BGB die elektronische Form ausgeschlossen ist, weil ihr nicht dieselbe Warnfunktion zukommt wie der Schriftform (vgl. BT-Drucks. 14/4987 S. 22). Strittig ist dabei, ob der Abwicklungsvertrag als ein „Auflösungsvertrag" i. S. d. § 623 BGB anzusehen ist.

Der typische Auflösungsvertrag i. S. d. § 623 BGB ist der Aufhebungsvertrag (vgl. ErfKomm/*Müller-Glöge* § 623 BGB Rdn. 12). Durch einen solchen Vertrag wird die **Beendigung des Arbeitsverhältnisses** einvernehmlich vereinbart (s. Anm. 1). Dabei kommt es für das Schriftformerfordernis des § 623 BGB nicht darauf an, wie der Vertrag von den Parteien bezeichnet wird (vgl. *Lakies* BB 2000, 667; APS/*Preis* § 623 BGB Rdn. 9; ErfKomm/*Müller-Glöge* § 623 BGB Rdn. 12). Der Abwicklungsvertrag regelt dagegen lediglich die Abwicklung eines bereits aufgrund eines sonstigen Beendigungstatbestands beendeten Arbeitsverhältnisses (s. Anm. 1) und löst es nicht auf. Damit unterfällt er schon nicht dem Wortlaut des § 623 BGB, der eine „**Auflösung**" des Arbeitsverhältnisses durch Vertrag fordert. Dem steht auch nicht § 144 Abs. 1 S. 1 Nr. 1 SGB III entgegen, demzufolge eine Sperrzeit verhängt wird, wenn der Arbeitnehmer das Beschäftigungsverhältnis gelöst oder durch ein arbeitsvertragswidriges Verhalten Anlass für die Lösung gegeben hat. Denn Sinn und Zweck dieser Vorschrift (Sanktion für Beitrag zur Herbeiführung der Beschäftigungslosigkeit, Schutz der Versichertengemeinschaft gegen Risikofälle, deren Eintritt der Versicherte selbst zu vertreten hat; s. Anm. 3) entsprechen nicht Sinn und Zweck des § 623 BGB (insbesondere Warn- und Beweisfunktion). Der Arbeitnehmer muss bei Abschluss des Abwicklungsvertrages auch nicht davor **gewarnt** werden, dass er das Arbeitsverhältnis beendet. Denn das Arbeitsverhältnis wurde begriffsnotwendig schon durch einen anderen Beendigungstatbestand beendet. Dem Abwicklungsvertrag kommt schließlich auch keine **Beweisfunktion** für die Beendigung des Arbeitsverhältnisses zu. Folglich bedarf der Abwicklungsvertrag nicht der Schriftform des § 623 BGB (*Bauer* NZA 2002, 169, 170; ErfKomm/*Müller-Glöge* § 623 BGB Rdn. 14; APS/ *Preis* § 623 BGB Rdn. 9 jeweils m. weit. Nachw.).

Nach einem Teil der Literatur soll allerdings etwas anderes gelten, wenn dem Abwicklungsvertrag eine **unwirksame Kündigung** vorausging (APS/*Preis* § 623 BGB Rdn. 9; ErfK/ *Müller-Glöge* § 623 BGB Rdn. 114). Begründet wird dies damit, dass dann die Beendigung des Arbeitsverhältnisses nicht durch die (unwirksame) Kündigung, sondern erst durch den Abwicklungsvertrag herbeigeführt wird. Das ist aber nicht richtig. Denn mit dem Abwicklungsvertrag wollen die Parteien lediglich den Streit über die Wirksamkeit der Kündigung ausschließen (s. Anm. 2). In dogmatischer Hinsicht ändert sich nichts daran, dass das Arbeitsverhältnis dann durch (unwirksame) Kündigung beendet wird. Deshalb ist auch nicht einer neueren Ansicht in der instanzgerichtlichen Rechtsprechung zu folgen, derzufolge nach der Frage fehlender sozialer Rechtfertigung (vgl. Fiktion des § 7 S. 1 KSchG), der Einhaltung des Schriftformerfordernisses für die Kündigung oder dem Vorliegen eines sonstigen Unwirksamkeitsgrunds bezüglich der Kündigung (z. B. Fehlen einer Zustimmung bei schwerbehinderten Menschen oder Mitarbeitern in der Elternzeit) für die Frage der Anwendbarkeit des Schriftformerfordernisses nach § 623 BGB auf Abwicklungsverträge differenziert wird (vgl. LAG Hamm Urt. v. 9. 10. 2003 – 11 Sa 515/03 – NZA-RR 2004, 242).

Gerade wegen der Diskussion um die Anwendbarkeit des Schriftformerfordernisses nach § 623 BGB auf Abwicklungsverträge und zu Beweiszwecken ist für die praktische Handhabung natürlich dringlich zu empfehlen, jeden Abwicklungsvertrag schriftlich abzuschließen.

3. Altersteilzeitvertrag[1]

Altersteilzeitvertrag

zwischen
...... (Name und Anschrift des Arbeitgebers) „Gesellschaft"
und
Herrn ...... (Name und Anschrift des Arbeitnehmers) „Mitarbeiter"
wird der bestehende Arbeitsvertrag auf der Grundlage des Altersteilzeitgesetzes (AltersteilzeitG) wie folgt geändert:

§ 1 Beginn der Altersteilzeit[2]

Das Arbeitsverhältnis wird ab dem ...... als Altersteilzeitarbeitsverhältnis fortgeführt[3].

§ 2 Tätigkeit

(1) Mit Beginn der Altersteilzeit übt der Mitarbeiter seine bisherige Tätigkeit weiterhin aus.

(2) Die Gesellschaft behält sich vor, dem Mitarbeiter eine andere, seinen Fähigkeiten und Kenntnissen entsprechende Arbeit zu übertragen.

§ 3 Arbeitszeit[4]

(1) Die Arbeitszeit beträgt durchschnittlich die Hälfte der bisherigen regelmäßigen wöchentlichen Arbeitszeit (derzeit ...... Stunden), somit ...... Stunden. Bei künftigen Veränderungen der tariflichen regelmäßigen wöchentlichen Arbeitszeit erfolgt eine entsprechende Anpassung.

(2) Hinsichtlich der Verteilung der Arbeitszeit über den das Altersteilzeitarbeitsverhältnis erfassenden Zeitraum wird vereinbart, dass die auf die Gesamtlaufzeit dieser Vereinbarung entfallende Arbeitszeit in der ersten Hälfte des Altersteilzeitarbeitsverhältnisses, also in der Zeit vom ...... bis ...... („Arbeitsphase") geleistet wird.

(3) Anschließend wird der Mitarbeiter bis zum Ende des Altersteilzeitarbeitsverhältnisses von der Arbeit ohne Arbeitsverpflichtung freigestellt („Freistellungsphase").

§ 4 Vergütung

(1) Der Mitarbeiter erhält für die Dauer des Altersteilzeitarbeitsverhältnisses als monatliches Regelarbeitsentgelt eine Vergütung nach Maßgabe der gemäß § 3 reduzierten Arbeitszeit, d.h. die Hälfte seines bisherigen laufenden monatlichen Bruttoarbeitsentgelts (ohne Mehrarbeitsvergütung), somit
EUR ...... (in Worten: Euro ......) brutto
sowie die Hälfte der vermögenswirksamen Leistungen („Regelarbeitsentgelt")[5].

(2) Das Regelarbeitsentgelt ist unabhängig von der Verteilung der Arbeitszeit für die Dauer des Altersteilzeitarbeitsverhältnisses fortlaufend zu zahlen.

(3) Zusätzlich erhält der Mitarbeiter – gegebenenfalls zeitanteilig – für die Dauer des Altersteilzeitarbeitsverhältnisses die Hälfte des tariflichen Urlaubsgeldes und der tariflichen Jahresleistung.

(4) Eventuelle Mehrarbeit wird ausschließlich durch Freizeitgewährung ausgeglichen. Damit entfällt die Einbeziehung in die Berechnung der Aufstockungszahlung gemäß § 5.

(5) Endet das Altersteilzeitarbeitsverhältnis während der Freistellungsphase vorzeitig, hat der Mitarbeiter Anspruch auf eine etwaige Differenz zwischen der bis zu diesem Zeitpunkt wahrend des Altersteilzeitarbeitsverhältnisses erhaltenen Vergütung einschließlich der in nachfolgendem § 5 genannten Leistungen und dem Entgelt für den Zeitraum seiner tatsächlichen Beschäftigung, das er ohne Eintritt in die Altersteilzeitarbeit erzielt hätte[6].

§ 5 Aufstockungszahlungen und zusätzliche Rentenversicherungsbeiträge

(1) Der Mitarbeiter erhält eine monatliche Aufstockungszahlung in Höhe von 20% des Regelarbeitsentgelts gemäß § 4 Abs. (1). (*Optional:* Die Vergütung ist jedoch auf mindestens ……%, höchstens auf 100% des um die gesetzlichen Abzüge, die bei Arbeitnehmern gewöhnlich anfallen, verminderten Arbeitsentgelts, das der Arbeitnehmer ohne Eintritt in die Altersteilzeitarbeit erzielt hätte, aufzustocken[7].)

(2) Die Gesellschaft entrichtet neben den vom Arbeitgeber zu tragenden Sozialversicherungsbeiträgen für den Mitarbeiter zusätzlich Beiträge zur gesetzlichen Rentenversicherung mindestens in Höhe des Betrags, der auf 80% des Regelarbeitsentgelts gemäß § 4 Abs. (1) entfällt. Die Verpflichtung ist begrenzt auf den Unterschiedsbetrag zwischen 90% der Beitragsbemessungsgrenze in der gesetzlichen Rentenversicherung und dem Regelarbeitsentgelt gemäß obigem § 3 Abs. (1)[8].

§ 6 Insolvenzsicherung[9]

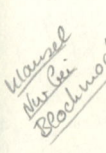

(1) Die Gesellschaft wird das vom Arbeitnehmer in der Arbeitsphase erarbeitete Wertguthaben sowie den darauf entfallenden Arbeitgeberanteil am Gesamtsozialversicherungsbeitrag in geeigneter Weise gegen Insolvenz absichern.

(2) Die Gesellschaft wird dem Arbeitnehmer erstmals mit der ersten Gutschrift und anschließend alle sechs Monate die zur Insolvenzsicherung ergriffenen Maßnahmen in Textform (§ 126 b BGB) nachweisen.

§ 7 Altersversorgung[10]

Die Beiträge der Gesellschaft zur betrieblichen Altersversorgung werden entsprechend der durchschnittlichen Arbeitszeit während der Altersteilzeit halbiert.

§ 8 Krankheit[11]

(1) Im Falle krankheitsbedingter Arbeitsunfähigkeit leistet die Gesellschaft Entgeltfortzahlung nach den für das Arbeitsverhältnis geltenden Bestimmungen.

(2) Im Falle des Bezuges von Krankengeld, Versorgungskrankengeld, Verletztengeld oder Übergangsgeld nach Ablauf der Entgeltfortzahlung gewährt die Gesellschaft weiterhin die Leistungen gemäß § 5 dieser Vereinbarung. Der Mitarbeiter tritt etwaige Ansprüche auf entsprechende Zahlungen nach § 10 Abs. 2 AltersteilzeitG gegen die Bundesanstalt für Arbeit im Umfang der abgetretenen Ansprüche an die Gesellschaft ab.

§ 9 Urlaub[12]

(1) Im Kalenderjahr des Übergangs von der Arbeits- in die Freistellungsphase hat der Mitarbeiter für jeden angefangenen Beschäftigungsmonat Anspruch auf ein Zwölftel des Jahresurlaubes.

(2) Für die Zeit der Freistellung von der Arbeit besteht kein Urlaubsanspruch.

§ 10 Ruhen und Erlöschen des Anspruchs auf Altersteilzeitleistungen[13]

(1) Der Anspruch auf Leistungen gemäß vorstehendem § 5 ruht während der Zeit, in der der Mitarbeiter über die Altersteilzeit hinaus eine Beschäftigung oder selbständige Arbeit ausübt, die den Umfang der Geringfügigkeitsgrenze in § 8 SGB IV überschreitet.

(2) Der Anspruch auf Leistungen gemäß vorstehendem § 5 erlischt, wenn die Gesamtruhenszeit einen Zeitraum von 150 Tagen überschreitet. Mehrere Ruhenszeiten werden zusammengerechnet.

(3) Der Anspruch auf Leistungen gemäß vorstehendem § 5 erlischt rückwirkend ab Beginn des Zeitraums, ab dem dem Mitarbeiter eine Rente wegen vollständiger Erwerbsminderung oder eine vergleichbare Leistung zuerkannt wird.

(4) Ergänzend gelten die Regelungen des § 5 AltersteilzeitG.

§ 11 Verbot der Aufnahme oder Ausübung von Nebentätigkeiten[14]

(1) Der Mitarbeiter verpflichtet sich, Nebentätigkeiten jeder Art (auch geringfügige Beschäftigungen) der Gesellschaft sofort anzuzeigen. Der Mitarbeiter verpflichtet sich weiterhin, keine Beschäftigung oder selbständige Tätigkeit auszuüben, die die Geringfügigkeitsgrenze des § 8 SGB IV überschreitet.

(2) Der Mitarbeiter verpflichtet sich, der Gesellschaft den aus einer Zuwiderhandlung gegen Abs. (1) resultierenden Schaden zu ersetzen.

§ 12 Mitwirkungs- und Erstattungspflichten

(1) Der Mitarbeiter verpflichtet sich, der Gesellschaft alle Umstände und deren Änderungen, die seinen Vergütungsanspruch oder den Anspruch auf Aufstockungszahlung berühren können, unverzüglich mitzuteilen. Er hat die Gesellschaft insbesondere über die Aufnahme von Nebentätigkeiten zu unterrichten.

(2) Der Mitarbeiter ist verpflichtet, frühestmöglich den Antrag auf eine Rente wegen Alters oder vergleichbare Leistungen, die zum Erlöschen des Altersteilzeitarbeitsverhältnisses nach § 5 AltersteilzeitG führen, zu stellen und die Gesellschaft hierüber unverzüglich zu unterrichten. Der Mitarbeiter hat auf Verlangen der Gesellschaft den frühestmöglichen Zeitpunkt mitzuteilen, ab dem er eine solche Altersrente oder eine vergleichbare Leistung beanspruchen kann.

(3) Die Gesellschaft hat ein Zurückbehaltungsrecht, wenn der Mitarbeiter seine Mitwirkungs- und Mitteilungspflichten nicht erfüllt oder es um unrichtige oder unvollständige Angaben oder Auskünfte geht, die seinen Vergütungsanspruch, seinen Anspruch auf Aufstockungszahlung oder Beiträge zur Rentenversicherung berühren können.

(4) Zu Unrecht empfangene Leistungen hat der Mitarbeiter zurückzuerstatten.

§ 13 Ende des Altersteilzeitarbeitsverhältnisses[15]

Das Altersteilzeitarbeitsverhältnis endet, ohne dass es einer Kündigung bedarf, am ....

(2) Es endet ferner
- mit Ablauf des Kalendermonats, der dem Kalendermonat vorausgeht, ab dem der Arbeitnehmer wegen Alters eine Rente, eine Knappschaftsausgleichsleistung, eine Leistung öffentlich-rechtlicher Art oder, falls er von der Versicherungspflicht in der gesetzlichen Rentenversicherung befreit ist, eine vergleichbare Leistung einer Versicherungs- oder Versorgungseinrichtung bzw. eines Versicherungsunternehmens beanspruchen kann,
- wenn der Anspruch auf Altersteilzeitleistungen gemäß § 10 erlischt,
- mit dem Tode des Arbeitnehmers.

(3) Im Übrigen bleibt das Recht zur Kündigung nach Maßgabe des Arbeitsvertrags vom ...... und der einschlägigen tariflichen, gesetzlichen und betrieblichen Regelungen unberührt.

§ 14 Auslegungsfragen

(1) Für die Auslegung dieses Vertrages ist das AltersteilzeitG in seiner jeweils gültigen Fassung maßgebend.

(2) Sollte eine Vorschrift dieses Vertrages dazu führen, dass von der Bundesanstalt für Arbeit bei Vorliegen der sonstigen gesetzlichen Voraussetzungen Leistungen gemäß § 4 AltersteilzeitG nicht erbracht werden können, sind die Vertragsparteien verpflichtet, den Vertrag so zu ändern, dass die Voraussetzungen für die Leistungen erfüllt werden können.

§ 15 Schlussbestimmungen[16]

(1) Diese Vereinbarung unterliegt deutschem Recht.

(2) Mündliche Nebenabreden bestehen nicht. Änderungen und/oder Ergänzungen dieser Vereinbarung einschließlich dieser Bestimmung bedürfen zu ihrer Rechtswirksamkeit der Schriftform.

(3) Sollte eine Bestimmung dieser Vereinbarung ganz oder teilweise unwirksam sein oder werden, so wird hiervon die Wirksamkeit der übrigen Bestimmungen der Vereinbarung nicht berührt. Die Parteien verpflichten sich, anstelle der unwirksamen Bestimmung eine dieser Bestimmung wirtschaftlich möglichst nahe kommende, wirksame Regelung zu treffen. Dasselbe gilt für den Fall einer vertraglichen Lücke.

(4) Soweit durch diesen Vertrag nicht berührt, gelten die Vereinbarungen über das Arbeitsverhältnis, insbesondere gemäß des Arbeitsvertrags vom ……, entsprechend fort.

………
Ort, Datum

………
Unterschrift der Gesellschaft

………
Ort, Datum

………
Unterschrift des Mitarbeiters

Schrifttum: Abeln/Gaudernack, Keine Altersrente nach Altersteilzeit bei völliger Freistellung schon während der Arbeitsphase im sog. Blockmodell, BB 2005, 43; *Debler,* Altersteilzeit – „Störfälle" und andere unvorhergesehene Ereignisse, NZA 2001, 1285 ff.; *Kallhoff,* Umbau des Altersteilzeitgesetzes im Rahmen von „Hartz III", NZA 2004, 692 ff.; *Kovács/Koch,* Insolvenzsicherung nach dem Altersteilzeitgesetz ab dem 1. 7. 2004, NZI 2004, 415 ff.; *Kovács/Koch,* Neue Berechnungsmethode zur Ermittlung der Aufstockungsbeträge nach dem Altersteilzeitgesetz ab 1. 7. 2004, NZA 2004, 585; *Niemscholz/Oppermann/ Ostrowicz,* Altersteilzeit, 4. Auflage 2004; *Oberthür,* Die vollständige Freistellung in der Altersteilzeit – ein riskantes Trennungsmodell, NZA 2005, 377.

Anmerkungen

1. Vorbemerkung. Durch einen Altersteilzeitvertrag soll ein kontinuierlicher, gleitender Übergang vom Erwerbsleben in den Ruhestand ermöglicht werden. Die Inanspruchnahme von Altersteilzeit ist in vielen Branchen durch Tarifvertrag geregelt. Möglich ist jedoch auch eine ausschließlich individualrechtliche Vereinbarung zwischen Arbeitgeber und Arbeitnehmer.

Die maßgeblichen Regelungen für ein Altersteilzeitverhältnis finden sich im Altersteilzeitgesetz (AltersteilzeitG). Dieses wurde zuletzt im Rahmen des Dritten Gesetzes für Moderne Dienstleistungen am Arbeitsplatz („Hartz III") geändert, welches mit Wirkung ab dem 1. Juli 2004 insbesondere einen zwingenden Insolvenzschutz einführte, die Berechnungsvorschriften für die Aufstockungsbeträge änderte und die Berechnung der Arbeitszeit während der Altersteilzeit neu regelte. Weitere geringfügige Änderungen sind aufgrund des Viertes Gesetzes für Moderne Dienstleistungen am Arbeitsmarkt („Hartz IV") zum 1. Januar 2005 wirksam geworden.

Wird ein Altersteilzeitverhältnis nach Maßgabe des AltersteilzeitG abgeschlossen, so ermöglicht dies nicht nur dem Arbeitnehmer die vorzeitige Inanspruchnahme von Altersrente

3. Altersteilzeitvertrag   A. XV. 3

nach Altersteilzeit (Einzelheiten hierzu unter Anm. 15), sondern führt bei Beachtung bestimmter Vorgaben auch zur finanziellen Förderung durch die Bundesagentur für Arbeit („BA"). Da diese Förderung jedoch an zahlreiche Voraussetzungen geknüpft ist, muss ein Altersteilzeitvertrag stets äußerst sorgfältig gestaltet werden. Er ist in jedem Fall schriftlich (vgl. §§ 14 Abs. 4 TzBfG, 7 Abs. 1a SGB IV) und vor Beginn der Altersteilzeitarbeit abzuschließen, um sicherzustellen, dass alle Fördervoraussetzungen erfüllt werden (ErfKomm/ *Rolfs* § 1 AltersteilzeitG Rdn. 5).

Die finanzielle Förderung des Altersteilzeitverhältnisses durch die BA (in Form von Erstattungsleistungen) setzt Folgendes voraus:

- Der Arbeitnehmer muss mindestens 55 Jahre alt sein (§ 2 Abs. 1 Nr. 1 AltersteilzeitG).
- Arbeitnehmer und Arbeitgeber müssen eine Reduzierung der Arbeitszeit auf die Hälfte der bisherigen wöchentlichen Arbeitszeit vereinbaren (§ 2 Abs. 1 Nr. 2 AltersteilzeitG).
  Wie die reduzierte Arbeitszeit während der Altersteilzeit verteilt wird, bleibt den Vertragsparteien überlassen, da diese am besten in der Lage sind zu beurteilen, welche Ausgestaltung der Altersteilzeit der konkreten Situation im Betrieb am besten Rechnung trägt. Denkbar sind kontinuierliche Arbeitszeitmodelle in Form der klassischen Halbtagsbeschäftigung oder eines täglichen, wöchentlichen, monatlichen oder saisonal bedingten Wechsels zwischen Arbeit und Freizeit sowie einer degressiven Arbeitszeitverteilung. Möglich sind weiterhin sog. Blockmodelle, bei welchen der Arbeitnehmer zunächst im Umfang der bisherigen Arbeitszeit weiterarbeitet (Arbeitsphase) und sodann vollständig von der Arbeit freigestellt wird (Freistellungsphase). In der Praxis werden ca. 90% aller Altersteilzeitverhältnisse als Blockmodelle ausgestaltet.
  Liegt dem Altersteilzeitverhältnis eine Individualvereinbarung zugrunde, so kann ein Blockmodell über längstens drei Jahre erstreckt werden (also eineinhalb Jahre Arbeitsphase und eineinhalb Jahre Freistellungsphase). Beruht die Altersteilzeit auf einer tarifvertraglichen Regelung, so kann ein Blockmodell auf die Dauer von bis zu sechs Jahren erstreckt werden (§ 2 Abs. 2 S. 1 Nr. 1 AltersteilzeitG). Eine längere Dauer des Blockmodells ist rechtlich möglich, wird jedoch nicht von der BA gefördert. Bei einem nicht tarifgebundenen Arbeitgeber können (mittels Betriebsvereinbarung oder Individualvertrag, sofern ein Betriebsrat nicht besteht) Verteilungszeiträume über drei Jahre hinaus nur vorgesehen werden, sofern es einen Altersteilzeit-Tarifvertrag gibt, der auf Grund seines Geltungsbereichs (sachlich und örtlich) für den Arbeitgeber anwendbar wäre (§ 2 Abs. 2 S. 2ff. AltersteilzeitG).
- Der Arbeitnehmer muss innerhalb der letzten fünf Jahre vor Beginn der Altersteilzeit mindestens 1080 Kalendertage (ca. drei Jahre) in einem versicherungspflichtigen Beschäftigungsverhältnis i.S.d. SGB III gestanden haben (§ 2 Abs. 1 Nr. 3 AltersteilzeitG).
- Während der Altersteilzeit muss eine versicherungspflichtige Beschäftigung i.S.d. SGB III bestehen (§ 2 Abs. 1 Nr. 2 a.E. AltersteilzeitG), der Arbeitnehmer muss also in den Anwendungsbereich der Arbeitslosenpflichtversicherung nach § 24 SGB III fallen.
- Der Arbeitgeber muss das Regelarbeitsentgelt des Arbeitnehmers während der Altersteilzeit um mindestens 20% aufstocken sowie zusätzliche Beiträge zur gesetzlichen Rentenversicherung zahlen (§ 3 Abs. 1 Nr. 1 AltersteilzeitG).
- Der Arbeitgeber muss zum Ausgleich für die reduzierte Arbeitszeit des Arbeitnehmers einen neuen Arbeitnehmer anstellen, welcher bisher arbeitslos war oder erst kürzlich – was i.d.R. vor nicht mehr als einem Jahr meint – eine Ausbildung abgeschlossen hat (§ 3 Abs. 1 Nr. 2 AltersteilzeitG).

2. Beginn der Altersteilzeit. I.d.R. wird ein Altersteilzeitverhältnis so abgeschlossen, dass der Arbeitnehmer nach dessen Ablauf unmittelbar Altersrente nach Altersteilzeit vorzeitig in Anspruch nehmen kann. Der Beginn der Altersteilzeit ist daher unter Berücksichtigung der möglichen vorzeitigen Inanspruchnahme dieser Altersrente sowie der maximalen Dauer eines Altersteilzeitverhältnisses festzulegen. Besonderes Augenmerk ist dabei auf die geänderten Altersgrenzen für die vorzeitige Inanspruchnahme von Altersrente nach Altersteilzeit durch das Rentenversicherungs-Nachhaltigkeitsgesetz zu legen (Einzelheiten hierzu sowie zu einer Schadensersatzpflicht des Arbeitgebers bei fehlerhafter Information über diese Altersgrenzen unter Anm. 4 und 15).

Damit das Altersteilzeitverhältnis in den Genuss finanzieller Förderungen durch die BA kommt, muss der Arbeitnehmer bei Beginn mindestens das 55. Lebensjahr vollendet haben (s. Anm. 1).

3. Fortführung des Arbeitsverhältnisses als Altersteilzeitarbeitsverhältnis. Das Altersteilzeitarbeitsverhältnis ist kein neues, eigenständiges Arbeitsverhältnis, sondern lediglich die Fortführung des bisherigen Arbeitsverhältnisses unter teilweise – aufgrund der Altersteilzeit modifizierten – Bedingungen. Soweit der Altersteilzeitvertrag keine Regelungen zu Einzelfragen des Arbeitsverhältnisses trifft, ist daher auf den ursprünglichen Arbeitsvertrag zurückzugreifen (vgl. auch § 15 Abs. (2)).

Das bisher i. d. R. unbefristete Arbeitsverhältnis wird durch den Altersteilzeitvertrag in ein befristetes Arbeitsverhältnis umgewandelt (vgl. auch § 13). Dies bedeutet, dass die Regelungen des TzBfG – soweit sie nicht durch speziellere Vorschriften des AltersteilzeitG verdrängt werden – auf das Altersteilzeitverhältnis Anwendung finden, insbesondere das Gleichbehandlungsgebot des § 4 Abs. 1 TzBfG.

4. Arbeitszeit. Die Arbeitszeit während der Altersteilzeit beträgt, wie unter Anm. 1 ausgeführt, die Hälfte der bisherigen wöchentlichen Arbeitszeit (§ 2 Abs. 1 Nr. 2 AltersteilzeitG). Als bisherige wöchentliche Arbeitszeit ist dabei die Arbeitszeit zugrunde zu legen, die mit dem Arbeitnehmer vor dem Übergang in die Altersteilzeit vereinbart war, höchstens jedoch die im Durchschnitt der letzten 24 Monate vor Beginn der Altersteilzeit vereinbarte Arbeitszeit. Die so ermittelte durchschnittliche Arbeitszeit kann auf die nächste volle Stunde ab- oder aufgerundet werden (§ 6 Abs. 2 AltersteilzeitG). Bis zum 30. Juni 2004 blieben bei der Ermittlung der bisherigen wöchentlichen Arbeitszeit solche Arbeitszeiten, welche die tarifliche regelmäßige wöchentliche Arbeitszeit überschritten, außer Betracht. Diese Beschränkung wurde durch das Dritte Gesetz für Moderne Dienstleistungen am Arbeitsmarkt aufgehoben, so dass mit Wirkung ab dem 1. Juli 2004 für die Berechnung der Altersteilzeitarbeitszeit die jeweilige konkrete bisherige regelmäßige Arbeitszeit des betroffenen Arbeitnehmers maßgeblich ist.

Das Formular geht davon aus, dass die bisherige Arbeitszeit (wie auch einige finanzielle Leistungen, vgl. § 4 Abs. 3) durch Tarifvertrag geregelt ist.

Zu beachten ist, dass der Arbeitnehmer auch nach der Reduzierung der Arbeitszeit auf die Hälfte der bisherigen wöchentlichen Arbeitszeit arbeitslosenversicherungspflichtig, also mehr als geringfügig beschäftigt, bleiben muss (§ 2 Abs. 1 Nr. 2 a. E. AltersteilzeitG). Die Geringfügigkeitsgrenzen des § 8 Abs. 1 SGB IV müssen daher überschritten werden.

Das Formular sieht in § 3 Abs. (2) und (3) vor, dass das Altersteilzeitarbeitsverhältnis im **Blockmodell** durchgeführt wird. Bisher war es – insbesondere zum Personalabbau im Zusammenhang mit Reorganisationen und Umstrukturierungen – weithin üblich, Arbeitnehmer auch bereits während der Arbeitsphase der Altersteilzeit vollumfänglich von der Arbeitsverpflichtung freizustellen. Diese Freistellung wurde i. d. R. durch separate Individualvereinbarung geregelt und widerruflich ausgestaltet. Dieses Vorgehen stützte sich auf das gemeinsame Schreiben der Spitzenverbände der Sozialversicherung vom 6. September 2001 (welches durch Schreiben vom 9. März 2004 bestätigt wurde), wonach bei einer solchen widerruflichen Freistellung – während derer der Arbeitnehmer dienstbereit bleibt und der Verfügungsmacht des Arbeitgebers untersteht – das Beschäftigungsverhältnis gemäß § 7 Abs. 1 SGB IV fortbesteht. Mit der Vergütung, welche für die Zeit der widerruflichen Freistellung in der Arbeitsphase gezahlt wird, wird nach Ansicht der Spitzenverbände der Sozialversicherung ein Wertguthaben gemäß § 7 Abs. 1a SGB IV angespart, welches während der späteren Freistellungsphase dann wieder aufgezehrt wird. Folglich wurde bisher davon ausgegangen, dass auch ein solches Modell, bei welchem der Arbeitnehmer bereits während der Arbeitsphase von der Erbringung der Arbeitsleistung freigestellt wird, Altersteilzeit i. S. d. AltersteilzeitG darstellt und dass daher für eine solche Altersteilzeit die Zuschüsse der BA in Anspruch genommen werden können und dass der Arbeitnehmer nach Ende der Altersteilzeit problemlos vorzeitige Altersrente nach Altersteilzeit in Anspruch nehmen kann.

Zweifel an der Zulässigkeit dieser Vorgehensweise wurden durch ein Urteil des BAG geweckt (BAG Urt. v. 10. 2. 2004 – 9 AZR 401/02 – NZA 2004, 606 ff.). Das BAG hat in diesem Fall – in welchem ein Arbeitnehmer während der gesamten Arbeitsphase im Blockmodell freigestellt worden war – ausgeführt, dass eine solche Ausgestaltung der Altersteilzeit nicht den Vorgaben des § 2 Abs. 1 Nr. 2 AltersteilzeitG entspreche, da dieser eine Verringerung der Arbeitszeit auf die Hälfte zwingend vorschreibe, die Arbeitszeit mit Vollzug der Freistellungsvereinbarung jedoch auf null – und somit weniger als die Hälfte – reduziert werde. Folglich kann nach Ansicht des BAG im Anschluss an eine solche Altersteilzeit keine vorgezogene Altersrente nach Altersteilzeit gemäß § 237 SGB VI in Anspruch genommen werden. Mit diesem Abstellen auf die tatsächlich während der Altersteilzeit geleisteten Beschäftigung geht das BAG über die bisherigen Ausführungen der Spitzenverbände der Sozialversicherung hinaus, welche es bisher als Voraussetzung einer vorgezogenen Altersrente nach Altersrente haben ausreichen lassen, dass das sozialversicherungsrechtliche Beschäftigungsverhältnis fortbesteht. Ob diese Entscheidung des BAG von der Praxis, insbesondere von den Sozialversicherungsträgern, geteilt und umgesetzt werden wird, bleibt abzuwarten. Bisher ist nicht abzusehen, dass die Sozialversicherungsträger ihre Praxis ändern, wonach sie Altersrente nach Altersteilzeit auch gewähren, wenn der Arbeitnehmer während der Arbeitsphase der Altersteilzeit widerruflich freigestellt war. Da das BAG in seiner Entscheidung jedoch auch ausgeführt hatte, dass der Arbeitgeber sich bei fehlerhaften Angaben über die versorgungsrechtlichen Folgen einer Altersteilzeitvereinbarung schadensersatzpflichtig macht, steht für den Arbeitgeber zumindest ein Haftungsrisiko im Raum, schließt er weiterhin Vereinbarungen ab, mit welchen er den Arbeitnehmer bereits während der Arbeitsphase der Altersteilzeit freistellt.

5. Vergütung. Als Vergütung erhält der Arbeitnehmer während der Altersteilzeit zunächst das sog. **Regelarbeitsentgelt** (§ 3 Abs. 1 Nr. 1 lit. a AltersteilzeitG). Dieses ist das auf einen Monat entfallende, vom Arbeitgeber regelmäßig zu zahlende sozialversicherungspflichtige Arbeitsentgelt, soweit es die Beitragsbemessungsgrenze des SGB III nicht überschreitet. Entgeltbestandteile, die nicht laufend (z. B. Jahressondervergütungen oder Urlaubsgeld) oder nicht für die vereinbarte Arbeitszeit (z. B. Mehrarbeitsvergütung) gezahlt werden, sind nicht berücksichtigungsfähig (§ 6 Abs. 1 S. 2 AltersteilzeitG).

Das Regelarbeitsentgelt ist somit grundsätzlich die Hälfte des ohne Altersteilzeitarbeit maßgeblich laufenden Arbeitsentgelts (sog. Vollzeitarbeitsentgelt). Zum Regelarbeitsentgelt können – neben dem laufenden Arbeitsentgelt und den vermögenswirksamen Leistungen – u. a. auch Prämien und Zulagen, Zuschläge für Sonntags-, Feiertags- und Nacharbeit sowie Sachbezüge und sonstige geldwerte Vorteile (z. B. die Überlassung eines Dienstfahrzeuges zum privaten Gebrauch des Arbeitnehmers) gehören.

Das Formular stellt dabei auf Arbeitnehmer mit Festvergütung (ohne variablen Gehaltsbestandteil) ab.

6. Vorzeitige Beendigung des Altersteilzeitverhältnisses. § 4 Abs. (5) regelt die Folgen einer vorzeitigen Beendigung des Altersteilzeitarbeitsverhältnisses in der Freistellungsphase. Eine solche kann z. B. durch Tod des Arbeitnehmers, Insolvenz des Arbeitgebers oder Kündigung herbeigeführt werden.

Hinsichtlich der Kündigung eines Arbeitnehmers in Altersteilzeit ist Folgendes zu beachten:
- Eine ordentliche Kündigung ist – aufgrund der befristeten Natur des Altersteilzeitvertrages – nur zulässig, wenn dies ausdrücklich vereinbart worden ist (§ 15 Abs. 3 TzBfG), ansonsten ist während der Altersteilzeit lediglich eine außerordentliche Kündigung zulässig. § 13 Abs. (3) des Formulars sieht eine entsprechende ordentliche Kündigungsmöglichkeit vor.
- Im kontinuierlichen Modell ist eine verhaltens-, personen- oder betriebsbedingte Kündigung nach allgemeinen Grundsätzen möglich. Im Blockmodell hingegen wird eine personen- und betriebsbedingte Kündigung allerdings regelmäßig nur in der Arbeitsphase in Frage kommen. In der Freistellungsphase ist eine betriebsbedingte Kündigung ausgeschlossen; denn der Wegfall des Arbeitsplatzes des Altersteilzeit-Arbeitnehmers ist unerheblich, da dieser seine Arbeitsleistung in der Arbeitsphase bereits vollständig erbracht hat (BAG Urt. v. 5. 12. 2002 – 2 AZR 571/01 – AP Nr. 125 zu § 1 KSchG 1969 Betriebsbedingte Kündigung). Ebenso scheidet in der Freistellungsphase ein personenbedingter Kündigungsgrund

aus, da eine personenbedingte Beeinträchtigung der Arbeitsleistung sich hier nicht mehr auswirken kann. Möglich bleibt in der Freistellungsphase allerdings eine verhaltensbedingte Kündigung, z. B. bei Verletzung des Wettbewerbverbots oder der Geheimhaltungsklauseln.
- Die Möglichkeit des Arbeitnehmers zur Inanspruchnahme von Altersteilzeitarbeit stellt weder einen wirksamen Kündigungsgrund i. S. d. KSchG dar, noch darf die Möglichkeit der Inanspruchnahme bzw. die Inanspruchnahme von Altersteilzeit zum Nachteil des Arbeitnehmers im Rahmen einer Sozialauswahl nach § 1 Abs. 3 S. 1 KSchG berücksichtigt werden (§ 8 Abs. 1 AltersteilzeitG).

Von einigen Vertretern der juristischen Literatur wird eine Kündigung während der Freistellungsphase als unzulässig angesehen, da diese zufolge haben könnte, dass der Arbeitnehmer bereits erdiente Lohnansprüche wieder verliere (ErfKomm/*Rolfs* § 8 AltersteilzeitG Rdn. 2 m. weit. Nachw.). Angemessener erscheint es jedoch, die grundsätzliche Zulässigkeit einer Kündigung während der Altersteilzeit und deren Rechtsfolgen zu trennen:

Das AltersteilzeitG trifft selbst keine Regelungen hinsichtlich der Folgen einer vorzeitigen Beendigung der Altersteilzeit. Empfehlenswert ist daher eine ausdrückliche diesbezügliche vertragliche Regelung, wie sie in § 4 Abs. (5) enthalten ist.

§ 4 Abs. (5) regelt die arbeitsrechtliche Folge einer vorzeitigen Beendigung der Altersteilzeit in Form eines Differenzausgleichs, bei welchem der Arbeitnehmer – der in der Arbeitsphase in Form seiner Arbeitsleistung eine Vorleistung erbringt – Anspruch auf eine etwaige Differenz zwischen der erhaltenen Vergütung einschließlich der Aufstockungszahlungen und dem Entgelt erhält, welches er für den Zeitraum der tatsächlichen Beschäftigung ohne Eintritt in die Altersteilzeit erzielt hätte. Dieser Ausgleichsbetrag ist steuer- und sozialabgabenpflichtig (zu den komplizierten sozialrechtlichen Folgen einer vorzeitigen Beendigung der Altersteilzeit vgl. *Debler* NZA 2001, 1285 ff.). Das BAG hat in einer neueren Entscheidung festgestellt, dass ein solcher Differenzausgleich (welcher im entschiedenen Fall aufgrund tarifvertraglicher Regelung durchgeführt worden war) mit höherrangigem Recht vereinbar ist und nicht gegen das AltersteilzeitG verstößt (BAG Urt. v. 16. 3. 2004 – 9 AZR 267/03 – AP Nr. 8 zu § 1 TVG Altersteilzeit).

7. Aufstockungszahlungen. Nach der gesetzlichen Neuregelung muss der Arbeitgeber das Regelarbeitsentgelt für die Altersteilzeitarbeit um mindestens 20% aufstocken, wobei die Aufstockung auch weitere (nicht laufend gezahlte) Entgeltbestandteile umfassen kann (§ 3 Abs. 1 Nr. 1 lit. a AltersteilzeitG). Die Alternativformulierung sieht eine über das gesetzlich vorgeschriebene Mindestmaß hinausgehende Aufstockung vor, welche oftmals in Tarifverträgen vorgesehen ist.

Es ist zu beachten, dass – bei Vorliegen der sonstigen Erstattungsvoraussetzungen – eine Erstattung der Aufstockungszahlungen durch die BA nur in Höhe von 20% des Regelarbeitsentgelts in Betracht kommt (§ 4 Abs. 1 Nr. 1 AltersteilzeitG), auch wenn der Arbeitgeber z. B. freiwillig oder aufgrund tarifvertraglicher Vorgaben höhere Aufstockungszahlungen leistet.

Soweit die Voraussetzungen des § 2 AltersteilzeitG (s. oben Anm. 1) vorliegen, sind die Aufstockungsbeträge zum Arbeitsentgelt steuerfrei (§ 3 Nr. 28 EStG) und beitragsfrei in der Sozialversicherung.

8. Zusätzliche Rentenversicherungsbeiträge. Die Rentenversicherungsbeiträge für das Regelarbeitsentgelt sind vom Arbeitgeber und Arbeitnehmer je zur Hälfte zu tragen. Darüber hinaus muss der Arbeitgeber während der Altersteilzeit auch zusätzliche Beiträge zur gesetzlichen Rentenversicherung leisten, welche auch vom ihm alleine zu tragen sind. Dabei waren bis zur Änderung durch das Dritte Gesetz für Moderne Dienstleistungen am Arbeitsplatz die zusätzlichen Rentenversicherungsbeiträge aus dem Unterschiedsbetrag zwischen 90% des bisherigen Arbeitsentgelts und dem Entgelt für die Altersteilzeitarbeit zu berechnen. Für ab 1. Juli 2004 begonnene Altersteilzeitverhältnisse gilt dem gegenüber als Bemessungsgrundlage 80% des Regelarbeitsentgelts, maximal jedoch der Unterschiedsbetrag zwischen 90% der monatlichen Beitragsbemessungsgrenze in der Rentenversicherung und dem Regelarbeitsentgelt. Der Arbeitgeber ist jedoch berechtigt, darüber hinaus zusätzliche Beiträge, höchstens bis zur Beitragsbemessungsgrenze in der Rentenversicherung, rentenwirksam zu zahlen. Einmalig gezahltes Arbeitsentgelt ist bei der Berechnung der zusätzlichen Rentenversicherungsbeiträge generell nicht zu berücksichtigen. Auch hier gilt, dass eine Erstattung der Rentenbeiträge durch die BA nur innerhalb der Grenzen der gesetzlichen Neuregelungen erfolgt.

Zur Veranschaulichung der relativ komplizierten Regelung mögen zwei Berechnungsbeispiele dienen (ausgehend von der Beitragsbemessungsgrenze und dem Beitragssatz zur gesetzlichen Rentenversicherung im Jahr 2005):

Beispiel 1:

Vollzeitarbeitsentgelt	EUR	3.000,–
Regelarbeitsentgelt	EUR	1.500,–
90% der Beitragsbemessungsgrenze (EUR 5.200,–)	EUR	4.680,–
Differenzbetrag 90% Beitragsbemessungsgrenze – Regelarbeitsentgelt	EUR	3.180,–
80% des Regelarbeitsentgelts	EUR	1.200,–
Zusätzlicher Beitrag zur Rentenversicherung (19,5% aus EUR 1.200,–)	EUR	234,–

Da 80% des Regelarbeitsentgelts im Beispiel 1 den Differenzbetrag von 90% der Beitragsbemessungsgrenze in der gesetzlichen Rentenversicherung und dem Regelarbeitsentgelt nicht übersteigen, ist der zusätzliche Beitrag zur Rentenversicherung aus diesem Betrag (EUR 1200,–) zu errechnen.

Beispiel 2:

Vollzeitarbeitsentgelt	EUR	5.400,–
Regelarbeitsentgelt	EUR	2.700,–
90% der Beitragsbemessungsgrenze EUR 5.200,–)	EUR	4.680,–
Differenzbetrag 90% Beitragsbemessungsgrenze – Regelarbeitsentgelt	EUR	1.980,–
80% des Regelarbeitsentgelts	EUR	2.160,–
Zusätzlicher Beitrag zur Rentenversicherung (19,5% aus EUR 1.980,–)	EUR	386,10

Da 80% des Regelarbeitsentgelts im Beispiel 2 den Differenzbetrag von 90% der Beitragsbemessungsgrenze in der gesetzlichen Rentenversicherung und dem Regelarbeitsentgelt übersteigen, ist die zusätzliche Bemessungsgrundlage zur Rentenversicherung auf den Differenzbetrag in Höhe von EUR 1.935,– zu begrenzen.

Soweit die Voraussetzungen des § 2 AltersteilzeitG vorliegen, sind die zusätzliche Beiträge zur Rentenversicherung steuerfrei (§ 3 Nr. 28 EStG). Dies gilt auch dann, wenn die Aufstockungsleistungen die im AltersteilzeitG genannten Mindestbeträge übersteigen, jedoch nur solange sie zusammen mit dem während der Altersteilzeit zu zahlenden Nettoarbeitslohn monatlich 100% des maßgeblichen Vollarbeitszeitentgelts nicht überschreiten. Die steuerfreien Aufstockungsbeträge zum Arbeitsentgelt unterliegen dem Progressionsvorbehalt gemäß § 32b EStG. Der Arbeitgeber hat die Aufstockungsbeiträge dem Arbeitnehmer gegenüber zu bescheinigen (§§ 41 Abs. 1, 71b Abs. 1 S. 2 Nr. 4 EStG), was i.d.R. durch einen Eintrag auf der Lohnsteuerkarte erfolgt.

9. Insolvenzsicherung. Seit dem 1. Juli 2004 ist für Wertguthaben aus Altersteilzeit eine Insolvenzsicherung zwingend vorgeschrieben (§ 8a Abs. 3 AltersteilzeitG). Diese Pflicht zur Insolvenzsicherung greift immer dann, wenn ein Wertguthaben aufgebaut wird, welches den Betrag des dreifachen Regelarbeitsentgelts einschließlich des darauf entfallenden Arbeitgeberanteils am Gesamtsozialversicherungsbeitrag übersteigt, also bei Freistellungsphasen von mehr als drei Monaten. Bei Altersteilzeit im Blockmodell ist dies regelmäßig der Fall.

Die Pflicht zur Insolvenzsicherung greift ab der ersten Gutschrift. Der Arbeitnehmer hat dem Arbeitnehmer die Maßnahme zur Insolvenzsicherung mit der ersten Gutschrift und danach alle sechs Monate in Textform nachzuweisen (die Betriebsparteien können allerdings eine andere gleichwertige Art und Form des Nachweises vereinbaren, § 8a Abs. 3 AltersteilzeitG).

Das Gesetz schreibt – um den verpflichteten Arbeitgebern flexible und im Einzelfall optimale Sicherungsmodelle zu ermöglichen – keine konkreten Mittel zur Insolvenzsicherung vor, legt jedoch fest, welche Mittel als ungeeignet gelten und daher keine taugliche Insolvenzsicherung darstellen. Dies sind bilanzielle Rückstellungen sowie zwischen Konzernunternehmen begründete Einstandspflichten, z. B. Patronatserklärungen. Der Arbeitgeber kann seiner Pflicht zur Insolvenzsicherung daher z. B. durch eine Bankbürgschaft, eine Verpfändung (insbesondere von Fonds-Anteilen), bestimmte Versicherungsmodelle oder eine doppelseitige Treuhandkonstruktion (sog. **Contractual Trust Arrangements**, s. Form. F. I. 5 und F. I. 6) nachkommen.

Kommt der Arbeitgeber seiner Verpflichtung zur Insolvenzsicherung nicht nach oder sind die ergriffenen Insolvenzsicherungsmaßnahmen nicht geeignet, so hat der Arbeitnehmer einen Anspruch auf Sicherheitsleistungen in Höhe des bestehenden Wertguthabens. Diese kann nur durch Stellung eines tauglichen Bürgen oder Hinterlegung von Geld oder Wertpapieren gemäß BGB (§ 8a Abs. 4 AltersteilzeitG) erfolgen. Unter gewissen Umständen stehen dem Arbeitnehmer auch Schadensersatzansprüche zu.

10. Altersversorgung. Wie sich die Altersteilzeit auf die Ansprüche auf betriebliche Altersversorgung auswirkt, hängt von der jeweiligen Versorgungszusage und dem Altersteilzeitvertrag ab. Das Formular geht von einer beitragsorientierten Zusage aus, bei welcher die Beiträge des Arbeitgebers zur betrieblichen Altersversorgung entsprechend der Arbeitszeit während der Altersteilzeit halbiert werden. Denkbar sind auch Gestaltungen, in welchen die Altersteilzeit zu einer geringeren oder gar keinen Reduzierung der Zusage führt.

11. Krankheit. Krankheitsbedingte Arbeitsunfähigkeit kann sich im Rahmen des Blockmodells nur während der Arbeitsphase auswirken. Denn während der Freistellungsphase kann Arbeitsunfähigkeit nicht mehr eintreten, da der Arbeitnehmer nicht mehr zur Arbeitsleistung verpflichtet ist. In der Freistellungsphase erhält der Arbeitnehmer sein – durch die Vorleistung während der Arbeitsphase erarbeitetes – Altersteilzeitentgelt und die Aufstockungsbeträge auch im Falle einer Arbeitsunfähigkeit.

§ 8 Abs. (1) regelt die Entgeltfortzahlung, welche gemäß § 3 EFZG für die Dauer von sechs Wochen beansprucht werden kann. Für die Zeit der Entgeltfortzahlung besteht das versicherungspflichtige Beschäftigungsverhältnis weiter und wird auch das Wertguthaben des Arbeitnehmers weiter aufgebaut, so dass sich während dieser Zeit hinsichtlich der Altersteilzeit keine Nachteile für den Arbeitnehmer ergeben.

§ 8 Abs. (2) behandelt den sich an die Entgeltfortzahlung anschließenden Zeitraum, in welcher der Arbeitnehmer Entgeltersatzleistungen erhält. Altersteilzeit im sozialversicherungsrechtlichen Sinne liegt während des Bezugs von Entgeltersatzleistungen nur vor, wenn neben den Aufstockungszahlungen auch die zusätzlichen Beiträge zur Rentenversicherung gezahlt werden, was im Formular vorgesehen ist. Nach der gesetzlichen Grundkonzeption werden diese Zahlungen während des Bezugs von Entgeltersatzleistungen von der BA übernommen, § 10 Abs. 2 AltersteilzeitG. Die im Formular vorgesehene Zahlung der Aufstockungsbeträge und zusätzlichen Rentenversicherungsbeiträge durch den Arbeitgeber und die entsprechende Abtretung des Anspruchs aus § 10 Abs. 2 AltersteilzeitG durch den Arbeitnehmer sind jedoch zulässig. Allerdings ist hier eine korrekte Wiederbesetzung des Arbeitsplatzes (s. Anm. 1) und eine entsprechende Antragstellung durch den Arbeitgeber notwendig (zu den Einzelheiten vgl. *Nimscholz/Oppermann/Ostrowicz* 239).

Im Blockmodell kann während des Bezugs von Entgeltersatzleistungen kein Wertguthaben für die Freistellungsphase aufgebaut werden. Daher muss zwischen Arbeitgeber und Arbeitnehmer entweder vereinbart werden, dass die Zeit der Entgeltersatzleistung entsprechend „nachgearbeitet" wird – wodurch sich der Beginn der Freistellungsphase verschieben würde – oder der Arbeitgeber muss auf die Nacharbeit verzichten und das Wertguthaben entsprechend zu seinen Lasten um den fehlenden Teil erhöhen. Ist – wie im Formular – nichts vereinbart, so ist zugunsten des Arbeitnehmers wohl davon auszugehen, dass der Arbeitgeber auf eine Nacharbeit verzichtet (zu den Einzelheiten vgl. *Nimscholz/Oppermann/Ostrowicz* 238 ff.).

12. Urlaub. Für den Urlaubsanspruch und die Urlaubsgewährung während der Arbeitsphase des Blockmodells gelten keine Besonderheiten. In der Arbeitsphase nicht genommener Urlaub verfällt regelmäßig, da der Beginn der Freistellungsphase – wegen der fehlenden Beendigung des Arbeitsverhältnisses – keinen Abgeltungstatbestand i. S. d. § 7 Abs. 4 BUrlG darstellt und der Übertragungszeitraum am Ende der Freistellungsphase i. d. R. abgelaufen sein wird.

In der Freistellungsphase ist der Urlaubsanspruch mit der Freistellung abgegolten (vgl. *Nimscholz/Oppermann/Ostrowicz* 88).

13. Ruhen und Erlöschen des Anspruchs auf Altersteilzeitleistungen. § 10 verweist auf die gesetzlichen Vorgaben des § 5 AltersteilzeitG und ist im Zusammenhang mit dem nachfolgenden § 11 zu lesen. Dem Arbeitnehmer soll vor Augen geführt werden, dass Nebentätigkeiten seinerseits dazu führen können, dass der Arbeitgeber die Förderung durch die BA verliert.

14. Verbot der Aufnahme oder Ausübung von Nebentätigkeiten. § 11 ergänzt die Regelungen des § 10 und ist im Zusammenhang mit § 5 Abs. 3 AltersteilzeitG zu lesen, wonach der Arbeitgeber Anspruch auf Förderung durch die BA verliert, wenn der Arbeitnehmer neben seiner Altersteilzeitarbeit Beschäftigungen oder selbständige Tätigkeiten ausübt, welche die Geringfügigkeitsgrenzen des § 8 SGB IV überschreiten oder aufgrund solcher Beschäftigungen eine Entgeltersatzleistung erhält. Allerdings bleiben Beschäftigung oder selbständige Tätigkeit unberücksichtigt, soweit der Altersteilzeit arbeitende Arbeitnehmer sie bereits innerhalb der letzten fünf Jahre vor Beginn der Altersteilzeitarbeit ständig ausgeübt hat.

15. Ende des Altersteilzeitarbeitsverhältnisses. § 13 Abs. (1) ist Ausfluss der befristeten Natur des Altersteilzeitvertrages.

Die in § 13 Abs. (2) vorgesehene automatische Beendigung des Altersteilzeitverhältnisses bei möglicher Inanspruchnahme einer Altersrente ist zulässig, vgl. § 8 Abs. 3 AltersteilzeitG (welcher eine Spezialvorschrift zu § 41 SGB VI darstellt). Eine Altersrente nach Altersteilzeit kann gemäß § 237 SGB VI in Anspruch genommen werden, wenn der betroffene Arbeitnehmer

- vor dem 1. Januar 1952 geboren worden ist,
- die Altersgrenze vollendet hat (vgl. unten),
- für mindestens 24 Kalendermonate aufgrund von Altersteilzeit seine Arbeitszeit gemäß §§ 2, 3 AltersteilzeitG vermindert hatte,
- in den letzten zehn Jahren vor Beginn der Rente für einen Zeitraum von mindestens acht Jahren Pflichtbeiträge in der gesetzlichen Rentenversicherung entrichtet hat und
- die Wartezeit von 15 Jahren erfüllt hat.

Durch das Rentenversicherungs-Nachhaltigkeitsgesetz wird die Altersgrenze für die Inanspruchnahme der Altersrente nach Altersteilzeit ab 2006 stufenweise vom bisher 60. auf das 63. Lebensjahr angehoben. Das im Einzelfall maßgebliche Rentenbezugsalter für Personen, die nach 1945 geboren sind, ergibt sich dabei aus der nachfolgenden Tabelle:

Versicherte Geburtsjahr Geburtsmonat	Anhebung um Monate	Vorzeitige Inanspruchnahme möglich ab Alter	
		Jahr	Monat
1946			
Januar	1	60	1
Februar	2	60	2
März	3	60	3
April	4	60	4
Mai	5	60	5
Juni	6	60	6
Juli	7	60	7
August	8	60	8
September	9	60	9
Oktober	10	60	10
November	11	60	11
Dezember	12	61	0

A. XV. 3

XV. Einvernehmliche Beendigung des Arbeitsverhältnisses

Versicherte Geburtsjahr Geburtsmonat	Anhebung um Monate	Vorzeitige Inanspruchnahme möglich ab Alter	
		Jahr	Monat
1947			
Januar	13	61	1
Februar	14	61	2
März	15	61	3
April	16	61	4
Mai	17	61	5
Juni	18	61	6
Juli	19	61	7
August	20	61	8
September	21	61	9
Oktober	22	61	10
November	23	61	11
Dezember	24	62	0
1948			
Januar	25	62	1
Februar	26	62	2
März	27	62	3
April	28	62	4
Mai	29	62	5
Juni	30	62	6
Juli	31	62	7
August	32	62	8
September	33	62	9
Oktober	34	62	10
November	35	62	11
Dezember	36	63	0
1949–1951	36	63	0

§ 13 Abs. (3) geht auf § 15 Abs. 3 TzBfG zurück und ermöglicht die ordentliche Kündigung des Altersteilzeitvertrages (vgl. Anm. 6).

16. Schlussbestimmungen. S. Form. A. II. 1 Anm. 28 f.

XVI. Abwicklung des Arbeitsverhältnisses

1. Qualifiziertes Zeugnis mit guter Beurteilung[1]

[Briefkopf des Arbeitgebers][2]

Zeugnis

...... (Datum)[3]

Herr ......[4], geboren am ...... in ......, trat am ...... in unser Unternehmen ein[5].
Herr ...... war zunächst bis zum ...... als Vertriebsmitarbeiter im Innendienst tätig[6]. Ab dem ...... wechselte er in den Außendienst. In dieser Position war er für das Gebiet ...... zuständig. Zu seinen Aufgaben als Außendienstmitarbeiter zählten:
- Telefonische und persönliche Kundenbetreuung,
- Neukundenakquise,
- Eigenverantwortliche Tourenplanung und Organisation,
- Auftragsabwicklung und -bearbeitung,
- Auftritt auf Messen,
- Berichtswesen,
- Organisation und Mitarbeit an internen Verkaufsschulungen.

Unsere Umsätze in dem von Herrn ...... betreuten Gebiet haben sich erfreulich entwickelt[7]. Herrn ...... gelang es nicht nur, das Geschäft mit bestehenden Kunden auszuweiten, sondern er übertraf unsere Erwartungen hinsichtlich der Akquise von Neukunden. Neben guten Kenntnissen der Produkte und ihrer Anwendungsmöglichkeiten halfen Herrn ...... hierbei sein seriöses und sicheres Auftreten beim Kunden. Er war im Kundenkreis als kompetenter Ansprechpartner anerkannt und geschätzt. Herr ...... zeigte große Einsatzbereitschaft und Eigeninitiative. Auch bei hohem Arbeitsanfall hat sich Herr ...... als zuverlässig und belastbar erwiesen. Er hat seine Aufgaben stets zu unserer vollen Zufriedenheit erledigt[8].

Neben seiner fachlichen Qualifikation zeichneten Herrn ...... seine freundliche, kollegiale und hilfsbereite Art sowie seine Bereitschaft aus, sein Wissen und Können auch anderen zu vermitteln. Sein Verhalten gegenüber Vorgesetzten war stets korrekt und loyal, mit den Kollegen arbeitete Herr ...... stets gut zusammen[9].

Herr ...... scheidet am ...... auf eigenen Wunsch bei uns aus, um sich beruflich fortzuentwickeln[10]. Wir bedauern seinen Weggang sehr und sind ihm für seinen engagierten und erfolgreichen Einsatz für unser Unternehmen dankbar. Für seine private und berufliche Zukunft wünschen wir ihm weiterhin alles Gute[11].

......
Titel und Unterschrift des Vorgesetzten[12]

Schrifttum: Becker-Schaffner, Die Rechtsprechung zum Zeugnisrecht, BB 1989, 2105; *Böhme*, Zeugnis für den Arbeitnehmer, AuA 1992, 93; *Braun*, Das Arbeitszeugnis, RiA 2000, 113; *Brill*, Rund um das Arbeitszeugnis, AuA 1994, 230; *Göldner*, Die Problematik der Zeugniserteilung im Arbeitsrecht, ZfA 1991, 255; *Feucht*, Das Dienstzeugnis, NZA 1985, 660; *Haupt*, Zeugnissprache – Quadratur des Kreises?, FA 1999, 280; *Haupt/Welslau*, Klagegrund Zeugnis, FA 1997, 37; *Hohmeister*, Zeugnisanspruch für freie Mitarbeiter?, NZA 1998, 571; *Huber*, Das Arbeitszeugnis in Recht und Praxis, 5. Aufl. 1997; *Hunold*, Die Rechtsprechung im Zeugnisrecht, NZA-RR 2001, 113; *Kempe*, Zeugnisse – Menschenwert per Katalog, AuA 1999, 532; *Kölsch*, Die Haftung des Arbeitgebers bei nicht ordnungsgemäßer Zeugniserteilung, NZA 1985, 382; *Liedtke*, Der Anspruch auf ein qualifiziertes Arbeitszeugnis, NZA 1988, 270; *Popp*, Die

Bekanntgabe des Austrittsgrundes im Arbeitszeugnis, NZA 1997, 588; *Roth*, Das Arbeitszeugnis – Zankapfel und Eiertanz, FA 2001, 299; *Roth*, Das Arbeitszeugnis – Einzelfragen, FA 2002, 9; *Schleßmann*, Das Arbeitszeugnis, 16. Aufl. 2000; *Schleßmann*, Das Arbeitszeugnis, BB 1988, 1320; *Schleßmann,* Das „geknickte" Zeugnis, BB 2000, 412; *Schmid*, Leistungsbeurteilungen in Arbeitszeugnissen und ihre rechtliche Problematik, DB 1982, 1111; *Schmid*, Aussagen über Führungsleistungen in Arbeitszeugnissen und ihre rechtliche Problematik, DB 1986, 1334; *Schmid*, Zur Interpretation von Zeugnisinhalten, DB 1988, 2253; *Schmidt*, Zum Zeugnisanspruch des Arbeitnehmers im Konkurs einer Handelsgesellschaft, DB 1991, 1930; *Schulz*, Zur Auskunftserteilung unter Arbeitgebern über Arbeitnehmer, NZA 1990, 717; *Schweres*, Zwischen Wahrheit und Wohlwollen, BB 1986, 1572; *Wendling-Schröder*, Aktuelle Rechtsfragen zum Zeugnis und zur Auskunftserteilung, AiB 98, 570; *Weuster*, Zeugnisgestaltung und Zeugnissprache zwischen Informationsfunktion und Werbefunktion, BB 1992, 58; *Witt*, Die Erwähnung des Betriebsratsamts und der Freistellung im Arbeitszeugnis, BB 1996, 2194.

Anmerkungen

1. Zeugnis. Das vorliegende Formular ist ein Beispiel für ein **qualifiziertes Zeugnis**. Jeder Arbeitnehmer hat bei Beendigung seines Arbeitsverhältnisses Anspruch auf ein schriftliches Zeugnis, § 109 GewO, § 630 Satz 4 BGB. Auch **Auszubildenden** (§ 16 Abs. 1 Satz 1 BBiG) und **Praktikanten** ist ein Zeugnis auszustellen (*Schleßmann*, Teil 1, II.5.). Der Anspruch ist jedenfalls vor Beendigung des Arbeitsverhältnisses **unabdingbar**. Er kann aber **Ausschlussfristen** unterliegen (BAG Urt. v. 30. 1. 1991 – 5 AZR 32/90 – AP Nr. 18 zu § 630 BGB) und **verwirken** (BAG Urt. v. 17. 2. 1998 – 5 AZR 638/86 – AP Nr. 17 zu § 630 BGB). Von einer **Generalquittung** wird der Zeugnisanspruch regelmäßig nicht erfasst (BAG Urt. v. 26. 9. 1974 – 5 AZR 255/74 – AP Nr. 9 zu § 630 BGB).

Verpflichtet ist der **Arbeitgeber** (zur Unterzeichnung s. Rdn. 12). Er bleibt verpflichtet, auch wenn **nach** Beendigung des Arbeitsverhältnisses ein **Insolvenzverfahren** eröffnet wird. Wird das Arbeitsverhältnis hingegen erst nach Eröffnung des Insolvenzverfahrens beendet, hat der Insolvenzverwalter das Zeugnis zu erteilen. Der Arbeitgeber wiederum bleibt verpflichtet, wenn zum Zeitpunkt der Beendigung des Arbeitsverhältnisses nur ein Insolvenzantrag gestellt und ein vorläufiger Insolvenzverwalter bestellt ist, sofern nicht die Verwaltungs- und Verfügungsbefugnis auf den vorläufigen Insolvenzverwalter übergegangen ist (BAG Urt. v. 23. 6. 2004 – 10 AZR 495/03 – DB 2004, 2428).

Gemäß § 109 Abs. 1 Satz 3 GewO zeichnet sich ein **qualifiziertes Zeugnis** dadurch aus, dass sich die Angaben auch auf Leistung und Verhalten im Arbeitsverhältnis erstrecken. Demgegenüber bescheinigt ein **einfaches Zeugnis** (Form. A. XVI. 2) nur Art und Dauer der Tätigkeit. Verlangt der Arbeitnehmer überhaupt ein Zeugnis, ist damit regelmäßig ein qualifiziertes Zeugnis gemeint.

Nach der eindeutigen Regelung in § 109 Abs. 1 Satz 3 GewO kann jeder Arbeitnehmer verlangen, dass ihm ein qualifiziertes Zeugnis erteilt wird, also auch bei **kurzen Arbeitsverhältnissen** oder **einfachen Tätigkeiten**. Wenn der Arbeitgeber aber beispielsweise wegen der Kürze der Tätigkeit des Klägers keine umfassende Beurteilung von Leistung und Verhalten abgeben kann, ist ihm nach dem Grundsatz der Zeugniswahrheit (Anm. 7) nicht zuzumuten, etwas anderes zu bestätigen.

Bei der Formulierung eines Zeugnisses sollte besondere Vorsicht walten, wenn noch weiterer Streit zwischen Arbeitgeber und Arbeitnehmer besteht, insbesondere ein **Kündigungsschutzstreit**. Dies gilt etwa, wenn ein Arbeitnehmer betriebsbedingt gekündigt wurde und der Arbeitgeber im Kündigungsschutzprozess argumentieren möchte, dass in die Sozialauswahl bestimmte Mitarbeiter auf anderen Positionen nicht einbezogen wurden, da diese deshalb nicht vergleichbar seien, weil der gekündigte Arbeitnehmer auch nach angemessener Einarbeitung nicht auf dem Arbeitsplatz dieser anderen Arbeitnehmer eingesetzt werden könne. In einem solchen Fall sollte dem Arbeitnehmer in einem (Zwischen-)zeugnis nicht besondere Flexibilität oder breite Einsetzbarkeit bescheinigt werden (vgl. BAG Urt. v. 8. 2. 1972 – 1 AZR 189/71 – AP Nr. 7 zu § 630 BGB). Andererseits sollte bei Abfassung des Zeugnisses aber auch nicht vergessen werden, dass der Arbeitgeber ein Eigeninteresse daran hat, dass der gekündigte Arbeitnehmer schnell einen neuen Arbeitsplatz findet, schon weil dies das Annahmeverzugsrisiko gemäß § 615 S. 1 BGB verringert.

1. Qualifiziertes Zeugnis mit guter Beurteilung   A. XVI. 1

Wenn der Arbeitnehmer aufgrund eines **Aufhebungs- oder Abwicklungsvertrages** ausscheidet, kann späterer Streit vermieden werden, indem der Text des Zeugnisses vereinbart und als Anlage zum Aufhebungs- oder Abwicklungsvertrag genommen wird. Allerdings kann der Arbeitgeber den Arbeitnehmer nicht zwingen, einen **Entwurf** zu erstellen. Es ist nicht unüblich, wenn auch rechtlich bedenklich, dass Arbeitgeber als Teil eines „Paketes" anbieten, ein besonders positives Zeugnis nach den Wünschen des Arbeitnehmers zu erstellen.

Erteilt der Arbeitgeber gar kein Zeugnis, kann der Arbeitnehmer einen **Erfüllungsanspruch** geltend machen, gegebenenfalls sogar im Wege der **einstweiligen Verfügung**. Der Klagantrag geht „abstrakt" auf die Erteilung eines qualifizierten Zeugnisses. Hat der Arbeitgeber zwar formal ein qualifiziertes Zeugnis ausgestellt, entspricht dieses aber inhaltlich nicht den gesetzlichen Anforderungen, kann (und muss) der Arbeitnehmer die Streichung oder Ergänzung konkreter Formulierungen verlangen (BAG Urt. v. 14. 3. 2000 – 9 AZR 246/99 – FA 2000, 286; BAG Urt. v. 17. 2. 1998 – 5 AZR 638/86 – AP Nr. 17 zu § 630 BGB; BAG Urt. v. 23. 2. 1983 – 5 AZR 515/80 – AP Nr. 10 zu § 70 BAT; *Schleßmann* Teil 1, IX.2; Begründung des Berichtigungsanspruchs aus der Fürsorgepflicht: LAG Hamm Urt. v. 27. 2. 1997 – 4 Sa 1691/96 – NZA-RR 1998, 151 m. weit. Nachw.). Zur Beweislast siehe Anm. 8.

Viele Arbeitgeber sehen keinen Sinn darin, einen solchen Zeugnisrechtsstreit zu führen. Da der Arbeitnehmer (jedenfalls wenn es um ein Endzeugnis geht) ohnehin ausscheidet, hat der Arbeitgeber selbst im Obsiegensfalle **keinen materiellen Vorteil**. Theoretisch denkbar, aber nicht wirklich wahrscheinlich, ist ein möglicher **Schadensersatzanspruch** eines neuen Arbeitgebers, der den Arbeitnehmer aufgrund falscher Darstellungen im Zeugnis eingestellt hat (vgl. BGH Urt. v. 15. 5. 1979 – VI ZR 230/76 – AP Nr. 13 zu § 630 BGB). Da ein Zeugnisrechtsstreit andererseits regelmäßig mit einigem Aufwand geführt werden muss, entscheiden sich Arbeitgeber in der Praxis nicht selten dafür, den Formulierungswünschen des Arbeitnehmers weitgehend nachzukommen. Mittelbare Folge hiervon ist allerdings, dass Zeugnisse immer weniger aussagekräftig werden und auch schlechte oder allenfalls durchschnittliche Arbeitnehmer ausgesprochen positive Zeugnisse erhalten.

2. Äußere Form. Das Zeugnis muss **schriftlich** erstellt werden, § 109 GewO Abs. 1 Satz 1. Ein Zeugnis per E-Mail oder Telefax reicht nicht aus. In aller Regel hat der Arbeitgeber sein **Geschäftspapier** zu verwenden (BAG Urt. v. 3. 3. 1993 – 5 AZR 182/92 – AP Nr. 20 zu § 630 BGB). Dies mag nur dann nicht gelten, wenn der Arbeitgeber auch im Geschäftsverkehr nicht regelmäßig Geschäftspapier benutzt. Dann muss das Zeugnis auf weißem, festen, fleckenlosen Papier ausgestellt werden. Es ist üblich, Zeugnisse **in Maschinenschrift** zu verfassen, also nicht handschriftlich.

Das Zeugnis muss auf **deutsch** ausgestellt werden und gem. § 109 Abs. 2 S. 1 GewO **klar und verständlich** formuliert sein. Der Arbeitnehmer hat Anspruch auf ein Zeugnis ohne Schreib- oder Druckfehler. Ausrufungs- oder Fragezeichen, Fettdruck oder Unterstreichungen sind unüblich und sollten daher vermieden werden. „Geheimzeichen" sind unzulässig, also eine formale Gestaltung, die eine versteckte negative Beurteilung ausdrückt (§ 109 Abs. 2 Satz 2 GewO). Das BAG hat aber entschieden, dass es keine Missachtung des Arbeitnehmers darstellt, wenn ein per Post übersandtes Zeugnis **geknickt** wird (BAG Urt. v. 21. 9. 1999 – 9 AZR 893/98 – AP Nr. 23 zu § 630 BGB; a.A. *Schleßmann* Teil 1, VIII.1.h).

Nach Auffassung des Bundesarbeitsgerichts handelt es sich beim Zeugnis um eine **Holschuld**, so dass der Arbeitgeber nicht verpflichtet ist, das Zeugnis dem Arbeitnehmer zuzusenden (BAG Urt. v. 8. 3. 1995 – 5 AZR 848/93 – AP Nr. 21 zu § 630 BGB). Etwas Anderes kann sich aus dem **Schikaneverbot** ergeben, nämlich wenn es für den Arbeitnehmer einen unzumutbaren Aufwand bedeuten würde, das Zeugnis abzuholen (BAG Urt. v. 8. 3. 1995 – 5 AZR 848/93 – AP Nr. 21 zu § 630 BGB). Das gleiche gilt, wenn der Arbeitgeber das Zeugnis am letzten Arbeitstag des Arbeitnehmers trotz Anforderung noch nicht erstellt hat (LAG Frankfurt a.M. Urt. v. 1. 3. 1984 – 10 Sa 858/83 – DB 1984, 2200; vgl. Anm. 3).

Auch bei postalischer Versendung ist **kein Adressfeld** mit der Adresse des Arbeitnehmers aufzunehmen (LAG Hamm Urt. v. 27. 2. 1997 – 4 Sa 1691/96 – NZA-RR 1998, 151; vgl. ErfKomm/*Müller-Glöge* § 109 GewO Rdn. 34 m. weit. Nachw.).

3. Ausstellungsdatum. Das Endzeugnis hat spätestens **bei Beendigung des Arbeitsverhältnisses** rechtlich und inhaltlich einwandfrei vorzuliegen (LAG Frankfurt a. M. Urt. v. 1. 3. 1984 – 10 Sa 858/83 – DB 1984, 2200; Schaub/*Linck* § 146 Rdn. 4). Ein Endzeugnis ist auch dann mit Ablauf der Kündigungsfrist auszustellen, wenn noch ein Verfahren über die Wirksamkeit der Kündigung anhängig ist (BAG Urt. v. 27. 2. 1987 – 5 AZR 710/85 – AP Nr. 16 zu § 630 BGB). Ausstellungsdatum ist damit der **letzte (Werk-)Tag des Arbeitsverhältnisses**, wobei der Arbeitnehmer ein qualifiziertes Zeugnis streng genommen eigentlich zunächst ausdrücklich **verlangen** muss (*Schleßmann* Teil 1, IV.1; ErfKomm/*Müller-Glöge* § 109 GewO RN 19).

Soweit das Zeugnis erst im Anschluss an einen Rechtstreit ausgestellt wird, ist es auf das „eigentlich" zutreffende Datum **rückzudatieren** (BAG Urt. v. 9. 9. 1992 – 2 AZR 509/91 – AP Nr. 19 zu § 630 BGB). Dies muss auch gelten, wenn der Arbeitgeber das Zeugnis am letzten Tag des Arbeitsverhältnisses pflichtwidrig noch nicht ausgestellt hat (enger *Schleßmann* Teil 1, IV.1 und VIII.2.c; a. A. ErfKomm/*Müller-Glöge* § 109 GewO Rdn. 30).

Stellt der Arbeitgeber das Zeugnis nicht rechtzeitig aus, kann er sich **schadensersatzpflichtig** machen. Der Arbeitnehmer muss allerdings beweisen, dass er eine Arbeitsstelle nur wegen des fehlenden Zeugnisses nicht erhalten hat (BAG Urt. v. 24. 3. 1977 – 3 AZR 232/76 – AP Nr. 12 zu § 630 BGB; BAG Urt. v. 12. 8. 1976 – 3 AZR 720/75 – AP Nr. 11 zu § 630 BGB).

4. Angaben zur Person des Arbeitnehmers. Der Arbeitnehmer ist mit seinem **vollen Namen** zu nennen (Vor- und Zuname, gegebenenfalls Geburtsname oder akademischer Titel). Regelmäßig werden **Geburtsdatum** und **Geburtsort** genannt (ErfKomm/*Müller-Glöge* § 109 GewO Rdn. 32; nur auf Wunsch des Arbeitnehmers: *Schleßmann* Teil 1, VIII.2.b.; Schaub/*Linck* § 146 RN 12).

5. Angaben zur Dauer der Tätigkeit. Zu den Angaben über die Dauer der Tätigkeit gehören das **Ein-** und das **Austrittsdatum**. Der rechtliche Bestand des Arbeitsverhältnisses entscheidet, nicht die tatsächliche Tätigkeit (LAG Hamm Urt. v. 27. 2. 1997 – 4 Sa 1691/96 – NZA-RR 1998, 151).

6. Angaben zur Art der Tätigkeit. Die Tätigkeit des Arbeitnehmers ist zu beschreiben. Hat sich die Position des Arbeitnehmers, wie im Formular, im Laufe des Arbeitsverhältnisses verändert, ist dies darzustellen. Die Beschreibung muss **wahrheitsgemäß** und so **umfassend** sein, dass sich ein zutreffendes Bild ergibt, welches den Arbeitnehmer für einen zukünftigen Arbeitgeber interessant macht (BAG Urt. v. 12. 8. 1976 – 3 AZR 720/75 – AP Nr. 11 zu § 630 BGB). Da es sich um Tatsachen handelt, steht dem Arbeitgeber allenfalls ein **geringer Beurteilungsspielraum** bei der Frage zu, ob eine Aufgabe wichtig genug ist, um sie aufzunehmen (BAG Urt. v. 12. 8. 1976 – 3 AZR 720/75 – AP Nr. 11 zu § 630 BGB).

Längere Abwesenheiten durch **Wehrdienst** oder **Elternzeit** sollten erwähnt werden, da der Leser wissen muss, welcher Zeitraum der Beurteilung tatsächlich zugrunde lag. **Betriebsratstätigkeit** ist nur auf Wunsch des Arbeitnehmers zu erwähnen. Eine längere Freistellung als Betriebsrat wird dagegen wohl erwähnt werden können, wenn dies notwendig ist, um eine längere Tätigkeitsunterbrechung zu erläutern (*Schleßmann* Teil 1, VII.1.a.bb.; ErfKomm/*Müller-Glöge* § 109 GewO Rdn. 49).

Krankheitstage sind nicht im Zeugnis zu erwähnen, es sei denn, sie sind ausnahmsweise für die Bewertung des Arbeitsverhältnisses notwendig, etwa wenn eine längere Krankheit zur Kündigung führte und die Krankheitsdauer außer Verhältnis zur tatsächlichen Arbeitsleistung stand (LAG Chemnitz Urt. v. 30. 1. 1996 – 5 Sa 996/95 – NZA-RR 1997, 47; ErfKomm/*Müller-Glöge* § 109 GewO Rdn. 91).

7. Angaben zur Leistung des Arbeitnehmers. Das qualifizierte Zeugnis hat Angaben zur Leistung des Arbeitnehmers zu enthalten.

Leistung bezieht sich auf die **Qualität der Tätigkeit**, also auf die Anforderungen, die die Tätigkeit an den Arbeitnehmer stellt, und wie dieser diese Anforderungen erfüllt hat. Da auf die **konkrete Tätigkeit** abzustellen ist, sind allgemeingültige Aussagen schwierig. Bei einem gewerblichen Arbeitnehmer mag es u. a. auf **Geschicklichkeit und Sorgfalt** ankommen, bei einem Programmierer u. a. auf **IT-Kenntnisse und Kreativität** und bei einem Vertriebsmitarbeiter, wie im Formular, u. a. auf **Einsatzbereitschaft und Umsatzerfolg**. Es sollten alle Eigen-

1. Qualifiziertes Zeugnis mit guter Beurteilung   A. XVI. 1

schaften und Fähigkeiten aufgenommen werden, die für die Erfüllung der konkreten Tätigkeit prägend sind.

Es gilt der **Grundsatz der Zeugniswahrheit**. Das Zeugnis soll ein zutreffendes Bild vom Arbeitnehmer und seiner Leistung geben. Maßstab ist der eines **wohlwollenden Arbeitgebers**, der das Fortkommen des Arbeitnehmers nicht ohne Grund erschwert (BAG Urt. v. 3. 3. 1993 – 5 AZR 182/92 – AP Nr. 20 zu § 630 BGB; BAG Urt. v. 8. 2. 1972 – 1 AZR 189/71 – AP Nr. 7 zu § 630 BGB; Schaub/*Linck* § 146 RN 28). Das bedeutet aber nicht, dass der Arbeitgeber keine negative Beurteilung abgeben darf. Der Arbeitgeber hat zudem einen **Beurteilungsspielraum** (BAG Urt. v. 23. 2. 1983 – 5 AZR 515/80 – AP Nr. 10 zu § 70 BAT; BAG Urt. v. 12. 8. 1976 – 3 AZR 720/75 – AP Nr. 11 zu § 630 BGB), der seine Grenze selbstverständlich dort findet, wo durch falsche oder tendenziöse Darstellung ein unzutreffendes Bild vom Arbeitnehmer gezeichnet wird.

Konkrete Formulierungen können dem Arbeitgeber nicht vorgeschrieben werden (vgl. BAG Urt. v. 23. 2. 1983 – 5 AZR 515/80 – AP Nr. 10 zu § 70 BAT; BAG Urt. v. 29. 7. 1971 – 2 AZR 250/70 – AP Nr. 6 zu § 630 BGB).

Das Zeugnis darf sich **nicht** auf die **Endphase** des Arbeitsverhältnisses beschränken („letzter Eindruck"), sondern muss einen zutreffenden **Eindruck vom gesamten Arbeitsverhältnis** geben (LAG Köln vom 8. 7. 1993 – 10 Sa 275/93 – LAGE Nr. 18 zu § 630 BGB; LAG Frankfurt a. M. Urt. v. 6. 9. 1991 – 13 Sa 250/91 – LAGE Nr. 14 zu § 630 BGB). Ein Nachlassen der Leistung gegen Ende des Arbeitsverhältnisses rechtfertigt daher nicht notwendig eine schlechtere Beurteilung.

Hat der Arbeitgeber zeitnah vor Ausstellung des Endzeugnisses ein **Zwischenzeugnis** erteilt, ist er zwar nicht an den Wortlaut gebunden (vgl. Form. A. XVI. 3 Anm. 5), wohl aber hinsichtlich der **Wertung** (LAG Köln vom 8. 7. 1993 – 10 Sa 275/93 – LAGE Nr. 18 zu § 630 BGB). Dies gilt nur dann nicht, wenn sich die Bewertungsgrundlagen erheblich geändert haben, und zwar nicht nur für die Endphase, sondern mit Wirkung für das gesamte Arbeitsverhältnis.

8. Gesamtbewertung der Leistung. In der Praxis hat sich eine Art **Notenskala** herausgebildet, die sich an die Schulnoten anlehnt (mangelhaft – sehr gut). Auch wenn es Unterschiede im Detail gibt, kann davon ausgegangen werden, dass folgende Formulierungen den angegebenen Noten entsprechen:

„Der Arbeitnehmer hat die ihm übertragenen

Aufgaben stets zu unserer vollsten Zufriedenheit	Note: „sehr gut"
stets zu unserer vollen Zufriedenheit	Note: „gut"
zu unserer vollen Zufriedenheit	Note: „befriedigend"
zu unserer Zufriedenheit	Note: „ausreichend"
im Großen und Ganzen zufrieden stellend	Note: „mangelhaft"
erfüllt."	

Es gehört zu den Merkwürdigkeiten der Zeugnissprache, dass eine sprachlich falsche Form wie „vollste Zufriedenheit" akzeptiert wird.

Das Zeugnis muss in sich **schlüssig** sein. Eine positive Darstellung im Text muss sich in der Gesamtnote wieder finden (BAG Urt. v. 14. 10. 2003 – 9 AZR 12/03 – AP Nr. 28 zu § 630 BGB). Eine unzutreffend negative Darstellung im Text wird nicht durch eine positive Gesamtnote „gerettet".

Nach der Rechtsprechung des Bundesarbeitsgerichts trägt der Arbeitnehmer die **Beweislast**, wenn er ein überdurchschnittliches Zeugnis (Note: „gut" oder besser) verlangt (BAG Urt. v. 14. 10. 2003 – 9 AZR 12/03 – AP Nr. 28 zu § 630 BGB). Im Gegensatz dazu muss der Arbeitgeber beweisen, dass ein von ihm ausgestelltes unterdurchschnittliches Zeugnis (Note: „ausreichend" oder schlechter) den Tatsachen entspricht.

9. Angaben zum Verhalten des Arbeitnehmers. Angaben zum Verhalten beziehen sich auf das **Sozialverhalten**, also die Fähigkeit, mit anderen zusammen zu arbeiten (LAG Hamm Urt. v. 27. 2. 1997 – 4 Sa 1691/96 – NZA-RR 1998, 151). In einem Zeugnis werden regelmäßig Angaben zum Verhalten gegenüber **Vorgesetzten** und **Kollegen** erwartet. Bei Außenkontakt des Mitarbeiters, wie im Formular, müssen Angaben zum Verhalten gegenüber Dritten, insbesondere **Kunden**, gemacht werden und bei einem Mitarbeiter mit Führungsverantwortung Angaben zum Verhalten gegenüber den ihm **unterstellten Mitarbeitern**. Auch wenn sich Überschneidungen nicht vermeiden lassen, bietet es sich grundsätzlich an, im Text die Darstellung von Führung und Verhalten zu trennen, so wie im Formular geschehen.

„**Beredtes Schweigen**" ist unzulässig; fehlen Angaben, die vom Leser erwartet werden, wird er hieraus einen negativen Schluss ziehen (LAG Hamm Urt. v. 27. 2. 1997 – 4 Sa 1691/96 – NZA-RR 1998, 151; BAG Urt. v. 20. 2. 2001 – 9 AZR 44/00 – AP Nr. 26 zu § 630 BGB). Bei Mitarbeitern mit Vermögensverantwortung, beispielsweise Kassierern, ist regelmäßig **Ehrlichkeit** zu erwähnen (BAG Urt. v. 29. 7. 1971 – 2 AZR 250/70 – AP Nr. 6 zu § 630 BGB).

Natürlich darf im Zeugnis auch keine **Geheimsprache** verwendet werden („kümmerte sich um die Belange der Belegschaft" = Betriebsratsmitglied; „gesellig" = Alkoholiker; § 109 Abs. 2 Satz 2).

Bewiesenes **Fehlverhalten** des Arbeitnehmers darf dargestellt werden. Allerdings muss es für die Gesamtbewertung notwendig sein und darf diese nicht verfälschen (LAG Hamm Urt. v. 27. 2. 1997 – 4 Sa 1691/96 – NZA-RR 1998, 151; BAG Urt. v. 29. 1. 1986 – 4 AZR 479/84 – AP Nr. 2 zu § 48 TVAL II; ErfKomm/*Müller-Glöge* § 109 GewO Rdn. 89 f.; vgl. noch Anm. 10). Es ist ein **wohlwollender Maßstab** anzulegen, um das Fortkommen des Arbeitnehmers nicht unnötig zu behindern. So wird der Arbeitgeber in das Zeugnis eines Arbeitnehmers, der nach langjährigem Arbeitsverhältnis kündigt, nicht aufnehmen dürfen, dass dieser einmal unpünktlich zur Arbeit erschien.

10. Ausscheidensgrund. Als Grundregel gilt, dass der Ausscheidensgrund nur auf **Wunsch des Arbeitnehmers** zu erwähnen ist (LAG Köln Urt. v. 29. 11. 1990 – 10 Sa 801/90 – LAGE Nr. 11 zu § 630 BGB; LAG Hamm Urt. v. 24. 9. 1985 – 13 Sa 833/85 – LAGE Nr. 1 zu § 630 BGB; *Schlessmann* Teil 1, VII.1.a.cc. und 1.b.; differenzierend *Popp* NZA 1997, 588; zum Meinungsstand: ErfKomm/*Müller-Glöge* § 109 GewO Rdn. 56 ff.). In der Praxis wird der Ausscheidensgrund aber regelmäßig aufgenommen, insbesondere wenn er nicht aus der Sphäre des Arbeitnehmers kommt (betriebsbedingte Kündigung) oder wenn der Arbeitnehmer – wie im Formular – auf eigenen Wunsch ausscheidet.

Fällt das Ausscheidensdatum nicht mit einem Monatsende zusammen, wird regelmäßig eine fristlose Kündigung oder eine Kündigung während der Probezeit vorliegen. Eine **Probezeitkündigung** sollte daher im Interesse des Arbeitnehmers erwähnt werden, um beim Leser den Eindruck zu vermeiden, dass fristlos gekündigt wurde (a. A. Schleßmann Teil 1, VII. 1.).

Es wird vertreten, dass ein Arbeitgeber selbst dann, wenn er einen Arbeitnehmer berechtigt **fristlos gekündigt** hat, das Fehlverhalten zwar in die Führungsbeurteilung einfließen lassen kann (vgl. Anm. 9), aber die fristlose Kündigung nicht ausdrücklich erwähnen darf (LAG Düsseldorf Urt. 22. 1. 1988 – 2 Sa 1654/87 – NZA 1988, 399; Schaub/*Linck* § 146 Rdn. 26; *Schleßmann* Teil 1, VII.2.g). Diese Auffassung ist im Interesse der Zeugniswahrheit abzulehnen (vgl. LAG Hamm Urt. v. 24. 9. 1985 – 13 Sa 833/85 – LAGE Nr. 1 zu § 630 BGB; ErfK/*Müller-Glöge* § 109 GewO Rdn. 57). Die Diskussion hat etwas Scheinheiliges, wenn gleichzeitig darauf hingewiesen wird, dass ja aus dem „krummen" Beendigungsdatum schon auf die fristlose Kündigung geschlossen werden könne (so etwa LAG Düsseldorf Urt. 22. 1. 1988 – 2 Sa 1654/87 – NZA 1988, 399; *Schleßmann* Teil 1, VII.1.b.cc).

11. Schlussformel. Es ist üblich, dass der Arbeitgeber, wie im Formular, sein Bedauern über das Ausscheiden des Arbeitnehmers ausdrückt, sich bei ihm bedankt und ihm alles Gute für seine Zukunft wünscht. Einen Anspruch hierauf hat der Arbeitnehmer jedoch nicht (BAG Urt. v. 20. 2. 2001 – 9 AZR 44/00 – AP Nr. 26 zu § 630 BGB; ErfKomm/*Müller-Glöge* § 109 GewO Rdn. 93; teilweise a. A. *Schleßmann* Teil 3, III.3. m. weit. Nachw.).

12. Unterzeichnung. Das Zeugnis ist vom **Vorgesetzten** des Arbeitnehmers eigenhändig zu unterzeichnen (BAG Urt. v. 26. 6. 2001 – 9 AZR 392/00 – AP Nr. 27 zu § 630 BGB; BAG Urt. v. 21. 9. 1999 – 9 AZR 893/98 – AP Nr. 23 zu § 630 BGB; LAG Hamm Urt. v. 27. 2. 1997 – 4 Sa 1691/96 – NZA-RR 1998, 151). Die Position des Unterzeichners ist anzugeben, einschließlich eines Hinweises etwa auf Prokura. Die Unterzeichnung durch einen gleichgeordneten Kollegen drückt Missachtung aus und ist unzulässig. Bei Unterzeichnung durch zwei Vertreter des Unternehmens muss mindestens einer im Rang über dem Arbeitnehmer stehen (*Schleßmann* Teil 1, VIII. 2. d.aa).

2. Einfaches Zeugnis[1]

[Briefkopf des Arbeitgebers][2]

Zeugnis

...... (Datum)[3]

Herr ......[4], geboren am ...... in ......, war bei uns zwischen dem ...... und dem ......[5] als Lagerarbeiter beschäftigt[6].
Herr ...... hat im Hochregallager die von Kunden georderten Waren zu Paketen zusammengestellt und zur Versendung vorbereitet. Er besitzt den für diese Tätigkeit notwendigen Staplerführerschein.
Im Zuge einer betrieblichen Umstrukturierung mussten wir Herrn ...... noch während der Probezeit betriebsbedingt entlassen[7]. Wir bedauern dies, bedanken uns für die Zusammenarbeit und wünschen Herrn ...... für seine Zukunft alles Gute[8].

......
Titel und Unterschrift des Vorgesetzten[9]

Schrifttum: S. Form. A. XVI. 1.

Anmerkungen

1. Einfaches Zeugnis. Bei dem Formular handelt es sich um ein (recht knappes) einfaches Zeugnis. Das einfache Zeugnis beschränkt sich auf Angaben zur **Person des Arbeitnehmers** sowie zur **Art und Dauer der Tätigkeit**. Unabhängig von der Dauer des Beschäftigungsverhältnisses kann der Arbeitnehmer **verlangen**, dass ein **qualifiziertes Zeugnis** ausgestellt wird, also ein Zeugnis, dass sich auch auf Leistung und Verhalten im Arbeitsverhältnis bezieht (§ 109 Abs. 1 S. 2 und 3 GewO). Wir verweisen auf unsere Anmerkungen zu Form. A. XVI. 1.
Gegen den Willen des Arbeitnehmers kann ihm **kein qualifiziertes Zeugnis** ausgestellt werden. Wenn der Arbeitnehmer also eine negative Beurteilung seiner Leistung oder seines Verhaltens erwartet, kann er darauf bestehen, dass er nur ein einfaches und daher „neutrales" Zeugnis erhält. Allerdings wird es der Leser zu werten wissen, wenn ein Arbeitnehmer trotz langer Beschäftigungsdauer nur ein einfaches Zeugnis vorzuweisen hat. Hat der Arbeitgeber zunächst auf Wunsch des Arbeitnehmers ein qualifiziertes Zeugnis ausgestellt, kann der Arbeitnehmer nicht verlangen, dass der Arbeitgeber dieses **zurücknimmt** und stattdessen ein einfaches Zeugnis erteilt (ErfKomm/*Müller-Glöge* § 109 GewO Rdn. 18; a.A. *Schleßmann* Teil 1, VI.1).

2. Äußere Form. S. Form. A. XVI. 1 Anm. 2.
3. Ausstellungsdatum. S. Form. A. XVI. 1 Anm. 3.
4. Angaben zur Person des Arbeitnehmers. S. Form. A. XVI. 1 Anm. 4.
5. Angaben zur Dauer der Tätigkeit. S. Form. A. XVI. 1 Anm. 5.
6. Angaben zur Art der Tätigkeit. SS. Form. A. XVI. 1 Anm. 6.
7. Ausscheidensgrund. S. Form. A. XVI. 1 Anm. 10.
8. Schlussformel. S. Form. A. XVI. 1 Anm. 11.
9. Unterzeichnung. S. Form. A. XVI. 1 Anm. 12.

3. Qualifiziertes Zwischenzeugnis mit durchschnittlicher Beurteilung[1]

[Briefkopf des Arbeitgebers][2]

Zwischenzeugnis

...... (Datum)[3]

Frau ......, geboren am ...... in ......, ist seit dem ...... als Sekretärin für unser Unternehmen tätig[4].
Frau ... führt das Sekretariat des Unterzeichners. Zu ihren Aufgaben gehören[5]:
- Planung und Koordination von Terminen des Unterzeichners,
- Schreiben nach Diktat bzw. selbständige Anfertigung einfacher Schreiben,
- Planung von Reisen einschließlich Buchung von Transportmitteln und Hotels,
- Annahme von Telefonaten,
- Aktenführung.

Frau ...... hat ihre Aufgaben stets zu unserer Zufriedenheit erledigt[6]. Sie beherrscht alle MS-Office Anwendungen sicher und schreibt schnell und zuverlässig nach Diktat. Frau ...... organisiert ihren Arbeitsbereich umsichtig und selbständig. Angesichts der häufig hohen Arbeitsbelastung und Hektik, die ihre Tätigkeit mit sich bringt, sind Flüchtigkeitsfehler nicht immer zu vermeiden. Frau ...... stellt insofern keine Ausnahme dar. Kritik nimmt sie positiv auf und stellt Fehler ab. Frau ...... zeigt große Leistungsbereitschaft und entlastet den Unterzeichner, wo immer es geht.
Frau ...... hat ein fröhliches und selbstbewusstes Wesen. Die Zusammenarbeit mit ihr ist angenehm. Ihr Verhalten gegenüber dem Unterzeichner als Vorgesetzten sowie gegenüber Kunden und Kollegen ist stets einwandfrei. Die Tätigkeit als Vorstandssekretärin setzt absolute Verschwiegenheit und Loyalität voraus. Der Unterzeichner kann sich voll auf Frau ...... verlassen.
Der Unterzeichner wird zum ...... zu einer anderen Konzerngesellschaft wechseln und den Standort ...... daher verlassen. Frau ...... hat aus diesem Grund um die Erstellung dieses Zwischenzeugnisses gebeten[7]. Sie wird als Sekretärin für den Nachfolger des Unterzeichners arbeiten und wir hoffen auf weiter gute Zusammenarbeit[8].

......
Titel und Unterschrift des Vorgesetzten[9]

Schrifttum: S. Form. A. XVI. 1.

Anmerkungen

1. Zwischenzeugnis. Im Gegensatz zum Endzeugnis (Form. A. XVI. 1 und Form. A. XVI. 2) wird das Zwischenzeugnis nicht bei Beendigung, sondern im laufenden Arbeitsverhältnis ausgestellt. Voraussetzung ist, dass der Arbeitnehmer ein Zwischenzeugnis **verlangt** und ein **berechtigtes Interesse** an der Ausstellung hat (hierzu unter Anm. 7). Für die Ausstellung von Zwischen- und Endzeugnissen gelten im Wesentlichen die gleichen Regeln (LAG Hamm Urt. v. 1. 12. 1994 – 4 Sa 1540/94 – LAGE 25 zu § 630 BGB), so dass wir auf unsere Anmerkungen zu Form. A. XVI. 1 verweisen können.

Wenig fruchtbar ist die häufig zu findende Unterscheidung des Zwischenzeugnisses vom sog. **vorläufigen Zeugnis** (etwa *Schleßmann* Teil 1, V.1), sofern diese Unterscheidung nicht ausnahmsweise in einem Tarifvertrag angelegt ist (so § 61 Abs. 2 BAT). Ein vorläufiges Zeugnis in diesem Sinne ist das Zeugnis, das ein Arbeitgeber nach Ausspruch einer Kündi-

3. Qualifiziertes Zwischenzeugnis mit durchschnittlicher Beurteilung A. XVI. 3

gung erteilt, wenn der Arbeitnehmer während der Kündigungsfrist oder während eines Kündigungsschutzprozesses noch weiter beschäftigt wird, so dass sich Leistung und Verhalten der Tätigkeit bis zur endgültigen Beendigung noch auf den Zeugnisinhalt auswirken können. Da Form und Inhalt gleich sind, dürfte es dem Arbeitgeber aber kaum verwehrt sein, das Zeugnis, das er in diesem Fall ausstellt, Zwischenzeugnis zu nennen (vgl. LAG Hamm Urt. v. 1. 12. 1994 – 4 SA 1540/94 – LAGE Nr. 25 zu § 630 BGB).

Das Formular stellt ein **qualifiziertes** Zwischenzeugnis dar. Die unter Form. A. XVI. 1 Anm. 1 dargestellte Abgrenzung zwischen qualifiziertem und einfachem Zeugnis gilt auch für das Zwischenzeugnis.

Mit Erteilung des Endzeugnisses hat der Arbeitnehmer ein früheres Zwischenzeugnis **Zug um Zug zurückzugeben** (Schaub/*Linck* § 146 Rdn. 24).

2. Äußere Form. Da das Arbeitsverhältnis noch nicht beendet ist, werden weite Passagen des Zeugnisses im Präsens geschrieben. Im Übrigen verweisen wir auf die Ausführungen zu Form. A. XVI. 1 Anm. 2.

3. Ausstellungsdatum. Üblicherweise wird das Zwischenzeugnis unter dem Datum ausgestellt, zu dem der Umstand eintritt, der das Zwischenzeugnis veranlasst. Im Formular würde das Zwischenzeugnis also unter dem Datum ausgestellt werden, zu dem der Unterzeichner zu der anderen Konzerngesellschaft wechselt.

4. Angaben zur Person des Arbeitnehmers, zur Dauer und zur Art der Tätigkeit. S. Form. A. XVI. 1 Anm. 4, 5 und 6.

5. Angaben zur Leistung und zum Verhalten des Arbeitnehmers. Grundsätzlich gelten unsere Anmerkungen zu Form. A. XVI. 1 Anm. 7 und Anm. 9 auch hier. Der Aussteller sollte beachten, dass das Zwischenzeugnis zumindest eine **Indizwirkung** auch für das Endzeugnis hat (LAG Köln Urt. v. 8. 7. 1993 – 10 Sa 275/93 – LAGE Nr. 18 zu § 630 BGB; Form. A. XVI. 1 Anm. 7), wenn der Arbeitnehmer auch keinen Anspruch auf eine wortgleiche Übernahme hat (LAG Düsseldorf Urt. v. 2. 7. 1976 – 9 Sa 727/76 – DB 1976, 2310; LAG Frankfurt a. M. Urt. v. 6. 9. 1991 – 13 Sa 250/91 – LAGE Nr. 14 zu § 630 BGB). Vor allem sollten Arbeitgeber sich nicht mit einem Zwischenzeugnis in **Selbstwiderspruch** zu sonstigen Entscheidungen setzen (vgl. BAG Urt. v. 8. 2. 1972 – 1 AZR 189/71 – AP Nr. 7 zu § 630 BGB; LAG Köln Urt. v. 22. 8. 1997 – 11 Sa 1748/96 – LAGE Nr. 30 zu § 630 BGB; LAG Hamm Urt. v. 1. 12. 1994 – 4 SA 1540/94 – LAGE Nr. 25 zu § 630 BGB). So wird ein Arbeitgeber Schwierigkeiten haben, beispielsweise bei der Entscheidung über einen Bonus Leistungsmängel des Arbeitnehmers anzuführen, wenn diesem in einem zeitnahen Zwischenzeugnis eine überdurchschnittliche Leistung bescheinigt wurde. Dasselbe gilt, wenn ein Arbeitgeber einen Arbeitnehmer wegen Fehlbeträgen in einer Kasse in Anspruch nehmen möchte, obwohl er dem Arbeitnehmer in Kenntnis der Fehlbeträge in einem Zwischenzeugnis „Ehrlichkeit" attestiert hat (BAG Urt. v. 8. 2. 1972 – 1 AZR 189/71 – AP Nr. 7 zu § 630 BGB).

6. Gesamtbewertung der Leistung. S. Form. A. XVI. 1 Anm. 8. Das Zeugnis bewertet die Leistung der Sekretärin als durchschnittlich („Befriedigend"). Die Bewertung ergibt sich deutlich nicht nur aus der „Gesamtnote", sondern auch aus der Leistungsbeschreibung, die erkennen lässt, dass die Tätigkeit nicht ohne Beanstandungen war.

7. Ausstellungsgrund. Regelmäßig dürften keine Bedenken bestehen, den **Ausstellungsgrund im Zwischenzeugnis anzugeben**, so wie im Formular geschehen. Im Gegenteil hilft es gerade dem Arbeitnehmer, wenn beispielsweise die Ausstellung des Zwischenzeugnisses mit dem Wechsel des Vorgesetzten begründet wird. Es wird nämlich der Verdacht zerstreut, der Arbeitnehmer sei gekündigt und das Zwischenzeugnis deshalb ausgestellt worden. Häufig findet sich in Zwischenzeugnissen allerdings auch schlicht die Formulierung, dass das Zwischenzeugnis auf „Wunsch des Mitarbeiters" ausgestellt wurde (*Schleßmann* Teil 3, III.3).

Die Ausstellung eines Zwischenzeugnisses bedarf eines Grundes. Manche Tarifverträge geben Arbeitnehmern einen ausdrücklichen Anspruch auf Ausstellung eines Zwischenzeugnisses, wenn ein **triftiger Grund** vorliegt (etwa § 61 Abs. 2 BAT). Auch ohne Tarifbindung wird ein Anspruch des Arbeitnehmers aus der **Fürsorgepflicht** des Arbeitgebers abgeleitet (vgl. BAG Urt. v. 21. 1. 1993 – 6 AZR 171/92 – AP Nr. 1 zu § 61 BAT; *Schleßmann* Teil 1, V.5).

Ein triftiger Grund liegt vor, wenn der Wunsch des Arbeitnehmers bei verständiger Betrachtungsweise als berechtigt erscheint, beispielsweise beim **Wechsel des Vorgesetzten** (so das Formular und BAG Urt. v. 1. 10. 1998 – 6 AZR 176/97 – AP Nr. 2 zu § 61 BAT), bei einer wesentlichen **Änderung** des **Tätigkeitsbereichs** des Mitarbeiters, bei **längeren Unterbrechungen des Arbeitsverhältnisses** (beispielsweise Wehrdienst oder Elternzeit), bei einem **Betriebsübergang** oder wenn der Arbeitnehmer das Zwischenzeugnis für eine **Bewerbung** benötigt (BAG Urt. v. 21. 1. 1993 – 6 AZR 171/92 – AP Nr. 1 zu § 61 BAT; Schaub/*Linck* § 146 Rdn. 9; ErfKomm/*Müller-Glöge* § 109 GewO Rdn. 102). Hingegen stellt es keinen triftigen Grund dar, wenn der Mitarbeiter das Zwischenzeugnis in einem Rechtsstreit über eine angestrebte **Höhergruppierung** verwenden will (BAG Urt. v. 21. 1. 1993 – 6 AZR 171/92 – AP Nr. 1 zu § 61 BAT).

8. Schlussformel. Im Gegensatz zum Endzeugnis enthält das Zwischenzeugnis keine Schlussformel (vgl. Form. A. XVI. 1 Anm. 11), wohl aber häufig die Hoffnung auf weitere gute Zusammenarbeit (*Schleßmann* Anm. zu AP Nr. 2 zu § 61 BAT). Ein Anspruch des Arbeitnehmers auf eine solche Formulierung besteht jedoch nicht.

9. Unterzeichnung. S. Form. A. XVI. 1 Anm. 12.

4. Übersendung von Arbeitspapieren, insbesondere Arbeitsbescheinigung[1]

[Briefkopf des Arbeitgebers]

Herrn …… (Name und Anschrift des Arbeitnehmers)

…… (Datum)

Ihre Arbeitspapiere

Sehr geehrter Herr ……,

zu unserer Entlastung erhalten Sie anbei
- Zeugnis
- Arbeitsbescheinigung[2]
- Lohnsteuerkarte und Ausdruck der elektronischen Lohnsteuerbescheinigung für ……[3]
- Urlaubsbescheinigung[4]

Mit freundlichen Grüßen

……

Unterschrift des Arbeitgebers

Erhalten[5]:

……

Ort, Datum

……

Unterschrift des Arbeitnehmers

Schrifttum: Becker-Schaffner, Die Rechtsprechung zum Recht der Arbeitspapiere, DB 1983, 1304; *Boemke,* Nachwirkungen des Arbeitsverhältnisses, AR-Blattei SD 220.10; *Hergenröder,* Das Recht der Arbeitspapiere, AR-Blattei SD 180; *Knipp,* Das Recht der Arbeitspapiere, AR-Blattei SD 180; *Kreitner,* Aushändigung der Arbeitspapiere als Holschuld – Ausnahme im Einzelfall nach BGB § 242, EWiR 1995, 759; *Matthes,* Der Anspruch des Arbeitnehmers auf Erteilung, Ergänzung und Berichtigung von Bescheinigungen durch den Arbeitgeber und seine Durchsetzung im Prozess, DB 1968, 1578, 1624; *Matthes,* Nochmal zur Klage auf Berichtigung der Arbeitspapiere, BB 1969, 537; *Müller,* Die Eintragung des Arbeitgebers in die Arbeitspapiere und ihre Berichtigung, DB 1973, 570.

4. Übersendung von Arbeitspapieren, insbesondere Arbeitsbescheinigung A. XVI. 4

Anmerkungen

1. Herausgabe von Arbeitspapieren. Der Arbeitgeber hat die Arbeitspapiere nach Beendigung des Arbeitsverhältnisses sorgfältig auszufüllen und herauszugeben (BAG Urt. v. 20. 2. 1997 – 8 AZR 121/95 – AP Nr. 4 zu § 611 BGB Haftung des Arbeitgebers). Das Formular stellt ein **Begleitschreiben** des Arbeitgebers bei der Übersendung der Arbeitspapiere dar.

Zu den Arbeitspapieren gehören begrifflich alle im Zusammenhang mit dem Arbeitsverhältnis stehenden Papiere und Bescheinigungen, unabhängig davon, ob ihre Rechtsnatur privatrechtlich oder öffentlich-rechtlich ist. Im Formular sind die in der Praxis wichtigsten Arbeitspapiere erwähnt, nämlich das **Zeugnis** (vgl. Form. A. XVI. 1–3), die **Arbeitsbescheinigung** (§ 312 SGB III; Anm. 2), die **Lohnsteuerkarte** und der Ausdruck der elektronischen **Lohnsteuerbescheinigung** (§ 41b Abs. 1 S. 3, 4 EStG; Anm. 3) sowie die **Urlaubsbescheinigung** (§ 6 Abs. 2 BUrlG; Anm. 4).

Hinzu können je nach Einzelfall weitere Dokumente kommen (vgl. Küttner/*Reinicke* Arbeitspapiere Rdn. 2), etwa die **Gesundheitsbescheinigung der im Lebensmittelgewerbe Beschäftigten** (§ 43 IfSG), die **Gesundheitsbescheinigung Jugendlicher** (§ 32 Abs. 1 Nr. 2 JArbSchG), **Unterlagen zu vermögenswirksamen Leistungen** sowie tarifliche **Lohn- und Urlaubskarten**.

Nicht zu den Arbeitspapieren gehören **Lebenslauf** und **Bewerbungsunterlagen**. Diese gehen in das Eigentum des Arbeitgebers über.

Da der **Sozialversicherungsausweis** bei Beginn des Beschäftigungsverhältnisses durch den Arbeitnehmer nur vorzulegen ist (§ 99 Abs. 1 SGB IV), sollte er sich beim Ausscheiden nicht mehr im Besitz des Arbeitgebers befinden.

Die Pflicht, Arbeitspapiere auszufüllen und herauszugeben, ergibt sich entweder unmittelbar aus dem **Gesetz** (etwa § 41b EStG für die Lohnsteuerkarte; BAG Urt. v. 20. 2. 1997 – 8 AZR 121/95 – AP Nr. 4 zu § 611 BGB Haftung des Arbeitgebers), aus dem **Eigentum** des Arbeitnehmers oder ansonsten aus **nachwirkender Nebenpflicht** (BAG Urt. v. 11. 6. 2003 – 5 AZB 1/03 – AP Nr. 84 zu § 2 ArbGG 1979).

Der Herausgabeanspruch wird grundsätzlich mit der tatsächlichen Beendigung des Arbeitsverhältnisses **fällig** (BAG Urt. v. 27. 2. 1987 – 5 AZR 710/85 – AP Nr. 16 zu § 630 BGB), bei einer ordentlichen Kündigung also mit **Ablauf der Kündigungsfrist.** Bei einer außerordentlichen Kündigung hat der Arbeitgeber die Arbeitspapiere binnen einer angemessenen Frist auszufüllen und bereitzustellen (MünchHdbArbR/*Wank* § 129 Rdn. 7; LAG Frankfurt a. M. Urt. v. 1. 3. 1984 – 10 Sa 858/83 – DB 1984, 2200). Dies gilt auch, wenn ein Kündigungsschutzprozess läuft oder Streit über die Höhe der Vergütung besteht.

Der Arbeitgeber hat die Arbeitspapiere **nach seinem Kenntnisstand** auszufüllen, das heißt beispielsweise den Beendigungszeitpunkt und die Vergütung, die nach seiner Ansicht zutreffen (vgl. BAG Urt. v. 27. 2. 1987 – 5 AZR 710/85 – AP Nr. 16 zu § 630 BGB zu einem Arbeitszeugnis; vgl. noch Anm. 2 zur Arbeitsbescheinigung).

Auch wenn der Arbeitgeber noch offene Forderungen gegen den Arbeitnehmer hat, steht ihm **kein Zurückbehaltungsrecht** an den Arbeitspapieren zu (BAG Urt. v. 20. 12. 1958 – 2 AZR 336/56 – AP Nr. 2 zu § 611 BGB Urlaubskarten; MünchKommBGB/*Krüger* § 273 Rdn. 49; *Becker-Schaffner* DB 1983, 1306). Ein Zurückbehaltungsrecht würde dem Zweck der Papiere widersprechen, die dem Arbeitnehmer die Aufnahme einer neuen Tätigkeit ermöglichen soll.

Wenn der Arbeitnehmer seinen Herausgabeanspruch gerichtlich geltend macht, kann er gemäß § 61 Abs. 2 ArbGG den Antrag stellen, dass der Arbeitgeber zu einer vom Gericht nach freiem Ermessen festzusetzenden **Entschädigung** verurteilt wird, wenn er die Arbeitspapiere nicht innerhalb einer bestimmten Frist herausgibt. Der Herausgabeanspruch selbst kann dann aber nicht mehr vollstreckt werden und auch weitere Schadensersatzansprüche scheiden aus (BAG Urt. v. 20. 2. 1997 – 8 AZR 121/95 – AP Nr. 4 zu § 611 BGB Haftung des Arbeitgebers).

2. Arbeitsbescheinigung. Gemäß § 312 SGB III hat der Arbeitgeber eine Arbeitsbescheinigung auszufüllen und dem Arbeitnehmer auszuhändigen. Der Arbeitgeber hat sich dabei des amtlichen **Vordruckes** zu bedienen, § 312 Abs. 1 S. 1 SGB III, der von der Arbeitsverwaltung unter *www.arbeitsagentur.de* auch im Internet bereitgestellt wird. Es kann eine **Ordnungswidrigkeit** darstellen, wenn die Ausstellung verzögert oder gar verweigert wird, § 404 Abs. 2 Nr. 19 SGB III.

Der Arbeitgeber kann der **Bundesagentur für Arbeit** zum **Schadensersatz** verpflichtet sein, wenn diese aufgrund falscher Angaben in der Arbeitsbescheinigung zu Unrecht Leistungen gewährt, § 321 Nr. 1 SGB IIII (BSG Urt. v. 30. 1. 1990 – 11 RAr 11/89 – AP Nr. 3 zu § 133 AFG; BSG Urt. v. 11. 1. 1989 – 7 RAr 88/87 – AP Nr. 1 zu § 133 AFG). Ein Schadensersatzanspruch wird aber voraussetzen, dass der Arbeitgeber eindeutig **falsche Tatsachen** angibt. Erfordert der Eintrag eine rechtliche Wertung, etwa hinsichtlich der Wirksamkeit einer Kündigung, so ist ein Schadensersatzanspruch ausgeschlossen (BSG Urt. v. 16. 10. 1991 – 11 RAr 119/90 – NZA 1993, 46).

Vorsicht ist geboten, wenn der ausscheidende Arbeitnehmer die **Wirksamkeit einer Kündigung** angegriffen hat. Im amtlichen Vordruck muss der Arbeitgeber auch Angaben zum **Kündigungsgrund** machen, insbesondere ob bei einer betriebsbedingten Kündigung eine Sozialauswahl durchgeführt wurde oder ein vertragswidriges Verhalten des Arbeitnehmers Anlass zur Kündigung gegeben hat. Der Arbeitgeber sollte sich nicht in Widerspruch zu dem setzen, was er in einem Kündigungsschutzprozess vortragen will.

Der Arbeitnehmer kann **Klage vor den Arbeitsgerichten** erheben, wenn der Arbeitgeber keine Arbeitsbescheinigung ausstellt, § 12 Abs. 1 Nr. 3 e ArbGG (BAG Beschl. v. 30. 8. 2000 – 5 AZB 12/00 – AP Nr. 75 zu § 2 ArbGG 1972). Ein **Berichtigungsanspruch** wegen inhaltlicher Fehler muss dagegen vor den **Sozialgerichten** geltend gemacht werden (BAG Urt. v. 13. 7. 1988 – 5 AZR 467/87 – NZA 1989, 321; BSG Urt. v. 12. 12. 1990 – 11 RAr 43/88 – NZA 1991, 696). Allerdings ist umstritten, ob dem Arbeitnehmer materiell-rechtlich überhaupt ein **Berichtigungsanspruch** gegen den Arbeitgeber zusteht. Nach einer Ansicht soll der Inhalt der Arbeitsbescheinigung eine bloße **Wissenserklärung** des Arbeitgebers sein, zu deren Abgabe er nicht verurteilt werden kann (Küttner/*Voelzke* Arbeitsbescheinigung Rdn. 22). Nach anderer Ansicht ist zwischen objektiv unrichtigen Tatsachen und vom Arbeitgeber abgegebenen Wertungen zu unterscheiden. Im Hinblick auf erstere soll dem Arbeitnehmer ein Berichtigungsanspruch zustehen (ErfKomm/*Koch* § 2 ArbGG Rdn. 25).

Auch dem **Arbeitnehmer** kann bei falschen Angaben durch den Arbeitgeber ein **Schadensersatzanspruch** zustehen, etwa wenn die Agentur für Arbeit aufgrund der Arbeitsbescheinigung zu Unrecht eine Sperrzeit verhängt. Dies setzt aber voraus, dass ein Schaden entstanden ist, woran es jedenfalls in Höhe des nicht gezahlten Arbeitslosengeldes fehlen wird, weil der Arbeitnehmer seinen Anspruch auf Arbeitslosengeld unmittelbar gegen die Agentur für Arbeit geltend machen kann (LAG Hannover Urt. v. 28. 3. 2003 – 16 Sa 19/03 – NZA-RR 2004, 46). Ein Schaden in Form von Rechtsverfolgungskosten oder, weil der Arbeitnehmer einen Kredit aufnehmen muss, ist hingegen möglich.

3. Elektronische Lohnsteuerbescheinigung und Lohnsteuerkarte. Der Arbeitgeber hat das Lohnkonto abzuschließen und die Lohnsteuerbescheinigung elektronisch an das Finanzamt zu übermitteln. Einen Ausdruck der **elektronischen Lohnsteuerbescheinigung** hat er dem Arbeitnehmer auszuhändigen oder elektronisch bereitzustellen (§ 41 b Abs. 1 S. 3 EStG). Bei **unterjährigem Ausscheiden** hat er, wie im Formular, auch die **Lohnsteuerkarte** auszuhändigen. Seit Einführung der elektronischen Lohnsteuerbescheinigung wird die Lohnsteuerbescheinigung dagegen nicht mehr mit der Lohnsteuerkarte verbunden. Eine Ausnahme gilt nur, wenn der Arbeitgeber **keine maschinelle Lohnabrechnung** betreibt. Dann ist die Lohnsteuerbescheinigung weiter auf der Lohnsteuerkarte des Mitarbeiters vorzunehmen und diesem bei Beendigung des Dienstverhältnisses auszuhändigen (§ 41 b Abs. 3 EStG).

Die Lohnsteuerkarte ist **mit Beendigung des Arbeitsverhältnisses** zu übergeben (vgl. Anm. 1). Dies gilt grundsätzlich auch für den Ausdruck der elektronischen Lohnsteuerbescheinigung. Der Arbeitnehmer kann eine **Klage auf Herausgabe** vor den **Arbeitsgerichten** erheben (BAG Beschl. v. 30. 8. 2000 – 5 AZB 12/00 – AP Nr. 75 zu § 2 ArbGG 1972).

Auch nach Einführung der elektronischen Lohnsteuerbescheinigung dürfte der Arbeitnehmer weiter einen Anspruch auf **Ergänzung und Berichtigung** haben, der nicht vor den Arbeitsgerichten, sondern vor den **Finanzgerichten** geltend zu machen ist, da es sich nicht um eine bürgerlich-rechtliche Streitigkeit, sondern eine öffentlich-rechtliche Verpflichtung handelt (BAG Beschl. v. 11. 6. 2003 – 5 AZB 1/03 – AP Nr. 84 zu § 2 ArbGG 1979; a. A. FG Hamburg Beschluss v. 30. 6. 2003 – II 110/03 – AP Nr. 86 zu § 2 ArbGG).

Der Arbeitgeber **haftet den Finanzbehörden**, wenn es wegen einer falschen Lohnsteuerbescheinigung zu einer **Steuerverkürzung** kommt, § 42 d Abs. 1 Nr. 3 EStG. Hat eine falsche Bescheinigung hingegen zur Folge, dass der **Arbeitnehmer** zu einer **erhöhten Einkommensteuer** veranlagt wird, so kann der Arbeitgeber diesem zum **Schadensersatz** verpflichtet sein (vgl. BFH Urt. v. 20. 9. 1996 – VI R 57/95 – DB 1997, 23; Schaub/*Schaub* § 71 Rdn. 106).

4. Urlaubsbescheinigung. Gemäß § 6 Abs. 2 BUrlG ist der Arbeitgeber bei Beendigung des Arbeitsverhältnisses verpflichtet, dem Arbeitnehmer eine Bescheinigung über den **im laufenden Kalenderjahr gewährten und abgegoltenen Urlaub** auszuhändigen. Diese Bescheinigung ist unaufgefordert auszustellen, also nicht nur auf Antrag des Arbeitnehmers.

Durch die Urlaubsbescheinigung sollen **Doppelansprüche** ausgeschlossen werden. In einem neuen Arbeitsverhältnis des ausscheidenden Arbeitnehmers besteht gemäß § 6 Abs. 1 BUrlG nämlich insoweit kein Urlaubsanspruch, als Urlaub bereits von einem früheren Arbeitgeber gewährt wurde. Der Arbeitnehmer muss daher die Urlaubsbescheinigung bei seinem neuen Arbeitgeber vorlegen.

Die Urlaubsbescheinigung muss **schriftlich** erteilt werden. Sie muss Angaben zur Identität des Arbeitnehmers, zur Dauer des Arbeitsverhältnisses im laufenden Kalenderjahr, zur Höhe des Urlaubsanspruchs im Kalenderjahr (auch gesetzlicher Zusatzurlaub z. B. für Schwerbehinderte) sowie zum tatsächlich gewährten und abgegoltenen Urlaub enthalten:

„Herr ......, geboren am ......, wohnhaft ......, war im Jahr ...... von ...... bis ...... bei uns beschäftigt. Der volle Urlaubsanspruch pro Jahr betrug ...... Tage einschließlich ...... Tage Zusatzurlaub wegen ...... Es wurden im Jahr .... Urlaubstage gewährt. Ferner wurden ...... Tage Urlaub abgegolten."

Der Arbeitnehmer kann auf Erstellung/Herausgabe sowie Ergänzung/Berichtigung der Urlaubsbescheinigung **Klage vor dem Arbeitsgericht** erheben (§ 2 Abs. 1 Nr. 3e ArbGG), soweit durch unzutreffende Angaben seine Rechte beeinträchtigt werden (ErfKomm/*Dörfner* § 6 BUrlG Rdn. 17).

Bei falscher oder verspäteter Erstellung kann sich der Arbeitgeber gegenüber dem Arbeitnehmer **schadensersatzpflichtig** machen, wenn der neue Arbeitgeber mit der Begründung keinen Urlaub gewährt, dass der Arbeitnehmer bereits mehr Urlaub erhalten hat, als tatsächlich der Fall war. Der entstandene Schaden kann etwa darin bestehen, dass der Arbeitnehmer zur Durchsetzung seines Urlaubsanspruches gegenüber dem neuen Arbeitgeber Klage erheben muss und ihm **Rechtsverfolgungskosten** entstehen.

5. Holschuld. Die vom Arbeitgeber ausgefüllten Arbeitspapiere sind grundsätzlich vom Arbeitnehmer abzuholen, § 269 Abs. 2 BGB (vgl. Form. A. XVI. 1 Anm. 2 zur gleichen Frage beim Zeugnis). Erfüllungsort ist der Beschäftigungsbetrieb. Der Arbeitgeber muss die Arbeitspapiere bei Beendigung des Arbeitsverhältnisses ausgefüllt **zur Abholung bereithalten** (BAG Urt. v. 8. 3. 1995 – 5 AZR 848/93 – DB 1995, 1518; LAG Düsseldorf Urt. v. 9. 3. 1954 – 2 b Sa 37/54 – DB 1954, 371). Der Arbeitnehmer braucht die Papiere aber nicht persönlich abzuholen. Er kann stattdessen einen Bevollmächtigten mit der Abholung beauftragen.

Eine **Übersendung** der Arbeitspapiere **per Post** kann der Arbeitnehmer grundsätzlich nicht verlangen (BAG Urt. v. 8. 3. 1995 – 5 AZR 848/93 – AP Nr. 21 zu § 630 BGB). Eine Ausnahme von dieser Regel gilt nur dann, wenn

- dem Arbeitnehmer vom Arbeitgeber **Hausverbot** erteilt wurde (LAG Düsseldorf Urt. v. 9. 3. 1954 – 2 b Sa 37/54 – DB 1954, 371),
- der Arbeitgeber die Arbeitspapiere **nicht rechtzeitig bereit gestellt** hat (LAG Frankfurt a. M. Urt. v. 1. 3. 1984 – 10 Sa 858/83 – DB 1984, 2200: Übersendung der Arbeitspapiere durch den Arbeitgeber auf eigene Kosten und Gefahr) oder
- **Treu und Glauben** es unverhältnismäßig erscheinen lassen, den Arbeitnehmer zu verpflichten, die Arbeitspapiere selbst abzuholen. Dies soll zum Beispiel der Fall sein, wenn der Arbeitnehmer weit entfernt **verzogen** (ArbG Wetzlar Beschl. v. 21. 7. 1971 – Ga 3/71 – BB

1972, 222) oder **schwer erkrankt** ist (LAG Düsseldorf Urt. v. 18. 12. 1962 – 8 Sa 392/62 – DB 1963, 419).

Da der Arbeitgeber für die ordnungsgemäße Herausgabe der Arbeitspapiere darlegungs- und beweispflichtig ist, empfiehlt es sich, den Empfang durch den Arbeitnehmer **quittieren** zu lassen (§ 368 BGB).

B. Dienstverträge und andere Verträge

I. Geschäftsführer

1. Dienstvertrag für den Geschäftsführer einer GmbH

Dienstvertrag[1]

zwischen[2]
...... GmbH (Name und Anschrift der Gesellschaft) „Gesellschaft"
hier vertreten durch die Alleingesellschafterin ...... AG,
diese vertreten durch ihren Vorstand
und
Herrn ...... (Name und Anschrift) „Geschäftsführer"

§ 1 Position[3, 4, 5, 6]/Dienstsitz[7]

(1) Der Geschäftsführer ist, gegebenenfalls zusammen mit weiteren Geschäftsführern, Geschäftsführer der Gesellschaft. Er trägt die Verantwortung für den Bereich ...... (Zuständigkeitsbereich, z.B. Vertrieb).

(2) Der Dienstsitz des Geschäftsführers ist am jeweiligen Firmensitz der Gesellschaft.

§ 2 Vertragsdauer[8, 9, 10, 11, 12]

(1) Das Dienstverhältnis des Geschäftsführers unter diesem Vertrag beginnt am ...... (Datum) und läuft auf unbestimmte Zeit. Jede Vertragspartei kann jederzeit ordentlich kündigen mit einer Frist von sechs Monaten zum Monatsende, frühestens jedoch mit Wirkung zum Ablauf von ...... (Datum).

(2) Das Recht zur fristlosen Kündigung aus wichtigem Grund bleibt unberührt.

(3) Jede Kündigung ist schriftlich zu erklären. Falls der Geschäftsführer durch Gesellschafterbeschluss aus seinem Amt abberufen wird, gilt die Bekanntgabe der Abberufung gegenüber dem Geschäftsführer durch die Gesellschaft zugleich als Kündigung dieses Vertrages zum nächstmöglichen Termin.

(4) Die Gesellschaft ist ab Zugang einer Kündigung – gleich von welcher Seite diese erklärt wurde – berechtigt, den Geschäftsführer von seiner Tätigkeit freizustellen. Mit der Freistellung werden alle Urlaubsansprüche abgegolten.

§ 3 Geschäftsführung/Vertretung[13]

(1) Für die Führung der Geschäfte und die Vertretung der Gesellschaft gelten die folgenden Bestimmungen:
 (a) Der Geschäftsführer führt die Geschäfte der Gesellschaft nach Maßgabe der Weisungen der jeweiligen Gesellschafterversammlung und unter Beachtung der gesetzlichen Bestimmungen sowie der Zustimmungserfordernisse, die die Satzung der Gesellschaft in ihrer jeweils gültigen Fassung bzw. die Gesellschafterversammlung jeweils aufstellen.
 (b) Der Geschäftsführer wird bei der Vertretung der Gesellschaft die gesetzlichen Bestimmungen, die Weisungen der Gesellschafterversammlung und die Satzung der Gesellschaft in ihrer jeweils gültigen Fassung befolgen.

(2) Die Gesellschafterversammlung kann eine Geschäftsordnung für die Geschäftsführung erlassen, welche die Aufgabenbereiche und Verantwortlichkeiten mehrerer Geschäftsführer gegeneinander abgrenzt. Die Bestimmungen einer etwaigen Geschäftsordnung in ihrer jeweils gültigen Fassung und die Regelungen dieses Vertrages sind vom Geschäftsführer sowohl bei der Führung der Geschäfte der Gesellschaft als auch bei der Vertretung der Gesellschaft zu beachten.

§ 4 Dienstzeit[14]/Wettbewerbsverbot[15, 16]/Nebenbeschäftigung[17]

(1) Der Geschäftsführer wird der Gesellschaft seine volle Arbeitskraft widmen und die Interessen der Gesellschaft nach besten Kräften fördern. Soweit es das Wohl der Gesellschaft erfordert, wird er der Gesellschaft auch über die übliche betriebliche Arbeitszeit hinaus zur Verfügung stehen und ihre Interessen wahrnehmen.

(2) Der Geschäftsführer verpflichtet sich, während der Dauer dieses Vertrages weder selbstständig, noch unselbstständig als Arbeitnehmer und auch nicht als Unternehmer, weder direkt noch indirekt durch Beteiligung, in irgendeiner Form eine Konkurrenztätigkeit auszuüben oder für ein Unternehmen tätig zu sein, welches mit der Gesellschaft oder einem im Sinne von § 15 AktG mit der Gesellschaft verbundenen Unternehmen („Verbundene Unternehmen") in direktem Wettbewerb steht.

(3) Irgendeine weitere entgeltliche Beschäftigung oder üblicherweise entgeltliche Tätigkeit sowie jede Beteiligung an Unternehmen bedarf der vorherigen ausdrücklichen schriftlichen Zustimmung der Gesellschafterversammlung. Ausgenommen von der Zustimmungspflicht ist der übliche Erwerb von Wertpapieren zu Zwecken der persönlichen Vermögensverwaltung. Eine Mitgliedschaft in Aufsichts- oder Beiräten anderer Gesellschaften sowie sonstiger Institutionen, die im Zusammenhang mit dem Geschäftsgegenstand der Gesellschaft stehen oder sonst die Interessen der Gesellschaft oder eines Verbundenen Unternehmens ersichtlich berühren, bedarf ebenfalls der vorherigen ausdrücklichen schriftlichen Zustimmung der Gesellschafterversammlung.

§ 5 Urlaub[18]

Der Geschäftsführer hat einen Anspruch auf bezahlten Urlaub im Umfang von 30 Tagen je Kalenderjahr. Tage im Sinne dieser Regelung sind alle Kalendertage mit Ausnahme von Samstagen, Sonntagen und gesetzlichen Feiertagen am jeweiligen Firmensitz der Gesellschaft. Bei unterjährigem Beschäftigungsbeginn bzw. -ende wird der Urlaub in diesem Kalenderjahr zeitanteilig gewährt. Den Zeitpunkt des Urlaubs bestimmt der Geschäftsführer in Abstimmung mit dem oder den anderen Geschäftsführer(n) und der Gesellschafterversammlung sowie unter Wahrung der Belange der Gesellschaft.

§ 6 Vergütung[19, 20, 21, 22, 23]

(1) Als Vergütung für seine Dienste erhält der Geschäftsführer ein Bruttojahresfestgehalt, welches EUR ...... (in Worten: Euro ......) beträgt. Das vereinbarte Bruttojahresfestgehalt ist zahlbar in zwölf gleichen Raten, jeweils am Ende eines Kalendermonats sowie unter Abzug von Steuern und Sozialabgaben. Soweit die Tätigkeit des Geschäftsführers in einem Kalenderjahr unterjährig beginnt oder endet, ist das Bruttojahresfestgehalt zeitanteilig geschuldet.

(2) Mehrarbeit und Überstunden werden nicht gesondert vergütet.

(3) Zudem kann der Geschäftsführer bei Erreichen der von der Gesellschafterversammlung nach Durchsprache mit dem Geschäftsführer festgelegten Jahresziele eine variable Vergütung verdienen. Die jährliche variable Brutto-Vergütung beträgt bei 100%-igem Erreichen der festgelegten Jahresziele EUR ...... (in Worten: Euro ......). Ist ein Vertragsjahr kürzer als ein Kalenderjahr, versteht sich dieser Betrag zeitanteilig. Wenn der Geschäftsführer die festgelegten Jahresziele ganz oder teilweise nicht erreicht, entscheidet die Gesellschafterversammlung nach billigem Ermessen[19] darüber, ob und in

welcher Höhe die variable Vergütung gezahlt wird. Eine verdiente variable Vergütung ist zahlbar nach Feststellung des testierten Jahresabschlusses für das jeweilige Kalenderjahr.

§ 7 Auslagen[24]/Firmenwagen[25, 26]

(1) Bei Bewirtung von Geschäftspartnern und Geschäftsreisen hat der Geschäftsführer Anspruch auf Ersatz seiner angemessenen Auslagen, soweit sie dem Geschäftsführer im Interesse der Gesellschaft entstehen. Übersteigen die aufgewendeten Auslagen den nach den steuerlichen Vorschriften zulässigen Pauschalbetrag, so hat der Geschäftsführer diese Auslagen im Einzelnen durch ordnungsgemäße Belege und Rechnungen nachzuweisen. Etwaige Bestimmungen der Geschäftsordnung zu Reisekosten sind in ihrer jeweils gültigen Fassung zu beachten. Ergänzend gelten die jeweils gültigen Richtlinien der Gesellschaft zu Reisekosten, die insoweit Bestandteil dieses Vertrages sind.

(2) Die Gesellschaft stellt dem Geschäftsführer einen PKW (Bruttolistenpreis EUR ...... bzw. monatliche Brutto-Leasingrate EUR ......) zur dienstlichen und privaten Nutzung zur Verfügung. Die auf diesen Sachbezug entfallende Lohnsteuer ist von dem Geschäftsführer zu tragen. Im Falle einer Freistellung des Geschäftsführers von seiner Tätigkeit entfällt zum gleichen Zeitpunkt die Verpflichtung der Gesellschaft, dem Geschäftsführer einen Pkw zur dienstlichen und privaten Nutzung zur Verfügung zu stellen. Der Geschäftsführer wird den ihm zur Verfügung gestellten PKW auf Verlangen der Gesellschaft zu Beginn einer Freistellung an die Gesellschaft zurückgeben, spätestens hat die Rückgabe bei Beendigung dieses Vertrages zu erfolgen. Ergänzend gelten die jeweils gültigen Richtlinien der Gesellschaft über die Nutzung des Firmenwagens, die insoweit Bestandteil dieses Vertrages sind.

§ 8 Geheimhaltungsverpflichtung[27]/Rückgabe[28]/Urheberrechte[29]

(1) Während der Laufzeit dieses Vertrages und nach seiner Beendigung ist der Geschäftsführer verpflichtet, alle vertraulichen Informationen über das Geschäft oder besondere Angelegenheiten der Gesellschaft streng geheim zu halten und diese Informationen nicht für seinen eigenen oder den Nutzen anderer zu verwenden. Diese Geheimhaltungspflicht betrifft insbesondere die strategischen Pläne der Gesellschaft sowie durchgeführte und geplante Transaktionen der Gesellschaft und Verbundener Unternehmen, alle Informationen über Produkte und Produktenwicklungen und -planungen, Preisgestaltung, Kunden- und Lieferantenbeziehungen, sonstige Vertragsbeziehungen, Abschlüsse, Marketingstrategien, Pläne oder Analysen über Marktpotentiale und Investitionsmöglichkeiten, Informationen über Umsatz, Gewinn, Leistungsfähigkeit, Finanzierung, Geldbeschaffungspläne oder -aktivitäten, Personal und Personalplanung der Gesellschaft und Verbundener Unternehmen.

(2) Auf Verlangen der Gesellschaft jederzeit und spätestens bei Beendigung dieses Vertrages unaufgefordert, wird der Geschäftsführer alle in seinem Besitz befindlichen Gegenstände, die im Eigentum der Gesellschaft oder Verbundener Unternehmen stehen oder ihm von der Gesellschaft oder Verbundenen Unternehmen überlassen wurden, insbesondere auch Akten und sonstige, den Geschäftsbetrieb der Gesellschaft oder Verbundener Unternehmen betreffende Unterlagen (insbesondere alle Lieferanten- und Kundenlisten, Druckmaterial, Urkunden, Zeichnungen, Notizen, Entwürfe) sowie Kopien davon oder elektronische Speichermedien, die den Inhalt derartiger Unterlagen enthalten sowie Kopien davon, an die Gesellschaft zurückgeben. Diese Rückgabeverpflichtung gilt insbesondere auch für einen etwaig dem Geschäftsführer überlassenen Laptop oder ein Mobiltelefon, auch wenn insoweit die private Nutzung gestattet war.

(3) Jedwede aus etwaigen Erfindungen des Geschäftsführers herrührende Ansprüche auf Schutzrechtsanmeldungen sowie jedwede Urheberverwertungsrechte aus etwaigen Schöpfungen des Geschäftsführers stehen ausschließlich der Gesellschaft zu, ausgenom-

men Erfindungen und Schöpfungen, die offensichtlich in keinerlei Zusammenhang mit dem Tätigkeitsbereich der Gesellschaft stehen. Eine gesonderte Vergütung des Geschäftsführers hierfür erfolgt nicht. Der Geschäftsführer ist verpflichtet, jedwede Erfindung und urheberrechtsfähige Schöpfung aus dem Tätigkeitsbereich der Gesellschaft unverzüglich der Gesellschaft, vertreten durch die Gesellschafterversammlung, zu melden und die Gesellschaft in erforderlichem Umfang bei der Erlangung von Schutzrechten zu unterstützen.

§ 9 Krankheit/Tod[30]

(1) Im Falle unverschuldeter, die Durchführung seiner Aufgaben ausschließender Krankheit oder sonstiger unverschuldeter Verhinderung an der Erbringung seiner Dienstleistung während seiner Anstellung hat der Geschäftsführer Anspruch auf Fortzahlung seines zeitanteiligen Gehaltes gemäß § 6 Abs. (1) dieses Vertrages für die Dauer von sechs Wochen. Schadensersatzansprüche gegen Dritte tritt der Geschäftsführer in Höhe der geleisteten Gehaltsfortzahlung an die Gesellschaft ab.

(2) Im Falle des Todes des Geschäftsführers während der Dauer dieses Vertrages ist das zeitanteilige Gehalt gemäß § 6 Abs. (1) dieses Vertrages für den Sterbemonat und die drei nächstfolgenden Kalendermonate an den Ehegatten des Geschäftsführers, ersatzweise die unterhaltsberechtigten Kinder des Geschäftsführers (letztere als Gesamtgläubiger), fortzubezahlen.

§ 10 Bisherige Arbeits- oder Dienstverhältnisse[31, 32]

Die Vertragsparteien sind sich einig, dass ein etwaig bestehendes Arbeits- oder sonstiges Beschäftigungsverhältnis des Geschäftsführers mit der Gesellschaft mit der Ernennung von Herrn ...... zum Geschäftsführer der Gesellschaft endet bzw. geendet hat, spätestens jedoch mit Ablauf des dem Vertragsbeginn dieses Geschäftsführervertrages vorangehenden Tages. Etwaige hierzu bestehende Arbeits- oder sonstige Verträge werden aufgehoben.

§ 11 Schlussbestimmungen

(1) Die Vertragsparteien sind sich einig, dass mit Unterzeichnung dieses Geschäftsführervertrages alle eventuellen vorherigen Vereinbarungen über die Tätigkeit des Geschäftsführers als Geschäftsführer der Gesellschaft unwirksam sind und durch diesen Geschäftsführervertrag ersetzt werden. Vereinbarungen außerhalb dieses Geschäftsführervertrages wurden nicht getroffen.

(2) Änderungen oder Ergänzungen dieses Vertrages bedürfen zu ihrer Wirksamkeit der Schriftform sowie der ausdrücklichen Zustimmung der Gesellschafterversammlung. Gleiches gilt für die Aufhebung dieses Schriftformerfordernisses.

(3) Sollten einzelne Bestimmungen dieses Vertrages ungültig sein oder werden, so berührt dies im Zweifel die Wirksamkeit der übrigen Bestimmungen nicht. Anstelle der unwirksamen Vorschrift oder zur Ausfüllung eventueller Lücken dieses Vertrages ist eine angemessene Regelung zu vereinbaren, die dem am nächsten kommt, was die Vertragsparteien nach ihrer wirtschaftlichen Zwecksetzung gewollt haben bzw. die Bestimmung, die dem entspricht, was nach Sinn und Zweck dieses Vertrages vereinbart worden wäre, hätte man die Angelegenheit von vornherein bedacht.

(4) Für alle Rechtsstreitigkeiten über die Wirksamkeit dieses Vertrages sowie über Ansprüche aus und im Zusammenhang mit diesem Vertrag gilt deutsches Recht. Gerichtsstand ist der jeweilige Firmensitz der Gesellschaft.

......
Ort, Datum

......
Unterschrift der Gesellschaft[33]

......
Ort, Datum

......
Unterschrift des Geschäftsführers

1. Dienstvertrag für den Geschäftsführer einer GmbH   B. I. 1

hier vertreten durch die Alleingesellschafterin,

...... AG, diese vertreten durch ihren Vorstand

Für § 10 dieses Geschäftsführervertrages:

......

Ort, Datum

......

Unterschrift der Gesellschaft[33]
diese vertreten durch ihre Geschäftsführung

Schrifttum: Annuß, Der Anstellungsvertrag des Fremdgeschäftsführers in Betriebsübergang und Insolvenz, ZInsO 2001, 344; *Bamberger/Roth,* Kommentar zum Bürgerlichen Gesetzbuch, 1. Aufl. 2003; *Bauer,* Nun Schriftform bei Beförderung zum Geschäftsführer?, GmbHR 2000, 767; *Bloching,* Fristlose Kündigung des Anstellungsvertrags eines GmbH-Geschäftsführers aus wichtigem Grund (f), DStR 2002, 321; *Dollmann,* Die Rückkehr zum ruhenden Arbeitsverhältnis des Geschäftsführers durch § 623 BGB, BB 2003, 1838; *Ebert,* Folgepflicht und Haftung des GmbH-Geschäftsführers beim Erhalt und bei der Ausführung von Weisungen, GmbHR 2003, 444; *Erdmann,* Ausländische Staatsangehörige in Geschäftsführungen und Vorständen deutscher GmbHs und AGs, NZG 2002, 503; *Falder,* Geschäftsführer bei Auslandsgesellschaften – Geschäftsführer ausländischer Tochtergesellschaften – leitende Angestellte nach deutschem Arbeitsrecht?, NZA 2000, 868; *Fischer,* Die Bestellung von Arbeitnehmern zu Organmitgliedern juristischer Personen und das Schicksal ihres Arbeitsvertrags, NJW 2003, 2417; *Flatten,* Dauer von Geschäftsführerverträgen, GmbHR 2000, 922; *Gitter,* Zum Anspruch eines GmbH-Geschäftsführers auf Zahlung einer erfolgsabhängigen Vergütung und von Versorgungsbeiträgen (f), NZG 2000, 942; *Günther,* Der Geschäftsführeranstellungsvertrag (f), EWiR 2001, 119; *Haase,* Zum fehlerhaften Geschäftsführer-Anstellungsverhältnis (f), GmbHR 2000, 877; *Haase,* Das ruhende Arbeitsverhältnis eines zum Vertretungsorgan einer GmbH bestellten Arbeitnehmers und das Schriftformerfordernis gemäß § 626 BGB, GmbHR 2004, 279; *Heidner,* Änderung der Rechtsprechung zur umsatzsteuerlichen Behandlung von Geschäftsführungsleistungen durch Gesellschafter-Geschäftsführer an die Gesellschaft, DStR 2002, 1890; *Holthausen/Steinkraus,* Die januskö̈pfige Rechtsstellung des GmbH-Geschäftsführers im Arbeitsrecht, NZA-RR 2002, 281; *Jakob,* Erfindungen eines Gesellschafters oder Gesellschafter-Geschäftsführer im Geschäftsbereich der GmbH, DStR 2000, 1122; *Jula,* Geschäftsführerhaftung gemäß § 43 GmbHG – Minimierung der Risiken durch Regelungen im Anstellungsvertrag?, GmbHR 2001, 806; *Kamanabrou,* Das Anstellungsverhältnis des GmbH-Geschäftsführers im Licht neuerer Rechtsprechung, DB 2002, 146; *Kukat,* Vorsicht ist besser als Nachsicht – Praktische Hinweise zur Vereinbarung nachvertraglicher Wettbewerbsverbote für Geschäftsführer und zur Anrechnung anderweitigen Erwerbs, BB 2001, 951; *Lohr,* Der Anstellungsvertrag des GmbH-Geschäftsführers – Aktuelle Gestaltungsfragen, ZNotP 2003, 162; *Lohr,* Die Amtsniederlegung des GmbH-Geschäftsführers, RNotZ 2002, 164; *Lohr,* Die Amtsniederlegung des GmbH-Geschäftsführers – Voraussetzungen der Niederlegung und Folgen für das Anstellungsverhältnis, DStR 2002, 2173; *Moll,* Zur arbeitsgerichtlichen Zuständigkeit für den Geschäftsführer in der GmbH & Co KG, RdA 2002, 226; *Nägele,* Der Anstellungsvertrag des Geschäftsführers, BB 2001, 305; *Niebler/Schiedl,* Die Rechtsprechung des BAG zum Schicksal des Arbeitsverhältnisses bei Geschäftsführerbestellung nach In-Kraft-Treten des § 623 BAG, NZA-RR 2001, 281; *Palandt,* Bürgerliches Gesetzbuch, 64. Aufl. 2005; *Peetz,* Zum Zustandekommen eines Geschäftsführer-Anstellungsvertrags mit einer GmbH durch schlüssiges Verhalten (f), GmbHR 2000, 980; *Rischar,* Geschäftsführerentgelte und verdeckte Gewinnausschüttungen, GmbHR 2003, 15; *Reiserer,* Der GmbH-Geschäftsführer – ein Arbeitnehmer? Eine völlige Kehrtwende in der Rechtsprechung, DStR 2000, 31; *Reufels,* Ausgewählte Fragen zur Gestaltung von Geschäftsführer-Dienstverträgen, ArbRB 2002, 59; *Roemer,* Vorbeugende Gestaltungen in Anstellungsverträgen von Gesellschafter-Geschäftsführern bei möglicher Fehleinschätzung der Sozialversicherungspflicht, Information StW 2000, 142; *Schneider,* Abmahnung des Geschäftsführers vor Kündigung des Anstellungsvertrags aus wichtigem Grund?, GmbHR 2003, 1; *Thüsing,* Nachorganschaftliche Wettbewerbsverbote bei Vorständen und Geschäftsführern – Ein Rundgang durch die neuere Rechtsprechung und Literatur, NZG 2004, 9; *Vogel,* Kündigungsschutz leitender Angestellter, NZA 2002, 313; *Wank,* Zur Arbeitnehmereigenschaft von GmbH-Geschäftsführern (f), EWiR 2003, 621.

Anmerkungen

1. Sachverhalt. Der vorliegende Geschäftsführervertrag ist konzipiert für einen Geschäftsführer einer in einen Konzern eingebundenen, jedoch nicht der Mitbestimmung nach MitbestG unterliegenden GmbH, wobei dieser Geschäftsführer keine Anteile an der von ihm geführten GmbH hält (sog. Fremdgeschäftsführer). Dabei ist der Geschäftsführervertrag für den Anwendungsfall gedacht, dass der Geschäftsführer von derjenigen Gesellschaft angestellt wird, bei der er als deren im Handelsregister eingetragener Geschäftsführer tätig ist. In einer solchen Konstellation wird der Geschäftsführervertrag nach ganz h.M. als **Dienstvertrag** qualifiziert (BGH Urt. v. 11. 7. 1953 – II ZR 126/52 – BGHZ 10, 1987; BGH Urt. v. 9. 2. 1978 – II ZR 189/76 – AP Nr. 1 zu § 38 GmbHG; BGH Urt. v. 29. 1. 1981 – II ZR 92/80 – NJW 1981, 1270; BGH Urt. v. 11. 7. 1983 – II ZR 114/82 – BGHZ 10, 187; BGH Urt. v. 26. 3. 1984 – II ZR 120/83 – NJW 1984, 2528; BGH Urt. v. 7. 12. 1987 – II ZR 206/87 – WM 1988, 298; Küttner/*Kania* 1208; *Holten/Steinkraus* NZA-RR 2002, 281; von diesem Grundsatz im Einzelfall jedoch abweichend BAG Urt. v. 15. 4. 1982 – 2 AZR 1101/79 – NJW 1983, 2405; BAG Urt. v. 26. 5. 1999 – 5 AZR 664/98 – DStR 1999, 1868 differenzierend nach dem Grad der maßgeblichen persönlichen Abhängigkeit; BGH Urt. v. 23. 1. 2003 – IX ZR 39/02 – GmbHR 2003, 472 bejahend die Arbeitnehmereigenschaft eines unwesentlich beteiligten Geschäftsführers für die Beurteilung der Bevorrechtigung von Gehaltsansprüchen im Insolvenzfall; s. allgemein zu dieser Problematik *Reiserer* DStR 2000, 31 ff.; *Nägele* BB 2001, 305 ff.; *Kamanabrou* DB 2002, 146 ff.).

Die zwingenden gesetzlichen Schutzbestimmungen für Arbeitnehmer finden damit ganz überwiegend und von wenigen Ausnahmen abgesehen keine Anwendung (ausdrückliche gesetzliche Regelung in §§ 5 Abs. 2 Nr. 1 BetrVG; 14 Abs. 1 Ziff. 1 KSchG; 5 Abs. 1 S. 3 ArbGG; BAG Urt. v. 13. 2. 2003 – 8 AZR 654/01 – EWiR 2003, 621 für den Fall der Anwendbarkeit des § 613a BGB auf Organe einer Gesellschaft). Ob und in welchem Umfang einzelne Regelungen des geplanten **Antidiskriminierungsgesetzes** auch auf Geschäftsführer Anwendung finden oder finden sollen, ist zum Zeitpunkt des Redaktionsschlusses für diese Anmerkungen noch offen. Derzeit ist jedoch davon auszugehen, dass (zumindest) das Verfahren beim Zugang zur Tätigkeit wie auch beim beruflichen Aufstieg für Geschäftsführer diskriminierungsfrei zu gestalten ist. Deshalb ist zu empfehlen, die weitere rechtspolitische Entwicklung wie auch deren praktische Auswirkungen zu beobachten und die etwaig gesetzten rechtlichen Vorgaben genauestens zu berücksichtigen.

Für den vorliegenden Geschäftsführervertrag ist zu beachten, dass sich dieser aus vorformulierten Vertragsbedingungen zusammensetzt, die nicht nur für den Einzelfall gelten und in der Praxis vom Geschäftsführer zumeist ohne substantielle Änderungen akzeptiert werden. Da es sich damit regelmäßig um **allgemeine Geschäftsbedingungen** i.S.d. § 305 Abs. 1 BGB handeln wird, ist der Vertrag so gestaltet, dass die einzelnen Vertragsbestimmungen einer Rechtskontrolle nach den §§ 305 ff. BGB standhalten.

Ein Geschäftsführervertrag ist zwar grundsätzlich formfrei; er wird in der Praxis jedoch stets schriftlich vereinbart, was auch aus steuerlichen Gründen und zu Nachweiszwecken immer zu empfehlen ist.

Der Geschäftsführervertrag ist aus Sicht und im Interesse der Gesellschaft als Dienstgeberin formuliert. Er ist jedoch insgesamt so ausgewogen, dass das Formular in der Praxis i.d.R. von Geschäftsführern akzeptiert wird. Es hat sich erwiesen, dass in vielen Fällen keine weiteren Regelungen erforderlich sind. Bei besonderen Fallkonstellationen oder in einer besonderen Interessenlage kann es sich jedoch als notwendig oder wünschenswert erweisen, weitere Regelungen aufzunehmen. In den nachfolgenden Anmerkungen sind daher derartige Klauseln als zusätzliche Optionen vorgesehen. Dabei wird ebenfalls erläutert, bei welchen Sachverhalten diese Klauseln angezeigt und nützlich sind und wie diese Klauseln in den Vertrag eingebaut werden können. Diese optionalen Klauseln haben sich in der Praxis ebenfalls bewährt. Generell ist aber darauf zu achten, dass dann, wenn diese optionalen Klauseln mit einer zusätzlichen Paragraphenbezifferung in den Vertrag aufgenommen werden, etwaige Verweise im Geschäftsführervertrag geprüft und gegebenenfalls angepasst werden müssen.

Eine Vielzahl von Regelungen und Gestaltungsüberlegungen würde sich in anderer Weise stellen für einen **Gesellschafter-Geschäftsführer,** insbesondere wenn er Mehrheitsgesellschafter wäre. So wird sich ein Gesellschafter-Geschäftsführer und insbesondere ein Mehrheitsgesellschafter-Geschäftsführer i.d.R. bestimmte Sonderrechte in seinem Geschäftsführervertrag zusagen lassen (z.B. Möglichkeit einer Kündigung nur mit Zustimmung der Gesellschafterversammlung); zudem wären in einem solchen Fall bei der Vertragsgestaltung die umfangrei-

1. Dienstvertrag für den Geschäftsführer einer GmbH   **B. I. 1**

chen Rechtsprechungsbeschränkungen im Hinblick auf dem Geschäftsführer zugesagte Vergütung und Neben- und Sonderleistungen zu beachten, die zulässige Leistungen von verdeckter Gewinnausschüttung abgrenzen (BFH Urt. v. 27. 3. 1963 – I 9/61 – BB 1963, 965; BFH Urt. v. 5. 10. 1994 – I R 50/94 – BFHE 176, 549; BFH Urt. v. 21. 1. 1998 – I B 66/97 – GmbHR 1998, 799; BFH Urt. v. 4. 6. 2003 – I R 38/02 – DStR 2003, 1789; s. allgemein zu dieser Problematik *Rischar* GmbHR 2003, 15 ff.). Ebenso müssten am Formular einige Änderungen vorgenommen werden, wenn die GmbH Komplementärin einer Kommanditgesellschaft ist. Denn in diesem Fall müsste sichergestellt werden, dass die geschäftlichen Interessen der KG in gleicher Weise wie die Interessen der Komplementär-GmbH geschützt werden. So müssen sich Geheimhaltungsverpflichtungen, Rückgabeverpflichtungen und Wettbewerbsverpflichtungen nicht nur auf die Komplementär-GmbH, sondern auch auf die Kommanditgesellschaft beziehen.

Der Abschluss des Dienstvertrags ist im Übrigen streng zu trennen von der **Bestellung des Geschäftsführers** (OLG Köln Urt. v. 3. 6. 1993 – 1 U 71/92 – GmbHR 1993, 735 entsprechend für Beendigung des Dienstverhältnisses und Abberufung; Küttner/*Kania* 1205; *Holthausen/Steinkraus* NZA-RR 2002, 281; *Lohr* DStR 2002, 2173; *Nägele* BB 2001, 305). Die Bestellung des Geschäftsführers erfolgt durch Gesellschafterbeschluss, dessen Bekanntgabe an den Geschäftsführer und der Annahme der Bestellung durch den Geschäftsführer selbst (§§ 6, 35 GmbHG; *Nägele* BB 2001, 305). Diese Bestellung muss anschließend vom Geschäftsführer selbst oder einem anderen vertretungsbefugten Geschäftsführer in notariell beglaubigter Form zur Eintragung in das Handelsregister angemeldet werden (vgl. zur Bestellung: Form. B. I. 2).

2. Parteien. Parteien des Geschäftsführervertrages sind die GmbH, bei der der Geschäftsführer als eingetragener Geschäftsführer tätig ist, sowie der Geschäftsführer selbst.

Wenn die GmbH Komplementärin einer Kommanditgesellschaft ist, ist unbedingt darauf zu achten, dass der Geschäftsführervertrag mit der Komplementär-GmbH abgeschlossen wird und nicht mit der KG. Denn andernfalls könnte der Anstellungsvertrag nicht als Dienstvertrag, sondern als Arbeitsvertrag angesehen werden mit der Folge, dass der Geschäftsführer Arbeitnehmerstatus hätte (BAG Urt. v. 10. 7. 1980 – 3 AZR 68/79 – AP Nr. 1 zu § 5 ArbGG 1979; BAG Urt. v. 15. 4. 1982 – 2 AZR 1101/79 – AP Nr. 1 zu § 14 KSchG; BAG Urt. v. 13. 7. 1995 – 5 AZB 37/94 – NZA 1995, 1070; *Holthausen/Steinkraus* NZA-RR 2002, 282; a. A. *Moll* RdA 2002, 226 differenzierend danach, ob die Vertreterstellung des Geschäftsführers der Komplementär-GmbH im Hinblick auf die Kommanditgesellschaft auf Gesetz, Gesellschaftsvertrag oder Satzung zurückzuführen ist).

Der Geschäftsführer selbst muss weder die deutsche Staatsangehörigkeit haben, noch über Kenntnisse der deutschen Sprache verfügen. Allerdings wird sich der Geschäftsführer zur Erfüllung seiner im Formular niedergelegten Geschäftsführungs- und Vertretungspflichten im Regelfall ganz überwiegend in Deutschland aufhalten müssen. Sofern der Geschäftsführer kein Angehöriger eines EU-Staates ist und auch keine Befreiung durch bi- oder multilateralen Staatsvertrag vorliegt, benötigt er hierzu einen Einreise- und Aufenthaltstitel. Nach dem seit dem 1. Januar 2005 in Kraft befindlichen Aufenthaltsgesetz bedarf es zur Erteilung einer Aufenthaltserlaubnis dabei keiner Zustimmung der Bundesagentur für Arbeit (vgl. §§ 4, 1 Beschäftigungsverordnung; zur Rechtslage vor dem 1. Januar 2005: *Erdmann* NZG 2002, 503).

3. Position. Das Formular schreibt zunächst nur das Ressort des Geschäftsführers fest, aber nicht, in welchem Umfang der Geschäftsführer Vertretungsbefugnis erhält. Das Formular erlaubt es der Gesellschaft, neben dem Geschäftsführer weitere Geschäftsführer zu ernennen. Ein Geschäftsführer wird gelegentlich versuchen, zu seinen Gunsten weitere Festschreibungen zu erreichen. So könnte er z. B. verlangen, dass er Alleinvertretungsbefugnis hat, oder dass keine weiteren Geschäftsführer neben ihm ernannt werden oder – falls weitere Geschäftsführer ernannt werden – er Vorsitzender der Geschäftsführung ist. Wird die **Ressortzuständigkeit** des Geschäftsführers allerdings – wie im Formular optional vorgesehen – genau beschrieben, so hat der Geschäftsführer für die Laufzeit des Vertrages Anspruch darauf, dass er für dieses Ressort zuständig bleibt und – unbeschadet der gleichwohl bestehenden Gesamtverantwortung aller Geschäftsführer – dieses Ressort auch eigenverantwortlich leiten kann. Wird die Ressortzuständigkeit während der Laufzeit des Vertrages erheblich beschränkt oder gar entzogen, kann dies ein Recht des Geschäftsführers auslösen, den Vertrag außerordentlich nach §§ 626, 628 Abs. 2 BGB zu kündigen und die dort vorgesehene Entschädigung zu verlangen (OLG Frankfurt Urt. v. 17. 12. 1992 – 26 U 54/92 – GmbHR 1993, 288).

4. Positionserweiterung. Wenn vorauszusehen oder zumindest nicht auszuschließen ist, dass der Geschäftsführer der in den Konzern eingebundenen Gesellschaft im Laufe seiner Tätigkeit auch weitere Aufgaben im Konzern übernehmen soll, empfiehlt sich zur Positionserweiterung die Einfügung der folgenden Zusatzklausel:

Optional bei § 1:
(2) Das Aufgabengebiet des Geschäftsführers umfasst die Führung der Geschäfte der Gesellschaft und kann sich daneben von Zeit zu Zeit zur Unterstützung von deren übergreifenden Unternehmenszielen auf die Erfüllung anderer Aufgaben sowie auch die Übernahme weiterer Verantwortungsbereiche eines im Sinne von § 15 AktG mit der Gesellschaft verbundenen Unternehmens („Verbundene Unternehmen") erstrecken.

5. Reisetätigkeit. Wenn darüber hinaus bei der Einstellung des Geschäftsführers bereits abzusehen ist, dass die Tätigkeit des Geschäftsführers umfangreiche Reiseaktivitäten beinhalten wird, kann sich eine ausdrückliche Regelung hierzu empfehlen. Denn die Reisetätigkeiten werden i. d. R. zu einer nicht unerheblichen zusätzlichen zeitlichen Belastung des Geschäftsführers führen und seinen Einsatz insbesondere auch an Wochenenden erfordern, was von Anfang an klargestellt werden sollte. Zur ausdrücklichen Regelung bietet sich daher folgende Zusatzklausel an:

Optional bei § 1:
(2) Die Position des Geschäftsführers ist mit umfangreicher Reisetätigkeit in Deutschland, im europäischen sowie im außereuropäischen Ausland verbunden.

6. Berichtspflicht. Im Formular ist zunächst keine Regelung zu etwaigen besonderen Berichtspflichten vorgesehen. In einem Konzern muss bzw. soll der Geschäftsführer aber oftmals nach den geltenden Gepflogenheiten nicht direkt an die Gesellschafterversammlung berichten, sondern an eine andere, im Konzern maßgebliche Person. In diesem Fall empfiehlt es sich, dies im Geschäftsführervertrag auch explizit zu regeln. Hierfür hat sich die folgende Formulierung bewährt:

Optional bei § 1:
(2) Der Geschäftsführer berichtet – vorbehaltlich einer anderweitigen Bestimmung der Alleingesellschafterin – gegenwärtig an den Vice President ......, derzeit Herrn ...... („Vertreter der Alleingesellschafterin").

Gelegentlich wird ein Geschäftsführer verlangen, dass vertraglich geregelt wird, dass er nur an die Konzernspitze berichtet. Ob diesem Wunsch entsprochen werden kann bzw. werden soll, ist allerdings eine Frage des Einzelfalls.

7. Dienstsitz. Das Formular regelt, dass der Dienstsitz des Geschäftsführers am jeweiligen Firmensitz der Gesellschaft liegt. Diese vertragliche Festlegung des Dienstsitzes empfiehlt sich insbesondere in den Fällen, in denen der Geschäftsführer „neu" in die Gesellschaft eintritt und bei Vertragsabschluss seinen Wohnsitz noch an einem Ort hat, der dem Firmensitz der GmbH nicht entspricht. Wenn die Gesellschaft ein Interesse daran hat, dass der Geschäftsführer in absehbarer Zeit nach Vertragsbeginn seinen Lebensmittelpunkt an den Firmensitz verlegt, was im Hinblick auf Kundenbeziehungen und Mitarbeitermotivation wichtig sein kann, kann darüber hinaus geregelt werden, dass der Geschäftsführer sich verpflichtet, binnen einer gewissen Übergangsfrist nach Vertragsabschluss seinen Wohnsitz an den Firmensitz bzw. in den Großraum des Firmensitzes zu verlegen. In diesen Fällen kommt es nicht selten vor, dass der Geschäftsführer eine entsprechende Umzugskostenerstattung verlangt, insbesondere wenn er seinen Wohnsitz im Ausland hat. Will die Gesellschaft diesem Wunsch entsprechen, kann eine Regelung zur Umzugskostenerstattung in den Geschäftsführervertrag übernommen werden. Für den Fall, dass die Umzugskostenerstattung dabei über die steuerfreie Pauschale hinausgeht, muss stets geregelt werden, wer die Lohn- bzw. Einkommensteuer trägt.

1. Dienstvertrag für den Geschäftsführer einer GmbH   B. I. 1

Der nachfolgende Formulierungsvorschlag unterstellt, dass der Geschäftsführer aus den Vereinigten Staaten von Amerika nach Deutschland umziehen muss, um hier seiner Tätigkeit als Geschäftsführer der Gesellschaft nachzugehen.

Optional:
§ ... Erstattung von Umzugskosten und Kosten der Steuerberatung
(1) Dem Geschäftsführer werden die in den ersten zwölf Monaten nach Unterzeichnung dieses Vertrages angefallenen berufsbedingten Kosten für den Verkauf seines Hauses in den USA und den Umzug von den USA nach Deutschland gegen Vorlage der entsprechenden Rechnungen im Rahmen der in den nachfolgenden Abs. (2), (3) und (4) dargestellten Bedingungen und bis zur dort genannten Höhe erstattet. Die Kosten des Erwerbs oder einer Anmietung eines Hauses bzw. einer Wohnung in Deutschland werden von der Gesellschaft nicht erstattet. Auch die Kosten der vorläufigen Unterbringung des Geschäftsführers oder seiner Familie in Deutschland werden von der Gesellschaft nicht erstattet. Etwaige auf den Erstattungsbetrag zu entrichtende Steuern und Sozialabgaben werden von der Gesellschaft getragen.
(2) Die Gesellschaft wird ein Umzugsunternehmen beauftragen, das für den Geschäftsführer den Umzug nach Deutschland organisiert. Diese Umzugsfirma wird ihre Rechnung direkt an die Gesellschaft stellen. Dem Geschäftsführer wird für den Transport seines Eigentums von den USA nach Deutschland in Absprache mit dem Umzugsunternehmen ein Container mit der maximalen Größe von ...... zur Verfügung gestellt werden. Der Transport wird nur auf dem Land- und Seeweg erfolgen. Der Transport eines Fahrzeugs wird ausgeschlossen.
(3) Des Weiteren erstattet die Gesellschaft dem Geschäftsführer und seiner Ehefrau zwei Flugreisen Deutschland-USA und zurück (Economy-Class) zur Vorbereitung des Verkaufs seines Hauses in den USA und dem Auszug aus diesem Haus, sofern der Geschäftsführer diese Flüge mit geschäftlichen Treffen in den USA verbindet. Ferner werden ihm die Kosten ersetzt, die in den USA üblicherweise und angemessenerweise für den Verkauf eines Hauses erforderlich sind (z. B. Maklerprovisionen, Rechtsberatungskosten).
(4) Der Geschäftsführer kann für das Kalenderjahr auf Kosten der Gesellschaft die Beratungsleistungen eines Steuerberaters nach Wahl der Gesellschaft für die Unterstützung bei der Erstellung der Einkommensteuererklärung des Geschäftsführers in Anspruch nehmen.
(5) Endet das Anstellungsverhältnis innerhalb von einem Jahr nach dem Umzug aufgrund einer vom Geschäftsführer erklärten Kündigung, muss der Geschäftsführer die nach obigen Abs. (1) bis (4) erstatteten Kosten an die Gesellschaft zurückzahlen. Die Gesellschaft kann den Kostenerstattungsanspruch unter Beachtung etwaiger Pfändungsfreigrenzen mit sämtlichen Vergütungsansprüchen des Geschäftsführers verrechnen.

8. Vertragsdauer. Bezüglich der Vertragsdauer sind ganz unterschiedliche Formulierungen und Regelungen denkbar. Das Formular sieht eine Regelung vor, nach der das Anstellungsverhältnis des Geschäftsführers auf unbestimmte Zeit läuft, gleichzeitig eine bestimmte Kündigungsfrist definiert und eine **Mindestlaufzeit** geregelt wird. Ein ganz ähnliches Ergebnis kann auch dadurch erreicht werden, dass eine Festlaufzeit kombiniert wird mit einer Verlängerung für den Fall, dass der Vertrag nicht vor Ablauf der Festlaufzeit – unter Einhaltung einer definierten Kündigungsfrist – gekündigt wird. Letztlich sind sowohl die Länge der maßgeblichen Kündigungsfrist als auch der Zeitraum einer Fest- bzw. Mindestlaufzeit immer Verhandlungssache. In der Praxis werden überwiegend Kündigungsfristen von sechs bis zwölf Monaten und Fest- bzw. Mindestlaufzeiten von einem bis drei Jahren vereinbart. Fünfjahresverträge sind demgegenüber in den letzten Jahren selten geworden. Ebenso selten werden einer Fest- bzw. Mindestlaufzeit Probezeiten vorgeschaltet.

9. Abfindung für Verlust des „Arbeitnehmerstatus". Wenn der Geschäftsführer bereits vor seiner Bestellung zum Geschäftsführer Arbeitnehmer der Gesellschaft war, wird der Geschäftsführer beim Abschluss des Geschäftsführervertrages nicht selten versuchen, eine gesonderte Abfindungsregelung in den Vertrag aufnehmen zu lassen. Im Formular ist eine solche Klausel nicht vorgesehen. Der Geschäftsführer wird den Wunsch nach einer solchen Abfindungsregelung i.d.R. damit begründen, dass er bei einem Wechsel in die Geschäftsführung der Gesellschaft seinen gesetzlichen Kündigungsschutz verliert und dieser Verlust finanziell ausgeglichen werden muss. Sofern im Geschäftsführervertrag jedoch eine Fest- oder Mindestlaufzeit vereinbart wurde, kann seitens der Gesellschaft der Wunsch mit dem Argument abgelehnt werden, dass diese Fest- oder Mindestlaufzeit ein wirtschaftliches Äquivalent zum Kündigungsschutz bedeutet und daher keine sachliche Veranlassung für eine Abfindung besteht. Wenn die Gesellschaft dennoch auf die Wünsche des Geschäftsführers eingehen will, kann folgende Abfindungsklausel Verwendung finden:

Optional bei § 2:
(5) Endet dieser Vertrag durch eine Kündigung seitens der Gesellschaft, ohne dass hierfür seitens des Geschäftsführers ein Grund für eine außerordentliche fristlose Kündigung vorliegt und ohne dass der Geschäftsführer durch verschuldetes Fehlverhalten einen Anlass für die ordentliche Kündigung gegeben hätte, erhält der Geschäftsführer eine Brutto-Abfindung in Höhe von 50% der Summe aus dem Brutto-Jahresfestgehalt gemäß § 6 Abs. (1) dieses Vertrages und der variablen Vergütung gemäß § 6 Abs. (3) dieses Vertrages, die er ausweislich seiner Lohnsteuerkarte im letzten vollen Kalenderjahr verdient hat, welches dem Kalenderjahr vorangig, in dem es zur rechtlichen Beendigung dieses Vertrages kommt. Ist der Geschäftsführer 10 Jahre oder länger bei der Gesellschaft beschäftigt, erhöht sich die Abfindung von 50% auf 100%. Als insofern maßgeblicher Beschäftigungsbeginn wird einvernehmlich der ...... (*Datum*) festgesetzt. Die Abfindung nach dieser Regelung ist fällig zum Zeitpunkt der rechtlichen Beendigung dieses Vertrages. Zusätzliche Fälligkeitsvoraussetzung ist, dass der Geschäftsführer einen wirksamen schriftlichen Verzicht auf eine gerichtliche Auseinandersetzung (Klageverzicht) über die rechtliche Beendigung der Anstellung oder etwaige Vergütung aus der Anstellung erklärt. Erklärt er diesen schriftlichen Verzicht nicht und kommt es zu einer gerichtlichen Auseinandersetzung über die rechtliche Beendigung der Anstellung oder etwaige Vergütung aus der Anstellung, ist zusätzliche Fälligkeitsvoraussetzung, dass die rechtliche Beendigung des Geschäftsführervertrages vom Gericht rechtskräftig bestätigt wurde. Diese Abfindung wird, soweit gesetzlich zulässig, abgabefrei ausgezahlt (vgl. derzeit § 3 Ziff. 9 EStG), unterfällt jedoch ansonsten dem Lohnsteuerabzug. Sämtliche Steuer auf die Abfindung trägt der Geschäftsführer.

Die in der Klausel vorgeschlagene Abfindungshöhe ist dabei lediglich ein Vorschlag. Die Parteien haben hier einen großen Gestaltungsspielraum und letztlich wird die Höhe der Abfindung von der Verhandlungssituation abhängen. Auch die stufenweise Erhöhung der Abfindung von 50% auf 100% nach zehnjähriger Dauer der Beschäftigung ist lediglich ein Vorschlag. Hier können die Parteien andere Gestaltungen wählen. Zur Vermeidung etwaiger späterer Auseinandersetzungen darüber, ob der Geschäftsführervertrag überhaupt beendet wurde, ist es jedenfalls wichtig, die Fälligkeit der vertraglichen Abfindung davon abhängig zu machen, dass es keinen Streit über die Beendigung der Anstellung selbst gibt. Deshalb ist vorgesehen, dass die Abfindung erst gezahlt wird, wenn ein Klageverzicht erklärt wurde oder ein Gericht rechtskräftig geurteilt hat, dass der Geschäftsführervertrag beendet wurde.

10. Sonderkündigungsrecht im Krankheitsfall. Im Formular nicht vorgesehen ist das Recht der Gesellschaft, den Geschäftsführer bei einer lang andauernder Dienstunfähigkeit (z.B. infolge Krankheit) und unabhängig von etwaigen vertraglich festgelegten Mindest- oder Festlaufzeiten ordentlich kündigen zu können. Denn eine solche Regelung wird ein Geschäftsführer in der Praxis eher selten akzeptieren wollen. Sofern die Gesellschaft aber auf ein derartiges Sonderkündigungsrecht nicht verzichten will, wird der Geschäftsführer zumindest eine Abfindung fordern, um die für ihn mit dem Sonderkündigungsrecht entstehende Härte abzumildern. Die nachfolgende Klausel trägt dieser beiderseitigen Interessenlage Rechnung:

Optional bei § 2:
(5) Im Fall einer mehr als sechs Monate ununterbrochen andauernden Dienstunfähigkeit des Geschäftsführers kann die Gesellschaft den Geschäftsführervertrag ohne Beschränkung durch § 2 Abs. (1) dieses Vertrages durch vorzeitige ordentliche Kündigung mit einer Frist von einem Monat zum Monatsende beenden. Nutzt die Gesellschaft diese Kündigungsmöglichkeit, erhält der Geschäftsführer eine Brutto-Abfindung in Höhe von 50% des Brutto-Jahresfestgehaltes gemäß § 6 Abs. (1) dieses Vertrages. Die Abfindung nach dieser Regelung ist fällig zum Zeitpunkt der rechtlichen Beendigung dieses Vertrages. Zusätzliche

1. Dienstvertrag für den Geschäftsführer einer GmbH   **B. I. 1**

Fälligkeitsvoraussetzung ist, dass der Geschäftsführer einen wirksamen schriftlichen Verzicht auf eine gerichtliche Auseinandersetzung (Klageverzicht) über die rechtliche Beendigung der Anstellung oder über etwaige Vergütung aus der Anstellung erklärt. Erklärt er diesen schriftlichen Verzicht nicht und kommt es zu einer gerichtlichen Auseinandersetzung über die rechtliche Beendigung der Anstellung oder etwaige Vergütung aus der Anstellung, ist zusätzliche Fälligkeitsvoraussetzung, dass die rechtliche Beendigung des Geschäftsführervertrages vom Gericht rechtskräftig bestätigt wurde. Diese Abfindung wird, soweit gesetzlich zulässig, abgabefrei ausgezahlt (vgl. derzeit § 3 Ziff. 9 EStG), unterfällt jedoch ansonsten dem Lohnsteuerabzug. Sämtliche Steuer auf die Abfindung trägt der Geschäftsführer.

Die vorgeschlagene Höhe der Abfindung ist vergleichsweise niedrig angesetzt. Denkbar wäre auch, ein ganzes Jahresgehalt oder sogar einen höheren Betrag vorzusehen. Dies wird – neben der Verhandlungssituation – i. d. R. auch von der Länge der Mindest- bzw. Festlaufzeit des Vertrages abhängen.

11. Sonderkündigungsrecht bei Change-of-Control. Im Formular ist keine Change-of-Control-Klausel vorgesehen. Denn eine solche Klausel wird in der Praxis eher selten in den Geschäftsführervertrag selbst aufgenommen. Häufiger findet sich die Gestaltung, dass erst einige Zeit nach Abschluss des Geschäftsführervertrages Regelungen für den Fall eines Change-of-Control vereinbart werden, z. B. wenn die Übernahme durch einen neuen Mehrheitsgesellschafter befürchtet wird oder sogar unmittelbar bevorsteht (vgl. auch Form. B. II. 1 Anm. 18 zu möglichen Hintergründen und Problemen bei der Formulierung einer solchen Regelung). Wird die Aufnahme einer Change-of-Control-Klausel allerdings schon im Geschäftsführervertrag gewünscht, kann folgende Zusatzklausel Verwendung finden:

Optional nach § 2:
§ ... Change-of-Control
(1) Der Geschäftsführer hat für den Fall, dass es zu einem Change-of-Control im Sinne von nachfolgendem Abs. (2) kommt, ein Sonderkündigungsrecht nach Maßgabe des nachfolgenden Abs. (3) sowie die Ansprüche gemäß nachfolgendem Abs. (4).
(2) Ein Change-of-Control im Sinne dieses Vertrages liegt in dem Zeitpunkt vor, in dem die Mehrheit der Anteile an der Gesellschaft nicht mehr von der ...... AG gehalten werden. Maßgeblich ist hier der Zeitpunkt, in dem die ...... AG rechtsgültig nicht mehr Inhaberin der Mehrheit der Anteile ist.
(3) Wenn es zu einem Change-of-Control im Sinne von vorstehendem Abs. (2) kommt, hat der Geschäftsführer ein Sonderkündigungsrecht mit einer Kündigungsfrist von sechs Monaten zum Monatsende.
(4) Wenn die Anstellung des Geschäftsführers aufgrund der Ausübung seines Sonderkündigungsrechts gemäß vorstehendem Abs. (3) endet oder der Anstellungsvertrag durch Kündigung seitens der Gesellschaft oder durch eine allein vom neuen mehrheitlichen Anteilseigner initiierte einvernehmliche Beendigung des Anstellungsvertrags endet, hat der Geschäftsführer Anspruch auf eine Brutto-Abfindung in Höhe von ...... Brutto-Monatsgehältern (Bruttomonatsgehalt = $1/12$ des Bruttojahresfestgehalts gemäß § 6 Abs. (1) dieses Vertrages). Die Abfindung nach dieser Regelung ist fällig zum Zeitpunkt der rechtlichen Beendigung dieses Vertrages. Zusätzliche Fälligkeitsvoraussetzung ist, dass der Geschäftsführer einen wirksamen schriftlichen Verzicht auf eine gerichtliche Auseinandersetzung (Klageverzicht) über die rechtliche Beendigung der Anstellung oder über etwaige Vergütung aus der Anstellung erklärt. Erklärt er diesen schriftlichen Verzicht nicht und kommt es zu einer gerichtlichen Auseinandersetzung über die rechtliche Beendigung der Anstellung oder etwaige Vergütung aus der Anstellung, ist zusätzliche Fälligkeitsvoraussetzung, dass die rechtliche Beendigung des Geschäftsführervertrages vom Gericht rechtskräftig bestätigt wurde. Diese Abfindung wird, soweit gesetzlich zulässig, abgabefrei ausgezahlt (vgl. derzeit § 3 Ziff. 9 EStG), unterfällt jedoch ansonsten dem Lohnsteuerabzug. Sämtliche Steuer auf die Abfindung trägt der Geschäftsführer.

Die hier vorgeschlagene Klausel gibt dem Geschäftsführer zum einen ein Sonderkündigungsrecht und zusätzlich eine Abfindung für den Fall der Beendigung der Anstellung aufgrund der Sonderkündigung. Zum anderen ist eine zusätzliche Abfindung für den Fall vorgesehen, dass die Gesellschaft kündigt oder eine Kündigung vom neuen Mehrheitseigner initiiert wird. Die Höhe der Abfindung ist im Formular offen gelassen. Sie richtet sich in der Praxis häufig nach der Dauer, die der Geschäftsführer bereits in Diensten der Gesellschaft stand und wird i. d. R. zwischen drei Monatsgehältern und einem Jahresgehalt betragen. Denkbar wäre auch, die Kündigungsfrist für das Sonderkündigungsrecht noch kürzer auszugestalten. Letztlich hängt dies von der Verhandlungssituation ab.

12. Sonderkündigungsrecht bei Freistellung. Manche Geschäftsführer befürchten, dass eine lang andauernde Freistellung ihre berufliche Qualifikation beeinträchtigt und mit der Freistellung auch ihr Marktwert als Manager gemindert wird. Sie wollen daher verhindern, dass sie bei einer mehrjährigen Laufzeit des Geschäftsführervertrages von der Gesellschaft für eine (zu) lange Periode freigestellt werden können. Diesem Bedenken kann durch die Vereinbarung eines Sonderkündigungsrechts für den Fall der Freistellung begegnet werden, das wie folgt geregelt werden kann:

Optional bei § 2:
(5) Erklärt die Gesellschaft eine Freistellung nach Abs. (4), wird die Gesellschaft auf Verlangen des Geschäftsführers einer vorzeitigen einvernehmlichen Beendigung dieses Geschäftsführervertrages zum Ablauf von sechs Monaten nach Ausspruch der Freistellung zustimmen.

13. Geschäftsführung und Vertretung. Der Geschäftsführervertrag unterscheidet – entsprechend der gesetzlichen Unterscheidung – zwischen der Führung der Geschäfte der Gesellschaft und der Vertretung der Gesellschaft. Erstere betrifft das Innenverhältnis und damit das rechtliche Dürfen (sog. „**Geschäftsführungsbefugnis**"), letztere das Außenverhältnis und damit das rechtliche Können des Geschäftsführers (sog. „**Vertretungsmacht**"). Anders als ein Vorstandsmitglied einer AG unterliegt der Geschäftsführer einer GmbH sowohl hinsichtlich der Geschäftsführung als auch hinsichtlich der Vertretung nach außen den Weisungen der Gesellschafterversammlung (§ 37 Abs. 1 GmbHG). Wenn er gegen Weisungen der Gesellschafterversammlung verstößt, kann dies eine außerordentliche Kündigung rechtfertigen oder Schadensersatzansprüche auslösen, insbesondere wenn der Verstoß grob oder nachhaltig ist (BGH Urt. v. 13. 2. 1995 – II ZR 225/93 – DStR 1995, 695; OLG Frankfurt Urt. v. 7. 2. 1997 – 24 U 88/95 – GmbHR 1997, 346). Allerdings ist die Vertretungsmacht des Geschäftsführers nach außen gegenüber Dritten unbeschränkt und unbeschränkbar (§ 37 Abs. 2 GmbHG). Hierauf ist insbesondere zu achten, wenn ein Geschäftsführer Einzelvertretungsbefugnis erhalten soll. Lediglich im Innenverhältnis kann die Gesellschaft dem Geschäftsführer dann auferlegen, dass er bestimmte Geschäfte nur nach vorheriger (schriftlicher) Zustimmung vornimmt. Derartige interne Beschränkungen der Vertretungsmacht können entweder in der Satzung der Gesellschaft, im Ernennungsbeschluss (s. Form. B. I. 2), durch Einzelweisung der Gesellschafterversammlung oder im Geschäftsführervertrag selbst festgelegt werden. Das Formular geht davon aus, dass die entsprechenden Beschränkungen in der Satzung der Gesellschaft niedergelegt sind und wiederholt sie deshalb nicht im Geschäftsführervertrag nicht.
Der Erlass einer **Geschäftsordnung** für die Geschäftsführung ist insbesondere dann sinnvoll, wenn es mehrere Geschäftsführer gibt. Hier kann die Geschäftsordnung dazu dienen, dass Ressorts gegeneinander abgegrenzt und Zuständigkeiten ohne Überschneidung geregelt werden, sowie für bestimmte Fragen eine Gesamtverantwortung der Geschäftsführung und die Notwendigkeit einstimmiger Beschlüsse vorgesehen werden. Wenn der Geschäftsführer gegen die Festlegungen einer solchen Geschäftsordnung verstößt, kann dies eine außerordentliche Kündigung rechtfertigen oder eine Schadensersatzverpflichtungen des Geschäftsführers begründen (BGH Urt. v. 25. 2. 1991 – II ZR 76/90 – DStR 1991, 421).

14. Dienstzeit. Das Formular verzichtet auf die Regelung einer festen Dienstzeit des Geschäftsführers. Denn i. d. R. wird vom Geschäftsführer ein Einsatz erwartet, der die üblichen betrieblichen Arbeitszeiten ohnehin übersteigt. Alternativ kann die folgende Klausel in den Geschäftsführervertrag aufgenommen werden und somit der zeitliche Rahmen für die Dienste etwas konkreter beschrieben werden:

1. Dienstvertrag für den Geschäftsführer einer GmbH B. I. 1

Alternative zu § 4 Abs. (1):
(1) Der Geschäftsführer wird der Gesellschaft seine volle Arbeitskraft widmen und die Interessen der Gesellschaft nach besten Kräften fördern. Die Dienstzeit richtet sich nach den Erfordernissen der Position, beträgt jedoch mindestens 40 Wochenstunden. Der Geschäftsführer ist verpflichtet, seiner Tätigkeit, soweit es die Interessen der Gesellschaft erfordern, auch an Samstagen, Sonntagen und Feiertagen nachzugehen.

Die Beschränkungen des Arbeitszeitgesetzes gelten für einen Geschäftsführer einer GmbH nicht (OLG Dresden Urt. v. 5. 12. 1996 – 7 U 1338/96 – NJW-RR 1997, 1535; s. ausdrückliche gesetzliche Regelung in § 18 Abs. 1 Nr. 1 ArbZG für leitende Angestellte; zum Begriff des leitenden Angestellten s. *Vogel* NZA 2002, 313 ff.). Er muss daher weder die täglichen bzw. – durchschnittlichen – Höchststundenzahlen im Ausgleichszeitraum nach § 3 ArbZG beachten noch die Mindeststunden für Ruhepausen (§ 4 ArbZG).

15. Wettbewerbsverbot und Nebenbeschäftigungen. Das Formular unterscheidet zwischen nicht-wettbewerbsbezogenen Nebentätigkeiten und Beteiligungen einerseits sowie Wettbewerbstätigkeiten andererseits.

Die **nicht-wettbewerbsbezogenen Nebentätigkeiten** können (nur) mit vorheriger schriftlicher Genehmigung der Gesellschaft ausgeübt werden (s. hierzu BGH Urt. v. 10. 9. 2001 – II ZR 14/00 – GmbHR 2001, 1158 für den Fall einer ohne die Zustimmung der Gesellschafterversammlung betriebenen Nebentätigkeit). Wenn der Geschäftsführer bei Abschluss des Geschäftsführervertrages schon weiß, dass er bestimmte Tätigkeiten noch einige Zeit nach Beginn des Geschäftsführervertrages oder auf Dauer weiterführen will, müsste er eine entsprechende Zustimmung zu Beginn des Geschäftsführervertrages erwirken oder eine Ausnahmeregelung in den Geschäftsführervertrag aufnehmen lassen. Beim Verbot von Beteiligungen an anderen Unternehmen kann der im Formular verwendete Begriff des „üblichen Erwerbs" von Wertpapieren nach Bedarf auch noch weiter präzisiert werden. In der Praxis wird hier häufig die Grenze bei einer 5%-igen Beteiligung (ohne Einfluss auf die Geschäftsführung des betreffenden Unternehmens) gezogen.

Wettbewerbstätigkeiten des Geschäftsführers sind zwar ohnehin während der Zeit der Bestellung zum Geschäftsführer aufgrund der bestehenden Treuepflicht des Geschäftsführers als Organ untersagt (s. hierzu BGH Urt. v. 23. 9. 1985 – II ZR 257/84 – NJW 1986, 584 für den Fall, dass ein Geschäftsführer während seiner Organstellung außerhalb seiner Arbeitszeit im privaten Umfeld von einem kostengünstigeren Herstellungsverfahren erfährt, daraufhin aus der Gesellschaft ausscheidet und eine eigene Firma gründet). Mit der vertraglichen Regelung wird dieses Verbot auf die Dauer der Laufzeit des Geschäftsführervertrages erstreckt und damit unabhängig vom Bestehen des Organverhältnisses vorgesehen. Wenn zusätzlich für die Zeit nach Beendigung des Geschäftsführervertrages ein (nachvertragliches) Wettbewerbsverbot vereinbart werden soll, unterliegt dies speziellen Wirksamkeitserfordernissen (s. hierzu Form. A. IV. 2 und *Thüsing* NZG 2004, 09 ff.; *Schnelle* GmbHR 2000, 599 ff.).

16. Abwerbeverbot. Um Unklarheiten darüber zu vermeiden, ob auch das Abwerben von Mitarbeitern der Gesellschaft als Folge des organschaftlichen Wettbewerbsverbots oder aufgrund der organschaftlichen Treuepflicht des Geschäftsführers gegenüber der Gesellschaft untersagt ist, kann zusätzlich auch ein explizites Abwerbeverbot (samt Vertragsstrafenregelung) vorgesehen werden. Diese Regelung empfiehlt sich bei Geschäftsführern vor allem dann, wenn die Vorbereitung einer künftigen Konkurrenztätigkeit ver- bzw. behindert werden soll. In diesen Fällen kann zusätzlich folgende Klausel verwendet werden:

Optional nach § 4:
§ ... Abwerbeverbot
(1) Der Geschäftsführer wird während der Anstellung und für die Dauer von zwölf Monaten nach Beendigung der Anstellung weder selbst noch durch andere, weder direkt noch indirekt, einen Arbeitnehmer oder anderen Geschäftsführer der Gesellschaft aktiv abwerben bzw. ihn veranlassen, sein Vertragsverhältnis mit der Gesellschaft zu beenden.
(2) Der Geschäftsführer hat für den Fall der Zuwiderhandlung gegen das Abwerbeverbot eine Vertragsstrafe in Höhe von EUR ...... (in Worten: Euro ......) zu zahlen. Die Geltend-

machung sonstiger Rechte der Gesellschaft, insbesondere Unterlassungsansprüche und Ansprüche auf Schadensersatz, bleiben hiervon unberührt.

Das Abwerbeverbot ist dabei nicht nur für die Dauer des Anstellungsverhältnisses vorgesehen, sondern auch für die Dauer von zwölf Monaten nach der Beendigung der Anstellung bei der Gesellschaft. Dieses **nachvertragliche Abwerbeverbot** erweist sich aber in der Praxis häufig als relativ stumpfes Schwert. Denn zum einen steht § 75 f HGB entgegen, wonach ein Vertrag nicht durchsetzbar ist, bei dem sich ein Unternehmen gegenüber dem anderem verpflichtet, einen Arbeitnehmer, der bei dem einen Unternehmen im Dienst ist oder gewesen ist, nicht oder nur unter bestimmten Voraussetzungen anzustellen. Auch sehen die Gerichte Abwerbeverbote im Hinblick darauf kritisch, ob sie nicht im Grunde ein nachvertragliches Wettbewerbsverbot darstellen; wenn dieser Charakter beigemessen würde, würde sich die Wirksamkeit und Durchsetzbarkeit eines Abwerbeverbots an den Maßstäben messen lassen müssen, die die Rechtsprechung zum nachvertraglichen Wettbewerbsverbot entwickelt hat (BGH Urt. v. 9. 5. 1968 – II ZR 158/66 – NJW 1968, 1717; BGH Urt. v. 26. 3. 1984 – II ZR 229/83 – BGHZ 91, 1; BGH Urt. v. 15. 4. 1991 – II ZR 214/89 – DStR 1991, 720; BGH Urt. v. 17. 2. 1992 – II ZR 140/91 – DStR 1992, 512; s. allgemein zu dieser Problematik *Thüsing* NZG 2004, 9 ff.; *Kukat* BB 2001, 951 ff. sowie vor allem Form. A. IV. 2).

Die in Abs. (2) des Abwerbeverbots vorgesehene **Vertragsstrafe** sollte trotz des Vertragsstrafenverbots in § 309 Ziff. 6 BGB zulässig sein. Denn § 309 Ziff. 6 BGB erklärt eine nach Allgemeinen Geschäftsbedingungen vereinbarte Vertragsstrafe nur dann für unwirksam, wenn dem Verwender der Allgemeinen Geschäftsbedingungen (hier: die GmbH) für den Fall der Nichtabnahme oder verspäteten Abnahme der Leistung, des Zahlungsverzugs oder für den Fall, dass der andere Vertragsteil (= Geschäftsführer) sich vom Vertrag löst, die Zahlung einer Vertragsstrafe versprochen wird. Nach dem Wortlaut von § 309 Ziff. 6 BGB ist es somit zulässig, eine Vertragsstrafe zu vereinbaren, die als Druckmittel für die Einhaltung einer im Vertrag übernommenen vertraglichen Verhaltenspflicht zu zahlen ist (s. hierzu *Bamberger/Roth* § 309 Nr. 6 BGB Rdn. 1 und BAG Urt. v. 4. 3. 2004 – 8 AZR 196/03 – BeckRS 2004, 4, in welchem ausdrücklich klargestellt wird, dass Sinn und Zweck des § 309 Ziff. 6 BGB – wie zuvor des gleich lautenden § 11 Nr. 6 AGBG – ist, primär einem Missbrauch von Reuegeldern und Abstandssummen entgegenzuwirken). Allerdings darf die Höhe der Vertragsstrafe den Geschäftsführer nicht unangemessen und entgegen dem Gebot von Treu und Glauben benachteiligen (vgl. § 307 BGB). Zur Beurteilung der Unangemessenheit ist dabei ein genereller, typisierender und vom Einzelfall losgelöster Maßstab anzuwenden. Dabei sind Art, Gegenstand und Zweck sowie die besondere Eigenart des zugrunde liegenden Vertrages wie auch der Verhaltenspflicht überhaupt entscheidend. Die Vertragsstrafe darf damit so hoch festgesetzt werden, dass sie zwar ein effizientes Druckmittel darstellt, andererseits aber den Vertragsstrafenverpflichteten nicht überfordert. Wenn die Vertragsstrafe unangemessen hoch ist, kann die Vertragsstrafenregelung von einem Gericht insgesamt für unwirksam erklärt werden. Es kann somit nicht damit gerechnet werden, dass eine etwa überhöhte Vertragsstrafe nach § 343 BGB lediglich auf ein angemessenes Maß herabgesetzt würde.

17. Veröffentlichungen. Nicht im Formular vorgesehen ist eine explizite Regelung zu der Frage, ob der Geschäftsführer während seiner Tätigkeit für die Gesellschaft Publikationen oder wissenschaftliche Veröffentlichungen in der Fach- oder allgemeinen Presse, Rundfunk und Fernsehen vornehmen oder vor öffentlichem Publikum Vorträge halten darf. Wenn derartige Aktivitäten des Geschäftsführers zu erwarten sind bzw. sogar von der Gesellschaft gewünscht werden, hat die Gesellschaft regelmäßig ein Interesse daran, dass der Geschäftsführer dies nicht ohne Wissen und Willen der Gesellschaft tut. In solchen Fällen empfiehlt sich daher die Einfügung der folgenden Zusatzklausel, auf deren Grundlage der Gesellschaft die notwendige Vorabkontrolle über derartige Veröffentlichungen und Vorträge ermöglicht wird:

Optional nach § 4:
§ ... Veröffentlichungen
Der Geschäftsführer kann für die Dauer dieses Vertrages von Zeit zu Zeit an Veröffentlichungen und Vorträgen mitwirken. Dazu bedarf er jedoch in allen Fällen, in denen die In-

teressen der Gesellschaft berührt werden, insbesondere in Fällen, in denen das Geschäftsgebiet der Gesellschaft oder Verbundener Unternehmen betroffen ist, der vorherigen schriftlichen Zustimmung der Alleingesellschafterin. Die Veröffentlichungen und Vorträge des Geschäftsführers stellen geistiges Eigentum der Gesellschaft dar.

18. Urlaub. In der Praxis genügt regelmäßig die im Formular vorgesehene knappe Urlaubsregelung. Im Bedarfsfall ist es aber denkbar, in Anlehnung an das BUrlG weitere Regelung zum Urlaub aufzunehmen und auch ergänzend auf das – nur für Arbeitnehmer geltende – BUrlG zu verweisen. In der Praxis erweist sich dies allerdings i.d.R. nicht als erforderlich. Insbesondere die Frage der Urlaubsabgeltung ist bei der Beendigung des Geschäftsführervertrages fast nie ein Thema, weil ein Geschäftsführer in der ganz überwiegenden Zahl der Fälle nach Ausspruch einer Kündigung sofort freigestellt wird und während der regelmäßig mindestens sechs Monate langen Kündigungsfrist, die dann der Freistellungsdauer entspricht, seinen etwaigen Resturlaub aufbraucht.

19. Vergütung. Hinsichtlich der Vergütung sind eine Vielzahl anderer Regelungen oder Modelle als die im Formular vorgeschlagene Vergütungsregelung denkbar. Ganz allgemein ist es jedoch üblich, einem Geschäftsführer neben dem **Festgehalt** auch eine variable, in bestimmter Weise erfolgsbezogene, Vergütung zu zahlen. I.d.R. wird die Festvergütung als Jahresgehalt ausgewiesen und üblicherweise in zwölf gleichen Raten bezahlt. Wenn bei der Gesellschaft die Gepflogenheit besteht, Gehälter in 13 oder 14 Raten auszuzahlen, kann dies auch für den Geschäftsführer so vereinbart werden.

Die **variable Vergütung** wird mit unterschiedlichen Begriffen bezeichnet – zumeist als Prämie, Bonus oder Tantieme. Im Hinblick auf die im Formular vorgeschlagene Regelung zur variablen Vergütung ist von Bedeutung, dass die Jahresziele, von denen die variable Vergütung abhängen soll, auch tatsächlich festgelegt werden. Im Formular ist in § 6 Abs. (3) vorgesehen, dass die Gesellschaft die Jahresziele „nach Durchsprache" mit dem Geschäftsführer festlegt. Wenn allein der Geschäftsführer über die notwendige Kenntnis des Unternehmens, Geschäfts und Marktumfelds verfügt, um die Ziele sinnvoll und sachgerecht festzulegen, empfiehlt es sich, seine Mitwirkung bei der Festlegung vorzusehen. In diesem Fall würde in § 6 Abs. (3) vorgesehen werden, dass die Gesellschaft die Jahresziele mit dem Geschäftsführer vereinbart. In letzterem Fall empfiehlt sich, folgende Formulierung als dritten Satz in § 6 Abs. (3) aufzunehmen:

Alternative zu § 6 Abs. (3) S. 3:
Wenn sich die Parteien für ein Folgegeschäftsjahr nicht auf neue Jahresziele geeinigt haben, gelten für das folgende Geschäftsjahr mindestens die Ziele, die mit entsprechenden Fortschreibungen aus den Vorjahreszielen zu entwickeln sind.

Für den Fall, dass der Geschäftsführer die Ziele ganz oder teilweise nicht erreicht hat, sieht das Formular vor, dass die Gesellschafterversammlung nach billigem Ermessen entscheidet, ob und in welcher Höhe die variable Vergütung gezahlt wird. Dies entspricht der – allerdings abdingbaren – gesetzlichen Regelung in § 315 BGB, welche fordert, dass eine einseitige Leistungsbestimmung nach „billigem Ermessen" getroffen wird.

20. Vergütung bei Positionserweiterungen, insbesondere bei Auslandstätigkeit. Für den Fall, dass ein Geschäftsführer einer deutschen GmbH, die in einen internationalen Konzern eingebunden ist, gleichzeitig ähnliche Ämter in einer (oder mehreren) ausländischen Konzerngesellschaft(en) übernimmt bzw. dies abzusehen ist (vgl. hierzu Anm. 4), können im Geschäftsführervertrag bereits vorab die hieraus entstehenden Vergütungsfragen gelöst werden. Denn i.d.R. soll die Übernahme dieser Tätigkeiten mit der Geschäftsführervergütung vollständig abgegolten sein. Daher ist es ratsam, die folgende Zusatzklausel zu verwenden, die auch den Fall abdeckt, dass der Geschäftsführer aus Gründen der steuerlichen Optimierung die Vergütung teilweise im Ausland durch eine (oder mehrere) ausländische Gesellschaft(en) eine Vergütung für seine Amtstätigkeit für die ausländische Gesellschaft erhält:

Optional bei § 6:
(4) Die Tätigkeit für die Gesellschaft und/oder das Innehaben einer Funktion oder Position bei einem Verbundenen Unternehmen (wie z.B. Direktor, Geschäftsführer, Handels- oder

Geschäftsrepräsentant oder Ähnliches), ist mit der Vergütung gemäß § 6 Abs. (1) dieses Vertrages vollständig abgegolten. Soweit der Geschäftsführer für ein Verbundenes Unternehmen im Ausland tätig wird und aufgrund eines gesonderten Anstellungsvertrags mit diesem Verbundenen Unternehmen für seine Tätigkeit im Ausland eine Vergütung im Ausland bezieht, reduziert sich die Vergütung des Geschäftsführers nach § 6 Abs. (1) dieses Vertrages und, wenn diese aufgebraucht ist, die Vergütung gemäß § 6 Abs. (3) dieses Vertrages, um den Brutto-Betrag, den das jeweilige ausländische Verbundene Unternehmen an den Geschäftsführer zahlt. Maßgeblich ist insoweit der amtliche Mittelkurs am Tag der Auszahlung der Vergütung durch das jeweilige ausländische Verbundene Unternehmen. Die lohn- und einkommensteuerliche Behandlung der jeweiligen Zahlungen erfolgt nach den jeweils anwendbaren steuerlichen Vorschriften.

Vor allem, wenn bei Abschluss des Geschäftsführervertrages noch nicht feststeht, ob es zu einer solchen Auslandstätigkeit kommt und – falls ja, – in welcher Höhe Vergütung von ausländischen Konzerngesellschaften gezahlt wird, empfiehlt sich die vorgeschlagene Regelung. Denn in diesem Fall kann im Geschäftsführervertrag die (weltweite) Gesamtvergütung des Geschäftsführers vereinbart und gleichzeitig schon klargestellt werden, dass eine etwaige später von ausländischen Konzerngesellschaften gezahlte Vergütung auf die von der GmbH gezahlte Vergütung anzurechnen ist.

Hinsichtlich der steuerlichen Behandlung der jeweiligen Vergütungsbestandteile wird es in dieser Konstellation allerdings schwierig sein, bereits im Geschäftsführervertrag Aussagekräftiges zu regeln. Deswegen findet sich nur der Hinweis, dass die lohn- und einkommensteuerliche Behandlung sich nach den jeweils anwendbaren (auch ausländischen) steuerlichen Vorschriften richtet.

21. Stock-Options. Im Formular nicht geregelt ist die Gewährung von Aktienoptionen oder Stock-Options für den Geschäftsführer, weil die Gestaltungsformen hier in der Praxis sehr variieren und maßgeblich auch von den gesellschaftsrechtlichen Gegebenheiten bestimmt werden. Wenn Aktienoptionen oder Stock-Options gewährt werden, würde in den Geschäftsführervertrag typischerweise nur ein kurzer Hinweis aufgenommen und im Übrigen auf das üblicherweise recht umfangreiche Regelwerk des Aktienoptionsplans oder Stock-Option-Plan verwiesen. In diesen Plänen sind regelmäßig das *Vesting* (= Ausübungs-/Verwertungsreife) der Optionen sowie deren Ausübung und Verfall geregelt (s. zur Gewährung von Optionen zum Erwerb von Anteilen an einer börsennotierten US-amerikanischen Gesellschaft den Formulierungsvorschlag und die Anmerkungen in Form. A. IV. 10).

22. Betriebliche Altersversorgung. Häufig wird einem Geschäftsführer in der Praxis eine betriebliche Altersversorgung zugesagt. Die Einzelheiten der Versorgung werden zumeist nicht im Geschäftsführervertrag selbst niedergelegt, sondern in einer Anlage zum Geschäftsführervertrag. Wenn eine Versorgungszusage gegeben werden soll, kann dies mit folgender Klausel erfolgen:

Optional nach § 6:
§ ... Betriebliche Altersversorgung
Die Gesellschaft erteilt dem Geschäftsführer eine Versorgungszusage. Einzelheiten sind in Anlage ...... zu diesem Vertrag festgehalten.

Bei der Versorgungszusage selbst kann es sich um eine klassische, von der Gesellschaft finanzierte Versorgung handeln oder um eine vom Geschäftsführer selbst finanzierte Versorgung aus Gehaltsumwandlung (dazu näher Form. F. I. 1). Beim Fremdgeschäftsführer (also dem Geschäftsführer, der keine Anteile an der von ihm geführten GmbH hat) ergeben sich im Hinblick auf die Anwendung des BetrAVG keine Besonderheiten. Er gilt nach der Vorschrift des § 17 Abs. 1 S. 2 BetrAVG als Arbeitnehmer i. S. d. BetrAVG (BGH Urt. v. 25. 1. 1993 – II ZR 45/92 – DStR 1993, 695).

Verbreitet ist auch der Fall, dass die Gesellschaft dem Geschäftsführer eine betriebliche Altersversorgung in Form der **Direktversicherung** gewährt. Denn die Direktversicherung ist ein besonders praktischer und für die Gesellschaft berechenbarer Durchführungsweg für eine betriebliche Altersversorgung. Die Parteien müssen sich lediglich über den Beitrag einigen, den die Gesellschaft an die Versicherung zahlt. Sowie darüber, wer die Einkommensteuer auf die Beiträge zahlt. Hier hat sich in der Praxis folgende Formulierung bewährt:

Optional nach § 6:
§ ... Direktversicherung
Die Gesellschaft gewährt dem Geschäftsführer eine betriebliche Altersversorgung in Form einer Direktversicherung mit monatlichen Beiträgen der Gesellschaft in Höhe von EUR ...... brutto. Im Übrigen gilt das Gesetz über die Verbesserung der betrieblichen Altersversorgung (BetrAVG).

Zu beachten ist, dass die Direktversicherung der „vorgelagerten" Besteuerung unterliegt. D.h. bereits bei Zahlung der Arbeitgeberbeiträge an die Versicherung erfolgt ein entsprechender Zufluss und löst den entsprechenden Lohnsteuerabzug aus. Es gibt derzeit allerdings konkrete Pläne des Gesetzgebers, auch für Direktversicherungen eine „nachgelagerte" Besteuerung vorzusehen (dazu Form. F. II. 1 und 2).

23. Sozialversicherung. Im Formular ist keine Klausel zur Regelung etwaiger sozialversicherungsrechtlicher Fragen enthalten. Denn im Regelfall ist eine solche Regelung entbehrlich, weil der Fremdgeschäftsführer (also der Geschäftsführer, der keine Anteile an der von ihm geführten GmbH hat) aufgrund seiner abhängigen Beschäftigung bei der Ausführung seiner Tätigkeiten für die Gesellschaft als „Beschäftigter" i.S.d. § 7 Abs. 1 SGB IV angesehen wird (BSG Urt. v. 5. 2. 1998 – B 11 AL 71/97 R – NZS 1998, 492 differenzierend danach, ob nach dem Gesamtbild eine persönliche Abhängigkeit von der Gesellschaft besteht; BSG Urt. v. 30. 6. 1999 – B 2 U 35/98 R – NZS 2000, 147; *Reiserer/Schulte* BB 1995, 2162; *Nägele* BB 2001, 310). Damit besteht für sämtliche Sozialversicherungszweige für den Geschäftsführer **Versicherungspflichtigkeit**. Die Gesellschaft ist daher – im Rahmen der Beitragsbemessungsgrenzen – gesetzlich verpflichtet, die entsprechenden Sozialversicherungsbeiträge einzubehalten, abzuführen und etwaige Arbeitgeberanteile zu tragen. In den Bereichen der gesetzlichen Kranken- und Pflegeversicherung wird dabei allerdings infolge des Überschreitens der Jahresentgeltgrenze nach § 6 Abs. 1 Nr. 1 SGB V regelmäßig Versicherungsfreiheit bestehen. Insoweit hat der Geschäftsführer jedoch einen gesetzlichen Anspruch auf Zahlung der Arbeitgeberzuschüsse zur Kranken- (§ 257 SGB V) und Pflegeversicherung (§ 61 SGB XI).

Anders als bei Gesellschafter-Geschäftsführern wird beim Fremdgeschäftsführer das Dienstverhältnis nur im Ausnahmefall so ausgestaltet sein, dass man die Tätigkeit des Geschäftsführers als selbstständige Tätigkeit im sozialversicherungsrechtlichen Sinne ansehen kann (s. hierzu BSG Urt. v. 14. 12. 1999 – B 2 U 48/98 R – EzA § 7 SGB IV Nr. 1; allg. Ausführungen hierzu bei *Nägele* BB 2001, 311 ff.). Für diese Fälle kann vorliegend auf die parallele Problematik bei einem Vorstandsmitglied und die dort aufgezeigte Lösung verwiesen werden (vgl. Form. B. II. 1 Anm. 28).

24. Auslagen. Im Formular ist eine für Geschäftsführer übliche Regelung zum Ersatz von Auslagen für die Bewirtung von Geschäftspartnern und Geschäftsreisen vorgesehen. Denkbar wäre, engere oder präzisere Regelungen zu treffen, als sie das Formular vorsieht. In der Praxis hat sich jedoch die im Formular verwendete Formulierung regelmäßig als völlig ausreichend erwiesen. Dies gilt insbesondere in den Fällen, bei denen es in der Gesellschaft oder im Konzern allgemeingültige Richtlinien zu Reisekosten gibt. Gibt es solche Richtlinien allerdings nicht, kann sich die zusätzliche Festlegung empfehlen, in welcher Klasse der Geschäftsführer bei Benutzung von Flugzeug und Eisenbahn reisen und welche Hotelkategorie er nutzen darf.

25. Firmenwagen. Fast ausnahmslos wird einem Geschäftsführer heutzutage ein Firmenwagen zur Verfügung gestellt, der auch privat genutzt werden darf. Angesichts des mit dem Dienstwagen verbundenen Status- und Image-Effekts ist es i.d.R. zu empfehlen, die mit dem Firmenwagen verbundenen Fragen großzügig zu handhaben, um die Vertragsverhandlungen insgesamt zu erleichtern. Die Kategorie des Firmenwagens sollte dabei im Geschäftsführervertrag festgelegt werden. Dies kann entweder über die Angabe eines Referenz-Fahrzeugtyps (nebst Hinweisen auf etwaige Sonderausstattung) oder durch die Angabe des Bruttolistenpreises bzw. der monatlichen Bruttoleasingrate erfolgen (vgl. zu weiteren Fragen: Form. B. II. 1 Anm. 31).

26. Gruppenversicherung. Gelegentlich will die Gesellschaft dem Geschäftsführer einen bestimmten Versicherungsschutz zukommen lassen (z. B. Unfallversicherung mit betragsmäßig festgelegten Versicherungssummen für den Invaliditäts- und Todesfall). Ob und in welcher Höhe hier eine Kostenübernahme seitens der Gesellschaft erfolgen soll, ist Verhandlungssache. Im Formular ist eine derartige Regelung nicht vorgesehen. In der Praxis kommt es jedoch nicht selten vor, dass eine Konzernobergesellschaft eine für den gesamten Konzern bestimmte Gruppenversicherung abgeschlossen hat. Hier hat der Geschäftsführer ein Interesse daran, auch in den Genuss dieser Gruppen-Versicherung zu kommen und die Gesellschaft wird dem Wunsch des Geschäftsführers nach Teilnahme i. d. R. entsprechen und kann dann nachfolgende Klausel in den Vertrag aufnehmen:

Optional nach § 7:

§ ... Gruppenversicherung
Der Geschäftsführer nimmt an den Gruppenversicherungen teil, die gegenwärtig für die Mitarbeiter der ...... AG in Kraft sind und im Einzelnen in Anlage ...... zu diesem Vertrag beschrieben sind. Im Falle von Änderungen der zurzeit bestehenden Gruppenversicherungen, wird dem Geschäftsführer alternativ ein äquivalenter Versicherungsschutz zur Verfügung gestellt. Einzelheiten sind in Anlage ...... zu diesem Vertrag niedergelegt. Soweit der Geschäftsführer nach diesem Vertrag eine Entgeltfortzahlung im Krankheitsfalle erhält, wird eine etwaige Entgeltfortzahlung auf Leistungen der im Rahmen der Gruppenversicherung gewährten Invaliditätsversicherung angerechnet.

Wenn die Gesellschaft keine Gruppen-Unfallversicherung unterhält, ist auch denkbar, dass im Geschäftsführervertrag der Abschluss einer Einzel-Unfallversicherung für den Geschäftsführer vorgesehen wird (s. Form. A. III. 12). Die in der Praxis üblichen Versicherungssummen hängen dabei von der Größe des Unternehmens und der Verhandlungssituation ab. Nicht selten wird eine halbe bis eine Jahresvergütung für den Todesfall und das Doppelte bis Dreifache hiervon für den Invaliditätsfall vereinbart.

27. Geheimhaltungsverpflichtung. Im Formular ist die Geheimhaltungspflicht des Geschäftsführers sehr weit gefasst. Mit der vorgeschlagenen Formulierung gilt diese Geheimhaltungsverpflichtung nicht nur während der Dauer der Laufzeit des Geschäftsführervertrages, sondern auch für die Zeit danach.

Hier ist in rechtlicher Hinsicht allerdings zu berücksichtigen, dass in der arbeitsgerichtlichen Rechtsprechung zu nachvertraglichen Geheimhaltungsklauseln für Arbeitnehmer mehrfach entschieden wurde, dass solche sehr weit gefassten Geheimhaltungsklauseln dann unwirksam sein können, wenn sie im Kern letztlich ein unzulässiges, da nicht entschädigtes, nachvertragliches Wettbewerbsverbot darstellen (BAG Urt. v. 3. 5. 1994 – 9 AZR 606/92 – NZA 1995, 72; BAG Urt. v. 1. 8. 1995 – 9 AZR 884/93 – NZA 1996, 310; BAG Urt. v. 5. 9. 1995 – 9 AZR 718/93 – NZA 1996, 700). Diese Rechtsprechung ist zwar auf Dienstverträge mit Geschäftsführern nicht unmittelbar übertragbar, weil die ständige zivilgerichtliche Rechtsprechung davon ausgeht, dass die Regelungen der §§ 74 ff. HGB auf Geschäftsführer keine Anwendung finden (BGH Urt. v. 9. 5. 1968 – II ZR 158/66 – NJW 1968, 1717; BGH Urt. v. 26. 3. 1984 – II ZR 229/83 – BGHZ 91, 1; *Thüsing* NZG 2004, 9). Allerdings ist nicht auszuschließen, dass die vorgenannte arbeitsgerichtliche Rechtsprechung nach ihrem Sinngehalt in die zivilgerichtliche Rechtsprechung zu nachvertraglichen Wettbewerbsverboten für Geschäftsführer Eingang finden könnte. Dies könnte somit dazu führen, dass eine sehr umfangreiche nachvertragliche Geheimhaltungsverpflichtung als eine zu starke und in die Berufsfreiheit des Geschäftsführers zu tief eingreifende und von den legitimen Interessen der GmbH nicht gedeckte Wettbewerbsbeschränkung angesehen werden könnte (s. hierzu BGH Urt. v. 26. 3. 1984 – II ZR 229/83 – NJW 1984, 2366; BGH Urt. v. 9. 5. 1968 – II ZR 158/66 – AP Nr. 23 zu § 611 BGB Konkurrenzklausel; s. allgemein zu dieser Problematik *Thüsing* NZG 2004, 9 ff.; *Kukat* BB 2001, 951 ff.).

Um dieser Gefahr vorzubeugen, kann alternativ eine differenzierende Regelung verwendet werden, mit der zwar für die Laufzeit des Geschäftsführervertrages eine sehr umfassende und strikte Geheimhaltungsverpflichtung vorgesehen wird, für die Zeit nach der Beendigung des Geschäftsführeranstellungsverhältnisses hingegen diese Pflicht differenzierter formuliert wird.

Damit soll – in Reaktion auf die beschriebene Rechtsprechung – die grundrechtlich geschützte Berufsfreiheit des Geschäftsführers nur in einem zulässigen Maß tangiert werden. Diese alternative nachvertragliche Geheimhaltungsklausel, bei deren Verwendung die Bezifferung der nachfolgenden Absätze entsprechend anzupassen wäre, müsste wie folgt formuliert werden:

Alternative zu § 8 Abs. (1):
(1) Während der Laufzeit dieses Vertrages ist der Geschäftsführer verpflichtet, alle vertraulichen Informationen über das Geschäft oder besondere Angelegenheiten der Gesellschaft streng geheim zu halten und diese Informationen nicht für seinen eigenen oder den Nutzen anderer zu verwenden. Diese Geheimhaltungspflicht betrifft insbesondere die strategischen Pläne der Gesellschaft sowie durchgeführte und geplante Transaktionen der Gesellschaft und Verbundener Unternehmen, alle Informationen über Produkte und Produktentwicklungen und -planungen, Preisgestaltung, Kunden- und Lieferantenbeziehungen, sonstige Vertragsbeziehungen, Abschlüsse, Marketingstrategien, Pläne oder Analysen über Marktpotentiale und Investitionsmöglichkeiten, Informationen über Umsatz, Gewinn, Leistungsfähigkeit, Finanzierung, Geldbeschaffungspläne oder -aktivitäten, Personal und Personalplanung der Gesellschaft und Verbundener Unternehmen.
(2) Nach Beendigung seiner Anstellung gilt die Verschwiegenheitsverpflichtung des Geschäftsführers gemäß vorstehendem Abs. (1) fort. Im Rahmen einer von ihm nach Beendigung der Anstellung ausgeübten beruflichen oder unternehmerischen Tätigkeit kann er sein während der Dauer der Anstellung bei der Gesellschaft erworbenes Wissen einsetzen, sofern dabei die gesetzlichen Beschränkungen – insbesondere §§ 3, 17 UWG, 823, 826 BGB sowie das Datenschutzgesetz – sowie Beschränkungen aus einem etwaigen nachvertraglichen Wettbewerbsverbot strikt beachtet werden.)

28. Rückgabe. Besonders wichtig ist es, die Rückgabeverpflichtung auch auf einen dem Geschäftsführer überlassenen Laptop oder ein ihm überlassenes Mobiltelefon zu erstrecken, da in Zeiten des „papierlosen Büros" die wichtigsten Unterlagen häufig nur elektronisch gespeichert werden.

29. Urheberrechte. Die im Formular vorgesehene Klausel zu technischen Erfindungen und urheberrechtsfähigen Schöpfungen des Geschäftsführers ist vergleichsweise knapp. Bei einem Geschäftsführer, bei dem zu erwarten steht, dass er tatsächlich solche technischen (oder sonstigen) Erfindungen macht bzw. urheberrechtsfähige Schöpfungen schafft, empfiehlt sich eine erheblich ausführlichere und umfassendere Regelung. Diese kann auch als Anlage zum Vertrag genommen werden (dazu Form. A. IV. 3 und ganz allgemein zu dieser Problematik: *Jakob* DStR 2000, 1122 ff.).

30. Krankheit/Tod. Im Formular ist für den Geschäftsführer im Krankheitsfall eine Gehaltsfortzahlung vorgesehen. Diese umfasst den auch für Arbeitnehmer gesetzlich vorgesehenen Sechs-Wochen-Zeitraum. Je nach Alter und familiärer Situation wird ein Geschäftsführer einen längeren Entgeltfortzahlungszeitraum wünschen. Für diesen Fall sollte die folgende Klausel gewählt werden, die dann insbesondere auch eine Anrechnung etwaiger an den Geschäftsführer gezahlten Versicherungsleistungen auf das fortgezahlte Entgelt vorsieht (wobei der Zeitraum von sechs Monaten lediglich ein Vorschlag ist; die Parteien können einen kürzeren oder längeren Zeitraum vorsehen):

Alternative zu § 9 Abs. (1):
Im Falle unverschuldeter, die Durchführung seiner Aufgaben ausschließender Krankheit oder sonstiger unverschuldeter Verhinderung an der Erbringung seiner Dienstleistung während seiner Anstellung hat der Geschäftsführer Anspruch auf Fortzahlung seines Gehalts gemäß § 6 Abs. (1) für die Dauer von sechs Monaten, wobei etwaige von den Trägern der gesetzlichen oder einer privaten Krankenversicherung gewährte Leistungen auf diese Gehaltsfortzahlung angerechnet werden. Schadensersatzansprüche gegen Dritte tritt der Geschäftsführer in Höhe der geleisteten Gehaltsfortzahlung an die Gesellschaft ab.

Weit verbreitet und im Formular in § 9 Abs. (2) vorgesehen ist es, dem Geschäftsführer für den Fall seines Todes zuzusagen, dass seine Angehörigen sein Gehalt für einen bestimmten Zeitraum (üblich sind drei Monate) weitergezahlt erhalten. Wenn der Geschäftsführer keine

Familie hat, können statt „Ehegatten und unterhaltsberechtigte Kinder" als Begünstigte seine Erben genannt werden.

31. Freistellung von Haftung gegenüber Dritten. In der Praxis kommt es hin und wieder vor, dass ein Geschäftsführer bei den Vertragsverhandlungen eine Haftungsfreistellung verlangt. Diese gewünschte Haftungsfreistellung durch die Gesellschaft wird sich i.d.R. darauf beziehen, dass der Geschäftsführer von einem Dritten in Haftung genommen wird oder sich strafrechtlich verantworten muss. In der Praxis wird die Gesellschaft einem solchem Wunsch allerdings dann nicht nachkommen, wenn das Geschäft der Gesellschaft oder sonstige besondere Umstände derartige Haftungsrisiken für den Geschäftsführer überhaupt nicht erwarten lassen.

Liegt einmal ein solcher Fall vor, empfiehlt es sich in jedem Fall, gewisse Einschränkungen vorzusehen – und zwar für den Fall, dass die Haftung oder der strafrechtliche Vorwurf ihren Grund in einer Verletzung der gesetzlichen oder vertraglichen Verpflichtung des Geschäftsführers hat (s. allgemein zur Problematik der Haftungsbeschränkung *Lohr* NZG 2000, 1204 ff.; *Jula* GmbHR 2001, 806 ff.). Hierfür kann folgende Klausel verwendet werden:

Optional:
§ ... Freistellung von Haftung
Wenn der Geschäftsführer persönlich einem Dritten haftbar ist oder strafrechtlich in Anspruch genommen wird als Folge seiner Tätigkeit als Geschäftsführer der Gesellschaft oder seiner Stellung als Geschäftsführer, wird die Gesellschaft ihn im Innenverhältnis von dieser Haftung gegenüber dem Dritten freistellen und die zur Verteidigung gegen den Anspruch des Dritten oder gegen den strafrechtlichen Vorwurf notwendigen Rechtsverfolgungskosten übernehmen. Sofern der Anspruch des Dritten oder die strafrechtliche Verfolgung durch einen Verstoß des Geschäftsführers gegen seine gesetzlichen Pflichten oder seine vertraglichen Verpflichtungen nach diesem Vertrag und seinen Anlagen verursacht wurde, ist der Geschäftsführer zur Rückerstattung verpflichtet. Falls es sich während der Verteidigung gegen einen Anspruch oder einen strafrechtlichen Vorwurf herausstellen sollte, dass der Anspruch oder Vorwurf die Folge davon ist, dass der Geschäftsführer seine gesetzlichen Pflichten oder vertraglichen Verpflichtungen nicht erfüllt hat, ist die Gesellschaft von dem Zeitpunkt an, an dem sich dies herausstellt, von der Verpflichtung zur Übernahme weiterer Rechtsverfolgungskosten befreit.

Alternativ kann unter Umständen auch vereinbart werden, dass die Gesellschaft für den Geschäftsführer eine **Director's and Officer's Liability Insurance** (sog. „D&O-Versicherung") abschließt (s. hierzu Form. B. II. 1 Anm. 30).

32. Ruhendes Arbeitsverhältnis. Um die Entstehung eines sog. „ruhenden" Arbeitsverhältnisses zu verhindern, ist im Formular die Beendigung eines etwaig bestehenden Arbeitsverhältnisses vorgesehen. Diese Klausel ist insbesondere für die (spätere) reibungslose Beendigung des Geschäftsführervertrages sehr wichtig. Denn wird ein etwaig bestehendes Arbeitsverhältnis, welches der Geschäftsführer vor seiner Ernennung zum Geschäftsführer und dem Abschluss des Geschäftsführervertrages mit der Gesellschaft hatte, nicht beendet, besteht das erhebliche Risiko, dass die Rechtsprechung von einem sog. **„Ruhen"** dieses Arbeitsverhältnisses ausgeht. Wenn der Geschäftsführer dann später abberufen wird und sein Geschäftsführervertrag beendet werden soll, würde dieses Arbeitsverhältnis wieder aufleben mit der Folge, dass dem Geschäftsführer Arbeitnehmerstatus zugebilligt würde und er die Schutzrechte, insbesondere Kündigungsschutzrechte, eines Arbeitnehmers hätte (vgl. hierzu BAG Beschl. v. 28. 9. 1995 – 5 AZB 4/95 – AP Nr. 24 zu § 5 ArbGG 1979). Nach der vorgenannten BAG-Rechtsprechung soll zwar im Zweifel das Arbeitverhältnis mit Abschluss eines Geschäftsführervertrages aufgehoben sein. Allerdings ist mit der zwischenzeitlichen Einführung des § 623 BGB sehr fraglich, ob an dieser Rechtsprechung festgehalten werden kann; (s. allgemein zu dieser Problematik Küttner/*Kania* 1208; *Holthausen/Steinkraus* NZA-RR 2002, 281 ff.; *Fischer* NJW 2003, 2417 ff.; *Bauer* GmbHR 2000, 767 ff.; *Niebler/Schmiedel* NZA-RR 2001, 281 ff.; *Haase* GmbHR 2004, 279 ff.). Aus Vorsichtsgründen empfiehlt sich daher, die Beendigung des Arbeitsverhältnisses dadurch formwirksam zu machen, dass der Geschäftsführervertrag zusätzlich von Geschäftsführern in vertretungsberechtigter Zahl unterzeichnet wird. Dies sieht das Formular vor (s. auch Anm. 33).

33. Unterzeichnung. Anders als bei der Bestellung ist die Frage, wer den Geschäftsführerdienstvertrag auf Seiten der Gesellschaft unterzeichnen muss, gesetzlich nicht geklärt. Nach allerdings inzwischen ganz h. M. muss die nicht mitbestimmte GmbH beim Abschluss des Geschäftsführervertrages durch ihre **Gesellschafterversammlung** vertreten werden und nicht durch einen anderen Geschäftsführer (BGH Urt. v. 25. 3. 1991 – II ZR 169/90 – DStR 1991, 751; BGH Urt. v. 27. 3. 1995 – II ZR 140/93 – DStR 1995, 774; BGH Urt. v. 3. 7. 2000 – II ZR 282/98 – GmbHR 2000, 876). Handelt es sich bei der „Gesellschafterversammlung" wie im Formular um eine Alleingesellschafterin und zugleich eine juristische Person – im Formular eine AG –, muss diese ihrerseits beim Abschluss des Geschäftsführervertrages durch ihre gesetzlichen Vertreter in ausreichender Zahl vertreten sein (s. hierzu BGH Urt. v. 27. 3. 1995 – II ZR 140/93 – NJW 1995, 1750 und BGH Urt. v. 28. 10. 2002 – II ZR 353/00 – NZG 2003, 86). Nur wenn die GmbH dem Geltungsbereich des MitbestG unterfällt, ist der Aufsichtsrat der Gesellschaft für den Abschluss des Anstellungsvertrags mit dem Geschäftsführer zuständig („Annexkompetenz" aus § 31 Abs. 1 MitbestG).

Zusätzlich muss die Gesellschaft durch Geschäftsführer in vertretungsberechtigter Zahl unterzeichnen, wenn durch eine entsprechende Klausel im Geschäftsführervertrag auch ein vorangegangenes Arbeitsverhältnisses beendet wird (vgl. auch Anm. 32).

2. Gesellschafterbeschluss: Bestellung eines Geschäftsführers einer GmbH

Gesellschafterbeschluss[1, 2]

Die ...... AG (eingetragen im Handelsregister des Amtsgerichts ......, HRB ......) ist Alleingesellschafterin[3] der
...... GmbH (eingetragen im Handelsregister des Amtsgerichts ......, HRB ......) „Gesellschaft".
Die Alleingesellschafterin hält hiermit unter Verzicht auf alle nicht zwingenden Form- und Fristvorschriften hinsichtlich der Einberufung und Abhaltung einer Gesellschafterversammlung eine Gesellschafterversammlung[4] der Gesellschaft ab und beschließt einstimmig, was folgt:
1. Herr ...... (Name)[5] wird mit sofortiger Wirkung[6] zum Geschäftsführer (*Alternative:* zum weiteren Geschäftsführer) der Gesellschaft bestellt.
2. Er vertritt stets einzeln[7].
(*Alternative:*
2. Er vertritt satzungsgemäß).

......
Ort, Datum
...... AG
vertreten durch die Vorstandsmitglieder[3]

....
Unterschrift   Unterschrift

(*Alternative* bei mehreren Gesellschaftern, die sich nicht zu einem Verzicht auf Frist- und Formerfordernisse bewegen lassen:

Niederschrift
über eine Gesellschafterversammlung[1, 2]

An der ...... GmbH in ...... (Ort), eingetragen im Handelsregister des Amtsgerichts ......, HRB ......, halten vom Grundkapital von EUR ......
Herr A ...... einen Anteil in Höhe von EUR ......,
Frau B ...... einen Anteil in Höhe von EUR ......,
Herr C ...... einen Anteil in Höhe von EUR ....
(Namen der Gesellschafter[3] und ihre Anteile nach nominellem Betrag).
Zur ordentlichen Gesellschafterversammlung[4] war am ...... unter Einhaltung der satzungsgemäßen Ladungsfrist und unter Angabe der Tagesordnung geladen worden. Auf die Ladung hin sind am ...... (Datum) um ...... (Uhrzeit) in ...... (Ort) erschienen:
Herr ......,
Frau ......,
Herr ....
(Liste der erschienenen Gesellschafter).
Es sind somit alle Gesellschafter erschienen oder ordnungsgemäß vertreten.
Einziger Tagesordnungspunkt ist die Bestellung eines neuen Geschäftsführers.
Die Gesellschafterversammlung stimmt ab über die Bestellung von
Herrn ...... (Name)[5] zum ...... (alleinigen/weiteren) Geschäftsführer.
Die Bestellung erfolgt mit sofortiger Wirkung[6].
Der Geschäftsführer vertritt stets alleine *(Alternative:* Der Geschäftsführer vertritt satzungsgemäß*)*.
Die Abstimmung ergibt Folgendes:
...... Ja-Stimmen,
...... Nein-Stimmen,
...... Enthaltungen.
Die Abstimmung erfolgt somit ...... (einstimmig/mit der nach der Satzung erforderlichen Mehrheit von ......).
Der Geschäftsführer wird hereingerufen und über seine Bestellung informiert. Er nimmt die Bestellung an.

....
Unterschrift des Vorsitzenden   Unterschrift des Protokollführers)

Schrifttum: Goette, Das Organverhältnis des GmbH-Geschäftsführers in der Rechtsprechung des Bundesgerichtshofs, DStR 1998, 938; *Götze,* Selbstkontrahieren bei der Geschäftsführerbestellung in der GmbH, GmbHR 2001, 217 ff.; *Hoffmann/Liebs,* Der GmbH-Geschäftsführer. Handbuch für die Praxis, 2. Aufl., 2000; *Kallmeyer/Fuhrmann,* GmbH-Handbuch, Bd. I Gesellschaftsrecht; *Müller/Hense,* Beck'sches Handbuch der GmbH, 2002; *Roth/Altmeppen,* GmbHG-Kommentar 4. Aufl. 2003; *Servatius,* Die Bestellung des Geschäftsführers als materieller Satzungsbestandteil, NG 2002, 708; *Wimmer,* Der Anstellungsvertrag des GmbH-Geschäftsführers, DStR 1997, 247.

Anmerkungen

1. Typischerweise Bestellung bei Abschluss eines Geschäftsführer-Dienstvertrags. Typischerweise wird zeitgleich zum Abschluss eines Geschäftsführer-Dienstvertrags auch ein Gesellschafterbeschluss gefasst, welcher die Bestellung des Geschäftsführers in das Amt als Geschäftsführer der GmbH sowie die Regelung seiner Vertretungsbefugnis zum Gegenstand hat. Diese Bestellung erfolgt in einem vom Dienstvertrag unabhängigen gesellschaftsrechtlichen Akt durch einen Beschluss des zuständigen Bestellungsorgans, wenn sie nicht – was bei der Neugründung der Gesellschaft möglich ist – bereits im Gesellschaftsvertrag erfolgt ist (§ 6 Abs. 4 S. 2 GmbHG; hierzu auch *Servatius* NZG 2002, 708 ff.). Im seltenen Ausnahmefall, in dem die Gesellschaft wegen Versterbens des Geschäftsführers ohne Vertretungsorgan ist und ein Nachfolger nicht rechtzeitig bestellt wurde, kann auf Antrag eines Beteiligten (z. B. eines Gesellschafters oder eines Gläubigers) das Amtsgericht in dringenden Fällen eine **Notbestel-**

lung (auch **Ergänzungsbestellung** genannt) analog § 29 BGB vornehmen (hierzu Müller/Hense/*Axhausen* § 5 GmbHG Rdn. 20 und *Fuhrmann* Rdn. 2055 ff.).

2. Unabhängigkeit der Bestellung vom Abschluss eines Geschäftsführer-Dienstvertrags. Für die Bestellung des Geschäftsführers ist der Abschluss eines Anstellungsvertrags nicht Voraussetzung. In der Praxis wird es allerdings häufig so sein, dass gleichzeitig mit der Bestellung auch ein Geschäftsführer-Dienstvertrag abgeschlossen wird. Ausnahmen kommen aber durchaus vor: So kann z. B. ein leitender Angestellter nach vielen Jahren einer Beschäftigung als abhängiger Arbeitnehmer zum Geschäftsführer „befördert" werden; in einem solchen Fall erfolgt die Ernennung nicht selten, ohne dass die Parteien gleichzeitig den bestehenden Arbeitsvertrag beenden und einen Geschäftsführer-Dienstvertrag abschließen (zu den dadurch entstehenden Risiken für die Gesellschaft s. Form. B. I. 1). Eine andere Ausnahme sind die in der Praxis nicht seltenen Fälle, in denen ein oder mehrere Vertreter der Alleingesellschafterin oder einer anderen Konzern(ober)gesellschaft zum Geschäftsführer der GmbH ernannt werden, ohne nach ihrer Ernennung aktiv in das Tagesgeschäft der GmbH involviert zu sein. Mit diesen Geschäftsführern schließt die GmbH typischerweise keine eigenen Geschäftsführer-Dienstverträge. Denn diese Geschäftsführer haben regelmäßig einen Anstellungsvertrag mit der Alleingesellschafterin bzw. der Konzern(ober)gesellschaft und beziehen von dieser eine Vergütung. Auch haben sie typischerweise gegenüber der Alleingesellschafterin bzw. Konzern(ober)gesellschaft Geheimhaltungs- und Rückgabepflichten übernommen, welche auch die Gesellschaft schützen. Wenn der Anstellungsvertrag mit der Alleingesellschafterin bzw. der Konzern(ober)gesellschaft vorsieht, dass die nach diesem Vertrag gezahlte Vergütung auch etwaige Tätigkeiten des Geschäftsführers für andere Konzerngesellschaften vollständig abgilt, wird regelmäßig kein Bedürfnis gesehen, einen weiteren Anstellungsvertrag zwischen Geschäftsführer und der GmbH vorzusehen.

Wenn keine der vorstehend beschriebenen Ausnahmen vorliegt und gleichzeitig mit der Bestellung zum Geschäftsführer auch ein Geschäftsführer-Dienstvertrag geschlossen wird, kann im Bestellungsbeschluss als weiterer Beschlussgegenstand noch vorgesehen werden, dass die Alleingesellschafterin bzw. die Gesellschafterversammlung (sofern diese nach der Satzung auch für den Abschluss des Geschäftsführer-Dienstvertrags zuständig ist) über den Inhalt des Geschäftsführer-Dienstvertrags beschließt und einen Vertreter bevollmächtigt, den Geschäftsführer-Dienstvertrag für die GmbH in Vertretung der Alleingesellschafterin bzw. der Gesellschafterversammlung zu unterzeichnen (vgl. Anm. 2 zu Form. B. I. 1).

3. Vorüberlegungen. Um einen Ernennungsbeschluss korrekt fassen zu können, muss man sich – insbesondere in der Rolle als Rechtsberater – zunächst Gewissheit darüber verschaffen, **welches Gremium** nach den Bestimmungen der Satzung für die Ernennung des Geschäftsführers **zuständig** ist. Im Regelfall findet sich hierzu keine spezielle Satzungsbestimmung, so dass es bei der gesetzlichen Regelung des § 46 Nr. 5 GmbHG verbleibt, wonach die Gesellschafterversammlung den Geschäftsführer ernennt. Wenn jedoch bei der GmbH ein Aufsichtsrat oder Beirat errichtet ist und diesem satzungsgemäß die Zuständigkeit für die Geschäftsführer-Ernennung zugewiesen ist, müsste statt eines Gesellschafterbeschlusses ein Aufsichtsrats- bzw. Beiratsbeschluss gefasst werden (dazu, dass auch in einem solchen Fall die Gesellschafterversammlung ersatzweise zur Bestellung berechtigt bleibt, s. *Goette* DStR 1998, 938). Unterliegt die GmbH dem Mitbestimmungsregime nach MitbestG 1972, ist ebenfalls der Aufsichtsrat für die Bestellung zuständig; zudem sind in diesem Fall die Sonderbestimmungen des Mitbestimmungsgesetzes über das Abstimmungsprozedere im Aufsichtsrat, das Erfordernis eines Arbeitsdirektors und die Mehrheitserfordernisse bei der Abstimmung über die Bestellung des Arbeitsdirektors (s. §§ 31 ff. MitbestG) zu beachten.

Wenn die Zuständigkeit für die Bestellung bei der Gesellschafterversammlung liegt, gehört zu den notwendigen Vorüberlegungen, wer **Gesellschafter der GmbH** ist. Da die Gesellschafter im Handelsregister nicht eingetragen sind und auch die beim Handelsregister hinterlegte Liste der Gesellschafter möglicherweise nicht auf neuestem Stand und daher nicht verlässlich ist, muss im Zweifel der aktuelle Kreis der Gesellschafter durch Überprüfung der notariellen Übertragungen seit Gründung der GmbH ermittelt werden. Ist eine juristische Person (Allein-)Gesellschafter, muss geklärt werden, wer gesetzlicher Vertreter der (Allein-)Gesellschafterin ist. Denn diese müssen die (Allein-)Gesellschafterin bei einer Beschlussfassung in vertretungsberechtigter Anzahl vertreten. Entsprechend muss dann, wenn für die Ernennung eines Geschäftsführers nicht die Gesellschafterversammlung sondern z. B. der Aufsichtsrat zuständig ist, geklärt sein, welche Personen dem Aufsichtsrat angehören und wer Vorsitzender des Aufsichtsrats und damit für die Unterzeichnung des Aufsichtsratsbeschlusses zuständig ist.

Sodann erfordert eine korrekte Abfassung des Gesellschafterbeschlusses Kenntnis von den **Satzungsbestimmungen zur Vertretungsregelung.** Dies ist auf jeden Fall erforderlich, wenn einem von mehreren Geschäftsführern Einzelvertretungsbefugnis gewährt werden soll oder dem einzigen Geschäftsführer Einzelvertretungsbefugnis in der Weise gewährt werden soll, dass er befugt sein soll, „stets" einzeln zu vertreten. Denn beides wäre nur zulässig und die Zulässigkeit würde vom Handelsregister bei der Eintragung geprüft, wenn die Satzung regelt, dass die Gesellschafterversammlung durch Beschluss einem (oder allen) Geschäftsführern Einzelvertretungsbefugnis gewähren kann.

Vor Abfassung des Bestellungsbeschlusses ist schließlich zu klären, wer bestellt werden soll, welche Vertretungsbefugnis der zu Bestellende erhalten soll (und – nach der Satzung – erhalten kann) und ob er der einzige oder ein weiterer Geschäftsführer sein wird.

4. Bestellung durch Gesellschafterversammlung. Das Formular geht davon aus, dass die Gesellschafterversammlung das zuständige Bestellungsorgan ist und macht zwei Vorschläge, wie der erforderliche Gesellschafterbeschluss gefasst sein kann. Der erste Vorschlag geht von dem in Konzernen häufigen Fall aus, dass es nur eine Gesellschafterin gibt und diese den Beschluss fasst, ohne die in der Satzung enthaltenen Ladungsfristen zu beachten. Dies ist nach dem Gesetz möglich, wenn alle Gesellschafter anwesend sind (§ 51 Abs. 3 und 4 GmbHG).

Im Alternativformular sind mehrere Gesellschafter an der GmbH beteiligt und es wird davon ausgegangen, dass diese nicht auf die Einhaltung von Form- und Fristerfordernissen für eine Beschlussfassung verzichten und auch nicht, was nach dem Gesetz (§ 48 Abs. 2 GmbHG) möglich wäre, im schriftlichen Verfahren abstimmen wollen. In diesem Fall ist erforderlich, dass ordnungsgemäß unter Beachtung der entsprechenden Regelungen in Satzung und Gesetz zu einer Gesellschafterversammlung eingeladen wird; in dieser Gesellschafterversammlung wird sodann mit den nach Satzung und Gesetz erforderlichen Mehrheiten über die Bestellung des Geschäftsführers abgestimmt. Wenn die Satzung nichts anderes vorsieht, muss mit Einschreiben (§ 51 Abs. 1 S. 1 GmbHG) und mindestens eine Woche vor der Versammlung (§ 51 Abs. 1 S. 2 GmbHG) geladen werden. In der Einladung ist der Zweck der Versammlung bekannt zu geben, praktischerweise durch eine Tagesordnung (§ 51 Abs. 2 GmbHG). Beim Alternativvorschlag ist denkbar, dass einer der Gesellschafter zugleich zum Geschäftsführer bestellt werden soll. Ob ein solcher designierter Gesellschafter-Geschäftsführer bei der Abstimmung über seine Ernennung volles Stimmrecht hat, ist umstritten (*Roth/Altmeppen* § 46 Rdn. 20; für das Stimmrecht des zu bestellenden Fremdgeschäftsführers, der als Vertreter eines Gesellschafters in der Versammlung stimmen soll, *Götze* GmbHR 2001, 217ff.). Nach dem Gesetz reicht die einfache Mehrheit (d. h. 50% der Stimmen plus 1) der Gesellschafteranteile aus, um den Geschäftsführer zu bestellen. Allerdings kann in der Satzung eine größere Mehrheit vorgesehen sein, die dann vorrangig zu beachten ist.

An sich ist die Abhaltung der Gesellschafterversammlung formfrei. Lediglich bei einer Einmann-GmbH müssen Gesellschafterbeschlüsse schriftlich dokumentiert werden (§ 48 Abs. 3 GmbHG). Nach h. M. stellt dies allerdings keine Wirksamkeitsvoraussetzung für den Beschluss dar (*Fuhrmann* Rdn. 2060; Baumbach/Hueck/*Zöllner* § 48 Rdn. 29 m. weit. Nachw.). Da jedoch für die Anmeldung zum Handelsregister die Bestellung durch ein Dokument nachgewiesen werden muss (§ 39 Abs. 2 GmbHG), wird der Beschluss über die Bestellung auch dann, wenn mehrere Gesellschafter vorhanden sind, regelmäßig in einem Versammlungsprotokoll dokumentiert. Üblicherweise wird das Protokoll der Gesellschafterversammlung vom Vorsitzenden und vom Schriftführer unterzeichnet. Es kann aber auch von allen Gesellschaftern unterschrieben werden.

Ist der Beschluss zur Geschäftsführerbestellung nichtig oder gar nicht erfolgt, handelt der (vermeintliche) Geschäftsführer aber gutgläubig für die Gesellschaft, so ist er insoweit als **fak-**

tischer Geschäftsführer anzusehen (vgl. BGH Urt. v. 3. 7. 2000 – II ZR 282/98 – NZA 2000, 945 ff.; *Wimmer* DStR 1997, 247, 251). Sein Handeln kann die Gesellschaft verpflichten (*Hoffmann/Liebs* Rdn. 213). Der faktische Geschäftsführer unterliegt zwar den Pflichten des bestellten Geschäftsführers, ist aber strafrechtlich nur unter Einschränkungen verantwortlich (OLG Düsseldorf Beschl. v. 16. 10. 1987 – 5 Ss 193/87 – NStZ 1988, 368 ff.).

5. Person des Geschäftsführers. Das Formular muss ergänzt werden um den Namen des Geschäftsführers. Wohnanschrift und Alter können, müssen jedoch nicht angegeben werden. Wenn die Satzung der GmbH keine Einschränkungen dazu enthält, wer Geschäftsführer der GmbH werden kann, kann jede natürliche Person mit unbeschränkter Geschäftsfähigkeit zum Geschäftsführer bestellt werden (§ 6 Abs. 2 S. 1 GmbHG). Auch ausländische Staatsangehörige oder Personen (Deutsche bzw. Ausländer), die im Ausland leben, können grundsätzlich Geschäftsführer einer deutschen GmbH sein. Deutsche Sprachkenntnisse sind ebenso wenig Voraussetzung für die Übernahme des Geschäftsführeramtes wie ein Wohnsitz in Deutschland. Zwei obergerichtliche Entscheidungen deuten allerdings darauf hin, dass Nicht-EU-Bürger nur dann rechtswirksam zum Geschäftsführer einer GmbH bestellt werden können, wenn sie jederzeit die Möglichkeit haben, in das Bundesgebiet einzureisen (OLG Hamm Beschl. v. 9. 8. 1999 – 15 W 181/99 – ZIP 1999, 1919; OLG Köln Beschl. v. 30. 9. 1998 – 2 Wx 22/98 – DB 1999, 38). Dies wird damit begründet, dass nur in diesen Fällen der Geschäftsführer seine gesetzlichen Aufgaben im Inland effektiv wahrnehmen kann. Mangels entsprechender gesetzlicher Grundlage in § 6 Abs. 2 GmbHG ist diese Einschränkung gerade im Hinblick auf die realen Möglichkeiten moderner Kommunikationsmittel allerdings zweifelhaft (Hueck/*Fastrich* § 6 Rdn. 9 m. weit. Nachw.). Gleichwohl ist in der Praxis damit zu rechnen, dass Registergerichte jedenfalls in einzelnen Oberlandesgerichtsbezirken den Nachweis verlangen, dass der ausländische Staatsangehörige über eine Aufenthaltserlaubnis verfügt oder jedenfalls jederzeit eine solche erhalten kann. In diesem Fall wäre bei der örtlich zuständigen Ausländerbehörde zu klären, ob dem ausländischen Staatsangehörigen eine Aufenthaltserlaubnis erteilt werden kann. Seit Inkrafttreten des neuen Zuwanderungsrechts zum 1. Januar 2005 regelt der Aufenthaltstitel gleichzeitig die Berechtigung des Ausländers zur Erwerbstätigkeit in Deutschland. Im Regelfall wird die zur Erwerbstätigkeit berechtigende Aufenthaltserlaubnis dem Geschäftsführer erteilt werden können (§§ 18 AufenthG, 4 Nr. 2 BeschV, soweit der Geschäftsführer nicht gleichzeitig auch Gesellschafter der GmbH ist, sonst gegebenenfalls § 21 AufenthG). Dies hängt aber stets stark von den Umständen des Einzelfalls ab, so dass eine Rücksprache mit der örtlichen Ausländerbehörde dringend zu empfehlen ist. Je nach Herkunftsland des Ausländers ist zu beachten, dass gegebenenfalls schon vor der Einreise nach Deutschland ein Einreisevisum bei der Auslandsvertretung im Herkunftsland beantragt werden muss, welches dann in Deutschland in eine Aufenthaltserlaubnis umgewandelt wird.

In der Praxis eher selten finden sich in der Satzung Regelungen, die die Gesellschafter bei der freien Wahl eines Geschäftsführers einschränken. So kann die Satzung z.B. bestimmte fachliche Qualifikationen verlangen, oder sie kann, was in Joint-Venture-Vereinbarungen üblich ist, ein Entsenderecht für einen Gesellschafter vorsehen (vgl. *Fuhrmann* Rdn. 2065 ff.). Schließlich kann die Satzung bestimmen, dass einer bestimmten Person das Amt eines Geschäftsführers dergestalt angeboten wird, dass das Ob und der Zeitpunkt der Annahme ihr überlassen bleibt; wenn diese Person das Amt dann schließlich annimmt, muss die Gesellschafterversammlung die Bestellung vornehmen. Schließlich kann die Satzung vorsehen, dass einem scheidenden Geschäftsführer (typischerweise: einem Gesellschafter-Geschäftsführer in einer Familiengesellschaft) das Bestimmungsrecht über seinen Nachfolger gegeben wird; auch in diesem Fall ist die Gesellschafterversammlung gebunden und muss den ausgewählten Nachfolger ernennen. Verurteilungen wegen Insolvenzstraftaten im Sinn der §§ 283 bis 283 d StGB hindern die Übernahme einer Geschäftsführertätigkeit für fünf Jahre ab Rechtskraft des Strafurteils, wobei die Zeit der Ableistung einer Gefängnisstrafe für die Erfüllung des Fünfjahreszeitraumes nicht mitgerechnet wird. Auch ein Berufsverbot steht einer Geschäftsführertätigkeit entgegen, sofern sich der Unternehmensgegenstand der Gesellschaft gerade auf den Bereich bezieht, für den das Berufsverbot verhängt wurde. Rechtskräftige Verurteilungen wegen anderer Straftaten, insbesondere auch wegen anderer Vermögensstraftaten, hindern nicht an der Ausübung der Geschäftsführertätigkeit.

6. Beginn und Dauer der Bestellung. Das Formular sieht eine Bestellung mit sofortiger Wirkung und auf unbefristete Dauer vor. Denkbar, wenn auch seltener, ist es, die Bestellung erst zu einem späteren Zeitpunkt wirken zu lassen (eine retro-aktive Bestellung ist nicht möglich). In der Praxis erfolgt die Bestellung des Geschäftsführers typischerweise unbefristet und ohne Angabe einer festen Laufzeit. Dies stellt einen entscheidenden Unterschied zur Bestellung eines Vorstands einer Aktiengesellschaft dar und hat seinen Grund darin, dass der Geschäftsführer einer GmbH – anders als ein Vorstand – jederzeit von seinem Amt abberufen werden kann. Die jederzeitige Möglichkeit zur Abberufung wäre nur in den in praxi seltenen Fällen nicht gegeben, in denen die Satzung ein Sonderrecht des Geschäftsführers vorsieht, wonach die Abberufung nur aus wichtigem Grund erfolgen kann (typisches Sonderrecht für einen Geschäftsführer, der zugleich Mehrheits-Gesellschafter der GmbH ist).

Eine zeitliche Obergrenze für die Bestellungsdauer ist nur bei der paritätisch mitbestimmten GmbH zu beachten. Für diese begrenzt das Gesetz die Bestellungsdauer auf maximal fünf Jahre (§§ 84 AktG, 31 MitbestG).

Wegen der Unabhängigkeit des Geschäftsführer-Dienstvertrags vom gesellschaftsrechtlichen Amt führt die Abberufung des Geschäftsführers nur dann zur Beendigung des Geschäftsführer-Dienstvertrags, wenn dies im Geschäftsführer-Dienstvertrag ausdrücklich so vorgesehen ist. Fehlt eine solche Kopplungsklausel im Geschäftsführer-Dienstvertrag, bestimmt sich die Beendigung des Geschäftsführer-Dienstvertrags allein nach den Kündigungs- und Beendigungsregelungen des Geschäftsführer-Dienstvertrags. Der Geschäftsführer-Dienstvertrag kann also, je nach Fallgestaltung, noch Jahre weiterlaufen, nachdem der Geschäftsführer von seinem Amt abberufen worden ist (vgl. Anm. 3 zu Form. B. I. 1).

7. Vertretungsbefugnis. Das Formular sieht zwei alternative Regelungen zur Vertretungsbefugnis vor. Wie oben erläutert, bestimmen sich die Möglichkeiten, welche Vertretungsbefugnis dem Geschäftsführer gegeben werden kann, zunächst nach der Satzung. In der Praxis ist dort zumeist die Regelung enthalten, wonach dann, wenn nur ein Geschäftsführer bestellt ist, dieser allein vertritt und, wenn mehr als ein Geschäftsführer bestellt ist, ein Geschäftsführer zusammen mit einem anderen Geschäftsführer oder einem Prokuristen vertritt. Im Fall dieser satzungsmäßigen Vertretungsregelung kann nur die zweite Alternative vorgesehen werden, wonach der Geschäftsführer „satzungsgemäß" vertritt. Erlaubt die Satzung der Gesellschafterversammlung, einem oder mehreren Geschäftsführern durch Gesellschafterbeschluss Einzelvertretungsbefugnis zu erteilen, so kann auch die erste Alternative des Formulars gewählt werden, wonach der Geschäftsführer „stets einzeln" vertritt. Im letzteren Fall wird die Gesellschafterversammlung ein Interesse daran haben, die Vertretungsbefugnis des Geschäftsführers intern einzuschränken. Eine solche Einschränkung ist häufig bereits in der Satzung vorgesehen, wovon das Formular ausgeht. Ansonsten kann sie auch im Bestellungsbeschluss erfolgen, indem dort ein Katalog von Rechtsgeschäften und Handlungen aufgeführt wird, für die der Geschäftsführer der vorherigen – schriftlichen – Zustimmung der Gesellschafterversammlung bedarf. Die Einschränkung kann auch im Geschäftsführer-Dienstvertrag vorgesehen werden. Unabhängig davon, wo und in welchem Umfang das Zustimmungserfordernis geregelt ist, ändert ein solches (internes) Zustimmungserfordernis nichts daran, dass die Vertretungsbefugnis des Geschäftsführers nach außen (= gegenüber Dritten) durch das Zustimmungserfordernis nicht beschränkt wird und hierdurch auch nicht beschränkt werden kann.

8. Annahme der Bestellung. Die Bestellung ist nur wirksam, wenn der Geschäftsführer sie annimmt. Die Annahme kann zeitlich vor oder nach der Bestellung erfolgen und ist formlos und konkludent möglich (*Fuhrmann* Rdn. 2077). Das Registergericht verlangt nicht, dass die Annahme der Bestellung auf dem Gesellschafterbeschluss dokumentiert ist.

9. Eintragung im Handelsregister. Die Bestellung muss im Handelsregister eingetragen werden (§ 8 Abs. 1 Nr. 2 und Abs. 4, § 10 Abs. 1 S. 2 GmbHG; für Geschäftsführerwechsel § 39 GmbHG). Die Eintragung des Geschäftsführers einschließlich der Art seiner Vertre-

2. Bestellung eines Geschäftsführers einer GmbH   B. I. 2

tungsmacht ist für die Gesellschaft verpflichtend, hat aber nur **deklaratorische** Wirkung (*Roth/Altmeppen* § 39 GmbHG Rdn. 5). Die Rechtswirkungen der Bestellung treffen den Geschäftsführer somit ab Annahme des Gesellschafterbeschlusses, unabhängig vom Zeitpunkt der Eintragung ins Handelsregister. Ab diesem Zeitpunkt ist er auch für das Handeln der Geschäftsführung, das u. U. noch auf den Beschlüssen seines Vorgängers beruht, verantwortlich (so z. B. für das (Nicht-) Abführen der Sozialversicherungsbeiträge BGH Urt. vom 11. 12. 2001 – VI ZR 123/00 – NZS 2002, 369 ff.)

Ein etwaiger Zusatz zur Bestellung, wonach der Geschäftsführer nur „Stellvertretender Geschäftsführer" ist (sog. **Stellvertreterzusatz**), ist nicht im Handelsregister einzutragen (BGH Beschl. v. 10. 11. 1997 – II ZB 6–97 – NJW 1998, 1071 ff.).

Die Anmeldung zur Eintragung im Handelsregister muss öffentlich – üblicherweise: notariell – beglaubigt werden (§ 12 Abs. 1 HGB). Die Anmeldung kann erst nach der Bestellung erfolgen. Eine Anmeldung eines künftigen Geschäftsführers wird für unzulässig gehalten (OLG Düsseldorf Beschl. v. 15. 12. 1999 – 3 Wx 354/99 – NZG 2000, 262 ff.). Die Anmeldung zur Eintragung erfolgt durch Übersendung einer öffentlich beglaubigten Anmeldeschrift zusammen mit dem Original des Gesellschafterbeschlusses oder des Originals (oder wenn dieses für die Gesellschafterakten benötigt wird: einer beglaubigten Abschrift) der Niederschrift der Gesellschafterversammlung (§ 39 Abs. 2 GmbHG) an das Handelsregister. Die Übersendung übernimmt üblicherweise der Notar, der die Anmeldung beglaubigt; die Gesellschaft kann dies aber auch selbst tun. Die Anmeldeschrift ist zu unterzeichnen von Geschäftsführern in vertretungsberechtigter Anzahl. Dabei kann auch der neu bestellte Geschäftsführer bereits mitwirken. Die Unterschrift des oder der Geschäftsführer(s) muss öffentlich beglaubigt werden. Der neu ernannte Geschäftsführer ist überdies verpflichtet, innerhalb der Anmeldeschrift eine Unterschriftenprobe abzugeben (§ 39 Abs. 4 GmbHG). Zudem muss er sich von einer deutschen Urkundsperson (typischerweise: einem deutschen Notar; ersatzweise: einer deutschen Auslandsvertretung) belehren lassen über seine unbeschränkte Auskunftspflicht zu etwaigen Amtshindernissen im Sinne von § 6 Abs. 2 GmbHG, wie z. B. Insolvenzstraftaten oder Berufsverbote (§ 39 Abs. 3 GmbHG). Sodann hat der neu ernannte Geschäftsführer in öffentlich beglaubigter Erklärung zu versichern, dass er über die unbeschränkte Auskunftspflicht belehrt wurde und dass er dieser nachgekommen ist.

Die Belehrung des deutschen Notars kann – nach richtigem Verständnis der gesetzlichen Vorschriften – auch schriftlich erfolgen und somit auch – als vom deutschen Notar verfasstes und gesiegeltes notarielles Schriftstück – von einem im Ausland weilenden Geschäftsführer von einer amtlich bestellten ausländischen, zu Beglaubigungen ermächtigten Person (z. B. einem notary public in den USA, der seine amtliche Bestellung durch Apostille nachweisen kann), verlesen werden. Dabei muss der Geschäftsführer diesem ausländischen Beglaubiger gegenüber seine Identität durch Vorlage eines Reisepasses oder Personalausweises nachgewiesen haben und vor diesem ausländischen Beglaubiger sodann erklären und durch seine Unterschrift unter die Belehrung des deutschen Notars bekräftigen, dass er belehrt wurde und dass er der Auskunftspflicht nachgekommen ist. Dies bestätigt die ausländische Urkundsperson anschließend in beglaubigter Form (z. B. durch notary certificate nach US-Recht). Dieses Verfahren wird von den meisten Amtsgerichten in Deutschland so akzeptiert (zur notariellen Belehrung des im Ausland weilenden Geschäftsführers s. auch Rundschreiben Nr. 39/98 der Bundesnotarkammer (DNotZ 1998, 913 ff.).

3. Aufhebungsvertrag für den Geschäftsführer einer GmbH

Aufhebungsvertrag[1, 2]

zwischen

...... GmbH (Name und Anschrift der Gesellschaft) „Gesellschaft"
hier vertreten durch die Alleingesellschafterin ...... AG,
diese vertreten durch ihren Vorstand
und
Herrn ...... (Name und Anschrift) „Geschäftsführer"

§ 1 Beendigung[3, 4]

Die Parteien sind sich einig, dass das Geschäftsführer-Anstellungsverhältnis des Geschäftsführers mit der Gesellschaft gemäß Anstellungsvertrag vom ...... („Geschäftsführervertrag") und Zusatzvereinbarung vom ...... sowie jedes etwaige sonstige Anstellungsverhältnis mit der Gesellschaft oder mit einem im Sinne von § 15 AktG mit der Gesellschaft verbundenen Unternehmen („Verbundene Unternehmen") einvernehmlich auf Veranlassung der Gesellschaft zum Ablauf des ...... („Beendigungstermin") enden wird.

§ 2 Vergütung[5]/Abwicklung[6, 7, 8]

(1) Der Geschäftsführer erhält bis zum Beendigungstermin weiterhin jeden Monat sein monatliches Festgehalt von EUR ...... brutto (in Worten: Euro ......), welches nach Abzug von Lohnsteuer und Sozialversicherungsbeiträgen zum jeweiligen Kalendermonatsende von der Gesellschaft ausbezahlt wird. Die Parteien sind sich einig, dass der Geschäftsführer sein Festgehalt für das Kalenderjahr ...... und Vorjahre sowie sein anteiliges Festgehalt bis zur Unterzeichnung dieses Vertrages in vollem Umfang erhalten hat.

(2) Der Geschäftsführer erhält als einmalige abschließende Zahlung auf die ihm nach § ...... des Geschäftsführervertrages noch zustehende erfolgsabhängige variable Vergütung für das laufende Kalenderjahr ...... einen Betrag von EUR ...... brutto (in Worten: Euro ......), zahlbar zum Beendigungstermin. Die Parteien sind sich einig, dass darüber hinaus für das laufende Kalenderjahr ...... eine variable Vergütung nicht geschuldet und gezahlt wird. Die Parteien sind sich auch darüber einig, dass die variable Vergütung für die Vorjahre bereits in vollem Umfang bezahlt worden ist. Darüber hinaus ist keine variable Vergütung mehr geschuldet.

(3) Die Parteien sind sich einig, dass darüber hinaus keine weiteren Vergütungsansprüche und keine Ansprüche auf sonstige Leistungen, wie etwaige Boni, Provisionen, Gratifikationen sowie Jahressonderzahlungen und Zuschläge, des Geschäftsführers gegen die Gesellschaft oder Verbundene Unternehmen bestehen.

(4) Sämtliche Auslagen des Geschäftsführers, insbesondere Reisekosten und Spesen, sind vollständig abgerechnet und dem Geschäftsführer in vollem Umfang erstattet.

(5) Der Geschäftsführer war ab dem ...... (Datum) („Beginn der Freistellung") bis zum Beendigungstermin unwiderruflich sowie unter Fortzahlung der Bezüge gemäß vorstehendem Abs. (1) von seiner Dienstleistung freigestellt. Der gesamte etwaige Resturlaub aus Vorjahren sowie der Jahresurlaub aus dem laufenden Kalenderjahr ist mit der Freistellung abgegolten. Etwaiger während der Freistellung nicht verbrauchter Urlaub wird nicht in Geld abgegolten.

(6) Während der ersten vier Wochen ab Beginn der Freistellung wird der Geschäftsführer der Gesellschaft für Auskünfte, Beratung, Übergabearbeiten und sonstige Management-Unterstützung zur Verfügung stehen, wobei die Parteien sich rechtzeitig im

Voraus über den jeweiligen Zeitpunkt und die Zeitdauer einer solchen Tätigkeit abstimmen. Eine gesonderte Vergütung erhält der Geschäftsführer hierfür nicht; es werden lediglich nach vorheriger Absprache etwaige durch die Unterstützungstätigkeiten verursachte Auslagen erstattet.

§ 3 Abfindung[9]

Der Geschäftsführer erhält für den Verlust seiner Anstellung eine Abfindung in Höhe von EUR ...... brutto (in Worten: Euro ......). Hiervon werden EUR 7.200,– abgabefrei gezahlt (§ 3 Ziff. 9 EStG), der übersteigende Betrag unterfällt dem Lohnsteuerabzug. Die Abfindung ist fällig zum Beendigungstermin, nicht jedoch vor der Rückgabe des Firmenwagens gemäß § 4 Abs. (1) dieses Vertrages. Sämtliche Steuer auf die Abfindung trägt der Geschäftsführer.

§ 4 Firmenwagen/Firmeneigentum und Unterlagen, EDV-Programme und elektronisch gespeicherte Daten[10]

(1) Der Geschäftsführer kann den ihm überlassenen Firmenwagen, Typ ......, amtliches Kennzeichen ...... noch bis zum Beendigungstermin im bisherigen Umfang der Privatnutzung und zu den bisherigen Bedingungen nutzen. Benzinkosten, Öl und Autowäsche trägt er jedoch ab Beginn der Freistellung selbst. Den in der Nutzung liegenden geldwerte Vorteil hat der Geschäftsführer wie bisher zu versteuern, was bei der Gehaltsabrechnung berücksichtigt wird. Er wird den Firmenwagen spätestens zum Beendigungstermin in ordnungsgemäßem Zustand an die Gesellschaft zurückgeben.

(2) Den in seinem Besitz befindlichen Laptop (Marke ......, Restbuchwert zum Zeitpunkt der Unterzeichnung dieser Vereinbarung ca. EUR ...... zuzüglich Mehrwertsteuer) erwirbt der Geschäftsführer käuflich zum Restbuchwert. Die Parteien sind sich hiermit über den Eigentumsübergang einig; die Übergabe erfolgt dadurch, dass der Geschäftsführer den Laptop in seinem Besitz behält. Die Parteien sind sich weiter einig, dass der Kaufpreis nebst Mehrwertsteuer sowie eine etwaige Lohnsteuer, die auf den im Kauf liegenden geldwerten Vorteil (unter Berücksichtigung einer etwa hierauf angefallenen Mehrwertsteuer) anfallen würde, vom Geschäftsführer zu tragen ist und von einer der noch erfolgenden Netto-Gehaltszahlungen oder der Nettoabfindung in Abzug gebracht werden kann.

(3) Der Geschäftsführer wird der Gesellschaft sämtliche das Geschäft der Gesellschaft oder Verbundener Unternehmen betreffende Unterlagen (einschließlich aller Kopien) sowie alle sonstigen in seinem Besitz befindlichen und im Eigentum der Gesellschaft stehenden bzw. ihm von der Gesellschaft oder von Verbundenen Unternehmen zur Verfügung gestellten Gegenstände, insbesondere das Mobiltelefon und den Blackberry sowie die Firmenkreditkarte, spätestens bei Unterzeichnung dieser Vereinbarung zurückgeben.

(4) Der Geschäftsführer verpflichtet sich, etwaige auf einem in seinem Besitz oder Eigentum befindlichen Computer aufgespielte Programme, für welche die Gesellschaft oder ein Verbundenes Unternehmen die Lizenz erworben hat, zu löschen und sämtliche auf einem solchen Computer gespeicherte Daten, welche Angelegenheiten der Gesellschaft oder von Verbundenen Unternehmen betreffen, gleichfalls zu löschen.

§ 5 Zeugnis[11]

Die Gesellschaft verpflichtet sich, dem Geschäftsführer ein wohlwollendes qualifiziertes Zeugnis zu erstellen und zum Beendigungstermin zu übersenden.

§ 6 Direktversicherung[12, 13]

Die für den Geschäftsführer bei der ...... Lebensversicherung unter der Vertragsnummer ...... unterhaltene Direktversicherung wird bis zum Beendigungstermin von der Gesellschaft aufrechterhalten; bis dahin werden die Beiträge im bisherigen Umfang und im bisherigen Modus weiter gezahlt. Zum Beendigungstermin wird die Direktversicherung auf den Geschäftsführer übertragen, der diese dann auf eigene Kosten weiterführen kann.

§ 7 Beendigung des Geschäftsführeramtes[14]/Entlastung[15]/Andere Ämter[16]

(1) Der Geschäftsführer wird mit beiliegendem Gesellschafterbeschluss von seinem Amt als Geschäftsführer der Gesellschaft abberufen.

(2) Der Geschäftsführer verpflichtet sich ausdrücklich, insbesondere bis zur Löschung seiner Bestellung als Geschäftsführer im Handelsregister nicht mehr als Geschäftsführer der Gesellschaft aufzutreten und keinerlei Handlungen für oder im Namen der Gesellschaft vorzunehmen.

(3) Über die Entlastung nach § 46 Nr. 5 GmbHG wird von der Gesellschafterversammlung im gewöhnlichen Geschäftsgang beschlossen.

(4) Der Geschäftsführer tritt hiermit von allen Ämtern, die er bei einem Verbundenen Unternehmen hält, zurück und wird alle Rücktritts-Dokumente in der Form ausfertigen, welche die Gesellschaft für notwendig oder zweckmäßig hält, um diese Rücktritte zu bewirken bzw. bekannt zu geben.

§ 8 Wettbewerbsverbot[17, 18]

(1) Bis zum Beendigungstermin gilt weiterhin ein striktes und umfängliches Wettbewerbsverbot hinsichtlich jedweder direkter oder indirekter, entgeltlicher oder unentgeltlicher, abhängiger oder selbstständiger Tätigkeit. Die Regelungen zur Nebenbeschäftigung gemäß § …… des Geschäftsführervertrages sind bis zum Beendigungstermin weiterhin zu beachten.

(2) Die Parteien sind sich einig, dass das nachvertragliche Wettbewerbsverbot gemäß § …… des Geschäftsführervertrages hiermit einvernehmlich aufgehoben ist. Der Geschäftsführer kann ab dem Beendigungstermin Wettbewerb betreiben; die Gesellschaft schuldet keinerlei Entschädigung.

§ 9 Geheimhaltung[19]

Die nachvertraglichen Regelungen des Geschäftsführervertrages zu Geheimhaltungsverpflichtungen (dort § ……) behalten auch nach dem Beendigungstermin zugunsten der Gesellschaft und deren Gesellschafter sowie Verbundener Unternehmen uneingeschränkt Gültigkeit.

§ 10 Wohlverhalten[20]

Der Geschäftsführer verpflichtet sich hiermit, auch nach dem Beendigungstermin gegenüber Dritten und gegenüber Mitarbeitern der Gesellschaft bzw. den Mitarbeitern Verbundener Unternehmen keinerlei geschäftsschädliche, nachteilige oder unfreundliche Äußerungen über die Gesellschaft oder Verbundene Unternehmen zu machen, insbesondere auch nicht über deren Management, Mitarbeiter, Programme oder Produkte.

§ 11 Presseerklärung[21]

Die Parteien werden gegenüber Dritten, insbesondere gegenüber der Presse, sonstiger Öffentlichkeit oder im Internet, sowie auch gesellschaftsintern zur Beendigung der Tätigkeit des Geschäftsführers bei der Gesellschaft ausschließlich folgende offizielle gemeinsame Erklärung abgeben:

„Herr ……, einer der Geschäftsführer der …… GmbH verlässt das Unternehmen zum …… (Datum) auf eigenen Wunsch und wird sich zusammen mit verschiedenen Partnern selbstständig machen. Herr …… kam im Jahr …… zur …… GmbH und war verantwortlich für die Bereiche …… Herr ……, Vorstandsvorsitzender der Holding der …… -Gruppe: „Wir bedanken uns bei Herrn …… für den unternehmerischen Beitrag, den er zum Aufbau des Unternehmens und dem Erfolg des Diversifikationsgeschäftes der ……

-Gruppe beigetragen hat und wünschen ihm für die neuen Herausforderungen viel Erfolg."

Die Parteien sind sich darin einig, dass von zusätzlichen sowie nachträglichen Erklärungen anderen Inhalts und von zusätzlichen sowie nachträglichen Erläuterungen der vorstehenden Erklärung abgesehen wird.

§ 12 Abgeltung[22]

Mit Unterzeichnung dieses Vertrages hat der Geschäftsführer nur mehr die in diesem Vertrag ausdrücklich niedergelegten Ansprüche gegen die Gesellschaft. Mit deren Erfüllung sind sämtliche Ansprüche des Geschäftsführers gegen die Gesellschaft oder Verbundene Unternehmen aus dem Geschäftsführer-Anstellungsverhältnis und dessen Beendigung sowie aus jedem sonstigen Anstellungsverhältnis oder Rechtsgrund abgegolten und erledigt.

§ 13 Schlussbestimmungen[23]

(1) Dieser Vertrag ersetzt alle etwaigen zuvor getroffenen Vereinbarungen über die Beendigung des Geschäftsführeranstellungsverhältnisses gemäß Geschäftsführervertrag samt Zusatzvereinbarung(en). Die Parteien sind sich einig, dass zwischen den Parteien keine anderen Abreden als die in diesem Vertrag niedergelegten getroffen wurden. Insbesondere bestehen keine mündlichen Nebenabreden zwischen den Parteien. Keine der Parteien kann sich auf Ansprüche aus einer tatsächlichen Übung berufen, solange ein solcher Anspruch in diesem Vertrag nicht geregelt ist.

(2) Änderungen oder Ergänzungen dieses Vertrages bedürfen zu ihrer Wirksamkeit der Schriftform sowie der ausdrücklichen Zustimmung der Gesellschafterversammlung. Gleiches gilt für die Aufhebung dieses Schriftformerfordernisses.

(3) Sollten einzelne Bestimmungen dieses Vertrages ungültig sein oder werden, so berührt dies im Zweifel die Wirksamkeit der übrigen Bestimmungen nicht. Anstelle der unwirksamen Vorschrift oder zur Ausfüllung eventueller Lücken dieses Vertrages ist eine angemessene Regelung zu vereinbaren, die dem am nächsten kommt, was die Vertragsparteien nach ihrer wirtschaftlichen Zwecksetzung gewollt haben bzw. die Bestimmung, die dem entspricht, was nach Sinn und Zweck dieses Dienstvertrags vereinbart worden wäre, hätte man die Angelegenheit von vornherein bedacht.

(4) Für alle Rechtsstreitigkeiten über die Wirksamkeit dieses Vertrages sowie über Ansprüche aus und im Zusammenhang mit diesem Vertrag gilt deutsches Recht. Gerichtsstand ist der jeweilige Firmensitz der Gesellschaft.

......
Ort, Datum

......
Unterschrift der Gesellschaft[24]
hier vertreten durch die Alleingesellschafterin,
...... AG, diese vertreten durch ihren Vorstand

......
Ort, Datum

......
Unterschrift des Geschäftsführers

Schrifttum: *Annuß*, Der Arbeitnehmer als solcher ist kein Verbraucher, NJW 2002, 2844; *Bauer*, Arbeitsrechtliche Aufhebungsverträge: arbeits-, gesellschafts-, steuer- und sozialversicherungsrechtliche Hinweise zur einvernehmlichen Beendigung von Dienst- und Arbeitsverhältnissen, 7. Aufl. 2004; *ders.*, Neue Spielregeln für Aufhebungs- und Abwicklungsverträge durch das geänderte BGB?, NZA 2002, 169; *Baumbach/Hueck*, GmbHG, 17. Aufl. 2000; *Dorndorf/Hauck/Kriebel*, Heidelberger Kommentar zum Kündigungsschutzgesetz, 4. Aufl. 2001; *Fischer*, Die Bestellung von Arbeitnehmern zu Organmitgliedern juristischer Personen und das Schicksal ihres Arbeitsverhältnisses, NJW 2003, 2417; *Gaul*, Aufhebungs- und Abwicklungsvertrag: Aktuelle Entwicklungen im Arbeits- und Sozialversicherungsrecht, BB 2003, 2457; *Goette*, Das Organverhältnis des GmbH-Geschäftsführers in der Rechtsprechung des Bundesgerichtshofs, DStR 1998, 938; *ders.*, Die GmbH. Darstellung anhand der Rechtsprechung des BGH, 2. Aufl. 2002; *Henssler*, Arbeitsrecht und Schuldrechtsreform, RdA 2002, 129; *Hoffmann/Liebs*, Der GmbH-Geschäftsführer. Handbuch für die Praxis des Unternehmers und Managers, 2. Aufl. 2000; *Hromadka*, Schuldrechtsmodernisierung und Vertragskontrolle im Arbeitsrecht, NJW 2002, 2523; *Hümmerich*, Neues zum Abwicklungsvertrag, NZA 2001, 1280; *Hümmerich/Holthausen*, Der Arbeitnehmer als Verbraucher, NZA 2002, 173; *Jaeger*, Der Anstellungsvertrag des GmbH-Geschäftsführers, 4. Aufl. 2001; *Kallmeyer/ Fuhrmann*, GmbH Handbuch Bd. 1 Gesellschaftsrecht, Loseblatt, 2003; *Kittner/Zwanziger*, Arbeitsrecht. Handbuch für die Praxis, 2. Aufl., 2003; *Leinemann/Linck*, Urlaubsrecht 2. Aufl. 2001; *Lohr*, Der Stimmrechtsausschluss des GmbH-Gesellschafters (§ 47 GmbHG), NZG 2002, 551; *Michalski*, Kommentar zum Gesetz betreffend die Gesellschaften mit beschränkter Haftung, Bd. II, 2002; *Nägele*, Der Anstellungsvertrag des Geschäftsführers. Eine Bestandsaufnahme, BB 2001, 305; *Natzel*, Schutz des Arbeitnehmers als Verbraucher?, NZA 2002, 595; *Palandt*, Bürgerliches Gesetzbuch 64. Aufl. 2005; *Römermann*, Münchner Anwaltshandbuch GmbH-Recht 2002; *Roth/Altmeppen*, GmbHG-Kommentar 4. Aufl. 2003; *Scholz*, Kommentar zum GmbH-Gesetz I, 9. Aufl. 2000; *Schrader*, Aufhebungsverträge und Ausgleichszahlungen, NZA 2003, 593; *Weber/Ehrich/Burmester*, Handbuch der arbeitsrechtlichen Aufhebungsverträge, 4. Aufl. 2004; *Weber/Hoß/Burmester*, Handbuch der Managerverträge 2000.

Anmerkungen

1. Sachverhalt. Der Aufhebungsvertrag ist das typische Instrument, welches in der Praxis in fast allen Fällen eingesetzt wird, um die Anstellung eines Geschäftsführers zu beenden. Der Aufhebungsvertrag wird dabei sowohl eingesetzt, um eine Kündigung vermeiden zu können und in „kultivierterer Form" als durch einseitige Kündigungserklärung die Anstellung zu beenden. Aber selbst dann, wenn die Gesellschaft zunächst eine Kündigung ausgesprochen hat, wird die Gesellschaft – ebenso wie der Geschäftsführer – anschließend sehr häufig ein Interesse daran haben, das Ende ihrer Vertragsbeziehungen einvernehmlich und in Vertragsform zu regeln (s. allgemein zur Problematik der Abgrenzung von Aufhebungs- und Abwicklungsvertrag *Gaul* BB 2003, 2457ff.; *Hümmerich* NZA 2001, 1280 und BSG Urt. v. 9. 11. 1995 – 1 Rar 27/95 – NZA-RR 1997, 109).

Das Formular stellt einen in der Praxis seit Jahren erprobten **Aufhebungsvertrag** vor. Dabei wird zunächst eine – vergleichsweise einfach strukturierte – Grundform benutzt, die von den üblichen Regelungen eines Geschäftsführervertrages ausgeht und für die Regelungsbedürfnisse eines „Normalfalls" meistens ausreichend sein wird. Da jedoch jeder Geschäftsführervertrag andere Klauseln enthält und jeder individuelle Fall anders gelagert ist, muss auch die Regelungsdichte eines Aufhebungsvertrags dies berücksichtigen. Deshalb werden in den nachfolgenden Anmerkungen im jeweiligen Sachzusammenhang eine Reihe von weiteren Regelungen vorgeschlagen, die sicherlich nicht in allen, aber in manchen Fällen in den Aufhebungsvertrag aufgenommen werden müssen, um möglichst vollständig alle möglicherweise strittigen Punkte des Vertragsverhältnisses abzudecken und einer sinnvollen Regelung zuzuführen.

2. Präambel. Das Formular sieht keine Präambel vor. Allerdings sollte eine Präambel dem Vertrag dann vorangestellt werden, wenn die Vertragslage besonders unübersichtlich oder kompliziert ist und zunächst Klarheit geschaffen werden muss, welche Vertragsbeziehungen überhaupt bestehen und durch den Aufhebungsvertrag beendet werden sollen. Eine Präambel empfiehlt sich auch dann, wenn voraussehbar ist, dass einzelne Regelungen des Vertrags nur verständlich oder besser verständlich sein werden, wenn zunächst gewisse Fakten oder Zusammenhänge dargestellt werden. Diese Notwendigkeit kann z.B. dadurch bedingt sein, dass zunächst eine in ihrer Wirksamkeit umstrittene außerordentliche Kündigung erklärt wurde und Gehaltszahlungen eingestellt wurden, oder z.B. dadurch, dass es Prozesse oder Gegenansprüche mit Rechtsgrund außerhalb des Anstellungsverhältnisses gibt, die zusammen mit dem Anstellungsverhältnis der Geschäftsführer erledigt werden sollen. Schließlich kann eine Präambel dann sinnvoll sein, wenn zum besseren Verständnis bestimmter Regelungen des Aufhebungsvertrags deutlich gemacht werden soll, wer die Beendigung des Vertrages anstrebt und die Verhandlungen in Gang gebracht hat (dies ist zwar häufig die Gesellschaft, kann jedoch durchaus auch der Geschäftsführer sein, der sich aus einem noch mehrere Jahre unkündbar laufenden Anstellungsvertrag lösen will, um eine andere, attraktivere Position annehmen zu können).

In allen vorgenannten Fällen werden die für das Verständnis der Zusammenhänge notwendigen Fakten und rechtlichen oder tatsächlichen Vorstellungen oder Bewertungen der Parteien

3. Aufhebungsvertrag für den Geschäftsführer einer GmbH **B. I. 3**

in einer Präambel dem Vertrag vorangestellt. Wenn der Vertrag um eine Präambel ergänzt wird, ist darauf zu achten, dass alles, was von der Rechtswirkung der vertraglichen Einigung umfasst sein soll, nicht in die Präambel, sondern in den Vertrag gehört.

3. Beendigung. Das Formular sieht vor, dass der **Anstellungsvertrag mit der Gesellschaft und etwaige Zusatzvereinbarungen**, die aufgehoben werden sollen, genau bezeichnet werden, d. h. mit ihrer korrekten Bezeichnung und dem Datum ihrer Unterzeichnung. Dies dient nicht nur der notwendigen Klarheit des Aufhebungsvertrags, sondern zwingt den Verfasser des Aufhebungsvertrags vor allem dazu, den Anstellungsvertrag und alle sonstigen hierzu bestehenden Zusatzvereinbarungen zur Hand zu nehmen. Die Praxis zeigt immer wieder, dass dies den nützlichen Effekt hat, dass der Verfasser sich diese Verträge gründlich durchsieht und bei der Durchsicht jeder Klausel des Anstellungsvertrags und etwaiger Zusatzvereinbarungen überlegt, ob und wenn ja, welche Klauseln im Anstellungsvertrag gegebenenfalls spezielle Regelungen im Aufhebungsvertrag erfordern. Dies wird regelmäßig die Qualität des Aufhebungsvertrags nicht unwesentlich verbessern. Denn jede Verhandlung über einen Aufhebungsvertrag und der Inhalt eines jeden Aufhebungsvertrags wird inhaltlich maßgeblich und in vielen Punkten entscheidend vom Inhalt und den Regelungen des Anstellungsvertrags bestimmt. Ohne genaue Kenntnis sämtlicher Regelungen des Anstellungsvertrags und etwaiger Zusatzvereinbarungen sowie der Kenntnis der Vertragshistorie (z. B. in Bezug auf die Frage, ob es ein vorangegangenes Arbeitsverhältnis gab und ob und inwieweit die vertragliche Vergütung in der Vergangenheit bezahlt wurde) kann ein Aufhebungsvertrag nicht sinnvoll konzipiert und nicht „richtig" und vollständig formuliert werden.

Das Formular regelt sicherheitshalber nicht nur die Beendigung des in Bezug genommenen Aufhebungsvertrags, sondern dehnt die **Beendigung** aus auf alle etwaigen **sonstigen Anstellungs- oder Beschäftigungsverhältnisse** des Geschäftsführers sowohl mit der Gesellschaft als auch **mit anderen Konzerngesellschaften**. Dies ist besonders dann notwendig, wenn es vor Beginn des Geschäftsführer-Anstellungsverhältnis bereits ein Arbeitsverhältnis des Geschäftsführers mit der Gesellschaft gab, oder wenn es Beschäftigungsverhältnisse mit anderen Konzerngesellschaften gibt. Die umfassende Beendigungsklausel hat trotz des Schriftformerfordernisses des § 623 BGB ihren Sinn (s. allgemein zur Problematik des § 623 BGB *Bauer* NZA 2002, 169 ff.). Denn soweit es um die Beendigung eines mit der Gesellschaft noch bestehenden (ruhenden) Arbeitsverhältnisses geht, ist die Gesellschaft die richtige Vertragspartnerin für eine Vereinbarung über die Beendigung des Arbeitsverhältnisses. Selbst wenn darüber gestritten werden könnte, ob die Gesellschaft bei einer Vereinbarung über die Beendigung eines Arbeitsverhältnisses statt durch die Gesellschafter durch einen (Mit-)Geschäftsführer vertreten sein müsste (so z. B. auch *Fischer* NJW 2003, 2419; s. hierzu auch *Bauer*, Arbeitsrechtliche Aufhebungsverträge, welcher rät, in einer solchen Konstellation den Aufhebungsvertrag von der Geschäftsführung mit unterschreiben zu lassen), könnte dieser ja später die Vereinbarung genehmigen und so wirksam machen (a. A. *Fischer* NJW 2003, 2419, welcher eine nachträgliche Genehmigung verneint, da die Aufhebung des Arbeitsvertrags nur zu dem Zeitpunkt erfolgen können soll, zu dem der Arbeitnehmer gerade nicht vertraglich als Organ an seinen bisherigen Arbeitgeber gebunden war). Soweit es um ein Beschäftigungsverhältnis mit einer Konzerngesellschaft geht, hätte die Klausel zumindest Chancen, als Vertrag zugunsten Dritter (nämlich der Konzerngesellschaft) ausgelegt zu werden (s. hierzu FG Hamburg Urt. v. 30. 11. 2001 – III 59/01 – n. a. v., wonach eine Abfindungsvereinbarung zwischen einer GmbH als Tochtergesellschaft und ihrem zuvor bei der Muttergesellschaft, einer AG, angestellten Geschäftsführer als Vertrag zugunsten Dritter gemäß § 328 BGB qualifiziert wird).

Anders als bei Aufhebungsverträgen, die mit Arbeitnehmern geschlossen werden, hat die genaue Wahl der Formulierung, wer die Beendigung veranlasst hat und wie es zur Beendigung kommt („einvernehmlich", „auf Veranlassung des Dienstgebers", „aufgrund Kündigung vom ......"), nicht so große Bedeutung. Denn bei Arbeitnehmer-Aufhebungsverträgen wird die Formulierung regelmäßig mitbestimmt von Überlegungen, welcher Tatbestand beschrieben werden muss, damit der Arbeitnehmer die Verhängung einer Sperrzeit durch die Agentur für Arbeit vermeiden kann (s. zur neuesten Entwicklung in der Rechtsprechung hinsichtlich dieser Problematik *Bauer/Hümmerich* NZA 2003, 1076 ff.). Ein Geschäftsführer ist allerdings in der

Praxis regelmäßig durch eine bestimmte Festlaufzeit seines Anstellungsvertrags bzw. durch die vertragliche vereinbare Kündigungsfrist wirtschaftlich erheblich besser gegen einen Verlust seiner Anstellung abgesichert als ein Arbeitnehmer. Daher wird ein Geschäftsführer eher selten Arbeitslosengeld in Anspruch nehmen und wird dem gemäß häufig nicht darauf achten müssen, durch die Wahl der Formulierung im Aufhebungsvertrag eine Sperrzeit zu vermeiden.

4. Beendigungstermin. Der letztlich im Aufhebungsvertrag vereinbarte Beendigungstermin ist Verhandlungssache. Die Parteien werden sich häufig auf das Datum einigen, das dem Ablauf der nach dem Anstellungsvertrag maßgeblichen Kündigungsfrist entsprechen würde. Die Gesellschaft wird dann ein Interesse daran haben, die Anstellung erst zu diesem Termin zu beenden, wenn sie den Geschäftsführer noch für eine gewisse Zeit sicher davon abhalten will, Wettbewerb zu treiben. Denn am sichersten kann der Geschäftsführer an Wettbewerbsaktivitäten gehindert werden, solange der Geschäftsführer noch durch die vertraglichen Pflichten seines Anstellungsverhältnisses gebunden ist, nämlich durch Nebentätigkeitsverbot, Geheimhaltung, Wettbewerbsverbot. Umgekehrt wird ein Geschäftsführer, der nicht sofort eine neue Position in Aussicht hat, seinerseits ein Interesse daran haben, die Anstellung erst zum Ablauf der Kündigungsfrist zu beenden, weil er so noch einige Zeit regelmäßig sein Gehalt erhält, die Beiträge für Krankenversicherung und Sozialversicherung weiter bezahlt werden und er sich aus einer bestehenden Anstellung und Beschäftigung („ungekündigten Stellung") heraus bewerben kann. Wenn die Parteien den Beendigungstermin im Aufhebungsvertrag so vereinbaren, dass die Anstellung letztlich zum Ablauf der Kündigungsfrist beendet wird, werden die Parteien während des Laufs der Kündigungsfrist über den Inhalt des Aufhebungsvertrags verhandeln.

Die Parteien können sich jedoch auch auf ein früheres Datum einigen; nicht selten hat entweder die Gesellschaft oder auch der Geschäftsführer (z.B. wenn er frei sein will für eine neue Position bei einem anderen Dienstgeber) ein Interesse daran, eine sofortige Beendigung der Anstellung zu vereinbaren. Je nachdem, wer das Interesse an der vorzeitigen Beendigung hat, wird die ansonsten bis zum Ablauf der Kündigungsfrist noch ausstehende Vergütung in diesem Fall ganz oder teilweise als Abfindung gezahlt. Wenn es ein Entgegenkommen der Gesellschaft ist, den Geschäftsführer sofort aus dem Anstellungsvertrag zu entlassen, kann es auch dazu kommen, dass der Aufhebungsvertrag eine Beendigung der Anstellung z.B. zum nächsten Monatsende vorsieht, ohne dass der Geschäftsführer als Ausgleich für die vorzeitige Beendigung eine Abfindung in Höhe der ansonsten noch ausstehenden Vergütung verhandeln könnte. Wenn die Parteien sich nicht sofort auf einen **vorzeitigen Beendigungstermin** einigen (z.B. weil der Geschäftsführer möchte, dass Gehaltszahlungen und Sozialversicherungsbeiträge zunächst weiterlaufen und er sich aus einer existierenden Anstellung und Beschäftigung heraus bewerben kann), sondern zunächst als Beendigungstermin das Datum des Ablaufs der Kündigungsfrist vorsehen, kann der Geschäftsführer gleichwohl ein Interesse daran haben, zu einem späteren Zeitpunkt (aber noch vor Ablauf des zunächst vereinbarten Beendigungstermins frei zu werden und die Anstellung später vorzeitig beenden zu können, z.B. um dann eine zwischenzeitlich gefundene neue Position antreten zu können.

Diesem Interesse kann dadurch Rechnung getragen werden, indem bei § 1 des Formulars zusätzlich der folgende Abs. (2) aufgenommen wird:

Optional als § 1 Abs. (2):
(2) Der Geschäftsführer ist berechtigt, durch schriftliche Erklärung mit einer Ankündigungsfrist von 14 Kalendertagen schriftlich die vorzeitige Beendigung seiner Anstellung zum Ende eines jeden Kalendermonats nach dem …… (Datum) und vor dem Beendigungstermin verlangen („Vorzeitiger Beendigungstermin"). Im Fall einer solchen vorzeitigen Beendigung ist in den nachfolgenden Regelungen, in denen der Begriff „Beendigungstermin" verwendet wird, dieser durch den Begriff „Vorzeitiger Beendigungstermin" zu ersetzen und letzterer ist der maßgebliche Termin. Zudem gilt ergänzend § 3 Abs. (2).

Der Text in § 1 des obigen Formulars muss in diesem Fall als erster Absatz mit einem Zusatz „(1)" gekennzeichnet werden. § 3 würde in diesem Fall um einen Abs. (2) ergänzt werden, der wie folgt lauten kann:

3. Aufhebungsvertrag für den Geschäftsführer einer GmbH B. I. 3

Optional als § 3 Abs. (2):
(2) Im Fall einer vorzeitigen Beendigung gemäß § 1 Abs. (2) dieses Vertrages erhöht sich die Brutto-Abfindung gemäß vorstehendem Abs. (1) um die Summe (*Alternative:* ......% der Summe) der monatlichen Festgehälter gemäß § 2 Abs. (1) und der anteiligen variablen Vergütung gemäß § 2 Abs. (2), welche ab dem Vorzeitigen Beendigungstermin bis zum Beendigungstermin fällig gewesen wären. Die erhöhte Abfindung ist fällig zum Vorzeitigen Beendigungstermin und unterfällt dem Lohnsteuerabzug. Sämtliche Steuer auf die erhöhte Abfindung trägt der Geschäftsführer.

Diese zusätzlichen Absätze erlauben dem Geschäftsführer die Anstellung nach Abschluss des Aufhebungsvertrags vorzeitig durch einseitige Erklärung zu beenden und regeln die Folgen einer solchen vorzeitigen Beendigung. Diese werden regelmäßig dahingehend vereinbart, dass Gehalt und sonstige Leistungen der Gesellschaft in diesem Fall nur bis zum vorzeitigen Beendigungstermin gezahlt werden und dass sich die zunächst festgelegte Abfindung um den Betrag erhöht, der ansonsten noch als Vergütung bis zum zunächst vereinbarten (regulären) Beendigungstermin gezahlt worden wäre. Dabei kann auch – je nach Verhandlungslage – vereinbart werden, dass eine vorzeitige Beendigung wirtschaftlich für beide Parteien interessant sein soll und dass im Fall einer vorzeitigen Beendigung nicht 100% der restlichen Gehälter abfindungserhöhend berücksichtigt werden, sondern nur 30%, 50% oder 80% oder ein sonstiger, zwischen den Parteien vereinbarter Prozentsatz.

5. Vergütung. Das Formular sieht dahingehend genaue Regelungen vor, welche Vergütung der Geschäftsführer für einen bestimmten Bezugszeitraum schon erhalten hat und welche er noch zu beanspruchen hat. Dabei sollte so **präzise wie möglich beziffert** werden, welcher Betrag bzw. welche Beträge dem Geschäftsführer noch zustehen sollen und wann diese zur Zahlung fällig sind.

Das Formular vermeidet die immer noch gebräuchliche Formulierung: „Bis zum Beendigungstermin wird ordnungsgemäß abgerechnet und bezahlt". Denn diese Formulierung besagt nichts darüber, welche Zahlungen dem Geschäftsführer noch zustehen und welche nicht. Das Formular sieht vielmehr vor, dass die dem Geschäftsführer für das laufende Geschäftsjahr noch zustehende feste und variable Vergütung betragsmäßig genau beziffert wird. Bezüglich der variablen Vergütung muss im Aufhebungsvertrag im Interesse der Vertragsklarheit und zur Vermeidung von nicht gewünschten Auslegungsspielräumen der im Einzelfall nach den vertraglichen Vereinbarungen maßgebliche präzise Begriff gewählt werden, z.B. Bonus, Prämie, Tantieme.

Wenn beim Abschluss des Aufhebungsvertrags – was oft der Fall sein wird – noch nicht feststeht, ob bestimmte Ziele erreicht sind oder werden, von denen die Höhe einer zielabhängigen **variablen Vergütung** abhängt, so ist es erfahrungsgemäß sinnvoller, den wahrscheinlichen Grad der Zielerreichung zu schätzen und sich auf einen Betrag der variablen Vergütung zu einigen, als die Frage offen zu lassen (so auch *Kallmeyer/Fuhrmann* Rdn. 2220 und *Hoffmann/Liebs* Rdn. 276).

Am sichersten lassen sich spätere **Auseinandersetzungen** zwischen der Gesellschaft und dem Geschäftsführer **vermeiden**, wenn jede mögliche Vergütungsart, die der Geschäftsführervertrag erwähnt oder die der Geschäftsführer in der Vergangenheit erhalten oder thematisiert hat, im Aufhebungsvertrag erwähnt wird und genau geregelt wird, ob (und wenn ja, in welcher Höhe) der Geschäftsführer hierauf noch etwas zu erhalten hat, oder geregelt wird, dass er, wie im folgenden Alternativvorschlag auf diese Vergütungsart keinen Anspruch mehr hat:

Alternative zu § 2 Abs. (2):
(2) Die Parteien sind sich einig, dass der Geschäftsführer die ihm für das laufende Kalenderjahr ...... zustehende erfolgsabhängige variable Vergütung gemäß § ...... des Geschäftsführervertrages vollständig erhalten hat. Die Parteien sind sich einig, dass darüber hinaus für das laufende Kalenderjahr ...... eine variable Vergütung nicht geschuldet und gezahlt wird. Die Parteien sind sich auch darüber einig, dass die variable Vergütung für die Vorjahre bereits im vollen Umfang bezahlt worden ist. Darüber hinaus ist keine variable Vergütung mehr geschuldet.

Häufig wird der Geschäftsführer den Wunsch äußern, dass die rechnerisch auf die Freistellungsperiode entfallende **variable Vergütung der Abfindung zugeschlagen** wird. Diesem Wunsch kann die Gesellschaft – ohne ernstzunehmende lohnsteuerliche Risiken – nachkommen, soweit bei den Verhandlungen über das Ausscheiden des Geschäftsführers nicht feststand, dass dem Geschäftsführer die variable Vergütung überhaupt zustand bzw. soweit es um variable Vergütung für Zeiträume geht, die im Hinblick auf das letztlich zwischen den Parteien vereinbarte Beendigungsdatum nach dem vereinbarten Beendigungsdatum liegen (so auch *Hoffmann/Liebs* Rdn. 276). In diesem Fall muss allerdings im Aufhebungsvertrag ausdrücklich geregelt werden, dass der Geschäftsführer keinen Anspruch mehr auf eine variable Vergütung hat bzw. diese bereits vollständig erhalten hat. Zum Ausgleich wird allerdings ein entsprechend höherer Abfindungsbetrag festgelegt.

6. Auslagen. Die Formulierung des Formulars, wonach sämtliche Auslagen des Geschäftsführers, insbesondere Reisekosten und Spesen, vollständig abgerechnet und erstattet sind, stimmt häufig zu dem Zeitpunkt noch nicht, zu dem der erste Entwurf eines Aufhebungsvertrags dem Geschäftsführer übergeben und dieser mit ihm besprochen wird (s. allgemein zu den auftretenden Problemen bei stufenweiser Verhandlung eines Geschäftsführer-Aufhebungsvertrags: OLG Frankfurt a. M. Urt. v. 8. 11. 1994 – 5 U 269/93 – BB 1995, 2440). Denn der Geschäftsführer wird zu diesem Zeitpunkt häufig insbesondere seine Reisekosten noch nicht vollständig abgerechnet haben. Allerdings sichert diese Formulierung die Gesellschaft ab. Denn sie wird den Geschäftsführer dazu bewegen, diese Frage anzusprechen und nunmehr seinerseits der Gesellschaft bekannt zu geben, welche Auslagen seiner Meinung nach noch zu erstatten seien. Die Klausel wird dann häufig im Fortgang der Verhandlungen dahingehend abzuändern sein, dass die Höhe der noch zu erstattenden Auslagen im Aufhebungsvertrag genau beziffert wird. In diesem Fall kann die nachfolgende Formulierung verwendet werden:

Alternative zu § 2 Abs. (4):
(4) Die Gesellschaft erstattet dem Geschäftsführer Auslagen in Höhe von EUR ...... (in Worten: Euro ......), sofern der Geschäftsführer die entsprechende Abrechnung mit den notwendigen Belegen gemäß den gültigen Reisekostenrichtlinien der Gesellschaft binnen 14 Tagen nach Unterzeichnung dieses Vertrages an die Gesellschaft übermittelt. Darüber hinaus sind sämtliche Auslagen des Geschäftsführers, insbesondere Reisekosten und Spesen, vollständig abgerechnet und dem Geschäftsführer in vollem Umfang erstattet.

7. Freistellung. Ob und wann es zu einer Freistellung des Geschäftsführers kommt, ist unterschiedlich. Häufig wird die Gesellschaft den Geschäftsführer sofort von der weiteren Tätigkeit freistellen, wenn sie ihm mitteilt, dass die Gesellschaft den Anstellungsvertrag zum nächstmöglichen Zeitpunkt beenden will. Denkbar ist jedoch auch, dass ein anderer (erst späterer) **Freistellungstermin** im Aufhebungsvertrag vereinbart wird. Unabhängig vom Freistellungstermin sollte im Aufhebungsvertrag aber – wie dies auch im Formular vorgesehen ist – geregelt werden, dass der Geschäftsführer seinen Urlaub während der Freistellungsperiode einbringt. Normalerweise entspricht die Freistellungsperiode der Kündigungsfrist und diese wird bei Geschäftsführern üblicherweise mindestens sechs Monate betragen (s. allgemein zur Problematik der Kündigungsfrist eines auf unbestimmte Dauer geschlossenen Geschäftsführer-Anstellungsvertrags *Weber/Ehrich/Burmester* Teil 3 Rdn. 53 ff. und *Bauer* III. Rdn. 22 a ff.). Regelmäßig wird also selbst dann, wenn der Geschäftsführer noch einen erheblichen Resturlaub aus Vorjahren hat, die Freistellungsperiode lang genug sein, damit der Geschäftsführer seinen gesamten Urlaubsanspruch während der Freistellung aufbrauchen kann. Sicherheitshalber sieht das Formular daher vor, dass in keinem Fall eine Urlaubsabgeltung in Geld erfolgt. Da das BUrlG für Geschäftsführer nicht gilt, kann eine solche Vereinbarung wirksam getroffen werden (vgl. BGH Urt. v. 3. 12. 1962 – II ZR 201/61 – AP Nr. 89 zu § 611 BGB; BFH Urt. v. 28. 1. 2004 – I R 50/03 – DStR 2004, 680 und OLG Düsseldorf Urt. v. 23. 12. 1999 – 6 U 119/99 – NJW-RR 2000, 768 und *Leinemann/Linck*, Urlaubsrecht, § 2 BUrlG Rdn. 37).

In seltenen Fällen wird es die Gesellschaft zusätzlich zur Freistellung für erforderlich halten, dem Geschäftsführer ab Beginn der Freistellung bis zum Beendigungstermin ausdrücklich den Kontakt zu Mitarbeitern der Gesellschaft oder Geschäftspartnern zu verbieten (sog. „Kontaktverbot"). In diesen Fällen können zusätzlich folgende Formulierungen verwendet werden,

3. Aufhebungsvertrag für den Geschäftsführer einer GmbH   B. I. 3

wobei die zweitere eine „Verschärfung" darstellt und nur verwendet werden sollte, wenn hierfür auch tatsächlich ein Anlass besteht. Denn mit der Formulierung eines solchen Kontaktverbots können die Verhandlungen erheblich belastet werden.

Optional als § 2 Abs. (7):
(7) Der Geschäftsführer verpflichtet sich, dass er künftig nur mehr auf das Gelände und in die Geschäftsräume der Gesellschaft kommen wird, wenn dies zuvor mit Herrn/Frau ...... verabredet worden ist.

Optional als § 2 Abs. (7):
(7) Der Geschäftsführer wird bis zum Beendigungstermin alle Kontakte jeglicher Art (auch indirekte Kontakte) zu gegenwärtigen oder potentiellen Mitarbeitern, Kunden, Lieferanten oder sonstigen Geschäftspartnern der Gesellschaft unterlassen. Ausgenommen hiervon sind Bewerbungsgespräche des Geschäftsführers und deren Vorbereitung.

8. Klagerücknahme. Da auf den Geschäftsführer – anders als auf Arbeitnehmer – das Kündigungsschutzgesetz keine Anwendung findet (s. ausdrückliche gesetzliche Regelung in § 14 Abs. 1 Nr. 1 KSchG sowie BAG Urt. v. 13. 2. 2003 – 8 AZR 65.472 – AP Nr. 24 zu § 611 BGB), unterliegt der Geschäftsführer auch nicht der dreiwöchigen Ausschlussfrist für Kündigungsschutzklagen. Der Geschäftsführer kann sich – bis zur Grenze von Verjährung und Verwirkung – vielmehr mit der Erhebung einer **Klage gegen eine etwaige Kündigung** der Gesellschaft Zeit lassen. Es ist daher in der Praxis eher selten, dass ein Geschäftsführer während laufender Trennungsverhandlungen eine Klage erhebt. Wenn er dies jedoch tut, sollte im Aufhebungsvertrag auch geregelt werden, wie das Gerichtsverfahren beendet wird und wie die Kosten aufzuteilen sind. Im Folgenden eine einfache Regelung dahingehend, dass der Geschäftsführer die Klage zurücknimmt und jede Partei ihre Kosten selbst trägt, gegebenenfalls als zusätzlicher neuer, letzter Abs. von § 2:

Optional als § 2 Abs. (7):
(7) Der Geschäftsführer verpflichtet sich, unmittelbar nach Unterzeichnung dieses Vertrages die beim Landgericht ...... erhobene Klage (Az. ......) terminlos zu stellen und nach Erfüllung aller finanziellen Verpflichtungen der Gesellschaft nach diesem Vertrag durch die Gesellschaft diese Klage unverzüglich zurückzunehmen. Jede Partei trägt die ihr entstandenen Rechtsverfolgungskosten selbst.

Diese Regelung wird für den Normalfall genügen. Je nach prozessualer Lage werden gegebenenfalls umfangreichere Kostentragungsregelungen erforderlich.

9. Abfindung. Der Geschäftsführer hat regelmäßig **keinen gesetzlichen Kündigungsschutz** (vgl. Anm. 8). Er gilt – von Ausnahmen abgesehen – nicht als Arbeitnehmer i. S. d. Kündigungsschutzgesetzes oder anderer Schutzgesetze, so dass diese auf ihn nicht anwendbar sind. Somit besteht – anders als bei Arbeitnehmern – i. d. R. auch keine Veranlassung für die Gesellschaft, dem Geschäftsführer überhaupt eine Abfindung anzubieten. Denn das Angebot einer Abfindung an einen – gegen eine Kündigung durch das KSchG geschützten – Arbeitnehmer dient aus Sicht des Arbeitgebers regelmäßig dem Zweck, dem Arbeitnehmer seinen Kündigungsschutz „abzukaufen" bzw. die Unsicherheiten einer gerichtlichen Auseinandersetzung über die Wirksamkeit der Kündigung und die Entgeltfortzahlungspflicht im Fall einer unwirksamen Kündigung zu vermeiden. Diese Motivation besteht bei der Beendigung der Anstellung eines Geschäftsführers nicht. Dieser hat allein den wirtschaftlichen „Schutz", dem ihm sein Anstellungsvertrag gibt. D. h. er kann die ihm vertraglich zugesagte Vergütung und die sonstigen vertraglichen Leistungen für die Dauer des Geschäftsführer-Anstellungsvertrags verlangen, muss jedoch ansonsten hinnehmen, dass die Gesellschaft durch eine formell einwandfreie Kündigung das Anstellungsverhältnis einseitig beenden kann, ohne hierfür einen Grund zu haben oder anzuführen (s. hierzu BGH Urt. v. 3. 11. 2003 – II ZR 158/01 – NJW-RR 2004, 540).

Gleichwohl wird der Aufhebungsvertrag – wie auch im Formular vorgesehen – für einen Geschäftsführer häufig eine Abfindung vorsehen. Dies kann aus verschiedenen Gründen der Fall sein: Entweder einigen sich Gesellschaft und Geschäftsführer darauf, den Lauf der vertraglichen **Kündigungsfrist abzukürzen** und den Vertrag zu einem vorzeitigen Termin zu beenden. Dann wird als Abfindung regelmäßig das ausbezahlt, was ansonsten bis zum regulären Beendigungstermin noch an Vergütung (Festgehalt und variabler Vergütung) angefallen wäre. Oder, was selten, aber doch gelegentlich vorkommt, der Anstellungsvertrag sieht selbst eine **vertragliche Abfindungsregelung** vor. Dann sollten sich die Parteien im Aufhebungsvertrag darauf einigen, wie die Klausel des Anstellungsvertrags auszulegen und zu verstehen ist und wie die vertraglich geregelte Abfindung angesichts der in der Abfindungsregelung bezeichneten Eckdaten zu berechnen ist. Im Aufhebungsvertrag sollte dann – aus Klarheitsgründen und zur Vermeidung späterer Auseinandersetzungen – nicht nur auf die Regelung des Anstellungsvertrags verwiesen werden, sondern die Abfindung als betragsmäßige Größe genau beziffert angegeben werden. Schließlich ist auch denkbar, dass der Geschäftsführer in der Verhandlung über die Beendigung der Anstellung Argumente anführt, die geeignet sind, **Zweifel an der Wirksamkeit der Kündigung** zu wecken. So kann er sich z. B. auf ein nie formwirksam beendetes Arbeitsverhältnis berufen und Arbeitnehmer-Kündigungsschutz geltend machen (s. hierzu BAG Urt. v. 17. 8. 1972 – 2 AZR 359/71 – AP Nr. 4 zu § 626 BBG; BAG Urt. v. 9. 5. 1985 – 2 AZR 330/84 – NZA 1986, 792; BAG Urt. v. 20. 10. 1995 – 5 AZB 5/95 – NZA 1996, 200; BAG Urt. v. 18. 12. 1996 – 5 AZB 25/96 – NZA 1997, 509 für den Fall, dass durch Abberufung das vorher bestandene Arbeitsverhältnis wieder auflebt und der Geschäftsführer somit wieder den Arbeitnehmerstatus hat). Möglich ist auch, dass der Geschäftsführer die Regelung zur vertraglichen Kündigungsfrist anders als die Gesellschaft versteht und auf eine längere Kündigungsfrist pocht als sie aus Sicht der Gesellschaft besteht (s. hierzu BGH Urt. v. 9. 3. 1987 – II ZR 132/86 – NJW 1987, 2073). Denkbar ist zudem, dass sich die Parteien über die Höhe der variablen Vergütung im laufenden oder vorangegangenen Geschäftsjahren streiten (s. hierzu BGH Urt. v. 9. 5. 1994 – II ZR 128/93 – NJW-RR 1994, 1055; OLG Frankfurt a. Main Urt. v. 10. 6. 1992 – 9 U 73/91 – GmbHR 1993, 358 und OLG Naumburg Urt. v. 16. 4. 2003 – 5 U 12/03 – GmbHR 2004, 423).

In all den vorgenannten Sonderfällen wird die letztlich von beiden Seiten versuchte bzw. gewollte **Gesamtbereinigung** derartiger Streitfragen dazu führen, dass die Gesellschaft sich bereit zeigt, dem Geschäftsführer für den Verlust seiner Anstellung noch einen bestimmten Geldbetrag zu zahlen. Wichtig ist in diesen Fällen, dass eine Abfindung nur dann vorgesehen wird, wenn die vorerwähnten etwaigen streitig behandelten Punkte sämtlich einer sauberen Klärung im Aufhebungsvertrag zugeführt werden, d.h. dass klar geregelt wird, welche der behaupteten Ansprüche der Geschäftsführer aus derartigen Sachverhalten hat.

Gelegentlich werden die Gesellschafter dem Geschäftsführer auch – ohne jede rechtliche Verpflichtung oder verhandlungstaktische Notwendigkeit – eine Abfindung anbieten, weil sie sich – insoweit dem Kant'schen Imperativ bzw. dem *peer*-Gedanken folgend – fair verhalten wollen, die Trennung selbst bedauern, obwohl sie sie für notwendig halten oder sich für in der Vergangenheit vom Geschäftsführer für die Gesellschaft erbrachte (langjährige) Dienste bedanken und erkenntlich zeigen wollen.

Die **Höhe der Abfindung**, die einem Geschäftsführer bezahlt wird, entspricht dabei in der Praxis nicht der bei Arbeitnehmern üblichen Faustformel (ein halbes bis ein ganzes Monatsgehalt pro Beschäftigungsjahr) (s. hierzu *Bauer* IV. Rdn. 328 ff. und *Weber/Ehrich/Burmester* IV. Rdn. 689 f.), sondern ist individuell zu bemessen und auszuhandeln. Sie wird deshalb in ihrer Höhe ganz unterschiedlich sein, je nachdem, welcher der vorgenannten Fälle Motiv und Grund für die Zahlung einer Abfindung ist. Der Abfindungsbetrag sollte dabei immer als **Bruttobetrag** bezeichnet werden und es sollte klargestellt werden, dass die Gesellschaft den erforderlichen **Lohnsteuerabzug** macht und der Geschäftsführer sämtliche Steuer (Einkommensteuer, Kirchensteuer und Solidaritätszuschlag) auf die Abfindung trägt. Dabei kommt auch der Geschäftsführer in den Genuss der Abgabefreiheit nach § 3 Ziff. 9 EStG (*Schrader* NZA 2003, 593), wobei derzeit der Freibetrag EUR 7.200,– im Regelfall beträgt (mit den Erhöhungen von EUR 9.000,– nach Vollendung des 50. Lebensjahres und 15-jährigem Bestand des Dienstverhältnisses und EUR 11.000,– nach Vollendung des 55. Lebensjahres und 20-jährigem Bestand des Dienstverhältnisses für langjährige und ältere Geschäftsführer, vgl. § 3 Ziff. 9 S. 2 EStG, wobei diese Erhöhungen angesichts der i. d. R. eher kürzeren Dienstzeiten in der Praxis selten in Anspruch genommen werden können; s. allgemein zur steuerlichen Optimierung von Abfindungszahlen an ältere Arbeitnehmer *Schrader* NZA 2003, 593 ff.). Der

3. Aufhebungsvertrag für den Geschäftsführer einer GmbH   B. I. 3

Geschäftsführer seinerseits kann im Rahmen seiner späteren steuerlichen Veranlagung eventuell weitere steuerliche Vergünstigungen in Anspruch nehmen (z. B. aus § 24, 34 EStG), was jedoch beim von der Gesellschaft vorzunehmenden Lohnsteuerabzug nicht berücksichtigt werden kann. In der Praxis versuchen Geschäftsführer gelegentlich, vor Auszahlung der Abfindung noch Freibeträge in ihre Lohnsteuerkarte eintragen so lassen, um so den Lohnsteuerabzug etwas geringer ausfallen zu lassen (s. allgemein zur steuerlichen Behandlung der Abfindung: HK/*Neef* Anh. §§ 9, 10 Rdn. 21 ff.).

Wenn im Einzelfall Zweifel daran bestehen, ob es sich bei den als Abfindung deklarierten Beträgen um Abfindungen im lohnsteuerlichen Sinn handelt (z. B. bei Abfindungen, die bereits im Anstellungsvertrag vereinbart waren), sollte sicherheitshalber vorgesehen werden, dass die Gesellschaft eine **Regressforderung** gegen den Geschäftsführer hat, wenn sie ihrerseits von den Finanzbehörden aus Lohnsteuerhaftung in Anspruch genommen wird.

Hierzu kann die folgende Formulierung gegebenenfalls ergänzend zu § 3 als weiterer Absatz Verwendung finden, wobei bei deren Verwendung der Text in § 3 des Formulars als erster Absatz und deswegen mit einem Zusatz „(1)" gekennzeichnet werden muss:

Optional als § 3 Abs. (2):
(2) Soweit die Finanzbehörden der Ansicht sein sollten, dass die Abfindung insgesamt lohnsteuerpflichtig ist und die Gesellschaft insoweit aus Lohnsteuerhaftung in Anspruch nimmt, wird der Geschäftsführer die Gesellschaft von dieser Lohnsteuerhaftung freistellen, und zwar nach Wahl der Gesellschaft durch Zahlung an die Gesellschaft oder das Finanzamt.

In seltenen Einzelfällen und bei sehr hohen Beträgen wird in der Praxis zur Vermeidung des Risikos einer Lohnsteuerhaftung eine lohnsteuerliche Anrufungsauskunft eingeholt werden.

Auch die Regelung der **Fälligkeit der Abfindung** ist Verhandlungssache. Denkbar sind Gestaltungen, bei denen der Geschäftsführer Interesse daran hat, dass die Abfindung erst im neuen Steuerjahr gezahlt wird. Meistens wird jedoch vorgesehen, dass die Abfindung mit dem Beendigungstermin fällig wird. Die Gesellschaft hat dabei i.d.R. ein Interesse daran, die Fälligkeit der Abfindung zusätzlich davon abhängig zu machen, dass der Geschäftsführer seine Rückgabeverpflichtungen in Bezug auf das in seinem Besitz befindliche Firmeneigentum erfüllt. Oft wird der Geschäftsführer allerdings nicht bereit sein, die Fälligkeit der Abfindung davon abhängig zu machen, dass er sämtliches Firmeneigentum (so auch jeden Bleistift und jede einzelne, unbedeutende Geschäftsunterlage) vollständig zurückgegeben hat. Deshalb wird sich die Gesellschaft regelmäßig damit zufrieden geben, dass die Fälligkeit nur von der Rückgabe des regelmäßig teuersten Firmengegenstands abhängt, nämlich von der Rückgabe des im Besitz des Geschäftsführers befindlichen Firmenwagens. Diesen Kompromiss sieht das Formular vor.

Wenn zwischen Abschluss des Aufhebungsvertrags und Beendigungstermin und damit vereinbarter Fälligkeit der Abfindung noch ein langer Zeitraum liegt, wird der Geschäftsführer die Abfindung nicht selten für den Fall absichern wollen, dass er vor dem Beendigungstermin versterben sollte und wird in der Verhandlung verlangen, dass die **Vererblichkeit der Abfindung** vereinbart wird (s. hierzu BAG Urt. v. 25. 9. 1996 – 10 AZR 311/96 – NJW 1997, 2065 nach welchem im Falle des Versterbens des Abfindungsberechtigten vor der rechtlichen Auflösung des Arbeitsverhältnisses der Anspruch auf die Abfindung erst gar nicht entsteht). In diesen Fällen kann folgende Klausel gegebenenfalls ergänzend zu § 3 als weiterer Absatz in den Aufhebungsvertrag eingefügt werden:

Optional als § 3 Abs. (2):
(2) Mit Unterzeichnung dieses Vertrages entsteht der Anspruch auf die Abfindung nach § 3 Abs. (1) dieses Vertrages und ist vererblich.

10. Herausgabeverpflichtungen. Ob, was und wann bestimmte, dem Geschäftsführer von der Gesellschaft oder von mit der Gesellschaft verbundenen Unternehmen überlassene Gegenstände zurückzugeben sind, bestimmt sich zunächst nach den Regelungen des Anstellungsvertrags. Hier andere oder ergänzende Vereinbarungen zu treffen, ist Verhandlungssache.

Das Formular sieht in diesem Zusammenhang vor, dass der Geschäftsführer den **Firmenwagen** zum Beendigungstermin zurückzugeben hat. Diese Regelung wird selbst dann – als

Entgegenkommen gegenüber dem Geschäftsführer – oft vereinbart, wenn der Anstellungsvertrag erlauben würde, den Firmenwagen schon zu Beginn einer Freistellung zurückzufordern. Das Formular sieht jedoch vor, dass ab Beginn der Freistellung (d. h. ab dem Zeitpunkt, in dem nur mehr eine private Nutzung des Wagens möglich ist) der Geschäftsführer die Verbrauchskosten trägt. Dies wird häufig so auch in den jeweiligen Nutzungsbestimmungen bzw. den Firmenwagenrichtlinien der Gesellschaft vorgesehen sein. Selbst wenn dies nicht der Fall ist, wird es jedoch in der Praxis häufig verhandelbar sein. Gelegentlich hat der Geschäftsführer auch ein Interesse daran, den **Leasingvertrag über seinen Firmenwagen** zu übernehmen. In diesem Fall muss der Leasingvertrag präzise bezeichnet werden (Leasing-Gesellschaft und Vertragsnummer) und es muss geregelt werden, wer die Kosten einer etwaigen Übernahme trägt. Zudem muss die Gesellschaft den Leasing-Vertrag daraufhin prüfen, ob es – was regelmäßig der Fall sein wird – einer Zustimmung der Leasing-Gesellschaft zur Übernahme des Vertrages durch den Geschäftsführer bedarf und wenn dies der Fall ist, bei der Leasing-Gesellschaft nachfragen und sich schriftlich bestätigen lassen, ob sie der Übernahme zustimmen wird, bevor eine Übernahme im Aufhebungsvertrag vorgesehen wird.

Das Formular sieht – dem Regelfall folgend – vor, dass die **Geschäftsunterlagen** sowie das **Firmeneigentum** (einschließlich Laptop) spätestens bei Unterzeichnung des Aufhebungsvertrags zurückzugeben sind. Lediglich diejenigen Gegenstände, die dem Geschäftsführer auch zur privaten Nutzung zustanden und somit eine Art Vergütungsbestandteil darstellten, sind i. d. R. erst bei Beendigung der Anstellung zurückzugeben. Ob eine solche Klausel in den Verhandlungen über den Aufhebungsvertrag gegenüber dem Geschäftsführer durchsetzbar ist, hängt auch davon ab, wie die Rückgabepflichten im Anstellungsvertrag geregelt sind. Dort kann eine schärfere Pflicht vorgesehen sein (z. B. Rückgabe jederzeit auf Verlangen) oder eine schwächere (z. B. Rückgabe erst bei Beendigung). Wenn rechtlich und tatsächlich möglich, sollte die Gesellschaft immer versuchen, schon beim ersten Trennungsgespräch, spätestens zu Beginn der offiziellen Freistellung vom Geschäftsführer das Firmen-Mobiltelefon und seinen Laptop ausgehändigt zu erhalten. Denn Firmenkunden werden nicht selten auf dem Mobiltelefon anrufen und nur der Besitz des Mobiltelefons nebst SIM-Karte gewährleistet, dass die Anrufe adäquat beantwortet werden können. Entsprechend sind heutzutage wichtige Firmenunterlagen und hochvertrauliche Firmendaten i. d. R. auch auf dem Laptop des Geschäftsführers gespeichert, so dass die Inbesitznahme des Laptops für die Absicherung der Vertraulichkeitsverpflichtungen und nicht selten auch für die Arbeitsfähigkeit der neuen Geschäftsführung von Bedeutung ist. Wenn die Gesellschaft sich die tatsächliche Verfügung über Firmeneigentum und Firmenunterlagen – wie beschrieben – zu einem so frühen Zeitpunkt im Trennungsprozess gesichert hat, ist die Klausel über Rückgabepflichten im Aufhebungsvertrag dann meistens nur noch eine relativ bedeutungslose Regelung ohne wirklich eigenständige Bedeutung.

Nicht selten wird auch vereinbart, dass der Geschäftsführer bestimmte im Eigentum der Gesellschaft stehende Gegenstände **käuflich erwirbt**. In diesem Fall muss präzise geregelt werden, welchen Wert der Gegenstand hat, wie der Kaufpreis zuzüglich Mehrwertsteuer gezahlt wird (im Interesse der Gesellschaft sollte geregelt werden, dass Kaufpreis zuzüglich Mehrwertsteuer von den noch zu zahlenden Nettogehältern bzw. der Nettoabfindung einbehalten werden kann). Setzen die Parteien – was nicht selten ist – einen Preis an, der z. B. dem Buchwert entspricht und unter dem Verkehrswert liegt, so ist zu regeln, wer die auf die Differenz anfallende Einkommensteuer trägt und ob und von welchen Zahlungsbeträgen (z. B. Nettoabfindung) die Gesellschaft den gegebenenfalls erforderlichen Lohnsteuerabzug macht.

Da auf einem dem Geschäftsführer zur Verfügung gestellten Laptop oder Computer i. d. R. **Software** aufgespielt ist, für die die Gesellschaft (oder ein Verbundenes Unternehmen), nicht aber der Geschäftsführer die Lizenz erworben hat, und nicht ausgeschlossen ist, dass der Geschäftsführer diese Software auch auf einem in seinem Eigentum stehenden Computer kopiert hat, sieht das Formular vor, dass der Geschäftsführer sich verpflichtet, die Software von diesen, nur ihm zugänglichen und nicht der Rückgabepflicht unterliegenden Computern zu löschen. Die Verpflichtung erstreckt sich auch darauf, etwaige vertrauliche geschäftliche Daten, die auf einem solchen Computer gespeichert sind, zu löschen.

Sollen zusätzlich ganz bestimmte Gegenstände zurückgegeben werden, empfiehlt sich folgende Formulierung:

Alternative oder *optional* zu § 4 Abs. (2):
(2) Der Geschäftsführer wird den Laptop (Marke ......) spätestens fünf Tage nach Unterzeichnung dieses Vertrages im Austausch gegen einen anderen Laptop („Austausch-Laptop") an die Gesellschaft zurückgeben. Den Austausch-Laptop sowie das gesamte sonstige in seinem Besitz befindliche Firmeneigentum, insbesondere das Handy (Marke ......) sowie alle in seinem Besitz befindlichen, die Gesellschaft oder Verbundene Unternehmen betreffenden Unterlagen (sowie Kopien oder sonstige Reproduktionen hiervon) wird der Geschäftsführer spätestens zum Beendigungstermin an die Gesellschaft zurückgeben. Der Geschäftsführer versichert, dass er alle auf den ihm gehörenden oder in seinem Besitz befindlichen Computern installierte Programme, für welche die Gesellschaft oder ein Verbundenes Unternehmen die Lizenz hält, gelöscht hat.

11. Zeugnis. Über den Zeugnistext, der einem Geschäftsführer ausgestellt wird, wird in der Praxis selten gestritten. Deshalb genügt es im Normalfall, die im Formular vorgesehene Klausel zu verwenden. Wenn sich bei den Verhandlungen über den Aufhebungsvertrag jedoch abzeichnet, dass es erhebliche **Differenzen über Inhalt** bzw. einzelne Formulierungen des Zeugnisses geben könnte, empfiehlt es sich – wie in folgender Alternativregelung vorgesehen – sich bereits vor Abschluss des Aufhebungsvertrags auf einen Zeugnistext zu einigen und diesen als Anlage zum Aufhebungsvertrag zu nehmen:

Alternative zu § 5:
Die Gesellschaft verpflichtet sich, dem Geschäftsführer ein qualifiziertes Zeugnis unter dem ...... (Datum) mit dem Text gemäß Anlage 1 zu erstellen und zu übersenden.

Im Bedarfsfall kann auch formuliert werden:

Alternative zu § 5:
Die Gesellschaft verpflichtet sich, dem Geschäftsführer ein qualifiziertes Zeugnis unter dem ...... (Datum) mit dem Text gemäß Anlage 1 zu erstellen und zu übersenden. Der Geschäftsführer hat bis zum ...... (Datum) Gelegenheit, der Gesellschaft seine Vorstellungen und Gegenvorschläge zum Zeugnistext zu übermitteln. Die Gesellschaft wird diese bei der Formulierung des Zeugnisses wohlwollend berücksichtigen und dem Geschäftsführer bis zum ...... (Datum) das qualifizierte Zeugnis übersenden.

Wenn der Aufhebungsvertrag lange vor dem Beendigungstermin abgeschlossen wird, wird der Geschäftsführer i.d.R. dahingehend verhandeln, dass ihm unmittelbar nach Unterzeichnung des Aufhebungsvertrags ein Zwischenzeugnis ausgestellt wird.

Optional bei § 5:
Auf schriftliches Verlangen des Geschäftsführers wird die Gesellschaft ein Zwischenzeugnis erstellen und ihm übersenden, das inhaltlich dem in Anlage 1 enthaltenen Text entspricht.

12. Direktversicherung. Wenn die Gesellschaft für den Geschäftsführer eine Direktversicherung unterhalten hat, sollte im Aufhebungsvertrag genau geregelt werden, bis wann die Beiträge gezahlt werden und was bei Beendigung der Anstellung mit der Direktversicherung geschieht. Im Regelfall werden – wie im Formular vorgesehen – die Beiträge bis zum Beendigungstermin gezahlt und die Direktversicherung zum Beendigungstermin dem Geschäftsführer übertragen. Diese Übertragung wird im Regelfall nach den Versicherungsverträgen möglich sein. Es empfiehlt sich jedoch, dies vor Aufnahme einer entsprechenden Verpflichtung in den Aufhebungsvertrag zu prüfen. Um die Gesellschaft zu zwingen, dass der Versicherungsvertrag bei Abfassen des Aufhebungsvertrags auch tatsächlich zur Hand genommen und geprüft wird, sieht das Formular vor, dass der betreffende Versicherungsvertrag präzise unter Hinweis auf die Vertragsnummer bezeichnet wird.

Wenn die Gesellschaft dem Geschäftsführer statt oder zusätzlich zur Direktversicherung noch eine **Pensionszusage** gegeben hatte, muss der Aufhebungsvertrag auch hierzu eine Regelung enthalten. Im Folgenden wird hierfür eine kurze Klausel vorgeschlagen, die allerdings nur besagt, dass der Geschäftsführer eine unverfallbare Anwartschaft erworben hat:

Optional bei § 6:
(2) Für den Geschäftsführer besteht eine unverfallbare Anwartschaft auf Betriebliche Altersversorgung gemäß Pensionszusage der Gesellschaft an den Geschäftsführer vom ......

(Datum). Diese wird nach dem Beendigungstermin in Höhe des ratierlichen Anspruchs nach § 2 Abs. 1 BetrAVG aufrechterhalten.

Bei Verwendung dieser Klausel muss die Überschrift von § 6 um „Betriebliche Altersversorgung" ergänzt und der Text in § 6 des Formulars als erster Absatz mit einem Zusatz „(1)" gekennzeichnet werden.

In der Praxis wird es sich für die Gesellschaft empfehlen, aus Anlass des Aufhebungsvertrags die Pensionszusage nochmals genau zu prüfen und zu überlegen, ob die Zusage klar und unmissverständlich gefasst ist oder ob die Gelegenheit genutzt werden sollte, um im Aufhebungsvertrag Klarstellungen vorzunehmen und zu bestimmten unklar geregelten Punkten oder Punkten, bei denen eine spätere Auseinandersetzung denkbar erscheint, im Aufhebungsvertrag eine Einigung herbeizuführen.

13. Stock-Options. Für den Fall, dass dem Geschäftsführer während der Anstellung Stock-Options gewährt worden waren, sollte der Aufhebungsvertrag Regelungen enthalten, die nochmals klarstellen, welche Regeln insbesondere für die Verwertbarkeit, die Ausübung und den Verfall der Optionen gelten. Hierzu kann eine Klausel verwendet werden, die von dem in der Praxis häufigen Fall ausgeht, dass dem Geschäftsführer Optionen auf den Erwerb von Aktien an einer US-amerikanischen Gesellschaft auf der Basis eines typischen US-amerikanischen Stock-Option-Plans gewährt wurden. Die Klausel verweist dabei auf die vertraglichen Vereinbarungen bei Gewährung der Stock-Options sowie den bei der Gewährung als maßgeblich bezeichneten Stock-Option-Plan. Wenn sich bei den Verhandlungen über den Aufhebungsvertrag zeigt, dass bestimmte Fragen in Bezug auf die Stock-Options streitig sind und der Klarstellung oder Regelung bedürfen, muss die Klausel deshalb im Einzelfall noch erweitert werden.

Optional bei § 6:
(2) Der Geschäftsführer hat Optionen zum Erwerb von Anteilen an der Gesellschaft gewährt erhalten. Die Parteien sind sich einig, dass sich Verwertungsreife (= Vesting), Ausübung, Verfall und alle anderen Rechte und Pflichten bezüglich der gewährten Stock-Options nach den bei der Gewährung schriftlich getroffenen einzelvertraglichen Regelungen sowie den Bestimmungen desjenigen Stock-Option-Plans richten, nach welchem sie ausgegeben wurden.

Bei Verwendung dieser Klausel muss die Überschrift von § 6 um „Stock-Options" ergänzt und der Text in § 6 des Formulars als erster Absatz mit einem Zusatz „(1)" gekennzeichnet werden.

In diesem Zusammenhang kann gegebenenfalls auch folgende Regelung hinsichtlich des Insider-Status des Geschäftsführers eingefügt werden:

Optional bei § 6:
(2) Mit Wirkung ab dem …… (Datum) wird der Geschäftsführer nicht mehr als Insider der Gesellschaft im Sinn der Insider Trading Policy der Gesellschaft betrachtet.

Bei Verwendung dieser Klausel muss die Überschrift von § 6 um „Insider Trading" ergänzt und der Text in § 6 des Formulars als erster Absatz mit einem Zusatz „(1)" gekennzeichnet werden

14. Beendigung des Geschäftsführeramtes. Das Formular berücksichtigt den in der Praxis häufigen Fall, dass der Geschäftsführer verlangt, spätestens zeitgleich mit dem Abschluss des Aufhebungsvertrags aus dem Amt als Geschäftsführer (das ja auch mit einer persönlichen Verantwortlichkeit verbunden ist) entlassen zu werden. Das Formular sieht deshalb vor, dass bei Unterzeichnung des Aufhebungsvertrags auch der Gesellschafterbeschluss über die Abberufung des Geschäftsführers ausgefertigt wird und der Abberufungsbeschluss dem Aufhebungsvertrag beiliegt (s. allgemein zur Problematik von formalen Fehlerquellen bei der Beendigung der Organstellung: *Bauer* III. Rdn. 105 ff.).

Denkbar ist jedoch auch eine Reihe von alternativen Gestaltungen: So wird der Geschäftsführer gelegentlich bereits beim ersten Trennungsgespräch abberufen. Manchmal legt er sein Amt auch selbst nieder, bevor der Aufhebungsvertrag unterzeichnet wird. Schließlich kann es – was empfehlenswert ist – zunächst zu einer **Suspendierung** des Geschäftsführers von seinem Amt gekommen sein, die während der Verhandlungen über den Aufhebungsvertrag andauert

3. Aufhebungsvertrag für den Geschäftsführer einer GmbH B. I. 3

und die erst bei Abschluss des Aufhebungsvertrags von der Abberufung abgelöst wird. Auch wenn es in der Literatur umstritten ist, ob eine Amts-Suspendierung überhaupt möglich ist und welche Wirkung sie hat, ist sie in der Praxis gebräuchlich und hat den Vorteil, dass sie dem Geschäftsführer nicht, wie im Fall einer sofortigen Abberufung, das Argument gibt, er habe nach der Abberufung den Status – und damit auch den gesetzlichen Schutz – eines Arbeitnehmers (s. zur Möglichkeit der Suspendierung: *Roth/Altmeppen* § 38 Rdn. 72, welcher eine Suspendierung im Rahmen von § 38 GmbH für nicht zulässig hält; *Baumbach/Hück/Zöllner* § 35 Rdn. 18, welcher attestiert, dass eine Suspendierung zumindest bei frei widerruflicher Bestellung zum Geschäftsführer möglich sein soll, da kein Grund ersichtlich sei, warum die Gesellschafter zu der stärkeren und für den Geschäftsführer belastenderen Maßnahme der Abberufung greifen sollen und im Rahmen seiner Suspendierung die Geschäftsführungsbefugnis nach § 35 GmbHG entzogen sieht; *Scholz/Schneider* § 38 Rdn. 94 f., welcher für eine Suspendierung des GmbH-Geschäftsführers kein Bedürfnis sieht, jedoch die Möglichkeit bejaht, dass die Gesellschafter einem Geschäftsführer die Weisung erteilen können, sich zeitweise jeder Tätigkeit für die Gesellschaft zu enthalten und hiervon lediglich die Geschäftsführungsbefugnis tangiert sieht; *Michalski/Römermann* § 46 Rdn. 226, welcher eine Suspendierung nur im Rahmen des einstweiligen Rechtsschutzes für möglich hält).

Da der Geschäftsführer im Fall seiner Suspendierung weiterhin im Handelsregister registriert bleibt, muss im Fall einer Suspendierung als Flankenschutz dafür gesorgt werden, dass der Geschäftsführer die Gesellschaft nicht mehr alleine vertreten **kann**; denn die Suspendierung besagt in jedem Fall nur, dass er sie nicht mehr vertreten **darf** (s. hierzu BayObLG Beschl. v. 23. 3. 1989 – 3 Z 148/88 – NJW-RR 1989, 934, wonach erst durch ein durch rechtskräftiges Urteil ausgesprochenes Verbot, Geschäftsführertätigkeit auszuüben, die Vertretungsmacht des Geschäftsführers erlischt und in einem solchen Fall die Eintragung im Handelsregister von Amts wegen zu löschen ist). Dies lässt sich dann, wenn die Satzung vorsieht, dass im Fall der Ernennung von mehr als einem Geschäftsführer Gesamtvertretungsbefugnis besteht, falls nicht durch Gesellschafterbeschluss Einzelvertretungsbefugnis erteilt wurde, z. B. dadurch erreichen, dass ein weiterer, neuer Geschäftsführer ernannt wird, dem per Gesellschafterbeschluss Einzelvertretungsbefugnis gegeben wird. Damit hat der Geschäftsführer, von dem sich die Gesellschaft trennen will und der zuvor alleine Geschäftsführer war und kraft Satzungsregelung Einzelvertretungsbefugnis hatte, automatisch nur noch Gesamtvertretungsbefugnis, die dann auch entsprechend schon während der Suspendierung im Handelsregister eingetragen werden kann.

Anstelle der im Formular vorgesehenen Formulierung können die folgenden Alternativformulierungen verwendet werden:

Alternative zu § 7 Abs. (1):
(1) Die Gesellschaft wird dafür sorgen, dass der Geschäftsführer unmittelbar nach Unterzeichnung dieser Vereinbarung von seinem Amt als Geschäftsführer der Gesellschaft abberufen wird und die Abberufung zur Eintragung beim Handelsregister angemeldet wird.

Alternative zu § 7 Abs. (1):
(1) Der Geschäftsführer wurde mit Gesellschafterbeschluss vom ...... von seinem Amt als Geschäftsführer der Gesellschaft abberufen.

Alternative zu § 7 Abs. (1):
(1) Der Geschäftsführer ist mit Gesellschafterbeschluss vom ...... von seinem Amt als Geschäftsführer der Gesellschaft suspendiert. Die Abberufung wird spätestens zum Beendigungstermin erfolgen.

Das Formular sieht zudem die ausdrückliche Verpflichtung des Geschäftsführers vor, nach seiner Abberufung bis zur Löschung der Bestellung im Handelsregister **keine Vertretungshandlung** mehr vorzunehmen. Diese Klausel dient weniger dem Rechtsschutz der Gesellschaft (denn das interne Verbot von Vertretungshandlungen liegt bereits in der Abberufung), sondern mehr der Erinnerung des Geschäftsführers daran, dass er bereits ab der Abberufung und nicht erst ab der Löschung im Handelsregister Vertretungshandlungen zu unterlassen hat (s. hierzu BGH Urt. v. 1. 7. 1991 – II ZR 292/90 – DStR 1991, 1321, in dem ausdrücklich klargestellt wird, dass, solange die Abberufung nicht im Handelsregister eingetragen ist, sich jeder gutgläubige Teilnehmer am Rechtsverkehr gegenüber der Gesellschaft auf die im Handelsregister verlautbarte Bestellung des trotz Widerrufs der Organstellung noch für die GmbH handelnden Geschäftsführers berufen kann).

15. Entlastung. Der Geschäftsführer wird in den Verhandlungen über den Aufhebungsvertrag regelmäßig darauf bestehen, dass er zeitgleich mit der Vereinbarung über die Beendigung seiner Anstellung von der Gesellschafterversammlung **Entlastung** für seine Geschäftsführertätigkeit erteilt erhält. Die Gesellschaft wird demgegenüber regelmäßig ein Interesse daran haben, dass die Gesellschafterversammlung die Entlastung erst dann erklärt, wenn Gelegenheit zu einer gründlichen Überprüfung bestand, ob die Gesellschaft gegen den Geschäftsführer Schadensersatzansprüche wegen unsorgfältiger Geschäftsführertätigkeit hat. Diese Prüfung wird i. d. R. erst mit den Arbeiten am Jahresabschluss erfolgen können, insbesondere dann, wenn der Geschäftsführer alleiniger Geschäftsführer war und keinen engmaschigen Berichtspflichten und Kontrollen durch die Gesellschafterin unterlag. Das Formular sieht dementsprechend vor, dass die Gesellschaft lediglich zusagt, dass über die Entlastung „im normalen Geschäftsgang", d. h. im Rahmen des Jahresabschlusses entschieden wird. Die folgende Alternativ-Regelung formuliert die dem Geschäftsführer günstigere Regelung, wonach die Entlastung bei Abschluss des Aufhebungsvertrags erteilt wird:

Alternative zu § 7 Abs. (3):
(3) Die Gesellschaft erteilt dem Geschäftsführer mit beiliegendem Beschluss Entlastung für seine Geschäftsführertätigkeit für die Gesellschaft.

Denkbar ist allerdings auch die folgende – vermittelnde – Alternativ-Regelung, wonach zwar nur zugesagt wird, dass im normalen Geschäftsgang bzw. bis zu einem bestimmten Termin über die Entlastung entschieden wird, gleichzeitig jedoch für den Zeitpunkt des Abschlusses des Aufhebungsvertrags bestätigt wird, dass der Gesellschaft keine Umstände bekannt sind, die einer Entlastung entgegenstehen:

Alternative zu § 7 Abs. (3):
(3) Die Gesellschaft wird dafür sorgen, dass die Gesellschafterversammlung über die Entlastung nach § 46 Nr. 5 GmbHG im gewöhnlichen Geschäftsgang, spätestens jedoch bis zum ...... (*Datum*) beschließt. Der Gesellschaft sind bei Abschluss dieser Vereinbarung keine Umstände bekannt, die einer Entlastung des Geschäftsführers als Geschäftsführer der Gesellschaft entgegenstehen könnten.

Diese Bestätigung hindert die Gesellschafterversammlung nicht daran, die Entlastung zu verweigern – und Schadensersatzansprüche geltend zu machen, wenn nach Abschluss des Aufhebungsvertrags Umstände bekannt werden, die auf eine fehlerhafte Geschäftsführung schließen lassen.

16. Andere Ämter. Nicht selten wird ein Geschäftsführer nicht nur das Amt des Geschäftsführers der Gesellschaft übernommen haben, sondern noch weitere Ämter, z. B. **Geschäftsführerpositionen bei anderen Konzerngesellschaften.** Das Formular sieht in einer Art umfassenden sog. „catch-all"-Klausel vor, dass der Geschäftsführer alle diese Ämter abgeben muss, ohne die Ämter jedoch im Einzelnen zu nennen.

Wenn bei Abschluss des Aufhebungsvertrags im Einzelnen bekannt ist, um welche Ämter es sich handelt, sollte jedoch die folgende Klausel gewählt werden, die die Ämter präzise bezeichnet:

Alternative zu § 7 Abs. (4):
(4) Sofern nicht bereits geschehen, legt der Geschäftsführer sämtliche Ämter nieder und tritt von sämtlichen Funktionen zurück, die er während der Dauer seiner Tätigkeit bei der ...... Gruppe angetreten hat oder im Zusammenhang mit seiner Tätigkeit bei der ...... Gruppe ausgeübt hat, insbesondere von den nachfolgend aufgeführten Ämtern:

Firma	Funktion

3. Aufhebungsvertrag für den Geschäftsführer einer GmbH B. I. 3

Der Geschäftsführer wird auf Verlangen der Gesellschaft jeweils separate Niederlegungserklärungen ausfertigen. Die jeweiligen Gesellschaften der ...... Gruppe haben das Recht, den Geschäftsführer von den vorgenannten Ämtern abzuberufen, womit der Geschäftsführer bereits hiermit sein Einverständnis erklärt.

17. Vertragliches Wettbewerbsverbot. Das Formular regelt, dass der Geschäftsführer bis zum Beendigungstermin einem umfassenden Wettbewerbsverbot unterliegt und dass ein etwaiges Nebentätigkeitsverbot aus dem Geschäftsführervertrag bis zum Beendigungstermin in Kraft bleibt.

18. Nachvertragliches Wettbewerbsverbot. Im Hinblick auf ein nachvertragliches Wettbewerbsverbot wird angenommen, dass der Geschäftsführervertrag ein solches vorsieht. Im Formular ist deshalb ausdrücklich der in der Praxis häufige Fall geregelt, dass die Parteien an dem nachvertraglichen Wettbewerbsverbot nicht festhalten wollen und es daher einvernehmlich aufheben (zur Notwendigkeit einer solchen ausdrücklichen Regelung: vgl. BAG Urt. v. 30. 6. 1981 – 3 AZR 665/78 – n. a. v., welches ausdrücklich klarstellt, dass aus der einvernehmlichen Auflösung eines Arbeitsverhältnisses nicht ohne weiteres auch die Aufhebung eines vereinbarten nachvertraglichen Wettbewerbsverbotes folgt). Es wird auch klargestellt, dass der Geschäftsführer ab dem Beendigungstermin Wettbewerb treiben darf und die Gesellschaft keine Entschädigung schuldet.

In der Praxis finden sich jedoch auch andere Gestaltungen, insbesondere die Aufrechterhaltung, **Modifizierung** eines zuvor bereits vereinbarten nachvertraglichen Wettbewerbsverbotes oder die **erstmalige Vereinbarung** eines nachvertraglichen Wettbewerbsverbotes im Aufhebungsvertrag. In diesen Fällen können folgende Klauseln Verwendung finden:

Alternative zu § 8 Abs. (2) bei Aufrechterhaltung des nachvertraglichen Wettbewerbsverbots:
(2) Für die Zeit nach dem Beendigungstermin gilt das nachvertragliche Wettbewerbsverbot gemäß § ...... des Geschäftsführervertrags.

Alternative zu § 8 Abs. (2) bei Modifizierung des nachvertraglichen Wettbewerbsverbots:
(2) Das in § ...... des Geschäftsführervertrages geregelte nachvertragliche Wettbewerbsverbot wird aufrechterhalten, insbesondere hinsichtlich der in § ...... Abs. (......) und (......) des Geschäftsführervertrages geregelten gegenständlichen und geographischen Reichweite. Jedoch wird § ...... Abs. (......) des Geschäftsführervertrages mit der Maßgabe abgeändert, dass das nachvertragliche Wettbewerbsverbot nur für die Dauer von ...... Monaten nach dem Beendigungstermin gilt. § ...... Abs. (......) des Geschäftsführervertrages wird dahingehend abgeändert, dass statt 70% nur 50% der von dem Geschäftsführer zuletzt bezogenen vertragsmäßigen Leistungen als Wettbewerbsentschädigung geschuldet sind und § ...... Abs. (......) des Geschäftsführervertrages wird dahingehend ergänzt und präzisiert, dass sich die Parteien darüber einig sind, dass diese 50%-ige Entschädigung für die ......-monatige Dauer des Verbotes insgesamt einen Betrag von EUR ...... brutto (in Worten: Euro ....) ausmacht und bei ordnungsgemäßer Erfüllung des nachvertraglichen Wettbewerbsverbots jeweils zum Ablauf eines Kalendermonats, erstmals zum ...... ein Teilbetrag von EUR ...... brutto (in Worten: Euro ...... fällig ist. Der Geschäftsführer trägt sämtliche Steuer auf die Entschädigung sowie den Arbeitnehmeranteil etwaiger Sozialabgaben auf die Entschädigung und die Gesellschaft wird den Lohnsteuerabzug vornehmen und etwaige Sozialabgaben abführen.

Vgl. im Übrigen Form. A. IV. 2 sowie die dortigen Anmerkungen zu Wirksamkeit, Reichweite und Durchsetzbarkeit von nachvertraglichen Wettbewerbsverboten für Geschäftsführer. Diese sind auch für nachvertragliche Wettbewerbsverbote zu beachten, die im Zusammenhang mit Aufhebungsverträgen vereinbart werden; s. speziell für den Fall der Vereinbarung eines nachvertraglichen Wettbewerbsverbotes im Aufhebungsvertrag BGH Urt. v. 3. 5. 1994 – 9 AZR 606/92 – BB 1994, 2282 und OLG Düsseldorf Urt. v. 10. 3. 2000 – 17 U 133/99 – NZG 2000, 737.

19. Geheimhaltung. Das Formular geht davon aus, dass der Geschäftsführervertrag eine Regelung über nachvertragliche Geheimhaltung enthält und bestätigt lediglich, dass diese Regelung vom Aufhebungsvertrag nicht berührt wird und weiter in Kraft bleibt.

Sofern allerdings im Geschäftsführervertrag eine solche Geheimhaltungsklausel „alter Schule" verwendet wurde, besteht das Risiko, dass diese Klausel als unzulässiges und unwirksames nachvertragliches Wettbewerbsverbot angesehen werden könnte. Um hier mehr Sicherheit zu haben, dass das nachvertragliche Geheimhaltungsgebot letztlich für wirksam und durchsetzbar erachtet wird, ist eine Neufassung zu empfehlen (zur gesamten Problematik: vgl. Form. B. I. 1 Anm. 27). Hier kann wie folgt formuliert werden:

Alternative bei § 9:
(1) Der Geschäftsführer ist verpflichtet, alle ihm während seiner Tätigkeit bekannt gewordenen internen Angelegenheiten der Gesellschaft oder Verbundener Unternehmen, vor allem Geschäfts- und Betriebsgeheimnisse, bis zum Beendigungstermin streng geheim zu halten.
(2) Ab dem Beendigungstermin gilt seine Verschwiegenheitsverpflichtung gemäß vorstehendem Abs. (1) fort. Im Rahmen einer von ihm dann ausgeübten beruflichen oder unternehmerischen Tätigkeit kann er sein während der Dauer der Anstellung erworbenes Wissen einsetzen, sofern dabei die gesetzlichen Beschränkungen – insbesondere §§ 3, 17 UWG, §§ 823, 826 BGB sowie das Datenschutzgesetz – sowie Beschränkungen aus einem etwaigen nachvertraglichen Wettbewerbsverbot beachtet werden.

Optional:
(3) Der Geschäftsführer verpflichtet sich des Weiteren, die Regelungen dieser Vereinbarung streng vertraulich zu behandeln, und die Bedingungen dieser Vereinbarung mit niemandem zu besprechen, mit Ausnahme seiner Ehefrau, seines Rechtsanwalts oder Steuerberaters, sofern diese dieselbe Vertraulichkeitsverpflichtung übernehmen wie der Geschäftsführer selbst.

20. Wohlverhalten. Das Formular sieht eine **einseitige Wohlverhaltensklausel** vor. In den Verhandlungen wird der Geschäftsführer aber nicht selten verlangen, dass die Wohlverhaltensklausel entweder gestrichen wird oder aber zumindest beidseitig ausgestaltet wird („**beidseitige Wohlverhaltensklausel**"). Die Gesellschaft kann letzteres zugestehen, wird dann aber ein Interesse daran haben, die Zahl der Personen einzuschränken und die Personen genau zu benennen, für die sie gegenüber dem Geschäftsführer eine entsprechende Wohlverhaltenspflicht verspricht. In diesen Fällen kann folgende Klausel verwendet werden:

Alternative zu § 10 Abs. (2):
(2) Umgekehrt verpflichtet sich die Gesellschaft, dass bis zum Beendigungstermin und insbesondere auch nach dem Beendigungstermin die Herren ......, ..., ..., ..., ... und ...... gegenüber Dritten (insbesondere gegenüber Medienorganen und im Internet sowie gegenüber Finanzinstitutionen und Industrievertretern, gegenwärtigen, früheren und potentiellen Lieferanten und Kunden der Gesellschaft oder eines Verbundenen Unternehmens gegenwärtigen oder früheren Arbeitnehmern der Gesellschaft oder eines Verbundenen Unternehmens) keinerlei geschäftsschädliche, nachteilige oder unfreundliche Äußerungen über den Geschäftsführer machen.

Bei zusätzlicher Verwendung dieser Klausel muss der Text in § 10 des Formulars als erster Absatz mit einem Zusatz „(1)" gekennzeichnet werden.

Die Klausel stellt allerdings – unabhängig davon, ob sie einseitig oder beiderseitig ausgestaltet ist – eher einen Programmsatz als ein „scharfes Schwert" dar, weil derjenige, der in der Praxis aus der Klausel Ansprüche geltend machen will, i. d. R. vor dem Problem stehen wird, dass er entweder von einer Verletzung der Pflicht gar nicht erfährt, oder sie nicht wird nachweisen können, oder dass eine Unterlassensklage eine schon erfolgte Pflichtverletzung und ihre Folgen nicht rückgängig machen kann, ein Schaden aber ganz typischerweise schwer oder gar nicht dargetan werden kann (s. zur Problematik von nachvertraglichem Wohlverhalten auch: BAG Urt. v. 20. 5. 1981 – 5 AZR 74/79 – n. a. v., wonach die Verletzung von nachvertraglichen Treuepflichten dazu führen kann, dass der Arbeitgeber noch ausstehende Gehaltszahlungen wegen Rechtsmissbrauches verweigern kann).

21. Presseerklärung/Sprachregelung. Im Formular ist auch eine gemeinsame **Presseerklärung** zum Ausscheiden des Geschäftsführers vorgesehen (vgl. hierzu auch Form. B. II. 3.

3. Aufhebungsvertrag für den Geschäftsführer einer GmbH　　　　　　B. I. 3

Anm. 27). Die Schwierigkeit besteht hier zumeist darin, eine konsensfähige Formulierung zu finden, die insbesondere den Interessen beider Parteien gerecht wird. Bei kleineren Unternehmen wird dies meist entbehrlich sein, allenfalls einigt man sich auf eine sog. **Sprachregelung**, wie bei Bedarf (z. B. auf Nachfrage von Dritten) das Ausscheiden des Geschäftsführers kommentiert werden soll. Bei Bedarf kann die Verpflichtung zur Verwendung der Presseerklärung bzw. Sprachregelung auch mit einem Vertragsstrafeversprechen unterlegt werden (vgl. auch hierzu Form. B. II. 3).

22. Abgeltung. Das Formular enthält eine **einseitige Abgeltungsklausel**, mit der die Ansprüche des Geschäftsführers auf diejenigen Ansprüche beschränkt werden, die im Aufhebungsvertrag geregelt werden und alle sonstigen Ansprüche gegen die Gesellschaft oder auch gegen verbundene Unternehmen für erledigt erklärt. In der Praxis ist diese einseitige Abgeltungs- und Erledigungsklausel häufig durchsetzbar (s. zur Rechtsnatur einer solchen Abgeltungsklausel LAG Hamm Urt. v. 7. 12. 2000 – 16 Sa 1152/00 – NZA-RR 2002, 15, wonach eine solche lediglich die Qualität eines deklaratorischen negativen Schuldanerkenntnisses haben soll). Sofern der Geschäftsführer darauf besteht, dass eine **beidseitige Abgeltung** vereinbart wird, kann die folgende Klausel eingefügt werden:

Alternative zu § 11 Abs. (2):
(2) Umgekehrt hat mit Unterzeichnung dieser Vereinbarung die Gesellschaft nur mehr die in dieser Vereinbarung ausdrücklich niedergelegten Ansprüche gegen den Geschäftsführer. Mit Erfüllung der Verpflichtungen des Geschäftsführers aus dieser Vereinbarung sind sämtliche Ansprüche der Gesellschaft oder eines Verbundenen Unternehmens gegen den Geschäftsführer aus dem Anstellungsverhältnis und dessen Beendigung abgegolten und erledigt. Hiervon unberührt bleiben etwaige Ansprüche der Gesellschaft aus der Geschäftsführertätigkeit des Geschäftsführers, die erst mit Erteilung der Entlastung nach § 7 Abs. (3) dieses Vertrages erledigt sind.

Bei zusätzlicher Verwendung dieser Klausel muss der Text in § 11 des Formulars als erster Absatz mit einem Zusatz „(1)" gekennzeichnet werden.

Diese beidseitige Abgeltung sieht spiegelbildlich die Beschränkung der Ansprüche der Gesellschaft auf die im Aufhebungsvertrag geregelten Ansprüche vor (z. B. Rückgabe des Firmenwagens) und erklärt alle sonstigen Ansprüche der Gesellschaft und von verbundenen Unternehmen gegen den Geschäftsführer für erledigt (s. hierzu BAG Urt. v. 15. 12. 1994 – 8 AZR 250/93, wonach Ausgleichsklauseln im Interesse klarer Verhältnisse grundsätzlich weit auszulegen sind, sowie BGH Urt. v. 8. 12. 1997 – II ZR 236/96 – GmbHR 1998, 278 für den Fall einer zustimmungspflichtigen Generalbereinigung).

Bevor sich die Gesellschaft allerdings auf eine solche beidseitige Abgeltung einlässt, sollte sie genau prüfen, ob noch Ansprüche aus dem Anstellungsverhältnis gegen den Geschäftsführer bestehen, die noch keine Erwähnung im Aufhebungsvertrag gefunden haben, z. B. an den Geschäftsführer ausgereichte Darlehen (s. hierzu BAG Urt. v. 19. 6. 1981 – 5 AZR 266/79 – n. a. v. für den Fall, dass zwar eine gegenseitige Abgeltungsklausel vereinbart wurde, jedoch die normative Auslegung der Klausel ergab, dass das gewährte Darlehen nicht davon umfasst werden sollte; a. A. OLG Düsseldorf Urt. v. 9. 7. 1997 – 3 U 11/97 – NZA-RR 1998, 1, wonach ein Arbeitgeberdarlehen grundsätzlich von der Ausgleichsklausel erfasst sein soll). Kritisch ist die beidseitige Abgeltung auch dann, wenn etwaige frühere Zahlungen der Gesellschaft oder einer Konzerngesellschaft an den Geschäftsführer (z. B. auch die Auszahlung von Gewinnen aus der Verwertung von Stock-Options) lohnsteuerlich nicht korrekt behandelt wurden, weil die beidseitige Abgeltungsklausel dann den ansonsten gegebenen gesetzlichen Regressanspruch der Gesellschaft gegen den Geschäftsführer im Fall einer Inanspruchnahme der Gesellschaft aus Lohnsteuerhaftung abschneiden würde. Schließlich muss dann, wenn sich die Gesellschaft auf eine beidseitige Abgeltung einlässt, klargestellt werden, dass dies nichts daran ändert, dass etwaige (Schadensersatz-)Ansprüche der Gesellschaft gegen den Geschäftsführer wegen etwaiger vorwerfbarer Fehler bei seiner Geschäftsführung erst mit der Entlastung erledigt sind und dass sich diese sich nach den Regelungen des Aufhebungsvertrags richtet.

Allerdings ist die Klausel, soweit sie die Erledigung von etwaigen Ansprüchen Verbundener Unternehmen anordnet, nicht wirksam, weil dies einen – unzulässigen und unwirksamen –

Vertrag zu Lasten Dritter darstellen würde (s. allgemein zur Unzulässigkeit von Vereinbarungen dieser Art *Palandt/Heinrichs* Einf. v. § 328 Rdn. 10). In der Praxis wird dies aber erstaunlicherweise regelmäßig übersehen und die spiegelbildliche Formulierung gleichwohl gewünscht.

23. Sozialversicherungsrechtlicher Hinweis. Obwohl der Geschäftsführer nach dem Ende seiner Anstellung häufig kein Arbeitslosengeld beantragen wird, sondern entweder die im Aufhebungsvertrag vereinbarte Abfindung aufbraucht oder bereits eine neue Position gefunden hat, steht dem Geschäftsführer grundsätzlich Arbeitslosengeld zu (dies bejahend BSG Urt. v. 24. 9. 1992 – 7 RAr 12/92 – NZA 1993, 430 für den Fall eines Gesellschafter-Geschäftsführers, dessen Sperrminorität sich auf die Festlegung der Unternehmenspolitik, die Änderung des Gesellschaftsvertrages und die Auflösung der Gesellschaft beschränkt; BSG Urt. v. 30. 1. 1997 – 10 RAr 6/95 – NZS 1997, 432 und BSG Urt. v. 6. 3. 2003 für den Fall eines sich durch einen Treuhandvertrag im Besitz der Mehrheit am Stammkapital befindlichen Geschäftsführers, welcher jedoch aufgrund schuldrechtlicher Bindungen durch das Treuhandverhältnis ihm nicht genehme Beschlüsse der Gesellschaft nicht verhindern kann; LSG Darmstadt Urt. v. 19. 2. 1993 – L-10/Ar – 1227/97 – NJW-RR 1994, 613 und LSG Darmstadt Urt. v. 16. 11. 2001 – L 10 AL 737/99 – NZS 2002, 438 für den Fall eines Geschäftsführers, welcher weder über die Mehrheit der Gesellschaftsanteile noch über eine Sperrminorität verfügt, bei seiner Tätigkeit der Kontrolle durch die Gesellschafter unterliegt und diese ihre Gesellschafterrechte auch tatsächlich ausüben; dies verneinend jedoch BSG Urt. v. 8. 8. 1990 – 11 RAr 77/89 – NZA 1991, 324 auch für den Fall, dass der Gesellschafter-Geschäftsführers zwar über die Rechtsmacht verfügt, ihm nicht genehme Weisungen zu verhindern, hiervon jedoch nicht Gebrauch macht; BSG Urt. v. 18. 4. 1991 – 7 RAr 32/90 – NZA 1991, 869 und BSG Urt. v. 6. 2. 1992 – 7 RAr 134/90 – NZA 1992, 1003 für den Fall eines sich im Besitze einer Sperrminorität befindlichen Gesellschafter-Geschäftsführers).

Wenn daher damit zu rechnen ist, dass der Geschäftsführer Arbeitslosengeld beantragen wird, sollte – wie in Aufhebungsverträgen mit Arbeitnehmern auch – die folgende Klausel über den sozialversicherungsrechtlichen Hinweis aufgenommen werden (vgl. hierzu auch Form. A. XV. 1):

Optional:

§ ... Sozialversicherungsrechtlicher Hinweis

Dem Geschäftsführer ist bekannt, dass Auskünfte über mögliche sozialversicherungsrechtliche Auswirkungen sowie steuerrechtliche Auswirkungen dieses Aufhebungsvertrags die Sozialversicherungsträger bzw. das Finanzamt erteilen. Er verzichtet insoweit auf weitere Hinweise der Gesellschaft. Der Geschäftsführer wurde auch frühzeitig auf die Notwendigkeit eigener Aktivitäten bei der Suche nach einer anderen Beschäftigung und auf die Verpflichtung zur unverzüglichen Meldung bei der Agentur für Arbeit hingewiesen.

24. Unterzeichnung. Die Gesellschaft muss beim Abschluss des Aufhebungsvertrags durch die Gesellschafterversammlung vertreten sein (BGH Urt. v. 25. 3. 1991 – II ZR 169/90 – DStR 1991, 751; 8. 12. 1997 – II ZR 236/96 – GmbHR 1998, 278; OLG Hamm Urt. v. 18. 6. 1990 – 8 U 146/89 – DStR 1991, 884). Handelt es sich bei der „Gesellschafterversammlung" – wie im Formular – um eine Alleingesellschafterin und dabei eine andere juristische Person – im Formular die Y-AG –, muss diese ihrerseits bei der Aufhebung des Geschäftsführervertrages durch ihre gesetzlichen Vertreter in ausreichender Zahl vertreten sein (s. hierzu BGH Urt. v. 27. 3. 1995 – II ZR 140/93 – NJW 1995, 1750 und BGH Urt. v. 28. 10. 2002 – II ZR 353/00 – NZG 2003, 86). Nur wenn die GmbH dem Geltungsbereich des MitbestG unterfällt, ist der Aufsichtsrat der Gesellschaft für den Abschluss des Aufhebungsvertrags mit dem Geschäftsführer zuständig.

4. Gesellschafterbeschluss: Abberufung eines Geschäftsführers einer GmbH

Gesellschafterbeschluss[1]

Die ...... AG (eingetragen im Handelsregister des Amtsgerichts ......, HRB ......) ist Alleingesellschafterin[2] der
...... GmbH (eingetragen im Handelsregister des Amtsgerichts ......, HRB ......) „Gesellschaft".
Die Alleingesellschafterin hält hiermit unter Verzicht auf alle nicht zwingenden Form- und Fristvorschriften hinsichtlich der Einberufung und Abhaltung einer Gesellschafterversammlung eine Gesellschafterversammlung der Gesellschaft ab und beschließt einstimmig, was folgt:
Herr ...... (Name) wird von seinem Amt als Geschäftsführer der Gesellschaft mit sofortiger Wirkung[3, 6] abberufen[4, 5].

......
Ort, Datum
...... AG

vertreten durch die Vorstandsmitglieder

......	......
Unterschrift	Unterschrift

(*Alternative* bei mehreren Gesellschaftern, die sich nicht zu einem Verzicht auf Frist- und Formerfordernisse bewegen lassen:

Niederschrift
über eine Gesellschafterversammlung[8]

An der ...... GmbH in ...... (Ort), eingetragen im Handelsregister des Amtsgerichts ......, HRB ......, halten vom Grundkapital von EUR ......
Herr A ...... einen Anteil in Höhe von EUR ......,
Frau B ...... einen Anteil in Höhe von EUR ......,
Herr C ...... einen Anteil in Höhe von EUR ......
(Namen der Gesellschafter und ihre Anteile nach nominellem Betrag).
Zur ordentlichen Gesellschafterversammlung war am ...... unter Einhaltung der satzungsgemäßen Ladungsfrist und unter Angabe der Tagesordnung geladen worden. Auf die Ladung hin sind am ...... (Datum) um ...... (Uhrzeit) in ...... (Ort) erschienen:
Herr ......,
Frau ......,
Herr ......
(Liste der erschienenen Gesellschafter).
Es sind somit alle Gesellschafter erschienen oder ordnungsgemäß vertreten.
Einziger Tagesordnungspunkt ist die Abberufung des Geschäftsführers ...... (Name).
Die Gesellschafterversammlung stimmt ab über die Abberufung[4, 5] mit sofortiger Wirkung[3, 6] von
Herrn ...... (Name) als Geschäftsführer der Gesellschaft.
Die Abstimmung ergibt folgendes:
...... Ja-Stimmen,

...... Nein-Stimmen,
...... Enthaltungen.
Die Abstimmung erfolgt somit ...... (einstimmig/mit der nach der Satzung erforderlichen Mehrheit von ......)[5, 8].

....
Unterschrift des   Unterschrift des
Vorsitzenden   Protokollführers[8])

Schrifttum: Baumbach/Hueck, GmbHG, 17. Aufl. 2000; *Goette,* Das Organverhältnis des GmbH-Geschäftsführers in der Rechtsprechung des Bundesgerichtshofs, DStR 1998, 938; *ders.,* Die GmbH. Darstellung anhand der Rechtsprechung des BGH, 2. Aufl. 2002; *Hoffmann/Liebs,* Der GmbH-Geschäftsführer. Handbuch für die Praxis des Unternehmers und Managers, 2. Aufl. 2000; *Lohr,* Der Stimmrechtsausschluss des GmbH-Gesellschafters (§ 47 GmbHG), NZG 2002, 551; *Michalski,* Kommentar zum Gesetz betreffend die Gesellschaften mit beschränkter Haftung, Bd. II, 2002; *Römermann,* Münchner Anwaltshandbuch GmbH-Recht 2002; *Roth/Altmeppen,* GmbHG-Kommentar 4. Aufl. 2003.

Anmerkungen

1. Unabhängige Rechtsakte für Abberufung und Beendigung des Geschäftsführer-Dienstvertrags. Wenn sich die Gesellschafter einer GmbH vom Geschäftsführer der GmbH trennen wollen, müssen – von wenigen Ausnahmefällen abgesehen – i. d. R. zwei voneinander unabhängige Rechtsakte beschlossen und umgesetzt werden, nämlich zum einen die Abberufung des Geschäftsführers von seinem Amt und zum zweiten (sofern ein Dienstvertrag mit der Gesellschaft besteht) die Beendigung des Dienstvertrags (vgl. dazu Form. B. I. 1). Ausnahmsweise kommt es zu einem automatischen Gleichlauf zwischen Dienstvertragsbeendigung und Abberufung, wenn der Geschäftsführer-Dienstvertrag es ausdrücklich regelt oder so auszulegen ist, dass mit der Kündigung des Geschäftsführer-Dienstvertrags zugleich die Abberufung erklärt wird (*Roth/Altmeppen* § 38 Rdn. 8), oder – umgekehrt – die Abberufung immer auch als Kündigung des Dienstvertrags zum nächstmöglichen Termin gilt. Von diesen Ausnahmefällen abgesehen, sind die Abberufung und die Kündigung des Dienstvertrags aber stets getrennt voneinander zu beurteilen (*Roth/Altmeppen* § 38 Rdn. 5).

Das Formular macht einen Vorschlag für die Abberufung. I. d. R. wird die Abberufung zeitgleich mit der Beendigung des Geschäftsführer-Dienstvertrags eingeleitet. Es kann aber in bestimmten Fallgestaltungen auch sinnvoll sein, zunächst die Beendigung des Dienstvertrags einzuleiten und den Geschäftsführer vorerst noch nicht von seinem Amt abzuberufen, sondern gegebenenfalls nur zu suspendieren.

Einer Abberufung bedarf es lediglich dann nicht, wenn die Bestellung zum Geschäftsführer automatisch endet, entweder bei Amtsunfähigkeit im Sinne von § 6 Abs. 2 GmbHG oder bei nur befristeter oder bedingter Bestellung (*Goette* DStR 1998, 938, 939).

2. Zuständigkeit für Abberufung. Die Vorüberlegungen dazu, welche Person(en) bzw. welches Gremium für die Abberufung eines Geschäftsführers zuständig ist, müssen beim vorliegenden Formular parallel zu den Überlegungen angestellt werden, die in Formular B. I. 2 Anm. 3 für die Bestellung eines Geschäftsführers dargestellt sind. Das vorliegende Formular geht davon aus, dass der Regelfall vorliegt, wonach die Gesellschafterversammlung für die Abberufung zuständig ist. Dabei geht das Haupt-Formular davon aus, dass die GmbH eine Aktiengesellschaft als Alleingesellschafterin hat. Das Alternativ-Formular geht von der Situation aus, dass die GmbH mehrere Gesellschafter hat, diese für die Abberufung zuständig, jedoch nicht bereit sind, auf die Form- und Fristerfordernisse für die Abhaltung einer Gesellschafterversammlung zu verzichten und stattdessen in einer ordnungsgemäß einberufenen Gesellschafterversammlung über die Abberufung entscheiden und abstimmen wollen. In diesem Fall müssen für die Wirksamkeit des Beschlusses auch die nachfolgend unter Anm. 3 dargestellten Besonderheiten einer Gesellschafterversammlung beachtet werden. Als – im Formular nicht dargestellte – Untervariante dieser Alternative wäre auch denkbar, dass die GmbH

4. Abberufung eines Geschäftsführers einer GmbH   B. I. 4

zwar mehrere Gesellschafter hat, die Beschlussfassung jedoch nicht in einer Gesellschafterversammlung, sondern im Umlaufverfahren erfolgt.

Wie in Formular B. I. 2 erläutert, kann je nach Fallgestaltung die Satzung die Zuständigkeit für die Abberufungsentscheidung auch einem Aufsichtsrat oder Beirat zugewiesen haben. Die Kompetenz zur Abberufung eines Geschäftsführers kann in der Satzung dabei auch einem anderen Gremium zugewiesen sein als die Kompetenz zur Bestellung eines Geschäftsführers (Michalski/*Terlau*/*Schäfer* § 38 Rdn. 15); in der Praxis ist dies allerdings selten. Hat ein bestimmter Gesellschafter oder eine Gesellschaftergruppe bestimmte satzungsmäßige **Sonderrechte**, kann die Auslegung der Satzung ergeben, dass diesem Gesellschafter bzw. der Gesellschaftergruppe auch die Zuständigkeit für eine Abberufung des Geschäftsführers zugewiesen sein soll (Michalski/*Terlau*/*Schäfer* § 38 Rdn. 16).

Wenn das Mitbestimmungsgesetz anwendbar ist, müssen dessen Besonderheiten für das Abstimmungs-Prozedere und die Mehrheitserfordernisse bei der Abstimmung im Aufsichtsrat beachtet werden.

Ob es zulässig ist, das Abberufungsrecht an Dritte (d. h. nicht an ein Organ der Gesellschaft) zu delegieren, ist umstritten (Michalski/*Terlau*/*Schäfer* § 38 Rdn. 17 m. weit. Nachw.).

Soll ein gerichtlich bestellter **Notgeschäftsführer** abberufen werden, ist das Gericht für dessen Abberufung zuständig. Allerdings endet die Organstellung eines Notgeschäftsführers immer automatisch mit der Bestellung eines Geschäftsführers durch die Gesellschafterversammlung (*Roth*/*Altmeppen* § 38 Rdn. 19).

3. Sicherstellung einer ordnungsgemäßen Geschäftsführung. Die Gesellschafter werden sich regelmäßig vor dem Beschluss über die Abberufung eines Geschäftsführers vergewissern wollen, ob eine ordnungsgemäße Geschäftsführung der Gesellschaft auch nach der geplanten Abberufung noch sichergestellt ist. Dies wäre dann nicht der Fall, wenn der Geschäftsführer, dessen Abberufung geplant ist, der einzige Geschäftsführer ist. In diesem Fall wird die Gesellschafterversammlung zur Vermeidung einer Situation, in der vom Gericht ein Notgeschäftsführer bestellt werden müsste (§ 29 GmbHG), gleichzeitig mit der Abberufung einen neuen Geschäftsführer bestellen (hierzu s. Form. B. I. 2; in diesem Fall können die beiden Beschlussinhalte in einem Beschluss verbunden werden). Die Neubestellung eines Geschäftsführers wäre dann nicht unbedingt notwendig, wenn mit der geplanten Abberufung lediglich die Zahl der nach der Satzung vorgesehenen Geschäftsführer unterschritten würde (z. B. wenn die Satzung regelt, dass die GmbH zwei Geschäftsführer hat und einer von den beiden Geschäftsführern abberufen werden soll); in diesem Fall übernimmt der oder die verbleibenden Geschäftsführer die Vertretungsmacht.

4. Erweiterung des Abberufungsbeschlusses um Beschlussfassung zur Kündigung des Geschäftsführer-Dienstvertrags und Freistellung von weiterer Tätigkeit. Die Kündigung des Geschäftsführer-Dienstvertrags und die Freistellung des Geschäftsführers von weiterer Tätigkeit bedarf ebenso wie die Abberufung vom Amt des Geschäftsführers einer vorherigen Entscheidung der Gesellschafterversammlung oder des aufgrund abweichender Satzungsbestimmungen zuständigen Gremiums sowie der Übermittlung des Original-Gesellschafterbeschlusses an den Geschäftsführer vor oder spätestens mit der Kündigung seines Dienstvertrags. Die Entscheidung der Gesellschafterversammlung oder des sonst zuständigen Gremiums über Kündigung und Freistellung kann in demselben Beschluss wie die Abberufung erteilt werden. In diesem Fall muss der Abberufungsbeschluss um diese Punkte ergänzt werden. Er würde dann als Beschlussinhalt zusätzlich noch folgende weitere Punkte enthalten:

Alternative:
2. Der Geschäftsführer-Dienstvertrag von Herrn …… *(Name)* mit der Gesellschaft vom …… *(Datum)* wird mit Wirkung zum nächstmöglichen Termin gekündigt.
3. Herr …… *(Name)* wird mit sofortiger Wirkung von weiterer Tätigkeit für die Gesellschaft unter Gewährung seines Resturlaubes freigestellt.

In der Praxis hat es sich bewährt, die Beschlussinhalte zu trennen und einen Beschluss zu fassen, welcher die Abberufung beschließt, und einen zweiten, welcher Kündigung und Freistellung beschließt. Denn der Abberufungsbeschluss muss nicht nur dem Geschäftsführer selbst, sondern vor allem auch dem Registergericht vorgelegt werden, um eine „Austragung"

(= Eintragung der Abberufung) im Handelsregister zu erwirken. Es besteht jedoch keine Veranlassung, dem Registergericht auch Informationen über die Kündigung und Freistellung zu geben.

5. Grund für Abberufung. Das Formular gibt keinen Grund für die Abberufung an. Denn die Abberufung bedarf im Regelfall keines Grundes. Anders als das Aktienrecht für die Abberufung von Vorstandsmitgliedern, sieht das GmbHG nämlich die freie und jederzeitige Widerruflichkeit der Bestellung eines Geschäftsführers vor, § 38 Abs. 1 GmbHG. Daher soll der Widerruf der Bestellung auch kein vertragswidriges Verhalten der Gesellschaft darstellen, das den nunmehr abbestellten Geschäftsführer nach seiner eigenen Kündigung zu einem Schadensersatzanspruch nach § 628 Abs. 2 BGB berechtigen könnte (bestätigt von BGH Urt. v. 28. 10. 2002 – II ZR 146/02 – NZG 2003, 84). Allerdings hat der abberufene Geschäftsführer weiterhin die Rechte aus einem etwaigen Geschäftsführer-Dienstvertrag: Ob und mit welcher Festlaufzeit dieser auch nach einer Abberufung weiterläuft bzw. zu welchem Termin er gekündigt werden kann, bestimmt sich allein nach den Regelungen des Geschäftsführer-Dienstvertrags.

Einen Schadensersatzanspruch wegen seiner Abberufung könnte ein abberufener Geschäftsführer allenfalls auf die Behauptung stützen, dass die Abberufung rechts- und sittenwidrig sei und er deshalb einen Schadensersatzanspruch nach §§ 226, 826 BGB habe. In diesem Fall müsste er allerdings die Voraussetzungen, die diese Schadensersatzvorschriften aufstellen, im Einzelnen dartun und beweisen können, was in der Praxis selten gelingen dürfte (*Roth/ Altmeppen* § 38 Rdn. 4).

Nur in Ausnahmefällen wird in der Satzung vorgesehen sein (was das Gesetz in § 38 Abs. 2 GmbHG erlaubt), dass die Abberufung eines wichtigen Grundes bedarf; eine solche Regelung betrifft zumeist einen Gesellschafter-Geschäftsführer, der über die Anteilsmehrheit an der GmbH verfügt. Das Gesetz nennt als Beispiel für einen wichtigen Grund eine grobe Pflichtverletzung oder die Unfähigkeit des Geschäftsführers zur ordnungsgemäßen Geschäftsführung.

Ausnahmsweise bedarf die Abberufung auch dann eines wichtigen Grundes, wenn die GmbH eine mitbestimmte Gesellschaft im Sinn von § 31 MitbestG i. V. m. § 84 Abs. 3 AktG ist. In diesem Fall ist die Amtszeit des Geschäftsführers aufgrund der Besonderheiten des MitbestG befristet. Wenn während dieser befristeten Amtszeit eine Abberufung erfolgen soll, bedarf sie eines wichtigen Grundes.

Liegen in einem Einzelfall mehrere wichtige Gründe für eine Abberufung vor, kann die Abberufung zunächst auf nur einen von diesen beschränkt werden; die übrigen Gründe können dennoch in einem eventuell folgenden gerichtlichen Verfahren **nachgeschoben** werden (zu etwaigen Einschränkungen des Nachschiebens s. BGH Urt. v. 14. 10. 1991 – II ZR 239/30 – NJW-RR 1992, 292, 294).

Der wichtige Grund, der den Widerruf begründen soll, darf **nicht verwirkt** sein. Verwirkung wird nicht eintreten, wenn – wie vorstehend dargelegt – die Gesellschafterversammlung sich ein Nachschieben weiterer Gründe ausdrücklich vorbehalten hat. Ansonsten kann eine Verwirkung eines wichtigen Grundes eintreten, wenn die Gesellschafter wissentlich auf eine grobe Pflichtverletzung lange Zeit nicht reagieren, so dass der Geschäftsführer annehmen darf, dass der Vorfall nicht mehr Anlass zu einer Abberufung gibt. Die 2-Wochen-Frist des § 626 Abs. 2 BGB soll dabei allerdings nicht gelten (BGH Urt. v. 14. 10. 1991 – II ZR 239/90 – NJW-RR 1992, 292).

Die Freiheit zur jederzeitigen Abberufung kann ausnahmsweise auch dadurch eingeschränkt sein, dass einem Gesellschafter-Geschäftsführer die Geschäftsführung als mitgliedschaftliches Sonderrecht eingeräumt worden ist. Die Abberufung kann dann nur mit seiner Zustimmung erfolgen (Michalski/*Terlau/Schäfers* § 38, Rdn. 32, *Roth/Altmeppen* § 38 Rdn. 61).

Schließlich können sich ausnahmsweise Einschränkungen für die Freiheit zur jederzeitigen Abberufung aus der Treuepflicht der Gesellschafter gegenüber einem Gesellschafter-Geschäftsführer, oder aus Stimmbindungsverträgen ergeben (vgl. dazu Michalski/*Terlau/Schäfers* § 38 Rdn. 35 ff.).

4. Abberufung eines Geschäftsführers einer GmbH B. I. 4

6. Zeitpunkt des Wirksamwerdens der Abberufung. Das Formular sieht vor, dass die Abberufung sofort mit der Abfassung des Beschlusses wirksam wird. Dies ist der Regelfall. Die Abberufung kann jedoch auch in der Weise beschlossen werden, dass sie erst zu einem in der Zukunft liegenden Zeitpunkt wirkt. Nicht möglich und nicht rechtswirksam ist hingegen ein Abberufungsbeschluss, welcher eine Abberufung mit Rückwirkung in die Vergangenheit vorsieht. Dies verbietet sich schon aus Gläubigerschutzgründen (OGH Beschl. v. 28. 1. 1999 – 6 Ob 290/98 k – NZG 1999, 826).

7. Entlastung. Das Formular sieht nicht vor, dass dem Geschäftsführer Entlastung für seine Geschäftsführertätigkeit (im Sinne von § 46 Nr. 5 GmbHG) erteilt wird. Die Entlastung ist deshalb nicht vorgesehen, weil es in der Praxis nicht empfehlenswert ist, sie bereits zeitgleich mit der Abberufung zu beschließen. Regelmäßig wird die Gesellschafterversammlung zum Zeitpunkt, wenn die Trennung vom Geschäftsführer ansteht und der Abberufungsbeschluss gefasst werden soll, noch nicht den notwendigen Überblick haben, um entscheiden zu können, ob die GmbH Ansprüche gegen den Geschäftsführer wegen einer fehlerhaften Geschäftsführung hat. Diesen Überblick wird sie regelmäßig erst dann haben, wenn im normalen Geschäftsgang der Jahresabschluss aufgestellt wird. Deshalb sieht auch Form. B. I. 3 (dort unter § 7 Abs. (3)) vor, dass über die Entlastung von der Gesellschafterversammlung erst im normalen Geschäftsgang mit der Aufstellung des Jahresabschlusses beschlossen wird. Bei den in der Praxis üblichen Diskussionen zwischen Gesellschaftern und ausscheidendem Geschäftsführer darüber, ob sofort eine Entlastung beschlossen wird, ist von Bedeutung, dass der Geschäftsführer keinen Anspruch auf eine Entlastung hat. Will er Gewissheit haben, dass die Gesellschaft keine Ansprüche gegen ihn wegen fehlerhafter Geschäftsführertätigkeit erhebt, kann er lediglich eine negative Feststellungsklage gegen die Gesellschaft erheben mit dem Antrag, das Nichtbestehen von Schadenseratzansprüchen festzustellen (*Hoffmann/Liebs* Rdn. 230).

Soll die Entlastung gleichzeitig mit der Abberufung beschlossen werden, ist im Regelfall ebenfalls die Gesellschafterversammlung zuständig. Die Aufgabe kann jedoch auf ein anderes Gremium delegiert sein. Bei der Abstimmung über die Entlastung hat der Gesellschafter-Geschäftsführer kein Stimmrecht (§ 47 Abs. 4 GmbHG).

Die Entlastung reicht nur so weit, wie die Ersatzansprüche der Gesellschaft im Zeitpunkt der Entlastung aufgrund der vorgelegten Urkunden erkennbar gewesen wären bzw. die Gesellschaft von den anspruchsbegründenden Umständen erfahren hatte (*Hoffmann/Liebs* Rdn. 229).

8. Abberufung durch Gesellschafterversammlung. Zum Ablauf der Gesellschafterversammlung vgl. zunächst Anm. 4 zu Form. B. I. 2.

Wenn die Abberufung ausnahmsweise nur aus wichtigem Grund erfolgen kann, soll es genügen, wenn ein (tragfähiger) wichtiger Grund bei der Abstimmung über die Abberufung gegeben ist und später dem Geschäftsführer bekannt gegeben wird. Dass die Abberufung nur aus wichtigem Grund erfolgen kann und was der wichtige Grund ist, muss in der Tagesordnung bei Ladung zur Gesellschafterversammlung noch nicht angegeben sein (*Roth/Altmeppen* § 38 Rdn. 44).

Umstritten ist, ob für das Abstimmungsergebnis die übliche satzungsgemäße Mehrheit für einen Beschluss ausreicht. Teile der Literatur fordern dann, wenn die Abberufung eines wichtigen Grundes bedarf, qualifizierte Mehrheiten (Michalski/*Terlau/Schäfer* § 38 Rdn. 57 f.).

Der Gesellschafter-Geschäftsführer soll von der Gesellschafterversammlung über die Abberufung nicht nach § 47 GmbHG ausgeschlossen sein, da es sich um seine ordnungsmäße Amtsausübung handelt (*Baumbach/Hueck/Zöllner* § 38 Rdn. 16); er soll jedoch ausgeschlossen sein, soweit die Versammlung auch über seine Entlastung abstimmt (*Römermann* § 14 Rdn. 118; *Lohr* NZG 2002, 551, 553, 554 f.). Umstritten ist allerdings der Stimmrechtsausschluss für den Gesellschafter-Geschäftsführer bei einer Abberufung aus wichtigem Grund, wenn das Vorliegen des wichtigen Grundes umstritten ist. Die h. M. geht grundsätzlich vom Stimmrechtsausschluss aus, sofern ein wichtiger Grund zur Begründung der Abberufung angeführt wird, ohne auf das tatsächliche Vorliegen dieses Grundes einzugehen (zitiert bei *Roth/Altmeppen* § 38 Rdn. 45; vgl. auch OLG Karlsruhe Urt. v. 4. 5. 1999 – 8 U 153/97 –

NZG 2000, 264, 265). Nach dieser Meinung wäre der Gesellschafterbeschluss auch dann wirksam, wenn die Versammlung mit einem Minderheitsvotum gegen den danach nicht stimmberechtigten Mehrheitsgesellschafter die Abberufung beschlossen hat – zumindest bis gerichtlich das Fehlen des wichtigen Grundes festgestellt ist (so *Bauer* III. Rdn. 13). Andere differenzieren danach, ob eine personalistische oder kapitalistische Struktur der GmbH vorliegt (dazu Michalski/*Terlau*/*Schäfers* § 38 Rdn. 65 ff.), nach dem Stimmenverhältnis (*Roth*/*Altmeppen* § 38 Rdn. 48 ff.) oder stellen auf das tatsächliche Vorliegen des wichtigen Grundes ab (*Baumbach*/*Hueck*/*Zöllner* § 38 Rdn. 16 f.).

9. Zugang des Abberufungsbeschlusses. Wirksam wird die Abberufung erst mit Zugang des Gesellschafterbeschlusses an den Geschäftsführer (Michalski/*Terlau*/*Schäfer* § 38 Rdn. 23). Dabei erklärt die Gesellschafterversammlung selbst oder durch einen Bevollmächtigten oder einen Erklärungsboten dem Geschäftsführer den Widerruf; diese Erklärung ist keine Aufgabe der (verbleibenden) Geschäftsführung (*Roth*/*Altmeppen* § 38 Rdn. 22). In der Praxis hat sich bewährt, entweder den Gesellschafterbeschluss dem Geschäftsführer im Original persönlich vor Zeugen zu übergeben oder einen Kurierservice mit der Zustellung zu beauftragen. Eine schriftliche oder gesonderte mündliche Erklärung der Abberufung gegenüber dem abberufenen Geschäftsführer ist entbehrlich, wenn der Geschäftsführer bei der Abstimmung der Gesellschafterversammlung anwesend ist (*Goette* § 8 Rdn. 24); der Beschluss wird jedoch ganz regelmäßig gleichwohl in einer Niederschrift der Gesellschafterversammlung festgehalten, weil eine schriftliche Dokumentation für die Eintragung der Abberufung im Handelsregister unentbehrlich ist.

10. Rechtsfolgen. Mit Zugang eines wirksamen Abberufungsbeschlusses beim abberufenen Geschäftsführer treten folgende Rechtsfolgen ein: Die Geschäftsführungsbefugnis und Vertretungsmacht des Geschäftsführers endet. Hatte die GmbH bislang zwei Geschäftsführer und hatten diese bislang nur satzungsmäßige Vertretungsbefugnis (= Gesamtvertretungsbefugnis), erlangt der verbleibende Geschäftsführer mit der Abberufung automatisch Einzelvertretungsbefugnis. Sofern es sich bei dem abberufenen Geschäftsführer um den einzigen Geschäftsführer gehandelt hat und nicht zugleich mit der Abberufung ein neuer Geschäftsführer bestellt wurde, kann auf Antrag ein Gericht einen Notgeschäftsführer bestellen (§ 29 GmbHG).

11. Eintragung. Die Abberufung muss im Handelsregister eingetragen werden (§ 39 Abs. 1 GmbHG). Die verbleibenden bzw. neu ernannten Geschäftsführer haben die Pflicht, die Abberufung zur Eintragung im Handelsregister anzumelden. Die Anmeldung muss von Geschäftsführern in vertretungsberechtigter Zahl unterzeichnet werden und zwar in öffentlich (d. h. regelmäßig: notariell) beglaubigter Form. Der abberufene Geschäftsführer selbst kann die Anmeldung nicht mehr vornehmen (*Roth*/*Altmeppen* § 39 Rdn. 7).

II. Vorstandsmitglied

1. Dienstvertrag[1] für ein Vorstandsmitglied einer AG

Dienstvertrag

zwischen
...... AG[2] (Name und Anschrift der Gesellschaft) „Gesellschaft"
vertreten durch ihren Aufsichtsrat, dieser vertreten durch seinen Vorsitzenden,
Herrn ......,
und
Herrn[3] ...... (Name und Anschrift des Dienstnehmers) „Vorstandsmitglied"

Präambel

Herr ...... ist mit Beschluss des Aufsichtsrats der Gesellschaft vom ...... mit Wirkung ab ...... für die Dauer von ...... Jahren zum ordentlichen Mitglied des Vorstands[4] der Gesellschaft bestellt worden[5].

Zur Regelung der Anstellungsbedingungen des Vorstandsmitglieds[6] schließen die Vertragsparteien folgenden Dienstvertrag:

§ 1 Aufgabenbereich des Vorstandsmitglieds und Vertretung

(1) Das Vorstandsmitglied führt die Geschäfte des Vorstands gemeinsam mit den anderen Mitgliedern des Vorstands der Gesellschaft. Ungeachtet der Verantwortung des gesamten Vorstands der Gesellschaft ergibt sich der Aufgabenbereich des Vorstandsmitglieds aus dem jeweils geltenden Geschäftsverteilungsplan für den Vorstand der Gesellschaft[7]. Rechte und Pflichten des Vorstandsmitglieds ergeben sich aus den Gesetzen, der jeweils geltenden Satzung der Gesellschaft, der jeweils geltenden Geschäftsordnung für den Vorstand der Gesellschaft, dem jeweils geltenden Deutschen Corporate Governance Kodex und diesem Dienstvertrag[8, 9].

(2) Das Vorstandsmitglied verpflichtet sich, alle Anstrengungen zu unternehmen und gegebenenfalls notwendig werdende Erklärungen und Zustimmungen zu erteilen bzw. Handlungen vorzunehmen, damit der Gesellschaft die Einhaltung des jeweils geltenden Deutschen Corporate Governance Kodex möglich wird[10].

(3) Das Vorstandsmitglied vertritt die Gesellschaft gemäß der jeweils geltenden Satzung[11]. Das Vorstandsmitglied bedarf zur Vornahme der Geschäfte, die der Aufsichtsrat der Gesellschaft nach der jeweils geltenden Satzung für zustimmungspflichtig erklärt hat, sowie zur Vornahme der in der jeweils geltenden Satzung als zustimmungspflichtig bezeichneten Geschäften der vorherigen und schriftlichen Zustimmung des Aufsichtsrats der Gesellschaft. Bei unterschiedlichen Regelungen in Satzung und Aufsichtsratsbeschlüssen gilt vorrangig die für das Vorstandsmitglied restriktivere Regelung[12, 13].

(4) Der Dienstsitz des Vorstandsmitglieds ist am jeweiligen satzungsmäßigen Sitz der Gesellschaft[14].

§ 2 Laufzeit[15] und Kündigung[16, 17, 18]

(1) Dieser Dienstvertrag wird für die Dauer der Bestellung des Vorstandsmitglieds entsprechend der Präambel dieses Dienstvertrags geschlossen. Vertragsbeginn ist am .... Im Fall einer erneuten Bestellung zum Vorstandsmitglied verlängert sich die Laufzeit dieses Dienstvertrags für die Dauer der neuerlichen Bestellung.

(2) Das Recht zur außerordentlichen Kündigung bleibt unberührt. Eine Kündigung bedarf zu ihrer Wirksamkeit der Schriftform.

(3) Die Gesellschaft ist berechtigt, das Vorstandsmitglied im Fall eines Widerrufs der Bestellung, der Amtsniederlegung durch das Vorstandsmitglied oder bei einer sonstigen Beendigung der Organstellung von jeder weiteren Tätigkeit für die Gesellschaft für die verbleibende Laufzeit dieses Dienstvertrags freizustellen[19]. Die Freistellung des Vorstandsmitglieds erfolgt unter Fortzahlung des anteiligen Jahresfestgehalts nach § 3 Abs. (1) dieses Vertrages und unter Anrechnung von bestehenden oder zu erwerbenden Urlaubsansprüchen nach § 9 dieses Vertrages. Die variable Vergütung nach § 3 Abs. (2) dieses Vertrages ist für Zeiten der Freistellung nicht geschuldet. Die Verpflichtung, vor der Aufnahme einer Tätigkeit im Sinne des § 11 Abs. (3) dieses Vertrages die Genehmigung des Aufsichtsrats der Gesellschaft einzuholen, sowie die Verbote nach § 11 Abs. (1) und (2) dieses Vertrages bleiben von einer etwaigen Freistellung unberührt.

(4) Über das Kalenderjahr hinaus, in dem das Vorstandsmitglied sein 65. Lebensjahr vollendet, wird der Dienstvertrag nicht verlängert[20].

(5) Im Fall des Eintritts einer dauernden Dienstunfähigkeit des Vorstandsmitglieds endet dieser Dienstvertrag mit dem Ende des Quartals, in dem die dauernde Dienstunfähigkeit festgestellt wurde[21], sofern dieser Dienstvertrag nicht bereits nach § 2 Abs. (1) dieses Vertrages vor diesem Zeitpunkt geendet hat. Eine dauernde Dienstunfähigkeit im Sinne dieser Regelung liegt vor, wenn nach ärztlicher Feststellung durch einen von der Gesellschaft zu benennenden Arzt das Vorstandsmitglied aus gesundheitlichen Gründen voraussichtlich nicht in der Lage ist, die ihm als Vorstandsmitglied obliegenden Aufgaben nach diesem Dienstvertrag im nächsten halben Jahr zu erfüllen. Das Vorstandsmitglied entbindet den Arzt gegenüber der Gesellschaft von der ärztlichen Schweigepflicht, soweit dies zur Mitteilung über seine dauernde Dienstunfähigkeit notwendig ist. Dauert eine Dienstunfähigkeit bereits ununterbrochen länger als ein Jahr, so gilt die dauernde Dienstunfähigkeit mit Ablauf des Jahres als festgestellt. Das Vorstandsmitglied ist dabei verpflichtet, im Fall einer bereits zwei Monate dauernden Dienstunfähigkeit eine ärztliche Untersuchung durch einen von der Gesellschaft zu benennenden Arzt durchführen zu lassen.

§ 3 Bezüge[22]

(1) Als Vergütung für seine Dienste erhält das Vorstandsmitglied ein Brutto-Jahresfestgehalt in Höhe von EUR ...... (in Worten: Euro ......). Dieses Brutto-Jahresfestgehalt wird in zwölf gleichen Raten, jeweils am Ende eines Kalendermonats, ausgezahlt.

(2) Zusätzlich zur Vergütung nach vorstehendem Abs. (1) erhält das Vorstandsmitglied eine jährliche erfolgsabhängige variable Vergütung. Bei 100%-igem Erreichen der vom Aufsichtsrat der Gesellschaft nach Durchsprache mit dem Vorstandsmitglied festgelegten individuellen Jahresziele beträgt die jährliche erfolgsabhängige Brutto-Vergütung EUR ...... (in Worten: Euro ......). Übertrifft das Vorstandsmitglied die festgelegten individuellen Jahresziele, erhöht sich entsprechend die erfolgsabhängige Brutto-Vergütung, nicht jedoch über eine Brutto-Vergütung von EUR ...... (in Worten: Euro ......) hinaus. Wenn das Vorstandsmitglied die festgelegten individuellen Jahresziele ganz oder teilweise nicht erreicht, entscheidet der Aufsichtsrat der Gesellschaft nach freiem Ermessen darüber, ob und in welcher Höhe die variable Brutto-Vergütung gezahlt wird. Soweit die festgelegten individuellen Jahresziele infolge einer vom Vorstandsmitglied unverschuldeten Dienstverhinderung nicht erreicht werden konnten, wird der Aufsichtsrat der Gesellschaft dies in angemessener Weise berücksichtigen. Eine etwaig verdiente variable Brutto-Vergütung ist zahlbar nach Feststellung des testierten Jahresabschlusses für das jeweilige Kalenderjahr.

(3) Die vorstehend genannten Bezüge sind im Falle einer unterjährig beginnenden bzw. unterjährig endenden Vertragslaufzeit pro rata temporis geschuldet.

(4) Andere Vergütung[23] als nach vorstehenden Abs. (1) und (2) wird nicht geschuldet; insbesondere werden keine Gratifikationen, Jahressonderzahlungen, Boni, Provisionen, Urlaubsgeld, etwaige Vergütung für Nacht-, Sonn- und Feiertagsarbeit oder für Mehrarbeit und Überstunden oder sonstige Vergütung geschuldet und gezahlt.

(5) Der Aufsichtsrat der Gesellschaft ist zu Beginn eines jeden Kalenderjahres berechtigt, die Gesamtbezüge des Vorstandsmitglieds zu überprüfen. Sofern die Weitergewährung der Gesamtbezüge aus Sicht des Aufsichtsrats der Gesellschaft außer Verhältnis zu den Aufgaben des Vorstandsmitglieds und zur Lage der Gesellschaft steht, hat der Aufsichtsrat der Gesellschaft das Recht, die Gesamtbezüge in angemessener Weise anzupassen[24].

(6) Das Vorstandsmitglied erklärt gegenüber der Gesellschaft sein Einverständnis zur Offenlegung seiner Vergütung entsprechend den handelsrechtlichen Veröffentlichungspflichten für börsennotierte Aktiengesellschaften sowie den Vorgaben des jeweils geltenden Corporate Governance Kodex[25].

§ 4 Dienstverhinderung, Krankheit und Tod

(1) Im Fall seiner Dienstverhinderung (z.B. infolge Erkrankung) ist das Vorstandsmitglied verpflichtet, den Aufsichtsratsvorsitzenden der Gesellschaft unverzüglich mündlich über Grund und Dauer der Dienstverhinderung zu informieren und auf vordringlich zu erledigende Aufgaben hinzuweisen. Dauert die Dienstverhinderung länger als eine Woche, hat das Vorstandsmitglied im Fall einer Erkrankung ein ärztliches Attest bzw. im Fall einer sonstigen Dienstverhinderung eine schriftliche Erklärung vorzulegen, woraus sich der Grund der Dienstunfähigkeit sowie deren voraussichtliche Dauer ergeben. Das Vorstandsmitglied tritt bereits jetzt etwaige (Schadensersatz-)Ansprüche in Höhe der nach dieser Regelung von der Gesellschaft geleisteten bzw. zu leistenden Zahlungen an die Gesellschaft ab, die ihm gegenüber Dritten wegen der Dienstverhinderung zustehen. Das Vorstandsmitglied ist verpflichtet, der Gesellschaft unverzüglich sämtliche zur Geltendmachung derartiger (Schadensersatz-)Ansprüche notwendigen Angaben zu machen sowie hierfür notwendige Unterlagen zu überlassen.

(2) Wird das Vorstandsmitglied an der Ausübung seiner Tätigkeit durch Krankheit oder andere durch ihn nicht verschuldete Gründe gehindert, so erhält er bis zur Dauer von sechs Monaten nach Eintritt der Verhinderung, längstens jedoch bis zur Beendigung dieses Dienstvertrags, die zeitanteiligen Bezüge nach § 3 Abs. (1) dieses Vertrages. Stehen dem Vorstandsmitglied krankheitsbedingte Leistungen Dritter (z.B. Krankentagegeld) zu, vermindern sich die Ansprüche des Vorstandsmitglieds nach § 3 Abs. (1) dieses Vertrages gegen die Gesellschaft in diesem Umfang[26].

(3) Verstirbt das Vorstandsmitglied während der Laufzeit dieses Dienstvertrags, erhält seine Witwe, ersatzweise die unterhaltsberechtigten Kinder des Vorstandsmitglieds (letztere als Gesamtgläubiger) das zeitanteilige Jahresfestgehalt gemäß § 3 Abs. (1) dieses Vertrages für den Sterbemonat und die drei nächstfolgenden Monate weiter. Für diese Zeit entfallen Leistungen an die Hinterbliebenen aufgrund einer etwaig für das Vorstandsmitglied bestehenden betrieblichen Altersversorgung[27].

§ 5 Sozial-Versicherungen[28, 29]

(1) Auch soweit keine gesetzliche Versicherungspflicht besteht, zahlt die Gesellschaft an das Vorstandsmitglied monatliche Zuschüsse zur Renten-, Kranken- und Pflegeversicherung des Vorstandsmitglieds. Die einzelnen Zuschüsse entsprechen in ihrer Höhe der Hälfte der vom Vorstandsmitglied gezahlten Beiträge, höchstens jedoch den jeweils unter Berücksichtigung der jeweils geltenden Beitragsbemessungsgrenzen gesetzlich geschuldeten Höchstbetrag des Arbeitgeberanteils der Renten-, Kranken- und Pflegeversicherung. Die von der Gesellschaft geschuldeten Zuschüsse werden dem Vorstandsmit-

glied jeweils am Kalendermonatsende gezahlt. Die hierauf anfallende Lohnsteuer wird von der Gesellschaft einbehalten und abgeführt.

(2) Die auf diese Zahlungen etwaig anfallende Einkommensteuer trägt das Vorstandsmitglied.

§ 6 Sonstige Versicherungen[30]

(1) Die Gesellschaft wird zugunsten des Vorstandsmitglieds für die Dauer der Laufzeit dieses Dienstvertrags eine Unfallversicherung für den Todes- und den Invaliditätsfall unterhalten, die auch private Risiken deckt. Die Unfallversicherung wird für folgende Deckungssummen unterhalten:
für den Todesfall: EUR ...... (in Worten: Euro ......),
für den Invaliditätsfall: EUR ...... (in Worten: Euro ......).
Die Gesellschaft wird im Rahmen des Versicherungsvertrages vorsehen, dass im Todesfall die vom Vorstandsmitglied zu benennende(n) Person(-en), ersatzweise die Erben des Vorstandsmitglieds (im Umfang ihrer Erbteile), bezugsberechtigt sind. Die Gesellschaft wird im Rahmen des Versicherungsvertrages des Weiteren vorsehen, dass im Invaliditätsfall das Vorstandsmitglied selbst bezugsberechtigt ist.

(2) Die auf die Prämienzahlungen der Unfallversicherung etwaig anfallende Einkommensteuer trägt das Vorstandsmitglied.

§ 7 Dienstwagen[31]

(1) Die Gesellschaft stellt dem Vorstandsmitglied für die Dauer seiner Bestellung zum Vorstandsmitglied einen Dienstwagen (Typ ......, Marke ......) zur Verfügung.

(2) Die Betriebs- und Unterhaltungskosten für den Dienstwagen (inklusive einer Vollkaskoversicherung) trägt die Gesellschaft. Die jeweils geltenden Richtlinien der Gesellschaft über die Benutzung von Dienstwagen sind wesentlicher Bestandteil dieses Dienstvertrags und ergänzen die Regelungen dieses Dienstvertrags.

(3) Der Dienstwagen darf von dem Vorstandsmitglied für die Dauer seiner Bestellung zum Vorstandsmitglied auch zu privaten Zwecken benutzt werden. Die auf den geldwerten Vorteil für die private Nutzung des Dienstwagens anfallende Lohnsteuer wird von der Gesellschaft einbehalten und abgeführt. Die Einkommensteuer auf den geldwerten Vorteil für die private Nutzung des Dienstwagens trägt das Vorstandsmitglied.

(4) Der Dienstwagen ist vom Vorstandsmitglied bei Beendigung seiner Bestellung zum Vorstandsmitglied unaufgefordert, unbeschädigt sowie samt überlassenem Zubehör am Sitz der Gesellschaft an die Gesellschaft zu übergeben.

§ 8 Sonstige Nebenleistungen[32]

(1) Auslagen des Vorstandsmitglieds für Dienstreisen sowie Repräsentation und Bewirtung von Geschäftspartnern werden dem Vorstandsmitglied, soweit sie dem Vorstandsmitglied im Interesse der Gesellschaft entstehen, im Rahmen der Angemessenheit und bei Nachweis des Aufwands erstattet. Übersteigen die aufgewendeten Auslagen die nach den steuerlichen Vorschriften zulässigen Pauschbeträge, sind sie im Einzelnen im gesetzlich erforderlichen Umfang zu belegen. Ergänzend gelten die jeweils geltenden Richtlinien der Gesellschaft, die insoweit Bestandteil dieses Dienstvertrags sind.

(2) Die Gesellschaft trägt für die Dauer der Bestellung zum Vorstandsmitglied gegen Vorlage der monatlichen Rechnung die einmaligen und laufenden Kosten eines zusätzlichen Telefon- und Telefaxanschlusses sowie eines Internet-Anschlusses in der Wohnung des Vorstandsmitglieds. Die auf den geldwerten Vorteil für die private Nutzung der Anschlüsse anfallende Lohnsteuer wird von der Gesellschaft einbehalten und abgeführt. Die Einkommensteuer auf den geldwerten Vorteil für die private Nutzung der Anschlüsse trägt das Vorstandsmitglied.

§ 9 Urlaub[33]

(1) Das Vorstandsmitglied hat Anspruch auf einen bezahlten Jahresurlaub im Umfang von 30 Tagen je Kalenderjahr. Bei unterjährigem Beschäftigungsbeginn bzw. -ende wird der Jahresurlaub in diesem Kalenderjahr zeitanteilig gewährt. Tage im Sinne dieser Regelung sind alle Kalendertage mit Ausnahme von Samstagen, Sonntagen und gesetzlichen Feiertagen am Sitz der Gesellschaft.

(2) Kann das Vorstandsmitglied aus geschäftlichen oder in seiner Person liegenden Gründen den Jahresurlaub bis zum Ende des Kalenderjahres nicht vollständig nehmen, kann der Urlaubsanspruch im verbliebenen Umfang auf das folgende Kalenderjahr übertragen werden. Im Fall der Übertragung muss der verbleibende Jahresurlaub des Vorjahres in den ersten drei Monaten des nachfolgenden Kalenderjahres genommen werden.

§ 10 Übernahme von Ämtern und Organleihe[34]/Arbeitszeit[35]

(1) Auf Wunsch des Vorstands oder des Aufsichtsrats der Gesellschaft wird das Vorstandsmitglied Aufsichtsratsmandate, andere Vorstandsämter und Geschäftsführungspositionen sowie ähnliche Ämter in Gesellschaften, an denen die Gesellschaft unmittelbar oder mittelbar beteiligt ist (= Verbundene Unternehmen), übernehmen. Auf Wunsch des Vorstands oder des Aufsichtsrats der Gesellschaft wird das Vorstandsmitglied auch Tätigkeiten in Verbänden oder Ehrenämter übernehmen. Etwaige Ansprüche auf Vergütung aus den genannten Tätigkeiten sind mit der Zahlung des Jahresfestgehalts nach § 3 Abs. (1) dieses Vertrages vollständig abgegolten. Soweit das Vorstandsmitglied gleichwohl für eine Tätigkeit im Sinne dieser Vorschrift eine Vergütung erhält, wird diese auf das Jahresfestgehalt nach § 3 Abs. (1) dieses Vertrages angerechnet.

(2) Das Vorstandsmitglied ist verpflichtet, die Ämter nach vorstehendem Abs. (1), soweit rechtlich möglich, unverzüglich niederzulegen bzw. auf Dritte, von der Gesellschaft benannte Personen überzuleiten, wenn der Vorstand bzw. der Aufsichtsrat der Gesellschaft dies wünschen oder die Bestellung zum Vorstandsmitglied widerrufen wird, das Vorstandsmitglied sein Amt als Vorstandsmitglied niederlegt oder die Bestellung zum Vorstandsmitglied aus sonstigen Gründen endet.

(3) Im Übrigen wird das Vorstandsmitglied seine volle Arbeitskraft allein der Gesellschaft zur Verfügung stellen und die Interessen der Gesellschaft nach besten Kräften fördern. In der Bestimmung seiner Arbeitszeit ist das Vorstandsmitglied frei, hat der Gesellschaft aber stets in dem Umfang zur Verfügung zu stehen, den die Wahrnehmung der Interessen und Belange der Gesellschaft erfordert.

§ 11 Wettbewerbs- und Abwerbeverbot[36] sowie Nebentätigkeiten

(1) Das Vorstandsmitglied wird nicht ohne vorherige schriftliche Einwilligung des Aufsichtsrats der Gesellschaft während der Dauer dieses Dienstvertrags in selbständiger, unselbständiger oder sonstiger Weise für ein Unternehmen tätig werden, welches mit der Gesellschaft oder einem Verbundenen Unternehmen in direktem oder indirektem Wettbewerb steht oder im wesentlichen Umfang Geschäftsbeziehungen zu der Gesellschaft oder einem Verbundenen Unternehmen unterhält. In gleicher Weise ist es ihm untersagt, während der Laufzeit dieses Dienstvertrags ein solches Unternehmen zu errichten, zu erwerben oder sich hieran unmittelbar oder mittelbar zu beteiligen. Dies bezieht sich auch auf eine Mitgliedschaft in Aufsichts- oder Beiräten anderer Gesellschaften oder sonstigen Institutionen, die im Zusammenhang mit dem Geschäftsgegenstand der Gesellschaft oder Verbundener Unternehmen stehen oder sonst die Interessen der Gesellschaft oder Verbundener Unternehmen berühren.

(2) Das Vorstandsmitglied wird während der Laufzeit dieses Dienstvertrags weder selbst noch durch andere, weder direkt noch indirekt, einen Mitarbeiter oder Berater der Gesellschaft oder eines Verbundenen Unternehmens aktiv abwerben oder ihn oder sie veranlassen, sein Vertragsverhältnis mit der Gesellschaft oder einem Verbundenen Un-

ternehmen zu beenden oder in Wettbewerb zu der Gesellschaft oder einem Verbundenen Unternehmen zu treten.

(3) Jede weitere entgeltliche, üblicherweise entgeltliche oder unentgeltliche Nebentätigkeit für sich oder einen Dritten sowie jede Beteiligung an Unternehmen ist dem Vorstandsmitglied untersagt. Ausnahmen bedürfen der vorherigen, ausdrücklichen und jederzeit widerruflichen schriftlichen Zustimmung des Aufsichtsrats der Gesellschaft. Ausgenommen hiervon sind der übliche Erwerb von Wertpapieren oder Geschäftsanteilen zu Zwecken der persönlichen Vermögensverwaltung.

(4) Das Vorstandsmitglied verwirkt für jeden Fall der Zuwiderhandlung gegen diese Verbote eine Vertragsstrafe in Höhe von EUR ...... brutto (in Worten: Euro ......). Im Falle eines Dauerverstoßes ist die Vertragsstrafe für jeden angefangenen Monat der Zuwiderhandlung verwirkt. Die Geltendmachung sonstiger Rechte, insbesondere von Unterlassungsansprüchen und Ansprüchen auf Ersatz eines weitergehenden Schadens, bleibt hiervon unberührt.

§ 12 Transparenz und Interessenkonflikte[37]

(1) Das Vorstandsmitglied wird den Aufsichtsrat der Gesellschaft unverzüglich unterrichten, wenn ein Mitglied seiner Familie oder sonst Angehörige i.S.d. § 15 AO eine Beteiligung an einem Unternehmen hält, das mit der Gesellschaft oder einem Verbundenen Unternehmen in direktem oder indirektem Wettbewerb steht oder in wesentlichen Umfang Geschäftsbeziehungen zu der Gesellschaft oder einem Verbundenen Unternehmen unterhält. Anteilsbesitz im Rahmen der privaten Vermögensverwaltung, der keinen Einfluss auf die Organe des betreffenden Unternehmens ermöglicht, gilt nicht als Beteiligung im Sinne dieser Regelung.

(2) Das Vorstandsmitglied darf im Zusammenhang mit seiner Tätigkeit für die Gesellschaft oder ein Verbundenes Unternehmen weder für sich noch für andere Personen von Dritten Zuwendungen und sonstige Vorteile fordern oder annehmen oder Dritten ungerechtfertigte Vorteile einräumen.

(3) Das Vorstandsmitglied ist allein dem Gesellschaftsinteresse verpflichtet. Das Vorstandsmitglied darf bei seinen Entscheidungen im Zusammenhang mit seiner Tätigkeit für die Gesellschaft oder ein Verbundenes Unternehmen keine persönlichen Interessen verfolgen und keine Geschäftschancen, die der Gesellschaft oder einem Verbundenen Unternehmen zustehen, für sich nutzen.

(4) Mögliche Interessenkonflikte sind unverzüglich gegenüber dem Aufsichtsrat der Gesellschaft sowie gegenüber den anderen Mitgliedern des Vorstands offen zu legen. Alle Geschäfte zwischen der Gesellschaft und dem Vorstandsmitglied bzw. einem Mitglied seiner Familie oder sonst Angehörigen i.S.d. § 15 AO bzw. deren Unternehmungen haben branchenüblichen Standards zu entsprechen und bedürfen der vorherigen und schriftlichen Zustimmung des Aufsichtsrats der Gesellschaft.

(5) Das Vorstandsmitglied hat dem Aufsichtsrat der Gesellschaft unverzüglich den Erwerb oder die Veräußerung von Aktien der Gesellschaft oder von darauf bezogenen Erwerbs- und Veräußerungsrechten (z.B. Optionen) sowie von Rechten, die unmittelbar vom Börsenkurs der Gesellschaft abhängen, mitzuteilen, sofern der Erwerb oder die Veräußerung durch das Vorstandsmitglied selbst oder ein Mitglied seiner Familie oder einen sonst Angehörigen i.S.d. § 15 AO vorgenommen werden.

§ 13 Diensterfindungen und Schutzrechte[38]

(1) Erfindungen des Vorstandsmitglieds sowie seine technischen oder organisatorischen Verbesserungsvorschläge werden entsprechend den jeweils geltenden Bestimmungen des Gesetzes über Arbeitnehmererfindungen vom 25. Juli 1957 mit folgender Maßgabe behandelt: Das Vorstandsmitglied wird der Gesellschaft Diensterfindungen, freie

Erfindungen und technische wie organisatorische Verbesserungsvorschläge unverzüglich melden und der Gesellschaft zur ausschließlichen, beschränkten oder unbeschränkten Inanspruchnahme anbieten. Die Erklärung der Inanspruchnahme hat seitens der Gesellschaft innerhalb von vier Monaten nach der Meldung zu erfolgen. Die Gesellschaft hat das Recht, jedoch nicht die Verpflichtung zur Anmeldung von Schutzrechten im In- und Ausland. Im Fall einer Diensterfindung oder eines technischen oder organisatorischen Verbesserungsvorschlags sind sich die Vertragsparteien darin einig, dass eine etwaige Vergütung für eine von der Gesellschaft in Anspruch genommene Diensterfindung mit der Zahlung der Vergütung nach § 3 Abs. (1) dieses Vertrages vollständig abgegolten ist. Im Fall einer freien Erfindung ist dem Vorstandsmitglied eine marktübliche Vergütung zu zahlen.

(2) Jedwede sonst aus der Tätigkeit des Vorstandsmitglieds oder mit dieser in Beziehung stehenden und davon herrührenden Nutzungs- und Verwertungsrechte aus schutzrechtsfähigen Tätigkeitsergebnissen des Vorstandsmitglieds (z.B. nach Urheber-, Geschmacksmuster, Gebrauchsmuster- und Markenrecht) stehen ausschließlich sowie zeitlich, räumlich und inhaltlich unbeschränkt der Gesellschaft zu, ausgenommen solche, die offensichtlich in keinerlei Zusammenhang mit dem Tätigkeitsbereich der Gesellschaft oder einem Verbundenen Unternehmen stehen. Diese Übertragung des Nutzungs- und Verwertungsrechts umfasst insbesondere auch die Erlaubnis zur Bearbeitung und Lizenzvergabe an Dritte. Das Vorstandsmitglied verzichtet ausdrücklich auf sonstige ihm etwa als Urheber oder sonstigen Schutzrechtsinhaber zustehenden Rechte an den Tätigkeitsergebnissen, insbesondere auf das Recht auf Namensnennung, auf Bearbeitung und auf Zugänglichmachung des Werkes. Die Vertragsparteien sind sich einig, dass die Einräumung dieser Rechte und der Verzicht auf Rechte nach dieser Regelung vollumfänglich mit der Zahlung der Vergütung nach § 3 Abs. (1) dieses Vertrages abgegolten ist. Das Vorstandsmitglied ist verpflichtet, jedwedes seiner schutzrechtsfähigen Tätigkeitsergebnisse unverzüglich der Gesellschaft, vertreten durch den Aufsichtsrat, zu melden und die Gesellschaft im erforderlichen Umfang, auch nach Beendigung dieses Dienstvertrags, bei der Erlangung von Schutzrechten zu unterstützen. Soweit das Vorstandsmitglied seine Mitwirkungspflichten nach der Beendigung dieses Dienstvertrags erfüllt, erhält das Vorstandsmitglied hierfür einen angemessenen Tagessatz sowie eine Erstattung aller Aufwendungen, die ihm durch seine Mitwirkung entstanden sind.

§ 14 Geheimhaltung[39]

(1) Das Vorstandsmitglied verpflichtet sich, über alle ihm im Rahmen seiner Tätigkeit oder sonst zur Kenntnis gelangenden geschäftlichen und betrieblichen Angelegenheiten der Gesellschaft und aller Verbundenen Unternehmen strengstes Stillschweigen zu bewahren, einschließlich des Inhalts dieses Dienstvertrags. Das Vorstandsmitglied verpflichtet sich weiterhin, diese Informationen nicht für den eigenen oder den Nutzen anderer zu verwenden und alle solche geschäftlichen und betrieblichen Angelegenheiten betreffenden Geschäftsunterlagen der Gesellschaft und der Verbundenen Unternehmen unter Verschluss zu halten. Unter geschäftlichen und betrieblichen Angelegenheiten im Sinne dieser Regelung verstehen die Vertragsparteien insbesondere Geschäfts- und Betriebsgeheimnisse sowie alle Informationen und Daten mit Bezug zu vertraulichen Angelegenheiten und geschäftsbezogenem Know-how, sämtliche Informationen über alle mit dem existenten oder künftigen Geschäft der Gesellschaft und Verbundenen Unternehmen in Zusammenhang stehenden Geschäftspläne und Geschäftsstrategien, Verfahren, Preis- oder Marktstrategien und Produkt-, Dienstleistungs- oder Entwicklungsplanungen, geplante Unternehmenserwerbe oder -veräußerungen, sämtliche Geschäftszahlen und Details der organisatorischen Strukturen sowie die wesentlichen Ideen und Prinzipien, welche diesen Strategien und Planungen zugrunde liegen, und alle In-

formationen, von denen vernünftigerweise erwartet werden kann, dass sie zu solchen Strategien oder Planungen führen würden und die von der Gesellschaft, von Verbundenen Unternehmen oder dem Vorstandsmitglied während der Dauer dieses Dienstvertrags erdacht, erfunden, überarbeitet, entdeckt, entwickelt, erworben, beurteilt, getestet oder angewendet worden sind.

(2) Die Geheimhaltungsverpflichtung nach vorstehendem Abs. (1) dauert auch nach Beendigung des Dienstverhältnisses fort. Im Rahmen einer von dem Vorstandsmitglied nach Beendigung dieses Dienstvertrags ausgeübten beruflichen oder unternehmerischen Tätigkeit kann er sein als Vorstandsmitglied erworbenes Wissen einsetzen, sofern dabei die gesetzlichen Beschränkungen – insbesondere nach §§ 3, 17 UWG, §§ 823 Abs. 1 und Abs. 2 i.V.m. UWG, § 826 BGB und den datenschutzrechtlichen Regelungen – sowie die Beschränkungen aus dem nachvertraglichen Wettbewerbsverbot nach § 16 dieses Vertrages strikt beachtet werden.

(3) Das Vorstandsmitglied verwirkt für jeden Fall der Zuwiderhandlung gegen die Geheimhaltungsverpflichtung nach vorstehenden Abs. (1) und (2) eine Vertragsstrafe in Höhe von EUR ...... brutto (in Worten: Euro ......). Im Falle eines Dauerverstoßes ist die Vertragsstrafe für jeden angefangenen Monat der Zuwiderhandlung verwirkt. Die Geltendmachung sonstiger Rechte, insbesondere von Unterlassungsansprüchen und Ansprüchen auf Ersatz eines weitergehenden Schadens, bleibt hiervon unberührt.

(4) Das Vorstandsmitglied ist verpflichtet, in Zweifelsfällen über den Umfang der Geheimhaltungsverpflichtung nach vorstehenden Abs. (1) und (2) mit dem Vorstand der Gesellschaft eine Klärung herbeizuführen.

§ 15 Rückgabe von Unterlagen und Eigentum der Gesellschaft[40]

(1) Das Vorstandsmitglied verpflichtet sich, auf Verlangen der Gesellschaft jederzeit und spätestens bei Ende seiner Bestellung zum Organ auch ohne gesonderte Aufforderung alle in seinem Besitz befindlichen Unterlagen der Gesellschaft oder Verbundener Unternehmen, insbesondere alle Notizen, Memoranden, Aufzeichnungen, Protokolle und Berichte, Akten sowie alle anderen ähnlichen Dokumente (einschließlich Abschriften, Ablichtungen, Kopien oder sonstige Reproduktionen), die im Zusammenhang mit seiner Tätigkeit stehen, unverzüglich und vollständig an die Gesellschaft zurückzugeben. Ein Zurückbehaltungsrecht ist ausgeschlossen. Diese Regelung gilt sinngemäß für elektronisch gespeicherte Daten sowie die jeweiligen Daten- oder Programmträger.

(2) Die Herausgabeverpflichtung bezieht sich auch auf sonstiges, im Besitz des Vorstandsmitglieds befindliches Eigentum der Gesellschaft oder Verbundener Unternehmen bzw. von der Gesellschaft oder von einem Verbundenen Unternehmen geleaste Gegenstände. Diese Herausgabeverpflichtung erstreckt sich insbesondere auch auf ein dem Vorstandsmitglied etwaig überlassenes Mobiltelefon, Laptop oder sonstige Geräte der Datenverarbeitung, auch wenn insoweit eine private Nutzung gestattet war.

(3) Das Vorstandsmitglied wird auf Anforderung der Gesellschaft schriftlich versichern, dass es die nach vorstehenden Abs. (1) und Abs. (2) bestehenden Herausgabeverpflichtungen vollständig erfüllt hat.

§ 16 Nachvertraglicher Kundenschutz sowie nachvertragliches Wettbewerbs-[41] und Abwerbeverbot

(1) Nachvertraglicher Kundenschutz: vgl. Form. A. IV. 2 Ziff. (1) „Zusatzvereinbarung zum Geschäftsführervertrag".

(2) Nachvertragliches Wettbewerbsverbot: vgl. Form. A. IV. 2 Ziff. (2)–(10) „Zusatzvereinbarung zum Geschäftsführervertrag".

(3) Das Vorstandsmitglied wird für die Dauer von 24 Monaten nach Beendigung seiner Anstellung bei der Gesellschaft weder selbst noch durch andere, weder direkt noch indirekt, einen Mitarbeiter oder Berater der Gesellschaft oder eines Verbundenen Unternehmens aktiv anwerben, abwerben oder ihn oder sie veranlassen, sein Vertragsverhältnis mit der Gesellschaft oder einem Verbundenen Unternehmen zu beenden oder in Wettbewerb zur Gesellschaft oder einem Verbundenen Unternehmen zu treten. Das Vorstandsmitglied hat für den Fall der Zuwiderhandlung gegen dieses Verbot eine Vertragsstrafe in Höhe von EUR ...... brutto (in Worten: Euro ......) zu zahlen. Die Geltendmachung sonstiger Rechte, insbesondere von Unterlassungsansprüchen und Ansprüchen auf Ersatz eines weitergehenden Schadens, bleibt hiervon unberührt.

§ 17 Ausschlussfristen[42]

(1) Ansprüche der Gesellschaft und des Vorstandsmitglieds aus dem Dienstverhältnis oder im Zusammenhang mit diesem Dienstverhältnis verfallen, ungeachtet ihres Rechtsgrundes, wenn die bzw. der Anspruchsberechtigte den Anspruch nicht innerhalb einer Frist von sechs Monaten, berechnet ab dem Zeitpunkt der Fälligkeit, durch schriftliche Erklärung gegenüber der anderen Vertragspartei geltend macht. Für die Beurteilung der Rechtzeitigkeit der Geltendmachung ist der Zugang der schriftlichen Erklärung maßgeblich.

(2) Etwaige Ansprüche der Gesellschaft nach § 93 Abs. 2 und Abs. 3 AktG gegen das Vorstandsmitglied bleiben gemäß § 93 Abs. 4 S. 3 AktG von vorstehendem Abs. (1) unberührt.

§ 18 Bisherige Arbeits- oder Dienstverhältnisse[43]

Die Vertragsparteien sind sich einig, dass ein etwaig bestehendes Arbeits- oder sonstiges Beschäftigungsverhältnis des Vorstandsmitglieds mit der Gesellschaft mit Ablauf des dem Vertragsbeginn dieses Dienstvertrags vorangehenden Tages endet bzw. geendet hat. Etwaig hierzu bestehende Arbeits- oder sonstige Verträge werden aufgehoben.

§ 19 Schlussbestimmungen

(1) Die Vertragsparteien sind sich einig, dass mit Unterzeichnung dieses Dienstvertrags alle eventuellen vorherigen Vereinbarungen über die Tätigkeit als Vorstandsmitglied der Gesellschaft unwirksam sind und durch diesen Dienstvertrag ersetzt werden. Vereinbarungen außerhalb dieses Dienstvertrags wurden nicht getroffen[44].

(2) Änderungen und Ergänzungen dieses Dienstvertrags bedürfen zu ihrer Rechtswirksamkeit der Schriftform und eines Beschlusses des Aufsichtsrates der Gesellschaft[31]. Eine Befreiung von diesen beiden Erfordernissen durch eine mündliche Vereinbarung ist unwirksam[45, 46].

(3) Sollten einzelne Bestimmungen dieses Dienstvertrags ungültig sein oder werden, so berührt dies im Zweifel die Wirksamkeit der übrigen Bestimmungen nicht. Anstelle der unwirksamen Vorschrift oder zur Ausfüllung eventueller Lücken dieses Dienstvertrags ist eine angemessene Regelung zu vereinbaren, die dem am nächsten kommt, was die Vertragsparteien nach ihrer wirtschaftlichen Zwecksetzung gewollt haben bzw. die Bestimmung, die dem entspricht, was nach Sinn und Zweck dieses Vertrages vereinbart worden wäre, hätte man die Angelegenheit von vornherein bedacht.

(4) Für alle Rechtsstreitigkeiten über die Wirksamkeit dieses Dienstvertrags sowie über Ansprüche aus und im Zusammenhang mit diesem Dienstvertrag gilt deutsches Recht[47, 48].

(5) Erfüllungsort und Gerichtsstand ist der Sitz der Gesellschaft[49].

......
Ort, Datum

......
Ort, Datum

……
Unterschrift der Gesellschaft[50]
hier vertreten durch den Aufsichtsrat,
dieser vertreten durch seinen
Vorsitzenden, Herrn …….

Für § 18 dieses Dienstvertrags:
……
Ort, Datum
……
Unterschrift der Gesellschaft
diese vertreten durch ihren Vorstand

……
Unterschrift des Vorstandsmitglieds

Schrifttum: Bauer/Diller, Koppelung von Abberufung und Kündigung bei Organmitgliedern – zulässige Gestaltung oder sittenwidrige Falle, GmbHR 1998, 809; *Bredow,* Steuergünstige Gestaltung von Aktienoptionen für leitende Angestellte, DStR 1996, 2033; *Buchner/Schlobach,* Die Auswirkung der Umwandlung von Gesellschaften auf die Rechtsstellung ihrer Organpersonen, GmbHR 2004, 1; *Dreher,* Change-of-Control-Klauseln bei Aktiengesellschaften, AG 2002, 214; *Dreher/Görner,* Der angemessene Selbstbehalt in der D&O-Versicherung, ZIP 2003, 2321; *Erdmann,* Ausländische Staatsangehörige in Geschäftsführungen und Vorständen deutscher GmbHs und AGs, NZG 2002, 503; *Fischer,* Die Bestellung von Organmitgliedern juristischer Personen und das Schicksal ihres Arbeitsvertrags, NJW 2003, 2417; *Fischer/Harth/Meyding,* Vorstandsverträge im Konzern, BB 2000, 1097; *Fonk,* Rechtsfragen nach der Abberufung von Vorstandsmitgliedern und Geschäftsführern, NZG 1998, 408; *Gaul,* Die Erfindungsvergütung bei Vorstandsmitgliedern und ihre Behandlung im Geschäftsbetrieb, GRUR 1963, 341; *ders.,* 20 Jahre Arbeitnehmererfinderecht, GRUR 1977, 686; *Haas/Ohlendorf,* Anstellungsvertrag des Vorstandsmitglieds der Aktiengesellschaft; Beck'sche Musterverträge, 2004; *Henssler,* Das Anstellungsverhältnis der Organmitglieder, RdA 1992, 301; *Hommelhoff,* Satzungsmäßige Eignungsvoraussetzungen für Vorstandsmitglieder einer Aktiengesellschaft, BB 1997, 322; *Jaeger,* Das nachvertragliche Wettbewerbsverbot und die Karenzentschädigung für Organmitglieder juristischer Personen, DStR 1995, 724; *Janzen,* Vorzeitige Beendigung von Vorstandsamt und -vertrag, NZG 2003, 468; *Kästner,* Steuerrechtliche Probleme der D&O – Versicherung, DStR 2001, 195; *Kallmeyer,* Vorstandsbezüge – Viel Lärm um Nichts, ZIP 2002, 1663; *Kauffmann-Lauven,* Das ruhende Arbeitsverhältnis im Aktienrecht, NZA 2000, 799; *Kiethe,* Vorstandshaftung aufgrund fehlerhafter Due Diligence beim Unternehmenskauf, NZG 1999, 976; *Küppers/Dettmeier/Koch,* D&O-Versicherung: Steuerliche Implikationen für versicherte Personen, DStR 2002, 199; *Lange,* D&O-Versicherung: Innenhaftung und Selbstbehalt, DB 2003, 1833; *Lange,* Praxisfragen der D&O-Versicherung (Teil I), DStR 2002, 1626; *ders.,* Praxisfragen der D&O-Versicherung (Teil II), DStR 2002, 1674; *ders.,* Die D&O Versicherungsverschaffungsklausel im Manageranstellungsvertrag, ZIP 2004, 2221; *Lattwein/Krüger,* D&O-Versicherung – Das Ende der Goldgräberstimmung, NVersZ 2000, 365; *Liebers/Hoefs,* Anerkennungs- und Abfindungszahlungen an ausscheidende Vorstandsmitglieder, ZIP 2004, 97; *Linker/Zinger,* Rechte und Pflichten der Organe einer Aktiengesellschaft bei der Weitergabe vertraulicher Unternehmensinformationen, NZG 2002, 497; *Lücke,* Vorstand der AG – Beck'sches Mandatshandbuch, 2004; *Lutter,* Die Erklärung zum Corporate Governance Kodex gemäß § 161 AktG, ZHR 166 (2002), 523; *ders.,* Corporate Governance und ihre aktuellen Probleme, vor allem: Vorstandsvergütungen und ihre Schranken, ZIP 2003, 737; *Lutter/Krieger,* Rechte und Pflichten des Aufsichtsrats, 4. Aufl. 2002; *Meier/Pech,* Bestellung und Anstellung von Vorstandsmitgliedern in Aktiengesellschaften und Geschäftsführern in einer GmbH, DStR 1995, 1195; *Müller,* Gestattung der Due Diligence durch den Vorstand der Aktiengesellschaft, NJW 2000, 3452; *Peltzer,* Vorstand und Geschäftsführung als Leitungs- und gesetzliches Vertretungsorgan der Gesellschaft, JuS 2003, 348; *ders.,* Handlungsbedarf in Sachen Corporate Governance, NZG 2002, 593; *Schaefer/Missling,* Haftung von Vorstand und Aufsichtsrat, NZG 1998, 441; *Schneider,* Aktienoptionen als Bestandteil der Vergütung von Vorstandsmitgliedern, ZIP 1996, 1706; *ders.,* Der pflichtenauslösende Sachverhalt bei „Directors' Dealings", BB 2002, 1817; *Schüppen/Sanna,* D&O-Versicherungen: Gute und schlechte Nachrichten, ZIP 2002, 550; *Semler/von Schenk (Hrsg.),* Arbeitshandbuch für Aufsichtsratsmitglieder, 2. Aufl. 2004; *Spindler,* Vergütung und Abfindung von Vorstandsmitgliedern, DStR 2004, 36; *Stoffels,* Grenzen der Informationsweitergabe durch den Vorstand einer Aktiengesellschaft im Rahmen einer Due Diligence, ZHR 2001, 362; *Thüsing,* Die Angemessenheit von Vorstandsvergütungen – Mögliche Handlungsoptionen zur Sicherstellung, DB 2003, 1612; *ders.,* Geltung und Abdingbarkeit des BetrAVG für Vorstandsmitglieder einer AG, AG 2003, 484; *ders.,* Auf der Suche nach dem iustum pretium der Vorstandstätigkeit – Überlegungen zur Angemessenheit im Sinne des § 87 Abs. 1 Satz 1 AktG, ZGR 2003, 457; *Ulmer,* Der Deutsche Corporate Governance Kodex – ein neues Regulierungsinstrument für börsennotierte Aktiengesellschaften, ZHR 166 (2002), 151; *Uhlenbruck,* Die

1. Dienstvertrag für ein Vorstandsmitglied einer AG B. II. 1

Kündigung und Vergütung von Beratern, Vorständen und Geschäftsführern in der Unternehmensinsolvenz, BB 2003, 1185; *Weisner/Kölling,* Herausforderung für den Aufsichtsrat – Herabsetzung von Vorstandsbezügen in Zeiten der Krise, NZG 2003, 465; *Zirngibl,* Die Due Diligence bei der GmbH und der Aktiengesellschaft, Dissertation, Rhombos Verlag 2004.

Anmerkungen

1. Sachverhalt. Das vorliegende Formular regelt als entgeltlicher Dienstleistungsvertrag (§§ 611, 675 BGB) die Anstellung für ein Vorstandsmitglied einer deutschen Aktiengesellschaft. Das vorgelegte Formular unterscheidet dabei nicht hinsichtlich der Börsennotierung der Gesellschaft. Die darin enthaltenen Vertragsbedingungen spiegeln die Interessenlage der Gesellschaft wider, so dass das Formular zur Verwendung durch den Aufsichtsrat der Gesellschaft vorgesehen ist.

Tatsächlich sind bei der Anstellung eines Vorstandsmitglieds oftmals die gleichen (rechtlichen und praktischen) Erwägungen anzustellen wie bei der Anstellung eines GmbH-Geschäftsführers (vgl. Form. B. I. 1). Auch die dort verwendeten vertraglichen Formulierungen können bei einem Vorstandsdienstvertrag in weiten Teilen zur Anwendung gebracht werden. Abzuweichen ist an sich nur an den Stellen, wo aktienrechtliche Vorgaben bzw. sonstige Rahmenbedingungen (z.B. Corporate Governance Kodex) zu berücksichtigen sind. Der mit dem vorliegenden Formular konzipierte Dienstvertrag stellt demgegenüber jedoch einen eigenständigen Regelungsentwurf dar. Die hier vorgeschlagene ausführliche Regelung beruht nicht nur auf der mit der rechtlichen Stellung eines Vorstandsmitglieds verbundenen Sondersituation (im Vergleich zum GmbH-Geschäftsführer). Sie wurde auch wegen der in der Praxis mit der Stellung eines Vorstandsmitglieds traditionell verbundenen „Privilegierung" (z.B. Laufzeit des Dienstvertrags) gewählt, deren individuelle Umsetzung auch im Dienstvertrag erfolgen muss. Allerdings wird auch mit den hier vorgelegten Vertragsformulierungen des Formulars bzw. etwaigen Alternativregelungsvorschlägen – wie auch mit ihren Erläuterungen – keinesfalls der Anspruch auf Vollständigkeit erhoben. Entsprechend der Zielsetzung dieser Formularsammlung bilden auch hier Praxisrelevanz und Handhabbarkeit den zentralen Schwerpunkt.

Das Recht der Kapital- und damit auch der Aktiengesellschaft unterscheidet streng zwischen der körperschaftlichen/gesellschaftsrechtlichen Bestellung zum Vorstandsmitglied und dem schuldrechtlichen Anstellungsverhältnis mit einer Gesellschaft. Auch wenn Organ- und Anstellungsverhältnis auf vielfältige Weise verknüpft sind (bzw. auch werden können), sind diese beiden Rechtsverhältnisse grundsätzlich getrennt voneinander zu betrachten (**Trennungsprinzip**):

Die **Bestellung zum Vorstandsmitglied** ist ein körperschaftlicher Rechtsakt (Bestellungsbeschluss des Aufsichtsrats der AG sowie Bestellungserklärung gegenüber dem Betroffenen und dessen Annahme der Bestellung gegenüber dem Aufsichtsrat). Diese Bestellung, mit der der Vorstandskandidat Mitglied des Organs wird, ist auch zum Handelsregister anzumelden (§ 81 AktG).

Mit dem hier vorliegenden **Anstellungsvertrag** wird das Innenverhältnis zwischen dem Vorstandsmitglied und der Gesellschaft geregelt. Dabei handelt sich nach ganz h.M. nicht um einen Arbeits-, sondern um einen **Dienstvertrag**. Denn das Vorstandsmitglied übt Arbeitgeberbefugnisse aus und steht im Regelfall in keinem – einem „normalen" Arbeitnehmer vergleichbaren – sozialen Abhängigkeitsverhältnis zur Gesellschaft. Daher finden i.d.R. auch die arbeitnehmerschützenden Vorschriften auf das Vorstandsmitglied keine Anwendung (vgl. nur §§ 14 Abs. 1 Nr. 1 und 2, 17 Abs. 5 Nr. 1 KSchG, § 5 Abs. 1 S. 3 ArbGG, § 5 Abs. 2 Nr. 1 BetrVG). Nur im Ausnahmefall werden arbeitsrechtliche Vorschriften in analoger Anwendung auf das Vorstandsmitglied bezogen (z.B. § 622 Abs. 1 und 2 BGB infolge vergleichbarer Interessenlage). Ob und in welchem Umfang einzelne Regelungen des geplanten Antidiskriminierungsgesetzes auch auf Vorstandsmitglieder Anwendung finden bzw. finden sollen, ist zum Zeitpunkt des Redaktionsschlusses für diese Anmerkungen noch offen. Derzeit ist jedoch davon auszugehen, dass (zumindest) das Verfahren beim Zugang zur Tätigkeit wie auch beim beruflichen Aufstieg für Vorstandsmitglieder diskriminierungsfrei zu gestalten ist. Deshalb ist zu empfehlen, die weitere rechtpolitische Entwicklung wie auch deren praktische Auswirkungen zu beobachten und die etwaig gesetzten rechtlichen Vorgaben genauestens zu berücksichtigen.

Bei der Anstellung eines Vorstandsmitglieds sind darüber hinaus weder ein etwaig bestehender (Konzern-/Gesamt-)Betriebsrat noch ein etwaig bestehender (Konzern-/Gesamt-/Unternehmens-)Sprecherausschuss zu beteiligen.

Das Formular „Dienstvertrag für ein Vorstandsmitglied einer AG" setzt sich aus vorformulierten Dienstbedingungen zusammen, die nicht nur für den Einzelfall gelten sollen. Soweit die Dienstbedingungen daher mit dem Vorstandsmitglied nicht im Einzelnen weiter ausgehandelt werden, handelt es sich um Allgemeine Geschäftsbedingungen i.S.d. § 305 Abs. 1 BGB. Die einzelnen Vertragsbestimmungen unterliegen daher einer Rechtskontrolle nach den §§ 305 ff. BGB, weil der Dienstvertrag eines Vorstandsmitglieds kein „Vertrag auf dem Gebiet des Gesellschaftsrechts" ist (§ 310 Abs. 4 S. 1 BGB).

2. Die Aktiengesellschaft als Vertragspartei. Im Formular ist – neben dem Vorstandsmitglied selbst – die jeweilige Aktiengesellschaft, für die das Vorstandsmitglied tatsächlich tätig werden soll, als Vertragspartei vorgesehen.

Nicht empfehlenswert ist demgegenüber die Gestaltung, in der eine andere Gesellschaft als Dritte (z. B. die Konzernmuttergesellschaft, sog. **Konzernanstellung**) Vertragspartnerin des Vorstandsmitglieds wird. Während bei einem GmbH-Geschäftsführer gegen eine solche Gestaltung keine Einwände bestehen, ist diese Möglichkeit im Aktienrecht umstritten: Das Vorstandsmitglied ist zur Leitung der Gesellschaft im Gesellschaftsinteresse verpflichtet (§ 76 AktG). Die infolge der dienstvertraglichen Anbindung entstehenden schuldrechtlichen Verpflichtungen gegenüber einer anderen Gesellschaft stünden hierzu im Widerspruch („Diener zweier Herren"). Eine Konzernanstellung wird aufgrund der möglichen Interessenkollisionen daher sogar teilweise für nicht zulässig gehalten (vgl. MünchKommAktG/*Hefermehl/Spindler* § 84 Rdn. 54, selbst im Fall des Vorliegens eines Beherrschungsvertrages, nach überwiegender Ansicht aber Zulässigkeit einer Drittanstellung, vor allem wenn zwischen den beteiligten Gesellschaften ein Beherrschungsvertrag besteht oder die Tochtergesellschaft eingegliedert ist, weil dann die eigenverantwortliche Leitung der Gesellschaft ohnehin durch §§ 308, 323 AktG überlagert wird, vgl. *Buchner/Schlobach* GmbHR 2004, 5 und *Hüffer* § 84 AktG Rdn. 14 m. weit. Nachw.).

3. Das Vorstandsmitglied als Vertragspartei. Im Formular wurde auf die Formulierung eines Vorbehalts hinsichtlich des Vorliegens der sog. **Vorstandsfähigkeit** verzichtet. Zwar muss das Vorstandsmitglied stets gewisse persönliche Eigenschaften aufweisen, um überhaupt wirksam bestellt werden zu können (§ 76 Abs. 3 AktG). Lägen solche Bestellungshindernisse vor, wäre die Bestellung unwirksam (§ 134 BGB) – ohne dass dies allerdings auch zur Unwirksamkeit des Dienstvertrags führen würde. Damit bliebe die Gesellschaft – trotz der Unwirksamkeit der Bestellung – an die dienstvertraglichen Festlegungen gebunden. Ein insoweit formulierter Vorbehalt würde daher den Eintritt dieser Problemlage verhindern. Trotzdem ist die Regelung eines solchen Vorbehalts in der Praxis unüblich. Sie erscheint nur dann empfehlenswert, wenn Satzungsregelungen der Gesellschaft engere persönliche oder sachliche Eignungsvoraussetzungen für die Organmitglieder vorsehen (z. B. Auswahlrichtlinien bezüglich Qualifikation oder Erfahrung).

Nicht zu differenzieren ist zwischen **in- und ausländischen Vorstandsmitgliedern;** eine solche Unterscheidung kennt das deutsche Aktienrecht nicht: Weder die deutsche Staatsangehörigkeit noch Kenntnisse der deutschen Sprache oder ein deutscher Wohnsitz sind Voraussetzung für die Organstellung; selbst bei einem mehrköpfigen Vorstand ist kein bestimmtes Quorum nötig. Bei der Beschäftigung von ausländischen Vorstandsmitgliedern sind lediglich ausländerrechtliche Erfordernisse zu beachten (z. B. Einreise- und Aufenthaltstitel nach dem seit dem 1. Januar 2005 in Kraft befindlichen Aufenthaltsgesetz, sofern das Vorstandsmitglied kein Unionsbürger ist oder eine Befreiung durch bi- oder multilateralen Vertrag vorliegt). Gegebenenfalls können im Dienstvertrag dahingehend lautende Bedingungen formuliert werden (vgl. zur Frage des ausländischen Vorstandsmitglieds, allerdings unter Zugrundelegung der

1. Dienstvertrag für ein Vorstandsmitglied einer AG

Rechtslage vor dem 1. Januar 2005: *Erdmann* NZG 2002, 503). Falls ein Aufenthaltstitel zum Zwecke der Beschäftigung notwendig wäre, bedarf es zu seiner Erteilung nicht der Zustimmung der Bundesagentur für Arbeit (vgl. §§ 4, 1 Beschäftigungsverordnung).

Gegebenenfalls sind noch sonstige Anforderungen an die Person des Vorstandsmitglieds zu beachten. Auf hierzu bestehende spezialgesetzliche Regelungen (KWG, KAG) wird verwiesen.

4. Größe des Vorstands. Das Formular geht vom „Normalfall" eines mehrköpfigen Vorstands aus. Ein Vorstand einer AG kann allerdings auch nur aus einer Person (sog. **Alleinvorstand**) bestehen (vgl. § 76 Abs. 2 AktG; bei Gesellschaften mit einem Grundkapital von mehr als drei Millionen Euro ist ein Alleinvorstand nur bei entsprechender Satzungsbestimmung möglich). Nur bei mitbestimmten Gesellschaften muss der Vorstand infolge eines zwingend zu bestellenden **Arbeitsdirektors** (vgl. § 13 Abs. 1 MontanMitbestG, § 13 MitbestErgG, § 33 Abs. 1 S. 1 MitbestG 1976) zumindest aus zwei Personen bestehen. Das vorliegende Formular wäre bei der Anstellung eines Alleinvorstands jedenfalls an den Stellen abzuändern, wo die Existenz eines mehrköpfigen Vorstands unterstellt wird. Legt die Satzung der Gesellschaft (§ 23 Abs. 3 Nr. 6 AktG) nur Mindest- bzw. Höchstgrenzen bezüglich der Zahl der Vorstandsmitglieder fest, obliegt die in diesem Rahmen dann ermessensabhängige Festlegung der Zahl der Vorstandsmitglieder dem Aufsichtsrat.

5. Zeitpunkt des Abschlusses des Dienstvertrags. In der Präambel des Formulars wird vorausgesetzt, dass der Aufsichtsrat zum Zeitpunkt des Abschlusses des Dienstvertrags den Beschluss über die Bestellung des Vorstandsmitglieds (gegebenenfalls auch erst zu einen bestimmten Zeitpunkt) bereits gefasst hat.

Soll die Bestellung zum Vorstandsmitglied hingegen erst nach dem Abschluss des Anstellungsvertrags erfolgen, muss der Dienstvertrag für den (stets möglichen) Fall einer Nicht-Bestellung **aufschiebend bedingt** werden. Denn das Unterbleiben der Bestellung stellt keinen wichtigen Grund für eine außerordentliche Kündigung seitens der Gesellschaft dar. Damit bliebe die Gesellschaft an die Regelungen des Anstellungsvertrags gebunden; insbesondere bestünden auch die darin geregelten Vergütungsansprüche. Infolge des Bestehens dieser Ansprüche, deren Erfüllung sich die Gesellschaft nicht entziehen könnte, kann sich der Aufsichtsrat daher bereits „faktisch" zur Bestellung des Vorstandsmitglieds gezwungen sehen. Weil der Aufsichtsrat in seiner Entscheidung zur Bestellung eines Vorstandsmitglieds aber frei sein muss und damit ein auch nur faktischer Zwang nicht bestehen darf, ist die Formulierung einer aufschiebenden Bedingung zwingend notwendig.

6. Stellvertretende Vorstandsmitglieder/Vorstandsvorsitzender und Vorstandssprecher/Arbeitsdirektor: Im Formular werden die Anstellungsbedingungen eines „einfachen" Vorstandsmitglieds geregelt. Damit kann das Formular aber auch für sog. **stellvertretende Vorstandsmitglieder** verwendet werden. Denn diese sind ebenfalls „einfache" Mitglieder des Vorstands (§ 94 AktG), die nur nach Maßgabe der Geschäftsordnung und damit nach der internen Hierarchie des Vorstands zurückstehen.

In der Öffentlichkeit wird insbesondere den Positionen eines Vorstandsvorsitzenden bzw. eines Vorstandssprechers herausgehobene Bedeutung beigemessen. Allerdings sind mit der Ernennung eines **Vorstandsvorsitzenden** durch den Aufsichtsrat (§ 84 Abs. 2 AktG, nicht auf Ausschuss übertragbar, § 107 Abs. 3 S. 2 AktG) tatsächlich keine besonderen gesetzlichen Befugnisse bzw. Pflichten für dieses Vorstandsmitglied verbunden; insbesondere kommt dem Vorstandsvorsitzenden kein Weisungsrecht gegenüber seinen Vorstandskollegen zu. Als Vorsitzender des Gremiums hat er nur sog. Organisationsrechte (z. B. Sitzungsvorbereitung und -leitung, vorstandsinterne Koordination und Überwachung). Ob und inwieweit in der Satzung der Gesellschaft bzw. der Geschäftsordnung für den Vorstand weitergehende Befugnisse (z. B. Vetorechte, Recht zum Stichentscheid) gegeben werden dürfen, ist zumindest streitig. Von dem Amt des Vorstandsvorsitzenden ist die Rolle eines bloßen **Vorstandssprechers** zu unterscheiden. Diesem obliegt (noch nicht einmal) die sachliche Führung der Vorstandsarbeit. Trotzdem ist es infolge des mit den prestigeträchtigen Rollen der Vorstandsvorsitzenden bzw. Vorstandssprechers verbundenen (rein faktischen) Führungsanspruchs üblich, dass das hierfür vorgesehene Vorstandsmitglied bei seiner Anstellung auch eine dienstvertragliche Festschreibung auf dieses Amt bzw. diese Rolle wünscht. Bei einer solchen Fixierung im Dienstvertrag berechtigt allerdings der (gesellschaftsrechtlich stets mögliche) Entzug dieser Position das Vorstandsmitglied i. d. R. zu einer außerordentlichen Kündigung und gegebenenfalls auch zur Geltendmachung von Schadensersatzansprüchen (§ 628 Abs. 2 BGB). Insoweit ist stets zu überlegen, ob diese dienstvertragliche Festschreibung tatsächlich erfolgen soll.

Wird ein Vorstandsmitglied als **Arbeitsdirektor** bestellt, darf dessen Stellung als gleichberechtigtes Mitglied des vertretungsberechtigten Organs nicht über den Anstellungsvertrag ausgehöhlt werden. Ihm müssen die gleichen Rechte und Pflichten und Verantwortung eines „einfachen" Vorstandsmitglieds zustehen. Selbst in der Satzung muss die Rechtsstellung des Arbeitsdirektors als gleichberechtigtes Mitglied des Vertretungsorgans gewahrt werden. Unangetastet bleiben muss vor allem seine Kernzuständigkeit für Personal- und Sozialfragen.

7. Gesamtverantwortung und Ressortverteilung. Die im Formular vorgesehene Festlegung auf die gemeinsame Führung der Geschäfte durch die Vorstandsmitglieder wirkt nur deklaratorisch; sie verdeutlicht aber nochmals, dass die Leitungspflichten dem Vorstand in seiner **Gesamtverantwortung** obliegen (vgl. § 91 AktG).

In der Praxis ist für die einzelnen Vorstandsmitglieder neben der gemeinsamen Führung der Geschäfte auch die **Festlegung auf einzelne Ressortbereiche** üblich. So werden die einzelnen Vorstandsmitglieder explizit für bestimmte Vorstandsressorts (z. B. Produktion, Vertrieb und Marketing, Forschung und Entwicklung) eingestellt. Die Zuständigkeit für dieses Ressort soll i. d. R. auch dienstvertraglich fixiert werden. Für die Gesellschaft hat dies den Vorteil, dass (auch dienstvertraglich) klare Zuständigkeiten und Verantwortlichkeiten geschaffen sind und damit eine sinnvolle Arbeitsteilung gewährleistet werden soll. Das Vorstandsmitglied selbst hat ebenfalls Interesse an einer solchen Festlegung, weil er sich dann sicher sein kann, Aufgaben und Verantwortungsbereiche in dem von ihm bei der Anstellung gewünschten Gewicht und Relevanz dauerhaft zu behalten bzw. nicht ohne sein Mitwirken auch wieder entzogen zu bekommen. Zwar ist ein solcher Entzug der zu den im Vertrag benannten Ressorts gehörenden Aufgaben und Verantwortungsbereiche gesellschaftsrechtlich stets möglich. Auf der dienstvertraglichen Ebene könnte das Vorstandsmitglied aber ein Recht zur außerordentlichen fristlosen Kündigung und gegebenenfalls auch Schadensersatzansprüche (§ 628 Abs. 2 BGB) geltend machen. Zusätzlich wäre das Vorstandsmitglied auch schuldrechtlich nicht verpflichtet, etwaig neu zugewiesene Funktionen wahrzunehmen. Hierzu wäre jedenfalls die Zustimmung des Vorstandsmitglieds erforderlich oder gegebenenfalls eine Änderungskündigung notwendig.

Vor dem Hintergrund dieser (faktischen) Bindung an eine so erfolgte ausdrückliche dienstvertragliche Ressortfestlegung wird im vorgelegten Formular eine aus Sicht der Gesellschaft flexiblere Formulierung verwendet. Danach ergibt sich der Aufgabenbereich des Vorstandsmitglieds aus dem jeweils geltenden (und in der Praxis weit verbreiteten) **Geschäftsverteilungsplan** der Gesellschaft. Dieser Geschäftsverteilungsplan ist i. d. R. Annex zur Geschäftsordnung des Vorstands (§ 77 Abs. 2 AktG) und sieht selbst die Aufgabenverteilung auf die einzelnen Vorstandsmitglieder vor. Nimmt man – wie vorgesehen – auf die darin geregelte Ressortverteilung Bezug, bleibt auch die spätere Änderung der Ressortverteilung über eine Änderung des Geschäftsverteilungsplans für das einzelne Vorstandsmitglied möglich und wird für das Vorstandsmitglied verbindlich. Ein außerordentliches Kündigungsrecht entsteht für das Vorstandsmitglied dabei nicht (vgl. *Lutter/Krieger* Rdn. 431 ff., auch zur korporationsrechtlichen Zulässigkeit der Änderung der Geschäftsordnung). Die tatsächliche Durchsetzbarkeit einer solchen Formulierung hängt aber im Wesentlichen von der konkreten Interessen- und Verhandlungssituation ab.

Unabhängig von der ressortmäßigen Aufteilung der Verantwortungsbereiche haben aber die an sich nicht zuständigen Mitglieder des Vorstands (auch weiterhin) umfassende Überwachungs- und Aufsichtspflichten (vgl. zu deren Reichweite: MünchKommAktG/*Hefermehl/Spindler* § 77 Rdn. 28 ff.).

8. Rechte und Pflichten des Vorstandsmitglieds. Die vom Vorstandsmitglied zu erbringende Dienstleistung (und die sich hierbei ergebende Rechte- und Pflichtenstellung) ergibt sich zunächst unabhängig von einer diesbezüglichen Regelung im Anstellungsvertrag aus den Regelungen des **Aktiengesetzes**. Selbst die **Satzung** darf die gesetzlich begründeten Rechte und

1. Dienstvertrag für ein Vorstandsmitglied einer AG   **B. II. 1**

Pflichten des Vorstands (z. B. §§ 83, 90–93 AktG) nur in begrenztem Umfang abändern bzw. ergänzen (vgl. § 23 Abs. 5 AktG). Daneben ist aber auch die **Geschäftsordnung** zu beachten. Die individualvertragliche Regelung im **Dienstvertrag** darf diesen (insoweit zwingenden) Regelungen nicht widersprechen, kann sie jedoch klarstellen und gegebenenfalls ergänzen. Bei weitergehenden Festlegungen der individuellen Pflichtenstellung des Vorstandsmitglied sind aber – wie beim Arbeitsvertrag eines Arbeitnehmers – auch die damit verbundenen Wechselwirkungen zu beachten: Je enger die übertragenen Tätigkeiten im Vertrag gefasst werden, desto weniger Spielraum bleibt der Gesellschaft bei einer Übertragung anderer Aufgaben.

9. Organleihe und Konzernleitungspflicht. In den Musterbedingungen wurde auf eine explizite Formulierung verzichtet, die die Übernahme einer bestimmten leitenden Tätigkeit bei einem (oder mehreren) Tochterunternehmen (sog. **Organleihe**) vorsieht, z. B. in Form von sog. Vorstandsdoppelmandaten (vgl. zu den dabei entstehenden Problemen *Hüffer* § 76 AktG Rdn. 17ff. m. weit. Nachw. und MünchKommAktG/*Hefermehl/Spindler* § 76 Rdn. 43ff.) oder als Geschäftsführer bei einer nach- oder vorgeschalteten GmbH (zu den dabei entstehenden Problemen vorwiegend steuerrechtlicher Natur, z. B. Betriebsausgabenabzug, verdeckte Gewinnausschüttung und verdeckte Einlage, vgl. *Fischer/Harth/Meyding* BB 2000, 1097). Ob und inwieweit eine derartig mögliche Festlegung im Dienstvertrag des Vorstandsmitglieds sinnvoll ist, bleibt eine Frage des Einzelfalls. Von der Problematik der Organleihe zu trennen ist allerdings die Frage, ob und inwieweit ein Vorstandsmitglied einer herrschenden AG gehalten ist, im Rahmen seines Konzernleitungsrechts nach § 308 AktG auch die Tochterunternehmen umfassend zu leiten (sog. **Konzernleitungspflicht**, vgl. ablehnend hierzu die h. M., vgl. nur MünchKommAktG/*Hefermehl/Spindler* § 76 Rdn. 39ff.).

10. Deutscher Corporate Governance Kodex. Die individuelle Erweiterung der Pflichtenstellung des Vorstandsmitglieds empfiehlt sich auch im Zusammenhang mit den Regelungen des Deutschen Corporate Governance Kodex, insbesondere bei börsennotierten Gesellschaften.

Dieser Kodex wurde von der vom Bundesministerium für Justiz zum Zweck der Erarbeitung dieses Kodex eingesetzten Regierungskommission verabschiedet und gilt derzeit in seiner Fassung vom 21. Mai 2003. Damit sollen nicht nur die in Deutschland geltenden Regeln für Unternehmensleitung und -überwachung für nationale und internationale Investoren transparent gemacht, sondern auch das Vertrauen in die Unternehmensführung deutscher Gesellschaften gestärkt werden. Die Regelungen des Kodex selbst sind zwar ohne eigene Bindungswirkung. Jede börsennotierte Gesellschaft ist aber nach § 161 AktG verpflichtet, jährlich eine Erklärung darüber abzugeben, ob und inwieweit sie die Regelungen des Deutschen Corporate Governance Kodex beachtet (sog. Entsprechenserklärung). Unabhängig von der (aus unternehmenspolitischer Sicht zu beantwortenden) Frage, ob und inwieweit eine Gesellschaft hier entsprechen soll und will, muss aber zumindest sichergestellt sein, dass die einzelnen Vorstandsmitglieder individualvertraglich verpflichtet sind, dessen Einhaltung zu ermöglichen. Deshalb ist im Formular auch vorgesehen, dass das Vorstandsmitglied alle Anstrengungen zu unternehmen und gegebenenfalls notwendig werdende Erklärungen und Zustimmungen zu erteilen bzw. Handlungen vorzunehmen hat, damit der Gesellschaft die Einhaltung des jeweils geltenden Deutschen Corporate Governance Kodex möglich wird. Auch für nicht börsennotierte Gesellschaften, die zumindest einen Börsengang planen, kann eine solche Formulierung sinnvoll sein.

11. Vertretung. Der Gesetzgeber sieht vor, dass die (im Außenverhältnis bestehende) gesetzliche Vertretungsmacht des Vorstandsmitglieds grundsätzlich unbeschränkt (mit der Ausnahme nach § 112 AktG, wonach der Aufsichtsrat die Gesellschaft gegenüber den Vorstandsmitgliedern vertritt – und damit wie vorliegend auch beim Abschluss des vorliegenden Dienstvertrags mit einem Vorstandsmitglied, vgl. Anm. 50) sowie auch unbeschränkbar (§§ 78 Abs. 1, 82 Abs. 1 AktG) ist.

Das Aktienrecht sieht darüber hinaus auch die gemeinschaftliche Ausübung der Vertretungsmacht vor (§ 78 Abs. 2 S. 1 AktG). Von dieser gemeinschaftlichen Ausübungsbefugnis kann nur durch die Satzung (durch explizite Regelung oder Ermächtigung des Aufsichtsrates) abgewichen werden. Die im vorgelegten Formular hierzu vorgesehene Regelung geht vom

Vorliegen einer solchen Satzungsbestimmung aus und nimmt hierauf Bezug. Das Vorstandsmitglied vertritt danach die Gesellschaft gemäß der jeweils geltenden Satzung.

In der Satzung selbst können u. a. folgende Alternativen geregelt sein: Einzelvertretung, unechte Gesamtvertretung (in Gemeinschaft mit einem Prokuristen), modifizierte Gesamtvertretung, wonach eine bestimmte Zahl von Vorstandsmitgliedern Gesamtvertretung hat (z. B. Vertretung durch zwei Vorstandsmitglieder). Der Arbeitsdirektor darf allerdings auch in diesem Zusammenhang nicht benachteiligt werden (vgl. im Einzelnen: ErfKomm/*Oetker* § 33 MitbestG Rdn. 9 f.). Ist in der Satzung geregelt, dass der Aufsichtsrat selbst zur Vornahme einer Vertretungsregelung befugt ist, kann auch der Aufsichtsrat die Vertretungsbefugnis einzelner Vorstandsmitglieder unmittelbar regeln. Vorsicht ist dann allerdings geboten, eine bestimmte Form der Vertretungsmacht direkt im Anstellungsvertrag festzuschreiben. So werden z. B. Vorstandsmitglieder mit entsprechender Verhandlungsmacht oftmals darauf bestehen, Einzelvertretungsmacht zu erhalten. Wird ihnen im Anstellungsvertrag diese auch zugesagt, schließt dies für die Zukunft in gesellschaftsrechtlicher Hinsicht den Entzug der Einzelvertretungsmacht zwar nicht aus. Das Vorstandsmitglied könnte dann jedoch wegen seines nicht erfüllten individualvertraglichen Anspruchs hierauf seinen Dienstvertrag aus wichtigem Grund kündigen und gegebenenfalls etwaige Schadensersatzansprüche geltend machen (§§ 626 Abs. 1, 628 BGB). Sollen die Vertretungsbefugnisse des Vorstandsmitglieds im Dienstvertrag geregelt sein, empfiehlt sich jedenfalls aus Sicht der Gesellschaft eine Formulierung im Sinne eines Änderungsvorbehalts, so dass eine etwaige Änderung der Vertretungsbefugnisse auch individualvertraglich abgesichert ist.

12. Geschäftsführung. Darüber hinaus ist im Formular auch klargestellt, dass die im Innenverhältnis bestehende (und grundsätzlich gemeinschaftliche) **Geschäftsführungsbefugnis** des Vorstandsmitglieds bei den durch Satzung oder Beschluss des Aufsichtsrats bestimmten Geschäften von der vorherigen schriftlichen Zustimmung des Aufsichtsrats abhängig ist (§ 111 Abs. 4 AktG). Hier ist auch zu beachten, dass bei bestimmten grundlegenden Geschäften die Hauptversammlung anzurufen ist (§ 119 Abs. 2 AktG). Noch weitergehende Beschränkungen sind möglich (§§ 77, 82 Abs. 2 AktG) – und könnten auch im Anstellungsvertrag vereinbart werden. Denn ein Vorstandsmitglied muss die in seinem Dienstvertrag vereinbarten Pflichten gegenüber der Gesellschaft einhalten, soweit diese nicht zwingenden gesetzlichen Regelungen oder der Satzung widersprechen.

13. Weisungsfreiheit des Vorstandsmitglieds. Im Formular ist auf die Einführung von sog. Berichtspflichten und damit der Statuierung von Weisungsbeziehungen verzichtet worden. Denn nach der Konzeption des Aktiengesetzes leitet der Vorstand als Entscheidungszentrum die Gesellschaft in eigener Verantwortung sowie in eigener Initiative (§ 76 Abs. 1 AktG). Die Definition der Geschäftspolitik, die Durchführung ihrer Umsetzungsmaßnahmen (§ 77 Abs. 1 S. 2 AktG) sowie die Vertretung gegenüber Dritten obliegen danach ausschließlich dem Vorstand. Die anderen Organe der AG (Aufsichtsrat und Hauptversammlung) sind von der Leitung ausgeschlossen; der Vorstand handelt selbständig, aus eigener Initiative und nach seinem eigenen Ermessen – aber stets im Interesse der Gesellschaft. Anders als der Geschäftsführer einer GmbH ist ein Vorstandsmitglied daher auch nicht gehalten, ihm erteilte (allgemeine oder Einzel-)**Weisungen** zu befolgen. Eine solche Weisungsabhängigkeit darf auch nicht im Anstellungsvertrag – weder unmittelbar noch mittelbar – vereinbart werden. Eine hierauf gerichtete Regelung wäre wegen eines Verstoßes gegen § 76 Abs. 1 AktG unwirksam.

Weder die Hauptversammlung noch der Aufsichtsrat – genauso wenig wie z. B. ein Großaktionär – können dem Vorstand bzw. einem Vorstandsmitglied daher verbindliche Anweisungen erteilen. Auch gegenüber einem herrschenden Unternehmen besteht grundsätzlich keine Verpflichtung, etwaig erteilte Anordnungen zu befolgen (z. B. im nur faktischen Konzern). Allein der Aufsichtsrat kann (zumindest partiell und mittelbar) in die Geschäftsführung eingreifen, indem bestimmte Arten von Geschäften durch die Satzung oder einen Beschluss von seiner Zustimmung abhängig gemacht werden dürfen.

Allein im Ausnahmefall des Vorliegens eines Beherrschungsvertrages (§ 308 AktG) bzw. bei einer Eingliederung der Gesellschaft (§ 323 Abs. 1 AktG) sind Regelungen im Anstellungsvertrag zulässig, die bestimmte **Berichtspflichten** des Vorstandsmitglieds vorsehen. In einem sol-

1. Dienstvertrag für ein Vorstandsmitglied einer AG   **B. II. 1**

chen Fall sollte geregelt werden, an wen das Vorstandsmitglied über welche Themen und in welchen Zeiträumen zu berichten hat.

Optional:
Das Vorstandsmitglied berichtet in jedem Quartal – vorbehaltlich einer anderweitigen Bestimmung durch den Aufsichtsrat der Gesellschaft – an den CEO der …… Corp., USA, in ……, gegenwärtig Herr …… .

Bei der Festschreibung einer Berichtspflicht empfiehlt sich, die Festlegung nur auf bestimmten Positionen bzw. Funktion im Konzern zu beziehen, nicht hingegen auf einzelne Personen. In den Einstellungsverhandlungen wird das Vorstandsmitglied auch häufig Wert darauf legen, nur direkt an die Konzernleitung berichten zu müssen – und dies im Dienstvertrag fixiert wissen wollen. Die Intention ist dabei, einer späteren „Degradierung" vorzubeugen.

14. Dienstsitz. Der Dienstort kann für das Vorstandsmitglied – von der Ausnahme spezialgesetzlicher Regelungen im Finanzdienstleistungsbereich abgesehen – individuell und grundsätzlich frei vereinbart werden. Dabei sind nur mögliche aufenthaltsrechtliche Beschränkungen zu beachten und steuerrechtliche Implikationen zu berücksichtigen.

Zur Sicherstellung einer effizienten Unternehmensführung empfiehlt sich jedoch, die – hier im Formular auch so formulierte – Festlegung des Dienstortes auf den tatsächlich gewünschten Einsatzort (und damit i. d. R. auf den satzungsmäßigen Sitz der Gesellschaft) vorzusehen. Sofern der Wohnsitz des Vorstandsmitglieds davon abweicht, kann dem Vorstandsmitglied auch eine Übergangszeit bis zu seinem Umzug eingeräumt werden; im Einzelfall werden damit gegebenenfalls auch zusätzliche Umzugsregelungen und die Finanzierung von Familienheimfahrten zum Inhalt der Vertragsverhandlungen.

Mit der hier vorgeschlagenen Formulierung könnte die Gesellschaft aber über eine Verlegung des satzungsmäßigen Sitzes auch jederzeit den Dienstort verändern. Dies wird nicht jedes Vorstandsmitglied akzeptieren. Liegt beispielsweise eine besondere örtliche Bindung vor, wird das Vorstandsmitglied bei den Verhandlungen darauf bestehen, dass der Dienstsitz am gegenwärtigen Sitz der Gesellschaft festgeschrieben ist oder jedenfalls die zusätzliche Erklärung in den Vertrag aufgenommen wird, wonach die Gesellschaft gegenwärtig keine Pläne hat, ihren Sitz zu verlegen – auch wenn dies letztlich kaum eine rechtliche Bindungswirkung haben wird.

15. Dauer des Dienstvertrags. Wird – wie im Formular vorgesehen – die Laufzeit des Dienstvertrags an die Dauer der Bestellung zum Vorstandsmitglied gebunden, wird damit gleichzeitig die gesetzliche Vorgabe erfüllt, dass für die Dauer des Dienstvertrags die gesetzlichen Regelungen der Bestellung entsprechende Anwendung finden sollen (§ 84 Abs. 1 S. 5 AktG). Danach darf die Bestellung zum Vorstandsmitglied (und damit auch die Laufzeit des Dienstvertrags) für längstens fünf Jahre erfolgen (§ 84 Abs. 1 S. 1 bis 4 AktG), eine längere Bestellung (z.B. auf sieben Jahre) wäre für den den 5-Jahres-Zeitraum übersteigenden Teil nichtig (§§ 134, 139 BGB). Die Ausnutzung dieser gesetzlichen Höchstgrenze ist aber allenfalls in Großunternehmen noch als üblich zu bezeichnen; insbesondere bei den sog. „start ups" werden Vorstandsmitglieder nur für kürzere Zeiträume (z.B. zwei bis drei Jahre) bestellt.

Typischerweise wird das Vorstandsmitglied versuchen, für einen möglicht langen Zeitraum bestellt zu werden (und damit eine entsprechend lange Festlaufzeit des Anstellungsvertrags zu erreichen). Die Gesellschaft wird demgegenüber eher das Interesse haben, die Laufzeit kürzer zu gestalten. Dabei existiert grundsätzlich keine gesetzliche Untergrenze; allerdings widerspräche eine sehr kurze Bestellungsdauer auch den Prinzipien des Aktienrechts, wonach der Vorstand (anders als die Geschäftsführung einer GmbH) nur dann die für eine ordnungsgemäße Geschäftsführung notwendige Unabhängigkeit hat, wenn die Dauer seiner Bestellung eine gewisse Mindestdauer aufweist. Generell wird hierfür die Untergrenze bei einem Jahr gezogen. Daneben würde aber auch praktisch kein Vorstandsmitglied eine solche „*Probezeit*" (z.B. von nur sechs Monaten) akzeptieren.

Ist die Amtszeit abgelaufen, wird grundsätzlich ein Neubestellungsbeschluss nötig, bleibt aber auch möglich (sog. **wiederholte Bestellung**). Oftmals verlangen Vorstandsmitglieder in ihrem Dienstvertrag eine Regelung, zu welchem Zeitpunkt der laufenden Bestellungsperiode ein solcher Verlängerungsbeschluss von der Gesellschaft getroffen werden muss. Dadurch soll – angesichts der mit der Frage der Verlängerung verbundenen Unsicherheit – vor allem die Zukunftsplanung der Vorstandsmitglieder ermöglicht werden. Eine diesbezügliche Festlegung ist möglich, muss aber berücksichtigen, dass ein Verlängerungsbeschluss erst ein Jahr vor Ablauf der bisherigen Amtszeit gefasst werden darf (§ 84 Abs. 1 S. 3 AktG), es sei denn, die ursprüngliche Bestellung war für eine kürzere Zeit als fünf Jahre erfolgt und der beanspruchte Verlängerungsbeschluss bestellt nur bis zur Gesamtdauer von fünf Jahren. Wird ein solcher Neubestellungsbeschluss getroffen, gilt der Anstellungsvertrag jedoch nicht automatisch weiter. Ein neuer Vertrag wäre auszuhandeln und abzuschließen. Allerdings kann bereits im „ersten" Dienstvertrag vorgesehen werden, dass dieser auch für den Zeitraum einer etwaigen neuerlichen Bestellung gelten soll. Das Formular regelt diesen Fall – und sieht dementsprechend eine derartige „Weitergeltung" vor.

Die Vereinbarung einer **automatischen Verlängerung** der Bestellung (z. B. sofern keine entsprechende Erklärung der Gesellschaft bis zu einem bestimmten Zeitpunkt erfolgt) ist allerdings nur zulässig, wenn die ursprüngliche Bestellungszeit kürzer als fünf Jahre war und allenfalls bis zur Gesamtzeit von fünf Jahren verlängert werden soll (§ 84 Abs. 1 S. 4 AktG). Über eine solche Verlängerungsklausel kann damit in Verbindung mit einer nur z. B. ein- bis zweijährigen Bestellung indirekt eine „probezeitähnliche" Konstellation vereinbart werden. In diesem Fall sollte der Anstellungsvertrag auch vorsehen, dass der Anstellungsvertrag bis zum Ablauf der Verlängerung weitergilt.

16. Kündigung. Grundsätzlich endet das Anstellungsverhältnis mit dem Ende der Laufzeit des Dienstvertrags. Im Formular ist die Laufzeit des Dienstvertrags mit der in der Präambel beschriebenen Bestellungszeit harmonisiert – und verlängert sich nur im Fall der neuerlichen Bestellung (vgl. § 84 Abs. 1 S. 4 AktG).

Im Normalfall ist eine **ordentliche** Kündigung eines befristeten Dienstverhältnisses ausgeschlossen. Der Ausschluss des ordentlichen Kündigungsrechts kann auch ausdrücklich in den Vertragstext aufgenommen werden, gilt aber bei einer Befristung der Vertragslaufzeit jedenfalls als konkludent vereinbart. Dies entspricht regelmäßig auch dem Interesse des Vorstandsmitglieds. Will die Gesellschaft ein solches ordentliches Kündigungsrecht gleichwohl im Dienstvertrag verankert sehen, muss diese Kündigungsmöglichkeit zum einen ausdrücklich und für beide Vertragsparteien vereinbart werden. Bei der Vereinbarung eines ordentlichen Kündigungsrechts ist aber zum anderen auch zu beachten, dass seine Ausübung seitens der Gesellschaft aus aktienrechtlichen Grundsätzen (vgl. § 84 Abs. 3 AktG) allenfalls zulässig sein wird, wenn gleichzeitig die Voraussetzungen für den Widerruf der Bestellung erfüllt sind (vgl. hierzu *Lutter/Krieger* Rdn. 406 m. weit. Nachw.). Das Anstellungsverhältnis kann aber – unabhängig von der ausdrücklichen (deklaratorischen) Vertragsbestimmung – stets **außerordentlich** aus wichtigem Grund (§ 626 BGB) gekündigt werden. Dabei stellt aber ein wichtiger Grund zur Abberufung als Organ nicht auch automatisch einen wichtigen Grund i. S. d. § 626 BGB zur Beendigung des Anstellungsvertrags dar.

Zu beachten ist bei einer ordentlichen wie auch außerordentlichen Kündigungserklärung, dass die **Schriftform** grundsätzlich nicht einzuhalten wäre. § 623 BGB gilt nicht bei Dienstverträgen. Im Anstellungsvertrag sollte daher – insbesondere zu Nachweiszwecken – die Einhaltung der Schriftform für die Kündigungserklärung vereinbart werden. Dementsprechend ist dies auch im Formular so vorgesehen. Zur Kündigung ist im Übrigen allein der **Aufsichtsrat** berechtigt (vgl. § 112 AktG).

Unabhängig von diesen Fragestellungen gilt auch, dass das **KSchG** auf Organmitglieder **nicht anwendbar** ist (§ 14 Abs. 1 Nr. 1 KSchG); d. h. auch Abmahnungen oder Anhörungen sind entbehrlich. Vorstandsmitglieder versuchen sich daher durch die Vereinbarung möglichst langer Vertragslaufzeiten zu schützen. Stellt sich die Durchsetzung dieser Position als schwierig heraus, werden sie zumindest eine finanzielle Vorab-Kompensation für den nicht bestehenden Kündigungsschutz zu erlangen suchen (z. B. Festlegung einer Abfindung im Fall einer Nicht-Verlängerung der Vorstandstätigkeit).

Eine denkbare Gestaltung besteht darin, das grundsätzlich vom Bestehen der Organstellung unabhängige Anstellungsverhältnis an die Bestellung (als auflösende Bedingung) zu koppeln (sog. **Kopplungsklausel,** vgl. grundlegend zur Problematik: BGH Urt. v. 29. 5. 1989 – II ZR 220/88 – NJW 1989, 2683 und *Bauer/Diller* GmbHR 1998, 809 zur Frage der Zulässigkeit von Kopplungsklauseln bei langfristigen Anstellungsverträgen von Organmitgliedern in Verbindung mit umfassenden Regelungen zur Kündigung). Das Anstellungsverhältnis endet dann bei einem Widerruf der Organstellung bzw. einer Amtsniederlegung und – bei fehlender anderweitiger Regelung – auch erst nach Ablauf der Frist des § 622 Abs. 1 und 2 BGB. Andernfalls müssten die gesellschaftsrechtlichen Erklärungen zum Widerruf bzw. zur Amtsniederlegung dahingehend ausgelegt werden, ob sie einen kündigungsrechtlich relevanten Inhalt haben.

> *Optional:*
> Im Fall des Widerrufs der Bestellung zum Vorstandsmitglied oder einer Amtsniederlegung durch das Vorstandsmitglied endet dieser Dienstvertrag mit Ablauf des dem Widerruf der Bestellung oder der Amtsniederlegung folgenden Kalendermonats.

Bei Kopplungsklauseln stellt sich aber stets die Frage, ob sich das Vorstandsmitglied auf eine derartige Gestaltung praktisch einlassen wird bzw. will. Denn eine solche Regelung läge allein im Interesse der Gesellschaft.

Unabhängig von den vorgeschlagenen Regelungen zur Beendigung des Dienstverhältnisses bleibt zu beachten, dass bei der vorzeitigen Beendigung der Vorstandstätigkeit das Dienstverhältnis im Regelfall einvernehmlich mit einem im Einzelnen ausgehandelten **Aufhebungsvertrag** (vgl. Form. B. II. 3) beendet wird.

17. Umwandlung. Auch für die im Einzelfall denkbaren Fälle einer Umwandlung (z. B. Verschmelzung, Spaltung, Formwechsel) kann für das rechtliche Schicksal des Anstellungsverhältnisses bereits im Dienstvertrag des Vorstandsmitglieds selbst eine Lösung vorgesehen werden. Grundsätzlich muss dabei unterschieden werden, ob der etwa geplante Umwandlungsvorgang zum Erlöschen des Rechtsträgers führt oder seinen Fortbestand zulässt. Daneben ist stets zwischen der organschaftlichen Position einerseits und dem Schicksal des Dienstvertrags und damit dem Anstellungsverhältnis andererseits zu trennen. Erlischt z. B. eine Gesellschaft infolge Verschmelzung, endet die Organstellung des Vorstandsmitglieds automatisch infolge des Wegfalls der Existenz der Gesellschaft. Demgegenüber geht der Anstellungsvertrag als Bestandteil des Vermögens der Gesellschaft im Wege der Gesamtrechtsnachfolge auf den übernehmenden Rechtsträger über (vgl. für die Verschmelzung: § 20 Abs. 1 Nr. 1 UmwG). Ob hier die Bindung „für die Dauer der Bestellung" auch im Fall der **Umwandlung** der Gesellschaft und bei automatischem Wegfall der Organstellung gilt oder ob die Umwandlung als solche einen außerordentlichen Kündigungsgrund darstellt, ist streitig (vgl. hierzu auch BGH Urt. v. 12. 5. 1997 – II ZR 50/96 – NJW 1997, 2319).

Im Formular wurde auf eine Formulierung für diese Problemstellung verzichtet, da Inhalt und Ausgestaltung zu stark von den jeweiligen Umständen des Einzelfalls sowie den dabei bestehenden Interessenlagen geprägt sind. So kann etwa bei einer Abspaltung bzw. Ausgliederung eines Geschäftsbereichs ein Interesse der (in ihrer Rechtsform weiter bestehenden) Gesellschaft daran bestehen, das an sich im Amt verbliebene Vorstandsmitglied infolge der veränderten Umstände abberufen zu wollen. Auch wenn dies gesellschaftsrechtlich möglich wäre, wird nur im Ausnahmefall auch ein kündigungsrechtlich relevanter Grund für eine außerordentliche Kündigung des Anstellungsverhältnisses bestehen. Für diesen Fall und je nach Verhandlungssituation kann daher z. B. ein ordentliches (Sonder-)Kündigungsrecht (einer/beider Vertragsparteien) oder eine Kopplungsklausel vereinbart werden. Allerdings wird sich das Vorstandsmitglied eine solche Regelung im Regelfall „abkaufen" lassen (z. B. durch eine großzügige Abfindung bei tatsächlichem Eintritt des „Sicherungsfalles").

18. Change-of-Control. Im Formular wurde auch auf die Formulierung einer sog. Change-of-Control-Klausel verzichtet. Solche Regelungen sind nicht generell, aber doch gegebenenfalls im Einzelfall sinnvoll, um qualifizierte Vorstandsmitglieder auch für übernahmegefährdete Gesellschaften gewinnen zu können oder das Management auch in lebhaften Übernahmemärkten langfristig an das Unternehmen zu binden. Diese Klauseln beinhalten zumeist feste Versprechen der Gesellschaft, bei einem Wechsel der Kontrolle über die Gesellschaft bestimmte finanzielle Leistungen zu erbringen, z. B. die Zusage umfangreicher **Entschädigungs- bzw. Abfindungszahlungen** oder die Einräumung von im Fall des Change-of-Control sofort ausübbaren Aktienoptionen (vgl. auch zu den aktien- und kapitalmarktrechtlichen Problemen: *Dreher* AG 2002, 214). Im Zusammenhang mit derartigen Klauseln kann aber auch der Schutz der Dispositionsfreiheit der Vorstandsmitglieder im Fall eines von ihnen nicht gewünschten Wechsels der Kontrollverhältnisse im Vordergrund stehen (z. B. durch Gewährung eines **Sonderkündigungsrechts** für das Vorstandsmitglied samt Abfindung bzw. auch des Rechts, sich mit sofortiger Wirkung von einem nachvertraglichen Wettbewerbsverbot lösen zu können). Denn der bloße Wechsel der Anteilseigner berührt Organstellung wie auch Anstellungsverhältnis des Vorstandsmitglieds grundsätzlich nicht. In derartigen Klauseln sind aus Gründen der Rechtssicherheit insbesondere der Tatbestand eines Kontrollwechsels, der genaue Zeitpunkt des Kontrollerwerbs sowie die sonstigen Voraussetzungen des Anspruchs genau zu definieren. Für die möglichen Tatbestände eines Kontrollwechsels empfiehlt sich eine Anknüpfung an gesetzlich normierte Tatbestände (z. B. Erwerb von mehr als 25 % der Aktien bzw. Stimmrechte nach § 20 Abs. 1 AktG bzw. 21 Abs. 1 WpHG). Die Höhe der in diesem Zusammenhang an das Vorstandsmitglied zu gewährenden Leistungen unterliegt (auch) einer Angemessenheitsbetrachtung nach allen Umständen des Einzelfalls (§ 87 Abs. 1 AktG, a. A. kein Vergütungscharakter, sondern Versorgungsleistung).

Unabhängig von der Ausgestaltung im Einzelfall empfiehlt sich bei der Anwendung dieses Instruments eine gewisse Vorsicht. Das darin enthaltene Leistungsversprechen kann bei dem betroffenen Vorstandsmitglied gerade auch zu einem Verhalten führen, das auf die Herbeiführung eines Kontrollwechsels gerichtet ist. Je nach Höhe des gewährten Leistungsversprechens können auch potentielle Unternehmenskäufer hiervon abgeschreckt werden.

Die Problematik von Change-of-Control-Klauseln, die bereits bei Abschluss des Dienstvertrags mit dem Vorstandsmitglied vereinbart werden, ist zu trennen von der Fragestellung, ob und in welcher Höhe rückwirkend sog. Anerkennungs- und Abfindungszahlungen (**„Appreciation Awards"**) geleistet werden können bzw. auch dürfen (z. B. bei der Abwehr von feindlichen Übernahmeversuchen, vgl. hierzu *Liebers/Hoefs* ZIP 2004, 97 und *Spindler* DStR 2004, 36).

19. Freistellung. Nach der im Formular vorgesehenen Regelung ist der Gesellschaft das Recht eingeräumt, im Fall eines Widerrufs der Vorstandsbestellung bzw. einer sonstigen Beendigung der Organstellung das Vorstandsmitglied von seinen dienstvertraglichen Pflichten unter Fortzahlung der Vergütung und unter Anrechnung der Urlaubsansprüche (unwiderruflich) freizustellen. Diese Festlegung empfiehlt sich vor allem bei Fehlen einer Kopplungsklausel. Denn sofern eine solche nicht besteht, ändert auch ein Widerruf der Bestellung grundsätzlich nichts am Bestand des Dienstverhältnisses. Dies gilt insbesondere dann, wenn schon kein wichtiger Grund für eine außerordentliche Kündigung vorliegt. Danach könnte das Vorstandsmitglied aber einen schuldrechtlichen Anspruch auf ein dem Anstellungsvertrag entsprechendes Tätigwerden geltend machen. Auch wenn hier mit guten Argumenten ein solcher Beschäftigungsanspruch zurückgewiesen werden könnte, sollten jegliche dahingehende Streitigkeiten vermieden werden.

Bei der Regelung selbst ist zu entscheiden bzw. konkret mit dem Vorstandsmitglied auszuhandeln, ob während der Freistellung nur das Festgehalt oder auch variable Gehaltsbestandteile bzw. andere Leistungen weitergezahlt werden sollen. Ein Sonderproblem ergibt sich dabei zumeist im Zusammenhang mit der erfolgsbezogenen Vergütung des Vorstandsmitglieds: Denn es liegt im Interesse der Gesellschaft, erfolgsbezogene variable Vergütungsbestandteile für Zeiten der Freistellung nicht zu gewähren. Hiergegen wird sich das Vorstandsmitglied in den Vertragsverhandlungen wenden – auch abhängig vom Anteil der variablen an der Gesamtvergütung. Je nach Verhandlungsstärke der Vertragsparteien können auch vermittelnde Lösungen formuliert werden, z. B. dahingehend, dass ein bestimmter Prozentsatz der variablen Vergütung auch im Fall der Freistellung geschuldet wird.

Zu Klarstellungszwecken kann auch die Anwendbarkeit von **§ 615 S. 2 BGB** zur Anrechnung anderweitiger Bezüge vereinbart werden (vgl. ausführlich zur Gesamtproblematik der Anwendung der Verzugsregeln bei Vorstandsmitgliedern: *Fonk* NZG 1998, 408).

Darüber hinaus werden Vorstandsmitglieder, die sich „sehr stark" fühlen und der Meinung sind, jederzeit im Markt wieder eine adäquate Position finden zu können, versuchen, sich im

1. Dienstvertrag für ein Vorstandsmitglied einer AG　　　　　　　　　　**B. II. 1**

Fall einer Freistellung das Recht zur sofortigen und damit vorzeitigen Beendigung des Dienstvertrags geben zu lassen. Denkbar ist auch, dass sie dieses Recht zunächst daran binden, dass die Freistellung eine bestimmte Zeitdauer überschreitet. Hiermit wollen Vorstandsmitglieder vor allem verhindern, durch eine ggf. länger andauernde Freistellung zu lange von ihrer Vorstands- bzw. Managertätigkeit ferngehalten zu werden. Insbesondere wollen sie nicht ihren „Marktwert" verlieren. Eine Lösung kann darin liegen, dem Vorstandsmitglied im Fall einer Freistellung ein **Sonderkündigungsrecht** einzuräumen – allerdings unter Bindung an eine bestimmte Kündigungsfrist. Sofern die Vertragsparteien eine solche Gestaltung in Erwägung ziehen, müssen aber zwei Folgefragen geklärt werden: Zum einen ist eine Antwort darauf zu finden, ob bei Inanspruchnahme des geregelten Sonderkündigungsrechts dem Vorstandsmitglied die ansonsten bis zum Ablauf der Laufzeit des Vertragsverhältnisses noch geschuldete Vergütung gezahlt werden muss (z. B. als Abfindung). Dies will die Gesellschaft regelmäßig nicht im Vertrag geregelt sehen. Setzt sich hier die Gesellschaft durch, stellt sich aber die weitere Frage, inwieweit das Vorstandsmitglied seinerseits das Recht der Gesellschaft zur Freistellung beschränken kann. Denn ist das Recht zur Freistellung für die Gesellschaft ohne weiteres gewährt, kann sie in beliebiger Weise das Vorstandsmitglied von seiner Vorstandstätigkeit freistellen – und so das Vorstandsmitglied zur Sonderkündigung zwingen. Diese hat dann für das Vorstandsmitglied wiederum den Verlust der ansonsten nach dem Dienstvertrag geschuldeten Vergütung zur Folge. Eine Lösung kann hier in der Vereinbarung einer (zusätzlichen) Entschädigungsregelung liegen.

20. Altersbefristung. Oftmals besteht bei Gesellschaften die Tradition, dass ab einem bestimmten Alter eine Vorstandstätigkeit nicht mehr ausgeübt werden soll. Über die in der Praxis übliche und deswegen auch im Formular vorgesehene Altersbefristung können sich die Vertragsparteien im Bedarfsfall aber stets einvernehmlich hinwegsetzen.

21. Dauernde Dienstunfähigkeit. Soweit die Vertragsparteien die (im Formular vorgeschlagenen und üblichen) Regelungen zur Beendigung des Dienstvertrags bei einer dauernden Dienstunfähigkeit des Vorstandsmitglieds tatsächlich in den Dienstvertrag aufnehmen, sind die vorgeschlagenen Fristen und Termine Verhandlungssache. Unabhängig davon gilt allerdings, dass eine dauernde Dienstunfähigkeit i. d. R. auch einen wichtigen Grund für den Widerruf der Organstellung bildet.

22. Bezüge bzw. Vergütung. Die im Formular vorgesehene Vergütungsregelung stellt nur einen Vorschlag dar. Für die Ausgestaltung von Vorstandsvergütungen existieren keine festen Regeln, allenfalls branchen- oder unternehmensbezogene Üblichkeiten.

Struktur wie auch Höhe der Vergütung eines Vorstandsmitglieds unterliegen der (beinahe völlig) freien Vereinbarung der Vertragsparteien. Lediglich in Bezug auf die Höhe der Vergütung besteht die gesetzliche Bindung an einen (allerdings sehr unbestimmten) **Angemessenheitsmaßstab** (§ 87 Abs. 1 S. 1 AktG). Danach muss ein angemessenes Verhältnis zwischen den Gesamtbezügen des Vorstandsmitglieds (Gehalt, Gewinnbeteiligungen, Aufwandsentschädigungen, Versorgungsbezüge sowie Versicherungsentgelte, Provisionen und Nebenleistungen jeder Art), den Aufgaben des Vorstandsmitglieds und der Lage der Gesellschaft bestehen (vgl. zum Maßstab der Angemessenheit und seinen Einflussfaktoren: *Spindler* DStR 2004, 36). Allerdings bleibt die Vereinbarung unangemessener Bezüge wirksam und auch möglich. Denn die Vorschrift des § 87 AktG begründet keinen Anspruch des Vorstandsmitglieds auf eine angemessene Vergütung. Sie bindet lediglich den Aufsichtsrat gegenüber der Gesellschaft; eine insoweit erfolgende Nichtbeachtung würde daher allenfalls zu Schadensersatzansprüchen der Gesellschaft gegen den Aufsichtsrat führen. Dementsprechend ist der Aufsichtsrat auch zur Herabsetzung der Bezüge bei einer wesentlichen Verschlechterung der Verhältnisse der Gesellschaft verpflichtet (§ 87 Abs. 2 AktG). Die Vorschrift des § 87 AktG dient somit dem Schutz der Gesellschaft und ihrer Gläubiger; allerdings beeinflusst sie die Praxis kaum (vgl. aber zu möglichen Handlungsoptionen zur Sicherstellung der Angemessenheit: *Thüsing* DB 2003, 1612). So kann im Übrigen auch eine unangemessene niedrige Vorstandsvergütung vereinbart werden – bis hin zur Grenze der Sittenwidrigkeit (§ 138 BGB). Neben dieser (einzigen) gesetzlichen Vorgabe sieht der Deutsche Corporate Governance Kodex vor, dass die Gesamtvergütung der Vorstandsmitglieder **fixe und variable** Bestandteile umfassen soll.

Die variablen Vergütungsteile sollen dabei einmalige sowie jährlich wiederkehrende, an den geschäftlichen Erfolg gebundene Komponenten und auch Komponenten mit langfristiger Anreizwirkung und Risikocharakter enthalten.

Die im Formular formulierte Vergütungsregelung trägt dieser (allerdings bereits in der Praxis völlig üblichen Strukturierung) Rechnung. Neben einem **Festgehalt** wird dem Vorstandsmitglied daneben eine jährliche **erfolgsabhängige Vergütung** gewährt.

Ob, inwieweit und in welchem Verhältnis feste regelmäßige, feste einmalige (z. B. Urlaubs- und Weihnachtsgelder) oder variable einmalige Vergütungen, jeweils dynamisiert oder zeitlich gestaffelt, gewährt werden sollen, bleibt offen. Dies ist auch vom Unternehmen (vor allem: Größe, Branche und Ertragslage sowie gegebenenfalls bestehende auch konzernweite Vergütungsstrukturen) abhängig und richtet sich insbesondere nach Qualifikation, Erfahrung, Marktwert, konkreter Verhandlungslage sowie Dauer der Zugehörigkeit des Vorstandsmitglieds zur Gesellschaft. Darüber hinaus existieren für variable Vergütungsmodelle, insbesondere Erfolgsbeteiligungen und Tantiemen, eine Vielzahl von Gestaltungsformen, die in ihrer konkreten Ausgestaltung immer vom Einzelfall abhängen (z. B. Frage der Bindung an individuellen, Unternehmens- oder Konzernerfolg). Bei der individuellen Ausgestaltung sollten allerdings stets die mit der Gewährung von variablen Bezügen verfolgten Zielsetzungen (z. B. Stärkung der Zielorientierung, Erhöhung der Wirksamkeit der Steuerung, etc.) im Auge behalten werden. Für die Handhabbarkeit einer variablen Vergütungsregelung sind insbesondere deren verständliche und nachvollziehbare Formulierung sowie die Überprüfbarkeit der einzelnen Determinanten von zentraler Bedeutung. In diesem Zusammenhang sollten daher aber auch die Fragen der Anspruchsentstehung, der Fälligkeit sowie die Modalitäten der Auszahlung geregelt werden. Die Vereinbarung von Höchst-, aber auch Mindestgrenzen und gegebenenfalls die genaue Festlegung von Ausschlussgründen (z. B. Tod, Krankheit, Freistellung, außerordentliche Kündigung) vermeiden künftige Streitigkeiten.

Alternative:
Zusätzlich zur Vergütung nach vorstehendem Abs. (1) erhält das Vorstandsmitglied einen jährlichen Erfolgsbonus in Höhe von EUR ...... brutto (in Worten: Euro ......), der sich nach seinen persönlichen Leistungen richtet. Erreicht das Vorstandsmitglied die in der Zielvereinbarung festgelegten Ziele ganz oder teilweise nicht, hat das Vorstandsmitglied keinen Anspruch auf einen Erfolgsbonus. Die jeweiligen Einzelheiten sind in einem diesem Dienstvertrag beigefügten Muster einer Zielvereinbarung für ein Geschäftsjahr zwischen dem Aufsichtsrat der Gesellschaft und dem Vorstandsmitglied festgelegt. Die Zielvereinbarung für ein kommendes Geschäftsjahr wird entsprechend diesem Formular drei Monate vor dem Abschluss des laufenden Geschäftsjahres zwischen dem Aufsichtsrat der Gesellschaft und dem Vorstandsmitglied vereinbart und wird nach ihrer Vereinbarung zum wesentlichen Bestandteil dieses Dienstvertrags. Sofern der Aufsichtsrat der Gesellschaft mit dem Vorstandsmitglied für ein Geschäftsjahr keine Zielvorgaben festlegt, hat das Vorstandsmitglied Anspruch auf einen Erfolgsbonus in Höhe von EUR ...... brutto (in Worten: Euro ......). Ein etwaig verdienter Erfolgsbonus ist jeweils zehn Tage nach der ordentlichen Hauptversammlung der Gesellschaft fällig, die für das abgelaufene Geschäftsjahr der Gesellschaft den Jahresabschluss entgegennimmt. Wird die Bestellung zum Vorstandsmitglied im Laufe eines Geschäftsjahres gem. § 84 Abs. 3 AktG aus wichtigem Grund widerrufen, besteht für dieses Geschäftsjahr kein Anspruch auf einen Erfolgsbonus.

Alternative:
Zusätzlich zur Vergütung nach vorstehendem Abs. (1) erhält das Vorstandsmitglied eine erfolgsabhängige Prämie in Höhe von maximal EUR ...... brutto (in Worten: Euro ......) nach folgenden Bedingungen:

a) Das Vorstandsmitglied erhält diese erfolgsabhängige Prämie in Höhe von 50%, wenn das vom Aufsichtsrat der Gesellschaft für das jeweilige Geschäftsjahr verabschiedete „Geplante Betriebsergebnis" im jeweiligen Geschäftsjahr genau erreicht worden ist.

b) Das Vorstandsmitglied erhält diese erfolgsabhängige Prämie ebenfalls in Höhe von 50%, wenn das vom Aufsichtsrat der Gesellschaft für das jeweilige Geschäftsjahr verabschiedete „Geplante Betriebsergebnis" überschritten wird. In diesem Fall erhält das Vor-

1. Dienstvertrag für ein Vorstandsmitglied einer AG — B. II. 1

standsmitglied zusätzlich 2% des Betrages, um den das „Geplante Betriebsergebnis" für das jeweilige Geschäftsjahr im jeweiligen Geschäftsjahr tatsächlich überschritten wird, maximal jedoch bis zur Höhe von 50% der erfolgsabhängigen Prämie.

c) Das Vorstandsmitglied erhält keine erfolgsabhängige Prämie, wenn das vom Aufsichtsrat der Gesellschaft für das jeweilige Geschäftsjahr verabschiedete „Geplante Betriebsergebnis" im jeweiligen Geschäftsjahr nicht erreicht worden ist.

Eine etwaig verdiente erfolgsabhängige Prämie ist jeweils zehn Tage nach der Hauptversammlung der Gesellschaft fällig, die für das abgelaufene Geschäftsjahr der Gesellschaft den Jahresabschluss entgegennimmt. Wird die Bestellung zum Vorstandsmitglied im Laufe eines Geschäftsjahres gem. § 84 Abs. 3 AktG aus wichtigem Grund widerrufen, besteht für dieses Geschäftsjahr kein Anspruch auf einen Erfolgsbonus.

Bereits bei Abschluss des Dienstvertrags regelbar ist auch die Frage der Berechnung der variablen Vergütung im Fall einer **Umwandlung:** Denn mit dem Wegfall der „alten" Gesellschaft entfällt möglicherweise auch die Berechnungsgrundlage für das variable Gehalt des Vorstandsmitglieds. Für einen derartigen Fall empfiehlt es sich, zum Zwecke der Überleitung die variablen Entgeltbestandteile beispielsweise in Höhe des Durchschnitts der jeweils letzten zwei oder drei Jahre vor der Umwandlung festzuschreiben.

Das Vorstandsmitglied wird **einkommensteuerrechtlich** wie ein Arbeitnehmer behandelt (§§ 2 Abs. 1 Nr. 4, 19 EStG, Einkünfte aus nichtselbständiger Tätigkeit, Arbeitnehmer i. S. d. Lohnsteuerrechts). Bei ausländischen Vorstandsmitgliedern ist § 49 Abs. 1 Nr. 4c) EStG zu beachten. Inwieweit dieses Besteuerungsrecht zum ausländischen Besteuerungsrecht subsidiär ist, ergibt sich aus dem jeweils anwendbaren Doppelbesteuerungsabkommen mit dem jeweiligen Land. Zur Klärung der Rechtslage und zur Vermeidung haftungsrechtlicher Folgen in Bezug auf das Lohnsteuerrisiko wird die Einholung einer Freistellungsbescheinigung bzw. einer Anrufungsauskunft empfohlen (die allerdings nur Bindungswirkung gegenüber der Gesellschaft entfaltet).

23. Andere Vergütungsbestandteile. Üblich ist auch die (im Formular verwendete) Abrede, dass mit der Zahlung der (fixen und variablen) Vergütung sämtliche Dienstleistung des Vorstandsmitglieds abgegolten ist (d. h. auch Mehr-, Über-, Nacht-, Sonn- und Feiertagsarbeit).

Allerdings besteht auch die – eher unübliche – Möglichkeit, ausdrücklich die Zahlung von Zuschlägen zu vereinbaren. Nur in seltenen Fällen, aber insbesondere dann, wenn das Vorstandsmitglied zunächst Arbeitnehmer des Unternehmens war, in dem es dann zum Vorstandsmitglied bestellt wird, werden auch im Vorstandsdienstvertrag Vergütungselemente beibehalten, die das Vorstandsmitglied aus seiner Zeit als Arbeitnehmer gewohnt war (z. B. Urlaubs- und Weihnachtsgeld oder ein 13. Monatsgehalt).

Auch die Einräumung von Bezugsrechten (**Aktienoptionen** bzw. **Cash-Optionen**) hat Vergütungscharakter. Angesichts der Vielzahl betroffener Problemkreise in der Gesellschaft bzw. im Konzern (z. B. steuerrechtliche, auch bilanzielle Aspekte, vgl. auch §§ 192 Abs. 2 Nr. 3, 193 Abs. 2 AktG) bzw. der Fülle bereits bestehender unternehmensindividueller oder auch sonst denkbarer Programme (z. B. „echte" Stock-Options bzw. Stock-Appreciation-Rights (SAR) als virtuelle Optionen oder Phantom Stocks) verbieten sich allgemeine Aussagen über die Ausgestaltung vertraglicher Regelungen. Dies gilt auch vor dem Hintergrund der damit stets verbundenen steuerrechtlichen oder bilanziellen Erwägungen. Damit verbunden ist deswegen auch der Verzicht auf etwaige Formulierungsvorschläge für die Gewährung solcher Optionen im vorgelegten Formular. Zu beachten ist allerdings, dass auch die einem Vorstandsmitglied gewährten Optionen dem Angemessenheitsmaßstab des § 87 Abs. 1 S. 2 AktG entsprechen müssen (zu den mit Aktienoptionen verbundenen Problematik des „directors' dealings": *Schneider* BB 2002, 1817). Daneben ist für börsennotierte Gesellschaften im Deutschen Corporate Governance Kodex auch vorgesehen, dass die (frei gestaltbare) konkrete Ausgestaltung des Aktienoptionssystems (bzw. eines vergleichbaren Systems) in geeigneter Form bekannt zu machen ist.

Sofern die Einführung einer aktienbasierten Vergütungssystems im Unternehmen erst beabsichtigt wird, kann mit dem Vorstandsmitglied zur Schaffung einer entsprechenden Anreizwirkung eine bereits hierauf abzielende Regelung getroffen werden:

Alternative:
Die Gesellschaft beabsichtigt die Einführung eines aktienbasierten Vergütungssystems. Das Vorstandsmitglied wird an dieser aktienbasierten Vergütung der Gesellschaft teilnehmen, falls eine solche im jeweiligen Geschäftsjahr besteht. Der Umfang der aktienbasierten Vergütung des Vorstandsmitglieds und die Festlegung von deren Bedingungen liegen im freien Ermessen der Gesellschaft.

Alternative:
Im Falle eines Börsengangs der Gesellschaft erhält das Vorstandsmitglied Aktien der Gesellschaft im Rahmen einer marktüblichen Stock Option Regelung der Gesellschaft. Sollte eine solche Stock Option Regelung bei der Gesellschaft nicht zustande kommen, ist die erfolgsabhängige Vergütung nach § 3 Abs. (2) dieses Vertrages in angemessener Weise zu erhöhen.

24. Anpassung der Bezüge. Die nachträgliche Herabsetzung der Gesamtbezüge ist bereits vom Gesetzgeber in § 87 Abs. 2 AktG vorgesehen. Sie unterliegt aber strengen Voraussetzungen. Danach kann eine nachträgliche Veränderung der Aufgaben des Vorstandsmitglieds oder eine bloß ungünstige Entwicklung der Lage der Gesellschaft nicht zu einer Herabsetzung der Gesamtbezüge führen. Nur wenn sich die Verhältnisse der Gesellschaft wesentlich verschlechtert haben und die Weitergewährung der (unveränderten) Bezüge eine schwere Unbilligkeit für die Gesellschaft bedeuten würden, ist der Aufsichtsrat berechtigt, die Gesamtbezüge des Vorstandsmitglieds angemessen herabzusetzen.

Das Formular sieht allerdings einen über den gesetzlichen Anspruch hinausgehendes Recht der Gesellschaft vor: Danach hat der Aufsichtsrat der Gesellschaft neben der jährlichen Überprüfungsmöglichkeit bereits dann das Recht auf die angemessene Herabsetzung der Bezüge, wenn die Weitergewährung der Gesamtbezüge aus Sicht des Aufsichtsrats der Gesellschaft außer Verhältnis zu den Aufgaben des Vorstandsmitglieds und zur Lage der Gesellschaft steht. Diese Regelung setzt somit den gesetzlichen „Auftrag" des § 87 Abs. 1 AktG (mit all seinen Unschärfen) zur Angemessenheit der Gesamtbezüge eines Vorstandsmitglieds um – und sollte deshalb insoweit einer Inhaltskontrolle nach § 307 BGB standhalten. Von der jeweiligen Verhandlungsstärke des Vorstandskandidaten wird aber faktisch abhängen, ob eine solchermaßen weitreichende vertragliche Gehaltsanpassungsregelung auch tatsächlich durchsetzbar sein wird.

25. Einverständnis zur Offenlegung. Durch das unmittelbar vor Drucklegung dieser Anmerkungen vom Bundestag und Bundesrat beschlossene Gesetz über die Offenlegung von Vorstandsvergütungen (Vorstandsvergütungs-Offenlegungsgesetz – VorstOG) wird für börsennotierte Unternehmen vorgeschrieben, ab dem In-Kraft-Treten dieses Gesetzes die jeweiligen Vorstandsvergütungen individuell im Anhang zum Jahresabschluss bzw. Konzernabschluss anzugeben (§ 285 S. 1 Nr. 9 a HGB n. F.). Mit In-Kraft-Treten dieses Gesetzes (und damit voraussichtlich ab dem Wirtschaftsjahr 2006) dürfen diese Angaben nur unterbleiben, wenn die Hauptversammlung der Gesellschaft mit einer qualifizierten Mehrheit von drei Vierteln des bei der Beschlussfassung vertretenen Grundkapitals beschließt, von einer solchen Offenlegung abzusehen (§ 286 Abs. 5 HGB n. F.). Bei nicht-börsennotierten Unternehmen sind solche individualisierten Angaben hingegen nicht vorgeschrieben. Würde ein nicht-börsennotiertes Unternehmen diese individualisierten Angaben dennoch geben wollen, würde eine solche Veröffentlichung mangels gesetzlicher Verpflichtung hierzu einen nicht gerechtfertigten Eingriff in das allgemeine Persönlichkeitsrecht des Vorstandsmitglieds darstellen. Vor diesem Hintergrund wird die im Formular vorgesehene Zusatzregelung für nicht-börsennotierte Gesellschaften empfohlen. Danach erklärt das Vorstandsmitglied sein Einverständnis zur Offenlegung seiner Vergütung entsprechend den handelsrechtlichen Veröffentlichungspflichten für börsennotierte Aktiengesellschaften sowie den Vorgaben des jeweils geltenden Corporate Governance Kodex. Sofern die Gesellschaft damit eine individualisierte Veröffentlichung trotz fehlender gesetzlicher Regelungen beabsichtigt, kann über dieses vertragliche Einverständnis des Vorstandsmitglieds der bei einer entsprechenden Veröffentlichung erfolgende Eingriff in das Persönlichkeitsrecht des Vorstandsmitglieds gerechtfertigt werden. Im Einzelfall wird sich ein Vorstandsmitglied allerdings einer so weitgehenden Transparenz entziehen wollen und ein darauf gerichtetes Einverständnis nicht erklären.

26. Gehaltsfortzahlung bei Krankheit des Vorstandsmitglieds. Für den Krankheitsfall enthält das Formular – neben eher „organisatorischen" Pflichten des Vorstandsmitglieds (Informations- und Hinweispflichten; Vorlage eines ärztlichen Attests und Abtretung von etwaigen Schadensersatzansprüchen Dritter) – eine großzügige, allerdings in tatsächlicher Hinsicht auch übliche „Entgeltfortzahlungsregelung".

Das für Arbeitnehmer geltende Entgeltfortzahlungsgesetz findet auf Vorstandsmitglieder keine Anwendung (vgl. § 1 EFZG). Diese Nichtgeltung des EFZG hätte aber zur Folge, dass das Vorstandsmitglied eine Gehaltsfortzahlung im Krankheitsfall nur nach allgemeinen dienstvertraglichen Regeln und damit nur für eine verhältnismäßig nicht erhebliche Zeit (§ 616 BGB) fordern könnte. Angesichts der „herausgehobenen Stellung" eines Vorstandsmitglieds ist es aber gängige Praxis, im Krankheitsfall eine individualrechtliche Gehaltsfortzahlung vorzusehen, die sich i.d.R. weit über den für Arbeitnehmer geltenden Sechs-Wochen-Zeitraum erstreckt. Die dieser Praxis Rechnung tragende Formulierung im Formular wird um eine Anrechnung etwaiger krankheitsbedingter Leistungen Dritter (z.B. Krankentagegeld) ergänzt.

27. Gehaltsfortzahlung im Fall des Todes des Vorstandsmitglieds. Um im Todesfall finanzielle Härten bei den Angehörigen zu mildern bzw. zu vermeiden, ist auch eine (freiwillige) Sterbegeldvereinbarung üblich – und hier deswegen auch im Formular vorgesehen.

Denn mit dem Tod des Vorstandsmitglieds endet das Anstellungsverhältnis; Vergütungsansprüche für die Zeit nach dem Tod entstünden daher nicht. Insoweit wird mit der vertraglichen Regelung im Dienstvertrag ein eigenständiger Anspruch auf „Fortzahlung" der Festvergütung im Todesfall geschaffen. Als Anspruchsberechtigte sind die Hinterbliebenen vorgesehen. Sollte das Vorstandsmitglied im konkreten Fall allerdings nicht verheiratet sein und keine Kinder haben, kann in dieser Klausel auch geregelt werden, dass die Fortzahlung der Vergütung im Todesfall an die Erben des Vorstandsmitgliedes (als Gesamtgläubiger) gezahlt wird. Der Zeitraum, in dem das Sterbegeld an die Hinterbliebenen bzw. Erben fließen soll, unterliegt dabei der freien Vereinbarung der Vertragsparteien; die im Formular vorgesehene Zeit von drei Monaten dürfte allerdings bereits die Untergrenze des üblichen Rahmens berühren.

Sofern für das Vorstandsmitglied bei der Gesellschaft eine betriebliche Altersversorgung besteht, ist stets daran zu denken, diese mit der Sterbegeldvereinbarung zur Vermeidung von Doppel-Zahlungen zu verknüpfen. Deswegen ist mit den Musterbedingungen auch vorgesehen, dass im Zeitraum der Sterbegeldleistungen etwaige Leistungen aus der betrieblichen Altersversorgung entfallen sollen.

28. Sozial-Versicherungen. Zur Absicherung der auch für Vorstandsmitglieder bestehenden sozialen Sicherungsbedürfnisse wird üblicherweise die Übernahme bzw. Bezuschussung von Sozialversichersicherungsbeiträgen (z.B. auch für eine Risikolebensversicherung) durch die Gesellschaft vereinbart.

Gesetzliche Verpflichtungen hierzu bestehen für die Gesellschaft im Regelfall nicht. Denn sozialversicherungsrechtlich ist zu beachten, dass Vorstandsmitglieder – bezogen auf ihre jeweilige Vorstandstätigkeit in einem Unternehmen – sowohl im Bereich der gesetzlichen **Rentenversicherung** (§ 1 S. 4 SGB VI) als auch im Bereich der **Arbeitsförderung** (§ 27 Abs. 1 Nr. 5 SGB III) versicherungsfrei sind. Auch im Bereich der gesetzlichen **Kranken- und Pflegeversicherung** besteht i.d.R. generelle Versicherungsfreiheit. Denn Mitglieder des Vorstands werden infolge ihrer selbständigen Beschäftigung bei der Ausführung ihrer Tätigkeiten für die Gesellschaft nicht als Beschäftigte i.S.d. § 7 Abs. 1 SGB IV angesehen werden (vgl. BSG Urt. v. 14. 12. 1999 – B 2 O 38/98 R – DB 2000, 329, vgl. aber auch BSG Urt. v. 19. 6. 2001 – B 12 KR 44/00 R – NZS 2002, 199). Nur im Einzelfall wird daher ein Vorstandsmitglied abhängig beschäftigt sein. Insoweit stünden dem Vorstandsmitglied (bei Überschreiten der Jahresentgeltgrenze nach § 6 Abs. 1 Nr. 12 SGB V) allerdings Ansprüche auf Zahlung der Arbeitgeberzuschüsse zur Kranken- (§ 257 SGB V) und Pflegeversicherung (§ 61 SGB XI) zu.

Das vorgelegte Formular unterstellt den Normalfall und gewährt dem Vorstandsmitglied die sog. „Arbeitgeberbeiträge" für die Renten-, Kranken- und Pflegeversicherung als Zuschuss. Dabei wird die Zahlung allerdings auf den unter Berücksichtigung der Beitragsmessungsgrenzen gesetzlich geschuldeten Höchstbetrag beschränkt. Die Beitragszuschüsse sind dabei nicht nach § 3 Nr. 62 EStG von der Einkommensteuer befreit. Die Zuschüsse unterliegen somit als Einnahmen aus einer nicht-selbständigen Tätigkeit der Lohnsteuerpflicht. Ohne die hierfür vorgesehene Regelung zur Abführung und Tragung der Lohn- bzw. Einkommenssteuer könnte fraglich werden, ob angesichts des nicht gesetzlich geregelten Zuschusses eine Netto-Abrede vorliegt und damit die Gesellschaft – anstatt des Vorstandsmitglieds – die Steuern schuldet.

Ob und welche Versicherungen das Vorstandsmitglied letztlich abschließt, bleibt ihm überlassen (z. B. Abschluss individueller Versicherungen oder Einbeziehung des Vorstandsmitglieds in eine im Unternehmen bestehende Gruppenversicherung). In diesem Zusammenhang kann auch daran gedacht werden, die Zahlungen der Zuschüsse an das tatsächliche Bestehen einer Renten-, Kranken- und Pflegeversicherung zu binden. Eine solche Regelung ist aber gänzlich unüblich – und deshalb im Formular nicht vorgesehen.

29. Ruhegeld. Im Formular wurde auch auf die Einführung von Leistungen der **Alters-** oder **Hinterbliebenenversorgung** verzichtet. Ein gesetzlicher Anspruch auf solche Versorgungsleistungen besteht für ein Vorstandsmitglied nicht. Zur dessen Begründung bedarf es daher einer vertraglichen Abrede – und damit der (grundsätzlichen) Entscheidung seitens der Gesellschaft, ob und in welchem Umfang solche Zusagen überhaupt gewährt werden sollen (zur Geltung des BetrAVG in diesem Fall: § 17 Abs. 1 S. 2 BetrAVG sowie *Thüsing* AG 2003, 484 zur Frage der Abdingbarkeit des BetrAVG).

Denkbar ist beispielsweise die Gewährung einer Direktversicherung:

Alternative:
Die Gesellschaft unterhält für Herrn ...... eine betriebliche Altersversorgung in Form einer Direktversicherung mit monatlichen Beiträgen der Gesellschaft in Höhe von EUR ...... brutto (in Worten: Euro ......). Im Übrigen gilt das Gesetz über die Verbesserung der betrieblichen Altersversorgung (BetrAVG).

ebenso wie eine durch Gehaltsumwandlung finanzierte Versorgungszusage. Möglich ist auch die Teilnahme an einer im Unternehmen ohnehin bestehenden betrieblichen Altersversorgung. Weil Versorgungsansprüche für Vorstandsmitglieder aber großzügiger als bei „normalen" Arbeitnehmern gewährt werden, ist die Teilnahme hieran zwar durchführbar, allerdings i. d. R. mit der Gewährung zusätzlicher Leistungen zu verbinden. Wird unabhängig von einer im Unternehmen bestehenden betrieblichen Altersversorgung eine individuelle Regelung getroffen, besteht die Notwendigkeit einer detaillierten Regelung, insbesondere für die Definition der Versorgungsfälle (Erreichen einer Altersgrenze, Eintritt dauernder Arbeitsunfähigkeit oder auch die Nicht-Verlängerung des Vertrages), die Höhe der Ansprüche, Fälligkeiten und Wertsicherungsklauseln sowie die eventuelle Anrechnung früher im Unternehmen erworbener Versorgungsansprüche. Keinesfalls darf die Versorgungszusage für das Vorstandsmitglied aber die Entschließungsfreiheit des Aufsichtsrats für die Frage der wiederholten Bestellung des Vorstands beschränken: Insoweit zu hohe Versorgungsbezüge würden herabgesetzt. Unabhängig davon gilt für ein Ruhegeld sinngemäß das Angemessenheitsgebot des § 87 Abs. 1 S. 2 AktG. Eine Anpassungsregelung ist sinnvoll, weil § 87 Abs. 2 AktG hier nicht gilt.

30. Sonstige Versicherungen, insbesondere D&O. Auch die Übernahme sonstiger Versicherungskosten durch die Gesellschaft bedarf der gesonderten vertraglichen Abrede. Dabei wird der Regel ausgehandelt, für welche Sicherungsbedürfnisse des Vorstandsmitglieds die Gesellschaft etwaige Versicherungen bezuschusst bzw. unterhält. Im Formular ist beispielhaft die Unterhaltung einer **Unfallversicherung für den Todes- und Invaliditätsfall** vorgesehen.

Wenn die Gesellschaft allerdings unternehmens- oder sogar konzernweit einen bestimmten Versicherungsschutz „eingekauft" hat, wird die Gesellschaft eher ein Interesse daran haben, pauschal auf diese Versicherungen (in ihrem jeweiligem Umfang) zu verweisen und keine spezifischen Summen in den Dienstvertrag zu schreiben. Einem solchen Fall ist mit einer entsprechenden vertraglichen Formulierung Rechnung zu tragen.

Oftmals wird ein Vorstandsmitglied – neben der im Dienstvertrag bereits vorgesehenen Unfallversicherung für den Todes- und Invaliditätsfall – auch auf den Abschluss einer **Rechtsschutzversicherung** drängen bzw. deren Bezuschussung fordern:

Alternative:
Die Gesellschaft schließt für das Vorstandsmitglied eine Rechtsschutzversicherung mit einer Deckungssumme von EUR ...... (in Worten: Euro ......) je Schadensfall zur Abwehr von Ansprüchen, insbesondere Haftpflichtansprüchen gegen das Vorstandsmitglied und von strafrechtlichen Risiken sowie zur Wahrnehmung rechtlicher Interessen aus diesem Anstellungsvertrag ab und wird hierfür die Prämien zahlen. Die auf die Prämienzahlungen der Rechtsschutzversicherung etwaig anfallende Einkommensteuer trägt das Vorstandsmitglied.

Vor dem Hintergrund eines wachsenden Haftungspotentials kann auch die Verpflichtung zum Abschluss (und zur Aufrechterhaltung) der zunehmend verbreiteten und speziellen „Berufshaftpflicht für Manager" (sog. **Directors & Officers Liability Insurance** als Vermögensschaden-Haftpflichtversicherung) vereinbart werden. Diese Versicherung soll die Inanspruchnahme von gegenwärtigen oder ehemaligen Mitgliedern des Vorstands wegen fahrlässig verursachter Vermögensschäden abdecken, die in Ausübung vertraglicher oder satzungsmäßiger Aufgaben verursacht worden sind. Sie befreit das Organmitglied von der Erfüllung dieser Schadensersatzpflichten gegenüber der Gesellschaft (Innenhaftung) sowie gegenüber Dritten (Außenhaftung). Die D&O-Versicherung ergänzt hier insbesondere die Betriebshaftpflichtversicherung. Die zeitliche, sachliche und räumliche Reichweite des (i.d.R. jeweils limitierten) Deckungsschutzes sowie auch die Höhe der Versicherungssumme ergeben sich aus den jeweiligen Versicherungsbedingungen. Ein Standardbedingungswerk existiert hierzu bislang noch nicht. Eine Kopie der Versicherungsbedingungen sollte deshalb in jedem Fall dem Dienstvertrag als Anlage beigefügt werden. Der Versicherer übernimmt bei Eintritt des Versicherungsfalls den Schaden bis zur vereinbarten Deckungssumme, allerdings nur abzüglich des etwaig vereinbarten sog. **Selbstbehalts**. Dieser Selbstbehalt regelt, in welchem Umfang sich die versicherte Person je Versicherungsfall an den Leistungen des Versicherers zu beteiligen hat. Eine gesellschaftsrechtliche Pflicht zur Vereinbarung eines Selbstbehalts bei Abschluss einer D&O-Versicherung dürfte jedoch nicht bestehen; insbesondere ist die Vorschrift im Corporate Governance Kodex nur eine Soll-Regelung. Ab welcher Höhe ein vom Vorstandsmitglied gegebenenfalls aus Zweckmäßigkeitsgründen zu tragender Selbstbehalt als angemessen im vom Corporate Governance Kodex geforderten Umfang betrachtet werden kann, ist bisher ungeklärt (vgl. hierzu *Schüppen/Sanna* ZIP 2002, 550, 553; *Dreher/Görner* ZIP 2003, 2321 und *Lange* DB 2003, 1833). In diesem Zusammenhang könnte eine mögliche Klausel lauten:

Alternative:
Die Gesellschaft wird für das Vorstandsmitglied eine Vermögensschaden-Haftpflichtversicherung („D&O") mit einer Deckungssumme von EUR ...... (in Worten: Euro ......) je Schadensfall für den Fall unterhalten, dass das Vorstandsmitglied wegen einer in Ausübung seiner Tätigkeit begangenen Pflichtverletzung von einem Dritten oder der Gesellschaft aufgrund gesetzlicher Haftpflichtbestimmungen privatrechtlichen Inhalts für einen Vermögensschaden in Anspruch genommen wird. Der Selbstbehalt beträgt EUR ...... (in Worten: Euro ......).

Der einkommensteuerlichen Behandlung der Prämienzahlungen der Gesellschaft für die D&O-Versicherung ist das BMF-Schreiben vom 24. Januar 2002 (IV C 5 – S 2332–8–02 – DB 2002, 399) zugrunde zu legen: Danach lösen die Prämienzahlungen keine Steuerpflicht der versicherten Personen aus, wenn jedenfalls konkrete Umstände ersichtlich sind, aus denen sich nachweisen lässt, dass die D&O-Versicherung in erster Linie der Absicherung des Unternehmens dient (zur Frage, ob die Prämienzahlungen als Teil der Gesamtbezüge des Vorstandsmitglieds auch unter den Angemessenheitsmaßstab des § 87 Abs. 1 AktG fallen, vgl. *Spindler* DStR 2004, 36). Zur Klärung der steuerlichen Fragen wird die Einholung einer Anrufungsauskunft nach § 42 e EStG beim zuständigen Betriebsstättenfinanzamt empfohlen.

31. Dienstwagen. In der weit überwiegenden Anzahl der Fälle wird dem Vorstandsmitglied auch ein Dienstwagen zur dienstlichen Nutzung zur Verfügung gestellt. Das Formular sieht dementsprechend auch eine vertragliche Regelung zur Überlassung eines solchen Dienstwagens vor. Angesichts der hohen, weil statusbezogenen Bedeutung eines Dienstwagens vermag die großzügige Handhabung der damit verbundenen Fragen die Vertragsverhandlungen insgesamt oftmals zu erleichtern. Dies zeigt sich bereits in offensichtlicher Weise bei der Frage der

Festlegung der Kategorie des Dienstwagens. Denn das Vorstandsmitglied wird hier – in nachvollziehbarer Weise – darauf drängen, eine möglichst hochwertige Kategorie zur Verfügung gestellt zu bekommen.

Ob dabei der Dienstwagen als solches (d. h. unter Festlegung des Typs und der Marke) zur Verfügung gestellt werden soll oder eine insoweit nur wertmäßige Vorgabe für das Vorstandsmitglied geschaffen wird, bleibt Verhandlungssache. Das Vorstandsmitglied wird dabei die zweitere Alternative bevorzugen, um sich in diesem Rahmen bestehende Auswahlmöglichkeiten zu erhalten.

Alternative:
Die Gesellschaft stellt dem Vorstandsmitglied für die Dauer seiner Bestellung zum Organ einen Dienstwagen im Gegenwert von EUR ...... (in Worten: Euro ......) (Brutto-Listenpreis) zur Verfügung. Sofern das Vorstandsmitglied ein Fahrzeug von erheblich geringerem Wert wählt oder sogar keinen Dienstwagen beansprucht, wird die Differenzsumme zwischen der Vollkostenleasingrate für das preisgünstigere Fahrzeug und der fiktiven Vollkostenleasingrate für ein Fahrzeug im vorgenannten Wert bzw. im Fall keines Dienstwagens in Höhe der fiktiven Vollkostenleasingrate durch monatliche Zahlung an das Vorstandsmitglied ausgeglichen.

Sofern bei der Gesellschaft nicht ohnehin eine Dienstwagenordnung besteht, die zumindest ergänzend (z. B. zu Fragen der Nutzung durch Dritte, Haftung bei Beschädigung oder Verlust, Übernahme- bzw. Rückgabeverfahren, Vorschriften zu Betrieb, Pflege, Wartung und Reparatur) zur Anwendung gebracht bzw. in Bezug genommen werden kann, müssen die im Zusammenhang mit einer Dienstwagengestellung bestehenden Fragen jedenfalls individuell geregelt werden. Stets sind dabei – neben der bereits beschriebenen Festlegung der Dienstwagenkategorie – der Nutzungsumfang (dienstlich und/oder im Regelfall auch privat), die Übernahme von Betriebs-, Unterhaltungs- und Versicherungskosten sowie auch die Herausgabeverpflichtungen gesondert festzulegen. Die Überlassung nicht nur zur dienstlichen, sondern auch zur privaten Nutzung ist als Sachbezug und damit als geldwerter Vorteil zu versteuern. Dieser Entgeltbestandteil wäre als Teil des Gehalts auch z. B. bei der Berechnung einer Karenzentschädigung zu berücksichtigen.

Die im Formular vorgesehenen Regelungen bilden lediglich einen (allerdings weithin in Inhalt und Umfang) bewährten Vorschlag. Im Bedarfsfall kann zusätzlich die Gestellung eines Fahrers geregelt werden. Ebenso denkbar ist die Einräumung einer gesonderten Nutzungserlaubnis für Dritte (z. B. den Ehepartner des Vorstandsmitglieds) bzw. auch der explizite Ausschluss einer solchen Nutzungserlaubnis.

Alternative:
Das Vorstandsmitglied kann eine namentlich von ihm gegenüber der Gesellschaft zu benennende Person ermächtigen, den Dienstwagen zusätzlich zu ihm zu nutzen.

Besonders problematisch ist die Festlegung, ob der Dienstwagen nur für die Dauer der Organstellung oder für die Dauer des Anstellungsverhältnisses überhaupt (d. h. auch in der Zeit einer möglichen Freistellung) überlassen werden soll. Angesichts der im Fall einer Freistellung auch durch den Entzug des Dienstwagens für jeden erkennbar erfolgenden „Degradierung" wird ein Vorstandsmitglied stets für die zweite Alternative kämpfen. In diesem Fall ist – entsprechend der jeweils bestehenden Verhandlungssituation – die Folgefrage zu klären, ob und in welchem Umfang in der Phase der Freistellung die (dann nur noch privaten) Nutzungsmöglichkeiten des Vorstandsmitglieds beschränkt werden können bzw. müssen. Denn es liegt gerade nicht im Interesse der Gesellschaft, am Ende der Freistellungsphase einen über die Maßen genutzten und damit gegebenenfalls wertlosen Dienstwagen zurück zu erhalten. Eine in diesem Fall möglicherweise vermittelnde Regelung könnte darin liegen, dass das Vorstandsmitglied jedenfalls die verbrauchsabhängigen Kosten ab der Freistellung selbst trägt.

Ist – wie im Formular – bei Beendigung der Organstellung die Herausgabe des Dienstwagens vorgesehen, kann ergänzend geregelt werden, dass das Vorstandsmitglied keinen Anspruch auf etwaigen finanziellen Ausgleich infolge des Entzugs der privaten Nutzungsmöglichkeit haben soll. Ist eine solche Regelung nicht explizit getroffen, kann das Vorstandsmitglied die insoweit entgehende Privatnutzung als Teil der Gesamtvergütung (Sachbezug) in Form einer finanziellen Leistung einfordern.

Darüber hinaus sind auch die Fragen der Nutzung in Zeiten der unverschuldeten Arbeitsverhinderung bzw. im Krankheitsfall sowie im Urlaub regelungsfähig. Im Normalfall wird hierbei das Nutzungsrecht des Vorstandsmitglieds auch in diesen Zeiten bestehen.

Insbesondere bei ausländischen Vorstandsmitgliedern ist darauf zu achten, dass sie eine (gültige) Fahrerlaubnis besitzen.

32. Sonstige Nebenleistungen. Üblich ist auch die (deswegen) im Formular vorgesehene Regelung zur Kostenübernahme von Aufwendungen für **Dienstreisen** und **Repräsentationsausgaben**. Diese Aufwendungen wären im Übrigen – auch ohne diesbezügliche vertragliche Regelung – von der Gesellschaft zu ersetzen (§ 670 BGB analog).

Sofern im Einzelfall von der Gesellschaft zusätzliche Nebenleistungen (z. B. auch die Kostenübernahme für mitreisende Angehörige bei Dienstreisen) erbracht werden sollen, bedarf dies allerdings gesonderter Vereinbarung. Denkbar ist hierbei vor allem an die im Formular (beispielhaft) vorgesehene Übernahme der Kosten für einen **privaten Telefon-, Telefax- und Internetanschluss** inklusive der anfallenden Gesprächsgebühren. Als Zusatzleistungen sind auch die Überlassung eines **Mobiltelefons** zur privaten Nutzung oder die Übernahme möglicher **Umzugs-, Makler- oder Relocationkosten** vorstellbar. Diese Leistungen der Gesellschaft sind vom Vorstandsmitglied allerdings stets im Umfang ihres geldwerten Vorteils zu versteuern.

Alternative:
Die Gesellschaft übernimmt die Kosten für die Anmietung einer Wohnung am Dienstort bis zu EUR ...... brutto (in Worten: Euro ......) monatlich für einen Zeitraum von zwölf Monaten ab Beginn des Dienstverhältnisses. Etwaige Umzugskosten des Vorstandsmitglieds und etwaige Maklerkosten für das Mietobjekt werden durch die Gesellschaft bis zu einem Höchstbetrag von EUR ...... brutto (in Worten: Euro ......) gegen Nachweis erstattet. Die Versteuerung eines etwaigen geldwerten Vorteils geht zu Lasten des Vorstandsmitglieds.

Darüber hinaus kann auch eine für Vorstandsmitglieder als „frequent travellers" attraktive Zusatzklausel eingefügt werden, die den Verzicht der Gesellschaft auf die dienstliche Nutzung von **Bonusmeilen** regelt, die im Rahmen von Kunden-Bindungsprogrammen der verschiedenen Luftfahrtgesellschaften (z. B. „Miles&More" der Lufthansa) bei Dienstreisen erworben wurden. Gemäß § 667 BGB analog müssten diese dienstlich erworbene Bonusmeilen an sich für weitere Dienstreisen Verwendung finden. Wird eine derartige „Miles&More" – Klausel eingefügt, ist auch dabei die Versteuerung des geldwerten Vorteils zu regeln. In der Praxis seltener ist die Regelung von **Kreditgewährungen** durch die Gesellschaft bereits im Rahmen des Dienstvertrags. Hier empfiehlt sich eine separate Regelung.

33. Urlaub. Die im Formular vorgeschlagene Urlaubsregelung beschränkt sich nur auf das „Notwendigste". Zwar sind für das Vorstandsmitglied grundsätzlich alle den Urlaub betreffenden Fragen individuell zu regeln. Denn das BUrlG gilt nur für Arbeitnehmer (§ 2 BUrlG). In der Praxis stellen aber weder die Verhandlung der Urlaubsregelung selbst noch ihre Durchführung im Rahmen des Dienstverhältnisses die Vertragsparteien vor größere Probleme. Die Festlegungen beschränken sich in der Praxis daher – wie mit den Musterbedingungen vorgeschlagen – auf den **Umfang des Urlaubsanspruchs** sowie die Frage der **Übertragbarkeit** des Urlaubs und eine eventuell **Urlaubsabgeltung**. Legt man dabei den Umfang des Urlaubsanspruchs als Anzahl von Tagen fest, empfiehlt sich zur Klarstellung eine Definition dessen, was als „Tag" i. S. d. Regelung anzusehen ist.

Meist wird auch die Frage der Übertragbarkeit des Urlaubs großzügig gehandhabt und eine solche Übertragung im vollen Umfang zugelassen. Ob der übertragene Urlaub dann im Folgejahr bis zu einem gewissen Zeitpunkt genommen werden muss, bleibt Verhandlungssache. Bei der Vereinbarung einer insoweit unbegrenzten Übertragbarkeit des Urlaubs über sein Entstehungsjahr hinaus muss aber stets ein etwaiger Anspruch auf eine Urlaubsabgeltung im Auge behalten werden. Ein unbegrenztes Forttragen im Sinne eines „Ansparens" von Urlaub bei fehlender Verfallregelung kann im Zeitpunkt des (regulären) Ausscheidens des Vorstandsmitglieds zu nicht unerheblichen Zahlungsansprüchen gegenüber der Gesellschaft führen.

Alternative:
Kann der Urlaub wegen der Beendigung des Dienstverhältnisses vom Vorstandsmitglied ganz oder teilweise nicht mehr genommen werden, ist der Urlaub auf der Basis des zeitanteiligen Bruttojahresfestgehaltes gemäß § 3 Abs. (1) dieses Vertrages abzugelten.

Als Alternative zur der im Formular vorgesehen Übertragungsregelung kann aber auch generell eine „**Entschädigungslösung**" vereinbart werden:

Alternative:
Sofern das Vorstandsmitglied den ihm im Kalenderjahr zustehenden Urlaub nicht vollständig genommen hat, kann das Vorstandsmitglied für maximal 10 dieser nicht genommenen Urlaubstage eine Entschädigung in Geld verlangen. Der maßgebliche Tagessatz pro Urlaubstag berechnet sich auf der Basis des Bruttojahresfestgehaltes gemäß § 3 Abs. (1) dieses Vertrages. Ein etwaig darüber hinaus gehender nicht vollständig genommener Urlaub verfällt ersatzlos.

Grundsätzlich braucht sich das Vorstandsmitglied seinen Urlaub nicht vom Aufsichtsrat „genehmigen" zu lassen. Zur Vermeidung von Streitigkeiten sowie zur Sicherstellung einer stets angemessenen Präsenz des Vorstands kann jedoch auch ein **Verfahren zur Urlaubsfestlegung** nach den Gepflogenheiten der Gesellschaft (z. B. Abstimmung mit anderen Vorstandsmitgliedern bzw. nur mit dem Vorstandsvorsitzenden bzw. dem Aufsichtsratsvorsitzenden) ausdrücklich festgelegt werden. Eine denkbare Formulierung könnte sein:

Alternative:
Die Lage des in Teilabschnitten von nicht mehr als ...... Tagen zu nehmenden Urlaubs ist vom Vorstandsmitglied in Abstimmung mit den anderen Mitgliedern des Vorstands, in deren Ermangelung in Abstimmung mit dem Vorsitzenden des Aufsichtsrats der Gesellschaft unter Berücksichtigung der Belange des Vorstandsmitglieds wie auch der Belange der Gesellschaft festzulegen.

Mittels Regelung im Anstellungsvertrag kann zusätzlich auch das **BUrlG** selbst zur Anwendung gebracht werden. Die gesetzlichen Regelungen haben dann allerdings nur dispositiven Charakter. Dies hat den Vorteil, dass Abweichendes entsprechend den Wünschen der Vertragsparteien oder nach den Erfordernissen der Praxis vereinbart werden kann – und trotzdem bei Fehlen einer ausdrücklichen vertraglichen Regelung offene Fragen umfassend geregelt sind.

34. Übernahme von Ämtern/Organleihe/Wettbewerbs- und Nebentätigkeitsverbot während der Vertragslaufzeit. Das Vorstandsmitglied wird mit den sich insoweit ergänzenden Regelungen des Formulars in den §§ 10 und 11 verpflichtet, seine gesamte Arbeitskraft im Wesentlichen ausschließlich der Gesellschaft zu Verfügung zu stellen.

Allerdings erscheint die – im Formular vorgesehene – „offene Lösung" sinnvoll, bei Bedarf eine Delegation des Vorstandsmitglieds auch in andere gleichwertige Führungspositionen im Konzern (sog. **Organleihe**, vgl. auch Anm. 9) zu ermöglichen, während das ursprüngliche Dienstverhältnis mit der Gesellschaft zu den vereinbarten Konditionen weiter besteht. Die Regelung zur Organleihe ist dabei im Zusammenhang mit § 88 AktG zu sehen. Nach § 88 AktG unterliegt das Vorstandsmitglied für die Zeit seiner Amtsausübung einem umfassenden **Wettbewerbsverbot** für professionelle Tätigkeiten. Dieses Verbot gilt auch nach Abberufung des Vorstandsmitglieds fort, sofern der Anstellungsvertrag nicht gekündigt wurde und die Gesellschaft sich zur Fortzahlung der Bezüge ohne Rücksicht auf die tatsächliche Beschäftigung bereit erklärt hatte (vgl. OLG Frankfurt a. Main Urt. v. 5. 11. 1999 – 10 U 257/98 – NZG 2000, 738). Vorstandsmitglieder dürfen daher schon nach dem Gesetz ohne vorherige Zustimmung des Aufsichtsrats weder ein Handelsgewerbe betreiben noch im Geschäftszweig der Gesellschaft für eigene oder fremde Rechnung Geschäfte betreiben oder in einer anderen Handelsgesellschaft Vorstands- oder Geschäftsführerämter wahrnehmen. Dies gilt selbst für solche bei Konzernunternehmen.

Um die umfassende Konzentration des Vorstandsmitglieds auf seine Tätigkeit zu ermöglichen, ist ein Einwilligungsvorbehalt auch für sonstige (nicht-professionelle) **Nebentätigkeiten** zweckmäßig – und daher auch im Formular geregelt. Ein solcher Einwilligungsvorbehalt wird von der Rechtsprechung aber dahingehend restriktiv ausgelegt, dass nur solche Tätigkeiten der Einwilligung des Aufsichtsrats bedürfen, durch die die Erfüllung der Dienste des Vorstandsmitglieds beeinträchtigt würden (vgl. nur OLG Frankfurt a. Main, Urt. v. 5. 11. 1999 – 10 U 257/98 – NZG 2000, 738). Ein gegebenenfalls bei Vorstandsmitgliedern (im Gegensatz zu Arbeitnehmern) vereinbarungsfähiges absolutes Nebentätigkeitsverbot wird aber i.d.R. gegenüber dem Vorstandsmitglied im Verhandlungsweg nicht durchsetzbar sein. Zudem müsste auch in einem solchen Fall mit der genannten restriktiven Auslegung durch ein Gericht gerechnet werden. Darüber hinaus kommt es in der Praxis gelegentlich vor, dass ein Vorstandsmitglied bereits bei den Einstellungsverhandlungen deutlich macht, entweder für eine bestimmte Zeit oder überhaupt einer bestimmten Nebentätigkeit nachgehen zu wollen (z.B. Betreuung eines Familienunternehmens, wissenschaftliche Tätigkeit o.ä.). Ist die Gesellschaft bereit, dies zu akzeptieren, empfiehlt sich aber in jedem Fall eine genaue Regelung zum zeitlichen Umfang dieser Nebentätigkeit.

35. Arbeitszeit. Obwohl die im Formular vorgeschlagene Formulierung die Arbeitszeit des Vorstandsmitglieds weder nach Umfang noch nach Lage definiert, darf dennoch nicht davon ausgegangen werden, dass das Vorstandsmitglied dauerhaft oder nach Belieben untätig bleiben kann. Die Auslegung des Dienstvertrags (Tätigkeits- und Vergütungsregelungen, Wettbewerbsverbot und Nebentätigkeitsregelungen) sowie der Formulierung der Regelung als solcher weisen dem Vorstandsmitglied eine herausgehobene Position zu, die i.d.R. tatsächlich nur mit einer Vollzeittätigkeit (bzw. einem sogar darüber hinaus gehenden Einsatz) erfüllbar sein wird. Auch bei der Bestimmung der Lage der Arbeitszeit hat das Vorstandsmitglied die Interessen und Belange der Gesellschaft zu berücksichtigen. Mit der vorgeschlagenen Formulierung wird aber auch dem Interesse des Vorstandsmitglieds Rechnung getragen, dass sich angesichts seiner Unabhängigkeit nur im Ausnahmefall vorschreiben lassen will und wird, wann er seine Tätigkeit zu erbringen hat (Weisungsfreiheit).

In diesem Zusammenhang ist ergänzend darauf hinzuweisen, dass für ein Vorstandsmitglied das ArbZG und seine Beschränkungen keine Anwendung (§ 18 ArbZG) finden; dies gilt auch für tarifliche Regelungen.

36. Abwerbeverbot. Um jegliche Unklarheit darüber zu vermeiden, ob das Abwerben von Mitarbeitern der Gesellschaft oder mit ihr verbundener Unternehmen schon als Folge des Wettbewerbsverbots bzw. durch die Treuepflicht des Organs gegenüber der Gesellschaft als solche untersagt ist, ist im Formular auch ein explizites Abwerbeverbot (samt Vertragsstrafenregelung) vorgesehen. Diese Regelung empfiehlt sich gerade für Vorstandsmitglieder, um etwa die Vorbereitung einer künftigen Konkurrenztätigkeit zu ver- bzw. zu behindern. Das Abwerbeverbot ist dabei nicht nur für die Dauer des Anstellungsverhältnisses vorgesehen, sondern mit der Regelung in § 16 Abs. (3) des Formulars auch für zwei Jahre nach der Beendigung der Anstellung bei der Gesellschaft (zum Problem der Wirksamkeit und Durchsetzbarkeit dieses nachvertraglichen Abwerbeverbots wie auch der Vertragsstrafenregelung, vgl. Form. B. I. 1 Anm. 16).

37. Transparenz und Interessenkonflikte. Die ausführlichen Regelungen des Formulars zur Transparenz und Vermeidung von Interessenkonflikten überführen im Wesentlichen nur die hierzu im Corporate Governance Kodex formulierten Leitlinien in den Anstellungsvertrag des Vorstandsmitglieds. Die Einführung derartiger Abreden empfiehlt sich auch bei nicht börsennotierten Unternehmen. Im Übrigen sind in diesem Zusammenhang neben den ohnehin bestehenden und zu beachtenden gesetzlichen Anforderungen (z.B. durch § 15a WpHG für das „directors' dealings", vgl. hierzu *Schneider* BB 2002, 1817) oftmals auch unternehmensbezogene „insider trading rules" zu beachten.

38. Diensterfindungen/Schutzrechte. In bestimmten Branchen werden nicht selten auch schöpferische Leistungen von Vorstandsmitgliedern erwartet. Hier gilt es zu beachten, dass das ArbNErfG weder direkt noch analog auf Vorstandsmitglieder anwendbar ist. Zur Schaffung eindeutiger Verhältnisse bei (patent- oder gebrauchsmusterfähigen) Erfindungen und technischen, aber auch organisatorischen Verbesserungsvorschlägen sind damit klare vertragliche Abreden nicht nur zulässig, sondern auch notwendig. Dies gilt besonders für Vorstandsmitglieder mit kreativ bzw. technisch orientierten Arbeitsbereichen.

Sofern gewollt, kann das ArbNErfG aber stets mittels vertraglicher Abrede zur Anwendung gebracht werden. Dies ist im Formular auch so geregelt. Allerdings können und sollten jedenfalls auch im Interesse der Gesellschaft stehende individualvertragliche Zusatzregelungen getroffen werden. Die im Formular diesbezüglich vorgeschlagenen Ergänzungen machen von dieser Möglichkeit Gebrauch.

Ob – wie vorgesehen – aber auch vereinbart werden kann, dass eine gesonderte Vergütung für Diensterfindungen nicht erfolgen muss, ist streitig. Denn die gezahlten Vorstandsgehälter werden nach § 78 Abs. 1 AktG funktions- bzw. aufgabenbezogen gewährt – und nicht als Ausgleich für „Sonderleistungen" (vgl. *Gaul* GRUR 1977, 686). Unter Anwendung des ArbNErfG würde sich andernfalls die Erfindervergütung nach §§ 9, 10 ArbNErfG unter Hinzuziehung der entsprechenden Vergütungsrichtlinien ergeben. Zur Wirksamkeit der Regelung, dass eine etwaige Diensterfindung mit der Vorstandsvergütung abgegolten ist, kann aber beitragen, dass bereits in der Tätigkeitsbeschreibung des Vorstandsmitglieds auf die Beschäftigung auch mit technischen Fragestellungen Bezug genommen wird. Damit ließe sich begründen, dass die bezogene Vorstandsvergütung auch etwaige Erfindervergütungen umfasst. Für sog. freie Erfindungen ist ohnehin eine marktübliche Vergütung zu bezahlen.

Bei Bedarf sollten vertragliche Abreden auch im Bereich sonstiger Schutzrechte (z.B. Marken-, Geschmacksmuster- und Urheberrechte) vorgesehen und getroffen werden. Die im Formular vorgesehenen Regelungen sind wiederum nur beispielhaft und sollten stets auch auf die konkreten Bedürfnisse der Gesellschaft zugeschnitten werden. Denkbar sind – neben der Verpflichtung des Vorstandsmitglieds, beim Erwerb der Schutzrechte umfassend mitzuwirken – daher auch die Regelung von umfassenden Dokumentations- und Meldepflichten gegenüber der Gesellschaft sowie Abreden zur Rechte-Übertragung. Nur soweit hierzu zwingende Regelungen existieren, wären hiervon abweichende vertragliche Abreden unzulässig. Insbesondere im Urheberrecht ist seit 1. Juli 2002 ein zwingender Anspruch des Urhebers auf eine angemessene Vergütung (§ 32 a UrhG) zu beachten. Etwaig hiervon zum Nachteil des Urhebers abweichende vertragliche Vergütungsregelungen werden dadurch „korrigiert".

Bei entsprechendem Bedarf empfiehlt sich die Beifügung einer Anlage, in der technische Details geregelt werden sollten.

39. Geheimhaltung. Nach § 93 Abs. 1 S. 2 AktG hat das einzelne Vorstandsmitglied die ausdrückliche (und mit der Treue- und Loyalitätspflicht bestehende) Verpflichtung, über vertrauliche Angaben, Betriebs-, Geschäfts- und sonstige Geheimnisse der Gesellschaft Stillschweigen zu bewahren. Diese Verpflichtung besteht unabhängig davon, ob diese Informationen im Zusammenhang mit der Vorstandstätigkeit erlangt wurden. Auch ist diese Pflicht umfassend und z.B. auch bei der Unterrichtung des Betriebsrats und des Wirtschaftsausschusses zu beachten. Ihre Grenze hat diese Verpflichtung erst dort, wo für das Vorstandsmitglied gesetzliche Auskunftspflichten bestehen (z.B. nach §§ 90, 131, 176 Abs. 1, 337 Abs. 4 AktG) oder die Weitergabe von Informationen das Gesellschaftswohl fördert. Zu beachten ist in diesem Zusammenhang, dass die Verletzung der Geheimhaltungspflicht ein wichtiger Grund für die Abberufung nach § 84 Abs. 3 AktG genauso wie für eine außerordentliche Kündigung nach § 626 BGB ist.

Mittels der zu dieser Problematik vorgeschlagenen vertraglichen Abrede im Formular wird die individuelle Erweiterung bzw. Präzisierung der bereits nach dem Aktiengesetz bestehenden Pflichtenstellung ermöglicht. So wird damit z.B. die gesetzliche Verschwiegenheitspflicht, die bereits nach der gesetzlichen Konzeption auch nach Ablauf der Amtszeit bzw. für die Zeit nach Ende des Dienstverhältnisses andauert (vgl. auch § 404 AktG), ausdrücklich und zu Klarstellungszwecken verlängert. Zur Vermeidung etwaiger Streitigkeiten und von Abgrenzungsproblemen empfiehlt sich auch insbesondere im Fall eines **Konzernunternehmens** die formulierte Erstreckung der Verschwiegenheitsverpflichtung auf die mit der Gesellschaft verbundenen Unternehmen.

Zusätzlich zu der vorgeschlagenen Formulierung ist z.B. auch eine Abrede denkbar, ob, inwieweit und nach welchem Verfahren (z.B. mittels Abschluss von Vertraulichkeitsvereinbarungen) der Vorstand im Unternehmen eine **Due Diligence** zulassen kann (vgl. zu den Einzelheiten *Zirngibl*).

40. Rückgabe von Unterlagen und Eigentum der Gesellschaft. Auch ohne eine explizite vertragliche Abrede ist das Vorstandsmitglied zur Herausgabe von Unterlagen (nur Originale) sowie von sonstigen Gegenständen der Gesellschaft verpflichtet (§ 667 BGB analog). Mit der

1. Dienstvertrag für ein Vorstandsmitglied einer AG B. II. 1

im Formular vorgesehenen Regelung entsteht diese Verpflichtung allerdings schon zum Zeitpunkt der Beendigung der Organstellung, die nach dem Trennungsprinzip vom Ende des Dienstverhältnisses abweichen kann. Auch sind – mit der vorgesehenen umfassenden Formulierung der Herausgabepflicht – Abschriften, Ablichtungen und sonstige Vervielfältigungen umfasst sowie klargestellt, dass auch Datensätze herauszugeben sind. Der Ausschluss eines Zurückbehaltungsrechts ist als vorformulierte Vertragsbedingungen rechtlich nicht zulässig (§ 309 Nr. 2 BGB), jedoch aus taktischen Gründen zu empfehlen. Denn das Vorstandsmitglied ist zumindest berechtigt, Kopien von Schriftstücken zurückzuhalten, die für seine persönliche Rechtsstellung bedeutsam sind (z. B. bezüglich Haftungsansprüchen aus § 93 AktG).

41. Nachvertragliches Wettbewerbsverbot. Auch für ein Vorstandsmitglied kann im Bedarfsfall ein nachvertragliches Wettbewerbsverbot vorgesehen werden. Ziel ist, zu verhindern, dass das Vorstandsmitglied nach dem Ende seines Dienstvertrags in seiner beruflichen Betätigung (gegebenenfalls zum Schaden der Gesellschaft) völlig frei ist (vgl. zum Formular einer „zweigeteilten" Vereinbarung mit nachvertraglichem Kundenschutz und Wettbewerbsverbot Form. A. IV. 2).

Ebenso wie beim Geschäftsführer einer GmbH (bzw. auch beim „normalen" Arbeitnehmer) bedarf es hierzu einer vertraglichen Abrede. Denn beim Vorstandsmitglied ergibt sich das nachvertragliche Wettbewerbsverbot nicht schon aus der an sich sehr strengen Treue- und Loyalitätspflicht gegenüber der Gesellschaft. Auch bestehen im Aktienrecht keine Regelungen zu dieser Frage, insbesondere gilt § 88 AktG nicht für die Zeit nach der Abberufung und Kündigung des Dienstverhältnisses (vgl. OLG Frankfurt a. Main Urt. v. 5. 11. 1999 – 10 U 257/98 – NZG 2000, 738; selbst dann nicht, wenn das Vorstandsmitglied seine Kündigung angreift). Die auf die Vereinbarung eines nachvertraglichen Wettbewerbsverbots gerichtete Abrede kann als Zusatzvereinbarung abgeschlossen, aber auch unmittelbar in den Dienstvertrag selbst aufgenommen werden.

Ergänzend zum vorgeschlagenen Formular empfiehlt sich bei Vorstandsmitgliedern die Einfügung einer ausdrücklich auf das Wettbewerbsverbot bezogenen salvatorischen Klausel:

Alternative:
Sollten die zulässigen Grenzen der zeitlichen, räumlichen oder inhaltlichen Reichweite des nachvertraglichen Wettbewerbsverbots überschritten sein, gilt in entsprechender Anwendung des § 74a Abs. 1 S. 2 HGB das rechtlich zulässige Maß.

Mit dieser ausdrücklichen Regelung dieser Problematik wird eine geltungserhaltende Reduktion zumindest möglich. Denn die Rechtsprechung geht bei Verstößen gegen eine oder mehrere Wirksamkeitsvoraussetzungen bislang von der grundsätzlichen Nichtigkeit der Wettbewerbsabrede aus und lässt eine geltungserhaltende Reduktion nur bei einer zu langen Bindungsdauer zu. Auch die punktuelle salvatorische Klausel lässt eine geltungserhaltende Regelung aber nur zu, wenn sie im Streitfall einer Inhaltskontrolle nach den §§ 305 ff. BGB standhält. Rechtsprechung zu dieser Frage gibt es derzeit nicht:

Wird die nach diesem Formular vorgesehene Regelung zur dauernden Dienstunfähigkeit (§ 2 Abs. (5) des Formulars) tatsächlich in den Vorstandsvertrag aufgenommen, wird bei Eintritt einer solchen Dienstunfähigkeit die Einhaltung des nachvertraglichen Wettbewerbsverbots für die Gesellschaft i. d. R. praktisch wertlos sein. Zur Vermeidung etwaiger Ansprüche auf eine Karenzentschädigung empfiehlt sich in diesem Fall – neben der „regulären Verzichtsmöglichkeit (Form. A. IV. 2 Ziff. (6) und (7) nebst Anm. 8 und 9) – die Vereinbarung einer sofortigen Lösungsmöglichkeit der Gesellschaft:

Alternative:
Im Falle der Dienstunfähigkeit nach § 2 Abs. (5) dieses Vertrages kann sich die Gesellschaft mit sofortiger Wirkung durch schriftliche Erklärung von diesem nachvertraglichen Wettbewerbsverbot lösen. In diesem Fall entfällt für das Vorstandsmitglied das nachvertragliche Tätigkeitsverbot nach vorstehendem Abs. (......), die Gesellschaft wird von der Verpflichtung zur Zahlung einer Entschädigung nach vorstehendem Abs. (......) frei.

Mit derselben Zielrichtung kann auch an eine zusätzliche Regelung gedacht werden, die eine bereits das In-Kraft-Treten des nachvertraglichen Wettbewerbsverbots verhindert.

Alternative:
Das nachvertragliche Wettbewerbsverbot tritt nicht in Kraft, wenn das Vorstandsmitglied bei seinem Ausscheiden das 65. Lebensjahr vollendet hat, das Anstellungsverhältnis weniger als ein Jahr bestanden hat oder das Vorstandsmitglied länger als ein Jahr vor seinem Ausscheiden an der Ausübung seiner Tätigkeit verhindert war.

Parallel zu der bereits bei den Geheimhaltungs- und Verschwiegenheitsverpflichtungen vorgesehenen Klärungspflicht in Zweifelsfällen kann eine solche auch bei einem nachvertraglichen Wettbewerbsverbot eingeführt werden. Diese Verpflichtung dient aus Sicht der Gesellschaft vor allem dazu, eine gewisse „Vorwarnzeit" zu erhalten. Dies setzt allerdings voraus, dass sich das Vorstandsmitglied an diese Verpflichtung auch hält.

Alternative:
Das Vorstandsmitglied ist verpflichtet, vor Aufnahme einer Tätigkeit in Zweifelsfällen über den Umfang des Wettbewerbsverbots nach diesem Dienstvertrag mit dem Aufsichtsrat der Gesellschaft eine Klärung herbeizuführen.

42. Ausschlussfristen. Zum Zwecke einer zeitnahen Klärung und Erlangung von Rechtsicherheit ist im Formular zudem geregelt, dass gegenseitige Ansprüche der Vertragsparteien innerhalb einer angemessenen Frist (durch schriftliche Erklärung gegenüber der anderen Vertragspartei) geltend gemacht werden müssen. Andernfalls verfallen diese Ansprüche. Die Ausschlussfrist gilt dabei beidseitig, d.h. auch für die Gesellschaft, da die Regelung andernfalls (wohl) unangemessen benachteiligend wäre.

Diese Regelung zur Geltendmachung etwaiger Ansprüche ist jedoch dahingehend eingeschränkt, dass Ansprüche der Gesellschaft nach § 93 Abs. 2 und Abs. 3 AktG gegen das Vorstandsmitglied gemäß § 93 Abs. 4 S. 3 AktG hiervon nicht betroffen werden. Denn die Vorschrift in § 93 Abs. 4 S. 3 AktG legt fest, dass die Gesellschaft erst drei Jahre nach der Entstehung des von Ersatzansprüchen infolge Pflichtverletzung und nur dann auf Ersatzansprüche gegen das Vorstandsmitglied verzichten kann, wenn die Hauptversammlung zustimmt und nicht eine Minderheit, deren Anteile zusammen den zehnten Teil des Grundkapitals erreichen, zur Niederschrift Widerspruch erhebt. Mit dieser gesetzlichen Regelung wäre eine Bindung der Geltendmachung dieser Ansprüche an eine Ausschlussfrist nicht vereinbar.

43. Ruhendes Arbeits- oder Dienstverhältnis. Der Verhinderung eines sog. ruhenden Arbeits- oder Dienstverhältnisses und dessen Wiederaufleben nach Beendigung der Vorstandstätigkeit dient die im Formular vorgesehene Aufhebung eines etwa bestehenden Arbeits- bzw. Beschäftigungsverhältnisses sowie etwaig hierzu bestehender Verträge. Diese Regelung ist insbesondere bei der Bestellung eines Arbeitnehmers der Gesellschaft (z.B. eines leitenden Angestellten) zum Vorstandsmitglied zu empfehlen (vgl. hierzu nur BAG Beschl. v. 28. 9. 1995 – 5 AZB 4/95 – AP Nr. 24 zu § 5 ArbGG 1979, wonach im Zweifel das Arbeitsverhältnis zwar aufgehoben sein soll; allerdings mit der zwischenzeitlichen Einführung des § 623 BGB sehr fraglich ist, ob an dieser Rechtsprechung festgehalten werden kann).

Die hierdurch erfolgende Klärung hat den Vorteil, dass das Nebeneinander verschiedener Vertragsverhältnisse, deren Koordination sowie eventuelle Widersprüche hieraus (z.B. sozialversicherungsrechtlicher Natur) vermieden werden. Zur Vermeidung eines (ansonsten zusätzlich notwendigen) eigenen Aufhebungsvertrags können die noch offenen Fragen der Abwicklung eines Arbeits- bzw. Dienstverhältnisses direkt im Dienstvertrag des Vorstandsmitglieds geregelt werden. Insbesondere ermöglicht es diese Gestaltung, die i.d.R. für die Gesellschaft günstige Verhandlungssituation beim Abschluss eines Vorstandsdienstvertrages zu nutzen. Problemfelder können hier in der jedenfalls zu empfehlenden Aufhebung eines etwaig bestehenden nachvertraglichen Wettbewerbsverbots liegen wie auch bei Fragen zu noch ausstehender Vergütung. Nicht generell, so doch im Einzelfall ist z.B. die nachfolgende Regelung zu empfehlen, mit der etwaige Vergütungen aus anderen Beschäftigungsverhältnissen anrechenbar gestaltet werden können:

Alternative:
Soweit das Vorstandsmitglied für die Zeit ab Beginn dieses Dienstvertrags nach § 2 Abs. (1) dieses Vertrags gemäß den Vereinbarungen eines vorangehenden Beschäftigungsverhältnis-

ses mit der Gesellschaft oder einem verbundenen Unternehmen Vergütungen erhalten hat oder erhält, werden diese Zahlungen auf die nach diesem Dienstvertrag geschuldeten Zahlungen nach § 3 dieses Vertrages voll angerechnet. Es werden daher nur noch etwaige Differenzzahlungen geschuldet.

Ob und in welchem Umfang daneben eventuelle Regelungen zu noch offenen Urlaubsansprüchen oder auch bestehenden Versorgungsanwartschaften getroffen werden sollten, ist eine Frage des Einzelfalls. Regelungsbedarf besteht gegebenenfalls auch hinsichtlich der Rückgabe eines „alten" Dienstwagens. Oftmals kann es auch notwendig sein, den für das Arbeitsverhältnis bestehenden Kündigungsschutz im Rahmen einer Abfindungsregelung „abzukaufen". Denn das Vorstandsmitglied wird aus nachvollziehbaren Gründen grundsätzlich ein Interesse daran haben, dass das in Rede stehende „andere" Arbeits- bzw. Dienstverhältnis – gegebenenfalls auch ausdrücklich – nur „ruhend" zu stellen, um sich den darin enthaltenen Kündigungsschutz zu bewahren.

Umstritten ist, ob der Aufsichtsrat, der die Gesellschaft beim Abschluss des Dienstvertrags mit dem Vorstandsmitglied vertritt, auch für die Aufhebung eines „ruhenden" Arbeits- bzw. Dienstverhältnisses die notwendige Vertretungsmacht hat. Denn „normalerweise" ist hierfür der Vorstand der Gesellschaft zuständig. Zur Herstellung ausreichender Rechtssicherheit wird daher empfohlen, auf der Basis eines entsprechenden Vorstandsbeschlusses den Aufsichtsrat entsprechend zu bevollmächtigen. Auch kann der Vorstand – wie im Formular vorgesehen – den Aufhebungsvertrag bezüglich der aufhebenden Klausel selbst unterzeichnen. Auch eine separate Aufhebungsvereinbarung kann in Erwägung gezogen werden.

Unstreitig wird die Vertretungsmacht des Aufsichtsrats aber z. B. in den Fällen fehlen, in denen ein leitender Angestellter einer anderen Konzerngesellschaft den Anstellungsvertrag als Vorstandsmitglied erhält. Dieses Arbeits- bzw. Dienstverhältnis kann im Vorstandsdienstvertrag nur mit einer entsprechenden Vollmacht der anderen Konzerngesellschaft gelöst werden. Dies sollte auch entsprechend in der Unterschriftszeile kenntlich gemacht werden.

Wurde damit ein ruhendes Arbeitsverhältnis wirksam vermieden, kann auch durch die bloße Abberufung des Vorstandsmitglieds als Organvertreter kein Arbeitsverhältnis entstehen (BAG Urt. v. 21. 2. 1994 – 2 AZB 28/93 – AP Nr. 17 zu § 5 ArbGG 1979 und BAG Beschl. v. 6. 5. 1999 – 5 AZB 22/98 – NZA 1999, 839). Will man daher nach der Abberufung ein Arbeitsverhältnis neu begründen, muss dies jedenfalls ausdrücklich oder konkludent (z. B. durch Weiterarbeit des Abberufenen auf einer anderen Position) vereinbart werden.

44. Früherer Vorstandsdienstvertrag. Im Rahmen der Schlussbestimmungen ist im Formular auch vorgesehen, dass alle vorhergehende Vorstandsdienstverträge oder sonstige die Tätigkeit als Vorstandsmitglied betreffenden Vereinbarungen zwischen dem Vorstandsmitglied und der Gesellschaft einvernehmlich aufgehoben werden. Dies dient dem Zweck, dass sich die Anstellungsbedingungen allein aus dem vorliegenden Dienstvertrag ergeben sollen.

Zu beachten ist, dass sich die Wirkung dieser Klausel nur auf alle vor der Unterzeichnung dieses Dienstvertrags abgeschlossenen Vereinbarungen beziehen kann. Etwaig nach Abschluss dieses Vertrages geschlossenen Sondervereinbarungen bleiben hiervon unberührt.

45. Schriftformklausel. Die im Formular formulierte Abrede zur Schriftform empfiehlt sich allein aus taktischen Erwägungen. Auch beim Dienstvertragsformular gilt allerdings der Vorrang der Individualabrede, der sich auch gegenüber einer derartigen Schriftformklausel durchsetzt.

46. Schriftform des Vorstandsdienstvertrages. Zwar gilt das NachwG für Vorstandsmitglieder nicht, gleichwohl empfiehlt sich dringend die schriftliche Abfassung des Dienstvertrags. Der wirksame Abschluss eines Dienstvertrags ist grundsätzlich zwar auch formfrei möglich. Allerdings bedürfen einzelne Abreden des vorliegenden Formulars zu ihrer Wirksamkeit der Schriftform (z. B. die einvernehmliche Aufhebung eines Arbeitsverhältnisses nach § 623 BGB), so dass die Schriftform nicht nur zu Beweiszwecken sinnvoll ist. Auch verlangen die Finanzbehörden bei der Prüfung der Gesellschaft die Vorlage von schriftlichen Anstellungsverträgen. Der Dienstvertrag kann auch in ausländischer Sprache bzw. zweisprachig abgefasst sein/werden.

47. Rechtswahl. Im Bedarfsfall kann auch die Geltung ausländischen Rechts vereinbart werden (z. B. bei ausländischen Vorstandsmitgliedern), wobei diese Vereinbarung nur den Normenbestand des ausländischen Dienstvertragsrechts zur Anwendung bringt. Die gesellschaftsrechtliche Bewertung des Sachverhalts unterliegt auch bei Verwendung dieser Klausel weiterhin dem deutschen Recht.

48. Schiedsvereinbarung. Es besteht auch die – im Formular zunächst nicht vorgesehene – Möglichkeit (vgl. § 101 Abs. 3 ArbGG), vermögens- wie auch nicht-vermögensrechtliche (§ 1030 Abs. 1 ZPO) Rechtsstreitigkeiten von einem Schiedsgericht klären zu lassen.

Alternative:
Über Zweifelsfragen und Streitigkeiten aus oder im Zusammenhang mit diesem Dienstvertrag entscheidet, soweit gesetzlich zulässig, ein Schiedsgericht unter Ausschluss des ordentlichen Rechtswegs. Für dieses Schiedsgericht finden die §§ 1025 ff. ZPO Anwendung.

Auch der Ort eines eventuellen schiedsgerichtlichen Verfahrens kann frei vereinbart werden (§§ 1043, 1025 ZPO). Für ein ausländisches Vorstandsmitglied als potenzielle Streitpartei kann gerade die Möglichkeit, die Verfahrenssprache frei zu wählen (§ 1045 ZPO) sowie Schiedsrichter aus seinem Heimatstaat zu bestellen, attraktiver sein als die Unterwerfung unter die deutsche Gerichtsbarkeit.

49. Erfüllungsort und Gerichtsstand. Bei Beteiligung von nicht im Inland ansässigen Vorstandsmitgliedern empfiehlt sich aus Sicht der Gesellschaft die Vereinbarung (§ 38 Abs. 2 ZPO) eines deutschen Gerichtsstands (z. B. am Sitz der Gesellschaft). Auf die Regelungen des EuGVÜ wird in diesem Zusammenhang hingewiesen. Im Übrigen sind die Gerichte für Arbeitssachen nur bei einer hierauf gerichteten Vereinbarung zwischen den Vertragsparteien zuständig (§ 2 Abs. 4 ArbGG); ohne Regelung hierzu sind daher die Zivilgerichte sachlich zuständig.

50. Unterzeichnung. Für die Unterschriftsleistung ist im Formular neben dem Vorstandsmitglied der Vorsitzende des Aufsichtsrats der Gesellschaft vorgesehen. Der **Aufsichtsratsvorsitzende** darf den Anstellungsvertrag aber nur als Vertreter des Aufsichtsrats (wie auch jedes andere Einzelmitglied des Aufsichtsrats) abschließen. Er bedarf zur Wirksamkeit seines Vorgehens einer entsprechenden (und von der Bestellung zu unterscheidenden) vorherigen Beschlussfassung des **Gesamtaufsichtsrats** oder des **Personalausschusses**. Eines dieser Gremien muss stets über den Inhalt des Anstellungsvertrags selbst entscheiden, da andernfalls nach § 134 BGB ein nichtiger und fehlerhafter Anstellungsvertrag vorläge (a. A. aber *Lutter/Krieger* Rdn. 387: Der Vorsitzende kann insoweit auch den Vertragsinhalt festlegen, soweit eben nur das Aufsichtsratsplenum oder der Ausschuss den wesentlichen Vertragsinhalt festgelegt haben). Die Vertretungsbefugnis des (Gesamt-)Aufsichtsrats (§§ 95, 287 AktG) ergibt sich aus § 112 AktG. Danach wird die Aktiengesellschaft bei Fragen, die den Vorstand im Verhältnis zur Gesellschaft selbst betreffen, vom Aufsichtsrat vertreten. Diese gesetzliche Ausnahme zur Vertretung der Gesellschaft durch den Vorstand (§ 78 Abs. 1 AktG) ist zwingend (§ 23 Abs. 5 AktG). Der Aufsichtsrat kann jedoch die Vorbereitung sowie die Entscheidung über den Anstellungsvertrag an einen etwaig nach § 107 Abs. 3 S. 1 AktG bestehenden Personalausschuss (mit mindestens drei Mitgliedern wegen § 108 Abs. 2 S. 3 AktG) delegieren. Der Personalausschuss darf allerdings keine Ressortzuweisung im Anstellungsvertrag vornehmen, weil dadurch die Geschäftsordnung berührt wäre, für deren Festlegung der Gesamtaufsichtsrat zuständig ist (vgl. *Lutter/Krieger* Rdn. 389). Auch darf der Personalausschuss mit dem Anstellungsvertrag eine etwaig noch ausstehende Bestellung nicht präjudizieren, weil die Bestellung allein dem Gesamtaufsichtsrat obliegt (Verbot einer Übertragung nach § 107 Abs. 3 S. 1 AktG).

2. Aufsichtsratsbeschluss: Bestellung eines Vorstandsmitglieds einer AG[1, 14]

Niederschrift

über die Sitzung des Aufsichtsrates[2] der …… AG („Gesellschaft") vom …… am Sitz der Gesellschaft in …… .

Der Aufsichtsratsvorsitzende eröffnet um …… Uhr die Sitzung des Aufsichtsrates und stellt fest, dass zu der Aufsichtsratssitzung alle Mitglieder des Aufsichtsrates der Gesellschaft ordnungsgemäß geladen wurden und anwesend sind. Gegen diese Feststellungen wurden keine Widersprüche erhoben.

Die mit der Einladung bekannt gemachte Tagesordnung enthält folgende Tagesordnungspunkte[3]:

1. Bestellung von Herrn …… für die Dauer von …… Jahren zum einfachen Vorstandsmitglied der Gesellschaft mit satzungsgemäßer Vertretungsmacht mit Wirkung ab dem …… und der Zuständigkeit für das Ressort „Finanzen und Controlling".
2. Abschluss des Dienstvertrags zwischen der Gesellschaft und Herrn …… für seine Tätigkeit als Vorstandsmitglied.

Der Aufsichtsratsvorsitzende ruft diese Punkte zur Beratung auf. Nach Beratung beschließt der Aufsichtsrat auf Antrag einstimmig wie folgt[4]:

1. Herr …… wird hiermit zum einfachen Vorstandsmitglied der Gesellschaft bestellt[4, 5]. Die Bestellung von Herrn …… erfolgt mit Wirkung ab dem ……[6] bis zum ……[7, 8].
   Herr …… vertritt die Gesellschaft satzungsgemäß[9].
   Herr …… erhält die Zuständigkeit für das Ressort „Finanzen und Controlling"[10, 11].
2. Der Aufsichtsratsvorsitzende wird beauftragt und bevollmächtigt, den dieser Niederschrift in Anlage beiliegenden Dienstvertrag im Namen des Aufsichtsrates der Gesellschaft für die Gesellschaft mit Herrn …… abzuschließen[12].

……
Ort, Datum
……
Unterschrift des Aufsichtsratsvorsitzenden

Anlage: Dienstvertrag für Herrn ……

Ich habe vom Beschluss des Aufsichtsrates der …… AG vom …… zur Bestellung meiner Person als Vorstandsmitglied Kenntnis genommen und erkläre mich damit einverstanden[13]:

……
Ort, Datum
……
Unterschrift des Vorstandsmitglieds

Schrifttum: Böttcher/Ries, Formularpraxis des Handelsregisterrechts, RWS Verlag Kommunikationsforum 2003; *Götz*, Die vorzeitige Wiederwahl von Vorständen – Kritisches zur Wiederbestellung vor Beginn des Jahreszeitraums des § 84 Abs. 1 Satz 3 AktG, AG 2002, 305; *Haas/Ohlendorf*, Anstellungsvertrag des Vorstandsmitglieds der Aktiengesellschaft; Beck'sche Mustervertäge, 2004; *Lücke*, Vorstand der AG – Beck'sches Mandatshandbuch, 2004; Satzungsmäßige Eignungsvoraussetzungen für Vorstandsmitglieder einer Aktiengesellschaft, BB 1997, 322; *Lutter/Krieger*, Rechte und Pflichten des Aufsichtsrats, 4. Aufl. 2002; *Meier/Pech*, Bestellung und Anstellung von Vorstandsmitgliedern in Aktiengesellschaften und Geschäftsführern in einer GmbH, DStR 1995, 1195; *Zöllner/Claussen*, Kölner Kommentar AktG, Bd. 2, 2. Aufl. 1996; *Müther*, Das Handelsregister in der Praxis; *Semler/von Schenk (Hrsg.)*, Arbeitshandbuch für Aufsichtsratsmitglieder, 2. Aufl. 2004.

Anmerkungen

1. Sachverhalt. Das vorliegende Formular ist ein Muster für die Niederschrift einer Sitzung des Aufsichtsrats einer deutschen AG, in der der Aufsichtsrat mündlich über die erstmalige Bestellung eines Vorstandskandidaten zum Vorstandsmitglied und den Abschluss des (unterschriftsreifen) Dienstvertrags mit diesem Vorstandskandidaten beschließt.

Dabei wird – dem Ablauf in der Praxis entsprechend – unterstellt, dass die Verhandlungen der Gesellschaft mit dem Vorstandskandidaten so weit fortgeschritten waren, dass dieser bereits seine Zustimmung zur Übernahme des Vorstandsamtes signalisiert hat. Auch ist der Dienstvertrag zwischen dem Vorstandskandidaten sowie der Gesellschaft ausverhandelt und damit unterschriftsreif. In der Regel handelt es sich bei den Beschlüssen zur Bestellung und zum Abschluss des Dienstvertrags daher nur noch um eine reine „Formsache". In diesem Zusammenhang wird auch unterstellt, dass der Vorstandskandidat die erforderlichen persönlichen Eigenschaften aufweist, um wirksam bestellt werden zu können (§ 76 Abs. 3 AktG, vgl. hierzu auch Form. B. II. 1 Anm. 3).

Die nachfolgenden Ausführungen sind sinngemäß auch auf den Fall einer wiederholten Bestellung des Vorstandsmitglieds übertragbar (vgl. hierzu auch Form. B. II. 1 Anm. 15). Auf etwaige Besonderheiten wird gesondert hingewiesen.

2. Zuständigkeit des Aufsichtsrates. Für die im Formular vorgesehenen Beschlüsse zur Bestellung und zum Abschluss des Dienstvertrags liegt die ausschließliche Zuständigkeit beim Aufsichtsrat der Gesellschaft (sog. **Alleinkompetenz**, vgl. § 84 Abs. 1 bzw. § 112 AktG). Dabei muss die Entscheidung über die Bestellung des Vorstandskandidaten stets vom gesamten Aufsichtsrat getroffen werden (§ 107 Abs. 3 S. 2 AktG). Anders als die Beschlussfassung über den Abschluss des Dienstvertrags und dessen Inhalt kann die Bestellungsentscheidung nicht auf einen etwa bestehenden Personalausschuss delegiert werden (vgl. § 107 Abs. 3 S. 2 AktG). Dies gilt selbst im Fall der wiederholten Bestellung. Allerdings können Vorbereitungsarbeiten zur Bestellung und etwaige Arbeiten zur Entscheidungsvorbereitung übertragen werden (z. B. auf ein speziell eingesetztes „finding committee" oder auch den Personalausschuss) – ohne dass dabei aber der Aufsichtsrat bei seiner tatsächlichen Bestellung an irgendwelche Vorschläge gebunden wäre oder sonst in seiner Entscheidungsfreiheit beeinträchtigt würde. In der Praxis ist bei der Besetzung vakanter Vorstandsposten allerdings stets eine enge Abstimmung mit dem amtierenden Vorstand an der Tagesordnung.

3. Verhältnis zwischen Bestellung und Abschluss des Dienstvertrags. Die Bestellung zum Vorstandsmitglied ist als körperschaftlicher Organisationsakt streng von dem Abschluss des schuldrechtlichen Dienstvertrags zwischen dem Vorstandsmitglied und der Gesellschaft zu trennen. Denn bei dem Organverhältnis und dem Anstellungsverhältnis handelt es sich um zwei selbständige Rechtsverhältnisse (**Trennungsprinzip**), deren Entwicklung auch unterschiedlich verlaufen kann (vgl. auch Form. B. II. 1 Anm. 1 sowie Form. B. I. 2 zum parallelen Sachverhalt bei der Bestellung eines GmbH-Geschäftsführers). Damit sind hinsichtlich dieser beiden getrennten Rechtsverhältnisse auch zwei gesonderte Beschlüsse notwendig. Insbesondere ist auf diese strikte Trennung der Rechtsverhältnisse zu achten, wenn die Entscheidung und damit die Beschlussfassung bezüglich des Dienstvertrags auf den Personalausschuss bertragen wurde.

4. Beschlussfassung durch den Aufsichtsrat. Das vorgelegte Formular geht von einer mündlichen Beschlussfassung im Rahmen einer ordnungsgemäß einberufenen Sitzung des Aufsichtsrates bei Anwesenheit aller Aufsichtsratsmitglieder aus (vgl. § 108 Abs. 3 AktG zur schriftlichen Stimmabgabe abwesender Aufsichtsratsmitglieder in der Sitzung durch Stimmboten; in einer Sitzung kann aber auch schriftlich abgestimmt werden). Die vorliegende Sitzungsniederschrift dient nur Beweiszwecken, insbesondere für die Eintragung im Handelsregister. Sie ist selbst keine konstitutive Voraussetzung für die wirksame Beschlussfassung des Aufsichtsratsgremiums.

Im Rahmen der Beschlussfassung ist besonders darauf zu achten, dass der Beschluss ausdrücklich und eindeutig gefasst wird. Zwar ist ein Beschluss einer Auslegung zugänglich (z. B. kann ein Beschluss des Aufsichtsrates über den Abschluss des Dienstvertrags dahingehend

2. Bestellung eines Vorstandsmitglieds einer AG

ausgelegt werden, dass er auch den Beschluss zur Bestellung enthält). Ein nur konkludentes, d. h. stillschweigendes Handeln des Aufsichtsrates hat aber nicht die Rechtswirkung eines Beschlusses. Bei der etwaigen Besetzung von mehreren Vorstandspositionen ist über jeden Vorstandskandidaten ein eigener und gesonderter Beschluss zu fassen.

Zur Wirksamkeit des Beschlusses hat das Beschlussverfahren selbst den hierfür notwendigen Anforderungen zu genügen (zur Beschlussfähigkeit: vgl. § 108 Abs. 2 AktG, zum mehrstufigen Verfahren nach § 31 MitbestG ausführlich *Lutter/Krieger* Rdn. 344 ff.).

Eine schriftliche, fernmündliche oder sonst vergleichbare Form der Beschlussfassung ohne Sitzung des Aufsichtsrates ist – vorbehaltlich einer näheren Regelung in der Satzung der Gesellschaft oder der Geschäftsordnung des Aufsichtsrates – nur zulässig, wenn kein Mitglied des Aufsichtsrates diesem besonderen Verfahren widerspricht (§ 108 Abs. 4 AktG). In diesem Fall kann der Aufsichtsratsvorsitzende die Beschlussfassung in der Niederschrift wie folgt feststellen:

Alternative:
Auf Anordnung des Aufsichtsratsvorsitzenden wird ohne Einberufung einer Sitzung mit ausdrücklicher Zustimmung sämtlicher Aufsichtsratsmitglieder, die vorsorglich auf sämtliche Förmlichkeiten und Fristen hinsichtlich der Einberufung und Abhaltung einer Aufsichtsratssitzung verzichten, im Wege einer schriftlichen Stimmabgabe einstimmig beschlossen, was folgt:

Das Formular geht auch von der Einstimmigkeit der Entscheidung aus. Auch wenn dies dem Regelfall entsprechen dürfte, ist eine solche Einstimmigkeit jedoch keine Voraussetzung der Personalentscheidung. Ein Beschluss wäre auch dann gefasst, wenn das Gremium auf entsprechenden Antrag mit **einfacher Mehrheit der abgegebenen Stimmen** zustimmt (vgl. *Hüffer* § 108 Rdn. 6 ff.). Abweichende Mehrheitserfordernisse können sich allerdings aus gesetzlichen oder satzungsmäßigen Regelungen ergeben (vgl. z. B. zum Wahlverfahren nach dem Mitbestimmungsgesetz: § 31 Abs. 2–4 MitbestG). Die entsprechenden Beschlussanträge bzw. Wahlvorschläge können von jedem Aufsichtsratsmitglied gestellt werden.

Vereinzelt kommt es vor, dass eine Bestellung infolge eines fehlerhaften Beschlusses des Aufsichtsrates (infolge wesentlicher Verfahrensfehler im Beschlussverfahren; Verstöße gegen die Satzung) oder aus sonstigen Gründen (z. B. bei Fehlen persönlicher Eignungsvoraussetzungen) nur mangelbehaftet erfolgt ist. Das Vorstandsverhältnis selbst ist aber bereits in Vollzug gesetzt worden. In diesen Fällen ist von einer zwar fehlerhaft begründeten, aber vorläufig wirksamen Bestellung auszugehen. Danach ist im Innen- wie auch im Außenverhältnis von der Wirksamkeit aller Rechtshandlungen des Vorstandsmitglieds auszugehen (**Lehre von der fehlerhaften Organstellung**, vgl. hierzu und den weiteren Voraussetzungen: Kölner Kommentar AktG/*Mertens* § 84 Rdn. 29; *Hüffer* § 84 Rdn. 5 und in Abgrenzung zur Lehre vom fehlerhaften Anstellungsvertrag). Der Mangel der Bestellung kann aber gleichwohl mit Wirkung für die Zukunft geltend gemacht werden. Die (fehlerhafte) Organstellung kann durch Widerruf der Bestellung bzw. durch Niederlegung des Vorstandsamtes jederzeit, ohne weitere Begründung und mit sofortiger Wirkung beendet werden (vgl. MünchGesR IV/*Wiesner* § 20 Rdn. 36; *Hüffer* § 84 Rdn. 10). I. d. R. wird es aber so sein, dass trotz der Entdeckung des Mangels der Bestellung auf beiden Seiten der Wunsch besteht, die gemeinsame Arbeit fortzusetzen und den vorliegenden Mangel, sofern möglich, durch eine erneute ordnungsgemäße Beschlussfassung „aus der Welt zu schaffen".

5. Inhalt des Bestellungsbeschlusses. Mit dem vorgelegten Formular wird nicht nur der Beschluss des Aufsichtsrats über die Bestellung des Vorstandskandidaten zum einfachen Vorstandsmitglied festgehalten. Das Formular legt zudem auch den Anfangstermin für die Organstellung sowie die Dauer der Amtszeit fest, regelt die Vertretungsmacht des Vorstandsmitglieds und dessen Zuständigkeit für ein bestimmtes Ressort; bei diesen Punkten handelt es sich allerdings nicht um notwendige, sondern um fakultative Inhalte des Bestellungsbeschlusses.

Der **notwendige Inhalt** eines Bestellungsbeschlusses besteht allein in der individualisierbaren Bezeichnung des Vorstandskandidaten sowie der Zuweisung des Vorstandsamtes an diesen Vorstandskandidaten. Darüber hinaus ist auch zwingend anzugeben, wenn ein Vorstandsmitglied als stellvertretendes (§ 94 AktG) ernannt werden soll. Allerdings können im Bestellungsbeschluss als **fakultative Inhalte** auch anderweitige Regelungen für das Organverhältnis getroffen werden. Neben Fragen zur Befristung des Vorstandsamtes handelt es sich dabei in der Regel auch um Festlegungen zur Vertretungsmacht (vgl. Anm. 9), zur Ressortverteilung (vgl. Anm. 10) und zur Zuweisung bestimmter Ämter (vgl. Anm. 11). Solche Bestimmungen können, müssen aber nicht notwendig im Bestellungsbeschluss getroffen werden.

6. Anfangstermin. Das Formular sieht vor, dass der Aufsichtsrat einen **Anfangstermin** für das Amt des Vorstandsmitglieds bestimmt. Zu beachten ist dabei nur, dass dieser Anfangstermin nicht mehr als ein Jahr nach dem Bestellungsbeschluss des Aufsichtsrates liegen darf. Bei Festsetzung eines Anfangstermins ist dieser im Handelsregister zu vermerken.

Die genaue Festlegung eines Anfangstermins empfiehlt sich schon allein zur Klarstellung sowie zur Vermeidung etwaiger Unsicherheiten. Fehlt sie, kann gegebenenfalls unklar sein, wann genau das Mandat des Vorstandsmitglieds beginnt (und damit auch, zu welchem Zeitpunkt es endet). Denn ohne den Anfangstermin im Beschluss begänne das Amt zu dem Zeitpunkt, zu dem die Bestellung vollendet ist (und damit i.d.R. mit der Annahme der ihm gegenüber kundgegebenen Bestellungserklärung durch das Vorstandsmitglied). Dabei ist dieser Zeitpunkt allerdings oft nicht hinreichend bestimmbar, so dass eine gewisse, durch die Festlegung eines Anfangstermins aber vermeidbare Unklarheit entsteht.

7. Endtermin. Im Formular ist vorgesehen, dass der Aufsichtsrat in seinem Beschluss auch die Dauer der Organstellung des Vorstandsmitglieds bestimmt. In rechtlicher Hinsicht wird hiermit ein **Endtermin** für die Bestellung des Vorstandsmitglieds gesetzt. Dabei kann ein Vorstandskandidat für die Dauer von längstens fünf Jahren zum Vorstandsmitglied bestellt werden (sog. **Höchstbestellungsdauer**, vgl. § 84 Abs. 1 S. 1 bis 4 AktG), eine längere Bestellung (z.B. auf sieben Jahre) wäre für den den Fünf-Jahres-Zeitraum übersteigenden Teil nichtig (§§ 134, 139 BGB). Wird kein Endtermin für die Bestellung des Vorstandsmitglieds festgesetzt und ist die Bestellung damit unbefristet, so gilt das Vorstandsmitglied auf die Dauer von fünf Jahren bestellt.

Selbst wenn ein Vorstandsmitglied für die Höchstbestellungsdauer bestellt werden soll, ist eine sog. **wiederholte Bestellung** (z.B. für weitere fünf Jahre) möglich, bedarf aber jedenfalls eines neuen Bestellungsbeschlusses, der wiederum frühestens ein Jahr vor Ablauf der bisherigen Amtszeit gefasst werden darf (§ 84 Abs. 1 S. 3 AktG, vgl. auch Form. B. II. 1 Anm. 15, dort auch zur Frage einer automatischen Verlängerung ohne Neubestellungsbeschluss). Wenn bereits zu einem früheren Zeitpunkt als einem Jahr vor dem Ende der laufenden Amtszeit eine „Verlängerung" der Amtszeit herbeigeführt werden soll, bleibt nur der Weg, die bisherige Bestellung mit dem Einverständnis des Vorstandsmitglieds aufzuheben und das Vorstandsmitglied für eine neue Amtszeit zu bestellen. Obwohl diese Gestaltung in der Praxis nicht selten anzutreffen ist, ist deren rechtliche Zulässigkeit zumindest umstritten (vgl. MünchKomm-AktG/*Hefermehl/Spindler* § 84 Rdn. 36 und *Hüffer* § 84 Rdn. 7, jeweils m. weit. Nachw.). Zwar unterfällt die Kombination einer gleichzeitigen Aufhebung der bisherigen Bestellung sowie einer Wiederbestellung nicht dem direkten Wortlaut des § 84 Abs. 1 S. 3 AktG, der eine Verlängerung der Amtszeit frühestens ein Jahr vor Ablauf der Bestellung erlauben würde. Allerdings gibt es Stimmen in der Literatur, die eine derartige Neubestellung als Umgehung ansehen und deshalb für unwirksam halten würden, weil sie im Grunde dasselbe bewirkt wie eine – verbotene – Verlängerung (vgl. nur Kölner Kommentar AktG/*Mertens* § 84 Rdn. 18). Höchstrichterliche Rechtsprechung zu dieser Thematik existiert, soweit ersichtlich, nicht.

Bei der Bestellung ist oftmals auch die Frage relevant, für welche Zeit ein Vorstandsmitglied mindestens bestellt werden muss, z.B. in den Fällen, in denen ein Vorstandskandidat nur zur Überbrückung einer Vakanz bzw. aus einer besonderen unternehmerischen Notwendigkeit heraus bestellt werden soll. Auch ist denkbar, dass im Fall einer erstmaligen Bestellung der Vorstandskandidaten seine besonderen Fähigkeiten erst unter Beweis stellen soll, bevor er unter Ausschöpfung der Höchstbestellungszeiten erneut bestellt wird. Zwar ist eine **Mindestbestellungsdauer** gesetzlich nicht vorgesehen; allerdings stünde eine nur sehr kurze bzw. zu kurze Bestellungsdauer im Widerspruch zu der einem Vorstandsmitglied aktienrechtlich zugewiesenen Unabhängigkeit (vgl. Form. B. II. 1 Anm. 15, auch zur praktischen Durchsetzbarkeit einer „Probezeit"). Generell wird daher angenommen, dass ein Vorstandsmitglied zumindest für einen Zeitraum von einem Jahr bestellt werden muss.

8. Bedingung. Der im Formular niedergelegte Bestellungsbeschluss ist unbedingt gefasst. Denn es ist sehr umstritten, ob eine Bestellung an eine **aufschiebende Bedingung** (z. B. Bindung an den Abschluss des Dienstvertrags) oder eine **auflösende Bedingung** (z. B. Bindung des Vorstandsamtes bei einer Tochtergesellschaft an das Bestehen des Vorstandsamtes bei der Muttergesellschaft) geknüpft werden kann (vgl. nur Kölner Kommentar AktG/*Mertens* § 84 Rdn. 5 m. weit. Nachw.). Eine höchstrichterliche Klärung dieser Problemstellungen ist bislang nicht erfolgt. Insbesondere auflösende Bedingungen dürften aber jedenfalls aus grundsätzlichen aktienrechtlichen Erwägungen unwirksam sein, weil damit die gesetzlichen Regelungen zur Beendigung des Vorstandsamtes umgangen werden könnten (vgl. hierzu *Semler/Fonk* § 9 Rdn. 41).

9. Vertretungsregelungen. Nach dem Formular hat der Aufsichtsrat in seiner Sitzung beschlossen, dem Vorstandsmitglied satzungsgemäße Vertretungsmacht zu verleihen. Der Beschluss des Aufsichtsrates unterstellt damit, dass eine solche satzungsmäßige Regelung existiert, mit der im gesetzlich zulässigen Rahmen die grundsätzlich gemeinschaftliche **Ausübung der Vertretungsmacht** (§ 78 Abs. 2 S. 1 AktG) modifiziert werden kann – und nimmt entsprechend hierauf Bezug. In der Satzung kann dabei eine Regelung getroffen sein, die z. B. eine Einzelvertretung, eine unechte Gesamtvertretung (in Gemeinschaft mit einem Prokuristen) oder auch eine modifizierte Gesamtvertretung (wonach eine bestimmte Zahl von Vorstandsmitgliedern Gesamtvertretung hat, z. B. Vertretung durch zwei Vorstandsmitglieder) vorsieht. Keine abweichende Regelung kann hingegen zum **Umfang der Vertretungsmacht** selbst getroffen werden. Denn das Gesetz sieht vor, dass die (im Außenverhältnis bestehende) Vertretungsmacht des Vorstandsmitglieds grundsätzlich gesetzlich unbeschränkt (mit der Ausnahme nach § 112 AktG, wonach der Aufsichtsrat die Gesellschaft gegenüber den Vorstandsmitgliedern vertritt) sowie auch unbeschränkbar (§§ 78 Abs. 1, 82 Abs. 1 AktG) ist.

Existiert eine satzungsmäßige Regelung zur Ausübung der Vertretungsmacht, ist darauf zu achten, dass der Beschluss des Aufsichtsrates bei der Bestellung jedenfalls den dort vorgegebenen Rahmen einhält, insbesondere keine hierzu im Widerspruch stehende Vertretungsbefugnis zuweist.

Nicht selten legt die Satzung einer Gesellschaft aber auch fest, dass der Aufsichtsrat unmittelbar zur Vornahme einer Vertretungsregelung befugt ist. Danach kann der Aufsichtsrat unmittelbar die Vertretungsbefugnis einzelner Vorstandsmitglieder regeln (zur Problematik der Festlegung der Vertretungsmacht im Dienstvertrag des Vorstandsmitglieds, vgl. Form. B. II. 1 Anm. 11).

10. Ressortzuweisung. Das Formular sieht vor, dass der im Bestellungsbeschluss dem Vorstandsmitglied ein eigenes Ressort zuweist. Der Aufsichtsrat nimmt damit im Rahmen seiner Zuständigkeit (§ 77 Abs. 2 AktG) eine Maßnahme zur Geschäftsordnung vor (vgl. Form. B. II. 1 Anm. 7 zur Frage der Festlegung des Vorstandsressorts im Anstellungsvertrag des Vorstandsmitglieds). Eine solche Ressortzuweisung ist in der Praxis üblich, weil die einzelnen Vorstandsmitglieder gerade auch zur Wahrnehmung bestimmter Vorstandsaufgaben eingestellt werden. Die Ressortzuweisung ist allerdings fakultativ. Nur bei der Bestellung eines Vorstandsmitglieds als **Arbeitsdirektor** einer paritätisch mitbestimmten AG muss dessen Kernzuständigkeit für Arbeit und Soziales ausdrücklich gewährleistet werden; dem Arbeitsdirektor müssen daher im Rahmen seiner Bestellung die Personal- und Sozialangelegenheiten der Gesellschaft zugewiesen werden.

11. Besondere Ämter. Nicht im Formular vorgesehen ist eine Ernennung für ein besonderes Amt (z. B. Vorstandsvorsitzender, Vorstandssprecher; zu diesen Ämtern im Einzelnen: vgl. Form. B. II. 1 Anm. 6, insbesondere zur Problematik einer dienstvertraglichen Festschreibung dieser Rollen). Auch wenn mit der Zuweisung dieser Rollen keine besonderen gesetzlichen Befugnisse bzw. Pflichten verbunden sind, spiegeln diese Positionen gleichwohl einen faktischen Führungsanspruch. Deren Zuerkennung will daher stets gut überlegt sein.

12. Beschlussfassung über Abschluss und Inhalt des Dienstvertrags. Im Formular ist auch vorgesehen, dass der Aufsichtsrat förmlich und ausdrücklich über den Abschluss sowie den Inhalt des der Niederschrift als Anlage beigefügten Dienstvertrags mit dem Vorstandskandidaten beschließt. Dieser Beschluss kann vom Aufsichtsrat auch auf einen etwaig gebildeten

Personalausschuss übertragen werden. Weil der Beschluss zum Abschluss des Dienstvertrags auch umgesetzt werden muss, ist im Formular auch die Beauftragung des Aufsichtsratsvorsitzenden zur Unterzeichnung des Dienstvertrags vorgesehen. Diese Beauftragung ist dann überflüssig, wenn die Satzung der Gesellschaft oder die Geschäftsordnung des Aufsichtsrates generell eine entsprechende Aufgabenzuweisung regelt.

Im Formular wird der Beschluss über Abschluss und Inhalt des Dienstvertrags zeitgleich mit dem Bestellungsbeschluss gefasst. Der Beschluss über Abschluss und Inhalt des Dienstvertrags kann dem Bestellungsbeschluss aber auch nachfolgen. Nicht selten wird auch vor der Bestellung bereits vom Personalausschuss über den Abschluss bzw. den Inhalt des Dienstvertrags entschieden (und auch von den Vertragsparteien unterzeichnet). Bei dieser grundsätzlich möglichen Vorgehensweise sollte aber dringend darauf geachtet werden, dass der Dienstvertrag für den Fall der Bestellung bedingt wird (vgl. Form. B. II. 1 Anm. 5). Zudem ist auch darauf zu achten, dass der Personalausschuss keine Regelungen zur Ressortzuweisung treffen darf.

Zu beachten ist, dass auch der Dienstvertrag z. B. infolge der Mitwirkung eines unzuständigen Organs bzw. sonstiger aktienrechtliche Fehler bei der Beschlussfassung fehlerhaft zustande gekommen sein kann. In diesen Fällen ist der Dienstvertrag im Fall seiner Invollzugsetzung als wirksam zu behandeln; beide Vertragsparteien können sich aber mit einer einseitigen Erklärung, die keiner weiteren Begründung bedarf, mit ex-nunc-Wirkung vom Vertrag lösen. Auch hier wird es aber in der Regel so sein, dass auf beiden Seiten der Wunsch besteht, die gemeinsame Arbeit fortzusetzen und ein ordnungsgemäßer Vertragsabschluss nachgeholt wird.

13. Annahme der Bestellung. Die wirksame Bestellung eines Vorstandskandidaten zum Vorstandsmitglied besteht nicht nur aus dem Bestellungsbeschluss des Aufsichtsrats (vgl. § 108 Abs. 1 AktG). Notwendig ist zusätzlich die Kundgabe dieses Bestellungsbeschlusses an den Vorstandskandidaten und die Annahme der Bestellung gegenüber dem Aufsichtsrat. Das Formular sieht deswegen neben dem Bestellungsbeschluss auch vor, dass der Vorstandskandidat auf der Niederschrift der Aufsichtsratssitzung mit seiner Unterschrift bestätigt, von der Bestellung seiner Person zum Vorstandsmitglied Kenntnis genommen zu haben bzw. sich mit dieser Bestellung einverstanden zu erklären. Diese „Bestätigung" dient aber i. d. R. nur Beweiszwecken. In der Praxis wird der Vorstandskandidat üblicherweise vom Aufsichtsratsvorsitzenden selbst persönlich und mündlich über den Beschluss des Aufsichtsrates in Kenntnis gesetzt. Dabei wird der Vorstandskandidat die Bestellung gegenüber dem Aufsichtsratsvorsitzenden auch ausdrücklich annehmen. Dieses Einverständnis kann allerdings auch stillschweigend erklärt werden (z. B. durch die bloße Aufnahme der Tätigkeit als Vorstandsmitglied, vor allem aber durch die Unterzeichnung des Anstellungsvertrags). In zeitlicher Hinsicht muss das Einverständnis des Vorstandskandidaten nicht zwingend nach dem Beschluss des Aufsichtsrates und dessen Kundgabe erfolgen, sondern kann auch bereits vorher von dem Vorstandskandidaten erklärt werden. Weder für die Kundgabe an noch für das Einverständnis durch den Vorstandskandidaten bestehen besondere gesetzliche Formerfordernisse.

Ab dem Zeitpunkt dieser Kenntnisnahme erhält der Vorstandskandidat die gesetzes- und satzungsmäßig vorgesehene Rechtsstellung als Vorstandsmitglied im Innen- wie auch im Außenverhältnis. Die exakte Einordnung der Rechtsnatur des Bestellungsvorgangs kann in vorliegenden Zusammenhang dahinstehen (vgl. zum Streitstand: *Hüffer* § 84 Rdn. 4). Die notwendige Eintragung der Bestellung im Handelsregister wirkt nur deklaratorisch und ist keine Wirksamkeitsvoraussetzung für die Bestellung selbst. Dies gilt sowohl bei börsennotierten wie auch bei nicht börsennotierten Aktiengesellschaften.

14. Handelsregistereintragung. Die erstmalige Bestellung des Vorstandsmitglieds ist samt dessen Vertretungsbefugnis zum Handelsregister des zuständigen Registergerichts anzumelden (§§ 81, 79 AktG). Zuständig für die Eintragung ist dabei das Registergericht am Sitz der Gesellschaft. Handelt es sich nicht – wie im Formular unterstellt – um eine erstmalige, sondern um eine wiederholte Bestellung (vgl. hierzu auch Form. B. II. 1 Anm. 15), muss eine solche nur dann zum Handelsregister angemeldet werden, wenn der Aufsichtsrat eine eintragungspflichtige Änderung der Vertretungsbefugnis beschließt. Die bloße wiederholte Bestellung stellt hingegen keine „Änderung des Vorstands" i. S. d. § 81 Abs. 1 AktG statt.

Die Anmeldung zum Handelsregister ist zwar für die Gesellschaft verpflichtend, hat selbst aber nur deklaratorischen Charakter und ist damit keine Wirksamkeitsvoraussetzung für die Bestellung (vgl. Anm. 13). Die Anmeldung ist vom Vorstand der Gesellschaft in öffentlich beglaubigter Form einzureichen (§ 12 Abs. 1 HGB), wobei auch das neue Vorstandsmitglied bei seiner eigenen Eintragung mitwirken darf. Ohnehin hat das neue Vorstandsmitglied bei der Anmeldung mit seiner Namensunterschrift zu zeichnen (§ 81 Abs. 4 AktG) und zudem die nach § 81 Abs. 3 AktG notwendigen Versicherungen abzugeben. Eine Ausfertigung der Niederschrift der Sitzung des Aufsichtsrates ist der Anmeldung beizulegen, um dem Registergericht den Beschluss des Aufsichtsrates zur Bestellung des Vorstandsmitgliedes auch nachzuweisen.

3. Aufhebungsvertrag[1, 2] für ein Vorstandsmitglied einer AG

Aufhebungsvertrag

zwischen

...... AG (Name und Anschrift der Gesellschaft) „Gesellschaft"

vertreten durch ihren Aufsichtsrat, dieser vertreten durch seinen Vorsitzenden, Herrn ......,

und

Herrn ...... (Name und Anschrift des Dienstnehmers) „Vorstandsmitglied"

Präambel[3]

Das Vorstandsmitglied wurde mit Beschluss des Aufsichtsrats der Gesellschaft vom ...... mit Wirkung ab dem ...... zum ordentlichen Mitglied des Vorstands der Gesellschaft bestellt. Zur Regelung der Anstellungsbedingungen des Vorstandsmitglieds haben die Vertragsparteien am ...... einen Dienstvertrag („Dienstvertrag") sowie am ...... eine Zusatzvereinbarung („Zusatzvereinbarung") hierzu geschlossen. Das Vorstandsmitglied soll nunmehr einvernehmlich aus den Diensten der Gesellschaft ausscheiden.

Dies vorausgeschickt, vereinbaren die Vertragsparteien was folgt:

§ 1 Beendigung des Anstellungsverhältnisses[4]

Die Vertragsparteien sind sich einig, dass das zwischen ihnen bestehende Vorstands-Anstellungsverhältnis gemäß Dienstvertrag samt Zusatzvereinbarung sowie jedes etwaige sonstige Anstellungsverhältnis mit der Gesellschaft oder Gesellschaften, an denen die Gesellschaft unmittelbar oder mittelbar beteiligt ist („Verbundene Unternehmen"), einvernehmlich zum Ablauf des ...... („Beendigungstermin"[5]) endet.

§ 2 Amtsniederlegung[6, 7]

(1) Das Vorstandsmitglied legt hiermit sein Amt als Mitglied des Vorstands der Gesellschaft mit Wirkung zum Beendigungstermin[8] nieder. Die Gesellschaft erklärt hierzu ihr Einverständnis. Das Vorstandsmitglied wird eine entsprechende Niederlegungserklärung separat ausfertigen. Diese Niederlegungserklärung ist diesem Vertrag als Anlage 1 beigefügt und wesentlicher Bestandteil dieses Vertrages. Der Aufsichtsrat behält sich vor, den Widerruf der Bestellung des Vorstandsmitglieds als Vorstand der Gesellschaft auch für einen früheren Zeitpunkt als den Beendigungstermin zu beschließen[9]. Das Vorstandsmitglied erklärt für den Fall eines Widerrufs bereits heute sein Einverständnis mit diesem Widerruf.

(2) Das Vorstandsmitglied legt hiermit folgende Ämter[10]

- ......,
- ......,
- ......

mit Wirkung zum Beendigungstermin nieder. Das Vorstandsmitglied wird sämtliche Erklärungen in der von der Gesellschaft gewünschten Form abgeben und ausfertigen, die erforderlich oder zweckmäßig sind, um die Niederlegung dieser Ämter bzw. deren Beendigung zu bewirken. Für den Fall eines Widerrufs der Bestellung des Vorstandsmitglieds als Vorstand der Gesellschaft zu einem früheren Zeitpunkt als dem Beendigungstermin verpflichtet sich das Vorstandsmitglied, die vorstehend benannten Ämter zu diesem früheren Zeitpunkt niederzulegen und entsprechende Erklärungen abzugeben und auszufertigen.

§ 3 Vergütung[11]/Auslagen[12]

(1) Etwaige Ansprüche des Vorstandsmitglieds auf Vergütung und Erstattung von Auslagen gegen die Gesellschaft oder Verbundene Unternehmen bestehen mit Unterzeichnung dieses Vertrages nur noch nach Maßgabe von § 3 dieses Vertrages.

(2) Die Gesellschaft wird das Festgehalt des Vorstandsmitglieds in Höhe von monatlich EUR …… brutto bis zum Beendigungstermin ordnungsgemäß abrechnen und die sich hieraus ergebenden Nettobeträge jeweils am Ende eines Kalendermonats an das Vorstandsmitglied auszahlen.

(3) Das Vorstandsmitglied erhält als einmalige und abschließende Zahlung auf die ihm nach § …… des Dienstvertrags etwaig zustehende erfolgsabhängige variable Vergütung einen Betrag von EUR …… brutto (in Worten: Euro ……), zahlbar zum Beendigungstermin. Darüber hinaus ist eine variable Vergütung weder für die Vergangenheit noch für die Zukunft geschuldet.

(4) Andere Vergütung als nach vorstehende Abs. (2) und (3) ist nicht geschuldet; insbesondere sind keine Gratifikationen, Jahressonderzahlungen, Boni, Provisionen, Urlaubsgeld, keine Vergütung für Nacht-, Sonn- und Feiertagsarbeit oder für Mehrarbeit und Überstunden oder sonstige Vergütung geschuldet, weder für die Vergangenheit noch für die Zukunft.

(5) Die Vertragsparteien sind sich einig, dass alle etwaigen Auslagen des Vorstandsmitglieds, die bis zum Zeitpunkt der Unterzeichnung dieses Vertrages angefallen sind, ordnungsgemäß abgerechnet und dem Vorstandsmitglied erstattet worden sind. Etwaige nach Unterzeichnung dieses Vertrages bis zum Beendigungstermin (bzw. bis zum Beginn einer etwaigen Freistellung nach § 4 Abs. (3) dieses Vertrages) anfallenden Auslagen, insbesondere Reisekosten, werden dem Vorstandsmitglied im Rahmen der Angemessenheit und bei Nachweis des Aufwands erstattet. Übersteigen die aufgewendeten Auslagen die nach den steuerlichen Vorschriften zulässigen Pauschbeträge, sind sie im Einzelnen im gesetzlich erforderlichen Umfang zu belegen. Ergänzend gelten die jeweils geltenden Richtlinien der Gesellschaft, die insoweit Bestandteil dieses Vertrages sind.

§ 4 Abwicklung

(1) Bis zum Beendigungstermin (bzw. im Fall der Freistellung nach § 4 Abs. (3) dieses Vertrages bis zum Beginn der Freistellung) wird das Vorstandsmitglied seinen Pflichten als Vorstand der Gesellschaft gemäß Dienstvertrag und Zusatzvereinbarung vollumfänglich nachkommen[13]. Zu den zu erledigenden Aufgaben zählen insbesondere:
- Erstellung des Jahresabschlusses für das Geschäftsjahr ……,
- Vorbereitung der nächsten Hauptversammlung,
- Fortführung der Gespräche mit Investoren,
- Regelung der laufenden Rechtsstreitigkeiten der Gesellschaft,
- Veranlassung der Anmeldungen zur Eintragung in das Handelsregister, die im Zusammenhang mit der Niederlegung des Amtes als Vorstand der Gesellschaft und Geschäftsführer der …… GmbH erforderlich sind,
- ……,
- …….

Zum Beendigungstermin (bzw. im Fall der Freistellung nach § 4 Abs. (3) dieses Vertrages zum Beginn der Freistellung) hat das Vorstandsmitglied für eine ordnungsgemäße Übergabe seines Vorstandsressorts in Abstimmung mit den übrigen Vorstandsmitgliedern zu sorgen und den Aufsichtsrat der Gesellschaft auf vordringlich zu erledigende Aufgaben hinzuweisen.

(2) Das Vorstandsmitglied wird seinen ihm noch im Umfang von ...... Urlaubstagen zustehenden Urlaub ganz oder teilweise bis zum Beendigungstermin nehmen[14]. Ein nicht genommener Urlaub verfällt ersatzlos.

(3) Der Aufsichtsrat der Gesellschaft ist berechtigt, das Vorstandsmitglied im Fall eines Widerrufs der Bestellung zum Vorstandsmitglied zu einem früheren Zeitpunkt als dem Beendigungstermin oder bei einer sonstigen früheren Beendigung der Organstellung von jeder weiteren Tätigkeit für die Gesellschaft bis zum Beendigungstermin durch einseitige Erklärung freizustellen[15]. Die Freistellung des Vorstandsmitglieds erfolgt unter (Fort-)Zahlung der Vergütung nach § 3 dieses Vertrages sowie unter Anrechnung der nach § 4 Abs. (2) dieses Vertrages etwaig noch bestehenden Urlaubsansprüche des Vorstandsmitglieds.

(4) Im Fall seiner Freistellung nach § 4 Abs. (3) dieses Vertrages wird das Vorstandsmitglied während der ersten vier Wochen ab Beginn der Freistellung der Gesellschaft für Auskünfte, Beratung, Übergabearbeiten und sonstige Management-Unterstützung zur Verfügung stehen, wobei die Vertragsparteien sich rechtzeitig und im Voraus über den jeweiligen Zeitpunkt und die jeweilige Dauer einer solchen Unterstützungstätigkeit abstimmen werden. Eine gesonderte Vergütung erhält das Vorstandsmitglied hierfür nicht; es werden lediglich und nach vorheriger Absprache etwaige durch die Unterstützungstätigkeiten verursachte Auslagen erstattet.

(5) Das Vorstandsmitglied verpflichtet sich ausdrücklich, ab dem Beendigungstermin bzw. im Fall der Freistellung nach § 4 Abs. (3) dieses Vertrages bereits ab dem Beginn der Freistellung, nicht mehr als Vorstandsmitglied im Namen der Gesellschaft bzw. im Rahmen seiner sonstigen Ämter nach § 2 Abs. (2) dieses Vertrages gegenüber Dritten aufzutreten und keinerlei Handlungen für oder im Namen der Gesellschaft oder etwaiger anderer von ihm vertretener Verbundener Unternehmen vornehmen[16].

§ 5 Abfindung[17]

Das Vorstandsmitglied erhält für den Verlust seiner Anstellung eine Abfindung in Höhe von EUR ...... brutto (in Worten: Euro ......). Hiervon wird ein Betrag in Höhe von EUR 7.200,– abgabefrei gezahlt (§ 3 Ziff. 9 EStG in seiner derzeit geltenden Fassung), der übersteigende Betrag unterfällt dem Lohnsteuerabzug. Die Abfindung ist fällig zum Beendigungstermin, keinesfalls jedoch vor der Rückgabe des Dienstwagens gemäß nachfolgendem § 6 Abs. (1) dieses Vertrages. Sämtliche Steuer auf die Abfindung trägt das Vorstandsmitglied.

§ 6 Versicherungen[18, 19]

Die Gesellschaft räumt dem Vorstandsmitglied zum Beendigungstermin das Recht ein, die bei der ......-Versicherung abgeschlossene Rentenversicherung (Nr. ......) sowie die bei der ......-Versicherung abgeschlossene Lebensversicherung (Nr. ......) auf eigene Kosten fortzuführen. Die Gesellschaft wird alle hierzu notwendigen oder nützlichen Erklärungen gegenüber den Versicherern abgeben. Bis zum Beendigungstermin werden die Versicherungen zu den nach dem Dienstvertrag geltenden Bedingungen weitergeführt.

§ 7 Zeugnis[20]

Die Gesellschaft wird dem Vorstandsmitglied ein wohlwollendes, qualifiziertes Zeugnis über seine Tätigkeit als Vorstandsmitglied der Gesellschaft erteilen. Die Gesellschaft wird dabei einen vom Vorstandsmitglied zur Verfügung gestellten Entwurf angemessen berücksichtigen.

§ 8 Diensterfindungen/Schutzrechte[21]

Die Vertragsparteien sind sich einig, dass die Vereinbarungen zwischen den Vertragsparteien zu Diensterfindungen und Schutzrechten nach § ...... des Dienstvertrags auch nach dem Beendigungstermin uneingeschränkte Gültigkeit haben.

§ 9 Herausgabe[22]

(1) Das Vorstandsmitglied kann den ihm überlassenen Dienstwagen, Typ ......, amtl. Kennzeichen ......, bis zum Beendigungstermin im bisherigen Umfang und zu den bisherigen Bedingungen nutzen. Im Fall einer Freistellung nach § 4 Abs. (3) dieses Vertrages trägt das Vorstandsmitglied ab dem Beginn der Freistellung sämtliche Betriebs- und Verbrauchskosten, insbesondere die Kosten für Benzin. Das Vorstandsmitglied wird den Dienstwagen (mit Fahrzeugpapieren, allem Zubehör und sämtlichen Schlüsseln) zum Beendigungstermin in ordnungsgemäßem Zustand an die Gesellschaft zurückgeben. Etwaige Steuern auf den in dieser Nutzung liegenden geldwerten Vorteil trägt das Vorstandsmitglied.

(2) Das Vorstandsmitglied wird der Gesellschaft sämtliche das Geschäft der Gesellschaft oder Verbundener Unternehmen betreffende Unterlagen (einschließlich aller Abschriften, Ablichtungen hiervon) und insbesondere auch elektronisch gespeicherte Unterlagen sowie alle sonstige in seinem Besitz befindlichen und im Eigentum der Gesellschaft stehenden bzw. ihm von der Gesellschaft oder von Verbundenen Unternehmen zur Verfügung gestellten Gegenstände, insbesondere das Mobiltelefon, Blackberry und Firmenkreditkarte, spätestens zum Beendigungstermin übergeben.

(3) Das Vorstandsmitglied verpflichtet sich, etwaige auf einem in seinem Besitz oder Eigentum befindlichen Computer aufgespielte Programme, für welche die Gesellschaft oder ein Verbundenes Unternehmen die Lizenz erworben hat, spätestens zum Beendigungstermin zu löschen. Diese Verpflichtung erstreckt sich auch auf sämtliche auf einem solchen Computer gespeicherten Daten, welche Angelegenheiten der Gesellschaft oder von Verbundenen Unternehmen betreffen.

(4) Im Fall seiner Freistellung nach § 4 Abs. (3) dieses Vertrages wird das Vorstandsmitglied die nach vorstehenden Abs. (2) und Abs. (3) bestehenden Verpflichtungen zum Zeitpunkt des Beginns der Freistellung erfüllen.

§ 10 Geheimhaltung[23]

(1) Die Vertragsparteien sind sich einig, dass das Vorstandsmitglied seine Geheimhaltungsverpflichtungen nach § ...... des Dienstvertrags auch nach dem Beendigungstermin zu erfüllen hat. Im Rahmen einer etwaigen von dem Vorstandsmitglied nach dem Beendigungstermin ausgeübten beruflichen oder unternehmerischen Tätigkeit kann das Vorstandsmitglied sein als Vorstandsmitglied erworbenes Wissen einsetzen, sofern dabei die gesetzlichen Beschränkungen – insbesondere nach §§ 3, 17 UWG, § 823 Abs. 1 und Abs. 2 i. V. m. UWG, § 826 BGB und den datenschutzrechtlichen Regelungen – strikt beachtet werden.

(2) Die Vertragsparteien sind sich einig, dass über den Inhalt dieses Vertrages und die Verhandlungen hierzu striktes Stillschweigen zu bewahren ist.

(3) Das Vorstandsmitglied verwirkt für jeden Fall der Zuwiderhandlung gegen die Geheimhaltungsverpflichtung nach vorstehenden Abs. (1) und Abs. (2) eine Vertragsstrafe in Höhe von EUR ...... brutto (in Worten: Euro ......). Im Falle eines Dauerverstoßes ist die Vertragsstrafe für jeden angefangenen Monat der Zuwiderhandlung verwirkt. Die Geltendmachung sonstiger Rechte, insbesondere von Unterlassungsansprüchen und Ansprüchen auf Ersatz eines weitergehenden Schadens, bleibt hiervon unberührt.

(4) Das Vorstandsmitglied ist verpflichtet, in Zweifelsfällen über den Umfang der Geheimhaltungsverpflichtung nach vorstehenden Abs. (1) mit dem Vorstand der Gesellschaft eine Klärung herbeizuführen.

§ 11 Wettbewerbsverbot/Abwerbeverbot

(1) Bis zum Beendigungstermin sind für das Vorstandsmitglied § 88 AktG wie auch die Regelungen aus dem Dienstvertrag zum Wettbewerbsverbot (dort § ......) und zur Aufnahme und Ausübung von Nebentätigkeiten (dort § ......) weiterhin zu beachten[24]. Dies gilt auch im Fall eines Widerrufs seiner Bestellung nach § 2 Abs. (1) dieses Vertrages zu einem früheren Zeitpunkt als dem Beendigungstermin.

(2) Die Vertragsparteien sind sich einig, dass das nachvertragliche Wettbewerbsverbot gemäß § ...... des Dienstvertrags hiermit einvernehmlich aufgehoben ist[25]. Das Vorstandsmitglied kann ab dem Beendigungstermin Wettbewerb betreiben; die Gesellschaft schuldet keinerlei Entschädigung.

(3) Das Vorstandsmitglied wird bis zum Beendigungstermin sowie für die Dauer von 24 Monaten nach dem Beendigungstermin weder selbst noch durch andere, weder direkt noch indirekt, einen Mitarbeiter oder Berater der Gesellschaft oder eines Verbundenen Unternehmens aktiv anwerben, abwerben oder ihn oder sie veranlassen, sein Vertragsverhältnis mit der Gesellschaft oder einem Verbundenen Unternehmen zu beenden oder in Wettbewerb zur Gesellschaft oder einem Verbundenen Unternehmen zu treten. Das Vorstandsmitglied verwirkt für jeden Fall der Zuwiderhandlung gegen dieses Verbot eine Vertragsstrafe in Höhe von EUR ...... brutto (in Worten: Euro ......). Die Geltendmachung sonstiger Rechte, insbesondere von Unterlassungsansprüchen und Ansprüchen auf Ersatz eines weitergehenden Schadens, bleibt hiervon unberührt.

§ 12 Wohlverhalten[26]

Das Vorstandsmitglied verpflichtet sich, ab Unterzeichnung dieser Vertrages und damit jedenfalls auch nach dem Beendigungstermin gegenüber Dritten und/oder gegenüber Mitarbeitern der Gesellschaft bzw. den Mitarbeitern Verbundener Unternehmen keinerlei geschäftsschädigende, nachteilige oder unfreundliche Äußerungen über die Gesellschaft oder Verbundene Unternehmen zu machen, insbesondere auch nicht über deren Management, Mitarbeiter, Programme oder Produkte.

§ 13 Presseerklärung[27]

(1) Die Vertragsparteien werden gegenüber Dritten, insbesondere gegenüber der Presse, sonstiger Öffentlichkeit oder im Internet, sowie auch gesellschaftsintern zur Beendigung der Vorstandstätigkeit des Vorstandsmitglieds bei der Gesellschaft ausschließlich folgende offizielle gemeinsame Erklärung abgeben:
„Das für die Bereiche ...... zuständige Vorstandsmitglied, Herr ......, legt sein Amt als Mitglied des Vorstands der ...... AG zum ...... nieder. Aufgrund unterschiedlicher Auffassungen über die künftige strategische Ausrichtung des Unternehmens hat Herr ...... darum gebeten, ihn von seinen Aufgaben zu entbinden, und sein Amt als Mitglied des Vorstands im Einvernehmen mit dem Aufsichtsrat niedergelegt. „Wir bedauern den Weggang von Herrn ...... und bedanken uns für seinen langjährigen und wertvollen Beitrag zum Unternehmenserfolg", erklärte Herr ......, Vorsitzender des Vorstands und dankte Herrn ...... damit für seinen herausragenden Einsatz."
Die Vertragsparteien sind sich darin einig, dass von zusätzlichen sowie nachträglichen Erklärungen anderen Inhalts und von zusätzlichen sowie nachträglichen Erläuterungen der vorstehenden Erklärung abgesehen wird.

(2) Das Vorstandsmitglied verwirkt für jeden Fall der Zuwiderhandlung gegen die Verpflichtungen nach vorstehendem Abs. (1) eine Vertragsstrafe in Höhe von EUR ...... brutto (in Worten: Euro ......). Im Falle eines Dauerverstoßes ist die Vertragsstrafe für jeden angefangenen Monat der Zuwiderhandlung verwirkt. Die Geltendmachung sonstiger Rechte, insbesondere von Unterlassungsansprüchen und Ansprüchen auf Ersatz eines weitergehenden Schadens, bleibt hiervon unberührt.

§ 14 Abgeltung[28]

Mit Unterzeichnung dieses Vertrages hat das Vorstandsmitglied nur mehr die in diesem Vertrag ausdrücklich niedergelegten Ansprüche gegen die Gesellschaft. Mit deren Erfüllung sind sämtliche Ansprüche des Vorstandsmitglieds gegen die Gesellschaft oder ein Verbundenes Unternehmen aus dem Vorstands-Anstellungsverhältnis und im Zusammenhang mit dessen Beendigung sowie aus jedem sonstigen Anstellungsverhältnis oder Rechtsgrund abgegolten und erledigt.

§ 15 Schlussbestimmungen[29]

(1) Anlage 1 ist wesentlicher Bestandteil dieses Vertrages.

(2) Dieser Vertrag ersetzt alle etwaigen zuvor getroffenen Vereinbarungen über die Beendigung des Vorstandsanstellungsverhältnisses gemäß Dienstvertrag samt Zusatzvereinbarung[30]. Die Vertragsparteien sind sich einig, dass zwischen den Vertragsparteien keine anderen Abreden als die in diesem Vertrag niedergelegten getroffen wurden. Insbesondere bestehen keine mündlichen Nebenabreden zwischen den Vertragsparteien. Keine der Vertragsparteien kann sich auf Ansprüche aus einer tatsächlichen Übung berufen, solange ein solcher Anspruch in diesem Vertrag nicht geregelt ist.

(3) Änderungen und Ergänzungen dieses Vertrages bedürfen zu ihrer Rechtswirksamkeit der Schriftform und eines Beschlusses des Aufsichtsrates der Gesellschaft[31]. Eine Befreiung von diesen beiden Erfordernissen durch eine mündliche Vereinbarung ist unwirksam.

(4) Sollten einzelne Bestimmungen dieses Dienstvertrags ungültig sein oder werden, so berührt dies im Zweifel die Wirksamkeit der übrigen Bestimmungen nicht. Anstelle der unwirksamen Vorschrift oder zur Ausfüllung eventueller Lücken dieses Vertrages ist eine angemessene Regelung zu vereinbaren, die dem am nächsten kommt, was die Vertragsparteien nach ihrer wirtschaftlichen Zwecksetzung gewollt haben bzw. die Bestimmung, die dem entspricht, was nach Sinn und Zweck dieses Vertrages vereinbart worden wäre, hätte man die Angelegenheit von vornherein bedacht.

(5) Für alle Rechtsstreitigkeiten über die Wirksamkeit dieses Vertrages sowie über Ansprüche aus und im Zusammenhang mit diesem Vertrag gilt deutsches Recht[32].

(6) Erfüllungsort und Gerichtsstand ist der Sitz der Gesellschaft[33, 34].

......
Ort, Datum

......
Unterschrift der Gesellschaft
hier vertreten durch den Aufsichtsrat,
dieser vertreten durch seinen
Vorsitzenden, Herrn ......[35]

......
Ort, Datum

......
Unterschrift des Vorstandsmitglieds

Schrifttum: Bauer, Rechtliche und taktische Probleme bei der Beendigung von Vorstandsverhältnissen, DB 1992, 1413; *Bauer/Krets,* Gesellschaftsrechtliche Sonderregeln bei der Beendigung von Vorstands- und Geschäftsführerverträgen, DB 2003, 811; *Fonk,* Rechtsfragen nach der Abberufung von Vorstandsmitgliedern und Geschäftsführern, NZG 1998, 408; *ders.,* Anmerkung zu OLG Düsseldorf – Urteil vom 18. Dezember 1998, NZG 1999, 1110; *Grobys/Littger,* Amtsniederlegung durch das Vorstandsmitglied einer AG, BB 2002, 2292; *Grumann/Gillmann,* Abberufung und Kündigung von Vorstandsmitgliedern einer Aktiengesellschaft, DB 2003, 770; *Jaeger,* Das nachvertragliche Wettbewerbsverbot und die Karenzentschädigung für Organmitglieder juristischer Personen, DStR, 1995, 724; *Janzen,* Vorzeitige Beendigung von Vorstandsamt und -vertrag, NZG 2003, 468; *Käpplinger,* Zur aktienrechtlichen Zulässigkeit von Abfindungszahlungen, NZG 2003, 573; *Lücke,* Vorstand der AG – Beck'sches Mandatshandbuch, 2004; *Lutter/Krieger,* Rechte und Pflichten des Aufsichtsrats, 4. Aufl. 2002; *Nägele/Nestel,* Entlastung des GmbH-Geschäftsführers und des AG-Vorstands – Chancen und Risiken in der Praxis, BB 2000, 1253; *Semler/von Schenk* (Hrsg.), Arbeitshandbuch für Aufsichtsratsmitglieder, 2. Aufl. 2004; *Spindler,* Vergütung und Abfindung von Vorstandsmitgliedern, DStR 2004, 36; *Thüsing,* Nachorganschaftliche Wettbe-

3. Aufhebungsvertrag für ein Vorstandsmitglied einer AG   B. II. 3

werbsverbote bei Vorständen und Geschäftsführern – Ein Rundgang durch die neuere Rechtsprechung und Literatur, NZG 2004, 9; *Weber/Ehrich/Burmester/Fröhlich*, Handbuch der arbeitsrechtlichen Aufhebungsverträge, 4. Aufl. 2004; *Weber/Hoß/Burmester*, Handbuch der Managerverträge, 1. Aufl. 2000.

Anmerkungen

1. Sachverhalt. Das vorliegende Formular „Aufhebungsvertrag für ein Vorstandsmitglied einer Aktiengesellschaft" unterstellt, dass das Vorstandsmitglied seine Tätigkeit bei der AG infolge besonderer Umstände vorzeitig, d. h. vor dem Ende des an sich vorgesehenen Bestellungszeitraums, beendet (zur Beendigung im Normalfall: vgl. *Grumann/Gillmann* DB 2003, 770).

Häufig wird dabei die Initiative zu der vorzeitigen Trennung von der Gesellschaft ausgehen (z. B. wegen unterschiedlicher Auffassungen über die Geschäftspolitik, Nichterreichung der Erwartungen der Kapitalmärkte o. ä.). In der Praxis nicht selten ist jedoch auch die vorzeitige Trennung auf Initiative des Vorstandsmitglieds (z. B. zur Wahrnehmung einer anderen beruflichen Chance). I. d. R. wird aber in beiden Varianten die „technische Umsetzung" der Beendigung des Tätigkeitsverhältnisses einvernehmlich und mittels eines **Aufhebungsvertrags** vollzogen. Diese Gestaltung ermöglicht den im Normalfall von beiden Seiten gewollten „Schlussstrich" unter die gegenseitigen Beziehungen, mit dem die größtmögliche Rechtssicherheit und Eindeutigkeit, aber auch die angemessene „Geräuschlosigkeit" des Wechsels im Vorstandsamt gewährleistet werden kann. Ziel ist regelmäßig, einen mit dem Vorstandsmitglied offen ausgetragenen Streit zu vermeiden und weder auf den Finanzmärkten noch bei der interessierten Öffentlichkeit über Gebühr Aufsehen zu erregen. Dieses Vorgehen dient aber vor allem auch dazu, zwischen den Vertragsparteien klare Verhältnisse zu schaffen.

Vor Abschluss eines Aufhebungsvertrags werden i. d. R. umfangreiche **Verhandlungen** geführt werden (müssen). Die Verhandlungssituation wird entscheidend davon geprägt sein, welche Hintergründe die Trennung tatsächlich bestimmen. Geht – was in der Praxis seltener vorkommt – die Beendigung der Vorstandstätigkeit auf den ausdrücklichen Wunsch des Vorstandsmitglieds zurück, wird i. d. R. eine Diskussion über die Frage einer Abfindung bzw. deren Höhe nicht geführt werden müssen.

Ein Aufhebungsvertrag kann (und sollte) aber auch abgeschlossen werden, wenn das Vorstandsmitglied – unter Aufgabe seines bisherigen Vorstandsamtes bei der Gesellschaft – eine **andere Aufgabe im Konzern** übernimmt. In diesem Zusammenhang ist empfehlenswert, mit dem Abschluss eines etwaigen anderen Anstellungsvertrags bei einer anderen Konzerngesellschaft gleichzeitig einen separaten Aufhebungsvertrag für die „alte" Position abzuschließen, um die Vertragssituation insgesamt zu bereinigen und das Nebeneinanderbestehen verschiedener Vertragsbeziehungen (und deren Koordination) zu vermeiden. Für die Gesellschaft ist in diesem Zusammenhang auch zu bedenken, dass in einer solchen Situation eine günstige Verhandlungsposition bestehen wird. Denn i. d. R. wird es sich bei der neuen Tätigkeit nicht um eine „Strafversetzung", sondern um eine „Beförderung" handeln.

Wie auch beim Anstellungsvertrag des Vorstandsmitglieds handelt es sich auch bei diesem Formular um **vorformulierte Vertragsbedingungen,** die nicht nur für den Einzelfall gelten sollen. Soweit die Vertragsbedingungen daher mit dem Vorstandsmitglied nicht im Einzelnen weiter ausgehandelt werden, handelt es sich um Allgemeine Geschäftsbedingungen i. S. d. § 305 Abs. 1 BGB. Die einzelnen Vertragsbestimmungen unterliegen daher einer Rechtskontrolle nach den §§ 305 ff. BGB, weil der Aufhebungsvertrag kein „Vertrag auf dem Gebiet des Gesellschaftsrechts" ist (§ 310 Abs. 4 S. 1 BGB).

Oftmals werden für die Beendigung eines Vorstands-Dienstverhältnisses die gleichen rechtlichen und praktischen Erwägungen anzustellen sein wie im **Fall eines GmbH-Geschäftsführers** (vgl. Form. B. I. 3). Die nachstehenden Ausführungen beschränken sich deshalb im Wesentlichen auf die Kommentierung inhaltlicher Abweichungen, soweit aktienrechtliche Vorgaben oder sonstige Umstände abweichende Gestaltungen erfordern oder auch ermöglichen. Im Übrigen spiegelt das vorgelegte Formular eines Aufhebungsvertrags die Interessenlage der Gesellschaft wider, so dass das Formular zur Verwendung durch den Aufsichtsrat der Gesellschaft vorgesehen ist.

Hingewiesen wird auf die bei börsennotierten Gesellschaften bestehenden Verpflichtungen zur **Ad-hoc-Publizität**. Zwar ist umstritten, ob ein personeller Wechsel im Management als solcher auch der Publizitätspflicht unterliegt. Gleichwohl kann im Einzelfall und bei entsprechender Bedeutung ein solcher Wechsel durchaus Kurserheblichkeit gewinnen. Maßgeblicher Zeitpunkt ist dabei nicht das Ende des Dienstvertrags, sondern der Wechsel im Amt.

2. Inhalt des Aufhebungsvertrags. Das vorliegende Formular regelt neben der einvernehmlichen vorzeitigen Beendigung des Dienstverhältnisses auch die Niederlegung des Vorstandsamtes durch das Vorstandsmitglied.

Bei der **Beendigung des Dienstverhältnisses** soll insbesondere die dienstvertragliche Situation zwischen den Vertragsparteien (abschließend) bereinigt werden. Dabei sollen – im Rahmen der gesellschaftsrechtlichen Zulässigkeit (vgl. Anm. 28 zur Frage der Abgeltung) – alle etwaigen offenen Fragen aus dem Anstellungsverhältnis geklärt und einer einvernehmlichen (Verhandlungs-)Lösung zugeführt werden. Zusätzlich bietet die Verhandlung auch die Möglichkeit, im Aufhebungsvertrag „Versäumtes" nachzuholen bzw. etwaige „Fehler" bei der Gestaltung der vertraglichen Situation zu korrigieren. So können etwa entsprechende Geheimhaltungsverpflichtungen, die im Anstellungsvertrag gegebenenfalls nicht vollständig im Interesse der Gesellschaft geregelt sind, nunmehr auch für die verbleibende Vertragslaufzeit (und natürlich auch darüber hinaus) neu formuliert werden. Auch können beispielsweise – wenn ein nachvertragliches Wettbewerbsverbot vereinbart ist – dessen Bedingungen zur zeitlichen, räumlichen und sachlichen Reichweite klarstellend formuliert oder neu geregelt werden. Dies kann u.U. dazu dienen, ein mit der ursprünglichen Vereinbarung zu weit geratenes oder in der Zwischenzeit zu weit gewordenes Wettbewerbsverbot so einzuschränken, dass es nunmehr wirksam ist bzw. wieder wirksam wird.

Der Aufhebungsvertrag dient aber nicht nur dazu, die dienstvertragliche Situation zu bereinigen, sondern regelt auch den Weg der (vorzeitigen) **Beendigung der Organstellung** des Vorstandsmitglieds. Diese Gestaltung berücksichtigt die in der Praxis der Vertragsverhandlungen bestehende enge Verbindung zwischen der Auflösung des Organ- und des Anstellungsverhältnisses. Die beide Aspekte berücksichtigende Lösung ermöglicht auch die Schaffung der notwendigen Klarheit und Eindeutigkeit der rechtlichen Lage.

Die auf eine Beendigung von Organ- wie Anstellungsverhältnis gerichtete janusköpfige Gestaltung muss dabei jedoch der **Trennung zwischen Organ- und Anstellungsverhältnis** Rechnung tragen (zur Trennungstheorie: vgl. Form. B. II. 1 Anm. 1). Auch bei der vorzeitigen Beendigung eines Vorstandsverhältnisses sind somit die unterschiedlichen Regelungen für das Organ- und Anstellungsverhältnis zu beachten. So ist die **Abberufung** des Vorstandsmitglieds aus seiner organschaftlichen Stellung durch die Gesellschaft – anders als beim Geschäftsführer einer GmbH – nur möglich bei Vorliegen eines **wichtigen Grundes** i.S.d. § 84 Abs. 3 AktG, namentlich bei grober Pflichtverletzung des Vorstandsmitglieds, seiner Unfähigkeit zur ordnungsgemäßen Geschäftsführung oder bei einem Vertrauensentzug durch die Hauptversammlung. Damit will der Gesetzgeber die Unabhängigkeit des Vorstands schützen. Zwar würde auch bei Nicht-Vorliegen eines solchen wichtigen Grundes die Abberufung zunächst wirksam sein (und zum Erlöschen der Vertretungsmacht wie auch des Rechts zur Geschäftsführung führen). Das Vorstandsmitglied könnte aber das Fehlen des wichtigen Grundes gerichtlich feststellen lassen. Bei Rechtskraft dieses Urteils würde das Organverhältnis ex nunc wiederaufleben (vgl. § 84 Abs. 3 S. 4 AktG). Dieses Problem wird zwar nie praktisch relevant, weil bis zum Vorliegen einer rechtskräftigen Entscheidung die Bestellungszeit abgelaufen sein wird. Allerdings können durch eine Abberufung im Bewusstsein des Fehlens eines wichtigen Grundes gegebenenfalls Schadensersatzansprüche gegen die Gesellschaft ausgelöst werden.

Demgegenüber ist im Fall der Abberufung des Vorstandsmitglieds die einseitige **Beendigung des Anstellungsverhältnisses** – außer bei Vorliegen einer sog. Kopplungsklausel (vgl. Form. B. II. 1 Anm. 16) bzw. einer ordentlichen Kündigungsmöglichkeit (vgl. Form. B. II. 1 Anm. 16) – nur möglich, wenn auch ein **wichtiger Grund** i.S.d. § 626 BGB für eine außerordentliche Kündigung des Dienstvertrags vorliegt (und die außerordentliche Kündigung auch rechtzeitig im Rahmen der Frist des § 626 Abs. 2 BGB erklärt wird). Der wichtige Grund i.S.d. § 84 Abs. 3 AktG für eine wirksame Abberufung vom Vorstandsamt bildet allerdings nicht zwin-

3. Aufhebungsvertrag für ein Vorstandsmitglied einer AG B. II. 3

gend auch einen wichtigen Grund i.S.d. § 626 BGB für die wirksame außerordentliche Kündigung des Dienstvertrags. Denn ein solcher liegt nur vor, wenn der Gesellschaft die Fortsetzung des Dienstverhältnisses unter Aufrechterhaltung der Vergütungspflicht bis zum an sich ordentlichen Ende der Vertragslaufzeit nicht mehr zugemutet werden kann. Dabei muss (auch) eine Abwägung der Interessen des Unternehmens einerseits und des Vorstandsmitglieds andererseits vorgenommen werden. Hierbei spielen eine Rolle insbesondere die Schwere der etwaigen Verfehlungen, deren Folgen für die Gesellschaft und der durch sie bewirkte Vertrauensverlust, die Größe des Verschuldens und der Grad der Wiederholungsgefahr, die Länge der Dienstzeit des Vorstandsmitglieds, etwaige besondere Dienste um das Unternehmen, die sozialen Folgen für den Betroffenen, die diskriminierende Wirkung einer fristlosen Kündigung, das Lebensalter und Möglichkeiten einer anderweitigen beruflichen Existenz des Vorstandsmitglieds.

An einen wichtigen Grund für die außerordentliche Kündigung des Dienstvertrags sind daher i.d.R. höhere Anforderungen als an den wichtigen Grund für die Abberufung zu stellen.

In entsprechender Weise gilt dies auch für das Verhältnis zwischen der **Niederlegung des Vorstandsamtes** durch das Vorstandsmitglied und einer außerordentlichen Kündigung des Dienstverhältnisses seitens des Vorstandsmitglieds. In dieser Konstellation wird darüber hinaus sogar diskutiert, ob für die Wirksamkeit der Niederlegung des Vorstandsamtes überhaupt ein wichtiger Grund vorliegen bzw. zumindest behauptet werden muss (Sonderfälle: keine Niederlegung ohne wichtigen Grund „zur Unzeit" bzw. rechtsmissbräuchliche Niederlegung). Denn der BGH hat für einen GmbH-Geschäftsführer entschieden (BGHZ 121, 257, 262 – unter Aufgabe seiner hierzu bestehenden früheren Rechtsprechung), dass die Amtsniederlegung eines Geschäftsführers auch dann wirksam sein soll, wenn sie mit keiner Begründung versehen ist. Fraglich ist jedoch, ob diese Rechtsprechung auch auf eine AG und die Amtsniederlegung durch ein Vorstandsmitglied der AG übertragbar ist. Diese Frage wird in der Literatur nicht einheitlich beantwortet (wohl h.M. für die Übertragung der zum GmbH-Geschäftsführer ergangenen Rechtsprechung: *Hüffer* § 84 Rdn. 36; *Grobys/Littger* BB 2002, 2292).

Unabhängig davon besteht aber auch bei einer Amtsniederlegung durch das Vorstandsmitglied das Dienstverhältnis zunächst weiter und kann nur bei Vorliegen eines wichtigen Grundes für eine außerordentliche Kündigung einseitig durch das Vorstandsmitglied beendet werden. Hier ist allerdings darauf hinzuweisen, dass im Fall einer „grundlosen" Amtsniederlegung die Gesellschaft neben der Geltendmachung von Schadensersatz das Anstellungsverhältnis aus wichtigem Grunde kündigen könnte (wegen Nicht-Erfüllung der dienstvertraglichen Verpflichtung zur Ausübung des Vorstandsmandats).

Keine derartigen Probleme, insbesondere keine Rechtsunsicherheiten, ergeben sich, wenn die Niederlegung des Vorstandsamtes von der Gesellschaft angenommen wird. Dies wirkt ähnlich wie eine **einvernehmliche Aufhebung der Bestellung,** die auch jederzeit zulässig ist. Eines wichtigen oder sonst rechtfertigenden Grundes bedarf es in den beiden letzteren Fällen gerade nicht.

3. Präambel. Ähnlich wie beim Aufhebungsvertrag eines GmbH-Geschäftsführers soll eine Präambel zur Klärung der Vertragslage bzw. der faktischen und zeitlichen Zusammenhänge dienen (vgl. Form. B. I. 3 Anm. 2). Im Fall ihrer Formulierung sollte daher stets die vollständige Vertragssituation des Vorstandsmitglieds klargestellt werden. So sollten der dem Dienstverhältnis zugrunde liegende Dienstvertrag sowie alle etwaigen Zusatzvereinbarungen korrekt bezeichnet werden, um auch die Vertragshistorie deutlich werden zu lassen. Dies dient nicht zuletzt dem Zweck, dass derjenige, der den Aufhebungsvertrag entwirft, sich die maßgeblichen Vertragsgrundlagen im Einzelnen bewusst macht und durchsieht, um hierdurch Sonderkonstellationen zu erkennen, die einer Adressierung im Aufhebungsvertrag bedürfen bzw. bei der seinerzeitigen Formulierung des Dienstvertrags offen gebliebene Fragen bzw. alle regelungsbedürftigen Punkte nunmehr im Aufhebungsvertrag zu klären. Stets ist darauf zu achten, dass die einzelnen Regelungen, die von der vertraglichen Einigung umfasst sein sollen, nicht in der Präambel formuliert sind, sondern im sich anschließenden Vertragstext.

Bei diesem Formular eines Aufhebungsvertrags für ein Vorstandsmitglied ist eine solche Präambel formuliert. Sie ist allerdings neutral verfasst – und gibt keinen Hinweis auf die tatsächlichen Hintergründe der vorzeitigen Trennung. Im Bedarfsfall kann aber so formuliert werden, dass auch die Gründe der vorzeitigen Trennung offen gelegt werden, z. B. dass unterschiedliche Auffassungen über die zukünftige Geschäftspolitik bzw. deren Ausrichtung bestanden und deswegen zur vorzeitigen Trennung geführt haben. Dies kann im Streitfall auch als Auslegungshilfe dienen, um die eine oder andere Klausel im Aufhebungsvertrag selbst den in der Präambel niedergelegten Interessen entsprechend zu verstehen.

4. Einvernehmliche Beendigung des Anstellungsverhältnisses. Mit der im Formular vorgesehenen Klausel wird das Dienstverhältnis mit der Gesellschaft einvernehmlich beendet. Ähnlich wie beim Aufhebungsvertrag eines GmbH-Geschäftsführers ist sicherheitshalber die Beendigung auch auf alle etwaigen sonstigen Anstellungs- und Beschäftigungsverhältnisse des Vorstandsmitglieds mit der Gesellschaft und anderen Konzerngesellschaften zu richten (zu den insbesondere vertretungsrechtlichen Problemen hierbei: vgl. Form. B. I. 3 Anm. 3).

5. Beendigungstermin. Das Anstellungsverhältnis mit der Gesellschaft endet im Formular zu einem von den Vertragsparteien zu vereinbarenden Beendigungstermin. Generell gilt dabei, dass der Beendigungstermin für das Dienstverhältnis frei verhandelbar ist. Es muss nur beachtet werden, dass dieser Beendigungstermin für das Dienstverhältnis nicht vor dem Zeitpunkt des Endes des Vorstandsamtes liegt. Letztlich werden bei den Vertragsverhandlungen zum Beendigungstermin eine Vielzahl von Einflussgrößen relevant, deren Koordination die Wahl des Beendigungstermins bestimmen wird (z. B. Restlaufzeit des Dienstvertrags, Aussichten des Vorstandsmitglieds auf neue Beschäftigungen, Interesse der Gesellschaft am Fortbestand des vertraglichen Wettbewerbsverbots, steuerliche Aspekte, vgl. auch Form. B. I. 3 Anm. 4).

6. Beendigung der Organstellung durch Niederlegung. Im Formular ist vorgesehen, dass das Organverhältnis mit der Niederlegung des Vorstandsamtes durch das Vorstandsmitglied vorzeitig endet.

Wie bereits beschrieben (vgl. Anm. 2), vermeidet diese Gestaltung etwaige bei der Beendigung des Vorstandsmandats auftretende Rechtsunsicherheiten und ist daher gängige Praxis. Sie wird deswegen selbst beim Vorliegen von manifesten Widerrufsgründen verwendet. Darüber hinaus dient diese Gestaltung auch dazu, einen möglichst „geräuschlosen" Wechsel in der Führung sicherzustellen, nicht zuletzt deswegen, weil sie auch dem Vorstandsmitglied die „Gesichtswahrung" ermöglicht. Dieser Aspekt erleichtert die Verhandlungen wesentlich. Dementsprechend wird diese übliche Gestaltung auch für das vorliegende Formular gewählt. Alternativ kann im Bedarfsfall auch die einvernehmliche Beendigung des Organverhältnisses geregelt werden.

7. Erklärung der Niederlegung und Einverständnis der Gesellschaft. Die Niederlegung eines Vorstandsmandats erfolgt durch eine einseitige empfangsbedürftige Willenserklärung des Vorstandsmitglieds. Im Formular ist daher die unmittelbar wirkende gesellschaftsrechtliche **Erklärung des Vorstandsmitglieds zur Niederlegung** des Vorstandsmandats enthalten. Diese Erklärung hat gegenüber dem Bestellungsorgan zu erfolgen, also gegenüber dem Aufsichtsrat der Gesellschaft. Wird diese Gestaltung gewählt, ist darauf zu achten, dass diese Erklärung dem Aufsichtsrat der Gesellschaft auch zugeht. Dieser Zugang ist sichergestellt, wenn – wie im Formular vorgesehen – der Aufsichtsratsvorsitzende den Aufhebungsvertrag unterzeichnet.

Nicht zu empfehlen ist die Gestaltung einer (nur) schuldrechtlichen Verpflichtung des Vorstandsmitglieds zur sofortigen bzw. zukünftigen Niederlegung des Amtes. Eine solche Verpflichtung müsste wiederum erst vom Vorstandsmitglied erfüllt – und damit im eventuellen Streitfall (z. B. bei nachträglichen Streitigkeiten über die Abfindung) erst von der Gesellschaft eingeklagt werden.

Im Formular ist auch vorgesehen, dass die Gesellschaft das **Einverständnis zur Niederlegung** erklärt. Zur Wirksamkeit dieses Einverständnisses hat der gesamte Aufsichtsrat der Gesellschaft (und nicht bloß der Personalausschuss) hierüber ordnungsgemäß (§ 108 AktG) zu beschließen.

Grundsätzlich ist für die Niederlegung als solche keine **Form** vorgeschrieben. Aus Beweisgründen ist allerdings die Schriftform – und damit die Regelung im Aufhebungsvertrag – zu empfehlen. Zum Zwecke der Eintragung beim Handelsregister ist im Formular auch die separate Ausfertigung der Niederlegungserklärung vorgesehen. Es wird hierfür empfohlen, auch

3. Aufhebungsvertrag für ein Vorstandsmitglied einer AG

diese weitere Ausfertigung der Niederlegungserklärung (deren Empfang wiederum auf der Erklärung vom Aufsichtsratsvorsitzenden bestätigt werden muss) vom ausscheidenden Vorstandsmitglied zusammen mit dem Aufhebungsvertrag unterzeichnen zu lassen.

8. Niederlegung zum Beendigungstermin. Im Formular ist aus Gründen der Einfachheit der Beendigungstermin so gewählt, dass das Organverhältnis zeitgleich mit dem Anstellungsverhältnis endet. Im Bedarfsfall kann die Niederlegung auch z. B. mit sofortiger Wirkung vereinbart werden:

Alternative:
Das Vorstandsmitglied legt hiermit sein Amt als Mitglied des Vorstands der Gesellschaft mit sofortiger Wirkung nieder. Die Gesellschaft erklärt hierzu ihr Einverständnis. Das Vorstandsmitglied wird eine entsprechende Niederlegungserklärung separat ausfertigen. Diese Niederlegungserklärung ist diesem Vertrag als Anlage 1 beigefügt und wesentlicher Bestandteil dieses Vertrages.

Liegt in einem solchen Fall der Zeitpunkt der Beendigung des Dienstverhältnisses nach dem Zeitpunkt der Beendigung des Mandatsverhältnisses, muss im Aufhebungsvertrag auch eine Regelung zur Freistellung des Vorstandsmitglieds von der Erfüllung seiner dienstvertraglichen Verpflichtungen für die Restlaufzeit des Anstellungsvertrags enthalten sein. Motiv für eine solche Gestaltung ist hierbei häufig das Interesse der Gesellschaft am Bestand des Dienstvertrags. Denn so kann z. B. verhindert werden, dass das Vorstandsmitglied für die restliche Laufzeit des Dienstvertrags Wettbewerb treiben kann (vgl. hierzu auch Anm. 24).

In seltenen Fällen ist auch eine Gestaltung denkbar, nach der sich die Vertragsparteien zwar auf eine sofortige Beendigung der Organstellung einigen, das Vorstandsmitglied jedoch bis zum Ende der ursprünglich vereinbarten Laufzeit des Dienstvertrags weiter aktiv für die Gesellschaft arbeiten soll (z. B. als Berater und damit in einer anderen Rolle als Vorstand) bzw. freigestellt wird (z. B. wenn sich die Vertragsparteien über die Höhe der Abfindung infolge zu hoher Abfindungsforderungen seitens des Vorstandsmitglieds nicht einigen können).

9. Vorbehalt der Widerrufsmöglichkeit. Das Formular geht davon aus, dass die Organstellung erst zum Beendigungstermin endet. Es ist jedoch zusätzlich vorgesehen, dass die Gesellschaft die Möglichkeit eines Widerrufs der Bestellung vor dem Beendigungstermin haben soll.

Dies ist vor allem dann sinnvoll, wenn der Beendigungstermin bzw. der Zeitpunkt, zu dem das Vorstandsamt niedergelegt wird, noch etwas weiter in der Zukunft liegt (z. B. bei einer frühzeitigen Entscheidung zur Trennung auf Veranlassung des Vorstandsmitglieds). Dies gibt der Gesellschaft die notwendige Flexibilität. Denn erweist sich, dass das Vorstandsmitglied entgegen der Erwartung der Vertragsparteien bei Unterzeichnung des Aufhebungsvertrags sein Amt nicht mehr mit der entsprechenden Sorgfalt oder dem notwendigen Engagement führt, wie der Aufsichtsrat dies erhofft hatte, kann das Vorstandsmitglied aus dem Amt entfernt werden.

Von der Möglichkeit des hier geregelten vorzeitigen Widerrufs der Organstellung bzw. vom Widerruf überhaupt zu unterscheiden ist die Maßnahme einer (nur vorübergehenden) **Suspendierung** des Vorstandsmitglieds (vgl. zu materiellen Voraussetzungen und auch den zeitlichen Grenzen einer einseitigen und wirksamen Suspendierung: *Lutter/Krieger* Rdn. 377 ff.; *Semler/v. Schenk* § 9 Rdn. 283). Das Vorstandsmitglied bleibt im Fall einer Suspendierung formal im Amt, ihm wäre jedoch die Amtsführung verboten (bei weiter bestehender Vertretungsmacht für die Gesellschaft). I. d. R. wird von diesem Instrument Gebrauch gemacht, bevor überhaupt ein Widerruf ins Auge gefasst wird (z. B. bei einem entsprechenden Verdacht auf eine schwere Pflichtverletzung und der Notwendigkeit weiterer Ermittlung des Sachverhalts). Auch wird eine Suspendierung als Möglichkeit betrachtet, wenn in Verhandlungen erst noch zu klären ist, ob eine einvernehmliche Beendigung von Bestellung und Anstellung möglich ist (vgl. *Semler/v. Schenk* § 9 Rdn. 283). Zu beachten ist allerdings, dass das Vorstandsmitglied auch im Fall der Suspendierung weiter Vertretungsmacht hätte. Eine Suspendierung bedarf im Übrigen nicht der Anmeldung zum Handelsregister.

10. Niederlegung sonstiger Ämter. Vgl. Form. B. I. 3 Anm. 16.

11. Vergütung. Vgl. Form. B. I. 3 Anm. 5.

12. Auslagen. Vgl. Form. B. I. 3 Anm. 6.

13. Pflichtenstellung bis zum Beendigungstermin. Bleibt das Vorstandsmitglied – wie im Formular vorgesehen – noch für eine Übergangszeit und bis zum Beendigungstermin im Amt, ist zu regeln, dass das Vorstandsmitglied bis dahin seine Verpflichtungen aus dem Mandat vollumfänglich zu erfüllen hat. Selbst wenn dies als selbstverständlich erscheint, ist die explizite Formulierung zum Zwecke der Verdeutlichung dieser Pflichtenstellung zu empfehlen. Darüber hinaus ist im Formular zur Vermeidung späterer Streitigkeiten sogar genau definiert, welche (besonderen) Aufgaben das Vorstandsmitglied bis zum Beendigungstermin zu erfüllen hat. Im Formular sind zudem auch Verpflichtungen des Vorstandsmitglieds geregelt, um den reibungslosen Übergang im Amt bzw. zur weiteren Aufgabenerfüllung zu gewährleisten.

14. Urlaub. Bleibt das Vorstandsmitglied – wie im Formular vorgesehen – noch bis zum Beendigungstermin im Amt, sind im Rahmen der Abwicklung auch etwaige offene bzw. noch entstehende Urlaubsansprüche zu regeln. Das Formular sieht hier nur die Gewährung von Naturalurlaub vor. In diesem Zusammenhang sind vielfältige Gestaltungsmöglichkeiten denkbar (z. B. ausnahmsweise auch die Zahlung einer Urlaubsabgeltung), die insbesondere an etwaige Interessenlagen des Vorstandsmitglieds oder der Gesellschaft anzupassen sind.

15. Freistellung. Um für den Fall des vorzeitigen Widerrufs der Organstellung auch auf der dienstvertraglichen Ebene die notwendige Flexibilität zu haben, empfiehlt sich die im Formular formulierte Vereinbarung der Befugnis der Gesellschaft zur einseitigen Freistellung des Vorstandsmitglieds. Hier können die auch beim Geschäftsführer einer GmbH im Fall der Freistellung üblichen Formulierungen verwendet werden, d. h. die Weiterzahlung der Vergütung ist ebenso wie die Anrechnung von Zwischenverdiensten und etwaigen Urlaubsansprüchen zu vereinbaren (vgl. Form. B. I. 3 Anm. 7). Vor dem Hintergrund der zentralen Bedeutung von variablen Vergütungsbestandteilen empfiehlt sich gerade bei Vorstandsmitgliedern die genaue Regelung, welche Entgeltbestandteile im Zeitraum einer etwaigen Freistellung fortzuzahlen sind. Insbesondere in diesem Zusammenhang spielt die Stärke der Verhandlungsposition der Vertragsparteien eine wesentliche Rolle. Denn das Vorstandsmitglied wird in jedem Fall zunächst darauf bestehen, dass auch die variable Vergütung weiterzuzahlen ist; durchsetzen wird es sich aber wohl nur bei Vorliegen einer entsprechenden Verhandlungsposition.

Im Formular ist für den Fall der Freistellung zudem vorgesehen, dass sich das Vorstandsmitglied während der ersten vier Wochen ab Beginn der Freistellung für Auskünfte und sonstige Unterstützung bereitzuhalten hat.

Im Fall einer sofortigen Beendigung des Vorstandsmandats (vgl. Anm. 8) wird die Gesellschaft das Vorstandsmitglied auch sofort von jeder weiteren Tätigkeit freistellen, sofern das Dienstverhältnis nicht auch sofort endet. Auch in diesem Fall ist die Weiterzahlung der Vergütung ebenso wie die Anrechnung von Zwischenverdiensten und etwaigen Urlaubsansprüchen zu vereinbaren. I. d. R. wird hier die Freistellungsperiode auch ausreichen, damit das Vorstandsmitglied seinen gesamten Urlaubsanspruch während der Freistellung aufbrauchen kann. Sicherheitshalber ist aber auch in diesem Fall zu regeln, dass eine Urlaubsabgeltung in Geld nicht erfolgt. Sofern im seltenen Einzelfall notwendig, kann auch ein sog. **Kontaktverbot** vereinbart werden (vgl. Form. B. I. 3 Anm. 7).

16. Vertretungshandlungen bis zur Löschung. Vgl. Form. B. I. 3 Anm. 14.

17. Abfindung. Typischerweise wird die Gesellschaft eine Abfindung nur bei der vorzeitigen Beendigung des Dienstverhältnisses an das Vorstandsmitglied bezahlen. Denn sobald das Dienstverhältnis (trotz der Beendigung des Vorstandsamtes) bis zum Ende der vereinbarten vertraglichen Laufzeit läuft (bei Fehlen eines ordentlichen Kündigungsrechts bzw. einer Kopplungsklausel, vgl. Form. B. II. 1 Anm. 16), schuldet die Gesellschaft auch die vertraglich zugesagte Vergütung – und alle sonstigen vertraglichen Leistungen (vgl. zur Anwendung der Verzugs- bzw. Unmöglichkeitsregeln im Fall der Abberufung: *Fonk* NZG 1998, 408).

3. Aufhebungsvertrag für ein Vorstandsmitglied einer AG   B. II. 3

Eine Abfindung dient daher vor allem dazu, diese Ansprüche „abzugelten", wenn das Dienstverhältnis vorzeitig beendet wird. Existenz, Höhe und Laufzeit dieser Verpflichtungen bilden somit bei der Festsetzung der Abfindung wesentliche Einflussgrößen (Festgehalt und erfolgsbezogene Vergütungsbestandteile sowie Lage der Gesellschaft in diesem Zusammenhang zuzüglich sonstiger Leistungen, z. B. private Dienstwagennutzung, Versicherungen, Urlaubsansprüche). Zugunsten der Gesellschaft wird – neben einem Abschlag für die vorfällige Zahlung – allein berücksichtigt werden können, wenn ein anderweitiger Verdienst des Vorstandsmitglieds möglich wäre und damit angerechnet werden kann.

Weil das Formular davon ausgeht, dass das Vorstandsmitglied seine Tätigkeit bei der Gesellschaft infolge besonderer Umstände vorzeitig beendet und auch das Dienstverhältnis vor dem Ende seiner vereinbarten Laufzeit endet, ist deswegen im Formular auch die Zahlung einer Abfindung an das ausscheidende Vorstandsmitglied vorgesehen.

Allerdings sind – abweichend vom Regelfall – stets die jeweiligen besonderen Umstände der vorzeitigen „Trennung" bzw. deren „wahre" Hintergründe zu beachten. Geht z. B. die **Initiative zur vorzeitigen Trennung vom Vorstandsmitglied** aus – und kommt die Gesellschaft mit der einvernehmlichen Beendigung dem Vorstandsmitglied sogar entgegen (z. B. zur Ermöglichung der Übernahme einer „interessanteren Tätigkeit" bei einer anderen Gesellschaft) – wird eine Abfindung schon gar nicht zum Thema der Vertragsverhandlungen. Geht wie im Normalfall die **Initiative zur vorzeitigen Trennung von der Gesellschaft** aus, wird die Gesellschaft gegebenenfalls anführen können, dass an sich ein tragfähiger Grund für eine wirksame außerordentliche Kündigung des Dienstverhältnisses vorliegt und dies abfindungsmindernd zu berücksichtigen sei. Zulasten der Gesellschaft wirkt hier allerdings der Umstand, dass eine etwaige außerordentliche Kündigung auch innerhalb der Zweiwochenfrist des § 626 Abs. 2 BGB zu erklären wäre. Die Gesellschaft wird daher – um sich diesen Vorteil in den Abfindungsverhandlungen zu erhalten – gezwungen sein, zunächst den Widerruf und die außerordentliche Kündigung zu erklären, was insgesamt zu einer Verschärfung der Verhandlungen beitragen wird. Selbst wenn die Gesellschaft allerdings einen Grund für eine außerordentliche Kündigung hätte, wird das Vorstandsmitglied im Rahmen der Verhandlungen über die Abfindung aber Argumente anführen, die zumindest geeignet sind, Zweifel an der Wirksamkeit der außerordentlichen Kündigung zu begründen. In einem solchen Fall wird die Gesellschaft oftmals – auch um die Gesamtsituation zu bereinigen – sich bereit zeigen, einen bestimmten Abfindungsbetrag zu bezahlen, um allein das Risiko eines (öffentlichkeitswirksamen) Rechtsstreits über die Wirksamkeit einer etwaigen außerordentlichen Kündigung abzugelten.

Unabhängig davon wird man bei den Überlegungen zur Festsetzung der Höhe der Abfindung hier nicht „stehen bleiben" können. Das Vorstandsmitglied wird auch erwarten und jedenfalls auch verlangen, überhaupt für den Verlust der Organstellung angemessen entschädigt zu werden. Bei der Festsetzung solcher Zahlungen ist aber zu berücksichtigen, dass die Abfindung stets auch dem **Angemessenheitsmaßstab** des § 87 AktG (zum Angemessenheitsmaßstab: vgl. Form. B. II. 1 Anm. 22) genügen muss. Da es an einem verlässlichen Vergleichsmaßstab fehlt, ergeben sich eine Vielzahl an ungeklärten Fragen (vgl. hierzu *Käpplinger* NZG 2003, 573; *Spindler* DStR 2004, 36, MünchKommAktG/*Hefermehl/Spindler* § 87 Rdn. 15. Insbesondere zur aktuellen Frage der rückwirkend geleisteten Anerkennungszahlungen („**Appreciation Awards**"), z. B. bei der Abwehr von feindlichen Übernahmeversuchen, vgl. *Liebers/Hoefs* ZIP 2004, 97 und *Spindler* DStR 2004, 36).

Denkbar ist im Übrigen auch, dass bereits im Anstellungsvertrag des Vorstandsmitglieds für den Fall der Trennung eine Abfindung versprochen ist (vgl. zur Zulässigkeit solcher Regelungen: *Spindler* DStR 2004, 36). Im Rahmen einer solchen Regelung wird entweder die Abfindungssumme bereits betragsmäßig festgelegt sein – oder aber Determinanten ihrer Berechnung. Im zweiten Fall sollten die Vertragsparteien keinesfalls darauf beschränken, auf diese Klausel im Anstellungsvertrag zu verweisen. Zu Vermeidung späterer Auseinandersetzungen über die Auslegung sollte die Abfindungssumme stets betragsmäßig und genau fixiert werden. Zumindest sollte aber der Aufhebungsvertrag dazu benutzt werden, etwaige Unklarheiten der anstellungsvertraglichen Abfindungsregelung zu bereinigen.

Ähnlich gelagert ist die Gestaltung im Fall einer sog. **Change-of-Control-Klausel** (vgl. Form. B. II. 1 Anm. 18). So wird nicht selten für den Fall des vorzeitigen Ausscheidens des

Vorstandsmitglieds infolge eines Change-of-Control geregelt, dass zusätzliche Abfindungszahlungen fällig werden. Dabei hängen Art und Umfang einer Leistungsverpflichtung der Gesellschaft von der bestehenden Vereinbarung ab. Sind die dabei geregelten Voraussetzungen erfüllt, hat das Vorstandsmitglied Anspruch auf die versprochenen Leistungen. Allerdings müssen auch diese Leistungen dem Angemessenheitsmaßstab des § 87 AktG genügen (zum Angemessenheitsmaßstab: vgl. Form. B. II. 1 Anm. 22).

Zur Bezeichnung der Abfindung als „**Bruttobetrag**", zu den lohnsteuerrechtlich induzierten Klarstellungen und zu Gestaltungsmöglichkeiten und Interessenlagen bei der Festlegung der **Fälligkeit** und **Vererblichkeit** der Abfindung wird auf die an dieser Stelle übertragbaren Überlegungen beim GmbH-Geschäftsführer hingewiesen (vgl. Form. B. I. 3 Anm. 9).

Es kann auch der Fall eintreten, dass sich die Vertragsparteien nicht auf eine Abfindungssumme einigen können. Dies ist in der Praxis zwar selten, kommt aber dennoch vor. Der im Aufhebungsvertrag zu vereinbarende „Minimalkonsens" besteht in solchen Fällen darin, eine einvernehmliche Beendigung des Organverhältnisses samt dienstvertraglicher Freistellung zu vereinbaren, im Übrigen aber das Dienstverhältnis (samt der darin geregelten Vergütungsansprüche) bis zum Ende der vertraglichen Laufzeit bestehen zu lassen.

18. Versicherungen und betriebliche Altersversorgung. Vgl. Form. B. I. 3 Anm. 12.

19. Stock Options. Vgl. Form. B. I. 3 Anm. 13.

20. Zeugnis. Vgl. Form. B. I. 3 Anm. 11.

21. Diensterfindungen und Schutzrechte. Das Formular geht davon aus, dass der Dienstvertrag des Vorstandsmitglieds Regelungen zu Diensterfindungen und Schutzrechten enthält (vgl. Form. B. II. 1 Anm. 38). Die Perpetuierung von dienstvertraglichen Regelungen ist dabei selbstverständlich nur sinnvoll, wenn solche Regelungen im Dienstvertrag des Vorstandsmitglieds überhaupt bestanden haben und – im Fall ihres Bestehens – durchsetzbar und von ausreichendem Schutzumfang sind. Fehlen die Vorschriften im Dienstvertrag des Vorstandsmitglieds ganz oder sind sie lückenhaft, bietet der Aufhebungsvertrag wiederum die Möglichkeit, im Bedarfsfall das „Versäumte" nachzuholen und die bestehende vertragliche Situation zu korrigieren.

22. Herausgabeverpflichtungen. Vgl. Form. B. I. 3 Anm. 10.

23. Geheimhaltung. Vgl. Form. B. I. 3 Anm. 19.

24. Vertragliches Wettbewerbsverbot. Im Formular ist vorgesehen, dass vom Vorstandsmitglied neben den dienstvertraglichen Verpflichtungen zum vertraglichen Wettbewerbsverbot sowie den dienstvertraglichen Regelungen zur Aufnahme und Ausübung von Nebentätigkeiten auch das gesetzliche Wettbewerbsverbot nach § 88 AktG einzuhalten ist.

Auch hier gilt, dass die Perpetuierung von dienstvertraglichen Regelungen nur sinnvoll ist, wenn solche Regelungen im Anstellungsvertrag des Vorstandsmitglieds überhaupt bestanden haben und – im Fall ihres Bestehens – durchsetzbar und von ausreichendem Schutzumfang sind.

Das gesetzliche Wettbewerbsverbot nach § 88 AktG vertraglich zu regeln – wie im Formular vorgesehen – ist insoweit deklaratorisch, als nach der Konzeption des Formulars die Organstellung des Vorstandsmitglieds bis zum Beendigungstermin fortdauert. Denn solange ist das Vorstandsmitglied noch im Amt und unterliegt dem umfassenden gesetzlichen Wettbewerbsverbot nach § 88 AktG (vgl. Form. B. II. 1 Anm. 34). Fällt die Organstellung aber fort, z. B. im Fall eines vorzeitigen Widerrufs der Bestellung nach § 2 Abs. (1) des Vertrages, ist streitig, ob das gesetzliche Wettbewerbsverbot bis zur Beendigung des Dienstverhältnisses auf das (dann freigestellte) Vorstandsmitglied Anwendung findet (vgl. *Hüffer* § 88 Rdn. 2). Zwar wird bei Fortzahlung der Vergütung hiervon auszugehen sein. Aus Gründen der Rechtssicherheit und zur Vermeidung etwaiger Streitigkeiten empfiehlt es sich aber dennoch, das gesetzliche Wettbewerbsverbot zumindest klarstellend in Bezug zu nehmen. Dies ist im Übrigen auch in dem Fall zu empfehlen, wenn der Zeitpunkt der Beendigung des Dienstverhältnisses nach dem Zeitpunkt der Beendigung des Vorstandsamts liegt (z. B. bei sofortiger Amtsniederlegung und Freistellung von den dienstvertraglichen Verpflichtungen bis zum Beendigungstermin).

25. Nachvertragliches Wettbewerbsverbot. Im Formular wird der Fall angenommen, dass im Dienstvertrag ein nachvertragliches Wettbewerbsverbot geregelt war und die Vertragsparteien hieran nicht mehr festhalten wollen. Dementsprechend ist im Formular die einvernehmliche Aufhebung des nachvertraglichen Wettbewerbsverbots geregelt. Nur zu Klarstellungszwecken wird in diesem Zusammenhang formuliert, dass das Vorstandsmitglied ab dem Beendigungstermin Wettbewerb betreiben darf und die Gesellschaft keine Karenzentschädigung schuldet. Soll ein bestehendes nachvertragliches Wettbewerbsverbot allerdings unverändert bestehen bleiben, ist zur Vermeidung jeglicher Rechtsunsicherheit dringend zu empfehlen, das nachvertragliche Wettbewerbsverbot ausdrücklich im Aufhebungsvertrag zu bestätigen. Besteht nämlich – wie im Regelfall – eine Abgeltungsklausel, kann fraglich werden, ob diese auch das Wettbewerbsverbot bzw. die Karenzentschädigung umfasst (vgl. hierzu *Fonk* NZG 1999, 1110). Wollen die Vertragsparteien ein bestehendes nachvertragliches Wettbewerbsverbot modifizieren, z. B. erweitern oder ergänzen, kann auch dies im Aufhebungsvertrag geregelt werden (zu den Gestaltungsmöglichkeiten insgesamt: vgl. Form. B. I. 3 Anm. 18).

26. Wohlverhalten. Vgl. Form. B. I. 3 Anm. 20.

27. Presseerklärung/Sprachregelung. Im Formular ist – neben einer Wohlverhaltensklausel – auch vorgesehen, dass sich die Vertragsparteien auf eine gemeinsame **Presseerklärung** zum Ausscheiden des Vorstandsmitglieds einigen. Denkbar – und insbesondere bei kleineren Unternehmen üblicher – ist auch die bloße Formulierung einer sog. **Sprachregelung.** Dabei einigen sich die Vertragsparteien lediglich darauf, wie bei Bedarf (z. B. bei Nachfrage) das vorzeitige Ausscheiden des Vorstandsmitglieds kommentiert werden darf.

Die Formulierung einer solchen gemeinsamen Presseerklärung bzw. Sprachregelung hat sich in der Praxis bewährt. Denn je nach der tatsächlich zugrunde liegenden Situation (Bedeutung der Gesellschaft in der Branche, Bedeutung der Person des Vorstandsmitglieds) ist ein vorzeitiger Abschied eines Vorstandsmitglieds häufig Anlass für Spekulationen. Dies kann z. B. an den Finanzmärkten zu unerwünschten Reaktionen führen. Zwar wird eine solche gemeinsame Presseerklärung bzw. Sprachregelung diese Spekulationen nicht verhindern können, sie können jedoch – bei entsprechender Formulierung – eingedämmt oder in eine bestimmte gewünschte Richtung gelenkt werden. Im Formular ist deshalb auch die Verpflichtung vorgesehen, dass von zusätzlichen sowie nachträglichen Erläuterungen bzw. Erklärungen anderen Inhalts abgesehen wird. Ein Zuwiderhandeln ist dabei mit einem Vertragsstrafeversprechen zu Lasten des Vorstandsmitglieds unterlegt (zu deren Zulässigkeit, vgl. Form. B. I. 1 Anm. 16).

28. Abgeltung. Im Formular ist eine **einseitige Abgeltungs- und Erledigungsklausel** vorgesehen, mit der die Ansprüche des ausscheidenden Vorstandsmitglieds gegen die Gesellschaft (bzw. Verbundene Unternehmen) auf die im Aufhebungsvertrag niedergelegten Ansprüche beschränkt werden.

In der Praxis wird allerdings diese einseitige Klausel häufig zum Gegenstand der Vertragsverhandlungen. Besteht das Vorstandsmitglied auf einer **beidseitigen Abgeltungs- und Erledigungsklausel,** kann die Gesellschaft diesem Wunsch entsprechen, wenn sie zuvor klärt, dass Ansprüche der Gesellschaft gegen das Vorstandsmitglied aus dem Dienstvertrag (z. B. auf Rückzahlung von zuviel gezahlter Vergütung, Regress aus Lohnsteuerhaftung, Schadensersatz wegen vertragswidriger Nutzung des Firmenwagens) nicht bestehen, die im Aufhebungsvertrag noch keine Erwähnung gefunden haben (vgl. hierzu Form. B. I. 3 Anm. 22). Selbst wenn aber eine beidseitige Abgeltungs- und Erledigungsklausel in den Aufhebungsvertrag aufgenommen werden soll, bedeutet dies – anders als bei Aufnahme einer entsprechenden Klausel in den Aufhebungsvertrag eines Geschäftsführers – nicht, dass die Gesellschaft auf etwaige Ersatzansprüche gegen das Vorstandsmitglied aus einer unsorgfältigen oder fehlerhaften Geschäftsführungstätigkeit verzichten würde. Denn insoweit ist das aktienrechtliche Verzichtsverbot (§ 93 Abs. 4 S. 3 AktG) zu beachten. Danach ist die Dispositionsbefugnis der Gesellschaft, des Aufsichtsrats und der Gesellschafter über Ersatzansprüche gegen Vorstandsmitglieder beschränkt. Auf solche Ansprüche kann die Gesellschaft erst drei Jahre nach ihrem Entstehen verzichten bzw. sich über sie vergleichen, und dies auch nur dann, wenn die Hauptversammlung zustimmt und nicht eine Minderheit von Aktionären, deren Anteile zusammen den zehnten Teil des Grundkapitals erreichen, zur Niederschrift Widerspruch erheben. Eine Abgeltungsklausel, die dieser gesetzlichen Regelung nicht Rechnung trüge, wäre daher nichtig. Als beidseitige Abgeltungs- und Erledigungsklausel sollte daher im Bedarfsfall formuliert werden:

Alternative:

§ 15 Abgeltung
(1) Mit Unterzeichnung dieser Vereinbarung hat das Vorstandsmitglied nunmehr die in diesem Vertrag ausdrücklich niedergelegten Ansprüche gegen die Gesellschaft. Mit Erfüllung der Verpflichtungen aus diesem Vertrag durch die Gesellschaft sind sämtliche Ansprüche des Vorstandsmitglieds gegen die Gesellschaft oder verbundene Unternehmen aus dem Anstellungsverhältnis und dessen Beendigung abgegolten und erledigt.
(2) Umgekehrt hat mit Unterzeichnung dieses Vertrages die Gesellschaft nur mehr die in diesem Vertrag ausdrücklich niedergelegten Ansprüche gegen das Vorstandsmitglied aus dem Anstellungsverhältnis und dessen Beendigung. Mit Erfüllung der Verpflichtungen aus diesem Vertrag durch das Vorstandsmitglied sind alle Ansprüche der Gesellschaft gegen das Vorstandsmitglied aus dem Anstellungsverhältnis und dessen Beendigung abgegolten und erledigt. Etwaige Ansprüche der Gesellschaft nach § 93 Abs. 2 und Abs. 3 AktG gegen das Vorstandsmitglied bleiben gemäß § 93 Abs. 4 S. 3 AktG von dieser Erledigung unberührt.

In der Praxis wird das Vorstandsmitglied zusätzlich versuchen, etwaigen späteren Ersatzansprüchen der Gesellschaft dadurch zu begegnen, indem es auf einer Regelung besteht, wonach sich die Gesellschaft verpflichtet, das Vorstandsmitglied alsbald der Hauptversammlung zur **Entlastung** (§ 120 Abs. 2 S. 1 AktG) vorzuschlagen. Wenn sich hier das Vorstandsmitglied in den Vertragsverhandlungen durchsetzen sollte, kann folgende Klausel aufgenommen werden:

Optional:
Der Aufsichtsrat der Gesellschaft wird sich dafür einsetzen, dass dem Vorstandsmitglied von der Hauptversammlung Entlastung für seine Vorstandstätigkeit erteilt wird.

Eine solche Entlastung stellt aber selbst im Fall ihrer Gewährung durch die hierfür zuständige Hauptversammlung der Gesellschaft keinen Verzicht auf Ersatzansprüche der Gesellschaft dar (vgl. § 120 Abs. 2 S. 2 AktG). Auf diesem Weg ist daher eine „Umgehung" von § 93 Abs. 4 S. 3 AktG nicht möglich (zu anderen „Umgehungswegen", die allerdings nicht im Interesse der Gesellschaft liegen; vgl. *Bauer/Krets* DB 2003, 811).

29. Sozialversicherungsrechtlicher Hinweis. Angesichts der besonderen sozialversicherungsrechtlichen Stellung eines Vorstandsmitglieds (vgl. Form. B. II. 1 Anm. 28) ist der in Aufhebungsverträgen sonst übliche sozialversicherungsrechtliche Hinweis (vgl. Form. B. I. 3 Anm. 23) bei Aufhebungsverträgen mit Vorstandsmitgliedern entbehrlich. Im Formular ist daher diese vertragliche Regelung nicht vorgesehen.

30. Frühere Vereinbarungen zur Aufhebung. Im Rahmen der (üblichen) Schlussbestimmungen ist im Formular auch vorgesehen, dass alle vorhergehenden Abreden über die Beendigung des Vorstands-Anstellungsverhältnisses zwischen dem Vorstandsmitglied und der Gesellschaft durch den Aufhebungsvertrag ersetzt werden. Dies dient dem Zweck, dass sich die Bedingungen der Beendigung des Dienstverhältnisses allein aus dem Aufhebungsvertrag ergeben; etwaigen dem Abschluss des Aufhebungsvertrags vorausgegangenen mündlichen Absprachen zwischen Aufsichtsratsvorsitzendem und Vorstandsmitglied wird damit der Boden entzogen. Zu beachten ist, dass sich die Wirkung dieser Klausel nur auf alle vor der Unterzeichnung des Aufhebungsvertrags abgeschlossenen Vereinbarungen beziehen kann. Etwaig nach Abschluss dieses Vertrages geschlossenen Sondervereinbarungen bleiben hiervon unberührt.

31. Schriftformklausel. Die im Formular formulierte Abrede zur Schriftform empfiehlt sich allein zu Nachweiszwecken; Die gesetzliche Regelung, wonach Aufhebungsverträge schriftlich zu schließen sind (§ 623 BGB) findet auf Aufhebungsverträge mit Vorstandsmitgliedern keine Anwendung, weil es sich nicht um die Beendigung eines Arbeitsverhältnisses, sondern um die Beendigung eines Dienstverhältnisses handelt.

32. Rechtswahl. Vgl. Form. B. II. 1 Anm. 46.

33. Erfüllungsort und Gerichtsstand. Vgl. Form. B. II. 1 Anm. 48.

34. Schiedsklausel. Es könnte daran gedacht werden, Streitigkeiten über den Aufhebungsvertrag und Zweifelsfragen bei der Auslegung von einem Schiedsgericht klären zu lassen. Im vorliegenden Formular wurde hierauf verzichtet (zur Zulässigkeit und Formulierung einer entsprechenden Klausel: vgl. Form. B. II. 1 Anm. 47).

35. Unterzeichnung. Das Formular sieht vor, dass der Aufhebungsvertrag vom Vorstandsmitglied und vom Aufsichtsratsvorsitzenden als dem Vertreter des **Gesamtaufsichtsrats** unterzeichnet wird. Denn für die Vertretung der Gesellschaft gegenüber Vorstandsmitgliedern – und damit auch für den Abschluss des Aufhebungsvertrags – ist grundsätzlich der Aufsichtsrat der Gesellschaft zuständig (§ 112 AktG). Der Aufsichtsratsvorsitzende bedarf dabei zur Wirksamkeit seines Vorgehens einer entsprechenden Beschlussfassung des Gesamtaufsichtsrats über den Inhalt des Aufhebungsvertrags. Weil der vorliegende Aufhebungsvertrag auch das Einverständnis der Gesellschaft mit der Niederlegung des Vorstandsamtes und damit mit der Beendigung der Organstellung des Vorstandsmitglieds enthält, hat der Gesamtaufsichtsrat auch hierüber Beschluss zu fassen (vgl. § 84 Abs. 3 i.V.m. §§ 112, 107 Abs. 3 S. 2 AktG). Ein etwa bestehender **Personalausschuss** kann allenfalls über den Inhalt des das Dienstverhältnis beendenden Teils des Aufhebungsvertrags beschließen, nicht jedoch über das Einverständnis mit der Amtsniederlegung (Verbot einer Übertragung gem. § 107 Abs. 3 S. 2 AktG). Bei der vorliegenden Gestaltung ist daher die Einschaltung eines Personalausschusses nur soweit zweckmäßig, als dieser die Verhandlungen führen kann. Soll der Aufhebungsvertrag dagegen vom Personalausschuss geschlossen werden, bevor sich das Gesamtaufsichtsratsgremium über die Beendigung der Organstellung Beschluss gefasst hat, müsste im Aufhebungsvertrag ein sog. **Gremienvorbehalt** vereinbart werden, der wie folgt lauten kann.

Optional:
Die Wirksamkeit des Aufhebungsvertrags steht unter der aufschiebenden Bedingung, dass der Aufsichtsrat der Beendigung des Organverhältnisses zustimmt.

4. Aufsichtsratsbeschluss: Abberufung eines Vorstandsmitglieds einer AG[1, 10]

Niederschrift

über die Sitzung des Aufsichtsrates[2] der ...... AG („Gesellschaft") vom ...... am Sitz der Gesellschaft in ....
Der Aufsichtsratsvorsitzende eröffnet um ...... Uhr die Sitzung des Aufsichtsrats und stellt fest, dass zu der Aufsichtsratssitzung alle Mitglieder des Aufsichtsrats der Gesellschaft ordnungsgemäß geladen wurden und anwesend sind. Gegen diese Feststellungen wurden keine Widersprüche erhoben.
Die mit der Einladung bekannt gemacht Tagesordnung enthält folgende Tagesordnungspunkte[3]:
1. Abberufung von Herrn ...... als Vorstandsmitglied der Gesellschaft aus wichtigem Grund.
2. Fristlose Kündigung des Dienstvertrags zwischen der Gesellschaft und Herrn ...... für seine Tätigkeit als Vorstandsmitglied.

Der Aufsichtsratsvorsitzende ruft diese Punkte zur Beratung auf. Nach Beratung beschließt der Aufsichtsrat auf Antrag einstimmig wie folgt[4]:
1. Die Bestellung von Herrn ...... zum Vorstandsmitglied der Gesellschaft wird mit sofortiger Wirkung widerrufen[5].

2. Der mit Herrn ...... am ...... abgeschlossene Dienstvertrag wird mit sofortiger Wirkung gekündigt[6].

3. Der Aufsichtsratsvorsitzende wird beauftragt und bevollmächtigt, diese Beschlüsse des Aufsichtsrats der Gesellschaft an Herrn ...... zu übermitteln, insbesondere eine schriftliche Kündigung des Dienstvertrags auszufertigen, zu unterzeichnen und an Herrn ...... zu übergeben[7].

......
Ort, Datum
......
Unterschrift des Aufsichtsratsvorsitzenden

Ich habe vom Beschluss des Aufsichtsrats der ...... AG vom ...... zum Widerruf meiner Bestellung als Vorstandsmitglied Kenntnis genommen[8] sowie die schriftliche Kündigung des Dienstvertrags erhalten[9].

......
Ort, Datum
......
Unterschrift des Vorstandsmitglieds

Schrifttum: Bauer, Kündigung und Kündigungsschutz vertretungsberechtigter Organmitglieder, BB 1994, 855; *Bauer/Krieger*, Formale Fehler bei Abberufung und Kündigung vertretungsberechtigter Organmitglieder, ZIP 2004, 1247; *Böttcher/Ries*, Formularpraxis des Handelsregisterrechts, RWS Verlag Kommunikationsforum 2003; *Fonk*, Rechtsfragen nach der Abberufung von Vorstandsmitgliedern und Geschäftsführern, NZG 1998, 408; *Grumann/Gillmann*, Abberufung und Kündigung von Vorstandsmitgliedern einer Aktiengesellschaft, DB 2003, 770; *Janzen*, Vorzeitige Beendigung von Vorstandsamt und -vertrag, NZG 2003, 468; *Lücke*, Vorstand der AG – Beck'sches Mandatshandbuch, 2004; *Lutter/Krieger*, Rechte und Pflichten des Aufsichtsrats, 4. Aufl. 2002; *Müther*, Das Handelsregister in der Praxis, 2003; *Schuhmacher-Mohr*, Fristprobleme bei der außerordentlichen Kündigung von Vorstandsmitgliedern einer Aktiengesellschaft, ZIP 2002, 2245; *Schuhmacher-Mohr*, Das Abmahnungserfordernis im Fall der außerordentlichen Kündigung von Organmitgliedern, DB 2002, 1606; *Semler/von Schenk (Hrsg.)*, Arbeitshandbuch für Aufsichtsratsmitglieder, 2. Aufl. 2004; *Zimmer*, Kündigungen im Management: § 623 BGB gilt nicht für GmbH-Geschäftsführer und AG-Vorstände, BB 2003, 1175.

Anmerkungen

1. Sachverhalt. Das vorliegende Formular ist ein Muster für die Niederschrift einer Sitzung des Aufsichtsrats einer deutschen AG, in der der Aufsichtsrat mündlich über die Abberufung eines Vorstandsmitglieds aus seiner Organstellung sowie die Beendigung des Dienstverhältnisses mit dem Vorstandsmitglied durch eine außerordentliche Kündigung beschließt.

Das Formular geht von der Situation aus, dass sich die Gesellschaft vor Ablauf der regulären Amtszeit einseitig von dem Vorstandsmitglied trennen will (vgl. Form. B. II. 3 Anm. 1 zu den Hintergründen und möglichen Trennungsszenarien). Denn auch wenn der Weg über eine einvernehmliche Beendigung von Organ- und Dienstverhältnis wegen der damit verbundenen Vorteile (vgl. Form. B. II. 3 Anm. 2) i.d.R. zu bevorzugen sein wird, kann es dennoch Fälle geben, in denen die einseitige Beendigung der mit dem Vorstandsmitglied bestehenden Beziehungen angezeigt und seitens der Gesellschaft auch gewollt ist.

Weil der Gesetzgeber die Unabhängigkeit eines Vorstandsmitglieds schützen will, ist die **Abberufung** des Vorstandsmitglieds aus seiner organschaftlichen Stellung durch die Gesellschaft – anders als beim Geschäftsführer einer GmbH – nur bei Vorliegen eines **wichtigen Grundes** i.S.d. § 84 Abs. 3 S. 1 AktG möglich, namentlich bei grober Pflichtverletzung, bei einer Unfähigkeit zur ordnungsgemäßen Geschäftsführung oder bei einem Vertrauensentzug durch die Hauptversammlung. Auch die wirksame Beendigung des mit dem Vorstandsmitglied bestehenden Dienstverhältnisses durch außerordentliche **Kündigung** ist nur möglich, wenn ein **wichtiger Grund** i.S.d. § 626 BGB vorliegt – und zusätzlich die außerordentliche

4. Abberufung eines Vorstandsmitglieds einer AG   B. II. 4

Kündigung auch rechtzeitig im Rahmen der Frist des § 626 Abs. 2 BGB erklärt wird (vgl. zu Problemen im Zusammenhang mit der Einhaltung der Kündigungserklärungsfrist: *Hüffer* § 84 Rdn. 41, 42 m. weit. Nachw.). Dabei gilt i. d. R., dass an einen wichtigen Grund für die außerordentliche Kündigung des Dienstvertrags höhere Anforderungen als an den wichtigen Grund für die Abberufung zu stellen sind (vgl. hierzu ausführlich Form. B. II. 3 Anm. 2).

Im vorliegenden Zusammenhang wird unterstellt, dass hinsichtlich des Vorstandsmitglieds Gründe vorliegen, die die Gesellschaft sowohl zu einem wirksamen Widerruf der Bestellung (§ 84 Abs. 3 S. 1 AktG) als auch zum Ausspruch einer wirksamen außerordentlichen Kündigung des Dienstverhältnisses berechtigen (§ 626 BGB).

Im Gegensatz zum hier zu unterstellenden Szenario kann aber auch die Situation eintreten, dass die Gesellschaft zunächst nur eine **Suspendierung** des Vorstandsmitgliedes von seiner Amtsführung aussprechen will, die auch nicht im Handelsregister einzutragen ist. Bei Vornahme einer Suspendierung bleibt das Vorstandsmitglied formal im Amt, wobei ihm jedoch die Amtsführung verboten bleibt (vgl. zur Zulässigkeit bzw. den hierzu allgemein denkbaren Szenarien: Form. B. II. 3 Anm. 9). Auch eine Kündigung des Dienstverhältnisses wird (noch) nicht ausgesprochen. Erklärt wird lediglich die (widerrufliche) Freistellung des Vorstandsmitglieds von seinen dienstvertraglichen Pflichten. Ein solches Vorgehen wird i. d. R. gewählt, um noch notwendige weitere Sachverhaltsaufklärung bei etwaig vermuteten, aber noch nicht vollständig aufgeklärten Verstößen des Vorstandsmitglieds zu betreiben. Der Weg über eine Suspendierung bietet sich aber auch dann an, wenn die Verhandlungen über eine einvernehmliche Beendigung im Wege des Aufhebungsvertrags nicht belastet bzw. behindert werden sollen. Bei einem derartigen Vorgehen ist allerdings darauf zu achten, dass die Gesellschaft die für die Wirksamkeit einer außerordentlichen Kündigung notwendige Einhaltung der zweiwöchigen Kündigungserklärungsfrist (§ 626 Abs. 2 BGB) nicht riskiert.

Unabhängig von der gewählten Vorgehensweise muss aber auch bei einer AG stets die Handlungsfähigkeit des Vorstandes sichergestellt sein (vgl. zur ähnlichen Problematik bei der GmbH: Form. B. I. 4 Anm. 4). Handelt es sich daher bei dem abzuberufenden Vorstandsmitglied um einen Alleinvorstand, wird der Aufsichtsrat i. d. R. für „Ersatz" sorgen und eine entsprechende Neubestellung vornehmen. Andernfalls kann bei Fehlen eines erforderlichen Vorstandsmitglieds in dringenden Fällen eine gerichtliche Bestellung beantragt werden (vgl. hierzu § 85 AktG). Im Übrigen beeinträchtigt die bloße Unterbesetzung (z. B. bei Nicht-Einhaltung einer satzungsgemäß vorgeschriebenen Mindestanzahl von Vorstandsmitgliedern, vgl. auch Form. B. II. 1 Anm. 4) nicht die Handlungsfähigkeit der Gesellschaft, soweit noch genügend Vorstandsmitglieder vorhanden sind, um in vertretungsberechtigter Zahl handeln zu können (vgl. *Hüffer* § 76 Rdn. 23 zu weiteren mit einer Unterbesetzung verbundenen Problemen).

2. Zuständigkeit des Aufsichtsrates. Sowohl für den im Formular vorgesehenen Widerruf der Bestellung wie auch für die vorzeitige Beendigung des mit dem Vorstandsmitglied bestehenden Dienstverhältnisses durch Kündigung liegt die ausschließliche Zuständigkeit beim Aufsichtsrat (sog. **Alleinkompetenz**, vgl. § 84 Abs. 3 bzw. § 112 AktG). Während die Entscheidung über die Abberufung aber stets vom gesamten Aufsichtsrat getroffen werden muss (§ 107 Abs. 3 S. 2 AktG), kann die Beschlussfassung über die vorzeitige Beendigung des Dienstverhältnisses vom Aufsichtsrat auf den etwaig gebildeten Personalausschuss delegiert werden (zu den Anforderungen hierbei, insbesondere zum Verbot, die Entscheidung des Gesamtaufsichtsrates zu präjudizieren vgl. MünchKommAktG/*Hefermehl/Spindler* § 84 Rdn. 130 und *Hüffer* § 107 Rdn. 18 m. weit. Nachw.). Selbst wenn eine solche Delegation erfolgt sein sollte, kann der gesamte Aufsichtsrat die Beschlusszuständigkeit jederzeit wieder an sich ziehen.

3. Verhältnis zwischen Abberufung und Beendigung des Dienstverhältnisses. Das Formular sieht gesonderte Beschlüsse zur Abberufung des Vorstandsmitglieds sowie zur Kündigung des Dienstvertrags des Vorstandsmitglieds vor. Dies beruht darauf, dass das Organverhältnis sowie das Anstellungsverhältnis des Vorstandsmitglieds getrennt zu betrachtende Rechtsverhältnisse darstellen, die nebeneinander bestehen (**Trennungsprinzip**, vgl. auch Form. B. II. 1 Anm. 1) – und damit auch jeweils gesondert und damit durch eigene Rechtsakte beendet werden müssen. Eine Ausnahme besteht nur dann, wenn im Anstellungsvertrag des Vorstandsmitgliedes eine wirksame **Kopplungsklausel** vereinbart wurde, mit der der Bestand des Dienstvertrags an das Bestehen der Organstellung geknüpft ist (vgl. Form. B. II. 1 Anm. 16). In diesem Fall bedarf es lediglich des Beschlusses über die Beendigung der Organstellung.

4. Beschlussfassung durch den Aufsichtsrat. Vgl. Form B. II. 2 Anm. 4.

5. Beschlussfassung über die Abberufung. Im vorgelegten Formular der Niederschrift wird unterstellt, dass der Aufsichtsrat nach Beratung beschließt, das Vorstandsmitglied aus seinem Vorstandsamt abzuberufen.

Inhaltlich bedarf dieser Beschluss zu seiner Wirksamkeit keiner besonderen Formulierung sowie auch keiner Begründung. Dennoch ist es in der Praxis empfehlenswert, vor der Abberufung intern eine hinreichend „gerichtsfeste" Dokumentation der Gründe der Abberufung anzufertigen. Auch die **vorherige Anhörung** des Vorstandsmitglieds ist keine Wirksamkeitsvoraussetzung für den Abberufungsbeschluss. Dennoch wird es in der Praxis die Regel sein, dass insbesondere bei Vorliegen manifester Widerrufsgründe bereits im Vorfeld des Abberufungsbeschlusses mit dem Vorstandsmitglied seitens des Aufsichtsrates Gespräche über etwaige Fehlentwicklungen stattfinden, um diese gegebenenfalls korrigieren zu können. Auch aus einem praktischen Grund empfiehlt es sich, das Vorstandsmitglied nicht mit einem Überraschungsbeschluss hinsichtlich seiner eigenen Abberufung zu konfrontieren. Denn mit einem solchen Vorgehen würden die Chancen für eine i. d. R. zu bevorzugende einvernehmliche Beendigung im Wege des Aufhebungsvertrags (vgl. Form. B. II. 3 Anm. 2) eher geringer, weil die dazu notwendigen Verhandlungen zumindest erheblich belastet wären oder diese sogar von vorneherein verhindern.

Besonders zu beachten ist, dass das Vorstandsmitglied mit der Mitteilung des Abberufungsbeschlusses (vgl. Anm. 8) sein Amt tatsächlich nur dann verliert, wenn der Beschluss des Aufsichtsrates selbst nicht mangelbehaftet war, d. h. keine Verfahrensfehler gemacht wurden. Zwar regelt § 84 Abs. 3 S. 4 AktG, dass der Widerruf wirksam ist, bis seine Unwirksamkeit rechtskräftig festgestellt ist. Diese Vorschrift ist aber nach ganz h. M. einschränkend auszulegen und gilt danach nur für den Fall, dass sich das Vorstandsmitglied darauf berufen will, dass überhaupt kein wichtiger Grund vorgelegen habe, der den Aufsichtsrat zu seiner Abberufung berechtigt hätte.

6. Beschlussfassung über die Kündigung des Dienstvertrags. Im vorgelegten Formular der Niederschrift wird auch unterstellt, dass der Aufsichtsrat nach Beratung beschließt, das mit dem Vorstandsmitglied bestehende Dienstverhältnis durch eine außerordentliche Kündigung zu beenden. Die ausdrückliche Abfassung dieses Beschlusses ist jedenfalls aus Gründen der Rechtssicherheit zu empfehlen. Denn würde der Aufsichtsrat nur einen Beschluss zur Abberufung getroffen haben, müsste dieser Beschluss danach ausgelegt werden, dass in dem Abberufungsbeschluss auch die Erklärung zur Beendigung des Dienstverhältnisses liegt. Die hierin liegenden Unsicherheiten können durch die ausdrückliche Beschlussfassung vermieden werden. Auch die Kündigungserklärung der Gesellschaft muss dem Vorstandsmitglied zugehen, d. h. ihm gegenüber erklärt werden, um wirksam sein zu können (vgl. hierzu auch Anm. 9).

Im Zusammenhang mit der Beendigung des Dienstverhältnisses sollte stets auch daran gedacht werden, ob für das Vorstandsmitglied ein nachvertragliches **Wettbewerbsverbot** vereinbart wurde. Sofern hierfür zum Zeitpunkt der beabsichtigten Kündigung kein Bedarf mehr bestehen sollte, kann (bzw. sollte) ein Verzicht auf das Wettbewerbsverbot beschlossen werden. Allerdings kann auch umgekehrt der Fall eintreten, dass mit dem Vorstandsmitglied kein nachvertragliches Wettbewerbsverbot vereinbart wurde, aber dennoch das Bedürfnis für eine Wettbewerbsbeschränkung des Vorstandsmitglieds besteht. Weil sich i. d. R. ein nachvertragliches Wettbewerbsverbot im zeitlichen Zusammenhang mit einer Trennung nur schwer verhandeln und vereinbaren lässt, besteht die Alternative, das Vorstandsmitglied nur abzuberufen und das mit ihm bestehende Dienstverhältnis (unter Fortzahlung der Bezüge) „weiterlaufen" zu lassen. Damit könnte gut begründet werden, dass das Vorstandsmitglied für die verbleibende Laufzeit des Dienstvertrags weiterhin dem umfassenden Wettbewerbsverbot nach § 88 AktG unterliegt (vgl. zum Streit hierzu: Form. B. II. 1 Anm. 24). Dieser Weg über die bloße Mandatsbeendigung (bei weiterlaufendem Dienstverhältnis) kann auch beschritten werden, wenn der Gesellschaft kein außerordentlicher Kündigungsgrund i.S.d. § 626 BGB zur Seite steht. Will der Aufsichtsrat in diesen Fällen keine unwirksame Kündigung aussprechen, kann die **Freistellung** des Vorstandsmitglieds von seinen dienstvertraglichen Pflichten beschlossen werden. I.d.R. enthalten Dienstverträge von Vorstandsmitgliedern eine diesbezügliche Freistellungsmöglichkeit (vgl. nur Form. B.II.1 Anm. 19). In diesem Zusammenhang soll aber daran erinnert werden, dass in diesen Fällen unbedingt die Weiterbeschäftigung des Vorstandsmitglieds auf einer wie auch immer gearteten leitenden Position im Unternehmen bzw. im Konzern zu vermeiden ist, um nicht eine „Umwandlung" des Dienst- in ein Arbeitsverhältnis zu riskieren.

7. Umsetzung der Beschlüsse. Das Formular sieht vor, dass der Aufsichtsratsvorsitzende beauftragt wird, die jeweiligen Beschlüsse zur Abberufung und Kündigung an das Vorstandsmitglied zu übermitteln. Denn in beiden Fällen handelt es sich um Erklärungen, die empfangsbedürftig sind (vgl. § 130 Abs. 1 BGB) und ihre Wirkung erst entfalten können, wenn sie dem Vorstandsmitglied zugehen (vgl. Anm. 8 und Anm. 9).

Nach den gesetzlichen Regelungen können sowohl die Erklärung der Abberufung als auch die Kündigung des Dienstverhältnisses formfrei erklärt werden. Insbesondere gilt § 623 BGB bei der Kündigung von Vorstandsmitgliedern nicht. Das Formular sieht gleichwohl vor, dass der Aufsichtsratsvorsitzende auch dahingehend bevollmächtigt wird, eine schriftliche Kündigung des Dienstvertrags des Vorstandsmitglieds auszufertigen, zu unterzeichnen und an das Vorstandsmitglied zu übergeben. Hintergrund bildet hier die Tatsache, dass die Dienstverträge von Vorstandsmitgliedern für gewöhnlich eine Regelung vorsehen, nach der eine Kündigung – entgegen der gesetzlich vorgesehenen Formfreiheit – zu ihrer Wirksamkeit der Schriftform bedarf. Die bloß mündliche Übermittlung des Beschlusses des Aufsichtsrates durch den Aufsichtsratsvorsitzenden wäre daher bei Berücksichtigung dieser gewillkürten Schriftform nicht ausreichend. Selbst wenn im Dienstvertrag des Vorstandsmitglieds die Einhaltung der Schriftform nicht gefordert wäre, empfiehlt sich trotzdem die schriftliche Ausfertigung der Kündigung zu Beweiszwecken.

Der Aufsichtsratsvorsitzende handelt bei der bloßen Übermittlung als Bote, im Fall der Ausfertigung und Unterzeichnung der Kündigung als (unechter) Stellvertreter. Weil der Aufsichtsratsvorsitzende keine „automatische" Zuständigkeit für die Übermittlung bzw. die rechtsgeschäftliche Umsetzung der Beschlüsse des Aufsichtsrates hat, muss der Aufsichtsratsvorsitzende hierfür entweder generell (durch Satzung der Gesellschaft oder durch die Geschäftsordnung des Aufsichtsrates) oder für den Einzelfall (durch Beschluss des Aufsichtsrates) bevollmächtigt werden (vgl. zur h.M. MünchGesR IV/*Hoffmann-Becking* § 31 Rdn. 87 und *Hüffer* § 112 Rdn. 5). Um eine etwaige Zurückweisung der vom Aufsichtsratsvorsitzenden zu übermittelnden Erklärungen seitens des Vorstandsmitgliedes und etwaig hieraus entstehende Rechtsunsicherheiten zu verhindern, wird empfohlen, dass der Aufsichtsratsvorsitzende das Original der Sitzungsniederschrift bei der Übermittlung an das Vorstandsmitglied bei sich führt. Damit kann er im Bedarfsfall seine Legitimation nachweisen (vgl. § 174 BGB bzw. zum Streit um dessen Anwendbarkeit nur OLG Düsseldorf, Urt. v. 17.11.2003 – I 15 U 225/02 – n. rkr. – NZG 2004, 141).

8. Bestätigung im Hinblick auf die Erklärung der Abberufung. Das Formular sieht weiter vor, dass das Vorstandsmitglied mit seiner Unterschrift auf der Sitzungsniederschrift bestätigt, dass er vom Widerruf seiner Bestellung als Vorstandsmitglied Kenntnis genommen hat. Denn zur Wirksamkeit der Abberufung des Vorstandsmitglieds aus seinem Vorstandsamt bedarf es nicht nur des im Formular vorgesehenen Beschlusses des Aufsichtsrats zum Widerruf des Mandats. Um wirksam zu werden, muss dieser Beschluss dem Vorstandsmitglied auch zugehen und daher mitgeteilt werden (vgl. hierzu auch Anm. 5). Für diese Mitteilung sorgt der hierzu beauftragte und bevollmächtigte Aufsichtsratsvorsitzende.

Im Zeitpunkt des Zugangs dieser Mitteilung verliert das Vorstandsmitglied dann seine gesetzes- und satzungsmäßig vorgesehene Rechtsstellung im Innen- wie auch im Außenverhältnis. Dies gilt aber nur, wenn im Beschluss nicht selbst ein (späterer) Zeitpunkt benannt ist, zu dem die Abberufung wirksam werden soll. Dies ist allerdings in praxi nicht üblich und kann auch nur in den seltensten Fällen empfohlen werden. Deshalb sieht das vorliegende Formular auch vor, dass sich die Abberufung mit sofortiger Wirkung vollzieht.

Die Eintragung der Abberufung im Handelsregister (vgl. Anm. 10) wirkt nur deklaratorisch und ist keine Wirksamkeitsvoraussetzung für die Abberufung selbst. Dies gilt sowohl bei börsennotierten wie auch bei nicht börsennotierten Aktiengesellschaften. Die im Formular vorgesehene Bestätigung des Vorstandsmitglieds über die Kenntnisnahme ist ebenfalls keine Wirksamkeitsvoraussetzung für die Abberufung. Sie dient aber zur Vermeidung von etwaigen Streitigkeiten über das „Ob" und „Wann" des Zugangs der übermittelten Erklärung und ist daher in jedem Fall zu empfehlen.

9. Bestätigung im Hinblick auf den Erhalt der Kündigung. Das Formular sieht ebenfalls vor, dass das Vorstandsmitglied mit seiner Unterschrift auf der Sitzungsniederschrift bestätigt, dass er die schriftliche Kündigung des Dienstvertrags erhalten hat. Auch diese Bestätigung dient als Nachweis vor allem dazu, etwaige Streitigkeiten im Hinblick auf das „Ob" und „Wann" des Zugangs der übermittelten Erklärung vermeiden zu können.

Auch die Kündigung des Dienstverhältnisses muss dem Vorstandsmitglied zugehen, d. h. ihm gegenüber erklärt werden, um wirksam sein zu können (vgl. hierzu auch Anm. 6). Auch für die Umsetzung dieses Beschlusses ist der Aufsichtsratsvorsitzende vorgesehen. Nur zu Zwecken des Nachweises ist im Formular vorgesehen, dass das Vorstandsmitglied mit seiner Unterschrift auf dem Original der Sitzungsniederschrift den Erhalt seiner Kündigung bestätigt.

Im Zeitpunkt des Zugangs endet bei einer außerordentlichen Kündigung, die auf der Grundlage eines wirksamen Kündigungsgrundes innerhalb der Kündigungserklärungsfrist des § 626 Abs. 2 BGB erklärt wird, das Dienstverhältnis mit sofortiger Wirkung, sofern nicht in der Kündigungserklärung selbst ein späterer Zeitpunkt benannt ist, zu dem die Kündigung wirken soll. Diese Beendigungswirkung kann die Kündigung aber nur erzielen, wenn sie auf der Grundlage eines ordnungsgemäßen Beschlusses des Aufsichtsrates erklärt wird.

10. Handelsregistereintragung. Wie bei der Bestellung des Vorstandsmitglieds (vgl. Form. B. II. 2 Anm. 14) ist auch die Abberufung des Vorstandsmitglieds von der Gesellschaft zum Handelsregister des zuständigen Registergerichts anzumelden (§§ 81, 79 AktG). Zuständig ist dabei das Registergericht am Sitz der Gesellschaft. Die Anmeldung ist vom Vorstand in öffentlich beglaubigter Form einzureichen (§ 12 Abs. 1 HGB). Eine Ausfertigung der Niederschrift der Sitzung des Aufsichtsrates ist der Anmeldung beizulegen, um dem Registergericht den Beschluss des Aufsichtsrates zur Bestellung des Vorstandsmitgliedes nachzuweisen (§ 81 AktG). Das ausgeschiedene Vorstandsmitglied darf bei dieser Anmeldung nicht mitwirken. Die Anmeldung zum Handelsregister ist zwar für die Gesellschaft verpflichtend, hat selbst aber nur deklaratorischen Charakter und ist damit keine Wirksamkeitsvoraussetzung für die Abberufung. Dennoch ist angesichts der Wirkungen des § 15 Abs. 1 HGB dringend zu empfehlen, die Anmeldung der Abberufung des Vorstandsmitglieds zeitnah vorzunehmen. Bei börsennotierten Gesellschaften kann bei einem Wechsel im Management gegebenenfalls eine Verpflichtung zur **Ad-hoc-Publizität** entstehen (vgl. hierzu auch Form. B. II. 3 Anm. 1).

III. Freier Mitarbeiter

Vertrag mit freiem Mitarbeiter[1, 2, 3, 4]

zwischen
...... (Name und Anschrift des Auftraggebers) „Gesellschaft"
und
Herrn ...... (Name und Anschrift des freien Mitarbeiters) „freier Mitarbeiter"

Präambel
Der freie Mitarbeiter ist als selbstständiger Unternehmer auf dem Gebiet ...... tätig. Die Gesellschaft ist daran interessiert, die langjährigen Kenntnisse und Erfahrungen des freien Mitarbeiters zu nutzen. Zu diesem Zweck vereinbaren die Parteien Folgendes:

§ 1 Vertragsgegenstand

(1) Der freie Mitarbeiter wird als ...... (Bezeichnung des freien Mitarbeiters) bei der Gesellschaft tätig. Sein Aufgabenbereich umfasst im Einzelnen ...... (Aufgabenbeschreibung)[5].

(*Alternative:*

(1) Der freie Mitarbeiter wird die Aufgaben übernehmen, welche im Einzelnen in Anlage 1 zu diesem Vertrag aufgelistet sind.)

(2) Der freie Mitarbeiter erbringt seine Leistungen im eigenen Namen und auf eigene Rechnung als selbstständiger Unternehmer. Eine Befugnis zur rechtsgeschäftlichen Vertretung der Gesellschaft besteht nicht. Bei der Durchführung seiner Tätigkeit ist der freie Mitarbeiter Weisungen der Gesellschaft nicht unterworfen[6].

(3) Ansprechpartner bei der Gesellschaft für alle die freie Mitarbeit betreffenden Fragen ist der jeweilige ...... (Titel des Ansprechpartners), gegenwärtig Herr ...... (Name des Ansprechpartners) („Ansprechpartner")[7]. (*Optional*[8]: Der freie Mitarbeiter stellt – vorbehaltlich einer anderen Bestimmung durch die Gesellschaft – eine laufende Unterrichtung des Ansprechpartners sicher, indem er diesem in regelmäßigen Abständen unaufgefordert über den Stand seiner Tätigkeit berichtet.)

(4) Der freie Mitarbeiter kann nach vorheriger schriftlicher Zustimmung der Gesellschaft eigene Mitarbeiter einsetzen[9]. Die Gesellschaft wird ihre Zustimmung nur verweigern, wenn berechtigte Interessen der Gesellschaft beeinträchtigt sind. Berechtigte Interessen der Gesellschaft sind vor allem dann beeinträchtigt, wenn die vom freien Mitarbeiter eingesetzten Mitarbeiter nicht über die erforderlichen Qualifikationen und Berufserfahrungen verfügen, die für die effiziente und erfolgreiche Erfüllung der Aufgaben gemäß obigem Abs. (1) erforderlich sind. Sofern der freie Mitarbeiter eigene Mitarbeiter einsetzt, stehen diese ausschließlich in einem Dienst- oder Arbeitsverhältnis zum freien Mitarbeiter, und der freie Mitarbeiter wird ihnen eine Geheimhaltungspflicht entsprechend § 6 Abs. (2) auferlegen.

§ 2 Vertragsdauer[10]

(1) Dieser Vertrag tritt am ...... (Datum) in Kraft und läuft auf unbestimmte Dauer. Er kann von beiden Parteien mit einer Frist von ...... (Dauer der Kündigungsfrist) Monaten zum Monatsende ordentlich gekündigt werden.

(Alternative:
(1) Dieser Vertrag tritt am ...... (Datum) in Kraft und endet, ohne dass es einer Kündigung bedarf, am ...... (Datum). Während der Laufzeit des Vertrages ist die ordentliche Kündigung ausgeschlossen.)

(Alternative:
(1) Dieser Vertrag tritt am ...... (Datum) in Kraft und endet, ohne dass es einer Kündigung bedarf, am ...... (Datum). Während der Laufzeit des Vertrages kann der Vertrag von beiden Parteien mit einer Frist von ...... (Dauer der Kündigungsfrist) Monaten zum Monatsende ordentlich gekündigt werden.)

(2) Das Recht zur außerordentlichen Kündigung des Vertrages aus wichtigem Grund bleibt unberührt. Ein wichtiger Grund liegt insbesondere vor, wenn der freie Mitarbeiter gegen die Geheimhaltungsverpflichtung oder das Wettbewerbsverbot gemäß nachstehendem § 6 verstößt.

(3) Nach Ausspruch einer Kündigung der Gesellschaft oder des freien Mitarbeiters besteht keine Pflicht der Gesellschaft, Leistungen des freien Mitarbeiters abzunehmen.

§ 3 Ort und Zeit der Tätigkeit[11]

(1) Die Tage, die Zeiteinteilung an diesen Tagen und den Ort seiner Tätigkeit wird der freie Mitarbeiter selbst in der Weise frei festlegen, dass er eine optimale Effizienz bei seiner Tätigkeit und bei der Realisierung des Vertragsgegenstands gemäß § 1 Abs. (1) dieses Vertrages erzielt. (*Optional:* Der freie Mitarbeiter wird während der Dauer dieses Vertrages das erste halbe Jahr mindestens an ...... vollen Tagen pro Kalendermonat und danach mindestens an ...... vollen Tagen pro Kalendermonat für die Gesellschaft tätig sein.)

(Alternative:
(1) Die Tage, die Zeiteinteilung an diesen Tagen und den Ort seiner Tätigkeit wird der freie Mitarbeiter selbst in der Weise frei festlegen, dass er eine optimale Effizienz bei seiner Tätigkeit und bei der Realisierung des Vertragsgegenstands gemäß § 1 Abs. (1) dieses Vertrages erzielt. Der freie Mitarbeiter kann ein Büro am Sitz der Gesellschaft in ...... sowie die technischen Einrichtungen (insbesondere Telefon, Computer) der Gesellschaft gegen eine Benutzungsgebühr in Höhe von EUR ...... pro Tag seiner Tätigkeit nutzen. Die Benutzungsgebühr ist jeweils zum Monatsende zur Zahlung fällig. Die Gesellschaft wird sie dem freien Mitarbeiter in Rechnung stellen und kann sie von dem gemäß nachstehendem § 4 Abs. (1) geschuldeten Honorar in Abzug bringen.)

(2) Nach Ablauf eines jeden Monats wird der freie Mitarbeiter für den abgelaufenen Monat eine Aufstellung über seine Tätigkeit vorlegen, welche für die Gesellschaft nachvollziehbar macht, welche Aufgaben an welchen Tagen im Abrechnungsmonat mit welchem Zeitaufwand erfüllt worden sind.

§ 4 Honorar und Aufwendungen[12]

(1) Der freie Mitarbeiter erhält ein Honorar in Höhe von EUR ...... (in Worten: Euro ......) pro Stunde (*Alternative:* pro Tag/Monat/Jahr).

(2) Das Honorar wird zuzüglich gesetzlicher Umsatzsteuer gezahlt, wenn und soweit die Leistungen des freien Mitarbeiters umsatzsteuerpflichtig sind und sofern der freie Mitarbeiter eine ordnungsgemäße Rechnung nach den Vorschriften des UStG stellt. Stellt sich heraus, dass die Leistungen des freien Mitarbeiters nicht umsatzsteuerpflichtig sind, hat der Mitarbeiter der Gesellschaft die zu Unrecht ausgewiesene Umsatzsteuer unverzüglich zu erstatten[13].

(3) Der freie Mitarbeiter wird der Gesellschaft jeweils am Ende eines Monats schriftlich eine Rechnung stellen und zusammen mit der Rechnung die Aufstellung nach § 3 Abs. (2) vorlegen. Die Zahlung des Honorars erfolgt auf das vom freien Mitarbeiter an-

gegebene Konto spätestens 15 Kalendertage nach Erhalt der Rechnung und der Aufstellung nach § 3 Abs. (2).

(4) Mit dem Honorar sind alle dem freien Mitarbeiter aus der Erfüllung seiner Aufgaben und der Durchführung dieses Vertrages entstandenen Kosten abgegolten, soweit sich nicht aus § 5 etwas anderes ergibt.

(5) Der freie Mitarbeiter ist für die Entrichtung der Steuer auf seine Einkünfte nach diesem Vertrag selbst verantwortlich und wird der Gesellschaft eine etwaig von der Gesellschaft entrichtete Lohnsteuer erstatten sowie die Gesellschaft auf deren Verlangen von jedweder lohnsteuerlichen Haftung freistellen, nach Wahl der Gesellschaft durch Zahlung an die Gesellschaft oder an das Finanzamt[14].

§ 5 Reisekosten

Soweit für die Tätigkeit nach diesem Vertrag Reisen erforderlich sind, werden dem freien Mitarbeiter Reisekosten gegen Beleg erstattet, sofern sie nach Art und Höhe vorab schriftlich von der Gesellschaft genehmigt worden sind.

§ 6 Sonstige Tätigkeiten, Geheimhaltung, Wettbewerbsverbot[15]

(1) Der freie Mitarbeiter kann während der Dauer dieses Vertrages anderen Beschäftigungen nachgehen, sofern seine nach diesem Vertrag geschuldete Beratungstätigkeit hierdurch in keiner Weise beeinträchtigt wird.

(2) Der freie Mitarbeiter ist jedoch verpflichtet, insbesondere auch während der Zeit nach Beendigung dieses Dienstverhältnisses alle vertraulichen Angelegenheiten und Geschäftsgeheimnisse der Gesellschaft oder von mit der Gesellschaft in einem Konzern entsprechend § 15 AktG verbundenen Unternehmen („Verbundene Unternehmen"), welche ihm bei Ausübung seiner Tätigkeit für die Gesellschaft zur Kenntnis gelangt sein mögen, streng geheim zu halten.

(3) Der freie Mitarbeiter wird während der Laufzeit dieses Vertrages für kein Unternehmen und keine Person tätig werden, welches bzw. welche mit der Gesellschaft oder einem Verbundenen Unternehmen im Wettbewerb („Wettbewerber") steht. Er verpflichtet sich insbesondere, mit keinem Wettbewerber ein Dienst- oder Arbeitsverhältnis einzugehen oder selbstständig für einen Wettbewerber tätig zu sein, einen Wettbewerber zu erwerben oder sich mittelbar oder unmittelbar an ihm zu beteiligen. Dem freien Mitarbeiter ist ferner untersagt, in irgendeiner Weise selbst als Wettbewerber tätig zu sein oder ein Konkurrenzunternehmen zu gründen oder zu betreiben.

(4) Für jeden Fall der Zuwiderhandlung gegen die Unterlassungsverpflichtungen gemäß vorstehenden Abs. (2) und (3) ist der freie Mitarbeiter zur Zahlung einer Vertragsstrafe in Höhe von EUR ...... verpflichtet, wobei die Gesellschaft sich die Geltendmachung von Unterlassungsansprüchen und Schadensersatzansprüchen vorbehält.

§ 7 Urheber- und sonstige Schutzrechte[16]

Der freie Mitarbeiter überträgt der Gesellschaft sämtliche Eigentumsrechte sowie die ausschließlichen, zeitlich, räumlich und inhaltlich unbeschränkten Nutzungs- und Verwertungsrechte für alle etwaigen urheberrechtsfähigen oder sonst nach Marken-, Geschmacksmuster- oder Gebrauchsmusterrecht oder irgendeinem anderen Schutzrecht schutzfähigen Ergebnisse, die der freie Mitarbeiter während der Dauer dieses Vertrages erstellt und welche einen Bezug zu seinen Aufgaben nach diesem Vertrag haben. Die Übertragung erfolgt bereits im Zeitpunkt der Entstehung der vorgenannten Schutzrechte und ist mit dem Honorar nach obigem § 4 Abs. (1) vollständig abgegolten.

§ 8 Rückgabe von Unterlagen[17]

Der freie Mitarbeiter verpflichtet sich darüber hinaus, alles in seinem Besitz befindliche Eigentum der Gesellschaft oder Verbundener Unternehmen, insbesondere Akten,

Unterlagen sowie elektronisch gespeicherte Daten und Datensätze und sonstige den Geschäftsbetrieb der Gesellschaft oder Verbundener Unternehmen betreffende Aufzeichnungen, insbesondere alles Druckmaterial, Urkunden, Zeichnungen, Notizen und Entwürfe sowie Kopien oder Abschriften davon („Unterlagen"), so sorgfältig zu bewahren, dass sie nicht in die Hände unbefugter Dritter und Gesellschaftsfremder gelangen können. Sämtliche Unterlagen sind der Gesellschaft auf deren Verlangen jederzeit, spätestens bei Beendigung dieses Vertrages unaufgefordert, herauszugeben.

§ 9 Schlussbestimmungen[18]

(1) Dieser Vertrag ersetzt alle etwaigen früheren Vereinbarungen zwischen den Parteien.

(2) Änderungen oder Ergänzungen dieses Vertrages einschließlich dieser Bestimmung bedürfen zu ihrer Rechtswirksamkeit der Schriftform. Mündliche Nebenabreden bestehen nicht.

(3) Sollte eine Bestimmung dieses Vertrages unwirksam sein oder werden, wird dadurch im Zweifel die Wirksamkeit der übrigen Bestimmungen nicht berührt. An Stelle der unwirksamen Bestimmungen werden die Parteien eine gültige Bestimmung vereinbaren, die dem wirtschaftlichen Zweck der unwirksamen Bestimmung am nächsten kommt.

(4) Dieser Vertrag unterliegt dem Recht der Bundesrepublik Deutschland.

......
Ort, Datum

......
Unterschrift der Gesellschaft

......
Ort, Datum

......
Unterschrift des freien Mitarbeiters

Schrifttum: Dreier/Schulze, UrhG, 1. Aufl., 2004; *Goretzki/Hohmeister*, Scheinselbstständigkeit – Rechtsfolgen im Sozialversicherungs-, Steuer- und Arbeitsrecht, BB 1999, 635; *Hochrathner*, Rechtsprobleme rückwirkender Statusfeststellungen, NZA 1999, 1016; *ders.*, Noch einmal: Rechtsprobleme rückwirkender Statusfeststellungen – Ein Plädoyer für die endgültige Absage an die „Rosinentheorie", NZA 2000, 1083; *ders.*, Die Statusrechtsprechung des 5. Senats des BAG seit 1994, NZA-RR 2001, 561; *Hohmeister*, Arbeits- und sozialversicherungsrechtlichen Konsequenzen eines vom Arbeitnehmer gewonnen Statusprozesses – Fehlerhafte Rechtsformenwahl bei Begründung eines Mitarbeiterverhältnisses, NZA 1999, 1009; *Laber/Legerlotz*, Verpflichtung zur Unterlassung von Wettbewerb während der Dauer und nach Beendigung eines Dienstverhältnisses, RdA 2002, 18; *Lampe*, Arbeitsrechtliche Folgen der aufgedeckten Scheinselbstständigkeit, RdA 2002, 18; *Möhring/Nicolini*, UrhG, 2. Aufl., 2000; *Niepalla/Dütemeyer*, Die vergangenheitsbezogene Geltendmachung des Arbeitnehmerstatus und Rückforderungsansprüche des Arbeitgebers, NZA 2002, 712; *Preis*, Koordinationskonflikte zwischen Arbeits- und Sozialrecht, NZA 2000, 914; *Reinecke*, Die gerichtliche Feststellung der Arbeitnehmereigenschaft und ihre Rechtsfolgen für Vergangenheit und Zukunft, RdA 2001, 357; *Reiserer*, Wird durch die „Hartz"-Gesetze die Scheinselbstständigkeit abgeschafft und die Selbstständigkeit gefördert?, DStR 2003, 292; *Reiserer/Freckmann*, Scheinselbstständigkeit – heute noch ein schillernder Rechtsbegriff, NJW 2003.180; *Sommer*, Das Ende der Scheinselbstständigkeit? – Zur Neufassung des § 7 Abs. 4 SGB IV ab 1. 1. 2003 als Folge der „Ich-AG" nach § 421 I SGB III, NZS 2003, 169; *Schmidt*, EStG, 23. Aufl., 2004; *Wandtke/Bullinger*, UrhG, 1. Aufl., 2002.

Anmerkungen

1. Begriff des freien Mitarbeiters und Abgrenzung zum Arbeitsverhältnis. In der Praxis werden freie Mitarbeiter in vielen Funktionen eingesetzt, wobei ein Schwerpunkt bei der Softwareentwicklung, Buchhaltung und Vertriebsunterstützung liegt. Das Formular behandelt den in diesen Bereichen typischen Fall, dass der freie Mitarbeiter die mit ihm vereinbarten Aufgaben persönlich erbringt, sich die Aufgaben relativ konkret beschreiben lassen und dass der freie Mitarbeiter typischerweise ein feststellbares Arbeitsergebnis hervorbringt. Das Formular kann Verwendung finden sowohl für einen Einsatz im Betrieb des Auftraggebers als auch für eine Tätigkeit des freien Mitarbeiters von zu Hause aus. Das Formular ließe sich, allerdings mit einigen Modifikationen, auch einsetzen für einen Berater, der im Rahmen eines freien Mitarbeiterverhältnisses lediglich sein Know-how oder seinen Erfahrungsschatz einbringt und zur Verfügung stellt, dessen konkrete Aufgaben jedoch schwer beschreibbar sind und der i. d. R. kein feststellbares oder beschreibbares Arbeitsergebnis produziert. Wird der freie Mitarbeiter zur Vertriebsunterstützung eingesetzt, wird er regelmäßig als Handelsvertreter anzusehen sein mit der Folge, dass der Vertrag überlagert wird von den zwingenden Bestimmungen des Handelsvertreterrechts (§§ 84 ff. HGB); dies betrifft insbesondere zwingende Mindestkündigungsfristen und den Ausgleichsanspruch nach § 89 b HGB (s. hierzu auch Form. B. IV. 1).

Freie Mitarbeit ist nach gängiger Definition die selbstständige unternehmerische Tätigkeit einer natürlichen Person für ein fremdes Unternehmen auf dienst- oder werkvertraglicher Grundlage (Küttner//*Röller* Freie Mitarbeit Rdn. 1). Der freie Mitarbeiter unterscheidet sich durch das Merkmal der selbstständigen Tätigkeit von dem in **persönlicher Abhängigkeit** stehenden Arbeitnehmer, der seine vertraglich geschuldete Leistung im Rahmen einer von Dritten bestimmten Arbeitsorganisation erbringt (ständige Rechtsprechung, vgl. aus der neuesten Rechtsprechung BAG Beschl. v. 11. 6. 2003 – 5 AZB 43/02 – AP ArbGG 1979 § 2 Nr. 85; BAG Urt. v. 29. 5. 2002 – 5 AZR 161/01 – AP Nr. 152 zu § 611 BGB Lehrer, Dozenten). Bei der Formulierung eines Vertrages für einen freien Mitarbeiter (und bei der tatsächlichen Durchführung des Vertrages) ist es wichtig, die Kriterien für die Abgrenzung der selbstständigen Tätigkeit von einer abhängigen Beschäftigung zu kennen. Denn nur mit Kenntnis dieser Abgrenzungskriterien lässt sich vermeiden, dass der freie Mitarbeiter gegen die Absicht der Vertragsparteien als Arbeitnehmer angesehen wird und die Gesellschaft den damit verbundenen finanziellen Risiken und Belastungen (s. nachfolgend Anm. 4) ausgesetzt ist. Als wichtigstes Abgrenzungskriterium zieht die ständige Rechtsprechung des BAG **§ 84 Abs. 1 S. 2 HGB** heran. Danach ist Selbstständiger, wer im Wesentlichen frei seine Tätigkeit gestalten und seine Arbeitszeit bestimmen kann. Personen, auf die diese Voraussetzungen nicht zutreffen, gelten als Arbeitnehmer, § 84 Abs. 2 HGB. Diese unmittelbar nur für das Handelsvertreterrecht geltende Vorschrift wird vom BAG als gesetzliche Wertung angesehen, die über den Wortlaut hinaus als allgemeine Regelung zur Abgrenzung des Dienstvertrags vom Arbeitsvertrag zu beachten ist (vgl. z. B. BAG Urt. v. 29. 5. 2002 – 5 AZR 161/01 – AP Nr. 152 zu § 611 BGB Lehrer, Dozenten, sowie BAG Urt. v. 20. 9. 2000 – 5 AZR 61/99 – NZA 2001, 551). Dabei ist maßgeblich, in welchem Maße eine persönliche Abhängigkeit erreicht wird, die es rechtfertigt, von einem Arbeitsverhältnis zu sprechen. Es ist stets die gesamte Vertragsabwicklung unter Einbeziehung der getroffenen Vereinbarungen und der tatsächlichen Handhabung zu begutachten. Widersprechen sich der Inhalt des Vertrages und die praktische Durchführung und Gestaltung der Vertragsbeziehungen, so ist i. d. R. die **tatsächliche Durchführung des Vertrages maßgebend** (ständige Rechtsprechung vgl. BAG Urt. v. 12. 12. 2001 – 5 AZR 253/00 – AP Nr. 111 zu § 611 BGB Abhängigkeit m. weit. Nachw.; vgl. dazu auch Küttner/*Röller* Freie Mitarbeit Rdn. 4). Es hilft daher nicht, juristisch „wasserdichte" Verträge zu haben, wenn diese Verträge in der Praxis nicht „gelebt" werden, d. h. der Einsatz des freien Mitarbeiters abweichend von den vertraglichen Abmachungen erfolgt. Ausgehend von § 84 Abs. 1 S. 2 HGB werden vom BAG folgende Merkmale als wesentlich gesehen für das Vorliegen eines Dienstverhältnisses mit einem freien Mitarbeiter in Abgrenzung zu einem Arbeitsverhältnis:

- **Keine inhaltlichen Vorgaben und Weisungen.** Das freie Mitarbeiterverhältnis ist dadurch gekennzeichnet, dass der freie Mitarbeiter bestimmte (vertraglich definierte) Aufgaben zu erledigen hat und er bei der Erfüllung dieser vertraglichen Aufgaben selbst die Art und Weise bestimmt, wie er die Aufgabe erledigt; der Auftraggeber macht ihm diesbezüglich keine detaillierten Vorgaben. Demgegenüber schuldet ein Arbeitnehmer seine Arbeitskraft und der Arbeitgeber kann durch inhaltliche Weisungen und Vorgaben jeweils die konkret vom Arbeitnehmer zu erbringenden Leistungen bestimmen, vgl. § 106 GewO (vgl. freie Mitarbeit als Fernseh-Producer BAG Beschl. v. 11. 6. 2003 – 5 AZB 43/02 – AP ArbGG 1979 § 2 Nr. 85; zum programmgestaltenden Mitarbeiter einer Rundfunkanstalt BAG Urt. v. 20. 9. 2000 – 5 AZR 61/99 – NZA 2001, 551 sowie BAG Urt. v. 19. 1. 2000 – 5 AZR 644/98 – RdA 2000, 360; zum VHS-Dozenten BAG Urt. v. 29. 5. 2002 – 5 AZR 161/01 –

AP Nr. 152 zu § 611 BGB Lehrer, Dozenten; zum selbstständigen Kurierdienstfahrer BAG Urt. v. 27. 6. 2001 – 5 AZR 561/99 – NZA 2002, 742);
- **Freie Einteilung der Arbeitszeit** und **Wahl des geeigneten Arbeitsorts**. Der freie Mitarbeiter kann typischerweise selbst entscheiden, zu welcher Zeit und an welchem Ort er seine vertraglichen Aufgaben erfüllt (vgl. z.B. zur freien Mitarbeit als Fernseh-Producer BAG Beschl. v. 11. 6. 2003 – 5 AZB 43/02 – AP ArbGG 1979 § 2 Nr. 85; zur „Dienstplan-Rechtsprechung" des BAG vgl. BAG Urt. v. 19. 1. 2000 – 5 AZR 644/98 – RdA 2000, 360 sowie *Hochrathner* NZA-RR 2001, 561 f.; zum Status eines VHS-Dozenten BAG Urt. v. 29. 5. 2002 – 5 AZR 161/01 – AP Nr. 152 zu § 611 BGB Lehrer, Dozenten; zu einer selbstständigen Fuhrunternehmerin BAG Urt. v. 27. 6. 2001 – 5 AZR 561/99 – NZA 2002, 742). Demgegenüber muss der Arbeitnehmer typischerweise feste Arbeitszeiten einhalten, und der Arbeitgeber kann bestimmen, wo der Arbeitnehmer seine Arbeit zu erbringen hat (z.B. im Betrieb des Arbeitgebers oder bei einem Kunden);
- **Keine Pflicht zur Zurverfügungstellung der ganzen oder überwiegenden Arbeitskraft.** Der freie Mitarbeiter kann typischerweise für mehrere Auftraggeber tätig sein (die Berechtigung, andere berufliche und gewerbliche Aktivitäten zu entfalten, spricht für Selbstständigkeit, BAG Urt. v. 12. 12. 2001 – 5 AZR 253/00 – AP Nr. 111 zu § 611 BGB Abhängigkeit). Der Arbeitnehmer ist demgegenüber typischerweise nur für einen Arbeitgeber tätig und unterliegt sowohl einem gesetzlichen Wettbewerbsverbot als auch – typischerweise – einem vertraglichen Nebentätigkeitsverbot;
- **Keine Pflicht zur persönlichen Erbringung der Leistung.** Die Pflicht, die vertragliche Leistung persönlich zu erbringen, besteht bei selbstständigen Dienstverhältnissen nach § 613 S. 1 BGB nur im Zweifel, ansonsten ist ein Delegieren der Aufgaben möglich. Demgegenüber ist der Arbeitnehmer typischerweise immer verpflichtet, seine Arbeitsleistung persönlich zu erbringen (vgl. BAG Urt. v. 12. 12. 2001 – 5 AZR 253/00 – AP Nr. 111 zu § 611 BGB Abhängigkeit m. weit. Nachw. sowie BAG Urt. v. 27. 6. 2001 – 5 AZR 561/99 – NZA 2002, 742);
- **Keine enge Einbindung in die Betriebsorganisation des Auftraggebers.** Typischerweise setzt die Einordnung als freier Mitarbeiter voraus, dass der freie Mitarbeiter nicht oder zumindest nicht eng in die Betriebsorganisation des Auftraggebers eingegliedert ist. Für eine solche Einbindung und damit zugleich als Kriterium für eine Arbeitnehmereigenschaft spräche die Bereitstellung von Räumen und Arbeitsmitteln durch den Auftraggeber, ein durch Organigramme des Auftraggebers kenntlich gemachter fester Platz in dessen (Arbeitnehmer-) Organisation u.ä., (vgl. zur Eingliederung in den Schulbetrieb BAG Urt. v. 29. 5. 2002 – 5 AZR 161/01 – AP Nr. 152 zu § 611 BGB Lehrer, Dozenten; zum Rundfunkmitarbeiter BAG Urt. v. 19. 1. 2000 – 5 AZR 644/98 – RdA 2000, 360);
- **Keine Vereinbarung typischer arbeitsrechtlicher Schutzbestimmungen.** Ein freier Mitarbeiter genießt nicht denselben Sozialschutz wie Arbeitnehmer, d.h., er erhält sein Honorar nur für tatsächlich erbrachte Tätigkeit. Demgegenüber werden Arbeitnehmern aus Gründen des Sozialschutzes auch Zeiten vergütet, in denen sie nicht arbeiten (insbesondere Zeiten von Urlaub und Krankheit), wobei sie sich – im Gegenzug – allerdings Urlaubstage genehmigen lassen und im Krankheitsfall Bescheinigungen beibringen müssen (vgl. BAG Urt. v. 27. 6. 2001 – 5 AZR 561/99 – NZA 2002, 74). Daher sind vertragliche Klauseln, die einem freien Mitarbeiter sein Honorar auch bei Urlaub oder Krankheit zusagen, ein deutliches Indiz für einen Arbeitnehmerstatus.

Unerheblich sind rein **formale Umstände** wie die Bezeichnung des Vertrages (auch ein Franchisevertrag kann tatsächlich ein Arbeitsvertrag sein, vgl. BAG Beschl. v. 16. 7. 1997 – 5 AZB 29/96 – NJW 1997, 2973), das Erstellen von Mehrwertsteuerrechnungen (BAG Urt. v. 12. 12. 2001 – 5 AZR 253/00 – AP Nr. 111 zu § 611 BGB Abhängigkeit) oder die Anmeldung eines Gewerbes.

Ein erhebliches Indiz gegen eine freie Mitarbeit kann der Umstand sein, dass der freie Mitarbeiter zuvor weitgehend dieselbe Tätigkeit als Arbeitnehmer ausgeübt hat. Dieses Kriterium hatte der Gesetzgeber in einer inzwischen wieder aufgegebenen Gesetzesfassung als eines der ausschlaggebenden Merkmale für eine abhängige Beschäftigung im Sinne einer Sozialversicherungspflichtigkeit der Beschäftigung vorgesehen. Diese gesetzliche Indizwirkung besteht zwar nicht mehr (s. nachfolgend Anm. 2); gleichwohl dürfte es auch heute als Indiz gegen eine Selbstständigkeit der Tätigkeit angesehen werden, wenn z. B. ein ausgeschiedener Mitarbeiter dieselben Aufgaben, die er zuvor als Arbeitnehmer hatte, nach der Beendigung seines Arbeitsverhältnisses als „Berater" weiterhin erbringt.

Wenn nach der zugrunde liegenden Vertragsgestaltung selbstständige Dienst- oder Werkleistungen für ein fremdes Unternehmen geschuldet sind, tatsächlich aber nichtselbstständige Arbeiten in einem Arbeitsverhältnis geleistet werden, spricht man von „**Scheinselbstständigkeit**" mit den damit verbundenen Folgen im Arbeitsrecht und der Sozialversicherungs- und Lohnsteuerpflicht des Mitarbeiters (Küttner/*Voelzke* Scheinselbstständigkeit Rdn. 1), s. hierzu nachfolgend Anm. 4.

2. Sozialversicherungsrecht. Im Zuge der Umsetzung der sog. „**Hartz-Reform**" hat der Gesetzgeber die bis dahin geltenden und in Wissenschaft und Praxis stark umstrittenen Regelungen zur Scheinselbstständigkeit (§ 7 Abs. 4 SGB IV a. F.) mit Wirkung ab dem 1. Januar 2003 ersatzlos aufgehoben (zur Neuregelung *Reiserer* DStR 2003, 292; *Sommer* NZS 2003, 169). Zur Erinnerung: Bislang waren Personen, die selbst keine Arbeitnehmer beschäftigten, auf Dauer im Wesentlichen nur für einen Auftraggeber tätig wurden und deren Handeln typische Merkmale eines unternehmerischen Handelns nicht erkennen ließ, kraft Gesetzes jedenfalls dann als sozialversicherungspflichtig anzusehen, wenn sie ihre Mitwirkungspflichten gegenüber den Sozialversicherungsträgern bei der Aufklärung ihres Beschäftigungsstatus nicht ordnungsgemäß erfüllten (§ 7 Abs. 4 SGB IV a. F.). Weitere Merkmale, die im Rahmen der Vermutungsregel herangezogen wurden, waren zum einen der Umstand, dass der „Auftraggeber" entsprechende Tätigkeiten regelmäßig durch von ihm beschäftigte Arbeitnehmer verrichten ließ, und zum anderen, dass die Person eine Tätigkeit ausgeübt hat, die ihrem äußeren Erscheinungsbild nach der Tätigkeit entsprach, die sie für denselben Auftraggeber zuvor aufgrund eines Beschäftigungsverhältnisses ausgeübt hatte. Diese Vermutungsregel des § 7 Abs. 4 SGB IV a. F. war auf das Sozialversicherungsrecht beschränkt (Küttner/*Voelzke* Freie Mitarbeit Rdn. 5, Scheinselbstständigkeit Rdn. 1). Mit dem zweiten Gesetz für moderne Dienstleistungen am Arbeitsmarkt ist diese Regelung mit Wirkung vom 1. Januar 2003 entfallen und durch eine Sonderbestimmung für die sog. „Ich-AG" ersetzt worden (vgl. ausführlich dazu *Sommer* NZS 2003, 169 ff.). Aufgrund der Gesetzesänderung gelten im Sozialrecht künftig wieder die **allgemeinen,** von der Rechtsprechung entwickelten **Kriterien zur Abgrenzung** von freier Mitarbeit und abhängiger Beschäftigung.

Der Beschäftigtenbegriff im Sozialversicherungsrecht (vgl. § 7 Abs. 1 SGB IV) und der arbeitsrechtliche Arbeitnehmerbegriff sind zwar nicht deckungsgleich (vgl. dazu Küttner/*Voelzke* Arbeitnehmer Rdn. 46, 49; ErfKomm/*Preis* § 611 Rdn. 124; ErfKomm/*Rolfs* § 7 SGB IV Rdn. 2 ff., Rdn. 36 ff.), jedoch können hier ganz ähnliche, in praxi meistens sogar dieselben Maßstäbe herangezogen werden (vgl. *Reiserer/Freckmann* NJW 2003, 180, 181 f.). Entscheidend ist insbesondere, wie oben beschrieben, der Grad der persönlichen Abhängigkeit im Hinblick auf Zeit und Ort der Arbeitsleistung sowie die Art und Weise der Gestaltung der Tätigkeit. Ist der Mitarbeiter in den Betriebsablauf eingegliedert und dem Weisungsrecht des Auftraggebers unterworfen, liegt regelmäßig ein Arbeitsverhältnis und damit auch eine sozialversicherungspflichtige Beschäftigung vor.

Soll ein rechtliches Risiko bei der Beschäftigung von freien Mitarbeitern vollständig ausgeschlossen werden, besteht nach wie vor die Möglichkeit, den Beschäftigungsstatus im Wege eines Anfrageverfahrens, § 7a SGB IV, vorab bei der Bundesversicherungsanstalt für Angestellte (BfA) verbindlich klären zu lassen (vgl. hierzu *Reiserer/Freckmann* NJW 2003, 180, 182 ff.). Die Mitwirkung des freien Mitarbeiters bei diesem Verfahren und die Rechtsfolgen für den Fall, dass der freie Mitarbeiter in diesem Verfahren als abhängig Beschäftigter eingestuft wird, kann im Vertrag mit folgender Klausel geregelt werden:

Optional:

§ ...

(1) Der Mitarbeiter wird innerhalb von einem Monat nach Vertragsbeginn einen „Antrag auf Feststellung des sozialversicherungsrechtlichen Status" bei der BfA (Bundesversicherungsanstalt für Angestellte) gemäß § 7a Abs. 1 SGB IV unter Benutzung des vorgesehenen

Antragsformulars stellen. Im Hinblick darauf, dass eine Antragstellung, welche später als einen Monat nach Vertragsbeginn erfolgt, zu einer rückwirkenden Sozialversicherungspflicht des gesamten Vertragsverhältnisses führen kann, stellt der freie Mitarbeiter die Gesellschaft von der Verpflichtung zur Zahlung von Sozialabgaben frei, wenn und soweit diese Verpflichtung zur Zahlung von Sozialabgaben auf einer verspäteten Antragstellung beruht und diese verspätete Antragstellung von der Mitwirkenden verschuldet wurde. Der freie Mitarbeiter wird die Gesellschaft unverzüglich schriftlich informieren, wenn sich hinsichtlich der von ihm gemachten und für eine Versicherungspflicht wesentlichen Angaben, insbesondere hinsichtlich der Angaben im Zusammenhang mit § 7 a Abs. 1 SGB IV, Änderungen ergeben.

(2) Für den Fall, dass die Bundesversicherungsanstalt für Angestellte (BfA) entgegen der übereinstimmenden Ansicht der Parteien ein versicherungspflichtiges Beschäftigungsverhältnis feststellt, versteht sich das vereinbarte Honorar ab Feststellung der Versicherungspflicht inklusive der Arbeitnehmeranteile zur Sozialversicherung; zudem ist in diesem Fall der freie Mitarbeiter damit einverstanden, dass die Versicherungspflicht erst mit der Bekanntgabe der Entscheidung der BfA beginnt. Der freie Mitarbeiter versichert der Gesellschaft hiermit, dass er selbst während der Vertragsdauer eine Absicherung gegen das finanzielle Risiko von Krankheit und zur Altersvorsorge vorgenommen hat, die der Art nach den Leistungen der gesetzlichen Krankenversicherung und der gesetzlichen Rentenversicherung entspricht.

Auf der Hand liegender Nachteil dieser Vertragsklausel ist, dass sie zeigt, dass die Vertragsparteien Zweifel daran haben, ob die Tätigkeit des freien Mitarbeiters tatsächlich als selbstständige Tätigkeit anzusehen ist.

3. Lohnsteuerrecht. Steuerrechtlich sind Arbeitnehmer Personen, die Einnahmen aus nichtselbstständiger Arbeit (§ 19 EStG) beziehen. Der steuerrechtliche Arbeitnehmerbegriff (vgl. § 1 LStDV) deckt sich nicht völlig mit dem arbeitsrechtlichen oder dem sozialversicherungsrechtlichen Begriff (Schmidt/*Drenseck* § 19 EStG Rdn. 4; Küttner/*Huber* Arbeitnehmer Rdn. 30 ff.). Entsprechend kommt der arbeits- und sozialversicherungsrechtlichen Einordnung im Steuerrecht nur eine Indizwirkung zu. Arbeitnehmer ist nach § 1 II LStDV derjenige, der im Rahmen eines Dienstverhältnisses (= Arbeitsverhältnis, vgl. Schmidt/*Drenseck* § 19 EStG Rdn. 3) seine Arbeitskraft schuldet. Das ist nach ständiger Rechtsprechung des BFH dann der Fall, wenn der Steuerpflichtige unter Leitung des Arbeitgebers tätig wird oder in den Betrieb des Arbeitgebers eingegliedert und seinen Weisungen zu folgen verpflichtet ist, ohne ein Unternehmerrisiko zu tragen. Die Kriterien der persönlichen Weisungsgebundenheit und der organisatorischen Eingliederung sind dabei wie im arbeitsrechtlichen Kontext zu verstehen. Besondere Bedeutung wird im Steuerrecht allerdings dem Unternehmerrisiko beigemessen (vgl. BFH Urt. v. 2. 12. 1998 – X R 83/96 – DStR 1999, 711 ff., 714). Das Unternehmerrisiko wird insbesondere verneint, wenn der Mitarbeiter einen Urlaubsanspruch hat, Anspruch auf sonstige Sozialleistungen und ihm sein Honorar im Krankheitsfall fortbezahlt wird. Demgegenüber wird das Unternehmerrisiko bejaht, wenn der freie Mitarbeiter bei persönlicher Verhinderung keine Einnahmen erzielen kann, d. h. wenn für diesen Verhinderungsfall kein Mindestverdienst garantiert ist.

Da die Abgrenzung zwischen selbstständiger und nichtselbstständiger Arbeit gerade im künstlerischen Bereich oft schwierig war und ist, hat das Bundesministerium der Finanzen mit dem sog. „Künstlererlass" (BMF-Schreiben vom 5. 10. 1990, BStBl. I S. 638) eine einheitliche Verwaltungsvorschrift für diesen Bereich geschaffen, welche die Abgrenzung vereinfacht.

Der Auftraggeber kann eine Lohnsteuerhaftung im Allgemeinen nur dadurch sicher ausschließen, dass er die Frage der Lohnsteuerpflichtigkeit durch eine Anrufungsauskunft vorab klärt und folgende Klausel in den Vertrag aufnimmt:

Optional:

§ ...

Sollte eine Anrufungsauskunft nach § 42e EStG ergeben, dass die Honorare lohnsteuerpflichtig sind, sind die Parteien sich einig, dass das Honorar gemäß § 4 Abs. (1) als Bruttobetrag vereinbart ist und dass die Gesellschaft keine Umsatzsteuer entrichten wird. Wenn in diesem Fall der freie Mitarbeiter bei Fälligkeit des Honorars keine Lohnsteuerkarte vorgelegt hat, wird die Gesellschaft das Honorar auf der Grundlage einer Lohnsteuerkarte VI abrechnen und entsprechende Lohnsteuer einbehalten und abführen.

Die Aufnahme dieser Klausel in den Vertrag und die Einholung einer lohnsteuerlichen Anrufungsauskunft empfiehlt sich für den Auftraggeber immer dann, wenn die Abgrenzungskriterien eine Lohnsteuerpflichtigkeit befürchten lassen und ein sehr erhebliches Honorarvolumen zu erwarten ist. In der Praxis wird allerdings selbst in diesen Fällen eine Anrufungsauskunft oft deshalb nicht eingeholt, weil die Einholung einer Anrufungsauskunft vergleichsweise aufwendig und die Auskunft häufig nicht schnell genug verfügbar ist. Ein vereinfachtes und beschleunigtes Verfahren steht lediglich durch den Künstler-Erlass für Künstler im Hörfunk- und Fernsehbereich zur Verfügung (s. Ziff. 1.3.6 des BMF-Schreibens vom 5. 10. 1990).

4. Rechtsfolgen falscher Einordnung. Wurde ein Mitarbeiter, der rechtlich als Arbeitnehmer/abhängig Beschäftigter einzustufen ist, vom Auftraggeber fälschlich als freier Mitarbeiter behandelt, so kann dies arbeits-, sozialversicherungs- und steuerrechtliche Konsequenzen haben und zu erheblichen Zahlungsverpflichtungen des Arbeitgebers führen.

Wurde aufgrund eines arbeitsgerichtlichen Feststellungsurteils die Arbeitnehmereigenschaft des Mitarbeiters festgestellt, ist der Mitarbeiter u. U. auch rückwirkend wie ein Arbeitnehmer zu behandeln. Dies würde für die gesamte Bandbreite **arbeitsrechtlicher** Vorschriften und Grundsätze gelten. Der Arbeitnehmer kann dann auch für die Vergangenheit z. B. Entgeltfortzahlung im Krankheitsfall, Urlaubsansprüche oder die Vergütung von Überstunden verlangen (vgl. zu den arbeitsrechtlichen Folgen der aufgedeckten Scheinselbstständigkeit, abgestuft nach Kenntnis bzw. Irrtum eines bzw. beider Vertragsparteien *Hohmeister* NZA 1999, 1009 ff.; *Lampe* RdA 2002, 18; zu den Rechtswirkungen für die Vergangenheit *Reinecke* RdA 2001, 357; *Hochrathner* NZA 1999, 1018; *Hochrathner* NZA 2000, 1083). Andererseits erkennt das BAG in seiner jüngeren Rechtsprechung unter gewissen Umständen einen Rückforderungsanspruch des Arbeitgebers gegen den Arbeitnehmer in Höhe der Differenz zwischen dem in der Vergangenheit tatsächlich gezahlten (hohen) Honorar und dem rechtlich geschuldeten (niedrigeren) Gehalt an (BAG Urt. v. 29. 5. 2002 – 5 AZR 680/00 – NZA 2002, 1328; BAG Urt. v. 14. 3. 2001 – 4 AZR 152/00 – NZA 2002, 155; *Niepalla/Dütemeyer*, NZA 2002, 712 ff.; *Lampe* RdA 2002, 23 ff.). Falls das Arbeitsverhältnis fortbesteht, ist nach der vorgenannten Rechtsprechung auch für die Zukunft nur die, i. d. R. geringere, „übliche Vergütung" (vgl. § 612 Abs. 2 BGB) zu bezahlen und nicht mehr das i. d. R. höhere Honorar (BAG Urt. v. 21. 1. 1998 – 5 AZR 50/97 – NZA 1998, 594 für einen Fall, in dem ein Vergütungstarifvertrag zur Anwendung kam).

Arbeitnehmer unterliegen, anders als freie Mitarbeiter, der **Sozialversicherungspflicht**. Gemäß § 28e Abs. 1 SGB IV ist der Arbeitgeber zahlungspflichtig für den Gesamtsozialversicherungsbeitrag (d. h. Arbeitgeber- und Arbeitnehmeranteile). Stellt sich nun im Nachhinein heraus, dass ein Mitarbeiter irrtümlicherweise als freier Mitarbeiter behandelt wurde und deshalb keine Sozialversicherungsbeiträge abgeführt worden waren, hat der Arbeitgeber für die Vergangenheit mit einer Nachberechnung von Sozialversicherungsbeiträgen zu rechnen und kann aufgrund der Regelungen von § 28g SGB IV nur sehr eingeschränkt beim Arbeitnehmer Regress nehmen (*Hohmeister* NZA 1999, 1013 f.; zur praktischen Umsetzung und zur Verjährung *Hochrathner* NZA 1999, 1017).

Der Arbeitgeber haftet weiterhin gesamtschuldnerisch zusammen mit dem Mitarbeiter wegen Nichtabführung der **Lohnsteuer** gegenüber den Finanzbehörden für etwaige Steuerschulden des vermeintlich freien Mitarbeiters. Das Finanzamt kann den Arbeitgeber für zurückliegende Zeiträume bis zur Grenze der Festsetzungsverjährung in Haftung nehmen (*Küttner/Huber* Scheinselbstständigkeit Rdn. 4). Der Auftraggeber sollte für den Fall einer etwaigen Lohnsteuerhaftung Vorsorge treffen durch eine vertragliche Regelung, die ihm einen Erstattungs- und Freistellungsanspruch gegen den freien Mitarbeiter gibt. Dies ist in § 4 Abs. (5) des Formulars vorgesehen (s. hierzu auch Anm. 14).

Die falsche Einordnung des Arbeitnehmers als freier Mitarbeiter kann auch Auswirkungen auf die **Umsatzsteuerpflicht** und die Vorsteuerabzugsberechtigung haben: Für den scheinselbstständigen **Arbeitnehmer** gilt Folgendes: Da er kein Unternehmer i. S. d. § 2 Abs. 1 S. 1 UStG ist, erfüllen die von ihm ausgestellten Rechnungen nicht die Anforderungen des § 14

UStG. Dies hat zur Folge, dass er nach § 14c Abs. 2 UStG den in seinen Abrechnungsdokumenten zu Unrecht ausgewiesenen Steuerbetrag schuldet, auch wenn er sich irrtümlich für einen Unternehmer hielt. Die Vorsteuerbeträge kann der Scheinselbstständige von den geschuldeten Umatzsteuerbeträgen nicht in Abzug bringen, da er als Nichtunternehmer nicht zum Vorsteuerabzug nach § 15 UStG berechtigt war. Daher sind seine Umsatzsteuererklärungen zu berichtigen. Wegen der fehlenden Vorsteuerabzugsmöglichkeit können sich für den Scheinselbstständigen erhebliche Umsatzsteuernachforderungen durch das Finanzamt ergeben (vgl. dazu *Goretzki/Hohmeister* BB 1999, 639). Für den **Arbeitgeber** ergibt sich Folgendes: Der Arbeitgeber ist nicht berechtigt, die ihm vom Scheinselbstständigen in Rechnung gestellte Umsatzsteuer als Vorsteuer geltend zu machen, da es wegen der Arbeitnehmereigenschaft des Scheinselbstständigen an einer Rechnungsausstellung „durch einen Unternehmer" fehlt, § 15 UStG. Dem Arbeitgeber des Scheinselbstständigen ist also der Vorsteuerabzug versagt bzw. das Finanzamt wird den bereits geltend gemachten Vorsteuerabzug wieder rückgängig machen (*Goretzki/Hohmeister* BB 1999, 640). De facto bedeutet dies, dass die Gesellschaft 16% der Vergütung zu viel bezahlt hätte. Das Formular schützt den Auftraggeber hiergegen, indem es in § 4 Abs. (2) S. 3 eine Rückforderungsklausel vorsieht (s. hierzu auch Anm. 13).

5. Vertragsgegenstand. Das Formular geht von dem typischen Fall aus, dass der freie Mitarbeiter eine Dienstleistung (und keine Werkleistung) erbringt und stellt nach seinem Gesamtbild einen Dienstvertrag dar. Diese Einordnung als Dienstvertrag (in Abgrenzung von insbesondere einem Werkvertrag) ist von Bedeutung, weil diese Einordnung darüber bestimmt, auf welche gesetzlichen Regelungen (nämlich diejenigen eines Dienstvertrags im Sinn von § 611 BGB und nicht diejenigen eines Werkvertrages im Sinn von § 631 BGB) ergänzend und ausfüllend zurückgegriffen wird, wenn der Vertrag bestimmte Punkte nicht regelt oder Regelungs- und Auslegungsspielräume enthält.

In der Praxis enthalten freie Mitarbeiterverträge jedoch nicht selten auch werkvertragliche Elemente, gelegentlich auch Elemente anderer Vertragstypen (z.B. mietvertragliche Regelungen). Werkvertragliche Elemente wären z.B. gegeben, wenn ein als Buchhalter tätiger freier Mitarbeiter den „Erfolg" einer abgeschlossenen Buchhaltung schuldet. Denkbar wäre auch, dass ein freies Mitarbeiterverhältnis durch werkvertragliche Elemente überwiegend geprägt ist, z.B. wenn mit einem Software-Ingenieur ein Pflichtenkatalog für eine zu erstellende Software vereinbart wird und sein Vergütungsanspruch nicht nach Zeitabschnitten entsteht und fällig wird, wie dies für ein Dienstverhältnis typisch wäre, sondern erst entsteht, wenn der Auftraggeber die Software „abnimmt", d.h. damit einverstanden ist.

Da ein freier Mitarbeiter nicht lediglich wie ein Arbeitnehmer seine Arbeitskraft zur Verfügung stellt, die durch Weisungen des Arbeitgebers näher konkretisiert wird, sondern er eine bestimmte Dienstleistung schuldet, sollten im Vertrag die zu leistenden Dienste nicht nur rahmenmäßig umschrieben sein, sondern möglichst konkret festgelegt werden. Denn ist die vertraglich festgelegte Aufgabe derart unbestimmt, dass sie im Einzelfall nur sinnvoll erbracht werden kann, wenn sie durch Weisungen des Auftraggebers konkretisiert wird, spricht dies für ein Arbeitsverhältnis (Küttner*Röller* Freie Mitarbeit Rdn. 9). Falls die Aufgabenbeschreibung einen größeren Umfang hat, sollte sie der Übersichtlichkeit wegen in einer Anlage angehängt werden mit einem entsprechenden Verweis im Vertrag, wie in der Alternative zu § 1 Abs. (1) vorgesehen.

6. Inhaltliche Weisungsfreiheit. Da ein entscheidendes Merkmal für freie Mitarbeit die Selbstständigkeit des Mitarbeiters ist, sollte im Vertrag geregelt und der Vertrag auch später in dem Sinne umgesetzt werden, dass der Mitarbeiter bei der Ausführung seiner Tätigkeit keinen Weisungen des Auftraggebers unterworfen ist. Je mehr der Auftraggeber den Inhalt der Dienstleistungen einseitig bestimmen kann, desto mehr spricht das für ein Arbeitsverhältnis (Küttner/*Röller* Freie Mitarbeit Rdn. 8). Ein gewisses Maß an **Abstimmung** zwischen dem Auftraggeber und dem freien Mitarbeiter hinsichtlich des Ablaufs und der genauen Durchführung der Tätigkeit kann jedoch, abhängig von der Art der Tätigkeit, auch bei einer freien Mitarbeit erfolgen. So dürften z.B. bei einem Software-Entwickler Vorgaben hinsichtlich Plattform, Schnittstellen oder notwendiger Dokumentation ebenso wenig schädlich sein wie bei einem Buchhaltungsspezialisten Vorgaben hinsichtlich der zu benutzenden Software und der maßgeblichen Kontengliederung. Jedoch muss der Auftraggeber bei der tatsächlichen Durchführung des Vertrages darauf achten, dass der freie Mitarbeiter soweit als möglich den Inhalt sowie Art und Weise der Tätigkeit frei bestimmen kann.

7. Ansprechpartner. Da der freie Mitarbeiter nicht in die Betriebsorganisation des Auftraggebers eingegliedert ist, bedarf es einer ausdrücklichen vertraglichen Regelung darüber, wer auf Seiten des Auftraggebers für den freien Mitarbeiter „zuständig" ist und ihm als Ansprechpartner sowie für eine etwaig notwendige Abstimmung und Rückfragen bei der Aufgabenerfüllung zur Verfügung steht. Diese Regelung ist im Formular in § 1 Abs. (3) vorgesehen.

8. Unterrichtungs- und Berichtspflichten. Möchte sich der Auftraggeber bei Tätigkeiten, bei denen kein konkretes Arbeitsergebnis zu erwarten ist, die Möglichkeit vorbehalten, die Tätigkeit des freien Mitarbeiters hinsichtlich Inhalt und Umfang zu überprüfen, kann dies dadurch erreicht werden, dass dem freien Mitarbeiter Berichtspflichten auferlegt werden. Ein Formulierungsvorschlag findet sich in § 1 Abs. (3) des Formulars im Klammerzusatz. Dadurch wird dem Auftraggeber eine gewisse Kontrolle ermöglicht, ob der freie Mitarbeiter tatsächlich hinreichend Einsatz erbringt. Wenn den Berichten entnommen werden kann, dass der freie Mitarbeiter zu wenig Einsatz erbringt, kann zwar kein höherer zeitlicher Einsatz verlangt werden, da i.d.R. bei einem freien Mitarbeiter keine Minimum-Stundenzahl pro Tag vereinbart ist (weil dies ein Indiz für eine Arbeitnehmereigenschaft des Mitarbeiters wäre). Allerdings kann der Auftraggeber dann aktiv das Gespräch mit dem freien Mitarbeiter suchen und auf die Diskrepanz zwischen tatsächlichem Einsatz und Erwartung der Gesellschaft hinweisen. Wenn sich der Auftraggeber, wie im Formular in § 2 Abs. (1) vorgesehen, die Möglichkeit der Kündigung vorbehalten hat, kann der Auftraggeber auf einen aus seiner Sicht mangelnden Einsatz des freien Mitarbeiters auch mit einer Kündigung des Vertrages reagieren. Entscheidet sich der Auftraggeber für die Vertragsklausel über die Auferlegung von Berichtspflichten, ist allerdings zu bedenken, dass eine derartige Überwachung der Arbeitsabläufe und die Auferlegung von Berichtspflichten ein Kontrollelement beinhaltet, das wiederum als Indiz für eine Arbeitnehmereigenschaft gewertet werden könnte; durch Aufnahme einer derartigen Klausel in den freien Mitarbeitervertrag erhöht sich also das Risiko, dass der Mitarbeiter als Arbeitnehmer eingestuft werden könnte.

9. Eigenes Personal. Wie oben in Anm. 1 dargelegt, spricht es für eine Selbstständigkeit des freien Mitarbeiters, wenn dieser frei entscheiden kann, ob er die Aufgaben alleine oder mit Hilfe von eigenem Personal erledigt (BAG Urt. v. 12.12.2001 – 5 AZR 253/00 – NZA 2002, 787). Es wäre somit empfehlenswert, dem freien Mitarbeiter den Einsatz von eigenem Personal ausdrücklich im Vertrag zu erlauben. Allerdings hat in der Praxis der Auftraggeber zumeist ein Interesse daran, dass der freie Mitarbeiter die vereinbarten Aufgaben persönlich erfüllt. Deshalb ist im Formular in § 1 Abs. (4) vorgesehen, dass der freie Mitarbeiter nur mit vorheriger Zustimmung des Auftraggebers eigenes Personal einsetzen darf.

Eine solche primäre Verpflichtung des freien Mitarbeiters zur persönlichen Leistungserbringung führt nicht automatisch zu seiner Einordnung als Arbeitnehmer. Zwar ist die Verpflichtung zur persönlichen Leistungserbringung typisch für ein Arbeitsverhältnis. Wenn jedoch die meisten anderen Abgrenzungskriterien für eine echte freie Mitarbeit sprechen, ist die Pflicht zur persönlichen Leistungserbringung nicht schädlich.

Für den Fall, dass die Gesellschaft dem freien Mitarbeiter den Einsatz von eigenen Mitarbeitern im Verlauf des Vertragsverhältnisses erlaubt, wird es regelmäßig für die Gesellschaft von Interesse sein, dass der freie Mitarbeiter nur solche eigenen Mitarbeiter einsetzt, die über die notwendigen Qualifikationen und Erfahrungen verfügen. Das Formular sieht dem gemäß in § 1 Abs. (4) vor, dass die Gesellschaft ihre Zustimmung zum Einsatz von Personal durch den freien Mitarbeiter davon abhängig machen kann, dass diese Qualifikationen und Erfahrungen beim Personal des freien Mitarbeiters gegeben sind. Zudem sieht § 1 Abs. (4) im Interesse und zum Schutz des Auftraggebers vor, dass der freie Mitarbeiter etwaigem eigenen, von ihm eingesetzten Personal dieselbe Geheimhaltungsverpflichtung auferlegen muss, der er selbst nach § 6 Abs. (2) des Vertrages unterliegt.

10. Vertragsdauer. Die Klausel in § 2 Abs. (1) sieht eine unbestimmte Laufzeit des Vertrages vor. Die Beendigung des Vertrages bedarf einer Kündigung, auf die das KSchG nicht anwendbar ist. Hinsichtlich der Kündigungsfristen gilt § 621 BGB. In Ausnahmefällen ist wegen der sozialen Schutzwürdigkeit des freien Mitarbeiters die Beendigung des Dienstverhältnisses angemessene Zeit im Voraus (mindestens zwei Wochen) anzukündigen (BAG Urt. v. 7. 1. 1971 – 5 AZR 221/70 – BB 1971, 568; BAG Urt. v. 8. 6. 1967 – 5 AZR 461/66 – NJW 1967, 1982).

Falls absehbar ist, dass die Dienste des freien Mitarbeiters nur für einen bestimmten Zeitraum benötigt werden, kann die Alternativ-Klausel gewählt werden, die eine Befristung des freien Mitarbeitervertrages vorsieht. Dabei kann gleichzeitig eine Mindest- und Höchstlaufzeit geregelt werden, indem vorgesehen wird, dass während der Befristung **nicht ordentlich gekündigt** werden kann; diese Gestaltung findet sich in der Alternative 1 zu § 2 Abs. (1). Denkbar ist auch, nur eine Höchstlaufzeit vorzusehen, indem der Vertrag befristet wird, jedoch gleichzeitig geregelt wird, dass während der Höchstlaufzeit mit einer vereinbarten Kündigungsfrist ordentlich gekündigt werden kann; diese Gestaltung findet sich in der Alternative 2 zu § 2 Abs. (1). Für freie Mitarbeiter gilt das TzBfG nicht. Deshalb ist eine Befristung auch über den Zwei-Jahres-Zeitraum des § 14 Abs. 2 TzBfG hinaus möglich.

Falls nicht sicher ist, ob der Mitarbeiter aufgrund der vertraglichen Gestaltung und der geplanten Durchführung als Arbeitnehmer oder als freier Mitarbeiter einzustufen ist, empfiehlt es sich, das Anstellungsverhältnis zunächst auf maximal zwei Jahre zu befristen und eine Verlängerungsoption mit aufzunehmen (vgl. letzter Satz der Alternative). In diesem Falle endet nämlich das Anstellungsverhältnis, selbst wenn sich nachträglich herausstellt, dass es sich um ein Arbeitnehmeranstellungsverhältnis gehandelt hat, automatisch zu dem vereinbarten Endtermin, ohne dass es einer Kündigung mit der dafür erforderlichen sozialen Rechtfertigung bedürfte. Wurde das Vertragsverhältnis für einen Zeitraum nach Ablauf der Zwei-Jahres-Frist verlängert, ohne dass dafür ein Sachgrund nach § 14 Abs. 1 TzBfG gegeben war, und stellt sich heraus, dass der freie Mitarbeiter tatsächlich Arbeitnehmer war, hat der freie Mitarbeiter den auf Arbeitnehmer anzuwendenden Kündigungsschutz nach den gesetzlichen Kündigungsschutzvorschriften.

Die Regelung in § 2 Abs. (3) zielt darauf ab, dass während des Laufes der Kündigungsfrist keine „Abnahmepflicht" der Gesellschaft besteht. Indirekt wird dadurch bei einem vereinbarten Honorar auf der Basis von geleisteten Stunden/Tagen erreicht, dass die Gesellschaft die nicht geleistete Tätigkeit auch nicht vergüten muss. Wird das Honorar dagegen nach Monaten, nach Jahren oder als Gesamthonorar für ein bestimmtes Projekt vereinbart, kann mit dieser Klausel zwar die Abnahmepflicht der Gesellschaft beseitigt werden. Ob aber für diese Zeit, für die keine Abnahmepflicht der Gesellschaft mehr besteht, dennoch das vereinbarte Honorar zu zahlen ist, hängt vom Einzelfall ab. Gegebenenfalls empfiehlt sich eine klarstellende Regelung, für die folgende Klauseln verwendet werden können:

Optional:
Die Gesellschaft ist allerdings nicht verpflichtet, Leistungen des freien Mitarbeiters nach diesem Vertrag in Anspruch zu nehmen und zu vergüten.

Alternative:
Die Gesellschaft ist nur verpflichtet, Leistungen des freien Mitarbeiters nach diesem Vertrag an zwei Tagen je Kalendermonat in Anspruch zu nehmen oder, falls sie die Leistungen nicht in Anspruch nehmen will, maximal das Honorar für zwei Tage je Kalendermonat für die Laufzeit dieses Vertrages zu vergüten; eine darüber hinausgehende Vergütungspflicht besteht nicht.

11. Ort und Zeit der Tätigkeit. Der freie Mitarbeiter kann typischerweise Ort und Zeit seiner Tätigkeit frei bestimmen. Andererseits besteht häufig, je nach Eigenart der Tätigkeit, auch bei freien Mitarbeitern das Bedürfnis des Auftraggebers, deren Dienstleistung zu einer bestimmten Zeit oder an einem bestimmten Ort zur Verfügung zu haben (s. o. Anm. 6). In diesem Spannungsfeld muss eine Regelung gefunden werden, die die Freiheit des Mitarbeiters nicht zu sehr einschränkt, andererseits aber auch die Bedürfnisse des Auftraggebers berücksichtigt. § 3 Abs. (1) S. 1 des Formulars enthält eine solche Regelung.

Legt die Gesellschaft Wert darauf, den freien Mitarbeiter vor Ort zu haben, kann sie diesem – wie in Alternative 1 zu § 3 Abs. (1) vorgesehen – auch ein Büro am Sitz der Gesellschaft zur Verfügung stellen. Dabei ist aber zu beachten, dass Merkmal für die persönliche Abhängigkeit des Mitarbeiters gerade dessen Eingliederung in eine fremdbestimmte Arbeitsorganisation ist, was insbesondere durch ein Büro vor Ort bei der Gesellschaft zum Ausdruck kommt. Daher sollte dann, wenn dem freien Mitarbeiter die Nutzung der Büroräume und der technischen Einrichtungen der Gesellschaft erlaubt wird, unbedingt vorgesehen werden, dass der freie Mitarbeiter hierfür eine Benutzungsgebühr entrichten muss. Dieses mietrechtliche Element stellt dann ein Indiz für die Selbstständigkeit des freien Mitarbeiters dar und „neutralisiert" die gegenläufige, für einen Arbeitnehmerstatus sprechende Überlassung von Räumen und Arbeitsmitteln durch den Auftraggeber. Weiterhin muss bei einer Tätigkeit des freien Mitarbeiters in den Räumen des Auftraggebers umso mehr darauf geachtet werden, dass jedes weitere Anzeichen einer Eingliederung in den Betrieb des Auftraggebers vermieden wird. Dies bedeutet, dass der freie Mitarbeiter z. B. auf keiner Telefonliste des Auftraggebers erscheint, keine Sozialleistungen des Auftraggebers in Anspruch nimmt, an betrieblichen Veranstaltungen nicht teilnimmt, den betrieblichen Arbeitszeiten nicht unterworfen ist, in keinem Organigramm des Auftraggebers aufgeführt ist, möglichst wenig in betriebliche Abläufe und Teams des Auftraggebers eingebunden ist, keinen E-Mail Footer des Auftraggebers verwendet und keine Visitenkarten des Auftraggebers erhält.

Legt die Gesellschaft Wert darauf, dass der freie Mitarbeiter eine bestimmte Anzahl von Tagen pro Monat tätig ist, kann dies – wie im Klammerzusatz zu § 3 Abs. (1) vorgesehen – geregelt werden. Die bloße Festlegung eines zeitlichen Umfangs der Tätigkeit berührt die persönliche Unabhängigkeit des freien Mitarbeiters grundsätzlich nicht. Allerdings ist bei einer solchen Festlegung umso wichtiger, dass der freie Mitarbeiter dann innerhalb des vereinbarten zeitlichen Rahmens die konkreten Zeiten seiner Tätigkeit frei bestimmen kann (Küttner/ *Röller* Freie Mitarbeit Rdn. 6). Je detaillierter der zeitliche Einsatz des freien Mitarbeiters im Vertrag geregelt wird, umso eher spricht dies dafür, dass der freie Mitarbeiter als Arbeitnehmer anzusehen ist. Riskant sind in dieser Hinsicht z. B. vertragliche Vereinbarungen, wonach der freie Mitarbeiter an 220 Kalendertagen im Jahr tätig werden muss, oder Vereinbarungen, wonach er Montag bis Freitag jeweils acht Stunden tätig zu sein hat.

12. Vergütung. Ganz grundsätzlich gilt bei freien Mitarbeitern, dass diese nur für ihre tatsächliche Tätigkeit und Leistung bezahlt werden. Wird keine Leistung erbracht, darf es auch keinen Anspruch auf Vergütung geben. Daraus folgt, dass eine ausdrückliche Regelung über Vergütungsfortzahlung ohne Arbeitsleistung (z. B. bei Krankheit oder im Urlaub) ein gewichtiges und i. d. R. durchschlagendes Indiz für eine unselbstständige (Arbeitnehmer-)Tätigkeit ist. Für eine freie Mitarbeit spricht dagegen ein Honorar, welches lediglich für tatsächlich und nachweisbar geleistete Einsatzstunden oder Einsatztage gezahlt wird.

13. Erstattungsanspruch bezüglich Umsatzsteuer. Wie oben unter Anm. 4 ausgeführt, ist dem Arbeitgeber eines Scheinselbstständigen der Vorsteuerabzug bezüglich der an den Scheinselbstständigen gezahlten Umsatzsteuer versagt bzw. wird das Finanzamt den bereits geltend gemachten Vorsteuerabzug wieder rückgängig machen. Hier empfiehlt es sich aus Arbeitgebersicht, einen zivilrechtlichen Erstattungsanspruch gegen den Arbeitnehmer zu vereinbaren, wie dies im Formular in § 4 Abs. (2) S. 3 vorgesehen ist. Ohne eine derartige Regelung bestünde allenfalls ein Schadensersatzspruch (vgl. BFH Beschl. v. 27. 3. 1981 – BStBl. II 1981, 544; *Goretzki/Hohmeister* BB 1999, 640 mit FN 69) gegen den Mitarbeiter, der vorausetzte, dass diesem ein Verschulden nachgewiesen werden könnte. Ob und inwieweit der Erstattungsanspruch durchsetzbar ist, hängt vom Einzelfall ab.

14. Erstattung und Freistellung im Fall einer Lohnsteuerhaftung der Gesellschaft. § 4 Abs. (5) verpflichtet den freien Mitarbeiter zur Erstattung einer von der Gesellschaft gezahlten Lohnsteuer an die Gesellschaft sowie zur Freistellung der Gesellschaft, wenn diese vom Finanzamt aus Lohnsteuerhaftung in Anspruch genommen würde. Das Formular sieht damit einen eigenständigen vertraglichen Erstattungs- und Freistellungsanspruch vor, der neben den rechtsgeschäftlichen Erstattungs- und Freistellungsanspruch tritt, welcher entweder aus der Redlichkeitspflicht als arbeitsvertraglicher Nebenpflicht (vgl. BAG Urt. v. 14. 6. 1974 – 3 AZR 456/73 – AP BGB § 670 Nr. 20; zu den Entstehungszeitpunkten von Freistellungs- bzw. Erstattungsanspruch vgl. BAG Urt. v. 20. 3. 1984 – 3 AZR 124/82 – AP BGB § 670 Nr. 22) oder aus § 42d Abs. 1 EStG i. V. m. § 426 BGB (*Heldmann* NZA 1992, 490 f.) hergeleitet wird. Eine entsprechende Erstattungs- und Freistellungsklausel kann für den Fall einer Inanspruchnahme der Gesellschaft auf Abführung der Sozialversicherungsbeiträge (Arbeitgeber- und Arbeitnehmeranteile) nicht wirksam vereinbart werden, weil eine solche Überwälzung von Sozialversicherungsbeiträgen für zurückliegende Zeiträume auf den Mitarbeiter nur dann zulässig ist, wenn dieser gegenüber dem Arbeitgeber seine Auskunfts-, Mitteilungs- und Vorlagepflichten nach § 28o Abs. 1 S. 1 SGB IV vorsätzlich oder grob fahrlässig verletzt hat (vgl. § 28g SGB IV).

15. Anderweitige Tätigkeit, Geheimhaltung, Wettbewerbsverbot. Ein wichtiges Indiz für eine selbstständige Tätigkeit ist das Recht des freien Mitarbeiters, auch für andere Auftraggeber tätig zu werden, sofern dies die Bewältigung der vertragsgegenständlichen Tätigkeit nicht beeinträchtigt. Die Klausel in § 6 Abs. (1) erklärt eine solche Tätigkeit für andere Auftraggeber ausdrücklich für zulässig und stärkt damit den Selbstständigen-Status des freien Mitarbeiters.

Nach der Rechtsprechung des BAG kann diese Freiheit grundsätzlich durch ein Wettbewerbsverbot beschränkt werden, ohne dem Vertragsverhältnis allein dadurch den Charakter eines freien Mitarbeiterverhältnisses zu nehmen (vgl. BAG Urt. v. 21. 1. 1997 – 9 AZR 778/95 – NJW 1998, 99). Je nach Reichweite des Wettbewerbsverbots kann sich allerdings das Risiko erhöhen, dass der freie Mitarbeiter als Arbeitnehmer eingestuft wird.

Falls mit dem freien Mitarbeiter ein nachvertragliches Wettbewerbsverbot vereinbart wird, stellt sich die Frage, ob die §§ 74 ff. HGB anwendbar sind (allgemein zum nachvertraglichen Wettbewerbsverbot s. Form. A. IV. 1). Die §§ 74 ff. HGB gelten direkt für Handlungsgehilfen und werden entsprechend auf alle Arbeitsverhältnisse angewendet. Freie Mitarbeiter können sich jedoch nach ganz überwiegender Auffassung (ähnlich einem GmbH-Geschäftsführer) grundsätzlich nicht direkt auf die §§ 74 ff. HGB berufen (vgl. *Laber/Legerlotz* DStR 2000, 1605, 1610). Allerdings ist auch für diese Personengruppe nicht jegliche Wettbewerbsabrede zulässig: Die Grenze ergibt sich vielmehr aus § 138 BGB, ausgefüllt durch die Berufsfreiheit, Art. 12 GG. Eine Ausnahme gilt nach der Rechtsprechung für wirtschaftlich abhängige freie Mitarbeiter: Wegen des vergleichbaren Schutzbedürfnisses sind die §§ 74 ff. HGB auch auf diese anwendbar (BAG Urt. v. 10. 4. 2003 – III ZR 196/02 – NJW 2003, 1864).

16. Urheber- und sonstige Schutzrechte. Die Klausel des Formulars regelt die Übertragung von urheberrechtsfähigen oder sonst schutzrechtsfähigen Ergebnissen der Tätigkeit des freien Mitarbeiters auf die Gesellschaft. Die gesetzlichen Regelungen des Arbeitnehmererfindungsgesetzes sowie die Regelungen über die Ausübung von Urherrechten bei der Erstellung von Computerprogramme in § 69b UrhG sind auf freie Mitarbeiter nicht, auch nicht analog, anwendbar (Details vgl. Form. A. II. 1 Anm. 15); denn zu den „Arbeits- oder Dienstverhältnissen" i. S. d. §§ 43, 69b UrhG gehören nur privatrechtliche Arbeitsverhältnisse und öffentlich-rechtliche Dienstverhältnisse, nicht etwa ein Dienstverhältnis i. S. d. § 611 BGB (*Möhring/Nicolini* § 43, Rdn. 2; *Wandtke/Bullinger* § 69b, Rdn. 3). Für Werkschöpfungen freier Mitarbeiter gelten daher nur die allgemeinen Regeln des UrhG, im Falle von Computerprogrammen über § 69a Abs. 4 UrhG (*Möhring/Nicolini* §§ 43, Rdn. 2; 69b, Rdn. 7).

Falls keine ausdrückliche Vereinbarung über das Recht zur Nutzung der von dem freien Mitarbeiter erstellten Werke existiert, richtet sich das „ob" und die Reichweite der Übertragung nach § 31 Abs. 5 UrhG. Da im Zweifel die Rechte beim Urheber verbleiben („in dubio pro auctore", *Möhring/Nicolini* § 31, Rdn. 47), muss gegenüber einem freien Mitarbeiter unbedingt im Vertrag explizit geregelt werden, welche Nutzungsrechte und sonstigen Rechte auf die Gesellschaft übertragen werden. Diese Regelung findet sich in § 7 des Formulars.

Wenn die vertraglichen Mitgaben des freien Mitarbeiters gerade darin bestehen, urheberrechtsfähige Werke zu schaffen (wie z.B. bei Softwareingenieuren oder Künstlern und Medienschaffenden), sollte § 7 noch um folgende weitere, den Auftraggeber zusätzlich schützende Regelungen ergänzt werden (wobei dann die bisherige Regelung zu Abs. (1) wird):

Optional:
(2) Die Übertragung der Nutzungs- und Verwertungsrechte umfasst insbesondere die Erlaubnis zur Bearbeitung, die Lizenzvergabe an Dritte sowie jede andere Art der wirtschaftlichen Nutzung und Verwertung vorstehender Schutzrechte.

(3) Der freie Mitarbeiter verzichtet ausdrücklich auf alle sonstigen, ihm etwa als Urheber oder sonstigem Schutzrechtsinhaber zustehenden Rechte an diesen Ergebnissen, insbesondere auf das Recht auf Namensnennung und auf Zugänglichmachung des Werkes.
(4) Die Vorschriften des Arbeitnehmererfindungsgesetzes sowie § 69b UrhG finden auf diesen Vertrag entsprechende Anwendung. Bezüglich der Vergütung für die beschränkte oder unbeschränkte Inanspruchnahme einer Erfindung vereinbaren die Parteien jedoch in Abweichung vom Arbeitnehmererfindungsgesetz, dass jedwede Inanspruchnahme mit dem Honorar gemäß vorstehendem § 4 vollständig abgegolten und vergütet ist.

Hinsichtlich des Umfangs der Rechtseinräumung ist insbesondere zu beachten, dass das Urheberrecht seit dem 1. Juli 2002 einen zwingenden Anspruch des Urhebers auf **angemessene Vergütung** und gegebenenfalls auf weitere Beteiligung gemäß §§ 32, 32a UrhG vorsieht. Hieraus kann die Gesellschaft im Einzelfall eine erweiterte Vergütungspflicht treffen, sofern das an den freien Mitarbeiter gezahlte Honorar und die Erträge und Vorteile aus der Nutzung des übertragenen Werkes in keinem angemessenen Verhältnis stehen. Wann das Honorar und die Erträge und Vorteile aus der Nutzung in keinem angemessenen Verhältnis mehr stehen, kann nur im Einzelfall entschieden werden. Es ist nicht ausgeschlossen, dass im Einzelfall sogar bei einer Beschäftigung des freien Mitarbeiters auf Stundenbasis mit geringer Stundenzahl der gezahlte Stundenlohn noch als angemessene Vergütung angesehen wird, wenn die Erträge und Vorteile aus der Nutzung noch in angemessenem Verhältnis zu dem Honorar stehen. Andererseits kann es auch sein, dass ein vereinbartes hohes Jahresgehalt als nicht mehr angemessene Vergütung angesehen wird. Tendenziell lässt sich jedoch Folgendes feststellen: Je geringer das vereinbarte Honorar ist, desto höher ist das Risiko für die Gesellschaft, dass das Honorar nicht mehr als angemessene Vergütung angesehen wird und sie deshalb eine erweiterte Vergütungspflicht trifft.

Liegen die Voraussetzungen für eine erweiterte Vergütungspflicht vor, kann es trotz der im Formular in Abs. (5) vorgesehenen pauschale Abgeltung zu Nachforderungen kommen.

17. Rückgabe von Unterlagen. Hier gibt es keine Besonderheit, sondern es gelten die gleichen Erwägungen zum Inhalt einer Rückgabeverpflichtung wie bei Arbeitnehmern (s. Form. A. II. 1, dort unter § 8).

18. Schlussbestimmungen. S. Form. A. II. 1 Anm. 29.

IV. Handelsvertreter

Vertrag mit Handelsvertreter (Tätigkeit in Europa)[1, 2, 3, 4, 5]

Vertrag

zwischen

...... (Name und Anschrift des Unternehmens) „Unternehmen"

und

Herrn ...... (Name und Anschrift des Handelsvertreters)[6] „Handelsvertreter"

§ 1 Vertragsgegenstand

(1) Der Handelsvertreter wird als selbständiger Handelsvertreter im Sinne der §§ 84 ff. des Handelsgesetzbuches (HGB) mit der Vertretung des Unternehmens in dem in Anlage 1 definierten Vertragsgebiet („Vertragsgebiet") betraut[7].

(2) Der Handelsvertreter übernimmt den im gesamten Vertragsgebiet vorhandenen Kundenstamm („Altkunden"). Anlage 2 zu diesem Vertrag enthält eine Aufstellung, in der die bisher vom Unternehmen betreuten Altkunden und die Umsätze festgehalten sind, die mit diesen Altkunden während der zwölf Monate vor Beginn dieses Vertrages getätigt worden sind[8].

(3) Die Tätigkeit des Handelsvertreters bezieht sich auf die in der Anlage 3 genannten Erzeugnisse und Leistungen des Unternehmens („Vertragsprodukte"). Jede Ausweitung der Tätigkeit des Handelsvertreters auf andere Erzeugnisse und Leistungen des Unternehmens, insbesondere bei künftigen Produkterweiterungen des Unternehmens, bedarf der vorherigen schriftlichen Vereinbarung[9].

§ 2 Reichweite der Betrauung, Direktgeschäfte des Unternehmens[10]

(1) Kunden, die der Handelsvertreter neu geworben hat sowie Altkunden werden vorbehaltlich nachfolgendem Absatz 2 ausschließlich von dem Handelsvertreter betreut („Exklusivkunden des Handelsvertreters").

(2) Das Unternehmen darf mit Exklusivkunden des Handelsvertreters Geschäfte nur dann direkt abschließen, wenn diese Kunden von sich aus aktiv an das Unternehmen herantreten.

(3) Mit Kunden, die nicht Exklusivkunden des Handelsvertreters sind, kann das Unternehmen selbst oder durch Beauftragte Geschäfte direkt abschließen.

(4) Kunden, die in Anlage 4 aufgenommen sind, werden ausschließlich vom Unternehmen betreut („Exklusivkunden des Unternehmens").

§ 3 Aufgaben und Pflichten des Handelsvertreters[11]

(1) Der Handelsvertreter hat die Aufgabe, während der Laufzeit dieses Vertrages die Vermittlung des Verkaufs der Vertragsprodukte nach bestem Vermögen und in für das Unternehmen zufrieden stellender Weise zu fördern und zu betreiben und das Unternehmen nach besten Kräften in dessen Verkaufsbemühungen zu unterstützen. Zu diesem Zweck hat der Handelsvertreter innerhalb seines Vertragsgebietes neue Kunden zu werben und diese sowie die Altkunden zu betreuen. Zur Betreuung gehört u. a. ständige Kontaktpflege mit dem Ziel, die Kunden über die Leistungsmöglichkeiten und eventuelle Besonderheiten der Vertragsprodukte sowie über deren Verbesserungen und eventuelle

neue Produkte zu informieren und sich hinsichtlich der Zufriedenheit der Kunden über bezogene Vertragsprodukte und eventuelle Produktwünsche zu unterrichten.

Zur rechtsgeschäftlichen Vertretung des Unternehmens und zum Inkasso ist der Handelsvertreter nicht berechtigt[12, 13].

(2) Der Handelsvertreter wird seine Aufgaben entsprechend den Weisungen des Unternehmens erfüllen und die Interessen des Unternehmens mit der Sorgfalt eines ordentlichen Kaufmanns wahrnehmen[14].

(3) Der Handelsvertreter ist verpflichtet, das Unternehmen über die allgemeine Marktentwicklung sowie über die Verhältnisse der einzelnen Kunden und Interessenten, die für die Verkaufsentscheidungen des Unternehmens von Interesse sein könnten, laufend zu unterrichten. Der Handelsvertreter hat mindestens einmal monatlich eine Auflistung sämtlicher Kundenbesuche und telefonischer Kontakte an das Unternehmen zu übersenden. Der Handelsvertreter ist verpflichtet, eine Kundenkartei zu führen und stets auf aktuellem Stand zu halten[15].

(4) Der Handelsvertreter gibt dem Unternehmen von jeder Geschäftsvermittlung unverzüglich durch Übersendung des vom Kunden unterzeichneten Auftragsformulars Kenntnis. Über Geschäftsanbahnungen wird der Handelsvertreter das Unternehmen durch Übersendung von Kopien des Schriftwechsels, von Aktenvermerken etc. unterrichtet halten. Auf Geschäftsanbahnungen und Geschäftsvermittlungen, die neue Kunden betreffen, ist besonders hinzuweisen. Der Handelsvertreter hat auf Rückfrage des Unternehmens Auskunft darüber zu geben, aus welchen Gründen Vermittlungsbemühungen erfolglos geblieben sind.

(5) Der Handelsvertreter ist verpflichtet, ihm bekannt gewordene Tatsachen, die Zweifel an der Kreditwürdigkeit von Kunden begründen, unverzüglich dem Unternehmen mitzuteilen. Vermittelt er Aufträge von neuen Kunden, die ohne Vorkasse beliefert werden sollen, ist er verpflichtet, im Rahmen seiner Möglichkeiten Erkundigungen über deren Bonität einzuziehen und das Unternehmen über das Ergebnis zu informieren. Dies umfasst im Zweifelsfalle auch die Einschaltung von Kreditauskunftsdiensten. Eine Delkrederehaftung des Handelsvertreters ist ausgeschlossen[16].

(6) Der Handelsvertreter kann Hilfspersonen und Untervertreter einsetzen. Vertragliche Beziehungen zwischen diesen und dem Unternehmen entstehen dadurch nicht. Der Handelsvertreter hat sicherzustellen, dass die Pflichten dieses Vertrages auch von diesen Personen eingehalten werden[17].

(7) Der Handelsvertreter ist verpflichtet, geeignete Hilfspersonen oder Untervertreter einzusetzen, wenn er ohne deren Einsatz seinen Pflichten aus diesem Vertrag nicht nachkommen kann. Überschreitet die Verhinderung des Handelsvertreters einen Zeitraum von sechs Wochen und ist der Handelsvertreter der Pflicht, geeignete Hilfspersonen oder Untervertreter einzusetzen, nicht nachgekommen, darf das Unternehmen für den weiteren Zeitraum der Verhinderung des Handelsvertreters selbst einen Vertreter bestellen oder ohne die Einschränkungen des § 2 dieses Vertrages Geschäfte direkt tätigen[18].

(8) Der Handelsvertreter hat die Werbemaßnahmen des Unternehmens tatkräftig zu unterstützen, Mängelrügen umgehend zu überprüfen und das Unternehmen davon zu unterrichten, abgegebene Angebote systematisch weiter zu bearbeiten, bis der Auftrag erteilt ist, und die vom Unternehmen angesetzten Informationsveranstaltungen zu besuchen[19].

(9) Der Handelsvertreter ist in eigener Verantwortung verpflichtet, die Regeln des lauteren Wettbewerbs zu beachten. Er hat das Unternehmen über alle Wettbewerbsverstöße seitens der Wettbewerber sowie über alle Verletzungen von gewerblichen Schutzrechten, die ihm zur Kenntnis gelangen, zu unterrichten. Er wird dem Unternehmen bei der Abwehr von solchen Verletzungen nach besten Kräften behilflich sein.

§ 4 Pflichten des Unternehmens[20]

(1) Das Unternehmen stellt dem Handelsvertreter für die Ausübung seiner Tätigkeit folgendes Material zur Verfügung:
a) Unterlagen zum Liefer- und Leistungsprogramm für die Vertragsprodukte, Produktbeschreibungen, Handbücher etc.,
b) Werbe- und Demonstrationsmaterial,
c) Preislisten,
d) Auftragsformulare mit Allgemeinen Geschäftsbedingungen.

Das gesamte Material bleibt im Eigentum des Unternehmens und kann von diesem jederzeit zurückverlangt werden, soweit es nicht bestimmungsgemäß verbraucht worden ist.

(2) Das Unternehmen unterstützt den Handelsvertreter nach besten Kräften bei der Ausübung seiner Tätigkeit und gibt ihm stets die benötigten Informationen und Auskünfte. Dazu gehören auch Angaben über bevorstehende und vollzogene Änderungen der Preise und des Liefer- und Leistungsprogramms.

(3) Das Unternehmen wird die ihm vom Handelsvertreter übermittelten Kundenaufträge (Bestellungen) zügig bearbeiten und unverzüglich über die Auftragsannahme entscheiden. Hat das Unternehmen Bedenken, den Auftrag eines Kunden anzunehmen, hat es dies dem Handelsvertreter umgehend mitzuteilen und ihm Gelegenheit zur Stellungnahme zu geben.

§ 5 Vergütung[21, 22]

(1) Für Geschäfte über Vertragsprodukte, die der Handelsvertreter während der Vertragsdauer im Vertragsgebiet mit Exklusivkunden des Handelsvertreters im Sinne von § 2 Abs. (1) dieses Vertrages vermittelt, und die vom Unternehmen während der Vertragsdauer abgeschlossen werden, erhält der Handelsvertreter eine Provision in Höhe von ......% aus dem Netto-Rechnungsbetrag nach nachfolgendem Abs. (5).

(2) Für Geschäfte, die das Unternehmen gemäß § 2 Abs. (2) direkt mit Exklusivkunden des Handelsvertreters im Vertragsgebiet während der Vertragsdauer über Vertragsprodukte abschließt, erhält der Handelsvertreter eine Provision in Höhe von ......% aus dem Netto-Rechnungsbetrag nach nachfolgendem Abs. (5).

(3) Für Geschäfte des Unternehmens im Sinne von § 2 Abs. (3) dieses Vertrages, die das Unternehmen während der Vertragsdauer im Vertragsgebiet über Vertragsprodukte abgeschlossen hat, erhält der Handelsvertreter eine Provision in Höhe von ......% aus dem Netto-Rechnungsbetrag nach nachfolgendem Abs. (5).

(4) Geschäfte, die das Unternehmen mit Exklusivkunden des Unternehmens im Sinne von § 2 Abs. (4) abschließt, sind nicht provisionspflichtig; dem Handelsvertreter steht insoweit ein Provisionsanspruch nicht zu.

(5) Bemessungsgrundlage für die Provision ist der Netto-Rechnungsbetrag. Netto-Rechnungsbetrag ist der Rechnungsbetrag abzüglich Mehrwertsteuer, Nebenkosten für Transport, Fracht, Verpackung, Zoll, Steuern u. ä. Nachlässe bei Barzahlung mindern die Bemessungsgrundlage ebenfalls[23].

(6) Zuzüglich zur Provision erhält der Handelsvertreter eine ausgewiesene Umsatzsteuer, soweit er diese vom Unternehmen aufgrund der gesetzlichen Bestimmungen verlangen kann. Die vom Unternehmen gezahlte Umsatzsteuer ist vom Handelsvertreter ordnungsgemäß abzuführen. Der Handelsvertreter hat eine Rechnung mit separat ausgewiesener Umsatzsteuer zu stellen.

(7) Der ausgeschiedene Handelsvertreter hat keinen Provisionsanspruch für Geschäfte, die nach Ablauf der Vertragsdauer abgeschlossen werden, unabhängig davon, ob der Geschäftsabschluss überwiegend auf seine Tätigkeit zurückzuführen ist oder nicht[24].

§ 6 Entstehung des Anspruchs auf Provision, Provisionsvorschuss[25]

(1) Der Anspruch auf Provision entsteht, sobald und soweit der Kunde die Zahlung geleistet hat.

(2) Der Handelsvertreter hat Anspruch auf Provisionsvorschuss, wenn das Unternehmen das Geschäft ausgeführt hat. Der Vorschuss beträgt 50% der Provision, die dem Handelsvertreter für das Geschäft insgesamt zusteht.

§ 7 Entfallen des Provisionsanspruches[26]

(1) Der Anspruch auf Provision entfällt, wenn feststeht, dass der Kunde nicht leistet; gezahlte Vorschüsse sind zurückzuzahlen. Zur gerichtlichen Geltendmachung und Vollstreckung des Erfüllungsanspruchs gegen den Kunden ist das Unternehmen nur verpflichtet, wenn diese Maßnahmen nach den Umständen des Einzelfalles für das Unternehmen zumutbar sind.

(2) Der Anspruch auf Provision mindert sich anteilig oder entfällt, wenn das Unternehmen das Geschäft ganz oder teilweise nicht ausführt oder nicht so ausführt, wie es abgeschlossen worden ist, wenn und soweit die nur teilweise Ausführung oder die Nichtausführung vom Unternehmen nicht zu vertreten ist.

§ 8 Abrechnung und Fälligkeit der Provision[27]

Das Unternehmen hat spätestens bis zum 20. eines jeden Kalendermonats dem Handelsvertreter eine Abrechnung über die im vorhergehenden Kalendermonat entstandenen Ansprüche auf Provision zu erteilen. Mit der Abrechnung werden die Ansprüche fällig.

§ 9 Geheimhaltung[28]

Geschäfts- und Betriebsgeheimnisse sowie Kenntnisse von Geschäftsvorgängen und internen, insbesondere vertraulichen, Angelegenheiten des Unternehmens oder verbundener Unternehmen sowie der Kunden, die dem Handelsvertreter durch seine Tätigkeit bekannt werden, darf er – auch nach Ende des Vertragsverhältnisses – weder verwerten noch anderen Personen mitteilen.

§ 10 Wettbewerbsverbot, Tätigkeit für andere Unternehmen

(1) Der Handelsvertreter ist verpflichtet, jeden mittelbaren oder unmittelbaren Wettbewerb gegenüber dem Unternehmen zu unterlassen; er darf fremden Wettbewerb gegenüber dem Unternehmen nicht fördern[29].

(2) Der Handelsvertreter verpflichtet sich, während der Vertragsdauer keine Erzeugnisse oder Leistungen anderer Unternehmen zu vertreiben, die mit den Vertragsprodukten gleich oder gleichartig sind („Konkurrenzprodukte"). Er darf insbesondere weder innerhalb noch außerhalb des Vertragsgebiets, sei es als Eigenhändler, als Kommissionär oder als Handelsvertreter für ein anderes Unternehmen tätig werden, das Erzeugnisse herstellt oder vertreibt oder sonstige Leistungen anbietet, die denen des Unternehmens gleich oder gleichartig sind („Konkurrenzunternehmen"). Weiterhin darf er sich weder direkt noch indirekt an einem solchen Konkurrenzunternehmen beteiligen oder derartige Konkurrenzunternehmen in sonstiger Weise fördern oder unterstützen. Ausnahmen bedürfen der vorherigen schriftlichen Zustimmung des Unternehmens.

(3) Ist der Handelsvertreter für andere Unternehmen tätig, die keine Konkurrenzunternehmen i.S.d. Abs. (2) sind, so hat er dies unter Angabe der Namen der anderen Unternehmen bei Vertragsschluss mitzuteilen. Wird eines dieser anderen Unternehmen nach Vertragsschluss Konkurrenzunternehmen, so ist der Handelsvertreter verpflichtet, seine Geschäftstätigkeiten mit diesem anderen Unternehmen binnen drei Monaten zu beenden. Kommt der Handelsvertreter dieser Verpflichtung nicht nach, so stellt das einen wichtigen Grund zur außerordentlichen fristlosen Kündigung dieses Handelsver-

tretervertrages dar. Die Übernahme einer weiteren Vertretung für ein anderes Unternehmen nach Vertragsschluss darf nur mit vorheriger schriftlicher Zustimmung des Unternehmens erfolgen. Das Unternehmen wird seine Zustimmung nur verweigern, wenn berechtigte Interessen des Unternehmens entgegenstehen[30].

(4) Der Handelsvertreter verpflichtet sich, für die Dauer von ...... (Dauer des Wettbewerbsverbotes) nach Beendigung des Vertragsverhältnisses innerhalb des Vertragsgebiets hinsichtlich der Vertragsprodukte für kein anderes Unternehmen tätig zu werden. Diese Verpflichtung erstreckt sich auf Tätigkeiten im Anstellungsverhältnis ebenso wie auf solche als Selbständiger oder Unternehmer, sei es als Handelsvertreter oder als Vertragshändler oder sonstiger Form[31].

(5) Für die Dauer dieses Wettbewerbsverbotes zahlt das Unternehmen dem Handelsvertreter eine monatlich nachträglich fällige Entschädigung. Die Entschädigung beträgt monatlich 50% der nach dem Durchschnitt der letzten drei Jahre – bei kürzerer Vertragsdauer nach dem Durchschnitt dieser Zeitspanne – zugunsten des Handelsvertreters gezahlten Monatsvergütung. Das Unternehmen kann bis zum Ende dieses Handelsvertretervertrages schriftlich auf das Wettbewerbsverbot verzichten und wird in diesem Falle mit Ablauf von sechs Monaten seit der Verzichterklärung von der Zahlung der Entschädigung frei. Ein Anspruch des Handelsvertreters auf einen solchen Verzicht des Unternehmens besteht nicht.

(6) Für jeden Fall des Verstoßes gegen dieses Wettbewerbsverbot wird eine Vertragsstrafe in Höhe von EUR ...... (in Worten: Euro ......) sofort fällig. Für den Fall, dass der dem Unternehmen tatsächlich entstandene Schaden geringer ist, ist eine entsprechend gekürzte Vertragsstrafe fällig[32].

§ 11 Vertragsdauer, Kündigung[33, 34]

(1) Dieser Handelsvertretervertrag tritt am ...... (Datum) in Kraft und wird auf unbestimmte Zeit geschlossen.

(2) Der Handelsvertretervertrag endet durch Kündigung, durch Erreichen der Altersgrenze nach nachfolgendem Abs. (6) oder durch den Tod des Handelsvertreters.

(3) Während des ersten Jahres der Vertragsdauer kann der Handelsvertretervertrag mit einer Frist von einem Monat, im zweiten Jahr der Vertragsdauer mit einer Frist von zwei Monaten, danach mit einer Frist von sechs Monaten, jeweils zum Ende eines Kalendermonats, gekündigt werden.

(4) Das Recht zur Kündigung aus wichtigem Grund bleibt unberührt.

(5) Kündigungen bedürfen zu ihrer Wirksamkeit der Schriftform.

(6) Der Handelsvertretervertrag endet ohne weiteres spätestens mit Ablauf des Kalendermonats, in dem der Handelsvertreter das 65. Lebensjahr vollendet.

(7) Unverzüglich nach Vertragsbeendigung hat der Handelsvertreter Unterlagen und sonstiges Material (z.B. Werbe- und Demonstrationsmaterial), das das Unternehmen ihm zu Beginn oder während der Vertragsdauer überlassen hat, zurückzugeben, soweit es nicht bestimmungsgemäß verbraucht ist. Auf Verlangen des Unternehmens hat er die in Ausführung des Handelsvertretervertrages errichtete oder fortgeführte Kundenkartei ebenfalls zu übergeben.

§ 12 Verjährung[35]

Alle Ansprüche aus dem Handelsvertretervertrag verjähren in Abweichung von § 88 HGB in sechs Monaten ab Fälligkeit des Anspruchs, nicht jedoch vor Ablauf von sechs Monaten ab Kenntniserlangung des Berechtigten von seinem Anspruch. Hinsichtlich des Ausgleichsanspruchs gemäß § 89b HGB beginnt diese Verjährungsfrist mit dem Ablauf der Ausschlussfrist gemäß § 89b Abs. 4 S. 2 HGB.

§ 13 Schlussbestimmungen

(1) Ausschließlicher Gerichtsstand für alle Streitigkeiten aus diesem Handelsvertretervertrag ist der Sitz des Unternehmens. Beide Vertragsparteien erklären hiermit, dass dieser Handelsvertretervertrag im Rahmen ihrer Unternehmen abgeschlossen wird[36].

(2) Nebenabreden zu diesem Handelsvertretervertrag sind nicht getroffen. Änderungen oder Ergänzungen bedürfen zu ihrer Wirksamkeit der Schriftform. Auf dieses Formerfordernis kann nur durch eine gesonderte Vereinbarung verzichtet werden, die ihrerseits der Schriftform bedarf.

(3) Die Ungültigkeit einer oder mehrerer Bestimmungen dieses Handelsvertretervertrages beeinträchtigt die Wirksamkeit dieses Handelsvertretervertrages im Übrigen nicht. Im Falle der Unwirksamkeit einer oder mehrerer Bestimmungen dieses Handelsvertretervertrages werden die Parteien an Stelle der unwirksamen Bestimmungen Regelungen vereinbaren, die in ihrem wirtschaftlichen Ergebnis dem mit der unwirksamen Bestimmung angestrebten Ergebnis möglichst nahe kommt.

....
Ort, Datum   Ort, Datum
....
Unterschrift des Unternehmens   Unterschrift des Handelsvertreters

Schrifttum: Abrahamczik, Der Handelsvertretervertrag, 2. Aufl. 1999; *Ebenroth/Boujong/Joost*, Handelsgesetzbuch, 1. Aufl. 2001; *Hopt*, Handelsvertreterrecht, 3. Aufl. 2003; *Küstner/Thume*, Handbuch des gesamten Außendienstrechts, Bd. 1, Das Recht des Handelsvertreters, 3. Aufl. 2000; *Küstner/Thume*, Handbuch des gesamten Außendienstrechts, Bd. 2, Der Ausgleichsanspruch des Handelsvertreters, 7. Aufl. 2003 (zitiert: *Küstner/Thume*, Bd. 1 bzw. Bd. 2); *Liebscher/Flohr/Petsche*, Handbuch der EU-Gruppenfreistellungsverordnungen, 2003; *Oberthür/Lohr*, Der Handelsvertreter im Arbeits- und Sozialrecht, NZA 2001, 126; *Schütze/Weipert*, Münchener Vertragshandbuch, Bd. 2, Wirtschaftsrecht I, 5. Aufl. 2004 (zit.: MünchVertragsHdb/*Bearbeiter*); *Westphal*, RWS – Vertragsmuster, Bd. 1, Handelsvertretervertrag, 2. Aufl. 2000; *Graf v. Westphalen*, Vertragsrecht und AGB-Klauselwerke, „Handelsvertretervertrag", Stand April 1999.

Anmerkungen

1. Zugrunde liegende Beratungssituation. Das Formular ist so konzipiert, dass es folgende **Vorgaben des Unternehmens** umsetzt: Der Handelsvertreter soll in einem bestimmten, fest umrissenen Gebiet in Deutschland tätig werden. Dieses Gebiet wurde bereits vor der Tätigkeit des Handelsvertreters vom Unternehmen betreut, es sind also bereits Kunden in dem Gebiet vorhanden. Aufgabe des Handelsvertreters soll es sein, den Kundenstamm zu betreuen und zu erweitern. Seine Tätigkeit soll sich nur auf bestimmte Produkte beziehen. Das Unternehmen möchte sich bestimmte Kunden zur ausschließlich eigenen Betreuung vorbehalten und sich zudem die Möglichkeit offen halten, in dem Gebiet des Handelsvertreters selbst oder durch Beauftragte tätig zu werden. Allerdings soll der Handelsvertreter bezüglich der in dem Gebiet bereits vorhandenen Kunden und der von ihm selbst geworbenen Neukunden grundsätzlich allein vertretungsbefugt sein. Der Handelsvertreter soll nur Provision, keine Festvergütung erhalten. Für Geschäfte, die das Unternehmen mit den ausschließlich vom Unternehmen zu betreuenden Kunden abschließt, soll der Handelsvertreter keine Provision erhalten. Weiterhin soll der Vertrag für unbestimmte Zeit geschlossen werden. Der Handelsvertreter soll dem Unternehmen während der Dauer des Vertrages und insbesondere auch in der Zeit danach keine Konkurrenz machen dürfen. Der Vertrag soll von dem Unternehmen auch für andere Handelsvertreter verwendet werden, die andere Gebiete in Deutschland betreuen. Der Handelsvertreter ist als Einzelperson (also nicht in der Rechtsform einer Personengesellschaft oder Kapitalgesellschaft) tätig und hat seine Niederlassung in Deutschland.

Der Anwalt, der hier kautelarjuristisch tätig wird, bewegt sich in einem Spannungsfeld zwischen der **grundsätzlichen Vertragsfreiheit** der Parteien und den **gesetzlichen Rahmenbedingungen**, die in §§ 84 ff. HGB z. T. zwingend, z. T. dispositiv geregelt sind (eine Übersicht zu den zwingenden gesetzlichen Bestimmungen gibt z. B. MünchVertragsHdb/*Semler* Anm. 3 zu Formular I. 1). Danach ist nahezu jede vertragliche Regelung im Formular vor dem Hintergrund der zugrunde liegenden gesetzlichen Bestimmungen zu sehen. Es wird daher in den folgenden vorgezogenen allgemeinen Anmerkungen sowie in den Anmerkungen zu den einzelnen Klauseln eine Erläuterung des gesetzlichen Hintergrundes vorangestellt, soweit dies zum Verständnis der Regelungen in dem Formular erforderlich erscheint.

2. Begriff des Handelsvertreters und Abgrenzung vom Arbeitnehmer. Die gesetzlichen Rahmenbedingungen der §§ 84 ff. HGB finden nur dann Anwendung, wenn es sich bei dem Absatzmittler tatsächlich um einen Handelsvertreter im Sinne dieser Vorschriften handelt. Der Handelsvertreter i. S. d. §§ 84 ff. HGB ist einerseits abzugrenzen vom Arbeitnehmer und andererseits von anderen Vertriebsmittlern (vgl. zu Letzteren Anm. 3).

Der Begriff des **Handelsvertreters** ist in § 84 Abs. 1 S. 1 HGB definiert: Handelsvertreter ist danach, wer als selbständiger Gewerbetreibender ständig damit betraut ist, für einen anderen Unternehmer Geschäfte zu vermitteln oder in dessen Namen abzuschließen. **Selbstständig** ist nach § 84 Abs. 1 S. 2 HGB, wer im Wesentlichen frei seine Tätigkeit gestalten und seine Arbeitszeit bestimmen kann. Personen, auf die diese Voraussetzungen nicht zutreffen, gelten als Angestellte, § 84 Abs. 2 HGB.

Die Abgrenzung zwischen selbständigem Handelsvertreter und (unselbständigem) Angestellten erfolgt demnach ähnlich wie beim freien Mitarbeiter (vgl. Form. B. III. 1. Anm. 1) nach dem Grad der persönlichen Selbständigkeit bzw. Abhängigkeit des Absatzmittlers. Die Rechtsprechung geht allerdings davon aus, dass sich das Gesetz **im Bereich der Vermittlung von Geschäften und Versicherungen für Dritte** auf **zwei Abgrenzungskriterien beschränkt**, nämlich die freie Gestaltung der Tätigkeit und die freie Bestimmung der Arbeitszeit. Dabei geht die Rechtsprechung zwar davon aus, dass bei der Abgrenzung alle Umstände des Einzelfalles in Betracht zu ziehen und schließlich in ihrer Gesamtheit zu würdigen sind. Allerdings müssten sich die heranzuziehenden Anknüpfungspunkte den beiden vorgenannten gesetzlichen Unterscheidungsmerkmalen zuordnen lassen. Eines Rückgriffs auf weitere Grundsätze zur Abgrenzung des Arbeitsverhältnisses vom Rechtsverhältnis eines freien Mitarbeiters bedürfe es deshalb nicht (so BAG Urt. v. 20. 8. 2003 – 5 AZR 610/02 – NJW 2004, 461; BAG Urt. v. 15. 12. 1999 – 5 AZR 169/99 – NZA 2000, 1162; BAG Urt. v. 15. 12. 1999 – 5 AZR 770/98 – NZA 2000, 481; BAG Urt. v. 15. 12. 1999 – 5 AZR 770/98 – NZA 2000, 481; vgl. auch *Oberthür/Lohr* NZA 2001, 131).

Für die Abgrenzung der sonstigen Handelsvertreter ist nach der Rechtsprechung eine Gesamtwürdigung aller Umstände des Einzelfalles durchzuführen. Entscheidend ist das Gesamtbild der vertraglichen Gestaltung und tatsächlichen Handhabung. Widersprechen sich vertragliche Gestaltung und tatsächliche Handhabung, soll Letztere maßgeblich sein (ständige Rechtsprechung, vgl. BAG Urt. v. 20. 8. 2003 – 5 AZR 610/02 – NJW 2004, 461). Da die vertragliche Gestaltung zumindest ein Indiz für die tatsächliche Handhabung darstellt, muss bereits bei der **Vertragsgestaltung** darauf geachtet werden, den Handelsvertreter in der Gestaltung seiner Tätigkeit und der Bestimmung der Arbeitszeit so wenig als möglich einzuschränken (vgl. dazu in den Anmerkungen zu den einzelnen Klauseln).

Es ist daher jeweils im Einzelfall festzustellen, ob der Absatzmittler in einem für den Selbstständigenstatus erforderlichen Maße frei von Weisungen ist oder nicht. Dabei hat die Rechtsprechung folgende Grundsätze aufgestellt:

- Es ist mit dem Selbständigenstatus eines Handelsvertreters durchaus vereinbar, dass er einem gewissen **Weisungsrecht** des Unternehmens unterliegt. Dies leitet die Rechtsprechung daraus ab, dass der Handelsvertreter schon kraft Gesetzes (§§ 675, 665 BGB) allgemeine Weisungen in Bezug auf den Inhalt seiner Tätigkeit zu befolgen hat. Dies ergebe sich auch aus der Interessenwahrungspflicht nach § 86 Abs. 1 HGB. In seinem Urteil vom 15. 12. 1999 (BAG Urt. v. 15. 12. 1999 – 5 AZR 770/98 – NZA 2000, 481 Arbeitnehmerstatus eines Bausparkassenvertreters) differenziert das BAG insoweit zwischen Weisungen, die sich auf das **Produkt** beziehen und Weisungen, die sich auf **Berichtspflichten** und sonstigen **Anzeigepflichten** beziehen. Erstere sprechen nicht gegen den Selbständigenstatus des Handelsvertreters. Letztere allerdings sprechen für eine persönliche Abhängigkeit des Absatzmittlers, da sich ein Selbstständiger Kontrollen typischerweise nicht in gleichem Maße fallen zu lassen brauche wie ein Arbeitnehmer. Für die Abgrenzung zwischen selbständigem Handelsvertreter und (unselbständigen) Angestellten ist es daher nicht ausreichend, das Vorliegen von Weisungsrechten festzustellen, es muss vielmehr im Einzelfall nach Umfang und Bezugspunkt der Weisungen differenziert werden (zum Weisungsrecht vgl. § 3 Abs. (2) und Anm. 14).

- Die **freie Bestimmung der Arbeitszeit** eines selbständigen Handelsvertreters erstreckt sich nicht nur auf die Festlegung von Anfang und Ende eines Arbeitsabschnitts, sondern auch auf die Festlegung des gesamten Arbeitsumfangs, also der Arbeitsdauer (BAG Urt. v. 15. 12. 1999 – 5 AZR 770/98 – NZA 2000, 481). Unterliegt der Absatzmittler hinsichtlich seiner Arbeitszeit keinem Weisungsrecht, sondern kann er diese frei bestimmen, spricht dies für Selbständigkeit. Wenn jedoch das Unternehmen dem Absatzmittler bestimmte **Tourenpläne** aushändigt, der Absatzmittler also seine Kunden nach einem festen Zeitplan besuchen muss, liegt darin eine weitreichende Einschränkung der Selbständigkeit. Demgegenüber sind **faktische Zwänge**, die sich daraus ergeben, dass der Absatzmittler die Kunden nicht zu jeder beliebigen Tageszeit aufsuchen kann, unerheblich (BAG a. a. O.).
- Nach Ansicht des BAG (BAG Urt. v. 15. 12. 1999 – 5 AZR 566/98 – NZA 2000, 447) wird die Freiheit des Handelsvertreters in seiner Arbeitszeitgestaltung durch eine **Anwesenheitspflicht** für wöchentlich vier Stunden in der Geschäftsstelle des Unternehmens nur unwesentlich eingeschränkt.

Macht ein Handelsvertreter geltend, er sei Arbeitnehmer, so ist er für den fehlenden Spielraum bei der Arbeitszeitgestaltung darlegungs- und beweisbelastet (BAG Urt. v. 20. 8. 2003 – 5 AZR 610/02 – NJW 2004, 461; BAG Urt. v. 15. 12. 1999 – 5 AZR 169/99 – NZA 2000, 1162).

3. Sonstige Abgrenzung. Abzugrenzen ist der Handelsvertreter auch von Vertragshändlern, Kommissionären und Handelsmaklern sowie vom Handlungsgehilfen:

Vertragshändler ist, wer unter Dauervertrag Waren von einem Unternehmen kauft und sie im eigenen Namen und auf eigene Rechnung weiterverkauft (*Hopt* § 84 Rdn. 10). Der wesentliche Unterschied zwischen einem Handelsvertreter und einem Vertragshändler besteht also darin, dass der Vertragshändler im Gegensatz zum Handelsvertreter auf eigene Rechnung und im eigenen Namen tätig wird. Anders als beim Handelsvertreter entstehen beim Vertragshändler keine vertraglichen Beziehungen zwischen dem Unternehmen einerseits und den Kunden andererseits (weiterführend zur Abgrenzung Handelsvertreter – Vertragshändler *Thume* Bd. 1 Rdn. 97 ff.).

Kommissionär i. S. d. §§ 383 ff. HGB ist, wer es gewerbsmäßig übernimmt, Waren für Rechnung eines anderen in eigenem Namen zu kaufen oder zu verkaufen. Der Kommissionär steht dem Handelsvertreter wesentlich näher als der Vertragshändler, weil er wie der Handelsvertreter für Rechnung eines Dritten tätig wird. Der Vertragshändler hingegen wird sowohl im eigenen Namen als auch auf eigene Rechnung tätig (s. o.). Erfüllt der Kommissionär im Einzelfall die übrigen Voraussetzungen für den Begriff des Handelsvertreters, wird er insbesondere aufgrund eines ständigen Betrauungsverhältnisses für ein Unternehmen tätig, besteht der Unterschied zum Handelsvertreter nur noch darin, dass der Kommissionär in eigenem Namen tätig wird (vgl. hierzu *Küstner/Thume* Bd. 1 Rdn. 96).

Der Handelsvertretervertrag ist auf Dauer angelegt und damit auf wiederholtes Tätigwerden für einen Unternehmer. Wer ohne vertragliche ständige Betrauung und Verpflichtung zum Tätigwerden gewerbsmäßig in fremdem Namen Geschäfte abschließt, ist **Handelsmakler**, §§ 93 ff. HGB. Im Gegensatz zum Handelsvertreter besteht also zwischen dem Handelsmakler und seinem Auftraggeber kein ständiges Betrauungsverhältnis. Der Handelsmakler wird vielmehr nur von Fall zu Fall tätig. Im Gegensatz zum Handelsvertreter, der ausschließlich die Interessen des/der vertretenen Unternehmen(s) wahrzunehmen hat und stets nur in dessen/deren Namen und auf dessen/deren Rechnung tätig wird, hat der Makler auf die Interessen beider Vertragspartner, für die er vermittelnd tätig wird, Rücksicht zu nehmen (vgl. zur Abgrenzung Handelsvertreter – Handelsmakler *Küstner/Thume* Bd. 1 Rdn. 89 ff.).

Handlungsgehilfe ist gemäß § 59 HGB, wer in einem Handelsgewerbe zur Leistung kaufmännischer Dienste gegen Entgelt angestellt ist. Der Arbeitgeber muss also Kaufmann sein,

§§ 1 ff. HGB. Im Gegensatz zum Handelsvertreter ist der Handlungsgehilfe unselbständig i. S. d. § 84 Abs. 1 S. 2 HGB.

4. AGB-Kontrolle. Für formularmäßige Handelsvertreterverträge im Sinne von § 305 BGB gilt insbesondere § 307 BGB. Da der zu erstellende Handelsvertretervertrag vom Unternehmen auch für andere Handelsvertreter verwendet werden soll (vgl. oben Anm. 1 zur Beratungssituation), wurde das Formular am Maßstab der §§ 305 ff. BGB konzipiert. Wann allerdings jeweils im Einzelfall eine unangemessene Benachteiligung des Handelsvertreters vorliegt, bleibt der Beurteilung der Gerichte nach den Umständen des Einzelfalles vorbehalten und lässt sich im Voraus schwerlich genau sagen (vgl. im Einzelnen bei den jeweiligen Anmerkungen; vgl. allgemein: *Küstner/Thume* Bd. 1 Rdn. 323 ff. (noch zum AGBG); MünchVtr/*Semler* Anm. 4 zu Formular I. 3; MünchKommBGB/*Basedow* § 307 Rdn. 107 f.).

5. Bezirksschutz, Kundenschutz, Alleinvertretung. Nach der gesetzlichen Regelung hat der Handelsvertreter grundsätzlich Anspruch auf Provision nur für die während des Vertragsverhältnisses abgeschlossenen Geschäfte, die auf seine Tätigkeit zurückzuführen sind oder die mit Dritten abgeschlossen werden, die er als Kunden für Geschäfte der gleichen Art geworben hat, § 87 Abs. 1 S. 1 HGB.
Wenn dem Handelsvertreter im Handelsvertretervertrag ein bestimmter Bezirk zugewiesen wird, hat dies nach dem Gesetz (§ 87 Abs. 2 S. 1 HGB) zur Folge, dass der Umfang der provisionspflichtigen Geschäfte erweitert wird auf nicht unmittelbar (wenn auch vielleicht mittelbar durch seine Arbeit im Bezirk) vom Vertreter geworbene Kunden, die im Bezirk ansässig sind, sog. **Bezirksschutz** (auch Gebietsschutz). Der Handelsvertreter ist dann sog. **Bezirksvertreter**. Für den Fall, dass dem Handelsvertreter ein bestimmter Kundenkreis (z. B. auch eine bestimmte Geschäftssparte) zugewiesen wird, hat er gemäß § 87 Abs. 2 S. 1 HGB Anspruch auf Provision auch für Geschäfte, die ohne seine Mitwirkung mit Personen seines Kundenkreises während des Vertragsverhältnisses abgeschlossen wurden, sog. **Kunden(kreis)schutz.** Eine Einschränkung des Bezirks-/Kundenschutzes besteht nur, soweit die Provision dem ausgeschiedenen Handelsvertreter zusteht, § 87 Abs. 2 S. 2 i. V. m. § 87 Abs. 3 HGB.
Von Bezirks-/Kundenschutz zu unterscheiden ist die **Alleinvertretung:** Diese kann, je nach Abrede, entweder nur den Ausschluss von Direktgeschäften des Unternehmers oder alleiniges Betätigungsrecht des Handelsvertreters unter Ausschluss anderer Handelsvertreter oder, was der Regelfall sein dürfte, beides bedeuten. Die Alleinvertretung kann sich auf einen bestimmten Bezirk oder auf bestimmte Kunden beziehen. Die Rechtsfolgen einer Alleinvertretung sind anders als beim Bezirks-/Kundenschutz: Bei Alleinvertretung verstößt z. B. ein Direktabschluss des Unternehmers gegen dessen Vertragspflicht und führt zu Schadensersatzansprüchen des Handelsvertreters oder gibt diesem das Recht zur fristlosen Kündigung (*Hopt* § 87 Rdn. 24; *Abrahamczik* Anm. 1 zu § 1). Bei Bezirks-/Kundenschutz erhält der Handelsvertreter hingegen lediglich die Provision auch für die Geschäfte, die ohne seine unmittelbare Mitwirkung zustande gekommen sind. Schadensersatzansprüche bzw. ein Recht zur fristlosen Kündigung des Handelsvertreters bestehen in diesem Falle nicht.
Von den Regelungen in § 87 HGB kann allerdings innerhalb gewisser Grenzen abgewichen werden. Die Parteien sind z. B. bei der Gestaltung der Provisionshöhe weitgehend frei (vgl. *Hopt* § 87 Rdn. 48; *Abrahamczik* Anm. 1 zu § 7). Bei der **Vertragsgestaltung** kann auch abweichend vom Gesetz geregelt werden, welche Reichweite die Betrauung des Handelsvertreters hat (vgl. § 2 des Formulars und Anm. 10) und welche Geschäfte in welcher Höhe provisionspflichtig sind (vgl. § 5 des Formulars und Anm. 21).

6. Person des Handelsvertreters. Der Handelsvertreter kann nicht nur eine Einzelperson sein sondern auch in der Rechtsform einer Personengesellschaft oder einer Kapitalgesellschaft tätig werden. Das **Formular** geht (vgl. Anm. 1) von einer Einzelperson aus.
Soll der Vertrag dagegen mit einer Handelsvertreter-Gesellschaft geschlossen werden, sind bei der Vertragsgestaltung insbesondere folgende Punkte zu beachten: Träger der Rechte und Pflichten des Handelsvertretervertrages ist in diesem Falle allein die Handelsvertreter-Gesellschaft. Kommt es dem Unternehmen gerade auf das Tätigwerden einer bestimmten Person seines Vertrauens an, z. B. des Geschäftsführers einer GmbH, so muss dies ausdrücklich bei der Vertragsgestaltung berücksichtigt werden (vgl. *Abrahamczik* Anm. 3 zum Vertrags-

kopf, Anm. 5 zu § 3, Anm. 1 zu § 6; *Westphal* Rdn. 41). Es kann auch daran gedacht werden, wesentliche personelle Änderungen in der Handelsvertreter-Gesellschaft als wichtigen Grund für eine fristlose Kündigung in den Vertrag aufzunehmen (vgl. Anm. 33; *Abrahamczik* Anm. 5 zu § 3).

7. Vertragsgebiet. Das Vertragsgebiet sollte in einem Handelsvertretervertrag zweifelsfrei festgelegt werden. Dies kann z. B. erfolgen durch Markierung des Vertragsgebietes in einem Kartenausschnitt, der dem Handelsvertretervertrag beigelegt wird. Es genügt aber auch die Bezeichnung von Stadtgebieten, Kreisen, Regierungsbezirken, Ländern oder sonstigen Gebieten, wenn die Grenzen ausreichend definiert sind. Das **Formular** sieht in **§ 1 Abs. (1)** vor, dass der Handelsvertreter mit der Vertretung des Unternehmens in einem bestimmten Gebiet betraut wird, und dass dem Handelsvertretervertrag eine Anlage beigefügt ist, aus der sich das Vertragsgebiet ergibt. Die Anlage, die dem Handelsvertretervertrag beigefügt wird, kann z. B. wie folgt aussehen:

Anlage 1: Vertragsgebiet

Das Vertragsgebiet des Handelsvertreters erstreckt sich auf folgende Postleitzahlengebiete:
1. ......
2. ......
3. ......

......
Ort, Datum   Ort, Datum

......
Unterschrift des Unternehmens   Unterschrift des Handelsvertreters

---

Eine **spätere Änderung des so vereinbarten Vertragsgebietes** ist grundsätzlich nur im Wege einer Vereinbarung möglich. Eine einseitige Änderung des Vertragsgebietes durch das Unternehmen ist i. d. R. ausgeschlossen.

Möchte sich das Unternehmen die Möglichkeit offen halten, das Vertragsgebiet später **einseitig zu ändern,** muss es dies im Handelsvertretervertrag regeln (vgl. hierzu *Küstner/Thume* Bd. 1 Rdn. 380, 1617 ff.; Bd. 2 Rdn. 323 ff.). Dafür gibt es grundsätzlich zwei Wege: Zum einen kann im Handelsvertretervertrag ein **Teilkündigungsrecht** vereinbart werden (vgl. hierzu *Abrahamczik* FN 39). In diesem Falle darf das Unternehmen nur die Teilkündigung für eine bestimmte Regelung aussprechen. Eine neue Regelung muss dann einvernehmlich von den Vertragspartnern getroffen werden. Der zweite, für das Unternehmen wohl praktikablere Weg wäre, einen **Änderungsvorbehalt** in dem Handelsvertretervertrag zu vereinbaren. Dieser gibt dem Unternehmen das Recht, eine Teilkündigung auszusprechen und zusätzlich die gekündigte Regelung durch einseitige Erklärung zu ersetzen (vgl. hinsichtlich Provisionsvereinbarungen *Küstner/Thume* Bd. 1 Rdn. 1067). Bei beiden Wegen ist bei der Vertragsgestaltung indes besondere Vorsicht geboten:

Ist ein solcher Vorbehalt in einem vorformulierten Vertrag enthalten, sind die Vorschriften über **AGB, §§ 305 ff. BGB,** zu beachten (vgl. oben Anm. 4). Behält sich das Unternehmen das Recht vor, Vertragsbestimmungen einseitig zu ändern oder von ihnen abzuweichen, kann ein solcher in AGB vereinbarter Vorbehalt unwirksam sein, wenn nicht die Vereinbarung unter Berücksichtigung der Interessen des Unternehmens für den Handelsvertreter zumutbar ist. Ebenso kann der Vorbehalt des Unternehmens, die Grenzen des übertragenen Vertretungsbezirkes zu ändern oder zu verkleinern, nach § 307 BGB unwirksam sein (noch zu § 9 AGBG *Küstner/Thume* Bd. 1 Rdn. 335). Derartige Änderungsvorbehaltsklauseln können nach der Rechtsprechung nur dann wirksam vereinbart werden, wenn in ihnen **schwerwiegende Änderungsgründe benannt** sind und die Klauseln in ihren Voraussetzungen und Folgen erkennbar **auch die Interessen der Handelsvertreter angemessen berücksichtigen** (zur Unwirksamkeit einer in Formularbestimmungen enthaltenen Teilkündigungsklausel in einem Kfz-Vertragshändlervertrag vgl. BAG Urt. v. 6. 10. 1999 – VIII ZR 125/98 – NJW 2000, 515; zur Unwirksamkeit eines formularmäßig vereinbarten Gebietsänderungsvorbehalts in einem Vertragshändlervertrag vgl. BAG Urt. v. 21. 12. 1983 – VIII ZR 195/82 – NJW 1984, 1182,

1183; *Küstner/Thume* Bd. 1 Rdn. 337). Zu der angemessenen Berücksichtigung der Interessen des Handelsvertreters gehört auch, dass die Änderung nicht mit sofortiger Wirkung erfolgt, sondern dass die Klausel eine **ausreichende Ankündigungsfrist** für die Änderung vorsieht (vgl. BAG Urt. v. 21. 12. 1983 – VIII ZR 195/82 – NJW 1984, 1182, 1183; *Küstner/Thume* Bd. 1 Rdn. 337; für Fälle einer Teilkündigung von Provisionsvereinbarungen: Einhaltung der vertraglichen bzw. gesetzlichen Kündigungsfristen für eine Vertragskündigung *Küstner/Thume* Bd. 1 Rdn. 1066; Einhaltung wenigstens der gesetzlichen Kündigungsfristen: *Abrahamczik* Anm. 2 zu § 1). Des Weiteren muss die Klausel als Voraussetzung für ihre Wirksamkeit einen **angemessenen Ausgleich** für den Handelsvertreter vorsehen (BAG Urt. v. 21. 12. 1983 – VIII ZR 195/82 – NJW 1984, 1182, 1183).

Wenn eine Teilkündigung oder eine einseitige Änderung vereinbart wurde und nach den vorstehenden Ausführungen rechtlich zulässig ist, stellt sich die Folgefrage, ob in diesem Falle ein **Ausgleichsanspruch nach § 89b HGB** entstehen kann. § 89b HGB sieht vor, dass der Handelsvertreter von dem Unternehmen nach Beendigung des Vertragsverhältnisses unter bestimmten Voraussetzungen einen angemessenen Ausgleich verlangen kann. Dies gilt wohl auch, wenn das Vertragsverhältnis zwar bestehen bleibt, das dem Handelsvertreter zugewiesene Vertragsgebiet aber verkleinert wird. Voraussetzung dafür ist aber, dass es sich um eine **wesentliche Verkleinerung des Vertragsgebietes** handelt. Bei einer nur geringfügigen Verkleinerung des Vertragsgebietes dürfte die Entstehung eines Ausgleichsanspruchs aus Billigkeitsgründen ausgeschlossen sein (*Küstner/Thume* Bd. 2 Rdn. 327; *Hopt* § 89b Rdn. 10; zum Ausgleichsanspruch vgl. Anm. 34).

Eine **Regelung in AGB/in einem Formularvertrag** zur Abänderung bzw. Verkleinerung des Vertragsgebietes könnte daher wie folgt lauten (vgl. dazu auch MünchVtr/*Semler*):

Optional:
Das Unternehmen behält sich vor, das Vertragsgebiet geänderten Verhältnissen anzupassen und auch zu verkleinern, wenn Tatsachen vorliegen, die darauf schließen lassen, dass durch eine Veränderung bzw. Verkleinerung des Vertragsgebietes eine erhebliche Verbesserung der Absatzchancen des Unternehmens erreicht werden kann. Das Unternehmen wird dem Handelsvertreter seine Absicht, das Vertragsgebiet zu verändern oder zu verkleinern, frühest möglich mitteilen. Für die dem Handelsvertreter dadurch gegebenenfalls entstehenden Nachteile wird eine angemessene Entschädigung gewährt. Verliert der Handelsvertreter aufgrund der Veränderung Kunden, so bemisst sich die ihm zu gewährende Entschädigung nach den Grundsätzen, die für die Bestimmung des Ausgleichsanspruchs nach § 89b HGB anzuwenden sind.

Ob eine derartige Klausel letztlich wirksam und durchsetzbar ist, hängt von den Umständen des Einzelfalles ab.

Auch dann, wenn das Recht des Unternehmens zur einseitigen Änderung bzw. Verkleinerung des Vertragsgebietes **außerhalb von AGB** vereinbart bzw. **individuell** ausgehandelt wurde, darf die einseitige Änderung des Vertragsgebietes nicht willkürlich ausgeübt werden, d. h. ohne jede sachliche Rechtfertigung, und den Handelsvertreter nicht unbillig benachteiligen. Daher könnte eine Regelung in einem individuell ausgehandelten Vertrag bzw. in einer individuell ausgehandelten Klausel wie folgt lauten:

Optional:
Das Unternehmen behält sich vor, das Vertragsgebiet geänderten Verhältnissen anzupassen und auch zu verkleinern, wenn dies im Interesse einer sachgemäßen Bearbeitung zweckdienlich erscheint.

8. Altkunden. Diese Klausel in **§ 1 Abs. (2) des Formulars** und die Auflistung der Altkunden, die zu Beginn des Vertrages vom Handelsvertreter übernommen werden, in einer Anlage zum Handelsvertretervertrag erleichtert später die Berechnung des Ausgleichsanspruches nach § 89b HGB. Dieser Ausgleichsanspruch umfasst nach § 89b Abs. 1 S. 1 Nr. 1 HGB nicht nur Neukunden, die der Handelsvertreter geworben hat, sondern nach § 89b Abs. 1 S. 2 HGB auch wesentliche Erweiterungen der Geschäftsverbindungen mit einem bereits bestehenden Kunden. Die Anführung des Umsatzes des Jahres, das dem Vertragsbeginn vorausgeht, erleichtert einen Vergleich des Umsatzes, der zu Beginn des Vertrages mit dem Altkunden erzielt

Vertrag mit Handelsvertreter (Tätigkeit in Europa)   **B. IV**

wurde mit dem Umsatz, der zum Vertragsende mit dem Altkunden erzielt wurde. Damit kann dann einfach festgestellt werden, ob eine wesentliche Erweiterung der Geschäftsverbindung mit einem Altkunden vorliegt oder nicht (vgl. allgemein zum Ausgleichsanspruch Anm. 34).

Die Anlage, die dem Handelsvertretervertrag beigefügt wird, kann z. B. wie folgt aussehen:

Anlage 2: Altkunden und Umsätze im Vertragsgebiet im Jahr vor Vertragsbeginn				
Nettoumsatzzahlen in Tausend Euro pro Monat:				
Altkunde Monat	A	B	C	D
Januar				
Februar				
März				
April				
Mai				
Juni				
Juli				
August				
September				
Oktober				
November				
Dezember				
Beide Parteien bestätigen durch die nachfolgenden Unterschriften, dass sie die oben genannten Zahlen als Vertragsgrundlage anerkennen. …… Ort, Datum …… Unterschrift des Unternehmens			…… Ort, Datum …… Unterschrift des Handelsvertreters	

9. Vertragsprodukte. Die Palette der Produkte, auf die sich die Tätigkeit des Handelsvertreters bezieht, kann individuell zugeschnitten werden. Soll sich die Tätigkeit des Handelsvertreters wie vorliegend (vgl. Anm. 1 zu den Vorgaben des Unternehmens) nur auf bestimmte Produkte beziehen, ist die im **Formular** in **§ 1 Abs. (3)** enthaltene Regelung zu wählen. Dies hat für das Unternehmen den Vorteil, dass sich die Vertretung des Handelsvertreters nicht automatisch auf zukünftige oder andere Produkte bezieht, sondern diese nur nach vorheriger Vereinbarung einbezogen werden. Die Anlage 3 könnte wie folgt aussehen:

Anlage 3: Vertragsprodukte
Die Tätigkeit des Handelsvertreters bezieht sich auf folgende Erzeugnisse und Leistungen des Unternehmens („Vertragsprodukte"): 1. …… 2. …… 3. …… ……   …… Ort, Datum   Ort, Datum ……   …… Unterschrift des Unternehmens   Unterschrift des Handelsvertreters

Soll sich die Vertretung des Handelsvertreters hingegen auf sämtliche vom Unternehmen gegenwärtig und zukünftig vertriebenen Erzeugnisse beziehen, bietet sich folgende Formulierung an:

Alternative 1:
Die Tätigkeit des Handelsvertreters bezieht sich auf sämtliche vom Unternehmen gegenwärtig und zukünftig vertriebenen Erzeugnisse sowie auf alle sonstigen vom Unternehmen angebotenen Leistungen („Vertragsprodukte").

In diesem Falle werden die neuen Produkte dann automatisch erfasst. Es bedarf keiner gesonderten Vereinbarung darüber, dass auch zukünftige Produkte vom Handelsvertreter vertrieben werden sollen.

Es kann allerdings auch in dem Fall der Alternative 1 eine **Einschränkung auf Produkte aus bestimmten Unternehmensbereichen** stattfinden. Eine derartige Klausel könnte z. B. lauten:

Alternative 2:
Die Tätigkeit des Handelsvertreters bezieht sich auf sämtliche vom Unternehmen in dem Unternehmensbereich ...... gegenwärtig und zukünftig vertriebenen Erzeugnisse sowie auf alle sonstigen vom Unternehmen angebotenen Leistungen („Vertragsprodukte").

Es kann z. B. auch sinnvoll sein, **bestimmte Produkte**, die spezifisches Know-how erfordern, ganz **auszunehmen**, z. B. durch folgende Alternativregelung:

Alternative 3:
Die Tätigkeit des Handelsvertreters bezieht sich auf sämtliche vom Unternehmen gegenwärtig und zukünftig vertriebenen Erzeugnisse sowie auf alle sonstigen vom Unternehmen angebotenen Leistungen („Vertragsprodukte"). Hiervon sind folgende Erzeugnisse ausgenommen: ......).

10. Reichweite der Betrauung mit der Vertretung, Direktgeschäfte des Unternehmens. Das Unternehmen muss sich im Vorfeld der Vertragsgestaltung entscheiden, ob dem Handelsvertreter ein Alleinvertretungsrecht (vgl. dazu oben Anm. 5) eingeräumt werden soll oder ob und gegebenenfalls inwieweit es sich daneben das Recht auf eigene Vertriebsaktivitäten erhalten will. Des Weiteren ist zu überlegen, ob dem Handelsvertreter ein bestimmter Bezirk/Kundenkreis zugewiesen werden soll mit der Folge einer erweiterten Provisionspflicht nach § 87 Abs. 2 S. 1 HGB, s. o. Anm. 5. Es kommt insofern auch auf den Einzelfall an, inwieweit sich die diesbezüglichen Vorstellungen des Unternehmens bei den Vertragsverhandlungen mit dem Handelsvertreter durchsetzen lassen. Die Frage der Reichweite der Betrauung ist einerseits getrennt von der Provisionspflicht zu stellen, hängt aber andererseits eng damit zusammen (vgl. allgemein Anm. 5 und zur Regelung im Formular Anm. 21, 22).

Dem **Formular** liegen folgende Vorgaben des Unternehmens zu Grunde (vgl. Anm. 1): Das Unternehmen möchte sich bestimmte Kunden zur ausschließlich eigenen Betreuung vorbehalten und sich zudem die Möglichkeit offen halten, in dem Gebiet des Handelsvertreters selbst oder durch Beauftragte tätig zu werden. Allerdings soll der Handelsvertreter bezüglich der in dem Gebiet bereits vorhandenen Kunden und der von ihm selbst geworbenen Neukunden grundsätzlich allein vertretungsbefugt sein.

Diese Vorgaben wurden im Formular wie folgt umgesetzt: Bezüglich der Kunden, die der Handelsvertreter neu geworben hat sowie der Altkunden wird dem Handelsvertreter grundsätzlich ein Alleinvertretungsrecht eingeräumt, **§ 2 Abs. (1)** (sog. Exklusivkunden des Handelsvertreters). Die Vereinbarung einer Alleinvertretung hinsichtlich der Exklusivkunden des Handelsvertreters hat zur Folge, dass das Unternehmen keine Direktabschlüsse mit diesen Kunden tätigen darf. Tut es dies dennoch, verstößt es damit gegen seine Vertragspflicht. Dies führt gegebenenfalls zu Schadensersatzansprüchen des Handelsvertreters oder gibt diesem das Recht zur fristlosen Kündigung (vgl. Anm. 5). Nur in den Fällen, in denen Exklusivkunden des Handelsvertreters aktiv an das Unternehmen herantreten, sieht das Formular in **§ 2 Abs. (2)** eine Ausnahme von der Alleinvertretung durch den Handelsvertreter vor, und darf das Unternehmen direkt mit Exklusivkunden des Handelsvertreters Geschäfte abschließen. Im Übrigen ist das Unternehmen befugt, mit Kunden, die nicht Exklusivkunden des Unternehmens sind, selbst oder durch Beauftragte Geschäfte direkt abzuschließen, **§ 2 Abs. (3)**.

Schließlich gibt es bestimmte Kunden, die das Unternehmen ausschließlich selbst betreut (sog. Exklusivkunden des Unternehmens), § 2 Abs. (4). Zur Provisionsregelung in dieser Konstellation, vgl. § 5 und Anm. 22.

Exklusivkunden des Unternehmens, § 2 Abs. (4). Wenn ein Interesse des Unternehmens besteht, bestimmte (Groß-)Kunden ausschließlich selbst zu betreuen, muss im Handelsvertretervertrag geregelt sein, dass das Unternehmen dieses Recht hat. Aus Gründen der Klarheit müssen diese Kunden in dem Vertrag oder in einer Anlage gesondert aufgeführt werden. Folge dieser Aufzählung ist, dass der Handelsvertreter mit diesen Kunden keine Geschäfte abschließen darf und dass er für Geschäfte, die mit den Exklusivkunden des Unternehmens abgeschlossen werden, keine Provision verlangen kann (vgl. § 5 Abs. (4) und Anm. 22). Die Anlage könnte wie folgt aussehen:

Anlage 4: Exklusivkunden des Unternehmens

Die folgenden Kunden werden ausschließlich vom Unternehmen bearbeitet:
- ...... (Kunde A)
- ...... (Kunde B)
- ...... (Kunde C)

......
Ort, Datum

......
Ort, Datum

......
Unterschrift des Unternehmens

......
Unterschrift des Handelsvertreters

Es sind allerdings auch Konstellationen denkbar, in denen das Unternehmen dem Handelsvertreter ein **exklusives Alleinvertretungsrecht** für ein bestimmtes Vertragsgebiet einräumt, ohne sich Direktgeschäfte vorzubehalten oder sich vorzubehalten, auch andere Vertreter in dem Vertragsgebiet einzusetzen. Da dies für das Unternehmen bedeutet, dass es in diesem Vertragsgebiet nicht mehr selbst oder durch Beauftragte tätig werden darf, wird das Unternehmen eine derartige Alleinvertretungsbefugnis jedoch i.d.R. mit einem bestimmten **Mindestumsatz** verbinden, den der Handelsvertreter erbringen muss. Eine Verpflichtung des Handelsvertreters, einen bestimmten Mindestumsatz zu erbringen, ist nach h.M. wohl zulässig (vgl. *Hopt* § 86 Rdn. 14; *Küstner/Thume* Bd. 1 Rdn. 1938; a.A. wohl *v. Westphalen*, Handelsvertretervertrag, Rdn. 21: Mindestumsätze verstoßen gegen das Leitbild des § 86 Abs. 1 HGB). Sie muss allerdings der Höhe nach den tatsächlichen Verhältnissen entsprechen.

Soll eine **Alleinvertretung mit Mindestumsatz** vereinbart werden, könnte § 2 des Formulars wie folgt lauten:

Alternative:
(1) Das Unternehmen darf für das Vertragsgebiet des Handelsvertreters weder weitere Handelsvertreter bestellen noch in dem Vertragsgebiet durch Beauftragte tätig werden. Das Unternehmen wird in dem Vertragsgebiet vorbehaltlich nachfolgendem Abs. (2) auch nicht selbst tätig, so lange der Handelsvertreter den im Folgenden bestimmten Mindestumsatz erreicht (Alleinvertretung durch den Handelsvertreter). Der Mindestumsatz beträgt, bezogen auf ein Tätigkeitsjahr, für das 1. Jahr seiner Tätigkeit EUR ......, für das 2. Jahr EUR ...... und ab dem 3. Jahr EUR .... Erreicht der Handelsvertreter in einem Jahr den Mindestumsatz nicht, ist die Gesellschaft berechtigt, in der Folgezeit im Vertragsgebiet selbst oder durch andere Beauftragte tätig zu werden.
(2) Kunden, die in Anlage 4 aufgenommen sind, werden ausschließlich vom Unternehmen bearbeitet („Exklusivkunden des Unternehmens").

Exkurs zur Alternative: **EG-Kartellrecht.** Räumt das Unternehmen dem Handelsvertreter ein Alleinvertretungsrecht bezüglich eines bestimmten Vertragsgebietes (z.B. Gebiet der BRD) ein und verpflichtet es sich, in diesem Bezirk weder selbst noch durch andere Absatzmittler tätig zu werden, kann dies u.U. gegen **EG-Kartellrecht** verstoßen. Art. 81 Abs. 1 EGV verbietet nämlich Vereinbarungen, die geeignet sind, den Handel zwischen Mitgliedsstaaten zu beeinträchtigen, und die eine Verhinderung, Einschränkung oder Verfälschung des Wettbewerbs bezwecken oder bewirken. Die nach Art. 81 EGV verbotenen Vereinbarungen und Beschlüsse sind gemäß § 81 Abs. 2 EGV nichtig. Nach § 81 Abs. 3 EGV können die Bestimmungen von Art. 81 Abs. 1 EGV für bestimmte Vereinbarungen und Beschlüsse für nicht anwendbar erklärt werden. Seit dem 1. Juni 2000 ist die neue EU-Gruppenfreistellungsverordnung (GVO) Vertikale Vereinbarungen (VO (EG) Nr. 2790/1999 der Kommission vom 22. Dezember 1999, ABl. L 336/21 vom 29. Dezember 1999) anwendbar. Diese enthält Regelungen über die Anwendung von Art. 83 Abs. 3 EGV auf Gruppen von vertikalen Vereinbarungen und aufeinander abgestimmten Verhaltensweisen (vgl. zur Anwendung der GVO auf Vereinbarungen mit Handelsvertretern *Liebscher/Flohr/Petsche* § 7 Rdn. 55 ff.). Daneben hat die Kommission „Leitlinien für vertikale Beschränkungen" mitgeteilt (ABl. C 291/1 vom 13. 10. 2000).

Für Handelsvertreterverträge ändert sich durch die Neuregelungen im europäischen Kartellrecht zunächst, dass die Bekanntmachung über Alleinvertriebsverträge mit Handelsvertreter aus dem Jahr 1962 (ABl. 139 vom 24. Dezember 1962, S. 2921) ersetzt wird durch Rdn. 12 bis 20 der Leitlinien für vertikale Beschränkungen (vgl. Rdn. 12 der Leitlinien für vertikale Beschränkungen). Inhaltlich unterliegen typische Handelsvertreterverträge, sog. **echte Handelsvertreterverträge**, nach wie vor grundsätzlich nicht dem EG-Kartellrecht. Der Grund dafür ist, dass der Handelsvertreter auf dem Markt für die betroffenen Produkte nicht selbst als Anbieter oder Nachfrager tätig wird, sondern lediglich als Hilfsorgan des Unternehmens fungiert. Etwas anderes gilt jedoch für solche Handelsvertreter, die ein „wesentliches finanzielles und geschäftliches Risiko" ähnlich einem Vertragshändler übernehmen (sog. **„unechte Handelsvertreter"**). In diesem Fall sind die Auswirkungen auf den Wettbewerb denen eines Vertrags-/Eigenhändlerverhältnisses angenähert. Insoweit können dann auch die Vereinbarungen mit dem Handelsvertreter dem EG-Kartellrecht unterfallen. Die Wirksamkeit etwa vereinbarter Alleinvertretungsrechte bestimmt sich dann nach den Regelungen der GVOen (vgl. Rdn. 13 ff. der Leitlinien für vertikale Beschränkungen).

Abgrenzungskriterium dafür, ob es sich bei dem Handelsvertretervertrag um einen Vertrag handelt, in dem der Handelsvertreter als „verlängerter Arm des Herstellers" am Markt auftritt (dann „echter Handelsvertreter", EG-Kartellrecht nicht anwendbar) oder um einen Vertrag, in dem der Handelsvertreter einem eigenständigen Händler vergleichbar ist (dann „unechter Handelsvertreter", EG-Kartellrecht anwendbar), ist **das finanzielle und geschäftliche Risiko** (z. B. Transportkostenrisiko, Lagerkostenrisiko, Haftungsrisiko), welches der Handelsvertreter übernimmt (vgl. ausführlich dazu Rdn. 14 ff. der Leitlinien für vertikale Beschränkungen sowie Informationen der Centralvereinigung Deutscher Wirtschaftsverbände für Handelsvermittlung und Vertrieb (CDH) abgedruckt in *Hopt* Materialien XII. 2 und XII. 3 S. 387 ff.; *Liebscher/Flohr/Petsche* § 7 Rdn. 58 ff.). Wenn der Handelsvertreter keine oder nur unbedeutende Risiken trägt, er also eine reine Mittlerfunktion hat, liegt ein echter Handelsvertretervertrag vor. Bei echten Handelsvertreterverträgen fallen i. d. R. sämtliche Verpflichtungen, die dem Handelsvertreter auferlegt werden (z. B. Alleinvertretungsklauseln, Wettbewerbsverbote), nicht unter Art. 81 Abs. 1 EGV (vgl. Rdn. 18 f. der Leitlinien für vertikale Beschränkungen).

Das vorliegende **Formular** regelt den Fall eines typischen, echten Handelsvertreters, der keine finanziellen und geschäftlichen Risiken übernimmt. Die Verpflichtungen des Handelsvertreters fallen hier nicht unter Art. 81 Abs. 1 EGV.

11. Aufgaben und Pflichten des Handelsvertreters. Grundsätzlich trifft den Handelsvertreter gegenüber dem Unternehmen eine allgemeine Interessenwahrungspflicht, die sich aus § 86 Abs. 1 Hs. 2 HGB ergibt. Diese Norm schreibt vor, dass der Handelsvertreter bei seinen Bemühungen um die Vermittlung oder den Abschluss von Geschäften das Interesse des Unternehmens wahrzunehmen hat. Diese allgemeine Interessenwahrungspflicht ist für den Handelsvertretervertrag wesensbestimmend und zwingend und beherrscht das gesamte Vertragsverhältnis. Diese Pflicht erstreckt sich nicht nur auf Vermittlung und Abschluss, sondern generell auf die Tätigkeit des Handelsvertreters (vgl. *Hopt* § 86 Rdn. 20 ff.).

Die in **§ 3 des Formulars** geregelten Verpflichtungen regeln die Pflichten des Handelsvertreters und konkretisieren z. T. diese allgemeine Interessenwahrungspflicht des Handelsvertreters. Die allgemeine Interessenwahrungspflicht wird auch an anderen Stellen des Vertrages konkretisiert (vgl. § 9 Geheimhaltung, s. dazu Anm. 28; § 10 Wettbewerbsverbot, s. dazu Anm. 29).

12. Rechtsgeschäftliche Vertretung des Unternehmens durch den Handelsvertreter. Es gibt je nach Aufgabenkreisen zwei verschiedene Arten von Handelsvertretern: Grundsätzlich hat ein Handelsvertreter die Aufgabe, Geschäfte des Unternehmens mit Dritten zu vermitteln, d. h. er hat den Abschluss durch Einwirken auf den Dritten zu fördern, sog. **Vermittlungsvertreter.** Daneben gibt es den **Abschlussvertreter,** der Geschäfte im Namen des Unternehmens abschließt. Zum Abschluss ist der Handelsvertreter im Zweifel nicht berechtigt, er bedarf dazu eines besonderen Auftrags samt Vollmacht (*Hopt* § 84 HGB Rdn. 24).

Das **Formular** geht vorliegend von einem „bloßen" Vermittlungsvertreter aus, § 3 Abs. (1). Soll dem Handelsvertreter darüber hinaus eine Abschlussvollmacht eingeräumt werden, könnte § 3 (1) a. E. lauten:

Alternative:
... Der Handelsvertreter ist berechtigt, die von ihm vermittelten Geschäfte als rechtsgeschäftlicher Vertreter des Unternehmens in dessen Namen abzuschließen. Zum Inkasso ist er nicht berechtigt.

Abschlussvertreter sind Handlungsbevollmächtigte i. S. d. §§ 55 Abs. 1, 54 HGB; der Umfang ihrer Vollmacht bestimmt sich grundsätzlich nach §§ 54, 55 Abs. 2–4 HGB.

13. Inkassoberechtigung. Das Inkasso (= Einziehung und Entgegennahme von Geldern zugunsten des Unternehmens) ist eine nicht handelsvertretertypische, nicht von § 84 HGB erfasste und nicht mit der Provision nach § 87 Abs. 1–3 HGB abgegoltene Aufgabe. Auch eine Abschlussvollmacht allein (s. o. Anm. 12) ermächtigt den Handelsvertreter nicht zum Inkasso, vgl. § 55 Abs. 3 HGB. Zur Einziehung von Geldern ist der Handelsvertreter daher grundsätzlich nicht berechtigt bzw. verpflichtet (*Westphal* Rdn. 209 f.). Die Regelung in § 3 Abs. (1) a. E. des **Formulars** ist somit rein deklaratorisch.

Soll der Handelsvertreter zum Inkasso berechtigt und verpflichtet sein, bedarf dies einer gesonderten Vereinbarung. Eine derartige Vereinbarung kann entweder im Handelsvertretervertrag selbst eingefügt werden (z. B. nach § 3 als § 4, wobei sich die Bezifferung der nachfolgenden §§ um eine Ziffer erhöht) oder unabhängig davon als Zusatzvereinbarung abgeschlossen werden. Die Vereinbarung einer Inkassoberechtigung mit Inkassoprovision könnte wie folgt lauten:

Alternative:
Der Handelsvertreter ist berechtigt und auf Verlangen des Unternehmens verpflichtet, Gelder von Kunden einzuziehen (Inkasso). Dazu wird Folgendes vereinbart:
a) Stundungs- oder Ratenzahlungsvereinbarungen darf er nur treffen, wenn das Unternehmen vorher schriftlich zugestimmt hat.
b) Der Handelsvertreter verwahrt eingezogene Gelder treuhänderisch für das Unternehmen. Insbesondere hat er diese Gelder von seinem eigenen Vermögen getrennt zu halten und sie auf ein entsprechend gekennzeichnetes Sonderkonto einzuzahlen.
c) Die eingezogenen Gelder sind monatlich jeweils zum Monatsende abzurechnen und gleichzeitig mit der Abrechnung an das Unternehmen weiterzuleiten. Dem Handelsvertreter steht im Hinblick auf Gegenforderungen gegenüber dem Unternehmen ein Zurückbehaltungs- oder Aufrechnungsrecht nicht zu.
d) Für seine Inkassotätigkeit erhält der Handelsvertreter eine Provision in Höhe von ......% der entgegengenommenen Beträge, zuzüglich der gesetzlichen Mehrwertsteuer, sofern der Handelsvertreter vorsteuerabzugsberechtigt ist. Für Abrechnung und Fälligkeit gilt § 8 entsprechend (*Alternative:* Ein Anspruch auf Inkassoprovision besteht nicht).
e) Das Unternehmen ist berechtigt, die Inkassovollmacht mit einer Frist von einem Monat zum Monatsende oder aus wichtigem Grund fristlos zu widerrufen. Der Bestand dieses Handelsvertretervertrages im Übrigen wird von einem Widerruf der Inkassovollmacht nicht berührt.

Ad a) Allein die Berechtigung zum Inkasso berechtigt den Handelsvertreter nicht, bereits abgeschlossene Verträge zu ändern, indem er z. B. Stundungs- oder Ratenzahlungsvereinbarungen trifft. Dies wird in lit. a klargestellt.

Ad b) Mit dieser Klausel soll die Treuhandstellung des Handelsvertreters bezüglich der eingezogenen Gelder unterstrichen werden und die eingezogenen Gelder dem Zugriff etwaiger Gläubiger des Handelsvertreters entzogen werden.

Ad c) § 88a Abs. 1 HGB sieht zwar vor, dass der Handelsvertreter nicht im Voraus auf gesetzliche Zurückbehaltungsrechte (vgl. §§ 369 HGB, 273 BGB) verzichten kann. Liegen jedoch Anweisungen des Unternehmens bezüglich der Gelder vor (vgl. § 369 Abs. 3 HGB) oder ergibt sich „aus dem Schuldverhältnis etwas anderes" (vgl. § 273 Abs. 1 BGB) ist das Zurückbehaltungsrecht nach wohl h. M. ausgeschlossen (vgl. OLG Hamm Beschl. v. 12. 8. 1993 – 18 W 23/93 – NJW-RR 1994, 158; *Küstner/Thume* Bd. 1 Rdn. 1542; a.A. wohl *Hopt* § 86 Rdn. 17, § 88a Rdn. 1). Die Vereinbarung wäre demnach deklaratorisch.

Ad d) Gemäß § 87 Abs. 4 HGB hat der Handelsvertreter grundsätzlich Anspruch auf Inkassoprovision für die von ihm auftragsgemäß eingezogenen Beträge. Die Inkassoprovision ist (anders als die Delkredereprovision (vgl. § 86 Abs. 1 S. 1 HGB und unten Anm. 16) allerdings im Voraus abdingbar (*Hopt* § 87 Rdn. 47), vgl. Alternative zu d). Umstritten ist dabei jedoch, ob der Anspruch auf Inkassoprovision formularmäßig abbedungen werden kann (vgl. hierzu *v. Westphalen* Rdn. 33 m. weit. Nachw.). Die Höhe der Inkassoprovision richtet sich nach den getroffenen Vereinbarungen, andernfalls nach Handelsbrauch oder § 87b HGB.

Ad e) Die Vereinbarung eines Widerrufsvorbehalts empfiehlt sich insbesondere dann, wenn die Inkassoberechtigung auch den Interessen des Handelsvertreters dient. In einem derartigen Fall wäre ein einseitiger Entzug der Inkassovollmacht mangels besonders vereinbarten Widerrufsvorbehalts u. U. ausgeschlossen (vgl. *Küstner/Thume* Bd. 1 Rdn. 417, 422, 424). Ein solcher Fall liegt z. B. vor, wenn mit der Inkassovollmacht das Recht des Handelvertreters verbunden ist, die Zahlung der Kunden in Höhe seines Provisionsanspruchs als Provision einzubehalten. Die Inkassovollmacht dient dann nicht nur der Vereinfachung der Abrechung, sondern in erheblichem Maße auch den Interessen des Handelsvertreters: Dieser gelangt nämlich dadurch sofort mit Einziehung der Gelder in Besitz der ihm zustehenden Provision, und zwar auch dann, wenn das Unternehmen nachträglich den Provisionsanspruch des Handelsvertreters bestreitet. In einem solchen Fall darf die Inkassovollmacht vom Unternehmen einseitig nur widerrufen werden, wenn ein wichtiger Grund hierfür vorliegt oder wenn der Vertrag einen Widerrufsvorbehalt enthält.

14. **Weisungen des Unternehmens. § 3 Abs. (2) des Formulars** sieht vor, dass der Handelsvertreter seine Aufgaben entsprechend der Weisungen des Unternehmens erfüllen wird. Nach § 84 Abs. 1 S. 2 HGB ist der Handelsvertreter selbständig, wenn er „im Wesentlichen" frei seine Tätigkeit gestalten und seine Arbeitszeit bestimmen kann. Dies schließt Weisungen also nicht grundsätzlich aus, da der Handelsvertreter gemäß § 86 Abs. 1 HGB auch die Interessen des Unternehmens wahrzunehmen hat (vgl. oben Anm. 2 zur Abgrenzung des Handelsvertreters vom Arbeitnehmer). Sofern aufgrund der Struktur des Handelsvertreterverhältnisses Weisungen erforderlich sind, müssen diese möglichst restriktiv praktiziert werden. Dabei muss die Stellung des Handelsvertreters als selbständiger Gewerbetreibender berücksichtigt werden. Sofern aufgrund der Struktur des Handelsvertreterverhältnisses davon ausgegangen werden kann, dass das Unternehmen keine Weisungen geben wird, sollte eine entsprechende Regelung weggelassen werden.

Die in **§ 3 Abs. (2) des Formulars** weiterhin geregelte Pflicht des Handelsvertreters, die Interessen des Unternehmens mit den Pflichten eines ordentlichen Kaufmanns wahrzunehmen, entspricht dem Inhalt des § 86 Abs. 3 HGB.

15. **Berichts- und Mitteilungspflichten des Handelsvertreters. § 3 Abs. (3)–(5) des Formulars** enthalten Berichts- und Mitteilungspflichten des Handelsvertreters, die z. T. die gesetzlichen statuierten Verpflichtungen des Handelsvertreters wiedergeben, z. T. die allgemeine Interessenwahrungspflicht des § 86 Abs. 1 Hs. 2 HGB konkretisieren (vgl. allgemein hierzu oben Anm. 11).

Die Verpflichtung des Handelsvertreters, das Unternehmen von Geschäftsvermittlungen zu unterrichten, **§ 3 Abs. (4) S. 1 des Formulars**, ergibt sich unmittelbar aus § 86 Abs. 2 HGB und wurde daher nur klarstellend in das Formular aufgenommen. § 86 Abs. 2 HGB enthält darüber hinaus eine allgemeine Berichtpflicht, deren Inhalt sich nach den Umständen des Einzelfalles beurteilt (vgl. die Beispiele bei *Hopt* § 86 Rdn. 41). § 86 Abs. 2 HGB sieht vor, dass der Handelsvertreter dem Unternehmen die „erforderlichen" Nachrichten zu geben hat. Welche Nachrichten jeweils als „erforderlich" angesehen werden können, richtet sich nach den Umständen des Einzelfalles. Es sollte daher bei der Vertragsgestaltung genau überlegt werden, ob die im **Formular in § 3 Abs. (3) und (4)** vorgesehenen Berichte im Einzelfall erforderlich sind bzw. ob darüber hinaus weitere Berichte als im Einzelfall „erforderlich" angesehen werden können. Dabei ist darauf zu achten, dem Handelsvertreter keine zu weitgehenden bzw. detaillierten Berichtspflichten aufzuerlegen, was letztlich einer arbeitsrechtlichen Weisung gleichkommen würde und für die Arbeitnehmereigenschaft des Handelsvertreters sprechen würden (vgl. oben Anm. 2 zur Abgrenzung des Handelsvertreters vom Arbeitnehmer).

§ 3 Abs. (5) S. 1 des Formulars sieht vor, dass der Handelsvertreter verpflichtet ist, dem Unternehmen mitzuteilen, wenn Tatsachen vorliegen, die Zweifel an der Kreditwürdigkeit von Kunden begründen. Diese Pflicht zur Mitteilung von Zweifeln besteht auch dann, wenn der Handelsvertreter selbst diese Zweifel nicht teilt und folgt bereits aus der allgemeinen Interessenwahrungspflicht des § 86 Abs. 1 Hs. 2 HGB (*Hopt* § 86 Rdn. 21). **§ 3 Abs. (5) S. 2 des Formulars** erlegt dem Handelsvertreter eine Bonitätsprüfungspflicht bezüglich neuer Kunden auf. Auch wenn der Handelsvertreter (anders als beim Delkredere, s. Anm. 16) grundsätzlich nicht für die Bonität der Kunden einstehen muss, gehört die Prüfung der Bonität auch zur allgemeinen Interessenwahrnehmungspflicht des Handelsvertreters gemäß § 86 Abs. 1 Hs. 2 HGB (*Hopt* § 86 Rdn. 21).

Die Verpflichtung des Handelsvertreters in **§ 3 Abs. (3) S. 3 des Formulars**, eine Kundenkartei zu führen und stets auf aktuellem Stand zu halten, hat für das Unternehmen im Zusammenhang mit der Herausgabepflicht der Kundenkartei bei Beendigung des Handelsvertretervertrages (vgl. **§ 11 Abs. (7) a. E.**) den Vorteil, dass bestehende Geschäftsverbindungen auch nach dem Ausscheiden des Handelsvertreters vom Unternehmen leichter genutzt werden können. Andererseits kann die Pflicht des Handelsvertreters zur Führung und zur Übergabe einer akkurat geführten Kundenkartei an das Unternehmen dazu führen, dass dadurch das Tatbestandsmerkmal „erhebliche Vorteile des Unternehmens" in § 89b Abs. 1 Nr. 1 HGB erfüllt wird, und damit der Ausgleichsanspruch des Handelsvertreters begründet oder zumindest das Risiko einer Anspruchsentstehung erhöht wird. Zudem erleichtert eine derartige Kundenkartei dem Handelsvertreter später den Nachweis über von ihm geworbene Neukunden und kann ihm somit ebenfalls erleichtern, seinen Ausgleichsanspruch nach § 89b HGB zu begründen (vgl. allgemein zum Ausgleichsanspruch Anm. 34). Das Unternehmen muss also im Einzelfall überlegen, ob die Führung und Herausgabe einer Kundenkartei sinnvoll erscheint.

16. Delkrederehaftung. Der Handelsvertreter ist zwar aufgrund seiner allgemeinen Interessenwahrnehmungspflicht zur Prüfung der Bonität der Kunden verpflichtet, § 86 Abs. 1 Hs. 2 HGB (*Hopt* § 86 Rdn. 21, siehe Anm. 15), er muss allerdings grundsätzlich nicht für die Bonität der Kunden einstehen (sog. Delkrederehaftung = Haftung des Handelsvertreters für die Erfüllung der Verbindlichkeiten der Kunden). **§ 3 Abs. (5) a. E. des Formulars** ist mithin rein deklaratorisch.

Soll der Handelsvertreter für die Erfüllung der Verbindlichkeiten der Kunden haften, so bedarf dies einer gesonderten Vereinbarung. Für die Übernahme der Delkrederehaftung stellt § 86b HGB zum Schutz des Handelsvertreters besondere Voraussetzungen auf: Die Delkrederehaftung kann nur für ein bestimmtes Geschäft oder für Geschäfte mit bestimmten Kunden übernommen werden, die der Handelsvertreter vermittelt oder abschließt (sog. Bestimmtheitsgebot), § 86b Abs. 1 S. 2 HGB. Zudem bedarf die Übernahme der Delkrederehaftung der Schriftform, § 86b Abs. 1 S. 3 HGB. Dem Handelsvertreter steht bei Übernahme der Delkrederehaftung eine eigene zusätzliche Provision zu (sog. Delkredereprovision). Der Anspruch auf diese Delkredereprovision kann nicht im Voraus abbedungen werden, § 86b Abs. 1 S. 1 Hs. 1 und Hs. 2 HGB. Der Anspruch auf Delkredereprovision entsteht mit dem Abschluss des Geschäfts, § 86b Abs. 2 HGB und ist grundsätzlich sofort fällig (*Hopt* § 86b Rdn. 11).

Eine Vereinbarung zum Delkredere könnte z. B. wie folgt aussehen:

Alternative:

§ ...

(1) Der Handelsvertreter verpflichtet sich, für die Erfüllung der Verbindlichkeiten von Kunden aus solchen Geschäften einzustehen, die er vermittelt hat, soweit das Geschäft mit folgenden Kunden abgeschlossen wird: ...... *(Aufzählung einzelner Kunden).*

(2) Dem Handelsvertreter steht für die Übernahme des Delkredere eine Provision von ......% der zugrunde liegenden Forderung zu. Der Anspruch auf die Delkredereprovision entsteht mit Abschluss des Geschäfts.

Weitergehende Hinweise und Formulierungsvorschläge finden sich bei *Abrahamczik* Anm. zu § 5; *Küstner/Thume* Bd. 1 Rdn. 577 ff. sowie *Schütze/Weipert* Ziff. I. 5.

17. Berechtigung des Handelsvertreters zum Einsatz Dritter. § 613 Abs. 1 BGB verlangt im Zweifel persönliche Dienstleistung des Handelsvertreters. Allerdings kann im Vertrag vereinbart werden, dass der Handelsvertreter Hilfspersonen und Untervertreter einsetzen kann, vgl. **§ 3 Abs. (6) des Formulars.** Die Berechtigung des Handelsvertreters zum Einsatz eigenen Personals ist ein deutliches Indiz gegen ein Arbeitsverhältnis und für Selbständigkeit des Handelsvertreters (BAG Urt. v. 15. 12. 1999 – 5 AZR 770/98 – NZA 2000, 481, Arbeitnehmerstatus von Bausparkassenvertretern).

Für das Unternehmen kann jedoch ein Interesse daran bestehen, dass nur solche Personen die Kunden besuchen, die auch sein Vertrauen haben. Falls das Unternehmen es daher aus bestimmten Gründen für notwendig erachtet, sich die Zustimmung zu der Einsetzung eigenen Personals durch den Handelsvertreter vorzubehalten und die Tätigkeit dieses Personals zu überwachen, kann folgende Alternativklausel verwendet werden:

Alternative:

Der Handelsvertreter darf nach vorheriger schriftlicher Zustimmung des Unternehmens Hilfspersonen und Untervertreter einsetzen. Das Unternehmen wird seine Zustimmung nur verweigern, wenn berechtigte Interessen des Unternehmens beeinträchtigt sind. Vertragliche Beziehungen zwischen diesen und dem Unternehmen entstehen dadurch nicht. Der Handelsvertreter ist verpflichtet, das Unternehmen über die Tätigkeit der von ihm im Vertragsgebiet eingesetzten Hilfspersonen und Untervertretern zu unterrichten.

Da in der Zustimmungsbedürftigkeit wiederum eine Einschränkung der Selbständigkeit des Handelsvertreters zu sehen ist (vgl. hierzu Anm. 2), kann die Zustimmung, wie in der Alternative vorgesehen, wohl nur aus berechtigten Interessen des Unternehmens verweigert werden. Es sollte in jedem Einzelfall geprüft werden, ob ein derartiger Zustimmungsvorbehalt mit dem Risiko, dass der Handelsvertreter in die Nähe eines Arbeitnehmers rückt, wirklich notwendig ist.

18. Verpflichtung des Handelsvertreters zum Einsatz Dritter. Für Fälle, in denen der Handelsvertreter seinen Pflichten aus dem Vertrag wegen Krankheit, Urlaub, etc. nicht nachkommen kann, empfiehlt es sich, Vorsorgeregelungen zu treffen, damit die Kunden bzw. das Gebiet nicht unbetreut bleiben/bleibt. Die Regelung in **§ 3 Abs. (7) des Formulars** ist auf Verträge mit Handelsvertretern zugeschnitten, die ihre Leistung nicht zwingend persönlich erbringen müssen. Die Regelung sieht vor, dass der Handelsvertreter in solchen Fällen in erster Linie für Ersatz durch Einsatz von Hilfspersonen und Untervertretern zu sorgen hat. Erst wenn die Verhinderung des Handelsvertreters einen Zeitraum von sechs Wochen überschreitet und er der Pflicht, Hilfspersonen oder Untervertreter einzusetzen, nicht nachgekommen ist, darf das Unternehmen für den Zeitraum der Verhinderung des Handelsvertreters selbst einen Vertreter bestellen oder ohne die Einschränkungen des § 2 dieses Vertrages Geschäfte direkt tätigen.

Für Handelsvertreter, die ihre Leistung persönlich erbringen müssen oder bei denen eine Vertretung durch Hilfspersonen oder Untervertreter ausscheidet, kann es sich empfehlen, dem Unternehmen bei längerfristigen Tätigkeitsunterbrechungen die Möglichkeit einzuräumen, Geschäfte direkt abzuschließen. Eine derartige Regelung könnte wie folgt lauten:

Alternative:
Ist der Handelsvertreter voraussichtlich länger als drei Wochen an der Ausübung seiner Tätigkeit gehindert, hat er das Unternehmen hiervon unverzüglich in Kenntnis zu setzen. Das Unternehmen darf für den Zeitraum nach Ablauf von drei Wochen der Verhinderung des Handelsvertreters selbst einen Vertreter bestellen und/oder ohne die Einschränkungen des § 2 dieses Vertrages Geschäfte direkt tätigen.

19. Pflicht zum Besuch von Info-Veranstaltungen. § 3 Abs. (8) des Formulars sieht eine Pflicht des Handelsvertreters zum Besuch von Info-Veranstaltungen vor. Auch diese Pflicht stellt ein – wenn auch eher leichtes – Indiz für eine abhängige Beschäftigung dar. Es ist daher im Einzelfall zu prüfen, ob es einer derartigen Verpflichtung im Vertrag bedarf.

20. Pflichten des Unternehmens. § 86a Abs. 1 und 2 HGB statuieren Unterstützungs- und Informationspflichten des Unternehmens gegenüber dem Handelsvertreter, von denen nicht abgewichen werden kann, § 86a Abs. 3 HGB. Die Klauseln in **§ 4 des Formulars** geben größtenteils diese gesetzlichen Verpflichtungen wieder bzw. präzisieren diese. **§ 4 Abs. (1)** regelt die Überlassung der erforderlichen Unterlagen, vgl. § 86a Abs. 1 HGB. Zu den vom Unternehmen zu überlassenden Unterlagen gehören auch einschlägige Kundenlisten, soweit vorhanden. Unterlagen im Sinne von § 86a Abs. 1 HGB sind auch sonstige Sachen, die der Handelsvertreter speziell zur Anpreisung bei den Kunden benötigt, z. B. sonstiges Werbematerial, Musterstücke, Musterkollektion (*Hopt* § 86a Rdn. 5). **§ 4 Abs. (2)** enthält eine allgemeine Unterstützungs- und Informationspflicht, vgl. § 86a Abs. 2 S. 1 HGB. **§ 4 Abs. (3)** konkretisiert diese Informationspflicht, vgl. § 86a Abs. 2 S. 2 und 3 HGB.

21. Vergütung. Die Vergütung des Handelsvertreters (= Provision) ist im Wesentlichen in §§ 87 ff. HGB geregelt. Die Provision ist eine **Erfolgsvergütung,** die nicht für die Tätigkeit des Handelsvertreters an sich gezahlt wird, sondern für die erfolgreiche Vermittlung von Geschäften. Es sind allerdings auch andere Vergütungsformen denkbar und zulässig, z. B. die Zahlung eines monatlichen **Fixums** unabhängig von dem Umfang der Geschäftsabschlüsse oder eine **Kombination** von fester und erfolgsorientierter Vergütung. Die Zahlung des Fixums kann auch auf eine bestimmte Anfangszeit der Zusammenarbeit beschränkt werden, um die Einarbeitungszeit zu erleichtern und Anlaufschwierigkeiten zu überbrücken (vgl. hierzu *Hopt* § 87 Rdn. 5 f.; *Abrahamczik* Anm. 1 zu 7). Im vorliegenden Fall soll nach den Vorgaben des Unternehmens nur eine Provision, kein Fixum gezahlt werden (vgl. Anm. 1).

Nach § 87 Abs. 1 S. 1 HGB (Handelsvertreter ohne Bezirks-/Kundenschutz) hat ein Handelsvertreter Anspruch auf Provision für alle während des Vertragsverhältnisses abgeschlossenen Geschäfte, die auf seine Tätigkeit zurückzuführen sind oder mit Dritten abgeschlossen werden, die er als Kunden für Geschäfte gleicher Art geworben hat (vgl. hierzu Hopt § 87 Rdn. 7 ff.). Nach § 87 **Abs. 2 S. 1** HGB (Handelsvertreter mit Bezirks-/Kundenschutz) hat der Handelsvertreter Anspruch auf Provision auch für die Geschäfte, die ohne seine Mitwirkung mit Personen seines Bezirkes oder seines Kundenkreises während des Vertragsverhältnisses abgeschlossen werden, wenn ihm ein bestimmter Bezirk oder ein bestimmter Kundenkreis zugewiesen wurde (vgl. hierzu *Hopt* § 87 Rdn. 23 ff.; vgl. allgemein zum Bezirks-/Kundenschutz Anm. 5). Die Vertragspartner sind allerdings nicht gezwungen, sich an die Regelungen im Gesetz zu halten. Sie können vielmehr, nach den Umständen des Einzelfalles, auch **abweichende Regelungen** treffen. Grenze hierfür ist die Sittenwidrigkeit, z. B. die Vereinbarung einer zu geringen Provision.

22. Provisionspflichtige Geschäfte und Höhe der Provision. § 87b Abs. 1 HGB bestimmt für den Fall, dass die Höhe der Provision nicht bestimmt ist, dass der „übliche Satz" als vereinbart gilt. Um Streitigkeiten darüber zu vermeiden, welches im Einzelfall die „übliche Vergütung" ist, sollte im Vertrag geregelt werden, welche Geschäfte überhaupt provisionspflichtig sind und in welcher Höhe Provision geschuldet ist.

Die Vergütungsregelung in **§ 5 des Formulars** basiert auf der dem Formular zu Grunde liegenden Konstellation (vgl. allgemein oben Anm. 1 und Anm. 10 zur Reichweite der Betrauung): Bezüglich der Kunden, die der Handelsvertreter neu geworben hat sowie der Altkunden hat der Handelsvertreter grundsätzlich ein Alleinvertretungsrecht, **§ 2 Abs. (1)** (sog. Exklusivkunden des Handelsvertreters). Nur in den Fällen, in denen Exklusivkunden des Handelsvertreters aktiv an das Unternehmen herantreten, sieht das Formular in § 2 Abs. (2) eine Ausnahme von der Alleinvertretung durch den Handelsvertreter vor, und darf das Unternehmen direkt mit Exklusivkunden des Handelsvertreters Geschäfte abschließen. Im Übrigen ist das Unternehmen befugt, mit Kunden, die nicht Exklusivkunden des Unternehmens sind, selbst oder durch Beauftragte Geschäfte direkt abzuschließen, § 2 Abs. (3). Schließlich gibt es bestimmte Kunden, die das Unternehmen ausschließlich selbst betreut (sog. Exklusivkunden des Unternehmens), § 2 Abs. (4). Es muss jeweils geregelt werden, ob, und, wenn ja, für welche Fälle und in welcher Höhe dem Handelsvertreter eine Provision zustehen soll.

Das Formular regelt die Vergütung für die vorgenannten unterschiedlichen Fälle wie folgt:

- Für Geschäfte, die mit Exklusivkunden des Handelsvertreters abgeschlossen wurden, § 2 Abs. (1), erhält der Handelsvertreter einen prozentualen Anspruch aus der definierten Bemessungsgrundlage, vgl. **§ 5 Abs. (1) des Formulars**.
- Für Geschäfte, die das Unternehmen ausnahmsweise mit Exklusivkunden des Handelsvertreters direkt abschließt, vgl. § 2 Abs. (2), erhält der Handelsvertreter ebenso eine Provision, **§ 5 Abs. (2) des Formulars**. Diese Provision wird wohl niedriger sein als die Provision, die nach § 5 Abs. (1) für die Geschäfte vorgesehen ist, die der Handelsvertreter selbst mit seinen Exklusivkunden abgeschlossen hat, da der Abschluss ohne direkte Beteiligung des Handelsvertreters stattgefunden hat. Andererseits könnte auch daran gedacht werden, mit dem Handelsvertreter für alle Geschäfte, die mit seinen Exklusivkunden abgeschlossen werden, den gleichen, höheren Prozentsatz zu vereinbaren.
- Soweit das Unternehmen aufgrund der Befugnis in § 2 Abs. (3) selbst oder durch Beauftragte Geschäfte direkt abschließen darf, erhält der Handelsvertreter gemäß **§ 5 Abs. (3)** zwar eine Provision. Diese Provision wird aber ebenso niedriger sein als die Provision, die nach § 5 Abs. (1) für die Geschäfte vorgesehen ist, die der Handelsvertreter selbst mit seinen Exklusivkunden abgeschlossen hat. Die Provision nach § 5 Abs. (3) wird auch niedriger sein als die Provision, die nach § 5 Abs. (2) für die Geschäfte vorgesehen ist, die das Unternehmen ausnahmsweise direkt mit Exklusivkunden des Handelsvertreters abschließt. Es könnte auch daran gedacht werden, dem Handelsvertreter aus diesen Geschäften gar keinen Provisionsanspruch zukommen zu lassen. Allerdings würde dies den beiderseitigen Interessen wohl weniger gerecht. Denn der Handelsvertreter ermöglicht es i.d.R. auch durch seine Leistungen in dem Vertragsgebiet, dass Kunden direkt mit dem Unternehmen Geschäfte abschließen, auch wenn er nicht selbst direkt daran beteiligt ist. Um hier einen Anreiz für den Handelsvertreter zu schaffen, das Unternehmen in dem Vertragsgebiet gut zu vertreten, auch wenn im Einzelfall für ihn selbst kein konkreter Abschluss in Aussicht steht, wurde hier eine prozentuale Beteiligung auch für direkt vom Unternehmen abgeschlossene Geschäfte vorgesehen.
- Direktgeschäfte des Unternehmens i.S.d. § 2 Abs. (4) mit Exklusivkunden des Unternehmens sind überhaupt nicht provisionspflichtig; dem Handelsvertreter soll insoweit ein Provisionsanspruch nicht zustehen, vgl. **§ 5 Abs. (4) des Formulars**. Je nach Interessenlage und Verhandlungsstärke der Vertragsparteien wäre natürlich auch denkbar, den Handelsvertreter auch insoweit prozentual zu beteiligen.

Soll eine **Alleinvertretung mit Mindestumsatz** vereinbart werden (vgl. oben Anm. 10), könnten Abs. (1) bis (3) des Formulars wie folgt lauten:

Alternative:
(1) Solange der Handelsvertreter die Alleinvertretung in dem Vertragsgebiet innehat (vgl. § 2 Abs. (1)), erhält er für alle Geschäfte, die während der Vertragsdauer mit Kunden seines Vertragsgebietes abgeschlossen werden, eine Provision in Höhe von ......% der Netto-Angebotssumme nach nachfolgendem Abs. (4).

(2) Wenn das Unternehmen selbst nach § 2 Abs. (1) S. 4 in dem Vertragsgebiet tätig ist, erhält der Handelsvertreter für alle Geschäfte, die während der Vertragsdauer in seinem Vertragsgebiet abgeschlossen werden und die auf seine Tätigkeit zurückzuführen sind oder mit Dritten abgeschlossen werden, die er als Kunden für Geschäfte der gleichen Art geworben hat, eine Provision nach obigem Abs. (1). Für sonstige Geschäfte, insbesondere für

Geschäfte, die allein auf eine Tätigkeit des Unternehmens zurückzuführen sind, erhält er eine Provision in Höhe von ......% der Netto-Angebotssumme nach nachfolgendem Abs. (4).
(3) Geschäfte, die das Unternehmen mit Exklusivkunden des Unternehmens im Sinne von § 2 Abs. (2) abschließt, sind nicht provisionspflichtig; dem Handelsvertreter steht insoweit ein Provisionsanspruch nicht zu.

Die Abs. (5)–(7) des Formulars werden dann zu den Abs. (4)–(6).

23. Bemessungsgrundlage. Die Parteien können die Bemessungsgrundlage für die Berechnung der Provision frei vereinbaren (vgl. *Hopt* § 87b Rdn. 18). Ob die Provision z. B. aus dem Brutto- oder Nettorechnungsbetrag zu berechnen ist und ob und wie insoweit Nachlässe (z. B. Mengen-/Treuerabatte, Skonto) und Nebenkosten (z. B. Kosten für Fracht, Verpackung) bei der Bemessungsgrundlage zu berücksichtigen sind, hängt von der Vereinbarung der Parteien ab. Das Unternehmen hat i. d. R. das Ziel, die Bemessungsgrundlage gering zu halten, d. h. Nachlässe, Nebenkosten, etc. möglichst von der Bemessungsgrundlage abzuziehen. Der Handelsvertreter ist demgegenüber daran interessiert, dass der Rechnungsbetrag hoch ausfällt. Einigen sich die Parteien auf eine Bemessungsgrundlage für die Berechnung der Provision, muss jedoch stets darauf geachtet werden, dass diese eindeutig ist und keine für das Unternehmen nachteiligen Auslegungsmöglichkeiten beinhaltet.

Fehlt eine Vereinbarung zur Bemessungsgrundlage, gelten i. Zw. die Regelungen in § 87b Abs. 2–3 HGB: Gemäß § 87b Abs. 2 S. 1 HGB ist die Provision von dem Entgelt zu berechnen, das der Kunde zu leisten hat, also vom **geschuldeten Entgelt. Nachlässe,** die dem Kunden von vornherein zugesagt werden, mindern bereits das geschuldete Entgelt. Nachlässe bei Barzahlung (Skonto) mindern das geschuldete Entgelt hingegen nicht (§ 87b Abs. 2 S. 2 Hs. 1 HGB). Bezüglich **Nebenkosten** für Fracht, Verpackung, Zoll, Steuern u. ä. gilt grundsätzlich Folgendes: Sie mindern das geschuldete Entgelt ebenfalls nicht, außer sie wurden dem Kunden besonders in Rechnung gestellt (§ 87b Abs. 2 S. 2 Hs. 2 HGB). Trotz gesondertem Ausweis in der Rechnung gilt letzteres für die **Umsatzsteuer** nicht: Diese mindert trotz gesonderter Ausweisung auf der Rechnung das geschuldete Entgelt grundsätzlich nicht (§ 87b Abs. 2 S. 3 HGB). Die Provision ist daher mangels besonderer Vereinbarung aus dem Bruttobetrag zu zahlen (vgl. Einzelheiten zur gesetzlichen Regelung *Hopt* § 87b Rdn. 4 ff.).

Die Regelung in **§ 5 Abs. (5) des Formulars** ist eine unternehmerfreundliche Regelung, die die Bemessungsgrundlage möglichst gering hält: Von vornherein gewährte Nachlässe vermindern den Rechnungsbetrag, ohne dass dies gesondert vereinbart werden müsste (vgl. obige Ausführungen). Abweichend von der gesetzlichen Regelung werden Mehrwertsteuer und Nebenkosten vom Rechnungsbetrag abgezogen (letztere unabhängig von einer gesonderten Ausweisung auf der Rechnung). Ebenso abweichend von der gesetzlichen Regelung werden Nachlässe bei Barzahlung ebenfalls abgezogen.

Eine etwas handelsvertreterfreundlichere Regelung könnte z. B. lauten:

Alternative:
Bemessungsgrundlage für die Provision ist der Netto-Rechnungsbetrag. Netto-Rechnungsbetrag ist der Rechnungsbetrag abzüglich Mehrwertsteuer. Barzahlungsnachlässe sowie nicht besonders in Rechnung gestellte Nebenkosten (z. B. für Transport, Fracht, Verpackung, Zoll, Steuern) mindern die Bemessungsgrundlage nicht.

24. Nachgeschäfte. § 87 Abs. 3 HGB regelt den Fall, dass ein Geschäft erst **nach** Ablauf der Vertragsdauer vom Unternehmen **abgeschlossen** wird. In diesem Fall sieht das Gesetz vor, dass der Handelsvertreter unter bestimmten Voraussetzungen Anspruch auf Provision hat (vgl. zu den einzelnen Voraussetzungen *Hopt* § 87 Rdn. 40 ff.; *Küstner/Thume* Bd. 1 Rdn. 873 ff.). Die Regelung des § 87 Abs. 3 HGB ist jedoch nicht zwingend. Der Anspruch aus § 87 Abs. 3 HGB aus Nachgeschäften kann jedenfalls durch Individualvereinbarung beschränkt oder ausgeschlossen werden. Bei formularmäßiger Beschränkung sind jedoch die Grenzen der §§ 305 ff. BGB zu beachten (für eine Abdingbarkeit durch AGB: *Ebenroth/Boujong/Joost* § 87 Rdn. 60). Sind vertraglich Provisionen aus Nachgeschäften ausgeschlossen, wirkt sich das auf die Höhe des Ausgleichsanspruchs nach § 89b HGB aus (vgl. *Küstner/Thume* Bd. 1 Rdn. 895, 902; vgl. zum Ausgleichsanspruch Anm. 34).

In § 5 Abs. 7 des Formulars werden Ansprüche aus Nachgeschäften abweichend vom Gesetz ausgeschlossen. Offen bleibt, ob ein Gericht diese Klausel als mit §§ 305 ff. BGB vereinbar ansehen wird.

Von Provisionen aus derartigen Nachgeschäften zu unterscheiden sind sog. **Überhangprovisionen.** Überhangprovisionen entstehen für Geschäfte, die zwar **vor** Beendigung des Handelsvertretervertrages **abgeschlossen,** aber erst **danach ausgeführt** wurden (BGH Urt. v. 10. 12. 1997 – VIII ZR 107/97 – NJW-RR 1998, 629; *Hopt* § 87 Rdn. 2). Derartige Geschäfte sind grundsätzlich provisionspflichtig (*Hopt* § 87 Rdn. 38). Der Anspruch auf Überhangprovision kann zwar durch Individualvereinbarung ausgeschlossen werden (BGH Urt. v. 10. 12. 1997 – VIII ZR 107/97 – NJW-RR 1998, 629; *Hopt* § 87 Rdn. 48). Ist der Ausschluss der Überhangprovision allerdings in einem formularmäßigen Handelsvertretervertrag enthalten, wird dieser Ausschluss wegen Verstoßes gegen § 307 BGB wohl unwirksam sein (offen gelassen von BGH Urt. v. 10. 12. 1997 – VIII ZR 107/97 – NJW-RR 1998, 629 zu § 9 AGBG; Verstoß bejahend *Küstner/Thume* Bd. 1 Rdn. 356; ErfKomm/*Schaub* § 87 Rdn. 7). Im vorliegenden Formular werden Ansprüche auf Überhangprovisionen deshalb nicht ausgeschlossen.

25. Entstehung des Anspruchs auf Provision, Provisionsvorschuss. Der Zeitpunkt des **Entstehens** des Anspruchs auf Provision ist in § 87 a Abs. 1 HGB geregelt (vgl. dazu *Küstner/Thume* Bd. 1 Rdn. 922 ff.). Gemäß der Grundregel in § 87 a Abs. 1 S. 1 HGB entsteht der Anspruch auf Provision bereits, sobald und soweit das **Unternehmen** das Geschäft ausgeführt hat, d. h. sobald und soweit es die von ihm vertraglich geschuldete Leistung erbracht hat. Auf die Ausführung des Geschäfts durch den Kunden, also i. d. R. die Zahlung, kommt es nicht an. Diese gesetzliche Grundregel hat für das Unternehmen den Nachteil, dass es die volle Provision zahlen muss, ohne sicher sein zu können, dass der Kunde auch leisten wird. Für den Fall der Nichtausführung (= Nichtleistung) durch den Kunden kann das Unternehmen bereits an den Handelsvertreter gezahlte Beträge nur unter erschwerten Voraussetzungen von diesem zurückfordern (vgl. § 87 a Abs. 2 HGB und Anm. 26). Diese Grundregel ist jedoch **nicht zwingend,** vielmehr lässt § 87 a Abs. 1 S. 2 HGB ausdrücklich hiervon abweichende Vereinbarungen zu, die den Zeitpunkt des Entstehens des Anspruchs auf einen anderen, gegebenenfalls späteren Zeitpunkt verschieben. Wenn eine derartige abweichende Vereinbarung getroffen wird, hat der Handelsvertreter allerdings bereits mit Ausführung des Geschäfts durch den **Unternehmer** zwingend Anspruch auf einen „**angemessenen Vorschuss".** Dieser angemessene Vorschuss ist spätestens am letzten Tag des Folgemonats nach Ausführung des Geschäfts durch das Unternehmen fällig, § 87 a Abs. 1 S. 2 a. E. HGB. Der Anspruch auf die gesamte Provision entsteht jedoch zwingend und unabhängig von einer Vereinbarung zwischen den Parteien, sobald und soweit der **Kunde** das Geschäft ausgeführt hat, § 87 a Abs. 1 S. 3 HGB.

In § 6 Abs. (1) des Formulars ist daher vorgesehen, dass der Anspruch auf Provision abweichend von der gesetzlichen Grundregel erst entsteht, sobald der **Kunde** die Zahlung geleistet hat (also der Kunde das Geschäft ausgeführt hat). Damit wird ein von § 87 a Abs. 1 S. 1 HGB abweichender Zeitpunkt des Entstehens vereinbart und zugleich der spätest mögliche Zeitpunkt des Entstehens, § 87 a Abs. 1 S. 3 HGB. Die Verschiebung auf einen späteren Zeitpunkt hat für das Unternehmen den Vorteil, dass es selbst die volle Provision an den Handelsvertreter erst leisten muss, wenn der Kunde gezahlt hat. Der in diesem Falle gesetzlich zwingend vorgesehene Anspruch des Handelsvertreters auf **Provisionsvorschuss** wurde in § 6 Abs. (2) des Formulars aufgenommen. Die Höhe des angemessenen Vorschusses hängt ab von den Umständen des Einzelfalles, z. B. von der Sicherheit der Geschäftserfüllung durch den Kunden, den berechtigten Interessen des Handelsvertreters, der u. U. erhebliche Aufwendungen hat, etc. I. d. R. liegt der Vorschuss bei 50–80% der Provision (*Abrahamczik* Anm. 2 zu § 7; MünchVtr/*Semler* Anm. 19 zu Form. I. 3: 50%). Das Formular sieht einen Vorschuss von 50% der Provision vor. Dieser Prozentsatz muss gegebenenfalls nach den Umständen des Einzelfalles angepasst werden. Zur Rückzahlung von Vorschüssen bei Nichtausführung durch den Kunden vgl. Anm. 26.

26. Entfallen des Anspruchs auf Provision. Das Gesetz gibt **zwingend** vor, unter welchen Voraussetzungen der Provisionsanspruch des Handelsvertreters trotz eines Geschäftsabschlusses entfällt, § 87 a Abs. 2 Hs. 1, Abs. 3 HGB. Jede Abweichung hiervon zum Nachteil des Handelsvertreters ist unwirksam, § 87 a Abs. 5 HGB.

Nach § 87a **Abs. 2** Hs. 1 HGB entfällt der Anspruch auf Provision, sobald (objektiv) feststeht, dass der **Kunde** nicht leistet, z.B. bei objektiver Unmöglichkeit der Leistung. Grundsätzlich muss das Unternehmen erst seine Rechte gegenüber dem Kunden einklagen, sonst liegt keine Nichtleistung des Kunden vor. Voraussetzung für diese Pflicht des Unternehmens ist allerdings, dass ein gerichtliches Vorgehen dem Unternehmen zumutbar ist (vgl. hierzu *Hopt* § 87a Rdn. 15; *Küstner/Thume* Bd. 1 Rdn. 1138; *Abrahamczik* Anm. zu § 8). § 87a Abs. 2 Hs. 1 HGB ist zugunsten des Handelsvertreters **zwingend**, § 87a Abs. 5 HGB. Der Zeitpunkt, zu dem der Anspruch des Handelsvertreters auf Provision entfällt, kann also nicht durch Vereinbarung vorverlegt werden. Unwirksam sind wohl auch Vereinbarungen, wonach das Unternehmen grundsätzlich nicht verpflichtet sein soll, die Erfüllung der vermittelten Geschäfte zu erzwingen oder gerichtliche Verfahren durchzuführen (*Küstner/Thume* Bd. 1 Rdn. 1138; allgemein zu abweichenden vertraglichen Abreden a.a.O. Rdn. 1157f.). In einem Fall, in dem objektiv feststeht, dass der Kunde nicht leistet, hat der Handelsvertreter bereits empfangene Beträge (Provisionen und Vorschüsse) an das Unternehmen zurückzuzahlen, § 87a Abs. 2 Hs. 2 HGB.

§ 7 Abs. (1) des Formulars gibt diese Regelung aus § 87a Abs. 2 HGB wieder. Da gemäß § 6 Abs. (1) des Formulars der Anspruch auf Provision erst entsteht, sobald und soweit der Kunde die Zahlung geleistet hat, fehlt es in einer Situation, in der feststeht, dass der Kunde nicht leistet, streng genommen schon an einem entstandenen Provisionsanspruch, der entfallen könnte (vgl. hierzu *Hopt* § 87a Rdn. 13). Die Klausel wurde der Klarstellung halber jedoch trotzdem aufgenommen, vor allem, weil Vorschüsse bereits bei Ausführung des Geschäfts durch das Unternehmen zu zahlen sind (vgl. oben Anm. 25). Entsprechend der gesetzlichen Regel in § 87a Abs. 2 Hs. 2 HGB regelt **§ 7 Abs. (1) S. 1 Hs. 2 des Formulars**, dass gezahlte Vorschüsse zurückzuzahlen sind, wenn feststeht, dass der Kunde nicht leistet (vgl. hierzu auch *Küstner/Thume* Bd. 1 Rdn. 1135).

Der Anspruch auf Provision entfällt nach § 87a **Abs. 3** S. 2 HGB weiterhin im Falle der Nichtausführung durch den **Unternehmer,** wenn und soweit die Nichtausführung auf Umständen beruht, die vom Unternehmer nicht zu vertreten sind. Vertretenmüssen bedeutet hier Einstehen müssen für zurechenbare Risiken. Der Anspruch auf Provision bleibt also, je nach den Umständen des Einzelfalles, z.B. in folgenden Fällen wohl erhalten: wirtschaftliche Fehlentscheidungen des Unternehmens, fehlerhafte Kalkulation, Abspringen des Kunden wegen Lieferversäumnis des Unternehmens, etc. (vgl. m. weit. Nachw. *Hopt* § 87a Rdn. 26; *Abrahamczik* Anm. zu § 8). Nicht zu vertreten ist die Nichtausführung z.B. wohl dann, wenn Streiks beim Unternehmen zur Nichtausführung des Geschäfts führen oder unvermeidbare Transportschwierigkeiten z.B. bei Überschwemmungen (vgl. m. weit. Nachw. *Hopt* § 87a Rdn. 28; *Küstner/Thume* Bd. 1 Rdn. 1167 ff.).

§ 7 Abs. (2) des Formulars hat somit im Ergebnis nur klarstellende Bedeutung. Eine zum Nachteil des Handelsvertreters abweichende Vereinbarung wäre unwirksam (vgl. hierzu *Hopt* § 87a Rdn. 33).

27. Abrechnung und Fälligkeit der Provision. Gemäß § 87c Abs. 1 S. 1 Hs. 1 HGB hat das Unternehmen über die Provision, auf die der Handelsvertreter Anspruch hat, grundsätzlich monatlich **abzurechnen.** Die Abrechnung hat unverzüglich, spätestens bis zum Ende des nächsten Monats zu erfolgen, § 87c Abs. 1 S. 2 HGB. Der Monatszeitraum braucht nicht mit Kalendermonaten identisch zu sein. Zulässig wäre z.B. auch ein Abrechnungszeitraum vom 15. eines Monats bis zum 15. des Folgemonats (Beispiel 1: Abrechnungszeitraum ist der Kalendermonat März; spätester Abrechnungszeitpunkt ist der 30. April; Beispiel 2: Der Abrechnungszeitraum läuft vom 15. März bis zum 15. April; abzurechnen ist spätestens bis zum 15. Mai (str., vgl. *Hopt* § 87c Rdn. 9). Der Abrechnungszeitraum kann durch Vereinbarung zwischen den Parteien auf maximal drei Monate ausgedehnt werden, § 87c Abs. 1 S. 1 Hs. 2 HGB (Beispiel: Abrechnungszeitraum läuft von Januar bis März (= 1. Quartal); abzurechnen ist für das 1. Quartal spätestens bis zum 30. April).

Gemäß § 87a Abs. 4 HGB wird der Anspruch auf Provision am letzten Tag des Monats **fällig,** in dem nach § 87c Abs. 1 HGB über den Anspruch abzurechnen ist. Eine von § 87a Abs. 4 HGB abweichende Vereinbarung zum Nachteil des Handelsvertreters ist unwirksam, § 87a Abs. 5 HGB. Die Fälligkeit des Anspruchs auf Provision kann also nicht weiter hinausgeschoben werden. Die Provision ist danach in allen Fällen am letzten Tag des ersten Monats nach dem Abrechnungszeitraum fällig (in Beispiel 1: Fälligkeit spätestens am 30. April; Beispiel 2: Fälligkeit spätestens am 15. Mai (str., s. o.); Beispiel 3: spätestens am 30. April).

§ 8 des Formulars sieht vor, dass die Abrechnung spätestens bis zum 20. eines jeden Kalendermonats für den vorhergehenden Kalendermonat erfolgt, und dass die Ansprüche des Handelsvertreters mit der Abrechnung fällig werden.

28. Geheimhaltung. Die Pflicht des Handelsvertreters, bei seiner Tätigkeit der Vermittlung von Geschäften Geschäfts- und Betriebsgeheimnisse des Unternehmens geheim zu halten, folgt schon aus der allgemeinen Interessenwahrungspflicht des Handelsvertreters gegenüber dem Unternehmen (vgl. § 86 Abs. 1 S. 2 HGB und Anm. 11). § 90 HGB konkretisiert die Interessenwahrungspflicht des Handelsvertreters für die Zeit nach Vertragsende. Die Geheimhaltungspflicht reicht nach der gesetzlichen Regelung nach Vertragsende weniger weit als während der Laufzeit des Vertrags: Nach § 90 HGB ist die Mitteilung und Verwertung durch den Handelsvertreter nur dann unbefugt, „soweit dies nach dem gesamten Umständen der Berufsauffassung eines ordentlichen Kaufmanns widersprechen würde" (vgl. dazu *Hopt* § 90 Rdn. 7). Die Regelung in § 9 des Formulars statuiert für die Zeiträume während und nach Ende des Vertragsverhältnisses die gleichen Geheimhaltungspflichten, ohne die Einschränkung nach dem in § 90 HGB geregelten nachvertraglichen Wettbewerbsverbot. Zu beachten ist hierbei allerdings, dass ein zu weit gehendes nachvertragliches Schweigegebot die weitere gewerbliche Tätigkeit des Handelsvertreters behindern kann und gegebenenfalls an dem in § 90a HGB geregelten nachvertraglichen Wettbewerbsverbot zu messen ist (*Hopt* § 90a Rdn. 6).

Um einer Verpflichtung zur Zahlung einer Karenzentschädigung nach § 90a HGB zu entgehen, könnte folgende Alternativklausel gewählt werden:

Alternative:
Geschäfts- und Betriebsgeheimnisse sowie Kenntnisse von Geschäftsvorgängen und internen, insbesondere vertraulichen, Angelegenheiten des Unternehmens oder verbundener Unternehmen sowie der Kunden, die dem Handelsvertreter durch seine Tätigkeit bekannt werden, darf er weder verwerten noch anderen Personen mitteilen. Diese Geheimhaltungspflicht gilt auch nach Ende des Vertragsverhältnisses, soweit eine Verwertung oder Mitteilung nach den gesamten Umständen der Berufsauffassung eines ordentlichen Kaufmanns widersprechen würde.

Diese Alternativklausel hat allerdings den Nachteil, dass sich ein Handelsvertreter durch sie nach Ende des Vertragsverhältnisses geradezu dazu herausgefordert fühlen könnte, Geschäfts- und Betriebsgeheimnisse zu verwerten oder mitzuteilen. Es ist daher im Einzelfall abzuwägen, welche Klausel in den Vertrag aufgenommen werden soll.

29. Wettbewerbsverbot. Dem Handelsvertreter ist es nach dem Gesetz nicht untersagt, für mehrere Unternehmen gleichzeitig tätig werden. Die Frage, ob und wie weit diese Möglichkeit eingeschränkt oder ausgeschlossen werden soll und ob der Handelsvertreter gegebenenfalls bereits für andere tätig ist, ist im Vertrag zu regeln.

§ 10 Abs. (1) und (2) des Formulars enthält ein Wettbewerbsverbot für den Zeitraum während der Vertragsdauer. Ein solches steht der Selbständigkeit eines Handelsvertreters nicht entgegen. Ein Handelsvertreter hat nämlich gemäß § 86 Abs. 1 HGB die Interessen des Unternehmens wahrzunehmen und darf deshalb während der Vertragsdauer sogar ohne ausdrückliches Wettbewerbsverbot nicht in einer Weise tätig werden, die sich zum Schaden des Unternehmens auswirken kann (BAG Urt. v. 15. 12. 1999 – 5 AZR 770/98 – NZA 2000, 481; vgl. dazu auch *Westphal* Rdn. 86ff.). Dennoch empfiehlt es sich wegen der zentralen Bedeutung des Wettbewerbsverbots, dieses audrücklich und umfassend im Vertrag zu regeln.

Verstößt der Handelsvertreter gegen das Wettbewerbsverbot, ist das Unternehmen berechtigt, den Vertrag fristlos zu kündigen, § 89a Abs. 1 HGB (*Hopt* § 89a Rdn. 19) und, bei Verschulden, Schadensersatz zu fordern, § 89a Abs. 2 HGB. Zudem verliert der Handelsvertreter bei schuldhaftem Verhalten seinen Ausgleichsanspruch nach § 89b HGB (vgl. § 89b Abs. 3 Nr. 2 HGB; zum Ausgleichsanspruch vgl. Anm. 34).

30. Einfirmen- oder Mehrfirmenvertreter. Das **Formular** sieht in **§ 10 Abs. (3)** vor, dass der Handelsvertreter für andere Unternehmen tätig sein kann, sofern diese keine Konkurrenzunternehmen i. S. d. Abs. (2) sind (er ist dann sog. **Mehrfirmenvertreter**). Das Formular geht davon aus, dass die Namen der anderen Unternehmen beim Entwurf des Handelsvertretervertrags noch nicht bekannt sind und regelt daher, dass der Handelsvertreter bei Vertragsschluss unter Angabe der Namen mitzuteilen hat, wenn er bereits für andere Unternehmen tätig ist.

Sind die Namen der anderen Unternehmen, für die der Handelsvertreter bereits tätig ist, beim Entwurf des Handelsvertretervertrags bereits bekannt, könnte § 10 Abs. (3) lauten:

Alternative:
Gegenwärtig vertritt der Handelsvertreter folgende Unternehmen, die nicht Konkurrenzunternehmen i. S. d. Abs. (2) sind:
1. ......,
2. ......,
3. ....
Sodann weiter wie § 10 Abs. (3) S. 2–5 des Formulars.

Die Klausel in **§ 10 Abs. (3) des Formulars** regelt weiterhin den Fall, dass eines der Unternehmen, die zwar bei Vertragsschluss noch nicht Konkurrenzunternehmen waren, später Konkurrenzunternehmen wird (nachträgliche Konkurrenzsituation). Denn es muss damit gerechnet werden, dass während der Vertragsdauer eine Konkurrenzsituation entstehen kann (z. B. durch Ausweitung der Produktpalette des Unternehmens selbst oder des anderen Unternehmens). Für diesen Fall wird der Handelsvertreter verpflichtet, seine Geschäftstätigkeit mit dem anderen Unternehmen binnen drei Monaten zu beenden. Es könnte mit Rücksicht auf die Kündigungsfristen des § 89 Abs. 1 HGB auch eine längere Frist als drei Monate vereinbart werden. Eine kürzere Frist würde wohl dazu führen, dass es dem Handelsvertreter im Einzelfall unmöglich ist, den Vertrag mit dem anderen Unternehmen so kurzfristig zu kündigen.

Für den Fall, dass der Handelsvertreter nach Vertragsschluss weitere Vertretungen übernimmt, empfiehlt es sich, wie in **§ 10 Abs. (3) S. 4 des Formulars** vorgesehen, eine Zustimmungspflicht in den Vertrag aufzunehmen. Damit wird es dem Unternehmen im Einzelfall ein Mitspracherecht bei der Übernahme weiterer Vertretungen durch den Handelsvertreter ermöglicht, insbesondere auch, ob eine Konkurrenzsituation vorliegt oder nicht. Um den Handelsvertreter nicht zu sehr einzuschränken, sollte die Zustimmung, wie in **§ 10 Abs. (3) S. 5 des Formulars** vorgeschlagen, nur aus berechtigten Interessen des Unternehmens verweigert werden. Derartige Interessen wären z. B. das Vorliegen einer Konkurrenzsituation.

Auch eine über das bloße Konkurrenzverbot hinausgehende Beschränkung dahingehend, dass der Betroffene ausschließlich für das Unternehmen (also auch nicht für andere Unternehmen, die in anderen Sparten tätig sind oder andere Unternehmen anderer Branchen) als Handelsvertreter tätig werden darf, sog. **Einfirmenvertreter**, wäre mit der Selbständigkeit zu vereinbaren. Die Zulässigkeit einer solchen Beschränkung gegenüber selbständigen Handelsvertretern ergibt sich bereits aus § 92a HGB. Soll eine Einfirmenvertretung vereinbart werden, könnte § 10 Abs. (3) wie folgt lauten:

Alternative:
Weiterhin darf der Handelsvertreter während der Vertragsdauer nicht für andere Unternehmen tätig werden, auch wenn diese keine Konkurrenzprodukte vertreiben.

31. Nachvertragliches Wettbewerbsverbot. Der Handelsvertreter ist nach dem Gesetz nach Vertragsende (anders als vor Vertragsende) (vgl. Anm. 29) frei, dem Unternehmer Wettbewerb zu machen. Da ein derartiger Wettbewerb für das Unternehmen je nach Einzelfall gefährlich sein kann, kann es sich empfehlen, durch Klauseln im Handelsvertretervertrag solchen Wettbewerb nach Vertragsende zu verbieten, vgl. **§ 10 Abs. (4) des Formulars**.

Eine derartige Wettbewerbsabrede ist jedoch nur unter den Voraussetzungen und in den Grenzen des § 90a HGB zulässig. Das Wettbewerbsverbot muss schriftlich vereinbart werden und kann nur für längstens zwei Jahre (zeitliche Grenze) von der Beendigung des Vertragsverhältnisses an getroffen werden. Das Wettbewerbsverbot darf sich nur erstrecken auf den dem Handelsvertreter zugewiesenen Bezirk oder Kundenkreis und auf Waren oder sonstige Gegenstände, die der Handelsvertreter nach dem Vertrag zu vertreiben hatte (sachliche Grenze). Weitere Wirksamkeitsvorsaussetzung ist die Vereinbarung einer „angemessenen Entschädigung", § 90 a Abs. 1 S. 3 HGB. Von den Regelungen in § 90 a HGB kann nicht zum Nachteil des Handelsvertreters abgewichen werden, § 90 a Abs. 4 HGB.

Höhe der Entschädigung. Bei der Ermittlung der **Höhe der** „**angemessenen Entschädigung**" kommt es auf die Umstände es Einzelfalles an. Die Entschädigung muss unter Berücksichtigung aller Umstände der Billigkeit entsprechen. Als Kriterien heranzuziehen sind die Vergütungen, die der Handelsvertreter zuletzt verdient hat, die Beeinträchtigungen, die der Handelsvertreter infolge der Wettbewerbsunterlassung erleidet sowie die Vorteile, die dem Unternehmen hierdurch erwachsen. Bedeutung hat also insbesondere, wie sehr sich das Wettbewerbsverbot auf die weitere berufliche Tätigkeit der Handelsvertreter auswirkt (vgl. *Abrahamczik* Anm. 2 zu § 6; *Hopt* § 90 a Rdn. 19; *Westphal* Rdn. 268). Die in **§ 10 Abs. (5) S. 2 des Formulars** vorgesehene Entschädigung orientiert sich an der durchschnittlichen Monatsvergütung des Handelsvertreters in den letzten drei Jahren und soll 50% davon betragen (Orientierung an § 74 Abs. 2 HGB, der hier nicht direkt gilt). Es ist jeweils im Einzelfall anhand oben genannter Kriterien zu prüfen, welche Entschädigung als angemessen angesehen werden kann.

Verzicht auf das nachvertragliche Wettbewerbsverbot. Gemäß § 90 a Abs. 2 HGB kann das Unternehmen während der Vertragsdauer auf ein etwa vereinbartes nachvertragliches Wettbewerbsverbot einseitig schriftlich **verzichten.** Ein derartiger Verzicht hat nach der gesetzlichen Regelung die Wirkung, dass der Handelsvertreter sofort von dem Wettbewerbsverbot frei wird. Das Unternehmen ist jedoch noch für einen Zeitraum von sechs Monaten zur Zahlung einer „angemessenen Entschädigung" verpflichtet (Bsp.: Vertragsende: 30. Juni, Verzicht durch das Unternehmen: 15. März, Anspruch des Handelsvertreters auf Entschädigung bis zum 15. September). Diese Regelung ist klarstellend in **§ 10 Abs. (5) S. 3 des Formulars** wiedergegeben.

Anrechnung anderweitigen Erwerbs. Im Unterschied zur Regelung bei Handlungsgehilfen (vgl. § 74 c HGB) sieht das HGB beim Handelsvertreter **keine Anrechnung anderweitigen Erwerbs** vor. § 74 c HGB ist nach wohl h. M. auf Handelsvertreter nicht entsprechend anwendbar (*Hopt* § 90 a Rdn. 20). Das Formular sieht demgemäß keine Anrechnung anderweitigen Erwerbs vor.

Es besteht allerdings die Möglichkeit, die Geltung des § 74 c HGB vertraglich zu vereinbaren. Eine solche Vereinbarung könnte z. B. lauten:

Alternative:
Anderweitig vom Handelsvertreter während des Zeitraums, für den eine Entschädigung gezahlt wird, erzielte Einkünfte aus anderweitiger Verwertung seiner Arbeitskraft werden in entsprechender Anwendung des § 74 c HGB auf den Entschädigungsanspruch angerechnet. Der Handelsvertreter hat dem Unternehmen jährlich Auskunft über die anderweitig erzielten Einkünfte zu erteilen.

32. Vertragsstrafe. Die Vereinbarung einer Vertragsstrafe in einem Handelsvertretervertrag ist grundsätzlich zulässig. Bei formularmäßiger Verwendung ist allerdings zu beachten, dass der betroffene Vertragspartner, hier der Handelsvertreter, nicht unangemessen benachteiligt wird, da die Vereinbarung sonst unwirksam ist. Die vereinbarte Vertragsstrafe darf insbesondere nicht zu hoch ausfallen, sondern muss sich an den wirtschaftlichen Interessen der Vertragspartner orientieren, z. B. am Ausmaß der dem Unternehmen drohenden Schäden, dem Einkommen des Handelsvertreters, etc. So ist z. B. von der Rechtsprechung eine vorformulierte Vertragsstrafe von DM 5.000,– für jeden Verstoß gegen ein Wettbewerbsverbot als unwirksam angesehen worden, wenn weder nach der objektiven Schwere des Verstoßes und dem Grad des Verschuldens differenziert wird, noch eine Obergrenze vorgesehen ist (OLG München Urt. v. 13. 12. 1995 – 7 U 5432/95 – NJW-RR1996, 1181; vgl. auch OLG Hamm Urt. v. 1. 12. 1983 – 18 U 99/83 – MDR 1984, 404). Dagegen kann nach der Rechtsprechung auch formularmäßig wirksam vereinbart werden, dass der Handelsvertreter für jeden Fall des Abwerbens anderer Mitarbeiter eine Vertragsstrafe von DM 10.000,– zu zahlen hat (OLG München Urt. v. 26. 1. 1994 – 7 U 5841/93 – NJW-RR 1994, 867; Zweifel an dieser Rechtsprechung hat *v. Westphalen* Rdn. 28).

Die Höhe der zu vereinbarenden Vertragsstrafe muss sich also am Einzelfall orientieren. Das Formular lässt in § 10 Abs. (6) S. 1 die Höhe der Vertragsstrafe offen, da diese nur nach den Umständen des Einzelfalles beziffert werden kann. Zudem sieht das Formular in § 10 Abs. (6) S. 2 als Obergrenze der Vertragsstrafe den dem Unternehmen entstandenen Schaden vor.

33. Vertragsdauer, Kündigung. Das Formular sieht in § 11 Abs. (1) gemäß der Vorgabe des Unternehmens (vgl. Anm. 1) vor, dass der Vertrag auf unbestimmte Zeit geschlossen wird. Der Vertrag auf unbestimmte Zeit kann jederzeit unter Einhaltung der Kündigungsfrist durch ordentliche Kündigung beendet werden, vgl. § 89 Abs. 1 und 2 HGB.

Es besteht allerdings auch die Möglichkeit, den Vertrag zeitlich befristet abzuschließen. Eine derartige Vereinbarung könnte wie folgt lauten:

Alternative:
Dieser Handelsvertretervertrag tritt am …… in Kraft und wird auf bestimmte Zeit bis zum …… abgeschlossen.

Ein zeitlich befristeter Vertrag ist nicht ordentlich kündbar, er endet automatisch mit Ablauf der vereinbarten Zeitspanne. Setzen die Vertragspartner den zeitlich befristeten Vertrag nach dessen Ablauf fort, gilt das Vertragsverhältnis als auf unbestimmte Zeit verlängert, § 89 Abs. 3 S. 1 HGB, mit der Folge, dass es ordentlich gekündigt werden kann.

Beendigungstatbestände. § 11 Abs. (2) des Formulars regelt allgemein die Beendigungstatbestände des auf unbestimmte Zeit abgeschlossenen Vertrages, nämlich: Kündigung, Erreichen der Altersgrenze (vgl. § 11 Abs. (6)) oder Tod des Handelsvertreters.

Ordentliche Kündigung. § 89 Abs. 1 HGB schreibt für die ordentliche Kündigung zwingend die Einhaltung von gestaffelten Mindestkündigungsfristen vor, nämlich: ein Monat im ersten Vertragsjahr, zwei Monate im zweiten Jahr, drei Monate im dritten bis fünften Jahr und sechs Monate ab dem sechsten Vertragsjahr. Diese Fristen können allerdings durch Vereinbarung verlängert werden, wobei die Frist für das Unternehmen nicht kürzer sein darf als für den Handelsvertreter, vgl. § 89 Abs. 2 S. 1 HGB. Wurde für das Unternehmen eine kürzere Frist vereinbart, gilt trotz der Vereinbarung auch für das Unternehmen die für den Handelsvertreter vereinbarte (längere) Frist, § 89 Abs. 2 S. 2 HGB. Das **Formular** sieht in § 11 Abs. (3) für die ersten beiden Jahre die gesetzlichen Kündigungsfristen vor und für die Zeit ab dem dritten Vertragsjahr eine Kündigungsfrist von sechs Monaten. Damit wurde im Formular für den Zeitraum vom dritten bis zum fünften Vertragsjahr die gesetzliche Kündigungsfrist – zulässigerweise – verlängert.

Außerordentliche Kündigung. Das Recht zur außerordentlichen Kündigung ist in § 89a HGB geregelt. Nach § 89a HGB kann jeder Handelsvertretervertrag, unabhängig davon, ob er auf unbestimmte Zeit oder zeitlich befristet abgeschlossen wurde, außerordentlich fristlos gekündigt werden. Voraussetzung ist gemäß § 89a Abs. 1 S. 1 HGB, dass ein „wichtiger Grund" vorliegt. Ein wichtiger Grund liegt vor, wenn dem Kündigenden unter Berücksichtigung aller Umstände des Einzelfalles und unter Abwägung der beiderseitigen Interessen die Fortsetzung bis zur vereinbarten Vertragsbeendigung (bei einem zeitlich befristeten Vertrag) oder bis zum Ablauf der Frist zur ordentlichen Kündigung (bei einem Vertrag auf unbestimmte Zeit) nicht zugemutet werden kann, also ein Abwarten mit der Kündigung unzumutbar ist (vgl. Definition des wichtigen Grundes in § 314 Abs. 1 S. 2 BGB; *Hopt* § 89a Rdn. 6; eine Aufzählung wichtiger Kündigungsgründe findet sich bei *Hopt* § 89a Rdn. 17ff. für den Unternehmer und Rdn. 22ff. für den Handelsvertreter sowie bei *Ebenroth/Boujong/Joost* § 89a Rdn. 38).

Das Recht zur außerordentlichen fristlosen Kündigung kann nicht ausgeschlossen oder beschränkt werden, § 89 Abs. 1 S. 2 HGB. Unzulässig wäre es also z. B., das Recht zur fristlosen Kündigung auf bestimmte Gründe zu beschränken oder festzulegen, dass bestimmte Umstände nicht zur außerordentlichen Kündigung berechtigen (*Hopt* § 89a Rdn. 28). Zulässig ist es hingegen, im Handelsvertretervertrag einzelne Tatbestände aufzuzählen, die den einen oder den andere Vertragspartner zur fristlosen Kündigung aus wichtigem Grund berechtigen sollen. Nach der Rechtsprechung haben die Parteien durch Aufnahme der einzelnen Tatbestände in den Vertrag für sich verbindlich festgelegt, wann beide oder eine von beiden berechtigt sein soll(en), den Vertrag mit sofortiger Wirkung zu beenden, ohne dass zusätzlich noch besondere

Umstände vorliegen, die ein Festhalten am Vertrag unzumutbar machen (BGH Urt. v. 7. 7. 1988 – I ZR 78/87 – NJW-RR 1988, 1381). Für die Ausübung des Kündigungsrechts im Einzelfall verlangt die Rechtsprechung allerdings, dass diese mit den Geboten von Treu und Glauben (§ 242 BGB) vereinbar ist (BGH a. a. O.). **§ 11 Abs. (4) des Formulars** stellt nur klar, dass das Recht zur Kündigung aus wichtigem Grund unberührt bleibt, ohne „wichtige Gründe" aufzuzählen.

Sollen im Vertrag z. B. einzelne Tatbestände aufgezählt werden, die das Unternehmen berechtigen sollen, den Vertrag fristlos zu kündigen, könnte § 11 Abs. (4) z. B. wie folgt lauten:

Alternative:
Das Recht zur Kündigung aus wichtigem Grund bleibt unberührt. Das Unternehmen kann den Handelsvertretervertrag insbesondere aus folgenden Gründen fristlos kündigen: ...

Werden solche Tatbestände formularmäßig vereinbart, unterliegen sie der Inhaltskontrolle des § 307 BGB. Die vereinbarten Tatbestände, die eine außerordentliche Kündigung rechtfertigen sollen, dürfen sich dann nicht zu weit vom Leitbild des wichtigen Grundes i. S. d. § 89a HGB entfernen. Zum anderen dürfen sie nicht zu einer Umgehung der zwingenden Fristen der ordentlichen Kündigung gemäß § 89 HGB führen. Daher muss jeder formularmäßig vereinbarte Grund ein hinreichendes Gewicht haben, um sich vom Normalfall der ordentlichen Kündigung deutlich abzuheben (*Küstner/Thume* Bd. 1 Rdn. 1748).

Form der Kündigung. Die Kündigung des Handelsvertretervertrags ist nicht formbedürftig. Allerdings kann im Handelsvertretervertrag eine bestimmte Form, z. B. Schriftform wie hier in **§ 11 Abs. (5) des Formulars,** vorgesehen werden. Der Zwang zur Schriftform für Kündigungserklärungen erleichtert die Beweisführung und verhindert unerwünschte Rechtswirkungen von unbedachten mündlichen Äußerungen.

Herausgabepflicht. § 11 Abs. (7) des Formulars regelt u. a., dass der Handelsvertreter auf Verlangen des Unternehmens die in Ausführung des Vertrages errichtete oder fortgeführte Kundenkartei ebenfalls zu übergeben hat. Diese Regelung empfiehlt sich, wenn das Unternehmen es für wichtig erachtet, nach Vertragsbeendigung in den Besitz der Kundenlisten zu gelangen.

Wurde dem Handelsvertreter vom Unternehmen eine Kundenliste übergeben, die der Handelsvertreter fortzuführen hatte (vgl. § 86a Abs. 1 HGB und oben Anm. 15), ist der Handelsvertreter nach Vertragsende zwar auch ohne vertragliche Vereinbarung verpflichtet, diese fortgeführte Kundenliste an das Unternehmen zurückzugeben, da sie im Eigentum des Unternehmens steht (*Hopt* § 86a Rdn. 6; *Küstner/Thume* Bd. 1 Rdn. 633). Für Kundenlisten, die der Handelsvertreter selbst erstellt hat, ist diese Herausgabepflicht allerdings streitig (gegen eine Herausgabepflicht bei fehlender Vereinbarung *Küstner/Thume* Bd. 1 Rdn. 634; für eine Herausgabepflicht *Hopt* § 86 Rdn. 17).

Die Übergabe einer vom Handelsvertreter akkurat geführten Kundenkartei an das Unternehmen kann dazu führen, dass dadurch das Tatbestandsmerkmal „erhebliche Vorteile des Unternehmens" in § 89b Abs. 1 Nr. 1 HGB erfüllt wird, und damit der Ausgleichsanspruch des Handelsvertreters begründet wird (vgl. Anm. 15; allgemein zum Ausgleichsanspruch Anm. 34).

34. Ausgleichsanspruch. Bei Beendigung des Handelsvertretervertrags kann der Handelsvertreter unter den Voraussetzungen des § 89b HGB einen Ausgleichsanspruch geltend machen.

Unabdingbarkeit. § 89b Abs. 4 S. 1 HGB bestimmt, dass der Ausgleichsanspruch des Handelsvertreters grundsätzlich nicht im Voraus (also auch nicht im Handelsvertretervertrag) ausgeschlossen werden kann. Es sind auch solche Vereinbarungen unwirksam, durch die der Ausgleich zum Nachteil des Handelsvertreters beschränkt werden soll (BGH Urt. v. 21. 5. 2003 – VIII ZR 57/02 – NJW 2003, 3350; BGH Urt. v. 20. 11. 2002 – VIII ZR 146/01 – NJW 2003, 1241). Unwirksam ist nicht nur die quantitative Beschränkung des Ausgleichsanspruchs, sondern auch sonstige von der gesetzlichen Regelung abweichende Vereinbarung, z. B. jedwede andere Berechnung, Beschränkung der Vererblichkeit, Hinausschieben der gesetzlichen Fälligkeit (i. Zw. sofort, § 271 Abs. 1 BGB), Veränderung der Beweislast (*Hopt* § 89b Rdn. 72).

Ausnahmsweise kann der Ausgleichsanspruch des § 89b HGB (ebenso wie alle sonstigen zwingenden Regelungen in §§ 84ff. HGB) jedoch ausgeschlossen werden, wenn die Voraussetzungen des § 92c HGB vorliegen. Nach § 92c Abs. 1 HGB sind die Vorschriften der §§ 84ff. HGB (anders als sonst) in allen Punkten nachgiebig, d.h. einer freien Vereinbarung durch die Parteien zugänglich, sofern der Handelsvertreter seine Tätigkeit für das Unternehmen nach dem Vertrag nicht innerhalb der EG oder des EWR auszuüben hat. Da der Handelsvertreter, für den das Formular gelten soll, in Deutschland tätig werden soll (vgl. Anm. 1 zu den Vorgaben des Unternehmens), trifft diese Ausnahme hier nicht zu, und kann der Ausgleichsanspruch nicht im Voraus abbedungen oder eingeschränkt werden.

Vertragsgestaltung. Es ist daher im Regelfall bei der Vertragsgestaltung kaum möglich, Einfluss zu nehmen auf den späteren Ausgleichsanspruch des Handelsvertreters. Es können allerdings Regelungen aufgenommen werden, die die Berechnung des Ausgleichsanspruchs erleichtern. Zudem gibt es Klauseln im Handelsvertretervertrag, die Auswirkungen auf den Ausgleichsanspruch haben können und denen unter diesem Gesichtspunkt besondere Aufmerksamkeit zukommt:

- Eine Voraussetzung des Ausgleichsanspruchs ist, dass das **Unternehmen** aus den von dem Handelsvertreter geschaffenen Geschäftsverbindungen auch nach Beendigung des Vertragsverhältnisses **erhebliche Vorteile** hat, § 89b Abs. 1 S. 1 Nr. 1 HGB. Für die **Vorteile**, die das **Unternehmen** nach Beendigung des Vertragsverhältnisses hat, sind maßgeblich die Umsätze aus Geschäftsverbindungen mit vom Handelsvertreter selbst geworbenen Neukunden (neue Geschäftsverbindungen) sowie mit Altkunden, zu denen die bestehende Geschäftsverbindung wesentlich erweitert wurde (intensivierte Geschäftsverbindungen, § 89b Abs. 1 S. 2 HGB). Um bei der Berechnung des Ausgleichsanspruchs Streitigkeiten über die Frage zu vermeiden, welche Kunden als Neukunden anzusehen sind, empfiehlt es sich daher, in einer **Anlage** zum Handelsvertretervertrag die **Kunden festzuhalten**, die bei Beginn des Vertrages mit dem Unternehmen in Geschäftsbeziehungen stehen. Um feststellen zu können, ob eine intensivierte Geschäftsverbindung vorliegt, empfiehlt es sich weiterhin, in dieser Anlage auch die **Umsätze festzuhalten,** die das Unternehmen in den letzten zwölf Monaten vor Beginn des Handelsvertretervertrages mit den Kunden erzielt hat (s. **§ 1 Abs. (2) des Formulars** und Anm. 8). Die Beweislast für die Vorteile des Unternehmens liegt beim Handelsvertreter (*Hopt* § 89b Rdn. 22). Der Handelsvertreter kann z.B. von ihm geführte Kundenlisten vorlegen, aus denen sich die von ihm betreuten und neu geworbenen Kunden ergeben. Die Pflicht des Handelsvertreters, Kundenlisten zu führen, erleichtert diesem also die Beweisführung (vgl. **§ 3 Abs. (3) S. 3 des Formulars** und Anm. 15). Existieren bei Vertragsende keine solchen neuen oder intensivierten Geschäftsverbindungen oder lassen diese keine Folgeaufträge erwarten, kommt ein Ausgleich nicht in Betracht. Weitere Einzelheiten zur Bestimmung der „Vorteile des Unternehmens" finden sich bei *Abramhamczik* Anhang 1 Anm. 2; *Hopt* § 89b Rdn. 11ff.; *Küstner/Thume* Bd. 2 Rdn. 450ff.; *Westphal* Rdn. 317ff.

- Die Verpflichtung des Handelsvertreters in **§ 3 Abs. (3) S. 3 des Formulars,** eine Kundenkartei zu führen und stets auf aktuellem Stand zu halten, hat für das Unternehmen im Zusammenhang mit der Herausgabepflicht der Kundenkartei bei Beendigung des Handelsvertretervertrages in **§ 11 Abs. (7) a.E.** zwar den Vorteil, dass bestehende Geschäftsverbindungen auch nach dem Ausscheiden des Handelsvertreters vom Unternehmen leichter genutzt werden können. Andererseits kann die Pflicht des Handelsvertreters zur Führung und zur Übergabe einer akkurat geführten Kundenkartei an das Unternehmen dazu führen, dass dadurch das Tatbestandsmerkmal „**erhebliche Vorteile des Unternehmens**" in § 89b Abs. 1 Nr. 1 HGB erfüllt wird, und damit der Ausgleichsanspruch des Handelsvertreters begründet oder zumindest erhöht wird. Derartige Vorteile des Unternehmens sind nämlich zu bejahen, wenn das Unternehmen Geschäftsverbindungen auch nach dem Ende des Handelsvertretervertrages nutzen kann. Dies erscheint insbesondere bei Übergabe einer akkurat geführten Kundenkartei (gegebenenfalls mit Hintergrundinformationen zu den einzelnen Kunden) vom Handelsvertreter an das Unternehmen möglich. Das Unternehmen muss also im Einzelfall überlegen, ob die Führung und Herausgabe einer Kundenkartei auch unter dem Gesichtspunkt des Ausgleichsanspruchs im Einzelfall sinnvoll erscheint.

- Ein Ausgleichsanspruch besteht weiterhin nur, wenn und soweit der **Handelsvertreter** infolge der Beendigung des Vertragsverhältnisses **Ansprüche auf Provision verliert,** die er bei Fortsetzung des Handelsvertretervertrages aus Geschäften mit selbst geworbenen Kunden oder wesentlich intensivierten Geschäftsbeziehungen mit Altkunden verdient hätte. Zur Bestimmung des Provisionsausfalls ist zu berechnen, welche Provisionen der Handelsvertreter nach Ende des Handelsvertretervertrages voraussichtlich aus Geschäften mit selbst geworbenen Neukunden oder von ihm intensivierten Altkunden einnehmen würde, unterstellt, der Handelsvertretervertrag liefe für die Dauer eines bestimmten Prognosezeitraums weiter. Wurden vertraglich Provisionen aus Nachgeschäften (vgl. § 87 Abs. 3 HGB) ausgeschlossen (vgl. hierzu § 5 Abs. (7) und Anm. 24), erhöht sich der Provisionsverlust aus „künftig zustande kommenden Geschäften" des Handelsvertreters im Hinblick auf Neukunden und intensivierte Altkunden in größerem Maße, als wenn dem Handelsvertreter gemäß § 87 Abs. 3 HGB Provisionsansprüche zustünden (vgl. *Küstner/Thume* Bd. 1 Rdn. 895, 902; Bd. 2 Rdn. 723). Waren bei Vertragsbeendigung zukünftige Provisionseinnahmen aus solchen Geschäftsverbindungen nicht mehr zu erwarten, entfällt ein Ausgleichsanspruch des Handelsvertreters. Weitere Einzelheiten zu „Provisionsnachteilen" vgl. bei *Abramhamczik* Anhang 1 Anm. 3; *Hopt* § 89b Rdn. 23 ff.; *Küstner/Thume* Bd. 2 Rdn. 631 ff.; *Westphal* Rdn. 327 ff.

35. Verjährung. Ansprüche aus dem Vertragsverhältnis verjähren gemäß § 88 HGB in vier Jahren, beginnend mit dem Schluss des Jahres, in dem sie fällig geworden sind. § 88 HGB ist **dispositiv** (*Hopt* § 88 Rdn. 9), die Parteien können also die Verjährungsfrist im Vertrag abweichend regeln, haben aber dabei die gesetzlichen Grenzen (insbesondere §§ 202, 307 BGB) zu beachten. Nach § 202 BGB gilt weitgehend Vertragsfreiheit, die Verjährungsfrist kann also sowohl verkürzt (wie schon nach § 225 S. 2 BGB a.F.) als auch verlängert werden (was vor dem SMG nicht möglich war, vgl. § 225 S. 1 BGB a.F.). Es empfiehlt sich i.d.R., vertraglich eine Verkürzung der Verjährungsfrist zu vereinbaren. Dies dient einer zügigen Abwicklung des Vertrages und einer baldigen Klärung der beiderseitigen Rechte und Pflichten.

Eine Vereinbarung über Verjährungsfristen, die den Handelsvertreter **einseitig** belastet, ist nach der Rechtsprechung unwirksam. Denn § 88 HGB enthält nach der Rechtsprechung für die Verjährung einen **Grundsatz der Gleichbehandlung** der Ansprüche des Handelsvertreters und des Unternehmens (vgl. BGH Urt. v. 12. 2. 2003 – VIII ZR 284/01 – NJW 2003, 1670; BGH Urt. v. 10. 5. 1990 – I ZR 175/88 – NJW-RR 1991, 35). Eine Vereinbarung, die für die Ansprüche des Handelsvertreters kürzere Verjährungsvorschriften vorsieht als für das Unternehmen, ist damit unwirksam. Dies gilt nach der Rechtsprechung unabhängig davon, ob die Vereinbarung in einem Formularvertrag enthalten ist oder in einem Individualvertrag (vgl. BGH Urt. v. 12. 2. 2003 – VIII ZR 284/01 – NJW 2003, 1670).

Eine Abkürzung der Verjährungsfristen darf allerdings nicht zu einer Beeinträchtigung der schutzwürdigen Belange einer Partei führen. Eine sehr kurz bemessene Verjährungsfrist kann unwirksam sein, wenn die Gefahr besteht, dass die Ansprüche (insbesondere des Handelsvertreters) bereits zu einem Zeitpunkt verjähren, zu dem der Anspruchsberechtigte von ihnen noch keine Kenntnis hatte. Ist der Verjährungsbeginn kenntnisunabhängig, so ist nach der Rechtsprechung eine Verkürzung der Verjährungsfrist auf zwölf Monate, jedenfalls in einem formularmäßig verwendeten Handelsvertretervertrag, unwirksam (BGH Urt. v. 3. 4. 1996 – VIII ZR 3/95 – NJW 1996, 2097). Dagegen hat die Rechtsprechung angenommen, dass die Frist des § 88 HGB vertraglich jedenfalls dann auf sechs Monate verkürzt werden kann, wenn für den Beginn des Laufs der abgekürzten Frist die Kenntnis von der Anspruchsentstehung Voraussetzung ist. Eine derartige Verkürzung sei auch in AGB möglich (BGH Urt. v. 10. 5. 1990 – I ZR 175/88 – NJW-RR 1991, 35; *Küstner/Thume* Bd. 1 Rdn. 360 f.). Die Klausel zur Verjährung in **§ 12 S. 1 des Formulars** ist daher kenntnisabhängig ausgestaltet.

Die Frist zur Geltendmachung des Ausgleichsanspruchs nach § 89b HGB beträgt ein Jahr ab Beendigung des Vertragsverhältnisses, § 89b Abs. 4 S. 2 HGB und darf vertraglich nicht verkürzt werden (*Küstner/Thume* Bd. 1 Rdn. 1305). Eine Verkürzung der Verjährungsfrist für den Ausgleichsanspruch kommt aber in der Weise in Betracht, dass die abgekürzte Frist erst mit dem Ende der Ausschlussfrist zu laufen beginnt (*Küstner/Thume* Bd. 1 Rdn. 1306, 1309), vgl. **§ 12 S. 2 des Formulars.**

36. Gerichtsstandsvereinbarung. Gerichtsstandsvereinbarungen in Handelsvertreterverträgen können grundsätzlich nur wirksam getroffen werden, wenn der Handelsvertreter Kaufmann i. S. d. § 1 HGB ist, vgl. § 38 ZPO. Ein Handelsvertreter ist Kaufmann, wenn er Inhaber eines Handelsgewerbes (§ 1 HGB) oder eines im Handelsregister eingetragenen Unternehmens ist (§ 2 HGB) ist.

Im Interesse des Unternehmens wurde in **§ 13 Abs. (1) des Formulars** als ausschließlicher Gerichtsstand der Sitz des Unternehmens vereinbart. Stellt sich (später) heraus, dass der Handelsvertreter bei Abschluss des Handelsvertretervertrages kein Kaufmann war, gelten dann die allgemeinen Vorschriften der ZPO, wie sie auch ohne Vereinbarung zum Gerichtsstand gegolten hätten.

C. Betriebsverfassungsrecht

I. Beteiligung des Betriebsrats

Personelle Angelegenheiten

1. Anhörung des Betriebsrats nach § 102 BetrVG[1]

[Briefkopf des Arbeitgebers]

Betriebsrat Betrieb ......
z. Hd. des Betriebsratsvorsitzenden[2]
Herrn ......
– im Hause[3] –

(*Alternative:* Vorsorgliche[4]) Anhörung zur ordentlichen Beendigungskündigung
Mitarbeiter: Herr ......

...... (Datum)

Sehr geehrter Herr ......,

die Gesellschaft beabsichtigt, gegenüber dem Mitarbeiter Herrn ......, geboren am ...... in ......, ... (Familienstand), ... (Anzahl der unterhaltsberechtigten Kinder), wohnhaft in ......[5], eine ordentliche Beendigungskündigung[6] auszusprechen.

(*Alternative:*
Die Gesellschaft geht davon aus, dass der Mitarbeiter leitender Angestellter i.S.d. § 5 Abs. 3, 4 BetrVG ist. Demgemäß wurde der Sprecherausschuss zur Kündigung angehört. Die Anhörung des Betriebsrats erfolgt daher nur höchst vorsorglich.)
1. Der Mitarbeiter war seit dem ...... bei der ...... (Name der Gesellschaft) beschäftigt. Sein Arbeitsverhältnis ist am 1. Dezember 1999 auf unsere Gesellschaft übergegangen. Der Mitarbeiter ist zuletzt aufgrund Nachtrags zum Dienstvertrag vom 1./15. Januar 2000 als Leiter der Abteilung Layout in der Zentrale Südbayern in München tätig. Er bezieht ein Brutto-Monatsgehalt in Höhe von EUR ...... (in Worten: Euro ......)[7].
2. Die Gesellschaft beabsichtigt, die ordentliche Beendigungskündigung mit einer Kündigungsfrist von ...... zum ......, hilfsweise zum nächsten zulässigen Termin auszusprechen[8].
3. Die ordentliche Beendigungskündigung wird aus betriebsbedingten Gründen[9] ausgesprochen. Die Gesellschaft hat im Januar 2005 beschlossen, im Rahmen des Projekts „Marketing-Strategie Südbayern" bundesweit vier Layout-Abteilungen, u. a. auch die Abteilung Layout in der Zentrale Südbayern, zum 30. September 2005 zu schließen. Als Folge dieser Reorganisation entfällt der Arbeitsplatz des Mitarbeiters, weil mangels Existenz der Abteilung Layout auch deren Leitung nicht mehr zu besetzen ist.

Anderweitige freie, vergleichbare und zumutbare Arbeitsplätze, auf denen der Mitarbeiter weiterbeschäftigt werden könnte, sind nicht vorhanden. Eine Sozialauswahl war nicht vorzunehmen, weil vergleichbare Mitarbeiter nicht vorhanden sind.
Der Betriebsrat wird daher gebeten, der ordentlichen Beendigungskündigung zuzustimmen[10].

Mit freundlichen Grüßen
......
Unterschrift des Arbeitgebers
(Vor- und Nachname, Funktion)

[Auf Briefkopie]

Ich bestätige hiermit, dieses Anhörungsschreiben am ......[11] erhalten zu haben.

......

Ort, Datum

......

Unterschrift des Betriebsratsvorsitzenden

Schrifttum: Bader, Die Anhörung des Betriebsrats – eine Darstellung anhand der neueren Rechtsprechung, NZA-RR 2000, 57; *Berkowsky*, Die Unterrichtung des Betriebsrats bei Kündigungen durch den Arbeitgeber, NZA 1996, 1065; *Busemann*, Die arbeitsgerichtliche Prüfung der Anhörung des Betriebsrats gemäß § 102 BetrVG, NZA 1987, 581; *Ettwig*, Typische Probleme bei der Betriebsratsanhörung nach § 102 BetrVG, FA 1998, 234; *ders.*, Mögliche Verhaltensweisen des Betriebsrats bei einer Anhörung nach § 102 BetrVG und deren Folgen, FA 1998, 274; *Hohmeister*, Die ordnungsgemäße Anhörung des Betriebsrats gemäß § 102 BetrVG als Wirksamkeitsvoraussetzung für eine Kündigung, NZA 1991, 209; *ders.*, Die Beteiligung des Betriebsrats bei unter Vorbehalt angenommener Änderungskündigung, BB 1994, 1777; *Hümmerich*, Verfestigte Rechtsprechung zur Betriebsratsanhörung nach § 102 BetrVG, RdA 2000, 345; *Kutzki*, Betriebsratsanhörung: Was muss der Arbeitgeber beachten? AuA 2000, 52; *ders.*, Fehler bei der Betriebsratsanhörung und deren Vermeidung anhand von praktischen Anwendungsfällen, ZTR 1999, 491; *Mühlhausen*, Das Bestreiten der Betriebsratsanhörung mit Nichtwissen, NZA 2002, 644; *Oppertshäuser*, Anhörung des Betriebsrats zur Kündigung und Mitteilung der Sozialdaten, NZA 1997, 920; *Rinke*, Anhörung des Betriebsrats: Vorgezogenes Kündigungsschutzverfahren? NZA 1998, 77; *Stück*, Kündigung durch den Arbeitgeber – die häufigsten Fehler bei der Betriebsratsanhörung, MDR 2000, 1053; *Zumkeller*, Die Anhörung des Betriebsrats bei der Kündigung von Ersatzmitgliedern – Unter besonderer Berücksichtigung des Verhältnisses des § 103 BetrVG zu § 102 BetrVG, NZA 2001, 823.

Anmerkungen

1. Anhörungspflicht. Die Beteiligung des Betriebsrats nach § 102 BetrVG dient vor allem dem Zweck, ihm Gelegenheit zu geben, seine Überlegungen zur Kündigungsabsicht des Arbeitgebers vorzubringen und auf dessen Kündigungsentschluss Einfluss zu nehmen (BAG Urt. v. 27. 11. 2003 – 2 AZR 654/02 – AP Nr. 136 zu § 102 BetrVG; BAG Urt. v. 8. 4. 2003 – 2 AZR 515/02 – AP Nr. 133 zu § 102 BetrVG 1972; BAG Urt. v. 16. 1. 2003 – 2 AZR 707/01 – NZA 2003, 927). In der Praxis wird die Bedeutung der Anhörung des Betriebsrats für die Wirksamkeit einer Kündigung häufig unterschätzt. Kündigungen sind über den Wortlaut des Gesetzes hinaus nicht nur bei fehlender (vgl. § 102 Abs. 1 S. 3 BetrVG), sondern auch bei nicht ordnungsgemäßer Anhörung des Betriebsrats **unheilbar nichtig** (BAG Urt. v. 27. 11. 2003 – 2 AZR 654/02 – AP Nr. 136 zu § 102 BetrVG 1972; BAG Urt. v. 16. 1. 2003 – 2 AZR 707/01 – NZA 2003, 927; BAG Urt. v. 16. 5. 2002 – 8 AZR 319/01 – NZA 2003, 93; BAG Urt. v. 22. 9. 1994 – 2 AZR 31/94 – NZA 1995, 363). Die Rechtsprechung stellt hohe Anforderungen an eine ordnungsgemäße Betriebsratsanhörung. Diese Anforderungen stehen nicht zur Disposition der Betriebsparteien. Mit anderen Worten: Dem Arbeitgeber hilft eine Bestätigung des Betriebsratsvorsitzenden, die Anhörung sei **aus seiner Sicht ordnungsgemäß** erfolgt, nicht. Vielmehr prüft das Arbeitsgericht auf Rüge des Arbeitnehmers hin im Kündigungsschutzprozess, ob der Arbeitgeber alle diesbezüglichen Voraussetzungen eingehalten hat. Auf die Frage, ob sich der Betriebsrat im Einzelfall vielleicht (subjektiv) richtig angehört fühlt, kommt es deshalb nicht an. Auch liegt es nicht im erstrangigen Interesse des Arbeitgebers, den Betriebsrat von der Wirksamkeit der Kündigung zu überzeugen und dessen Zustimmung zur Kündigung zu erlangen. Welche Ansicht der Betriebsrat im Hinblick auf die Kündigung vertritt, ist **für deren Wirksamkeit irrelevant.** Entscheidend ist allein, dass dem Arbeitgeber eine ordnungsgemäße, lückenlose und damit unangreifbare Anhörung des Betriebsrats gelingt.

2. Mitteilungsempfänger. Häufig wird der Betriebsrat einer Gesellschaft angeschrieben (z. B. „Betriebsrat der ...... GmbH"). Einen solchen Betriebsrat gibt es nicht, denn Betriebsräte werden ausschließlich **in Betrieben** und nicht bei Gesellschaften gewählt. Selbst wenn das Unternehmen nur einen einzigen Betrieb hat, ist der Betriebsrat daher stets unter dem Betrieb, für den er zuständig ist, zu bezeichnen.

Der Arbeitgeber muss dem **zuständigen Betriebsrat** Mitteilung machen. Oft ist der zuständige Betriebsrat nicht leicht zu ermitteln, z. B. bei verwobenen Betriebsstrukturen, wechselnden Einsatzorten des Arbeitnehmers o. ä. Der Arbeitgeber hört dann meist das Gremium an, das nach (seiner) rechtlichen Würdigung (wohl) zuständig ist. Es erfordert aber nur geringen Aufwand, alle möglicherweise zuständigen Betriebsräte über die Kündigungsabsicht zu informieren. Dabei sollte klargestellt werden, welcher Betriebsrat aus Sicht des Arbeitgebers zuständig ist. Die übrigen Betriebsräte sollten dann mit entsprechendem Hinweis lediglich vorsorglich angehört werden. Dieses Vorgehen hat den Vorteil, dass jegliche Diskussion über die Zuständigkeit des Betriebsrats vermieden wird. Nachteile sind hiermit praktisch nicht verbunden, denn eine Zustimmung irgendeines der unterrichteten Gremien ist – wie gesagt – nicht erforderlich. Der Arbeitgeber muss lediglich eine abschließende Stellungnahme bzw. den Ablauf der hierfür bestehenden Frist abwarten (vgl. Anm. 10).

Zuständiger Informationsempfänger ist grundsätzlich der **Betriebsratsvorsitzende** (§ 26 Abs. 2 S. 2 Alt. 1 BetrVG), ausnahmsweise dessen Stellvertreter im Fall der Verhinderung des Betriebsratsvorsitzenden (§ 26 Abs. 2 S. 2 Alt. 2 BetrVG). Hat der Betriebsrat einen Betriebs- oder Personalausschuss gebildet und diesem die Beteiligungsrechte bei Kündigungen übertragen (vgl. §§ 27 Abs. 3, 28 BetrVG), dann ist der Ausschussvorsitzende zur Entgegennahme der Mitteilung berechtigt. Sowohl der Betriebsrat als auch der Ausschuss können auch ein anderes Betriebsratsmitglied zur Entgegennahme ermächtigen. Sollte kein zur Entgegennahme Berechtigter vorhanden sein (z. B. wegen Urlaubs), so ist jedes Betriebsratsmitglied berechtigt und verpflichtet, die Mitteilung des Arbeitgebers entgegenzunehmen (BAG Urt. v. 27. 6. 1985 – 2 AZR 412/84 – NZA 1986, 426; BAG Urt. v. 4. 8. 1975 – 2 AZR 266/74 – BB 1975, 1435). Der Arbeitgeber sollte sich daher bei beabsichtigten Kündigungen (z. B. im Rahmen von Reorganisationsmaßnahmen) versichern, dass die zuständigen Gremienvertreter im Betrieb erreichbar sind oder diese zumindest für eine Vertretungsregelung gesorgt haben.

3. Ort und Zeitpunkt der Mitteilung. Das Formular geht von dem Regelfall aus, dass sich der Mitteilungsempfänger im Betrieb befindet und ihm das Anhörungsschreiben während des Arbeitstages persönlich übergeben wird. Denn das Anhörungsverfahren ist grundsätzlich **während der Arbeitszeit** und **in den Betriebsräumen** einzuleiten. Wird außerhalb der Arbeitszeit oder außerhalb der Betriebsräume Mitteilung gemacht, so ist dies nur dann unschädlich, wenn der zuständige Mitteilungsempfänger (i. d. R. der Betriebsratsvorsitzende) die Erklärung widerspruchslos entgegennimmt (BAG Urt. v. 27. 8. 1982 – 7 AZR 30/80 – NJW 1983, 2835). Hierauf sollte sich der Arbeitgeber nicht verlassen.

4. Vorsorgliche Anhörung. Die Alternative im Formular ist für den Fall aufgenommen worden, dass eine Betriebsratsanhörung nur vorsorglich erfolgen muss. Ein Beispiel wurde bereits in Anm. 2 genannt. Wenn die **Zuständigkeit des Betriebsrats fraglich** ist, sollten Betriebsratsgremien, die der Arbeitgeber nicht für zuständig hält, vorsorglich angehört werden. Sehr praxisrelevant ist die vorsorgliche Betriebsratsanhörung bei beabsichtigter Kündigung eines **leitenden Angestellten.** Leitende Angestellte i. S. d. BetrVG unterfallen nicht der Zuständigkeit des Betriebsrats (vgl. § 5 Abs. 3, 4 BetrVG). Für sie ist grundsätzlich der Sprecherausschuss zuständig. Dieser ist vor Ausspruch einer Kündigung nach denselben Grundsätzen anzuhören (§ 31 Abs. 2 SprAuG). Hinsichtlich der Kriterien, die für die Eigenschaft als leitender Angestellter i. S. d. § 5 Abs. 3, 4 BetrVG vorliegen müssen, existiert umfangreiche Judikatur.

Die unternehmensinterne Bezeichnung von Mitarbeitern als „leitende Angestellte" deckt sich **nur sehr selten** mit der Begriffsbestimmung des BetrVG. Häufig werden Mitarbeiter unternehmensintern als leitende Angestellte geführt und auch so behandelt, obwohl sie im betriebsverfassungsrechtlichen Sinn **keine leitenden Angestellten sind.** Ein weit verbreiteter Fehler ist es, vor Ausspruch einer Kündigung gegenüber derartigen „leitenden Angestellten" ausschließlich den Sprecherausschuss oder – soweit ein solcher nicht vorhanden ist – überhaupt kein Gremium anzuhören. Das eröffnet dem (vermeintlich) leitenden Angestellten die Möglichkeit einer Rüge nicht ordnungsgemäßer Anhörung des Betriebsrats im Rahmen des Kündigungsschutzprozesses. Selbst wenn der Arbeitnehmer im konkreten Fall auch als leitender Angestellter i. S. d. BetrVG anzusehen ist, muss der Arbeitgeber dann im Rahmen des Kündigungsschutzprozesses eine umfangreiche Diskussion über den Status des Mitarbeiters führen und hierfür gegebenenfalls extensiven Sachvortrag unter Beweisantritt leisten. Im Ergebnis wird also ein Prozessrisiko geschaffen und die Position des Arbeitgebers für Vergleichsverhandlungen erschwert. All dies lässt sich schlicht dadurch vermeiden, dass der Betriebsrat bei der Kündigung leitender Angestellter stets vorsorglich angehört wird. Ein echtes Hemmnis für die Kündigung ergibt sich hieraus nicht, da es auf den Inhalt der abschließenden Stellungnahme des Betriebsrats, der sich häufig ohnehin für unzuständig erklären wird, nicht ankommt. Praktische Einwände, ein solches Vorgehen sei im Unternehmen „unüblich", sind vor dem Hintergrund der geschilderten rechtlichen Risiken nicht durchschlagend. Dasselbe gilt für die Behauptung, mit der vorsorglichen Anhörung werde der Einwand nicht ordnungsgemäßer Betriebsratsanhörung erst provoziert bzw. der leitende Angestellte zur Erhebung weiterer Ansprüche veranlasst, die er sonst mit Rücksicht auf seinen Status nicht geltend gemacht hätte (z. B. Abfindungsansprüche aus Sozialplänen). Richtig ist vielmehr, dass der Arbeitgeber davon ausgehen muss, dass ein rechtlich gut beratener Mitarbeiter einer Führungsebene entsprechende Rügen bzw. Forderungen ohnehin erhebt.

5. Inhalt der Mitteilung: Daten zur Person. Eine Anhörungspflicht besteht bei allen Kündigungen gegenüber Arbeitnehmern, die zu der durch den Betriebsrat repräsentierten Belegschaft des Betriebes i. S. d. BetrVG gehören. Der Mitarbeiter muss also den **Arbeitnehmerbegriff des BetrVG** erfüllen (vgl. zu leitenden Angestellten Anm. 4). Außerdem muss er **dem Betrieb angehören.** Mitarbeiter im Außendienst oder „Home Office" sind deshalb immer einem Betrieb – soweit ein solcher in Deutschland existiert – zuzuordnen. Ist die Zuordnung unklar, empfiehlt sich eine vorsorgliche Anhörung aller möglicherweise in Betracht kommenden Betriebsräte (vgl. Anm. 2 und 4).

Neben **Vor- und Nachnamen** des Mitarbeiters muss dessen **Alter** (z. B. durch Angabe des Geburtstags) mitgeteilt werden. Der Geburtsort muss nicht, kann aber angegeben werden. Grundsätzlich sind auch **Familienstand** und **Unterhaltspflichten** zu nennen. Die Rechtsprechung macht hierzu zwar die Einschränkung, dass Angaben zum Familienstand und zu Unterhaltsverpflichtungen nur erforderlich sind, wenn es nach Meinung des Arbeitgebers darauf – etwa im Rahmen der Sozialauswahl oder bei der Interessenabwägung – ankommt (BAG Urt. v. 15. 11. 2001 – 2 AZR 380/00 – NZA 2002, 971; BAG Urt. v. 16. 3. 2000 – 2 AZR 828/98 – NZA 2000, 1337). In diese Richtung geht auch ein Urteil des BAG zur Frage der Altersangabe. Demzufolge komme es „nicht auf das eine oder andere Jahr mehr oder weniger an", wenn der Arbeitgeber dem Alter keine ausschlaggebende Bedeutung beigemessen habe (BAG Urt. v. 15. 11. 1995 – 2 AZR 974/94 – NZA 1996, 419). An diesen Entscheidungen sollte sich der Arbeitgeber aber nicht orientieren. Vielmehr sollte er darauf achten, Familienstand, Unterhaltsverpflichtungen und Alter korrekt anzugeben.

6. Inhalt der Mitteilung: Art der Kündigung. Der Arbeitgeber muss den Betriebsrat über die Art der beabsichtigten Kündigung unterrichten: Beendigungs- oder Änderungskündigung, ordentliche oder außerordentliche Kündigung, fristlose Kündigung oder Kündigung unter Einhaltung einer Kündigungsfrist, Tatkündigung oder Verdachtskündigung, gegebenenfalls vorsorgliche Kündigung. Ein Anhörungsverfahren kann grundsätzlich nur für die Kündigung Wirksamkeit entfalten, für die es eingeleitet worden ist. Kündigt der Arbeitgeber (vorsorglich) erneut, so ist der Betriebsrat vor Ausspruch der erneuten vorsorglichen Kündigung auch erneut zu hören (BAG Urt. v. 31. 1. 1996 – 2 AZR 273/95 – NZA 1996, 649). Die Anhörung zu einer außerordentlichen Kündigung umfasst nicht zugleich auch die Anhörung zu einer ordentlichen Kündigung. Bei unterlassener Anhörung zur ordentlichen Kündigung kann eine unwirksame außerordentliche Kündigung daher nur dann in eine wirksame ordentliche Kündigung umgedeutet werden (vgl. § 140 BGB), wenn der Betriebsrat der außerordentlichen Kündigung ausdrücklich und vorbehaltlos zugestimmt hat. Die Umdeutungsproblematik kann der Arbeitgeber vermeiden, wenn er jede außerordentliche fristlose Kündigung **mit einer vorsorglichen ordentlichen Kündigung** verbindet und für beide Kündigungen **separate Anhörungsverfahren** (gegebenenfalls zeitgleich) einleitet. Ein solches Vorgehen ist ohnehin empfehlenswert.

7. Inhalt der Mitteilung: Betriebszugehörigkeit u. a. Zu den „kündigungsrelevanten Grunddaten" hinsichtlich der Person des Arbeitnehmers gehört dessen **Betriebszugehörigkeit** (nach Eintritt und Dauer) einschließlich etwaiger vorangegangener Arbeitsverhältnisse, wenn der Arbeitnehmer im Wege des Betriebsübergangs nach § 613a BGB gekommen ist. Von einer derartigen Konstellation geht das Formular aus. Die **Funktion/Position** im Unternehmen muss angegeben werden. Über das **Brutto-Monatsgehalt** einschließlich sonstiger Vergütungsbestandteile kann, muss aber nicht informiert werden. Angegeben werden müssen Umstände, die **Sonderkündigungsschutz** auslösen (z. B. Schwerbehinderung, Schwangerschaft, Betriebsratszugehörigkeit, Mutterschutz, Wehrpflicht, Elternzeit). Wenn insoweit eine Kündigung nach behördlicher Zustimmung zulässig ist, muss auch über Beantragung oder Vorliegen der behördlichen Zustimmung unterrichtet werden.

8. Inhalt der Mitteilung: Kündigungsfrist und -termin. Kündigungsfrist ist der Zeitraum, der zwischen Zugang der Kündigung und intendiertem Ende des Arbeitsverhältnisses mindestens liegen muss. **Kündigungstermin** ist der Zeitpunkt, zu dem die Kündigung frühestens wirksam werden kann. Der Arbeitgeber muss dem Betriebsrat sowohl Kündigungsfrist als auch Kündigungstermin (nach Einzelarbeitsvertrag, Betriebsvereinbarung, Tarifvertrag oder Gesetz) mitteilen. Da er aber i. d. R. keine sichere Kenntnis davon hat, zu welchem Zeitpunkt genau die Kündigung zugehen wird, genügt es, wenn er die maßgebliche Kündigungsfrist und das **voraussichtliche** Vertragsende bzw. Ende der bisherigen Arbeitsbedingungen (bei Änderungskündigung), d. h. den **in Aussicht genommenen** Kündigungstermin mitteilt (BAG Urt. v. 24. 10. 1996 – 2 AZR 895/95 – NZA 1997, 373; BAG Urt. v. 15. 12. 1994 – 2 AZR 327/94 – NZA 1995, 521; BAG Urt. v. 29. 1. 1986 – 7 AZR 257/84 – NZA 1987, 32). Wird beabsichtigt, eine außerordentliche Kündigung nicht fristlos, sondern unter Gewährung einer **Auslauffrist** auszusprechen, so gehört zur ordnungsgemäßen Unterrichtung des Betriebsrats auch die Information darüber, dass die außerordentliche Kündigung mit Auslauffrist ausgesprochen werden soll (BAG Urt. v. 29. 8. 1991 – 2 AZR 59/91 – NZA 1992, 416).

9. Inhalt der Mitteilung: Kündigungsgrund. Mitzuteilen sind die „Gründe für die Kündigung" (§ 102 Abs. 1 S. 2 BetrVG). Der Arbeitgeber muss dem Betriebsrat aber (nur) diejenigen Gründe mitteilen, die nach seiner subjektiven Sicht die Kündigung rechtfertigen und für seinen Kündigungsentschluss maßgeblich sind; sog. **Grundsatz der subjektiven Determinierung** (BAG Urt. v. 13. 5. 2004 – 2 AZR 329/03 – NZA 2004, 1037; BAG Urt. v. 11. 12. 2003 – 2 AZR 536/02 – AP Nr. 138 zu § 102 BetrVG; BAG Urt. v. 15. 3. 2001 – 2 AZR 141/00 – NJW 2002, 459; BAG Urt. v. 27. 2. 1997 – 2 AZR 302/96 – NZA 1997, 761). Der Arbeitgeber darf die Kündigungsgründe **nicht nur pauschal, schlagwort- oder stichwortartig** bezeichnen. Vielmehr muss er den als maßgebend erachteten Sachverhalt unter Angabe von Tatsachen, aus denen der Kündigungsentschluss hergeleitet wird, näher so beschreiben, dass der Betriebsrat ohne zusätzliche eigene Nachforschungen in die Lage versetzt wird, die Stichhaltigkeit der Kündigungsgründe zu prüfen, um sich über eine Stellungnahme schlüssig zu werden (BAG Urt. v. 13. 5. 2004 – 2 AZR 329/03 – NZA 2004, 1037; BAG Urt. v. 11. 12. 2003 – 2 AZR 536/02 – AP Nr. 138 zu § 102 BetrVG 1972; BAG Urt. v. 17. 2. 2000 – 2 AZR 913/98 – NZA 2000, 761; BAG Urt. v. 12. 8. 1999 – 2 AZR 748/98 – NZA 1999, 1267; BAG Urt. v. 22. 9. 1994 – 2 AZR 31/94 – NZA 1995, 363 m. Anm. *Boecken* SAE 1996, 28; BAG Urt. v. 18. 5. 1994 – 2 AZR 920/93 – NZA 1995, 24). Der Arbeitgeber kommt seiner Pflicht zur Unterrichtung des Betriebsrats nicht nach, wenn er aus seiner Sicht dem Betriebsrat **bewusst unrichtige oder unvollständige** Sachdarstellungen unterbreitet oder einen für die Entschließung des Betriebsrats wesentlichen Umstand verschweigt, damit sich die Kündigungsgründe als möglichst überzeugend darstellen (BAG Urt. v. 13. 5. 2004 – 2 AZR 329/03 – NZA 2004, 1037; BAG Urt. v. 27. 9. 2001 – 2 AZR 176/00 – NZA 2002, 1277; BAG Urt. v. 9. 3. 1995 – 2 AZR 461/94 – NZA 1995, 678). Tatsachen, die dem Betriebsrat **bereits bekannt** sind, muss der Arbeitgeber zwar nicht mitteilen. Er muss aber selbst dann, wenn der Betriebsrat alles weiß, was der Arbeitgeber weiß, zumindest über den kündigungsrechtlich relevanten Tatsachenkomplex informieren, auf den die Kündigung gestützt wird (BAG Urt. v. 11. 12. 2003 – 2 AZR 536/02 – AP Nr. 138 zu § 102 BetrVG). Es ist ohnehin empfehlenswert, sich nicht auf eine (vermeintliche) Kenntnis des Betriebsrats zu verlassen, sondern vorsorglich auch solche Umstände noch einmal vorzutragen, die dem Betriebsrat bereits bekannt sein sollten.

Gesichert ist, dass die Pflicht zur Anhörung des Betriebsrats vor Ausspruch einer Kündigung auch dann besteht, wenn der Mitarbeiter mangels Erfüllung der Sechs-Monats-Frist (vgl. § 1 Abs. 1 KSchG) noch **keinen allgemeinen Kündigungsschutz** genießt (BAG Urt. v. 3. 12. 1998 – 2 AZR 234/98 – NZA 1999, 477). Der Arbeitgeber stellt sich dann natürlich zu Recht die Frage, welche Gründe er gegenüber dem Betriebsrat angeben muss bzw. kann, wenn er doch nach der Konzeption des Kündigungsrechts in diesem Zeitraum überhaupt keine Gründe für die Kündigung benötigt. Das BAG hat dies wie folgt beantwortet: Wenn der Arbeitgeber in den ersten sechs Monaten des Arbeitsverhältnisses keinen durch Tatsachen konkretisierbaren Kündigungsgrund hat, genügt es, wenn er dem Betriebsrat seine subjektiven Wertungen mitteilt, die ihn zur Kündigung veranlassen (BAG Urt. v. 3. 12. 1998 – 2 AZR 234/98 – NZA 1999, 477). Beispiel: „Nach unserer Einschätzung genügt Herr ...... den Anforderungen nicht."

Vor Ausspruch der Kündigung kann der Arbeitgeber seine Informationen gegenüber dem Betriebsrat jederzeit **ergänzen**. Dies kann allerdings dazu führen, dass die Frist zur Stellungnahme für den Betriebsrat neu zu laufen beginnt (BAG Urt. v. 6. 2. 1997 – 2 AZR 265/96 – NZA 1997, 656). Die Unterrichtung des Betriebsrats ist auch dann noch ordnungsgemäß, wenn der Betriebsrat die notwendigen Informationen im Zuge der Anhörung **auf Nachfrage** vom Arbeitgeber erhält. Voraussetzung ordnungsgemäßer Anhörung ist also nicht, dass der Arbeitgeber die Informationen aus eigenem Antrieb erteilt. Dagegen ist die Anhörung nicht ordnungsgemäß, wenn sich der Betriebsrat die notwendigen Informationen **anderweitig selbst beschafft** hat (BAG Urt. v. 6. 2. 1997 – 2 AZR 265/96 – NZA 1997, 656).

Ausgehend von den vorstehend geschilderten Grundsätzen muss der Arbeitgeber detailliert zum **personen-, verhaltens- oder betriebsbedingten ordentlichen oder außerordentlichen Kündigungsgrund** vortragen. Nach der Rechtsprechung des BAG sind dabei zwar nicht dieselben Anforderungen zu stellen, wie an die Darlegungslast im Kündigungsschutzprozess. Diese Ausführungen des BAG beziehen sich aber nur auf den Grundsatz der subjektiven Determinierung. Denn soweit ein bestimmter Sachverhalt aus (subjektiver) Sicht des Arbeitgebers die Kündigung rechtfertigt, müssen dem Betriebsrat all die Tatsachen mitgeteilt werden, die zur sozialen Rechtfertigung der ordentlichen Kündigung bzw. zur Annahme eines wichtigen Grundes für die außerordentliche Kündigung erforderlich sind. Anderenfalls kann der Arbeitgeber diese Tatsachen im Kündigungsschutzprozess nicht mehr zur Begründung der Kündigung heranziehen (BAG Urt. v. 27. 2. 1992 – 2 AZR 302/96 – NZA 1997, 761). **Die Rechtsprechung fordert** vom nicht juristisch vorgebildeten Arbeitgeber daher **fast Unmögliches:** Er muss zu den Tatbestandsvoraussetzungen, die für die soziale Rechtfertigung bzw. den wichtigen Grund entwickelt wurden, im Einzelnen Stellung nehmen. Diese Tatbestandsvoraussetzungen, die der Prozessbevollmächtigte des Arbeitgebers im nachfolgenden Kündigungsschutzprozess im Rahmen der Klageerwiderung zur Verteidigung der Kündigung vorbringen wird, kennt der Arbeitgeber im Zweifel nicht. Da sich das Anhörungsverfahren gemäß § 102 BetrVG infolge der BAG-Rechtsprechung damit im Ergebnis als Verfahren einer **„vorweggenommenen Klageerwiderung"** darstellt, ist fundierte Rechtskenntnis hier praktisch unverzichtbar. Die dem Formular zugrunde liegende Fallgestaltung geht von einer denkbar einfachen Konstellation eines **betriebsbedingten Kündigungsgrundes** bei ordentlicher Kündigung aus. Die Anforderungen an den entsprechenden Sachvortrag und ihre Entsprechung im Formular sehen wie folgt aus: Der Arbeitgeber muss zunächst zum **betrieblichen Erfordernis** vor-

1. Anhörung des Betriebsrats nach § 102 BetrVG

tragen. Er hat die innerbetriebliche oder außerbetriebliche Ursache für die Kündigung und die hierauf beruhende unternehmerische Entscheidung darzulegen. Dabei muss er zum Wegfall des Weiterbeschäftigungsbedürfnisses hinsichtlich des Arbeitnehmers Stellung nehmen. Im Einzelnen ist zu schildern, inwiefern der Arbeitsplatz weggefallen ist bzw. das Weiterbeschäftigungsbedürfnis nicht mehr besteht und inwiefern dies auf der inner- oder außerbetrieblichen Ursache beruht; sog. Kausalität. Das im Formular genannte Projekt „Marketing-Strategie Südbayern" stellt wegen der damit verbundenen Schließung von vier Layout-Abteilungen eine innerbetriebliche Reorganisationsmaßnahme dar. Diese fällt mit der unternehmerischen Entscheidung, die im Januar 2005 getroffen wurde, zusammen. Es wird konkret dargestellt, dass die Abteilung, in der der Arbeitnehmer beschäftigt ist, zum 30. September 2005 geschlossen wird und deshalb sein Arbeitsplatz entfallen wird. Der Arbeitgeber hat darüber hinaus zur **Dringlichkeit** des betrieblichen Erfordernisses vorzutragen. Er hat darzulegen, warum mildere Mittel nicht in Betracht kommen. Im Formular wird pauschal vorgetragen, dass anderweitige freie, vergleichbare und zumutbare Arbeitsplätze für den Arbeitnehmer nicht vorhanden sind. Nach der Rechtsprechung genügt der Arbeitgeber seiner Anhörungspflicht in diesen Fällen bereits durch den Hinweis auf fehlende Weiterbeschäftigungsmöglichkeiten. Wenn aber der Betriebsrat vor Einleitung des Anhörungsverfahrens Auskunft über weitere Beschäftigungsmöglichkeiten für den zu kündigenden Arbeitnehmer auf einem konkreten, kürzlich frei gewordenen Arbeitsplatz verlangt, so muss der Arbeitgeber dem Betriebsrat mitteilen, warum aus seiner Sicht eine Weiterbeschäftigung des Arbeitnehmers auf diesem Arbeitsplatz nicht möglich ist. Der lediglich pauschale Hinweis entsprechend dem Formular reicht dann nicht aus (BAG Urt. v. 17. 2. 2000 – 2 AZR 913/98 – NZA 2000, 761). Schließlich muss der Arbeitgeber eine **fehlerfreie Sozialauswahl**, d. h. eine zutreffende Festlegung des auswahlrelevanten Arbeitnehmerkreises und eine ordnungsgemäße Ermittlung und Berücksichtigung der Sozialdaten darstellen. Das Formular geht wiederum von der sehr einfachen Situation aus, dass eine Sozialauswahl mangels vergleichbarer Mitarbeiter nicht vorzunehmen war. Der Arbeitgeber muss dann dem Betriebsrat auch keine Angaben zur Sozialauswahl machen, da eine solche nicht durchgeführt wurde (vgl. BAG Urt. v. 13. 5. 2004 – 2 AZR 329/03 – NZA 2004, 1037). Erfolgt dagegen eine Sozialauswahl, so muss der Arbeitgeber nicht nur die Sozialdaten aller in die Sozialauswahl einbezogenen Arbeitnehmer, sondern auch die Gründe seiner Auswahlentscheidung schildern. Er müsste darlegen, was ihn gerade zur Auswahl dieses Arbeitnehmers oder zur Herausnahme eines anderen Arbeitnehmers aus der Sozialauswahl wegen berechtigter betrieblicher Bedürfnisse veranlasst hat (vgl. BAG Urt. v. 7. 11. 1995 – 9 AZR 268/94 – NZA 1996, 380; BAG Urt. v. 26. 10. 1995 – 2 AZR 1026/94 – NZA 1996, 703; BAG Urt. v. 5. 10. 1995 – 2 AZR 1019/94 – NZA 1996, 644). Entsprechende Überlegungen gelten für die Schilderung des Kündigungsgrundes bei personen- oder verhaltensbedingter Kündigung. Auch insoweit muss das gesamte „**Prüfungsschema**" **für diese Kündigungen** wiedergegeben werden.

10. Beschlussfassung des Betriebsrats. Der Betriebsrat ist nach dem klaren Wortlaut des Gesetzes (vgl. **§ 102 Abs. 1 S. 1 BetrVG**) **vor** der Kündigung zu hören. Das bedeutet, dass das Anhörungsverfahren vor Abgabe der Kündigungserklärung beendet sein muss. Das Anhörungsverfahren ist beendet, wenn eine **abschließende Stellungnahme** des Betriebsrats vorliegt. Unschädlich ist, wenn der Arbeitgeber schon vor Einleitung oder vor Abschluss des Anhörungsverfahrens seinen Kündigungswillen abschließend gebildet hat, z. B. indem er eine vorgefertigte Kündigungserklärung bereits unterschrieben in der Schreibtischschublade verwahrt. Denn der Sinn und Zweck des Anhörungsverfahrens, auf den Kündigungswillen des Arbeitgebers gegebenenfalls doch noch Einfluss nehmen zu können, kann auch dann noch erreicht werden (BAG Urt. v. 28. 9. 1979 – 2 AZR 2/77 – NJW 1979, 2421; vgl. bereits BAG Urt. v. 28. 2. 1974 – 2 AZR 455/73 – AP Nr. 2 zu § 102 BetrVG 1972, 836 m. Anm. *Richardi*). Keinesfalls darf die Kündigungserklärung aber vor Abschluss des Anhörungsverfahrens abgegeben werden, d. h. den **Machtbereich des Arbeitgebers verlassen** haben (vgl. zur Übergabe an einen Kurierdienst vor Ablauf der Wochenfrist: BAG Urt. v. 8. 4. 2003 – 2 AZR 515/02 – AP Nr. 133 zu § 102 BetrVG 1972).

Für eine abschließende Stellungnahme des Betriebsrats gibt es **vier Möglichkeiten:** Der Betriebsrat kann der Kündigung **zustimmen**. Er kann unverzüglich, spätestens jedoch innerhalb von drei Tagen unter Angabe von Gründen (bei außerordentlicher Kündigung) bzw. innerhalb einer Woche unter Angabe von Gründen (bei ordentlicher Kündigung) schriftlich **Bedenken anmelden**. Er kann der Kündigung **widersprechen** (bei ordentlicher Kündigung) oder er kann sich **überhaupt nicht äußern**. Äußert er sich (bei außerordentlicher Kündigung) innerhalb von drei Tagen oder (bei ordentlicher Kündigung) innerhalb von einer Woche nicht, so gilt seine Zustimmung zur Kündigung als erteilt (§ 102 Abs. 2 S. 2, 3 BetrVG). Es wurde bereits gesagt, dass es für die Wirksamkeit der ausgesprochenen Kündigung irrelevant ist, welche der vier Varianten einer abschließenden Stellungnahme vorliegt. Entscheidend ist allein, **dass** eine abschließende Stellungnahme vorliegt, mithin das Ende des Anhörungsverfahrens abgewartet wurde. Daher kann z. B. auch ein Widerspruch des Betriebsrats gegen die Kündigung deren wirksamen Ausspruch nicht verhindern – er löst aber gegebenenfalls den betriebsverfassungsrechtlichen Weiterbeschäftigungsanspruch nach § 102 Abs. 5 BetrVG aus.

In der Praxis stellt sich häufig die Frage, ob eine Stellungnahme des Betriebsrats als in diesem Sinne „abschließende Stellungnahme" angesehen werden kann. Manchmal erhält der Arbeitgeber nur das Informationsschreiben zurück mit Unterschrift des Betriebsratsvorsitzenden, manchmal erklärt der Betriebsrat, er „gebe keine Stellungnahme ab". Letzteren falls stellt sich z. B. die eigentümliche Frage, ob die Erklärung, keine Stellungnahme abzugeben, eine abschließende Stellungnahme i. S. d. § 102 BetrVG darstellt. Rechtlich handelt es sich um eine Frage der **Auslegung der Erklärung.** Dabei kommt den Umständen des Einzelfalls, insbesondere der Übung des Betriebsrats, maßgebliche Bedeutung zu. Wenn der Betriebsrat mit einer entsprechenden Erklärung oder Verhaltensweise üblicherweise zum Ausdruck bringt, er wünsche keine Erörterung der Angelegenheit mehr, so liegt eine abschließende Stellungnahme vor (BAG Urt. v. 16. 1. 2003 – 2 AZR 707/01 – NZA 2003, 927). In Zweifelsfällen empfiehlt sich für den Arbeitgeber natürlich, vorsorglich den Ablauf der Wochenfrist (§ 102 Abs. 2 S. 2, 3 BetrVG) abzuwarten und die Kündigung erst dann auszusprechen – dies jedenfalls, wenn der Kündigungstermin dann noch gehalten werden kann.

Mängel bei der Beschlussfassung des Betriebsrats über die Kündigung fallen grundsätzlich in dessen Zuständigkeits- und Verantwortungsbereich und gehen nicht zu Lasten des Arbeitgebers; sog. **Sphärentheorie.** Dies gilt selbst dann, wenn der Arbeitgeber im Zeitpunkt der Kündigung weiß oder vermuten kann, dass das Verfahren des Betriebsrats nicht fehlerfrei verlaufen ist. Den Arbeitgeber trifft insoweit keine Nachforschungspflicht. Es genügt, dass er alles getan hat, um ein ordnungsgemäßes Anhörungsverfahren einzuleiten (BAG Urt. v. 16. 1. 2003 – 2 AZR 707/01 – NZA 2003, 927; BAG Urt. v. 15. 5. 1997 – 2 AZR 519/96 – NZA 1997, 1106; vgl. BAG Urt. v. 13. 6. 1996 – 2 AZR 402/95 – NZA 1997, 545). Die Anhörung wird aber dennoch in zwei Fällen als nicht ordnungsgemäß angesehen: Zum einen, wenn der Arbeitgeber den **Fehler des Betriebsrats durch unsachgemäßes Verhalten selbst veranlasst** hat; z. B. durch Drängen zu einer übereilten Stellungnahme oder Ausübung besonderen zeitlichen Drucks (BAG Urt. v. 16. 1. 2003 – 2 AZR 707/01 – NZA 2003, 927). Zum anderen, wenn **erkennbar nur eine persönliche Äußerung des Betriebsratsvorsitzenden** vorliegt; z. B. wenn der Betriebsratsvorsitzende im unmittelbaren Anschluss an die Mitteilung der Kündigungsabsicht durch den Arbeitgeber spontan seine Zustimmung zur Kündigung erklärt (BAG Urt. v. 28. 2. 1974 – 2 AZR 455/73 – AP Nr. 2 zu § 102 BetrVG 1972 m. Anm. *Richardi* – nicht aber, wenn zwischen Einleitung des Anhörungsverfahrens und abschließender Stellungnahme des Betriebsrats nur zwölf Minuten liegen, weil dieser Zeitraum „zumindest theoretisch" ausreicht, um einen entsprechenden Gremienbeschluss herbeizuführen; vgl. BAG Urt. v. 16. 1. 2003 – 2 AZR 707/01 – NZA 2003, 927). Liege erkennbar nur eine persönliche Äußerung des Betriebsratsvorsitzenden vor, so wisse der Arbeitgeber, dass sich der Betriebsrat als Gremium noch nicht mit der Angelegenheit befasst hat (BAG Urt. v. 15. 11. 1995 – 2 AZR 974/94 – NZA 1996, 419). In sich schlüssig ist diese Rechtsprechung nicht. Denn wenn die positive Kenntnis des Arbeitgebers von Fehlern bei der Beschlussfassung unschädlich ist, ist nicht einzusehen, warum die positive Kenntnis davon, dass überhaupt kein Beschluss gefasst worden ist, zur Fehlerhaftigkeit der Anhörung führen soll. Schließlich fällt der Entschluss des Betriebsratsvorsitzenden, sein Gremium zu übergehen, nicht in den Zuständigkeits- und Verantwortungsbereich des Arbeitgebers.

2. Anhörung des Betriebsrats nach § 102 BetrVG (Anhörungsbogen)   C. I. 2

11. Zeitpunkt der Mitteilung. Der Zeitpunkt des Beginns der Anhörung ist für den Lauf der Frist für eine abschließende Stellungnahme des Betriebsrats entscheidend. Er ergibt sich natürlich nicht aus der Datierung des Anhörungsschreibens, sondern erst aus der für den Nachweis des Zugangs empfehlenswerten **Empfangsbestätigung** durch den Betriebsratsvorsitzenden. Dort sollte das Datum des Erhalts vermerkt werden.

2. Anhörung des Betriebsrats nach § 102 BetrVG (Anhörungsbogen)

Anhörung des Betriebsrats gemäß § 102 BetrVG[1]		
Personaldaten		
Name, Vorname	Geburtsdatum	Personalnummer
Beruf/Tätigkeit	Abteilung	Eintrittsdatum
Sonstiges	Gehalt	Familienstand/Kinder
Kündigung/Begründung		
Dem/Der Mitarbeiter(in) soll	☐ ordentlich ☐ außerordentlich und fristlos, vorsorglich ordentlich mit einer Frist von .... zum .... gekündigt werden	
Begründung: *(Ausführungen zum Kündigungsgrund* *Hier z.B. auch Angaben zur sozialen Auswahl bei betriebsbedingter Kündigung: Sozialdaten, insbesondere Betriebszugehörigkeit, Alter, Unterhaltsverpflichtungen der vergleichbaren Arbeitnehmer)* Ergänzend verweisen wir auf unsere mündliche Unterrichtung vom		
Der Betriebsrat wird gebeten, zur	☐ ordentlichen Kündigung ☐ außerordentlichen, vorsorglich ordentlichen Kündigung Stellung zu nehmen.	
Ort, Datum	Unterschrift Arbeitgeber	

Stellungnahme des Betriebsrats	
Gegen die beabsichtigte	☐ ordentliche Kündigung ☐ außerordentliche, vorsorglich ordentliche Kündigung
haben wir ☐ keine Bedenken ☐ folgende Bedenken:	
☐ Wir erheben Widerspruch gemäß § 102 Abs. 3 BetrVG. Begründung:	
Ort, Datum	Unterschrift Betriebsrat

[Auf Briefkopie]

Ich bestätige hiermit, dieses Anhörungsschreiben am …… erhalten zu haben.

……

Ort, Datum

……

Unterschrift des Betriebsratsvorsitzenden

Schrifttum: S. Form. C. I. 1.

Anmerkungen

1. Gegenstand. Eine ausschließlich taktische Frage ist, ob die Anhörung **schriftlich oder mündlich** durchgeführt werden sollte. Denn das BAG überlässt dem Arbeitgeber die Wahl. Es hat entschieden, dass die Anhörung nicht einmal dann schriftlich bzw. unter Übergabe schriftlicher Unterlagen erfolgen muss, wenn der Kündigungssachverhalt ungewöhnlich komplex ist (BAG Urt. v. 6. 2. 1997 – 2 AZR 265/96 – NZA 1997, 656). Für eine schriftliche Anhörung spricht, dass hierdurch eine bei Gericht gut verwertbare Dokumentation geschaffen wird. Dagegen spricht, dass Arbeitnehmer im Kündigungsschutzprozess derartige Schreiben regelmäßig angreifen und eine Vielzahl darin (vermeintlich) enthaltener Fehler rügen, so dass ein neues Diskussionsfeld im Prozess eröffnet wird. Für eine mündliche Anhörung spricht, dass das Erfordernis vollständiger Information hierdurch besser gewährleistet wird („Redefluss"). Dagegen spricht, dass die Anhörung im Kündigungsschutzprozess nicht dokumentiert werden kann und sich der als Zeuge vernommene Betriebsratsvorsitzende nach gegebenenfalls langer Zeit i. d. R. nicht mehr wird daran erinnern können, welche Tatsachen ihm im Einzelnen vom Arbeitgeber zur Kenntnis gebracht wurden. Unseres Erachtens sollte i. d. R. ein „Mittelweg" beschritten werden. Für diesen Mittelweg ist das Formular konzipiert. Es verbindet schriftliche und mündliche Anhörung dergestalt, dass dem Betriebsrat ein Anhörungsbogen übergeben wird. In diesem Anhörungsbogen sind nur bestimmte Angaben (Personaldaten, generelle Angaben zur Kündigung) enthalten. Zur detaillierten Schilderung des Kündigungsgrundes wird auf eine mündliche Unterrichtung verwiesen, die dann natürlich auch so erfolgen muss. Eine derartige Kombination von schriftlicher und mündlicher Unterrichtung ist zulässig (vgl. BAG Urt. v. 5. 4. 2001 – 2 AZR 580/99 – NJW 2002, 698). Tatsächlich können so in gewisser Weise die Vorteile beider Unterrichtungsmöglichkeiten kombiniert werden. Die Ausführungen in Form. C. I. 1 zur (rein) schriftlichen Anhörung gelten demnach für die Anhörung unter Verwendung des Anhörungsbogens sinngemäß.

3. Antrag auf Zustimmung zur Einstellung (und Eingruppierung) nach § 99 BetrVG

[Briefkopf des Arbeitgebers]

Betriebsrat Betrieb ......
z. Hd. des Betriebsratsvorsitzenden[1]
Herrn ......
– im Hause[2] –

(*Alternative:* Vorsorglicher[3]) Antrag auf Zustimmung zur Einstellung (*Optional:* und Eingruppierung)

Bewerber: Herr ......

...... (Datum)

Sehr geehrter Herr ......,

die Gesellschaft beabsichtigt[4], Herrn ......, geboren am ...... in ......, ... (Familienstand), wohnhaft in ......[5], zum ...... einzustellen[6].
(*Optional:*
Die Eingruppierung soll in die Vergütungsgruppe ...... erfolgen[7].)
(*Optional:*
Die Gesellschaft geht davon aus, dass der Bewerber leitender Angestellter i.S.d. § 5 Abs. 3, 4 BetrVG ist. Demgemäß wurde die Einstellung dem Sprecherausschuss mitgeteilt. Die Unterrichtung des Betriebsrats und der Antrag auf dessen Zustimmung erfolgen daher nur höchst vorsorglich. Sie stellen zugleich die Mitteilung zur beabsichtigten Einstellung des leitenden Angestellten gemäß § 105 BetrVG dar[8].)

1. Die Position des Abteilungsleiters der Layout-Abteilung in der Zentrale Südbayern ist aufgrund des Ausscheidens von Herrn ...... neu zu besetzen. Herr ...... soll am ...... als neuer Abteilungsleiter der Layout-Abteilung in unserem Haus die Arbeit aufnehmen. Die Beschäftigung soll auf der Grundlage eines Arbeitsvertrags unbefristet (*Alternative:* befristet bis zum ......) als Vollzeittätigkeit (*Alternative:* Teilzeittätigkeit) mit einer wöchentlichen Arbeitszeit von ...... Stunden erfolgen[9].
2. Herr ...... wird Fach- und Disziplinarvorgesetzter der in der Layout-Abteilung beschäftigten Mitarbeiter. Weitere Auswirkungen, insbesondere auf die Mitarbeiter anderer Abteilungen der Zentrale Südbayern, hat die beabsichtigte Einstellung nicht[10].
3. Auf die zu besetzende Stelle haben sich außerdem folgende Personen beworben[11]:
...... (Personaldaten aller inner- und außerbetrieblichen Bewerber)
(*Alternative:*
3. Die Gesellschaft hat das Personalberatungsunternehmen ...... (Name des Unternehmens) mit der Personalsuche beauftragt. Dieses hat der Gesellschaft neben dem Bewerber, der eingestellt werden soll, noch folgende Bewerber vorgeschlagen: ...... (Personaldaten der vorgeschlagenen Bewerber[12]).)
4. Wir halten Herrn ...... für die Position des Abteilungsleiters Layout für besonders gut geeignet. Er hat ein betriebswirtschaftliches Studium absolviert (Dipl.-Kfm.) und bereits fünf Jahre Berufserfahrung als Leiter Marketing der ...... GmbH[13].
5. Anbei erhalten Sie für die Dauer von einer Woche Kopien der Bewerbungsunterlagen von Herrn ...... sowie der übrigen Bewerber zur Einsichtnahme. Den Unterlagen des Bewerbers wird zudem der anlässlich des Vorstellungsgesprächs ausgefüllte Personalfragebogen beigefügt. Auf Ihre Geheimhaltungspflicht (§ 99 Abs. 1 S. 3 Hs. 1 BetrVG) weisen wir ausdrücklich hin[14].

Der Betriebsrat wird gebeten, der Einstellung (*Optional:* und Eingruppierung) zuzustimmen[15].

Mit freundlichen Grüßen

......

Unterschrift des Arbeitgebers

Anlagen: genannt

[Auf Briefkopie]

Ich bestätige hiermit, diesen Antrag auf Zustimmung samt Anlagen (...... Bewerbungsmappen) am ......[16] erhalten zu haben.
Ich werde der Gesellschaft die Anlagen binnen einer Woche ab Erhalt des Antrags wieder zurückgeben.

......

Ort, Datum

......

Unterschrift des Betriebsratsvorsitzenden

Schrifttum: Grimm/Brock, Das Gleichbehandlungsgebot nach dem Arbeitnehmerüberlassungsgesetz und die Mitbestimmungsrechte des Betriebsrats des Entleiherbetriebs, DB 2003, 1113; *Hunold,* Fortentwicklung des Einstellungsbegriffs in der Rechtsprechung des BAG, NZA 1998, 1025; *Hey,* Individualanspruch und Mitbestimmung bei Eingruppierungen, BB 1995, 1587; *Notz,* Zur Vorlage der erforderlichen Bewerbungsunterlagen nach § 99 Abs. 1 S. 1 BetrVG 1972, BB 1996, 2566; *Reiserer,* Der Umfang der Unterrichtung des Betriebsrats bei Einstellungen, BB 1992, 2499; *Walle,* Betriebsverfassungsrechtliche Aspekte beim werkvertraglichen Einsatz von Fremdpersonal, NZA 1999, 518.

Anmerkungen

1. **Mitteilungsempfänger.** S. Form. C. I. 1 Anm. 2.
2. **Ort und Zeitpunkt der Mitteilung.** S. Form. C. I. 1 Anm. 3.
3. **Vorsorglicher Antrag.** S. Anm. 8.
4. **Zeitpunkt der Unterrichtung.** Nach dem Gesetz ist der Betriebsrat „vor" der Einstellung zu unterrichten (§ 99 Abs. 1 S. 1 Hs. 1 BetrVG). Die Zustimmung ist zu der „geplanten Maßnahme" einzuholen. Der richtige Zeitpunkt für die Unterrichtung erschließt sich daher nur über den Begriff der Einstellung. Eine Definition hierfür findet sich im BetrVG nicht. Die „Einstellung" ist **nicht gleichbedeutend mit dem Abschluss des Arbeitsvertrags.** Vielmehr kommt es auf das Rechtsverhältnis zum Arbeitgeber überhaupt nicht an (BAG Beschl. v. 20. 2. 2001 – 1 ABR 30/00 – NZA 2001, 1033). Eine mitbestimmungspflichtige Einstellung liegt vor, wenn die betreffende Person in den Betrieb des Arbeitgebers **eingegliedert** wird und dort weisungsgebundene Tätigkeiten verrichtet (BAG Beschl. v. 20. 2. 2001 – 1 ABR 30/00 – NZA 2001, 1033; BAG Beschl. v. 20. 4. 1993 – 1 ABR 59/92 – NZA 1993, 1096; BAG Beschl. v. 15. 4. 1986 – 1 ABR 44/84 – NJW 1986, 688). Maßgeblich ist die **tatsächliche Arbeitsaufnahme,** so dass eine Einstellung **vor, nach** oder **gleichzeitig** mit dem Abschluss des Arbeitsvertrags erfolgen kann. Grundsätzlich gilt folglich, dass der Betriebsrat vor tatsächlicher Arbeitsaufnahme unterrichtet werden muss. Allerdings hat das BAG eine beachtliche Ausnahme gemacht: Wenn der Arbeitsvertrag vor Beginn der Tätigkeit abgeschlossen werden soll – was die Regel sein sollte –, so ist der Betriebsrat bereits **vor Abschluss des Arbeitsvertrags** zu unterrichten (BAG Beschl. v. 28. 4. 1992 – 1 ABR 73/91 – NZA 1992, 1141). Das BAG will damit einer für den Arbeitgeber prekären Situation Rechnung tragen. Trotz verweigerter Zustimmung des Betriebsrats bleibt der Arbeitsvertrag wirksam (BAG Urt. v. 5. 4. 2001 – 2 AZR 580/99 – NJW 2002, 698). Die fehlende Zustimmung des Betriebsrats begründet aber ein betriebsverfassungsrechtliches Beschäftigungsverbot, wenn der Betriebsrat ein Verfahren auf Aufhebung der personellen Maßnahme anstrengt (vgl. § 101 BetrVG). Aufgrund des wirksamen Arbeitsvertrags müsste der Arbeitgeber seinem Mitarbeiter daher die **Vergütung bezahlen,** ohne ihn beschäfti-

3. Antrag auf Zustimmung zur Einstellung C. I. 3

gen zu können; dies jedenfalls so lange, bis eine Kündigung wirksam würde. Diese Situation sollte in der Praxis strikt vermieden werden. Hierzu muss der Arbeitgeber Folgendes tun: Zum einen muss er – in Übereinstimmung mit der geschilderten BAG-Rechtsprechung – bereits vor Abschluss des Arbeitsvertrags den Betriebsrat unterrichten und den Antrag auf Zustimmung stellen. Da der Betriebsrat zur Entscheidung über die Erteilung bzw. Verweigerung der Zustimmung eine Woche Zeit hat (vgl. § 99 Abs. 3 S. 1 BetrVG), sollte die Vorlauffrist mindestens eine Woche vor Vertragsschluss betragen. Wenn dann die Zustimmung verweigert wird, kann der Arbeitgeber noch von folgender Möglichkeit Gebrauch machen: Er kann den Arbeitsvertrag unter die aufschiebende Bedingung stellen, dass der Betriebsrat nachträglich seine Zustimmung doch noch erteilt oder die verweigerte Zustimmung in einem arbeitsgerichtlichen Verfahren (vgl. § 99 Abs. 4, § 100 Abs. 2 S. 3 BetrVG) ersetzt wird. Eine solche Bedingung ist sachlich begründet und damit zulässig. Ob sich der Bewerber auf einen entsprechenden Arbeitsvertrag einlässt, ist natürlich eine andere Frage.

5. Personaldaten. Der Arbeitgeber muss dem Betriebsrat alle Personaldaten zum Bewerber mitteilen, die Rückschlüsse auf die fachliche und persönliche Eignung des Bewerbers zulassen, da diese für den Betriebsrat im Zuge seiner Willensbildung über die Erteilung bzw. Verweigerung der Zustimmung erforderlich sein können. Das sind jedenfalls **Vor- und Nachname, Alter und Familienstand** (LAG Düsseldorf Urt. v. 25. 1. 1990 – 13 Sa 510/89 – LAGE Nr. 33 zu § 99 BetrVG 1972). Der **Arbeitsvertrag** selbst muss allerdings **nicht** vorgelegt werden (BAG Beschl. v. 18. 10. 1998 – 1 ABR 33/87 – NZA 1989, 355). Bezüglich der weiteren Informations- und Vorlagepflichten s. Anm. 13 und 14.

6. Art der personellen Maßnahme: Einstellung. Es ist selbstverständlich, dass dem Betriebsrat mitzuteilen ist, ob eine Einstellung, Eingruppierung, Umgruppierung oder Versetzung beabsichtigt ist und zu welchem Zeitpunkt die Maßnahme umgesetzt werden soll. Das Formular geht vom Grundfall einer **Einstellung** aus, bei der der Bewerber auf Basis eines Arbeitsvertrags erstmalig im Betrieb beschäftigt werden soll. Der Begriff der Einstellung (s. hierzu bereits Anm. 4) umfasst aber eine **Vielzahl von Fallgestaltungen**, u. a. die Umwandlung eines Teilzeitarbeitsverhältnisses in ein Vollzeitarbeitsverhältnis (vgl. BVerwG Beschl. v. 2. 6. 1993 – 6 P 3/92 – NVwZ 1994, 1220), die Aufnahme einer Teilzeittätigkeit während der Elternzeit (BAG Beschl. v. 28. 4. 1998 – 1 ABR 63/97 – NZA 1998, 1352), die Beschäftigung zur Berufsausbildung (BAG Beschl. v. 20. 4. 1993 – 1 ABR 59/92 – NZA 1993, 1096) und die Verlängerung befristeter Arbeitsverhältnisse in Arbeitsverhältnisse auf unbestimmte Zeit (BAG Beschl. v. 7. 8. 1990 – 1 ABR 68/89 – NZA 1991, 150). Allerdings ist der Betriebsrat bei Überführung eines befristeten Probearbeitsverhältnisses in ein unbefristetes Arbeitsverhältnis nicht zu beteiligen, wenn ihm bereits vor der Aufnahme des befristeten Probearbeitsverhältnisses mitgeteilt worden ist, dass der Arbeitnehmer bei Bewährung weiter beschäftigt werden soll (BAG Beschl. v. 7. 8. 1990 – 1 ABR 68/89 – NZA 1991, 150). Da die Einstellung auf die tatsächliche Arbeitsaufnahme im Betrieb abstellt (s. Anm. 4), liegt eine mitbestimmungspflichtige Maßnahme auch bei der Beschäftigung von Leiharbeitnehmern im Betrieb des Entleihers vor (§ 14 Abs. 3 S. 1 AÜG). Zwar sind Leiharbeitnehmer keine Arbeitnehmer des Entleiherbetriebs (BAG Beschl. v. 22. 3. 2000 – 7 ABR 34/98 – NZA 2000, 1119). Da aber auch sie in die Betriebsorganisation eingegliedert werden, schreibt § 14 Abs. 3 S. 1 AÜG eine Beteiligung des Betriebsrats nach § 99 BetrVG vor. Im Rahmen von Werk- oder Dienstverträgen selbständig Beschäftigte werden regelmäßig nicht in die Betriebsorganisation eingegliedert. In einem solchen Fall besteht folglich auch kein Mitbestimmungsrecht nach § 99 BetrVG (BAG Beschl. v. 5. 3. 1991 – 1 ABR 39/90 – NZA 1991, 686).

7. Art der personellen Maßnahme: Eingruppierung. Mit einer Einstellung geht häufig eine Eingruppierung einher. Auch diese ist gemäß § 99 BetrVG mitbestimmungspflichtig. Der Begriff „Eingruppierung" ist dem Tarifrecht entnommen und bedeutet die erstmalige Einordnung des Arbeitnehmers in die für ihn maßgebliche Lohn- oder Gehaltsgruppe eines beim Arbeitgeber geltenden Vergütungsschemas (BAG Beschl. v. 30. 10. 2001 – 1 ABR 8/01 – NZA 2002, 919). Entscheidend ist also, dass beim Arbeitgeber eine **Vergütungsordnung** existiert. Lohn- und Gehaltsgruppen einschlägiger Tarifverträge stellen eine solche Vergütungsordnung dar. Eine Vergütungsordnung kann aber auch in einer Betriebsvereinbarung enthalten oder einseitig vom Arbeitgeber vorgegeben sein (BAG Beschl. v. 28. 1. 1986 – 1 ABR 8/84 – NZA 1986, 536). Existiert ein solches Vergütungsschema im Unternehmen, so umfasst das Beteiligungsrecht des Betriebsrats auch die grundsätzliche Frage, welche etwa mehrerer Vergütungsordnungen anwendbar ist (BAG Beschl. v. 27. 6. 2000 – 1 ABR 36/99 – NZA 2001, 626; BAG Beschl. v. 27. 1. 1987 – 1 ABR 66/85 – NZA 1987, 489). Zugleich folgt hieraus, dass bei einer **individuellen Gehaltsvereinbarung** zwischen Arbeitgeber und Arbeitnehmer mangels Eingruppierung kein entsprechendes Mitbestimmungsrecht des Betriebsrats besteht. Denn es fehlt insoweit ein Vergütungsschema (BAG Beschl. v. 31. 5. 1983 – 1 ABR 57/80 – NJW 1984, 1143). Ein weit verbreitetes Missverständnis ist, dass dem Betriebsrat die **Gehaltshöhe** mitgeteilt werden müsse. Unter dem Gesichtspunkt der „Einstellung" ist dies schon deshalb nicht der Fall, weil Einstellung – wie gesagt – nur die tatsächliche Aufnahme der Beschäftigung und nicht den Abschluss des Arbeitsvertrags bedeutet. Folglich ist auch der Arbeitsvertrag, der die Vergütungshöhe enthält, dem Betriebsrat nicht vorzulegen (s. Anm. 5). Aber auch unter dem Gesichtspunkt der „Eingruppierung" ergibt sich kein anderes Ergebnis. Denn hierzu gehört nur die Angabe der Lohn- oder Gehalts**gruppe**, der der Mitarbeiter zugeordnet werden soll, nicht dagegen die konkrete Höhe des zwischen ihm und dem Arbeitgeber vereinbarten Arbeitsentgelts (BAG Beschl. v. 3. 10. 1989 – 1 ABR 48/87 – NZA 1990, 231; BAG Beschl. v. 18. 10. 1988 – 1 ABR 33/87 – DB 1989, 530).

8. Vorsorglicher Antrag. Nicht anders als bei der Anhörung des Betriebsrats vor Ausspruch von Kündigungen gemäß § 102 BetrVG (s. Form. C. I. 1 Anm. 4) empfiehlt sich auch bei der Mitbestimmung nach § 99 BetrVG häufig die vorsorgliche Unterrichtung und Einholung der Zustimmung, wenn auf der Position eines **leitenden Angestellten** eingestellt werden soll. Zwar besteht kein Mitbestimmungsrecht des Betriebsrats gemäß § 99 BetrVG, wenn die Einräumung einer dem § 5 Abs. 3 BetrVG entsprechenden Position im Betrieb beabsichtigt ist (BAG Beschl. v. 16. 4. 2002 – 1 ABR 23/01 – NZA 2003, 56; BAG Urt. v. 25. 10. 1989 – 7 ABR 60/88 – NZA 1990, 820). Ein **Rechtsirrtum des Arbeitgebers** hierüber ist aber häufig (s. Form. C. I. 1 Anm. 4) und hat die bereits dargestellte prekäre Folge, dass bei fehlender Zustimmung des Betriebsrats ein tatsächliches Beschäftigungsverbot von diesem durchgesetzt werden kann trotz abgeschlossenen und wirksamen Arbeitsvertrags (s. Anm. 4). Die vorsorgliche Einholung der Zustimmung empfiehlt sich also vor allem in den Fällen, in denen der zukünftige Status des Bewerbers nicht ganz klar ist. Bei „echten" leitenden Angestellten (im Rechtssinne) genügt die Mitteilung an den Betriebsrat über die Einstellung (§ 105 BetrVG). Eine Verletzung dieser Mitteilungspflicht hat auf die personelle Maßnahme keinen Einfluss (BAG Beschl. v. 16. 4. 2002 – 1 ABR 23/01 – NZA 2003, 56; BAG Urt. v. 25. 3. 1976 – 1 AZR 192/75 – DB 1976, 1064).

9. In Aussicht genommener Arbeitsplatz. Bei Einstellungen hat der Arbeitgeber den in Aussicht genommenen Arbeitsplatz mitzuteilen (§ 99 Abs. 1 S. 2 Hs. 1 BetrVG). Im Formular wird anhand eines Beispiels dargestellt, wie diese Mitteilung erfolgen kann.

10. Auswirkungen der geplanten Maßnahme. Der Arbeitgeber hat Auskunft über die Auswirkungen der geplanten Einstellung zu geben (§ 99 Abs. 1 S. 1 Hs. 2 BetrVG). Damit sind in erster Linie solche Auswirkungen gemeint, die sich für die schon im Betrieb beschäftigten Arbeitnehmer ergeben, z.B. drohende Versetzungen oder der Wegfall von Provisionsmöglichkeiten (LAG Schleswig-Holstein Urt. v. 3. 7. 2001 – 3 TaBV 7/01 – BB 2001, 2432). Das Beispiel im Formular geht davon aus, dass die Stelle des Leiters der Layout-Abteilung neu zu besetzen war, weil der bisherige Leiter, z.B. aus Altersgründen, ausgeschieden ist. Dem Formular liegt die Annahme zugrunde, dass eine bereits vorhandene Stelle neu besetzt wird, ohne die Organisation in der Abteilung zu ändern. Damit erhalten die dort bereits beschäftigten Arbeitnehmer nur einen neuen Vorgesetzten. Bei weiteren Änderungen müssten diese mitgeteilt und dem Betriebsrat alle entsprechenden Unterlagen vorgelegt werden, z.B. zum Abbau von Überstunden, zur Einrichtung zusätzlicher Schichten oder Absetzung derselben, oder zu etwaigen neuen Organisationsstrukturen, etc.

11. Personaldaten der übrigen Bewerber. Neben den Angaben über den neu einzustellenden Mitarbeiter hat der Arbeitgeber dem Betriebsrat auch die Personaldaten **aller Personen** mitzuteilen, die sich **auf die konkrete Stelle beworben haben** sowie deren Bewerbungsunterlagen vorzulegen (s. Anm. 14). Das gilt auch für Bewerber, die der Arbeitgeber bei der Einstel-

3. Antrag auf Zustimmung zur Einstellung C. I. 3

lung überhaupt nicht berücksichtigen möchte (BAG Beschl. v. 10. 11. 1992 – 1 ABR 21/92 – NZA 1993, 376; BAG Beschl. v. 3. 12. 1985 – 1 ABR 72/83 – BB 1986, 876). Über Bewerber, die ihre Bewerbung bereits zurückgezogen haben oder nicht mehr mit dem nötigen Ernst auf ihr bestehen, muss der Arbeitgeber nicht unterrichten. Denn für die Beurteilung der geplanten Einstellung haben diese Bewerbungen keine Bedeutung.

12. Einschaltung Personalberatungsunternehmen. Beauftragt der Arbeitgeber ein Personalberatungsunternehmen, ihm geeignete Bewerber zur Einstellung auf einem bestimmten Arbeitsplatz vorzuschlagen, so **beschränkt sich seine Unterrichtungspflicht** entgegen den vorstehenden Ausführungen (s. Anm. 11) auf die Mitteilung der Bewerber, die dem Arbeitgeber vom Personalberater vorgeschlagen werden. Ist der Arbeitgeber beispielsweise entschlossen, bereits den ersten vorgeschlagenen Bewerber einzustellen, so muss er dem Betriebsrat auch nur die Unterlagen dieses einen Bewerbers vorlegen (BAG Beschl. v. 18. 12. 1990 – 1 ABR 15/90 – NZA 1991, 482; LAG Köln Beschl. v. 6. 10. 1987 – 11 TaBV 50/87 – NZA 1988, 589). Mit dem Umfang der Unterrichtungspflicht über die Personaldaten der Bewerber korrespondiert auch die Vorlage der entsprechenden Bewerbungsunterlagen (s. Anm. 14).

13. Fachliche Eignung. Außer den Personaldaten des Bewerbers (s. Anm. 5) müssen alle Umstände über die **fachliche und persönliche Eignung** für den vorgesehenen Arbeitsplatz mitgeteilt werden (BAG Beschl. v. 10. 11. 1992 – 1 ABR 21/92 – NZA 1999, 376; LAG Düsseldorf Urt. v. 25. 1. 1990 – 13 Sa 510/89 – LAGE 33 zu § 99 BetrVG 1972). Das Formular erläutert beispielhaft die Qualifikation und Berufserfahrung des Bewerbers für die Position des Abteilungsleiters Layout.

14. Aushändigung der Bewerbungsunterlagen. Das Gesetz bestimmt, dass dem Betriebsrat „die erforderlichen Bewerbungsunterlagen vorzulegen" sind. Damit sind die **Bewerbungsunterlagen aller Bewerber** gemeint, also auch derjenigen Bewerber, die der Arbeitgeber für die Einstellung überhaupt nicht in Betracht ziehen will (BAG Urt. v. 10. 11. 1992 – 1 ABR 21/92 – NZA 1993, 376; BAG Urt. v. 19. 5. 1981 – 1 ABR 109/78 – NJW 1982, 124). Vorgelegt werden müssen die vollständigen Bewerbungsunterlagen, d. h. Anschreiben, Zeugnisse, Lebenslauf, Fotos und sonstige eingereichte Unterlagen, soweit sie dem Arbeitgeber noch vorliegen. Dazu zählen auch die vom Arbeitgeber über den Bewerber erstellten Dokumente wie Testergebnisse oder Aufzeichnungen von Bewerbungsgesprächen. Natürlich muss der Arbeitgeber auch nur die Bewerbungsunterlagen vorlegen, die ihm tatsächlich zur Verfügung stehen. Eine Verpflichtung zur Beschaffung von Bewerbungsunterlagen einzelner Bewerber besteht nicht (BAG Beschl. v. 18. 7. 1978 – 1 ABR 8/75 – DB 1978, 2320). Auf die weitere Einschränkung bei Einschaltung eines Personalberatungsunternehmens wurde bereits hingewiesen (s. Anm. 12). Der **Begriff „vorlegen"** bedeutet mehr als die Gewährung von Einsichtnahme. Das BAG hält den Arbeitgeber für verpflichtet, dem Betriebsrat „die Bewerbungsunterlagen für einige Zeit zur Hand" zu geben, diese mithin **auszuhändigen** (BAG Beschl. v. 3. 12. 1985 – 1 ABR 72/83 – NZA 1986, 335). Da der Betriebsrat für seine Beschlussfassung über die Erteilung bzw. Verweigerung der Zustimmung ohnehin nur eine Woche Zeit hat, ist eine Aushändigung über diese Frist hinaus nicht veranlasst. Wenn der Arbeitgeber Bewerbungsunterlagen vor Ablauf der Wochenfrist wieder dringend benötigt, kann er sie auch kurzfristig vom Betriebsrat zurückfordern. Das Formular geht insoweit von einer Überlassung für die Dauer von einer Woche aus. Vorsorglich wird auf die Geheimhaltungspflicht (§ 99 Abs. 1 S. 3 Hs. 1 BetrVG) hingewiesen.

15. Beschlussfassung des Betriebsrats. Innerhalb der Wochenfrist (vgl. § 99 Abs. 3 S. 1 BetrVG) hat der Betriebsrat grundsätzlich **drei Reaktionsmöglichkeiten**: Er kann die **Zustimmung erteilen, verweigern** oder sich **überhaupt nicht äußern**. Letzterenfalls gilt die Zustimmung des Betriebsrats zur Einstellung als erteilt (§ 99 Abs. 3 S. 2 BetrVG). Wichtig für den Arbeitgeber ist, dass eine ausdrückliche oder kraft gesetzlicher Fiktion gegebene Zustimmung vorliegt. Anderenfalls kann er die Einstellung nicht durchführen, denn es besteht dann ein betriebsverfassungsrechtliches Beschäftigungsverbot (s. Anm. 4). Allerdings ist der Arbeitgeber nicht in jedem Fall auf das langwierige gerichtliche Zustimmungsersetzungsverfahren (vgl. § 99 Abs. 4 BetrVG) angewiesen. Vielmehr kann er eine **vorläufige Einstellung** vornehmen, wenn dies aus sachlichen Gründen dringend erforderlich ist. Dabei hat er das im Gesetz geregelte Verfahren einzuhalten (vgl. § 100 BetrVG).

16. Zeitpunkt der Mitteilung. Der Zeitpunkt der Unterrichtung ist für den Lauf der Frist für die Erteilung bzw. Verweigerung der Zustimmung entscheidend. Es gilt hier sinngemäß nichts anderes als bei der Anhörung des Betriebsrats zu einer Kündigung gemäß § 102 BetrVG (s. Form. C. I. 1 Anm. 11).

4. Antrag auf Zustimmung zur Versetzung (und Umgruppierung) nach § 99 BetrVG

[Briefkopf des Arbeitgebers]
Betriebsrat Betrieb ......
z. Hd. des Betriebsratsvorsitzenden[1]
Herrn ......
– im Hause[2] –

(*Alternative:* Vorsorglicher[3]) Antrag auf Zustimmung zur Versetzung (*Optional:* und Umgruppierung)

Mitarbeiter: Herr ......

...... (Datum)

Sehr geehrter Herr ......,
die Gesellschaft beabsichtigt[4], Herrn ......, geboren am ...... in ......, ... (Familienstand), wohnhaft in ......[5], zum ...... zu versetzen[6].
1. Herr ...... ist auf der Grundlage eines Arbeitsvertrags vom ...... in unserem Haus als Leiter der Abteilung Layout in der Zentrale Südbayern beschäftigt. Die Zentrale Südbayern wird zum 30. September 2005 geschlossen. Wegen Einzelheiten hierzu verweisen wir auf den am ...... abgeschlossenen Interessenausgleich.
2. Die Gesellschaft beabsichtigt, Herrn ...... in seiner bisherigen Funktion ab dem ...... im Betrieb Hamburg[7] weiterzubeschäftigen. Hierzu soll mit dem Mitarbeiter noch in diesem Monat ein Änderungsvertrag abgeschlossen werden. Anbei erhalten sie eine Kopie des geplanten Änderungsangebots[8], dem Sie die Einzelheiten zur neuen Position des Mitarbeiters entnehmen können. Wie sich aus dem Änderungsangebot ergibt, geht mit der Versetzung eine Umgruppierung[9] von der Vergütungsgruppe ...... in die Vergütungsgruppe ...... einher.
3. Aufgrund der personellen Unterbesetzung in der Layout-Abteilung unserer Hamburger Niederlassung wird die beabsichtigte Versetzung zu einem Rückgang der Arbeitsbelastung für die dort tätigen anderen Mitarbeiter führen und unsere Wettbewerbssituation vor Ort verbessern[10].
Der Betriebsrat wird gebeten, der Versetzung zuzustimmen.

Mit freundlichen Grüßen
......
Unterschrift des Arbeitgebers

Anlage: genannt

[Auf Briefkopie]
Ich bestätige hiermit, diesen Antrag auf Zustimmung samt Anlage (Änderungsangebot) am ......[11] erhalten zu haben.

......
Ort, Datum
......
Unterschrift des Betriebsratsvorsitzenden

4. Antrag auf Zustimmung zur Versetzung — C. I. 4

Anlage

Briefentwurf

[Briefkopf des Arbeitgebers]

Herrn ...... (Name und Anschrift Arbeitnehmers)

...... (Datum)

Änderungsangebot

Sehr geehrter Herr ......,

wie Sie bereits wissen, entfällt im Zuge der Schließung der Zentrale Südbayern zum 30. September 2005 Ihr Arbeitsplatz.

Wir bieten Ihnen an, ab dem 1. Oktober 2005 in der gleichen Funktion als Leiter der Abteilung Layout unserer Hamburger Niederlassung, ... (Adresse) tätig zu werden. Bisher wurden Sie gemäß der Vergütungsgruppe ...... bezahlt. Die neue Position wird nach der Vergütungsgruppe ...... vergütet. Im Übrigen bleiben die Arbeitsbedingungen unverändert.

Im Zusammenhang mit Ihrem möglichen Umzug nach Hamburg können Sie Leistungen nach dem Sozialplan vom ...... in Anspruch nehmen.

Der Betriebsrat wurde über das Änderungsangebot unterrichtet und hat diesem zugestimmt.

Wir hoffen, dass Sie sich für die Position entscheiden werden und dürfen Sie bitten, Ihre Rückäußerung spätestens bis zum ...... Herrn ...... zukommen zu lassen. Nach diesem Zeitpunkt erlischt das Angebot.

Sollten Sie in diesem Zusammenhang weitere Fragen, insbesondere zum Inhalt des Stellenangebots haben, steht Ihnen Herr ...... jederzeit auch telefonisch unter ...... (Rufnummer) zur Verfügung.

Mit freundlichen Grüßen

......

Unterschrift des Arbeitgebers

Schrifttum: *Ehrich,* Die individualrechtlichen Auswirkungen der fehlenden Zustimmung des Betriebsrats im Sinne von § 99 BetrVG auf die Versetzung des Arbeitnehmers, NZA 1992, 731; *Gerauer,* Keine Mitbestimmung bei Versetzung aufgrund einer Umsetzungs- oder Versetzungsklausel, BB 1995, 406; *Griese,* Die Mitbestimmung bei Versetzungen, BB 1995, 458; *Hamann,* Betriebsverfassungsrechtliche Auswirkungen der Reform der Arbeitnehmerüberlassung, NZA 2003, 526; *v. Hoyningen-Huene,* Grundlagen und Auswirkungen einer Versetzung, NZA 1993, 145; *Hunold,* Mitbestimmung bei Versetzung auf Dauer in einen anderen Betrieb, Anmerkung zu BAG Beschl. v. 20. 9. 1990 – 1 ABR 37/90, BB 1991, 1263; *ders.,* Die Rechtsprechung zur Mitbestimmung des Betriebsrats bei Versetzungen, NZA-RR 2001, 617; *Kappes,* Zustimmungsverweigerungsrecht des Betriebsrats bei Höhergruppierung, DB 1991, 333; *Künzl,* Nochmals – Mitbestimmung bei Versetzung aufgrund einer Umsetzungs- oder Versetzungsklausel, BB 1995, 823; *Sibben,* Beteiligung des Betriebsrats bei Suspendierungen?, NZA 1998, 1266.

Anmerkungen

1. Mitteilungsempfänger. S. Form. C. I. 1 Anm. 2.

2. Ort und Zeitpunkt der Mitteilung. S. Form. C. I. 1 Anm. 3.

3. Vorsorglicher Antrag. S. Form. C. I. 1 Anm. 4 und C. I. 3 Anm. 3 und 8. Wenn der Arbeitgeber einen leitenden Angestellten versetzen will, ist aus den dort genannten Gründen häufig die vorsorgliche Unterrichtung und Einholung der Zustimmung des Betriebsrats anzuraten. Es muss dann auch die in Form. C. I. 3 verwendete alternative Formulierung zur Mitteilung nach § 105 BetrVG für die Versetzung verwendet werden.

4. Zeitpunkt der Unterrichtung. S. Anm. 6.

5. Personaldaten. S. Form. C. I. 3 Anm. 5.

6. Art der personellen Maßnahme: Versetzung. Ebenso wie bei den anderen personellen Maßnahmen muss der Arbeitgeber wissen, was unter einer „Versetzung" im Sinne von § 99 BetrVG zu verstehen ist. Das Betriebsverfassungsgesetz enthält insoweit eine Legaldefinition in § 95 Abs. 3 BetrVG. Danach ist Versetzung die Zuweisung eines anderen Arbeitsbereichs, die voraussichtlich die Dauer von einem Monat überschreitet, oder die mit einer erheblichen Änderung der Umstände verbunden ist, unter denen die Arbeit zu leisten ist. Wenn Arbeitnehmer nach der Eigenart ihres Arbeitsverhältnisses üblicherweise nicht ständig an einem bestimmten Arbeitsplatz beschäftigt werden, so gilt die Bestimmung des jeweiligen Arbeitsplatzes nicht als Versetzung (vgl. § 95 Abs. 3 BetrVG).

Der Versetzungsbegriff besteht also aus zwei Komponenten: der „**Zuweisung**" und dem „**anderen Arbeitsbereich**". In der Praxis führt vor allem der Betriff der „**Zuweisung**" zu Missverständnissen. Denn hiermit ist mitnichten nur die Versetzung kraft arbeitsvertraglichen Direktionsrechts gemeint. Vielmehr ist der individualrechtliche Akt, auf dem die Versetzung beruht, für den Versetzungsbegriff irrelevant. Daher besteht das Mitbestimmungsrecht bei Versetzungen unabhängig davon, ob diese **kraft arbeitsvertraglichen Direktionsrechts, im Wege der Änderungskündigung** oder **durch Änderungsvertrag** (**einverständliche Versetzung**) erfolgen (BAG Urt. v. 30. 9. 1993 – 2 AZR 283/93 – NZA 1994, 615). Betriebsverfassungsrechtlicher und arbeitsvertraglicher Versetzungsbegriff sind strengstens zu unterscheiden. Folge dessen ist, dass z. B. bei Ausspruch einer Änderungskündigung parallel zum Anhörungsverfahren gemäß § 102 BetrVG das Zustimmungsverfahren gemäß § 99 BetrVG durchzuführen ist, wenn der Mitarbeiter einen „anderen Arbeitsbereich" i. S. d. § 95 Abs. 3 BetrVG durch das Änderungsangebot erhalten soll. In diesen Fällen ist auch besonderes Augenmerk auf die **zeitliche Abfolge der Beteiligungsverfahren** zu richten: Das Anhörungsverfahren gemäß § 102 BetrVG knüpft an den Ausspruch der Änderungskündigung (Rechtsakt) an. Der Betriebsrat ist „vor" der Kündigung anzuhören. Das Zustimmungsverfahren gemäß § 99 BetrVG knüpft an die durch die Änderungskündigung bezweckte Versetzung an. Das ist – genauso wie bei der Einstellung (s. Form. C. I. 3 Anm. 4) – der tatsächliche Akt des Wechsels des Arbeitsbereichs. Unterrichtung und Antrag auf Zustimmung haben „vor" der Versetzung (tatsächlicher Akt) zu erfolgen. Deshalb ist und bleibt eine Änderungskündigung wirksam, selbst wenn nur das Verfahren nach § 102 BetrVG und nicht ein Verfahren nach § 99 BetrVG durchgeführt wurde (BAG Urt. v. 30. 9. 1993 – 2 AZR 283/93 – AP Nr. 33 zu § 2 KSchG 1969; BAG Urt. v. 10. 8. 1993 – 1 ABR 22/93 – NZA 1994, 187). Der Arbeitgeber kann somit spätestens nach Ablauf der einwöchigen Anhörungsfrist des § 102 Abs. 2 S. 1 BetrVG die Änderungskündigung aussprechen. Das ist für den Arbeitgeber vor allem bei langen Kündigungsfristen von Vorteil. Sollte er mit dem Anhörungsverfahren aus Gründen der rationellen Handhabung das Unterrichtungs- und Zustimmungsverfahren gemäß § 99 BetrVG bereits verbunden haben, stört eine im Zeitpunkt des Ausspruchs der Änderungskündigung noch nicht vorliegende Zustimmung nicht. Bis zum Ablauf der Kündigungsfrist, d. h. Wirksamwerden der Kündigung und tatsächlicher Versetzung, kann der Arbeitgeber versuchen, diese Zustimmung, gegebenenfalls im Zustimmungsersetzungsverfahren (vgl. § 99 Abs. 4 BetrVG), zu erhalten. Im Notfall kann er die Versetzung womöglich als vorläufige personelle Maßnahme durchführen (vgl. § 100 BetrVG).

Das Formular geht davon aus, dass die Versetzung im Wege des Änderungsvertrages einverständlich durchgeführt wird (s. Anm. 8).

Ein „**anderer Arbeitsbereich**" wird zugewiesen, „wenn dem Arbeitnehmer ein neuer Tätigkeitsbereich übertragen wird, so dass der Gegenstand der nunmehr geforderten Arbeitsleistung ein anderer wird und sich das Gesamtbild der Tätigkeit ändert" (BAG Beschl. v. 29. 2. 2000 – 1 ABR 5/99 – NZA 2000, 1357). Ein „anderer Arbeitsbereich" liegt daher nicht nur bei einer örtlichen Veränderung, sondern auch bei der Zuweisung einer funktional anderen Tätigkeit vor, wie z. B. der Versetzung eines Außendienstmitarbeiters in den Innendienst (BAG Urt. v. 2. 4. 1996 – 1 AZR 743/95 – NZA 1997, 112). Auch eine neue organisatorische Zuordnung kann eine Versetzung begründen, so z. B., wenn eine Altenpflegekraft bei gleicher

4. Antrag auf Zustimmung zur Versetzung — C. I. 4

Tätigkeit einer anderen Station zugewiesen wird (BAG Beschl. v. 29. 2. 2000 – 1 ABR 5/99 – NZA 2000, 1357). Kein „anderer Arbeitsbereich" ist hingegen die Veränderung der Lage und/oder Dauer der Arbeitszeit (BAG Beschl. v. 16. 7. 1991 – 1 ABR 71/90 – BB 1991, 2370; BAG Beschl. v. 23. 11. 1993 – 1 ABR 38/93 – BB 1994, 935).

7. Versetzung in anderen Betrieb. Das Formular geht davon aus, dass der Mitarbeiter von einem Betrieb des Unternehmens **in einen anderen Betrieb desselben Unternehmens** versetzt werden soll. Existieren in beiden Betrieben Betriebsräte und besteht im Unternehmen ein Gesamtbetriebsrat, so gilt: Der Gesamtbetriebsrat ist für eine solche Versetzung grundsätzlich unzuständig. Denn es handelt sich um keine Angelegenheit, die nicht durch die einzelnen Betriebsräte geregelt werden könnte (vgl. § 50 Abs. 1 S. 1 Hs. 1 BetrVG). Der Arbeitgeber muss sich vergegenwärtigen, dass Beteiligungsrechte sowohl des Betriebsrats des „abgebenden Betriebs" als auch des Betriebsrats des „aufnehmenden Betriebs" bestehen können. Einfach ist die Rechtslage beim **aufnehmenden Betrieb**: Hier soll der Mitarbeiter in Zukunft seine Tätigkeit verrichten, so dass mit tatsächlicher Arbeitsaufnahme eine „**Einstellung**" vorliegt, die nach § 99 BetrVG mitbestimmt ist. Der Arbeitgeber hat also gegenüber dem Betriebsrat des aufnehmenden Betriebs bezüglich einer Einstellung eine Unterrichtung vorzunehmen und einen Antrag auf Zustimmung zu stellen (s. Form. C. I. 3). Für den **abgebenden Betrieb** könnte man den Standpunkt einnehmen, dass insoweit überhaupt keine Beteiligungsrechte des dortigen Betriebsrats bestehen. Denn es ergeben sich kaum lösbare Konkurrenzprobleme bei widersprechenden Entscheidungen beider Betriebsräte. Das BAG sieht aber den Betriebsrat des abgebenden Betriebs auch als „Wächter" der zurückbleibenden Belegschaft an und hat entschieden, dass insoweit eine Beteiligung unter dem Gesichtspunkt der „Versetzung" durchzuführen ist (BAG Urt. v. 26. 1. 1993 – 1 AZR 303/92 – NZA 1993, 714; BAG Beschl. v. 20. 9. 1990 – 1 ABR 37/90 – NZA 1991, 195). Anm. 8 erläutert die Besonderheiten für den Fall, dass der Wechsel von einem Betrieb des Unternehmens (wie hier) zu einem anderen Betrieb des Unternehmens im Einvernehmen mit dem Arbeitnehmer erfolgt.

8. Einvernehmliche Versetzung. Es wurde bereits gesagt (Anm. 6), dass auch eine einvernehmliche Versetzung der Mitbestimmung unterliegt. Das Formular geht hiervon aus, denn dem Betriebsrat wird ein Änderungsangebot als Briefentwurf der Gesellschaft beigelegt, wie es dem Mitarbeiter mit der Bitte um Zustimmung unterbreitet werden soll. Dies soll verdeutlichen, dass dem Betriebsrat unabhängig davon, auf welchem individualrechtlichen Akt die Versetzung beruht (Direktionsrecht, Änderungskündigung oder Änderungsvertrag) eine detaillierte Information zu dem „in Aussicht genommenen Arbeitsplatz" (vgl. § 99 Abs. 1 S. 2 BetrVG) gegeben werden muss. Die neue Position/Funktion samt Stellenbeschreibung, Arbeitsort und Vergütungsstruktur (Umgruppierung!) muss angegeben werden. **Pauschale Angaben**, wie etwa der Hinweis einer **Versetzung „nach Hamburg"** oder **„in die Zentrale"** sind unzureichend und verletzen das Mitbestimmungsrecht.

Weit verbreitet ist die Annahme, in Fällen einer einvernehmlichen Änderung des Arbeitsbereichs, z. B. durch Änderungsvertrag, wie er hier über das Änderungsangebot geplant ist, **bedürfe es keiner Beteiligung des Betriebsrats**. Denn der Zweck des Mitbestimmungsrechts könne bei einem freiwilligen Ausscheiden des Arbeitnehmers aus dem Betrieb nicht mehr erreicht werden. Der Betriebsrat könne dieses freiwillige Ausscheiden letztlich ja ohnehin nicht verhindern. Das ist zwar grundsätzlich richtig, missachtet aber den Gedanken, dass der Betriebsrat des abgebenden Betriebs auch „Wächter" der Interessen der zurückbleibenden Belegschaft ist (s. bereits Anm. 7). So hat das BAG zwar in der Tat mehrfach entschieden, dass der Betriebsrat dann nicht mitzubestimmen habe, wenn der **Arbeitnehmer mit der Versetzung einverstanden sei**. Es hat aber zugleich klargestellt, dass ein derartiges Einverständnis nur dann vorliege, „wenn der betroffene Arbeitnehmer die Versetzung selbst gewünscht hat oder diese **seinen Wünschen und seiner freien Entscheidung** entspricht" (BAG Beschl. v. 2. 4. 1996 – 1 ABR 39/95 – DB 1997, 181; BAG Beschl. v. 20. 9. 1990 – 1 ABR 37/90 – NZA 1991, 195). Diese sehr einschränkende Auslegung des Begriffs einer „einvernehmlichen Versetzung" führt dazu, dass die große Mehrzahl solcher Versetzungen nach § 99 BetrVG mitbestimmt ist. Denn bereits dann, wenn die Anregung zur Änderung des Arbeitsbereichs vom Arbeitgeber ausging, kann von einem „Einvernehmen" i. S. d.

Rechtsprechung nicht mehr die Rede sein. Auch hieran zeigt sich, dass betriebsverfassungsrechtlicher und arbeitsvertraglicher Versetzungsbegriff strengstens zu unterscheiden sind.

9. Art der personellen Maßnahme: Umgruppierung. Umgruppierung ist eine neue Einordnung des Arbeitnehmers in die für ihn maßgebliche Lohn- oder Gehaltsgruppe des beim Arbeitgeber geltenden Vergütungsschemas. Ob eine höhere oder niedrigere Einstufung erfolgt, ist für das Eingreifen des Beteiligungsrechts irrelevant. Die Ausführungen zur Eingruppierung (s. Form. C. I. 3 Anm. 7) gelten entsprechend. Im Beispiel geht mit der Versetzung eine Umgruppierung einher.

10. Auswirkungen der geplanten Maßnahme. S. Form. C. I. 3 Anm. 10.

11. Zeitpunkt der Mitteilung. S. Form. C. I. 3 Anm. 16.

5. Antrag auf Zustimmung nach § 99 BetrVG (Unterrichtungsbogen)

Mitbestimmung des Betriebsrats gemäß § 99 BetrVG[1]		
Personaldaten		
Name, Vorname	Geburtsdatum	Personalnummer
Beruf/Tätigkeit	Abteilung	Eintrittsdatum
Personelle Maßnahme		
Der/Die Mitarbeiter(in) soll zum .... ☐ eingestellt ☐ eingruppiert ☐ versetzt ☐ umgruppiert werden.		
Angabe der relevanten Personaldaten: Ergänzend verweisen wir auf unsere mündliche Unterrichtung vom		
Angaben über die Auswirkungen der geplanten Maßnahme: Ergänzend verweisen wir auf unsere mündliche Unterrichtung vom		
Beigefügte Anlagen: (z. B. Bewerbungsunterlagen, etc.)		
Der Betriebsrat wird gebeten, seine Zustimmung zu der personellen Maßnahme zu erteilen.		
Ort, Datum	Unterschrift Arbeitgeber	

5. Antrag auf Zustimmung nach § 99 BetrVG (Unterrichtungsbogen)　　C. I. 5

Stellungnahme des Betriebsrats	
☐ Wir stimmen der personellen Maßnahme zu.	
☐ Wir verweigern die Zustimmung gemäß § 99 Abs. 2 BetrVG. Begründung:	
Ort, Datum	Unterschrift Betriebsrat

[Auf Briefkopie]

Ich bestätige hiermit, diesen Antrag auf Zustimmung vom ...... samt Anlagen (......) am ......² erhalten zu haben.

......
Ort, Datum
......
Unterschrift des Betriebsratsvorsitzenden

Schrifttum: S. Form. C. I. 3, C. I. 4.

Anmerkungen

1. Mündliche Unterrichtung. Nicht anders als bei der Anhörung zu einer Kündigung gemäß § 102 BetrVG (s. Form. C. I. 2) stellt sich auch bei der Mitbestimmung des Betriebsrats gemäß § 99 BetrVG die Frage, ob die Unterrichtung und der Antrag auf Zustimmung **schriftlich oder mündlich** erfolgen sollten. Das Gesetz beantwortet dies nur insoweit, als es den Arbeitgeber zur „Vorlage der erforderlichen Unterlagen" verpflichtet (§ 99 Abs. 1 S. 1 Hs. 2). Damit schreibt das Gesetz keine Form vor, so dass auch eine mündliche Unterrichtung ausreicht (BAG Beschl. v. 20. 12. 1988 – 1 ABR 68/87 – DB 1989, 1240). Abgesehen hiervon ist auch im Rahmen dieses Beteiligungsrechts eine **Kombination von schriftlicher und mündlicher Unterrichtung bzw. Antragstellung** zulässig. Hier steht vor allem der **Vereinfachungseffekt** im Vordergrund. Denn eine ausführliche schriftliche Unterrichtung ist häufig angesichts der Vielfalt und Zahl der personellen Maßnahmen mit hohem Arbeitsaufwand verbunden. Das Formular stellt einen einheitlichen Unterrichtungsbogen für Einstellung, Eingruppierung, Versetzung und Umgruppierung dar. Nicht anders als beim Anhörungsbogen für das Verfahren nach § 102 BetrVG gilt, dass alle Informationen, um die das Formular nicht ergänzt wird, im Rahmen der parallelen mündlichen Unterrichtung gegeben werden müssen. Dabei ist jedoch zu bedenken, dass eine mündliche Unterrichtung Risiken beinhaltet. Gemäß § 99 Abs. 3 S. 1 BetrVG gilt die Zustimmung des Betriebsrats als erteilt, wenn dieser sich nicht innerhalb einer Woche erklärt. Diese Wochenfrist beginnt aber nur bei ordnungsgemäßer Unterrichtung zu laufen. Beruft sich der Betriebsrat im Streitfall darauf, dass die Unterrichtung nicht ordnungsgemäß durchgeführt wurde, ist es Sache des Arbeitgebers, das Gegenteil darzulegen. Deshalb empfiehlt sich für den Arbeitgeber bei der mündlichen Mitteilung eine weitere Person hinzuzuziehen, die im Streitfall als Zeuge dienen kann.

2. Zeitpunkt der Mitteilung. S. Form. C. I. 3 Anm. 16.

Wirtschaftliche Angelegenheiten

6. Interessenausgleich[1]

Interessenausgleich

zwischen
...... (Name und Anschrift der Gesellschaft) „Gesellschaft"
und
...... (Name und Anschrift des Betriebsrats) „Betriebsrat"

Präambel[2]
......

§ 1 Betriebsänderung[3]

Der Betrieb ...... wird zum ...... stillgelegt. Damit entfallen insgesamt ...... Arbeitsplätze. Der Betriebsrat nimmt die Betriebsstilllegung zur Kenntnis[4].
(*Alternative:*
Der Betrieb ...... wird spätestens zum/im Laufe des Jahres ...... stillgelegt.)
(*Alternative:*
Die Gesellschaft und der Betriebsrat sind sich darüber einig, dass die Abteilung ...... des Betriebs ...... stillgelegt wird. Die Stilllegung erfolgt mit dem .... Damit entfallen die Arbeitsplätze von ...... Mitarbeitern gemäß Anlage ....)
(*Alternative:*
Der Betriebsrat stimmt der Stilllegung des Betriebes zu.)

§ 2 Durchführung

(1) Bis zum ...... läuft die Produktion im Betrieb mit dem vorhandenen Auftragsbestand aus. Je nach Abwicklung der Aufträge beginnt sukzessive der Abbau der Fertigungseinrichtungen.

(2) Die Arbeitsverträge der von der Stilllegung betroffenen Mitarbeiter werden spätestens zum ...... einvernehmlich abgeändert, aufgelöst oder von der Gesellschaft unter Einhaltung der gesetzlichen, tariflichen oder einzelvertraglichen Kündigungsfrist gekündigt. Die infolge der Stilllegung erforderlichen Kündigungen erfolgen auf Grund eines dringenden betrieblichen Erfordernisses im Sinne von § 1 Abs. 2 KSchG. Im Einzelnen werden hierbei die in der Anlage beigefügten Pläne[5] (......, ..., ...) zugrunde gelegt. Das Recht der Gesellschaft zu Kündigungen aus personen- oder verhaltensbedingten Gründen oder aus wichtigem Grund bleibt unberührt.
(*Alternative:*
(2) Die Arbeitsverträge aller Mitarbeiter des Betriebes werden spätestens zum ...... von der Gesellschaft unter Einhaltung der gesetzlichen, tariflichen oder einzelvertraglichen Kündigungsfrist gekündigt. Diese Kündigungen erfolgen auf Grund eines dringenden betrieblichen Erfordernisses im Sinne von § 1 Abs. 2 KSchG. Das Recht der Gesellschaft zu Kündigungen aus personen- oder verhaltensbedingten Gründen oder aus wichtigem Grund bleibt unberührt.)

(3) Alle Mitarbeiter sind bis zum Ablauf der Kündigungsfrist oder Versetzungsfrist zur Arbeitsleistung verpflichtet. Die Gesellschaft ist aber berechtigt, die Mitarbeiter von der Arbeit freizustellen. Die Bruttobezüge für den Zeitraum nach Freistellung bis zum Ab-

lauf der Kündigungsfrist können im Rahmen einer Abfindungsvereinbarung in eine Kündigungsabfindung umgewandelt werden.

(4) Die Gesellschaft verpflichtet sich, denjenigen Mitarbeitern, die zum Zeitpunkt der Stilllegung noch keinen anderen Arbeitsplatz gefunden haben, eine bis zur Dauer von ...... Monaten befristete Weiterbeschäftigung mit Stilllegungsarbeiten anzubieten.

(5) Die Gesellschaft verpflichtet sich, die im Betrieb bestehenden Ausbildungsverhältnisse in dem Betrieb ...... zu Ende zu führen.

(*Alternative:*

(5) Die Gesellschaft verpflichtet sich, sich um die Übernahme der bestehenden Ausbildungsverhältnisse durch geeignete Betriebe zu bemühen.)

(*Alternative:*

(5) Die Gesellschaft verpflichtet sich, die bestehenden Ausbildungsverhältnisse im Betrieb bis zum Ende der Stilllegungsarbeiten weiter zu führen und bereits eingeleitete Überleitungen der Ausbildungsverhältnisse auf Nachbarbetriebe zu ermöglichen.)

§ 3 Mitwirkung des Betriebsrats[6]

(1) Der Betriebsrat wird den für die Stilllegung erforderlichen Einzelmaßnahmen (Versetzungen, Änderungs- oder Beendigungskündigungen) zustimmen. Soweit zur Kündigung die Zustimmung von Behörden notwendig ist, wird der Betriebsrat erklären, dass er gegen die Kündigung keine Einwendungen erhebt.

(2) Dieser Interessenausgleich gilt zugleich als Stellungnahme des Betriebsrats im Sinne des § 17 KSchG.

§ 4 Sozialplan[7]

Zum Ausgleich und zur Milderung der wirtschaftlichen Nachteile der von der Stilllegung betroffenen Mitarbeiter werden die Parteien einen Sozialplan abschließen.

§ 5 Schlussbestimmungen

(1) Sollten einzelne Bestimmungen dieser Vereinbarung unwirksam sein oder werden, so bleiben die übrigen Bestimmungen in Kraft. Beide Seiten verpflichten sich in einem solchen Fall anstelle der unwirksamen Bestimmung eine Regelung zu finden, die der unwirksamen Bestimmung wirtschaftlich am nächsten kommt.

(2) Entsprechendes gilt im Falle einer Regelungslücke wie auch im Fall der Nichtdurchführbarkeit einer in dieser Vereinbarung enthaltenen Regelung.

(3) Diese Vereinbarung tritt mit Unterzeichnung in Kraft. Sie endet, ohne dass es einer Kündigung bedarf, mit dem Abschluss sämtlicher beschriebenen Maßnahmen.

(4) Die Parteien sind sich einig, dass die Verhandlungen abgeschlossen sind und das Verfahren zur Herbeiführung eines Interessenausgleiches im Hinblick auf die beschriebenen Maßnahmen beendet ist[8].

......
Ort, Datum

......
Unterschrift der Gesellschaft

......
Ort, Datum

......
Unterschrift des Betriebsrats

Schrifttum: Bachner/Schindele, Beschäftigungssicherung durch Interessenausgleich und Sozialplan, NZA 1999, 130; *Baeck/Diller,* Zur Teilbarkeit von Betriebsänderungen, NZA 1997, 689; *Bauer/Lingemann,* Die Stilllegung von Tendenzbetrieben am Beispiel von Pressebetrieben, NZA 1995, 813; *Gaul/Lunk,* Gestaltungsspielraum bei Punkteschemata zur betriebsbedingten Kündigung, NZA 2004, 184; *Gillen/Hörle,* Betriebsänderungen in Tendenzbetrieben, NZA 2003, 1125; *Heither,* Die Sicherung der Beteiligungsrechte des Betriebsrats bei geplanten Betriebsänderungen, in Festschrift Däubler, 1999, 338; *Hohenstatt,* Der Interessenausgleich in einem veränderten rechtlichen Umfeld, NZA 1998, 846; *Hunold,* Die Rechtsprechung zu Interessenausgleich, Nachteilsausgleich und Sozialplan, §§ 112–113 BetrVG – Teil 1, NZA-RR 2004, 561;

Kappenhagen, Namensliste nach § 1 V KSchG in einem freiwilligen Interessenausgleich, NZA 1998, 968; *Kohte,* Die vertrackte Namensliste, BB 1998, 946; *Löwisch,* Neugestaltung des Interessenausgleichs durch das arbeitsrechtliche Beschäftigungsförderungsgesetz, RdA 1997, 80; *Matthes,* Neue Funktionen für Interessenausgleich und Sozialplan, RdA 1999, 178; *Meyer,* Bindungswirkung eines Interessenausgleichs, BB 2001, 882; *Neef,* Die Neuregelung des Interessenausgleichs und ihre praktischen Folgen, NZA 1997, 65; *Röder/Baeck,* Interessenausgleich und Sozialplan, 3. Auflage 2000; *Schaub,* Der Interessenausgleich, in Festschrift Däubler 1999, 347; *Schiefer/Worzalla,* Neues-altes-Kündigungsrecht, NZA 2004, 345; *Willemsen/Hohenstatt,* Zur umstrittenen Bindungs- und Normwirkung des Interessenausgleichs, NZA 1997, 345; *Zwanziger,* Der Interessenausgleich – betriebliches Regelungsinstrument oder Muster ohne kollektiven Wert, BB 1998, 477.

Anmerkungen

1. Regelungsgegenstand. Das vorliegende Formular behandelt einen Interessenausgleich über eine Betriebsstilllegung im Rahmen eines Unternehmens mit mehreren Betrieben. Ein Interessenausgleich ist eine **Einigung zwischen Unternehmer und Betriebsrat über eine geplante Betriebsänderung.** Er trifft Regelungen darüber, **ob, wie und wann** eine geplante Betriebsänderung i. S. d. § 111 BetrVG durchgeführt wird (BAG Urt. v. 9. 7. 1985 – 1 AZR 323/83 – AP Nr. 13 zu § 113 BetrVG 1972; BAG Urt. v. 20. 4. 1994 – 10 AZR 186/93 – AP Nr. 27 zu § 113 BetrVG 1992). Dabei sollen aus der geplanten Betriebsänderung resultierende Nachteile für die betroffenen Beschäftigten möglichst verhindert werden. Auch präventive Regelungen, um Nachteile gering zu halten, sind möglich (vgl. BAG Beschl. v. 17. 9. 1991 – 1 ABR 23/91 – AP Nr. 59 zu § 112 BetrVG 1972). Der Arbeitgeber muss sich mit dem ernsthaften Willen zur Einigung um Verhandlungen mit dem Betriebsrat über den Abschluss eines Interessenausgleichs bemühen. Scheitern die Verhandlungen, können Arbeitgeber oder Betriebsrat die Einigungsstelle anrufen. Angesichts der Vielzahl möglicher Betriebsänderungen kann es zwar kein allgemeingültiges Muster für die Formulierung eines Interessenausgleichs geben, das Formular soll jedoch in ähnlich gelagerten Fällen der Orientierung dienen.

Bei einem Interessenausgleich handelt es sich um eine **kollektive Vereinbarung besonderer Art** und grundsätzlich nicht um eine Betriebsvereinbarung (BAG Urt. v. 20. 4. 1994 – 10 AZR 186/93 – AP Nr. 27 zu § 113 BetrVG 1972; Richardi/*Annuß* § 112 Rdn. 36 f. m. weit. Nachw.). Seine Einhaltung ist nicht durch den Betriebsrat erzwingbar (*Willemsen/Hohenstatt* NZA 1997, 345; GK-BetrVG/*Fabricius/Oetker* §§ 112, 112 a Rdn. 22; a. A. MünchArbR/*Matthes* § 361 Rdn. 28). Weicht der Arbeitgeber vom Interessenausgleich ab, bleibt den Arbeitnehmern nur der Nachteilsausgleich gemäß § 113 BetrVG. Ungeachtet dessen kann der Interessenausgleich auch als **freiwillige Betriebsvereinbarung** abgeschlossen werden, § 88 BetrVG. In diesem Falle kann der Betriebsrat nach § 77 Abs. 1 BetrVG die Durchführung verlangen. Eine solche Vorgehensweise kommt insbesondere dann in Betracht, wenn der Arbeitgeber im Interessenausgleich Verpflichtungen zugunsten des Betriebsrats oder der Arbeitnehmer übernimmt.

Der Interessenausgleich bedarf nach § 112 Abs. 1 S. 1 BetrVG zu seiner Rechtsverbindlichkeit und Wirksamkeit zwingend der **Schriftform** i. S. d. § 126 Abs. 1 BGB (BAG Urt. v. 9. 7. 1985 – 1 AZR 323/83 – AP Nr. 13 zu § 113 BetrVG 1972; BAG Urt. v. 20. 4. 1994 – 10 AZR 186/93 – AP Nr. 27 zu § 113 BetrVG 1992). Soweit dem Interessenausgleich **Anlagen beigefügt werden,** muss im Interessenausgleich ausdrücklich auf sie Bezug genommen werden und sie müssen fest mit dem Interessenausgleich verbunden sein (z. B. durch eine Heftklammer). Anderenfalls liegt keine einheitliche Urkunde vor. Überdies sollten die Parteien auch sämtliche Anlagen zum Interessenausgleich unterzeichnen, um jegliches Risiko auszuschließen (*Hohenstatt* NZA 1998, 846, 851).

Stehen die Einzelheiten der Betriebsänderung zum Zeitpunkt der Beratungen zwischen Gesellschaft und Betriebsrat zum Teil noch nicht fest, so kann die Vereinbarung eines **Teil- oder Rahmeninteressenausgleichs** sinnvoll sein. Letzterer stellt jedoch keinen Interessenausgleich i. S. d. § 112 Abs. 1 S. 1 BetrVG dar, wenn er keine konkrete Betriebsänderung zum Gegenstand hat. Ferner können Interessenausgleich und Sozialplan auch in einer Vereinbarung zusammengefasst werden (*Bauer* DB 1994, 217, 223; ErfKomm/*Hanau/Kania* §§ 112, 112 a BetrVG Rdn. 5).

2. Präambel. Das Voranstellen einer Präambel im Interessenausgleich kann sinnvoll sein, um bei Bedarf den **Anlass, die Vorgeschichte und/oder Zusammenhänge** der geplanten Betriebsänderung und damit des Interessenausgleichs **zu schildern**. So kann etwa erläutert werden, dass nach einem Beschluss der Unternehmensleitung ein bestimmtes Produkt, welches in dem betreffenden Betrieb produziert wird, künftig nicht mehr hergestellt wird, weshalb der Betrieb stillgelegt werden muss.

3. Betriebsänderung. Wesentlicher Bestandteil des Interessenausgleichs ist die **Beschreibung der geplanten Betriebsänderung**, wobei an die in § 111 S. 3 BetrVG ausdrücklich genannten Betriebsänderungen angeknüpft werden sollte. Eine Betriebs(teil)stilllegung liegt vor, wenn auf Grund einer endgültigen unternehmerischen Entscheidung für unbestimmte Zeit die die Einheit des Betriebs gestaltende Arbeitsorganisation aufgelöst und der mit ihr verfolgte Zweck aufgegeben wird (BAG Urt. v. 11. 3. 1998 – 2 AZR 414/97 – AP Nr. 43 zu § 111 BetrVG 1972; Richardi/*Richardi*/*Annuß* § 111 Rdn. 56). Zu der Beschreibung der Betriebsänderung gehört die Festlegung des Zeitplans und des Umfangs, also der von der Betriebsänderung betroffenen Bereiche des Betriebes und des betroffenen Personenkreises. Dies ist bei der Stilllegung eines ganzen Betriebes grundsätzlich entbehrlich. Die Nennung der Anzahl der wegfallenden Arbeitsplätze dient jedoch im vorliegenden Fall der Klarstellung.

Im Zusammenhang mit der zweiten Alternative zu § 1, wonach eine Abteilung stillgelegt wird, ist es eher angebracht, die Anzahl der in dieser Abteilung tätigen Mitarbeiter zu nennen oder eine Liste mit ihren Namen beizufügen. Beides ist insbesondere auch bei einem schlichten Personalabbau als Betriebsänderung zu beachten (vgl. § 112 a BetrVG). Die genaue Durchführung der geplanten Betriebsänderung einschließlich der Pläne ist hier Gegenstand von § 2.

4. Kenntnisnahme des Betriebsrats. Die Formulierung „Der Betriebsrat nimmt zur Kenntnis" bringt zum Ausdruck, dass der Betriebsrat **mit der Betriebsänderung nicht einverstanden** ist. Dies ist der Regelfall. Mangels eines erzwingbaren Mitbestimmungsrechts kann der Betriebsrat aber dem Abschluss des Interessenausgleichs auch zustimmen, da er die Stilllegung selbst ohnehin nicht verhindern kann (vgl. Alt. zu § 1 im Formular). Der Betriebsrat hat jedenfalls im Hinblick auf § 113 BetrVG ein Interesse daran, den Arbeitgeber auf seine geplante Betriebsänderung festzulegen. Außerdem wird der Arbeitgeber einem bestimmten Sozialplanvolumen nur unter der Voraussetzung zustimmen, dass der Betriebsrat einen schriftlichen Interessenausgleich abschließt. Denn damit ist das Interessenausgleichsverfahren abgeschlossen und der Arbeitgeber kann mit der Umsetzung der Betriebsänderung beginnen.

5. Pläne. Die Modalitäten der Betriebsänderung können durch **Organisationsregelungen** im Interessenausgleich konkretisiert werden (GK-BetrVG/*Fabricius*/*Oetker* §§ 112, 112 a Rdn. 9). Bei Betriebsstilllegungen kommen insbesondere **Zeitpläne** für die Durchführung der Stilllegung mit genauen Terminangaben für die einzelnen Maßnahmen in Betracht. Bei Pensionsänderungen ist hier außerdem an **Namenslisten** sowie **Auswahlrichtlinien** für Kündigungen zu denken.

Soweit solche Pläne, Konzepte, Listen, Richtlinien etc. dem Interessenausgleich **als Anlage beigefügt werden**, muss vor dem Hintergrund des Schriftformerfordernisses in § 112 Abs. 1 S. 1 BetrVG im Interessenausgleich ausdrücklich auf sie Bezug genommen werden. Die Anlagen müssen fest mit dem Interessenausgleich verbunden sein und sollten von den Parteien auch unterzeichnet werden (s. Anm. 1).

Die **namentliche Bezeichnung** der wegen einer Betriebsänderung zu kündigenden Arbeitnehmer in einem Interessenausgleich bewirkt nach § 1 Abs. 5 KSchG eine kündigungsschutzrechtliche Privilegierung des Arbeitgebers (vgl. auch §§ 125 Abs. 1 S. 1 InsO, 323 Abs. 2 UmwG). Es wird dann nämlich im Kündigungsschutzprozess vermutet, dass die Kündigungen durch dringende betriebliche Erfordernisse im Sinne von § 1 Abs. 2 KSchG bedingt sind. Die Einhaltung der Sozialauswahl kann nur auf grobe Fehlerhaftigkeit überprüft werden (zur Namensliste im Einzelnen *Schiefer*/*Worzalla* NZA 2004, 345, 352 und Form C. I. 7 Anm. 6).

Die Parteien können im Zusammenhang mit dem Interessenausgleich Auswahlrichtlinien vereinbaren, die eine Vorauswahl für Kündigungen und Versetzungen nach einem Punkteschema vorsehen (BAG Urt. v. 7. 12. 1995 – 2 AZR 1008/94 – AP Nr. 29 zu § 1 KSchG 1969

Soziale Auswahl; s. Form. C. II. 2). Richtlinien zur **sozialen Auswahl** von Mitarbeitern können sowohl in dem Interessenausgleich selbst als auch in einer Anlage festgelegt werden. Sie bieten sich an, wenn nicht alle Mitarbeiter entlassen werden sollen, sondern daneben z. B. Änderungskündigungen ausgesprochen und Aufhebungsverträge geschlossen werden sollen oder wenn bei einem stufenweisen Personalabbau ein Teil der Mitarbeiter zu einem früheren Zeitpunkt als der Rest entlassen werden soll.

6. Mitwirkung des Betriebsrats. Die Durchführung der geplanten Betriebsänderung kann neben den §§ 111, 112 BetrVG auch **andere Beteiligungsrechte** des Betriebsrats **auslösen,** die es zu beachten gilt. Dies betrifft insbesondere das Zustimmungserfordernis bei Versetzungen nach § 99 BetrVG und die Anhörungspflicht vor Kündigungen nach § 102 BetrVG. Der einvernehmlich geschlossene Interessenausgleich enthält prinzipiell nicht zugleich das Einverständnis des Betriebsrats mit den damit einhergehenden Einzelmaßnahmen.

Mit solchen Beteiligungsrechten befasst sich § 3. Nach der Formulierung in § 3 Abs. (1) muss die Beteiligung des Betriebsrats nach §§ 99, 102 BetrVG noch hinsichtlich der jeweils betroffenen Mitarbeiter durchgeführt werden. Versetzungen im Sinne von §§ 99, 95 Abs. 3 BetrVG kommen natürlich nur in Betracht, wenn das Unternehmen noch andere Betriebe hat, wovon in diesem Formular ausgegangen wird (vgl. Anm. 1). Die Namensliste (vgl. Anm. 5) im oder als Anlage zum Interessenausgleich ist allein nicht geeignet, die Anhörung des Betriebsrats nach § 102 BetrVG zu ersetzen (vgl. BAG Urt. v. 20. 5. 1999 – 2 AZR 148/99 – AP Nr. 4 zu § 1 KSchG 1969 Namensliste).

Der **Umfang** oder die **Anforderungen der Beteiligung des Betriebsrats können** hierdurch jedoch **reduziert werden** (BAG Urt. v. 20. 5. 1999 – 2 AZR 532/98 – AP Nr. 5 zu § 1 KSchG 1969 Namensliste). Nach § 102 BetrVG bedarf es keiner weiteren Darlegung der Kündigungsgründe durch den Arbeitgeber, wenn der Betriebsrat bei Einleitung des Anhörungsverfahrens bereits über den für eine sachgerechte Stellungnahme erforderlichen Kenntnisstand verfügt (BAG Urt. v. 28. 3. 1974 – 2 AZR 472/73 – AP Nr. 3 zu § 102 BetrVG 1972; BAG Urt. v. 27. 6. 1985 AP Nr. 37 zu § 102 BetrVG 1972). Dies **entbindet aber nicht von der Durchführung der Anhörung** an sich im jeweiligen Einzelfall. Der Arbeitgeber muss den Betriebsrat gleichwohl um die Stellungnahme zu einer konkreten Kündigungsabsicht ersuchen. Zu berücksichtigen ist indes, dass der Arbeitgeber im Prozess gegebenenfalls die Vorkenntnisse des Betriebsrats hinreichend konkret darlegen und beweisen muss (BAG Urt. v. 20. 5. 1999 – 2 AZR 532/98 – AP Nr. 5 zu § 1 KSchG 1969 Namensliste).

Ferner kann – anders als im vorliegenden Formular – das jeweilige Beteiligungsverfahren bereits im Rahmen des Interessenausgleichsverfahrens durchgeführt worden sein. Dies ist allerdings nicht unproblematisch. Werden **Interessenausgleich und Betriebsratsanhörung miteinander verbunden,** muss dies schon bei Einleitung des Beteiligungsverfahrens klargestellt werden und im Wortlaut des Interessenausgleichs muss zum Ausdruck kommen, dass mit Unterzeichnung des Interessenausgleichs auch die Anhörungsverfahren hinsichtlich sämtlicher auszusprechender Kündigungen abgeschlossen sein sollen. Dabei ist auch zu berücksichtigen, dass ein gekündigter Arbeitnehmer im Kündigungsschutzprozess unabhängig von der Formulierung im Interessenausgleich die ordnungsgemäße Anhörung des Betriebsrats mit Nichtwissen bestreiten kann. In diesem Fall muss der Arbeitgeber das ordnungsgemäße Verfahren nach § 102 BetrVG substantiiert darlegen und unter Beweis stellen. Bei einer pauschalen Erledigung der individuellen Anhörungsverfahren im Interessenausgleich ist daher Vorsicht geboten.

Der Betriebsrat kann seine Zustimmung zu den Einzelmaßnahmen auch von **Bedingungen** abhängig machen. Dies gilt auch für die Zustimmung zum Interessenausgleich an sich (zur Bedingung der Aufstellung eines Sozialplans BAG Urt. v. 17. 9. 1974 – 1 AZR 16/74 – AP Nr. 1 zu § 113 BetrVG 1972; GK-BetrVG/*Fabricius/Oetker* §§ 112, 112 a Rdn. 29 m. weit. Nachw.).

Sofern die Betriebsstilllegung zu einer Anzahl von Entlassungen führt, die die Schwellenwerte des § 17 Abs. 1 KSchG überschreitet, sind vor Ausspruch der Kündigungen Beratungen mit dem Betriebsrat und eine Massenentlassungsanzeige an die Agentur für Arbeit erforderlich (so ausdrücklich EuGH Urt. v. 27. 1. 2005 – C-188/03 – NZA 2005, 213; vgl. aber BAG

Urt. v. 24. 2. 2005 – 2 AZR 207/04 – nach n. v.). Der Massenentlassungsanzeige muss eine Stellungnahme des Betriebsrats beigefügt werden, § 17 Abs. 3 KSchG. § 3 Abs. (2) stellt klar, dass der Interessenausgleich auch als Stellungnahme nach § 17 KSchG dient. Mittelbar ergibt sich daraus auch, dass die Unterrichtung des Betriebsrats über die Massenentlassungen erfolgt ist, § 17 Abs. 2 KSchG.

7. Sozialplan. Im Unterschied zum Interessenausgleich befasst sich der Sozialplan nach § 112 Abs. 1 S. 2 BetrVG nicht mit der Betriebsänderung, sondern mit dem Ausgleich oder der Milderung der wirtschaftlichen Nachteile, die den Arbeitnehmern infolge der geplanten Betriebsänderung entstehen und die der Interessenausgleich nicht verhindern konnte. Regelmäßig werden Sozialplan und Interessenausgleich gleichzeitig verhandelt und abgeschlossen.

8. Abschluss der Verhandlungen. Mit dieser Formulierung wird klargestellt, dass die Rechte des Betriebsrats bei Betriebsänderungen nach § 111 BetrVG gewahrt wurden und das Verfahren zur Herbeiführung eines Interessenausgleichs abgeschlossen ist. Damit steht fest, dass der Arbeitgeber mit der Umsetzung der Betriebsänderung beginnen kann. Auch auf die in der Rechtsprechung der Landesarbeitsgerichte umstrittene Frage, ob der Betriebsrat vor Abschluss des Verfahrens nach § 111 BetrVG einen im Wege der einstweiligen Verfügung durchsetzbaren Unterlassungsanspruch gegen den Arbeitgeber zur Sicherung seiner Beratungsrechte hat (vgl. zum Meinungsstand GKBetrVG-*Fabricius/Oetker* § 111 Rdn. 189 ff.), kommt es dann nicht mehr an.

7. Interessenausgleich in der Insolvenz[1]

Interessenausgleich

zwischen
...... (Name und Anschrift der Gesellschaft) „Gesellschaft"
vertreten durch den Insolvenzverwalter[2] ...... (Name und Anschrift des Insolvenzverwalters)
und
...... (Name und Anschrift des Betriebsrats) „Betriebsrat"

Präambel[3]
......

§ 1 Betriebsänderung[4]

Der Betrieb ...... wird zum ...... stillgelegt. Damit entfallen insgesamt ...... Arbeitsplätze. Der Betriebsrat stimmt der Stilllegung des Betriebes zu.

(*Alternative:*
Die Gesellschaft und der Betriebsrat sind sich darüber einig, dass die Abteilung ...... des Betriebs ...... stillgelegt wird. Die Stilllegung erfolgt mit dem .... Damit entfallen die Arbeitsplätze von ...... Mitarbeitern gemäß anliegender Namensliste.)

(*Alternative:*
Der Betriebsrat nimmt zur Kenntnis, dass der Betrieb in ...... mit dem ...... stillgelegt wird[5].)

§ 2 Durchführung

(1) Bis zum ...... läuft die Produktion im Betrieb mit dem vorhandenen Auftragsbestand aus. Je nach Abwicklung der Aufträge beginnt sukzessive der Abbau der Fertigungseinrichtungen.

(2) Die Arbeitsverträge aller Mitarbeiter des Betriebes, die in der als Anlage 1 beigefügten Namensliste[6] aufgeführt sind, werden spätestens zum ...... von der Gesellschaft

unter Einhaltung der gesetzlichen, tariflichen oder einzelvertraglichen Kündigungsfrist gekündigt. Das Recht der Gesellschaft zu Kündigungen aus personen- oder verhaltensbedingten Gründen oder aus wichtigem Grund bleibt unberührt.

(*Alternative:*

(2) Die Arbeitsverträge der von der Stilllegung betroffenen Mitarbeiter werden spätestens zum ...... einvernehmlich abgeändert, aufgelöst oder von der Gesellschaft unter Einhaltung der gesetzlichen, tariflichen oder einzelvertraglichen Kündigungsfrist gekündigt. Im Einzelnen werden hierbei die in der Anlage beigefügten Pläne (Namensliste, Anlage 1; ......, Anlage 2; ......, Anlage 3) zugrunde gelegt. Das Recht der Gesellschaft zu Kündigungen aus personen- oder verhaltensbedingten Gründen oder aus wichtigem Grund bleibt unberührt.)

(3) Alle Mitarbeiter sind bis zum Ablauf der Kündigungsfrist oder Versetzungsfrist zur Arbeitsleistung verpflichtet. Die Gesellschaft ist aber berechtigt, die Mitarbeiter von der Arbeit freizustellen. Die Bruttobezüge für den Zeitraum nach Freistellung bis zum Ablauf der Kündigungsfrist können im Rahmen einer Abfindungsvereinbarung in eine Kündigungsabfindung umgewandelt werden.

(4) Die Gesellschaft verpflichtet sich, die bestehenden Ausbildungsverhältnisse im Betrieb bis zum Ende der Stilllegungsarbeiten weiter zu führen und bereits eingeleitete Überleitungen der Ausbildungsverhältnisse auf Nachbarbetriebe zu ermöglichen.

(*Alternative:*

(4) Die Gesellschaft verpflichtet sich, sich um die Übernahme der bestehenden Ausbildungsverhältnisse durch geeignete Betriebe zu bemühen.)

(*Alternative:*

(4) Die Gesellschaft verpflichtet sich, die im Betrieb bestehenden Ausbildungsverhältnisse in dem Betrieb ...... zu Ende zu führen.)

§ 3 Mitwirkung des Betriebsrats[7]

§ 4 Sozialplan[8]

§ 5 Schlussbestimmungen[9]

......
Ort, Datum

......
Unterschrift des Insolvenzverwalters

......
Ort, Datum

......
Unterschrift des Betriebsrats

Schrifttum: Annuß, Die Betriebsänderung in der Insolvenz, NZI 1999, 344; *Bachner/Schindele,* Beschäftigungssicherung durch Interessenausgleich und Sozialplan, NZA 1999, 130; *Boemke/Tietze,* Insolvenzarbeitsrecht und Sozialplan, DB 1999, 1389; *Eisenbeis,* Betriebsänderung in der Insolvenz „leichtes Spiel" für den Verwalter?, FA 1999, 79; *Heinze,* Das Arbeitsrecht der Insolvenzordnung, NZA 1999, 57; *Heither,* Die Sicherung der Beteiligungsrechte des Betriebsrats bei geplanten Betriebsänderungen, in Festschrift Däubler, 1999, 338; *Hohenstatt,* Der Interessenausgleich in einem veränderten rechtlichen Umfeld, NZA 1998, 846; *Kania,* Interessenausgleich und Sozialplan in der Insolvenz, DZWir 2000, 328; *Kohte,* Die vertrackte Namensliste, BB 1998, 946; *Lakies,* Insolvenz und Betriebsänderungen, BB 1999, 206; *Löwisch,* Neugestaltung des Interessenausgleichs durch das arbeitsrechtliche Beschäftigungsförderungsgesetz, RdA 1997, 80; *Matthes,* Neue Funktionen für Interessenausgleich und Sozialplan, RdA 1999, 178; *Oetker/Friese,* Der Sozialplan in der Insolvenz, DZWir, 2001, 265; *Röder/Baeck,* Interessenausgleich und Sozialplan, 3. Auflage 2000; *Schaub,* Arbeitsrecht in der Insolvenz, DB 1999, 217; *Zwanziger,* Der Interessenausgleich – betriebliches Regelungsinstrument oder Muster ohne kollektiven Wert, BB 1998, 477.

Anmerkungen

1. Regelungsgegenstand. Das vorliegende Formular behandelt einen Interessenausgleich über eine Betriebsstilllegung im Rahmen eines Unternehmens mit mehreren Betrieben. Ein Interessenausgleich ist eine **Einigung zwischen Unternehmer (bzw. Insolvenzverwalter) und Betriebsrat über eine geplante Betriebsänderung.** Der Interessenausgleich trifft Regelungen darüber, **ob, wie und wann** eine geplante Betriebsänderung im Sinne des § 111 BetrVG durchgeführt wird (BAG Urt. v. 9. 7. 1985 – 1 AZR 323/83 – AP Nr. 13 zu § 113 BetrVG 1972; BAG Urt. v. 20. 4. 1994 – 10 AZR 186/93 – AP Nr. 27 zu § 113 BetrVG 1992). Dabei sollen aus der geplanten Betriebsänderung resultierende Nachteile für die betroffenen Beschäftigten möglichst verhindert werden. Auch präventive Regelungen, um Nachteile gering zu halten, sind möglich (vgl. BAG Beschl. v. 17. 9. 1991 – 1 ABR 23/91 – AP Nr. 59 zu § 112 BetrVG 1972).

Die §§ 111 ff. BetrVG gelten auch im Rahmen des Insolvenzverfahrens (BAG Urt. v. 22. 7. 2003 – 1 AZR 541/02 – AP Nr. 42 zu § 113 BetrVG 1972). Ein Interessenausgleich muss auch dann versucht werden, wenn es zu der geplanten Betriebsänderung auf Grund der wirtschaftlichen Zwangslage keine sinnvolle Alternative gibt. Die Insolvenzordnung enthält im Hinblick auf Betriebsänderungen u. a. in §§ 121, 122 InsO **besondere Regelungen zum Beteiligungsverfahren und** in § 125 InsO **zum Kündigungsschutz** bei einem zwischen Insolvenzverwalter und Betriebsrat zustande gekommenen **Interessenausgleich mit Namensliste** (vgl. Anm. 6), um Rationalisierungsmaßnahmen zu beschleunigen. Die Eröffnung des Insolvenzverfahrens allein stellt zwar noch keine Betriebsänderung im Sinne von § 111 BetrVG dar, da dies nur die Unternehmensebene betrifft (vgl. *Annuß* NZI 1999, 344). Eine Insolvenz bringt indes regelmäßig Betriebsänderungen mit sich. In Betracht kommen hier etwa Betriebsstilllegungen, wenn das Unternehmen liquidiert wird, oder Rationalisierungsmaßnahmen, schlichter Personalabbau sowie Änderungen der Betriebsorganisation oder der Arbeitsmethoden, wenn der Insolvenzverwalter versucht, das Unternehmen zu erhalten (*F/E/S/T/L* §§ 112, 112a Rdn. 256). Angesichts der Vielzahl möglicher Betriebsänderungen kann es zwar kein allgemeingültiges Muster für die Formulierung eines Interessenausgleichs geben, das Formular soll jedoch in ähnlich gelagerten Fällen der Orientierung dienen.

Können sich Insolvenzverwalter und Betriebsrat nicht über einen Interessenausgleich einigen, sind grundsätzlich folgende Besonderheiten zu beachten: Einem Verfahren vor der Einigungsstelle geht – anders als nach § 112 Abs. 2 BetrVG – nur dann ein **Vermittlungsversuch** durch den Präsidenten des Landesarbeitsamtes bzw. den Vorstand der Bundesagentur für Arbeit voran, wenn **beide Betriebsparteien gemeinsam** darum ersuchen, § 121 InsO. Der Insolvenzverwalter kann ferner nach § 122 InsO – ohne zuvor die Einigungsstelle anzurufen – den Versuch eines Interessenausgleichs durch die **Zustimmung des Arbeitsgerichts zur Betriebsänderung** ersetzen. Dies setzt voraus, dass zwischen Insolvenzverwalter und Betriebsrat ein Interessenausgleich über eine geplante Betriebsänderung nicht innerhalb von **drei Wochen nach Verhandlungsbeginn oder schriftlicher Aufforderung** zur Aufnahme von Verhandlungen zustande gekommen ist, obwohl der Betriebsrat rechtzeitig und umfassend unterrichtet wurde. Ansprüche auf Nachteilsausgleich gemäß § 113 Abs. 3 BetrVG sind in diesem Fall nach § 122 Abs. 1 S. 2 InsO ausgeschlossen.

Bei einem Interessenausgleich handelt es sich um eine **kollektive Vereinbarung besonderer Art** und nicht um eine Betriebsvereinbarung (BAG Urt. v. 20. 4. 1994 – 10 AZR 186/93 – AP Nr. 27 zu § 113 BetrVG 1972; Richardi/*Annuß* § 112 Rdn. 36 f. m. weit. Nachw.). Seine Einhaltung ist daher nicht durch den Betriebsrat erzwingbar (*Willemsen/Hohenstatt* NZA 1997, 345; GK-BetrVG/*Fabricius/Oetker* §§ 112, 112a Rdn. 22; a. A. MünchHdbArbR/*Matthes* § 361 Rdn. 28). Weicht der Insolvenzverwalter vom Interessenausgleich ab, bleibt den Arbeitnehmern nur der Nachteilsausgleich gemäß § 113 BetrVG. Ungeachtet dessen kann der Interessenausgleich auch als **freiwillige Betriebsvereinbarung** abgeschlossen werden, § 88 BetrVG. In diesem Falle kann der Betriebsrat nach § 77 Abs. 1 BetrVG die Durchführung verlangen. Eine solche Vorgehensweise kommt insbesondere dann in Betracht, wenn der Insolvenzverwalter im Interessenausgleich Verpflichtungen zugunsten des Betriebsrats oder der Arbeitnehmer übernimmt.

Löw

Der Interessenausgleich bedarf nach § 112 Abs. 1 S. 1 BetrVG zu seiner Rechtsverbindlichkeit bzw. Wirksamkeit zwingend der **Schriftform** i. S. d. § 126 Abs. 1 BGB (BAG Urt. v. 9. 7. 1985 – 1 AZR 323/83 – AP Nr. 13 zu § 113 BetrVG 1972; BAG Urt. v. 20. 4. 1994 – 10 AZR 186/93 – AP Nr. 27 zu § 113 BetrVG 1992). Die Einheitlichkeit der Gesamturkunde kann insbesondere durch Zusammenheften, Nummerieren der Seiten, durch Bezugnahme oder den eindeutigen Sachzusammenhang des fortlaufenden Textes gewahrt werden (vgl. auch Anm. 6).

2. Insolvenzverwalter. Nach Eröffnung des Insolvenzverfahrens tritt der Insolvenzverwalter in die Rechte und Pflichten des Arbeitgebers ein, § 80 InsO.

3. Präambel. Das Voranstellen einer Präambel im Interessenausgleich kann sinnvoll sein, um bei Bedarf den **Anlass, die Vorgeschichte und/oder Zusammenhänge** der geplanten Betriebsänderung und damit des Interessenausgleichs **festzuhalten**.

4. Betriebsänderung. Wesentlicher Bestandteil des Interessenausgleichs ist die **Beschreibung der geplanten Betriebsänderung**, wobei an die in § 111 S. 3 BetrVG ausdrücklich genannten Betriebsänderungen angeknüpft werden sollte. Eine Betriebs(teil)stilllegung liegt vor, wenn auf Grund einer endgültigen unternehmerischen Entscheidung für unbestimmte Zeit die die Einheit des Betriebs gestaltende Arbeitsorganisation aufgelöst und der mit ihr verfolgte Zweck aufgegeben wird (BAG Urt. v. 11. 3. 1998 – 2 AZR 414/97 – AP Nr. 43 zu § 111 BetrVG 1972; Richardi/*Richardi/Annuß* § 111 Rdn. 56). Zu der Beschreibung der Betriebsänderung gehört die Festlegung des Zeitplans und des Umfangs, also der von der Betriebsänderung betroffenen Bereiche des Betriebes und des betroffenen Personenkreises. Dies ist bei der Stilllegung eines ganzen Betriebes grundsätzlich entbehrlich. Die Nennung der Anzahl der wegfallenden Arbeitsplätze dient jedoch im vorliegenden Fall der Klarstellung.

Im Zusammenhang mit der zweiten Alternative zu § 1, wonach eine Abteilung stillgelegt wird, ist es eher angebracht, die Anzahl der in dieser Abteilung tätigen Mitarbeiter zu nennen bzw. eine Liste mit ihren Namen beizufügen. Beides ist insbesondere auch bei einem Personalabbau als Betriebsänderung zu beachten (vgl. § 112a BetrVG). Die genaue Durchführung der Betriebsänderung einschließlich der Detailplanung ist hier Gegenstand von § 2. Zur Namensliste im Sinne des § 125 InsO vgl. Anm. 6.

5. Kenntnisnahme des Betriebsrats. Die Formulierung „Der Betriebsrat nimmt zur Kenntnis" in der Alternative zu § 1 bringt zum Ausdruck, dass der Betriebsrat **mit der Betriebsänderung nicht einverstanden** ist. Mangels eines erzwingbaren Mitbestimmungsrechts wird der Betriebsrat häufig dennoch dem Abschluss des Interessenausgleichs zustimmen, da er die Stilllegung selbst ohnehin nicht verhindern kann. Der Betriebsrat hat jedenfalls im Hinblick auf § 113 BetrVG ein Interesse daran, den Insolvenzverwalter auf seine geplante Betriebsänderung festzulegen.

6. Namensliste. Die **namentliche Bezeichnung** der wegen einer Betriebsänderung zu kündigenden Arbeitnehmer in einem Interessenausgleich (sog. „Positivliste") bewirkt eine kündigungsschutzrechtliche Privilegierung des Arbeitgebers (vgl. auch §§ 1 Abs. 5 KSchG, 323 Abs. 2 UmwG). § 125 InsO **erleichtert die Darlegungs- und Beweislast** für den Insolvenzverwalter und schränkt die Überprüfung der Sozialauswahl ein.

Nach § 125 Abs. 1 Nr. 1 InsO wird nämlich **vermutet**, dass die Kündigung der Arbeitsverhältnisse der genannten Arbeitnehmer **durch dringende betriebliche Erfordernisse bedingt ist**, die einer Weiterbeschäftigung in diesem Betrieb oder einer Weiterbeschäftigung zu unveränderten Arbeitsbedingungen entgegenstehen. Die gesetzliche Vermutungswirkung reicht mithin in der Insolvenz weiter als bei einer Namensliste im Sinne des § 1 Abs. 5 KSchG, deren Vermutungswirkung wohl nicht Änderungskündigungen erfasst (*Däubler* NZA 2004, 177, 184).

Die Vermutungswirkung i. S. d. § 292 ZPO erstreckt sich auf den betriebsbedingten Kündigungsgrund nach § 1 Abs. 2 S. 1 KSchG und die fehlende Weiterbeschäftigungsmöglichkeit. Umstritten ist, ob sich die Vermutung nur auf Weiterbeschäftigungsmöglichkeiten im Betrieb oder auch im Unternehmen bezieht (für eine Beschränkung auf denselben Betrieb: ErfK/*Ascheid* § 125 InsO Rdn. 5 m. weit. Nachw.; vgl. auch BAG 7. 5. 1998 – 2 AZR 536/97 – AP Nr. 94 zu § 1 KSchG 1969 Betriebsbedingte Kündigung). Für den Fall, dass die Betriebsände-

7. Interessenausgleich in der Insolvenz

rung erst nach einer Betriebsveräußerung stattfinden soll, erstreckt sich nach § 128 Abs. 2 InsO die Vermutung auch darauf, dass die Kündigung der Arbeitsverhältnisse nicht wegen eines Betriebsübergangs erfolgt ist, § 613a Abs. 4 BGB.

Die **Vermutung im Sinne einer Beweislastumkehr** ist durch den vollen Beweis des Gegenteils **widerlegbar**. Der Arbeitnehmer trägt die Beweis- und Darlegungslast. Er muss daher beispielsweise darlegen und beweisen, dass sein Arbeitsplatz nicht entfallen ist oder dass seine Weiterbeschäftigung im Betrieb oder Unternehmen möglich war. Dann ist wieder der Insolvenzverwalter am Zug (vgl. BAG 7. 5. 1998 – 2 AZR 536/97 – AP Nr. 94 zu § 1 KSchG 1969 Betriebsbedingte Kündigung; a. A. LAG Düsseldorf 4. 3. 1998 – 12 (17) Sa 2125/97 – LAGE § 1 KSchG Interessenausgleich Nr. 3 zu § 1 Abs. 5 KSchG a. F.). Trotz der Vermutungswirkung muss der Insolvenzverwalter auf Bestreiten des Arbeitnehmers die zu seinem Wahrnehmungsbereich gehörenden Tatsachen mitteilen, wie z. B. den betriebsbedingten Kündigungsgrund, den für die Sozialauswahl relevanten Personenkreis und die den berechtigten betrieblichen Interessen nach § 1 Abs. 3 KSchG zugrunde liegenden Tatsachen.

Des Weiteren kann nach § 125 Abs. 1 Nr. 2 InsO die soziale Auswahl der Arbeitnehmer nur im Hinblick auf die **Dauer der Betriebszugehörigkeit, das Lebensalter und die Unterhaltspflichten** und auch insoweit nur auf **grobe Fehlerhaftigkeit** nachgeprüft werden. Eine grobe Fehlerhaftigkeit ist dann anzunehmen, wenn die Gewichtung der Kriterien jede Ausgewogenheit vermissen lässt (BAG Urt. v. 21. 1. 1999 – 2 AZR 624/98 – EzA § 1 KSchG Soziale Auswahl Nr. 39). Sie ist insbesondere nicht als grob fehlerhaft anzusehen, wenn Arbeitnehmer aus der Sozialauswahl herausgenommen werden, um eine ausgewogene Personalstruktur zu erhalten oder zu schaffen. Letzteres wird beispielsweise von § 1 Abs. 3 S. 2 KSchG nicht erfasst. Auch insoweit reicht der Spielraum bei Kündigungen in der Insolvenz mithin weiter. Darüber hinaus erstreckt sich der Prüfungsmaßstab der groben Fehlerhaftigkeit auf die gesamte Sozialauswahl, also auch auf die **Bildung der Vergleichsgruppen** (BAG Urt. v. 28. 8. 2003 – 2 AZR 368/02 – AP Nr. 1 zu § 125 InsO).

Schließlich ersetzt ein Interessenausgleich mit Namensliste nach § 125 Abs. 2 InsO die **Stellungnahme des Betriebsrats nach § 17 Abs. 3 S. 2 KSchG** bei anzeigepflichtigen Massenentlassungen.

Wie in der Alternative deutlich wird, können die Modalitäten der Betriebsänderung durch **Organisationsregelungen** im Interessenausgleich konkretisiert werden (GK-BetrVG/*Fabricius/Oetker* §§ 112, 112a Rdn. 9). Bei Betriebsstilllegungen kommen neben der Namensliste im Sinne des § 125 InsO insbesondere **Zeitpläne** für die Durchführung der Stilllegung mit genauen Terminangaben für die einzelnen Maßnahmen, aber auch **Auswahlrichtlinien** (vgl. Form. C.I.6 Anm. 5) für Kündigungen in Betracht.

Soweit solche Pläne, Konzepte, Listen, Richtlinien, etc. dem Interessenausgleich **als Anlage beigefügt** werden, sollte vor dem Hintergrund des **Schriftformerfordernisses** nach § 112 Abs. 1 S. 1 BetrVG im Interessenausgleich ausdrücklich auf sie Bezug genommen werden und sie müssen fest mit dem Interessenausgleich verbunden sein (z. B. durch eine Heftmaschine). Eine nicht unterschriebene **Namensliste** muss zwar nicht ausdrücklich als Anlage zum Interessenausgleich bezeichnet und mit Ort und Datum versehen sein, wenn sie mit dem Interessenausgleich fest verbunden wird (BAG Urt. v. 21. 2. 2002 – 2 AZR 581/00 – NJOZ 2003, 1631; BAG Urt. v. 6. 12. 2001 – 2 AZR 422/00 – NJOZ 2003, 1206; BAG Urt. v. 7. 5. 1998 – 2 AZR 55/98 – AP Nr. 1 zu § 1 KSchG 1969 Namensliste; BAG Urt. v. 30. 10. 1984 – 3 AZR 213/82 – AP Nr. 46 zu § 74 HGB). Gleichwohl sollten die Parteien auch sämtliche Anlagen zum Interessenausgleich unterzeichnen, um jegliches Risiko auszuschließen (*Hohenstatt* NZA 1998, 846, 851). Denn bei der Wahrung der gesetzlichen Schriftform kann lediglich ausnahmsweise von der Abschluss- und Deckungswirkung der Unterschrift abgesehen werden. So soll die nachträgliche Auflösung der festen Verbindung – etwa um den Interessenausgleich zu fotokopieren – dazu führen, dass die Schriftform nicht gewahrt wurde, auch wenn danach wieder eine Heftklammer befestigt wird (LAG Hamm Urt. v. 6. 7. 2000 – 4 Sa 799/00 – ZInsO 2001, 336).

Um die zu kündigenden Arbeitnehmer zweifelsfrei **identifizieren** zu können, sollten in Namenslisten ferner zumindest die Personalkennziffer, Vor- und Nachnamen und gegebenenfalls bei Namensgleichheiten das Geburtsdatum, Anschrift, Beruf, Eintrittsdatum oder Arbeitsplatz aufgeführt werden. Ferner muss jeweils angegeben werden, ob es sich um eine **Beendigungs- oder Änderungskündigung** handelt und wie das konkrete Änderungsangebot lautet.

Scheitert der Versuch eines Interessenausgleichs mit Namensliste nach § 125 InsO, kann der Insolvenzverwalter die **Feststellung des Arbeitsgerichts** beantragen, dass die **geplanten Kündigungen** der Arbeitsverhältnisse bestimmter, bezeichneter Arbeitnehmer **durch dringende betriebliche Erfordernisse bedingt und sozial gerechtfertigt** sind. Voraussetzung ist gemäß § 126 InsO, dass zwischen Insolvenzverwalter und Betriebsrat ein Interessenausgleich über eine geplante Betriebsänderung nicht innerhalb von drei Wochen nach Verhandlungsbeginn oder schriftlicher Aufforderung zur Aufnahme von Verhandlungen zustande gekommen ist, obwohl der Betriebsrat rechtzeitig und umfassend unterrichtet wurde. Eine rechtskräftige Entscheidung in diesem Beschlussverfahren ist nach § 127 Abs. 1 InsO auch in einem individuellen Kündigungsschutzverfahren bindend.

7. Mitwirkung des Betriebsrats. Vgl. Form. C. I. 6, dort unter § 3, C. I. 6 Anm. 6.

8. Sozialplan. Vgl. Form. C. I. 6, dort unter § 4 und Anm. 7. Die Insolvenzordnung enthält besondere Vorschriften über den **Gesamtumfang eines Sozialplans im Insolvenzverfahren,** den Rang von Sozialplananspruchen (§ 123 InsO) sowie die Bestandskraft von insolvenznahen Sozialplänen (§ 124 InsO) und modifiziert insoweit das BetrVG. Vgl. zum Sozialplan in der Insolvenz Form. C. I. 9.

9. Schlussbestimmungen. Vgl. Form. C. I. 6.

8. Sozialplan bei Betriebsstilllegung[1]

Sozialplan

zwischen

...... (Name und Anschrift der Gesellschaft) „Gesellschaft"

und

...... (Name und Anschrift des Betriebsrats) „Betriebsrat"

Präambel[2]

......

§ 1 Betriebsstilllegung

(1) Die Gesellschaft beabsichtigt den Betrieb ...... zum ...... zu schließen.

(2) Zum Ausgleich und zur Milderung der wirtschaftlichen Nachteile der von der Stilllegung betroffenen Mitarbeiter schließen die Parteien nachfolgenden Sozialplan.

§ 2 Geltungsbereich[3]

(1) Leistungen nach den Bestimmungen dieses Sozialplans erhalten Mitarbeiter der Gesellschaft, die am ...... (*Alternative:* zum Zeitpunkt des In-Kraft-Tretens dieses Sozialplans) in einem ungekündigten Arbeitsverhältnis standen und deren Arbeitsplatz von der geplanten Betriebsstilllegung betroffen ist.

(2) Leistungen nach den Bestimmungen dieses Sozialplans erhalten ferner auch diejenigen Mitarbeiter der Gesellschaft, die im Zusammenhang mit der geplanten Betriebsstilllegung auf Veranlassung der Gesellschaft oder auf eigenen Wunsch nach dem ...... ausgeschieden sind.

(3) Keine Leistungen nach den Bestimmungen dieses Sozialplans erhalten Mitarbeiter,
- die in einem befristeten Arbeitsverhältnis stehen,
- die aus Gründen ausscheiden, die nicht mit der Stilllegung des Betriebes zusammenhängen, insbesondere Mitarbeiter,

8. Sozialplan bei Betriebsstilllegung

- bei denen die Voraussetzungen für die Inanspruchnahme des Altersruhegeldes aus der gesetzlichen Rentenversicherung bestehen,
- die wegen Erwerbsunfähigkeit ausscheiden oder
- denen die Gesellschaft aus einem personen- oder verhaltensbedingten Grund ordentlich oder außerordentlich kündigt oder bei denen das Arbeitsverhältnis aus diesen Gründen einvernehmlich beendet wird,
- denen die Gesellschaft das Angebot eines zumutbaren Arbeitsplatzes in einem anderen Betrieb macht,
- die leitende Angestellte im Sinne des § 5 Abs. 3 BetrVG sind,
- die in einem Berufsausbildungsverhältnis stehen.

§ 3 Allgemeine Regelungen

(1) Leistungen, die aus diesem Sozialplan gewährt werden, werden grundsätzlich einen Monat nach Ausscheiden des Mitarbeiters (*Alternative:* mit der letzten Monatsabrechnung/zum ......) fällig.

(2) Soweit Mitarbeiter eine Kündigungsschutzklage[4] erheben, werden nach diesem Sozialplan zu zahlende Abfindungen oder sonstige Leistungen erst nach Vorliegen einer rechtskräftigen Entscheidung oder nach Klagerücknahme fällig. Gerichtliche Abfindungen, die auf Grund einer Kündigungsschutzklage festgesetzt oder im Vergleichswege vereinbart werden, werden auf die Leistungen aus diesem Sozialplan angerechnet.

(3) Die nach dieser Vereinbarung gezahlten Abfindungen und sonstige Leistungen bleiben im Rahmen der steuerlichen Höchstbeträge steuerfrei. Darüber hinaus anfallende Steuern und Sozialversicherungsbeiträge hat unter Beachtung zwingender gesetzlicher Regelungen der Mitarbeiter zu tragen.

(4) Ausscheidende Mitarbeiter werden im angemessenen Umfang zur Stellensuche unter Fortzahlung ihres Verdienstes von der Arbeitsleistung freigestellt.

(5) Mitarbeiter, deren Kündigungsfrist erst nach Stilllegung des Betriebes abläuft, werden grundsätzlich mit der Stilllegung unter Fortzahlung des Verdienstes von der Arbeitsleistung freigestellt. Sie können jedoch bis zum Ablauf der Kündigungsfrist mit Abwicklungsarbeiten beschäftigt werden, soweit ihnen dies zumutbar ist.

§ 4 Arbeitsplatzwechsel

(1) Freie Arbeitsplätze in anderen Betrieben der Gesellschaft werden zunächst den von der Stilllegung des Betriebes betroffenen Mitarbeitern angeboten.

(2) Ein Angebot zum Wechsel des Arbeitsplatzes ist für den Mitarbeiter insbesondere unzumutbar[5], wenn im Verhältnis zur bisherigen Tätigkeit die angebotene Tätigkeit qualitativ deutlich geringwertiger ist, das angebotene Entgelt deutlich niedriger ist oder ein damit verbundener Wechsel des Wohnorts erheblich in das Familienleben eingreift.

(3) Entstehen für den Mitarbeiter infolge eines solchen Wechsels des Arbeitsplatzes höhere Fahrtkosten, so zahlt die Gesellschaft für die Dauer von ...... Monaten einen Fahrtkostenzuschuss, wenn die einfache Wegstrecke zwischen dem beibehaltenen Wohnsitz des Mitarbeiters und dem Betrieb die bisherige um mindestens ...... km übersteigt. Die Höhe des Zuschusses beträgt ......% der Mehrkosten.

(4) Verlagert der Mitarbeiter innerhalb von ...... Monaten seit dem Arbeitsplatzwechsel deswegen seinen Wohnsitz zu dem anderen Betrieb, erstattet die Gesellschaft entstandene Umzugskosten in Höhe von EUR ...... (in Worten: Euro ......).

(5) Die bisherige Betriebszugehörigkeit wird bei der Weiterbeschäftigung auf einem anderen Arbeitsplatz angerechnet.

§ 5 Abfindung[6]

(1) Mitarbeiter, die nicht auf einem anderen Arbeitsplatz weiterbeschäftigt werden können und die infolge der Stilllegung aus der Gesellschaft ausscheiden, erhalten eine

Abfindung für den Verlust ihres Arbeitsplatzes. Die Abfindung setzt sich zusammen aus einem
- Grundbetrag (Abs. (2))
- Zuschlag für ältere Mitarbeiter (Abs. (5))
- Zuschlag für Unterhaltsverpflichtungen (Abs. (6))
- Zuschlag für schwerbehinderte Mitarbeiter (Abs. (7))

(2) Der Grundbetrag der Abfindung berechnet sich nach folgender Formel:

$$\text{Betriebszugehörigkeit} \times \text{Bruttomonatseinkommen} \times \text{Faktor X}$$

Der Faktor X beträgt für Mitarbeiter
- bis zum vollendeten 30. Lebensjahr 0,7
- ab dem vollendeten 30. Lebensjahr bis zum vollendeten 40. Lebensjahr 0,9
- ab dem vollendeten 40. Lebensjahr bis zum vollendeten 50. Lebensjahr 1,1
- ab dem vollendeten 50. Lebensjahr 1,2

(3) Das dem Faktor X zu Grunde liegende Lebensalter und die Betriebszugehörigkeit ermitteln sich nach den zum Zeitpunkt der Beendigung des Arbeitsverhältnisses vollendeten Jahren.

(4) Das Bruttomonatseinkommen setzt sich zusammen aus dem regelmäßigen Bruttomonatseinkommen einschließlich aller Zulagen multipliziert mit ...... und dividiert durch 12.

(5) Mitarbeiter, die das 50. Lebensjahr aber noch nicht das 55. vollendet haben, erhalten darüber hinaus einen Zuschlag in Höhe von einem Bruttomonatsgehalt. Mitarbeiter, die das 55. Lebensjahr vollendet haben, erhalten einen Zuschlag in Höhe von ...... Bruttomonatsgehältern.

(6) Je unterhaltsberechtigtem Kind, das auf der Lohnsteuerkarte eingetragen ist, steht dem Mitarbeiter ein Kinderzuschlag in Höhe von EUR ...... (in Worten: Euro ......) zu. Für einen Ehepartner oder Lebenspartner im Sinne des LPartG erhält der Mitarbeiter einen Zuschlag in Höhe von EUR ...... (in Worten: Euro ......).

(7) Mitarbeiter, bei denen mindestens ein Grad der Behinderung von 50 im Sinne des § 69 Abs. 1 SGB IX festgestellt ist, sowie Gleichgestellte erhalten einen Zuschlag, dessen Höhe sich wie folgt ermittelt:

$$\frac{\text{Grad der Behinderung} \times \text{EUR} \ldots\ldots}{100}$$

(8) Die Abfindung ist vererblich. Verstirbt ein Mitarbeiter vor dem Ausscheiden aus dem Arbeitsverhältnis, so wird die Abfindung in voller Höhe an die Erben ausgezahlt.

§ 6 Sonstige Leistungen[7]

(1) Die Mitarbeiter erhalten für das Jahr des Ausscheidens unabhängig vom Zeitpunkt des Ausscheidens ihren vollen Jahresurlaub und das volle Urlaubsgeld.

(2) Entsprechendes gilt für die Weihnachtsgratifikation und die vermögenswirksamen Leistungen.

(3) Alle Mitarbeiter, die im Jahr ...... ohne die Betriebsstilllegung ein Dienstjubiläum begehen würden, erhalten eine Jubiläumszuwendung in Höhe von EUR ...... (in Worten: Euro ......).

(4) Mitarbeiter mit einer unverfallbaren Anwartschaft in der betrieblichen Altersversorgung erhalten im zeitlichen Zusammenhang mit ihrem Ausscheiden von der Gesellschaft eine Unverfallbarkeitserklärung (§ 2 Abs. 6 BetrAVG).

§ 7 Sonderfonds für Härtefälle[8]

(1) Zur Milderung von besonderen Härtefällen, die auf Grund der Betriebsstilllegung eintreten, steht in einem Fonds ein Betrag in Höhe von EUR ...... (in Worten: Euro ......) zur Verfügung.

(2) Leistungen werden auf Antrag des Mitarbeiters gewährt, worin glaubhaft zu machen ist, dass den Mitarbeiter im Vergleich zu den anderen betroffenen Mitarbeitern auf Grund des Ausscheidens aus der Gesellschaft eine besondere Härte trifft. Der Antrag muss spätestens innerhalb von ...... Monaten nach dem Ausscheiden aus der Gesellschaft gestellt werden. Auf entsprechende Leistungen besteht kein Rechtsanspruch.

(3) Über den Antrag entscheidet bis zum ...... einvernehmlich eine Kommission, die sich aus je einem Vertreter der Gesellschaft und des Betriebsrats zusammensetzt.

(4) Zum ...... wird der Fonds aufgelöst. Die übrig gebliebenen Mittel fallen dann an die Gesellschaft zurück.

§ 8 Schlussbestimmungen

(1) Diese Vereinbarung tritt mit Unterzeichnung in Kraft. Sie endet, ohne dass es einer Kündigung bedarf, mit dem Abschluss sämtlicher beschriebenen Maßnahmen.

(2) Die Parteien sind sich einig, dass die Verhandlungen abgeschlossen sind und das Verfahren zur Herbeiführung eines Sozialplanes im Hinblick auf die Betriebsstilllegung beendet ist.

(3) Für den Mitarbeiter günstigere gesetzliche, tarifliche oder vertragliche Regelungen werden durch diese Betriebsvereinbarung nicht berührt.

......
Ort, Datum

......
Unterschrift der Gesellschaft

......
Ort, Datum

......
Unterschrift des Betriebsrats

Schrifttum: Bachner/Schindele, Beschäftigungssicherung durch Interessenausgleich und Sozialplan, NZA 1999, 130; *Bauer/Lingemann*, Die Stilllegung von Tendenzbetrieben am Beispiel von Pressebetrieben, NZA 1995, 813; *Eisemann*, Mitbestimmung bei Betriebsstilllegung und Sozialplan, DStR, 1995, 23; *Gillen/Hörle*, Betriebsänderungen in Tendenzbetrieben, NZA 2003, 1125; *Heither*, Die Sicherung der Beteiligungsrechte des Betriebsrats bei geplanten Betriebsänderungen, in Festschrift Däubler, 1999, 338; *Hunold*, Die Rechtsprechung zu Interessenausgleich, Nachteilsausgleich und Sozialplan, §§ 112–113 BetrVG – Teil 1 und 2 NZA-RR 2004, 561 und 2005, 57; *Kraushaar*, Sozialpläne müssen nicht immer so viel Geld kosten!, BB 2000, 1622; *Matthes*, Neue Funktionen für Interessenausgleich und Sozialplan, RdA 1999, 178; *Meyer*, Abänderung von Sozialplänen, NZA 1995, 974; *Richardi*, Der Anspruch auf den Sozialplan bei Betriebsänderungen, NZA 1984, 177; *Röder/Baeck*, Interessenausgleich und Sozialplan, 3. Auflage 2000; *Schrader*, Der arbeitsrechtliche Gleichbehandlungsgrundsatz im Sozialplan, DB 1997, 1714; *Weber/Burmester*, Die Ermessensentscheidung der Einigungsstelle bei Sozialplänen und ihre arbeitsgerichtliche Überprüfung, BB 1995, 2268.

Anmerkungen

1. Regelungsgegenstand. Ein Sozialplan ist die freiwillige oder durch Spruch der Einigungsstelle erzwungene **Einigung** des Unternehmers und des Betriebsrats **über den Ausgleich oder die Milderung der wirtschaftlichen Nachteile**, die den Arbeitnehmern infolge einer geplanten Betriebsänderung entstehen, § 112 Abs. 1 S. 2 BetrVG. Die vermögenswerten Nachteile der Arbeitnehmer bestehen bei einer **Betriebsstilllegung** regelmäßig in dem **Verlust des Arbeitsplatzes** und der im Laufe des Arbeitsverhältnisses erworbenen Vorteile verbunden mit dem Risiko, einen neuen Arbeitsplatz zu finden. Der maßgebliche Zeitpunkt für die Ermittlung der Nachteile liegt vor der Betriebsänderung. Eine Verpflichtung der Parteien zur Aufstellung eines Sozialplans besteht aber auch noch nach Durchführung der Betriebsänderung (BAG Beschl. v. 15. 10. 1979 – 1 ABR 49/77 – AP Nr. 5 zu § 111 BetrVG 1972). Damit die Beteiligungsrechte des Betriebsrats nicht wegen Zeitablaufs leer laufen, hat er nach § 21b BetrVG bei einer Betriebsstilllegung ein **Restmandat**, bis der Sozialplan zustande gekommen ist (vgl. auch BAG Beschl. v. 1. 4. 1998 – 10 ABR 17/97 – AP Nr. 123 zu § 112 BetrVG 1972; BAG Urt. v. 5. 10. 2000 – 1 AZR 48/00 – AP Nr. 141 zu § 112 BetrVG 1972).

Grundsätzlich kommt den Parteien im Hinblick auf den Inhalt eines Sozialplans ein **weiter Gestaltungsspielraum** zu. So können die Parteien unter Berücksichtigung des Zwecks des Sozialplans, eine **verteilungsgerechte Überbrückungshilfe** für die betroffenen Arbeitnehmer zu schaffen, insbesondere das Volumen und die Verteilungsgrundsätze des Sozialplans frei bestimmen. In den Grenzen **billigen Ermessens** können sie auch entscheiden, welche Nachteile sie in welchem Umfang ausgleichen oder mildern wollen (BAG Urt. v. 5. 10. 2000 – 1 AZR 48/00 – AP Nr. 141 zu § 112 BetrVG 1972). Im Übrigen sind sie nur an **höherrangiges Recht** (wie z. B. § 75 BetrVG) und damit insbesondere an den **Gleichbehandlungsgrundsatz** gebunden (BAG Urt. v. 30. 11. 1994 – 10 AZR 578/93 – AP Nr. 89 zu § 112 1972). Die in § 112 Abs. 5 BetrVG normierten Grundsätze, von denen sich die Einigungsstelle zu leiten hat, gelten nicht für die Betriebsparteien.

Der Sozialplan ist eine **Betriebsvereinbarung** (BAG Urt. v. 27. 8. 1975 – 4 AZR 454/74 – AP Nr. 2 zu § 112 BetrVG 1972; BAG Urt. v. 28. 4. 1993 – 10 AZR 222/92 – AP Nr. 67 zu § 112 BetrVG 1972). Da für ihn aber der Tarifvorbehalt des § 77 Abs. 3 BetrVG gemäß § 112 Abs. 1 S. 4 BetrVG nicht gilt, kann er trotz etwaiger Tarifüblichkeit der in ihm enthaltenen Regelungen wirksam abgeschlossen werden. Die Wahrung der **Schriftform** ist Wirksamkeitsvoraussetzung des Sozialplans (Richardi/*Annuß* § 112 Rdn. 78). Er ist vom Unternehmer und dem Vorsitzenden des Betriebsrats zu unterzeichnen.

2. Präambel. Das Voranstellen einer Präambel im Sozialplan kann sinnvoll sein, um bei Bedarf den **Anlass, die Vorgeschichte und/oder Zusammenhänge** der geplanten Betriebsänderung und damit des Sozialplans **festzuhalten**.

3. Geltungsbereich. Das Formular bezieht Arbeitnehmer unabhängig von der Art der Beendigung ihres Arbeitsverhältnisses (arbeitgeberseitige Kündigung, Eigenkündigung, Aufhebungsvertrag) ein. Da in einem Sozialplan nach den Nachteilen unterschieden wird, sind aber auch **Differenzierungen nach Art der Beendigung des Arbeitsverhältnisses** grundsätzlich zulässig. Denn erfahrungsgemäß wird ein Arbeitnehmer nur dann selbst kündigen oder einen Aufhebungsvertrag unterschreiben, wenn er einen neuen Arbeitsplatz zumindest in Aussicht hat. Mithin liegen hier auch geringere Nachteile vor, die es auszugleichen gilt. Solche Arbeitnehmer können von Sozialplanleistungen sogar völlig ausgeschlossen werden, es sei denn, deren Eigenkündigung oder Aufhebungsvertrag ist durch den Arbeitgeber veranlasst (BAG Urt. v. 20. 4. 1994 – 10 AZR 323/93 – AP Nr. 77 zu § 112 BetrVG 1972; BAG Urt. v. 30. 11. 1994 – 10 AZR 578/93 – AP Nr. 89 zu § 112 BetrVG 1972; BAG Urt. v. 19. 7. 1995 – 10 AZR 885/94 – AP Nr. 96 zu § 112 BetrVG 1972).

Die **Festlegung eines Stichtags** in § 2 Abs. (1) und (2) muss am jeweiligen Sachverhalt orientiert und **sachlich vertretbar** sein, etwa durch das Scheitern des Interessenausgleichs oder die Bekanntgabe des Stilllegungsbeschlusses an den Betriebsrat als zeitliche Zäsur (BAG Urt. v. 30. 11. 1994 – 10 AZR 578/93 – AP Nr. 89 zu § 112 BetrVG 1972; BAG Urt. v. 24. 1. 1996 – 10 AZR 155/95 – AP Nr. 98 zu § 112 BetrVG 1972; BAG Urt. v. 13. 11. 1996 – 10 AZR 340/96 – AP Nr. 4 zu § 620 BGB Aufhebungsvertrag). Dies betrifft vor allem Fälle, in denen das Ausscheiden des Arbeitnehmers schon vor bekannt werden der geplanten Stilllegung aus anderen Gründen „beschlossene Sache" war. Ansonsten kommt den Betriebspartnern auch bei der Festlegung eines Stichtags ein weiter Ermessensspielraum zu.

Die vorliegende Regelung erfasst auch Arbeitnehmer, die noch nicht unter den Anwendungsbereich des KSchG fallen. Ohne weiteres möglich ist es aber auch, Ansprüche aus dem Sozialplan nur Arbeitnehmern zu gewähren, die beispielsweise bereits mindestens ein Jahr beschäftigt werden. Ferner können neben den Arbeitnehmern, die die Voraussetzungen für die Inanspruchnahme des Altersruhegeldes aus der gesetzlichen Rentenversicherung erfüllen, auch Arbeitnehmer, die die Voraussetzungen für den **übergangslosen Rentenbezug nach Beendigung des Anspruchs auf Arbeitslosengeld** erfüllen oder die ein **vorgezogenes Altersruhegeld** in Anspruch nehmen können, von den Sozialplanleistungen ausgenommen werden (BAG Urt. v. 26. 7. 1988 – 1 AZR 156/87 – AP Nr. 45 zu § 112 BetrVG 1972; BAG Urt. v. 31. 7. 1996 – 10 AZR 45/96 – AP Nr. 103 zu § 112 BetrVG 1972). Demgegenüber ist aber auch die Einbeziehung **befristet Beschäftigter** möglich, wobei hier jedoch nur Leistungen in einem geringeren Umfang in Betracht kommen (F/E/S/T/L §§ 112, 112a Rdn. 129).

8. Sozialplan bei Betriebsstilllegung C. I. 8

Arbeitnehmer, die einen zumutbaren gleichwertigen oder gleichbezahlten **Arbeitsplatz in einem anderen Betrieb des Unternehmens ablehnen**, können – wie vorliegend – von den Leistungen des Sozialplans ausgeschlossen werden. Der Sozialplan kann in diesem Zusammenhang auch näher festlegen, wann ein Arbeitsplatzangebot (funktional, wirtschaftlich, regional) zumutbar ist (BAG Beschl. v. 28. 9. 1988 – 1 ABR 23/87 – AP Nr. 46 zu § 112 BetrVG 1972; BAG Urt. v. 19. 6. 1996 – 10 AZR 23/96 – AP Nr. 102 zu § 112 BetrVG 1972 zur Vermittlung durch den Arbeitgeber). Vgl. hierzu im Formular § 4 Abs. (2). **Persönliche Umstände der Arbeitnehmer müssen hierbei nicht zwingend berücksichtigt werden, da die Bestimmung der Zumutbarkeit im freien Ermessen der Betriebspartner liegt** (vgl. BAG Urt. v. 15. 12. 1998 – 1 AZR 332/98 – AP Nr. 126 zu § 112 BetrVG 1972).

4. Kündigungsschutzklage. Leistungen aus dem Sozialplan durften bislang **nicht davon abhängig** gemacht werden, dass der Arbeitnehmer keine Kündigungsschutzklage erhebt oder eine solche zurücknimmt (BAG Urt. v. 20. 12. 1983 – 1 AZR 442/82 – AP Nr. 17 zu § 112 BetrVG 1972). Lediglich die **Fälligkeit** von Sozialplanleistungen durfte bis zum Abschluss des Kündigungsschutzprozesses **hinausgeschoben** werden (F/E/S/T/L §§ 112, 112a Rdn. 106). Das BAG hat nunmehr seine bisherige Auffassung zu sogenannten „**Turboprämien**" im Sozialplan revidiert (BAG Urt. v. 31. 5. 2005 – 1 AZR 254/04 – nach n. v.).

Hiernach ist der Arbeitgeber nicht verpflichtet, eine Turboprämie, d. h. Zusatzleistungen für diejenigen Arbeitnehmer, die auf die Erhebung einer Kündigungsschutzklage verzichten, auch an Mitarbeiter zu zahlen, die eine (erfolglose) Kündigungsschutzklage erhoben hatten. Damit wird die Turboprämie als „Gegenleistung" für den Verzicht von Mitarbeitern auf die Erhebung einer Kündigungsschutzklage zum echten Verhandlungselement.

5. Unzumutbarer Arbeitsplatzwechsel. S. o. Anm. 3.

6. Abfindung. Da der Sozialplan dem Ausgleich und der Milderung der wirtschaftlichen Nachteile der von der Stilllegung betroffenen Mitarbeiter dienen soll, ist die Regelung der Abfindung sein Herzstück. Die wirtschaftlichen Nachteile der Arbeitnehmer dürfen auf der Grundlage einer **pauschalisierenden Betrachtung** ermittelt werden (BAG Urt. v. 5. 10. 2000 – 1 AZR 48/00 – AP Nr. 141 zu § 112 BetrVG 1972; BAG Urt. v. 14. 8. 2001 – 1 AZR 760/00 – AP Nr. 142 zu § 112 BetrVG 1972).

Zur **Bemessung der Abfindung** gibt es neben einer individuellen Beurteilung (vgl. BAG Urt. v. 12. 2. 1985 – 1 AZR 40/84 – AP Nr. 25 zu § 112 BetrVG 1972) die verschiedensten Methoden. Üblich ist die Bemessung **nach festen Steigerungsstufen, nach einem Punktsystem oder nach mathematischen Formeln,** die eine möglichst lineare Abfindungskurve ergeben. Regelmäßig werden dabei wegen der pauschalen Betrachtungsweise nur die Dauer der Betriebszugehörigkeit, das Lebensalter und das Gehalt als Faktoren einbezogen (BAG Beschl. v. 23. 4. 1985 – 1 ABR 3/81 – AP Nr. 26 zu § 112 BetrVG 1972), so dass ähnlich wie im vorliegenden Fall zum Ausgleich **zusätzliche Zahlungen** für ältere oder schwerbehinderte Arbeitnehmer sowie für Mitarbeiter mit Kindern vorgesehen werden. Um den Verteilungsrahmen sicher bestimmen zu können, sind dabei formalisierte Anforderungen an den Nachweis der Unterhaltsverpflichtungen oder der Schwerbehinderung im Sozialplan gerechtfertigt (Richardi/*Annuß* § 112 BetrVG Rdn. 92).

Die Gewährung der Abfindung kann ferner – wie in § 5 Abs. (1) vorgesehen – auf Arbeitnehmer beschränkt werden, denen das Unternehmen keinen zumutbaren anderen Arbeitsplatz anbieten kann (vgl. BAG Urt. v. 17. 2. 1981 – 1 AZR 290/78 – AP Nr. 11 zu § 112 BetrVG 1972 zur anderweitigen Anschlusstätigkeit). Im Sozialplan können für einzelne Abfindungen unter besonderen Voraussetzungen auch **Höchstgrenzen** geregelt werden (BAG Urt. v. 23. 8. 1988 – 1 AZR 284/87 – AP Nr. 46 zu § 112 BetrVG 1972), um dem begrenzten Sozialplanvolumen Rechnung zu tragen. Dies gilt insbesondere, wenn den älteren Arbeitnehmern nach dem Sozialplan Arbeitsplätze in anderen Betrieben des Unternehmens angeboten werden müssen (BAG Urt. v. 19. 10. 1999 – 1 AZR 838/98 – AP Nr. 135 zu § 112 BetrVG 1972).

Zulässig sind nach der Rechtsprechung des BAG des Weiteren Differenzierungen danach, ob die ausscheidenden Arbeitnehmer alsbald das vorgezogene **Altersruhegeld** in Anspruch nehmen können oder die Voraussetzungen für den übergangslosen Rentenbezug nach Beendigung des Anspruchs auf Arbeitslosengeld erfüllen (BAG Urt. v. 26. 7. 1988 – 1 AZR 156/87 –

AP Nr. 45 zu § 112 BetrVG 1972; BAG Urt. v. 31. 7. 1996 – 10 AZR 45/96 – AP Nr. 103 zu § 112 BetrVG 1972).

Bei **teilzeitbeschäftigten Arbeitnehmern** darf auf die persönliche Arbeitszeit zum Zeitpunkt des Ausscheidens im Verhältnis zur tariflichen Wochenarbeitszeit oder auf das Verhältnis zur Teilzeit und Vollzeit insgesamt abgestellt werden (BAG Urt. v. 28. 10. 1992 – 10 AZR 129/92 – AP Nr. 66 zu § 112 BetrVG 1972; BAG Urt. v. 14. 8. 2001 – 1 AZR 760/00 – AP Nr. 142 zu § 112 BetrVG 1972).

7. Sonstige Leistungen. Neben oder anstatt der pauschalierten Abfindung können die durch den Verlust des Arbeitsplatzes entstandenen Nachteile auch durch weitere Leistungen ausgeglichen werden. Über die Beispiele im Formular hinaus sind auch Regelungen über die Jahresprämie, Werkswohnung, Arbeitgeberdarlehen oder Bewerbungskosten möglich.

8. Sonderfonds für Härtefälle. Die Aufnahme einer Härtefallklausel wird empfohlen, um individuelle Sondernachteile auszugleichen, die im Sozialplan keine Berücksichtigung gefunden haben (vgl. F/E/S/T/L §§ 112, 112a Rdn. 127; Richardi/*Annuß* § 112 Rdn. 100). Ein Beispiel für einen Härtefall i. S. v. § 7 kann eine längere Arbeitslosigkeit sein.

9. Sozialplan in der Insolvenz[1]

Sozialplan

zwischen

...... (Name und Anschrift der Gesellschaft) „Gesellschaft"
vertreten durch den Insolvenzverwalter[2] ...... (Name und Anschrift des Insolvenzverwalters)

und

...... (Name und Anschrift des Betriebsrats) „Betriebsrat"

Präambel[3]
......

§ 1 Betriebsstilllegung

(1) Die Gesellschaft beabsichtigt infolge der drohenden Insolvenz den Betrieb ...... zum ...... zu schließen.

(2) Zum Ausgleich und zur Milderung der wirtschaftlichen Nachteile der von der Stilllegung betroffenen Mitarbeiter schließen die Parteien nachfolgenden Sozialplan.

§ 2 Geltungsbereich[4]

§ 3 Sozialplanvolumen

(1) Das Gesamtvolumen des Sozialplans wird gemäß § 123 Abs. 1 InsO auf das 2,5fache der Netto-Lohnsumme aller auf Grund der Betriebsstilllegung im Sinne des § 2 Abs. (1) und (2) ausscheidenden Mitarbeiter im Monat ...... 20 ...... in Höhe von EUR ...... (in Worten: Euro ......) festgelegt[5].

(2) Das Sozialplanvolumen gilt vorbehaltlich der noch durchzuführenden Betriebsstilllegung und wird gegebenenfalls nach unten korrigiert. Sollte eine Korrektur des Sozialplanvolumens nach Abschluss der Betriebsstilllegung erforderlich werden, werden die Ansprüche der Mitarbeiter nach diesem Sozialplan entsprechend anteilig herabgesetzt[6].

§ 4 Allgemeine Regelungen[7]

§ 5 Abfindung[8]

§ 6 Sonstige Leistungen[9]

§ 8 Schlussbestimmungen[10]

......
Ort, Datum

......
Unterschrift des Insolvenzverwalters

......
Ort, Datum

......
Unterschrift des Betriebsrats

Schrifttum: Annuß, Die Betriebsänderung in der Insolvenz, NZI 1999, 344; *Bachner/Schindele*, Beschäftigungssicherung durch Interessenausgleich und Sozialplan, NZA 1999, 130; *Boemke/Tietze*, Insolvenzarbeitsrecht und Sozialplan, DB 1999, 1389; *Eisenbeis*, Betriebsänderung in der Insolvenz „leichtes Spiel" für den Verwalter?, FA 1999, 79; *Heinze*, Das Arbeitsrecht der Insolvenzordnung, NZA 1999, 57; *Heither*, Die Sicherung der Beteiligungsrechte des Betriebsrats bei geplanten Betriebsänderungen, in Festschrift Däubler, 1999, 338; *Kania*, Interessenausgleich und Sozialplan in der Insolvenz, DZWir 2000, 328; *Lakies*, Insolvenz und Betriebsänderungen, BB 1999, 206; *Matthes*, Neue Funktionen für Interessenausgleich und Sozialplan, RdA 1999, 178; *Oetker/Friese*, Der Sozialplan in der Insolvenz, DZWir, 2001, 265; *Röder/Baeck*, Interessenausgleich und Sozialplan, 3. Auflage 2000; *Schaub*, Arbeitsrecht in der Insolvenz, DB 1999, 217.

Anmerkungen

1. Regelungsgegenstand. Ein Sozialplan ist die freiwillige oder durch Spruch der Einigungsstelle erzwungene **Einigung** des Unternehmers und des Betriebsrats **über den Ausgleich oder die Milderung der wirtschaftlichen Nachteile**, die den Arbeitnehmern infolge einer geplanten Betriebsänderung entstehen, § 112 Abs. 1 S. 2 BetrVG. Die Eröffnung des Insolvenzverfahrens allein stellt zwar noch keine Betriebsänderung im Sinne von § 111 BetrVG dar, da dies nur die Unternehmensebene betrifft (vgl. *Annuß*, NZI 1999, 344). Eine Insolvenz bringt indes regelmäßig Betriebsänderungen mit sich. In Betracht kommen hier etwa Betriebsstilllegungen, wenn das Unternehmen liquidiert wird, oder Rationalisierungsmaßnahmen, schlichter Personalabbau sowie Änderungen der Betriebsorganisation oder der Arbeitsmethoden, wenn der Insolvenzverwalter versucht, das Unternehmen zu erhalten (F/E/S/T/L §§ 112, 112a Rdn. 256). Für jede Betriebsänderung sind jeweils gesonderte Sozialpläne zu errichten.

Der vermögenswerte Nachteil der Arbeitnehmer besteht auch hier regelmäßig in dem **Verlust des Arbeitsplatzes** und der im Laufe des Arbeitsverhältnisses erworbenen Vorteile verbunden mit dem Risiko, einen neuen Arbeitsplatz zu finden (vgl. Form. C. I. 8 Anm. 1).

Die §§ 111 ff. BetrVG gelten auch im Rahmen des Insolvenzverfahrens. Die Insolvenzordnung enthält nur **besondere Vorschriften über den Umfang eines Sozialplans im Insolvenzverfahren**, den Rang von Sozialplanansprüchen (§ 123 InsO) sowie die Bestandskraft von insolvenznahen Sozialplänen (§ 124 InsO) und modifiziert lediglich insoweit das BetrVG.

Grundsätzlich kommt den Parteien im Hinblick auf den Inhalt eines Sozialplans auch im Insolvenzverfahren ein **weiter Gestaltungsspielraum** zu. So können die Parteien unter Berücksichtigung des Zwecks des Sozialplans, eine **verteilungsgerechte Überbrückungshilfe** für die betroffenen Arbeitnehmer zu schaffen, die Verteilungsgrundsätze des Sozialplans frei bestimmen. In den Grenzen **billigen Ermessens** können sie insbesondere entscheiden, welche Nachteile sie in welchem Umfang ausgleichen oder mildern wollen (BAG Urt. v. 5. 10. 2000 – 1 AZR 48/00 – AP Nr. 141 zu § 112 BetrVG 1972). Sie sind dabei nur an **höherrangiges Recht** (wie z. B. § 75 BetrVG) und damit insbesondere an den **Gleichbehandlungsgrundsatz** gebunden (BAG Urt. v. 30. 11. 1994 – 10 AZR 578/93 – AP Nr. 89 zu § 112 BetrVG 1972).

Im Unterschied zu einem „normalen" Sozialplan erstreckt sich der Gestaltungsspielraum in der Insolvenz aber nicht auf das Volumen eines Sozialplans, der die wirtschaftlichen Nachteile der von einer Entlassung betroffenen Arbeitnehmer ausgleichen oder mildern soll. In diesen Fällen **begrenzt § 123 Abs. 1 InsO das Gesamtvolumen des Sozialplans** (vgl. hierzu Anm. 5). Für jeden von einer Entlassung betroffenen Arbeitnehmer kann der Sozialplan einen Gesamtbetrag von **maximal zweieinhalb Monatsverdiensten** vorsehen. Dies bedeutet aber nicht, dass auch nur die von einer Entlassung betroffenen Arbeitnehmer Sozialplanleistungen erhalten können. Des Weiteren muss nicht jeder Arbeitnehmer, der bei der Berechnung des

Gesamtvolumens des Sozialplans mit seinem Verdienst mitzählt, auch tatsächlich bei der Verteilung der Mittel berücksichtigt werden (*F/E/S/T/L* §§ 112, 112a Rdn. 261; MünchKommInsO/*Löwisch*/*Caspers* § 123 InsO Rdn. 58). Dies fällt wiederum in den Verteilungsspielraum des Insolvenzverwalters und des Betriebsrats.

Die in § 112 Abs. 5 BetrVG normierten Grundsätze, von denen sich die Einigungsstelle zu leiten hat, finden auf einen frei vereinbarten Sozialplan keine unmittelbare Anwendung. Indes darf der Insolvenzverwalter darüber hinausgehende Leistungen nur zugestehen, wenn und soweit sich dies mit der Sorgfalt eines ordentlichen und gewissenhaften Insolvenzverwalters vereinbaren lässt, um sich nicht der Eigenhaftung nach § 60 InsO auszusetzen (MünchKommInsO/*Löwisch*/*Caspers* § 123 InsO Rdn. 40).

Der Sozialplan ist eine **Betriebsvereinbarung** (BAG Urt. v. 27. 8. 1975 – 4 AZR 454/74 – AP Nr. 2 zu § 112 BetrVG 1972; BAG Urt. v. 28. 4. 1993 – 10 AZR 222/92 – AP Nr. 67 zu § 112 BetrVG 1972). Da für ihn aber der Tarifvorbehalt des § 77 Abs. 3 BetrVG gemäß § 112 Abs. 1 S. 4 BetrVG nicht gilt, kann er trotz etwaiger Tarifüblichkeit der in ihm enthaltenen Regelungen wirksam abgeschlossen werden. Die Wahrung der **Schriftform** ist Wirksamkeitsvoraussetzung des Sozialplans (Richardi/*Annuß* § 112 Rdn. 78). Er ist vom Insolvenzverwalter und dem Vorsitzenden des Betriebsrats zu unterzeichnen.

2. Insolvenzverwalter. Nach Eröffnung des Insolvenzverfahrens tritt der Insolvenzverwalter in die Rechte und Pflichten des Arbeitgebers ein, § 80 InsO. Auch der vorläufige Insolvenzverwalter tritt in die Arbeitgeberstellung ein, sofern dem Arbeitgeber nach Stellung des Antrags auf Eröffnung des Insolvenzverfahrens nach § 22 InsO ein allgemeines Verfügungsverbot auferlegt wurde.

3. Präambel. Das Voranstellen einer Präambel im Sozialplan kann sinnvoll sein, um bei Bedarf den **Anlass, die Vorgeschichte und/oder Zusammenhänge** der geplanten Betriebsänderung und damit des Sozialplans **festzuhalten**.

4. Geltungsbereich. S. Form. C. I. 8, dort unter § 2.

5. Sozialplanvolumen. Zur Berechnung des Gesamtvolumens des Sozialplans muss zunächst ermittelt werden, wie viele Arbeitnehmer von einer Entlassung betroffen sein werden. Gemeint sind neben Kündigungen durch den Insolvenzverwalter auch der Abschluss von Aufhebungsverträgen auf Veranlassung des Insolvenzverwalters und die Eigenkündigung, um einer Kündigung des Insolvenzverwalters zuvorzukommen (BAG Urt. v. 19. 7. 1995 – 10 AZR 885/94 – AP Nr. 96 zu § 112 BetrVG 1972 m. Anm. v. *Hoyningen-Huene*; *Annuß*, NZI 1999, 344, 349; a. A. *Hess*, NZA 1985, 205, 206).

Dann muss der **individuelle Arbeitsverdienst** i. S. d. § 10 Abs. 3 KSchG der von einer Entlassung betroffenen Arbeitnehmer berechnet werden. Gemäß § 10 Abs. 3 KSchG gilt als Monatsverdienst, was dem Arbeitnehmer bei der für ihn maßgeblichen regelmäßigen Arbeitszeit in dem Monat, in dem das Arbeitsverhältnis endet, an Geld (Grundvergütung, Zulagen, Sonderzahlungen) und Sachbezügen zusteht. Die Bestimmung dieses **Bemessungszeitraums** ist umstritten. Nach einer Ansicht soll der Monat der Durchführung der Betriebsänderung maßgeblich sein, d. h. der Monat in dem die Mehrzahl der Arbeitnehmer entlassen wird (*F/E/S/T/L* §§ 112, 112a Rdn. 265). Nach anderer Ansicht ist der Zeitpunkt individuell danach zu bestimmen, in welchem Monat jeweils die Arbeitsverhältnisse der von einer Entlassung betroffenen Arbeitnehmer enden (vgl. *Annuß*, NZI 1999, 344, 349 m. weit. Nachw.). Danach ist regelmäßig eine prognostische Betrachtung notwendig. Praktikabler ist insoweit erstere Ansicht, worauf sich daher auch § 3 bezieht.

Schließlich ergibt sich das Gesamtvolumen des Sozialplans, indem die Netto-Lohnsumme aller von einer Entlassung betroffenen Arbeitnehmer mit 2,5 multipliziert wird.

6. Nachbesserungsklausel. Für jeden von einer Entlassung betroffenen Arbeitnehmer kann der Sozialplan einen Gesamtbetrag von maximal **zweieinhalb** Monatsverdiensten vorsehen, § 123 Abs. 1 InsO. Überschreitet die Summe aller gezahlten Abfindungen und sonstigen Leistungen **den ermittelten Höchstbetrag**, hat dies die **Unwirksamkeit des gesamten Sozialplans** zur Folge (vgl. BT-Drucks. 10/2129, S. 7; *Röder/Baeck*, DStR 1995, 260, 262; a. A. MünchArb/*Matthes* § 363 Rdn. 14; MünchKommInsO/*Löwisch*/*Caspers* § 123 InsO Rdn. 59).

10. Transfersozialplan C. I. 10

Da die Berechnung des Gesamtvolumens im Vorfeld der Betriebsänderung schwierig ist, ist es üblich, vorsorglich Regelungen für den Fall zu treffen, dass der Gesamtbetrag versehentlich überschritten wird. Entsprechende **Nachbesserungsklauseln** sehen dann eine anteilige Herabsetzung der Ansprüche der Arbeitnehmer vor. Daneben kann an Stelle bestimmter Geldbeträge die Abfindung nach einem **Punktesystem berechnet** werden. Auch insoweit kann die Nichtigkeit des Sozialplans wegen Überschreitung des zulässigen Gesamtvolumens durch Anpassungen vermieden werden.

7. Allgemeine Regelungen. S. Form. C. I. 8, dort unter § 3.
8. Abfindung. S. Form. C. I. 8, dort unter § 5.
9. Sonstige Leistungen. S. Form. C. I. 8, dort unter § 6.
10. Schlussbestimmungen. S. Form. C. I. 8, dort unter § 8.

10. Transfersozialplan[1]

Transfersozialplan

zwischen
...... (Name und Anschrift der Gesellschaft) „Gesellschaft"
und
...... (Name und Anschrift des Betriebsrats) „Betriebsrat"

Präambel[2]

§ 1 Betriebsänderung[3]

§ 2 Geltungsbereich[4]

§ 3 Allgemeine Regelungen[5]

(1) Leistungen, die aus diesem Sozialplan gewährt werden, werden grundsätzlich einen Monat nach Ausscheiden des Mitarbeiters (*Alternative:* mit der letzten Monatsabrechnung/zum ......) fällig.

(2) Soweit Mitarbeiter Kündigungsschutzklage erheben, werden nach diesem Sozialplan zu zahlende Abfindungen oder sonstige Leistungen erst nach Vorliegen einer rechtskräftigen Entscheidung oder nach Klagerücknahme fällig. Abfindungen, die auf Grund einer Kündigungsschutzklage festgesetzt oder im Vergleichswege vereinbart werden, werden auf die Leistungen aus diesem Sozialplan angerechnet.

(3) Soweit Mitarbeiter in die Transfergesellschaft nach § 8 überwechseln, werden nach diesem Sozialplan zu zahlende Abfindungen oder sonstige Leistungen erst nach dem Ausscheiden aus der Transfergesellschaft fällig.

(4) Die nach dieser Vereinbarung gezahlten Abfindungen und sonstige Leistungen bleiben im Rahmen der steuerlichen Höchstbeträge steuerfrei. Darüber hinaus anfallende Steuern hat der Mitarbeiter unter Beachtung zwingender gesetzlicher Regelungen zu tragen.

(5) Ausscheidende Mitarbeiter werden im angemessenen Umfang zur Stellensuche unter Fortzahlung ihres Verdienstes von der Arbeitsleistung freigestellt.

(6) Mitarbeiter, deren Kündigungsfrist erst nach Stilllegung des Betriebes abläuft, werden grundsätzlich mit der Stilllegung unter Fortzahlung der Vergütung von der Arbeitsleistung freigestellt. Sie können jedoch bis zum Ablauf der Kündigungsfrist mit Abwicklungsarbeiten beschäftigt werden, soweit ihnen dies zumutbar ist.

§ 4 Arbeitsplatzwechsel[6]

§ 5 Abfindung[7]
§ 6 Sonstige Leistungen[8]
§ 7 Sonderfonds für Härtefälle[9]
§ 8 Einrichtung einer beE[10]

(1) Um die wegen der Betriebsänderung nach § 1 von betriebsbedingten Kündigungen betroffenen Mitarbeiter so schnell wie möglich durch Qualifizierung in dauerhafte Neubeschäftigung zu transferieren und für die Übergangsphase sozial abzusichern, wird eine betriebsorganisatorisch eigenständigen Einheit (beE) im Sinne des § 216b SGB III eingerichtet. Die beE wird zum ...... in ...... eingerichtet und wird durch die Transfergesellschaft ...... (TG) geführt. Einzelheiten regelt ein Vertrag zwischen der Gesellschaft und der TG. Geschäftsgrundlage für die Errichtung der beE ist die Bewilligung von Transferkurzarbeit durch die Agentur für Arbeit[11].

(2) Unter der Voraussetzung der Gewährung von Transferkurzarbeitergeld erhalten alle in der als Anlage 1 beigefügten Namensliste aufgeführten Mitarbeiter vor Ausspruch der betriebsbedingten Kündigung das Angebot, zum ...... in die TG zu wechseln. Hierzu wird den Mitarbeitern der Abschluss eines dreiseitigen Vertrages zur Aufnahme eines befristeten Arbeitsverhältnisses mit der TG bei gleichzeitiger Beendigung des Arbeitsverhältnisses mit der Gesellschaft unter Abkürzung der anwendbaren Kündigungsfristen unterbreitet. Die dreiseitigen Verträge werden nach Maßgabe des dieser Vereinbarung als Anlage 2 beigefügten Vertragsmusters erstellt[12].

(3) Alle Mitarbeiter, die in die TG wechseln wollen, müssen sich hierüber innerhalb von ...... Kalendertagen nach Erhalt des Vertragsangebots, spätestens jedoch bis zum ......, erklären. Ein Eintritt in die TG ist nach Ablauf der Überlegungsfrist ausgeschlossen.

(4) Die Dauer der befristeten Übernahme in die TG richtet sich nach der für die übergehenden Mitarbeiter individuell geltenden Kündigungsfrist, beträgt jedoch mindestens ...... Monate[13].

(*Alternative:*

(4) Die Dauer der befristeten Übernahme in die TG richtet sich nach der für die übergehenden Mitarbeiter individuell geltenden Kündigungsfrist, beträgt jedoch mindestens ...... Monate. Im Einzelnen beträgt die Verweildauer bei einer Kündigungsfrist von
- bis zu drei Monaten: sechs Monate,
- vier Monaten: sieben Monate,
- fünf Monaten: acht Monate,
- sechs Monaten: neun Monate,
- sieben Monaten: zehn Monate.)

(*Alternative:*

(4) Die Dauer der befristeten Übernahme in die TG beträgt für alle Mitarbeiter ...... Monate.)

§ 9 Finanzierung

(1) Die Gesellschaft gewährt den in die TG wechselnden Mitarbeitern für die Dauer des Bezuges von Transferkurzarbeitergeld einen Zuschlag zum Transferkurzarbeitergeld im Wege einer Aufstockung auf 80 % des jeweiligen bisherigen Nettoeinkommens. Der Zuschlag errechnet sich aus der Differenz zwischen dem gewährten Transferkurzarbeitergeld im Sinne des § 216b SGB III und 80% der jeweiligen bisherigen Nettoverdienste der Mitarbeiter[14].

(2) Für die Berechnung des Nettomonatsverdienstes nach vorstehendem Absatz 1 werden die Steuermerkmale der Lohnsteuerkarte zum Stichtag ...... zugrunde gelegt. Ein Wechsel der Steuerklasse während der Beschäftigung in der TG führt nicht zu einer Än-

derung des Aufzahlbetrages, es sei denn, die Steuerklasse ändert sich durch Tod des Ehegatten oder rechtskräftige Scheidung.

(3) Soweit das Transferkurzarbeitergeld wegen anrechenbarer Einkünfte der Mitarbeiter (z. B. aus Nebentätigkeiten) gekürzt wird, erhöht dies den Zuschlag nicht[15].

§ 10 Ausstiegsprämie[16]

(1) Für jeden vollen Monat des endgültigen vorzeitigen Ausscheidens aus der TG erhält der Mitarbeiter einen Betrag in Höhe von brutto EUR ...... (in Worten: Euro ......), der auf die Abfindung nach § 5 aufgeschlagen wird. Die Auszahlung erfolgt unter Berücksichtigung der jeweils geltenden steuer- und sozialversicherungsrechtlichen Vorschriften.

(2) Der Anspruch auf die Ausstiegsprämie ist ausgeschlossen, wenn die TG das Arbeitsverhältnis mit dem Mitarbeiter aus Gründen kündigt, die in der Person oder im Verhalten des Mitarbeiters liegen und die die Gewährung von Transferkurzarbeitergeld nachträglich in Wegfall bringen (z. B. die Nichtteilnahme an Qualifizierungsmaßnahmen).

§ 11 Stellungnahme des Betriebsrats[17]

Diese Vereinbarung gilt zugleich als Stellungnahme des Betriebsrats gemäß §§ 216b Abs. 5 S. 1, 173 Abs. 1 SGB III.

§ 12 Schlussbestimmungen[18]

......
Ort, Datum

......
Unterschrift der Gesellschaft

......
Ort, Datum

......
Unterschrift des Betriebsrats

Schrifttum: Bachner/Schindele, Beschäftigungssicherung durch Interessenausgleich und Sozialplan – Der Beitrag struktureller Kurzarbeit zur Vermeidung von Arbeitslosigkeit, NZA 1999, 130; *Gaul/Kliemt,* Aktuelle Aspekte einer Zusammenarbeit mit Beschäftigungsgesellschaften, NZA 2000, 674; *Gaul/Otto,* Aktuelle Aspekte einer Zusammenarbeit mit Beschäftigungsgesellschaften, NZA 2004, 1301; *Hammer/Wieland,* Kurzarbeitergeld bei strukturell bedingten Arbeitsausfällen, BB 1994, 1558; *Hoehl/Grimmke,* SGB-Leistungen an Arbeitgeber nach den Hartz-Reformen, NZS 2004, 345; *Kaiser,* Arbeitsrechtliche Probleme der Beschäftigungsgesellschaften in den neuen Bundesländern, NZA 1992, 193; *Lembke,* Umstrukturierung in der Insolvenz unter Einschaltung einer Beschäftigungs- und Qualifizierungsgesellschaft, BB 2004, 773; *Lingemann,* Betriebsänderung nach neuem BetrVG, NZA 2002, 934; *Meyer,* Transfergesellschaften an der Schnittstelle zwischen Arbeits- und Sozialrecht, NZS 2002, 578; *ders.,* Transfer-Maßnahmen und Transfer-Kurzarbeitergeld nach §§ 216a und b SGB III, BB 2004, 490; *Petri,* Anm. zu LSG Baden-Württemberg Urt. v. 24. 1. 2002 – L 12 AL 1164/01, NZS 2002, 610; *Pivit,* Höhe des Krankengeldes bei struktureller Kurzarbeit gem. § 175 SGB III, NZS 2003, 472; *Ries,* Sanierung über Beschäftigungs- und Qualifizierungsgesellschaften – Kosten, Nutzen, Risiken, NZI 2002, 521; *Schweiger,* Die Auswirkungen des § 623 BGB auf das Recht der Lohnersatzleistungen im SGB III – Abgrenzung des (leistungsrechtlichen) Beschäftigungsverhältnisses vom Arbeitsverhältnis –, NZS 2001, 519; *Technologieberatungsstelle beim DGB-Landesbezirk Rheinland-Pfalz,* Sanierung durch Transfergesellschaften, Mainz, Oktober 2001; *Welkoborsky,* Transferleistungen für betriebliche Restrukturierungen – veränderte Bedingungen durch Hartz III –, NZS 2004, 509; *Wendeling-Schröder/Welkoborsky,* Beschäftigungssicherung und Transfersozialplan – Neue Handlungsfelder auf Grund BetrVG-Novelle und EG-Recht, NZA 2002, 1370; *Willemsen/Hohenstatt/Schweibert/Seibt,* Umstrukturierung und Übertragung von Unternehmen, 2. Auflage, München 2003; *Wolff,* Personalanpassung durch „Transfersozialplan" – Neues Konzept der Arbeitgeber der chemischen Industrie, NZA 1999, 622.

Anmerkungen

1. Regelungsgegenstand. In der betrieblichen Praxis treten neben den gängigen Sozialplänen, die zum Ausgleich oder zur Milderung der durch den Personalabbau entstehenden Nachteile in erster Linie Abfindungszahlungen vorsehen, zunehmend auch Sozialpläne, die darüber hinausgehend die **Schaffung von Auffangstrukturen** für die vom Personalabbau betroffenen Mitarbeiter ermöglichen. Regelmäßig wird in derartigen Sozialplänen die Einrichtung einer betriebsorganisatorisch eigenständigen Einheit (beE) vorgesehen, in der **Transferkurzar-**

beit gemäß § 216b SGB III geleistet wird. In der Praxis übernehmen häufig eigenständige Rechtsträger, sog. Transfergesellschaften (TG), die Organisation der beE sowie die Qualifizierung und Vermittlung der übergeleiteten Mitarbeiter. Daher wird ein Sozialplan, in dem (auch) die Einschaltung einer TG vorgesehen ist, als „Transfersozialplan" bezeichnet (s. dazu im Übrigen Form. A. VII. 10 (Anm. 4)).

Das **Sanierungskonzept** unter Einschaltung einer TG beruht im Wesentlichen auf drei Vereinbarungen, von denen der **Transfersozialplan** zwischen Alt-Arbeitgeber und Betriebsrat eine ist. Die Überleitung der einzelnen Mitarbeiter in die TG erfolgt in der Regel aufgrund **dreiseitiger Verträge** zwischen Alt-Arbeitgeber, TG und Mitarbeiter, aufgrund derer das bisherige Arbeitsverhältnis unter Abkürzung der Kündigungsfristen beendet wird und der Mitarbeiter zeitgleich in ein neues (befristetes) Arbeitsverhältnis zur TG wechselt (s. Form. A. VII. 10). Welche Qualifizierungs-, Fortbildungs- und Vermittlungsdienste die TG einerseits schuldet und welche Finanzierungs- und Vergütungspflichten den Alt-Arbeitgeber andererseits treffen, regelt schließlich ein **Dienstleistungsvertrag** zwischen der TG und dem Alt-Arbeitgeber.

2. Präambel. S. Form. C. I. 8 Anm. 2.

3. Betriebsänderung. S. Form. C. I. 8 Anm. 1.

4. Allgemeine Regelungen. S. Form. C. I. 8, dort unter § 3.

5. Arbeitsplatzwechsel. S. Form. C. I. 8, dort unter § 4.

6. Geltungsbereich. S. Form. C. I. 8 Anm. 3.

7. Abfindung. S. Form. C. I. 8, dort unter § 5.

8. Sonstige Leistungen. S. Form. C. I. 8, dort unter § 6.

9. Sonderfonds für Härtefälle. S. Form. C. I. 8 Anm. 8.

10. Betriebsorganisatorisch eigenständige Einheit (beE). Voraussetzung für die Gewährung von Transferkurzarbeitergeld durch die Agentur für Arbeit ist u. a. die Errichtung einer beE, d. h. einer organisatorisch und abrechnungstechnisch vom Betrieb abgegrenzten Einheit (*Lembke* BB 2004, 773, 779). Wird eine externe TG beauftragt, ergeben sich insoweit keine Probleme. Vgl. im Übrigen Form. A. VII. 10 Anm. 8.

11. Transferkurzarbeitergeld. Da die TG in erster Linie über Transferkurzarbeitergeld finanziert wird, sollte sowohl das Zustandekommen des dreiseitigen Vertrages als auch die im Transfersozialplan enthaltene Verpflichtung zur Errichtung einer beE von der Gewährung von Transferkurzarbeitergeld abhängig gemacht werden. Ohne die (Mit-)Finanzierung durch die Arbeitsverwaltung könnte der mit dem Personalabbau angestrebte Sanierungseffekt nicht erreicht werden (vgl. zu den Anspruchsvoraussetzungen Form. A. VII. 10 Anm. 8).

12. Dreiseitiger Vertrag. In der TG werden die arbeitsrechtlichen Beziehungen auf eine völlig neue vertragliche Grundlage gestellt. Der Wechsel der Mitarbeiter in die TG stellt keinen Betriebsübergang i. S. d. § 613a BGB dar, weil die TG einen völlig anderen Betriebszweck verfolgt. Daher besteht keine Verpflichtung der TG, die bisherigen Arbeitsbedingungen weiterzugewähren. Um Differenzen mit dem Betriebsrat über die Ausgestaltung der Arbeitsbedingungen in der TG zu vermeiden, sollten die wesentlichen Beschäftigungsbedingungen entweder ausdrücklich im Transfersozialplan festgehalten oder durch Bezugnahme auf einen entsprechenden **Mustervertrag** (s. Form. A. VII. 10) fixiert werden.

13. Laufzeit. Die maximale Bezugsdauer für Transferkurzarbeitergeld beträgt **12 Monate**, § 216b Abs. 8 SGB III. Da die beE maßgeblich über Transferkurzarbeitergeld finanziert wird, bildet diese Höchstbezugsdauer in der Praxis auch die zeitliche Obergrenze für die individuelle Verweildauer der Mitarbeiter in der TG.

Der Zwölf-Monats-Zeitraum muss umgekehrt nicht voll ausgeschöpft werden. Die Verweildauer der einzelnen Mitarbeiter in der TG sollte jedoch mindestens ihrer **individuellen Kündigungsfrist** entsprechen. Ansonsten werden nur wenige Mitarbeiter bereit sein, in die TG zu wechseln. In der Praxis wird häufig eine Staffelung nach der Länge der individuellen Kündigungsfristen vorgenommen, wie sie die Formulierung in Alternative 1 nahe legt. Die dort angegebenen Werte sind lediglich beispielhaft gewählt.

14. Zuschlag. Eine Aufstockung des Transferkurzarbeitergeldes ist in der Praxis üblich, um die Bereitschaft der Mitarbeiter zum Übergang in die TG zu erhöhen. Der Anreiz zum Wechsel in die TG steigt selbstverständlich, wenn die Mitarbeiter ihren bisherigen Lebensstandard weitgehend aufrechterhalten können. Das ist beim alleinigen Bezug von Transferkurzarbeitergeld in Höhe von 60% bzw. 67% des pauschalierten Nettoentgelts (§§ 216b Abs. 10, 178 SGB III) regelmäßig nicht möglich.

Das Formular geht von einem Zuschuss aus, der dem Arbeitnehmer 80% des zuletzt erzielten Nettoeinkommens gewährleistet. Höhere oder niedrigere Zuschüsse sind allerdings ebenso denkbar wie das vollständige Absehen von Zuschüssen. Letzteres wird aber in aller Regel gegenüber dem Betriebsrat nicht durchsetzbar sein.

Neben der eventuellen Zahlung eines Zuschusses ist der Arbeitgeber durch die Tragung der Sozialversicherungsbeiträge sowie des Entgelts bei Urlaub, Krankheit und an Feiertagen finanziell belastet. Der Arbeitgeber muss die Arbeitnehmer- und Arbeitgeberbeiträge zur Sozialversicherung auf der Basis eines fiktiven Arbeitsentgelts von 80% brutto leisten. Für Urlaubs- und Feiertage ergibt sich seine volle Einstandspflicht, da für diese Zeiträume kein Transferkurzarbeitergeld gewährt wird.

15. Kürzung des Transferkurzarbeitergeldes. Eine Kürzung des Transferkurzarbeitergeldes kommt vor allem dann in Betracht, wenn der Arbeitnehmer anrechenbares Einkommen, insbesondere aus Nebentätigkeiten, hat. Wenn der Zuschuss ganz oder teilweise die Differenz zwischen dem gewährten Transferkurzarbeitergeld und dem bisherigen Nettoeinkommen des Mitarbeiters überbrücken soll, würde ohne entsprechenden **Vorbehalt** jede Verringerung des Transferkurzarbeitergeldes vom Alt-Arbeitgeber auszugleichen sein, auch wenn die Ursache hierfür im Verhalten des Mitarbeiters liegt. Das Formular schließt dies aus.

16. Austrittsprämie. Der vorzeitige Austritt eines Mitarbeiters aus der TG ist wünschenswert, sofern es um die **Aufnahme eines neuen Arbeitsverhältnisses** oder den nachweislichen **Schritt in die Selbständigkeit** geht. Hier kann durch Austrittsprämien nochmals ein gesonderter finanzieller Anreiz gegeben werden. Anders ist die Situation, wenn die TG von ihrem Kündigungsrecht Gebrauch macht, weil der Mitarbeiter seinen Mitwirkungspflichten nicht nachkommt (s. dazu Form. A. VII. 10, § 6 Abs. 2). Ein vorzeitiges Ausscheiden unter diesen Bedingungen sollte nicht auch noch durch eine Austrittsprämie honoriert werden.

17. Stellungnahme des Betriebsrats. Bei der Beantragung von Transferkurzarbeitergeld hat der Arbeitgeber den Arbeitsausfall bei der Agentur für Arbeit schriftlich anzuzeigen, §§ 216b Abs. 5 S. 1, 173 Abs. 1 SGB III. Dabei bedarf es auch der Beifügung einer Stellungnahme der Betriebsvertretung, § 173 Abs. 1 S. 3 SGB III. Es spricht jedoch nichts dagegen, eine separate Stellungnahme des Betriebsrats durch Vorlage des Transfersozialplans zu ersetzen, wie im Formular vorgesehen.

18. Schlussbestimmungen. S. Form. C. I. 8, dort unter § 8.

11. Anrufung der Einigungsstelle[1]

[Briefkopf der Gesellschaft]

An den Betriebsrat
z. Hd. des Betriebratsvorsitzenden
......
– im Hause –

Verhandlungen über die Betriebsvereinbarung ......, Anrufung der Einigungsstelle

Sehr geehrte Damen und Herren,

am ...... haben wir Sie darüber informiert, dass wir beabsichtigen, in der Auftragsbearbeitung die Software ...... einzusetzen[2]. Diese Maßnahme bedarf der Mitbestimmung des Betriebsrats nach § 87 Abs. 1 Nr. 6 BetrVG. Zu diesem Zweck haben wir Ihnen am ...... den Entwurf einer entsprechenden Betriebsvereinbarung zukommen lassen und um Ihre Kommentierung des Entwurfs gebeten.

Die Verhandlungstermine am ......, ... und ...... verliefen ergebnislos. Eine Einigung über die Betriebsvereinbarung konnte trotz eingehender Erörterungen nicht erzielt werden. In den gestrigen Verhandlungen haben Sie es nochmals abgelehnt, die Betriebsvereinbarung abzuschließen.

Angesichts dessen sehen wir die Verhandlungen nunmehr als endgültig gescheitert an[3]. Weitere Verhandlungen versprechen nach unserer Einschätzung keine Einigung. Wir rufen daher die Einigungsstelle an. Wir schlagen vor, die Einigungsstelle mit je zwei Beisitzern zu besetzen und den Richter am ......, Herrn ......, als Vorsitzenden der Einigungsstelle zu benennen[4]. Herr ...... ist ein erfahrener Richter, der schon einigen Einigungsstellenverfahren vorgesessen hat. Für den Fall der Verhinderung von Herrn ...... schlagen wir den Richter am ...... als Vorsitzenden der Einigungsstelle vor.

Bitte teilen Sie uns kurzfristig, spätestens aber bis zum ...... mit, ob Sie mit unserem Vorschlag einverstanden sind[5]. Anderenfalls werden wir gemäß § 76 Abs. 2 BetrVG i. V. m. § 98 ArbGG beim Arbeitsgericht beantragen, die Einigungsstelle zu besetzen[6].

Mit freundlichen Grüßen
......
Unterschrift der Gesellschaft

Schrifttum: Bauer, Einigungsstellen – Ein ständiges Ärgernis!, NZA 1992, 433; *Bengelsdorf*, Rechtliche Möglichkeiten zur Beschleunigung des erzwingbaren Einigungsstellenverfahrens, BB 1991, 613; *Dütz*, Die Beilegung von Arbeitsstreitigkeiten im Betrieb, RdA 1978, 291; *Feudner*, Die betriebliche Einigungsstelle – ein unkalkulierbares Risiko, DB 1997, 826; *Göpfert/Krieger*, Wann ist die Anrufung der Einigungsstelle bei Interessenausgleichs- und Sozialplanverhandlungen zulässig?, NZA 2005, 254; *v. Hoyningen-Huene*, Streitschlichtung im Betrieb, NZA 1987, 577; *Leinemann*, Die Bestellung des Vorsitzenden und die Bestimmung der Anzahl der Beisitzer einer betriebsverfassungsrechtlichen Einigungsstelle, AuR 1975, 22; *Neft/Ocker*, Die Einigungsstelle im Betriebsverfassungsrecht, 2. Aufl. 1995; *Pünnel/Isenhardt*, Die Einigungsstelle des BetrVG 1972, 4. Aufl. 1997; *Schaub*, Die Bestellung und Abberufung der Versitzenden von Einigungsstellen, NZA 2000, 1087; *Schliemann*, Die Aufgabe(n) der Schlichtungsstellen der evangelischen Kirchen in Deutschland und ihr(e) Verfahren, NZA 2000, 1311.

Anmerkungen

1. Gegenstand. Die Einigungsstelle ist eine **selbstständige betriebliche Schlichtungsstelle** zur Beilegung von Meinungsverschiedenheiten zwischen Arbeitgeber und Betriebsrat bzw. Gesamt- oder Konzernbetriebsrat. Die Errichtung einer Einigungsstelle setzt – sofern durch freiwillige Betriebsvereinbarung keine ständige Einigungsstelle errichtet ist – immer eine Aufforderung gegenüber der anderen Seite voraus, sich an der Bildung der Einigungsstelle zu beteiligen, die Anzahl der Beisitzer zu benennen und die Person des Vorsitzenden vorzuschlagen. Für diesen Antrag schreibt das Gesetz weder eine bestimmte Form noch Frist vor.

Man unterscheidet das freiwillige und das erzwingbare Einigungsstellenverfahren. Letzteres liegt nur in den Fällen vor, in denen der Spruch der Einigungsstelle die Einigung zwischen Arbeitgeber und Betriebrat ersetzt, § 76 Abs. 5 BetrVG (z. B. Mitbestimmung in sozialen Angelegenheiten nach § 87 Abs. 2 BetrVG, vgl. MünchHdbArbR/*Joost* § 320 Rdn. 23 ff.). Hier genügt der Antrag einer Seite an die (nach § 76 Abs. 2 BetrVG errichtete) Einigungsstelle. Ansonsten wird die Einigungsstelle in allen anderen Angelegenheiten, die in die Zuständigkeit des Betriebsrats fallen und der Verfügungsbefugnis der Betriebspartner unterliegen, nur tätig, wenn beide Seiten es beantragen oder damit einverstanden sind, § 76 Abs. 6 BetrVG.

2. Meinungsverschiedenheit. Hier ist die geplante Maßnahme zu bezeichnen, über die keine Einigung erzielt werden kann. Im vorliegenden Formular handelt es sich um eine Angelegenheit der zwingenden Mitbestimmung, die der Zustimmung des Betriebsrats – hier durch

11. Anrufung der Einigungsstelle

Abschluss einer Betriebsvereinbarung – bedarf, nämlich die Einführung einer neuen Software nach § 87 Abs. 1 Nr. 6 BetrVG.

3. Gescheiterte Verhandlungen. Bevor die Einigungsstelle angerufen wird, sollen Arbeitgeber und Betriebsrat zunächst über die strittige Frage mit dem **ernsten Willen zur Einigung** verhandelt und Vorschläge für die Beilegung der Meinungsverschiedenheiten gemacht haben, § 74 Abs. 1 S. 2 BetrVG (ErfKomm/*Kania* § 76 BetrVG Rdn. 3). Erst im Anschluss an das **Scheitern der Verhandlungen** oder wenn eine Seite angebotene Verhandlungen ablehnt, soll die Einigungsstelle eingeschaltet werden. Eine Frist für die Anrufung der Einigungsstelle gibt es nicht (Ausnahme: § 38 Abs. 2 S. 4 BetrVG).

4. Besetzung der Einigungsstelle. Die Anrufung der Einigungsstelle enthält zweckmäßiger Weise einen konkreten Vorschlag über die Zahl der Beisitzer, die jeweils von Arbeitgeber und Betriebsrat bestellt werden, und die Person des Vorsitzenden. Denn dies sind Grundvoraussetzungen, ohne die eine Einigungsstelle nicht errichtet werden kann. Das Gesetz gibt in § 76 Abs. 2 S. 1 BetrVG lediglich vor, dass eine gleiche Anzahl von Beisitzern bestellt werden muss. Über die Anzahl müssen sich Arbeitgeber und Betriebsrat also einig werden. Anhaltspunkte für die Bestimmung der Anzahl liefert der Maßstab gemäß § 76 Abs. 2 BetrVG i.V.m. § 98 ArbGG. Danach sind **Größe und Art des Betriebes** und die **Schwierigkeit der zu schlichtenden Angelegenheit** maßgeblich (LAG Hamm Urt. v. 8. 4. 1987 – 12 Ta BV 17/87 – NZA 1988, 210; LAG Kiel Urt. v. 13. 9. 1990 – 4 TaBV 19/90 – DB 1991, 287; LAG Kiel Urt. v. 15. 11. 1990 – 4 TaBV 35/90 – DB 1991, 288; LAG München Beschl. v. 15. 7. 1991 – 4 TaBV 27/91 – NZA 1992, 185; LAG Frankfurt a. M. Beschl. v. 29. 9. 1992 – 4 TaBV 114/92 – NZA 1993, 1008). Regelmäßig werden jeweils ein oder zwei Beisitzer als ausreichend angesehen. In der Praxis einigen sich Arbeitgeber und Betriebsrat meist auf je zwei bis drei Beisitzer, etwa weil der Arbeitgeber oder auch der Betriebsrat zudem einen externen Berater als Beisitzer dabei haben möchten. Die Hinzuziehung Externer hat sich als zweckmäßig für die Einigungsfindung erwiesen (vgl. LAG Kiel Urt. v. 4. 2. 1996 – 1 TaBV 3/97 – DB 1997, 832).

Da eine Verpflichtung zur Übernahme des Amtes nicht besteht, ist ferner der potenzielle Vorsitzende zuvor zu befragen, ob er den Vorsitz der Einigungsstelle gegebenenfalls übernehmen wird (ErfKomm/*Kania* § 76 BetrVG Rdn. 7; MünchArbR/*Joost* § 320 Rdn. 93). Alternativ kann es sich anbieten, für den Fall der Verhinderung des vorgeschlagenen Vorsitzenden eine Ersatzperson vorzuschlagen. **Der Vorsitzende** muss nach § 76 Abs. 2 S. 1 BetrVG **unparteiisch** sein und soll zudem über die notwendige **fachliche Eignung** verfügen. In der Praxis werden regelmäßig Arbeitsrichter als Einigungsstellenvorsitzende bestellt. Voraussetzung ist, dass sie eine Nebentätigkeitsgenehmigung haben, § 40 DRiG, und nach der aktuellen Geschäftsverteilung nicht mit einer Überprüfung der Auslegung oder der Anwendung des Spruchs der Einigungsstelle befasst werden können, § 98 Abs. 1 S. 5 ArbGG. Selbstverständlich können auch Rechtsanwälte diese Position übernehmen, was weiterhin die Ausnahme zu sein scheint.

5. Fristsetzung. Das Gesetz sieht keine Frist für die Reaktion des Betriebsrats vor. Die Länge der Frist hängt von der Eilbedürftigkeit der geplanten Maßnahme ab, sollte aber auch bei eilbedürftigen Angelegenheiten (z.B. kurzfristige Überstunden nach § 87 Abs. 1 Nr. 3 BetrVG) regelmäßig nicht weniger als drei Tage betragen. Äußert sich der Betriebsrat innerhalb der vom Arbeitgeber gesetzten Frist nicht, so gilt dessen Personalvorschlag als abgelehnt.

6. Gerichtliche Errichtung der Einigungsstelle. Können sich Arbeitgeber und Betriebsrat über die Person des Vorsitzenden oder über die Zahl der Beisitzer nicht einigen, kann die Bestellung des Vorsitzenden oder die Festlegung der Zahl der Beisitzer nach § 76 Abs. 2 BetrVG i.V.m. § 98 ArbGG auf Antrag einer der Betriebsparteien durch das Arbeitsgericht im Beschlussverfahren erfolgen.

II. Betriebsvereinbarungen

1. Auswahlrichtlinie bei Einstellungen und Versetzungen

Betriebsvereinbarung[1] über Auswahlrichtlinien[2] bei Einstellungen und Versetzungen
zwischen
…… (Name und Anschrift des Arbeitgebers) „Gesellschaft[3]"
und
Betriebsrat des Betriebs …… der …… (Name des Arbeitgebers) „Betriebsrat[4]"
(*Alternative:* Gesamtbetriebsrat/Konzernbetriebsrat)

Präambel[5]
Die Betriebspartner haben sich entschlossen, durch die Vereinbarung von Richtlinien für die personelle Auswahl (Auswahlrichtlinien) mehr Transparenz und Objektivität bei Einstellungen und Versetzungen zu schaffen. Für die Mitarbeiter soll erkennbar sein, aufgrund welcher allgemeinen Wertungen und Grundsätze die einzelnen Personalentscheidungen zu treffen sind. Zugleich sollen Streitigkeiten zwischen den Betriebsparteien über personelle Einzelmaßnahmen möglichst vermieden werden.

§ 1 Geltungsbereich[6]
(1) Diese Betriebsvereinbarung gilt in persönlicher Hinsicht für alle Arbeitnehmer des Betriebs …… der Gesellschaft („Mitarbeiter"), mit Ausnahme der
- leitenden Angestellte i.S.d. § 5 Abs. 3 BetrVG,
- Auszubildenden,
- Aushilfen mit einer Beschäftigungsdauer von bis zu …… Monaten,
- Praktikanten und Studenten.

Sie entfaltet zugleich Schutzwirkung zugunsten von Bewerbern, die nicht Mitarbeiter der Gesellschaft sind.

(2) Die Betriebsvereinbarung gilt in sachlicher Hinsicht für Einstellungen und Versetzungen von Mitarbeitern im Sinne des § 99 BetrVG. Sie findet sowohl bei neu geschaffenen als auch bei neu zu besetzenden Stellen Anwendung.

§ 2 Allgemeine Grundsätze[7]
(1) Das Anforderungsprofil für die zu besetzende Stelle wird von der Gesellschaft festgelegt und in einer Stellenbeschreibung festgehalten.

(2) Für alle personellen Maßnahmen gilt der Grundsatz der Bestenauswahl. Danach erhält grundsätzlich der Bewerber die Stelle, der dem Anforderungsprofil in fachlicher und persönlicher Hinsicht am besten gerecht wird.

(3) Jede Benachteiligung aus Gründen der Rasse oder wegen der ethnischen Herkunft, des Geschlechts, der Religion oder Weltanschauung, einer Behinderung, des Alters oder der sexuellen Identität ist zu unterlassen, es sei denn, eine unterschiedliche Behandlung ist gesetzlich ausdrücklich zugelassen. Auch eine unterschiedliche Behandlung wegen der Nationalität und wegen politischer oder gewerkschaftlicher Betätigung oder Einstellung findet nicht statt.

(4) Alle Bewerber sind nach Recht und Billigkeit zu behandeln. Die freie Entfaltung der Persönlichkeit der Mitarbeiter und die Eingliederung Schwerbehinderter oder sonst schutzbedürftiger Personen sind zu fördern.

(5) Der Betriebsrat ist vor Einstellungen und Versetzungen im Rahmen seiner Rechte nach § 99 BetrVG zu unterrichten.

(6) Bewerber werden von der Personalabteilung nach getroffener Auswahlentscheidung schriftlich informiert.

(7) Jede Bewerbung wird vertraulich behandelt. Etwas anderes gilt nur dann, wenn der Bewerber ausdrücklich auf die Vertraulichkeit verzichtet.

§ 3 Einstellungen[8]

(1) Auswahlgrundlage[9] für die Auswahlentscheidung sind die Bewerbungsunterlagen und das Bewerbungsgespräch. Ein Bewerbungsgespräch wird nur geführt, wenn das Anforderungsprofil in den Bewerbungsunterlagen nachgewiesen wird. Das Bewerbungsgespräch führt die Personalabteilung und, soweit erforderlich oder erwünscht, der Fachvorgesetzte.

(2) Die Auswahlentscheidung treffen die Personalabteilung und der Fachvorgesetzte gemeinsam nach der fachlichen und persönlichen Eignung des Bewerbers[10].

(3) Bei der Beurteilung der fachlichen Eignung werden insbesondere berücksichtigt:
- Zeugnisse,
- berufliche Befähigungsnachweise,
- Eignungsprüfungen,
- tätigkeitsbezogene Erfahrungen,
- sonstige Referenzen sowie
- Fähigkeit und Bereitschaft des Bewerbers, zusätzliche Kenntnisse und Erfahrungen zu erwerben.

(4) Bei der Beurteilung der persönlichen Eignung werden insbesondere berücksichtigt:
- Körperliche und geistige Leistungsfähigkeit,
- Neigungen des Bewerbers,
- Teamfähigkeit,
- Führungseigenschaften, soweit erforderlich,
- ärztliche Eignungsuntersuchungen.

Persönliche Eigenschaften des Bewerbers, die die Ausübung der vorgesehenen Tätigkeit weder fördern noch beeinträchtigen können, dürfen nicht berücksichtigt werden.

(5) Liegen mehrere Bewerbungen von in fachlicher und persönlicher Hinsicht gleich qualifizierten Bewerbern für eine Stelle vor, haben interne Bewerber Vorrang vor anderen Bewerbern. Unter mehreren gleich qualifizierten internen Bewerbern haben Auszubildende nach Beendigung ihrer Ausbildung Vorrang vor anderen internen Bewerbern. Im Übrigen entscheidet unter mehreren gleich qualifizierten internen Bewerbern die Betriebszugehörigkeit. Unter mehreren gleich qualifizierten externen Bewerbern entscheidet die Gesellschaft nach billigem Ermessen unter Berücksichtigung der in § 2 festgelegten Grundsätze[11].

(6) Vor Einstellungen sind dem Betriebsrat Stellenbeschreibung, Bewerbungsunterlagen, Ergebnisse der Eignungsuntersuchung, Ergebnisse des Bewerbungsgesprächs und der ausgefüllte Personalfragebogen der in die engere Wahl gezogenen Bewerber vorzulegen[12].

§ 4 Versetzungen[13]

(1) Die Auswahlrichtlinie erfasst nur Versetzungen aufgrund personen- oder betriebsbedingter Gründe.

(2) Eine Versetzung stellt die Zuweisung eines anderen Arbeitsbereichs dar, die voraussichtlich die Dauer eines Monats überschreitet oder die mit erheblichen Änderungen

der Umstände verbunden ist, unter denen die Arbeit zu leisten ist. Werden Arbeitnehmer nach der Eigenart ihres Arbeitsverhältnisses üblicherweise nicht ständig an einem bestimmten Arbeitsplatz beschäftigt, so gilt die Bestimmung des jeweiligen Arbeitsplatzes nicht als Versetzung.

(3) Für die Versetzung auf einen gleich- oder höherwertigen Arbeitsplatz gilt der vorstehende § 3 entsprechend.

(4) Ist die Versetzung auf einen gleichwertigen Arbeitsplatz nur durch den Erwerb zusätzlicher Fachkenntnisse möglich, steht dies der Versetzung nicht entgegen, soweit der Erwerb der Fachkenntnisse innerhalb von ...... Monaten erfolgen kann. Über die Notwendigkeit von Fort- und Weiterbildungsmaßnahmen entscheidet die Gesellschaft in jedem Einzelfall. Die Kosten der Fort- und Weiterbildungsmaßnahmen müssen der Gesellschaft zumutbar sein.

(5) Für die Versetzung auf einen geringerwertigen Arbeitsplatz gelten die Auswahlrichtlinien bei betriebsbedingten Kündigungen entsprechend.

(6) Vor Versetzungen sind dem Betriebsrat die Stellenbeschreibung sowie die in der Personalakte befindlichen Zeugnisse, Referenzen und sonstige Eignungsnachweise der in die engere Wahl gezogenen Mitarbeiter vorzulegen[14].

§ 5 Inkrafttreten, Kündigung[15]

(1) Diese Betriebsvereinbarung tritt am ...... in Kraft. Sie kann mit einer Frist von drei Monaten zum Ende eines Kalendermonats, erstmalig zum ......, gekündigt werden. Die Betriebsvereinbarung entfaltet keine Nachwirkung.

(2) Die Kündigung bedarf der Schriftform.

§ 6 Schlussbestimmungen[16]

(1) Diese Betriebsvereinbarung löst alle etwaigen vorherigen Auswahlrichtlinien bei Einstellungen und Versetzungen ab. Mündliche Nebenabreden bestehen nicht. Änderungen oder Ergänzungen dieser Vereinbarung, einschließlich dieser Bestimmung, bedürfen zu ihrer Wirksamkeit der Schriftform.

(2) Sollte eine Bestimmung dieser Betriebsvereinbarung ganz oder teilweise unwirksam sein oder werden, so wird hiervon die Wirksamkeit der übrigen Bestimmungen nicht berührt. Anstelle der unwirksamen Bestimmung werden die Betriebsparteien die gesetzlich zulässige Bestimmung vereinbaren, die dem mit der unwirksamen Bestimmung Gewollten wirtschaftlich am nächsten kommt. Dasselbe gilt für den Fall einer vertraglichen Lücke.

(3) Diese Betriebsvereinbarung steht unter dem Vorbehalt etwaiger ablösender – auch freiwilliger – Betriebsvereinbarungen.

(4) Sollten sich die dieser Betriebsvereinbarung zugrunde liegenden tatsächlichen oder rechtlichen Bedingungen grundlegend ändern, so werden die Betriebspartner unverzüglich in Verhandlungen treten mit dem Ziel, die Betriebsvereinbarung an die geänderten Bedingungen anzupassen.

......
Ort, Datum
......
Unterschrift der Gesellschaft

......
Ort, Datum
......
Unterschrift des Betriebsrats[17]

Schrifttum: Buchner, Freiheit und Bindung des Arbeitgebers bei Einstellungsentscheidungen, NZA 1991, 577; *Heinze*, Regelungsabrede, Betriebsvereinbarung und Spruch der Einigungsstelle, Zustandekommen und Rechtswirkung betrieblicher Regelungen, NZA 1994, 580; *Hunold*, Fortentwicklung des Einstellungsbegriffs in der Rechtsprechung des BAG, NZA 1998, 1025; *v. Hoyningen-Huene*, Grundlagen und Auswirkung einer Versetzung, NZA 1993, 145; *Neyses*, Auswahlrichtlinien, Auswahlschema und Aus-

1. Auswahlrichtlinie bei Einstellungen und Versetzungen   C. II. 1

wahlrichtlinien bei betriebsbedingter Kündigung, DB 1983, 2414; *Richardi*, Anmerkung zu BAG Beschl. v. 7. 11. 1977 – 1 ABR 55/75 – AP Nr. 1 zu § 100 BetrVG 1972; *Schmidt*, Anmerkung zu BAG Beschl. v. 27. 5. 1982 – 6 ABR 105/79 – AP Nr. 3 zu § 80 ArbGG 1979; *Weller*, Betriebliche und tarifvertragliche Regelungen, die sich auf die soziale Auswahl nach § 1 Abs. 3 KSchG auswirken, RdA 1986, 222.

Anmerkungen

1. Betriebsvereinbarung. Arbeitgeber und Betriebsrat können Vereinbarungen schließen (§ 77 Abs. 1 BetrVG). Unterschieden werden **Betriebsvereinbarungen** (§ 77 Abs. 2 bis 6 BetrVG) und sonstige Vereinbarungen, die üblicherweise als **Regelungsabreden** oder **Betriebsabsprachen** bezeichnet werden. Charakteristisch für eine Betriebsvereinbarung ist, dass diese normative Wirkung entfaltet und damit unmittelbar und zwingend auf das einzelne Arbeitsverhältnis einwirkt (§ 77 Abs. 4 BetrVG). Durch die unmittelbare Wirkung wird die Betriebsvereinbarung zum „Gesetz des Betriebes" (vgl. *F/E/S/T/L* § 77 Rdn. 124 ff.). Die zwingende Wirkung führt dazu, dass von der Betriebsvereinbarung nicht zuungunsten der Arbeitnehmer in anderweitigen Absprachen abgewichen werden kann. Regelungsabreden kommt hingegen allein eine schuldrechtliche Wirkung zu (vgl. ErfKomm/*Hanau/Kania* § 77 BetrVG Rdn. 26; *F/E/S/T/L* § 77 Rdn. 216ff.). Sie wirken nicht normativ. Sie binden nur die Betriebsparteien, sich entsprechend der getroffenen Regelung zu verhalten.

2. Regelungsinhalt. Der Arbeitgeber kann mit Zustimmung des Betriebsrats Auswahlrichtlinien für personelle Maßnahmen in der Form von Einstellungen, Versetzungen, Umgruppierungen und Kündigungen aufstellen (§ 95 Abs. 1 BetrVG). Das Formular beschränkt sich auf Richtlinien, die **Einstellungen und Versetzungen** zum Inhalt haben. Eine Auswahlrichtlinie für **betriebsbedingte Kündigungen** findet sich in Form. C. II. 2.

Ein- und Umgruppierungen werden bewusst nicht in das Formular einbezogen. Bei diesen handelt es sich genau genommen nämlich nicht um Auswahlentscheidungen im Rahmen einer personellen Maßnahme, sondern um Einstufungsentscheidungen. Teilweise wird daher die Nennung der **Umgruppierung** im Rahmen des § 95 BetrVG auch als redaktionelles Versehen des Gesetzgebers und die Aufstellung von Richtlinien hierzu als praktisch undurchführbar angesehen (vgl. statt vieler ErfKomm/*Kania* § 95 BetrVG Rdn. 16). Auch **Eingruppierungen** beruhen letztlich auf den Entgeltgruppen der tariflichen Bestimmungen und haben daher neben der Interpretation einschlägiger bestehender Vereinbarungen im Grunde keinen eigenen Regelungsbereich (so auch *F/E/S/T/L* § 95 Rdn. 13).

Die **Rechtsnatur** von Auswahlrichtlinien nach § 95 Abs. 1 BetrVG ist umstritten. Teilweise wird angenommen, dass es sich selbst bei Vorliegen der für Betriebsvereinbarungen nach § 77 Abs. 2 BetrVG zwingend notwendigen Schriftform nicht um Betriebsvereinbarungen im üblichen Sinne handele (ErfKomm/*Hanau/Kania* § 77 BetrVG Rdn. 26). Begründet wird dies mit dem unstreitigen **Fehlen einer normativen Wirkung** der Auswahlrichtlinien auf das einzelne Arbeitsverhältnis (BAG Beschl. v. 10. 3. 1992 – 1 ABR 31/91 – AP Nr. 1 zu § 77 BetrVG 1972 Regelungsabrede; BAG Urt. v. 20. 11. 1990 – 1 AZR 643/89 – AP Nr. 2 zu § 77 BetrVG 1972 Regelungsabrede; *F/E/S/T/L* § 95 Rdn. 6). Auswahlrichtlinien entfalten nämlich allenfalls Reflexwirkungen auf das einzelne Arbeitsverhältnis. Eine normative Vorschrift mit unmittelbarer und zwingender Wirkung liegt hingegen nur dann vor, wenn der Abschluss, der Inhalt oder die Beendigung des einzelnen Arbeitsverhältnisses geregelt werden. Dies ist bei Auswahlrichtlinien gerade nicht der Fall. Für die Einstellung folgt dies aus der Überlegung, dass der Bewerber noch nicht zur Belegschaft des Betriebes gehört. Aber auch im Fall der Versetzung berühren Auswahlrichtlinien nicht den Inhalt des Arbeitsverhältnisses, sondern betreffen lediglich die vorgelagerte Auswahlentscheidung. Auswahlrichtlinien sollen daher nur eine **Regelungsabrede** zwischen Arbeitgeber und Betriebsrat darstellen, die sich von der Betriebsvereinbarung durch ihre fehlende normative Wirkung unterscheidet (ErfKomm/ *Hanau/Kania* § 77 BetrVG Rdn. 26). Nach überwiegender Ansicht haben Auswahlrichtlinien hingegen gerade bei und wegen des Vorliegens der Schriftform den Charakter einer **Betriebsvereinbarung** (*F/E/S/T/L* § 95 Rdn. 6; Richardi/*Thüsing* § 95 Rdn. 52; GKBetrVG/*Kraft* § 95 Rdn. 6; D/K/K/*Klebe* § 95 Rdn. 11). Zur Begründung wird insbesondere auf den Wortlaut des

§ 1 Abs. 4 KSchG verwiesen, der ausdrücklich von einer „Betriebsvereinbarung nach § 95 des Betriebsverfassungsgesetzes" spricht. Damit habe der Gesetzgeber den Rechtscharakter der schriftlich niedergelegten Auswahlrichtlinie als Betriebsvereinbarung festgelegt. In der Praxis kommt es auf die Rechtsnatur von Auswahlrichtlinien allerdings regelmäßig nicht an, da die Bestimmungen für Betriebsvereinbarungen zumeist auch auf Regelungsabreden Anwendung finden. Insbesondere § 77 Abs. 5 und Abs. 6 BetrVG sind auf Regelungsabreden anwendbar (BAG Beschl. v. 10. 3. 1992 – 1 ABR 31/91 – AP Nr. 1 zu § 77 BetrVG 1972 Regelungsabrede; BAG Beschl. v. 23. 6. 1992 – 1 ABR 53/91 – NZA 1992, 1098).

Zwingende (schuldrechtliche) Wirkung kommt Auswahlrichtlinien insoweit zu, als die Aufstellung von Auswahlrichtlinien zu einer **Selbstbindung des Arbeitgebers** führt. Der Arbeitgeber kann nicht eigenmächtig von deren Anwendung absehen. Dem Betriebsrat steht daher bei einem Verstoß des Arbeitgebers gegen die Auswahlrichtlinie ein Zustimmungsverweigerungsrecht gemäß § 99 Abs. 2 Nr. 2 BetrVG gegen die beabsichtigte personelle Maßnahme zu.

Sinn und Zweck von Auswahlrichtlinien ist es, die Entscheidungsgrundlage von personellen Maßnahmen zu versachlichen und so mehr **Transparenz** und **Objektivität** zu gewährleisten (BAG Beschl. v. 31. 5. 1983 – 1 ABR 6/80 – AP Nr. 2 zu § 95 BetrVG 1972). Auswahlrichtlinien sind **abstrakt-generell formulierte Entscheidungshilfen.** Sie sind zwischen der Personalplanung und der personellen Einzelmaßnahme einzugliedern (*F/E/S/T/L* § 95 Rdn. 1). Ziel des Arbeitgebers muss es sein, einen Kriterienkatalog zu entwickeln, der der Auswahl zwischen mehreren Bewerbern und Mitarbeitern für beliebig viele Fallgestaltungen dient (LAG Hannover Beschl. v. 18. 10. 1994 – 11 TaBV 90/94 – LAGE Nr. 15 zu § 95 BetrVG 1972; *Weller* RdA 1986, 222, 225).

Entscheidet sich der Arbeitgeber für die Aufstellung von allgemeinen Richtlinien über die Auswahl von Arbeitnehmern, besteht ein **Mitbestimmungsrecht** des Betriebsrats gemäß § 95 Abs. 1 BetrVG in Form der **Zustimmung.** Ein **erzwingbares (Initiativ-)Mitbestimmungsrecht** besteht zudem in Betrieben, in denen mehr als 500 Arbeitnehmer beschäftigt werden (§ 95 Abs. 2 BetrVG). Neben der **Einführung** ist zugleich auch die **Änderung** schon bestehender Auswahlrichtlinien der Mitbestimmung unterworfen. Diskutiert wird allerdings, ob aufgrund des unterschiedlichen Wortlautes Auswahlrichtlinien nach § 95 Abs. 1 BetrVG einen abweichenden, weitergehenden Inhalt aufweisen dürfen als solche nach § 95 Abs. 2 BetrVG (vgl. MünchHdbArbR/*Matthes* § 349 Rdn. 5; GKBetrVG/*Kraft* § 95 Rdn. 19; D/K/K/*Klebe* § 95 Rdn. 17f.; *Weller* RdA 1986, 222, 225f.). Nach einer Ansicht (MünchHdbArbR/*Matthes* § 349 Rdn. 5) sind beide Absätze deckungsgleich. Ein Unterschied liege nur insofern vor, als das Mitbestimmungsrecht unter bestimmten Voraussetzungen (Betriebsgröße) erzwingbar sei, in allen anderen Fällen hingegen nur unter dem Zustimmungsvorbehalt durchgesetzt werden könne. Nach anderer Ansicht umfassen Richtlinien i. S. d. § 95 Abs. 1 BetrVG einen weiteren Inhalt (*Weller* RdA 1986, 222, 225f, D/K/K/*Klebe* § 95 Rdn. 17f., GKBetrVG/*Kraft* § 95 Rdn. 19). Danach sind erzwingbare Richtlinien gemäß § 95 Abs. 2 BetrVG auf die Festlegung der fachlichen und persönlichen Voraussetzungen sowie der sozialen Gesichtspunkte beschränkt, während vom Mitbestimmungsrecht nach § 95 Abs. 1 BetrVG auch Verfahrensregeln (Auswahlverfahren) umfasst sind. Für diese Ansicht spricht der Gesetzeswortlaut.

3. Gesellschaft. Unabhängig davon, ob Auswahlrichtlinien als Betriebsvereinbarung oder als Regelungsabrede angesehen werden, stellen diese einen (Normen-)**Vertrag** zwischen Arbeitgeber und Betriebsrat dar (so die h. M. auch für Betriebsvereinbarungen, s. Anm. 2; hierzu statt vieler GKBetrVG/*Kreutz* § 77 Rdn. 35 ff.). Es bedarf damit zweier übereinstimmender Willenserklärungen. Auf Arbeitgeberseite wird die Vereinbarung von der natürlichen oder juristischen Person, die die Arbeitgeberstellung innehat, abgeschlossen. Soweit es sich bei dem Arbeitgeber um eine juristische Person handelt, sind deren vertretungsberechtigtes Organ oder die nach der Satzung der juristischen Person bestellten Vertreter für den Abschluss zuständig.

4. Betriebsrat. Als Arbeitnehmervertretung ist der **Betriebsrat** zum Abschluss der Auswahlrichtlinie berechtigt. Etwas anderes gilt nur, wenn der Gesamtbetriebsrat für eine unternehmenseinheitliche Regelung originär zuständig ist (§ 50 Abs. 1 BetrVG) oder durch den Betriebsrat beauftragt wurde, die Angelegenheit für ihn zu behandeln (§ 50 Abs. 2 BetrVG). Der Gesamtbetriebsrat kann seine Regelungszuständigkeit auf den Konzernbetriebsrat (§ 58

Abs. 2 BetrVG) übertragen. Für eine betriebsübergreifende Regelung bedarf es eines zwingenden Erfordernisses (*F/E/S/T/L* § 95 Rdn. 17).

Existiert kein Betriebsrat, ist der Abschluss einer (Betriebs-)Vereinbarung ausgeschlossen.

Der Betriebsrat ist stets als **Kollegium** angesprochen. Der Vorsitzende des Betriebsrats oder sein Vertreter können daher nicht allein den Beschluss zum Abschluss der Betriebsvereinbarung fassen. Es ist stets eine **Beschlussfassung** des Betriebsrats als Kollegialorgan erforderlich (§ 33 BetrVG). Dieser Beschluss wird sodann vom Vorsitzenden oder dessen Vertreter durch eine Erklärung gegenüber der Arbeitgeberseite umgesetzt (§ 26 Abs. 2 S. 1 BetrVG). Der Vorsitzende oder sein Vertreter sind damit nicht Vertreter im Willen, sondern nur Vertreter in der Erklärung (Richardi/*Thüsing* § 26 Rdn. 33). Die bloße Unterschrift des Betriebsratsvorsitzenden oder des Stellvertreters besagt noch nichts darüber, dass auch tatsächlich eine entsprechende Beschlussfassung des Betriebsrats vorliegt. Aus Gründen der Vorsorge sollte daher stets verlangt werden, dass bei Unterzeichnung durch den Betriebsratsvorsitzenden eine schriftliche Beschlussfassung des Betriebsrats im Original vorgelegt wird. Bei kleineren Gremien ist es auch denkbar, die Vereinbarung von allen Betriebsratsmitgliedern unterzeichnen zu lassen.

5. Präambel. Die Präambel sollte die Gebote von Transparenz und Objektivität ausdrücklich hervorheben.

6. Geltungsbereich. Der Geltungsbereich von Vereinbarungen zwischen Arbeitgeber und Betriebsrat wird grundsätzlich nach persönlichen, sachlichen und räumlichen Kriterien festgelegt.

Der **räumliche Anwendungsbereich** ergibt sich aus dem namentlich angegebenen **Betrieb**, für den die Betriebsvereinbarung abgeschlossen wird.

Der **persönliche Geltungsbereich** des Formulars umfasst grundsätzlich **Arbeitnehmer** i. S. d. § 5 Abs. 1 BetrVG, klammert dann aber einige Arbeitnehmergruppen aus. Bei der Einstellung oder Versetzung von Aushilfen, Auszubildenden, Praktikanten oder Studenten erscheint es nicht sachgerecht, sich an Auswahlrichtlinien zu orientieren. Eine derartige Beschränkung des persönlichen Geltungsbereichs ist solange zulässig, wie nicht gegen den allgemeinen **Gleichbehandlungsgrundsatz** verstoßen wird. Es bedarf mithin stets eines sachlichen Differenzierungsgrundes, falls einzelne Arbeitnehmergruppen ausgenommen werden sollen. Neu in den Betrieb eintretende Arbeitnehmer werden automatisch von der Betriebsvereinbarung erfasst.

Unabhängig von speziellen Ausnahmeregelungen findet eine Vereinbarung zwischen Arbeitgeber und Betriebsrat grundsätzlich nicht auf **leitende Angestellte** Anwendung (§ 5 Abs. 3 BetrVG). Leitende Angestellte werden nicht vom Betriebsrat, sondern vom Sprecherausschuss für leitende Angestellte vertreten. Für diese Arbeitnehmergruppe steht dem Betriebsrat daher keine Regelungszuständigkeit zu (vgl. GKBetrVG/*Kraft* § 93 Rdn. 5).

Vereinbarungen zwischen Arbeitgeber und Betriebsrat können das Arbeitsverhältnis und das betriebliche Rechtsverhältnis gestalten (Richardi/*Richardi* § 77 Rdn. 81). Gegenstände der Vereinbarungen können der Inhalt, der Abschluss sowie die Beendigung von Arbeitsverhältnissen genauso sein wie betriebliche und betriebsverfassungsrechtliche Fragen (vgl. nur D/K/K/*Berg* § 77 Rdn. 37). Die Regelungsgegenstände, auf die die Vereinbarung einwirken soll, werden als **sachlicher Geltungsbereich** beschrieben. Einen abschließenden Katalog von möglichen Regelungstatbeständen liefert das BetrVG nicht. Allein in negativer Hinsicht folgt aus § 77 Abs. 3 BetrVG, dass Arbeitsentgelte oder Arbeitsbedingungen, die durch Tarifvertrag geregelt sind oder üblicherweise geregelt werden, nicht Gegenstand einer Betriebsvereinbarung sein können. Das Formular sieht vor, dass die Vereinbarung für Einstellungen und Versetzungen im Sinne von § 99 BetrVG gelten soll.

7. Allgemeine Grundsätze. Auswahlrichtlinien dürfen nicht mit der Festlegung eines konkreten **Anforderungsprofils** oder einer **Stellenbeschreibung** verwechselt werden. Diese unterfallen gerade nicht dem Anwendungsbereich des § 95 BetrVG. Sie sind vielmehr allein der Entscheidung des Arbeitgebers überlassen (BAG Beschl. v. 31. 1. 1984 – 1 ABR 63/81 – AP Nrn. 2, 3 zu § 95 BetrVG 1972; MünchHdbArbR/*Matthes* § 349 Rdn. 3; *Buchner* NZA 1991, 577, 590). Es besteht lediglich ein Informationsrecht des Betriebsrats gemäß § 92 Abs. 1 BetrVG (BAG Beschl. v. 31. 5. 1983 – 1 ABR 6/80 – AP Nr. 2 zu § 95 BetrVG 1972).

Die Rechtsprechung differenziert zur Abgrenzung zwischen den persönlichen und fachlichen Voraussetzungen, die an den Arbeitsplatz geknüpft werden (mitbestimmungsfreie Anforderungsprofile), und den persönlichen und fachlichen Anforderungen, die ein Arbeitnehmer zur Durchführung einer Personalmaßnahme erfüllen muss (mitbestimmungspflichtige Auswahlrichtlinie; so ausdrücklich BAG Beschl. v. 31. 5. 1983 – 1 ABR 6/80 – AP Nr. 2 zu § 95 BetrVG 1972). Dieser Differenzierung wird im Schrifttum entgegengehalten, dass so im Ergebnis die zunächst festgestellte unternehmerische Alleinentscheidungskompetenz zur Festlegung von Anforderungsprofilen unterlaufen werde und zudem eine praktische Unterscheidung zwischen Anforderungsprofilen für Arbeitsplätze und Festlegung der persönlichen und fachlichen Anforderungen zur Auswahl des geeigneten Arbeitnehmers kaum denkbar sei (*Buchner* NZA 1991, 577, 590; *Löwisch* Anm. zu BAG Beschl. v. 31. 5. 1983 – 1 ABR 6/80 – AP Nr. 2 zu § 95 BetrVG 1972; D/K/K/*Klebe* § 95 Rdn. 6; a. A. GKBetrVG/*Kraft* § 95 Rdn. 30 f.). Teilweise werden Auswahlrichtlinien daher ausschließlich als Präferenzregeln aufgefasst, also als Regeln, nach denen die Auswahl zwischen mehreren Bewerbern getroffen werden soll, die die an die Stelle geknüpften Mindestanforderungen erfüllen (vgl. *Löwisch* Anm. zu BAG Beschl. v. 31. 5. 1983 – 1 ABR 6/80 – AP Nr. 2 zu § 95 BetrVG 1972; GKBetrVG/*Kraft* § 95 Rdn. 2; MünchHdbArbR/*Matthes* § 349 Rdn. 3; zust. wohl *Weller* RdA 1986, 222, 225).

Zur Verobjektivierung der vom Arbeitgeber festzulegenden Anforderungsprofile sollte vereinbart werden, dass diese in einer **Stellenbeschreibung** festgehalten werden. Über die Stellenbeschreibung ist der Betriebsrat nach § 92 BetrVG im Rahmen der Personalplanung zu unterrichten.

Der Grundsatz der **Bestenauswahl** spielt eine tragende Rolle bei der Festlegung der Auswahlkriterien. Dadurch wird sichergestellt, dass die freie Stelle in erster Linie nach deren Anforderungsprofil besetzt wird. Das **Diskriminierungsverbot** trägt § 75 Abs. 1 BetrVG Rechnung. Eine unterschiedliche Behandlung kann – nach der nach geltender Gesetzeslage – gemäß §§ 611a Abs. 1, 81 Abs. 2 S. 2 Nr. 1 SGB IX ausnahmsweise zulässig sein (vgl. die Vorgaben für das künftige ADG in RL 2000/78/EG, dort Art. 4 Abs. 1 und 2 sowie Art. 6 Abs. 1). Auch die weiteren Programmsätze sind § 75 Abs. 1 und 2 BetrVG sowie § 80 Abs. 1 Nr. 4 BetrVG entnommen.

In Unternehmen mit in der Regel mehr als zwanzig wahlberechtigten Arbeitnehmern hat der Arbeitgeber den Betriebsrat vor jeder Einstellung und Versetzung über diese zu **unterrichten** (§ 99 Abs. 1 Satz 1, 1. Hs. BetrVG). Das Formular nimmt auf diese Verpflichtung Bezug. Gerade bei internen Versetzungsbewerbungen haben die Mitarbeiter regelmäßig ein Interesse daran, dass ihre (Versetzungs-)Bemühungen nicht unter Kollegen und den für sie zuständigen Fachvorgesetzten bekannt werden. Zur Klarstellung schreibt das Formular daher die **Vertraulichkeit** vor. Eine Ausnahme besteht nur, wenn der Bewerber ausdrücklich auf die Vertraulichkeit verzichtet.

8. Einstellungen. Einstellung bedeutet im betriebsverfassungsrechtlichen Sinne die **tatsächliche Beschäftigung im Betrieb.** Es kommt mithin nicht auf die Begründung des Arbeitsverhältnisses durch Abschluss des Arbeitsvertrags an (BAG Beschl. v. 28. 4. 1992 – 1 ABR 73/91 – AP Nr. 98 zu § 99 BetrVG 1972; ErfKomm/*Hanau/Kania* § 99 BetrVG Rdn. 4). Ebenso ist es unerheblich, ob es sich um ein befristetes oder unbefristetes Arbeitsverhältnis handelt. Bei der **Verlängerung eines befristeten Arbeitsverhältnisses** liegt eine mitbestimmungsrelevante Einstellung vor, da dies eine neue Arbeitgeberentscheidung erfordert. Dies gilt hingegen nicht für die Verlängerung eines befristeten Probearbeitsverhältnisses, sofern dem Betriebsrat bereits vor der Einstellung zur Probe mitgeteilt worden ist, dass der Arbeitnehmer bei Bewährung weiterbeschäftigt werden solle (BAG Beschl. v. 7. 8. 1990 – 1 ABR 68/89 – AP Nr. 82 zu § 99 BetrVG 1972).

9. Auswahlgrundlage. Als Auswahlgrundlage werden die Erkenntnismittel bezeichnet, anhand derer die Entscheidung über das Vorliegen der materiellen Einstellungskriterien zu treffen ist. Als solche werden im Formular die vom Bewerber eingereichten **Bewerbungsunterlagen** sowie, falls das Anforderungsprofil danach erfüllt ist, ein **Bewerbungsgespräch** genannt.

10. Eignungskriterien. Der Kern von Auswahlrichtlinien für Einstellungen ist die Festlegung und Verobjektivierung der **materiellen Merkmale** für die Auswahl des zukünftigen Stel-

1. Auswahlrichtlinie bei Einstellungen und Versetzungen C. II. 1

leninhabers (Richardi/*Thüsing* § 95 Rdn. 10). In Betrieben mit mehr als 500 Arbeitnehmern kann der Betriebsrat die Aufstellung von Richtlinien über die zu beachtenden **fachlichen und persönlichen** Voraussetzungen und die **sozialen** Gesichtspunkte verlangen (§ 95 Abs. 2 BetrVG). Im Interesse der Bestenauswahl sollte die Arbeitgeberseite alles daran setzen, bei Einstellungen zunächst vorrangig die fachliche und persönliche Eignung zum Entscheidungsmaßstab zu erheben. Lediglich bei gleicher Eignung mehrerer Bewerber sollten weitere Kriterien Berücksichtigung finden. Dies ist in der betrieblichen Praxis auch weitgehend üblich.

11. Vorrang bei gleicher fachlicher und persönlicher Eignung. Grundsätzlich ist der Arbeitgeber nicht verpflichtet, einen internen Bewerber anderen Bewerbern vorzuziehen (BAG Beschl. v. 27. 10. 1992 – 1 ABR 4/92 – AP Nr. 29 zu § 95 BetrVG 1972). Mit der Festlegung des Rangverhältnisses im Rahmen von Auswahlrichtlinien tritt allerdings eine **Selbstbindung** des Arbeitgebers ein (Richardi/*Thüsing* § 95 Rdn. 14 ff.). Die Bevorzugung **interner Bewerber** bei gleicher Eignung ist weitgehend üblich. Hinsichtlich mehrerer interner Bewerber mit gleicher Eignung bestimmt das Formular, dass Auszubildende nach Beendigung ihrer Ausbildung Vorrang vor anderen internen Bewerbern haben. Eine unzulässige Altersdiskriminierung dürfte hierin nicht zu sehen sein (Art. 6 Abs. 1a RL 2000/78/EG). Im Übrigen entscheidet die Betriebszugehörigkeit.

Bei mehreren gleich geeigneten **externen Bewerbern** entscheidet nach dem Formular der Arbeitgeber nach billigem Ermessen. Denkbar ist aber auch, dass die Betriebspartner die Berücksichtigung im einzelnen bezeichneter sozialer Kriterien festlegen.

12. Vorlage von Unterlagen an Betriebsrat. Aus dem Zusammenspiel von § 99 BetrVG und § 92 BetrVG folgt, dass dem Betriebsrat die Stellenbeschreibung sowie die vorhandenen Bewerbungsunterlagen bekannt sein müssen, damit er sein Mitbestimmungsrecht sachgerecht ausüben kann. Der Arbeitgeber muss den Betriebsrat daher über die Einstellung unterrichten und ihm die erforderlichen Bewerbungsunterlagen vorlegen (h.M., vgl. nur BAG Beschl. v. 10. 11. 1992 – 1 ABR 21/92 – AP Nr. 100 zu § 99 BetrVG 1972; D/K/K/*Kittner* § 99 Rdn. 143; a.A. GKBetrVG/*Kraft* § 99 Rdn. 85). Dem Betriebsrat müssen jedoch nur solche Unterlagen vorgelegt werden, die der Arbeitgeber selbst hat und zu deren Vorlage er in der Lage ist. Zu den **Bewerbungsunterlagen** zählen die vom Bewerber selbst eingereichten Unterlagen sowie alle vom Arbeitgeber anlässlich des Bewerbungsgespräches gefertigten Unterlagen wie Personalfragebögen sowie Prüfungs- und Testergebnisse.

Das Formular beschränkt den Umfang des Unterrichtungsrechts des Betriebsrats auf die **in die engere Auswahl** gezogenen Bewerber (vgl. MünchHdbArbR/*Matthes* § 352 Rdn. 37). Grundsätzlich ist der Arbeitgeber verpflichtet, bei Einstellungen dem Betriebsrat die Bewerbungsunterlagen aller Bewerber auszuhändigen (BAG Beschl. v. 3. 12. 1985 – 1 ABR 72/83 – NZA 1986, 335). Beim Einstellungsverfahren soll der Betriebsrat nämlich die Möglichkeit haben, Anregungen zu geben und Gesichtspunkte vorzubringen, die aus seiner Sicht für die Berücksichtigung eines anderen Stellenbewerbers sprechen. Auch wenn der Betriebsrat die Einstellung eines vom Arbeitgeber abgelehnten Bewerbers nicht durchsetzen kann, so gebietet doch der das gesamte Betriebsverfassungsrecht beherrschende Grundsatz der vertrauensvollen Zusammenarbeit zwischen Arbeitgeber und Betriebsrat (§ 2 Abs. 1 BetrVG) dem Arbeitgeber, Anregungen und Argumente des Betriebsrats ernsthaft in Erwägung zu ziehen und zu prüfen, ob nicht doch der vom Betriebsrat gewünschte Bewerber für die zu besetzende Stelle in Frage kommen kann. Ob dies allerdings auch für diejenigen Bewerber gelten soll, ch nicht einmal das von der Gesellschaft vorgegebene Anforderungsprofil erfüllen, is t abschließend geklärt. In Anbetracht dieser Unklarheit erscheint es bereits aus Pra ts-erwägungen sachgerecht, die Unterrichtungspflicht einzuschränken. In die engere gen sind im Zweifel die Bewerber, die das Anforderungsprofil erfüllen und mit den ein Bewerbungsgespräch geführt wurde.

13. Versetzungen. Der arbeitsvertragliche Versetzungsbegriff meint die Änderung des gabenbereiches des Arbeitnehmers nach Art, Ort und Umfang der Tätigkeit. Betriebsverfa sungsrechtlich bedeutet Versetzung dagegen die Zuweisung eines anderen Arbeitsbereichs, die voraussichtlich die Dauer von einem Monat überschreitet oder die mit einer erheblichen Änderung der Umstände verbunden ist, unter denen die Arbeit zu leisten ist (§ 95 Abs. 3 S. 1

Übber

BetrVG). Der Begriff umfasst nicht nur die Versetzung auf **Veranlassung des Arbeitgebers,** sondern auch diejenige auf **Antrag des Arbeitnehmers** (Richardi/*Thüsing* § 95 Rdn. 30).

Das Formular regelt allein die **betriebs- und personenbedingte,** nicht jedoch die verhaltensbedingte Versetzung. Für die Versetzung auf einen gleich- oder höherrangigen Arbeitsplatz wird auf die Richtlinien für Einstellungen verwiesen. Die Versetzung auf einen geringerwertigen Arbeitsplatz soll anhand der Auswahlrichtlinie für betriebsbedingte Kündigungen (Form. C. II. 2) durchgeführt werden.

14. Vorlage von Unterlagen an den Betriebsrat. S. Anm. 12.

15. **Inkrafttreten und Kündigung.** Fehlt es an einer Festlegung des Datums, an dem die Betriebsvereinbarung in Kraft treten soll, wird diese mit dem Tag ihres Abschlusses wirksam (D/K/K/*Berg* § 77 Rdn. 41).

Betriebsvereinbarungen können, soweit nichts anderes vereinbart ist, jederzeit mit einer **Frist von drei Monaten** gekündigt werden (§ 77 Abs. 5 BetrVG). Die Vorschrift gilt für Regelungsabreden entsprechend (BAG Beschl. v. 10. 3. 1992 – 1 ABR 31/91 – AP Nr. 1 zu § 77 BetrVG 1972 Regelungsabrede). Das Kündigungsrecht steht beiden Betriebspartnern zu.

Gesetzliche Formerfordernisse bestehen für die Kündigung von Betriebsvereinbarungen nicht. Schon aus **Beweisgründen** ist jedoch zu empfehlen, dass die Kündigung **schriftlich** erfolgt. Das Formular sieht daher ein konstitutives Schriftformerfordernis für die Kündigung vor. Da im Übrigen kein Kündigungsgrund erforderlich ist, muss die Kündigung nicht begründet werden (BAG Urt. v. 18. 4. 1989 – 3 AZR 688/87 – AP Nr. 2 zu § 1 BetrAVG Betriebsvereinbarung; BAG Beschl. v. 17. 1. 1995 – 1 ABR 29/94 – AP Nr. 7 zu § 77 BetrVG 1972 Nachwirkung).

Bei § 77 Abs. 5 BetrVG handelt es sich um eine **dispositive Regelung,** so dass abweichende Regelungen ohne weiteres möglich sind. Die Betriebspartner können daher zum einen vereinbaren, dass die Betriebsvereinbarung erst nach einem bestimmten Zeitpunkt erstmals gekündigt oder die Kündigung nur mit Wirkung zu einem bestimmten Zeitpunkt erklärt werden kann (z. B. zum Monats-, Quartals- oder Jahresende). Zum anderen kann die dreimonatige Kündigungsfrist verkürzt oder verlängert werden. Das Formular sieht eine Kündigungsmöglichkeit zum Ende des Kalendermonats vor, von der erstmals zu einem bestimmten Beendigungszeitpunkt Gebrauch gemacht werden kann. Bis dahin ist die Betriebsvereinbarung allenfalls außerordentlich kündbar.

Es kann ferner vereinbart werden, dass die ordentliche Kündigung der Betriebsvereinbarung gänzlich ausgeschlossen ist oder bestimmter sachlicher Gründe bedarf. Auch eine Änderungskündigung ist möglich, wobei bei Annahme des Änderungsangebots ein schriftlicher Änderungsvertrag zur Betriebsvereinbarung abgeschlossen werden muss (F/E/S/T/L § 77 Rdn. 150; GKBetrVG/*Kreutz* § 77 Rdn. 370). Die Rechtsprechung lehnt allerdings anders als im Rahmen des Kündigungsschutzrechts einen Vorrang der Änderungs- vor der Beendigungskündigung ab (BAG Urt. v. 26. 10. 1993 – 1 AZR 46/93 – AP Nr. 6 zu § 77 BetrVG 1972 Nachwirkung). Vor einer Beendigungskündigung muss daher nicht geprüft werden, ob eine Änderungskündigung in Betracht kommt.

Die Betriebsparteien können zudem die isolierte Kündigung einzelner Regelungen (Teilkündigung) vereinbaren. Zu berücksichtigen ist dabei jedoch, dass die Rechtsprechung insbesondere Abweichungen von den gesetzlichen Vorgaben im Streitfall einer Billigkeitskontrolle unterwirft (BAG Urt. v. 11. 6. 1975 – 5 AZR 217/74 – AP Nr. 1 zu § 77 BetrVG 1972 Auslegung).

Eine **Befristung** der Vereinbarung ist möglich, ohne dass es eines sachlichen Grundes hierfür bedarf (GKBetrVG/*Kreutz* § 77 Rdn. 353). In diesem Fall wird die ordentliche Kündigung konkludent ausgeschlossen (BAG Urt. v. 24. 1. 1996 – 1 AZR 597/95 – AP Nr. 8 zu § 77 BetrVG 1972 Tarifvorbehalt). Des Weiteren können die Betriebsparteien vorsehen, dass eine Vereinbarung mit Erreichung oder Wegfall des mit ihr verfolgten Zwecks endet (z. B. Überstundenregelung für einen bestimmten Monat, Festlegung der Betriebsferien für ein bestimmtes Kalenderjahr). Vereinbarungen, die nur auf Grund einer Öffnungsklausel im Tarifvertrag zu dessen Ergänzung getroffen werden, enden grundsätzlich mit Beendigung des Tarifvertrags (BAG Beschl. v. 25. 8. 1983 – 6 ABR 40/82 – AP Nr. 7 zu § 77 BetrVG 1972). Etwas anderes

1. Auswahlrichtlinie bei Einstellungen und Versetzungen C. II. 1

gilt, wenn die Vereinbarung unter dem nachfolgenden Tarifvertrag ebenfalls zulässig ist (BAG Beschl. v. 19. 2. 1991 – 1 ABR 31/90 – AP Nr. 42 zu § 87 BetrVG 1972 Arbeitszeit).

Daneben können die Betriebspartner Betriebsvereinbarungen sowie Regelungsabreden auch einvernehmlich **schriftlich ändern, aufheben** oder durch eine neue Vereinbarung über den abzulösenden Regelungsgegenstand **ersetzen** (BAG Beschl. v. 16. 9. 1986 – GS 1/82 – AP Nr. 19 zu § 77 BetrVG 1972; BAG Urt. v. 15. 11. 2000 – 5 AZR 310/99 – AP Nr. 84 zu § 77 BetrVG 1972).

Das Recht zur **außerordentlichen Kündigung** der Vereinbarung bei Vorliegen eines wichtigen Grundes bleibt unberührt. Dies folgt aus dem allgemeinen Grundsatz, dass jedes Dauerschuldverhältnis bei Unzumutbarkeit seiner Fortsetzung bis zum vereinbarten Endzeitpunkt oder bis zum Ablauf der einzuhaltenden Kündigungsfrist beendet werden kann (vgl. § 314 BGB). Das außerordentliche Kündigungsrecht kann in der Betriebsvereinbarung daher nicht wirksam ausgeschlossen werden (BAG Beschl. v. 17. 1. 1995 – 1 ABR 29/94 – AP Nr. 7 zu § 77 BetrVG 1972 Nachwirkung).

Betriebsvereinbarungen (und Regelungsabreden, vgl. nur D/K/K/*Klebe* § 95 BetrVG Rdn. 13) können **Nachwirkung** entfalten. Sie gelten dann nach ihrem Ablauf weiter, bis sie durch eine andere Abmachung (Tarifvertrag, Betriebsvereinbarung, Regelungsabrede, Arbeitsvertrag) ersetzt werden. Dies gilt jedoch nur für Angelegenheiten, in denen der Spruch der Einigungsstelle die Einigung zwischen den Betriebspartnern ersetzen kann (§ 77 Abs. 6 BetrVG). Die unmittelbare Wirkung auf die Arbeitsverhältnisse bleibt also nur bei **erzwingbaren Betriebsvereinbarungen** bestehen (bejaht auch für den Fall der außerordentlichen Kündigung eines Sozialplans, BAG Beschl. v. 10. 8. 1994 – 10 ABR 61/93 – AP Nr. 86 zu § 112 BetrVG 1972; vgl. aber ErfKomm/*Kania* § 77 BetrVG Rdn. 120). Eine Weitergeltung kommt nicht in Betracht, wenn die Betriebsvereinbarung wegen des Untergangs des Betriebes oder wegen Zweckerreichung endet (BAG Beschl. v. 17. 1. 1995 – 1 ABR 29/94 – AP Nr. 7 zu § 77 BetrVG 1972 Nachwirkung; F/E/S/T/L § 77 Rdn. 179).

Da Voraussetzung für die Nachwirkung ist, dass die Betriebsvereinbarung eine Angelegenheit der erzwingbaren Mitbestimmung zum Gegenstand hat, greift diese bei Auswahlrichtlinien nach § 95 Abs. 1 BetrVG (Betrieb mit weniger als 500 Arbeitnehmern) nicht ein. Die Einigungsstelle kann hier nur vom Arbeitgeber angerufen werden (Richardi/*Thüsing* § 95 Rdn. 55; F/E/S/T/L § 95 Rdn. 1; a.A. D/K/K/*Klebe* § 95 Rdn. 13). Auswahlrichtlinien nach § 95 Abs. 2 BetrVG (Betrieb mit mehr als 500 Arbeitnehmern) unterfallen hingegen der erzwingbaren Mitbestimmung (h.M., ErfKomm/*Kania* § 95 BetrVG Rdn. 8; MünchHdbArbR/*Matthes* § 349 Rdn. 33; Richardi/*Thüsing* § 95 Rdn. 47).

Bei Vereinbarungen mit Mischcharakter (**teilmitbestimmte Betriebsvereinbarungen**), die zugleich freiwillige und mitbestimmungspflichtige Angelegenheiten regeln, gelten grundsätzlich nur die mitbestimmungspflichtigen Regelungen weiter, sofern diese eine aus sich heraus handhabbare Regelung enthalten (BAG Beschl. v. 23. 6. 1992 – 1 ABR 9/92 – AP Nr. 55 zu § 77 BetrVG 1972; vgl. aber BAG Urt. v. 26. 10. 1993 – 1 AZR 46/93 – AP Nr. 6 zu § 77 BetrVG 1972; BAG Urt. v. 18. 11. 2003 – 1 AZR 604/02 – AP Nr. 15 zu § 77 BetrVG 1972 Nachwirkung: Betriebsvereinbarungen über freiwillige Leistungen können insgesamt nachwirken). Die Weitergeltung betrifft alle Arbeitnehmer, die in den persönlichen Anwendungsbereich der Betriebsvereinbarung fallen. Erfasst werden auch Arbeitnehmer, die erst nach Beendigung der Betriebsvereinbarung eingestellt werden.

§ 77 Abs. 6 BetrVG ist ebenfalls **dispositiv** (BAG Beschl. v. 9. 2. 1984 – 6 ABR 10/81 – AP Nr. 9 zu § 77 BetrVG 1972). Daher steht es den Betriebspartnern frei, hiervon abweichend in einer erzwingbaren Betriebsvereinbarung die **Weitergeltung zu befristen oder vollständig auszuschließen**. Des Weiteren kann die Reichweite der Weitergeltung auf Arbeitnehmer beschränkt werden, deren Arbeitsverhältnisse vor Beendigung der Betriebsvereinbarung geschlossen wurden.

Nach allgemeiner Ansicht scheidet eine **Nachwirkung** freiwilliger Betriebsvereinbarungen **analog § 4 Abs. 5 TVG** aus (BAG Beschl. v. 28. 4. 1998 – 1 ABR 43/97 – AP Nr. 11 zu § 77 BetrVG 1972 Nachwirkung; F/E/S/T/L § 77 Rdn. 186; GKBetrVG/*Kreutz* § 77 Rdn. 403 ff.; nunmehr auch Richardi/*Richardi* § 77 Rdn. 165). Die Betriebspartner können gleichwohl in einer **freiwilligen Betriebsvereinbarung** eine **Nachwirkung** vorsehen (BAG Beschl. v. 28. 4.

1998 – 1 ABR 43/97 – AP Nr. 11 zu § 77 BetrVG 1972 Nachwirkung; a. A. *v. Hoyningen-Huene* BB 1997, 1998, 2000 ff.). Da der Arbeitgeber im Hinblick auf nachwirkende freiwillige Betriebsvereinbarungen nicht einseitig die Einigungsstelle anrufen kann, ist er ist zur Beendigung der Nachwirkung auf die Zustimmung des Betriebsrats angewiesen. Daher sind **Nachwirkungsklauseln** für ihn **mit Risiken behaftet**. Nach der Rechtsprechung ist die Nachwirkungsklausel deshalb im Zweifel dahingehend auszulegen, dass die Parteien neben einer der bei der erzwingbaren Mitbestimmung nach § 77 Abs. 6 BetrVG entsprechenden Nachwirkung auch eine entsprechende Konfliktlösungsmöglichkeit durch **einseitige Anrufung der Einigungsstelle gewollt** haben (BAG Beschl. v. 28. 4. 1998 – 1 ABR 43/97 – AP Nr. 11 zu § 77 BetrVG 1972 Nachwirkung).

Um Risiken zu vermeiden, sollte in jeder Betriebsvereinbarung explizit geregelt werden, ob und gegebenenfalls in welchem Umfang Nachwirkung eintritt oder nicht. § 5 Abs. (1) des Formulars schließt eine Nachwirkung aus.

16. Schlussbestimmungen. Nach dem **Ablösungsprinzip** wird durch eine neue Betriebsvereinbarung die bisherige Kollektivregelung abgelöst und aufgehoben; aus Gründen der Klarheit sollten etwa abzulösende Betriebsvereinbarungen in § 6 Abs. (1) des Formulars ausdrücklich benannt werden.

Abs. (1) der Schlussbestimmungen enthält weiter eine sog. **Vollständigkeitsklausel**. Damit soll sichergestellt werden, dass allein der in der Vereinbarung niedergelegte Inhalt Geltung erlangt. Mündliche Nebenabreden wären ohnehin nach § 77 Abs. 2 BetrVG unwirksam.

Die Teilunwirksamkeit einer Betriebsvereinbarung hätte die Unwirksamkeit aller Regelungen zur Folge, wenn der verbleibende Teil ohne die unwirksamen Bestimmungen keine sinnvolle und in sich geschlossene Regelung mehr enthält. Stellt der verbleibende Teil für sich genommen eine sinnvolle und anwendbare Regelung dar, gilt dieser – auch bei entgegenstehendem Willen eines Betriebspartners – weiter. Dies folgt aus dem Normencharakter der Betriebsvereinbarung (BAG Beschl. v. 21. 1. 2003 – 1 ABR 9/02 – NZA 2003, 1097, 1101). Die **Salvatorische Klausel** (§ 6 Abs. (2) des Formulars) soll bei Unwirksamkeit einzelner Regelungen in weitestgehendem Umfang zur Aufrechterhaltung des übrigen Inhalts der Betriebsvereinbarung führen. Die Betriebspartner hätten im Zweifel eine wirksame Regelung vereinbart, die der unwirksamen Bestimmung in zulässiger Weise möglichst nahe kommt.

Jeder Betriebspartner kann – entsprechend den Grundsätzen des **Wegfalls der Geschäftsgrundlage (§ 313 BGB)** – die Anpassung einer Betriebsvereinbarung verlangen, wenn sich die Umstände, die zum Abschluss führten, nachträglich schwerwiegend verändert haben, die Betriebspartner die Vereinbarung bei Berücksichtigung dieser Veränderung nicht oder nicht mit diesem Inhalt geschlossen hätten und soweit einer Seite ein Festhalten unter Berücksichtigung aller Umstände nicht zugemutet werden kann (vgl. BAG Beschl. v. 10. 8. 1994 – 10 AZR 61/93 – NZA 1995, 314, 318). Diesen Grundsatz gibt – unter eingeschränkten Voraussetzungen – § 6 Abs. (4) des Formulars wieder.

Die Auswahlrichtlinie ist an geeigneter Stelle im Betrieb **auszulegen**, § 77 Abs. 2 S. 3 BetrVG. Eine Auslegung kann durch Aushang am schwarzen Brett, Auslegung in der Personalabteilung, Veröffentlichung in der Betriebszeitung oder durch Einstellung in das Intranet erfolgen, sofern alle Mitarbeiter hierauf Zugriff haben.

17. Schriftform. Betriebsvereinbarungen bedürfen zwingend der Schriftform. Eine nur mündlich abgeschlossene Betriebsvereinbarung ist nichtig, § 125 S. 1 BGB entsprechend.

Die Schriftform ist gewahrt, wenn beide Betriebspartner auf einer **einheitlichen Urkunde** unterschreiben (h. M., vgl. nur *F/E/S/T/L* § 77 Rdn. 21; ErfKomm/*Hanau/Kania* § 77 BetrVG Rdn. 24). Der Austausch einseitig unterschriebener Dokumente oder die Unterschriftsleistung auf einer bloßen Fotokopie der von dem anderen Betriebspartner unterzeichneten Vereinbarung reicht nicht aus (LAG Berlin Beschl. v. 6. 9. 1991 – 2 TaBV 3/91 – DB 1991, 2593). Die einzelnen Blätter einer mehrseitigen Vereinbarung – nebst Anlagen – sind derart zusammenzufügen (zu heften), dass eine Gesamturkunde entsteht, die nach außen erkennbar eine Einheit bildet; sicherheitshalber empfiehlt es sich, jede einzelne Seite zu unterschreiben oder zumindest zu paraphieren.

Zu den unterzeichnenden Personen und der Beschlussfassung des Betriebsrats s. Anm. 3 und 4.

Für **Auswahlrichtlinien** schreibt § 95 BetrVG selbst keine Schriftform vor. Auswahlrichtlinien können daher auch mündlich abgeschlossen werden. Soll ihnen jedoch (mit der herrschenden Ansicht) der Charakter einer Betriebsvereinbarung zukommen (Anm. 2), muss die Schriftform gewahrt werden. Aus Nachweisgründen werden Auswahlrichtlinien ohnehin zumeist schriftlich abgefasst.

2. Auswahlrichtlinie bei betriebsbedingten Kündigungen

Betriebsvereinbarung über Auswahlrichtlinien bei betriebsbedingten Kündigungen[1]

zwischen

...... (Name und Anschrift des Arbeitgebers) „Gesellschaft"

und

Betriebsrat des Betriebs ...... der ...... (Name des Arbeitgebers) „Betriebsrat"

(*Alternative:* Gesamtbetriebsrat/Konzernbetriebsrat)

Präambel[2]

Zur Gewährleistung von mehr Rechtssicherheit im Rahmen der Sozialauswahl i. S. d. § 1 Abs. 3 S. 1 KSchG räumt § 95 BetrVG den Betriebspartnern die Möglichkeit ein, gemeinsam Richtlinien über die personelle Auswahl bei betriebsbedingten Kündigungen aufzustellen. Darüber hinausgehend charakterisiert diese Betriebsvereinbarung den Kreis der vergleichbaren Mitarbeiter und regelt Weiterbeschäftigungsmöglichkeiten und Fortbildungs- sowie Umschulungsmaßnahmen. Für die Mitarbeiter soll erkennbar sein, aufgrund welcher allgemeiner Wertungen und Grundsätze Personalentscheidungen zu treffen sind.

§ 1 Geltungsbereich[3]

(1) Diese Betriebsvereinbarung gilt in persönlicher Hinsicht für alle Arbeitnehmer des Betriebs ...... der Gesellschaft („Mitarbeiter") mit Ausnahme der leitenden Angestellten i. S. d. § 5 Abs. 3 BetrVG.

(2) Die Betriebsvereinbarung gilt in sachlicher Hinsicht ausschließlich für betriebsbedingte Kündigungen, nicht hingegen für personen- oder verhaltensbedingte Kündigungen.

§ 2 Begriffsbestimmung[4]

Eine betriebsbedingte Kündigung liegt vor, wenn dringende betriebliche Erfordernisse einer Weiterbeschäftigung des Mitarbeiters in dem Betrieb der Gesellschaft entgegenstehen.

§ 3 Weiterbeschäftigung[5]

(1) Die betriebsbedingte Kündigung eines Mitarbeiters kommt nur in Betracht, wenn die Weiterbeschäftigung auf einem anderen freien Arbeitsplatz im Betrieb oder Unternehmen nicht möglich ist.

(2) Als Weiterbeschäftigungsmöglichkeit kommen nur Arbeitsplätze in Betracht,
- die im Zeitpunkt des Zugangs der Kündigung frei sind oder bei denen feststeht, dass sie bis zum Ablauf der individuellen Kündigungsfrist frei werden,
- die dem bisher innegehabten Arbeitsplatz in ihrem Anforderungsprofil vergleichbar sind und
- die auf derselben Ebene der Betriebshierarchie bestehen.

In Zweifelsfällen sind Stellen- und Tätigkeitsbeschreibungen sowie Ausbildungs- und Zielvereinbarungen heranzuziehen.

(3) Besteht eine Weiterbeschäftigungsmöglichkeit, ist dem Mitarbeiter vor Ausspruch der Kündigung dieser Arbeitsplatz anzubieten. Nimmt der Mitarbeiter das Weiterbeschäftigungsangebot innerhalb einer Bedenkfrist von einer Woche an, scheidet er aus dem Kreis der zu kündigenden Mitarbeiter aus.

(4) Der Betriebsrat kann konkrete freie Arbeitsplätze benennen, auf denen der Mitarbeiter nach der Vorstellung des Betriebsrats weiterbeschäftigt werden könnte. In diesem Fall überprüft die Gesellschaft gemeinsam mit dem Betriebsrat die Weiterbeschäftigungsmöglichkeit. Bei Meinungsverschiedenheiten über die Weiterbeschäftigungsmöglichkeit entscheidet die Gesellschaft im Einzelfall nach billigem Ermessen.

§ 4 Umschulungs- und Fortbildungsmaßnahmen[6]

(1) Eine Weiterbeschäftigungsmöglichkeit besteht auch, wenn bei Zugang der Kündigung feststeht, dass der Mitarbeiter nach Abschluss einer angemessenen Umschulungs- oder Fortbildungsmaßnahme auf einem anderen freien Arbeitsplatz weiterbeschäftigt werden kann und der Mitarbeiter der geplanten Maßnahme zustimmt.

(2) Umschulungsmaßnahmen sind Maßnahmen, die der Vermittlung von neuen Kenntnissen und Fähigkeiten für eine andere berufliche Tätigkeit dienen. Fortbildungsmaßnahmen sind Maßnahmen, die der Vermittlung von erweiterten beruflichen Kenntnissen und Fähigkeiten dienen.

(3) Umschulungs- und Fortbildungsmaßnahmen sind angemessen, wenn sie mit zumutbaren Mitteln innerhalb von vier Monaten realisierbar sind. Über die Zumutbarkeit der Mittel und die Umschulungs- und Fortbildungsmaßnahmen entscheidet die Gesellschaft im Einzelfall nach billigem Ermessen.

§ 5 Vergleichsgruppenbildung[7]

(1) Ausgangspunkt für die Bestimmung der vergleichbaren Mitarbeiter im Rahmen der Sozialauswahl ist das Kriterium der Austauschbarkeit.

(2) Die Austauschbarkeit richtet sich nach arbeitsplatzbezogenen Merkmalen. Sie liegt dann vor, wenn dem Mitarbeiter, dessen Arbeitsplatz weggefallen ist, auf derselben Ebene der Betriebshierarchie die Funktion eines anderen Mitarbeiters kraft Direktionsrecht zugewiesen werden kann. Die Notwendigkeit einer Einarbeitungszeit bis zu ...... Wochen steht der Austauschbarkeit nicht entgegen. In Zweifelsfällen sind Stellen- und Tätigkeitsbeschreibungen sowie Ausbildungs- und Zielvereinbarungen heranzuziehen.

§ 6 Auswahlgrundsätze für die Sozialauswahl

(1) Der Sozialauswahl werden ausschließlich die in § 1 Abs. 3 S. 1 KSchG genannten vier sozialen Kriterien (Dauer der Betriebszugehörigkeit, Lebensalter, Unterhaltspflichten und Schwerbehinderung) zu Grunde gelegt[8].

(2) Zur Auswahl des zu kündigenden Mitarbeiters aus dem Kreis der vergleichbaren Mitarbeiter kommen die unter Abs. (1) genannten vier sozialen Kriterien mit folgender Gewichtung zur Anwendung[9]:

Kriterium	Punkte
– Betriebszugehörigkeit	
• 1. bis 10. Jahr	• 1 Punkt pro Jahr
• ab dem 11. Jahr	• 2 Punkte pro Jahr
• maximal	• 70 Punkte
– Lebensalter	
• bis zum 30. Lebensjahr	• 1 Punkt pro Jahr
• ab dem 31. zum 55. Lebensjahr	• 2 Punkte pro Jahr
• ab dem 56. Lebensjahr	• 1 Punkt pro Jahr
• maximal	• 60 Punkte

2. Auswahlrichtlinie bei betriebsbedingten Kündigungen C. II. 2

Kriterium	Punkte
– Schwerbehinderung • bis zu 50% • je weitere 10% – Unterhaltspflichten • Ehegatten/Lebenspartner i. S. d. LPartG • Kind • ab dem 3. Kind	 • 10 Punkte • 3 Punkte pro Zehntel • 10 Punkte • 5 Punkte pro Kind • 3 Punkte pro Kind

(*Optional:*
(3) Die Gesellschaft prüft im Einzelfall individuelle Besonderheiten und passt die Gewichtung gegebenenfalls an.)

§ 7 Mitarbeiterbefragung zur Sozialdatenerhebung[10]

(1) Zur Ermittlung der vier sozialen Kriterien führt die Gesellschaft in Abstimmung mit dem Betriebsrat eine schriftliche Befragung der Mitarbeiter mittels des als Anlage beigefügten Fragebogens durch. Sie sind verpflichtet, den Fragebogen wahrheitsgemäß, vollständig und unter Beifügung von Unterlagen, die ihre Angaben bestätigen, auszufüllen und binnen zwei Wochen der Gesellschaft auszuhändigen.

(2) Zugunsten der Mitarbeiter können nur solche Daten berücksichtigt werden, die der Gesellschaft innerhalb der Frist des Abs. (1) bekannt geworden sind. Erst nach Fristablauf entstehende Veränderungen hat der Mitarbeiter unter Beifügung von Unterlagen der Gesellschaft unverzüglich bekannt zu geben.

§ 8 Inkrafttreten, Kündigung[11]

(1) Diese Betriebsvereinbarung tritt am ...... in Kraft. Sie kann mit einer Frist von sechs Monaten zum Ende eines Kalenderjahres gekündigt werden. Die Betriebsvereinbarung entfaltet keine Nachwirkung.

(2) Die Kündigung bedarf der Schriftform.

§ 9 Schlussbestimmungen[12]

(1) Diese Betriebsvereinbarung löst alle eventuellen vorherigen Auswahlrichtlinien über betriebsbedingte Kündigungen, insbesondere ......, ab. Mündliche Nebenabreden bestehen nicht. Änderungen oder Ergänzungen dieser Betriebsvereinbarung, einschließlich dieser Bestimmung, bedürfen zu ihrer Wirksamkeit der Schriftform.

(2) Sollte eine Bestimmung dieser Betriebsvereinbarung ganz oder teilweise unwirksam sein oder werden, so wird hiervon die Wirksamkeit der übrigen Bestimmungen nicht berührt. Anstelle der unwirksamen Bestimmung werden die Betriebspartner die gesetzlich zulässige Bestimmung vereinbaren, die dem mit der unwirksamen Bestimmung Gewollten wirtschaftlich am nächsten kommt. Dasselbe gilt für den Fall einer vertraglichen Lücke.

(3) Diese Betriebsvereinbarung steht unter dem Vorbehalt etwaiger ablösender – auch freiwilliger – Betriebsvereinbarungen.

(4) Sollten sich die dieser Betriebsvereinbarung zugrunde liegenden tatsächlichen oder rechtlichen Bedingungen grundlegend ändern, so werden die Betriebspartner unverzüglich in Verhandlungen treten mit dem Ziel, die Betriebsvereinbarung an die geänderten Bedingungen anzupassen.

......
Ort, Datum

......
Unterschrift der Gesellschaft

......
Ort, Datum

......
Unterschrift des Betriebsrats

Schrifttum: Bader, Neuregelungen im Bereich des Kündigungsschutzgesetzes durch das Arbeitsrechtliche Beschäftigungsförderungsgesetz, NZA 1996, 1125; *ders.,* Das Gesetz zu Reformen am Arbeitsmarkt: Neues im Kündigungsschutzgesetz und im Befristungsrecht, NZA 2004, 65; *Bauer/Powietzka,* Kündigung schwerbehinderter Arbeitnehmer – Nachweis, Sozialauswahl, Klagefrist und Reformbedarf, NZA-RR 2004, 505; *Baeck/Schuster,* Unwirksame betriebsbedingte Kündigungen bei Anwendung „alter" Auswahlrichtlinien?, NZA 1998, 1250; *Boewer,* Probleme der Sozialauswahl im Kündigungsschutzprozess unter betriebsverfassungsrechtlichen Aspekten, NZA 1988, 1; *Däubler,* Neues zur betriebsbedingten Kündigung, NZA 2004, 177; *Fenski,* Zur Zulässigkeit von Punktetabellen bei der Sozialauswahl im Rahmen einer betriebsbedingten Kündigung, DB 1990, 1917; *Fischermeier,* Die betriebsbedingte Kündigung nach den Änderungen durch das Arbeitsrechtliche Beschäftigungsförderungsgesetz, NZA 1997, 1089; *Gaul,* Die wichtigsten Änderungen im Arbeits- und Sozialversicherungsrecht nach der Bundestagswahl, DB 1998, 2467; *Gaul/Lunk,* Gestaltungsspielraum bei Punkteschemata zur betriebsbedingten Kündigung, NZA 2004, 184; *Hoß,* Die betriebsbedingte Kündigung, MDR 2000, 305; *Hunold,* Aktuelle Rechtsprobleme der Personalauswahl, DB 1993, 224; *ders.,* Die Mitwirkung und Mitbestimmung des Betriebsrats in allgemeinen personellen Angelegenheiten (§§ 92–95 BetrVG), DB 1989, 1334; *Lingemann/Rolf,* Leistungsträger – Abwägung, Auswahlrichtlinie und Namensliste, NZA 2005, 264; *Löwisch,* Die kündigungsrechtlichen Vorschläge der „Agenda 2010", NZA 2003, 689; *ders.,* Neuregelung des Kündigungs- und Befristungsrechts durch das Gesetz zu Reformen am Arbeitsmarkt, BB 2004, 154; *Meisel,* Die soziale Auswahl bei betriebsbedingten Kündigungen, DB 1991, 92; *Neyses,* Auswahlkriterien, Auswahlschema und Auswahlrichtlinien bei betriebsbedingter Kündigung, DB 1983, 2414; *Powietzka,* Eingetragene Lebenspartnerschaft und Arbeitsrecht, BB 2002, 3; *Rieble,* Der Entscheidungsspielraum des Arbeitgebers bei der Sozialauswahl nach § 1 III KSchG und seine arbeitsgerichtliche Kontrolle, NJW 1991, 65; *Schiefer,* Die Sozialauswahl bei der betriebsbedingten Kündigung, NZA-RR 2002, 169; *Schiefer/Worzalla,* Neues – altes – Kündigungsrecht, NZA 2004, 345; *Thüsing/Stelljes,* Fragen zum Entwurf eines Gesetzes zu Reformen am Arbeitsmarkt, BB 2003, 1673; *Wank,* Rechtsfortbildung im Kündigungsschutzrecht, RdA 1987, 129; *Weller,* Betriebliche und tarifvertragliche Regelungen, die sich auf die soziale Auswahl nach § 1 Abs. 3 KSchG auswirken, RdA 1986, 222.

Anmerkungen

1. Regelungsinhalt. Nach § 95 Abs. 1 BetrVG kann der Arbeitgeber mit Zustimmung des Betriebsrats **Auswahlrichtlinien über die personelle Auswahl bei Kündigungen** aufstellen. Dies eröffnet der Gesellschaft die Möglichkeit, das Auswahlverfahren bei Kündigungen gemeinsam mit dem Betriebsrat zu steuern. In Betrieben mit mehr als 500 Arbeitnehmern hat der Betriebsrat nicht nur der Aufstellung der Auswahlrichtlinien für Kündigungen im Hinblick auf die sozialen Gesichtspunkte zuzustimmen, sondern er kann die Aufstellung von Auswahlrichtlinien initiieren (§ 95 Abs. 2 BetrVG). Für die Bestimmung der Anzahl der beschäftigten Mitarbeiter ist die Zahl der im Zeitpunkt der Initiative des Betriebsrats in der Regel im Betrieb beschäftigten Mitarbeiter maßgebend (MünchHdbArbR/*Matthes* § 349 Rdn. 30; Einzelheiten zu den Unterschieden zwischen Richtlinien nach § 95 Abs. 1 und Abs. 2 BetrVG unter Form. C. II. 1 Anm. 2).

Durch die Mitbestimmung des Betriebsrats bei der Aufstellung von Auswahlrichtlinien soll eine weitgehende **Transparenz** der personellen Maßnahme gewährleistet werden. Für den einzelnen von der Kündigung betroffenen Mitarbeiter soll auf der Grundlage einer versachlichten und objektivierten Grundlage nachvollziehbar sein, warum er von der Kündigung betroffen ist (*Boewer* NZA 1988, 1, 5; D/K/K/*Klebe* § 95 Rdn. 1).

Die eigentliche Bedeutung der Auswahlrichtlinien für die Praxis ergibt sich aus § 1 Abs. 4 KSchG. Ist in einer Auswahlrichtlinie nämlich festgelegt, wie die sozialen Gesichtspunkte nach § 1 Abs. 3 S. 1 KSchG im Verhältnis zueinander zu bewerten sind, so kann die Bewertung nur auf **grobe Fehlerhaftigkeit** überprüft werden.

Durch den geänderten gerichtlichen Prüfungsmaßstab ist nur die **Gewichtung des Verhältnisses der sozialen Auswahlkriterien** zueinander privilegiert (weiteres hierzu unter Anm. 8). Soweit die Auswahlrichtlinie festlegt, wie der Kreis der vergleichbaren Arbeitnehmen zu bestimmen ist oder nach welchen Kriterien Leistungsträger i. S. d. § 1 Abs. 3 S. 2 KSchG ermittelt werden, bleibt es bei der uneingeschränkten Überprüfbarkeit durch die Arbeitsgerichte (*Fischermeier* NZA 1997, 1089, 1096; *Löwisch* NZA 2003, 689; *Gaul* DB 1998, 2467, 2468; Richardi/*Richardi/Thüsing* § 95 Rdn. 42; Küttner/*Eisemann* Kündigung, betriebsbedingte Rdn. 42). Dies bestätigt auch § 1 Abs. 2 KSchG.

2. Auswahlrichtlinie bei betriebsbedingten Kündigungen C. II. 2

Neben der Privilegierung führt die Auswahlrichtlinie auch zu einer **Bindung des Arbeitgebers** in künftigen Fallgestaltungen betriebsbedingter Kündigungen. Nach § 1 Abs. 2 S. 2 Nr. 1a) KSchG ist die Kündigung nämlich sozial ungerechtfertigt, wenn sie gegen eine Richtlinie nach § 95 BetrVG verstößt. Dies gilt unabhängig davon, ob der Betriebsrat der Kündigung aus diesem oder einem anderen Grund widerspricht (KR/*Etzel* § 1 KSchG Rdn. 196).

Weder § 95 BetrVG noch § 1 Abs. 4 KSchG enthalten eine Begriffsbestimmung, was unter einer Auswahlrichtlinie zu verstehen ist. Zieht man die Intention des Gesetzgebers heran, nämlich die die Gewährleistung von mehr Transparenz und Objektivität für den Bereich der betriebsbedingten Kündigungen, sind Auswahlrichtlinien **abstrakt-generell formulierte Entscheidungshilfen**, die festlegen, welche Kriterien bei der Durchführung von Kündigungen zu berücksichtigen sind (Richardi/*Richardi/Thüsing* § 95 Rdn. 6). Der in § 95 BetrVG verwendete Begriff „Richtlinie" stellt klar, dass dann nicht mehr von einer Auswahlrichtlinie gesprochen werden kann, wenn nicht abstrakt-generell, sondern konkret formulierte Kriterien vereinbart werden, die der Gesellschaft jeglichen Ermessensspielraum abschneiden (BAG Beschl. v. 27. 10. 1992 – 1 ABR 4/92 – AP Nr. 29 zu § 95 BetrVG 1972; *Rieble* NJW 1991, 65, 69; Richardi/*Richardi/Thüsing* § 95 Rdn. 6). Wird die privilegierende Wirkung i.S.d. § 1 Abs. 4 KSchG angestrebt, darf es sich zudem nicht nur um eine bloße Regelungsabrede handeln; vielmehr muss eine echte Betriebsvereinbarung geschlossen werden (ausführlich zum Rechtscharakter von Auswahlrichtlinien s. Form. C. II. 1 Anm. 2).

2. Präambel. Die Präambel hebt die mit der Einführung des § 95 BetrVG angestrebte Zielsetzung, die Schaffung von Transparenz und Objektivität bei Personalentscheidungen, hervor.

3. Geltungsbereich. Die Anwendung einer Auswahlrichtlinie setzt voraus, dass von der Personalentscheidung mehrere Personen betroffen sein können. Auswahlrichtlinien können sich daher nur auf betriebsbedingte Kündigungen beziehen, da bei personen- wie bei verhaltensbedingten Kündigungen eine Auswahl zwischen mehreren Mitarbeitern nicht stattfindet (*Neyses* DB 1983, 2414, 2415; *Weller* RdA 1986, 222, 225; a.A. D/K/K/*Klebe* § 95 Rdn. 28).

4. Begriffsbestimmung. Die Definition der betriebsbedingten Kündigung orientiert sich am Gesetzeswortlaut des § 1 Abs. 2 S. 1 KSchG. Es ist nicht empfehlenswert, bestimmte Fallgruppen für das Vorliegen dringender betrieblicher Erfordernisses zu nennen oder gar abschließend festzulegen, was dringende betriebliche Erfordernisse im Einzelfall sein können. Die Gründe für eine Personalreduzierung erweisen sich in der Praxis als zu zahlreich, als dass diese voraussehbar sein könnten.

5. Weiterbeschäftigung. Aus dem Kreis der zu kündigenden Mitarbeiter werden diejenigen Mitarbeiter herausgenommen, die im gleichen Betrieb oder in einem anderen Betrieb des Unternehmens weiterbeschäftigt werden können (vgl. § 1 Abs. 2 S. 2 Nr. 1b) KSchG).

Die Betriebsvereinbarung regelt im Einklang mit der Rechtsprechung des BAG, wann von einer anderweitigen Beschäftigungsmöglichkeit auszugehen ist. Dies setzt zum einen voraus, dass zum Zeitpunkt der Kündigung ein **freier oder frei werdender** Arbeitsplatz besteht. Der Mitarbeiter hat keinen Anspruch auf die Schaffung eines neuen Arbeitsplatzes (BAG Urt. v. 3. 2. 1977 – 2 AZR 476/75 – AP Nr. 4 zu § 1 KSchG 1969 Betriebsbedingte Kündigung) oder auf Freikündigung eines besetzten Arbeitsplatzes. Zum anderen muss der freie Arbeitsplatz mit dem bisherigen **vergleichbar** sein. Die Rechtsprechung (BAG Urt. v. 29. 3. 1990 – 2 AZR 369/89 – NZA 1991, 181) geht von einem vergleichbaren Arbeitsplatz dann aus, wenn der Arbeitgeber allein aufgrund seines Weisungsrechts (d.h. ohne Änderung des Arbeitsvertrags) dem betroffenen Arbeitnehmer den freien Arbeitsplatz zuweisen könnte. Maßgebend hierfür ist die hierarchische Vergleichbarkeit des weggefallenen und des freien Arbeitsplatzes. Stellen- und Tätigkeitsbeschreibungen sowie Ausbildungs- und Zielvereinbarungen können Anhaltspunkte für die Vergleichbarkeit des neuen Arbeitsplatzes geben.

Sind freie Arbeitsplätze vorhanden, ist ihre Zahl aber geringer als die Zahl der zu entlassenden Arbeitnehmer, die dort weiterbeschäftigt werden könnten, hat der Arbeitgeber nach den **Grundsätzen der Sozialauswahl** denjenigen Arbeitnehmern die Weiterbeschäftigung anzubieten, die am sozial schutzbedürftigsten sind (KR/*Etzel* § 1 KSchG Rdn. 546 m. weit. Nachw.). Dies gilt unstreitig für den Fall, dass die Konkurrenzsituation in demselben Betrieb auftritt (Ascheid/Preis/Schmidt/*Kiel* § 1 KSchG Rdn. 641 m. weit. Nachw.). Doch auch beim Wegfall von Arbeitsplätzen in verschiedenen Betrieben eines Unternehmens hat der Arbeitgeber bei der Besetzung des freien Arbeitsplatzes die Grundsätze der Sozialauswahl entsprechend anzuwenden (KR/*Etzel* § 1 KSchG Rdn. 613; ErfKomm/*Ascheid* § 1 KSchG Rdn. 476; ausdrücklich offengelassen von BAG Urt. v. 15. 12. 1994 – 2 AZR 320/94 – AP Nr. 66 zu § 1 KSchG 1969 Betriebsbedingte Kündigung; vgl. auch BAG Urt. v. 21. 9. 2000 – 2 AZR 385/99 – NZA 2001, 535, 539).

Macht der **Betriebsrat** geltend, der Mitarbeiter könne auf einem freien Arbeitsplatz weiterbeschäftigt werden, so muss er den freien Arbeitsplatz zumindest in bestimmbarer Weise angeben (BAG Urt. v. 17. 6. 1999 – 2 AZR 608/98 – AP Nr. 11 zu § 102 BetrVG 1972). Dies entspricht den Vorgaben an einen ordnungsgemäßen Widerspruch des Betriebsrats gemäß § 102 Abs. 3 Nr. 3 BetrVG. Somit reicht die bloße Wiedergabe des Gesetzeswortlauts in § 102 Abs. 3 Nr. 3 BetrVG ebenso wenig aus wie pauschale Hinweise auf Subunternehmertätigkeiten im Betrieb oder „irgendeine" anderweitige Beschäftigungsmöglichkeit (KR/*Etzel* § 102 BetrVG Rdn. 163). Dies schützt die Gesellschaft davor, sich mit einer Vielzahl von angeblich bestehenden, nicht näher begründeten Weiterbeschäftigungsmöglichkeiten auseinandersetzen zu müssen, die sich bei genauerem Hinsehen als unzutreffend erweisen. Dem Betriebsrat wird insofern die Verantwortung für ein zügiges Prüfungsverfahren mit überantwortet.

Das Formular sieht bei Meinungsverschiedenheiten über das Bestehen oder Nichtbestehen einer Weiterbeschäftigungsmöglichkeit **keine übergeordneten Konfliktlösungsmechanismen** wie etwa die Anrufung einer betrieblichen Kommission oder der Einigungsstelle vor. Auf diese Weise würde der notwendige Personalabbau nur unnötig verzögert, ohne dass dem ein besonderer Vorteil, z. B. durch erhöhte Rechtssicherheit, gegenüberstünde. Das Vorliegen dringender betrieblicher Erfordernisse und mithin auch das Nichtvorhandensein einer Weiterbeschäftigungsmöglichkeit unterliegt nämlich – vorbehaltlich eines Interessenausgleichs mit Namensliste, § 1 Abs. 5 KSchG – ohnehin der vollen gerichtlichen Überprüfbarkeit.

6. Umschulungs- und Fortbildungsmaßnahmen. Aus dem Kreis der zu kündigenden Mitarbeiter werden auch diejenigen Mitarbeiter herausgenommen, die nach der Durchführung von Fortbildungs- oder Umschulungsmaßnahme weiterbeschäftigt werden können. Da es an einer gesetzlichen Legaldefinition von Umschulungs- und Fortbildungsmaßnahmen im KSchG fehlt, orientiert sich das Formular an den Begriffen der §§ 1, 46, 47 BBiG.

Auch für die Weiterbeschäftigungsmöglichkeit im Kontext von Fortbildungs- oder Umschulungsmaßnahmen gilt, dass eine Weiterbeschäftigungsmöglichkeit einen **freien Arbeitsplatz** voraussetzt. Zudem muss, da die Fortbildung oder Umschulung nicht gegen den Willen des Mitarbeiters durchgeführt werden kann, dessen **Einverständnis** mit der Durchführung der Maßnahme vorliegen (KR/*Etzel* § 1 KSchG Rdn. 724).

Das Formular belässt das Letztentscheidungsrecht über die Zumutbarkeit der Umschulungs- und Fortbildungsmaßnahme der Gesellschaft. Damit wird zum einen dem Umstand Rechnung getragen, dass sich derartige Maßnahmen unter Berücksichtigung von Alter und Ausbildungsgrad sowie bisheriger Beschäftigungsdauer und der Beziehung der Arbeitsvertragsparteien in jedem Einzelfall unterschiedlich sinnvoll darstellen. Zum anderen hat der Arbeitgeber das Letztentscheidungsrecht, da er die Kosten der individuellen Fortbildung oder Umschulung – zumindest im Rahmen der Zumutbarkeit – tragen muss (KR/*Etzel* § 102 BetrVG Rdn. 169 b). Auch hier unterliegt die Abwägungsentscheidung der gerichtlichen Überprüfung.

7. Vergleichsgruppenbildung. Bei einer betriebsbedingten Kündigung hat der Arbeitgeber im Rahmen der Sozialauswahl denjenigen Mitarbeiter zu ermitteln, der von der Kündigung am wenigsten schwer betroffen ist. Ausgangsbasis ist die hierbei die Festlegung der Gruppe der vergleichbaren Arbeitnehmer. Vergleichbarkeit i. S. d. § 1 KSchG bedeutet **Austauschbarkeit** im Hinblick auf die arbeitsplatzbezogenen Merkmale und somit nach der bislang ausgeübten Tätigkeit (BAG Urt. v. 17. 9. 1998 – 2 AZR 725/97 – NZA 1998, 1332). Es ist zu prüfen, ob der Arbeitnehmer, dessen Arbeitsplatz weggefallen ist, die Funktion des anderen Arbeitnehmers wahrnehmen kann. Dies ist nicht nur bei Identität des Arbeitsplatzes, sondern auch dann der Fall, wenn der Arbeitnehmer aufgrund seiner Fähigkeit und Ausbildung eine andersartige, aber gleichwertige Tätigkeit ausführen kann. Der Vergleich vollzieht sich insoweit auf derselben Ebene der Betriebshierarchie (sog. horizontale Vergleichbarkeit; BAG Urt. v. 29. 3. 1990 – 2 AZR 369/89 – NZA 1991, 181, 184).

8. Begrenzung der Sozialdaten. Nach dem Wortlaut des § 1 Abs. 4 KSchG liegt die Bedeutung der Auswahlrichtlinie gemäß § 95 BetrVG darin, dass die Gewichtung der sozialen Gesichtspunkte des § 1 Abs. 3 S. 1 KSchG gerichtlich nur eingeschränkt, d. h. auf **grobe Fehlerhaftigkeit** hin, überprüfbar ist.

Angesichts der Übereinstimmung des durch das Gesetz zu Reformen am Arbeitsmarkt eingefügten neuen Gesetzeswortlautes mit der früheren Fassung nach dem Arbeitsrechtlichen Beschäftigungsförderungsgesetz 1996 ist davon auszugehen, dass die Grundsätze, die das BAG in seinen Entscheidungen im Jahr 1999 (BAG Urt. v. 21. 1. 1999 – 2 AZR 624/98 – AP Nr. 3 zu § 1 KSchG 1969 Namensliste; BAG Urt. v. 2. 12. 1999 – 2 AZR 757/98 – AP Nr. 45 zu § 1 KSchG 1969 Soziale Auswahl) aufgestellt hat, auch für die neue „alte" Gesetzeslage gelten. Aus dem Verweis des § 1 Abs. 4 KSchG auf die sozialen Gesichtspunkte des § 1 Abs. 3 S. 1 KSchG folgt, dass die Privilegierung nur dann greift, wenn **ausschließlich die vier Kriterien** (Dauer der Betriebszugehörigkeit, Lebensalter, Unterhaltspflichten und Schwerbehinderung des Arbeitnehmers) in ein Verhältnis zueinander gesetzt und gewichtet werden, während eine Erweiterung der Kriterien zur Aufhebung der privilegierenden Wirkung führt (Ascheid/Preis/Schmidt/*Kiel* § 1 KSchG Rdn. 771a). Dies verschließt dem Arbeitgeber zwar nicht den Weg, auch weitere Kriterien in die Sozialauswahl mit aufzunehmen. Der Preis, den er hierfür zahlt, ist jedoch der Verlust der Privilegierung des § 1 Abs. 4 KSchG.

In gleicher Weise stellt sich die Frage, ob der Arbeitgeber nach Anwendung des Punkteschemas (dazu Anm. 9) eine **Einzelfallabwägung** durchführen darf oder muss. Vor der Einführung der Privilegierung im Jahre 1996 musste der Arbeitgeber eine abschließende Einzelfallabwägung in jedem Fall vornehmen. Der Gesetzesbegründung bei Einführung der Privilegierung war dagegen zu entnehmen, dass die Auswahlrichtlinie künftig Vorrang vor der Einzelfallbeurteilung haben solle (BT-Drucks. 13/4612, S. 2). Daraus wurde geschlossen, dass der Arbeitgeber keine abschließende Entscheidung mehr treffen muss und sich auch ohne zusätzliche Einzelfallabwägung an die Auswahlrichtlinie halten darf (*Löwisch* NZA 1996, 1009, 1011; *Bader* NZA 1996, 1125, 1131; *Hoß* MDR 2000, 305, 312). Ob umgekehrt eine in der Auswahlrichtlinie selbst aufgenommene Verpflichtung zur Einzelfallabwägung sogar zur Aufhebung der Privilegierung führt oder zumindest die Vereinbarung einer Härtefallklausel zulässig ist (in diesem Sinne Ascheid/Preis/Schmidt/*Kiel* § 1 KSchG Rdn. 771a; *Lingemann/Rolf* NZA 2005, 264, 267), ist derzeit noch unklar. Das Formular sieht daher lediglich in der Alternativregelung (§ 6 Abs. (3)) eine Einzelfallabwägung vor.

9. Punktetabelle. In der Praxis bietet es sich an, ein Punkteschema für die Gewichtung der vier Sozialdaten zu entwerfen. Anders als bei Punkteschemata, die einseitig vom Arbeitgeber bei seiner Entscheidung zugrunde gelegt werden, bieten Punkteschemata in Auswahlrichtlinien wegen der erforderlichen **Mitwirkung des Betriebsrats** anerkanntermaßen eine größere Gewähr für eine sachlich ausgewogene Berücksichtigung der Sozialdaten (so ausdrücklich BAG Urt. v. 5. 12. 2002 – 2 AZR 549/01 – NZA 2003, 791, 793).

Die in der Auswahlrichtlinie vorzunehmende Gewichtung der vier Sozialkriterien hängt maßgeblich davon ab, wann die **Grenze zur groben Fehlerhaftigkeit** überschritten ist. Grob fehlerhaft ist die Gewichtung der Sozialdaten nach der Rechtsprechung des BAG dann, wenn sie jede Ausgewogenheit vermissen lässt, d.h. wenn einzelne der vier Sozialdaten überhaupt nicht, eindeutig unzureichend oder mit eindeutig überhöhter Bedeutung berücksichtigt wurden (BAG Urt. v. 2. 12. 1999 – 2 AZR 757/98 – und Urt. v. 5. 12. 2002 – 2 AZR 697/01 – AP Nrn. 45, 60 zu § 1 KSchG 1969 Soziale Auswahl). Da auch diese Definition mehr als vage bleibt, kommt der Entwicklung der Rechtsprechung zum Vorliegen grober Fehlerhaftigkeit maßgebliche Bedeutung zu. Insbesondere die von der Rechtsprechung in der Vergangenheit gebilligten Punkteschemata bieten taugliche Anhaltspunkte für die Gestaltung der Auswahlrichtlinie in der betrieblichen Praxis.

Während das BAG in den 60er Jahren zunächst dem Lebensalter primäre Bedeutung beimaß (BAG Urt. v. 26. 6. 1964 – 2 AZR 373/63 – BAGE 16, 149, 153), sollte in den 80er Jahren die Betriebszugehörigkeit Priorität gegenüber dem Lebensalter haben, während das Lebensalter wiederum Vorrang gegenüber den Unterhaltspflichten genoss (BAG Urt. v. 18. 10. 1984 – 2 AZR 453/83 – BAGE 47, 80). Später relativierte das BAG jedoch seine Aussage und räumte der Betriebszugehörigkeit und dem Lebensalter keinen generellen Vorrang vor den Unterhaltspflichten ein. Im Jahr 2000 entschied das BAG ausdrücklich, dass der Betriebszugehörigkeit keine grundsätzliche Priorität zuzuschreiben sei (BAG Urt. v. 2. 12. 1999 – 2 AZR 757/98 – NZA 2000, 531), was jedoch nicht ausschließe, dass der Betriebszugehörigkeit eine Vorzugstellung eingeräumt werden *könne* (BAG Urt. v. 23. 11. 2000 – 2 AZR 533/99 – AP Nr. 114 zu § 1 KSchG 1969 Betriebsbedingte Kündigung). So hat das BAG dann auch 2002 (BAG Urt. v. 5. 12. 2002 – 2 AZR 549/01 – NZA 2003, 791) ein Punkteschema anerkannt, das die Betriebszugehörigkeit mit maximal 70 Punkten, das Lebensalter mit maximal 55 Punkten, Unterhaltspflichten gegenüber Ehegatten mit acht Punkten, jedes unterhaltsberechtigte Kind mit vier Punkten, die Schwerbehinderung bis zu 50% mit fünf Punkten und für jedes weitere Zehntel mit einem Punkt bewertete. Eine identische Tabelle hatte das BAG bereits 1990 akzeptiert (BAG Urt. v. 18. 1. 1990 – 2 AZR 357/89 – NZA 1990, 729). Auch nach der Begründung des Reformgesetzes ist keines der vier Kriterien in stärkerem Maße zu gewichten. Den Betriebsparteien verbleibt damit letztendlich ein weiter Beurteilungsspielraum (BAG Urt. v. 2. 12. 1999 – 2 AZR 757/98 – AP Nr. 45 zu § 1 KSchG 1969 Soziale Auswahl).

Eine Stellungnahme der Rechtsprechung zur Gewichtung der **Schwerbehinderung** im Verhältnis zu den übrigen drei Sozialdaten liegt bislang noch nicht vor. Auf der Basis des Urteils vom 2. 12. 1999 (BAG Urt. v. 2. 12. 1999 – 2 AZR 757/98 – AP Nr. 45 zu § 1 KSchG 1969 Soziale Auswahl) wird man jedoch festhalten können, dass nur dann von einer groben Fehlerhaftigkeit gesprochen werden kann, wenn die Gewichtung der Kriterien Lebensalter, Betriebszugehörigkeit, Unterhaltspflichten und nunmehr auch Schwerbehinderung **jede Ausgewogenheit vermissen** lässt. Es empfiehlt sich daher, keines der vier Kriterien deutlich stärker als die übrigen zu bewerten. Vielmehr sollte das Kriterium der Schwerbehinderung zunächst dem Kriterium „Unterhaltspflichten" annähernd gleichgestellt und auch weiterhin allenfalls der Betriebszugehörigkeit eine – relative – Vorrangstellung eingeräumt werden.

10. Mitarbeiterbefragung zur Sozialdatenerhebung. In der Betriebsvereinbarung sollte festgelegt werden, welche Anstrengungen der Arbeitgeber unternehmen muss, um sich die erforderlichen Kenntnisse für die Durchführung der Sozialauswahl zu verschaffen.

Dem Arbeitgeber mögen zwar die Dauer der Betriebszugehörigkeit, das Lebensalter sowie eventuell auch die Schwerbehinderteneigenschaft des Arbeitnehmers bekannt sein. Dagegen kann sich im Hinblick auf die **Unterhaltspflichten** häufig ein unvollständiges Bild ergeben, da der Arbeitnehmer nicht verpflichtet ist, die Zahl der unterhaltsberechtigten Personen dem Arbeitgeber gegenüber bekannt zu geben (*Boewer* NZA 1988, 1, 5). Diese sind auch nicht zwingend auf der Lohnsteuerkarte des Arbeitnehmers vermerkt. Zu den Unterhaltspflichten gehören nämlich sämtliche im BGB geregelten derartigen Pflichten (§§ 1360 ff., 1569 ff., 1601 BGB), gleichgültig ob der Arbeitnehmer ihnen nachkommt oder nicht (*Fischermeier* NZA 1997, 1089, 1094). Im Übrigen sollen Unterhaltspflichten auch dann beachtlich sein, wenn sie zum Kündigungszeitpunkt noch nicht bestehen, aber bereits konkret abzusehen sind. So kann auch eine bevorstehende Geburt bzw. Adoption relevant werden (*Gaul/Lunk* NZA 2004, 184, 185), was dem Arbeitgeber in aller Regel nicht bekannt sein wird.

Ein in der Praxis verlässliches Mittel zur Ermittlung der Sozialdaten stellt die **Mitarbeiterbefragung** dar. Verweigert der Arbeitnehmer nämlich die Auskunft oder gibt er falsche Auskünfte, kann er sich im Kündigungsschutzprozess nicht darauf berufen, dass das Vorliegen bestimmter Kriterien gegen seine Kündigung spreche (*Schiefer* NZA-RR 2002, 169, 178; *Gaul/Lunk* NZA 2004, 184, 187; ErfKomm/*Ascheid* § 1 KSchG Rdn. 465). Gleiches gilt, wenn der Arbeitnehmer Umstände, die dem Arbeitgeber bei der Sozialauswahl nicht bekannt sein konnten, innerhalb der gesetzten Frist nicht mitteilt. Die Berufung auf solche Kriterien im Kündigungsschutzprozess dürfte eine unzulässige Rechtsausübung darstellen (*Schiefer* NZA-RR 2002, 169, 178; Ascheid/Preis/Schmidt/*Etzel* § 1 KSchG Rdn. 678 e).

Die Einführung eines **Formulars** zur Mitarbeiterbefragung bedarf nach § 94 BetrVG der Zustimmung des Betriebsrats. Daher sollte ein entsprechendes Formular der Betriebsvereinbarung als Anlage beigefügt werden.

11. Inkrafttreten und Kündigung. S. Form. C. II. 1 Anm. 15.
12. Schlussbestimmungen. S. Form. C. II. 1 Anm. 16.

3. Interner Stellenmarkt

Betriebsvereinbarung zum internen Stellenmarkt[1]

zwischen
...... (Name und Anschrift des Arbeitgebers) „Gesellschaft"
und
Betriebsrat des Betriebs ...... der ...... (Name des Arbeitgebers) „Betriebsrat"
(*Alternative*: Gesamtbetriebsrat/Konzernbetriebsrat)

Präambel[2]

Diese Betriebsvereinbarung regelt das Verfahren der Ausschreibung und Besetzung von neu geschaffenen und neu zu besetzenden Stellen innerhalb des Betriebs ...... (*Alternative*: des Unternehmens/des Konzerns). Ziel ist die Bildung eines internen Stellenmarktes, der den Mitarbeitern die Möglichkeit eröffnet, sich entsprechend ihren Fähigkeiten, Neigungen und Zielen auf zu besetzende Arbeitsplätze zu bewerben und der es der Gesellschaft ermöglicht, die Stellen mit den Bewerbern zu besetzen, die den jeweiligen Anforderungen am besten gerecht werden.

§ 1 Geltungsbereich[3]

(1) Diese Betriebsvereinbarung gilt in persönlicher Hinsicht für alle Arbeitnehmer des Betriebs ...... der Gesellschaft (*Alternative*: des Unternehmens/des Konzerns) („Mitarbeiter"), mit Ausnahme der leitenden Angestellten i. S. d. § 5 Abs. 3 BetrVG.

(2) Die Betriebsvereinbarung gilt in sachlicher Hinsicht für die Besetzung aller neu geschaffenen und neu zu besetzenden Stellen innerhalb des Betriebs ...... (*Alternative*: innerhalb aller Betriebe des Unternehmens/des Konzerns in Deutschland/in Europa/weltweit), mit Ausnahme der Stellen, die die Merkmale des § 5 Abs. 3 BetrVG erfüllen.

§ 2 Interne Ausschreibung[4]

(1) Alle neu geschaffenen und neu zu besetzenden Stellen i. S. d. § 1 Abs. (2) dieser Betriebsvereinbarung werden im Intranet der Gesellschaft auf der Intranetseite ...... (*Alternative*: durch Aushang am Schwarzen Brett/durch Veröffentlichung in der Firmenzeitschrift/durch Rundschreiben/per E-Mail) allen Mitarbeitern des Betriebs (*Alternative*: des Unternehmens/des Konzerns) bekannt gemacht (interne Ausschreibung).

(2) Von der internen Ausschreibung kann abgesehen werden, wenn die Stelle mit folgenden Mitarbeitern besetzt werden soll:
a) Auszubildende nach Beendigung ihrer Ausbildung,
b) Mitarbeiter, deren Arbeitsplatz aus betrieblichen Gründen weggefallen oder verlegt worden ist,
c) Mitarbeiter, die auf ihrem bisherigen Arbeitsplatz aus gesundheitlichen Gründen nicht beschäftigt werden können (insbesondere Schwerbehinderte und diesen Gleichgestellte),
d) Mitarbeiter nach Rückkehr aus Elternzeit, Mutterschutz oder Wehr-/Wehrersatzdienst,
e) Mitarbeiter nach Rückkehr von einem Auslandseinsatz oder

f) Mitarbeiter, die für die Stelle bereits in der Nachfolge-/Entwicklungsplanung vorgesehen sind.

Weitere Ausnahmen sind nur nach vorheriger Zustimmung des (*Alternative:* für die neu geschaffene oder neu zu besetzende Stelle zuständigen örtlichen) Betriebsrats zulässig.

(3) Die Ausschreibungsfrist beträgt zwei Wochen. Sie kann bei besonderer Eilbedürftigkeit der Stellenbesetzung im Einvernehmen mit dem (*Alternative:* für die neu geschaffene oder neu zu besetzende Stelle zuständigen örtlichen) Betriebsrat auf bis zu drei Arbeitstage verkürzt werden.

(4) Vor Ablauf der Ausschreibungsfrist wird die Gesellschaft die neu geschaffene oder neu zu besetzende Stelle nicht extern ausschreiben und keine anderen Maßnahmen zur Akquisition externer Bewerber durchführen. Ausnahmen sind nur bei besonderer Eilbedürftigkeit im Einvernehmen mit dem (*Alternative:* für die neu geschaffene oder neu zu besetzende Stelle zuständigen örtlichen) Betriebsrat zulässig.

§ 3 Ausschreibungsinhalt[5]

(1) Interne und externe Ausschreibung müssen die folgenden, jeweils gleichen Informationen enthalten:

a) Bezeichnung der zu besetzenden Stelle und der Organisationseinheit, der sie zugeordnet ist,
b) Funktionsbezeichnung,
c) Beschreibung der mit der Stelle verbundenen wesentlichen Aufgaben,
d) Anforderungsprofil in fachlicher und persönlicher Hinsicht,
e) Eingruppierung,
f) Hinweis auf eine etwa erwartete Bereitschaft zur Einarbeitung oder Fortbildung,
g) Datum der erstmaligen Ausschreibung,
h) Bewerbungsfrist,
i) Besetzungszeitpunkt,
j) Zeitpunkt einer etwa geplanten externen Ausschreibung und
k) Ansprechpartner, an den die Bewerbung zu richten ist.

(2) Vor jeder Ausschreibung ist zu überprüfen, ob die zu besetzende Stelle auch für die Besetzung durch (mehrere) Teilzeitkräfte geeignet ist. Wird eine solche Eignung bejaht, ist dies zwingend bei der Ausschreibung unter Nennung der Wochenarbeitszeit anzugeben.

(3) Die Ausschreibung ist geschlechtsneutral zu gestalten.

§ 4 Berechtigter Bewerberkreis[6]

Zur Bewerbung auf interne Ausschreibungen sind nur Mitarbeiter berechtigt, die seit mindestens zwölf Monaten auf ihrem Arbeitsplatz beschäftigt sind.

§ 5 Bewerbungsinhalt[7]

Die interne Bewerbung ist schriftlich unter Beifügung der in der Anlage zu dieser Betriebsvereinbarung genannten Unterlagen an den in der Ausschreibung genannten Ansprechpartner zu richten.

§ 6 Auswahl[8]

(1) Bei der Auswahl der Bewerber um eine ausgeschriebene Stelle gilt der Grundsatz der Bestenauswahl. Danach erhält grundsätzlich der Bewerber die Stelle, der dem in der Ausschreibung genannten Anforderungsprofil in fachlicher und persönlicher Hinsicht am besten gerecht wird.

(2) Jede Benachteiligung aus Gründen der Rasse oder wegen der ethnischen Herkunft, des Geschlechts, der Religion oder Weltanschauung, einer Behinderung, des Alters oder der sexuellen Identität ist zu unterlassen, es sei denn, eine unterschiedliche Behandlung

ist gesetzlich ausdrücklich zugelassen. Auch eine unterschiedliche Behandlung wegen der Nationalität und wegen politischer oder gewerkschaftlicher Betätigung oder Einstellung findet nicht statt.

(3) Alle Bewerber sind nach Recht und Billigkeit zu behandeln. Die freie Entfaltung der Persönlichkeit der Mitarbeiter und die Eingliederung Schwerbehinderter oder sonst schutzbedürftiger Personen sind zu fördern.

(4) Liegen mehrere Bewerbungen von in fachlicher und persönlicher Hinsicht gleich qualifizierten internen und externen Bewerbern für eine Stelle vor, haben interne Bewerber Vorrang.

(5) Liegen mehrere Bewerbungen von in fachlicher und persönlicher Hinsicht gleich qualifizierten internen Bewerbern für eine Stelle vor, haben Auszubildende nach Beendigung ihrer Ausbildung Vorrang vor anderen internen Bewerbern. Im Übrigen entscheidet unter mehreren gleich qualifizierten internen Bewerbern die Betriebszugehörigkeit.

(6) Die Auswahlentscheidung unter den eingegangenen Bewerbungen soll auf Grundlage der Bewerbungsunterlagen sowie – wenn das Anforderungsprofil in der Bewerbung nachgewiesen wird – eines Bewerbungsgespräches erfolgen.

(7) Zuständig für die Durchführung des Bewerbungsverfahrens ist die (*Alternative:* für die ausgeschriebene Stelle zuständige (aufnehmende)) Personalabteilung.

§ 7 Vertraulichkeit[9]

Jede Bewerbung wird vertraulich behandelt, es sei denn, der Bewerber verzichtet ausdrücklich auf die Vertraulichkeit. Auf Wunsch des internen Bewerbers wird die Korrespondenz ausschließlich über dessen Privatanschrift geführt. Die abgebende Abteilung und der Vorgesetzte des internen Bewerbers (*Alternative:* sowie die abgebende Personalabteilung) werden nur dann von der Bewerbung unterrichtet, wenn dieser die ausgeschriebene Stelle erhält.

§ 8 Freigabe des Bewerbers[10]

(1) Die (*Alternative:* aufnehmende) Personalabteilung fordert den ausgewählten internen Bewerber bei der abgebenden Abteilung (*Alternative:* bei der abgebenden Personalabteilung) an.

(2) Die abgebende Abteilung (*Alternative:* Die abgebende Personalabteilung) ist verpflichtet, den Bewerber für die ausgeschriebene Stelle zum in der Ausschreibung angegebenen Besetzungszeitpunkt freizugeben, spätestens jedoch nach Ablauf von drei Monaten (*Alternative:* sechs Monaten) nach Unterrichtung über die Auswahlentscheidung.

(3) Die Freigabefrist kann von der Personalabteilung (*Alternative:* einvernehmlich von der aufnehmenden und abgebenden Personalabteilung) aufgrund dringender betrieblicher Interessen verlängert oder verkürzt werden.

§ 9 Besitzstandswahrung bei Versetzung[11]

Folgende Rechte und Rechtspositionen, die der Mitarbeiter in seiner bisherigen Stellung erworben hat, bleiben nach seiner Versetzung erhalten:
- Betriebszugehörigkeit,
- Anwartschaften aus betrieblicher Altersversorgung,
- Aktienoptionen und
- Dienstwagenberechtigung.

§ 10 Einarbeitung, Fortbildung[12]

Jeder Mitarbeiter hat nach einer innerbetrieblichen Versetzung Anspruch auf eine angemessene Einarbeitungszeit. Er ist berechtigt, an Fortbildungsmaßnahmen teilzunehmen, die auch einem externen Bewerber nach seiner Einstellung zustünden.

§ 11 Information der Bewerber[13]

Die Bewerber werden von der (*Alternative:* aufnehmenden) Personalabteilung unverzüglich über das Ergebnis ihrer Bewerbung informiert. Kommt ein interner Bewerber für die ausgeschriebene Stelle nicht in Betracht, werden ihm die Gründe mündlich, auf ausdrücklichen Wunsch auch schriftlich, dargelegt.

§ 12 Information des Betriebsrats[14]

Der (*Alternative:* für die neu geschaffene oder neu zu besetzende Stelle zuständige örtliche) Betriebsrat wird von der (*Alternative:* aufnehmenden) Personalabteilung unverzüglich über die eingegangenen Bewerbungen informiert.

§ 13 Inkrafttreten, Kündigung[15]

(1) Diese Betriebsvereinbarung tritt am ...... in Kraft. Sie kann mit einer Frist von drei Monaten zum Ende eines Kalendermonats, erstmalig zum ......, gekündigt werden. Danach behält die Betriebsvereinbarung bis zum Abschluss einer neuen Betriebsvereinbarung ihre Gültigkeit.

(2) Die Kündigung bedarf der Schriftform.

§ 14 Schlussbestimmungen[16]

(1) Diese Betriebsvereinbarung löst alle etwaigen vorherigen Betriebsvereinbarungen zum internen Stellenmarkt, insbesondere ......, ab. Mündliche Nebenabreden bestehen nicht. Änderungen oder Ergänzungen dieser Betriebsvereinbarung, einschließlich dieser Bestimmung, bedürfen zu ihrer Wirksamkeit der Schriftform.

(2) Sollte eine Bestimmung dieser Betriebsvereinbarung ganz oder teilweise unwirksam sein oder werden, so wird hiervon die Wirksamkeit der übrigen Bestimmungen nicht berührt. Anstelle der unwirksamen Bestimmung werden die Betriebspartner die gesetzlich zulässige Bestimmung vereinbaren, die dem mit der unwirksamen Bestimmung Gewollten wirtschaftlich am nächsten kommt. Dasselbe gilt für den Fall einer vertraglichen Lücke.

(3) Diese Betriebsvereinbarung steht unter dem Vorbehalt etwaiger ablösender – auch freiwilliger – Betriebsvereinbarungen.

(4) Sollten sich die dieser Betriebsvereinbarung zugrunde liegenden tatsächlichen oder rechtlichen Bedingungen grundlegend ändern, so werden die Betriebspartner unverzüglich in Verhandlungen treten mit dem Ziel, die Betriebsvereinbarung an die geänderten Bedingungen anzupassen.

......
Ort, Datum
......
Unterschrift der Gesellschaft

......
Ort, Datum
......
Unterschrift des Betriebsrats

Schrifttum: Bauer, Neue Spielregeln für Teilzeitarbeit und befristete Arbeitsverträge, NZA 2000, 1039; *Buchner,* Freiheit und Bindung des Arbeitgebers bei Einstellungsentscheidungen, NZA 1991, 577; *Däubler,* Das geplante Teilzeit- und Befristungsgesetz, ZIP 2000, 1961; *Däubler,* Das neue Teilzeit- und Befristungsgesetz, ZIP 2001, 217; *Hanau,* Offene Fragen zum Teilzeitgesetz, NZA 2001, 1168; *Hromadka,* Das neue Teilzeit- und Befristungsgesetz, NJW 2001, 401; *Hunold,* Fortentwicklung des Einstellungsbegriffs in der Rechtsprechung des BAG, NZA 1998, 1025; *Kliemt,* Der neue Teilzeitanspruch – Die gesetzliche Neuregelung der Teilzeitarbeit ab dem 1. 1. 2001, NZA 2001, 63; *Lindemann/Simon,* Neue Regelungen zur Teilzeitarbeit, BB 2001, 146; *Löwisch,* Anmerkung zu BAG Beschl. v. 31. 5. 1983 – 1 ABR 6/80 – AP Nr. 2 zu § 95 BetrVG 1972; *Preis/Gotthardt,* Neuregelung der Teilzeit- und befristeten Arbeitsverhältnisse, DB 2000, 2065; *Richardi,* Anmerkung zu BAG Beschluss v. 7. 11. 1977 – 1 ABR 55/75 – AP Nr. 1 zu § 100 BetrVG 1972; *Richardi/Annuß,* Gesetzliche Neuregelung von Teilzeitarbeit und Befristung, BB 2000, 2201; *Rolfs,* Das neue Recht der Teilzeitarbeit, RdA 2001, 129; *Schiefer,* Entwurf eines Gesetzes über Teilzeitarbeit und befristete Arbeitsverhältnisse und zur Änderung und Aufhebung arbeitsrechtlicher Bestimmungen, DB 2000, 2118; *Schmidt,* Anmerkung zu BAG Beschluss v. 27. 5. 1982 – 6 ABR 105/79 –

3. Interner Stellenmarkt C. II. 3

AP Nr. 3 zu § 80 ArbGG 1979; *Weller*, Betriebliche und tarifvertragliche Regelungen, die sich auf die soziale Auswahl nach § 1 Abs. 3 KSchG auswirken, RdA 1986, 222.

Anmerkungen

1. Regelungsinhalt. Der Betriebsrat kann vom Arbeitgeber verlangen, alle zu besetzenden Arbeitsplätze innerhalb des Betriebes auszuschreiben (§ 93 BetrVG). Eine direkte Sanktion ist an einen Verstoß des Arbeitgebers nicht geknüpft (GKBetrVG/*Kraft* § 93 Rdn. 18; D/K/K/ *Buschmann* § 93 Rdn. 18 f.; Richardi/*Richardi/Thüsing* § 93 Rdn. 30 f.; *Buchner* NZA 1991, 577, 587; Jaeger/Röder/Heckelmann/*Schuster* § 23 Rdn. 27 ff.) Der Betriebsrat kann jedoch ein Beschlussverfahren gegen den Arbeitgeber auf Feststellung der Ausschreibungspflicht einleiten (F/E/S/T/L § 93 Rdn. 13; GKBetrVG/*Kraft* § 93 Rdn. 18; D/K/K/*Buschmann* § 93 Rdn. 18 f.; Richardi/*Richardi/Thüsing* § 93 Rdn. 30 f.). In Unternehmen mit in der Regel mehr als 20 wahlberechtigten Arbeitnehmern besteht zudem eine indirekte Sanktionsmöglichkeit insoweit, als der Betriebsrat gemäß § 99 Abs. 2 Nr. 5 BetrVG einer beabsichtigten Einstellung seine Zustimmung verweigern kann, wenn eine (ordnungsgemäße) Ausschreibung gemäß § 93 BetrVG nicht erfolgt ist (GKBetrVG/*Kraft* § 93 Rdn. 18; D/K/K/*Buschmann* § 93 Rdn. 18; Richardi/*Richardi/Thüsing* § 93 Rdn. 30; *Buchner* NZA 1991, 577, 588; Jaeger/ Röder/Heckelmann/*Schuster* § 23 Rdn. 29; F/E/S/TL § 93 Rdn. 12).

Soweit in der Betriebsvereinbarung – wie im vorliegenden Formular – zugleich Regelungen über die Auswahl der Bewerber getroffen werden, besteht ein Mitbestimmungsrecht des Betriebsrats gemäß § 95 BetrVG. Ein erzwingbares (Initiativ-)Mitbestimmungsrecht besteht jedoch nur in Betrieben, in denen mehr als 500 Arbeitnehmer beschäftigt werden, § 95 Abs. 2 BetrVG (s. hierzu Form. C. II. 1 Anm. 2).

Insgesamt kommt dem Inhalt einer Betriebsvereinbarung zum internen Stellenmarkt wegen des **Zusammenspiels der §§ 93, 95 BetrVG mit dem Mitbestimmungsrecht des Betriebsrats gemäß § 99 BetrVG** für die Personalpolitik besondere Bedeutung zu. Stellt der Arbeitgeber für sich selbst zu hohe Hürden auf, besteht die Gefahr, dass er seine künftige Einstellungspolitik über § 99 Abs. 2 BetrVG selbst blockiert. Die Arbeitgeberseite sollte daher weit reichenden Forderungen des Betriebsrats nicht zu leichtfertig nachgeben.

2. Präambel. In der Vorbemerkung sollten die Beweggründe des Arbeitgebers und des Betriebsrats zum Abschluss der Betriebsvereinbarung erläutert werden. Dies dient nicht nur der Klärung und Kenntlichmachung der positiven Effekte für Arbeitgeber, Betriebsrat und alle Arbeitnehmer, sondern kann auch bei Auslegungsstreitigkeiten über einzelne Regelungen der Betriebsvereinbarung hilfreich sein.

3. Geltungsbereich. Der sachliche Geltungsbereich der Betriebsvereinbarung hat auch Einfluss auf den Vereinbarungspartner auf Betriebsratsseite. Neben der grundsätzlich vorrangigen Zuständigkeit des Betriebsrats kommt eine Zuständigkeit von Gesamt- oder Konzernbetriebsrat unter den Voraussetzungen der §§ 50 Abs. 1, 58 Abs. 1 BetrVG (auch für betriebsratslose Betriebe) in Betracht (GKBetrVG/*Kraft* § 93 Rdn. 9; Richardi/*Richardi/Thüsing* § 93 Rdn. 16 f.; BAG Beschl. v. 31. 5. 1983 – 1 ABR 6/80 – AP Nr. 2 zu § 95 BetrVG 1972). Soll ein Unternehmens- und konzernweiter Arbeitsmarkt geschaffen werden, wird also der Gesamt- oder Konzernbetriebsrat zuständig sein (a. A. Richardi/*Richardi/Thüsing* § 93 Rdn. 14 f., der auch dem Betriebsrat das Recht zuspricht, eine Ausschreibung unternehmens- und konzernweit zu verlangen). Zudem besteht die Möglichkeit der Delegation gemäß §§ 50 Abs. 2, 58 Abs. 2 BetrVG.

Zur Klarstellung sollte die Festlegung des sachlichen Geltungsbereichs eine Regelung enthalten, nach der solche Stellen nicht von der Betriebsvereinbarung erfasst werden, auf denen ein **leitender Angestellter** i. S. v. § 5 Abs. 3 BetrVG beschäftigt werden soll. Für diese liegt nämlich eine Regelungskompetenz des Betriebsrats nicht vor (h. M., vgl. nur GKBetrVG/*Kraft* § 93 Rdn. 5; Richardi/*Richardi/Thüsing* § 93 Rdn. 5).

Zumeist wird es wenig sinnvoll sein, in großen Unternehmen bzw. Konzernen eine Anwendbarkeit dieser Betriebsvereinbarung europa- oder gar weltweit festzuschreiben. Dadurch würde ein hoher Aufwand betrieben, dem im Übrigen kaum ein entsprechendes Interesse der

Arbeitnehmer gegenüberstünde. Die Aufnahme einer konzernweiten Ausschreibungspflicht kann aber dazu dienen, die Integration und die Bildung einer einheitlichen „**Corporate Identity**" zu fördern, ohne dass dadurch in der Praxis die Stellenbesetzung tatsächlich ernsthaft beeinflusst würde. Zu erwägen ist es auch, Arbeitsplätze in bestimmten Bereichen vollständig vom Geltungsbereich der Betriebsvereinbarung (und damit vom Anwendungsbereich der Ausschreibungspflicht) auszuklammern.

4. Ausschreibung. Mit der Vereinbarung von Regelungen zur internen Ausschreibung wird dem Mitbestimmungsrecht des Betriebsrats gemäß § 93 BetrVG Rechnung getragen (s. Anm. 1). Zunächst wird die generelle Verpflichtung des Arbeitgebers zur innerbetrieblichen Ausschreibung jeder vakanten Stelle konstituiert. Daraus folgt zugleich die Berechtigung des Betriebsrats, einer personellen Einzelmaßnahme gemäß § 99 Abs. 2 Nr. 5 BetrVG bei unterbliebener Ausschreibung seine **Zustimmung zu verweigern** (BAG Beschl. v. 7. 11. 1977 – 1 ABR 55/75 – AP Nr. 1 zu § 100 BetrVG 1972 mit Anm. *Richardi*; LAG Frankfurt Beschl. v. 2. 11. 1999 – 4 TaBV 31/98 – AP Nr. 7 zu § 93 BetrVG 1972).

In der Betriebsvereinbarung sollte zur Vermeidung von Streitigkeiten deutlich festgelegt werden, über welches **Medium** die Ausschreibungen der in Frage kommenden neu zu besetzenden Stellen zu erfolgen haben. Ein Mitbestimmungsrecht des Betriebsrats über die Form der Ausschreibung besteht nicht (*Buchner* NZA 1991, 577, 588; GKBetrVG/*Kraft* § 93 Rdn. 10 f.; Jaeger/Röder/Heckelmann/*Schuster* § 23 Rdn. 31; BAG Beschl. v. 27. 5. 1982 – 6 ABR 105/79 – AP Nr. 3 zu § 80 ArbGG 1979 mit Anm. *Schmidt*; missverständlich BAG Beschl. v. 23. 2. 1988 – 1 ABR 82/86 – AP Nr. 2 zu § 93 BetrVG 1972; a. A. D/K/K/*Buschmann* § 93 Rdn. 4). In produzierenden Unternehmen, in denen nicht alle Arbeitnehmer Zugang zu Intranet oder E-Mail haben, sollte eher eine „konservative" Methode, nämlich der Aushang, gewählt werden. In anderen Unternehmen bietet sich hingegen an, neu zu besetzende Stellen entweder per E-Mail an alle Arbeitnehmer bekannt zu geben oder (besser) ein gesondertes Portal im Intranet einzurichten.

Typische Fälle, in denen eine Ausschreibung nicht erfolgen sollte, werden in § 2 Abs. (2) des Formulars aufgelistet. Die Bestimmung soll dem Arbeitgeber die gebotene **Flexibilität** in Fällen gewähren, in denen Mitarbeiter nach vorübergehender Abwesenheit in den Betrieb zurückkehren oder auf ihrem bisherigen Arbeitsplatz nicht mehr beschäftigt werden können. Ferner wird dem Interesse nach Übernahme von Auszubildenden und nach Umsetzung der bereits feststehenden Entwicklungsplanung Rechnung getragen.

Der Betriebsrat wird in der Regel verlangen, dass **vor einer externen Ausschreibung** zunächst eine ausschließlich interne Stellenausschreibung erfolgt. Dies ist jedoch nicht zwingend notwendig und kann – gerade bei dringendem Bedarf nach Neubesetzung – den Interessen des Arbeitgebers zuwider laufen. Dementsprechend sollte zumindest eine Klausel eingefügt werden, wonach im Einvernehmen mit dem zuständigen Betriebsrat von der vorherigen Durchführung einer internen Ausschreibung abgesehen werden kann.

5. Ausschreibungsinhalt. Nach einhelliger Ansicht umfasst das Mitbestimmungsrecht des Betriebsrats gemäß § 93 BetrVG nicht den Inhalt der Ausschreibung (*Buchner* NZA 1991, 577, 588; GKBetrVG/*Kraft* § 93 Rdn. 10 f.; Jaeger/Röder/Heckelmann/*Schuster* § 23 Rdn. 31; BAG Beschl. v. 27. 5. 1982 – 6 ABR 105/79 – AP Nr. 3 zu § 80 ArbGG 1979 mit Anm. *Schmidt*; BAG Beschl. v. 23. 2. 1988 – 1 ABR 82/86 – AP Nr. 2 zu § 93 BetrVG 1972; Beschl. v. 27. 10. 1992 – 1 ABR 4/92 – AP Nr. 29 zu § 95 BetrVG 1972). Bereits aus der Funktion des § 93 BetrVG ergibt sich jedoch, das die Ausschreibung zu ihrer Wirksamkeit einen bestimmten **Mindestinhalt** aufweisen muss (BAG Beschl. v. 23. 2. 1988 – 1 ABR 82/86 – AP Nr. 2 zu § 93 BetrVG 1972; GKBetrVG/*Kraft* § 93 Rdn. 11; Richardi/*Richardi*/*Thüsing* § 93 Rdn. 10; Jaeger/Röder/Heckelmann/*Schuster* § 23 Rdn. 31). Demnach muss die Ausschreibung zumindest einen Hinweis darauf enthalten, welche Stelle ausgeschrieben wird, welche Anforderungen an diese Stelle geknüpft werden und bis wann die Bewerbungsfrist läuft, damit die Funktion des § 93 BetrVG, nämlich die Information der Belegschaft über Vakanzen, auch tatsächlich erfüllt werden kann.

Das Formular geht über diesen Mindestinhalt hinaus. Dadurch wird die Standardisierung innerbetrieblicher Ausschreibungen erleichtert und Rechtsklarheit geschaffen. Es stellt sich

3. Interner Stellenmarkt

jedoch die Frage, ob durch die Erweiterung des Ausschreibungsinhalts zugleich das Recht des Betriebsrats erweitert wird, einer personellen Einzelmaßnahme nach § 99 Abs. 2 Nr. 5 BetrVG seine Zustimmung zu verweigern.

Jedenfalls steht dem Betriebsrat dann ein Zustimmungsverweigerungsrecht zu, wenn die durch Betriebsvereinbarung festgelegte **Ausschreibung gänzlich unterblieben** ist.

Außerdem kann der Betriebsrat von seinem Zustimmungsverweigerungsrecht Gebrauch machen, wenn der Arbeitgeber eine vorgenommene Ausschreibung entgegen § 611 b BGB **nicht geschlechtsneutral** vorgenommen hat (LAG Berlin Beschl. v. 25. 4. 1983 – 42 BV 14/82 – DB 1983, 2633; LAG Frankfurt Beschl. v. 13. 7. 1999 – 14 TaBV 192/97 – NZA-RR 1999, 641; *Däubler* ZIP 2001, 217, 218; *Hanau* NZA 2001, 1168; *Preis/Gotthardt* DB 2000, 2065, 2066; *Rolfs* RdA 2001, 129, 141). Insofern weist § 3 Abs. (3) des Formulars lediglich auf eine ohnehin bestehende – und sanktionierte – Verpflichtung des Arbeitgebers hin.

Gemäß § 7 Abs. 1 TzBfG ist der Arbeitgeber verpflichtet, einen ausgeschriebenen Arbeitsplatz auch als Teilzeitarbeitsplatz auszuschreiben, wenn dieser **zur Teilzeitarbeit geeignet** ist. Diese Prüfungs- und Ausschreibungsverpflichtung wird in § 3 Abs. (2) des Formulars wiedergegeben. Es ist streitig, ob eine Verletzung dieser Pflicht ebenfalls einen Zustimmungsverweigerungsgrund nach § 99 Abs. 2 BetrVG begründet (verneinend *Hromadka* NJW 2001, 401; *Preis/Gotthardt* DB 2000, 2065, 2066; *Jaeger/Röder/Heckelmann/Schuster* § 23 Rdn. 32; widersprüchlich *Rolfs* RdA 2001, 129, 140 und 141; vermittelnd *Hanau* NZA 2001, 1168; bejahend *Däubler* ZIP 2001, 217, 218; *D/K/K/Buschmann* § 93 Rdn. 17a). Für beide Extrempositionen sprechen gute Argumente. Im Hinblick auf die insoweit noch ungeklärte Rechtslage ist jedem Arbeitgeber anzuraten, eine Überprüfung der vakanten Positionen auf ihre Teilzeittauglichkeit durchzuführen und das Ergebnis in einer Ausschreibung darzustellen. Letztlich ist der Arbeitgeber frei in seiner Entscheidung, ob er einen Arbeitsplatz mit einer Teilzeitkraft besetzen möchte oder nicht; § 7 Abs. 1 TzBfG sieht nämlich keine Sanktion für eine Verletzung vor (*Hromadka* NJW 2001, 401; *Preis/Gotthardt* DB 2000, 2065, 2066; Jaeger/Röder/Heckelmann/*Schuster* § 23 Rdn. 32; *Rolfs* RdA 2001, 129, 140 und 141; *Hanau* NZA 2001, 1168; *Däubler* ZIP 2001, 217, 218; *D/K/K/Buschmann* § 93 Rdn. 17a). Dies gilt jedenfalls so lange, bis ein Arbeitnehmer das Teilzeitverlangen nach § 8 Abs. 2 TzBfG stellt.

Im Übrigen ist der Rechtsprechung nicht eindeutig zu entnehmen, ob ein Verstoß gegen **Ausschreibungsregeln in einer Betriebsvereinbarung** den Betriebsrat gemäß § 99 Abs. 2 Nr. 1 BetrVG zur Zustimmungsverweigerung berechtigt oder nicht (bejahend BAG Beschl. v. 27. 7. 1993 – 1 ABR 7/93 – AP Nr. 3 zu § 93 BetrVG 1972; BAG Beschl. v. 18. 12. 1990 – 1 ABR 37/90 – AP Nr. 85 zu § 99 BetrVG 1972; nicht eindeutig LAG Frankfurt Beschl. v. 2. 11. 1999 – 4 TaBV 31/98 – AP Nr. 7 zu § 93 BetrVG 1972; wohl ablehnend BAG Beschl. v. 27. 5. 1982 – 6 ABR 105/79 – AP Nr. 3 zu § 80 ArbGG 1979 mit Anm. *Schmidt*; BAG Beschl. v. 18. 11. 1980 – 1 ABR 63/78 – AP Nr. 1 zu § 93 BetrVG 1972 mit Anm. *Richardi*). Die Kommentarliteratur geht überwiegend vom Bestehen eines Zustimmungsverweigerungsgrundes für den Betriebsrat aus, wenn die erfolgte Ausschreibung gegen die in einer Betriebsvereinbarung festgelegten formalen Erfordernisse verstößt (vgl. nur Richardi/*Richardi/Thüsing* § 99 Rdn. 235; D/K/K/*Kittner* § 99 Rdn. 197; GKBetrVG/*Kraft* § 99 Rdn. 150; *Buchner* NZA 1991, 577, 588). Der Arbeitgeber sollte daher darauf achten, dass in der Betriebsvereinbarung keine zu hohen Hürden hinsichtlich des notwendigen Inhalts einer Ausschreibung aufgestellt werden. Ansonsten gerät er zu leicht in die Gefahr, selbst Zustimmungsverweigerungsgründe i. S. d. § 99 Abs. 2 BetrVG „zu produzieren".

Eine nicht ausreichende Ausschreibung, die den Betriebsrat zur Verweigerung seiner Zustimmung zu einer personellen Einzelmaßnahme nach § 99 Abs. 2 BetrVG berechtigt, liegt jedenfalls dann vor, wenn der Arbeitgeber in der innerbetrieblichen Ausschreibung höhere Anforderungen an die Bewerber stellt als in einer externen Ausschreibung (vgl. nur BAG Beschl. v. 23. 2. 1999 – 1 ABR 82/86 – AP Nr. 2 zu § 93 BetrVG 1972).

Der Arbeitgeber ist schließlich frei in der Festlegung der für die ausgeschriebene Stelle notwendigen Qualifikationen. Ein Mitbestimmungsrecht des Betriebsrats besteht insofern weder nach § 93 BetrVG noch nach § 95 BetrVG (BAG Beschl. v. 31. 5. 1983 – 1 ABR 6/80 –, Beschl. v. 31. 1. 1984 – 1 ABR 63/81 – AP Nrn. 2, 3 zu § 95 BetrVG 1972; Beschl. v. 14. 1.

1986 – 1 ABR 82/83 – AP Nr. 21 zu § 87 BetrVG 1972 – Lohngestaltung; Urt. v. 7. 11. 1996 – 2 AZR 811/95 – AP Nr. 82 zu § 1 KSchG 1969 – Betriebsbedingte Kündigung).

6. Berechtigter Bewerberkreis. Zur Verhinderung eines übergroßen Bewerbungsaufkommens und zur Sicherung eines Mindestmaßes an Kontinuität im Betrieb hat es sich bewährt, Arbeitnehmern erst dann die Möglichkeit zur Bewerbung auf interne Stellenausschreibungen zu gestatten, wenn diese zuvor für einen bestimmten Mindestzeitraum auf ihrem derzeitigen Arbeitsplatz beschäftigt waren. Auf diese Weise werden nicht lediglich Arbeitnehmer, die gänzlich neu angestellt wurden, sondern auch solche erfasst, die sich erst kurz zuvor (erfolgreich) auf eine neue interne Stelle beworben haben. Durch diese zeitliche Sperre kann dem Interesse des Arbeitgebers daran, den Arbeitnehmer vor einer weiteren Versetzung (Beförderung) zunächst in angemessener Weise auf seine Eignung überprüfen zu können, Rechnung getragen werden.

7. Bewerbungsinhalt. Zur Vermeidung von Unklarheiten sollte einheitlich festgelegt werden, in welcher Form und mit welchem Inhalt Arbeitnehmer ihre interne Bewerbung an den zuständigen Ansprechpartner zu richten haben. Dabei spielt auch eine Rolle, ob der Arbeitgeber die **Personalakten zentral oder lokal** führt. Werden die Personalakten zentral geführt, kann der Ansprechpartner für die Bewerbung, ohne dass dadurch die Vertraulichkeit der Bewerbung gefährdet wird, die Personalakte heranziehen. In solchen Fällen könnte der Bewerbungsinhalt auf ein Minimum (Bewerbungsschreiben, eventuell in standardisierter Form) reduziert werden. Werden die Personalakten hingegen jeweils lokal geführt, kann nicht auf die Personalakte zurückgegriffen werden, ohne dadurch die Vertraulichkeit der Bewerbung zu gefährden. Dann sollten die Bewerber angehalten werden, ihren Bewerbungen die üblichen Bewerbungsunterlagen (Lichtbild, Lebenslauf, Zeugnisse etc.) beizufügen. Um einen Überhang an – aussichtslosen – Bewerbungen zu verhindern, sollten die formalen Anforderungen an die Bewerbung jedoch nicht zu niedrig angesetzt werden. In der Praxis hat sich gezeigt, dass bei einem für die Arbeitnehmer zu geringen Aufwand nicht selten eine regelrechte Flut von Bewerbungen beim zuständigen Ansprechpartner eingeht und diesen bei der Auswahl der geeigneten Bewerber behindert.

8. Auswahl. Nach welchen Kriterien eine Auswahl unter mehreren (internen) Bewerbern zu erfolgen hat, kann in Auswahlrichtlinien für Einstellungen und Versetzungen geregelt sein (dazu im Einzelnen Form. C. II. 1 Anm. 7–11). Das vorliegende Formular greift die in Form. C. II. 1 genannten wesentlichen Grundsätze wie das Gebot der Bestenauswahl und das Diskriminierungsverbot auf.

9. Vertraulichkeit. Zur Vermeidung von Anfeindungen oder einem Vertrauensverlust ist ein interner Bewerber in aller Regel daran interessiert, dass seine Bewerbung vertraulich behandelt wird und diese Bewerbung nicht dem für ihn zuständigen Vorgesetzten bzw. der zuständigen Personalabteilung mitgeteilt wird. Dies sollte zur Klarstellung ausdrücklich in der Betriebsvereinbarung vorgesehen sein. Selbstverständlich kann es – besonders bei einer Beförderung – auch für den Bewerber von Interesse sein, dass seine Vorgesetzten von der internen Bewerbung Kenntnis erlangen und diese gegebenenfalls unterstützen. Daher sollte eine Ausnahme vom Vertraulichkeitsgrundsatz vereinbart werden für den Fall, dass der Bewerber ausdrücklich auf die Vertraulichkeit verzichtet.

10. Freigabe des Bewerbers. In vielen Unternehmen bestehen für jeden Einzelbetrieb eigene Personalabteilungen. Wird das Formular als **Gesamtbetriebsvereinbarung** abgeschlossen, treten häufig Interessenkonflikte zwischen den involvierten Personalabteilungen auf. Die für die neue oder neu zu besetzende Stelle zuständige Personalabteilung will einen internen Bewerber so schnell wie möglich übernehmen, die für die bisherige Stelle des erfolgreichen Bewerbers zuständige Personalabteilung will diesen aber so lange wie möglich an seinem Arbeitsplatz halten. Sie muss schließlich kurzfristig und zudem unerwartet Ersatz für den wechselnden Arbeitnehmer finden. Auf **Konzernebene** sind derartige Konflikte weitaus häufiger und stärker ausgeprägt. In der Betriebsvereinbarung kann und sollte daher bei Bestehen mehrerer Personalabteilungen vereinbart werden, dass die für die bisherige Stelle zuständige Personalabteilung grundsätzlich zur Freigabe des Bewerbers verpflichtet ist. Um den Neubesetzungsprozess

3. Interner Stellenmarkt — C. II. 3

zu beschleunigen, sollte dabei auch eine Frist für die Freigabe vorgesehen werden, von der nur in Ausnahmefällen abgewichen werden kann. Bei der Freigabe des erfolgreichen Bewerbers für die neu zu besetzende Stelle ist das Mitbestimmungsrecht des für die abgebende Personalabteilung zuständigen Betriebsrats gemäß § 99 BetrVG (Versetzung) zu beachten. Dieses Mitbestimmungsrecht wird durch die Betriebsvereinbarung zum internen Stellenmarkt nicht wahrgenommen.

11. Besitzstandswahrung bei Versetzung. Zur Klarstellung und zur Motivation der Arbeitnehmer kann in der Betriebsvereinbarung vereinbart werden, dass alle bisher erworbenen Rechte des wechselnden Arbeitnehmers erhalten bleiben. Dies ist insbesondere von Bedeutung, wenn der Arbeitnehmer zu einem anderen Unternehmen im Konzern wechselt. War der erfolgreiche Bewerber auf seinem bisherigen Arbeitsplatz zur Nutzung eines **Dienstwagens** berechtigt, kann bei einem Tätigkeitswechsel die Dienstwagenberechtigung mit guten Gründen versagt werden. In vielen Unternehmen ist die Dienstwagenberechtigung an die Ausübung einer bestimmten Funktion im Betrieb geknüpft (z. B. Außendienst). Verliert ein Arbeitnehmer durch den Arbeitsplatzwechsel den Funktionsbezug, muss ihm der Dienstwagen nicht zwingend weiterhin gewährt werden. In Unternehmen, in denen die Dienstwagenberechtigung – mit Ausnahme der leitenden Angestellten – ausschließlich funktionsbezogen ist, sollte daher aus dem Formular der Hinweis auf den Dienstwagen entfernt werden.

12. Einarbeitung/Fortbildung. Auch bei einem Wechsel des Arbeitsplatzes innerhalb der Gesellschaft kann für einen Arbeitnehmer das Bedürfnis bestehen, sich in die neue Tätigkeit und das neue Aufgabenfeld einzuarbeiten. Insofern ist er wie ein externer Bewerber zu behandeln. Dies sollte in der Betriebsvereinbarung zum internen Stellenmarkt geregelt werden, um eventuelle Vorbehalte der Belegschaft auszuräumen.

13. Information der Bewerber. Um Missstimmungen innerhalb des Betriebes zu verhindern und die Auswahlentscheidung dem Bewerber transparent zu machen, sollte die Personalabteilung dem abgelehnten Bewerber im Detail erläutern, warum seine Bewerbung nicht erfolgreich war.

14. Information des Betriebsrats. Gemäß § 99 Abs. 1 Satz 1 BetrVG muss der Arbeitgeber, will er eine Stelle neu besetzen, den Betriebsrat darüber unterrichten und ihm die erforderlichen Bewerbungsunterlagen vorlegen. Insoweit kann in der Betriebsvereinbarung zum internen Stellenmarkt geregelt werden, dass dem Betriebsrat alle eingegangenen Bewerbungen vorzulegen sind. Darauf besteht ein Anspruch des Betriebsrats, sofern keine anderweitige Regelung getroffen ist (h. M. vgl. nur BAG Beschl. v. 10. 11. 1992 – 1 ABR 21/92 – AP Nrn. 1, 100 zu § 99 BetrVG 1972; D/K/K/*Kittner* § 99 Rdn. 143; a. A. GK-BetrVG/*Kraft* § 99 Rdn. 85). In der Praxis hat sich gezeigt, dass viele Betriebsräte kein Interesse daran haben, sämtliche Bewerbungsunterlagen einzusehen. Gerade bei relativ formlos gehaltenen internen Bewerbungsverfahren trifft regelmäßig eine Fülle von Bewerbungen ein, von denen nur ein kleiner Teil das Anforderungsprofil (annähernd) erfüllt. Um eigene Arbeitszeit einzusparen, treffen daher viele Betriebsräte mit dem Arbeitgeber eine Vereinbarung, wonach nur der ernstlich in Frage kommende Teil der Bewerbungen dem Betriebsrat vorzulegen ist (in diesem Sinne Form. C. II. 1, dort § 3 Abs. 6 und Anm. 12).

15. Inkrafttreten und Kündigung. Die Betriebsvereinbarung sollte eine Laufzeitregelung sowie eine Regelung der Kündigungsmöglichkeiten enthalten. Insoweit ergeben sich keine Besonderheiten im Vergleich zu anderen Betriebsvereinbarungen. Klargestellt werden sollte in der Betriebsvereinbarung zugleich, ob diese nach dem Ende ihrer Laufzeit bzw. nach erfolgter Kündigung Nachwirkung entfalten soll (s. Form. C. II. 1. Anm. 15).

16. Schlussbestimmungen. S. Form. C. II. 1 Anm. 16.

4. Betriebliche Weiterbildung

Betriebsvereinbarung über betriebliche Weiterbildung[1]

zwischen
...... (Name und Anschrift des Arbeitgebers) „Gesellschaft"
und
Betriebsrat des Betriebs ...... der ...... (Name des Arbeitgebers) „Betriebsrat"[2]
(*Alternative:* Gesamtbetriebsrat/Konzernbetriebsrat)

Präambel

Gesellschaft und Betriebsrat lassen sich beim Abschluss dieser Betriebsvereinbarung von dem Ziel leiten, durch Qualifizierungsmaßnahmen zur betrieblichen Weiterbildung die Wettbewerbsfähigkeit des Unternehmens sowie die Arbeitsplätze und die Beschäftigungsfähigkeit der Mitarbeiter zu sichern und deren berufliche Perspektiven zu fördern.

§ 1 Geltungsbereich

(1) Diese Betriebsvereinbarung gilt in persönlicher Hinsicht für alle Arbeitnehmer des Betriebs ...... der Gesellschaft („Mitarbeiter"), mit Ausnahme der leitenden Angestellten i. S. d. § 5 Abs. 3 BetrVG[3].

(2) Die Betriebsvereinbarung gilt in sachlicher Hinsicht für Qualifizierungsmaßnahmen zur betrieblichen Weiterbildung[4].

§ 2 Begriffsbestimmungen

(1) Qualifizierungsmaßnahmen sind zeitlich und inhaltlich abgegrenzte Maßnahmen, die der Qualifizierung dienen. Sie können intern oder extern sowie als Vollzeitmaßnahme (bei ganztägiger Abwesenheit vom Arbeitsplatz) oder als berufsbegleitende Maßnahme (bei teilweiser Abwesenheit vom Arbeitsplatz) durchgeführt werden. Hierunter fallen insbesondere Lehrgänge, Seminare sowie Wochenend-/Abendschulungen. Keine Qualifizierungsmaßnahmen sind Aktivitäten, die nur teilweise Weiterbildungscharakter haben, wie der Besuch von Kongressen, Messen und Ausstellungen.

(2) Betriebliche Weiterbildungsmaßnahmen sind notwendige Qualifizierungsmaßnahmen, wenn sie dazu dienen,
a) die ständige Fortentwicklung des fachlichen, methodischen und sozialen Wissens im Rahmen des eigenen Aufgabengebiets nachvollziehen zu können; dies enthält auch die Vorbereitung auf geänderte Arbeitsverfahren und Formen der Arbeitsorganisation (Erhaltungsqualifizierung),
b) veränderte Anforderungen im eigenen Aufgabengebiet erfüllen zu können (Anpassungsqualifizierung),
c) insbesondere beim Wegfall von Arbeitsaufgaben eine andere, gleichwertige oder höherwertige Arbeitsaufgabe für zu besetzende Arbeitsplätze übernehmen zu können (Veränderungsqualifizierung).

§ 3 Ermittlung des Qualifizierungsbedarfs[5]

(1) Gesellschaft und Mitarbeiter führen mindestens einmal jährlich ein Qualifizierungsgespräch. In diesem Gespräch wird erörtert, ob ein Qualifizierungsbedarf bei dem Mitarbeiter besteht. Den genauen Zeitpunkt des Qualifizierungsgesprächs bestimmt die Gesellschaft; bei neu eingestellten Mitarbeitern findet das Gespräch frühestens nach Ablauf von sechs Monaten statt.

4. Betriebliche Weiterbildung

(2) Mit Mitarbeitern, die sich in der Elternzeit befinden, wird ein Qualifizierungsgespräch erst durchgeführt, wenn feststeht, wann diese in den Betrieb zurückkehren werden, frühestens jedoch drei Monate vor der Rückkehr in den Betrieb.

(3) Für die Gesellschaft führt in der Regel der direkte Vorgesetzte des Mitarbeiters das Qualifizierungsgespräch. Bei Gruppenarbeit kann das Qualifizierungsgespräch nach Festlegung durch die Gesellschaft auch durch den Gruppensprecher geführt werden. Die Gesellschaft legt fest, ob das Qualifizierungsgespräch als Einzel- oder Gruppengespräch geführt wird.

(4) Das Ergebnis des Qualifizierungsgesprächs ist in einem Gesprächsprotokoll zu dokumentieren, das vom Vorgesetzten und vom Mitarbeiter unterzeichnet wird. In dem Gesprächsprotokoll werden aus Sicht der Gesprächspartner ein etwaiger Qualifizierungsbedarf sowie die notwendigen Qualifizierungsmaßnahmen festgehalten. Wird hierüber zwischen dem Vorgesetzten und dem Mitarbeiter kein Einvernehmen erzielt, ist dies in dem Gesprächsprotokoll ebenfalls zu vermerken. Aus der Feststellung eines Qualifizierungsbedarfs und der Bezeichnung von Qualifizierungsmaßnahmen ergibt sich kein Qualifizierungsanspruch des Mitarbeiters.

(5) Das Qualifizierungsgespräch kann mit anderen Mitarbeitergesprächen, etwa über Zielvereinbarungen und Leistungsbeurteilungen, verbunden werden.

§ 4 Paritätischer Bildungsausschuss

(1) Gesellschaft und Betriebsrat errichten einen paritätischen Bildungsausschuss (PBA) als gemeinsamen Ausschuss i.S.d. § 28 Abs. 2 BetrVG[6]. Der PBA besteht aus sechs Mitgliedern, von denen jeweils drei Mitglieder vom Betriebsrat und der Gesellschaft bestellt werden. Darüber hinaus bestellen Betriebsrat und Gesellschaft je zwei Ersatzmitglieder.

(2) Der PBA tritt mindestens einmal im Kalenderquartal zu ordentlichen Sitzungen zusammen. Zusätzliche außerordentliche Sitzungen finden auf Verlangen der Mehrheit der Mitglieder des Betriebsrats oder der Mehrheit der Mitglieder der Gesellschaft statt. Jede Seite kann zu den Sitzungen des PBA interne – in Ausnahmefällen auch externe – Sachverständige hinzuziehen. § 80 Abs. 3 BetrVG bleibt unberührt.

(3) Der PBA fasst die Beschlüsse mit einfacher Mehrheit der Stimmen der anwesenden Mitglieder. Bei Stimmengleichheit ist ein Antrag abgelehnt. Angelegenheiten, die der Zustimmung des Betriebsrats bedürfen, insbesondere Angelegenheiten nach § 98 Abs. 1 bis 3, § 97 Abs. 2 und § 94 Abs. 2 BetrVG, fallen in diesem Fall an den Betriebsrat zurück. Der PBA ist nur beschlussfähig, wenn mindestens drei Mitglieder oder Ersatzmitglieder an der Beschlussfassung teilnehmen.

(4) Der PBA gibt sich eine Geschäftsordnung.

(5) Die Gesellschaft unterrichtet den PBA anstelle des Betriebsrats jeweils rechtzeitig und umfassend unter Vorlage der erforderlichen Unterlagen über

    a) Ergebnisse der Qualifizierungsgespräche, insbesondere über den in den Gesprächsprotokollen festgehaltenen Qualifizierungsbedarf sowie die Qualifizierungsmaßnahmen,

    b) den aus betrieblicher Sicht notwendigen Qualifizierungsbedarf unter Angabe der Prioritäten,

    c) geplante betriebliche Weiterbildungsmaßnahmen,

    d) Inhalte, Methoden und Ablauf der geplanten betrieblichen Weiterbildungsmaßnahmen,

    e) Ort, Zeitpunkt und Dauer der geplanten betrieblichen Weiterbildungsmaßnahmen,

    f) Bestellung und Abberufung der internen und externen Ausbilder,

    g) Zugangsvoraussetzungen zu den geplanten betrieblichen Weiterbildungsmaßnahmen,

h) geplante Auswahl von Teilnehmern an Weiterbildungsmaßnahmen,
i) Grundsätze und Verfahren der Beurteilung der Leistungen von Teilnehmern an Weiterbildungsmaßnahmen.

Unterrichtungen des PBA durch die Mitglieder der Gesellschaft gelten als Unterrichtungen durch die Gesellschaft[7].

(6) Der PBA berät über die Angelegenheiten nach vorstehendem Abs. (5). Beratungen innerhalb des PBA gelten als Beratungen zwischen Gesellschaft und Betriebsrat. Der PBA kann der Gesellschaft jeweils Gegenvorschläge unterbreiten[8].

(7) Der PBA nimmt anstelle des Betriebsrats die Rechte in folgenden Angelegenheiten wahr:
   a) Durchführung betrieblicher Weiterbildungsmaßnahmen, insbesondere Angelegenheiten gemäß vorstehendem Abs. (5) (d), (e), (g) und (i), im Rahmen des § 98 Abs. 1 und § 94 Abs. 2 BetrVG[9],
   b) Widerspruch gegen die Bestellung und das Verlangen der Abberufung von Ausbildern gemäß vorstehendem Abs. (5) (f), wenn diese die persönliche oder fachliche, insbesondere die berufs- und arbeitspädagogische Eignung i. S. d. BBiG nicht besitzen oder ihre Aufgabe vernachlässigen, im Rahmen des § 98 Abs. 2 BetrVG[10],
   c) Einführung von Maßnahmen der betrieblichen Berufsbildung, sofern die Gesellschaft Maßnahmen geplant oder durchgeführt hat, die dazu führen, dass sich die Tätigkeiten der betroffenen Mitarbeiter ändern und ihre beruflichen Kenntnisse und Fähigkeiten zur Erfüllung ihrer Aufgaben nicht mehr ausreichen, im Rahmen des § 97 Abs. 2 BetrVG[11].

(8) Liegen für die Teilnahme an einer Weiterbildungsmaßnahme mehr Interessenten vor als Teilnehmerplätze verfügbar sind, legt der PBA den Kreis der Teilnehmer verbindlich unter Berücksichtigung folgender Kriterien fest, die nach ihrer Rangfolge aufgezählt sind:
   a) Mitarbeiter war für die Teilnahme an der vorangegangenen inhaltsgleichen Qualifizierungsmaßnahme vorgesehen, jedoch verhindert,
   b) Qualifizierungsbedarf aus betrieblicher Sicht,
   c) Qualifizierungsbedarf nach Angabe des Mitarbeiters im Qualifizierungsgespräch,
   d) Betriebszugehörigkeit[12].

§ 5 Durchführung von betrieblichen Weiterbildungsmaßnahmen[13]

(1) Betriebliche Weiterbildungsmaßnahmen sind frühzeitig im Intranet der Gesellschaft unter Angabe des Inhalts sowie der Dauer, des Zeitpunkts und des Orts zu veröffentlichen.

(2) Die für die Teilnahme an betrieblichen Weiterbildungsmaßnahmen vorgesehenen Mitarbeiter werden frühzeitig unter Mitteilung der Angaben nach vorstehendem Abs. (1) eingeladen.

(3) Mitarbeiter, die im Qualifizierungsgespräch einen entsprechenden Qualifizierungsbedarf angegeben haben, sind verpflichtet, an betrieblichen Weiterbildungsmaßnahmen teilzunehmen, es sei denn, der Teilnahme stehen betriebliche oder dringende persönliche Interessen entgegen.

(4) Kann ein Mitarbeiter an einer betrieblichen Weiterbildungsmaßnahme nicht teilnehmen, wird er beim nächsten Termin bevorzugt berücksichtigt.

(5) Die Teilnahme an betrieblichen Weiterbildungsmaßnahmen wird in der Personalakte dokumentiert. Der Mitarbeiter erhält ein Teilnahmezertifikat. Die Gesellschaft kann den in der Qualifizierungsmaßnahme erzielten Lernerfolg als Leistungskriterium bei der Erstellung der Leistungsbeurteilung des Mitarbeiters heranziehen. Die Teilnahme an der betrieblichen Weiterbildungsmaßnahme sowie deren Ergebnis werden in dem Gesprächsprotokoll des auf die Maßnahme folgenden Qualifizierungsgesprächs festgehalten.

§ 6 Kosten[14]

(1) Die Kosten betrieblicher Weiterbildungsmaßnahmen trägt grundsätzlich die Gesellschaft.

(2) Die Gesellschaft behält sich im Einzelfall die Möglichkeit vor, die Mitarbeiter anteilig an Kosten von betrieblichen Weiterbildungsmaßnahmen zu beteiligen und in den Grenzen des rechtlich Zulässigen Rückzahlungsklauseln zur Erreichung einer angemessenen Betriebsbindung zu vereinbaren. Dies gilt insbesondere für solche Weiterbildungsmaßnahmen, die nicht nur das betriebliche Fortkommen, sondern auch die Berufschancen des Mitarbeiters am externen Arbeitsmarkt objektiv verbessern.

(3) Die Gesellschaft wird die Mitarbeiter unter Fortzahlung der Vergütung nach den Grundsätzen über die Entgeltfortzahlung im Krankheitsfall für die genehmigte Teilnahme an betrieblichen Weiterbildungsmaßnahmen von der Arbeit freistellen. Sofern Weiterbildungsmaßnahmen außerhalb der vereinbarten individuellen regelmäßigen Arbeitszeit stattfinden müssen, findet eine gesonderte Vergütung nicht statt.

(4) Die Gesellschaft übernimmt die Kosten der Hin- und Rückreise, Tagesspesen und etwaige Übernachtungskosten nach den üblichen unternehmensinternen Regelungen in ihrer jeweils gültigen Fassung.

§ 7 Inkrafttreten, Kündigung[15]

(1) Diese Betriebsvereinbarung tritt am ...... in Kraft. Sie kann mit einer Frist von drei Monaten zum Ende eines Kalenderjahres gekündigt werden. Die Betriebsvereinbarung entfaltet keine Nachwirkung.

(2) Der Betriebsrat ist berechtigt, diese Betriebsvereinbarung aufgrund eines mit absoluter Mehrheit gefassten Beschlusses jederzeit außerordentlich mit sofortiger Wirkung zu kündigen.

(3) Die Kündigung bedarf der Schriftform.

§ 8 Schlussbestimmungen[16]

(1) Diese Betriebsvereinbarung löst alle eventuellen vorherigen Betriebsvereinbarungen über betriebliche Weiterbildung, insbesondere ......, ab. Mündliche Nebenabreden bestehen nicht. Änderungen oder Ergänzungen dieser Betriebsvereinbarung, einschließlich dieser Bestimmung, bedürfen zu ihrer Wirksamkeit der Schriftform.

(2) Sollte eine Bestimmung dieser Betriebsvereinbarung ganz oder teilweise unwirksam sein oder werden, so wird hiervon die Wirksamkeit der übrigen Bestimmungen nicht berührt. Anstelle der unwirksamen Bestimmung werden die Betriebspartner die gesetzlich zulässige Bestimmung vereinbaren, die dem mit der unwirksamen Bestimmung Gewollten wirtschaftlich am nächsten kommt. Dasselbe gilt für den Fall einer vertraglichen Lücke.

(3) Diese Betriebsvereinbarung steht unter dem Vorbehalt etwaiger ablösender – auch freiwilliger – Betriebsvereinbarungen.

(4) Sollten sich die dieser Betriebsvereinbarung zugrunde liegenden tatsächlichen oder rechtlichen Bedingungen grundlegend ändern, so werden die Betriebspartner unverzüglich in Verhandlungen treten mit dem Ziel, die Betriebsvereinbarung an die geänderten Bedingungen anzupassen.

......
Ort, Datum

......
Unterschrift der Gesellschaft

......
Ort, Datum

......
Unterschrift des Betriebsrats

Schrifttum: Alexander, Das weite Verständnis der betrieblichen Berufsbildung, NZA 1992, 1057; *Annuß,* Mitwirkung und Mitbestimmung der Arbeitnehmer im Regierungsentwurf eines Gesetzes zur Reform des BetrVG, NZA 2001, 367; *Buchner,* Betriebsverfassungs-Novelle auf dem Prüfstand, NZA 2001, 633;

Däubler, Betriebliche Weiterbildung als Mitbestimmungsproblem, BB 2000, 1190; *Ehrich*, Das Mitbestimmungsrecht des Betriebsrats bei der Bestellung und Abberufung von betrieblichen Bildungsbeauftragten (§ 98 Abs. 2, 5 BetrVG), RdA 1993, 220; *Eich*, Die Beteiligungsrechte des Betriebsrats im Ausbildungswesen, DB 1974, 2154; *Franzen*, Das Mitbestimmungsrecht des Betriebsrats bei der Einführung von Maßnahmen der betrieblichen Berufsbildung nach § 97 Abs. 2 BetrVG, NZA 2001, 865; *Gola*, Mitbestimmung des Betriebsrats bei der Gewährung von Bildungsurlaub, DB 1976, 1156; *Gilberg*, Betriebsratsarbeit für die Berufsbildung, AiB 2000, 13; *Hanau*, Neuerungen in der Mitbestimmung über Sozialeinrichtungen, insbesondere der Altersvorsorge, BB 1973, 1274; *Hohn*, Maßnahmen der betrieblichen Bildung und Wahrung der Intimsphäre des Arbeitnehmers, BB 1979, 1298; *Konzen*, Der Regierungsentwurf des Betriebsverfassungsreformgesetzes, RdA 2001, 76; *Kraft*, Mitbestimmungsrechte des Betriebsrats bei betrieblichen Berufsbildungs- und sonstigen Bildungsmaßnahmen nach § 98 BetrVG, NZA 1990, 457; *Kraushaar*, Betriebliche Berufsbildung und Betriebsrat, AuR 1989, 173; *Lachenmann*, Betriebsverfassungsrechtliche Fragen bei der Einführung eines nach der DIN EN ISO 9001 zertifizierbaren Qualitätsmanagementsystems, RdA 1998, 105; *Löwisch*, Änderung der Betriebsverfassung durch das Betriebsverfassungs-Reformgesetz, Teil II: Die neuen Regelungen zur Mitwirkung und Mitbestimmung, BB 2001, 1790; *ders.*, Auswirkungen des Betriebsverfassungsrechts-Reformgesetzes auf Mitwirkung und Mitbestimmung des Betriebsrats, NZA 2001, Sonderbeilage zu Heft 24, S. 40; *Natzel*, Anmerkung zu BAG Beschl. v. 12. 11. 1991 – 1 ABR 21/91 – AP Nr. 8 zu § 98 BetrVG 1972; *Reichold*, Die reformierte Betriebsverfassung, 2001 – Ein Überblick über die neuen Regelungen des Betriebsverfassungs-Reformgesetzes, NZA 2001, 857; *Reuter*, Anmerkung zu BAG Beschl. v. 6. 12. 1988 – 1 ABR 44/87 – AP Nr. 37 zu § 87 BetrVG 1972 – Lohngestaltung; *Schmidt/Dobberahn*, Betriebsverfassungsrechtliche Probleme nach DIN ISO 9000 ff., NZA 1995, 1017; *Viets*, Zur Beteiligung des Betriebsrats bei der Auswahl von Arbeitnehmern zur Teilnahme an Berufsbildungsmaßnahmen, DB 1980, 2085.

Anmerkungen

1. Regelungsinhalt. Die immer schneller fortschreitende technische und wirtschaftliche Entwicklung hat dazu geführt, dass die Anforderungen an die Qualifikationen von Mitarbeitern sich zunehmend verändern und erhöhen. Um den Arbeitnehmern die Möglichkeit zu bieten den Veränderungen Rechnung zu tragen und ihre Qualifikationen an die betrieblichen Erfordernisse anzupassen, sieht das BetrVG eine Reihe von Beteiligungsrechten des Betriebsrats vor, die teilweise von der Betriebsvereinbarung tangiert werden. Es handelt sich hierbei insbesondere um

- Beratungs-, Vorschlags- und Initiativrechte in Bezug auf die Ermittlung von Berufsbildungsbedarf sowie Beratungs- und Vorschlagsrechte bei der Berufsbildung nach § 96 Abs. 1 BetrVG,
- Beratungsrechte bei der Einrichtung und Ausstattung einer betrieblichen Einrichtung zur Berufsbildung nach § 97 Abs. 1 BetrVG,
- echte Mitbestimmungsrechte bei der Einführung von Maßnahmen zur betrieblichen Berufsbildung, die durch die Planung und Durchführung von Änderungen von Tätigkeiten und Anforderungen an Arbeitnehmer verursacht werden, nach § 97 Abs. 2 BetrVG,
- echte Mitbestimmungsrechte bei der Durchführung von betrieblichen Berufsbildungsmaßnahmen nach § 98 Abs. 1 BetrVG,
- besondere Mitbestimmungsrechte bei der Bestellung einer mit der Durchführung von betrieblichen Berufsbildungsmaßnahmen beauftragten Person nach § 98 Abs. 2 BetrVG (bei Streitigkeiten entscheidet nicht die Einigungsstelle, sondern das Arbeitsgericht),
- echte Mitbestimmungsrechte bei der Auswahl der Teilnehmer an einer betrieblichen Berufsbildungsmaßnahme nach § 98 Abs. 3 BetrVG,
- echte Mitbestimmungsrechte bei der Auswahl der Teilnehmer an einer außerbetrieblichen Berufsbildungsmaßnahme, sofern der Arbeitgeber diese freistellt oder ganz oder teilweise die Kosten der Maßnahme trägt, nach § 98 Abs. 3 BetrVG sowie
- entsprechende Mitwirkungsrechte bei sonstigen betrieblichen Bildungsmaßnahmen nach § 98 Abs. 6 BetrVG.

Darüber hinaus sind im Rahmen der Qualifizierung die Unterrichtungs-, Beratungs- und Vorschlagsrechte bei der Personalplanung gemäß § 92 BetrVG sowie die echten Mitbestimmungsrechte bei der Aufstellung allgemeiner Beurteilungsgrundsätze zu berücksichtigen.

4. Betriebliche Weiterbildung

Das vorliegende Formular geht von der Ermittlung des individuellen Qualifizierungsbedarfs der Mitarbeiter im Rahmen jährlicher Qualifizierungsgespräche aus. Die einzelnen Beteiligungsrechte werden im Sinne einer kooperativen Zusammenarbeit zwischen Arbeitgeberseite und Betriebsrat auf einen paritätisch besetzten gemeinsamen Ausschuss übertragen.

2. Zuständigkeit des Betriebsrats. Die Rechte des Betriebsrats im Rahmen der betrieblichen Weiterbildung sind grundsätzlich auf den Betrieb bezogen und begründen damit eine **Originärzuständigkeit des Einzelbetriebsrates.** Der Gesamt- oder Konzernbetriebsrat ist nach der Wertung des § 50 BetrVG – originär – nur dann zuständig, wenn die Angelegenheit mehrere Betriebe betrifft und von den Einzelbetriebsräten nicht geregelt werden kann. Das BAG erkennt in ständiger Rechtsprechung eine originäre Zuständigkeit des Gesamtbetriebsrats auch in Fällen der sog. subjektiven Unmöglichkeit an (vgl. nur BAG Beschl. v. 12. 11. 1991 – 1 ABR 21/91 – AP Nr. 8 zu § 98 BetrVG 1972 m. zust. Anm. *Natzel;* Beschl. v. 6. 12. 1988 – 1 ABR 44/87 – AP Nr. 37 zu § 87 BetrVG 1972 Lohngestaltung m. Anm. *Reuter).* Dies ist der Fall, wenn ein Arbeitgeber die Schulung seiner Mitarbeiter überbetrieblich organisieren möchte, etwa um dadurch eine gleichwertige Qualifizierung zu erreichen oder zu erhalten. Zu beachten ist dabei jedoch, wie vom Schrifttum zutreffend eingewandt wird (vgl. Richardi/*Richardi/Thüsing* § 98 BetrVG Rdn. 17, 32, 61), dass in vielen Fällen eine **überbetriebliche Regelung** schon aus praktischen Gesichtspunkten heraus nicht möglich ist. Soll dennoch eine einheitliche Regelung für alle Betriebe geschaffen werden, empfiehlt es sich, dass die Einzelbetriebsräte ihre originäre Zuständigkeit gemäß § 50 Abs. 2 BetrVG auf den Gesamtbetriebsrat delegieren.

Haben mehrere Arbeitgeber die gemeinsame Durchführung von Berufsbildungsmaßnahmen vereinbart und hat kein Arbeitgeber mehr beherrschenden Einfluss auf die Durchführung, so besteht ein Mitbestimmungsrecht des Betriebsrats nach § 98 Abs. 1 BetrVG nicht mehr. In diesen Fällen setzt die Mitbestimmung des Betriebsrats jedoch bei Abschluss der Vereinbarung zwischen den Arbeitgebern ein (BAG Beschl. v. 18. 4. 2000 – 1 ABR 28/99 – AP Nr. 9 zu § 98 BetrVG 1972).

3. Persönlicher Geltungsbereich. Nach dem Grundsatz des § 5 Abs. 3 BetrVG steht dem Betriebsrat auch im Rahmen der Weiterbildung keine Kompetenz im Hinblick auf leitende Angestellte zu (vgl. nur *Kraft* NZA 1990, 457, 458). Streitig ist der Umfang der Mitwirkungsrechte des Betriebsrats in den Fällen, in denen die Schulung eine **Qualifizierung von Arbeitnehmern zu leitenden Angestellten** bezweckt. Nach einer Ansicht muss es in diesen Fällen der Alleinentscheidung des Arbeitgebers überlassen bleiben, welche Ziele er mit der Schulung verfolgen will, welcher Ausbilder die Schulung durchführen soll und welche Kriterien Arbeitnehmer zur Teilnahme berechtigen sollen (vgl. *Kraft* NZA 1990, 457, 458; Richardi/*Richardi/Thüsing* § 98 BetrVG Rdn. 6; GKBetrVG/*Raab* § 98 BetrVG Rdn. 44; H/S/G/ *Worzalla* § 98 BetrVG Rdn. 2a ff.). Nach anderer Ansicht ist in diesen Fällen keine Ausnahme von der allgemeinen Geltung der Mitwirkungsrechte des Betriebsrats anzuerkennen (Jaeger/ Röder/Heckelmann/*Schuster* § 23 Rdn. 83). Da es sich bei den Mitarbeitern, die zu leitenden Angestellten qualifiziert werden sollen, noch um „normale" Arbeitnehmer handele, bestünde die Kompetenz des Betriebsrats in vollem Umfang. Eine Ausnahmeregelung sei im Hinblick auf ein zukünftiges „Hineinwachsen" in den Status eines leitenden Angestellten nicht gerechtfertigt. Da die jeweiligen Qualifizierungsmaßnahmen sich noch an Arbeitnehmer richten, die dem Geltungsbereich des BetrVG vollumfänglich unterfallen, ist eine Ausnahme nur schwer zu rechtfertigen. Vieles spricht dafür, dass die Beteiligungsrechte des Betriebsrats erst dann entfallen, wenn die betroffenen Arbeitnehmer tatsächlich zu leitenden Angestellten aufgestiegen sind.

4. Sachlicher Geltungsbereich. Nach ihrem sachlichen Geltungsbereich regelt die Betriebsvereinbarung Qualifizierungsmaßnahmen zur betrieblichen Weiterbildung. Diese Begriffe werden unter § 3 des Formulars – in Anlehnung an den Tarifvertrag zur Qualifizierung der Metall- und Elektroindustrie Nordwürttemberg/Nordbaden sowie Südwürttemberg-Hohenzollern/Südbaden vom 19. 6. 2001 – definiert.

Die §§ 96 bis 98 BetrVG unterscheiden zwischen betrieblichen Berufsbildungsmaßnahmen, außerbetrieblichen Berufsbildungsmaßnahmen und sonstigen Bildungsmaßnahmen.

Betrieblich sind nicht nur die Bildungsmaßnahmen, die im Betrieb selbst durchgeführt werden, sondern alle Maßnahmen, auf deren Inhalt und Gestaltung der Arbeitgeber beherrschenden Einfluss hat (BAG Beschl. v. 4. 12. 1990 – 1 ABR 10/90 – NZA 1991, 388; BAG Beschl. v. 12. 11. 1991 – 1 ABR 21/91 – AP Nrn. 2, 8 zu § 98 BetrVG 1972; *Kraft* NZA 1990, 457, 458; *Däubler* BB 2000, 1190, 1191; MünchHdbArbR/*Matthes* § 351 Rdn. 17; Jaeger/Röder/Heckelmann/*Schuster* § 23 Rdn. 82; jeweils m. weit. Nachw.). **Außerbetrieblich** sind Bildungsmaßnahmen, die – ohne weiterreichenden Einfluss des Arbeitgebers – von überbetrieblichen Einrichtungen oder außerbetrieblichen Trägern veranstaltet werden.

Unter **Berufsbildung** ist nach § 1 BBiG die Berufsausbildung, die berufliche Fortbildung und die berufliche Umschulung zu verstehen. Der betriebsverfassungsrechtliche Begriff der Berufsbildung beschränkt sich jedoch nicht auf den Definitionsinhalt des BBiG. Vielmehr sind die §§ 96 bis 98 BetrVG weit auszulegen und erfassen alle Maßnahmen, die den Arbeitnehmern diejenigen Kenntnisse und Erfahrungen vermitteln sollen, die **für die Ausfüllung ihres Arbeitsplatzes und ihre berufliche Tätigkeit notwendig** sind. Dabei muss die Maßnahme aufgrund eines geordneten Ausbildungsganges geeignet sein, Lernprozesse durch theoretische Einsichten zu vermitteln und zu vollziehen und so neue Kenntnisse, Fähigkeiten und Fertigkeiten in einer Breite und Tiefe zu vermitteln, die für das berufliche Fortkommen der Arbeitnehmer von Bedeutung sind, weil sie seinen Wert auf dem Arbeitsmarkt erhöhen (vgl. nur Richardi/Richardi/*Thüsing* § 96 BetrVG Rdn. 6–12; MünchHdbArbR/*Matthes* § 351 Rdn. 13f.; *F/E/S/T/L* § 96 Rdn. 10f.; *Alexander* NZA 1992, 1057ff.; *Däubler* BB 2000, 1190f.; *Eich* DB 1974, 2154, 2155f.; *Franzen* NZA 2001, 865, 866; *Gola* DB 1976, 1156, 1158; *Kraft* NZA 1990, 457, 458ff.; *Schmidt/Dobberahn* NZA 1995, 1017, 1020; BAG Beschl. v. 28. 1. 1992 – 1 ABR 41/91 – AP Nr. 1 zu § 96 BetrVG 1972; BAG Beschl. v. 4. 12. 1990 – 1 ABR 10/30 – AP Nr. 1 zu § 97 BetrVG 1972; BAG Beschl. v. 5. 11. 1985 – 1 ABR 49/83 – NZA 1986, 535; BAG Beschl. v. 8. 12. 1987 – 1 ABR 32/86 – AP Nr. 4 zu § 98 BetrVG 1972; BAG Beschl. v. 10. 2. 1988 – 1 ABR 39/86 – AP Nr. 5 zu § 98 BetrVG 1972; BAG Beschl. v. 23. 4. 1991 – 1 ABR 49/90 – AP Nr. 7 zu § 98 BetrVG 1972; BAG Beschl. v. 12. 11. 1991 – 1 ABR 21/91 – AP Nr. 2 zu § 98 BetrVG 1972).

Die Rechtsprechung und h. L. unterscheidet dabei mitbestimmungspflichtige Berufsbildungsmaßnahmen von der **mitbestimmungsfreien Unterrichtung und Belehrung gemäß § 81 Abs. 1 BetrVG** (vgl. nur BAG Beschl. v. 5. 11. 1985 – 1 ABR 49/83 –, Beschl. v. 23. 4. 1991 – 1 ABR 49/90 – AP Nrn. 2, 7 zu § 98 BetrVG 1972). Hierbei handelt es sich um die Unterrichtung des einzelnen Arbeitnehmers über seine individuelle Tätigkeit und die Einweisung in den Arbeitsablauf. Zur Sicherung der Mitbestimmungsrechte des Betriebsrats legt die Rechtsprechung den Begriff der Unterrichtung nach § 81 Abs. 1 BetrVG eng und den Begriff der Berufsbildungsmaßnahme gemäß §§ 96 bis 98 BetrVG weit aus (vgl. nur BAG Beschl. v. 23. 4. 1991 – 1 ABR 49/90 – AP Nr. 7 zu § 98 BetrVG 1972).

Sonstige Bildungsmaßnahmen vermitteln dem Arbeitnehmer Kenntnisse, Erfahrungen und Fertigkeiten außerhalb seines Berufes. Auch hierbei muss es sich um einen Ausbildungsgang handeln, der planmäßig Lernziele vermittelt. Freizeitveranstaltungen wie z. B. Konzertbesuche gehören daher nicht zu sonstigen Bildungsmaßnahmen i. S. d. § 98 Abs. 6 BetrVG (vgl. MünchHdbArbR/*Matthes* § 351 Rdn. 15 m. weit. Nachw.).

5. Ermittlung des Qualifizierungsbedarfs. Der Betriebsrat kann vom Arbeitgeber die Ermittlung des Berufsbildungsbedarfs der Belegschaft verlangen (§ 97 Abs. 1 S. 2 BetrVG). Dieser ergibt sich nach der Gesetzesbegründung aus einer **Ist-Analyse**, der Erstellung eines **Soll-Konzepts** und der Ermittlung des betrieblichen **Bildungsinteresses** des Arbeitnehmers (BT-Drs. 140/01 S. 113). Der Betriebsrat hat lediglich einen Anspruch darauf, dass der Qualifizierungsbedarf ermittelt wird; auf welche Weise dies geschieht, legt einseitig der Arbeitgeber fest.

Das Formular sieht vor, dass der individuelle Qualifizierungsbedarf der einzelnen Mitarbeiter in mindestens jährlichen **Qualifizierungsgesprächen** ermittelt wird. Durch den Vorgesetzten, der die Gespräche für die Gesellschaft führt, fließen die aus betrieblicher Sicht erforderlichen Soll-Vorstellungen in die Betrachtung ein. Auf der Grundlage der Qualifizierungsgespräche kann sodann ein Bildungsplan erstellt werden.

Aus praktischen Gesichtspunkten bietet es sich an, bereits eingeführte Mitarbeitergespräche einer „Zweitverwertung" zuzuführen. So können etwa im Rahmen von Jahresgesprächen zur Leistungsbeurteilung oder zur Vereinbarung persönlicher Leistungsziele für das jeweils kommende Jahr auch Qualifizierungsplanungen angesprochen werden.

6. Paritätischer Bildungsausschuss. Soweit die betrieblichen Voraussetzungen für dessen Bildung vorliegen (s. hierzu Form. C. II. 26 Anm. 3), empfiehlt es sich, die Rechte des Betriebsrats nach den §§ 96 bis 98 BetrVG weitgehend auf einen gemeinsamen Ausschuss, der paritätisch durch Mitglieder des Betriebsrats und der Gesellschaft besetzt wird, zu übertragen.

Ein gemeinsamer Ausschuss bietet die Möglichkeit, die im Rahmen der betrieblichen Weiterbildung anstehenden Fragen im Rahmen eines Gremiums zu erörtern, das sich regelmäßig mit diesem Bereich befasst und dessen Mitglieder Verantwortung für das Erreichen sachgerechter Ergebnisse empfinden. Häufig gelingt es, im Rahmen gemeinsamer Ausschüsse die im Bildungswesen gleich gelagerten Ziele von Arbeitgeberseite und Betriebsrat in den Vordergrund zu stellen. Die Schaffung eines gemeinsamen Ausschusses ist auch deshalb sinnvoll, weil bei Auseinandersetzungen zwischen den Betriebspartnern über die zu berücksichtigenden Teilnehmer einer betrieblichen Weiterbildungsmaßnahme letztlich die Einigungsstelle entscheidet (§ 98 Abs. 4 BetrVG). Eine Entscheidung der Einigungsstelle lässt sich allerdings häufig nicht vor Durchführung der Schulung herbeiführen. Ein Einigungsstellenverfahren kann im Rahmen einer sachlichen Erörterung in einem paritätisch besetzten Gremium häufig vermieden, wenn auch nicht gänzlich ausgeschlossen werden.

Die in 4 Abs. (1) bis (3) des Formulars enthaltenen Verfahrensregelungen sind relativ knapp gehalten; ergänzend finden die Regelungen der §§ 29 ff. BetrVG entsprechende Anwendung. Zu detaillierten Verfahrensbestimmungen s. Form. C. II. 26, §§ 4 und 5 (Anm. 6 und 7).

7. Unterrichtung. Bei den §§ 96 bis 98 BetrVG handelt es sich überwiegend um bloße Beratungs- bzw. Unterrichtungsrechte des Betriebsrats. Erzwingbare Mitbestimmungsrechte stehen dem Betriebsrat nur nach §§ 97 Abs. 2, 98 Abs. 1 und Abs. 3 BetrVG zu (hierzu s. Anm. 1; vgl. *Annuß* NZA 2001, 367, 368; *Franzen* NZA 2001, 865 ff.; *Löwisch* NZA 2001, Sonderbeilage zu Heft 24, S. 40, 44 f.; *Löwisch* BB 2001, 1790, 1795; *Däubler* BB 2000, 1190 ff.; *Eich* DB 1974, 2154 ff.; *Kraft* NZA 1990, 457 ff.).

§ 4 Abs. (5) des Formulars listet die Angelegenheiten auf, in denen die Gesellschaft den paritätischen Bildungsausschuss – anstelle des Betriebsrats – zu unterrichten hat, wobei die Unterrichtung auch durch die arbeitgeberseitigen Ausschussmitglieder erfolgen kann.

8. Beratungen und Gegenvorschläge. An die Unterrichtung knüpft die Beratung der Angelegenheiten innerhalb des paritätischen Bildungsausschusses an, die zugleich als Beratung zwischen Arbeitgeber und Betriebsrat gewertet wird.

9. Durchführung von Berufsbildungsmaßnahmen (§ 98 Abs. 1 BetrVG). § 4 Abs. (7) (a) des Formulars überträgt dem paritätischen Bildungsausschuss ein echtes Mitbestimmungsrecht bei der Durchführung betrieblicher Weiterbildungsmaßnahmen (F/E/S/T/L § 98 Rdn. 5; GKBetrVG/*Raab* § 98 BetrVG Rdn. 9; *Eich* DB 1974, 2154, 2157; BAG Beschl. v. 5. 11. 1985 – 1 ABR 49/83 – AP Nr. 2 zu § 98 BetrVG 1972).

Die Reichweite dieses Mitbestimmungsrechts wird in Anlehnung an die Grundsätze zu freiwilligen sozialen Leistungen des Arbeitgebers bestimmt (vgl. nur GKBetrVG/*Raab* § 98 BetrVG Rdn. 9; MünchHdbArbR/*Matthes* § 251 Rdn. 21). Dies bedeutet, dass der Arbeitgeber zunächst frei darüber entscheiden kann, ob er überhaupt eine Bildungsmaßnahme durchführen möchte. Daraus folgt, dass der Betriebsrat an den vom Arbeitgeber vorgegebenen finanziellen Rahmen gebunden ist. Er kann den Arbeitgeber also nicht zu finanziellen Aufwendungen zwingen (*Kraft* NZA 1990, 457, 460; GKBetrVG/*Raab* § 98 BetrVG Rdn. 9; F/E/S/T/L § 98 Rdn. 2). Ebenso der Mitbestimmung des Betriebsrats entzogen sind die Entscheidungen des Arbeitgebers über den Zweck der Berufsbildungsmaßnahme, den zur Teilnahme in Frage kommenden Teilnehmerkreis sowie die Anzahl der Teilnehmer (GKBetrVG/ *Raab* § 98 BetrVG Rdn. 2; *Kraft* NZA 1990, 457, 460; Richardi/Richardi/*Thüsing* § 98 BetrVG Rdn. 8; a. A. F/E/S/T/L § 98 Rdn. 10). Erst nach dieser **mitbestimmungsfreien Ent-**

scheidung des Arbeitgebers **über das „Ob"** greift das **Mitbestimmungsrecht** des Betriebsrats nach § 98 Abs. 1 BetrVG **hinsichtlich des „Wie"** der Berufsbildung ein. Dabei gilt es die zwingenden gesetzlichen Regelungen insbesondere des BBiG zu beachten. Soweit dem Arbeitgeber dabei kein Gestaltungsspielraum verbleibt, besteht kein Raum für ein Mitbestimmungsrecht des Betriebsrats (BAG Beschl. v. 5. 11. 1985 – 1 ABR 49/83 – AP Nr. 2 zu § 98 BetrVG 1972 unter B. 3. m. zust. Anm. *Natzel*). Das Mitbestimmungsrecht umfasst alle Fragen der Durchführung der Berufsbildungsmaßnahme, wie z. B. Inhalt, Stoffplan, Methode, Dauer, Lage, Führung und Überwachung von „Berichtsheften", Einführung und Durchführung von Zwischen- und Abschlussprüfungen (*Kraft* NZA 1990, 457, 461; *Eich* DB 1974, 2154, 2157 f.; MünchHdbArbR/*Matthes* § 351 Rdn. 22; GKBetrVG/*Raab* § 98 BetrVG Rdn. 10; Richardi/Richardi/*Thüsing* § 98 BetrVG Rdn. 14; F/E/S/T/L § 98 Rdn. 10; Jaeger/Röder/Heckelmann/*Schuster* § 23 Rdn. 83).

Nicht umfasst vom Mitbestimmungsrecht des Betriebsrats sind **Einzelmaßnahmen** (*Eich* DB 1974, 2154, 2157; Jaeger/Röder/Heckelmann/*Schuster* § 23 Rdn. 82; MünchHdbArbR/*Matthes* § 351 Rdn. 25; Richardi/Richardi/*Thüsing* § 98 BetrVG Rdn. 14; GKBetrVG/*Raab* § 98 BetrVG Rdn. 10 f.), etwa die Zuteilung einer bestimmten Arbeitsaufgabe innerhalb des „Lehrplans".

Kommt es innerhalb des paritätischen Bildungsausschusses zu keiner Mehrheitsentscheidung, fällt die Angelegenheit an den Betriebsrat zurück (s. § 4 Abs. (3)). Dieser wiederum kann die Einigungsstelle anrufen.

10. Bestellung und Abberufung von Ausbildern (§ 98 Abs. 2 BetrVG). Auch das besondere Mitbestimmungsrecht des Betriebsrats bei der Bestellung und Abberufung der mit den Bildungsmaßnahmen beauftragten Personen nimmt der paritätische Bildungsausschuss wahr.

Er kann unter bestimmten Voraussetzungen der Bestellung von Ausbildern widersprechen und deren Abberufung verlangen (§ 98 Abs. 2 BetrVG). Hiervon erfasst sind nicht nur Ausbilder im Sinne des BBiG, sondern auch andere mit der Durchführung von Berufsbildungsmaßnahmen beauftragte Personen (z. B. Referenten). Ausgeschlossen ist das Mitbestimmungsrecht hingegen, wenn der Arbeitgeber selbst (etwa in Handwerksbetrieben) die Berufsausbildungsmaßnahme durchführt (*Ehrich* RdA 1993, 220, 221; *Eich* DB 1974, 2154, 2158; MünchHdbArbR/*Matthes* § 351 Rdn. 38 f.; F/E/S/T/L § 98 Rdn. 14–18; GKBetrVG/*Raab* § 98 BetrVG Rdn. 16; Richardi/Richardi/*Thüsing* § 98 BetrVG Rdn. 24; Jaeger/Röder/Heckelmann/*Schuster* § 23 Rdn. 84). Nach zutreffender Ansicht umfassen Wortlaut und Sinn des § 98 Abs. 2 BetrVG nur die Bestellung bzw. Abberufung solcher Personen, die dem Arbeitgeber (insgesamt) verantwortlich für die Durchführung der Berufsbildung sind (HSW/*Worzalla* § 98 BetrVG Rdn. 23). Ein Bildungsbeauftragter, der lediglich für die Ermittlung des Bildungsbedarfs und die Koordination der Berufsbildung (im Berufsbildungsausschuss) verantwortlich ist, erfüllt diese Kriterien nicht. Er ist nicht „Ausbilder", sondern verwaltungstechnischer „Abwickler" der Berufsbildung.

Das Mitbestimmungsrecht gemäß § 98 Abs. 2 BetrVG wird vielfach als „atypisch" bezeichnet (vgl. nur Richardi/*Richardi/Thüsing* § 98 BetrVG Rdn. 22). Der Betriebsrat ist über die Bestellung einer mit der Durchführung der Berufsbildungsmaßnahmen beauftragten Person zunächst rechtzeitig und umfassend zu unterrichten (F/E/S/T/L § 98 Rdn. 19; GKBetrVG/*Raab* § 98 BetrVG Rdn. 15; *Ehrich* RdA 1993, 220, 223; s. § 4 Abs. (5) (f) des Formulars). Ihm steht dann die Möglichkeit zur Verfügung, der **Bestellung zu widersprechen oder die Abberufung nach erfolgter Bestellung zu verlangen.** Dazu kann der Betriebsrat sich jedoch ausschließlich auf die in § 98 Abs. 2 BetrVG genannten Gründe berufen, nämlich Fehlen der persönlichen oder fachlichen (insbesondere berufs- und arbeitspädagogischen) Eignung oder Vernachlässigung der Aufgaben. Die persönliche oder fachliche Eignung fehlt im Wesentlichen, wenn die im JArbSchG und im BBiG genannten Anforderungen an Ausbilder nicht erfüllt sind (*Ehrich* RdA 1993, 220, 221 f.; H/S/G/*Worzalla* § 98 BetrVG Rdn. 27 ff.; SWS § 98 BetrVG Rdn. 29 ff.; F/E/S/T/L § 98 Rdn. 16; GKBetrVG/*Raab* § 98 BetrVG Rdn. 17 ff.; Richardi/Richardi/*Thüsing* § 98 BetrVG Rdn. 27 ff.). Werden Abberufungsverlangen oder Widerspruch zur Bestellung auf die Vernachlässigung der Aufgaben gestützt, müssen schwerwiegende Gründe vorliegen. Dies folgt aus der Gleichwertigkeit dieses Grundes mit dem Fehlen der persönlichen oder fachlichen Eignung (GKBetrVG/*Raab* § 98 BetrVG Rdn. 19; D/K/K/*Buschmann* § 98 BetrVG Rdn. 10 f.; H/S/G/*Worzalla* § 98 BetrVG Rdn. 31–33; *Ehrich* RdA 1993, 220, 222).

Der Betriebsrat hat gegenüber dem Arbeitgeber konkrete Tatsachen vorzutragen, wonach das Vorliegen einer der beiden Widerspruchs-/Abberufungsgründe zumindest als möglich erscheint. Die bloße Wiederholung des Wortlauts des § 98 Abs. 2 BetrVG genügt hingegen nicht (*Ehrich* RdA 1993, 220, 223; F/E/S/T/L § 98 Rdn. 19).

Hält der Arbeitgeber dennoch an der Bestellung fest, kann der Betriebsrat gemäß § 98 Abs. 5 BetrVG beim zuständigen Arbeitsgericht den Antrag stellen, dem Arbeitgeber die Unterlassung der Bestellung oder die Abberufung aufzugeben. Führt der Arbeitgeber – trotz Vorliegens einer rechtskräftigen Entscheidung – die Bestellung durch, kann ihm auf Antrag des Betriebsrats ein Ordnungsgeld von bis zu EUR 10.000,– auferlegt werden. Bei Verweigerung der Abberufung – trotz Vorliegens einer rechtskräftigen Entscheidung – kann gegen den Arbeitgeber für jeden Tag der Zuwiderhandlung ein Zwangsgeld von bis zu EUR 250,– verhängt werden. Das Gericht prüft in beiden Fällen, ob die Voraussetzungen für Widerspruch oder Abberufungsverlangen nach § 98 Abs. 2 BetrVG vorliegen.

Umstritten ist, ob – im Falle des Widerspruchs zur Bestellung – auch der Arbeitgeber einen Antrag beim Arbeitsgericht einreichen kann. Entgegen dem Wortlaut des § 98 Abs. 5 BetrVG, der ein Antragsrecht nur dem Betriebsrat einräumt, gewährt eine zutreffende Ansicht in solchen Fällen auch dem Arbeitgeber ein eigenes Antragsrecht, um die Berechtigung des Widerspruchs des Betriebsrats überprüfen lassen zu können (LAG Berlin Beschl. v. 6. 1. 2000 – 10 TaBV 2213/99 – NZA-RR 2000, 370; Richardi/Richardi/*Thüsing* § 98 BetrVG Rdn. 35; F/E/S/T/L § 98 Rdn. 21; GK/BetrVG/*Raab* § 98 BetrVG Rdn. 29). Der Arbeitgeber, der nach dem Grundsatz der vertrauensvollen Zusammenarbeit handelt, kann nicht darauf verwiesen werden, die Gesetzeskonformität seines Vorgehens erst auf die Initiative seines Betriebspartners feststellen lassen zu können. Auch aus der Fürsorgepflicht für die betroffene Person folgt, dass dem Arbeitgeber ein eigenes Antragsrecht zustehen muss. Die abweichende Ansicht (vgl. *Ehrich* RdA 1993, 220, 224 m. weit. Nachw.; H/S/G/*Worzalla* § 98 BetrVG Rdn. 37) verweist zum einen auf den Gesetzeswortlaut, zum anderen darauf, dass eine individualrechtliche Wirkung dem Widerspruch des Betriebsrats nach § 98 Abs. 2 BetrVG nicht zukomme. Eine Untersagung der Bestellung erfolge schließlich erst durch rechtskräftigen Beschluss des Arbeitsgerichts. Weiter stelle eine Zuwiderhandlung des Arbeitgebers gegen einen (berechtigten) Widerspruch des Betriebsrats nach § 98 Abs. 2 BetrVG „lediglich" eine Pflichtverletzung im Sinne von § 23 Abs. 3 BetrVG dar. Im Ergebnis sei es dem Betriebsrat zudem unbenommen, gegen eine – trotz Widerspruchs – erfolgte Bestellung die Abberufung zu verlangen.

11. Einführung von Maßnahmen der betrieblichen Berufsbildung in besonderen Fällen (§ 97 Abs. 2 BetrVG). Die Wahrnehmung des Mitbestimmungsrechts nach § 97 Abs. 2 BetrVG durch den paritätischen Bildungsausschuss regelt § 4 Abs. (7) (c) des Formulars.

Einzig diese Regelung gibt dem Betriebsrat das Recht, die Durchführung von Bildungsmaßnahmen dem Arbeitgeber gegenüber zu fordern. Nur in Bezug auf den durch Änderungen der Tätigkeiten entstandenen Berufsbildungsbedarf hat der Betriebsrat demnach ein **Mitbestimmungsrecht auch über das „Ob" von Berufsbildungsmaßnahmen** (*Annuß* NZA 2001, 367, 368; *Franzen* NZA 2001, 865 ff.; *Löwisch* NZA 2001, Sonderbeilage zu Heft 24, S. 40, 44 f.; *Löwisch* BB 2001, 1790, 1795; *Reichold* NZA 2001, 857, 864). Die Einführung des § 97 Abs. 2 BetrVG durch das BetrVG-Reformgesetz ist im Zusammenhang mit § 102 Abs. 3 Nr. 4 BetrVG zu sehen. Danach kann der Betriebsrat einer Kündigung widersprechen, wenn die Weiterbeschäftigung des Arbeitnehmers nach einer zumutbaren Umschulungs- oder Fortbildungsmaßnahme möglich ist. Mit der Einführung des § 97 Abs. 2 BetrVG sollte dem Betriebsrat eine Einflussmöglichkeit in die Hand gegeben werden, durch die der Ausspruch einer Kündigung bereits im Vorfeld vermieden werden kann (BT-Drs. 14/5741, S. 49 f.; *Franzen* NZA 2001, 865, 866).

Das Mitbestimmungsrecht des Betriebsrats nach § 97 Abs. 2 BetrVG ist gegeben, wenn der **Arbeitgeber Maßnahmen plant oder durchführt**, die zu einer Änderung der Tätigkeit und zu veränderten Anforderungen an Kenntnisse und Fähigkeiten der Arbeitnehmer führen. Darunter fallen alle technischen oder organisatorischen Änderungen durch den Arbeitgeber (*F/E/S/T/L* § 97 Rdn. 13; H/S/G/*Worzalla* § 97 BetrVG Rdn. 7f) sowie auch personelle Maßnahmen (Umsetzung, Versetzung; vgl. *F/E/S/T/L* § 97 Rdn. 13; a.A. H/S/G/*Worzalla* § 97 BetrVG Rdn. 7e). Das Mitbestimmungsrecht des Betriebsrats nach § 97 Abs. 2 BetrVG wird also nicht durch „äußere" Umstände wie Alterung der Arbeitnehmer oder eine zeitweise Suspendierung des Arbeitsverhältnisses, etwa in der Elternzeit, und den dadurch entstandenen Schulungsbedarf ausgelöst (vgl. Richardi/Richardi/*Thüsing* § 97 BetrVG Rdn. 10; *F/E/S/T/L* § 97 Rdn. 12; GKBetrVG/*Raab* § 97 BetrVG Rdn. 20; H/S/G/*Worzalla* § 97 BetrVG Rdn. 7i). Vielmehr muss die Handlung des Arbeitgebers einen Bildungsbedarf verursachen, also kausal dafür sein.

Die Maßnahme muss weiter zu einer inhaltlichen oder funktionalen **Änderung der Tätigkeit von Arbeitnehmern** führen (*F/E/S/T/L* § 97 Rdn. 14; GKBetrVG/*Raab* § 97 BetrVG Rdn. 18 f.). Diese muss wiederum **geänderte Anforderungen an Kenntnisse und Fähigkeiten** der Arbeitnehmer zur Folge haben. Das dadurch entstehende Qualifikationsdefizit muss durch betriebliche Berufsbildungsmaßnahmen behebbar sein (H/S/G/*Worzalla* § 97 BetrVG Rdn. 7g; GKBetrVG/*Raab* § 97 BetrVG Rdn. 20; *F/E/S/T/L* § 97 Rdn. 15; *Franzen* NZA 2001, 865, 867). Nach zutreffender Ansicht (*Franzen* NZA 2001, 865, 867; GKBetrVG/*Raab* § 97 BetrVG Rdn. 21; H/S/G/*Worzalla* § 97 BetrVG Rdn. 7) muss die Durchführung von betrieblichen Berufsbildungsmaßnahmen auch erforderlich sein. Danach ist ein Mitbestimmungsrecht dann nicht gegeben, wenn den betroffenen Arbeitnehmern die notwendigen Kenntnisse schon durch eine einfache Unterrichtung i.S.d. § 81 BetrVG vermittelt werden können.

Die Maßnahme des Arbeitgebers muss zumindest **geplant** sein. Das bedeutet, dass ein Mitbestimmungsrecht des Betriebsrats durch unverbindliche Vorüberlegungen oder Planspiele noch nicht ausgelöst wird (H/S/G/*Worzalla* § 97 BetrVG Rdn. 7f.; GKBetrVG/*Raab* § 97 BetrVG Rdn. 17; *F/E/S/T/L* § 97 Rdn. 18; a.A. *Franzen* NZA 2001, 865, 866). Der Arbeitgeber muss für sich also eine Planungsentscheidung getroffen haben, die (spätestens) nach ihrer Umsetzung die Anforderungen an die Arbeitnehmer verändert.

Streitig ist, ob für das Vorliegen des Mitbestimmungsrechts gemäß § 97 Abs. 2 BetrVG ein **kollektiver Tatbestand** i.S.d. Rechtsprechung zu § 87 BetrVG vorliegen muss. Nach einer Ansicht ist wegen der Einordnung der betrieblichen Berufsbildung in die sozialen Angelegenheiten im BetrVG 1952 und wegen der Wesensgleichheit des Mitbestimmungsrechts aus § 97 Abs. 2 BetrVG mit dem aus § 87 BetrVG das Vorliegen eines kollektiven Tatbestandes zu fordern (*Franzen* NZA 2001, 865, 867f.; H/S/G/*Worzalla* § 97 BetrVG Rdn. 7e; Jaeger/Röder/Heckelmann/*Schuster* § 23 Rdn. 70). Nach anderer Ansicht (*F/E/S/T/L* § 97 Rdn. 16) erfasst § 97 Abs. 2 BetrVG personelle Angelegenheiten und zielt von daher bereits systematisch auf Einzelfälle ab. Gerade die enge Verknüpfung zu § 102 Abs. 3 Nr. 4 BetrVG spreche für eine individuelle Sichtweise und damit gegen die Notwendigkeit des Vorliegens eines kollektiven Sachverhaltes.

Das Mitbestimmungsrecht aus § 97 Abs. 2 BetrVG umfasst inhaltlich als echtes (erzwingbares) Mitbestimmungsrecht zunächst ein **Initiativrecht** des Betriebsrats. Nach der Unterrichtung durch den Arbeitgeber über geplante Maßnahmen im vorgenannten Sinne kann der Betriebsrat demnach vom Arbeitgeber die Einführung von betrieblichen Bildungsmaßnahmen fordern (*F/E/S/T/L* § 97 Rdn. 20; GKBetrVG/*Raab* § 97 BetrVG Rdn. 11; H/S/G/*Worzalla* § 97 BetrVG Rdn. 7b; *Löwisch* NZA 2001, Sonderbeilage zu Heft 24, S. 40, 44; *Löwisch* BB 2001, 1790, 1795; *Franzen* NZA 2001, 865, 866; *Konzen* RdA 2001, 76, 91). Nicht darunter fällt die Forderung nach der Einführung von betrieblichen Berufsbildungseinrichtungen noch nach der Einführung von außerbetrieblichen Berufsbildungsmaßnahmen (vgl. nur H/S/G/*Worzalla* § 97 BetrVG Rdn. 7k; GKBetrVG/*Raab* § 97 BetrVG Rdn. 13; *F/E/S/T/L* § 97 Rdn. 23 f.; Jaeger/Röder/Heckelmann/*Schuster* § 23 Rdn. 75; a.A. Richardi/Richardi/*Thüsing* § 97 BetrVG Rdn. 12, der auch externe Maßnahmen für umfasst hält). Nach überwiegender Ansicht ist das Mitbestimmungsrecht zudem durch die **Zumutbarkeit** der Berufsbildungsmaßnahme begrenzt (*Franzen* NZA 2001, 865, 867; Richardi/Richardi/*Thüsing* § 97 BetrVG Rdn. 12; *F/E/S/T/L* § 97 Rdn. 25; Jaeger/Röder/Heckelmann/*Schuster* § 23 Rdn. 73 sieht dies als Voraussetzung des Mitbestimmungsrechtes an).

4. Betriebliche Weiterbildung

Durch die Zielrichtung der Regelung wird bereits der abstrakte **Teilnehmerkreis** bestimmt, nämlich die Arbeitnehmer, die von der geplanten Maßnahme des Arbeitgebers betroffen sind (H/S/G/*Worzalla* § 97 BetrVG Rdn. 7 m; GKBetrVG/*Raab* § 97 BetrVG Rdn. 22; *Franzen* NZA 2001, 865, 868; F/E/S/T/L § 97 Rdn. 27). Unter Hinweis auf § 76 Abs. 5 S. 3 BetrVG wird allgemein eine zahlenmäßige Beschränkung des Teilnehmerkreises für zulässig erachtet, wenn ansonsten der Arbeitgeber finanziell überfordert würde. Dann soll dem Betriebsrat ein Mitbestimmungsrecht bezüglich der Teilnehmerauswahl zustehen (F/E/S/T/L § 97 Rdn. 27; GKBetrVG/*Raab* § 97 BetrVG Rdn. 22; H/S/G/*Worzalla* § 97 BetrVG Rdn. 7 m; *Franzen* NZA 2001, 865, 868 f.). Das Mitbestimmungsrecht umfasst auch die Qualifizierungsziele und -wege (F/E/S/T/L § 97 Rdn. 26; *Franzen* NZA 2001, 865, 868).

Die überwiegende Auffassung (*Franzen* NZA 2001, 865, 870; *Löwisch* NZA 2001, Sonderbeilage zu Heft 24, S. 40, 45; GKBetrVG/*Raab* § 97 BetrVG Rdn. 14; H/S/G/*Worzalla* § 97 BetrVG Rdn. 7 d; BAG Beschl. v. 12. 11. 1991 – 1 ABR 21/91 – AP Nr. 8 zu § 98 BetrVG 1972; Jaeger/Röder/Heckelmann/*Schuster* § 23 Rdn. 76) wendet den **Tarifvorbehalt** des § 87 Abs. 1 S. 1 BetrVG analog auf § 97 BetrVG an. Allgemeine Qualifizierungstarifverträge sind daher genau darauf zu überprüfen, ob sie auch abschließende Regelungen enthalten.

Aus § 97 Abs. 2 BetrVG folgt **kein individueller Bildungsanspruch** für die einzelnen Arbeitnehmer (Jaeger/Röder/Heckelmann/*Schuster* § 23 Rdn. 79). Es ist streng zwischen individual- und kollektivrechtlicher Ebene zu trennen (zutreffend *Franzen* NZA 2001, 865, 868).

Dieses Trennungsprinzip gilt auch im Hinblick auf die **Wirksamkeit einer Kündigung** bei Vorliegen der Tatbestandsvoraussetzungen des § 97 Abs. 2 BetrVG (ebenso *Franzen* NZA 2001, 865, 870 f.; *Buchner* NZA 2001, 633, 638; F/E/S/T/L § 97 Rdn. 37; GKBetrVG/*Raab* § 97 BetrVG Rdn. 29; Richardi/Richardi/*Thüsing* § 97 BetrVG Rdn. 16; unklar H/S/G/*Worzalla* § 97 BetrVG Rdn. 8 ff.; zweifelnd *Annuß* NZA 2001, 367, 368). Unterschiedlich bewertet wird die Rechtslage hingegen, wenn der Arbeitgeber trotz entsprechender Forderung des Betriebsrats keine berufsbildenden Maßnahmen unternimmt, sondern stattdessen Kündigungen ausspricht. Dann soll eine Kündigung (wegen mangelnder Qualifikation der Arbeitnehmer) aufgrund des Verstoßes gegen das ultima-ratio-Prinzip unwirksam sein (*Franzen* NZA 2001, 865, 870 f.; GKBetrVG/*Raab* § 97 BetrVG Rdn. 29; Richardi/Richardi/*Thüsing* § 97 BetrVG Rdn. 16; widersprüchlich H/S/G/*Worzalla* § 97 BetrVG Rdn. 8 ff., insbesondere Rdn. 8c).

Streitig ist auch, ob dem Betriebsrat bei Verstoß gegen das Mitbestimmungsrecht ein Unterlassungsanspruch, gerichtet auf das Unterlassen des Ausspruchs von Kündigungen, zusteht. Nach einer Ansicht kommt kein **Unterlassungsanspruch** des Betriebsrats gegen den Arbeitgeber in Betracht (GKBetrVG/*Raab* § 97 BetrVG Rdn. 30; Jaeger/Röder/Heckelmann/*Schuster* § 23 Rdn. 80). Die Zubilligung eines Unterlassungsanspruches würde dem Betriebsrat Sicherungsrechte einräumen, die den tatsächlichen Umfang des Mitbestimmungsrechts überträfen. Zudem bestehe hierfür keine Notwendigkeit, da der Betriebsrat über die Ausübung seines Widerspruchsrechts gemäß § 102 Abs. 3 Nr. 4 BetrVG die Position des Arbeitnehmers stärken könne. Eine andere Ansicht räumt dem Betriebsrat für den Fall von groben Verstößen den Unterlassungsanspruch gemäß § 23 Abs. 3 BetrVG ein, jedoch ohne diesen näher zu begründen (Richardi/*Richardi*/*Thüsing* § 97 BetrVG Rdn. 16). Eine dritte Auffassung schließlich räumt dem Betriebsrat einen umfassenden Unterlassungsanspruch ein, um Versuche des Arbeitgebers, das Mitbestimmungsrecht nach § 97 Abs. 2 BetrVG zu umgehen, zu verhindern (*Franzen* NZA 2001, 865, 870 f.; H/S/G/*Worzalla* § 97 BetrVG Rdn. 8 ff.; F/E/S/T/L § 97 Rdn. 36).

Kommt eine Mehrheitsentscheidung innerhalb des paritätischen Bildungsausschusses nicht zustande, fällt die Angelegenheit an den Betriebsrat zurück. Auf Antrag entscheidet nach § 97 Abs. 2 S. 2, 3 BetrVG die **Einigungsstelle** verbindlich.

12. Auswahl der Teilnehmer (§ 98 Abs. 3 BetrVG). § 98 Abs. 3 BetrVG sieht vor, dass der Betriebsrat auf die Auswahl der an einer Bildungsmaßnahme teilnehmenden Arbeitnehmer Einfluss nehmen kann.

Hintergrund des Mitbestimmungsrechts nach § 98 Abs. 3 BetrVG ist, dass der Betriebsrat die **Chancengleichheit** der Arbeitnehmer im Betrieb in Bezug auf Aufstiegs- und Fortbildungsmöglichkeiten gewährleisten soll (MünchHdbArbR/*Matthes* § 351 Rdn. 32; *F/E/S/T/L* § 98 Rdn. 28; GKBetrVG/*Raab* § 98 BetrVG Rdn. 21; *Viets* DB 1980, 2085; Jaeger/Röder/Heckelmann/*Schuster* § 23 Rdn. 87; Richardi/Richardi/*Thüsing* § 98 BetrVG Rdn. 55; BAG Beschl. v. 8. 12. 1987 – 1 ABR 32/86 – AP Nr. 4 zu § 98 BetrVG 1972 m. zust. Anm. *Kaiser* BB 1988, 2468). Dabei hat der Betriebsrat besonders auf die Gleichbehandlung von befristet und teilzeitbeschäftigten (§§ 10, 19 TzBfG) sowie älteren Arbeitnehmern und solchen mit Familienpflichten (§ 96 Abs. 2 BetrVG) zu achten.

Nach § 98 Abs. 3 BetrVG kann der Betriebsrat zunächst Vorschläge hinsichtlich der Teilnehmer einer Berufsbildungsmaßnahme unterbreiten, wenn der Arbeitgeber eine betriebliche Berufsbildungsmaßnahme durchführt oder ganz oder teilweise die Kosten für die Teilnahme an Berufsbildungsmaßnahmen erstattet oder die Arbeitnehmer zumindest für die Teilnahme an außerbetrieblichen Berufsbildungsmaßnahmen von ihren Arbeitspflichten freistellt. Die Regelung legt kein positives Konsensprinzip (so aber *Viets* DB 1980, 2085, 2086) fest, sondern gibt zunächst dem Arbeitgeber die Möglichkeit, die Teilnehmer von Berufsbildungsmaßnahmen selbst zu bestimmen. Erst nachdem der Betriebsrat eigene Vorschläge unterbreitet und er darüber keine Einigung mit dem Arbeitgeber erzielen hat, ist die Einigungsstelle zuständig (so zutreffend GKBetrVG/*Raab* § 98 BetrVG Rdn. 23; *Kraft* NZA 1990, 457, 461; *Eich* DB 1974, 2154, 2159; Richardi/Richardi/*Thüsing* § 98 BetrVG 58; BAG Beschl. v. 8. 12. 1987 – 1 ABR 32/86 – AP Nr. 4 zu § 98 BetrVG 1972; MünchHdbArbR/*Matthes* § 351 Rdn. 34). Die Einigungsstelle entscheidet dann über die Auswahl zwischen allen potentiellen Teilnehmern, also den vom Arbeitgeber und den vom Betriebsrat vorgeschlagenen Arbeitnehmern, muss dabei jedoch die mitbestimmungsfreie Entscheidung des Arbeitgebers über die Anzahl der Teilnehmer respektieren (vgl. nur BAG Beschl. v. 8. 12. 1987 – 1 ABR 32/86 – AP Nr. 4 zu § 98 BetrVG 1972).

Nach allgemeiner Ansicht kann der Arbeitgeber den Zweck der Berufsbildungsmaßnahme mitbestimmungsfrei festlegen (GKBetrVG/*Raab* § 98 BetrVG Rdn. 22; *F/E/S/T/L* § 98 Rdn. 31; Richardi/Richardi/*Thüsing* § 98 BetrVG Rdn. 57). Damit kann er im Ergebnis auch den in Frage kommenden Personenkreis vorbestimmen. Hat der Betriebsrat allerdings „eigene" Teilnehmervorschläge unterbreitet und kommt es nicht zu einer Einigung, muss die Einigungsstelle nach einheitlichen Auswahlkriterien entscheiden, welche der in Frage kommenden Arbeitnehmer an der Berufsbildungsmaßnahme teilnehmen sollen (*F/E/S/T/L* § 98 Rdn. 33 f.; GKBetrVG/*Raab* § 98 BetrVG Rdn. 24 f.).

Um möglichst zu einer einvernehmlichen Festlegung der Teilnehmer zu gelangen, werden dem paritätischen Bildungsausschuss **Kriterien,** die er bei seiner Entscheidung zu berücksichtigen hat, in einer bestimmten **Rangfolge** vorgegeben. Dadurch sollen Streitigkeiten über die einzelnen Teilnehmer im Rahmen eines – häufig ohnehin zu spät kommenden Einigungsstellenverfahrens – vermieden werden. Kommt eine Mehrheitsentscheidung im paritätischen Bildungsausschuss ausnahmsweise nicht zustande, fällt das Mitbestimmungsrecht an den Betriebsrat zurück. Ruft dieser die Einigungsstelle an, wird diese die angegebenen Kriterien ebenfalls zu berücksichtigen haben.

13. Durchführung. § 5 des Formulars regelt Veröffentlichungs- und Informationspflichten der Arbeitgeberseite im Vorfeld betrieblicher Weiterbildungsmaßnahmen und legt die Verpflichtung der Mitarbeiter zur Teilnahme fest. Schließlich wird die Bewertung der Teilnahme an Veranstaltungen kurz angesprochen. Hierzu können gegebenenfalls auch Detailregelungen im Rahmen des § 94 Abs. 2 BetrVG getroffen werden.

14. Kostentragung. Grundsätzlich ist der Betriebsrat nicht berechtigt, dem Arbeitgeber die **Kosten von Weiterbildungsmaßnahmen** aufzubürden. Ungeachtet dessen wird die Gesellschaft ohnehin regelmäßig die Kosten solcher Bildungsmaßnahmen tragen. Dabei kann sich der Arbeitgeber durchaus vorbehalten, im Einzelfall eine Kostenübernahme abzulehnen. Hinsichtlich der Erstattung von Fahrt-, Übernachtungs- und Verpflegungskosten sollten – wenn diese nicht bereits anderweitig geregelt sind (etwa in einer Reisekostenrichtlinie) – Grundsätze festgelegt werden.

Dem Betriebsrat steht ein Mitbestimmungsrecht darüber zu, ob und mit welchem Inhalt zwischen Arbeitgeber und Arbeitnehmer **Rückzahlungsklauseln** vereinbart werden (GKBetrVG/

Raab § 98 BetrVG Rdn. 12; Richardi/Richardi/*Thüsing* § 98 BetrVG Rdn. 14; Jaeger/Röder/Heckelmann/*Schuster* § 23 Rdn. 83).

Lediglich im Rahmen der **Bildungsmaßnahmen nach § 97 Abs. 2 BetrVG**, bei denen der Betriebsrat über das „ob" mitbestimmt, wird erörtert, ob das Mitbestimmungsrecht auch Fragen der Kostentragung umfasst (vgl. Richardi/*Richardi/Thüsing* § 97 BetrVG Rdn. 14). Eine Ansicht fordert aus einer Annexkompetenz zu § 97 BetrVG das Recht des Betriebsrats, mit der Frage über die Einführung der Berufsbildungsmaßnahme zugleich über die Kostentragung mit zu entscheiden (GKBetrVG/*Raab* § 97 BetrVG Rdn. 23; *Franzen* NZA 2001, 865, 869), während eine andere Ansicht (H/S/G/*Worzalla* § 97 BetrVG Rdn. 7 off.; Jaeger/Röder/Heckelmann/*Schuster* § 23 Rdn. 77) stattdessen auf das einzelvertragliche Verhältnis zwischen Arbeitgeber und Arbeitnehmer abstellt. In jedem Falle kann der Arbeitgeber auch hier – ohne Mitbestimmung des Betriebsrats – mit den Arbeitnehmern Rückzahlungsklauseln vereinbaren (GKBetrVG/*Raab* § 97 BetrVG Rdn. 23; *Franzen* NZA 2001, 865, 870; F/E/S/T/L § 97 Rdn. 32). Auch hat der Betriebsrat kein Mitbestimmungsrecht bei der Frage, ob der Arbeitgeber die Berufsbildungsmaßnahme während oder außerhalb der Arbeitszeit durchführt (*Franzen* NZA 2001, 865, 869; H/S/G/*Worzalla* § 97 BetrVG Rdn. 7 q; Jaeger/Röder/Heckelmann/*Schuster* § 23 Rdn. 77).

15. Inkrafttreten und Kündigung. S. Form. C. II. 26 Anm. 8.
16. Schlussbestimmungen. S. Form. C. II. 1 Anm. 16.

5. Betriebsordnung[1]

Betriebsvereinbarung zur betrieblichen Ordnung

zwischen
...... (Name und Anschrift der Gesellschaft) „Gesellschaft"
und
Betriebsrat der ...... (Name der Gesellschaft) „Betriebsrat"[2]

Präambel

Diese Betriebsvereinbarung regelt die Ordnung des Betriebes, also die Art und Weise der betrieblichen Zusammenarbeit. Sie dient insbesondere der Gleichbehandlung und damit der Sicherung des friedlichen Miteinanders der Mitarbeiter, dem Ausgleich der verschiedenen Interessen der Mitarbeiter, dem Gesundheits-, Geheimnis- und Eigentumsschutz.

§ 1 Geltungsbereich[3]

Diese Betriebsvereinbarung gilt persönlich für alle Arbeitnehmer des Betriebs ...... der Gesellschaft („Mitarbeiter"), mit Ausnahme der leitenden Angestellten im Sinne des § 5 Abs. 3 BetrVG.

§ 2 Aufenthalt auf dem Betriebsgelände, Kontrolle[4]

(1) Die Mitarbeiter dürfen sich auf dem Betriebsgelände nur während der Arbeitszeit aufhalten.

(2) Das Betriebsgelände darf nur durch die hierfür bestimmten Ein- und Ausgänge betreten und verlassen werden.

(3) Betriebsfremde Personen, darunter auch Angehörige von Mitarbeitern, haben sich beim Empfang unter Angabe ihres Namens, ihres Anliegens und ihrer Kontaktperson zu melden. Sie dürfen nur nach Erhalt eines vom Empfang ausgestellten Besucherausweises das Betriebsgelände durch die dafür bestimmten Ein- und Ausgänge betreten. Der Besu-

cherausweis ist sichtbar auf der Kleidung zu tragen. Beim Verlassen des Betriebsgeländes ist der Besucherausweis zurückzugeben. Die Mitarbeiter achten darauf, dass diese Regelungen durch betriebsfremde Personen eingehalten werden.

(4) Zum Schutz des betrieblichen und persönlichen Eigentums ist die Gesellschaft berechtigt, Kontrollen der Mitarbeiter und der von diesen mitgeführten Gegenstände durchzuführen. Bei Kraftfahrzeugen erstreckt sich dieses Recht auf den Innenraum und den Kofferraum.

(5) Bei dringendem Verdacht einer strafbaren Handlung kann auch eine Leibeskontrolle vorgenommen werden. Diese wird in einem gesonderten Raum durch eine Person des gleichen Geschlechtes unter Ausschluss der Öffentlichkeit durchgeführt.

§ 3 Firmenausweise[5]

(1) Jeder Mitarbeiter erhält einen Firmenausweis. Dieser steht im Eigentum der Gesellschaft. Der Firmenausweis darf nicht an Dritte weitergegeben werden. Bei Beendigung des Arbeitsverhältnisses ist der Firmenausweis der Gesellschaft zurückzugeben.

(2) Der Firmenausweis ist pfleglich zu behandeln. Der Verlust des Firmenausweises ist der Gesellschaft unverzüglich zu melden. Bei vorsätzlicher Beschädigung trägt der Mitarbeiter die Kosten für die Neuausstellung.

(3) Der Firmenausweis ist beim Betreten des Betriebsgeländes stets unaufgefordert vorzuzeigen und während des Aufenthaltes auf dem Betriebsgelände immer sichtbar zu tragen.

§ 4 Parkplatz[6]

(1) Die Gesellschaft stellt einen Betriebsparkplatz zur Verfügung. Das Parken ist nur auf den hierfür gekennzeichneten Stellen auf dem Betriebsparkplatz gestattet.

(2) Als Besucher- und Sonderparkplätze ausgewiesene Flächen dürfen nicht von den Mitarbeitern, sondern nur von den dazu Berechtigten benutzt werden.

(3) Die Mitarbeiter sind verpflichtet, die amtlichen Kennzeichen der auf dem Betriebsparkplatz abgestellten Fahrzeuge der Gesellschaft mitzuteilen.

(4) Auf dem Betriebsgelände gelten die Vorschriften der Straßenverkehrsordnung.

(5) Verbotswidrig geparkte oder abgestellte Fahrzeuge und Fahrräder werden auf Kosten des Mitarbeiters entfernt.

§ 5 Rauchverbot[7]

(1) Auf dem gesamten Betriebsgelände besteht grundsätzlich Rauchverbot.

(2) Das Rauchen ist ausschließlich auf den dafür ausgewiesenen Flächen sowie in den gesondert ausgewiesenen Raucherräumen gestattet.

§ 6 Verbot von Alkohol[8] und Drogen[9]

(1) Auf dem gesamten Betriebsgelände sind der Besitz und der Konsum von alkoholischen Getränken und Drogen strengstens verboten.

(2) Abweichend von vorstehendem Abs. (1) ist zu besonderen Gelegenheiten (Geburtstage, Jubiläen, Betriebsfeiern) der Konsum von alkoholischen Getränken in Maßen erlaubt, jedoch nur nach vorheriger Zustimmung des jeweiligen Vorgesetzten.

(3) Es ist verboten, das Betriebsgelände in alkoholisiertem Zustand oder unter Drogeneinfluss zu betreten. Alle Mitarbeiter haben sich auch in ihrer Freizeit und den Arbeitspausen so zu verhalten, dass sie zum Zeitpunkt ihres Arbeitsantrittes nüchtern und frei von Drogeneinwirkungen sind.

(4) Liegen konkrete Anhaltspunkte dafür vor, dass ein Mitarbeiter unter Alkohol- oder Drogeneinfluss steht, wird die Gesellschaft darauf hinwirken, dass der Mitarbeiter sich einem ärztlichen Alkohol- oder Drogentest unterzieht.

§ 7 Gesundheitliche Eignung, Arbeitsunfähigkeit[10]

(1) Jeder Mitarbeiter muss sich vor seiner Einstellung einer ärztlichen Eignungsprüfung unterziehen. Gegenstand dieser Eignungsprüfung ist die gesundheitliche Eignung des Mitarbeiters für den konkreten Arbeitsplatz.

(2) Der Mitarbeiter kann diese Eignungsprüfung beim Betriebsarzt oder einem Arzt seines Vertrauens ausführen lassen. Im letzten Fall trägt der Mitarbeiter die Kosten der Eignungsprüfung. Der Mitarbeiter erhält dazu eine Arbeitsplatzbeschreibung von der Personalabteilung, die er dem die Eignungsprüfung durchführenden Arzt vorzulegen hat.

(3) Jeder Mitarbeiter hat spätestens am dritten Krankheitstag eine ärztliche Arbeitsunfähigkeitsbescheinigung vorzulegen. Dauert die Arbeitsunfähigkeit über den darin angegebenen Zeitraum hinaus an, hat der Mitarbeiter eine neue Arbeitsunfähigkeitsbescheinigung spätestens am ersten Tag des verlängerten Krankheitszeitraums vorzulegen.

(4) Hat ein Mitarbeiter im laufenden Kalenderjahr mehr als …… Tage krankheitsbedingt gefehlt, so führt der Vorgesetzte mit ihm ein Krankengespräch. Der Mitarbeiter kann auf eigenen Wunsch zu diesem Gespräch ein Mitglied des Betriebsrats sowie den Arzt seines Vertrauens hinzuziehen.

(5) Inhalt und Verlauf des Krankengesprächs gemäß vorstehendem Abs. (4) sind in einem Protokoll schriftlich festzuhalten, das von allen Beteiligten zu unterzeichnen ist. Das Protokoll wird für die Dauer von zwei Jahren zur Personalakte des Mitarbeiters genommen.

§ 8 Meldepflichten[11]

(1) Die Mitarbeiter sind verpflichtet, Änderungen der persönlichen Verhältnisse, die für das Arbeitsverhältnis bedeutsam sind, unverzüglich der Personalabteilung zu melden und durch die Vorlage entsprechender Unterlagen nachzuweisen.

(2) Die Mitarbeiter sind verpflichtet, Arztbesuche während der Arbeitszeit von dem Arzt unter Verwendung des als Anlage 1 beigefügten Formulars bescheinigen zu lassen. Macht der Arzt für das Ausfüllen des Formulars Kosten geltend, so werden diese von der Gesellschaft bis zu einem Betrag von EUR …… (in Worten: Euro ……) übernommen.

§ 9 Bekanntmachungen der Gesellschaft

(1) Alle Bekanntmachungen der Gesellschaft werden im Intranet veröffentlicht.

(2) Mit Ablauf von 14 Tage nach der Erstveröffentlichung wird vermutet, dass alle Mitarbeiter von der Bekanntmachung Kenntnis erlangt haben.

(3) Sonstige Veröffentlichungen im Betrieb[12] bedürfen der vorherigen Zustimmung der Gesellschaft, soweit nicht eine der folgenden Ausnahmen vorliegt:
- Es handelt sich um eine Veröffentlichung des Betriebsrats im Rahmen der Wahrnehmung seiner Amtsgeschäfte;
- es handelt sich um eine Veröffentlichung einer Gewerkschaft, die in Inhalt, Art und Umfang zur Verwirklichung der gewerkschaftlichen Aufgaben erforderlich ist und die Betriebsabläufe und den Betriebsfrieden nicht beeinträchtigt.

§ 10 Abtretung/Verpfändung von Entgeltansprüchen[13]

(1) Die Abtretung und Verpfändung von Entgeltansprüchen ist unzulässig.

(2) Die Gesellschaft ist berechtigt, für die Bearbeitung jeder einzelnen Entgeltpfändung monatlich eine Pauschale in Höhe von EUR …… (in Worten: Euro ……) sowie für jede einzelne durch die Entgeltpfändung verursachte Überweisung einen Betrag in Höhe von EUR …… (in Worten: Euro ……) vom Entgelt des Mitarbeiters einzubehalten.

§ 11 Beschwerde

(1) Alle Mitarbeiter haben das Recht, sich bei den zuständigen Stellen zu beschweren, wenn sie sich von der Gesellschaft oder von anderen Mitarbeitern des Betriebes benach-

teiligt oder ungerecht behandelt oder in sonstiger Weise beeinträchtigt fühlen. Die beschwerdeführenden Mitarbeiter können ein Mitglied des Betriebsrats zur Unterstützung oder Vermittlung hinzuziehen.

(2) Beschwerden hat die Gesellschaft unverzüglich zu prüfen; sie hat Stellungnahmen der anderen Beteiligten einzuholen.

(3) Dem beschwerdeführenden Mitarbeiter ist die Behandlung der Beschwerde schriftlich mitzuteilen.

(4) Den Mitarbeitern darf aus der Einlegung einer Beschwerde kein Nachteil entstehen.

(5) § 85 BetrVG bleibt unberührt.

§ 12 Compliance, Ethikrichtlinien[14]

(1) Alle Mitarbeiter haben sich so zu verhalten, dass die Kundenbeziehungen und die betriebliche Zusammenarbeit gefördert werden.

(2) Die Mitarbeiter sind verpflichtet, im Rahmen ihrer Tätigkeit die jeweils geltenden Gesetze einzuhalten.

(3) Die Mitarbeiter sind verpflichtet, die für die Gesellschaft geltenden Ethikrichtlinien gemäß Anlage 2 zu beachten.

(4) Interessenkonflikte zwischen den persönlichen Interessen der Mitarbeiter und den Interessen der Gesellschaft sind zu vermeiden. Den Mitarbeitern ist es untersagt, direkt oder indirekt Beteiligungen an Unternehmen zu halten oder Tätigkeiten für Unternehmen auszuüben, die mit der Gesellschaft oder mit verbundenen Unternehmen in einer Geschäftsbeziehung oder im Wettbewerb stehen. Alle Mitarbeiter (*Alternative:* Mitarbeiter, die in den Bereichen ...... tätig sind) sind verpflichtet, die in Anlage 3 beigefügte Erklärung zu Interessenkonflikten jeweils zum 30. Juni eines jeden Jahres auszufüllen und der Personalabteilung zu übergeben. Sollten zwischen diesen Abgabedaten Änderungen eintreten, die gemäß Anlage 3 anzugeben sind, hat jeder Mitarbeiter umgehend eine aktualisierte Erklärung nachzureichen.

(5) Allen Mitarbeitern ist es untersagt, Geschenke von Unternehmen oder deren Mitarbeitern anzunehmen, die in einer Geschäftsbeziehung mit der Gesellschaft oder mit verbundenen Unternehmen stehen oder solche Geschäftsbeziehungen anbahnen wollen, soweit der Wert des Geschenkes einzeln einen Betrag von EUR ...... (in Worten: Euro ......) oder der Wert aller Geschenke zusammen im Kalenderjahr einen Betrag von EUR ...... (in Worten: Euro ......) übersteigt. Die Annahme jedes Geschenkes – unabhängig von dessen Wert – ist unverzüglich dem jeweiligen Vorgesetzten anzuzeigen.

§ 13 Betriebsbußen[15]

(1) Verstöße gegen die Bestimmungen dieser Betriebsordnung oder anderer Betriebsvereinbarungen können durch Verwarnung, Verweis und Geldbußen geahndet werden (Betriebsbußen).

(2) Vor Verhängung einer Betriebsbuße ist der betroffene Mitarbeiter von der Gesellschaft anzuhören. Der Mitarbeiter kann dabei ein Betriebsratsmitglied oder einen Rechtsanwalt hinzuziehen.

(3) Betriebsbußen bedürfen der Zustimmung des Betriebsrats. Die Art der Betriebsbuße und ihr Ausmaß sind an der Schwere des Tatvorwurfes zu orientieren.

(4) Geldbußen werden bei der nächsten Entgeltabrechnung von der Gesellschaft einbehalten. Die Geldbußen werden monatlich an die ...... (Bezeichnung einer Stiftung/betrieblichen Sozialeinrichtung) überwiesen.

(5) Das Recht zur Verhängung individualrechtlicher Maßnahmen bleibt unberührt.

5. Betriebsordnung   C. II. 5

§ 14 Inkrafttreten, Kündigung[16]

(1) Diese Betriebsvereinbarung tritt am ...... in Kraft. Sie kann mit einer Frist von sechs Monaten zum Ende eines Kalenderjahres gekündigt werden. Danach behält die Betriebsvereinbarung bis zum Abschluss einer neuen Betriebsvereinbarung ihre Gültigkeit.

(2) Die Kündigung bedarf der Schriftform.

§ 15 Schlussbestimmungen[17]

(1) Diese Betriebsvereinbarung löst alle eventuellen vorherigen Betriebsvereinbarungen über die betriebliche Ordnung, insbesondere ......, ab. Mündliche Nebenabreden bestehen nicht. Änderungen oder Ergänzungen dieser Betriebsvereinbarung, einschließlich dieser Bestimmung, bedürfen zu ihrer Wirksamkeit der Schriftform.

(2) Sollte eine Bestimmung dieser Betriebsvereinbarung ganz oder teilweise unwirksam sein oder werden, so wird hiervon die Wirksamkeit der übrigen Bestimmungen nicht berührt. Anstelle der unwirksamen Bestimmung werden die Betriebspartner die gesetzlich zulässige Bestimmung vereinbaren, die dem mit der unwirksamen Bestimmung Gewollten wirtschaftlich am nächsten kommt. Dasselbe gilt für den Fall einer vertraglichen Lücke.

(3) Diese Betriebsvereinbarung steht unter dem Vorbehalt etwaiger ablösender – auch freiwilliger – Betriebsvereinbarungen.

(4) Sollten sich die dieser Betriebsvereinbarung zugrunde liegenden tatsächlichen oder rechtlichen Bedingungen grundlegend ändern, so werden die Betriebspartner unverzüglich in Verhandlungen treten mit dem Ziel, die Betriebsvereinbarung an die geänderten Bedingungen anzupassen.

....
Ort, Datum   Ort, Datum
....
Unterschrift der Gesellschaft   Unterschrift des Betriebsrats

Anlage 1

Bescheinigung des behandelnden Arztes zur Vorlage beim Arbeitgeber

Name des Mitarbeiters: ......

Der Mitarbeiter hat mich am ...... in der Zeit von ...... bis ...... zur Behandlung aufgesucht. Die Behandlung musste während der Arbeitszeit des Mitarbeiters ausgeführt werden, da ....

......
Ort, Datum
......
Praxisstempel und Unterschrift des Arztes

Anlage 3

Erklärung zu Interessenkonflikten

Name des Mitarbeiters: ......

Ich gebe hiermit im Hinblick auf möglicherweise bestehende Interessenkonflikte folgende Erklärung ab über Beteiligungen an und Tätigkeiten für Unternehmen, die mit der Gesellschaft oder mit verbundenen Unternehmen in einer Geschäftsbeziehung oder in einem Wettbewerbsverhältnis stehen:

C. II. 5

II. Betriebsvereinbarungen

Es besteht eine Beteiligung an/Tätigkeit für:
...... (Name des Unternehmens)
...... (Anschrift des Unternehmens)
...... (Tätigkeitsbereich des Unternehmens)

Art der Beteiligung/Tätigkeit (Zutreffendes bitte ankreuzen):
☐ alleiniger Eigentümer
☐ Teilhaber (offen)
☐ Teilhaber (verdeckt)
☐ Teilhaber mittels Treuhänder
☐ Aktienbesitz (nicht börsennotierte Gesellschaft)
☐ Aktienbesitz (mehr als ...... % des Stammkapitals bei börsennotierter Gesellschaft)
☐ Gläubiger
☐ Arbeitnehmer
☐ Dienstleister
☐ Sonstiges: ......

Die Beteiligung wird gehalten/die Tätigkeit wird ausgeübt von ......
(Persönliche Beteiligungen/Tätigkeiten des Mitarbeiters und Beteiligungen/Tätigkeiten, die von Angehörigen 1. Grades oder Ehegatten/Lebensgefährten/Lebenspartnern gehalten oder ausgeübt werden, sind anzugeben)

☐ Es besteht keine Beteiligung/Tätigkeit, die einen möglichen persönlichen Interessenkonflikt begründet.
☐ Der Beteiligung/Tätigkeit wurde von ......(Name des Vorgesetzten) am ...... zugestimmt.
☐ Ich beantrage hiermit die Zustimmung zu der oben genannte Beteiligung/Tätigkeit.

Diese Erklärung besteht aus ...... Seiten (für jede Beteiligung/Tätigkeit ist eine gesonderte Erklärung abzugeben). Sie enthält alle Beteiligungen und Tätigkeiten, wegen derer ein persönlicher Interessenkonflikt bestehen könnte.

....
Ort, Datum   Unterschrift des Mitarbeiters

Schrifttum: Adam, Sanktion, Prognoseprinzip und Vertragsstörung bei der verhaltensbedingten Kündigung im Arbeitsrecht, NZA 1998, 284; *Bengelsdorf*, Illegale Drogen im Betrieb, NZA-RR 2004, 113; *Bengelsdorf*, Alkohol im Betrieb – Die Aufgaben des Vorgesetzten, NZA 1999, 1304; *Bengelsdorf*, Illegale Drogen im Betrieb, NZA-RR 2004, 113; *Bergwitz*, Das betriebliche Rauchverbot, NZA-RR 2004, 169; *Börgmann*, Arbeitsrechtliche Aspekte des Rauchens im Betrieb, RdA 1993, 275; *Borgmann*, Ethikrichtlinien und Arbeitsrecht, NZA 2003, 352; *Brox*, Anmerkung zu BAG Beschl. v. 17. 10. 1989 – 1 ABR 100/88 – AP Nr. 12 zu § 87 BetrVG 1972 – Betriebsbuße; *Buchner*, Nichtraucherschutz am Arbeitsplatz – Die neue Schutzregelung des § 3a Arbeitsstättenverordnung, BB 2002, 2382; *Deckers/Deckers*, Die Beteiligungsrechte des Betriebsrats beim Testkauf, NZA 2004, 139; *Diller/Powietzka*, Drogenscreenings und Arbeitsrecht, NZA 2001, 1227; *Ehler*, Mitbestimmung des Betriebsrats bei so genannten Krankengesprächen, BB 1992, 1926; *Eich*, Aids und Arbeitsrecht, NZA 1987, Beilage 2, S. 10; *Fenge*, Arztbesuch-Kontrolle mitbestimmungspflichtig? BB 1981, 1336; *Fleck*, Suchtkontrolle am Arbeitsplatz, BB 1987, 2029; *Fleck/Körkel*, Der Rückfall von Alkoholabhängigen im Arbeitsrecht, DB 1990, 274; *Fuchs*, Das betriebliche Rauchverbot, BB 1977, 299; *Glaubitz*, Alkohol im Betrieb, BB 1979, 579; *Glaubitz*, Anmerkung zu BAG Beschl. v. 22. 10. 1985 – 1 ABR 38/83 – AP Nr. 18 zu § 87 BetrVG Lohngestaltung – AP Nr. 7 zu § 87 BetrVG 1972 Betriebsbuße; *Gottwald*, Verhaltensbedingte Kündigung bei krankhaftem Alkoholismus, NZA 1997, 635; *Hanau*, Allgemeine Grundsätze der betrieblichen Mitbestimmung, RdA 1973, 281; *Gaumann*, Ausgabe von Werksausweisen bei Erhaltungsarbeiten im Arbeitskampf – ein mitbestimmungspflichtiger Tatbestand?, NZA 2001, 245; *Hannewald*, Wer trägt die Bearbeitungskosten einer Lohnpfändung?, NZA 2001, 19; *Heinze*, Zur Abgrenzung von Betriebsbuße und Abmahnung, NZA 1990, 169; *Hemming*, Die alkoholbedingte Kündigung, BB 1998, 1998; *Herschel*, Anmerkung zu BAG Urt. v. 28. 4. 1984 – 7 AZR 962/79 – AP Nr. 4 zu § 87 BetrVG 1972 Betriebsbuße; *Herschel*, Anmerkung zu BAG Urt. v. 7. 11. 1979 – 5 AZR 962/71 – AP Nr. 3 zu § 87 BetrVG 1972 Betriebsbuße; *v. Hoyningen-Huene*, Alkoholmissbrauch und Kündigung, DB 1995, 142; *Hümmerich*, Gestaltung von Arbeitsverträgen nach der Schuldrechtsreform, NZA 2003, 753; *Keller*, Die ärztliche Untersuchung des Arbeitnehmers im Rah-

5. Betriebsordnung C. II. 5

men des Arbeitsverhältnisses, NZA 1988, 561; *Koch*, Aids, ein Dauerthema – auch im Arbeitsleben, NZA 1987, Beilage 2, S. 2; *Konzen*, Anmerkung zu BAG Urt. v. 5. 12. 1975 – 1 AZR 94/74 – AP Nr. 1 zu § 87 BetrVG 1972 Betriebsbuße; *Kraft*, Sanktionen im Arbeitsverhältnis, NZA 1989, 777; *Kramer*, Die Vorlage der Arbeitsunfähigkeitsbescheinigung, BB 1996, 1662; *Kreßel*, Parkplätze für Betriebsangehörige, RdA 1992, 169; *Künzl*, Alkohol im Betrieb, BB 1993, 1581; *Lichtenberg/Schücking*, Stand der arbeitsrechtlichen Diskussion zur HIV–Infektion und Aids-Erkrankung, NZA 1990, 41; *Lorenz*, Nichtraucherschutz am Arbeitsplatz, DB 2003, 721; *Löwisch*, Der Erlass von Rauchverboten zum Schutz von Passivrauchen am Arbeitsplatz, DB 1979, Beilage Nr. 1 zu Heft 8, S. 1; *Maschmann*, Zuverlässigkeitstest durch Verführung illoyaler Mitarbeiter?, NZA 2002, 13; *Molkentin*, Das Recht auf Arbeitsverweigerung bei Gesundheitsgefährdung des Arbeitsplatzes, NZA 1997, 849; *Mummenhoff*, Rauchen am Arbeitsplatz, RdA 1976, 364; *Pfarr*, Anmerkung zu BAG Urt. v. 30. 1. 1979 – 1 AZR 342/76 – AP Nr. 2 zu § 87 BetrVG 1972 Betriebsbuße; *Raab*, Mitbestimmung des Betriebsrats bei der Einführung und Ausgestaltung von Krankengesprächen, NZA 1993, 193; *Richardi*, Arbeitsrechtliche Probleme bei Einstellung und Entlassung Aids-infizierter Arbeitnehmer, NZA 1988, 73; *Röckl/Fahl*, Kündigung nach heimlicher Videoüberwachung, NZA 1998, 1035; *Schaub*, Rechtsfragen der Arbeitsunfähigkeitsbescheinigung nach dem Entgeltfortzahlungsgesetz, BB 1994, 1629; *Waltermann*, Gestaltung von Arbeitsbedingungen durch Vereinbarung mit dem Betriebsrat, NZA 1996, 357; *Wellenhofer-Klein*, Der rauchfreie Arbeitsplatz – Was bringt die Änderung der Arbeitsstättenverordnung?, RdA 2003, 155; *Willemsen/Brune*, Alkohol im Arbeitsrecht, DB 1988, 2304; *Wißmann*, Leitlinien aktueller Rechtsprechung zur Betriebsverfassung, NZA 2003, 1; *Wolber*, Alkohol und Leistungsgewährung in der gesetzlichen Unfallversicherung, NZA 1988, 233; *Worzalla*, Die Anzeige- und Nachweispflichten nach § 5 I EFZG, NZA 1996, 61.

Anmerkungen

1. Regelungsinhalt. Nach seinem Wortlaut unterwirft § 87 Abs. 1 Nr. 1 BetrVG jedes Verhalten der Arbeitnehmer im Betrieb der Mitbestimmung. Dies würde auch die Art und Weise der Erbringung der Arbeitsleistung selbst erfassen. Das **Arbeitsverhalten** der Arbeitnehmer soll aber nach dem Zweck des Mitbestimmungsrechts von einer Beteiligung des Betriebsrats frei sein. Es ist berührt, wenn der Arbeitgeber kraft seiner Organisations- und Leitungsmacht näher bestimmt, welche Arbeiten auszuführen sind und in welcher Weise das geschehen soll. Mitbestimmungsfrei sind deshalb solche Anordnungen, mit denen die Arbeitspflicht unmittelbar konkretisiert und damit abgefordert wird (BAG Beschl. v. 28. 5. 2002 – 1 ABR 32/01 – AP Nr. 39 zu § 87 BetrVG 1972 Ordnung des Betriebes; BAG Beschl. v. 8. 6. 1999 – 1 ABR 67/98 – AP Nr. 31 zu § 87 BetrVG 1972 Ordnung des Betriebes).

Gegenstand des Mitbestimmungsrechts ist das betriebliche Zusammenleben und Zusammenwirken (**Ordnungsverhalten**) der Arbeitnehmer. Zweck des Mitbestimmungsrechts nach § 87 Abs. 1 Nr. 1 BetrVG ist es nämlich, den Arbeitnehmern durch den Betriebsrat eine gleichberechtigte Teilhabe an der Gestaltung des betrieblichen Zusammenlebens zu gewähren (BAG Beschl. v. 18. 4. 2000 – 1 ABR 22/99 – AP Nr. 33 zu § 87 BetrVG 1972 Überwachung). Zur Gestaltung der Ordnung des Betriebes zählen somit sowohl verbindliche Verhaltensregeln als auch Maßnahmen, die das Verhalten der Arbeitnehmer in Bezug auf die betriebliche Ordnung betreffen und berühren. Ausreichend ist es, wenn eine solche Maßnahme darauf gerichtet ist, die vorgegebene Ordnung des Betriebes zu gewährleisten und aufrechtzuerhalten.

Ob das mitbestimmungsfreie Arbeitsverhalten oder das mitbestimmungspflichtige Ordnungsverhalten betroffen ist, beurteilt sich dabei nicht nach den subjektiven Vorstellungen, die den Arbeitgeber zu einer Maßnahme bewogen haben (BAG Beschl. v. 8. 11. 1994 – 1 ABR 22/94 – AP Nr. 33 zu § 87 BetrVG1972 Ordnung des Betriebes). Entscheidend ist der jeweilige **objektive Regelungszweck**. Dieser bestimmt sich nach dem Inhalt der Maßnahme sowie nach der Art des zu beeinflussenden betrieblichen Geschehens. Wirkt sich eine Maßnahme zugleich auf das Ordnungs- und das Arbeitsverhalten aus, so kommt es darauf an, welcher Regelungszweck überwiegt.

Grundlegende Regelungen zum Ordnungsverhalten werden häufig in einer Betriebsordnung zusammengefasst. Das Formular greift nur einige Regelungsbeispiele auf, die für eine Vielzahl von Betrieben unterschiedlicher Branchen und Größenordnungen von Interesse sein dürften.

2. Verhandlungspartner. Soweit die Regelungen der Betriebsvereinbarung Mitbestimmungsrechte des Betriebsrats insbesondere nach § 87 Abs. 1 Nr. 1 BetrVG, berühren, ist grundsätzlich der örtliche Betriebsrat zuständig (Richardi/*Richardi* § 87 BetrVG Rdn. 82). Eine Zuständigkeit des Gesamtbetriebsrats ist – abgesehen von der Delegation gemäß § 50 Abs. 2 BetrVG – allein dann eröffnet, wenn eine Regelung der Materie nur unternehmensweit erfolgen kann oder zwingend erforderlich ist (Richardi/*Richardi* § 87 BetrVG Rdn. 83). Dies ist bei einer Betriebsordnung regelmäßig nicht der Fall.

3. Geltungsbereich. S. Form C. II. 1 Anm. 6.

4. Kontrollmaßnahmen. Vor dem Hintergrund zunehmender Diebstähle kann es erforderlich sein, die von den Mitarbeitern mitgeführten Gegenstände zu kontrollieren. Derartige Kontrollen können nicht nur im Falle des Verdachts von Straftaten, sondern präventiv eingesetzt werden (vgl. BAG Urt. v. 12. 8. 1999 – 2 AZR 923/98 – AP Nr. 28 zu § 626 BGB Verdacht strafbarer Handlung).

Soweit der Arbeitgeber stichprobenartige **Taschenkontrollen** anordnet, um Arbeitnehmer oder Arbeitnehmergruppen Untersuchungen zu unterziehen, die Eigentumsdelikte zu seinem Nachteil aufdecken sollen, ist diese Anordnung mit der einer allgemeinen Torkontrolle zu vergleichen, die ganz überwiegend als mitbestimmungspflichtige Maßnahme der Ordnung des Betriebs und des Verhaltens der Arbeitnehmer im Betrieb (§ 87 Abs. 1 Nr. 1 BetrVG) angesehen wird (BAG Urt. v. 12. 8. 1999 – 2 AZR 923/98 – AP Nr. 28 zu § 626 BGB Verdacht strafbarer Handlungen).

Bei der Frage, welche Arbeitnehmer in welchen Zeitabständen kontrolliert werden, ist der Grundsatz der **Gleichbehandlung** zu berücksichtigen. Voraussetzung für die Zulässigkeit von Kontrollmaßnahmen ist die gleichmäßige Behandlung der Arbeitnehmer (LAG Mannheim Urt. v. 28. 10. 1953 – Sa 44/53 – AP Nr. 1 zu § 242 BGB Gleichbehandlung). Wird ein Arbeitnehmer häufiger als andere Arbeitnehmer kontrolliert, weil die Prüfpersonen ihn ohne objektiven Grund für verdächtig halten, so ist die Kontrolle auf individualrechtlicher Ebene unzulässig. Weigert sich in einem solchen Fall der Arbeitnehmer, eine Durchsuchung zu dulden, liegt weder ein Grund für eine fristlose Entlassung vor, noch ist eine ordentliche Kündigung gerechtfertigt. Um dies zu vermeiden, bietet es sich in der Praxis an, entweder alle Mitarbeiter gleichermaßen zu kontrollieren oder aber aus Zeitersparnisgründen über ein computergesteuertes Zufallsprinzip diejenigen Mitarbeiter auszuwählen, die stichprobenartig durchsucht werden sollen.

Zu berücksichtigen ist das **allgemeine Persönlichkeitsrecht** des Arbeitnehmers. Die Pflicht der Betriebsparteien, die freie Entfaltung der Persönlichkeit des Arbeitnehmers zu schützen und zu fördern, verbietet nicht jede Regelung in einer Betriebsvereinbarung, die eine Einschränkung dieses Rechts bewirkt. Das zulässige Ausmaß einer Einschränkung des Rechts auf freie Entfaltung der Persönlichkeit durch eine betriebliche Verhaltensregelung muss jedoch durch eine Güter- und Interessenabwägung im Einzelfall festgestellt werden (LAG Köln Beschl. v. 3. 11. 1983 – 10 TaBV 19/83 – n.v.). Häufigkeit sowie Art und Weise der Kontrolle bedürfen daher stets einer Abwägung der beiderseitigen Interessen. Bei **Leibeskontrollen** muss darauf geachtet werden, dass diese nur von Personen gleichen Geschlechts und unter Vornahme eines möglichst geringen Eingriffs in die Intimsphäre des Mitarbeiters durchgeführt werden. Die Kontrolle sollte daher stets in einem separaten Raum stattfinden, um den einzelnen Mitarbeiter nicht der Herabwürdigung durch Kollegen auszusetzen.

Dem Betriebsrat steht bezüglich der Verhältnisse des Arbeitgebers zu **Betriebsfremden** grundsätzlich keine Regelungskompetenz zu, sofern dadurch nicht (indirekt) Mitbestimmungsrechte des Betriebsrats beeinträchtigt werden. Dennoch wird dieser mitbestimmungsfreie Teil häufig in Betriebsordnungen eingebunden.

5. Firmenausweise. Firmenausweise sind nichts anderes als dem Unternehmen zugeordnete **Identifizierungskennzeichen.** Deren Einführung ist – ebenso wie die Einführung von Namensschildern – mitbestimmungspflichtig nach § 87 Abs. 1 Nr. 1 BetrVG (BAG Beschl. v. 11. 6. 2002 – 1 ABR 46/01 – NZA 2002, 1299; LAG Nürnberg Beschl. v. 21. 8. 2001 – 6 TaBV 8/01 – NZA-RR 2002, 92).

6. Parken. Die **Zuweisung** von einzelnen Stellplatzflächen berührt die betriebliche Ordnung und nicht das Arbeitsverhalten (LAG Hamm Beschl. v. 11. 6. 1986 – 12 TaBV 16/86 – NZA 1987, 35), unabhängig davon, ob es um Parkplätze innerhalb oder außerhalb des Betriebsgeländes geht. Gleiches gilt für die Einschränkung einer vorhandenen Parkmöglichkeit auf dem Gelände der Dienststelle durch Schranken, umlegbare Pfosten oder Reservierungsschilder zugunsten bestimmter Arbeitnehmer (VGH Kassel Beschl. v. 5. 11. 1992 – HPV TL 2743/88 – NZA 1993, 912).

Dem Betriebsrat steht hingegen kein erzwingbares Mitbestimmungsrecht bei der Frage zu, **ob** überhaupt Stellplätze für Arbeitnehmer zur Verfügung gestellt werden. Gleiches gilt für die rein örtliche Festlegung von Stellplätzen innerhalb des umzäunten Betriebsgeländes (zu letzterem LAG Stuttgart Beschl. v. 4. 11. 1986 – 14 TaBV 4/86 – NZA 1987, 428). Sofern weder aus dem Arbeitsvertrag noch aus einer betrieblichen Übung ein Anspruch auf die Einräumung von Parkplätzen herrührt, obliegt es der Entscheidung des Arbeitgebers, ob und in welcher Anzahl er diese zur Verfügung stellen möchte. Auch die Flächenfestsetzung auf dem Betriebsgelände ist daher mitbestimmungsfrei (*Kreßel* RdA 1992, 169, 176).

Ebenfalls nicht mitbestimmungspflichtig ist die Einführung von Parkgebühren. Auch dies liegt in der Entscheidungshoheit des Arbeitgebers (H/S/G/*Worzalla* § 87 BetrVG Rdn. 113).

7. Rauchverbot. Absolute gesetzliche Rauchverbote existieren nicht, während partielle Rauchverbote für bestimmte Bereiche gesetzlich geregelt sind (vgl. die Übersicht bei *Bergwitz* NZA-RR 2004, 169–173 m. w. N.). Eine Änderung der Rechtslage ist 2002 durch die Einführung des **§ 3 a ArbStättV** eingetreten (vgl. *Bergwitz* NZA-RR 2004, 169, 170ff.; *Lorenz* DB 2003, 721, 722 f.; *Buchner* BB 2002, 2382; *Wellenhofer-Klein* RdA 2003, 155, 156ff.). Danach hat der Arbeitgeber die erforderlichen Maßnahmen zu treffen, damit die nichtrauchenden Beschäftigten in Arbeitsstätten wirksam vor den Gesundheitsgefahren durch Tabakrauch geschützt sind. Für Arbeitsstätten mit Publikumsverkehr gilt das Verbot nur, soweit die Natur des Betriebs und die Art der Beschäftigung dies zulassen.

Auseinandersetzungen um Rauchverbote zwischen Rauchern und Nichtrauchern sind Ausdruck der widerstreitenden Interessen und Rechtspositionen. Raucher und Nichtraucher können sich jeweils auf ihr Persönlichkeitsrecht stützen, Nichtraucher zudem auf ihr Recht auf körperliche Integrität. Der Bayerische Verfassungsgerichtshof (Entscheidung v. 30. 4. 1987 – Vf. 21-VII/85 – NJW 1987, 2921) weist ausdrücklich darauf hin, dass die Verfassung es dem mündigen Bürger nicht verwehrt, sich kraft freier Willensentscheidung unvernünftig zu verhalten, so lange er sich dabei im Rahmen der allgemeinen Gesetze hält und anderen nicht schadet.

Das BAG hat die geschilderte Interessen- und Rechtskollision unter Bezugnahme auf die in § 618 BGB konkretisierte Fürsorgepflicht des Arbeitgebers gelöst (vgl. nur BAG Urt. v. 17. 2. 1998 – 9 AZR 84/97 – NZA 1998, 1231; BAG Urt. v. 19. 1. 1999 – 1 AZR 499/98 – AP Nr. 28 zu § 87 BetrVG 1972 Ordnung des Betriebes; LAG Frankfurt a. M. Urt. v. 11. 8. 2000 – 2 Sa 1000/99 – NZA-RR 2001,77). Danach hat der Arbeitnehmer einen **Anspruch auf einen rauchfreien Arbeitsplatz**, soweit dem nicht die Natur der Dienstleistung entgegensteht. Teilweise wird aus § 618 BGB sogar ein Recht des Arbeitnehmers auf Verweigerung seiner Arbeitsleistung gefolgert, wenn der Arbeitgeber entgegen seiner Verpflichtung keinen rauchfreien Arbeitsplatz zur Verfügung stellt (*Molkentin* NZA 1997, 849, 852 f.). In seinem Urteil vom 19. Januar 1999 (1 AZR 499/98 – AP Nr. 28 zu § 87 BetrVG 1972 Ordnung des Betriebes) hat das BAG einen Anspruch der Nichtraucher auf **Schutz vor Rauchbelästigung** aus § 618 BGB angenommen und darin einen Ausfluss des Grundrechts auf körperliche Unversehrtheit (Art. 2 Abs. 2 GG) gesehen. Auf Seiten der Raucher hat das BAG eine schützenswerte Rechtsposition in der allgemeinen Handlungsfreiheit (Art. 2 Abs. 1 GG) berücksichtigt. Der Ausgleich zwischen beiden Rechtspositionen ist nach dem Verhältnismäßigkeitsprinzip zu regeln.

Wird eine **Regelung durch Betriebsvereinbarung** geschaffen, ist insbesondere § 75 Abs. 2 BetrVG zu beachten, der die Betriebsparteien zur Achtung der Persönlichkeitsrechte der Arbeitnehmer verpflichtet. Demnach hat der Ausgleich zwischen den Interessen von Rauchern und Nichtrauchern am Arbeitsplatz unter Berücksichtigung des legitimen Zwecks, der Geeignetheit, der Erforderlichkeit und der Verhältnismäßigkeit im engeren Sinne (Zumutbarkeit) zu erfolgen. Im Ergebnis kann damit – zum Gesundheitsschutz der Nichtraucher – ein absolutes Rauchverbot in Gebäuden verhängt werden. Auf Freiflächen bezeichnet das BAG die Belästigung der Nichtraucher durch Raucher zu Recht als nicht nennenswert. Will der Arbeitgeber bzw. der Betriebsrat also auch auf Freiflächen das Rauchen verbieten, müssen weitere Gründe zur Rechtfertigung des Rauchverbotes (Feuer- oder Explosionsgefahr) angeführt werden. Das BAG weist zugleich zutreffend darauf hin, dass die Raucher durch das Rauchverbot nicht schikaniert oder unzumutbar belastet werden dürfen.

8. Alkoholverbot. **Alkoholkonsum** ist gesellschaftlich allgemein akzeptiert. Dies spiegelt sich teilweise auch im Arbeitsleben wieder. Schätzungen gehen davon aus, dass ca. 5 bis 10% aller Arbeitnehmer alkoholkrank sind oder zumindest Alkohol während der Arbeit konsumieren (*Bengelsdorf* NZA 1999, 1304; *Hemming* BB 1998, 1998; *Künzl* BB 1993, 1581; *Willemsen/Brune* DB 1998, 2304; *v. Hoyningen-Huene* DB 1995, 142). Die führt nicht nur zu einer geringeren Produktivität der Arbeitnehmer, sondern darüber hinaus zu einer Vielzahl von Arbeitsunfällen und Ausfallzeiten (*Bengelsdorf* NZA 1999, 1304; *Hemming* BB 1998, 1998; *Künzl* BB 1993, 1581; *Willemsen/Brune* DB 1998, 2304; *v. Hoyningen-Huene* DB 1995, 142).

Absolute Alkoholverbote sind in erster Linie für Jugendliche (§ 31 Abs. 2 S. 2 JArbSchG) vorgeschrieben; daneben enthalten einige Unfallverhütungsvorschriften, z. B. für Werkschutz- und Bewachungsunternehmen (§ 5 VBG 68), den Bereich des Bergbaus, die Verarbeitung von Klebestoffen (§ 16 Abs. 2 VBG 81) und den Bereich des Kraftfahrtunternehmens im Personenverkehr (§ 8 BOKraft), absolute Alkoholverbote.

Des Weiteren bestehen **relative Alkoholverbote,** die bestimmte Grenzwerte für den (noch) zulässigen Alkoholgenuss festlegen. Davon sind insbesondere Berufe betroffen, die mit dem Führen von Fahrzeugen aller Art zu tun haben. Zwei weitere (allgemeine) relative Alkoholverbote sind zu beachten. Zum einen darf sich ein Arbeitnehmer nicht durch Alkoholgenuss in einen Zustand versetzen, in dem er sich selbst oder andere gefährden kann (§ 38 Abs. 1 der Unfallverhütungsvorschrift „Allgemeine Vorschriften, VBG 1"). Damit korreliert das Verbot für den Arbeitgeber, solche Arbeitnehmer in diesem Zustand zu beschäftigen (§ 38 Abs. 2 VBG1; vgl. *Glaubitz* BB 1979, 579; *Willemsen/Brune* DB 1988, 2304; *Wolber* NZA 1988, 233, 235; BAG Urt. v. 23. 9. 1986 – 1 AZR 83/85 – NZA 1987, 250ff.). Zum anderen folgt aus den Pflichten aus dem Arbeitsverhältnis selbst, dass der Arbeitnehmer nur in begrenztem Umfang alkoholisiert arbeiten darf. Er ist nämlich zur Arbeitsleistung (mittlerer Art und Güte) verpflichtet. Ist ein Arbeitnehmer aber so stark alkoholisiert, dass er diesen Anforderungen nicht mehr gerecht wird, verstößt er gegen seine arbeitsvertragliche Leistungspflicht (BAG Urt. v. 23. 9. 1986 – 1 AZR 83/85 – NZA 1987, 250). Aus dem Arbeitsvertrag kann in Extremfällen – bei besonders hohen Anforderungen an Konzentrations- und Koordinationsvermögen des Arbeitnehmers – sogar ein absolutes Alkoholverbot folgen.

Schon aufgrund praktischer Erwägungen sollte die Betriebsordnung ein absolutes Alkoholverbot festlegen. Dieses sollte nicht nur den Alkoholgenuss im Betrieb, sondern auch den alkoholisierten Arbeitsantritt verbieten. Bei einem nur relativen Alkoholverbot müsste der Arbeitgeber nachweisen, dass der Arbeitnehmer eine Blutalkoholkonzentration hat, die das (noch) zulässige Maß übersteigt, was in der Praxis nahezu unmöglich sein dürfte (vgl. *Bengelsdorf* NZA 1999, 1304, 1305; *Künzl* BB 1993, 1581, 1585; *Glaubitz* BB 1979, 579, 580; *Willemsen/Brune* DB 1988, 2304, 2306; *v. Hoyningen-Huene* DB 1995, 142; 144). Zur Vermeidung von „Versuchungen" sollte den Arbeitnehmern auch das Mitbringen von alkoholischen Getränken in den Betrieb untersagt werden. Dabei ist jedoch zu beachten, dass ein Verstoß gegen ein solches Verbot u. U. nicht zum Anlass für disziplinarische Maßnahmen gemacht werden kann. Derartige Maßnahmen könnten als unverhältnismäßig zu erachten sein.

Wird die Alkoholisierung eines Mitarbeiters entdeckt, sollten zunächst Maßnahmen getroffen werden, um die Beweisführung in einem evtl. späteren Gerichtsverfahren (Kündigungsschutzverfahren) vorzubereiten. Festzuhalten ist dabei, dass nach allgemeiner Ansicht der Arbeitnehmer nicht ohne seine Einwilligung dazu verpflichtet werden kann, eine Blutentnahme zur Feststellung der Blutalkoholkonzentration durchführen zu lassen (vgl. *Fleck* BB 1987, 2029, 2030 f.; *Bengelsdorf* NZA 1999, 1304, 1306; *Künzl* BB 1993, 1581, 1583; *Glaubitz* BB 1979, 579 f.; *Willemsen* DB 1988, 2304 f.; *v. Hoyningen-Huene* DB 1995, 142, 144 f.; BAG Beschl. v. 10. 11. 1987 – 1 ABR 55/86 – NZA 1988, 255, 256; BAG Urt. v. 12. 8. 1999 – 2 AZR 55/99 – NZA 1999, 1209, 1210). Dies soll nach überwiegender Ansicht auch für so genannte Alko-Tests („Röhrchentests") gelten. Zu Beweiszwecken muss daher eine Beschreibung von Ausfallerscheinungen (wankender Gang, Lallen etc.) herangezogen werden. Solche äußerlichen Merkmale sollten daher in jedem Fall schriftlich festgehalten und von mehreren Zeugen unterzeichnet werden.

9. Drogenverbot. Der Besitz zahlreicher Rauschmittel ist – anders als bei Alkohol und Zigaretten – gesetzlich verboten (BtMG, StGB; „illegale Drogen"). Dennoch nehmen Drogen- und Suchtprobleme nicht nur allgemein in der Gesellschaft, sondern auch in den Betrieben zu (vgl. *Bengelsdorf* NZA-RR 2004, 113 f.; *Diller/Powietzka* NZA 2001, 1227). Zwar ist der **Drogenbesitz** nach BtMG und u. U. StGB strafbar. Durch den Drogenbesitz allein – auch im Betrieb – verstößt der Arbeitnehmer jedoch nicht gegen seine arbeitsvertraglichen Pflichten. Allein wegen des Drogenbesitzes kann der Arbeitgeber demnach keine Abmahnungen oder Kündigungen aussprechen (vgl. LAG Stuttgart Beschl. v. 19. 10. 1993 – 11 TaBV 9/93 – NZA 1994, 175; BAG Urt. v. 2. 11. 1983 – 7 AZR 65/82 – AP Nr. 29 zu § 102 BetrVG; *Bengelsdorf* NZA-RR 2004, 113, 119; a. A. ArbG Wilhelmshaven Urt. v. 16. 4. 1982 – 2 Ca 129/82 n. v.). Die Regelungen des BtMG bezwecken nämlich nicht den Schutz des Arbeitgebers; dieser kann daher auch keine Folgen aus dem bloßen Verstoß gegen Vorschriften des BtMG herleiten. Anders ist die Rechtslage hingegen dann zu beurteilen, wenn im Betrieb – unter Mitbestimmung des Betriebsrats – ein allgemeines Verbot verhängt wird, illegale Drogen in den Betrieb zu bringen. Der Arbeitgeber hat an einem solchen Verbot ein berechtigtes Interesse, dem der einzelne Arbeitnehmer keine schutzwürdigen Persönlichkeitsrechte entgegensetzen kann. Verstößt dann der Arbeitnehmer gegen das betriebliche Drogenverbot und führt illegale Drogen in den Betrieb ein, kann er auf dieser Grundlage abgemahnt und das Arbeitsverhältnis ggf. auch gekündigt werden (vgl. BAG Urt. v. 18. 10. 2000 – 2 AZR 131/00 – AP Nr. 169 zu § 626 BGB). Dem dient die Klausel im Formular.

Nutzt der Arbeitnehmer den Betrieb als „**Absatzmarkt**" für Drogenverkäufe, begeht er Straftaten im Betrieb, stört dadurch die betriebliche Ordnung und verursacht negative Auswirkungen auf das Arbeitsverhältnis (LAG Berlin Urt. v. 17. 12. 1970 – 5 Sa 88/70 – n. v.; ArbG Wilhelmshaven Urt. v. 16. 4. 1982 – 2 Ca 129/82 – n. v.; *Bengelsdorf* NZA-RR 2004, 113, 121 Fn 96).

Der **Konsum illegaler Drogen** an sich rechtfertigt nach h. M. eine Kündigung nicht ohne vorherige Abmahnung (*Bengelsdorf* NZA-RR 2004, 113, 121; LAG Stuttgart Beschl. v. 19. 10. 1993 – 11 TaBV 9/93 – NZA 1994, 175; BAG Urt. v. 2. 11. 1983 – 7 AZR 65/82 – AP Nr. 29 zu § 102 BetrVG; BAG Urt. v. 18. 10. 2000 – 2 AZR 131/00 – AP Nr. 169 zu § 626 BGB). Soll eine verhaltens- oder personenbedingte Kündigung wegen Drogenkonsums ausgesprochen werden, müssen für deren Wirksamkeit zusätzlich zum Drogenkonsum weitere Tatsachen vorliegen, die eine negative Auswirkung auf das Arbeitsverhältnis begründen (z. B. Leistungsabfall, Selbst- und Fremdgefährdung, besonderes Vertrauensverhältnis etc., vgl. ArbG Freiburg Urt. v. 28. 5. 2002 – 13 Ca 82/02 – LAGE § 626 BGB Nr. 141 a; *Diller/Powietzka* NZA 2001, 1227, 1232 f.).

Schwieriger noch als beim Alkoholgenuss ist es für den Arbeitgeber bei illegalen Drogen, einem Arbeitnehmer deren Konsum nachzuweisen. Die auftretenden Ausfallerscheinungen (s. umfassende Erläuterungen bei *Bengelsdorf* NZA-RR 2004, 113, 114 ff.) sind nicht so eindeutig bestimmten Rauschmitteln zuzuordnen wie die sprichwörtliche „Alkoholfahne" dem Alkoholgenuss. Entsprechend sind Arbeitgeber daran interessiert, ihre Arbeitnehmer auf den Konsum von Drogen zu untersuchen, d. h. ein **Drogenscreening** durchzuführen. Der Nachweis des Drogenkonsums über Haar- oder Urinproben gelingt noch Wochen nach der Drogeneinnahme; mit dem Drogentest können folglich auch Verhaltensweisen des Arbeitnehmers, die nur mit der Privatsphäre zusammenhängen, überprüft werden (*Diller/Powietzka* NZA 2001, 1227). Des Weiteren gilt wie bei Alkoholtests, dass der Arbeitnehmer grundsätzlich während des laufenden

Arbeitsverhältnisses weder zu regelmäßigen noch zu verdachtsspezifischen Drogentests gezwungen werden kann (BAG Urt. v. 12. 8. 1999 – 2 AZR 55/99 – AP Nr. 41 zu § 1 KSchG 1969 Verhaltensbedingte Kündigung; *Diller/Powietzka* NZA 2001, 1227, 1232 f.).

Die Teilnahme an regelmäßigen und **verdachtsunabhängigen Drogentests** soll nach einer Ansicht (*Diller/Powietzka* NZA 2001, 1227, 1233) dann gefordert werden können, wenn der Arbeitgeber gemäß § 21 SGB VII in Verbindung mit den entsprechenden Unfallverhütungsvorschriften der Berufsgenossenschaften zur Überwachung der Einhaltung dieser Unfallverhütungsvorschriften verantwortlich ist (bspw. im Bewachungsgewerbe). Das BAG (Urt. v. 12. 8. 1999 – 2 AZR 55/99 – AP Nr. 41 zu § 1 KSchG 1969 Verhaltensbedingte Kündigung) lehnt dies jedoch ab. Die Unfallverhütungsvorschriften stellen kein formelles Recht dar und können demnach nicht – auch nicht in Verbindung mit dem SGB VII – den mit dem Drogentest eintretenden Eingriff in die Grundrechtssphäre des Arbeitnehmers rechtfertigen. Dem steht auch nicht entgegen, dass der Arbeitgeber grundsätzlich frei in der Festlegung eines Anforderungsprofils für die einzelnen Arbeitsplätze ist (BAG Urt. v. 12. 8. 1999 – 2 AZR 55/99 – AP Nr. 41 zu § 1 KSchG 1969 Verhaltensbedingte Kündigung; *Diller/Powietzka* NZA 2001, 1229 f.). Der Arbeitgeber darf im laufenden Arbeitsverhältnis (also nachträglich) keine Eignungsvoraussetzungen aufstellen, die rechtlich unzulässig sind (BAG Urt. v. 12. 8. 1999 – 2 AZR 55/99 – AP Nr. 41 zu § 1 KSchG 1969 Verhaltensbedingte Kündigung). Regelmäßige, präventive Drogentests sind daher – ohne Zustimmung des Arbeitnehmers – unzulässig und die Verweigerung der Teilnahme kann nicht zum Anlass für disziplinarische Maßnahmen genommen werden (BAG Urt. v. 12. 8. 1999 – 2 AZR 55/99 – AP Nr. 41 zu § 1 KSchG 1969 Verhaltensbedingte Kündigung).

Die Tarif- und Betriebsparteien sind beim Abschluss von Tarifverträgen und Betriebsvereinbarungen an die Grundrechte der Arbeitnehmer gebunden (vgl. nur BAG Urt. v. 4. 4. 2000 – 3 AZR 729/98 – RdA 2001, 110; BAG Urt. v. 30. 8. 2000 – 4 AZR 563/99 – NZA 2001, 613), wenn auch das BAG mittlerweile die „lediglich" mittelbare Grundrechtsbindung betont (BAG Urt. v. 27. 5. 2004 – 6 AZR 129/03 – n. v.). Die Betriebspartner sind gemäß § 75 Abs. 2 BetrVG in ihrer Normsetzungskompetenz durch die Persönlichkeitsrechte der Arbeitnehmer begrenzt. Demnach kann weder durch Tarifverträge noch durch Betriebsvereinbarungen wirksam die Verpflichtung von Arbeitnehmern zur Teilnahme an regelmäßigen und verdachtsunabhängigen Drogentests begründet werden; dies würde einen zu starken Eingriff in die Persönlichkeitsrechte der Arbeitnehmer bedeuten.

Nach Ansicht des BAG (Urt. v. 12. 8. 1999 – 2 AZR 55/99 – AP Nr. 41 zu § 1 KSchG 1969 Verhaltensbedingte Kündigung; *Diller/Powietzka* NZA 2001, 1227, 1232 f.) kann der Arbeitnehmer bei **Verdachtsmomenten** hinsichtlich einer akuten Drogenbeeinflussung oder einer bestehenden Abhängigkeit zu einem Drogenscreening aufgefordert werden. In einem solchen Fall wird das Recht des Arbeitgebers, die Teilnahme des Arbeitnehmers an einem Drogentest einzufordern, schon aus der allgemeinen Treuepflicht des Arbeitnehmers gegenüber dem Arbeitgeber gefolgert (BAG Urt. v. 12. 8. 1999 – 2 AZR 55/99 – AP Nr. 41 zu § 1 KSchG 1969 Verhaltensbedingte Kündigung; *Diller/Powietzka* NZA 2001, 1227, 1232 f.). Zudem kann dann – wegen der bestehenden Verdachtsmomente – auch aus den Fürsorgepflichten des Arbeitgebers (BAG Urt. v. 12. 8. 1999 – 2 AZR 55/99 – AP Nr. 41 zu § 1 KSchG 1969 Verhaltensbedingte Kündigung; *Diller/Powietzka* NZA 2001, 1227, 1232 f.) ein Recht auf Einbestellung eines Arbeitnehmers zum Drogentest gefolgert werden. Zur Klarstellung sei jedoch darauf hingewiesen, dass der Arbeitgeber auch dann den Arbeitnehmer nicht – etwa mittels körperlichen Zwangs – zur Teilnahme zwingen kann.

Willigt der Arbeitnehmer in den Drogentest ein, ist ein solcher – unabhängig vom Bestehen von Verdachtsmomenten – grundsätzlich zulässig, es sei denn die Willensbildung des Arbeitnehmers wurde derart (durch Drohung oder Täuschung) beeinflusst, dass von einer **wirksamen Einwilligung** nicht mehr gesprochen werden kann (vgl. zu Alkomatmessung: BAG Urt. v. 26. 1. 1995 – 2 AZR 649/94 – NZA 1995, 517; *Diller/Powietzka* NZA 2001, 1227, 1231 f.; ErfKomm/*Dieterich* GG Einl. Rdn. 65). Problematisch kann dies bei noch minderjährigen Arbeitnehmern sein. Zur Sicherheit sollte der Arbeitgeber hier immer das Einverständnis der Erziehungsberechtigten zur Durchführung des Drogentests einholen. Ein Arbeitnehmer kann wirksam auch einmalig für die Zukunft sein Einverständnis mit der Teilnahme an regelmäßigen verdachtsunabhängigen Drogentests erklären. Er kann seine Einwilligung aber später widerrufen, insbesondere wenn er mit unvorhergesehenen Situationen oder Rechtsfolgen konfrontiert wird (ErfKomm/*Dieterich* GG Einl. Rdn. 65). Teilweise wird die Frage aufgeworfen, ob eine Einwilligung in Verbindung mit der Einstellung überhaupt wirksam abgegeben werden kann (*Diller/Powietzka* NZA 2001, 1227, 12.329). Neben den – bei Regelung in einem Formularvertrag – sicherlich bestehenden Bedenken im Hinblick auf § 305 c Abs. 1 BGB (Überraschungsklausel) kann die Einwilligung auch unwirksam sein, weil sich der Arbeitnehmer in einer außergewöhnlichen Drucksituation befindet, die womöglich eine freiwillige Grundrechtsdisposition ausschließt.

Im Rahmen der **Einstellung** verlangen viele Arbeitgeber von ihren (potentiellen) Arbeitnehmern, sich einer ärztlichen Eignungsprüfung zu unterziehen. Eine gesetzliche Verpflichtung zur Durchführung solcher ärztlichen Eignungstests besteht nur in Ausnahmefällen (*Keller* NZA 1988, 561, 562). Der Arbeitgeber ist jedoch im Hinblick auf das Anforderungsprofil des Arbeitsplatzes berechtigt, den Arbeitnehmer untersuchen zu lassen, wobei der Arzt dem Arbeitgeber wegen seiner Schweigepflicht nur Auskunft zur Eignung („geeignet" bzw. „ungeeignet") geben darf (*Keller* NZA 1988, 561, 563f.; *Diller/Powietzka* NZA 2001, 1227f.). Der Umfang der möglichen Untersuchungen wird dabei ähnlich wie beim Fragerecht des Arbeitgebers bestimmt (*Keller* NZA 1988, 561, 563f.; *Diller/Powietzka* NZA 2001, 1227f.). Zunehmend wird diese ärztliche Überprüfung mit einem Drogentest verbunden. Dann stellt sich für den Bewerber die Frage, ob er im Rahmen der ärztlichen Untersuchung auch den Drogentest über sich ergehen lassen muss. Dies beurteilt sich nach dem Anforderungsprofil des Arbeitsplatzes und – im Ergebnis – einer Abwägung der Interessen von Arbeitgeber und Arbeitnehmer (*Diller/Powietzka* NZA 2001, 1227f.). Ein Drogentest bei Einstellung ist demnach dann zulässig, wenn der etwaige Drogenkonsum des Bewerbers über das normale Risiko des Arbeitgebers, einen schlechtleistenden Arbeitnehmer einzustellen, weitere Risiken (für die Allgemeinheit, z. B. Piloten, Chirurgen etc.) mit sich bringt oder eine besondere persönliche Zuverlässigkeit des Arbeitnehmers (z. B. Bankkassierer etc.) Voraussetzung für den Arbeitsplatz ist (*Diller/Powietzka* NZA 2001, 1227f.). In allen übrigen Fällen ist es unzulässig, dem Bewerber vor der Einstellung einen Drogentest abzuverlangen.

Dem Betriebsrat können jedoch hinsichtlich des Drogentests bei der Einstellung Mitbestimmungsrechte zustehen. Ein Mitbestimmungsrecht gemäß § 94 BetrVG an den so genannten Befundlisten einer ärztlichen Eignungsprüfung steht dem Betriebsrat nicht zu, da solche Befundlisten keine Personalfragebögen darstellen (*Diller/Powietzka* NZA 2001, 1229 m. weit. Nachw.). Dem Arbeitgeber wird schließlich nur ein Ergebnis „geeignet/ungeeignet" mitgeteilt, nicht hingegen Details über den Gesundheitszustand des Bewerbers. Ein Mitbestimmungsrecht dürfte sich aber aus § 95 BetrVG ergeben, wenn der Arbeitgeber bei allen Einstellungen einen Drogentest fordert, also nur Arbeitnehmer mit erwiesener „Drogenfreiheit" einstellen will (*Diller/Powietzka* NZA 2001, 1229 m. weit. Nachw.). Stellt der Arbeitgeber Arbeitnehmer ein, die sich – im Gegensatz zu anderen Bewerbern – nicht geweigert haben, am Drogentest teilzunehmen und deren Drogentest negativ verlaufen ist, steht dem Betriebsrat kein Zustimmungsverweigerungsrecht gemäß § 99 Abs. 2 Nr. 1 BetrVG zu. Damit ein Zustimmungsverweigerungsrecht gemäß § 99 Abs. 2 Nr. 1 BetrVG besteht, muss die Maßnahme selbst, also das Tätigwerden im Betrieb rechtwidrig sein (st. Rechtsprechung. des BAG; vgl. nur BAG Beschl. v. 28. 3. 2000 – 1 ABR 16/99 – NZA 2000, 1294; BAG Beschl. v. 9. 7. 1996 – 1 ABR 55/95 – NZA 1997, 477; BAG Beschl. v. 28. 6. 1994 – 1 ABR 59/93 – NZA 1995, 387; unzutreffend insoweit *Diller/Powietzka* NZA 2001, 1229).

10. Ärztliche Untersuchung. Ärztliche Eignungsuntersuchungen werden üblicherweise vor der Einstellung durchgeführt. Fälle, in denen dazu eine gesetzliche Pflicht besteht, sind dabei rechtlich weitgehend unproblematisch (*Richardi* NZA 1988, 73, 75). Rechtsfragen treten jedoch dann auf, wenn die ärztliche Untersuchung allein im Interesse des Arbeitgebers und auf dessen Betreiben hin durchgeführt wird. Soweit sich die Untersuchung dabei an den Anforderungen des zukünftigen Arbeitsplatzes orientiert und der untersuchende Arzt dem Arbeitgeber gegenüber schweigepflichtig ist, diesem also nur das Ergebnis der Untersuchung („geeignet/ungeeignet") mitteilt, werden solche Untersuchungen allgemein als zulässig angesehen (vgl.

mit Beispielen *Keller* NZA 1988, 561, 562f. m. w. N.). Seit den 1980er Jahren drängen Arbeitgeber verstärkt darauf, dass bei der ärztlichen Einstellungsuntersuchung zugleich ein HIV-Test durchgeführt wird. Ärztliche Einstellungsuntersuchungen sind grundsätzlich nur in dem Maße zulässig, in dem dem Arbeitgeber auch ein Fragerecht zukommt (*Richardi* NZA 1988, 73, 76; *Keller* NZA 1988, 561, 563; *Eich* NZA Beilage 2/1987, S. 10f.; *Lichtenberg/Schücking* NZA 1990, 41, 43ff.; *Küttner/Kreitner* Auskunftspflichten Arbeitnehmer Rdn. 16; zum Krankheitsbild und zu Übertragungsmöglichkeiten: *Koch* NZA Beilage 2/1987, S. 2, 4). Insoweit beschränkt sich das Fragerecht – und damit auch die Berechtigung, einen HIV-Test zu verlangen – zunächst auf Berufe, in denen eine erhöhte Ansteckungsgefahr besteht (z. B. Heilberufe). Darüber hinaus soll aber auch für andere Berufe wegen der möglichen Auswirkungen einer AIDS-Erkrankung auf das zentrale Nervensystem (*Koch* NZA Beilage 2/1987, S. 2, 4) ein Fragerecht – und damit ein Untersuchungsrecht – bestehen (z. B. Piloten, *Richardi* NZA 1988, 73, 76; *Keller* NZA 1988, 561, 563; *Eich* NZA Beilage 2/1987, S. 10f.; *Lichtenberg/Schücking* NZA 1990, 41, 43ff.; *Küttner/Kreitner* Auskunftspflichten Arbeitnehmer RN 16). Für andere Berufsgruppen (Küchenpersonal, Floristen) ist umstritten, ob ein Frage- und Untersuchungsrecht des Arbeitgebers zu bejahen ist (dafür: *Richardi* NZA 1988, 73, 76; *Keller* NZA 1988, 561, 563; dagegen: *Lichtenberg/Schücking* NZA 1990, 41, 43ff.).

Abgesehen von besonderen Berufsgruppen sind (**regelmäßige**) **ärztliche Untersuchungen während des laufenden Arbeitsverhältnisses** nicht gesetzlich vorgesehen. Bestehen Verdachtsmomente, dass der Arbeitnehmer gesundheitlich nicht mehr geeignet ist seinen Arbeitsplatz auszufüllen, ist der Arbeitgeber zur Durchführung einer ärztlichen Untersuchung berechtigt (vgl. *Keller* NZA 1988, 561, 564f.). Vielfach wird im Schrifttum darauf hingewiesen, dass ein Arbeitnehmer durch Tarifvertrag, Betriebsvereinbarung oder Arbeitsvertrag zur Teilnahme an regelmäßigen Gesundheitstests verpflichtet (nicht jedoch gezwungen!) werden könne (vgl. *Keller* NZA 1988, 561, 564 m. w. N.; a. A.: *Eich* NZA Beilage 2/1987, S. 10, 12f.). Dabei wird auf die Entscheidung des Bundesarbeitsgerichts aus dem Jahr 1967 (Urt. v. 23. 2. 1967 – 2 AZR 124/66 – BB 1967, 798) verwiesen. Tatsächlich kann ein solcher Eingriff in das Persönlichkeitsrecht des Arbeitnehmers nicht ohne weiteren Bezug zum Arbeitsverhältnis, d. h. den konkreten Arbeitsplatz, gerechtfertigt werden (vgl. *Eich* NZA Beilage 2/1987, S. 10, 12f.). Entsprechendes gilt für einen HIV-Test im laufenden Arbeitsverhältnis (vgl. *Eich* NZA Beilage 2/1987, S. 10, 12f.). Der Arbeitgeber kann also nur dann vom Arbeitnehmer die Teilnahme an regelmäßigen ärztlichen Kontrolluntersuchungen verlangen, wenn dazu ein besonderer Grund aus dem Arbeitsverhältnis (z. B. eine besondere Ansteckungsgefahr oder das Bestehen von Verdachtsmomenten) berechtigt.

Auch die nach § 5 Abs. 1 S. 3 EFZG zulässige Anweisung des Arbeitgebers, Zeiten der Arbeitsunfähigkeit unabhängig von deren Dauer generell durch eine vor Ablauf des dritten Kalendertages nach Beginn der Arbeitsunfähigkeit vorzulegende Bescheinigung nachzuweisen, betrifft eine Frage der betrieblichen Ordnung i. S. v. § 87 Abs. 1 Nr. 1 BetrVG (BAG Beschl. v. 25. 1. 2000 – 1 ABR 3/99 – AP Nr. 34 zu § 87 BetrVG 1972 Ordnung des Betriebes; *Schaub* BB 1994, 1629, 1630; a. A. *Worzalla* NZA 1996, 61, 66; *Kramer* BB 1996, 1662, 1667).

Teilweise wird die Auffassung vertreten, dass kein Mitbestimmungsrecht bei Regelungen über **Krankengespräche** bestehe, wenn die Befragung allein zur Aufklärung zukünftiger Ausfallzeiten dient, da dem Mitarbeiter dann weder ein bestimmtes Verhalten abverlangt, noch Bezüge zur betrieblichen Ordnung oder Verhaltensregeln hergestellt werden (LAG Hamm Beschl. v. 16. 4. 1986 – 12 TaBV 170/85 – BB 1986, 1359, 1360; LAG Stuttgart Beschl. v. 5. 3. 1991 – 14 TaBV 15/90 – NZA 1992, 184; LAG Frankfurt, Beschl. v. 24. 3. 1992 – 4 TaBV 137/91 – NZA 1993, 237; *Ehler* BB 1992, 1926). Anders wird die Frage hingegen vom BAG bewertet (BAG Beschl. v. 8. 11. 1994 – 1 ABR 22/94 – NZA 1995, 857; ebenso LAG Frankfurt Beschl. v. 7. 12. 1993 – 5 TaBV 99/93; LAG Hamburg Beschl. v. 10. 7. 1991 – 8 TaBV 3/91 – LAGE § 87 BetrVG 1972 Betriebliche Ordnung Nr. 8), wenn die Gespräche der Beseitigung des Krankfeierns und damit dem Zurückdrängen von Störfaktoren in der betrieblichen Zusammenarbeit dienen sollen. Insofern ist die Formulierung der Zweckbestimmung der Gespräche maßgebend. Unabhängig davon sieht der zum 1. Mai 2004 neu eingeführte § 84 Abs. 2 SGB IX vor, dass dann, wenn ein Arbeitnehmer innerhalb eines Jahres länger als sechs Wochen ununterbrochen oder wiederholt arbeitsunfähig ist, ein betriebliches Eingliederungsmanagement stattzufinden hat. Darunter versteht das Gesetz verschiedene Maßnahmen, u. a. ein Gespräch des Arbeitgebers mit dem Arbeitnehmer unter Hinzuziehung des Betriebsrats darüber, wie die Arbeitsunfähigkeit überwunden, mit welchen Leistungen oder Hilfen erneuter Arbeitsunfähigkeit vorgebeugt und der Arbeitsplatz erhalten werden kann. Ob der Vorschrift neben dem Appellcharakter hinaus auch normative Wirkung zukommt, ist streitig. Teilweise wird vertreten, dass eine Kündigung ohne Durchführung der Maßnahmen mangels Ausschöpfung milderer Mittel sozial ungerechtfertigt i. S. d. § 1 Abs. 2 KSchG sei (MünchKomm BGB/*Hesse*, Vorbem. zu §§ 620–630 BGB Rdn. 266; ErfKomm/*Rolfs* § 84 SGB IX Rdn. 1). Nach a. A. soll die Missachtung von § 84 SGB IX keinen Einfluss auf die Wirksamkeit der Kündigung haben, da die Norm nur eine sanktionslose Verpflichtung des Arbeitgebers beinhalte (KR/*Etzel* Vor §§ 85–92 SGB IX Rdn. 36).

11. Meldepflichten. Die Verwendung eines Formulars zur Bescheinigung, dass der Arztbesuch während der Arbeitszeit notwendig war, berührt nicht nur § 616 BGB, sondern stellt eine Regelung der betrieblichen Ordnung dar (BAG Beschl. v. 21. 1. 1997 – 1 ABR 53/96 – BB 1997, 1690). Das Mitbestimmungsrecht nach § 87 Abs. 1 Nr. 1 BetrVG ist auch nicht durch das EFZG ausgeschlossen, da dieses hierfür keine Regelung vorsieht (OVG Münster Urt. v. 3. 2. 2000 – 1 A 426/98.PVL – ZfBeamtR 2000, 322).

12. Bekanntmachungen der Gesellschaft. Dem Betriebsrat muss die Möglichkeit eingeräumt werden, zur Wahrnehmung seiner Aufgaben mit den Arbeitnehmern zu kommunizieren und diese in geeigneter Form zu informieren. Die Rechtsprechung geht dabei teilweise so weit, dass die Gesellschaft dem Betriebsrat eine eigene Seite im Intranet zur Verfügung stellen muss (vgl. BAG Beschl. v. 3. 9. 2003 – 7 ABR 12/03 – NZA 2004, 278). Minimum ist jedenfalls die Bereitstellung eines „schwarzen Bretts". Die Betriebsvereinbarung kann eine normative Wirkung nur gegenüber den im Betrieb beschäftigten Arbeitnehmern entfalten (s. Form. C. II. 1. Anm. 1 und 6).

13. Verbot der Abtretung und Verpfändung von Gehaltsansprüchen. Arbeitnehmer finanzieren ihre Konsumwünsche zunehmend durch Bankkredite oder Ratenzahlungsvereinbarungen mit dem Veräußerer. Im Gegenzug dafür muss der Arbeitnehmer zumeist – für die Zukunft – seine Gehalts-/Lohnansprüche abtreten. In dem immer häufigeren Fall, dass Arbeitnehmer ihre Verpflichtungen nicht mehr bedienen können, wird der Arbeitgeber mit Abtretungen und Verpfändungen konfrontiert, die neben dem Bearbeitungsaufwand auch haftungsrechtliche Probleme nach sich ziehen. Um dem zu entgehen, sehen zahlreiche Musterarbeitsverträge ein **Verbot der Abtretung und Verpfändung von Gehaltsansprüchen** vor. Eine solche Regelung ist auch durch Betriebsvereinbarung zulässig (Küttner/*Griese*, Lohnabtretung Rdn. 9).

Ein allgemeiner Erstattungsanspruch für die Kosten der Abtretungs-/Pfändungsbearbeitung des Arbeitgebers gegen den Arbeitnehmer besteht nach h. M. nicht (vgl. *Hannewald* NZA 2001, 19, 20 f.). Daher werden Lohnabtretungsverbote häufig mit Regelungen verbunden, die dem Arbeitnehmer zugunsten des Arbeitgebers einen pauschalierten Kostenersatz für die Bearbeitung von Abtretungen oder Lohnpfändungen auferlegen. Solche formularartigen Regelungen halten jedoch seit der Schuldrechtsreform einer Inhaltskontrolle nicht stand (*Hümmerich* NZA 2003, 752, 754). Gemäß § 310 Abs. 4 S. 1 BGB findet eine AGB-Kontrolle des Inhalts von Betriebsvereinbarungen hingegen nicht statt. Dies spricht dafür, die pauschalierten Erstattungsregelungen durch Betriebsvereinbarung zu regeln.

14. Compliance, Ethikrichtlinien. Gerade US-amerikanische Unternehmen verlangen von ihren Arbeitnehmern häufig das ausdrückliche Bekenntnis zur **Einhaltung sämtlicher Rechtsvorschriften.** Dies geschieht zumeist unter dem Eindruck des US-amerikanischen Haftungsrechts, das die Unternehmen erheblichen finanziellen Risiken aussetzen kann. Derartige Verpflichtungserklärungen weisen im deutschen Rechtssystem jedoch nur eine untergeordnete Bedeutung auf.

Anders ist dies bei Vorschriften, die das Entstehen von **Interessenkonflikten** bei Mitarbeitern vermeiden sollen. Häufig werden Arbeitnehmern Offenbarungspflichten im Hinblick auf ein anderweitiges wirtschaftliches Engagement z. B. in Form von **Aktienbesitz,** auferlegt. Hier ist zu unterscheiden zwischen dem Aktienbesitz, der das eigene Arbeitsleben berührt und solchem, der ausschließlich das Privatleben betrifft. Der erstgenannte Fall lag der Entscheidung des BAG vom 28. 5. 2002 (1 ABR 32/01 – AP Nr. 39 zu § 87 BetrVG 1972 Ordnung des Betriebes) zugrunde. Hintergrund war die Verpflichtung von (Wirtschafts-)Redakteuren eines Zeitungsverlages, eigenen Aktienbesitz zu offenbaren. Durch die Offenbarungspflicht sollte die Neutralität der Berichterstattung gewahrt werden. Die für solche Fälle vorgehaltenen Formulare zur Offenlegung des Aktienbesitzes, die die Neutralität der Berichterstattung gewährleisten sollen, unterliegen der Mitbestimmung (BAG Beschl. v. 28. 5. 2002 – 1 ABR 32/01 – AP Nr. 39 zu § 87 BetrVG 1972 Ordnung des Betriebes). Die Normierung einer derartigen Offenbarungspflicht ist nicht etwa wegen einer Verletzung des allgemeinen Persönlichkeitsrechts der Arbeitnehmer unzulässig. Zwar berechtigt § 87 Abs. 1 Nr. 1 BetrVG nicht dazu, in die private Lebensführung der Arbeitnehmer einzugreifen (BAG Beschl. v. 19. 1. 1999 – 1 AZR 499/98 – AP Nr. 28 zu § 87 BetrVG 1972 Ordnung des Betriebes). Einem Arbeitgeber muss jedoch zugestanden werden, eine unabhängige und von persönlichen Interessen der Redakteure freie Berichterstattung zu gewährleisten, wenn durch das finanzielle Engagement von Mitarbeitern bei Unternehmen, über die sie zu berichten haben, die Gefahr einer an eigenen Vermögensinteressen ausgerichteten Berichterstattung entsteht. Regeln, die diese Gefahren verringern und es dem Arbeitgeber ermöglichen, ihnen aktiv durch die Gestaltung und die Überwachung der Arbeitsaufträge entgegenzutreten, sind im Rahmen der Abwägung der widerstreitenden Interessen daher als zulässig anzusehen. Entsprechendes gilt für Arbeitnehmer, die wegen ihrer Funktion im Unternehmen des Arbeitgebers (Einkäufer, Auftragsvergabe) Interessenkonflikten zum Nachteil des Arbeitgebers ausgesetzt sind. Bei Arbeitnehmern, deren Funktion im Unternehmen das Vorliegen von Interessenkonflikten als eher fern liegend erscheinen lassen, ist dem Arbeitgeber zur Vermeidung der Unzulässigkeit seines Vorgehens anzuraten, auf das Abfragen der in Anlage 3 genannten Daten zu verzichten.

Auch ein Verbot der **Annahme von Geschenken** ist in zahlreichen Unternehmen üblich. Der Verstoß gegen ein – verhältnismäßiges – Verbot kann eine – auch außerordentliche – Kündigung rechtfertigen (LAG Frankfurt Urt. v. 4. 4. 2003 – 12 Sa 250/02 n. v.; LAG Hannover Urt. v. 29. 10. 2001 – 11 Sa 807/01 n.v.; BAG Urt. v. 17. 6. 2003 – 2 AZR 62/02 – NZA 2004, 1240). Dabei sollte im Hinblick auf die Praxis zahlreicher Unternehmen, ihren Kontaktpersonen in anderen Unternehmen kleinere Weihnachtspräsente zukommen zu lassen, eine wertmäßige Begrenzung für die Annahme von Geschenken vorgenommen werden. Letztlich dient die Festlegung von Richtlinien zur Geschenkannahme auch dem Schutz der Arbeitnehmer – vor unnötigen Verdächtigungen.

15. Betriebsbußen. Die Betriebsbuße sanktioniert einen **Pflichtverstoß** eines Arbeitnehmers in der Vergangenheit, während die Abmahnung einen solchen Pflichtverstoß zum Anlass nimmt, vertragsgemäßes Verhalten für die Zukunft einzufordern und Sanktionen für den Fall einer zukünftigen Wiederholung androht (*Konzen* Anmerkung zu BAG Urt. v. 5. 12. 1975 – 1 AZR 94/74 – AP Nr. 1 zu § 87 BetrVG 1972 Betriebsbuße; *Heinze* NZA 1990, 169, 170; *Kraft* NZA 1990, 777, 783). Zulässig ist es demnach, ein Fehlverhalten eines Arbeitnehmers zum Anlass für eine Betriebsbuße und eine Abmahnung oder Kündigung zu nehmen (vgl. *Kraft* NZA 1989, 777, 783). Die Betriebsbuße bedarf zu ihrer Rechtmäßigkeit einer **Betriebsbußenordnung**, die durch Betriebsvereinbarung (oder Tarifvertrag) Geltung erlangt. Ohne eine solche Betriebsvereinbarung ist eine Betriebsbuße unzulässig (*Brox* Anm. zu BAG Beschl. v. 17. 10. 1989 – 1 ABR 100/88 – AP Nr. 12 zu § 87 BetrVG 1972 Betriebsbuße; *Glaubitz* Anm. zu BAG Beschl. v. 22. 10. 1985 – 1 ABR 38/83 – AP Nr. 18 zu § 87 BetrVG Lohngestaltung; *Heinze* NZA 1990, 169, 174; *Herschel* Anm. zu BAG Urt. v. 28. 4. 1984 – 7 AZR 962/79 – AP Nr. 4 zu § 87 BetrVG 1972 Betriebsbuße; *Herschel* Anm. zu BAG Urt. v. 7. 11. 1979 – 5 AZR 962/71 – AP Nr. 3 zu § 87 BetrVG 1972 Betriebsbuße; *Konzen* Anm. zu BAG Urt. v. 5. 12. 1975 – 1 AZR 94/74 – AP Nr. 1 zu § 87 BetrVG 1972 Betriebsbuße; *Kraft* NZA 1989, 777, 783; *Pfarr,* Anm. zu BAG Urt. v. 30. 1. 1979 – 1 AZR 342/76 – AP Nr. 2 zu § 87 BetrVG 1972 Betriebsbuße; *Küttner/Kreitner* Betriebsbuße Rdn. 1–8). Die Betriebsbußenordnung muss rechtsstaatlichen Anforderungen gerecht werden, d. h. es muss insbesondere in faires Verfahren – unter Einschluss von rechtlichem Gehör und unter Beiziehung eines Beistandes – vorgeschrieben sein (*Kraft* NZA 1989, 777, 783; BAG Urt. v. 12. 9. 1967 – 1

AZR 34/66 – AP Nr. 1 zu § 56 BetrVG Betriebsbuße; BAG Urt. v. 17. 10. 1989 – 1 ABR 100/88 – AP Nr. 12 zu § 87 BetrVG 1972 Betriebsbuße). Dem Betriebsrat steht ein Mitbestimmungsrecht nicht nur bei der Festlegung der Betriebsbußenordnung, sondern auch bei der **Festsetzung der individuellen Betriebsbuße** im konkreten Fall zu (*Heinze* NZA 1990, 169, 173). Als Sanktionsmöglichkeiten kommen neben Verwarnung und Verweis die Geldbuße sowie die Kürzung von freiwilligen Leistungen in Betracht (*Kraft* NZA 1989, 777, 783; BAG Beschl. v. 22. 10. 1985 – 1 ABR 38/83 – AP Nr. 18 zu § 87 BetrVG Lohngestaltung). Der durch eine Geldbuße eingenommene Betrag darf nicht dem Arbeitgeber zugute kommen, sondern muss an eine betriebliche oder gemeinnützige Wohlfahrtseinrichtung abgeführt werden (Küttner/*Kreitner* Betriebsbuße Rdn. 5 m. weit. Nachw.). Arbeitsgerichte können Betriebsbußen vollumfänglich überprüfen; der Überprüfung unterliegt die Wirksamkeit der Betriebsbußenordnung selbst, die konkrete Tatfrage, die Einhaltung eines rechtsstaatlichen Verfahrens und die Angemessenheit der Betriebsbuße (Küttner/*Kreitner* Betriebsbuße Rdn. 9).

16. Inkrafttreten und Kündigung. S. Form. C. II. 1. Anm. 15.

17. Schlussbestimmungen. S. Form. C. II. 1. Anm. 16.

6. Gleitende Arbeitszeit

Betriebsvereinbarung über gleitende Arbeitszeit[1]

zwischen
...... (Name und Anschrift des Arbeitgebers) „Gesellschaft"
und
Betriebsrat des Betriebs ...... der ...... (Name des Arbeitgebers) „Betriebsrat"
(*Alternative:* Gesamtbetriebsrat/Konzernbetriebsrat)

Präambel[2]

Gesellschaft und Betriebsrat wollen den Mitarbeitern mit dieser Betriebsvereinbarung die Möglichkeit verschaffen, ihre Arbeitszeit künftig flexibler zu gestalten. Damit soll eine bessere Vereinbarkeit von Arbeitszeit und Freizeit in besonderem Hinblick auf die familiäre Situation der Mitarbeiter erreicht werden. Zugleich sollen Überstunden auf ein vertretbares Maß begrenzt werden. Betriebsrat und Gesellschaft sind sich einig darin, dass den Mitarbeitern auf diesem Weg besonderes Vertrauen entgegengebracht wird und ein gesteigertes Verantwortungsbewusstsein von jedem einzelnen Mitarbeiter gefordert ist.

§ 1 Geltungsbereich[3]

(1) Diese Betriebsvereinbarung gilt für alle Arbeitnehmer des Betriebs ...... der Gesellschaft („Mitarbeiter"), mit Ausnahme der
- leitenden Angestellten i. S. d. § 5 Abs. 3 BetrVG,
- gewerblichen Mitarbeiter im Schichtbetrieb und
- ......

(2) Für Teilzeit-Mitarbeiter gelten die Regelungen der Betriebsvereinbarung entsprechend, soweit nicht nachfolgend ausdrücklich etwas anderes vereinbart ist.

§ 2 Regelmäßige Arbeitszeit[4]

(1) Die regelmäßige wöchentliche Arbeitszeit beträgt ...... Stunden.

(*Alternative:*

(1) Die regelmäßige wöchentliche Arbeitszeit bestimmt sich nach den Regelungen des Tarifvertrages ...... in der jeweils geltenden Fassung und beträgt derzeit ...... Stunden.)

(2) Die regelmäßige wöchentliche Arbeitszeit von Teilzeit-Mitarbeitern richtet sich nach dem Inhalt des jeweiligen Arbeitsvertrags.

§ 3 Standardarbeitszeit[5]

(1) Die regelmäßige wöchentliche Arbeitszeit wird grundsätzlich wie folgt auf die Wochentage verteilt ("Standardarbeitszeit"):
- Montag: ...... Uhr bis ...... Uhr
- Dienstag: ...... Uhr bis ...... Uhr
- Mittwoch: ...... Uhr bis ...... Uhr
- Donnerstag: ...... Uhr bis ...... Uhr
- Freitag: ...... Uhr bis ...... Uhr

(2) Die Standardarbeitszeit von Teilzeit-Mitarbeitern richtet sich nach dem Inhalt des jeweiligen Arbeitsvertrags.

§ 4 Gleitzeit[6]

(1) Die Mitarbeiter sind unter Beachtung der Regelungen dieser Betriebsvereinbarung berechtigt, Beginn und Ende der individuellen täglichen Arbeitszeit und Verteilung der wöchentlichen Arbeitszeit auf die einzelnen Arbeitstage unter Berücksichtigung der Bedürfnisse der Gesellschaft und der anderen Mitarbeiter eigenverantwortlich abweichend von vorstehendem § 3 zu bestimmen ("Gleitzeit").

(2) Die individuelle tägliche Arbeitszeit muss innerhalb des Arbeitszeitrahmens liegen und die Anwesenheit während der Kernzeiten sicherstellen. Der Arbeitszeitrahmen umfasst den Zeitraum zwischen 6.00 Uhr und 20.00 Uhr. Die Kernzeit erstreckt sich auf die Zeit von ...... Uhr bis ...... Uhr.

(3) Für Teilzeit-Mitarbeiter gilt abweichend von vorstehendem Abs. (2) wahlweise eine Kernzeit von ...... Uhr bis ...... Uhr oder von ...... Uhr bis ...... Uhr.

(*Alternative* zu (2) und (3)):

(2) Jede Abteilung (*Alternative:* ...... (andere Organisationseinheit)) legt unter Berücksichtigung der Anforderungen an die Funktionsfähigkeit des Betriebsablaufs eigene Kernzeiten für Vollzeit- und Teilzeitmitarbeiter fest. Die Kernzeiten dürfen montags bis freitags bis zu insgesamt ...... Stunden betragen.)

(4) Im Übrigen sind die Mitarbeiter bei der Festlegung ihrer individuellen Arbeitszeit verpflichtet, die Bedürfnisse der Gesellschaft und der Kollegen angemessen zu berücksichtigen.

§ 5 Arbeitszeitgruppen[7]

(1) Die Gesellschaft kann für alle oder einige Mitarbeiter mit Zustimmung des Betriebsrats Arbeitszeitgruppen nach Maßgabe der folgenden Bestimmungen bilden.

(2) Einer Arbeitszeitgruppe werden in der Regel alle Mitarbeiter einer Abteilung (*Alternative:* ...... (andere Organisationseinheit)) einschließlich des Vorgesetzten zugeteilt. Innerhalb einer Abteilung (*Alternative:* ...... (andere Organisationseinheit)) können mehrere Arbeitszeitgruppen gebildet werden, wenn die Abteilung (*Alternative:* ...... (andere Organisationseinheit)) mehr als ...... Mitarbeiter umfasst oder die innerhalb der Abteilung (*Alternative:* ...... (andere Organisationseinheit)) beschäftigten Mitarbeiter unterschiedliche, voneinander weitgehend unabhängige Aufgaben wahrnehmen.

(3) Bei der Bildung der Arbeitszeitgruppen ist darauf zu achten, dass die darin zusammengefassten Mitarbeiter sich gegenseitig vertreten können.

(4) Für jede Arbeitszeitgruppe wird zur Gewährleistung eines reibungslosen Betriebsablaufs eine Mindestzahl von Mitarbeitern festgelegt, die zur gleichen Zeit arbeiten müssen ("Mindestbesetzung").

(5) Die Mitarbeiter einer Arbeitszeitgruppe regeln eigenverantwortlich und einvernehmlich die Lage der individuellen Arbeitszeiten in einer Weise, die die Mindestbesetzung und die Einhaltung der Kernzeit gemäß vorstehendem § 4 Abs. (2) sicherstellt. Zu diesem Zweck legen die Mitarbeiter einer Arbeitszeitgruppe jeweils monatlich einen

Einsatzplan fest. Hierbei sind absehbare Fehlzeiten von Mitarbeitern (z. B. Urlaub oder Arbeitsunfähigkeit) zu berücksichtigen.

(6) Der monatliche Einsatzplan ist dem Vorgesetzten der Arbeitszeitgruppe jeweils spätestens zum Ablauf des Montages der letzten vollständigen Arbeitswoche des Vormonats vorzulegen. Erfolgt die Vorlage des einvernehmlich festgelegten Einsatzplanes nicht rechtzeitig, entscheidet der Vorgesetzte der Arbeitszeitgruppe allein.

(7) Der Vorgesetzte nimmt zu dem Einsatzplan Stellung und äußert gegebenenfalls Änderungswünsche. Kommt eine Einigung über den Einsatzplan nicht bis zum vorletzten Werktag des Vormonats zustande, entscheidet der Vorgesetzte der Arbeitszeitgruppe allein.

(8) Bei unvorhergesehenen Abwesenheitszeiten einzelner Mitarbeiter der Arbeitszeitgruppe legt der Vorgesetzte eine verbindliche Änderung des Einsatzplanes fest.

§ 6 Pausen[8]

(1) Pausen können individuell unter Berücksichtigung der betrieblichen Erfordernisse und unter Beachtung der gesetzlichen Regelungen nach Rücksprache mit dem Vorgesetzten genommen werden. In der Regel sind Pausen in dem Zeitraum zwischen 11.30 Uhr und 14.30 Uhr zu nehmen.

(2) Die Arbeit ist bei einer Arbeitszeit von mehr als sechs bis zu neun Stunden durch eine Ruhepause von mindestens 30 Minuten und bei einer Arbeitszeit von mehr als neun Stunden durch eine oder mehrere Ruhepausen von insgesamt mindestens 45 Minuten zu unterbrechen.

§ 7 Sollarbeitszeit[9]

(1) Die tägliche Sollarbeitszeit beträgt $1/5$ der regelmäßigen wöchentlichen Arbeitszeit gemäß vorstehendem § 2 Abs. (1), also ...... Stunden für Vollzeit-Mitarbeiter. Die Berechnung der Sollarbeitszeit von Teilzeit-Mitarbeitern erfolgt entsprechend dem Verhältnis der tatsächlich von dem Teilzeit-Mitarbeiter individuell geleisteten Arbeitszeit zur regelmäßigen wöchentlichen Vollzeit-Arbeitszeit gemäß vorstehendem § 2 Abs. (1).

(2) Die Sollarbeitszeit dient der Ermittlung des individuellen Gleitzeitsaldos gemäß nachfolgendem § 10 und der Bestimmung der Zeitgutschriften bei Fehlzeiten gemäß nachfolgendem § 8.

§ 8 Zeiterfassung[10]

(1) Die Zeiterfassung wird von jedem Mitarbeiter mittels ...... (konkrete Beschreibung des Zeiterfassungssystems wie Stechuhr, Zeiterfassungsformulare etc.) vorgenommen.

(2) Das Betreten des Betriebsgeländes (*Alternative:* Arbeitsplatzes) gilt als Beginn und das Verlassen des Betriebsgeländes (*Alternative:* Arbeitsplatzes) als Ende der Arbeitszeit.

(3) Pausenzeiten werden bei der Erfassung der Arbeitszeit nicht berücksichtigt. Gleiches gilt entsprechend für die Erledigung persönlicher Angelegenheiten und unentschuldigte Abwesenheitszeiten, für die kein Anspruch auf Entgeltfortzahlung besteht.

(4) Die sich aus der Zeiterfassung ergebende tägliche Arbeitszeit („Ist-Arbeitszeit") wird mit der Sollarbeitszeit gemäß vorstehendem § 7 Abs. (1) saldiert. Ein positiver Saldo wird dem Gleitzeitkonto gemäß nachstehendem § 10 gutgeschrieben („Zeitguthaben"), ein negativer Saldo wird von dem Gleitzeitkonto in Abzug gebracht („Zeitsoll").

(5) Dienstlich veranlasste ganztägige Abwesenheitszeiten werden mit der gültigen Sollarbeitszeit gemäß vorstehendem § 7 Abs. (1) bewertet. Sofern die dienstliche Inanspruchnahme tatsächlich über die Sollarbeitszeit hinausgeht, wird die nachgewiesene Überschreitung der Sollarbeitszeit dem Gleitzeitkonto gutgeschrieben.

(6) Ganztägige Abwesenheitszeiten, für die ein Anspruch auf Entgeltfortzahlung (Feiertage und unverschuldete Arbeitsunfähigkeit) sowie Urlaubstage, für die ein Anspruch auf Urlaubsentgelt besteht, werden mit der gültigen Sollarbeitszeit gemäß vorstehendem § 7 Abs. (1) bewertet und bewegen das Gleitzeitkonto nicht. Gleiches gilt entsprechend für Zeiträume, in denen das Anstellungsverhältnis des Mitarbeiters ruht (insbesondere Elternzeit oder Wehrdienst).

(7) Sonstige ganztägige Abwesenheitszeiten, insbesondere Zeiten unentschuldigter Abwesenheit, werden vom Gleitzeitkonto mit der Sollarbeitszeit gemäß vorstehendem § 7 Abs. (1) in Abzug gebracht.

§ 9 Bereitschaftszeit, Arbeitsbereitschaft und Rufbereitschaft[11]

(1) Bereitschaftszeit wird zu ......% dem Gleitzeitkonto gutgeschrieben. Wird der Mitarbeiter in mehr als der Hälfte der Bereitschaftszeit zur Arbeitsleistung herangezogen, wird die Bereitschaftszeit zu 100% dem Gleitzeitkonto gutgeschrieben.

(2) Arbeitsbereitschaft wird zu ......% dem Gleitzeitkonto gutgeschrieben. Wird der Mitarbeiter in mehr als der Hälfte der Arbeitsbereitschaftszeit zur Arbeitsleistung herangezogen, wird die Arbeitsbereitschaftszeit zu 100% dem Gleitzeitkonto gutgeschrieben.

(3) Rufbereitschaft wird zu ......% dem Gleitzeitkonto gutgeschrieben. Wird der Mitarbeiter in mehr als der Hälfte der Rufbereitschaftszeit zur Arbeitsleistung herangezogen, wird die Rufbereitschaftszeit zu 100% dem Gleitzeitkonto gutgeschrieben.

§ 10 Gleitzeitkonto[12]

(1) Für jeden Mitarbeiter wird ein Gleitzeitkonto eingerichtet, auf dem Zeitsoll („Minusstunden") und Zeitguthaben („Plusstunden") saldiert werden. Das Gleitzeitkonto ist so ausgestaltet, dass der Mitarbeiter über den Gleitzeitsaldo grundsätzlich eigenverantwortlich unter Beachtung der betrieblichen Belange nach Rücksprache mit dem Vorgesetzten disponieren kann.

(2) Der Gleitzeitsaldo darf jeweils ...... Minus- oder Plusstunden nicht überschreiten.

(3) Ein am Monatsende bestehender Gleitzeitsaldo von bis zu ...... Minus- oder Plusstunden wird auf den jeweiligen Folgemonat übertragen. Darüber hinausgehende Minusstunden führen zu einem entsprechenden Abzug von der Bruttovergütung im Folgemonat; darüber hinausgehende Plusstunden verfallen.

(4) Der Abbau von Zeitguthaben kann durch Inanspruchnahme freier Tage („Gleitzeittage") erfolgen. Über deren Zahl und zeitliche Lage stimmen sich die Mitarbeiter unter Berücksichtigung der betrieblichen und persönlichen Belange eigenverantwortlich ab und führen eine Endabstimmung mit ihrem Vorgesetzten herbei. Die Entwicklung der Gleitzeitkonten ist einmal im Monat mit dem Vorgesetzen zu besprechen.

§ 11 Überstunden[13]

(1) Überstunden liegen nur dann vor, wenn die regelmäßige wöchentliche Arbeitszeit gemäß vorstehendem § 2 auf Anordnung des Vorgesetzten überschritten wird. Plusstunden auf dem Gleitzeitkonto sind als solche nicht als Überstunden zu bewerten.

(2) Jeder Mitarbeiter ist verpflichtet, sofern betriebliche Belange dies erfordern, Überstunden (einschließlich Samstags- Sonn- und Feiertagsarbeit) zu leisten.

(3) Der Betriebsrat wird sein Mitbestimmungsrecht im Interesse der Mitarbeiter möglichst kurzfristig ausüben. In Not- und Eilfällen gilt die Zustimmung des Betriebsrats zur sofortigen Anordnung von Überstunden als erteilt. In diesen Fällen ist der Betriebsrat unverzüglich über die Anordnung von Überstunden zu unterrichten.

(4) Notfälle liegen insbesondere vor, wenn der Gesellschaft oder einem Vertragspartner der Gesellschaft wirtschaftliche Schäden drohen, Ansprüche eines Vertragspartners

gegen die Gesellschaft zu befürchten sind, der Verlust eine Auftrags droht oder zu befürchten ist, dass ein Auftrag nicht erteilt wird.

(5) Eilfälle liegen vor, wenn eine Regelung über die Anordnung von Überstunden möglichst umgehend erfolgen muss, der Betriebsrat aber noch nicht zugestimmt hat.

(6) Überstunden werden regelmäßig dem Gleitzeitkonto des Mitarbeiters gutgeschrieben. Sofern die Leistung der Überstunden nicht bereits mit der Vergütung des Mitarbeiters abgegolten ist, kann er innerhalb von drei Arbeitstagen nach Anordnung der Überstunden verlangen, dass diese stattdessen auf der Grundlage der individuellen Bruttostundenvergütung vergütet werden.

(7) Die individuelle Bruttostundenvergütung errechnet sich aus der dem Mitarbeiter zum maßgeblichen Zeitpunkt zustehenden durchschnittlichen Bruttomonatsvergütung dividiert durch einen individuellen Divisor. Der Divisor berechnet sich wie folgt:

4,348 (durchschnittliche Wochenzahl pro Monat)
×
regelmäßige individuelle wöchentliche Arbeitszeit gemäß vorstehendem § 2 in Stunden.

Als durchschnittliche Bruttomonatsvergütung gilt $1/12$ der Bruttojahresvergütung des Mitarbeiters. Bei der Berechnung der Bruttojahresvergütung bleiben folgende Vergütungsbestandteile außer Betracht ....

(*Alternative:*
(7) Die Vergütung der Überstunden erfolgt nach Maßgabe des Tarifvertrages ...... in der jeweils geltenden Fassung.)

§ 12 Beendigung des Arbeitsverhältnisses[14]

(1) Bei Beendigung des Arbeitsverhältnisses werden Zeitguthaben auf dem Gleitzeitkonto durch bezahlte Freistellung abgegolten. Sofern dies nicht möglich ist, werden sie unter Zugrundelegung der maßgeblichen individuellen Bruttostundenvergütung des Mitarbeiters vergütet (*Alternative:* Bei arbeitgeberseitig veranlasster betriebsbedingter Kündigung hat der Mitarbeiter ein Wahlrecht, ob er bezahlte Freistellung oder die finanzielle Vergütung in Anspruch nehmen will. Übt der Mitarbeiter sein Wahlrecht nicht rechtzeitig vor dem Beendigungstermin schriftlich aus, so erfolgt eine bezahlte Freistellung). Ein bis zum Beendigungstermin bestehendes Zeitsoll auf dem Gleitzeitkonto wird dem Mitarbeiter unter Zugrundelegung der individuellen Bruttostundenvergütung gemäß § 11 Abs. (7) als unbezahlte Abwesenheit von der Bruttovergütung abgezogen.

(2) Sind durch die Beendigung des Anstellungsverhältnisses Überzahlungen zugunsten des Mitarbeiters erfolgt, hat er die zuviel erhaltenen Bezüge in voller Höhe zu erstatten. Der Einwand des Wegfalls der Bereicherung wird ausgeschlossen. Gleiches gilt für etwa gezahlte Arbeitgeber- und Arbeitnehmeranteile an die Sozialversicherung.

§ 13 Entzug und Verzicht[15]

(1) Die Gesellschaft kann jederzeit mit Zustimmung des Betriebsrats einzelnen Mitarbeitern oder Mitarbeitergruppen die Berechtigung zur Teilnahme an der Gleitzeit entziehen, sofern diese gegen Bestimmungen dieser Betriebsvereinbarung verstoßen haben. Der Betriebsrat wird seine Zustimmung nicht verweigern, sofern der Mitarbeiter mehrfach die Kernzeiten gemäß § 4 Abs. (2) nicht eingehalten hat.

(2) Jeder Mitarbeiter kann jederzeit auf eigenen Wunsch auf die Gleitzeit verzichten. Er hat dies unter Einhaltung einer Ankündigungsfrist von einem Monat zum Monatsende gegenüber seinem Vorgesetzten anzuzeigen; dieser unterrichtet den Betriebsrat.

(3) Für die betroffenen Mitarbeiter gilt anstelle der Gleitzeit die Standardarbeitszeit gemäß vorstehendem § 3.

§ 14 Gesetzliche Bestimmungen[16]

Die Bestimmungen des Arbeitszeitgesetzes, des Jugendarbeitsschutzgesetzes und des Mutterschutzgesetzes sind von den Mitarbeitern zu beachten. Danach gilt derzeit insbesondere Folgendes:

(1) Arbeitszeitgesetz

Die werktägliche Arbeitszeit der Mitarbeiter darf acht Stunden nicht überschreiten, sie kann jedoch bis zu zehn Stunden verlängert werden, wenn innerhalb von sechs Kalendermonaten oder innerhalb von 24 Wochen im Durchschnitt acht Stunden werktäglich nicht überschritten werden.

(2) Jugendarbeitsschutzgesetz

Die tägliche Arbeitszeit von Jugendlichen darf acht Stunden, die wöchentliche Arbeitszeit 40 Stunden nicht überschreiten. Jugendliche dürfen aber an einzelnen Werktagen die Arbeitszeit auf weniger als acht Stunden verkürzen und zum Ausgleich der verkürzten Zeit an den übrigen Werktagen derselben Woche bis höchstens 8,5 Stunden beschäftigt werden. Jugendliche dürfen hintereinander nicht länger als 4,5 Stunden ohne Ruhepause beschäftigt werden. Als Ruhepause gilt nur eine Arbeitsunterbrechung von insgesamt mindestens 30 Minuten. Bei einer Beschäftigungsdauer von mehr als sechs Stunden am Tag müssen die Ruhepausen insgesamt mindestens eine Stunde betragen.

(3) Mutterschutzgesetz

Werdende und stillende Mütter dürfen täglich nicht mehr als 8,5 Stunden oder 90 Stunden in der Doppelwoche arbeiten.

§ 15 Inkrafttreten, Kündigung[17]

(1) Diese Betriebsvereinbarung tritt am …… in Kraft. Sie kann mit einer Frist von drei Monaten zum Ende eines Kalendermonats, erstmalig zum ……, gekündigt werden. Danach behält die Betriebsvereinbarung bis zum Abschluss einer neuen Betriebsvereinbarung ihre Gültigkeit.

(2) Die Kündigung bedarf der Schriftform.

§ 16 Schlussbestimmungen[18]

(1) Diese Betriebsvereinbarung löst alle etwaigen vorherigen Betriebsvereinbarungen zur Verteilung der Arbeitszeit, insbesondere ……, ab. Mündliche Nebenabreden bestehen nicht. Änderungen oder Ergänzungen dieser Betriebsvereinbarung, einschließlich dieser Bestimmung, bedürfen zu ihrer Wirksamkeit der Schriftform.

(2) Sollte eine Bestimmung dieser Betriebsvereinbarung ganz oder teilweise unwirksam sein oder werden, so wird hiervon die Wirksamkeit der übrigen Bestimmungen nicht berührt. Anstelle der unwirksamen Bestimmung werden die Betriebspartner die gesetzlich zulässige Bestimmung vereinbaren, die dem mit der unwirksamen Bestimmung Gewollten wirtschaftlich am nächsten kommt. Dasselbe gilt für den Fall einer vertraglichen Lücke.

(3) Diese Betriebsvereinbarung steht unter dem Vorbehalt etwaiger ablösender – auch freiwilliger – Betriebsvereinbarungen.

(4) Sollten sich die dieser Betriebsvereinbarung zugrunde liegenden tatsächlichen oder rechtlichen Bedingungen grundlegend ändern, so werden die Betriebspartner unverzüglich in Verhandlungen treten mit dem Ziel, die Betriebsvereinbarung an die geänderten Bedingungen anzupassen.

……
Ort, Datum

……
Unterschrift der Gesellschaft

……
Ort, Datum

……
Unterschrift des Betriebsrats

6. Gleitende Arbeitszeit C. II. 6

Schrifttum: Annuß, Der Eingriff in den Arbeitsvertrag durch Betriebsvereinbarung, NZA 2001, 756; *Bauer/Diller*, Beschäftigungssicherung in der Metallindustrie, NZA 1994, 353; *Blohmeyer*, Das Günstigkeitsprinzip in der Betriebsverfassung – Die Betriebsvereinbarung zwischen Individual- und Tarifvertrag, NZA 1996, 337; *Buchner*, Arbeitszeitregelungen im Spannungsfeld zwischen Tarifvertrag und Betriebsvereinbarung, NZA 1986, 377, *Diller*, Das neue Gesetz zur Absicherung flexibler Arbeitszeitregelung („Flexi-Gesetz"), NZA 1998, 792; *Erasmy*, Ausgewählte Rechtsfragen zum neuen Arbeitszeitrecht, NZA 1994, 1105; *Gaul*, Änderungskündigung zur Absenkung oder Flexibilisierung von Arbeitszeit und/oder Arbeitsentgelt, BB 1998, 1913; *Gotthardt*, Grenzen von Tarifverträgen zur Beschäftigungssicherung durch Arbeitszeitverkürzung, BB 2000, 1462; *Gragert*, Die Rechtsprechung des BAG aus den Jahren 1996 bis 1998 zu den Mitbestimmungsrechten in sozialen Angelegenheiten gemäß § 87 Abs. 1 BetrVG, NZA-RR 1999, 449; *Hablitzel*, Das Verhältnis von Tarif- und Betriebsautonomie im Lichte des Subsidiaritätsprinzips, NZA 2001, 467; *Hanau*, Verkürzung und Differenzierung der Arbeitszeit als Prüfsteine des kollektiven Arbeitsrechts, NZA 1985, 73; *Heinze*, Flexible Arbeitszeitmodelle, NZA 1997, 681; *von Hoyningen-Huene*, Die Einführung und Anwendung flexibler Arbeitszeiten im Betrieb, NZA 1985, 9; *Hromadka*, Mehr Flexibilität für die Betriebe – Ein Gesetzesvorschlag, NZA 1996, 1233; *Hümmerich*, Flexibilisierung der Arbeitszeit durch Betriebsvereinbarung, BB 1996, 1182; *Kort*, Die Grenzen betrieblicher Mitbestimmung bei tarifvertraglicher Zulassung lediglich „freiwilliger" Betriebsvereinbarungen, NZA 2001, 477; *Knospe/Ewert/Marx*, Die Flexibilisierung der Arbeitszeit in der Sozialversicherung – Eine Betrachtung der Arbeitszeitflexibilisierung aus der Sozialversicherung unter besonderer Berücksichtigung des „Gesetzes zur sozialrechtlichen Absicherung flexibler Arbeitszeitregelungen" und der Ergänzungsregelungen im 4. Euroeinführungsgesetz, NZS 2001, 459; *Leinemann*, Rechtsprobleme der Wochenendarbeit, NZA 1988, 337; *Neumann*, Auswirkungen neuer Arbeitszeitmodelle auf die Versicherungspflicht, NZS 2001, 14; *Neumann*, Arbeitszeit und Flexibilisierung, NZA 1990, 961; *Otto*, Mitbestimmung des Betriebsrats bei der Regelung von Dauer und Lage der Arbeitszeit, NZA 1992, 97; *Reichhold*, Zeitsouveränität im Arbeitsverhältnis, Strukturen und Konsequenzen, NZA 1998, 393; *Richardi*, Die Mitbestimmung des Betriebsrats bei flexibler Arbeitszeitgestaltung, NZA 1994, 593; *Senne*, Flexible Arbeitszeiten und Mitbestimmung – Ein Plädoyer für betriebsnahe Regelungen, BB 1996, 1609; *von Stebut*, Rechtsfolgen von Arbeitszeitüberschreitungen, NZA 1987, 257.

Anmerkungen

1. Regelungsinhalt. Gleitzeit ist heute das am meisten verbreitete Modell zur Flexibilisierung der Arbeitszeit. Sie dient der Bedarfsorientierung der Arbeitszeit. Auf Arbeitgeberseite bietet Gleitzeit in erster Linie den **Vorteil,** dass Schwankungen des Arbeitsanfalls besser aufgefangen werden können. Darüber hinaus bietet das Modell die Möglichkeit, Betriebs- und Ansprechzeiten auszuweiten. Probleme mit Bummelzeiten können vermieden und Überstunden vermindert werden. Fehlzeiten werden reduziert; insbesondere kommt es nur noch in Ausnahmefällen zu Ausfallzeiten durch Arztbesuche oder sonstige persönliche Arbeitsverhinderungen. Für Arbeitnehmer führt Gleitzeit zu einer Erhöhung des individuellen Gestaltungsspielraums und damit zu einer erhöhten Attraktivität der Arbeitsbedingungen. Wartezeiten vor Arbeitsbeginn werden vermieden. Schließlich wird der Berufsverkehr in Stoßzeiten entlastet (vgl. auch Schliemann/Meyer/*Meyer* Rdn. 1144; MünchHdbArbR/*Schüren* § 168 Rdn. 6; Moll/*Gragert* MAH Arbeitsrecht § 12 Rdn. 63).

Gleitzeitregelungen werden in vielfältigen Varianten praktiziert, von denen zwei Grundmodelle hervorzuheben sind: Für Betriebe mit gleichmäßigem Arbeitsanfall eignet sich in erster Linie die **einfache Gleitzeit,** bei der die Arbeitnehmer lediglich den Arbeitsbeginn innerhalb einer bestimmten Eingleitphase wählen kann, dann aber im Laufe des Arbeitstages die festgelegte tägliche Arbeitszeit abzuleiten hat. Hier bestimmt also der Arbeitsbeginn automatisch auch das Arbeitsende; Zeitguthaben und Zeitschulden können nicht angesammelt werden (Schaub § 160 Rdn. 1; Schliemann/Meyer/*Meyer* Rdn. 1147).

Das Formular regelt das Modell der **gleitenden Arbeitszeit mit Zeitausgleich,** das sich in erster Linie für Unternehmen mit schwankendem Arbeitsanfall eignet. Hier haben die Mitarbeiter zusätzlich die Möglichkeit, auch das Ende der Arbeitszeit innerhalb eines gewissen Arbeitszeitrahmens selbst festzulegen; sie bestimmen also auch die Länge der täglichen Arbeitszeit. Um sicherzustellen, dass die Arbeitnehmer zu bestimmten Zeiten anwesend sind, wird eine gewisse Kernzeit definiert. Alternativ hierzu oder auch zusätzlich können Arbeitszeitgruppen die Zeitverantwortung übernehmen. Gleitzeitguthaben und -schulden können angesammelt und – in gewissem Umfang – auf den Folgemonat übertragen werden (hierzu Schaub § 160 Rdn. 1; Schliemann/Meyer/*Meyer* Rdn. 1148; Moll/*Gragert* MAH Arbeitsrecht § 12 Rdn. 63).

Die Einführung von gleitender Arbeitszeit unterliegt dem Mitbestimmungsrecht des Betriebsrats (BAG Urt. v. 18. 4. 1989 – 1 ABR 3/88 – AP Nr. 33 zu § 87 BetrVG 1972 Arbeitszeit). Die Betriebsvereinbarung regelt **Beginn und Ende der täglichen Arbeitszeit sowie deren Verteilung auf die Wochentage** (§ 87 Abs. 1 Nr. 2 BetrVG). Dieses Mitbestimmungsrecht ist gesperrt, soweit bereits eine abschließende und zwingende Regelung im Gesetz – in erster Linie im ArbZG – oder in einem einschlägigen Tarifvertrag besteht (§§ 77 Abs. 3, 87 Abs. 1 S. 1 BetrVG). Außerdem gehen arbeitsvertragliche Vereinbarungen dem Mitbestimmungsrecht vor, sofern die dortigen Regelungen für den Arbeitnehmer günstiger sind. Im Wesentlichen kann der Betriebsrat daher nur Rahmenbedingungen der Gleitzeit verbindlich regeln, vor allem den täglichen Arbeitszeitrahmen, die Kernzeit sowie die Lage oder Bandbreite der Pausen.

Ähnlich wie andere flexible Arbeitszeitmodelle führt auch die Einführung von Gleitzeit dazu, dass der Betriebsrat seine Mitbestimmungsrechte weniger effektiv ausüben kann (*Heinze* NZA 1997, 681, 684; s. Anm. 13).

Zuständig ist grundsätzlich der **örtliche Betriebsrat,** der seine Zuständigkeit an den Gesamtbetriebsrat delegieren kann (§ 50 Abs. 2 BetrVG).

2. Präambel. Gerade bei der Flexibilisierung der Arbeitszeit, einer für viele Arbeitnehmer noch unbekannten Idee, die zuweilen erheblichen Vorbehalten begegnet, ist es von Bedeutung für den praktischen Erfolg, das neue Arbeitszeitsystem durch gründliche Information der Mitarbeiter bekannt zu machen, um auf diese Weise die Akzeptanz in der Belegschaft zu erreichen. Die wesentlichen Beweggründe sollten in der Präambel zur Betriebsvereinbarung wiedergegeben werden, damit die Belegschaft sich mit ihren Interessen und Bedenken wiederfindet. Eine hilfreiche Sammlung von Erfahrungen deutscher Unternehmen bei der Einführung von flexiblen Arbeitszeitmodellen kann unter www.bmgs.bund.de/de/asp/arbeitszeitmodelle eingesehen werden.

3. Geltungsbereich. Das Formular sieht vor, dass die Betriebsvereinbarung grundsätzlich für alle Arbeitnehmer der Gesellschaft gilt. Ausnahmen hiervon können unter Beachtung der allgemeinen Diskriminierungsverbote und des Gleichbehandlungsgrundsatzes vorgesehen werden. Differenzierungen sind nur zulässig, wenn diese durch sachliche Gründe gerechtfertigt werden. So kann es aufgrund der Anforderungen an bestimmte Arbeitsplätze sachgerecht erscheinen, dort beschäftigte Arbeitnehmer nicht an Gleitzeitmodellen teilhaben zu lassen. Es kann sich daher anbieten, **bestimmte Arbeitnehmergruppen** aus dem Geltungsbereich auszunehmen. Differenzierungen innerhalb von Arbeitnehmergruppen dürften hingegen – außer bei Missbrauch (s. Anm. 15) – unzulässig sein. **Leitende Angestellte** im Sinne von § 5 Abs. 3 BetrVG unterfallen nicht dem Geltungsbereich von Betriebsvereinbarungen. Für diesen Personenkreis kann gegebenenfalls eine inhaltsgleiche oder ähnliche Regelung mit dem Sprecherausschuss der leitenden Angestellten getroffen oder einzelvertraglich vereinbart werden.

4. Regelmäßige Arbeitszeit. Die Dauer der regelmäßigen Arbeitszeit ist bei Tarifgebundenheit meistens **tarifvertraglich** geregelt, so dass etwa erwünschte Abweichungen gemäß § 77 Abs. 3 BetrVG nur dann zulässig sind, wenn der zugrunde liegende Tarifvertrag dies ermöglicht („Öffnungsklausel"). Sofern keine Tarifbindung vorliegt, sind die Arbeitsvertragsparteien unter Beachtung der gesetzlichen Bestimmungen bei der Festlegung der Arbeitszeiten frei; insoweit wird sich die Dauer der Wochenarbeitszeit aus den einzelnen **Arbeitsverträgen** ergeben. § 77 Abs. 3 BetrVG kann dem Abschluss einer Betriebsvereinbarung auch dann entgegenstehen, wenn die Gesellschaft nicht tarifgebunden ist, aber für den räumlichen, fachlichen und betrieblichen Tätigkeitsbereich der Gesellschaft tarifliche Arbeitszeitregelungen bestehen.

5. Standardarbeitszeit. Die Standardarbeitszeit dient in erster Linie als „Auffangtatbestand" der Arbeitszeitbestimmung für die Arbeitnehmer, die von der Gleitzeitregelung keinen Gebrauch machen wollen oder die der Arbeitgeber wegen Verletzung der Gleitzeitregelungen ausgeschlossen hat.

6. Gleitende Arbeitszeit C. II. 6

Anhand der Standardarbeitszeit lassen sich auch Abwesenheitszeiten berechnen, die weniger als einen vollen Arbeitstag in Anspruch nehmen. § 616 BGB, der die Fortzahlung der Vergütung bei Unzumutbarkeit der Arbeitsleistung festlegt, wird allerdings bei einer Gleitzeitregelung häufig nicht zur Anwendung gelangen. Da der Arbeitnehmer seine Arbeitspflicht selbst durch die tatsächliche Arbeitsaufnahme festlegt, können Fälle der Unzumutbarkeit der Arbeitsleistung regelmäßig nur außerhalb der Arbeitszeit liegen (MünchHdbArbR/*Schüren* § 168 Rdn. 53; Moll/*Gragert* MAH Arbeitsrecht § 12 Rdn. 69).

Bei der Verteilung der Wochenarbeitszeit auf die einzelnen Wochentage im Rahmen der **Standardarbeitszeit** steht dem Betriebsrat ein Mitbestimmungsrecht nach § 87 Abs. 2 Nr. 2 BetrVG zu.

Des Weiteren sind die Bestimmungen des **ArbZG** zu beachten. Demnach darf die werktägliche Arbeitszeit grundsätzlich acht Stunden nicht überschreiten. Sie kann aber auf bis zu zehn Stunden verlängert werden, wenn innerhalb von sechs Kalendermonaten oder 24 Wochen im Durchschnitt acht Stunden werktäglich nicht überschritten werden (§ 3 S. 2 ArbZG). Gemäß § 7 Abs. 1 ArbZG kann abweichend von § 3 S. 2 ArbZG ein anderer Ausgleichszeitraum festgelegt werden. Dies ist jedoch nur durch Tarifvertrag oder durch Betriebsvereinbarung aufgrund eines Tarifvertrages zulässig (vgl. Schliemann/Meyer/*Schliemann* ArbZG Rdn. 522 ff.). Unter Umständen ermöglicht § 7 Abs. 3 ArbZG die „Übernahme" tarifvertraglicher Regelungen in Betrieben, die nicht tarifgebunden sind (vgl. *Heinze* NZA 1997, 681 ff.).

6. Gleitzeit. Den Arbeitnehmern werden zunächst weit reichende **Gestaltungsspielräume** zugestanden, innerhalb derer sie die Lage ihrer täglichen Arbeitszeit und die Verteilung auf die einzelnen Wochentage bestimmen können. Abhängig von den jeweiligen Erfordernissen müssen diese Gestaltungsbefugnisse eingeschränkt werden, um die betrieblichen Abläufe sicherzustellen. Hierzu dient zunächst die Festlegung des **Arbeitszeitrahmens** und der **Kernzeit**.

7. Arbeitszeitgruppen und Einsatzplan. Ergänzend zur Kernzeitregelung in § 4 Abs. (2) (s. hierzu Anm. 6) sieht die Regelung die Bildung von Arbeitszeitgruppen vor. Diese sollen weitgehend eigenverantwortlich sicherstellen, dass jeweils eine **Mindestbesetzung** aus einem bestimmten Bereich zur gleichen Zeit anwesend ist. Ob und gegebenenfalls für welche Bereiche eine solche Regelung sachgerecht ist, hängt in erster Linie davon ab, inwieweit auch außerhalb der Kernzeiten eine Mindestpräsenz von Arbeitnehmern erforderlich ist. Je kürzer die Kernzeit bemessen ist, umso eher wird ein solches Steuerungsinstrument notwendig sein.

Denkbar ist es auch, auf die Festlegung von Kernzeiten völlig zu verzichten und die Zeiteinteilung vollständig auf die Arbeitszeitgruppen zu übertragen. In diesem Fall empfiehlt es sich, den Arbeitszeitrahmen auszuweiten und die Übertragbarkeit des Gleitzeitsaldos zu erhöhen. Außerdem sollten bereichsspezifische Service-, Ansprech- oder Funktionszeiten festgelegt und Servicestandards definiert werden. Ein solches Arbeitszeitmodell, das auch als **variable Arbeitszeit** bezeichnet wird, ist bisweilen bei Banken und Versicherungen, aber auch im öffentlichen Dienst anzutreffen.

8. Pausen. Die Bestimmung legt den zeitlichen Rahmen fest, innerhalb welchem Pausen in der Regel zu nehmen sind. Im Übrigen werden lediglich die zwingenden arbeitszeitschutzrechtlichen Regelungen wiedergegeben (§ 4 ArbZG).

Abweichend hiervon ist zu erwägen, bei flexiblen Arbeitszeitregelungen durchweg eine Pause von mindestens 45 Minuten, unabhängig von der Arbeitszeit, anzuordnen. Der Arbeitnehmer weiß bei Antritt der Pause womöglich noch nicht, wie viele Stunden er an dem jeweiligen Tag arbeiten wird. Nimmt er nur eine Pause von 30 Minuten, arbeitet dann aber mehr als neun Stunden, liegt ein Verstoß gegen § 4 ArbZG vor.

9. Sollarbeitszeit. Die tägliche Sollarbeitszeit errechnet sich aus der regelmäßigen wöchentlichen Arbeitszeit nach § 2 des Formulars. Diese ist durch fünf (oder bei Verteilung der regelmäßigen Arbeitszeit auf eine andere Anzahl von Tagen durch die jeweils einschlägige Anzahl von Arbeitstagen pro Woche) zu teilen. Die Sollarbeitszeit dient **der Ermittlung des individuellen Zeitsaldos** für die Bewertung der Veränderung des Gleitzeitkontos. Außerdem ist sie für die Bewertung von **Abwesenheitszeiten,** in denen das Gehalt fortzuzahlen ist, von Bedeutung.

Ubber

10. Arbeitszeiterfassung. Die genaue Regelung der Arbeitszeiterfassung hat einzelfallbezogen zu erfolgen. In Betracht kommen hierbei die Zeiterfassung durch automatische Arbeitszeiterfassungssysteme, aber auch die manuelle Erfassung durch den Arbeitnehmer selbst durch Verwendung von sog. „Stundenzetteln".

Im Übrigen enthält der Regelungskomplex Vorschriften über die Berücksichtigung von **Pausenzeiten, dienstlich veranlassten und sonstigen Abwesenheitszeiten.** Dabei werden ganztägige Abwesenheitszeiten, für die ein Anspruch auf Entgeltfortzahlung oder Urlaubsentgelt besteht, mit der jeweils individuell gültigen Sollarbeitszeit bewertet. Sie führen folglich zu keiner Bewegung des Zeitsolls/Zeitguthabens auf dem Gleitzeitkonto. Dies gilt auch für Zeiträume, in denen das Anstellungsverhältnis des Arbeitnehmers – z. B. aufgrund von Elternzeit – ruht.

11. Bereitschaftszeit, Arbeitsbereitschaft und Rufbereitschaft. Nach der Rechtsprechung des EuGH (Urt. v. 3. 11. 2000 – Rs. C 303/98 (SIMAP) – NZA 2000, 1227; EuGH Urt. v. 9. 11. 2003 – Rs. C 151/02 (Jäger) – NZA 2003, 1019) und BAG (Urt. v. 5. 6. 2003 – 6 AZR 114/02 – NZA 2004, 164; BAG Urt. v. 28. 11. 2004 – 5 AZR 530/02 – NZA 2004, 656) ist auch Bereitschaftszeit und Rufbereitschaft **Arbeitszeit i. S. d. ArbZG** (a. A. *Tietje* NZA 2001, 241 ff.).

Damit ist jedoch nicht zugleich gesagt, dass solche Zeiten auch in vollem Umfang als **vergütungspflichtige Arbeitszeit** zu behandeln sind. Der EuGH hat ausdrücklich darauf hingewiesen, dass diese Frage außerhalb seiner Zuständigkeit stehe und sich allein nach nationalem Recht richte. Das BAG hat dies aufgenommen und in beiden vorgenannten Entscheidungen betont, es könne etwa tarifvertraglich geregelt werden, dass Bereitschaftszeit und Rufbereitschaft nur zu einem bestimmten Teil vergütungspflichtig seien. Die Frage, in welchem Maße Bereitschaftsdienste, Rufbereitschaft und Arbeitsbereitschaft (zu den Begriffen vgl. *Schliemann/Meyer/Schliemann* ArbZG Rdn. 56–68 m. weit. Nachw., *Schliemann* NZA 2004, 513 ff.) für Gleitzeitkonten Berücksichtigung finden, ist losgelöst zu betrachten von der arbeitsschutzrechtlichen Fragestellung des ArbZG. Die Gutschrift auf dem Gleitzeitkonto ist letztlich eine Frage der Vergütung. Die zuvor zitierte Rechtsprechung von EuGH und BAG steht daher einer nur anteiligen Gutschrift von Arbeitsbereitschaft, Bereitschaftsdienst und Rufbereitschaft auf dem Gleitzeitkonto nicht entgegen.

In der betrieblichen Praxis werden in aller Regel – auch gemäß Tarifvertrag – Bereitschaftszeiten nicht vollständig als vergütungspflichtige Arbeitszeit behandelt. Üblich ist etwa eine 15–25%ige Gutschrift für derartige Bereitschaftszeiten, soweit der Arbeitnehmer im konkreten Fall nicht in mehr als der Hälfte der Bereitschaftszeit tatsächlich zur Arbeit herangezogen wurde.

12. Gleitzeitkonto. Dem Grundsatz nach können die Arbeitnehmer weitgehend eigenverantwortlich über den Gleitzeitsaldo disponieren. Bewegungen auf dem Gleitzeitkonto ergeben sich aus den Unterschieden der Sollarbeitszeit nach § 7 zu der tatsächlichen Ist-Arbeitszeit nach § 8 Abs. (4).

Die **Übertragung des Gleitzeitsaldos** auf den Folgemonat wird auf eine festzulegende Maximalgrenze von Minus- oder Plusstunden beschränkt. Dies ist zwar nicht zwingend erforderlich, erweist sich aber zumeist als sachgerecht, um zu große Schwankungen des Arbeitseinsatzes zu vermeiden. Ob überhaupt und bei welcher Stundengrenze eine Kappung vorgenommen wird, hängt in erster Linie vom Flexibilisierungsbedarf und dem Erfordernis eines einigermaßen kontinuierlichen Arbeitseinsatzes ab. Zu berücksichtigen ist auch, dass es ohne eine Unter- und Obergrenze leicht zur Überschreitung der gesetzlichen Arbeitszeit von durchschnittlich 48 Stunden pro Woche innerhalb von sechs Monaten oder 24 Wochen kommen kann (§ 3 ArbZG).

Um zu gewährleisten, dass die Arbeitnehmer die festgelegten Grenzen nicht unter- und überschreiten, sieht Abs. (3) eine entsprechende Verringerung der Vergütung bei Minusstunden und den Verfall bei Plusstunden vor.

Beim **Abbau von Zeitguthaben** durch die Inanspruchnahme von Gleitzeittagen wird den Arbeitnehmern eine hinreichende Flexibilität eingeräumt. Die Mitarbeiter selbst sollen unter Berücksichtigung der betrieblichen und persönlichen Belange eine Abstimmung vornehmen

6. Gleitende Arbeitszeit C. II. 6

und lediglich das Ergebnis zur Endabstimmung dem Vorgesetzten vorlegen. Denkbar ist es auch, hier starre Grenzen festzulegen, etwa die Zahl der Gleitzeittage pro Monat zu begrenzen, die Inanspruchnahme mehrerer aufeinander folgender Gleitzeittage auszuschließen oder nur halbe Gleitzeittage zuzulassen.

13. Überstunden. Bei flexiblen Arbeitszeitsystemen stellt sich jeweils die Frage, auf welche Weise **vergütungspflichtige Überstunden** zu definieren sind. Macht der Arbeitnehmer von der Gleitzeitregelung Gebrauch und spart sein Zeitguthaben an, muss noch lange keine Überarbeit vorliegen (vgl. MünchHdbArbR/*Matthes* § 335 Rdn. 22). Zur Definition von Überstunden stellt das Formular auf die Überschreitung der individuellen Wochenarbeitszeit und die Anordnung der Überstunden durch den Vorgesetzten ab. Zu erwägen ist es auch, anstelle der Wochenarbeitszeit die (tägliche) Sollarbeitszeit heranzuziehen.

Die Betriebsparteien können eine **Verpflichtung der Mitarbeiter** zur Leistung von Überstunden nur regeln, wenn der Arbeitsvertrag eine Öffnungsklausel enthält, die auch nachteilige Regelungen durch Betriebsvereinbarung zulässt (BAG Urt. v. 12. 8. 1982 – 6 AZR 1117/79 – AP Nr. 4 zu § 77 BetrVG; s. Form. A. II. 1 Anm. 25). Ansonsten kommt es auf die Regelungen im Arbeitsvertrag an.

Vor der Anordnung oder Duldung von Überstunden i. S. d. § 87 Abs. 1 Nr. 3 BetrVG, also der vorübergehenden Verlängerung der betriebsüblichen Arbeitszeit, hat der Arbeitgeber die **Zustimmung des Betriebsrats** einzuholen. Das entsprechende Mitbestimmungsrecht des Betriebsrats ist jedoch gegenüber einer starren Arbeitszeitregelung deutlich eingeschränkt. Der bloße Umstand, dass ein Mitarbeiter zugunsten seines Gleitzeitkontos länger arbeitet als sonst üblich, stellt keine Verlängerung der betriebsüblichen Arbeitszeit dar.

Ob das Mitbestimmungsrecht auch in **Notfällen,** also in Extremsituationen wie Feuer und Überschwemmungen, vor der Leistung von Überstunden zu beachten ist, hat die Rechtsprechung zunächst offen gelassen (BAG Urt. v. 13. 7. 1977 – 1 AZR 336/75 – BB 1977, 1702). Inzwischen folgt das BAG aus dem Grundsatz der vertrauensvollen Zusammenarbeit (§ 2 Abs. 1 BetrVG), dass das Mitbestimmungsrecht bei solchen unvorhersehbaren und schwerwiegenden Situationen suspendiert sei. Dies gilt immer dann, wenn der Betriebsrat nicht erreichbar oder zur rechtzeitigen Beschlussfassung nicht in der Lage ist, der Arbeitgeber aber sofort handeln muss, um vom Betrieb oder den Arbeitnehmern nicht wieder gutzumachende Schäden abzuwenden (BAG Urt. v. 19. 2. 1991 – 1 ABR 31/90 – BAG Nr. 42 zu § 87 BetrVG 1972 Arbeitszeit; BAG Urt. v. 17. 11. 1998 – 1 ABR 12/98 – AP Nr. 79 zu § 87 BetrVG 1972 Arbeitszeit).

In **Eilfällen,** also in Fällen, in denen eine Regelung möglichst umgehend erfolgen muss, der Betriebsrat aber nicht rechtzeitig um Zustimmung ersucht werden kann (z. B. eilig zu erledigende Aufträge) entfällt das Mitbestimmungsrecht hingegen nicht (BAG Urt. v. 17. 11. 1998 – 1 ABR 12/98 – AP Nr. 79 zu § 87 BetrVG 1972 Arbeitszeit; BAG Urt. v. 19. 2. 1991 – 1 ABR 31/90 – BAG Nr. 42 zu § 87 BetrVG 1972 Arbeitszeit).

Der Betriebsrat kann auch nicht grundsätzlich auf seine Mitbestimmungsrechte im Voraus verzichten (BAG Urt. v. 14. 8. 2001 – 1 ABR 619/00 – NZA 2002, 276), indem er dem Arbeitgeber das alleinige Gestaltungsrecht über den mitbestimmungspflichtigen Tatbestand eröffnet. Deshalb ist es auch nicht möglich, durch Betriebsvereinbarung die alleinige Entscheidung über Überstunden dem Arbeitgeber zu übertragen. Der Betriebsrat kann aber für bestimmte, eng umgrenzte Fallkategorien im Voraus die Zustimmung zu notwendig werdender Mehrarbeit erteilen (BAG Urt. v. 12. 1. 1988 – 1 ABR 54/86 – AP Nr. 8 zu § 81 ArbGG 1979). Daran anknüpfend bestimmt § 11 Abs. (3) des Formulars, dass in Not- und Eilfällen die **Zustimmung des Betriebsrats als erteilt** gilt. Hierbei werden Notfälle durch einzelne Fallgruppen definiert, die sicherlich auch Konstellationen außerhalb der Begriffsbestimmung des BAG umfassen (s. § 11 Abs. (4) des Formulars). Die Definition der Eilfälle (s. § 11 Abs. (5) des Formulars) lehnt sich an die Rechtsprechung an.

Hinsichtlich des **Ausgleichs von Überstunden** regelt das Formular, dass diese grundsätzlich dem Gleitzeitkonto gutzuschreiben sind. Stattdessen kann der Arbeitnehmer auch eine Überstundenvergütung verlangen, es sei denn, die Leistung von Überstunden ist bereits mit seiner Vergütung abgegolten (s. hierzu Form. A. II. 3 Anm. 4). Hier wird zu prüfen sein, ob nicht

Übber

vorrangige tarif- oder arbeitsvertragliche Regelungen zu beachten sind. Dies gilt auch für die Zahlung von (weitgehend üblichen) Zuschlägen.

14. Beendigung des Arbeitsverhältnisses. Bei Beendigung des Arbeitsverhältnisses sollen Plusstunden auf dem Gleitzeitkonto durch **bezahlte Freistellung** abgegolten werden. Sofern ein Zeitsoll besteht, werden die Negativstunden unter Zugrundelegung der zum Beendigungstermin maßgeblichen individuellen Bruttostundenvergütung **von der Bruttomonatsvergütung des Arbeitnehmers abgezogen.** Sofern ein derartiger Abzug notwendig ist, sind dabei die einschlägigen Pfändungsgrenzen (§§ 850 ff. ZPO) zu beachten. Ist ein Abzug nicht möglich oder – gleich aus welchem Grund – unterblieben, so sieht Abs. (2) der Regelung als Auffangtatbestand vor, dass den Arbeitnehmer eine Rückerstattungspflicht trifft. Ob dieser Rückerstattungsanspruch auch realisierbar ist, hängt dann von der Solvenz des Arbeitnehmers ab.

Die gutgeschriebenen Zeiten auf dem Gleitzeitkonto unterliegen im Störfall einer vereinfachten Abrechnung der Sozialversicherungsbeiträge, sofern sie von vornherein auf maximal 250 Stunden begrenzt sind. Sie können in diesem Fall als Einmalzahlung abgewickelt werden.

15. Entzug und Verzicht. Für Arbeitnehmer, die wegen Verletzung der Bestimmungen der Betriebsvereinbarung von der Gleitzeit ausgeschlossen werden oder die hierauf freiwillig verzichten, gilt die in § 3 festgelegte Standardarbeitszeit.

16. Gesetzliche Bestimmungen. § 18 gibt die wichtigsten gesetzlichen Vorschriften zur Arbeitszeitregelung wieder. Dadurch soll gewährleistet werden, dass Arbeitnehmer nicht über das gesetzlich zulässige Maß arbeiten und sich darauf berufen, dass ihnen die maßgeblichen Regelungen unbekannt gewesen seien. Zwar ist grundsätzlich der Arbeitgeber für die Einhaltung der genannten gesetzlichen Regelungen verantwortlich. Dem Wesen der flexiblen Arbeitszeitregelung entsprechend wird hier aber den Arbeitnehmern eine gewisse Mitverantwortung übertragen.

17. Inkrafttreten und Kündigung. S. Form. C. II. 1 Anm. 15.

18. Schlussbestimmungen. S. Form. C. II. 1 Anm. 16.

7. Vertrauensarbeitszeit

Betriebsvereinbarung über Vertrauensarbeitszeit[1]

zwischen
...... (Name und Anschrift des Arbeitgebers) „Gesellschaft"
und
Betriebsrat des Betriebs ...... der ...... (Name des Arbeitgebers) „Betriebsrat"
(*Alternative:* Gesamtbetriebsrat/Konzernbetriebsrat)

Präambel[2]

Gesellschaft und Betriebsrat sind übereingekommen, die Eigenverantwortung der Mitarbeiter bei der Erfüllung ihrer arbeitsvertraglichen Pflichten zu stärken. Durch die Einführung der Vertrauensarbeitszeit verzichtet die Gesellschaft weitgehend auf die Erfassung und Kontrolle der Arbeitszeit der Mitarbeiter. Den Mitarbeitern werden Rahmenbedingungen und Gestaltungsspielräume geboten, um ihre Arbeitszeit ergebnisorientiert einzusetzen. Zugleich soll damit eine bessere Vereinbarkeit von Arbeitszeit und Freizeit in besonderem Hinblick auf ihre familiäre Situation erreicht werden. Betriebsrat und Gesellschaft sind sich einig darin, dass den Mitarbeitern auf diesem Weg besonderes Vertrauen entgegengebracht wird und ein gesteigertes Verantwortungsbewusstsein von jedem einzelnen Mitarbeiter gefordert ist.

7. Vertrauensarbeitszeit C. II. 7

§ 1 Geltungsbereich[3]

(1) Diese Betriebsvereinbarung gilt für alle Arbeitnehmer des Betriebs ...... der Gesellschaft („Mitarbeiter"), mit Ausnahme der
- leitenden Angestellten i.S.d. § 5 Abs. 3 BetrVG,
- AT-Mitarbeiter,
- Mitarbeiter in der Telefon- und Postzentrale,
- gewerblichen Mitarbeiter im Schichtbetrieb und
- ....

(2) Für Teilzeit-Mitarbeiter gelten die Regelungen dieser Betriebsvereinbarung entsprechend, soweit nachfolgend nicht ausdrücklich etwas anderes bestimmt ist.

§ 2 Regelmäßige Arbeitszeit[4]

(1) Die regelmäßige wöchentliche Arbeitszeit beträgt ...... Stunden.

(*Alternative:*

(1) Die regelmäßige wöchentliche Arbeitszeit bestimmt sich nach den Regelungen des Tarifvertrages ...... in der jeweils geltenden Fassung und beträgt derzeit ...... Stunden.)

(2) Die regelmäßige wöchentliche Arbeitszeit von Teilzeit-Mitarbeitern richtet sich nach dem Inhalt des jeweiligen Arbeitsvertrags.

§ 3 Standardarbeitszeit[5]

(1) Die regelmäßige wöchentliche Arbeitszeit wird grundsätzlich wie folgt auf die Wochentage verteilt („Standardarbeitszeit"):
- Montag: ...... Uhr bis ...... Uhr
- Dienstag: ...... Uhr bis ...... Uhr
- Mittwoch: ...... Uhr bis ...... Uhr
- Donnerstag: ...... Uhr bis ...... Uhr
- Freitag: ...... Uhr bis ...... Uhr

(2) Die Standardarbeitszeit von Teilzeit-Mitarbeitern richtet sich nach dem Inhalt des jeweiligen Arbeitsvertrags.

§ 4 Vertrauensarbeitszeit[6]

(1) Die Mitarbeiter sind unter Beachtung der Regelungen dieser Betriebsvereinbarung berechtigt, Beginn und Ende der individuellen täglichen Arbeitszeit und Verteilung der wöchentlichen Arbeitszeit auf die einzelnen Wochentage unter Berücksichtigung der Bedürfnisse der Gesellschaft und der anderen Mitarbeiter eigenverantwortlich abweichend von vorstehendem § 3 zu bestimmen („Vertrauensarbeitszeit").

(2) Die individuelle Arbeitszeit muss innerhalb des Arbeitszeitrahmens liegen. Der Arbeitszeitrahmen umfasst montags bis samstags den Zeitraum zwischen 6.00 Uhr und 22.00 Uhr.

(3) Eine Überschreitung des Arbeitszeitrahmens ist nur bei Vorliegen schwerwiegender Gründe in Abstimmung mit dem Vorgesetzen, der Personalabteilung und dem Betriebsrat zulässig.

(4) Jede Abteilung (Alternative: ...... (andere Organisationseinheit)) legt Servicezeiten fest, innerhalb derer die Funktionsfähigkeit des Betriebsauflaufs gewährleistet sein muss. Die Servicezeiten dürften montags bis freitags bis zu insgesamt ...... Stunden betragen. Mitarbeiter, die während der Servicezeiten nicht arbeiten, haben ihre telefonische Erreichbarkeit sicherzustellen.

(5) Im Übrigen sind die Mitarbeiter bei der Festlegung ihrer individuellen Arbeitszeit verpflichtet, die Bedürfnisse der Gesellschaft und der Kollegen angemessen zu berücksichtigen.

§ 5 Arbeitszeitgruppen[7]

(1) Die Gesellschaft kann für alle oder einige Mitarbeiter mit Zustimmung des Betriebsrats Arbeitszeitgruppen nach Maßgabe der folgenden Bestimmungen bilden.

(2) Einer Arbeitszeitgruppe werden in der Regel alle Mitarbeiter einer Abteilung (*Alternative:* ...... (andere Organisationseinheit)) einschließlich des Vorgesetzten zugeteilt. Innerhalb einer Abteilung (*Alternative:* ...... (andere Organisationseinheit)) können mehrere Arbeitszeitgruppen gebildet werden, wenn die Abteilung (*Alternative:* ...... (andere Organisationseinheit)) mehr als ...... Mitarbeiter umfasst oder die innerhalb der Abteilung (*Alternative:* ...... (andere Organisationseinheit)) beschäftigten Mitarbeiter unterschiedliche, voneinander weitgehend unabhängige Aufgaben wahrnehmen.

(3) Bei der Bildung der Arbeitszeitgruppen ist darauf zu achten, dass die darin zusammengefassten Mitarbeiter sich gegenseitig vertreten können.

(4) Für jede Arbeitszeitgruppe wird zur Gewährleistung eines reibungslosen Betriebsablaufs eine Mindestzahl von Mitarbeitern festgelegt, die zur gleichen Zeit arbeiten müssen („Mindestbesetzung").

(5) Die Mitarbeiter einer Arbeitszeitgruppe regeln eigenverantwortlich und einvernehmlich die Lage der individuellen Arbeitszeiten in einer Weise, die die Mindestbesetzung sicherstellt. Dabei sind absehbare Fehlzeiten von Mitarbeitern (z. B. Urlaub oder Arbeitsunfähigkeit) zu berücksichtigen.

(6) Ist aus nicht absehbaren betrieblichen Gründen oder in Eil- oder Notfällen die Anwesenheit von zusätzlichen Mitarbeitern erforderlich, kann der Vorgesetzte abwesende Mitarbeiter aus seiner Abteilung (*Alternative:* ...... (andere Organisationseinheit)) zum Arbeitsplatz rufen.

§ 6 Pausen[8]

(1) Pausen können individuell unter Berücksichtigung der betrieblichen Erfordernisse und unter Beachtung der gesetzlichen Regelungen nach Rücksprache mit dem Vorgesetzten genommen werden.

(2) Die Arbeit ist bei einer Arbeitszeit von mehr als sechs bis zu neun Stunden durch eine Ruhepause von mindestens 30 Minuten und bei einer Arbeitszeit von mehr als neun Stunden durch eine oder mehrere Ruhepausen von insgesamt mindestens 45 Minuten zu unterbrechen.

§ 7 Zeiterfassung[9]

(1) Im Rahmen der Vertrauensarbeitszeit findet keine elektronische Zeiterfassung statt. Jeder Mitarbeiter hat Arbeitszeiten, die der Aufzeichnungspflicht nach § 16 Abs. 2 ArbZG unterliegen, unter Verwendung des dieser Betriebsvereinbarung als Anlage beigefügten Formulars zu erfassen. Das ausgefüllte Formular ist spätestens am ...... Arbeitstag eines Kalendermonats für den jeweils vorangegangenen Kalendermonat bei der Personalabteilung abzugeben. Die Personalabteilung leitet eine Kopie des ausgefüllten Formulars an den Betriebsrat weiter. Die Gesellschaft behält sich vor, die aufgezeichneten Arbeitszeiten stichprobenartig zu überprüfen.

(2) Für Mitarbeiter, die an der Vertrauensarbeitszeit nicht teilnehmen, wird die Zeiterfassung mittels ...... (konkrete Beschreibung des Zeiterfassungssystems wie Stechuhr, Zeiterfassungsformulare etc.) vorgenommen.

(3) Bei der Zeiterfassung gilt das Betreten des Betriebsgeländes (*Alternative:* Arbeitsplatzes) als Beginn und das Verlassen des Betriebsgeländes (*Alternative:* Arbeitsplatzes) als Ende der Arbeitszeit. Pausenzeiten werden nicht berücksichtigt. Gleiches gilt die Erledigung persönlicher Angelegenheiten und unentschuldigte Abwesenheitszeiten, für die kein Anspruch auf Entgeltfortzahlung besteht.

(4) Dienstlich veranlasste ganztägige Abwesenheitszeiten und ganztägige Abwesenheitszeiten, für die ein Anspruch auf Entgeltfortzahlung (Feiertage und unverschuldete Arbeitsunfähigkeit) sowie Urlaubstage, für die ein Anspruch auf Urlaubsentgelt besteht, werden mit der Standardarbeitszeit gemäß vorstehendem § 3 bewertet.

§ 8 Überstunden, Überlastung[10]

(1) Überstunden sind Arbeitsstunden, die der Mitarbeiter über seine individuelle Wochenarbeitszeit hinaus aufgrund Anordnung durch seinen Vorgesetzten leistet.

(2) Der Mitarbeiter hat dafür Sorge zu tragen, dass Überstunden innerhalb eines Zeitraums von sechs Monaten ausgeglichen werden. Ist dies aus betrieblichen Gründen nicht möglich, werden die Überstunden auf Antrag des Mitarbeiters vergütet, es sei denn, die Leistung von Überstunden ist bereits mit der Vergütung des Mitarbeiters abgegolten.

(3) Mit seinem Antrag auf Vergütung der Überstunden hat der Mitarbeiter eine vollständige Aufzeichnung seiner Arbeitszeiten in dem maßgeblichen Zeitraum vorzulegen.

(4) Die Überstundenvergütung wird in Höhe der anteiligen Monatsvergütung pro Arbeitsstunde ohne Zuschläge geleistet.

(*Alternative:*

(4) Die Vergütung von Überstunden erfolgt nach Maßgabe des Tarifvertrages ...... in der jeweils geltenden Fassung.)

(5) Überlastung liegt vor, wenn der Mitarbeiter das ihm zugewiesene Arbeitsvolumen dauerhaft nicht innerhalb seiner individuellen Wochenarbeitszeit erledigen kann. Der Mitarbeiter hat die Überlastung unverzüglich seinem Vorgesetzten anzuzeigen. Dieser leitet die Überlastungsanzeige über die Personalabteilung an den Betriebsrat weiter. Der Vorgesetzte wird umgehend Maßnahmen ergreifen, um den Mitarbeiter vor einer künftigen Überlastung zu schützen (z.B. Umverteilung von Arbeit auf andere Mitarbeiter).

(6) Für Mitarbeiter, die an der Vertrauensarbeitszeit nicht teilnehmen, gelten die Regelungen der Betriebsvereinbarung ....

§ 9 Entzug und Verzicht[11]

(1) Die Gesellschaft kann jederzeit mit Zustimmung des Betriebsrats einzelnen Mitarbeitern oder Mitarbeitergruppen die Berechtigung zur Teilnahme an der Vertrauensarbeitszeit entziehen, sofern diese gegen Bestimmungen dieser Betriebsvereinbarung verstoßen haben.

(2) Jeder Mitarbeiter kann jederzeit auf eigenen Wunsch auf die Vertrauensarbeitszeit verzichten. Er hat dies unter Einhaltung einer Ankündigungsfrist von einem Monat zum Monatsende gegenüber seinem Vorgesetzten anzuzeigen. Der Vorgesetzte leitet die Anzeige über die Personalabteilung an den Betriebsrat weiter.

(3) Für die betroffenen Mitarbeiter gilt anstelle der Vertrauensarbeitszeit die Standardarbeitszeit gemäß vorstehendem § 3.

§ 10 Gesetzliche Bestimmungen[12]

Die Bestimmungen des Arbeitszeitgesetzes, des Jugendarbeitsschutzgesetzes und des Mutterschutzgesetzes sind von den Mitarbeitern zu beachten. Danach gilt derzeit insbesondere Folgendes:

(1) Arbeitszeitgesetz

Die werktägliche Arbeitszeit der Mitarbeiter darf acht Stunden nicht überschreiten, sie kann jedoch auf bis zu zehn Stunden verlängert werden, wenn innerhalb von sechs Kalendermonaten oder innerhalb von 24 Wochen im Durchschnitt acht Stunden werktäglich nicht überschritten werden.

(2) Jugendarbeitsschutzgesetz

Die tägliche Arbeitszeit von Jugendlichen darf acht Stunden, die wöchentliche Arbeitszeit 40 Stunden nicht überschreiten. Jugendliche dürfen aber an einzelnen Werktagen die Arbeitszeit auf weniger als acht Stunden verkürzen und zum Ausgleich der verkürzten Zeit an den übrigen Werktagen derselben Woche bis höchstens 8,5 Stunden beschäftigt werden. Jugendliche dürfen hintereinander nicht länger als 4,5 Stunden ohne Ruhepause beschäftigt werden. Als Ruhepause gilt nur eine Arbeitsunterbrechung von insgesamt mindestens 30 Minuten. Bei einer Beschäftigungsdauer von mehr als sechs Stunden am Tag müssen die Ruhepausen insgesamt mindestens eine Stunde betragen.

(3) Mutterschutzgesetz

Werdende und stillende Mütter dürfen täglich nicht mehr als 8,5 Stunden oder 90 Stunden in der Doppelwoche arbeiten.

§ 12 Mitbestimmung[13]

Durch den Abschluss dieser Betriebsvereinbarung macht der Betriebsrat von seinen Mitbestimmungsrechten nach § 87 Abs. 1 Nr. 2 und 3 BetrVG Gebrauch. Die Betriebspartner sind sich darüber einig, dass weitergehende Mitbestimmungsrechte nach diesen Bestimmungen im Rahmen der Vertrauensarbeitszeit nicht bestehen.

§ 13 Inkrafttreten, Kündigung[14]

(1) Diese Betriebsvereinbarung tritt am ...... in Kraft. Sie kann mit einer Frist von drei Monaten zum Ende eines Kalendermonats, erstmalig zum ......, gekündigt werden. Danach behält die Betriebsvereinbarung bis zum Abschluss einer neuen Betriebsvereinbarung ihre Gültigkeit.

(2) Die Kündigung bedarf der Schriftform.

§ 14 Schlussbestimmungen[15]

(1) Diese Betriebsvereinbarung löst alle etwaigen vorherigen Betriebsvereinbarungen zur Verteilung der Arbeitszeit, insbesondere ......, ab. Mündliche Nebenabreden bestehen nicht. Änderungen oder Ergänzungen dieser Betriebsvereinbarung, einschließlich dieser Bestimmung, bedürfen zu ihrer Wirksamkeit der Schriftform.

(2) Sollte eine Bestimmung dieser Betriebsvereinbarung ganz oder teilweise unwirksam sein oder werden, so wird hiervon die Wirksamkeit der übrigen Bestimmungen nicht berührt. Anstelle der unwirksamen Bestimmung werden die Betriebspartner die gesetzlich zulässige Bestimmung vereinbaren, die dem mit der unwirksamen Bestimmung Gewollten wirtschaftlich am nächsten kommt. Dasselbe gilt für den Fall einer vertraglichen Lücke.

(3) Diese Betriebsvereinbarung steht unter dem Vorbehalt etwaiger ablösender – auch freiwilliger – Betriebsvereinbarungen.

(4) Sollten sich die dieser Betriebsvereinbarung zugrunde liegenden tatsächlichen oder rechtlichen Bedingungen grundlegend ändern, so werden die Betriebspartner unverzüglich in Verhandlungen treten mit dem Ziel, die Betriebsvereinbarung an die geänderten Bedingungen anzupassen.

......
Ort, Datum

......
Unterschrift der Gesellschaft

......
Ort, Datum

......
Unterschrift des Betriebsrats

7. Vertrauensarbeitszeit — C. II. 7

Anlage gemäß § 7 Abs. 1
zur Betriebsvereinbarung über Vertrauensarbeitszeit
Arbeitszeiterfassung gemäß § 16 Abs. 2 ArbZG

Name, Vorname: ……   Abteilung: ……   Monat: ……/200…

Datum	Arbeitszeit über 9,6 Std. (s. Ziff. 1)	Arbeitszeit insgesamt (s. Ziff. 2)	Arbeitszeit nach Samstagsarbeit (s. Ziff. 3)	Arbeitszeit nach Samstagsarbeit (s. Ziff. 4)	Begründung für Arbeitszeit über 10 Std./ Sonntags- und Feiertagsarbeit (s. Ziff. 5)
KW: ……	–	–	–	–	–
SA, ……	–				
SO, ……	–				
MO, ……		–			
DI, ……		–			
MI, ……		–			
DO, ……		–			
FR, ……		–			
KW: ……	–	–	–	–	–
SA, ……	–				
SO, ……	–				
MO, ……		–			
DI, ……		–			
MI, ……		–			
DO, ……		–			
FR, ……		–			
KW: ……	–	–	–	–	–
SA, ……	–				
SO, ……	–				
MO, ……		–			
DI, ……		–			
MI, ……		–			
DO, ……		–			
FR, ……		–			
KW: ……	–	–	–	–	–
SA, ……	–				
SO, ……	–				
MO, ……		–			
DI, ……		–			
MI, ……		–			
DO, ……		–			
FR, ……		–			

Datum	Arbeitszeit über 9,6 Std. (s. Ziff. 1)	Arbeitszeit insgesamt (s. Ziff. 2)	Arbeitszeit nach Samstagsarbeit (s. Ziff. 3)	Arbeitszeit nach Samstagsarbeit (s. Ziff. 4)	Begründung für Arbeitszeit über 10 Std./ Sonntags- und Feiertagsarbeit (s. Ziff. 5)
KW:	–	–	–	–	–
SA, ...	–				
SO, ...	–				
MO, ...		–			
DI, ...		–			
MI, ...		–			
DO, ...		–			
FR, ...		–			

Erläuterung zur Arbeitszeiterfassung:
1. Montags bis freitags hat jeder Mitarbeiter grundsätzlich die tägliche Arbeitszeit, die 9,6 Stunden übersteigt, festzuhalten.
2. An Samstagen, Sonntagen und gesetzlichen Feiertagen ist die geleistete Arbeitszeit vollständig zu erfassen.
3. Arbeitet der Mitarbeiter an einem Wochenende (i. d. R. nur an Samstagen möglich) volle 8 Stunden, hat er in der darauf folgenden Woche an jedem Wochenarbeitstag die über 8 Stunden hinausgehende Arbeitszeit festzuhalten.
4. Arbeitet der Mitarbeiter an einem Wochenende (i. d. R. nur an Samstagen möglich) weniger als 8 Stunden, so ist in der darauf folgenden Woche wie folgt vorzugehen: Die am Samstag abgeleistete Arbeitszeit dividiert der Mitarbeiter durch 5. Dieses Ergebnis subtrahiert er von 9,6. Das Ergebnis dieser Berechnung ist die maßgebliche tägliche Höchstarbeitszeit in der auf den Samstag folgenden Arbeitswoche. Der Mitarbeiter hat jede über diese Höchstgrenze hinausgehende Arbeitszeit in der vierten Spalte festzuhalten.
5. Arbeitszeiten, die ausnahmsweise über 10 Stunden pro Tag hinausgehen sowie sämtliche Arbeitszeiten an Sonntagen und gesetzlichen Feiertagen sind zu begründen.

Schrifttum: *Annuß,* Der Eingriff in den Arbeitsvertrag durch Betriebsvereinbarung, NZA 2001, 756; *Bauer/Diller,* Beschäftigungssicherung in der Metallindustrie, NZA 1994, 353; *Blomeyer,* Das Günstigkeitsprinzip in der Betriebsverfassung – Die Betriebsvereinbarung zwischen Individual- und Tarifvertrag, NZA 1996, 337; *Buchner,* Arbeitszeitregelungen im Spannungsfeld zwischen Tarifvertrag und Betriebsvereinbarung, NZA 1986, 377, *Diller,* Das neue Gesetz zur Absicherung flexibler Arbeitszeitregelung („Flexi-Gesetz"), NZA 1998, 792; *Erasmy,* Ausgewählte Rechtsfragen zum neuen Arbeitszeitrecht, NZA 1994, 1105; *Gaul,* Änderungskündigung zur Absenkung oder Flexibilisierung von Arbeitszeit und/oder Arbeitsentgelt, BB 1998, 1913; *Gotthardt,* Grenzen von Tarifverträgen zur Beschäftigungssicherung durch Arbeitszeitverkürzung, BB 2000, 1462; *Gragert,* Die Rechtsprechung des BAG aus den Jahren 1996 bis 1998 zu den Mitbestimmungsrechten in sozialen Angelegenheiten gemäß § 87 Abs. 1 BetrVG, NZA-RR 1999, 449; *Hablitzel,* Das Verhältnis von Tarif- und Betriebsautonomie im Lichte des Subsidiaritätsprinzips, NZA 2001, 467; *Hanau,* Verkürzung und Differenzierung der Arbeitszeit als Prüfsteine des kollektiven Arbeitsrechts, NZA 1985, 73; *Heinze,* Flexible Arbeitszeitmodelle, NZA 1997, 681; *Hoff,* Vertrauensarbeitszeit: einfach flexibel arbeiten, 2002; *v. Hoyningen-Huene,* Die Einführung und Anwendung flexibler Arbeitszeiten im Betrieb, NZA 1985, 9; *Hromadka,* Mehr Flexibilität für die Betriebe – Ein Gesetzesvorschlag, NZA 1996, 1233; *Hümmerich,* Flexibilisierung der Arbeitszeit durch Betriebsvereinbarung, BB 1996, 1182; *Jakobs,* Die vereinbarte Nachwirkung bei freiwilligen Betriebsvereinbarungen, NZA 2000, 69; *Kiesche,* Arbeitszeit Flexibilisierung – Aufgaben für Personalräte, Der Personalrat 2001, 283; *Knospe/Ewert/Marx,* Die Flexibilisierung der Arbeitszeit in der Sozialversicherung – Eine Betrachtung der Arbeitszeitflexibilisierung aus der Sozialversicherung unter besonderer Berücksichtigung des „Gesetzes zur sozialrechtlichen Absicherung flexibler Arbeitszeitregelungen" und der Ergänzungsregelungen im 4. Euroeinführungsgesetz, NZS 2001, 459; *Kort*, Die Grenzen betrieblicher Mitbestimmung bei tarifvertraglicher Zulassung lediglich „freiwilliger" Betriebsvereinbarungen, NZA 2001, 477; *Legerlotz*, Abschaffung der Zeiterfassung – Einführung von Vertrauensarbeitszeit auch gegen den Willen des Betriebsrats?, ArbRB 2003, 333; *Leinemann*, Rechtsprobleme der Wochenendarbeit, NZA 1988, 337; *Volker Neumann*, Auswirkungen neuer Arbeitszeitmodelle auf die Versicherungspflicht, NZS 2001, 14; *Dirk Neumann*, Arbeitszeit und Flexibilisierung, NZA 1990, 961; *Otto*, Mitbestimmung des Betriebsrats bei der Regelung von Dauer und Lage der Arbeitszeit, NZA 1992, 97; *Reichhold*, Zeitsouveränität im Arbeitsverhältnis, Strukturen und Konsequenzen, NZA 1998, 393; *Richardi*, Die Mitbestimmung des Betriebsrats bei flexibler Arbeitszeitgestaltung, NZA 1994, 593; *Schlottfeldt/Hoff*, „Vertrauensarbeitszeit" und arbeitszeitrechtliche Aufzeichnungspflicht nach § 16 II ArbZG, NZA 2001, 530; *Senne*, Flexible Arbeitszeiten und Mitbestimmung – Ein Plädoyer für betriebsnahe Regelungen, BB 1996, 1609; *v. Stebut*, Rechtsfolgen von Arbeitszeitüberschreitungen, NZA 1987, 257; *Stückemann*, Dokumentationspflichten für den Arbeitgeber – Rechtsklarheit durch das Nachweisgesetz vom 20. 7. 1995, BB 1995, 1846; *Trittin*, Umbruch des Arbeitsvertrags: Von der Arbeitszeit zum Arbeitsergebnis, NZA 2001, 1003.

Anmerkungen

1. Regelungsinhalt. Während Arbeitgeber in der Vergangenheit die Erreichung eines bestmöglichen Arbeitsergebnisses und einer größtmöglichen Produktivität durch möglichst weitgehende Kontrolle ihrer Arbeitnehmer verfolgten, hat in den letzten Jahren und Jahrzehnten eine schleichende Entwicklung hin zu einer Liberalisierung am Arbeitsplatz stattgefunden. Durch die Einführung neuer Produktionsprozesse („Just in time", „on demand" usw.) wurde eine Flexibilisierung des Arbeitskräfteeinsatzes notwendig. Zunächst wurde auf starken Arbeitsanfall regelmäßig durch Anordnung von Überstunden reagiert, während bei starkem Auftragsrückgang bisweilen Kurzarbeit eingeführt wurde. Die übermäßige Inanspruchnahme von Überstunden hat nicht nur zu Auseinandersetzungen mit den Betriebsräten geführt, sondern zugleich zu einer nicht unerheblichen Verteuerung der Produktion beigetragen. Auch unter dem Eindruck eines härteren Kostendrucks sind Unternehmen nach und nach dazu übergegangen, den **Arbeitskräfteeinsatz zu flexibilisieren.** Zunächst wurden Gleitzeitmodelle, dann Arbeitszeitkonten entwickelt. Die Entlohnung wandelte sich von der strikt stundenbezogenen Vergütung hin zu auf das Arbeitsergebnis bezogenen Vergütungsmodellen. Verallgemeinernd kann man von einer **Entwicklung weg vom Arbeitszeitbezug hin zum Arbeitsergebnisbezug** sprechen (vgl. dazu *Trittin* NZA 2001, 1003 ff.; *Senne* BB 1996, 1609 ff.; *Reichold* NZA 1998, 393 f.; *Heinze* NZA 1997, 681 ff.; jeweils m. weit. Nachw.).

Bei der **Vertrauensarbeitszeit** handelt es sich um das Arbeitszeitmodell, das zur wohl höchsten Flexibilisierung der Arbeitszeitautonomie führt. Sie ist dadurch charakterisiert, dass der Arbeitgeber auf die **Kontrolle der Einhaltung der Arbeitszeiten durch die Arbeitnehmer vollständig verzichtet.** Die Arbeitnehmer selbst sind – alleine oder in Gruppen – für das Einhalten und die aufgabengerechte Verteilung ihrer vertraglichen Arbeitszeit verantwortlich. Dem Arbeitgeber verbleibt als Kontrollmöglichkeit lediglich die Überprüfung der Arbeitsergebnisse.

Die Arbeitnehmer gewinnen durch eine solche Arbeitszeitregelung eine **weitestgehende Arbeitszeitsouveränität.** Sie können ihre Arbeitszeiten besser mit der Familien- und Freizeitplanung koordinieren; gerade die Tagesorganisation für Alleinerziehende wird erleichtert. Auf Arbeitgeberseite führt die Vertrauensarbeitszeit häufig zu nicht unbeträchtlichen **Kosteneinsparungen.** Die Arbeitnehmer passen ihren Arbeitseinsatz dem schwankenden Arbeitsanfall an. Ist wenig zu tun, bleiben sie dem Arbeitsplatz fern, steigt das Arbeitsaufkommen, arbeiten sie länger. Überstunden können damit weitgehend vermieden werden. Die (nahe liegende) Befürchtung, Arbeitnehmer würden dazu verleitet, ihren Arbeitseinsatz zu reduzieren, hat sich in der betrieblichen Praxis – bei sachgerechter Implementierung des Modells – nicht bestätigt. Im Gegenteil ist zu beobachten, dass die Arbeitnehmer eher mehr arbeiten als bei starren Arbeitszeitmodellen. Eine Sammlung von Erfahrungsberichten zu flexiblen Arbeitszeitmodellen und Vertrauensarbeitszeit mit wertvollen Tipps zu deren Einführung ist auf der Homepage des Bundesministeriums für Gesundheit und Soziales zu finden (http://www.bmgs.bund.

de/de/asp/arbeitszeitmodelle/index.asp). Kritiker der Vertrauensarbeitszeit behaupten, das Arbeitszeitkonzept diene gerade dazu, die **Arbeitsmenge zu erhöhen und zugleich die Überstundenvergütungen und -zuschläge einzusparen;** es führe damit zwangsläufig zu einer Überlastung der Arbeitnehmer im unternehmerischen Interesse (*Trittin* NZA 2001, 1003, 1005; vgl. *Legerlotz* ArbRB 2003, 333). Derartigen Vorbehalten, die nicht selten von Betriebsräten vorgebracht werden, kann durch sachgerechte Instrumente entgegengewirkt werden.

Das Formular sieht hierzu – neben einem **Arbeitszeitrahmen,** der nur in Ausnahmefällen überschritten werden darf – ein Verfahren zur Lösung von **Überlastungssituationen** vor. Im Übrigen wird die Flexibilität durch **Servicezeiten** und die Bildung von **Arbeitszeitgruppen** beschränkt. Mitarbeiter, die an der Vertrauensarbeitszeit nicht teilnehmen wollen, können jederzeit zur „starren" Arbeitszeit zurückkehren. Ebenso kann der Arbeitgeber einzelne Arbeitnehmer aus begründetem Anlass von der Vertrauensarbeitszeit ausklammern. Die Einführung von Vertrauensarbeitszeit sollte durch die Einführung **ergebnisorientierter Vergütungssysteme** – wie Zielvereinbarungen (s. Form. A. III. 8–10) flankiert werden.

Vertrauensarbeitszeit kann durch eine **Betriebsvereinbarung** eingeführt werden (vgl. nur BAG Beschl. v. 6. 5. 2003 – 1 ABR 13/02 – NZA 2003, 1348; ArbG Mönchengladbach Beschl. v. 5. 4. 2000 – 5 BV 8/00 – n. v.; ArbG Darmstadt Beschl. v. 1. 6. 2004 – 3 BV 16/03 – n. v. und n. rkr.) Mit der Betriebsvereinbarung wird die Lage und Dauer der täglichen Arbeitszeit sowie die Verteilung der Arbeitszeit auf die Wochentage derart festgelegt, dass die Kompetenz zur Arbeitszeitverteilung vom Arbeitgeber und Betriebsrat auf die einzelnen Arbeitnehmer delegiert wird. Insoweit steht dem Betriebsrat ein **Mitbestimmungsrecht gemäß § 87 Abs. 1 Nr. 2 BetrVG** zu (vgl. Form. C. II. 6 Anm. 1). Dies gilt allerdings nur insoweit, als keine (abschließende) tarifvertragliche Regelung besteht (§ 87 Abs. 1 S. 1 BetrVG). Gemäß § 77 Abs. 3 BetrVG gilt zudem die Sperrwirkung für Betriebsvereinbarungen. Die Sperrwirkung von Flächentarifverträgen ist bei Arbeitszeitmodellen zumeist nicht einschlägig. Manteltarifverträge beschränken sich auf die Festlegung der wöchentlichen Arbeitszeit und gegebenenfalls die Festlegung der Wochenarbeitstage. Zahlreiche Flächentarifverträge enthalten zudem eine Öffnungsklausel, wonach den Betriebsräten die Regelung von Arbeitszeitmodellen ausdrücklich zugewiesen wird. Die Regelung von Arbeitszeitmodellen in Betriebsvereinbarungen ist allenfalls dann unzulässig, wenn bereits (Haus-)Tarifverträge eine dezidierte (und abschließende) Regelung getroffen haben. Zuständig für die Ausübung des Mitbestimmungsrechts ist grundsätzlich der örtliche Betriebsrat.

Umstritten ist, ob der Arbeitgeber – etwa bei Scheitern der Verhandlungen mit dem Betriebsrat – ein Vertrauensarbeitszeitmodell auch **einseitig** dadurch einführen kann, dass er schlichtweg auf die Zeiterfassung und Kontrolle der Einhaltung der Arbeitszeiten verzichtet. Die Einführung, Anwendung und Änderung von technischen Kontrolleinrichtungen unterliegt gemäß **§ 87 Abs. 1 Nr. 6 BetrVG** der Mitbestimmung des Betriebsrats. Entgegen dem Grundsatz bei § 87 BetrVG, wonach dem Betriebsrat bzgl. jeder der dort aufgeführten Mitbestimmungstatbestände auch ein Initiativrecht zusteht, hat § 87 Abs. 1 Nr. 6 BetrVG eine Abwehrfunktion gegenüber der Einführung von technischen Kontrolleinrichtungen (BAG Beschl. v. 28. 11. 1989 – 1 ABR 97/88 – AP Nr. 4 zu § 87 BetrVG 1972 Initiativrecht). Dieser Abwehrfunktion würde es widersprechen, wenn der Betriebsrat selbst – aus welchen Gründen auch immer – die Einführung von technischen Kontrolleinrichtungen initiieren dürfte (BAG Beschl. v. 28. 11. 1989 – 1 ABR 97/88 – AP Nr. 4 zu § 87 BetrVG 1972 Initiativrecht; LAG Düsseldorf Beschl. v. 4. 11. 1988 – 17 (6) TaBV 114/88 – NZA 1988, 146). Folglich steht dem Betriebsrat auch **kein Mitbestimmungsrecht** zu, soweit er die Abschaffung von technischen Kontrolleinrichtungen verhindern will. Im Schrifttum wird zwar teilweise die Ansicht vertreten, dass der Betriebsrat ein solches Mitbestimmungsrecht geltend machen könne, wenn die Einführung der technischen Kontrolleinrichtungen im Interesse der Arbeitnehmer geboten scheine (vgl. w. N. bei *F/E/S/T/L* § 87 Rdn. 251). Dies wird teilweise gerade im Hinblick auf die Vertrauensarbeitszeit gefordert, um die Arbeitnehmer vor einer „Selbstausbeutung" zu schützen (*Trittin* NZA 2001, 14, 15 ff.). Diese Ansicht vermag nicht zu überzeugen. § 87 Abs. 1 Nr. 6 BetrVG stellt ein Abwehrrecht dar, mittels dessen der Betriebsrat die Persönlichkeitsrechte der Arbeitnehmer schützen und Eingriffe möglichst gering halten soll. Dann kann es aber nicht in das Belieben des Betriebsrats gestellt werden, aus anderen, übergeordneten

Erwägungen in die Persönlichkeitsrechte der Arbeitnehmer einzugreifen – etwa um diese vor sich selbst zu schützen (vgl. *Legerlotz* ArbRB 2003, 333). Des Weiteren wird in der Literatur geltend gemacht, das Mitbestimmungsrecht des Betriebsrats gemäß § 87 Abs. 1 Nr. 2 BetrVG umfasse auch die Regelung von Kontrollmöglichkeiten (vgl. umfassende Nachw. bei *Legerlotz* ArbRB 2003, 333, 334). Zur Begründung wird lediglich ein Beschluss des BAG (BAG Beschl. v. 18. 4. 1989 – 1 ABR 3/88 – AP Nr. 33 zu § 87 BetrVG 1972 Arbeitszeit) in Bezug genommen (vgl. *F/E/S/T/L* § 87 Rdn. 115), der diese Auffassung allerdings nicht stützt. Selbst wenn aber man eine solche „Annexkompetenz" annähme, könnte sie keinesfalls weiter reichen als das gesetzlich normierte Mitbestimmungsrecht gemäß § 87 Abs. 1 Nr. 6 BetrVG (zutreffend *Legerlotz* ArbRB 2003, 333, 334). Damit kann auch auf diese Weise ein Mitbestimmungsrecht des Betriebsrats bei der Abschaffung der Zeiterfassung nicht begründet werden.

Im Rahmen der Durchführung von Vertrauensarbeitszeitmodellen werden aus rechtlicher Sicht insbesondere zwei Themenbereiche problematisiert, nämlich die Reichweite der **arbeitszeitrechtlichen Aufzeichnungspflichten** (dazu Anm. 9) und die Mitbestimmung des Betriebsrats bei **Überstunden** (dazu Anm. 10). Nur sehr vereinzelt wird der **sozialversicherungsrechtliche Status** der Mitarbeiter bei Vertrauensarbeitszeit problematisiert. So wird im Hinblick auf die zunehmende Weisungsfreiheit die Frage aufgeworfen, ob ein solches Arbeitsverhältnis noch als unselbstständiges Beschäftigungsverhältnis i. S. d. § 7 Abs. 1 S. 1 SGB IV angesehen werden kann (*Neumann* NZA 2001, 14, 15 ff.). Zwar stellt die Rechtsprechung (vgl. BSG Urt. v. 10. 8. 2000 – B 12 RR 21/98 R – NZS 2001, 414, 415 f.) bei der Abgrenzung von selbstständigen und unselbstständigen Tätigkeit im Wesentlichen auf die Weisungsgebundenheit bzgl. Ort, Zeit und Dauer der Arbeitsleistung ab. Allein aus dem Umstand, dass bei der Vertrauensarbeitszeit der Arbeitnehmer selbst die Verteilung seiner Arbeitszeit festlegen kann, ohne dass dies vom Arbeitgeber kontrolliert wird, kann aber nicht auf eine selbstständige Tätigkeit geschlossen werden.

2. Präambel. S. Form C. II. 6 Anm. 2.

3. Geltungsbereich. S. Form C. II. 6 Anm. 3. Hier sollte besonders sorgfältig geprüft werden, ob die betrieblichen Abläufe es erforderlich machen, bestimmte Arbeitnehmergruppen aus dem Geltungsbereich auszuklammern. So ist es aus produktionstechnischen Gründen häufig zwingend erforderlich, gewerblichen Arbeitnehmern die Verteilung ihrer Arbeitszeit präzise vorzuschreiben.

4. Regelmäßige Arbeitszeit. S. Form. C. II. 6 Anm. 4.

5. Standardarbeitszeit. S. Form. C. II. 6 Anm. 5.

6. Vertrauensarbeitszeit. Die weitgehende Flexibilität der Arbeitnehmer im Rahmen der Vertrauensarbeitszeit wird hier eingeschränkt, um die betrieblichen Abläufe sicherzustellen. Bei der Festlegung des **Arbeitszeitrahmens** wird zumeist der Betriebsrat Wert darauf legen, dass die Zeitspanne nicht zu weit gefasst ist. Aus Arbeitgebersicht wichtiger ist die Befugnis der einzelnen Bereiche, **Servicezeiten** festzulegen, innerhalb derer die Funktionsfähigkeit des Betriebsablaufs gewährleistet sein muss.

7. Arbeitszeitgruppen. S. Form C. II. 6 Anm. 7.

8. Pausen. S. Form C. II. 6 Anm. 8.

9. Arbeitszeiterfassung. Da die Arbeitnehmer frei über ihre Arbeitszeit verfügen können und der Arbeitgeber bei der Vertrauensarbeitszeit gerade auf die Kontrolle der Einhaltung der Arbeitszeit verzichtet, findet grundsätzlich eine Zeiterfassung nicht statt.

Die Vereinbarung von Vertrauensarbeitszeit entbindet den Arbeitgeber allerdings nicht von der Einhaltung der **Aufzeichnungspflichten gemäß § 16 Abs. 2 ArbZG** (BAG Beschl. v. 6. 5. 2003 – 1 ABR 13/02 – NZA 2003, 1348; ArbG Darmstadt Beschl. v. 1. 6. 2004 – 3 BV 16/03 – n. v. und n. rkr.; *Schlottfeldt/Hoff* NZA 2001, 530 ff.). Danach ist der Arbeitgeber nicht etwa verpflichtet, die Lage und Dauer der Arbeitszeit seiner Arbeitnehmer insgesamt aufzuzeichnen. Vielmehr muss er nur die Zeiten aufzeichnen, die über die werktägliche Arbeitszeit des § 3 S. 1 ArbZG, also 8 Stunden, hinausgehen. Darüber hinaus ist nach überwiegender

Auffassung jede Arbeitszeit, die an Sonn- oder Feiertagen abgeleistet wird (§ 9 Abs. 1 ArbZG), aufzuzeichnen (vgl. *Schlottfeldt/Hoff* NZA 2001, 530 ff. m. weit. Nachw.). Die Aufzeichnungspflicht soll die Aufsichtsbehörden in die Lage versetzen, bei den einzelnen Unternehmen die Einhaltung der Bestimmungen des ArbZG überprüfen zu können. Bei der Vielzahl der flexiblen Arbeitszeitmodelle wäre eine effektive Kontrolle der Höchstarbeitszeiten ansonsten nahezu unmöglich. Zu Recht wird aus der Zweckbestimmung des § 16 Abs. 2 ArbZG gefolgert, dass das Gesetz keine starre Erfassung aller täglichen Arbeitszeiten, die über acht Stunden hinausgeht, erfordert. § 3 S. 2 ArbZG verlangt schließlich nicht die kontinuierliche Einhaltung einer täglichen Höchstarbeitszeit von 8 Stunden an jedem einzelnen Arbeitstag. Eine tägliche Arbeitszeit von mehr als acht Stunden ist vielmehr zulässig, soweit innerhalb von sechs Kalendermonaten oder 24 Wochen im Durchschnitt eine tägliche Arbeitszeit von acht Stunden nicht überschritten wird und die tägliche Arbeitszeit jeweils zehn Stunden nicht übersteigt. Das ArbZG geht überdies – abweichend von der betrieblichen Wirklichkeit – von einer 6-Tage-Woche aus. Unter Zugrundelegung einer täglichen Höchstarbeitszeit von acht Stunden errechnet sich daher eine wöchentliche Höchstarbeitszeit von 48 Stunden. Wird diese wöchentliche Höchstarbeitszeit auf eine 5-Tage-Woche verteilt, ergibt sich **die tägliche Höchstarbeitszeit von 9,6 Stunden**. Aufgrund einer teleologischen Auslegung kann sich die Aufzeichnungspflicht bei einer 5-Tage-Woche daher nur auf eine Überschreitung der täglichen Arbeitszeit von 9,6 Stunden beziehen (vgl. *Schlottfeldt/Hoff* NZA 2001, 530, 531 ff.; a. A. *Trittin* NZA 2001, 1003, 1105 f.). Arbeitet der einzelne Arbeitnehmer jedoch auch an Samstagen, muss die am Samstag geleistete Arbeitszeit in der darauf folgenden Woche bei der Arbeitszeiterfassung berücksichtigt werden. Die am Samstag geleistete Arbeitszeit ist durch fünf (fünf Wochenarbeitstage) zu teilen und das Ergebnis an jedem einzelnen Arbeitstag von innerhalb der kommenden Woche von 9,6 abzuziehen. Der Arbeitnehmer muss dann die Arbeitszeit aufzeichnen, die über die auf diese Weise errechnete Höchstgrenze hinausgeht. Arbeitszeiten an Sonn- und Feiertagen sind hingegen vollständig aufzuzeichnen und zu begründen. Die beschriebene Vorgehensweise wird auch in der Praxis – im Einvernehmen mit den zuständigen Aufsichtsbehörden – so gehandhabt.

Das der Betriebsvereinbarung beigefügte **Muster zur Erfassung der Arbeitszeit** (in Anlehnung an *Schlottfeldt/Hoff* NZA 2001, 530, 533) basiert auf der Annahme, dass im Betrieb eine 5-Tage-Woche gilt. Wird in einer 6-Tage-Woche gearbeitet, ist das Formular entsprechend anzupassen.

10. Überstunden und Überlastung. Vgl. auch Form. C. II. 6 Anm. 13. Als **vergütungspflichtige Überstunden** werden Zeiten definiert, die der Mitarbeiter über seine individuelle Wochenarbeitszeit hinaus aufgrund Anordnung durch seinen Vorgesetzten leistet. Diese Zeiten soll der Mitarbeiter möglichst innerhalb eines Zeitraums von sechs Monaten abbauen. Nur falls dies aus betrieblichen Gründen nicht möglich sein sollte, kann er – auch unter der Geltung von Vertrauensarbeitszeit – eine Überstundenvergütung (ohne Zuschläge) verlangen, muss hierzu allerdings Aufzeichnungen über seine vollständigen Arbeitszeiten in dem maßgeblichen Zeitraum vorlegen. Ansonsten lässt sich nicht feststellen, ob die wöchentliche Arbeitszeit tatsächlich überschritten wurde. Hier bestehen Gefahren des Missbrauchs, da der Arbeitgeber die Angaben nicht überprüfen kann. In der betrieblichen Praxis werden Überstundenvergütungen im Rahmen von Vertrauensarbeitszeit eher selten eingefordert.

Ein **Mitbestimmungsrecht des Betriebsrats** bei Überstunden dürfte im Rahmen der Vertrauensarbeitszeit nicht zum Tragen kommen. § 87 Abs. 1 Nr. 3 BetrVG bezieht sich nur auf die vorübergehende Verlängerung oder Verkürzung der betriebsüblichen Arbeitszeit. Die Lage der betriebsüblichen Arbeitszeit an den einzelnen Arbeitstagen hingegen ist gemäß § 87 Abs. 1 Nr. 2 BetrVG mitbestimmungspflichtig. Dieses Mitbestimmungsrecht übt der Betriebsrat mit der Betriebsvereinbarung zur Vertrauensarbeitszeit und überlässt es demnach den einzelnen Arbeitnehmern, die Lage ihrer Arbeitszeit, also die Verteilung der betriebsüblichen (Wochen-)Arbeitszeit auf die einzelnen Arbeitstage, selbst zu bestimmen. Eine derart weitgehende Kompetenzverlagerung vom Betriebsrat auf die einzelnen Arbeitnehmer wirkt sich auch auf das Mitbestimmungsrecht gemäß § 87 Abs. 1 Nr. 3 BetrVG aus. Zunächst einmal liegt eine vorübergehende Verlängerung der betriebsüblichen Arbeitszeit dann nicht vor, wenn die Überstunden in vollem Umfang (früher oder später) durch Freizeit ausgeglichen werden (BAG Urt. v. 11. 11. 1997 – 9 AZR 566/96 – AP Nr. 25 zu § 611 BGB Mehrarbeitsvergütung; BAG Beschl. v. 11. 12. 2001 – 1 ABR 3/01 – AP Nr. 93 zu § 87 BetrVG 1972 Arbeitszeit; BAG Beschl. v. 27. 1. 1998 – 1 ABR 35/97 – AP Nr. 14 zu § 87 BetrVG 1972 Sozialeinrichtung; ArbG Darmstadt Beschl. v. 1. 6. 2004 – 3 BV 16/03 – n. a. v. und n. rkr.; GK-BetrVG/*Wiese* § 87 BetrVG Rdn. 398; jeweils m. w. N.). Es ist gerade Sinn der Vertrauensarbeitszeit, dass die Arbeitnehmer ihre Arbeitszeit frei einteilen können, also auch in einer Woche deutlich über die betriebsübliche Arbeitszeit hinaus arbeiten können, um dann die vorgearbeitete Zeit in einer der darauf folgenden Wochen „abzufeiern". Der Arbeitgeber, der auf die Kontrolle der Einhaltung der Arbeitszeit verzichtet und es allein den Arbeitnehmern überlässt, ihr Arbeitspensum im Rahmen eines flexiblen Arbeitszeitmodells zu erledigen, kann auch aus praktischen Gründen den Betriebsrat nicht vorab um die Zustimmung zur vorübergehenden Verlängerung der betriebsüblichen Arbeitszeit bitten. Er weiß nämlich gar nicht (und soll auch nicht wissen), ob eine Überschreitung der betriebsüblichen Arbeitszeit vorliegt und ob der Arbeitnehmer künftig einen Freizeitausgleich wählt. Im Ergebnis kann damit der Betriebsrat die Verletzung seines Mitbestimmungsrechtes nach § 87 Abs. 1 Nr. 3 BetrVG nicht mehr gegenüber dem Arbeitgeber geltend machen, wenn er zuvor – bei Ausübung seines Mitbestimmungsrechts gemäß § 87 Abs. 1 Nr. 2 BetrVG – seine Zustimmung zur Vertrauensarbeitszeit erteilt hat (ArbG Darmstadt Beschl. v. 1. 6. 2004 – 3 BV 16/03 – n. v. und n. rkr.).

Um eine dauerhafte Akzeptanz der Vertrauensarbeitszeit zu erreichen, erscheint es wichtig, dass **Überlastungsanzeigen** zügig nachgegangen und Abhilfe geschaffen wird. Ein Formular einer Überlastungsanzeige findet sich bei Schliemann/Meyer/*Meyer* Rdn. 1202.

11. Entzug und Verzicht. Bei Einführung der Vertrauensarbeitszeit als Arbeitszeitmodell wird den Arbeitnehmern vom Arbeitgeber in erheblichem Maße Vertrauen entgegen gebracht. Damit eröffnet sich ein weiter Spielraum für Missbrauchsfälle. Gegen solche Missbrauchsfälle sollte sich der Arbeitgeber durch eine Klausel sichern, wonach er einzelne Arbeitnehmer in begründeten Fällen die Berechtigung zur Teilnahme an der Vertrauensarbeitszeit entziehen kann. Darüber hinaus kann auch den Arbeitnehmern das Recht eingeräumt werden, auf die Vertrauensarbeitszeit zu verzichten. Praxiserfahrungen zeigen, dass davon so gut wie nie Gebrauch gemacht wird.

12. Gesetzliche Bestimmungen. S. Form. C. II. 6 Anm. 16.

13. Mitbestimmung. Die Einigung über die erschöpfende Ausübung der Mitbestimmungsrechte nach § 87 Abs. 1 Nr. 2 und 3 im Rahmen der Vertrauensarbeitszeit hat keine rechtliche Bindungswirkung. Für den Fall, dass es später einmal zu Auseinandersetzungen der Betriebsparteien im Zusammenhang mit Überstunden kommen sollte, könnte die Bestimmung aber die unter Anm. 10 dargelegte Argumentation stützen.

14. Inkrafttreten und Kündigung. S. Form. C. II. 1 Anm. 15.

15. Schlussbestimmungen. S. Form. C. II. 1 Anm. 16.

8. Zeitwertkonten[1]

Betriebsvereinbarung über Zeitwertkonten

zwischen

...... (Name und Anschrift des Arbeitgebers) „Gesellschaft"
und
Betriebsrat des Betriebs ...... der ...... (Name des Arbeitgebers) „Betriebsrat"
(*Alternative:* Gesamtbetriebsrat/Konzernbetriebsrat)

Präambel

……

§ 1 Geltungsbereich[2]

(1) Diese Betriebsvereinbarung gilt für alle Arbeitnehmer der Gesellschaft („Mitarbeiter"), mit Ausnahme von …….

(2) Für Teilzeit-Mitarbeiter gelten die Regelungen der Betriebsvereinbarung entsprechend, soweit nicht nachfolgend ausdrücklich etwas anderes vereinbart ist.

§ 2 Regelmäßige Arbeitszeit[3]

(1) Die regelmäßige wöchentliche Arbeitszeit beträgt …… Stunden.

(*Alternative:*

(1) Die wöchentliche Arbeitszeit regelt sich nach dem jeweils geltenden Tarifvertrag und beträgt derzeit …… Stunden.)

(2) Bei Teilzeit-Mitarbeitern, mit denen eine andere Arbeitszeit vereinbart wurde, ergibt sich die regelmäßige wöchentliche Arbeitszeit aus dem Arbeitsvertrag.

§ 3 Gleitzeit, Arbeitsbeginn und Arbeitsende[4]

(1) Die Mitarbeiter haben die Möglichkeit, von Montag bis Freitag in Abstimmung mit ihren Vorgesetzen Beginn und Ende der täglichen Arbeitszeit sowie die Mittagspause innerhalb eines Arbeitszeitrahmens unter Sicherstellung der Anwesenheit während der Kernzeiten und unter Beachtung der gesetzlichen Rahmenbedingungen (§ 17) selbst zu bestimmen.

(2) Die Lage des Arbeitszeitrahmens und der Kernzeiten ist wie folgt:

Arbeitsbeginn: ab …… Uhr
Arbeitszeitende: bis …… Uhr
Kernzeiten: zwischen …… Uhr und …… Uhr

§ 4 Pausen[5]

(1) Pausen können individuell unter Berücksichtigung der betrieblichen Erfordernisse und unter Beachtung der gesetzlichen Regelungen nach Rücksprache mit dem Vorgesetzten genommen werden (*Alternative:* Pausenzeiten sind täglich von …… Uhr bis …… Uhr.).

(2) Die Arbeit muss bei einer Arbeitszeit von mehr als sechs bis zu neun Stunden durch eine Ruhepause von mindestens 30 Minuten und bei einer Arbeitszeit von mehr als neun Stunden durch eine oder mehrere Ruhepausen von insgesamt mindestens 45 Minuten unterbrochen werden.

§ 5 Sollarbeitszeit[6]

(1) Die tägliche Sollarbeitszeit beträgt $1/5$ der regelmäßigen wöchentlichen Arbeitszeit gemäß vorstehendem § 2, also …… Stunden für Vollzeit-Mitarbeiter. Die Berechnung der Sollarbeitszeit von Teilzeit-Mitarbeitern erfolgt entsprechend dem Verhältnis der tatsächlich von dem Teilzeit-Mitarbeiter individuell geleisteten Arbeitszeit zur regelmäßigen wöchentlichen Vollzeit-Arbeitszeit gemäß vorstehendem § 2 Abs. (1).

(2) Die Sollarbeitszeit dient der Ermittlung des individuellen Zeitsaldos im Rahmen der Arbeitszeitkonten gemäß nachfolgendem § 8 und der Bestimmung der Zeitgutschriften bei Fehlzeiten gemäß nachfolgendem § 6.

§ 6 Arbeitszeiterfassung[7]

(1) Die Arbeitszeiterfassung erfolgt mittels …… (konkrete Beschreibung des Zeiterfassungssystems wie Stechuhr, Zeiterfassungsformulare etc.).

(2) Pausenzeiten werden bei der Erfassung der täglichen Arbeitszeit nicht berücksichtigt. Gleiches gilt entsprechend für die Erledigung persönlicher Angelegenheiten und

unentschuldigte Abwesenheitszeiten, für die kein Anspruch auf Entgeltfortzahlung besteht.

(3) Die sich aus der Arbeitszeiterfassung ergebende tägliche Arbeitszeit („Ist-Arbeitszeit") wird mit der Sollarbeitszeit gemäß vorstehendem § 5 Abs. (1) saldiert. Ein positiver Saldo wird dem Zeitguthaben auf dem Gleitzeitkonto gemäß nachstehendem § 9 gutgeschrieben, ein negativer Saldo wird von dem Zeitguthaben auf dem Gleitzeitkonto abgezogen.

(4) Dienstlich veranlasste ganztägige Abwesenheitszeiten werden mit der gültigen Sollarbeitszeit gemäß vorstehendem § 5 Abs. (1) bewertet. Sofern die dienstliche Inanspruchnahme tatsächlich über die Sollarbeitszeit hinausgeht, wird die nachgewiesene Überschreitung der Sollarbeitszeit dem Zeitguthaben auf dem Gleitzeitkonto gutgeschrieben.

(5) Ganztägige Abwesenheitszeiten, für die ein Anspruch auf Entgeltfortzahlung (Feiertage und unverschuldete Arbeitsunfähigkeit) sowie Urlaubstage, für die ein Anspruch auf Urlaubsentgelt besteht, werden mit der gültigen Sollarbeitszeit gemäß vorstehendem § 5. Abs. (1) bewertet und bewegen weder das Gleitzeitkonto noch das Lebensarbeitszeitkonto. Gleiches gilt entsprechend für Zeiträume, in denen das Arbeitsverhältnis des Mitarbeiters ruht (insbesondere Elternzeit oder Wehrdienst).

(6) Sonstige ganztägige Abwesenheitszeiten, insbesondere Zeiten unentschuldigter Abwesenheit, werden vom Gleitzeitkonto mit der Sollarbeitszeit gemäß vorstehendem § 5 Abs. (1) in Abzug gebracht.

§ 7 Mehrarbeit/Überstunden[8]

(1) Mehrarbeitszuschläge werden nicht vergütet, da die regelmäßige wöchentliche Arbeitszeit durch die später gewährte Freistellung im Durchschnitt langfristig erreicht wird.

(2) Vereinbarte Zuschläge für Nachtarbeit sowie Arbeit an Samstagen, Sonntagen oder gesetzlichen Feiertagen sind in Geld zu vergüten.

§ 8 Arbeitszeitkonten[9]

Für jeden Mitarbeiter wird ein Gleitzeitkonto zur kurz- und mittelfristigen Disposition und ein Lebensarbeitszeitkonto zur Verkürzung der Lebensarbeitszeit geführt.

§ 9 Gleitzeitkonto[10]

(1) Das Gleitzeitkonto ist so ausgestaltet, dass der Mitarbeiter von ...... Minus- bis ...... Plusstunden grundsätzlich eigenverantwortlich unter Beachtung der betrieblichen Belange nach Rücksprache mit dem Vorgesetzten disponieren kann.

(2) Das im Laufe eines Kalendermonats angesammelte über ...... Minus- bzw. über ...... Plusstunden hinausgehende Zeitsoll/Zeitguthaben ist im Folgemonat auszugleichen.

(3) Der Abbau von Zeitguthaben kann dabei durch Inanspruchnahme freier Tage erfolgen. Über deren Zahl und zeitliche Lage stimmen sich die Mitarbeiter unter Berücksichtigung der betrieblichen und persönlichen Belange eigenverantwortlich ab und führen eine Endabstimmung mit ihrem Vorgesetzten herbei. Die Entwicklung der Gleitzeitkonten ist einmal im Monat mit dem Vorgesetzen zu besprechen.

(4) Ist ein Ausgleich nach Maßgabe von vorstehenden Abs. (2) und (3) nicht möglich oder bis zum Letzten eines Monats nicht erfolgt, so erfolgt der Ausgleich des Gleitzeitkontos durch Überführung des über ...... Minus- bzw. über ...... Plusstunden liegenden Zeitsolls/Zeitguthabens in das Lebensarbeitszeitkonto (§ 10).

(5) Vorstehende Regelungen gelten für Teilzeit-Mitarbeiter entsprechend. Die Berechnung der maßgeblichen Minus- bzw. Plusstunden erfolgt anteilmäßig entsprechend dem

Verhältnis der tatsächlich von dem Teilzeit-Mitarbeiter individuell geleisteten Arbeitszeit zur regelmäßigen wöchentlichen Vollzeit-Arbeitszeit gemäß vorstehendem § 2 Abs. (1).

§ 10 Lebensarbeitszeitkonto[11]

(1) Innerhalb eines Kalenderjahrs kann ein Zeitguthaben vom Gleitzeitkonto von insgesamt maximal ...... Stunden auf das Lebensarbeitszeitkonto übertragen werden. Bei unterjähriger Beschäftigung reduziert sich der Maximalübertragungsrahmen pro rata temporis. Sofern der Maximalübertragungsrahmen innerhalb eines Kalenderjahrs bereits voll ausgeschöpft ist, verfällt ein auf dem Gleitzeitkonto bestehendes und über ...... Plusstunden hinausgehendes Guthaben zum 31. Dezember eines jeden Jahres, sofern kein Ausgleich gemäß vorstehendem § 9 Abs. (2) und (3) erfolgt.

(2) Das Lebensarbeitszeitkonto wird als Geldkonto geführt. Zuführungen von Zeitsoll/Zeitguthaben aus dem Gleitzeitkonto werden pro Minus- oder Plusstunde unter Zugrundelegung des zum Zuführungszeitpunkt maßgeblichen individuellen Brutto-Stundenlohns des Mitarbeiters als Wertguthaben verbucht. Entnahmen werden durch bezahlte Freistellung geleistet und pro entnommener Stunde unter Zugrundelegung des zum Entnahmezeitpunkt maßgeblichen individuellen Brutto-Stundenlohns des Mitarbeiters vom Wertguthaben in Abzug gebracht.

(3) Der individuelle Brutto-Stundenlohn errechnet sich aus dem dem Mitarbeiter zum maßgeblichen Zeitpunkt zustehenden durchschnittlichen Brutto-Monatsgehalt dividiert durch einen individuellen Divisor. Der Divisor berechnet sich wie folgt:

$$\text{4,348 (durchschnittliche Wochenzahl pro Monat)} \times \text{regelmäßige individuelle wöchentliche Arbeitszeit gemäß vorstehendem § 2 in Stunden}$$

(4) Als durchschnittliches Brutto-Monatsgehalt im Sinne von vorstehendem Abs. (3) gilt $1/12$ des Brutto-Jahresgehalts des Mitarbeiters. Bei der Berechnung des Brutto-Jahresgehalts bleiben folgende Vergütungsbestandteile außer Betracht: ....

(5) Das Höchstguthaben auf dem Lebensarbeitszeitkonto ist auf das Wertguthaben, das dem Freistellungsanspruch des Mitarbeiters entspricht, der bis zur Vollendung des 65. Lebensjahrs des Mitarbeiters noch realisiert werden kann, maximal auf das Wertguthaben, das (5000) Stunden entspricht, begrenzt. Sofern dieses Höchstguthaben erreicht ist, gilt vorstehender Abs. (1) S. 2 entsprechend.

§ 11 Einbringung von Gehaltsbestandteilen[12]

(1) Mitarbeiter können auch zukünftige sozialversicherungspflichtige Gehaltsbestandteile aus ihrem Brutto-Einkommen in das Lebensarbeitszeitkonto als Geldanteile einbringen. Als Geldanteile eingebracht werden können Teile des regelmäßigen Brutto-Monatsgehalts des Mitarbeiters sowie Einmal- und Sonderzahlungen oder vermögenswirksame Leistungen.

(2) Soweit der Mitarbeiter Teile seines regelmäßigen Brutto-Monatsgehalts einbringen möchte, muss der eingebrachte Betrag gleich bleibend sein und pro Monat mindestens EUR ...... (in Worten: Euro ......) brutto betragen.

(3) Die Einbringung von Gehaltsbestandteilen erfolgt auf schriftlichen Antrag des Mitarbeiters. In dem Antrag sind Art und Höhe des einzubringenden Gehaltsbestandteils genau zu bezeichnen. Der Antrag ist mindestens einen Monat vor dem Entstehen des Rechtsanspruchs auf den einzubringenden Gehaltsbestandteil zu stellen. Die Einbringung von bereits entstandenen oder fälligen Gehaltsansprüchen ist nicht möglich.

(4) Der Mitarbeiter ist an seinen Antrag bis auf schriftlichen Widerruf für mindestens zwölf Monate gebunden. Der schriftliche Widerruf hat mit einer Frist von einem Monat zu erfolgen.

8. Zeitwertkonten C. II. 8

(5) Die Einbringung von Gehaltsbestandteilen hat keinen Einfluss auf die Berechnung des Brutto-Monatsgehalts des Mitarbeiters im Sinne von vorstehendem § 10 Abs. (3) und (4). Insofern wird weiter das unverminderte Brutto-Monatsgehalt als Berechnungsgrundlage herangezogen.

§ 12 Verwendung des Lebensarbeitszeit-Wertguthabens[13]

(1) Das Wertguthaben auf dem Lebensarbeitszeitkonto soll grundsätzlich ausschließlich zu einer Verkürzung der Lebensarbeitszeit führen. Der Mitarbeiter hat einen Anspruch auf Freistellung zur Verkürzung der Lebensarbeitszeit, sobald das Wertguthaben auf dem Lebensarbeitszeitkonto dem Freistellungsanspruch des Mitarbeiters entspricht, der bis zur Vollendung des 65. Lebensjahrs oder eines abweichenden früheren vom Mitarbeiter beabsichtigten Beendigungstermins (z. B. bei vorgezogener Altersrente) realisiert werden kann, wenn der Mitarbeiter mit der Gesellschaft eine vertragliche Vereinbarung über die Beendigung des Arbeitsverhältnisses zum beabsichtigten Beendigungstermin trifft. In der Vereinbarung sind auch die Dauer und die Durchführung der Freistellung zu regeln.

(2) Weitere Verwendungsarten des Wertguthabens auf dem Lebensarbeitszeitkonto (z. B. Pflege von Angehörigen, Ausgleich bei vorübergehend reduzierter Arbeitszeit, Sabbatical) sind im Einzelfall auf schriftlichen Antrag des Mitarbeiters bei seinem Vorgesetzten möglich. Der Antrag hat mit einer Vorfrist, die der doppelten Dauer der gewünschten Freistellung entspricht, zu erfolgen. Der Vorgesetzte des Mitarbeiters soll dann innerhalb eines Monats über den Antrag des Mitarbeiters entscheiden. Bei Zeitentnahmen aus dem Lebensarbeitszeitkonto müssen immer mindestens ...... Arbeitstage zusammenhängend entnommen werden. Die Höchstfreistellungsdauer aus anderen Gründen als der Verkürzung der Lebensarbeitszeit beträgt .... Vor einer Entnahme aus dem Lebensarbeitszeitkonto muss der Jahresurlaub (einschließlich etwaiger Resturlaubsansprüche aus Vorjahren) eingebracht sein. Geldentnahmen und eine Abtretung, Beleihung, Verpfändung des Wertguthabens sowie sonstige Verfügungen des Mitarbeiters über das Wertguthaben sind nicht möglich.

(3) Sofern nach einer im Einzelfall erfolgten Freistellung aus anderen Gründen als der Verkürzung der Lebensarbeitszeit nicht vorhersehbare dringende betriebliche Erfordernisse den Einsatz des Mitarbeiters erfordern, kann die Gesellschaft verlangen, dass der Mitarbeiter die Freistellung unterbricht. Nach der Unterbrechung wird die Freistellung im beantragten Umfang fortgesetzt, es sei denn, der Mitarbeiter widerspricht der Fortsetzung unverzüglich schriftlich.

(4) Die Gesellschaft kann vom Mitarbeiter aus dringenden betrieblichen Gründen verlangen, dass der Mitarbeiter seine Arbeitszeit vorübergehend durch Zeitentnahmen von Wertguthaben aus dem Lebensarbeitszeitkonto reduziert.

(5) Bei Freistellung von der Arbeit durch Entnahme von Wertguthaben vom Lebensarbeitszeitkonto besteht das Arbeitsverhältnis mit allen Rechten und Pflichten unverändert weiter, sofern sich nicht aus dieser Betriebsvereinbarung etwas anderes ergibt. Insbesondere darf der Mitarbeiter während der Freistellung Nebentätigkeiten nur nach Zustimmung der Gesellschaft aufnehmen. Die Gesellschaft wird die Zustimmung erteilen, wenn betriebliche Belange nicht entgegenstehen. Die Nutzung der Freistellung zu Tätigkeiten, die ein Wettbewerbsverhältnis zur Gesellschaft darstellen können, ist untersagt. Die Verpflichtung zur Wahrung von Betriebs- und/oder Geschäftsgeheimnissen bleibt unberührt.

(6) Vor einer Freistellung erworbene Urlaubsansprüche bleiben von der Freistellung unberührt. Während der Freistellung erworbene Urlaubsansprüche gelten im Verhältnis von $1/12$ pro Freistellungsmonat als gewährt und genommen.

§ 13 Führung des Wertguthabens/Insolvenzabsicherung[14]

(1) Das Wertguthaben auf dem Lebensarbeitszeitkonto wird von der Gesellschaft in einem oder mehreren Investmentfonds angelegt und fortgeschrieben. Die Wertentwick-

lung des Wertguthabens richtet sich nach der Wertentwicklung des oder der Investmentfonds.

(Alternative:
(1) Das Wertguthaben auf dem Lebensarbeitszeitkonto wird von der Gesellschaft in einem oder mehreren Investmentfonds angelegt und fortgeschrieben. Die Gesellschaft garantiert unabhängig von der Entwicklung des oder der Investmentfonds eine Verzinsung des Wertguthabens in Höhe von ......% pro Jahr.)

(2) Die Gesellschaft eröffnet zur Führung des Lebensarbeitszeitkontos für jeden Mitarbeiter ein individuelles Investmentkonto bei dem oder den Investmentfonds. Zur Insolvenzabsicherung der Mitarbeiter werden die individuellen Investmentkonten für den Fall der Insolvenz der Gesellschaft aufschiebend bedingt an den begünstigten Mitarbeiter verpfändet.

§ 14 Vorzeitige Beendigung des Arbeitsverhältnisses[15]

(1) Bei vorzeitiger Beendigung des Arbeitsverhältnisses werden angesammelte Plusstunden auf dem Gleitzeitkonto durch bezahlte Freistellung abgegolten. Sofern dies nicht möglich ist, werden sie unter Zugrundelegung des zum Entnahmezeitpunkts maßgeblichen individuellen Brutto-Stundenlohns des Mitarbeiters vergütet. (*Alternative:* Bei gesellschaftsseitig veranlasster betriebsbedingter Kündigung hat der Mitarbeiter ein Wahlrecht, ob er den Freizeitausgleich oder die finanzielle Vergütung in Anspruch nehmen will. Übt der Mitarbeiter sein Wahlrecht nicht rechtzeitig vor dem Beendigungstermin schriftlich aus, so erfolgt eine finanzielle Vergütung.) Ein bis zum Beendigungstermin bestehendes Zeitsoll auf dem Gleitzeitkonto wird dem Mitarbeiter unter Zugrundelegung des zum Beendigungstermin maßgeblichen individuellen Brutto-Stundenlohns des Mitarbeiters als unbezahlte Abwesenheit vom Brutto-Gehalt abgezogen. Für die Berechnung des individuellen Brutto-Stundenlohns im Sinne dieses Absatzes gelten § 10 Abs. (3) und (4) entsprechend.

(2) Bei vorzeitiger Beendigung des Arbeitsverhältnisses wird auf Verlangen des Mitarbeiters ein etwaiges Wertguthaben auf dem Lebensarbeitszeitkonto auf eine andere Gesellschaft übertragen, sofern diese zustimmt. Sofern eine solche Übertragung nicht erfolgt, wird das Wertguthaben vorbehaltlich nachfolgender § 15 und § 16 nach Abführung der Sozialversicherungsbeiträge und Einbehalt der Lohnsteuer an den Mitarbeiter ausbezahlt.

(3) Sind durch die Beendigung des Arbeitsverhältnisses Überzahlungen zugunsten des Mitarbeiters erfolgt, hat er die zuviel erhaltenen Bezüge in voller Höhe zu erstatten. Der Einwand des Wegfalls der Bereicherung wird ausgeschlossen. Gleiches gilt für etwa gezahlte Arbeitgeber- und Arbeitnehmeranteile an die Sozialversicherung.

§ 15 Betriebliche Altersversorgung[16]

(1) Der Mitarbeiter kann ein etwaiges Wertguthaben auf dem Lebensarbeitszeitkonto für den Aufbau oder die Aufstockung einer betrieblichen Altersversorgung verwenden.

(2) Der Antrag auf Verwendung des Wertguthabens ist vom Mitarbeiter schriftlich zu stellen. Die Übertragung des Wertguthabens zur Verwendung für Leistungen der betrieblichen Altersversorgung erfolgt zum der Antragstellung nächstmöglichen Zeitpunkt durch die Gesellschaft.

§ 16 Altersteilzeit[17]

(1) Entnahmen von Wertguthaben auf dem Lebensarbeitszeitkonto zur Verkürzung der Lebensarbeitszeit können auch mit Altersteilzeitvereinbarungen kombiniert und für eine Freistellung während der Arbeitsphase eines Altersteilzeitmodells verwendet werden.

(2) Einzelheiten werden in einer gesonderten Betriebsvereinbarung zur Altersteilzeit (*Alternative:* in der abzuschließenden Altersteilzeitvereinbarung) geregelt.

§ 17 Todesfall[18]

(1) Im Todesfall des Mitarbeiters erhalten die vom Mitarbeiter schriftlich namentlich benannten Begünstigten das Wertguthaben nach Abführung von Sozialversicherungsbeiträgen und Einbehalt der Lohnsteuer ausbezahlt. Spätestens mit Eröffnung des Wertguthabens ist/sind der/die Begünstigte/n durch den Mitarbeiter der Gesellschaft schriftlich mitzuteilen. Im Todesfall werden die Begünstigten durch die Gesellschaft informiert.

(2) Werden vom Mitarbeiter keine Begünstigten schriftlich benannt, so gelten die Erben des Mitarbeiters als Begünstigte im Sinne von vorstehendem Abs. (1). Auszahlungen erfolgen in diesem Fall erst nach Vorlage eines Erbscheins.

§ 18 Gesetzliche Bestimmungen[19]

(1) Die Bestimmungen des Arbeitszeitgesetzes, des Jugendarbeitsschutzgesetzes und des Mutterschutzgesetzes sind von den Mitarbeitern entsprechend zu beachten.

a) Arbeitszeitgesetz
Die werktägliche Arbeitszeit der Mitarbeiter darf acht Stunden nicht überschreiten, sie kann jedoch bis zu zehn Stunden verlängert werden, wenn innerhalb von sechs Kalendermonaten oder innerhalb von 24 Wochen im Durchschnitt acht Stunden werktäglich nicht überschritten werden.

b) Jugendarbeitsschutzgesetz
Die tägliche Arbeitszeit von Jugendlichen darf acht Stunden, die wöchentliche Arbeitszeit 40 Stunden nicht überschreiten. Jugendliche dürfen aber an einzelnen Werktagen die Arbeitszeit auf weniger als acht Stunden verkürzen und zum Ausgleich der verkürzten Zeit an den übrigen Werktagen derselben Woche bis höchstens 8,5 Stunden beschäftigt werden. Die Wochenarbeitszeit von 40 Stunden darf nicht überschritten werden. Jugendliche dürfen hintereinander nicht länger als 4,5 Stunden ohne Ruhepause beschäftigt werden. Als Ruhepause gilt nur eine Arbeitsunterbrechung von insgesamt mindestens 30 Minuten. Bei einer Beschäftigungsdauer von mehr als sechs Stunden am Tag müssen die Ruhepausen insgesamt mindestens eine Stunde betragen.

c) Mutterschutzgesetz
Werdende und stillende Mütter dürfen täglich nicht mehr als 8,5 Stunden oder 90 Stunden in der Doppelwoche arbeiten.

(2) Arbeitszeiten, die unter Verstoß gegen die vorstehenden Gesetze oder sonstige gesetzliche Bestimmungen geleistet werden, können im Rahmen der Arbeitszeitkonten nicht berücksichtigt werden.

§ 19 Sonstiges[20]

(1) Gesellschaft und Betriebsrat sind sich einig, dass die mit dieser Regelung jedem Mitarbeiter eingeräumte Freizügigkeit entsprechendes Verantwortungsbewusstsein jedes Mitarbeiters voraussetzt. Mitarbeiter sollen daher im eigenen Interesse jeglichen Missbrauch ausschließen.

(2) Ein Missbrauch des Arbeitzeitnachweissystems berechtigt die Gesellschaft zur fristlosen Kündigung des Arbeitsverhältnisses. Irrtümliche oder fehlerhafte Zeiterfassungen oder Eintragungen sind umgehend dem Vorgesetzten zur Berichtigung vorzulegen.

§ 20 Schlussbestimmungen[21]

(1) Mündliche Nebenabreden bestehen nicht. Änderungen oder Ergänzungen dieser Betriebsvereinbarung, einschließlich dieser Bestimmung, bedürfen zu ihrer Wirksamkeit der Schriftform.

(2) Sollte eine Bestimmung dieser Betriebsvereinbarung ganz oder teilweise unwirksam sein oder werden, so wird hiervon die Wirksamkeit der übrigen Bestimmungen nicht berührt. An Stelle der unwirksamen Bestimmung tritt die gesetzlich zulässige Be-

stimmung, die dem mit der unwirksamen Bestimmung Gewollten wirtschaftlich am nächsten kommt. Dasselbe gilt für den Fall einer vertraglichen Lücke.

(3) Diese Betriebsvereinbarung tritt mit der Wirkung zum …… in Kraft. Sie wird auf unbestimmte Zeit geschlossen und kann mit einer Frist von drei Monaten zum Jahresende gekündigt werden. Eine Kündigung von Teilen dieser Betriebsvereinbarung ist zulässig, wobei aber sachlich zusammenhängende Regelungen als Ganzes gekündigt werden müssen. Eine etwaige Kündigung berührt bereits erworbene Ansprüche und Wertguthaben nicht. Die Abwicklung derartiger Ansprüche und Wertguthaben erfolgt nach Maßgabe dieser Betriebsvereinbarung.

(4) Eine etwaige Nachwirkung dieser Betriebsvereinbarung wird ausgeschlossen.

(5) Diese Betriebsvereinbarung steht unter dem Vorbehalt etwaiger ablösender – auch freiwilliger – Betriebsvereinbarungen.

(6) Sollten sich die dieser Betriebsvereinbarung zugrunde liegenden tatsächlichen, gesetzlichen (*Alternative:* und tariflichen) Bedingungen grundlegend ändern, so werden die Parteien unverzüglich in Verhandlungen zum Ziel einer Anpassung der Betriebsvereinbarung an die geänderten Bedingungen eintreten.

……
Ort, Datum

……
Unterschrift der Gesellschaft

……
Ort, Datum

……
Unterschrift des Betriebsrats

Schrifttum: Belling, Personalmanagement und Lebensgestaltung durch Sabbatical, Personal-Profi 5/2002, 8; *Betz,* Mehrjährige Arbeitszeitkonten in Forschung und Praxis, DB 2001, 215; *Diller,* Das neue Gesetz zur Absicherung flexibler Arbeitszeitregelungen, NZA 1998, 792; *Plenker,* Gehaltsumwandlung bei betrieblicher Altersvorsorge und Arbeitszeitkonten, BC 2002, 211; *Ritter,* Lohnsteuerberechnung bei Langzeitkonten, BB 1999, 1956; *Rott,* Lebensarbeitszeitkonten – die Ideallösung für den Vorruhestand, BC 2004, 214; *Wellisch/Näth,* Arbeitszeitkonten – steuerliche und sozialversicherungsrechtliche Behandlung und Vorteilhaftigkeitsüberlegungen, DStR 2003, 309.

Anmerkungen

1. Vorbemerkung. Das Formular muss im Einzelfall sorgfältig an die konkreten Gegebenheiten und Bedürfnisse des Arbeitgebers angepasst werden. Dies gilt insbesondere für tarifgebundene Arbeitgeber, da die Dauer der Regelarbeitszeit, der Zeitraum, innerhalb dessen diese im Durchschnitt erreicht werden muss, und auch der Ausgleich von Mehrarbeit üblicherweise in Tarifverträgen geregelt werden. Damit setzt die Einrichtung von Arbeitszeitkonten bei Tarifbindung regelmäßig entsprechende Öffnungsklauseln im Tarifvertrag voraus. Dies gilt im Falle der Tarifbindung gleichermaßen für die Option der Arbeitnehmer, Entgeltbestandteile in Wertguthaben auf Arbeitszeitkonten umzuwandeln.

Darüber hinaus ist im Einzelfall sorgfältig zu prüfen, ob bei dem jeweiligen Arbeitgeber bereits Betriebsvereinbarungen bestehen, die einen Regelungsgegenstand des Formulars (mit)-betreffen. Gegebenenfalls müssen die Musterbetriebsvereinbarung und die beim Arbeitgeber bereits bestehenden kollektivrechtlichen Regelungen aufeinander abgestimmt werden.

2. Geltungsbereich. Das Formular sieht vor, dass die Betriebsvereinbarung grundsätzlich für alle Arbeitnehmer des Arbeitgebers gilt. Ausnahmen hiervon können unter Beachtung der allgemeinen Diskriminierungsverbote und des Gleichbehandlungsgrundsatzes vorgesehen werden. Leitende Angestellte i.S.v. § 5 BetrVG unterfallen nicht dem Geltungsbereich von Betriebsvereinbarungen. Für diesen Personenkreis kann gegebenenfalls eine inhaltsgleiche oder ähnliche Regelung mit dem Sprecherausschuss der leitenden Angestellten getroffen werden.

3. Regelmäßige Arbeitszeit. Hier ist die gewünschte regelmäßige wöchentliche Arbeitszeit festzulegen. Die Dauer der regelmäßigen Arbeitszeit ist bei Tarifgebundenheit meistens tarifvertraglich geregelt, so dass etwa gewünschte Abweichungen nur dann möglich sind, wenn der zugrunde liegende Tarifvertrag dies ermöglicht. Sofern keine Tarifbindung vorliegt, sind die Arbeitsvertragsparteien unter Beachtung der gesetzlichen Bestimmungen bei der Festlegung der Arbeitszeiten frei. Hier ist insbesondere das Arbeitszeitgesetz zu beachten. Demnach darf die werktägliche Arbeitszeit von Arbeitnehmern grundsätzlich acht Stunden nicht überschreiten (§ 3 S. 1 ArbZG). Sie kann aber auf bis zu zehn Stunden verlängert werden, wenn innerhalb von sechs Kalendermonaten oder 24 Wochen im Durchschnitt acht Stunden werktäglich nicht überschritten werden (§ 3 S. 2 ArbZG). Allerdings kann insbesondere hier § 77 Abs. 3 BetrVG dem Abschluss einer Betriebsvereinbarung auch dann entgegenstehen, wenn der Arbeitgeber nicht tarifgebunden ist, aber für den räumlichen, fachlichen und betrieblichen Tätigkeitsbereich des Arbeitgebers tarifliche Arbeitszeitregelungen bestehen.

4. Gleitzeit, Arbeitsbeginn und Arbeitsende. Das Formular sieht eine Kombination von Gleitzeitkonto und Lebensarbeitszeitkonto vor. In § 3 ist die Festsetzung der Lage des Arbeitszeitrahmens und der Kernzeiten geregelt. Die konkrete Festlegung muss im Einzelfall nach den Gegebenheiten und Bedürfnissen des Arbeitgebers ausgerichtet werden.

Sofern beim Arbeitgeber bereits Regelungen zur Gleitzeit existieren, müssen diese harmonisiert und mit dem Lebensarbeitszeitkonto kompatibel gemacht werden. Für diesen Fall können sich bei einer Überführung des Wertguthabens zur Verwendung für betriebliche Altersversorgung (s. § 15 des Formulars) Probleme ergeben, da eine Vereinbarung zwischen Arbeitnehmer und Arbeitgeber, die in der Vergangenheit auf Arbeitszeitkonten gutgeschriebenen Beträge zugunsten von Leistungen der betrieblichen Altersversorgung zu verwenden, im Zeitpunkt der Vereinbarung zum Zufluss von Arbeitslohn in Höhe der gutgeschriebenen Beträge führt (BMF-Schreiben v. 4. Februar 2000 – IV C 5 – S 2332–11/00 – DB 2000, 353). Ein Arbeitslohnzufluss ist nur dann nicht gegeben, wenn die wahlweise Verwendung der auf den Arbeitszeitkonten gutgeschriebenen Beträge zugunsten von Leistungen der betrieblichen Altersversorgung bereits vor Aufbau des jeweiligen Arbeitszeitkontos zwischen dem Arbeitgeber und Arbeitnehmer vereinbart worden ist (BMF-Schreiben v. 4. Februar 2000 – a. a. O.). Dies dürfte bei bereits bestehenden Zeitguthaben auf Gleitzeitkonten regelmäßig nicht der Fall sein. Demnach müssen bereits bestehende Zeitguthaben entweder bei der Einrichtung der Lebensarbeitszeitkonten unberücksichtigt bleiben (und gegebenenfalls nach Maßgabe der zu Grunde liegenden Vereinbarung abgewickelt werden) oder bei Berücksichtigung und einer späteren Überführung zur Verwendung für betriebliche Altersversorgung versteuert und verbeitragt werden.

5. Pausen. Pausen können individuell unter Berücksichtigung der betrieblichen Erfordernisse nach Rücksprache mit dem Vorgesetzten genommen werden. Hier könnte alternativ auch eine Festlegung von Pausenzeiten oder Zeitrahmen, innerhalb derer die Pausen genommen werden müssen, erfolgen. Auch hier muss stets auf die konkreten Bedürfnisse und Gegebenheiten beim jeweiligen Arbeitgeber eingegangen werden.

6. Sollarbeitszeit. Die tägliche Sollarbeitszeit errechnet sich aus der regelmäßigen wöchentlichen Arbeitszeit nach § 2. Letztere ist durch fünf (oder bei Verteilung der regelmäßigen Arbeitszeit auf eine andere Anzahl von Tagen durch die jeweils einschlägige Anzahl von Arbeitstagen pro Woche) zu teilen. Die Sollarbeitszeit dient der Ermittlung des individuellen Zeitsaldos für die Bewertung der Veränderung der Arbeitszeitkonten.

7. Arbeitszeiterfassung. Die genaue Regelung der Arbeitszeiterfassung hat einzelfallbezogen zu erfolgen. In Betracht kommen hierbei die Zeiterfassung durch automatische Arbeitszeiterfassungssysteme, aber auch die manuelle Erfassung durch den Arbeitnehmer selbst durch Verwendung von so genannten „Stundenzetteln".

Im Übrigen enthält der Regelungskomplex Vorschriften über die Berücksichtigung von Pausenzeiten, dienstlich veranlassten und sonstigen Abwesenheitszeiten. Dabei werden ganztägige Abwesenheitszeiten, für die ein Anspruch auf Entgeltfortzahlung oder Urlaubsentgelt besteht, mit der jeweils individuell gültigen Sollarbeitszeit bewertet. Der Arbeitgeber darf insofern keine Negativbuchung vornehmen (vgl. für Feiertage BAG Urt. v. 14. 8. 2002 – 5 AZR 417/01 – NZA 2003, 232). Sie führen folglich zu keiner Bewegung des Zeitsolls/Zeitguthabens auf dem Gleitzeitkonto oder des Wertguthabens auf dem Lebensarbeitszeitkonto. Dies gilt auch für Zeiträume, in denen das Arbeitsverhältnis des Arbeitnehmers – z. B. aufgrund von Elternzeit – ruht.

8. Mehrarbeit/Überstunden. Mehrarbeitszuschläge werden nicht vergütet. Als Argument hierfür ist anzuführen, dass die regelmäßige wöchentliche Arbeitszeit durch die später gewährte Freistellung im Durchschnitt langfristig erreicht wird. Hier ist im Einzelfall zu überprüfen, ob eventuell tarifliche Regelungen oder beim Arbeitgeber bereits bestehende Betriebsvereinbarungen entgegenstehen. Darüber hinaus ist damit zu rechnen, dass die Arbeitnehmervertretungen bei der Einführung gegebenenfalls auf eine für die Arbeitnehmer günstigere Regelung drängen werden. Sonstige Zuschläge sind nach dem Formular in Geld zu vergüten.

9. Arbeitszeitkonten. § 8 enthält lediglich eine Art „Präambel" für die folgenden Regelungen über das Gleitzeitkonto und das Lebensarbeitszeitkonto.

10. Gleitzeitkonto. In Abs. (1) ist vorgesehen, dass die Arbeitnehmer einen Zeitrahmen haben, innerhalb dessen sie grundsätzlich eigenverantwortlich disponieren können. Bewegungen innerhalb dieses Zeitrahmens ergeben sich aus den Unterschieden der Sollarbeitszeit nach § 5 zu der tatsächlichen Ist-Arbeitszeit nach § 6 Abs. (3). Zeitbewegungen innerhalb dieses Rahmens beeinflussen das Lebensarbeitszeitkonto nicht. Sofern im Laufe eines Kalendermonats der festgelegte disponible Zeitrahmen unter- oder überschritten wird, muss ein Ausgleich im Folgemonat stattfinden. Dieser kann grundsätzlich auch durch die Inanspruchnahme freier Tage in Abstimmung mit dem Vorgesetzten des Arbeitnehmers erfolgen. Sofern ein solcher Ausgleich nicht stattfindet, erfolgt eine Überführung des über den disponiblen Zeitrahmen hinausgehenden Zeitsolls oder Zeitguthabens in das Lebensarbeitszeitkonto.

11. Lebensarbeitszeitkonto. Innerhalb eines Kalenderjahrs kann nur ein bestimmtes Maximalzeitguthaben vom Gleitzeitkonto auf das Lebensarbeitszeitkonto übertragen werden. Sofern dieser Maximalübertragungsrahmen ausgeschöpft ist, verfällt ein auf dem Gleitzeitkonto bestehendes und über den Rahmen nach § 9 Abs. (1) hinausgehendes Guthaben zum 31. Dezember eines jeden Jahres. Dadurch soll ein gewisser „Ausgleichsdruck" aufrechterhalten werden, um zu vermeiden, dass Arbeitnehmer in zu großem Umfang „unnötige" Arbeitszeit „verbrauchen".

Es ist vorgesehen, dass das Lebensarbeitszeitkonto als Geldkonto geführt wird. Zuführungen und Entnahmen werden pro Stunde unter Zugrundelegung des zum Zuführungs- und Entnahmezeitpunkts maßgeblichen individuellen Brutto-Stundenlohns des Mitarbeiters auf dem Wertguthaben des Lebensarbeitszeitkontos verbucht. Die Berechnung des individuellen Brutto-Stundenlohns ergibt sich aus § 10 Abs. (3) und (4). Um späteren Streitigkeiten über die Zusammensetzung des der Berechnung zugrunde liegenden Brutto-Jahresgehalts zu vermeiden, muss in Abs. (4) ausdrücklich klargestellt werden, welche Vergütungsbestandteile gegebenenfalls außer Betracht bleiben sollen. Hier ist insbesondere an klarstellende Regelungen zur Behandlung von Stock Options, Arbeitgeberbeiträgen zur betrieblichen Altersversorgung, Provisionen und sonstige variable Vergütungsbestandteile zu denken.

Das Höchstguthaben auf dem Lebensarbeitszeitkonto ist zu begrenzen. Es darf grundsätzlich das Wertguthaben, das dem Freistellungsanspruch des Mitarbeiters entspricht, welcher bis zur intendierten Beendigung des Arbeitsverhältnisses (regelmäßig dem 65. Lebensjahr) noch realisiert werden kann, nicht überschreiten. Anderenfalls wäre keine zweckentsprechende Verwendung des Wertguthabens i. S. v. § 23 b SGB IV mehr gegeben und eine Beitragspflicht des Wertguthabens in der Sozialversicherung die Folge. Unabhängig davon empfiehlt sich die Festsetzung eines Stundenhöchstrahmens. Relativ weit verbreitet ist hier ein Grenzwert von etwa 5000 Stunden, was bei „normalen" Arbeitszeiten zu einer Freistellung von etwa 2,5 Jahren führen kann.

12. Einbringung von Gehaltsbestandteilen. Das Formular sieht vor, dass auch Gehaltsbestandteile in das Lebensarbeitszeitkonto eingebracht werden können. Dabei ist Sozialversicherungspflichtigkeit der einzubringenden Entgeltbestandteile erforderlich, weil nur aus solchen Zuführungen Freistellungen von der Arbeit bewirkt werden können. Sozialversicherungsfreie Entgeltbestandteile (z. B. Nacht-, Sonntags- und Feiertagszuschläge) können dem gegenüber

8. Zeitwertkonten

nur zur Entgelterhöhung während der Freistellungsphase herangezogen werden, während Zinsen hierauf zu sozialversicherungspflichtigem Entgelt werden. Die administrative Trennung und Behandlung solcher nicht sozialversicherungspflichtigen Entgeltbestandteile würde zu einem Mehraufwand führen, der in keinem Verhältnis zu dem erzielbaren wirtschaftlichen Ergebnis steht. Deshalb sollte es ausschließlich bei sozialversicherungspflichtigen Zuführungen belassen werden. Dabei darf der Rechtsanspruch des Arbeitnehmers auf den jeweiligen Entgeltbestandteil noch nicht entstanden sein, weil ansonsten unmittelbar eine Lohnsteuerpflicht entstünde, die mit dem Langzeitkonto ja gerade auf die Freistellungsphase verschoben werden soll. Laufendes Entgelt kann also jeweils nur vor Beginn des betreffenden Monats in das Langzeitkonto eingestellt werden. Hinsichtlich Einmalzahlungen hat das Bundesfinanzministerium in Bezug auf die Umwandlung von Einmal- und Sonderzahlungen mitgeteilt, dass die Entgeltumwandlung zugunsten der betrieblichen Altersversorgung auch dann steuerlich unschädlich ist, wenn die zugrunde liegenden Gehaltsumwandlungsvereinbarung bereits erdiente, aber noch nicht fällig gewordene Anteile umfasst (BMF-Schreiben v. 17. November 2004 – IV C 4 – S 2222-177/04 – BetrAV 2004, 745). Ob insofern auch eine steuerfreie Gutschrift auf Arbeitszeitkonten zulässig ist, wird gegenwärtig vom Bundesfinanzministerium geprüft. Bis zur abschließenden Klärung empfiehlt sich im jeweiligen Einzelfall bei der Einführung der Lebensarbeitszeitkonten durch Nachfrage bei dem für den Arbeitgeber zuständigen Finanzamt abzuklären, ob die konkret ins Auge gefassten Entgeltbestandteile wirklich steuerfrei als Wertguthaben eingebracht werden dürfen.

Im Übrigen enthält § 11 Regelungen, wie die Einbringung von Gehaltsbestandteilen durch den Mitarbeiter zu beantragen ist. Dabei ist unter Berücksichtigung der vorstehenden Ausführungen vorgesehen, dass der Antrag mindestens einen Monat vor dem Entstehen des Rechtsanspruchs auf den einzubringenden Gehaltsbestandteil zu stellen ist. Weiterhin sieht das Formular zur Reduzierung von Verwaltungsaufwand vor, dass ein Arbeitnehmer an seinen Antrag für mindestens 12 Monate gebunden ist.

§ 11 Abs. (5) enthält einen klarstellenden Hinweis, dass die Umwandlung von Entgeltbestandteilen nicht zu einer Reduzierung des Brutto-Monatsgehalts im Sinne von § 10 Abs. (3) und (4) führt. Insofern wird weiterhin das unverminderte Brutto-Monatsgehalt als so genanntes „Schattengehalt" herangezogen.

13. Verwendung des Lebensarbeitzeit-Wertguthabens. Das Wertguthaben auf dem Lebensarbeitszeitkonto soll grundsätzlich ausschließlich der Verkürzung der Lebensarbeitszeit dienen. Arbeitnehmer haben einen Anspruch auf Freistellung zur Verkürzung der Lebensarbeitszeit, sobald das Wertguthaben dem bis zum intendierten Beendigungszeitpunkt noch realisierbaren Freistellungsanspruch entspricht. Weitere Voraussetzung für den Anspruch ist, dass die berechtigten Arbeitnehmer eine Vereinbarung über die Beendigung des Arbeitsverhältnisses treffen. Dabei muss der Arbeitgeber beachten, dass er den Arbeitnehmer über eventuell nachteilige Konsequenzen gegebenenfalls zutreffend aufzuklären hat, um keine Schadensersatzansprüche zu riskieren (vgl. zur weitreichenden Aufklärungspflicht bei der Zusatzversorgung des öffentlichen Dienstes BAG Urt. v. 17. 10. 2000 – 3 AZR 605/99 – DB 2002, 2717).

Weitere Verwendungsarten des Wertguthabens als zur Verkürzung der Lebensarbeitszeit sind lediglich ausnahmsweise auf schriftlichen Antrag des Mitarbeiters bei seinem Vorgesetzten möglich. § 12 regelt das diesbezügliche Verfahren der Antragstellung und der Entscheidung über den Antrag.

In Abs. (3) ist ein „Rückholrecht" des Arbeitgebers aus dringenden betrieblichen Gründen vorgesehen. Abs. (4) regelt den umgekehrten Fall, dass nämlich der Arbeitgeber – z. B. aufgrund einer schwierigen Auftragslage – von den Mitarbeitern verlangen kann, ihre Arbeitszeit vorübergehend durch Entnahmen aus dem Lebensarbeitszeitkonto zu reduzieren.

In Abs. (6) ist vorgesehen, dass während einer Freistellung gegebenenfalls erworbene Urlaubsansprüche im Verhältnis von einem Zwölftel pro Freistellungsmonat als gewährt und genommen gelten. Denn während der Freistellungsphase kann dem Arbeitnehmer de facto kein Erholungsurlaub gewährt werden. Urlaubstage sind aber nur solche Tage, an denen der Arbeitnehmer ohne Beurlaubung zur Arbeitsleistung hätte eingesetzt werden können. Dies ist bei der Freistellung gerade nicht der Fall.

14. Führung des Wertguthabens/Insolvenzabsicherung. Das Formular sieht vor, dass das Wertguthaben auf dem Lebensarbeitszeitkonto vom Arbeitgeber durch Anlage bei einem oder mehreren Investmentfonds geführt und fortgeschrieben wird. Die Wertentwicklung des Wertguthabens soll sich an der Wertentwicklung des oder der Investmentfonds orientieren. Alternativ wäre auch denkbar, eine bestimmte Mindestverzinsung des Wertguthabens durch den Arbeitgeber vorzusehen. Es wäre in diesem Fall zu regeln, ob dann eine eventuell über die Mindestverzinsungsgarantie hinausgehende Performance des Investmentfonds zur Erhöhung des Wertguthabens zu verwenden ist, oder ob der Arbeitgeber sich diesen Überschuss wirtschaftlich nutzbar machen darf.

Die Insolvenzabsicherung ist durch Verpfändung der Investmentkonten an die begünstigten Arbeitnehmer vorgesehen. Die Verpfändung stellt sich als das wohl einfachste Instrumentarium der Insolvenzsicherung dar. Es könnten hier jedoch auch andere Formen der Insolvenzsicherung festgelegt werden. § 7 d SGB IV enthält insofern keine gesetzlichen Vorgaben. Denkbar wären deshalb auch Sicherungsbürgschaften oder Treuhandkonstruktionen. Zur Vermeidung von Problemen bei späteren Betriebsübergängen ist zusätzlich die Aufnahme einer Klausel empfehlenswert, wonach es einem etwaigen Betriebserwerber im Anschluss an einen Betriebsübergang freisteht, die Insolvenzsicherung auch durch alternative Insolvenzsicherungsinstrumentarien, also nicht zwangsläufig durch Verpfändung, sicherzustellen.

15. Vorzeitige Beendigung des Arbeitsverhältnisses. § 14 behandelt so genannte „Störfälle", d. h. die Fälle, in denen das Arbeitsverhältnis vorzeitig beendet wird. Für diesen Fall ist in dem Formular vorgesehen, dass Plusstunden auf dem Gleitzeitkonto durch bezahlte Freistellung abgegolten werden. Sofern ein Zeitsoll besteht, werden die Minusstunden unter Zugrundelegung des zum Beendigungstermin maßgeblichen individuellen Brutto-Stundenlohns vom Brutto-Gehalt des Arbeitnehmers abgezogen. Sofern ein derartiger Abzug notwendig ist, sind dabei die einschlägigen Pfändungsgrenzen zu beachten (§§ 850 ff. ZPO). Ist ein Abzug nicht möglich oder – gleich aus welchem Grund – unterblieben, so sieht Abs. (3) der Regelung als Auffangtatbestand vor, dass den Arbeitnehmer dann eine Rückerstattungspflicht trifft. Ob dieser Rückerstattungsanspruch auch realisierbar ist, hängt dann von den Umständen des Einzelfalls ab.

Bezüglich der Vergütung unterliegen die gutgeschriebenen Zeiten auf dem Gleitzeitkonto im Störfall einer vereinfachten Abrechnung der Sozialversicherungsbeiträge, sofern sie von vornherein auf maximal 250 Stunden begrenzt sind. Sie können in diesem Fall als Einmalzahlung nach § 23 a SGB IV abgewickelt werden.

Hinsichtlich des Wertguthabens auf dem Lebensarbeitszeitkonto ist vorgesehen, dass dieses auf Verlangen des Mitarbeiters auf einen anderen Arbeitgeber übertragen werden kann. Grundvoraussetzung hierfür ist selbstverständlich immer, dass der andere Arbeitgeber mit einer solchen Übertragung einverstanden ist. Die Übertragung des Wertguthabens führt nach derzeitiger Rechtslage weder zu einem lohnsteuerrechtlichen Zufluss von Arbeitsentgelt noch zu einer Pflicht zur Entrichtung von Sozialversicherungsbeiträgen. Denn nach der Gesetzesbegründung zu § 23 b SGB IV führt ein Schuldnerwechsel bezüglich des Wertguthabens nicht dazu, dass sich die Identität der Schuld als Arbeitsentgelt verändert (BT-Drucks. 13/9818 S. 11). Sofern eine solche Übertragung nicht erfolgt, wird das Wertguthaben in der Regel nach Abführung der Sozialversicherungsbeiträge und Einbehalt der Lohnsteuer an den Mitarbeiter ausbezahlt. Dabei ist zu beachten, dass die vereinfachte Abrechnung der Sozialversicherungsbeiträge, wie vorstehend im Zusammenhang mit dem Gleitzeitkonto beschrieben, für den Fall der Lebensarbeitszeitkonten nicht möglich ist, da bei den Lebensarbeitszeitkonten neben der Zuführung von Zeitwerten eine Einbringung von Entgeltbestandteilen vorgesehen ist. Aus diesem Grund ist für das Lebensarbeitszeitkonto eine besondere Aufzeichnung der so genannten „Sozialversicherungsluft" vorzunehmen, mit deren Hilfe im Störfall die abzuführenden Sozialversicherungsbeiträge ermittelt werden (vgl. § 23 b Abs. 2 S. 1 SGB IV). Die „Sozialversicherungsluft" ist die Differenz zwischen der Summe der ab dem Abrechnungsmonat der ersten Gutschrift auf dem Lebensarbeitszeitkonto für die Zeit der Arbeitsleistung maßgebenden Beitragsbemessungsgrenze und der Summe der in dieser Zeit der Arbeitsleistung abgerechneten beitragspflichtigen Arbeitsentgelte (vgl. § 23 b Abs. 2 S. 1 SGB IV).

16. Betriebliche Altersversorgung. Das Formular sieht vor, dass der Mitarbeiter sein Wertguthaben auf dem Lebensarbeitszeitkonto für den Aufbau einer betrieblichen Altersversorgung verwenden kann. Die Regelung in dem Formular ist allgemein gehalten, da die Details im Wesentlichen davon abhängen, welcher Durchführungsweg für die betriebliche Altersversorgung beim Arbeitgeber im Einzelfall besteht. Hier ist zu beachten, dass gemäß § 23 b Abs. 3 a SGB IV Wertguthaben nur unter bestimmten Voraussetzungen in eine bestehende betriebliche Altersversorgung eingebracht werden können, ohne dass das angesammelte Wertguthaben der Beitragspflicht unterfällt. Dies setzt voraus, dass eine Beendigung des Arbeitsverhältnisses aufgrund verminderter Erwerbsfähigkeit, des Erreichens einer Altersgrenze, zu der eine Rente wegen Alters beansprucht werden kann oder des Todes des Arbeitnehmers nicht mehr für Zeiten einer Freistellung von der Arbeitsleistung verwendet werden kann. Wird das Wertguthaben des Arbeitszeitkontos aufgrund einer Vereinbarung zwischen Arbeitgeber und Arbeitnehmer vor Fälligkeit (planmäßige Auszahlung während der Freistellung) ganz oder teilweise zugunsten der betrieblichen Altersversorgung herabgesetzt, ist dies steuerlich als Entgeltumwandlung anzuerkennen. Die Ausbuchung der Beträge aus dem Arbeitszeitkonto führt in diesem Fall nicht zum Zufluss von Arbeitslohn. Der Zeitpunkt des Zuflusses dieser zugunsten der betrieblichen Altersversorgung umgewandelten Beträge richtet sich nach dem Durchführungsweg der zugesagten betrieblichen Altersversorgung (BMF-Rundschreiben v. 17. November 2004 – IV C 4 – S 2222–177/04 – BetrAV 2004, 745).

17. Altersteilzeit. Das Formular sieht vor, dass eine Kombination des Lebensarbeitszeitkontos mit Altersteilzeitvereinbarungen möglich ist. Insofern wäre insbesondere denkbar, die Arbeitsphase im Rahmen eines Altersteilzeitblockmodells durch Entnahmen aus dem Lebensarbeitszeitkonto zu finanzieren. Dies führt faktisch zu einer Verlängerung des tatsächlichen Freistellungszeitraums. Einzelheiten sollten dabei unter Berücksichtigung der jeweiligen Gegebenheiten des konkreten Einzelfalls aus systematischen Gründen in der abzuschließenden (kollektivrechtlichen oder individualvertraglichen) Vereinbarung über die Altersteilzeit geregelt werden.
Eine derartige Freistellung des Arbeitnehmers während der Arbeitsphase eines Altersteilzeitmodells steht der sozialversicherungsrechtlichen Anerkennung der Altersteilzeitvereinbarung nicht entgegen, solange bereits im Voraus, also bei Abschluss der Zeitwert-Vereinbarung, geregelt ist, dass ein bereits angesammeltes Wertguthaben auf einem Arbeitszeitkonto durch die Freistellung abgebaut wird (Rundschreiben der Spitzenverbände der Sozialversicherungsträger v. 9. März 2004).

18. Todesfall. § 17 regelt die Verwendung des Wertguthabens, falls der begünstigte Arbeitnehmer verstirbt. Es ist vorgesehen, dass die Wertguthaben dann an vom Arbeitnehmer namentlich zu benennende Begünstigte bezahlt werden. Abs. (2) der Regelung enthält eine Fiktion für den Fall, dass der Arbeitnehmer keine Begünstigten benannt hat. Dann gelten seine Erben als Begünstigte. Das Wertguthaben ist in diesen Fällen bei der Auszahlung sozialversicherungspflichtig gemäß § 23 b SGB IV und zu versteuern.

19. Gesetzliche Bestimmungen. § 18 gibt die wichtigsten gesetzlichen Vorschriften zur Arbeitszeitregelung wieder. Dadurch soll gewährleistet werden, dass Arbeitnehmer nicht über das gesetzlich zulässige Maß arbeiten und sich darauf berufen, dass ihnen die maßgeblichen Regelungen unbekannt gewesen seien.

20. Sonstiges. In Abs. (2) der Regelung ist vorgesehen, dass ein Missbrauch des Zeiterfassungssystems den Arbeitgeber zur außerordentlichen Kündigung berechtigt. Trotz dieses Vorbehalts kann die Wirksamkeit einer außerordentlichen Kündigung aufgrund Missbrauchs des Arbeitserfassungssystems nur im Einzelfall beurteilt werden. Die Formulierung bietet im Rahmen einer dann vorzunehmenden Interessenabwägung jedoch zumindest eine Argumentationsbasis dafür, dass dem Mitarbeiter die Schwere seines Verstoßes klar sein musste.

21. Schlussbestimmungen. Das Formular enthält übliche Schlussbestimmungen. Es ist eine Kündigungsfrist von drei Monaten vorgesehen. Hier kann selbstverständlich etwas anderes vereinbart werden. Eine etwaige Nachwirkung der Betriebsvereinbarung ist ausgeschlossen.

9. Arbeitszeitregelung zur Beschäftigungssicherung

Betriebsvereinbarung zur Arbeitszeitregelung und Beschäftigungssicherung[1]

zwischen

...... (Name und Anschrift des Arbeitgebers) „Gesellschaft"

und

Betriebsrat des Betriebs ...... der ...... (Name des Arbeitgebers) „Betriebsrat"
(*Alternative:* Gesamtbetriebsrat/Konzernbetriebsrat)

Präambel[2]

Ziel dieser Betriebsvereinbarung ist es, die Wettbewerbsfähigkeit des Standortes ...... der Gesellschaft zu erhalten, um die dortigen Arbeitsplätze nachhaltig zu sichern. Hierzu werden Gesellschaft und Mitarbeiter ihren Beitrag leisten.

§ 1 Geltungsbereich

(1) Diese Betriebsvereinbarung gilt in persönlicher Hinsicht für alle Arbeitnehmer[3] des Betriebs ...... der Gesellschaft („Mitarbeiter"), mit Ausnahme von

- leitenden Angestellten i. S. d. § 5 Abs. 3 BetrVG,
- Auszubildenden,
- Teilzeitbeschäftigten mit einer individuellen regelmäßigen Wochenarbeitszeit von weniger als ...... Stunden und
- Mitarbeitern in Altersteilzeit, unabhängig davon, ob sie sich in der Aktiv- oder der Passivphase befinden[4].

(2) Die Betriebsvereinbarung gilt in räumlicher Hinsicht ausschließlich für den Betrieb ...... der Gesellschaft.

§ 2 Arbeitszeit

(1) Die individuelle regelmäßige Wochenarbeitszeit wird gemäß § ...... des Tarifvertrages ......[5] von ...... auf ...... Stunden herabgesetzt (*Alternative:* verlängert)[6].

(*Alternative:*

(1) Die individuelle regelmäßige Wochenarbeitszeit wird gemäß § ...... des Tarifvertrages ......

- in Abteilung ...... von ...... auf ...... Stunden
- in Abteilung ...... von ...... auf ...... Stunden
- in Abteilung ...... von ...... auf ...... Stunden

herabgesetzt (*Alternative:* verlängert.).)

(2) Für Teilzeitarbeitsverhältnisse im Anwendungsbereich dieser Betriebsvereinbarung wird die Arbeitszeit im Verhältnis zur geringeren regelmäßigen Wochenarbeitszeit herabgesetzt (*Alternative:* verlängert)[7].

§ 3 Lage und Verteilung der Arbeitszeit[8]

(1) Die wöchentliche Arbeitszeit verteilt sich wie folgt:

- Gewerbliche Arbeitnehmer/Angestellte in der Produktion:
  ......
- Gewerbliche Arbeitnehmer/Angestellte im Lager/Fuhrpark:
  ......
- Angestellte des Verwaltungsbereichs:
  ......

9. Arbeitszeitregelung zur Beschäftigungssicherung — C. II. 9

(2) Im Hinblick auf die Rufbereitschaft bleibt es bei den bestehenden Regelungen. Die Betriebsparteien behalten sich vor, die Rufbereitschaft im Bedarfsfall kurzfristig anzupassen.

§ 4 Entgelt[9]

Die Löhne und Gehälter und die von ihnen abgeleiteten Leistungen vermindern sich entsprechend der verkürzten Arbeitszeit.

(Alternative bei Arbeitszeitverlängerung:
Die Löhne und Gehälter und die von ihnen abgeleiteten Leistungen bleiben unverändert.)

§ 5 Standortsicherungsmaßnahmen[10]

(1) Die Betriebsparteien sind sich darüber einig, dass während der Laufzeit dieser Betriebsvereinbarung der Einsatz von Leiharbeitnehmern zugunsten der Beschäftigung eigener Mitarbeiter im Rahmen der vertraglichen Gestaltungsmöglichkeiten zurückgefahren werden soll. Die Gesellschaft verpflichtet sich, während der Laufzeit dieser Vereinbarung keine zusätzlichen Arbeiten an Leiharbeitnehmer zu vergeben, soweit diese Arbeiten durch Mitarbeiter der Gesellschaft qualitativ gleichwertig erledigt werden könnten. Hiervon darf nur abgewichen werden, wenn dies nachweislich aus arbeitsorganisatorischen oder betriebswirtschaftlichen Gründen notwendig ist. Der Betriebsrat ist hierüber rechtzeitig und umfassend zu informieren. § 99 BetrVG bleibt unberührt[11].

(2) Die Gesellschaft wird in den Jahren ...... bis ...... am Standort ...... Investitionen in einer Gesamthöhe von EUR ...... (in Worten: Euro ......) tätigen. Einzelheiten der zurzeit aktuellen Mittelfristplanung, welche jährlich überarbeitet wird, sind der Anlage zu dieser Betriebsvereinbarung zu entnehmen[12].

(3) Die Gesellschaft verpflichtet sich, in den nächsten ...... Jahren die Ausbildungsquote um ......% zu steigern. Anstelle von bisher ...... Ausbildungsstellen im Ausbildungsjahr ...... wird die Gesellschaft daher künftig ...... Ausbildungsstellen pro Jahr ausschreiben. Eine Verpflichtung zur Übernahme der Auszubildenden in ein Arbeitsverhältnis ist damit nicht verbunden[13].

(Alternative:
(3) Die Gesellschaft wird die derzeit in Ausbildung befindlichen Auszubildenden nach erfolgreich bestandener Abschlussprüfung in ein Arbeitsverhältnis übernehmen und in ihrem ausgebildeten Beruf für mindestens ...... Monate beschäftigen. Die Verpflichtung kann auch durch das Angebot einer Beschäftigung in einem anderen Betrieb der Gesellschaft erfüllt werden. Die Verpflichtung zur Übernahme der Auszubildenden in ein Arbeitsverhältnis besteht nicht, wenn dieser verhaltens- oder personenbedingte Gründe entgegenstehen[14].)

(4) Während der Laufzeit dieser Betriebsvereinbarung darf die Zahl der Arbeitsplätze (bestehend aus besetzten und ausgeschriebenen Stellen) nicht unter ...... fallen. Diese Zahl errechnet sich nach Köpfen ohne Berücksichtigung der jeweiligen Arbeitszeit[15].

(Alternative:
(4) Während der Laufzeit dieser Betriebsvereinbarung wird die Gesellschaft keine betriebsbedingten Kündigungen aussprechen.)

(Alternative:
(4) Während der Laufzeit dieser Betriebsvereinbarung wird die Gesellschaft grundsätzlich keine betriebsbedingten Kündigungen aussprechen. Sollten aufgrund unvorhersehbarer Umstände betriebsbedingte Kündigungen erforderlich werden, werden diese frühestens mit Ablauf der Betriebsvereinbarung wirksam[16].)

§ 6 Laufzeit[17]

(1) Diese Betriebsvereinbarung tritt am ...... in Kraft und endet, ohne dass es einer Kündigung bedarf, am .... Die Betriebsvereinbarung entfaltet keine Nachwirkung.

(*Alternative:*
(1) Diese Betriebsvereinbarung tritt am ...... in Kraft. Sie kann mit einer Frist von ...... Monaten zum Ende eines Kalenderjahres gekündigt werden. Die Betriebsvereinbarung entfaltet keine Nachwirkung.)

(2) Die Kündigung bedarf der Schriftform.

(3) Bei verbesserter Auslastung kann diese Betriebsvereinbarung zeitlich begrenzt für den gesamten Betrieb oder einzelne Betriebsteile einvernehmlich außer Kraft gesetzt werden[18].

§ 7 Schlussbestimmungen[19]

(1) Mündliche Nebenabreden bestehen nicht. Änderungen oder Ergänzungen dieser Betriebsvereinbarung, einschließlich dieser Bestimmung, bedürfen zu ihrer Wirksamkeit der Schriftform.

(2) Sollte eine Bestimmung dieser Betriebsvereinbarung ganz oder teilweise unwirksam sein oder werden, so wird hiervon die Wirksamkeit der übrigen Bestimmungen nicht berührt. Anstelle der unwirksamen Bestimmung werden die Betriebspartner die gesetzlich zulässige Bestimmung vereinbaren, die dem mit der unwirksamen Bestimmung Gewollten wirtschaftlich am nächsten kommt. Dasselbe gilt für den Fall einer vertraglichen Lücke.

(3) Diese Betriebsvereinbarung steht unter dem Vorbehalt etwaiger ablösender – auch freiwilliger – Betriebsvereinbarungen.

(4) Sollten sich die dieser Betriebsvereinbarung zugrunde liegenden tatsächlichen oder rechtlichen Bedingungen grundlegend ändern, so werden die Betriebspartner unverzüglich in Verhandlungen treten mit dem Ziel, die Betriebsvereinbarung an die geänderten Bedingungen anzupassen.

......	......
Ort, Datum	Ort, Datum
......	......
Unterschrift der Gesellschaft	Unterschrift des Betriebsrats

Schrifttum: Bauer/Diller, Beschäftigungssicherung in der Metallindustrie, NZA 1994, 353; *Däubler/Erhardt,* Beschäftigungssicherung als Teil der Unternehmenspolitik – Der Beschäftigungssicherungsvertrag bei der Flughafen Frankfurt AG als Beispiel –, AiB 1999, 677; *Eich,* Tarifverträge und Sozialpartnerbeziehungen am Beispiel der chemischen Industrie, NZA 1995, 149; *Gaumann/Schafft,* Tarifvertragliche Öffnungsklauseln – Ein sinnvolles Flexibilisierungsinstrument, NZA 1998, 176; *Hoß,* Die Zustimmungsersetzung im Rahmen des Tarifvertrags zur Beschäftigungssicherung, DB 1995, 526; *Kohte,* Beschäftigungssicherung durch befristete Übernahme von Auszubildenden – Bedeutung und Struktur tariflicher Weiterbeschäftigungsklauseln, NZA 1997, 457; *Richardi,* Die Mitbestimmung des Betriebsrats bei flexibler Arbeitszeitgestaltung, NZA 1994, 593; *Schlachter,* Befristete Einstellung nach Abschluss der Ausbildung – Sachgrund erforderlich?, NZA 2003, 1180; *Schliemann/Meyer,* Arbeitszeitrecht – gesetzliche, tarifliche und betriebliche Regelungen, 2. Aufl. 2002; *Wolter,* Standortsicherung, Beschäftigungssicherung, Unternehmensautonomie, Tarifautonomie, RdA 2002, 218; *Zachert,* Beschäftigungssicherung durch Tarifvertrag als Prüfstein für Umfang und Grenzen der Tarifautonomie, DB 2001, 1198.

Anmerkungen

1. Regelungsinhalt. Das Formular sieht eine Verknüpfung von **Arbeitszeitverkürzung/-verlängerung und Standortsicherung** unter Ausnutzung einer entsprechenden **tarifvertraglichen Öffnungsklausel** (dazu auch Anm. 4) vor.

9. Arbeitszeitregelung zur Beschäftigungssicherung

Tarifliche Öffnungsklauseln ermöglichen eine größere Flexibilität der Arbeitsbedingungen, indem sie vom Tarifvertrag abweichende oder ergänzende Regelungen durch Firmentarifvertrag, Betriebsvereinbarung oder Individualabrede gestatten (ErfKomm/*Schaub* § 4 TVG Rdn. 48).

In den derzeit geltenden Flächentarifverträgen gibt es eine Vielzahl von tariflichen Öffnungsklauseln, die auf betrieblicher Ebene Abweichungen von der regelmäßigen tariflichen Arbeitszeit zulassen (Übersicht abrufbar im Internet unter www.boeckler.de/pdf/ta-flaechentarifvertrag.pdf). Dabei sind **Arbeitszeitverlängerungen** (z. B. in der Metallindustrie und im Einzelhandel Ost) ebenso anzutreffen wie Regelungen über **Arbeitszeitkorridore** (z. B. in der chemischen Industrie und in der Textil- und Bekleidungsindustrie West) und befristete **Arbeitszeitreduzierungen ohne Lohnausgleich**. Letztere sind beispielsweise in den Tarifverträgen zur Beschäftigungssicherung der Metallindustrie West (dazu *Bauer/Diller* NZA 1994, 353; *Schliemann/Meyer* S. 433 ff.) sowie im Manteltarifvertrag für das private Bankgewerbe und die öffentlichen Banken vorgesehen.

Das Formular orientiert sich nicht an einer bestimmten Öffnungsklausel, sondern stellt vielmehr einen ausfüllungsbedürftigen **Rahmen** zur Verfügung. Es ist daher bei Verwendung des Formulars stets zu prüfen, welche Gestaltungsmöglichkeiten die jeweils anwendbare Öffnungsklausel bietet. Insbesondere die Beispiele zu einzelnen Standortsicherungsmaßnahmen (dazu Anm. 8) sind nur als Anregungen zu verstehen.

Darüber hinaus ist bei Verwendung des Formulars zu prüfen, ob die jeweilige tarifliche Öffnungsklausel die Wirksamkeit der Betriebsvereinbarung von der Zustimmung der Tarifvertragsparteien abhängig macht. In diesem Fall kann es sich empfehlen, die Tarifvertragsparteien schon frühzeitig in die Verhandlungen einzubinden, um zu verhindern, dass ein schon mit dem Betriebsrat ausgehandelter Kompromiss letztlich noch am Veto der Gewerkschaft (oder des Arbeitgeberverbandes) scheitert.

Die hier vorgesehene Arbeitszeitregelung zur Beschäftigungssicherung stellt **kein „betriebliches Bündnis für Arbeit"** in dem Sinne dar, wie es in den letzten Jahren zunehmend diskutiert wird und inzwischen im Mittelpunkt des Interesses der Rechtsprechung (BAG Beschl. v. 20. 4. 1999 – 1 ABR 72/98 – AP Nr. 89 zu Art. 9 GG; BAG Urt. v. 19. 3. 2003 – 4 AZR 271/02 – NZA 2003, 1221; ArbG Marburg Beschl. v. 7. 8. 1996 – 1 BV 6/96 – NZA 1996, 1331; ArbG Frankfurt a. M. Urt. v. 28. 10. 1996 – 1 Ca 6331/96 – NZA 1996, 1340) und der Literatur steht. Kennzeichnend für derartige Bündnisse ist die Absenkung von Arbeitsbedingungen unter das tariflich geltende Mindestniveau, sei es durch einen vom Flächentarifvertrag abweichenden Haustarifvertrag, durch eine (gegen § 77 Abs. 3 BetrVG verstoßende) Betriebsvereinbarung oder durch gebündelte Individualvereinbarungen, die gegebenenfalls von einer Regelungsabrede mit dem Betriebsrat flankiert werden. Vorliegend wird nicht von geltenden tarifvertraglichen Regelungen abgewichen, sondern von tariflich ausdrücklich vorgesehenen Flexibilisierungsmöglichkeiten Gebrauch gemacht.

Die Verkürzung oder Verlängerung der Arbeitszeit stellt regelmäßig keine Versetzung i. S. d. §§ 99, 95 Abs. 3 BetrVG dar und bedarf daher nicht noch zusätzlich der Zustimmung des Betriebsrats in jedem Einzelfall (BAG Beschl. v. 16. 7. 1991 – 1 ABR 71/90 – NZA 1992, 180, 181).

2. Zielsetzung. Ähnlich wie der Firmentarifvertrag zur Beschäftigungssicherung (dazu Form. E. I. 8) sieht auch die Betriebsvereinbarung Gegenleistungen der Belegschaft für die standortsichernden Maßnahmen, z. B. in Form von Entgeltkürzungen, vor. Auch wenn diese Möglichkeit in der Öffnungsklausel schon angelegt ist, ist es letztlich der Betriebsrat, der den Abschluss der Betriebsvereinbarung und die für die Belegschaft daraus resultierenden Nachteile gegenüber den Mitarbeitern rechtfertigen muss. Von daher sollte schon in der Präambel zum Ausdruck kommen, dass die Standortsicherung von Zugeständnissen beider Seiten abhängt.

Ferner kann die vorliegende Präambel dahingehend ergänzt werden, dass der Belegschaft die Gründe für die schwierige Unternehmenssituation konkret vor Augen geführt werden (z. B. durch einen Verweis auf makroökonomische Einflüsse wie steigende Weltmarktpreise oder eine geringere Nachfrage der Produkte oder Dienstleistungen). Auch auf diese Weise kann die Akzeptanz der Vereinbarung gesteigert werden.

3. Anwendung auf Außenseiter. Obwohl die tarifliche Öffnungsklausel unmittelbar nur für Tarifgebundene, d. h. verbandsangehörige Arbeitgeber und Mitglieder der tarifschließenden Gewerkschaft, oder kraft einzelvertraglicher Bezugnahme gilt, erfasst die darauf basierende Betriebsvereinbarung auch Außenseiter. Das BAG hat es nicht als Verstoß gegen die negative Koalitionsfreiheit angesehen, dass auch nicht tarifgebundene Arbeitnehmer von einer Betriebsvereinbarung über die Dauer der wöchentlichen Arbeitszeit erfasst werden (BAG Beschl. v. 18. 8. 1987 – 1 ABR 30/86 – AP Nr. 23 zu § 77 BetrVG 1972; BAG Urt. v. 1. 8. 2001 – 4 AZR 388/99 – AP Nr. 5 zu § 3 TVG Betriebsnormen). Auch wenn die Rechtsprechung des BAG in Einzelfragen widersprüchlich und Gegenstand von Kritik aus dem Schrifttum ist, gelingt es in der Praxis häufig, die Belegschaft (oder den größten Teil davon) mit Unterstützung von Gewerkschaft und Betriebsrat von der Notwendigkeit der Maßnahmen zu überzeugen.

4. Ausnahmen vom persönlichen Anwendungsbereich. Neben leitenden Angestellten, die mangels Anwendbarkeit des BetrVG (§ 5 Abs. 3, 4 BetrVG) nicht dem zwingenden Regime der Betriebsvereinbarung unterworfen sind, sieht das Formular Ausnahmen für **Teilzeitmitarbeiter unterhalb einer gewissen Wochenarbeitszeit** und **Auszubildende** vor. Auch bei der Bestimmung des persönlichen Anwendungsbereichs der Betriebsvereinbarung muss vorrangig die einschlägige tarifliche Öffnungsklausel herangezogen werden. Gerade bei Arbeitszeitverkürzungen sehen viele tarifliche Regelungen Ausnahmen oder Sonderregelungen für bestimmte Mitarbeitergruppen vor. So darf beispielsweise nach dem Tarifvertrag zur Beschäftigungssicherung Metall, der für Vollzeitbeschäftigte eine Absenkung der Arbeitszeit von 35 auf 30 Stunden ermöglicht, die individuelle regelmäßige Wochenarbeitszeit von Teilzeitbeschäftigten nicht auf unter 18 Stunden abgesenkt werden.

Bei Mitarbeitern in **Altersteilzeit** ergibt sich das Problem, dass diese im Vorfeld in der Altersteilzeitvereinbarung eine Reduzierung ihrer (bisherigen) tariflichen Wochenarbeitszeit um die Hälfte vereinbart haben. Auf dieser Grundlage werden das zu zahlende Altersteilzeitentgelt sowie die gegebenenfalls zu leistenden Aufstockungszahlungen des Arbeitgebers ermittelt. Bei Einbeziehung der Altersteilzeitarbeitnehmer in die Arbeitszeitregelung, u. U. mit entsprechender Entgeltkürzung, müsste die Altersteilzeitvereinbarung – zumindest für die Laufzeit der Betriebsvereinbarung – angepasst werden. Daher empfiehlt es sich, Mitarbeiter in Altersteilzeit vom Anwendungsbereich der Betriebsvereinbarung generell auszunehmen.

5. Öffnungsklausel. Die konkrete Bezugnahme auf die tarifliche Öffnungsklausel dient in erster Linie dazu, die **Akzeptanz** der Vereinbarung in der Belegschaft zu erhöhen, indem verdeutlicht wird, dass bereits der Tarifvertrag die Möglichkeit zur Arbeitszeitverkürzung ohne Lohnausgleich bzw. zur Arbeitszeitverlängerung vorsieht.

Ein „Zitiergebot" besteht prinzipiell nicht. Vorsorglich sollte jedoch die tarifliche Öffnungsklausel auf eine zwingende Bezugnahmeregelung hin untersucht werden.

6. Arbeitszeitverkürzung bzw. -verlängerung. Bei der Frage, in welchem Umfang die Arbeitszeit herabgesetzt bzw. verlängert werden kann, kommt es maßgeblich auf die in der Öffnungsklausel enthaltenen Vorgaben an. Bei Arbeitszeitverkürzungen sehen die Tarifverträge in aller Regel **Untergrenzen** vor, um in Anbetracht der proportionalen Entgeltkürzung das Arbeitsverhältnis als Existenzgrundlage der Mitarbeiter nicht insgesamt in Frage zu stellen.

Ob die Arbeitszeit für alle Beschäftigten linear herabgesetzt bzw. verlängert wird, oder ob eine **Differenzierung nach Betriebsteilen oder Beschäftigtengruppen** möglich ist, ist nach Maßgabe der betrieblichen Erfordernisse unter Berücksichtigung der Öffnungsklausel zu regeln.

7. Arbeitszeitregelung für Teilzeitbeschäftigte. Soweit es um die Frage geht, ob und in welchem Verhältnis die Arbeitszeit für Teilzeitbeschäftigte zu verlängern bzw. herabzusetzen ist, ist wiederum zunächst die tarifliche Öffnungsklausel selbst heranzuziehen (vgl. oben Anm. 3). Schweigt die Öffnungsklausel zu dieser Frage, kann die Arbeitszeit der Teilzeitbeschäftigten ohne Verstoß gegen das **Diskriminierungsverbot** des § 4 Abs. 1 TzBfG proportional verändert werden.

8. Lage und Verteilung der Arbeitszeit. Die Lage und Verteilung der Arbeitszeit ist originärer Gegenstand der betrieblichen Mitbestimmung (§ 87 Abs. 1 Nr. 2 BetrVG), während die

9. Arbeitszeitregelung zur Beschäftigungssicherung C. II. 9

Regelung der Arbeitszeitdauer in Tarifverträgen oder Individualarbeitsverträgen erfolgt (BAG Beschl. v. 13. 10. 1987 – 1 ABR 10/86 – NZA 1988, 251, 252).

Bei der Regelung der Arbeitszeitlage kann sich eine Differenzierung – je nach den unterschiedlichen **Funktionen** der einzelnen Betriebsabteilungen – anbieten. In der Verwaltung oder in Bereichen mit Kundenkontakt sollte z. B. gewährleistet sein, dass trotz einer Arbeitszeitverkürzung gewisse „Kernzeiten" erhalten bleiben, in denen die Erreichbarkeit der Mitarbeiter sichergestellt ist.

9. Auswirkungen auf das Entgelt. Das Formular sieht in der Ausgangsvariante eine Entgeltkürzung proportional zur Verkürzung der Arbeitszeit vor. Auch dies hält die Rechtsprechung (BAG Beschl. v. 18. 8. 1987 – 1 ABR 30/86 – AP Nr. 23 zu § 77 BetrVG 1972; BAG Urt. v. 1. 8. 2001 – 4 AZR 388/99 – AP Nr. 5 zu § 3 TVG Betriebsnormen) grundsätzlich für zulässig. Denkbar ist in diesem Zusammenhang auch ein teilweiser Lohn- und Gehaltsausgleich auf freiwilliger Basis, was allerdings in einer wirtschaftlich ohnehin schon schwierigen Phase des Unternehmens eher die Ausnahme sein wird. In der Praxis werden der Entgeltkürzung durch die tariflichen Öffnungsklauseln teilweise Grenzen gesetzt. Der Manteltarifvertrag für das private Bankgewerbe und die öffentlichen Banken sieht z. B. in seiner Fassung ab 2004 einen **Ausgleich** in Höhe von 20% für die gekürzte Zeit vor.

Je nach Komplexität der einschlägigen Vergütungsregelungen empfiehlt es sich, ergänzend anzugeben, welche Vergütungsbestandteile von der Kürzung erfasst werden oder in unveränderter Höhe erhalten bleiben.

10. Standortsicherung. Die im Formular vorgesehenen Standortsicherungsmaßnahmen (Abbau von Fremdpersonal, Investitionszusagen, Erhöhung der Ausbildungsquote, Übernahme von Auszubildenden in ein Arbeitsverhältnis, Garantie einer bestimmten Mitarbeiterzahl, Ausschluss betriebsbedingter Kündigungen) stellen alternative **Gestaltungsvorschläge** dar, die – im Rahmen der durch die Öffnungsklausel gesetzten Vorgaben – kombinierbar sind. Keinesfalls ist das Formular so zu verstehen, dass alle beschriebenen Maßnahmen kumulativ vereinbart werden sollen.

Welche der denkbaren Standortsicherungsmaßnahmen für den Betrieb in welchem Umfang sinnvoll und tragfähig sind, ist eine Frage des Einzelfalls. Darüber hinaus können sich einzelfallabhängig auch andere als die beschriebenen Maßnahmen anbieten, z. B. die Garantie, bestimmte Produktionslinien für einen gewissen Zeitraum am Standort weiterzuführen (*Zachert* DB 2001, 1198) oder die Zusage, die Produktion innerhalb einer gewissen Zeitspanne nicht ins Ausland zu verlagern.

11. Abbau von Fremdpersonal. Der Abbau des Fremdpersonaleinsatzes zugunsten einer Erledigung der Arbeiten durch eigene Beschäftigte sollte auf eine Verpflichtung für die **Zukunft** beschränkt werden, keine neuen Aufgaben an Leiharbeitnehmer zu vergeben. Obwohl Arbeitnehmerüberlassungsverträge in der Praxis regelmäßig eine Kündigungsfrist von wenigen Tagen vorsehen, wird sich der Arbeitgeber nicht verpflichten wollen, mit sofortiger Wirkung keine Leiharbeitnehmer mehr einzusetzen. Dies kann zu Störungen der Arbeitsabläufe und zu Qualitätsverlusten führen.

Das Formular sieht im Interesse der Gesellschaft mehrere **Ausnahmetatbestände** vor (qualitative Gleichwertigkeit der Aufgabenerledigung, arbeitsorganisatorische oder betriebswirtschaftliche Gründe). Qualitätsverluste oder Ablaufstörungen müssen in der ohnehin schon angespannten wirtschaftlichen Lage des Unternehmens nämlich unbedingt vermieden werden.

12. Investitionszusagen. Die Formulierung zu Investitionszusagen sollte nach Möglichkeit noch um konkrete Investitionsprojekte (z. B. Anschaffung bestimmter neuer Maschinen), die auch in einer Anlage aufgeführt werden können, ergänzt werden. Dies vermeidet spätere Streitigkeiten darüber, ob die Investitionszusage tatsächlich erfüllt worden ist oder nicht.

13. Erhöhung der Ausbildungsquote. Die Erhöhung der Ausbildungsquote sollte auf die **Ausschreibung** einer höheren Zahl von Ausbildungsplätzen beschränkt bleiben und keine konkreten Zusagen über eine bestimmte Zahl von **Einstellungen** enthalten. So verbleibt der Gesellschaft ausreichend Flexibilität auch für den Fall, dass sich nicht genügend qualifizierte Bewerber auf die ausgeschriebenen Stellen bewerben.

14. Übernahme von Auszubildenden in ein Arbeitsverhältnis. Häufig finden sich in tariflichen Öffnungsklauseln Vorschriften zur Übernahme von Auszubildenden in ein (befristetes) Arbeitsverhältnis nach Abschluss der Ausbildung (zu Einzelproblemen im Zusammenhang mit dem Tarifvertrag zur Beschäftigungssicherung in der Metallindustrie vgl. *Hoß* DB 1995, 526; *Kohte* NZA 1997, 457). Auch hier sieht das Formular im Interesse der Gesellschaft Ausnahmevorschriften vor. Es versteht sich von selbst, dass eine **bestandene Abschlussprüfung** Voraussetzung für die Übernahme in ein Arbeitsverhältnis sein sollte. Denkbar ist es auch, die Übernahme des Auszubildenden vom Erreichen einer bestimmten **Abschlussnote** abhängig zu machen.

15. Garantie einer bestimmten Zahl von Stellen. Das Formular sieht die Garantie einer absoluten Anzahl von Stellen („Headcount") vor. Um der Arbeitgeberseite ausreichend Flexibilität zu verschaffen, umfasst die zu vereinbarende Stellenzahl nicht nur besetzte Positionen (also vorhandene Mitarbeiter), sondern zudem auch ausgeschriebene Stellen.

In der Praxis häufig anzutreffen sind Garantien, die vorsehen, dass die Mitarbeiterzahl „durch betriebsbedingte Kündigungen" nicht unter einen bestimmten Wert fallen darf. Die Anknüpfung an **betriebsbedingte Kündigungen** birgt jedoch nicht selten Konfliktpotential. Streitigkeiten zwischen den Betriebsparteien können sich insbesondere ergeben, wenn der Arbeitgeber zunächst verhaltens- oder personenbedingte Kündigungen ausspricht und sich später mit den Gekündigten im Wege des (außer-)gerichtlichen Vergleichs auf eine Beendigung aus betriebsbedingten Gründen einigt. Gleiches gilt, wenn der Arbeitgeber Aufhebungsverträge abschließt, um so den Ausspruch betriebsbedingter Kündigungen zu umgehen. In beiden Fällen stellt sich die Frage nach der Anwendbarkeit der Garantieklausel.

16. Ausschluss betriebsbedingter Kündigungen. Ein Ausschluss betriebsbedingter Kündigungen kann zum einen – wie in der Ausgangsformulierung – als absolutes Kündigungsverbot ausgestaltet sein oder zum anderen mit einem Ausnahmevorbehalt versehen werden.

Die Alternativformulierung ermöglicht einerseits eine höhere Flexibilität, kann aber andererseits zu künftigen Auseinandersetzungen mit dem Betriebsrat führen. Ob es darüber hinaus die wirtschaftliche Situation des Unternehmens zulässt, dass die Kündigungen erst zeitlich verzögert wirksam werden, ist eine Frage des Einzelfalls. Maßgeblich sind dabei die konkrete Verhandlungsstärke der Parteien sowie die vereinbarte Laufzeit der Vereinbarung.

17. Laufzeit. Üblicherweise werden Betriebsvereinbarungen zur Beschäftigungssicherung von vornherein nur für einen befristeten Zeitraum abgeschlossen. Anderenfalls sollte bei der Bestimmung der Kündigungsfrist sorgfältig abgewogen werden, inwieweit eine langfristige Bindung an die Standortsicherungszusagen durch das gleichzeitige Kosteneinsparungspotential noch gerechtfertigt ist. Im Übrigen vgl. Form. C. II. 1 Anm. 15.

18. Außerkraftsetzen der Betriebsvereinbarung. Bei betrieblichen Arbeitszeitverkürzungen kann sich die Situation ergeben, dass sich die Auslastung kurzfristig verbessert, so dass eine Rückkehr zur bisherigen tariflichen Arbeitszeit notwendig wird. Ist in solchen Fällen absehbar, dass es sich lediglich um einen vorübergehenden Mehrbedarf handelt, wird es nicht ratsam sein, die Betriebsvereinbarung insgesamt in Frage zu stellen; stattdessen sollten ihre Wirkungen nur vorübergehend außer Kraft gesetzt werden. Sollten sich dagegen die wirtschaftlichen Rahmenbedingungen so gravierend zum Positiven ändern, dass für lange Zeit wieder mit einer verbesserten Auslastung zu rechnen ist, sind Neuverhandlungen mit dem Betriebsrat (vgl. § 7 Abs. (5) des Formulars) oder – soweit vorgesehen – die Kündigung der Betriebsvereinbarung (oben Anm. 17) in Betracht zu ziehen.

19. Schlussbestimmungen. S. Form. C. II. 1 Anm. 16.

10. Job-Sharing

Betriebsvereinbarung über Job-Sharing[1]

zwischen

...... (Name und Anschrift des Arbeitgebers) „Gesellschaft"

und

Betriebsrat des Betriebs ...... der ...... (Name des Arbeitgebers) „Betriebsrat"

Präambel

Die Einführung von Job-Sharing dient dem Ziel, die Arbeitsbedingungen der Mitarbeiter zu verbessern und zugleich die Arbeitsorganisation zu vereinfachen. Indem die Arbeitszeiteinteilung durch die beteiligten Mitarbeiter selbst vorgenommen wird, kann ihren individuellen Interessen und Bedürfnissen stärker entsprochen werden. Zugleich wird die Ausübung der arbeitszeitbezogenen Weisungsrechte dezentralisiert und damit vereinfacht. Die Individualisierung der Arbeitszeit trägt zudem dazu bei, die Eigenverantwortung und Motivation der Mitarbeiter zu stärken.

§ 1 Geltungsbereich

Diese Betriebsvereinbarung gilt für alle Arbeitnehmer des Betriebs ...... der Gesellschaft („Mitarbeiter"), mit Ausnahme der leitenden Angestellten i. S. d. § 5 Abs. 3 BetrVG und der Auszubildenden.

§ 2 Begriffsbestimmung

Job-Sharing im Sinne dieser Betriebsvereinbarung liegt vor, wenn die Gesellschaft mit zwei oder mehr Mitarbeitern („Job-Sharing-Partnern") vereinbart, dass sich diese die Arbeitszeit an einem Arbeitsplatz teilen[2].

§ 3 Einrichtung von Job-Sharing-Arbeitsverhältnissen

(1) Der Gesellschaft steht es frei, Job-Sharing-Arbeitsverträge nach Maßgabe des Musters gemäß Anlage zu dieser Betriebsvereinbarung (Job-Sharing-Arbeitsvertrag) zu vereinbaren. Mit Abschluss des Job-Sharing-Arbeitsvertrags erkennt der Mitarbeiter diese Betriebsvereinbarung als verbindlich an. Die Regelungen dieser Betriebsvereinbarung werden Bestandteil des Job-Sharing-Arbeitsvertrags[3].

(2) Die Betriebsparteien sind sich darüber einig, dass auch vorhandene Vollzeitarbeitsplätze in Job-Sharing-Arbeitsverhältnisse auf Teilzeitbasis umgewandelt werden dürfen. Etwaige Beteiligungsrechte des Betriebsrats bleiben hiervon unberührt[4].

(3) Über die erstmalige Zusammensetzung der Job-Sharing-Partner entscheidet die Gesellschaft allein[5].

§ 4 Arbeitszeiteinteilung[6]

(1) Die Job-Sharing-Partner werden sich untereinander autonom über die Arbeitszeiteinteilung abstimmen.

(2) Die Arbeitszeiteinteilung hat so zu erfolgen, dass der Arbeitsplatz zu der betriebsüblichen Arbeitszeit ständig besetzt ist und die am gleichen Arbeitsplatz beschäftigten Mitarbeiter wöchentlich (*Alternative:* monatlich) ihre vertraglich vereinbarten Arbeitszeitanteile erreichen. Eine gleichzeitige Besetzung des Arbeitsplatzes ist ausgeschlossen. Bei der Arbeitszeiteinteilung haben Job-Sharing-Partner die betrieblichen Erfordernisse zu beachten.

(3) Die Job-Sharing-Partner werden die Gesellschaft im Voraus über die Arbeitszeiteinteilung informieren.

(*Alternative:*
(3) Die Job-Sharing-Partner werden der Gesellschaft jeweils eine Woche im Voraus für einen Zeitraum von ...... Wochen/Monaten einen Arbeitsplan über die Arbeitszeiteinteilung vorlegen.)

(4) Können sich die Job-Sharing-Partner über die Arbeitszeiteinteilung bis eine Woche vor Monatsbeginn nicht einigen, kann die Gesellschaft diese unter Berücksichtigung der betrieblichen Erfordernisse verbindlich festlegen.

(*Alternative:*
(4) Legen die Job-Sharing-Partner den Arbeitsplan nicht innerhalb der in Abs. (3) genannten Frist vor, kann die Gesellschaft die Arbeitszeit unter Berücksichtigung der betrieblichen Erfordernisse verbindlich festlegen.)

§ 5 Vertretung[7]

(1) Jeder Job-Sharing-Partner ist verpflichtet, eine Arbeitsverhinderung sowohl der Gesellschaft als auch den übrigen Job-Sharing-Partnern unverzüglich anzuzeigen. Die Job-Sharing-Partner sind, sofern hierfür ein dringendes betriebliches Erfordernis vorliegt, zur Vertretung eines Job-Sharing-Partners verpflichtet, sofern dieser an der Ausübung seiner Tätigkeit verhindert ist. Unter mehreren Teilnehmern an der Arbeitsplatzteilung, die für die Vertretung eines verhinderten Job-Sharing-Partners in Betracht kommen, trifft die Gesellschaft die Auswahlentscheidung.

(2) Der Vertretungsbedarf soll dem betroffenen Mitarbeiter in der Regel vier Tage vor dem Eintritt des Vertretungsfalls angekündigt werden. Dies gilt nicht, wenn betriebliche Gründe im Einzelfall eine kurzfristige Vertretung erforderlich machen.

(3) Ein dringendes betriebliches Erfordernis gemäß Abs. (1) liegt vor, wenn die zu erledigenden Arbeiten so dringlich sind, dass bei unterlassener Erledigung erhebliche Nachteile für den Betriebsablauf oder die Außenbeziehungen der Gesellschaft entstehen und diese Arbeiten nicht durch andere Mitarbeiter des Betriebes erledigt werden können.

(4) Übernimmt der Mitarbeiter die Vertretung seines Job-Sharing-Partners, so wird die Vertretungszeit nicht auf den individuellen Arbeitszeitanteil angerechnet, sondern gesondert mit EUR ...... pro Stunde vergütet.

(5) Vertretungszeiten gelten nicht als Überstunden, soweit sie innerhalb des individuell vereinbarten Arbeitszeitdeputats des Mitarbeiters liegen.

§ 6 Urlaub[8]

(1) Bei der Festlegung von Zeitpunkt und Dauer des Urlaubs hat der Mitarbeiter die Gesellschaft und seine Job-Sharing-Partner rechtzeitig über seine Urlaubspläne zu informieren. Die Urlaubspläne müssen mit den betrieblichen Belangen und den Urlaubswünschen der Job-Sharing-Partner abgestimmt werden.

(2) Während des Urlaubs eines Job-Sharing-Partners kann kein anderer Teilnehmer an der Arbeitsplatzteilung Urlaub nehmen.

§ 7 Personelle Veränderungen[9]

(1) Scheidet ein Job-Sharing-Partner aus, kann den anderen Teilnehmern an der Arbeitsplatzteilung aus diesem Grunde nicht gekündigt werden. Das Recht zur Änderungskündigung und zur Kündigung aus anderen Gründen bleibt unberührt.

(2) Soll für den ausgeschiedenen Job-Sharing-Partner eine Ersatzkraft gefunden werden, haben die verbleibenden Teilnehmer an der Arbeitsplatzteilung ein Vorschlagsrecht. Der Arbeitgeber kann den Vorschlag ablehnen, wenn betriebliche Belange entgegenstehen.

10. Job-Sharing

(3) Machen die verbleibenden Teilnehmer an der Arbeitsplatzteilung im Falle des Abs. (2) von ihrem Vorschlagsrecht keinen Gebrauch, entscheidet die Gesellschaft über Auswahl einer Ersatzkraft.

§ 8 Inkrafttreten, Kündigung[10]

(1) Diese Betriebsvereinbarung tritt am ...... in Kraft. Sie kann mit einer Frist von ...... Monaten zum Ende eines Kalenderhalbjahres gekündigt werden.

(2) Die Kündigung bedarf der Schriftform.

§ 9 Schlussbestimmungen[11]

(1) Diese Betriebsvereinbarung löst alle eventuellen vorherigen Betriebsvereinbarungen zum Job-Sharing, insbesondere ......, ab. Mündliche Nebenabreden bestehen nicht. Änderungen und/oder Ergänzungen dieser Betriebsvereinbarung, einschließlich dieser Bestimmung, bedürfen zu ihrer Wirksamkeit der Schriftform.

(2) Sollte eine Bestimmung dieser Betriebsvereinbarung ganz oder teilweise unwirksam sein oder werden, so wird hiervon die Wirksamkeit der übrigen Bestimmungen nicht berührt. Anstelle der unwirksamen Bestimmung werden die Betriebspartner die gesetzlich zulässige Bestimmung vereinbaren, die dem mit der unwirksamen Bestimmung Gewollten wirtschaftlich am nächsten kommt. Dasselbe gilt für den Fall einer vertraglichen Lücke.

(3) Diese Betriebsvereinbarung steht unter dem Vorbehalt etwaiger ablösender – auch freiwilliger – Betriebsvereinbarungen.

(4) Sollten sich die dieser Betriebsvereinbarung zugrunde liegenden tatsächlichen oder rechtlichen Bedingungen grundlegend ändern, so werden die Betriebspartner unverzüglich in Verhandlungen treten mit dem Ziel, die Betriebsvereinbarung an die geänderten Bedingungen anzupassen.

......
Ort, Datum
......
Unterschrift der Gesellschaft

......
Ort, Datum
......
Unterschrift des Betriebsrats

Schrifttum: Bischoff/Bischoff, Job Sharing, 1984; *Buschmann*, Beschäftigungssicherung durch Arbeitsplatzteilung, AiB 2002, 507; *Danne*, Das Job-Sharing – seine arbeits- und sozialversicherungsrechtliche Beurteilung nach Inkrafttreten des Beschäftigungsförderungsgesetzes 1985, 1986; *Frank*, Kündigung und Kündigungsschutz in Job-Sharing-Arbeitsverhältnissen, DB 1985, 1635; *Hamm*, Flexible Arbeitszeiten in der Praxis, 2. Aufl. 2001; *Heinze*, Flexible Arbeitszeitmodelle, NZA 1997, 681; *v. Hoyningen-Huene*, Rechtliche Gestaltungsmöglichkeiten beim Job-Sharing-Arbeitsverhältnis, BB 1982, 1240; *Linnenkohl/Rauschenberg*, Arbeitszeitflexibilisierung, 4. Aufl. 2001; *Lipke/Lipke*, Betriebsverfassungsrechtliche Probleme der Teilzeitarbeit, NZA 1990, 758; *Lorenz*, Beschäftigungsförderungsgesetz: Teilzeitarbeit, Sozialplan und die sozialversicherungsrechtlichen Regelungen, NZA 1985, 473; *Schüren*, Kündigung und Kündigungsschutz in Job-Sharing-Arbeitsverhältnissen, BB 1983, 2121; *Sowka/Köster*, Teilzeitarbeit und geringfügige Beschäftigung, 1993; *Stechl*, Teilzeit- und Aushilfskräfte, 3. Aufl. 1995; *Zietsch*, Zur Frage der Lohnfortzahlung im Krankheitsfall bei Job-Sharing, NZA 1997, 526.

Anmerkungen

1. Regelungsinhalt. Nach der Legaldefinition in § 13 Abs. 1 TzBfG liegt **Arbeitsplatzteilung** (oder „Job-Sharing") vor, wenn der Arbeitgeber mit zwei oder mehr Arbeitnehmern vereinbart, dass diese sich die Arbeitszeit an einem Arbeitsplatz teilen. Die den Job-Sharing-Partnern dabei eingeräumte **Zeitsouveränität** ist kennzeichnendes Merkmal der Arbeitsplatzteilung (MünchHdbArbR/*Schüren* § 166 Rdn. 82 m. weit. Nachw.).

Neben der individualvertraglichen Ebene, auf der der Arbeitgeber mit den einzelnen Job-Sharing-Partnern Arbeitsverträge abschließt (vgl. hierzu Form. A. VII. 3), legt die vorliegende

Betriebsvereinbarung die Rahmenbedingungen für Job-Sharing-Arbeitsverhältnisse auf kollektivrechtlicher Ebene fest. Abweichungen von den in § 13 Abs. 1 bis 3 TzBfG enthaltenen gesetzlichen Mindestvoraussetzungen für die Arbeitsplatzteilung zuungunsten des Arbeitnehmers sind allerdings nur durch **Tarifvertrag**, nicht durch Betriebsvereinbarung möglich (§ 13 Abs. 4 TzBfG).

2. Begriff des Job-Sharing. S. Anm. 1.

3. Job-Sharing-Arbeitsvertrag. S. Form. A. VII. 3.

4. Umwandlung bisheriger Vollzeitarbeitsplätze in Job-Sharing-Arbeitsverhältnisse. Der Job-Sharing-Arbeitsplatz kann ein Vollzeit- oder Teilzeitarbeitsplatz sein, während die Job-Sharing-Partner immer **Teilzeitarbeitnehmer** sind *(ErfKomm/Preis* § 13 TzBfG Rdn. 5).

Grundlegende Änderungen des Arbeitszeitsystems wie die Umwandlung von Vollzeit- in Teilzeitarbeitsplätze können eine **Betriebsänderung** i. S. d. § 111 BetrVG darstellen, wenn sich die Arbeitsinhalte so erheblich ändern, dass man von grundlegend neuen Arbeitsmethoden oder einer Änderung der Betriebsorganisation sprechen kann (MünchHdbArbR/*Schüren* § 169 Rdn. 42). In diesem Fall wäre die Änderung der Arbeitsbedingungen interessenausgleichspflichtig.

5. Zusammensetzung der Job-Sharing-Partner. Die erstmalige Zusammensetzung der Job-Sharing-Partner sollte auf jeden Fall dem **Arbeitgeber** allein überlassen bleiben (zur Mitwirkung bei der Entscheidung über die Ersatzkraft für einen ausscheidenden Job-Sharing-Partner vgl. § 7 und Anm. 9).

Arbeitsplatzteilung setzt nicht zwingend voraus, dass die Qualität der Arbeit der Partner gleich oder zumindest vergleichbar ist *(ErfKomm/Preis* § 13 TzBfG Rdn. 2). Die Vertretung eines an der Arbeitsleistung verhinderten Job-Sharing-Partners durch einen anderen Partner (dazu § 5 und Anm. 7) wird bei ungleichen Arbeitsaufgaben aber nicht zu realisieren sein. Gleiches gilt bei ungleicher Qualifikation der Partner.

6. Arbeitszeiteinteilung. S. Form. A. VII. 3 Anm. 7.

7. Vertretung. Die **frühzeitige Ankündigung** des Vertretungsbedarfs ermöglicht es dem betroffenen Mitarbeiter, sich auf den Vertretungsfall einzustellen. Auch für den Arbeitgeber wirkt sich eine frühzeitige Ankündigung positiv aus, da sie in der gem. § 13 Abs. 1 Satz 3 TzBfG anzustellenden Zumutbarkeitsprüfung für die Zumutbarkeit der Vertretung spricht (*Lorenz* NZA 1985, 473, 475) Die Ankündigungsfrist von vier Tagen orientiert sich an § 12 Abs. 2 TzBfG. Für Notfälle sollte allerdings auch eine kürzere Ankündigungsfrist zugelassen werden.

8. Urlaub. S. Form. A. VII. 3 Anm. 11.

9. Personelle Veränderungen. Zum Kündigungsverbot wegen Ausscheidens des Job-Sharing-Partners s. Form. A. VII. 3 Anm. 15.

Obwohl zwischen den Job-Sharing-Partnern keine vertragliche Beziehung besteht und diese insbesondere im Hinblick auf die Gesamtarbeitsleistung auch nicht Gesamtschuldner sind, sollte bei internen personellen Veränderungen ein **Vorschlagsrecht** der verbleibenden Job-Sharing-Partner vorgesehen werden. Ein Mitgestaltungsrecht kann die Akzeptanz des Job-Sharing erhöhen. Ein Vetorecht der verbleibenden Mitarbeiter ginge dagegen zu weit, da dies im schlimmsten Fall die Besetzung des freien Job-Sharing-Arbeitsplatzes dauerhaft blockieren könnte.

10. Inkrafttreten und Kündigung. S. Form. C. II. 1 Anm. 15.

11. Schlussbestimmungen. S. Form. C. II. 1 Anm. 16.

11. Telearbeit

Betriebsvereinbarung über Telearbeit[1]

zwischen
...... (Name und Anschrift des Arbeitgebers) „Gesellschaft"
und
Betriebsrat des Betriebs ...... der ...... (Name des Arbeitgebers) „Betriebsrat"
(*Alternative:* Gesamtbetriebsrat/Konzernbetriebsrat)

Präambel[2]

Die Nutzung neuer Technologien ermöglicht es den Betriebspartnern, im Rahmen der Telearbeit eine räumliche Flexibilisierung der Arbeitsorganisation sowohl im Interesse der Gesellschaft als auch im Interesse der Mitarbeiter zu gestalten. Ziel der Telearbeit ist es,
- die Arbeitsqualität und -produktivität zu verbessern,
- die Kundenorientierung der Gesellschaft zu erhöhen,
- die Wettbewerbsfähigkeit der Gesellschaft zu steigern,
- die Selbstständigkeit und Eigenverantwortung der Mitarbeiter zu fördern und damit eine höhere Arbeits- und Ergebniszufriedenheit zu erreichen,
- die Vereinbarkeit von privaten und beruflichen Interessen, insbesondere von Familie und Beruf, zu verbessern und
- einen Beitrag zur Beschäftigungssicherung zu leisten.

§ 1 Geltungsbereich

Diese Betriebsvereinbarung gilt in persönlicher Hinsicht für alle Arbeitnehmer des Betriebs ...... der Gesellschaft („Mitarbeiter"), mit Ausnahme der
- leitenden Angestellten i. S. d. § 5 Abs. 3 BetrVG,
- teilzeitbeschäftigten Mitarbeiter,
- Auszubildenden,
- Mitarbeiter, die nicht mindestens ...... Monate bei der Gesellschaft in einem unbefristeten Arbeitsverhältnis beschäftigt sind[3] und
- Mitarbeiter, die in einem der in Anlage 1 zu dieser Betriebsvereinbarung genannten Bereich[4] tätig sind.

§ 2 Grundsätze der Telearbeit

(1) Telearbeit im Sinne dieser Betriebsvereinbarung liegt vor, wenn der Mitarbeiter seine Arbeitsleistung unter Nutzung elektronischer Informations- und Telekommunikationstechniken teilweise in seiner Wohnung („häusliche Arbeitsstätte") und teilweise in den Räumen der Gesellschaft („betriebliche Arbeitsstätte") erbringt (alternierende Telearbeit[5]).

(2) Die Durchführung von Telearbeit setzt voraus, dass
- das Aufgabengebiet des Mitarbeiters aus betrieblicher Sicht telearbeitsfähig ist,
- Arbeitsqualität und -produktivität durch die Telearbeit nicht nachteilig beeinflusst werden,
- die Einrichtung der häuslichen Arbeitsstätte für die Gesellschaft technisch möglich und wirtschaftlich sinnvoll ist und
- die häusliche Arbeitsstätte den Anforderungen des nachfolgenden § 3 gerecht wird[6].

(3) Liegen die Voraussetzungen des vorstehenden Abs. (2) vor, so können der Mitarbeiter und die Gesellschaft Telearbeit in einer schriftlichen Nebenabrede zum Arbeitsvertrag nach Maßgabe des Musters in Anlage 2 zu dieser Betriebsvereinbarung (Tele-

arbeitsvertrag[7]) vereinbaren. Ein Rechtsanspruch des Mitarbeiters oder der Gesellschaft auf Durchführung von Telearbeit besteht nicht[8]. Mit Abschluss des Telearbeitsvertrages erkennt der Mitarbeiter die Bestimmungen dieser Betriebsvereinbarung als verbindlich an. Die Betriebsvereinbarung wird Bestandteil des Telearbeitsvertrages.

(4) Sowohl der Mitarbeiter als auch die Gesellschaft können die Durchführung von Telearbeit anregen[9]. Stellt der Mitarbeiter einen schriftlichen Antrag auf Durchführung von Telearbeit, so ist dieser durch die Gesellschaft binnen zwei Monaten nach Eingang des Antrages zu beantworten; eine Ablehnung des Antrages ist schriftlich zu begründen.

(5) Der arbeits- und sozialversicherungsrechtliche Status des Mitarbeiters wird infolge der Durchführung von Telearbeit nicht berührt[10].

(6) Wegen der Durchführung von Telearbeit darf der Mitarbeiter in seinem beruflichen Fortkommen nicht benachteiligt werden.

§ 3 Häusliche Arbeitsstätte[11]

(1) Als häusliche Arbeitsstätte muss der Mitarbeiter im eigenen Haushalt einen abgeschlossenen Raum vorweisen, der für den dauerhaften Aufenthalt von Personen zugelassen und vorgesehen sowie zur Aufgabenerledigung des Mitarbeiters geeignet ist. Die häusliche Arbeitsstätte muss den Anforderungen der Arbeitsstättenverordnung, der Bildschirmarbeitsverordnung, der Unfallverhütungsvorschriften und der sonst einschlägigen Bestimmungen, jeweils in ihrer gültigen Fassung, gerecht werden. Die Eignung der häuslichen Arbeitsstätte entsprechend den vorstehend genannten Voraussetzungen kann durch die Gesellschaft oder einen von ihr Beauftragten durch eine Begehung überprüft werden. Der Betriebsrat ist berechtigt, an der Begehung teilzunehmen.

(2) Steht der als häusliche Arbeitsstätte zu nutzende Raum nicht im alleinigen Eigentum des Mitarbeiters, so hat dieser vor Abschluss des Telearbeitsvertrages der Gesellschaft eine schriftliche Erklärung der Eigentümer oder Miteigentümer vorzulegen, wonach diese mit der Nutzung als häusliche Arbeitsstätte einverstanden sind.

(3) Der Mitarbeiter ist verpflichtet, in dem als häusliche Arbeitsstätte zu nutzenden Raum die erforderlichen technischen Anschlussvorrichtungen vorzuhalten.

§ 4 Betriebliche Arbeitsstätte

Für die im Betrieb der Gesellschaft zu erbringende Arbeitsleistung stellt die Gesellschaft dem Mitarbeiter einen für die Aufgabenerledigung geeigneten Arbeitsbereich zur Verfügung. Ein Anspruch auf einen dauernden persönlichen Arbeitsbereich im Betrieb besteht nicht.

§ 5 Arbeitsmittel

(1) Die Ausstattung[12] der häuslichen Arbeitsstätte mit den notwendigen Arbeitsmitteln (Auf-, Um- und Abbau sowie deren Unterhaltung) erfolgen durch die und auf Kosten der Gesellschaft. Die zur Verfügung gestellten Arbeitsmittel werden in ein Inventarverzeichnis aufgenommen. Durch seine Unterschrift unter dem Inventarverzeichnis bestätigt der Mitarbeiter, die darin aufgeführten Arbeitsmittel erhalten zu haben. Die überlassenen Arbeitsmittel verbleiben im Eigentum der Gesellschaft und sind von dem Mitarbeiter pfleglich zu behandeln.

(2) Die überlassenen Arbeitsmittel dürfen ausschließlich zu betrieblichen Zwecken genutzt werden[13]. Sie dürfen Dritten weder zugänglich gemacht noch diesen überlassen werden. Der Mitarbeiter hat dafür Sorge zu tragen, dass die überlassenen Arbeitsmittel vor dem Zugriff durch Dritte geschützt sind. Passworte und Zugangswege zum Datennetz der Gesellschaft dürfen nicht an Dritte weitergegeben werden. Die Nutzung der überlassenen Kommunikationsmittel kann die Gesellschaft durch geeignete technische Maßnahmen einschränken und anhand der monatlichen Gebühren überprüfen.

(3) Die Nutzung von privaten Arbeitsmitteln ist nicht gestattet[14].

11. Telearbeit — C. II. 11

(*Alternative:*
(3) Die Nutzung von privaten Arbeitsmitteln ist ausschließlich nach vorheriger schriftlicher Zustimmung der Gesellschaft gestattet. Auch in diesem Falle erfolgt die Nutzung privater Arbeitsmittel auf Kosten und Risiko des Mitarbeiters. In keinem Falle darf der Mitarbeiter nicht lizenzierte Software einsetzen.)

(4) Der Mitarbeiter wird die Gesellschaft unverzüglich über Systemstörungen, Computervirenwarnungen, Mängel und Schäden an den überlassenen Arbeitsmitteln unterrichten[15].

§ 6 Kostenerstattung[16]

(1) Die Gesellschaft erstattet dem Mitarbeiter für die im Hinblick auf die häusliche Arbeitsstätte entstehenden Kosten, einschließlich der anfallenden Miet-, Heiz-, Energie- und sonstigen Kosten, einen monatlichen Pauschalbetrag in Höhe von EUR .... Die Geltendmachung darüber hinausgehender Mehrkosten durch den Mitarbeiter ist ausgeschlossen. Die Höhe des Pauschalbetrages wird jährlich zum ...... überprüft.

(*Alternative:*
(1) Die Gesellschaft schließt mit dem Mitarbeiter einen gesonderten Miet- oder Untermietvertrag über die häusliche Arbeitsstätte. Der Mietzins soll nach den folgenden Grundsätzen bemessen werden: ....)

(2) Die Gesellschaft erstattet dem Mitarbeiter monatlich gegen Vorlage entsprechender Belege die Betriebskosten der Arbeitsmittel.

(*Alternative:*
(2) Die Gesellschaft erstattet dem Mitarbeiter für die Betriebskosten der Arbeitsmittel einen pauschalen Auslagenersatz auf der Grundlage eines durch den Mitarbeiter zu führenden Einzelnachweises der Kosten über einen repräsentativen Zeitraum von drei Monaten. Bei einer wesentlichen Veränderung der Verhältnisse hat der Mitarbeiter die Gesellschaft unverzüglich zu informieren und den Nachweis erneut zu führen.)

(3) Fahrtkosten zwischen betrieblicher und häuslicher Arbeitsstätte werden nicht erstattet.

§ 7 Arbeitszeit/Zeiterfassung

(1) Die Aufteilung der Arbeitszeit auf die betriebliche Arbeitsstätte und die häusliche Arbeitsstätte wird im Telearbeitsvertrag individuell festgelegt[17]. Die Aufteilung hat jeweils nach ganzen Arbeitstagen zu erfolgen. Der auf die betriebliche Arbeitsstätte entfallende Anteil der Arbeitszeit ist so zu gewichten, dass der soziale Kontakt des Mitarbeiters zum Betrieb erhalten bleibt.

(2) Auch während der Tätigkeit in der häuslichen Arbeitsstätte hat der Mitarbeiter in den Kernzeiten von ...... Uhr bis ...... Uhr erreichbar zu sein[18].

(3) Die Gesellschaft kann die Tätigkeit des Mitarbeiters in der betrieblichen Arbeitsstätte auch an Arbeitstagen verlangen, an denen er üblicherweise in der häuslichen Arbeitsstätte tätig wird, sofern dies im Einzelfall aus betrieblichen Gründen notwendig ist. Dies gilt auch, wenn die Arbeitsleistung an der häuslichen Arbeitsstätte aufgrund von Systemstörungen, Computervirenwarnungen, Mängeln oder Schäden an den überlassenen Arbeitsmitteln nicht möglich ist.

(4) Der Mitarbeiter hat auch bei seiner Tätigkeit in der häuslichen Arbeitsstätte die Bestimmungen des Arbeitszeitgesetzes einzuhalten.

(5) Mehrarbeit bedarf der vorherigen schriftlichen Anordnung der Gesellschaft. Soweit dem Mitarbeiter Zuschläge für Wochenend-, Feiertags- und Nachtarbeit zustehen, sind diese von der Gesellschaft nur bei vorheriger schriftlicher Anordnung des Arbeitseinsatzes zu diesen Zeiten zu zahlen.

(6) Die Erfassung der Arbeitszeit in der häuslichen Arbeitsstätte erfolgt durch den Mitarbeiter im Wege der Selbstdokumentation nach Maßgabe des als Anlage 3 zu dieser Betriebsvereinbarung beigefügten Musters. Die Selbstdokumentation ist jeweils zum Monatsende dem Vorgesetzten des Mitarbeiters vorzulegen[19].

(7) Fahrtzeiten zwischen betrieblicher und häuslicher Arbeitsstätte gelten nicht als Arbeitszeit[20].

§ 8 Datenschutz/Geheimhaltung[21]

(1) Gesellschaft und Mitarbeiter haben im Rahmen der Telearbeit die gesetzlichen und betrieblichen Regelungen zum Datenschutz und zur Datensicherheit zu beachten und anzuwenden.

(2) Der Mitarbeiter ist verpflichtet, sämtliche ihm überlassene Arbeitsmittel und Unterlagen so aufzubewahren und zu sichern, dass ein Zugriff Dritter, insbesondere auch in häuslicher Gemeinschaft mit dem Mitarbeiter lebender Personen, ausgeschlossen ist.

(3) Der Mitarbeiter wird alle nicht mehr benötigten Arbeitsmittel und Unterlagen zuverlässig vernichten. Die Vernichtung und Entsorgung hat in dem Betrieb der Gesellschaft zu erfolgen.

§ 9 Zugangsrecht[22]

(1) Der Mitarbeiter ist verpflichtet, auf Verlangen der Gesellschaft oder einem von ihr Beauftragten sowie Personen, die aufgrund gesetzlicher Verpflichtung ein Zugangsrecht haben, und dem Betriebsrat nach Maßgabe des § 80 BetrVG Zugang zur häuslichen Arbeitsstätte zu gewähren. Der Zugang ist mit dem Mitarbeiter zuvor abzustimmen und muss innerhalb der betriebsüblichen Arbeitszeit liegen. In Eilfällen ist der Zugang auch außerhalb der betriebsüblichen Arbeitszeit zu gestatten.

(2) Der Mitarbeiter legt der Gesellschaft vor Abschluss des Telearbeitsvertrages eine schriftliche Erklärung der mit ihm in häuslicher Gemeinschaft lebenden volljährigen Personen vor, wonach diese den Zugang gestatten.

§ 10 Haftung/Versicherung

(1) Die Haftung des Mitarbeiters für alle im Zusammenhang mit der häuslichen Arbeitsstätte entstehenden Schäden inklusive Folgeschäden unterliegt den gleichen Regeln wie an der betrieblichen Arbeitsstätte.

(2) Bei Schäden, die durch mit dem Mitarbeiter in häuslicher Gemeinschaft lebende Personen oder berechtigte Besucher verursacht werden, gelten die allgemeinen Haftungsregelungen[23].

(3) Die Gesellschaft schließt eine Versicherung ab, durch die Beschädigungen und Verluste der am Telearbeitsplatz eingesetzten Arbeitsmittel abgedeckt werden. Dies gilt nicht für den Fall vorsätzlicher Beschädigungen und Verluste[24].

§ 11 Information des Betriebsrats

Der Betriebsrat wird über die Durchführung von Telearbeit vierteljährlich, jeweils zum Quartalsende, schriftlich unter Angabe der Namen der Mitarbeiter, des Tätigkeitsbereiches sowie des Beginns und gegebenenfalls der Beendigung der Telearbeit informiert[25].

§ 12 Information des Mitarbeiters

Der Mitarbeiter ist über alle Versammlungen, Besprechungen und über sonstige wesentliche betriebliche Angelegenheiten, die ihn in seiner Funktion direkt oder indirekt betreffen, rechtzeitig zu informieren. Die Informationen sind – soweit möglich – im Internet zugänglich zu machen.

§ 13 Beendigung der Telearbeit

(1) Während der ersten sechs Monate nach Beginn der Telearbeit können der Mitarbeiter und die Gesellschaft die Telearbeit unter Einhaltung einer Frist von ...... Monaten zum Monatsende widerrufen. Nach Ablauf der ersten sechs Monate beträgt die Widerrufsfrist ...... Monate.

(2) Im Übrigen kann die Telearbeit von dem Mitarbeiter und der Gesellschaft jederzeit aus wichtigem Grund widerrufen werden. Ein wichtiger Grund auf Seiten der Gesellschaft liegt insbesondere vor, wenn der Mitarbeiter das der Telearbeit zugrunde liegende besondere Vertrauensverhältnis missbraucht[26].

(3) Der Widerruf bedarf der Schriftform.

(4) Mit Wirksamwerden des Widerrufs endet die Telearbeit. Der Mitarbeiter hat sodann seine Arbeitsleistung in vollem Umfang in der betrieblichen Arbeitsstätte zu verrichten.

(5) Im Falle eines Wohnungswechsels, den der Mitarbeiter der Gesellschaft unverzüglich anzuzeigen hat, endet die Telearbeit mit sofortiger Wirkung. Die etwaige Fortsetzung der Telearbeit in der neuen Wohnung des Mitarbeiters bedarf einer erneuten Vereinbarung[27].

(6) Mit Beendigung der Telearbeit hat der Mitarbeiter der Gesellschaft alle überlassenen Arbeitsmittel zurückzugeben. Abbau und Rücktransport erfolgen durch und auf Kosten der Gesellschaft[28].

(7) Der Mitarbeiter hat nach Beendigung der Telearbeit keinen Anspruch auf Rückkehr an seinen vor Beginn der Telearbeit innegehabten Arbeitsplatz[29].

§ 14 Inkrafttreten, Kündigung

(1) Diese Betriebsvereinbarung tritt am ...... in Kraft. Sie kann mit einer Frist von drei Monaten zum Ende eines Kalendermonats, erstmalig zum ......, gekündigt werden. Danach behält die Betriebsvereinbarung bis zum Abschluss einer neuen Betriebsvereinbarung ihre Gültigkeit.

(2) Die Kündigung bedarf der Schriftform.

§ 15 Schlussbestimmungen[30]

(1) Diese Betriebsvereinbarung löst alle eventuellen vorherigen Betriebsvereinbarungen zur Telearbeit, insbesondere ...... ab. Mündliche Nebenabreden bestehen nicht. Änderungen und/oder Ergänzungen dieser Betriebsvereinbarung, einschließlich dieser Bestimmung, bedürfen zu ihrer Wirksamkeit der Schriftform.

(2) Sollte eine Bestimmung dieser Betriebsvereinbarung ganz oder teilweise unwirksam sein oder werden, so wird hiervon die Wirksamkeit der übrigen Bestimmungen nicht berührt. Anstelle der unwirksamen Bestimmung werden die Betriebspartner die gesetzlich zulässige Bestimmung vereinbaren, die dem mit der unwirksamen Bestimmung Gewollten wirtschaftlich am nächsten kommt. Dasselbe gilt für den Fall einer vertraglichen Lücke.

(3) Diese Betriebsvereinbarung steht unter dem Vorbehalt etwaiger ablösender – auch freiwilliger – Betriebsvereinbarungen.

(4) Sollten sich die dieser Betriebsvereinbarung zugrunde liegenden tatsächlichen oder rechtlichen Bedingungen grundlegend ändern, so werden die Betriebspartner unverzüglich in Verhandlungen treten mit dem Ziel, die Betriebsvereinbarung an die geänderten Bedingungen anzupassen.

......
Ort, Datum

......
Unterschrift der Gesellschaft

......
Ort, Datum

......
Unterschrift des Betriebsrats

Schrifttum: Albrecht, Die Einrichtung von Tele- und Außenarbeitsplätzen – Rechtliche und personalpolitische Anforderungen, NZA 1996, 1245; *Boemke,* Das Telearbeitsverhältnis, BB 2000, 147; *Boemke/Ankersen,* Telearbeit und Betriebsverfassung, BB 2000, 2254; *Hohmeister/Küper,* Individualvertragliche Arbeitszeitgestaltung bei der alternierenden Telearbeit, NZA 1998, 1206; *Körner,* Telearbeit – neue Form der Erwerbsarbeit, alte Regeln?, NZA 1999, 1190; *Kramer,* Gestaltung arbeitsvertraglicher Regelungen zur Telearbeit, DB 2000, 1329; *Lindemann/Simon,* Betriebsvereinbarungen zur E-Mail-, Internet- und Intranet-Nutzung, BB 2001, 1950; *Prinz,* Europäische Rahmenvereinbarung über Telearbeit, NZA 2002, 1268; *Schaub,* Heim- und Telearbeit sowie bei Dritten beschäftigte Arbeitnehmer im Referenten- und Regierungsentwurf zum BetrVG, NZA 2001, 364; *Wank,* Telearbeit, NZA 1999, 225; *Wedde,* Telearbeit und Mitbestimmung des Betriebsrats, CR 1994, 230.

Anmerkungen

1. Regelungsinhalt. Die Betriebsvereinbarung regelt die Einführung von Telearbeit. Sachlich bezieht sie sich ausschließlich auf die Erbringung **alternierender Telearbeit,** da diese die in der Praxis am häufigsten gewählte Form der Telearbeit darstellt (vgl. *Boemke* BB 2000, 147; *Körner* NZA 1999, 1190). Es wird vorausgesetzt, dass bereits ein Arbeitsverhältnis zwischen den Arbeitsvertragsparteien besteht, welches die Erbringung der Arbeitsleistung des Mitarbeiters in der betrieblichen Arbeitsstätte vorsieht. Ziel der Betriebsvereinbarung ist die umfassende Regelung aller im Zusammenhang mit Telearbeit stehender Fragen, so dass sich die Arbeitsvertragsparteien auf den Abschluss einer knappen Zusatzvereinbarung Telearbeit zum bereits geschlossenen Arbeitsvertrag beschränken können. Inhaltlich gehen die Bestimmungen im Interesse einer umfassenden Vereinbarung über die Regelungskompetenzen der Betriebspartner hinaus; soweit die Betriebspartner keine Regelungsbefugnis haben, werden die im Formular enthaltenen Bestimmungen dadurch Inhalt der einzelnen Arbeitsverhältnisse, dass die zu schließenden Zusatzvereinbarungen hierauf verweisen.

2. Präambel. Telearbeit dient der **Flexibilisierung** der Arbeitsorganisation sowohl im Interesse der Gesellschaft als auch im Interesse der Mitarbeiter. Das Formular sieht daher in der Präambel die Formulierung derjenigen Ziele vor, die mit der Telearbeit angestrebt werden. Dies gilt sowohl für die von der Gesellschaft durch die Einführung von Telearbeit angestrebten Verbesserungen wie auch für die Modifikationen, die den Mitarbeitern zugute kommen sollen. Durch eine derartige Einführung wird nicht nur das Bewusstsein der Mitarbeiter für die Zielsetzung der neuen Arbeitsform alternierende Tätigkeit geschärft. Zugleich können auch dem Betriebsrat Argumente an die Hand gegeben werden, die die Akzeptanz des Abschlusses erleichtern.

3. Beschäftigungsdauer der Mitarbeiter. Die meisten Arbeitsverträge sehen regelmäßig eine **Probezeit** mit einer Dauer von sechs Monaten vor. Nicht nur aus Kostengründen, sondern auch zur Gewährleistung des Sinns der Probezeit bietet es sich an, die Möglichkeit der Einführung eines Telearbeitsplatzes auf die Mitarbeiter zu beschränken, die bereits über die Dauer der vereinbarten Probezeit hinaus beschäftigt sind. Unter Kostengesichtspunkten dürfte es sich ferner anbieten, die Einrichtung des Telearbeitsplatzes auf unbefristete Arbeitsverhältnisse zu beschränken.

4. Betriebliche Bereiche. In einem Unternehmen mit den verschiedensten Arbeitsgebieten erweisen sich erfahrungsgemäß nicht alle Bereiche als **telearbeitstauglich.** Während die Buchhaltung zu den klassischen telearbeitstauglichen Bereichen zählt, gilt dies für manche kundenbezogene Bereiche weniger und für Labortätigkeiten beispielsweise gar nicht. Die Aufgabengebiete, die die Gesellschaft für nicht telearbeitstauglich hält und in denen daher keine Telearbeit praktiziert werden soll, sollten daher von vornherein in einer Anlage bezeichnet werden.

5. Definition Telearbeit. Telearbeit kann in verschiedenen Formen praktiziert werden. Als Erscheinungsform können Regional- und Satellitenbüros, bei denen die Arbeitsleistung in ausgelagerten Betriebsabteilungen geleistet wird, Nachbarschaftsbüros, bei denen die Arbeitsleistung in Gemeinschaftsbüros verschiedener Gesellschaften erbracht wird, mobile Telearbeit, bei der die Arbeitsleistung ausschließlich an einem nicht festen Arbeitsplatz verrichtet wird, sowie die alternierende Telearbeit unterschieden werden, bei der die Arbeitsleistung zwischen der **häuslichen** und der **betrieblichen Arbeitsstätte** verteilt wird (*Hohmeister/Küper* NZA 1998, 1206; *Boemke* BB 2000, 147). Gemeinsam ist allen Erscheinungsformen, dass die Arbeitsleistung unter Zuhilfenahme von Informations- und Kommunikationstechniken erfolgt. Nach dem Leitfaden „Telearbeit – Leitfaden für flexibles Arbeiten in der Praxis" des Bundesministeriums für Arbeit ist Wesen der alternierenden Tätigkeit, dass eine Aufteilung zwischen der häuslichen und der betrieblichen Arbeitsstätte unter Nutzung elektronischer Informations- und Telekommunikationstechniken erfolgt. Diese Kriterien als Wesensmerkmale der alternierenden Telearbeit werden der Definition in der Betriebsvereinbarung zu Grunde gelegt.

6. Einrichtung des Telearbeitsplatzes. Um den betrieblichen Interessen gerecht zu werden und um sicherzustellen, dass die Unternehmensziele durch die Einrichtung von Telearbeit nicht nachteilig beeinflusst werden, empfiehlt es sich, die Voraussetzungen für die Einrichtung des Telearbeitsplatzes im Vorfeld näher zu konkretisieren. Das Formular bezieht sich hierbei auf betriebliche, organisatorische und wirtschaftliche Kriterien.

7. Telearbeitsvertrag. Die Umwandlung eines bereits bestehenden Arbeitsverhältnisses in ein Telearbeitsverhältnis bedarf der **Zusatzvereinbarung** zwischen den Arbeitsvertragsparteien (s. Form. A. VII. 4). Die Einbeziehung der Betriebsvereinbarung über Telearbeit als Bestandteil des Telearbeitsvertrages ermöglicht es hierbei, sich in der Zusatzvereinbarung lediglich auf die Bezeichnung des konkreten Ortes des Telearbeitsplatzes unter Angabe der Anschrift, die Verteilung der individuell zu leistenden Arbeitszeit auf die häusliche und die betriebliche Arbeitsstätte sowie die Einräumung des Zugangsrechtes der Gesellschaft zur häuslichen Arbeitsstätte einschließlich der Versicherung, dass auch die in der häuslichen Gemeinschaft mit dem Telearbeitnehmer lebenden Personen den Zugang gestatten, zu beschränken.

8. Rechtsanspruch. Die Begründung eines Telearbeitsverhältnisses sollte in Anbetracht der in der Präambel niedergelegten Grundsätze auf beidseitiger Freiwilligkeit beruhen. Um im Einzelfall flexibel reagieren zu können, sollte es vermieden werden, einen Rechtsanspruch der Mitarbeiter zu begründen. Die Entscheidung über das „Ob" der Einführung sollte möglichst stets einer **Einzelfallprüfung** vorbehalten bleiben.

9. Initiativrecht. Unter dem Gesichtspunkt der durch die Telearbeit erstrebten Flexibilisierung des Arbeitsverhältnisses und der Stärkung der Autonomie des Arbeitnehmers sollte die Einführung der Telearbeit beiden Arbeitsvertragspartnern im Wege eines Initiativrechts offen stehen. Sofern der Arbeitgeber im Vorfeld der Einführung der Telearbeit allerdings eine **Ermittlung geeigneter Arbeitnehmer** durch den Einsatz von Fragebögen, Auswahlverfahren etc. anstreben sollte, wäre das Mitbestimmungsrecht des Betriebsrats nach den §§ 94, 95 BetrVG zu beachten.

10. Rechtlicher Status. Der auf einem Telearbeitsplatz beschäftigte Mitarbeiter bleibt **Arbeitnehmer** im Sinne des § 5 Abs. 1 BetrVG. Der Mitarbeiter ist weiterhin bei Betriebsratswahlen wahlberechtigt und wählbar (*Boemke/Ankersen* BB 2000, 2254, 2255). Er kann ferner weiterhin an Betriebsversammlungen ohne Reduzierung seines Entgeltes (§ 44 Abs. 1 S. 2 BetrVG) und an Sprechstunden des Betriebsrats (§ 39 Abs. 3 BetrVG) teilnehmen.

11. Mindestgröße des Telearbeitsplatzes. Mit der Zurverfügungstellung des häuslichen Wohnbereiches als häusliche Arbeitsstätte wird der Telearbeitsplatz zur Arbeitsstätte im Sinne von § 2 Abs. 1 ArbStättV. Auch der häusliche Arbeitsplatz muss damit im Hinblick auf Unfallverhütung, Arbeitssicherheit und Ergonomie den allgemeinen Grundsätzen entsprechen. Gemäß § 23 Abs. 1 ArbStättV müssen Arbeitsräume über eine **Grundfläche** von mindestens 8 m², nach § 23 Abs. 4 ArbStättV über eine Mindestluftraum von 12 m³ bei überwiegend sitzender Tätigkeit und über einen Mindestraumhöhe von 2,50 m verfügen. Nach § 7 ArbStättV muss ferner eine ausreichende Sichtverbindung nach außen vorhanden sein. Es empfiehlt sich, die Verpflichtung zur Einhaltung der Arbeitsstättenverordnung bereits in der Betriebsvereinbarung zu erwähnen. Über die Arbeitsstättenverordnung noch hinausgehend sollte zudem Berücksichtigung finden, dass für Bildschirmarbeitsplätze teilweise auch eine Mindestgröße von 10 m² empfohlen wird (*Kittner/Pieper* ArbSchR Rdn. 89 f.).

Der Gesellschaft wie dem Betriebsrat muss zur Überprüfung der Einhaltung dieser Voraussetzungen die **Begehung** ermöglicht werden. Ein darüber hinausgehendes Mitbestimmungsrecht des Betriebsrats nach § 91 BetrVG bei der Einrichtung des Telearbeitsplatzes dürfte heute nicht mehr in Betracht zu ziehen sein, da davon auszugehen ist, dass die übliche Ausgestaltung des Telearbeitsplatzes nicht den gesicherten arbeitswissenschaftlichen Erkenntnissen offensichtlich widerspricht.

12. Arbeitsmittel. Die Regelung sieht die Zurverfügungstellung aller für die Ausübung der geschuldeten Arbeitsleistungen **notwendigen Mittel** durch den Arbeitgeber vor. Damit hat die Gesellschaft auch sicherzustellen, dass die bereitgestellten Arbeitsmittel den Arbeitsplatzschutzbestimmungen entsprechen. Die Zurverfügungstellung der Arbeitsmittel schließt neben der Bereitstellung ergonomisch tauglicher Einrichtungsgegenstände wie Arbeitsstühle, Schreibtische, etc. auch das Vorhandensein von Aufbewahrungsgegenständen wie Aktenschränken und Schubladen ein. Zudem muss die technische Ausstattung durch Computer, Laptop, Bildschirm, Telefonanlage, Drucker, Scanner und Faxgerät je nach Bedarf dem Telearbeitnehmer zur Verfügung gestellt werden. Zur Vermeidung von Ausstattungsstreitigkeiten kann bereits mit Abschluss der Betriebsvereinbarung die Grundausstattung nach Qualität und Güte grundsätzlich festgeschrieben werden. Eine zu detaillierte Regelung verbietet sich jedoch, da sich hiermit zugleich der Entscheidungsrahmen der Gesellschaft verringert.

Die Einrichtung eines Telearbeitsplatzes kann im Einzelfall die Erweiterung der notwendig technischen Anschlussvorrichtungen wie Telefonanschlüsse, Internetzugang und Steckdosen erfordern. Soweit es sich um eine Mietwohnung handelt und bauliche Veränderungen vorzunehmen sind, ist für deren Einrichtung Voraussetzung, dass sich der Vermieter einverstanden erklärt. Es kann sich daher im Einzelfall empfehlen bereits im Vorfeld zu überprüfen, ob das Einverständnis des Vermieters erteilt wurde.

13. Ausschluss der Privatnutzung der Arbeitsmittel. Grundsätzlich steht es dem Arbeitgeber offen, die private Nutzung der Arbeitsmittel, insbesondere des Internets, auszuschließen. Dies gilt zumindest dann, wenn auch in der betrieblichen Arbeitsstätte eine private Nutzung untersagt ist, so dass es auch nach den Grundsätzen der allgemeinen arbeitsrechtlichen Gleichbehandlung nicht zu einer Ungleichbehandlung der Telearbeitnehmer kommt. Ist allein eine **betriebliche Nutzung** vorgesehen, so hat die Gesellschaft ausschließlich die Grundsätze des allgemeinen Persönlichkeitsrechtes sowie des Bundesdatenschutzgesetzes bei stichprobenartigen Kontrollen zu beachten. Das Telekommunikationsgesetz findet bei der alleinigen betrieblichen Nutzung keine Anwendung (*Lindemann/Simon* BB 2001, 1950, 1951).

Ist demgegenüber dem Telearbeitnehmer auch die **Privatnutzung** eröffnet und soll eine Kontrolle zur Verhinderung der übermäßigen Privatnutzung der Arbeitsmittel verhindert werden, so eröffnet sich damit das bislang noch nicht abschließend geklärte Problemfeld von zulässigen Kontrollmöglichkeiten seitens des Arbeitgebers. Denn mit der vom Arbeitgeber gestatteten Privatnutzung unterliegt der Arbeitgeber den Beschränkungen nach § 88 TKG. Ferner ist die Absicherung des Fernmeldegeheimnisses in § 206 StGB zu berücksichtigen. § 88 Abs. 3 S. 1 TKG verpflichtet den Arbeitgeber dazu, die Verwendung von Daten auf das erforderliche Mindestmaß zu beschränken. Eine Inhaltskontrolle der Daten ist hierbei grundsätzlich nicht möglich. Allein die Erfassung und Verwendung von Daten zum Zwecke der Abrechnung, zur Störungsbeseitigung und zur Sicherstellung eines geregelten Telekommunikationsablaufes sind zulässig (*Lindemann/Simon* BB 2001, 1950, 1953). Verzichtet der Arbeitgeber auf die Kostenerstattung gänzlich, wird zudem vertreten, dass jegliche Rechtfertigung der Auswertung der Verbindungsdaten ausgeschlossen sei (*Lindemann/Simon* BB 2001, 1950, 1953). Als allein möglich wird die anonymisierte Datenerfassung zwecks Kapazitätsüberwachung der Anlage angesehen.

Im Falle der erlaubten Privatnutzung unterliegt der Arbeitgeber zudem dem Anwendungsbereich des Teledienstedatenschutzgesetzes. Danach dürfen Daten im Zusammenhang mit der Nutzung des Teledienstes nur erhoben und verarbeitet werden, soweit dies erforderlich ist, um die Inanspruchnahme des Dienstes zu ermöglichen oder die Nutzung abzurechnen (§ 6 Abs. 1 TDDG). Folglich hat der Arbeitgeber ohne ausdrückliche Einwilligung des Arbeitnehmers auch hier keine Kontrollbefugnis (*Lindemann/Simon* BB 2001, 1950, 1953). Da mit der

Einführung jeglicher technischer Überwachungseinrichtungen zudem die Gefahr begründet wird, dass der Betriebsrat gemäß § 87 Abs. 1 Nr. 6 BetrVG (Leistungsüberwachung) mitbestimmungsberechtigt ist, sollte – sofern möglich – auf die Eröffnung der Privatnutzung der betrieblichen Arbeitsmittel verzichtet werden.

In **steuerlicher Hinsicht** enthält die Überlassung von Arbeitsmitteln für betriebliche Zwecke keinen geldwerten Vorteil. Die private Nutzung betrieblicher Telekommunikationseinrichtungen ist gemäß § 3 Nr. 45 EStG steuerfrei.

14. Verwendung privater Arbeitsmittel. Um gesundheitliche Risiken auszuschließen sowie im Interesse der Einhaltung der Unfallverhütungsvorschriften der Unfallversicherungsträger und der einschlägigen Bestimmung der Arbeitsstätten- und Bildschirmarbeitsverordnung empfiehlt es sich, die Verwendung von privaten Büro- und Arbeitsmitteln nicht zu gestatten. Dies entbindet die Gesellschaft zugleich von aufwändigen Kontrollen hinsichtlich der Tauglichkeit der privaten Arbeitsmittel.

15. Vorübergehende technische Störungen. Gemäß § 615 Abs. 3 BGB gelten die Vorschriften des Annahmeverzuges entsprechend in den Fällen, in denen der Arbeitgeber das Risiko des Arbeitsausfalls trägt. Dem Arbeitgeber obliegt das **Betriebsrisiko**; auf die Ursache der Betriebsstörung kommt es hierbei nicht an (Küttner/*Reinecke* Betriebsstörung Rdn. 3). Der Arbeitgeber trägt insofern das Risiko, dem Arbeitnehmer einen funktionsfähigen Arbeitsplatz zur Verfügung zu stellen. Um zu verhindern, dass der Arbeitgeber über vorübergehende technische Störungen, die zu einem Arbeitsausfall führen, gar keine Kenntnis erlangt, sieht die Klausel eine Unterrichtungspflicht des Arbeitnehmers vor. Damit korrespondiert die Verpflichtung des Mitarbeiters, vorübergehend in der betrieblichen Arbeitsstätte tätig zu werden (§ 7 Abs. (3) des Formulars).

16. Kostenerstattung. Für die Nutzung von Wohnraum als Telearbeitsplatz steht dem Telearbeitnehmer ein **Aufwendungsersatzanspruch** zu, welcher auch die anteiligen Nebenkosten für Energie und Heizung umfasst. Hierbei erscheint es aus Arbeitgebersicht als nicht empfehlenswert, die anteiligen Kosten, die durch die Nutzung des Wohnraums als Telearbeitsplatz entstehen, konkret zu berechnen. Die konkrete Abrechnung birgt nämlich rechnerische Unsicherheiten und setzt regelmäßig ein schwieriges Berechnungsverfahren voraus. Zur Vermeidung etwaiger Rechtsstreitigkeiten bietet es sich daher an, einen pauschalen Ersatz für die mit dem Telearbeitsplatz verbundenen Kosten zu vereinbaren (vgl. *Kramer* DB 2000, 1329, 1331; *Boemke* BB 2000, 147, 152).

In steuerlicher Hinsicht stellt der pauschale Ersatz für den Arbeitnehmer **steuerpflichtigen Arbeitslohn** (Ersatz von Werbungskosten) dar (OFD München Verfügung v. 23. 7. 1997 – DANUS-Nr. 0.138.643). Der Arbeitnehmer kann bei alternierender Telearbeit einen Werbungskostenabzug für den häuslichen Arbeitsplatz nur bis in Höhe von maximal EUR 1250,– pro Jahr (§ 4 Abs. 5 Nr. 6 b EStG) geltend machen. Werden weniger als 50% der Tätigkeit als Telearbeit zu Hause ausgeübt, so scheidet ein Werbungskostenabzug völlig aus. Die Werbungskostenbegrenzung kann vermieden – und damit die Vertragsgestaltung steuerlich optimiert – werden, wenn der Arbeitgeber den Raum für den häuslichen Arbeitsplatz vom Arbeitnehmer anmietet und ihm sodann im Rahmen des Arbeitsverhältnisses wieder zurück überlässt (BFH Urt. v. 20. 3. 2003 - VI R 147/00 – BFHE 201, 311; OFD Kiel Verfügung v. 13. 12. 1999 – DStR 2000, 632). Bei einer solchen Vertragsgestaltung, die in der Alternativregelung vorgeschlagen wird, erscheint ein voller Werbungskostenabzug – auch wenn weniger als 50% der Tätigkeit zu Hause erbracht wird – möglich.

Die Überlassung der Arbeitsmittel ausschließlich für Zwecke der Telearbeit beinhaltet für den Arbeitnehmer keinen geldwerten Vorteil (OFD München Verfügung v. 23. 7. 1997 – DANUS-Nr. 0.138.643). Soweit dem Arbeitnehmer die Betriebskosten (z. B. Strom- oder Telefonkosten) für den Betrieb der Arbeitsmittel auf Grundlage einer Einzelabrechnung ersetzt werden, liegt steuerfreier Auslagenersatz nach § 3 Nr. 50 EStG vor (zu den Telefonkosten vgl. Schreiben des Bundesministerium der Finanzen v. 11. 6. 1990 – BStBl. I 1990, 290). Ergeben sich erfahrungsgemäß berufliche Telekommunikationsaufwendungen, so kann ein Ersatz statt auf der Grundlage eines Einzelnachweises auch pauschal in Höhe von 20% des Rechnungsbetrages, höchstens jedoch EUR 20,– monatlich, steuerfrei erfolgen. Wird für die Betriebskosten dagegen ein pauschaler Ersatz geleistet, so greift § 3 Nr. 50 EStG grundsätzlich nicht ein. Ausnahmsweise kann der pauschale Ersatz jedoch steuerfrei bleiben, wenn er regelmäßig wiederkehrt und der Arbeitnehmer die Aufwendungen für einen repräsentativen Zeitraum von drei Monaten nachweist (Abschn. 22 Abs. 2 S. 2 und 5 ff. Lohnsteuerrichtlinien). Der Pauschalbetrag kann für steuerliche Zwecke bis zu einer wesentlichen Änderung der Verhältnisse weitergeführt werden.

17. Verteilung der Arbeitszeit. Die Verteilung der Arbeitszeit zwischen betrieblicher Arbeitsstätte und Telearbeitsplatz bedarf der Vereinbarung in der Zusatzvereinbarung Telearbeit zum Arbeitsvertrag. Ohne eine entsprechende Regelung kann dem Mitarbeiter daher keine Arbeit am Telearbeitsplatz zugewiesen werden. Sofern bereits in der Betriebsvereinbarung eine generelle prozentuale Verteilung der Arbeitszeit zwischen betrieblicher Arbeitsstätte und Telearbeitsplatz unter Verzicht auf individuelle Regelungen angestrebt wird, ist das Mitbestimmungsrecht des Betriebsrats nach § 87 Abs. 1 Nr. 2 BetrVG (Verteilung der Arbeitszeit auf die einzelnen Wochentage) zu beachten. Eine starre Verteilung der Arbeitszeit dürfte jedoch an sich dem Wesen der Telearbeit als Gestaltungsform individueller Arbeitsbedingungen widersprechen und ist daher nicht empfehlenswert.

18. Kernzeit. Telearbeit zeichnet sich dadurch aus, dass eine starre Festlegung der Lage der Arbeitszeiten vermieden werden soll. Regelmäßig setzt das Zusammenspiel des Telearbeitnehmers und der in der betrieblichen Arbeitsstätte tätigen Arbeiter jedoch unter betrieblichen Gesichtspunkten voraus, dass der Mitarbeiter zu bestimmten Zeiten für Rückfragen oder Arbeitsanweisungen zur Verfügung steht. Es bietet sich daher an, eine Kernzeit in der Betriebsvereinbarung zu vereinbaren, in der der Mitarbeiter an seinem Telearbeitsplatz für die Gesellschaft sowie Dritte (Kunden) erreichbar ist.

19. Erfassung der Arbeitszeit. Die Fürsorgepflicht des Arbeitgebers gebietet es, darauf zu achten, dass der Telearbeitnehmer bei Erbringung seiner Arbeitsleistung in der betrieblichen Arbeitsstätte wie am Telearbeitsplatz die gesetzlichen Bestimmungen des Arbeitszeitgesetzes einhält. Zur Überwachung der Einhaltung der Arbeitszeitvorschriften kann dem Telearbeitnehmer die Pflicht zur **Selbstdokumentation** auferlegt werden, da es an einer Kontrollmöglichkeit des Arbeitgebers fehlt (*Hohmeister/Küper* NZA 1998, 1206, 1208). Die Zeiterfassung sollte hierbei in handschriftlicher Form erfolgen, da die Zeiterfassung auf elektronischem Wege der Problematik einer möglichen Beteiligung des Betriebsrats nach § 87 Abs. 1 Nr. 6 BetrVG (Leistungsüberwachung) zu eröffnen vermag (*Boemke* BB 2000, 147, 151). Das Formular zu Zwecken der Selbstdokumentation sollte neben dem Namen des Mitarbeiters und der Angabe der häuslichen Arbeitsstätte den Zeitraum der Dokumentation, die gesamten an einem Tag geleisteten Arbeitsstunden, die Verteilung der Arbeitszeit auf die Kernzeit und andere Zeiten sowie die Tätigkeitsbeschreibung enthalten.

20. Fahrtzeiten. Die Arbeitspflicht ist eine Bringschuld, so dass Fahrtzeiten zwischen unterschiedlichen Arbeitsorten grundsätzlich nicht als Arbeitsleistung angesehen werden können. Wegen der Besonderheiten der alternierenden Telearbeit sollte klargestellt werden, dass auch die Fahrtzeiten zwischen der Betriebsstätte und dem Telearbeitsplatz nicht als Arbeitszeit anzusehen sind.

21. Datenschutz/Geheimhaltung. Die Lage des Telearbeitsplatzes in der Wohnstätte des Mitarbeiters birgt das Risiko, dass Dritte, die in der häuslichen Gemeinschaft mit dem Mitarbeiter leben oder diesen besuchen, **Zugriff** auf die zur Verfügung gestellten Arbeitsmittel und Unterlagen nehmen können. Es ist daher von besonderem Interesse, die vertraulichen Daten und Informationen sowie Passwörter derart zu schützen, dass sie Dritten unter keinen Umständen zugänglich gemacht werden können.

Dies gilt auch für die **Vernichtung** nicht mehr benötigter Arbeitsmittel und Unterlagen. Denn nicht nur Unterlagen in Papierform, sondern auch Informationen auf Datenträgern wie Disketten und CD-ROMs, werden bei einfacher Entsorgung im Hausmüll jedermann in der Nachbarschaft des Mitarbeiters zugänglich gemacht.

22. Zugangsrecht. Sowohl für die Einrichtung des Telearbeitsplatzes als auch für die Behebung von Störungen bedarf es des Zugangs der Gesellschaft in die betriebliche Arbeitsstätte.

11. Telearbeit C. II. 11

Ein generelles Zugangsrecht des Arbeitgebers besteht jedoch auch bei einer häuslichen Betriebsstätte nicht. Dies folgt aus der grundgesetzlich gewährleisteten Unverletzbarkeit der Wohnung gemäß Art. 13 Abs. 1 GG. Es bedarf daher in jedem Fall der Vereinbarung des Zutrittsrechts. Gegen in einer Betriebsvereinbarung vereinbarte Zutrittsrechte werden erhebliche Bedenken angemeldet (MünchArbR/*Heenen* § 239 Rdn. 21). Um die Zugangsmöglichkeit abzusichern, sollte daher in jedem Fall darauf geachtet werden, in der Zusatzvereinbarung Telearbeit zum Arbeitsvertrag die Zutrittsbewilligung aus betrieblich veranlassten Gründen zu konkretisieren (Küttner/*Bauer* Telearbeit Rdn. 6).

23. Haftung. Kommt es im Rahmen der Telearbeit zu einer Schädigung des Arbeitgebers oder eines Dritten, greifen die üblichen Grundsätze der Arbeitnehmerhaftung. Insofern bestehen keine Besonderheiten im Fall der Telearbeit. Im Fall einer Schädigung des Arbeitgebers durch Familienangehörige oder berechtigte Besucher greifen die Haftungserleichterungen nach den Grundsätzen der **Arbeitnehmerhaftung** jedenfalls dann, wenn die Haftung des Arbeitnehmers selbst in Frage steht, ihn also ein eigenes Verschulden trifft (*Albrecht* NZA 1996, 1240, 1245). Ob darüber hinaus auch den in der häuslichen Gemeinschaft mit dem Telearbeitnehmer lebenden Dritten sowie berechtigten Besuchern die Haftungserleichterungen zugute kommen sollten, ist umstritten. Überwiegend wird vertreten, dass die arbeitsrechtlichen Haftungsregelungen auch zu Gunsten der Dritten gelten müssen, da diese anderenfalls vom Telearbeitnehmer entgegen den Grundsätzen der Haftungsbeschränkung einen Ausgleich verlangen könnten, was zu einer erheblichen Ungleichbehandlung des Telearbeitnehmers und des nur in der Betriebsstätte tätigen Arbeitnehmers führen würde. Im Falle einer Schädigung durch die mit dem Telearbeitnehmer in häuslicher Gemeinschaft lebenden Dritten sowie berechtigten Besucher sollte daher auch der Dritte nur im Rahmen der für den Telearbeitnehmer geltenden Haftungsbeschränkungen haften (*Boemke* BB 2000, 147, 153). Um Unsicherheiten zu vermeiden, bietet es sich daher an, die für den Telearbeitnehmer geltenden **Haftungsbegünstigungen** ausdrücklich auch auf den genannten Personenkreis zu erstrecken (*Boemke* BB 2000, 147, 153).

24. Versicherung. Die von der Gesellschaft dem Telearbeitnehmer zur Verfügung gestellten Arbeitsmittel sind in der Regel nicht im Rahmen der Haftpflicht – und Hausratsversicherung des Mitarbeiters mitversichert. Es besteht insofern die Notwendigkeit des Abschlusses einer weiteren Versicherung. Hierbei ist strittig, ob die Gesellschaft selbst eine derartige Versicherung abschließen muss (*Preis* Der Arbeitsvertrag II T20 Rdn. 48) oder aber die Gesellschaft ihren Mitarbeiter vertraglich zum Abschluss einer speziellen **Berufs- und Arbeitsmittelversicherung** verpflichten kann (*Albrecht* NZA 1996, 1245; *Boemke* BB 2000, 147, 153), deren Kosten sodann die Gesellschaft übernimmt.

25. Information des Betriebsrats. Gemäß § 80 Abs. 2 BetrVG steht dem Betriebsrat ein umfassendes Unterrichtungsrecht zwecks Durchführung seiner Aufgaben nach dem BetrVG zu. Es bietet sich daher an, jeweils über eine monatliche Datenerfassung den Stand der in Telearbeit beschäftigten Mitarbeiter anzuzeigen.

26. Widerruf wegen Vertrauensverlusts. Die Einräumung eines Telearbeitsplatzes steht und fällt mit dem Vertrauen in den Mitarbeiter, dass dieser auch in der häuslichen Arbeitsstätte seinen arbeitsvertraglichen Verpflichtungen nachkommt. Sofern dieses besondere Vertrauensverhältnis zerstört ist, aber dennoch nicht an die Beendigung des Arbeitsverhältnisses als solches gedacht wird, sollte die Einräumung des Telearbeitsplatzes mit sofortiger Wirkung widerrufen werden können und das Arbeitsverhältnis ausschließlich in der betrieblichen Arbeitsstätte fortgeführt werden.

27. Wohnungswechsel. Durch die Vereinbarung des Wohnraums als Telearbeitsplatz ist der Telearbeitsplatz auf den in der Zusatzvereinbarung Telearbeit konkretisierten Ort festgeschrieben. Bei einem Wohnungswechsel bedarf es damit einer neuen Vereinbarung über die häusliche Arbeitsstätte. Die Gesellschaft mag sich die Entscheidung darüber, ob die Telearbeit auch nach einem Wohnungswechsel fortgeführt werden soll, aus verschiedenen Gründen (Ort der Wohnung, Einhaltung der Arbeitsschutzvorschriften, Mitbewohner) vorbehalten wollen. Daher sieht das Formular zunächst die automatische Beendigung der Telearbeit vor.

28. Rückgabepflicht. Die im Eigentum der Gesellschaft stehenden Arbeitsmittel müssen bei Beendigung des Telearbeitsverhältnisses an die Gesellschaft als Arbeitgeber zurückgegeben werden. Insofern bestehen keine Besonderheiten gegenüber der Beendigung eines Arbeitsverhältnisses als solches. Soweit keine ausdrückliche Regelung getroffen ist, gilt grundsätzlich, dass es sich nach § 269 Abs. 1 BGB um eine **Holschuld** des Arbeitgebers handelt. Dies bedeutet, dass der Telearbeitnehmer allein die Betriebsmittel zur Abholung am Telearbeitsplatz bereitzuhalten hat. Liegt es im Interesse der Gesellschaft, dass der Telearbeitnehmer die Arbeitsmittel am Ort der Betriebsstätte zurückgibt, so muss dies ausdrücklich vereinbart werden.

29. Rückkehr in die betriebliche Arbeitsstätte. Kommt es zur Beendigung des Telearbeitsplatzes und geht damit die Rückkehr in die betriebliche Arbeitsstätte einher, so ist es zur Vermeidung von Rechtsstreitigkeiten bereits im Vorfeld geboten, die Rückkehr an den vormals innegehabten Arbeitsplatz im Betrieb auszuschließen.

30. Schlussbestimmungen. S. Form. C. II. 1 Anm. 16.

12. Kurzarbeit

Betriebsvereinbarung über die Einführung von Kurzarbeit[1]

zwischen

...... (Name und Anschrift des Arbeitgebers) „Gesellschaft"

und

Betriebsrat des Betriebs ...... der ...... (Name des Arbeitgebers) „Betriebsrat"

(*Alternative:* Gesamtbetriebsrat/Konzernbetriebsrat)

Präambel[2]

Die gesamte Branche ...... befindet sich derzeit in einer schweren wirtschaftlichen Krise. Insbesondere der Betrieb ...... der Gesellschaft hat bedeutende Umsatzrückgänge (*Alternative:* Auftragsrückgänge) zu verzeichnen. Eine durchgreifende Besserung der Geschäftslage ist kurzfristig nicht absehbar. Die Gesellschaft ist bei den derzeitigen Rahmenbedingungen nicht mehr in der Lage, die Mitarbeiter des Betriebes im bisherigen Umfang zu beschäftigen. Gesellschaft und Betriebsrat sind sich darin einig, dass zu einer Vermeidung von Entlassungen vorübergehend Kurzarbeit eingeführt wird. Die Betriebspartner gehen übereinstimmend davon aus, dass durch diese Maßnahme die wirtschaftliche Grundlage des Betriebes gesichert und dadurch die Arbeitsplätze der Mitarbeiter erhalten werden.

§ 1 Kurzarbeit

(1) Gesellschaft und Betriebsrat sind sich darüber einig, dass im Betrieb ...... der Gesellschaft ab dem ...... bis längstens zum ...... Kurzarbeit eingeführt wird[3].

(2) Kurzarbeit wird eingeführt mit Wirkung für alle Arbeitnehmer des Betriebs i. S. d. § 5 Abs. 1 BetrVG („Mitarbeiter")[4].

(*Alternative:*

(2) Kurzarbeit wird eingeführt mit Wirkung für alle namentlich im Folgenden genannten Arbeitnehmer („Mitarbeiter"): ......)

(*Alternative:*

(2) Kurzarbeit wird eingeführt mit Wirkung für alle in den im Folgenden genannten Betriebsabteilungen tätigen Arbeitnehmer („Mitarbeiter"): ......)

(3) Während der Kurzarbeit wird die regelmäßige wöchentliche Arbeitszeit von ...... Stunden auf ...... Stunden verringert[5].

(4) Die Lage der wöchentlichen Arbeitszeit während der Kurzarbeit soll so festgelegt werden, dass die Arbeit an Tagen, die an das Wochenende angrenzen, ruht, es sei denn, dem stehen betriebliche Belange entgegen. In Eil- und Notfällen sowie zur Erledigung fristgebundener Aufträge kann die Lage der wöchentlichen Arbeitszeit durch die Gesellschaft abweichend festgelegt werden[6].

§ 2 Kurzarbeitergeld[7]

(1) Die Gesellschaft stellt unverzüglich bei der zuständigen Arbeitsagentur Antrag auf Gewährung von Kurzarbeitergeld. Die Abrechnung des Kurzarbeitergeldes durch die Gesellschaft erfolgt bei der üblichen Entgeltabrechnung im jeweiligen Folgemonat.

(2) Sollte die zuständige Arbeitsagentur die Zahlung des Kurzarbeitergeldes aus einem von der Gesellschaft zu vertretenden Grund verweigern, zahlt die Gesellschaft dem Mitarbeiter die volle Vergütung für die Kurzarbeit.

(3) Während der Dauer der Kurzarbeit werden Urlaubsgeld, vermögenswirksame Leistungen, Entgeltfortzahlungen im Krankheitsfalle, bei Arbeitsverhinderungen und an gesetzlichen Feiertagen sowie die jährliche Sonderzuwendung so berechnet, als wäre voll gearbeitet worden[8].

§ 3 Zuschuss zum Kurzarbeitergeld[9]

(1) Jeder Mitarbeiter erhält einen Zuschuss in Höhe von ……% des Differenzbetrages zwischen seinem bisherigen durchschnittlichen Nettoeinkommen und dem Nettoeinkommen während der Dauer der Kurzarbeit einschließlich des Kurzarbeitergeldes.

(2) Dieser Zuschuss wird mit dem Kurzarbeitergeld an den Mitarbeiter ausgezahlt. In der Lohnabrechnung werden Arbeitsentgelt, Kurzarbeitergeld und Zuschuss zum Kurzarbeitergeld gesondert aufgeführt.

§ 4 Information[10]

(1) Die Gesellschaft unterrichtet den Betriebsrat jeweils zum Monatsende über die Entwicklung der Auftragslage. Auf Verlangen legt sie dem Betriebsrat Unterlagen vor, denen der Mitarbeiter- und Auftragsbestand in den beiden zurückliegenden Monaten sowie in den gleichen Monaten der beiden vorangegangenen Jahre zu entnehmen ist.

(2) Der Vorsitzende des Betriebsrats nimmt an allen Gesprächen zwischen der Geschäftsleitung und der Arbeitsagentur teil. Auf Verlangen ist dem Betriebsrat die Korrespondenz zwischen der Gesellschaft und der Arbeitsagentur vorzulegen.

§ 5 Über-/Mehrarbeit[11]

Während der Kurzarbeit wird Über- und Mehrarbeit nur in dringenden Ausnahmefällen angeordnet. Diese bedarf der vorherigen Zustimmung des Betriebsrats nach Maßgabe des § 87 Abs. 1 Nr. 3 BetrVG.

§ 6 Urlaub[12]

Jeder Mitarbeiter kann während der Kurzarbeit Urlaub nehmen. Geht der Urlaubsantrag spätestens …… Wochen vor Urlaubsbeginn bei dem Vorgesetzten und der Personalabteilung ein, so ist der Urlaub zu gewähren, es sei denn, dem stehen dringende betriebliche Belange entgegen.

§ 7 Betriebsbedingte Kündigungen[13]

(1) Die Gesellschaft verpflichtet sich, während der Kurzarbeit keine betriebsbedingten Kündigungen in dem Betrieb auszusprechen.

(*Alternative:*

(1) Die Gesellschaft verpflichtet sich, während der Kurzarbeit und …… Monate danach keine betriebsbedingten Kündigungen in dem Betrieb auszusprechen.)

(2) Ausgenommen hiervon sind Kündigungen, die mit der Kurzarbeit in keinem Zusammenhang stehen.

§ 8 Veränderung, Verlängerung und Beendigung der Kurzarbeit[14]

(1) Sollte sich die Auftragslage unerwartet verbessern, kann die Gesellschaft jederzeit ohne erneute Zustimmung des Betriebsrats die Kurzarbeit entweder einseitig beenden oder während der Kurzarbeit die wöchentliche Arbeitszeit bis zur Höhe der vor Beginn der Kurzarbeit zu leistenden wöchentliche Arbeitszeit anheben.

(2) Die Veränderung der Kurzarbeit dahingehend, dass die wöchentliche Arbeitszeit die in § 1 Abs. (3) geregelte Anzahl von Stunden unterschreiten soll, bedarf der Zustimmung des Betriebsrats.

(3) Die Verlängerung der Kurzarbeit bedarf einer gesonderten Vereinbarung zwischen Gesellschaft und Betriebsrat.

§ 9 Inkrafttreten, Kündigung[15]

(1) Diese Betriebsvereinbarung tritt am …… in Kraft. Sie kann mit einer Frist von drei Monaten zum Ende eines Kalendermonats, erstmalig zum ……, gekündigt werden.

(2) Die Kündigung bedarf der Schriftform.

§ 10 Schlussbestimmungen[16]

(1) Mündliche Nebenabreden bestehen nicht. Änderungen oder Ergänzungen dieser Betriebsvereinbarung, einschließlich dieser Bestimmung, bedürfen zu ihrer Wirksamkeit der Schriftform.

(2) Sollte eine Bestimmung dieser Betriebsvereinbarung ganz oder teilweise unwirksam sein oder werden, so wird hiervon die Wirksamkeit der übrigen Bestimmungen nicht berührt. Anstelle der unwirksamen Bestimmung werden die Betriebspartner die gesetzlich zulässige Bestimmung vereinbaren, die dem mit der unwirksamen Bestimmung Gewollten wirtschaftlich am nächsten kommt. Dasselbe gilt für den Fall einer vertraglichen Lücke.

(3) Sollten sich die dieser Betriebsvereinbarung zugrunde liegenden tatsächlichen oder rechtlichen Bedingungen grundlegend ändern, so werden die Betriebspartner unverzüglich in Verhandlungen treten mit dem Ziel, die Betriebsvereinbarung an die geänderten Bedingungen anzupassen.

……
Ort, Datum

……
Unterschrift der Gesellschaft

……
Ort, Datum

……
Unterschrift des Betriebsrats

Schrifttum: Bachner/Schindele, Beschäftigungssicherung durch Interessenausgleich und Sozialplan. Der Beitrag struktureller Kurzarbeit zur Vermeidung von Arbeitslosigkeit, NZA 1999, 130; *Bischof,* Mitbestimmung bei Einführung und Abbau von Kurzarbeit, NZA 1995, 1021; *Boecken,* Arbeitsrecht und Sozialrecht – Insbesondere zu den rechtlichen Grundlagen der Einführung von Kurzarbeit, RdA 2000, 7; *Meinhold,* Mitbestimmung des Betriebsrats bei der Einführung von Kurzarbeit und betriebsbedingte Kündigung, BB 1988, 623; *Meyer,* Die Neuregelung des 2. SGB III Änderungsgesetzes, NZA 1999, 902; *Otto,* Mitbestimmung des Betriebsrats bei der Regelung von Dauer und Lage der Arbeitszeit, NZA 1992, 97; *Pivit,* Höhe des Krankengeldes bei struktureller Kurzarbeit gem. § 175 SGB III, NZS 2003, 472; *Rommé/Pauker,* Die Unternehmerentscheidung bei der betriebsbedingten Beendigungskündigung, NZA-RR 2000, 281; *Ruhm,* Unklare Neuregelung der Berechnung des Kurzarbeitergeldes durch das Zweite SGB III – Änderungsgesetz, NZS 2000, 182; *Schiefer,* Betriebsbedingte Kündigung – Kündigungsursache und Unternehmerentscheidung, NZA-RR 2005, 1; *Schwarz,* Sonderzahlungen: Ausfall und Kürzung bei Fehlzeiten, NZA 1996, 571; *Waltermann,* Anordnung von Kurzarbeit durch Betriebsvereinbarung?, NZA 1993, 679.

Anmerkungen

1. Regelungsinhalt. Kurzarbeit ist das vorübergehende – teilweise oder vollständige – Ruhen von Arbeits- und Entgeltzahlungspflichten.

In einem **betriebsratslosen Betrieb** bedarf die Einführung von Kurzarbeit **einzelvertraglicher Vereinbarungen** mit allen betroffenen Arbeitnehmern. Der Arbeitgeber ist nicht berechtigt, die vorübergehende Verkürzung der Arbeitszeit kraft seines Direktionsrechts einseitig anzuordnen (BAG Urt. v. 14. 2. 1991 – 2 AZR 415/90 – NZA 1991, 607). Sofern nicht bereits arbeitsvertragliche Regelungen zur Einführung von Kurzarbeit getroffen wurden (hierzu Form. A. II. 1 Anm. 4) und Arbeitnehmer nicht bereit sind, der Einführung der Kurzarbeit zuzustimmen, müssen Änderungskündigungen ausgesprochen werden. Allerdings kann eine konkludente Vertragsänderung vorliegen, wenn Arbeitnehmer die vom Arbeitgeber angeordnete und von der Arbeitsagentur genehmigte Kurzarbeit widerspruchslos hinnehmen (LAG Düsseldorf Urt. v. 14. 10. 1994 – 10 Sa 1194/94 – DB 1995, 682).

Besteht ein **Betriebsrat,** so steht diesem gemäß § 87 Abs. 1 Nr. 3 BetrVG bei der Einführung und Ausgestaltung von Kurzarbeit ein **Mitbestimmungsrecht** zur (GKBetrVG/*Wiese* § 87 Rdn. 361; Richardi/*Richardi* § 87 Rdn. 353).

Zu beachten ist allerdings der **Tarifvorbehalt** des § 87 Abs. 1 S. 1 BetrVG. Dieser wird in der Regel zwar bei der Einführung von Kurzarbeit nicht eingreifen, da in Tarifverträgen selten die genauen Modalitäten geregelt werden (*Bischof* NZA 1995, 1021, 1023; *Otto* NZA 1992, 97, 103); bei Haustarifverträgen kommt dies allerdings gelegentlich vor (z. B. Lufthansa AG). Ist in dem Tarifvertrag die Einführung von Kurzarbeit abschließend geregelt, entfällt das Mitbestimmungsrecht des Betriebsrats (BAG Urt. v. 25. 10. 2000 – 4 AZR 438/99 – NZA 2001, 328). In diesem Falle ist der Arbeitgeber aufgrund der unmittelbar und zwingend wirkenden tariflichen Regelung berechtigt, Kurzarbeit auch ohne Einverständnis der (tarifgebundenen) Arbeitnehmer einzuführen. Nicht selten enthalten Tarifverträge Öffnungsklauseln, durch die der Arbeitgeber zwar zur Einführung von Kurzarbeit ermächtigt wird, die Modalitäten hingegen einer Regelung zwischen den Betriebsparteien überlassen bleiben (*Bischof* NZA 1995, 1021, 1023). Dann besteht nach wie vor Bedarf für die in dem Formular enthaltenen Regelungen.

Ist ein Mitbestimmungsrecht gemäß § 87 Abs. 1 Nr. 3 BetrVG gegeben, sollte die Gesellschaft die Möglichkeit zum Abschluss einer **Betriebsvereinbarung** zur Einführung der Kurzarbeit wahrnehmen. Übt der Betriebsrat nämlich sein Mitbestimmungsrecht lediglich mittels einer Regelungsabrede aus, muss die Gesellschaft die Verkürzung der wöchentlichen Arbeitszeit dennoch mit jedem Arbeitnehmer einzelvertraglich vereinbaren (BAG Urt. v. 14. 2. 1991 – 2 AZR 415/90 – NZA 1991, 607, *Bischof* NZA 1995, 1021, 1023). Demgegenüber stellt der Abschluss einer Betriebsvereinbarung eine wesentliche zeitliche wie auch organisatorische Vereinfachung dar (krit. *Waltermann* NZA 1993, 679, 683 f.). Diese wirkt nämlich gemäß § 77 Abs. 4 BetrVG unmittelbar und zwingend auf die Arbeitsverhältnisse ein und geht selbst günstigeren einzelvertraglichen Bestimmungen vor (BAG Urt. v. 14. 2. 1991 – 2 AZR 415/90 – NZA 1991, 607; ErfKomm/*Preis* § 611 BGB Rdn. 823; *Bischof* NZA 1995, 1021, 1023).

Zu beachten ist allerdings, dass der Geltungsbereich einer Betriebsvereinbarung **leitende Angestellte** i. S. d. § 5 Abs. 3 BetrVG nicht umfasst. Soll auch für die leitenden Angestellten Kurzarbeit eingeführt werden und existiert kein Sprecherausschuss, so müssen insoweit ergänzend einzelvertragliche Vereinbarungen getroffen werden (Richardi/*Richardi* § 87 Rdn. 14).

Für die Wahrnehmung des Mitbestimmungsrechts nach § 87 Abs. 1 Nr. 3 BetrVG bei der Einführung von Kurzarbeit ist regelmäßig der (örtliche) Betriebsrat zuständig (Richardi/*Richardi* § 87 Rdn. 82). In Ausnahmefällen kann der Gesamtbetriebsrat gemäß § 50 Abs. 1 S. 1 BetrVG für den Abschluss einer Vereinbarung über die Einführung von Kurzarbeit zuständig sein (GKBetrVG/*Kreutz* § 50 Rdn. 41; Richardi/*Richardi* § 87 Rdn. 83). Beim Konzernbetriebsrat kommt – mit Ausnahme des Falles des § 54 Abs. 2 BetrVG – in der Regel nur eine Zuständigkeit kraft Auftrages durch die einzelnen Betriebsräte oder Gesamtbetriebsräte in Betracht (Richardi/*Richardi* § 87 Rdn. 84).

2. Präambel. Es ist sinnvoll, der Betriebsvereinbarung zur Einführung von Kurzarbeit eine kurze Vorbemerkung voranzustellen, in der die wirtschaftlichen Gründe für die Notwendigkeit der Einführung von Kurzarbeit dargestellt und umrissen werden. Eine solche Vorbemerkung kann in Streitfällen die Auslegung der Betriebsvereinbarung beeinflussen.

3. Dauer der Kurzarbeit. Den wesentlichen Kern der Betriebsvereinbarung zur Einführung von Kurzarbeit stellen die Regelungen unter § 1 dar. Um normative Wirkung zu entfalten, müssen Beginn, Dauer, Lage und Verteilung der Arbeitszeit sowie die betroffenen Arbeitnehmer und Abteilungen in der Betriebsvereinbarung eindeutig festgelegt werden (LAG Frankfurt Urt. v. 14. 3. 1997 – 17/13 Sa 162/96 – NZA-RR 1997, 479).

Der Betriebsrat wird regelmäßig der Einführung von Kurzarbeit nur dann zustimmen, wenn Aussicht auf Genehmigung von Kurzarbeitergeld durch die zuständige Arbeitsagentur besteht. Gemäß §§ 169 ff. SGB III wird Kurzarbeitergeld von der zuständigen Arbeitsagentur nur bei der Erfüllung von verschiedenen gesetzlichen Voraussetzungen gewährt. Die Dauer ist gemäß § 177 SGB III auf **längstens sechs Monate** befristet. Lediglich in Ausnahmefällen kann gemäß § 177 Abs. 1 S. 3, 2. Alt. und S. 4 SGB III Kurzarbeitergeld auch über den Sechsmonatszeitraum hinaus gewährt werden (*Bachner/Schindele* NZA 1999, 130 ff.). Es sollte in § 1 der Betriebsvereinbarung demnach für die Arbeitszeitverkürzung ein Zeitraum von höchstens sechs Monaten gewählt werden.

4. Geltungsbereich. Die §§ 169 ff. SGB III stellen grundsätzlich auf den **Betrieb** als Berechnungseinheit ab. Gemäß § 171 S. 2 SGB III ist als Betrieb im Sinne dieser Vorschriften auch eine **Betriebsabteilung** anzusehen (Küttner/*Volzke* Kurzarbeit Rdn. 37).

Dadurch eröffnet sich für die Gesellschaft und den Betriebsrat die Möglichkeit, die Kurzarbeit nicht pauschal für alle Arbeitnehmer innerhalb eines Betriebs, Unternehmens oder Konzerns einzuführen, sondern die Arbeitszeitverkürzung zielgerichtet und punktuell auf bestimmte Betriebsabteilungen zu beschränken, die etwa von einem Auftragseinbruch besonders stark betroffen sind. Die Beschreibung der Betriebsabteilung oder des Betriebs, für den die Arbeitszeitverkürzung gelten soll, ist so präzise wie möglich zu fassen, um etwaige Streitigkeiten – auch mit der Arbeitsagentur – zu vermeiden. In Einzelfällen kann sich dabei anbieten, die von der Kurzarbeit betroffenen Arbeitnehmer einzeln und namentlich aufzuführen (LAG Frankfurt Urt. v. 14. 3. 1997 – 17/13 Sa 162/96 – NZA-RR 1997, 479).

Zur Vereinbarung von Kurzarbeit mit leitenden Angestellten i. S. d. § 5 Abs. 3 BetrVG s. Anm. 1.

5. Umfang der Kurzarbeit. Hinsichtlich des Umfangs der wöchentlichen Arbeitszeitverkürzung sind Arbeitgeber und Betriebsrat grundsätzlich frei. Zu beachten ist jedoch § 170 SGB III. Danach wird Kurzarbeitergeld nur gewährt, wenn eine **Erheblichkeitsschwelle** durch die Arbeitszeitverkürzung überschritten wird. Gemäß § 170 Abs. 1 Nr. 4 SGB III muss innerhalb eines Kalendermonats **ein Drittel der Belegschaft** (Auszubildende nicht mitgerechnet) in einem Betrieb oder einer Betriebsabteilung von einem (Brutto-)**Entgeltausfall in Höhe von mindestens 10%** betroffen sein (BSG Urt. v. 21. 1. 1987 – 7 RAr 76/85 – DB 1987, 1544). Der Umfang der Arbeitszeitverkürzung ist demnach so zu wählen, dass diese Voraussetzungen erfüllt sind.

6. Lage der Arbeitszeit während der Kurzarbeit. Abhängig von den im Betrieb verfolgten Tätigkeiten ist es sinnvoll, die Lage der Arbeitszeit während der Kurzarbeit in der Betriebsvereinbarung hinreichend deutlich zu regeln (LAG Frankfurt Urt. v. 14. 3. 1997 – 17/13 Sa 162/96 – NZA-RR 1997, 479). Bei der generellen Geltung von Gleitzeit und flexiblen Arbeitszeiten kann so während der Dauer der Kurzarbeit sichergestellt werden, dass der Betrieb produktions- oder arbeitsfähig bleibt. Wird die Arbeitszeit derart verkürzt, dass ein oder mehrere Arbeitstage ausfallen, sollten diese ausfallenden Arbeitstage **an das Wochenende** gelegt werden. Auf diese Weise wird einerseits die Akzeptanz der Kurzarbeit in der Belegschaft gesteigert und andererseits ein zusammenhängender Zeitraum zur Produktion garantiert.

7. Kurzarbeitergeld. Da der Betriebsrat der Einführung von Kurzarbeit nur dann zustimmen wird, wenn eine Aussicht auf Gewährung von Kurzarbeitergeld durch die Arbeitsagentur besteht, empfiehlt es sich – klarstellend – eine Verpflichtung des Arbeitgebers aufzunehmen,

12. Kurzarbeit C. II. 12

die notwendigen **Anträge** (erhältlich bei www.arbeitsagentur.de) bei der Arbeitsagentur zu stellen (vgl. zur Berechnung des Kurzarbeitergeldes *Meyer* NZA 1999, 902, 906; *Ruhm* NZS 2000, 182 f.). Darüber hinaus sollte festgehalten werden, wie die Abrechnung des Kurzarbeitergeldes bei der Lohnabrechnung erfolgt.

Wird das Kurzarbeitergeld wegen Verschuldens der Gesellschaft durch die Arbeitsagentur nicht gewährt, steht den einzelnen Arbeitnehmern ein Schadensersatzanspruch gegen die Gesellschaft zu. Dies kann zur Klarstellung in der Betriebsvereinbarung festgehalten werden. Dadurch wird sowohl die Bereitschaft des Betriebsrats zur Vereinbarung von Kurzarbeit gesteigert als auch gegenüber den Arbeitnehmern eine erhöhte Absicherung dokumentiert.

8. Freiwillige Leistungen und Entgeltfortzahlung. Ob und inwieweit **freiwillige Leistungen** wie Urlaubsgeld, vermögenswirksame Leistungen und jährliche Sonderzuwendungen (oder andere Gratifikationen, Prämien etc.) von der Gesellschaft anhand des durch die Kurzarbeit verringerten Entgeltanspruchs berechnet werden oder aber so berechnet werden, als hätten die Arbeitnehmer die volle ursprüngliche Arbeitszeit abgeleistet, bleibt letztlich den Verhandlungen mit dem Betriebsrat überlassen (BAG Urt. v. 10. 5. 1995 – 10 AZR 650/94 – NZA 1995, 1106). Es sollte dabei auch berücksichtigt werden, dass die Arbeitszeit nur vorübergehend verringert wird und dass mit einer Einbeziehung der Arbeitszeitverringerung in die Berechnung der freiwilligen Leistungen auch ein nicht unerheblicher Verwaltungsaufwand einhergehen kann (*Schwarz* NZA 1996, 571, 572 ff.).

Bei der **Entgeltfortzahlung** ist die Gesellschaft kraft Gesetzes nur zu geringeren Leistungen verpflichtet. § 2 EFZG sieht vor, dass bei dem Zusammentreffen von Kurzarbeitszeit und Feiertagen die Entgeltfortzahlung sich allgemein aus § 2 Abs. 1 EFZG, also der Verpflichtung zur Entgeltfortzahlung an Feiertagen, bemisst. Nach dem Entgeltausfallprinzip gilt dabei als fortzuzahlendes Arbeitsentgelt die Höhe des Arbeitsentgelts, das aufgrund des Feiertages entfallen ist, mithin während einer Kurzarbeitsperiode die Höhe des Arbeitsentgelts während der Arbeitszeitverkürzung (*Schmitt* § 2 Rdn. 102 f.). Im Falle der Krankheit eines Arbeitnehmers bestimmt § 4 Abs. 3 EFZG ausdrücklich, dass das fortzuzahlende Arbeitsentgelt anhand der verkürzten Arbeitszeit während der Kurzarbeitsperiode zu berechnen ist. Fallen Krankheit, Kurzarbeit und Feiertag zusammen, gilt entgegen des widersprüchlichen Wortlauts des § 4 Abs. 3 S. 2 EFZG ebenfalls der Grundsatz, dass dem Arbeitnehmer nur das Entgelt fortzuzahlen ist, das aufgrund des zur Entgeltfortzahlung berechtigenden Tatbestandes ausgefallen ist. Auch hier bemisst sich also das Arbeitsentgelt nach der verkürzten Arbeitszeit (*Schmitt* § 2 Rdn. 107 f.). Die Berechnung des Krankengeldes nach Ablauf der sechswöchigen Entgeltfortzahlung ist hingegen umstritten (vgl. *Pivit* NZS 2003, 472 f.).

Nimmt der Arbeitnehmer hingegen während der Kurzarbeitsperiode Urlaub, bemisst sich gemäß § 11 Abs. 1 S. 3 BUrlG sein **Urlaubsentgelt** nach seinem vollen, ungekürzten Arbeitsentgelt. Die Verdienstkürzungen infolge der Kurzarbeit im Berechnungszeitraum (13 Wochen vor Beginn des Urlaubs) haben für die Berechnung des Urlaubsgeltes nach dem ausdrücklichen Willen des Gesetzgebers außer Betracht zu bleiben (GKBUrlG/*Stahlhacke* § 11 Rdn. 51; A/P/S/*Moll* § 19 KSchG Rdn. 35).

9. Zuschuss zum Kurzarbeitergeld. Die Gesellschaft kann dem Arbeitnehmer einen Zuschuss zum Kurzarbeitergeld gewähren. Diese Möglichkeit wird in der Praxis jedoch wohl nur dann in Erwägung zu ziehen sein, wenn eine Einigung mit dem Betriebsrat nicht anders zu erzielen ist. Teilweise sind solche Zuschüsse auch in Tarifverträgen geregelt. Die positiven Folgen für die finanzielle Entlastung der Gesellschaft während der Kurzarbeitsperiode wird durch die Gewährung eines solchen Zuschusses jedenfalls teilweise konterkariert und kommt demnach allenfalls dann in Betracht, wenn die Arbeitszeit deutlich, bis hin zum vollständigen Wegfall der Arbeitspflicht (Kurzarbeit null) verringert wird (BAG Urt. v. 21. 6. 2000 – 4 AZR 403/99 – NZA 2001, 666).

10. Information. Bereits der Anzeige der Kurzarbeit durch die Gesellschaft bei der zuständigen Arbeitsagentur ist eine Stellungnahme der Betriebsvertretung beizufügen (§ 173 Abs. 1 S. 1 SGB III). Der Betriebsrat ist also von Beginn an in das arbeitsbehördliche Verfahren eingebunden. Darüber hinaus kann die Einführung einer solchen Informationspflicht, die für die Gesellschaft keine besondere Belastung darstellen sollte, die Bereitschaft des Betriebsrats zum

Abschluss einer Betriebsvereinbarung steigern. Auch die Beteiligung des Vorsitzenden des Betriebsrats stellt insoweit eine vertrauensbildende Maßnahme dar.

11. Über-/Mehrarbeit. Aufgrund der wirtschaftlichen Lage der Gesellschaft, die zur Einführung von Kurzarbeit geführt hat, wird bei Abschluss der Betriebsvereinbarung häufig nicht daran gedacht, dass dennoch punktuell Bedarf für die Ableistung von Über-/Mehrarbeit bestehen kann. Generell muss dabei beachtet werden, dass die Durchführung von Über-/Mehrarbeit in (größerem) Ausmaß die Gewährung von Kurzarbeitergeld durch die Arbeitsagentur gefährden kann. Wenn die Notwendigkeit für die Ableistung von Über-/Mehrarbeit besteht, kann das Vorliegen eines erheblichen Arbeitsausfalles i. S. d. § 170 SGB III in Frage gestellt sein. Zu bedenken ist weiter, dass der Betriebsrat auch während der Kurzarbeitsperiode ein Mitbestimmungsrecht im Hinblick auf die Durchführung von Über-/Mehrarbeit gemäß § 87 Abs. 1 Nr. 3 BetrVG hat (Richardi/*Richardi* § 87 Rdn. 348).

12. Urlaub. Bereits unter Anm. 8. wurde darauf hingewiesen, dass bei der Berechnung des Urlaubsentgelts gemäß § 11 BUrlG die Arbeitszeitverkürzung aufgrund der Kurzarbeit nicht zu berücksichtigen ist. Diese Tatsache könnte einzelne Arbeitnehmer dazu veranlassen, während der Kurzarbeitsphase bevorzugt Urlaub zu nehmen. Ihr Entgeltanspruch entspräche dann nicht dem Kurzarbeitergeld, sondern vielmehr ihrem normalen Monatsverdienst. Auch die Arbeitsagenturen verlangen teilweise, eventuell bestehende Urlaubsrückstände aufzubrauchen.

13. Betriebsbedingte Kündigungen. Die Rechtsprechung nimmt grundsätzlich ein **Ausschließlichkeitsverhältnis** zwischen Kurzarbeit und dem Ausspruch von betriebsbedingten Kündigungen an (BAG Urt. v. 26. 6. 1997 – 2 AZR 494/96 – NZA 1997, 1286; *Meinhold* BB 1988, 623, 626; *Rommé/Pauker* NZA-RR 2000, 281, 286). Kurzarbeit beruht nämlich auf der Annahme, dass der Arbeitsausfall nur vorübergehend ist, während eine betriebsbedingte Kündigung voraussetzt, dass das Ende des Arbeitsausfalles nicht vorhersehbar ist. Demnach ist der Ausspruch von betriebsbedingten Kündigungen während der Kurzarbeitsperiode nur dann zulässig, wenn zu den äußeren Umständen, die zur Einführung der Kurzarbeit geführt haben, weitere Umstände kommen, die dann eine betriebsbedingte Kündigung rechtfertigen können (*Schiefer* NZA-RR 2005, 1, 9). Dies kann etwa eine innerbetriebliche Umstrukturierung oder Arbeitsverdichtung sein (BAG Urt. v. 26. 6. 1997 – 2 AZR 494/96 – NZA 1997, 1286). In seinem Kern stellt die Zusicherung, von betriebsbedingten Kündigungen abzusehen, also nur eine Wiedergabe der Rechtsprechung dar. Bei der Formulierung ist selbstverständlich darauf zu achten, dass andere Kündigungsgründe (verhaltensbedingte, personenbedingte Gründe) nicht einbezogen werden.

14. Veränderung und Beendigung der Kurzarbeit. Entgegen den Erwartungen der Gesellschaft und des Betriebsrats kann eine – zumindest vorübergehende – Verbesserung der Auftragslage entstehen. Daher sollte in das Formular eine Klausel aufgenommen werden, nach der die Gesellschaft kurzfristig auf die Veränderungen der Auftragslage reagieren kann, indem die wöchentliche Arbeitszeit der Arbeitnehmer – bis zur regelmäßigen Dauer – wieder heraufgesetzt werden kann. Es hängt dabei von der Verhandlungsposition ab, ob eine solche Veränderung der wöchentlichen Arbeitszeit mit oder ohne erneute Einbindung des Betriebsrats vereinbart wird; die wohl h. M. geht ohnehin davon aus, dass bei der Rückführung der Kurzarbeit ein Mitbestimmungsrecht des Betriebsrats nicht besteht (BAG Urt. v. 25. 10. 1977 – 1 AZR 452/74; BAG Urt. v. 18. 4. 1985 – 6 ABR 19/84 – AP Nrn. 1, 2, 14 zu § 87 BetrVG 1972 Arbeitszeit; *Bischof* NZA 1995, 1021, 1025; Richardi/*Richardi* § 87 BetrVG Rdn. 348). Jedenfalls besteht eine Pflicht der Gesellschaft, die – wenn auch nur vorübergehende – Erhöhung der wöchentlichen Arbeitszeit der Arbeitsagentur mitzuteilen, da dies Auswirkungen auf die Genehmigung von Kurzarbeitergeld hat.

Einer weiteren Verringerung der Arbeitszeit ohne Einbindung des Betriebsrats wird dieser aller Wahrscheinlichkeit nach nicht im Voraus zustimmen. Ohnehin ist es fraglich, ob ein solcher im Voraus erklärter Verzicht des Betriebsrats auf die Ausübung des Mitbestimmungsrechts gemäß § 87 Abs. 1 Nr. 3 BetrVG wirksam wäre (vgl. zur Problematik BAG Beschl. v. 31. 8. 1982 – 1 ABR 27/80 – BAG Beschl. v. 28. 10. 1986 – 1 ABR 11/89 – AP Nrn. 8, 20 zu § 87 BetrVG 1972 – Arbeitszeit; BAG Beschl. v. 17. 10. 1989 – ABR 31/87 – AP Nr. 397

§ 76 BetrVG 1972; BAG Beschl. v. 11. 3. 1986 – 1 ABR 12/84 – AP Nr. 14 zu § 87 BetrVG 1972 Überwachung; Beschl. v. 12. 1. 1988 – ABR 54/86 – AP Nr. 8 zu § 81 ArbGG 1979; BAG Urt. v. 26. 7. 1988 – 1 AZR 54/87 – AP Nr. 6 zu § 87 BetrVG 1972 Provision; BAG Urt. v. 3. 6. 2003 – 1 AZR 349/02 – AP Nr. 19 zu § 77 BetrVG 1972 Tarifvorbehalt).

Abhängig von der in § 1 des Formulars vereinbarten Dauer der Kurzarbeitszeit und dem Vorliegen der Voraussetzungen des § 175 SGB III sollte eine Verlängerungsoption in die Betriebsvereinbarung eingeführt werden.

15. Inkrafttreten und Kündigung. Hinsichtlich der Regelung der Laufzeit der Betriebsvereinbarung ergibt sich als Besonderheit zu den üblichen Regelungen (dazu Form. C. II. 1 Anm. 15) lediglich, dass die erste Kündigungsmöglichkeit erst für den Zeitraum nach Ablauf der ursprünglich gemäß § 1 Abs. (1) festgelegten Dauer der Kurzarbeit vorgesehen werden sollte.

16. Schlussbestimmungen. S. Form. C. II. 1 Anm. 16.

13. EDV-Rahmenbetriebsvereinbarung

EDV-Rahmenbetriebsvereinbarung[1]

zwischen
...... (Name und Anschrift des Arbeitgebers) „Gesellschaft"
und
Betriebsrat des Betriebs ...... der ...... (Name des Arbeitgebers) „Betriebsrat"
(*Alternative:* Gesamtbetriebsrat/Konzernbetriebsrat)

Präambel[2]

Die elektronische Datenverarbeitung (EDV) stellt einen unverzichtbaren Bestandteil der alltäglichen Betriebsabläufe in unserem Unternehmen dar. Mit der Einführung von EDV-Systemen und ihrer Erweiterung wird eine effiziente Gestaltung der Arbeitsprozesse ermöglicht. Zugleich kann die Nutzung der EDV aber auch zu Persönlichkeitsrechtverletzungen der Mitarbeiter führen. Diese Betriebsvereinbarung dient als Rahmenrichtlinie dem Schutz der informationellen Selbstbestimmung der Mitarbeiter beim Einsatz von EDV-Systemen.

§ 1 Geltungsbereich[3]

(1) Diese Betriebsvereinbarung gilt in persönlicher Hinsicht für alle Arbeitnehmer des Betriebs ...... der Gesellschaft („Mitarbeiter"), einschließlich der auf einem Telearbeitsplatz Beschäftigten, mit Ausnahme der leitenden Angestellten i. S. d. § 5 Abs. 3 BetrVG.

(2) Die Betriebsvereinbarung gilt in sachlicher Hinsicht für alle bei der Gesellschaft eingesetzten und noch einzusetzenden EDV-Systeme.

(3) Für EDV-Systeme, deren Einführung, Anwendung, Änderung oder Erweiterung weitergehender Regelungen bedürfen, werden auf der Grundlage dieser Rahmenbetriebsvereinbarung[4] gesonderte Betriebsvereinbarungen abgeschlossen.

§ 2 Begriffsbestimmungen[5]

(1) Personalinformationen sind Daten, die sich auf den nach § 1 Abs. (1) dieser Betriebsvereinbarung geschützten Personenkreis beziehen oder auf diesen bezogen werden können.

(2) EDV-Systeme sind alle Hard- und Softwarekomponenten, die dazu geeignet sind, Personalinformationen zu erheben, zu verarbeiten oder zu nutzen.

(3) Erheben ist das Beschaffen von Personalinformationen.

(4) Verarbeiten ist das automatisierte Speichern, Verändern, Übermitteln, Sperren und Löschen von Personalinformationen durch EDV-Systeme.
a) Speichern ist das Erfassen, Aufnehmen oder Aufbewahren von Personalinformationen auf einem Datenträger zum Zwecke der weiteren Verarbeitung oder Nutzung.
b) Verändern ist das inhaltliche Umgestalten gespeicherter Personalinformationen.
c) Übermitteln ist die Bekanntgabe gespeicherter oder durch Verarbeitung gewonnener Personalinformationen an Dritte.
d) Sperren ist das Kennzeichnen der Personalinformationen, um ihre weitere Verarbeitung oder Nutzung einzuschränken.
e) Löschen ist das Unkenntlichmachen von Personalinformationen.

(5) Nutzen ist jede Verwendung von Personalinformationen, soweit es sich nicht um Verarbeitung handelt.

(6) Im Übrigen gelten die Begriffsbestimmungen des Bundesdatenschutzgesetzes.

§ 3 Grundsätze[6]

(1) Das Erheben, Verarbeiten und Nutzen von Personalinformationen ist im Rahmen der Zweckbestimmung des Arbeitsverhältnisses für alle geschäftlichen und betrieblichen Zwecke zulässig, soweit in dieser oder einer sonstigen Betriebsvereinbarung nichts anderes bestimmt ist.

(2) Die Weitergabe von Personalinformationen an Dritte ist nur im Rahmen des vorstehenden Abs. (1) zulässig. Die Gesellschaft stellt sicher, dass die in dieser Betriebsvereinbarung festgelegten Rechte und Pflichten auch von Dritten eingehalten werden, die im Auftrag der Gesellschaft tätig sind.

(3) Die von der Gesellschaft eingesetzten EDV-Systeme werden den Mitarbeitern ausschließlich zu dienstlichen Zwecken zur Verfügung gestellt.

(4) Mitarbeiter erhalten Zugang zu EDV-Systemen nur insoweit, als dies jeweils zur Erfüllung ihrer arbeitsvertraglichen Aufgaben notwendig ist.

(5) Mitarbeiter dürfen nur die zur Erfüllung ihrer arbeitsvertraglichen Aufgaben erforderlichen Daten erheben, verarbeiten und nutzen. Sie unterliegen dem Datengeheimnis sowie der Pflicht zur Verschwiegenheit hinsichtlich aller Personalinformationen. Vor der Aufnahme ihrer Tätigkeit sind die Mitarbeiter durch die Gesellschaft auf das Datengeheimnis und ihre Verschwiegenheitsverpflichtung schriftlich hinzuweisen.

§ 4 Leistungs- und Verhaltenskontrollen[7]

(1) Die Auswertung von Personalinformationen durch EDV-Systeme zum Zwecke der Verhaltens- oder Leistungskontrolle ist unzulässig, sofern dies nicht eine gesonderte Betriebsvereinbarung gestattet.

(2) Personalinformationen, die unter Verletzung dieser Betriebsvereinbarung gewonnen wurden, unterliegen einem Beweisverwertungsverbot. Personelle Maßnahmen können hierauf nicht gestützt werden.

§ 5 Information und Fortbildung des Betriebsrats[8]

(1) Mit Inkrafttreten dieser Betriebsvereinbarung wird der Betriebsrat über alle bereits eingeführten EDV-Systeme und den Umfang der bereits erhobenen Personalinformationen informiert.

(2) Der Betriebsrat wird rechtzeitig und umfassend über die künftige Einführung, Anwendung, Änderung oder Erweiterung von EDV-Systemen informiert. Die Information ist nur dann rechtzeitig, wenn noch keine vertragliche Regelung mit Dritten getroffen wurde.

(3) Der Betriebsrat wird darüber informiert, ob und inwieweit Personalinformationen an Dritte weitergegeben werden.

(4) Ein Mitglied des Betriebsrats wird auf Antrag vor der Einführung, Anwendung, Änderung oder Erweiterung von EDV-Systemen auf Kosten der Gesellschaft über das jeweilige EDV-System fortgebildet. Die Fortbildungsmaßnahmen sollen dem Mitglied des Betriebsrats Kenntnisse und Fähigkeiten vermitteln, die zur Überwachung des EDV-Systems erforderlich sind.

§ 6 Information und Fortbildung der Mitarbeiter

(1) Die betroffenen Mitarbeiter werden spätestens …… (Anzahl) Wochen vor der Einführung, Anwendung, Änderung oder Erweiterung von EDV-Systemen über die künftigen Arbeitsabläufe informiert.

(2) Die betroffenen Mitarbeiter werden rechtzeitig über das EDV-System fortgebildet. Die Fortbildungsmaßnahmen sollen die Mitarbeiter in die Lage versetzen, das EDV-System effizient zur Erfüllung ihrer arbeitsvertraglichen Pflichten einzusetzen.

§ 7 Inkrafttreten, Kündigung[9]

(1) Diese Betriebsvereinbarung tritt am …… in Kraft. Sie kann mit einer Frist von sechs Monaten zum Ende eines Kalenderjahres gekündigt werden. Die Betriebsvereinbarung entfaltet keine Nachwirkung.

(2) Die Kündigung bedarf der Schriftform.

§ 8 Schlussbestimmungen[10]

(1) Diese Betriebsvereinbarung löst alle eventuellen vorherigen EDV-Rahmenbetriebsvereinbarungen, insbesondere …… ab. Ergänzend gilt die Betriebsvereinbarung über Datenschutz vom ……[11]. Mündliche Nebenabreden bestehen nicht. Änderungen oder Ergänzungen dieser Betriebsvereinbarung, einschließlich dieser Bestimmung, bedürfen zu ihrer Wirksamkeit der Schriftform.

(2) Sollte eine Bestimmung dieser Betriebsvereinbarung ganz oder teilweise unwirksam sein oder werden, so wird hiervon die Wirksamkeit der übrigen Bestimmungen nicht berührt. Anstelle der unwirksamen Bestimmung werden die Betriebspartner die gesetzlich zulässige Bestimmung vereinbaren, die dem mit der unwirksamen Bestimmung Gewollten wirtschaftlich am nächsten kommt. Dasselbe gilt für den Fall einer vertraglichen Lücke.

(3) Diese Betriebsvereinbarung steht unter dem Vorbehalt etwaiger ablösender – auch freiwilliger – Betriebsvereinbarungen.

(4) Sollten sich die dieser Betriebsvereinbarung zugrunde liegenden tatsächlichen oder rechtlichen Bedingungen grundlegend ändern, so werden die Betriebspartner unverzüglich in Verhandlungen treten mit dem Ziel, die Betriebsvereinbarung an die geänderten Bedingungen anzupassen.

……	……
Ort, Datum	Ort, Datum
……	……
Unterschrift der Gesellschaft	Unterschrift des Betriebsrats

Schrifttum: Bäumler, „Der neue Datenschutz" – Datenschutz in der Informationsgesellschaft von morgen, 1. Aufl. 1998; *Däubler*, Gläserne Belegschaft? Datenschutz in Betrieb und Dienststelle, 4. Aufl., 2002; *ders.*, Das neue Bundesdatenschutzgesetz und seine Auswirkungen im Arbeitsrecht, NZA 2001, 874; *ders.*, Das neue Bundesdatenschutzgesetz und seine Auswirkungen im Arbeitsrecht, NZA 2001, 874; *Dörr/ Schmidt*, Neues Bundesdatenschutzgesetz, 1. Aufl. 1991; *Ehmann*, Datenschutz und Mitbestimmung bei der Arbeitnehmer-Datenverarbeitung, NZA 1993, 241; *ders.*, Datenverarbeitung und Persönlichkeitsschutz im Arbeitsverhältnis, NZA 1985, Beilage Nr. 1, 2; *Franzen*, Die Novellierung des Bundesdatenschutzgesetzes und ihre Bedeutung für die Privatwirtschaft, DB 2001, 1867; *Gola/Schomerus*, Bundesdatenschutzgesetz, 7. Aufl., 2002; *Gola/Wronka*, Handbuch zum Arbeitnehmer-Datenschutz, 2. Aufl., 1994; *Junker/Brand/Feldmann*, Neue Kommunikationsmittel und Rechte des Betriebsrats, Beilage zu BB 2000,

14; *Linnenkohl/Linnenkohl,* Betriebsverfassungsrechtlicher Schutz des Persönlichkeitsrechts bei der Einführung neuer Kommunikationstechnologien, BB 1992, 770; *Simitis,* Mitbestimmung als Regulativ einer technisierten Kontrolle von Arbeitnehmern, NJW 1985, 401; *Söllner,* Zur Beteiligung des Betriebsrats und zur Zuständigkeit der Einigungsstelle bei Einführung und Anwendung von Personalinformationssystemen, DB 1984, 1243; *Tinnenfeld/Ehmann,* Einführung in das Datenschutzrecht, 3. Auflage 1998; *Weckbach,* Informationsrechte des Betriebsrats bei Einsatz von EDV in der Personalverwaltung, NZA 1988, 305; *Wohlgemuth,* Auswirkungen der EG-Datenrichtlinie auf den Arbeitnehmer-Datenschutz, BB 1996, 690.

Anmerkungen

1. Regelungsinhalt. Der Einsatz moderner EDV-Systeme ist schon längst unverzichtbar. Er birgt die Gefahr, dass durch eine überzogene Erhebung und Verarbeitung von Arbeitnehmerdaten in die Persönlichkeitssphäre des Arbeitnehmers eingegriffen wird. Dem soll § 75 Abs. 2 BetrVG entgegenwirken. Die Regelung legt dem Arbeitgeber gemeinsam mit dem Betriebsrat den Schutz der freien Entfaltung der Persönlichkeit des Arbeitnehmers im Betrieb auf. Dieser Schutzauftrag des § 75 Abs. 2 BetrVG stimmt mit dem des Art. 2 Abs. 1 i. V. m. Art. 1 Abs. 1 GG überein (vgl. hierzu *Däubler* Rdn. 102 Fn 69; *Linnenkohl/Linnenkohl* BB 1992, 770, 770). Daraus folgt, dass Arbeitgeber und Betriebsrat gemeinsam dem **Recht auf informationelle Selbstbestimmung** des Arbeitnehmers im Betrieb, also dem Recht, selbst zu entscheiden, wann und innerhalb welcher Grenzen persönliche Lebenssachverhalte offenbart werden sollen, Rechnung zu tragen haben.

Zentrales Instrument zur Wahrung des Rechts auf informationelle Selbstbestimmung ist das **Bundesdatenschutzgesetz.** Es schützt den Einzelnen davor, durch den Umgang mit seinen personenbezogenen Daten in seinem Persönlichkeitsrecht beeinträchtigt zu werden. Nach § 4 BDSG ist die Erhebung und Verarbeitung von Daten daher nur zulässig, soweit das BDSG, eine andere Rechtsvorschrift oder der Betroffene selbst dies gestatten oder es die Zweckbestimmung eines Vertragsverhältnisses erfordert (§ 28 BDSG). Das BDSG dient damit dem Ausgleich zwischen dem grundgesetzlich gesicherten Recht auf informationelle Selbstbestimmung des Arbeitnehmers und der Notwendigkeit im Arbeitsverhältnis Daten zu erheben (BAG Urt. v. 22. 10. 1986 – 5 AZR 660/85 – NZA 1987, 415, 416; MünchHdbArbR/*Blomeyer* § 99 Rdn. 3). Als verlässliches betriebliches Mittel zur Gewährleistung eines Ausgleichs im Betrieb stellt eine Betriebsvereinbarung eine andere Rechtsvorschrift i. S. d. § 4 Abs. 1 BDSG dar (BAG Beschl. v. 27. 5. 1986 – 1 ABR 48/84 – NZA 1986, 643, 646; *Ehmann* NZA 1993, 241, 247).

Die Betriebsparteien müssen sich hierbei nicht zwingend und stringent an den Vorgaben des Bundesdatenschutzgesetzes orientieren. In einer **Betriebsvereinbarung** kann von den Vorgaben des Bundesdatenschutzgesetzes auch zu Ungunsten der Mitarbeiter **abgewichen** werden (BAG Beschl. v. 27. 5. 1986 – 1 ABR 48/84 – AP Nr. 15 zu § 87 BetrVG 1972 Überwachung). Betriebsvereinbarungen sind also nicht darauf beschränkt, Rechtsbegriffe des Bundesdatenschutzgesetzes unter Berücksichtigung der betrieblichen Besonderheiten näher zu konkretisieren oder den Datenschutz der Arbeitnehmer zu verstärken. Allerdings müssen sich auch Betriebsvereinbarungen im Rahmen der grundgesetzlichen Wertungen, der zwingenden gesetzlichen Regelungen und der allgemeinen Grundsätze des Arbeitsrechts halten. Die gesetzlichen Schranken der zulässigen Datenverarbeitung – die Berücksichtigung der allgemeinen Datenschutzrechte, wie sie im Bundesdatenschutzgesetz, in der EU-Datenschutzverordnung 45/2001 und im Volkszählungsurteil des Bundesverfassungsgerichtes (BVerfG Urt. v. 15. 12. 1983 – 1 BvR 209/83 – NJW 1984, 419) ihren Niederschlag gefunden haben – sind einzuhalten (*F/E/S/T/L* § 87 Rdn. 29). Es empfiehlt sich daher immer ein orientierender Blick auf die maßgebenden Regelungen des Bundesdatenschutzgesetzes.

Die Einführung neuer EDV-Systeme berührt aber nicht nur § 75 Abs. 2 BetrVG, sondern darüber hinaus zahlreiche **weitere Rechte des Betriebsrats.** So sieht § 80 BetrVG vor, dass der Betriebsrat zur Ausübung seiner Kontrollfunktion über die Einhaltung geltender Gesetze oder Betriebsvereinbarungen vom Arbeitgeber rechtzeitig und umfassend zu unterrichten ist. Nach §§ 90 und 91 BetrVG gilt ähnliches für technische Anlagen und deren Auswirkungen auf die menschengerechte Gestaltung der Arbeitsplätze. Daneben kann insbesondere das Mitbestimmungsrecht aus § 87 Abs. 1 Nr. 6 BetrVG betroffen sein, soweit eine Verhaltens- und Leistungskontrolle durch den Einsatz der EDV-Systeme möglich ist.

2. Präambel. Der Ausgleichsgedanke zwischen dem betrieblichen Interesse an der Verwendung von modernen EDV-Systemen auf der einen Seite sowie der damit einhergehenden Gefahr von Datenmissbräuchen und der Wahrung des Rechts auf informationelle Selbstbestimmung auf der anderen Seite findet in der Präambel eine ausdrückliche Erwähnung.

3. Geltungsbereich. Die Ausweitung des **sachlichen Geltungsbereichs** auf alle gegenwärtig sowie zukünftig einzusetzenden EDV-Systeme trägt dem Charakter der Betriebsvereinbarung als Rahmenvereinbarung Rechnung.

4. Rahmenbetriebsvereinbarung. Angesichts der Vielzahl einsetzbarer EDV-Systeme bietet sich der Abschluss einer EDV-Rahmenbetriebsvereinbarung an. Dadurch werden Regelungen, die alle oder eine Vielzahl von EDV-Systemen betreffen, vor die Klammer gezogen. Gesonderte Betriebsvereinbarungen zur Einführung neuer Hard- und Software sind dann nur noch erforderlich, wenn und soweit dies aufgrund ihrer spezifischen Eigenheiten erforderlich erscheint. In erster Linie wird dies der Fall sein, wenn Leistungs- und Verhaltensdaten der Arbeitnehmer erhoben werden können (§ 87 Abs. 1 Nr. 6 BetrVG). Weitere Besonderheiten regeln Betriebsvereinbarungen zur Nutzung von Internet, Intranet und E-Mail (Form. C. II. 14), zur Nutzung der Telefonanlage und Telefondatenerfassung (Form. C. II. 15) und zur Bildschirmarbeit (Form. C. II. 18).

Das Formular beschränkt sich darauf, auch hinsichtlich des Schutzes von Arbeitnehmerdaten nur Rahmenregelungen vorzugeben. Detaillierte Vorschriften hierzu enthält die Betriebsvereinbarung über Datenschutz (Form. C. II. 16).

5. Begriffsbestimmungen. Das Formular greift die Legaldefinitionen des § 3 BDSG auf, die teilweise weitergehend konkretisiert werden.

Zu den **Personalinformationen** zählen alle Informationen, die sich die persönlichen oder sachlichen Verhältnisse eines bestimmten Arbeitnehmers beziehen wie Vor- und Familienname, Geburtsdatum, Anschrift, Familienstand, Zahl der Kinder, Staatsangehörigkeit, Konfession, Betriebszugehörigkeit, Gewerkschaftszugehörigkeit, Schwerbehinderung, Sozialversicherungsnummer, Lohnsteuerklasse, Telefonnummer im Betrieb, Fahrtenschreiberdaten und Fotografien (*Gola/Schomerus* § 3 Rdn. 5).

Werden Daten über einen Arbeitnehmer nur als Mitglied einer Personengruppe erhoben und verarbeitet, nimmt der Gruppenbezug den Daten nicht den Charakter von Einzelangaben, sofern diese auf den einzelnen Arbeitnehmer zurückbezogen werden können (BAG Urt. v. 26. 7. 1994 – 1 ABR 6/94 – NZA 1995, 185, 187; *Gola/Schomerus* § 3 Rdn. 3).

6. Grundsätze. § 3 des Formulars enthält einige grundlegende Regelungen zum Datenschutz, die in der **Betriebsvereinbarung über Datenschutz** (Form. C. II. 16) näher konkretisiert und teilweise auch modifiziert werden.

Die Verwendung von Personalinformationen wird im Detail in Form. C. II. 16, dort § 4 geregelt. Denkbar ist es auch, generell festzuschreiben, dass Personalinformationen nur zu eingeschränkten Zwecken erhoben, verarbeitet oder genutzt werden dürfen (z. B. zur Lohn- und Gehaltsabrechnung, Erfassung von Arbeitszeiten, Personalverwaltung, Personalplanung und Personalentwicklung). Damit besteht allerdings die Gefahr, dass künftig erforderlich werdende Verwendungsmöglichkeiten nicht bedacht wurden.

Werden externe Dritte – beispielsweise externe Lohnbuchhaltungen – beauftragt, verbleibt die datenschutzrechtliche Verantwortlichkeit beim Arbeitgeber als Auftraggeber (*Weckbach* NZA 1988, 305, 307). Der Arbeitgeber muss damit dafür Sorge tragen, dass auch Dritte die datenschutzrechtlichen Regelungen einhalten. Zur Übermittlung von Daten an im Ausland befindliche Dritte s. Form. C. II. 16 Anm. 9.

Die Verpflichtung zur Wahrung des Datengeheimnisses folgt aus § 5 BDSG (s. Form. A. IV. 4).

7. Ausschluss von Leistungs- und Verhaltenskontrollen. EDV-Systeme, die nur die Möglichkeit bieten, das Verhalten oder die Leistung der Arbeitnehmer zu überwachen, unterliegen der **Mitbestimmung nach § 87 Abs. 1 Nr. 6 BetrVG.** Deren Einführung unterliegt nicht erst dann dem Mitbestimmungsrecht, wenn Verhaltens- oder Leistungsdaten erhoben oder verarbeitet werden. Ausreichend ist, dass Informationen erfasst werden, die zwar für sich allein keine Aussage über Verhalten oder Leistung zulassen, jedoch in Verknüpfung mit anderen Daten eine Verhaltens- oder Leistungskontrolle ermöglichen (BAG Urt. v. 11. 3. 1986 – 1 ABR 21/84 – AP Nr. 14 zu § 87 BetrVG Überwachung; *F/E/S/T/L* § 87 Rdn. 235). Damit können zwar Statusdaten (Anschrift, Familienstand, Kinderzahl, Steuerklasse etc.) ohne Mitbestimmung gespeichert werden; erfolgt aber aufgrund einer Software eine Verknüpfung mit anderen Daten, die Aussagen zum Verhalten und zur Leistung ermöglichen, greift das Mitbestimmungsrecht ein.

Jeder Verarbeitungsschritt von der Erfassung über die Verarbeitung bis zur Auswertung fällt unter den Tatbestand des § 87 Abs. 1 Nr. 6 BetrVG.

Die Einführung von Hard- und Software, die zur Verhaltens- und Leistungskontrolle geeignet ist, kann regelmäßig nicht durch eine Rahmenbetriebsvereinbarung vorweg genommen werden. Hier werden jeweils Einzelheiten in einer gesonderten Betriebsvereinbarung zu treffen sein, die die Reichweite der Datenerhebung und deren Verwertung regelt.

8. Information und Fortbildung des Betriebsrats. Damit der Betriebsrat seine betriebsverfassungsrechtliche Überwachungsfunktion wahrnehmen kann, ist er nach § 80 Abs. 2 BetrVG rechtzeitig und umfassen zu informieren. Das **Unterrichtungsrecht** wird nicht durch das Bundesdatenschutzgesetz eingeschränkt (Richardi/*Richardi/Thüsing* § 80 Rdn. 57). Im Gegenteil handelt es sich bei dem BDSG um eine Norm mit arbeitnehmerschützenden Charakter i. S. d. § 80 Abs. 1 Nr. 1 BetrVG (*Gola/Schomerus* § 1 Rdn. 5; *Simitis* NJW 1985, 401, 402; *Weckbach* NZA 1988, 305; *Däubler* Rdn. 630). Die Unterrichtungspflicht besteht unabhängig davon, ob der Betriebsrat den Arbeitgeber zur Auskunftserteilung aufgefordert hat (*Weckbach* NZA1988, 305, 306).

Ein Überwachungs- und Informationsrecht steht dem Betriebsrat auch zu, wenn der Arbeitgeber Dritte mit der Verarbeitung der Arbeitnehmerdaten beauftragt (BAG Beschl. v. 17. 3. 1987 – 1 ABR 59/85 – NZA 1987, 747; LAG Hamburg Beschl. v. 20. 6. 1985 – 7 TaBV 10/84 – BB 1985, 2210, 2111; LAG Frankfurt a. Main Beschl. v. 19. 10. 1984 – 5 TaBV 104/84 – NZA 1985, 34, 35; *Däubler* Rdn. 631*).*

Zum **Gegenstand der Information** gehören in jedem Fall Angaben zur Art des EDV-Systems, zu den gespeicherten Daten, zur Zwecksetzung, die der Arbeitgeber verfolgt und zur Datenvernetzung (*Däubler* Rdn. 634).

Rechtzeitige Unterrichtung setzt eine derart frühzeitige Information voraus, dass der Betriebsrat nach der arbeitgeberseitigen Entscheidung über das „Ob" der Einführung des EDV-Systems seine Rechte wahrnehmen und datenschutzrechtliche Bedenken zeitnah anmelden kann. Es empfiehlt sich insofern eine Unterrichtung vor der Inbetriebnahme des EDV-Systems (so auch LAG Hamburg Beschl. v. 20. 6. 1985 – 7 TaBV 10/84 – BB 1985, 2210, 2111; *Weckbach* NZA 1988, 305, 306). Das Formular sieht eine Information des Betriebsrats noch frühzeitiger, nämlich vor einer vertraglichen Bindung mit einem Dritten, vor.

Um seine Kontrollaufgabe wahrnehmen zu können und im Hinblick auf das ohnehin nach § 37 Abs. 6 BetrVG bestehende Recht zur Teilnahme an **Schulungs- und Bildungsveranstaltungen** ist dem Betriebsrat das Recht einzuräumen, sich Kenntnisse über die eingesetzten und einzusetzenden EDV-Systeme anzueignen. Grundkenntnisse über die eingesetzten EDV-Systeme dürften zu den erforderlichen Kenntnissen i. S. d. § 37 Abs. 6 BetrVG gezählt werden (*Däubler* Rdn. 655).

9. Inkrafttreten und Kündigung. S. Form. C. II. 1 Anm. 15.

10. Schlussbestimmungen. S. Form. C. II. 1 Anm. 16.

11. Betriebsvereinbarung über Datenschutz. S. Form. C. II. 16.

14. Nutzung von Internet, Intranet und E-Mail

Betriebsvereinbarung über die Nutzung von Internet, Intranet und E-Mail[1]

zwischen
...... (Name und Anschrift des Arbeitgebers) „Gesellschaft"
und
Betriebsrat des Betriebs ...... der ...... (Name des Arbeitgebers) „Betriebsrat"
(*Alternative:* Gesamtbetriebsrat/Konzernbetriebsrat)

Präambel[2]

Internet, Intranet und elektronischer Mailverkehr gehören zu den unverzichtbaren modernen Kommunikationsmitteln. Die Gesellschaft hat sich daher dafür entschieden, ihren Mitarbeitern den Zugang zu diesen Kommunikationsmitteln zur Verfügung zu stellen. Den Betriebsparteien ist bewusst, dass sowohl die effiziente dienstliche Nutzung der Kommunikationsmittel und der Schutz von Geschäfts- und Betriebsgeheimnissen als auch das Persönlichkeitsrecht der Mitarbeiter einen hohen Stellenwert haben. Diese Betriebsvereinbarung legt Leitlinien fest, die den eigenverantwortlichen und bewussten Umgang mit den elektronischen Kommunikationsmitteln gewährleisten sollen.

§ 1 Geltungsbereich

(1) Diese Betriebsvereinbarung gilt in persönlicher Hinsicht für alle Arbeitnehmer des Betriebs ...... der Gesellschaft („Mitarbeiter"), mit Ausnahme der leitenden Angestellten im Sinne des § 5 Abs. 3 BetrVG.

(2) Die Betriebsvereinbarung gilt in sachlicher Hinsicht für die Nutzung von Internet, Intranet und E-Mail sowie von ähnlichen, von der Gesellschaft eingesetzten oder noch einzusetzenden elektronischen Kommunikationsmitteln[3]. Sie ergänzt und konkretisiert die EDV-Rahmenbetriebsvereinbarung vom......[4] und die Betriebsvereinbarung über Datenschutz vom ......[5].

§ 2 Begriffsbestimmungen[6]

(1) Im Sinne dieser Betriebsvereinbarung sind
- Netz das Zusammenwirken aller technischen Einrichtungen, die es ermöglichen, Daten zwischen miteinander verbundenen Computern zu senden, zu übertragen, zu vermitteln, zu empfangen, zu steuern oder zu kontrollieren,
- Internet der weltweite Verbund von Computernetzwerken, die über das Internet-Protokoll miteinander kommunizieren,
- Internet-Dienste alle auf dem Internet aufsetzenden Dienste (z.B. das File Transfer Protocol – FTP oder das World Wide Web – WWW) mit der Ausnahme von E-Mail,
- Intranet das firmeninterne Computernetzwerk,
- E-Mail elektronische Post,
- E-Mail-Server eine zentral aufgestellte Computereinheit, die der Versendung, Übertragung, Vermittlung, Zwischenspeicherung von E-Mails an Clients dient,
- Clients die an den Arbeitsplätzen der Mitarbeiter eingerichteten Computer, die zur Erstellung, zum Empfangen, zum Lesen, zum Versenden, zum Verarbeiten und zum Speichern von E-Mails geeignet sind,
- SPAM unverlangte oder unerwünschte (Werbe-)E-Mails und Nachrichten,
- Attachment eine Datei, die als Anhang zu einer E-Mail verschickt wird,
- Log-Datei die Datei, in der elektronische Posteingänge festgehalten werden,
- Postmaster das E-Mail-Verwaltungssystem,

- Verbindungsdaten Client-Nummer, Adresse des Zielrechners, URL (gesamte Adresse einer Internet-Seite), Datum und Uhrzeit sowie Dauer und Umfang der Datenübertragung, Absenderadresse, Empfängeradresse und E-Mail-ID.

(2) Im Übrigen gelten die Begriffsbestimmungen des Bundesdatenschutzgesetzes, des Telekommunikationsgesetzes, des Teledienstegesetzes und des Teledienstedatenschutzgesetzes.

§ 3 Grundsätze der Internet-, Intranet- und E-Mail-Nutzung

(1) Internet-Dienste dienen dem Zugriff auf weltweit verfügbare Informationen und Daten zur Erfüllung dienstlicher Aufgaben. Der Zugang zu Internet-Diensten wird den Mitarbeitern ausschließlich zur dienstlichen Nutzung zur Verfügung gestellt. Jede private Nutzung ist ausgeschlossen[7].

(2) Das Intranet dient ausschließlich der unternehmensinternen Information und Kommunikation zu dienstlichen Zwecken. Jede private Nutzung ist ausgeschlossen.

(3) E-Mails dienen dem Empfangen und Versenden von elektronischer Post zwischen Mitarbeitern sowie zwischen Mitarbeitern und Dritten. Der E-Mail-Zugang wird den Mitarbeitern zur dienstlichen Nutzung zur Verfügung gestellt[8]. Daneben kommt eine private Nutzung ausschließlich nach § 5 dieser Betriebsvereinbarung in Betracht.

(4) Bei der dienstlichen wie privaten Nutzung wird ein verantwortungsvoller Umgang mit dem Internet, dem Intranet sowie dem E-Mail-Verkehr vorausgesetzt. Soweit eine private Nutzung zulässig ist, haben die Mitarbeiter deren Ausmaß auf ein Minimum zu reduzieren. Insbesondere dürfen durch die private Nutzung die dienstlichen Angelegenheiten nicht beeinträchtigt werden[9].

(5) Ein Anspruch der Mitarbeiter auf die private Nutzung besteht nicht. Die Gesellschaft ist jederzeit berechtigt, die private Nutzung einseitig aufzuheben oder in ihrem Umfang zu ändern, ohne dass dies einer einvernehmlichen Änderung dieser Betriebsvereinbarung oder der Zustimmung durch den Betriebsrat oder die betroffenen Mitarbeiter bedarf.

(6) Unzulässig ist jede Internet-, Intranet- und E-Mail-Nutzung, die gegen geltende Rechtsvorschriften oder Richtlinien der Gesellschaft verstößt oder die geeignet ist, den Interessen der Gesellschaft oder deren Ansehen in der Öffentlichkeit zu schaden. Insbesondere verboten ist

- das Aufrufen, Abrufen, Downloaden und Verbreiten von Inhalten, die gegen datenschutzrechtliche, urheberrechtliche oder strafrechtliche Bestimmungen verstoßen,
- das Aufrufen, Abrufen, Downloaden und Verbreiten von verfassungsfeindlichen, beleidigenden, verleumderischen, gewaltverherrlichenden, rassistischen oder sexistischen oder pornografischen Inhalten,
- das Streamen oder Downloaden von Spielfilmen und Musikstücken im MP3-Format oder in vergleichbaren Dateiformaten,
- das Aufrufen, Abrufen und Downloaden von kostenpflichtigen Inhalten,
- die Teilnahme an Internetchats,
- das Versenden von Rund- und Ketten-E-Mails,
- das Einspeisen von Viren, Würmern, Trojanischen Pferden und ähnlichem[10].

(7) Attachments eingehender E-Mails dürfen nur geöffnet werden, wenn sie von vertrauensvollen Quellen stammen.

§ 4 Internet

(1) Der auf den einzelnen Clients installierte Internetzugang bietet die Internet-Dienste ...... (Aufzählung) an.

(2) Für Veränderungen der technischen Spezifikation und der installierten Software ist ausschließlich die Gesellschaft zuständig. Die Gesellschaft ist berechtigt, eine oder mehrere Firewalls zu installieren.

14. Nutzung von Internet, Intranet und E-Mail — C. II. 14

(3) Die Gesellschaft speichert für die Dauer von ...... (Anzahl) Monaten jede Nutzung des Internets in einer hierzu eigens einzurichtenden Datei. In der Datei wird die Internetnutzung mit Client-Nummer, Adresse des Zielrechners, URL, Datum und Uhrzeit sowie Dauer und Umfang der Datenübertragung gespeichert[11]. Verantwortlich für die Erfassung und Löschung ist .... Er ist Zugriffsberechtigter im Sinne der Betriebsvereinbarung über Datenschutz. Die Erfassung der Daten erfolgt zur Gewährleistung der Systemsicherheit und -kapazität, der Kostenerfassung und -abrechnung, der Missbrauchskontrolle sowie für den Fall des begründeten Verdachts der Begehung von Straftaten.

(4) Die Gesellschaft ist berechtigt, Name, Vorname, Arbeitsgebiet, E-Mail-Adresse sowie Telefon- und Faxnummer der Mitarbeiter auf ihrer Internet-Website anzugeben, soweit deren Funktion im Unternehmen den direkten Kontakt mit Kunden, Lieferanten, Behörden oder anderen Stellen erforderlich macht (z.B. bei Außendienstmitarbeitern, Kundendienstmitarbeitern, Abteilungsleitern und Prokuristen)[12].

§ 5 Ausgestaltung des E-Mail-Zugangs[13]

Die Gesellschaft richtet für jeden Mitarbeiter eine dienstliche E-Mail-Adresse ein. Auf Wunsch kann dem Mitarbeiter eine zweite, private E-Mail-Adresse eingerichtet werden. Die dienstliche E-Mail-Adresse besteht in der Regel aus dem Vor- und Nachnamen des Mitarbeiters, getrennt durch einen Punkt. Die private E-Mail-Adresse setzt sich in der Regel zusammen aus dem Vor- und Nachnamen des Mitarbeiters, getrennt durch einen Punkt und einem oder mehreren Sonderzeichen.

(Alternative:
Die Gesellschaft richtet für jeden Mitarbeiter eine E-Mail-Adresse ein. Diese besteht in der Regel aus dem Vor- und Nachnamen des Mitarbeiters, getrennt durch einen Punkt. Diese E-Mail-Adresse gilt für dienstliche wie für private Post. Zur Verwahrung privater E-Mails richtet der Mitarbeiter im Posteingangs- und Postausgangsverzeichnis oder im Verzeichnis der gesendeten E-Mails ein Unterverzeichnis ein, das mit der Bezeichnung „privat" zu versehen ist.)

(Alternative:
Die Gesellschaft richtet für jeden Mitarbeiter eine dienstliche E-Mail-Adresse ein. Diese besteht in der Regel aus dem Vor- und Nachnamen des Mitarbeiters, getrennt durch einen Punkt. Die Gesellschaft gestattet dem Mitarbeiter, sich über einen kostenlosen Anbieter eine zweite private E-Mail-Adresse einzurichten, auf die er während der Arbeitszeit Zugriff nehmen kann (Freemail). Diese Gestattung ist auf die in der Anlage genannten Anbieter von Freemail-Diensten beschränkt.)

§ 6 Organisation des E-Mail-Systems

(1) Eingehende E-Mails werden über den E-Mail-Server an die Clients verteilt.

(2) Eingehende und ausgehende dienstliche E-Mails dürfen nur auf dem Client des Empfängers und des Absenders oder auf dem Server zwischengespeichert werden.

(3) Die Gesellschaft führt über den Postein- und -ausgang aller dienstlichen E-Mails eine Log-Datei. In der Log-Datei werden die eingehenden E-Mails mit Absender, Empfänger, E-Mail-ID, Datum und Uhrzeit für die Dauer von ...... (Anzahl) Monaten gespeichert. Verantwortlich für die Erfassung und Löschung ist .... Er ist Zugriffsberechtigter im Sinne der Betriebsvereinbarung über Datenschutz. Die Erfassung der Daten erfolgt zur Gewährleistung der Systemkapazität, der Kostenerfassung und -abrechnung sowie für den Fall des begründeten Verdachts der Begehung von Straftaten und des Betriebs- bzw. Geschäftsgeheimnisverrates.[14]

(4) Die Verwaltung des E-Mail-Systems erfolgt über den Postmaster. Die als Postmaster tätigen Mitarbeiter sind Zugriffsberechtigte im Sinne der Betriebsvereinbarung über Datenschutz.

(5) Der dienstliche und private E-Mail-Verkehr wird automatisch auf Viren und SPAM-Mails kontrolliert und entsprechend klassifiziert. Der Mitarbeiter erhält unverzüglich eine Benachrichtigung über eine solche Klassifikation und ist darüber informiert, dass diese im Einzelfall fehlerhaft sein kann. Die Systemadministratoren entscheiden, ob und auf welche Weise als virenbehaftet klassifizierte E-Mails zurückgeschickt oder gelöscht werden. Als SPAM-Mails klassifizierte E-Mails werden nach den Vorgaben des Mitarbeiters behandelt[15].

§ 7 Vertretungsregeln[16]

(1) Im Falle seiner Abwesenheit hat der Mitarbeiter die unter der dienstlichen E-Mail-Adresse eingehenden E-Mails durch Verwendung der automatischen Weiterleitungsvorrichtung (Auto-Forward) an einen Stellvertreter zu senden und durch die automatische Abwesenheitsnotiz (Auto-Reply) den Absender über seine Abwesenheit zu informieren. In Fällen unvorhersehbarer Abwesenheit, wie zum Beispiel Krankheit oder kurzfristig anberaumte ganztätige Geschäftstermine, wird die Auto-Reply-Funktion durch den Postmaster aktiviert.

(2) Die E-Mail-Accounts von Mitarbeitern, die über längere Zeit nicht erreichbar sind, werden bei einer Abwesenheit von …… (Anzahl) Monaten automatisch gesperrt.

(3) Die E-Mail-Accounts von ausgeschiedenen Mitarbeitern werden nach Wahl der Gesellschaft zum Ausscheidens- oder zum Freistellungszeitpunkt gesperrt.

§ 8 Verschlüsselung

(1) Die Gesellschaft kann anordnen, dass E-Mails mit vertraulichem Inhalt sowie E-Mails mit personenbezogenen oder personenbeziehbaren Daten innerhalb der Gesellschaft und an Dritte nur verschlüsselt versendet werden dürfen.

(2) Im Fall der Verschlüsselung wird ein Public-Key-Verschlüsselungsschema verwendet. Die Schlüssel dürfen nicht vervielfältigt werden.

§ 9 Einsichtnahme und Dokumentation des E-Mail-Verkehrs[17]

(1) Die Gesellschaft ist berechtigt, jederzeit Einsicht in die zu dienstlichen Zwecken ein- und ausgehenden E-Mails zu nehmen. Bestehen Zweifel, ob es sich um eine dienstliche oder private E-Mail handelt, ist die E-Mail als dienstlich anzusehen.

(2) Zu Dokumentationszwecken sind alle ein- und ausgehenden dienstlichen E-Mails auszudrucken und wie Schriftstücke aufzubewahren.

§ 10 Intranet

Die Gesellschaft entscheidet nach freiem Ermessen, welche Inhalte sie in das Intranet einstellt.

§ 11 Zugang des Betriebsrats zu Internet, Intranet und E-Mail[18]

(1) Die Betriebsratsmitglieder sind berechtigt, den Internetzugang zur Erfüllung ihrer Aufgaben zu nutzen. Für den Betriebsrat wird keine Website im Internet eingerichtet.

(2) Die Gesellschaft stellt dem Betriebsrat eine Website im Intranet zur Verfügung. Der Betriebsrat wird dort ausschließlich Inhalte einstellen, die im Zusammenhang mit seinen Aufgaben stehen.

(3) Die Gesellschaft richtet dem Betriebsrat eine eigene E-Mail-Adresse ein.

§ 12 Inkrafttreten, Kündigung[19]

(1) Diese Betriebsvereinbarung tritt am …… in Kraft. Sie kann mit einer Frist von sechs Monaten zum Ende eines Kalenderjahres gekündigt werden. Danach behält die Betriebsvereinbarung bis zum Abschluss einer neuen Betriebsvereinbarung ihre Gültigkeit.

(2) Die Kündigung bedarf der Schriftform.

§ 13 Schlussbestimmungen[20]

(1) Diese Betriebsvereinbarung löst alle vorherigen Betriebsvereinbarungen über die Nutzung von Internet, Intranet und E-Mail, insbesondere ...... ab. Mündliche Nebenabreden bestehen nicht. Änderungen und Ergänzungen dieser Betriebsvereinbarung, einschließlich dieser Bestimmung, bedürfen zu ihrer Wirksamkeit der Schriftform.

(2) Sollte eine Bestimmung dieser Betriebsvereinbarung ganz oder teilweise unwirksam sein oder werden, so wird hiervon die Wirksamkeit der übrigen Bestimmungen nicht berührt. Anstelle der unwirksamen Bestimmung werden die Betriebspartner die gesetzlich zulässige Bestimmung vereinbaren, die dem mit der unwirksamen Bestimmung Gewollten wirtschaftlich am nächsten kommt. Dasselbe gilt für den Fall einer vertraglichen Lücke.

(3) Diese Betriebsvereinbarung steht unter dem Vorbehalt etwaiger ablösender – auch freiwilliger – Betriebsvereinbarungen.

(4) Sollten sich die dieser Betriebsvereinbarung zugrunde liegenden tatsächlichen oder rechtlichen Bedingungen grundlegend ändern, so werden die Betriebspartner unverzüglich in Verhandlungen treten mit dem Ziel, die Betriebsvereinbarung an die geänderten Bedingungen anzupassen.

......
Ort, Datum

......
Unterschrift der Gesellschaft

......
Ort, Datum

......
Unterschrift des Betriebsrats

Schrifttum: Balke/Müller, Arbeitsrechtliche Aspekte beim betrieblichen Einsatz von E-mails, DB 1997, 326; *Beckschulze/Henkel*, Der Einfluss des Internets auf das Arbeitsrecht, DB 2001, 1491; *Bijok/Class*, Arbeitsrechtliche und datenschutzrechtliche Aspekte des Internet-Einsatzes, RDV 2001, 52; *Däubler*, Internet und Arbeitsrecht, 2. Aufl., 2002; *ders.*, Nutzung des Internets durch Arbeitnehmer, K&R 2000, 323; *Dickmann*, Inhaltliche Ausgestaltung von Regelungen zur privaten Internetnutzung im Betrieb, NZA 2003, 1009; *Ernst*, Der Arbeitgeber, die E-Mail und das Internet, NZA 2002, 585; *Geis*, Internet und Datenschutzrecht, NJW 1997, 288; *Gerling*, Betriebsvereinbarung, E-Mail und Internet, DuD 1997, 1; *Gola*, Neuer Tele-Datenschutz für Arbeitnehmer? Die Anwendung von TKG und TDDSG im Arbeitsverhältnis, MMR 1999, 322; *Heiderich/Tschoepe*: Rechtsprobleme der E-Mail-Filterung, MMR 2004, 75; *Hilber/Frik*, Rechtliche Aspekte der Nutzung von Netzwerken durch Arbeitnehmer und den Betriebsrat, RdA 2002, 89; *Hoeren*, Virenscanning und Spamfilter – Rechtliche Möglichkeiten im Kampf gegen Viren, Spams & Co., NJW 2004, 3513; *Jansen*, Anspruch des Betriebsrats auf Intranetnutzung?, BB 2003, 1726; *Jofer/Wegerich*, Betriebliche Nutzung von E-Mail-Diensten: Kontrollbefugnisse des Arbeitgebers, K&R 2002, 235; *Lindemann/Simon*, Betriebsvereinbarungen zur E-Mail-, Internet- und Intranetnutzung, BB 2001, 1950; *Müller*, Datenschutz beim betrieblichen E-Mailing, RDV 1998, 205; *Post-Ortmann*, Der Arbeitgeber als Anbieter von Telekommunikations- und Telediensten, RDV 1999, 102; *Raffler/Hellich*, Unter welchen Voraussetzungen ist die Überwachung von Arbeitnehmer-E-mails zulässig?, NZA 1997, 862; *Tinnefeld/Viethen*, Arbeitnehmerdatenschutz und Internet-Ökonomie – zu einem Gesetz über Information und Kommunikation in Arbeitsverhältnis, NZA 2000, 977; *dies.*, Das Recht am eigenen Bild als besondere Form des allgemeinen Persönlichkeitsrechts – Grundgedanken und spezielle Fragen des Arbeitnehmerdatenschutzes, NZA 2003, 468; *Vehslage*, Privates Surfen am Arbeitsplatz, AnwBl 2001, 145, *Weißgerber*, Das Einsehen kennwortgeschützter Privatdaten des Arbeitnehmers durch den Arbeitgeber, NZA 2003, 1005; *Weißnicht*, Die Nutzung des Internet am Arbeitsplatz, MMR 2003, 448.

Anmerkungen

1. Regelungsinhalt. Die Nutzung moderner Kommunikationsmittel ist heute in nahezu allen Unternehmen üblich. Das **Ob** der Einführung von Internet, Intranet und E-Mail steht zwischen Arbeitgeber und Betriebsrat daher in der Regel nicht mehr im Streit. Interessenkonflikte treten jedoch regelmäßig bei der Frage der **konkreten Ausgestaltung der Nutzung** auf. Hier geht es um die arbeitgeberseitigen Kontrollbefugnisse über die Internet-, Intranet- und E-Mail-Nutzung einerseits sowie um die Möglichkeit der privaten Nutzung der elektronischen Kommunikationsmittel durch die Mitarbeiter andererseits. Darüber hinaus liegt es regelmäßig im Interesse des Arbeitgebers, die dienstliche Kommunikation einzusehen und **Richtlinien** aufzustellen, die sicherstellen, dass Betriebs- und Unternehmensgeheimnisse nicht preisgegeben und die Kapazitäten nicht überschritten werden.

Es ist Aufgabe der Betriebsparteien, eine Balance zwischen den arbeitgeberseitigen Interessen und dem Schutz des Persönlichkeitsrechtes der Arbeitnehmer sicherzustellen. Den allgemeinen Grundsätzen des § 75 Abs. 2 BetrVG und dem Mitbestimmungsrecht des Betriebsrats nach § 87 Abs. 1 Nr. 6 BetrVG ist durch die EDV-Rahmenbetriebsvereinbarung (Form. C. II. 13) und die Betriebsvereinbarung zum Datenschutz (Form. C. II. 16) bereits weitestgehend Rechnung getragen. Die Besonderheiten der Inter-, Intranet und E-Mail-Nutzung bedürfen jedoch weiterführender Regelungen, die in einer zusätzlichen Betriebsvereinbarung ihren Niederschlag finden sollten. Dies gilt nicht nur hinsichtlich der praktischen Ausgestaltung, sondern insbesondere unter dem Gesichtspunkt, dass im Fall der auch privaten Nutzung von Internet und E-Mail nicht anders als bei der auch privaten Nutzung des Telefons das **Telekommunikationsrecht** und das Datenschutzrecht Berücksichtigung finden müssen. Das Datenschutzrecht verlangt zur Datenverarbeitung entweder die Einwilligung des Betroffenen oder eine die Datenverarbeitung zulassende Rechtsnorm. Das kann auch eine Betriebsvereinbarung sein (s. dazu Form. C. II. 13 Anm. 1).

2. Präambel. Die Präambel hebt den primären Zweck der Betriebsvereinbarung, nämlich die Zurverfügungstellung eines Leitfadens für den verantwortungsvollen Umgang mit den elektronischen Kommunikationsmitteln, hervor. Bereits hier wird der **Ausgleichsgedanke** zwischen dem betrieblichen Interesse an der effizienten Verwendung moderner Kommunikationsmittel und dem Schutz von Geschäfts- und Betriebsgeheimnissen einerseits und dem Recht der Mitarbeiter auf informationelle Selbstbestimmung andererseits ausdrücklich erwähnt.

3. Geltungsbereich. Die Ausweitung des **sachlichen Geltungsbereichs** auf alle ähnlichen, zukünftig einzusetzenden elektronischen Kommunikationsmittel ermöglicht eine flexible Handhabung im Hinblick auf zukünftige technische Entwicklungen.

4. EDV-Rahmenbetriebsvereinbarung. S. Form. C. II. 13.

5. Betriebsvereinbarung über Datenschutz. S. Form. C. II. 16.

6. Begriffsbestimmungen. Trotz des TKG und des TDDSG fehlt es bislang an einer umfassenden Normierung der **wesentlichen Telekommunikationsbegriffe.** Allein bei der Definition des Netzes kann sich das Formular an dem funktionalen Begriff in den §§ 3 Nr. 16, 27 TKG orientieren. Im Übrigen greift es auf heute bereits weitestgehend anerkannte, wenn auch noch nicht gesetzlich normierte Definitionen der Begriffe Internet, Intranet, E-Mail, SPAM, Attachment, Server, Client, Postmaster, Log-Datei u. a. zurück. Ergänzend nimmt das Formular zudem Bezug auf die in der EDV-Rahmenbetriebsvereinbarung (Form. C. II. 13) niedergelegten Legaldefinitionen sowie auf das TKG, TDG und das TDDSG. Dies ermöglicht eine einheitliche Handhabung der Begrifflichkeiten in Zweifelsfällen.

7. Ausschließliche dienstliche Internetnutzung. Das Formular schließt die private Nutzung der Internet-Dienste aus. Die **ausschließlich dienstliche** Gestattung der Internetnutzung beruht auf den Schwierigkeiten der arbeitgeberseitigen Kontrollbefugnisse. Anders als der E-Mail-Verkehr lassen sich die Internetverbindungsdaten nämlich nicht erkennbar in die Kategorien dienstlich und privat unterteilen. Dies führt dazu, dass die gesamte Internetnutzung ungeachtet ihres dienstlichen oder privaten Einsatzes den Normen des TKG und des TDDSG mit all ihren Einschränkungen unterfällt (s. hierzu Anm. 11). Um den hiermit einhergehenden eingeschränkten Kontrollmöglichkeiten zu entgehen, verzichtet das Muster daher auf die Gestattung der Privatnutzung des Internets.

8. Primäre dienstliche E-Mail-Nutzung. Die Gestattung der auch privaten Nutzung der E-Mails obliegt – nicht anders als die der Telefonanlage – **allein dem Arbeitgeber** als Inhaber des Internetzugangs. Dem Arbeitgeber steht das Entscheidungsrecht zu, ob und inwieweit er seinen Mitarbeitern die Nutzung von E-Mail-Diensten eröffnen will (*Ernst* NZA 2002, 585). Der Betriebsrat hat auch kein Initiativrecht zur Ermöglichung der privaten Nut-

14. Nutzung von Internet, Intranet und E-Mail — C. II. 14

zung, da es hier um die Sachherrschaft über ein Betriebsmittel geht (*Dickmann* NZA 2003, 1009, 1010).

Die konkludente Gestaltung der Privatnutzung kann im Einzelfall aus der **Zurverfügungstellung des E-Mail-Verkehrs** und dem nicht ausdrücklichen Verbot der Privatnutzung folgen. Allerdings dürften die Grenzen hierfür eng zu ziehen sein. Aus der Gestattung der privaten Nutzung des Telefons kann nicht ohne weiteres auch auf die Zulässigkeit der privaten Nutzung des E-Mail-Verkehrs geschlossen werden, da hier die Missbrauchsmöglichkeiten erheblich größer sind und auch die Gefahr einer Infizierung des EDV-Systems mit Viren u. ä. besteht (*Beckschulz/Henkel* DB 2001, 1491, 1492; *Ernst* NZA 2002, 585, 586; a. A. *Däubler* Rdn. 184a, zulässig, wenn dem Arbeitgeber wegen einer Pauschalabrede keine zusätzlichen Kosten entstehen). Ein Anspruch der Arbeitnehmer auf Privatnutzung aus einer betrieblichen Übung kann sich ergeben, wenn Arbeitnehmer mit Wissen des Arbeitgebers Online-Anschlüsse privat nutzen und der Arbeitgeber dieses Verhalten über einen gewissen Zeitraum hinweg duldet. Eine entsprechende betriebliche Übung wird nach einem Zeitraum von einem halben bis einem Jahr anzunehmen sein. Um Klarheit für alle Beteiligten zu schaffen, empfiehlt es sich daher, eine **ausdrückliche Regelung** über die auch private Nutzung in der Betriebsvereinbarung zu treffen, die zugleich vorsieht, dass die auch private Nutzung freiwillig erfolgt und jederzeit aufgehoben werden kann. Auf diese Weise kann der Entstehung einer betrieblichen Übung entgegengewirkt werden. Eine klare Regelung ist auch Voraussetzung für eventuelle Sanktionen bei Missbrauch durch den Arbeitnehmer (LAG Mainz Urt. v. 12. 7. 2004 – 7 Sa 1243/03 n. v.; ArbG Frankfurt a. Main Urt. v. 14. 7. 2004 – 9 Ca 10.256/03 – MMR 2004, 829).

9. Begrenzung der Nutzung. Aus der Gestattung der Nutzung von E-Mail und Internet darf nicht geschlossen werden, dass der Arbeitnehmer grenzenlos während seiner Arbeitszeit (zu dienstlichen Zwecken) im Internet surfen oder (zu dienstlichen und privaten Zwecken) mailen darf. Vielmehr ist davon auszugehen, dass der Arbeitnehmer nur in dem Umfang Internet und E-Mail-Dienste benutzen darf, in dem er vernünftigerweise von einer Gestattung des Arbeitgebers ausgehen durfte (*Ernst* NZA 2002, 585, 586). Wo die **Grenze** zu ziehen ist, bleibt dem Einzelfall vorbehalten. Eine klare **zeitliche Begrenzung** der Internet- und E-Mail-Nutzung bietet sich unter Kostengesichtspunkten allenfalls in den Fällen an, in denen keine Flatrate mit dem Telekommunikationsunternehmen vereinbart wurde. Die reine Onlinezeit ist nämlich bei einer Flatrate unter Kostengesichtspunkten für den Arbeitgeber unerheblich. Aus Praktikabilitätsgründen kommen klare zeitliche Vorgaben bei der dienstlichen Nutzung nicht in Betracht. Auch bei der privaten E-Mail-Nutzung sollte hiervon Abstand genommen werden. Es ist nämlich zu berücksichtigen, dass sich der Arbeitnehmer bei zeitlich definierten Nutzungsbeschränkungen als „verpflichtet" ansehen könnte, den ihm zur Verfügung gestellten Rahmen tatsächlich auch zu nutzen und auszuschöpfen. Trotz des Risikos des Missbrauchs sollten daher keine all zu detaillierten Konkretisierungen der erlaubten Privatnutzung erfolgen.

10. Unzulässige Nutzung von Internet und E-Mail. Um die unzulässige und rufschädigende Internetnutzung zu untersagen, bietet es sich an, einen **Katalog mit Inhalten** zu erstellen, deren Abruf, Download u. ä. prinzipiell **verboten** ist. Gegebenenfalls kann auch der Aufruf konkret benannter Seiten verboten werden. Die Normierung ermöglicht es, im Falle des Verstoßes nicht nur mit einer Abmahnung, sondern unter Umständen sogar mit einer (außerordentlichen) Kündigung reagieren zu können (ArbG Hannover Urt. v. 1. 12. 2000 – 1 Ca 504/00 B – NZA 2001, 1022).

11. Dokumentation der Internet-Nutzung. Ähnlich wie bei der Telefonnutzung (s. Form. C. II. 15 Anm. 6 f.) stellt sich die Frage nach der inhaltlichen Kontroll- und Dokumentationsmöglichkeit des Arbeitgebers. Kontrolle und Dokumentation setzen die Erhebung und Speicherung zumindest der Verbindungsdaten (Identifikationsmerkmale des Nutzers, Beginn und Ende der Nutzung sowie in Anspruch genommene Teledienste) voraus. Auf die vom Arbeitgeber zur Verfügung gestellte Möglichkeit zur Internetnutzung findet grundsätzlich sowohl das TKG als auch das TDG und insbesondere das TDDSG Anwendung, so dass der Datenverarbeitung enge Grenzen gesetzt sind. Das Fernmeldegeheimnis und die datenschutzrechtlichen Vorschriften des TKG gelten allerdings nicht, wenn die Nutzung der Teledienste ausschließlich zu beruflichen oder dienstlichen Zwecken erfolgt. Denn in diesem Fall ist der Arbeitgeber kein Diensteanbieter nach § 3 Nr. 6, 10, 24, §§ 88 ff. TKG, da der Arbeitnehmer nicht als Dritter i. S. d. § 3 Nr. 10 TKG anzusehen ist. Auch die Geltung des TDDSG ist in diesem Fall ausgeschlossen (§ 1 Abs. 1 Nr. 1 TDDSG). Der Schutz des Arbeitnehmers richtet sich daher bei einem Verbot der privaten Nutzung des Internets nach den allgemeinen Grundsätzen des BDSG sowie des allgemeinen Persönlichkeitsrechts. Es muss mithin nach § 28 Abs. 1 Nr. 2 BDSG eine Interessenabwägung zwischen den Interessen des Arbeitgebers und dem Persönlichkeitsschutz des Arbeitnehmers erfolgen. Auch hier muss daher grundsätzlich gelten, dass der Arbeitgeber zu Kostenkontrollzwecken und im Fall eines konkreten Verdachts der Begehung von Straftaten oder des Geheimnisverrats berechtigt sein muss, die relevanten Daten einzusehen. Eine **automatisierte Vollkontrolle** ist hingegen unzulässig. Erfolgt eine Speicherung von Daten, so sind diese gemäß § 35 Abs. 2 Nr. 3 BDSG zu löschen, sobald ihre Kenntnis für die Erfüllung des Zwecks der Speicherung nicht mehr erforderlich ist. Die Dauer der Speicherung ist also allein am festgelegten Zweck zu orientieren und muss diesem angemessen sein.

Anders stellt sich dies bei der auch **privaten Nutzung** des Internets dar. Da zu Zwecken der Erhebung der Verbindungsdaten die private Internetnutzung nicht von der dienstlichen unterschieden werden kann, unterliegt die Erhebung und Speicherung **aller Verbindungsdaten** dem TKG und dem TDDSG. Der Arbeitgeber ist insofern nämlich **Dienstanbieter** i. S. d. TKG und des TDDSG. Dies führt zu einer extrem eingeschränkten Kontrollmöglichkeit, die sich nicht nur auf ein unerlässliches Minimum beschränken muss, sondern im Fall der unentgeltlichen Nutzungsmöglichkeit des Internets gänzlich ausgeschlossen ist (s. hierzu näher Anm. 13 und 14). Das Formular verzichtet daher auf die Gestattung der Privatnutzung des Internets.

12. Einstellung von Mitarbeiterdaten im Internet. Der öffentliche Auftritt im Internet gehört für zahlreiche Unternehmen heute zu den wichtigen Mitteln der Öffentlichkeitsarbeit. Unternehmen haben daher ein großes Interesse daran, Kontaktdaten ihrer Mitarbeiter wie Namen, Arbeitsgebiet, Telefonnummer etc. auch im Internet zu veröffentlichen. Die Veröffentlichung von Daten der Mitarbeiter im Internet ist nur dann zulässig, wenn entweder der Mitarbeiter einwilligt oder die Veröffentlichung durch eine andere Rechtsvorschrift zugelassen ist (§ 4 Abs. 1 BDSG). Nach § 28 Abs. 1 Nr. 1 ist die Datennutzung zulässig, wenn es der Zweckbestimmung eines Vertragsverhältnisses dient. Inwieweit ein Arbeitsverhältnis, auch wenn es den Auftritt nach außen zum Inhalt hat, wie etwa bei Außendienstmitarbeitern, die Veröffentlichung der Daten im Internet rechtfertigen kann, ist zweifelhaft. Immerhin ist zu beachten, dass dem Interesse des Arbeitgebers auch Genüge getan ist, wenn lediglich die Funktionsbezeichnung veröffentlicht wird, etwa: Kundendienst – Mail-Adresse (*Gola/Schomerus* BDSG § 28 Rdn. 22). Soweit die Einwilligung des einzelnen Mitarbeiters nicht erreicht werden kann oder zu umständlich ist, muss die Veröffentlichung der Daten durch eine andere Rechtsvorschrift zugelassen sein. Andere Rechtsvorschrift i. S. d. § 4 Abs. 1 BDSG kann auch eine Betriebsvereinbarung sein, die das Schutzniveau des BDSG auch zu Lasten der Arbeitnehmer unterschreiten kann (BAG Beschl. v. 20. 12. 1995 – 7 ABR 8/95 – NZA 1996, 945). Allerdings ist der Regelungsspielraum der Betriebsparteien durch § 75 Abs. 2 BetrVG, der die freie Entfaltung der Persönlichkeit des Arbeitnehmers schützt, eingeschränkt (BAG Beschl. v. 27. 5. 1986 – 1 ABR 48/84 – AP Nr. 15 zu § 87 BetrVG 1972 Überwachung. Infolgedessen gilt auch für Betriebsvereinbarungen der Grundsatz des § 3a BDSG über Datenvermeidung und Datensparsamkeit. Im Formular ist daher die Veröffentlichung von Mitarbeiterdaten im Internet nur zugelassen, soweit deren Funktion die Veröffentlichung erfordert.

13. Ausgestaltung des E-Mail-Zugangs. Entscheidet sich die Gesellschaft dafür, ihren Mitarbeitern die E-Mail-Nutzung auch zu privaten Zwecken zur Verfügung zu stellen, so stellt sich die Frage, wie die Nutzung auszugestalten ist. Das Formular sieht die Einrichtung einer zweiten privaten E-Mail-Adresse vor. Dies bietet sich insbesondere an, da sich auf diese Weise die Abgrenzungsschwierigkeiten zwischen dienstlicher und privater Post vermeiden lassen und sich arbeitgeberseitige Kontrollmöglichkeiten (s. Anm. 14) unproblematischer gestalten lassen.

14. Nutzung von Internet, Intranet und E-Mail C. II. 14

Wird die dienstliche Adresse zugleich für den Empfang und die Versendung privater E-Mails genutzt, empfiehlt sich – wie in der ersten Alternative vorgesehen – die Einrichtung eines Unterverzeichnisses im Posteingang und -ausgang.

Als weitere Alternative ist denkbar, dem Mitarbeiter die private Nutzung eines Freemail-Dienstes zu erlauben. Eine Vielzahl von Diensten (z. B. web.de, GMX) bieten werbefinanziert kostenlose E-Mail-Adressen an. Der Mitarbeiter kann sich über das Internet bei einem solchen Dienst anmelden und dort online E-Mails empfangen und versenden. In diesem Fall muss jedoch sichergestellt sein, dass die durch die Freemail-Nutzung entstehenden Verkehrsdaten der Internetnutzung entgegen § 4 Abs. (3) des Formulars nicht über das Ende der Verbindung hinaus gespeichert werden (§ 96 Abs. 1, 2 TKG), s. dazu auch Anm. 14. In der Regel wird dies technisch nur möglich sein, wenn die Nutzung von Freemail-Diensten auf bestimmte, z. B. in einer Anlage konkret benannte Anbieter beschränkt wird.

14. Verbindungsdaten. Was die **dienstliche E-Mail-Nutzung** anbelangt, so gilt – wie bei der dienstlichen Telefon- und Internetnutzung – auch hier, dass im Rahmen der Interessenabwägung nach den allgemeinen Verhältnismäßigkeitsgrundsätzen die Erhebung der Verbindungsdaten zu Kostenzwecken ebenso zulässig ist wie zur Kapazitätskontrolle, im Falle eines konkreten Verdachts strafbarer Inhalte oder des Betriebs- und Geschäftsgeheimnisverrates (*Lindemann/Simon* BB 2001, 1950, 1951).

Gestattet der Arbeitgeber seinen Mitarbeitern hingegen auch die **private Nutzung der E-Mail**, ist er gemäß § 88 TKG zur Wahrung des Fernmeldegeheimnisses verpflichtet (*Ernst* NZA 2002, 585, 587; ausführlich unter Form. A. IV. 5 Anm. 4). Das gilt unabhängig davon, ob es sich um eine entgeltliche oder unentgeltliche Zurverfügungstellung handelt. Der Mitarbeiter ist Dritter i. S. d. TKG (*Lindemann/Simon* BB 2001, 1950, 1951). Der Arbeitgeber unterliegt daher weitaus engeren Schranken als bei der alleinigen Anwendung des BDSG. Die Auswertung von privaten Verbindungsdaten ist allenfalls zur Kostenerfassung und zur Überprüfung der Kapazitätsauslastung zulässig (*Lindemann/Simon* BB 2001, 1950, 1953). Denn die gesetzliche Zweckbindung verbietet jedweden weitergehenden Eingriff in das Persönlichkeitsrecht des Arbeitnehmers. Zudem ist eine **Anonymisierung** zumindest von Empfänger- und Absenderadressdaten zwingend (*Lindemann/Simon* BB 2001, 1950, 1953). Diese Schranken können – anders als die allgemeinen Datenschutzrechts – lediglich durch Einwilligung des Mitarbeiters, nicht jedoch durch Betriebsvereinbarung überwunden werden.

Verzichtet der Arbeitgeber hingegen ganz auf die **Kostenerstattung**, ist die Speicherung der Verbindungsdaten des E-Mail-Verkehrs sogar **ausgeschlossen**. Ausgenommen sind lediglich stichprobenartige Kontrollen zur **Kapazitätsüberwachung**, die allerdings nur eine Erhebung anonymisierter Daten erlauben (*Lindemann/Simon* BB 2001, 1950, 1953). Da heute der Verzicht auf die Kostenerstattung mit der Einführung der Flatrate der Regelfall sein dürfte, beschränkt sich die Betriebsvereinbarung darauf, dass nur der **dienstliche Posteingang und -ausgang** dokumentiert wird.

Zu den Zugriffsberechtigten nach der Betriebsvereinbarung über Datenschutz s. Form. C. II. 16, dort § 5 (Anm. 6).

15. Kontrolle des E-Mail-Verkehrs auf Viren und SPAM-Mails. Soweit nicht nur dienstliche, sondern auch private E-Mails auf Viren und SPAM-Mails kontrolliert werden, ist das Fernmeldegeheimnis zu beachten (s. Anm. 14). Eine manuelle Kontrolle von E-Mails scheidet dann aus. Darüber hinaus ist im Hinblick auf §§ 206 Abs. 2 Nr. 2, 303a StGB größte Zurückhaltung geboten, wenn (SPAM-)E-Mails nicht zugestellt werden sollen. Gefestigte Rechtsprechung zu dieser Frage existiert bislang nicht. Während die Unterdrückung virenbehafteter E-Mails bei entsprechender Benachrichtigung des Mitarbeiters wohl zulässig sein dürfte, ist für die Unterdrückung von SPAM-Mails die Einwilligung des Mitarbeiters erforderlich (vgl. *Hoeren* NJW 2004, 3513, 3515 f.; OLG Karlsruhe Beschl. v. 10. 1. 2005 – 1 Ws 152–04 – MMR 2005, 178). Empfehlenswert ist daher die Einbeziehung des Arbeitnehmers in die Behandlung derartiger E-Mails. Dies geschieht am besten dadurch, dass ihm die Konfiguration des SPAM-Filters überlassen wird.

16. Vertretungsregeln. Für einen reibungslosen betrieblichen Ablauf muss sichergestellt sein, dass der Absender entweder mittels des **Abwesenheitsassistenten** über die Abwesenheit des Empfängers unterrichtet oder aber die E-Mail **automatisch** an den Stellvertreter des Empfängers **weitergeleitet** wird. Letzteres kann sich im Falle der auch privaten Nutzung der dienstlichen E-Mail-Adresse als durchaus problematisch gestalten. In diesen Fällen ist aus Datenschutzgesichtspunkten zu gewährleisten, dass der Stellvertreter die E-Mail ab dem Zeitpunkt der erkennbaren Privatheit nicht weiter einsieht. Alternativ kann man auf die Weiterleitung verzichten und den Absender lediglich mit der Auto-Reply-Funktion darauf hinweisen, dass der Adressat abwesend ist, wer der zuständige Vertreter ist, und dass die E-Mail **nicht** weitergeleitet wurde.

Die Vorgabe von Vertretungsregelungen unterliegt, wie die des Verschlüsselungsgebots und Ähnlichem, der **Mitbestimmung** des Betriebsrats nach § 87 Abs. 1 Nr. 1 BetrVG. Es handelt sich um die Einführung von Ordnungsrichtlinien.

17. Einsicht in dienstliche E-Mails. Zur vollständigen Dokumentation ist es erforderlich, die Daten der E-Mail-Nutzung (Verbindungsdaten und Inhaltsdaten) zu speichern (s. Anm. 14). Der Arbeitgeber kann die ausgetauschten Nachrichten mitlesen. Insoweit liegt eine Parallele zum Mithören von dienstlichen Telefonaten vor. Das Abhören von Telefonaten, auch solcher rein dienstlicher Natur, ist grundsätzlich unzulässig. Das Mithören ist nur mit konkreter Kenntnis des Arbeitnehmers zulässig (BAG Urt. v. 29. 10. 1997 – 5 AZR 508/96 – NZA 1998, 307). Die Benutzung eines Dienstelefons für sich rechtfertigt nämlich nicht den Schluss, dass der Sprechende eine Erweiterung des Adressatenkreises gerade um den Arbeitgeber oder dessen Vertreter in Betracht zieht. Insofern könnte auf den ersten Blick eine Heranziehung der Grundsätze der Telefonnutzung (s. Form. C. II. 15 Anm. 9) auch auf E-Mails ohne weiteres in Betracht kommen. Eine Inhaltskontrolle wäre dann auch bei ausschließlich dienstlicher Nutzung grundsätzlich ausgeschlossen.

Die Rechtsprechung des Bundesverfassungsgerichts (BVerfG Beschluss v. 19. 12. 1991 – 1 BvR 382/95 – AP Nr. 24 zu § 611 BGB Persönlichkeitsrecht) beruht jedoch auf dem Gedanken, dass mündliche Äußerungen im Bewusstsein der Flüchtigkeit und jederzeitigen Korrigierbarkeit des gesprochenen Wortes erfolgen und deshalb weniger überlegt seien als schriftliche Äußerungen. Es wird daher völlig zu Recht vertreten (*Gola* MMR 1999, 322, 326; *Lindemann/Simon* BB 2001, 1950, 1952; *Beckschulze/Henkel* DB 2001, 1491, 1494; *Jofer/Wegerich* K&R 2002, 235), dass für E-Mails, die nun einmal eine elektronische schriftliche Nachricht darstellen und kein gesprochenes Wort, die Rechtsprechung des BVerfG gerade nicht anzuwenden ist. Vielmehr kann der Arbeitgeber wie bei herkömmlicher Post in Papierform auch die **ein- und ausgehenden E-Mails** einsehen. Dies gilt jedoch allein für **dienstliche E-Mails**. Denn auch die dienstliche E-Mail ist letztlich nichts anderes als Geschäftspost. Das Lesen und Ausdrucken dienstlicher E-Mails ist daher grundsätzlich zulässig. Das Recht, den Ausdruck einer dienstlichen E-Mail anzuordnen, ist auch **mitbestimmungsfrei** nach § 87 Abs. 1 Nr. 1 BetrVG, da es sich hierbei um eine unmittelbar die Arbeitspflicht konkretisierende Anordnung handelt (*Lindemann/Simon* BB 2001, 1950, 1554).

Besitzt der Arbeitgeber lediglich eine einzige **elektronische E-Mail-Adresse** besteht auch hier kein Unterschied zur Post in Papierform. Auch hier gilt, dass die für die Öffnung der Post zuständige Stelle auch die entsprechenden E-Mails öffnen und lesen darf. Etwas anderes gilt nur, sofern ein Hinweis auf private Korrespondenz in der E-Mail zum Ausdruck kommt. In diesem Fall ist zu gewährleisten, dass die E-Mail ab dem Zeitpunkt der erkennbaren Privatheit nicht weiter eingesehen wird.

In jedem Fall zulässig ist zudem die **Durchführung von allgemeinen Sicherheitskontrollen** zum Schutz des Datenbestandes, indem eine automatisierte **Virenüberprüfung** durchgeführt wird (*Beckschulze/Henkel* DB 2001, 1491, 1494; s. Anm. 14).

18. Zugang des Betriebsrats zu Internet, Intranet und E-Mail. Nach § 40 Abs. 2 BetrVG hat der Betriebsrat einen Anspruch darauf, dass ihm für seine laufende Geschäftsführung sachliche Mittel im erforderlichen Umfang zur Verfügung gestellt werden.

Hierzu wird regelmäßig auch die **Zurverfügungstellung eines Internetzugangs** gehören (BAG Beschl. v. 3. 9. 2003 – 7 ABR 8/03 – NZA 2004, 280). Da es sich bei dem Internet um eine Quelle handelt, die geeignet ist, dem Betriebsrat die zur Erfüllung seiner Aufgaben notwendigen Informationen zu vermitteln und es sich hierbei auch um den heute schnellstmöglichen Weg handelt, kann der Betriebsrat im Einzelfall durchaus den Anschluss an das Internet für erforderlich halten. Dies gilt umso mehr dann, wenn dem Betriebsrat in der Vergangenheit bereits ein Computer zur Verfügung gestellt wurde. Das betriebliche Interesse des Arbeitgebers an der Begrenzung der Kosten steht dem nicht entgegen.

An der Entscheidung des BAG vom 17. 2. 1993 (BAG Beschl. v. 17. 2. 1993 – 7 ABR 19/92 – AP Nr. 37 zu § 40 BetrVG), in dem der Betriebsrat auf das Schwarze Brett oder ein Rundschreiben verwiesen wurde, kann daher nicht mehr uneingeschränkt festgehalten werden (so auch *Hilber/Frik* RdA 2002, 89, 95). Seinerzeit stützte sich das BAG nämlich noch darauf, dass der Zugang zu E-Mail und Internet kein erforderliches Sachmittel sei, da eine umfassende Information der Mitarbeiter mit den damals vorhandenen technischen Hilfsmitteln habe geleistet werden können (Abhaltung von Sprechstunden, Schwarzes Brett). Die Entscheidung dürfte durch den technischen Fortschritt der letzten zwölf Jahre überholt sein.

Der Betriebsrat hat jedoch keinen Anspruch auf die Einrichtung einer **eigenen Homepage** im **Internet** (ArbG Paderborn Urt. v. 29. 1. 1998 – 1 BV 35/97 – DB 1998, 678). Die Veröffentlichung der betriebsinternen Vorgänge verstößt nämlich nicht nur gegen das Gebot der vertrauensvollen Zusammenarbeit, sondern ist zudem zur Wahrung der Betriebsratsaufgaben nicht erforderlich.

Ergänzt der Arbeitgeber die Nutzung des Schwarzen Bretts durch Einstellung der Inhalte im **Intranet**, folgt daraus, dass auch dem **Betriebsrat** ein entsprechendes Forum einzurichten ist, damit er dem Informationsbedürfnis der Mitarbeiter gerecht werden kann. Dies folgt aus § 40 Abs. 2 BetrVG sowie aus dem Gedanken der Gleichbehandlung. Das Intranet zählt zu den heute anerkannten sachlichen Kommunikations- und Informationsmitteln (BAG Beschl. v. 3. 9. 2003 – 7 ABR 12/03 – NZA 2004, 278). Der Betriebsrat muss sich daher, wenn die technische Ausstattung des Betriebes dies erlaubt, nicht darauf verweisen lassen, die Arbeitnehmer durch Aushänge am Schwarzen Brett, durch Rundschreiben oder im Rahmen von Betriebsversammlungen zu informieren. Vielmehr darf er sich – wie der Arbeitgeber – dem von diesem installierten Kommunikationsmittel Intranet bedienen. Etwas anderes kann im Einzelfall allenfalls aus der Möglichkeit der Informationsversendung durch E-Mails folgen, sofern dieses tatsächlich eine sachgerechte Alternative zu Veröffentlichungen im Intranet darstellt. Dies ist jedoch bereits dann ausgeschlossen, wenn nicht alle Mitarbeiter über eine E-Mail-Adresse verfügen.

Wechselt die Gesellschaft vom Schwarzen Brett zur alleinigen Plattform Intranet, erfordert die Gleichbehandlung in jedem Falle die Einrichtung einer dortigen **Homepage** (ArbG Paderborn Urt. v. 29. 1. 1998 – 1 BV 35/97 – DB 1998, 678).

19. Inkrafttreten und Kündigung. S. Form. C. II. 1 Anm. 15.
20. Schlussbestimmungen. S. Form. C. II. 1 Anm. 16.

15. Nutzung der Telefonanlage und Telefondatenerfassung

Betriebsvereinbarung über die Nutzung der Telefonanlage und Telefondatenerfassung[1]

zwischen
...... (Name und Anschrift des Arbeitgebers) „Gesellschaft"
und
Betriebsrat des Betriebes ...... der ...... (Name des Arbeitgebers) „Betriebsrat"
(*Alternative:* Gesamtbetriebsrat/Konzernbetriebsrat)

Präambel

Im Betrieb der Gesellschaft sind alle Telefone, die den Arbeitnehmern an Arbeitsplätzen zur Erfüllung ihrer arbeitsvertraglichen Pflichten bereitgestellt werden, an eine Telefondatenerfassungsanlage angeschlossen. Die Gesellschaft möchte den entsprechenden Arbeitnehmern – ohne Begründung einer Rechtspflicht und innerhalb der in dieser Betriebsvereinbarung festzulegenden Grenzen – die private Nutzung des Telefons gestatten.

Diese Betriebsvereinbarung regelt die Art und den Umfang der privaten Nutzung der Telefonanlage durch die Arbeitnehmer der Gesellschaft. Zugleich sollen der Gesellschaft unter Sicherstellung des Persönlichkeitsschutzes der Arbeitnehmer und des Fernmeldegeheimnisses notwendige Kontrollmechanismen eingeräumt werden.

§ 1 Geltungsbereich

(1) Diese Betriebsvereinbarung gilt in persönlicher Hinsicht für alle Arbeitnehmer des Betriebs ...... der Gesellschaft („Mitarbeiter") einschließlich der auf einem Telearbeitsplatz Beschäftigten, mit Ausnahme der leitenden Angestellten im Sinne des § 5 Abs. 3 BetrVG.

(2) Die Betriebsvereinbarung gilt in sachlicher Hinsicht für alle bei der Gesellschaft eingesetzten und noch einzusetzenden Telefonanlagen (*Alternative:* Sie ergänzt und konkretisiert die EDV-Rahmenbetriebsvereinbarung vom ......[2].)

§ 2 Begriffsbestimmungen

(1) Im Sinne dieser Betriebsvereinbarung sind
- Dienstgespräche alle Gespräche, die der Mitarbeiter zur Erfüllung seiner arbeitsvertraglichen Pflichten führt,
- dienstlich veranlasste Privatgespräche alle, die der Mitarbeiter mit Personen aus seinem privaten Umfeld aus dienstlichem Anlass führt, wie zum Beispiel Anrufe zur Absage privater Termine bei überraschend angeordneter Mehrarbeit,
- Privatgespräche alle Gespräche, die keine Dienstgespräche oder dienstlich veranlasste Privatgespräche sind,
- Dienstgespräche des Betriebsrats alle Gespräche, die ein Mitglied des Betriebsrats zur ordnungsgemäßen Durchführung seiner Aufgaben führt,
- Verbindungsdaten die Nummer des Telefonanschlusses, die Zielnummer, das Datum, die Uhrzeit und die Dauer des Telefonats.

(2) Im Übrigen gelten die Begriffsbestimmungen des Bundesdatenschutzgesetzes und des Telekommunikationsgesetzes.

§ 3 Nutzung der Telefonanlage und Telefone

(1) Die Mitarbeiter haben die Telefonanlage und das an ihrem Arbeitsplatz befindliche Telefon grundsätzlich und vorrangig für Dienstgespräche zu nutzen. Sie sind berechtigt, das Telefon auch für dienstlich veranlasste Privatgespräche zu nutzen.

(2) Den Mitarbeitern ist es derzeit aufgrund anderweitiger Regelungen gestattet, das an ihrem Arbeitsplatz befindliche Telefon in maßvollem Umfang auch für Privatgespräche zu nutzen[3], sofern und soweit dadurch weder der Arbeitsablauf beeinträchtigt noch andere Mitarbeiter gestört werden und die Nutzung sachgerecht und angemessen ist. § 9 dieser Betriebsvereinbarung bleibt unberührt.

(3) Die Mitarbeiter dürfen durch die Nutzung des Telefons für Privatgespräche die dienstliche Nutzung der Telefonanlage weder behindern noch stören. Für Privatgespräche sind, außer in Ausnahme- und Notfällen, ausschließlich die Arbeitspausen oder die Zeiten nach dem Ende des Arbeitstages zu nutzen[4].

(4) Unzulässig ist jede Telefonnutzung, die geeignet ist, den Interessen der Gesellschaft oder ihrem Ansehen in der Öffentlichkeit zu schaden oder die gegen geltende Rechtsvorschriften oder Richtlinien der Gesellschaft verstößt. Insbesondere verboten sind das Verbreiten von beleidigenden, verleumderischen, verfassungsfeindlichen, gewaltverherrlichenden, sexistischen, rassistischen oder pornographischen Inhalten sowie das Anwählen von kostenpflichtigen Rufnummern, insbesondere solchen mit den Vorwahlen ....

(5) Dienstgespräche und dienstlich veranlasste Privatgespräche sind mit der Vorwahl „0" zu kennzeichnen. Privatgespräche und Dienstgespräche des Betriebsrats sind mit der Vorwahl „9" zu kennzeichnen.

§ 4 Code-Nummer

(1) Die Gesellschaft wird jedem Mitarbeiter eine individuelle vierstellige Code-Nummer zur Verfügung stellen, die den Telefonanschluss bei Privatgesprächen gegen den Zugriff Dritter sichert. Die Mitarbeiter sind verpflichtet, diese Code-Nummer im Anschluss an die Vorwahlnummer „9" bei Privatgesprächen einzugeben.

(2) Die individuelle vierstellige Code-Nummer ist nur dem jeweiligen Mitarbeiter bekannt und wird über einen Zufallsgenerator vergeben. Der Mitarbeiter hat die ihm zugeteilte Code-Nummer geheim zu halten und darf sie weder an Dritte noch an andere Mitarbeiter der Gesellschaft weitergeben. Jede Telefonnutzung, die auf die Eingabe der Code-Nummer eines Mitarbeiters zurückzuführen ist, wird diesem Mitarbeiter zugerechnet.

(3) Diese Regelungen gelten für Dienstgespräche des Betriebsrats entsprechend.

§ 5 Folgen einer Missachtung[5]

(1) Die Mitarbeiter haben bei Missachtung der vorstehenden und sonstigen im Betrieb der Gesellschaft für die Nutzung der Telefonanlage geltenden Regeln und Anweisungen mit strafrechtlichen und arbeitsrechtlichen Konsequenzen wie Abmahnung und Kündigung zu rechnen.

(2) Die Gesellschaft behält sich die Geltendmachung von Schadensersatzansprüchen vor, sofern sie durch Missachtung der Regeln oder Anweisungen oder sonstige unsachgemäße private Nutzung des Telefons einen Schaden erleidet.

(3) Die Gesellschaft behält sich vor, im Falle einer Missachtung der Regeln und Anweisungen dem Mitarbeiter den Telefonanschluss zeitweilig oder auf Dauer zu sperren oder diesen nur unter Einschränkungen freizugeben.

§ 6 Grundsätze der Telefondatenerfassung

(1) Alle Telefonanschlüsse der Telefonanlage der Gesellschaft sind an eine elektronische Telefondatenerfassungsanlage (TDE-Anlage) angeschlossen. Die auf diesen Anschlüssen geführten Gespräche werden von der TDE-Anlage erfasst.

(2) Die Telefondatenerfassung dient der Kostenkontrolle und -verrechnung sowie der Störungsbeseitigung. Sie dient daneben auch der Kontrolle des maßvollen Umfangs der Privatnutzung.

(3) Bei Dienstgesprächen und dienstlich veranlassten Privatgesprächen werden mit Ausnahme intern geführter Gespräche alle Verbindungsdaten automatisch erfasst[6].

(4) Bei Privatgesprächen, die gemäß vorstehendem § 4 Abs. (1) gekennzeichnet sind, erfolgt die automatische Erhebung der Verbindungsdaten in anonymisierter Form. Bei den Verbindungsdaten werden nur die ersten ...... Ziffern der Zielnummer erfasst[7]. Dies gilt auch für Dienstgespräche des Betriebsrats[8].

(5) Die erfassten Daten werden in einer eigens hierfür eingerichteten Datei monatlich gespeichert und nach Ablauf von ...... Monaten gelöscht.

§ 7 Inhaltskontrolle[9, 10]

(1) Die Gesellschaft ist grundsätzlich nicht berechtigt, den Gesprächsinhalt von Telefonaten mitzuhören oder Aufzeichnungen der Telefonate anzufertigen. Davon unberührt bleiben ein Mithören oder eine Aufzeichnung der Dienstgespräche zur Dokumentation von Reklamationen durch Kunden, zur stichprobenartigen Qualitätskontrolle, zu Ausbildungszwecken sowie in sonstigen, durch ein berechtigtes Arbeitgeberinteresse gerechtfertigten Fällen.

(2) Die Aufzeichnung wird durch ein für den Mitarbeiter gut wahrnehmbares akustisches Signal kenntlich gemacht.

§ 8 Kosten der Telefongespräche und Kostenabrechnung[11]

(1) Die Kosten für Dienst- und dienstlich veranlasste Privatgespräche trägt die Gesellschaft. Die Kosten für Privatgespräche trägt der jeweilige Mitarbeiter, soweit diese monatlich einen Betrag von EUR …… (in Worten: Euro ……) überschreiten.

(2) Die Gesellschaft legt jedem Mitarbeiter monatlich zum …… eine Abrechnung über die Kosten für Privatgespräche in einem geschlossenen Umschlag vor.

(3) Eine Kopie der Abrechnung darf nur zu Abrechnungs- und Buchhaltungszwecken erstellt werden. Spätestens drei Monate nach der Abrechnung werden die Gebührendaten und die Abrechnungslisten aus allen elektronischen Speichern gelöscht. Eine Archivierung bleibt davon unberührt.

(4) Bei etwaigen Unstimmigkeiten ist der Mitarbeiter verpflichtet, die Gesellschaft unverzüglich, spätestens jedoch nach Ablauf eines Monats nach Zugang der Abrechnung, schriftlich über Art und gegebenenfalls Ursache der Unstimmigkeit informieren.

(5) Die Gesellschaft behält unter Beachtung der Pfändungsfreigrenzen den von dem jeweiligen Mitarbeiter zu tragenden Anteil der Kosten für Privatgespräche von der Vergütung ein.

(6) Ist ein Einbehalt gemäß Abs. (5) nicht möglich, überweist der Mitarbeiter den Betrag spätestens zum …… unter Angabe der Rechnungsnummer und der Mitarbeiternummer auf das nachfolgend aufgeführte Konto der Gesellschaft: …… (Bankverbindung).

§ 9 Freiwilligkeitsvorbehalt[12]

(1) Die Betriebspartner sind sich darüber einig, dass diese Betriebsvereinbarung lediglich die Modalitäten der privaten Nutzung der Telefonanlage und Telefone durch die Mitarbeiter regelt, sofern und soweit diese gestattet ist.

(2) Ein Anspruch der Mitarbeiter auf die private Nutzung besteht nicht. Die von der Gesellschaft eingeräumte Gestattung der privaten Nutzung erfolgt freiwillig.

(3) Die Gesellschaft ist jederzeit berechtigt, die private Nutzung einseitig aufzuheben oder in ihrem Umfang zu ändern, ohne dass dies einer einvernehmlichen Änderung dieser Betriebsvereinbarung oder der Zustimmung des Betriebsrats oder der betroffenen Mitarbeiter bedarf.

§ 10 Inkrafttreten, Kündigung[13]

(1) Diese Betriebsvereinbarung tritt am …… in Kraft. Sie kann mit einer Frist von sechs Monaten zum Ende eines Kalenderjahres gekündigt werden. Danach behält diese Betriebsvereinbarung bis zum Abschluss einer neuen Betriebsvereinbarung oder einer anderen Regelung zwischen den Parteien oder zwischen den Betriebsparteien ihre Gültigkeit.

(2) Die Kündigung bedarf der Schriftform.

(3) Die Betriebsvereinbarung bleibt in ihrer Wirksamkeit durch eine Aufhebung oder Einschränkung der Gestattung zur privaten Nutzung der Telefonanlage und Telefone unberührt. Die Regelungen, die sich nicht auf die private Nutzung beziehen, finden auch nach Aufhebung oder Einschränkung weiterhin Anwendung.

§ 11 Schlussbestimmungen[14]

(1) Diese Betriebsvereinbarung löst alle eventuellen vorherigen Betriebsvereinbarungen über die Nutzung der Telefonanlage und Telefondatenerfassung, insbesondere …… ab. Mündliche Nebenabreden bestehen nicht. Änderungen oder Ergänzungen

dieser Betriebsvereinbarung, einschließlich dieser Bestimmung, bedürfen zu ihrer Wirksamkeit der Schriftform.

(2) Sollte eine Bestimmung dieser Betriebsvereinbarung ganz oder teilweise unwirksam sein oder werden, so wird hiervon die Wirksamkeit der übrigen Bestimmungen nicht berührt. Anstelle der unwirksamen Bestimmung werden die Betriebspartner die gesetzlich zulässige Bestimmung vereinbaren, die dem mit der unwirksamen Bestimmung Gewollten wirtschaftlich am nächsten kommt. Gleiches gilt für den Fall einer vertraglichen Lücke.

(3) Diese Betriebsvereinbarung steht unter dem Vorbehalt etwaiger ablösender – auch freiwilliger – Betriebsvereinbarungen.

(4) Sollten sich die dieser Betriebsvereinbarung zugrunde liegenden tatsächlichen oder rechtlichen Bedingungen grundlegend ändern, so werden die Betriebspartner unverzüglich in Verhandlungen treten mit dem Ziel, diese Betriebsvereinbarung an die geänderten Bedingungen anzupassen.

......
Ort, Datum

......
Unterschrift der Gesellschaft

......
Ort, Datum

......
Unterschrift des Betriebsrats

Schrifttum: *Beckschulze/Henkel*, Der Einfluss des Internets auf das Arbeitsrecht, DB 2001, 1491; *Berkowsky*, Die verhaltensbedingte Kündigung – Teil 2, NZA-RR 2001, 57; *Dickmann*, Inhaltliche Ausgestaltung von Regelungen zur privaten Internetnutzung im Betrieb, NZA 2003, 1009; *Grosjean*, Überwachung von Arbeitnehmern – Befugnisse des Arbeitgebers und mögliche Beweisverwertungsverbote, DB 2003, 2650; *Hunold*, Die Rechtsprechung zur Abmahnung und Kündigung bei Vertragsstörungen im Vertrauensbereich, NZA-RR 2003, 57; *Lindemann/Simon*, Betriebsvereinbarungen zur E-Mail-, Internet- und Intranetnutzung, BB 2001, 1950; *Mengel*, Kontrolle der Telekommunikation am Arbeitsplatz, BB 2004, 1445; *Raffler/Hellich*, Unter welchen Voraussetzungen ist die Überwachung von Arbeitnehmer-E-mails zulässig?, NZA 1997, 862; *Weißgerber*, Das Einsehen kennwortgeschützter Privatdaten des Arbeitnehmers durch den Arbeitgeber, NZA 2003, 1005.

Anmerkungen

1. Regelungsinhalt. In den meisten Unternehmen ist heutzutage das Arbeitsleben ohne den Einsatz moderner Telefon- und Telefondatenverarbeitungsanlagen – zumindest an den Schreibtischarbeitsplätzen – nicht mehr vorstellbar. Wo Arbeitsplätze mit Telefonen ausgerüstet sind, besteht für Arbeitnehmer die Versuchung, das Telefon auch privat zu nutzen. Dies muss, insbesondere angesichts sinkender Telefonkosten, dem Arbeitgeber nicht unbedingt zum Nachteil gereichen. Deshalb kann das kurze Telefonat des Mitarbeiters, das den Arbeitsablauf nicht stört, vom Arbeitgeber geduldet werden. Dabei ist aber sicherzustellen, dass Zeit- und Kostenintensität sich innerhalb eines gewissen Rahmens bewegen und die Arbeitskapazität des Mitarbeiters nicht beeinträchtigt wird.

Ohne das Vorliegen einer entsprechenden Erlaubnis hat der Arbeitnehmer weder einen Anspruch noch ein Recht auf private Nutzung der betrieblichen Telefonanlage. Die Telefonanlage ist, auch wenn sie nur gemietet oder geleast sein sollte, **Betriebsmittel** des Arbeitgebers, das dieser dem Arbeitnehmer zur Erfüllung seiner arbeitsvertraglichen Pflichten zur Verfügung stellt. Der Arbeitgeber kann daher **frei bestimmen**, ob und an welchen Arbeitsplätzen er Telefonapparate installiert und in welcher Art und Weise er eine Nutzung der Telefonapparate für dienstliche oder private Zwecke gestattet (*Mengel* BB 2004, 1445, 1446).

Wegen der oftmals praktizierten, unter Umständen langjährigen stillschweigenden Duldung des privaten Telefonierens am Arbeitsplatz kann dieses grundsätzliche Verbot privater Telefonate durch das Rechtsinstitut der **betrieblichen Übung** aufgehoben sein (*Dickmann* NZA 2003, 1009, 1010; a. A. *Mengel* BB 2004, 1445, 1447). Empfehlenswert ist daher eine eindeutige Regelung, um den Arbeitnehmern die Grenzen des rechtlich Erlaubten aufzuzeigen und dem Arbeitgeber bei Missbrauch arbeitsrechtliche Konsequenzen zu ermöglichen.

Einer Regelung bedürfen einerseits das **Ob, Wie und Wann** einer privaten Nutzung des Telefons, andererseits die **Erhebung und gegebenenfalls Speicherung von Telefondaten.** Gesetzliche Vorgaben für die Datenerhebung enthalten neben dem Betriebsverfassungsgesetz (BetrVG) das **Bundesdatenschutzgesetz (BDSG)** und für private Telefongespräche auch das **Telekommunikationsgesetz (TKG)** (*Mengel* BB 2004, 1445, 1450; *Beckschulze/Henkel* DB 2001, 1491, 1496). Bei der Kontrolle der Telekommunikation am Arbeitsplatz stehen sich regelmäßig das Interesse des Arbeitgebers an der Kontrolle der Telefonnutzung zum Schutz seines Eigentums und Aufdeckung eines möglichen arbeitszeitlichen oder inhaltlichen Missbrauchs und das Interesse des Arbeitnehmers an der Wahrung seines allgemeinen Persönlichkeitsrechts sowie seines Rechts auf informationelle Selbstbestimmung und Datenschutz gegenüber.

Zur Regelung der Telefonnutzung stehen dem Arbeitgeber die klassischen arbeitsrechtlichen Möglichkeiten der individualvertraglichen Vereinbarung, der Gesamtzusage oder der Betriebsvereinbarung zur Verfügung. Hier wurde die Form einer **Betriebsvereinbarung** gewählt. Dieses Rechtsinstitut empfiehlt sich, sofern in einem Betrieb kein Bedürfnis besteht, die Privatnutzung des Telefons für einige Arbeitnehmer oder -gruppen individuell zu regeln. Eine **individuelle Regelung** ist etwa bei den in § 203 StGB aufgeführten Berufträgern wie bestimmten Versicherungsangestellten oder Sozialarbeitern erforderlich (BAG Urt. v. 13. 1. 1987 – 1 AZR 267/85 – BB 1987, 1037 bei Psychologen; grundsätzlich *Raffler/Hellich* NZA 1997, 862, 866).

Mit der Betriebsvereinbarung erreicht der Arbeitgeber mit geringem bürokratischem Aufwand eine **Homogenisierung der Arbeitsbedingungen** und stellt durch flexible Laufzeiten die stetige Anpassung an die technische Entwicklung sicher (*Dickmann* NZA 2003, 1009, 1010). Zudem unterliegt die Erfassung von Daten über die von Arbeitnehmern geführten Telefongespräche ohnehin der Mitbestimmung des Betriebsrats gemäß § 87 Abs. 1 Nr. 6 BetrVG (BAG Beschl. v. 27. 5. 1986 – ABR 48/84 – AP Nr. 15 zu § 87 BetrVG 1972 Überwachung; *Hunold* NZA-RR 2003, 57, 63). Schließlich können die Betriebsparteien mit einer Betriebsvereinbarung auch **zu Ungunsten der Arbeitnehmer von den Vorschriften des BDSG abweichen** (BAG Beschl. v. 27. 5. 1986 – ABR 48/84 – AP Nr. 15 zu § 87 BetrVG 1972 Überwachung; *Raffler/Hellich* NZA 1997, 862, 864; ArbG Kiel Urt. v. 1. 2. 2001 – 2 Ca 2248 d/00 – zit. n. juris).

Das Formular geht davon aus, dass die private Telefonnutzung in der Vergangenheit durch den Arbeitgeber gestattet wurde, ohne dass dies zur Begründung von Rechtsansprüchen der Arbeitnehmer führte. Nunmehr sollen die Modalitäten der geschäftlichen und privaten Nutzung der Telefonanlage und Telefone geregelt werden.

2. EDV-Rahmenbetriebsvereinbarung. S. Form. C. II. 13.

3. Gestattung der Privatnutzung. Als Inhaber des „Betriebsmittels Telefonzugang" steht dem Arbeitgeber das **alleinige Entscheidungsrecht** zu, ob und inwieweit er seinen Mitarbeitern den Zugang und die Nutzung von Telekommunikationsdiensten eröffnen will (*Mengel* BB 2004, 1445, 1446). Die Frage des Ob der Einräumung eines privaten Nutzungsrechts unterliegt nicht der Mitbestimmung des Betriebsrats. Der Betriebsrat kann nicht erzwingen, dass der am Arbeitsplatz vorhandene Telefonanschluss für die private Nutzung freigegeben wird. Die grundlegende Entscheidung des Arbeitgebers besteht darin, ob er die Nutzung verbieten oder gestatten möchte und welche Einschränkungen im letzteren Fall vorzunehmen sind.

Auch bei einem **generellen Verbot** empfiehlt sich eine ausdrückliche Regelung, schon um das Entstehen einer betrieblichen Übung zu vermeiden. Zudem können sich **Abgrenzungsschwierigkeiten** ergeben, da mit der Gestattung der dienstlichen Nutzung des Telefons auch die dienstlich motivierte Privatnutzung erfasst ist, beispielsweise wenn der Mitarbeiter wegen Überstunden Termine in seiner Freizeit absagen oder umplanen muss (*Berkowsky* NZA-RR 2001, 57, 66). Eine **eingeschränkte Erlaubnis** zur privaten Nutzung der Telefonanlage ist daher praxistauglicher.

4. Begrenzung der Privatnutzung. Ist die private Nutzung des Telefons ohne weitere Einschränkungen gestattet, so sind dem Arbeitnehmer kürzere Telefonate auch **während der Arbeitszeit** erlaubt, sofern er mit seiner Arbeitsleistung nicht in Rückstand gerät (*Hunold* NZA-RR 2003, 57, 63). Auch eine unbegrenzte Gestattung der privaten Telefonnutzung führt aber nicht dazu, dass der Arbeitnehmer während seiner Arbeitszeit grenzenlos telefonieren darf. Vielmehr darf der Arbeitnehmer das Telefon nur in einem Umfang benutzen, von dem er vernünftigerweise annehmen darf, dass der Arbeitgeber dies gestatten werde (*Berkowsky* NZA-RR 2001, 57, 66). Auch hier besteht die Gefahr, dass Arbeitnehmer und Arbeitgeber diesen Rahmen unterschiedlich beurteilen, so dass sich Auslegungsprobleme ergeben können.

Empfehlenswert ist daher eine zeitliche Festlegung der **Nutzungsgrenzen.** Die zeitliche Begrenzung verhindert auch, dass in erheblichem Umfang Arbeitskapazitäten durch Privatgespräche verloren gehen. Rechtsklarheit bietet die vorgeschlagene Regelung, die die private Nutzung ausschließlich in den Arbeitspausen und in der Zeit nach dem Ende des Arbeitstages gestattet. Private Telefonate des Arbeitnehmers während der Arbeitszeit sind dann nur noch in Ausnahme- und Notfällen zulässig (*Ernst* NZA 2002, 858, 588).

5. Konsequenzen bei Missbrauch. Um dem Arbeitnehmer die Folgen etwaiger Zuwiderhandlungen unmissverständlich vor Augen zu führen, sollten diese in der Betriebsvereinbarung aufgeführt werden (*Dickmann* NZA 2003, 1009, 1012). Grundsätzlich sind bei missbräuchlicher und pflichtwidriger Nutzung des Telefons arbeitsrechtliche Sanktionen, insbesondere Abmahnung und Kündigung, gerechtfertigt (LAG Frankfurt a. M. Urt. v. 13. 12. 2001 – 5 Sa 987/01 – DB 2002, 901, 902; *Dickmann* NZA 2003, 1009, 1012 f.). Eine Vielzahl von – auch erlaubten – privaten Telefonaten kann, sofern der übliche Rahmen geduldeter, privater Telefonate bei weitem überschritten ist, eine ordentliche, verhaltensbedingte oder – jedenfalls bei Hinzutreten besonderer Umstände – sogar eine außerordentliche **Kündigung** rechtfertigen. In einem Urteil des BAG (Urt. v. 4. 3. 2004 – 2 AZR 147/03 – NZA 2004, 717) hatte der Arbeitnehmer, ein Betriebsratsmitglied, innerhalb von knapp zwei Monaten Telefonkosten in Höhe von insgesamt EUR 1355,76 verursacht und zudem zugelassen, dass der Verdacht des privaten Telefonierens zunächst auf einen unschuldigen Mitarbeiter fiel. Das BAG erachtete die außerordentliche Kündigung für wirksam. Nichts anderes gilt, wenn der Arbeitnehmer Privattelefonate als Dienstgespräche deklariert, um die Gesprächskosten auf den Arbeitgeber abzuwälzen. Dieser strafrechtlich als Betrug (§ 263 StGB) einzuordnende Fall kann auch bei langjähriger Betriebszugehörigkeit bei einem unwiderruflich erschüttertem Vertrauensverhältnis eine **außerordentliche Kündigung** rechtfertigen (so überzeugend ArbG Würzburg Urt. v. 2. 12. 1997 – 1 Ca 1326/97 – NZA-RR 1998, 444, 445; LAG Halle Beschl. v. 23. 11. 1999 – 8 TaBV 6/99 – NZA-RR 2000, 476, 477 f.).

Abgesehen von derart schwerwiegenden Störungen im Vertrauensbereich, die ohne weiteres eine außerordentliche Kündigung rechtfertigen, erfordert die (ordentliche verhaltensbedingte) Kündigung wegen der Überschreitung der üblicherweise geduldeten Privattelefonate eine **Abmahnung** (LAG Hannover Urt. v. 13. 1. 1998 – 13 Sa 1235/97 – NZA-RR 1998, 259, 260).

Zur Beweisverwertung der erhobenen Nutzungsdaten s. Anm. 10.

6. Datenerhebung bei Dienstgesprächen. Der Arbeitgeber muss, um eine Abrechnung erstellen und die geführten Telefonate kontrollieren zu können, die **Verbindungsdaten** erfassen und nutzen. Dabei werden die Nummer des Telefonanschlusses des Arbeitnehmers, die Zielnummer, das Datum und die Uhrzeit des Telefonats sowie dessen Dauer gespeichert und gegebenenfalls ausgewertet. Bei automatisierten Telefonanlagen werden diese Daten automatisch bei jedem von dem Apparat eingeleiteten Anruf erfasst (*Mengel* BB 2004, 1445, 1447).

Bei **Dienstgesprächen** sind die Erhebung und Verarbeitung personenbezogener Daten der Arbeitnehmer datenschutzrechtlich schon dann zulässig, wenn sie durch eine **Einwilligung** oder eine andere, dies **gestattende Rechtsvorschrift** erlaubt sind (präventives Verbot mit Erlaubnisvorbehalt), § 4 BDSG (ArbG Kiel Urt. v. 1. 2. 2002 – 2 Ca 2248 d/00 – zit. n. juris). Nach der Rechtsprechung des BAG stellen die normativen Bestimmungen einer Betriebsvereinbarung eine andere Rechtsvorschrift i. S. d. § 3 S. 1 Nr. 1 BDSG dar (BAG Beschl. v. 27. 5. 1986 – ABR 48/84 – AP Nr. 15 zu § 87 BetrVG 1972 Überwachung), so dass in Betriebsvereinbarungen zu Ungunsten der Arbeitnehmer von den Vorschriften des BDSG abgewichen werden kann (ArbG Kiel, Urt. v. 1. 2. 2001 – 2 Ca 2248 d/00 – zit. n. juris; *Raffler/Hellich* NZA 1997, 862, 864; ErfKomm/*Kania* § 87 BetrVG, Rdn. 61).

Eine Datenerhebung ohne Einwilligung erlaubt auch § 28 BDSG, sofern dies entweder dem Zweck des Arbeitsverhältnisses oder der Wahrung der berechtigten Interessen des Arbeitgebers dient. Die automatische Erfassung, Speicherung und Nutzung der Verbindungsdaten wird von der Rechtsprechung bei Diensttelefonaten wegen des **überwiegenden Interesses des Arbeitgebers** an der Kostenkontrolle und der Vermeidung von Missbrauch als grundsätzlich zulässig erachtet (BAG Beschl. v. 27. 5. 1986 – 1 BR 48/84 – Nr. 15 zu § 87 BetrVG 1972 Überwachung; *Ernst* NZA 2002, 585, 589).

Die Rechtsprechung lässt bei dienstlichen Telefonaten weiter auch eine vollständige Erfassung der **Zielnummern** zu (BAG Beschl. v. 27. 5. 1986 – 1 ABR 48/84 – AP Nr. 15 zu § 87 BetrVG 1972 Überwachung).

Kontrolleinrichtungen, die zur Datenerhebung und -verarbeitung eingesetzt werden, unterliegen der Mitbestimmung nach § 87 Abs. 1 Nr. 6 BetrVG.

7. Datenerhebung bei Privatgesprächen. Weniger Freiheiten hat der Arbeitgeber bei der Kontrolle von **Privatgesprächen.** Hier werden dem Arbeitgeber nicht nur durch das BDSG, sondern insbesondere auch durch das Telekommunikationssonderrecht Schranken gesetzt. Im Verhältnis zum Arbeitnehmer ist der Arbeitgeber an das **Fernmeldegeheimnis des § 88 TKG** und wohl auch an das Teledienstedatenschutzgesetz (TDDSG) gebunden (*Beckschulze/Henkel* DB 2001, 1491, 1495). Ohne **Einwilligung** ist die Datenverarbeitung nur erlaubt, sofern diese für die **Abrechnung** eines Telefonats **erforderlich** ist (s. ausführlich zur E-Mail-Nutzung Form. C. II. 14 Anm. 11, 14). Wegen der unterschiedlichen Gebührentarife ist die Speicherung der Verbindungsdaten jedenfalls den Unternehmen erlaubt, die die Telefonnutzung den Arbeitnehmern in Rechnung stellen. Arbeitgeber, die private Telefonate kostenfrei gestatten, bedürfen daher einer Einwilligung.

Noch nicht höchstrichterlich entschieden ist, ob bei erlaubten Privatgesprächen der Mitarbeiter die **Zielnummern** vollständig gespeichert werden dürfen. Bislang waren hinsichtlich der Zielnummernerfassung lediglich dienstlich veranlasste Privatgespräche von Arbeitnehmern Gegenstand der Rechtsprechung; die vollständige Erfassung der Zielnummer wurde hier für zulässig erachtet (BAG Beschl. v. 27. 5. 1986 – 1 ABR 48/84 – AP Nr. 15 zu § 87 BetrVG 1972 Überwachung). Ungeklärt ist, ob dies auch für reine Privatgespräche der Arbeitnehmer gilt (so *Grosjean* DB 2003, 2650, 2651 f.). Um sicherzugehen, sind bei Privatgesprächen der Arbeitnehmer Einschränkungen hinsichtlich der vollständigen Erfassung der Zielnummer empfehlenswert, zumal diese zur Abrechnung der Telefonate nicht erforderlich ist, weil sich die Gebührenzone bereits aus dem Anfang der Rufnummer ergibt. Der Arbeitgeber, der dem Arbeitnehmer die Privattelefonate gestattet, sollte daher nur die gekürzte Rufnummer erfassen, speichern und auswerten (*Mengel* BB 2004, 1445, 1451; vgl. zum E-Mail-Verkehr Form. C. II. 14 Anm. 14).

8. Datenerhebung bei Dienstgesprächen des Betriebsrats. Der Arbeitgeber hat gemäß § 40 Abs. 1 BetrVG die erforderlichen Kosten des Betriebsrats, also auch dessen Telefonkosten, zu tragen. Erst die Kenntnis näherer Einzelheiten über die Telefonate ermöglicht dem Arbeitgeber die Prüfung der Frage, ob die vom Betriebsrat verursachten Telefonkosten tatsächlich erforderlich waren. Bei Telefonaten des Betriebsrats ist der Arbeitgeber daher jedenfalls berechtigt, **Zeitpunkt und Dauer** der Gespräche zu speichern (BAG Beschl. v. 27. 5. 1986 – 1 ABR 48/84 – AP Nr. 15 zu § 87 BetrVG 1972 Überwachung).

Unklar ist lediglich, ob der Arbeitgeber auch zur Erfassung und Speicherung der **Zielnummern** berechtigt ist. Bei Ferngesprächen eines **Personalrats** hat das BAG jedenfalls die vollständige Speicherung der Zielnummer für zulässig erachtet, während dies bei Ortsgesprächen gegen das Behinderungsverbot des § 8 BPersVG verstoße (BAG Beschl. vom 1. 8. 1990 – 7 ABR 99/88 – DB 1991, 47, 48). Zur Begründung führt das BAG das Sparsamkeitsgebot an. Zur Einhaltung dieses Gebots sei die beteiligte Dienststelle berechtigt zu kontrollieren, ob Ferngespräche tatsächlich nur im erforderlichen Umfang geführt würden. Ohne Erfassung der Zielnummern sei diese Kontrolle nicht möglich. Anderes gelte aber für Ortsgespräche, die Kosten in vergleichbarer Höhe nicht verursachten.

Da § 78 Abs. 1 BetrVG auch privaten Arbeitgebern die Behinderung der Betriebsratstätigkeit verbietet, spricht vieles dafür, dass die Rechtssprechung jedenfalls die vollständige Zielnummernspeicherung bei **Ortsgesprächen** für unzulässig erachten wird.

9. Kontrolle des Gesprächsinhalts. Das **Mithören** oder gar die **Aufzeichnung** von Telefonaten – gleich ob dienstlichen oder privaten Ursprungs – sind grundsätzlich **unzulässige Eingriff** in das Recht des Arbeitnehmers am eigenen Wort sowie in das Fernmeldegeheimnis (BAG Urt. v. 29. 10. 1997 – 5 AZR 508/96 – NZA 1998, 307, 308 bei heimlichem Mithören; *Raffler/Hellich* NZA 1997, 862, 863). Das arbeitgeberseitige Interesse an einer Missbrauchs- und Kostenkontrolle kann den Eingriff in das Persönlichkeitsrecht des Arbeitnehmers grundsätzlich nicht rechtfertigen (s. zur Einsicht in E-Mails Form. C. II. 14 Anm. 17).

Etwas anderes kann nur dann gelten, wenn der Arbeitgeber aus anderen Gründen wie dem Schutz der Geschäfts- und Betriebsgeheimnisse oder einer Leistungskontrolle des Arbeitnehmers handelt. Zu **Ausbildungszwecken** oder **dienstlichen Kontrollzwecken** ist daher die Überwachung durch Mithören ausnahmsweise zulässig, sofern diese Kontrolloption dem Arbeitnehmer bekannt ist (BAG Beschl. v. 30. 8. 1995 – 1 ABR 4/95 – NZA 1997, 218, 221; *Ernst* NZA 2002, 585, 589). Auch in weiteren Ausnahmefällen, etwa um eine Beeinträchtigung der Funktionsfähigkeit des Unternehmens zu verhindern, kann das Arbeitgeberinteresse am Mithören und Aufzeichnen des Dienstelefonats überwiegen (*Mengel* BB 2004, 1445, 1449; *Lindemann/Simon* BB 2001, 1950, 1951; LAG Berlin Urt. v. 15. 2. 1988 – 9 Sa 114/87 – DB 1988, 1024). In den meisten Fällen wird das Mithören oder Aufzeichnen von Dienstgesprächen allerdings aufgrund der Persönlichkeitsrechte des (externen) Gesprächspartners scheitern.

Bei **Privatgesprächen** sind dem Arbeitgeber hinsichtlich einer Kontrolle des Gesprächsinhalts die Hände vollständig gebunden. Bereits die bloße Kenntnisnahme, erst Recht aber die Speicherung oder gar die Nutzung des Gesprächsinhalts von Privatgesprächen der Arbeitnehmer ist grundsätzlich wegen Verstoßes gegen das allgemeine Persönlichkeitsrecht des Arbeitnehmers unzulässig (*Weißgerber* NZA 2003, 1005, 1006).

10. Rechtsfolgen einer unzulässigen Kontrolle. Unzulässige Kontrollen der dienstlichen und privaten Telefongespräche verletzen den Arbeitnehmer in seinem Persönlichkeitsrecht und können **zivil- und gegebenenfalls sogar strafrechtliche Konsequenzen** für den Arbeitgeber nach sich ziehen. Insbesondere bei schweren Verletzungen der zulässigen Kontrollgrenzen, also vor allem bei der unzulässigen Kontrolle von Kommunikationsinhalten, kann dem Arbeitnehmer ein **Schadenersatz- und Schmerzensgeldanspruch** gem. § 280 Abs. 1 i.V.m. §§ 249, 253 Abs. 1 BGB zustehen (*Mengel* BB 2004, 1145, 1451). In jedem Fall hat der Arbeitnehmer einen Anspruch auf **Beseitigung** und zukünftige **Unterlassung** unzulässiger Kontrollmaßnahmen gem. §§ 862, 1004 BGB. Unzulässige inhaltliche Kontrollen können sogar nach § 201 **StGB strafbar** sein.

Auch der praktische Nutzen ist gering, denn rechtswidrig erlangte **Beweismittel** sind weder im Zivilprozess noch im Arbeitsgerichtsprozess verwertbar (BAG Urt. v. 27. 3. 2003 – 2 AZR 51/02 – DB 2003, 2230, 2231). Die Nutzung der gewonnen Daten als Beweismittel in einem Prozess setzt neben der datenschutzrechtlichen Zulässigkeit der Datenerhebung (s. Anm. 6–8) auch die Wahrung der Mitbestimmungsrechte des Betriebsrats voraus (*Hunold* NZA-RR 2003, 57, 63).

Bewegt sich der Arbeitgeber bei der Telefondatenverarbeitung im Rahmen des durch die Betriebsvereinbarung Gestatteten, so verstößt die Verwertung der gewonnen Daten im Prozess als Beweismittel nicht gegen § 4 Abs. 1 BDSG (LAG Hannover Urt. v. 13. 1. 1998 – 13 Sa 1235/97 – NZA 1998, 259, 260). Auch bei rechtswidrig gewonnenen Telefondaten hat das LAG Hannover eine Verwertbarkeit im Rahmen eines Auflösungsantrages in Betracht gezogen, sofern bei einer Interessenabwägung die besondere Schutzwürdigkeit des Arbeitnehmers zu verneinen ist. Eine geringere Schutzwürdigkeit des Arbeitnehmers wurde bei Aufzeichnungen angenommen, die sich auf Datum, Uhrzeit, Gesprächsdauer und Zielnummer beschränkten, wenn der Arbeitnehmer bestreitet, die Telefonkosten verursacht zu haben.

11. Kosten der Privatnutzung. Die sinkenden Telefonkosten führen dazu, dass die Kostentragung der privaten Telefonnutzung durch den Arbeitgeber zur Regel wird. Die durch die

Separation der Privattelefonate verursachten Kosten übersteigen oftmals die Summe der reinen Telefonkosten. Dennoch kann es sich empfehlen, die Kosten der Privatnutzung den Arbeitnehmern aufzuerlegen, um die Erfassung der Verbindungsdaten zu ermöglichen (s. Anm. 7). Auch dann erscheint es sinnvoll, auf die Kostenerhebung unterhalb eines gewissen Schwellenwertes zu verzichten. Da die Gestattung der privaten Telefonate Mitbestimmungsrechte des Betriebsrats nicht auslöst, ist auch die Gestattung unter der Bedingung einer Kostentragung oder -beteiligung mitbestimmungsfrei (*Dickmann* NZA 2003, 1009, 1012).

12. Freiwilligkeit. Wie dargelegt, ist der Arbeitgeber in seiner Entscheidung, ob und wenn ja innerhalb welcher Grenzen den Arbeitnehmern private Telefonate gestattet sind, frei (*Mengel* BB 2004 1445, 1446). Spiegelbildlich dazu kann der Arbeitgeber die Erlaubnis unter einen **Freiwilligkeitsvorbehalt** stellen. Eine Bindung des Arbeitgebers an die Gestattung der privaten Telefonnutzung kann nur entstehen, sofern er sich explizit dazu verpflichtet. Tut der Arbeitgeber dies nicht und regelt er in einer Betriebsvereinbarung nur Art und Umfang des privaten Gebrauchs, so ist die generelle Gestattung jederzeit frei widerruflich. Eines ausdrücklichen Widerrufvorbehalts bedarf es dann nicht (*Dickmann* NZA 2003, 1009, 1010).

13. Inkrafttreten und Kündigung. S. Form. C. II. 1 Anm. 15.

14. Schlussbestimmungen. S. Form. C. II. 1 Anm. 16.

16. Datenschutz

Betriebsvereinbarung über Datenschutz[1]

zwischen

...... (Name und Anschrift des Arbeitgebers) „Gesellschaft"

und

Betriebsrat des Betriebs ...... der ...... (Name des Arbeitgebers) „Betriebsrat"

(*Alternative:* Gesamtbetriebsrat/Konzernbetriebsrat)

Präambel

Die Betriebspartner wollen die Mitarbeiter davor schützen, dass diese durch den Umgang mit ihren personenbezogenen Daten in ihrem Persönlichkeitsrecht verletzt werden. Diese Betriebsvereinbarung regelt die technischen und organisatorischen Anforderungen, die an einen effektiven Datenschutz zu stellen sind.

§ 1 Geltungsbereich[2]

(1) Diese Betriebsvereinbarung gilt in persönlicher Hinsicht für alle Arbeitnehmer des Betriebs ...... der Gesellschaft („Mitarbeiter"), einschließlich der auf einem Telearbeitsplatz Beschäftigten, mit Ausnahme der leitenden Angestellten i. S. d. § 5 Abs. 3 BetrVG. Sie entfaltet auch Schutzwirkung zugunsten ehemaliger Mitarbeiter und Bewerber sowie Familienangehöriger.

(2) Die Betriebsvereinbarung gilt in sachlicher Hinsicht für das Erheben, Verarbeiten und Nutzen von Personalinformationen.

§ 2 Begriffsbestimmungen[3]

(1) Personalinformationen sind Daten, die sich auf den nach § 1 Abs. (1) dieser Betriebsvereinbarung geschützten Personenkreis beziehen oder auf diesen bezogen werden können, gleichgültig ob diese unter Anwendung von Informationssystemen oder durch nicht automatisierte Verfahren erhoben, verarbeitet oder genutzt werden.

(2) Informationssysteme sind EDV-Systeme.

(3) EDV-Systeme sind alle Hard- und Softwarekomponenten, die dazu geeignet sind, Personalinformationen zu erheben, zu verarbeiten oder zu nutzen.

16. Datenschutz

(4) Datenträger sind alle Medien, auf denen Personalinformationen gesammelt werden.

(5) Datensafe ist ein abgeschlossener Raum oder ein Behältnis zur Aufbewahrung von Datenträgern, der/das gegen den unbefugten Zugriff Dritter durch eine Verschlussvorrichtung gesichert ist.

(6) Erheben ist das Beschaffen von Personalinformationen.

(7) Verarbeiten ist das Speichern, Verändern, Übermitteln, Sperren und Löschen von Personalinformationen.
- a) Speichern ist das Erfassen, Aufnehmen oder Aufbewahren von Personalinformationen auf einem Datenträger zum Zwecke der weiteren Verarbeitung oder Nutzung.
- b) Verändern ist das inhaltliche Umgestalten gespeicherter Personalinformationen.
- c) Übermitteln ist die Bekanntgabe gespeicherter oder durch Verarbeitung gewonnener Personalinformationen an Dritte.
- d) Sperren ist das Kennzeichnen der Personalinformationen, um ihre weitere Verarbeitung oder Nutzung einzuschränken.
- e) Löschen ist das Unkenntlichmachen von Personalinformationen.

(8) Nutzen ist jede Verwendung von Personalinformationen, soweit es sich nicht um Verarbeitung handelt.

(9) Im Übrigen gelten die Begriffsbestimmungen des Bundesdatenschutzgesetzes.

§ 3 Grundsätze[4]

(1) Die Gesellschaft wird so wenige Personalinformationen wie möglich erheben, verarbeiten und nutzen (Grundsatz der Datensparsamkeit). Sie wird von den Möglichkeiten der Anonymisierung und Pseudonymisierung Gebrauch machen, soweit dies möglich ist und der Aufwand in einem angemessenen Verhältnis zu dem angestrebten Schutzzweck steht.

(2) Die Gesellschaft wird technische und organisatorische Maßnahmen zur Gewährleistung der Datensicherheit treffen (Grundsatz der Datensicherheit). Dies umfasst Maßnahmen zur Zutritts-, Zugangs-, Zugriffs-, Weitergabe-, Eingabe-, Auftrags- und Verfügbarkeitskontrolle sowie zur getrennten Verarbeitung von zu unterschiedlichen Zwecken erhobenen Daten.

§ 4 Verwendung von Personalinformationen[5]

(1) Das Erheben, Speichern, Verändern, Übermitteln oder Nutzen von Personalinformationen ist nur zulässig,
- a) soweit dies der Zweckbestimmung des Arbeits- oder Anbahnungsverhältnisses dient,
- b) soweit dies zur Wahrung berechtigter Interessen der Gesellschaft erforderlich ist und kein Grund zu der Annahme besteht, dass das schutzwürdige Interesse der Mitarbeiter an dem Ausschluss der Verarbeitung oder Nutzung überwiegt,
- c) wenn die Personalinformationen allgemein zugänglich sind oder die Gesellschaft sie veröffentlichen dürfte, es sei denn, dass das schutzwürdige Interesse des Mitarbeiters an dem Ausschluss der Verarbeitung oder Nutzung gegenüber dem berechtigten Interesse der Gesellschaft offensichtlich überwiegt,
- d) soweit dies aufgrund einer Rechtsvorschrift zulässig ist oder
- e) soweit der Mitarbeiter eingewilligt hat.

(2) Das Erheben, Speichern, Verändern, Übermitteln oder Nutzen von Personalinformationen über die rassische und ethnische Herkunft, politische Meinungen, die Gewerkschaftszugehörigkeit oder das Sexualleben ist ausgeschlossen.

(3) Das Erheben, Speichern, Verändern, Übermitteln und Nutzen von Personalinformationen mit medizinischem oder psychologischem Inhalt ist nur mit Zustimmung des

Mitarbeiters oder aufgrund einer Rechtsvorschrift zulässig. Unberührt bleibt die Verwendung anonymisierter Daten, insbesondere zu Zwecken des Gesundheitsschutzes und der Unfallverhütung.

(4) Die Gesellschaft ist jederzeit berechtigt, im Wege eines Personalfragebogens Personalinformationen zur Betriebszugehörigkeit, dem Lebensalter, den Unterhaltspflichten und der Schwerbehinderung der Mitarbeiter zu erheben.

§ 5 Zugriffsberechtigung[6]

(1) Das Erheben, Verarbeiten und Nutzen von Personalinformationen erfolgt ausschließlich durch die Zugriffsberechtigten.

(2) Zugriffsberechtigte sind die Geschäftsleitung, die Mitarbeiter der Personalabteilung sowie die Betriebsverantwortlichen. Betriebsverantwortliche sind alle Mitarbeiter, zu deren Aufgaben es gehört, die bestimmungsgemäße Nutzung von EDV-Systemen zu gewährleisten. Hierzu zählen insbesondere die Einrichtung sowie die Überwachung der EDV-Systeme und EDV-Geräte einschließlich der Betriebssicherheit sowie die Untersuchung von Störungen und deren Behebung.

(3) Die Zugriffsberechtigten werden namentlich in einer Datei aufgelistet. Diese Datei ist durch ein Passwort zu schützen. Änderungen der Zugriffsberechtigten und Änderungen der Reichweite der Berechtigung sind unverzüglich in der Datei zu vermerken. Jede Änderung ist zudem in einem gesonderten Protokoll festzuhalten. Die Datei und das Protokoll können jederzeit auf Anfrage vom Datenschutzbeauftragten und vom Betriebsrat eingesehen werden.

(4) Die Zugriffsberechtigten erhalten jeweils nur Zugang zu Personalinformationen, soweit dies zur Erfüllung ihrer Aufgaben notwendig ist.

(5) Bei dem Verarbeiten von Personalinformationen durch die Zugriffsberechtigten ist zu gewährleisten, dass nachträglich überprüft und festgestellt werden kann, welcher Zugriffsberechtigte zu welcher Zeit welche Verarbeitungen vorgenommen hat.

(6) Die Zugriffsberechtigten unterliegen dem Datengeheimnis sowie der Pflicht zur Verschwiegenheit hinsichtlich aller Personalinformationen. Sie sind bei der Aufnahme ihrer Tätigkeit durch die Gesellschaft auf das Datengeheimnis zu verpflichten. Dies gilt entsprechend für die Mitglieder des Betriebsrats.

§ 6 Informationssysteme[7]

(1) Sämtliche im Betrieb eingesetzten Informationssysteme werden unter Angabe der verwendeten Version in einer Datei aufgelistet. Die Datei ist durch Passwort zu schützen. Sie wird monatlich aktualisiert.

(2) Informationssysteme sind nur mit einem Benutzerkennwort und einem Passwort zugänglich, das ausschließlich den Zugriffsberechtigten für das ihnen jeweils zugewiesene Informationssystem mitgeteilt wird. Sie sind mit einer automatischen Abschaltungsvorrichtung bei dreifacher fehlerhafter Eingabe des Passworts zu versehen.

(3) Personalinformationen dürfen ausschließlich auf EDV-Geräten verarbeitet werden, die mit Zugriffs- und Sichtschutz versehen sind.

(4) Es ist durch geeignete Maßnahmen sicherzustellen, dass Zutritt zu Serverräumen ausschließlich die Betriebsverantwortlichen sowie Dritte nur in deren Anwesenheit haben.

(5) Für jedes Informationssystem benennt die Gesellschaft einen Systemverantwortlichen. Er dient als Ansprechpartner für alle technischen Fragen, die sich im Zusammenhang mit dem Einsatz des jeweiligen Informationssystems ergeben.

§ 7 Datenträger[8]

(1) Sämtliche im Betrieb eingesetzten Datenträger werden in einer Datei aufgelistet. Die Datei ist durch Passwort zu schützen. Sie wird monatlich aktualisiert.

16. Datenschutz

(2) Datenträger sind in Datensafes aufzubewahren. Diese sind nur den Zugriffsberechtigten im Rahmen ihrer jeweiligen Aufgaben zugänglich.

(3) Die Herausnahme von Datenträgern aus dem Datensafe und deren Einlagerung wird von den Zugriffsberechtigten in einem Protokoll festgehalten.

§ 8 Dritte[9]

(1) Werden externe Dritte mit dem Verarbeiten von Personalinformationen beauftragt, stellt die Gesellschaft sicher, dass diese das Bundesdatenschutzgesetz und andere Vorschriften über den Datenschutz einschließlich dieser Betriebsvereinbarung einhalten.

(2) Jedes Übermitteln von Personalinformationen an Dritte wird in einem Protokoll festgehalten.

§ 9 Datenschutzbeauftragter[10]

(1) Die Gesellschaft bestellt nach Erörterung mit dem Betriebsrat einen Datenschutzbeauftragten. Über die zu bestellende Person wird die Gesellschaft den Betriebsrat vorab informieren und mit diesem mit dem ernsthaften Ziel einer Einigung beraten. Der Betriebsrat ist berechtigt Gegenvorschläge zu unterbreiten. Kommt eine Einigung nicht zustande, entscheidet die Gesellschaft über die zu bestellende Person[11].

(*Alternative:*
(1) Die Gesellschaft und der Betriebsrat bestellen gemeinsam einen Datenschutzbeauftragten. Kommt eine Einigung über die Person des Datenschutzbeauftragten nicht zustande, entscheidet die Einigungsstelle.)

(2) Zum Datenschutzbeauftragten darf nur bestellt werden, wer die zur Erfüllung seiner Aufgaben erforderliche Fachkunde und Zuverlässigkeit besitzt[12].

(3) Die Bestellung erfolgt unbefristet. Sie kann von der Gesellschaft jederzeit aus wichtigem Grund widerrufen werden[13].

(4) Der Datenschutzbeauftragte untersteht unmittelbar der Geschäftsleitung[14]. Er unterliegt bei der Anwendung seiner Fachkunde auf dem Gebiet des Datenschutzes keinen Weisungen[15].

(5) Der Datenschutzbeauftragte darf wegen der Erfüllung seiner Aufgaben auf dem Gebiet des Datenschutzes nicht benachteiligt werden. Er darf insbesondere hinsichtlich seines beruflichen Fortkommens nicht benachteiligt werden[16].

(6) Der Datenschutzbeauftragte wirkt auf die Einhaltung des Bundesdatenschutzgesetzes und anderer Vorschriften über den Datenschutz im Betrieb der Gesellschaft hin. Zu seinen Aufgaben gehört es auch, die Einhaltung der Regelungen dieser Betriebsvereinbarung zu überwachen. Eine allgemeine Befugnis zur Überwachung der Einhaltung der Mitbestimmungsrechte des Betriebsrats steht dem Datenschutzbeauftragten nicht zu[17].

(7) Soweit der Betriebsrat Personalinformationen erhebt, verarbeitet und nutzt, unterwirft er sich der Überwachung durch den Datenschutzbeauftragten. Stellt dieser datenschutzrechtlich bedenkliche Vorgänge fest, wird er zunächst ausschließlich den Betriebsrat darauf hinweisen. Trägt der Betriebsrat den Hinweisen des Datenschutzbeauftragten nicht unverzüglich Rechnung, ist dieser berechtigt, die Gesellschaft zu informieren.

(8) Die Gesellschaft unterstützt den Datenschutzbeauftragten bei der Erfüllung seiner Aufgaben und stellt ihm die hierzu erforderlichen Informationen zur Verfügung.

(9) Tätigkeitsberichte und Stellungnahmen, die der Datenschutzbeauftragte der Gesellschaft vorlegt, werden unverzüglich an den Betriebsrat weitergeleitet, es sei denn, dem stehen gewichtige betriebliche Interessen entgegen.

(10) Der Datenschutzbeauftragte fungiert als interner Sachverständiger des Betriebsrats in allen Fragen des betrieblichen Datenschutzes. Die Hinzuziehung externer Sachverständiger durch den Betriebsrat kommt nur in Ausnahmefällen in Betracht.

§ 10 Rechte der Mitarbeiter

(1) Jeder Mitarbeiter erhält auf Verlangen einmal jährlich unentgeltlich eine Auflistung aller über ihn in Informationssystemen gespeicherten Personalinformationen. § 83 BetrVG bleibt hiervon unberührt. Die Auflistung hat die Art der gespeicherten Daten, die Zweckbestimmung ihrer Erhebung, die Art ihrer Verarbeitung, die Erhebungs- und Verarbeitungsstelle sowie externe Dritte, an die die Daten weitergegeben worden sind, zu enthalten.

(2) Personalinformationen werden auf Verlangen des Mitarbeiters innerhalb von 14 Tagen gelöscht, berichtigt oder ergänzt, sofern der Mitarbeiter die Unrichtigkeit oder Unvollständigkeit nachweist. Personalinformationen nach vorstehendem § 4 Abs. (2) und (3) sind in jedem Falle unverzüglich zu löschen.

(3) Bestehen Unstimmigkeiten zwischen der Gesellschaft und dem Mitarbeiter über die Richtigkeit der Personalinformationen, werden diese auf Verlangen des Mitarbeiters bis zum Nachweis der Richtigkeit gesperrt.

§ 11 Rechte des Betriebsrats

(1) Die Gesellschaft wird den Betriebsrat über alle im Betrieb eingesetzten Informationssysteme umfassend informieren. Die Information umfasst
   a) eine Beschreibung des Informationssystems nach Zielsetzung, Aufbau und Funktionsweise;
   b) ein Verzeichnis aller zu erfassenden Personalinformationen;
   c) eine Darstellung der vorgesehenen Auswertungen mit Angaben zum Verwendungszweck.

(2) Über Änderungen der eingesetzten Informationssysteme und die Einführung neuer Informationssysteme wird die Gesellschaft den Betriebsrat rechtzeitig und umfassend informieren und mit diesem beraten.

(3) Der Betriebsrat überwacht in Abstimmung mit dem Datenschutzbeauftragten die Einhaltung dieser Betriebsvereinbarung. Hierzu ist er berechtigt, die Zugriffsberechtigten zu befragen. Er kann jederzeit Einsicht in die in den vorstehenden §§ 4 bis 6 genannten Dateien und Protokolle verlangen.

§ 12 Inkrafttreten, Kündigung[18]

(1) Diese Betriebsvereinbarung tritt am …… in Kraft. Sie kann mit einer Frist von sechs Monaten zum Ende eines Kalenderjahres gekündigt werden. Die Betriebsvereinbarung entfaltet keine Nachwirkung.

(2) Die Kündigung bedarf der Schriftform.

§ 13 Schlussbestimmungen[19]

(1) Diese Betriebsvereinbarung löst alle eventuellen vorherigen Betriebsvereinbarungen über den Datenschutz, insbesondere …… ab.

(2) Mündliche Nebenabreden bestehen nicht. Änderungen oder Ergänzungen dieser Betriebsvereinbarung, einschließlich dieser Bestimmung, bedürfen zu ihrer Wirksamkeit der Schriftform.

(3) Sollte eine Bestimmung dieser Betriebsvereinbarung ganz oder teilweise unwirksam sein oder werden, so wird hiervon die Wirksamkeit der übrigen Bestimmungen nicht berührt. Anstelle der unwirksamen Bestimmung werden die Betriebspartner die gesetzlich zulässige Bestimmung vereinbaren, die dem mit der unwirksamen Bestimmung

16. Datenschutz C. II. 16

Gewollten wirtschaftlich am nächsten kommt. Dasselbe gilt für den Fall einer vertraglichen Lücke.

(4) Diese Betriebsvereinbarung steht unter dem Vorbehalt etwaiger ablösender – auch freiwilliger – Betriebsvereinbarungen.

(5) Sollten sich die dieser Betriebsvereinbarung zugrunde liegenden tatsächlichen oder rechtlichen Bedingungen grundlegend ändern, so werden die Betriebspartner unverzüglich in Verhandlungen treten mit dem Ziel, die Betriebsvereinbarung an die geänderten Bedingungen anzupassen.

......
Ort, Datum

......
Unterschrift der Gesellschaft

......
Ort, Datum

......
Unterschrift des Betriebsrats

Schrifttum: Bäumler, „Der neue Datenschutz" – Datenschutz in der Informationsgesellschaft von morgen, 1. Aufl. 1998; *Beder,* Betriebsrat und betrieblicher Datenschutzbeauftragter, CR 1990, 475; *ders.,* Datenschutzbeauftragter im Unternehmen, CR 1990, 618; *Däubler,* Gläserne Belegschaft? Datenschutz in Betrieb und Dienststelle, 4. Aufl., 2002; *ders.,* Das neue Bundesdatenschutzgesetz und seine Auswirkungen im Arbeitsrecht, NZA 2001, 874; *Dörr/Schmidt,* Neues Bundesdatenschutzgesetz, 1. Aufl. 1991; *Ehmann,* Datenschutz und Mitbestimmung bei der Arbeitnehmer-Datenverarbeitung, NZA 1993, 241; *ders.,* Grenzen der Mitbestimmungsrechte bei der Arbeitnehmerdatenverarbeitung, NZA 1986, 657; *ders.,* Datenverarbeitung und Persönlichkeitsschutz im Arbeitsverhältnis, NZA 1985, Beilage Nr. 1, 2; *Ehrich,* Die Bedeutung des § 36 III 4 BDSG für die Kündigung des betrieblichen Datenschutzbeauftragten durch den Arbeitgeber, NZA 1993, 248; *ders.,* Ordentliche Kündigung des betrieblichen Datenschutzbeauftragten, CR 1993, 226; *ders.,* Der betriebliche Datenschutzbeauftragte, DB 1991, 1981; *Franzen,* Die Novellierung des Bundesdatenschutzgesetzes und ihre Bedeutung für die Privatwirtschaft, DB 2001, 1867; *Gola,* Die Umsetzung der gesetzlichen Vorgaben zur Eingliederung des betrieblichen Datenschutzbeauftragten in die Unternehmensorganisation, RDV 2001, 263; *ders.,* Die Position des betrieblichen Datenschutzbeauftragten nach dem neuen BDSG, DuD 1991, 341; *Gola/Schomerus,* Bundesdatenschutzgesetz, 7. Aufl., 2002; *Gola/Wronka,* Handbuch zum Arbeitnehmer-Datenschutz, 2. Aufl., 1994; *dies.,* Das neue BDSG und der Arbeitnehmerdatenschutz, RDV 1991, 165; *Ostrowicz,* Kündigungsschutz versus Abberufungsschutz des Datenschutzbeauftragten, RDV 1995, 112; *Rudolf,* Aufgabe und Stellung des betrieblichen Datenschutzbeauftragten, NZA 1996, 296; *Räther/Seitz,* Übermittlung personenbezogener Daten in Drittstaaten – Angemessenheitsklausel, Safe Harbour und die Einwilligung, MMR 2002, 425; *Schierbaum/Kiesche,* Der Betriebliche Datenschutzbeauftragte, CR 1992, 726; *Tinnenfeld/Ehmann,* Einführung in das Datenschutzrecht, 3. Aufl. 1998; *Wohlgemuth,* Auswirkungen der EG-Datenrichtlinie auf den Arbeitnehmer-Datenschutz, BB 1996, 690; *ders.* Neuere Entwicklungen im Arbeitnehmerdatenschutz BB 1992, 281; *ders.,* Konfliktfälle bei grenzüberschreitender Personaldatenverarbeitung, BB 1991, 340.

Anmerkungen

1. Regelungsinhalt. Im keinem anderen Bereich des privaten Rechtsverkehrs wird eine ähnlich große Menge personenbezogener Daten verarbeitet wie im Arbeitsverhältnis (Kasseler Handbuch/*Striegan* 2.10 Rdn. 4). Der Arbeitgeber benötigt eine Fülle von Informationen über die Arbeitnehmer für die Personalverwaltung und die Personalplanung. Auch zahlreiche gesetzliche Melde- und Auskunftspflichten machen die Kenntnis einer Vielzahl von Personaldaten erforderlich. Ergänzend zur EDV-Rahmenbetriebsvereinbarung (s. Form. C. II. 13 Anm. 1) dient das Formular dazu, dem **Schutzauftrag von Arbeitgeber und Betriebsrat gemäß § 75 Abs. 2 BetrVG** im Hinblick auf das Recht des Arbeitnehmers auf informationelle Selbstbestimmung gerecht zu werden. Darüber hinaus enthält die Betriebsvereinbarung – auf freiwilliger Basis – Regelungen zur **Bestellung des Datenschutzbeauftragten** (§§ 4 f und 4 g BDSG).

2. Geltungsbereich. Der sachliche Geltungsbereich der Betriebsvereinbarung erstreckt sich auf Personalinformationen im Sinne der Begriffsbestimmung gemäß § 2 Abs. (1). Damit erfasst die Betriebsvereinbarung – über § 1 Abs. 2 Nr. 3 BDSG hinaus – nicht nur die Verarbeitung von Daten in oder aus Dateien. Auch Personalinformationen, die in Akten enthalten sind, welche die nicht den Dateibegriff erfüllen, werden in den Geltungsbereich einbezogen.

3. Begriffsbestimmungen. S. § 3 BDSG und Form. C. II. 13 Anm. 5.

4. Grundsätze. Das Formular folgt den Grundgedanken des Bundesdatenschutzgesetzes über **Datensparsamkeit (§ 3a BDSG) und Datensicherheit**.

5. Verwendung von Personalinformationen. Die Verwendung von Personalinformationen ist insbesondere zulässig, soweit dies der **Zweckbestimmung des Arbeitsverhältnisses** dient. Hierzu gehört bereits das durch die Bewerbung begründete **Anbahnungsverhältnis**, so dass der Arbeitgeber Daten zur Eignung und Befähigung des Bewerbers speichern darf. Kommt das Arbeitsverhältnis nicht zustande, entfällt nach bisheriger Ansicht des BAG der Speicherungszweck, weshalb die Daten zu löschen sind (BAG Urt. v. 6. 6. 1984 – 5 AZR 286/81 – NJW 1984, 2910). Dies könnte sich nach Umsetzung der Antidiskriminierungsrichtlinien (RL 2000/43/EG, RL 2000/78/EG, RL 2002/73/EG ändern, sofern möglichen Entschädigungsansprüchen von abgelehnten Bewerbern nur durch entsprechende Dokumentation des Auswahlverfahrens begegnet werden kann. Solange Entschädigungsansprüche von Bewerbern geltend gemacht werden können, besteht zumindest ein berechtigtes Interesse der Gesellschaft i. S. d. § 4 Abs. (1) (b) der Betriebsvereinbarung.

Im Übrigen liegt die Speicherung von Personalinformationen im Rahmen der Zweckbestimmung des Arbeitsverhältnisses, wenn ein **unmittelbarer Zusammenhang** zwischen der Speicherung und der Durchführung des Vertrages besteht, wenn also die Daten zur Erfüllung des konkreten Vertragszwecks erforderlich sind (BAG Urt. v. 22. 10. 1986 – 5 AZR 660/85 – AP Nr. 2 zu § 23 BDSG). Zulässig ist unter anderem die Speicherung folgender Daten:

- Angaben zur Person (Name, Alter, Geschlecht, Familienstand, Ausbildung, Sprachkenntnisse),
- Beurteilungen,
- Krankheits- und sonstige Fehlzeiten,
- Medizinische und psychologische Befunde,
- Telefondaten von Dienstgesprächen und Privatgesprächen aus dienstlichem Anlass (aber str. wegen der Rechte des Angerufenen), nicht aber von Privatgesprächen.

Zu den **Rechtsvorschriften**, die die Verwendung von Daten zulässig machen, gehören nicht nur die Bestimmungen des BDSG sondern – im Rahmen der grundgesetzlichen Wertungen – auch der normative Teil von Tarifverträgen und Betriebsvereinbarungen (BAG Beschl. v. 27. 5. 1986 – 1 ABR 48/84 – AP Nr. 15 zu § 87 BetrVG 1972 Überwachung).

6. Zugriffsberechtigung. Öffentliche und nicht-öffentliche Stellen, die personenbezogene Daten erheben, verarbeiten oder nutzen, haben die technischen und organisatorischen Maßnahmen, die zur Ausführung des BDSG erforderlich sind, zu treffen (§ 9 BDSG). Nach Nr. 3 der Anlage zu § 9 BDSG gehört hierzu insbesondere die **Zugriffskontrolle**. Diese soll gewährleisten, dass die zur Benutzung eines EDV-Systems Berechtigten ausschließlich auf die ihrer jeweiligen Zugriffsberechtigung unterliegenden Daten zugreifen können und dass personenbezogene Daten nicht unbefugt gelesen, kopiert, verändert oder entfernt werden können.

Wie alle Personen, die mit personenbezogenen sowie mit personenbeziehbaren Daten in Berührung kommen, unterliegen auch die Zugriffsberechtigten dem **Datengeheimnis**. Vor Aufnahme ihrer Tätigkeiten sie auf die Verpflichtung schriftlich hinzuweisen (s. Form. A. IV. 4).

7. EDV-Systeme. Die Regelung trägt insbesondere den Anforderungen an eine **Zutrittskontrolle** (Nr. 1) und **Zugangskontrolle** (Nr. 2 der Anlage zu § 9 BDSG) Rechnung.

8. Datenträger. Im Zuge der **Weitergabekontrolle** (Nr. 4 der Anlage zu § 9 BDSG) soll insbesondere verhindert werden, dass Datenträger unbefugt gelesen, kopiert, verändert oder entfernt werden können.

9. Dritte. Im Falle einer Datenweitergabe an Dritte, die sich in **Inland** befinden, gelten die Bestimmungen des BDSG uneingeschränkt.

Problematischer gestaltet sich die Übermittlung von Daten an Dritte, die sich im **Ausland** befinden, wie beispielsweise die Weitergabe an die im Ausland befindliche Konzernmutter oder auch an eine im Ausland ansässige, rechtlich unselbstständige Niederlassung eines inländischen Unternehmens zum Zwecke der konzernweiten Personalplanung oder zur Abwicklung der Lohnbuchhaltung. Denn hier ist nicht sichergestellt, dass dem BDSG entsprechende

16. Datenschutz

Schutzvorschriften existieren. Differenziert werden muss zwischen EU-Mitgliedsstaaten und Drittstaaten.

Die Vorschriften der §§ 28 bis 30 BDSG gelten auch für die Übermittlung von Daten in andere **EU-Mitgliedsstaaten** mit dem Ergebnis, dass eine grenzüberschreitende Auftragsdatenverarbeitung grundsätzlich möglich ist (§ 4b Abs. 1 Ziff. 1 und 2 BDSG, dazu *Däubler* Rdn. 499).

Die Übermittlung von Daten an **Drittstaaten** ist nur dann zulässig, wenn der Drittstaat über ein angemessenes Datenschutzniveau verfügt (§ 4 b Abs. 2 S. 1 BDSG). Für die **Schweiz** und **Kanada** hat die EU-Kommission entschieden, dass dies der Fall sei (*Däubler* Rdn. 503). Für die **USA** greift ein Abkommen der EU-Kommission mit dem US-Handelsministerium ein (EU-Kommission v. 26. Juli 2000, ABl. v. 25. 8. 2000 Nr. L 215). Danach dürfen Daten an ein Unternehmen mit Sitz in den USA übertragen werden, wenn sich das US-amerikanische Unternehmen den Grundsätzen des **safe harbor** unterworfen hat *(www.export.gov/safeharbor)*.

10. Datenschutzbeauftragter. Bei Privatunternehmen greift das Prinzip der **innerbetrieblichen Selbstkontrolle** anstelle der staatlichen Kontrolle. Die Pflicht zur Bestellung eines Datenschutzbeauftragten hängt davon ab, ob ein Mindestumfang von Daten verarbeitet wird und damit einhergehend ein bestimmtes Mindestmaß eines Gefährdungspotentials geschaffen wird (*Gola/Schomerus* § 4 f Rdn. 9). Private Stellen sind verpflichtet, einen Datenschutzbeauftragten zu bestellen, wenn sie in der Regel im Falle automatisierter Datenverarbeitung mindestens fünf oder im Falle herkömmlicher Verarbeitung mindestens zwanzig Arbeitnehmer ständig mit der Verarbeitung personenbezogener Daten betraut haben (§ 4 f Abs. 1 S. 3 und 4 BDSG). Eine Unterscheidung zwischen Vollzeit- und Teilzeitarbeitnehmern erfolgt nicht (*Gola/Schomerus* § 4 Rdn. 11; *Schierbaum/Kiesche* CR 1992, 726, 727). Die mit der elektronischen und der herkömmlichen Datenverarbeitung beschäftigten Arbeitnehmer werden nicht addiert. Sind daher weder fünf noch zwanzig Mitarbeiter mit den jeweiligen Tätigkeiten beschäftigt, besteht keine Pflicht zur Bestellung eines Datenschutzbeauftragten (*Rudolf* NZA 1996, 296, 297, a. A. *Däubler* Rdn. 586). Die betreffenden Arbeitnehmer müssen dauerhaft beschäftigt werden. Der prozentuale Anteil der Arbeitszeit, der auf die Datenverarbeitung tatsächlich entfällt, ist allerdings unerheblich (*Schierbaum/Kiesche* CR 1992, 726, 727; *Rudolf* NZA 1996, 296, 297). Anhaltspunkt in der Praxis bietet die im Unternehmen vorgesehene Anzahl von Stellen für die Datenverarbeitung. Auf einen Datenschutzbeauftragten kann nach dem BDSG daher nur in „Kleinbetrieben" verzichtet werden. Die Mindestvoraussetzungen entfallen aber, wenn besonders sensible Daten betroffen sind und damit eine besondere Gefährdung für das Persönlichkeitsrecht zu befürchten ist.

11. Bestellung. Der Datenschutzbeauftragte muss spätestens binnen **eines Monats** nach Eintritt der Voraussetzungen für seine Bestellung (s. Anm. 10) bestellt werden (*Gola/Schomerus* § 4f Rdn. 15).

Datenschutzbeauftragter kann ein **Arbeitnehmer** oder aber auch ein **externer Dritter** sein. In der Regel dürfte es sich anbieten, mit der Aufgabe des Datenschutzbeauftragten einen Mitarbeiter des Unternehmens zu beauftragen, dem der Betrieb und die in diesem eingesetzten EDV-Systeme bekannt sind (*Gola/Schomerus* § 4 f Rdn. 17). Die Beauftragung eines externen Datenschutzbeauftragten empfiehlt sich allenfalls bei konzernangehörigen Unternehmen. Hier können Kosten durch die Bestellung nur eines oder weniger Datenschutzbeauftragter für alle konzernangehörigen Unternehmen gespart werden. Die Bestellung kann **hauptberuflich** wie auch **nebenberuflich** erfolgen (*Rudolf* NZA 1996, 296, 297). Es hängt letztendlich vom Einzelfall ab, wie umfangreich sich die Datenschutzangelegenheiten in dem Unternehmen darstellen.

Nicht zum Datenschutzbeauftragten bestellt werden kann der **Leiter der EDV-Abteilung**; dies liefe dem Schutzauftrag des Datenschutzbeauftragten zuwider (ArbG Offenbach Beschl. v. 19. 2. 1992 – 1 BV 79/91 – CR 1993, 776, 777; *Rudolf* NZA 1996, 296, 297). Auch die Bestellung eines **Betriebsratsmitgliedes** zum Datenschutzbeauftragten empfiehlt sich nicht. Zwar ist es Aufgabe des Betriebsrats gemäß § 80 Abs. 1 BetrVG, die Einhaltung Arbeitnehmer schützender Normen, zu denen auch das BDSG zählt, zu überwachen. Die Koppelung des Betriebsratsamt mit dem Amt als Datenschutzbeauftragter vermischt jedoch die hierarchische Eingliederung beider Positionen. Der Datenschutzbeauftragte untersteht gemäß § 4f Abs. 3 BDSG ausschließlich der Geschäftsleitung. Er ist ein neutrales Kontrollorgan und – anders als der Betriebsrat – kein Interessenvertreter. Die Kopplung beider Ämter kann daher zu Interessenkonflikten führen. Teilweise wird daher sogar vertreten, dass die Bestellung eines Mitglieds des Betriebsrats zum Datenschutzbeauftragten unzulässig sei (*Beder* CR 1990, 475, 476).

Die Bestellung zum Datenschutzbeauftragten hat **schriftlich** zu erfolgen. Ihr kommt konstitutive Wirkung zu (*Rudolf* NZA 1996, 296, 298). Ein **Mitbestimmungsrecht** des Betriebsrats bei der Bestellung besteht nicht (*Ehrich* DB 1991, 1981, 1983 m. weit. Nachw.). Allerdings sollte der Betriebsrat – wie in dem Formular vorgesehen – in die Bestellung mit einbezogen werden; dies erhöht die Akzeptanz des Datenschutzbeauftragten beim Betriebsrat.

Im Übrigen ist der Betriebsrat im Rahmen der – von der Übertragung des Amtes zu trennenden – **Einstellung** des Arbeitnehmers, der die Funktion des Datenschutzbeauftragten wahrnehmen soll, ohnehin nach § 99 Abs. 1 S. 1 BetrVG zu beteiligen. Werden einem bereits bei der Gesellschaft tätigen Mitarbeiter die Aufgaben des Datenschutzbeauftragten übertragen, kommt – abhängig von der Bedeutung der Aufgabe im Verhältnis zu seiner sonstigen Tätigkeit – eine **Versetzung** in Betracht. Dies ist jedenfalls der Fall, wenn die Aufgabe von der ursprünglich arbeitsvertraglich geschuldeten Tätigkeit in Regefall derart abweicht, so dass die Zuweisung nicht mehr vom Direktionsrecht des Arbeitgebers gedeckt sein wird (*Rudolf* NZA 1996, 296, 298; LAG München Beschl. v. 16. 11. 1978 – 8 Ta BV 6/78 – BB 1979, 1092).

Der **Betriebsrat** kann die Zustimmung zu einer beabsichtigten Versetzung eines Arbeitnehmers auf einen Arbeitsplatz als Datenschutzbeauftragter gemäß § 99 BetrVG mit der Begründung **verweigern**, der Arbeitnehmer besitze nicht die von § 36 Abs. 2 BDSG geforderte Fachkunde und Zuverlässigkeit. § 36 Abs. 2 BDSG ist eine gesetzliche Vorschrift i. S. d. § 99 BetrVG (BAG Beschl. v. 22. 3. 1994 – 1 ABR 51/93 – NZA 1994, 1049, 1050). Bedenken könnten sich etwa ergeben, wenn der Arbeitnehmer neben seiner Aufgabe als Datenschutzbeauftragter Tätigkeiten ausübt, die mit seiner Kontrollfunktion unvereinbar sind, weil sie ihn in einen Interessenkonflikt geraten lassen können.

12. Fachkunde. Die Fachkunde des Datenschutzbeauftragten setzt sowohl Grundwissen im Bereich des Datenschutzes wie auch ein Verständnis für betriebswirtschaftliche Zusammenhänge sowie technische Vorgehensweisen voraus (*Schierbaum/Kiesche* CR 1992, 726, 729; *Rudolf* NZA 1996, 296, 297; *Gola/Schomerus* § 4 Rdn. 20). Fachkunde bedeutet jedoch nicht den Nachweis einer besonderen Ausbildung. Zu den unverzichtbaren Kriterien der Zuverlässigkeit zählen die Eigenschaften Integrität, Verschwiegenheit, Verantwortungsbewusstsein, Gründlichkeit und Durchsetzungsvermögen.

13. Abberufung. Für die Beendigung des Amtes als Datenschutzbeauftragter ist der **Widerruf** der Bestellung erforderlich. Dieser bedarf anders als die Bestellung keiner Schriftform. Der Widerruf kann aber nur unter den Voraussetzungen des § 626 Abs. 1 BGB, also aus **wichtigem Grund,** ausgesprochen werden (§ 4f Abs. 3 S. 4 BDSG).

Da die Bestellung zum Datenschutzbeauftragten von dem der Bestellung zugrunde liegenden Anstellungsverhältnisse unabhängig ist, führt allein der Widerruf der Bestellung nicht automatisch auch zur Beendigung der zugrunde liegenden Anstellung (anders *Rudolf* NZA 1996, 296, 301). Umstritten ist, ob auch das Arbeitsverhältnis nur außerordentlich gekündigt werden kann, so dass der Datenschutzbeauftragte – ähnlich wie ein Betriebsratsmitglied – einen **besonderen Kündigungsschutz** genießt. Dies wird teilweise aus der engen Verknüpfung zwischen Amtsstellung und Anstellung abgeleitet (*Beder* CR 1990, 618, 619; *Gola/Schomerus* § 4f Rdn. 39 m. weit. Nachw.). Dagegen spricht, dass der Datenschutzbeauftragte kein Interessenvertretungsorgan darstellt. Zutreffend hat das ArbG Dresden (ArbG Dresden Urt. v. 9. 2. 1994 – 3 Ca 7628/93 – CR 1994) entschieden, dass zumindest dann eine ordentliche Kündigung zuzulassen ist, wenn das Arbeitsverhältnis aus Gründen beendet wird, die **nicht im sachlichen Zusammenhang mit der Amtsstellung** stehen (vgl. *Schierbaum/Kiesche* CR 1992, 726, 729; *Ehrich* DB 1991, 1981, 1985 m. weit. Nachw.). Eine weitere Differenzierung zwischen hauptamtlichen und nebenamtlichen Datenschutzbeauftragten erweist sich nicht als vertretbar (a. A. *Schierbaum/Kiesche* CR 1992, 726, 729).

14. Unterstellung unter die Geschäftsleitung. Der Datenschutzbeauftragte darf keiner untergeordneten betrieblichen Hierarchieebene unterstellt werden (§ 4f Abs. 3 S. 1 BDSG).

Hierbei handelt es sich allerdings um eine rein funktionale Einteilung. Der Datenschutzbeauftragte wird hierdurch nicht zum leitenden Angestellten i.S.d. BetrVG (*Rudolf* NZA 1996, 296, 209).

15. Weisungsfreiheit. Der Datenschutzbeauftragte ist in seiner Beratungs- und Kontrollfunktion weisungsfrei (§ 4f Abs. 3 S. 2 BDSG). Er ist nicht der Erfüllungsgehilfe der Geschäftsführung, sondern allein dieser hierarchisch angegliedert (*Schierbaum/Kiesche* CR 1992, 726, 730). Die Weisungsfreiheit darf nicht mit der Einräumung von Entscheidungsbefugnissen verwechselt werden. Die Gewährleistung des Datenschutzes obliegt allein der Gesellschaft (*Gola* RDV 2001, 263, 264). Die Weisungsfreiheit des Datenschutzbeauftragten bezieht sich nur auf den datenschutzrechtlichen Bereich.

16. Benachteiligungsverbot. S. § 4f Abs. 3 S. 3 BDSG.

17. Aufgaben des Datenschutzbeauftragten. Der Datenschutzbeauftragte hat auf die Einhaltung der Datenschutzbestimmungen hinzuwirken (§ 4g Abs. 1 S. 1 BDSG).

Nicht zu den Aufgaben des Datenschutzbeauftragten zählt – nach einer umstrittenen Entscheidung des BAG – die **Kontrolle des Betriebsrats** (BAG Beschl. v. 11. 11. 1997 – 1 ABR 21/97 – RDV 1998, 64). Würde nämlich dem Datenschutzbeauftragten ein Kontrollrecht eingeräumt, stellte dies nach Ansicht des BAG einen massiven und wertungswidersprüchlichen Eingriff in das Strukturprinzip des BetrVG dar; der Datenschutzbeauftragte sei – trotz seiner unabhängigen Stellung – dem Arbeitgeber zuzuordnen. Das Formular sieht vor, dass sich der Betriebsrat freiwillig der Überwachung durch den Datenschutzbeauftragten unterwirft. Ob dies in wirksamer Weise möglich ist, erscheint allerdings zweifelhaft.

18. Inkrafttreten und Kündigung. S. Form. C. II. 1 Anm. 15.

19. Schlussbestimmungen. S. Form. C. II. 1 Anm. 16.

17. Betrieblicher Arbeitsschutz

Betriebsvereinbarung zum betrieblichen Arbeitsschutz[1]

zwischen
...... (Name und Anschrift des Arbeitgebers) „Gesellschaft"
und
Betriebsrat des Betriebs ...... der ...... (Name des Arbeitgebers) „Betriebsrat"
(*Alternative:* Gesamtbetriebsrat/Konzernbetriebsrat)

Präambel[2]

Ziel dieser Betriebsvereinbarung ist es, im Interesse der Mitarbeiter und der Gesellschaft die Sicherheit am Arbeitsplatz und den Gesundheitsschutz der Mitarbeiter im Einklang mit den gesetzlichen und berufsgenossenschaftlichen Regelungen zu gewährleisten.

§ 1 Geltungsbereich

Diese Betriebsvereinbarung gilt für alle Arbeitnehmer des Betriebs ...... der Gesellschaft („Mitarbeiter"), mit Ausnahme der leitenden Angestellten i.S.d. § 5 Abs. 3 BetrVG.

§ 2 Begriffsbestimmungen

(1) Arbeitsschutzrecht sind die Vorschriften des Arbeitsschutzes, insbesondere das Arbeitsschutzgesetz (ArbSchG) und die dazu ergangenen Rechtsverordnungen, das Arbeitssicherheitsgesetz (ASiG), das Sozialgesetzbuch VII. Buch (SGB VII) und die Unfallverhütungsvorschriften[3].

(2) Arbeitsbedingte Gesundheitsgefahren sind Belastungen, die durch die Arbeit entstehen und die Gesundheit gefährden.

(3) Maßnahmen des Arbeitsschutzes sind Maßnahmen zur Verhütung von Unfällen bei der Arbeit und von arbeitsbedingten Gesundheitsgefahren einschließlich Maßnahmen der menschengerechten Gestaltung der Arbeit[4].

(4) Gesicherte arbeitswissenschaftliche Erkenntnisse sind Erkenntnisse, die statistisch und methodisch abgesichert oder nachprüfbar sind und sich in der Praxis bereits bewährt haben oder die Eingang in Standardwerke der Arbeitswissenschaft gefunden haben (z. B. DIN-, ISO- oder EN-Normen, Richtlinien und Merkblätter der Berufsgenossenschaften oder der Bundesagentur für Arbeitsschutz und Arbeitsmedizin)[5].

§ 3 Gestaltung der Arbeitsbedingungen

(1) Die Gesellschaft wird geeignete Maßnahmen treffen, um die Arbeitsbedingungen der Mitarbeiter entsprechend den Anforderungen des Arbeitsschutzrechts sowie unter Berücksichtigung des jeweiligen Standes der Technik, der Arbeitsmedizin und sonstiger gesicherter arbeitswissenschaftlicher Erkenntnisse zu gestalten.

(2) Unter Berücksichtigung technischer und wirtschaftlicher Effizienz sollen hinsichtlich der Sicherheit und Gesundheit der Mitarbeiter möglichst optimale Arbeitsbedingungen geschaffen und unnötige Belastungen für die Mitarbeiter vermieden werden.

§ 4 Grundsätze der Gefährdungsbeurteilung[6]

(1) Die Gefährdungsbeurteilung dient der Entdeckung von Gefährdungspotentialen und Gefahrenquellen am Arbeitsplatz. Sie soll Verbesserungsmöglichkeiten im Hinblick auf die gesundheitlichen Belastungen der Mitarbeiter aufzeigen und gesundheitsschädigende Belastungen möglichst vermeiden.

(2) Die Gefährdungsbeurteilung erstreckt sich insbesondere auf
- die Gestaltung und Einrichtung der Arbeitsstätte und des Arbeitsplatzes,
- die Arbeitsmittel und Arbeitsstoffe,
- die Arbeitsverfahren, Arbeitsabläufe und Arbeitsorganisation,
- die Bedingungen der Arbeitsumgebung und
- die Qualifikation der Mitarbeiter im Hinblick auf die zu erfüllenden Arbeitsaufgaben.

§ 5 Durchführung der Gefährdungsbeurteilung[7]

(1) Eine Gefährdungsbeurteilung ist durchzuführen
- als Erstbeurteilung an den bestehenden Arbeitsplätzen unverzüglich nach Abschluss dieser Betriebsvereinbarung,
- als Erstbeurteilung an neu eingerichteten Arbeitsplätzen,
- bei wesentlichen Änderungen der Gestaltung des Arbeitsplatzes (Arbeitsumgebung, Arbeitsmittel), des Arbeitsverfahrens oder der Arbeitsorganisation,
- bei tätigkeitsrelevanten wesentlichen Veränderungen des Standes der Technik oder der Arbeitsmedizin sowie sonstige gesicherten arbeitswissenschaftlichen Erkenntnissen,
- bei Einführung neuer oder wesentlicher Änderung bestehender tätigkeitsrelevanter Arbeitsschutzvorschriften sowie
- nach Arbeitsunfällen oder dem gehäuften Auftreten von Beinaheunfällen und arbeitsbedingten Gesundheitsgefahren.

(2) Die Gefährdungsbeurteilung umfasst die folgenden Schritte:
- Ermittlung des Ist-Zustandes arbeitsbedingter Gesundheitsrisiken,
- Bewertung des Arbeitsplatzes und der von ihm ausgehenden Gefährdungen,
- Vergleich Ist-/Soll-Zustand und
- Ergreifung von Maßnahmen zur Erreichung des Soll-Zustandes.

Einzelheiten ergeben sich aus Anlage 1 zu dieser Betriebsvereinbarung.

17. Betrieblicher Arbeitsschutz

(3) Die Ergebnisse aller Schritte der Gefährdungsbeurteilung, insbesondere die Ergebnisse der Gefährdungsbeurteilung, die festgelegten Maßnahmen einschließlich ihrer Umsetzung sowie die Ergebnisse der Überprüfung ihrer Wirksamkeit einschließlich ggf. erforderlicher Anpassungs- oder Ergänzungsmaßnahmen sind von der Gesellschaft schriftlich zu dokumentieren[8].

§ 6 Betriebliche Organisation des Arbeitsschutzes

(1) Betriebliche Organe des Arbeitsschutzes sind die Sicherheitsbeauftragten (§ 7), die Sicherheitsfachkräfte (§ 8), die Betriebsärzte (§ 9) und der Arbeitsschutzausschuss (§ 10). Ihnen obliegt zusammen mit den jeweiligen Fachvorgesetzten die sach- und ordnungsgemäße Durchführung des betrieblichen Arbeitsschutzes.

(2) Den Sicherheitsbeauftragten, Sicherheitsfachkräften und Betriebsärzten steht kein Weisungsrecht gegenüber den Mitarbeitern zu. Sie dürfen wegen der Erfüllung der ihnen zugewiesenen Aufgaben im Rahmen ihrer täglichen Arbeit sowie in ihrem beruflichen Fortkommen nicht benachteiligt werden. Über Fortbildungsmaßnahmen der Sicherheitsbeauftragten, Sicherheitsfachkräfte und Betriebsärzte entscheidet die Gesellschaft. Die Gesellschaft trägt die Kosten der Fortbildung. Der Umfang der Kosten muss der Gesellschaft zumutbar sein.

§ 7 Sicherheitsbeauftragte[9]

(1) Für die Bereiche …… werden …… Sicherheitsbeauftragte nebst Stellvertretern unter Beteiligung des Betriebsrats bestellt. Die Abberufung jedes einzelnen Sicherheitsbeauftragten ist jederzeit möglich.

(2) Zu Sicherheitsbeauftragten können nur Mitarbeiter der Gesellschaft bestellt werden. Auszubildende sowie Mitarbeiter, die noch nicht länger als sechs Monate bei der Gesellschaft beschäftigt sind, können nicht zu Sicherheitsbeauftragten bestellt werden. Zu Sicherheitsbeauftragten können ferner nur diejenigen Mitarbeiter bestellt werden, die über ausreichende Sach- und Betriebskenntnisse verfügen.

(3) Die Sicherheitsbeauftragten erstatten der Gesellschaft im Turnus von …… Monaten Bericht über die Arbeitssicherheitssituation. Bei Arbeitsunfällen, Beinaheunfällen und konkreten Gefahren für die Sicherheit und/oder Gesundheit der Mitarbeiter haben die Sicherheitsbeauftragten die Gesellschaft unverzüglich zu informieren.

§ 8 Sicherheitsfachkräfte[10]

(1) Die Gesellschaft wird …… Sicherheitsfachkräfte bestellen. Bestellung und Abberufung bedürfen der Zustimmung des Betriebsrats.

(2) Als Sicherheitsfachkräfte können nur solche Personen bestellt werden, die über die sicherheitstechnische und betriebliche Fachkunde verfügen und den Berufsgruppen Sicherheitsingenieur, Sicherheitstechniker oder Sicherheitsmechaniker angehören.

(3) Den Sicherheitsfachkräften werden die in § 6 ASiG niedergelegten Aufgaben zugewiesen. Aufgabe der Sicherheitsbeauftragten ist es insbesondere, sicherheitswidrige Zustände aufzudecken und gemeinsam mit den Mitarbeitern auf eine Verbesserung des Arbeits- und Unfallschutzes hinzuwirken.

(4) Die Sicherheitsfachkräfte erstatten der Gesellschaft im Turnus von …… Monaten Bericht über den Zustand der Arbeitssicherheit und unterbreiten Verbesserungsvorschläge. Die Gesellschaft ist nicht verpflichtet, diese Vorschläge umzusetzen.

(5) Die Sicherheitsfachkräfte sind bei der Anwendung ihrer sicherheitstechnischen Fachkunde keinen Weisungen unterworfen. Sie berichten unmittelbar an die Geschäftsleitung.

§ 9 Betriebsärzte[11]

(1) Die Gesellschaft wird …… Betriebsärzte bestellen. Bestellung und Abberufung bedürfen der Zustimmung des Betriebsrats.

(2) Als Betriebsärzte können nur solche Personen bestellt werden, die berechtigt sind den ärztlichen Beruf auszuüben und über die zur Erfüllung der ihnen übertragenen Aufgaben erforderliche arbeitsmedizinische Fachkunde verfügen.

(3) Den Betriebsärzten werden die in § 3 ASiG niedergelegten Aufgaben zugewiesen.

(4) Die Betriebsärzte erstatten der Gesellschaft im Turnus von ...... Monaten Bericht über allgemeine Gesundheitsgefahren und unterbreiten Verbesserungsvorschläge. Die Gesellschaft ist nicht verpflichtet, diese Vorschläge umzusetzen.

(5) Die Betriebsärzte sind bei der Wahrnehmung ihrer Aufgaben allein ihrem ärztlichen Gewissen unterworfen und haben die Regeln der ärztlichen Schweigepflicht zu beachten. Sie sind bei der Anwendung ihrer arbeitsmedizinischen Fachkunde weisungsfrei und berichten unmittelbar an die Geschäftsleitung.

§ 10 Arbeitsschutzausschuss[12]

(1) Der Arbeitsschutzausschuss besteht aus je zwei Vertretern der Gesellschaft, zwei vom Betriebsrat bestimmten Betriebsratsmitgliedern, den Betriebsärzten, Sicherheitsfachkräften sowie den Sicherheitsbeauftragten.

(2) Der Arbeitsschutzausschuss ist zuständig für die Beratung von Unfallverhütungsmaßnahmen und Arbeitsschutzmaßnahmen.

(3) Der Arbeitsschutzausschuss tagt vierteljährlich.

(4) Sind Beschlüsse zu fassen, ist der Arbeitsschutzausschuss beschlussfähig, wenn zwei Drittel seiner Mitglieder anwesend sind.

(5) Das Ergebnis der Beratung des Arbeitsschutzausschusses wird in einer Niederschrift festgehalten, die von allen Mitgliedern zu unterzeichnen ist. Die Niederschrift wird vom Arbeitsschutzausschuss für die Zeit von 36 Monaten aufbewahrt.

(6) Der Arbeitsschutzausschuss kann bei Bedarf Fachvorgesetzte sowie einzelne Mitarbeiter an seinen Sitzungen zur Beratungen spezieller Einzelfragen teilhaben lassen.

(7) Die Leitung des Arbeitsschutzausschusses obliegt der Gesellschaft.

§ 11 Zusammenarbeit mit dem Betriebsrat[13]

(1) Der Betriebsrat hat mit den Betriebsärzten und den Sicherheitsfachkräften in allen Fragen des betrieblichen Arbeitsschutzes zusammenzuarbeiten.

(2) Die Betriebsärzte und die Sicherheitsfachkräfte haben den Betriebsrat über wichtige Angelegenheiten des Arbeitsschutzes und der Unfallverhütung zu unterrichten.

(3) Die Betriebsärzte und die Sicherheitsfachkräfte haben dem Betriebsrat die der Gesellschaft gegenüber abgegebenen Vorschläge zur Verbesserung von Arbeits- und Gesundheitsschutz und der Unfallverhütung mitzuteilen.

§ 12 Unterrichtung und Unterweisung der Mitarbeiter

(1) Die Mitarbeiter sind im Hinblick auf die sicherheits- und gesundheitsgerechte Durchführung ihrer Tätigkeiten vor der ersten Arbeitsaufnahme zu unterweisen. Die Unterweisung erfolgt während der Arbeitszeit.

(2) Ziel der Unterweisung ist es, den Mitarbeitern Kenntnis über die Maßnahmen zu vermitteln, die zur Verhütung von Unfällen bei der Arbeit und von arbeitsbedingten Gesundheitsgefahren notwendig sind. Zudem sollen die Mitarbeiter über ihre Rechte und Pflichten aus den §§ 15 bis 17 ArbSchG unterrichtet werden[14].

(3) Die Mitarbeiter sind insbesondere zu unterweisen über
- die betriebliche Organisation des Gesundheitsschutzes,
- die Gefährdungen am Arbeitsplatz,
- die Arbeitsschutzmaßnahmen am Arbeitsplatz und

- die Verpflichtung zur Beachtung von Weisungen der Vorgesetzten zur Gewährleistung der eigenen Sicherheit und der Sicherheit der von ihren Handlungen oder Unterlassungen betroffenen anderen Mitarbeiter.

(4) Die Unterweisung ist jährlich, bei Veränderung der Gefahrenlage (z.B. infolge Versetzung an einen anderen Arbeitsplatz, Verwendung neuer Arbeitsmittel) und nach Unfallereignissen zu wiederholen.

(5) Die Unterweisung wird nur von Personen durchgeführt, die die erforderliche Fachkunde hierfür besitzen. Die Gesellschaft sorgt dafür, dass die zuständigen Personen ausreichende Kenntnisse über den neuesten Stand der Technik und der wissenschaftlichen Erkenntnisse über die menschengerechte Gestaltung der Arbeit erwerben.

§ 13 Mitwirkung der Mitarbeiter[15]

(1) Arbeits- und Unfallschutz können nur in Zusammenarbeit von Gesellschaft und Mitarbeitern verwirklicht werden. Die Mitarbeiter sind daher verpflichtet, die im Betrieb geltenden Vorschriften, Gesetze, Verordnungen, Unfallverhütungsvorschriften, Richtlinien und Betriebsvereinbarungen, die bei ...... zur Einsichtnahme ausgelegt werden, zu Beginn ihrer Tätigkeit einzusehen und einzuhalten.

(2) Die Mitarbeiter sind verpflichtet, Mängel, Gefahren und andere Missstände, die ein Unfallpotential enthalten, unverzüglich ihrem Vorgesetzten und in dessen Abwesenheit dessen Vertretung zu melden.

(3) Die Mitarbeiter sind ferner verpflichtet, der Gesellschaft unverzüglich Unfälle und Gefahrenquellen zu melden.

§ 14 Inkrafttreten, Kündigung[16]

(1) Diese Betriebsvereinbarung tritt am ...... in Kraft. Sie kann mit einer Frist von ...... Monaten zum Ende eines Kalenderhalbjahres gekündigt werden. Danach behält die Betriebsvereinbarung bis zum Abschluss einer neuen Betriebsvereinbarung ihre Gültigkeit.

(2) Die Kündigung bedarf der Schriftform.

§ 15 Schlussbestimmungen[17]

(1) Die Betriebsvereinbarung löst alle eventuellen vorherigen Betriebsvereinbarungen zum Arbeitsschutz, insbesondere ......, ab. Mündliche Nebenabreden bestehen nicht. Änderungen oder Ergänzungen dieser Betriebsvereinbarung, einschließlich dieser Bestimmung, bedürfen zu ihrer Wirksamkeit der Schriftform.

(2) Sollte eine Bestimmung dieser Betriebsvereinbarung ganz oder teilweise unwirksam sein oder werden, so wird hiervon die Wirksamkeit der übrigen Bestimmungen nicht berührt. Anstelle der unwirksamen Bestimmung werden die Betriebspartner die gesetzlich zulässige Bestimmung vereinbaren, die dem mit der unwirksamen Bestimmung Gewollten wirtschaftlich am nächsten kommt. Dasselbe gilt für den Fall einer vertraglichen Lücke.

(3) Diese Betriebsvereinbarung steht unter dem Vorbehalt etwaiger ablösender – auch freiwilliger – Betriebsvereinbarungen.

(4) Sollten sich die dieser Betriebsvereinbarung zugrunde liegenden tatsächlichen oder rechtlichen Bedingungen grundlegend ändern, so werden die Betriebspartner unverzüglich in Verhandlungen treten mit dem Ziel, die Betriebsvereinbarung an die geänderten Bedingungen anzupassen.

......	......
Ort, Datum	Ort, Datum
......	......
Unterschrift der Gesellschaft	Unterschrift des Betriebsrats

Schrifttum: Ahrens, Eingeschränkte Rechtskontrolle von Betriebsvereinbarungen, NZA 1999, 686; *Anzinger/Bieneck*, Arbeitssicherheitsgesetz, 1998; *Aufhauser/Brunhöber/Igl*, Arbeitssicherheitsgesetz, 3. Aufl. 2004; *Dötsch*, Die europäische Rahmenrichtlinie Arbeitsschutz und ihre Umsetzung in deutsches Recht, AuA 1996, 329; *Egger*, Die Rechte der Arbeitnehmer und des Betriebsrats auf dem Gebiet des Arbeitsschutzes – Bestandsaufnahme und Reformüberlegungen, BB 1992, 629; *Fabricius*, Die Mitbestimmung des Betriebsrats bei der Umsetzung des neuen Arbeitsschutzrechts, BB 1997, 1254; *Jung*, Gesundheitsvorsorge und Arbeitsmedizin, NJW 1985, 2729; *Kittner/Pieper*, Arbeitsschutzgesetz, Basiskommentar, 3. Aufl. 2003; *dies.*, ArbSchR, Arbeitsschutzrecht, Kommentar für die Praxis zum Arbeitsschutzgesetz, Arbeitssicherheitsgesetz und zu den anderen Arbeitsschutzvorschriften, 2. Aufl. 2002; *Kloepfer/Veit*, Grundstrukturen des technischen Arbeitsschutzes, NZA 1990, 121; *Kollmer/Vogl*, Das neue Arbeitsschutzgesetz, 2. Aufl. 1999; *Kollmer*, Das neue Arbeitsschutzgesetz als „Grundgesetz" des Arbeitsschutzes, WiB 1996, 825; *ders.*, Inhalt und Anwendungsbereich der vier neuen Verordnungen zum Arbeitsschutzgesetz – PSA-Benutzungsverordnung, Lastenhandhabungsverordnung, Bildschirmarbeitsverordnung, neue Arbeitsstättenverordnung, NZA 1997, 138; *Maschmann*, Die Zukunft des Arbeitsschutzrechts, BB 1995, 146; *Molkentin*, Das Recht auf Arbeitsverweigerung bei Gesundheitsgefährdung des Arbeitnehmers, NZA 1997, 849; *Pieper/Vorath*, Handbuch Arbeitsschutz – Sicherheit und Gesundheitsschutz am Arbeitsplatz, 1. Aufl. 2001; *Schottelius/Küpper-Djindjic*, Die Interdependenz zwischen Gesundheits-, Umwelt- und Anlagensicherheit aus der Sicht der betrieblichen Praxis, BB 1993, 445; *Vogl*, Das neue Arbeitsschutzgesetz, NJW 1996, 2753; *Wank*, Der neue Entwurf eines Arbeitsschutzgesetzes, DB 1996, 1134; *Wlotzke*, Auf dem Weg zu einer grundlegenden Neuerung des betrieblichen Arbeitsschutzes, NZA 1994, 602; *ders.*, Das betriebliche Arbeitsschutzrecht – Ist-Zustand und künftige Aufgaben, NZA 2000, 19; *ders.*, Das neue Arbeitsschutzgesetz zeitgemäßes Grundlagengesetz für den betrieblichen Arbeitsschutz, NZA 1996, 1017.

Anmerkungen

1. Regelungsinhalt. Arbeitsschutz in Deutschland wird im Rahmen eines mehrfach **dualen** Arbeitsschutzsystems gewährleistet:

So ist zum einen zwischen dem sozialen und dem technischen Arbeitsschutz zu unterscheiden. Der **soziale Arbeitsschutz** dient der Sicherung der abhängig Beschäftigten in besonderen Lebenslagen. Bestimmungen zum sozialen Arbeitsschutz finden sich z. B. im Mutterschutzgesetz, im Schwerbehindertenrecht des SGB IX und im öffentlich-rechtlichen Arbeitszeitschutz (ArbZG).

Der **technische Arbeitsschutz** dient hingegen der **Sicherheit am Arbeitsplatz.** Er unterteilt sich nochmals in einen staatlichen Bereich sowie in den autonomen Arbeitsschutz. Der **autonome** Arbeitsschutz wird durch die selbstverwaltenden Träger der Unfallversicherung, d. h. durch die Berufsgenossenschaften, getragen. Die Durchführung und Überwachung des **staatlichen** Arbeitsschutzes ist dagegen Aufgabe der Bundesländer. Zuständig sind in der Regel die Gewerbeaufsichtsämter oder die Ämter für Arbeitsschutz.

Der technische Arbeitsschutz lässt sich überdies weiter in den **betriebsbezogenen** sowie den **produktbezogenen** Arbeitsschutz unterteilen. Zu den betriebsbezogenen Arbeitsschutzvorschriften zählen beispielsweise das Arbeitsschutzgesetz (ArbSchG), das Arbeitssicherheitsgesetz (ASiG) sowie die allgemeinen Vorschriften der Versicherungsträger, die Arbeitsstättenverordnung mit der Arbeitsstättenrichtlinie, die Bildschirmarbeitsverordnung oder die Baustellenverordnung, die Strahlenschutzverordnung, die Röntgenverordnung und die Gefahrenstoffverordnung. Der produktbezogene Arbeitsschutz umfasst hingegen Richtlinien wie Regelung zu Überwachungen von überwachungsbedürftigen Anlagen im Sinne des Gerätesicherheitsgesetzes (GSG).

Die Umsetzung der technischen Arbeitsschutzregelungen obliegt im Rahmen des betrieblichen Arbeitsschutzes dem **Arbeitgeber.** Den Arbeitgeber treffen bei der Bereitstellung von Räumen, Vorrichtungen oder Gerätschaften besondere Schutzpflichten, die seine allgemeine Fürsorgepflicht konkretisieren (§ 618 BGB i. V. m. § 619 BGB). Über diese Fürsorgepflicht erlangen die öffentlich-rechtlichen Arbeitsschutznormen mittelbar Einfluss auf das private Arbeitsrecht. Sämtliche Pflichten, die den Arbeitgeber nach den für ihn geltenden öffentlich-rechtlichen Vorschriften treffen, sind damit zugleich arbeitsvertragliche Verpflichtungen gegenüber dem einzelnen Mitarbeiter (*Pieper/Vorath* S. 108).

17. Betrieblicher Arbeitsschutz C. II. 17

Die Rechte des **Betriebsrats** im Rahmen des betrieblichen Arbeitsschutzes sind vielfältig. Zu nennen sind hier die Handlungs- und Unterstützungsverpflichtung des Betriebsrats nach § 89 Abs. 1 BetrVG, die Überwachungsverpflichtung der Arbeitsschutzvorschriften nach § 80 Abs. 1 Nr. 1 BetrVG, die Informationsrechte des Betriebsrats nach §§ 80 Abs. 2 und Abs. 3, 89 Abs. 4 und Abs. 5, 90 Abs. 1 BetrVG und die Beteiligungsrechte des Betriebsrats nach §§ 89 Abs. 2 und Abs. 3, 90 Abs. 2 BetrVG einschließlich des Initiativrechts nach § 80 Abs. 1 Nr. 2 und Nr. 3 BetrVG.

Von besonderer Bedeutung ist das Mitbestimmungsrecht nach **§ 87 Abs. 1 Nr. 7 BetrVG**. Danach hat der Betriebsrat im Rahmen der gesetzlichen Vorschriften und der Unfallverhütungsvorschriften mitzubestimmen. **Zweck** dieses Mitbestimmungsrechts ist es nicht nur, die Erfahrungen und Kenntnisse des Betriebsrats für einen effektiven Arbeitsschutz nutzbar zu machen. Da der Großteil der Arbeits- und Gesundheitsschutzvorschriften gerade nicht konkret die Art und Weise des Arbeitsschutzes definiert, soll der Betriebsrat bei der Konkretisierung der Vorschriften auf betrieblicher Ebene mitbestimmen können.

Das **Mitbestimmungsrecht** des Betriebsrats gem. § 87 Abs. 1 Nr. 7 BetrVG besteht nur **im Rahmen** der gesetzlichen Vorschriften und der Unfallverhütungsvorschriften. Zwingende Voraussetzung des Mitbestimmungsrechts ist daher, dass eine ausfüllungsbedürftige Rechtsnorm zum Arbeits-, Gesundheits- oder Unfallschutz vorliegt. Als Rahmenvorschriften gelten all diejenigen Vorschriften, die dem Arbeitgeber bei der Umsetzung objektiver Handlungspflichten einen **Ermessens- oder Beurteilungsspielraum** zubilligen (BAG Beschl. v. 15. 1. 2002 – 1 ABR 13/01 – AP Nr. 12 zu § 87 BetrVG 1972 Gesundheitsschutz; BAG Beschl. v. 6. 12. 1983 – 1 ABR 43/81 – AP Nr. 7 zu § 87 BetrVG 1972 Überwachung; LAG Niedersachsen Beschl. v. 20. 3. 2003 – 4 TaBV 108/00 – NZA-RR 2003, 538, 541; *F/E/S/T/L* § 87 Rdn. 272 f.). Der Betriebsrat kann also nur dort *mit*bestimmen, wo der Arbeitgeber selbst *be*stimmen kann, wie er die ihm eröffneten Handlungsspielräume nutzen will. Insbesondere besteht ein Mitbestimmungsrecht des Betriebsrats bei der Konkretisierung arbeitsschutzrechtlicher Generalklauseln. Denn für **Generalklauseln** ist es wesenstypisch, dass diese Regelungsspielräume für den Rechtsanwender vorsehen (BAG Beschl. v. 16. 6. 1998 – 1 ABR 68/97 – NZA 1999, 49, 50).

Des Weiteren müssen die ausfüllungsbedürftigen Vorschriften stets das **Verhältnis des Arbeitgebers zu den Arbeitnehmern** betreffen (*F/E/S/T/L* § 87 Rdn. 264). Keine Vorschriften im Sinne des § 87 Abs. 1 Nr. 7 BetrVG sind daher die Vorschriften, die dem Arbeitgeber allein Pflichten gegenüber **Dritten** oder der **Allgemeinheit** auferlegen.

Mitbestimmungspflichtig ist daher die Organisation des betrieblichen Arbeitsschutzes im Rahmen des ASiG (ErfKomm/*Kania* § 87 BetrVG Rdn. 65). Gleiches gilt für die konkrete Ausgestaltung der Generalklausel des § 3 ArbSchG (BAG Beschl. v. 2. 4. 1996 – 1 ABR 47/95 – AP Nr. 5 zu § 87 BetrVG 1972 Gesundheitsschutz) und für die Durchführung und Dokumentation der Gefährdungsbeurteilung gemäß §§ 5, 6 ArbSchG (LAG Hamm Beschl. v. 21. 9. 2000 – 7 TaBV 3/98 – AP Nr. 11 zu § 87 BetrVG 1972 Gesundheitsschutz; LAG Niedersachsen Beschl. v. 20. 3. 2003 – 4 TaBV 108/00 – NZA-RR 2003, 538, 541). Auch die Unfallverhütungsvorschriften der Berufsgenossenschaften, insbesondere die Rahmenschutzvorschrift des § 2 Abs. 1 VBG 1 (Unfallverhütungsvorschriften – Allgemeine Vorschriften) sind in ihrer konkreten betrieblichen Ausgestaltung mitbestimmungspflichtig (BAG Beschl. v. 16. 6. 1998 – 1 ABR 68/97 – AP Nr. 7 zu § 87 BetrVG 1972 Gesundheitsschutz).

2. Zielsetzung. Was unter dem Begriff **Gesundheitsschutz** zu verstehen ist, ist nicht gesetzlich definiert. Hierzu müssen jedoch alle Maßnahmen gezählt werden, die der Erhaltung der physischen und psychischen Integrität des Mitarbeiters dienen (*F/E/S/T/L* § 87 Rdn. 262). Dagegen kann es nicht Ziel der Arbeitsschutzvorschriften sein, bloße Belästigungen von den Mitarbeitern abzuwenden oder eine allgemeine Arbeitszufriedenheit zu fördern. Daher liegen Störungen des körperlichen oder seelischen Wohlbefindens, die nicht mit einer (zumindest potentiell) messbaren Schädigung der Gesundheit der Arbeitnehmer verbunden sein können, außerhalb des Schutzzwecks (*Kollmer/Vogl* Rdn. 67).

3. Arbeitsschutzvorschriften. Aus der Vielgestaltigkeit des Arbeitsschutzrechts (s. oben Anm. 1) ergibt sich zugleich, dass eine abschließende Aufzählung der Arbeitsschutzvorschriften praktisch nicht zu leisten ist (vgl. die Übersicht bei MünchHdbArbR/*Wlotzke* § 207 Rdn. 8 ff.). Das Formular nimmt daher Bezug auf die wesentlichen Vorschriften des öffentlich-rechtlichen Arbeitsschutzrechts, von denen das ArbSchG und das ASiG sicherlich als „Grundlagengesetze" (MünchHdbArbR/*Wlotzke* § 207 Rdn. 18) gelten können.

4. Maßnahmen des Arbeitsschutzes. Die Begriffsbestimmung entspricht der gesetzlichen Definition in § 2 Abs. 1 ArbSchG. Das Gesetz (und ihm folgend das Formular) erfasst damit auch Maßnahmen zur menschengerechten Gestaltung der Arbeit, so dass der Arbeitgeber schon bei der Gestaltung der Arbeitsplätze, bei der Auswahl von Arbeitsmitteln und der Festlegung von Arbeitsverfahren u. a. ergonomische, arbeitspsychologische und arbeitsmedizinische Kenntnisse zu beachten hat (*Wlotzke* NZA 1996, 1017, 1019). Praktisch dient dies der **Vorbeugung** von arbeitsbedingten Belastungen, die sich letztlich in konkreten Gesundheitsschäden realisieren würden.

5. Gesicherte arbeitswissenschaftliche Erkenntnisse. Der Begriff ist gesetzlich nicht definiert, obwohl er in zahlreichen Vorschriften verwendet wird (z.B. §§ 4 Nr. 3 ArbSchG, 28 Abs. 1 S. 2 JArbSchG, 3 Abs. 1 Nr. 1 ArbStättV). Das BAG grenzt den Begriff lediglich negativ ab, indem es gesicherte arbeitswissenschaftliche Erkenntnisse definiert als „Erkenntnisse, die besagen, dass die nach unten abweichende Gestaltung nicht mehr als menschengerecht angesehen werden kann" (BAG Beschl. v. 6. 12. 1983 – 1 ABR 43/81 – AP Nr. 7 zu § 87 BetrVG 1972 Überwachung).

Der Begriff der „**Arbeitswissenschaft**" umfasst eine Vielzahl von wissenschaftlichen Fachdisziplinen mit unterschiedlichen Erkenntnissen über die menschliche Arbeit. Gesichert ist eine Erkenntnis, wenn sie nach den Maßstäben der jeweils betroffenen wissenschaftlichen Disziplin als gültig anerkannt ist (*F/E/S/T/L* § 90 Rdn. 43).

Von Bedeutung in der **Praxis** sind insbesondere die einschlägigen DIN-Normen, die Sicherheitsregeln der Berufsgenossenschaften, die Arbeitsstättenrichtlinien zur ArbStättV und die Forschungsberichte der Bundesagentur für Arbeitsschutz und Arbeitsmedizin (*F/E/S/T/L* § 90 Rdn. 45 f.) sowie die im Formular beispielhaft genannten weiteren Regelungen.

6. Gefährdungsbeurteilung. Die Gefährdungsbeurteilung zählt zu den **Kernbestandteilen** des betrieblichen Arbeitsschutzes. Ihre Aufgabe ist es, Gefährdungen und Gefährdungspotentiale zu erkennen und Maßnahmen zu entwickeln, die zur Beseitigung dieser Gefahren und Gefährdungspotentiale führen (§ 5 Abs. 1 ArbSchG). Die Gefährdungsanalyse ist damit logische Voraussetzung für die Umsetzung des betrieblichen Arbeitsschutzes (*Kittner/Pieper* § 5 ArbSchG Rdn. 1).

7. Durchführung der Gefährdungsbeurteilung. Das ArbSchG schreibt keine bestimmte Vorgehensweise für die Durchführung der Beurteilung vor. Das Formular geht von einem Soll-Ist-Vergleich mit dem Vorschriften- und Regelwerk aus, der z. B. durch die Verwendung von Checklisten oder die Befragung der Beschäftigten erfolgen kann.

Inhaltlich erstreckt sich die Gefährdungsbeurteilung im Wesentlichen auf vier mögliche Gefährdungspotentiale:

Zunächst können sich Gefährdungen aus der **Arbeitsstätte** selbst ergeben, z. B. durch schlechte Beleuchtung oder Belüftung. Danach ist zu prüfen, ob die vorhandenen **Arbeitsmittel** Gefährdungspotentiale aufweisen. Denkbar ist hier z. B. eine Überprüfung darauf hin, ob die zur Verfügung gestellten Arbeitsgeräte oder Maschinen dem Sicherheitsstandard entsprechen und voll funktionsfähig sind. Auch der **konkrete Arbeitsplatz** unterliegt unter Berücksichtigung der dort auszuführenden Tätigkeit einer Beurteilung. Schließlich ist auf die an einem Arbeitsplatz tätige **Einzelperson** abzustellen. Dabei kann Berücksichtigung finden, ob der einzelne Mitarbeiter einer besonders schutzbedürftigen Personengruppe (z. B. Schwangere, Jugendliche) angehört oder ob die einzelnen Arbeitsaufgaben in ihrer Abfolge eine besondere Belastung darstellen können (*Kollmer/Vogl* Rdn. 105).

Stellt sich nach Durchführung der Ist-Beurteilung heraus, dass keine Gefährdungen bestehen oder für die vorhandenen Gefährdungen alle notwendigen **Maßnahmen** zur Vermeidung von Arbeitsunfällen oder Gesundheitsschäden getroffen wurden, besteht für den Arbeitgeber kein Handlungsbedarf. Anderenfalls müssen in einem weiteren Schritt die notwendigen

Schutzmaßnahmen ermittelt werden, um den nach den einschlägigen arbeitsschutzrechtlichen Vorschriften notwendigen und nach dem Stand der Technik möglichen Soll-Zustand durch konkrete Maßnahmen herzustellen.

Kosten für Maßnahmen nach dem ArbSchG darf der Arbeitgeber den Arbeitnehmern grundsätzlich nicht auferlegen. Das BAG lässt kollektiv- oder individualrechtlich vereinbarte Kostenteilungen zu, wenn der Arbeitgeber über die gesetzlichen Pflichten hinaus die persönliche Schutzausrüstung zur Verfügung stellt, dem Arbeitnehmer besondere Vorteile mit der Nutzung anbietet und dem Arbeitnehmer freigestellt ist, das Angebot anzunehmen (BAG Urt. v. 21. 8. 1985 – 7 AZR 199/83 – AP Nr. 19 zu § 618 BGB).

Um die Prüfungspflicht gerade auch für kleine und mittlere Betriebe nicht ausufern zu lassen, kann auf branchenbezogene Formblätter zurückgegriffen werden. Die Unfallversicherungsträger haben branchentypische Gefährdungen in **Checklisten** zusammengestellt, die eine sachnahe Beurteilung anhand der jeweiligen Branchenzugehörigkeit des Unternehmens erleichtern (*Kollmer/Vogl* Rdn. 111 f.). Zudem reicht es bei vergleichbaren Arbeitsplätzen aus, wenn nur eine Beurteilung durchgeführt wird (§ 5 Abs. 2 S. 2 ArbSchG).

Ausreichend ist eine **innerbetriebliche Beurteilung**, so dass es der Hinzuziehung externer Personen nicht bedarf. Sind betriebliche Arbeitsschutzexperten (Betriebsärzte, Sicherheitsfachkräfte, dazu unten Anm. 10 und 11) bestellt, sollten diese bei der Beurteilung konsultiert werden. Geschieht dies, hat der Betriebsrat gemäß § 9 Abs. 2 ASiG ein Unterrichtungsrecht über wichtige Angelegenheiten des Arbeitsschutzes und der Unfallverhütung.

Es empfiehlt sich, einen detaillierten **Prüfplan** als Anlage zur Betriebsvereinbarung zu erarbeiten. Darin können im Rahmen der betrieblichen Besonderheiten und Bedürfnisse Fragen der Beurteilungsmethode, der Person des Beurteilenden und zum weiteren Verfahren geregelt werden.

Die Gefährdungsbeurteilung ist kein einmaliger Vorgang, sondern wird immer dann notwendig, wenn sich vorhandene Gefährdungspotenziale realisiert haben (z. B. bei Arbeitsunfällen und Beinaheunfällen), wenn neue potentielle Gefahrenquellen eröffnet werden oder wenn maßgebliche Änderungen im Regelwerk eine neue Beurteilung erforderlich machen. Möglich, aber nicht zwingend ist eine turnusmäßige Regelbeurteilung, z. B. in jährlichem Abstand.

8. Dokumentationspflicht. Der Arbeitgeber ist verpflichtet, die Ergebnisse der Gefährdungsbeurteilung zu dokumentieren, sofern er mehr als 10 Arbeitnehmer beschäftigt (§ 6 Abs. 1 ArbSchG). Etwas anderes gilt, soweit besondere Rechtsvorschriften wie die Gefahrstoffverordnung auch im Kleinbetrieb eine Dokumentationspflicht vorsehen oder die zuständige Behörde wegen besonderer Gefährdungssituationen im Einzelfall auch für einen Kleinbetrieb die Verfügbarkeit von Unterlagen angeordnet hat (§ 6 Abs. 1 S. 3 ArbSchG). Die **Ausnahmeregelung für Kleinbetriebe** steht nach Auffassung des EuGH im Widerspruch zu den Vorgaben der Richtlinie 89/391/EWG vom 12. 6. 1989 über die Durchführung von Maßnahmen zur Verbesserung der Sicherheit und des Gesundheitsschutzes der Arbeitnehmer bei der Arbeit (EuGH Urt. v. 7. 2. 2002 – Rs. C-5/00 (Kommission der EG/Bundesrepublik Deutschland) – NZA 2002, 321). Daraus folgt jedoch nicht, jedenfalls bis zu einer Änderung der nationalen Gesetzeslage, dass auch in Kleinbetrieben eine Dokumentationspflicht schon jetzt besteht.

Im Einzelnen müssen das Ergebnis der Beurteilung, die festgelegten Arbeitsschutzmaßnahmen und das Ergebnis der Überprüfung der Wirksamkeit der durchgeführten Maßnahmen aufgezeichnet werden. Dabei reicht es aus, wenn gleichartige Gefährdungssituationen **zusammengefasst** werden; einer Dokumentation der Prüfung jedes Arbeitsplatzes bedarf es nicht (§ 6 Abs. 1 S. 2 ArbSchG).

Kommt der Arbeitgeber seiner Dokumentationspflicht nicht nach, hat die zuständige Behörde gemäß § 22 Abs. 3 ArbSchG den Arbeitgeber zunächst zur Erfüllung seiner Pflichten aufzufordern. Erst im Wiederholungsfall kann ein Bußgeld von bis zu fünfundzwanzigtausend Euro verhängt werden (§ 25 Abs. 1 Nr. 2a, Abs. 2 ArbSchG). Beharrliche Wiederholungen sind strafbar (§ 26 ArbSchG).

9. Sicherheitsbeauftragte. Die Verpflichtung Sicherheitsbeauftragte zu bestellen besteht nur in Unternehmen mit regelmäßig mehr als 20 Beschäftigten (§ 22 Abs. 1 S. 1 SGB VII). In Unternehmen mit besonderen Gefahren für Leben und Gesundheit kann der zuständige Unfallversicherungsträger anordnen, dass Sicherheitsbeauftragte auch dann zu bestellen sind, wenn diese Zahlengrenze nicht erreicht wird. Andererseits kann der Unfallversicherungsträger bei geringen Gefahren für Leben und Gesundheit die **Mindestzahl von 20 Beschäftigten** in seiner Unfallverhütungsvorschrift auch erhöhen (§ 22 Abs. 1 S. 3, 4 SGB VII). Wie viele Sicherheitsbeauftragte im Einzelfall zu bestellen sind, bestimmen die Berufsgenossenschaften in der jeweiligen Unfallverhütungsvorschrift „VBG 1 – Allgemeine Vorschriften" autonom (vgl. § 15 Abs. 1 S. 1 Nr. 7 SGB VII).

Sicherheitsbeauftragte sind abhängig Beschäftigte, die als anerkannte **Fachleute** für den einzelnen Arbeitsplatz und als **Vertrauensperson** für deren Kollegen tätig werden. Der Sicherheitsbeauftragte unterstützt seinen Vorgesetzten bei Fragen des betrieblichen Arbeitsschutzes. Er hat insbesondere darauf zu achten, dass die vorgeschriebenen Schutzeinrichtungen und Schutzausrüstungen in ausreichendem Maße vorhanden sind und ordnungsgemäß benutzt werden (§ 22 Abs. 2 SGB VII).

Die **Bestellung** erfolgt gemäß § 22 Abs. 1 S. 1 SGB VII unter „Beteiligung" des Betriebsrats. Das bedeutet, dass der Betriebsrat von der Bestellung zu unterrichten und die Bestellung mit ihm zu beraten ist. Eine Mitbestimmung des Betriebsrats im Sinne eines Zustimmungserfordernisses besteht hier jedoch nicht (Küttner/*Griese* Betriebsbeauftragte Rdn. 11).

10. Sicherheitsfachkräfte. Der Arbeitgeber hat Sicherheitsfachkräfte zu bestellen, wenn dies erforderlich ist im Hinblick auf die Betriebsart und die für die Arbeitnehmer verbundenen Unfall- und Gesundheitsgefahren, die Zahl der beschäftigten Arbeitnehmer und die Zusammensetzung der Belegschaft, die Betriebsorganisation (insbesondere im Hinblick auf die Zahl und Art der für den Arbeitsschutz und die Unfallverhütung verantwortlichen Personen) und die Kenntnisse und Schulung des Arbeitgebers oder der sonstigen für den Arbeitsschutz verantwortlichen Personen (§ 5 Abs. 1 ASiG). Diese Rahmenbestimmung wird branchenbezogen konkretisiert durch die Unfallverhütungsvorschrift BGV A 6 „VBG 122 – Fachkräfte für Arbeitssicherheit", die von jeder Berufsgenossenschaft auf die Belange der einzelnen Branchen zugeschnitten wird. In aller Regel haben die Berufsgenossenschaften **Zahlenschlüssel** entwickelt, die bestimmte Einsatzzeiten der Sicherheitsfachkräfte, gemessen in Stunden pro Jahr je Arbeitnehmer, gestaffelt nach der Größe des Betriebes, vorsehen. Sicherheitsfachkräfte können nicht gleichzeitig Sicherheitsbeauftragte sein (Küttner/*Ruppelt* Betriebsbeauftragte Rdn. 31).

Aufgaben der Sicherheitsfachkräfte sind u. a. die Beratung des Arbeitgebers und der sonstigen für den Arbeitsschutz und die Unfallverhütung verantwortlichen Personen, die Überprüfung der Betriebsanlagen und der technischen Arbeitsmittel, die regelmäßige Begehung der Arbeitsstätten und die Untersuchung von Arbeitsunfällen (§ 6 ASiG). Die Aufzählung in § 6 ASiG ist nicht abschließend.

Die Sicherheitsfachkraft muss kein **angestellter** Sicherheitstechniker, Sicherheitsmeister oder Sicherheitsingenieur sein. Möglich ist vielmehr auch einen **Freiberufler** für diese Tätigkeit zu benennen oder gemäß § 19 ASiG einen überbetrieblich organisierten Dienst zu beauftragen. Die Sicherheitsfachkraft muss in jedem Fall aber einer der drei genannten Berufsgruppen angehören.

Sicherheitsfachkräfte sind nach dem ASiG vom Arbeitgeber schriftlich unter Zustimmung des Betriebsrats zu **bestellen** und unterstehen unmittelbar der Leitung des Betriebes. Verweigert der Betriebsrat die Zustimmung zur Bestellung oder Abberufung, entscheidet die Einigungsstelle (BAG Urt. v. 24. 3. 1988 – 2 AZR 369/87 – AP Nr. 1 zu § 9 ASiG). Geht die Bestellung eines Betriebsarztes oder einer Sicherheitsfachkraft mit einer Einstellung einher, ist das Mitbestimmungsrecht des Betriebsrats nach § 99 BetrVG zu berücksichtigen. Arbeitsverhältnis und Beauftragtenverhältnis sind verschiedene Rechtsverhältnisse. Dennoch führt die fehlende und nicht ersetzte Zustimmung des Betriebsrats zur Abberufung einer Sicherheitsfachkraft nach § 9 Abs. 3 ASiG zur Unwirksamkeit einer gleichzeitig ausgesprochenen Kündigung des Arbeitsverhältnisses, wenn die Abberufungs- und Kündigungsgründe mit der Tätigkeit als Sicherheitsfachkraft im Zusammenhang stehen (BAG Urt. v. 24. 3. 1988 – 2 AZR 369/87 – AP Nr. 1 zu § 9 ASiG).

17. Betrieblicher Arbeitsschutz

11. Betriebsärzte. Gemäß § 2 Abs. 1 ASiG hat der Arbeitgeber Betriebsärzte zu bestellen, soweit dies erforderlich ist im Hinblick auf die Betriebsart und die damit für die Arbeitnehmer verbundenen Unfall- und Gesundheitsgefahren, die Zahl der beschäftigten Arbeitnehmer und die Zusammensetzung der Arbeitnehmerschaft und die Betriebsorganisation, insbesondere im Hinblick auf die Zahl und die Art der für den Arbeitsschutz und die Unfallverhütung verantwortlichen Personen. Auch diese Rahmenbestimmung wird branchenbezogen konkretisiert durch die Unfallverhütungsvorschrift BGV A 7 „VBG 123 – Betriebsärzte" der einzelnen Berufsgenossenschaften. Auch hier wird der **Bedarf** anhand von Zahlenschlüsseln zur Bestimmung der jährlichen Einsatzstunden pro Arbeitnehmer ermittelt.

Den Betriebsärzten obliegt gemäß § 3 ASiG u. a. die **Aufgabe**, den Arbeitgeber beim Arbeitsschutz und bei der Unfallverhütung in allen Fragen des Gesundheitsschutzes zu unterstützen. Hierzu gehört die Beratung des Arbeitgebers und der sonst für den Arbeitsschutz und die Unfallverhütung verantwortlichen Personen, die Untersuchung und arbeitsmedizinische Beurteilung der Arbeitnehmer, die regelmäßige Begehung der Arbeitsstätten und die Untersuchung der Ursachen arbeitsbedingter Erkrankungen. Auch diese Aufzählung ist nicht abschließend. Ausdrücklich nicht zu den Aufgaben der Betriebsärzte gehört es, Krankmeldungen der Arbeitnehmer auf ihre Berechtigung zu überprüfen (§ 3 Abs. 3 ASiG).

Betriebsärzte können ebenfalls im Rahmen eines **Arbeitsverhältnisses** oder als **Selbstständige** tätig werden. Auch die Beauftragung eines überbetrieblichen Dienstes von Betriebsärzten ist möglich (§ 19 ASiG). Für die Bestellung und Abberufung gilt das zu den Sicherheitsfachkräften Gesagte entsprechend (vgl. oben Anm. 10).

Die **Kosten** für die Fortbildung der Betriebsärzte und der Sicherheitsfachkräfte hat der Arbeitgeber zu tragen. Ist der Betriebsarzt als Arbeitnehmer angestellt, ist er für die Zeit der Fortbildung unter Fortentrichtung der Vergütung freizustellen (§ 2 Abs. 3 ASiG).

12. Arbeitsschutzausschuss. Der Arbeitsschutzausschuss ist ein **Gremium** von Arbeitgeber, Betriebsräten, Sicherheitsfachkräften und Betriebsärzten. Da der Ausschuss als „runder Tisch" der betrieblichen Arbeitsorganisation fungiert, können weitere Personen in die Tätigkeit des Ausschusses einbezogen werden (*Kittner/Pieper*, Arbeitsschutzgesetz, Anhang Nr. 1 – ASiG Rdn. 12).

Der Ausschuss ist in Betrieben mit mehr als zwanzig Beschäftigten zu bilden (§ 11 ASiG). Seine Aufgabe ist die Beratung über alle Anliegen des Arbeitsschutzes und der Unfallverhütung. Er muss mindestens **vierteljährlich** tagen.

13. Zusammenarbeit mit dem Betriebsrat. Dem betrieblichen Arbeitsschutz liegt der **Gedanke der Kooperation** zu Grunde. Dies bedeutet, dass neben Betriebsärzten und Sicherheitsfachkräften insbesondere auch der Betriebsrat zur Kooperation und zur Beratung mit dem Arbeitgeber eingebunden wird. So ist der Betriebsarzt beispielsweise gemäß § 9 Abs. 1 ASiG ausdrücklich verpflichtet mit den Sicherheitsfachkräften und Betriebsräten zusammenzuarbeiten.

14. Unterweisung. Die Mitarbeiter sind ausreichend und umfassend in die Grundsätze des Arbeitsschutzes zu unterweisen (§ 12 Abs. 1 ArbSchG). Ziel ist es, dass die Mitarbeiter potentielle Gesundheitsgefährdungen erkennen und diese zu verhindern wissen. Dazu müssen die Mitarbeiter zum einen grundlegend über den Arbeitsschutz sowie zum anderen aufgabenbezogen hinsichtlich ihres individuellen Arbeitsplatzes informiert werden.

Die **erstmalige Unterweisung** kann richtigerweise nur vor Aufnahme der Tätigkeit erfolgen. Dies gilt für Neueinstellungen wie auch für Versetzungen in einen neuen Arbeitsbereich. Bei grundlegenden Veränderungen im Arbeitsbereich, bei der Einführung neuer Arbeitsmittel oder neuer Arbeitsmethoden ist eine erneute Unterweisung notwendig (so auch *Pieper/Vorath* S. 138).

Nach § 12 Abs. 2 ArbSchG trifft die Verpflichtung zur Unterweisung des **Leiharbeitnehmers** den Entleiher. Die sonstigen Arbeitsschutzverpflichtungen treffen dagegen den Verleiher als Arbeitgeber.

Der Arbeitgeber muss die Unterweisung nicht zwingend selbst vornehmen. Eine **Delegation** dieser und anderer Pflichten aus dem ArbSchG auf andere Personen ist möglich, sofern diese zuverlässig und fachkundig sind (§ 13 Abs. 2 ArbSchG) Hier bieten sich z. B. Betriebsärzte oder Sicherheitsfachkräfte an (*Kollmer/Vogl* Rdn. 143). **Vorgesetzte** sind für die Unterweisung der Mitarbeiter nur bei schriftlicher Beauftragung durch den Arbeitgeber und entsprechender Zuverlässigkeit und Fachkunde berufen. Zwar treffen die dem Arbeitgeber auferlegten Arbeitsschutzpflichten gemäß § 13 Abs. 1 Nr. 4 ArbSchG auch solche Personen, die im Rahmen der ihnen übertragenen Aufgaben und Befugnisse mit der Leitung eines Unternehmens oder eines Betriebes beauftragt sind. Hiervon wird aber nicht jeder Vorgesetzte erfasst, sondern nur, wer eigenverantwortlich ein Unternehmen oder einen Betrieb führt, z. B. ein Werksdirektor oder Filialleiter (ErfKomm/*Wank* § 13 ArbSchG Rdn. 1).

Neben § 12 ArbSchG besteht eine Vielzahl weiterer **spezialgesetzlicher Unterweisungspflichten.** Zu nennen sind hier beispielsweise das Verhalten im Gefahrenfall (§ 55 ArbStättV), der Umgang mit Gefahrstoffen (GefahrstoffV) oder mit bestimmten Maschinen, Geräten, Werkzeugen oder Anlagen (§ 6 ArbeitsmittelbenutzungsV), der Umgang mit radioaktiven Stoffen (§ 9 StrahlenschutzV), mit biologischen Arbeitsstoffen (§ 12 BiostoffV) oder mit gentechnisch veränderten Organismen (§ 12 Gentechnik-SicherheitsV). Aus dem Bereich des sozialen Arbeitsschutzes sind die Unterweisung für Jugendliche (§ 29 JArbSchG) und die Mutterschutz-Unterweisung (§ 2 MutterschutzrichtlinienV) zu nennen.

Die **Rechte und Pflichten der Mitarbeiter,** über die sie ebenfalls zu informieren sind, ergeben sich aus §§ 15 bis 17 ArbSchG. So sind die Mitarbeiter **verpflichtet,** nach ihren Möglichkeiten und nach der Unterweisung und Weisung des Arbeitgebers für ihre Sicherheit und Gesundheit bei der Arbeit selbst Sorge zu tragen (Prinzip der Eigensorge, § 15 Abs. 1 ArbSchG). Hinzu kommen die Pflicht zur bestimmungsgemäßen Verwendung der Arbeitsmittel (§ 15 Abs. 2 ArbSchG), zur Meldung unmittelbarer Gefahren und Defekte an den Schutzsystemen (§ 16 Abs. 1 ArbSchG) und zur Mitteilung festgestellter Gefahren und Mängel (§ 16 Abs. 2 ArbSchG).

Verstöße gegen diese arbeitsschutzrechtlichen Pflichten kann die zuständige Behörde auch gegenüber einzelnen Beschäftigten nach entsprechender Anordnung mit einem Bußgeld von bis zu fünftausend Euro ahnden (§§ 22 Abs. 3 Nr. 1, 25 Abs. 1 Nr. 2 b, Abs. 2 ArbSchG).

Die Mitarbeiter haben das **Recht,** dem Arbeitgeber Vorschläge zu allen Fragen der Sicherheit und des Gesundheitsschutzes bei der Arbeit zu unterbreiten (§ 17 Abs. 1 ArbSchG). Halten sie die vom Arbeitgeber getroffenen Maßnahmen für unzureichend, steht ihnen zunächst ein Beschwerderecht, anschließend ein Anzeigerecht gegenüber der zuständigen Behörde zu (§ 17 Abs. 2 ArbSchG). Auch gegenüber dem Betriebsrat hat der Arbeitnehmer gemäß § 86 a BetrVG ein Vorschlagsrecht. Zivilrechtlich kann dem Arbeitnehmer bei Vorliegen der entsprechenden Voraussetzungen ein Zurückbehaltungsrecht an seiner Arbeitsleistung (§ 273 BGB), ein Unterlassungsanspruch gemäß § 1004 BGB, ein Anspruch auf Herstellung eines ordnungsgemäßen Arbeitsplatzes (§§ 618, 619 BGB) oder – in Extremfällen – ein außerordentliches Kündigungsrecht gemäß § 626 BGB zustehen.

15. Mitwirkung der Mitarbeiter. Die Vorschrift reflektiert die **Pflichten** der Mitarbeiter nach §§ 15, 16 ArbSchG (dazu oben Anm. 14).

16. Inkrafttreten und Kündigung. Vgl. Form. C. II. 1 Anm. 15.

17. Schlussbestimmungen. Vgl. Form. C. II. 1 Anm. 16.

18. Bildschirmarbeit

Betriebsvereinbarung zur Bildschirmarbeit[1]

zwischen
...... (Name und Anschrift des Arbeitgebers) „Gesellschaft"
und
Betriebsrat des Betriebs ...... der ...... (Name des Arbeitgebers) „Betriebsrat"
(*Alternative:* Gesamtbetriebsrat/Konzernbetriebsrat)

Präambel[2]

Ziel dieser Betriebsvereinbarung ist es, im Interesse der Mitarbeiter und der Gesellschaft die Arbeitsplatz- und Softwareergonomie sowie den Gesundheitsschutz der an Bildschirmarbeitsplätzen tätigen Mitarbeiter im Einklang mit den gesetzlichen und berufsgenossenschaftlichen Regelungen zu gewährleisten.

§ 1 Geltungsbereich

(1) Diese Betriebsvereinbarung gilt für alle an Bildschirmarbeitsplätzen beschäftigten Arbeitnehmer des Betriebs ...... der Gesellschaft („Mitarbeiter"), mit Ausnahme der leitenden Angestellten i. S. d. § 5 Abs. 3 BetrVG.

(2) Die Betriebsvereinbarung regelt die Arbeitsbedingungen an Bildschirmarbeitsplätzen im Betrieb ...... der Gesellschaft. Sie ergänzt und konkretisiert die EDV-Rahmenbetriebsvereinbarung[3] vom ......

§ 2 Begriffsbestimmungen

(1) Bildschirmarbeitsplätze im Sinne dieser Betriebsvereinbarung sind Arbeitsplätze mit einem Bildschirmgerät. Ein Bildschirmarbeitsplatz kann ferner ausgestattet sein mit
- Einrichtungen zur Erfassung von Daten,
- Software, die den Mitarbeitern bei der Ausführung ihrer Arbeitsaufgaben zur Verfügung steht,
- Zusatzgeräten und Elementen, die zum Betreiben oder Benutzen des Bildschirmgeräts gehören oder
- sonstigen Arbeitsmitteln[4].

(2) Bildschirmgerät im Sinne dieser Betriebsvereinbarung ist ein Bildschirm zur Darstellung alphanumerischer Zeichen oder zur Grafikdarstellung, ungeachtet des Darstellungsverfahrens. Ausgenommen sind:
- Bildschirmgeräte für den ortsveränderlichen Gebrauch (z. B. Laptops), sofern sie nicht von der Gesellschaft gestellt und regelmäßig an dem gewöhnlichen Arbeitsplatz verwendet werden,
- Rechenmaschinen,
- Schreibmaschinen klassischer Bauart mit einem Display,
- andere Arbeitsmittel mit einer kleinen Daten- oder Messwertanzeigevorrichtung, die zur unmittelbaren Benutzung des Arbeitsmittels erforderlich sind (z. B. Telefondisplay),
- Datenverarbeitungsanlagen, die hauptsächlich für die Benutzung durch die Öffentlichkeit bestimmt sind,
- Bildschirmgeräte an Bedienerplätzen von Maschinen oder an Fahrerplätzen von Fahrzeugen[5].

(3) An einem Bildschirmarbeitsplatz beschäftigte Mitarbeiter im Sinne dieser Betriebsvereinbarung sind Mitarbeiter, die gewöhnlich bei einem nicht unwesentlichen Teil

ihrer normalen Arbeit ein Bildschirmgerät benutzen. Die Betriebsparteien sind sich darüber einig, dass dies ab der regelmäßigen Nutzung eines Bildschirmgeräts von mehr als ...... Stunden täglich (*Alternative:* von mehr als ......% der täglichen Arbeitszeit) der Fall ist[6].

§ 3 Vorgaben zur Einrichtung und Gestaltung von Bildschirmarbeitsplätzen

(1) Die Gesellschaft wird geeignete Maßnahmen treffen, um die Bildschirmarbeitsplätze der Mitarbeiter entsprechend den Anforderungen der Bildschirmarbeitsverordnung vom 20. 12. 1996 (BildscharbV) sowie unter Berücksichtigung des jeweiligen Standes der Technik, der Arbeitsmedizin und sonstiger gesicherter arbeitswissenschaftlicher Erkenntnisse einzurichten[7].

(2) Bei der Gestaltung von Bildschirmarbeitsplätzen ist die Gesellschaft bemüht, einseitige und monotone Tätigkeiten zu vermeiden und, soweit möglich, Mischarbeitsplätze zu schaffen[8].

§ 4 Arbeitsplatz- und Softwareergonomie[9]

(1) Die Bildschirmarbeitsplätze, die Arbeitsumgebung sowie die verwendete Software müssen ergonomisch so gestaltet sein, dass dabei keine unnötigen Belastungen für die betroffenen Mitarbeiter auftreten.

(2) Arbeitsaufgaben sollen so gestaltet werden, dass unter Berücksichtigung technischer und wirtschaftlicher Effizienz optimale Arbeitsbedingungen hinsichtlich der Sicherheit und Gesundheit der Mitarbeiter geschaffen werden.

§ 5 Verfahren bei Einführung und Änderung von Bildschirmarbeitsplätzen[10]

(1) Die Gesellschaft informiert den Betriebsrat frühzeitig und umfassend über die Planung bei der Einführung, Änderung und Ausweitung von Bildschirmarbeitsplätzen.

(2) Zeitnah zur Inbetriebnahme eines Bildschirmarbeitsplatzes wird dieser unter Beteiligung des Betriebsrats sowie der nach dem Arbeitsschutzgesetz (ArbSchG) zuständigen Personen auf die Einhaltung der unter vorstehendem § 3 genannten Voraussetzungen überprüft.

(3) Die Mitarbeiter haben die Möglichkeit, über ihre Führungskraft oder den Betriebsrat Vorschläge zu einer alternativen Gestaltung von Bildschirmarbeitsplätzen zu unterbreiten.

§ 6 Beurteilung der Arbeitsbedingungen an Bildschirmarbeitsplätzen[11]

(1) Im Rahmen der gemäß § 3 BildscharbV i.V.m. § 5 ArbSchG vorgeschriebenen Beurteilung der Arbeitsbedingungen wird die Gesellschaft die Bildschirmarbeitsplätze einer Beurteilung hinsichtlich der Sicherheits- und Gesundheitsbedingungen unterziehen. Grundlage der Beurteilung ist das mit dem Betriebsrat abgestimmte Prüfverfahren nebst Zeitplan gemäß Anlage. Vergleichbar gestaltete Bildschirmarbeitsplätze bedürfen nur einer Beurteilung.

(2) Bei der Beurteilung nach vorstehendem Abs. (1) soll ein besonderes Augenmerk auf eine mögliche Beeinträchtigung des Sehvermögens der an Bildschirmarbeitsplätzen beschäftigten Mitarbeiter sowie auf körperliche und psychische Belastungen durch die Gestaltung des Bildschirmarbeitsplatzes gerichtet werden.

(3) Ergänzend gilt § 4 der Betriebsvereinbarung zum betrieblichen Arbeitsschutz[12].

§ 7 Arbeitsunterbrechungen[13]

(1) Die Gesellschaft organisiert die Tätigkeit der an Bildschirmarbeitsplätzen beschäftigten Mitarbeiter grundsätzlich so, dass sie regelmäßig durch andere Tätigkeiten unterbrochen wird, die die Belastungen der Bildschirmarbeit verringern.

(2) Die an Bildschirmarbeitsplätzen beschäftigten Mitarbeiter sind gehalten, nicht bildschirmbezogene Tätigkeiten zeitlich so zu legen, dass sie jeweils in den Phasen der Unterbrechung der Bildschirmarbeit verrichtet werden können.

(3) An Bildschirmarbeitsplätzen beschäftigte Mitarbeiter, die ihre Bildschirmarbeiten aus arbeitsorganisatorischen Gründen nicht unterbrechen können, sind gehalten, regelmäßige Kurzpausen einzulegen. Individuelle, mindestens fünfminütige Unterbrechungen sind nach einer Stunde ununterbrochener Bildschirmarbeit vorzusehen. Die Arbeitsunterbrechungen dürfen insgesamt jedoch nicht mehr als 30 Minuten täglich betragen. Die Inanspruchnahme zusammengefasster Kurzpausen zu Beginn oder Ende der Arbeitszeit sowie unmittelbar vor oder nach der Mittagspause ist nicht zulässig.

§ 8 Schutzvorschriften[14]

(1) Kann ein Mitarbeiter nach ärztlichem Zeugnis aus gesundheitlichen Gründen nicht mehr auf seinem bisherigen Bildschirmarbeitsplatz eingesetzt werden, soll zunächst versucht werden, den Bildschirmarbeitsplatz im Rahmen des wirtschaftlich und organisatorisch Vertretbaren an die gesundheitlichen Bedürfnisse des Mitarbeiters anzupassen. Gelingt dies nicht, soll der Mitarbeiter, soweit möglich, auf einen anderen zumutbaren Arbeitsplatz versetzt werden.

(2) Schwangere dürfen nicht auf Bildschirmarbeitsplätzen beschäftigt werden, soweit nach ärztlichem Zeugnis die Gesundheit von Mutter und Kind bei Fortdauer der Beschäftigung gefährdet ist.

§ 9 Gesundheitsschutz

(1) Vor Aufnahme der Tätigkeit wird den an einem Bildschirmarbeitsplatz beschäftigten Mitarbeitern eine Augenuntersuchung durch den Betriebsarzt oder einen ermächtigten Arzt angeboten. Eine erneute Untersuchung wird im regelmäßigen Abstand von …… Jahren nach der jeweils letzten Untersuchung sowie bei Auftreten von Sehbeschwerden angeboten, die auf die Bildschirmarbeit zurückzuführen sind. Erweist sich auf Grund der Untersuchungsergebnisse nach Satz (1) oder (2) eine augenärztliche Untersuchung als erforderlich, können die betroffenen Mitarbeiter einen Augenarzt ihrer Wahl aufsuchen[15].

(2) Die Kosten der Untersuchungen nach Abs. (1) trägt die Gesellschaft, sofern nicht andere Kostenträger durch die Mitarbeiter in Anspruch genommen werden können[16].

(3) Sofern eine Untersuchung nach Abs. (1) ergibt, dass ein Mitarbeiter ausschließlich für die Arbeit an dem Bildschirmarbeitsplatz spezielle Sehhilfen benötigt und normale Sehhilfen für ihn nicht geeignet sind, trägt die Gesellschaft im erforderlichen Umfang die Kosten für die Brillengläser, es sei denn, der Mitarbeiter kann andere Kostenträger in Anspruch nehmen. Die Kosten für Fassungen werden bis zu EUR …… (in Worten: Euro ……) erstattet[17].

§ 10 Einarbeitung und Ausbildung[18]

(1) Vor dem Einsatz von Bildschirmgeräten sowie vor technischen oder organisatorischen Änderungen beim Einsatz der Bildschirmgeräte sind die betroffenen Mitarbeiter rechtzeitig und umfassend über ihre Aufgaben und die neuen bzw. geänderten Arbeitsmethoden zu unterrichten. Sofern erforderlich, werden die Mitarbeiter beim Einsatz der Arbeitsmittel eingearbeitet, wobei sie insbesondere mit der Handhabung unter ergonomischen Aspekten vertraut zu machen sind.

(2) Einarbeitung und Ausbildung sollen während der Arbeitszeit stattfinden. Finden sie ausnahmsweise außerhalb der Arbeitszeit statt, so gelten sie als Arbeitszeit; eine Nacharbeit hat insoweit nicht zu erfolgen.

§ 11 Leistungs- und Verhaltenskontrolle[19]

(1) Die EDV-Systeme werden grundsätzlich nicht zur Überwachung von Leistung und Verhalten der Mitarbeiter, z. B. in Form von Einzelplatzauswertungen, verwendet.

(2) Ergänzend gelten die Bestimmungen der EDV-Rahmenbetriebsvereinbarung vom ...... und der Betriebsvereinbarung über Datenschutz vom ....

§ 12 Inkrafttreten, Kündigung[20]

(1) Diese Betriebsvereinbarung tritt am ...... in Kraft. Sie kann mit einer Frist von ...... Monaten zum Ende eines Kalenderhalbjahres gekündigt werden. Danach behält die Betriebsvereinbarung bis zum Abschluss einer neuen Betriebsvereinbarung ihre Gültigkeit.

(2) Die Kündigung bedarf der Schriftform.

§ 13 Schlussbestimmungen[21]

(1) Diese Betriebsvereinbarung löst alle eventuellen vorherigen Betriebsvereinbarungen zur Bildschirmarbeit, insbesondere ......, ab. Mündliche Nebenabreden bestehen nicht. Änderungen oder Ergänzungen dieser Betriebsvereinbarung, einschließlich dieser Bestimmung, bedürfen zu ihrer Wirksamkeit der Schriftform.

(2) Sollte eine Bestimmung dieser Betriebsvereinbarung ganz oder teilweise unwirksam sein oder werden, so wird hiervon die Wirksamkeit der übrigen Bestimmungen nicht berührt. Anstelle der unwirksamen Bestimmung werden die Betriebspartner die gesetzlich zulässige Bestimmung vereinbaren, die dem mit der unwirksamen Bestimmung Gewollten wirtschaftlich am nächsten kommt. Dasselbe gilt für den Fall einer vertraglichen Lücke.

(3) Diese Betriebsvereinbarung steht unter dem Vorbehalt etwaiger ablösender – auch freiwilliger – Betriebsvereinbarungen.

(4) Sollten sich die dieser Betriebsvereinbarung zugrunde liegenden tatsächlichen oder rechtlichen Bedingungen grundlegend ändern, so werden die Betriebspartner unverzüglich in Verhandlungen treten mit dem Ziel, die Betriebsvereinbarung an die geänderten Bedingungen anzupassen.

......
Ort, Datum
......
Unterschrift der Gesellschaft

......
Ort, Datum
......
Unterschrift des Betriebsrats

Schrifttum: Beckmann, Wer trägt die Kosten für Bildschirmarbeitsbrillen?, NZA 1985, 386; *Bosman,* Arbeitsrechtliche Fragen bei der Einführung von Neuen Medien, NZA 1984, 186; *Doll,* Vier Arbeitsschutzverordnungen erlassen, Sicher ist Sicher 1997, 6; *Fabricius,* Die Mitbestimmung des Betriebsrats bei der Umsetzung des neuen Arbeitsschutzrechts, BB 1997, 1254; *Görner/Bullinger,* Leitfaden Bildschirmarbeit – Sicherheit und Gesundheitsschutz, 1997; *Kiesche/Schierbaum,* Bildschirmarbeitsverordnung, AiB 1997, 624; *Kilian,* Bildschirmarbeitsplätze und Mitbestimmung, NJW 1981, 2545; *Kittner/Pieper,* Arbeitsschutzrecht, Kommentar für die Praxis zum Arbeitsschutzgesetz, Arbeitssicherheitsgesetz und zu den anderen Arbeitsschutzvorschriften, 2. Aufl. 2002; *Kollmer,* Inhalt und Anwendungsbereich der vier neuen Verordnungen zum Arbeitsschutzgesetz – PSA-Benutzungsverordnung, Lastenhandhabungsverordnung, Bildschirmarbeitsverordnung, neue Arbeitsstättenverordnung, NZA 1997, 138; *Kollmer/Blachnitzky/Kossens,* Die neuen Arbeitsschutzverordnungen, 1999; *Krüger,* Arbeiten mit dem Bildschirm – aber richtig, Hrsg. Bayr. Staatsministerium für Arbeit und Sozialordnung, 12. Aufl. 1995; *Merten,* Gesundheitsschutz und Mitbestimmung bei der Bildschirmarbeit, 1. Aufl. 2000; *Neuhaus,* Sicherheit und Gesundheitsschutz bei Büro- und Bildschirmarbeit, 1. Aufl. 2002; *Neumann,* Beurteilung der Arbeitsbedingungen an Büro- und Bildschirmarbeitsplätzen, BG 1998, 204; *Opfermann/Rückert,* Sicherheit und Gesundheitsschutz bei der Arbeit – Neuregelungen zur Tätigkeit an Bildschirmgeräten, AuA 1997, 69; *Rentrop,* Die Bildschirmarbeitsverordnung, BG 1998, 198; *Richenhagen,* Bildschirmarbeitsplätze, 3. Aufl. 1997; *ders.,* Die neue Bildschirmarbeitsverordnung, WSI-Mitt. 1997, 884; *ders.,* Die EU-Bildschirm-Richtlinie: Rechtslage, Umsetzungsprobleme und Lösungsvorschläge, WSI-Mitt. 1996, 118; *ders.,* Arbeitsplatzanalysen nach der

Bildschirm-Richtlinie, CR 1996, 482; *Richenhagen/Prümper/Wagner,* Handbuch der Bildschirmarbeit, 3. Aufl. 2002; *Riese,* Ziele und Umsetzung der Europäischen Richtlinie für die Bildschirmarbeit, DIN-Mitt. 1995, 733; *ders.,* Bildschirmarbeits-Verordnung, CR 1997, 27; *Siemes,* Die Neuregelung der Mitbestimmung des Betriebsrats nach § 87 Abs. 1 Nr. 7 BetrVG bei Bildschirmarbeit, NZA 1998, 232; *Wlotzke,* Fünf Verordnungen zum Arbeitsschutzgesetz von 1996, NJW 1997, 1469.

Anmerkungen

1. Regelungsinhalt. Grundlage der vorliegenden Betriebsvereinbarung ist das **erzwingbare Mitbestimmungsrecht des Betriebsrats gemäß § 87 Abs. 1 Nr. 7 BetrVG** (Mitbestimmung bei Regelungen über die Verhütung von Arbeitsunfällen und Berufskrankheiten sowie über den Gesundheitsschutz im Rahmen der gesetzlichen Vorschriften oder der Unfallverhütungsvorschriften).

Inhaltlich verwirklicht die Betriebsvereinbarung die Vorgaben der **Bildschirmarbeitsverordnung** vom 4. 12. 1996 (BildscharbV) und des **Arbeitsschutzgesetzes** vom 7. 8. 1996 (ArbSchG). Beide enthalten weitgehend bloße Rahmenvorgaben zur Umsetzung des Gesundheitsschutzes der an Bildschirmgeräten beschäftigten Mitarbeiter. Zur Ausfüllung der Handlungsspielräume, die sich aus diesen öffentlich-rechtlichen Rahmenvorschriften ergeben, besteht ein erzwingbares Mitbestimmungsrecht des Betriebsrats aus § 87 Abs. 1 Nr. 7 BetrVG, ohne dass eine konkrete Gesundheitsgefahr bereits hinreichend bestimmbar sein müsste (BAG Beschl. v. 15. 1. 2002 – 1 ABR 13/01 – AP Nr. 12 zu § 87 BetrVG Gesundheitsschutz sowie Beschl. v. 8. 6. 2004 – 1 ABR 13/03 – AP Nr. 13 zu § 87 BetrVG 1972 Gesundheitsschutz; LAG Hannover Beschl. v. 20. 3. 2003 – 4 TaBV 108/00 – NZA-RR 2003, 538, 541). Es reicht aus, wenn die vom Arbeitgeber zu treffenden Maßnahmen lediglich mittelbar dem Gesundheitsschutz dienen (BAG Beschl. v. 8. 6. 2004 – 1 ABR 13/03 – AP Nr. 13 zu § 87 BetrVG 1972 Gesundheitsschutz).

2. Zielsetzung. Als Zielsetzung gibt die Präambel ausdrücklich die Gewährleistung des **Gesundheitsschutzes** der Mitarbeiter an. Bekannte Gesundheitsrisiken im Zusammenhang mit der Bildschirmarbeit sind Augenbelastungen, Kopfschmerzen oder Verspannungen des Stütz- und Bewegungsapparates (MünchHdbArbR/*Wlotzke* § 212 Rdn. 60). Im Einklang mit der BildscharbV und den europarechtlichen Vorgaben der Bildschirm-Richtlinie 90/270/EWG (ABl. EG Nr. L 156 S. 14) gilt darüber hinausgehend ein weiter Gesundheitsbegriff, der zur Vermeidung psychischer Belastungen auch die menschengerechte Gestaltung der Arbeit umfasst (*Siemes* NZA 1998, 232, 233; *Riese* CR 1997, 27, 30).

Der Verweis auf gesetzliche und berufsgenossenschaftliche Bestimmungen ist bewusst offen gehalten, um angesichts der ständigen technischen und legislativen Veränderungen eine flexible Handhabung der Betriebsvereinbarung zu gewährleisten.

3. EDV-Rahmenbetriebsvereinbarung. S. Form. C. II. 13.

4. Bildschirmarbeitsplatz. Die Definition des Bildschirmarbeitsplatzes entspricht der gesetzlichen Definition in § 2 Abs. 2 BildscharbV. „Spezielle Arbeitsmittel" können beispielsweise der Arbeitsstuhl oder eine Fußstütze sein. Daran wird deutlich, dass der Begriff des Bildschirmarbeitplatzes über die unmittelbare technische Ausstattung hinausgeht und auch die **Arbeitsumgebung** einbezieht.

5. Bildschirmgerät. Der Begriff des Bildschirmgeräts umfasst neben dem klassischen Computermonitor auch Bildschirmgeräte zur Prozesssteuerung und nicht-elektronische Darstellungssysteme wie z. B. Mikrofichelesegeräte. Neben den derzeit bekannten Darstellungsverfahren (Kathodenstrahlröhre, Flüssigkristallanzeige) ist die Betriebsvereinbarung für neue technische Darstellungsverfahren offen, so dass bei technischen Neuerungen keine Anpassung der Betriebsvereinbarung erforderlich ist.

Die Ausnahmetatbestände decken sich mit dem Ausnahmekatalog in § 1 Abs. 2 BildscharbV. Je nach den betrieblichen Gegebenheiten können einzelne dieser Ausnahmetatbestände gestrichen werden. Da sich die betriebliche Mitbestimmung umgekehrt nur im Rahmen der gesetzlichen Vorschriften bewegen darf (vgl. den Wortlaut des § 87 Abs. 1 Nr. 7 BetrVG), ist ein Hinzufügen weiterer Ausnahmetatbestände dagegen unzulässig.

6. An Bildschirmgeräten beschäftigte Mitarbeiter. Hinsichtlich des persönlichen Geltungsbereiches greift die Betriebsvereinbarung die bereits in der BildscharbV angelegte Definition auf. An Bildschirmarbeitsplätzen beschäftigte Mitarbeiter sind Mitarbeiter, die einen **nicht unwesentlichen Teil ihrer normalen Arbeitszeit** vor dem Bildschirmgerät verbringen. Die Vorschriften zur Arbeitsorganisation (§ 5 BildscharbV) und zur Untersuchung der Augen (§ 6 BildscharbV) gelten nur für diese Personengruppe zwingend. Dagegen müssen die technischen Anforderungen der BildscharbV für alle Bildschirmarbeitsplätze erfüllt sein, unabhängig davon, wie viel Zeit einzelne Mitarbeiter an diesem Arbeitsplatz verbringen.

Die BildscharbV selbst sieht keine bestimmte tägliche oder wöchentliche **Mindestbenutzungszeit** vor, ab der die besonderen Anforderungen der §§ 5 und 6 BildscharbV einzuhalten sind. Bewusst ist hier Raum für eine Konkretisierung durch betriebliche oder tarifliche Regelungen oder durch Unfallverhütungsvorschriften gelassen worden (*Wlotzke* NZA 1997, 1469, 1473). Denkbar ist zum einen, an eine feste tägliche Mindestbenutzungszeit anzuknüpfen. Zum anderen kann die Bildschirmarbeitszeit prozentual in Relation zur Gesamtarbeitszeit gesetzt werden, wie in der Alternativformulierung vorgesehen. Dies kann allerdings bei Teilzeitbeschäftigten mit geringer Stundenzahl zu unangemessenen Ergebnissen führen.

Durch die Möglichkeit zur betrieblichen Konkretisierung der BildscharbV ist den Tarif- bzw. Betriebsparteien ein weiter Beurteilungsspielraum zur Festlegung des Beschäftigtenstatus' gegeben. Zahlreiche Tarifverträge und Betriebsvereinbarungen sehen hier eine tägliche Mindestbenutzungszeit von **ein bis drei Stunden** vor. Der niederländische Gesetzgeber hat bei Umsetzung der Bildschirm-Richtlinie eine Präzisierung vorgenommen, wonach Beschäftigter nur derjenige ist, der mindestens zwei Stunden pro Arbeitstag das Bildschirmgerät benutzt (Nachweis bei *Riese* CR 1997, 27, 30, dort Fn 11). In Prozentsätzen ausgedrückt könnte der Anteil der Bildschirmarbeit zwischen **10% und 50%** liegen.

7. Anforderungen der BildscharbV. Gemäß § 4 BildscharbV hat der Arbeitgeber geeignete Maßnahmen zu treffen, damit die Bildschirmarbeitsplätze den Anforderungen des Anhangs und sonstiger Rechtsvorschriften entsprechen.

Der **Anhang** zur BildscharbV enthält grundsätzlich **zwingende Anforderungen** an Bildschirmgerät und Tastatur (z. B. Flimmerfreiheit, Lesbarkeit der Tastaturbeschriftung), an sonstige Arbeitsmittel, an die Arbeitsumgebung (z. B. ausreichende Beleuchtung und Lärmschutz) sowie an das Zusammenwirken von Mensch und Arbeitsmittel (Softwareergonomie). Auch hier sind jedoch nur Zielvorgaben enthalten, die Raum für branchenspezifische Lösungen lassen. Darüber hinaus darf von den Anforderungen des Anhangs unter den Voraussetzungen des § 4 Abs. 3 BildscharbV abgewichen werden, also wenn die spezifischen Erfordernisse des Bildschirmarbeitsplatzes oder die Tätigkeitsmerkmale diesen Anforderungen entgegenstehen oder wenn der Bildschirmarbeitsplatz entsprechend den jeweiligen Fähigkeiten der daran tätigen Behinderten unter Berücksichtigung von Art und Schwere der Behinderung gestaltet wird. In beiden Fällen müssen Sicherheit und Gesundheitsschutz aber auf andere Weise gewährleistet sein, so dass der Standard der BildscharbV nicht unterschritten wird (*Siemes* NZA 1998, 232, 236).

Die Anforderungen des Anhangs sind erfüllt, wenn die Maßnahmen den allgemein anerkannten Regeln der Technik entsprechen. Dies ist z. B. der Fall, wenn die **DIN-Normen** (insbesondere der Reihe 66.234 und die DIN EN ISO 9241 Teil 10) eingehalten werden und der Arbeitsplatz den Sicherheitsregeln für Bildschirm-Arbeitsplätze (ZH 1/618) entspricht (*Siemes* NZA 1998, 232, 236; *Wlotzke* NJW 1997, 1469, 1473). Bildschirme, die das GS-Zeichen für „geprüfte Sicherheit" tragen, sind gleichfalls als verordnungskonform anzusehen (MünchHdbArbR/*Wlotzke* § 212 Rdn. 65 m. weit. Nachw.).

Sonstige Rechtsvorschriften, mit denen der Bildschirmarbeitsplatz im Einklang stehen muss, sind z. B. die **Arbeitsstättenverordnung** und die dazu ergangenen Richtlinien sowie die **Unfallverhütungsvorschriften** der Berufsgenossenschaften.

8. Mischarbeitsplätze. Die Regelung greift die Vorgabe aus § 5 BildscharbV auf, nach der der Arbeitgeber bei der Gestaltung von Bildschirmarbeitsplätzen in erster Linie für Mischarbeitsplätze zu sorgen hat.

Unter Mischarbeitsplätzen versteht man Arbeitsplätze, an denen sowohl **Arbeitsvorgänge mit und an dem Bildschirmgerät als auch andere Arbeitsvorgänge** zu erledigen sind. Das Bildschirmarbeitsgerät soll gerade nicht den Inhalt und die Aufgabenerledigung diktieren und dominieren, sondern vielmehr ein normales Arbeitsmittel sein (*Riese* CR 1997, 27, 32).

Ob Mischarbeitsplätze eingeführt werden können, ist vom Betriebsrat nicht mitzubeurteilen. Ist die Entscheidung zugunsten von Mischarbeitsplätzen nach den betrieblichen Gegebenheiten gefallen, besteht bei der Organisation der Mischarbeitsplätze allerdings das Mitbestimmungsrecht des Betriebsrats. Hier können sich folgende **Modelle** anbieten:
- job rotation (systematischer Arbeitsplatzwechsel),
- job enlargement (Arbeitserweiterung),
- job enrichment (Arbeitsbereicherung),
- vermehrter Einsatz von teilautonomen Arbeitsgruppen (Einzelheiten bei *Richenhagen/ Prümper/Wagner* S. 107; weit. Nachw. bei *Kittner/Pieper* § 5 BildscharbV Rdn. 3).

9. Ergonomie. Für die Fragen der Software-Ergonomie kann zur Konkretisierung insbesondere auf die Regelungen der DIN EN ISO 9241, Teil 10 (Grundsätze zur Dialoggestaltung) zurückgegriffen werden. Basis für alle ergonomischen Betrachtungen einer Software sind folgende Kriterien:
- Aufgabenangemessenheit (die Software ermöglicht eine effiziente und effektive Aufgabenerledigung ohne unnötige Beanspruchung des Benutzers),
- Selbstbeschreibungsfähigkeit (der Dialog erklärt sich aus sich selbst heraus oder bei entsprechendem Informationsverlangen des Benutzers),
- Steuerbarkeit (der Benutzer kontrolliert die Software und nicht umgekehrt),
- Erwartungskonformität (der Dialogablauf entspricht bisherigen Erwartungen der Benutzer aus der bisherigen Benutzung des Systems oder anderer Systeme),
- Fehlertoleranz (Verhinderung und Korrigierbarkeit von Eingabefehlern),
- Individualisierbarkeit (der Benutzer kann die Software an seine Bedürfnisse flexibel anpassen),
- Lernförderlichkeit (dem Benutzer wird langfristig das Gesamtverständnis des Systems und der einzelnen Funktionsabläufe erleichtert).

10. Verfahrensregelungen. Bei den Verfahrensrechten werden drei Teilaspekte geregelt: das Informationsrecht des Betriebsrats, das sich aus § 80 Abs. 2 und § 90 BetrVG ergibt, die Überprüfung des Bildschirmarbeitsplatzes unter Beteiligung des Betriebsrats und der nach dem ArbSchG zuständigen Personen sowie das Vorschlagsrecht der Mitarbeiter.

11. Beurteilung. Bei der Beurteilung der Hard- und Softwareergonomie muss der Bildschirmarbeitsplatz mit all seinen Komponenten **systematisch und vollständig** erfasst werden. Die Beurteilungskriterien sind gesetzlich festgelegt. So ist insbesondere auf eine mögliche Gefährdung des Sehvermögens, auf körperliche Probleme und psychische Belastungen zu achten (§ 3 BildscharbV). Die Beurteilung der Arbeitsbedingungen ist kein einmaliger Vorgang (vgl. Form. C. II. 17 Anm. 7). Eine Beurteilung hat vielmehr zu erfolgen bei der Inbetriebnahme eines Bildschirmarbeitsplatzes, wenn im Einzelfall Beschwerden auftreten, die auf Bildschirmarbeit zurückgeführt werden können und bei jeder wesentlichen Änderung der Bildschirmarbeit oder des Bildschirmarbeitsplatzes (*Richenhagen/Prümper/Wagner* S. 192).

Ausreichend ist wie bei der allgemeinen Gefährdungsbeurteilung der Arbeitsbedingungen auch eine **innerbetriebliche Beurteilung** (vgl. Form. C. II. 17 Anm. 7). Empfehlenswert ist es, die betrieblichen Arbeitsschutzexperten (Betriebsärzte, Sicherheitsbeauftragte; dazu Form. C. II. 17 Anm. 10, 11) bei der Beurteilung hinzuzuziehen (*Riese* CR 1997, 27, 30). Geschieht dies, hat der Betriebsrat gemäß § 9 Abs. 2 ASiG ein Unterrichtungsrecht über wichtige Angelegenheiten des Arbeitsschutzes und der Unfallverhütung. Bei der Besichtigung von Bildschirmarbeitsplätzen ist der Betriebsrat hinzuzuziehen (§ 89 Abs. 2 S. 1 BetrVG).

Auch die BildscharbV schreibt keine bestimmte Vorgehensweise für die Durchführung der Beurteilung vor. In aller Regel wird ein **Soll-Ist-Vergleich** mit dem Vorschriften- und Regelwerk ausreichen, z. B. durch die Verwendung von Checklisten oder die mündliche Befragung der Beschäftigten (*Siemes* NZA 1998, 232, 235; ausführlich zu weiteren Beurteilungsmethoden *Richenhagen/Prümper/Wagner* S. 119 ff.). Auf welche Weise die Beurteilung durchgeführt wird, unterliegt ebenfalls der Mitbestimmung des Betriebsrats, so dass hier **Prüfpläne** für die Hard- und Softwareprüfung zu erarbeiten sind. Der Prüfplan sollte aus Gründen der Übersichtlichkeit jeweils in einer Anlage zur Betriebsvereinbarung geregelt sein (vgl. Form. C. II. 17 Anm. 7).

Zur Reduzierung des Aufwandes sieht die Betriebsvereinbarung für vergleichbare Arbeitsplätze nur eine Beurteilung vor. Dies entspricht den Vorgaben des § 5 Abs. 2 S. 2 ArbSchG.

Kommt der Arbeitgeber im Rahmen der Beurteilung zu dem Ergebnis, dass konkreter Handlungsbedarf besteht, so ist er gemäß § 3 ArbSchG verpflichtet, geeignete **Maßnahmen** zum Arbeitsschutz zu ergreifen. Die Frage der Geeignetheit unterliegt wiederum der betrieblichen Mitbestimmung. Zudem ist der Arbeitgeber in Unternehmen mit mehr als 10 Beschäftigten verpflichtet, abhängig von der Art der Tätigkeit und der Beschäftigtenzahl die Ergebnisse der Arbeitsplatzbeurteilung zu **dokumentieren** (vgl. dazu Form. C. II. 17 Anm. 8).

12. Betriebsvereinbarung Arbeitsschutz. Das Formular nimmt ergänzend Bezug auf die Gefährdungsbeurteilung, die in der Betriebsvereinbarung zum betrieblichen Arbeitsschutz (vgl. Form. C. II. 17 Anm. 6, 7) ausführlich geregelt ist.

13. Arbeitsunterbrechungen. Die Betriebsvereinbarung greift das Konzept des § 5 BildscharbV auf, wonach der Einrichtung von **Mischarbeitsplätzen** der Vorrang vor der Gewährung von Kurzpausen gebührt. Für die Mischarbeit wird eine zweiseitige Verpflichtung aufgestellt, da es bei der Gestaltung der Arbeitsabläufe im Einzelfall auch an dem einzelnen Mitarbeiter liegt, monotone Tätigkeiten über längere Zeiträume zu vermeiden.

Bei den **Kurzpausen** handelt es sich nicht um Ruhepausen nach § 4 Abs. 1 ArbZG. Vielmehr dienen die Kurzpausen dem Ziel, Müdigkeitserscheinungen entgegenzuwirken. Aus arbeitsmedizinischer Sicht ist der Erholungswert mehrerer Kurzpausen größer als der weniger langer Pausen (*Riese* CR 1997, 27, 32).

Den an Bildschirmarbeitsplätzen beschäftigten Mitarbeitern wird durch die Betriebsvereinbarung eine gewisse Gestaltungsfreiheit bei der Inanspruchnahme von Pausen gewährt. Da der Erholungseffekt aber nicht erreicht werden kann, wenn die Mitarbeiter ihre Pausen zur faktischen Arbeitszeitverkürzung nutzen würden, sieht die Betriebsvereinbarung vor, dass zu Beginn oder Ende der Arbeitszeit sowie unmittelbar vor oder nach der Mittagspause keine Pausen genommen werden dürfen.

Die Kurzpausen des Mitarbeiters sind Bestandteil der Arbeitszeit und demgemäß voll zu vergüten (MünchHdbArbR/*Anzinger* § 219 Rdn. 22).

14. Schutzvorschriften für bestimmte Mitarbeitergruppen. Die Schutzvorschrift für Mitarbeiter, die aus gesundheitlichen Gründen nicht mehr an einem Bildschirmarbeitsplatz beschäftigt werden dürfen, gibt lediglich übliche Abläufe bei der Feststellung mangelnder gesundheitlicher Eignung wieder. Auch die Schutzbestimmung zugunsten werdender Mütter konkretisiert nur das allgemeine Beschäftigungsverbot des § 3 Abs. 1 MuSchG im Hinblick auf Bildschirmarbeiten und ist somit rein deklaratorischer Natur.

15. Untersuchung der Augen. Die BildscharbV sieht in § 6 Abs. 1 lediglich vor, dass der Arbeitgeber die **Erst- und Folgeuntersuchungen** „anzubieten" und zu „ermöglichen" hat. Das bedeutet zum einen, dass es in der Entscheidung des Mitarbeiters liegt, ob er die angebotenen Untersuchungen überhaupt wahrnimmt. Zum anderen kann ein Mitarbeiter auch ohne tatsächlich erfolgte Untersuchung an einem Bildschirmarbeitsplatz beschäftigt werden (*Wlotzke* NJW 1997, 1469, 1474; *Riese* CR 1997, 27, 32).

Die Untersuchung hat grundsätzlich während der Arbeitszeit zu erfolgen, ansonsten ist dem Mitarbeiter Zeitausgleich zu gewähren (*Richenhagen/Prümper/Wagner* S. 201).

Inhaltliche Hinweise zur Durchführung der Augenuntersuchung gibt der Berufsgenossenschaftliche Grundsatz für die arbeitsmedizinische Vorsorgeuntersuchung „Bildschirmarbeitsplätze" (G 37). Darin wird z. B. als Richtwert für die **zeitlichen Abstände** zwischen den Nachuntersuchungen nach dem Lebensalter des Beschäftigten differenziert. Grundsätzlich soll der Abstand zwischen zwei Untersuchungen danach fünf Jahre betragen, bei Personen über 40 Jahren drei Jahre. Andere Zeitabstände können – auch ohne Altersdifferenzierung – zwischen den Betriebsparteien ohne weiteres vereinbart werden.

Die Untersuchungsergebnisse unterfallen der Schweigepflicht der Ärzte, so dass sie dem Arbeitgeber nur mit Einwilligung des betroffenen Arbeitnehmers mitgeteilt werden dürfen (*Richenhagen/Prümper/Wagner* S. 201).

Bietet der Arbeitgeber die Augenuntersuchungen nicht oder nicht rechtzeitig an, handelt er gemäß § 7 BildscharbV i. V. m. § 25 Abs. 1 Nr. 1 ArbSchG **ordnungswidrig**. Die Ordnungswidrigkeit kann mit einer Geldbuße von bis zu EUR 5.000,– geahndet werden. Aus diesem Grunde empfiehlt es sich, die Augenuntersuchungen gegenüber den einzelnen Mitarbeitern schriftlich anzubieten und gegebenenfalls die Ablehnung einer solchen Untersuchung durch einzelne Mitarbeiter schriftlich zu dokumentieren.

16. Kostentragung. Gemäß § 3 Abs. 3 ArbSchG darf der Arbeitgeber die Kosten für Maßnahmen des Arbeitsschutzes grundsätzlich nicht den Beschäftigten auferlegen (zu den Einschränkungen vgl. Form. C. II. 17 Anm. 7). Ähnlich wie bei anderen Vorsorgeuntersuchungen trägt daher grundsätzlich der Arbeitgeber die Kosten der Augenuntersuchung für Mitarbeiter an Bildschirmarbeitsplätzen. Die gesetzgeberische Intention des ArbSchG ist jedoch gewahrt, wenn andere Kostenträger zur Kostenübernahme herangezogen werden können. Die Kostentragungspflicht des Arbeitgebers kann daher auf die Kosten beschränkt werden, die nicht von anderen Kostenträgern (z. B. von den Krankenkassen) übernommen werden.

17. Bildschirmbrille. Auch die Kosten einer Bildschirmbrille sind gemäß § 3 Abs. 3 ArbSchG i. V. m. § 6 Abs. 2 BildscharbV vom Arbeitgeber zu tragen, sofern sie nicht von den Krankenkassen übernommen werden. Grundsätzlich kann der Arbeitnehmer nur solche Aufwendungen vom Arbeitgeber ersetzt verlangen, die medizinisch notwendig waren. Dazu reicht insbesondere ein einfaches Brillengestell (ArbG Kaiserslautern Urt. v. 12. 6. 2001 – 5 Ca 316/01 – NZA-RR 2001, 628: Gestell für DM 20,–). Zur Vermeidung späterer Auseinandersetzungen sollten die Kosten für die Fassung wie vorgesehen von vornherein auf einen bestimmten Betrag beschränkt werden.

18. Einarbeitung. Die vorgesehene Einarbeitungszeit deckt sich mit den Vorgaben des § 12 Abs. 1 ArbSchG und § 81 Abs. 1 und 2 BetrVG.

19. Leistungs- und Verhaltenskontrolle. Die in Bezug genommene EDV-Rahmenbetriebsvereinbarung ist unter Form. C. II. 13, die Betriebsvereinbarung über Datenschutz unter Form. C. II. 16 zu finden. Der Begriff der EDV-Systeme ist in Form. C. II. 13, dort unter § 2 Abs. (2), definiert. Vgl. im Übrigen auch Form. C. II. 16.

20. Inkrafttreten und Kündigung. S. Form. C. II. 1 Anm. 15.

21. Schlussbestimmungen. S. Form. C. II. 1 Anm. 16.

19. Anrechnung von Tariferhöhungen auf Zulagen

Betriebsvereinbarung über Zulagen[1]

zwischen
...... (Name und Anschrift des Arbeitgebers) „Gesellschaft"
und
Betriebsrat des Betriebs ...... der ...... (Name des Arbeitgebers)[2] „Betriebsrat"
(*Alternativ:* Gesamtbetriebsrat/Konzernbetriebsrat)

Präambel

Durch die Gewährung von (freiwilligen) Zulagen sollen die Leistungen sowie die Betriebstreue der Mitarbeiter honoriert und deren Motivation gefördert werden. Zugleich muss die Gesellschaft sich die Möglichkeit offen halten, Tariferhöhungen auf die Zulagen anzurechnen.

§ 1 Geltungsbereich[3]

Diese Betriebsvereinbarung gilt für alle Arbeitnehmer des Betriebs ...... der Gesellschaft („Mitarbeiter"), mit Ausnahme der
- leitenden Angestellten i. S. d. § 5 Abs. 3 BetrVG,
- AT-Angestellten und
- Außendienstmitarbeiter.

§ 2 Gewährung übertariflicher Zulagen

(1) Über- und außertarifliche Zulagen („Zulagen") stellen freiwillige Leistungen dar, auf die auch bei wiederholter Gewährung kein Rechtsanspruch – weder dem Grunde noch der Höhe nach, weder für die Vergangenheit noch für die Zukunft – besteht.

(2) Die Höhe der dem einzelnen Mitarbeiter zu gewährenden Zulage wird allein durch die Gesellschaft unter Berücksichtigung der Leistungen und der Betriebszugehörigkeit festgelegt[4].

(3) Die Dauer der Betriebszugehörigkeit ist wie folgt zu berücksichtigen: Im Verhältnis zur durchschnittlichen Zulage innerhalb der jeweiligen Entgeltgruppe muss die Zulage mindestens betragen:
a) nach einem Jahr Betriebszugehörigkeit: 30%
b) nach zwei Jahren Betriebszugehörigkeit: 35%
c) nach drei Jahren Betriebszugehörigkeit: 40%
d) nach vier Jahren Betriebszugehörigkeit: 45%
e) nach fünf Jahren Betriebszugehörigkeit: 50%
f) nach zehn Jahren Betriebszugehörigkeit: 70%
g) nach 15 Jahren Betriebszugehörigkeit: 90%
h) nach 20 Jahren Betriebszugehörigkeit: 100%[5]

(4) Die durchschnittliche Zulage wird jährlich am ...... festgestellt. Der Betriebsrat ist berechtigt, die der Festlegung zugrunde liegenden Unterlagen, insbesondere die Bruttolohn- und Gehaltslisten, einzusehen.

(*Alternative* zu Abs. (2) bis (4):

(2) Die Gesellschaft gewährt allen Mitarbeitern eine Zulage in Höhe von 5% der tariflichen Grundvergütung. Diese Zulage erhöht sich mit zunehmender Dauer der Betriebszugehörigkeit und beträgt
a) nach fünf Jahren Betriebszugehörigkeit: ......%
b) nach zehn Jahren Betriebszugehörigkeit: ......%
c) nach 15 Jahren Betriebszugehörigkeit: ......%
d) nach 20 Jahren Betriebszugehörigkeit: ......%)

§ 3 Anrechnung bei Tariferhöhungen[6]

(1) Die Gesellschaft ist berechtigt, tarifliche Erhöhungen der Vergütung ganz oder teilweise auf die Zulage anzurechnen. Soweit die Gesellschaft die Anrechnung nur auf bestimmte Gruppen von Mitarbeitern beschränkt, steht dem Betriebsrat bei der Festlegung des betroffenen Personenkreises ein Mitbestimmungsrecht zu.

(*Alternative:*
(1) Die Anrechnung erfolgt nur insoweit, als dem Mitarbeiter mindestens die Hälfte der zuletzt gewährten Zulage erhalten bleibt.)

(*Alternative:*
(1) Die Anrechnung der Tariferhöhung auf Zulagen wird wie folgt beschränkt:
a) Bei Zulagen bis zu monatlich EUR 100,00:   ......%
b) Bei Zulagen bis zu monatlich EUR 200,00:   ......%
c) ......:   ......%)

(2) Die Anrechnung erfolgt mit Inkrafttreten der tariflichen Erhöhung der Vergütung.

(3) Diese Regelungen über die Anrechnung von Tariferhöhungen gelten nicht nur für Zulagen nach Maßgabe dieser Betriebsvereinbarung, sondern für alle einzelvertraglich vereinbarten, aufgrund von anderweitigen Betriebsvereinbarungen gewährten oder auf sonstigem Rechtsgrund beruhenden freiwilligen Zulagen. Ausgenommen sind Leistungszulagen, Erschwerniszulagen, arbeitsplatzbezogene Zulagen, Schichtzulagen sowie Nacht-, Mehrarbeits-, Sonn- und Feiertagszuschläge.

§ 4 Inkrafttreten, Kündigung[7]

(1) Diese Betriebsvereinbarung tritt am ...... in Kraft. Sie kann mit einer Frist von sechs Monaten zum Ende eines Kalenderjahres gekündigt werden. Danach behält die Betriebsvereinbarung bis zum Abschluss einer neuen Betriebsvereinbarung ihre Gültigkeit.

(2) Die Kündigung bedarf der Schriftform.

§ 5 Schlussbestimmungen[8]

(1) Diese Betriebsvereinbarung löst alle eventuellen vorherigen Betriebsvereinbarungen über übertarifliche Zulagen, insbesondere ...... ab. Mündliche Nebenabreden bestehen nicht. Änderungen oder Ergänzungen dieser Betriebsvereinbarung, einschließlich dieser Bestimmung, bedürfen zu ihrer Wirksamkeit der Schriftform.

(2) Sollte eine Bestimmung dieser Betriebsvereinbarung ganz oder teilweise unwirksam sein oder werden, so wird hiervon die Wirksamkeit der übrigen Bestimmungen nicht berührt. Anstelle der unwirksamen Bestimmung werden die Betriebspartner die gesetzlich zulässige Bestimmung vereinbaren, die dem mit der unwirksamen Bestimmung Gewollten wirtschaftlich am nächsten kommt. Dasselbe gilt für den Fall einer vertraglichen Lücke.

(3) Diese Betriebsvereinbarung steht unter dem Vorbehalt etwaiger ablösender – auch freiwilliger – Betriebsvereinbarungen.

(4) Sollten sich die dieser Betriebsvereinbarung zugrunde liegenden tatsächlichen oder rechtlichen Bedingungen grundlegend ändern, so werden die Betriebspartner unverzüglich in Verhandlungen treten mit dem Ziel, die Betriebsvereinbarung an die geänderten Bedingungen anzupassen.

......
Ort, Datum

......
Ort, Datum

......
Unterschrift der Gesellschaft

......
Unterschrift des Betriebsrats

Schrifttum: Freitag, Über die Freiwilligkeit freiwilliger Leistungen, NZA 2002, 294; *Goos*, Mitbestimmung bei betrieblichen Zulagen, NZA 1986, 701; *Gragert*, Die Rechtsprechung des BAG aus den Jahren 1996 bis 1998 zu den Mitbestimmungsrechten in sozialen Angelegenheiten gem. § 87 I BetrVG, NZA-RR 1999, 449; *Hanau/Preis*, Die Kündigung von Betriebsvereinbarungen, NZA 1991, 81; *Heinze*, Die Mitbestimmungsrechte des Betriebsrats bei Provisionsentlohnung, NZA 1986, 1; *Hoß*, Neue Rechtsprechung zu Anrechnung der Tariflohnerhöhung, NZA 1997, 1129; *v. Hoyningen-Huene*, Vergütungsregelungen und Mitbestimmung des Betriebsrats (§ 87 I Nr. 10 BetrVG), NZA 1998, 1081; *Lingemann*, Allgemeine Geschäftsbedingungen und Arbeitsvertrag, NZA 2002, 181; *Meisel*, Übertarifliches Entgelt und Tarifentgelterhöhung, BB 1991, 406; *Oetker*, Die Auswirkungen tariflicher Entgelterhöhungen für den Effektivverdienst im Zielkonflikt von individueller und kollektivrechtlicher Gewährleistung innerbetrieblicher Verteilungsgerechtigkeit, RdA 1991, 16; *Richardi*, Der Große Senat des BAG zur Mitbestimmung bei der Anrechnung einer Tariflohnerhöhung auf über- und außertarifliche Zulagen, NZA 1992, 961; *Schanz*, Mitarbeiterbeteiligungsprogramme, NZA 2000, 626; *Schneider*, Die Anrechnung von Tarifverbesserungen, insbesondere Tariflohnerhöhungen, auf übertarifliche Vergütungsbestandteile, DB 1993, 2530; *Schneider*, Anrechnung von Tariferhöhungen, DB 2000, 922; *Schukai*, Praktische Konsequenzen aus den Entscheidungen des großen Senats des BAG vom 3. Dezember 1991, NZA 1992, 967; *Schwab*, Offene Fragen und Rechtsanwendungsprobleme nach dem Zulagen-Beschluss des Bundesarbeitsgerichts, BB 1993, 495; *Weber/Hoß*, Die Umsetzung der Entscheidung des Großen Senats zur Mitbestimmung bei der Anrechnung übertariflicher Zulagen durch die Rechtsprechung des 1. Senats, NZA 1993, 632; *Wiese,* Zur Mitbestimmung des Betriebsrats bei freiwilligen, jederzeit widerruflichen Zulagen und/oder auf diese anrechenbaren Tariflohnerhöhungen, NZA 1990, 793; *Wißmann,* Die Suche nach dem Arbeitgeber in der Betriebsverfassung, NZA 2001, 409; *Zöllner,* Vorsorgende Flexibilisierung durch Vertragsklauseln, NZA 1997, 121.

Anmerkungen

1. Regelungsinhalt. Gegenstand der Betriebsvereinbarung ist die **Gewährung von freiwilligen übertariflichen Zulagen** durch den Arbeitgeber einschließlich der **Anrechenbarkeit bei Tariferhöhungen.** Bei beiden Fragen steht dem Betriebsrat grundsätzlich ein Mitbestimmungsrecht gemäß § 87 Abs. 1 Nr. 10 BetrVG zu (zu den Einzelheiten siehe Anm. 4–6).

2. Verhandlungspartner. Das Mitbestimmungsrecht nach § 87 Abs. 1 Nr. 10 BetrVG steht grundsätzlich dem **örtlichen Betriebsrat** zu. Eine originäre Zuständigkeit des **Gesamtbetriebsrats** oder des **Konzernbetriebsrats** kommt – neben der Möglichkeit der Delegation – nach der Rechtsprechung des BAG in Betracht, wenn der Arbeitgeber die übertarifliche Zulage ausdrücklich nur unternehmens- oder konzernweit regeln will (*Hoß* NZA 1997, 1129, 1137; Jaeger/Röder/Heckelmann/*Kreßel* § 19 Rdn. 57 f.; GKBetrVG/*Wiese* § 87 BetrVG Rdn. 817; BAG Beschl. v. 11. 2. 1992 – 1 ABR 51/91 – NZA 1992, 702; BAG Beschl. v. 18. 10. 1994 – 1 ABR 17/94 – NZA 1995, 390; kritisch BAG Urt. v. 26. 5. 1998 – 1 AZR 704/97 – AP Nr. 98 zu § 87 BetrVG 1972 Lohngestaltung).

3. Geltungsbereich. Um einen Verstoß gegen das arbeitsrechtliche Gleichbehandlungsgebot auszuschließen, sollte sich der Anwendungsbereich der Betriebsvereinbarung auf einen weiten Kreis von Arbeitnehmern beziehen. Davon ausgeschlossen sind die **leitenden Angestellten** i. S. d. § 5 Abs. 3 BetrVG mangels entsprechender Regelungskompetenz des Betriebsrats (vgl. nur GKBetrVG/*Wiese* § 87 BetrVG Rdn. 76).

Bei den **AT-Angestellten** steht dem Betriebsrat ein Mitbestimmungsrecht nach § 87 Abs. 1 Nr. 10 BetrVG zwar grundsätzlich zu (GKBetrVG/*Wiese* § 87 BetrVG Rdn. 76); deren Gehalt bemisst sich aber in der Regel gerade nicht nach Tarifverträgen und eine Anrechnung von Tariferhöhungen auf Zulagen ist demnach faktisch ausgeschlossen. Ein Mitbestimmungsrecht des Betriebsrats entsteht in Bezug auf AT-Angestellte auch nicht dadurch, dass durch die Anrechnung von Tariferhöhungen bei tariflichen Arbeitnehmern der Differenzbetrag zwischen dem höchsten tariflichen Gehalt und dem niedrigsten außertariflichen Gehalt verschoben wird (BAG Beschl. v. 22. 1. 1980 – 1 ABR 48/77 – Urt. v. 28. 9. 1994 – 1 AZR 870/93 – AP Nrn. 3, 68 zu § 87 BetrVG 1972 Lohngestaltung). Wird durch eine teilweise Weitergabe oder teilweise Anrechnung der Tariferhöhung bei einzelnen Gruppen von AT-Angestellten das Verhältnis der einzelnen Gehaltsgruppen innerhalb der AT-Angestellten verändert, kommt allerdings ein Mitbestimmungsrecht des Betriebsrats nach § 87 Abs. 1 Nr. 10 BetrVG in Betracht (BAG Urt. v. 28. 9. 1994 – 1 AZR 870/93 – AP Nr. 68 zu § 87 BetrVG 1972 Lohngestaltung).

Außendienstmitarbeiter sollten ebenfalls aus dem Geltungsbereich der Betriebsvereinbarung ausgenommen werden. Ihre Vergütung besteht häufig zu großen Teilen aus erfolgsabhängigen Bestandteilen (Provisionen und Prämien). Gegenüber diesen variablen Vergütungsbestandteilen nimmt das tarifliche Grundgehalt regelmäßig nur die Funktion einer Grundversorgung ein, die teilweise sogar auf die erdienten Provisionsansprüche anzurechnen ist (vgl. etwa § 19 Ziffer 1 Manteltarifvertrag für das private Versicherungsgewerbe). Eine Anrechnung von Tariferhöhungen auf übertarifliche Vergütungsbestandteile ist daher entweder unnötig – da bereits vorgesehen – oder konterkariert den mit Provisionen angestrebten verkaufsfördernden Effekt. Des Weiteren müsste die Anrechenbarkeit von Tariflohnerhöhungen bei Zulagen von Außendienstmitarbeitern ausdrücklich vorbehalten werden (s. Anm. 6).

4. Zulagengewährung. Die Entscheidung darüber, ob der Arbeitgeber eine freiwillige Zulage überhaupt anbieten will, ist mitbestimmungsfrei (**Dotierung;** ganz h. M. GKBetrVG/*Wiese* § 87 BetrVG Rdn. 860 ff.; Jaeger/Röder/Heckelmann/*Kreßel* § 19 Rdn. 30; *v. Hoyningen-Huene* NZA 1998, 1081, 1087; *Wiese* NZA 1990, 793, 799; *Heinze* NZA 1986, 1, 7; *Schanz*

19. Anrechnung von Tariferhöhungen auf Zulagen C. II. 19

NZA 2000, 626, 633; BAG Urt. v. 23. 3. 1993 – 1 AZR 582/92 – Beschl. v. 17. 1. 1995 – 1 ABR 19/94 – AP Nrn. 64, 71 zu § 87 BetrVG Lohngestaltung). Mitbestimmungspflichtig ist hingegen die Verteilung des vom Arbeitgeber festgelegten Dotierungsrahmens („Topfes") auf die einzelnen Arbeitnehmer. Hier greift zur Sicherung der betrieblichen Lohngerechtigkeit das Mitbestimmungsrecht gemäß § 87 Abs. 1 Nr. 10 BetrVG ein (**Quotierung**; ganz h. M. GKBetrVG/*Wiese* § 87 BetrVG Rdn. 860 ff.; Jaeger/Röder/Heckelmann/*Kreßel* § 19 Rdn. 30; *v. Hoyningen-Huene* NZA 1998, 1081, 1087; *Wiese* NZA 1990, 793, 799; *Heinze* NZA 1986, 1, 7; *Schanz* NZA 2000, 626, 633; BAG Urt. v. 23. 3. 1993 – 1 AZR 582/92 – Beschl. v. 17. 1. 1995 – 1 ABR 19/94 – AP Nrn. 64, 71 zu § 87 BetrVG Lohngestaltung).

Grundsätzlich kann der Arbeitgeber eine Betriebsvereinbarung, in der er freiwillige Leistungen einräumt, innerhalb der Frist des § 77 Abs. 5 BetrVG (drei Monate) kündigen, ohne dass eine Nachwirkung entsteht (vgl. nur BAG Urt. v. 18. 4. 1989 – 3 AZR 688/87 – NZA 1990, 67). Das Bundesarbeitsgericht hat unter Hinweis auf **Wertungswidersprüche** zwischen der Situation der einvernehmlichen Ablösung einer Betriebsvereinbarung durch eine neue Betriebsvereinbarung durch Arbeitgeber und Betriebsrat und der einseitigen Kündigung einer Betriebsvereinbarung den **Verhältnismäßigkeits- und den Vertrauensschutzgrundsatz** im Hinblick auf bereits erworbene Besitzstände von Arbeitnehmern auch auf die Kündigung von Betriebsvereinbarungen ausgeweitet (BAG Urt. v. 18. 4. 1989 – 3 AZR 688/87 – NZA 1990, 67). Aufgrund dieser Entscheidung besteht in Rechtsprechung und Schrifttum Streit über die – eventuell notwendigen Voraussetzungen zur – Rechtfertigung der Kündigung von Betriebsvereinbarungen. (vgl. die umfassende Darstellung bei *Hanau/Preis* NZA 1991, 81).

Um mögliche Risiken in Folge künftiger Entwicklungen in der Rechtsprechung auszuschließen, sollte daher in Anlehnung an die einzelvertragliche Gestaltung ein **Freiwilligkeitsvorbehalt** in die Betriebsvereinbarung aufgenommen werden (vgl. zur einzelvertraglichen Regelung Form. A. II. 1 Anm. 7; *Zöllner* NZA 1997, 121; *Freitag* NZA 2002, 294; *Lingemann* NZA 2002, 181; BAG Urt. v. 5. 6. 1996 – 10 AZR 883/95 – Urt. v. 11. 4. 2000 – 9 AZR 255/99 – AP Nrn. 193, 227 zu § 87 BetrVG 1972 Gratifikation). Durch den Freiwilligkeitsvorbehalt wird klargestellt, dass übertarifliche Zulagen freiwillige Leistungen des Arbeitgebers sind, auf die die Arbeitnehmer keinen Anspruch haben und auf die auch künftig kein Rechtsanspruch entstehen soll. Darüber hinaus nimmt die Rechtsprechung bei Vereinbarung eines Freiwilligkeitsvorbehaltes an, dass damit ein Anrechnungsvorbehalt stillschweigend vereinbart ist (s. Anm. 6).

5. Verteilung. Die nähere Ausgestaltung der übertariflichen Zulage kann an die Bedürfnisse der Gesellschaft angepasst werden und beispielsweise als Leistungsanreiz und/oder als Belohnung für Betriebstreue werden. In der Praxis werden ausschließlich an die Betriebstreue anknüpfende Zulagen noch immer häufiger gezahlt als reine Leistungszulagen. Das Formular enthält zwei Alternativen, die sowohl **Betriebstreue** als auch **Leistungskomponenten** berücksichtigen (Mischcharakter). Zur Ausgestaltung von leistungsabhängigen Vergütungen auf individualvertraglicher Grundlage s. Form. A. III. 6–9.

Nach der **Ausgangsregelung** (§ 2 Abs. (2) und (3) des Formulars) wird die Zulage unabhängig von der Höhe des tariflichen Gehaltes gezahlt. Die Höhe der Zulage wird individuell für jeden Arbeitnehmer vom Arbeitgeber festgelegt. Damit überlässt der Betriebsrat die Festlegung der individuellen Zulagenhöhe allein dem Ermessen des Arbeitgebers und verzichtet damit weitgehend auf die Ausübung seines Mitbestimmungsrechtes gemäß § 87 Abs. 1 Nr. 10 BetrVG. Nach ständiger Rechtsprechung des Bundesarbeitsgerichts (vgl. nur BAG Urt. v. 26. 7. 1988 – 1 AZR 54/87 – AP Nr. 6 zu § 87 BetrVG 1972 Provision; BAG Beschl. v. 31. 8. 1982 – 1 ABR 27/80 – BAG Beschl. v. 28. 10. 1986 – 1 ABR 11/85 – AP Nrn. 8, 20 zu § 87 BetrVG 1972 Arbeitszeit; BAG Beschl. v. 17. 10. 1989 – 1 ABR 31/87 – AP Nr. 39 zu § 76 BetrVG 1972, BAG Beschl. v. 11. 3. 1986 – 1 ABR 12/84 – AP Nr. 14 zu § 87 BetrVG 1972 Überwachung, BAG Beschl. v. 12. 1. 1988 – 1 ABR 54/86 – AP Nr. 8 zu § 81 ArbGG 1979) kann ein Betriebsrat dem Arbeitgeber per Betriebsvereinbarung grundsätzlich die Gestaltung einer mitbestimmungspflichtigen Maßnahme übertragen. Dies ist jedoch nur insoweit möglich, als das Mitbestimmungsrecht nicht in seiner Substanz beeinträchtigt wird. Da die Bevollmächtigung des Arbeitgebers zur völlig freien Festlegung der Zulagenhöhe durch den Betriebsrat einen vollständigen Verzicht auf das Mitbestimmungsrecht nach § 87 Abs. 1 Nr. 10 BetrVG und damit eine unzulässige Substanzbeeinträchtigung bedeuten würde, ist zugleich ein Korrektiv durch die Festlegung der Mindesthöhe der Zulage für bestimmte Betriebszugehörigkeitsstufen im Verhältnis zum Durchschnitt der innerhalb einer Entgeltgruppe erzielten Zulage vorgesehen. Auf diese Weise ist auch dem arbeitsrechtlichen Gleichbehandlungsgrundsatz (vgl. nur BAG Urt. v. 4. 5. 1962 – 1 AZR 250/61 – BAG Urt. v. 10. 4. 1973 – 4 AZR 180/72 – BAG Urt. v. 27. 7. 1988 – 5 AZR 244/87 – BAG Urt. v. 19. 8. 1992 – 5 AZR 513/91 – BAG Urt. v. 13. 2. 2002 – 5 AZR 713/00 – AP Nrn. 32, 38, 83, 102, 184 zu § 242 BGB Gleichbehandlung) ausreichend Rechnung getragen. Bei der Festlegung der Zulagenhöhe müssen darüber hinaus weitere Schranken, wie etwa die Anrechnungsgrenze des § 4a EFZG bei der Berücksichtigung von krankheitsbedingten Fehlzeiten, Beachtung finden.

Vielfach üblich ist es – wie in der **Alternative** des Formulars vorgesehen – den Arbeitnehmern pauschal eine übertarifliche Zulage in Höhe eines bestimmten Prozentsatzes der tariflichen Grundvergütung zu gewähren. Auf diese Weise errechnet sich die Höhe der Zulage auf Basis der tarifvertraglichen Entgeltgruppen. Der arbeitsrechtliche Grundsatz der Gleichbehandlung ist auf diese Weise ebenfalls ausreichend beachtet. § 2 Abs. (2) des Alternativvorschlags sieht eine prozentuale Steigerung der Zulagenhöhe in Abhängigkeit von der Dauer der Betriebszugehörigkeit vor. Bei der Berechnung der Zulagenhöhe für den einzelnen Arbeitnehmer entsteht kein nennenswerter Verwaltungsaufwand. Im Gegensatz zur Ausgangsfassung bietet diese Ausgestaltung der Zulagenberechnung jedoch weniger Spielraum für die Berücksichtigung individueller Leistungen der einzelnen Arbeitnehmer.

In der Betriebsvereinbarung sollte ein festes Datum festgelegt werden, an dem die Höhe der (durchschnittlichen) Zulage berechnet wird. Der Betriebsrat ist nach §§ 80 Abs. 2 Satz 2, 87 Abs. 1 Nr. 10 BetrVG berechtigt, Einblick in die Bruttolohn- und Gehaltslisten zu nehmen. Die Regelung in § 2 Abs. (4) des Formulars erfolgt dementsprechend nur zur Klarstellung.

6. Anrechnung bei Tariferhöhungen. Das Formular gestattet dem Arbeitgeber eine vollständige oder anteilige Anrechnung von Tariferhöhungen auf Zulagen. Vor der Frage nach dem Bestehen eines Mitbestimmungsrechts des Betriebsrats ist zunächst die Frage nach der **individualrechtlichen Anrechenbarkeit** zu stellen (*Goos* NZA 1986, 701, 703; *Gragert* NZA-RR 1999, 449, 453; *Hoß* NZA 1997, 1129–1131; *v. Hoyningen-Huene* NZA 1988, 1081, 1085; *Meisel* BB 1991, 406–408; *Schneider* DB 1993, 2530 f.; *Schneider* DB 2000, 922). Dazu ist eine differenzierte Betrachtung der unterschiedlichen Zulagenarten vorzunehmen.

Übertarifliche Zulagen sind solche Zulagen, die vom Arbeitgeber zusätzlich zum Tarifgehalt gewährt werden und die zugleich in einem inneren Zusammenhang zu den Regeln des Tarifvertrages über das tarifliche Entgelt stehen (*Goos* NZA 1986, 701, 703; *Gragert* NZA-RR 1999, 449, 453; *v. Hoyningen-Huene* NZA 1988, 1081, 1085; *Meisel* BB 1991, 406 ff.; *Schneider* DB 1993, 2530; *Schneider* DB 2000, 922; *Wiese* NZA 1990, 793 ff.; BAG Urt. v. 13. 11. 1963 – 4 AZR 25/63 – BAGE 15, 110; BAG Urt. v. 31. 5. 1972 – 4 AZR 308/71 – AP Nr. 16 zu § 611 BGB Bergbau; zuletzt BAG Urt. v. 25. 6. 2002 – 3 AZR 167/02 – AP Nr. 36 zu § 4 TVG Übertariflicher Lohn und Tariflohnerhöhung; *Hoß* NZA 1997, 1129 ff. hingegen verwendet die Begriffe „außertariflich" und „übertariflich" teilweise synonym).

Außertarifliche Zulagen sind hingegen auf Leistungen bzw. Gegebenheiten bezogen, die keine Entsprechung im Tarifvertrag finden, mithin selbständig neben dem tarifvertraglich zugesicherten Entgelt stehen (*Goos* NZA 1986, 701, 703; *Oetker* RdA 1991, 16, 17; BAG Urt. v. 31. 5. 1972 – 4 AZR 308/71 – AP Nr. 16 zu § 611 BGB Bergbau).

Die Begriffe „übertariflich" und „außertariflich" werden in Literatur und Rechtsprechung häufig synonym verwendet (vgl. nur Richardi/*Richardi* § 87 BetrVG Rdn. 790), während die zuvor genannten Definitionen beider Begriffe zur Beurteilung der Anrechenbarkeit von Zulagen herangezogen werden. Einigkeit besteht insoweit, als im Hinblick auf die Anrechenbarkeit zwischen unselbständigen und selbständig neben dem Tarifvertrag stehenden Zulagen unterschieden wird. Zulagen sind – soweit keine anderweitige Vereinbarung vorliegt – nicht anrechenbar (**tariffest**), wenn ihr Zweck an eine nicht bereits durch Tarifvertrag entgoltene Leistung anknüpft (selbständige, also außertarifliche Zulagen), z. B. Erschwernis-, Schicht-,

19. Anrechnung von Tariferhöhungen auf Zulagen

Funktions- und Schmutzzulagen (BAG Urt. v. 23. 3. 1993 – 1 AZR 520/92 – AP Nr. 26 zu § 87 BetrVG 1972 Tarifvorrang; BAG GS Beschl. v. 3. 12. 1991 – GS 2/90 – AP Nr. 51 zu § 87 BetrVG 1972 Lohngestaltung). Dagegen sind Zulagen anrechenbar, die eine zusätzliche Vergütung für eine bereits tariflich entgoltene Arbeitsleistung darstellen (unselbständige, also übertarifliche Zulagen). Diese freiwilligen (übertariflichen) Zulagen des Arbeitgebers enthalten nach der ganz h. M. einen stillschweigenden Anrechnungsvorbehalt (Anrechnungsautomatik), der nicht ausdrücklich vereinbart werden muss (vgl. nur BAG Urt. v. 7. 2. 1996 – 1 AZR 657/95 – AP Nr. 85 zu § 87 BetrVG 1972 Lohngestaltung; BAG Urt. v. 23. 3. 1993 – 1 AZR 520/92 – AP Nr. 26 zu § 87 BetrVG 1972 Tarifvorrang; *Oetker* RdA 1991, 16, 19; *Wiese* NZA 1990, 793, 796 ff.; *Gragert* NZA-RR 1999, 449, 453; *Hoß* NZA 1997, 1129 ff.; *v. Hoyningen-Huene* NZA 1988, 1081, 1085; *Meisel* BB 1991, 406 ff.; *Schneider* DB 1993, 2530). Unbeachtlich ist, ob einzelvertraglich die Zulage explizit ausgewiesen wird oder nur ein Gesamtbetrag genannt wird, tariflicher und übertariflicher Entgeltbestandteil also errechnet werden müssten (Einzelbeispiele s. *Hoß* NZA 1997, 1129 ff.; *Schneider* DB 1993, 2530 f.; *Schneider* DB 2000, 922 f.; *Meisel* BB 1991, 406 ff.; vgl. zur Anrechnung von tariflichen Einmalzahlungen BAG Urt. v. 19. 5. 2004 – 5 AZR 354/03 – NZA 2005, 599).

Der Beschluss des Großen Senats vom 3. Dezember 1991 (BAG GS 2/90 – AP Nr. 51 zu § 87 BetrVG 1972 Lohngestaltung) bestimmt bis heute die Leitlinien der Rechtsprechung zur Reichweite des **Mitbestimmungsrechts** des Betriebsrats nach § 87 Abs. 1 Nr. 10 BetrVG. Danach unterliegen die Anrechnung einer Tariflohnerhöhung auf über-/außertarifliche Zulagen und der Widerruf von über-/außertariflichen Zulagen aus Anlass und bis zur Höhe einer Tariflohnerhöhung dann der Mitbestimmung, wenn sich dadurch die Verteilungsgrundsätze ändern und darüber hinaus für eine anderweitige Anrechnung oder Kürzung ein Regelungsspielraum verbleibt.

Das BAG knüpft bei seiner Auffassung konsequent an die allgemeine Auffassung an, wonach der Arbeitgeber grundsätzlich über das „Ob" (Dotierung) einer freiwilligen Leistung frei, also mitbestimmungsfrei, entscheiden kann. Über das „Wie" (Quotierung) besteht hingegen zur Gewährleistung der innerbetrieblichen Lohngerechtigkeit ein zwingendes Mitbestimmungsrecht des Betriebsrats (s. Anm. 4). Folgerichtig ist ein Mitbestimmungsrecht dann nicht gegeben, wenn der Arbeitgeber die Zulagen infolge der Anrechnung einer Tariflohnerhöhung vollständig streicht, mithin der gesamte Dotierungsrahmen wegfällt (vgl. ebenso BAG GS Beschl. v. 3. 12. 1991 – GS 1/90 – Urt. v. 14. 2. 1995 – 1 AZR 565/94 – AP Nr. 52, 73 zu § 87 BetrVG 1972 Lohngestaltung).

Ebenso entfällt das Mitbestimmungsrecht in den Fällen, in denen einer Änderung der Verteilungsgrundsätze (Quotierung) **rechtliche Hindernisse** entgegenstehen. Dies ist etwa der Fall, wenn der Arbeitgeber die Tariflohnerhöhung vollständig und gleichmäßig auf die Zulagen anrechnet (BAG GS Beschl. v. 3. 12. 1991 – GS 2/90 – AP Nr. 51 zu § 87 BetrVG 1972 Lohngestaltung). In diesen Fällen wird durch die Anrechnung auf übertarifliche Zulagen die Tariferhöhung vollständig aufgesogen. Für den verbleibenden Teil der Zulage steht den Arbeitnehmern ein Anspruch – etwa aus dem Arbeitsvertrag oder einer Betriebsvereinbarung – zu. Der Arbeitgeber ist also an einer weitergehenden Anrechnung rechtlich gehindert (BAG Vorlagebeschl. v. 13. 2. 1990 – 1 ABR 35/87 – Vorlagebeschl. v. 13. 2. 1990 – 1 AZR 171/87 – AP Nr. 43, 44 zu § 87 BetrVG 1972 Lohngestaltung).

Ein Mitbestimmungsrecht des Betriebsrats nach § 87 Abs. 1 Nr. 10 BetrVG ist im Übrigen grundsätzlich gegeben, wenn die Tariflohnerhöhung **nur teilweise** auf über-/außertarifliche Zulagen angerechnet wird. In diesen Fällen verbleibt ein Regelungsspielraum für Arbeitgeber und Betriebsrat (vgl. nur Richardi/*Richardi* § 87 BetrVG Rdn. 797; GKBetrVG/*Wiese* § 87 BetrVG Rdn. 874 ff.). Jedoch besteht auch in diesen Fällen das Mitbestimmungsrecht des Betriebsrats nur dann, wenn durch die – teilweise – Kürzung der Zulagen die **Verteilungsgrundsätze geändert** werden (BAG Urt. v. 26. 5. 1998 – 1 AZR 704/97 – AP Nr. 98 zu § 87 BetrVG 1972 Lohngestaltung). Die Rechtsprechung stellt dabei auf das Verhältnis der Zulagenbeträge der einzelnen Arbeitnehmer zueinander ab. Dem Beschluss des Großen Senates (BAG GS Beschl. v. 3. 12. 1991 – GS 1/90 – AP Nr. 52 zu § 87 BetrVG 1972 Lohngestaltung) selbst sind beispielhafte Berechnungen zu entnehmen, die Anhaltspunkte dafür geben, in welchen Fällen das Mitbestimmungsrecht eingreift und in welchen nicht.

Wie in allen Fällen des § 87 BetrVG besteht ein Mitbestimmungsrecht des Betriebsrats nur bei kollektiven Sachverhalten (BAG Beschluss v. 22. 9. 1992 – 1 AZR 459/90 – Beschl. v. 27. 10. 1992 – 1 ABR 17/92 – AP Nrn. 56, 61 zu § 87 BetrVG 1972 Lohngestaltung).

Im Hinblick auf die **Sperrklausel aus § 77 Abs. 3 und den Eingangssatz des § 87 Abs. 1 S. 1 BetrVG** gilt, dass die Betriebspartner zwar unter den dort aufgestellten Voraussetzungen daran gehindert sind, Ansprüche auf (übertarifliche) Zulagen, die ohne weitere Voraussetzungen in Ergänzung zum Tarifgehalt gezahlt werden, durch Betriebsvereinbarung zu begründen. Der Ausschluss der Anrechenbarkeit oder eine Regelung zu den Modalitäten einer Anrechnung können jedoch durch Betriebsvereinbarung geregelt werden (BAG Beschl. v. 24. 2. 1987 – 1 ABR 18/85 – AP Nr. 21 zu § 77 BetrVG 1972; bestätigend BAG GS Beschl. v. 3. 12. 1991 – GS 1/90 – GS 2/90 – AP Nr. 51, 52 zu § 87 BetrVG 1972 Lohngestaltung; BAG Urt. v. 9. 12. 1997 – 1 AZR 319/97 – AP Nr. 11 zu § 77 BetrVG 1972 Tarifvorbehalt).

Eine einseitige Anrechnung trotz Bestehens des Mitbestimmungsrechtes des Betriebsrats nach § 87 Abs. 1 Nr. 10 BetrVG ist **unwirksam** (BAG Urt. v. 9. 7. 1996 – 1 AZR 690/95 – AP Nr. 86 zu § 87 BetrVG 1972 Lohngestaltung). Dem steht auch die Entscheidungsfreiheit über die grundsätzliche Gewährung einer Zulage nicht entgegen. Weiter steht dem Betriebsrat ein **Unterlassungsanspruch** gegen den Arbeitgeber zu, der nicht vom Vorliegen einer groben Pflichtverletzung i. S. d. § 23 Abs. 3 BetrVG abhängt (BAG Beschl. v. 3. 5. 1994 – 1 ABR 24/93 – AP Nr. 23 zu § 23 BetrVG).

Das Mitbestimmungsrecht des Betriebsrats erfasst im Übrigen solche Sachverhalte, in denen der Arbeitgeber zunächst eine Anrechnung vornimmt, um anschließend den auf diese Weise eingesparten Betrag etwa in Form einer neuen (leistungsabhängigen) Zulage wieder an die Arbeitnehmer zu verteilen (BAG Beschl. v. 3. 5. 1994 – 1 ABR 24/93 – AP Nr. 23 zu § 23 BetrVG; BAG Beschl. v. 17. 1. 1995 – 1 ABR 19/94 – AP Nr. 71 zu § 87 BetrVG 1972 Lohngestaltung). Auf diese Weise werden „**kreative" Umgehungsmodelle** von der Rechtsprechung bereits im Ansatz verhindert. Eine gangbare Alternative ist allenfalls der Entscheidung des BAG vom 19. 9. 1995 (1 AZR 208/95 – AP Nr. 61 zu § 77 BetrVG 1972) zu entnehmen. Danach ist es zulässig, zunächst eine vollständige (mitbestimmungsfreie) Anrechnung vorzunehmen und gleichzeitig eine beabsichtigte Veränderung der Verteilungsgrundsätze anzukündigen. Im Nachgang kann dann eine (ausdrücklich) rückwirkende Betriebsvereinbarung mit dem Betriebsrat wirksam vereinbart werden, nach der das durch die Anrechnung eingesparte Volumen nach neuen Kriterien (Leistung) verteilt wird. Das BAG hat aber Zweifel angemeldet, ob eine mitbestimmungswidrige Anrechnung mittels einer rückwirkenden Betriebsvereinbarung geheilt werden kann.

Nach Ansicht der Rechtsprechung (BAG Urt. v. 14. 8. 2001 – 1 AZR 744/00 – AP Nr. 4 zu § 77 BetrVG 1972 Regelungsabrede) können die Betriebspartner die **Mitbestimmungsrechte des Betriebsrats per Regelungsabrede erweitern**, etwa auf alle Fälle der Anrechnung von Tariflohnerhöhungen auf über-/außertarifliche Zulagen. In diesen Fällen hängt allerdings die Wirksamkeit der Anrechnung nicht von der Zustimmung des Betriebsrats ab, da die Theorie der Wirksamkeitsvoraussetzung nur Fälle der gesetzlichen Mitbestimmungsrechte erfasst (BAG Urt. v. 14. 8. 2001 – 1 AZR 744/00 – AP Nr. 4 zu § 77 BetrVG 1972 Regelungsabrede). Auch in solchen Fällen kann der Betriebsrat jedoch einen Unterlassungsanspruch gegen den Arbeitgeber geltend machen (BAG Urt. v. 14. 8. 2001 – 1 AZR 744/00 – AP Nr. 4 zu § 77 BetrVG 1972 Regelungsabrede).

Die **Anrechnung** selbst kann in verschiedener Weise ausgestaltet werden. Dabei kann in der Betriebsvereinbarung selbst geregelt werden, inwieweit und in welchem Umfang Zulagen bei Tariferhöhungen angerechnet werden. Auch kann eine Differenzierung nach dem tatsächlich ausgezahlten Betrag der Zulage erfolgen. Insoweit ist dann durch den Abschluss der Betriebsvereinbarung das Mitbestimmungsrecht des Betriebsrats nach § 87 Abs. 1 Nr. 10 BetrVG bereits ausgeübt. Eine solche Verfahrensweise hat den Vorteil, dass eine erneute Befassung des Betriebsrats mit der Anrechnung nicht mehr notwendig ist und somit das Anrechnungsverfahren automatisiert und sehr schnell abläuft. Nachteil ist hingegen, dass die Anrechnung relativ starr und unflexibel erfolgt.

Die Betriebsvereinbarung kann sich auch einer Regelung zur genauen Durchführung der Anrechnung enthalten. Dann ist der Betriebsrat unter Umständen bei jeder Anrechnung zu beteiligen. Im Übrigen sollte eine Regelung getroffen werden, die den Zeitpunkt der Wirksamkeit der Anrechnung festlegt. Dies wird in aller Regel der Zeitpunkt sein, zu dem die tarifliche Erhöhung in Kraft tritt.

7. Inkrafttreten und Kündigung. Zum Vertrauensschutz bei Kündigung der Betriebsvereinbarung s. Anm. 4. Wegen der zwingenden Mitbestimmung des Betriebsrats aus § 87 Abs. 1 Nr. 10 BetrVG im Hinblick auf die Verteilung der freiwilligen Zulage und die Anrechnung auf Tariferhöhungen unter den vorgenannten Voraussetzungen entfaltet die Betriebsvereinbarung Nachwirkung nach § 77 Abs. 6 BetrVG (s. Form. C. II. 1 Anm. 15).

8. Schlussbestimmungen. S. Form. C. II. 1 Anm. 16.

20. Betriebliches Vorschlagswesen

Betriebsvereinbarung über betriebliches Vorschlagswesen[1]

zwischen
...... (Name und Anschrift des Arbeitgebers) „Gesellschaft"
und
Betriebsrat des Betriebs ...... der ...... (Name des Arbeitgebers) „Betriebsrat"
(*Alternative:* Gesamtbetriebsrat/Konzernbetriebsrat)

Präambel

Jedes Unternehmen lebt von der Innovationskraft und der Kreativität seiner Mitarbeiter. Diesem Grundsatz trägt die Gesellschaft auch durch das betriebliche Vorschlagswesen Rechnung, das für alle Mitarbeiter den zusätzlichen Anreiz bietet, mit eigenen Vorschlägen, Anregungen und Ideen das betriebliche Geschehen zum Nutzen der Gesellschaft und der Mitarbeiter mitzugestalten.

§ 1 Geltungsbereich

Diese Betriebsvereinbarung gilt für alle Arbeitnehmer des Betriebs ...... der Gesellschaft („Mitarbeiter"), mit Ausnahme der leitenden Angestellten i. S. d. § 5 Abs. 3 BetrVG.

§ 2 Begriffsbestimmungen[2]

(1) Verbesserungsvorschlag im Sinne dieser Betriebsvereinbarung ist jeder Vorschlag, jede Anregung und jede Idee, die dazu beiträgt, den bisher bestehenden betrieblichen Ist-Zustand durch die Umstellung oder Veränderung bestehender Systeme oder Methoden derart zu verbessern, dass hieraus wirtschaftliche oder sonstige Vorteile für die Gesellschaft oder ihre Mitarbeiter resultieren.

(2) Ein Verbesserungsvorschlag liegt insbesondere vor, wenn der Vorschlag, die Anregung oder die Idee
  a) zur Steigerung der Wirtschaftlichkeit der Gesellschaft,
  b) zur Reduzierung von Kosten durch Einsparungen an Material, Energie oder Bearbeitungszeit,
  c) zur Verbesserung der Produktqualität,
  d) zur Vereinfachung von Arbeitsmethoden oder Arbeitsabläufen,
  e) zur Verbesserung der Zusammenarbeit,
  f) zur Erhöhung der Arbeitssicherheit, des Gesundheits- oder Umweltschutzes oder
  g) zur Verbesserung der Öffentlichkeitsarbeit und des Images der Gesellschaft
führt.

(3) Verbesserungsvorschläge können sich auf alle Bereiche der Gesellschaft, einschließlich der Verwaltung, beziehen.

(4) Ein Verbesserungsvorschlag liegt nicht vor, wenn der Vorschlag, die Anregung oder die Idee patent- oder gebrauchsmusterfähig ist oder einen qualifizierten technischen Verbesserungsvorschlag i. S. d. Arbeitnehmererfindungsgesetzes darstellt.

(5) Ein Verbesserungsvorschlag liegt ebenfalls nicht vor, wenn der Vorschlag, die Anregung oder die Idee bloße Hinweise auf bestehende Schwierigkeiten und auf Notwendigkeiten von Verbesserungen enthält, Kritik ohne Lösungsvorschläge darstellt oder Verbesserungen betrifft, die bereits in Planung oder Vorbereitung sind.

(6) Die Einbringung eines Verbesserungsvorschlags ist eine freiwillige zusätzliche Leistung des Mitarbeiters. Als Verbesserungsvorschlag gelten daher solche Vorschläge, Anregungen und Ideen nicht, die bereits Teil der arbeitsvertraglichen Verpflichtungen des Mitarbeiters sind. Zur Abgrenzung der arbeitsvertraglich geschuldeten Verbesserungen von Verbesserungsvorschlägen im Sinne dieser Betriebsvereinbarung sind in Zweifelsfällen Anforderungsprofile, Stellen- und Tätigkeitsbeschreibungen sowie Zielvereinbarungen heranzuziehen.

§ 3 Grundsätze[3]

(1) Es besteht keine Rechtspflicht des Mitarbeiters, Verbesserungsvorschläge einzubringen.

(2) Es besteht kein Rechtsanspruch des Mitarbeiters auf Annahme oder Umsetzung seines Verbesserungsvorschlags.

(3) Wegen der Durchführung des betrieblichen Verbesserungswesens darf kein Mitarbeiter in seinem beruflichen Fortkommen benachteiligt werden.

(4) Mit der schriftlichen Einreichung des Verbesserungsvorschlags erklärt der Mitarbeiter sich damit einverstanden, dass sein Vorschlag ausschließlich nach den Bestimmungen dieser Betriebsvereinbarung behandelt wird.

§ 4 Organe des betrieblichen Vorschlagswesens[4]

Mit der sach- und ordnungsgemäßen Durchführung des betrieblichen Vorschlagswesens sind der Beauftragte für das betriebliche Vorschlagswesen (§ 5), der Prüfungsausschuss (§ 6) sowie Gutachter (§ 7) beauftragt.

§ 5 Beauftragter für das betriebliche Vorschlagswesen[5]

(1) Der Beauftragte für das betriebliche Vorschlagswesen („Beauftragter") wird von der Geschäftsleitung bestimmt.

(2) Der Beauftragte ist für die ordnungsgemäße Behandlung des Verbesserungsvorschlags nach Maßgabe des § 8 Abs. (3), (6) und (7) zuständig.

(3) Der Beauftragte ist zur Verschwiegenheit verpflichtet.

§ 6 Prüfungsausschuss[6]

(1) Der Prüfungsausschuss besteht aus dem Vorsitzenden und vier Beisitzern. Die Gesellschaft und der Betriebsrat benennen jeweils zwei Beisitzer. Der Vorsitzende wird von der Gesellschaft im Einvernehmen mit dem Betriebsrat bestimmt. Der Prüfungsausschuss wählt aus seinen Reihen einen stellvertretenden Vorsitzenden. Der Beauftragte kann Mitglied des Prüfungsausschusses sein.

(2) Der Prüfungsausschuss ist zuständig für die Prüfung und Beratung der Verbesserungsvorschläge nach Maßgabe des § 8 Abs. (4) bis (6).

(3) Der Prüfungsausschuss entscheidet aufgrund von Sitzungen, die mindestens einmal vierteljährlich stattfinden. Der Sitzungszeitpunkt wird von dem Vorsitzenden in Abstimmung mit den Beisitzern festgelegt. Der Prüfungsausschuss entscheidet mit einfacher Mehrheit; er ist beschlussfähig, wenn neben dem Vorsitzenden mindestens zwei Mitglieder anwesend sind. Mitglieder des Prüfungsausschusses dürfen an Entscheidungen, die ihre eigenen Verbesserungsvorschläge oder Verbesserungsvorschläge ihrer Angehörigen

20. Betriebliches Vorschlagswesen — C. II. 20

betreffen, nicht mitwirken. Die Sitzungen des Prüfungsausschusses sind nicht öffentlich.

(4) Das Ergebnis der Beratung und die Entscheidung des Prüfungsausschusses werden in einer Niederschrift festgehalten, die von dem Vorsitzenden und einem weiterem Mitglied zu unterzeichnen ist. Die Niederschrift wird vom Prüfungsausschuss für einen Zeitraum von 36 Monaten aufbewahrt, der mit Ablauf des Kalenderjahres beginnt, in dem die Geschäftsleitung ihre Entscheidung über den Verbesserungsvorschlag getroffen hat.

(5) Die Mitglieder des Prüfungsausschusses sind zu strenger Neutralität verpflichtet und im Rahmen ihres Amtes keinen Weisungen unterworfen. Sie sind zur Verschwiegenheit verpflichtet.

§ 7 Gutachter[7]

(1) Gutachter werden einzelfallbezogen nach fachlichen Gesichtspunkten vom Prüfungsausschuss beauftragt.

(2) Gutachter haben die Aufgabe, den Verbesserungsvorschlag nach objektiven Maßstäben zu überprüfen und ihre Ergebnisse in einem schriftlichen Gutachten festzuhalten. Bei der Beauftragung ist darauf zu achten, dass die Gutachter die Fertigstellung ihres Gutachtens binnen einer Frist von ...... Monaten zusagen.

(3) Gutachter sind im Rahmen ihres Auftrags zur Verschwiegenheit zu verpflichten.

§ 8 Behandlung des Verbesserungsvorschlags[8]

(1) Der Verbesserungsvorschlag ist schriftlich in zweifacher Ausfertigung bei dem Beauftragten einzureichen. Eine Ausfertigung ist mit dem Vor- und Zunamen des Vorschlagenden zu versehen, die zweite Ausfertigung ist anonymisiert einzureichen. Reichen mehrere Mitarbeiter den Vorschlag als Gruppe ein, sind sämtliche Vor- und Zunamen auf der ersten Ausfertigung zu vermerken.

(2) Der Verbesserungsvorschlag soll eine Beschreibung des bestehenden Ist-Zustands, eine Darstellung der einzelnen Maßnahmen zur Verbesserung sowie Angaben über die zu erwartenden Verbesserungen durch seine Umsetzung enthalten.

(3) Der Beauftragte versieht den Verbesserungsvorschlag mit einem Eingangsvermerk und mit einer fortlaufenden Registriernummer. Der einreichende Mitarbeiter erhält hierüber eine schriftliche Bestätigung. Der Beauftragte überprüft den Verbesserungsvorschlag auf dessen Vollständigkeit. Im Anschluss leitet er die anonymisierte Ausfertigung an den Prüfungsausschuss weiter. Ergibt sich bei der Überprüfung der Vollständigkeit, dass die Angaben für eine sachliche Prüfung durch den Prüfungsausschuss nicht ausreichend sind, gibt der Beauftrage den Verbesserungsvorschlag an den einreichenden Mitarbeiter zur Ergänzung zurück.

(4) Der Prüfungsausschuss prüft den Verbesserungsvorschlag und berät über ihn im Rahmen seiner Sitzungen. Er schlägt der Geschäftsleitung die Annahme oder Ablehnung des Verbesserungsvorschlags vor und setzt die Höhe der Prämie für angenommene Verbesserungsvorschläge fest. Hierzu leitet er die Niederschrift über das Ergebnis der Beratung und die Entscheidung an die Geschäftsleitung weiter.

(5) Reicht die Sachkunde des Prüfungsausschusses zur Prüfung des Verbesserungsvorschlags nicht aus, so kann er im Einzelfall einen oder mehrere Gutachter beauftragen. Die Gutachter prüfen den Verbesserungsvorschlag und legen dem Prüfungsausschuss hierüber ein schriftliches Gutachten vor. Der Prüfungsausschuss ist an die Feststellungen der Gutachter nicht gebunden.

(6) Hält der Prüfungsausschuss weitere Erläuterungen des Verbesserungsvorschlags für geboten, so wendet er sich an den Beauftragten. Dieser gibt dem einreichenden Mitarbeiter die Anregung, den Verbesserungsvorschlag entweder selbst mit dem Prüfungsausschuss zu erörtern oder hierzu einen anderen Mitarbeiter zu bestimmen.

(7) Die Geschäftsleitung entscheidet über die Annahme oder Ablehnung des Verbesserungsvorschlags. Im Falle der Ablehnung ist die Entscheidung schriftlich zu begründen. Die Entscheidung wird an den Prüfungsausschuss und an den Beauftragten weitergeleitet und von diesem dem einreichenden Mitarbeiter bekannt gegeben. Im Falle der Annahme wird der Verbesserungsvorschlag im Intranet veröffentlicht; auf Wunsch des Mitarbeiters wird von seiner Namensnennung abgesehen.

(8) Reichen mehrere Mitarbeiter einen Verbesserungsvorschlag gemeinsam ein, wird dieser als Gruppenvorschlag behandelt. Für den Gruppenvorschlag gelten die vorstehenden Regelungen entsprechend.

§ 9 Annahme/Prämie[9]

(1) Der Verbesserungsvorschlag kann angenommen werden, wenn
   a) die Voraussetzungen des § 2 dieser Betriebsvereinbarung vorliegen,
   b) der Verbesserungsvorschlag mit vertretbarem Aufwand finanzierbar und mit den Zielsetzungen der Gesellschaft vereinbar ist und
   c) der Verbesserungsvorschlag in vollem Umfang, zum Teil oder in modifizierter Form umgesetzt werden soll.

Stimmen zwei oder mehrere Verbesserungsvorschläge überein, entscheidet der Zeitpunkt des Eingangs darüber, welcher Vorschlag angenommen wird.

(2) Der einreichende Mitarbeiter erhält für einen von der Geschäftsleitung angenommenen Verbesserungsvorschlag eine Prämie, die der Prüfungsausschuss auf Grundlage des der Gesellschaft bei Umsetzung zugute kommenden Vorteils festsetzt.

(3) Verbesserungsvorschläge, die eine bezifferbare Einsparung bringen, werden mit ......% der zu erwartenden Jahresnettoersparnis prämiert. Der Ermittlung der Einsparung ist die zu erwartende Jahresnettoersparnis innerhalb eines Zeitraums von zwölf Monaten nach vollständiger Umsetzung des Verbesserungsvorschlags zu Grunde zu legen. Die Jahresnettoersparnis wird durch einen Wirtschaftlichkeitsvergleich ermittelt. Grundlage für diesen Wirtschaftlichkeitsvergleich sind die voraussichtlich anfallenden Kosten im ersten Jahr nach Umsetzung des Verbesserungsvorschlags und die fiktiv zu ermittelnden Kosten, die ohne die Umsetzung des Verbesserungsvorschlags entstanden wären. Die Differenz zwischen den voraussichtlich anfallenden Kosten und den fiktiven Kosten bildet die Jahresnettoersparnis. Aufwendungen für Lohn, Material oder Umbaumaßnahmen, welche aus der Umsetzung des Verbesserungsvorschlags resultieren, sind von der Jahresnettoersparnis abzuziehen. Bei Verbesserungsvorschlägen, die zu einer einmaligen Einsparung führen, gilt die einmalige Ersparnis als Jahresnettoersparnis.

(4) Verbesserungsvorschläge, die einen sonstigen Vorteil bringen, der nicht bezifferbar ist, werden mit einer Prämie vergütet, deren Höhe im Ermessen des Prüfungsausschusses liegt.

(5) Die Mindestprämie pro Verbesserungsvorschlag beträgt EUR ...... (in Worten: Euro ......) brutto, die Höchstprämie beträgt EUR ...... (in Worten: Euro ......) brutto.

(6) Wurde die Annahme des Verbesserungsvorschlags vom Prüfungsausschuss vorgeschlagen und wird der Verbesserungsvorschlag aus betrieblichen oder geschäftspolitischen Gründen nicht von der Gesellschaft umgesetzt, erhält der einreichende Mitarbeiter eine Anerkennungsprämie von EUR ...... (in Worten: Euro ......) brutto.

(7) Liegt ein Gruppenvorschlag vor, ist die Prämie zu gleichen Anteilen auf die Gruppenmitglieder aufzuteilen, es sei denn, die einreichenden Mitarbeiter haben übereinstimmend eine anderweitige Aufteilung im Vorschlag bestimmt.

(8) Mitarbeiter, deren Arbeitsverhältnis vor Annahme des Verbesserungsvorschlags endet, behalten ihren Anspruch auf Prämie. Dies gilt nicht bei wirksamer fristloser Kündigung durch die Gesellschaft.

20. Betriebliches Vorschlagswesen — C. II. 20

(9) Die Prämie wird mit der auf die Annahme des Verbesserungsvorschlags folgenden Gehaltsabrechnung unter Abzug der gesetzlichen Abgaben ausbezahlt.

§ 10 Wiedereinbringung[10]

Sofern ein abgelehnter Verbesserungsvorschlag innerhalb von drei Jahren nach Eingang beim Beauftragten seitens der Gesellschaft dennoch realisiert werden soll, so ist dieser auf Antrag des einreichenden Mitarbeiters im Prüfungsausschuss erneut zu behandeln.

§ 11 Widerspruchsrecht[11]

(1) Gegen die Festsetzung der Höhe der Prämie kann der einreichende Mitarbeiter beim Prüfungsausschuss Widerspruch einlegen.

(2) Der Widerspruch ist binnen einer Frist von …… Wochen nach Zustellung der Entscheidung einzulegen. Der Prüfungsausschuss prüft die Höhe der Prämie erneut und teilt dem Mitarbeiter innerhalb von …… Monaten seinen Widerspruchsbeschluss schriftlich mit. Der Widerspruchsbeschluss des Prüfungsausschusses ist abschließend. Gegen ihn besteht kein weiteres Widerspruchsrecht. Der Rechtsweg gegen den Widerspruchsbeschluss ist ausgeschlossen.

§ 12 Sonstiges[12]

(1) Alle Rechte aus prämierten Verbesserungsvorschlägen gehen auf die Gesellschaft über.

(2) Ohne vorherige schriftliche Zustimmung der Gesellschaft darf der Mitarbeiter seinen Verbesserungsvorschlag nicht Dritten bekannt geben.

(3) Das Arbeitnehmererfindungsgesetz bleibt unberührt. Bei Verbesserungsvorschlägen, die nach dieser Betriebsvereinbarung prämiert worden sind, jedoch eine Erfindung oder einen technischen Verbesserungsvorschlag im Sinne des Arbeitnehmererfindungsgesetzes darstellen, wird die nach dieser Betriebsvereinbarung gezahlte Prämie auf die nach dem Arbeitnehmererfindungsgesetz zu zahlende Vergütung angerechnet.

§ 13 Inkrafttreten, Kündigung[13]

(1) Diese Betriebsvereinbarung tritt am …… in Kraft. Sie kann mit einer Frist von sechs Monaten zum Ende eines Kalenderjahres gekündigt werden. Danach behält die Betriebsvereinbarung bis zum Abschluss einer neuen Betriebsvereinbarung ihre Gültigkeit.

(2) Die Kündigung bedarf der Schriftform.

§ 14 Schlussbestimmungen[14]

(1) Diese Betriebsvereinbarung löst alle eventuellen vorherigen Betriebsvereinbarungen über das betriebliche Vorschlagswesen, insbesondere …… ab. Mündliche Nebenabreden bestehen nicht. Änderungen oder Ergänzungen dieser Betriebsvereinbarung, einschließlich dieser Bestimmung, bedürfen zu ihrer Wirksamkeit der Schriftform.

(2) Sollte eine Bestimmung dieser Betriebsvereinbarung ganz oder teilweise unwirksam sein oder werden, so wird hiervon die Wirksamkeit der übrigen Bestimmungen nicht berührt. Anstelle der unwirksamen Bestimmung werden die Betriebspartner die gesetzlich zulässige Bestimmung vereinbaren, die dem mit der unwirksamen Bestimmung Gewollten wirtschaftlich am nächsten kommt. Dasselbe gilt für den Fall einer vertraglichen Lücke.

(3) Diese Betriebsvereinbarung steht unter dem Vorbehalt etwaiger ablösender – auch freiwilliger – Betriebsvereinbarungen.

(4) Sollten sich die dieser Betriebsvereinbarung zu Grunde liegenden tatsächlichen oder rechtlichen Bedingungen grundlegend ändern, so werden die Betriebspartner un-

verzüglich in Verhandlungen treten mit dem Ziel, die Betriebsvereinbarung an die geänderten Bedingungen anzupassen.

......
Ort, Datum

......
Unterschrift der Gesellschaft

......
Ort, Datum

......
Unterschrift des Betriebsrats

Schrifttum: Bächle, Schwachstellen im betrieblichen Vorschlagswesen, DB 1984, 1333; *Buchner,* Die Vergütung für Sonderleistungen des Arbeitnehmers – ein Problem der Äquivalenz der im Arbeitsverhältnis zu erbringenden Leistungen, GRUR 1985, 1; *Danner,* Arbeitnehmererfindungsgesetz, technische Verbesserungsvorschläge und betriebliches Vorschlagswesen, GRUR 1984, 565; *Dörner,* Zum „qualifizierten" technischen Verbesserungsvorschlag, GRUR 1963, 72; *Gaul,* Die kollektivrechtliche Ordnung des betrieblichen Verbesserungsvorschlagswesen, DB 1980, 1843; *Gaul,* Die steuerrechtliche und arbeitsrechtliche Behandlung von Erfindungen und Verbesserungsvorschlägen, BB 1988, 2098; *Schmidt/Dobberahn,* Betriebsverfassungsrechtliche Fragen bei einem Zertifizierungsverfahren nach DIN ISO 9000 ff., NZA 1995, 1017; *Schüttkemper,* Quality Circles – Probleme in Recht und Praxis, BB 1983, 1163; *Willi,* Betriebliches Vorschlagswesen, DB 1980, 1856; *Wrieske,* Die Organisation des Betrieblichen Vorschlagswesens, DB 1971, 2028.

Anmerkungen

1. Regelungsinhalt. Das betriebliche Vorschlagswesen (heute häufig als „Ideenmanagement" oder „Ideenbörse" bezeichnet) dient dazu, das Know-how und die Innovationskräfte der Arbeitnehmer zum Wohle des Unternehmens und seiner Mitarbeiter in den betrieblichen Alltag zu integrieren. Gemäß § 87 Abs. 1 Ziffer 12 BetrVG hat der Betriebsrat bei der Festlegung der Grundsätze des betrieblichen Vorschlagswesens mitzubestimmen. Zweck des Mitbestimmungsrechtes ist es, das betriebliche Vorschlagswesen derart auszugestalten, dass es zum **festen Bestandteil der Unternehmenskultur** wird mit dem Ziel die Arbeitnehmer an der Entwicklung des Unternehmens teilhaben zu lassen. Die Arbeitnehmer sollen zum Mitdenken und damit zur Teilnahme an der Gestaltung der Arbeit und der Entwicklung des Betriebes motiviert werden. Das betriebliche Vorschlagswesen dient dabei nicht nur der Wirtschaftlichkeitssteigerung des Unternehmens, sondern auch den Interessen des einzelnen Arbeitnehmers, indem seine Initiative und seine Leistung nach Grundsätzen von Recht und Billigkeit behandelt werden (BAG Beschl. v. 16. 3. 1982 – 1 ABR 63/80 – AP Nr. 2 zu § 87 BetrVG 1972 Vorschlagswesen; BAG Urt. v. 28. 4. 1981 – 1 ABR 53/79 – AP Nr. 1 zu § 87 BetrVG 1972 Vorschlagswesen).

Hierfür erforderlich ist, dass die Behandlung betrieblicher Verbesserungsvorschläge für den Arbeitnehmer transparent gestaltet wird. Es empfiehlt sich, das betriebliche Vorschlagswesen möglichst detailliert und genau auszugestalten, um spätere Auseinandersetzungen und Missverständnisse über den Anwendungsbereich, über die Behandlung des Verbesserungsvorschlags sowie über die Prämienvoraussetzungen zu vermeiden, die den Zielsetzungen des betrieblichen Vorschlagswesens zuwiderlaufen.

Das Verlangen des Betriebsrats, Grundsätze für das betriebliche Vorschlagswesen zu vereinbaren, ist hierbei von einer Vorentscheidung des Arbeitgebers ein betriebliches Vorschlagswesen einzuführen oder für dieses Mittel bereitzustellen nicht abhängig. Der Betriebsrat kann vielmehr bereits immer dann, wenn ein tatsächliches betriebliches Bedürfnis besteht, eine Betriebsvereinbarung **initiieren** (BAG Urt. v. 28. 4. 1981 – 1 ABR 53/79 – AP Nr. 1 zu § 87 BetrVG 172 Vorschlagswesen). Von einem solchen Bedürfnis kann regelmäßig dann gesprochen werden, wenn bereits in der Vergangenheit Verbesserungsvorschläge angenommen und verwertet wurden oder aber der Arbeitgeber nunmehr die Mitarbeiter ausdrücklich aufgefordert hat Verbesserungsvorschläge einzubringen.

Das Mitbestimmungsrecht gemäß § 87 Abs. 1 Ziffer 12 BetrVG erfasst nach seinem Wortlaut die **Grundsätze über das betriebliche Vorschlagswesen.** Zu diesen Grundsätzen zählen nach einhelliger Meinung die Organe des betrieblichen Vorschlagswesens, Einzelheiten über

20. Betriebliches Vorschlagswesen C. II. 20

die Einreichung und die Behandlung von Verbesserungsvorschlägen, das Verfahren der Begutachtung und der Bewertung des Verbesserungsvorschlags, die Voraussetzungen für die Gewährung und die Festsetzung der Prämie sowie das Widerspruchsverfahren (BAG Urt. v. 28. 4. 1981 – 1 ABR 53/79 – AP Nr. 1 zu § 87 BetrVG 172 Vorschlagswesen; *Richardi* § 87 Rdn. 932 f.). Die Entscheidung über die finanzielle Größenordnung, in der eine Prämie gewährt werden soll, fällt hingegen nicht unter das Mitbestimmungsrecht. Andererseits zählen jedoch die Fragen, wie der Nutzen eines Verbesserungsvorschlags zu ermitteln ist, welche Art der Prämie zu zahlen ist, wie die Grundsätze für die Bemessung der Prämie festgelegt werden sollen, wie eine Prämie bei einem Gruppenvorschlag zu verteilen ist und welche Bewertungsmaßstäbe zu Grunde gelegt werden sollen, um den Nutzen des Vorschlages zu bestimmen, zu den mitbestimmungsrechtlichen Tatbeständen.

Das Formular regelt diese Grundsätze, wobei es davon ausgeht, dass es den Betriebspartnern nicht nur auf eine Rahmenregelung ankommt, sondern dass detaillierte Regelungen der oben erwähnten Elemente über das betriebliche Vorschlagswesen vereinbart werden sollen.

2. Begriffsbestimmungen. Das Formular definiert, welche Innovationen von Arbeitnehmern als betriebliche Verbesserungsvorschläge aufgefasst werden. Es grenzt hierbei in positiver wie negativer Hinsicht den betrieblichen Verbesserungsvorschlag von arbeitsvertraglich geschuldeten Verbesserungsvorschlägen, von Arbeitnehmererfindungen und von bloßen Hinweisen auf Missstände ab. Es empfiehlt sich zudem, einen Beispielskatalog – ausgerichtet an den Interessen der Gesellschaft und ihrer Mitarbeiter – aufzunehmen, in denen die bevorzugten Bereiche, für die Verbesserungen erbracht werden sollen, eine besondere Hervorhebung erfahren. Dies kann zu einer weiteren Motivation der Mitarbeiter beitragen.

Unter einem betrieblichen Verbesserungsvorschlag werden diejenigen Ideen von Arbeitnehmern verstanden, die zur **Vereinfachung oder Verbesserung des betrieblichen Ist-Zustandes** beitragen (*Richardi* § 87 Rdn. 925). Erfasst sind damit alle Vorschläge, Anregungen und Ideen, die durch ein System von Umstellung oder Veränderung bestehender Methoden zu einem wirtschaftlichen oder sonstigen Nutzen der Gesellschaft beitragen. Es spielt hierbei keine Rolle, ob die Verbesserungsvorschläge technischer, organisatorischer, kaufmännischer oder sozialer Art sind.

Von Vorschlägen i. S. d. betrieblichen Vorschlagswesens zu unterscheiden sind Erfindungen der Arbeitnehmer und technische Verbesserungsvorschläge i. S. d. Arbeitnehmererfindungsgesetzes. Darunter fallen alle Erfindungen, die patent- oder gebrauchsmusterfähig gemäß § 2 ArbNErfG sind sowie technische Verbesserungsvorschläge i. S. d. § 3 ArbNErfG, die dem Arbeitgeber eine ähnliche Vorzugsstellung wie ein gewerbliches Schutzrecht gewähren. Für beide Gruppen gilt ausschließlich das **ArbNErfG**. Dieses bildet eine gesetzliche Regelung i. S. d. § 87 Abs. 1 BetrVG mit dem Ergebnis, dass nur einfache technische Verbesserungsvorschläge und nicht technische Verbesserungsvorschläge zum betrieblichen Vorschlagswesen i. S. d. § 87 Abs. 1 Nr. 12 BetrVG zu zählen sind. Unter das betriebliche Vorschlagswesen fallen damit nur diejenigen Vorschläge, Ideen und Anregungen, die **nicht patent- oder gebrauchsmusterfähiger Art und einfach technischer, organisatorischer, kaufmännischer und sozialer Natur** sind. Da die Grenze zwischen den unter das ArbNErfG fallenden Erfindungen und technischen Verbesserungsvorschlägen und denjenigen des betrieblichen Verbesserungswesen fließend und nicht immer eindeutig sein kann, sieht das Formular unter § 12 Abs. (3) vor, dass das ArbNErfG weiterhin seine Anwendung findet; für Verbesserungsvorschläge, die solche des ArbNErfG sind und damit nicht in den Anwendungsbereich dieser Betriebsvereinbarung fallen, wird eine Anrechnung etwa bereits gezahlter Prämien auf die nach dem ArbNErfG zu zahlende Vergütung vorgenommen. So wird sichergestellt, dass die Gesellschaft nicht mit doppelten Kosten belastet wird.

Es muss sich um eine **freiwillige, zusätzliche Leistung** der Arbeitnehmer handeln. Nicht zu den Verbesserungsvorschlägen des betrieblichen Vorschlagswesens zählen daher die sog. dienstlichen Verbesserungsvorschläge, die der Arbeitnehmer als Teil seiner arbeitsvertraglich geschuldeten Tätigkeit erbringt. Darunter fallen auch solche Verbesserungsvorschläge, die Arbeitnehmer im Rahmen sog. Quality Circles erbringen, sofern die Teilnahme hieran zur Erarbeitung von Rationalisierungs- und Verbesserungsvorschlägen zur arbeitsvertraglichen Verpflichtung zählt und keine freiwillige Leistung darstellt (ErfKomm/*Kania* § 87 Rdn. 130; *Richardi* § 87 Rdn. 930; *Schmidt/Dobberahn* NZA 1995, 1017, 1020; a. A. *Schüttkemper* BB 1983, 1163, 1166).

3. Grundsätze. Die Formulierung von Grundsätzen dient zum einen dazu klarzustellen, dass es sich bei der Einbringung von Verbesserungsvorschlägen um freiwillige Leistungen handelt und dass diese durch einen Vorschlag, der zugleich eine Kritik an der Ist-Situation enthält, **keine Nachteile** erfahren. Zum anderen wird betont, dass spiegelbildlich hierzu **keine Verpflichtung** der Gesellschaft besteht, den Verbesserungsvorschlag anzunehmen oder umzusetzen. Denn die Annahme und Verwertung des Verbesserungsvorschlags unterliegen der freien unternehmerischen Entscheidung. Ausdrücklich hervorgehoben wird außerdem, dass mit der Einbringung eines Verbesserungsvorschlags dieser ausschließlich nach der vorliegenden Betriebsvereinbarung behandelt wird; damit sollen individualrechtliche Streitigkeiten vermieden werden.

4. Organe des betrieblichen Vorschlagswesens. Zu den Grundsätzen des betrieblichen Vorschlagswesens zählt die Organisation des betrieblichen Vorschlagswesens sowie die Festlegung der Aufgabe der einzelnen Organe sowie die personelle Ausstattung der Organe (BAG Urt. v. 28. 4. 1981 – 1 ABR 53/79 – AP Nr. 1 zu § 87 BetrVG 172 Vorschlagswesen). Nicht der Mitbestimmung unterliegt hingegen die Bestellung der einzelnen Organmitglieder (BAG Beschl. v. 16. 3. 1982 – 1 ABR 63/80 – AP Nr. 2 zu § 87 BetrVG 1972 Vorschlagswesen). Es ist Aufgabe des Arbeitgebers, in Ausführung der allgemeinen Grundsätze über das betriebliche Vorschlagwesen die Organe personell zu besetzen. In der Praxis gebräuchlich ist die Bestellung eines betrieblichen **Beauftragten für das betriebliche Vorschlagswesen** als primären Ansprechpartner der Arbeitnehmer, eines **Prüfungsausschusses** als Organ, welches über die Annahme oder Ablehnung des Vorschlags gegenüber der Gesellschaft befindet und von **Gutachtern** für fachspezifische Fragestellungen.

5. Beauftragter für das betriebliche Vorschlagswesen. Das Formular sieht vor, dass der Beauftragte für das betriebliche Vorschlagswesen als von der Gesellschaft benanntes Organ für den organisatorischen Ablauf des betrieblichen Vorschlagswesens vor und nach der Behandlung des Verbesserungsvorschlags im Prüfungsausschuss verantwortlich ist.

6. Prüfungsausschuss. Die Anzahl der **Beisitzer** sollte unter Berücksichtigung der Eigenart der Materie (Art und Umfang der zu erwartenden Aufgaben), deren Bedeutung für die Beteiligten, der Größe des Betriebs und der Arbeitsfähigkeit des Prüfungsausschusses und der vom Arbeitgeber zu tragenden Kosten festgelegt werden. Zu viele Mitglieder lähmen die Arbeitsprozesse des Prüfungsausschusses und erhöhen die Kosten für die Arbeitgeberseite. Eine zu geringe Anzahl kann zu Schwierigkeiten bei der Bewältigung der Aufgaben führen und die Akzeptanz der Entscheidung innerhalb der Belegschaft verringern. I. d. R. wird die Besetzung des Prüfungsausschusses mit jeweils zwei Beisitzern ausreichend sein. Jedenfalls sind mehr als sechs Beisitzer nicht nur aus Kostengesichtspunkten, sondern auch zur Aufrechterhaltung eines vernünftigen Verfahrensablaufs grundsätzlich nicht zu empfehlen. Eine **paritätische Besetzung** des Prüfungsausschlusses ist zwar nicht erforderlich, in jedem Fall jedoch nicht schädlich und zumeist empfehlenswert (BAG Urt. v. 20. 1. 2004 – 9 AZR 393/03 – NZA 2004, 994; BAG Urt. v. 28. 4. 1981 – 1 ABR 53/79 – AP Nr. 1 zu § 87 BetrVG 172 Vorschlagswesen). Hinsichtlich der Person des **Vorsitzenden** sieht das Formular vor, dass sich die Betriebspartner auf diesen verständigen; dies ist indes nicht zwingend. Sein Stellvertreter wird hingegen von den Mitgliedern des Prüfungsausschusses selbst gewählt.

Im Weiteren regelt das Formular den Verfahrensablauf im Prüfungsausschuss. Um die Arbeitsfähigkeit des Prüfungsausschusses auch im Falle eines Urlaubs oder bei krankheitsbedingter Abwesenheit zu gewährleisten, sollte der Prüfungsausschuss aus Praktikabilitätsgründen bereits dann **beschlussfähig** sein, wenn der Vorsitzende sowie zwei weitere Mitglieder anwesend sind.

Angesichts der Geltung der regelmäßigen **Verjährungsfrist von drei Jahren** für Ansprüche aus dem Arbeitsverhältnis sollten die Unterlagen mindestens für diese Dauer aufbewahrt werden. Da die Verjährung gemäß § 199 Abs. 1 BGB mit dem Schuss des Jahres beginnt, in dem der Anspruch entstanden ist, sollte die Aufbewahrungsfrist erst von der Entscheidung der Gesellschaft an laufen.

7. Gutachter. Gutachter sollen nach dem Formular nur in begründeten Einzelfällen nach Mehrheitsentscheidung des Prüfungsausschusses eingesetzt werden. Zur Reduzierung der Kosten, die durch eine Beauftragung externer Gutachter entstehen können, sollten die Gutachter unter streng fachlichen Kriterien ausgewählt werden. Um das Bewertungsverfahren im Prüfungsausschuss nicht unnötig zu verzögern, sollte der Begutachtungszeitraum zeitlich begrenzt werden.

8. Behandlung des Verbesserungsvorschlags. Da kein Mitbestimmungsrecht des Betriebsrats bei der Entscheidung über die Annahme eines einzelnen Verbesserungsvorschlags besteht (BAG Beschl. v. 16. 3. 1982 – 1 ABR 63/80 – AP Nr. 2 zu § 87 BetrVG 1972 Vorschlagswesen), bestimmt das Formular, dass lediglich ein Vorschlagsrecht des Prüfungsausschusses besteht, wobei der Geschäftsleitung das letzte Entscheidungsrecht über die Annahme oder Ablehnung des Vorschlags obliegt. Die im Falle der Annahme der Vergütung zu zahlende Prämie soll der Prüfungsausschuss hingegen verbindlich festlegen können. Dies ist nicht zwingend, erscheint aber dann akzeptabel, wenn die Annahmeentscheidung der Arbeitgeberseite vorbehalten bleibt. Die Geschäftsleitung ist bei ihrer Entscheidung über die Annahme über die Prämienhöhe unterrichtet und kann diese in die Entscheidungsfindung mit einfließen lassen.

9. Annahme und Prämie. Die Prämienregelung zählt zu den **Kernelementen** einer Betriebsvereinbarung über das betriebliche Vorschlagswesen. Nicht der Mitbestimmung unterliegt die grundsätzliche Entscheidung, **ob und in welcher Höhe** Verbesserungsvorschläge vergütet werden (BAG Urt. v. 28. 4. 1981 – 1 ABR 53/79 – AP Nr. 1 zu § 87 BetrVG 172 Vorschlagswesen; *Löwisch/Kaiser* § 87 Rdn. 204) sowie ob der Verbesserungsvorschlag im Einzelfall angenommen werden soll. Dies sind klassische Unternehmerentscheidungen. Unter das Mitbestimmungsrecht fallen jedoch die Grundsätze, nach denen die Vergütung zu bemessen ist (Sach- oder Geldprämie; Prämienhöhe; Quotelung der Prämie bei einem Gruppenvorschlag) sowie Regelungen über die Ermittlung des Nutzens eines Verbesserungsvorschlags. Um hier Klarheit, Transparenz sowie Rechtssicherheit zu gewährleisten, sieht das Formular die Aufstellung allgemeiner Grundsätze über die Bemessung der zu gewährenden Prämie vor. Dadurch soll sicherstellt werden, dass die einzelne Prämie in ihrem Verhältnis zu den für andere Verbesserungsvorschläge gewährten Prämien angemessen, gerecht und transparent ist.

Das Formular beginnt mit den Voraussetzungen, unter denen der Prämienanspruch entsteht. Hieran schließt sich die Festlegung des Nutzens des Verbesserungsvorschlags für die Gesellschaft oder die Mitarbeiter als die maßgebende Größe für die Bemessung der Prämie an. Das Formular unterscheidet zwischen Verbesserungsvorschlägen mit bezifferbaren und nicht bezifferbaren finanziellen Vorteilen.

Bei Prämien mit bezifferbaren finanziellen Vorteilen kann die Prämie entweder durch einen Prozentsatz bestimmt werden oder aber auch durch eine Formel, die neben der **Jahresnettoersparnis** einen Personalfaktor, der sich nach der Position des betroffenen Arbeitnehmers richtet, enthält. § 9 Abs. (3) des Formulars wäre dann etwa wie folgt zu formulieren:

Alternative:
(3) Verbesserungsvorschläge, deren Einsparung beziffert werden kann, werden nach folgender Formel berechnet:
Jahresnettoersparnis × Personalfaktor.
Der Personalfaktor beträgt für Ingenieure 0,5, für Fachkräfte 0,75 und für alle übrigen Mitarbeiter 1.

Die Höhe der Prämie für Verbesserungsvorschläge ohne errechenbaren finanziellen Vorteil sollte in das Ermessen des Prüfungsausschusses gestellt werden.

Das Formular sieht eine detaillierte Festlegung der Berechung der Jahresnettoersparnisse vor. Bezugsrahmen bildet hierbei das erste Jahr nach Umsetzung des Verbesserungsvorschlags. Zur Ermittlung der Ersparnis wird ein Vergleich zwischen den fiktiven Kosten ohne die Umsetzung des Verbesserungsvorschlags und den vermutlichen Kosten nach der Umsetzung des Verbesserungsvorschlags vorgenommen.

Des Weiteren wird eine **Mindest-** sowie eine **Höchstprämiengrenze** festgelegt, um die finanzielle Belastung der Gesellschaft auf ein vorausschaubares Maß zu begrenzen.

Der Arbeitgeber ist zwar nicht unter mitbestimmungsrechtlichen Gesichtspunkten verpflichtet, finanzielle Mittel für das betriebliche Vorschlagswesen zur Verfügung zu stellen. Er ist jedoch verpflichtet, für verwertete Verbesserungsvorschläge dem Arbeitnehmer eine **angemessene Vergütung** zu zahlen, sofern er durch den Verbesserungsvorschlag einen nicht unerheblichen Vorteil erlangt (BAG Urt. v. 28. 4. 1981 – 1 ABR 53/79 – AP Nr. 1 zu § 87 BetrVG 172 Vorschlagswesen). Dies folgt aus § 242 BGB. Die Notwendigkeit, finanzielle Mittel im Sinne einer Prämie aufzuwenden, ist daher nicht Folge der vom Betriebsrat initiierten Grundsätze für das betriebliche Vorschlagswesen, sondern folgt unmittelbar aus der Verwertung des Verbesserungsvorschlags selbst. Sollte es zu einem Streit über die errechneten Jahresnettoersparnisse kommen, so steht dem Arbeitnehmer ein **Auskunftsanspruch** über die Berechnungsweise der Prämie zu, da er die für die Ermittlung und Durchsetzung seines Zahlungsanspruches erforderlichen Daten nicht anders als durch eine Auskunft des Arbeitgebers erlangen kann (LAG Frankfurt a. Main Urt. v. 18. 5. 2001 – 9/2 Sa 1130/00 – NZA-RR 2002, 363). Rechtsgrundlage dieses Auskunfts- und Rechnungslegungsanspruchs ist § 242 BGB i.V.m. § 611 BGB.

10. Wiedereinbringung. Mit dem Recht auf Wiedereinbringung des Vorschlags innerhalb von drei Jahren bei Umsetzung durch die Gesellschaft wird den vom BAG festgelegten Grundsätzen von Recht und Billigkeit (BAG Beschl. v. 16. 3. 1982 – 1 ABR 63/80 – AP Nr. 2 zu § 87 BetrVG 1972 Vorschlagswesen) Rechnung getragen.

11. Widerspruchsrecht. Das Formular sieht ein Widerspruchsrecht des Vorschlagenden gegen die Festsetzung der Höhe der Prämie vor. Der Widerspruch ist beim Prüfungsausschuss einzureichen, da dieser die erneute Überprüfung vornimmt. Zur Vermeidung aufwendiger und kostenintensiver Rechtsstreitigkeiten sieht das Formular vor, dass der Rechtsweg gegen die Widerspruchsentscheidung des Prüfungsausschusses ausgeschlossen ist.

12. Sonstiges. Um ein umfassendes Nutzungsrecht der Gesellschaft an dem Verbesserungsvorschlag sicherzustellen, ist der Rechtsübergang auf die Gesellschaft zu vereinbaren.

13. Inkrafttreten und Kündigung. S. Form. C. II. 1 Anm. 15.

14. Schlussbestimmungen. S. Form. C. II. 1 Anm. 16.

21. Gruppenarbeit

Betriebsvereinbarung über Gruppenarbeit[1]

zwischen
...... (Name und Anschrift des Arbeitgebers) „Gesellschaft"
und
Betriebsrat des Betriebs ...... der ...... (Name des Arbeitgebers) „Betriebsrat"
(*Alternative:* Gesamtbetriebsrat/Konzernbetriebsrat)

Präambel[2]

Die Einführung von Gruppenarbeit hat zum Ziel, für die Mitarbeiter die Arbeitsbedingungen zu verbessern und zugleich für das Unternehmen eine erhöhte Produktivität zu gewährleisten. Erreicht werden soll dies durch die Flexibilisierung der Organisationsstrukturen, den Abbau von Hierarchieebenen und die Steigerung der Eigenverantwortung und Motivation der Mitarbeiter. Zusammen mit einer qualitativen und quantitativen Erweiterung der Arbeitsinhalte und einem Aufgabenwechsel innerhalb der

Arbeitsgruppe werden die Arbeitsabläufe vereinfacht und die Leistungsergebnisse verbessert. Somit kann die Einführung von Gruppenarbeit sowohl zur Ertragskraft der Gesellschaft als auch zur Sicherung der Arbeitsplätze beitragen.

§ 1 Geltungsbereich[3]

Diese Betriebsvereinbarung gilt in persönlicher Hinsicht für alle Arbeitnehmer des Betriebs ...... der Gesellschaft („Mitarbeiter"), einschließlich der Auszubildenden, mit Ausnahme
- der leitenden Angestellten i. S. d. § 5 Abs. 3 BetrVG und
- der Mitarbeiter, die in einem der in Anlage 1 zu dieser Betriebsvereinbarung genannten Bereich tätig sind.

§ 2 Grundsätze der Gruppenarbeit

(1) Gruppenarbeit im Sinne dieser Betriebsvereinbarung liegt vor, wenn eine Gruppe von Mitarbeitern („Arbeitsgruppe") im Rahmen des betrieblichen Arbeitsablaufs durch die Übertragung von vor- oder nachgelagerten Tätigkeiten oder Vorgesetztenkompetenzen eine Gesamtaufgabe im Wesentlichen eigenverantwortlich erledigt[4].

(2) Arbeitsgruppen werden durch die Gesellschaft eingesetzt, verändert und aufgelöst[5].

(3) Die Aufgaben der Arbeitsgruppe werden von der Gesellschaft definiert[6]. Eine Aufgabenbeschreibung wird den Mitgliedern der Arbeitsgruppe zu Beginn der Arbeitsaufnahme ausgehändigt[7].

(4) Die Zuordnung des Mitarbeiters zur Arbeitsgruppe erfolgt durch die Gesellschaft[8].

(5) Jede Arbeitsgruppe sollte aus mindestens ...... und höchstens ...... Mitarbeitern bestehen[9]. Die Gesellschaft stellt sicher, dass der Arbeitsgruppe jederzeit genügend Mitarbeiter zugeordnet werden, damit deren Aufgaben unter zumutbaren Bedingungen erledigt werden können.

(6) Die Arbeitsbedingungen sind menschengerecht zu gestalten.

§ 3 Gruppenarbeitsvertrag[10]

(1) Die Einrichtung von Gruppenarbeit wird zwischen den betroffenen Mitarbeitern und der Gesellschaft in einer schriftlichen Nebenabrede zum Arbeitsvertrag nach Maßgabe des Musters in Anlage 2 zu dieser Betriebsvereinbarung („Gruppenarbeitsvertrag") vereinbart. Mit Abschluss des Gruppenarbeitsvertrages erkennt der Mitarbeiter diese Betriebsvereinbarung als verbindlich an. Die Betriebsvereinbarung wird Bestandteil des Gruppenarbeitsvertrages.

(2) Wird die Tätigkeit eines Mitarbeiters ganz oder teilweise Aufgabe einer Arbeitsgruppe, so hat die Gesellschaft ihm den Abschluss eines Gruppenarbeitsvertrags anzubieten, es sei denn, dem stehen dringende betriebliche Belange entgegen. Lehnt der Mitarbeiter die Annahme des Gruppenarbeitsvertrages ab oder stehen dem Abschluss dringende betriebliche Belange entgegen, so bietet die Gesellschaft ihm einen anderen zumutbaren Arbeitsplatz an; im Fall der Ablehnung dieses zumutbaren Arbeitsplatzes ist die Gesellschaft berechtigt, im Wege der Versetzung oder Änderungskündigung vorzugehen. Ist weder ein zumutbarer Arbeitsplatz noch ein anderweitiger freier Arbeitsplatz vorhanden, so kann die Gesellschaft das Arbeitsverhältnis aus betriebsbedingten Gründen kündigen.

(*Alternative:*

(2) Kein Mitarbeiter wird gegen seinen Willen einer Arbeitsgruppe zugeordnet.)

(3) Der arbeits- und sozialversicherungsrechtliche Status des Mitarbeiters wird durch die Einrichtung von Gruppenarbeit nicht berührt.

§ 4 Selbstorganisation der Arbeitsgruppe[11]

(1) Nach Maßgabe der Vorgaben der Gesellschaft plant, steuert und verteilt die Arbeitsgruppe die zur Ausführung ihrer Aufgaben notwendigen Arbeitsschritte selbständig und kontrolliert das Ergebnis. Die Ausarbeitung der Verfahrensweise, die Bestimmung der Reihenfolge der Aufgabenabwicklung und die Aufteilung der Teilaufgaben und der Kontrollfunktionen innerhalb der Arbeitsgruppe erfolgt im Rahmen der Gruppengespräche.

(2) Die Arbeitsgruppe trägt Sorge dafür, dass ihre Mitglieder sämtliche der Arbeitsgruppe übertragenden Tätigkeiten rollierend ausüben. Die Arbeitsgruppe achtet darauf, dass jedem Mitglied der Arbeitsgruppe abwechslungsreiche und qualifizierte Aufgaben zugeteilt werden.

(3) Die Arbeitsgruppe reguliert, verwaltet sich und löst ihre Probleme selbständig. Die Disziplinarbefugnis wird der Arbeitsgruppe nicht übertragen.

§ 5 Gruppengespräche[12]

(1) Gruppengespräche sind Arbeitsbesprechungen, die der Selbstorganisation der Arbeitsgruppe und der Stärkung des Zusammenhalts innerhalb der Gruppe dienen.

(2) Die Arbeitsgruppe führt regelmäßig, mindestens in zweiwöchigen Abständen, Gruppengespräche durch. Außerordentliche Gruppengespräche können bei dringenden Fragen durchgeführt werden. Die Gruppengespräche finden während der Arbeitszeit statt; die Dauer der Gruppengespräche darf im Jahresdurchschnitt eine Stunde pro Woche nicht überschreiten. Ein Gruppenraum wird der Arbeitsgruppe von der Gesellschaft zur Verfügung gestellt.

(3) Bei Meinungsverschiedenheiten oder Streitigkeiten innerhalb der Arbeitsgruppe entscheiden ihre Mitglieder mit einfacher Mehrheit. Ein Protokoll der Entscheidung wird vom Gruppensprecher unterzeichnet und für die Gesellschaft sowie alle Mitglieder der Arbeitsgruppe zugänglich aufbewahrt.

§ 6 Wahl des Gruppensprechers[13]

(1) Die Mitglieder der Arbeitsgruppe wählen aus ihrem Kreis einen Gruppensprecher und einen stellvertretenden Gruppensprecher.

(2) Der Gruppensprecher und der stellvertretende Gruppensprecher werden für eine Amtszeit von jeweils einem Jahr gewählt. Jedes Mitglied der Arbeitsgruppe kann für maximal zwei aufeinander folgende Amtszeiten zum Gruppensprecher und für maximal drei aufeinander folgende Amtszeiten zum stellvertretenden Gruppensprecher gewählt werden.

(3) Die Wahl ist geheim und findet während der Arbeitszeit statt. Die Kandidaten geben ihre Kandidatur mindestens ...... Tage vor einem im Gruppengespräch festgelegten Wahldatum bekannt. Die Wahl des ersten Gruppensprechers wird durch das Gruppenmitglied mit der längsten Betriebszugehörigkeit, die folgenden Wahlen werden von dem jeweils amtierenden Gruppensprecher organisiert. Dieser verkündet und verwahrt die Wahlergebnisse. Das Wahlergebnis kann innerhalb eines Monats nach Verkündung des Wahlergebnisses durch die Arbeitsgruppe überprüft werden.

(4) Der Gruppensprecher wird mit absoluter Mehrheit der Mitglieder der Arbeitsgruppe gewählt. Stellvertretender Gruppensprecher wird der Kandidat mit dem zweitbesten Wahlergebnis. Sollte keiner der Kandidaten die absolute Mehrheit erreichen, werden in der auf die Bekanntgabe des Wahlergebnisses folgenden Woche zwischen den beiden Kandidaten, die die meisten Stimmen erzielt haben, durch einfache Mehrheit der Mitglieder der Arbeitsgruppe der Gruppensprecher und der stellvertretende Gruppensprecher gewählt.

(5) Hat die Arbeitsgruppe spätestens einen Monat nach ihrer Einsetzung oder nach Ablauf der Amtszeit des Gruppensprechers/stellvertretenden Gruppensprechers keine

Sprecher gewählt, so werden diese durch die Gesellschaft im Einvernehmen mit dem Betriebsrat bestimmt.

(6) Der Gruppensprecher kann vor dem Ende seiner Amtszeit von den Mitgliedern der Arbeitsgruppe mit absoluter Mehrheit abgewählt werden. In diesem Fall übernimmt der stellvertretende Gruppensprecher die Funktion des Gruppensprechers und organisiert innerhalb von …… Tagen Neuwahlen.

§ 7 Aufgaben des Gruppensprechers[14]

(1) Der Gruppensprecher vertritt die Arbeitsgruppe, insbesondere gegenüber der Gesellschaft und Vorgesetzten, und übernimmt die interne Koordination der Arbeitsgruppe. Er beruft Gruppengespräche ein und leitet diese.

(2) Der stellvertretende Gruppensprecher unterstützt den Gruppensprecher in seinen Aufgaben und vertritt ihn im Falle seiner Abwesenheit.

(3) Gruppensprecher und stellvertretender Gruppensprecher haben keine Weisungs- und Disziplinarbefugnis.

(4) Streitigkeiten zwischen der Arbeitsgruppe und dem Gruppensprecher werden gemäß § 5 (3) beigelegt. Der stellvertretende Gruppensprecher übernimmt in diesem Fall die dem Gruppensprecher obliegenden Aufgaben.

§ 8 Arbeitszeit[15]

(1) Die regelmäßige wöchentliche Arbeitszeit der Mitglieder der Arbeitsgruppe richtet sich nach den jeweiligen einzelvertraglichen oder tariflichen Bestimmungen.

(2) Die Arbeitsgruppe bestimmt unter Berücksichtigung der geforderten Arbeitsmenge und der vorgegebenen Termine selbst die Lage der Arbeitszeit und der Pausen für ihre Mitglieder. Sie hat hierbei die gesetzlichen Regelungen, insbesondere des Arbeitszeitgesetzes, zu beachten.

(3) Die Erfassung der Arbeitszeit ihrer Mitglieder erfolgt durch die Arbeitsgruppe im Wege der Selbstdokumentation nach Maßgabe des in Anlage 3 zu der Betriebsvereinbarung beigefügten Musters. Die Selbstdokumentation ist jeweils zum Monatsende dem Vorgesetzten des Mitarbeiters vorzulegen.

(4) Die Arbeitsgruppe trägt dafür Sorge, dass Überschreitungen der täglichen Arbeitszeit auf bis zu zehn Stunden innerhalb von sechs Kalendermonaten oder innerhalb von 24 Wochen dahingehend ausgeglichen werden, dass im Durchschnitt acht Stunden werktäglich nicht überschritten werden. Sie trägt weiter dafür Sorge, dass Mehrarbeit, soweit möglich, vermieden oder durch Freizeit ausgeglichen wird.

§ 9 Qualifizierung[16]

(1) Die Gruppenarbeit wird von Qualifizierungsmaßnahmen begleitet, die sowohl die fachliche Schulung als auch das Sozialverhalten innerhalb der Gruppe zum Gegenstand haben. Die Qualifizierungsmaßnahmen finden während der Arbeitszeit statt.

(2) Bereits vor Beginn der Gruppenarbeit sollen alle künftigen Mitglieder der Arbeitsgruppen, soweit möglich, durch Qualifizierungsmaßnahmen auf ihre künftigen Aufgaben vorbereitet werden.

(3) Hinsichtlich des Gegenstands der begleitenden Qualifizierungsmaßnahmen und der jeweiligen Teilnehmer kann die Arbeitsgruppe Vorschläge unterbreiten. Hierbei ist auch der beruflichen Entwicklung der Mitglieder der Arbeitsgruppe Rechnung zu tragen.

(4) Einzelheiten werden in einer gesonderten Betriebsvereinbarung geregelt.

§ 10 Gruppenentlohnung[17]

(1) Mit Einsetzung einer Arbeitsgruppe tritt für deren Mitglieder an die Stelle der bisherigen individuellen Prämie gemäß der Betriebsvereinbarung …… vom …… eine gruppenbezogene Prämie, die vom Gruppenergebnis abhängt.

(2) Bei der Bewertung des Gruppenergebnisses sind folgende Kriterien zu berücksichtigen:
- Arbeitsmenge,
- Arbeitsqualität,
- Reduzierung von Gemeinkosten,
- Reduzierung von Leerlaufzeiten,
- Reduzierung von Mehrarbeitsstunden,
- Termintreue.

(3) Jedes Gruppenmitglied erhält den gleichen Betrag als Prämie.

(4) Einzelheiten werden in einer gesonderten Betriebsvereinbarung geregelt.

§ 11 Betriebliches Vorschlagswesen[18]

(1) Die Arbeitsgruppe wird Verbesserungsvorschläge als Gruppe einbringen. Der von einem Mitglied der Arbeitsgruppe eingebrachte Verbesserungsvorschlag gilt als Vorschlag der Gruppe.

(2) Einzelheiten sind in der Betriebsvereinbarung über das betriebliche Vorschlagswesen vom ...... geregelt.

§ 12 Information der Gruppenmitglieder[19]

Alle für die Durchführung von Gruppenarbeit relevanten Informationen werden von der Gesellschaft dem Gruppensprecher mitgeteilt. Dieser leitet die Informationen an die Mitglieder der Arbeitsgruppe weiter.

§ 13 Inkrafttreten, Kündigung

(1) Diese Betriebsvereinbarung tritt am ...... in Kraft. Sie kann mit einer Frist von sechs Monaten zum Ende eines Kalenderjahres gekündigt werden. Danach behält die Betriebsvereinbarung bis zum Abschluss einer neuen Betriebsvereinbarung ihre Gültigkeit.

(2) Die Kündigung bedarf der Schriftform.

§ 14 Schlussbestimmungen[20]

(1) Diese Betriebsvereinbarung löst alle eventuellen vorherigen Betriebsvereinbarungen über Gruppenarbeit, insbesondere ...... ab. Mündliche Nebenabreden bestehen nicht. Änderungen oder Ergänzungen dieser Betriebsvereinbarung, einschließlich dieser Bestimmung, bedürfen zu ihrer Wirksamkeit der Schriftform.

(2) Sollte eine Bestimmung dieser Betriebsvereinbarung ganz oder teilweise unwirksam sein oder werden, so wird hiervon die Wirksamkeit der übrigen Bestimmungen nicht berührt. Anstelle der unwirksamen Bestimmung werden die Betriebspartner die gesetzlich zulässige Bestimmung vereinbaren, die dem mit der unwirksamen Bestimmung Gewollten wirtschaftlich am nächsten kommt. Dasselbe gilt für den Fall einer vertraglichen Lücke.

(3) Diese Betriebsvereinbarung steht unter dem Vorbehalt etwaiger ablösender – auch freiwilliger – Betriebsvereinbarungen.

(4) Sollten sich die dieser Betriebsvereinbarung zugrunde liegenden tatsächlichen und/oder rechtlichen Bedingungen grundlegend ändern, so werden die Betriebspartner unverzüglich in Verhandlungen treten mit dem Ziel, die Betriebsvereinbarung an die geänderten Bedingungen anzupassen.

......
Ort, Datum
......
Unterschrift der Gesellschaft

......
Ort, Datum
......
Unterschrift des Betriebsrats

Schrifttum: Blanke, Arbeitsgruppen und Gruppenarbeit in der Betriebsverfassung – Direkt demokratische Mitbestimmung als „zweiseitig paktierte Delegation", RdA 2003, 140; *Elert,* Gruppenarbeit, Diss. 2001; *Peter,* Lean Management, 1997; *Schulte-Zurhausen,* Organisation, 1994; *Wiese,* Die Mitbestimmung des Betriebsrats über die Grundsätze zur Durchführung von Gruppenarbeit nach § 87 Abs. 1 Nr. 13 BetrVG, BB 2002, 198; *Wilkesmann,* Gruppenarbeit, 1992.

Anmerkungen

1. Regelungsinhalt. Die vorliegende Betriebsvereinbarung regelt die Ein- und Durchführung von Gruppenarbeit. Sie bezieht sich ausschließlich auf die Erbringung von Gruppenarbeit als **reguläre Form der Arbeitsorganisation.** Gruppenkonzepte als nicht integrierte Form, welche parallel zur bestehenden Arbeitsorganisation eingeführt werden, sind der Betriebsvereinbarung – ganz i.S.d. § 87 Abs. 1 Nr. 13 BetrVG – nicht zu Grunde gelegt. Es wird vorausgesetzt, dass in der Gesellschaft eine Umorganisation von bislang partialisierten Arbeitsformen hin zur teilautonomen Gruppenarbeit erfolgt. Ziel der Betriebsvereinbarung ist es hierbei, umfassend alle im Zusammenhang mit Gruppenarbeit stehenden Fragen zu regeln. Denn hat sich die Gesellschaft für die Einführung von Gruppenarbeit entschieden, greift das neue Mitbestimmungsrecht gemäß § 87 Abs. 1 Nr. 13 BetrVG in vielfältiger Hinsicht ein. Inhaltlich gehen die Bestimmungen im Interesse einer weitgehenden Vereinbarung über die Regelungskompetenzen der Betriebspartner hinaus, was allerdings bei einzelvertraglicher Inbezugnahme unschädlich ist.

Zwar soll nach der Gesetzesbegründung (BT-Drucks. 14/5791 vom 2. April 2001) das Mitbestimmungsrecht des § 87 Abs. 1 Nr. 13 BetrVG die Grundsätze über die Durchführung von Gruppenarbeit erfassen; die Gesetzesbegründung enthält aber keine nähere Konkretisierung dieses Begriffes. Beispielhaft aufgezählt sind Regelungen zu Fragen der Wahl eines Gruppensprechers, dessen Stellung und Aufgaben, des Abhaltens von Gruppengesprächen zwecks Meinungsaustausch und -bildung in der Gruppe, der Zusammenarbeit in der Gruppe und mit anderen Gruppen, der Berücksichtigung von leistungsschwächeren Arbeitnehmern sowie der Konfliktlösung in der Gruppe selbst. Die Aufzählung ist nicht abschließend. Der Katalog der mitbestimmungsrechtlichen Tatbestände i.S.d. § 87 Abs. 1 Nr. 13 BetrVG lässt sich damit nicht endgültig bestimmen. Sicher ist nur, dass sich nach der Gesetzesbegründung das Mitbestimmungsrecht auf die gruppenarbeitsspezifischen Fragestellungen beziehen soll, die die Implementierung der Arbeitsgruppen erfordern. Dies dürften all diejenigen Regelungen sein, die im Zusammenhang mit der Ausgestaltung des Gruppenarbeitskonzeptes stehen und zum Teil auch schon vor der Einführung des § 87 Abs. 1 Nr. 13 BetrVG beispielsweise durch § 87 Abs. 1 Nr. 1 BetrVG erfasst wurden (Einzelheiten bei *Wiese* BB 2002, 198, 202). Nicht dem Mitbestimmungsrecht des § 87 Abs. 1 Nr. 13 BetrVG unterliegen hingegen die Fragen, welche nicht gruppenarbeitsspezifisch sind, sondern von diesen losgelöst alle Mitarbeiter ungeachtet der Arbeitsorganisationsform betreffen. Dies sind beispielsweise Fragen der betrieblichen Lohngestaltung sowie Grundsätze des betrieblichen Vorschlagswesens. Für diese Bereiche bleibt es dabei, dass das Mitbestimmungsrecht des Betriebsrats auch weiterhin aus § 87 Abs. 1 Nr. 10, 11 und 12 BetrVG folgt.

2. Präambel. Gruppenarbeit dient der Flexibilisierung des Arbeitslebens sowohl im Interesse der Gesellschaft wie auch im Interesse der Mitarbeiter. Erstrebt ist nicht nur die Erhöhung der Produktivität des Unternehmens, sondern vor allem die Flexibilisierung der Organisationsstrukturen durch den Abbau von Hierarchieebenen und die Steigerung der Eigenverantwortung der Mitarbeiter. Das Formular sieht in der Präambel die Formulierung dieser **Ziele** vor. Dies erfolgt nicht nur, um in Streitfällen über den Regelungsinhalt der Betriebsvereinbarung eine Auslegungshilfe an der Hand zu haben, sondern vor allem, um bei den Mitarbeitern und dem Betriebsrat eine höhere Akzeptanz für die neue Arbeitsorganisationsform zu erzielen sowie um dem Betriebsrat Argumente an die Hand zu geben, die diesem die Rechtfertigung des Abschlusses der Betriebsvereinbarung gegenüber den von ihm vertretenen Mitarbeitern erleichtern.

3. Geltungsbereich. Obgleich Gruppenarbeit als arbeitsorganisatorisches Konzept in allen Bereichen eines Unternehmens theoretisch möglich ist, können sich in der Praxis einzelne Bereiche als **nicht gruppenarbeitstauglich** erweisen. Diejenigen Bereiche, die räumlich oder fachlich von der Gruppenarbeit ausgenommen sein sollen, müssen daher aus dem Geltungsbereich klar abgrenzbar herausgenommen werden. Zu Vereinfachungszwecken bietet es sich an, die ausgenommenen Bereiche in einer Anlage zu der Betriebsvereinbarung zu definieren.

4. Definition Gruppenarbeit. § 87 Abs. 1 Nr. 13 BetrVG legt, wie die Begründung des Gesetzesentwurfs der Bundesregierung zur Reform des Betriebsverfassungsgesetzes (BT-Drucks. 14/5741 vom 2. April 2001) unter Nr. 56 ausweist, dem Mitbestimmungsrecht die **teilautonome Gruppenarbeit** zu Grunde. Diese zeichnet sich durch eine im Wesentlichen eigenverantwortliche Erledigung einer Gesamtaufgabe durch die Gruppe für eine gewisse Dauer aus (*F/E/S/T/L* § 87 Rdn. 569; Jaeger/Röder/Heckelmann/*Göpfert* Kapitel 22 Rdn. 6). Auf der Grundlage des in der betriebs- und arbeitspsychologischen Lehre entwickelten Gruppenarbeitsbegriffes der teilautonomen Gruppenarbeit haben demgemäß in § 87 Abs. 1 Nr. 13 BetrVG die Kriterien der Teilautonomie, der Selbstverantwortung und der Eigenständigkeit, auf denen die teilautonome Gruppenarbeit fußt, ihren Niederschlag gefunden. Das Formular orientiert sich an dieser Begriffsbestimmung und legt entsprechend der Zielsetzung des § 87 Abs. 1 Nr. 13 BetrVG die dort niedergelegten Kriterien der Definition von Gruppenarbeit zugrunde.

5. Unternehmerentscheidung. Ausweislich des Gesetzeswortlautes des § 87 Abs. 1 Nr. 13 BetrVG steht dem Betriebsrat ausschließlich ein Mitbestimmungsrecht hinsichtlich der Grundsätze der Durchführung von Gruppenarbeit zu. Damit ist die Entscheidung der Frage, ob Gruppenarbeit eingeführt werden soll oder nicht und ob sie wieder aufgehoben werden soll oder nicht und in welchen Bereichen und in welchem Umfang die bisherige Organisation auf Gruppenarbeit umgestellt wird und bleiben soll, mitbestimmungsfrei. Es handelt sich insofern um die **freie Unternehmerentscheidung**, die gemäß Art. 12, 14 GG allein der Gesellschaft obliegt; allerdings sind die Unterrichtungs- und Beratungsrechte nach den §§ 90 bis 95, 99, 106, 111 ff. BetrVG zu beachten (*Wiese* BB 2002, 198, 200; *Blanke* RdA 2003, 140, 147; Jaeger/Röder/Heckelmann/*Göpfert* Kapitel 22 Rdn. 9). Um diese bestehende Mitbestimmungsfreiheit sowie die Unterscheidung zwischen dem „Ob" der Gruppenarbeit und ihrer Durchführung sicherzustellen und zugleich den Regelungsbereich der Betriebsvereinbarung zu regeln, sieht das Formular vor, dass die Einsetzung, Veränderung und die Auflösung der Arbeitsgruppen ausschließlich durch die Gesellschaft erfolgt.

6. Aufgaben der Arbeitsgruppe. Mit der Einführung von Gruppenarbeit soll die Eigenverantwortlichkeit der Mitarbeiter gestärkt werden. (Teil)autonom soll die Arbeitsgruppe die ihr übertragenen Aufgaben erledigen. Auch bei der Gruppenarbeit als Arbeitsorganisationsform verbleibt jedoch das Direktionsrecht bei der Gesellschaft. Insofern bestehen keine Unterschiede gegenüber der Beschäftigung der Mitarbeiter außerhalb von Arbeitsgruppen (vgl. *Wiese* DB 2002, 198, 200).

7. Aufgabenbeschreibung. Wesen der Gruppenarbeit ist es, planende und ausführende Arbeitsvorgänge zu einer einheitlichen Tätigkeit zu vereinen, indem die Gedanken der quantitativen Erweiterung der Arbeitsinhalte, sog. job-enlargement, und der qualitativen Erweiterung des Anforderungsgrades, sog. job-enrichment, in den Arbeitsprozess eingebunden werden. Unter dem Stichpunkt der horizontalen Arbeitserweiterung (job-enlargement) werden strukturell gleichartige oder ähnliche Aufgaben zusammengefasst. Im Rahmen der vertikalen Arbeitsbereicherung (job-enrichment) wird der Arbeitsumfang qualitativ durch die Zusammenfassung strukturell verschiedenartiger Arbeitsaufgaben vergrößert. Realisationsaufgaben werden um Entscheidungs- und Kontrollaufgaben erweitert, die Fremdkontrolle wird durch die Selbstkontrolle ersetzt und Fertigungs-, Dienstleistungs- und Verwaltungsaufgaben werden miteinander kombiniert. Diese Aufgabenzuweisungen an die Arbeitsgruppe weichen im Regelfall gänzlich von den zuvor praktizierten Arbeitszuschnitten ab. Es ist daher erforderlich, eine **Neudefinition der Aufgaben** und der Position der in der Arbeitsgruppe beschäftigten Mitarbeiter vorzunehmen und diesen entsprechende Aufgabenbeschreibungen zu übergeben, da anderenfalls die mit der Einführung von Gruppenarbeit erstrebte Rationalisierung nicht effizient herbeigeführt werden kann.

8. Zuordnung der Mitarbeiter. Bei der Zusammenstellung der Gruppe und der Zuweisung der einzelnen Mitarbeiter zu einer individuellen Arbeitsgruppe handelt es sich um klassische Bereiche des arbeitgeberseitigen **Direktionsrechts**. Zu Klarstellungszwecken sollte auch dies mit in die Betriebsvereinbarung aufgenommen werden.

9. Gruppengröße. Gruppenarbeit lebt von dem Zusammenspiel verschiedener Mitarbeiter, die dauerhaft in dem betrieblichen Alltag zusammenarbeiten. Ganz wesentlich für den Erfolg der Gruppenarbeit ist daher die Bestimmung der Mitgliederzahl der Arbeitsgruppe, die je nach Branche und Größe der Gesellschaft und deren Aufgabenbereich differenzieren kann und als wesentlicher Tatbestand der Gruppenarbeit mitbestimmungspflichtig ist. Die **Untergrenze** der Gruppengröße wird bei drei Personen gesehen, da erst ab dieser Größe spezifische gruppendynamische Erscheinungen wie Koalitionsbildung und Mehrheitsentscheidungen durchführbar sind (*Wilkesmann* S. 12). Als **Maximalgröße** wird im Allgemeinen die Anzahl von fünf bis acht Gruppenmitgliedern angegeben, da anderenfalls die Größe der Gruppe nicht den gruppeninternen Synergieeffekt erzielen könne (*Schulte-Zurhausen* S. 147). Festgelegt werden sollten daher die Mindest- wie die Höchstzahl der Gruppenmitglieder, die je nach den betrieblichen Besonderheiten erforderlich sind, um die Aufgaben unter zumutbaren Bedingungen im Interesse aller Beteiligten sicherzustellen.

10. Gruppenarbeitsvertrag. S. Form. A. VII. 8. Die Umwandlung eines bestehenden Arbeitsverhältnisses in ein Gruppenarbeitsverhältnis bedarf der gesonderten Vereinbarung zwischen den Arbeitsvertragsparteien. Die Veränderung im Aufgabenbereich, die Übernahme der Gruppensprecherfunktion sowie die Einführung von Gruppenprämien stellen nämlich einen Eingriff in das Äquivalenzverhältnis von Leistung und Gegenleistung dar, der nicht mehr vom Direktionsrecht der Gesellschaft gedeckt ist (*Elert* S. 124 ff.). Die Einführung von Gruppenarbeit bedarf daher des Abschlusses einer **Nebenabrede**, die die Modifikationen rechtfertigt. In dieser Regelung muss entsprechend den Veränderungen, die die Gruppenarbeit mit sich bringt, die Tätigkeit in einer Arbeitsgruppe festgeschrieben werden, die Verpflichtung zur Übernahme der Gruppensprecherfunktion, die Erweiterung der Aufgaben gemäß dem Gedanken des job enrichment sowie im Bedarfsfall die Modifikation des Vergütungssystems. Die Einbeziehung der Betriebsvereinbarung über Gruppenarbeit als Bestandteil des Gruppenarbeitsvertrages ermöglicht es hierbei, eine allein auf die persönlichen Besonderheiten des einzelnen Arbeitnehmers ausgerichtete Zusatzvereinbarung abzuschließen, während alle weiteren Modalitäten in der Betriebsvereinbarung selbst niedergelegt sind.

Zugleich muss aber auch eine Regelung gefunden werden, wie verfahren werden soll, wenn der Mitarbeiter die Annahme des Gruppenarbeitsvertrages ablehnt, die betrieblichen Belange jedoch die Weiterbeschäftigung auf dem bisherigen Arbeitsplatz in der bisherigen Arbeitsorganisationsform nicht zulassen. Hierfür ist zunächst der Weg des „Austausches" des Arbeitsplatzes gegen einen anderen zumutbaren Arbeitsplatz gewählt worden. Sollte die Beschäftigung auf einem anderen zumutbaren Arbeitsplatz nicht einvernehmlich regelbar sein, ist im Wege der Versetzung oder der Änderungskündigung vorzugehen. Fehlt es an einem zumutbaren anderen Arbeitsplatz, muss die Beendigung des Arbeitsverhältnisses aus betriebsbedingten Gründen möglich sein.

11. Selbstorganisation der Arbeitsgruppe. Das Recht zur Selbstorganisation gehört zu den Kernelementen der Gruppenarbeit. Neben der Stellenbeschreibung des einzelnen Gruppenarbeitsplatzes sieht das Formular daher das Recht der Selbstorganisation ausdrücklich vor und spezifiziert dieses. Hierdurch wird die Stellung der Arbeitsgruppe in der Gesamtorganisation definiert und deren Kompetenz festgeschrieben. Dies ermöglicht es, das Bewusstsein der Mitarbeiter und des Betriebsrats für die Gruppenkompetenzen zu schärfen.

12. Gruppengespräche. Wesentliches Kriterium der Gruppenarbeit ist ferner die Durchführung von regelmäßigen Gruppengesprächen zur Selbstorganisation der in der Gruppe zu verrichtenden täglichen Arbeiten. Auch hier gilt wieder, dass das „Ob" der Gruppengespräche der Gesellschaft vorbehalten ist, die Ausgestaltung der Gruppengespräche, das heißt das

„Wie", jedoch dem Mitbestimmungsrecht nach § 87 Abs. 1 Nr. 13 BetrVG unterliegt. Das Formular regelt die Art und Weise der Durchführung sowie den Turnus der Gruppengespräche. Da es sich bei den Gruppengesprächen um einen Teilbereich der geschuldeten Arbeitsleistung handelt, sind die Gespräche Arbeitszeit. Um eine Mehrvergütung auszuschließen, müssen diese während der regulären Arbeitszeit stattfinden. Zudem bietet es sich an, für Ausnahmefälle die außerordentliche Einberufung eines Gruppengespräches zu regeln. Schließlich sollte auch aus Praktikabilitätsgründen ein Verfahren zur Regelung von Meinungsstreitigkeiten festgelegt werden, um den Arbeitsgruppen ein Konfliktlösungsmuster an die Hand zu geben.

13. Wahl des Gruppensprechers. Die Wahl des Gruppensprechers zählt zu einer der ersten Aufgaben der Gruppe. Diese ist Teil des Selbstorganisationsrechtes der Arbeitsgruppe. Ausweislich der Gesetzesbegründung zählt die Wahl des Gruppensprechers und auch damit die Wahlgrundsätze sowie der Turnus der Wahlen zu den mitbestimmungspflichtigen Tatbeständen des § 87 Abs. 1 Nr. 13 BetrVG. Entsprechend den allgemeinen Grundsätzen demokratischer Wahlverfahren sollte auch die Wahl des Gruppensprechers und seines Stellvertreters in gleicher, geheimer, schriftlicher und stimmmehrheitlicher Wahl erfolgen. Festgelegt werden müssen demzufolge insbesondere die erstmalige Wahl des Gruppensprechers und seines Stellvertreters, Turnus der Wahlen, Wahlverfahren, Dauer der Amtszeit und Wiederwahlmöglichkeiten. Für die erstmalige Wahl des Gruppensprechers sieht das Formular vor, dass dem Mitarbeiter mit der längsten Betriebszugehörigkeit die Einleitung der Wahl obliegt.

14. Aufgaben des Gruppensprechers. Neben seiner Tätigkeit als Gruppenmitglied übt der Gruppensprecher eine zusätzliche Funktion als **Koordinationsorgan** der Gruppe aus. Dies hat zur Folge, dass dem betreffenden Gruppenmitglied neben der alltäglichen Mitarbeit in der Arbeitsgruppe weitere Funktionen übertragen werden. Im Regelfall obliegen dem Gruppensprecher die Koordination der Aufgabenverteilung, die Führung von Anwesenheitslisten, die Abstimmung von Pausen-, Urlaubs- und Krankenvertretung, die Material- und Ersatzteilbeschaffung sowie die Bearbeitung von Dienstleistungs- und Fertigungsplänen (*Peter* S. 192). Der Gruppensprecher ist schließlich für die Moderation der Gruppengespräche und für die Lösung gruppeninterner Konflikte verantwortlich. Diese Aufzählung ist jedoch nur beispielhaft. Das Aufgabenspektrum des Gruppensprechens muss daher in der Betriebsvereinbarung soweit konkretisiert werden, dass mit der Aufnahme der Gruppenarbeit die Mitarbeiter ihre Funktion als Gruppensprecher unmittelbar auszuüben vermögen. Des Weiteren ist klarzustellen, dass dem Gruppensprecher keine Arbeitgeberbefugnisse übertragen werden, ihm also keine Weisungs- oder Disziplinarbefugnis zukommt. Der Gruppensprecher ist vielmehr ein Mitarbeiter unter den Mitarbeitern der Arbeitsgruppe. Die Weisungs- und Disziplinarbefugnisse verbleiben auch weiterhin bei den Vorgesetzten.

15. Arbeitszeit. Gruppenarbeit ist in das Konzept der just-in-time-Produktion eingebettet. Dies bedeutet, dass sich die Arbeitszeit der Gruppe an den betrieblichen Erfordernissen orientieren soll. Mehrarbeit und Leerlaufzeiten sollen vermieden werden. Dies kann zu täglich differierenden Arbeitszeiten führen. Zugleich besteht jedoch die arbeitsvertraglich vereinbarte regelmäßige Arbeitszeit. Es muss daher sichergestellt werden, dass zum einen die vertraglich geschuldete regelmäßige Arbeitszeit seitens der Mitglieder der Arbeitsgruppe geleistet wird und zum anderen die vereinzelt möglich auftretenden Arbeitsspitzen sowie Leerzeiten ausgeglichen werden, ohne dass es zu Mehrarbeit kommt. Die Fürsorgepflicht des Arbeitgebers gebietet es hierbei darauf zu achten, dass die Gruppenmitglieder bei Erbringung ihrer Arbeitsleistung die gesetzlichen Bestimmungen des **Arbeitszeitgesetzes** einhalten. Zur Überwachung der Einhaltung der Arbeitszeitvorschriften muss der Gruppe die Pflicht zur **Selbstdokumentation** auferlegt werden; da die Kontrollmöglichkeit des Arbeitgebers zurückgenommen wird, soll dem Gedanken der Selbstbestimmung der Gruppe entsprochen werden. Die Zeiterfassung sollte hierbei in handschriftlicher Form erfolgen, da die Zeiterfassung auf elektronischem Wege die Problematik einer möglichen Beteiligung des Betriebsrats nach § 87 Abs. 1 Nr. 6 BetrVG (Leistungsüberwachung) zu eröffnen vermag. Das Formular zu Zwecken der Selbstdokumentation sollte als Minimum – neben dem Namen des Mitarbeiters und der Angabe der Arbeitsgruppe – den Zeitraum der Dokumentation und die gesamten an einem Tag geleisteten Arbeitsstunden enthalten.

16. Qualifizierung. Gruppenarbeit muss von Qualifizierungsmaßnahmen begleitet werden. Neben den erforderlichen fachlichen Qualifikationen spielen vor allem Sozialkompetenzen sowie Zeitmanagement- und Organisationsfähigkeiten eine herausragende Rolle. Es bietet sich an, bereits **im Vorfeld der Einführung der Arbeitsgruppen** zu Qualifikationsmaßnahmen zu greifen, um entsprechend kostensensibel die Aufnahme der Gruppenarbeit zu gestalten. Im Sinne der (Teil-)Autonomie sollte der Arbeitsgruppe schließlich ein **Initiativrecht** im Hinblick auf diejenigen Qualifizierungsmaßnahmen eingeräumt werden, die die Gruppe aus ihrer täglichen Arbeitserfahrung für erforderlich hält. Einzelheiten sollten allerdings einer gesonderten Betriebsvereinbarung vorbehalten werden.

17. Gruppenentlohnung. Durch die Zusammenarbeit der Mitglieder in einer Arbeitsgruppe ist an die Einführung der Gruppenarbeit die Aufhebung des bisherigen Prämiensystems gebunden. Da sich nämlich die Arbeit durch das Gruppenergebnis und nicht durch ein individuell bestimmbares Arbeitsergebnis auszeichnet, sollte das Entgeltsystem, welches auf die Gewährung von individuell bezogenen Prämien ausgerichtet ist, durch ein **gruppenbezogenes Prämiensystem** ersetzt werden. Bezugsgröße der Prämienzahlung können dabei beispielsweise Menge, Qualität, Reduzierung von Gemeinkosten, Termintreue und Reduzierung von Mehrarbeit sein. Das Formular sieht allein eine beispielhafte Aufzählung vor. Darüber ist es allerdings auch weiterhin möglich, zusätzlich zu der gruppenbezogenen Prämie eine weitere Individualprämie zu gewähren, die den persönlichen Qualifikationsstatus sowie die Übernahme der Gruppensprecherfunktion berücksichtigt.

18. Betriebliches Vorschlagswesen. Auch die Prämierung von Verbesserungsvorschlägen durch die Gruppenmitarbeiter bedarf im Falle der Einführung von Gruppenarbeit einer Neuregelung. Dem Sinn und Zweck der Gruppenarbeit entsprechend sollten die Verbesserungsvorschläge durch die Gruppe und nicht durch das Einzelmitglied eingebracht werden.

19. Information der Gruppenmitglieder. Die Einführung der Gruppenarbeit als neue Form der Arbeitsorganisation berührt die Unterrichtungs- und Erörterungspflichten des Arbeitgebers gegenüber seinen Mitarbeitern gemäß § 81 Abs. 1 S. 1 sowie Abs. 2 BetrVG. Zudem steht jedem Mitarbeiter das Recht gemäß § 82 BetrVG zu, zu betrieblichen Angelegenheiten, die seine Person betreffen, gehört zu werden.

20. Schlussbestimmungen. S. Form. C. II. 1 Anm. 16.

22. Frauenförderung

Betriebsvereinbarung zur Frauenförderung[1]

zwischen
...... (Name und Anschrift des Arbeitgebers) „Gesellschaft"
und
Betriebsrat des Betriebs ...... der ...... (Name des Arbeitgebers) „Betriebsrat"
(*Alternative:* Gesamtbetriebsrat/Konzernbetriebsrat)

Präambel[2]

Ziel dieser Betriebsvereinbarung ist es geschlechtsbezogenen Chancenungleichheiten und Belästigungen entgegenzuwirken. Insbesondere sollen Beschäftigungs- und Aufstiegschancen für Frauen verbessert sowie Frauen und Männern die Vereinbarung von Familie und Beruf ermöglicht werden.

§ 1 Geltungsbereich

Diese Betriebsvereinbarung gilt für alle Arbeitnehmerinnen und Arbeitnehmer des Betriebs ...... der Gesellschaft („Mitarbeiter"), mit Ausnahme der leitenden Angestellten i. S. d. § 5 Abs. 3 BetrVG.

§ 2 Statistische Erfassung der Mitarbeiterstruktur[3]

(1) Die Gesellschaft wird zweimal jährlich, jeweils zum Ende der Monate Januar und Juli Statistiken erstellen, aus denen sich ergibt,
- in welchem Verhältnis Frauen und Männer in den einzelnen Abteilungen beschäftigt werden,
- in welche Lohn- und Gehaltsgruppen Frauen und Männer eingruppiert sind,
- welchen Hierarchie- und Führungsebenen Frauen und Männer zugeordnet sind und
- auf welchen Arbeitsplätzen aus arbeitsschutzrechtlichen Gründen nur Männer beschäftigt werden können.

(2) Der Betriebsrat erhält jeweils eine Abschrift dieser Statistiken.

§ 3 Frauenförderplan[4]

(1) Gesellschaft und Betriebsrat werden im Abstand von jeweils …… Jahren einen Frauenförderplan aufstellen, der eine gleichgewichtige Besetzung der Arbeitsplätze durch Frauen und Männer in allen Hierarchie- und Führungsebenen fördert.

(2) Inhalt des Frauenförderplans ist
- eine Analyse der Beschäftigtenstruktur, wie sie sich aus den nach § 2 zu erstellenden Statistiken ergibt,
- eine Aufstellung der im Planzeitraum zu erwartenden personellen Veränderungen,
- Zielvorgaben zur Erhöhung des Frauenanteils in den Bereichen, in denen Frauen unterrepräsentiert sind und
- die personellen, organisatorischen oder qualifizierenden Maßnahmen, mit denen der geringeren Repräsentanz von Frauen entgegengewirkt werden soll.

(3) Unmittelbare Rechtsansprüche aus den Frauenförderplänen ergeben sich für einzelne Mitarbeiterinnen nicht.

§ 4 Gleichstellungskommission[5]

(1) Es wird eine Gleichstellungskommission gebildet, die paritätisch aus jeweils …… Vertretern des Betriebsrats und der Gesellschaft besetzt ist. In die Kommission sind von jeder Seite mindestens …… Frauen zu entsenden.

(2) Aufgabe der Gleichstellungskommission ist es, die Einhaltung des Frauenförderplans zu überwachen und Vorschläge zur Umsetzung und Ergänzung des Frauenförderplans zu machen.

(3) Die Gleichstellungskommission tagt alle drei Monate. Eine außerordentliche Sitzung der Kommission kann auf Antrag des Betriebsrats oder der Gesellschaft mit einer Frist von …… Wochen einberufen werden.

§ 5 Stellenausschreibungen[6]

(1) Interne und externe Stellenausschreibungen erfolgen grundsätzlich geschlechtsneutral, es sei denn, das Geschlecht ist eine entscheidende Voraussetzung für die ausgeschriebene Tätigkeit.

(2) Bei der Abfassung von Stellenausschreibungen für Bereiche oder Hierarchieebenen, in denen Frauen unterrepräsentiert sind, werden Frauen gezielt angesprochen, z. B. durch den Zusatz:
„Die Gesellschaft strebt an den Frauenanteil in diesem Bereich zu erhöhen. Daher sind insbesondere Frauen aufgefordert, sich zu bewerben."

§ 6 Auswahlrichtlinien bei Einstellung und Beförderung[7]

(1) Für die Auswahl unter mehreren Bewerbern ist die Eignung, Befähigung und fachliche Leistung („Qualifikation") ausschlaggebend.

(2) Bewerben sich Frauen und Männer um eine ausgeschriebene Stelle und sind Frauen in der jeweiligen Hierarchie- oder Führungsebene nach der vorangegangenen

Statistik gemäß § 2 unterrepräsentiert, so hat bei gleicher Qualifikation eine weibliche Bewerberin den Vorrang vor einem männlichen Bewerber. Dies gilt nicht, sofern in der Person eines Mitbewerbers liegende Gründe überwiegen.

(3) Für die Auswahl unter den Bewerbern für einen Ausbildungsplatz gelten die vorstehenden Absätze entsprechend.

§ 7 Betriebliche Berufsbildung[8]

(1) Gesellschaft und Betriebsrat werden die berufliche Fortbildung und Umschulung von Frauen fördern mit dem Ziel, den Erhalt oder die Verbesserung des Arbeitsplatzes und den beruflichen Aufstieg zu ermöglichen.

(2) Werden betriebliche Bildungsmaßnahmen durchgeführt, so werden zu derartigen Maßnahmen vorrangig Frauen entsandt, bis ein angemessenes Verhältnis von Frauen und Männern in den einzelnen Hierarchie- und Führungsebenen besteht. Entsprechendes gilt, wenn die Gesellschaft Mitarbeiter für außerbetriebliche Maßnahmen der Berufsbildung freistellt oder wenn sie die durch die Teilnahme an solchen Maßnahmen entstehenden Kosten trägt.

(3) Abs. 2 gilt nicht, sofern der Berufsbildungsbedarf eines anderen Mitarbeiters überwiegt oder aufgrund betrieblicher Belange ein anderer Mitarbeiter zu bevorzugen ist.

§ 8 Vereinbarkeit von Beruf und Familie

(1) Im Rahmen der gesetzlichen, tariflichen, betrieblichen oder sonstigen Regelungen zur Arbeitszeit sind Mitarbeitern, die tatsächlich ein Kind unter 18 Jahren betreuen, Arbeitszeiten zu ermöglichen, die eine Vereinbarkeit von Familie und Beruf erleichtern, sofern betriebliche Belange nicht entgegenstehen[9].

(2) Ein Teilzeitverlangen gemäß § 8 des Teilzeit- und Befristungsgesetzes, das ein Mitarbeiter aus Gründen der Kinderbetreuung stellt, wird die Gesellschaft wohlwollend prüfen. Entsprechendes gilt für einen Antrag auf Verringerung der Arbeitszeit gemäß § 15 Abs. 5 des Bundeserziehungsgeldgesetzes[10].

(3) Zeiten familienbedingter Arbeitsunterbrechung (Kinderbetreuung) dürfen bei der Eignungsbeurteilung nicht zum Nachteil des Mitarbeiters gewertet werden.

(4) Fortbildungsveranstaltungen sollen zeitlich so gelegt werden, dass auch Beschäftigte mit Familienpflichten daran teilnehmen können.

(5) Frauen, die wegen der Geburt ihres Kindes oder nach Ablauf der gesetzlichen Schutzfrist ausgeschieden sind, werden vorrangig wiedereingestellt, wenn freie Arbeitsplätze zur Verfügung stehen. Dies gilt auch für Mitarbeiter, die während oder nach Ablauf der Elternzeit ausgeschieden sind.

§ 9 Maßnahmen gegen sexuelle Belästigung am Arbeitsplatz[11]

(1) Sexuelle Belästigungen am Arbeitsplatz sind verboten.

(2) Sexuelle Belästigung am Arbeitsplatz ist jedes vorsätzliche, sexuell bestimmte Verhalten, das am Arbeitsplatz die Würde des betreffenden Mitarbeiters verletzt. Dazu gehören insbesondere
- sexuelle Handlungen und Verhaltensweisen, die nach strafgesetzlichen Vorschriften unter Strafe gestellt sind sowie
- sonstige sexuelle Handlungen und Aufforderungen zu diesen, sexuell bestimmte körperliche Berührungen, Bemerkungen sexuellen Inhalts und sichtbares Anbringen von pornographischen Darstellungen, die von den Betroffenen erkennbar abgelehnt werden.

(3) Betroffene Mitarbeiter, die sich am Arbeitsplatz sexuell belästigt fühlen, können sich nach ihrer Wahl an den Betriebsrat, ihren Vorgesetzten oder die Personalabteilung wenden. Die ersuchten Stellen haben die Aufgabe die Betroffenen zu beraten und zu un-

terstützen. Das Beschwerderecht gemäß §§ 84 und 85 des Betriebsverfassungsgesetzes bleibt hiervon unberührt.

(4) Die Gesellschaft wird die Beschwerde prüfen und geeignete Maßnahmen treffen, um die Fortsetzung einer festgestellten Belästigung zu unterbinden. Die Beteiligungsrechte des Betriebsrats bleiben unberührt.

§ 10 Inkrafttreten, Kündigung[12]

(1) Diese Betriebsvereinbarung tritt am ...... in Kraft. Sie kann mit einer Frist von ...... Monaten zum Ende eines Kalenderhalbjahres gekündigt werden.

(2) Die Kündigung bedarf der Schriftform.

§ 11 Schlussbestimmungen[13]

(1) Mündliche Nebenabreden bestehen nicht. Änderungen oder Ergänzungen dieser Betriebsvereinbarung, einschließlich dieser Bestimmung, bedürfen zu ihrer Wirksamkeit der Schriftform.

(2) Sollte eine Bestimmung dieser Betriebsvereinbarung ganz oder teilweise unwirksam sein oder werden, so wird hiervon die Wirksamkeit der übrigen Bestimmungen nicht berührt. Anstelle der unwirksamen Bestimmung werden die Betriebspartner die gesetzlich zulässige Bestimmung vereinbaren, die dem mit der unwirksamen Bestimmung Gewollten wirtschaftlich am nächsten kommt. Dasselbe gilt für den Fall einer vertraglichen Lücke.

(3) Diese Betriebsvereinbarung steht unter dem Vorbehalt etwaiger ablösender – auch freiwilliger – Betriebsvereinbarungen.

(4) Sollten sich die dieser Betriebsvereinbarung zugrunde liegenden tatsächlichen oder rechtlichen Bedingungen grundlegend ändern, so werden die Betriebspartner unverzüglich in Verhandlungen treten mit dem Ziel die Betriebsvereinbarung an die geänderten Bedingungen anzupassen.

......	......
Ort, Datum	Ort, Datum
......	......
Unterschrift der Gesellschaft	Unterschrift des Betriebsrats

Schrifttum: Annuß, Grundfragen der Entschädigung bei unzulässiger Geschlechtsdiskriminierung, NZA 1999, 738; *Bertelsmann/Pfarr*, Diskriminierung von Frauen bei der Einstellung und Beförderung, DB 1984, 1297; *Birk*, Auswirkungen der Rechtsprechung des EuGH zur Gleichbehandlung von Frauen und Männern beim Berufszugang, NZA 1984, 145; *Breuer*, Antidiskriminierungsgesetzgebung – Chance oder Irrweg? Zur Verfassungsmäßigkeit und Geeignetheit gesetzgeberischer Maßnahmen zur Förderung der Gleichberechtigung, 1991; *Colneric*, Verbot der Frauendiskriminierung im EG-Recht, Festschrift für Gnade, 1992, 627; *dies.*, Frauenquoten auf dem Prüfstand des EG-Rechts, BB 1996, 265; *Compensis*, Marschall – (k)eine Überraschung unserer Zeit!?, BB 1998, 2470; *Debler*, Frauenförderung in der chemischen Industrie, NZA 1997, 529; *Franke*, Geschlechtsneutrale Stellenausschreibung gemäß § 611 b BGB, BB 1981, 1221; *Herrmann*, Die Abschlussfreiheit – ein gefährdetes Prinzip – Zugleich der Versuch einer dogmatischen Erfassung der vorvertraglichen Regelungen des § 611 a BGB, ZfA 1996, 19; *Lansnicker/Schwirtzek*, Die Konkurrentenklage im Arbeitsrecht – Nur noch Schadensersatz nach endgültiger Stellenbesetzung?, NJW 2003, 2481; *Pabst-Slupik*, Die geschlechtsneutrale Arbeitsplatzausschreibung gemäß § 611 b BGB, ZRP 1984, 178; *Pfarr*, Quoten und Grundgesetz, 1988; *dies.*, Die Frauenquote, NZA 1995, 809; *Rühl/Hoffmann*, Chancengleichheit managen. Basis moderner Personalpolitik, 1. Aufl. 2001; *Schmidt*, Die Kalanke-Entscheidung des EuGH – das Aus für die Quotenregelung?, NJW 1996, 1724; *Slupik/Holpner*, § 611 b BGB und die Bundesanstalt für Arbeit, RdA 1990, 24; *Treber*, Arbeitsrechtliche Neuerungen durch das „Gesetz zur Änderung des Bürgerlichen Gesetzbuches und des Arbeitsgerichtsgesetzes", NZA 1998, 856; *Thüsing*, Zulässige Ungleichbehandlung weiblicher und männlicher Arbeitnehmer – Zur Unverzichtbarkeit i. S. des § 611a Abs. 1 Satz 2 BGB, RdA 2001, 319; *Wendeling-Schröder*, Grund und Grenzen gemeinschaftsrechtlicher Diskriminierungsverbote im Zivil- und Arbeitsrecht, NZA 2004, 1320; *Zimmer,* Diskriminierung wegen des Geschlechts bei der Einstellung von Arbeitnehmern und Art. 3 II GG, NJW 1994, 1203.

Anmerkungen

1. Regelungsinhalt. Aufgabe des Staates ist es, die tatsächliche Durchsetzung der **Gleichberechtigung von Frauen und Männern** zu fördern und auf die Beseitigung bestehender Nachteile hinzuwirken (Art. 3 Abs. 2 S. 2 GG). Eine Benachteiligung oder Bevorzugung wegen des Geschlechts ist verboten (Art. 3 Abs. 3 GG).

Obwohl der private Arbeitgeber nicht unmittelbarer Adressat dieser grundrechtlichen Verpflichtungen ist, wirken die Grundrechte über Generalklauseln und unbestimmte Rechtsbegriffe, z.B. den Grundsatz von Treu und Glauben (§ 242 BGB), in das privatrechtliche Arbeitsverhältnis hinein. Auch auf Betriebsvereinbarungen sind die Grundrechte nicht unmittelbar anwendbar (vgl. BVerfG Beschl. v. 23. 4. 1986 – 2 BvR 487/80 – AP Nr. 28 zu Art. 2 GG).

Auf europäischer Ebene verbietet bereits Art. 141 EG die ungerechtfertigte Ungleichbehandlung zwischen weiblichen und männlichen Arbeitnehmern bei Fragen des Entgelts. Diese Bestimmung wirkt unmittelbar und zwingend den Bürgern der Mitgliedsstaaten (zur Umsetzung vgl. § 612 Abs. 3 BGB). Weitere Vorgaben beinhalten die Gleichbehandlungsrichtlinien (vgl. insbes. RL 76/207/EWG, 77/187/EWG und 2002/73/EWG). Die noch umzusetzende RL 2002/73/EG erlaubt ausdrücklich so genannte positive Maßnahmen, wenn durch geeignete und angemessene Maßnahmen bestehende Nachteile wegen des Geschlechts verhindert oder ausgeglichen werden sollen. Hierunter fallen auch Maßnahmen zur Frauenförderung wie in dem vorliegenden Formular.

Arbeitgeber und Betriebsrat sind gemäß § 75 Abs. 1 S. 1 BetrVG verpflichtet Ungleichbehandlungen wegen des Geschlechtes zu unterbinden.

Dem Betriebsrat ist nach § 80 Abs. 1 Ziffer 2 a BetrVG die Aufgabe zugewiesen die Durchsetzung der **tatsächlichen Gleichstellung von Frauen und Männern**, insbesondere bei der Einstellung, Beschäftigung, Aus-, Fort- und Weiterbildung und dem beruflichen Aufstieg, zu fördern. Daneben erstrecken sich die allgemeinen Aufgaben gemäß § 80 Abs. 1 Ziffer 2 b BetrVG auch auf die Förderung der **Vereinbarkeit von Familie und Erwerbstätigkeit.** Beide Bereiche gelten ausdrücklich als Gegenstände der Personalplanung, so dass insoweit ein umfassendes Unterrichtungs- und Beratungsrecht des Betriebsrats besteht (§ 92 Abs. 1 und 3 BetrVG). Gegenstand der erzwingbaren Mitbestimmung (§ 87 BetrVG) ist die Frauenförderung dagegen nicht.

Im Übrigen wird der Gesichtspunkt der Frauenförderung im BetrVG nur vereinzelt angesprochen, z.B. als Berichtsthema bei Betriebs-, Abteilungs- und Betriebsräteversammlungen (§§ 43 Abs. 2, 45 S. 1, 53 Abs. 2 Nr. 2 BetrVG).

2. Präambel. Die in der Präambel angesprochenen Grundinhalte der vorliegenden Betriebsvereinbarung lassen sich in drei **Themenkomplexe** aufteilen, nämlich die Verbesserung der Beschäftigungs- und Aufstiegschancen für Frauen, Regelungen zur Vereinbarkeit von Familie und Beruf sowie zur Vermeidung sexueller Belästigungen.

3. Statistische Erfassung. Eine gezielte Frauenförderung ist nur möglich, sofern im Unternehmen konkrete Zahlen darüber vorliegen, in welchen Abteilungen Lohn- und Gehaltsgruppen oder Hierarchieebenen Frauen überhaupt unterrepräsentiert sind.

4. Frauenförderpläne. Der Begriff des Frauenförderplans entstammt den Gleichstellungsgesetzen der Länder und des Bundes, die grundsätzlich nur für die öffentliche Verwaltung gelten (eine Übersicht über die Gesetze zur Frauenförderung im öffentlichen Dienst findet sich z.B. bei MünchHdbArbR/*Annuß* § 187 Rdn. 22, dort Fn 48).

Ob die Aufstellung eines Frauenförderplans und die Einrichtung einer Gleichstellungskommission zur Überwachung von dessen Umsetzung (dazu Anm. 5) notwendig und zweckmäßig sind, lässt sich nur nach den betrieblichen Gegebenheiten im Einzelfall entscheiden. Hilfreich kann ein Frauenförderplan vor allem in größeren Unternehmen als flankierendes Mittel der Personalentwicklungsplanung sein.

Die bekannten Frauenförderpläne aus der öffentlichen Verwaltung bestehen im Wesentlichen aus fünf Regelungsbereichen: Neben die **Erfassung** (vgl. dazu § 2 des Formulars und oben Anm. 3) und **Analyse** des Personalbestandes tritt eine **Prognose** der zukünftig zu erwartenden Personalentwicklung. Auf diese Daten stützen sich dann **Zielvorgaben** und **Maßnahmen** zur Frauenförderung für einen bestimmten Planzeitraum. Diese Struktur ist auch im Formular wiedergegeben. Dabei sollte der Planzeitraum weder zu kurz (monatsweise) noch zu lang (nicht mehr als drei Jahre) bemessen sein, um eine flexible Handhabung der Personalentwicklungsplanung sicherstellen zu können.

Wegen ihrer abstrakten Vorgaben dürften sich aus Frauenförderplänen zumindest in der Privatwirtschaft keine individuellen Ansprüche einzelner Mitarbeiterinnen herleiten lassen. Klarstellend wird dies im Formular nochmals hervorgehoben.

5. Gleichstellungskommission. Die Einrichtung einer Gleichstellungskommission ist nicht zwingend und sollte in erster Linie von der **Unternehmens- oder Betriebsgröße** abhängig gemacht werden (ausführlich zu gemeinsamen Ausschüssen s. Form. C. II. 26). Falls eine Gleichstellungskommission eingerichtet wird, sollte diese mit der gleichen Anzahl von Vertretern des Betriebsrats und der Gesellschaft besetzt sein und ein überwiegender Frauenanteil sichergestellt werden. Als Vertreter der Gesellschaft sollten neben Mitarbeitern der Personalabteilung auch Vorgesetzte in Linienfunktionen in die Kommission entsandt werden, um die Akzeptanz im Betrieb zu erhöhen.

Je nach den betrieblichen Gegebenheiten kann ein anderer Tagungsrhythmus als der in der Betriebsvereinbarung vorgesehene dreimonatige Turnus gewählt werden.

Die Befugnisse der Gleichstellungskommission sind in dem Formular begrenzt auf **Überwachungs- und Vorschlagsrechte**. Sofern es um die Umsetzung konkreter Maßnahmen geht, können im Einzelfall weitere Mitwirkungs- und Mitbestimmungsrechte des Betriebsrats zu beachten sein.

6. Stellenausschreibungen. Interne wie externe Stellenausschreibungen dürfen gemäß § 611b **BGB** grundsätzlich nicht nur für Männer oder nur für Frauen erfolgen. Eine Ausnahme gilt nach § 611a Abs. 1 S. 2 BGB nur dann, wenn das Geschlecht eine unverzichtbare Voraussetzung für die Tätigkeit ist. Denkbar sind solche Ausnahmen dort, wo Arbeitsplätze aus arbeitsschutzrechtlichen Gründen nur mit Männern besetzt werden können, was heute praktisch nur noch im Bergbau unter Tage der Fall ist (vgl. § 64a BBergG). Die Rechtsprechung hat darüber hinaus Ausnahmefälle beispielsweise angenommen für eine Verkäuferin von Damenbadekleidung (LAG Köln Beschl. v. 19. 7. 1996 – 7 Sa 499/96 – NZA-RR 1997, 84), für die Geschäftsführerin eines Frauenverbandes (ArbG München Urt. v. 14. 2. 2001 – 38 Ca 8663/00 – NZA-RR 2001, 365) und die Position einer Frauenreferentin (LAG Berlin Urt. v. 14. 1. 1998 – 8 Sa 118/97 – NZA 1998, 312; weitere Bsp. bei *Thüsing* RdA 2001, 319 f).

Ein Verstoß gegen das Verbot differenzierender Stellenausschreibung begründet eine **Vermutung** für einen Verstoß gegen das Verbot der Geschlechtsdiskriminierung (i. S. d. § 611a Abs. 1 S. 3 BGB, so ErfKomm/*Schlachter* § 611b BGB Rdn. 4 m. weit. Nachw.) und kann daher zur **Entschädigungspflicht** des ausschreibenden Arbeitgebers führen (§ 611a Abs. 2 BGB; dazu *Annuß* NZA 1999, 738, 740 ff.). Das gilt selbst dann, wenn der Arbeitgeber Stellen durch Dritte, z. B. die Bundesagentur für Arbeit, ausschreiben lässt (BAG Urt. v. 5. 2. 2004 – 8 AZR 112/03 – NZA 2004, 540, 544; *Worzalla* DB 1994, 2446, 2449). Die Höhe der Entschädigung richtet sich danach, ob der Bewerber bei benachteiligungsfreier Auswahl eingestellt worden wäre oder nicht. Da selbst im letztgenannten Fall eine Entschädigung von bis zu drei Monatsgehältern möglich ist (§ 611a Abs. 3 Satz 1 BGB), sollte das Gebot geschlechtsneutraler Stellenausschreibung in jedem Fall sorgfältig beachtet werden.

§ 5 Abs. 1 des Formulars lehnt sich an § 611b i. V. m. § 611a Abs. 1 S. 2 BGB an und ist rein deklaratorisch.

Das Gebot geschlechtsneutraler Stellenausschreibung schließt jedoch nicht aus, dass Frauen bei der Bewerbung **gezielt angesprochen** werden (s. § 5 Abs. (2) des Formulars). Hierbei handelt es sich um einen unverbindlichen Appell, der vor dem Hintergrund der §§ 611a, 611b BGB unbedenklich ist.

22. Frauenförderung

7. Auswahlrichtlinien. Richtlinien über die personelle Auswahl bei Einstellungen bedürfen gemäß § 95 Abs. 1 BetrVG der Zustimmung des Betriebsrats. In Betrieben mit mehr als 500 Arbeitnehmern kann die Aufstellung solcher Richtlinien erzwungen werden (§ 95 Abs. 2 BetrVG). Die Auswahlgesichtspunkte sind in § 95 Abs. 2 BetrVG präzisiert, in dem sie sich auf die fachlichen und persönlichen Voraussetzungen sowie die sozialen Gesichtspunkte erstrecken sollen. Zu den persönlichen Voraussetzungen kann auch die Festlegung der bevorzugten **Berücksichtigung von Frauen** in Bereichen, in denen sie noch immer unterrepräsentiert sind, gehören (*F/E/S/T/L* § 95 Rdn. 22).

Zu beachten ist aber auch hier das Risiko des § 611a BGB, und zwar vor dem Hintergrund der so genannten „**umgekehrten Geschlechtsdiskriminierung**". In der bevorzugten Behandlung weiblicher Bewerber kann nämlich zugleich eine ungerechtfertigte Benachteiligung männlicher Bewerber liegen. Zur Grenzziehung können Entscheidungen des EuGH und des BAG zu den Gleichstellungsgesetzen der Länder herangezogen werden, die auf unterschiedliche Weise versucht haben, Frauen fördernde Auswahlregelungen vorzugeben. Dabei lassen sich folgende Grundsätze festhalten:

Eine **unmittelbare Bevorzugung** eines Geschlechts, z.B. durch eine starre Quotenregelung, ist nicht mit § 611a BGB vereinbar (MünchHdbArbR/*Richardi* § 11 Rdn. 75). Eine bevorzugte Einstellung oder Beförderung von Frauen kann daher nur unter dem Primat gleicher Qualifikation erfolgen. Das Geschlecht darf bei der Auswahlentscheidung in keinem Fall notwendige Qualifikationen ersetzen, sondern kann nur nachrangiges Kriterium bei gleicher Qualifikation sein.

Auch **unbedingte Vorrangregelungen**, in denen bei gleicher Qualifikation automatisch den weiblichen Bewerbern der Vorrang eingeräumt wird, sind mit dem EU-Recht nicht vereinbar und daher unwirksam (EuGH Urt. v. 17. 10. 1995 – Rs. C 450/93 (Kalanke) – AP Nr. 6 zu EWG-RL Nr. 76/207; BAG Urt. v. 5. 3. 1996 – 1 AZR 590/92 (A) – NZA 1996, 751, 754). Gleiches gilt für Regelungen, die vorsehen, dass bei ausreichender Qualifikation das bislang unterrepräsentierte Geschlecht leistungsunabhängig zu berücksichtigen ist (EuGH Urt. v. 6. 7. 2000 – Rs. C 407/98 (Abrahamson) – AP Nr. 22 zu EWG-RL Nr. 76/207).

Im Gegensatz dazu sind **inhaltlich angemessene Vorrangregelungen** zulässig, bei denen eine Berücksichtigung zusätzlicher Merkmale im Einzelfall gewährleistet ist (EuGH Urt. v. 11. 11. 1997 – Rs. C 409/95 (Marschall) – AP Nr. 14 zu EWG-RL Nr. 76/207; BAG Urt. v. 21. 1. 2003 – 9 AZR 307/02 – AP Nr. 60 zu Art. 33 GG; ErfKomm/*Schlachter* § 611a BGB Rdn. 21 m. weit. Nachw.). In der Entscheidung „Marschall" hatte der EuGH über eine Regelung des nordrhein-westfälischen Beamtengesetzes zu befinden, die bei gleicher Eignung, Befähigung und fachlicher Leistung eine bevorzugte Beförderung von Frauen vorsah, „sofern nicht in der Person eines Mitbewerbers liegende Gründe überwiegen". Eine ähnliche Formulierung im rheinland-pfälzischen Landesgleichstellungsgesetz lag auch der oben zitierten Entscheidung des BAG zugrunde. So wird sichergestellt, dass zum einen überwiegende Kriterien zugunsten des männlichen Bewerbers Berücksichtigung finden können, diese Kriterien andererseits aber gegenüber weiblichen Bewerbern keine diskriminierende Wirkung haben (*Compensis* BB 1998, 2470, 2471). Diese von der Rechtsprechung gebilligte Formulierung greift § 6 Abs. (2) des Formulars auf.

8. Betriebliche Weiterbildung. Frauenförderung sollte nicht dort Halt machen, wo das Einstellungsverfahren endet. Vielmehr sollte Frauen auch bei der beruflichen Weiterbildung im angemessenen Rahmen bevorzugt die Möglichkeit zur Inanspruchnahme betrieblicher Angebote gegeben werden. Aus diesem Grund sieht die Betriebsvereinbarung vor, dass weibliche Mitarbeiterinnen bei **betrieblichen und außerbetrieblichen Bildungsmaßnahmen** (hierzu Form. C. II. 4 Anm. 4) ebenfalls solange den Vorrang genießen, bis ein angemessenes Verhältnis von Frauen und Männern in den einzelnen Hierarchieebenen besteht. Ausnahmen gelten bei überwiegendem Berufsbildungsbedarf eines anderen Mitarbeiters oder aus betrieblichen Gründen.

9. Festlegung der Arbeitszeit. Die bevorzugte Behandlung von Mitarbeitern mit Kindern wird einerseits durch die bestehenden Arbeitszeitregelungen und andererseits durch den Vorbehalt betrieblicher Belange begrenzt, so dass die Regelung eher programmatischen Charakter hat.

10. Teilzeitarbeit. Das TzBfG sieht ebenso wie das BErzGG für Mitarbeiter in der Elternzeit umfangreiche Regelungen zur Inanspruchnahme von Teilzeitarbeit vor. Verkürzt gesprochen haben Mitarbeiter danach grundsätzlich Anspruch auf Teilzeitarbeit, sofern (bei Elternzeit: dringende) betriebliche Gründe dem Teilzeitverlangen nicht entgegenstehen. Die in der Betriebsvereinbarung enthaltene Vorgabe wohlwollender Prüfung von Teilzeitverlangen im Einzelfall bewegt sich im Rahmen dieser gesetzlichen Regelungen.

11. Sexuelle Belästigung am Arbeitsplatz. Die Regelung gibt im Wesentlichen die Vorschriften des Beschäftigtenschutzgesetzes (BeschSchG) vom 24. Juni 1994 wieder. Bei der Verpflichtung der Gesellschaft, geeignete Maßnahmen gegen die Fortsetzung einer festgestellten Belästigung zu ergreifen, handelt es sich allerdings nicht lediglich um einen Programmsatz. Vielmehr ist der Arbeitnehmer berechtigt seine Tätigkeit an dem betreffenden Arbeitsplatz ohne Verlust seines Vergütungsanspruchs **einzustellen**, soweit dies zu seinem Schutz erforderlich ist (Zurückbehaltungsrecht). Unter Umständen kann sich auch ein Schadensersatzanspruch des Mitarbeiters gegen den Arbeitgeber ergeben, da das BeschSchG ein Schutzgesetz im Sinne von § 823 Abs. 2 BGB darstellt. Darüber hinaus stellt das Nichteingreifen gegen sexuelle Belästigungen am Arbeitsplatz eine erhebliche Verletzung der Fürsorgepflicht des Arbeitgebers dar, so dass bei vorsätzlichem oder fahrlässigem Verhalten eine Schadenersatzpflicht auch unter dem Gesichtspunkt der positiven Vertragsverletzung (§ 280 Abs. 1 BGB) bestehen kann (Küttner/*Kreitner*, Sexuelle Belästigung Rdn. 15).

12. Inkrafttreten und Kündigung. S. Form. C. II. 1 Anm. 15.

13. Schlussbestimmungen. S. Form. C. II. 1 Anm. 16.

23. Leitbild zur Gleichbehandlung und Schutz vor Diskriminierung (Equal Opportunity Policy)

Rahmenbetetriebsvereinbarung[1] zur Gleichbehandlung und Schutz vor Diskriminierung

zwischen

...... (Name und Anschrift des Arbeitgebers) „Gesellschaft"

und

Betriebsrat des Betriebs ...... der ...... (Name des Arbeitgebers) „Betriebsrat"
(*Alternative:* Gesamtbetriebsrat/Konzernbetriebsrat)

Präambel[2]

Zur Gleichbehandlung aller Beschäftigen, zum Schutz vor Diskriminierung und zur Erfüllung des gesetzlichen Auftrages nach § 75 BetrVG schließen die Betriebspartner nachfolgende Betriebsvereinbarung.

§ 1 Zielsetzung[3]

Ziel dieser Betriebsvereinbarung ist es, Benachteiligungen wegen der Abstammung, der Nationalität, der Herkunft, der Rasse, des Geschlechts, der Religion, der Weltanschauung, der politischen oder gewerkschaftlichen Betätigung oder Einstellung, einer Behinderung, des Alters oder der sexuellen Identität zu verhindern oder zu beseitigen.

§ 2 Persönlicher Geltungsbereich[4]

Diese Betriebsvereinbarung gilt in persönlicher Hinsicht für alle Arbeitnehmerinnen und Arbeitnehmer des Betriebs ...... der Gesellschaft („Mitarbeiter") einschließlich der zu ihrer Berufsausbildung Beschäftigten mit Ausnahme der leitenden Angestellten im Sinne des § 5 Abs. 3 BetrVG. Als Mitarbeiter gelten auch Bewerberinnen und Bewerber für ein Beschäftigungsverhältnis.

§ 3 Sachlicher Geltungsbereich[4]

(1) Benachteiligungen aus einem in § 1 genannten Grund sind nach Maßgabe dieser Betriebsvereinbarung grundsätzlich unzulässig in Bezug auf:
a) die Bedingungen für die Einstellung einschließlich Auswahlkriterien und Einstellungsbedingungen sowie für die Beförderung,
b) die Beschäftigungs- und Arbeitsbedingungen einschließlich Arbeitsentgelt und Entlassungsbedingungen,
c) den Zugang zu allen Formen und Ebenen der beruflichen Aus- und Weiterbildung.

(2) Die Geltung sonstiger Benachteiligungsverbote oder Gebote der Gleichbehandlung wird durch diese Betriebsvereinbarung nicht berührt. Dies gilt auch für andere Vorschriften zum Schutz bestimmter Personengruppen.

§ 4 Begriffsbestimmungen[5]

(1) Eine unmittelbare Benachteiligung liegt vor, wenn ein Mitarbeiter wegen eines in § 1 genannten Grundes eine weniger günstige Behandlung erfährt als ein anderer Mitarbeiter in einer vergleichbaren Situation erfährt, erfahren hat oder erfahren würde. Eine unmittelbare Benachteiligung wegen des Geschlechts liegt auch im Falle einer ungünstigeren Behandlung einer Frau wegen Schwangerschaft oder Mutterschaft vor.

(2) Eine mittelbare Benachteiligung liegt vor, wenn dem Anschein nach neutrale Vorschriften, Kriterien oder Verfahren Mitarbeiter wegen eines in § 1 genannten Grundes gegenüber anderen Mitarbeitern in besonderer Weise benachteiligen können, es sei denn, die betroffenen Vorschriften, Kriterien oder Verfahren sind durch ein rechtmäßiges Ziel sachlich gerechtfertigt und die Mittel sind zur Erreichung dieses Ziels angemessen und erforderlich.

(3) Eine Belästigung ist eine Benachteiligung, wenn unerwünschte Verhaltensweisen, die mit einem in § 1 genannten Grund in Zusammenhang stehen, bezwecken oder bewirken, dass die Würde des betroffenen Mitarbeiters verletzt wird und ein von Einschüchterungen, Anfeindungen, Erniedrigungen, Entwürdigungen oder Beleidigungen gekennzeichnetes Umfeld geschaffen wird.

(4) Eine sexuelle Belästigung ist eine Benachteiligung, wenn ein unerwünschtes, sexuell bestimmtes Verhalten, wozu auch unerwünschte sexuelle Handlungen und Aufforderungen zu diesen, sexuell bestimmte körperliche Berührungen, Bemerkungen sexuellen Inhalts sowie unerwünschtes Zeigen und sichtbares Anbringen von pornographischen Darstellungen gehören, bezweckt oder bewirkt, dass die Würde des betroffenen Mitarbeiters verletzt wird, insbesondere wenn ein von Einschüchterungen, Anfeindungen, Erniedrigungen, Entwürdigungen oder Beleidigungen gekennzeichnetes Umfeld geschaffen wird.

(5) Die Anweisung zur Benachteiligung einer Person aus einem in § 1 genannten Grund gilt als Benachteiligung. Eine solche Anweisung liegt insbesondere vor, wenn jemand eine Person zu einem Verhalten bestimmt, das einen Mitarbeiter wegen eines in § 1 genannten Grundes benachteiligt oder benachteiligen kann.

§ 5 Grundsätze zur Gleichbehandlung[6]

(1) Es ist die erklärte Absicht der Betriebspartner Benachteiligungen effektiv zu verhindern und eine benachteiligungsfreie Arbeitsumgebung zu schaffen und zu unterhalten.

(2) Die Betriebspartner werden nach besten Kräften dafür Sorge tragen, dass das Arbeitsumfeld frei ist von unmittelbaren oder mittelbaren Benachteiligungen, Belästigungen, sexuellen Belästigungen und Anweisungen zur Benachteiligung.

(3) Die Betriebspartner werden dafür Sorge tragen, dass alle maßgeblichen Personalprozesse im Unternehmen benachteiligungsfrei ausgestaltet sind und dass alle Beschäftigten mit den Zielsetzungen und Inhalten dieser Betriebsvereinbarung vertraut sind.

(4) Die Betriebspartner werden die Einhaltung der Regelungen dieser Betriebsvereinbarung überwachen und dafür Sorge tragen, dass Verstöße gegen diese Betriebsvereinbarung angemessen sanktioniert werden.

§ 6 Einstellungen, Beförderungen[7]

(1) Stellenausschreibungen sind so zu formulieren, dass eine Benachteiligung von Mitarbeitern oder Bewerbern wegen eines in § 1 genannten Grundes ausgeschlossen ist. Die geforderten Qualifikationen dürfen sich ausschließlich an dem Anforderungsprofil für die zu besetzende Stelle orientieren.

(2) Im Bewerbungsgespräch sind Fragen unzulässig, die zu einer Benachteiligung wegen eines in § 1 genannten Grundes führen können. Der Verlauf des Gespräches soll protokolliert werden. An Bewerbungsgesprächen soll immer mindestens ein Beschäftigter teilnehmen, der eine Fortbildung im Hinblick auf die Zielsetzung dieser Betriebsvereinbarung durchlaufen hat.

(3) Abs. (2) gilt entsprechend für Assessment Center und andere Instrumente der Personalauswahl.

(4) Die Auswahlentscheidung soll ausschließlich auf Basis der Ergebnisse des Einstellungsverfahrens getroffen werden. Ablehnende Entscheidungen sollen zunächst zur internen Dokumentation und auf Nachfrage auch gegenüber dem Bewerber begründet werden.

(5) Die Abs. (1) bis (4) gelten entsprechend für Beförderungen.

§ 7 Arbeitsentgelt, Sozialleistungen[8]

Arbeitsentgelte und Sozialleistungen sind so zu gestalten, dass eine Benachteiligung wegen eines in § 1 genannten Grundes ausgeschlossen ist.

§ 8 Betriebliche Berufsbildung[9]

(1) Mitarbeiter dürfen bei Zugang zu Maßnahmen der betrieblichen Berufsbildung nicht wegen eines in § 1 genannten Grundes ausgeschlossen werden. § 96 Abs. 2 BetrVG bleibt unberührt.

(2) Maßnahmen zum Schutz vor Benachteiligungen sollen in geeigneter Weise Gegenstand betrieblicher Berufsbildungsmaßnahmen sein. Der Betriebsrat kann hierzu im Rahmen des § 97 Abs. 1 BetrVG Vorschläge unterbreiten.

§ 9 Ausnahmen[10]

(1) Eine unterschiedliche Behandlung wegen eines in § 1 genannten Grundes ist zulässig, wenn dieser Grund wegen der Art der auszuübenden Tätigkeit oder der Bedingungen ihrer Ausübung eine wesentliche und entscheidende berufliche Anforderung darstellt, sofern der Zweck rechtmäßig und die Anforderung angemessen ist.

(2) Ungeachtet des Abs. (1) ist eine unterschiedliche Behandlung wegen des Alters auch zulässig, wenn sie objektiv und angemessen und durch ein legitimes Ziel gerechtfertigt ist. Die Mittel zur Erreichung dieses Ziels müssen angemessen und erforderlich sein.

(3) Ungeachtet der in den Abs. (1) und (2) benannten Ausnahmen ist eine unterschiedliche Behandlung auch zulässig, wenn durch geeignete und angemessene Maßnahmen bestehende Nachteile wegen eines in § 1 genannten Grundes verhindert oder ausgeglichen werden sollen.

§ 10 Gleichberechtigungsbeauftragter[11]

(1) Die Gesellschaft wird nach Anhörung des Betriebsrats einen Gleichberechtigungsbeauftragten bestellen.

(2) Der Gleichberechtigungsbeauftragte hat die Aufgabe die Einhaltung der Regelungen dieser Betriebsvereinbarung zu überwachen. Er darf wegen der ordnungsgemäßen Ausübung seines Amtes nicht benachteiligt werden.

(3) Der Gleichberechtigungsbeauftragte wird einmal jährlich einen schriftlichen Bericht über seine Arbeit der Gesellschaft und dem Betriebsrat vorlegen. Gesellschaft und Betriebsrat sollen den Jahresbericht und sich daraus ergebende Konsequenzen erörtern.

(4) § 80 Abs. 1 BetrVG bleibt unberührt.

§ 11 Beschwerde[12]

(1) Alle Mitarbeiter haben das Recht, sich bei dem Gleichberechtigungsbeauftragten zu beschweren, wenn sie sich im Zusammenhang mit ihrem Beschäftigungsverhältnis von der Gesellschaft, vom Vorgesetzten oder anderen Mitarbeitern wegen eines in § 1 genannten Grundes benachteiligt fühlen. Der Gleichberechtigungsbeauftragte hat die Beschwerde zu prüfen, das Ergebnis dem beschwerdeführenden Mitarbeiter mitzuteilen und der Gesellschaft gegebenenfalls Sanktionen im Sinne des § 13 zur Abhilfe vorzuschlagen.

(2) § 85 BetrVG bleibt unberührt.

§ 12 Maßregelungsverbot[13]

(1) Die Gesellschaft darf Mitarbeiter nicht wegen der Inanspruchnahme von Rechten nach dieser Betriebsvereinbarung benachteiligen. Gleiches gilt für Personen, die den Mitarbeiter hierbei unterstützen.

(2) Die Zurückweisung oder Duldung benachteiligender Verhaltensweisen durch betroffene Mitarbeiter darf nicht als Grundlage für eine Entscheidung herangezogen werden, die diese Mitarbeiter berührt. Abs. (1) Satz 2 gilt entsprechend.

§ 13 Sanktionen[14]

(1) Verstoßen Mitarbeiter gegen die Regelungen dieser Betriebsvereinbarung, so hat die Gesellschaft hiergegen unverzüglich Maßnahmen zu ergreifen mit dem Ziel, die Verstöße umgehend abzustellen.

(2) Die Gesellschaft soll unter Beachtung des Grundsatzes der Verhältnismäßigkeit arbeitsrechtliche Maßnahmen ergreifen.

§ 14 Inkrafttreten, Kündigung[15]

(1) Die Betriebsvereinbarung tritt am …… in Kraft. Sie kann mit einer Frist von drei Monaten zum Ende eines Kalendermonats, erstmalig zum …… gekündigt werden. Die Betriebsvereinbarung entfaltet keine Nachwirkung.

(2) Die Kündigung bedarf der Schriftform.

§ 15 Schlussbestimmungen[16]

(1) Diese Betriebsvereinbarung löst alle etwaigen vorherigen Betriebsvereinbarungen zur Gleichberechtigung ab. Nebenabreden bestehen nicht. Änderungen oder Ergänzungen dieser Vereinbarung, einschließlich dieser Bestimmung, bedürfen zu ihrer Wirksamkeit der Schriftform.

(2) Sollte eine Bestimmung dieser Betriebsvereinbarung ganz oder teilweise unwirksam sein oder werden, so wird hiervon die Wirksamkeit der übrigen Bestimmungen nicht berührt. Anstelle der unwirksamen Bestimmung werden die Betriebspartner die gesetzlich zulässige Bestimmung vereinbaren, die den mit der unwirksamen Bestimmung gewollten wirtschaftlich am nächsten kommt. Dasselbe gilt für den Fall einer vertraglichen Lücke.

(3) Diese Betriebsvereinbarung steht unter dem Vorbehalt etwaiger ablösender – auch freiwilliger – Betriebsvereinbarungen.

(4) Sollten sich die dieser Betriebsvereinbarung zugrunde liegenden tatsächlichen oder rechtlichen Bedingungen grundlegend ändern, so werden die Betriebspartner unverzüg-

lich in Verhandlungen treten mit dem Ziel, die Betriebsvereinbarung an die geänderten Bedingungen anzupassen.

......
Ort, Datum

......
Unterschrift der Gesellschaft

......
Ort, Datum

......
Unterschrift des Betriebsrats

Schrifttum: Bauer/Thüsing/Schunder, Entwurf eines Gesetzes zur Umsetzung europäischer Antidiskriminierungsrichtlinien, NZA 2005, Seite 32; *Lingscheid,* Antidiskriminierung im Arbeitsrecht, 1. Aufl. 2004; *Schiek,* Gleichbehandlungsrichtlinien der EU – Umsetzung im deutschen Arbeitsrecht, NZA 2004, 873; *von Steinau-Steinrück/Schneider/Wagner,* Der Entwurf eines Antidiskriminierungsgesetzes: Ein Beitrag zur Kultur der Antidiskriminierung? NZA 2005, Seite 28; *Wiedemann/Thüsing,* Der Schutz älterer Arbeitnehmer und die Umsetzung der Richtlinie 2000/78/EG, NZA 2002, 1254.

Anmerkungen

1. Regelungsinhalt. Die vorliegende Rahmenbetriebsvereinbarung gibt in weiten Teilen Regelungen der noch umzusetzenden europäischen **Antidiskriminierungsrichtlinien** (RL 2000/43/EG, ABl(EG) Nr. L 180, S. 22; RL 2000/78/EG, ABl(EG) Nr. L 303, S. 16; RL 2002/73/EG, ABl(EG) Nr. L 269, S. 15) und zum Teil auch des entsprechenden Entwurfs eines Antidiskriminierungsgesetzes (BT-Drucks. 15/5717 v. 15. 6. 2005) wieder. Insoweit nimmt die Betriebsvereinbarung eine rechtliche Situation vorweg, die in naher Zukunft ohnehin eintreten wird.

Die Vereinbarung einer Equal Opportunity Policy (EOP) als Betriebsvereinbarung hat eine ganze Reihe von **Vorteilen.**

- Sie fördert den Diskussionsprozess zwischen den Betriebspartnern über die Problematik und schafft daher das vom Gesetzgeber gewollte Bewusstsein für die Thematik.
- Sie verwirklicht den gesetzlichen Auftrag an den Arbeitgeber und die Arbeitnehmervertretungen nach § 75 BetrVG.
- Sie verdeutlicht allen Mitarbeitern und Führungskräften die Bedeutung der Thematik im Unternehmen und ihre eigenen Aufgaben in diesem Rahmen.
- Sie schafft unmittelbare und konkretisierte Rechte und Pflichten für alle Mitarbeiter im Zusammenhang mit der Antidiskriminierung.
- Sie unterstreicht die Bedeutung der Thematik im Unternehmen auch für die Öffentlichkeit und verdeutlicht damit auch potenziellen Bewerbern die Haltung der Gesellschaft zur Chancengleichheit. Aus der Diskussion über die Vereinbarkeit von Familie und Beruf vor rund 20 Jahren ist bekannt, dass Unternehmen mit einer aktiven Leitlinie dazu auf dem Bewerbermarkt wesentlich positiver wahrgenommen wurden.

2. Präambel. Hier wird die Motivationslage der Betriebspartner nochmals verdeutlicht. Der in Bezug genommene gesetzliche Auftrag nach § 75 BetrVG verpflichtet die Betriebspartner darüber zu wachen, dass jede unterschiedliche Behandlung von Mitarbeitern wegen ihrer Abstammung, Religion, Nationalität, Herkunft, politischen oder gewerkschaftlichen Betätigung oder Einstellung oder wegen ihres Geschlechts oder ihrer sexuellen Identität unterbleibt. Die Betriebspartner haben danach weiter darauf zu achten, dass Arbeitnehmer nicht wegen Überschreitung bestimmter Altersstufen benachteiligt werden.

Während § 75 BetrVG aber nur Betriebsangehörige schützt, erfasst die vorliegende Rahmenbetriebsvereinbarung auch Stellenbewerber (vgl. § 2 und Anm. 4).

3. Zielsetzung. Ziel der vorliegenden Rahmenbetriebsvereinbarung ist es, ein **diskriminierungsfreies Arbeitsumfeld** zu schaffen. Die in § 1 aufgezählten Diskriminierungsmerkmale sind § 75 BetrVG, § 611a BGB sowie den Antidiskriminierungsrichtlinien entnommen.

4. Geltungsbereich. Diese Vorschrift gibt inhaltlich den arbeitsrechtlichen Anwendungsbereich der Antidiskriminierungsrichtlinien wieder.

Die Bedingungen wie die Auswahlkriterien für die **Einstellung und Beförderung** müssen diskriminierungsfrei sein. Im Hinblick auf die Einzelheiten bei der Einstellung einschließlich der Arbeitsplatzausschreibung kann auf die Erfahrungen unter § 611 a und § 611 b BGB hingewiesen werden.

Auch die **Beschäftigungs- und Arbeitsbedingungen** einschließlich Arbeitsentgelt und Entlassungsbedingungen müssen diskriminierungsfrei sein.

Schließlich dürfen Beschäftigte nicht auf Grund eines Diskriminierungskriteriums Nachteile beim Zugang zu allen Formen und Ebenen der **beruflichen Aus- und Weiterbildung** erleiden.

Eigentlich haben die Betriebsparteien keine Regelungsmacht im Hinblick auf Bewerber. Da aber einerseits gerade die Zielsetzung der gleichen Einstellungsbedingungen für Bewerber von besonderer Bedeutung ist und andererseits die Einbeziehung von Bewerbern in den Geltungsbereich von Betriebsvereinbarungen im Zusammenhang mit Auswahlrichtlinien auch bisher nicht unüblich ist, wurde hier dem Gesichtspunkt der Praktikabilität der Vorzug gegeben.

5. Begriffsbestimmungen. Die Vorschrift ist den Antidiskriminierungsrichtlinien bzw. dem Entwurf eines Antidiskriminierungsgesetzes (vgl. Anm. 1) nachgebildet. In Abs. (1) und (2) werden die unmittelbare und die mittelbare Diskriminierung definiert, die im Hinblick auf das Geschlecht bereits im Rahmen des § 611 a BGB verboten sind. Die vorliegenden Begriffsdefinitionen gehen darüber jedoch insoweit hinaus, als beide hypothetische Elemente enthalten („erfahren würde", „benachteiligen können") und erweitern dadurch den Schutz vor Diskriminierungen nicht unerheblich.

Die Belästigung nach Abs. (3) ist eine neue Form der Diskriminierung, deren Verbot darauf abzielt, ein Arbeitsumfeld zu schaffen, das frei von Einschüchterungen, Anfeindungen, Erniedrigungen, Entwürdigungen oder Beleidigungen ist. Dies ist als *Hostile Work Environment* aus dem Common-Law-Kreis bereits bekannt. Belästigungen können sich in mündlichen Äußerungen oder Gesten zeigen sowie im Verfassen oder Verbreiten schriftlicher Äußerungen, Bildern oder sonstigem Material, sofern sie die Würde einer Person verletzen und ein Arbeitsumfeld schaffen, welches jedenfalls von einem der fünf aufgezählten Begriffe bestimmt wird. Einmalige Vorfälle sind daher regelmäßig nicht in der Lage, eine solche Umgebung zu schaffen. Der Begriff der sexuellen Belästigung in Abs. (4) geht über den des § 2 Abs. 2 BeschSchG hinaus, da hiernach lediglich vorsätzliche Handlungen erfasst werden. Im Unterschied zur Belästigung nach Abs. (3) können hier bereits einmalige Vorfälle genügen.

6. Grundsätze zur Gleichbehandlung. Abs. (1) erläutert nochmals die Absicht der Betriebsparteien Diskriminierungen effektiv zu verhindern und eine diskriminierungsfreie Arbeitsumgebung zu schaffen und zu unterhalten.

Die Abs. (2) bis (4) verpflichten die Betriebspartner Benachteiligungen i. S. d. § 4 des Formulars zu unterbinden, vorbeugende Maßnahmen zu treffen, die Einhaltung der Betriebsvereinbarung zu überwachen und bei Verstößen die im Einzelfall angemessenen Maßnahmen zur Unterbindung der Benachteiligung zu treffen (vgl. § 13 des Formulars und Anm. 14).

Abs. (2) soll dazu beitragen, dass die Mitarbeiter für Fragen der Antidiskriminierung sensibilisiert werden und insbesondere Diskriminierungen der Mitarbeiter untereinander verhindern.

7. Einstellungen, Beförderungen. Das Formular beschreibt Gebote und Verbote der einzelnen Auswahlschritte bei Einstellungen und Beförderungen.

8. Arbeitsentgelt, Sozialleistungen. § 7 beschreibt als Ziel nochmals die benachteiligungsfreie Ausgestaltung von Arbeitsentgelten und Sozialleistungen. Weitere konkrete Gebote und Verbote sind auf Basis der betrieblichen Gegebenheiten zu formulieren.

9. Betriebliche Berufsbildung. Abs. (1) beschreibt nochmals die Zielsetzung der benachteiligungsfreien Ausgestaltung der beruflichen Berufsbildung. Danach dürfen Mitarbeiter nicht wegen eines Diskriminierungsmerkmales von Maßnahmen der betrieblichen Berufsbildung ausgeschlossen werden.

10. Ausnahmen. § 9 ist aus Sicht des Arbeitgebers die wichtigste Norm der vorliegenden Betriebsvereinbarung, da er Ausnahmen von dem Verbot der Benachteiligung in § 3 Abs. (1) nach dem Vorbild der Antidiskriminierungsrichtlinien regelt. Die Ausnahme der wesentlichen und entscheidenden beruflichen Anforderung in § 9 Abs. (1) entspricht der bereits aus dem Verbot der Geschlechtsdiskriminierung in § 611a Abs. 1 S. 2 BGB bekannten „unverzichtbaren Voraussetzung".

§ 9 Abs. (2) eröffnet weitergehende Ausnahmen für Altersdiskriminierungen, soweit die Gesellschaft mit der Ungleichbehandlung ein legitimes Ziel verfolgt. Hierunter fallen beispielsweise die Vereinbarung von Altersgrenzen oder der Unkündbarkeit von älteren Arbeitnehmern, die Gewährung längeren Urlaubs für ältere Arbeitnehmer sowie Differenzierungen von Leistungen in Sozialplänen nach § 112 BetrVG. Ferner können mittelbare Benachteiligungen wegen aller in § 1 genannten Merkmale nach § 4 Abs. (2) ebenfalls durch ein rechtmäßiges Ziel gerechtfertigt werden.

In § 9 Abs. (3) ist die Möglichkeit so genannter positiver Maßnahmen (z. B. Frauenquoten) geregelt.

11. Gleichberechtigungsbeauftragter. Eine solche Institution ist in den Antidiskriminierungsrichtlinien nicht vorgesehen. Es erscheint aber sinnvoll eine solche Funktion zu schaffen (ähnlich dem Datenschutzbeauftragten, Emissionsschutzbeauftragten, Sicherheitsbeauftragten etc.).

Damit werden die Zuständigkeiten nach dieser Betriebsvereinbarung institutionell gebündelt.

Das Formular sieht vor, dass die Gesellschaft den Betriebsrat vor der Benennung eines Gleichberechtigtenbeauftragten anhört. Abhängig vom Umfang der Aufgaben des Gleichberechtigungsbeauftragten kann es sich bei der Benennung des Gleichberechtigungsbeauftragten gleichzeitig um eine Versetzung handeln, so dass der Betriebsrat auch nach § 99 BetrVG zu beteiligen ist.

Abs. (2) beschreibt die Aufgaben des Gleichberechtigungsbeauftragten, nämlich die Überwachung der Einhaltung der Betriebsvereinbarung. Außerdem enthält Abs. (2) ein Maßregelungsverbot für den Gleichberechtigungsbeauftragten.

12. Beschwerde. § 11 dient der Durchsetzung der Gleichbehandlung im Betrieb, dadurch, dass Verstöße gegen die Betriebsvereinbarung durch Mitarbeiter offen gelegt werden können ohne Nachteile befürchten zu müssen (vgl. § 12 im Formular).

13. Maßregelungsverbot. § 12 entspricht inhaltlich § 612a BGB.

14. Sanktionen. Wie das Beschwerderecht in § 11 dienen auch die Sanktionen zur Unterbindung von Benachteiligungen der Mitarbeiter untereinander der Durchsetzung der Gleichbehandlung. Als arbeitsrechtliche Maßnahmen im Sinne des § 13 Abs. (2) kommen insbesondere die Abmahnung, Umsetzung, Versetzung oder Kündigung des diskriminierenden Mitarbeiters in Betracht.

15. Inkrafttreten, Kündigung. S. Form. C. II. 1 Anm. 15.

16. Schlussbestimmungen. S. Form. C. II. 1 Anm. 16.

24. Bildung eines Europäischen Betriebsrats

Vereinbarung über die Errichtung eines Europäischen Betriebsrats

zwischen
...... (Name und Anschrift des gemeinschaftsweit tätigen/herrschenden Unternehmens)
„Gesellschaft[1]"
und
dem Besonderen Verhandlungsgremium,
bestehend aus ...... „Besonderes Verhandlungsgremium[2]"

Präambel

Auf Grundlage der Richtlinie der Europäischen Gemeinschaft 94/45/EG vom 22. September 1994 und des Gesetzes über Europäische Betriebsräte (EBRG) vom 28. Oktober 1996 schließen die Parteien folgende Vereinbarung im Sinne der §§ 17 und 18 EBRG

24. Bildung eines Europäischen Betriebsrats

zur Ausgestaltung der grenzübergreifenden Unterrichtung und Anhörung durch Errichtung eines Europäischen Betriebsrats[3].

§ 1 Geltungsbereich

(1) Diese Vereinbarung erstreckt sich auf alle Betriebe der Gesellschaft in einem Mitgliedstaat der Europäischen Union (*Alternative:* ...... andere regionale Beschreibung)[4].

(*Alternative:*
(1) Diese Vereinbarung erstreckt sich auf alle Betriebe der Gesellschaft sowie auf alle Betriebe von Unternehmen, die von der Gesellschaft beherrscht werden, jeweils soweit sich die Betriebe in einem Mitgliedsstaat der Europäischen Union (*Alternative:* ...... andere regionale Beschreibung) befinden.

(2) Von der Gesellschaft beherrscht werden solche Unternehmen, auf die die Gesellschaft unmittelbar oder mittelbar beherrschenden Einfluss ausüben kann ("beherrschte Unternehmen"). Ein solcher beherrschender Einfluss wird vermutet, wenn die Gesellschaft unmittelbar oder mittelbar
1. mehr als die Hälfte des Verwaltungs-, Leitungs- oder Aufsichtsorgans des beherrschten Unternehmens bestellen kann oder
2. über die Mehrheit der mit den Anteilen am beherrschten Unternehmen verbundenen Stimmrechte verfügt oder
3. die Mehrheit des gezeichneten Kapitals des beherrschten Unternehmens besitzt.
Im Übrigen gilt § 6 EBRG.

(2) Die Betriebe der Gesellschaft (*Alternative:* sowie die Betriebe der beherrschten Unternehmen) werden in einer Liste (Anlage 1) aufgeführt. Die Gesellschaft verpflichtet sich, diese Liste vierteljährlich zu aktualisieren[5].

§ 2 Zusammenarbeit

Die Gesellschaft wird mit dem Europäischen Betriebsrat vertrauensvoll zusammenarbeiten. Sie wird insbesondere dafür Sorge tragen, dass die Vereinbarungen, die mit dem Europäischen Betriebsrat getroffen werden, auch in allen Betrieben der Gesellschaft (*Alternative:* und in allen Betrieben der beherrschten Unternehmen) umgesetzt werden[6].

§ 3 Zusammensetzung

(1) Der Europäische Betriebsrat besteht aus höchstens 25 Mitgliedern. Für jedes Mitglied kann ein Ersatzmitglied nach Maßgabe des nachstehenden § 4 gewählt oder entsendet werden. Mitglieder und Ersatzmitglieder können nur solche Personen sein, die in einem Arbeitsverhältnis zur Gesellschaft (*Alternative:* oder einem beherrschten Unternehmen) stehen[7].

(2) Jeder Betrieb der Gesellschaft (*Alternative:* und der beherrschten Unternehmen)
mit in der Regel bis zu ...... Arbeitnehmern wählt oder entsendet ......
mit in der Regel bis zu ...... Arbeitnehmern wählt oder entsendet ......
mit in der Regel bis zu ...... Arbeitnehmern wählt oder entsendet ......
mit in der Regel bis zu ...... Arbeitnehmern wählt oder entsendet ......
mit in der Regel bis zu ...... Arbeitnehmern wählt oder entsendet ......
mit in der Regel bis zu ...... Arbeitnehmern wählt oder entsendet ......
Mitglieder in den Europäischen Betriebsrat. Maßgebend ist dabei die durchschnittliche Arbeitnehmerzahl des Betriebs in den letzten beiden Jahren[8].

(3) Würde die Zusammensetzung nach Maßgabe des Abs. (2) die Zahl von 25 Mitgliedern überschreiten, werden in Abweichung von Abs. (2) die Sitze nach dem Verhältnis der in den einzelnen Ländern beschäftigten Arbeitnehmer verteilt. Dabei muss jedes Land, in dem mehr als ...... Arbeitnehmer beschäftigt sind, durch mindestens ...... Mitglieder im Europäischen Betriebsrat vertreten sein.

§ 4 Wahl/Entsendung der Mitglieder

(1) Die Wahl oder Entsendung der Mitglieder und Ersatzmitglieder des Europäischen Betriebsrats richtet sich nach den jeweiligen nationalen Bestimmungen zur Wahl oder Entsendung von Arbeitnehmervertretern des Landes, in dem sich der jeweilige Betrieb der Gesellschaft (*Alternative:* oder des beherrschten Unternehmens) befindet[9].

(2) Der Europäische Betriebsrat kommt nach erfolgter Wahl oder Entsendung aller Mitglieder zu einer konstituierenden Sitzung am Hauptsitz der Gesellschaft zusammen. Der Europäische Betriebsrat hat der Gesellschaft alle Mitglieder und Ersatzmitglieder unverzüglich schriftlich zu benennen[10].

§ 5 Mandatsdauer

(1) Die Mitglieder des Europäischen Betriebsrats und ihre Ersatzmitglieder werden für die Dauer von vier Jahren gewählt[11]. Das Mandat endet durch
- Ablauf der Mandatsdauer,
- Niederlegung des Mandates,
- Tod,
- Beendigung des Arbeitsverhältnisses und
- Ausschluss. Der Ausschluss eines Mitglieds bzw. Ersatzmitglieds des Europäischen Betriebsrats richtet sich nach den nationalen Bestimmungen des Landes, nach dessen Bestimmungen seine Wahl oder Entsendung nach Maßgabe des vorstehenden § 4 Abs. (1) durchgeführt wurde.

(2) An die Stelle eines Mitglieds des Europäischen Betriebsrats, dessen Mandat aus den vorgenannten Gründen geendet hat, tritt ein Ersatzmitglied aus dem Betrieb, zumindest aber aus dem Land, dessen Vertretung dem ausgeschiedenen Mitglied oblag[12].

(3) Ist ein Mitglied des Europäischen Betriebsrats zeitweise verhindert, so wird es durch ein Ersatzmitglied nach Maßgabe des vorstehenden Abs. (2) vertreten.

§ 6 Vorstand

(1) Der Europäische Betriebsrat wählt aus seiner Mitte einen Vorstand, bestehend aus einem Vorsitzenden, einem ersten und einem zweiten Stellvertreter. Der Vorsitzende vertritt den Europäischen Betriebsrat und nimmt für diesen Erklärungen entgegen. Ist der Vorsitzende verhindert, so wird er durch den ersten Stellvertreter, bei dessen Verhinderung durch den zweiten Stellvertreter, vertreten. Der Vorsitzende und die beiden Stellvertreter sollen aus verschiedenen Ländern stammen[13].

(2) Der Vorsitzende führt die Geschäfte des Europäischen Betriebsrats. Er wird von seiner Arbeitsverpflichtung unter vollständiger Fortzahlung seiner Vergütung freigestellt. Gesellschaft und Europäischer Betriebsrat können darüber hinaus die Freistellung von maximal ...... weiteren Mitgliedern vereinbaren[14].

(3) Der Vorsitzende koordiniert die Tätigkeit des Europäischen Betriebsrats vom Hauptsitz der Gesellschaft aus. Ihm wird dort ein Büro mit den notwendigen Mitteln eingerichtet[15].

(4) Der Vorstand ist berechtigt, jeden Betrieb der Gesellschaft (*Alternative:* und der beherrschten Unternehmen) zu betreten. Die übrigen Mitglieder des Europäischen Betriebsrats haben dieses Zutrittsrecht nur für den Betrieb, in dem sie selbst beschäftigt sind[16].

(5) Der Europäische Betriebsrat gibt sich eine Geschäftsordnung, über die er mit der Mehrheit der Stimmen seiner Mitglieder beschließt. In dieser Geschäftsordnung bestimmt der Europäische Betriebsrat eine Sprache, in der die Mitglieder des Europäischen Betriebsrats miteinander kommunizieren[17].

§ 7 Sitzungen

(1) Die ordentliche Sitzung des Europäischen Betriebsrats findet jeweils einmal im Kalenderjahr, möglichst im Monat ......, am Hauptsitz der Gesellschaft statt. Dies ist der gewöhnliche Sitzungsort des Europäischen Betriebsrats. Die Dauer der ordentlichen Sitzung ist auf ...... Tage begrenzt.

(2) In außergewöhnlichen Fällen können außerordentliche Sitzungen nach Rücksprache mit dem zuständigen Mitglied der Geschäftsleitung der Gesellschaft durchgeführt werden, wenn und soweit dies zur Wahrung der Unterrichtungs- und Anhörungsrechte notwendig ist[18].

(*Alternative:*

(2) In außergewöhnlichen Fällen können außerordentliche Sitzungen nur nach Zustimmung durch das zuständige Mitglied der Geschäftsleitung der Gesellschaft durchgeführt werden; die Zustimmung ist zu erteilen, wenn und soweit dies zur Wahrung der Unterrichtungs- und Anhörungsrechte notwendig ist.)

(3) Notwendig im Sinne des Abs. (2) ist eine außerordentliche Sitzung, wenn die Wahrung der Rechte des Europäischen Betriebsrats anderweitig nicht sichergestellt werden kann und die Angelegenheit so dringend ist, dass ein Zuwarten bis zur nächsten ordentlichen Sitzung nicht möglich ist.

(4) Die Gesellschaft benennt dem Europäischen Betriebsrat ein Mitglied der Geschäftsleitung, das für dessen Belange und Unterrichtung zuständig ist[19].

§ 8 Beschlussfassung

Der Europäische Betriebsrat fasst seine Beschlüsse durch einfache Mehrheit. Er ist beschlussfähig, wenn die Hälfte der Mitglieder anwesend ist[20].

§ 9 Sachverständiger

Der Europäische Betriebsrat kann sich bei seiner Arbeit durch einen von ihm zu benennenden Sachverständigen unterstützen lassen, soweit dies für seine Tätigkeit erforderlich ist[21].

§ 10 Kosten

(1) Die Gesellschaft trägt alle für die Tätigkeit des Europäischen Betriebsrats erforderlichen Kosten[22]. Dazu gehören:
- die Ausstattung des Büros des Vorsitzenden des Europäischen Betriebsrats mit den notwendigen Arbeits- und Kommunikationsmitteln,
- die den Mitgliedern des Europäischen Betriebsrats durch ihre Tätigkeit entstehenden erforderlichen Reisekosten,
- angemessene Unterkunft und Verpflegung der Mitglieder des Europäischen Betriebsrats während der Sitzungstage und
- die Kosten von Sachverständigen bis zu einem jährlichen Maximalbetrag in Höhe von EUR ...... (in Worten: Euro ......).

(2) Kosten für die Übersetzung von Informationen an den Europäischen Betriebsrat werden nur erstattet, wenn sie in einer anderen als der nach § 6 Abs. (5) dieser Vereinbarung festgelegten Sprache verfasst sind. Eine Erstattung von Kosten für die Übersetzung der internen Kommunikation des Europäischen Betriebsrats erfolgt nicht.

§ 11 Abmeldung

Die Mitglieder des Europäischen Betriebsrats und die Ersatzmitglieder werden sich bei ihrem jeweiligen Vorgesetzten rechtzeitig abmelden, wenn sie für ihr Amt tätig werden wollen. Der Vorgesetzte kann aus dringenden betrieblichen Erfordernissen verlangen, dass das Mitglied oder Ersatzmitglied seinen Arbeitspflichten nachkommt. In einem solchen Fall gilt das Mitglied oder Ersatzmitglied als verhindert und wird durch ein (anderes) Ersatzmitglied vertreten[23].

§ 12 Unterrichtsrechte

(1) Der Europäische Betriebsrat ist von der Gesellschaft in den Fällen des Abs. (2) zu unterrichten, wenn zumindest zwei Betriebe der Gesellschaft (*Alternative:* oder der beherrschten Unternehmen) in zwei verschiedenen Ländern von einer geplanten Maßnahme betroffen sind[24].

(2) Unterrichtungspflichtige Maßnahmen sind[25] (*Alternative:* insbesondere):
- grundlegende Änderungen der Organisation,
- Zusammenschlüsse oder Spaltungen von Unternehmen oder Betrieben,
- wesentliche Einschränkungen oder Stilllegungen von Unternehmen, Betrieben oder wesentlichen Betriebsteilen,
- Verlegungen von Unternehmen, Betrieben oder wesentlichen Betriebsteilen,
- die Einführung grundlegend neuer Arbeits- oder Fertigungsmethoden und
- Massenentlassungen.

(3) Der Europäische Betriebsrat ist so rechtzeitig über geplante Maßnahmen im Sinne des Abs. (2) zu unterrichten, dass er noch im Rahmen einer Anhörung, die auf sein Verlangen vorzunehmen ist, Einfluss auf die Durchführung der Maßnahme nehmen kann[26].

(4) Weitere unterrichtungspflichtige Angelegenheiten sind[27]:
- die wirtschaftliche und finanzielle Lage der Gesellschaft (*Alternative:* und der beherrschten Unternehmen),
- die voraussichtliche wirtschaftliche und finanzielle Entwicklung der Gesellschaft (*Alternative:* und der beherrschten Unternehmen),
- Investitionspläne,
- Aus- und Weiterbildungspläne und -aktivitäten,
- Fragen des Arbeitsschutzes,
- die Entwicklung der wesentlichen Arbeitsbedingungen, insbesondere Vergütung und Arbeitszeit,
- Sozialleistungen und
- alle übrigen Pläne und Maßnahmen, die die Interessen der Arbeitnehmer der Gesellschaft (*Alternative:* oder der beherrschten Unternehmen) (*Alternative:* wesentlich) berühren.

(5) Der Europäische Betriebsrat ist über Angelegenheiten nach Abs. (4) im Rahmen der ordentlichen Sitzungen (*Alternative:* sowie einmal am Ende eines jeden Kalendervierteljahres) zu unterrichten[28]. Sämtliche Informationen werden ihm von der Gesellschaft schriftlich in der nach § 6 Abs. (5) dieser Vereinbarung festgelegten Sprache zur Verfügung gestellt.

(6) Der Europäische Betriebsrat wird die nationalen Arbeitnehmervertreter (*Alternative:* Arbeitnehmer) der einzelnen Betriebe der Gesellschaft (*Alternative:* und der beherrschten Unternehmen) in regelmäßigen Abständen in geeigneter Form über die ihm gemäß dieser Bestimmung mitgeteilten Umstände unterrichten[29].

(*Alternative:*
(6) Der Europäische Betriebsrat wird die nationalen Arbeitnehmervertreter der einzelnen Betriebe der Gesellschaft (*Alternative:* und der beherrschten Unternehmen), soweit diese nach den nationalen Vorschriften zur Verschwiegenheit verpflichtet sind, in regelmäßigen Abständen in geeigneter Form über die ihm gemäß dieser Bestimmung mitgeteilten Umstände unterrichten. Diese wiederum unterrichten gegebenenfalls die einzelnen Arbeitnehmer nach Maßgabe der nationalen Bestimmungen.)

(7) Der Europäische Betriebsrat muss Gelegenheit haben, über die Maßnahmen, zu denen er nach Maßgabe dieser Bestimmung unterrichtet worden ist, angehört zu werden[30].

(8) Die Gesellschaft (*Alternative:* und die beherrschten Unternehmen) ist nicht berechtigt, eine Maßnahme nach Abs. (2) durchzuführen, bevor der Europäische Betriebsrat unterrichtet wurde[31].

(9) Die Verpflichtung der Gesellschaft zur Unterrichtung des Europäischen Betriebsrats im Sinne dieser Vorschrift besteht nur, wenn und soweit dadurch nicht Betriebs- oder Geschäftsgeheimnisse gefährdet werden[32].

§ 13 Vertraulichkeit

(1) Die Mitglieder und Ersatzmitglieder des Europäischen Betriebsrats haben Betriebs- und Geschäftsgeheimnisse, die ihnen durch ihre Tätigkeit bekannt geworden sind sowie alle Umstände, die von der Gesellschaft ausdrücklich als geheimhaltungsbedürftig bezeichnet worden sind, streng vertraulich zu behandeln. Dies gilt auch nach dem Ende ihrer Amtszeit und nach dem Ausscheiden aus der Gesellschaft (*Alternative:* oder aus dem beherrschten Unternehmen). Ausnahmen bestehen gemäß § 12 Abs. (6) dieser Vereinbarung sowie für die Kommunikation der Mitglieder und Ersatzmitglieder des Europäischen Betriebsrats untereinander und mit einem von ihnen eingeschalteten zur Verschwiegenheit verpflichteten Sachverständigen, es sei denn, die Gesellschaft hat die Umstände auch insoweit als geheimhaltungsbedürftig bezeichnet[33].

(2) Die Vertraulichkeitsverpflichtung gilt ebenso für Sachverständige (*Alternative:* sowie Dolmetscher und Übersetzer), die durch den Europäischen Betriebsrat eingeschaltet worden sind und für die vom Europäischen Betriebsrat unterrichteten nationalen Arbeitnehmervertreter.

(3) Für den Fall einer Zuwiderhandlung behält sich die Gesellschaft strafrechtliche und zivilrechtliche Schritte vor[34].

§ 14 Schutz der Mandatsträger

(1) Die Gesellschaft (*Alternative:* und die beherrschten Unternehmen) gewährleisten, dass die Mitglieder und Ersatzmitglieder des Europäischen Betriebsrats wegen ihrer Tätigkeit weder benachteiligt noch begünstigt werden. Dies gilt auch für die berufliche Entwicklung.

(2) Insbesondere werden der Vorsitzende und jedes weitere freigestellte Mitglied des Europäischen Betriebsrats im gleichen Maße gefördert wie Arbeitnehmer, die mit ihnen hinsichtlich der ursprünglichen Tätigkeit vergleichbar sind.

(3) Die Mitglieder und Ersatzmitglieder des Europäischen Betriebsrats können während und nach Ablauf ihrer Mandatsdauer nur gekündigt werden, wenn die jeweiligen nationalen Bestimmungen für nationale Arbeitnehmervertretungen dies zulassen[35].

§ 15 Vertragssprache

Diese Vereinbarung wird in ihrer Originalversion in deutscher Sprache geschlossen. Anschließend wird diese Vereinbarung in die Sprachen der Länder übersetzt, in denen die Gesellschaft (*Alternative:* oder ein beherrschtes Unternehmen) Betriebe unterhält. Bei Streitigkeiten über die Auslegung gilt die deutsche Fassung[36].

§ 16 Schlichtung

(1) Zur Beilegung von Streitigkeiten über die Auslegung dieser Vereinbarung und über Rechte und Pflichten, die aus dieser Vereinbarung resultieren, wird eine paritätisch besetzte Schlichtungsstelle errichtet[37].

(2) Die Schlichtungsstelle besteht aus jeweils drei Beisitzern, die von der Gesellschaft und dem Europäischen Betriebsrat bestellt werden, und einem unparteiischen Vorsitzenden, auf den sich beide Parteien einigen. Kommt eine Einigung über die Person des Vorsitzenden nicht zustande, so entscheidet hierüber das gemäß § 17 Abs. (2) S. 1 zuständige Gericht, nachdem es von einer der Parteien angerufen wurde.

(3) Die Schlichtungsstelle tagt am jeweiligen Hauptsitz der Gesellschaft.

(4) Die Schlichtungsstelle verhandelt mit dem Ziel einer einvernehmlichen Regelung. Kommt eine Einigung nicht zustande, so entscheidet die Schlichtungsstelle durch Beschluss. Jedem Mitglied der Schlichtungsstelle steht eine Stimme zu. Bei Stimmengleichheit zählt die Stimme des Vorsitzenden doppelt.

§ 17 Anwendbares Recht und Gerichtsstand

(1) Diese Vereinbarung unterliegt – soweit zulässig – deutschem Recht[38].

(2) Die Parteien können das am jeweiligen Hauptsitz der Gesellschaft zuständige Gericht anrufen[39]. Soweit rechtlich zulässig, ist zuvor das Schlichtungsverfahren gemäß vorstehendem § 16 durchzuführen.

§ 18 Inkrafttreten, Kündigung

(1) Diese Vereinbarung tritt am ...... in Kraft. Sie kann mit einer Frist von sechs Monaten zum Ende eines Kalenderjahres gekündigt werden, erstmals jedoch zum ......[40].

(2) Die Kündigung bedarf der Schriftform.

(3) Im Falle der Kündigung gilt die Vereinbarung so lange weiter, bis die Parteien sich über den Abschluss einer neuen Vereinbarung einig geworden sind oder einvernehmlich von der Einrichtung eines Europäischen Betriebsrats Abstand genommen haben. Auf Seiten der Arbeitnehmer verhandelt der Europäische Betriebsrat, der aufgrund dieser Vereinbarung zuletzt ein Mandat innehatte[41].

(4) Bei wesentlichen Veränderungen der Struktur der Gesellschaft (*Alternative:* oder der Gruppe der beherrschten Unternehmen) werden die Gesellschaft und der Europäische Betriebsrat Verhandlungen über eine Anpassung dieser Vereinbarung aufnehmen.

§ 19 Schlussbestimmungen

(1) Mündliche Nebenabreden bestehen nicht. Änderungen oder Ergänzungen dieser Vereinbarung, einschließlich dieser Bestimmung, bedürfen zu ihrer Wirksamkeit der Schriftform.

(2) Sollte eine Bestimmung dieser Vereinbarung ganz oder teilweise unwirksam sein oder werden, so wird hiervon die Wirksamkeit der übrigen Bestimmungen nicht berührt. Anstelle der unwirksamen Bestimmung werden die Parteien die gesetzlich zulässige Bestimmung vereinbaren, die dem mit der unwirksamen Bestimmung Gewollten wirtschaftlich am nächsten kommt. Dasselbe gilt für den Fall einer vertraglichen Lücke.

......
Ort, Datum

......
Unterschrift der Gesellschaft

......
Ort, Datum

......
Unterschrift des Besonderen Verhandlungsgremiums

Schrifttum: Blank/Geissler/Jaeger, Euro Betriebsräte, 1. Aufl., 1996; *Däubler,* BB-Kommentar zu EuGH Urt. v. 13. 1. 2004 – C-440/00, BB 2004, 446; *Franzen,* EU-Erweiterung und Europäische Betriebsräte, BB 2004, 938; *Gaul,* Das neue Gesetz über die Europäischen Betriebsräte, NJW 1996, 3378; *Joost,* Auskunftsansprüche bei Errichtung Europäischer Betriebsräte für Unternehmensgruppen mit zentraler Leitung in einem Drittstaat, ZIP 2004, 1034; *Junker,* Neues zum Europäischen Betriebsrat, RdA 2002, 32; *Krimphove,* Europäisches Arbeitsrecht, 2. Aufl., 2001; *Mayer,* Richtlinie Europäische Betriebsräte – Harmonisierungsprobleme bei der Umsetzung, BB 1995, 1794; *Philipp,* Unterrichtung und Anhörung der Arbeitnehmer, EuZW 2001, 707; *Reichold,* Durchbruch zu einer Europäischen Betriebsverfassung, NZA 2003, 289; *Ruoff,* Das Europäische Betriebsräte-Gesetz (EBRG), BB 1997, 2478; *Schiek,* Europäische Betriebsvereinbarungen, RdA 2001, 218; *Schmidt,* Der Europäische Betriebsrat, NZA 1997, 180; *Spirolke,* EWiR-Kurzkommentar zu EuGH Urt. v. 13. 1. 2004 – C-440/00, EWiR 2004, 199; *Thüsing,* Angleichung der Arbeitsbedingungen auf dem Weg des Fortschritts, Sonderbeilage zu NZA 16/2003, S. 41; *Thüsing,* EWiR-Kurzkommentar zu BAG Beschl. v. 30. 3. 2004 – 1 ABR 61/01 – EwiR 2004, 1175; *Weiss,* Arbeitnehmermitwirkung in Europa, NZA 2003, 177.

Anmerkungen

1. Gesellschaft. Auf Grundlage des EBRG, das die EG-RL Nr. 94/45/EG umsetzt, kann eine freiwillige Vereinbarung zur Errichtung eines Europäischen Betriebsrats (§ 18 EBRG) oder eines Verfahrens zur Unterrichtung und Anhörung (§ 19 EBRG) zunächst nur dann geschlossen werden, wenn das **gemeinschaftsweit tätige Unternehmen** oder das **herrschende Unternehmen** einer gemeinschaftsweit tätigen Unternehmensgruppe seinen Sitz in der Bundesrepublik Deutschland hat (vgl. *Gaul* NJW 1996, 3378, 3379). Ob ein **Beherrschungsverhältnis** vorliegt, bestimmt sich nach § 6 EBRG. Dabei wird das Beherrschungsverhältnis vermutet, wenn das herrschende Unternehmen mehr als die Hälfte der Mitglieder des Verwaltungs-, Leitungs- oder Aufsichtsorgans des nachgeordneten Unternehmens bestimmen kann (§ 6 Abs. 2 S. 1 Nr. 1 EBRG), über die Mehrheit der anteilsbezogenen Stimmrechte verfügt (Nr. 2) oder die Mehrheit des gezeichneten Kapitals besitzt (Nr. 3). Erfüllen mehrere Unternehmen die genannten Kriterien, so bestimmt sich das herrschende Unternehmen nach der vorgegebenen Reihenfolge. § 6 Abs. 4 EBRG sieht eine Ausnahme vor für Investment- und Beteiligungsgesellschaften. Das EBRG bezeichnet das herrschende Unternehmen einer gemeinschaftsweit tätigen Unternehmensgruppe als **zentrale Leitung** (*Mayer* BB 1995, 1794).

Gemeinschaftsweit tätig ist ein **Unternehmen** gemäß § 3 Abs. 1 EBRG, wenn es in den Mitgliedstaaten der EU (einschließlich der EWR-Mitgliedsstaaten Island, Liechtenstein und Norwegen) mindestens 1.000 Arbeitnehmer beschäftigt, davon je mindestens 150 Arbeitnehmer in zwei unterschiedlichen Mitgliedstaaten. Eine **Unternehmensgruppe** ist dann gemeinschaftsweit tätig, wenn sie mindestens 1.000 Arbeitnehmer in den genannten Staaten beschäftigt und ihr mindestens zwei beherrschte Unternehmen angehören, die ihren Sitz in verschiedenen Mitgliedstaaten haben und jeweils mindestens je 150 Arbeitnehmer in verschiedenen Mitgliedstaaten beschäftigen, § 3 Abs. 2 EBRG. Im Schrifttum wird darauf hingewiesen, dass diese Definition der gemeinschaftsweiten Tätigkeit die Möglichkeit eröffnet, durch geschickte Gründung von Tochtergesellschaften dem Anwendungsbereich des EBRG zu entkommen (vgl. *Franzen* BB 2004, 938). Befindet sich die zentrale Leitung außerhalb des Gebietes der EU, sieht die RL in Art. 4 Abs. 2 vor, dass dann das beherrschte Unternehmen innerhalb des Gebietes der EU als zentrale Leitung gilt, das die größte Anzahl von Arbeitnehmern beschäftigt.

Der alternativen Anknüpfung an entweder ein gemeinschaftsweit tätiges Unternehmen mit mehreren Betrieben oder die zentrale Leitung einer gemeinschaftsweit tätigen Unternehmensgruppe trägt das Formular durch die eingefügten Alternativformulierungen Rechnung. Wie bereits im Formular selbst wird auch in den Anmerkungen zur Bezeichnung des gemeinschaftsweit tätigen Unternehmens oder des herrschenden Unternehmens einheitlich der Begriff „Gesellschaft" verwendet.

Kurz hingewiesen sei hier darauf, dass das EBRG nicht durch die Rahmen-RL Nr. 2002/14/EG zur Unterrichtung und Anhörung der Arbeitnehmer berührt wird.

2. Verhandlungspartner. Der Gesellschaft können als Verhandlungspartner zur Errichtung eines Europäischen Betriebsrats grundsätzlich zwei Gremien gegenüberstehen. Der Regelfall ist gemäß § 17 EBRG das **Besondere Verhandlungsgremium**, das von den im Unternehmen/in der Unternehmensgruppe vorhandenen nationalen Arbeitnehmervertretungen oder (falls diese nicht vorhanden sind) von den Arbeitnehmern selbst gewählt wird; die auf die im Inland beschäftigten Arbeitnehmer entfallenden Mitglieder des Besonderen Verhandlungsgremiums werden vom Gesamtbetriebsrat bestellt (§ 11 Abs. 1 EBRG). Bei der Zusammensetzung ist darauf zu achten, dass ein Arbeitnehmervertreter aus jedem Mitgliedstaat, in dem die Gesellschaft einen Betrieb hat, dem Besonderen Verhandlungsgremium angehört; die weitere Besetzung erfolgt im Verhältnis der Zahl der Arbeitnehmer in den einzelnen Betrieben. Insgesamt besteht das Besondere Verhandlungsgremium aus drei bis höchstens 17 Mitgliedern (vgl. *Gaul* NJW 1996, 3378, 3380; *Mayer* BB 1995, 1794, 1795; *Krimphove* Rdn. 618). Es hat die Aufgabe, Verhandlungen mit der Gesellschaft über die Errichtung eines Europäischen Betriebsrats oder über ein Verfahren zur grenzüberschreitenden Unterrichtung und Anhörung aufzunehmen. Im Einzelnen regeln die §§ 8 bis 16 EBRG die Aufgaben, Bildung und Zusammensetzung des Besonderen Verhandlungsgremiums. Der Gesellschaft kann aber auch der **Eu-**

ropäische Betriebsrat (kraft Gesetzes) als Verhandlungspartner gegenüberstehen. Unter den Voraussetzungen des § 21 EBRG ist ein Europäischer Betriebsrat kraft Gesetzes zu bilden. Dieser Europäische Betriebsrat kraft Gesetzes hat gemäß § 37 EBRG vier Jahre nach seiner konstituierenden Sitzung einen Beschluss darüber zu fassen, ob er eine Vereinbarung im Sinne des § 17 EBRG mit der Gesellschaft abschließen will. Entscheidet er sich für die Aufnahme von Verhandlungen, stehen ihm die Rechte des Besonderen Verhandlungsgremiums im Rahmen der Verhandlungen zu und er ist Verhandlungspartner der Gesellschaft.

3. Vereinbarungsinhalt. Den weiteren Erläuterungen zu den einzelnen Bestimmungen muss vorausgeschickt werden, dass die Verhandlungspartner darin frei sind, ob sie überhaupt eine Vereinbarung treffen, ob sie die Einrichtung eines Verfahrens zur Unterrichtung und Anhörung der Arbeitnehmer (§ 19 EBRG) oder eines Europäischen Betriebsrats (§ 18 EBRG) vereinbaren wollen und wie die Rechte und Pflichten dieser Gremien ausgestaltet sein sollen (vgl. *Ruoff* BB 1997, 2478, 2481). Die Verhandlungspartner sind dabei insbesondere nicht an die materiellen Vorschriften des EBRG in den §§ 21 bis 37 EBRG gebunden, § 17 S. 1, 2. Hs. EBRG. Das EBRG stellt insofern also **keine Mindestvorschriften** auf, die nicht unterschritten werden dürften (zu den Sollinhalten vgl. *Gaul* NJW 1996, 3378, 3381). Demnach hängt der Umfang der den Arbeitnehmern eingeräumten Rechte im Wesentlichen vom Ergebnis der Verhandlungen zwischen der Gesellschaft und dem Besonderen Verhandlungsgremium ab. Dabei ist allerdings zu bedenken, dass die Arbeitnehmervertreter letztlich auch gegen den Willen der Gesellschaft die Errichtung eines Europäischen Betriebsrats (§ 21 EBRG) durchsetzen können, wenn auch mit einiger zeitlicher Verzögerung. Wird ein Europäischer Betriebsrat kraft Vereinbarung errichtet, so schreibt § 18 EBRG den notwendigen Mindestinhalt der Vereinbarung fest. Darüber hinaus legt § 18 Abs. 1 S. 1 EBRG fest, dass die Vereinbarung der **Schriftform** bedarf.

Die im Formular vorgeschlagenen Regelungen sind nur dann zwingend in der Vereinbarung vorzusehen, wenn im Folgenden darauf hingewiesen wird.

4. Geltungsbereich. Gemäß § 18 Abs. 1 Nr. 1 EBRG sind in der Vereinbarung die davon erfassten Betriebe und Unternehmen aufzuführen. Es obliegt dabei allein der Entscheidung der Vertragsparteien, ob diese sich nur auf die im Gebiet der derzeitigen **Mitgliedstaaten der EU** liegenden Betriebe und Unternehmen beziehen oder ob auch die in den **anderen Staaten** gelegenen Betriebe und Unternehmen einbezogen werden sollen. Die Vertragsparteien können ebenso zur Angleichung der Unternehmenskultur alle Betriebe und Unternehmen weltweit in den Geltungsbereich einbeziehen. Jedenfalls müssen gemäß § 17 S. 2 EBRG zumindest alle Arbeitnehmer in den Mitgliedstaaten der EU (auch in den EU-Beitrittsstaaten), in denen das Unternehmen oder die Unternehmensgruppe einen Betrieb hat, vom Geltungsbereich der Vereinbarung erfasst werden. Die Definition der beherrschten Unternehmen ist § 6 EBRG entnommen.

5. Aktualisierung. Aus Praktikabilitätsgründen bietet es sich an, die betroffenen Betriebe und Unternehmen wie im Formular nicht im Vereinbarungstext selbst, sondern in einer Anlage aufzulisten. Diese Anlage sollte auch regelmäßig aktualisiert werden. Über die Errichtung und den Erwerb sowie die Schließung und Veräußerung eines Betriebs und Unternehmens wird der Europäische Betriebsrat ohnehin regelmäßig zur Erfüllung seiner Unterrichtungsrechte zu informieren sein. Insofern stellt die Aktualisierung der Anlage keine zusätzliche Verpflichtung dar. Durch eine regelmäßige Aktualisierung kann zudem dafür Sorge getragen werden, dass bei **Neuwahlen** der Mitglieder des Europäischen Betriebsrats eine aktuelle Liste der einzubeziehenden Betriebe und Unternehmen bereits besteht und nicht neu erstellt werden muss. Zu den Fragen, die sich im Zusammenhang mit der eventuellen Fortgeltung von bereits vor dem 22. September 1996 abgeschlossenen Vereinbarungen über die Einrichtung eines Europäischen Betriebsrat nach dem Beitritt der Osteuropäischen Staaten zur EU am 1. Mai 2004 ergeben, siehe *Franzen* BB 2004, 938 ff.

6. Vertrauensvolle Zusammenarbeit. Gemäß § 38 EBRG haben die Gesellschaft und der Europäische Betriebsrat vertrauensvoll zusammenzuarbeiten. Diese Bestimmung gilt auch für eine **freiwillige Vereinbarung** i. S. d. §§ 17 bis 18 EBRG, da gemäß § 17 S. 1, 2. Hs. EBRG nur die Bestimmungen des Vierten Teils des EBRG nicht für die Verhandlungsparteien bindend sind. Die Regelung, wonach die Gesellschaft für die Umsetzung der Vereinbarungen mit dem Europäischen Betriebsrat Sorge trägt, ist hingegen kein notwendiger Bestandteil der Vereinbarung. Sie enthält lediglich eine Konkretisierung der Verpflichtung zur vertrauensvollen Zusammenarbeit.

7. Anzahl der Mitglieder und Beschränkung auf Arbeitnehmer. Zur Begrenzung der durch die Errichtung des Europäischen Betriebsrats entstehenden Kosten ist es sinnvoll, eine **Höchstzahl** seiner Mitglieder festzulegen. Diese Höchstzahl sollte in einem vernünftigen Verhältnis zur Anzahl der betroffenen Arbeitnehmer sowie der Betriebe und Unternehmen stehen. Die Vertragsparteien sind frei in der Festlegung dieser maximalen Mitgliederzahl. Gleiches gilt für die Anzahl der Ersatzmitglieder und die Anzahl der je Betrieb oder Land zu wählenden/entsendenden Arbeitnehmervertreter. Zugleich sollte ein **Verteilungsverfahren** und eine **Mindestrepräsentanz** für den Fall vorgesehen werden, dass die Höchstzahl der Mitglieder nach dem Verteilungsschlüssel übertroffen wird. Dabei sollte sichergestellt werden, dass einerseits aus jedem Land zumindest ein Arbeitnehmer gewählt/entsendet wird, andererseits aber auch das Verhältnis der betroffenen Belegschaftsgröße berücksichtigt wird. Der Arbeitnehmerbegriff ist dabei wohl der jeweilig betroffenen Rechtsordnung zu entnehmen. Für deutsche Arbeitnehmer bedeutet dies, dass der Arbeitnehmerbegriff des § 5 BetrVG heranzuziehen ist. Gemäß § 18 Abs. 1 Nr. 2 EBRG muss die Vereinbarung zwingend eine Regelung zur Zusammensetzung des Europäischen Betriebsrats, zur Zahl seiner (Ersatz-)Mitglieder und zur Sitzverteilung enthalten.

In einigen europäischen Rechtsordnungen (z.B. Frankreich, Belgien, Italien) werden die Arbeitnehmer auf betrieblicher Ebene in der Regel nicht durch Arbeitnehmervertreter, sondern durch Gewerkschaftsfunktionäre repräsentiert. Hier kann in der Vereinbarung vorgesehen werden, dass nur tatsächlich in einem Arbeitsverhältnis zur Gesellschaft stehende **Arbeitnehmer** zu Mitgliedern und Ersatzmitgliedern des Europäischen Betriebsrats wählbar oder zu entsenden sind. Diese Klausel wird jedoch häufig im Verhandlungswege schwer durchsetzbar sein, da die Arbeitnehmervertreter aus den genannten Ländern im Besonderen Verhandlungsgremium in herkömmlicher Weise bestimmt werden, also auch **Gewerkschaftsfunktionäre** am Verhandlungstisch sitzen können. Diese werden sich einer Vorschrift, die der jeweiligen nationalen Verfahrensweise zuwiderläuft, in der Regel widersetzen. Vorteil der vorgeschlagenen Klausel ist aber, dass die Mitglieder des Europäischen Betriebsrats stärker mit der Gesellschaft verbunden sind und dadurch eine den internen Gegebenheiten Rechnung tragende Zusammenarbeit eher gewährleistet sein könnte.

8. Zusammensetzung des Europäischen Betriebsrats. Das Formular sieht die Wahl oder Entsendung einer bestimmten Anzahl von Mitgliedern je Betrieb vor. Abhängig von der Größe der Gesellschaft oder der Unternehmensgruppe und der Anzahl der Betriebe erscheint dies nicht immer sinnvoll. Im Einzelfall ist zu prüfen, ob stattdessen für die Wahl oder Entsendung auf die Unternehmensebene oder das Land abgestellt werden sollte.

Die für die Zahl der zu wählenden oder entsendenden Mitglieder des Europäischen Betriebsrats maßgebliche Anzahl der Arbeitnehmer, die in den einzelnen Betrieben beschäftigt werden, ist häufig nur schwer zu ermitteln. Die nationalen Arbeitnehmervertretungen haben häufig keine präzise Vorstellung davon, wie viele Arbeitnehmer in anderen Betrieben in den einzelnen Mitgliedstaaten beschäftigt werden. Um dieses Informationsdefizit auszugleichen, sieht § 5 Abs. 1 EBRG in Umsetzung von Art. 11 Abs. 2 der RL einen **Auskunftsanspruch** einer Arbeitnehmervertretung gegen die Gesellschaft auf Mitteilung der Anzahl der in den einzelnen Betrieben in allen Mitgliedstaaten beschäftigten Arbeitnehmer sowie deren Verteilung auf die einzelnen Mitgliedstaaten vor. § 5 Abs. 2 EBRG legt fest, dass ein deutscher Betriebsrat oder Gesamtbetriebsrat den Anspruch aus Abs. 1 gegen die örtliche Betriebs- oder Unternehmensleitung geltend machen kann (vgl. dazu *Junker* RdA 2002, 32, 33 f.; *Joost* ZIP 2004, 1034, 1035 ff.). Dieser Auskunftsanspruch hat mittlerweile bereits mehrfach die Gerichte beschäftigt. Dabei stellt sich zum einen die Frage, ob die Gesellschaft die Auskunftserteilung mit dem Argument verweigern kann, sie unterfalle nicht dem Anwendungsbereich des EBRG. Zum anderen ist fraglich, wie der Auskunftsanspruch in Unternehmensgruppen durchgesetzt werden kann, deren zentrale Leitung nicht in einem Mitgliedstaat der EU sitzt.

Auf einen Vorlagebeschluss (LAG Düsseldorf v. 21. 1. 1999 – 5 TaBV 87/98 – NZA-RR 1999, 476) hat der EuGH am 29. März 2001 (Rs. C-62/99 – RdA 2002, 35 „bofrost") entschieden, dass eine Pflicht zur Auskunftserteilung durch das Unternehmen oder die Unternehmensgruppe bereits dann besteht, wenn noch nicht feststeht, ob es sich bei dem Unternehmen, an das sich die Arbeitnehmer gewandt haben, um die Leitung eines innerhalb der Unternehmensgruppe herrschenden Unternehmens handelt. Auch die Daten zu Organisation und Struktur einer Unternehmensgruppe sind an die Arbeitnehmervertretung weiterzugeben, wenn diese zur Aufnahme von Verhandlungen zur Bildung eines Europäischen Betriebsrats unerlässlich sind. Hintergrund des Rechtsstreits war, dass die nationalen und europäischen Unternehmen einer Unternehmensgruppe Gleichordnungsverträge geschlossen hatten. Die Unternehmensleitung wurde einem Lenkungsausschuss übertragen. Zudem bestand der Verdacht, dass die gesamte Unternehmensgruppe durch eine natürliche Person beherrscht wird. Das in Anspruch genommene Unternehmen verweigerte die Herausgabe von Daten im Wesentlichen mit dem Hinweis darauf, dass durch die Gleichordnungsverträge das Bestehen eines Beherrschungsverhältnisses ausgeschlossen sei. Beides wurde von EuGH und LAG Düsseldorf (Beschl. v. 25. 10. 2001 – 5 TaBV 87/98 – NZA-RR 2002, 196) ausgeschlossen und das Bestehen des Auskunftsanspruches im Wesentlichen unter Berufung auf den „effet utile"-Grundsatz anerkannt (vgl. *Thüsing* Sonderbeilage zu NZA 16/2003, S. 41, 53 ff.; BB 2004, 446; *Thüsing* EWiR 2004, 1175 f.). Zudem sind – nach Ansicht des LAG Düsseldorf – dem Betriebsrat nicht nur Informationen zu erteilen, sondern zur Präzisierung und Erläuterung auch Unterlagen zur Verfügung zu stellen. Das BAG (Beschl. v. 30. 3. 2004 – 1 ABR 61/01 – AP Nr. 3 zu § 5 EBRG) hat sich mittlerweile nicht nur der Auffassung des EuGH angeschlossen, sondern zugleich Fragen beantwortet, die zwangsläufig durch die EuGH-Entscheidung aufgeworfen wurden (vgl. *Thüsing* Sonderbeilage zu NZA 16/2003, S. 41, 53 ff.). Es hat festgehalten, dass auch eine natürliche Person als Unternehmen i. S. d. EBRG und der RL 94/45 EG in Betracht kommt. Nicht eine bloße Vermutung über das Vorliegen eines gemeinschaftsweit tätigen Unternehmens oder einer gemeinschaftsweit tätigen Unternehmensgruppe löst den Auskunftsanspruch gemäß § 5 EBRG aus, sondern es muss vielmehr eine gewisse Wahrscheinlichkeit für die Anwendbarkeit des EBRG bestehen.

Das BAG legte dem EuGH durch Beschluss vom 27. Juni 2000 (1 ABR 32/99 – NZA 2000, 1330 „Kühne & Nagel") ebenfalls Fragen im Zusammenhang mit dem Auskunftsanspruch vor. In einer Unternehmensgruppe, deren Unternehmen ebenfalls Gleichordnungsverträge geschlossen hatten und deren zentrale Leitung in der Schweiz, mithin außerhalb des Anwendungsbereich der RL 94/45 EG, angesiedelt ist, begehrte ein deutscher Gesamtbetriebsrat Auskunft über die Struktur der Unternehmensgruppe, die Anzahl und Verteilung der Arbeitnehmer in den Mitgliedstaaten sowie Namen und Anschriften der einzelnen Arbeitnehmervertretungen. Der Gesamtbetriebsrat wandte sich dabei an das deutsche Unternehmen, da in Deutschland die meisten Arbeitnehmer beschäftigt sind und dieses damit als zentrale Leitung der Unternehmensgruppe gemäß § 2 Abs. 1 Satz 3 EBRG fingiert wird. Das deutsche Unternehmen verweigerte die Auskunft vor allem mit dem Hinweis darauf, dass es nicht über die gewünschten Informationen verfüge und allein die zentrale Leitung in der Schweiz diese Kenntnisse besitze. Der EuGH hat am 13. Januar 2004 (Rs. C-440 – RdA 2004, 307) entschieden, dass in einem solchen Fall die fingierte zentrale Leitung verpflichtet sei, die Informationen zu erteilen. Um die fingierte zentrale Leitung in die Lage zu versetzen, dieser Verpflichtung auch nachzukommen, billigt der EuGH ihr einen horizontalen Auskunftsanspruch gegen die Schwestergesellschaften zu. Der EuGH hat darüber hinaus festgehalten, dass auch die Auskunft über Namen und Anschriften der jeweiligen Arbeitnehmervertretungen unerlässlich und damit vom Auskunftsanspruch mit umfasst ist (vgl. *Joost* ZIP 2004, 1034 ff.; *Spirolke* EWiR 2004, 199). Der EuGH hat mittlerweile (Urt. v. 15. 7. 2004 – Rs. C-349/01 – NZA 2004, 1167 „ADS Anker") seine vorhergehende Entscheidung auf Vorlagefrage des ArbG Bielefeld bestätigt, ebenso wie auch das BAG (Beschl. v. 29. 6. 2004 – 1 ABR 32/99 – NZA 2005, 118).

9. Wahlverfahren. Bei einer freiwilligen Vereinbarung zur Errichtung des Europäischen Betriebsrats sind die Vertragsparteien nicht an das im EBRG geregelte Wahlverfahren gebunden. Die Parteien können also generell ein eigenes Verfahren beschließen. Zur Vereinfachung der

Wahl- oder Entsendeprozedur sollte – wie im Formular – auf das jeweilige **nationale Verfahren** abgestellt werden. Die Wahl der deutschen Mitglieder und Ersatzmitglieder richtet sich demnach nach den §§ 7 ff. BetrVG i. V. m. der WO 2001.

10. Konstituierende Sitzung. Der gewählte Europäische Betriebsrat sollte sich, um seine Arbeit möglichst frühzeitig aufnehmen zu können, bald nach der durchgeführten Wahl in einer Sitzung konstituieren. Der Ort sollte bereits in der Vereinbarung festgelegt werden, um unnötige Streitigkeiten über den Veranstaltungsort (und die Kostentragung) zu verhindern. In der Regel wird sich der **Sitz der Gesellschaft** anbieten, da dort ein Ansprechpartner aus Vorstand oder Geschäftsführung erreichbar ist und da in dem entsprechenden Land regelmäßig die größte Anzahl an Arbeitnehmern beschäftigt sein wird; dadurch können die Reisekosten möglichst gering gehalten werden. Entsprechend sieht das Formular eine solche Regelung vor.

11. Regelmäßige Mandatsdauer. In der Vereinbarung muss gemäß § 18 Abs. 1 Nr. 2 EBRG die Mandatsdauer der Mitglieder des Europäischen Betriebsrats geregelt sein. Die Bestimmung der Mandatsdauer sollte auf der einen Seite die Kosten des Wahl-/Entsendeverfahrens berücksichtigen, auf der anderen Seite aber auch der Tatsache Rechnung tragen, dass sich Gewichtungen innerhalb der Gesellschaft durch Umstrukturierungen verschieben können. Eine Mandatsdauer von **vier bis fünf Jahren** dürfte einen solchen Ausgleich darstellen. § 36 Abs. 1 S. 1 EBRG sieht für den Europäischen Betriebsrat kraft Gesetzes eine Mandatsdauer von vier Jahren vor, die in das Formular übernommen wurde.

12. Ende des Mandats. In der Vereinbarung sollten zur Klarstellung die Gründe für die Beendigung des Mandats genannt werden. Zugleich sollte ein Verfahren für den Ersatz des ausgeschiedenen Mitglieds vorgesehen werden. Die im Formular enthaltene Regelung orientiert sich an § 24 BetrVG. Im Hinblick auf ein mögliches Ausschlussverfahren verweist das Formular auf die jeweiligen nationalen Bestimmungen für den Ausschluss von (nationalen) Arbeitnehmervertretern.

13. Vorstand. Das Formular sieht die Wahl eines Vorstandes aus der Mitte der Mitglieder des Europäischen Betriebsrats vor. Alternativ wäre an die Wahl eines geschäftsführenden Ausschusses zu denken. Auf diese Weise können die Kosten des Europäischen Betriebsrats gemindert und zugleich eine effektivere Arbeit des Europäischen Betriebsrats gewährleistet werden. Zudem wird der Gesellschaft auf diese Weise ein fester Ansprechpartner gegenübergestellt. Aus Gründen der Berücksichtigung nationaler Interessen sollten die Vorstandsmitglieder Arbeitnehmer aus **verschiedenen Ländern** repräsentieren. In dem diesem Formular zugrunde liegenden Sachverhalt wird davon ausgegangen, dass die Gesellschaft Betriebe in mindestens drei verschiedenen Ländern unterhält.

14. Freistellung. Abhängig von der Struktur und Komplexität der Gesellschaft und des Arbeitsanfalls innerhalb des Europäischen Betriebsrats kann es sich anbieten, ein Mitglied – oder mehrere – unter Fortzahlung der Vergütung von der Arbeitsverpflichtung freizustellen. Durch die Freistellung des Vorsitzenden im Formular wird sichergestellt, dass dieser stets ansprechbar ist und bei ihm Wissen und Kenntnisse gebündelt werden. Zugleich wird verhindert, dass die übrigen Mitglieder des Europäischen Betriebsrats durch ihre Mandatswahrnehmung (bei zeitweiliger Freistellung) die betrieblichen Abläufe in ihrem Herkunftsbetrieb zu häufig beeinträchtigen. Neben dem Vorsitzenden können – wie im Formular angedeutet – auch weitere Mitglieder des Europäischen Betriebsrats freigestellt werden. Die Entscheidung über die Freistellung ist im Wesentlichen eine Verhandlungssache.

15. Büro des Vorsitzenden. Die Gesellschaft sollte dem Vorsitzenden des Europäischen Betriebsrats ein Büro mit den dafür notwendigen Arbeits- und Kommunikationsmitteln einrichten. Auch durch diese Maßnahme ist mit einer Konzentration und Bündelung der Tätigkeiten zu rechnen. Die Gesellschaft kann dann unter Hinweis auf das Büro des Vorsitzenden eventuell weitergehende Ansprüche der übrigen Mitglieder des Europäischen Betriebsrats zurückweisen. Durch die örtliche Nähe (Einrichtung am Hauptsitz) wird zudem gewährleistet, dass die **Kommunikation** zwischen Gesellschaft und Europäischem Betriebsrat vereinfacht, verbilligt und beschleunigt wird.

16. Zutrittsrecht. Zur Klarstellung sollte in der Vereinbarung festgehalten werden, dass ausgewählte oder alle Mitglieder des Europäischen Betriebsrats das Recht dazu haben, die Betriebe der Gesellschaft innerhalb des Geltungsbereichs dieser Vereinbarung aufzusuchen, um dort ihre Rechte und Pflichten wahrzunehmen. Dies ist jedoch nicht notwendiger Inhalt der Vereinbarung. Das Formular sieht hier eine differenzierende Regelung vor, wonach der Vorstand jeden Betrieb, die übrigen Mitglieder des Europäischen Betriebsrats hingegen nur den Betrieb, in dem sie selbst beschäftigt sind, betreten dürfen. Eine derart restriktive Regelung dürfte jedoch nur schwer auf dem Verhandlungswege zu erzielen sein.

17. Geschäftsordnung und einheitliche Sprache. Der neben den Reisekosten wohl bedeutendste Kostenfaktor bei der Arbeit des Europäischen Betriebsrats entsteht regelmäßig durch das Verständigungsproblem. Die Tatsache, dass die Arbeitnehmervertreter aus den einzelnen Mitgliedstaaten regelmäßig mehrere verschiedene Muttersprachen sprechen und nur bedingt zur Kommunikation in einer **gemeinsamen Sprache** (wohl am Häufigsten in Englisch) fähig sind, verursacht enorme Übersetzungskosten. Diesen Kostenfaktor kann man vermeiden, indem der Europäische Betriebsrat zur Kommunikation in einer Sprache veranlasst wird. Zugleich wird auf diese Weise wiederum die Kommunikation zwischen Gesellschaft und Europäischem Betriebsrat beschleunigt und vereinfacht. Die Vereinbarung einer eigenen **Geschäftsordnung** kann ebenfalls zur Verfahrensbeschleunigung beitragen und Streitigkeiten über das Prozedere bereits präventiv vermeiden.

18. Sitzungen. Gemäß § 18 Abs. 1 S. 2 Nr. 4 EBRG muss die Vereinbarung eine **Regelung zum Sitzungsort und zur Sitzungshäufigkeit** enthalten. Aus Kostengründen bietet sich als Sitzungsort der Sitz der Gesellschaft an. Auch die Sitzungsdauer muss geregelt werden. Diese sollte abhängig von der Sitzungshäufigkeit ausgestaltet werden. Wird etwa eine vierteljährliche Sitzung vorgesehen, kann die Sitzungsdauer kürzer ausgestaltet werden als bei einem jährlichen Sitzungsturnus.

Dem Europäischen Betriebsrat sollte neben den turnusmäßigen Sitzungen die Möglichkeit eingeräumt werden, sich zu **außerordentlichen Sitzungen** zu versammeln. Damit hiervon nicht in übermäßiger Weise Gebrauch gemacht wird, sieht die Klausel eine Begrenzung auf notwendige Sitzungen vor. Eine abschließende Aufzählung der Fallkonstellationen, in denen eine außerordentliche Sitzung notwendig sein kann, ist bei Abschluss und Verhandlung der Vereinbarung kaum möglich. Hier könnte auch – wie in dem Alternativvorschlag vorgesehen – ein Genehmigungsvorbehalt geregelt werden. Die Bereitschaft der Arbeitnehmervertreter zum Abschluss einer derart restriktiven Vereinbarung wird allerdings in der Regel nicht vorhanden sein, zumal § 27 EBRG für den Europäischen Betriebsrat kraft Gesetzes eine bedeutend freizügigere Sitzungsregelung vorsieht.

19. Zuständiges Mitglied der Geschäftsleitung. Ebenso wie der Gesellschaft mit dem Vorsitzenden des Europäischen Betriebsrats ein **fester Ansprechpartner** zugeordnet wird, sollte dies umgekehrt erfolgen. Eine solche Zuordnung kann die Kommunikationswege beschleunigen und eine Gewähr für eine kontinuierliche Zusammenarbeit beider Seiten bieten.

20. Beschlussfassung. Bereits in der Vereinbarung – oder in der Geschäftsordnung, die sich der Europäische Betriebsrat selbst geben sollte – ist es ratsam, eine Regelung zur Beschlussfassung vorzusehen. Die einfachste Variante ist dabei die **einfache Mehrheit**. Die Regelung kann aber auch differenzierter ausgestaltet werden und etwa die Anzahl der von den einzelnen Mitgliedern repräsentierten Arbeitnehmer berücksichtigen. Nachteilig hieran wäre, dass die Bildung von nationalitätsbezogenen Interessengruppen gefördert und damit letztlich die länderübergreifende Arbeit des Europäischen Betriebsrats behindert werden könnte.

21. Sachverständiger. § 29 EBRG gewährt dem Europäischen Betriebsrat kraft Gesetzes das Recht zur Konsultation eines Sachverständigen. Dadurch sollen die Arbeitnehmervertreter eine sinnvolle Unterstützung bei ihrer Tätigkeit erfahren, in deren Rahmen sie sich häufig komplexen Sach- und Rechtsfragen ausgesetzt sehen, deren Beurteilung ihnen aus eigener Fachkunde nicht möglich ist. Im Rahmen einer freiwilligen Vereinbarung werden die Arbeitnehmervertreter kaum auf eine entsprechende Regelung verzichten.

22. Kosten. Gemäß § 18 Abs. 1 S. 2 Nr. 5 EBRG muss die Vereinbarung zwingend eine Regelung zur finanziellen wie sachlichen Ausstattung des Europäischen Betriebsrats enthalten. Zu den wesentlichen Kostenpositionen gehören die **Reise- und Verpflegungskosten** des Europäischen Betriebsrats, die Kosten der Ausstattung des **Büros des Vorsitzenden** sowie die Kosten von **Sachverständigen**, soweit deren Einbeziehung erforderlich ist. Hinsichtlich der Sachverständigenkosten sollte wie im Formular versucht werden, eine jährliche Obergrenze der erstattungsfähigen Kosten zu vereinbaren. Soweit eine einheitliche Sprache (vgl. Anm. 17) vereinbart werden kann, sollte ausdrücklich die Erstattung von Übersetzungskosten ausgeschlossen werden. Derartige Regelungen zur **Kostenbegrenzung** dürften jedoch auf erheblichen Widerstand der Arbeitnehmerseite treffen.

23. Abmeldung. Für den Fall, dass ein Sitzungstag mit dringenden betrieblichen Erfordernissen kollidiert, die die Anwesenheit eines (Ersatz-)Mitglieds auf seinem Arbeitsplatz notwendig machen, sieht das Formular eine Regelung zur Vertretung und Abstimmung zwischen (Ersatz-)Mitglied und Vorgesetztem vor.

24. Unterrichtungsrechte bei grenzübergreifenden Maßnahmen. Festzuhalten ist zunächst, dass gemäß § 18 Abs. 1 S. 2 Nr. 3 EBRG die Vereinbarung die Zuständigkeiten, Aufgaben und das Verfahren der Unterrichtung und Anhörung regeln muss (Einzelheiten bei *Reichold* NZA 2003, 289, 295 ff.). § 31 EBRG sieht für den Europäischen Betriebsrat kraft Gesetzes vor, dass dieser nur bei grenzübergreifenden Angelegenheiten einzubeziehen ist. Entsprechend räumt das Formular dem Europäischen Betriebsrat kein weitergehendes Recht ein. Dies entspricht zudem dem Sinn und Inhalt der Richtlinie selbst (vgl. Anhang Subsidiäre Vorschriften nach Art. 7 EG-RL 94/45/EG, Nr. 1a). Der Europäische Betriebsrat soll die einzelnen nationalen Mitwirkungsrechte der Arbeitnehmer nicht verdrängen, sondern nur insoweit ergänzen, als die nationalen Beteiligungsrechte durch das Territorialprinzip eine Einbeziehung der Arbeitnehmer und ihrer Vertreter nicht ermöglichen könnten.

25. Unterrichtungspflichtige Maßnahmen. Das EBRG sieht in §§ 32, 33 für den Europäischen Betriebsrat kraft Gesetzes eine Fülle von Unterrichtungsrechten vor. Diese müssen nicht ähnlich detailliert in der Vereinbarung aufgeführt werden. Der Kernbestand, der für die Arbeitnehmer wirklich von Bedeutung ist, sollte jedoch explizit genannt werden, um spätere Streitigkeiten zu verhindern. Zudem werden die Arbeitnehmervertreter in den Verhandlungen darauf drängen, dass ihnen ein Unterrichtungsrecht für diese Tatbestände ausdrücklich zugesagt wird.

26. Zeitpunkt der Unterrichtung. In Anlehnung an die Grundsätze zum Unterrichtungszeitpunkt nach § 111 Satz 1 BetrVG sieht auch das Formular eine Verpflichtung zu einer so rechtzeitigen Unterrichtung vor, dass eine Anhörung vor Umsetzung der geplanten Maßnahme noch (sinnvoll) durchgeführt werden kann.

27. Zusätzliche Unterrichtungen. Die Gesellschaft kann dem Europäischen Betriebsrat weitere Informationen zusichern. Bei den im Formular aufgeführten Daten handelt es sich um allgemeine Informationen zur Lage des Unternehmens/der Unternehmensgruppe (vgl. § 32 EBRG).

28. Zeitpunkt der Unterrichtung. Hinsichtlich der allgemeinen Informationen sollte eine regelmäßige Unterrichtung des Europäischen Betriebsrats stattfinden. Dies kann entweder in der ordentlichen Sitzung oder aber in kürzeren zeitlichen Abständen erfolgen. Auf diese Weise kann sichergestellt werden, dass dem Europäischen Betriebsrat in Kenntnis der Lage der Gesellschaft eine Vorbereitung der jährlichen Sitzungen ermöglicht wird.

29. Unterrichtung der nationalen Arbeitnehmer/Arbeitnehmervertreter. Sinn und Zweck der Errichtung des Europäischen Betriebsrats ist auch die Sicherstellung eines Informationsflusses an die Arbeitnehmer bzw. Arbeitnehmervertreter in den einzelnen Betrieben und Unternehmen. Die diesen aufgrund nationalen Rechts nicht verfügbaren Informationen sollen durch den Europäischen Betriebsrat beschafft werden. Um einen einheitlichen Informationsstand auf gleichem Niveau herzustellen, kann es sinnvoll sein, in der Vereinbarung ein Verfahren zur Weitergabe der Informationen vom Europäischen Betriebsrat an die nationalen Arbeitnehmervertreter zu regeln. Dabei kann – wie in dem Alternativvorschlag – sichergestellt werden, dass Informationen nur an solche Arbeitnehmervertreter weitergegeben werden, die nach den nationalen Vorschriften zur **Verschwiegenheit** verpflichtet sind.

30. Anhörung. Ausdrücklich kann neben dem Unterrichtungsrecht noch das Recht auf Anhörung geregelt werden. Nach dem Verständnis der EG-RL 94/45/EG ist unter Anhörung eine Diskussion zur beiderseitigen Beratung des Anhörungsgegenstandes durch Europäischen Betriebsrat und die Gesellschaft zu verstehen.

31. Maßnahmenstopp. In der Vereinbarung kann die Verpflichtung der Gesellschaft zur Unterlassung der geplanten Maßnahme bis zu deren abschließender Unterrichtung und Anhörung durch den Europäischen Betriebsrat geregelt werden. Ratsam ist dies selbstverständlich nicht. Auch sieht die EG-RL 94/45/EG selbst ein derart weitgehendes Sicherungsrecht des Europäischen Betriebsrats nicht vor. Im Formular ist dennoch eine derartige Regelung enthalten, da sie häufig von Seiten deutscher Vertreter im Besonderen Verhandlungsgremium gefordert wird.

32. Betriebs-/Geschäftsgeheimnisse. Gemäß § 39 Abs. 1 EBRG besteht die Pflicht der Gesellschaft zur Unterrichtung und Anhörung des Europäischen Betriebsrats nicht, wenn dadurch Betriebs- oder Geschäftsgeheimnisse gefährdet werden. Diese Begrenzung des Unterrichtungs- und Anhörungsrechts ist klarstellend im Formular vorgesehen. Zur Auslegung der Begriffe Betriebs- und Geschäftsgeheimnis werden deutsche Gerichte die im Rahmen des § 79 BetrVG entwickelten Grundsätze anwenden (*Reichold* NZA 2003, 289, 297; zur Verschwiegenheitspflicht im Stadium vor Errichtung eines Europäischen Betriebsrats siehe *Thüsing* Sonderbeilage zu NZA 16/2003, 41, 53 ff.; *Joost* ZIP 2004, 1034 ff.).

33. Verschwiegenheit. § 39 Abs. 2 und 3 EBRG sieht zwingend eine Bindung der (Ersatz-)Mitglieder des Europäischen Betriebsrats, der Sachverständigen und Dolmetscher sowie der örtlichen Arbeitnehmervertreter an die Verschwiegenheitspflicht vor. Zur Klarstellung und Konkretisierung wird diese Verpflichtung im Formular wiedergegeben.

34. Androhung von Konsequenzen. Lediglich zur präventiven Abschreckung kann – wie im Formular – eine Klausel zur Androhung straf- und zivilrechtlicher Schritte bei einem Verstoß gegen die Vertraulichkeitsverpflichtung vorgesehen werden. Die §§ 43, 44 EBRG statuieren für solche Fälle strafrechtliche Konsequenzen.

35. Gleichbehandlung und Schutz der (Ersatz-)Mitglieder. Die (Ersatz-)Mitglieder des Europäischen Betriebsrats dürfen wegen ihres Amtes weder bevorzugt noch benachteiligt werden (vgl. *Schmidt* NZA 1997, 180, 183; *Reichold* NZA 2003, 289, 297). § 40 Abs. 1 EBRG verweist insoweit auf § 78 S. 2 BetrVG. Diese Vorschrift ist zwingend, gilt nach dem EBRG jedoch nur für die Amtsinhaber, die in einem Betrieb in Deutschland beschäftigt sind. Gemäß der EG-RL 45/94/EG ist auch in einer freiwilligen Vereinbarung sicherzustellen, dass die (Ersatz-)Mitglieder des Europäischen Betriebsrats denselben Schutz genießen wie die Arbeitnehmervertreter in ihrem Heimatland. Dem trägt die Regelung zum besonderen Kündigungsschutz Rechnung, die – bezüglich deutscher Mitglieder und Ersatzmitglieder – inhaltlich auf die §§ 103 BetrVG, 15 Abs. 1 und Abs. 3 bis 5 KSchG verweist. Zusätzlich sieht § 40 Abs. 1 EBRG vor, dass § 37 Abs. 1 bis 5 BetrVG für in Deutschland beschäftigte Mitglieder des Europäischen Betriebsrats entsprechend gilt. Zur Klarstellung kann insoweit folgende Klausel in den Vereinbarungstext aufgenommen werden:

Alternative:
(4) Für in Deutschland beschäftigte Mitglieder des Europäischen Betriebsrats gelten § 37 Abs. 1 bis 5 BetrVG entsprechend.

36. Vertragssprache. Wird die Vereinbarung nach ihrem Abschluss in andere Sprachen übersetzt, ist dringend anzuraten, eine Klausel zum Vorrang der (deutschen) Originalversion in die Vereinbarung aufzunehmen.

37. Schlichtungsverfahren. Den Parteien steht es frei, die Durchführung eines Schlichtungsverfahrens zu vereinbaren.

38. Anwendbares Recht. An den Verhandlungen über den Abschluss dieser Vereinbarung sind Arbeitnehmervertreter aus verschiedenen Rechtsordnungen beteiligt. Die Vereinbarung hat Auswirkungen auch auf die örtlichen Betriebe. Daher sollten die Parteien im Rahmen der rechtlichen Zulässigkeit die Anwendbarkeit eines nationalen Rechts vereinbaren, das nicht zwingend dasjenige sein muss, das am Sitz der Gesellschaft gilt.

39. Gerichtsstand. Idealer Gerichtsstand ist der Ort, an dem die Gesellschaft ihren Sitz hat (vgl. § 82 S. 4, 5 ArbGG; zu Streitigkeiten aus der Vereinbarung *Ruoff* BB 1997, 2478, 2484; *Gaul* NJW 1996, 3378, 3385).

40. Inkrafttreten, Kündigung. Gemäß § 18 Abs. 1 S. 2 Nr. 6 EBRG müssen die Laufzeit der Vereinbarung, eine Übergangsregelung sowie eine Vorschrift zur Anpassung der Vereinbarung an Strukturänderungen und deren Durchführung zwingend geregelt werden.

41. Neuverhandlung. Für den Fall der Neuverhandlung muss zwingend geregelt werden, wer auf Seiten der Arbeitnehmer verhandelt. Sinnvoll erscheint insoweit, nicht erneut das Besondere Verhandlungsgremium durch eine kostenintensive, langwierige und aufwändige Wahl als Verhandlungspartner einzusetzen, sondern den Europäischen Betriebsrat, der zuletzt im Amt war.

25. Ständige Einigungsstelle

Betriebsvereinbarung über eine ständige Einigungsstelle[1]

zwischen
...... (Name und Anschrift des Arbeitgebers) „Gesellschaft"
und
Betriebsrat des Betriebs ...... der ...... (Name des Arbeitgebers) „Betriebsrat"

Präambel[2]
Zur Verbesserung der Wettbewerbsfähigkeit der Gesellschaft werden umfangreiche Anpassungen der Organisationsstruktur und der Arbeitsläufe erforderlich sein, die sich nachteilig auf die Anzahl und die Struktur der Beschäftigungsmöglichkeiten auswirken und eine Vielzahl von Veränderungen für die Mitarbeiter mit sich bringen.

Im Interesse der langfristigen Sicherung der überwiegenden Anzahl der Arbeitsplätze sind sich die Betriebspartner darüber einig, dass etwa entstehende Meinungsverschiedenheiten zwischen der Gesellschaft und dem Betriebsrat in einer Weise beigelegt werden sollen, die zeitliche Verzögerungen bei der Umsetzung der jeweiligen Maßnahmen weitestgehend ausschließt.

§ 1 Geltungsbereich[3]
Diese Betriebsvereinbarung gilt für alle Maßnahmen, die nicht offensichtlich die gesetzlichen Voraussetzungen für eine Betriebsänderung i.S.d. § 111 BetrVG verfehlen, soweit für diese Maßnahmen der Betriebsrat nicht offensichtlich unzuständig ist.

§ 2 Ständige Einigungsstelle
(1) Zur Beilegung von Meinungsverschiedenheiten errichten die Betriebspartner eine ständige Einigungsstelle (§ 76 Abs. 1 S. 2 BetrVG). Die ständige Einigungsstelle besteht aus jeweils zwei Beisitzern, die von der Gesellschaft und vom Betriebsrat bestellt werden, und einem unparteiischen Vorsitzenden[4].

(2) Die Betriebspartner einigen sich auf ...... als Vorsitzenden der ständigen Einigungsstelle. Ist der Vorsitzende nicht in der Lage, einen Sitzungstermin der Einigungsstelle vor Ablauf von zwei Wochen nach Anrufung anzuberaumen, so soll ...... („stellvertretender Vorsitzender") den Vorsitz übernehmen[5].

(3) Die Betriebspartner bestellen folgende Beisitzer der ständigen Einigungsstelle:
Gesellschaft: Betriebsrat:
....
....

Beide Betriebspartner sind berechtigt, im Zusammenhang mit der Anrufung der ständigen Einigungsstelle anstelle der genannten Personen andere Beisitzer zu bestellen, sofern dies nicht zu Verzögerungen führt. Der Betriebspartner, der die ständige Einigungsstelle anruft, hat diese anderen Beisitzer in dem Anrufungsschreiben zu benennen. Der andere Betriebspartner hat die anderen Beisitzer dem Vorsitzenden binnen drei Tagen, nachdem er Kenntnis von der Anrufung erlangt hat, schriftlich mitzuteilen. Geschieht dies nicht, verbleibt es bei der vorstehend genannten Besetzung[6].

(4) Die Amtszeit des Vorsitzenden, des stellvertretenden Vorsitzenden und der Beisitzer beträgt drei Jahre; sie endet jedoch spätestens mit Ablauf der Laufzeit dieser Betriebsvereinbarung. Vor dem Ende der Amtszeit des Vorsitzenden und des stellvertretenden Vorsitzenden sowie im Falle der Amtsniederlegung werden die Betriebspartner sich über die Person des jeweiligen Nachfolgers verständigen. Kommt eine Einigung bis zum Ende der Amtszeit nicht zustande, so werden die jeweiligen Nachfolger verbindlich durch den bisherigen Vorsitzenden bestimmt[7]. Vor dem Ende der Amtszeit der Beisitzer sowie im Falle der Amtsniederlegung bestellen die Betriebspartner die jeweiligen Nachfolger ihrer Beisitzer nach billigem Ermessen.

§ 3 Zuständigkeit und Verfahren[8]

(1) Die Einigungsstelle ist zuständig für Verhandlungen über einen Interessenausgleich und den Abschluss eines Sozialplans, soweit hierfür der Betriebsrat zuständig ist. Ihre Regelungskompetenz bestimmt sich nach den §§ 111, 112 BetrVG.

(2) Die Betriebspartner sollen die ständige Einigungsstelle binnen einer Frist von einer Woche nach Scheitern der Verhandlungen anrufen. Die Anrufung ist sowohl an den Vorsitzenden als auch an den jeweils anderen Betriebspartner zu richten. Hierbei sind der Regelungssachverhalt und der Regelungsgegenstand ausführlich darzustellen sowie das Begehren des anrufenden Betriebspartners deutlich zu machen.

(3) Die ständige Einigungsstelle soll spätestens zwei Wochen nach ihrer Anrufung zusammentreten und das Verfahren binnen vier Wochen nach ihrer Anrufung abgeschlossen haben.

(4) Betriebsänderungen i. S. d. § 111 BetrVG werden organisatorisch und personell ohne Einhaltung des in dieser Betriebsvereinbarung geregelten Verfahrens nicht umgesetzt. Ist der Betriebsrat der Ansicht, dass der Arbeitgeber Maßnahmen unter Verletzung der Mitbestimmungsrechte nach den §§ 111, 112 BetrVG umsetzt, so wird er die Gesellschaft auffordern, dies binnen einer Frist von zwei Wochen abzustellen. Erst nach Ablauf dieser Frist ist der Betriebsrat berechtigt, weitere Maßnahmen in die Wege zu leiten[9].

§ 4 Kosten[10]

(1) Die Kosten der ständigen Einigungsstelle trägt die Gesellschaft.

(2) Beisitzer der ständigen Einigungsstelle, die dem Betrieb angehören, erhalten für die erforderliche Zeit die Fortzahlung ihres Arbeitsentgelts. Ist ihre Tätigkeit aus betrieblichen Gründen außerhalb der Arbeitszeit erforderlich, wird ihnen Arbeitsbefreiung unter Fortzahlung des Arbeitsentgelts gewährt. Sonstige Entschädigungen werden nicht gezahlt.

§ 5 Inkrafttreten, Kündigung[11]

(1) Diese Betriebsvereinbarung tritt am ...... in Kraft. Sie kann mit einer Frist von drei Monaten zum Ende eines Kalenderjahres gekündigt werden. Die Betriebsvereinbarung entfaltet keine Nachwirkung.

(2) Die Kündigung bedarf der Schriftform.

§ 6 Schlussbestimmungen[12]

(1) Diese Betriebsvereinbarung löst alle etwaigen vorherigen Betriebsvereinbarung über eine ständige Einigungsstelle, insbesondere ...... ab. Mündliche Nebenabreden be-

stehen nicht. Änderungen oder Ergänzungen dieser Betriebsvereinbarung, einschließlich dieser Bestimmung, bedürfen zu ihrer Wirksamkeit der Schriftform.

(2) Sollte eine Bestimmung dieser Betriebsvereinbarung ganz oder teilweise unwirksam sein oder werden, so wird hiervon die Wirksamkeit der übrigen Bestimmungen nicht berührt. Anstelle der unwirksamen Bestimmung werden die Betriebspartner die gesetzlich zulässige Bestimmung vereinbaren, die dem mit der unwirksamen Bestimmung Gewollten wirtschaftlich am nächsten kommt. Dasselbe gilt für den Fall einer vertraglichen Lücke.

(3) Diese Betriebsvereinbarung steht unter dem Vorbehalt etwaiger ablösender – auch freiwilliger – Betriebsvereinbarungen.

(4) Sollten sich die dieser Betriebsvereinbarung zugrunde liegenden tatsächlichen oder rechtlichen Bedingungen grundlegend ändern, so werden die Betriebspartner unverzüglich in Verhandlungen treten mit dem Ziel, die Betriebsvereinbarung an die geänderten Bedingungen anzupassen.

......
Ort, Datum

......
Unterschrift der Gesellschaft

......
Ort, Datum

......
Unterschrift des Betriebsrats

Schrifttum: Bauer, Einigungsstellen – Ein ständiges Ärgernis!, NZA 1992, 433; *Bengelsdorf,* Rechtliche Möglichkeiten zur Beschleunigung des erzwingbaren Einigungsstellenverfahrens, BB 1991, 613; *Friedemann,* Das Verfahren der Einigungsstelle für Interessenausgleich und Sozialplan, 1997; *Heinze,* Verfahren und Entscheidung der Einigungsstelle, RdA 1990, 262; *Kamphausen,* Pauschalierung oder Stundensatz-Vergütung für außerbetriebliche Beisitzer in Einigungsstellen, NZA 1992, 55; *Pünnel/Isenhardt,* Die Einigungsstelle des BetrVG 1972, 4. Aufl. 1997; *Rieble,* Kontrolle der Einigungsstelle in Rechtsstreitigkeiten, BB 1991, 471; *Schäfer,* Zur Vergütung der außerbetrieblichen Mitglieder der Einigungsstelle nach § 76 a BetrVG, NZA 1991, 836; *Schaub,* Die Bestellung und Abberufung der Vorsitzenden von Einigungsstellen, NZA 2000, 1087; *Sowka,* Die Tätigkeit von Rechtsanwälten als Parteivertreter vor der Einigungsstelle, NZA 1990, 91; *Weber/Burmester,* Die Ermessensentscheidung der Einigungsstelle bei Sozialplänen und ihre arbeitsgerichtliche Überprüfung, BB 1995, 2268; *Ziege,* Der Rechtsanwalt im Einigungsstellenverfahren gemäß § 76 BetrVG, NZA 1990, 926.

Anmerkungen

1. Bedarfs- oder Dauereinigungsstelle. Die Einigungsstelle ist ein vom Arbeitgeber und Betriebsrat (auch Gesamt- oder Konzernbetriebsrat) gemeinsam gebildetes **Organ der Betriebsverfassung**, dem bestimmte gesetzliche Befugnisse zur Beilegung von Meinungsverschiedenheiten übertragen sind (*F/E/S/T/L* § 76 Rdn. 3; *Jaeger/Röder/Heckelmann/Trappehl/Wolff* Kapitel 8 Rdn. 1; *Friedemann* Rdn. 43).

Nach § 76 Abs. 1 S. 1 BetrVG ist die Einigungsstelle grundsätzlich nur „**bei Bedarf**" zu bilden. Vor Anrufung der Einigungsstelle haben Arbeitgeber und Betriebsrat über strittige Fragen mit dem ernsten Willen zur Einigung zu verhandeln und Vorschläge für die Beilegung des Streits zu machen (*F/E/S/T/L* § 76 Rdn. 7; *ErfKomm/Hanau/Kania* § 76 BetrVG Rdn. 3). Tätigkeit und Existenz der Einigungsstelle enden somit im Zeitpunkt der Erledigung der Regelungsfrage, die Gegenstand des Einigungsstellenverfahrens war. Insoweit unterscheidet sich die Einigungsstelle nach BetrVG von den im Personalvertretungswesen des öffentlichen Dienstes im Bund und den Ländern zu bildenden Einigungsstellen, die ständige Einrichtungen darstellen (*Pünnel/Isenhardt* Rdn. 10).

§ 76 Abs. 1 S. 2 BetrVG eröffnet ausdrücklich die Möglichkeit, auch im Rahmen des Betriebsverfassungsrechts die Einigungsstelle als **ständiges betriebliches Schlichtungsorgan** zu errichten. Dies setzt voraus, dass die Betriebspartner über die Bildung einer ständigen Einigungsstelle eine freiwillige, nicht erzwingbare Betriebsvereinbarung abschließen (*F/E/S/T/L* § 76 Rdn. 8; *Pünnel/Isenhardt* Rdn. 11; *Friedemann* Rdn. 52). Um eine solche freiwillige Betriebsvereinbarung handelt es sich bei dem vorliegenden Formular.

Ständige Einigungsstellen spielen in der betrieblichen Praxis keine große Rolle. In großen Unternehmen, in denen häufig Streitfragen entstehen, die der Mitbestimmung des Betriebsrats bedürfen und die eine schnelle Entscheidung erfordern, werden meist tarifliche Schlichtungsstellen nach § 76 Abs. 8 BetrVG durch Tarifvertrag installiert (*F/E/S/T/L* § 76 Rdn. 8; *Pünnel/ Isenhardt* Rdn. 12; *Friedemann* Rdn. 68 ff.).

Von der Errichtung einer ständigen Einigungsstelle sollte nur in **besonderen Ausnahmekonstellationen** Gebrauch gemacht werden. Die ständige Präsenz der Einigungsstelle kann nämlich die Betriebspartner dazu verleiten, Meinungsverschiedenheiten leichtfertig an diese abzugeben, ohne zuvor alle Verhandlungsmöglichkeiten ausgeschöpft zu haben (*F/E/S/T/L* § 76 Rdn. 8; *Friedemann* Rdn. 54, 57; Jaeger/Röder/Heckelmann/*Trappehl/Wolff* Kapitel 8 Rdn. 6). Die Existenz einer ständigen Einigungsstelle mit einschätzbarer Besetzung kann den Betriebsrat dazu verleiten, in den vorgeschalteten Verhandlungen weniger kompromissbereit zu sein und vorschnell das Scheitern der Verhandlungen zu erklären. Bereits in der Phase der Konstituierung der Dauereinigungsstelle wird dem Betriebsrat häufig daran gelegen sein, deren Entscheidungskompetenzen möglichst weit zu fassen. Für die Gesellschaft kann eine ständige Einigungsstelle von Vorteil sein, wenn wiederholt auftretende Konflikte mit dem Betriebsrat über einen bestimmten Regelungsgegenstand zu erwarten sind. Bestehen etwa Vorüberlegungen über tiefgreifende Umstrukturierungen, die womöglich in mehreren Schritten zur Planungsreife gelangen und zu jeweils gesonderten Verhandlungen über Interessenausgleiche und Abschlüsse von Sozialplänen führen, so könnte der Betriebsrat jede Einzelmaßnahme bis zum Scheitern der Verhandlungen vor der Einigungsstelle verzögern. Mit der Umsetzung der jeweiligen Betriebsänderung könnte erst begonnen werden, nachdem eine Einigungsstelle errichtet und vor dieser der Versuch unternommen wurde, einen Interessenausgleich herbeizuführen. Hierbei kann – auch nach den Beschleunigungsregelungen durch das sog. Job-AQTIV-Gesetz zum 1. Januar 2002 – das Bestellungsverfahren nach § 98 ArbGG zu erheblichen Verzögerungen führen. Besteht bereits eine ständige Einigungsstelle, so wird dem Betriebsrat ein Teil der Verzögerungsmöglichkeiten genommen, die er ansonsten nicht selten als Druckmittel bei Sozialplanverhandlungen nutzt.

2. Präambel. Der tatsächliche Hintergrund für die Schaffung der ständigen Einigungsstelle und deren wesentlicher Vorteil, nämlich die Herbeiführung einer schnellen Entscheidung ohne zeitliche Verzögerungen, werden in der Präambel kurz geschildert.

3. Geltungsbereich. Der (sachliche) Geltungsbereich der Betriebsvereinbarung beschreibt die Regelungsgegenstände, die unter den Zuständigkeitsbereich der ständigen Einigungsstelle fallen sollen, sofern ein erzwingbares Mitbestimmungsrecht besteht und der (örtliche) Betriebsrat hierfür zuständig ist.

Das Formular geht davon aus, dass es künftig zu einer Reihe von Maßnahmen kommen wird, die jeweils als Betriebsänderungen Verhandlungen über Interessenausgleiche und den Abschluss von Sozialplänen erforderlich machen. Auch bei anderen voraussichtlich wiederholt auftretenden Konflikten in Bezug auf einen ganz bestimmten Regelungsgegenstand kann die Einrichtung einer ständigen Einigungsstelle sinnvoll sein (Jaeger/Röder/Heckelmann/ *Trappehl/Wolff* Kapitel 8 Rdn. 6). Sofern es auf besondere fachspezifische Kenntnisse ankommt, beispielsweise bei der Einführung und Anwendung von komplexen EDV-Systemen, mag eine ständige Einigungsstelle ebenfalls Vorteile mit sich bringen (*F/E/S/T/L* § 76 Rdn. 8; D/K/K/*Berg* § 76 Rdn. 7; ErfKomm/*Hanau/Kania* § 76 Rdn. 5). Im Übrigen werden ständige Einigungsstellen nicht selten im Rahmen einer Betriebsbußen-Regelung, etwa als „Berufungsinstanz", eingesetzt (*Pünnel/Isenhardt* Rdn. 12). Nur in Ausnahmefällen ist daran zu denken, die ständige Einigungsstelle für alle Fälle zu errichten, in denen die Einigung zwischen Arbeitgeber und Betriebsrat durch Spruch der Einigungsstelle verbindlich ersetzt wird (vgl. die Aufzählung der erzwingbaren Verfahren bei Jaeger/Röder/Heckelmann/*Trappehl/Wolff* Kapitel 8 Rdn. 2). § 1 des Formulars wäre dann wie folgt zu formulieren:

Alternative:
Diese Betriebsvereinbarung gilt für alle Angelegenheiten, die nicht offensichtlich die gesetzlichen Voraussetzungen einer Angelegenheit verfehlen, in der der Spruch der Einigungsstelle

die Einigung zwischen Gesellschaft und Betriebsrat ersetzt, soweit für diese Angelegenheiten der Betriebsrat nicht offensichtlich unzuständig ist.

In Anlehnung an § 98 Abs. 1 S. 2 ArbGG wurde der Geltungsbereich der Betriebsvereinbarung so gefasst, dass Maßnahmen nur dann ausgeklammert werden, wenn die Einigungsstelle hierfür **offensichtlich unzuständig** ist, im hier geregelten Beispielsfall also dann, wenn die Maßnahmen offensichtlich die Anforderungen des § 111 BetrVG nicht erfüllen oder wenn der (örtliche) Betriebsrat offensichtlich nicht zuständig ist. Dadurch soll vermieden werden, dass bei Streitigkeiten über die Reichweite des in Anspruch genommenen Mitbestimmungsrechtes ein gerichtliches Bestellungsverfahren durchgeführt wird, obwohl bei Bestehen des Mitbestimmungsrechts ohnehin die ständige Einigungsstelle zuständig wäre. Unter Heranziehung der Grundsätze zu § 98 Abs. 1 S. 2 ArbGG ist der Geltungsbereich der Betriebsvereinbarung nur dann nicht gegeben, wenn bei fachkundiger Beurteilung sofort erkennbar ist, dass ein Mitbestimmungsrecht unter keinem rechtlichen Gesichtspunkt in Betracht kommt; dies kann auch der Fall sein, weil das ohne Zweifel unzuständige betriebsverfassungsrechtliche Organ (z. B. der Betriebsrat anstelle des Gesamtbetriebsrats) ein Mitbestimmungsrecht für sich in Anspruch nimmt (LAG Frankfurt a.M. Beschl. v. 15. 6. 1984 – 14/5 TaBV 8/84 – NZA 1985, 33). Eine Erweiterung der Zuständigkeit der ständigen Einigungsstelle, die unter § 3 Abs. (1) des Formulars gesondert geregelt wird (s. Anm. 8), ist mit der weiten Fassung des Geltungsbereichs nicht verbunden. Steht also beispielsweise eine Betriebsänderung in Frage, die mehrere Betriebe betrifft und notwendigerweise nur einheitlich geregelt werden kann (wie beispielsweise die Stilllegung aller Betriebe, die Zusammenlegung mehrerer Betriebe oder ein betriebsübergreifender Personalabbau), so mag der Geltungsbereich der Betriebsvereinbarung eröffnet sein, so dass die Betriebspartner die ständige Einigungsstelle anrufen können. Diese entscheidet sodann nach Maßgabe des § 50 Abs. 1 BetrVG über ihre Zuständigkeit.

4. Zusammensetzung der Einigungsstelle. Die Einigungsstelle besteht nach § 76 Abs. 2 S. 1 BetrVG aus einer gleichen Anzahl von Beisitzern, die vom Arbeitgeber und vom Betriebsrat bestellt werden, und einem unparteiischen Vorsitzenden. Das Gesetz beschränkt sich also darauf, vorzuschreiben, dass die jeweils gleiche Anzahl von Beisitzern von beiden Betriebspartnern zu bestimmen ist, lässt aber die Zahl der Beisitzer ausdrücklich offen.

Die **Anzahl der Beisitzer** sollte unter Berücksichtigung der Eigenart der Materie (Art und Umfang der zu erwartenden Aufgaben), deren Bedeutung für die Beteiligten, der Größe und der besonderen Verhältnisse des Betriebs, der Arbeitsfähigkeit der Einigungsstelle und der vom Arbeitgeber zu tragenden Kosten festgelegt werden (vgl. zur gerichtlichen Festsetzung der Zahl der Beisitzer LAG München Beschl. v. 15. 7. 1991 – 4 TaBV 27/91 – NZA 1992, 185). Zu viele Mitglieder der Einigungsstelle lähmen deren Arbeitsprozesse und erhöhen die Kosten für die Arbeitgeberseite. Eine zu geringe Anzahl kann zu Schwierigkeiten bei der Bewältigung der Aufgaben führen und die Akzeptanz der Entscheidung innerhalb der Belegschaft verringern. In der Regel wird die Besetzung der ständigen Einigungsstelle mit jeweils zwei Beisitzern ausreichend sein (LAG Frankfurt Beschl. v. 16. 7. 1992 – 12 TaBVGa 112/12 – NZA 1993, 1008; LAG München Beschl. v. 15. 7. 1991 – 4 TaBV 27/91 – DB 1991, 2678; LAG Hamm Beschl. v. 8. 4. 1987 – 12 TaBV 17/87 – DB 1987, 1441; a. A. (nur je ein Beisitzer) LAG Kiel Beschl. v. 28. 9. 1983 – 5 TaBV 30/83 – DB 1984, 1530; a. A. (in der Regel drei Beisitzer) LAG Bremen Beschl. v. 20. 9. 1983 – 4 TaBV 104/83 – AuR 1984, 91; a. A. (bei komplexen Sachverhalten vier Beisitzer) LAG Hamburg Beschl. v. 13. 1. 1999 – 4 TaBV 9/98 – AiB 1999, 221). Jedenfalls sind mehr als drei Beisitzer nicht nur aus Kostengesichtspunkten, sondern auch zur Aufrechterhaltung eines vernünftigen Verfahrensablaufs, grundsätzlich unvertretbar. Da jeder Beisitzer in der Einigungsstelle auch zu Wort kommen will, wird die Arbeitsfähigkeit der Einigungsstelle ansonsten in nicht zu verantwortender Weise behindert (LAG München Beschl. v. 31. 1. 1989 – 3 TaBV 62/88 – NZA 1989, 525).

5. Vorsitzender. Das Gesetz verlangt von dem Vorsitzenden der Einigungsstelle lediglich, das er „**unparteiisch**" sein muss, also im Verhältnis zum Arbeitgeber und zum Betriebsrat keinen Weisungen unterliegt (§ 76 Abs. 1 S. 2 BetrVG).

Darüber hinaus ist es erforderlich, dass der Vorsitzende fundierte Kenntnisse des Arbeits- und insbesondere des Betriebsverfassungsrechts mitbringt, zumindest aber die für das Einigungsstellenverfahren einschlägigen **Bestimmungen und Grundsätze** beherrscht (*Friedemann* Rdn. 114). Des Weiteren sollte er mit **betrieblichen Abläufen** vertraut sein und – nicht zu unterschätzen – über **Verhandlungsgeschick und Integrationskraft** verfügen, also in der Lage sein, die gegenläufigen Standpunkte zu analysieren und miteinander zum Ausgleich zu bringen. Gerade diese wichtige Eigenschaft wird nicht selten in Verhandlungen zwischen Arbeitgeberseite und Betriebsrat über die Person des Einigungsstellenvorsitzenden vernachlässigt, wenn es vorrangig darum geht, eine Person durchzusetzen, die womöglich eher dem Lager der einen oder anderen Partei zuzuordnen sein könnte.

Am häufigsten werden in der Praxis **Arbeitsrichter** zu Vorsitzenden von Einigungsstellen berufen. Insoweit sind grundsätzlich Richter aller Instanzen gleich gut geeignet (a. A. LAG München Beschl. v. 31. 1. 1989 – 3 TaBV 62/88 – NZA 1989, 525). Allerdings darf ein Richter nur dann zum Vorsitzenden bestellt werden, wenn aufgrund der Geschäftsverteilung ausgeschlossen ist, dass er mit der Überprüfung, der Auslegung oder der Anwendung des Spruchs der Einigungsstelle befasst wird (§ 98 Abs. 1 S. 4 ArbGG). Im Übrigen benötigt ein Richter zur Übernahme der Funktion eine Nebentätigkeitsgenehmigung. Außer Richtern kommen auch **Hochschullehrer, Rechtsanwälte** sowie ehemalige Richter, die nun als freiberufliche Mediatoren tätig sind, als Einigungsstellenvorsitzende in Betracht.

Aus Beschleunigungsgründen sieht das Formular vor, dass sich die Betriebspartner bereits in der Betriebsvereinbarung auf die Person des Vorsitzenden einigen (vgl. *Schaub* NZA 2000, 1087). Da der Vorsitzende nicht ständig verfügbar sein wird, sollte zugleich ein Stellvertreter benannt werden, der immer dann den Vorsitz übernimmt, wenn ein Sitzungstermin nicht kurzfristig nach Anrufung der Einigungsstelle – nach § 2 Abs. (2) vor Ablauf von zwei Wochen – anberaumt werden kann.

6. Beisitzer. Das Gesetz regelt nicht, dass auch die Beisitzer der Einigungsstelle besondere persönliche Voraussetzungen erfüllen müssen. Im Gegensatz zum Vorsitzenden der Einigungsstelle müssen die Beisitzer nicht unparteiisch sein; sie sind vielmehr **Interessenvertreter** des sie bestellenden Betriebspartners. Daher sollten die Beisitzer das Vertrauen der jeweils entsendenden Partei genießen (F/E/S/T/L § 76 Rdn. 10; ErfKomm/*Hanau*/*Kania* § 76 Rdn. 9; *Pünnel*/*Isenhardt* Rdn. 35 ff.; Jaeger/Röder/Heckelmann/*Trappehl*/*Wolff* Kapitel 8 Rdn. 22). Zum Teil wird einschränkend gefordert, dass nur solche Personen zu Beisitzern bestellt werden dürfen, von denen zu erwarten ist, dass sie wichtige Interessen der anderen Seite nicht verletzen (MünchHdbArbR/*Joost* § 312 Rdn. 15).

Beisitzer der Einigungsstelle können daher sowohl der (persönliche) Arbeitgeber oder Organvertreter des Arbeitgebers als auch Betriebsratsmitglieder sein (BAG Urt. v. 6. 5. 1986 – 1 AZR 553/84 – AP Nr. 8 zu § 128 HGB). Nicht nur **betriebsinterne Personen,** sondern auch **externe Personen,** wie beispielsweise Rechtsanwälte, Vertreter der Arbeitgeberverbandes oder der Gewerkschaft, können zu Beisitzern bestellt werden. So ist der Betriebsrat auch nicht daran gehindert, ausschließlich betriebsfremde Personen zu Beisitzern zu bestellen (BAG Beschl. v. 24. 4. 1996 – 7 ABR 40/95 – AP Nr. 5 zu § 76 BetrVG 1972 Einigungsstelle). Die jeweils andere Seite ist nicht berechtigt, die bestellten Beisitzer abzulehnen (BAG Beschl. v. 14. 12. 1988 – 7 ABR 73/87 – AP Nr. 30 zu § 76 BetrVG 1972; LAG Düsseldorf Beschl. v. 3. 4. 1981 – 8 TaBV 11/81 – BB 1981, 733). Häufig empfiehlt es sich, neben einem betriebszugehörigen auch einen betriebsfremden Beisitzer am Verfahren mitwirken zu lassen. Hierbei wird durch die betriebszugehörigen Beisitzer die Betriebsnähe des Verfahrensablaufs sichergestellt. Die betriebsfremden Beisitzer, die von der Angelegenheit nicht unmittelbar betroffen werden und daher den notwendigen Abstand besitzen, tragen erfahrungsgemäß zur Objektivierung bei. Sofern es bei dem Regelungsgegenstand um eine schwierige technische Problematik geht, kann sich auch die Bestellung eines fachlich versierten Beisitzers empfehlen, der dann womöglich einen ansonsten heranzuziehenden Sachverständigen überflüssig macht (*Pünnel*/*Isenhardt* Rdn. 36).

Das Formular sieht – aus Gründen der Verfahrensbeschleunigung – vor, dass die jeweiligen Beisitzer, die für die Gesellschaft und für den Betriebsrat in der Einigungsstelle sitzen, bereits in der Betriebsvereinbarung bestimmt werden (§ 2 Abs. (3) S. 1 des Formulars). Da die Beisitzer jederzeit abrufbar sind und durch andere Beisitzer ersetzt werden können (ErfKomm/ *Hanau*/*Kania* § 76 Rdn. 10), sind beide Betriebspartner berechtigt, mit Anrufung der ständigen Einigungsstelle auch andere Personen zu Beisitzern zu bestellen; dies darf aber nicht zu Verzögerungen führen (§ 1 Abs. (3) S. 2 des Formulars).

7. Amtszeit. Um Kontinuität in der Arbeit der ständigen Einigungsstelle herzustellen, wird die Amtszeit aller Mitglieder auf **drei Jahre** festgelegt (§ 2 Abs. (4) des Formulars). Ungeachtet dessen können Arbeitgeber und Betriebsrat die von ihnen bestellten Beisitzer bereits zuvor abberufen und durch andere Personen ersetzen (s. Anm. 6).

Hinsichtlich der Person des Vorsitzenden (und des stellvertretenden Vorsitzenden) sieht das Formular vor, dass sich beide Betriebspartner vor Ablauf der Amtszeit und im Falle der Amtsniederlegung über den jeweiligen Nachfolger verständigen; kommt eine solche Einigung bis zum Ende der Amtszeit nicht zustande, soll eine Nichtbesetzung der Position dadurch vermieden werden, dass der bisherige Vorsitzende die Nachfolger verbindlich bestimmt (§ 2 Abs. (4) S. 2 und 3 des Formulars). Ob diese Bestimmung in Anbetracht der gesetzlichen Bestellungsregelungen (§ 76 Abs. 2 S. 1 und 2 BetrVG) einer gerichtlichen Überprüfung standhielte, ist allerdings fraglich.

8. Zuständigkeit und Verfahren. Die **Zuständigkeit** der ständigen Einigungsstelle – hier für Verhandlungen über einen Interessenausgleich und den Abschluss eines Sozialplans – wird in § 3 Abs. 1 des Formulars abschließend geregelt. Anhand dieser Bestimmung hat die Einigungsstelle **vorab zu prüfen,** ob sie für die strittige Angelegenheit zuständig ist (BAG Beschl. vom 8. 3. 1983 – 1 AZR 38/81 – AP Nr. 14 zu § 87 BetrVG 1972 Lohngestaltung; *F/E/S/T/L* § 76 Rdn. 83). Verneint die Einigungsstelle ihre Zuständigkeit, so hat sie jede weitere Tätigkeit durch Beschl. einzustellen (BAG Beschl. v. 22. 1. 1980 – 1 ABR 48/77 – AP Nr. 3 zu § 87 BetrVG 1972 Lohngestaltung). Dieser Beschluss, der eine Rechtsfrage enthält, unterliegt in vollem Umfang der arbeitsgerichtlichen Überprüfung (*Rieble* BB 1991, 471, 475; *Weber/Burmester* BB 1995, 2268, 2270); die Zwei-Wochen-Frist des § 76 Abs. 5 S. 4 BetrVG findet insoweit keine Anwendung. Bejaht das Arbeitsgericht – entgegen der Entscheidung der ständigen Einigungsstelle – deren Zuständigkeit, so stellt es die Unwirksamkeit des Beschlusses fest. In diesem Falle muss die ständige Einigungsstelle das Verfahren fortsetzen (ErfKomm/*Hanau/Kania* § 76 BetrVG Rdn. 22; *F/E/S/T/L* § 76 Rdn. 83). Sofern die Einigungsstelle ihre Zuständigkeit bejaht, setzt sie das Verfahren weiter fort. Trifft sie einen entsprechenden Beschluss, so ist dieser nicht isoliert anfechtbar (GKBetrVG/*Kreutz* § 76 BetrVG Rdn. 94). Ist beim Arbeitsgericht ein Beschlussverfahren über die Zuständigkeit der Einigungsstelle anhängig (sog. „Vorabfeststellungsverfahren"), so ist die Einigungsstelle nach überwiegender Ansicht nicht berechtigt, das Verfahren bis zur rechtskräftigen gerichtlichen Entscheidung auszusetzen (BAG Beschl. v. 16. 8. 1983 – 1 ABR 11/82 – AP Nr. 2 zu § 81 ArbGG 1979; ErfKomm/*Hanau/Kania* § 76 Rdn. 22).

Über das **Verfahren** vor der Einigungsstelle enthält das Gesetz nur wenige Regelungen. Über den Beschleunigungsgrundsatz hinaus regelt § 76 Abs. 3 BetrVG die Abstimmung und Beschlussfassung. Im Übrigen besteht Einigkeit darüber, dass die Einigungsstelle Arbeitgeber und Betriebsrat rechtliches Gehör (Art. 103 Abs. 1 GG) gewähren muss, dass sie vor einer etwaigen Entscheidung eine mündliche Verhandlung (Sitzung) durchzuführen hat, an der auch die Betriebspartner teilnehmen dürfen (nicht aber während der Beschlussfassung selbst), dass die Sitzungen nicht öffentlich sind und dass die Einigungsstelle zur Aufklärung des Sachverhalts Zeugen laden und Sachverständigengutachten einholen kann (*Friedemann* Rdn. 219; *Heinze* RdA 1990, 262, 263 ff.).

Im Übrigen kann das Verfahren vor der Einigungsstelle durch Betriebsvereinbarung näher geregelt werden (§ 76 Abs. 4 BetrVG). Insoweit regelt § 3 Abs. (2) S. 3 und 4 des Formulars – wiederum aus Beschleunigungsgründen – die Art und Weise der Anrufung der ständigen Einigungsstelle und das Erfordernis, hierbei Regelungssachverhalt, Regelungsgegenstand und Begehren des anrufenden Betriebspartners zu schildern. Außerdem werden in § 1 Abs. (3) des Formulars Fristen für das erstmalige Zusammentreten der Einigungsstelle bis zur Beendigung des Einigungsstellenverfahrens vorgegeben. Es versteht sich von selbst, dass es sich hierbei um Leitlinien handelt, an die der Vorsitzende sich im Rahmen seiner Verhandlungsführung nicht halten muss. Darüber hinaus wäre es denkbar, Ladungs- und Einlassungsfristen festzulegen, Regelungen über die Vernehmung von Zeugen und die Hinzuziehung von Sachverständigen vorzugeben und die Protokollführung zu vereinbaren (vgl. Jaeger/Röder/Heckelmann/*Trappehl*/*Wolff* Kapitel 8 Rdn. 40; *F/E/S/T/L* § 76 Rdn. 66).

9. Allgemeiner Unterlassungsanspruch. Beginnt die Gesellschaft mit der Umsetzung der Betriebsänderung (etwa durch den Ausspruch von Kündigungen oder den Abschluss von Aufhebungsverträgen), bevor das Verfahren zur Herbeiführung eines Interessenausgleichs vor der Einigungsstelle abgeschlossen ist, so drohen womöglich Ansprüche des Betriebsrats auf Unterlassung entsprechender Maßnahmen, die auch im Wege der einstweiligen Verfügung durchgesetzt werden können. Das BAG erkennt grundsätzlich seit seiner Entscheidung vom 3. 5. 1994 (BAG Beschl. v. 3. 5. 1994 – 1 ABR 24/93 – AP Nr. 23 zu § 23 BetrVG 1972) neben dem Unterlassungsanspruch aus § 23 Abs. 3 BetrVG einen allgemeinen Unterlassungsanspruch des Betriebsrats gegen den Arbeitgeber auf Unterlassung mitbestimmungswidriger Handlungen an. Für die Beteiligungsrechte anlässlich einer Betriebsänderung ist diese Frage allerdings noch nicht höchstrichterlich entschieden. Die Landesarbeitsgerichte, die über einstweilige Verfügungsverfahren letztinstanzlich entscheiden, sind insoweit gespalten. Teilweise vertreten die Landesarbeitsgerichte die Ansicht, dass dem Arbeitgeber durch einstweilige Verfügung aufgegeben werden könne, die Durchführung der Betriebsänderung so lange **zu unterlassen, bis das Verfahren zum Versuch eines Interessenausgleichs durchlaufen sei** (LAG Berlin Beschl. v. 7. 9. 1995 – 10 TaBV 5 und 9/95 – NZA 1996, 1284; LAG Frankfurt a. M. Beschl. v. 30. 8. 1984 – 4 TaBVGa 114/84 – DB 1985, 178; LAG Frankfurt a. M. Beschl. v. 21. 9. 1982 – 4 TaBVGa 94/82 – DB 1983, 613; LAG Hamburg Beschl. v. 5. 2. 1986 – 4 TaBV 12/85 – LAGE Nr. 5 zu § 23 BetrVG 1972; LAG Hamburg Beschl. v. 27. 6. 1997 – 5 TaBV 5/97 – LAGE Nr. 15 zu § 111 BetrVG 1972). Zur Begründung wird ausgeführt, die Ansprüche der Arbeitnehmer auf Nachteilsausgleich nach § 113 BetrVG stellten keine ausreichende Sanktion dar, die den Arbeitgeber dazu veranlassen könne, die Beteiligung des Betriebsrats zu beachten. Die überwiegende Anzahl der Landesarbeitsgerichte **lehnt hingegen einen allgemeinen Unterlassungsanspruch bei Verstoß des Arbeitgebers gegen die §§ 111 ff. BetrVG ab** (LAG Stuttgart Beschl. v. 28. 8. 1985 – 2 TaBV 8/85 – LAGE Nr. 16 zu § 23 BetrVG 1972; LAG Mainz Beschl. v. 28. 3. 1989 – 3 TaBV 6/89 – NZA 1989, 863; LAG Düsseldorf Beschl. v. 19. 11. 1996 – 8 TaBV 80/96 – BB 1997, 1315; LAG Hannover Beschl. v. 5. 6. 1987 – 12 TaBV 17/87 – LAGE Nr. 11 zu § 23 BetrVG 1972; LAG Kiel Beschl. v. 13. 1. 1992 – 4 TaBV 54/91 – DB 1992, 1788). Diese Gerichte stehen auf dem Standpunkt, dass die Betriebsänderung selbst letztlich nicht mitbestimmungspflichtig sei, da der Betriebsrat diese nicht verhindern könne. Aus diesem Grunde sei er auch nicht berechtigt, die Durchführung der Betriebsänderung vorübergehend zu unterbinden.

Soweit dem Betriebsrat nach der maßgeblichen LAG-Rechtsprechung ein Unterlassungsanspruch zusteht, wird er sich dieses Druckmittel nicht im Zuge der Vereinbarung über eine ständige Einigungsstelle aus der Hand nehmen lassen. Zur Vermeidung gerichtlicher Eilverfahren, die zu einer verstärkten Konfrontation zwischen den Betriebspartner führen können, erscheint es aber hilfreich, wenn der Betriebsrat gehalten ist, den Arbeitgeber zuvor aufzufordern, die Durchführung der Maßnahmen binnen einer bestimmten Frist abzustellen. Eine entsprechende Regelung enthält § 3 Abs. (4) des Formulars.

10. Kosten. Alle Kosten, die sich aus der Tätigkeit der Einigungsstelle ergeben, hat die Gesellschaft zu tragen (§ 76 a Abs. 1 BetrVG).

Unter diese Kosten fallen zunächst die **Vergütungsansprüche des Vorsitzenden und der Beisitzer, die nicht dem Betrieb angehören** (§ 76 a Abs. 3 BetrVG). Die in § 76 Abs. 4 erwähnte Rechtsverordnung des Bundesministers für Arbeit und Sozialordnung ist bis heute nicht erlassen worden. Daher besteht nach wie vor hinsichtlich der Vergütungshöhe eine erhebliche Rechtsunsicherheit (vgl. *Kamphausen* NZA 1992, 55, 56 f.). Grundsätzlich sind der erforderliche Zeitaufwand, die Schwierigkeit der Streitigkeit sowie ein etwaiger Verdienstausfall zu berücksichtigen (*Kamphausen* NZA 1992, 55, 62). In der Praxis wird der Einigungsstellenvorsitzende in der Regel nach **Stunden- oder Tagessätzen** vergütet; insoweit erscheint ein Vergütungsrahmen je Stunde zwischen EUR 100,– und EUR 300,– als angemessen (vgl. den Hinweis auf den Entwurf einer Rechtsverordnung des Bundesministers für Arbeit und Sozialordnung nach dem Stand v. 13. Juni 1990 bei *Friedemann* Rdn. 628). Bei Einigungsstellenver-

25. Ständige Einigungsstelle
C. II. 25

fahren, deren Zeitaufwand sich im Voraus abschätzen lässt, kann die Vereinbarung einer **Pauschale** für das gesamte Verfahren zweckmäßig sein. Die Vergütung der externen Beisitzer ist niedriger zu bemessen als die des Vorsitzenden (§ 76a Abs. 4 S. 4 BetrVG), wobei ein Honorar von 7/10 des Vorsitzenden als angemessen angesehen wird (BAG Beschl. v. 14. 2. 1996 – 7 ABR 24/95 – AP Nr. 6 zu § 76 a BetrVG 1972; für weitere Abschläge LAG Kiel Beschl. v. 11. 5. 1995 – 4 TaBV 9/94 – LAGE Nr. 7 zu § 76 a BetrVG 1972). Auf Betriebsratsseite stehen nach – umstrittener– Rechtsprechung auch Beisitzern, die in einem anderen Betrieb des Unternehmens beschäftigt sind, solche Honoraransprüche zu (BAG Beschl. v. 21. 6. 1989 – 7 ABR 92/87 – AP Nr. 35 zu § 76 BetrVG 1972). Auch Gewerkschaftsfunktionäre können entsprechende Vergütungen geltend machen (BAG Beschl. v. 14. 1. 1983 – 6 ABR 67/79 – BAG Beschl. v. 3. 5. 1984 – 6 ABR 60/80 – BAG Beschl. v. 14. 12. 1988 – 7 ABR 73/87 – AP Nr. 12, 15, 30 zu § 76 BetrVG 1972; LAG Berlin Beschl. v. 19. 9. 1977 – 9 TaBV 2/77 – AP Nr. 4 zu § 76 BetrVG 1972). Ein Rechtsanwalt, der als Beisitzer tätig wird, kann grundsätzlich nicht auf der Basis des RVG höhere Gebühren abrechnen (zu BRAGO-Gebühren: BAG Beschl. v. 20. 2. 1991 – 7 ABR 6/90 – EzA Nr. 56 zu § 76 BetrVG 1972; *Sowka* NZA 1990, 91, 93; a.A. *Bauer* NZA 1992, 433, 435). Die Festlegung der Vergütung nach diesen Grundsätzen erfolgt grundsätzlich durch vertragliche Vereinbarung zwischen dem Arbeitgeber und dem Einigungsstellenmitglied. Kommt eine solche Vereinbarung nicht zustande, kann das Mitglied der Einigungsstelle die Vergütung nach billigem Ermessen festsetzen; diese Festsetzung kann dann vom Arbeitsgericht daraufhin überprüft werden, ob sie der Billigkeit entspricht (BAG Beschl. v. 12. 2. 1992 – 7 ABR 20/91 – AP Nr. 2 zu § 76 a BetrVG 1972). Das Formular sieht in § 4 keine Regelung über die Vergütung der Mitglieder der ständigen Einigungsstelle vor. Bestimmungen hierüber in einer Betriebsvereinbarung wären nur zulässig, sofern ein Tarifvertrag mit einer entsprechenden Öffnungsklausel oder keine tarifliche Regelung bestünde (§ 76a Abs. 5 BetrVG). Auch in diesen Fällen mag es häufig schwierig sein, eine angemessene Vergütungshöhe für alle denkbaren Verfahrenskonstellationen im Voraus festzulegen. Soll dies geschehen, ist darauf zu achten, das Honorar des Vorsitzenden zuvor mit diesem abzustimmen.

Beisitzer, die dem Betrieb angehören, erhalten für ihre Tätigkeit keine Vergütung (§ 76 a Abs. 2 BetrVG); sie können insoweit die übliche Vergütung für die Arbeitszeit verlangen, die sie infolge ihrer Tätigkeit in der Einigungsstelle versäumen (s. § 4 Abs. (2) des Formulars).

Im Übrigen hat die Gesellschaft den Mitgliedern der Einigungsstelle die **Kosten für Aufwendungen** zu erstatten, die wegen der Tätigkeit in der Einigungsstelle entstehen (z.B. Reisekosten, Übernachtungs- und Verpflegungskosten), es sei denn, diese sind mit dem Honorar bereits abgegolten (BAG Beschl. v. 14. 2. 1996 – 7 ABR 24/95 – AP Nr. 6 zu § 76a BetrVG 1972).

Davon zu trennen sind die Fragen, ob Arbeitgeber und Betriebsrat sich vor der Einigungsstelle **anwaltlich vertreten** lassen können und auf welcher Grundlage der Betriebsrat vom Arbeitgeber Freistellung von den Rechtsanwaltskosten verlangen kann. Während die Frage nach der Zulässigkeit einer anwaltlichen Vertretung weitgehend bejaht wird (BAG Beschl. v. 21. 6. 1989 – 7 ABR 78/87 – NZA 1990, 107; *Ziege* NZA 1990, 926), ist heftig umstritten, ob die Rechtsanwaltskosten Kosten der Einigungsstelle (*Sowka* NZA 1990, 91, 93) oder Kosten der Betriebsratstätigkeit i.S.d. § 40 BetrVG (so BAG Beschl. v. 21. 6. 1984 – 7 ABR 78/87 – NZA 1990, 107; *Ziege* NZA 1990, 926, 929) sind. In der Praxis wird bei Einigungsstellenverfahren in aller Regel bereits vorab eine Honorarvereinbarung zwischen Arbeitgeber, Betriebsrat und dem anwaltlichen Berater des Betriebsrats abgestimmt. Gemäß § 111 Abs. 1 S. 2 BetrVG kann der Betriebsrat bei Betriebsänderungen einen (anwaltlichen) Berater hinzuziehen.

11. Inkrafttreten und Kündigung. Die Bemessung der Laufzeit der Betriebsvereinbarung sollte daran orientiert werden, in welchem Zeitraum Angelegenheiten, die unter die Zuständigkeit der ständigen Einigungsstelle fallen, voraussichtlich auftreten. Das Formular sieht in § 5 die Kündigung mit einer Frist von drei Monaten zum Ende eines Kalenderjahres ohne Nachwirkung vor.

12. Schlussbestimmungen. S. Form. C. II. 1 Anm. 16.

26. Gemeinsamer Ausschuss

Betriebsvereinbarung über die Bildung eines paritätischen Personalausschusses[1]

zwischen

...... (Name und Anschrift des Arbeitgebers) „Gesellschaft"

und

Betriebsrat des Betriebs ...... der ...... (Name des Arbeitgebers) „Betriebsrat"

Präambel[2]

Im Rahmen ihrer vertrauensvollen Zusammenarbeit haben Gesellschaft und Betriebsrat die Erfahrung gemacht, dass eine kooperative Entscheidungsfindung zu sachgerechten Ergebnissen für das Unternehmen und die Mitarbeiter führen und die Legitimation der betroffenen Entscheidungen erhöhen kann. Die Betriebspartner wollen daher ihre Kooperation in personellen Angelegenheiten durch die Bildung eines paritätischen Personalausschusses institutionalisieren.

§ 1 Personalausschuss[3]

(1) Gesellschaft und Betriebsrat errichten einen paritätischen Personalausschuss („Personalausschuss").

(2) Dem Personalausschuss werden nach Maßgabe des nachfolgenden § 2 dieser Betriebsvereinbarung Aufgaben des Betriebsrats im Rahmen der personellen Angelegenheiten zur selbstständigen Erledigung und Entscheidung übertragen.

§ 2 Aufgaben des Personalausschusses[4]

(1) Der Personalausschuss nimmt anstelle des Betriebsrats abschließend folgende Aufgaben und Rechte wahr:

a) Aufgaben und Rechte gemäß § 92 BetrVG (Personalplanung), insbesondere
- Beratung über die Personalplanung und die sich daraus ergebenden personellen Maßnahmen und Maßnahmen der Berufsbildung sowie über Maßnahmen zur Förderung der Gleichstellung von Frauen und Männern,
- Unterbreiten von Vorschlägen für die Einführung und Durchführung einer Personalplanung und von Maßnahmen zur Förderung der Gleichstellung von Frauen und Männern.

b) Aufgaben und Rechte gemäß § 92a BetrVG (Beschäftigungssicherung), insbesondere
- Unterbreiten von Vorschlägen zur Sicherung und Förderung der Beschäftigung,
- Beratung der Vorschläge.

c) Aufgaben und Rechte gemäß § 93 BetrVG (Ausschreibung von Arbeitsplätzen),

d) Aufgaben und Rechte gemäß § 94 BetrVG (Personalfragebogen, Beurteilungsgrundsätze), insbesondere Zustimmung zu Personalfragebögen, zu persönlichen Angaben in schriftlichen Arbeitsverträgen, die allgemein für den Betrieb verwendet werden und zur Aufstellung allgemeiner Beurteilungsgrundsätze,

e) Aufgaben und Rechte gemäß § 95 BetrVG (Auswahlrichtlinie), insbesondere
- Zustimmung zu Richtlinien über die personelle Auswahl bei Einstellungen, Versetzungen, Umgruppierungen und Kündigungen,
- Verlangen der Aufstellung von Richtlinien über die bei Einstellungen, Versetzungen, Umgruppierungen und Kündigungen zu beachtenden fachlichen und persönlichen Voraussetzungen und sozialen Gesichtspunkte.

f) Aufgaben und Rechte gemäß §§ 99 bis 101 BetrVG (Einstellung, Eingruppierung, Umgruppierung und Versetzung), insbesondere

26. Gemeinsamer Ausschuss C. II. 26

- Beratung und Entscheidung über die Stellungnahme bei Zustimmungsersuchen zu Einstellungen, Eingruppierungen, Umgruppierungen und Versetzungen,
- Abgabe der Stellungnahme (Zustimmung, Zustimmungsverweigerung, keine Äußerung) gegenüber der Gesellschaft,
- Beratung und Entscheidung über vorläufige personelle Maßnahmen,
- Abgabe der Stellungnahme zur vorläufigen personellen Maßnahmen gegenüber der Gesellschaft,

g) Aufgaben und Rechte gemäß §§ 102 bis 105 BetrVG (Mitbestimmung bei Kündigungen), insbesondere

- Beratung und Entscheidung über die Stellungnahme bei Kündigungen,
- Anhörung des betroffenen Arbeitnehmers, sofern dies dem Personalausschuss als geboten erscheint,
- Abgabe der Stellungnahme (Zustimmung, Widerspruch, keine Äußerung) gegenüber der Gesellschaft,
- Verlangen der Entlassung oder Versetzung betriebsstörender Arbeitnehmer.

(2) Beratungen innerhalb des Personalausschusses gelten als Beratungen zwischen Gesellschaft und Betriebsrat.

(3) Zum Abschluss von Betriebsvereinbarungen ist der Personalausschuss nicht berechtigt.

§ 3 Unterrichtung des Personalausschusses[5]

(1) Die Gesellschaft wird den Personalausschuss im Rahmen seines Aufgabenbereiches gemäß § 2 dieser Betriebsvereinbarung nach Maßgabe der gesetzlichen Bestimmungen unterrichten und diesem gegenüber Stellungnahmen abgeben. Dies umfasst insbesondere

a) rechtzeitige und umfassende Unterrichtung gemäß § 92 BetrVG über die Personalplanung und die sich daraus ergebenden personellen Maßnahmen und Maßnahmen der Berufsbildung sowie über Maßnahmen zur Förderung der Gleichstellung von Frauen und Männern,

b) Stellungnahme gemäß § 92a BetrVG zu Vorschlägen des Betriebsrats zur Sicherung und Förderung der Beschäftigung,

c) Unterrichtung gemäß § 94 BetrVG über Personalfragebögen, persönliche Angaben in schriftlichen Arbeitsverträgen, die allgemein für den Betrieb verwendet werden und über allgemeine Beurteilungsgrundsätze,

d) Unterrichtung gemäß § 95 BetrVG über Richtlinien über die personelle Auswahl bei Einstellungen, Versetzungen, Umgruppierungen und Kündigungen,

e) Unterrichtung gemäß §§ 99, 100 BetrVG, nämlich
- vor jeder Einstellung, Eingruppierung, Umgruppierung und Versetzung unter Vorlage der erforderlichen Bewerbungsunterlagen und Auskunft über die Person der Beteiligten,
- über die Auswirkungen der geplanten Maßnahme,
- unter Einholung der Zustimmung zu der geplanten Maßnahme,
- über vorläufige personelle Maßnahmen.

f) Anhörungen und Mitteilungen gemäß §§ 102, 103 und 105 BetrVG, nämlich
- Anhörung vor jeder Kündigung unter Mitteilung der Gründe für die Kündigung,
- Mitteilung der beabsichtigten Einstellung oder personellen Veränderung eines leitenden Angestellten i. S. d. § 5 Abs. 3 BetrVG.

(2) Unterrichtungen des Personalausschusses durch die Mitglieder der Gesellschaft gelten als Unterrichtungen durch die Gesellschaft.

§ 4 Besetzung des Personalausschusses[6]

(1) Der Personalausschuss besteht aus sechs Mitgliedern, von denen jeweils drei Mitglieder vom Betriebsrat und von der Gesellschaft bestellt werden. Die Geschlechter sollen angemessen berücksichtigt werden.

(2) Darüber hinaus bestellen Betriebsrat und Gesellschaft jeweils zwei Ersatzmitglieder, die bei Ausscheiden eines Mitgliedes nachrücken und bei zeitweiliger Verhinderung eines Mitglieds dessen Stellvertretung übernehmen.

(3) Die Mitglieder und Ersatzmitglieder des Betriebsrats werden von diesem in entsprechender Anwendung des § 27 Abs. 1 S. 3 BetrVG gewählt. Die Mitglieder und Ersatzmitglieder der Gesellschaft werden von der Geschäftsführung ernannt.

(4) Die Amtszeit der Mitglieder und Ersatzmitglieder beträgt zwei Jahre. Sie endet spätestens mit dem Ende der Amtszeit des Betriebsrats sowie mit dem Ende der Laufzeit dieser Betriebsvereinbarung. Der Betriebsrat ist berechtigt, seine Mitglieder jederzeit abzuberufen.

(5) Der Personalausschuss hat einen Vorsitzenden und einen stellvertretenden Vorsitzenden. Der Vorsitzende wird aus dem Kreis der Mitglieder des Betriebsrats, der stellvertretende Vorsitzende aus dem Kreis der Mitglieder der Gesellschaft gewählt. Der stellvertretende Vorsitzende vertritt den Vorsitzenden bei dessen zeitweiliger Verhinderung. § 26 Abs. 2 BetrVG gilt entsprechend.

§ 5 Verfahrensfragen[7]

(1) Der Personalausschuss tritt einmal im Kalendermonat zu ordentlichen Sitzungen zusammen, in der Regel am ersten Montag eines jeden Monats. Zusätzliche außerordentliche Sitzungen finden auf Verlangen der Mehrheit der Mitglieder des Betriebsrats oder der Mehrheit der Mitglieder der Gesellschaft statt.

(2) Wurde der Personalausschuss von der Gesellschaft über Einstellungen, Eingruppierungen, Umgruppierungen, Versetzungen oder vorläufige personelle Maßnahmen unterrichtet oder zu Kündigungen angehört, so hält er eine außerordentliche Sitzung ab, die in der Regel am Tag nach der Unterrichtung oder Anhörung stattfinden soll.

(3) Die Einladung zu den Sitzungen erfolgt schriftlich oder per E-Mail durch den Vorsitzenden.

(4) Der Vorsitzende setzt die Tagesordnungen fest und leitet die Sitzungen.

(5) Der Personalausschuss fasst die Beschlüsse mit einfacher Mehrheit der Stimmen der anwesenden Mitglieder. Bei Stimmengleichheit ist ein Antrag abgelehnt. Angelegenheiten, die der Zustimmung des Betriebsrats bedürfen, insbesondere Angelegenheiten nach § 99 und § 103 BetrVG, fallen in diesem Fall an den Betriebsrat zurück.

(6) Der Personalausschuss ist nur beschlussfähig, wenn mindestens drei Mitglieder oder Ersatzmitglieder an der Beschlussfassung teilnehmen.

(7) Über jede Sitzung des Personalausschusses wird ein Protokoll geführt, in das mindestens der Wortlaut der Beschlüsse und die Stimmenmehrheit, mit der sie gefasst wurden, aufzunehmen ist. Das Protokoll ist vom Vorsitzenden und einem weiteren Mitglied des Personalausschusses zu unterzeichnen. Jedes Mitglied des Personalausschusses sowie der Betriebsrat erhalten eine Abschrift des Protokolls.

§ 6 Inkrafttreten, Kündigung[8]

(1) Diese Betriebsvereinbarung tritt am …… in Kraft. Sie kann mit einer Frist von drei Monaten zum Ende eines Kalenderjahres gekündigt werden. Die Betriebsvereinbarung entfaltet keine Nachwirkung.

(2) Der Betriebsrat ist berechtigt, diese Betriebsvereinbarung aufgrund eines mit absoluter Mehrheit gefassten Beschlusses jederzeit außerordentlich mit sofortiger Wirkung zu kündigen.

(3) Die Kündigung bedarf der Schriftform.

§ 7 Schlussbestimmungen[9]

(1) Diese Betriebsvereinbarung löst alle etwaigen vorherigen Betriebsvereinbarungen zur Bildung eines Personalausschusses, insbesondere ……, ab. Sie tritt an die Stelle et-

waiger abweichender Aufgabenübertragungen des Betriebsrats auf Ausschüsse oder Arbeitsgruppen. Mündliche Nebenabreden bestehen nicht. Änderungen oder Ergänzungen dieser Betriebsvereinbarung, einschließlich dieser Bestimmung, bedürfen zu ihrer Wirksamkeit der Schriftform.

(2) Sollte eine Bestimmung dieser Betriebsvereinbarung ganz oder teilweise unwirksam sein oder werden, so wird hiervon die Wirksamkeit der übrigen Bestimmungen nicht berührt. Anstelle der unwirksamen Bestimmung werden die Betriebspartner die gesetzlich zulässige Bestimmung vereinbaren, die dem mit der unwirksamen Bestimmung Gewollten wirtschaftlich am nächsten kommt. Dasselbe gilt für den Fall einer vertraglichen Lücke.

(3) Diese Betriebsvereinbarung steht unter dem Vorbehalt etwaiger ablösender – auch freiwilliger – Betriebsvereinbarungen.

(4) Sollten sich die dieser Betriebsvereinbarung zugrunde liegenden tatsächlichen oder rechtlichen Bedingungen grundlegend ändern, so werden die Betriebspartner unverzüglich in Verhandlungen treten mit dem Ziel, die Betriebsvereinbarung an die geänderten Bedingungen anzupassen.

......
Ort, Datum

......
Unterschrift der Gesellschaft

......
Ort, Datum

......
Unterschrift des Betriebsrats

Schrifttum: Hanau, Neuerungen in der Mitbestimmung über Sozialeinrichtungen, insbesondere der Altersvorsorge, BB 1973, 1274; *Kallmeyer,* Mitbestimmung durch Sitz und Stimme in gemeinsamen Ausschüssen, DB 1978, 98; *Senne,* Gemeinsame Ausschüsse nach § 28 BetrVG – Ergebnisse und Folgerungen einer empirischen Bestandsaufnahme, BB 1995, 305.

Anmerkungen

1. Regelungsinhalt. Gemeinsame Ausschüsse (§ 28 Abs. 2 BetrVG) sind Ausschüsse, die gemeinsam von Arbeitgeber und Betriebsrat besetzt werden. Dessen Mitglieder nehmen anstelle des Betriebsrats Beteiligungs- und Mitbestimmungsrechte wahr und treffen damit Entscheidungen mit verbindlicher Wirkung. Eine solche **kooperative Form der Mitbestimmung** kann Vorteile für beide Betriebspartner mit sich bringen. Das Fachwissen des Betriebsrats wird zum Nutzen der Belegschaft und der Unternehmensführung im Rahmen eines „management by participation" herangezogen (vgl. *Senne* BB 1995, 305). Durch die regelmäßige Zusammenarbeit mit Vertretern des Personalbereichs in einem Gremium wird das Verständnis der vom Betriebsrat bestellten Mitglieder für betriebliche Erfordernisse und daraus resultierende Konsequenzen gefördert. Das damit wachsende Vertrauensverhältnis kann zur Folge haben, dass die Mitglieder des Betriebsrats sich gegenüber den Argumenten der Arbeitgeberseite unvoreingenommener und offener zeigen; im Ergebnis kann es dem Unternehmen dadurch gelingen, sachlich begründbare Entscheidungen erleichtert durchzusetzen. In der Praxis werden vorrangig zwei Aufgabenbereiche an gemeinsame Ausschüsse übertragen, nämlich die Verwaltung von **Sozialeinrichtungen** und die Bewertung und Prämierung von **betrieblichen Verbesserungsvorschlägen** (s. die empirische Untersuchung von *Senne* BB 1995, 305, 206). Diese Ausschüsse stellen häufig den „Einstieg" in ein kooperatives Betriebsratsmanagement dar. Das vorliegende Formular geht einen Schritt weiter, indem Aufgaben in **personellen Angelegenheiten** durch (schuldrechtliche) Betriebsvereinbarung an einen Personalausschuss delegiert werden. Hierbei wird von einem Betrieb ausgegangen, in dem ein Betriebsausschuss gebildet ist (s. Anm. 3).

2. Präambel. Die Präambel betont die bereits in der Vergangenheit praktizierte Kooperation zwischen den Betriebspartnern, die durch die Bildung des gemeinsamen Ausschusses institutionalisiert werden soll.

3. Paritätischer Personalausschuss. Der gemeinsame Ausschuss i. S. d. § 28 Abs. 2 BetrVG ist eine eigenständige Einrichtung der Betriebsverfassung (BAG Beschl. v. 20. 10. 2003 – 7 ABR 26/93 – AP Nr. 5 zu § 28 BetrVG 1972; GKBetrVG/*Wiese/Raab* § 28 Rdn. 36; MünchHdbArbR/*Joost* § 306 Rdn. 61). Ein solcher Ausschuss kann unter den Voraussetzungen des § 28 Abs. 1 BetrVG errichtet werden. Dazu müssen im Betrieb **in der Regel mehr als 100 Arbeitnehmer** beschäftigt werden. Gemäß § 28 Abs. 2 i. V. m. § 28 Abs. 1 S. 3 BetrVG ist die Übertragung von Aufgaben zur selbstständigen Erledigung auf einen gemeinsamen Ausschuss nur möglich, wenn in dem Betrieb ein **Betriebsausschuss** gemäß § 27 BetrVG eingerichtet ist (*F/E/S/T/L* § 28 Rdn. 39; ErfKomm/*Eisemann* § 28 BetrVG Rdn. 4). Der großen Tragweite der Aufgabenübertragung entsprechend bedarf die Einrichtung gemeinsamer Ausschüsse der **absoluten Mehrheit** der Stimmen des Betriebsrats (§ 28 Abs. 1 S. 3 i. V. m. § 17 Abs. 2 S. 2 BetrVG). Um dem Erfordernis der schriftlichen Aufgabenübertragung (§ 28 Abs. 1 S. 3 i. V. m. § 27 Abs. 2 S. 4 BetrVG) gerecht zu werden, müssen die zu übertragenden Mitbestimmungsbefugnisse in der Betriebsvereinbarung **eindeutig bezeichnet** werden. Zwar ist es nicht zwingend erforderlich, den gemeinsamen Ausschuss paritätisch zu besetzen (teilw. wird eine Unterparität des Betriebrats für unzulässig erachtet, vgl. GKBetrVG/*Wiese/Raab* § 28 Rdn. 41). In jedem Falle erscheint dies aber sinnvoll, wenn der Ausschuss – wie hier – Mitbestimmungsrecht anstelle des Betriebsrats wahrnimmt.

4. Aufgaben. Nach § 2 des Formulars nimmt der Personalausschuss sämtliche Aufgaben und Rechte des Betriebsrats in **personellen Angelegenheiten** wahr, darunter auch die Rechte bei **personellen Einzelmaßnahmen,** also bei Einstellungen, Eingruppierungen, Umgruppierungen und Versetzungen (§§ 99 bis 101 BetrVG) sowie bei Kündigungen (§§ 102 bis 105 BetrVG). Das BAG hat bereits wiederholt entschieden, dass die Übertragung von personellen Einzelmaßnahmen auf einen paritätischen Ausschuss möglich ist (BAG Urt. v. 12. 7. 1984 – 2 AZR 320/83 – AP Nr. 32 zu § 102 BetrVG 1972; BAG Beschl. v. 20. 10. 1993 – 7 ABR 26/93 – AP Nr. 5 zu § 28 BetrVG 1972).

Allerdings darf der Betriebsrat nicht durch eine umfassende Aufgabenübertragung zur Bedeutungslosigkeit verkümmern. Er muss als Gesamtorgan in einem **Kernbereich der gesetzlichen Befugnisse** zuständig bleiben. Beurteilungsmaßstab ist hierbei nicht der einzelne Mitbestimmungstatbestand, sondern der Aufgabenbereich des Betriebsrats insgesamt (BAG Beschl. v. 1. 6. 1976 – 1 ABR 99/74 – AP Nr. 1 zu § 28 BetrVG 1972; BAG Beschl. v. 20. 10. 1993 – 7 ABR 26/93 – AP Nr. 5 zu § 28 BetrVG 1972. Die hier vorgesehene Übertragung der personellen Angelegenheiten bewegt sich sicherlich im Grenzbereich des rechtlich Zulässigen. Diese Grenze dürfte jedenfalls bei weiteren Aufgabenübertragungen an andere Ausschüsse überschritten sein.

Ausgeschlossen ist die Übertragung von Aufgaben, die nicht auf einen weiteren Ausschuss übertragen werden können (§ 28 Abs. 2 i. V. m. §§ 28 Abs. 1 S. 2, § 27 Abs. 3 S. 2 BetrVG); darunter fällt insbesondere der **Abschluss von Betriebsvereinbarungen.** Dementsprechend stellt § 2 Abs. (3) des Formulars klar, dass der Personalausschuss – auch im Rahmen der nach Abs. (1) übertragenen Aufgabenbereiche – keine Betriebsvereinbarungen abschließen kann.

Diese Einschränkung der Aufgabenübertragung hat unter anderem Auswirkungen auf die Befugnisse des Personalausschusses bei der Aufstellung von **Auswahlrichtlinien** (vgl. zu deren Rechtsnatur Form. C. II. 1 Anm. 2). Die bloße Zustimmung zu einer arbeitgeberseitig aufgestellten Auswahlrichtlinie kann der Personalausschuss erklären (§ 2 Abs. (1) (e) des Formulars); soll hingegen – wie weitgehend üblich – eine entsprechende Betriebsvereinbarung abgeschlossen werden, ist der Betriebsrat berufen.

5. Unterrichtung. § 3 des Formulars listet die Informations- und Anhörungsrechte des Betriebsrats im Rahmen personeller Angelegenheiten auf und stellt klar, dass der Arbeitgeber insoweit gegenüber dem Personalausschuss anstelle des Betriebsrats verpflichtet ist. Die von den Mitgliedern der Gesellschaft vorgenommenen Unterrichtungen werden hierbei dem Arbeitgeber zugerechnet.

6. Besetzung. Bei der Besetzung des Ausschusses sollten **pragmatische Erwägungen** vorrangig bedacht werden. Der Ausschuss sollte daher nur mit so vielen Mitgliedern besetzt werden, wie zur sachgemäßen Erledigung der Aufgaben notwendig sind. Ein „übersetzter" Ausschuss arbeitet erfahrungsgemäß weniger effizient und verursacht daher für den Arbeitgeber unnötige Kosten.

Es ist unschädlich, wenn auf eine im Betriebsrat vertretene Liste kein Ausschussmitglied entfällt (BAG Beschl. v. 20. 10. 2003 – 7 ABR 26/93 – AP Nr. 5 zu § 28 BetrVG 1972).

Die Wahl der Mitglieder des Betriebsrats erfolgt grundsätzlich nach **Verhältniswahlrecht** (§ 28 Abs. 2 i. V. m. §§ 26 Abs. 1 S. 2, 27 Abs. 1 S. 3 bis 5 BetrVG).

Um eine **Kontinuität** der Arbeit des Personalausschusses zu gewährleisten, sollte eine mehrjährige Amtszeit festgelegt werden. Zu beachten ist allerdings, dass der Betriebsrat seine Mitglieder jederzeit austauschen kann.

7. Verfahrensfragen. Die in § 5 enthaltenen Verfahrensregelungen lehnen sich weitgehend an die §§ 29 ff. BetrVG an. Darüber hinaus erscheint es zweckmäßig, dass sich der gemeinsame Ausschuss eine eigene **Geschäftsordnung** gibt.

Um zu gewährleisten, dass die Arbeitgeberseite möglichst kurzfristig eine Stellungnahme des Personalausschusses zu personellen Einzelmaßnahmen erhält, sieht § 5 Abs. (2) vor, dass eine außerordentliche Sitzung in der Regel an dem Tag nach der Unterrichtung oder Anhörung stattfinden soll.

§ 5 Abs. (5) des Formulars bestimmt, dass der Personalausschuss seine Beschlüsse mit einfacher Mehrheit der Stimmen der anwesenden Mitglieder fasst. Bei Abwesenheit eines Mitgliedes des Betriebsrats können die Mitglieder der Arbeitgeberseite die Betriebsratsseite daher überstimmen. Ob dies zulässig ist, ist umstritten. In der Literatur wird teilweise die Auffassung vertreten, dass ein Beschluss eines gemeinsamen Ausschusses nur dann wirksam ist, wenn neben der Mehrheit des Ausschusses insgesamt auch die **Mehrheit der vom Betriebsrat benannten Mitglieder** dafür stimmt (Richardi/*Thüsing* § 28 Rdn. 36; MünchHdBArbR/*Joost* § 306 Rdn. 62; *Hanau* BB 1973, 1274, 1276 f.). Zur Begründung wird darauf hingewiesen, dass die Aufgabenübertragung nach § 28 Abs. 2 BetrVG nicht an den gemeinsamen Ausschuss insgesamt, sondern nur an die Mitglieder des Betriebsrats erfolgt. Danach müsste also jeweils eine Abstimmung nach Bänken durchgeführt werden, bei der sich eine „doppelte Mehrheit" ergibt. Die wohl überwiegende Meinung hält für die wirksame Beschlussfassung eine Mehrheit der Stimmen der Mitglieder des Betriebsrats nicht für erforderlich (*F/E/S/T/L* § 28 Rdn. 45; GKBetrVG/*Wiese* § 28 Rdn. 43; HSWG/*Glaubitz* § 28 BetrVG Rdn. 33). Sie weist daraufhin, dass es dem Betriebsrat freisteht, die Aufgabenübertragung dem gemeinsamen Ausschuss jederzeit wieder zu entziehen. Das BAG hat diese Frage bislang offen gelassen (BAG Urt. v. 12. 7. 1984 – 2 AZR 320/83 – AP Nr. 32 zu § 102 BetrVG 1972; BAG Beschl. v. 20. 10. 1993 – 7 ABR 26/93 – AP Nr. 5 zu § 28 BetrVG 1972).

Kommt es bei der Abstimmung zur **Stimmengleichheit**, kommt ein Beschluss nicht zu Stande. Ist eine Beschlussfassung des Betriebsrats erforderlich, so fällt die Angelegenheit an diesen zurück (ErfKomm/*Eisemann* § 28 Rdn. 5; *F/E/S/T/L* § 28 Rdn. 46).

8. Inkrafttreten und Kündigung. Die Betriebsvereinbarung sollte eine Laufzeitregelung sowie eine Regelung der Kündigungsmöglichkeiten enthalten. Insoweit ergeben sich keine Besonderheiten im Vergleich zu anderen Betriebsvereinbarungen. Allerdings kann der Betriebsrat die Delegation der Aufgaben an den gemeinsamen Ausschuss jederzeit wieder mit absoluter Mehrheit und in Schriftform entziehen (§ 28 Abs. 2 i. V. m. §§ 28 Abs. 1 S. 3, 27 Abs. 2 S. 4 BetrVG). Dem trägt ein **außerordentliches Kündigungsrecht** (§ 6 Abs. (2)) Rechnung.

9. Schlussbestimmungen. S. Form. C. II. 1 Anm. 16.

D. Personalvertretungsrecht

I. Personelle Angelegenheiten

1. Antrag auf Zustimmung zur Übertragung eines höher zu bewertenden Dienstpostens[1]

[Briefkopf der Dienststelle]

An den Personalrat
z. Hd. des Personalratsvorsitzenden[2]
Herrn ......
– im Hause –

Antrag auf Zustimmung zur Übertragung eines höher zu bewertenden Dienstpostens[3] an Herrn Kriminaloberkommissar ......

Sehr geehrter Herr Vorsitzender,

ich bitte den Personalrat um Zustimmung zur Übertragung eines Beförderungsdienstpostens[4] (Kriminalhauptkommissar/A 11) an Herrn Kriminaloberkommissar ...... (A 10).

Persönliche Daten:
- ...... (Name, Vorname, Geburtsdatum)
- ...... (Straße, Wohnort)
- ...... (Familienstand, Kinderzahl)
- ...... (Ausbildung)
- ...... (bisheriger Dienstposten)
- ...... (künftiger Dienstposten)

Begründung:

Zum ...... ist der Leiter des Fachkommissariats Jugendkriminalität in den Ruhestand versetzt worden. Die Stelle ist neu zu besetzen. Nach dem Anforderungsprofil[5] soll der künftige Stelleninhaber über Leitungserfahrung und über Erfahrung in der Bekämpfung von Jugendkriminalität verfügen, wobei es auch auf Fähigkeiten in der Prävention ankommt. Insbesondere die Prävention von Jugendkriminalität ist nach einer Anweisung des Ministeriums des Inneren und des Polizeipräsidenten eine der künftigen Schwerpunktaufgaben des Fachkommissariates.

Auf die Ausschreibung vom ...... haben sich drei stellvertretende Leiter von Fachkommissariaten beworben, nämlich Herr Kriminaloberkommissar ...... (Raub- und Eigentumsdelikte), Herr Kriminaloberkommissar ...... (Jugendschutzsachen) und Herr Kriminaloberkommissar ...... (Jugendkriminalität). Weibliche Bewerber haben sich trotz entsprechender Ausschreibung nicht beworben[6].

Wir haben uns für die Bewerbung von Herrn Kriminaloberkommissar ...... entschieden. Aus den dienstlichen Beurteilungen[7] der Bewerber, die sämtlich anlässlich des Ausschreibungsverfahrens erstellt wurden, ergibt sich folgende Rangliste:

D. I. 1
I. Personelle Angelegenheiten

1. Kriminaloberkommissar ......
2. Kriminaloberkommissar ......
3. Kriminaloberkommissar ......
Kriminaloberkommissar ...... (oben Nr. 1) und Kriminaloberkommissar ...... (oben Nr. 2) haben in ihren dienstlichen Beurteilungen im Wesentlichen gleiche Noten, aber bessere als Kriminaloberkommissar ...... (oben Nr. 3), erhalten, wobei bei Kriminaloberkommissar ...... (oben Nr. 1) zu seinen Gunsten zu berücksichtigen ist, dass er bereits zwei Jahre länger den Posten eines stellvertretenden Leiters eines Fachkommissariates innehat. Seine persönliche Eignung hat sich in einem Vorstellungsgespräch erwiesen, an dem das Mitglied des Personalrats ...... (Name) teilgenommen hat[8].
Kriminaloberkommissar ...... (oben Nr. 1) ist aufgrund seiner besonderen Erfahrungen und seiner fachlichen Fähigkeiten besser geeignet als Kriminaloberkommissar ...... (oben Nr. 2). Kriminaloberkommissar (oben Nr. 1) ist seit dem ...... stellvertretender Leiter des Fachkommissariats Jugendkriminalität. Er hat als stellvertretender Leiter den Leiter des Fachkommissariats auch langfristig vertreten und dadurch Führungserfahrung erworben. Die übrigen Bewerber sind erst in dem Zeitraum vom ...... (späterer Zeitraum) stellvertretende Leiter der Fachkommissariate geworden. Darüber hinaus verfügt Herr Kriminaloberkommissar ...... (oben Nr. 1) durch mehrere Fortbildungen über besondere Kenntnisse in der Kinder- und Jugendpsychologie, die ihn besonders als Leiter dieses Fachkommissariates befähigen. Er hat sich insbesondere in dem Arbeitskreis „Gegen jugendliche Gewalt", in dem Vertreter der Schulen, des Jugendamtes, der Polizei und der Staatsanwaltschaft ihre Zusammenarbeit koordinieren, engagiert. Diese besonderen Kenntnisse und Erfahrungen lassen ihn gegenüber Kriminaloberkommissar ...... (oben Nr. 2) als besonders für die Leitung des Fachkommissariates geeignet erscheinen, so dass ihm Gelegenheit zur Bewährung auf diesem Beförderungsdienstposten geboten werden soll[9].
Die Bewerbungsunterlagen aller Bewerber sind als Anlage beigefügt[10].
Für den Fall, dass der Personalrat der geplanten Maßnahme nicht zustimmen möchte, bitte ich um Nachricht unter Angaben der Gründe binnen zwei Wochen[11].

Mit freundlichen Grüßen
......
Unterschrift der Dienststellenleitung

[Auf Briefkopie]

Erhalten[12]:
......
Ort, Datum
......
Name des Personalratsvorsitzenden

Schrifttum: Altvater/Hamer/Ohnesorg/Peiseler, Bundespersonalvertretungsgesetz 5. Aufl.; *Battis*, Die Entwicklung des Beamtenrechts im Jahre 2003, NJW 2004, 1085; *Dembowski/Ladwig/Sellmann*, Das Personalvertretungsrecht in Niedersachsen 32. Lfg.; *Diers*, Die Umsetzung des Gesetzes zur Reform des öffentlichen Dienstrechts in den neuen Bundesländern – Genutzte und verpasste Chancen sowie eingegangene Risiken, LKV 2000, 225; *Fürst*, Gesamtkommentar Öffentliches Dienstrecht – Personalvertretungsrecht des Bundes und der Länder, Stand 3/02; *Germelmann/Binkert*, Personalvertretungsgesetz Berlin 2. Aufl. 2002; *Koll*, Verfassungsrechtliches Leistungsprinzip und Ausschreibung, LKV 2001, 394; *Roettecken*, Verfassung und Personalvertretungsrecht, NVwZ 1996, 552; *Schnellenbach*, Zum vorläufigen Rechtsschutz bei der Einstellungs- und Beförderungsamtskonkurrenz, NVwZ 1990, 637; *Schnellenbach*, Das Gesetz zur Reform des Öffentlichen Dienstrechts (Reformgesetz), NVwZ 1997, 521; *Wagner*, Neuregelungen im Sächsischen Beamten- und Personalvertretungsrecht, LKV 2003, 105; *Wagner*, Überblick über die Neuregelungen im Sächsischen Beurteilungswesen unter Berücksichtigung der neuen Leistungselemente, LKV 2001, 152; *Wind/Schimana/Wichmann/Langer*, Öffentliches Dienstrecht 5. Aufl. 2002.

1. Übertragung eines höher zu bewertenden Dienstpostens   **D. I. 1**

Anmerkungen

1. Vorbemerkungen. Das Personalvertretungsrecht umfasst die Vertretung der Interessen aller im öffentlichen Dienst stehenden Beschäftigten, also sowohl der privatrechtlich ngestellten als auch der Beamten. Nicht erfasst sind der richterliche Dienst und die Interessenvertretung der Soldaten. Für den richterlichen Dienst gelten das DRiG und die Richtergesetze der Länder. Die Interessenvertretung der Soldaten ist im Soldatenbeteiligungsgesetz geregelt.

Während für die Mitbestimmungsrechte des Betriebsrats bundeseinheitlich das BetrVG gilt, zeichnet sich das Personalvertretungsrecht durch ein Nebeneinander des Personalvertretungsrechts des Bundes und des Personalvertretungsrechts der sechzehn Bundesländer aus. Den hier vorgestellten Formularen liegt das Personalvertretungsrecht des Landes Nordrhein-Westfalen als bevölkerungsreichstem Bundesland zugrunde. Die Personalvertretungsgesetze des Bundes und der Länder stimmen zwar in den Grundstrukturen überein. Unterschiede können sich aber insbesondere bei dem Katalog der Mitbestimmungs- und Mitwirkungstatbestände ergeben. Bei der Verwendung der Formulare muss daher stets geprüft werden, ob sich aus dem im Einzelfall anwendbaren Personalvertretungsgesetz Abweichungen ergeben.

Hinsichtlich der Vertretung der Beschäftigten und der Rechtsstellung der Vertretungsorgane stimmen die Personalvertretungsgesetze und das BetrVG in vielen Punkten überein. Unterschiede beruhen auf den Besonderheiten der öffentlichen Verwaltung gegenüber dem privatwirtschaftlichen Bereich, die sich aus dem unterschiedlichen organisatorischen Aufbau, den Aufgaben und der Bindung der Verwaltung an gesetzliche Aufträge und aus der Kontrolle des Verwaltungshandelns durch die Parlamente ergeben. Zu beachten ist, dass die Kataloge der Mitbestimmungstatbestände in den Personalvertretungsgesetzen häufig umfangreicher und erheblich differenzierter sind als die Mitbestimmungstatbestände etwa der §§ 87, 99 BetrVG.

In sämtlichen Mitbestimmungs- und Mitwirkungsangelegenheiten gilt, dass ein Informationsgleichgewicht zwischen Dienststelle und Personalrat herzustellen ist. Der Verwender der Formulare sollte daher stets prüfen, ob und inwieweit unter Berücksichtigung des vorliegenden Sachverhalts die Information an den Personalrat zu erweitern ist.

2. Adressat des Zustimmungsantrages. Das Schreiben ist an den Vorsitzenden des Personalrats adressiert. Nach § 29 Abs. 2 LPVG NRW wird – parallel zum Betriebsverfassungsrecht – auch der Personalrat nach außen durch seinen Vorsitzenden vertreten.

3. Übertragung einer höher zu bewertenden Tätigkeit/Dienstpostens. Das Formular geht von der Situation aus, dass in einer Dienststelle der Polizei der Posten des Leiters eines Fachkommissariates neu zu besetzen ist. Die Übertragung einer höher (oder niedriger) zu bewertenden Tätigkeit entspricht hinsichtlich der Tätigkeit von Beamten der Übertragung eines höher (oder niedriger) zu bewertenden Dienstpostens. Das Mitbestimmungsrecht des Personalrats ergibt sich aus § 72 Abs. 1 Nr. 4 LPVG NRW, wenn die Übertragung der anders zu bewertenden Tätigkeit für mehr als drei Monate erfolgen soll. Nach § 72 Abs. 1 S. 2 LPVG NRW besteht bei Beschäftigten mit überwiegend künstlerischer oder wissenschaftlicher Tätigkeit das Mitbestimmungsrecht nur, wenn der Betroffene die Einschaltung des Personalrats beantragt. Kein Mitbestimmungsrecht besteht nach § 72 Abs. 1 S. 2 LPVG NRW bei politischen Beamten, bei Beamten ab der Besoldungsgruppe B 3 aufwärts sowie bei Beamten mit bestimmten Leitungsfunktionen wie Abteilungsleitern bei Landesmittelbehörden und Generalstaatsanwaltschaften und bei Angestellten, die eine über die höchste Vergütung nach dem BAT hinausgehende Vergütung erhalten.

4. Beförderungsdienstposten. Nach dem Formular soll der bisherige Stellvertreter zunächst zur Bewährung auf diesen Posten versetzt werden. Nach § 10 Abs. 4 Laufbahnverordnung NRW darf ein Beamter erst nach erfolgreichem Durchlaufen einer gesetzlich bestimmten **Probezeit** auf den höher zu bewertenden Dienstposten befördert werden. Zwar ergibt sich aus der Ausübung einer höher zu bewertenden Tätigkeit kein Anspruch des Beamten auf Beförderung. Aber die Beförderung darf nach erfolgreicher Probezeit nicht mehr wegen mangelnder Eignung abgelehnt werden. Die Entscheidung über die Übertragung eines höher zu bewertenden Dienstpostens ist damit als Weichenstellung oder als Vorentscheidung über die spätere förmliche Beförderung zu sehen (BVerwG Beschl. v. 8. 12. 1999 – 6 P 10/98 – ZTR 2000, 428). Das eigentlich entscheidende Mitbestimmungsrecht hat sich damit von der Beförderung auf die Übertragung des höher zu bewertenden Dienstpostens (**Beförderungsdienstposten**) verlagert, für die aber im Ergebnis die gleichen rechtlichen Regeln gelten wie für die eigentliche **Beförderung** (BVerwG Urt. v. 20. 8. 2003 – 6 C 5.03 – ZBR 2003, 421; BVerwG Urt. v. 25. 4. 1996 – 2 C 21.95 – DVBl. 1996, 1146; *Orth/Welkoborsky* § 72 LPVG NRW Rdn. 50; *Reinartz* § 72 LPVG NRW Anm. 15).

5. Anforderungsprofil. Der Personalrat ist – auch soweit er nach § 73 Nr. 6 LPVG NRW bei der Stellenausschreibung mitgewirkt hat – über die **Stellenbeschreibung** zu informieren. Mit der Stellenbeschreibung wird das Anforderungsprofil für die Bewerber festgelegt. Wenn auch weder auf eine Beförderung noch auf die Vergabe eines Beförderungsdienstpostens ein Anspruch besteht, so steht dem Beamten doch ein Anspruch darauf zu, dass über seine Bewerbung ausschließlich nach den in Art. 33 Abs. 2 GG, §§ 7, 25 Abs. 4 LBG NRW festgelegten Auswahlkriterien Eignung, Befähigung und Leistung (**Leistungsprinzip**) entschieden wird. Dieser Anspruch wird auch als **Bewerbungsverfahrensanspruch** bezeichnet (BVerfG Beschl. v. 24. 9. 2002 – 2 BvR 857/02 – NVwZ 2003, 200; *Wind/Schimana/Wichmann/Langer*, Öffentliches Dienstrecht, Rdn. 131; GKÖD/*Fischer/Goeres* § 76 BPersVG Rdn. 11 a). Das gilt auch für die Entscheidung über die Vergabe höher zu bewertender Dienstposten (BVerwG Urt. v. 16. 8. 2001 – 2 A 3/00 – NVwZ-RR 2002, 47). Um eine am Leistungsprinzip orientierte **Auswahlentscheidung** zu treffen, ist zunächst das Anforderungsprofil der zu besetzenden Stelle zu bestimmen. Das Anforderungsprofil ist vor Durchführung des Stellenbesetzungsverfahrens aufzustellen und darf danach nicht mehr geändert werden (BVerwG Urt. v. 16. 8. 2001 – 2 A 3/00 – NVwZ-RR 2002, 47).

6. Weibliche Bewerber. Nach dem Formular wird der Personalrat auch über die Bewerbungen weiblicher Beamter informiert. Entsprechend den Verpflichtungen des § 7 LGG NRW sind gemäß § 25 Abs. 6 LBG NRW in Bereichen, in denen in dem Beförderungsamt der Laufbahn weniger Frauen als Männer sind, Frauen bei gleicher Eignung, Befähigung und Leistung bevorzugt zu befördern. Wegen des Vorentscheidungscharakters der Übertragung einer höher zu bewertenden Tätigkeit gilt das auch für die Übertragung von Beförderungsdienstposten. Da sich das Mitbestimmungsrecht des Personalrats vor allem darauf bezieht zu überwachen, dass die beamtenrechtlichen Voraussetzungen gewahrt sind und § 62 LPVG NRW dem Personalrat ausdrücklich die Aufgabe zuweist, über die Gleichbehandlung der Geschlechter zu wachen, benötigt der Personalrat für seine Entscheidung entsprechende Informationen.

7. Dienstliche Beurteilung. Der Dienststellenleiter hat den Personalrat über das Ergebnis der dienstlichen Beurteilungen zu informieren. Die dienstliche Beurteilung selbst ist gegenüber dem Personalrat nicht offen zu legen. Wie sich aus § 65 Abs. 3 LPVG NRW ergibt, sind dienstliche Beurteilungen sowie Personalakten dem Personalrat nur auf Verlangen des Beschäftigten vorzulegen (s. Anm. 9). Der Personalrat hat allerdings einen Anspruch darauf, dass Unterlagen vorgelegt werden, in denen vorhandene Erkenntnisse und eingeholte Auskünfte zu Eignung, Befähigung und Leistung zusammengestellt und abgewogen werden (BVerwG Beschl. v. 26. 1. 1994 – 6 P 21/92 – NVwZ 1995, 91). Ob und inwieweit die Bewerber dem Anforderungsprofil entsprechen, ist durch zeitnahe und aussagekräftige dienstliche Beurteilungen festzustellen. Die dienstliche Beurteilung ist die stets maßgebende Grundlage, auf der ein Vergleich mehrerer Bewerber erfolgt (BVerwG Urt. v. 26. 8. 1993 – 2 C 37.91 – DVBl. 1994, 112, 113, *Wind/Schimana/Wichmann/Langer*, Öffentliches Dienstrecht, Rdn. 131 m. weit. Nachw.). Da die Beurteilungen nach Möglichkeit nicht verschieden aktuell sein sollen, bietet es sich an, für alle Bewerber eine Bedarfsbeurteilung zu erstellen.

8. Vorstellungsgespräch. Im Formular wird der Personalrat auch auf das Ergebnis eines Vorstellungsgesprächs hingewiesen. Die Durchführung von Vorstellungsgesprächen dürfte Inhalt jeden Bewerbungsverfahrens sein, wenn sie auch nicht gesetzlich vorgeschrieben sind. Zwar lässt sich nach der Rechtsprechung des BVerwG weder aus dem allgemeinen Unterrichtungsanspruch nach § 65 Abs. 1 LPVG NRW noch aus dem Grundsatz der vertrauensvollen

1. Übertragung eines höher zu bewertenden Dienstpostens — **D. I. 1**

Zusammenarbeit ein generelles Teilnahmerecht des Personalrats an Vorstellungsgesprächen ableiten (BVerwG Beschl. v. 6. 12. 1978 – 6 P 2/78 – BVerwGE 57, 151). § 65 Abs. 2 S. 2 LPVG NRW enthält aber die ausdrückliche Regelung, dass ein **Mitglied des Personalrats** an Vorstellungsgesprächen im Rahmen von Auswahlverfahren **teilnehmen** kann. Der Personalrat ist nicht verpflichtet, an Vorstellungsgesprächen teilzunehmen. Der Personalrat kann keinen Einfluss auf den Kreis der Bewerber nehmen, die zu Vorstellungsgesprächen eingeladen werden, muss aber darüber informiert werden, wie viele Bewerber es insgesamt gibt und nach welchen Kriterien die Bewerber zum Vorstellungsgespräch ausgewählt wurden. Das an einem Vorstellungsgespräch teilnehmende Mitglied des Personalrats ist berechtigt, dem Bewerber selbst Fragen zu stellen. Diese Fragen sollten allerdings zuvor mit dem Dienststellenleiter oder einem anderen Beschäftigten, der das Vorstellungsgespräch führt, abgesprochen werden (vertrauensvolle Zusammenarbeit). Das an dem Vorstellungsgespräch teilnehmende Personalratsmitglied soll in der folgenden Personalratssitzung die übrigen Mitglieder des Personalrats über den Ablauf und die Eindrücke dieser Gespräche berichten, damit auch unter Einbeziehung dieser Kenntnisse eine entsprechende Entscheidung des Personalrats getroffen werden kann (*Orth/Welkoborsky* § 65 LPVG NRW Rdn. 31).

9. Begründung der Entscheidung. Die Dienststellenleitung hat ihre beabsichtigte Maßnahme oder die von ihr getroffene Entscheidung dem Personalrat gegenüber zu begründen. Bei einer Entscheidung zwischen mehreren Bewerbern ist der **Gang der Abwägung** deutlich zu machen. Die Aufgabe des Personalrats besteht darin zu prüfen, ob einzelne Bewerber aus unsachlichen Gründen nicht berücksichtigt wurden. Das ist dem Personalrat nur möglich, wenn die Gründe, die für und gegen die verschiedenen Bewerber sprechen, offen gelegt werden (OVG Münster Beschl. v. 9. 4. 2003 – 1 A 423/01.PVL – zit. n. juris). Dies gilt umso mehr, als nach § 65 Abs. 3 LPVG NRW dem Personalrat die Personalakten und die dienstlichen Beurteilungen nur auf Verlangen des Beschäftigten zugänglich gemacht werden können. Diese Einschränkung bezieht sich allerdings nur auf die Personalakte als Ganzes (*Dembowski/Ladwig/Sellmann* § 60 LPVG Nieders. Rdn. 35). Der Dienststellenleiter ist daher dazu befugt, Auskünfte aus der Personalakte zu erteilen, soweit diese Informationen für eine Beschlussfassung des Personalrats objektiv erforderlich sind (GKÖD/*Fischer/Goeres* § 68 Rdn. 32 b; *Reinartz* § 65 LPVG Anm. 4).

10. Bewerbungsunterlagen. Als Anlage zum Zustimmungsgesuch sind die Bewerbungsunterlagen beizufügen. Nach § 65 Abs. 2 S. 1 LPVG NRW sind dem Personalrat auf Verlangen die Unterlagen **aller Bewerber** vorzulegen, auch wenn sie **nicht in die engere Auswahl** gekommen sind. (BVerwG Beschl. v. 26. 1. 1994 – 6 P 21/92 – AP Nr. 5 zu § 68 BPersVG; GKÖD/*Fischer/Goeres* § 68 BPersVG Rdn. 29 d). Gerade diese **Auswahlentscheidung** ist Gegenstand der Prüfung des Personalrats. Etwas anderes gilt nur, wenn der Personalrat von sich aus nur die Vorlage bestimmter Bewerbungsunterlagen verlangt.

Die Regelung des § 65 Abs. 2 S. 1 LPVG NRW bezieht sich ihrem Wortlaut nach ausschließlich auf Einstellungen. Die Vorlageverpflichtung gilt aber auch für andere Personalmaßnahmen wie Beförderungen, Höhergruppierungen und die Übertragung höherwertiger Tätigkeiten. Das ergibt sich bereits aus der allgemeinen Unterrichtungsverpflichtung der Dienststellenleitung gegenüber dem Personalrat (*Orth/Welkoborsky* § 65 LPVG NRW Rdn. 25). Die Bewerbungsunterlagen sind – abgesehen von Personalakten aus dem früheren oder laufenden Dienstverhältnis – keine Personalakten. Sie werden erst nach Abschluss des Auswahlverfahrens zum Bestandteil der Personalakten und fallen erst dann unter die einschränkende Regelung des § 65 Abs. 3 LPVG NRW.

Nach § 65 Abs. 1 LPVG NRW steht dem Personalrat darüber hinaus ein Anspruch auf die Vorlage allgemeiner Unterlagen zu, die für eine sachgerechte Entscheidung über den Antrag der Dienststelle erforderlich sind. Dazu können schriftliche Eignungstests (LAG Köln Beschl. v. 7. 3. 1989 – 4 TaBV 27/89 – PersR 1990, 70), Stellenbesetzungslisten und Personalbedarfsrechnungen (OVG Münster Beschl. v. 24. 1. 2001 – 1 A 1538/99 PVB – NZA-RR 2001, 335), Beförderungslisten und Dienstalterslisten (GKÖD/*Fischer/Goeres* § 68 BPersVG Rdn. 29) gehören. Soweit der Personalrat diese Unterlagen immer wieder benötigt, sind sie ihm auf Dauer in Kopie zu überlassen (BVerwG Beschl. v. 23. 1. 2002 – 6 P 5/01 – ZTR 2002, 196).

11. Zustimmung des Personalrats. Der **Beschluss** des Personalrats über die beantragte Zustimmung ist dem Dienststellenleiter **innerhalb von zwei Wochen** nach Zustellung des Antrags mitzuteilen. Die Maßnahme gilt als gebilligt, wenn nicht der Personalrat innerhalb dieser zwei Wochen die Zustimmung unter Angabe der Gründe schriftlich verweigert (§ 66 Abs. 3 LPVG NRW).

Das LPVG NRW enthält, wie auch andere Landespersonalvertretungsgesetze, keinen Katalog an Gründen für eine Zustimmungsverweigerung. Eine § 77 Abs. 2 BPersVG oder § 99 Abs. 2 BetrVG entsprechende Vorschrift fehlt. Nach ständiger Rechtsprechung des BVerwG und der OVG ist eine **Zustimmungsverweigerung** aber **unbeachtlich,** wenn die von der Personalvertretung angegebenen Gründe offensichtlich außerhalb des Mitbestimmungsrechts liegen (BVerwG Beschl. v. 30. 4. 2001 – 6 P 9/00 – ZTR 2001, 433; OVG Münster Beschl. v. 19. 5. 2004 – 1 A 4557/02.PVL – zit. n. juris). Dem Personalrat ist es nicht gestattet, von einer Mitbestimmungsbefugnis ohne inhaltlichen Bezug zu einem von der Maßnahme berührten gesetzlichen Mitbestimmungstatbestand Gebrauch zu machen. Fehlt es bei den vom Personalrat angeführten Gründen an einem solchen inhaltlichen Bezug zum Mitbestimmungstatbestand, ist die Zustimmungsverweigerung unbeachtlich mit der Konsequenz, dass nach Ablauf der zweiwöchigen Frist gemäß § 66 Abs. 3 S. 4 LPVG NRW die **Zustimmung fingiert** wird.

12. Zugangsbestätigung. Das Formular sieht die Bestätigung des Personalratsvorsitzenden, den Zustimmungsantrag zu einem bestimmten Datum erhalten zu haben, auf einer Antragskopie vor. Die Zwei-Wochen-Frist des § 66 Abs. 3 LPVG NRW (s. Anm. 11) beginnt mit dem Zugang des Antrags beim Personalrat. Da der Personalrat von seinem Vorsitzenden nach außen vertreten wird, ist der Zugang beim Vorsitzenden für den Beginn des Laufs der Frist entscheidend. Um Beweisschwierigkeiten zu vermeiden, sollte die Dienststelle sich den Zugang schriftlich bestätigen lassen. Zu beachten ist, dass unabhängig von der Bestätigung des Personalratsvorsitzenden die Frist nicht zu laufen beginnt, wenn die Unterrichtung des Personalrats nicht ausreichend ist. Dabei kommt es nicht auf die subjektive Vorstellung des Personalrats an, sondern darauf, ob die Unterrichtung objektiv den im konkreten Fall an sie zu stellenden Anforderungen genügt (GKÖD/*Fischer*/*Goeres* § 69 BPersVG Rdn. 9).

2. Antrag auf Zustimmung zur Befristung eines Arbeitsvertrags

[Briefkopf der Dienststelle]

An den Personalrat
z. Hd. des Personalratsvorsitzenden[1]
Herrn ......
– im Hause –

Antrag auf Zustimmung zur befristeten Einstellung[2] von ...... (Mitarbeiter)

Sehr geehrter Herr Vorsitzender,
ich bitte den Personalrat um Zustimmung zum Abschluss eines befristeten Arbeitsvertrags[3] mit ...... (Mitarbeiter).

Persönliche Daten:
- ...... (Name, Vorname, Geburtsdatum)
- ...... (Straße, Wohnort)
- ...... (Familienstand, Kinderzahl)
- ...... (Ausbildung)
- ...... (bisherige Tätigkeit)
- ...... (künftige Tätigkeit)

2. Antrag auf Zustimmung zur Befristung eines Arbeitsvertrags   D. I. 2

Das Arbeitsverhältnis mit ...... (Mitarbeiter) soll am 1. August 2004 beginnen und soll am 30. Juli 2006 enden. ......(Mitarbeiter) wird in Teilzeit mit ...... Wochenstunden arbeiten. Für das Arbeitsverhältnis gilt der BAT[4].
Der Mitarbeiter soll zur Vertretung eingestellt werden[5]. Er übernimmt den Arbeitsplatz von Frau ......, die vom 1. August 2004 bis zum 30. Juli 2006 Elternzeit in Anspruch nimmt[6].
...... (Mitarbeiter) ist ausgebildeter Verwaltungsangestellter und soll als Sachbearbeiter im Dezernat ...... eingesetzt werden. Seine Tätigkeit ist in die Vergütungsgruppe ...... BAT eingruppiert[7].
Eine interne Vertretung ist nicht möglich. Die Verlängerung eines bereits befristeten Arbeitsverhältnisses kommt nicht in Betracht, da es keine geeigneten Mitarbeiter mit befristeten Arbeitsverträgen gibt. Eine dauerhafte Einstellung von ...... (Mitarbeiter) ist derzeit mangels freier Planstelle nicht möglich. Darüber hinaus möchte ...... (Mitarbeiter) das Beschäftigungsverhältnis nicht über den 30. Juli 2006 hinaus fortsetzen, da sein Sohn dann schulpflichtig wird[8].
Der Entwurf des Arbeitsvertrags mit ...... (Mitarbeiter) ist für Sie zur Kenntnisnahme in Kopie beigefügt.
Für den Fall, dass der Personalrat der geplanten Maßnahme nicht zustimmen möchte, bitte ich um Nachricht unter Angaben der Gründe binnen zwei Wochen[9].

Mit freundlichen Grüßen

......

Unterschrift der Dienststellenleitung

[Auf Briefkopie]

Erhalten[10]:

......

Ort, Datum

......

Name des Personalratsvorsitzenden

Schrifttum: Bader, Das Gesetz zu Reformen am Arbeitsmarkt: Neues im Kündigungsschutz und im Befristungsrecht, NZA 2004, 65; *Bauer,* Sachgrundlose Altersbefristung nach den „Hartz-Gesetzen", NZA 2003, 30; *Bender, Schmidt,* KSchG 2004: Neuer Schwellenwert und einheitliche Klagefrist, NZA 2004, 358; *Löwisch,* Neuregelung des Kündigungs- und Befristungsrechts durch das Gesetz zu Reformen am Arbeitsmarkt; BB 2004, 154; *Meinel,* Agenda 2010 – Regierungsentwurf zu Reformen am Arbeitsmarkt, DB 2003, 1438; *Oetker,* Der Schutz befristet Beschäftigter durch das Recht des Betriebsrats zur Verweigerung der Zustimmung bei unbefristeten Einstellungen (§ 99 II Nr. 3 BetrVG), NZA 2003, 937; *Osnabrügge,* Die sachgrundlose Befristung von Arbeitsverhältnissen nach § 14 II TzBfG, NZA 2003, 521; *Schrader/ Schubert,* AGB-Kontrolle von Arbeitsverträgen Teil I, NZA-RR 2005, 169; zum Personalvertretungsrecht siehe auch Form. D. I. 1.

Anmerkungen

1. **Adressat des Zustimmungsantrags.** Vgl. Form. D. I. 1 Anm. 2.

2. **Befristete Einstellung.** Dem Formular liegt ein Sachverhalt zugrunde, in dem für einen Mitarbeiter, der Elternzeit in Anspruch nimmt, eine Vertretung für die Dauer der Elternzeit erstmals eingestellt werden soll. Das Mitbestimmungsrecht des Personalrats ergibt sich aus § 72 Abs. 1 Nr. 1 LPVG NRW. Das Mitbestimmungsrecht erfasst die **befristete Neueinstellung** sowie die erneute Befristung eines Arbeitsvertrags (**Verlängerung**). Würde sich die Mitbestimmung lediglich auf die Einstellung beziehen, so z.B. § 75 Abs. 1 Nr. 1 BPersVG, könnte der Personalrat bei seiner Entscheidung die inhaltliche Ausgestaltung des Arbeitsverhältnisses (Teilzeit oder Vollzeit, Befristung etc.) nicht mit einbeziehen. Durch die **Erweite-**

rung des **Mitbestimmungsrechts** auch auf die Befristung kann der Personalrat bei seiner Entscheidung differenzieren (OVG Koblenz Beschl. v. 17. 11. 2003 – 5 A 11.564/03 – zit. n. juris). Er kann z. B. der Einstellung zustimmen, aber der Befristung widersprechen. Dann kann eine wirksame Befristungsabrede nicht getroffen werden.

Umstritten ist, ob der Arbeitgeber in diesen Fällen verpflichtet ist, zunächst ein unbefristetes Arbeitsverhältnis einzugehen, weil er die dem Mitarbeiter günstigen Teile der zustimmungspflichtigen Maßnahme durchzuführen hat (*Orth/Welkoborsky* § 72 LPVG NRW Rdn. 46). Der Arbeitgeber wäre dann im Falle der späteren Zustimmungsersetzung durch die Einigungsstelle auf eine Änderungskündigung verwiesen. Dagegen spricht, dass der Personalrat internes Organ ist, Entscheidungsträger bleibt die Dienststelle. Sie muss deshalb in der Lage sein, ihr Handeln veränderten Bedingungen anzupassen (GKÖD/*Fischer/Goeres* § 74 BPersVG Rdn. 4 c; *Altvater/Hamer/Ohnesorg/Peiseler* § 74 BPersVG Rdn. 1a). Das ergibt sich auch daraus, dass nach § 71 Abs. 2 LPVG NRW der Dienststellenleiter den Personalrat lediglich zu unterrichten hat, wenn eine gebilligte Maßnahme nicht unverzüglich durchgeführt wird. Stimmt der Personalrat der Befristung nicht zu, kann der Arbeitgeber den Arbeitsvertrag unbefristet abschließen, aber auch ganz von der Einstellung absehen.

Soll ein zuvor unbefristetes Arbeitsverhältnis in ein befristetes Arbeitsverhältnis umgewandelt werden, ergibt sich das Mitbestimmungsrecht aus § 72 Abs. 1 Nr. 4 LPVG NRW (wesentliche Änderungen des Arbeitsvertrags).

Eine ohne Zustimmung des Personalrats erfolgte Befristung ist wegen Verletzung des Mitbestimmungsrechtes unwirksam (vgl. BAG Urt. v. 20. 2. 2002 – 7 AZR 707/00 – AP Nr. 23 zu § 72 LPVG NRW). Das gilt auch dann, wenn der Arbeitsvertrag mit einer anderen Befristungsdauer befristet wurde, als dem Zustimmungsverfahren zugrunde lag (vgl. BAG Urt. v. 8. 7. 1998 – 7 AZR 308/97 – AP Nr. 18 zu § 72 LPVG NRW). Der Arbeitsvertrag gilt dann als unbefristet.

3. Arbeitsverhältnis. Zwar erstreckt sich das Mitbestimmungsrecht des Personalrats in personellen Angelegenheiten sowohl auf die Beschäftigungsverhältnisse von Arbeitern und Angestellten als auch von Beamten. Die Vereinbarung befristeter Beschäftigungsverhältnisse kommt aber nur bei Arbeitern und Angestellten in Betracht. Die Befristung von Beamtenverhältnissen unterliegt gänzlich anderen Regeln. Eine Eingruppierung des Mitarbeiters als Angestellter oder Arbeiter ist für die Frage der Zulässigkeit der Befristung und der zu berücksichtigenden Mitbestimmungsrechte ohne Bedeutung. Nach dem am 1. Oktober 2005 in Kraft tretenden Tarifvertrag für den öffentlichen Dienst (TvÖD) entfällt diese Unterscheidung ohnehin (vgl. Form. A. II. 4).

4. Geltung des BAT. Die Arbeitgeber des öffentlichen Dienstes sind regelmäßig an den **Bundes-Angestelltentarifvertrag** (BAT) oder den **Manteltarifvertrag für Arbeiter** (BMTG) und die diese ergänzenden Tarifverträge gebunden. Die Tarifbindung ergibt sich für die Länder und die Kommunen aus der Mitgliedschaft in der Tarifgemeinschaft der Länder (TdL) oder den jeweiligen kommunalen Arbeitgeberverbänden (KAV). Der Bund ist selbst Tarifpartei (zur Rechtslage ab dem 1. Oktober 2005 vgl. Form. A. II. 4 Anm. 1). Um eine Anwendung der Tarifverträge unabhängig von der jeweiligen Gewerkschaftszugehörigkeit der Mitarbeiter sicherzustellen, wird in den Arbeitsverträgen des öffentlichen Dienstes die Anwendbarkeit des BAT oder des BMTG individualvertraglich vereinbart (vgl. Form. A. II. 4 Anm. 2). Daran wird sich auch durch den TvÖD nichts ändern. Im Folgenden wird stets auf den BAT Bezug genommen.

5. Angabe der Befristungsgrundform. Die Anwendbarkeit des BAT wirkt sich auf den zulässigen Inhalt befristeter Arbeitsverträge aus. Für befristete Arbeitsverträge gilt die Anlage zum BAT „Sonderregelung für Zeitangestellte, Angestellte für Aufgaben von begrenzter Dauer und für Aushilfsangestellte" (SR 2y BAT). Die SR 2y BAT legt unter anderem eine Mindestdauer des Beschäftigungsverhältnisses von sechs Monaten bei sachgrundloser Befristung fest. Die ordentliche Kündigung ist nur bei einer Laufzeit des Arbeitsverhältnisses über zwölf Monate hinaus oder bei Zweckbefristungen zulässig. Bei kürzeren Befristungen ist nur die außerordentliche Kündigung zugelassen.

Besonders zu beachten ist eine Ausweitung des **Schriftformgebotes** durch die Nr. 2 der SR 2y BAT. Nach § 14 Abs. 5 TzBfG muss lediglich die Befristung an sich schriftlich verein-

2. Antrag auf Zustimmung zur Befristung eines Arbeitsvertrags — D. I. 2

bart werden, der Sachgrund muss ebenso wenig benannt werden wie der Umstand, dass es sich um eine sachgrundlose Befristung nach § 14 Abs. 2, 2a, 3 TzBfG handelt. Nach der SR 2y BAT muss im Vertrag zwar auch nicht der konkrete Befristungsgrund, aber die **Befristungsgrundform** angegeben sein. Es muss schriftlich vereinbart werden, ob der Mitarbeiter auf Zeit, für Aufgaben von begrenzter Dauer, zur Aushilfe oder ohne Sachgrund nach § 14 Abs. 2, 2a, 3 TzBfG eingestellt wurde. Stimmt der tatsächliche konkrete Sachgrund für die Befristung nicht mit der im Vertrag genannten Befristungsgrundform überein, ist die Befristung unwirksam (BAG Urt. v. 20. 2. 1991 – 7 AZR 81/90 – AP Nr. 137 zu § 620 BGB Befristeter Arbeitsvertrag). Die Regelungen der SR 2y BAT bleiben durch den neuen TvÖD unberührt.

6. Vertretung/Sachgrund. Nach § 14 Abs. 1 TzBfG bedarf jede Befristung eines Arbeitsvertrags eines sachlichen Grundes, soweit nicht einer der Ausnahmetatbestände des § 14 Abs. 2 – 3 TzBfG vorliegt. Nach dem Formular soll der befristet eingestellte Mitarbeiter die Vertretung eines Mitarbeiters übernehmen, der gemäß § 15 BErzGG Elternzeit in Anspruch nimmt. Die Vertretung eines Mitarbeiters, der Elternzeit in Anspruch nimmt, ist in § 21 Abs. 1 BErzGG ausdrücklich als sachlicher Grund genannt, der eine Befristung rechtfertigen kann. Eine Befristung über die Elternzeit hinaus ist für die notwendige Einarbeitungszeit zulässig (§ 21 Abs. 2 BErzGG). Das Arbeitsverhältnis kann also bereits vor dem eigentlichen Vertretungsfall beginnen.

7. Eingruppierung. Die vorgesehene Eingruppierung in eine bestimmte Vergütungsgruppe ist dem Personalrat mitzuteilen. Bei der Einstellung eines Mitarbeiters wird dieser in eine bestimmte tarifliche Vergütungsgruppe eingruppiert. Das Mitbestimmungsrecht des Personalrats ergibt sich insoweit aus § 72 Abs. 1 Nr. 4 LPVG NRW. Die richtige Eingruppierung ist damit ebenfalls Gegenstand der Entscheidung des Personalrats und muss deswegen im Antrag auf Zustimmung zum Abschluss eines befristeten Arbeitsvertrags ebenfalls angegeben werden.

8. Umfang der Information. Fallen das Zustimmungsverfahren zur Einstellung und zur Befristung – wie i. d. R. – zusammen, sind dem Personalrat zunächst alle für die Zustimmung zur Einstellung erforderlichen Daten mitzuteilen (vgl. Form. C. I. 3). Der Personalrat soll zunächst prüfen, ob die Befristung den gesetzlichen, tarifvertraglichen und arbeitsgerichtlichen Maßstäben der Befristungskontrolle genügt. Darüber hinaus soll der Personalrat auch bei Vorliegen einer an sich gerechtfertigten Befristung darauf Einfluss nehmen können, ob im Interesse des Arbeitnehmers von einer Befristung abgesehen und ein unbefristetes Arbeitsverhältnis abgeschlossen werden kann (vgl. BAG Urt. v. 8. 7. 1998 – 7 AZR 308/97 – AP Nr. 18 zu § 72 LPVG NRW; Orth/Welkoborsky § 72 LPVG NRW Rdn. 47, 49). Dem Personalrat müssen daher nicht nur Informationen zum Befristungsgrund und zur Befristungsdauer gegeben werden. Darüber hinaus sollte dem Personalrat erläutert werden, warum der Verlängerung eines bereits befristeten oder die Entfristung eines Arbeitsvertrags in Betracht kommen (vgl. dazu § 18 TzBfG) und warum nicht mit dem neu einzustellenden Beschäftigten eine unbefristete Beschäftigung vereinbart werden kann. Dabei spielt selbstverständlich der Wunsch des einzustellenden Mitarbeiters, nur ein befristetes Arbeitsverhältnis eingehen zu wollen, eine entscheidende Rolle.

9. Zustimmung des Personalrats. Vgl. Form. D. I. 1 Anm. 11.

10. Zugangsbestätigung. Vgl. Form. D. I. 1 Anm. 12.

D. I. 3

I. Personelle Angelegenheiten

3. Antrag auf Zustimmung zur Versagung der Genehmigung einer Nebentätigkeit[1]

[Briefkopf der Dienststelle]
An den Personalrat
z. Hd. des Personalratsvorsitzenden[2]
Herrn ......
– im Hause –

Antrag auf Zustimmung zur Versagung der Genehmigung einer Nebentätigkeit[3]
Herr Oberstudienrat ......

Sehr geehrter Herr Vorsitzender,
ich bitte den Personalrat um Zustimmung zur Versagung der Genehmigung[4] einer Nebentätigkeit, die Herr ...... beantragt hat.
Herr ...... beantragte am ...... die Genehmigung einer Nebentätigkeit als Geschäftsführer des Reisebüros ...... -GmbH am Schulort. Die Nebentätigkeit werde ihn mit bis zu vier Stunden in der Woche beanspruchen. Er erhalte eine Vergütung von EUR 1.000,- brutto monatlich[5].
Die Genehmigung ist zu versagen[6]. Die Nebentätigkeit kann dienstliche Interessen beeinträchtigen.
Herr ...... ist seit dem Schuljahr ...... von der Gesamtkonferenz der Schule mit der Organisation und Koordination von Schulausflügen und Klassenfahrten beauftragt. Das Reisebüro ......-GmbH ist auf die Durchführung von Studienreisen auch für Schülergruppen spezialisiert und hat in der Vergangenheit bereits zahlreiche Schulfahrten für die Schule, an der Herr ...... beschäftigt ist, durchgeführt. Es besteht die konkrete Gefahr, dass es zu Konflikten zwischen den Interessen der Schule an preiswerten Klassenfahrten und den geschäftlichen Interessen des Reisebüros kommt[7]. Die Erteilung einer Auflage, nach der Herr ...... dafür zu sorgen habe, dass das Reisebüro keine Aufträge dieser Schule mehr übernimmt, beeinträchtigte ebenfalls dienstliche Interessen, weil damit ein wichtiger regionaler Reiseveranstalter von der Schule nicht mehr beauftragt werden könnte.
Für den Fall, dass der Personalrat der geplanten Maßnahme nicht zustimmen möchte, bitte ich um Nachricht unter Angaben der Gründe binnen zwei Wochen[8].

Mit freundlichen Grüßen
......
Unterschrift der Dienststellenleitung

[Auf Briefkopie]

Erhalten[9]:

......

Ort, Datum

......

Name des Personalratsvorsitzenden

Schrifttum: Battis, Entwicklung des Beamtenrechts im Jahre 2004, NJW 2005, 800; Battis, Das Zweite Nebentätigkeitsbegrenzungsgesetz, NVwZ 1998, 34; Meier, Wahrnehmung von Gremientätigkeiten bei kommunalen Beteiligungsgesellschaften – Hauptamt oder Nebentätigkeit, NZG 2002, 459; Rudolph, Richteramt und Nebentätigkeit – Gedanken zum Fall Henrichs, NJW 1997, 2928; Schnellenbach,

3. Antrag auf Zustimmung zur Versagung einer Nebentätigkeit — D. I. 3

Die Neuregelung des Nebentätigkeitsrechts der Beamten, NVwZ 1985, 327; *Wagner*, Nicht genehmigungsbedürftige Nebentätigkeit der Beamten, NVwZ 1989, 515; zum Personalvertretungsrecht s. auch Form. D. I. 1.

Anmerkungen

1. Sachverhalt. Dem Formular liegt der Sachverhalt zugrunde, dass eine Nebentätigkeit eines Lehrers wegen der Kollision mit dienstlichen Interessen versagt werden soll. Die Kollision der Nebentätigkeit mit dienstlichen Interessen ist sowohl rechtlich als auch tatsächlich der Hauptgrund für die Versagung einer Nebentätigkeitsgenehmigung. Wenn die dienstlichen Interessen des Dienstherrn das private Interesse des Beamten an einer Verwertung seiner Arbeitskraft auch außerhalb der Haupttätigkeit überwiegen, ist eine Nebentätigkeitsgenehmigung zu versagen.

2. Adressat des Zustimmungsantrags. Vgl. Form. D. I. 1 Anm. 2.

3. Nebentätigkeit. Wie sich aus §§ 67, 68 Abs. 1 Nr. 2, 3 LBG NRW ergibt, ist **Nebentätigkeit** der Oberbegriff für Nebenamt und Nebenbeschäftigung (*Reinartz* § 72 LPVG NRW Anm. 28). **Nebenamt** ist ein nicht zum Hauptamt gehörender Aufgabenkreis, der aufgrund eines öffentlich-rechtlichen Dienst- oder Amtsverhältnisses wahrgenommen wird. Der Staatsanwalt, der für das Justizprüfungsamt als Prüfer tätig wird, übt ein Nebenamt aus (BVerwG Urt. v. 17. 12. 1981 – 2 C 3/81 – NVwZ 1982, 506). **Nebenbeschäftigung** ist die private Tätigkeit außerhalb oder auch innerhalb des öffentlichen Dienstes. Ein Lehrer, der Nachhilfeunterricht erteilt, geht einer Nebenbeschäftigung außerhalb des öffentlichen Dienstes nach. Ein Beispiel für eine Nebenbeschäftigung innerhalb des öffentlichen Dienstes ist die Geschäftsführung einer kommunalen GmbH. Zu unterscheiden sind **pflichtige** und **freiwillige** Nebentätigkeiten. Bei pflichtigen Nebentätigkeiten geht die Initiative zur Übernahme der Nebentätigkeit vom Dienstherrn aus, bei freiwilligen Nebentätigkeiten liegt die Übernahme im Interesse des Beamten (vgl. *Wind/Schimana/Wichmann/Langer*, Öffentliches Dienstrecht, Rdn. 220, 221). Eine pflichtige Nebentätigkeit ist z. B. die Übertragung der Aufgaben eines Betriebsleiters eines kommunalen Eigenbetriebes an einen Amtsleiter (VGH Kassel Beschl. v. 19. 9. 1995 – 1 TG 2628/95 – NVwZ-RR 1996, 338).

4. Genehmigungspflichtige Nebentätigkeit. Das Formular geht von einer genehmigungspflichtigen Nebentätigkeit aus. Welche Nebentätigkeiten genehmigungspflichtig sind, ergibt sich aus § 68 LBG NRW. Neben der Übernahme von Vormundschaften, Betreuungen, etc. und der Aufnahme einer gewerblichen oder freiberuflichen Tätigkeit ist nach § 68 Abs. 1 Nr. 4 LBG NRW auch die Übernahme der Aufgaben eines vertretungsberechtigten Organs einer Gesellschaft genehmigungspflichtig. Die Nebentätigkeit als Geschäftsführer einer GmbH ist damit genehmigungspflichtige Nebentätigkeit. Nach § 75 LBG NRW sind die näheren Voraussetzungen einer Genehmigung in einer Rechtsverordnung (**Nebentätigkeitsverordnung – NtV NRW**) geregelt. Eine Nebentätigkeit gilt als genehmigt, wenn sie einen geringen Umfang hat, dienstliche Interessen nicht beeinträchtigt, außerhalb der Arbeitszeit ausgeübt wird und nicht oder mit weniger als EUR 100,– monatlich vergütet wird (§ 7 NtV). Nach § 9 NtV ist die schriftstellerische, wissenschaftliche, künstlerische oder Vortragstätigkeit nicht genehmigungspflichtig. Alle übrigen Nebentätigkeiten sind nach § 6 NtV grundsätzlich in jedem Einzelfall gesondert genehmigungspflichtig.

Zu beachten ist, dass die Regelungen zur Nebentätigkeit von Beamten nach § 11 BAT sinngemäß auch auf die **Angestellten des öffentlichen Dienstes** Anwendung finden.

5. Inhalt des Antrags. Nach § 6 Abs. 1 S. 4 NtV NRW muss der Antrag auf Genehmigung einer Nebentätigkeit Angaben zu Art und Dauer und zum zeitlichen Umfang der Nebentätigkeit, zum Auftraggeber und der Höhe der zu erwartenden Vergütung beinhalten. Diese Angaben dienen nicht nur der Prüfung der Genehmigungsvoraussetzungen durch den Dienstherrn, sondern auch der Überprüfung der Entscheidung des Dienstherrn durch den Personalrat. Diese Angaben sind daher Inhalt des dem Personalrat nach § 65 Abs. 1 LPVG zustehenden umfassenden Informationsanspruchs.

6. Mitbestimmung bei Versagung der Genehmigung. Nach dem Formular soll die Genehmigung für die Nebentätigkeit versagt werden. Das Mitbestimmungsrecht des Personalrats ergibt sich aus § 72 Abs. 1 Nr. 12 LPVG NRW und bezieht sich nur auf die **Versagung** einer Nebentätigkeitsgenehmigung oder den **Widerruf** einer bereits erteilten Genehmigung. Die Anordnung der Übernahme einer Nebentätigkeit sowie deren Entzug ist nicht mitbestimmungspflichtig (OVG Münster Beschl. v. 28. 2. 2002 – 1 A 149/00 PVL – ZTR 2003, 202; GKÖD/*Fischer/Goeres* § 76 BPersVG Rdn. 29 d). Ebenso wenig unterliegt die Genehmigung einer Nebentätigkeit der Mitbestimmung.

In der Wirkung steht die **Untersagung** einer als **genehmigt geltenden** (§ 7 NtV NRW) oder **genehmigungsfreien** (§ 9 NtV NRW) **Nebentätigkeit** der Versagung einer genehmigungspflichtigen Nebentätigkeit gleich. Mit dem Schutzzweck des Gesetzes, der Kontrolle zum Schutz vor ungerechter Behandlung, wäre es nicht vereinbar, die in der Wirkung dem Widerruf gleichkommende Untersagung von der Mitbestimmung auszunehmen (GKÖD/*Fischer/Goeres* § 76 BPersVG Rdn. 29 a m. weit. Nachw.). Daher ist auch die Untersagung einer nicht genehmigungspflichtigen oder als genehmigt geltenden Nebentätigkeit mitbestimmungspflichtig. Das Mitbestimmungsrecht besteht unabhängig davon, ob der Beamte die Entscheidung der Dienststelle akzeptieren will oder nicht.

7. Versagungsgründe. Die Gründe für die Versagung oder den Widerruf einer Nebentätigkeitsgenehmigung sind in den §§ 67 Abs. 2, 69 Abs. 2 LBG NRW geregelt. Da nach Art. 12 Abs. 1, 2 Abs. 1 GG auch ein Beamter das Recht auf entgeltliche Verwertung seiner Arbeitskraft und auf freie Gestaltung seiner Freizeit hat, besteht ein **Anspruch** auf Erteilung einer Nebentätigkeitsgenehmigung, wenn kein **Versagungsgrund** vorliegt (Sachs/*Tettinger* Art. 12 GG Rdn. 33; *Wind/Schimana/Wichmann/Langer,* Öffentliches Dienstrecht, Rdn. 221). Aufgabe des Personalrats ist es daher, den betroffenen Beamten vor einer ungerechtfertigten Behandlung zu schützen (*Reinartz* § 72 LPVG NRW Anm. 28). Das Vorliegen von Versagungsgründen unterliegt damit nicht nur einer verwaltungsgerichtlichen, sondern auch einer personalvertretungsrechtlichen Überprüfung (GKÖD/*Fischer/Goeres* § 76 BPersVG Rdn. 29 c).

Die Dienststelle ist nach §§ 67 Abs. 2 S. 1, 69 Abs. 2 S. 2 LBG NRW verpflichtet, die Genehmigung zu versagen oder zu untersagen, wenn die Nebentätigkeit dienstliche Interessen beeinträchtigen kann. **Dienstliche Interessen** sind nur solche, die einen unmittelbaren Bezug zu der Erledigung dienstlicher Aufgaben aufweisen. Allgemeine oder auch öffentliche Interessen sind nicht automatisch auch dienstliche Interessen (BVerwG Urt. v. 25. 1. 1990 – 2 C 10/89 – NVwZ 1990, 766). Ein dienstliches Interesse besteht insbesondere darin, **Interessenkonflikte** zwischen den privaten Interessen des Beamten und den dienstlichen Interessen zu vermeiden und so das Vertrauen der Öffentlichkeit in die **Unbefangenheit** und **Unparteilichkeit** der Amtsführung zu schützen (*Wind/Schimana/Wichmann/Langer*, Öffentliches Dienstrecht, Rdn. 222). Deswegen ist eine gewerbliche Tätigkeit, die zu einem offensichtlichen Widerstreit der dienstlichen Interessen mit den privaten Interessen des Beamten führt, zu versagen (OVG Koblenz Urt. v. 18. 7. 1997 – 2 A 12.987/96 – NVwZ-RR 1998, 248). Die Nebentätigkeit ist auch zu untersagen, wenn sie in einer Angelegenheit ausgeübt wird, in der die Behörde tätig wird oder werden kann. Dabei genügt bereits, dass die private Tätigkeit in den Zuständigkeitsbereich der Behörde fällt (VGH Stuttgart Urt. v. 9. 10. 2002 – 4 S 1374/02 – NVwZ-RR 2003, 224). Auch wenn die Nebentätigkeit dem Ansehen der öffentlichen Verwaltung abträglich ist, ist die Nebentätigkeit unzulässig (OVG Koblenz Urt. v. 19. 3. 2002 – 2 A 10.067/02 – NVwZ-RR 2002, 860).

8. Zustimmung des Personalrats. Vgl. Form. D. I. 1 Anm. 11.

9. Zugangsbestätigung. Vgl. Form. D. I. 1 Anm. 12.

4. Antrag auf Zustimmung zur Ablehnung eines Antrags auf Teilzeitbeschäftigung

[Briefkopf der Dienststelle]

An den Personalrat
z. Hd. des Personalratsvorsitzenden[1]
Herrn ......
– im Hause –

Antrag auf Zustimmung zur Ablehnung des Antrags auf Teilzeitbeschäftigung von Herrn ......
Rettungsleitstelle der Feuerwehr[2]

Sehr geehrter Herr Vorsitzender,

ich bitte den Personalrat um Zustimmung zur Ablehnung[3] des Antrags auf Teilzeitbeschäftigung von Herrn ....
Herr ...... beantragte am ...... seine wöchentliche Arbeitszeit für die nächsten 3 Jahre von 38 Stunden auf 20 Stunden zu verringern. Da seine Ehefrau in Vollzeit beschäftigt sei, könne er problemlos mit einem geringeren Gehalt bei geringerer Arbeitszeit auskommen.
Herr ...... ist in der Rettungsleitstelle der Feuerwehr im Schichtdienst eingesetzt. Bei einem eingehenden Notruf entscheidet Herr ...... über die Art des Einsatzes, alarmiert die entsprechenden Einsatzkräfte und koordiniert deren Einsatz bis zum Eintreffen am Einsatzort. Außer Herrn ...... sind dort noch vier weitere Beamte in Vollzeit eingesetzt.
Da Herr ...... keine familienpolitischen Gründe anführt, richtet sich der Antrag nach § 78b Abs. 1 LBG NRW. Danach kann einem Beamten mit Dienstbezügen Teilzeitbeschäftigung bis zur Hälfte der regelmäßigen Arbeitszeit bewilligt werden, wenn dienstliche Belange[4] nicht entgegenstehen.
Der Antrag ist abzulehnen[5]. Bei Bewilligung der Teilzeitbeschäftigung wäre die Funktionsfähigkeit der Rettungsleitstelle ernsthaft gefährdet. Eine durchgehende Besetzung der Rettungsleitstelle könnte nicht gewährleistet werden. Die Aufstellung eines durchgehenden Dienstplanes wäre aus arbeitszeitrechtlichen Gründen nur möglich, wenn ein weiterer Beamter oder Angestellter dort eingesetzt würde, der aber nicht zur Verfügung steht. Die anderen dort eingesetzten Beamten könnten die entstehenden Lücken wegen ihrer bereits jetzt bestehenden Vollzeitbeschäftigung und einer nicht unerheblichen Anzahl von Überstunden nicht ausfüllen. Die Einstellung eines weiteren Beamten oder Angestellten kommt nicht in Betracht. Anfragen bei anderen Feuerwehren und auch bei der Bundesagentur für Arbeit haben ergeben, dass entsprechend qualifizierte Beamte und Angestellte oder Bewerber nicht bereit sind, diese durchaus belastende Funktion in Teilzeit zu übernehmen.
Der Antrag auf Teilzeitbeschäftigung, die Stellenbeschreibung, ein Monatsschichtplan sowie die Ergebnisse der Anfragen bei anderen Feuerwehren und der Bundesagentur für Arbeit sind zur Kenntnisnahme beigefügt[6].
Für den Fall, dass der Personalrat der geplanten Maßnahme nicht zustimmen möchte, bitte ich um Nachricht unter Angaben der Gründe binnen zwei Wochen[7].

Mit freundlichen Grüßen
......
Unterschrift der Dienststellenleitung

D. I. 4

[Auf Briefkopie]

Erhalten[8]:

......

Ort, Datum

......

Name des Personalratsvorsitzenden

Schrifttum: Battis, Die Entwicklung des Beamtenrechts im Jahr 2004, NJW 2005, 800; *Battis,* Das Dienstrechtsreformgesetz, NJW 1997, 1033; *Bredendiek/Meier,* Die Novelle des Öffentlichen Dienstrechts: Reform oder Reförmchen ?, NVwZ 1996, 444; *Bürger,* Teilzeitbeschäftigung von Beamten und ihre verfassungsrechtliche Zulässigkeit, NVwZ 1999, 820; *Hoever,* Vorruhestandsregelungen für Beamte, NVwZ 2000, 1343; *Hunold,* Die neueste Rechtsprechung zu § 8 TzBfG, NZA-RR 2004, 225; *Joussen,* Elternzeit und Verringerung der Arbeitszeit, NZA 2005, 336; *Körting,* Teilzeitbeschäftigung für Beamte in den Ländern nach dem Reformgesetz vom 24. Februar 1997 – dargestellt am Beispiel des Landes Brandenburg, LKV 1998, 41; *Kutscha,* Die Flexibilisierung des Beamtenrechts, NVwZ 2002, 942; *Wagner/Bienk-Koolmann,* Die Regelungen über Altersteilzeit für Beamte in Sachsen, LKV 2001, 534; zum Personalvertretungsrecht s. auch Form D. I. 1.

Anmerkungen

1. Adressat des Zustimmungsantrags. Vgl. Form. D. I. 1 Anm. 2.

2. Sachverhalt. Dem Formular liegt der Sachverhalt zugrunde, dass der Antrag eines Beamten auf Reduzierung seiner regelmäßigen Arbeitszeit abgelehnt werden soll, weil dienstliche Belange, nämlich die ausreichende Besetzung einer Rettungsleitstelle, dem entgegenstehen.

Die öffentliche Hand erhofft sich von der **Teilzeitbeschäftigung** eine entlastende Wirkung auf dem Arbeitsmarkt. Die Teilzeitbeschäftigung von Arbeitern und Angestellten des öffentlichen Dienstes sowie von Beamten wird daher grundsätzlich gefördert. Nach einer Erhebung des Deutschen Beamtenbundes aus dem Jahr 2003 liegt die **Teilzeitquote** bezogen auf alle im öffentlichen Dienst Beschäftigten bei rund 25%. Dennoch gibt es, wie in der Privatwirtschaft auch, zahlreiche Tätigkeiten und Aufgaben, bei denen eine Teilzeitbeschäftigung nicht in Frage kommt.

3. Mitbestimmung bei Ablehnung. Nach dem Formular soll das Teilzeitgesuch des Beamten abgelehnt werden. Das Mitbestimmungsrecht des Personalrats nach § 72 Abs. 1 Nr. 13 LPVG NRW bezieht sich lediglich auf die **Ablehnung** eines Antrags auf Teilzeitbeschäftigung. Nicht mitbestimmungspflichtig ist die **Bewilligung** von Teilzeitbeschäftigung. Das Mitbestimmungsrecht besteht auch nur in Bezug auf **Altersteilzeit** nach § 78 d LBG NRW, Teilzeitbeschäftigung aus **familienpolitischen Gründen** nach § 85 a LBG NRW und bei Teilzeitbeschäftigung **ohne spezifische Gründe** nach § 78 b LBG NRW. Ausgenommen von dem Mitbestimmungstatbestand des § 72 Abs. 1 Nr. 13 LPVG NRW ist damit die sog. **Einstellungsteilzeit** nach § 78 c LBG NRW. Nach dieser Vorschrift können bis Ende 2007 Bewerber für den gehobenen oder höheren Dienst unter der Voraussetzung eingestellt werden, dass sie einer Teilzeitbeschäftigung zustimmen (zu den verfassungsrechtlichen Bedenken vgl. BVerwG Urt. v. 6. 7. 1989 – 2 C 52/87 – NVwZ 1989, 969; *Bürger* NVwZ 1999, 820; *Bredendiek/ Meier* NVwZ 1996, 444).

Die verschiedenen **Formen der Teilzeitbeschäftigung** unterscheiden sich vor allem in der Bedeutung der einem Antrag entgegenstehenden dienstlichen Belange. Während bei einem Antrag auf Teilzeitbeschäftigung ohne spezifische Gründe entgegenstehende **dienstliche Belange** für eine Ablehnung ausreichen, müssen bei der Ablehnung von Altersteilzeit bereits **dringende** dienstliche Belange entgegenstehen. Teilzeitbeschäftigung aus familienpolitischen Gründen kann nur bei entgegenstehenden **zwingenden** dienstlichen Belangen abgelehnt werden.

4. Dienstliche Belange. Der Sachverhalt ist so ausgestaltet, dass der Teilzeitbeschäftigung dienstliche Belange entgegenstehen. Dienstliche Belange sind berührt, wenn die **Funktionsfä-**

higkeit der Verwaltung **beeinträchtigt** wird. **Dringende** oder **zwingende** dienstliche Belange (s. Anm. 3) stehen dem Teilzeitwunsch entgegen, wenn die **Funktionsfähigkeit** der Verwaltung in einzelnen Bereichen **gefährdet** wird (VG Bremen Urt. v. 29. 6. 2000 – 6 K 400/00 – NVwZ-RR 2002, 61). Das setzt voraus, dass die Aufgaben der Dienststelle nicht mehr ordnungsgemäß erledigt, auch nicht zurückgestellt werden können und die Dienststelle nicht durch organisatorische Maßnahmen Abhilfe schaffen kann (OVG Münster Beschl. v. 30. 5. 2000 – 12 B 199/00 – zit. n. juris). Dienstliche Belange sind nicht die allgemein mit Teilzeitbeschäftigung typischerweise verbundenen zusätzlichen Anforderungen an Organisation und Personalwirtschaft (BAG Urt. v. 18. 2. 2003 – 9 AZR 164/02 – NZA 2003, 1392; ErfKomm/*Preis* § 8 TzBfG Rdn. 27). Wollte man solche Gründe bereits als Ablehnungsgrund ausreichen lassen, könnte die vom Gesetzgeber gewollte Förderung der Teilzeitbeschäftigung nicht erreicht werden.

5. Gefährdung der Aufgabenerfüllung. Nach dem im Formular beschriebenen Sachverhalt ist es der Dienststelle nicht möglich, die ausreichende Besetzung der Rettungsleitstelle zu gewährleisten. Ein verstärkter Einsatz der übrigen dort eingesetzten Beamten scheidet aus arbeitszeitrechtlichen Gründen aus, Ersatzkräfte sind auf dem Arbeitsmarkt nicht zu finden. Personalmangel und die Gefährdung der Aufgabenerledigung rechtfertigen die Ablehnung des Antrags auf Teilzeitbeschäftigung (OVG Koblenz Beschl. v. 24. 5. 2004 – 2 B 10.467/04 – NVwZ-RR 2005, 51; OVG Greifswald Beschl. v. 11. 5. 2004 – 2 M 62/04 – zit. n. juris).

6. Information des Personalrats. Der Personalrat soll die Richtigkeit der Ablehnung des Antrages auf Teilzeitbeschäftigung nachprüfen können. Ihm sind daher alle die Entscheidung des Dienstherrn begründenden Umstände und insbesondere auch die das Ermessen leitenden Beweggründe des Dienstherrn mitzuteilen. Die die dienstlichen Belange vorprägende Entscheidung des Dienstherrn über die zur effektiven Aufgabenwahrnehmung erforderliche Personalstärke ist durch den Personalrat im Rahmen der Mitbestimmung nach § 72 Abs. 1 Nr. 13 LPVG NRW nicht und auch gerichtlich nur eingeschränkt überprüfbar (OVG Koblenz Beschl. v. 24. 5. 2004 – 2 B 10.467/04 – NVwZ-RR 2005, 51). Die Ermessensausübung des Dienstherrn im Rahmen der Organisation der Stellenbesetzung ist – vom Fall des gebundenen Ermessens abgesehen – nur auf Missbrauch und objektive Zwecktauglichkeit zu überprüfen.

7. Zustimmung des Personalrats. Vgl. Form. D. I. 1 Anm. 11.

8. Zugangsbestätigung. Vgl. Form. D. I. 12.

5. Antrag auf Zustimmung zur Entlassung eines Beamten auf Probe oder auf Widerruf[1]

[Briefkopf der Dienststelle]

An den Personalrat
z. Hd. des Personalratsvorsitzenden[2]
Herrn ......
– im Hause –

Antrag auf Zustimmung zur Entlassung des Polizeimeisters z. A. ...... aus dem Beamtenverhältnis auf Probe

Sehr geehrter Herr Vorsitzender,
ich bitte Sie um Zustimmung zur Entlassung des Polizeimeisters z. A. ...... aus dem Beamtenverhältnis auf Probe[3] wegen eines Dienstvergehens[4].
Der am ...... geborene Herr ...... ist am ...... zum Polizeimeister z. A. im Beamtenverhältnis auf Probe ernannt worden und der Ausbildungshundertschaft ...... zugeteilt

worden. Er ist dort als Fahrer eines LKW eingesetzt. Er ist verheiratet und einem Kind unterhaltspflichtig. Seine bisherigen Leistungen wurden als gut beurteilt.

Der Polizeimeister z. A. ...... hat am ...... außerhalb des Dienstes auf der Autobahn A2 im Zustand der absoluten alkoholbedingten Fahruntüchtigkeit einen Verkehrsunfall verursacht, bei dem zwei Menschen nicht unerheblich verletzt wurden. Er verließ den Unfallort ohne die Feststellung seiner Personalien zu ermöglichen und Hilfe für die Verletzten zu holen. Er wurde kurze Zeit später von der Autobahnpolizei gestellt. Der Polizeimeister z. A. ...... hat die ihm gegenüber erhobenen Vorwürfe in vollem Umfang eingeräumt.

Die Tat des Polizeimeister z. A. ...... ist nach §§ 142, 229, 315 c Abs. 1 Nr. 1 a StGB strafbar und zöge bei einem Beamten auf Lebenszeit mindestens eine Kürzung der Bezüge in einem förmlichen Disziplinarverfahren nach sich. Angesichts der Trunkenheitsfahrt, der Verkehrsgefährdung und insbesondere der Unfallflucht steht nicht mehr zu erwarten, dass der Beamte auf Probe sich für eine Tätigkeit im Polizeidienst als geeignet[5] erweisen kann. Daran ändern die guten bisherigen Leistungen nichts. Gerade von einem Polizisten, der mit der Führung von Kfz betraut ist, ist eine unbedingte Zuverlässigkeit zu erwarten.

Polizeimeister z. A. ...... soll daher nach § 34 Abs. 1 Nr. 1 LBG NRW mit Wirkung zum ...... aus dem Beamtenverhältnis entlassen werden. Von einer fristlosen Entlassung soll angesichts der guten Ausbildungsleistungen und der familiären Situation abgesehen werden[6].

Die näheren Einzelheiten zum Tathergang bitte ich, den beiliegenden Unterlagen aus dem Untersuchungsverfahren nach § 125 DO NRW[7] zu entnehmen[8].

Für den Fall, dass der Personalrat der geplanten Maßnahme nicht zustimmen möchte, bitte ich um Nachricht unter Angaben der Gründe binnen zwei Wochen[9].

Mit freundlichen Grüßen

......

Unterschrift der Dienststellenleitung

[Auf Briefkopie]

Erhalten[10]:

......

Ort, Datum

......

Name des Personalratsvorsitzenden

Schrifttum: Battis, Die Entwicklung des Beamtenrechts im Jahre 2002, NJW 2003, 940; *Battis/Lühmann,* Die Beamtengesetze in den neuen Ländern, LKV 1994, 197; *Fleig,* Neue gesetzliche Regelungen im Disziplinarrecht, NVwZ 1998, 470; *Müller-Eising,* Paradigmenwechsel im Disziplinarrecht, NJW 2001, 3587; *Urban,* Die Neuordnung des Bundesdisziplinarrechts, NVwZ 2001, 1335; zum Personalvertretungsrecht s. auch Form. D. I. 1.

Anmerkungen

1. Sachverhalt. Die Entlassung eines Beamten auf Probe nach einem Dienstvergehen ist nach der Zahl der dazu ergangenen Urteile offenbar nicht selten (vgl. allein aus letzter Zeit OVG Bremen Urt. v. 31. 1. 2001 – 2 A 326/99 – NVwZ-RR 2002, 131; OVG Münster Beschl. v. 18. 12. 2001 – 6 B 1326/01 – NVwZ-RR 2002, 763; VG Göttingen Beschl. v. 10. 12. 2002 – 2 B 3341/02 – NVwZ-RR 2003, 445). Die Verursachung eines Verkehrsunfalls unter Alkoholeinfluss, der die Verletzung von Menschen zur Folge hat, mit anschließender Fahrerflucht ist eine so erhebliche Straftat, dass der Dienstherr nicht mehr erwarten kann,

5. Entlassung eines Beamten auf Probe oder auf Widerruf — D. I. 5

der Beamte werde auf Dauer den Anforderungen seines Amtes gerecht. Das gilt insbesondere dann, wenn es sich um Polizeibeamte handelt.

2. Adressat des Zustimmungsantrags. Vgl. Form. D. I. 1 Anm. 2.

3. Reichweite des Mitbestimmungsrechts. Dem Personalrat steht bei der **Entlassung** eines **Beamten auf Probe** oder auf **Widerruf** oder bei einer Entlassung aus einem öffentlich-rechtlichen Ausbildungsverhältnis ein Mitbestimmungsrecht zu (§ 72 Abs. 1 Nr. 8 LPVG NRW). Das Mitbestimmungsrecht bei der Entlassung von Beamten auf Probe besteht bei folgenden Entlassungsgründen:

- Verweigerung der Eidesleistung, § 31 Nr. 1 LBG NRW;
- Unvereinbarkeit von Amt und Mandat, § 31 Nr. 2 LBG NRW;
- Verlegung des Wohnsitzes/Aufenthaltsortes ins Ausland ohne Genehmigung, § 31 Nr. 4 LBG NRW;
- Dienstvergehen, das bei Lebenszeitbeamten mindestens eine Kürzung der Dienstbezüge zur Folge hätte, wenn keine fristlose Entlassung erfolgt, § 34 Abs. 1 Nr. 1 LBG NRW;
- Mangelnde Bewährung, § 34 Nr. 2 LBG NRW;
- Dienstunfähigkeit, § 34 Nr. 3 LBG NRW;
- Dienststellenauflösung ohne weitere Verwendungsmöglichkeit, § 34 Nr. 4 LBG NRW.

Wird der Beamte auf seinen Antrag hin entlassen (§ 33 LBG NRW), besteht kein Mitbestimmungsrecht. Eine Entscheidung des Personalrats gegen den Willen des Beamten erscheint in diesen Fällen auch kaum denkbar (GKÖD/*Fischer*/*Goeres* § 78 BPersVG Rdn. 22). Die Mitbestimmung des Personalrats ist auch in den Fällen des § 32 LBG NRW ausgeschlossen. § 32 LBG NRW regelt die **Entlassung kraft Gesetzes.** Der Beamte **ist** entlassen, wenn er die Eigenschaft als Deutscher i. S. d. Art. 116 GG verliert und nicht die Staatsangehörigkeit eines anderen EU-Mitgliedsstaates besitzt, oder wenn er in ein öffentlich-rechtliches Dienst- oder Amtsverhältnis zu einem anderen Dienstherrn tritt. Da die Entlassung kraft Gesetzes eintritt, fehlt es an einer mitbestimmungsfähigen Maßnahme der Dienststelle (GKÖD/*Fischer*/*Goeres* § 78 BPersVG Rdn. 22; *Kirschall* § 72 LPVG NRW Anm. 1.8.1; *Germelmann*/*Binkert* § 88 LPVG Berlin Rdn. 67). Auch die nach § 34 Abs. 2 LBG NRW jederzeit mögliche Entlassung von politischen Beamten (§ 38 LBG NRW) auf Probe löst kein Mitbestimmungsrecht aus (§ 72 Abs. 1 S. 2 Nr. 1 LPVG NRW).

Zu beachten ist, dass ein Mitbestimmungsrecht nur bei einer fristgemäßen Entlassung besteht. Wird der Beamte auf Probe nach § 34 Abs. 4 LBG NRW wegen eines Dienstvergehens **fristlos** entlassen, besteht nach § 74 LPVG NRW lediglich ein **Anhörungsrecht** (ebenso die Rechtslage im Bund, vgl. § 79 Abs. 3 BPersVG). Beamte auf Widerruf können jederzeit durch **Widerruf** der Ernennung entlassen werden (§ 35 LBG NRW), so dass es auf die sonstigen Entlassungsgründe nach den §§ 31, 34 LBG NRW regelmäßig nicht ankommt. Der Widerruf darf aber nur nach pflichtgemäßem Ermessen und aus sachlichen Gründen ausgeübt werden (*Wind*/*Schimana*/*Wichmann*/*Langer* Rdn. 282). Bei Beamten auf Widerruf im Vorbereitungsdienst endet das Beamtenverhältnis automatisch mit Bestehen oder endgültigem Nichtbestehen der Prüfung, wenn der Vorbereitungsdienst auch Voraussetzung für einen Beruf außerhalb des öffentlichen Dienstes ist, wie z. B. bei Rechtsreferendaren (§ 35 Abs. 2 LBG NRW). Es bedarf dann keiner Entlassung, weshalb auch kein Mitbestimmungsrecht des Personalrats besteht.

4. Entlassung wegen Dienstvergehens. Der Beamte auf Probe kann aufgrund eines Dienstvergehens entlassen werden, das bei einem Beamten auf Lebenszeit eine Disziplinarmaßnahme zur Folge hätte, die nur im förmlichen Disziplinarverfahren verhängt werden kann (§ 34 Abs. 1 Nr. 1 LBG NRW). Wie sich aus den §§ 5, 29, 33 DO NRW ergibt, können nach einem **Dienstvergehen** nur Warnung, Verweis und Geldbuße durch einfache Disziplinarverfügung verhängt werden. Die darüber hinausgehenden Disziplinarmaßnahmen wie etwa Gehaltskürzung, Zurückstufung und Entfernung aus dem Dienst setzen eine Entscheidung des Disziplinargerichts voraus. Der Beamte auf Probe muss also ein Dienstvergehen begehen, das so schwer wiegt, dass bei einem Beamten auf Lebenszeit mindestens eine Gehaltskürzung als Disziplinarmaßnahme verhängt würde (OVG Münster Beschl. v. 18. 12. 2001 – 6 B 1326/01 – NVwZ-RR 2002, 763). Im Bereich des Bundes kann nach § 33 BDG auch die Gehaltskürzung durch Disziplinarverfügung ausgesprochen werden. § 31 Abs. 1 Nr. 1 BBG nennt deswegen als Entlassungsgrund die konkrete Disziplinarmaßnahme der Gehaltskürzung.

5. Entlassung wegen mangelnder Bewährung. Ein Beamter auf Probe kann auch bei mangelnder Bewährung (Eignung, Befähigung, Leistung) in der Probezeit entlassen werden (§ 34 Abs. 1 Nr. 2 LBG NRW). Das BVerwG hat trotz erheblicher Wertungsspielräume die Norm als ausreichend bestimmt angesehen. Bewährung ist ein komplexer Rechtsbegriff, der der Behörde hinsichtlich der tatbestandlichen Voraussetzungen eine **Einschätzungsprärogative** einräumt, die von den Verwaltungsgerichten zu akzeptieren ist (BVerwG Urt. v. 19. 3. 1998 – 2 C 5/97 – NVwZ 1999, 75). Dabei genügen bereits begründete ernsthafte Zweifel des Dienstherrn, ob der Beamte die Eignung und Befähigung besitzt und die fachlichen Leistungen erbringt, die für die Ernennung zum Beamten auf Lebenszeit notwendig sind, um eine Bewährung zu verneinen. Diese Entscheidung ist gerichtlich nur daraufhin überprüfbar, ob der Begriff der mangelnden Bewährung und die gesetzlichen Grenzen des Beurteilungsspielraums verkannt worden sind, ob der Beurteilung ein unrichtiger Sachverhalt zu Grunde liegt und ob allgemeine Wertmaßstäbe beachtet oder sachfremde Erwägungen vermieden worden sind (BVerwG Urt. v. 18. 7. 2001 – 2 A 5/00 – NVwZ-RR 2002, 49). Auf ein Verschulden des Beamten auf Probe kommt es nicht an.

Zur Eignung gehört auch die gesundheitliche Eignung. Die Entlassungstatbestände der mangelnden Bewährung und der Dienstunfähigkeit (§ 34 Abs. 1 Nr. 2 und 3 LBG NRW) stehen selbstständig nebeneinander (*Wind/Schimana/Wichmann/Langer* Rdn. 282). So kann z. B. ein Beamter auf Probe mit einem Gewicht von 40% über dem Normalgewicht entlassen werden, weil schon eine körperliche oder physische Veranlagung der Art, dass die Möglichkeit häufiger Erkrankungen oder des Eintritts dauernder Dienstunfähigkeit schon vor Erreichen der Altersgrenze – und somit eine vorzeitige Versetzung in den Ruhestand – nicht mit einem hohen Grad an Wahrscheinlichkeit ausgeschlossen werden kann, die Eignung für ein Beamtenverhältnis auf Lebenszeit ausschließen kann (VG Braunschweig Urt. v. 25. 8. 1992 – 7 A 7095/91 – NVwZ-RR 1993, 260). Bei der Entlassung aus dem Beamtenverhältnis auf Probe wegen Dienstunfähigkeit ist wegen der Verweisung auf § 45 LBG NRW stets vorrangig zu prüfen, ob die Entlassung nicht durch Übertragung eines anderen Amtes derselben oder einer anderen Laufbahn vermieden werden kann. Dabei reicht es allerdings nicht, wenn der ansonsten dienstunfähige Beamte nur auf einem einzigen weiteren Dienstposten eingesetzt werden kann (VGH Kassel Beschl. v. 25. 8. 1992 – 1 TH 1282/92 – NVwZ-RR 1993, 652).

6. Ermessensentscheidung. Bei den Entlassungen nach § 34 Abs. 1 LBG NRW handelt es sich um Ermessensentscheidungen. Es genügt daher nicht, lediglich das Vorliegen der Tatbestandsvoraussetzungen zu prüfen. Auch wenn die Gründe für eine Entlassung aus dem Beamtenverhältnis auf Probe gegeben sind, muss der Dienstherr stets abwägen, ob nicht doch eine andere, den Beamten weniger belastende Maßnahme in Betracht kommt (zu den komplexen Ermessensüberlegungen bei mangelnder Eignung eines Polizeibeamten aus religiösen Gründen vgl. VG Sigmaringen Urt. v. 7. 11. 1990 – 5 K 339/90 – NVwZ 1991, 199).

7. Untersuchungsverfahren. Bei Beamten auf Probe sind nur Warnung, Verweis und Geldbuße als Disziplinarmaßnahme zulässig (§ 5 Abs. 3 DO NRW). Um dennoch auch dem Beamten auf Probe den Schutz des disziplinarrechtlichen Ermittlungsverfahrens, das einer disziplinargerichtlichen Entscheidung vorweg ginge, zugute kommen zu lassen, sieht § 125 DO NRW vor, dass eine Entlassung nach § 34 Abs. 1 Nr. 1 LBG NRW nur zulässig ist, nachdem ein disziplinarrechtliches Untersuchungsverfahren durchgeführt wurde (*Reinartz* § 72 LPVG NRW Rdn. 23).

8. Umfang der Information des Personalrats. Die dem Personalrat zur Verfügung zu stellenden Informationen hängen in ihrem Umfang stets von der vom Personalrat zu erfüllenden Aufgabe ab (GKÖD/Fischer/*Goeres* § 68 BPersVG Rdn. 28). Da der Personalrat in die Lage versetzt werden soll, die Richtigkeit der Entlassungsverfügung und damit das Vorliegen der gesetzlichen Entlassungsgründe zu überprüfen, sind ihm die entsprechenden Gründe zu erläutern und die erforderlichen Unterlagen vorzulegen. Die Einschränkung des § 65 Abs. 2 LBG NRW, nach der **Personalakten** nur mit Zustimmung des Betroffenen und nur dem vom Personalrat dazu bestimmten Mitglied zugänglich gemacht werden dürfen, bezieht sich nur auf

6. Zustimmung zur vorzeitigen Versetzung in den Ruhestand **D. I. 6**

die Personalakte als Ganzes (*Dembowski/Ladwig/Sellmann* § 60 LPVG Nieders. Rdn. 32). Der Dienststellenleiter ist daher nicht gehindert, Auskünfte aus der Personalakte – auch durch Überlassung entsprechender Teile – zu erteilen, soweit das zur Beschlussfassung des Personalrats objektiv erforderlich ist (GKÖD/Fischer/*Goeres* § 68 BPersVG Rdn. 32 b; *Altvater/Hamer/Ohnesorg/Peiseler* § 68 BPersVG Rdn. 23). Ohne solche Auskünfte wird – insbesondere bei Entlassungen wegen eines Dienstvergehens oder wegen mangelnder Eignung – dem Personalrat keine vernünftige Beschlussfassung möglich sein. Vorgänge über noch nicht abgeschlossene Verfahren wie z. B. Untersuchungen in Disziplinarsachen vor deren Abschluss gehören von vornherein nicht zur Personalakte und können daher dem Personalrat vorgelegt werden (*Altvater/Hamer/Ohnesorg/Peiseler* § 68 BPersVG Rdn. 21; *Dembowski/Ladwig/Sellmann* § 60 LPVG Nieders. Rdn. 35).

Soweit es sich bei der Entlassungsentscheidung um eine Ermessensentscheidung handelt, müssen dem Personalrat auch die das Ermessen leitenden Erwägungen mitgeteilt werden. Nur dann ist der Personalrat in der Lage, die Interessen des Beamten und die Interessen des Dienstherrn gegeneinander abzuwägen.

9. Zustimmung des Personalrats. Vgl. Form. D. I. 1 Anm. 11.
10. Zugangsbestätigung. Vgl. Form. D. I. 1 Anm. 12.

6. Antrag auf Zustimmung zur vorzeitigen Versetzung in den Ruhestand

[Briefkopf der Dienststelle]

An den Personalrat
z. Hd. des Personalratsvorsitzenden[1]
Herrn ......
– im Hause –

Antrag auf Zustimmung zur vorzeitigen Versetzung von Herrn ...... in den Ruhestand[2]

Sehr geehrter Herr Vorsitzender,

ich bitte Sie um Zustimmung zur vorzeitigen Versetzung von Herrn ...... in den Ruhestand[3]. Die Eröffnungsmitteilung[4] soll demnächst[5] zugestellt werden.
Der am ...... geborene Herr ...... ist seit dem ...... als Beamter auf Probe, seit dem ...... als Beamter auf Lebenszeit als Lehrer für Mathematik und Physik am Gymnasium ...... tätig. Seit dem ...... war Herr ...... insgesamt viermal für einen Zeitraum von mehr als drei Monaten dienstunfähig erkrankt. Seit dem ...... ist er ununterbrochen dienstunfähig[6]. Am ...... stellte er sich auf Aufforderung seitens der Schulbehörde zur amtsärztlichen Untersuchung vor. Die Diagnose lautete auf Alzheimersche Krankheit im fortgeschrittenen Stadium. Herr ...... wird die Dienstfähigkeit nicht mehr erlangen. Aufgrund der bereits jetzt stark eingeschränkten und fortschreitend schwächer werdenden geistigen Leistungsfähigkeit ist eine anderweitige Tätigkeit im Dienst des Landes Nordrhein-Westfalen ausgeschlossen[7].
Herr ...... soll mit Wirkung vom ...... durch die zuständige Behörde[8] in den Ruhestand versetzt werden.
Für den Fall, dass der Personalrat der geplanten Maßnahme nicht zustimmen möchte, bitte ich um Nachricht unter Angaben der Gründe binnen zwei Wochen[9].

Mit freundlichen Grüßen
......
Unterschrift der Dienststellenleitung

[Auf Briefkopie]

Erhalten[10]:

......

Ort, Datum

......

Name des Personalratsvorsitzenden

Schrifttum: Battis, Zwei Bundesgesetze zu Besoldung und Versorgung, NVwZ 2001, 1250; *Hoever,* Vorruhestandsregelungen für Beamte, NVwZ 2000, 1343; *Meier,* Das Versorgungsreformgesetz 1998 – Die gesetzgeberische Umsetzung des Versorgungsberichts der Bundesregierung, NVwZ 1998, 1246; *Merten,* Aktuelle Probleme der Beamtenversorgung, NVwZ 1999, 809; *Schnellenbach,* Das Gesetz zur Reform des öffentlichen Dienstrechts (Reformgesetz) NVwZ 1997, 521; *Wagner,* Neuregelungen im Sächsischen Beamten- und Personalvertretungsrecht, LKV 2003, 105; zum Personalvertretungsrecht s. auch Form. D. I. 1.

Anmerkungen

1. **Adressat des Zustimmungsantrages.** Vgl. Form. D. I. 1 Anm. 2.

2. **Sachverhalt.** Das Formular schildert einen Sachverhalt, in dem ein Beamter wegen Dienstunfähigkeit gegen oder ohne seinen Willen vorzeitig in den Ruhestand versetzt werden soll. Die vorzeitige Versetzung in den Ruhestand hat erhebliche praktische Bedeutung. Nach dem Versorgungsbericht der Bundesregierung vom 25. Mai 2005 erreichten im Berichtszeitraum nur 18% aller Beamten die Regelaltersgrenze von 65 Jahren. Rund 30% aller Beamten wurden wegen Dienstunfähigkeit vorzeitig in den Ruhestand versetzt. Im Bereich der gesetzlichen Rentenversicherungen liegt diese Quote bei etwa 26%. Diese Zahlen haben zu einer Reform des Versorgungsrechts geführt, die die Entwicklung der Versorgungslasten bremsen soll.

3. **Reichweite des Mitbestimmungsrechts.** Dem Personalrat steht bei der **vorzeitigen Versetzung** eines Beamten in den **Ruhestand** sowie bei der Feststellung der **begrenzten Dienstfähigkeit** ein Mitbestimmungsrecht zu (§ 72 Abs. 1 Nr. 9 LPVG NRW). Das Mitbestimmungsrecht besteht nach § 72 Abs. 1 S. 4 LPVG NRW nicht, wenn der Beamte die vorzeitige Versetzung in den Ruhestand selbst beantragt hat. Mitbestimmungspflichtig ist daher nur die Versetzung in den Ruhestand gegen oder ohne den Willen des Beamten. Ein Mitbestimmungsrecht besteht auch nicht, wenn der Beamte seine Versetzung in den Ruhestand selbst beantragt hat, der Antrag aber abgelehnt werden soll. Die Ablehnung, also die Nichtvornahme einer Maßnahme, ist – von den ausdrücklich genannten Ausnahmen abgesehen – kein Mitbestimmungstatbestand (GKÖD/*Fischer/Goeres* § 69 BPersVG Rdn. 7a). Keine Versetzung in den Ruhestand liegt bei der Inanspruchnahme von **Altersteilzeit** vor, da der Beamte hier lediglich faktisch, aber nicht rechtlich aus dem aktiven Beamtenverhältnis ausscheidet.

Nach dem Personalvertretungsrecht des Bundes besteht dagegen nur ein Mitwirkungsrecht (§ 78 Abs. 1 Nr. 5 BPersVG). Hier ist die vorzeitige Versetzung in den Ruhestand mit dem Personalrat lediglich zu erörtern. Eine entsprechende Regelung findet sich auch in einigen Landespersonalvertretungsgesetzen, etwa in Baden-Württemberg, Bayern, Berlin und Hessen.

4. **Gang des Verfahrens.** Hält ein Beamter sich für dienstunfähig, kann er selbst seine vorzeitige Versetzung in den Ruhestand beantragen (§ 46 LBG NRW). Liegt tatsächlich Dienstunfähigkeit vor, ist dem Antrag stattzugeben. Stellt der Beamte trotz Dienstunfähigkeit diesen Antrag nicht selbst, kann der Dienstvorgesetzte nach Einholung eines amtsärztlichen Gutachtens die **Zwangspensionierung** einleiten. Der Gang dieses Verfahrens ist in § 47 LBG NRW beschrieben. Das Verfahren beginnt nach § 47 Abs. 1 LBG NRW mit der **Eröffnungsmitteilung,** in der dem Beamten die Absicht der Versetzung in den Ruhestand sowie die Gründe dafür mitgeteilt werden. Die Unterlassung der Eröffnungsmitteilung ist allerdings ein heilbarer Mangel (BVerwG Urt. v. 28. 6. 1990 – 2 C 18/89 – NVwZ 1991, 476).

6. Zustimmung zur vorzeitigen Versetzung in den Ruhestand   D. I. 6

Sodann kann der Beamte innerhalb eines Monats **Einwendungen** gegen seine Versetzung in den Ruhestand erheben (§ 47 Abs. 2 S. 1 LBG NRW). Werden Einwendungen erhoben, wird das Verfahren entweder eingestellt oder fortgeführt. Die Entscheidung ist dem Beamten mitzuteilen. Im Falle der Fortführung wird ein **Ermittlungsverfahren** durchgeführt, das einem disziplinarrechtlichen Untersuchungsverfahren gleicht (§ 47 Abs. 3 LBG NRW). Ein Ermittlungsverfahren braucht allerdings nicht durchgeführt werden, wenn sich die Einwendungen nicht auf die Dienstunfähigkeit, sondern z. B. auf die Berechnung der Dienstzeiten beziehen (BVerwG Urt. v. 28. 6. 1990 – 2 C 18/89 – NVwZ 1991, 476). Zum Ergebnis des Ermittlungsverfahrens ist der Beamte nochmals zu hören. Hat sich die Dienstunfähigkeit herausgestellt, erfolgt nach § 47 Abs. 4 LBG NRW die Versetzung in den Ruhestand. Ansonsten wird das Verfahren eingestellt.

5. Zeitpunkt der Personalratsbeteiligung. Der Zeitpunkt, in dem der Personalrat beteiligt werden muss, ist umstritten. Die Beteiligung kann entweder gleichzeitig mit (*Reinartz* § 72 LPVG NRW Anm. 25) oder vor der Mitteilung der beabsichtigten Versetzung in den Ruhestand an den Beamten (*Kirschall/Sittig* § 72 LPVG NRW Anm. 1.9) erfolgen. Da die Eröffnungsmitteilung der erste Schritt im Zwangspensionierungsverfahren ist, liegt darin der Beginn einer Maßnahme nach § 66 Abs. 1 LPVG NRW, so dass die Beteiligung des Personalrats vor der Eröffnungsmitteilung an den Beamten erfolgen sollte. Die Zustimmung des Personalrats muss allerdings erst vor der Einleitung des Ermittlungsverfahrens nach § 47 Abs. 3 LPVG NRW vorliegen.

6. Dienstunfähigkeit. Zu unterscheiden sind drei Fälle von Dienstunfähigkeit, nämlich die **nachgewiesene** Dienstunfähigkeit (§ 45 Abs. 1 S. 1 LBG NRW), die **fingierte** Dienstunfähigkeit (§ 45 Abs. 1 S. 2 LBG NRW) und die **besondere Dienstunfähigkeit** (§ 45 Abs. 2 LBG NRW). Die Voraussetzungen der nachgewiesenen Dienstunfähigkeit sind in § 45 Abs. 1 S. 1 LBG NRW gesetzlich festgelegt. Der Beamte ist dienstunfähig, wenn er infolge eines körperlichen Gebrechens oder aufgrund einer Schwäche der körperlichen oder geistigen Kräfte auf absehbare Zeit seine Dienstpflichten nicht erfüllen kann. Die fingierte Dienstunfähigkeit besteht, wenn der Beamte wegen einer Erkrankung innerhalb von sechs Monaten drei Monate keinen Dienst getan hat und keine Aussicht besteht, dass er innerhalb weiterer sechs Monate wieder voll dienstfähig wird. Die besondere Dienstunfähigkeit schließlich ergibt sich aus Sonderregelungen für bestimmte Gruppen wie z. B. Polizeibeamte (§ 194 LBG NRW).

Der Begriff der Dienstunfähigkeit enthält zwei Elemente. Auf der Grundlage eines (amts-) ärztlichen Gutachtens über den Gesundheitszustand des Beamten (1) hat der Dienstherr eine Entscheidung zu treffen (2), ob der Beamte noch in der Lage ist, den Dienstpflichten aus seinem abstrakt-funktionellen Amt zu erfüllen (BVerwG Urt. v. 28. 6. 1990 – 2 C 18/89 – NVwZ 1991, 476) Beurteilungsmaßstab ist damit nicht der konkret innegehabte Dienstposten, sondern das Amt z. B. eines Sekretärs, Amtsrats oder Oberstudienrates, etc. bei der jeweiligen Beschäftigungsbehörde. Damit liegt keine Dienstunfähigkeit des Beamten vor, wenn sich bei seiner Dienststelle eine gleichwertige Aufgabe findet, deren Anforderungen er nach Versetzung noch erfüllen kann.

7. Weiterverwendung vor Versorgung. Vor einer Versetzung in den Ruhestand ist nach § 45 Abs. 3 LBG NRW zu prüfen, ob dem Beamten ein anderes Amt derselben oder einer anderen Laufbahn übertragen werden kann. Unter Beibehaltung seines Amtes kann ihm auch eine geringwertigere Tätigkeit zugewiesen werden, wenn dadurch die Versetzung in den Ruhestand vermieden werden kann. An notwendigen Umschulungsmaßnahmen muss der Beamte teilnehmen (**Grundsatz der Rehabilitation und Weiterverwendung vor Versorgung**). Lässt sich eine Versetzung in den Ruhestand nach § 45 Abs. 3 LBG NRW nicht vermeiden, ist nach § 45 a LBG NRW zu prüfen, ob bei Beamten nach Vollendung des 50. Lebensjahres durch eine Absenkung der Arbeitszeit die Dienstfähigkeit erhalten bleiben kann (**begrenzte Dienstfähigkeit**).

8. Zuständige Behörde. Für die Durchführung des Verfahrens zur vorzeitigen Versetzung in den Ruhestand ist der jeweilige Dienstvorgesetzte zuständig. Die Zuständigkeit für die Versetzung in den Ruhestand liegt aber bei der Behörde, die für die **Ernennung** zuständig wäre, §§ 50 Abs. 1, 10 LBG NRW. Nach § 10 Abs. 1 LBG NRW ist für die Ernennung der Landesbeamten die Landesregierung zuständig, die ihre Befugnisse auf andere Stellen übertragen kann. Davon hat die Landesregierung in weitem Umfang Gebrauch gemacht. Nach der Verordnung über die Ernennung, Entlassung und Zurruhesetzung der Beamten und Richter des Landes Nordrhein-Westfalen vom 27. Juni 1978 werden nur Beamte ab der Besoldungsgruppe B 3 oder R 3 von der Landesregierung ernannt. Im Übrigen sind die Befugnisse auf die obersten Landesbehörden übertragen, die wiederum ihre Befugnisse durch Rechtsverordnung auf nachgeordnete Behörden übertragen können (vgl. nur die Verordnung über beamtenrechtliche Zuständigkeiten im Geschäftsbereich des Ministeriums für Inneres und Justiz – Bereich Inneres – vom 1. Mai 1981).

9. Zustimmung des Personalrats. Vgl. Form. D. I. 1 Anm. 11.
10. Zugangsbestätigung. Vgl. Form. D. I. 1 Anm. 12.

II. Wirtschaftliche Angelegenheiten

1. Anhörung zur Auflösung, Einschränkung, Verlegung oder Zusammenlegung von Dienststellen oder wesentlichen Teilen von ihnen

[Briefkopf der Dienststelle]

An den Personalrat
z. Hd. des Personalratsvorsitzenden[1]
Herrn ......
– im Hause –

Anhörung zur Verlegung der Abteilung Wasserhygiene I nach ......[2]

Sehr geehrter Herr Vorsitzender,
hiermit informiere ich Sie über die geplante Verlegung der Abteilung Wasserhygiene I und bitte um Erörterung der geplanten Maßnahme in der nächsten Woche[3].
Die Dienststelle plant die Verlegung der Abteilung Wasserhygiene I an den Standort ......[4]. Auf Beschluss der Landesregierung hin sollen Dienststellen oder Teile von ihnen in den nordwestlichen Teil des Landes verlegt werden, wenn dies sachlich vertretbar und von der Amtsaufgabe her vernünftig erscheint[5].
Aufgabe der Abteilung Wasserhygiene I ist die Überwachung der Trinkwasserqualität im Bereich .... Diese Aufgabe lässt sich an dem neuen Standort mit geringeren Wegezeiten erledigen. Die Abteilung Wasserhygiene I beschäftigt derzeit ...... Mitarbeiter, davon ...... Beamte des höheren Dienstes sowie ...... Angestellte der Vergütungsgruppen VIII bis II a BAT.
Der Umzug nach ...... soll sozialverträglich erfolgen. Die Versetzungen sollen nach Möglichkeit freiwillig erfolgen. Mitarbeiter, die aus besonderen persönlichen Umständen nicht umziehen können, sollen in anderen Dienststellen weiterbeschäftigt werden. Dafür würden am Standort ...... neue Mitarbeiter eingestellt. Mitarbeiter, die nach ...... umziehen, erhalten aus einem Fond der Landesregierung sowohl einmalige Zahlungen (Umzugsbeihilfen) als auch für einen Zeitraum von drei Jahren laufende Beihilfen. Die Einzelheiten sind in einer noch zu verhandelnden Dienstvereinbarung zu regeln[7].

Mit freundlichen Grüßen
......
Unterschrift der Dienststellenleitung

1. Anhörung zur Auflösung von Dienststellen   **D. II. 1**

[Auf Briefkopie]

Erhalten[8]:

......

Ort, Datum

......

Name des Personalratsvorsitzenden

Schrifttum: Battis, Die Entwicklung des Beamtenrechts im Jahre 2003, NJW 2004, 1085; *Battis,* Personalvertretung und Verfassung, NVwZ 1986, 884; *Bieler,* Strukturveränderung dienststelleninterner Belegschaftsvertretungen in den fünf neuen Bundesländern, LKV 1991, 186; *Binder,* Rundfunk Berlin-Brandenburg: Senderfusion als Vorbild der Länderfusion?, LKV 2003, 355; *Manssen,* Das Personalvertretungsgesetz Mecklenburg-Vorpommern – Verfassungsrechtliche Beurteilung und gesetzgeberischer Nachbesserungsbedarf, LKV 1997, 1; *Wagner,* Neuregelungen im Sächsischen Beamten- und Personalvertretungsrecht, LKV 2003, 105; zum Personalvertretungsrecht s. auch Form D. I. 1.

Anmerkungen

1. Adressat des Anhörungsschreibens. Vgl. Form. D. I. 1 Anm. 2.

2. Sachverhalt. Nach dem Formular soll eine Abteilung einer größeren Behörde aus Gründen der Regionalförderung an einen anderen Standort verlegt werden. Es geht um die Information des Personalrats und die Erörterung der Angelegenheit (Mitwirkung). Die konkrete Umsetzung der Maßnahme erfolgt später und löst dann gegebenenfalls weitere Mitbestimmungsrechte des Personalrats aus, etwa bei notwendigen Versetzungen.

3. Mitwirkungsrecht. Dem Personalrat steht bei einer Reihe von organisatorischen Maßnahmen ein Mitwirkungsrecht zu (§ 73 LPVG NRW). Das Mitwirkungsrecht unterscheidet sich vom Mitbestimmungsrecht vor allem dadurch, dass eine Zustimmung des Personalrats zu einer Maßnahme nicht erforderlich ist. Das Entscheidungsrecht verbleibt einseitig bei der Dienststelle.

Soll eine der in § 73 LPVG NRW genannten organisatorischen Maßnahmen durchgeführt werden, hat der Dienststellenleiter diese Maßnahme rechtzeitig und eingehend mit dem Personalrat zu erörtern. Dabei ist eine Verständigung anzustreben (§ 69 Abs. 1 LPVG NRW). Der Personalrat kann innerhalb von zwei Wochen nach der Erörterung Einwendungen gegen die Maßnahme erheben. Will die Dienststelle den Einwendungen nicht oder nicht vollständig entsprechen, muss sie das dem Personalrat schriftlich unter Angabe der Gründe mitteilen. Der Personalrat einer nachgeordneten Behörde kann in diesem Fall innerhalb von zwei Wochen eine Entscheidung der nächsthöheren Stelle beantragen, die ihrerseits die bei ihr gebildete Stufenvertretung beteiligt. Bis zu dieser Entscheidung ist die Maßnahme auszusetzen. Erhebt der Personalrat innerhalb von zwei Wochen keine Einwendungen, gilt die Maßnahme als gebilligt.

4. Mitwirkungspflichtige Organisationsmaßnahmen. Dem Personalrat steht bei Auflösung, Einschränkung, Verlegung oder Zusammenlegung von Dienststellen oder wesentlichen Teilen von Dienststellen ein Mitwirkungsrecht zu (§ 73 Nr. 7 LPVG NRW).

Auflösung ist die vollständige und endgültige Beendigung der Existenz einer Dienststelle, was eigentlich nur in Betracht kommt, wenn deren Aufgaben völlig entfallen oder vollständig von einer anderen Dienststelle übernommen werden (*Orth/Welkoborsky* § 73 LPVG NRW Rdn. 10). Die Auflösung muss vollständig sein, ansonsten liegt nur eine Einschränkung oder Zusammenlegung vor (GKÖD/*Fischer/Goeres* § 78 BPersVG Rdn. 14). **Einschränkung** bedeutet die Verminderung des Aufgabenbereichs oder Zuständigkeitsbereichs. Eine Verminderung des Personals ist für sich genommen noch keine Einschränkung, kann aber ein Indiz für eine Verminderung der Aufgaben sein (GKÖD/*Fischer/Goeres* § 78 BPersVG Rdn. 15). **Verlegung** ist eine nicht unerhebliche Ortsveränderung, wobei Ort nicht mit politischer Gemeinde gleichzusetzen ist (*Altvater/Hamer/Ohnesorg/Peiseler* § 78 BPersVG Rdn. 16) Ein Umzug innerhalb einer Großstadt kann eine Verlegung sein. Der Umzug in ein Nachbargebäude ist dagegen keine Verlegung (BAG Beschl. v. 17. 8. 1982 – 1 ABR 40/80 – AP Nr. 11 zu § 111 BetrVG; *Orth/Welkoborsky* § 73 LPVG NRW Rdn. 10; D/K/K/*Däubler* § 111 BetrVG Rdn. 64). Entscheidend ist, ob sich Auswirkungen für die Mitarbeiter wegen längerer Arbeitswege, höherer Fahrtkosten, etc. ergeben. **Zusammenlegung** ist die Bildung einer neuen Dienststelle aus mehreren bisher selbstständigen Dienststellen unter Aufhebung ihrer Eigenständigkeit (*Altvater/Hamer/Ohnesorg/Peiseler* § 78 BPersVG Rdn. 17). Zur Bestimmung des **wesentlichen Teils** einer Dienststelle kann nicht uneingeschränkt auf die Rechtsprechung zum wesentlichen Betriebsteil zurückgegriffen werden. Das BVerwG fasst den Begriff enger. Ein wesentlicher Teil einer Dienststelle muss prägende Bedeutung haben, das Wesen der Dienststelle ausmachen und eine herausgehobene sachliche Beziehung zu den Aufgaben der Dienststelle haben (BVerwG Beschl. v. 13. 3. 1964 – VII P 15.62 – BVerwGE 18, 147). Die Betroffenheit eines wesentlichen Teils der Beschäftigten ist für sich allein weder positiv noch negativ entscheidendes Kriterium (GKÖD/*Fischer/Goeres* § 78 BPersVG Rdn. 13; *Orth/Welkoborsky* § 73 LPVG NRW Rdn. 10; *Kirschall* § 73 LPVG NRW Rdn. 7; a. A. *Altvater/Hamel/Ohnesorg/Peiseler* § 78 BPersVG Rdn. 18).

Zu beachten ist, dass sich das Mitwirkungsrecht auf die **organisatorische Grundentscheidung** bezieht (*Orth/Welkoborsky* § 73 LPVG NRW Rdn. 9). Alle Entscheidungen und Maßnahmen, die dieser Entscheidung vorausgehen und insbesondere nachfolgen, unterliegen gegebenenfalls besonderen Mitwirkungs- oder Mitbestimmungsrechten, so z.B. bei der Aufstellung von Sozialplänen zur Abmilderung der wirtschaftlichen Folgen einer Verlegung der Dienststelle.

5. Inhalt des Mitwirkungsrechts. Das Mitwirkungsrecht bezieht sich auf organisatorische Entscheidungen der jeweiligen Verwaltungsträger. Ob und wie Dienststellen eröffnet, verlegt oder aufgelöst werden unterliegt keinen rechtlichen Regelungen, aus denen Beamte oder Angestellte für sich Rechte herleiten könnten. Organisationsentscheidungen sind von Zweckmäßigkeitsgesichtspunkten geprägt. Dementsprechend bezieht sich das Mitwirkungsrecht des Personalrats nicht, wie regelmäßig im Rahmen des § 72 Abs. 1 LPVG NRW, auf eine Rechtskontrolle, sondern ebenfalls auf Fragen der Zweckmäßigkeit einer Maßnahme. Der Personalrat soll dabei die sozialen Interessen der Beschäftigten, etwa an kurzen Arbeitswegen, vertreten. Er kann darauf hinwirken, dass Organisationsmaßnahmen nicht, anders oder in anderem Umfang oder zu einem späteren Zeitpunkt durchgeführt werden. Das Mitwirkungsrecht des § 73 Nr. 7 LPVG NRW kommt damit dem Instrument des **Interessenausgleichs** nach § 112 BetrVG nahe.

6. Umfang der Information des Personalrats. Auch bei den Mitwirkungsrechten des § 73 LPVG NRW gilt die umfassende Informationspflicht nach § 65 LPVG. Der Personalrat sollte deshalb über die Beweggründe, den Ablauf der Maßnahme und die erwarteten Folgen für die Beschäftigten informiert werden.

7. Dienstvereinbarung. Die Mitwirkung des Personalrats ersetzt nicht die daneben bestehenden Mitbestimmungsrechte des Personalrats bei personellen Maßnahmen. Regelmäßig wird der Personalrat bereits in diesem Stadium auf den Abschluss einer Dienstvereinbarung dringen, die etwa die Voraussetzungen von Versetzungen, Vorruhestandsregelungen und Umzugsbeihilfen regelt. Soweit es um Maßnahmen geht, die der zwingenden Mitbestimmung unterliegen, wie etwa die Aufstellung von Sozialplänen, sind Dienstvereinbarungen durch eine Entscheidung der Einigungsstelle erzwingbar.

8. Zugangsbestätigung. Das Mitwirkungsverfahren beginnt mit der Erörterung der Angelegenheit, nicht bereits mit der Information des Personalrats. Der Personalrat kann innerhalb von zwei Wochen nach der Erörterung Einwendungen erheben, ansonsten gilt die Maßnahme als gebilligt. Die Bestätigung dient dem Nachweis des Zugangs des das Verfahren einleitenden Schreibens.

2. Antrag auf Zustimmung zur Privatisierung

[Briefkopf der Dienststelle]

An den Personalrat
z. Hd. des Personalratsvorsitzenden[1]
Herrn ......
– im Hause –

Antrag auf Zustimmung zur Privatisierung von Postverteilung, Gebäudereinigung und Speisenversorgung[2]

Sehr geehrter Herr Vorsitzender,

Ich bitte Sie um Zustimmung[3] zur Übertragung der Aufgaben der Postverteilung, zur Neuvergabe des Gebäudereinigungsauftrags sowie zur Übertragung der Speisenversorgung (Kantine) auf privatwirtschaftliche Unternehmen[4].

Die täglich eingehende Post wird derzeit von einem nach Besoldungsgruppe A 6 bezahlten Beamten geöffnet und auf die Empfänger verteilt. Der Beamte tritt mit Ablauf des Jahres in den Ruhestand. Die Stelle soll nicht neu besetzt werden. Die zu beauftragende Fremdfirma wird die Verteilung der Post zweimal am Tag sicherstellen.

Die Aufgaben der Gebäudereinigung werden bereits seit dem ...... von der Firma ...... zur Erprobung erledigt. Der Vertrag läuft mit Ablauf des Jahres aus. Der Auftrag soll nunmehr endgültig vergeben werden.

Die Aufgabe der Speisenversorgung der Mitarbeiter (Kantine) soll mit Beginn des nächsten Jahres zunächst befristet auf drei Jahre zur Erprobung an eine Fremdfirma vergeben werden. Wir erhoffen uns dadurch eine Kostensenkung um circa 14%.

Die zu beauftragenden Firmen sollen möglichst viele Mitarbeiter übernehmen[5]. Mitarbeiter, die nicht übernommen werden können, werden zum benachbarten Amt für ...... versetzt oder können von der Möglichkeit zur Altersteilzeit Gebrauch machen. Bei den zu beauftragenden Firmen soll ein Betriebsrat gebildet sein[6].

Der Auftrag zur Postverteilung wird freihändig vergeben. Für die Vergabe der Gebäudereinigung und der Speisenversorgung soll ein Vergabeverfahren durchgeführt werden[7]. Die Vergabeunterlagen, die Vertragsentwürfe, eine Wirtschaftlichkeitsberechnung und eine Liste der betroffenen Mitarbeiter nebst deren Sozialdaten sind für Sie zur Kenntnisnahme beigefügt[8].

Für den Fall, dass Sie der geplanten Maßnahme nicht zustimmen[9] wollen, bitte ich um Nachricht unter Angaben der Gründe binnen zwei Wochen[10].

Mit freundlichen Grüßen
......
Unterschrift der Dienststellenleitung

[Auf Briefkopie]

Erhalten[11]:
......
Ort, Datum
......
Name des Personalratsvorsitzenden

Schrifttum: Besgen/Langner, Zum Übergangsmandat des Personalrats bei der privatisierenden Umwandlung, NZA 2003, 1239; *Blanke/Trümner,* Handbuch Privatisierung, 1998; *von Roetteken,* Anforderungen des Gemeinschaftsrechts an Rechtsprechung und Gesetzgebung – am Beispiel der Gleichbehandlungs-, der Arbeitsschutz- und der Betriebsübergangsrichtlinie, NZA 2001, 414; *Schipp/Schipp,* Arbeitsrechtliche Probleme bei der Privatisierung öffentlicher Einrichtungen, NZA 1994, 865; zum Personalvertretungsrecht siehe auch Form. D. I. 1.

Anmerkungen

1. **Adressat des Zustimmungsantrages.** Vgl. Form. D. I. 1 Anm. 2.

2. **Sachverhalt.** Das Formular beschreibt die Übertragung von Hilfs- und Nebenfunktionen bei einer größeren Behörde auf privatwirtschaftliche Unternehmen. Die Privatisierung öffentlicher Aufgaben ist in den verschiedenen Aufgabensektoren sehr unterschiedlich ausgeprägt (*Blanke/Trümner* Rdn. 31). Die Darstellung der Mitbestimmungs- und Mitwirkungsrechte des Personalrats bei einer vollständigen Aufgabenprivatisierung, etwa der Energie- oder der Wasserversorgung, würde den hier zur Verfügung stehenden Raum sprengen. Das Formular beschränkt sich daher auf die Privatisierung von Annexaufgaben.

3. **Eingeschränkte Mitbestimmung.** Dem Personalrat steht bei Privatisierungen ein Mitbestimmungsrecht zu (§ 72 Abs. 3 Nr. 7 LPVG NRW). Das Mitbestimmungsrecht ist allerdings eingeschränkt. Nach § 66 Abs. 7 LPVG NRW beschließt die Einigungsstelle in den Fällen des § 72 Abs. 3 LPVG NRW lediglich eine Empfehlung an die endgültig entscheidende Stelle. Der Spruch der Einigungsstelle ersetzt also nicht die Einigung zwischen Dienststellenleitung und Personalrat und ist deswegen keine abschließende Entscheidung.

4. **Privatisierung.** Unter Privatisierung versteht das Gesetz die **Übertragung** von Arbeiten der Dienststelle, die üblicherweise von ihren Beschäftigten vorgenommen werden, **auf Dauer** an **Privatpersonen** oder wirtschaftliche Unternehmen. Arbeiten der Dienststelle sind alle Tätigkeiten, die im weitesten Sinne zum Aufgabenbereich der Dienststelle gehören. Es kommt nicht darauf an, ob es sich um Haupt- oder Nebenaufgaben, um hoheitliche oder nichthoheitliche Tätigkeiten handelt. Es kommt auch nicht auf den Umfang oder die Qualität der übertragenen Aufgaben an. Auch die Übertragung der untergeordneten Aufgaben nur eines Beschäftigten auf Dritte ist eine Privatisierung (BVerwG Beschl. v. 15. 10. 2003 – 6 P 8/03 – NZA-RR 2004, 276). Die zu übertragenden Aufgaben sind dann üblicherweise von eigenen Beschäftigten ausgeführt, wenn sie regelmäßig ausgeführt werden. Ob das der Üblichkeit bei vergleichbaren oder anderen Dienststellen entspricht, ist nicht relevant. Üblichkeit liegt auch dann noch vor, wenn die Arbeiten bereits von Privaten erledigt werden, das aber vor kurzem noch anders war (*Orth/Welkoborsky* § 72 LPVG NRW Rdn. 126). Auch die **Neuvergabe eines Auftrags** ist mitbestimmungspflichtig, wenn, wie hier bei der Gebäudereinigung, die vorherige Vergabe nur zur Erprobung erfolgte. Auf Dauer erfolgt die Übertragung nicht nur bei unbegrenzter, sondern auch bei befristeter Auftragsvergabe. Daher ist auch die **Auftragsvergabe zur Erprobung,** wie hier bei der Speisenversorgung, mitbestimmungspflichtig. Auch die wiederholte Auftragsvergabe von kurzer Dauer (Laubbeseitigung in jedem Herbst) stellt wegen der Gefährdung von Arbeitsplätzen im öffentlichen Dienst eine Privatisierung dar (*Orth/Welkoborsky* § 72 LPVG NRW Rdn. 126). An einer Übertragung auf Dauer fehlt es nur dann, wenn lediglich ein einmaliger Engpass überwunden werden soll. Mitbestimmungspflichtig ist nur die Übertragung von Arbeiten auf natürliche oder juristische Personen des Privatrechts. Die Übertragung auf einen anderen Verwaltungsträger, etwa bei **Zuständigkeitsänderungen,** ist mitbestimmungsfrei.

5. **Privatisierung und Betriebsübergang.** Bei der Übertragung von Arbeiten auf privatwirtschaftlich tätige Unternehmen stellt sich stets die Frage, ob die bislang in dem zu privatisierenden Bereich tätigen Beschäftigten von dem Auftragnehmer übernommen werden und ob die Privatisierung einen Betriebsübergang nach § 613a BGB auslöst. In personalintensiven Bereichen wie etwa der Gebäudereinigung eines Krankenhauses wird eine Übernahme des Personals regelmäßig einen Betriebsübergang auslösen (EuGH Urt. v. 11. 3. 1997 – Rs. C 13/95

2. Antrag auf Zustimmung zur Privatisierung D. II. 2

– AP Nr. 14 zu EWG-RL Nr. 77/187 Ayse Süzen). Aber auch ohne die Übernahme nur eines Beschäftigten kann es zu einem Betriebsübergang kommen (EuGH Urt. v. 20. 11. 2003 – Rs. C 340/01 – NZA 2003, 1385 Sodexho). Hinsichtlich der Einzelheiten wird auf die Kommentierungen zu § 613a BGB und die einschlägige Spezialliteratur verwiesen. Im Bereich der Privatisierung im öffentlichen Dienst ergeben sich zwei Besonderheiten. Wegen des relativ hohen gewerkschaftlichen Organisationsgrads und der beinahe ausnahmslosen **Gleichstellung** der nicht organisierten Beschäftigten mit Gewerkschaftsmitgliedern über sog. Gleichstellungsklauseln, kommt es häufig zu einer Fortgeltung des BAT/BMT-G beim Betriebsübernehmer. Ein besonderes Augenmerk ist auf die **Zusatzversorgung** im öffentlichen Dienst zu legen. Durch die Privatisierung kann die Möglichkeit verloren gehen, die Zusatzversorgung über die VBL und kommunale Zusatzversorgungskassen abzuwickeln. Die künftigen Versorgungsansprüche müssen dann beispielsweise über eine Versicherung abgesichert werden. Auch kann die Übertragung eines wesentlichen Teils der Beschäftigten auf einen Arbeitgeber, der seinerseits nicht Beteiligter bei der Versorgungseinrichtung ist, für die Versorgungseinrichtung ein Kündigungsrecht auslösen. Die Beendigung der Beteiligung bei der Versorgungseinrichtung löst die Pflicht zur Zahlung eines regelmäßig nicht unerheblichen Ausgleichsbetrags aus.

6. Mitbestimmungsrechtliche Folgen der Privatisierung. Die Übertragung von Arbeiten der Dienststelle auf privatwirtschaftliche Unternehmen hat Auswirkungen auf die künftige Reichweite der Mitbestimmung. Der Personalrat wird deshalb Wert darauf legen, die kollektivrechtliche Vertretung der Beschäftigten zu bewahren. Die Auswirkungen der Privatisierung sind im Einzelnen umstritten. Fest steht lediglich, dass nach einer vollständigen Privatisierung einer Dienststelle, etwa der Umwandlung der Stadtwerke in eine GmbH, mit der Eintragung in das Handelsregister das Amt des Personalrats ersatzlos erlischt (*F/E/S/T/L* § 130 Rdn. 10; *Blanke/Trümner* Rdn. 703). Soweit sich die Umstrukturierung ausschließlich innerhalb der Landesverwaltung abspielt, etwa Arbeiten auf eine neu gebildete Dienststelle übertragen werden, sieht § 44 LPVG NRW die Bildung von **Personalkommissionen** vor. Die Mitglieder der Personalkommission werden von den beteiligten Personalräten bestellt. Die Personalkommissionen leiten an der neuen Dienststelle Personalratswahlen ein und nehmen bis dahin die Rechte des noch nicht gewählten Personalrats wahr. Die Regelung unterscheidet sich damit deutlich von der Regelung des § 21a Abs. 2 BetrVG, der vorsieht, dass bei einer Zusammenfassung von Betrieben der Betriebsrat des größeren Betriebes alleine das Übergangsmandat wahrnimmt.

Häufig sind jedoch, wie auch in den im Formular aufgeführten Beispielen, nur Teilfunktionen einer Dienststelle betroffen. Dies entspräche im Geltungsbereich des BetrVG eher dem Betriebsteilübergang oder der Abspaltung eines Teilbetriebs. Für diese Fälle bestand nach der Rechtsprechung des BAG ein **Übergangsmandat des Betriebsrats** für den abgespaltenen Betrieb (BAG Beschl. v. 31. 5. 2000 – 7 ABR 78/98 – AP Nr. 12 zu § 1 BetrVG 1972). Diese Rechtsprechung hat der Gesetzgeber mit der Einführung des § 21a BetrVG aufgenommen. Umstritten ist, ob daraus abgeleitet werden kann, es müsse in Fällen der Privatisierung von Teilen einer Dienststelle ein **Übergangsmandat** auch **des Personalrats** geben. Die §§ 1 LPVG NRW, 130 BetrVG trennen die Geltungsbereiche von Betriebsverfassungsrecht und Personalvertretungsrecht eindeutig und überschneidungsfrei. Deshalb kommt eine Anwendung des LPVG nach der Überführung der Arbeiten auf ein Unternehmen in privater Rechtsform nicht mehr in Frage. In Betracht kommt, wenn überhaupt, nur eine analoge Anwendung des § 21a BetrVG. Zur Begründung eines Übergangsmandats des Personalrats wird argumentiert, § 21a BetrVG enthalte einen allgemeinen Rechtsgedanken und sei eine Zusammenfassung der zuvor in zahlreichen speziellen Regelungen zur Privatisierung von Bahn und Post enthaltenen Grundsätze zu Übergangsmandaten (D/K/K/*Buschmann* § 21a BetrVG Rdn. 13). Darüber hinaus wird eine zumindest entsprechende Anwendung der europäischen Betriebsübergangsrichtlinien 77/187 EWG, 98/50 EG und 2001/23 EG gefordert (*von Roetteken* NZA 2001, 414, 422). Voraussetzung einer Analogie ist eine unbewusste Regelungslücke. Der Gesetzgeber müsste also übersehen haben, dass sich bei Betriebsspaltungen und Privatisierungen aus dem öffentlichen Dienst heraus eine Lücke in der Wahrnehmung der kollektiven Rechte der Mitarbeiter ergibt. Dies lässt sich aber spätestens nach der Reform des BetrVG im Jahre 2001 nicht mehr aufrechterhalten (*Besgen/Langner* NZA 2003, 1239). Spätestens bei dieser Gesetzesreform wäre Gelegenheit gewesen, eine Regelung zu Übergangsmandaten von Personalräten in das BetrVG einzuführen. Ein Übergangsmandat des Personalrats nach einer Privatisierung eines Teils einer Dienststelle ist daher abzulehnen.

7. Auftragsvergabe. Soweit die zu vergebenden Aufträge die Schwellenwerte der §§ 100 GWB, 2 Vergabeverordnung überschreiten, ist ein förmliches Vergabeverfahren durchzuführen. Unterhalb der Schwellenwerte können die Aufträge grundsätzlich frei vergeben werden, soweit nicht landesrechtliche Regelungen entgegenstehen, wie etwa § 31 GemHVO NRW.

8. Zeitpunkt und Inhalt der Information des Personalrats. Der Personalrat ist rechtzeitig und umfassend zu unterrichten (§ 65 Abs. 1 LPVG NRW). Die Unterrichtung muss daher deutlich vor der Umsetzung der Privatisierung erfolgen, um dem Personalrat noch eine Einflussmöglichkeit zu bewahren. Ist vor der Fremdvergabe der Aufträge ein Vergabeverfahren durchzuführen, muss die Information des Personalrats vor Beginn des Vergabeverfahrens erfolgen, weil mit dem Beginn des Vergabeverfahrens die Entscheidung zur Privatisierung bereits gefallen ist. Die an den Personalrat gegebenen Informationen müssen Angaben über die Art und den Umfang der privatisierten Arbeiten, die betroffenen Mitarbeiter und gegebenenfalls die geplanten personellen Maßnahmen enthalten.

9. Entscheidung des Personalrats. Die Entscheidung des Personalrats betrifft nur die Privatisierung als solche. Die Umsetzung der Maßnahme, also die Übertragung der Aufgabe auf Private und die damit einhergehenden personellen Maßnahmen lösen selbstständige Beteiligungsrechte des Personalrats aus. Zu denken ist auch an die Aufstellung von Sozialplänen. Die Fremdvergabe von Aufgaben lässt sich als Rationalisierungsmaßnahme ansehen.

Regelmäßig wird der Personalrat seine Zustimmung nur erteilen, wenn zuvor bestimmte Rahmenbedingungen der Privatisierung durch eine Dienstvereinbarung geregelt werden. In einer solchen Dienstvereinbarungen können beispielsweise die Organstruktur einer neu zu gründenden Gesellschaft (Arbeitnehmervertreter im Aufsichtsrat), der notwendige Inhalt von Personalüberleitungsverträgen oder Rückkehrklauseln für die betroffenen Mitarbeiter im Falle der Insolvenz des privaten Unternehmens geregelt werden.

10. Zustimmung des Personalrats. Vgl. Form. D. I. 1 Anm. 11.

11. Zugangsbestätigung. Vgl. Form. D. I. 1 Anm. 12.

E. Tarifvertragsrecht

I. Besondere Tarifverträge

1. Anerkennungstarifvertrag[1]

Tarifvertrag

zwischen

...... (Name und Anschrift der Gesellschaft) „Gesellschaft[2]"

und

...... (Name und Anschrift der Gewerkschaft) „Gewerkschaft[3]"

Präambel[4]

Über das Vermögen der Gesellschaft wurde durch Beschluss des Amtsgerichts ...... am ...... ein Insolvenzverfahren eröffnet. Eine Sanierung der Gesellschaft im Rahmen des eröffneten Insolvenzverfahrens ist unmöglich. Vor diesem Hintergrund hat die Gesellschaft den zwischen den Parteien abgeschlossenen Haustarifvertrag vom ...... zum ...... ordentlich gekündigt. Unter Berücksichtigung der wirtschaftlichen Situation der Gesellschaft sowie im Interesse der Erhaltung einer möglichst großen Anzahl von Arbeitsplätzen schließen die Parteien diesen Haustarifvertrag[5].

§ 1 Geltungsbereich

Dieser Tarifvertrag gilt für die Arbeiter und Angestellten der Gesellschaft im Gebiet der Bundesrepublik Deutschland[6].

§ 2 Geltung von Tarifverträgen[7]

Auf die Arbeitsverhältnisse der Arbeiter und Angestellten der Gesellschaft finden die am ...... gültigen Tarifverträge der Metall- und Elektroindustrie in ...... (deklaratorisch aufgeführt in Anlage A)[8] Anwendung, soweit nachfolgend für einzelne Tarifverträge nichts Abweichendes bestimmt ist[9].

§ 3 Manteltarifvertrag Arbeiter[10]

(1) Auf die Arbeitsverhältnisse der Arbeiter findet der Manteltarifvertrag für die Arbeiter der Metall- und Elektroindustrie in ...... vom ...... in der Fassung vom ......[11] (MTV ME Arbeiter) mit den in nachfolgendem Absatz (2) geregelten Maßgaben Anwendung[12]:

(2) Die individuelle regelmäßige wöchentliche Arbeitszeit beträgt 35 Stunden. Abweichend von der Regelung in Ziffer ...... MTV ME Arbeiter darf die regelmäßige wöchentliche Arbeitszeit auf bis zu 40 Stunden pro Woche verlängert werden. Die verlängerte Arbeitszeit ist entsprechend den tariflichen Stundenlöhnen zu vergüten. Mehrarbeitszuschläge sind nicht zu zahlen.

§ 4 Lohntarifvertrag Arbeiter

(1) Die Löhne und Gehälter bleiben auf dem Stand vom bis zum ...... unverändert.

(2) Ab dem ...... findet der Lohntarifvertrag für die Arbeiter der Metall- und Elektroindustrie in ...... vom ...... in seiner dann gültigen Fassung Anwendung[13].

§ 5 Manteltarifvertrag Angestellte

(1) Auf die Arbeitsverhältnisse der Angestellten findet der Manteltarifvertrag für die Angestellten der Metall- und Elektroindustrie in …… vom …… in der Fassung vom …… (MTV ME Angestellte) mit den in nachfolgendem Absatz (2) geregelten Maßgaben Anwendung.

(2) Die individuelle regelmäßige wöchentliche Arbeitszeit beträgt 35 Stunden. Abweichend von der Regelung in Ziffer …… MTV ME Angestellte darf die regelmäßige wöchentliche Arbeitszeit auf bis zu 40 Stunden pro Woche verlängert werden. Die verlängerte Arbeitszeit ist entsprechend den tariflichen Stundenlöhnen zu vergüten. Mehrarbeitszuschläge sind nicht zu zahlen[14].

§ 6 Gehaltstarifvertrag Angestellte

(1) Die Löhne und Gehälter bleiben auf dem Stand vom …… bis zum …… unverändert.

(2) Ab dem …… findet der Gehaltstarifvertrag für die Angestellten der Metall- und Elektroindustrie in …… vom …… in seiner dann gültigen Fassung Anwendung[15].

§ 7 Kündigung

(1) Die Parteien dieses Haustarifvertrages sind berechtigt, mit Wirkung für diesen Haustarifvertrag die Tarifverträge gemäß Anlage A oder Teile von ihnen nach Maßgabe der für den jeweiligen Tarifvertrag geltenden Kündigungsvorschriften zu kündigen.

(2) Werden die in der Anlage A aufgeführten Tarifverträge oder Teile von ihnen von den Tarifvertragsparteien gekündigt, so gelten sie auch zwischen den Parteien dieses Haustarifvertrages als gekündigt[16].

§ 8 Laufzeit

Dieser Haustarifvertrag kann mit einer Frist von drei Monaten zum Ende eines Kalendervierteljahres schriftlich gekündigt werden[17].

§ 9 Salvatorische Klausel

Mündliche Nebenabreden bestehen nicht. Sollte eine Bestimmung dieses Haustarifvertrages ganz oder teilweise unwirksam sein oder werden, so wird die Gültigkeit der übrigen Bestimmungen hiervon nicht berührt. Die Parteien verpflichten sich, an die Stelle der unwirksamen Bestimmung eine dieser möglichst nahe kommende wirksame Bestimmung zu setzen. Dasselbe gilt für den Fall einer tarifvertraglichen Lücke.

……
Ort, Datum

……
Ort, Datum

……
Unterschrift der Gesellschaft

……
Unterschrift der Gewerkschaft[18]

Anhang:

Tarifverträge gemäß § 2 Haustarifvertrag (Anlage A)

Lohn- und Gehaltstabellen auf dem Stand gemäß §§ 4 und 6 des Haustarifvertrages (Anlagen 1–4)

Schrifttum: Hanau, Die Rechtsprechung des BAG zur arbeitsvertraglichen Bezugnahme auf Tarifverträge, NZA 2005, 489; *Kempen,* Aktuelles zur Tarifpluralität und Tarifkonkurrenz, NZA 2003, 415; *Melms,* Tarifwechsel und ver.di, NZA 2002, 296; *Schaub,* Aktuelle Fragen des Tarifvertragsrechts, BB 1995, 2003; *ders.,* Probleme der Tarif- und Betriebsautonomie in der Rechtsprechung des Bundesarbeitsgerichts, BB 1996, 2298; *Wiedemann,* Tarifvertragsgesetz, 6. Aufl., 1999; *Zachert,* Dezentralisierung des Tarifvertrags: Der einzelne Arbeitgeber als Tarifpartei, FS für Hellmut Wissmann zum 65. Geburtstag, 202.

1. Anerkennungsvertrag E. I. 1

Anmerkungen

1. Begriff. Der Begriff „Anerkennungstarifvertrag" ist ein juristischer Fachbegriff, der i. d. R. von den Tarifvertragsparteien nicht genutzt wird. Geläufiger ist die Bezeichnung eines solchen Tarifvertrages als „Haustarifvertrag" oder „Firmentarifvertrag". Die letztgenannten Bezeichnungen beschreiben Tarifverträge, die nicht von einem Arbeitgeberverband, sondern von einem einzelnen Arbeitgeber vereinbart werden und sind nicht gleichbedeutend mit dem Begriff Anerkennungstarifvertrag, der einen bestimmten Inhalt eines Tarifvertrages voraussetzt. Anerkennungstarifverträge werden praktisch ausschließlich von einzelnen Arbeitgebern mit einer oder mehreren Gewerkschaften abgeschlossen. Inhalt eines Anerkennungstarifvertrages ist im Ausgangspunkt die Vereinbarung der Anwendung von Flächentarifverträgen, die zwischen Arbeitgeberverbänden und Gewerkschaften ausgehandelt wurden. In Betracht kommt die unveränderte Anerkennung dieser Flächentarifverträge durch einen Arbeitgeber, der nicht Mitglied des Arbeitgeberverbands ist. Möglich ist aber auch eine grundsätzliche Anerkennung der Flächentarifverträge verbunden mit abweichenden Regelungen in speziellen Bereichen. Diesen Weg wählen sowohl Arbeitgeber, die nicht Mitglied des tarifschließenden Arbeitgeberverbands sind, als auch im Arbeitgeberverband organisierte Arbeitgeber (s. Anm. 2 und 5).

Sofern der Abschluss des Haustarifvertrages dazu führt, dass erstmalig ein Tarifvertrag auf das Arbeitsverhältnis Anwendung findet, ist der Arbeitgeber gemäß § 3 Satz 1 NachwG verpflichtet, dem Arbeitnehmer den neu abgeschlossenen Haustarifvertrag schriftlich mitzuteilen. Der erstmalige Abschluss des Haustarifvertrages ist keine Änderung eines Tarifvertrages i. S. d. § 3 S. 2 NachwG, denn geändert werden kann nur der Inhalt eines bereits vorhandenen Tarifwerks (BAG Urt. v. 5. 11. 2003 – 5 AZR 469/02 – AP Nr. 1 zu § 3 NachwG).

Bei dem hier skizzierten Vertrag handelt es sich inhaltlich um einen Anerkennungstarifvertrag, der zur Sanierung eines Unternehmens abgeschlossen wird. Insoweit käme auch die Bezeichnung als „Sanierungstarifvertrag" in Betracht.

2. Tariffähigkeit des Arbeitgebers. Die Tariffähigkeit des Arbeitgebers folgt aus § 2 Abs. 1 Alt. 2 TVG. Der Arbeitgeber kann insbesondere auch dann einen Haustarifvertrag wirksam abschließen, wenn er Mitglied in einem Arbeitgeberverband ist (BAG Urt. v. 20. 4. 1999 – 1 AZR 631/98 – AP Nr. 12 zu § 77 BetrVG 1972 Tarifvorbehalt). Denn § 2 Abs. 1 TVG nennt ausdrücklich auch „einzelne Arbeitgeber" als tariffähige Parteien. Enthält die Satzung des Arbeitgeberverbands für seine Mitglieder ein Verbot, Haustarifverträge abzuschließen, so ändert auch dies nichts an der Wirksamkeit des dennoch abgeschlossenen Vertrages (BAG Urt. v. 10. 12. 2002 – 1 AZR 96/02 – NZA 2003, 735).

Probleme können sich bei Sachverhalten mit **Auslandsbezug** ergeben. Hat z. B. ein ausländisches Mutterunternehmen für seine Niederlassungen in Deutschland mit einer deutschen Gewerkschaft einen Tarifvertrag abgeschlossen, so ist dieser nur dann gültig, wenn das Mutterunternehmen nach deutschem Recht tariffähig ist (*Wiedemann* § 1 TVG Rdn. 65).

3. Tariffähigkeit und Tarifzuständigkeit der Gewerkschaft. Eine Gewerkschaft ist dann **tariffähig**, wenn sie folgende Merkmale aufweist: Koalitionseigenschaft, demokratische Organisation, Mächtigkeit, Leistungsfähigkeit, Tarifwilligkeit sowie Anerkennung des staatlichen Tarif-, Schlichtungs- und Arbeitskampfrechts (MünchHdbArbR/*Löwisch/Rieble* § 255 Rdn. 1 ff.).

Praktisch relevant kann dabei insbesondere das Kriterium der **Mächtigkeit** sein. Es mag für ein Unternehmen verführerisch sein, mit einer schwachen Koalition (Beispiel aus der Rechtsprechung: Christliche Gewerkschaften) zu verhandeln, da diese aus ihrer Schwäche heraus kompromissbereiter sein dürften. Fehlt dieser aber die Tariffähigkeit, so kann sie auch keine wirksamen Tarifverträge abschließen. Möglicher Antragsteller in einem entsprechenden Feststellungsverfahren nach §§ 97, 2a Abs. 1 Nr. 4 ArbGG wäre eine konkurrierende Gewerkschaft (BAG Beschl. v. 16. 1. 1990 – 1 ABR 93/88 – AP Nr. 38 zu § 2 TVG).

Die Annahme von Mächtigkeit setzt voraus, dass die Gewerkschaft eine durchsetzungskräftige Verhandlungsposition hat und nicht nur „Lückenbüßer" ist, wenn mit der bisherigen

Tarifvertragspartei keine Einigung erzielt werden kann. Auch müssen Möglichkeiten für die Durchsetzung der tariflichen Regelungen bestehen. Hier sind u. a. Mitgliederzahlen, Anzahl der Funktionäre und die finanzielle Leistungsfähigkeit entscheidend (zu christlichen Gewerkschaften vgl. Form. A. IX. 2 Anm. 6).

Die **Tarifzuständigkeit** einer Gewerkschaft richtet sich nach ihrem Organisationsbereich, wie er in der Satzung festgelegt ist. Dieser kann branchen- oder betriebsbezogen gestaltet sein.

Eine **branchenbezogene** Definition bedeutet, dass die Gewerkschaft für alle Betriebe eines bestimmten Fachbereichs (z. B. Chemie) zuständig ist, auch wenn im Einzelnen branchenfremde Betriebszwecke (z. B. Metallverarbeitung) verfolgt werden. Im Ergebnis vertritt die Gewerkschaft dann Betriebe aus der chemischen und aus der metallverarbeitenden Branche, die alle einem Chemie-Unternehmen angehören.

Eine **betriebsbezogene** Definition bedeutet, dass die Gewerkschaft für alle Betriebe zuständig ist, die einen inhaltlich bestimmten Betriebszweck verfolgen (z. B. Metallverarbeitung), auch wenn diese Betriebe einem branchenfremden Unternehmen (z. B. Chemie) angehören (BAG Beschl. v. 25. 9. 1996 – 1 ABR 4/96 – AP Nr. 10 zu § 2 Tarifzuständigkeit). Die Gewerkschaft vertritt dann im Ergebnis nur metallverarbeitende Betriebe.

Eine solche Definition kann dazu führen, dass eine Gewerkschaft einen Haustarifvertrag nur bezogen auf einzelne Betriebe eines Unternehmens abschließen kann. Trotzdem hat das BAG entschieden, dass auch für den Abschluss von Firmentarifverträgen von den für Verbandstarifverträgen geltenden Grundsätzen zur Ermittlung der Tarifzuständigkeit nicht abgewichen werden könne (BAG Beschl. v. 25. 9. 1996 – 1 ABR 4/96 – AP Nr. 10 zu § 2 Tarifzuständigkeit). Seine frühere Auffassung, wonach sich auch die betriebsbezogen definierte Tarifzuständigkeit bei Firmentarifverträgen nach dem Schwerpunkt des Unternehmensgegenstands richtete, um einen Tarifvertrag für das ganze Unternehmen zu ermöglichen, hat das Gericht ausdrücklich aufgegeben (BAG Beschl. v. 25. 9. 1996 – 1 ABR 4/96 – AP Nr. 10 zu § 2 Tarifzuständigkeit). Soweit also unter Berücksichtigung dieser Grundsätze kein allein tarifzuständiger Vertragspartner zu finden ist, ist anzuraten, mit allen zuständigen Gewerkschaften parallel zu verhandeln, um durch gleichartige Regelungen ein überschaubares Vertragswerk zu schaffen.

Auch über die Tarifzuständigkeit kann im arbeitsgerichtlichen Beschlussverfahren gemäß §§ 97, 2a Abs. 1 Nr. 4 ArbGG entschieden werden und auch hier kommen als Antragsteller konkurrierende Gewerkschaften in Betracht (BAG Beschl. v. 25. 9. 1996 – 1 ABR 4/96 – AP Nr. 10 zu § 2 Tarifzuständigkeit).

4. Präambel. Zu den Funktionen einer Präambel s. Form. E. II. 1 Anm. 2 bis 5. Im vorgeschlagenen Formular dient die Präambel vor allem dazu, den betroffenen Arbeitnehmern die Dringlichkeit der Situation zu verdeutlichen. Dies macht es insbesondere für die betroffene Gewerkschaft leichter, einen Anerkennungstarifvertrag abzuschließen, mit dem die Bedingungen des Flächentarifvertrages zum Nachteil der Arbeitnehmer abgeändert werden.

5. Zulässigkeit. Dem Abschluss eines Haustarifvertrages steht die normative Geltung anderer Tarifverträge aufgrund der Mitgliedschaft in den entsprechenden Verbänden, §§ 3 Abs. 1 i. V. m. 4 Abs. 1 S. 1 TVG, oder Allgemeinverbindlichkeit, § 5 TVG, nicht entgegen (LAG Frankfurt Urt. v. 30. 1. 2004 – 17/7 Sa 1186/03 – zit. n. juris). Wenn auf ein Arbeitsverhältnis mehrere Tarifverträge Anwendung finden, handelt es sich um **Tarifpluralität** (bei Geltung eines weiteren Tarifvertrages durch Allgemeinverbindlicherklärung) oder der **Tarifkonkurrenz** (bei Geltung eines weiteren Verbandstarifvertrages aufgrund entsprechender Verbandsmitgliedschaften von Arbeitgeber und Arbeitnehmern). Tarifpluralität und Tarifkonkurrenz werden nach dem Grundsatz der **Tarifspezialität** dahingehend aufgelöst, dass der Tarifvertrag anzuwenden ist, der dem Betrieb räumlich, betrieblich, fachlich und persönlich am nächsten steht und deshalb den Erfordernissen und Eigenarten des Betriebs und der darin tätigen Arbeitnehmer am besten Rechnung trägt (BAG Urt. v. 20. 3. 1991 – 4 AZR 455/90 – AP Nr. 20 zu § 4 TVG Tarifkonkurrenz; MünchHdbArbR/*Löwisch/Rieble* § 276 Rdn. 32; kritisch *Kempen* NZA 2003, 415, 417). Dies ist immer der **Haustarifvertrag**, da dieser einen stärkeren Bezug zu den individuellen und betrieblichen Rechtsverhältnissen hat (BAG Urt. v. 20. 3. 1991 – 4 AZR 455/90 – AP Nr. 20 zu § 4 TVG Tarifkonkurrenz).

1. Anerkennungsvertrag   **E. I. 1**

Diese Grundsätze gelten auch dann, wenn die Geltung eines weiteren Tarifvertrages individualvertraglich vor Abschluss des Haustarifvertrages vereinbart worden war (BAG Urt. v. 20. 3. 1991 – 4 AZR 455/90 – AP Nr. 20 zu § 4 TVG Tarifkonkurrenz).

Im Ergebnis ist die Frage einer möglichen Tarifkonkurrenz beim Abschluss eines Haustarifvertrages also nicht zu beachten. Allerdings wird ein Unternehmen, wenn es Haustarifverträge zu seiner Praxis macht, regelmäßig überprüfen, ob der Verbleib in einem Arbeitgeberverband sinnvoll ist. Dabei wäre als Argument für einen Verbandsaustritt neben dem Kostenfaktor auch zu bedenken, dass hierdurch – jedenfalls in manchen Bereichen – das Problem der Tarifkonkurrenz von vornherein vermieden werden könnte. Außerdem wird eine Gewerkschaft mit einem Arbeitgeber, der Mitglied eines Arbeitgeberverbands ist und auf den Verbandstarifverträge Anwendung finden, nur ausnahmsweise Haustarifverträge vereinbaren, sei es, weil dies in den Verbandstarifverträgen ausdrücklich verboten ist, sei es, weil die Gewerkschaft damit den Verbandstarifvertrag in Gefahr brächte. Werden einem Mitglied des Arbeitgeberverbands durch eine Gewerkschaft günstigere Konditionen als im Verbandstarifvertrag ermöglicht, werden die übrigen organisierten Arbeitgeber entweder selbst Haustarifverträge auf einem vergleichbaren Standard abschließen wollen oder auf eine entsprechende Änderung des Verbandstarifvertrages drängen. Ein entsprechender Anspruch des Arbeitgeberverbandes gegen die Gewerkschaft auf Anpassung des Verbandstarifvertrages an günstigere Haustarifverträge kann im schuldrechtlichen Teil eines Tarifvertrages vorgesehen werden.

6. Geltungsbereich. Diese Klausel enthält Regelungen zum persönlichen und räumlichen Geltungsbereich des Anerkennungstarifvertrages. Bei dem **persönlichen Geltungsbereich** kommt grundsätzlich eine Trennung nach Angestellten, Arbeitern und Auszubildenden in Betracht. In Frage käme daneben noch eine Regelung zum **sachlichen Anwendungsbereich**, wenn das Unternehmen in verschiedenen Branchen tätig ist. Soweit eine solche Klausel in einem Tarifvertrag fehlt, wäre durch dessen Auslegung zu ermitteln, auf welche Mitarbeiter welcher Branchen oder Standorte sich der Tarifvertrag bezieht.

Im Ausland tätige Angestellte inländischer Einrichtungen können wirksam jedenfalls dann in den Geltungsbereich eines Tarifvertrages einbezogen werden, wenn sich ihre Arbeitsverträge nach deutschem Recht richten (BAG Urt. v. 9. 7. 1980 – 4 AZR 564/78 – AP Nr. 7 zu § 1 TVG).

7. Bezugnahme auf Tarifverträge. Eine Bezugnahme auf Tarifverträge ist möglich, ohne dass hierin ein Verstoß gegen das Schriftformerfordernis aus § 1 Abs. 2 TVG gesehen werden kann, weil dieses nur Bedeutung für die Klarstellung des Inhalts der Tarifverträge hat (BAG Urt. v. 9. 7. 1980 – 4 AZR 564/78 – AP Nr. 7 zu § 1 TVG Form). Allein die genaue Bezeichnung ist ausreichend („**Blankettverweisung**"); das Wiederholen des Vertragstextes oder das Beifügen des in Bezug genommenen Tarifvertrages als Anlage ist nicht erforderlich.

Wirksam sind auch „**Kettenverweisungen**", die dann entstehen, wenn auch die inkorporierten Tarifverträge ihrerseits Verweisungen auf weitere Tarifverträge enthalten (BAG Urt. v. 18. 6. 1997 – 4 AZR 710/95 – NZA 1997, 1234). In einem solchen Fall sollte jedoch wegen der besseren Überschaubarkeit erwogen werden, ob die tatsächliche Aufnahme der schon bestehenden Tarifvertragsklauseln für die Beteiligten nicht zweckmäßiger ist.

8. Deklaratorische Bezugnahme auf Tarifverträge. Der Begriff „deklaratorisch" dient hier nur der Verdeutlichung der sich aus § 2 des Anerkennungstarifvertrages ergebenden Vereinbarung, dass die in Bezug genommenen Tarifverträge nicht vollständig, sondern nur unter Berücksichtigung der sich aus dem Anerkennungstarifvertrag ergebenden Abweichungen gelten sollen.

9. Zulässigkeit abweichender Bestimmungen. Nach mittlerweile gefestigter Rechtsprechung ist es ohne weiteres möglich, bereits bestehende tarifliche Vertragswerke zu übernehmen und von ihnen nur einzelne Abweichungen zu vereinbaren. Dies folgt aus der Rechtsetzungsbefugnis der Tarifvertragsparteien (BAG Urt. v. 9. 7. 1980 – 4 AZR 564/78 – AP Nr. 7 zu § 1 TVG Form). Voraussetzung ist lediglich ein **enger Sachzusammenhang** zwischen den im Anerkennungstarifvertrag enthaltenen abweichenden Regelungen und den in Bezug genommenen Vorschriften.

Gastell

Verweisungen sind gerade bei Anerkennungstarifverträgen sinnvoll, da i. d. R. auf die Branche zugeschnittene Verbandstarifverträge bestehen, die in vielen Bereichen ausgefeilte und für das betroffene Unternehmen vernünftige Lösungen enthalten. Dessen besondere Situation wird regelmäßig Abweichungen nur in Teilbereichen erfordern. Der Rückgriff auf die bestehenden Verbandstarifverträge verkürzt und vereinfacht so die Tarifvertragsverhandlungen des einzelnen Unternehmens.

Ein Anerkennungstarifvertrag kann auch rückwirkend und verschlechternd in bereits entstandene tarifliche Ansprüche eingreifen, soweit die Arbeitnehmer nicht auf den Bestand dieser Ansprüche vertrauen durften. Dabei wird das Vertrauen der Arbeitnehmer nicht bereits durch Kenntnis von den wirtschaftlichen Schwierigkeiten des Unternehmens erschüttert (BAG Urt. v. 22. 10. 2003 – 10 AZR 152/03 – AP Nr. 21 zu § 1 TVG Rückwirkung). Zulässig sind ferner auch zeitlich befristete nachteilige Abweichungen, die nur eine bestimmte, abgrenzbare Gruppe von Beschäftigten betreffen, wenn nach Einschätzung der Tarifvertragsparteien sonst betriebsbedingte Kündigungen drohen, die zahlenmäßig der betroffenen Gruppe entsprechen und im Rahmen der sozialen Auswahl vorrangig diese träfen (BAG Urt. v. 25. 6. 2003 – 4 AZR 405/02 – AP Nr. 1 zu § 1 TVG Beschäftigungssicherung).

10. Aufbau des Anerkennungstarifvertrages. Zum besseren Verständnis folgt der Tarifvertrag diesem Aufbau: Allgemeine Regelungen (Präambel, §§ 1 und 2), Abweichungen von den in Bezug genommenen Tarifverträgen (§§ 3–6), untergliedert nach den persönlichen Anwendungsbereichen (Arbeiter/Angestellte) und Regelungsinhalten (Manteltarifverträge/Entgelttarifverträge) und Kündigungsregeln (§§ 7 und 8).

11. Bezeichnung von in Bezug genommenen Tarifverträgen. Eine genaue Bezeichnung ist zum einen zur Vermeidung von Missverständnissen erforderlich. Darüber hinaus kommt bei unklaren Bezeichnungen ein Verstoß gegen das Schriftformgebot aus § 1 Abs. 2 TVG in Betracht, da diese Vorschrift der Klarstellung des Inhalts der Tarifverträge dient (BAG Urt. v. 9. 7. 1980 – 4 AZR 564/78 – AP Nr. 7 zu § 1 TVG Form). Tarifverträge, auf die verwiesen wird, müssen daher im Einzelnen gekennzeichnet werden. Zulässig nach diesen Grundsätzen auch so genannte „dynamische Verweisungen", die auf einen Tarifvertrag „in seiner jeweils geltenden Fassung" verweisen (BAG Urt. v. 9. 7. 1980 – 4 AZR 564/78 – AP Nr. 7 zu § 1 TVG Form). Nach der Rechtsprechung des BAG ist entschieden, dass Zweifel über die in Bezug genommene Regelung auszuschließen sind.

12. Abweichende Regelungen zum Manteltarifvertrag der Arbeiter. Zur grundsätzlichen Zulässigkeit von Abweichungen s. Anm. 9.

Weitere denkbare Gebiete für Abweichungen von einem Manteltarifvertrag sind neben Regelungen zur Arbeitszeit solche zu Schichtarbeitszuschlägen, zum Urlaub oder zu Kündigungsfristen. Zu beachten sind selbstverständlich die sich aus zwingenden Gesetzen ergebenden Erfordernisse.

13. Abweichende Entgeltregelungen für Arbeiter. Im Rahmen der Tarifvertragsfreiheit haben die Parteien einen großen Gestaltungsspielraum. Gesetzliche Mindestlöhne gibt es im deutschen Rechtssystem nicht, so dass nur die Wuchergrenze zu beachten ist. Die Wuchergrenze liegt in etwa bei zwei Dritteln der „verkehrsüblichen", also nicht der tariflichen Vergütung eines Wirtschaftszweiges (BAG Urt. v. 23. 5. 2001 – 5 AZR 527/99 – AR-Blattei ES 1150 Nr. 3). Bei Ausbildungsvergütungen ist bereits bei einer Unterschreitung von mehr als 20% unter die Empfehlungen der zuständigen Kammer oder Innung davon auszugehen, dass die Vergütung nicht mehr angemessen im Sinne von § 10 Abs. 1 S. 1 BBiG ist (BAG Urt. v. 30. 9. 1998 – 5 AZR 690/97 – NJW 1999, 1205).

Die hier vorgeschlagene Klausel sieht in § 4 Abs. (2) und § 6 (2) vor, dass im Anschluss an den gekündigten Haustarifvertrag die tariflichen Löhne wieder gelten sollen. Dem Unternehmen verbleibt somit ein bestimmter Zeitraum mit einer untertariflichen Vergütung, der zur Sanierung genutzt werden kann.

Klarzustellen ist, dass auch die unveränderte Anerkennung eines zwischen anderen Vertragsparteien bestehenden Tarifvertrages nicht etwa zu einer generellen Anwendbarkeit dieses Tarifvertrages losgelöst von dem Anerkennungstarifvertrag führt. Es bleibt auch dann bei der

1. Anerkennungsvertrag

Geltung nur des Haustarifvertrages, über den die in Bezug genommenen weiteren Tarifverträge vereinbart sind.

14. Abweichende Regelungen zum Manteltarifvertrag der Angestellten. S. Anm. 9 und 12.

15. Abweichende Entgeltregelungen für Angestellte. S. Anm. 13.

16. Kündigung der in Bezug genommenen Tarifverträge. Es kommen zwei Wege in Betracht, wie die in Bezug genommenen Tarifverträge für die Parteien des Haustarifvertrages beendet werden können:

Zum einen können die Parteien des Anerkennungstarifvertrages, wie in § 7 Abs. (1) vorgesehen, vereinbaren, die in Bezug genommenen Tarifverträge nach den in diesen Tarifverträgen vorgesehenen Kündigungsvorschriften zu kündigen. Denkbar wäre zum anderen eine Klausel, die eine Teilkündigung der Vorschriften des Anerkennungstarifvertrages ermöglichte, aus denen sich die Geltung der in Bezug genommenen Tarifverträge ergibt, also vorliegend der §§ 3 bis 6 Haustarifvertrag. Im Ergebnis führen beide Wege dazu, dass eine **Kündigung durch die Parteien des Anerkennungstarifvertrages** erfolgt und die in Bezug genommenen Tarifverträge zwischen den Parteien des Haustarifvertrages keine Gültigkeit mehr haben. Zu beachten sind aber die **unterschiedlichen Kündigungsfristen**, die sich bei der ersten Möglichkeit nach den in Bezug genommenen Tarifverträgen, bei der zweiten nach dem Haustarifvertrag richten.

Zu bedenken ist, dass sich bei mehreren in Bezug genommenen Tarifverträgen, deren Kündigungsmöglichkeiten auch für die Parteien des Haustarifvertrages gelten sollen, verschiedene Kündigungsmodalitäten ergeben können (Kündigungssperrfrist, Kündigungstermin, Kündigungsfrist; vgl. auch Form. E. II. 2 Anm. 8). Weitere Verästelungen können aus Kettenverweisungen folgen (s. Anm. 7). Denn wenn ein inkorporierter Tarifvertrag wiederum eine Verweisung auf einen weiteren Tarifvertrag enthält, so kann dies auch in Bezug auf den vordergründig nur einen inkorporierten Tarifvertrag zu verschiedenen Kündigungsmöglichkeiten führen (BAG Urt. v. 18. 6. 1997 – 4 AZR 710/95 – NZA 1997, 1234).

Es ist daher empfehlenswert, wie im Formular unter § 8 vorgesehen, zusätzlich Regelungen über die Kündigung des Haustarifvertrages zu vereinbaren, um die einheitliche Kündigung zu ermöglichen.

Ohne die Klausel in § 7 Abs. (1) wäre eine entsprechende Kündigungsmöglichkeit nicht gegeben, da es sich bei dieser Klausel im Ergebnis um eine Teilkündigung handelt, die nur dann wirksam ausgesprochen werden kann, wenn sie ausdrücklich zugelassen ist; s. hierzu auch Form. E. II. 2 Anm. 10.

Zusätzlich zu der in § 7 Abs. (1) vorgesehenen Beendigung der Geltung der in Bezug genommenen Tarifverträge durch die Parteien des Anerkennungstarifvertrages sieht das Formular in § 7 Abs. (2) vor, dass die **Kündigung der in Bezug genommenen Tarifverträge durch deren Vertragsparteien** auch im Verhältnis zwischen den Parteien des Haustarifvertrages gelten soll. Ob diese Vereinbarung ratsam ist, ist fraglich, da das tarifvertragliche Schicksal in die Hände zumindest einer fremden Partei, nämlich des Arbeitgeberverbands, der die in Bezug genommenen Tarifverträge abgeschlossen hat, gelegt wird. Allerdings würde die Nachwirkung der gekündigten, in Bezug genommenen Tarifverträge nach § 4 Abs. 5 TVG auch im Verhältnis zwischen den Parteien des Haustarifvertrages eintreten. Dies ist aus der Auffassung des BAG zu folgern, dass auch nur nachwirkende Tarifverträge von anderen Tarifvertragsparteien wirksam in Bezug genommen werden können (BAG Urt. v. 9. 7. 1980 – 5 AZR 527/99 – AP Nr. 7 zu § 1 TVG Form).

17. Laufzeit des Anerkennungstarifvertrages. Von der in Anm. 16 diskutierten Frage der Kündigung der in Bezug genommenen Tarifverträge zu trennen ist die Frage der Kündigung des Anerkennungstarifvertrages. Soweit es sich bei dem Anerkennungstarifvertrag um einen Sanierungstarifvertrag handelt, ist zu empfehlen, kurzfristige Kündigungsmöglichkeiten zu vereinbaren, da zu berücksichtigen ist, dass sich die wirtschaftliche Situation trotz der Sanierungsbemühungen weiter verschlechtern könnte. Eine langfristige Bindung an den Sanierungstarifvertrag könnte den Handlungsspielraum des Unternehmens in gefährlicher Weise einengen.

Soweit ein Anerkennungstarifvertrag keine eigenen Regelungen über Laufzeit und Kündigung enthält, gelten jeweils die entsprechenden Regelungen der inkorporierten Tarifverträge (BAG Urt. v. 18. 6. 1997 – 4 AZR 710/95 – NZA 1997, 1234).

Zu weiteren Einzelheiten betreffend Kündigungsklauseln s. Form. E. II. 2.

18. Unterschrift. S. Form. E. II. 2 Anm. 2.

2. Tarifvertrag über die Ersetzung der betrieblichen Einigungsstelle[1]

Tarifvertrag

zwischen
...... (Name und Anschrift der Gesellschaft) „Gesellschaft"
und
...... (Name und Anschrift der Gewerkschaft) „Gewerkschaft"

§ 1 Einrichtung einer tariflichen Schlichtungsstelle[2]

(1) Zur Beilegung der Regelungsstreitigkeiten[3] zwischen Gesellschaft und Betriebsrat, Gesamtbetriebsrat oder Konzernbetriebsrat[4] wird gemäß § 76 Abs. 8 BetrVG eine tarifliche Schlichtungsstelle gebildet[5].

(2) Die tarifliche Schlichtungsstelle ist eine von Fall zu Fall zu bildende Einrichtung. Die Mitglieder der Schlichtungsstelle werden für jedes Verfahren neu bestellt[6].

(3) Sofern zum Zeitpunkt des In-Kraft-Tretens dieses Tarifvertrages noch Verfahren vor einer bis dahin zuständigen Einigungsstelle laufen, werden diese nunmehr von der Schlichtungsstelle übernommen[7].

§ 2 Besetzung der Schlichtungsstelle

(1) Die Schlichtungsstelle setzt sich aus vier Beisitzern und einem Vorsitzenden zusammen[8].

(2) Jede der Parteien benennt je zwei Beisitzer. Bei den Beisitzern soll es sich um Betriebsangehörige handeln[9].

(3) Bei besonderer Schwierigkeit oder Bedeutung der vorgelegten Regelungsschwierigkeiten können die Parteien die Anzahl der Beisitzer einvernehmlich bis zu einer Höchstgrenze von insgesamt acht Beisitzern erhöhen. Jede Partei benennt jeweils die Hälfte der Beisitzer. Können sich die Parteien nicht über die Anzahl der Beisitzer einig werden, bleibt es bei insgesamt vier Beisitzern[10].

(4) Die Benennung von Stellvertretern für die Beisitzer ist zulässig[11].

(5) Kommt eine Partei ihrer Pflicht zur Benennung der Beisitzer trotz dahingehender Aufforderung durch die Gesellschaft und/oder den Betriebsrat nicht binnen vier Wochen, nachdem die Aufforderung erfolgte, nach, lebt die Zuständigkeit der Einigungsstelle wieder auf[12].

§ 3 Bestellung des Vorsitzenden

(1) Der Vorsitzende muss unparteiisch sein und wird von den Parteien gemeinsam bestellt. Für die Bestellung des Vorsitzenden werden von jeder Partei zwei Vorschläge unterbreitet. Kommt eine Einigung über den Vorsitzenden nicht zustande, wird er durch das Arbeitsgericht bestellt. Die Bestellung durch das Arbeitsgericht ist innerhalb von zwei Wochen ab dem fehlgeschlagenen Einigungsversuch zu beantragen[13].

(2) Der Vorsitzende muss die Befähigung zum Richteramt besitzen. Vorzugsweise soll es sich um einen Berufsrichter der Arbeitsgerichtsbarkeit handeln[14].

2. Tarifvertrag über die Ersetzung der betrieblichen Einigungsstelle

§ 4 Freistellung

Die Beisitzer werden von ihrer beruflichen Tätigkeit befreit, soweit dies für ihre Mitarbeit in der Schlichtungsstelle erforderlich ist[15].

§ 5 Ablehnung des Vorsitzenden

(1) Die Person, der der Vorsitz der Schlichtungsstelle angetragen wird, hat von sich aus alle Umstände offen zu legen, die Zweifel an ihrer Unparteilichkeit oder Unabhängigkeit wecken könnten. Diese Pflicht besteht auch nach der Bestellung zum Vorsitzenden fort.

(2) Liegen Umstände vor, die bei objektiver Betrachtung erhebliche Zweifel an der Unparteilichkeit oder Unabhängigkeit begründen und lehnt deshalb eine Partei den Vorsitzenden ab, muss sie innerhalb einer Woche ab Kenntnis dieser Umstände schriftlich unter Nennung der Gründe vor der Schlichtungsstelle einen Ablehnungsantrag stellen[16].

(3) Der Vorsitzende ist abgelehnt, wenn die einfache Mehrheit der anwesenden Beisitzer dies beschließt. Der Vorsitzende hat bei der ersten Abstimmung kein Stimmrecht; erst wenn bei dieser keine Mehrheit zustande kommt, nimmt er an der zweiten Abstimmung teil. Dem Vorsitzenden ist vor der Abstimmung Gelegenheit zu geben, sich zu den Vorwürfen der Befangenheit zu äußern und gegebenenfalls sein Amt eigenständig niederzulegen.

(4) Bei Ablehnung des Vorsitzenden müssen die Parteien sich innerhalb einer Woche auf einen neuen Vorsitzenden einigen. Wenn eine Einigung über den neuen Vorsitzenden nicht zustande kommt, ist der Vorsitzende durch das Arbeitsgericht zu bestellen.

(5) Hat der Ablehnungsantrag keinen Erfolg, kann die ablehnende Partei innerhalb von zwei Wochen ab Kenntnis vom Abstimmungsergebnis beim Arbeitsgericht eine Entscheidung über die Ablehnung beantragen[17]. Hat der gerichtliche Ablehnungsantrag Erfolg, gilt Abs. (4) entsprechend.

§ 6 Spruchverfahren

(1) Die Schlichtungsstelle entscheidet durch Beschluss[18]. Dieser wird mit der einfachen Mehrheit der Stimmen der anwesenden Mitglieder gefasst[19]. Jede Stimme hat gleiches Gewicht.

(2) Im ersten Stimmgang hat der Vorsitzende keine Stimme. Erst wenn sich im ersten Stimmgang keine Mehrheit findet, stimmt der Vorsitzende in einem zweiten Stimmgang mit ab.

(3) Bleibt ein Beisitzer dem Verfahren unentschuldigt oder aus nicht entschuldbarem Grund fern, ergeht die Entscheidung ohne ihn. Bleibt ein Beisitzer aus entschuldbarem Grund dem Verfahren fern, wird das Verfahren vertagt. Ein Fernbleiben des Vorsitzenden führt in jedem Fall zu einer Vertagung[20].

(4) Der gefasste Beschluss ist schriftlich niederzulegen, von den Mitgliedern der Schlichtungsstelle zu unterschreiben und dem Arbeitgeber und dem Betriebsrat zuzuleiten.

§ 7 Wirkung des Beschlusses und seine Überprüfbarkeit[21]

(1) Der Beschluss der Schlichtungsstelle ist verbindlich. In den im Gesetz bezeichneten Fällen hat er die Wirkung einer Betriebsvereinbarung.

(2) Eine etwaige Ermessensüberschreitung der Schlichtungsstelle kann von den Parteien nur innerhalb einer Woche, vom Tage der Zuleitung des Beschlusses an gerechnet, beim Arbeitsgericht geltend gemacht werden.

§ 8 Kosten der Schlichtungsstelle

(1) Die sachbezogenen Kosten der Schlichtungsstelle (Räumlichkeiten, Materialien) trägt die Gesellschaft.

(2) Die betriebsangehörigen Beisitzer behalten ungeachtet der durch die Mitarbeit in der Schlichtungsstelle bedingten Freistellung von ihrer beruflichen Tätigkeit ihren vollen Vergütungsanspruch.

(3) Die Vergütung des Vorsitzenden und etwaiger Beisitzer, die nicht dem Betrieb des Arbeitgebers angehören, zahlen die Parteien je zur Hälfte. Die dem Betrieb angehörenden Beisitzer erhalten für ihre Schlichtungstätigkeit keine gesonderte Vergütung[22].

§ 9 Geltungsdauer des Tarifvertrages

(1) Dieser Tarifvertrag gilt bis zum .... Eine Nachwirkung des Tarifvertrages ist mit Ausnahme des in Abs. (2) geregelten Falls ausgeschlossen[23].

(2) Sofern zum Zeitpunkt der Beendigung des Tarifvertrages noch Schlichtungsverfahren vor der Schlichtungsstelle laufen, bleibt die Schlichtungsstelle für diese Verfahren zuständig, bis diese abgewickelt sind[24].

§ 10 Anwendbarkeit des BetrVG

Soweit dieser Tarifvertrag keine Regelungen vorsieht, gelten ergänzend die Bestimmungen des BetrVG[25].

§ 11 Salvatorische Klausel

Mündliche Nebenabreden bestehen nicht. Sollte eine Bestimmung dieses Tarifvertrages ganz oder teilweise unwirksam sein oder werden, so wird die Gültigkeit der übrigen Bestimmungen hiervon nicht berührt. Die Parteien verpflichten sich, an die Stelle der unwirksamen Bestimmung eine dieser möglichst nahe kommende wirksame Bestimmung zu setzen. Dasselbe gilt für den Fall einer tarifvertraglichen Lücke.

......
Ort, Datum

......
Unterschrift der Gesellschaft

......
Ort, Datum

......
Unterschrift der Gewerkschaft[26]

Schrifttum: Bertelsmann, Befangenheit von Einigungsstellenvorsitzenden, FS für Hellmut Wissmann zum 65. Geburtstag, 231; *Däubler* Tarifvertragsrecht, 3. Aufl., 1993; *Meik*, Zu Problemen der Bildung und Entscheidung tariflicher Einigungsstellen bei konkurrierenden bzw. gleichlautenden Tarifverträgen, DB 1990, 2522; *Rieble*, Die tarifliche Schlichtungsstelle nach § 76 Abs. 8 BetrVG, RdA 1993, 140; *Schaub*, Die Bestellung und Abberufung der Vorsitzenden von Einigungsstellen, NZA 2000, 1087; *Tschöpe*, Die Bestellung der Einigungsstelle – Rechtliche und taktische Fragen, NZA 2004, 946; *Wiedemann* Tarifvertragsgesetz, 6. Aufl., 1999, *Brecht/Höland/Reim*, Flächentarifverträge in der betrieblichen Praxis – Rechtstatsächliche Erkenntnisse zu den Anwendungsbedingungen von Flächentarifverträgen in den Betrieben, RdA 2002, 28.

Anmerkungen

1. Tarifvertragliche Regelung. § 76 Abs. 8 BetrVG eröffnet die Möglichkeit, durch Tarifvertrag eine **tarifliche Schlichtungsstelle** zu bilden, die die betriebsverfassungsrechtliche Einigungsstelle ersetzt. Die tarifvertragliche Schlichtungsstelle nimmt dann die Stellung eines Organs der Betriebsverfassung ein (Wiedemann/*Wiedemann* § 1 TVG Rdn. 743). Ein solcher Tarifvertrag kann als Haustarifvertrag zwischen dem Arbeitgeber und der Gewerkschaft sowie als Flächen- oder als firmenbezogener Verbandstarifvertrag zwischen einer Gewerkschaft und einem Arbeitgeberverband geschlossen werden.

Die Entscheidung, eine solche Ersetzung der Einigungsstelle durch die Schlichtungsstelle vorzunehmen, sollte davon abhängig gemacht werden, ob die Nutzung einer Schlichtungsstelle im Vergleich zur Einigungsstelle Vorteile mit sich bringt. Ein denkbarer Vorteil ist der Wechsel der Gegenpartei bei Besetzung der Schlichtungsstelle. Nicht mehr der unmittelbar in die zu entscheidenden Fragen verstrickte Betriebsrat, sondern die von den betrieblichen Belangen losgelöste Gewerkschaft sitzt nun bei der Besetzung der Schlichtungsstelle mit am

Tisch. Es werden mit der Materie i. d. R. besonders vertraute Verbandsvertreter miteinbezogen. Auch wird mit der tariflichen Schlichtungsstelle eine „Verzahnung" der tariflichen und betrieblichen Ebene bewirkt (*Brecht/Höland/Reim* RdA 2002, 28, 31).

Auch für die Gewerkschaft ergeben sich Vorteile. Sie kann über die Besetzung der Schlichtungsstelle ihren Einfluss im Betrieb stärker geltend machen. Die Einbeziehung der Gewerkschaft muss aber nicht vorteilhaft sein, so z. B. dann, wenn der Arbeitgeber mit seinem Betriebsrat ein positives und konstruktives Verhältnis hat, während zwischen ihm und der Gewerkschaft Spannungen bestehen.

Daneben stellt sich die Frage, ob § 76 Abs. 8 BetrVG auch die Möglichkeit gewährt, das Schlichtungsstellenverfahren **abweichend vom Einigungsstellenverfahren** nach dem BetrVG zu regeln. Die in § 76 Abs. 4 BetrVG vorgesehene Möglichkeit einer Ausgestaltung „weiterer Einzelheiten" des Verfahrens vor der Einigungsstelle durch Betriebsvereinbarung steht natürlich auch den Tarifvertragsparteien bei Einrichtung einer Schlichtungsstelle zu. Doch ist diese Norm wenig aussagekräftig; wie sich aus ihrem Wortlaut ergibt, bezieht sie sich nur auf die Auskleidung bestehender Strukturen, gibt aber keinen Aufschluss darüber, ob die Strukturen als solche abänderbar sind.

Nach einer Auffassung in der Literatur (Wiedemann/*Wiedemann* § 1 TVG Rdn. 743) soll dies grundsätzlich nicht der Fall sein. Zuständigkeit und Verfahren der Schlichtungsstelle dürften nicht abweichend vom BetrVG geregelt werden (so auch Richardi/*Richardi* § 76 BetrVG Rdn. 147). Nach einer weit verbreiteten Ansicht sind zumindest die Vorgaben des § 76 Abs. 3 BetrVG über die Grundsätze der Beschlussfassung zwingend einzuhalten (GKBetrVG/*Kreutz* § 76 Rdn. 182 m. weit. Nachw.). Zum Teil wird vertreten, nur die „wesentlichen Regelungen des Gesetzes über die Bildung der Einigungsstelle und das Verfahren vor ihr" (F/E/S/T/L § 76 Rdn. 116; ErfKomm/*Hanau/Kania* § 76 BetrVG Rdn. 33) seien unverrückbar, zum Teil wird argumentiert, aus dem Vorrang der Tarifautonomie folge, dass es den Tarifvertragsparteien überlassen bleiben müsse, wie sie das Verfahren regeln wollten (D/K/K/*Berg* § 76 BetrVG Rdn. 98). Einigkeit besteht dahingehend, dass das Verfahren den herkömmlichen **rechtsstaatlichen Prinzipien** entsprechen muss.

Angesichts der Meinungsunterschiede in der Literatur und dem Fehlen klarer Vorgaben durch die Rechtsprechung erscheint es vertretbar, nur § 76 Abs. 3 BetrVG als absolut zwingend anzusehen und im Übrigen hinsichtlich der weiteren Vorgaben des § 76 BetrVG einen Abweichungsspielraum anzunehmen. Da die Grenzen dieses Spielraums nicht pauschal bestimmbar sind, hängt es von den Umständen des Einzelfalls und auch von der Risikofreudigkeit der Tarifvertragsparteien ab, inwieweit sie diesen ausnutzen. Vorteilhaft und nach vorherrschender Ansicht auch zulässig wäre es jedenfalls, Einzelheiten des Verfahrens wie seine Dauer und seine Kosten eigenständig im Tarifvertrag zu regeln (*Däubler* Rdn. 1045).

2. Einrichtung einer Gütestelle. Denkbar ist im Übrigen auch, der Schlichtungsstelle eine Gütestelle vorzuschalten, die in gleicher Weise wie die Schlichtungsstelle besetzt wird und die sich um eine zügige Einigung bemüht (Richardi/*Richardi* § 76 BetrVG Rdn. 150). Erst bei Fehlschlagen der Einigungsversuche wird dann die Schlichtungsstelle zuständig. Ob eine solche Gütestelle mehr Erfolg bei einer gütlichen Einigung haben wird als die Schlichtungsstelle, ist fraglich. Ihre Einrichtung bringt das Risiko mit sich, dass es zu einer Verzögerung des Verfahrens kommt.

3. Zuständigkeit der Schlichtungsstelle. Hat man sich grundsätzlich entschieden, von einer Schlichtungsstelle als Einigungsstelle Gebrauch zu machen, stellt sich des Weiteren die Frage, in welchem Umfang dies geschehen soll. Es ist nicht zwingend, dass die Schlichtungsstelle die Einigungsstelle vollumfänglich ablöst. Vielmehr kann eine Schlichtungsstelle **mit beschränkter Zuständigkeit** eingerichtet werden (ErfKomm/*Hanau/Kania* § 76 BetrVG Rdn. 33; LAG Hannover, Urt. v. 2. 7. 2004 – 7 Sa 819/04 – EzA-SD 2004 Nr. 16). Wenn keine besonderen Gründe eine solche beschränkte Zuständigkeit nahe legen, sollte das Nebeneinander von Schlichtungsstelle und Einigungsstelle vermieden werden, indem die tarifliche Schlichtungsstelle sämtliche Streitigkeiten übernimmt. Denn jede dieser Einrichtungen verursacht zeitlichen, finanziellen und personellen Aufwand.

In jedem Falle sollte die Regelung der Zuständigkeit **eindeutig** sein (GKBetrVG/*Kreutz* § 76 Rdn. 180). Entsteht bei jeder Meinungsverschiedenheit bereits Streit darüber, welches Gremium überhaupt für eine Schlichtung zuständig ist, sind Verzögerungen unausweichlich.

Im Zusammenhang mit der Abgrenzung der Zuständigkeiten von Einigungs- und Schlichtungsstelle ist klarzustellen, dass § 76 Abs. 8 BetrVG eine **Erweiterung der Zuständigkeiten** der Schlichtungsstelle im Vergleich zu den Zuständigkeiten der Einigungsstelle nur insoweit ermöglicht, als dem Betriebsverfassungs- und Tarifrecht nicht entgegenstehen (ErfKomm/*Hanau/Kania* § 76 BetrVG Rdn. 33). Die Einigungsstelle wird lediglich (in bestimmten Fragen oder vollständig) ersetzt, ihr eigentlicher Zuständigkeitsbereich als solcher wird aber grundsätzlich weder erweitert noch beschränkt (Richardi/*Richardi* § 76 BetrVG Rdn. 146). Allerdings stehen Betriebsverfassungs- und Tarifrecht beispielsweise nicht einer tarifvertraglichen Regelung entgegen, nach der der Spruch der Einigungsstelle die Einigung zwischen Arbeitgeber und Betriebsrat auch in Fragen ersetzt, die nach dem BetrVG nicht der Mitbestimmung des Betriebsrats unterliegen; diese Ausdehnung ist entsprechend auch für eine Schlichtungsstelle möglich (GKBetrVG/*Kreutz* § 76 Rdn. 181).

4. Schlichtungsstelle im Unternehmen und Konzern. Gemäß § 47 Abs. 6 BetrVG kann in Fällen der Zuständigkeit eines **Gesamtbetriebsrats** auch eine Einigungsstelle auf Gesamtbetriebsratsebene gebildet werden. Im Prinzip ergeben sich keine Unterschiede zwischen einer solchen und einer herkömmlichen Einigungsstelle. Auch bei Streitigkeiten zwischen dem Konzern und einem **Konzernbetriebsrat** i. S. d. § 54 BetrVG ist die Einschaltung einer Einigungsstelle möglich, wie sich unter anderem aus § 76a Abs. 2 S. 2 BetrVG ergibt. Zusammengefasst wird die Zuständigkeit der Einigungsstelle bei Streitigkeiten zwischen Arbeitgeber und Gesamt- oder Konzernbetriebsrat schließlich in § 76 Abs. 1 BetrVG. Da § 76 Abs. 8 BetrVG sich ausdrücklich auf die Einigungsstelle im Sinne dieses Abs. 1 bezieht, kann die Schlichtungsstelle die Einigungsstelle grundsätzlich auch bei Streitigkeiten auf der Ebene des Gesamt- und Konzernbetriebsrats ersetzen (GKBetrVG/*Kreutz* § 76 Rdn. 180). Der Deutlichkeit halber sollte die Zuständigkeit der Schlichtungsstelle auch für Streitigkeiten zwischen Arbeitgeber und Gesamt- oder Konzernbetriebsrat ausdrücklich im Tarifvertrag bestimmt werden.

Die Bildung einer Schlichtungsstelle auf Unternehmensebene setzt voraus, dass alle Betriebe des Unternehmens vom Geltungsbereich des Tarifvertrags erfasst sind (*F/E/S/T/L* § 76 Rdn. 113). Für die Bildung der Schlichtungsstelle auf Konzernebene ist notwendig, dass alle Konzernunternehmen tarifgebunden sind, der Tarifvertrag also konzerneinheitlich gilt (GKBetrVG/*Kreutz* § 76 Rdn. 185; *F/E/S/T/L* § 76 Rdn. 113).

5. Anwendbarkeit des Tarifvertrages. Für die Anwendbarkeit des Tarifvertrages genügt gemäß § 3 Abs. 2 TVG die Tarifgebundenheit des Arbeitgebers, da der Tarifvertrag betriebsverfassungsrechtliche Fragen regelt (vgl. Richardi/*Richardi* § 76 BetrVG Rdn. 148; D/K/K/*Berg* § 76 BetrVG Rdn. 101; GKBetrVG/*Kreutz* § 76 Rdn. 185). Zwar wird die Verfassungsmäßigkeit des § 3 Abs. 2 TVG von Teilen der Literatur bestritten. So wird zum Teil verlangt, es müsse sich unter den Arbeitnehmern des Betriebs wenigstens ein Mitglied der beteiligten Gewerkschaft befinden, damit der Tarifvertrag anwendbar sei (*Rieble* RdA 1993, 140, 143). Zum einen wird dies aber ohnehin meist der Fall sein. Zum anderen geht die Rechtsprechung getreu dem Wortlaut davon aus, dass die Tarifgebundenheit nur des Arbeitgebers ausreichend ist (BAG Urt. v. 20. 3. 1991 – 4 AZR 455/90 – NZA 1991, 736, 738; BAG Beschl. v. 18. 8. 1987 – 1 ABR 30/86 – AP Nr. 23 zu § 77 BetrVG 1972).

6. Bildung von Fall zu Fall. Die Tarifvertragsparteien können eine ständige Schlichtungsstelle einrichten, sie können aber auch eine fallbezogene Bildung vorsehen (GKBetrVG/*Kreutz* § 76 Rdn. 183). Vorteil der Bildung der Schlichtungsstelle von Fall zu Fall ist, dass keine festgefahrenen Strukturen entstehen, die es andernfalls von vornherein unattraktiv machen könnten, die Schlichtungsstelle einzuschalten. Nachteil dieser Regelung ist der erhöhte Aufwand, der mit der Neubildung einhergeht. Ein Mittelweg wäre, die Person des Vorsitzenden festzulegen, deren Bestimmung auch mit dem größten Aufwand verbunden ist. Sind die Tarifvertragsparteien mit der Arbeit des Vorsitzenden nicht zufrieden, bestimmen sie einen neuen

2. Tarifvertrag über die Ersetzung der betrieblichen Einigungsstelle E. I. 2

Vorsitzenden. Alternativ dazu können die Beisitzer fest ernannt werden, während für jedes neue Schlichtungsstellenverfahren ein neuer Vorsitzender bestellt wird.

Die fallbezogene betriebliche Schlichtungsstelle wird wie die von Fall zu Fall einzurichtende betriebliche Einigungsstelle grundsätzlich bei Bedarf gebildet, vgl. § 76 Abs. 1 S. 1 BetrVG. Die zur betrieblichen Einigungsstelle entwickelten Grundsätze können auf die Einrichtung einer fallbezogenen tariflichen Schlichtungsstelle übertragen werden. Bedarf besteht erst nach dem Scheitern innerbetrieblicher Verhandlungs- oder Einigungsversuche (LAG Frankfurt a. Main Beschl. v. 12. 11. 1991 – 4 TaBV 148/91 – NZA 1992, 853, 854 für die betriebliche Einigungsstelle). Das folgt aus § 74 Abs. 1 S. 2 BetrVG, der die Betriebsparteien verpflichtet, über strittige Fragen mit dem ernsten Willen zur Einigung zu verhandeln. Verhandlungen sind ausnahmsweise nur dann entbehrlich, wenn eine der Betriebsparteien von vornherein jeden Versuch, über die gütliche Beilegung der aufgetretenen Meinungsverschiedenheit zu verhandeln, ablehnt (LAG Mannheim Beschl. v. 16. 10. 1991 – 12 TaBV 10/91 – NZA 1992, 186, 187). Diese grundsätzliche Verhandlungspflicht vermag die Arbeit der Schlichtungsstelle auch nicht zu blockieren (so aber *Tschöpe* NZA 2004, 945, 946), da für die Durchführung der Verhandlungen kein Mindestzeitrahmen vorgegeben ist und beide Betriebsparteien frei darüber entscheiden können, wann sie die innerbetriebliche Beilegung einer Meinungsverschiedenheit in angemessener Zeit nicht mehr für erreichbar halten (LAG Frankfurt a. Main Beschl. v. 12. 11. 1991 – 4 TaBV 148/91 – NZA 1992, 853, 854).

7. Fortführung laufender Einigungsstellenverfahren. Der Tarifvertrag gilt gemäß § 4 Abs. 1 TVG unmittelbar. Mit seinem Inkrafttreten entfällt daher die Zuständigkeit der Einigungsstelle und beginnt die Zuständigkeit der Schlichtungsstelle (*Rieble* RdA 1993, 140, 146). Da die Tarifvertragsparteien die Zuständigkeit der Schlichtungsstelle frei gestalten können, besteht die Möglichkeit, bereits laufende Verfahren hiervon auszunehmen, damit diese von der Einigungsstelle zu Ende geführt werden können. Wollen sie aber ein Nebeneinander von Einigungs- und Schlichtungsstelle vermeiden, bietet sich die vorgeschlagene **Fortführung der Verfahren durch die Schlichtungsstelle** an. Es spricht nichts gegen die Zulässigkeit eines solchen Vorgehens, das einen erneuten Antrag zur Einleitung eines Schlichtungsverfahrens überflüssig macht und Zweifel am Schicksal des laufenden Verfahrens beseitigt. Allerdings kann wegen der abweichenden personellen Besetzung das Verfahren nicht nahtlos fortgesetzt werden, sondern muss vor der Schlichtungsstelle von vorn beginnen.

8. Zusammensetzung der Schlichtungsstelle. Die personelle Zusammensetzung der Schlichtungsstelle entspricht der Besetzung einer Einigungsstelle nach § 76 Abs. 2 S. 1 BetrVG. Nach herrschender Ansicht folgt aus dem Zweck des betriebsverfassungsrechtlichen Einigungsstellenverfahrens, dass die dort vorgesehene Konstellation mit einem unparteiischen Vorsitzenden und paritätisch gestellten Beisitzern auch bei der Besetzung der Schlichtungsstelle **zwingend beizubehalten** ist (GKBetrVG/*Kreutz* § 76 Rdn. 184; *Rieble* RdA 1993, 140, 149; Richardi/ *Richardi* § 76 BetrVG Rdn. 149; F/E/S/T/L § 76 Rdn. 116).

Da der Arbeitgeber gemäß § 76a Abs. 1 und 2 i.V.m. § 37 Abs. 2 und 3 BetrVG die mit den Beisitzern verbundenen Kosten zu tragen hat, ist es für ihn finanziell von Vorteil, wenn sich ihre Anzahl in Grenzen hält. Zwei Beisitzer insgesamt werden regelmäßig nicht ausreichend in der Lage sein, Streitthemen erschöpfend zu erörtern und schließlich zu einem Konsens zu finden. Häufig wird es in einem derart kleinen Gremium an Bewegungsspielraum fehlen. Vier Beisitzer dürften dagegen häufig ausreichend sein, um eine konstruktive Auseinandersetzung zu führen und zugleich genügend Sachverstand zusammenzubringen.

9. Bestimmung der Beisitzer. Die Festlegung auf Beisitzer, die nicht nur der Gewerkschaft, die diesen Tarifvertrag geschlossen hat, angehören, sondern auch dem Betrieb, bietet sich ebenfalls aus Kostengründen an (ErfKomm/*Hanau/Kania* § 76 BetrVG Rdn. 9). Denn dann bleibt es lediglich bei Zahlung des Lohns ohne Arbeit. Bei betriebsfremden Beisitzern dagegen müsste ein zusätzliches Entgelt gezahlt werden. Nachteil einer solchen Regelung kann allerdings sein, dass die betriebszugehörigen Beisitzer in der Sache bereits gefestigte Meinungen haben und für eine einvernehmliche Lösung nicht mehr offen sind.

10. Erhöhung der Anzahl der Beisitzer. Die Erhöhung der Zahl der Beisitzer erhöht das in der Schlichtungsstelle vorhandene gesammelte Wissen, führt aber auch zu erhöhten Kosten.

Eine Erhöhung über acht Beisitzer hinaus dürfte im Regelfall keine Steigerung der Effektivität der Schlichtungsstelle bewirken.

11. Benennung von Stellvertretern. Die Benennung von Stellvertretern für die **Beisitzer** ist zulässig und aus praktischen Gesichtspunkten auch empfehlenswert, um einen ungestörten Verfahrensablauf bei kurzfristigen Ausfällen wegen Krankheit usw. sicherzustellen (Erf-Komm/*Hanau/Kania* § 76 BetrVG Rdn. 10).

Ob auch für den **Vorsitzenden** ein Stellvertreter ernannt werden kann, wird in der Literatur offen gelassen. Soweit die Bestellung durch die Tarifvertragsparteien erfolgt, steht der Benennung eines Stellvertreters nichts im Wege. Problematisch ist aber die Bestellung durch das Arbeitsgericht. Für einen dahingehenden Antrag dürfte es am nötigen Rechtsschutzbedürfnis fehlen, da zweifelhaft ist, ob der Stellvertreter überhaupt gebraucht werden wird. Insofern kann aus Vereinfachungsgründen die Benennung von Stellvertretern auf die Beisitzer beschränkt werden.

12. Verzögerung der Besetzung der Schlichtungsstelle. Die fehlende Einbindung des Betriebsrats bei der Besetzung der Schlichtungsstelle bringt das Risiko mit sich, dass dieser sich nicht gegen von den Tarifvertragsparteien verursachte Verzögerungen bei der Bildung der Schlichtungsstelle wehren kann. Das gleiche Problem stellt sich für den Arbeitgeber, wenn er nicht selbst Tarifvertragspartei ist, sondern sein Arbeitgeberverband. Soweit die Tarifvertragsparteien aber nicht unmittelbar Betroffene des Schlichtungsverfahrens sind, haben sie nicht notwendigerweise ein Interesse an seiner zügigen Durchführung.

Das Fehlen jeglicher Möglichkeit zur **Verfahrensbeschleunigung** widerspricht jedoch dem Ziel einer funktionierenden Betriebsverfassung (vgl. GKBetrVG/*Kreutz* § 76 Rdn. 186). Nach Möglichkeit sollen Verzögerungstaktiken unterbunden werden können. Denn andernfalls droht das Schlichtungsstellenverfahren nicht nur zu einem unwägbaren Unterfangen von ungewisser Dauer zu werden. Es besteht darüber hinaus das Risiko, dass bei Fehlen jeglicher tariflicher Regelungen zur Verhinderung eines Funktionsstillstands der Schlichtungsstelle bei Eintritt eines solchen die Zuständigkeit der Einigungsstelle bereits von selbst auflebt (*F/E/S/T/L* § 76 Rdn. 117; GKBetrVG/*Kreutz* § 76 Rdn. 186).

Die Regelung des möglichen Wiederauflebens der Zuständigkeit der Einigungsstelle im Tarifvertrag sollte als Druckmittel auf die Tarifvertragsparteien ausreichen. Denkbar ist daneben, das Unterlassen der Benennung von Beisitzern (oder auch das Fernbleiben dieser Beisitzer) derart zu sanktionieren, dass die anwesenden Mitglieder der Schlichtungsstelle alleine entscheiden können. Nachteil einer solchen Regelung ist aber, dass sie sich zu Ungunsten des Betriebsrats oder des Arbeitgebers auswirkt, ohne dass dieser das Ausbleiben der Beisitzer zu vertreten hätte oder wirkungsvoll auf die säumige Tarifvertragspartei einwirken könnte. Da dies als unzulässig angesehen werden könnte, ist die im Formular verwendete Regelung vorzuziehen.

13. Bestimmung des Vorsitzenden. Der Vorsitzende wird von den Tarifvertragsparteien selbst bestimmt, nicht von den Beisitzern (vgl. GKBetrVG/*Kreutz* § 76 Rdn. 50). Zwar könnte die Bestellung von den Tarifvertragsparteien auf die Beisitzer übertragen werden. Doch ist zweifelhaft, ob eine solche Regelung von Vorteil wäre. Denn dann hinge diese bedeutsame Vorentscheidung bereits von der individuellen Verhandlungsstärke der Beisitzer ab.

Bei der Benennung des Vorsitzenden ist vor allem das Verfahren für den Fall zu regeln, dass **keine Einigung** zustande kommt. Die Bestellung eines Vorsitzenden durch das **Arbeitsgericht**, wie in § 76 Abs. 2 S. 2 BetrVG vorgesehen, ist mit einem gewissen Zeitaufwand verbunden. Die tarifliche Regelung soll sich ja gerade dadurch auszeichnen, dass sie Vorteile gegenüber der gesetzlichen bietet, hier z. B. eine Vereinfachung und Beschleunigung. § 98 ArbGG bezieht sich nur auf die Einigungsstelle, nicht aber auf die Schlichtungsstelle, was andeutet, dass die Tarifvertragsparteien auch einen anderen Weg als den des § 76 Abs. 2 S. 2 BetrVG wählen können (Richardi/*Richardi* § 76 BetrVG Rdn. 149). Da die Zulässigkeit einer solchen Abweichung aber nicht unumstritten ist, hängt es von der Risikofreudigkeit der Tarifvertragsparteien ab, ob sie ein von § 76 Abs. 2 S. 2 BetrVG abweichendes Verfahren wählen.

Ein denkbares kürzeres Verfahren ist das **Losverfahren**. Zum Teil wird bezweifelt, ob ein Losverfahren zulässig ist (*Rieble* RdA 1993, 140, 149). Die Losentscheidung zwischen den beiden vorgeschlagenen Kandidaten hat in praktischer Hinsicht den Nachteil, dass die mit ihrem Vorschlag „unterlegene" Partei in jedem Fall unzufrieden sein wird, da sie den Kandidaten der Gegenseite ja bereits abgelehnt hatte. Vorteilhafter ist es, auf einen neutralen Kandidaten zurückzugreifen.

Ein anderes denkbares Verfahren besteht darin, die Parteien den Vorsitzenden immer im **Wechsel** für jeweils eine Regelungsstreitigkeit stellen zu lassen. Da man bereits im nächsten Verfahren auf den guten Willen der Gegenseite angewiesen ist, besteht ein Anreiz, bereits jetzt eine Person auszusuchen, die für beide Seiten akzeptabel ist. Doch kann ein solches Verfahren auch ständiges Misstrauen gegenüber dem jeweiligen Vorsitzenden zur Folge haben.

14. Befähigung zum Richteramt. Die Beiziehung von Berufsrichtern, insbesondere Arbeitsrichtern, ist im Einigungsstellenverfahren üblich und bietet sich wegen der Gewährleistung von fachlichem Know-how auch im Schlichtungsstellenverfahren an.

15. Freistellungsanspruch der Beisitzer. Der Freistellungsanspruch der Beisitzer, die dem Betrieb angehören, zum Zwecke ihrer Teilnahme am Schlichtungsverfahren ergibt sich aus §§ 76a Abs. 2 S. 1 Hs. 2, 37 Abs. 2 BetrVG. Zusätzlich gewähren die §§ 76a Abs. 2 S. 1 Hs. 2, 37 Abs. 3 BetrVG den betriebsangehörigen Beisitzern einen Ausgleichsanspruch für die Schlichtungsstellentätigkeit, die außerhalb der Arbeitszeit durchzuführen ist.

16. Ablehnung des Vorsitzenden. Vorwegzuschicken ist, dass eine Ablehnung der Beisitzer der Gegenseite nicht in Betracht kommt. Die Beisitzer zeichnen sich gerade dadurch aus, dass sie die Interessen der sie bestellenden Seite vertreten (ErfKomm/*Hanau*/*Kania* § 76 BetrVG Rdn. 9).

Im Gegensatz hierzu ist die Ablehnung des Vorsitzenden grundsätzlich möglich. In § 76 BetrVG findet sich allerdings keine Regelung einer solchen Ablehnung. Daher werden zu dieser Frage die §§ 1036 ff. ZPO entsprechend herangezogen, es sei denn, die Parteien haben eine eigene Regelung getroffen (GKBetrVG/*Kreutz* § 76 Rdn. 52 m. weit. Nachw.). Es bietet sich an, wie im Formular geschehen, diese gesetzlichen Vorgaben auch für die Schlichtungsstelle modifiziert zu übernehmen.

Sofern eine Partei den Vorsitzenden für befangen oder sonst ungeeignet hält, kann sie vor der Schlichtungsstelle seine **Ablehnung beantragen**. Gemäß § 1037 Abs. 2 S. 1 ZPO beträgt dabei die gesetzlich vorgegebene Frist, innerhalb derer die Ablehnungsgründe vor dem Schiedsgericht oder eben vor der Schlichtungsstelle geltend zu machen sind, zwei Wochen ab Kenntnis der relevanten Umstände. Aus Beschleunigungsgründen sollte diese **Frist verkürzt** werden. Anzumerken ist, dass diese Verkürzung zulässig ist. Es darf nicht im Umkehrschluss zur ausdrücklichen Zulassung einer Fristenabänderung in § 1037 Abs. 3 S. 1 Hs. 2 ZPO gefolgert werden, dass die in § 1037 Abs. 2 S. 1 ZPO genannte Frist nicht abänderbar sein könne, da eine solche „Freigabe" hier fehle. Denn § 1037 Abs. 1 ZPO ermöglicht es den Parteien gerade, eigenständig das (außergerichtliche) Ablehnungsverfahren zu regeln, weshalb eine ausdrückliche Zulassung der Abweichung vom ohnehin nur subsidiär geltenden Verfahren in § 1037 Abs. 2 ZPO entbehrlich ist.

Legt der Vorsitzende nicht von selbst sein Amt nieder, ist über den Antrag abzustimmen. Teilweise wird befürwortet, vergleichbar zum herkömmlichen Abstimmungsverfahren vor der Schlichtungsstelle bei der Abstimmung über die Parteilichkeit den Vorsitzenden erst in einer etwaigen zweiten Abstimmungsrunde teilnehmen zu lassen, wenn bei der ersten keine Mehrheit zustande gekommen ist (*Schaub* NZA 2000, 1087, 1088).

17. Gerichtliche Überprüfung der Unparteilichkeit. Schlägt der Ablehnungsantrag fehl, bleibt der ablehnenden Partei die Möglichkeit der Anrufung des Arbeitsgerichts. Dieses entscheidet dann unter Zugrundelegung des in § 1036 Abs. 2 ZPO festgelegten Maßstabs. Stellt das Gericht die Parteilichkeit des Vorsitzenden fest, muss sich die Schlichtungsstelle auf einen neuen Vorsitzenden einigen.

Die in § 1037 Abs. 3 S. 1 ZPO geregelte Monatsfrist für die gerichtliche Geltendmachung der Befangenheit, deren Abänderung ausdrücklich in § 1037 Abs. 3 S. 1 Hs. 2 ZPO zugelassen ist, sollte **verkürzt** werden, beispielsweise auf zwei Wochen.

Im Zusammenhang mit der Bewertung der Unparteilichkeit des Vorsitzenden ist ein Beschluss des LAG Berlin erwähnenswert, in welchem (im Rahmen eines Verfahrens nach § 98 ArbGG) festgestellt wurde, dass eine von einer Partei für den Vorsitz der Einigungsstelle vorgeschlagene Person dann nicht vom Gericht als Vorsitzender bestimmt wird, wenn die andere Partei mit der Person nicht einverstanden ist (LAG Berlin Beschl. v. 12. 9. 2001 – 4 TaBV 1436/01 – NZA-RR 2002, 25). An dieser Entscheidung war bedeutsam, dass das Gericht auf das Vorliegen objektiv nachvollziehbarer Gründe für die Ablehnung verzichtete. Ob eine solche Wertung auch in Bezug auf die nachträgliche Abberufung von Vorsitzenden zu erwarten ist, scheint aber zweifelhaft, da ein Ablehnungsantrag dann praktisch immer Erfolg versprechend wäre (ErfKomm/*Hanau/Kania* § 76 BetrVG Rdn. 6).

18. **Spruchverfahren.** Wie bereits unter Anm. 1 ausgeführt, besteht hinsichtlich der Beschlussfassung wenig Gestaltungsspielraum. Dennoch bietet es sich an, der Rechtssicherheit halber auch diesen Aspekt selbständig im Tarifvertrag zu regeln, statt schlicht auf die gesetzlichen Regelungen zu verweisen.

19. **Einfaches oder qualifiziertes Mehrheitserfordernis.** Das Abstellen auf die Mehrheit der Stimmen der Anwesenden hat zur Folge, dass Stimmenthaltungen wie Nein-Stimmen wirken. Dies ist durchaus von Vorteil, denn es zwingt die Mitglieder der Schlichtungsstelle sich zu positionieren und fördert eine schnelle Entscheidung. Eine Regelung, nach der Enthaltungen nicht erlaubt sein sollen, wäre wohl hingegen unzulässig (GKBetrVG/*Kreutz* § 76 Rdn. 110).

20. **Fehlen eines Beisitzers oder des Vorsitzenden.** Bleibt ein Beisitzer dem Schlichtungsverfahren fern, soll dies nicht zu einer Blockade der Verhandlung führen. Die Differenzierung nach der **Entschuldbarkeit** des Fernbleibens bietet sich an, um missbräuchlichem Fernbleiben zu Verschleppungszwecken entgegenzuwirken.

Weniger eindeutig ist das Vorgehen bei **Fehlen des Vorsitzenden**. Ohne seine Anwesenheit kann das Schlichtungsverfahren nicht ordnungsgemäß durchgeführt werden. Eine entsprechende Regelung wie beim Beisitzer scheidet daher aus, unabhängig von der Entschuldbarkeit des Fernbleibens ist das Verfahren zu verschieben. Aus Klarstellungsgründen sollte dies im Tarifvertrag ausdrücklich festgestellt werden. Gleichzeitig ist anzumerken, dass der Vorsitzende im Gegensatz zu den Beisitzern ohnehin kein Interesse an einer Verzögerung des Verfahrens haben wird und darüber hinaus seine Vergütung von seiner Teilnahme abhängt.

21. **Gerichtliche Überprüfung des Spruchs der Schlichtungsstelle.** Die Rechtsweggarantie des § 76 Abs. 7 BetrVG gilt auch für Sprüche der Schlichtungsstelle. Der Spruch der Schlichtungsstelle unterliegt daher derselben gerichtlichen Kontrolle wie ein Spruch der Einigungsstelle (BAG Beschl. v. 18. 8. 1987 – 1 ABR 30/86 – AP Nr. 23 zu § 77 BetrVG 1972; Wiedemann/ *Wiedemann* § 1 TVG Rdn. 743; GKBetrVG/*Kreutz* § 76 Rdn. 143). Soweit die Schlichtungsstelle nicht nur Regelungs-, sondern auch Rechtsfragen entscheidet, unterliegt ihr Spruch vollumfänglich der gerichtlichen Überprüfung (*Däubler* Rdn. 1410). Aber auch Entscheidungen, die sich lediglich auf Regelungsfragen beziehen, unterliegen einer arbeitsgerichtlichen Ermessenskontrolle i. S. d. § 76 Abs. 5 S. 4 BetrVG. Beschränkt ist die Kontrolle insoweit, als es um die **Zweckmäßigkeit** der getroffenen Regelung geht. Das Gericht darf nicht das Ermessen der Schlichtungsstelle durch sein eigenes Ermessen ersetzen.

Die allgemeine Rechtskontrolle erfolgt unbefristet, für die Geltendmachung einer Ermessensüberschreitung sieht § 76 Abs. 5 S. 4 BetrVG dagegen eine zweiwöchige Frist ab Zuleitung des Beschlusses vor. Im Interesse einer Verfahrensbeschleunigung dürfte es möglich sein, diese Frist zu verkürzen. Allerdings sollte zumindest eine Woche als Bedenkzeit zugestanden werden, um nicht wegen Verletzung rechtsstaatlicher Prinzipien die Unwirksamkeit der Verkürzung zu riskieren.

Umstritten ist, was gilt, wenn die Schlichtungsstelle zulässigerweise aufgrund des Tarifvertrags über **andere als betriebsverfassungsrechtliche Angelegenheiten** entscheidet. Teilweise wird vertreten, für solche Entscheidungen gelte eine Vermutung der Richtigkeit, so dass nur eine gerichtliche Überprüfung auf offensichtliche Unbilligkeit oder sonstige Rechtswidrigkeit in Betracht komme (F/E/S/T/L § 76 Rdn. 120). Dem wird entgegengehalten, die Sprüche der Schlichtungsstelle müssten in jedem Fall in gleicher Weise gerichtlich überprüfbar sein wie

2. Tarifvertrag über die Ersetzung der betrieblichen Einigungsstelle E. I. 2

Sprüche der Einigungsstelle (GKBetrVG/*Kreutz* § 76 Rdn. 186). Die Frage stellt sich nicht, wenn eine ohnehin mit dem Risiko der Unzulässigkeit behaftete Ausdehnung der Zuständigkeit der Schlichtungsstelle über die normale Zuständigkeit der Einigungsstelle hinaus vermieden wird.

Zusätzlich zur gerichtlichen Überprüfung ist schließlich denkbar, tarifvertraglich zwischen Schlichtungsstelle und Arbeitsgericht eine **zweite Schlichtungsstelle** als Kontrollinstanz der ersten einzuführen. Ob diese Verlängerung des Instanzenzugs aber tatsächlich zu einer Verringerung der gerichtlichen Verfahren oder doch nur zu einer Verzögerung der Entscheidungsfindung führen würde, ist zweifelhaft. Zwar kann einer Verzögerung durch Verkürzung der jeweiligen Fristen entgegengewirkt werden, doch dürfte der Nutzen einer zweiten Schlichtungsstelle begrenzt sein.

22. **Kostentragung.** Die Kosten der Einigungsstelle sind in § 76a BetrVG geregelt. Diese Norm wird von der „Öffnungsklausel" in § 76 Abs. 8 BetrVG nicht gefasst. Stattdessen gewährt § 76a Abs. 5 BetrVG einen beschränkten Spielraum für die tarifvertragliche (oder alternativ durch Betriebsvereinbarung erfolgende) Ausgestaltung der Kostentragung. Dieser Spielraum umfasst die **Vergütung** des Vorsitzenden und derjenigen Beisitzer, die nicht dem Betrieb angehören. Dabei darf auch zum Nachteil der vergütungsberechtigten Mitglieder der Einigungs- oder Schlichtungsstelle von den gesetzlichen Regelungen abgewichen werden (D/K/K/*Berg* § 76a BetrVG Rdn. 30). Nicht umfasst ist dagegen die in Abs. (1) geregelte Pflicht des Arbeitgebers, die allgemeinen, d.h. **sachbezogenen Kosten** der Einigungsstelle zu tragen.

§ 76a BetrVG gilt auch dann, wenn gemäß § 76 Abs. 8 BetrVG eine Schlichtungsstelle eingerichtet worden ist (GKBetrVG/*Kreutz* § 76a BetrVG Rdn. 64). Auch in diesem Fall kann also gemäß § 76a Abs. 5 BetrVG durch Tarifvertrag eine abweichende Kostenregelung getroffen werden. Denkbar ist, die personenbezogenen Kosten des Verfahrens vor der Schlichtungsstelle von einer oder beiden Tarifvertragsparteien tragen zu lassen (*Rieble* RdA 1993, 140, 150).

Die in § 76a Abs. 2 in Verbindung mit § 37 Abs. 2 und 3 BetrVG getroffene Regelung kann nicht tarifvertraglich abgeändert werden. Das bedeutet, dass die betriebsangehörigen Beisitzer unter Beibehaltung ihres vollen Vergütungsanspruchs von ihrer beruflichen Tätigkeit zu befreien sind, soweit dies für die Mitarbeit in der Schlichtungsstelle erforderlich ist.

23. **Nachwirkung des Tarifvertrags.** Ob eine Nachwirkung der Normen des Tarifvertrags stattfindet, ist streitig. Die Nachwirkung wird zum Teil mit dem Argument verneint, der Tarifvertrag könne nur für die Zeit seiner unmittelbaren Geltung das Organisationsrecht des BetrVG verdrängen (*F/E/S/T/L* § 76 Rdn. 114). Die Gegenmeinung geht davon aus, dass auch betriebsverfassungsrechtliche Tarifnormen gemäß § 4 Abs. 5 TVG nachwirken (*Rieble* RdA 1993, 140, 147). Um Zweifel zu vermeiden, kann die Nachwirkung – von einer etwaigen Fortführung laufender Verfahren abgesehen, s. Anm. 24 – ausgeschlossen werden.

24. **Abwicklung der laufenden Schlichtungsstellenverfahren.** Relevant ist die Frage der Nachwirkung im Zusammenhang mit bei Ablauf der Wirkung des Tarifvertrags noch laufenden Verfahren. Teilweise wird mit dem Argument, diese Verfahren müssten sinnvollerweise noch von der Schlichtungsstelle abgeschlossen werden, bereits eine **Nachwirkung** bejaht (*Rieble* RdA 1993, 140, 147). Aus praktischen Gesichtspunkten bietet sich die tarifvertragliche Festlegung einer solchen Fortführung auch an, da andernfalls das Verfahren vor der Einigungsstelle vollständig neu aufgerollt werden müsste. Zwar bestehen dann für gewisse Zeit Schlichtungsstelle und Einigungsstelle nebeneinander, doch verhält es sich im Gegensatz zur Ablösung der Einigungsstelle bei Beginn der Wirksamkeit des Tarifvertrags nunmehr so, dass die Tarifvertragsparteien ein Interesse daran haben, „ihr" Gremium noch fortbestehen zu lassen.

Ob die Tarifvertragsparteien berechtigt sind, diese begrenzte Fortwirkung im Tarifvertrag zu vereinbaren, ist umstritten. Für die Möglichkeit einer solchen Regelung spricht aber, dass die Tarifvertragsparteien auch schlicht die Geltungsdauer des Tarifvertrags ausdehnen könnten, um die gleiche Wirkung herbeizuführen.

Ein alternatives Vorgehen, das auf die Anordnung der Nachwirkung verzichtet, aber dennoch auf personelle Kontinuität abzielt, besteht darin, dass Arbeitgeber und Betriebsrat angehalten werden, die bisherigen Mitglieder der Schlichtungsstelle als die der – neuen und nunmehr wieder zuständigen – Einigungsstelle zu benennen (*F/E/S/T/L* § 76 Rdn. 114). Eine solche „Empfehlung" ist aber vom guten Willen vor allem des Betriebsrats abhängig; der Arbeitgeber wird ohnehin daran interessiert sein, die Verfahren weiterlaufen zu lassen, sofern er selbst Tarifvertragspartei ist und über die Benennung der Beisitzer bereits seine Interessenvertretung sichern konnte.

25. Verweis auf das BetrVG. Der Verweis auf die Vorschriften des BetrVG im Übrigen erfolgt der Vollständigkeit halber, um Rechtssicherheit zu schaffen. Denn auch ohne diesen Verweis erfolgt aus methodischen Gründen ein Rückgriff auf das BetrVG als zugrunde liegendes Gesetz (vgl. D/K/K/*Berg* § 76 BetrVG Rdn. 98). Sollen bestimmte Vorgaben des BetrVG vermieden werden, müssen die betreffenden Fragen also abschließend im Tarifvertrag geregelt werden. Soweit die Abweichung zulässig ist, kommt ein Rückgriff dann nicht in Betracht.

26. Unterschrift. S. Form. E. II. 2 Anm. 2.

3. Tarifvertrag[1] über unternehmenseinheitlichen Betriebsrat[2]

Tarifvertrag

zwischen
...... (Name und Anschrift der Gesellschaft) „Gesellschaft"
und
...... (Name und Anschrift der Gewerkschaft) „Gewerkschaft[3]"

Präambel

Die Parteien sind sich darüber einig, dass eine effektive Zusammenarbeit zwischen der Geschäftsleitung und den Arbeitnehmervertretungen und damit eine sachgerechte Wahrnehmung der Interessen der Arbeitnehmer nur möglich ist, wenn die Struktur der Arbeitnehmervertretung den Entscheidungsabläufen im Unternehmen der Gesellschaft angepasst wird. Da ein Großteil der Entscheidungen in beteiligungspflichtigen Angelegenheiten zentral auf Unternehmensebene gefällt wird, vereinbaren die Parteien gemäß § 3 Abs. 1 Nr. 1a) BetrVG die Bildung eines unternehmenseinheitlichen Betriebsrats nach den folgenden Bestimmungen. Dadurch wird zudem gewährleistet, dass auch die im Betrieb ...... beschäftigten Arbeitnehmer, die bislang keinen Betriebsrat gewählt haben, vertreten werden[4].

§ 1 Unternehmenseinheitlicher Betriebsrat

(1) Dieser Tarifvertrag gilt für sämtliche Arbeitnehmer und Betriebe der Gesellschaft[5].

(2) Im Unternehmen der Gesellschaft wird ein unternehmenseinheitlicher Betriebsrat gebildet. Er ersetzt die bestehenden Betriebsräte und den Gesamtbetriebsrat. Auf den unternehmenseinheitlichen Betriebsrat finden die Vorschriften über die gesetzlichen Rechte und Pflichten des Betriebsrats und des Gesamtbetriebsrats sowie die Rechtsstellung ihrer Mitglieder Anwendung[6].

(3) Der unternehmenseinheitliche Betriebsrat wird von allen Beschäftigten der Gesellschaft nach den Vorschriften des BetrVG gewählt[7].

(4) Abweichend von § 38 Abs. 1 S. 1 BetrVG werden im Unternehmen der Gesellschaft ...... Betriebsratsmitglieder von ihrer beruflichen Tätigkeit freigestellt. Es sind höchstens ...... Teilfreistellungen zulässig[8].

§ 2 Fortgeltung von Betriebsvereinbarungen[9]

(1) Die für einzelne Betriebe abgeschlossenen Betriebsvereinbarungen gelten mit ihrem ursprünglichen persönlichen Geltungsbereich, also jeweils mit Wirkung für die Arbeit-

nehmer des betreffenden Betriebs, fort. Die abgeschlossenen Gesamtbetriebsvereinbarungen gelten mit Wirkung für alle Arbeitnehmer der Gesellschaft fort.

(2) Willenserklärungen im Hinblick auf die bestehenden Betriebsvereinbarungen, insbesondere Kündigungen, können von dem unternehmenseinheitlichen Betriebsrat abgegeben werden.

§ 3 Eingliederung eines Betriebs[10]

Wird ein Betrieb oder Betriebsteil in das Unternehmen eingegliedert, nimmt der unternehmenseinheitliche Betriebsrat das Mandat auch für diesen Betrieb oder Betriebsteil wahr. Wenn durch die Eingliederung mit Ablauf von 24 Monaten, vom Tage der Wahl des unternehmenseinheitlichen Betriebsrats an gerechnet, die Zahl der im Unternehmen regelmäßig beschäftigten Arbeitnehmer um die Hälfte, mindestens aber um fünfzig, gestiegen oder gesunken ist, findet eine Neuwahl des unternehmenseinheitlichen Betriebsrats statt.

§ 4 Erste Wahl des unternehmenseinheitlichen Betriebsrats[11]

(1) Die erstmalige Wahl des unternehmenseinheitlichen Betriebsrats findet nach In-Kraft-Treten dieses Tarifvertrages statt.

(2) Der bei der Gesellschaft gebildete Gesamtbetriebsrat bestellt zu diesem Zweck einen Wahlvorstand, der die Wahl unverzüglich einleitet und durchführt.

§ 5 Schlussbestimmungen[12]

(1) Diese Vereinbarung tritt am ...... in Kraft. Sie kann von beiden Parteien mit einer Frist von drei Monaten zum Ende eines Kalenderquartals gekündigt werden. Die Kündigung bedarf der Schriftform.

(2) Eine Nachwirkung wird ausgeschlossen. Nach seiner Beendigung gilt die gesetzlich vorgesehene betriebsverfassungsrechtliche Organisation. Der zum Zeitpunkt der Kündigung gebildete unternehmenseinheitliche Betriebsrat bleibt im Amt und führt die Geschäfte bis zur Bekanntgabe des Wahlergebnisses eines Betriebsrats oder mehrerer Betriebsräte, die an die Stelle des unternehmenseinheitlichen Betriebsrats treten, fort. Das Mandat endet spätestens sechs Monate nach Ablauf der ursprünglich vorgesehenen Amtszeit des unternehmenseinheitlichen Betriebsrats.

(Alternative:

(2) Der Tarifvertrag wirkt nach, bis er durch eine neue Vereinbarung zwischen den Parteien ersetzt wird.)

(3) Mündliche Nebenabreden bestehen nicht. Sollte eine Bestimmung dieser Vereinbarung ganz oder teilweise unwirksam sein oder werden, so wird die Gültigkeit der übrigen Bestimmungen hiervon nicht berührt. Die Vertragsparteien verpflichten sich, an die Stelle der unwirksamen Bestimmung eine dieser möglichst nahe kommende wirksame Bestimmung zu setzen. Dasselbe gilt für den Fall einer vertraglichen Lücke.

......
Ort, Datum

......
Unterschrift der Gesellschaft

......
Ort, Datum

......
Unterschrift der Gewerkschaft[13]

Schrifttum: Annuß, Schwierigkeiten mit § 3 I Nr. 3 BetrVG?, NZA 2002, 290; *Berkowsky,* Reform des Betriebsverfassungsgesetzes, NZI 2001, 529; *Boemke,* Reform des Betriebsverfassungsgesetzes, JuS 2002, 521; *Buchner,* Betriebsverfassungs-Novelle auf dem Prüfstand, NZA 2001, 633; *Däubler,* Eine bessere Betriebsverfassung, AuR 2001, 1; *Giesen,* Betriebsersetzung durch Tarifvertrag?, BB 2002, 1480; *Hanau,* Die Reform der Betriebsverfassung, NJW 2001, 2513; *ders.,* Denkschrift – zu dem Regierungsentwurf eines Gesetzes zur Reform des Betriebsverfassungsgesetzes, RdA 2001, 65; *Hohenstatt/Dzida,* Die „maßgeschneiderte" Betriebsverfassung, DB 2001, 2498; *Konzen,* Der Regierungsentwurf des Betriebsverfassungsgesetzes, RdA 2001, 76; *Leßmann/Liersch,* Die Novelle des Betriebsverfassungsgesetzes, DStR

2001, 1302; *Löwisch,* Änderung der Betriebsverfassung durch das Betriebsverfassungs-Reformgesetz, BB 2001, 1734; *Plander,* Der Betrieb als Verhandlungsobjekt im Betriebsverfassungs- und sonstigen Arbeitsrecht, NZA 2002, 483; *Reichold,* Die reformierte Betriebsverfassung 2001, NZA 2001, 857; *Richardi,* Veränderungen in der Organisation der Betriebsverfassung, NZA 2001, 346; *Richardi/Annuß,* Neues Betriebsverfassungsgesetz: Revolution oder strukturwahrende Reform?, DB 2001, 41; *Rieble,* Das Übergangsmandat nach § 21 a BetrVG, NZA 2002, 233; *ders.,* Die Betriebsverfassungsgesetz-Novelle 2001 in ordnungspolitischer Sicht, ZIP 2001, 133; *Rieble/Gutzeit,* Betriebsvereinbarungen nach Unternehmensumstrukturierung, NZA 2003, 233; *Thüsing,* Vereinbarte Betriebsratsstrukturen – Zum Gestaltungsspielraum der Tarifvertragsparteien im Rahmen des § 3 BetrVG; ZIP 2003, 693; *Wissmann,* Zur Zukunft der Mitbestimmung in Betrieb und Unternehmen, AiB 2000, 320.

Anmerkungen

1. Tarifvertragliche Vereinbarung von alternativen Betriebsratsstrukturen. Die Reform des Betriebsverfassungsgesetzes vom 23. Juli 2001 hat die Möglichkeit geschaffen, grundlegende Strukturen der Interessenvertretung nach dem Betriebsverfassungsgesetz weitgehend flexibel zu regeln.

Als Regelungsinstrument nennt § 3 BetrVG den Tarifvertrag, lediglich **subsidiär** kommt gemäß § 3 Abs. 2 BetrVG in einigen Fällen (§ 3 Abs. 1 Nr. 1, 2, 4 und 5 BetrVG) auch die Regelung durch **Betriebsvereinbarung** in Betracht. Rechtlich möglich ist einerseits der Abschluss eines so genannten firmenbezogenen Verbandstarifvertrages, also eines Tarifvertrages zwischen einem Arbeitgeberverband und einer Gewerkschaft für einen einzelnen Arbeitgeber. In der Praxis sehr viel häufiger vorkommen wird jedoch, wie in diesem Formular, die Vereinbarung abweichender Betriebsratsstrukturen in einem **Firmentarifvertrag**, d.h. einem Tarifvertrag zwischen einem Arbeitgeber und einer Gewerkschaft.

Bei den Tarifbestimmungen, die gemäß § 3 BetrVG vereinbart werden, handelt es sich um „Rechtsnormen über betriebsverfassungsrechtliche Fragen" im Sinne von **§ 3 Abs. 2 TVG**. Die Bestimmungen gelten schon dann, wenn **lediglich der Arbeitgeber tarifgebunden** ist. Die Arbeitnehmer sind also an die tariflichen Regelungen gebunden, selbst wenn sie nicht Mitglieder der vertragsschließenden Gewerkschaft sind. In der Literatur ist wegen dieser rechtlichen Bindung auch nicht gewerkschaftlich organisierter Arbeitnehmer die Verfassungsmäßigkeit der Regelungen in § 3 Abs. 1 Nr. 1 bis 3 BetrVG angezweifelt worden. Die Außenseiter hätten die Regelungsbefugnis der Tarifparteien nicht durch ihren Beitritt zu der vertragsschließenden Gewerkschaft legitimiert (GKBetrVG/*Kraft* § 3 Rdn. 42; *Giesen* BB 2002, 1480, 1484). Diese Bedenken erscheinen allerdings nicht zwingend. Denn die Tarifvertragsparteien sind in Ausübung ihrer Gestaltungsbefugnis nicht gänzlich frei, vielmehr ist das im Wege der Tarifeinigung erzielbare Ergebnis durch das Gesetz im Wesentlichen vorgezeichnet (so auch *Annuß* NZA 2002, 290, 291).

Nicht geregelt wird durch das Gesetz die Frage der **Erstreikbarkeit** einer tariflichen Regelung nach § 3 BetrVG. Die Literatur steht zum Teil auf dem Standpunkt, auch Tarifverträge im Sinne von § 3 BetrVG könnten erstreikt werden, da grundsätzlich alles, was normativ regelbar ist auch erkämpfbar sei (*F/E/S/T/L* § 3 Rdn. 17; *D/K/K/Trümner* § 3 BetrVG Rdn. 155; *Wissmann* AiB 2000, 321, 322). Dies erscheint zweifelhaft. Der vermeintliche Grundsatz, dass alle tariflich regelbaren Ziele durch einen Arbeitskampf erzwungen werden können, wird inzwischen stark bestritten. Insbesondere mit Blick auf die gemäß Art. 2, 12, 14 GG grundsätzlich geschützte Unternehmerfreiheit ist abzulehnen, dass dem Arbeitgeber eine neue Arbeitnehmervertretungsstruktur – eventuell sogar im Verbund mit anderen Unternehmen – aufgezwungen werden kann (so auch *Reichhold* NZA 2001, 857, 859; wohl auch *Thüsing* ZIP 2003, 693, 703).

2. Gesetzliche Ermächtigung. Der **Betriebsbegriff** wird durch § 3 BetrVG für die Betriebsverfassung insoweit **dispositiv**, als Betriebsratsstrukturen losgelöst von der Organisationseinheit des Betriebs gestaltet werden können. Die in § 3 Abs. 1 BetrVG abschließend aufgeführten Tatbestände betreffen in den Ziffern 1 bis 3 abweichende Vertretungsstrukturen, in den Ziffern 4 und 5 zusätzliche betriebsverfassungsrechtliche Gremien. Werden durch Tarifverträge nach § 3 Abs. 1 Nr. 1 bis 3 BetrVG neue betriebsverfassungsrechtliche Organisations-

3. Tarifvertrag über unternehmenseinheitlichen Betriebsrat

einheiten geschaffen, so gelten diese gemäß § 3 Abs. 5 S. 1 BetrVG „als Betriebe im Sinne dieses Gesetzes".

Gemäß § 3 Abs. 1 Nr. 1 a) BetrVG können die Tarifvertragsparteien die Bildung eines unternehmenseinheitlichen Betriebsrats vereinbaren. Betroffen von dieser Regelung sind Unternehmen, die aus mehreren Betrieben im betriebsverfassungsrechtlichen Sinne bestehen. Denn wenn ein Unternehmen aus nur einem Betrieb besteht, verfügt es bereits über einen „unternehmenseinheitlichen" Betriebsrat. Kennzeichnend für den **Begriff des Unternehmens** ist dabei im Gegensatz zum **Betrieb** als arbeitsorganisatorischer Einheit die „Einheit des Rechtsträgers". Bei Personengesellschaften (OHG, KG) und bei Kapitalgesellschaften (AG, KGaA, GmbH) ist die Gesellschaft identisch mit dem Unternehmen. Als Kapitalgesellschaften geführte Unternehmen können jeweils nur ein einziges Unternehmen bilden (BAG Urt. v. 13. 6. 1985 – 2 AZR 452/84 – AP Nr. 10 zu § 1 KSchG 1969).

An die Stelle der örtlichen Betriebsräte tritt bei einem unternehmenseinheitlichen Betriebsrat eine einheitliche Interessenvertretung für alle Arbeitnehmer des Unternehmens. Angesichts des Zwecks der gesetzlichen Neuregelung, eine möglichst flächendeckende, effektive Vertretung aller Beschäftigten zu erreichen, ist davon auszugehen, dass ein unternehmenseinheitlicher Betriebsrat **auch für Arbeitnehmer** zuständig ist, die **in nicht betriebsratsfähigen Betrieben** des Unternehmens tätig sind (GKBetrVG/*Kraft* § 3 Rdn. 9).

Da das Gesetz in § 3 Abs. 1 Nr. 1 BetrVG nur das Unternehmen nennt, nicht aber – wie Nr. 2 und 3 – den Konzern, kann ein **konzerneinheitlicher Betriebsrat** nicht durch einen Tarifvertrag nach § 3 Abs. 1 Nr. 1 a) BetrVG gebildet werden, sondern nur nach § 3 Abs. 1 Nr. 3 BetrVG (D/K/K/*Trümner* § 3 BetrVG Rdn. 21).

3. Vertragsparteien. Parteien eines Firmentarifvertrages über alternative Betriebsratsstrukturen sind der Arbeitgeber und die nach ihrer Satzung tarifzuständige Gewerkschaft.

Gehört zum Unternehmen des Arbeitgebers ein Betrieb, der gemeinschaftlich mit einem anderen Unternehmen geführt wird – ein so genannter **Gemeinschaftsbetrieb** –, so kann auch dieser von dem unternehmenseinheitlichen Betriebsrat erfasst werden (ErfKomm/*Eisemann* § 3 BetrVG Rdn. 3; D/K/K/*Trümner* § 3 BetrVG Rdn. 21). In diesen Fällen muss der am Gemeinschaftsbetrieb beteiligte Arbeitgeber allerdings ebenfalls Partei des Tarifvertrages werden.

Auf Arbeitnehmerseite kann jede tarifzuständige Gewerkschaft die tarifliche Bildung eines unternehmenseinheitlichen Betriebsrats vereinbaren. Dies gilt auch dann, wenn kein Arbeitnehmer des Betriebes der tarifschließenden Gewerkschaft angehört, denn § 3 Abs. 2 TVG normiert eine Tarifwirkung unabhängig von einer Organisationszugehörigkeit der Arbeitnehmer (Thüsing ZIP 2003, 693, 697). Gleichwohl wird bei einer Tarifzuständigkeit mehrere Gewerkschaften empfohlen, mit diesen einen inhaltlich übereinstimmenden Tarifvertrag auszuhandeln, um die Akzeptanz unter den Arbeitnehmern zu steigern und dem Gebot der vertrauensvollen Zusammenarbeit in Zusammenwirkung mit den im Betrieb vertretenen Gewerkschaften, § 2 Abs. 1 BetrVG, zu genügen. Sollte es – was in der Praxis der absolute Ausnahmefall sein wird – zu einer **Tarifkonkurrenz** kommen, so setzt sich der Tarifvertrag durch, den die Gewerkschaft geschlossen hat, welche im Geltungsbereich des Vertrages die meisten Mitglieder hat (*Plander* NZA 2002, 483, 486).

4. Präambel. Die Aufnahme einer Präambel in den Tarifvertrag bietet sich deshalb an, weil die tarifliche Regelung über die Bildung eines unternehmenseinheitlichen Betriebsrats gemäß § 3 Abs. 1 Nr. 1 Hs. 2 BetrVG nur dann zulässig ist, wenn dies die **Bildung von Betriebsräten erleichtert** oder einer **sachgerechten Wahrnehmung der Interessen der Arbeitnehmer** dient. In der Präambel sollten die Parteien begründen, warum sie die neue Betriebsratsstruktur für sachgerecht halten und inwiefern sie die Bildung von Betriebsräten erleichtert (s. ausführlich Form. E. II. 1).

Die Voraussetzungen des § 3 Abs. 1 Nr. 1 Hs. 2 BetrVG sollen nach der Gesetzesbegründung dann erfüllt sein, wenn die Entscheidungen in beteiligungspflichtigen Angelegenheiten überwiegend zentral auf Unternehmensebene gefällt werden (vgl. Begr. RegE BT-Drucks. 14/5741 S. 34). Des Weiteren kann das Merkmal der „erleichterten Bildung von Betriebsräten" etwa dann vorliegen, wenn durch die vereinbarte Struktur auch Betriebe von einer Arbeitnehmervertretung vertreten werden, die bislang betriebsratslos waren (*F/E/S/T/L* § 3

Rdn. 49; *Hohenstatt/Dzida* DB 2001, 2498). Ein solcher Fall ist hier für einen Betrieb vorgesehen, dessen Bezeichnung in der Präambel einzutragen ist.

Liegt keine der beiden Voraussetzungen vor, ist die tarifliche Regelung **unwirksam**. Ob der Tarifvertrag die erwähnten Grenzen wahrt, unterliegt gegebenenfalls der nachträglichen Überprüfung durch die Arbeitsgerichte, die hierüber im Beschlussverfahren (§§ 2a, 80ff. ArbGG) entscheiden. Es handelt sich um eine betriebsverfassungsrechtliche Streitigkeit, obwohl es um die Wirksamkeit von Tarifverträgen geht. Antragsberechtigt sind die auf gesetzlicher Grundlage gebildeten Organe, der Arbeitgeber, die vertragsschließende Gewerkschaft sowie konkurrierende Gewerkschaften.

5. Geltungsbereich. Durch den Tarifvertrag wird, wie unter Anm. 2 dargestellt, ein einheitlicher Betriebsrat für das gesamte Unternehmen geschaffen. Hieraus folgt zwingend die Geltung des Tarifvertrages für sämtliche Arbeitnehmer und Betriebe des Unternehmens.

6. Rechtliche Stellung des unternehmenseinheitlichen Betriebsrats. Der unternehmenseinheitliche Betriebsrat **ersetzt** unstreitig sowohl die örtlichen **Betriebsräte** als auch den **Gesamtbetriebsrat**, denn der unternehmenseinheitliche, zentrale Betriebsrat hat sämtliche Rechte und Pflichten inne, die sonst zwischen örtlichem Betriebsrat und Gesamtbetriebsrat nach Maßgabe von § 50 BetrVG aufgeteilt sind. Es wird somit eine „schlanke", einstufige Vertretungsorganisation wie bei einer Gesellschaft erzielt, die überhaupt nur einen Betrieb hat. Die Repräsentation in einem eventuell vorzusehenden Konzernbetriebsrat erfolgt unmittelbar aus dem unternehmenseinheitlichen Betriebsrat heraus.

Gemäß § 3 Abs. 5 BetrVG gelten die nach § 3 Abs. 1 Nr. 1 bis 3 BetrVG neu gebildeten Organisationseinheiten als Betriebe i.S.d. BetrVG. Noch nicht abschließend geklärt ist die Frage, ob die **Fiktion** des § 3 Abs. 5 BetrVG auch **über das Betriebsverfassungsgesetz hinaus** wirkt, ob also überall dort, wo Gesetze auf den „Betrieb" Bezug nehmen, nunmehr auf die neu gebildete Organisationseinheit abgestellt werden muss. Von besonderer Relevanz ist diese Frage insbesondere für das **Kündigungsschutzrecht**. Dies hieße nämlich z.B., dass bei der Bildung eines unternehmenseinheitlichen Betriebsrats die Sozialauswahl – soweit sich nicht aus den Einzelarbeitsverträgen im Hinblick auf das geschuldete Aufgabengebiet Einschränkungen ergeben – unternehmensbezogen durchzuführen wäre. Gerichtliche Entscheidungen zu dieser Frage sind bislang nicht ergangen. Aus dem Wortlaut „im Sinne dieses Gesetzes" ergibt sich, dass die Fiktion jedenfalls nur unmittelbar für den Bereich des BetrVG Geltung haben soll. In der Literatur wird zum Teil jedoch die Ansicht vertreten, über § 102 BetrVG strahle die Regelung auch in das Kündigungsschutzrecht aus. Wegen des engen Zusammenhangs sei möglicherweise auch die Sozialauswahl nicht betriebs-, sondern betriebsratsbezogen abzugrenzen (*Hanau* NJW 2001, 2513, 2514). Nach wohl überwiegender und auch zutreffender Ansicht verbleibt es dagegen für die Anwendungszusammenhänge des KSchG bei der herkömmlichen Betriebsabgrenzung nach dem allgemeinen Betriebsbegriff (*Plander* NZA 2002, 483, 489; D/K/K/*Trümner* § 3 BetrVG Rdn. 152; *Leßmann/Liersch* DStR 2001, 1302; unentschieden *Hohenstatt/Dzida* DB 2001, 2498, 2503). Die betriebsverfassungsrechtliche Zuständigkeit des unternehmenseinheitlichen Betriebsrats nach § 102 BetrVG und die Reichweite der Sozialauswahl können danach auseinander fallen. Wenn auch die ganz überwiegenden Gründe dafür sprechen, dass die Vereinbarung abweichender Betriebsstrukturen im Ergebnis keine Auswirkungen auf das Kündigungsschutzrecht hat, sollte die verbleibende **rechtliche Ungewissheit** und die etwaigen weitreichenden kündigungsschutzrechtlichen Konsequenzen beim Abschluss eines Tarifvertrags mitbedacht werden.

7. Anzahl und rechtliche Stellung der Betriebsratsmitglieder. Da das Unternehmen gemäß § 3 Abs. 5 BetrVG als Betrieb gilt, bemisst sich die Anzahl der zu wählenden Mitglieder eines unternehmenseinheitlichen Betriebsrats danach, wie viele Arbeitnehmer in dem Unternehmen der Gesellschaft beschäftigt sind, denn das Unternehmen gilt nunmehr als Betrieb im Sinne von § 9 BetrVG. Obwohl häufig ein praktisches Bedürfnis bestehen wird, einen nach § 3 Abs. 1 Nr. 1a) BetrVG maßgeschneiderten Betriebsrat abweichend von § 9 BetrVG zu verkleinern, kommt dies nach der gesetzlichen Regelung nicht in Betracht (*Hohenstatt/Dzida* DB 2001, 2498, 2500).

3. Tarifvertrag über unternehmenseinheitlichen Betriebsrat

Da der tarifvertraglich vereinbarte Betriebsrat an die Stelle des gesetzlichen Betriebsrats tritt, haben die Mitglieder des unternehmenseinheitlichen Betriebsrats **persönlich dieselbe Rechtstellung** wie Betriebsratsmitglieder. Das gilt insbesondere auch für den Kündigungsschutz nach § 15 KSchG und § 103 BetrVG.

8. Freistellungen. § 38 Abs. 1 S. 5 BetrVG eröffnet den Tarifparteien die Möglichkeit, „anderweitige Regelungen" über die Anzahl der in einem Betrieb freizustellenden Betriebsratsmitglieder zu treffen. Wegen des allgemeinen Begriffs **„anderweitig"** können die Tarifverträge auch eine geringere Anzahl von Freistellungen als die Staffel des Gesetzes festlegen (BAG Beschl. v. 11. 6. 1997 – 7 ABR 5/96 – AP Nr. 22 zu § 38 BetrVG 1972). Im Rahmen der Vereinbarung von neuen Betriebsratsstrukturen kann es sich einerseits anbieten, z. B. im Rahmen einer allgemein angestrebten Kosteneinsparung auch eine geringere Anzahl an Freistellungen festzulegen, andererseits kann durch das Angebot einer Erhöhung der Freistellungsanzahl der möglichen Sorge der Gewerkschaft begegnet werden, dass durch die neue Betriebsratsstruktur eine ordnungsgemäße Durchführung der Aufgaben nicht mehr sichergestellt sei. Jedenfalls stellt die Möglichkeit einer Regelung der Freistellungen ein nicht zu unterschätzendes Verhandlungspotential dar. Nicht zulässig ist es, eine Freistellung von Betriebsratsmitgliedern ganz auszuschließen, denn dies stellt keine „anderweitige" Regelung der Freistellung dar (GKBetrVG/*Wiese/Weber* § 38 Rdn. 26; *F/E/S/T/L* § 38 Rdn. 30).

9. Fortgeltung von Betriebsvereinbarungen. Häufig wird sich in der Praxis die Frage nach dem Schicksal bereits bestehender Betriebsvereinbarungen stellen. § 3 BetrVG trifft hierzu keine Regelung. Den Tarifparteien wird man nicht das Recht zugestehen können, die zukünftige Geltung oder Nichtgeltung von bereits abgeschlossenen Betriebsvereinbarungen im Tarifvertrag frei zu regeln. Mit der Ermächtigung zur Bestimmung neuer Betriebsratsstrukturen ist den Tarifparteien nicht zugleich die Befugnis eingeräumt worden, anstelle der Betriebsparteien über die Geltung bereits existierender Betriebsvereinbarungen zu entscheiden. Es muss deshalb auf die allgemeinen Grundsätze zurückgegriffen werden.

Weil die Betriebsverfassung an den Betrieb als Organisationseinheit anknüpft, geht die überwiegende Meinung grundsätzlich davon aus, dass eine unmittelbare und zwingende (Fort-) Geltung von Betriebsvereinbarungen dann nicht mehr in Betracht komme, wenn der maßgebliche Anknüpfungspunkt – also der Betrieb – wegfalle, indem er seine „Identität" verliere (m. weit. Nachw. *Rieble* NZA 2003, 233). Durch die tarifliche Vereinbarung über die veränderte Betriebsratsstruktur entfällt zwar die ehemalige Organisationseinheit Betrieb. Allerdings tritt an ihre Stelle eine neue Organisationseinheit, die gemäß § 3 Abs. 5 BetrVG nunmehr ebenfalls als Betrieb im betriebsverfassungsrechtlichen Sinne gilt. Möglicherweise könnten daher die bereits abgeschlossenen Betriebsvereinbarungen dahingehend ausgelegt werden, dass sie nunmehr nicht mehr für den Betrieb im betriebsverfassungsrechtlichen Sinne, sondern für den Betrieb im Sinne der tariflichen Vereinbarung gelten. Probleme ergeben sich aber z. B. dann, wenn in mehreren Betrieben, die nun zusammen über einen unternehmenseinheitlichen Betriebsrat verfügen, unterschiedliche Betriebsvereinbarungen zur selben Sachmaterie abgeschlossen wurden.

Überzeugender erscheint die Auffassung, nach der die vormaligen Betriebsvereinbarungen ohne Weiteres mit ihrem jeweiligen persönlichen Geltungsbereich in Kraft bleiben und innerhalb der neuen betriebsverfassungsrechtlichen Organisationseinheiten „sektorale normative Teilordnungen" darstellen (D/K/K/*Trümner* § 3 BetrVG Rdn. 151). Begründet werden kann eine solche Fortgeltung mit dem Argument, dass durch den Tarifvertrag zwar die Repräsentationsbereiche anders zugeschnitten werden, die tatsächlichen Betriebsorganisationen jedoch unverändert bleiben.

Die Regelung im Formular geht von dieser Rechtsansicht aus und ist als **lediglich deklaratorische Regelung** über den zukünftigen Geltungsbereich der Betriebsvereinbarungen zu verstehen. Angesichts der bestehenden Rechtsunsicherheit und fehlender Rechtsprechung zu dieser Frage ist eine solche Klarstellung empfehlenswert. Außerdem sollte der Tarifvertrag darauf hinweisen, welcher Arbeitnehmervertretung zukünftig das Recht zukommen wird, Willenserklärungen im Hinblick auf die fortgeltenden Betriebsvereinbarungen abzugeben, insbesondere Kündigungen auszusprechen. Im hier vorliegenden Fall des unternehmenseinheitlichen Betriebsrats steht dieses Recht sowohl im Hinblick auf Betriebsvereinbarungen als auch Gesamtbetriebsvereinbarungen dem unternehmenseinheitlichen Betriebsrat zu.

Die im Formular vorgesehene Lösung ist sachgerecht. Durch die Fortgeltung der Betriebsvereinbarungen und Gesamtbetriebsvereinbarungen im Rahmen ihrer ursprünglichen persönlichen Geltungsbereiche einerseits und den Übergang des Kündigungsrechts auf den unternehmenseinheitlichen Betriebsrat andererseits wird eine gewisse Rechtsicherheit gewährleistet und den Betriebsparteien zugleich die Möglichkeit eingeräumt, zeitnah an die Strukturveränderung angepasste Regelungen zu schaffen.

10. Veränderungen durch Umstrukturierungen. Werden die Organisationsstrukturen des Unternehmens z. B. durch eine Spaltung oder die Zusammenlegung mit anderen Betrieben oder Betriebsteilen geändert oder wird das Unternehmen stillgelegt, bestimmen die §§ 21a und 21b BetrVG das Schicksal der betriebsverfassungsrechtlichen Vertretung der Arbeitnehmer. Diese Vorschriften sind zwingend und können durch Tarifvertrag nicht abgeändert werden (*F/E/S/T/L* § 21a Rdn. 5, § 21b Rdn. 4).

Das Formular stellt für den wohl häufigsten Fall der **Eingliederung** eines Betriebs oder Betriebsteils in das Unternehmen, welches gemäß § 3 Abs. 5 BetrVG als Betrieb i. S. d. BetrVG gilt, klar, dass der unternehmenseinheitliche Betriebsrat auch die eingegliederten Arbeitnehmer vertritt (§ 21a Abs. 1 S. 1 und Abs. 2 S. 2 BetrVG). Ebenso wird § 13 Abs. 2 Nr. 1 BetrVG berücksichtigt, der bei einer wesentlichen Änderung der Belegschaftsstärke zu dem in der Klausel genannten Zeitpunkt eine **Neuwahl** des Betriebsrats vorschreibt.

11. Erstmalige Wahl. Gemäß § 3 Abs. 4 BetrVG sind die **abweichenden Regelungen** über die Betriebsratsstruktur erstmals bei der **nächsten regelmäßigen Betriebsratswahl** (§ 13 BetrVG) anzuwenden, wenn nicht der Tarifvertrag selbst einen anderen Wahlzeitpunkt vorsieht. Einigen sich die Parteien, wie in § 4 Abs. (1) vorgesehen, auf eine vorgezogene Neuwahl, so endet die Amtszeit bestehender Betriebsräte, die durch die Tarifvertragsregelung entfallen, mit Bekanntgabe des Wahlergebnisses (§ 3 Abs. 4 S. 2 BetrVG).

§ 4 Abs. (2) sieht vor, dass der bei der Gesellschaft gebildete Gesamtbetriebsrat zum Zwecke der ersten Wahl den **Wahlvorstand** bestellt. § 3 BetrVG enthält keine ausdrückliche Regelung zu der Frage, wer für die Bestellung des Wahlvorstands zur Durchführung der erstmaligen Wahl eines unternehmenseinheitlichen Betriebsrats zuständig ist. Es ist deshalb auf die allgemeinen Bestimmungen zurückzugreifen: Grundsätzlich bestellt gemäß § 16 BetrVG der (örtliche) Betriebsrat den Wahlvorstand, wenn ein solcher besteht. Existiert dagegen kein Betriebsrat, so ist gemäß § 17 BetrVG der Gesamtbetriebsrat für die Bestellung des Wahlvorstands zuständig. Zwar bestehen in den örtlichen Betrieben Betriebsräte. Für die neue, durch den Tarifvertrag begründete „Organisationseinheit Unternehmen", die gemäß § 3 Abs. 5 BetrVG als Betrieb gilt, existiert jedoch noch keine Arbeitnehmervertretung. Es erscheint daher konsequent, für die Wahl des unternehmenseinheitlichen Betriebsrats **§ 17 BetrVG entsprechend** anzuwenden (so für den Fall des § 3 Abs. 1 Nr. 4 BetrVG auch *F/E/S/T/L* § 3 Rdn. 101f.). Diese Lösung erscheint auch sachgerecht. Die Wahl eines unternehmenseinheitlichen Betriebsrats kann kaum sinnvoll durch mehrere, von den örtlichen Betriebsräten bestellte Wahlvorstände organisiert werden. Vielmehr muss ein Wahlvorstand für die einheitliche Durchführung, die Annahme der Vorschlagslisten, die Kontrolle des Wahlvorganges usw. zuständig sein.

Abweichend von § 14 BetrVG soll bei der Wahl eines unternehmenseinheitlichen Betriebsrats die Bildung von Wahlbezirken in den Betrieben, Nebenbetrieben und Betriebsteilen des Arbeitgebers zulässig sein (LAG Hamm Beschl. v. 27. 6. 2003 – 10 TaBV 22/03 – zit. n. juris). Dies gelte jedenfalls dann, wenn sich der Geltungsbereich des Tarifvertrages auf alle Betriebe, Nebenbetriebe und Betriebsteile beziehe, denn daraus ergäbe sich, dass sich die Tarifvertragsparteien der Bestimmung eines einheitlichen Betriebsbegriffes gerade enthalten hätten.

12. Kündigung, Nachwirkung und „Übergangsmandat". Laufzeit und Kündbarkeit von Tarifverträgen über Betriebsratsstrukturen können – je nachdem, wie weitgehend sich die Tarifpartner an die neu gewählten Strukturen binden wollen – unterschiedlich ausgestaltet werden. Unter Umständen bietet es sich auch an, die Laufzeit parallel zu dem in § 13 Abs. 1 BetrVG geregelten Vier-Jahres-Rhythmus zu regeln (s. Form. E. I. 5).

Unsicherheiten können entstehen, wenn der Tarifvertrag nach der Kündigung außer Kraft tritt. Denn die **Nachwirkung** betriebsverfassungsrechtlicher Tarifnormen ist sehr umstritten (vgl. D/K/K/*Trümner* § 3 BetrVG Rdn. 166; Wiedemann/*Wank* § 4 TVG Rdn. 344; *Thüsing* ZIP 2003, 693, 704; *Rieble* NZA 2002, 233, 239). Es empfiehlt sich daher, die Nachwirkung im Tarifvertrag ausdrücklich zu regeln, sei es, dass die Nachwirkung ausgeschlossen wird und nach Beendigung des Tarifvertrages wieder die gesetzlich vorgesehene betriebsverfassungsrechtliche Struktur gilt (so das Formular), sei es, dass die Nachwirkung (wie im Alternativvorschlag) festgeschrieben wird.

Um im Falle eines Ausschlusses der Nachwirkung eine Unsicherheit über das Mandat des unternehmenseinheitlichen Betriebsrats zu vermeiden, sollte geregelt werden, dass dieser bis zur Neuwahl im Amt bleibt. Sollten bis zum Ablauf der ursprünglich vorgesehenen Amtszeit des unternehmenseinheitlichen Betriebsrats keine neuen Betriebsräte gewählt worden sein, so endet dieses „Übergangsmandat" in entsprechender Anwendung des § 21a Abs. 1 S. 3 BetrVG spätestens sechs Monate nach Ablauf der ursprünglich vorgesehen Amtszeit.

13. Unterschrift. S. Form. E. II. 2 Anm. 2.

4. Tarifvertrag über Zusammenfassung von Betrieben[1]

Tarifvertrag

zwischen
...... (Name und Anschrift der Gesellschaft) „Gesellschaft"
und
...... (Name und Anschrift der Gewerkschaft) „Gewerkschaft[2]"

Präambel[3]

Die Parteien sind sich darüber einig, dass eine effektive Zusammenarbeit zwischen der Geschäftsleitung der Gesellschaft und den Arbeitnehmervertretungen nur durch Betriebsratsstrukturen gewährleistet wird, die der Aufteilung des Geschäftsgebiets Rechnung tragen. Ziel dieser Vereinbarung ist daher, die Arbeitnehmervertretungsstrukturen mit den Organisationsstrukturen der Gesellschaft zu harmonisieren. Dies dient der erleichterten Bildung von Betriebsräten und gewährleistet eine sachgerechte Wahrnehmung der Interessen aller Arbeitnehmer.

§ 1 Geltungsbereich und Organisationsstruktur

(1) Dieser Tarifvertrag gilt für sämtliche Arbeitnehmer und Betriebe der Gesellschaft[4].

(2) Die Gesellschaft ist derzeit auf dem Gebiet der Bundesrepublik Deutschland wie folgt gegliedert[5]:
- eine Hauptverwaltung (Direktion)
- ...... Landesdirektionen
- ...... Filialdirektionen

(3) Das Geschäftsgebiet der Gesellschaft ist in ...... Regionen aufgeteilt. Die Regionen werden jeweils geleitet durch eine Landesdirektion, der die Filialdirektionen zugeordnet sind. Eine Übersicht der Regionen ist als Anlage dieser Vereinbarung beigefügt.

(4) Die Entscheidungen über die der Beteiligung des Betriebsrats unterliegende Maßnahmen werden überwiegend von den Landesdirektionen getroffen.

§ 2 Zusammenfassung von Betrieben

(1) Alle Betriebe einer Region, das heißt alle Filialdirektionen, werden mit dem Betrieb der jeweiligen Landesdirektion gemäß § 3 Abs. 1 Nr. 1b) BetrVG zusammengefasst[6]. Die zusammengefassten Betriebe wählen jeweils einen Betriebsrat.

(2) Die gemäß Abs. (1) gebildeten Betriebsräte ersetzen jeweils alle in den zusammengefassten Betrieben bestehenden Betriebsräte. Auf sie finden die Vorschriften über die gesetzlichen Rechte und Pflichten des Betriebsrats sowie die Rechtsstellung ihrer Mitglieder Anwendung[7].

§ 3 Fortgeltung von Betriebsvereinbarungen[8]

(1) Die für einzelne Betriebe abgeschlossenen Betriebsvereinbarungen gelten mit ihrem ursprünglichen persönlichen Geltungsbereich, also jeweils mit Wirkung für die Arbeitnehmer des betroffenen Betriebs, fort. Die abgeschlossenen Gesamtbetriebsvereinbarungen gelten mit Wirkung für alle Arbeitnehmer der Gesellschaft fort.

(2) Willenserklärungen im Hinblick auf die bestehenden Betriebsvereinbarungen, insbesondere Kündigungen, können von den neuen Betriebsräten der zusammengefassten Betriebe abgegeben werden.

§ 4 Erste Wahl der Betriebsräte der zusammengefassten Betriebe[9]

Bei der erstmaligen Wahl der nach diesem Tarifvertrag zu bildenden Betriebsräte bestellt der bei der Gesellschaft gebildete Gesamtbetriebsrat die Wahlvorstände.

§ 5 Schlussbestimmungen[10]

(1) Diese Vereinbarung tritt am …… in Kraft. Sie kann von beiden Parteien mit einer Frist von drei Monaten zum Ende eines Kalenderquartals gekündigt werden. Die Kündigung bedarf der Schriftform.

(2) Eine Nachwirkung wird ausgeschlossen. Nach seiner Beendigung gilt die gesetzlich vorgesehene betriebsverfassungsrechtliche Organisation. Die zum Zeitpunkt der Kündigung gebildeten Betriebsräte der zusammengefassten Betriebe bleiben im Amt und führen die Geschäfte bis zur Bekanntgabe des Wahlergebnisses eines Betriebsrats oder mehrerer Betriebsräte, die an die Stelle der nach diesem Tarifvertrag gewählten Betriebsräte treten, fort. Das Mandat endet sechs Monate nach dem Zeitpunkt, zu dem die Kündigung wirksam wird.

(3) Mündliche Nebenabreden bestehen nicht. Sollte eine Bestimmung dieser Vereinbarung ganz oder teilweise unwirksam sein oder werden, so wird die Gültigkeit der übrigen Bestimmungen hiervon nicht berührt. Die Vertragsparteien verpflichten sich, an die Stelle der unwirksamen Bestimmung eine dieser möglichst nahe kommende wirksame Bestimmung zu setzen. Dasselbe gilt für den Fall einer vertraglichen Lücke.

……
Ort, Datum
……
Unterschrift der Gesellschaft

……
Ort, Datum
……
Unterschrift der Gewerkschaft

Anlage

Region I	Region II	Region III	Region IV
…… (Bezeichnung der Region)	…… (Bezeichnung der Region)	…… (Bezeichnung der Region)	…… (Bezeichnung der Region)
Landesdirektion …… (Bezeichnung und Anschrift der Landesdirektion)	Landesdirektion …… (Bezeichnung und Anschrift der Landesdirektion)	Landesdirektion …… (Bezeichnung und Anschrift der Landesdirektion)	Landesdirektion …… (Bezeichnung und Anschrift der Landesdirektion)

4. Tarifvertrag über Zusammenfassung von Betrieben — E. I. 4

Filialdirektion ...... (Bezeichnung und Anschrift der Filialdirektion)	Filialdirektion ...... (Bezeichnung und Anschrift der Filialdirektion)	Filialdirektion ...... (Bezeichnung und Anschrift der Filialdirektion)	Filialdirektion ...... (Bezeichnung und Anschrift der Filialdirektion)
Filialdirektion ...... (Bezeichnung und Anschrift der Filialdirektion)	Filialdirektion ...... (Bezeichnung und Anschrift der Filialdirektion)	Filialdirektion ...... (Bezeichnung und Anschrift der Filialdirektion)	Filialdirektion ...... (Bezeichnung und Anschrift der Filialdirektion)
Filialdirektion ...... (Bezeichnung und Anschrift der Filialdirektion)		Filialdirektion ...... (Bezeichnung und Anschrift der Filialdirektion)	
Filialdirektion ...... (Bezeichnung und Anschrift der Filialdirektion)			
Filialdirektion ...... (Bezeichnung und Anschrift der Filialdirektion)			

Schrifttum: S. Form. E. I. 3.

Anmerkungen

1. Gesetzliche Ermächtigung. Zu grundsätzlichen rechtlichen Fragen der tarifvertraglichen Vereinbarung von alternativen Betriebsratsstrukturen s. Form. E. I. 3 Anm. 1.

In Unternehmen mit mehreren Betrieben können gemäß § 3 Abs. 1 Nr. 1 b) BetrVG einzelne Betriebe zu einem Betrieb zusammengefasst werden. Durch diese Zusammenfassung wird die zweistufige Vertretungsorganisationsstruktur durch Einzelbetriebsräte und Gesamtbetriebsrat nicht aufgegeben, d.h. die in den zusammengefassten Betrieben gebildeten Betriebsräte errichten ihrerseits gemäß §§ 47 ff. BetrVG einen **Gesamtbetriebsrat**, der originär für Angelegenheiten zuständig ist, die das Gesamtunternehmen oder mehrere (zusammengefasste) Betriebe betreffen (§ 50 Abs. 1 BetrVG).

Die Gestaltungsmöglichkeiten des § 3 Abs. 1 Nr. 1 b) BetrVG ergänzen die gesetzlichen Regelungen über die **Zuordnung von Betriebsteilen** zu einem Betrieb (§ 4 Abs. 1 BetrVG). Denn nach § 3 Abs. 1 Nr. 1 b) BetrVG können nicht nur Betriebe, sondern auch Betriebsteile, deren Betriebseigenschaft gemäß § 4 Abs. 1 BetrVG fingiert wird, zusammengefasst werden. Da sich häufig nicht sicher bestimmen lässt, ob ein Betriebsteil als selbständiger Betrieb i.S.d. § 4 Abs. 1 BetrVG gilt oder ob er gemäß § 4 Abs. 2 BetrVG dem Hauptbetrieb zuzuordnen ist, können mit einer tariflichen Regelung i.S.d. § 3 Abs. 1 Nr. 1 b) BetrVG insbesondere auch rechtliche Unsicherheiten beseitigt werden. Im ersten Fall hat der Tarifvertrag konstitutive, im zweiten Fall lediglich deklaratorische Wirkung.

2. Vertragsparteien. Vertragsparteien sind in einem Haustarifvertrag, wie er im Formular vorgesehen ist, das Unternehmen und die tarifzuständige Gewerkschaft. Es ist aber auch möglich, dass ein Arbeitgeberverband und die tarifzuständige Gewerkschaft für ein Unternehmen einen firmenbezogenen Verbandstarifvertrag schließen (vgl. Form. E. I. 1 Anm. 1 bis 3).

3. Präambel. Dem Tarifvertrag ist eine Präambel vorangestellt, in der die Parteien begründen, warum die neue Betriebsratsstruktur der sachgerechten Wahrnehmung der Arbeitnehmerinteressen dient und inwiefern sie die Bildung von Betriebsräten erleichtert (s. ausführlich zur Präambel eines Tarifvertrages Form. E. II. 1). Zu den rechtlichen Folgen des Fehlens dieser Voraussetzungen s. Form E. I. 3. Anm. 4.

Nach der Gesetzesbegründung (Begr. RegE BT-Drs. 14/5741 S. 34) soll die Zusammenfassung von Betrieben insbesondere die Möglichkeit eröffnen, Regionalbetriebsräte in Unternehmen mit bundesweitem Geschäftsstellennetz zu errichten. Sachgerecht ist die Zusammenfassung von Betrieben dann, wenn die Entscheidungen in beteiligungspflichtigen Angelegenheiten überwiegend auf der Ebene von Bezirksleitungen, Regionaldirektionen oder anderen **regional strukturierten Entscheidungsebenen** gefällt werden.

4. Geltungsbereich. Soweit, wie im Formular vorgesehen, alle im Unternehmen bestehenden Betriebe mit anderen Betrieben des Unternehmens zusammengefasst werden, erstreckt sich der Geltungsbereich des Tarifvertrages auf sämtliche Arbeitnehmer und Betriebe der Gesellschaft. Denkbar ist aber auch ein Tarifvertrag, durch den nur einige der Betriebe des Unternehmens zusammengefasst werden, während andere Betriebe ihre **betriebsverfassungsrechtliche Eigenständigkeit** behalten. In einem solchen Fall der nur teilweisen Zusammenfassung von Betrieben würden nur die zusammenzufassenden Betriebe mit ihren Arbeitnehmern in der Festlegung des Geltungsbereichs aufzuführen sein.

5. Organisationsstruktur. Der Tarifvertrag muss die Organisationsstruktur des Unternehmens im Einzelnen aufzeigen. Nur bei einer exakten Wiedergabe der Organisationsstruktur ist gewährleistet, dass sich aus der Vereinbarung unzweifelhaft ergibt, welche Betriebe durch den Tarifvertrag zusammengefasst werden. Es empfiehlt sich daher, wie im Formular vorgesehen, der Vereinbarung als **Anlage** eine Übersicht beizufügen, in der die einzelnen Filialdirektionen bezeichnet und einer Landesdirektion zugeordnet werden.

6. Unternehmensbezogenheit. Da das Gesetz in § 3 Abs. 1 Nr. 1 BetrVG nur das Unternehmen nennt, nicht aber – wie Nr. 2 und Nr. 3 – den Konzern, scheidet eine unternehmensübergreifende Zuordnung, etwa die Zusammenfassung von Geschäftsstellen rechtlich selbstständiger Konzernunternehmen, aus (*F/E/S/T/L* § 3 Rdn. 33). Durch den Tarifvertrag können also bis dahin nicht selbständige Betriebe oder Betriebsteile verschiedener Unternehmen in der Weise zusammengefasst werden, dass erst durch ihn ein „gemeinsamer Betrieb" geschaffen wird. Bejaht wird dagegen zum Teil die Möglichkeit, durch einen Tarifvertrag i. S. d. § 3 Abs. 1 Nr. 1 b) BetrVG bereits bestehende **Gemeinschaftsbetriebe** mit weiteren Betrieben eines der am Gemeinschaftsbetrieb beteiligten Unternehmen zusammenzufassen (ErfKomm/ *Eisemann* § 3 BetrVG Rdn. 4; D/K/K/*Trümner* § 3 BetrVG Rdn. 26; a. A. wohl *F/E/S/T/L* § 3 Rdn. 33). Zur unternehmensübergreifenden Bildung betriebsratsfähiger Organisationseinheiten BAG Beschl. v. 10. 11. 2004 – 7 ABR 17/04 – zit. n. juris.

7. Rechtsstellung des Betriebsrats und der Betriebsratsmitglieder. Der für die zusammengefassten Betriebe gebildete Betriebsrat ersetzt, anders als der unternehmenseinheitliche Betriebsrat (s. Form. E. I. 3), lediglich die örtlichen Betriebsräte. Es verbleibt also bei der **zwei- oder dreistufigen Vertretungsstruktur** mit Gesamt- und gegebenenfalls mit Konzernbetriebsrat.

Gemäß § 3 Abs. 5 BetrVG gelten die gemäß § 3 Abs. 1 Nr. 1 bis 3 BetrVG neu gebildeten Organisationseinheiten als Betriebe i. S. d. BetrVG. Die Anzahl der zu wählenden Mitglieder des neu gebildeten Betriebsrats bemisst sich danach, wie viele Arbeitnehmer insgesamt in den zusammengefassten Betrieben beschäftigt sind, denn diese gelten nunmehr als ein einheitlicher Betrieb i. S. d. § 9 BetrVG. Eine abweichende Regelung ist nicht zulässig (s. Form. E. I. 3 Anm. 7).

8. Fortgeltung von Betriebsvereinbarungen. Zur Frage der Fortgeltung von Betriebsvereinbarungen s. Form. E. I. 3 Anm. 9.

9. Erstmalige Wahl. Das Formular bestimmt keinen Zeitpunkt für die erstmalige Wahl der nach dem Tarifvertrag zu bildenden Betriebsräte. Die tariflichen Regelungen sind daher gemäß § 3 Abs. 4 S. 1 BetrVG erstmals bei der nächsten regelmäßigen Betriebsratswahl (§ 13 BetrVG) anzuwenden.

Für die Bestellung der Wahlvorstände ist in entsprechender Anwendung des § 17 BetrVG der Gesamtbetriebsrat zuständig, weil für die neue Organisationseinheit „zusammengefasster Betrieb" jeweils noch kein Betriebsrat existiert (s. Form. E. I. 3 Anm. 11).

10. Kündigung, Nachwirkung und „Übergangsmandat". Zu Fragen der Kündigung, Nachwirkung und des „Übergangsmandats" s. Form. E. I. 3 Anm. 12.

5. Tarifvertrag über Spartenbetriebsräte[1]

Tarifvertrag

zwischen

...... (Name und Anschrift der Gesellschaft) „Gesellschaft"

und

...... (Name und Anschrift der Gewerkschaft) „Gewerkschaft[2]"

Präambel[3]

Die Parteien sind sich darüber einig, dass es einer sachgerechten Wahrnehmung der Interessen der Arbeitnehmer dient, wenn die Struktur der Arbeitnehmervertretung den Entscheidungsabläufen in der Gesellschaft angepasst wird. Da die Geschäftstätigkeit der Gesellschaft in unterschiedliche Sparten gegliedert ist und sämtliche Entscheidungen in beteiligungspflichtigen Angelegenheiten innerhalb der Sparten gefällt werden, vereinbaren die Parteien die Bildung von Spartenbetriebsräten nach den folgenden Bestimmungen.

§ 1 Geltungsbereich und Spartenorganisation

(1) Dieser Tarifvertrag gilt für sämtliche Arbeitnehmer und Betriebe der Gesellschaft[4].

(2) Die Geschäftstätigkeit der Gesellschaft gliedert sich derzeit in die folgenden produktbezogenen Geschäftsbereiche (Sparten) auf:
- ...... in den Betriebsstätten ...... und ......[5]
- ...... in den Betriebsstätten ...... und ......
- ...... in der Betriebsstätte ......
- ...... in der Betriebsstätte ......

(3) Für jede der in Abs. (2) genannten Sparten besteht jeweils eine Spartenleitung, die für alle Entscheidungen in betriebsverfassungsrechtlichen Angelegenheiten zuständig ist[6].

(4) Jeder Arbeitnehmer der Gesellschaft ist einer Sparte zugeordnet. Er gehört derjenigen Sparte an, deren arbeitstechnischem Zweck seine Arbeitsleistung überwiegend dient[7].

(*Alternative:*

Jeder Arbeitnehmer der Gesellschaft ist einer Sparte zugeordnet. Die Zuordnung ergibt sich aus der als Anlage beigefügten Aufstellung.)

§ 2 Bildung von Spartenbetriebsräten

(1) Für jede der in § 1 Abs. (2) genannten Sparten wird jeweils ein Spartenbetriebsrat gebildet.

(2) Die Spartenbetriebsräte ersetzen alle in den Betrieben der Gesellschaft bestehenden Betriebsräte. Auf sie finden die Vorschriften über die gesetzlichen Rechte und Pflichten des Betriebsrats sowie die Rechtsstellung ihrer Mitglieder Anwendung[8].

§ 3 Bildung eines Gesamtbetriebsrats

Die Spartenbetriebsräte bilden einen Gesamtbetriebsrat[9].

§ 4 Fortgeltung von Betriebsvereinbarungen[10]

(1) Die für einzelne Betriebe abgeschlossenen Betriebsvereinbarungen gelten mit ihrem ursprünglichen persönlichen Geltungsbereich, also jeweils mit Wirkung für die Arbeitnehmer des betreffenden Betriebs, fort. Die abgeschlossenen Gesamtbetriebsvereinbarungen gelten mit Wirkung für alle Arbeitnehmer der Gesellschaft fort.

(2) Willenserklärungen im Hinblick auf die bestehenden Betriebsvereinbarungen, insbesondere Kündigungen, können von den Spartenbetriebsräten jeweils mit Wirkung für die in der Sparte beschäftigten Arbeitnehmer abgegeben werden. Im Hinblick auf die Gesamtbetriebsvereinbarungen stehen dem Gesamtbetriebsrat entsprechende Rechte zu.

§ 5 Erstmalige Wahl der Spartenbetriebsräte

Bei der erstmaligen Wahl der Spartenbetriebsräte bestellt der bei der Gesellschaft gebildete Gesamtbetriebsrat die Wahlvorstände[11].

§ 6 Anpassungspflicht[12]

Die Tarifvertragsparteien verpflichten sich, im Fall des Hinzukommens neuer, in § 1 Abs. (2) nicht genannter Sparten diesen Tarifvertrag unverzüglich anzupassen und die Bildung eines Spartenbetriebsrats auch für die neue Sparte zu bestimmen. Die erstmalige Wahl dieses neuen Spartenbetriebsrats findet nach In-Kraft-Treten des geänderten Tarifvertrages statt. Der Wahlvorstand wird durch den nach § 3 gebildeten Gesamtbetriebsrat bestellt.

§ 7 Schlussbestimmungen[13]

(1) Diese Vereinbarung tritt am ...... (Datum) in Kraft. Sie kann von beiden Parteien mit einer Frist von sechs Monaten zum 1. März desjenigen Jahres gekündigt werden, in dem die regelmäßigen Betriebsratswahlen i. S. d. § 13 Abs. 1 BetrVG stattfinden. Die Kündigung bedarf der Schriftform.

(2) Eine Nachwirkung wird ausgeschlossen. Nach seiner Beendigung gilt die gesetzlich vorgesehene betriebsverfassungsrechtliche Organisation. Die zum Zeitpunkt der Kündigung gebildeten Betriebsräte bleiben im Amt und führen die Geschäfte bis zur Bekanntgabe des Wahlergebnisses eines Betriebsrats oder mehrerer Betriebsräte, die an die Stelle der nach diesem Tarifvertrag gebildeten Betriebsräte treten, fort. Das Mandat endet spätestens sechs Monate nach Ablauf der ursprünglich vorgesehenen Amtszeit der nach diesem Tarifvertrag gebildeten Betriebsräte.

(3) Mündliche Nebenabreden bestehen nicht. Sollte eine Bestimmung dieser Vereinbarung ganz oder teilweise unwirksam sein oder werden, so wird die Gültigkeit der übrigen Bestimmungen hiervon nicht berührt. Die Vertragsparteien verpflichten sich, an die Stelle der unwirksamen Bestimmung eine dieser möglichst nahe kommende wirksame Bestimmung zu setzen. Dasselbe gilt für den Fall einer vertraglichen Lücke.

......
Ort, Datum
......
Unterschrift der Gesellschaft

......
Ort, Datum
......
Unterschrift der Gewerkschaft[14]

5. Tarifvertrag über Spartenbetriebsräte E. I. 5

Anlage

Arbeitnehmer Sparte ...... (Bezeichnung der Sparte)	Arbeitnehmer Sparte ...... (Bezeichnung der Sparte)	Arbeitnehmer Sparte ...... (Bezeichnung der Sparte)	Arbeitnehmer Sparte ...... (Bezeichnung der Sparte)
.... (Namen der Arbeitnehmer und Bezeichnung des jeweiligen Betriebs, in dem die Arbeitnehmer tätig sind)	.... (Namen der Arbeitnehmer und Bezeichnung des jeweiligen Betriebs, in dem die Arbeitnehmer tätig sind)	.... (Namen der Arbeitnehmer und Bezeichnung des jeweiligen Betriebs, in dem die Arbeitnehmer tätig sind)	.... (Namen der Arbeitnehmer und Bezeichnung des jeweiligen Betriebs, in dem die Arbeitnehmer tätig sind)

Schrifttum: *Friese*, Die Bildung von Spartenbetriebsräten nach § 3 Abs. 1 Nr. 2 BetrVG, RdA 2003, 92; s. Form. E. I. 3.

Anmerkungen

1. Gesetzliche Ermächtigung. Vgl. zu grundsätzlichen rechtlichen Fragen der tarifvertraglichen Vereinbarung von alternativen Betriebsratsstrukturen Form. E. I. 3 Anm. 1.

Soweit Unternehmen und Konzerne nach **produkt- oder projektbezogenen Geschäftsbereichen (Sparten)** organisiert sind, kann durch Tarifvertrag für derartige Unternehmen und Konzerne gemäß § 3 Abs. 1 Nr. 2 BetrVG die „Bildung von Betriebsräten in den Sparten (Spartenbetriebsräte)" bestimmt werden, wenn dies der sachgerechten Wahrnehmung der Aufgaben des Betriebsrats dient. Andere als die im Gesetz genannten produkt- oder projektbezogenen Geschäftsbereiche – wie die Ausrichtung nach Kundengruppen, Absatzregion oder Marktsegmenten – scheiden als Anknüpfungspunkte für die Bildung von Spartenbetriebsräten aus. Die Bildung eines Spartenbetriebsrates kommt nur in Betracht, wenn die Spartenleitung ihre Entscheidungen so selbständig trifft, dass sie dem Spartenbetriebsrat als kompetenter Ansprechpartner und Entscheidungsträger gegenüber steht (vgl. Begr. RegE BT-Drucks. 14/5741 S. 34; ErfKomm/*Eisemann* § 3 BetrVG Rdn. 5).

Mittels eines Spartentarifvertrages kann sowohl die Belegschaft eines Betriebes aufgeteilt als auch mit den Arbeitnehmern anderer Betriebe als Einheit zusammengeführt werden (Erf-Komm/*Eisemann* § 3 BetrVG Rdn. 5). Das Formular geht von dem letztgenannten Fall aus und statuiert betriebsübergreifende Spartenbetriebsräte. Auch wenn Geschäftsbereiche der gleichen Sparte in mindestens zwei Betrieben vorhanden sind, können jeweils eigenständige Spartenbetriebsräte gebildet werden. Es besteht kein Zwang zur Zusammenfassung gleicher Sparten aus verschiedenen Betrieben (*Buchner* NZA 2001, 633, 634).

2. Vertragsparteien. Im Formular wird der Vertrag nur zwischen einer Gesellschaft und der Gewerkschaft abgeschlossen. Innerhalb von **Konzernen** mit Spartenorganisation kann es jedoch auch zur unternehmensübergreifenden Bildung von Spartenbetriebsräten kommen. In diesen Fällen müssen alle Unternehmen eines Konzerns, in denen Spartenbetriebsräte gebildet werden sollen, den Tarifvertrag unterzeichnen. Noch nicht geklärt ist die Frage, ob neben dem Unterordnungskonzern auch der Gleichordnungskonzern in die abweichende Regelung der Vertretungsorganisation mit einbezogen werden darf. Während zum Teil vertreten wird, die Bildung von Spartenbetriebsräten komme nur im Unterordnungskonzern in Betracht

Gastell

(*Richardi* NZA 2001, 346, 350), sprechen angesichts des Fehlens eines gesetzlichen Hinweises auf § 18 AktG (wie in § 54 BetrVG) gute Gründe für eine Einbeziehung auch des Gleichordnungskonzerns in diese Regelungsmöglichkeit (so auch *Friese* RdA 2003, 92, 94; D/K/K/*Trümner* § 3 BetrVG Rdn. 41).

3. Präambel. Die ausdrückliche Erklärung, dass die neue Betriebsverfassungsstruktur einer sachgerechten Wahrnehmung der Aufgaben des Betriebsrats dient, sollte in den Tarifvertrag aufgenommen werden, da die Bildung eines Spartenbetriebsrats gemäß § 3 Abs. 1 Nr. 2 BetrVG nur unter eben dieser Voraussetzung zulässig ist. Eine solche Erklärung kann insbesondere in einer Präambel aufgenommen werden (s. Form. E. I. 3 und 4 sowie ausführlich zu Präambeln von Tarifverträgen Form. E. II. 1).

Zu den rechtlichen Folgen, wenn die Voraussetzung einer Förderung der sachgerechten Wahrnehmung der Aufgaben des Betriebsrats nicht vorliegt, s. Form. E. I. 3 Anm. 4.

4. Geltungsbereich. Der Geltungsbereich des vorliegenden Tarifvertrages erstreckt sich auf sämtliche Arbeitnehmer des Betriebs, von denen jeder einer Sparte zugeordnet werden kann (§ 1 Abs. (4)). Sollten hingegen nicht alle Arbeitnehmer der Gesellschaft einer Sparte zuordenbar sein, besteht das Problem, ob Spartenbetriebsräte überhaupt gebildet werden können oder ob nicht zumindest der gesetzliche Betriebsrat neben den Spartenbetriebsräten weiter bestehen muss (näher hierzu Anm. 6).

5. Betriebsübergreifende Sparte. Hier ist jeweils eine Sparte zu bezeichnen und dann anzugeben, in welchen Betriebsstätten diese Sparte angesiedelt ist. Spartenbetriebsräte dürfen zwar auch **innerhalb eines Betriebs** gebildet werden, eine Effektivierung der Betriebsratstätigkeit wird aber vor allem dann erreicht werden können, wenn, wie im Formular für die ersten beiden Sparten vorgesehen, mehrere Betriebe eines Unternehmens oder sogar eines Konzerns in demselben Geschäftsbereich tätig werden und betriebsübergreifende Spartenbetriebsräte gebildet werden.

6. Spartenleitung. Wesentliche Grundvoraussetzung für die Bildung von Spartenbetriebsräten ist das Bestehen von Spartenleitungen, die Entscheidungen – insbesondere in beteiligungspflichtigen Angelegenheiten – so selbständig treffen, dass sie als kompetenter Ansprechpartner des Betriebsrats in Frage kommen.

In der Literatur umstritten ist die Frage, ob die Bildung von Spartenbetriebsräten nur dann in Betracht kommt, wenn „starke", selbständige Spartenleitungen existieren, die **in allen beteiligungspflichtigen Angelegenheiten** entscheidungsbefugt sind. Damit verknüpft ist die Frage, ob die Spartenbetriebsräte immer an die Stelle der in den Unternehmen gebildeten Betriebsräte treten oder ob Betriebsräte und Spartenbetriebsräte auch nebeneinander bestehen können. Denn eine **vollständige Ersetzung,** wie sie das Formular vorsieht, kommt nur dann in Betracht, wenn die Spartenleitung über alle beteiligungspflichtigen Angelegenheiten entscheiden kann. Fehlt es an einer derart weitgehenden Entscheidungszuständigkeit der Spartenleitung, so könnten Beteiligungsrechte nur in begrenztem Umfang von den Spartenbetriebsräten wahrgenommen werden und die verbleibenden Beteiligungsrechte würden weiterhin bei dem gesetzlichen Betriebsrat verbleiben. In diesem Fall müsste der Tarifvertrag eine genaue Zuständigkeitsregelung enthalten, die den „**Aktionsradius**" des jeweiligen Betriebsrats festlegen, damit es nicht zu Kompetenzüberschreitungen kommt.

Zum Teil wird in der Literatur die Ansicht vertreten, dass die Spartenbetriebsräte die Betriebsräte nach dem gesetzlichen Vorbild immer vollständig ersetzten (F/E/S/T/L § 3 Rdn. 41; *Löwisch* BB 2001, 1734, 1735). Folgerichtig geht diese Ansicht auch davon aus, dass die Bildung von Spartenbetriebsräten nur in Betracht komme, wenn alle Arbeitnehmer des Unternehmens erfasst seien, d.h. wenn **alle Arbeitnehmer einer Sparte zugeordnet** werden könnten (F/E/S/T/L § 3 Rdn. 41; *Löwisch* BB 2001, 1734, 1735). Die Gegenansicht verneint die (zwingende) verdrängende Wirkung der Spartenbetriebsräte und geht von der **Möglichkeit einer Doppelstruktur** aus (so insbesondere D/K/K/*Trümner* § 3 BetrVG Rdn. 54 ff.; *Friese* RdA 2003, 92, 94 und 96). Dann, wenn nicht gesichert sei, dass alle wesentlichen Entscheidungen in beteiligungspflichtigen Angelegenheiten der Sparte zugewiesen sind, müsse es neben den Spartenbetriebsräten weiterhin die für die Betriebe gebildeten Betriebsräte geben, die für die übrigen Entscheidungen zuständig blieben (Richardi/*Richardi* § 3 BetrVG Rdn. 20; D/K/K/ *Trümner* § 3 BetrVG Rdn. 63). Im Übrigen sei ein solcher „herkömmlicher" Betriebsrat stets für solche Arbeitnehmer zu bilden, die keiner Sparte zugeordnet werden könnten.

Für eine Verdrängung der gesetzlichen Betriebsräte spricht insbesondere die systematische Anordnung der alternativen Betriebsratsstrukturen durch den Gesetzgeber in § 3 BetrVG. So bezeichnet das Gesetz lediglich die in § 3 Abs. 1 Nr. 4 und 5 BetrVG vorgesehenen Gremien als „zusätzliche" Arbeitnehmervertretungen. Auch § 3 Abs. 5 BetrVG weist darauf hin, dass nach dem Willen des Gesetzgebers die nach § 3 Abs. 1 Nr. 1 bis 3 BetrVG geschaffenen Arbeitnehmervertretungen an die Stelle der gesetzlichen Betriebsräte treten sollten. Die „nach Absatz 1 Nr. 1 bis 3 gebildeten betriebsverfassungsrechtlichen Organisationseinheiten" gelten danach als Betriebe i. S. d. BetrVG und der Gesetzgeber ordnet nur für diese Arbeitnehmervertretungen ausdrücklich die Anwendung der Vorschriften über die Rechte und Pflichten des Betriebsrats und die Rechtsstellung seiner Mitglieder an.

7. Zuordnung der Arbeitnehmer. Da eine vollständige Ersetzung der gesetzlichen Betriebsräte durch Spartenbetriebsräte nur in Betracht kommt, wenn alle Arbeitnehmer einer Sparte zugeordnet werden können (vgl. Anm. 6), sollte der Tarifvertrag einen entsprechenden Hinweis enthalten. Eine solche Zuordnung und damit die Bildung von Spartenbetriebsräten ist immer dann nicht möglich, wenn Arbeitnehmer für verschiedene Sparten tätig sind, wie dies häufig bei Abteilungen wie Finanzen, Personal und Recht der Fall ist.

Wenn die Abweichung von der gesetzlichen Betriebsverfassung sachgerecht sein soll, muss der Tarifvertrag regeln, wie die Sparten voneinander anzugrenzen sind und ob und wo innerhalb einer Sparte mehrere Spartenbetriebsräte gebildet werden sollen (*Friese* RdA 2003, 92, 101). Empfehlenswert kann es sein, im Tarifvertrag alle zum Zeitpunkt des Vertragsabschlusses im Unternehmen beschäftigten Arbeitnehmer oder Arbeitnehmergruppen zu benennen und jeweils einer Sparte zuzuweisen. In der Alternative enthält das Formular deshalb als **Anlage** eine entsprechende Übersicht.

8. Ersetzungsfunktion der Spartenbetriebsräte. Wie in Anm. 6 dargelegt wurde, ist in der Literatur umstritten, ob in jedem Fall eine vollständige Ersetzung der gesetzlichen Betriebsräte durch die Spartenbetriebsräte erfolgt. Unabhängig davon, welcher der genannten Meinungen zu folgen ist, kann eine vollständige Ersetzung der gesetzlichen Betriebsräte und damit die Wahrnehmung sämtlicher im BetrVG vorgesehner Befugnisse in dem Tarifvertrag jedenfalls dann vorgesehen werden, wenn die bestehenden Spartenleitungen in allen beteiligungspflichtigen Angelegenheiten entscheidungsbefugt sind.

9. Bildung eines Gesamtbetriebsrats. Zwei oder mehr Spartenbetriebsräte haben gemäß § 47 Abs. 1 BetrVG einen Gesamtbetriebsrat zu bilden. Folgt man der Ansicht, dass neben den Spartenbetriebsräten auch gesetzliche Betriebsräte bestehen können (s. Anm. 6), so sind in diesen Gesamtbetriebsrat Mitglieder sowohl der Spartenbetriebsräte als auch der gesetzlichen Betriebsräte zu entsenden.

10. Fortgeltung von Betriebsvereinbarungen. Zur Frage der Fortgeltung von Betriebsvereinbarungen s. Form. E. I. 3 Anm. 9.

11. Erstmalige Wahl. Die Zusammensetzung, Bildung und Organisation des Spartenbetriebsrates ist den Tarifvertragsparteien entzogen und bemisst sich nach den Vorgaben des BetrVG (*Friese* RdA 2003, 92, 101). Der Tarifvertrag enthält keine Bestimmung über den Zeitpunkt, zu dem er erstmals umzusetzen ist, so dass die Regelungen über die Spartenbetriebsräte erstmals bei der nächsten regelmäßigen Betriebsratswahl anzuwenden sind.

Für die Bestellung der Wahlvorstände ist in entsprechender Anwendung des § 17 BetrVG der Gesamtbetriebsrat zuständig, weil für die neue Organisationseinheit „Sparte" jeweils noch kein Betriebsrat existiert (s. Form. E. I. 3 Anm. 11).

12. Anpassungspflicht. Da der Tarifvertrag eine genaue Bezeichnung aller zum Zeitpunkt des Abschlusses des Vertrages im Unternehmen betriebenen Geschäftsbereiche enthält, empfiehlt es sich, eine Anpassungsregelung für den Fall aufzunehmen, dass **neue Geschäftsbereiche hinzukommen.** Sinnvoll erscheint eine Verpflichtung der Tarifvertragsparteien zur Einbeziehung der neuen Sparte in den Tarifvertrag und die Anordnung der vorgezogenen Wahl des neuen Spartenbetriebsrats.

Werden dagegen bereits vom Tarifvertrag erfasste Sparten nachträglich gespalten, zusammengefasst oder ganz eingestellt, so richtet sich das Schicksal der Arbeitnehmervertretungen nach den gesetzlichen Bestimmungen der §§ 21 a und 21 b BetrVG.

13. Kündigung, Nachwirkung und „Übergangsmandat". Die Laufzeit des Tarifvertrages ist in diesem Formular parallel zu dem in § 13 Abs. 1 BetrVG bestimmten Vier-Jahres-Rhythmus geregelt. Da die regelmäßigen Betriebsratswahlen in der Zeit vom 1. März bis 31. Mai stattfinden, sieht das Formular eine Kündigungsmöglichkeit zu diesem Termin vor. Es besteht dann jeweils rechtzeitig zu Beginn dieses Zeitraums Rechtssicherheit darüber, in welchen Organisationseinheiten die neuen Betriebsräte gewählt werden müssen. Die Kündigungsfrist ist großzügig bemessen, damit den Beteiligten genügend Zeit verbleibt, um sich vor der Betriebsratswahl entweder auf eine neue anderweitige Regelung im Sinne von § 3 BetrVG zu verständigen oder Vorkehrungen für die Rückkehr zur gesetzlichen Struktur zu treffen. Dies bedeutet allerdings, dass die Tarifparteien sich nur alle vier Jahre von dem Vertrag lösen können.

Zum Ausschluss der Nachwirkung und zur Regelung des „Übergangsmandats" s. Form. E. I. 3 Anm. 12.

14. Unterschrift. S. Form. E. II. 2 Anm. 2.

6. Tarifvertrag über andere Arbeitnehmervertretungsstrukturen[1]

Tarifvertrag

zwischen

...... (Name und Anschrift der Gesellschaft) „A-GmbH"
...... (Name und Anschrift der Gesellschaft) „B-GmbH"
...... (Name und Anschrift der Gesellschaft) „C-GmbH"
und
...... (Name und Anschrift der Gewerkschaft) „Gewerkschaft[2]"

Präambel[3]

Bis zum ...... hat die A-GmbH die drei Geschäftsbereiche Automobilindustrie, Luft- und Raumfahrttechnik und Konsumgüterindustrie am Standort Düsseldorf betrieben. Mit Wirkung zum ...... hat die A-GmbH ihren Geschäftsbereich Automobilindustrie auf die B-GmbH und den Geschäftsbereich Luft- und Raumfahrttechnik auf die C-GmbH übertragen. Die Arbeitsverhältnisse der in diesen Geschäftsbereichen tätigen Mitarbeiter sind gemäß § 613 a BGB auf die B- oder die C-GmbH übergegangen. Sowohl bei der B- als auch der C-GmbH handelt es sich um neu gegründete, 100%-ige Tochtergesellschaften der A-GmbH.

Der von der B-GmbH betriebene Geschäftsbereich Automobilindustrie wird ebenso wie ein Teil des bei der A-GmbH verbliebenen Geschäftsbereichs Konsumgüterindustrie an den neuen Standort Duisburg verlegt.

Der auf die C-GmbH übertragene Geschäftsbereich Luft- und Raumfahrttechnik wird an den neuen Standort Reutlingen verlegt.

Am Standort Düsseldorf verbleiben nur noch die von der A-GmbH nicht nach Duisburg verlegten Teile des Geschäftsbereichs Konsumgüterindustrie.

Die Gesellschaften bilden einen Konzern im Sinne von § 18 Abs. 1 AktG. In den neu entstandenen Betrieben der B- und der C-GmbH wurde bislang kein Betriebsrat gebildet. Die Vertragsparteien sind sich darüber einig, dass eine effektive und zweckmäßige

Interessenvertretung der Mitarbeiter nur möglich ist, wenn für alle Mitarbeiter der A-GmbH – unabhängig von deren Standort – eine Arbeitnehmervertretung gemeinsam mit den Mitarbeitern der C-GmbH in Reutlingen gebildet wird, da die betriebsverfassungsrechtlich relevanten Entscheidungen für die A- und C-GmbH einheitlich durch die Geschäftsleitung in Düsseldorf getroffen werden und die Standorte Düsseldorf und Reutlingen nur wenige Kilometer voneinander entfernt sind. Die Mitarbeiter der B-GmbH in Duisburg sollen hingegen eine eigene Arbeitnehmervertretung erhalten, da für diese ein eigener Leitungsapparat vor Ort existiert.

§ 1 Geltungsbereich[4]

Dieser Tarifvertrag gilt:
1. räumlich: für die Standorte Düsseldorf, Reutlingen und Duisburg;
2. persönlich: für alle Mitarbeiter gemäß § 5 BetrVG der A-, B- und C-GmbH.

§ 2 Andere Arbeitnehmervertretungsstruktur[5]

(1) Die Mitarbeiter der B-GmbH wählen eine Arbeitnehmervertretung für die B-GmbH. Diese Arbeitnehmervertretung ist am Standort Duisburg ansässig.

(2) Eine weitere Arbeitnehmervertretung wird von den Mitarbeitern der A- und der C-GmbH gewählt. Diese Arbeitnehmervertretung ist am Standort Düsseldorf ansässig und vertritt sämtliche Mitarbeiter der A- und der C-GmbH, also auch die Mitarbeiter an den Standorten Duisburg und Reutlingen.

(3) Die nach den Abs. (1) und (2) gebildeten Arbeitnehmervertretungen ersetzen den bei der A-GmbH bestehenden Betriebsrat[6]. Auf sie finden die Vorschriften über die gesetzlichen Rechte und Pflichten des Betriebsrats sowie die Rechtsstellung ihrer Mitglieder Anwendung[7].

(4) Ein Gesamtbetriebsrat wird nicht errichtet[8].

(5) Die nach den Abs. (1) und (2) gebildeten Arbeitnehmervertretungen errichten eine Konzernarbeitnehmervertretung, auf die die §§ 54 ff. BetrVG entsprechende Anwendung finden[9].

§ 3 Mitgliederzahlen und Freistellungen[10]

Die Zahl der zu wählenden Mitglieder der Arbeitnehmervertretungen und der Freistellungen richtet sich nach den §§ 9 und 38 BetrVG.

(*Alternative:*

(1) Die Arbeitnehmervertretung am Standort Düsseldorf besteht aus ...... Mitgliedern. Die Arbeitnehmervertretung am Standort Duisburg besteht aus ...... Mitgliedern.

(2) Der Umfang der Freistellungen pro Arbeitnehmervertretung umfasst die Arbeitszeit von ...... Vollzeitkräften. Es sind höchstens ...... Teilfreistellungen zulässig[11].)

§ 4 Fortgeltungen und Neuabschluss von Betriebsvereinbarungen[12]

(1) Die bei der A-GmbH vor der Umstrukturierung abgeschlossenen Betriebsvereinbarungen gelten mit ihrem ursprünglichen persönlichen Geltungsbereich, also mit Wirkung für die Mitarbeiter der A-GmbH, fort. Für die Mitarbeiter der B-GmbH und der C-GmbH gelten die Betriebsvereinbarungen seit dem Übergang ihrer Arbeitsverhältnisse individualrechtlich gemäß § 613a Abs. 1 S. 2 BGB fort.

(2) Willenserklärungen im Hinblick auf die bestehenden Betriebsvereinbarungen, insbesondere Kündigungen, können von den nach § 2 Abs. (1) und (2) errichteten Arbeitnehmervertretungen jeweils mit Wirkung für die von ihnen repräsentierten Mitarbeiter abgegeben werden.

(3) Von den nach § 2 Abs. (1) und (2) errichteten Arbeitnehmervertretungen abgeschlossene Betriebsvereinbarungen ersetzen die bestehenden Betriebsvereinbarungen, soweit sie identische Gegenstände betreffen.

(4) Die A- und C-GmbH werden mit der nach § 2 Abs. (2) errichteten Arbeitnehmervertretung unverzüglich die Durchführung regelmäßiger Sprechstunden der Arbeitnehmervertretung in Reutlingen und Duisburg vereinbaren (§ 39 Abs. 1 BetrVG).

§ 5 Erstmalige Wahl[13]

(1) Die erstmalige Wahl der nach § 2 Abs. (1) und (2) zu errichtenden Arbeitnehmervertretungen findet nach In-Kraft-Treten dieses Tarifvertrages statt.

(2) Zum Zwecke der Durchführung der erstmaligen Wahl werden in Duisburg für die Mitarbeiter der B-GmbH und in Düsseldorf für die Mitarbeiter der A- und C-GmbH jeweils Versammlungen durchgeführt, auf denen die Wahlvorstände gewählt werden. Die Gewerkschaft verpflichtet sich, unverzüglich nach In-Kraft-Treten dieses Tarifvertrages zu den Mitarbeiterversammlungen einzuladen und Vorschläge für die Zusammensetzung der Wahlvorstände zu machen.

§ 6 Schlussbestimmungen[14]

(1) Diese Vereinbarung tritt am ...... in Kraft. Sie kann von den Parteien mit einer Frist von sechs Monaten zum 1. März desjenigen Jahres ordentlich gekündigt werden, in dem die regelmäßigen Betriebsratswahlen im Sinne von § 13 Abs. 1 BetrVG stattfinden. Im Fall der Veräußerung der B- oder C-GmbH steht den Parteien ein Recht zur außerordentlichen fristlosen Kündigung des Tarifvertrages zu. Die Kündigung bedarf der Schriftform.

(2) Eine Nachwirkung wird ausgeschlossen. Nach der Beendigung dieser Vereinbarung gilt die gesetzlich vorgesehene betriebsverfassungsrechtliche Organisation. Die zum Zeitpunkt der Kündigung gebildeten Arbeitnehmervertretungen bleiben im Amt und führen die Geschäfte bis zur Bekanntgabe des Wahlergebnisses eines Betriebsrats oder mehrerer Betriebsräte oder einer Arbeitnehmervertretung oder mehrerer Arbeitnehmervertretungen, die an ihre Stelle treten, fort. Das Übergangsmandat endet sechs Monate nach dem Zeitpunkt, zu dem die Kündigung wirksam wird.

(3) Mündliche Nebenabreden bestehen nicht. Sollte eine Bestimmung dieser Vereinbarung ganz oder teilweise unwirksam sein oder werden, so wird die Gültigkeit der übrigen Bestimmungen hiervon nicht berührt. Die Parteien verpflichten sich, an die Stelle der unwirksamen Bestimmung eine dieser möglichst nahe kommende wirksame Bestimmung zu setzen. Dasselbe gilt für den Fall einer vertraglichen Lücke.

......
Ort, Datum

......
Unterschrift der A-GmbH

......
Ort, Datum

......
Unterschrift der C-GmbH

......
Ort, Datum

......
Unterschrift der B-GmbH

......
Ort, Datum

......
Unterschrift der Gewerkschaft

Schrifttum: S. Form. E. I. 3.

Anmerkungen

1. Gesetzliche Ermächtigung. Zu grundsätzlichen rechtlichen Fragen der tarifvertraglichen Vereinbarung von alternativen Betriebsratsstrukturen s. Form. E. I. 3 Anm. 1.

§ 3 Abs. 1 Nr. 3 BetrVG eröffnet den Tarifvertragsparteien die Möglichkeit, über die in Nr. 1 und 2 genannten speziellen Fälle hinaus andere betriebsverfassungsrechtliche Strukturen zu schaffen. Diese Ermächtigung gilt nur für Tarifvertragsparteien; durch Betriebsvereinbarung können dagegen keine „anderen Arbeitnehmervertretungsstrukturen" bestimmt werden. Es kommen daher auch keine „Öffnungsklauseln" in Betracht, durch welche die Tarifvertragsparteien ihre Regelungsbefugnis an die Betriebsräte oder Arbeitnehmer abgeben. Der Wortlaut des § 3 Abs. 1 und 2 BetrVG ist insoweit eindeutig (BAG Beschl. v. 10. 11. 2004 – 7 ABR 17/04 – zit. n. juris; *Annuß* NZA 2002, 290, 293; *Thüsing* ZIP 2003, 693, 701; a.A. *Hohenstatt/Dzida* DB 2001, 2498, 2500).

Bei § 3 Abs. 1 Nr. 3 BetrVG handelt es sich um eine Generalklausel, die eine **besonders weitgehende Flexibilisierung** schafft (D/K/K/*Trümner* § 3 BetrVG Rdn. 64f.). Zulässig ist danach eine fast vollständige Lösung von der gesetzlichen Regelung über die Organisation der Interessenvertretungen. Gerade mit Blick auf die besondere Tragweite der Gestaltungsbefugnis der Tarifparteien, deren tarifliche Regelungen auch gegenüber nicht gewerkschaftlich gebundenen Arbeitnehmern gelten, ist in der Literatur die Verfassungsmäßigkeit des § 3 Abs. 1 Nr. 3 BetrVG in Zweifel gezogen worden (*Annuß* NZA 2002, 290, 291; *Giesen* BB 2002, 1480; *Thüsing* ZIP 2003, 693, 694; Richardi/*Richardi* § 3 BetrVG Rdn. 23; s. Form. E. I. 3 Anm. 1).

2. Vertragsparteien im Konzern. Das Formular enthält ein Beispiel für einen Haustarifvertrag, also einen Tarifvertrag zwischen Arbeitgeber und Gewerkschaft, über die Bildung **unternehmens- und standortübergreifender Arbeitnehmervertretungen in einem Konzern** (zu den verschiedenen Gestaltungsmöglichkeiten s. auch Anm. 5).

Noch nicht abschließend geklärt ist die Frage, ob der im Rahmen von § 3 Abs. 1 Nr. 3 BetrVG verwendete Konzernbegriff nur den **Unterordnungskonzern** im Sinne von § 18 Abs. 1 AktG oder auch den **Gleichordnungskonzern** im Sinne von § 18 Abs. 2 AktG umfasst (D/K/K/*Trümner* § 3 BetrVG Rdn. 71 m. weit. Nachw.). Angesichts des Fehlens eines gesetzlichen Hinweises auf § 18 AktG (wie in § 54 BetrVG) spricht einiges für eine Einbeziehung auch des Gleichordnungskonzerns (so auch ErfKomm/*Eisemann* § 3 BetrVG Rdn. 6; D/K/K/*Trümner* § 3 BetrVG Rdn. 71).

Soll der Tarifvertrag für mehrere Unternehmen eines Unterordnungskonzerns gelten, so ist zweifelhaft, ob eine Verbindlichkeit für die Tochtergesellschaften auch dadurch begründet werden kann, dass der Vertrag allein mit dem herrschenden Unternehmen, hier der A-GmbH, abgeschlossen wird. Das herrschende Unternehmen wird zwar regelmäßig verpflichtet sein, seinen Einfluss auf die Leitungen der abhängigen Konzernunternehmen im Sinne der abgeschlossenen Vereinbarung geltend zu machen. Da die Tochtergesellschaften jedoch eigenständige Rechtspersonen bleiben und § 2 Abs. 1 TVG ausdrücklich nur dem Arbeitgeber, nicht aber dem Konzern als solchem Tariffähigkeit zuspricht, sollte der **Abschluss durch alle Konzernunternehmen** erfolgen (*Thüsing* ZIP 2003, 693, 698; *Hohenstatt/Dzida* DB 2001, 2498, 2501; F/E/S/T/L § 3 Rdn. 16).

3. Präambel. Voraussetzung für die Bildung anderer Arbeitnehmervertretungen im Sinne von § 3 Abs. 1 Nr. 3 BetrVG ist die wirksame und zweckmäßige Interessenvertretung der Arbeitnehmer. Die gesetzliche Regelung muss sich als nicht ausreichende Organisation der Interessenvertretung herausstellen, was wiederum durch die Organisation der Unternehmen oder Konzerne bedingt sein muss. Es wird daher empfohlen, in einer Präambel die gesellschaftsrechtlichen und organisatorischen Strukturen der Unternehmen darzulegen, aus denen sich die Zweckmäßigkeit einer anderen Interessenvertretung ergibt (ausführlich zu Sinn und Zweck einer Präambel s. Form. E. II. 1).

Der dem Formular zugrunde liegende und in der Präambel geschilderte Sachverhalt geht von dem in der Praxis häufigen Fall aus, dass eine Gesellschaft einzelne Betriebsteile ausgegliedert und auf Tochtergesellschaften übertragen sowie an andere Standorte verlegt hat. Ein Bedürfnis nach einer von den gesetzlichen Vorgaben abweichenden Struktur der Arbeitnehmervertretung wird sich in dieser Konstellation besonders oft ergeben, da die gesellschaftsrechtlich angestrebte Trennung häufig auf der betrieblichen Ebene nicht konsequent umgesetzt werden kann oder soll. Außerdem ist gerade in solchen Situationen häufig nicht mit ausreichender Sicherheit feststellbar, ob und wie die Standorte – einzeln oder zusammengefasst – Betriebe (§ 1 Abs. 1 S. 1 BetrVG), gemeinsame Betriebe (§ 1 Abs. 1 S. 1, Abs. 2 BetrVG), betriebsratsfähige oder nicht-betriebsratsfähige Betriebsteile (§ 4 BetrVG) bilden.

4. Geltungsbereich. Bei einer nach § 3 Abs. 1 Nr. 3 BetrVG geschaffenen Vertretung muss es sich um eine Vertretung aller Arbeitnehmer handeln, die nach dem Gesetz vom Betriebsrat vertreten werden. Gewerkschaftliche Vertrauensleute erfüllen diese Voraussetzungen nicht. Auch können keine Sprecherausschüsse der Leitenden Angestellten auf diese Norm gestützt werden (GKBetrVG/*Kraft* § 3 BetrVG Rdn. 13).

Umstritten ist, ob die in die alternative Struktur einbezogenen Organisationsbereiche selbst jeweils die **Betriebsratsfähigkeit** im Sinne von § 1 Abs. 1 S. 1 BetrVG besitzen müssen. Eine klare Aussage zu dieser Frage findet sich weder in § 3 Abs. 1 Nr. 3 BetrVG noch in § 3 Abs. 2 bis 5 BetrVG. Zum Teil wird vertreten, die andere Vertretung könne nur solche Betriebe betreffen, für die nach dem Gesetz an sich schon ein Betriebsrat zu errichten wäre (*F/E/S/T/L* § 3 Rdn. 51). Hierfür könnte sprechen, dass die neuen Arbeitnehmervertretungen gemäß § 3 Abs. 4 S. 2 BetrVG an die Stelle der gesetzlichen Betriebsräte treten sollen. Der Wortlaut des § 3 Abs. 4 S. 2 BetrVG ist jedoch nicht zwingend. Die in Abs. 4 S. 2 enthaltene Regelung kann ebenso dahingehend verstanden werden, dass Betriebräte, **soweit** bereits solche bestehen, entfallen. Gegen das Erfordernis einer Betriebsratsfähigkeit spricht zudem der Zweck des Gesetzes, die betrieblichen Bereiche ohne Repräsentationsorgan zu verringern (Begr. RegE BT-Drucks. 14/5741 S. 23, 26).

5. Andere Arbeitnehmervertretungsstrukturen. Im Rahmen des § 3 Abs. 1 Nr. 3 BetrVG ist eine Vielzahl von Gestaltungen denkbar. Nach der Gesetzbegründung (Begr. RegE BT-Drucks. 14/5741 S. 34) kommen z. B. die Bildung einer konzerneinheitlichen Arbeitnehmervertretung unter gänzlichem Verzicht auf Gesamtbetriebsräte, einer Arbeitnehmervertretung für Arbeitnehmer mehrerer Unternehmen, die durch eine Just-in-time-Produktionskette miteinander verbunden sind oder einer Arbeitnehmervertretung, die moderne Erscheinungsformen in Produktion und Dienstleistung berücksichtigt (z. B. fraktale Fabrik und shop-in-shop-System), in Betracht. Denkbar sind alternative Arbeitnehmervertretungen auch bei Industrieparks oder anderen besonderen Unternehmensnetzwerken und strategischen Allianzen. Auch für Betriebe und Unternehmen mit ständig wechselnden Arbeitnehmern (z. B. Baubetriebe, Betriebe des Verkehrsgewerbes, Beschäftigungs- und Ausbildungsgesellschaften) oder mit wechselnden Betriebsstätten (z. B. Zirkusse, Betriebe der Forstwirtschaft) kann die Vereinbarung einer vom Gesetz abweichenden Vertretungsstruktur zweckmäßig sein.

6. Zuständigkeit der Arbeitnehmervertretungen. Unklar ist, ob die tarifliche Gestaltungsbefugnis über das zur Abgrenzung der Repräsentationseinheiten erforderliche hinausgeht, d. h. ob die Tarifvertragsparteien auch ermächtigt sind, die **Zuständigkeit** der von ihnen geschaffenen Arbeitnehmervertretungen abweichend vom Gesetz zu regeln. Insoweit lassen sich weder dem Wortlaut des Gesetzes noch der Gesetzbegründung eindeutige Hinweise entnehmen. Angesichts dieser unklaren Rechtslage empfiehlt es sich, in den Tarifvertrag insoweit keine vom Gesetz abweichenden Regelungen aufzunehmen. Eine Ausnahme besteht bei der Abweichung von den gesetzlichen Vorgaben auf vertikaler Ebene (dazu sogleich Anm. 8 und 9).

7. Rechtsstellung der Arbeitnehmervertretungen. Die nach § 3 Abs. 1 Nr. 3 BetrVG gebildeten Gremien treten an die Stelle der gesetzlichen Betriebsräte. Gemäß § 3 Abs. 5 S. 2 BetrVG stehen ihnen alle dem Betriebsrat gesetzlich eingeräumten Rechte, Pflichten und Befugnisse zu.

Die Mitglieder der nach § 3 Abs. 1 Nr. 3 BetrVG gebildeten Gremien haben persönlich dieselbe Rechtsstellung wie Mitglieder eines Betriebsrats. Dies ergibt sich unmittelbar aus § 3 Abs. 5 S. 2 BetrVG. Es gilt insbesondere auch der Kündigungsschutz aus § 15 KSchG und § 103 BetrVG.

Einigkeit besteht darüber, dass die Tarifvertragsparteien trotz der ihnen durch § 3 Abs. 1 Nr. 3 BetrVG eingeräumten weiten Gestaltungsfreiheit auch die **materiellen Beteiligungsrechte** der tariflichen Arbeitnehmervertretungen **nicht einschränken** dürfen (*Annuß* NZA 2002, 290, 293; *F/E/S/T/L* § 3 Rdn. 54). Dagegen sind **Erweiterungen** der Mitbestimmungsrechte der Arbeitnehmervertretungen ebenso zulässig, wie dies von der Rechtsprechung für Betriebsräte anerkannt ist (vgl. hierzu *F/E/S/T/L* § 1 Rdn. 245).

8. Mehrstufige Vertretungsstruktur. Mit Rücksicht auf den Umstand, dass der vorliegende Tarifvertrag nicht lediglich eine gemeinsame Konzernarbeitnehmervertretung, sondern zwei

6. Tarifvertrag über andere Arbeitnehmervertretungsstrukturen E. I. 6

Arbeitnehmervertretungen vorsieht, von denen eine zudem unternehmens- und standortübergreifend ist, sieht das Formular eine vom gesetzlichen Vorbild abweichende zweistufige Vertretungsstruktur vor.

Dass den Tarifvertragsparteien durch § 3 Abs. 1 Nr. 3 BetrVG eine entsprechende Kompetenz zur Vereinbarung anderer Arbeitnehmervertretungsstrukturen nicht nur auf horizontaler, sondern auch auf **vertikaler Ebene** übertragen wurde, wird allerdings in der Literatur bestritten. So wird zum Teil vertreten, die Tarifvertragsparteien könnten generell keine vom Gesetz abweichenden Regelungen über die Zuständigkeiten von Gesamt- und Konzernbetriebsräten vereinbaren. Die Ansicht stützt sich im Wesentlichen auf den Wortlaut des § 3 Abs. 5 S. 1 BetrVG. Dessen Fiktionswirkung erstrecke sich nur auf die unterste Ebene der Vertretungsstrukturen (*Thüsing* ZIP 2003, 693, 703). Der Wegfall des Gesamt- und des Konzernbetriebsrats könne nur – als gesetzliche Folge – dadurch erreicht werden, dass alle Betriebe eines Unternehmens oder eines Konzerns in einer organisatorischen Einheit zusammengefasst werden (*Thüsing* ZIP 2003, 693, 704).

Gegen eine derart enge Interpretation spricht jedoch die Begründung des Gesetzgebers, nach der die Tarifvertragsparteien in der Lage sein sollen „statt einer dreistufigen eine zweistufige oder gar nur eine einstufige Interessenvertretung vorzusehen" (Begr. RegE BT-Drucks. 14/5741 S. 34). Insbesondere die Formulierung „vorsehen" deutet darauf hin, dass eine Veränderung der Zwei- oder Dreistufigkeit der Arbeitnehmervertretung nach dem Willen des Gesetzgebers nicht nur als Folgewirkung erreicht werden sollte. Vielmehr wollte der Gesetzgeber den Tarifvertragsparteien mit der Regelung des § 3 Abs. 1 Nr. 3 BetrVG erkennbar einen weiten Gestaltungsspielraum einräumen, der sich nicht auf die unterste Ebene beschränkt. Es ist daher davon auszugehen, dass im Rahmen von § 3 Abs. 1 Nr. 3 BetrVG die gesamte Struktur der Arbeitnehmervertretungen, einschließlich Gesamt- und Konzernbetriebsrat, einer Regelung zugänglich ist (so auch *Hohenstatt/Dzida* DB 2001, 2498, 2499; *Annuß* NZA 2002, 290, 293; *D/K/K/Trümner* § 3 BetrVG Rdn. 66, 69).

Einerseits kann – z.B. bei kleinen mittelständischen Konzernen – die Mehrstufigkeit ganz abgeschafft und sowohl auf Gesamt- als auch auf Konzernbetriebsräte verzichtet werden. Andererseits kann der Tarifvertrag, je nach Zweckmäßigkeit, neben den Basisvertretungen ein oder zwei weitere Stufenvertretungen vorsehen.

9. Abweichungen von gesetzlichen Regelungen bei Änderung auf vertikaler Ebene. Abweichungen im Hinblick auf die Bildung und Zuständigkeit der Arbeitnehmervertretungen bei Änderungen auf der vertikalen Ebene (zum Grundsatz der Anwendbarkeit der gesetzlichen Regelungen hinsichtlich der Zuständigkeit der Arbeitnehmervertretungen s. Anm. 6) sind nur insoweit im Tarifvertrag zu formulieren, als sich die Notwendigkeit einer vom Gesetz abweichenden Bestimmung bereits aus der Natur der Sache ergibt. Wenn statt einer drei- z.B. eine zweistufige Vertretungsstruktur mit Basisvertretungen und lediglich einer Arbeitnehmervertretung auf Konzernebene (Konzernarbeitnehmervertretung) gewählt wird, können in die zu bildende Konzernarbeitnehmervertretung nicht, wie in § 55 Abs. 1 BetrVG vorgesehen, Mitglieder der mittleren Stufe – Ebene des normalerweise bestehenden Gesamtbetriebsrats – entsendet werden. Auch die Zuständigkeit der Konzernarbeitnehmervertretung ist nicht durch eine Abgrenzung zur mittleren Stufe, sondern durch eine Abgrenzung zu den Basisvertretungen zu beschreiben. Dementsprechend sieht das Formular lediglich eine entsprechende Anwendbarkeit der §§ 54 ff. BetrVG vor. Soweit die gesetzlichen Regelungen das Bestehen von Gesamtbetriebsräten voraussetzen, ist jeweils an deren Stelle auf die Arbeitnehmervertretungen abzustellen.

10. Anzahl der Betriebsratsmitglieder und sonstige Abweichungen von gesetzlichen Vorgaben. Noch nicht abschließend geklärt ist die Frage, ob ein Tarifvertrag nach § 3 Abs. 1 Nr. 3 BetrVG zulässigerweise von den gesetzlichen Vorgaben abweichende Bestimmungen über Größe, Zusammensetzung, Wahl, Amtszeit und Geschäftsführung der neuen Arbeitnehmervertretung sowie über die Anzahl der Mitglieder enthalten darf.

§ 3 Abs. 5 S. 2 BetrVG verweist für die Arbeitnehmervertretungen nur hinsichtlich ihrer „Rechte und Pflichten" und der „Rechtsstellung" ihrer Mitglieder auf die gesetzlichen Vorschriften. Dies lässt die Schlussfolgerung zu, dass der Gesetzgeber die übrigen gesetzlichen

Vorschriften des BetrVG zur Disposition der Tarifvertragsparteien stellen wollte. Von den für Betriebsräte geltenden Vorgaben sind abweichende Regelungen darum zulässig, soweit das Gesetz nichts anderes bestimmt und die tragenden Grundsätze der Betriebsverfassung beachtet werden. So ist z. B. der Grundsatz der allgemeinen, gleichen und geheimen Wahl der Mitglieder zu beachten (ErfKomm/*Eisemann* § 3 BetrVG Rdn. 6; *F/E/S/T/L* § 3 Rdn. 54; *Hohenstatt/Dzida* DB 2001, 2498, 2500; a. A. GKBetrVG/*Kraft* § 3 BetrVG Rdn. 26; *Annuß* NZA 2002, 290, 293; *Thüsing* ZIP 2003, 693, 700, 702).

In der Alternative sieht das Formular eine von § 9 BetrVG abweichende Regelung vor. Nach der hier vertretenen Ansicht ist eine solche Regelung zulässig. Wegen der unklaren Rechtslage und des Fehlens jeglicher Rechtsprechung zu dieser Frage sollten sich die Tarifvertragsparteien bei der Aufnahme einer entsprechenden Klausel allerdings des verbleibenden rechtlichen Risikos bewusst sein: Sollte ein Arbeitsgericht eine entsprechende Regelung über die Mitgliederzahl für unzulässig halten, so würde dies zur Nichtigkeit der Gesamtvereinbarung (*Hohenstatt/Dzida* DB 2001, 2498, 2503) führen. Daraus folgt jedoch nicht zwingend, dass auch die auf dem Tarifvertrag beruhende Wahl der Arbeitnehmervertretung nichtig wäre. Vielmehr ist anerkannt, dass die Wahl einer unrichtigen Anzahl von Betriebsratsmitgliedern nur zur Anfechtbarkeit der Betriebsratswahl nach § 19 BetrVG führt (BAG Beschl. v. 12. 10. 1976 – 1 ABR 14/76 – AP Nr. 5 zu § 19 BetrVG 1972). Die mit einer von § 9 BetrVG abweichenden Mitgliederanzahl gewählte Arbeitnehmervertretung bliebe also bis zu einer erfolgreichen Wahlanfechtung im Amt und könnte bis zu diesem Zeitpunkt wirksam Handlungen vornehmen (vgl. BAG Beschl. v. 13. 3. 1991 – 7 ABR 5/90 – AP Nr. 20 zu § 19 BetrVG 1972).

11. Anzahl der Freistellungen. Durch Tarifvertrag können gemäß § 38 Abs. 1 S. 5 BetrVG „anderweitige" Regelungen über die Freistellung vereinbart werden. Zulässig ist auch die Festlegung einer geringeren Zahl von Freistellungen (BAG Beschl. v. 11. 6. 1997 – 7 ABR 5/96 – AP Nr. 22 zu § 38 BetrVG 1972; s. auch Form. E. I. 3 Anm. 8).

12. Fortgeltung von Betriebsvereinbarungen. Da die Tarifvertragsparteien die Frage der Fortgeltung bereits abgeschlossener Betriebsvereinbarungen nicht frei vereinbaren dürfen, sondern insoweit die allgemeinen gesetzlichen Regelungen beachten müssen, enthält das Formular eine **lediglich deklaratorische Regelung** über den zukünftigen Geltungsbereich der Betriebsvereinbarungen (s. hierzu ausführlich Form. E. I. 3 Anm. 9). Danach bleiben die bestehenden Betriebsvereinbarungen mit ihrem jeweiligen persönlichen Geltungsbereich in Kraft und gelten innerhalb der neuen betriebsverfassungsrechtlichen Organisationseinheiten als „sektorale normative Teilordnungen" weiter.

Der dem Formular zugrunde liegenden Sachverhalt enthält die Besonderheit, dass die A-GmbH zuvor einzelne Geschäftsbereiche auf die selbständigen Tochtergesellschaften übertragen hat, so dass die Arbeitsverhältnisse der betroffenen Arbeitnehmer gemäß § 613a BGB übergegangen sind. Eine unmittelbare Geltung der noch bei der A-GmbH abgeschlossenen Betriebsvereinbarungen für die Arbeitnehmer ist daher schon durch den Betriebsübergang beendet worden. Da die ursprüngliche Identität des Betriebs der A-GmbH nicht gewahrt wurde, konnten die Betriebsvereinbarungen für die Arbeitnehmer der ausgegliederten Betriebsteile nicht kollektivrechtlich, sondern lediglich individualrechtlich gemäß § 613a Abs. 1 S. 2 BGB weiter gelten.

Die „alten" Betriebsvereinbarungen können durch die neuen Arbeitnehmervertretungen gekündigt werden. Möglich ist auch eine **einheitliche Ablösung** ihrer Regelungen durch Abschluss neuer Betriebsvereinbarungen. Soweit die Regelungen der „alten" Betriebsvereinbarungen noch kollektivrechtlich (für die Arbeitnehmer der A-GmbH) fortgelten, ergibt sich die Ablösungswirkung aus der allgemeinen Zeitkollisionsregel: Die jüngere Norm ersetzt die ältere (vgl. nur ErfKomm/*Hanau/Kania* § 77 BetrVG Rdn. 75). Die Betriebsvereinbarungen der Standortbetriebsräte haben jedoch auch Ablösungswirkung im Hinblick auf die gemäß § 613a Abs. 1 S. 2 BGB transformierten individualvertraglichen Regelungen (der Arbeitnehmer der B- und C-GmbH). Es ist anerkannt, dass der Bestand einer gemäß § 613a Abs. 1 S. 2 BGB individualvertraglich wirkenden Betriebsvereinbarung nicht weiter geschützt ist, als er bei Fortbestehen der Betriebsidentität und kollektivrechtlicher Weitergeltung geschützt wäre (BAG Urt. v. 14. 8. 2001 – 1 AZR 619/00 – AP Nr. 85 zu § 77 BetrVG 1972; BAG Urt. v.

6. Tarifvertrag über andere Arbeitnehmervertretungsstrukturen   **E. I. 6**

21. 2. 2001 – 4 AZR 18/00 – AP Nr. 20 zu § 4 TVG). Auch ungünstigere Bestimmungen können somit einheitlich von den Arbeitnehmervertretungen durch Betriebsvereinbarung für die neuen Organisationseinheiten geregelt werden.

13. Erstmalige Wahl. Gemäß § 3 Abs. 4 BetrVG sind die abweichenden Regelungen über die Struktur der Arbeitnehmervertretung erstmals bei der nächsten regelmäßigen Wahl (§ 13 BetrVG) anzuwenden, wenn nicht der Tarifvertrag selbst einen anderen Wahlzeitpunkt vorsieht. Einigen sich die Parteien, wie in § 5 Abs. (2) vorgesehen, auf eine vorgezogene Neuwahl, so endet die Amtszeit bestehender Betriebsräte, die durch die Tarifvertragsregelung entfallen, mit Bekanntgabe des Wahlergebnisses (§ 3 Abs. 4 S. 2 BetrVG).

§ 5 Abs. (3) sieht vor, dass zum Zwecke der erstmaligen Durchführung der Wahl jeweils Arbeitnehmerversammlungen durchgeführt werden, auf denen die **Wahlvorstände** gewählt werden. Für die Frage, wer für die Bestellung des Wahlvorstands zur Durchführung der erstmaligen Wahl der Betriebsräte zuständig ist, muss auf die neuen Organisationseinheiten abgestellt werden (s. dazu ausführlich Form. E. I. 3 Anm. 11). Zwar besteht ein noch in der A-GmbH gebildeter Betriebsrat. Für die neuen, durch den Tarifvertrag begründeten Organisationseinheiten, die gemäß § 3 Abs. 5 BetrVG als Betriebe gelten, existieren jedoch noch keine Arbeitnehmervertretungen. Es erscheint daher konsequent, für die Wahl der Arbeitnehmervertretungen **§ 17 BetrVG entsprechend** anzuwenden (so für den Fall des § 3 Abs. 3 BetrVG auch *F/E/S/T/L* § 3 Rdn. 101 f.). Da weder ein Gesamtbetriebsrat noch ein Konzernbetriebsrat besteht, ist der Wahlvorstand jeweils gemäß § 17 Abs. 2 BetrVG auf einer Arbeitnehmerversammlung zu wählen. Zu einer solchen Versammlung kann u. a. gemäß § 17 Abs. 3 BetrVG eine im Betrieb vertretene Gewerkschaft einladen und Vorschläge für die Zusammensetzung des Wahlvorstands machen. Um sicherzustellen, dass die Wahlen der neuen Arbeitnehmervertretungen zeitnah durchgeführt werden, enthält das Formular eine Verpflichtung der vertragsschließenden **Gewerkschaft**, unverzüglich nach In-Kraft-Treten des Tarifvertrages zu den Versammlungen einzuladen und entsprechende Vorschläge für die Zusammensetzung der Wahlvorstände zu machen.

14. Kündigung, Nachwirkung und „Übergangsmandat". Die Laufzeit des Tarifvertrages ist in diesem Formular parallel zu dem in § 13 Abs. 1 BetrVG geregelten Vier-Jahres-Rhythmus geregelt. Da die regelmäßigen Betriebsratswahlen in der Zeit vom 1. März bis 31. Mai stattfinden, sieht das Formular eine Kündigungsmöglichkeit zu diesem Termin vor. Es besteht dann jeweils rechtzeitig zu Beginn dieses Zeitraums Rechtssicherheit darüber, in welchen Organisationseinheiten die neuen Arbeitnehmervertretungen gewählt werden müssen. Die Kündigungsfrist ist großzügig bemessen, damit den Beteiligten genügend Zeit verbleibt, um sich vor der Wahl entweder auf eine neue anderweitige Regelung im Sinne von § 3 BetrVG zu verständigen oder Vorkehrungen für die Rückkehr zur gesetzlichen Struktur zu treffen. Dies bedeutet allerdings, dass die Tarifparteien sich nur alle vier Jahre von dem Vertrag lösen können.

Zum Ausschluss der Nachwirkung und zur Regelung des „Übergangsmandats" s. Form. E. I. 3 Anm. 12.

§ 6 Abs. (1) S. 3 des Tarifvertrages räumt den Tarifvertragsparteien ein Recht zur **außerordentlichen, fristlosen Kündigung** für den Fall ein, dass eine der Tochtergesellschaften veräußert wird. Zwar verlangt § 3 Abs. 1 Nr. 3 BetrVG nicht zwingend die konzernrechtliche Verbundenheit der am Tarifvertrag beteiligten Unternehmen, die Fortgeltung einer unternehmensübergreifenden Arbeitnehmervertretungsstruktur wird jedoch bei einer Herauslösung aus dem Konzernverbund selten erwünscht sein.

Veräußert die Gesellschaft selbst ihren Betrieb oder Teile davon im Wege der Übertragung einzelner Vermögensgegenstände, so ist der Betriebserwerber an den Firmentarifvertrag ohnehin nicht kollektivrechtlich gebunden, sofern keine Übernahmevereinbarung geschlossen wird (s. hierzu ausführlich Form. E. III. 1). Der Einräumung eines Kündigungsrechts bedarf es daher für diese Fälle nicht. Überträgt jedoch die Muttergesellschaft ihre Geschäftsanteile an einer der Tochtergesellschaften, so ist der neue Inhaber an die von der Gesellschaft abgeschlossenen Firmentarifverträge gebunden, da ein Gesellschafterwechsel die Identität der Gesellschaft als Rechtssubjekt nicht berührt.

Gastell   1205

Die Bindung an einen Tarifvertrag über unternehmensübergreifende Betriebsratsstrukturen kann in diesen Fällen durchaus ein Hemmnis für die schnelle Durchführung der Transaktion darstellen. Hinzu kommt, dass infolge des Wegfalls der konzernrechtlichen Verbundenheit die Wirksamkeit des Tarifvertrages im Hinblick auf die von § 3 Abs. 1 Nr. 3 BetrVG geforderte Zweckmäßigkeit der Interessenvertretung regelmäßig in Frage gestellt sein wird. Aus diesen Gründen erscheint es sinnvoll, für solche Situationen ein außerordentliches Kündigungsrecht der Parteien vorzusehen.

Das Amt der tariflich gebildeten Arbeitnehmervertretungen endet jedoch auch im Fall einer fristlosen Kündigung des Tarifvertrages nicht sofort. Die Regelungen über die Fortdauer der Amtszeit und das Bestehen eines Übergangsmandats gelten auch hier.

7. Tarifvertrag über zusätzliche betriebsverfassungsrechtliche Arbeitnehmervertretungen[1]

Tarifvertrag

zwischen
...... (Name und Anschrift der Gesellschaft) „Gesellschaft"
und
...... (Name und Anschrift der Gewerkschaft) „Gewerkschaft"[2]

Präambel[3]

Die Gesellschaft betreibt im Raum ...... insgesamt fünf ehemals selbständige Hotels, die bis zu 70 km voneinander entfernt liegen. Infolge einer bei der Gesellschaft durchgeführten Umstrukturierung wurden die Verwaltung (Personalmanagement, Finanzmanagement, IT, etc.) und die Sekundärbereiche (Hausmeisterdienste, Grünflächen, Reinigung, Technik) unternehmenseinheitlich organisiert. Ein Großteil der Entscheidungen in beteiligungspflichtigen Angelegenheiten wird seitdem zentral auf Unternehmensebene gefällt.

Die Parteien sind sich darüber einig, dass eine effektive Zusammenarbeit zwischen der Geschäftsleitung und der Arbeitnehmervertretung und damit eine sachgerechte Wahrnehmung der Interessen der Arbeitnehmer nur möglich ist, wenn die Struktur der Arbeitnehmervertretung den Entscheidungsabläufen im Unternehmen der Gesellschaft angepasst wird. Dieses Ziel soll zum einen durch die Bildung eines unternehmenseinheitlichen Betriebsrats erreicht werden. Zum anderen werden gemäß § 3 Abs. 1 Nr. 5 BetrVG zusätzliche Vertretungen in den einzelnen Hotels gebildet, um die Zusammenarbeit zwischen dem unternehmenseinheitlichen Betriebsrat und den Arbeitnehmern vor Ort zu erleichtern[4].

§ 1 Unternehmenseinheitlicher Betriebsrat[5]

(1) Dieser Tarifvertrag gilt für sämtliche Arbeitnehmer und Betriebe der Gesellschaft.

(2) Im Unternehmen der Gesellschaft wird ein unternehmenseinheitlicher Betriebsrat gebildet. Er ersetzt die bestehenden Betriebsräte und den Gesamtbetriebsrat. Auf ihn finden die Vorschriften über die gesetzlichen Rechte und Pflichten des Betriebsrats und des Gesamtbetriebsrats sowie die Rechtsstellung ihrer Mitglieder Anwendung.

(3) Der unternehmenseinheitliche Betriebsrat wird von allen Arbeitnehmern der Gesellschaft nach den Vorschriften des BetrVG gewählt.

(4) Abweichend von § 38 Abs. 1 S. 1 BetrVG werden im Unternehmen der Gesellschaft ...... Betriebsratsmitglieder von ihrer beruflichen Tätigkeit freigestellt. Es sind höchstens ...... Teilfreistellungen zulässig.

§ 2 Fortgeltung von Betriebsvereinbarungen[6]

(1) Die für einzelne Betriebe abgeschlossenen Betriebsvereinbarungen gelten mit ihrem ursprünglichen persönlichen Geltungsbereich, also jeweils mit Wirkung für die Arbeitnehmer des betreffenden Betriebs, fort. Die abgeschlossenen Gesamtbetriebsvereinbarungen gelten mit Wirkung für alle Arbeitnehmer der Gesellschaft fort.

(2) Willenserklärungen im Hinblick auf die bestehenden Betriebsvereinbarungen, insbesondere Kündigungen, können von dem unternehmenseinheitlichen Betriebsrat abgegeben werden.

§ 3 Zusätzliche betriebsverfassungsrechtliche Arbeitnehmervertretungen

(1) Für jedes Hotel wird ein Arbeitnehmer als zusätzliche Arbeitnehmervertretung gewählt. Die zusätzlichen Arbeitnehmervertretungen werden jeweils von den wahlberechtigten Arbeitnehmern eines Hotels gewählt. Jeder Arbeitnehmer wird dem Hotel zugeordnet, in dem er den überwiegenden Teil seiner Arbeitszeit örtlich eingesetzt wird[7].

(2) Die zusätzlichen Arbeitnehmervertretungen werden zeitgleich mit dem unternehmenseinheitlichen Betriebsrat im vereinfachten Wahlverfahren entsprechend § 14a BetrVG gewählt[8]. Die regelmäßige Amtzeit der zusätzlichen Arbeitnehmervertretungen beträgt vier Jahre. Endet die Amtzeit des unternehmenseinheitlichen Betriebsrats vorzeitig, gilt dies auch für die zusätzlichen Arbeitnehmervertretungen[9].

(3) Die Kosten für die Tätigkeit der zusätzlichen Arbeitnehmervertretungen trägt die Gesellschaft in entsprechender Anwendung des § 40 BetrVG[10].

(Alternative:

(3) Den zusätzlichen Arbeitnehmervertretungen wird jeweils ein PC-Arbeitsplatz zur Verfügung gestellt. Soweit dies erforderlich ist, kann für Schreibarbeiten und ähnliches Büropersonal in Anspruch genommen werden. Für sonstige Ausgaben wird den zusätzlichen Arbeitnehmervertretungen jeweils ein Budget von monatlich höchstens EUR ...... zur Verfügung gestellt.)

(4) Die Mitglieder der zusätzlichen Arbeitnehmervertretungen führen ihr Amt unentgeltlich als Ehrenamt. Sie sind ohne Minderung des Arbeitsentgelts von ihrer beruflichen Tätigkeit freizustellen, soweit es zur Durchführung ihrer Aufgaben erforderlich ist. § 37 Abs. 1 bis 5 BetrVG gilt entsprechend. Es erfolgt keine Arbeitsbefreiung und Kostenerstattung für die Teilnahme an Schulungs- und Bildungsveranstaltungen[11].

(5) Die Mitglieder der zusätzlichen Arbeitnehmervertretungen unterliegen in entsprechender Anwendung des § 79 BetrVG der Geheimhaltungspflicht[12]. Der besondere Kündigungs- und Versetzungsschutz gemäß § 15 KSchG, § 103 BetrVG findet auf sie keine Anwendung[13].

(6) Die Mitglieder der zusätzlichen Arbeitnehmervertretungen haben das Recht, an Betriebsratssitzungen teilzunehmen. Ein Stimmrecht steht ihnen nicht zu.

(7) Der Betriebsrat soll den zusätzlichen Arbeitnehmervertretungen Angelegenheiten, die besonders die von ihnen vertretenen Arbeitnehmer betreffen, zur Beratung zuleiten.

(8) Der Betriebsrat kann die jeweils zuständigen zusätzlichen Arbeitnehmervertretungen zu Besprechungen zwischen der Gesellschaft und ihm beiziehen, wenn Angelegenheiten behandelt werden, die besonders die von ihnen vertretenen Arbeitnehmer betreffen[14].

§ 4 Erstmalige Wahl des unternehmenseinheitlichen Betriebsrats und der zusätzlichen Arbeitnehmervertretungen[15].

(1) Die erstmalige Wahl des unternehmenseinheitlichen Betriebsrats und der zusätzlichen Arbeitnehmervertretungen findet nach Inkrafttreten dieses Tarifvertrages statt.

(2) Der bei der Gesellschaft gebildete Gesamtbetriebsrat bestellt einen Wahlvorstand für die Wahl des unternehmenseinheitlichen Betriebsrats. Zum Zwecke der Wahl der zu-

sätzlichen Arbeitnehmervertretungen im vereinfachten Wahlverfahren wird ebenfalls vom Gesamtbetriebsrat entsprechend § 14a Abs. 3 BetrVG für jedes Hotel jeweils ein Wahlvorstand bestellt. Die Wahlvorstände werden die Wahlen unverzüglich einleiten und durchführen.

§ 5 Schlussbestimmungen[16]

(1) Diese Vereinbarung tritt am ...... in Kraft. Sie kann von beiden Parteien mit einer Frist von drei Monaten zum Ende eines Kalenderquartals gekündigt werden. Die Kündigung bedarf der Schriftform.

(2) Eine Nachwirkung wird ausgeschlossen. Nach seiner Beendigung gilt die gesetzlich vorgesehene betriebsverfassungsrechtliche Organisation. Der zum Zeitpunkt der Kündigung gebildete unternehmenseinheitliche Betriebsrat und die zusätzlichen Arbeitnehmervertretungen bleiben im Amt und führen die Geschäfte bis zur Bekanntgabe des Wahlergebnisses eines Betriebsrats oder mehrerer Betriebsräte, die an die Stelle des unternehmenseinheitlichen Betriebsrats treten, fort. Das Mandat endet jeweils spätestens sechs Monate nach Ablauf der ursprünglich vorgesehenen Amtszeit.

(3) Mündliche Nebenabreden bestehen nicht. Sollte eine Bestimmung dieser Vereinbarung ganz oder teilweise unwirksam sein oder werden, so wird die Gültigkeit der übrigen Bestimmungen hiervon nicht berührt. Die Parteien verpflichten sich, an die Stelle der unwirksamen Bestimmung eine dieser möglichst nahe kommende wirksame Bestimmung zu setzen. Dasselbe gilt für den Fall einer vertraglichen Lücke.

......
Ort, Datum
......
Unterschrift der Gesellschaft

......
Ort, Datum
......
Unterschrift der Gewerkschaft

Schrifttum: S. Form. E. I. 3.

Anmerkungen

1. Gesetzliche Ermächtigung. Zu grundsätzlichen rechtlichen Fragen der tarifvertraglichen Vereinbarung von alternativen Betriebsratsstrukturen s. Form. E. I. 3 Anm. 1.

§ 3 Abs. 1 Nr. 5 BetrVG, der an § 3 Abs. 1 Nr. 3 BetrVG a. F. anknüpft, ermächtigt die Tarifvertragsparteien, die Bildung von „zusätzlichen betriebsverfassungsrechtlichen Vertretungen" zu bestimmen, die die Zusammenarbeit zwischen Betriebsrat und Arbeitnehmern erleichtern sollen. Im Gegensatz zu den alternativen Arbeitnehmervertretungen nach § 3 Abs. 1 Nr. 1 bis 3 BetrVG sind diese (ebenso wie die „zusätzlichen betriebsverfassungsrechtlichen Gremien" nach § 3 Abs. 1 Nr. 4 BetrVG) **nicht Träger von Mitbestimmungs- oder sonstigen Beteiligungsrechten** (s. ausführlich Anm. 14). Sie besitzen keine Vertretungsbefugnis gegenüber dem Arbeitgeber, sondern stellen lediglich ein **Bindeglied** zwischen den von ihnen betreuten Arbeitnehmern und dem Betriebsrat dar (*F/E/S/T/L* § 3 Rdn. 68; *D/K/K/Trümner* § 3 Rdn. 109; ErfKomm/*Eisemann* § 3 BetrVG Rdn. 8).

In der Literatur sind die zusätzlichen Vertretungen nach § 3 Abs. 1 Nr. 5 BetrVG wegen ihrer fehlenden Entscheidungskompetenzen als „Stammtische zum Meinungsaustausch unter Arbeitnehmervertretern" bezeichnet worden (*Hanau* RdA 2001, 65, 66). Dieser Vorwurf ist in dieser Allgemeinheit sicherlich unberechtigt. Die Bildung eines Gremiums, das zwar keine Beteiligungsbefugnisse besitzt, aber einen Kommunikations-, Informations- und Vermittlungsauftrag hat, ist im Gegenteil überall dort sinnvoll, wo kein ausreichender Kontakt zwischen den Arbeitnehmern und dem Betriebsrat besteht (so Begr. RegE BT-Drucks. 14/5741 S. 34). Zweckmäßig sind gegebenenfalls auch **Kombinationen** von Regelungen der Nr. 1 bis 3 mit solchen der Nr. 5, wie sie das Formular vorsieht (s. auch Anm. 3).

2. Vertragsparteien. Das Formular sieht als Vertragsparteien den Arbeitgeber und die tarifzuständige Gewerkschaft vor (s. allgemein zu den Vertragsparteien eines Tarifvertrages nach § 3 Form. E. I. 3 Anm. 3).

Denkbar ist allerdings auch, dass mehrere Arbeitgeber mit einer oder mehreren Gewerkschaften die Bildung von zusätzlichen Arbeitnehmervertretungen vereinbaren. Dies kommt immer dann in Betracht, wenn zugleich die gesetzlichen Betriebsräte durch unternehmensübergreifende Arbeitnehmervertretungen nach § 3 Abs. 1 Nr. 2 oder 3 BetrVG ersetzt werden (s. Form. E. I. 5 Anm. 2 und E. I. 6 Anm. 2 und 5). In diesen Fällen erstreckt sich der Tätigkeitsbereich der zusätzlichen Arbeitnehmervertretungen auf die „als Betrieb" geltende neue betriebsverfassungsrechtliche Organisationseinheit.

3. Präambel. Dem Tarifvertrag ist eine Präambel vorangestellt, aus der sich ergibt, warum die Einrichtung einer zusätzlichen Arbeitnehmervertretung sinnvoll erscheint und die Zusammenarbeit zwischen Betriebsrat und Arbeitnehmern erleichtern kann (zu Sinn und Zweck einer Präambel s. Form. E. II. 1).

Wird in einem Unternehmen mit mehreren Betrieben die Bildung eines unternehmenseinheitlichen Betriebsrats bestimmt, weil die mitbestimmungsrelevanten Entscheidungen überwiegend zentral auf Unternehmensebene gewählt werden, so kann die Einrichtung zusätzlicher Arbeitnehmervertretungen für die Arbeitnehmer der örtlichen Betriebsstätten insbesondere dann sinnvoll sein, wenn diese **räumlich weit von einander entfernt** liegen und/oder nicht durch ein Betriebsratsmitglied im unternehmenseinheitlichen Betriebsrat vertreten sind. Dem Risiko, dass der unternehmenseinheitliche Betriebsrat nicht ausreichend über die spezifischen Belange der Arbeitnehmer vor Ort unterrichtet ist, kann dadurch begegnet werden, dass zusätzliche Arbeitnehmervertretungen die nötige „Rückkoppelung" zur Belegschaft gewährleisten (so D/K/K/*Trümner* § 3 Rdn. 22). Diese Gestaltungsform einer Kombination von Regelungen nach § 3 Abs. 1 Nr. 1a) und Nr. 5 BetrVG sieht die Gesetzesbegründung zu § 3 Abs. 1 Nr. 5 BetrVG ausdrücklich vor (Begr. RegE BT-Drucks. 14/5741 S. 34).

4. Form der zusätzlichen Arbeitnehmervertretungen. Zusätzliche Arbeitnehmervertretungen können nicht nur, wie schon nach der alten Rechtslage, für bestimmte Beschäftigungsarten (z.B. Akkordarbeiter, Arbeitnehmer im Außendienst), sondern auch für bestimmte Abteilungen oder Arbeitsbereiche sowie für bestimmte Beschäftigtengruppen (z.B. ausländische Arbeitskräfte) eingerichtet werden. In Betracht kommt daneben eine zusätzliche Arbeitnehmervertretung für befristet Beschäftigte wie etwa Saisonarbeitnehmer in Vergnügungsparks oder Gastronomiebetrieben. Auch können Vertrauensleute als zusätzliche Arbeitnehmervertreter gewählt werden, die als Bindeglied und Informationsträger zwischen Arbeitnehmern, Arbeitgeber und Betriebsrat fungieren (F/E/S/T/L § 3 Rdn. 65).

Unzulässig ist nach dem klaren Wortlaut des § 3 Abs. 1 Nr. 5 BetrVG („betriebsverfassungsrechtliche Vertretungen") die Errichtung von gewerkschaftlichen Vertretungen der Arbeitnehmer auf Betriebsebene (Richardi/*Richardi* § 3 Rdn. 30; F/E/S/T/L § 3 Rdn. 66f.; GKBetrVG/*Kraft* § 3 Rdn. 15). Auch Vertretungen für leitende Angestellte fallen nicht unter § 3 Abs. 1 Nr. 5 BetrVG.

Da die zusätzlichen Vertretungen die „Zusammenarbeit zwischen Betriebsrat und Arbeitnehmern" erleichtern sollen, setzt deren Bildung zwingend voraus, dass in dem Betrieb ein **Betriebsrat** oder eine nach entsprechender tarifvertraglicher Regelung geschaffene Arbeitnehmervertretung mit Mitbestimmungsrechten besteht. Fehlt es daran, kann eine zusätzliche Arbeitnehmervertretung nicht gebildet werden.

5. Unternehmenseinheitlicher Betriebsrat. Zum unternehmenseinheitlichen Betriebsrat s. Form. E. I. 3 Anm. 3.

6. Fortgeltung von Betriebsvereinbarungen. Zur Fortgeltung von Betriebsvereinbarungen s. Form. E. I. 3 Anm. 9.

7. Bestimmung der vertretenen Arbeitnehmer und Größe der zusätzlichen Arbeitnehmervertretung. Im Tarifvertrag ausdrücklich geregelt werden muss, welche Gruppe von Arbeitnehmern die zusätzliche Arbeitnehmervertretung jeweils repräsentieren soll. Hier können z.B. die Beschäftigungsarten bezeichnet oder die Arbeitsgruppen benannt werden. Häufig wird sich die Zuordnung der Arbeitnehmer nicht ohne weiteres ergeben, so dass, um Unklarheiten zu vermeiden, eine Regelung im Tarifvertrag geboten ist. Soll die Einrichtung der zusätzlichen Arbeitnehmervertretung wie im Formular vor allem als eine Art „Außenstelle" des Betriebsrats dessen ausreichende örtliche Anbindung gewährleisten, so ist es sinnvoll, für die Frage der Zuordnung nicht auf den Schwerpunkt des arbeitstechnischen Zwecks abzustellen, sondern darauf, wo der Arbeitnehmer überwiegend örtlich eingesetzt wird. Bei Arbeitnehmern, die in Abteilungen mit betriebsübergreifenden Zwecksetzungen (z. B. Personalabteilung) beschäftigt werden, wäre eine auf die Tätigkeit abstellende Zuordnung im Übrigen kaum möglich.

Da die zusätzlichen Arbeitnehmervertretungen die Betriebsräte nicht ersetzen und eine Gleichstellungsnorm wie § 3 Abs. 5 BetrVG fehlt, richten sich Größe und Zusammensetzung der Vertretung allein nach dem Tarifvertrag (Richardi/*Richardi* § 3 Rdn. 43). Auch die Organisation und Geschäftsführung können besonders im Tarifvertrag geregelt werden. Dies kann vor allem bei Arbeitnehmervertretungen, die ein größeres Gremium darstellen, sinnvoll sein. Besteht jedoch die Arbeitnehmervertretung, wie im Formular, jeweils nur aus einem gewählten Arbeitnehmer, so ist eine Regelung entbehrlich.

8. Wahl der zusätzlichen Arbeitnehmervertretungen. Bei den zusätzlichen Arbeitnehmervertretungen handelt es sich um **Wahlorgane**. Dies ergibt sich einerseits aus der Bezeichnung als „betriebsverfassungsrechtliche" Vertretungen (F/E/S/T/L § 3 Rdn. 67; ErfKomm/*Eisemann* § 3 BetrVG Rdn. 8), andererseits aus dem Umstand, dass für die zusätzlichen Arbeitnehmervertretungen ausdrücklich der strafrechtliche Wahlschutz des § 119 Abs. 1 Nr. 1 BetrVG gilt (D/K/K/*Trümner* § 3 Rdn. 99). Die Arbeitnehmervertretungen können also nicht z. B. durch den Betriebsrat bestellt werden, sondern müssen von den Arbeitnehmern, die sie repräsentieren sollen, gewählt werden (F/E/S/T/L § 3 Rdn. 67; D/K/K/*Trümner* § 3 Rdn. 99, 102; ErfKomm/*Eisemann* § 3 BetrVG Rdn. 8). Nicht erforderlich ist hingegen, dass die Wahl den speziellen Anforderungen des BetrVG über die Wahl der Betriebsräte genügt. Notwendig und ausreichend ist, dass die Wahl den allgemeinen demokratischen Grundsätzen entspricht. Es muss sich nicht notwendig um eine schriftliche Wahl handeln, sondern nach zum Teil vertretener Ansicht genügt auch eine Wahl durch Akklamation (F/E/S/T/L § 3 Rdn. 67; D/K/K/ *Trümner* § 3 Rdn. 102).

Ein formalisiertes Verfahren entsprechend den Regelungen des BetrVG und der Wahlordnung kann gleichwohl sinnvoll sein, um die Legitimationswirkung des Wahlakts zu verstärken und eine breitere Akzeptanz durch die Arbeitnehmer zu erreichen. Da das reguläre Wahlverfahren des BetrVG jedoch langwierig und kompliziert ist, sieht das Formular eine Wahl entsprechend dem vereinfachten Wahlverfahren nach § 14 a BetrVG vor.

9. Amtszeit. Die Amtszeit kann abweichend von derjenigen des Betriebsrats nach § 21 BetrVG bestimmt werden (F/E/S/T/L § 3 Rdn. 70; D/K/K/*Trümner* § 3 Rdn. 101; ErfKomm/ *Eisemann* § 3 BetrVG Rdn. 8). Eine verkürzte Amtszeit ist etwa dann sinnvoll, wenn für Saisonarbeitnehmer eine zusätzliche Vertretung eingerichtet werden soll. Die Amtszeit eines solchen Gremiums sollte in diesem Fall parallel zur Dauer einer Saison geregelt werden. Zu einer mit dem Betriebsrat übereinstimmenden Amtszeit ist hingegen zu raten, wenn die zusätzliche Arbeitnehmervertretung, wie im vorliegenden Fall, die möglichen Kommunikationsdefizite ausgleichen soll, die durch die Einrichtung eines unternehmenseinheitlichen Betriebsrats entstehen können. Hier sollte die Amtszeit der zusätzlichen Arbeitnehmervertretung derjenigen des Betriebsrats angepasst werden.

Da die Einrichtung einer zusätzlichen Arbeitnehmervertretung das Bestehen eines Betriebsrats oder eines alternativen Mitbestimmungsorgans voraussetzt (s. Anm. 4), endet die Amtszeit **vorzeitig**, wenn das Amt der betreffenden Hauptarbeitnehmervertretung endgültig, z. B. wegen einer erfolgreichen Wahlanfechtung, endet (GKBetrVG/*Kraft* § 3 Rdn. 18; F/E/S/T/L § 3 Rdn. 70; D/K/K/*Trümner* § 3 Rdn. 101).

10. Kostenerstattung. Uneinigkeit besteht darüber, ob die zusätzliche Arbeitnehmervertretung auch dann, wenn eine ausdrückliche Regelung fehlt, in **entsprechender Anwendung des § 40 BetrVG** einen Anspruch auf Ersatz der Kosten der Vertretungstätigkeit und auf Bereitstellung von Räumen, Sachmitteln und Büropersonal hat. Die wohl überwiegende Ansicht geht davon aus, dass der Arbeitgeber generell die Kosten der zusätzlichen Arbeitnehmervertretung analog § 40 BetrVG tragen muss (*F/E/S/T/L* § 3 Rdn. 71; ErfKomm/*Eisemann* § 3 BetrVG Rdn. 8; GKBetrVG/*Kraft* § 3 Rdn. 22). Zum Teil wird dagegen vertreten, die strenge Kostentragungsregelung des § 40 BetrVG gelte nicht (so *Reichold* NZA 2001, 857, 859) oder lasse zumindest eine Budgetierung der Kosten zu (so *Hanau* NJW 2001, 2513, 2514).

Eine generelle Ablehnung der Kostenerstattung durch den Arbeitgeber lässt sich kaum vertreten, da es sich nicht um einen bloßen „Stammtisch zum Meinungsaustausch unter Arbeitnehmervertretern", sondern um eine Arbeitnehmervertretung mit einem durch Gesetz und Tarifvertrag vorgegebenen Auftrag handelt (vgl. Anm. 1). Es muss jedenfalls eine sachgerechte Aufgabenerfüllung gewährleistet sein. Angesichts der fehlenden direkten Anwendbarkeit der Vorschrift des § 40 BetrVG erscheint eine angemessene **Budgetierung** jedoch möglich. In der Alternative sieht das Formular daher eine spezielle Regelung zur Kostenerstattung vor, die für die sonstigen Ausgaben (Sachmittel außer PC-Arbeitsplatz, Aufwendungen der einzelnen Mitglieder außer Kosten der Rechtsverfolgung) ein Budget vorsieht. Wegen der fehlenden Rechtsprechung zu dieser Frage muss jedoch darauf hingewiesen werden, dass die Zulässigkeit einer solchen Budgetierung nicht sicher ist.

11. Amtsausübung. Uneinigkeit besteht darüber, ob die für die Mitglieder des Betriebsrats geltenden Vorschriften, insbesondere die Regelungen über Tätigkeit, Freistellungen und Schulungen, entsprechend auf die Mitglieder der zusätzlichen Arbeitnehmervertretungen anzuwenden sind. Nach überwiegender und zutreffender Ansicht entspricht ihre Stellung grundsätzlich nicht der von Betriebsratsmitgliedern, so dass insbesondere die §§ 37, 38 BetrVG nicht direkt anwendbar sind (*F/E/S/T/L* § 3 Rdn. 71; ErfKomm/*Eisemann* § 3 BetrVG Rdn. 8; GKBetrVG/*Kraft* § 3 Rdn. 22; a. A. D/K/K/*Trümner* § 3 Rdn. 100). Nach allgemeiner Auffassung nehmen die Mitglieder der zusätzlichen Arbeitnehmervertretungen ihre Aufgaben jedoch unter Fortzahlung der Vergütung während der Arbeitszeit wahr, so dass im Ergebnis eine entsprechende Anwendung des § 37 Abs. 1 bis 5 BetrVG erfolgt.

Ein Anspruch auf die Teilnahme an **Schulungs- und Bildungsveranstaltungen** sollte dagegen ausdrücklich ausgeschlossen werden, um zusätzliche Kosten des Arbeitgebers zu verhindern. Zwar ist durchaus denkbar, dass in naher Zukunft auch solche Schulungsveranstaltungen angeboten werden, die spezielle Kenntnisse für die Zusammenarbeit der zusätzlichen Arbeitnehmervertretungen mit Arbeitnehmern und Betriebsrat vermitteln. Da die Aufgabe der zusätzlichen Arbeitnehmervertretungen jedoch – jedenfalls in der hier vorliegenden Konstellation – weniger auf „fachlichem" denn auf „kommunikativem" Gebiet liegen, können solche Schulungen als entbehrlich angesehen werden.

12. Geheimhaltungspflicht. Nach dem ausdrücklichen Wortlaut des § 79 Abs. 2 BetrVG unterliegen auch die Mitglieder der nach § 3 Abs. 1 Nr. 5 BetrVG gewählten Vertretungen der Geheimhaltungspflicht. Es handelt sich somit um eine lediglich deklaratorische Klausel, die jedoch in den Tarifvertrag aufgenommen werden sollte, um den zusätzlichen Arbeitnehmervertretungen ihre Geheimhaltungspflicht deutlich vor Augen zu führen. Außerdem wird den Betroffenen damit gleichzeitig klar gemacht, dass sie gegenüber dem Arbeitgeber nicht nur über zusätzliche Rechte verfügen, sondern als Teil der Betriebsverfassung auch einer besonderen Verantwortung und Pflichten unterliegen.

13. Versetzungs- und Kündigungsschutz. Umstritten ist, ob der besondere Versetzungs- und Kündigungsschutz auch für die Mitglieder der zusätzlichen Arbeitnehmervertretungen gilt.

Nach dem klaren Wortlaut des § 3 Abs. 5 BetrVG gelten die Vorschriften über die Rechtsstellung der Betriebsratsmitglieder nur für die Mitglieder eines nach § 3 Abs. 1 Nr. 1 bis 3 BetrVG gebildeten Gremiums, nicht jedoch für die zusätzlichen Vertretungen nach § 3 Abs. 1 Nr. 4 und 5 BetrVG (*F/E/S/T/L* § 3 Rdn. 71; ErfKomm/*Eisemann* § 3 BetrVG Rdn. 8; GKBetrVG/*Kraft* § 3 Rdn. 22; a. A. D/K/K/*Trümner* § 3 Rdn. 100). Die Gegenansicht will eine Anwendung der Verweisungsnorm des § 3 Abs. 5 S. 2 BetrVG damit begründen, dass zusätzliche Arbeitnehmervertretungen häufig in Kombination mit Tarifverträgen nach § 3 Abs. 1 bis 3 BetrVG geregelt würden, so dass es sich in diesen Fällen auch um in den neunen Organisationseinheiten gebildete Arbeitnehmervertretungen i. S. d. § 3 Abs. 5 S. 2 BetrVG handele (D/K/K/*Trümner* § 3 Rdn. 100). Dieses Argument kann jedoch nicht überzeugen. Der Gesetzgeber hat durch die Regelung des § 3 Abs. 5 BetrVG deutlich gemacht, dass nur die Mitglieder einer Arbeitnehmervertretung, die den gesetzlichen Betriebsrat ersetzt, dieselbe Rechtsstellung wie Betriebsratsmitglieder haben sollten. Allein dadurch, dass zwei alternative Arbeitnehmervertretungsstrukturen nebeneinander vereinbart werden, ändert sich an der grundsätzlichen Unterscheidung der Arbeitnehmervertretungen gemäß § 3 Abs. 1 Nr. 1 bis 3 BetrVG und § 3 Abs. 1 Nr. 4 und 5 BetrVG in Funktion und Kompetenz nichts.

Die überwiegende Ansicht geht somit zu Recht davon aus, dass der besondere Versetzungs- und Kündigungsschutz der §§ 15 KSchG, 103 BetrVG für Mitglieder der zusätzlichen Arbeitnehmervertretungen nicht gilt. Dies sollte zur Klarstellung in den Tarifvertrag ausdrücklich aufgenommen werden.

Allerdings ergibt sich für die Mitglieder einer zusätzlichen Arbeitnehmervertretung ein **relativer Kündigungsschutz**, da sie gemäß § 78 BetrVG in der Ausübung ihrer Tätigkeit nicht gestört oder behindert werden und wegen ihrer Tätigkeit nicht benachteiligt oder begünstigt werden dürfen. Eine Kündigung, die erfolgt, um ihnen die Amtsausübung unmöglich zu machen oder sie zu maßregeln, ist damit nichtig (ErfKomm/*Eisemann* § 3 BetrVG Rdn. 8).

14. Beratungs- und Teilnahmerechte. Nach allgemeiner Auffassung gewährt das BetrVG den zusätzlichen Arbeitnehmervertretungen keine Beteiligungsrechte.

Zu unterscheiden sind die Arbeitnehmervertretungen insoweit insbesondere von den Arbeitsgruppen nach § 28a BetrVG. Während der Betriebsrat seine betriebsverfassungsrechtlichen Mitwirkungs- und Mitbestimmungsrechte auf solche Arbeitsgruppen delegieren kann mit der Folge, dass sie sogar zum Abschluss von Betriebsvereinbarungen berechtigt sind, können den zusätzlichen Arbeitnehmervertretungen keine entsprechende Befugnisse eingeräumt werden.

Es handelt sich bei den Arbeitsgruppen im Sinne von § 28a BetrVG und den Arbeitnehmervertretungen nach § 3 Abs. 1 Nr. 5 BetrVG um zwei Gremien mit grundsätzlich verschiedenen Aufgaben und Funktionen. Während die Arbeitsgruppen anstelle des Betriebsrats die Rechte der Arbeitnehmer gegenüber dem Arbeitgeber vertreten, werden die zusätzlichen Vertretungen zur Vermittlung des Kontakts zwischen Betriebsrat und Arbeitnehmern eingerichtet. Aus diesem Grund ist auch eine Kombination von „Arbeitsgruppen-Vertretungen" nicht denkbar (so im Ergebnis auch D/K/K/*Trümner* § 3 Rdn. 116; *Löwisch* BB 2001, 1734, 1736).

Einigkeit besteht des Weiteren darüber, dass den zusätzlichen Arbeitnehmervertretungen nach § 3 Abs. 1 Nr. 5 BetrVG **kein Stimmrecht** im Betriebsrat zusteht. Umstritten ist jedoch, inwieweit der **Tarifvertrag** für die zusätzlichen Arbeitnehmervertretungen **Beteiligungs- und Teilnahmerechte** vorsehen kann. Einer Ansicht nach können solche Rechte der zusätzlichen Arbeitnehmervertretung nicht eingeräumt werden kann (GKBetrVG/*Kraft* § 3 Rdn. 20).

Dieser Auffassung ist nicht zuzustimmen. Weder der Gesetzeswortlaut noch die Gesetzesbegründung weisen darauf hin, dass die Gestaltungsbefugnis der Tarifvertragsparteien derart stark eingeschränkt werden sollte. Zu Recht wird darauf hingewiesen, dass die zusätzlichen Arbeitnehmervertretungen eine Art „Unterbau" der Betriebsräte bilden, so dass ein beratendes Teilnahmerecht auch zweckmäßig ist. Um ihre Handlungsfähigkeit nicht völlig in das Belieben des Betriebsrats zu stellen, kann dieser darüber hinaus durch eine „Soll-Bestimmung" i.S.d. § 67 Abs. 3 S. 2 BetrVG angehalten werden, den zusätzlichen Arbeitnehmervertretungen Angelegenheiten zur Beratung zuzuleiten, die besonders die von ihnen vertretenen Arbeitnehmer betreffen.

Auch sollte geregelt werden, dass der Betriebsrat zur Beiziehung der zusätzlichen Vertretungen in Besprechungen mit dem Arbeitgeber berechtigt ist. Die Aufnahme einer zwingenden Beiziehung ist jedoch angesichts der auf die Zusammenarbeit zwischen Betriebsrat und Arbeitnehmern beschränkten Funktion der zusätzlichen Vertretung nicht mit § 3 Abs. 1 Nr. 5 BetrVG vereinbar.

15. Erstmalige Wahl. Da auch für die erstmalige Wahl des unternehmenseinheitlichen Betriebsrats der Wahlvorstand durch den Gesamtbetriebsrat bestellt wird (s. Form. E. I. 3 Anm. 11) und alle Wahlverfahren parallel eingeleitet werden sollten, empfiehlt sich die im

Formular vorgesehene Regelung. Danach ist der Gesamtbetriebsrat auch für die Bestellung der Wahlvorstände zum Zwecke der Wahl der zusätzlichen Arbeitnehmervertretungen zuständig.

16. Kündigung, Nachwirkung und „Übergangsmandat". S. Form. E. I. 3 Anm. 12.

8. Tarifvertrag zur Beschäftigungssicherung[1]

Tarifvertrag

zwischen
...... (Name und Anschrift der Gesellschaft) „Gesellschaft[2]"
und
...... (Name und Anschrift der Gewerkschaft) „Gewerkschaft"

Präambel

Die Gesellschaft ist wegen eines Auftragsrückgangs von 30% in den letzten zwei Jahren zur Erhaltung ihrer Wettbewerbsfähigkeit zu Einsparungen gezwungen. Dieser Tarifvertrag soll einerseits die Verringerung der Personalkosten ermöglichen und andererseits betriebsbedingte Kündigungen ausschließen[3].

§ 1 Geltungsbereich

Der Tarifvertrag gilt für alle Arbeitnehmer einschließlich der leitenden Angestellten, die zum Zeitpunkt des In-Kraft-Tretens dieses Tarifvertrages bei der Gesellschaft beschäftigt sind[4]. Nicht erfasst werden Auszubildende.

§ 2 Beschäftigungssicherung

(1) Während der Laufzeit dieses Tarifvertrages sind betriebsbedingte Kündigungen ausgeschlossen, wenn die Zahl der Beschäftigten 1200 unterschreitet[5]. Die Zahl 1200 errechnet sich nach Köpfen ohne Berücksichtigung der jeweiligen Arbeitszeit[6] und abzüglich der Auszubildenden.

(2) Fällt die Zahl der Arbeitnehmer aus anderen Gründen unter 1200, so besteht keine Verpflichtung der Gesellschaft, entsprechende Neueinstellungen vorzunehmen[7].

(3) Für die Laufzeit dieses Tarifvertrages werden die Löhne und Gehälter um 5% des monatlichen Brutto-Betrages gekürzt[8].

(*Alternative:*

§ 2 Beschäftigungssicherung

(1) Während der Laufzeit dieses Tarifvertrages sind betriebsbedingte Kündigungen ausgeschlossen, wenn die Zahl der Beschäftigten 1200 unterschreitet[9]. Die Zahl 1200 errechnet sich nach Köpfen ohne Berücksichtigung der jeweiligen Arbeitszeit[10] und abzüglich der Auszubildenden.

(2) Fällt die Zahl der Arbeitnehmer aus anderen Gründen unter 1200, so besteht keine Verpflichtung der Gesellschaft, entsprechende Neueinstellungen vorzunehmen[11].

(3) Für die Laufzeit dieses Tarifvertrages wird die regelmäßige tarifliche Arbeitszeit um fünf Wochenstunden mit entsprechender Entgeltreduzierung gesenkt. Teilzeitarbeitsverhältnisse sind entsprechend ihrer geringeren Arbeitszeit herabzusetzen[12].)

§ 3 Laufzeit

(1) Dieser Tarifvertrag endet mit einer etwaigen Betriebsstilllegung[13]. In diesem Falle können betriebsbedingte Kündigungen abweichend von § 2 wirksam ausgesprochen

werden mit der Maßgabe, dass bei Ausspruch der betriebsbedingten Kündigung mindestens die ordentliche Kündigungsfrist eingehalten und das Arbeitsverhältnis frühestens zum voraussichtlichen Zeitpunkt der Betriebsstilllegung beendet wird[14].

(2) Dieser Tarifvertrag ist aus wichtigem Grund mit einer Frist von drei Monaten kündbar, wenn der Umsatz der Gesellschaft in drei aufeinander folgenden Kalendermonaten EUR ...... pro Monat unterschreitet[15] oder Betriebsteile stillgelegt werden[16].

(3) Dieser Tarifvertrag ist ordentlich mit einer Frist von drei Monaten zum Quartalsende erstmals kündbar zum ......[17].

§ 4 Salvatorische Klausel

Mündliche Nebenabreden bestehen nicht. Sollte eine Bestimmung dieses Haustarifvertrages ganz oder teilweise unwirksam sein oder werden, so wird die Gültigkeit der übrigen Bestimmungen hiervon nicht berührt. Die Parteien verpflichten sich, an die Stelle der unwirksamen Bestimmung eine dieser möglichst nahe kommende wirksame Bestimmung zu setzen. Dasselbe gilt für den Fall einer tarifvertraglichen Lücke.

......
Ort, Datum
......
Unterschrift der Gesellschaft

......
Ort, Datum
......
Unterschrift der Gewerkschaft[18]

Schrifttum: Bauer, Aktuelle Probleme des Personalabbaus im Rahmen von Betriebsänderungen (Teil II), DB 1994, 274; *Bauer/Diller*, Beschäftigungssicherung in der Metallindustrie, NZA 1994, 353; *Dieterich*, Flexibilisiertes Tarifrecht und Grundgesetz, RdA 2002, 1; *Frik*, Die neue Interpretation des Günstigkeitsprinzips in Frankreich – Günstigkeit einer Vereinbarung „Lohnverzicht gegen Erhalt der Arbeitsplätze", NZA 1998, 525; *Löw*, Hat der Flächentarifvertrag noch Zukunft?, GmbH Report 2003, R 265; *Schliemann*, Tarifliches Günstigkeitsprinzip und Bindung der Rechtsprechung, NZA 2003, 122; *Wendeling-Schröder/Schubert*, Rechtsprobleme zweistufiger Tarifvertragssysteme, NZA 2003, 772; *Wieland*, Recht der Firmentarifverträge; *Wolter*, Standortsicherung, Beschäftigungssicherung, Unternehmensautonomie, Tarifautonomie, RdA 2002, 218; *Zachert*, Beschäftigungssicherung durch Tarifvertrag als Prüfstein für Umfang und Grenzen der Tarifautonomie, DB 2001, 1198.

Anmerkungen

1. Wirksamkeit eines tariflichen Kündigungsschutzes. Eine Beschäftigungssicherungsklausel kann wirksam in Tarifverträgen vereinbart werden. Bei dem hier vorgestellten Tarifvertrag handelt es sich um einen Firmen- oder Haustarifvertrag (s. Form. E. I. 1 Anm. 1).

Alternativ kommt eine entsprechende Vereinbarung in einer **Betriebsvereinbarung** in Betracht. Dann muss der Tarifvorrang (§ 77 Abs. 3 S. 1 BetrVG) beachtet werden (*Wolter* RdA 2002, 1, 1 und 4). Konkret muss überprüft werden, ob es nicht bereits einen Tarifvertrag mit einer entsprechenden abschließenden Regelung gibt, dessen Geltungsbereich den betroffenen Betrieb einschließt. Für den Bereich des BAT/BMT-G hat das BAG bereits entschieden, dass es sich bei den in diesen sowie in den Tarifverträgen Rationalisierungsschutz für Angestellte und Arbeiter (TV RatAng und TV RatArb) enthaltenen Kündigungsbestimmungen um abschließende Regelungen handelt (BAG Urt. v. 10. 12. 2002 – 1 AZR 96/02 – NZA 2003, 735).

Soweit ein solcher Tarifvertrag entsprechende Regelungen zwar enthält, dabei aber auch so genannte „Öffnungsklauseln" die weitergehende Regelungen durch Betriebsvereinbarungen ermöglichen (vgl. § 4 Abs. 3 Alt. 1 TVG), sind die daraus resultierenden Vorgaben und Einschränkungen zu beachten. Ob dieser Tarifvertrag für den betroffenen Betrieb aufgrund entsprechender Verbandszugehörigkeit tatsächlich gilt, spielt dabei keine Rolle (*Löw* GmbH Report 2003, R 265).

Wenn eine derartige Öffnungsklausel fehlt, wäre die Betriebsvereinbarung nach § 77 Abs. 3 S. 1 BetrVG unwirksam. Eine dennoch angesichts sehr schneller wirtschaftlicher Entwicklungen abgeschlossene Betriebsvereinbarung kann aber durch eine **nachträgliche Genehmigung** der zuständigen Tarifvertragparteien geheilt werden, soweit Grundsätze des Vertrauensschutzes nicht entgegenstehen (BAG Urt. v. 20. 4. 1999 – 1 AZR 631/98 – AP Nr. 12 zu § 77 BetrVG 1972 Tarifvorbehalt; *Dieterich* RdA 2002, 1, 5).

Der Rückwirkung von Tarifverträgen sind die gleichen Grenzen gesetzt wie der Rückwirkung von Gesetzen. Eine echte Rückwirkung kommt danach nur in Betracht, wenn der Normadressat im Zeitpunkt des rückwirkenden In-Kraft-Tretens der Norm keinen hinreichenden Vertrauensschutz auf den Fortbestand der bisherigen Rechtslage mehr genießt (BAG Urt. v. 22. 10. 2003 – 10 AZR 152/03 – AP Nr. 21 zu § 1 TVG Rückwirkung).

Eine entgegen § 77 Abs. 3 S. 1 BetrVG abgeschlossene und somit unwirksame Betriebsvereinbarung kann die zuständigen Verbände zu **Unterlassungsklagen** berechtigen (BAG Beschl. v. 20. 4. 1999 – 1 ABR 72/98 – AP Nr. 89 zu Art. 9 GG – Burda; *Dieterich* RdA 2002, 1, 6).

Auch ohne Öffnungsklausel und ohne Berücksichtigung von § 77 Abs. 3 BetrVG bleibt den Betriebspartnern fast immer die Möglichkeit, sich gemäß § 87 Abs. 1 Nr. 3 BetrVG auf eine vorübergehende Verkürzung der Arbeitszeit zu einigen, weil die Tarifverträge im Allgemeinen nur die Zulässigkeit, jedoch nicht die Einzelheiten der konkreten vorübergehenden Arbeitszeitveränderung regeln. Auch die Anrufung einer Einigungsstelle ist dann gemäß § 87 Abs. 2 BetrVG möglich.

2. Tariffähigkeit des Arbeitgebers. Der Arbeitgeber kann auch dann einen Haustarifvertrag wirksam abschließen, wenn er Mitglied in einem Arbeitgeberverband ist (BAG Urt. v. 20. 4. 1999 – 1 AZR 631/98 – AP Nr. 12 zu § 77 BetrVG 1972 Tarifvorbehalt). Denn § 2 Abs. 1 TVG nennt auch „einzelne Arbeitgeber" ausdrücklich als tariffähige Parteien. Enthält die Satzung des Arbeitgeberverbands für seine Mitglieder ein Verbot, Haustarifverträge abzuschließen, so ändert auch dies nichts an der Wirksamkeit des dennoch abgeschlossenen Vertrags (BAG Urt. v. 10. 12. 2002 – 1 AZR 96/02 – NZA 2003, 735; BAG Urt. v. 4. 4. 2001 – 4 AZR 237/00 – RdA 2002, 244).

Wegen der einzelwirtschaftlich unterschiedlichen Problemlagen kommen Beschäftigungssicherungstarifverträge praktisch nur auf der Ebene einzelner Unternehmen, gegebenenfalls noch auf Konzernebene in Betracht.

Auch Firmentarifverträge wie der im Formular vorgeschlagene können **erstreikt** werden. Hiergegen ist ein verbandsangehöriger Arbeitgeber aber dann geschützt, wenn sich die streikweise Inanspruchnahme auf eine Regelungsmaterie richtet, die von der sich aus dem Verbandstarifvertrag ergebenden **Friedenspflicht** umfasst wird. Voraussetzung für diesen Schutz ist wiederum eine abschließende Regelung der Materie in dem Verbandstarifvertrag, wie z.B. bei den verbandstariflichen Bestimmungen in §§ 53ff. BAT, 49ff. BMT-G II, TV RatAng und TV RatArb (BAG Urt. v. 10. 12. 2002 – 1 AZR 96/02 – NZA 2003, 735). Dasselbe gilt, wenn entsprechende Regelungen auf verbandstariflicher Ebene demnächst erfolgen sollen (BAG Urt. v. 10. 12. 2002 – 1 AZR 96/02 – NZA 2003, 735).

3. Präambel. Zur Präambel s. Form. E. II. 1. Im Zusammenhang mit einem Beschäftigungssicherungstarifvertrag, der von der Belegschaft in aller Regel Zugeständnisse fordert, ist sie unbedingt empfehlenswert. Ihr Inhalt kann dazu genutzt werden, die jeweiligen Gründe für die derzeitige schwierige Situation zu erläutern und die Mitarbeiter zu motivieren. Das Formular nennt als Beispiel für die Vielzahl der denkbaren Ursachen für wirtschaftliche Probleme den Rückgang von Aufträgen. Auch der betroffenen Gewerkschaft fällt es vor dem Hintergrund einer solchen Präambel leichter, einen Beschäftigungssicherungstarifvertrag abzuschließen, mit dem die Bedingungen des Flächentarifvertrages zum Nachteil der Arbeitnehmer abgeändert werden.

Das Formular enthält einen Beschäftigungssicherungstarifvertrag, der dem Erhalt der Arbeitsplätze im Austausch gegen kostensenkende Regelungen dienen soll. Der Wegfall von Arbeitsplätzen soll also vermieden werden. Gleichzeitig sollen die wirtschaftlichen Rahmenbedingungen so verbessert werden, dass das Unternehmen für die schwierige Phase, in der es sich befindet, besser gerüstet ist.

Eine andere Variante von Beschäftigungssicherungstarifverträgen ist der so genannte **„Rationalisierungsschutztarifvertrag"**. Bei diesem steht von vornherein fest, dass der Wegfall von Arbeitsplätzen unvermeidbar sein wird. Rationalisierungsschutztarifverträge regeln den sozialverträglichen Abbau der Arbeitsplätze meist gegen Zahlung von Abfindungen und gegebenenfalls Durchführung von Transfermaßnahmen, um das freiwillige Ausscheiden der Arbeitnehmer aus dem Unternehmen zu fördern. Abhängig von der wirtschaftlichen Situation des Unternehmens enthalten Rationalisierungsschutztarifverträge zum Teil keine Zugeständnisse zugunsten der im Unternehmen verbleibenden Arbeitnehmer. Rationalisierungsschutztarifverträge werden regelmäßig in Form von Verbandstarifverträgen vereinbart.

4. Geltungsbereich. Zum Geltungsbereich s. Form. E. I. 1 Anm. 6. Für kleinere Betriebe empfiehlt sich zur Klarheit die namentliche Aufnahme der betroffenen Arbeitnehmer in eine Anlage, auf die als Bestandteil des Tarifvertrages verwiesen wird. Wegen der besonderen rechtlichen Probleme, die sich ergeben, wenn nur ein Teil der Belegschaft von dem persönlichen Geltungsbereich des Tarifvertrages erfasst werden soll, s. nachfolgend Anm. 5.

Für die **Normwirkung des Tarifvertrages** gilt bei Firmentarifverträgen nichts anderes als bei Verbandstarifverträgen. Grundsätzlich gilt daher der Firmentarifvertrag – mit Ausnahme betrieblicher und betriebsverfassungsrechtlicher Fragen, § 3 Abs. 2 TVG und für allgemeinverbindlich erklärter Tarifverträge, § 5 TVG – nur für die Arbeitnehmer, die Mitglieder der vertragsschließenden Gewerkschaft sind, §§ 4 Abs. 1, 3 Abs. 1 Alt. 1 TVG. Darüber hinaus können Firmentarifverträge auch für nichttarifgebundene Arbeitnehmer aufgrund einzelvertraglicher Bezugnahmen gelten.

Im Verhältnis zu einem Verbandstarifvertrag wird dieser von dem spezielleren Firmentarifvertrag im Wege der **Tarifkonkurrenz** in aller Regel auch dann verdrängt, wenn er zu Lasten der Arbeitnehmer von dem Verbandstarifvertrag abweicht (BAG Urt. v. 4. 4. 2001 – 4 AZR 237/00 – RdA 2002, 244; BAG Urt. v. 20. 4. 1999 – 1 AZR 631/98 – AP Nr. 12 zu § 77 BetrVG 1972 Tarifvorbehalt; *Dieterich* RdA 2002, 1, 4; allgemein zur Tarifkonkurrenz s. Form. E. I. 1 Anm. 5).

5. Schutz vor betriebsbedingten Kündigungen. Beschäftigungssicherungsklauseln regeln immer nur den Schutz vor **betriebsbedingten** Kündigungen. Dies ergibt sich vorliegend aus der Formulierung von § 2 Abs. (1) S. 1. Eine noch ausdrücklichere Klarstellung ist daher nicht erforderlich, wäre aber auch nicht schädlich, da auch der Ausschluss verhaltens- und personenbedingter ordentlicher Kündigungen wirksam möglich und daher auch nicht von vornherein unzulässig wäre (eine entsprechende Regelung enthält z. B. § 53 Abs. 3 BAT).

Anderen Erscheinungsformen der Arbeitsplatzsicherung, etwa die Aufrechterhaltung einer Produktionsstätte, setzt die grundrechtlich garantierte und auch von den Tarifvertragsparteien zu beachtende Unternehmerfreiheit Grenzen (LAG Hamm Urt. v. 31. 5. 2000 – 18 a Sa 858/00 – NZA-RR 2000, 535; Zachert DB 2001, 1198, 1198).

Die Wirksamkeit von Beschäftigungssicherungsklauseln kann dann problematisch sein, wenn sie in die gesetzlich vorgeschriebene **Sozialauswahl** (§ 1 Abs. 3 KSchG) eingreift. Bei der hier vorgeschlagenen Klausel kann dieses Problem nicht auftreten, da alle zurzeit des Abschlusses beschäftigten Arbeitnehmer einbezogen werden sollen. Nur so kann im Gegenzug auch die Entgeltreduzierung für alle Mitarbeiter gerechtfertigt werden.

Ein Problem bei einer Sozialauswahl kann aber dann auftreten, wenn nur ein Teil der Belegschaft dem tarifvertraglichen Kündigungsschutz unterfallen soll. Die Auswahl dieses zu schützenden Belegschaftsteils dürfte in aller Regel nicht im Wege einer Sozialauswahl erfolgen. Denkbar sind vielmehr Definitionen des persönlichen Anwendungsbereichs wie: „Der Tarifvertrag gilt für alle gewerblichen Arbeitnehmer mit Ausnahme des Bereichs XY". Dasselbe Problem entsteht auch, wenn bei Existenz mehrerer Betriebe nicht alle von dem Tarifvertrag erfasst werden sollen, nach den Arbeitsverträgen aber betriebsübergreifende Versetzungsklauseln bestehen. Wird dann einem Arbeitnehmer ohne tariflichen Kündigungsschutz betriebsbedingt gekündigt, so kann dieser gegebenenfalls erfolgreich geltend machen, die Sozialauswahl sei mangels Einbeziehung auch der tarifvertraglich geschützten Arbeitnehmer fehlerhaft gewesen.

Die Frage ist in der instanzgerichtlichen Rechtsprechung und Literatur umstritten; eine klare Entscheidung des BAG steht noch aus. Allerdings hat das BAG in einem Urteil (BAG Urt. v. 8. 8. 1985 – 2 AZR 464/84 – AP Nr. 10 zu § 1 KSchG 1969 Soziale Auswahl) bezogen

8. Tarifvertrag zur Beschäftigungssicherung

auf die Kündigung eines tarifvertraglich nur erschwert ordentlich kündbaren Arbeitnehmers dessen Vergleichbarkeit mit den tarifvertraglich nicht geschützten Arbeitnehmern bejaht. Allein der tarifvertraglich erhöhte Kündigungsschutz führe nicht dazu, dass die soziale Auswahl zu Gunsten des geschützten Arbeitnehmers ausfiele.

Gegen die Einbeziehung der ordentlich unkündbaren Arbeitnehmer in die Sozialauswahl wird angeführt, dass es sich bei einer hierdurch gegenüber dem Gesetz möglichen Verschiebung bei der Sozialauswahl nur um einen **tarifvertraglich bedingten Reflex** handele (für die h. M.: LAG Potsdam Urt. v. 29. 10. 1998 – 3 Sa 229/98 – NZA-RR 1999, 360, in dem dort zu entscheidenden Fall beruhte der Kündigungsschutz allerdings auf einem öffentlich-rechtlichen Vertrag und einer landesgesetzlichen Verordnung; A/P/S/*Kiel* § 1 KSchG Rdn. 693).

Für die Annahme einer fehlerhaften Sozialauswahl wird angeführt, dass der gesetzliche Kündigungsschutz **nicht zur Disposition der Tarifvertragsparteien** stünde. Mangels Öffnungsklausel sei der Arbeitgeber nicht berechtigt, die Schutzfunktion der Sozialauswahl durch den privatautonomen Akt eines Tarifvertragsabschlusses zu verkürzen, der sich bei wertender Betrachtung als ein **Vertrag zu Lasten Dritter** erweise (*Bauer* DB 1994, 274, 277; ArbG Cottbus Urt. v. 17. 5. 2000 – 6 Ca 38/00 – NZA-RR 2000, 580, 582).

Diese Auffassung kann dazu führen, dass ein Arbeitgeber gar keine wirksamen ordentlichen Kündigungen mehr aussprechen kann, wenn die Arbeitnehmer mit den schlechteren Sozialdaten dem tarifvertraglichen Kündigungsschutz unterfallen und die Arbeitnehmer mit den besseren Sozialdaten sich erfolgreich auf die fehlerhafte Sozialauswahl berufen können. Selbst wenn man davon ausginge, dass der Arbeitgeber in diesen Fällen einen Grund zur außerordentlichen betriebsbedingten Kündigung der tarifvertraglich geschützten Arbeitnehmer hätte, wäre dann aber jedenfalls das mit dem Tarifvertrag zur Beschäftigungssicherung angestrebte Ziel verfehlt.

Bei der **Definition des persönlichen Anwendungsbereichs** eines Tarifvertrages zur Beschäftigungssicherung ist daher Vorsicht geboten. Bei der Auswahl der unkündbaren Arbeitnehmer sollten die gesetzlichen und aus der Rechtsprechung folgenden Grundsätze der Sozialauswahl jedenfalls in soweit eingehalten werden, als nicht der Eindruck einer gezielten Umgehung entstehen kann. Denn auch nach der oben zitierten h. M. dürfen die Regelungen der Tarifvertragsparteien nicht darauf abzielen, bestimmte Arbeitnehmer aus der Sozialauswahl herauszunehmen, da dies ein Verstoß gegen Art. 3 und 12 GG darstellte (A/P/S/*Kiel* § 1 KSchG Rdn. 696). Für die Herausnahme tariflich unkündbarer Arbeitnehmer aus der Sozialauswahl sind daher generell-abstrakte Regelungen erforderlich (A/P/S/*Kiel* § 1 KSchG Rdn. 695).

Der Arbeitgeber sollte daher überprüfen, ob er unabhängig von der tarifvertraglichen Differenzierung in einem Kündigungsschutzverfahren substantiiert darlegen könnte, weshalb zwischen den tarifvertraglich unkündbaren und den zu kündigenden Arbeitnehmern keine Vergleichbarkeit besteht, so dass die Herausnahme der Erstgenannten aus der Sozialauswahl zulässig ist.

6. Keine garantierte Arbeitszeit. § 2 Abs. (1) S. 2 dient der Klarstellung und tritt dem Argument entgegen, dass sich die Zahl 1200 nicht auf die konkret beschäftigten Mitarbeiter, sondern auf 1200 Vollzeitarbeitsplätze bezöge und daher ein entsprechendes Volumen an auf die gesamte Belegschaft bezogener Arbeitszeit garantiert würde.

7. Garantierte Beschäftigtenzahl. Wichtig ist die Klarstellung, dass ein Absinken unter die garantierte Beschäftigtenzahl, etwa durch Eigenkündigungen, Ruhestand oder das Auslaufen befristeter Verträge, nicht zu einer Verpflichtung des Arbeitgebers führt, die Beschäftigtenzahl wieder entsprechend aufzustocken. Sowohl Arbeitnehmer mit befristeten Verträgen als auch die vertragsschließende Gewerkschaft könnten ohne eine solche Klarstellung auf eine derartige Verpflichtung schließen.

8. Gegenleistung für die Beschäftigungssicherung. Im Rahmen des tarifvertraglichen Regelungswerks wird sich immer eine Gegenleistung für die zugesagte Beschäftigungssicherung finden. Diese ist häufig in einer separaten Klausel enthalten.

Die einfache finanzielle Entlastung in Gestalt einer Lohnkürzung (vgl. 1. Var. des § 2 Abs. 3 des Tarifvertrages zur Beschäftigungssicherung) dürfte der häufigste Fall sein. Sollte sich herausstellen, dass sich die Erhaltung der Wettbewerbsfähigkeit oder sonstige mit der finanziellen Entlastung verfolgte Ziele auch mit einer geringeren Entgeltreduktion erreichen lassen bliebe es dem Arbeitgeber unbenommen, zu Gunsten der Arbeitnehmer von dem Haustarifvertrag abzuweichen (§ 4 Abs. 3 TVG).

„Öffnungsklauseln", mit denen die Tarifvertragsparteien die Betriebspartner zum Abschluss abweichender Betriebsvereinbarungen ermächtigen, sind in Firmentarifverträgen nicht sinnvoll. Solche Öffnungsklauseln eignen sich nur in **Verbandstarifverträgen** zur Beschäftigungssicherung. Zugrunde liegt in aller Regel die Konstellation, dass eine ganze Branche in wirtschaftliche Schwierigkeiten gerät. Die Öffnungsklausel zu Gunsten der Betriebspartner – häufig in einem Ergänzungstarifvertrag enthalten, der eben aufgrund der wirtschaftlichen Entwicklung abgeschlossen wird – ermöglicht dann auf betrieblicher Ebene die Anpassung je nach den Bedürfnissen auf Unternehmens- oder Betriebsebene (*Dieterich* RdA 2002, 1, 5).

In einem **Firmentarifvertrag** können Öffnungsklauseln nur ausnahmsweise dann helfen, wenn weder die Parteien des Verbandstarifvertrages zur Vereinbarung einer Öffnungsklausel für den Verbandstarifvertrag bereit sind, noch die Gewerkschaft, etwa aus politischen Gründen, niedrigere Löhne oder höhere Arbeitszeiten in einem Firmentarifvertrag selbst regeln wollen, abweichende Regelungen durch die Betriebspartner aber zulassen würde. Dies ist beispielsweise denkbar, wenn zwar das angeschlagene Unternehmen gerettet, gleichzeitig aber der Verbandstarifvertrag und der Ruf der Gewerkschaft unangetastet bleiben sollen.

Dabei ist aber zu beachten, dass Inhalt des Firmentarifvertrages nicht ausschließlich die Öffnungsklausel sein kann. Denn eine Taríföffnungsklausel kann wirksam nur von den Parteien vereinbart werden kann, die den Tarifvertrag abgeschlossen haben (BAG Urt. v. 20. 4. 1999 – 1 AZR 631/98 – AP Nr. 12 zu § 77 BetrVG 1972 Tarifvorbehalt). Bei einem Verbandstarifvertrag sind das die jeweilige vertragsschließende Gewerkschaft und der entsprechende Arbeitgeberverband. Dies folgt aus dem Grundsatz des **Vorranges der Tarifautonomie**, denn im Geltungsbereich eines Tarifvertrages dürfen abweichende Regelungen nicht ohne Zustimmung der zuständigen Tarifvertragsparteien den Betriebspartnern überlassen werden. Da der einzelne Arbeitgeber nicht Partei des Verbandstarifvertrages ist, fehlt ihm die Regelungsbefugnis zur Vereinbarung einer Öffnungsklausel und die vereinbarte Klausel wäre unwirksam.

Der Verbandstarifvertrag würde aber von einem speziellen Firmentarifvertrag verdrängt. Dieser wiederholte in der vorgestellten Fallkonstellation, in der die Gewerkschaft selbst keine für ihre Mitglieder nachteilig von dem Verbandstarifvertrag abweichenden Regelungen zu vereinbaren bereit ist, zunächst die Normen des Verbandstarifvertrages. Da Arbeitgeber und Gewerkschaft nunmehr Vertragsparteien des Firmentarifvertrages sind, können sie auch eine Öffnungsklausel wirksam vereinbaren.

Mit Blick auf den Beschluss des BAG vom 18. August 1987 (BAG Beschl. v. 18. 8. 1987 – 1 ABR 30/86 – NZA 1987, 779) werden allerdings Bedenken an der unbegrenzten Delegation der tariflichen Regelungsbefugnis auf die Betriebspartner geltend gemacht (Wendeling-Schröder/Schubert NZA 2003, 772, 774). In dem Beschluss führt das BAG aus, die Tarifautonomie sei gewahrt, weil die Tarifvertragsparteien über das Ob und den Umfang der Zulässigkeit ergänzender Betriebsvereinbarungen entschieden hätten. Deshalb sollte die Öffnungsklausel gegebenenfalls sorgfältig formuliert werden.

Soweit angesichts des Fehlens eines Verbandstarifvertrages die Vereinbarung auch von Öffnungsklauseln grundsätzlich wirksam in einem Haustarifvertrag möglich wäre, bestünde keine Notwendigkeit für den Arbeitgeber, sich zum Aushandeln von Beschäftigungssicherungsvereinbarungen an eine Gewerkschaft zu wenden. Denn in einem solchen Fall entfiele auch die **Regelungssperre des § 77 Abs. 3 S. 1 BetrVG**, so dass der Arbeitgeber direkt mit dem Betriebsrat/den Betriebsräten entsprechende Regelungen durch Betriebsvereinbarungen wirksam treffen könnte.

Die Anrufung der Einigungsstelle wäre dann jedoch in dem Fall, dass der Betriebsrat eine entsprechende Betriebsvereinbarung ablehnt, nicht möglich, da dies in sozialen Angelegenheiten nur bei der erzwingbaren Mitbestimmung möglich ist (*Bauer/Diller* NZA 1994, 353).

Auch die **individualvertragliche Vereinbarung von Beschäftigungssicherungsabreden** ist – abgesehen von den praktischen Problemen – im Geltungsbereich eines Tarifvertrages wegen des Günstigkeitsprinzips des § 4 Abs. 3 TVG nicht möglich. Etwas anderes gälte nur dann, wenn sie in dem geltenden Tarifvertrag eine Grundlage hätten (*Dieterich* RdA 2002, 1, 4), was regelmäßig nicht der Fall sein dürfte. Derlei Vereinbarungen scheiterten zwar nicht an § 77 Abs. 3 S. 1 BetrVG, der nur auf Betriebsvereinbarungen anzuwenden ist, aber an dem **Günstigkeitsvergleich.** Obwohl die Beschäftigungssicherungsklausel angesichts des durch sie begründeten zeitweisen Kündigungsverbots auch vorteilhaft für den Arbeitnehmer ist, reicht dies nicht aus, um wirksam von zwingenden tarifvertraglichen Normen abzuweichen. Vergleichbar können nur solche Regelungen sein, die einen inneren sachlichen Zusammenhang aufweisen (so genannter **Sachgruppenvergleich**). Abwägungen zwischen unterschiedlichen Sachgruppen wie zwischen geringerer Vergütung und erhöhtem Bestandsschutz soll den Tarifvertragsparteien überlassen bleiben (BAG Beschl. v. 20. 4. 1999 – 1 ABR 72/98 – AP Nr. 89 zu Art. 9 GG Burda; *Dieterich* RdA 2002, 1, 3; a.A. *Schliemann* NZA 2003, 122, 123, 125, der einen objektiven inneren Zusammenhang zwischen Arbeitszeit und -entgelt sowie Arbeitsplatzsicherung sieht und daher die Möglichkeit des Günstigkeitsvergleichs bejaht; a.A. bei vergleichbarer Rechtslage seit 1997 der französische Cour de cassation, Soc. 17. 2. 1997 „Compagnie générale de géophysique c./Bloy et autres" Dr. Soc. 1997, 432, zitiert bei *Frik* NZA 1998, 525).

Dennoch getroffene und auch praktizierte einzelvertragliche Vereinbarungen zur Beschäftigungssicherung berechtigen die Gewerkschaft, die den Tarifvertrag, von dem abgewichen werden soll, vereinbart hat, zu einer **Unterlassungsklage** nach § 1004 BGB gegen den Arbeitgeber mit dem Inhalt, diesem die weitere Durchführung der Vereinbarungen zumindest hinsichtlich der Arbeitnehmer, die Mitglieder in der Gewerkschaft sind und für die der Tarifvertrag daher normativ gilt, zu untersagen (BAG Beschl. v. 20. 4. 1999 – 1 ABR 72/98 – AP Nr. 89 zu Art. 9 GG Burda).

9. Schutz vor betriebsbedingten Kündigungen. S. Anm. 5.

10. Keine garantierte Arbeitszeit. S. Anm. 6.

11. Garantierte Beschäftigtenzahl. S. Anm. 7.

12. Herabsetzung der Arbeitszeit. Häufig muss der Arbeitgeber als Gegenleistung für die Reduzierung des Entgelts neben der Beschäftigungssicherung weitere Zugeständnisse machen. Zugestanden wird regelmäßig wie in der 2. Var. zu § 2 dargestellt eine Absenkung der Wochenarbeitszeit, die im Verhältnis der Entgeltreduktion entspricht. Diese Regelung erscheint jedoch weniger ratsam als die einfache Gehaltsreduzierung. Zum einen gehen dem Arbeitgeber die entsprechenden Arbeitsstunden verloren. Zum anderen könnte die Produktivität der Mitarbeiter negativ beeinflusst werden, wenn aus deren Perspektive gegebenenfalls nur die Arbeitszeit und das Entgelt, nicht aber auch das Arbeitsvolumen sinkt. Zwar stünden die Arbeitnehmer dann letztlich nicht schlechter da als bei der Gehaltsreduzierung ohne entsprechende Anpassung der Arbeitszeit, hätten aber eher Grund, sich durch den Tarifvertrag unfair behandelt zu fühlen.

Die Gehaltsreduzierung bedeutet für die Arbeitnehmer – unabhängig von der Frage einer damit einhergehenden Arbeitszeitreduzierung – das **Risiko verminderter Leistungen aus der Arbeitslosenversicherung** im Falle einer trotz der Sanierungsbemühungen eintretenden nachfolgenden Arbeitslosigkeit. Die Höhe des Arbeitslosengeldanspruchs bemisst sich nach dem im Bemessungszeitraum bezogenen Arbeitsentgelt. Um diesen Nachteil abzumildern, können unter bestimmten Voraussetzungen gemäß § 130 Abs. 2 Nr. 4 SGB III Zeiten, in denen die durchschnittliche regelmäßige Wochenarbeitszeit nicht nur vorübergehend auf weniger als 80% (mindestens fünf Stunden wöchentlich) vermindert war, bei der Ermittlung des Bemessungszeitraums außer Betracht bleiben.

Eine weitere Variante wäre die Erhöhung der Arbeitszeit ohne entsprechenden Lohnausgleich während der Laufzeit des Tarifvertrages.

13. Vertragsende bei Betriebsstilllegung. Mit der Betriebsstilllegung wird der Tarifvertrag gegenstandslos, wenn man, wie im Formular, von einer Gesellschaft mit nur einem Betrieb ausgeht. Da aber die Vertragsparteien – die Liquidation der Gesellschaft muss nicht unbedingt zeitgleich erfolgen – noch weiter fortbestehen, ist auch die Fortgeltung des Tarifvertrages nicht komplett ausgeschlossen. Soweit dieser, wie hier, keine Regelungen enthält, die auch nach der Stilllegung noch einen Sinn ergeben, dürfte aber von einer mit der Stilllegung einhergehenden Beendigung wegen Wegfalls des Regelungsgegenstands ausgegangen werden. Die Klausel hätte dann nur deklaratorische Wirkung. Für die betroffenen Arbeitnehmer stellt die Klausel klar, dass allein der über die Betriebsstilllegung hinaus denkbare Fortbestand der Gesellschaft nicht die Fortdauer der Arbeitsverhältnisse bedeutete.

14. Wirksame Kündigung vor Vertragsende. Zur Vermeidung diesbezüglicher Streitigkeiten wird klargestellt, dass auch vor der Betriebsstilllegung ausgesprochene Kündigungen wirksam sind, wenn sie mit ordentlicher Kündigungsfrist zur voraussichtlichen Betriebsstilllegung ausgesprochen werden. Das Abstellen auf den voraussichtlichen Termin der Betriebsstilllegung ist wegen der möglicherweise bestehenden Schwierigkeit, den Zeitpunkt der Betriebsstilllegung im Voraus zu bestimmen, sinnvoll, kann aber im Einzelfall dazu führen, dass der Arbeitgeber die Kündigung mit einer längeren als der vorgesehenen ordentlichen Kündigungsfrist aussprechen muss. Dies ist gemäß § 622 Abs. 4 BGB wirksam möglich.

Alternativ wäre auch möglich, den der Betriebsstilllegung vorausgehenden entsprechenden Beschluss als auflösende Bedingung zu vereinbaren. Zu auflösenden Bedingungen s. Form. E. II. 2 Anm. 16.

15. Kündigung aus wichtigem Grund wegen schlechter Lage des Unternehmens. Die Möglichkeit der außerordentlichen Kündigung aus wichtigem Grund kann grundsätzlich auch für Tarifverträge vorgesehen werden; s. hierzu ausführlich Form. E. II. 2 Anm. 15. Tatsächlich sind die hierfür von der Rechtsprechung im Einklang mit der Literatur aufgestellten Voraussetzungen aber so hoch, dass es kaum möglich sein dürfte, eine solche wirksam auszusprechen. Da es seitens der Gesellschaft bei Abschluss des Tarifvertrages in der Regel nicht vorhersehbar sein dürfte, wie sich die wirtschaftliche Lage weiter entwickelt, sollte für eine sich weiter verschlechternde Entwicklung Vorsorge getragen werden. Ob sich die Gewerkschaft hierauf einlässt, ist allerdings fraglich, da der von den Arbeitnehmern durch den Lohnverzicht erkaufte Bestandsschutz hierdurch weniger wert wird. Denkbar wäre daher auch ein Sonderkündigungsrecht der Gewerkschaft für den Fall einer messbaren Verbesserung der Wirtschaftslage. Streitigkeiten hinsichtlich des tatsächlichen Vorliegens der vereinbarten Kriterien sind allerdings vorprogrammiert, so dass in Folge einer solchen Kündigung arbeitsgerichtliche Auseinandersetzungen zu befürchten wären.

Die Orientierung am Umsatz dürfte dabei für die Gewerkschaften am ehesten akzeptabel sein, da diese Zahlen grundsätzlich vergleichsweise weniger interpretationsbedürftig sind. Letztlich hängt die Wahl der entscheidenden wirtschaftlichen Vergleichsgröße aber auch von der betroffenen Branche ab.

Sollte sich die beteiligte Gewerkschaft auf dieses Kündigungsrecht nicht einlassen, sollte versucht werden, als abgeschwächte Möglichkeit wenigstens einen Nachverhandlungsanspruch zu vereinbaren.

16. Kündigung aus wichtigem Grund bei Betriebsteilstilllegung. Aus Sicht des Arbeitgebers wäre eine Klausel wünschenswert, die ihn nach einer Betriebsteilstilllegung zur Kündigung nur der in diesem Betriebsteil tätigen Arbeitnehmer berechtigte. Eine solche Klausel dürfte jedoch gegenüber den Gewerkschaften nicht durchsetzbar sein, weil dies den durch den Lohnverzicht erkauften Bestandsschutz zu stark entwerten würde; im Übrigen könnte sich dann auch wieder das Problem der Sozialauswahl stellen, s. o. Anm. 5. Die hier skizzierte Klausel sieht daher die Möglichkeit zu einer Kündigung des Tarifvertrages zur Beschäftigungssicherung vor mit der Folge, dass zwar die Zugeständnisse der Arbeitnehmer, z. B. der Lohnverzicht, entfallen, zugleich aber auch der Ausspruch von betriebsbedingten Kündigungen möglich und die Entstehung eines unkündbaren Personalüberhangs vermieden wird.

17. Laufzeit. Angesichts der Schwierigkeit, die weitere wirtschaftliche Entwicklung vorherzusehen, und dem mit einem Kündigungsverbot trotz der Entgeltreduzierung verbundenen Kostenrisikos sollte die Laufzeit nicht zu lang gewählt werden. Regelmäßig dürften zwei Jahre die Höchstgrenze sein. S. ausführlich zu Laufzeitklauseln Form. E. II. 2 Anm. 13.

18. Unterschrift. S. Form. E. II. 2 Anm. 2.

9. Tarifvertrag über ein tarifliches Schlichtungsverfahren[1]

Tarifvertrag

zwischen
...... (Name und Anschrift der Gesellschaft) „Gesellschaft"
und
...... (Name und Anschrift der Gewerkschaft) „Gewerkschaft"

Präambel[2]

Die Parteien[3] dieser Schlichtungsvereinbarung stimmen in dem Bestreben überein, Tarifvertragsverhandlungen erfolgreich zu führen. Im beiderseitigen Interesse sollen Arbeitskampfmaßnahmen nur als letztes Mittel in Betracht kommen. Um solche auch bei gescheiterten Verhandlungen möglichst zu verhindern, vereinbaren die Parteien Folgendes:

§ 1 Anrufung und Einlassung[4]

Verlangt eine Partei nach gescheiterten Tarifverhandlungen[5] gegenüber der anderen Partei[6] schriftlich[7] die Schlichtung, so findet das Schlichtungsverfahren[8] zwischen den Parteien statt.

§ 2 Besetzung und Einberufung der Schlichtungsstelle[9]

(1) Die Schlichtungsstelle ist mit je zwei von der Gesellschaft und zwei von der Gewerkschaft zu bestimmenden Beisitzern[10] sowie einem unparteiischen Vorsitzenden zu besetzen. Die Parteien haben sich innerhalb einer Woche[11] nach Anrufung der Schlichtungsstelle auf einen Vorsitzenden zu einigen[12]. Gelingt eine solche Einigung nicht, so wird der Präsident des Landesarbeitsgerichtes, in dem die Gesellschaft ihren Sitz hat, um unverzügliche Benennung eines Vorsitzenden gebeten[13].

(2) Der Vorsitzende hat die Schlichtungsstelle unverzüglich einzuberufen.

(3) Jede Partei kann die von ihr benannten Beisitzer jederzeit austauschen[14].

§ 3 Verfahrensregelungen

(1) Die Verhandlungen der Schlichtungsstelle finden unter Ausschluss der Öffentlichkeit statt. Ausnahmen hiervon können die Anwesenden einstimmig beschließen[15].

(2) Die Parteien sind dazu verpflichtet, die für die Verhandlungen erforderlichen Informationen beizubringen. Im Streitfall entscheidet der Vorsitzende, welche Informationen erforderlich sind[16]. Der Vorsitzende ist dazu berechtigt, Sachverständige zu laden.

(3) Der Vorsitzende führt die Verhandlungen. Über das Erfordernis und die Ausgestaltung verfahrensleitender Maßnahmen entscheidet der Vorsitzende[17].

§ 4 Beschlussfähigkeit und Beschlussfassung

(1) Die Schlichtungsstelle ist auch dann beschlussfähig, wenn die Mitglieder trotz ordnungsgemäßer Ladung nicht vollständig erschienen sind. Dies gilt auch, wenn eine Seite keine Mitglieder benannt hat[18]. Über die Ordnungsmäßigkeit der Ladung entscheidet der Vorsitzende.

(2) Die Schlichtungsstelle entscheidet mit der einfachen Mehrheit der abgegebenen Stimmen, soweit diese Vereinbarung nichts anderes vorsieht. Stimmenthaltungen oder ungültige Stimmzettel werden als nicht abgegebene Stimmen gewertet[19].

(3) Entscheidungen der Schlichtungsstelle und des Vorsitzenden allein sind schriftlich niederzulegen und vom Vorsitzenden zu unterschreiben[20].

§ 5 Wirkung des Schlichtungsspruches

(1) Der Schlichtungsspruch der Schlichtungsstelle ist verbindlich, wenn er mit den Stimmen aller ihrer Mitglieder beschlossen wurde[21, 22].

(2) Wird der Schlichtungsspruch nur mit einfacher Mehrheit gemäß § 4 Abs. (2) getroffen, gilt er lediglich als Empfehlung der Schlichtungsstelle und wird erst dann wirksam, wenn er von den Parteien schriftlich[23] genehmigt wurde[24]. Die Genehmigung ist innerhalb einer Frist von einer Woche nach der Entscheidung zu erklären[25].

(3) Eine solche nachträgliche Zustimmung ist auch im Falle des Abs. (1) zulässig[26].

§ 6 Friedenspflicht; Scheitern der Schlichtung

(1) Vom Beginn des auf die Einleitung des Schlichtungsverfahrens folgenden Kalendertages an besteht Friedenspflicht[27]. Die Friedenspflicht endet, wenn das Schlichtungsverfahren gemäß den Vorschriften des Abs. (2) gescheitert ist.

(2) Die Schlichtung gilt als gescheitert, wenn der Vorsitzende sie für gescheitert erklärt oder wenn die Schlichtungsstelle nach Ablauf von sechs Wochen nach ihrer Anrufung keine Entscheidung getroffen hat[28, 29]. Abweichend von S. 1 gilt die Schlichtung nach Ablauf der Frist des § 5 Abs. (2) S. 2 als gescheitert, wenn die Schlichtungsstelle eine Entscheidung nur nach Maßgabe des § 5 Abs. (2) S. 1 getroffen hat und keine Genehmigung erteilt wurde[30].

§ 7 Kosten des Schlichtungsverfahrens

Jede Partei trägt ihre eigenen Kosten selbst. Die übrigen Kosten trägt jede Partei zur Hälfte[31].

§ 8 Laufzeit[32]

(1) Diese Vereinbarung tritt mit Wirkung vom ...... in Kraft.

(2) Diese Vereinbarung kann erstmals zum ...... mit einer Frist von einem Monat zum Ende eines Kalendervierteljahrs schriftlich gekündigt werden[33].

§ 9 Salvatorische Klausel[34]

......
Ort, Datum

......
Unterschrift der Gesellschaft

......
Ort, Datum

......
Unterschrift der Gewerkschaft[35]

Schrifttum: Däubler, Tarifvertragsrecht, 3. Aufl., 1993; *Leeb,* Entlastung der Justiz – Notwendigkeit, Gefahren, Chancen, BB 1998, Beilage 10, 3; *Lembke,* Staatliche Schlichtungen in Arbeitsstreitigkeiten nach dem Kontrollratsgesetz Nr. 35 – Relikt der Besatzungszeit oder Modell für Mediation im Arbeitsrecht? RdA 2000, 223; *Löwisch,* Arbeitskampf- und Schlichtungsrecht, 1997; *Weigand,* Alternative Streiterledigung „Alternative Dispute Resolution" auch in Deutschland? BB 1996, 2106; *Wieland,* Recht der Firmentarifverträge, 1998.

Anmerkungen

1. Vereinbarung einer tariflichen Schlichtung. Da neben einem Arbeitgeberverband auch ein einzelner Arbeitgeber Tarifpartner sein kann, vgl. § 2 Abs. 1 TVG (s. Form. E. I. 1 Anm. 2), kommt eine Schlichtungsvereinbarung auch firmenbezogen in Betracht. Da **Firmentarifverträge erstreikt** werden können (vgl. Form. E. I. 3 Anm. 1) kann auch ein einzelner Arbeitgeber Interesse daran haben, durch die Vereinbarung eines Schlichtungsverfahrens Arbeitskampfmaßnahmen zu verhindern oder zumindest hinauszuzögern. Dies kommt insbesondere für solche Arbeitgeber in Betracht, die nicht Mitglied in einem Arbeitgeberverband sind und daher einem besonders hohen Risiko unterliegen, zur Erzwingung eines Firmentarifvertrages bestreikt zu werden.

9. Tarifvertrag über ein tarifliches Schlichtungsverfahren E. I. 9

Aber auch im Zusammenhang mit Flächentarifverträgen ist mittlerweile anerkannt, dass durch Arbeitskämpfe im Zusammenhang mit der Globalisierung und der dadurch bedingten stärkeren Vernetzung auch mit ausländischen Kunden und Lieferanten erhebliche Schäden entstehen können, weshalb einer friedlichen Lösung von Tarifkonflikten der Vorzug zu geben sei (Positionspapier der Arbeitgeberverbände der Metall- und Elektroindustrie, NZA 1998, 697).

Die Nachteile sonstiger außergerichtlicher Schlichtungsverfahren wie das Fehlen eines vollstreckbaren Titels (*Weigand* BB 1996, 2106, 2108) oder die Einschränkung des gewohnten Rechtspflegeangebots (*Leeb* BB 1998 Beilage 10, 3, 5) entstehen bei der Einigung auf eine tarifliche Schlichtung gerade nicht. Denn der Abschluss von Tarifverträgen wird auch ohne zwischengeschaltetes Schlichtungsverfahren nicht gerichtlich, sondern durch Einigung der Tarifvertragsparteien herbeigeführt, so dass nicht etwa der sonst eröffnete Weg zu den staatlichen Gerichten verschlossen wird. Sowohl nach einem Schlichtungsverfahren als auch nach einer durch Arbeitskämpfe erzwungenen Einigung ist das Ergebnis ein Tarifvertrag und damit in beiden Fällen ein rechtlich gleichwertiges Produkt. Den Parteien können daher keine Nachteile wie etwa das Fehlen eines vollstreckungsfähigen Titels entstehen.

Alternativ zu der vollständigen inhaltlichen Verhandlung eines Schlichtungsabkommens kommt lediglich der Abschluss einer Vereinbarung in Betracht, der gemäß eine bereits bestehende Schlichtungsvereinbarung anerkannt wird. Hier wären die Ausführungen zu Form. E. I. 1 sinngemäß zu beachten. Die Schlichtungsvereinbarung kann auch erst aus konkretem Anlass bezogen auf einen Einzelfall abgeschlossen werden (MünchHdbArbR/*Otto* § 294 Rdn. 11; *Löwisch* XI. B. I Rdn. 21; Erfkomm/*Dieterich* Art. 9 GG Rdn. 279).

Da die hier vorgestellte Schlichtungsvereinbarung Rechte und Pflichten der Tarifparteien festlegt, ist sie ein **Tarifvertrag** i. S. d. § 1 Abs. 1 TVG (BAG Urt. v. 31. 10. 1958 – 1 AZR 632/57 – AP Nr. 2 zu § 1 TVG Friedenspflicht) und bedarf zu ihrer Wirksamkeit der **Schriftform**, § 1 Abs. 2 TVG (*Löwisch* XI. B. I Rdn. 22). Zur Schriftform s. auch Form. E. II. 2 Anm. 2.

Die tarifliche Schlichtung ist von einer **schiedsrichterlichen Verhandlung von Streitigkeiten über bestehende Tarifklauseln** zu unterscheiden (*Löwisch* XI. A. I. 1 Rdn. 2). Diese kann insbesondere bei Uneinigkeiten über die Auslegung tariflicher Normen erforderlich werden. Schlichtungs- und Schiedsklauseln sind somit zwar inhaltlich voneinander zu trennen, trotzdem können sie in einer Vereinbarung gemeinsam geregelt werden, was in der Praxis auch häufig geschieht. Es ist auch zulässig, tarifliche Schlichtungen auf Schiedsgerichte zu übertragen (MünchHdbArbR/*Otto* § 295 Rdn. 3).

2. Präambel. S. Form. E. II. 1.

3. Terminologie. Im Zusammenhang mit Schlichtungsverfahren werden in der arbeitsrechtlichen Literatur die Begriffe der staatlichen, der verbandlichen und der vereinbarten Schlichtung – nicht immer einheitlich – verwendet. Im Folgenden wird für die im Formular geregelte Einigung zweier Tarifvertragsparteien auf die Anrufung einer Schlichtungsstelle für den Fall, dass die Tarifverhandlungen nicht erfolgreich abgeschlossen werden können, der Begriff der „**vereinbarten Schlichtung**" benutzt.

Bei der **verbandlichen Schlichtung** sind die sich um Schlichtung bemühenden Tarifvertragsparteien und die Parteien der Schlichtungsvereinbarung nicht immer identisch. Die verbandlichen Schlichtungsvereinbarungen werden häufig von den obersten Dachverbänden geschlossen, um so möglichst vielen Mitgliedern eine Grundlage für eine Schlichtung zu bieten (s. z. B. Schlichtungs- und Schiedsvereinbarung für die Metallindustrie vom 1. Januar 1980; abgedruckt bei *Löwisch* Anhang 5). Möglich ist auch ein Schlichtungsabkommen unter Beteiligung mehrerer Parteien auf beiden Seiten (s. z. B. die Vereinbarungen über ein Schlichtungsverfahren vom 26. April 1995 zwischen der Bundesrepublik Deutschland, der Tarifgemeinschaft deutscher Länder und der Vereinigung der kommunalen Arbeitgeberverbände einerseits und der Gewerkschaften ÖTV und DAG, diese wiederum handelnd für vier weitere Gewerkschaften andererseits; abgedruckt bei *Löwisch* Anhang 3). Diese werden dann auch von den untergeordneten, z. B. nur regional sich betätigenden Einheiten angerufen. Dies führt dann zu einem Auseinanderfallen der Parteien der Schlichtungsvereinbarung und der Tarifvertragsparteien, die die Schlichtung in Anspruch nehmen.

Bei der **vereinbarten Schlichtung** sind die Parteien der Schlichtungsvereinbarung identisch mit den Tarifvertragsparteien, weshalb im Formular nicht zwischen beiden unterschieden, sondern einheitlich der Begriff „Parteien" verwendet wird.

Das **staatliche**, zum Teil als Relikt der Besatzungszeit bezeichnete **Schlichtungsverfahren** ist geregelt in dem Kontrollratsgesetz (KRG) Nr. 35, das vom alliierten Kontrollrat der Siegermächte des 2. Weltkrieges erlassen wurde und noch immer die Rechtsgrundlage für die freiwillige staatliche Schlichtung von kollektiven Streitigkeiten im Arbeitsrecht darstellt (*Lembke* RdA 2000, 223). Das KRG Nr. 35 ist abgedruckt in der arbeitsrechtlichen Textsammlung von Nipperdey unter der Nummer 520.

Die Einleitung des staatlichen Schlichtungsverfahrens setzt einen Antrag beider Tarifparteien voraus (vgl. Art. VIII). Primäres Ziel des staatlichen Schlichtungsverfahrens ist die Erzielung einer Einigung. Erst wenn diese nicht zustande kommt, wird ein Schiedsspruch gefällt. Dieser Schiedsspruch ist nur verbindlich, wenn beide Parteien ihre Zustimmung oder vor oder nach Fällung des Schiedsspruches dessen Annahme erklärt haben. Der Abschluss der Vereinbarung liegt damit auch nach durchgeführtem Schlichtungsverfahren allein in der Macht der Tarifparteien (*Lembke* RdA 2000, 223, 232). Eine endgültigere Klärung wird daher durch das im Formular vorgestellte vereinbarte Schlichtungsverfahren erzielt.

4. Einleitung des Verfahrens. Es gibt grundsätzlich drei Möglichkeiten ein tarifliches Schlichtungsverfahren einzuleiten:
- Die Einleitung des Verfahrens ist beiden Seiten derart freigestellt, dass das Schlichtungsverfahren nur bei beiderseitiger Zustimmung beginnen kann.
- Die Einleitung des Verfahrens ist zwar freigestellt. Sofern dies allerdings von einer Seite getan wird, entsteht ein Einlassungszwang für die andere Seite.
- Die Parteien sind stets zur Anrufung der Schlichtungsstelle verpflichtet, wenn die Verhandlungen gescheitert sind (MünchHdbArbR/*Otto* § 294 Rdn. 7; *Löwisch* XI. A. III. 1; ErfKomm/*Dieterich* Art. 9 GG Rdn. 280).

In dem vorliegenden Formular wird der Mittelweg vorgeschlagen, nach dem die **Anrufung durch nur eine Partei** genügt, um das Schlichtungsverfahren für beide Seiten verbindlich zu beginnen. Diese Variante bietet einen vernünftigen Interessenausgleich. Weder ist eine beiderseitige Zustimmung zu dem Verfahren erforderlich, die nach bereits gescheiterten Vorverhandlungen wohl häufig nicht erfolgen dürfte, noch wird den Parteien ein bei beidseitig fehlendem Interesse regelmäßig sinnloses Verfahren aufgezwungen. Der Arbeitgeber erhält aber die Möglichkeit, zur Vermeidung oder immerhin zur zeitlichen Verzögerung (s. Anm. 1) eines wirtschaftlich belastenden Arbeitskampfs ein Schlichtungsverfahren einseitig auszulösen. Wird das Schlichtungsverfahren von der Gewerkschaft eingeleitet, so wäre hierin für den Arbeitgeber kein Nachteil zu erblicken.

Die Pflicht sich auf das Schlichtungsverfahren einzulassen ist wie alle anderen Pflichten aus dem Schlichtungsabkommen gerichtlich durchsetzbar (*Löwisch* XI. B. II. 8.a Rdn. 53). Zuständig für entsprechende Klagen und Anträge auf einstweilige Verfügung sind gemäß § 2 Abs. 1 Nr. 1 ArbGG die Arbeitsgerichte.

5. Gescheiterte Tarifverhandlungen. Voraussetzung für die Einberufung ist das Scheitern von Verhandlungen.

Es finden sich in Schlichtungsvereinbarungen häufig Regelungen, nach denen für die Feststellung des Scheiterns formale Voraussetzungen vereinbart werden wie etwa die gemeinsame oder einseitige (schriftliche) Feststellung des Scheiterns. Der Sinn solcher Regelungen ist jedoch zweifelhaft. Die einseitige Feststellung des Scheiterns stellt eine bloße Förmelei dar. Außerdem kommt die **Auffassung, dass die Verhandlungen gescheitert sind**, bereits in der **Anrufung der Schlichtungsstelle** zum Ausdruck (entsprechend für die Durchführung von Arbeitskampfmaßnahmen BAG Urt. v. 21. 6. 1988 – 1 AZR 651/86 – AP Nr. 108 zu Art. 9 GG Arbeitskampf).

Nach der genannten Entscheidung des BAG sind selbst vor dem Ergreifen von Arbeitskampfmaßnahmen trotz der Geltung des Ultima-Ratio-Prinzips nur minimale Anforderungen an die Feststellung gescheiterter Verhandlungen zu stellen, die lediglich die Funktion einer evidenten Missbrauchskontrolle hat. Da die Einleitung des Schlichtungsverfahrens anders als

9. Tarifvertrag über ein tarifliches Schlichtungsverfahren E. I. 9

Arbeitskampfmaßnahmen keine wesentlichen wirtschaftlichen Belastungen mit sich bringt, ist davon auszugehen, dass sogar eine Klausel, nach der das Führen von Tarifvertragsverhandlungen gar nicht Voraussetzung für die Anrufung ist, zulässig wäre (*Löwisch* XI. B. II. 4 Rdn. 34).

Die Tarifparteien sind jedenfalls dazu berechtigt sich in einer Schlichtungsvereinbarung darauf zu einigen, was sie als Scheitern von Verhandlungen ansehen wollen (MünchHdbArbR/*Otto* § 295 Rdn. 7), so dass gegen die vorgeschlagene Regelung, die hierfür keine besonderen Voraussetzungen aufstellt, keine Bedenken bestehen.

Das Erfordernis der beidseitigen Feststellung des Scheiterns enthielte das Risiko des Missbrauchs, indem durch die Verweigerung einer entsprechenden Feststellung der weitere Fortgang der Verhandlungen durch das Schlichtungsverfahren und schließlich ein Arbeitskampf unbegründet hinausgezögert werden könnte. An die Feststellung des Scheiterns können zudem auch deshalb keine überzogenen Anforderungen gestellt werden, weil es ohne eine entsprechende tarifvertragliche Vereinbarung gar keinen Verhandlungsanspruch gibt und die Vereinbarung sonst leer zu laufen drohte (BAG Urt. v. 14. 2. 1989 – 1 AZR 142/88 – AP Nr. 52 zu Art. 9 GG).

6. Erklärungsempfänger. Da sich bei der vereinbarten Schlichtung die Einrichtung einer ständigen Schlichtungsstelle in aller Regel nicht lohnen dürfte, ist das **Verlangen an die andere Partei** zu richten. Dies ausdrücklich zu regeln ist allerdings vorliegend nicht unbedingt erforderlich, da ein anderer Erklärungsempfänger bei der Beteiligung von nur zwei Parteien nicht in Betracht kommt.

7. Schriftform der Anrufung. Diese empfiehlt sich aus Beweisgründen.

8. Zweck und Inhalt der Schlichtung. Das Schlichtungsverfahren dient dem **Zweck einen Arbeitskampf möglichst zu verhindern** (MünchHdbArbR/*Otto* § 294 Rdn. 26). Während des Schlichtungsverfahrens sind Arbeitskampfmaßnahmen im Allgemeinen unzulässig (s. auch die vertragliche Regelung in § 6 Abs. (1) und Anm. 30). Ziel der Schlichtung ist es, eine Einigung über tarifvertraglich zu regelnde Fragen zu erzielen. Gelingt dies nicht, wird der Arbeitskampf durch die Schlichtung zumindest hinausgezögert. Aufgrund der vor und während des Schlichtungsverfahrens geführten Verhandlungen dürfte auch die dann während der Arbeitskampfmaßnahmen erforderliche Einigung schneller zu erzielen sein, da die wechselseitigen Positionen bereits ausgetauscht und eventuelle Kompromisse erarbeitet sein dürften.

Die Schlichtungsverhandlungen können sich auch auf bereits **tariflich geregelte Materien** beziehen, deren Laufzeit sich dem Ende nähert. Auch dann kommt die Anrufung der Schlichtungsstelle in Betracht. Die noch bestehende Friedenspflicht steht dem deswegen nicht entgegen, weil das Schlichtungsverfahren wegen des unmittelbar bevorstehenden Ablaufs der tariflichen Regelungen diese nicht in Frage stellt, sondern für die rechtzeitige Schaffung einer neuen tariflichen Ordnung sorgen soll (*Löwisch* XI. A. IV. 1 Rdn. 15).

Schwierigkeiten kann die Bestimmung derjenigen **Regelungsbereiche** bereiten, die **tarifvertraglich nicht geregelt** sind. Dies gilt insbesondere, wenn in engem Zusammenhang stehende Fragen tarifvertraglich bereits geregelt sind. Im Zweifel ist von einem abschließenden Charakter einer tariflichen Regelung auszugehen. Da tarifvertragliche Klauseln das Ergebnis von Kompromissen sind, ist regelmäßig davon auszugehen, dass die im Zusammenhang stehenden Umstände mit bedacht worden sind (*Löwisch* II. C. I. 2 Rdn. 360). So kann z. B. die Forderung nach Sozialleistungen von erheblichem finanziellem Umfang mit der Friedenspflicht eines weiterlaufenden Entgelttarifvertrages unvereinbar sein (*Löwisch* II. C. I. 2 Rdn. 366).

Das Schlichtungsverfahren unterliegt der **Dispositionsmaxime**. Daher bestimmen die Parteien durch ihre Forderungen, welche Inhalte tariflich geregelt werden müssen, auch den Inhalt der Schlichtung und der Entscheidung (MünchHdbArbR/*Otto* § 295 Rdn. 11). Gegenstand der tariflichen Schlichtung können sowohl normative (§ 1 Abs. 1 Alt. 2 TVG) als auch schuldrechtliche Regelungen (§ 1 Abs. 1 Alt. 1 TVG) sein. Zu berücksichtigen sind allerdings die inhaltlichen Begrenzungen, die sich aus der Friedenspflicht hinsichtlich bereits geregelter Inhalte ergeben.

Eine **Erweiterung der zu verhandelnden Materie** kommt dann in Betracht, wenn die Parteien die bestehende tarifliche Regelung einvernehmlich aufheben (*Löwisch* XI. A. IV. 1 Rdn. 13).

Ein Vertrag zur Aufhebung eines Tarifvertrages ist in Ermangelung einer gesetzlichen Formvorschrift grundsätzlich formlos wirksam (BAG Urt. v. 8. 9. 1976 – 4 AZR 359/75 – AP Nr. 5 zu § 1 TVG Form). Etwas anderes gilt ausnahmsweise nur dann, wenn der Aufhebungsvertrag selbst ein Tarifvertrag ist, etwa wenn die Tarifvertragsparteien anlässlich eines Tarifvertragsschlusses in diesem Tarifvertrag die Aufhebung eines anderen vereinbaren. In diesem Fall ist nach der Rechtsprechung bei der **Aufhebung** die Schriftform des § 1 Abs. 2 TVG zu wahren (BAG Urt. v. 8. 9. 1976 – 4 AZR 359/75 – AP Nr. 5 zu § 1 TVG Form; *Wieland* Rdn. 252; *Wiedemann* § 1 Rdn. 235). Diese Auffassung wird in der Literatur jedoch mit dem Argument bestritten, dass § 1 Abs. 2 TVG primär der Rechtssicherheit diene (*Däubler* Rdn. 1442; *Wiedemann* § 4 Rdn. 15). Diese werde beeinträchtigt, wenn Aufhebungsverträge auch formlos wirksam seien, da deren Existenz schwieriger festzustellen sei. Weiterhin wird als Argument für die Schriftform aufgeführt, dass sich diese aus § 1 Abs. 2 TVG deshalb ergäbe, weil der Aufhebungsvertrag der actus contrarius zu dem Tarifvertrag sei (*Wiedemann* § 4 Rdn. 15). Es empfiehlt sich daher auch für reine Aufhebungsverträge die **Schriftform**, speziell dann, wenn diese auch Regelungen über den Ausschluss der Nachwirkung nach § 4 Abs. 5 TVG enthalten (*Wiedemann* § 1 Rdn. 235).

9. Einberufung der Schlichtungsstelle. Alternativ zu der Einberufung der Schlichtungsstelle bezogen auf den konkreten Einzelfall, kommt die **Einrichtung einer ständigen Schlichtungsstelle** in Betracht. Bei der vereinbarten Schlichtung dürfte dies jedoch nicht gerechtfertigt sein, da nicht mit einer entsprechenden Auslastung zu rechnen wäre.

10. Paritätische Besetzung. Schlichtungsstellen bestehen aus einer bestimmten Anzahl von stimmberechtigten Beisitzern und einem Vorsitzenden. Der Rolle des Vorsitzenden kann dabei eine unterschiedliche Bedeutung zukommen: Er kann der nicht stimmberechtigte Moderator sein oder als stimmberechtigtes Mitglied der Schlichtungsstelle mit seiner Stimme den Ausschlag geben können.

Bei einer tariflichen Schlichtungsvereinbarung zwischen Arbeitgeber und Gewerkschaft empfiehlt sich in der Regel die Besetzung der Schlichtungsstelle mit einem stimmberechtigten Vorsitzenden. Denn neben dem Vorsitzenden besteht die Schlichtungsstelle meist aus und sechs Beisitzern, von denen jeweils drei von einer Tarifvertragspartei gestellt werden. Wäre der Vorsitzende in dieser Schlichtungsstelle nicht stimmberechtigt, so wäre wegen der unterschiedlichen Interessen der übrigen Beisitzer eine Stimmgleichheit nicht unwahrscheinlich. Diese hätte zur Folge, dass die Schlichtungsstelle arbeitsunfähig würde.

Bei der verbandlichen Schlichtung kommt alternativ auch eine **Besetzung** in Betracht, bei der der Vorsitzende nur die Rolle eines nicht stimmberechtigten Moderators auszufüllen hat. Dies ist jedoch nur vor dem Hintergrund sinnvoll, dass bei der verbandlichen Schlichtung die Beisitzer von den Parteien der Schlichtungsvereinbarung bestimmt werden, die mit den streitenden Tarifvertragsparteien nicht identisch sein müssen. Die Beisitzer gehören also nicht unbedingt den streitenden Parteien an, so dass bereits sie zu einer Befriedung und Versachlichung der festgefahrenen Verhandlungen auch unabhängig von der Person und Autorität des Vorsitzenden beitragen können.

Dies ist bei der vereinbarten Schlichtung anders, bei der es sich um eine **Fortführung der Verhandlungen mit Unterstützung durch den Vorsitzenden** handelt. Es ist deshalb notwendig diesem auch ein Stimmrecht zuzugestehen, um ihm die erforderliche Autorität zu verleihen und durch Verhinderung einer Pattsituation ein Schlichtungsergebnis herbeizuführen. Um andererseits eine zu starke Abhängigkeit von dem Vorsitzenden zu vermeiden, ist zum Ausgleich von einer unmittelbar verbindlichen Mehrheitsentscheidung der Schlichtungsstelle abzuraten (s. Anm. 24).

Zwei Vertreter dürften zur Wahrung der Interessen der Parteien ebenfalls ausreichen. Hierdurch wird mit insgesamt fünf Personen ein funktionsfähiges Gremium geschaffen.

11. Frist für Benennung des Vorsitzenden. Abgesehen von der Frist von einer Woche für die einvernehmliche Einigung auf einen Vorsitzenden enthält die Klausel mit dem Begriff „unverzüglich" lediglich nicht konkret definierte zeitliche Vorgaben. Dies hat den Sinn, dass die Parteien das Schlichtungsverfahren nicht bereits durch ein zögerliches Verhalten bei der Benennung des Vorsitzenden unterlaufen können. Die fehlende konkrete zeitliche Befristung

9. Tarifvertrag über ein tarifliches Schlichtungsverfahren — E. I. 9

für die Benennung des Vorsitzenden durch den LAG-Präsidenten und für die Einberufung der ersten Sitzung basiert auf der Überlegung, dass zu strenge Fristen nicht dazu angetan sind, die konkreten Gegebenheiten zu beachten. Es soll nicht das Risiko geschaffen werden, dass die Schlichtung an zu **strengen formalen Vorgaben** scheitern kann. Es ist zu bedenken, dass weder der Präsident des LAG noch der Vorsitzende ein eigenes Interesse an der Verschleppung des Schlichtungsverfahrens haben dürften.

12. Einvernehmliche Einigung auf einen Vorsitzenden. Die beiderseitige Einigung auf einen Vorsitzenden sollte vorrangig versucht werden, weil dies die **Akzeptanz seiner Verhandlungsführung und seiner Entscheidungen** stärkt. Den Fortgang des Schlichtungsverfahrens von dieser Einigung abhängig zu machen, wäre jedoch übertrieben und führte nur dazu, im Ergebnis doch ein von der beiderseitigen Zustimmung abhängiges Schlichtungsverfahren einzuführen. Hierdurch würde zu frühzeitig die Chance vergeben, die häufig sehr konstruktive und befriedende Mitwirkung des unparteiischen Vorsitzenden an den Verhandlungen zu nutzen.

13. Benennung durch einen Dritten. Eine Benennung des Vorsitzenden durch das Arbeitsgericht, wie es § 76 Abs. 2 S. 2 BetrVG für den Fall der Einigungsstelle vorsieht, kommt mangels einer entsprechenden Rechtsgrundlage nicht in Betracht. Die Bestimmung des Vorsitzenden durch einen unabhängigen Dritten, wie vorliegend vorgesehen, unterliegt aber keinen Bedenken. Dieser kann zu einer entsprechenden Bestimmung allerdings nicht gezwungen werden.

14. Austauschbarkeit der Parteivertreter. Bei den Beisitzern muss es sich nicht um Organe oder Mitarbeiter der Tarifvertragsparteien handeln. Im Rahmen einer vereinbarten Schlichtung ist dies jedoch zumindest für die Arbeitgeberseite zu empfehlen (s. bereits Anm. 10). Angesichts der zu schlichtenden Tarifvertragsverhandlungen, die konkret bezogen auf das Unternehmen des Arbeitgebers geführt werden, gewährleisten nur zu dem Unternehmen Gehörige die erforderliche Interessenvertretung sowie die erforderliche Kenntnis der unternehmensinternen Gegebenheiten.

Da hierdurch die Interessenvertretung durch die **Beisitzer** im Vordergrund steht und nicht die der Funktion des Vorsitzenden angenäherte schlichtende Tätigkeit, die ein außenstehender Dritter eher erfüllen würde, empfiehlt sich die Vereinbarung **jederzeitige Austauschbarkeit**, um eine Verzögerung des Verfahrens wegen höchstpersönlicher Verhinderung zu vermeiden. Die Unabhängigkeit der Schlichtungsstelle wird hierdurch nicht unangemessen berührt. Zum einen handelt es sich bei der vereinbarten Schlichtung letztlich um die Fortsetzung der bislang gescheiterten Tarifverhandlungen unter anderen Umständen, so dass eine völlige Unabhängigkeit von den widerstreitenden Interessen der Parteien nicht gegeben sein muss. Zum anderen wird die gebotene Selbständigkeit der Schlichtungsstelle, die ein Loslösen von den verfahrenen anfänglichen Verhandlungen ermöglichen soll, durch den Vorsitzenden gewährleistet.

Hinsichtlich der Person des **Vorsitzenden** ist die Austauschbarkeit hingegen nicht zu empfehlen. Zum einen ist das Verfahren zu seiner Benennung langwieriger. Zum anderen ist der Schlichtungserfolg gerade von der Person des Vorsitzenden abhängig. Im Falle seines **unvorhergesehenen Ausfalls**, z.B. aufgrund von langfristiger Krankheit, hätten die Parteien immerhin die Möglichkeit, ein erneutes Schlichtungsverfahren einzuleiten. Damit dürfte der unvorhergesehenen Verhinderung des Vorsitzenden ausreichend Rechnung getragen sein. Es ist davon auszugehen, dass die Parteien und der Präsident des LAG bei der Wahl des Vorsitzenden auf dessen Verfügbarkeit Rücksicht nehmen werden.

15. Ausschluss der Öffentlichkeit. Der Ausschluss der Öffentlichkeit ist nicht zwingend. Er entspricht aber der Praxis. Es wäre auch nicht sinnvoll, z.B. den betroffenen Arbeitnehmern den Zugang zu Verhandlungen zu ermöglichen, bei denen regelmäßig auch **betriebliche und betriebswirtschaftliche Interna** zur Sprache kommen.

Sinnvoll ist es aber, Ausnahmen zu ermöglichen, damit nicht die Anwesenheit „unproblematischer Personen" wie z.B. einer Sekretärin oder Assistentin bereits zu Formfehlern führen kann. Es empfiehlt sich hierüber aus Beweisgründen ein schriftlicher Vermerk. Der Zulassung von Ausnahmen von dem Ausschluss der Öffentlichkeit haben gemäß § 3 Abs. (1) S. 2 alle Anwesenden zuzustimmen.

16. Verfahrensgestaltung. Die Parteien haben grundsätzlich die Wahl zwischen dem Dispositions- und dem Untersuchungsgrundsatz. Da der Schlichtungsstelle hinsichtlich der **Beibringung von Auskünften** aber keine Zwangsmittel zur Verfügung stehen, ist nur die Vereinbarung des **Dispositionsgrundsatzes** sinnvoll. Der Dispositionsgrundsatz gibt den Parteien zwar die Möglichkeit, durch das nicht ausreichende Beibringen von Informationen die Verhandlungen zu erschweren oder auch unmöglich zu machen. Dieses Problem ist aber zum einen aus dem Grund hinzunehmen, weil sie dies angesichts der fehlenden Zwangsmittel auch bei Geltung des Untersuchungsgrundsatzes könnten und zum anderen, weil sie im Ergebnis sowieso die Schlichtung scheitern lassen können (s. Anm. 21 – 26).

Grundsätzlich dürfen **grundlegende Verfahrensprinzipien** nicht außer Acht gelassen werden (MünchHdbArbR/*Otto* § 295 Rdn. 14). Dies gilt insbesondere für den Grundsatz des **rechtlichen Gehörs**.

Es ist jedoch nicht erforderlich aus diesem Grunde zusätzliche Klauseln aufzunehmen, die z. B. ein Anhörungsrecht der Parteien oder die Pflicht des Vorsitzenden, eine gütliche Einigung zu versuchen, festhalten. Da ohne diese Rechte und Pflichten eine Schlichtung keinen Erfolg haben kann, werden sie von dem Vorsitzenden auch ohne entsprechende Klausel gewährt und eingehalten werden. Von derlei Klauseln ist daher abzuraten, da sie die Vereinbarung nur überfrachten würden.

17. Verfahrensleitung. Die vorgeschlagene weitgehende Freiheit für den Vorsitzenden soll eine an die konkreten Umstände anpassbare **flexible Verfahrensgestaltung** ermöglichen und das **Risiko späterer Formfehler** minimieren.

Zu den Aufgaben des Vorsitzenden gehört auch die Entscheidung über die Form der Zustellung von Beschlüssen. Auch hierzu könnten Vorgaben in der Praxis eher hinderlich sein, da Zustellungen i. d. R. durch einfache Übergabe an die anwesenden Vertreter und schriftlichen Vermerk darüber erfolgen können.

Ebenso steht die Entscheidung über das Führen eines Sitzungsprotokolls im pflichtgemäßen Ermessen des Vorsitzenden. Ein solches Protokoll ist dann zu empfehlen ist, wenn Vermerke über die Anwesenheit dritter Personen (vgl. § 3 Abs. (1) S. 2), Zustellungen oder Ähnliches aus Beweisgründen erforderlich werden.

Es gehört auch zu den Aufgaben des Vorsitzenden darauf zu achten, dass der zulässige Regelungsgegenstand nicht überschritten wird (s. Anm. 8; MünchHdbArbR/*Otto* § 295 Rdn. 13).

18. Beschlussfähigkeit. Die Regelung bezweckt ein **Unterlaufen der Verhandlungen** zu verhindern. Zwar haben die Parteien durch das Erfordernis der einstimmigen Beschlussfassung und beiderseitigen nachträglichen Genehmigung (s. Anm. 21–26) ohnehin die Möglichkeit die Verhandlungen scheitern zu lassen. Es ist aber vorzugswürdig, wenn sie dies im Rahmen einer Abstimmung klar und eindeutig tun, weil dann auch die Rechtsfolge feststeht (Scheitern der Schlichtung und somit Ende der Friedenspflicht, s. Anm. 27–30), als dass das Schlichtungsverfahren ohne eindeutige Positionierung einfach nur „verschleppt" wird.

Theoretisch wäre durch die hier vorgeschlagene Regelung zwar ein „Ein-Mann-Schlichtungsspruch" allein durch den Vorsitzenden möglich, wenn von keiner Seite die Mitglieder erscheinen. Von dieser Möglichkeit dürfte ein vernünftiger Vorsitzender jedoch kaum Gebrauch machen. Den Parteien entstünde durch einen solchen Spruch jedenfalls kein Nachteil, da er gemäß § 5 Abs. (2) ohne ihre nachträgliche Genehmigung nicht wirksam würde.

19. Stimmenthaltung. Auch die Regelung über die Stimmenthaltung soll dazu dienen, ein destruktives Unterlaufen der Verhandlungen zu verhindern.

20. Schriftform; Unterschrift des Vorsitzenden. Dieses Formerfordernis dient der Beweisführung. Streitigkeiten über den Inhalt von Entscheidungen können so vermieden werden. Für den einstimmigen Schlichtungsspruch (s. § 5 Abs. (1)) und die nachträgliche Genehmigung eines mangels Einstimmigkeit zunächst unverbindlichen Schlichtungsspruchs (s. § 5 Abs. (2)) ist die Schriftform wegen § 1 Abs. 2 TVG zwingend, da die Entscheidung ansonsten nicht verbindlich werden könnte (*Löwisch* XI. B. II. 6 Rdn. 45, 49). Im Übrigen empfiehlt sich die Schriftform aus Beweiszwecken. Allgemein zum Schriftformerfordernis s. Form. E. II. 2 Anm. 2.

21. Einstimmiger Beschluss. Die Klausel sieht vor, dass eine sofortige Verbindlichkeit des Schlichtungsspruches nur bei einem einstimmigen Beschluss aller Mitglieder in Betracht kommt. In diesem Fall ist die Verbindlichkeit gerechtfertigt. Die Gefahr, dass eine Seite nur mittels der Stimme des Vorsitzenden, der gegebenenfalls ohne die Zustimmung dieser Seite benannt wurde, überstimmt wird, ist in diesem Fall nicht gegeben. Trotz der Einstimmigkeit noch zusätzlich eine nachträgliche Genehmigung zu verlangen wäre eine bloße Formalie.

22. Wirkung des Schlichtungsspruchs. Schlichtungssprüche, die in den Anwendungsbereich von § 1 Abs. 1 Alt. 2 TVG fallende Regelungen enthalten, gelten wie sonstige tarifvertragliche Bestimmungen **normativ und zwingend** (BAG Urt. v. 24. 2. 1988 – 4 AZR 614/87 – AP Nr. 2 zu § 1 TVG Tarifverträge: Schuhindustrie). Dies ist unabhängig davon, ob die tarifvertragliche Wirkung durch Annahme des Schlichtungsspruches durch die Tarifvertragsparteien oder aufgrund unmittelbarer Bindungswirkung, wenn diese tarifvertraglich vorgesehen ist, zustande kommt. Der bindende Schlichtungsspruch hat somit die Wirkung eines Tarifvertrages und ersetzt den Tarifvertrag wie der Spruch der Einigungsstelle die Betriebsvereinbarung bei erzwingbarem Einigungsstellenverfahren (MünchHdbArbR/*Otto* § 294 Rdn. 9 sowie § 295 Rdn. 29; *Löwisch* XI. A. 1. 2).

23. Schriftform für die Genehmigung. S. Anm. 20.

24. Genehmigung bei Mehrheitsbeschluss. Wird die Entscheidung nur mehrheitlich getroffen, kann eine Verbindlichkeit nur mittels einer **Genehmigung** legitimiert werden. Die Genehmigung wird sowohl durch Zugang bei der anderen Partei als auch bei der Schlichtungsstelle (dem Vorsitzenden) wirksam. Auch durch die Genehmigung erlangt der Schlichtungsspruch die Wirkung eines Tarifvertrages (MünchHdbArbR/*Otto* § 295 Rdn. 30). Die Genehmigung muss von hierzu berechtigten oder entsprechend bevollmächtigten Vertretern der Parteien erklärt werden.

Die Genehmigung bei einem nur mehrheitlich und daher u. U. gegen den eigenen Willen gerichteten Beschluss ist auch aus dem Grund unbedingt empfehlenswert, da eine gerichtliche Kontrolle des Beschlusses der Schlichtungsstelle analog § 319 Abs. 1 S. 1 BGB nur sehr eingeschränkt denkbar ist (MünchHdbArbR/*Otto* § 295 Rdn. 43).

25. Frist für die Genehmigung. Die Frist dient der Straffung des Verfahrens. Die Parteien erhalten so rasch **Klarheit** darüber, ob die Schlichtung gescheitert ist (s. Anm. 27–29) oder Erfolg hatte.

26. Genehmigung bei einstimmigem Beschluss. Die zusätzliche Genehmigung ist auch im Falle des einstimmigen und damit sofort verbindlichen Schlichtungsspruchs zu empfehlen.

Sie hat zum einen den Vorteil, dass durch sie **Formfehler** grundsätzlich geheilt werden können. Die hier vorgeschlagenen Klauseln verhindern mögliche Formfehler allerdings bereits sehr weitgehend. Zusätzlich ist zu berücksichtigen, dass Formfehler nur dann zu einer Unwirksamkeit führen, wenn sie für die Entscheidung kausal gewesen sein können. Etwas anderes kann allerdings bei schwerwiegenden Formfehlern gelten. Deren Heilung dürfte ihre Kenntnis seitens der Parteien voraussetzen (MünchHdbArbR/*Otto* § 295 Rdn. 37).

Des Weiteren heilt die nachträgliche Genehmigung aber auch eventuelle Unwirksamkeiten aufgrund von **Kompetenzüberschreitungen** hinsichtlich des zulässigen Gegenstands der Schlichtung (s. Anm. 8 sowie MünchHdbArbR/*Otto* § 295 Rdn. 33), weil die Parteien hierdurch erkennen lassen, dass sie den bestehenden Tarifvertrag insoweit abändern wollen. Dies setzt allerdings die Kenntnis der Parteien von der Unwirksamkeit voraus (MünchHdbArbR/*Otto* § 295 Rdn. 37).

27. Friedenspflicht. Grundsätzlich folgt aus dem verfassungsrechtlichen Übermaßverbot, dass **Arbeitskampfmaßnahmen** erst ergriffen werden dürfen, wenn auch der von einer Tarifvertragspartei verlangte Schlichtungsversuch nicht zum Ziel geführt hat (*Löwisch* XI. A. III. 2 Rdn. 11; ErfKomm/*Dieterich* Art. 9 GG Rdn. 279). Zusätzlich folgt dies aus dem Parteiwillen, denn Schlichtungsabkommen, die einen Schlichtungszwang vorsehen, sind regelmäßig dahin zu verstehen, dass sie Kampfmaßnahmen für die Dauer des Schlichtungsverfahrens nicht zulassen (*Löwisch* XI. A. IV. 2 Rdn. 16). Dabei ist regelmäßig von einem **umfassendem**

Verbot auszugehen; nicht erfasst werden hingegen **vorbereitende Maßnahmen** (z. B. Urabstimmung) (*Löwisch* XI. A. IV. 2 Rdn. 19, 20).

Aus diesem Grund ist die ausdrückliche Vereinbarung der Friedenspflicht nicht unbedingt notwendig, aber zumindest zur Klarstellung empfehlenswert.

Mit dem **Scheitern der Verhandlungen** werden **Arbeitskampfmaßnahmen** (wieder) zulässig.

28. Befristung der Schlichtungsverhandlungen. Eine Befristung ist nicht unbedingt erforderlich, aber ratsam, um zu langwierige und gegebenenfalls nicht mit der erforderlichen Ernsthaftigkeit betriebene Verhandlungen zu vermeiden. Die Befristung ist auch dazu geeignet, dem Vorsitzenden und gegebenenfalls vor ihm dem Präsidenten des LAG die Dringlichkeit der Schlichtung zu verdeutlichen. Die Befristung ist zu der alternativen Möglichkeit, eine maximale Anzahl von tatsächlichen Verhandlungsterminen anzuordnen, vorzugswürdig, da auf diesem Wege die Gestaltung der Verhandlungen nach Anzahl und Dauer flexibel und je nach den konkreten Erfordernissen gestaltet werden kann.

Die Erklärung des Scheiterns durch den Vorsitzenden verhindert ein **formales Abwarten** der Frist in dem Fall, in dem dieser erkennt, dass eine oder auch beide Seiten zu einer einvernehmlichen Regelung zumindest derzeit nicht bereit sind.

Nicht vereinbart werden sollte, dass die Verhandlungen auch nach einer entsprechenden Feststellung einer oder beider Parteien als gescheitert gelten, da hierdurch wiederum der vorgeschlagene Weg eines Schlichtungsverfahrens, das bereits auf Antrag nur einer Partei obligatorisch durchzuführen ist, vereitelt werden könnte.

29. Sechs-Wochen-Frist. Die hier vorgeschlagene Frist von insgesamt sechs Wochen gerechnet ab dem Verlangen einer tariflichen Schlichtung ist im Vergleich zu den bei der verbandlichen Schlichtung üblichen Fristen eher lang (z. B. Vereinbarung über ein Schlichtungsverfahren vom 26. April 1995 zwischen der Bundesrepublik Deutschland u. a. und der Gewerkschaft ÖTV u. a., abgedruckt bei *Löwisch* Anhang 3: sechs Tage nach dem erstmaligen Zusammentreten; Schlichtungsabkommen für das Baugewerbe in der Bundesrepublik Deutschland und im Land Berlin vom 12. März 1979, abgedruckt bei *Löwisch* Anhang 4: 14 Tage nach dem erstmaligen Zusammentreten). Die Frist beginnt allerdings bereits ab dem **Verlangen einer tariflichen Schlichtung.** Die Einbeziehung der für die Einberufung der nichtständigen Schlichtungsstelle erforderlichen Organisationsphase dient dem Zweck, auch insoweit einen zeitlichen Druck aufzubauen.

Zum Ausgleich für die vergleichsweise lange Frist fehlt es an einer Klausel, wonach das Verfahren **auszusetzen** ist, wenn die Parteien außerhalb des Schlichtungsverfahrens wieder in Tarifverhandlungen eintreten. Dies ist zusätzlich darin begründet, dass die vereinbarte Schlichtung anders als die verbandliche Schlichtung als **Fortführung der Tarifverhandlungen mit anderen äußeren Vorgaben** anzusehen ist, weshalb zusätzliche Tarifvertragsverhandlungen zwischen anderen, nicht der Schlichtungsstelle angehörenden Parteivertretern nicht sinnvoll wären. Aus diesem Grund sind sie auch nicht wahrscheinlich, so dass ihnen nicht durch eine Aussetzungsklausel Rechung getragen werden muss.

Des Weiteren fehlt auch die in verbandlichen Schlichtungsabkommen existierende Klausel, wonach sich an die gescheiterte Schlichtung eine weitere, der Friedenspflicht unterliegende Verhandlungsphase zwischen den Tarifvertragsparteien anschließen muss.

Aus diesen Gründen ist die **Frist von sechs Wochen angemessen**, um stringente, aber nicht unter einem unnötigen Zeitdruck stehende Schlichtungsverhandlungen zu ermöglichen.

30. Befristung bei einfacher Mehrheitsentscheidung. Die Befristung nach S. 2 verhindert einerseits ein unsinniges Abwarten der Sechs-Wochen-Frist nach Ablauf der Frist des § 5 Abs. (2) S. 2 und andererseits, dass die Schlichtung nach § 6 Abs. (2) als gescheitert gilt, obwohl die Frist nach § 5 Abs. (2) S. 2 noch läuft. Die Regelung kann also sowohl eine Verkürzung als auch eine Verlängerung der Sechs-Wochen-Frist bewirken.

31. Kosten. Die hier vorgeschlagene Regelung entspricht der Praxis (MünchHdbArbR/ *Otto* § 295 Rdn. 4).

32. Laufzeit. Zu den verschiedenen Vereinbarungsmöglichkeiten hinsichtlich der Laufzeit s. Form. E. II. 2.

9. Tarifvertrag über ein tarifliches Schlichtungsverfahren   E. I. 9

33. Nachwirkung. Da Schlichtungsabkommen keine Rechtsnormen enthalten, sondern nur Rechte und Pflichten der Tarifvertragsparteien, tritt nach ihrer Beendigung **keine Nachwirkung gemäß § 4 Abs. 5 TVG ein** (*Löwisch* XI. B. I. Rdn. 23).

34. Salvatorische Klausel. Da umstritten ist, wie weit das Verfahren vor der Schlichtungsstelle von dem Verfahren vor der Einigungsstelle abweichen darf, empfiehlt sich die Aufnahme einer so genannten salvatorischen Klausel (s. Form. E. I. 1, dort unter § 9). Damit ist auch bei Aufnahme risikobehafteter Regelungen der Bestand des Vertragswerks in seiner Gesamtheit so weit wie möglich gewährleistet.

35. Unterschrift. Zur Unterschrift S. Form. E. II. 2 Anm. 2.

II. Einzelne Klauseln

1. Präambel[1]

Präambel

Die A-AG als Produktanbieterin für elektronische Kommunikationsprodukte und -dienstleistungen und die B-Gewerkschaft verfolgen das Ziel, im Rahmen der alternierenden Telearbeit eine örtliche Flexibilisierung der Arbeitsorganisation sowohl im Unternehmensinteresse als auch im Mitarbeiterinteresse sinnvoll zu gestalten[2].

Telearbeit im Sinne dieses Tarifvertrags ist einfache oder qualifizierte Angestelltentätigkeit in einer vom Arbeitgeber bereitgestellten Arbeitsstätte an EDV-Anlagen, die durch elektronische Kommunikationsmittel mit dem Betrieb des Arbeitgebers verbunden sind. Alternierende Telearbeit bedeutet, dass die Arbeit im Wechsel sowohl an der externen Arbeitsstätte als auch am betrieblichen Arbeitsplatz ausgeführt wird[3].

Die Einrichtung von alternierenden Telearbeitsplätzen sowie die Beschäftigung auf diesen erfolgt nach dem Prinzip der Freiwilligkeit. Dabei sind grundsätzlich solche Tätigkeiten für alternierende Telearbeit geeignet, die eigenständig und eigenverantwortlich durchführbar sind, die konkrete, messbare Ergebnisse haben und die ohne Beeinträchtigung des Betriebsablaufs bei eingeschränktem mittelbaren Kontakt zum Betrieb verlagert werden können[4].

Die Einrichtung alternierender Telearbeitsplätze soll zu Zeit- und Kostenersparnissen für die Arbeitnehmer führen. Die Arbeitnehmer sollen mehr Möglichkeiten erhalten, ihren Beruf besser mit ihrer individuellen Lebensführung zu vereinbaren und ihre Arbeit eigenverantwortlich zu gestalten und auszuführen. Es sollen daher bevorzugt solchen Arbeitnehmern Telearbeitsplätze eingerichtet werden, die aus sachlichen Gründen ein besonderes Interesse daran haben, zu Hause und ohne feste Arbeitszeiten zu arbeiten. Beispielhaft sind Arbeitnehmer, für die der Arbeitsweg wegen einer Behinderung eine größere Belastung darstellt sowie Erziehende, denen die Vereinbarkeit von Beruf und Familie erleichtert werden soll[5].

Schrifttum: Däubler, Tarifvertragsrecht, 3. Aufl., 1993.

Anmerkungen

1. Begriff. Der Begriff „Präambel" ist für die Einleitung eines Tarifvertrags üblich. Alternative Bezeichnungen sind denkbar, z.B. „Vorbemerkung", „Allgemeines" oder „Einleitung". Nicht zu verwenden ist hingegen die Formulierung „Gemeinsame Erklärung", da hierunter Absichtserklärungen außerhalb von Tarifverträgen verstanden werden (*Däubler* Rdn. 114).

2. Anlass für eine Präambel. Eine Präambel erscheint insbesondere in Fällen langwieriger Vorverhandlungen sowie bei Regelungen über neue Materien, wie der im Formular geregelten Telearbeit, angemessen und sinnvoll. In solchen Fällen treffen die Vereinbarungen auf das Interesse zumindest der Betriebsöffentlichkeit, möglicherweise auch über diese hinaus, so dass die Tarifparteien die Präambel zur Erläuterung ihrer **betriebswirtschaftlichen Zielsetzungen** und zur Darstellung ihrer **Unternehmenskultur** nutzen können. Die Präambel gibt dem beteiligten Unternehmen auch die Möglichkeit darzulegen, dass die **Interessen der Belegschaft** beachtet wurden. Soweit der Tarifvertrag zu Schlechterstellungen von Arbeitnehmern führt, kann die Präambel dazu dienen, durch ein Aufzeigen der konjunkturellen Hintergründe um Verständnis für ein solches Vorgehen zu werben.

Bei Verbandstarifverträgen ist die Voranstellung einer ausführlichen Präambel hingegen schwieriger und daher auch unüblich, da die vom Arbeitgeberverband repräsentierten Unternehmen sich in der Regel in unterschiedlichen Situationen befinden.

3. Legaldefinition. Legaldefinitionen können auch außerhalb einer Präambel in den Vertragsklauseln enthalten sein. Sie sind auch bei Verbandstarifverträgen nicht unüblich. Sie dienen dem **Verständnis des Regelwerks** und vermeiden spätere Streitigkeiten über die Bedeutung eines Begriffs. Sie sind dann ratsam, wenn Begriffe benutzt werden, für die sich im allgemeinen Sprachgebrauch oder in der juristischen Terminologie keine allgemeingültige Definition herausgebildet hat (BAG Urt. v. 8. 2. 1984 – 4 AZR 158/83 – AP Nr. 134 zu § 1 TVG).

4. Klarstellungsfunktion. Die Tarifvertragsparteien haben im Rahmen einer Präambel die Möglichkeit festzulegen, welche inhaltlichen Voraussetzungen sie bei der Anwendung der von ihnen vereinbarten Tarifvertragsregeln beachten wollen. Gleichfalls können sie in dem Falle, dass das anzuwendende Recht es erfordert bestimmte Voraussetzungen zu beachten, klarstellen, dass sie dieses Erfordernis berücksichtigt haben. Für eine zu diesem Punkt beispielhafte Präambel s. Form. E. I. 3.

5. Auslegungshilfe. Präambeln enthalten nicht die Regelung gerichtlich durchsetzbarer Rechte und Pflichten. Sie stehen jedoch in engem Zusammenhang mit dem nachfolgenden tarifvertraglichen Regelwerk. Soweit sich bei dessen Durchführung Unklarheiten aufgrund uneindeutiger Formulierungen ergeben, wird eine Auslegung erforderlich. Diese hat vom **Tarifwortlaut** auszugehen, wobei der maßgebliche Sinn der Erklärung zu erforschen ist, ohne am Buchstaben zu haften. Bei nicht eindeutigem Wortlaut ist der **wirkliche Wille der Tarifvertragsparteien** zu berücksichtigen, soweit er in den tariflichen Regelungen seinen Niederschlag gefunden hat. Abzustellen ist dabei stets auf den tariflichen Gesamtzusammenhang. Lässt dies zweifelsfreie Auslegungsergebnisse nicht zu, können ohne Bindung an eine Reihenfolge weitere Kriterien wie die **Entstehungsgeschichte** des Tarifvertrags, gegebenenfalls auch die **praktische Tarifübung** sowie die **Praktikabilität** der möglichen Auslegungen berücksichtigt werden (BAG Urt. v. 11. 2. 2004 – 4 AZR 94/03 – n.a.v.; BAG Urt. v. 4. 4. 2001 – 4 AZR 180/00 – AP Nr. 172 zu § 1 TVG Auslegung).

Eine die Intentionen der Tarifvertragsparteien festhaltende Präambel dient der Sicherstellung, dass der Wille der Parteien bei einer späteren Auslegung so weit wie möglich berücksichtigt wird. Gleiches gilt für die teleologische Auslegung, also die Erforschung des Sinn und Zwecks der vertraglichen Regelungen. Hier kann die Präambel gerade in solchen Situationen eine große Hilfe leisten, in denen die Tarifverträge vor langer Zeit abgeschlossen wurden und die damals handelnden Personen nicht mehr erreichbar sind.

Für den Wortsinn können in der Präambel festgelegte Definitionen herangezogen werden, vgl. Anm. 3. Für Beispielsfälle ist dabei zu beachten, dass diese nicht als abschließende Fallgruppen anzusehen sind (BAG Urt. v. 8. 2. 1984 – 4 AZR 158/83 – AP Nr. 134 zu § 1 TVG).

2. Laufzeit[1]

§ ... In-Kraft-Treten

Dieser Tarifvertrag tritt mit seiner Unterzeichnung in Kraft[2].

(*Alternative:*
Dieser Tarifvertrag tritt am ...... in Kraft[3].)

(*Alternative:*
Diese Vereinbarung wird wirksam, wenn sie nicht bis zum ...... durch schriftliche Erklärung gegenüber der anderen Tarifvertragspartei widerrufen wird[4].)

(*Alternative:*
Dieser Tarifvertrag tritt zum ...... in Kraft, den Parteien wird jedoch eine Erklärungsfrist bis zum ...... eingeräumt. Stillschweigen bedeutet Zustimmung[5].)

(*Alternative:*
Dieser Tarifvertrag tritt in Kraft, sobald die Betriebsänderung, die Gegenstand der Betriebsvereinbarung über einen Interessenausgleich und Sozialplan der A-GmbH ist, umgesetzt wurde. Eine solche Umsetzung ist anzunehmen, wenn sämtliche der in der Anlage 1 zu diesem Tarifvertrag namentlich benannten Arbeitnehmer ihre Tätigkeit in ...... aufgenommen haben[6].)

(*Alternative:*
Dieser Tarifvertrag tritt am ...... in Kraft. Er ersetzt den „Tarifvertrag ......" vom .... Eine Nachwirkung von Regelungen des ersetzten Tarifvertrags, für deren Materie dieser Tarifvertrag keine Regelungen vorsieht, wird ausgeschlossen[7].)

§ ... Beendigung

Dieser Tarifvertrag kann mit einer Frist von drei Monaten zum Ende eines jeden Kalenderhalbjahrs, erstmals zum ......, gekündigt werden[8]. Im Falle seiner Kündigung wirken seine Rechtsnormen bis zum Abschluss eines neuen Tarifvertrags nach[9].

(*Alternative:*
Die Bestimmungen dieses Tarifvertrags können insgesamt oder je für sich mit einer Frist von drei Monaten zum Ende eines Kalendermonats schriftlich gekündigt werden. Abschnitt IV kann nur einheitlich und zusammen mit Abschnitt VII gekündigt werden[10]. Abschnitt IV und VII wirken nicht nach[11]. Die übrigen Bestimmungen des Tarifvertrags sind unverzüglich entsprechend anzupassen[12].)

(*Alternative:*
Der Tarifvertrag hat eine Laufzeit bis zum ...... ohne Nachwirkung[13].)

(*Alternative:*
Der Tarifvertrag endet spätestens am .... Ab dem ...... kann er mit einer Frist von drei Monaten zum Ende eines Kalendervierteljahrs gekündigt werden[14]. Das Recht zur Kündigung aus wichtigem Grund bleibt unberührt[15].)

(*Alternative:*
Der Tarifvertrag endet mit Zweckerreichung. Die Zweckerreichung tritt ein, wenn der letzte Vertrag beendet ist, den die Tochtergesellschaft (Transfergesellschaft) auf Verlangen der Muttergesellschaft mit einem ehemaligen Arbeitnehmer der Muttergesellschaft geschlossen hat[16].)

Schrifttum: *Däubler,* Tarifvertragsrecht, 3. Aufl., 1993; *Frölich,* Eintritt und Beendigung der Nachwirkung von Tarifnormen, NZA 1992, 1105; *Wieland,* Recht der Firmentarifverträge, 1998.

Anmerkungen

1. Begriff. Der Begriff der Laufzeit eines Tarifvertrags umfasst Regelungen zu seinem In-Kraft-Treten und seiner Beendigung. Diese Regelungen finden sich üblicherweise in einer gemeinsamen Klausel am Ende des Tarifvertrags, die zumeist die Überschrift „In-Kraft-Treten und Beendigung", „In-Kraft-Treten und Laufzeit" oder „Gültigkeit und Dauer" trägt. Vorliegend wurden die beiden Regelungskomplexe In-Kraft-Treten und Beendigung allerdings aus Gründen der Übersichtlichkeit getrennt in zwei Paragrafen aufgeführt.

2. In-Kraft-Treten bei Unterzeichnung; Schriftformerfordernis. Soweit ein Tarifvertrag keine spezielle Regel enthält, tritt er in Kraft, sobald beide Parteien den Vertrag unterzeichnet haben und ein unterzeichnetes Exemplar der jeweils anderen Seite zugegangen ist, da Tarifverträge nach den Regeln für privatrechtliche Verträge zustande kommen (§§ 126, 130 BGB;

2. Laufzeit

BAG Urt. v. 26. 9. 1984 – 4 AZR 343/83 – AP Nr. 21 zu § 1 TVG; *Wieland* Rdn. 215). Ein sofortiges In-Kraft-Treten bei Unterzeichnung setzt somit die Unterzeichnung unter Anwesenden voraus; dies entspricht auch der überwiegenden Praxis (*Wieland* Rdn. 215; *Wiedemann* § 1 TVG Rdn. 210). Zu beachten ist dabei, dass die Verhandlungsdelegationen bzw. deren Mitglieder über eine entsprechende Vertretungsbefugnis verfügen.

Die nur mündliche Vereinbarung eines Tarifvertrags ist gemäß § 1 Abs. 2 TVG, § 125 BGB nicht wirksam möglich. Der Begriff des Tarifvertrags i. S. v. § 1 Abs. 2 TVG ist weit auszulegen, so dass auch Nebenabreden, Schlichtungsvereinbarungen, Durchführungsbestimmungen, Protokollnotizen und Ähnliches, soweit sie in sachlichem Zusammenhang mit dem Tarifvertrag verabredet werden, der Schriftform bedürfen (BAG Urt. v. 31. 10. 1958 – 1 AZR 632/57 – AP Nr. 2 zu § 1 TVG Friedenspflicht). Letztlich entscheidet der Wille der Tarifvertragsparteien darüber, ob eine Abrede Bestandteil eines Tarifvertrags sein soll (*Wiedemann* § 1 TVG Rdn. 233). Die Schriftform gilt schließlich auch für jede Art von Änderung des Tarifvertrags (*Wiedemann* § 1 TVG Rdn. 234).

3. In-Kraft-Treten an einem bestimmten Datum. Das In-Kraft-Treten an einem bestimmten Datum hat den Vorteil einer einfachen und klaren Regel. Der genannte Tag beginnt um 00:00 Uhr. Denkbar und wirksam wäre auch die Vereinbarung eines zeitlich gestuften In-Kraft-Tretens verschiedener Regelungskomplexe (*Däubler* Rdn. 280).

Wirksam vereinbart werden kann auch ein in der Vergangenheit liegendes In-Kraft-Treten des ganzen Tarifvertrags oder einzelner Teile bzw. Bestimmungen. Diese Vorgehensweise wird in der Praxis häufig in Bezug auf Lohnerhöhungen gewählt (vgl. BAG Urt. v. 23. 11. 1994 – 4 AZR 879/93 – AP Nr. 12 zu § 1 TVG Rückwirkung; *Däubler* Rdn. 284).

Die **rückwirkende** Vereinbarung von aus Sicht der Arbeitnehmer **verschlechternden Regelungen** ist nach der Auffassung des BAG ebenfalls grundsätzlich möglich, da davon auszugehen sei, dass die die Arbeitnehmer vertretende Tarifpartei insgesamt auf ein ausgewogenes Ergebnis achte und ein Verbot der Rückwirkung die Gestaltungsmöglichkeiten der Tarifparteien ungerechtfertigt einengen würde (BAG Urt. v. 23. 11. 1994 – 4 AZR 879/93 – AP Nr. 12 zu § 1 TVG Rückwirkung).

Es sind dabei jedoch die vom EuGH und vom BVerfG entwickelten Grundsätze für die Rückwirkung von Gesetzen zu beachten (BAG Urt. v. 22. 10. 2003 – 10 AZR 152/03 – AP Nr. 21 zu § 1 TVG Rückwirkung). Nach diesen ist der Normunterworfene nicht schutzwürdig, wenn er im Zeitpunkt des In-Kraft-Tretens der Norm mit einer Regelung rechnen musste, das geltende Recht unklar und verworren war, der Normunterworfene sich aus anderen Gründen nicht auf den Rechtsschein verlassen durfte, z.B. wegen widersprüchlicher Rechtsprechung oder zwingende Gründe des Gemeinwohls für eine Rückwirkung bestehen (BAG Urt. v. 23. 11. 1994 – 4 AZR 879/93 – AP Nr. 12 zu § 1 TVG Rückwirkung). Ein grundsätzlicher Vertrauensschutz zu Gunsten der tarifgebundenen Arbeitnehmer und Arbeitgeber darauf, dass der Inhalt des Tarifvertrags während der Laufzeit keine Veränderung erfährt, besteht daher nicht (BAG Urt. v. 22. 10. 2003 – 10 AZR 152/03 – AP Nr. 21 zu § 1 TVG Rückwirkung; BAG Urt. v. 23. 11. 1994 – 4 AZR 879/93 – AP Nr. 12 zu § 1 TVG Rückwirkung; BAG Urt. v. 14. 6. 1995 – 4 AZR 225/94 – AP Nr. 13 zu § 1 TVG Rückwirkung). Ob dies auch für bereits abgewickelte Ansprüche gelten soll, ließ das BAG offen (BAG Urt. v. 23. 11. 1994 – 4 AZR 879/93 – AP Nr. 12 zu § 1 TVG Rückwirkung).

4. In-Kraft-Treten nach Ablauf einer Widerrufsfrist. Die Klausel zum In-Kraft-Treten nach Ablauf einer Widerrufsfrist ist zulässig und auch üblich. Sie räumt beiden Seiten eine Bedenkzeit ein, vergleichbar mit einem gerichtlichen Vergleich auf Widerruf. Voraussetzung ist die im Übrigen wirksame Vertragsunterzeichnung, also insbesondere durch entsprechend bevollmächtigte Vertreter (s. Anm. 2). Der Vertrag tritt, wenn er nicht widerrufen wird, zu dem in der Klausel genannten Datum in Kraft.

5. In-Kraft-Treten nach Ablauf einer Erklärungsfrist. In dieser Klausel wird nicht ausdrücklich eine Widerrufsfrist, sondern „nur" eine Erklärungsfrist eingeräumt. Es gilt jedoch das in Anm. 4 Gesagte entsprechend, da auch die „Erklärung" im Sinne dieser Klausel einen Widerruf meint. Allerdings wird in der Praxis sehr häufig der als aggressiv und feindlich empfundene Begriff des Widerrufs vermieden. Gerade nach Abschluss der Tarifverhandlungen möchten die Tarifvertragsparteien ihren Verhandlungserfolg nicht als „widerruflich" darstellen und zwar weder gegenüber der Öffentlichkeit noch gegenüber den eigenen Mitgliedern.

Zwar erscheint die Formulierung, dass der Tarifvertrag zu einem bestimmten Zeitpunkt in Kraft tritt, und den Parteien – nur – eine „Erklärungsfrist" eingeräumt wird, zugegebenermaßen unklar und darum riskant. Die Üblichkeit einer solchen Klausel lässt jedoch ohne weiteres den Rückschluss auf den Willen der Parteien zu, dass der Tarifvertrag im Falle der „Erklärung" durch eine der Parteien nicht in Kraft treten soll.

Möglich, wenn auch in der Praxis kaum genutzt, ist schließlich die Vereinbarung, dass bis zum Ablauf der Erklärungsfrist die Zustimmung ausdrücklich erklärt werden muss, so dass Stillschweigen gerade nicht zum In-Kraft-Treten führt. Soweit ein Datum für das In-Kraft-Treten nicht genannt wird, tritt der Vertrag mit dem Tag der Unterzeichnung, nicht dem Tag des Ablaufs der Erklärungsfrist in Kraft (*Däubler* Rdn. 102 a).

6. In-Kraft-Treten bei Eintritt einer Bedingung. Es handelt sich um die zulässige Vereinbarung einer aufschiebenden Bedingung (§ 158 Abs. 1 BGB). Um Rechtsklarheit zu schaffen, ist darauf zu achten, dass die Voraussetzungen für den Bedingungseintritt – hier die Umsetzung einer Betriebsänderung – klar definiert werden.

7. Ersetzung eines Tarifvertrags. Mit dem In-Kraft-Treten eines Tarifvertrags wird häufig ein vorhergehender Tarifvertrag ersetzt. Voraussetzung ist, dass der nachfolgende Tarifvertrag zwischen denselben Parteien abgeschlossen wird und die Materie des vorhergehenden Tarifvertrags neu regelt. Es gilt dann kraft des **Ordnungsprinzips** die neue Regelung (sog. Zeitkollisionsregel; BAG Urt. v. 23. 11. 1994 – 4 AZR 879/93 – AP Nr. 12 zu § 1 TVG Rückwirkung).

Im Falle der Ersetzung eines Tarifvertrags durch einen neuen Tarifvertrag ist also zu prüfen, ob der Regelungsbereich beider Verträge identisch ist. Ist der Regelungsbereich des neuen Tarifvertrags enger, so empfiehlt es sich, das Schicksal der weitergehenden alten Regeln ausdrücklich zu klären. Auch soweit diese nicht weiter gelten sollen, ist es empfehlenswert, dies ausdrücklich zu vereinbaren, da von der Rechtsprechung jedenfalls vereinzelt vertreten wird, dass eine nur konkludente Beendigung dieser Regeln durch die Nichtberücksichtigung im neuen Vertrag nicht vermutet werden könne. Dies gelte auch dann, wenn der alte, weitergehende Tarifvertrag nur noch kraft Nachwirkung anzuwenden gewesen sei, da auch der Ausschluss dieser Nachwirkung gemäß § 4 Abs. 5 TVG vereinbart werden müsse (LAG Nürnberg Urt. v. 12. 5. 1989 – 6 Sa 89/87 – NZA 1991, 279, 280; *Däubler* Rdn. 1468). Bei der Regelung der alten, weitergehenden Regeln kann dann gegebenenfalls auch deren Nachwirkung vertraglich ausgeschlossen werden (zur Nachwirkung s. Anm. 9 und 11).

Mit der vorliegenden Klausel wird sowohl klargestellt, dass der neue Tarifvertrag den alten auch insoweit ablöst, als der neue Tarifvertrag einen sachlich engeren Regelungsbereich hat, als auch klargestellt, dass die aufgehobenen, nicht neu geregelten Teile nicht nachwirken.

Da der alte und der neue Tarifvertrag gleichrangig sind, kann der neue Tarifvertrag auch für die Arbeitnehmer ungünstigere Regelungen enthalten (BAG Urt. v. 23. 11. 1994 – 4 AZR 879/93 – AP Nr. 12 zu § 1 TVG Rückwirkung; *Däubler* Rdn. 1472; s. Anm. 3).

8. Kündigung. Die Vereinbarung von Kündigungsfristen, Kündigungsterminen und Kündigungssperrfristen ist zulässig und üblich. Ungeklärt ist von der Rechtsprechung, ob die Vereinbarung einer Kündigungsfrist erforderlich ist oder ob die Vereinbarung einer **ordentlichen Kündigung mit sofortiger Wirkung** möglich wäre (zust. *Wieland* Rdn. 253; vgl. auch BAG Urt. v. 14. 2. 1973 – 4 AZR 176/72 – AP Nr. 6 zu § 4 TVG Nachwirkung). Selbst wenn man von dem Erfordernis einer Kündigungsfrist ausginge, müsste diese in Anlehnung an den Rechtsgedanken des § 77 Abs. 5 BetrVG nicht mehr als drei Monate betragen (BAG Urt. v. 10. 11. 1982 – 4 AZR 1203/79 – AP Nr. 8 zu § 1 TVG Form; *Wiedemann* § 4 TVG Rdn. 22).

Enthält ein Tarifvertrag keine Regelungen über die Kündigungsmöglichkeit und ist er nicht befristet, so ist streitig, ob er dann jederzeit und fristlos oder nur unter Berücksichtigung einer **dreimonatigen Kündigungsfrist** in Anlehnung an den Rechtsgedanken des § 77 Abs. 5 BetrVG kündbar ist (BAG Urt. v. 18. 6. 1997 – 4 AZR 710/95 – NZA 1997, 1234, 1238; *Wieland* Rdn. 25; *Däubler* Rdn. 1434; *Wiedemann* § 4 TVG Rdn. 22). Aus diesem Grund ist im Interesse der Rechtsklarheit und -sicherheit dringend zu empfehlen, Regelungen über die Kündigungsmöglichkeit aufzunehmen und Kündigungsfristen von weniger als drei Monaten nur dann zu vereinbaren, wenn ein sachlicher Grund vorliegt.

Die Schriftform des § 1 Abs. 2 TVG gilt nicht für Kündigungserklärungen (BAG Urt. v. 26. 9. 1984 – 4 AZR 343/83 – AP Nr. 21 zu § 1 TVG; *Wiedemann* § 1 TVG Rdn. 236), da für diese die allgemeinen Vorschriften des BGB gelten. Ob die Rechtsprechung hier angesichts der für Kündigungen von Arbeitsverhältnissen gemäß § 623 BGB nunmehr vorgeschriebenen Schriftform zukünftig anders entscheiden wird, ist offen. In der Praxis kommen mündliche Kündigungen praktisch nicht vor und sind auch aus Beweisgründen nicht zu empfehlen. Wenn der Tarifvertrag eine Schriftform vorsieht, wäre die formlos ausgesprochene Kündigung jedenfalls gemäß § 125 BGB nichtig (*Däubler* Rdn. 1433; *Wiedemann* § 4 TVG Rdn. 15).

9. Nachwirkung. Nach § 4 Abs. 5 TVG gelten die Rechtsnormen eines Tarifvertrags weiter, bis sie durch eine andere Abmachung ersetzt werden. Diese Abmachung kann nicht nur in Form eines neuen Tarifvertrags, sondern – unter Beachtung der allgemeinen Grenzen wie z. B. § 77 Abs. 3 BetrVG – auch im Wege einer **Betriebsvereinbarung** oder einer **einzelvertraglichen Vereinbarung** erfolgen, und sie ist auch dann wirksam, wenn sie von den vormaligen tariflichen Normen zu Ungunsten des Arbeitnehmers abweicht (BAG Urt. v. 28. 1. 1987 – 5 AZR 323/86 – AP Nr. 16 zu § 4 TVG Nachwirkung; *Frölich* NZA 1992, 1105, 1109).

Nicht in Betracht kommt hingegen ein automatisches Wiederaufleben früherer Vereinbarungen, die durch den Tarifvertrag verdrängt wurden. Möglich ist hingegen deren erneute Vereinbarung (BAG Urt. v. 18. 5. 1977 – 4 AZR 47/76 – AP Nr. 4 zu § 4 BAT mit Anm. *Wiedemann*). Im Falle individualvertraglicher Abreden ist dabei auch an stillschweigende Abreden zu denken (BAG Urt. v. 18. 5. 1977 – 4 AZR 47/76 – AP Nr. 4 zu § 4 BAT mit Anm. *Wiedemann*; LAG Nürnberg Urt. v. 12. 5. 1989 – 6 Sa 89/87 – NZA 1991, 279, 289). Stillschweigende oder mündliche individualvertragliche Abreden beenden auch dann wirksam die Nachwirkung, wenn der nachwirkende Tarifvertrag für entsprechende Abreden die Schriftform vorschrieb, weil die Nachwirkung beendende Abreden bereits nicht mehr unter den Tarifvertrag fallen (BAG Urt. v. 18. 5. 1977 – 4 AZR 47/76 – AP Nr. 4 zu § 4 BAT mit Anm. *Wiedemann*).

Nachfolgende Tarifverträge gelten für die betroffenen Arbeitnehmer nur dann, wenn sie wiederum in deren Geltungsbereich fallen. Tritt also ein Arbeitgeber während der Laufzeit eines Tarifvertrags aus dem ihn vertretenden Arbeitgeberverband aus, so befreit ihn dieser Austritt zwar nicht davon, zu Gunsten seiner Arbeitnehmer die Normen des laufenden Tarifvertrags zu beachten (§ 3 Abs. 3 TVG); auch tritt hinsichtlich dieses Tarifvertrags gemäß § 4 Abs. 5 TVG trotz des Verbandsaustritts die Nachwirkung ein, wenn der Tarifvertrag endet (BAG Urt. v. 18. 3. 1992 – 4 AZR 339/91 – NZA 1992, 700, 701; *Frölich* NZA 1992, 1105, 1106). Jedoch muss der Arbeitgeber sich weder an den von seinem ehemaligen Arbeitgeberverband abgeschlossenen neuen Tarifvertrag halten, noch muss er Arbeitnehmer, die er erst nach Ablauf des beendeten Tarifvertrags einstellt, nach dessen Normen behandeln (BAG Urt. v. 28. 1. 1987 – 5 AZR 323/86 – AP Nr. 16 zu § 4 TVG Nachwirkung mit Anm. *Wiedemann*).

10. Teilkündigung. Teilkündigungen sind dann möglich, wenn dies ausdrücklich vereinbart wird und aus dieser Vereinbarung klar hervorgeht, welche Teile getrennt kündbar sein sollen (BAG Urt. v. 16. 8. 1990 – 8 AZR 439/89 – NZA 1991, 353; BAG Beschl. v. 3. 12. 1985 – 4 ABR 60/85 – AP Nr. 2 zu § 74 BAT; BAG Urt. v. 28. 1. 1987 – 5 AZR 323/86 – AP Nr. 16 zu § 4 TVG Nachwirkung; *Däubler* Rdn. 1448; *Wieland* Rdn. 253; *Wiedemann* § 4 TVG Rdn. 24). Zur Schriftform der Kündigung s. Anm. 8.

11. Ausschluss der Nachwirkung. Die Nachwirkung kann von den Tarifvertragsparteien wirksam ausgeschlossen werden, da sie die „Herren des Tarifwerks" sind (BAG Urt. v. 16. 8. 1990 – 8 AZR 439/89 – NZA 1991, 353; *Däubler* Rdn. 1464). Dies muss ausdrücklich im Tarifvertrag erfolgen. Eine Einschränkung auf Teile des Tarifvertrags ist möglich. Dabei ist jedoch die Komplexität eines tarifvertraglichen Regelwerks zu bedenken, d. h. es muss geprüft werden, ob die verbleibenden Teilregeln noch sinnvoll sind. Gleichermaßen ist zu prüfen, ob nach Beendigung eines Tarifvertrags ohne Nachwirkung die vormals durch den Tarifvertrag geregelten Arbeitsverhältnisse ausreichend durch entsprechende vertragliche Klauseln geregelt sind.

Grundsätzlich ist der Ausschluss der Nachwirkung auch durch schlüssiges Verhalten dergestalt möglich, dass beide Seiten die tarifvertraglichen Regeln nicht mehr anwenden. Praktisch denkbar ist dies jedoch nur in solchen Fällen, in denen beide Tarifvertragsparteien eine gemeinsame Leistung erbringen, wie bei der Einrichtung und Unterhaltung gemeinsamer Einrichtungen (BAG Urt. v. 3. 9. 1986 – 5 AZR 319/85 – AP Nr. 12 zu § 4 TVG Nachwirkung).

Möglich ist es schließlich auch, die Nachwirkung zu befristen oder sich über deren Ausschluss erst während des Stadiums der Nachwirkung zu einigen (*Däubler* Rdn. 1467; *Wieland* Rdn. 336).

12. Anpassungspflicht. Diese Formulierung stellt eine zulässige Vereinbarung dar, Änderungen des Tarifvertrags zu verhandeln. Es entsteht hieraus jedoch kein vollstreckbarer Anspruch auf die Vereinbarung einer bestimmten neuen Regel, sondern lediglich ein Anspruch, Verhandlungen aufzunehmen, also mit offenem Ergebnis (BAG Urt. v. 14. 2. 1989 – 1 AZR 142/88 – AP Nr. 52 zu Art. 9 GG).

13. Beendigung zu einem festen Termin. Die Vereinbarung eines festen Termins führt dazu, dass der Tarifvertrag ausläuft, ohne dass es einer Kündigung bedarf (*Däubler* Rdn. 1438; *Wieland* Rdn. 250). Ordentliche Kündigungen während der Laufzeit sind dann ausgeschlossen, es sei denn, aus dem Vertragstext ergibt sich ausdrücklich oder im Wege der Auslegung etwas anderes (*Wieland* Rdn. 250).

Von überlangen festen Laufzeiten ist angesichts möglicher Veränderungen der äußeren Umstände regelmäßig abzuraten. Soweit einzelne Regelungen erst nach besonders kontroversen Verhandlungen möglich waren und sich die Tarifparteien davor schützen wollen, mühsam gefundene Kompromisse zu schnell wieder zur Disposition stellen zu müssen, sollte erwogen werden, nur diese Teile durch eine besonders lange Laufzeit zu schützen (s. Anm. 11). Dabei ist jedoch die verbreitete Literaturmeinung zu berücksichtigen, wonach analog § 624 BGB spätestens nach fünf Jahren eine ordentliche Kündigung auch dann möglich sein soll, wenn sie im Tarifvertrag ausgeschlossen wurde (*Wieland* Rdn. 250). Zum Ausschluss der Nachwirkung s. Anm. 11.

14. Kombination von festem Beendigungstermin und Kündigungsmöglichkeit. Wirksam möglich ist auch die Verbindung eines festen Beendigungstermins, der die Höchstlaufzeit des Vertrags markiert, mit Kündigungsmöglichkeiten nach Ablauf einer Kündigungssperrfrist (*Däubler* Rdn. 1438; *Wiedemann* § 4 TVG Rdn. 12).

15. Recht zur außerordentlichen Kündigung. Aus dem Rechtsgedanken des § 626 Abs. 1 BGB bzw. aus der Rechtsnatur des Tarifvertrags als Dauerrechtsverhältnis – beide Ansätze werden vom BAG in den in diesem Satz zitierten Entscheidungen genannt – folgt für alle Parteien ein außerordentliches Kündigungsrecht aus wichtigem Grund, wenn das weitere Festhalten an dem Vertrag unzumutbar ist (BAG Urt. v. 14. 11. 1958 – 1 AZR 247/57 – AP Nr. 4 zu § 1 TVG Friedenspflicht; *Däubler* Rdn. 1443). Dies gilt sowohl bei unbefristeten als auch bei befristeten Tarifverträgen (BAG Urt. v. 18. 12. 1996 – 4 AZR 129/96 – NZA 1997, 830, 833; *Wiedemann* § 4 TVG Rdn. 26). An den wichtigen Grund sind strenge Anforderungen zu stellen (BAG Urt. v. 18. 12. 1996 – 4 AZR 129/96 – NZA 1997, 830, 833).

In der Entscheidung BAG Urt. v. 18. 12. 1996 – 4 AZR 129/96 – NZA 1997, 830, 833 ließ das Gericht die Frage offen, ob eine Veränderung der wirtschaftlichen Verhältnisse grundsätzlich als wichtiger Kündigungsgrund in Betracht kommen kann. Es entschied, dass die Kündigung aus wichtigem Grund nur unter Berücksichtigung des im Kündigungsrecht herrschenden ultima-ratio-Grundsatzes wirksam ausgesprochen werden könne. Konkret bedeutet dies, dass die Partei, die sich durch den Tarifvertrag unzumutbar belastet fühlt, zunächst im Wege von Verhandlungen die Anpassung des Tarifvertrags versuchen müsse (BAG Urt. v. 18. 6. 1997 – 4 AZR 710/95 – NZA 1997, 1234, 1236). Dies gelte unabhängig davon, ob der Tarifvertrag ausdrücklich eine Nachverhandlungsklausel vorsehe. Die kündigende Vertragspartei müsse dem Vertragspartner vor Ausspruch der Kündigung ein zumutbares Änderungsangebot unterbreiten.

In der Literatur wird überwiegend vertreten, dass eine außerordentliche Kündigung wegen wirtschaftlicher Veränderungen nur bei völlig unvorhergesehenen Entwicklungen in Betracht kommen könne (*Wieland* Rdn. 258). Als Beispiele werden behördlich angeordnete Betriebsschließungen genannt, wogegen eine überraschend hohe Inflationsrate oder eine Verknappung und Verteuerung von Rohstoffen wie z.B. während der Ölkrise nicht als ausreichend angesehen werden (*Wieland* Rdn. 258; a. A. betreffend die Ölkrise: *Wiedemann* § 4 TVG Rdn. 56).

Als weiterer möglicher Kündigungsgrund werden schwere (nicht notwendig schuldhafte) Vertragsverletzungen einer Tarifvertragspartei genannt (BAG Urt. v. 14. 11. 1958 – 1 AZR 247/57 – AP Nr. 4 zu § 1 TVG Friedenspflicht; *Wieland* Rdn. 256; *Wiedemann* § 4 TVG Rdn. 53, 55).

Die Darlegungs- und Beweislast für die die Kündigung rechtfertigenden Umstände trägt die kündigende Partei (*Wiedemann* § 4 TVG Rdn. 42).

Das Recht zur außerordentlichen Kündigung besteht auch ohne ausdrückliche Vereinbarung, so dass die entsprechende Klausel nur deklaratorischen Charakter hat. Zudem spielt dieses Kündigungsrecht auch praktisch kaum eine Rolle (*Wieland* Rdn. 255). Ein wirksamer vertraglicher Ausschluss des Rechts auf außerordentliche Kündigung ist nicht möglich (*Wiedemann* § 4 TVG Rdn. 43).

Wirksam vereinbart werden können außerdem Gründe für die außerordentliche Kündigung (*Wieland* Rdn. 255). Zweifelhaft erscheint aus dogmatischer Sicht allerdings, ob angesichts der Vereinbarung dann überhaupt noch von einer außerordentlichen Kündigung oder nicht vielmehr von einer ordentlichen Kündigung mit sofortiger Wirkung gesprochen werden müsste.

Es kann angesichts der hohen Anforderungen an eine außerordentliche Kündigung nur davon abgeraten werden, sich auf die Möglichkeit des Ausspruchs einer außerordentlichen Kündigung bei Abschluss des Tarifvertrags zu verlassen. Deutlich empfehlenswerter ist es, keine übermäßig langen Laufzeiten des Tarifvertrags zu vereinbaren oder sich kurzfristige ordentliche Kündigungsmöglichkeiten einräumen zu lassen.

16. Beendigung durch Bedingungseintritt. Bei dieser Klausel handelt es sich um eine auflösende Bedingung (§ 158 Abs. 2 BGB). Solche Klauseln sollten zur Vermeidung von Streitigkeiten nur solche Bedingungen enthalten, deren Eintritt ohne weiteres festgestellt werden kann, damit für die Normunterworfenen Rechtsklarheit herrscht (*Wieland* Rdn. 251; *Däubler* Rdn. 1439; *Wiedemann* § 4 TVG Rdn. 18). Im vorliegenden Fall, in dem der Tarifvertrag Regelungen enthält, die von der Mutter- auf die Tochtergesellschaft übergegangene Arbeitnehmer betreffen, ist dies zu bejahen. Jedem Arbeitnehmer ist klar, dass der Tarifvertrag jedenfalls so lange gilt, so lange er einen Arbeitsvertrag mit der Tochtergesellschaft hat.

3. Ausnahmen vom ArbZG[1]

§ … Tägliche Arbeitszeit

(1) Die werktägliche Arbeitszeit[2] darf[3] über acht[4] Stunden hinaus auf bis zu vierzehn Stunden verlängert werden, wenn mindestens die über zehn Stunden hinausgehende Arbeitszeit aus Arbeitsbereitschaft[5] besteht[6].

(2) Die werktägliche Arbeitszeit darf über acht[7] Stunden hinaus auf bis zu zwanzig Stunden verlängert werden, wenn mindestens die über zehn Stunden hinausgehende Arbeitszeit aus Bereitschaftsdienst besteht[8].

(3) Ohne Einwilligung der betroffenen Arbeitnehmer darf die Arbeitszeit 48 Stunden wöchentlich im Durchschnitt von zwölf Kalendermonaten nicht überschreiten[9].

(4) Mit schriftlicher Einwilligung der betroffenen Arbeitnehmer darf die Arbeitszeit pro Woche 48 Stunden, jedoch nicht 60 Stunden wöchentlich im Durchschnitt von zwölf Kalendermonaten überschreiten[10]. §§ 7 Abs. 7 S. 2 und 3, 16 Abs. 2 ArbZG sind zu beachten[11].

Schrifttum: Anzinger, Neues Arbeitszeitgesetz in Kraft getreten, BB 1994, 1492; *Bauer/Preis/Schunder,* Das Gesetz zu den Reformen am Arbeitsmarkt – Reform oder nur Reförmchen?, NZA 2004, 195; *Berger-Delbey,* Nochmals: Der Entwurf eines Arbeitszeitrechtsgesetzes (EArbZRG), ZTR 1994, 105; *Böhm/Spiertz/Sponer/Steinherr,* BAT Kommentar; *Boerner,* Anpassung des Arbeitszeitgesetzes an das Gemeinschaftsrecht, NJW 2004, 1559; *Boerner/Boerner,* Bereitschaftsdienst – auch in Deutschland Arbeitszeit, NZA 2003, 883; *Breezmann,* Bereitschaftsdienst in deutschen Krankenhäusern – Auswirkungen der SIMAP-Entscheidung einmal anders – Bereitschaftsdienst in der Bundesrepublik Deutschland ist EU-konform, NZA 2002, 946; *Eckert,* Blick ins Arbeitsrecht, DStR 2003, 1537; *Erasmy,* Ausgewählte Fragen zum neuen Arbeitszeitrecht, NZA 1994, 1105 und NZA 1995, 97; *Hartmann,* Überlegungen zur geplanten Neufassung von Regelungen zur Arbeitszeit in Form eines Arbeitszeitgesetzes, NZA 1993, 734; *Heinze,* Ärztlicher Bereitschaftsdienst als Arbeitszeit im Sinne des Arbeitszeitgesetzes?, ZTR 2002, 102; *Jesse,* Beginn der Arbeitszeit für Angestellte des öffentlichen Dienstes, NZA 1991, 409; *Jobs/Zimmer,* Rufbereitschaft, Bereitschaftsdienst und Überstunden nach dem BAT bei Voll- und Teilzeitbeschäftigung, ZTR 1995, 483; *Karthaus,* Bereitschaftsdienst ist wirklich Arbeitszeit, AuR 2001, 485; *Körner,* Arbeitszeit und Bereitschaftsdienst, NJW 2003, 3606; *Linnenkohl,* Das SIMAP-Urteil des EuGH vom 3. 10. 2000 und seine Bedeutung für die tarifvertragliche Gestaltung der einzelvertraglichen Arbeitsbeziehungen (horizontale Wirkung), insbesondere im Hinblicke auf § 7 ArbZG, AuR 2002, 211; *Linnenkohl/Schütz,* Bereitschaftsdienst – Problem nicht nur bei Ärzten, AuA 2002, 316; *Litschen,* Die Zukunft des Bereitschaftsdienstes im öffentlich-rechtlichen Gesundheitswesen – Das SIMAP-Urteil des EuGH – ein stumpfes Schwert, NZA 2001, 1355; *ders.,* Präjudiz von EuGH-Entscheidungen im Deutschen Recht – Anmerkungen zur Entscheidung des ArbG Kiel vom 8. 11. 2001 – 1 Ca 2113 d/01, ZTR 2002, 54; *Maneke,* Entwurf eines Gesetzes zur Vereinheitlichung und Flexibilisierung des Arbeitszeitrechts (Arbeitszeitrechtsgesetz – ArbZRG), ZTR 1993, 499; *Meyer,* Bezugnahme-Klauseln und neues Tarifwechsel-Konzept des BAG, NZA 2003, 1126; *Neumann/Biebl,* Arbeitszeitgesetz; *Reichold,* Zeitsouveränität im Arbeitsverhältnis: Strukturen und Konsequenzen, NZA 1998, 393; *Rixen,* Europarechtliche Grenzen des deutschen Arbeitszeitrechts – Zu den Folgen des EuGH-Urteils vom 3. 10. 2000 (Simap), EuZW 2001, 421; *Schliemann,* Allzeit bereit – Bereitschaftsdienst und Arbeitsbereitschaft zwischen Europarecht, Arbeitszeitgesetz und Tarifvertrag, NZA 2004, 513; *Schmidt,* Defizite im Jugendarbeitsschutz, BB 1998, 1362; *Sondermann,* Die geplante Neuregelung des Arbeitszeitrechts, DB 1993, 1922; *Sowka,* Änderungen im Mutterschutzrecht und im Jugendarbeitsschutzgesetz, NZA 1997, 296; *Taubert,* Änderungen im Jugendarbeitsschutz, BB 1997, 575; *Thüsing,* Statische Rechtsprechung zur dynamischen Bezugnahme, NZA 2003, 1184; *Tietje,* Ist Bereitschaftsdienst wirklich Arbeitszeit?, NZA 2001, 241; *Trägner,* Bereitschaftsdienst angestellter Krankenhausärzte als Arbeitszeit, NZA 2002, 126; *Wank,* Bereitschaftsdienst von Ärzten – Gesetzgeberischer Handlungsbedarf, ZRP 2003, 414.

Anmerkungen

1. Gesetzliche Grundlagen. Aufgrund des Gesetzes zu Reformen am Arbeitsmarkt („**Agenda 2010**"), das zum 1. Januar 2004 in Kraft getreten ist, wurde das ArbZG geändert. Die Änderungen waren erforderlich, um die Vorgaben der europäischen **Richtlinie 39/104/EG** über bestimmte Aspekte der Arbeitszeitgestaltung vom 23. November 1993 (ABl. Nr. L 307 v. 13. 12. 1993 S. 18–24) umzusetzen. Diese Umsetzung war zwar bereits im Rahmen der Reform des Arbeitszeitrechts 1994 erfolgt (ErfKomm/*Wank* § 1 ArbZG Rdn. 4). Jedoch entschied der EuGH zunächst mit Urt. v. 3. 10. 2000 (Rs. C-303/98 – RdA 2001, 339, sog. „Simap"-Entscheidung mit Anm. *Hergenröder*) und nachfolgend mit Urt. v. 9. 9. 2003 (Rs. C-151/02 – EuZW 2003, 655, sog. „Jaeger"-Entscheidung mit Anm. *Schunder*), dass es gegen diese Richtlinie verstößt, Teile des in Form persönlicher Anwesenheit im Krankenhaus geleisteten Bereitschaftsdiensts, in denen tatsächlich keine Arbeit geleistet wird, als Ruhezeit zu werten, wie es in § 5 ArbZG a. F. der Fall war.

Für den Bereich der aufgrund eines **Tarifvertrages** möglichen Abweichungen enthält die Richtlinie, und ihr folgend das ArbZG n. F., weit reichende Ausnahmemöglichkeiten, die in § 7 ArbZG n. F. geregelt sind. Im Verhältnis zur früheren Rechtslage sind dabei die Möglichkeiten, allein aufgrund einer tariflichen Regelung Abweichungen vorzusehen, zwar beschnitten worden. Hingegen ist durch die Gesetzesänderung die Möglichkeit eröffnet worden, aufgrund eines Tarifvertrages mit dem **Einverständnis der betroffenen Arbeitnehmer** sehr weitreichende Abweichungen zu vereinbaren.

Ohne den Abschluss neuer Tarifverträge oder die Abänderung bestehender Tarifverträge zur Anpassung an die neue Rechtslage stellt sich die Frage, ob eine **Anpassung bestehender**

3. Ausnahmen vom ArbZG   E. II. 3

Tarifverträge an die neue Rechtslage im Wege der **ergänzenden Vertragsauslegung** zulässig wäre. Da in den Branchen, in denen ein besonderes Interesse an großzügigen Bereitschaftsdienstregelungen herrscht (z. B. Krankenhäuser, Polizei, Feuerwehr), in aller Regel der BAT angewendet wird, dürfte die Verhandlung neuer verbandstariflicher Regelungen erfahrungsgemäß einige Zeit in Anspruch nehmen.

Die Anpassung an veränderte rechtliche Vorgaben im Wege der ergänzenden Vertragsauslegung ist zwar prinzipiell eröffnet. Aufgrund der ständigen Rechtsprechung in diesem Bereich ist allerdings Zurückhaltung geboten. Die Schließung einer unbewussten tarifvertraglichen Regelungslücke ist nur dann möglich, wenn **ausreichende Anhaltspunkte** dafür vorliegen, welche Regelung die Tarifvertragsparteien mutmaßlich getroffen hätten, wenn ihnen die Nichtigkeit bewusst gewesen wäre (BAG Urt. v. 21. 3. 1991 – 2 AZR 323/84 (A) – NZA 1991, 797; ErfKomm/*Schaub* § 1 TVG Rdn. 23; so in Bezug auf das hiesige Problem nicht einmal in Erwägung gezogen von *Schunder*, Anm. zu EuGH Urt. v. 9. 9. 2003 – Rs. C-151/02 – EuZW 2003, 655).

Da den Tarifvertragsparteien im Bereich des ArbZG n. F. ein sehr weiter Gestaltungsspielraum eingeräumt wurde und zusätzlich den bestehenden tarifvertraglichen Regelungen – siehe z. B. § 15 Abs. 1 S. 2 BAT – nicht ausnahmslos entnommen werden kann, dass der vorgegebene gesetzliche Rahmen so weit wie möglich ausgeschöpft werden soll, ist die Ermittlung der von den Tarifvertragsparteien mutmaßlich getroffenen Regelung schwierig. Immerhin hat das BAG (Beschl. v. 18. 2. 2003 1 ABR 2/02 – NZA 2003, 742, 749) die Möglichkeit der Anpassung eines gegen die Richtlinie verstoßenden Tarifvertrags, wenn auch ohne weitere Vertiefung, zumindest angedeutet (ablehnend dagegen, wenn auch ebenfalls ohne weitere Vertiefung, *Rixen* EuZW 2001, 421, 425).

Hingegen kommt es aus juristischer Sicht keinesfalls in Betracht, die bestehenden Tarifverträge nach **Ablauf der Übergangsfrist am 31. Dezember 2005** einfach unverändert anzuwenden. Diese Übergangsfrist ergibt sich aus § 25 ArbZG n. F., die im Vermittlungsausschuss verhandelt und nachfolgend beschlossen worden war. Ob diese Übergangsfrist wiederum mit der Richtlinie vereinbar ist, ist allerdings fraglich, da sie gegen deren Art. 18 Abs. 1 a) verstoßen könnte.

Abzuwägen sind auf der anderen Seite die erheblichen wirtschaftlichen Interessen der betroffenen Branchen. Sofern für diese während der Übergangsfrist keine neuen tarifvertraglichen Regelungen getroffen werden sollten, wären sie ohne eine solche tarifvertragliche Anpassung mittels Auslegung dazu gezwungen, auf die gesetzlichen Vorgaben zurückzugreifen. Dies hätte zwar zur Folge, dass erheblich mehr Personal eingestellt werden müsste. Eine **höhere Vergütungspflicht** folgt aus den Urteilen des EuGH jedoch **nicht** (ebenso: BAG Urt. v. 28. 1. 2004 – 5 AZR 530/02 – AP Nr. 10 zu § 611 BGB Bereitschaftsdienst; BAG Urt. v. 5. 6. 2003 – 6 AZR 114/02; BAG Urt. v. 22. 11. 2000 – 4 AZR 612/99 – NZA 2001, 451; *Hergenröder* Anm. zu EuGH Urt. v. 3. 10. 2000 – Rs. C-303/98 – RdA 2001, 339; *Wurmnest* Anm. zu BAG Beschl. v. 18. 2. 2003 – 1 ABR 2/02 – EuZW 2003, 511; *Böhm/Spiertz/Sponer/ Steinherr* § 15 BAT Rdn. 54; *Körner* NJW 2003, 3606, 3608; *Rixen* EuZW 2001, 421, 425; a. A. *Linnenkohl/Schütz* AuA 2002, 316, 317; *Eckert* DStR 2003, 1537, 1539). Die Gestaltung von Bereitschaftsdiensten wurde lediglich unter arbeitszeitrechtlichen Aspekten überprüft. Weder der Arbeitszeitrichtlinie noch dem ArbZG n. F. oder den genannten Entscheidungen des EuGH kann eine Pflicht entnommen werden, Bereitschaftsdienst auch hinsichtlich der Vergütung wie Arbeitsbereitschaft zu behandeln. Allerdings ist allein aufgrund der Verteilung der zu leistenden Arbeitszeit auf mehr Personen eine **beträchtliche Kostensteigerung** zu erwarten.

Hieraus wird ersichtlich, dass haustarifliche Regelungen jedenfalls bis zur Anpassung der verbandstariflichen Regelungen empfehlenswert sind. Dabei dürfte angesichts der Gefahr, dass die in § 25 ArbZG n. F. eingeräumte Übergangsfrist mit dem Gemeinschaftsrecht nicht vereinbar ist, schnelles Handeln ratsam sein.

Die Verhandlungsposition der Arbeitgeberseite ist allerdings schwächer als die der Gewerkschaften, die aufgrund der sehr arbeitnehmerfreundlichen gesetzlichen Regelungen keinen besonderen Grund für weitreichende Kompromisse haben dürften. Möglicherweise wird jedoch ein entsprechender Druck durch die Gewerkschaftsmitglieder entstehen, da der Entzug der bislang möglichen Bereitschaftsdienste zu einer Arbeitszeitreduktion ohne jeglichen Lohnausgleich und somit zu **realen Einkommenseinbußen** führen wird. Auch wird sich im medizinischen Bereich das sich bereits abzeichnende Problem des **Ärztemangels** verschärfen, was zu einem politischen Druck auf die Gewerkschaften führen könnte.

Hinzuweisen ist in diesem Zusammenhang wiederum auf das Problem der **Tariffähigkeit** konkurrierender Gewerkschaften (s. bereits Form. A. IX. 6). Die zu befürchtende ablehnende Haltung der großen Gewerkschaften dürfte es für kleine Gewerkschaften attraktiv machen, sich ihrerseits als Koalitionspartner anzubieten. Es bestünde jedoch die Gefahr der Unwirksamkeit der abgeschlossenen Verträge. Über die Frage der Tariffähigkeit ist gemäß §§ 2a) Abs. 1 Nr. 4, 97 Abs. 5 ArbGG im Beschlussverfahren zu entscheiden.

Zu klären wäre auch, ob ein solcher Firmentarifvertrag, der prinzipiell aufgrund seiner **Spezialität** dem u. U. ebenfalls geltenden Verbandstarifvertrag (s. hierzu auch Form. E. I. 1 Anm. 5) vorginge, auch für diejenigen Arbeitnehmer Geltung erlangen könnte, die nur aufgrund einer **vertraglichen Verweisungsklausel** in den Anwendungsbereich des Verbandstarifvertrags fallen. Soweit diese vertragliche Verweisungsklausel jedoch erkennbar lediglich die Gleichstellung mit den gewerkschaftlich organisierten Kollegen („**Gleichstellungsabrede**") bezwecken soll, wäre dies wohl zu bejahen (vgl. BAG Urt. v. 19. 3. 2003 – 4 AZR 331/02 – NZA 2003, 1207; BAG Urt. v. 4. 9. 1996 – 4 AZR 135/95 – NZA 1997, 271; BAG Urt. v. 30. 8. 2000 – 4 AZR 581/99 – NZA 2001, 510; BAG Urt. v. 25. 9. 2002 – 4 AZR 294/01 – NZA 2003, 807; BAG Urt. v. 16. 10. 2002 – 4 AZR 467/01 – NZA 2003, 390; *Thüsing* NZA 2003, 1184, 1186).

In Betrieben, in denen entgegen § 9 ArbZG gemäß § 10 ArbZG auch an **Sonn- und Feiertagen** gearbeitet werden kann, ist der in § 11 ArbZG vorgeschriebene **Freizeitausgleich** zu beachten. Der in § 11 Abs. 3 ArbZG angeordnete Ersatzruhetag verringert aber nicht die regelmäßige wöchentliche Arbeitszeit um die auf einen Wochenfeiertag entfallenden Arbeitsstunden, wenn der Wochenfeiertag für den Arbeitnehmer nach dem Dienstplan arbeitsfrei ist (BAG Urt. v. 16. 11. 2000 – 6 AZR 338/99 – AP Nr. 44 zu § 15 BAT, zitiert bei *Böhm/ Spiertz/Sponer/Steinherr* § 15 BAT Rdn. 71). Von § 11 ArbZG abweichende tarifliche Regelungen sind gemäß § 12 ArbZG zulässig. Hiervon zu unterscheiden sind gegebenenfalls für die Arbeit an Sonn- und Feiertagen bestehende besondere Vergütungsregelungen.

2. Definition der werktäglichen Arbeitszeit. Wie eingangs dargelegt, richten sich die Arbeitsverhältnisse gerade in den Branchen mit einem hohen Bedarf an Bereitschaftsdienstregelungen nach dem bereits bestehenden BAT, der ein in sich geschlossenes Regelwerk zur Arbeitszeit enthält und z. B. die wöchentliche Arbeitszeit, Beginn und Ende der Arbeitszeit, die Arbeitsstelle und die „Woche" oder „wöchentlich" definiert; siehe z. B. § 15 Abs. 7 (mit Protokollnotiz) und § 15 Abs. 8 BAT. Auch in sonstigen Branchen enthalten bereits existente Tarifverträge Regelungen und Definitionen zur Arbeitszeit. Diese bereits bestehenden tariflichen Regelungen bilden die Basis, auf die die im Formular vorgeschlagene Tarifnorm aufbaut. Daher stellt die vorgeschlagene Klausel keine in sich abgeschlossene Regelung der Arbeitszeit dar. Sie ist als zusätzliche tarifliche Vereinbarung zu verstehen, die lediglich die nach dem ArbZG zulässigen Abweichungen enthält, und erst im Zusammenhang mit anderen tariflichen Regelungen eine vollständige Normierung des Komplexes „Arbeitszeit" ergibt.

Die im Formular vorgestellte tarifliche Regelung von Ausnahmen vom ArbZG kann auch Bestandteil eines Firmentarifvertrages sein. Der Firmentarifvertrag ginge einem Verbandstarifvertrag nach den Grundsätzen des Tarifvorrangs jedoch nur dann als spezieller vor, wenn er diesen ergänzte. Hier könnten sich Auslegungsschwierigkeiten ergeben, wenn der Firmentarifvertrag ein Großteil der Definitionen und sonstigen Regelungen des Verbandstarifvertrages zur Arbeitszeit unverändert übernimmt oder seiner Klausel zugrunde legt und der Firmentarifvertrag neben dem im Übrigen weitergeltenden Verbandstarifvertrag Anwendung findet. In diesen Fällen sollte entsprechende Klarstellung in dem spezielleren Firmentarifvertrag erfolgen.

Eine Klarstellung ist nicht erforderlich, wenn die Klausel, wie im Formular vorgeschlagen, in Verbandstarifverträgen verwandt wird. Dies dürfte auch der weitaus häufigere Anwendungsfall sein.

3. Ausnahmen vom ArbZG   **E. II. 3**

Außerhalb des Geltungsbereichs des BAT und anderer Verbandstarifverträge ist die regelmäßige Arbeitszeit zumeist individualvertraglich geregelt und die vorgeschlagene Klausel knüpft dann an die dort verwandten Definitionen an.

3. Abweichende Vereinbarungen geringeren Umfangs. Die vorgeschlagenen Klauseln markieren jeweils die äußeren Grenzen der tariflich zulässigen Arbeitszeiten. Der Arbeitgeber kann auch kürzere Schichten anordnen, wobei das aus § 87 Nr. 2 BetrVG folgende **Mitbestimmungsrecht** des Betriebsrats zu beachten ist. Im Rahmen des tariflichen Günstigkeitsprinzips (§ 4 Abs. 3 Alt. 2 TVG) sind auch abweichende vertragliche Absprachen mit Arbeitnehmern zulässig. Sinnvoll könnte dies z. B. im Rahmen von **Teilzeitarbeitsverhältnissen** sein. Die Streitfrage, ob neben einer Teilzeitbeschäftigung auch Bereitschaftsdienste angeordnet werden können, ist nach der neuen Rechtslage (s. Anm. 1) nur noch hinsichtlich Rufbereitschaften aktuell (s. Anm. 8).

4. Verlängerung von acht auf zehn Stunden werktäglich und darüber hinaus. Gemäß der Grundnorm des § 3 S. 1 ArbZG beträgt die werktägliche Arbeitszeit grundsätzlich acht Stunden. Von diesem Grundsatz abweichend erlaubt § 3 S. 2 ArbZG eine Verlängerung dieser acht Stunden auf zehn Stunden, wenn innerhalb eines gewissen Zeitraums ein Ausgleich erfolgt. Darüber hinausgehend werden in § 7 Abs. 1 und Abs. 2 a ArbZG n. F. die tarifvertraglichen Verlängerungsmöglichkeiten geregelt, die jeweils an § 3 ArbZG anknüpfen.

Die vorgeschlagene Klausel weicht in zweifacher Hinsicht von der Grundnorm des § 3 S. 1 ArbZG und den dort vorgesehenen acht Stunden werktäglicher Arbeitszeit ab. Zum einen wird die tägliche Arbeitszeit – ohne dass Arbeitsbereitschaft oder Bereitschaftsdienst erforderlich wären – auf zehn Stunden Regelarbeit verlängert. Die in der verlängerten Arbeitszeit enthaltenen zehn Stunden Regelarbeit folgen der in § 3 S. 2 ArbZG enthaltenen Wertung, wonach die Zulässigkeit dieser Verlängerung von einem Ausgleich abhängt. Den Ausgleichszeitraum legt § 3 S. 2 ArbZG auf sechs Kalendermonate fest, innerhalb derer eine durchschnittliche werktägliche Arbeitszeit von acht Stunden nicht überschritten werden darf. Das ArbZG gestattet den Tarifvertragsparteien, einen von § 3 S. 2 ArbZG abweichenden Zeitraum als Ausgleich zu vereinbaren, sofern dieser eine wöchentliche Arbeitszeit 48 Stunden im Durchschnitt von zwölf Kalendermonaten nicht überschreitet, § 7 Abs. 8 ArbZG n. F. Die Norm betrifft abweichende Regelungen nach § 7 Abs. 1 Nr. 1 ArbZG n. F. und erfasst damit beide Alternativen der Nr. 1, also sowohl Nr. 1 a) als auch Nr. 1 b). Ohne Einwilligung des Arbeitnehmers ist die Vereinbarung eines längeren Ausgleichszeitraums nicht zulässig.

Die darüber hinausgehenden Verlängerungen der Arbeitszeit basieren auf der Änderung des ArbZG und den nunmehr gemäß § 7 ArbZG n. F. zulässigen weitergehenden tariflichen Ausnahmen. Das ArbZG unterscheidet zwischen Verlängerungen der werktäglichen Arbeitszeit mit und ohne einen späteren Ausgleich. Im ersten Fall muss die zeitweilige Ausdehnung der werktäglichen Arbeitszeit wie zuvor dargestellt kompensiert werden. Im zweiten Fall dürfen die Tarifpartner die werktägliche Arbeitszeit auch ohne Ausgleich über acht Stunden hinaus verlängern. Dies setzt jedoch unter anderem die Einwilligung des Arbeitnehmers und besondere Maßnahmen zum Gesundheitsschutz voraus, § 7 Abs. 2a i. V. m. Abs. 7 ArbZG n. F. (*Boerner* NJW 2004, 1559, 1560).

5. Differenzierte Regelung hinsichtlich Arbeitsbereitschaft und Bereitschaftsdienst. Die Klausel differenziert bei der zehn Stunden übersteigenden Arbeitszeit zwischen Arbeitsbereitschaft und Bereitschaftsdienst.

Da nach der alten Rechtslage (s. Anm. 1) Bereitschaftsdienst nicht als Arbeits-, sondern als Ruhezeit gewertet wurde, bestand keine Notwendigkeit, auch tarifliche Regelungen in Bezug auf den Bereitschaftsdienst zu treffen. Seit der Änderung des ArbZG gilt auch der Bereitschaftsdienst entsprechend der Jaeger-Entscheidung des EuGH (Urt. v. 9. 9. 2003 – Rs. C-151/02 – EuZW 2003, 655) als Arbeitszeit (BAG Urt. v. 16. 3. 2004 – 9 AZR 93/03 – NZA 2004, 927; *Bauer/Preis/Schunder* NZA 2004, 195, 198). Dies kommt zwar nicht ausdrücklich im Gesetzestext zum Ausdruck, ergibt sich aber mittelbar aus der Streichung des Bereitschaftsdienstes in § 5 Abs. 3 und § 7 Abs. 2 Nr. 1 ArbZG a. F. Nach der früheren Fassung dieser Normen konnten Kürzungen der Ruhezeit insbesondere durch Inanspruchnahme während des Bereitschaftsdienstes zu anderen Zeiten ausgeglichen werden. Diese Vorschriften setzten mithin voraus, dass Zeiten der Untätigkeit des Arbeitnehmers während des Bereitschaftsdienstes Ruhezeit darstellten (*Boerner* NJW 2004, 1559, 1560). Eine Berücksichtigung auch des Bereitschaftsdienstes in tariflichen Arbeitszeitregelungen ist daher künftig erforderlich.

Bereitschaftsdienst ist gegeben, wenn der Arbeitnehmer verpflichtet ist, sich innerhalb oder außerhalb des Betriebs an einem vom Arbeitgeber bestimmten Ort aufzuhalten und sich **auf Anforderung** des Arbeitgebers zur Arbeitsaufnahme bereitzuhalten. Er darf jedoch ruhen oder sich anderweitig beschäftigen, solange seine beruflichen Leistungen nicht erforderlich sind. Hingegen handelt es sich um **Arbeitsbereitschaft**, wenn der Arbeitnehmer dem Arbeitgeber am Arbeitsplatz zur Verfügung stehen und sich ständig bereithalten muss, um im Bedarfsfall **von sich aus** tätig werden zu können. Hieraus ist ersichtlich, dass der Bereitschaftsdienst, auch wenn er nicht als Ruhezeit anzuerkennen ist, einen gewissen Erholungswert hat. Nicht unter den Begriff des Bereitschaftsdienstes fällt die Verpflichtung des Arbeitnehmers, sich zu Hause oder an frei gewählter Stelle bereit zu halten, um erforderlichenfalls alsbald die Arbeit aufnehmen zu können. Diese **Rufbereitschaft** zählt als solche **nicht zur Arbeitszeit** (*Neumann/Biebl* § 7 ArbZG Rdn. 33; ErfKomm/*Wank* § 5 ArbZG Rdn. 3; *Schliemann* NZA 2004, 513, 516).

Wenn nunmehr tarifliche Arbeitszeitregelungen auch die Zeiten des Bereitschaftsdiensts berücksichtigen müssen, sind wegen der Unterschiede zwischen Arbeitsbereitschaft und Bereitschaftsdienst Differenzierungen angebracht (ErfKomm/*Wank* § 7 ArbZG Rdn. 6).

Eine solche Differenzierung dürfte auch nicht gegen die europarechtlichen Vorgaben oder die des ArbZG n.F. verstoßen. Zwar hat der EuGH beide Bereitschaftsarten als Arbeitszeit i.S.d. Richtlinie gewertet. Dies hat er darauf gestützt, dass beide Bereitschaftsarten unter die Definition des Begriffs „Arbeitszeit" gemäß Art. 2 Nr. 1 der Richtlinie fallen. Des Weiteren hat er die Eignung von Bereitschaftsdienst als Ruhezeit abgelehnt, weil er die Qualität der Ruhe als nicht ausreichend angesehen hat, um das primäre Ziel der Richtlinie, den Gesundheitsschutz der Arbeitnehmer, zu erreichen.

Hieraus folgt jedoch kein Anhaltspunkt dafür, dass eine Differenzierung zwischen den beiden Bereitschaftsarten Arbeitsbereitschaft und Bereitschaftsdienst innerhalb des von der Richtlinie und dem ArbZG n.F. gegebenen Spielraums nicht zulässig sein soll. Denn obwohl beide Bereitschaftsarten als Arbeitszeit i.S.d. Richtlinie zu definieren sind, weisen sie doch **inhaltliche Unterschiede** auf, die gerade auch im Interesse der Arbeitnehmer berücksichtigt werden sollten. Ansonsten bestünde die Gefahr, die Arbeitnehmer mit den anstrengenderen Arbeitsbereitschaften mehr zu belasten als bisher.

6. Abweichende Regelung über die tägliche Arbeitszeit gemäß § 7 Abs. 1 Nr. 1 ArbZG n.F. betreffend Arbeitsbereitschaft. Gemäß dem in § 7 Abs. 1 Nr. 1a) ArbZG n.F. aufgezeigten Rahmen kann die Arbeitszeit über zehn Stunden werktäglich verlängert werden, wenn in sie „regelmäßig und in erheblichem Umfang Arbeitsbereitschaft oder Bereitschaftsdienst fällt". Eine **obere Grenze** für die Verlängerung der **werktäglichen Arbeitszeit** enthält § 7 ArbZG n.F. nicht.

Die Begrenzung ergibt sich aber aus den in § 5 ArbZG vorgegebenen Ruhezeiten. Da sich die Ruhezeit nicht auf einen Kalendertag beziehen muss (*Neumann/Biebl* § 5 ArbZG Rdn. 3), kann die Arbeitszeit auf mehr als 12 bis zu 24 Stunden verlängert werden, sofern anschließend eine Ruhezeit von mindestens elf Stunden gewährt wird (*Baeck/Deutsch* § 7 ArbZG Rdn. 55; *Schliemann* NZA 2004, 513, 517). Dem steht auch nicht entgegen, dass gemäß Art. 3 Arbeitszeitrichtlinie 93/104 EG dem Arbeitnehmer „pro 24-Stunden-Zeitraum eine Mindestruhezeit von elf Stunden zu gewähren ist" (so aber *Boerner* NZA 2004, 1560, 1561), denn diese Einschränkung hat der Gesetzgeber bei der Änderung des ArbZG nicht übernommen.

In Krankenhäusern und bestimmten anderen Einrichtungen kann die Ruhezeit um eine Stunde auf zehn Stunden verkürzt werden, wenn die Verkürzung während eines Ausgleichszeitraums kompensiert wird, § 5 Abs. 2 ArbZG.

Die Grenze von 24 Stunden ergibt sich daraus, dass nur die wer**k**tägliche Arbeitszeit verlängert werden darf (*Baeck/Deutsch* § 7 ArbZG Rdn. 55). Schichten von 36 Stunden, wie sie insbesondere aus dem Krankenhausbereich bekannt sind, dürften daher künftig nur noch dann möglich sein, wenn sie durch eine nicht zur Arbeitszeit zählende Rufbereitschaft unterbrochen werden. Des Weiteren bleibt abzuwarten, ob der Bereitschaftsdienst nicht ausnahmsweise dann als Ruhezeit gewertet werden kann, wenn er nicht am Arbeitsplatz, sondern in extra dafür geschaffenen Räumen in Schwester- oder Ärztewohnheimen geleistet wird. Dem stünde jedenfalls die Jaeger-Entscheidung des EuGH (Urteil vom 9. 9. 2003 – Rs. C-151/02 – NZA 2003, 1019) nicht entgegen, denn der EuGH hat ausdrücklich darauf abgestellt, dass der Bereitschaftsdienst **an der Arbeitsstelle** zu leisten ist.

Arbeitsbereitschaft und Bereitschaftsdienst nehmen jedenfalls dann einen „erheblichen Umfang" der Arbeitszeit ein, wenn sie gegenüber der Vollarbeitszeit überwiegen. Wo hingegen die Untergrenze verlaufen könnte, ist problematisch. Zum Teil wird eine starre Untergrenze von 30% gefordert (ErfKomm/*Wank* § 7 ArbZG Rdn. 6; *Neumann/Biebl* § 7 ArbZG Rdn. 18). Gegen eine starre Grenze spricht, dass sich je nach Tätigkeit die Belastung der Arbeitnehmer während der Vollarbeit und die Möglichkeit der Entspannung während der Arbeitsbereitschaft unterscheiden (*Baeck/Deutsch* § 7 ArbZG Rdn. 51). Für die Belastung des Arbeitnehmers ist zudem entscheidend, um wie viele Stunden sich seine Arbeitszeit verlängert. Letztlich erscheint aus Schutzgründen sowohl der Arbeitnehmer als auch der Allgemeinheit eine Untergrenze von 25% gleichwohl angebracht. Dem entspricht auch das Verhältnis von Arbeitsbereitschaft und Vollarbeitszeit in Abs. 1 der vorgeschlagenen Klausel. Wegen der geringeren Inanspruchnahme bei dem Bereitschaftsdienst kann der Prozentsatz hier deutlich geringer ausfallen (ErfKomm/*Wank* § 7 ArbZG Rdn. 6).

7. Verlängerung über acht oder zehn Stunden werktäglich hinaus. S. Anm. 4.

8. Abweichende Regelung über die tägliche Arbeitszeit gemäß § 7 Abs. 1 Nr. 1 ArbZG n. F. betreffend Bereitschaftsdienst. Die Regelung orientiert sich an dem bisher insbesondere im Krankenhausbereich üblichen Modell, dass sich an einen Tagdienst ein Nachtdienst sowie ein weiterer Tagdienst anschließt, jedoch ohne diesen weiteren Tagdienst. Dies wäre zum einen aufgrund der sich aus § 7 Abs. 8 S. 1 ArbZG n. F. ergebenden Begrenzung von 48 Wochenstunden in einem Ausgleichszeitraum von zwölf Kalendermonaten nicht sinnvoll, weil aufgrund dieser Vorschrift die Anzahl derart langer Schichten sehr begrenzt wäre. § 7 ArbZG n. F. erlaubt zudem nur die Verlängerung der werktäglichen Arbeitszeit und steht damit einer Verlängerung der Arbeitszeit über 24 Stunden hinaus entgegen. Insbesondere im medizinischen Bereich, in dem die bisherigen Schichtmodelle auch im Hinblick auf den **Schutz der Patienten** kritisch bewertet werden, sind weitergehende Arbeitszeiten auch nicht empfehlenswert.

Gemäß § 7 Abs. 1 Nr. 4 ArbZG n. F. sind entsprechende tarifliche Regelungen betreffend Arbeitsbereitschaft und Bereitschaftsdienst auch für **Nachtarbeitnehmer** (§ 6 Abs. 2 ArbZG) möglich.

§ 7 Abs. 1 Nr. 1 ArbZG seinerseits stützt sich auf Art. 17 der Richtlinie. Für eine erneute fehlerhafte Umsetzung gibt es keinen Anhaltspunkt.

Gemäß § 7 Abs. 1 ArbZG könnten die Abweichungen bei entsprechender tariflicher Grundlage („Öffnungsklausel") auch im Wege einer **Betriebsvereinbarung** geschlossen werden.

Der EuGH hat in der „Jaeger"-Entscheidung (s. Anm. 1) lediglich für den Bereitschaftsdienst festgestellt, dass dieser nicht als Ruhezeit gewertet werden könne. Die **Rufbereitschaft** kann daher weiterhin als Ruhezeit gewertet werden (s. Anm. 5). Die Rufbereitschaft darf vom Arbeitgeber jedoch nur angeordnet werden, wenn hierfür eine **entsprechende tarifliche oder vertragliche Grundlage** besteht. Ergibt sich diese nicht aus dem im Übrigen zugrunde liegenden Verbandstarifvertrag oder aus vertraglichen Abreden, sollte sie im Haustarifvertrag geschaffen werden, vgl. z. B. § 15 Abs. 6 b) BAT. Eine entsprechende rechtliche Grundlage vorausgesetzt, kann die Rufbereitschaft auch gegenüber **Teilzeitarbeitnehmern** angeordnet werden, da allein aus der Teilzeitvereinbarung nicht auf einen stillschweigenden Ausschluss der Rufbereitschaft geschlossen werden kann (BAG Urt. v. 12. 2. 1992 – 5 AZR 566/90 – AP Nr. 20 zu § 15 BAT). Es empfiehlt sich trotzdem eine ausdrückliche vertragliche oder tarifliche Regelung, da das genannte Urteil in seinen Gründen eine abweichende Beurteilung je nach konkreten Lebensumständen des teilzeitbeschäftigten Arbeitnehmers nicht ausschließt (Gründe II.4 und II.5 des Urteils).

9. Ausgleichszeitraum. Der Zeitraum, während dessen verlängerte Arbeitszeiten kompensiert werden, darf gemäß § 7 Abs. 1 Nr. 1 b) ArbZG n. F. über sechs Monate oder 24 Wochen hinaus auf bis zu zwölf Kalendermonate verlängert werden, § 7 Abs. 8 ArbZG n. F. Dieser **zwingend einzuhaltende Ausgleichszeitraum** stellt den wesentlichen Nachteil einer tariflichen Regelung dar, die **ohne Einverständnis der Arbeitnehmer** umgesetzt werden soll.

Zusätzlich ist § 7 Abs. 9 ArbZG n. F. zu berücksichtigen, wonach sich an eine zwölf Stunden übersteigende Schicht eine Ruhezeit von mindestens elf Stunden anschließen muss.

10. Abweichende Regelung gemäß § 7 Abs. 2 a) und Abs. 7 ArbZG n. F. Die Klausel stützt sich auf § 7 Abs. 2 a) ArbZG n. F. Dies hat zur Folge, dass zwar die Einwilligung der Arbeitnehmer erforderlich wird, dafür aber **kein** vorgeschriebener **Ausgleichszeitraum** zu beachten ist (*Boerner* NJW 2004, 1559, 1561).

Auch bei tariflichen Abweichungen vom ArbZG auf der Grundlage des § 7 Abs. 2 a) ArbZG n. F. ergibt sich für eine Verlängerung der werktäglichen Arbeitszeit **keinerlei „harte" Befristung** durch die Vorgabe einer stundenmäßigen Begrenzung für die Dauer einer Schicht oder die Dauer der maximalen Wochenarbeitszeit (*Schliemann* NZA 2004, 513, 517, s. Anm. 6).

Eine Begrenzung folgt jedoch aus den „weichen" Kriterien. Es muss durch besondere Regelungen sichergestellt werden, dass die **Gesundheit der Arbeitnehmer** nicht gefährdet wird. Hierzu kommt eine harte zeitliche Begrenzung für eine einzelne Schicht, die Schaffung eines Ausgleichszeitraums oder eine Kombination von beidem in Betracht. Ein Ausgleichszeitraum kann wegen der Einwilligung der Arbeitnehmer den in § 7 Abs. 8 ArbZG n. F. vorgeschlagenen oder die dort geregelte maximale Wochenstundenzahl übersteigen. Der vorgeschlagene **Ausgleichszeitraum von 60 Stunden wöchentlich** dürfte den Bedürfnissen der Praxis entsprechenden Raum lassen und noch kompromissfähig sein.

Gegebenenfalls einschlägige zwingende gesetzliche Arbeitsschutzbestimmungen wie z. B. § 8 MuSchG und § 8 Abs. 3 JArbSchG sind zusätzlich zu beachten.

Soweit ersichtlich, ist es im deutschen Recht ein Novum, dass eine tarifliche Regel nur mit der jeweiligen **Einwilligung des individuell betroffenen Arbeitnehmers** wirksam werden kann. Diskutiert wird eine solche Möglichkeit zwar im Bereich des kollektiven Günstigkeitsvergleichs als mögliche Gesetzesänderung. Jedoch wird dort nur die kollektive Zustimmung eines Großteils der Arbeitnehmer von den Befürwortern für ausreichend gehalten. Im Übrigen wird diese Möglichkeit mehrheitlich jedoch wegen der Befürchtung eines **übermäßigen Drucks auf die Arbeitnehmer** abgelehnt. Um ihren Mitgliedern die Entscheidung zur Einwilligung zu erleichtern und ihnen damit wenigstens teilweise den Druck zu nehmen kann davon ausgegangen werden, dass sich die beteiligten Gewerkschaften nur mit solchen Regelungen einverstanden erklären werden, die sie ihren Mitgliedern ohne große Bedenken zur Einwilligung empfehlen können. Die tariflichen Abweichungen aufgrund des neuen ArbZG dürften daher im Vergleich zu den bisherigen Regelungen jedenfalls keine großen Neuerungen zu Lasten der Arbeitnehmer enthalten.

11. Arbeitgeberseitige Pflichten im Zusammenhang mit der Einwilligung. Diese nicht tarifdispositiven Pflichten ergeben sich aus §§ 7 Abs. 7 S. 2 und 3, 16 Abs. 2 ArbZG n. F., auf die der Einfachheit halber in der Klausel lediglich verwiesen wird.

Nach § 7 Abs. 7 S. 2 ArbZG kann der Arbeitnehmer die Einwilligung mit einer Frist von sechs Monaten schriftlich **widerrufen**. Dieses Recht kann nicht ausgeschlossen werden. Auch eine mehrfache Einwilligung und ein mehrfacher Widerruf sind möglich. Der Arbeitgeber wird lediglich durch die Sechs-Monats-Frist geschützt, die ihm die erforderlichen organisatorischen Maßnahmen ermöglichen soll. Vor den Verhandlungen im Vermittlungsausschuss war sogar nur ein Monat für die Widerrufsfrist vorgesehen. Die Verlängerung dürfte jedoch mit der Richtlinie vereinbar sein.

Nach § 7 Abs. 7 S. 3 ArbZG darf ein Arbeitnehmer wegen einer nicht erteilten Einwilligung oder des Widerrufs einer Einwilligung nicht benachteiligt werden.

Gemäß § 16 Abs. 2 ArbZG n. F. wird der Arbeitgeber dazu verpflichtet, ein **Verzeichnis** derjenigen Arbeitnehmer zu führen, die in die Verlängerung ihrer Arbeitszeit gemäß § 7 Abs. 7 ArbZG n. F. eingewilligt haben.

4. Ausnahmen vom EFZG[1]

§ ... Höhe des fortzuzahlenden Arbeitsentgelts[2] im Krankheitsfall[3]

(1) Als maßgebendes Arbeitsentgelt, nach dem sich die Höhe des gemäß § 3 EFZG[4] fortzuzahlenden[5] Arbeitsentgelts im Krankheitsfall bestimmt, wird das Arbeitsentgelt zugrunde gelegt, das der Arbeitnehmer in den 13 Wochen, die der Krankheit unmittelbar vorangegangen sind[6], auf den Kalendertag gerechnet im Durchschnitt brutto[7] verdient hat.

(2) Als maßgebende regelmäßige Arbeitszeit, für die der Arbeitnehmer an jedem Tag seiner Arbeitsunfähigkeit Anspruch auf Entgeltfortzahlung nach Abs. (1) hat, wird die Zeit zugrunde gelegt, die der Arbeitnehmer in den 13 Wochen, die der Krankheit unmittelbar vorhergegangen sind, auf den Kalendertag gerechnet im Durchschnitt gearbeitet hat[8].

(3) Arbeitsentgelt im Sinne des Abs. (1) ist die Grundvergütung. Nicht zum Arbeitsentgelt gehören[9]:
- Urlaubsgeld,
- Leistungs- und Erschwerniszulagen jeglicher Art,
- Prämien, Bonusse und Gratifikationen,
- zusätzlich für Überstunden gezahltes Entgelt[10],
- Kostenersatzleistungen wie z.B. Tage-/Übernachtungsgelder, und sonstige Zahlungen, die Aufwendungen abgelten sollen, die während der Zeit der Arbeitsunfähigkeit nicht entstehen,
- jegliche sonstigen einmaligen Zahlungen.

Dies gilt, mit Ausnahme der einmaligen Zahlungen, auch dann, wenn die oben aufgeführten Leistungen nicht nur gelegentlich, sondern regelmäßig erfolgen[11].

(4) Wird im Betrieb verkürzt gearbeitet und würde daher das Entgelt des Arbeitnehmers im Falle seiner Arbeitsfähigkeit gemindert, ist die verkürzte Arbeitszeit für ihre Dauer als die für den Arbeitnehmer maßgebende regelmäßige Arbeitszeit im Sinne des Abs. (2) anzusehen[12].

Schrifttum: Brecht, Entgeltfortzahlung an Feiertagen und im Krankheitsfall, 1995; *Kaiser/Dunkl/Hold/Kleinsorge*, Entgeltfortzahlungsgesetz, 5. Aufl., 2000; *Müller/Berenz*, Entgeltfortzahlungsgesetz, 3. Aufl., 2001; *Pohl*, Grenzüberschreitender Einsatz von Personal und Führungskräften, NZA 1998, 735; *Schaub*, Entgeltfortzahlung in neuem (alten) Gewand?, NZA 1999, 177; *Schmitt*, Entgeltfortzahlungsgesetz, 4. Aufl., 1999; *Vogelsang*, Entgeltfortzahlung, 2003.

Anmerkungen

1. Gesetzliche Ermächtigung. Die Vorschriften des EFZG sind gemäß § 12 EFZG grundsätzlich einseitig zwingend, von ihnen kann nicht zum Nachteil des Arbeitnehmers und der in § 10 EFZG aufgeführten Personen (Heimarbeiter etc.) abgewichen werden. Einzige Ausnahmen sind gemäß § 12 i.V.m. § 4 Abs. 4 S. 1 EFZG tarifvertraglich geregelte Abweichungen von der in § 4 Abs. 1, 1a und 3 EFZG geregelten gesetzlichen Bemessungsgrundlage für die **Höhe des fortzuzahlenden Entgelts.** Dies ermöglicht den Tarifvertragsparteien, den Besonderheiten ihrer Branche angepasste Regelungen zu treffen.

Gemäß § 4 Abs. 4 S. 2 EFZG können nicht tarifgebundene Arbeitgeber und -nehmer die Anwendung der tarifvertraglichen Regelungen i.S.d. § 4 Abs. 4 S. 1 EFZG vereinbaren, sofern sich der Geltungsbereich des Tarifvertrags auf sie erstreckt. Eine solche Erstreckung des Anwendungsbereichs ungünstiger Tarifnormen bezüglich der Entgeltfortzahlung auf die Arbeitsvertragsebene ersetzt aber nur die fehlende Tarifbindung der Arbeitsvertragsparteien i. S. d. § 3 Abs. 1 TVG. Im Übrigen müssen die Arbeitsvertragsparteien vom sachlichen, räumlichen und persönlichen Geltungsbereich erfasst sein (ErfKomm/*Dörner* § 4 EFZG Rdn. 61).

2. Höhe der Entgeltfortzahlung und mögliche Abweichung. § 4 Abs. 4 S. 1 EFZG gestattet die vom Gesetz abweichende tarifvertragliche Regelung der **Bemessungsgrundlage** für die Ermittlung der Höhe des Entgeltfortzahlungsanspruchs. Diese Bemessungsgrundlage umfasst sowohl die **Berechnungsgrundlage** als auch die **Berechnungsmethode**. Die Berechnungsgrundlage betrifft zum einen den Umfang der Vergütung als solche, also welche Entgeltsumme grundsätzlich je Zeiteinheit anzusetzen ist (**Geldfaktor**, zu den Einzelheiten s. Anm. 9), zum anderen den Umfang des Zeitraums, für den das Entgelt fortzuzahlen ist (**Zeitfaktor**, zu den Einzelheiten s. Anm. 8). Die Höhe des fortzuzahlenden Entgelts wird im Ergebnis ermittelt, indem der ermittelte Zeitfaktor mit dem ermittelten Geldfaktor multipliziert wird (BAG Urt. v. 21. 11. 2001 – 5 AZR 296/00 – RdA 2003, 48, 49). Die Wahl der zugrunde gelegten Berechnungsmethode (**Ausfall- oder Referenzprinzip**, s. Anm. 6) wirkt sich sowohl auf den Geld- als auch auf den Zeitfaktor aus und darf ebenfalls durch die Tarifvertragsparteien festgelegt werden (BAG Urt. v. 26. 9. 2001 – 5 AZR 539/00 – NJW 2002, 1819, 1820).

Zu beachten ist, dass in Rechtsprechung und Literatur die Begriffe Bemessungsgrundlage, Berechnungsgrundlage, Berechnungsmethode, Geldfaktor und Zeitfaktor mit unterschiedlicher Bedeutung angewandt werden.

Nicht möglich ist eine Abweichung vom **Grundsatz der vollen Entgeltfortzahlung** als solcher (BAG Urt. v. 13. 3. 2002 – 5 AZR 648/00 – BB 2002, 1373, 1374). Es muss also eine hundertprozentige Entgeltfortzahlung erfolgen, die Tarifvertragsparteien dürfen nicht festlegen, dass bei Krankheit beispielsweise nur 50 % des Entgelts fortgezahlt werden.

3. Zusätzlich: Vorübergehende Verhinderung gemäß § 616 BGB. In die Klausel kann neben der Entgeltfortzahlung im Krankheitsfall gemäß § 3 EFZG auch die Entgeltfortzahlung gemäß § 616 BGB aufgenommen werden. § 616 BGB betrifft Fälle, in denen der Arbeitnehmer aufgrund eines in seiner Person liegenden Grundes, aber ohne eigenes Verschulden vorübergehend gehindert ist, seine Arbeitsleistung zu erbringen. Ähnlich wie im Krankheitsfall gewährt das Gesetz dem Arbeitnehmer für diese Fehlzeiten einen Anspruch auf Entgelt. Auch dieser Anspruch kann tarifvertraglich modifiziert werden, da § 616 BGB dispositives Recht darstellt (Tschöpe/*Kappelhoff* 2 B Rdn. 99). Allerdings handelt es sich bei der Norm im Gegensatz zu § 4 EFZG um allgemein dispositives Gesetzesrecht, wie der Umkehrschluss aus § 619 BGB ergibt und nicht speziell tarifdispositives Gesetzesrecht. Daher wäre im Gegensatz zur Entgeltfortzahlung nach EFZG sogar eine vollständige Streichung der Entgeltfortzahlung bei vorübergehender Verhinderung gemäß § 616 BGB zulässig (Tschöpe/*Kappelhoff* 2 B Rdn. 101).

Eine **gemeinschaftliche Regelung** dieser beiden zwar verwandten, aber dogmatisch unterschiedlichen Fallgruppen innerhalb einer Klausel ist nicht zwingend. Zwar stellt sich in beiden Fällen die Frage, welche Vergütungsbestandteile (nicht) berücksichtigt werden sollen und welche Berechnungsmethode anzuwenden ist (auch dem § 616 BGB liegt grundsätzlich das Ausfallprinzip zugrunde). Es ist daher möglich, eine allgemeine, EFZG und § 616 BGB erfassende Regelung zu treffen, statt zu beiden Bereichen gleich lautende, aber separate Bestimmungen im Tarifvertrag aufzunehmen. Andererseits können derartige gemeinsame Regelungen auch nachteilig sein. Zum einen erhöht sich die Wahrscheinlichkeit, dass Besonderheiten der einzelnen Bereiche von den allgemein gehaltenen Bestimmungen nicht adäquat erfasst werden. Zum anderen kann die Vermischung beider Bereiche das Risiko von Auslegungsschwierigkeiten erhöhen. Von der Gestaltung abgesehen, muss abhängig von den Umständen des Einzelfalls entschieden werden, ob überhaupt eine besondere Regelung über die der Höhe des nach § 616 BGB fortzuzahlenden Entgelts getroffen werden soll. Dies ist vor allem dann sinnvoll, wenn in der von dem Tarifvertrag erfassten Branche derartige vorübergehende Verhinderungen in erheblichem Ausmaß vorkommen.

4. Rechtsgrundlage des Entgeltfortzahlungsanspruchs. In der Klausel sollte eindeutig bestimmt werden, ob Anspruchsgrundlage für die Entgeltfortzahlung das EFZG oder womöglich der Tarifvertrag selbst sein soll. Damit erspart man sich Folgeprobleme, die aus Zweifeln über das Verhältnis der tarifvertraglichen zu den gesetzlichen Regelungen entstehen können (vgl. BAG Urt. v. 9. 10. 2002 – 5 AZR 356/01 – NZA 2003, 978).

5. Dauer der Entgeltfortzahlung. Den Tarifvertragsparteien dürfte es nicht gestattet sein, die in § 3 Abs. 1 EFZG geregelte Dauer der Entgeltfortzahlung und die Handhabung von Mehrfacherkrankungen sowie die in § 3 Abs. 3 EFZG geregelte 4-Wochen-Frist abweichend zum Nachteil des Arbeitnehmers zu regeln (ErfKomm/*Dörner* § 4 EFZG Rdn. 60). Das BAG hatte derartige zuungunsten der Arbeitnehmer abweichende Regelungen bereits im Geltungsbereich des LFZG als unzulässig abgelehnt (BAG Urt. v. 16. 12. 1987 – 5 AZR 510/86 – NZA 1988, 365). Diese zum LFZG entwickelte Rechtsprechung scheint das BAG hinsichtlich des EFZG fortführen zu wollen, auch wenn es dies, soweit ersichtlich, bislang nur angedeutet hat (BAG Urt. v. 9. 10. 2002 – 5 AZR 356/01 – NZA 2003, 978). Eine **Verkürzung der Fortzahlungsdauer** und der für Mehrfacherkrankungen relevanten Zeiträume sowie eine **Verlängerung der Wartefrist** wären daher wahrscheinlich unwirksam.

6. Änderung der Berechnungsmethode. Die Berechnungsmethode wirkt sich sowohl hinsichtlich des **Geldfaktors** als auch hinsichtlich des **Zeitfaktors** aus (dazu bereits Anm. 2). Denn bei beiden Faktoren stellt sich die Frage auf welche Weise ermittelt werden soll, in welchem zeitlichen Umfang der Arbeitnehmer während seiner Fehlzeit gearbeitet hätte, wenn er nicht krank gewesen wäre und wie hoch sein Entgelt in dieser Zeit gewesen wäre. Die Berechnungsmethode kann auf zwei verschiedenen Prinzipien basieren, dem Ausfall- oder dem Referenzprinzip.

Das **Lohnausfallprinzip** stellt darauf ab, was konkret im fraglichen Zeitraum geschehen wäre, also wie viel Arbeit und welche Vergütung angefallen wären. Es handelt sich um eine hypothetische, auf den Einzelfall bezogene Betrachtungsweise. Das **Referenzprinzip** dagegen funktioniert vergangenheitsbezogen, indem es darauf abstellt, was in einem vorangegangenen Zeitraum, dem Referenzzeitraum, geschehen ist und dann das Ergebnis auf den fraglichen Zeitraum der Arbeitsunfähigkeit überträgt (vgl. Wiedemann/*Wiedemann* § 1 Rdn. 431).

Die Veränderung der Berechnungsmethode ist in § 4 Abs. 4 EFZG nicht ausdrücklich erwähnt. Schon für das durch das EFZG abgelöste LFZG war jedoch von der Rechtsprechung ausdrücklich anerkannt, dass die Tarifvertragsparteien hinsichtlich der Berechnungsmethode vom im Gesetz vorgesehenen **Lohnausfallprinzip** auf das **Referenzprinzip** übergehen konnten (BAG Urt. v. 8. 3. 1989 – 5 AZR 116/88 – AP Nr. 17 zu § 2 LFZG). Diese Rechtsprechung hat sich in Bezug auf § 4 Abs. 4 EFZG fortgesetzt (BAG Urt. v. 26. 9. 2001 – 5 AZR 539/00 – NJW 2002, 1819, 1820). Der Gesetzgeber wollte, wie sich aus der Entstehungsgeschichte des Gesetzes ergibt, mit § 4 Abs. 4 EFZG den Tarifvertragsparteien die autonomere Regelung der Entgeltfortzahlung ermöglichen (ErfKomm/*Dörner* § 4 EFZG Rdn. 59).

§ 4 Abs. 1 EFZG liegt ein **modifiziertes Ausfallprinzip** zugrunde (BAG Urt. v. 26. 6. 2002 – 5 AZR 153/01 – NJW 2003, 237). Im Grundsatz ist zwar entscheidend, welche Arbeitszeit konkret wegen der Krankheit ausgefallen ist und welche Vergütung dem Arbeitnehmer konkret zugestanden hätte. Dies ist aber nur bei einer verstetigten Arbeitszeit und immer gleich bleibenden Bezügen ohne weiteres möglich. Unterliegen Arbeitszeit und Entgelthöhe dagegen Schwankungen, kann – darin liegt die Modifikation – auf einen Referenzzeitraum zurückgegriffen werden, dessen durchschnittliche Arbeitsmenge dann maßgebend ist (BAG Urt. v. 26. 6. 2002 – 5 AZR 153/01 – NJW 2003, 237). Dies wird regelmäßig der Fall sein, wenn sich Arbeitszeit und (im Falle der leistungsbezogenen Vergütung) Arbeitsentgelt nicht z. B. aus den tatsächlich im Krankheitszeitraum von vergleichbaren Kollegen erbrachten Arbeitszeiten und Arbeitsleistungen ableiten lässt. Im Ergebnis werden damit beide Prinzipien in Kombination miteinander angewandt (*Schaub* NZA 1999, 177, 178).

Die im Formular vorgeschlagene Verwendung des **Referenzprinzips** ist wegen der leichteren Handhabung in der betrieblichen Praxis i.d.R. vorteilhafter als die des Ausfallprinzips (ErfKomm/*Dörner* § 4 EFZG Rdn. 59). Die hypothetische Betrachtungsweise, die dem Ausfallprinzip zugrunde liegt, bietet mehr Raum für Zweifelsfragen und Konflikte als die rückwärtsgewandte Betrachtungsweise des Referenzprinzips. Bei Verwendung des Referenzprinzips muss lediglich auf in der Vergangenheit liegende Daten zurückgegriffen werden. Es bedarf nicht der Spekulation, in welchem zeitlichen und sachlichen Umfang der kranke Arbeitnehmer im Zeitraum seiner Verhinderung wohl tätig geworden wäre.

Es empfiehlt sich, den von der Rechtsprechung als üblich anerkannten und der Regelung in § 11 Abs. 1 S. 1 BUrlG entsprechenden Referenzzeitraum von 13 Wochen zugrunde zu legen (BAG Urt. v. 15. 2. 1989 – 5 AZR 351/87 – AP Nr. 16 zu § 2 LFZG).

7. Bruttoverdienst. Es ist ganz h. M., dass auch im Rahmen des EFZG das Brutto-Lohnprinzip gilt, also Entgeltbeträge jeweils brutto verstanden werden. Dennoch dient es der Rechtsklarheit, dies noch einmal ausdrücklich festzulegen.

8. Abweichungen vom Zeitfaktor. Der Zeitfaktor betrifft den Umfang der ausgefallenen Arbeitszeit, für die das Entgelt fortzuzahlen ist (BAG Urt. v. 26. 6. 2002 – 5 AZR 153/01 – NJW 2003, 237, 238). Der im Rahmen der Bestimmung des Zeitfaktors zu verwendenden Berechnungsmethode liegt zunächst gemäß § 4 Abs. 1 EFZG ein **modifiziertes Ausfallprinzip** zugrunde (BAG Urt. v. 26. 6. 2002 – 5 AZR 153/01 – NJW 2003, 237). Wird keine tarifliche Bestimmung getroffen, ist nach dem Ausfallprinzip vorrangig auf die konkret eingeplante Arbeitszeit des erkrankten Arbeitnehmers, die dann aufgrund der Arbeitsunfähigkeit ausgefallen ist, abzustellen (BAG Urt. v. 26. 6. 2002 – 5 AZR 153/01 – NJW 2003, 237). Allerdings – und darin besteht die Modifizierung – ist bei Schwankungen der individuellen Arbeitszeit zur Bestimmung der „regelmäßigen" Arbeitszeit eine vergangenheitsbezogene Betrachtung zulässig (BAG Urt. v. 26. 6. 2002 – 5 AZR 153/01 – NJW 2003, 237). Die vorliegende Klausel beschränkt sich hinsichtlich des Zeitfaktors auf die Abänderung der Berechnungsmethode, indem sie zulässigerweise auf das **Referenzprinzip** statt auf das Ausfallprinzip abstellt (vgl. BAG Urt. v. 26. 9. 2001 – 5 AZR 539/00 – NJW 2002, 1819, 1820). Zu den Einzelheiten der Berechnungsmethode und etwaiger Vorteile des Referenzprinzips s. Anm. 6.

Das BAG hat jüngst auch **weitergehende Abweichungen** für zulässig erachtet. Die Tarifvertragsparteien können regeln, dass sich die Entgeltfortzahlung im Krankheitsfall nicht nach der individuellen regelmäßigen Arbeitszeit des Arbeitnehmers, sondern nach dessen regelmäßiger tariflicher Arbeitszeit bestimmt (BAG Urt. v. 24. 3. 2004 – 5 AZR 346/03 – AP Nr. 66 zu § 4 EntgeltFG). Der Gestaltungsmacht der Tarifvertragsparteien sind allerdings Grenzen gesetzt. Der Anspruch eines Arbeitnehmers auf Entgeltfortzahlung dürfe nicht in seiner Substanz angetastet werden. Grundsätzlich seien die Tarifvertragsparteien an den Grundsatz der vollen hundertprozentigen Entgeltfortzahlung im Krankheitsfall gebunden. Letztlich kommt es bei der Regelung des Zeitfaktors auf die Besonderheiten des Einzelfalls an. In einem stark saisonalen Geschäft sollten z. B. Übergangsregelungen für den Beginn und das Ende der Saison getroffen werden, um unsachgemäße Ergebnisse zu vermeiden. Auch im Falle des Wechselschichtbetriebs sollte genau geregelt werden, inwieweit diese zu berücksichtigen sind. Fehlt es an einer tariflichen Regelung, bleiben die arbeitsfreien Ausgleichstage unberücksichtigt, was sich nachteilig für den Arbeitgeber auswirken kann. Allerdings bereitet die Berücksichtigung der Wechsel- und Freischichten bei der Berechnung des fortzuzahlenden Entgelts in der Praxis oft Schwierigkeiten (ErfKomm/*Dörner* § 4 EFZG Rdn. 12).

9. Abweichungen hinsichtlich des Geldfaktors. Der Geldfaktor bezieht sich auf den Inhalt des Arbeitsentgelts. Er folgt aus der Grundvergütung sowie etwaigen zusätzlichen Vergütungsbestandteilen. Zwar sind die Tarifvertragsparteien an den Grundsatz der vollen, d. h. hundertprozentigen Entgeltfortzahlung im Krankheitsfall gemäß § 4 Abs. 1 EFZG gebunden. Davon zu unterscheiden ist aber die Ermittlung der Höhe des fortzuzahlenden Entgelts, die § 4 Abs. 4 S. 1 EFZG weitgehend tarifdispositiv stellt. Nur die **Grundvergütung** ist zwingend in vollem Umfang bei der Berechnung des Entgelts zu berücksichtigen (BAG Urt. v. 13. 3. 2002 – 5 AZR 648/00 – BB 2002, 1373, 1374). Über die Grundvergütung hinausgehende **zusätzliche Vergütungsbestandteile** können dagegen von der Berechnung ausgenommen werden (BAG Urt. v. 13. 3. 2002 – 5 AZR 648/00 – BB 2002, 1373, 1374). Dazu gehören beispielsweise Nachtarbeitszuschläge. Bei einer Mehrzahl verschiedener solcher Zuschläge dürfen nicht nur einzelne, sondern auch alle Zuschläge aus der Berechnung des fortzuzahlenden Entgelts ausgenommen werden (BAG Urt. v. 13. 3. 2002 – 5 AZR 648/00 – BB 2002, 1373, 1375).

4. Ausnahmen vom EFZG   E. II. 4

Die § 4 Abs. 1 EFZG zugrunde liegende Berechnungsmethode basiert grundsätzlich auf dem **Ausfallprinzip**. Danach kommt es hinsichtlich des Geldfaktors darauf an, welche Vergütung der Arbeitnehmer konkret im Krankheitszeitraum hätte erwarten können, wenn er nicht krank gewesen wäre. Vorteilhafter und zulässig ist es dagegen, auf das **Referenzprinzip** abzustellen. Dann bestimmt sich der Geldfaktor danach, wie hoch die Vergütung des Arbeitnehmers in der Vergangenheit, genauer im Referenzzeitraum gewesen ist. Zu den Einzelheiten der Berechnungsmethode s. Anm. 6.

Für den Fall, dass die Vergütung vom **Ergebnis der Arbeit** abhängig ist, sieht § 4 Abs. 1a S. 2 EFZG die Zugrundelegung des erzielbaren Durchschnittsverdiensts vor. Einer Wiedergabe des Wortlauts des § 4 Abs. 1a S. 2 EFZG bedarf es in der vorliegenden Klausel trotz der in Anm. 10 genannten, mit der Nichterwähnung gesetzlicher Bestimmungen verbundenen Risiken nicht. Da als Berechnungsmethode das Referenzprinzip gewählt wurde, wird der Fall der ergebnisabhängigen Vergütung bereits von Abs. (1) der Klausel erfasst.

Trotz des weitreichenden von der Rechtsprechung gewährten Spielraums muss berücksichtigt werden, dass diese aus Billigkeits- oder sogar verfassungsrechtlichen Erwägungen von ihren bisherigen Aussagen abweichen kann. Diese Gefahr besteht besonders dann, wenn aufgrund der Umstände des Einzelfalls die tarifvertraglichen Abweichungen zu extremen Nachteilen für den Arbeitnehmer führen. Je weitgehender daher diese Abweichungen sind, desto größer ist das Risiko, dass ein Gericht sie als unwirksam einstufen könnte.

10. Überstundenentgelt und Aufwandsentschädigungen. Die Nichteinbeziehung von Entgelten für Überstunden sowie von Leistungen für tatsächlich nicht entstandene Aufwendungen in das fortzuzahlende Arbeitsentgelt ist bereits gesetzlich in § 4 Abs. 1a EFZG vorgesehen. Dennoch sollten auch diese beiden Berechnungsposten ausdrücklich tarifvertraglich ausgeschlossen werden. Andernfalls könnten aufgrund der Auslassung gegebenenfalls Zweifel entstehen, ob nicht möglicherweise diesbezüglich zugunsten des Arbeitnehmers vom Gesetz abgewichen wird. Auch die Beschränkung der tariflichen Regelung auf einen Verweis, dass in diesem Punkt die gesetzliche Regelung gelten soll, bietet sich hier nicht an. Innerhalb eines eng verknüpften Regelungskomplexes wie der Höhe der Entgeltfortzahlung sollte eine Vermischung eigenständiger Regelungen und bloßer Verweise auf die gesetzlichen Vorschriften vermieden werden. Sonst drohen im Einzelfall Unsicherheiten hinsichtlich des Umfangs der Verweisungen und Auslegungsprobleme. Solche Unsicherheiten können durch die ausdrückliche Nennung der nicht zu berücksichtigenden Vergütungsbestandteile ohne weiteres vermieden werden.

Die in der Klausel verwendete **Formulierung** entspricht der in § 4 Abs. 1a S. 1 EFZG. Übernehmen die Tarifvertragsparteien vom Gesetzgeber verwendete Formulierungen und Begriffe, so ist davon auszugehen, dass sie ihnen die Bedeutung zukommen lassen wollten, welche ihnen im Gesetz zukommt (BAG Urt. v. 19. 8. 1987 – 4 AZR 128/87 – AP Nr. 3 zu § 1 TVG „Fernverkehr"). Die in § 4 Abs. 1a S. 1 EFZG enthaltene Formulierung „zusätzlich für Überstunden gezahltes Arbeitsentgelt" wird von der Rechtsprechung so ausgelegt, dass damit nicht nur Überstundenzuschläge gemeint sind, sondern auch die überhaupt zusätzlich für Überstunden gezahlte Grundvergütung (BAG Urt. v. 26. 6. 2002 – 5 AZR 153/01 – NJW 2003, 237, 238). Es bietet sich daher zur Vermeidung von Auslegungsschwierigkeiten an, auf die von der Rechtsprechung bereits interpretierte gesetzliche Formulierung zurückzugreifen. Da diese Vermutung aber nicht unumstößlich gilt, ist zu beachten, dass die gesetzliche Auslegung nicht durch abweichende Formulierungen im Gesamtzusammenhang wieder in Frage gestellt wird.

11. Regelmäßig wiederkehrende Vergütungsbestandteile. Nach der Rechtsprechung können im Rahmen der Berechnung des fortzuzahlenden Entgelts grundsätzlich alle zusätzlich zur Grundvergütung gezahlten Vergütungsbestandteile ausgeklammert werden, ohne dass es darauf ankommt, mit welcher Häufigkeit sie üblicherweise anfallen (BAG Urt. v. 13. 3. 2002 – 5 AZR 648/00 – BB 2002, 1373, 1374). Allerdings ist nicht ausgeschlossen, dass die Rechtsprechung dies aus Billigkeitserwägungen heraus anders beurteilen könnte, wenn die zusätzlich gezahlten Vergütungsbestandteile derart häufig anfielen, dass sie einen ganz erheblichen Teil der Gesamtvergütung des Arbeitnehmers ausmachten (s. auch Anm. 9).

12. Berücksichtigung von Kurzarbeit. Die Zugrundelegung der verkürzten Arbeitszeit anstelle der sonst üblichen Arbeitszeit ist bereits gesetzlich in § 4 Abs. 3 EFZG geregelt. Dennoch sollte die Norm in der Klausel selbst Erwähnung finden, wobei es sich anbietet, auf die gesetzliche Formulierung zurückzugreifen (s. Anm. 10).

5. Ausnahmen von § 622 BGB[1]

§ ... Kündigungsfristen[2]

(1) Das Arbeitsverhältnis kann mit einer Frist von einer Woche zum 15. oder zum Ende eines Kalendermonats gekündigt werden[3].

(2) Die Kündigungsfrist beträgt für arbeitgeber- sowie arbeitnehmerseitige[4] Kündigungen, wenn das Arbeitsverhältnis in dem Betrieb oder Unternehmen
- drei Jahre bestanden hat, drei Wochen zum Monatsende,
- sechs Jahre bestanden hat, einen Monat zum Monatsende,
- zehn Jahre bestanden hat, zwei Monate zum Monatsende,
- 15 Jahre bestanden hat, drei Monate zum Monatsende[5].

Bei der Berechnung der Beschäftigungsdauer werden Zeiten, die vor Vollendung des 28. Lebensjahrs des Arbeitnehmers liegen, nicht berücksichtigt[6].

(3) Es wird eine Probezeit von neun Monaten vereinbart[7]. Während der Probezeit kann das Arbeitsverhältnis mit einer Frist von zwei Wochen gekündigt werden.

Schrifttum: Bauer, Entwurf eines Kündigungsfristengesetzes, NZA 1993, 495; *Bengelsdorf*, Die tariflichen Kündigungsfristen für Arbeiter nach der Entscheidung des BVerfG vom 30. 5. 1990, NZA 1991, 121; *Söllner*, Grenzen des Tarifvertrags, NZA 1996, 879; *Wank*, Die neuen Kündigungsfristen für Arbeitnehmer (§ 622 BGB), NZA 1993, 961.

Anmerkungen

1. Gesetzliche Ermächtigung. Die in § 622 BGB enthaltenen Fristenregelungen für die ordentliche Kündigung können grundsätzlich nicht zum Nachteil des Arbeitnehmers geändert, insbesondere die Fristen nicht verkürzt werden, es sei denn, einer der in § 622 Abs. 5 BGB genannten Ausnahmefälle liegt vor oder es ist gemäß § 622 Abs. 4 S. 1 BGB tarifvertraglich eine abweichende Regelung vereinbart. Durch Tarifvertrag darf von den Vorgaben des § 622 Abs. 1 bis 3 BGB auch **zum Nachteil des Arbeitnehmers** abgewichen werden (*Bauer* NZA 1993, 495, 495). Sowohl Verlängerungen als auch Verkürzungen der dort geregelten Fristen sind also zulässig. Das Maß der Abweichungen unterliegt keinen ausdrücklichen Einschränkungen (ErfKomm/*Müller-Glöge* § 622 BGB Rdn. 42). Veränderbar sind dabei, wie aus dem Wortlaut des § 622 Abs. 4 S. 1 BGB („Regelungen") folgt, nicht lediglich die Fristen als solche, sondern alle Regelungsaspekte der Abs. 1 bis 3 des § 622 BGB wie Kündigungstermine, Dauer der Betriebszugehörigkeit usw. (*Wank* NZA 1993, 961, 965).

Durch die Möglichkeit der tariflichen Abweichung von den gesetzlichen Kündigungsfristen soll eine größere Sachnähe und eine leichtere Anpassungsmöglichkeit der Kündigungsfristen erreicht werden. Nach zutreffender Ansicht des Gesetzgebers war die gesetzliche Regelung für gewisse Wirtschaftsbereiche „zu starr" (*Bengelsdorf* NZA 1991, 121, 125).

Allerdings sind der Gestaltung durch die Verfassung **Grenzen** gesetzt. Die Tarifvertragsparteien sind grundsätzlich nicht zu Regelungen ermächtigt, die dem Gesetzgeber selbst verboten wären (BAG Beschl. v. 28. 1. 1988 – 2 AZR 296/87 – AP Nr. 24 zu § 622 BGB). Daher besteht bei besonders ungewöhnlichen oder einseitigen Bestimmungen das Risiko, dass sie als unwirksam angesehen werden. Zwar tragen tarifliche Regelungen grundsätzlich die Vermutung in sich, den Interessen beider Seiten gerecht zu werden, doch gilt dies nicht uneingeschränkt (BAG Urt. v. 21. 3. 1991 – 2 AZR 616/90 – AP Nr. 31 zu § 622 BGB). § 622 Abs. 4 S. 1 BGB soll den Tarifpartnern die Möglichkeit geben, abweichend von den starren gesetzlichen Vorgaben den spezifischen Eigenheiten ihrer Branche Rechnung zu tragen (ErfKomm/ *Müller-Glöge* § 622 BGB Rdn. 60). Demzufolge muss den getroffenen Regelungen ein **sachlicher Bezug zu den Gegebenheiten der Branche** zugrunde liegen.

Andererseits deutete das Bundesverfassungsgericht an, dass Tarifvertragsparteien unter Umständen zu weitergehenden Differenzierungen berechtigt sind als der Gesetzgeber (*Söllner* NZA 1996, 897, 903). In seiner Entscheidung vom 30. Mai 1990 (1 BvL 2/83 – NZA 1990, 721) über die Unzulässigkeit unterschiedlicher gesetzlicher Kündigungsfristen für Arbeiter und Angestellte in § 622 Abs. 2 BGB a. F. hat es ausdrücklich offen gelassen, ob und inwieweit Tarifverträge, die eine entsprechende Regelung enthielten, von Verfassungs wegen Beschränkungen unterlägen und darauf hingewiesen, dass Tarifverträge im Gegensatz zu Gesetzen jeweils nur einen bestimmten Ausschnitt aus dem Gesamtspektrum der Arbeitnehmerschaft beträfen.

Zur Möglichkeit der Bezugnahme nicht tarifgebundener Arbeitsvertragsparteien auf die abweichenden Tarifregelungen gemäß § 622 Abs. 4 S. 2 BGB s. Form. E. II. 4 Anm. 1.

2. Verkürzung der Kündigungsfristen. Nach der Rechtsprechung ist bei Vorliegen entsprechender Umstände, die eine solche Regelung als zweckmäßig erscheinen lassen, nicht nur die Verkürzung der Kündigungsfristen (s. zu den Grundsätzen Anm. 1), sondern sogar die Regelung einer völlig „entfristeten" Kündigung möglich (BAG Urt. v. 2. 8. 1978 – 4 AZR 46/77 – AP Nr. 1 zu § 55 MTL II; BAG Urt. v. 4. 6. 1987 – 2 AZR 416/86 – AP Nr. 16 zu § 1 KSchG 1969). Durch die Entfristung einer ordentlichen Kündigung, also die Streichung jeglicher Kündigungsfrist, wird die ordentliche Kündigung grundsätzlich auch nicht zur außerordentlichen Kündigung. Voraussetzung hierfür soll allerdings sein, dass die im Tarifvertrag enthaltene Regelung der entfristeten ordentlichen Kündigung eindeutig als solche erkennbar ist (BAG Urt. v. 4. 6. 1987 – 2 AZR 416/86 – AP Nr. 16 zu § 1 KSchG 1969). Ist dies nicht der Fall und stellt sich die Kündigung folglich als außerordentliche dar, ist sie nur bei Vorliegen der Voraussetzungen des § 626 BGB wirksam.

Ob eine Verkürzung der Fristen tatsächlich ratsam ist oder ob vielmehr eine Verlängerung vereinbart werden sollte, hängt von den Umständen des Einzelfalls ab. So wäre die im Formular enthaltene starke Verkürzung äußerst nachteilig in einer Branche, in der Arbeitnehmer nur mit Schwierigkeiten ersetzt werden können oder in der das Know-how der Arbeitnehmer von großer Bedeutung ist. Denn der Tarifvertrag darf für den Arbeitnehmer keine längeren Kündigungsfristen vorsehen als für den Arbeitgeber (s. Anm. 4). Sehr kurze Fristen wirken sich damit auch nachteilig auf die Planungssicherheit des Arbeitgebers aus. Es muss abgewogen werden, ob der mit der Verkürzung gewonnene Gewinn an Flexibilität das Risiko des vorschnellen Verlusts von Arbeitnehmern aufgrund von Eigenkündigungen überwiegt. Bei Arbeitnehmerkündigungen können nicht nur Überbrückungsschwierigkeiten entstehen. Beim Fehlen eines nachvertraglichen Wettbewerbsverbots sind die Arbeitnehmer auch schneller in der Lage Wettbewerb auszuüben.

3. Ausspruch der Kündigung. Bei Ausspruch der Kündigung sind die üblichen Beschränkungen und Voraussetzungen einer Kündigung zu beachten. So bleibt das **Anhörungsrecht des Betriebsrats** nach § 102 BetrVG von den tarifvertraglichen Bestimmungen i. S. d. § 622 Abs. 4 S. 1 BGB unberührt. Die Anhörung des Betriebsrats hat abschließend stets vor Ausspruch der Kündigung zu erfolgen, so dass im Hinblick auf die dem Betriebsrat gemäß § 102 Abs. 2 S. 1 BetrVG eingeräumte Bedenkzeit von einer Woche keine praktischen Schwierigkeiten entstehen können. Da in einem Tarifvertrag wirksam auch sehr kurze Kündigungsfristen von nur einem Tag vereinbart werden können (BAG Urt. v. 4. 6. 1987 – 2 AZR 416/86 – AP Nr. 16 zu § 1 KSchG 1969), kann durch das Erfordernis der Anhörung des Betriebsrats allenfalls eine spontane Entscheidung des Arbeitgebers verlangsamt werden.

Da eine vollständig entfristete ordentliche Kündigung nicht zu einer außerordentlichen wird (s. Anm. 2), ist auch in einem solchen Fall weiterhin die Bedenkzeit von einer Woche gemäß § 102 Abs. 2 S. 1 BetrVG maßgebend und nicht etwa die von drei Tagen gemäß § 102 Abs. 2 S. 3 BetrVG (BAG Urt. v. 2. 8. 1978 – 4 AZR 46/77 – AP Nr. 1 zu § 55 MTL II).

Ebenfalls von den tarifvertraglichen Bestimmungen unberührt bleiben die Vorgaben des KSchG (BAG Urt. v. 4. 6. 1987 – 2 AZR 416/86 – AP Nr. 16 zu § 1 KSchG 1969). Diese können nicht durch etwaige tarifvertragliche Gestaltungen umgangen werden.

4. Regelung sowohl von arbeitgeber- als auch arbeitnehmerseitiger Kündigung. § 622 Abs. 6 BGB ist gemäß § 622 Abs. 4 S. 1 BGB nicht tarifdispositiv. Die Tarifvertragsparteien können daher für den Arbeitnehmer keine längeren Kündigungsfristen vorsehen als für den Arbeitgeber. Das Benachteiligungsverbot des § 622 Abs. 6 BGB ist absolut, wie auch die fehlende Möglichkeit einer abweichenden einzelvertraglichen Regelung (vgl. § 622 Abs. 5 BGB) erkennen lässt. Da bei Unklarheiten hinsichtlich der Auslegung lediglich zweifelhaft sein kann, ob für arbeitnehmerseitige Kündigungen gleiche oder aber kürzere Fristen als für arbeitgeberseitige Kündigungen gelten, sich Unklarheiten also nur zum Nachteil des Arbeitgebers auswirken können, bietet sich die ausdrückliche Gleichstellung der Fristen an.

5. Schutz älterer Arbeitnehmer. Nach umstrittener, aber wohl h. M. ist eine Staffelung der Fristen zum Vorteil älterer oder länger beschäftigter Arbeitnehmer nicht zwingend (ErfKomm/*Müller-Glöge* § 622 BGB Rdn. 46). Die Fristen könnten also auch einheitlich für alle Arbeitnehmer ohne Staffelung gestaltet werden.

Zur Förderung der Akzeptanz und der sozialen Ausgewogenheit des Tarifvertrags ist allerdings, wie im Formular vorgesehen, eine Staffelung abhängig von der Beschäftigungsdauer anzuraten, zumal sehr kurze Fristen gewählt werden können.

6. Beschäftigungsdauer. Abweichend von § 622 Abs. 2 S. 2 BGB kann eine Berücksichtigung der Beschäftigungsdauer nicht bereits ab der Vollendung des 25., sondern auch erst ab einem späteren Lebensjahr vorgesehen werden.

7. Verlängerte Probezeit. Im Fall der Festlegung einer über sechs Monate hinausgehenden Probezeit ist zu berücksichtigen, dass das **KSchG** nach Ablauf von sechs Monaten unabhängig davon Anwendung findet, ob sich der Arbeitnehmer noch in der Probezeit befindet oder nicht. Die Probezeit hat für den über sechs Monate hinausgehenden Zeitraum nur noch Bedeutung für die **Kündigungsfrist** (vgl. Abs. 1 der vorgeschlagenen Klausel), nicht jedoch für die bei Anwendbarkeit des KSchG erforderliche soziale Rechtfertigung der Kündigung.

6. Ausnahmen vom TzBfG[1]

§ ... **Befristung ohne Sachgrund**[2]

(1) Die kalendermäßige Befristung eines Arbeitsvertrags ohne Vorliegen eines sachlichen Grundes ist bis zur Dauer von vier Jahren zulässig[3].

(2) Bis zu dieser Gesamtdauer von vier Jahren ist die höchstens sechsmalige Verlängerung[4] eines kalendermäßig befristeten Arbeitsvertrags zulässig[5].

Schrifttum: Bauer, Neue Spielregeln für Teilzeitarbeit und befristete Arbeitsverträge, NZA 2000, 1039; *Hromadka,* Das neue Teilzeit- und Befristungsgesetz, NJW 2001, 400; *Kliemt,* Das neue Befristungsrecht, NZA 2001, 296.

Anmerkungen

1. Gesetzliche Ermächtigung. § 14 Abs. 2 S. 1 Hs. 1 TzBfG regelt, dass Arbeitsverträge nur auf maximal zwei Jahre befristet werden dürfen, sofern **kein sachlicher Grund** i. S. d. § 14 Abs. 1 TzBfG gegeben ist. § 14 Abs. 2 S. 1 Hs. 2 TzBfG ergänzt, dass ein solcher Arbeitsvertrag höchstens drei Mal verlängert werden darf, wobei die Gesamtdauer des Arbeitsverhältnisses zwei Jahre nicht überschreiten darf. Gemäß § 14 Abs. 2 S. 3 TzBfG kann in einem **Tarifvertrag** die Anzahl der Verlängerungen oder die Höchstdauer der Befristung abweichend von diesen Vorgaben geregelt werden. Aus der Gesetzesbegründung ergibt sich, dass das sprachlich nicht eindeutige „oder" als „und/oder" zu verstehen ist (ErfKomm/*Müller-Glöge* § 14 TzBfG Rdn. 128). Die Norm soll den Tarifvertragsparteien ermöglichen, branchenspezifischen Bedürfnissen Rechnung zu tragen (*Kliemt* NZA 2001, 296, 299).

Tarifvertragliche Befristungsregeln stellen im Regelfall Abschluss- und nicht Beendigungsnormen dar (BAG Urt. v. 28. 8. 1996 – 7 AZR 849/95 – AP Nr. 181 zu § 620 BGB). **Abschlussnormen** sind diejenigen tarifvertraglichen Bestimmungen, die sich auf den Vertragsschluss und die Modalitäten des Zustandekommens eines Arbeitsverhältnisses beziehen (ErfKomm/*Schaub* § 1 TVG Rdn. 101). **Beendigungsnormen** dagegen sind Tarifklauseln, die sich im Wesentlichen auf das Ende des Arbeitsverhältnisses beziehen (ErfKomm/*Schaub* § 1 TVG Rdn. 108. Daraus folgt, dass Abschlussnormen nur dann Wirkung auf das Arbeitsverhältnis entfalten können, wenn sie bereits bei dessen Abschluss galten und beide Arbeitsvertragsparteien tarifgebunden waren. Beendigungsnormen dagegen können auch nach Vertragsschluss auf das Arbeitsverhältnis einwirken.

Die Einstufung der **Befristungsregeln als Abschlussnormen** bedeutet dementsprechend, dass die tarifvertraglichen Vorgaben zur Befristung nur dann zwingend gelten, wenn sowohl Arbeitgeber als auch Arbeitnehmer bereits bei Abschluss des Arbeitsvertrags tarifgebunden waren (BAG Urt. v. 14. 2. 1990 – 7 AZR 68/89 – AP Nr. 12 zu § 1 BeschFG 1985). Zur Möglichkeit der Bezugnahme nicht tarifgebundener Arbeitsvertragsparteien auf die abweichenden Tarifregelungen gemäß § 14 Abs. 2 S. 4 TzBfG s. Form. E. II. 4 Anm. 1.

Bei Arbeitsverhältnissen, auf die der **BAT** Anwendung findet, ist zu beachten, dass die Befristungsthematik in Anlage 2y zum BAT (Sonderregelungen für Zeitangestellte, Angestellte für Aufgaben von begrenzter Dauer und für Aushilfsangestellte – SR 2y BAT) speziell geregelt ist.

2. Befristung ohne Sachgrund. Die Ermächtigungsnorm des § 14 Abs. 2 S. 3 TzBfG bezieht sich lediglich auf Befristungen **ohne Sachgrund**. Bei Befristungen **mit Sachgrund** (§ 14 Abs. 1 TzBfG) ist eine vom Gesetz abweichende Regelung **zu Ungunsten** (hierzu sogleich Anm. 3) des Arbeitnehmers gemäß § 22 Abs. 1 TzBfG mittels eines Tarifvertrags nicht möglich.

3. Höchstdauer der Befristung. Aus § 22 Abs. 1 TzBfG folgt, dass die tarifvertraglichen Regelungen i. S. d. § 14 Abs. 2 S. 3 TzBfG auch zum Nachteil des Arbeitnehmers von den Vorgaben des TzBfG abweichen dürfen. Als nachteilig für den Arbeitnehmer wird dabei die Verlängerung der Höchstdauer der Befristung ohne sachlichen Grund angesehen.

Insgesamt kann die Höchstdauer der Befristung durch die Tarifvertragsparteien also verkürzt und verlängert, die Befristung aber auch gänzlich untersagt werden.

4. Vornahme einer Verlängerung. Tarifdispositiv ist gemäß § 14 Abs. 2 S. 3 TzBfG nur die Anzahl der Verlängerungen, nicht aber die Frage, wann überhaupt eine Verlängerung i. S. d. TzBfG vorliegt (*Kliemt* NZA 2001, 296, 299). Aus diesem Grund ist arbeitgeberseitig darauf zu achten, dass **nur der Endtermin** des Arbeitsverhältnisses bei **im Übrigen unverändertem Vertragsinhalt** hinausgeschoben wird. Andernfalls besteht die Gefahr, dass aufgrund sonstiger Veränderungen nicht eine Verlängerung des bestehenden Arbeitsverhältnisses, sondern ein anderes – und dann unbefristetes! – Arbeitsverhältnis herbeigeführt wird (*Kliemt* NZA 2001, 296, 299). Bei der Vornahme einer Verlängerung ist daher erhöhte Sorgfalt angebracht.

5. Verhältnis von Höchstdauer der Befristung und Verlängerung. Es ist möglich, sowohl die Höchstdauer der Befristung auszudehnen als auch gleichzeitig mehr als drei Verlängerungen zuzulassen (ErfKomm/*Müller-Glöge* § 14 TzBfG Rdn. 128). Letzteres ist im Falle der Ausdehnung der Höchstdauer der Befristung auch sinnvoll. Denn andernfalls wäre der Arbeitgeber gezwungen, im Rahmen etwaiger Verlängerungen den neuen Endtermin gegebenenfalls in fernerer Zukunft als gewünscht anzusetzen, sofern er die vereinbarte Höchstdauer vollumfänglich auszunutzen gedenkt. Da wegen § 14 Abs. 2 S. 2 TzBfG die Verlängerung das einzige Mittel für den Arbeitgeber ist, um ein zunächst befristetes Arbeitsverhältnis auszudehnen, ohne es in ein unbefristetes umzuwandeln, ist diese Relation zwischen der Höchstdauer und der Zahl möglicher Verlängerungen von besonderer Bedeutung.

7. Ausnahmen vom BUrlG[1]

§ ... Wartezeit[2]

Im ersten Beschäftigungsjahr entsteht jeglicher tariflicher, den gesetzlichen Mindesturlaub übersteigende Urlaubsanspruch erstmalig nach siebenmonatigem[3] Bestehen des Arbeitsverhältnisses (Wartezeit).

§ ... Teilurlaub[4]

(1) Im Ein- und Austrittsjahr hat der Arbeitnehmer nach Ablauf der Wartezeit Anspruch auf so viele Zwölftel des ihm zustehenden tariflichen, den gesetzlichen Mindesturlaub übersteigenden Urlaubs, wie er Monate bei dem Arbeitgeber gearbeitet hat[5]. Dies gilt nicht, soweit dem Arbeitnehmer für diese Zeit von einem anderen Arbeitgeber Urlaub gewährt worden ist.

(2) Ein angefangener Monat wird als voller gerechnet, wenn das Arbeitsverhältnis mindestens zwei Wochen bestanden hat. Für eine Beschäftigung von bis zu zwei Wochen entsteht kein Urlaubsanspruch[6].

(3) Hat der Arbeitnehmer im Falle des Abs. (1) bereits Urlaub über den ihm zustehenden Umfang hinaus erhalten, so kann das gezahlte Urlaubsentgelt zurückgefordert werden[7].

§ ... Urlaubsdauer und -abgeltung bei vertragswidrigem Verhalten

Der tarifliche Urlaubsanspruch, soweit er den gesetzlichen Mindesturlaubsanspruch übersteigt, sowie der Anspruch auf Abgeltung des tariflichen Urlaubs entfällt[8], wenn der Arbeitnehmer durch eigenes schwerwiegendes Verschulden oder aus einem Grund entlassen worden ist, der eine fristlose Kündigung rechtfertigen würde, oder das Arbeitsverhältnis unberechtigt vorzeitig gelöst hat und in diesen Fällen eine grobe Verletzung der Treuepflichten aus dem Arbeitsverhältnis vorliegt.

§ ... Übertragung des Urlaubsanspruchs[9]

Der Urlaubsanspruch muss während des laufenden Kalenderjahres gewährt und genommen werden. Konnte der Urlaubsanspruch aus betrieblichen oder krankheitsbedingten Gründen nicht genommen werden, so erlischt er am 31. März des folgenden Kalenderjahres. Wurde der Urlaubsanspruch in diesen Fällen innerhalb des Übertragungszeitraums schriftlich geltend gemacht, so erlischt er erst am 30. Juni des folgenden Kalenderjahres[10].

Schrifttum: *Busch*, Urlaubsdauer und -vergütung bei Änderungen der vertraglich geschuldeten Arbeitszeitdauer, NZA 1996, 1246; *Dörner*, Die Anrechnungsbestimmungen des § 4 a I EFZG und des § 10 I BUrlG und die Tarifautonomie, NZA 1998, 561; *Käppler*, Tarifvertragliche Regelungsmacht, NZA 1991, 745; *Leinemann/Linck*, Urlaubsrecht, 2. Auflage, 2001; *Leuchten*, Die Abgeltung des Urlaubs bei Ausscheiden des Arbeitnehmers in der zweiten Jahreshälfte, NZA 1996, 565; *Mitsch/Richter*, Erhöhung des gesetzlichen Mindesturlaubs und die Auswirkungen in der Praxis, NZA 1995, 771; *Neumann/Fenski*, Bundesurlaubsgesetz, 9. Auflage, 2003; *Ohl/Platow/Stang/Unterhinninghofen/Fergen/Vogt/Köhlinger/Wiedemuth/Schwitzer*, Handbuch Manteltarifverträge, 2000; *Ostrop*, Verfall des Urlaubsanspruchs nach Ablauf des Übertragungszeitraums, NZA 1993, 208; *Schäfer*, Urlaubsabgeltung bei fortbestehender Arbeitsunfähigkeit, NZA 1993, 204; *Wiedemann*, Tarifvertragsgesetz Kommentar, 1999.

Anmerkungen

1. Gesetzliche Ermächtigung. § 13 Abs. 1 BUrlG beschränkt die Normsetzungsbefugnis der Tarifvertragsparteien, indem er den Anspruch eines Arbeitnehmers auf Urlaub, den Geltungsbereich des BUrlG sowie eine Mindesturlaubsdauer von 24 Werktagen (§ 3 Abs. 1 BUrlG) als

Mindestbestimmung qualifiziert hat. Auch darüber hinaus sind den Tarifvertragsparteien bei der Vereinbarung von für den Arbeitnehmer ungünstigeren Regelungen Schranken gesetzt. § 13 Abs. 1 BUrlG **verbietet mittelbare Eingriffe in die unantastbaren Rechte** des Arbeitnehmers. Zu den unabdingbaren Rechten zählt das BAG auch die anderen Erscheinungsformen dieser Ansprüche, so dass etwa der Anspruch auf Urlaubsabgeltung als Surrogat des Urlaubsanspruchs vor tariflicher Verschlechterung geschützt ist (BAG Urt. v. 31. 5. 1999 – 8 AZR 132/89 – NZA 1990, 935). Derselbe Effekt tritt auch in anderen Bereichen wie den Rehabilitationsmaßnahmen gemäß § 10 BUrlG auf (BAG Urt. v. 10. 2. 1966 – 5 AZR 408/65 – AP Nr. 1 zu 13 BUrlG Unabdingbarkeit), die Befugnis der Tarifvertragsparteien zur Kodifizierung ungünstigerer Normen erfahren so eine erhebliche Einschränkung.

Dabei ist nach der Rechtsprechung des BAG sehr genau zwischen dem **gesetzlichen Mindesturlaub** und dem darüber hinausgehenden, also den gesetzlichen Mindesturlaub überschreitenden, **tariflichen Urlaub** zu unterscheiden. Die Unabdingbarkeit der §§ 1 bis 3 Abs. 1 BUrlG betrifft nur den gesetzlichen Mindesturlaub, so dass Einschränkungen tariflicher Urlaubsansprüche wirksam geregelt werden können.

2. Entstehen des Urlaubsanspruchs. Ein Arbeitnehmer erwirbt erstmalig nach Ablauf der sechsmonatigen Wartezeit gemäß § 4 BUrlG einen Urlaubsanspruch. Wenn der Arbeitnehmer während oder mit dem Ablauf der Wartezeit aus dem Arbeitsverhältnis ausscheidet, erwirbt er einen Anspruch auf Teilurlaub. Dieser Anspruch auf Teilurlaub kann durch tarifliche Regelung ausgeschlossen werden (BAG Urt. v. 15. 12. 1983 – 6 AZR 606/80 – AP Nr. 14 zu § 13 BUrlG). Dies führt nicht zu einer Abweichung der unabdingbaren §§ 1 bis 3 Abs. 1 BUrlG, der volle Urlaubsanspruch kann in einem weiteren Arbeitsverhältnis erworben werden (ständige Rechtsprechung, BAG Urt. v. 27. 6. 1978 – 6 AZR 59/77 – AP Nr. 12 zu § 13 BUrlG). Lässt man den Arbeitnehmer vor Ablauf der Wartezeit keinen Urlaubsanspruch erwerben, so verhindert diese Regelung die Entstehung eines Anspruchs auf Urlaubsabgeltung bei Ausscheiden des Arbeitnehmers. Denn ein Anspruch auf Urlaubsabgeltung setzt einen bestehenden Urlaubsanspruch voraus (*Neumann/Fenski* § 7 Rdn. 98).

3. Dauer der Wartezeit. Durch Tarifverträge kann auch die Dauer der Wartezeit zuungunsten des Arbeitnehmers **verlängert** werden (BAG Urt. v. 8. 3. 1984 – 6 AZR 442/83 – AP Nr. 15 zu § 13 BUrlG). Die Ausdehnung darf jedoch nicht dazu führen, dass dadurch der **unabdingbare Urlaubsanspruch** selbst berührt wird, indem der Arbeitnehmer nur unter sehr erschwerten Umständen im Urlaubsjahr überhaupt einen Urlaubsanspruch erwerben kann (ErfKomm/*Dörner* § 13 BUrlG Rdn. 23; vgl. LAG Düsseldorf Urt. v. 3. 9. 1957 – 3 Sa 4557 – BB 1957, 1220). Eine Ausdehnung der Wartezeit bis auf neun Monate wäre daher zu weitgehend (*Neumann/Fenski* § 4 Rdn. 11).

Das BAG nimmt derzeit bei der Verlängerung der Wartezeit keine Trennung zwischen gesetzlichem und tariflichem Urlaub vor und erachtet das Entstehen jeglichen Urlaubsanspruchs erst nach Ablauf der Wartezeit für grundsätzlich zulässig. Nachdem das BAG aber in anderen urlaubsrechtlichen Fragen strikt zwischen beiden Urlaubsansprüchen unterscheidet, erscheint eine **Differenzierung zwischen tariflichem und gesetzlichem Urlaub** auch im Tarifvertrag geboten. Entsprechend muss bei der Regelung einer verlängerten Wartezeit, wie im Formular vorgesehen, wiederum der gesetzliche Mindesturlaub ausgenommen werden.

4. Zwölftelung des tariflichen Teilurlaubs. Zunächst wurde vom BAG eine Zwölftelung der gesamten Urlaubsansprüche für das Ein – und Austrittsjahr für zulässig erachtet. Die Zwölftelung der Urlaubsansprüche stehe in angemessener Beziehung zur tatsächlichen Arbeitsleistung, so dass ein Verstoß gegen §§ 1 bis 3 Abs. 1 BUrlG nicht vorliege (BAG Urt. v. 25. 2. 1965 – 5 AZR 59/64 – AP Nr. 5 zu § 13 BUrlG). Diese Rechtsprechung wurde vom BAG aber ausdrücklich aufgegeben, soweit der gesetzliche unabdingbare Urlaubsanspruch betroffen ist. Dieser sei nicht tarifdispositiv, so dass eine zuungunsten der Arbeitnehmer vom BUrlG abweichende Regelung sich als unwirksam erweise, sofern hierdurch der **gesetzliche Urlaubsanspruch** unterschritten werde (BAG Urt. v. 8. 3. 1984 – 6 AZR 442/83 – AP Nr. 15 zu § 13 BUrlG). Diese Rechtsprechung betrifft den **tariflichen Urlaubsanspruch** nicht, so dass diesbezüglich eine Zwölftelung möglich ist (*Mitsch/Richter* NZA 1995.771, 772; *Leinemann/Linck* § 13 Rdn. 49; ErfKomm/*Dörner* § 13 BUrlG Rdn. 22).

Die Zwölftelung kann zu Schwierigkeiten führen, wenn der Arbeitnehmer nach Gewährung des vollen Urlaubs im laufenden Urlaubsjahr ausscheidet, tatsächlich der Urlaubsanspruch aber wegen des Ausscheidens vor Ablauf des Urlaubsjahres nicht in vollem Umfang bestanden hat (*Neumann/Fenski* § 5 Rdn. 4). Um diesem Problem vorzubeugen, sollte, wie in Abs. (3) der Klausel vorgesehen, ein Rückforderungsrecht des Arbeitgebers vereinbart werden.

5. Abhängigkeit von Urlaubsdauer und tatsächlicher Arbeitsleistung. Hinsichtlich des **tariflichen Urlaubsanspruchs** können die Tarifvertragsparteien regeln, dass nicht auf das Bestehen des Arbeitsverhältnisses, sondern auf die **tatsächliche Beschäftigung** abzustellen ist. Auch bei längerer Krankheit tritt dann eine Zwölftelung des tariflichen Urlaubsanspruchs ein (*Neumann/Fenski* § 5 Rdn. 34; *Leinemann/Linck* § 13 Rdn. 57). Für den **gesetzlichen Mindesturlaub** kann eine entsprechende Regelung nicht vereinbart werden, denn der Urlaubsanspruch nach dem BUrlG ist in Entstehung und Bestand nicht von der Erbringung der Arbeitsleistung abhängig (BAG Urt. v. 8. 3. 1984 – 6 AZR 442/83 – AP Nr. 15 zu § 13 BUrlG; *Mitsch/Richter* NZA 1995, 771, 772).

6. Rundung. Bruchteile von Urlaubstage können nach tariflicher Regelung auf- oder abgerundet werden, sofern der **gesetzliche Mindesturlaub** nicht von einer Abrundungsbestimmung betroffen wird (BAG Urt. v. 22. 10. 1991 – 9 AZR 621/90 – NZA 1993, 79; *Busch* NZA 1196, 1246, 1248; ErfKomm/*Dörner* § 13 BUrlG Rdn. 29).

7. Rückforderung des Urlaubsentgelts. Soweit die Tarifvertragsparteien eine Zwölftelung des Urlaubsanspruchs rechtlich vereinbaren können und damit den tariflichen Urlaub kürzen, sind sie auch zur Vereinbarung einer Rückerstattungsklausel von zuviel gezahltem Urlaubsentgelt befugt (ErfKomm/*Dörner* § 13 BUrlG Rdn. 30; *Mitsch/Richter* NZA 1995, 771, 773).

8. Abhängigkeit der Urlaubsdauer vom Verschulden. § 7 Abs. 4 BUrlG a. F. sah ein Entfallen des Urlaubsanspruchs für die Fälle vor, in denen der Arbeitnehmer durch eigenes Verschulden aus einem eine fristlose Kündigung rechtfertigenden Grund entlassen worden war. Aus der Aufhebung dieser Vorschrift leitet das BAG die Unwirksamkeit einer Bestimmung ab, die unter bestimmten Voraussetzungen den Anspruch des ausgeschiedenen Arbeitnehmers auf Abgeltung auch des gesetzlichen Mindesturlaubs ausschließt (BAG Urt. v. 18. 6. 1980 – 6 AZR 328/78 – AP Nr. 6 zu § 13 BUrlG Unabdingbarkeit; BAG Urt. v. 30. 11. 1977 – 5 AZR 667/76 – AP Nr. 4 zu § 13 BUrlG Unabdingbarkeit mit im Ergebnis zustimmender Anm. von *Hinz*) und begründet dies mit der Unabdingbarkeit des **gesetzlichen Mindesturlaubsanspruchs** und als dessen Surrogat auch des Urlaubsentgelts. Von der Unabdingbarkeit nicht betroffen ist der **tarifliche Urlaubsanspruch**, dessen **Entstehung und Abgeltung** in einem Tarifvertrag für den Arbeitnehmer ungünstig abweichend von den Vorgaben des BUrlG geregelt werden kann (*Leuchten* NZA 1996, 565, 567; ErfKomm/*Dörner* § 13 BUrlG Rdn. 32).

9. Übertragung des Urlaubs. Mit den Übertragungsvorschriften des § 7 Abs. 3 BUrlG wollte der Gesetzgeber sicherstellen, dass der Arbeitnehmer den ihm zustehenden Erholungsurlaub grundsätzlich **im laufenden Kalenderjahr** nimmt, so dass eine Anhäufung des Urlaubs vermieden wird. Diese Regelung trägt auch den Arbeitgeberinteressen Rechnung, denn sie vermeidet, dass sich der Arbeitgeber mit monatelangen Urlaubsgesuchen seiner Mitarbeiter auseinandersetzen muss.

Gleichwohl ist eine Übertragung des Urlaubs auf das Folgejahr in vielen Fällen sachgerecht, denn sie verhindert, dass der um das Erlöschen seines Urlaubsanspruchs bangende Arbeitnehmer seine Ansprüche, die der Arbeitgeber etwa wegen dringender betrieblicher Belange nicht gewähren kann, durchzusetzen gezwungen ist. Die hier vorgeschlagene Möglichkeit einer **Verlängerung des Übertragungszeitraums** auf insgesamt sechs Monate kann daher sowohl für den Arbeitnehmer als auch für den Arbeitgeber dienlich sein. Sie ist von der Dispositionsbefugnis der Tarifvertragsparteien nach § 13 Abs. 1 S. 1 BUrlG umfasst (BAG Urt. v. 9. 5. 1995 – 9 AZR 552/93 – NZA 1996, 149, 150).

10. Formelles Anmeldungserfordernis. Die Tarifvertragsparteien können ferner in Tarifverträgen von der Regelung des § 7 Abs. 3 BUrlG derart abweichen, dass sie die weitere Übertragung des Urlaubsanspruchs von einer formellen Anmeldung abhängig machen (BAG Urt. v. 16. 3. 1999 – 9 AZR 428/98 – AP Nr. 25 zu § 7 BUrlG Übertragung). Ein solches formelles Anmeldungserfordernis führt dazu, dass der Urlaub mit dem Ende des Übertragungszeitraums **ersatzlos erlischt,** wenn ihn der Arbeitnehmer vorher nicht schriftlich geltend gemacht hat (BAG Urt. v. 14. 6. 1994 – 284/93 – AP Nr. 21 zu § 7 BUrlG Übertragung; ErfKomm/*Dörner* § 13 BUrlG Rdn. 35).

III. Sonstige Abreden

Übernahmevereinbarung nach Betriebsübergang[1]

Vereinbarung

zwischen

...... (Name und Anschrift der Gesellschaft) „Betriebsveräußerer",

...... (Name und Anschrift der Gesellschaft) „Betriebserwerber"

und

...... (Name und Anschrift der Gewerkschaft) „Gewerkschaft[2]"

Präambel[3]

Der Betriebsveräußerer führt in ...... einen ...... Betrieb. Mit Wirkung zum ...... wird der Betriebsveräußerer sämtliche materiellen und immateriellen Betriebsmittel auf den Betriebserwerber übertragen. Die bei dem Betriebsveräußerer bestehenden Arbeitsverhältnisse werden im Wege eines Betriebsübergangs gemäß § 613a BGB auf den Betriebserwerber übergehen.

§ 1 Übernahme der Firmentarifverträge

(1) Zwischen der Gewerkschaft und dem Betriebsveräußerer wurden die folgenden Firmentarifverträge mit Geltung für alle bei dem Betriebsveräußerer beschäftigten Mitarbeiter abgeschlossen:

- Tarifvertrag ...... vom......,
- Tarifvertrag ...... vom ...... und
- Tarifvertrag ...... vom ......

(2) Der Betriebserwerber übernimmt mit Wirkung zum ...... alle in Abs. (1) genannten Firmentarifverträge vom Betriebsveräußerer (Vertragsübernahme).

§ 2 Zustimmung zur Vertragsübernahme

Die Gewerkschaft stimmt der Übernahme der in § 1 Abs. (1) genannten Firmentarifverträge zu.

....
Ort, Datum   Ort, Datum

....
Unterschrift des Betriebsveräußerers   Unterschrift des Betriebserwerbers

......
Ort, Datum

......
Unterschrift der Gewerkschaft

Schrifttum: Däubler, Tarifvertragsrecht, 3. Aufl., 1993; *Kania,* Tarifeinheit bei Betriebsübergang?, DB 1994, 529; *Prange,* Tarifverträge im Lichte des § 613a BGB, NZA 2002, 817; *Schiefer/Pogge,* Betriebsübergang und dessen Folgen – Tatbestandsvoraussetzungen des § 613a BGB und Fortgeltung kollektivrechtlicher Regelungen, NJW 2003, 3739; *Wieland,* Recht der Firmentarifverträge, 1998.

Anmerkungen

1. Übernahmevereinbarung. Ein Firmentarifvertrag gilt nur bei einer **Gesamtrechtsnachfolge** ohne weiteres kollektivrechtlich fort, weil der Rechtsnachfolger dort vollkommen in die Rechtsstellung seines Vorgängers einrückt (*Schiefer/Pogge* NJW 2003, 3734, 3739). Entschieden hat die Rechtsprechung dies für den Fall der Verschmelzung nach § 20 Abs. 1 Nr. 1 UmwG (BAG Urt. v. 24. 6. 1998 – 4 AZR 208/97 – AP Nr. 1 zu § 20 UmwG). Der Abschluss einer Übernahmevereinbarung wird darum erforderlich, wenn eine Gesamtrechtsnachfolge nicht vorliegt, die kollektivrechtliche Weitergeltung der Firmentarifverträge aber sichergestellt werden soll.

In den „klassischen" Fällen des Betriebsübergangs, dem Kauf, der Pacht, der Anschlusspacht oder der Schenkung findet keine Gesamtrechtsnachfolge, sondern eine **Einzelrechtsnachfolge** statt. Zwar wird teilweise unter Hinweis auf die „Arbeitsplatzbezogenheit" der tarifvertraglichen Bindung auch in diesen Fällen eine kollektivrechtliche Fortgeltung der Firmentarifverträge angenommen (*Däubler* Rdn. 1534; *Prange* NZA 2002, 817, 819). Die Rechtsprechung und der überwiegende Teil der Literatur folgen dieser Auffassung jedoch nicht (BAG Urt. v. 20. 6. 2001 – 4 AZR 295/00 – AP Nr. 18 zu § 1 Bezugnahme auf Tarifvertrag; ErfKomm/*Preis* § 613a BGB Rdn. 109; MünchKommBGB/*Schaub* § 613a BGB Rdn. 133; *Kania* DB 1994, 529, 534; *Wieland* Rdn. 267). Eine tragfähige Begründung für die Bindung eines nicht am Vertragsschluss beteiligten Arbeitgebers fehle. Allein der Übergang der Arbeitgeberstellung in Bezug auf die Arbeitsverhältnisse könne die Tarifgebundenheit an einen Firmentarifvertrag des Veräußerers nicht begründen. Die Tarifgebundenheit des Arbeitgebers an den Firmentarifvertrag nach § 3 Abs. 1 TVG basiere auf seiner Stellung als Tarifvertragspartei, nicht aber auf der als Partei des Arbeitsvertrags. Hinzu komme, dass der Gesetzgeber durch die Novellierung des § 613a BGB eine spezifische Regelung der Wirkung eines Betriebsübergangs auf Tarifverträge getroffen und sich damit eindeutig für eine individualrechtliche Lösung entschieden habe (BAG Urt. v. 20. 6. 2001 – 4 AZR 295/00 – a.a.O.).

Will der Betriebserwerber die **unmittelbare und zwingende Wirkung** der Tarifnormen von Firmentarifverträgen erreichen, so muss er eine Übernahmevereinbarung, wie sie das Formular vorsieht, abschließen. Mit einer solchen Vertragsübernahme tritt der Betriebserwerber an die Stelle des Betriebsveräußerers.

2. Vertragsparteien. Bei der Vertragsübernahme handelt es sich um ein einheitliches Rechtsgeschäft, das der Zustimmung aller Beteiligten bedarf. Es kann als dreiseitiger Vertrag abgeschlossen werden oder als zweiseitiger Vertrag zwischen ausscheidender Partei (hier dem Betriebsveräußerer) und eintretender Partei (hier dem Betriebserwerber) unter Zustimmung des Dritten (hier der Gewerkschaft).

Das Formular sieht als Vertragsparteien sowohl den Betriebsveräußerer und den Betriebserwerber als auch die Gewerkschaft vor.

3. Präabel. S. Form. E. II. 1.

F. Betriebliche Altersversorgung

I. Direktzusagen

1. Vereinbarung zur Gehaltsumwandlung[1]

Zwischen
...... (Name und Anschrift des Arbeitgebers) „Gesellschaft"
und
Herrn ...... (Name und Anschrift des Arbeitnehmers) „Mitarbeiter"
wird in Ergänzung zum Arbeitsvertrag vom ...... mit Wirkung ab dem ...... Folgendes vereinbart:

§ 1 Gehaltsverzicht[2]

Der Mitarbeiter verzichtet auf EUR ...... (In Worten: EUR ......).

§ 2 Versorgungszusage[3]

Die Gesellschaft gewährt dem Mitarbeiter im Gegenzug für den Gehaltsverzicht nach vorstehendem § 1 einen Anspruch auf Versorgungsleistungen im Sinne des § 1 Abs. 2 Nr. 3 des Gesetzes zur Verbesserung der betrieblichen Altersversorgung (BetrAVG) nach Maßgabe der als Anlage 1 beigefügten Pensionszusage.

§ 3 Bemessung gehaltsabhängiger Leistungen[4]

Für Gehaltserhöhungen sowie für die Bemessung gehaltsabhängiger Leistungen der Gesellschaft, wie z.B. Weihnachtsgratifikation, Jubiläumsgelder, Pensionsansprüche aus arbeitgeberfinanzierten Versorgungszusagen, Zuschläge, etc., ist das Gehalt des Mitarbeiters maßgebend, das sich ohne die Vereinbarung gemäß § 1 ergeben würde.

§ 4 Pensions-Sicherungs-Verein[5]

(1) Soweit im Hinblick auf die zugesagten Versicherungsleistungen Beiträge zum Zwecke der Insolvenzversicherung an den Pensions-Sicherungs-Verein aG zu leisten sind (§ 10 BetrAVG), trägt diese die Gesellschaft.

(2) Die Gesellschaft wird die gesetzlichen Mitteilungs- und Mitwirkungspflichten (§ 11 BetrAVG) erfüllen.

§ 5 Rückdeckungsversicherung[6]

(1) Die Gehaltsbestandteile, auf die der Mitarbeiter verzichtet, wird die Gesellschaft als Beiträge für eine abzuschließende Rückdeckungsversicherung bei der ...... (nachfolgend „Versicherungsgesellschaft") mit Versicherungsbeginn ...... verwenden.

(2) Die Versicherung dient zur Finanzierung der zugesagten Versorgungsleistungen gemäß der als Anlage 1 beigefügten Pensionszusage; auf die Leistungen aus der Rückdeckungsversicherung ist daher ausnahmslos die Gesellschaft bezugsberechtigt.

(3) Kommt die Rückdeckungsversicherung zwischen der Gesellschaft und der Versicherungsgesellschaft nicht zustande, werden dem Mitarbeiter etwa bereits einbehaltene Gehaltsbestandteile unverzüglich anlässlich der folgenden Gehaltszahlung zurückerstattet.

§ 6 Schlussbestimmungen[7]

(1) Diese Vereinbarung unterliegt deutschem Recht.

(2) Mündliche Nebenabreden bestehen nicht. Änderungen oder Ergänzungen dieser Vereinbarung einschließlich dieser Bestimmung bedürfen zu ihrer Rechtswirksamkeit der Schriftform.

(3) Sollte eine Bestimmung dieser Vereinbarung ganz oder teilweise unwirksam sein oder werden, so wird hiervon die Wirksamkeit der übrigen Bestimmungen der Vereinbarung nicht berührt. Die Parteien verpflichten sich, anstelle der unwirksamen Bestimmung eine dieser Bestimmung wirtschaftlich möglichst nahe kommende, wirksame Regelung zu treffen. Dasselbe gilt für den Fall einer vertraglichen Lücke.

......
Ort, Datum

......
Ort, Datum

......
Unterschrift der Gesellschaft

......
Unterschrift des Mitarbeiters

Schrifttum: Blomeyer, Der Entgeltumwandlungsanspruch des Arbeitnehmers in individual- und kollektivrechtlicher Hinsicht, DB 2001, 1413; *ders.,* Die Riester-Rente nach dem Altersvermögensgesetz (AVmG), NZA 2001, 913; *ders.,* Rechtsfragen der Entgeltumwandlung und Lösungsansätze, NZA 2000, 281; *Doetsch,* Gehaltsumwandlung zur betrieblichen Altersversorgung, RdA 2001, 126; *Furtmayr,* Das neue Altersvermögensgesetz, 2002; *Grabner/Bode,* Betriebliche Altersversorgung aus Entgeltumwandlung, DB 2001, 481; *Klemm,* Fragen der Entgeltumwandlung nach dem Altersvermögensgesetz, NZA 2002, 1123; *Macher,* Arbeitnehmerfinanzierte Versorgungsmodelle durch Entgeltumwandlung, NZA 2001, 948; *Plenker,* Gehaltsumwandlung bei betrieblicher Altersvorsorge und Arbeitszeiten, BC 2002, 211; *Schoden,* Betriebliche Altersversorgung – Kommentar für die Praxis, 2. Aufl., 2003.

Anmerkungen

1. Vertragliche Regelung. Der durch das Formular vereinbarte Gehaltsverzicht intendiert zusammen mit den folgenden Formularen die Gewährung einer betrieblichen Altersversorgung im Wege der Entgeltumwandlung im Sinne einer „Deferred Compensation". Diese Gestaltungsweise ist als betriebliche Altersversorgung im Sinne von § 1 Abs. 2 Nr. 3 BetrAVG gesetzlich anerkannt. Die Konstruktion ist vor allem steuerlich motiviert und führt zu einer „nachgelagerten Besteuerung" des Arbeitslohns des Arbeitnehmers. Vor den durch das Altersvermögensgesetz eingeführten Neuregelungen bestand zudem ein erheblicher sozialversicherungsrechtlicher Anreiz für derartige Gestaltungen, da der Gehaltsanteil, auf den verzichtet wurde, nicht der Beitragspflicht in der Sozialversicherung unterfiel. Die Beitragsfreiheit ist nunmehr jedoch auf 4% der jeweils maßgeblichen Beitragsbemessungsgrenze in der Rentenversicherung reduziert. Ab dem 1. Januar 2009 fällt auch diese Privilegierung endgültig weg und eine volle Beitragspflicht der Gehaltsbestandteile, auf die verzichtet wird, tritt ein (vgl. § 115 SGB IV).

2. Gehaltsverzicht. Nachgelagerte Besteuerung bedeutet, dass der Gehaltsbestandteil, auf den der Arbeitnehmer verzichtet und der in eine betriebliche Altersversorgung umgewandelt wird, nicht gegenwärtig, sondern erst mit Eintritt des Versorgungsfalls der Besteuerung unterliegt, was in der Regel zu einer niedrigeren Steuerbelastung führt. Diese Steuerentlastung kann der Arbeitnehmer nur erreichen, wenn er auf künftige Lohnansprüche zugunsten einer Versorgungszusage verzichtet (BMF-Schreiben v. 4. 2. 2000 – IV C 5 – S 2332 – 11/00 – DB 2000, 353). Erforderlich ist also grundsätzlich, dass ein vereinbarter Entgeltanspruch vorliegt, für den bereits eine Rechtsgrundlage besteht, der aber noch nicht erdient ist. In diesem Fall liegt kein lohnsteuerrechtlicher Zufluss von Arbeitslohn vor. So kann z. B. auf Teile des künftig fälligen regelmäßigen Brutto-Entgelts zugunsten der betrieblichen Altersversorgung verzichtet werden. Im Hinblick auf Einmalzahlungen hat das Bundesfinanzministerium inzwischen klargestellt, dass die Entgeltumwandlung aus Vereinfachungsgründen auch dann steuerlich anzuerkennen

1. Vereinbarung zur Gehaltsumwandlung   F. I. 1

ist, wenn die Gehaltsumwandlungsvereinbarung hinsichtlich der Einmalzahlungen teilweise bereits erdiente, aber noch nicht fällig gewordene Anteile umfasst. Dies gilt auch dann, wenn eine Einmal- oder Sonderzahlung einen Zeitraum von mehr als einem Jahr betrifft (BMF-Schreiben v. 17. 11. 2004 – IV C 4 – S 2222 – 177/04 – BetrAV 2004, 745). Dies ist beispielsweise der Fall, wenn im laufenden Geschäftsjahr auf einen zum Ende des Geschäftsjahrs fällig werdenden Bonus verzichtet wird. Der Teil des Bonus, der auf den Zeitraum des bereits abgelaufenen Geschäftsjahrs entfällt, ist streng genommen bereits erdient. Gleichwohl darf er aber steuerunschädlich in eine betriebliche Altersversorgung umgewandelt werden.

3. Versorgungszusage. Weitere Voraussetzung für die nachgelagerte Besteuerung ist, dass ein Durchführungsweg gewählt wird, der erst im Zeitpunkt der Zahlung der Altersversorgung zu einem lohnsteuerrechtlichen Zufluss von Arbeitslohn führt. Dies wird durch die Vereinbarung einer Direktzusage gewährleistet, da Leistungen aus der Direktzusage als nachträgliche Einkünfte aus nichtselbständiger Arbeit gemäß § 19 EStG zu besteuern sind (Einzelheiten s. Form. F. I. 2 Anm. 8).

4. Bemessung gehaltsabhängiger Leistungen. Das Formular sieht unter § 3 vor, dass für Gehaltserhöhungen und die Bemessung gehaltsabhängiger Leistungen weiterhin das ursprüngliche Gehalt maßgeblich ist. Man spricht in diesem Zusammenhang von einem „Schattengehalt". Derartige Vereinbarungen sind zulässig (vgl. BMF-Schreiben v. 4. 2. 2000 – IV C 5 – S 2332 – 11/00 – DB 2000, 353) und im Rahmen von Pensionszusagen durch Entgeltumwandlung üblich.

5. Pensions-Sicherungs-Verein. Das Formular sieht – rein deklaratorisch – vor, dass der Arbeitgeber die Beiträge zum Zweck der Insolvenzsicherung an den Pensions-Sicherungs-Verein (PSV) zu leisten hat. Dies entspricht der gesetzlichen Regelung des § 10 BetrAVG. In diesem Zusammenhang ist ausdrücklich klargestellt, dass der Arbeitgeber die gesetzlichen Mitteilungs- und Mitwirkungspflichten gemäß § 11 BetrAVG zu erfüllen hat. Hiernach besteht insbesondere die Verpflichtung, dem PSV die Gewährung der betrieblichen Altersversorgung innerhalb von drei Monaten nach Erteilung der Versorgungszusage mitzuteilen.

6. Rückdeckungsversicherung. Üblicherweise wird die erteilte Versorgungszusage durch den Abschluss einer Lebensversicherung („Rückdeckungsversicherung") durch den Arbeitgeber abgesichert. Um eine nachgelagerte Besteuerung zu erreichen, ist dabei wiederum erforderlich, dass der Arbeitnehmer selbst keine Ansprüche gegen das Versicherungsunternehmen aus der Rückdeckungsversicherung hat. Versicherungsnehmer und Bezugsberechtigter muss mithin der Arbeitgeber, versicherte Person der Arbeitnehmer sein (Einzelheiten s. Form. F. I. 2 Anm. 9). Der Arbeitnehmer seinerseits hat nur Ansprüche gegen den Arbeitgeber aus der Pensionszusage. Um den Arbeitnehmer schlussendlich gegen das Risiko der Zahlungsunfähigkeit des Arbeitgebers bei Eintritt des Versorgungsfalls abzusichern, werden die Ansprüche aus der Rückdeckungsversicherung i. d. R. an den Arbeitnehmer verpfändet (s. Form. F. I. 2 Anm. 9).

Es ist deshalb vorgesehen, dass der Arbeitgeber verpflichtet ist, die Gehaltsbestandteile, auf die der Arbeitnehmer verzichtet, als Beiträge für eine Rückdeckungsversicherung zu verwenden. Sofern dabei nicht ein laufender, sondern ein einmaliger Gehaltsverzicht vorgesehen ist, sollte dies durch eine entsprechende Umformulierung von § 5 deutlich klargestellt werden. § 5 Abs. (1) würde für diesen Fall alternativ lauten:

Alternative:
**§ 5 Rückdeckungsversicherung
(1) Die Gehaltsbestandteile, auf die der Mitarbeiter verzichtet, wird der Arbeitgeber als Einmalbetrag für eine abzuschließende Rückdeckungsversicherung bei der ...... mit Versicherungsbeginn ...... verwenden.**

Das Formular sieht in § 5 Abs. (3) zur sachgerechten Wahrung der Interessen des Arbeitnehmers vor, dass der vom Arbeitgeber einbehaltene Betrag an den Arbeitnehmer auszubezahlen ist, falls die Rückdeckungsversicherung nicht zustande kommt. Anderenfalls würde der Arbeitnehmer auf Gehaltsbestandteile verzichten, ohne dafür eine von Anfang an insolvenzsichere Altersversorgung zu erhalten. In diesem Zusammenhang ist allerdings zu beachten, dass die Auszahlung mit dem nächsten Gehaltsgang für den Arbeitnehmer i. d. R. nachteilige steuerliche Konsequenzen nach sich ziehen wird. Für den Fall, dass die Rückdeckungsversicherung nicht zustande kommt, sieht die mit dem Gehaltsverzicht zusammenhängende Pensionszusage (s. Form. F. I. 2) eine aufschiebende Bedingung der Zusageerteilung vor.

7. Schlussbestimmungen. S. Form. A. II. 1 Anm. 28 f.

2. Pensionszusage durch Gehaltsumwandlung[1]

Pensionszusage

zwischen
...... (Name und Anschrift der Gesellschaft) „Gesellschaft"
und
Herrn ...... (Name und Anschrift des Arbeitnehmers) „Mitarbeiter"
Die Gesellschaft erteilt dem Mitarbeiter in Ergänzung des Arbeitsvertrages vom ...... mit Wirkung vom ...... eine Zusage auf Leistungen der betrieblichen Altersversorgung durch Gehaltsumwandlung nach Maßgabe der folgenden Bestimmungen:

§ 1 Versorgungsleistungen[2]

Die Versorgungsleistungen umfassen:
- Altersversorgung;
- Vorgezogene Altersversorgung;
- Hinterbliebenenversorgung.

§ 2 Altersversorgung[3]

(1) Vollendet der Mitarbeiter das 65. Lebensjahr und scheidet er aus der Gesellschaft aus, so hat er einen Anspruch auf Zahlung eines einmaligen Alterskapitals in Höhe von EUR ......, mindestens jedoch in Höhe der Versicherungsleistung, die zum gleichen Zeitpunkt aus der im Zusammenhang mit dieser Pensionszusage von der Gesellschaft abgeschlossenen und durch Gehaltsumwandlung finanzierten Rückdeckungsversicherung („Rückdeckungsversicherung") fällig wird.

(2) Mit der Zahlung des Alterskapitals erlöschen alle Ansprüche des Mitarbeiters aus dieser Pensionszusage.

§ 3 Vorgezogene Altersversorgung[4]

(1) Auf schriftlichen Antrag des Mitarbeiters hin hat der Mitarbeiter Anspruch auf Zahlung eines vorgezogenen Alterskapitals vor Vollendung des 65. Lebensjahrs, wenn er die vorgezogene Altersrente aus der gesetzlichen Rentenversicherung in voller Höhe in Anspruch nimmt.

(2) Die Höhe des vorgezogenen Alterskapitals hängt vom Zeitpunkt der Inanspruchnahme ab. Sie richtet sich danach, welche Versorgungsleistung zu diesem Zeitpunkt aus der Rückdeckungsversicherung (§ 9) fällig wird.

(3) Mit der Zahlung des vorgezogenen Alterskapitals erlöschen alle Ansprüche aus dieser Pensionszusage.

§ 4 Hinterbliebenenversorgung[5]

(1) Im Fall des Todes des Mitarbeiters vor Eintritt des Versorgungsfalls gemäß § 2 oder § 3 zahlt die Gesellschaft an die Hinterbliebenen des Mitarbeiters gemäß der nachfolgenden Rangfolge (§ 5) eine einmalige Kapitalzahlung in Höhe von EUR ......, mindestens jedoch in Höhe der Versicherungsleistung, die zum gleichen Zeitpunkt aus der Rückdeckungsversicherung (§ 9) fällig wird.

(2) Eine Selbsttötung innerhalb von drei Jahren nach Erteilung dieser Pensionszusage schließt die Zahlung des Hinterbliebenenkapitals in der oben genannten Höhe grundsätzlich aus.

(3) Mit der Zahlung des Hinterbliebenenkapitals erlöschen alle Ansprüche aus dieser Pensionszusage.

§ 5 Rangfolge der Hinterbliebenen[6]

(1) Die Leistungen aus der Hinterbliebenenversorgung erhält bei Eintritt des Versorgungsfalls der mit dem Mitarbeiter in gültiger Ehe lebende Ehegatte. Ist kein Ehegatte vorhanden, steht die Hinterbliebenenversorgung dem mit dem Mitarbeiter in häuslicher Gemeinschaft lebende Lebenspartner zu, wenn der Mitarbeiter der Gesellschaft diesen durch eine schriftliche Mitteilung namentlich benannt hat.

(2) Ist kein Ehegatte vorhanden und hat der Mitarbeiter der Gesellschaft keinen Lebenspartner namentlich benannt, steht der Anspruch auf die Leistungen aus der Hinterbliebenenversorgung zu gleichen Teilen den ehelichen und den rechtlich gleichgestellten Kindern des Mitarbeiters zu.

§ 6 Vorzeitiges Ausscheiden[7]

(1) Scheidet der Mitarbeiter vor Eintritt des Versorgungsfalls aus der Gesellschaft aus, so bleibt die Anwartschaft auf Leistungen aus dieser Pensionszusage nach Maßgabe der gesetzlichen Regelungen des § 1b Abs. 5 des Gesetzes zur Verbesserung der betrieblichen Altersversorgung (BetrAVG) erhalten.

(2) Bei Eintritt des Versorgungsfalls wegen Erreichens des 65. Lebensjahrs oder Tod haben der vorzeitig ausgeschiedene Mitarbeiter oder seine Hinterbliebenen einen Anspruch in Höhe der vom Zeitpunkt dieser Zusage bis zum Ausscheiden des Mitarbeiters aus der Gesellschaft umgewandelten Gehaltsbestandteile, mindestens jedoch in Höhe der Versicherungsleistung, die zum Zeitpunkt des Eintritts eines Versorgungsfalls aus der Rückdeckungsversicherung (§ 9) fällig wird.

§ 7 Fälligkeit der Altersversorgung

(1) Das Alterskapital gemäß § 2 wird zum 1. des Monats gezahlt, der auf die Entstehung des Anspruchs folgt.

(2) Das vorgezogene Alterskapital gemäß § 3 wird zum 1. des Monats gezahlt, der auf den Monat folgt, in dem der Mitarbeiter die vorgezogene Altersversorgung schriftlich beantragt hat, frühestens jedoch mit dem erstmaligen Bezug der vorgezogenen Altersrente aus der gesetzlichen Rentenversicherung in voller Höhe.

(3) Das Hinterbliebenenkapital wird auf Antrag des versorgungsberechtigten Hinterbliebenen unverzüglich nach Eintritt des Versorgungsfalls gezahlt. Auf Verlangen der Gesellschaft ist die Hinterbliebeneneigenschaft durch Vorlage geeigneter Dokumente nachzuweisen.

§ 8 Lohnsteuer und Abgaben[8]

(1) Die auf die Versorgungsleistung entfallende Lohnsteuer und sonstige Abgaben sind vom jeweiligen Versorgungsempfänger zu tragen.

(2) Der Versorgungsempfänger ist verpflichtet, der Gesellschaft für die Zahlung der Versorgungsleistung eine Lohnsteuerkarte vorzulegen und unaufgefordert die Angaben zu machen, die gegebenenfalls zur Ermittlung und Abführung weiterer Abgaben, Gebühren oder Beiträge erforderlich sind.

§ 9 Rückdeckungsversicherung[9]

(1) Zur Finanzierung der zugesagten Versorgungsleistungen schließt die Gesellschaft eine Rückdeckungsversicherung bei der ...... (nachfolgend „Versicherungsgesellschaft") ab (Versicherungsbeginn: ......). Mit der Annahme dieser Pensionszusage erklärt sich der

Mitarbeiter mit dem Abschluss dieser Rückdeckungsversicherung einverstanden und verpflichtet sich, etwaige von der Versicherungsgesellschaft verlangte Auskünfte wahrheitsgemäß zu erteilen sowie sich einer eventuell notwendig erachteten ärztlichen Untersuch zu unterziehen. Auf alle Leistungen aus der Rückdeckungsversicherung ist ausnahmslos die Gesellschaft bezugsberechtigt.

(2) Zur Sicherung der Ansprüche des Mitarbeiters und der Ansprüche seiner Angehörigen aus dieser Pensionszusage verpfändet die Gesellschaft ihre Rechte und Ansprüche aus der Rückdeckungsversicherung an den Mitarbeiter. Der Mitarbeiter erwirbt mit der Verpfändung das Recht, bei Pfandreife die Versicherungsleistungen insoweit für sich in Anspruch zu nehmen, wie dies zur Erfüllung der Pensionszusage erforderlich ist. Die Verpfändung erfolgt durch gesonderte schriftliche Vereinbarung zwischen dem Mitarbeiter und der Gesellschaft bei gleichzeitiger Anzeige an die Versicherungsgesellschaft.

(3) Sofern die Rückdeckungsversicherung zwischen der Gesellschaft und der Versicherungsgesellschaft nicht zustande kommt und dem Mitarbeiter im Hinblick auf § 5 Abs. (2) der gesonderten Vereinbarung zur Gehaltsumwandlung der Gehaltsanteil, auf den er verzichtet hat, wieder ausgezahlt wird, bestehen keinerlei Ansprüche aus dieser Vereinbarung.

§ 10 Verfügungsbeschränkungen[10]

Verpfändungen, Abtretungen, Beleihungen sowie jede andere Verfügung über die durch die Pensionszusage eingeräumten Ansprüche durch den Mitarbeiter sind ausdrücklich ausgeschlossen, damit der Zweck der Zukunftssicherung jederzeit gewährleistet ist.

§ 11 Verhältnis zu bestehenden Zusagen

(1) Diese Pensionszusage wird unabhängig von etwa schon bestehenden oder künftigen Zusagen auf betriebliche Altersversorgung erteilt.

(2) Rechte, Anwartschaften und Unverfallbarkeitsfristen aus verschiedenen Zusagen sind voneinander unabhängig. Im Übrigen gelten die gesetzlichen Bestimmungen des BetrAVG.

§ 12 Aufschiebende Bedingung[11]

Das Wirksamwerden dieser Vereinbarung steht unter der aufschiebenden Bedingung der Annahme des Antrags der Gesellschaft auf Abschluss und dem nachfolgenden Abschluss einer Rückdeckungsversicherungsvereinbarung zwischen der Gesellschaft und der Versicherungsgesellschaft.

§ 13 Schlussbestimmungen[12]

(1) Diese Vereinbarung unterliegt deutschem Recht.

(2) Mündliche Nebenabreden bestehen nicht. Änderungen oder Ergänzungen dieser Vereinbarung einschließlich dieser Bestimmung bedürfen zu ihrer Rechtswirksamkeit der Schriftform.

(3) Sollte eine Bestimmung dieser Vereinbarung ganz oder teilweise unwirksam sein oder werden, so wird hiervon die Wirksamkeit der übrigen Bestimmungen der Vereinbarung nicht berührt. Die Parteien verpflichten sich, anstelle der unwirksamen Bestimmung eine dieser Bestimmung wirtschaftlich möglichst nahe kommende, wirksame Regelung zu treffen. Dasselbe gilt für den Fall einer vertraglichen Lücke.

......
Ort, Datum

......
Unterschrift der Gesellschaft

......
Ort, Datum

......
Unterschrift des Mitarbeiters

2. Pensionszusage durch Gehaltsumwandlung F. I. 2

Schrifttum: Blomeyer, Der Entgeltumwandlungsanspruch des Arbeitnehmers in individual- und kollektivrechtlicher Hinsicht, DB 2001, 1413; *ders.,* Die Riester-Rente nach dem Altersvermögensgesetz (AVmG), NZA 2001, 913; *ders.,* Rechtsfragen der Entgeltumwandlung und Lösungsansätze, NZA 2000, 281; *Doetsch,* Gehaltsumwandlung zur betrieblichen Altersversorgung, RdA 2001, 126; *Furtmayr,* Das neue Altersvermögensgesetz, 2002; *Grabner/Bode,* Betriebliche Altersversorgung aus Entgeltumwandlung, DB 2001, 481; *Klemm,* Fragen der Entgeltumwandlung nach dem Altersvermögensgesetz, NZA 2002, 1123; *Macher,* Arbeitnehmerfinanzierte Versorgungsmodelle durch Entgeltumwandlung, NZA 2001, 948; *Plenker,* Gehaltsumwandlung bei betrieblicher Altersvorsorge und Arbeitszeiten, BC 2002, 211; *Schoden,* Betriebliche Altersversorgung – Kommentar für die Praxis, 2. Aufl., 2003.

Anmerkungen

1. Vertragliche Regelung. Die Pensionszusage ist im Zusammenhang mit dem Gehaltsverzicht (s. Form. F. I. 1) zu sehen. Es wird insofern auf die einführenden Anm. zu Form. F. I. 1 verwiesen.

2. Umfang der Versorgungsleistungen. Die Pensionszusage sieht Versorgungsleistungen für den Fall des Erreichens des 65. Lebensjahrs (Altersversorgung), eine vorgezogene Altersversorgung bei Inanspruchnahme von vorgezogener Altersrente aus der gesetzlichen Rentenversicherung in voller Höhe (vorgezogene Altersversorgung) und ein Hinterbliebenenkapital im Falle des Todes des Mitarbeiters (Hinterbliebenenversorgung) vor. Eine Absicherung für den Fall der Invalidität ist nicht vorgesehen, um den Risikoanteil der Rückdeckungsversicherung gering zu halten und eine möglichst hohe Rendite zu erzielen.

3. Altersversorgung. Durch die Pensionszusage verpflichtet sich der Arbeitgeber, dem Arbeitnehmer mit Erreichen des 65. Lebensjahrs ein einmaliges Alterskapital in Höhe eines bestimmten Betrags zu bezahlen. Die festzusetzende Summe sollte der garantierten Mindestauszahlung durch die vorgesehene Rückdeckungsversicherung bei der Versicherungsgesellschaft entsprechen. Sofern durch die Versicherungsgesellschaft höhere Erträge erwirtschaftet werden, ist vorgesehen, dass sich die Zahlungsverpflichtung des Arbeitgebers entsprechend erhöht. Die Gesamtzahlungsverpflichtung ist in dem vorgesehenen Modell jedoch in jedem Fall durch die vorgesehene Rückdeckungsversicherung abgedeckt.

4. Vorgezogene Altersvorsorge. Die Anm. 3 gilt entsprechend für die vorgezogene Altersvorsorge. Auch die für die bei Eintritt dieser Versorgungsfälle für den Arbeitgeber entstehenden Zahlungsverpflichtungen sollten durch die vorgesehene Rückdeckungsversicherung mit der Versicherungsgesellschaft vollständig abgedeckt werden. In praktischer Hinsicht bedeutet dies, dass der Arbeitgeber beim Eintritt eines Versorgungsfalls gegenüber dem Arbeitnehmer aus der Direktzusage unmittelbar zur Zahlung der Versorgungsleistungen verpflichtet ist, seinerseits jedoch wiederum einen Anspruch in entsprechender Höhe gegen die Versicherungsgesellschaft hat.

5. Hinterbliebenenversorgung. Die Anm. 3 und 4 gelten entsprechend.

6. Rangfolge der Hinterbliebenen. Es ist zu beachten, dass Aufwendungen für Versorgungszusagen an Arbeitnehmer, die eine Hinterbliebenenversorgung für den in eheähnlicher Gemeinschaft lebenden Partner des Versorgungsberechtigten vorsehen, nur dann nach Maßgabe von § 4 Abs. 4, § 4c, § 4d oder § 4e EStG als Betriebsausgaben abgezogen werden können, wenn die in Aussicht gestellten Leistungen betrieblich veranlasst sind. Die betriebliche Veranlassung einer Hinterbliebenenzusage ist unter Berücksichtigung der Umstände des jeweiligen Einzelfalls zu prüfen (BMF-Schreiben v. 25. 7. 2002 – IV A 6 – S 2176 – 28/02 – BStBl. I 2002 S. 706). Anhaltspunkte hierfür können eine von dem Lebenspartner schriftlich bestätigte Kenntnisnahme der in Aussicht gestellten Versorgungsleistung, eine zivilrechtliche Unterhaltspflicht des Arbeitnehmers gegenüber dem Lebenspartner, aber auch eine gemeinsame Haushaltsführung sein (BMF-Schreiben v. 25. 7. 2002 – IV A 6 – S 2176 – 28/02 – BStBl. I 2002 S. 706). Aus diesem Grund ist im Formular vorgesehen, dass lediglich in häuslicher Gemeinschaft lebende Lebenspartner Leistungen aus der Hinterbliebenenversorgung erhalten sollen. Es empfiehlt sich, zusätzlich eine Anlage zu der Pensionszusage aufzunehmen, in der der versorgungsberechtigte Lebenspartner namentlich mit Anschrift und Geburtsdatum genannt wird.

7. Vorzeitiges Ausscheiden. Für den Fall des vorzeitigen Ausscheidens verweist das Formular auf die Regelungen des § 1 b Abs. 5 BetrAVG. Da es sich um eine betriebliche Altersversorgung durch Entgeltumwandlung handelt, behält der Arbeitnehmer seine Anwartschaft unabhängig von der Zusagedauer, wenn sein Arbeitsverhältnis vor Eintritt des Versorgungsfalls endet. Für diesen Fall sieht das Formular vor, dass der ausgeschiedene Arbeitnehmer oder seine Hinterbliebenen einen Anspruch in Höhe der vom Zeitpunkt der Zusageerteilung bis zum Ausscheiden des Mitarbeiters aus der Gesellschaft umgewandelten Gehaltsbestandteilen, mindestens in Höhe der Versicherungsleistungen, die zum Zeitpunkt des Eintritts des Versorgungsfalls aus der Rückdeckungsversicherung fällig wird, hat. Dies entspricht der gesetzlichen Regelung in § 2 Abs. 5 a BetrAVG. Demnach hat ein vorzeitig ausgeschiedener Arbeitnehmer bei Eintritt des Versorgungsfalls einen Anspruch auf Leistungen aus den bis zum Zeitpunkt seines Ausscheidens umgewandelten Entgeltbestandteilen.

8. Lohnsteuer und Abgaben. Da es sich bei der Pensionszusage um eine Direktzusage handelt, die lediglich mittels Rückdeckungsversicherung ausfinanziert wird, sind die Leistungen aus der Pensionszusage als nachträgliche Einkünfte aus nichtselbständiger Arbeit gemäß § 19 EStG zu besteuern. Auch Kapitalzahlungen aus solchen unmittelbaren Versorgungszusagen gehören, wie sich aus § 19 Abs. 1 S. 2 EStG ergibt, zu den Einkünften aus nichtselbständiger Arbeit und sind daher grundsätzlich einkommensteuerpflichtig. Die Einkommensteuer wird durch Abzug vom Arbeitslohn als Lohnsteuer erhoben. Der (ehemalige) Arbeitgeber ist verpflichtet, die Lohnsteuer einzubehalten (§ 38 Abs. 3 EStG i.V.m. § 4 Abs. 2 Nr. 3 S. 3 LStDVO) und an das zuständige Finanzamt abzuführen. Der Versorgungsempfänger muss deshalb dem Arbeitgeber eine Lohnsteuerkarte vorlegen.

Die vorab geschilderte Lohnsteuerpflicht betrifft nicht nur den Arbeitnehmer, sondern erfasst gegebenenfalls auch aus der Versorgungszusage begünstigte Hinterbliebene des ehemaligen Arbeitnehmers, wenn sie Versorgungsleistungen beziehen. Dies ergibt sich unmittelbar aus § 19 Abs. 1 S. 1 Nr. 2 EStG, der Witwen- und Waisengelder ausdrücklich aufzählt.

Der Arbeitnehmer kann den Versorgungsfreibetrag nach § 19 Abs. 2 S. 1 EStG in Anspruch nehmen. Zusätzlich kann er den Arbeitnehmer-Pauschbetrag gemäß § 9 a Nr. 1 EStG geltend machen.

9. Rückdeckungsversicherung. Eine Rückdeckungsversicherung wird vom Arbeitgeber abgeschlossen, um Risiken aus der betrieblichen Altersversorgung abzudecken. Versicherungsnehmer und somit Vertragspartner des Versicherungsunternehmens ist der Arbeitgeber (*Höfer* Bd. 1 Rdn. 106). Der Arbeitnehmer ist zwar der Versicherte, jedoch sind nicht er oder einer seiner Hinterbliebenen hinsichtlich der Versicherungsleistungen bezugsberechtigt.

Bezugsberechtigter aus der abzuschließenden Rückdeckungsversicherung ist der Arbeitgeber. Grund sind die in Form. F. I. 1 Anm. 1 dargestellten steuerlichen Aspekte. Es liegt daher keine Direktversicherung im Sinne des BetrAVG vor. Zur Absicherung der Ansprüche des Arbeitnehmers im Falle der Zahlungsunfähigkeit des Arbeitgebers bei Eintritt des Versorgungsfalls bestimmt § 9 Abs. (2), dass der Arbeitgeber seine Rechte und Ansprüche aus der Rückdeckungsversicherung durch gesonderte schriftliche Vereinbarung (s. Form. F. I. 3) an den Arbeitnehmer verpfändet. Die Verpfändung der Ansprüche aus der Rückdeckungsversicherung zugunsten des Arbeitnehmers lässt deren Charakter unberührt und bewirkt nicht, dass aus der Rückdeckungsversicherung eine Direktversicherung wird. Bezugsberechtigt bleibt nämlich nach wie vor der Arbeitgeber. Nur für den Fall der Insolvenz des Arbeitgebers soll der Arbeitnehmer sich aus der an ihn verpfändeten Rückdeckungsversicherung befriedigen können. Würde hingegen die zugrunde liegende Rückdeckungsversicherung unbedingt an den Arbeitnehmer abgetreten, so würde eine Direktversicherung vorliegen, weil die unbedingte Abtretung dem Arbeitnehmer eine sofortige und unbedingte Verfügungsmacht einräumt (*Höfer* Bd. 1 Rdn. 174). Sofern die Ansprüche aus der Rückdeckungsversicherung unter der aufschiebenden Bedingung der Insolvenz des Arbeitgebers abgetreten werden, wandelt sich nach Ansicht der Finanzverwaltung die Rückdeckungsversicherung erst beim Bedingungseintritt in eine Direktversicherung um (R 41 EStR). Durch diese Umwandlung der Rückde-

2. Pensionszusage durch Gehaltsumwandlung

ckungsversicherung in eine Direktversicherung tritt dann ein lohnsteuerrechtlicher Zufluss in Höhe des Deckungskapitals ein (R 129 Abs. 3 S. 3 LStR). Da allerdings bei der aufschiebend bedingten Abtretung der Rückdeckungsversicherung das Risiko besteht, dass die Abtretung wegen Gläubigerbenachteiligung nichtig ist (BAG Urt. v. 16. 6. 1978 – 3 AZR 783/76 – DB 1978, 1843), hat sich in der Praxis die Verpfändung von Rückdeckungsversicherungen durchgesetzt.

Im Hinblick darauf, dass die zugrunde liegende Vereinbarung zur Gehaltsumwandlung (s. Form. F. I. 1) vorsieht, dass der Gehaltsanteil, auf den der Arbeitnehmer verzichtet, an ihn zurückzubezahlen ist, wenn die Rückdeckungsversicherung nicht zustande kommt, enthält § 9 Abs. (3) eine Klausel, die sicherstellt, dass für den Fall, dass die Rückdeckungsversicherung nicht zustande kommt und das Gehalt, auf welches der Arbeitnehmer verzichtet hat, wieder an ihn zurückbezahlt wird, kein Anspruch auf Leistungen aus der Pensionszusage besteht. Zusätzlich ist in diesem Zusammenhang in § 12 eine Bedingung aufgenommen, wonach das Wirksamwerden der Vereinbarung unter der aufschiebenden Bedingung (§ 158 Abs. 1 BGB) der Annahme des Antrags auf Abschluss und den nachfolgenden tatsächlichen Abschluss einer Rückdeckungsversicherung steht (s. Anm. 11).

10. Verfügungsbeschränkungen. Leistungen der betrieblichen Altersversorgung sind gemäß § 850 Abs. 2 ZPO wie Arbeitseinkommen nur in den in §§ 850a bis k ZPO beschriebenen Grenzen pfändbar. In dem Umfang, wie die Versorgungsleistung unpfändbar ist, kann sie gemäß § 400 BGB auch nicht abgetreten werden. Der pfändbare Teil der Versorgungsleistungen kann vom Versorgungsberechtigten jedoch zur Abtretung (§§ 398 ff. BGB) oder zur Pfandrechtsbestellung (§ 1273 ff. BGB) verwendet werden. Anwartschaften auf Leistungen der betrieblichen Altersversorgung sind als zukünftige Rechte nicht unmittelbar verpfändbar. Allerdings können schon während des Anwartschaftszeitraums alle zur Pfandrechtsbestellung notwendigen Rechtsgeschäfte vorgenommen werden, mit der Konsequenz, dass das Pfandrecht dann mit der Entstehung des Anspruchs auf die Versorgungsleistung erstarkt. Eine Abtretung von Anwartschaften ist als eine Abtretung künftiger Forderungen möglich (*Höfer* Bd. 1 Rdn. 1003).

Ein Verfügungsverbot für den Teil der über die Pfändungsfreigrenzen hinausgehenden Versorgungsleistungen ist zulässig, da er die vorzeitige Verwendung der Versorgungsleistungen verhindert und damit der Erhaltung des eigentlichen Versorgungszwecks dient.

11. Aufschiebende Bedingung. Die Versorgungszusage steht unter der aufschiebenden Bedingung des Abschlusses einer Rückdeckungsversicherung. Die Versorgungszusage gilt folglich erst mit Bedingungseintritt als erteilt. Da es sich dabei um eine rein zeitbezogene Bedingung im Sinne einer Vorschaltzeit handelt, erfolgt ein tatsächliches Hinausschieben des Zusagezeitpunkts auf den Bedingungseintritt (vgl. zum vergleichbaren Fall der sog. „statusbezogenen" Bedingung BAG Urt. v. 20. 4. 1982 – 3 AZR 1118/79 – DB 1982, 1879). Eines weiteren formalen Zusageakts bedarf es allerdings nicht mehr. Im Gegensatz dazu liegt der Zusagezeitpunkt – und damit der Beginn des Laufs der Unverfallbarkeitsfristen – bei sog. „zeitbezogenen" und nicht mehr vom Arbeitgeber beeinflussbaren Bedingungen bereits im Zeitpunkt des Versprechens und nicht erst im Zeitpunkt des Bedingungseintritt (*Höfer* Bd. 1 Rdn. 2739).

12. Schlussbestimmungen. S. Form. A. II. 1 Anm. 28 f.

3. Verpfändungsvereinbarung[1]

Zwischen
...... (Name und Anschrift des Arbeitgebers) „Gesellschaft"
und
Herrn ...... (Name und Anschrift des Arbeitnehmers) „Mitarbeiter"
wird folgende Verpfändungsvereinbarung getroffen:

§ 1 Rückdeckungsversicherung[2]

(1) Die Gesellschaft hat dem Mitarbeiter am ...... die als Anlage 1 beigefügte Pensionszusage (nachfolgend „Pensionszusage") erteilt und im Zusammenhang damit am ...... als Versicherungsnehmer bei der ...... eine Rückdeckungsversicherung (nachfolgend „Rückdeckungsversicherung") abgeschlossen.

(2) Das Bezugsrecht auf die Leistungen der Rückdeckungsversicherung steht der Gesellschaft zu.

§ 2 Verpfändungserklärung[3]

(1) Zur Sicherung aller Ansprüche des Mitarbeiters aus der Pensionszusage räumt die Gesellschaft dem Mitarbeiter an der Rückdeckungsversicherung ein erstrangiges Pfandrecht auf die Leistungen der Rückdeckungsversicherung i.S.d. §§ 1273 ff. BGB, insbesondere der §§ 1279 ff. BGB, ein.

(2) Das Pfandrecht erfasst alle Reche und Ansprüche aus der Rückdeckungsversicherung, einschließlich des Anspruchs auf Zahlung des Rückkaufswerts und der Überschussanteile.

§ 3 Pfandreife/Verwertung[4]

(1) Die Pfandreife tritt ein, wenn
- ein Insolvenzverfahren über das Vermögen des Arbeitgebers eröffnet oder ein Antrag auf Eröffnung des Insolvenzverfahrens mangels Masse abgelehnt wird (entscheidend ist das Datum der Eröffnung des Insolvenzverfahrens oder das Datum der Abweisung des Antrags) oder
- zwischen dem Arbeitgeber und den betreffenden Gläubigern ein außergerichtlicher Vergleich (Stundungs-, Quoten- oder Liquidationsvergleich) zur Abwendung eines Insolvenzverfahrens wirksam wird oder
- der Arbeitgeber seine Betriebstätigkeit vollständig einstellt und ein Antrag auf Eröffnung des Insolvenzverfahrens über das Vermögen des Arbeitgebers nicht gestellt worden ist und ein Insolvenzverfahren offensichtlich mangels Masse nicht in Betracht kommt.

(2) Bei Eintritt der Pfandreife ist der Arbeitnehmer berechtigt, die Pfandgegenstände zu verwerten, soweit dies zur Erfüllung seiner gesicherten Ansprüche notwendig ist.

§ 4 Anzeige der Verpfändung[5]

Die Gesellschaft zeigt die Verpfändung der Rückdeckungsversicherung der ...... gesondert an.

§ 5 Schlussbestimmungen[6]

(1) Diese Vereinbarung unterliegt deutschem Recht.

(2) Mündliche Nebenabreden bestehen nicht. Änderungen oder Ergänzungen dieser Vereinbarung einschließlich dieser Bestimmung bedürfen zu ihrer Rechtswirksamkeit der Schriftform.

3. Verpfändungsvereinbarung F. I. 3

(3) Sollte eine Bestimmung dieser Vereinbarung ganz oder teilweise unwirksam sein oder werden, so wird hiervon die Wirksamkeit der übrigen Bestimmungen der Vereinbarung nicht berührt. Die Parteien verpflichten sich, anstelle der unwirksamen Bestimmung eine dieser Bestimmung wirtschaftlich möglichst nahe kommende, wirksame Regelung zu treffen. Dasselbe gilt für den Fall einer vertraglichen Lücke.

......
Ort, Datum

......
Unterschrift der Gesellschaft

......
Ort, Datum

......
Unterschrift des Mitarbeiters

Schrifttum: Blomeyer, Die Verpfändung von Rückdeckungsversicherungen an Versorgungsanwärter der betrieblichen Altersversorgung, VersR 1999, 653; *Fischer/Thoms-Meyer*, Privatrechtlicher Insolvenzschutz für Arbeitnehmeransprüche aus deferred compensation, DB 2000, 1861; *Küppers/Louven*, Outsourcing und Insolvenzsicherung von Pensionsverpflichtungen durch Contractual „Trust" Arrangements (CTAs), BB 2004, 337; *Seppelt*, Die Reichweite des Pfandrechts bei wiederkehrenden Leistungen am Beispiel rückgedeckter unmittelbarer Pensionszusagen, VersR 2003, 292.

Anmerkungen

1. Vertragliche Vereinbarung. Die Verpfändungsvereinbarung dient im Zusammenhang mit der Pensionszusage durch Gehaltsverzicht (s. Form. F. I. 1 und F. I. 2) der Absicherung des Arbeitnehmers für den Fall der Zahlungsunfähigkeit des Arbeitgebers zum Zeitpunkt des Eintritts des Versorgungsfalls. Zu diesem Zweck werden durch die Vereinbarung die Ansprüche des Arbeitgebers gegen die Versicherungsgesellschaft an den Arbeitnehmer verpfändet.

2. Rückdeckungsversicherung. Einzelheiten zur Rückdeckungsversicherung ergeben sich aus Form. F. I. 1 Anm. 6 und Form. F. I. 2 Anm. 9. Zu beachten ist, dass die Beitragsleistung an das Versicherungsunternehmen zu einem sofortigen Liquiditätsabfluss führt, der jedoch im Falle der Gehaltsumwandlung durch die entsprechend ersparte Gehaltszahlung an den Mitarbeiter kompensiert wird. Daneben führt der vorgesehene Durchführungsweg zu einer Bilanzverlängerung, da eine Saldierung der zu bildenden Pensionsrückstellungen und des zu aktivierenden Deckungskapitals nach dem HGB nicht möglich ist, wohl aber nach internationalen Standards gemäß IAS 19.

3. Verpfändungserklärung. Das dem Arbeitnehmer eingeräumte Pfandrecht umfasst alle Rechte und Ansprüche aus der Rückdeckungsversicherung. Dies gilt insbesondere auch für den Anspruch auf Auszahlung des Rückkaufwerts. In der Anwartschaftsphase hat der Arbeitnehmer lediglich eine Mitberechtigung im Sinne von § 1281 S. 1 BGB. Er kann nicht alleine über die Ansprüche aus der Rückdeckungsversicherung verfügen (§ 1281 S. 2 BGB). Wenn der Versorgungsfall aus der zugrunde liegenden Direktzusage eintritt, kann der Arbeitnehmer gemäß §§ 1282 Abs. 1 S. 2, 1228 BGB nur in Höhe der fälligen Versorgungsleistungen über die verpfändete Rückdeckungsversicherung verfügen. Da im vorliegenden Fall die Höhe der Rückdeckungsversicherung der Versorgungsleistung entspricht, stehen dem Arbeitnehmer die Leistungen aus der Rückdeckungsversicherung dann jedoch in vollem Umfang zur Verfügung.

4. Pfandreife. Pfandreife als Voraussetzung der Verwertung (vgl. §§ 1273 Abs. 2, 1228 BGB) tritt mit der Eröffnung des Insolvenzverfahrens über das Vermögen der Gesellschaft und wirtschaftlich gleich gelagerten Sachverhalten ein. Die Pfandreife kann gegebenenfalls auch weiter definiert werden (z. B. ein längerfristiger Zahlungsverzug, ohne dass notwendigerweise eine Insolvenz vorliegen muss). Derartige – über den Wortlaut von § 1228 Abs. 2 BGB hinausgehende – zusätzliche Voraussetzungen für den Eintritt der Pfandreife sind zulässig. Sie haben jedoch nur schuldrechtliche Wirkung, so dass eine Verwertung unter Verstoß gegen die Vereinbarung Dritten gegenüber rechtmäßig ist (Staudinger/ *Wiegand* § 1228 BGB Rdn. 5; Erman/*Michalski* § 1228 BGB Rdn. 4). Der Pfandgläubiger macht sich bei abredewidriger Verwertung jedoch schadensersatzpflichtig.

5. Verpfändungsanzeige. Eine Verpfändungsanzeige ist gemäß § 1280 BGB Wirksamkeitsvoraussetzung der Verpfändung. Der Arbeitgeber muss deshalb dem Versicherungsunternehmen die Verpfändung der Ansprüche aus der Rückdeckungsversicherung anzeigen. Es handelt sich um eine unabdingbare Wirksamkeitsvoraussetzung für die Entstehung des Pfandrechts (BGH Urt. v. 11. 12. 1997 – IX ZR 341/95 – BGHZ 137, 267).

6. Schlussbestimmungen. S. Form. A. II. 1 Anm. 28 f.

4. Arbeitgeberfinanzierte Direktzusage[1]

Die ...... („Gesellschaft") gewährt ihren Mitarbeitern sowie deren Hinterbliebenen Versorgungsleistungen nach Maßgabe der folgenden Versorgungsordnung:

§ 1 Kreis der Versorgungsberechtigten[2]

(1) Mitarbeiter erwerben mit Vollendung des 25. Lebensjahrs (Zusagezeitpunkt) eine Anwartschaft auf Betriebliche Altersversorgung (Ruhegeld) gegenüber der Gesellschaft nach Maßgabe dieser Versorgungsordnung.

(2) Mitarbeiter, die bei Eintritt in die Gesellschaft das 55. Lebensjahr vollendet haben, sowie Aushilfskräfte oder unregelmäßig Beschäftigte sind von der Aufnahme in die Versorgungsordnung ausgeschlossen.

§ 2 Arten der Ruhegeldleistung[3]

(1) Nach Erfüllung der jeweiligen Anspruchsvoraussetzungen werden folgende Leistungen nach Maßgabe dieser Versorgungsordnung gewährt:
- Altersrente;
- vorgezogene Altersrente;
- Erwerbs- und Berufsunfähigkeitsrente (Invalidenrente) oder Erwerbsminderungsrente;
- Witwenrente, Witwerrente;
- Waisenrente.

(2) Auf diese Ruhegeldleistungen besteht ein Rechtsanspruch nach Maßgabe der gesetzlichen Regelungen.

§ 3 Wartezeit[4]

(1) Mitarbeiter erhalten, sofern sie fünf Jahre ununterbrochen bei der Gesellschaft beschäftigt waren (Wartezeit), Versorgungsleistungen nach Maßgabe dieser Versorgungsordnung, wenn der Versorgungsfall eingetreten ist und sie aus den Diensten der Gesellschaft ausgeschieden sind.

(2) Ist der Versorgungsfall auf einen Arbeitsunfall im Sinne der gesetzlichen Unfallversicherung zurückzuführen, werden Versorgungsleistungen auch dann gewährt, wenn die Wartezeit noch nicht erfüllt ist.

§ 4 Eintritt des Versorgungsfalls[5]

(1) Mitarbeiter erwerben einen Anspruch auf Altersrente, wenn das Arbeitsverhältnis mit Vollendung des 65. Lebensjahrs (Regelaltersgrenze) beendet wird.

(2) Endet das Arbeitsverhältnis vor der Regelaltersgrenze, hat der Mitarbeiter frühestens ab Vollendung des 60. Lebensjahrs Anspruch auf vorgezogene Altersrente, wenn er eine Altersrente aus der gesetzlichen Rentenversicherung als Vollrente oder – bei Befreiung von der Versicherungspflicht – entsprechende Leistungen bezieht.

(3) Der Versorgungsfall tritt auch ein, wenn das Arbeitsverhältnis wegen Invalidität oder voller Erwerbsminderung endet.

4. Arbeitgeberfinanzierte Direktzusage F. I. 4

(4) Der Bezug von Altersrente aus der gesetzlichen Rentenversicherung vor Vollendung des 65. Lebensjahrs sowie Invalidität oder Erwerbsminderung sind durch Rentenbescheid nachzuweisen.

§ 5 Anrechnungsfähige Dienstzeit[6]

(1) Als anrechnungsfähige Dienstzeit gilt die Zeit, die der Mitarbeiter nach seinem letzten Eintritt in die Gesellschaft dort bis zu seinem Ausscheiden ununterbrochen verbracht hat, längstens bis zur Vollendung des 65. Lebensjahrs.

(2) Unterbrechungen der Dienstzeit infolge unverschuldeter Arbeitsverhinderung (Krankheit, Erfüllung staatsbürgerlicher Pflichten, insbesondere Wehrpflicht) bleiben bei der Berechnung der ruhegeldfähigen Beschäftigungszeit außer Betracht, wenn die Arbeit nach Wegfall der Verhinderungsgründe unverzüglich wieder aufgenommen worden ist.

(3) Ist eine Mitarbeiterin aus Anlass einer Schwangerschaft und Geburt ausgeschieden, werden ihr die Dienstjahre voll angerechnet, wenn sie innerhalb von fünf Jahren nach dem Ausscheiden wieder ein Arbeitsverhältnis mit der Gesellschaft begründet.

§ 6 Ruhegeldfähiges Einkommen[7]

(1) Als ruhegeldfähiges Einkommen gilt das zum Stichtag (......) des jeweils berücksichtigungsfähigen Dienstjahrs (§ 5) bezogene Brutto-Monatsfestgehalt.

(2) Überstunden-, Mehrarbeitsvergütung, Jubiläumsgaben, vermögenswirksame Leistungen, Gewinnbeteiligungen, Boni, Provisionen oder sonstige einmalige oder in der Höhe schwankende Zuwendungen werden bei der Ermittlung der ruhegeldfähigen Einkommen nicht berücksichtigt. Gleiches gilt entsprechend für etwaige geldwerte Vorteile aus privater Dienstwagennutzung oder aus der Teilnahme an Aktienoptionsprogrammen und ähnlichen Mitarbeiterbeteiligungssystemen.

§ 7 Höhe der Altersrente[8]

(1) Die monatliche Altersrente setzt sich aus der Summe der den berücksichtigungsfähigen Dienstjahren jeweils zugeteilten jährlichen Rentenbausteinen gemäß nachfolgendem Abs. (2) zusammen. Durch Multiplikation des ruhegehaltfähigen Gehalts des jeweiligen berücksichtigungsfähigen Dienstjahrs mit 0,25 ergibt sich der von der Gesellschaft zu leistende Jahresbeitrag. Dieser Jahresbeitrag erhöht sich gegebenenfalls um Teile des ruhegehaltfähigen Einkommens (§ 6), welche die im jeweiligen berücksichtigungsfähigen Dienstjahr gültige Beitragsbemessungsgrenze in der gesetzlichen Rentenversicherung übersteigen. Der so ermittelte Jahresbeitrag der Gesellschaft wird kaufmännisch auf volle 5 Euro gerundet.

(2) Der jährliche Rentenbaustein ergibt sich durch Multiplikation dieses Jahresbeitrags mit dem altersentsprechenden Wert aus der nachfolgenden Umrechnungstabelle. Er wird jeweils zum 31. Dezember oder im Zeitpunkt des Ausscheidens zugeteilt und dem Versorgungskonto des Mitarbeiters gutgeschrieben.

Alter	Wert pro 1000 Euro Beitrag	Alter	Wert pro 1000 Euro Beitrag	Alter	Wert pro 1000 Euro Beitrag
25		32		39	
26		33		40	
27		34		41	
28		35		42	
29		36		43	
30		37		44	
31		38		45	

Alter	Wert pro 1000 Euro Beitrag	Alter	Wert pro 1000 Euro Beitrag	Alter	Wert pro 1000 Euro Beitrag
46		54		62	
47		55		63	
48		56		64	
49		57		65	
50		58			
51		59			
52		60			
53		61			

(3) Bei Mitarbeitern, die die Altersrente vor Vollendung des 65. Lebensjahrs in Anspruch nehmen, verringert sich die Altersrente für jeden Monat des Bezugs vor Vollendung des 65. Lebensjahrs für die gesamte Laufzeit um 0,3%, höchstens jedoch um 10,8%.

(4) Für Zeiten von Teilzeitbeschäftigung wird bei Zugrundelegung des Gehalts für eine Vollzeitbeschäftigung der jeweilige jährliche Rentenbaustein im Verhältnis der tatsächlich im maßgeblichen Jahr geleisteten Arbeitszeit zu der bei Vollzeitbeschäftigung möglichen jährlichen Arbeitszeit vermindert.

§ 8 Höhe der Invalidenrente[9]

(1) Invalidenrenten werden für Mitarbeiter gewährt, die vor Erreichen der Altersgrenze aus dem Unternehmen ausscheiden und nachweisen, dass sie erwerbsunfähig im Sinne der §§ 43–45 SGB VI sind.

(2) Für die Höhe der Invalidenrente gilt § 7 mit der Maßgabe, dass zu den tatsächlichen bei der Gesellschaft zurückgelegten Dienstjahren noch die Dienstjahre hinzugerechnet werden, die der Arbeitnehmer bis zu seinem 60. Lebensjahr noch bei der Gesellschaft hätte verbringen können.

§ 9 Witwenrente/Witwerrente[10]

(1) Im Falle des Todes eines Mitarbeiters oder Pensionärs erwerben die Hinterbliebenen einen Anspruch auf Witwen-/Witwerversorgung in Höhe von 60% der Rente oder der Invalidenrente, die dem Mitarbeiter im Zeitpunkt des Todes zugestanden hätte, wenn die Ehe vor Eintritt des Versorgungsfalls geschlossen worden und bis zum Tod des Hinterbliebenen bestanden hat. Ist der hinterbliebene Ehepartner mehr als 15 Jahre jünger als der verstorbene Mitarbeiter oder Pensionär, so wird die Witwen- oder Witwerversorgung für jedes angefangene Jahr des Altersunterschieds über 15 Jahre um 5%, höchstens jedoch um 50% gekürzt.

(2) Bei Wiederverheiratung der Witwe/des Witwers, erlischt der Anspruch auf Witwen-/Witwerrente. (*Alternative*: Die Witwe/der Witwer erhält in diesem Fall eine Abfindung in Höhe von 18 monatlichen Witwen-/Witwerrenten.)

(3) Ein Anspruch auf Witwen- oder Witwerrente besteht nicht, wenn die Ehe erst nach dem vollendeten 60. Lebensjahr des Mitarbeiters oder erst nach dem Eintritt des Versorgungsfalls geschlossen wurde.

§ 10 Waisenrente[11]

(1) Kinder eines verstorbenen Ruhegeldberechtigten erhalten Waisengeld. Die Waisenrente beträgt für Halbwaisen 15%, für Vollwaisen 30% der Rente oder Invalidenrente, die dem Mitarbeiter im Zeitpunkt seines Todes zugestanden hätte. Zusammen mit der Witwen- oder Witwerrente dürfen die Waisenrenten die (fiktive) Rente des Versor-

4. Arbeitgeberfinanzierte Direktzusage F. I. 4

gungsberechtigten nicht übersteigen. Gegebenenfalls sind die Waisenrenten anteilig zu kürzen.

(2) Als Waisen im Sinne der Regelung gelten Kinder, die nach den gesetzlichen Bestimmungen dem Grunde nach Anspruch auf Waisengeld haben.

(3) Die Zahlung der Waisenversorgung endet mit dem Monat, in dem die Waise das 18. Lebensjahr vollendet. Befindet sich die Waise über das 18. Lebensjahr hinaus in Schul-, Hochschul- oder Berufsausbildung, endet die Waisenversorgung in dem Monat, in dem die Ausbildung abgeschlossen wird. Davon unabhängig endet sie spätestens mit Vollendung des 27. Lebensjahrs.

§ 11 Vorzeitiges Ausscheiden[12]

(1) Vor Eintritt eines Versorgungsfalls aus der Gesellschaft ausgeschiedene Mitarbeiter erhalten bei Eintritt eines Versorgungsfalls eine betriebliche Altersversorgung, wenn sie bei ihrem Ausscheiden das 30. Lebensjahr vollendet hatten und die Versorgungszusage für sie mindestens fünf Jahre bestanden hat.

(2) Veränderungen der Bemessungsgrundlage für die Versorgungsleistungen bleiben, soweit sie nach dem Ausscheiden des Arbeitnehmers eingetreten sind, bei der Berechnung der Höhe der Versorgungsleistungen außer Betracht.

(3) Ausgeschiedenen Mitarbeitern ist auf Verlangen schriftlich bekannt zu geben, ob sie die Voraussetzungen der Unverfallbarkeit erfüllen und wie hoch ihre Altersrente bei Erreichen der Altersgrenze sein wird.

§ 12 Pflichten des Anspruchsberechtigten[13]

(1) Die zugesagten Ansprüche dürfen nicht abgetreten, beliehen oder verpfändet werden. Dennoch erfolgte Abtretungen, Beleihungen oder Verpfändungen sind der Gesellschaft gegenüber unwirksam.

(2) Der Empfänger von Versorgungsleistungen hat der Gesellschaft die für die Feststellung und den Bestand des jeweiligen Versorgungsanspruchs notwendigen Angaben zu machen und entsprechende Nachweise beizubringen.

(3) Jede Änderung der persönlichen Verhältnisse, die für die Gewährung von Versorgungsleistungen von Belang sein kann, insbesondere Änderung des Familienstands, Wiederherstellung der Erwerbsfähigkeit etc. sind der Gesellschaft unverzüglich mitzuteilen und nachzuweisen.

§ 13 Anpassungsregelung[14]

Steigt nach Eintritt des Versorgungsfalls das ruhegeldfähige Einkommen (§ 6) aller beschäftigten Arbeitnehmer der Gesellschaft durchschnittlich um mehr als ...... %, so werden die laufenden Rentenzahlungen um 50% dieses Prozentsatzes angehoben. (*Alternative*: Laufende Versorgungsleistungen werden jährlich entsprechend § 16 Abs. (3) Nr. 1 BetrAVG um 1% angepasst.)

§ 14 Vorbehalte[15]

(1) Die Gesellschaft behält sich vor, zugesagte Leistungen zu kürzen oder einzustellen, wenn
   a) die wirtschaftliche Lage der Gesellschaft sich nachhaltig so verschlechtert hat, dass ihr eine Aufrechterhaltung nicht mehr zugemutet werden kann, oder
   b) der Personenkreis, die Beiträge, die Leistungen oder das Pensionierungsalter bei der gesetzlichen Sozialversicherung oder bei anderen Versorgungseinrichtungen mit Rechtsanspruch sich wesentlich ändern, oder
   c) die rechtliche, insbesondere die steuerliche Behandlung der Aufwendungen, die zur planmäßigen Finanzierung der Versorgungsleistungen von der Gesellschaft ge-

macht werden oder gemacht worden sind, sich so wesentlich ändern, dass der Gesellschaft die Aufrechterhaltung der zugesagten Leistungen nicht mehr zugemutet werden kann, oder

d) der Versorgungsberechtigte Handlungen begeht, die in grober Weise gegen Treu und Glauben verstoßen und deswegen der Gesellschaft die Aufrechterhaltung der Ruhegeldzusage oder die Weiterzahlung des Ruhegelds nicht mehr zumutbar ist.

(2) Im Übrigen behält sich die Gesellschaft vor, die Leistungen zu kürzen oder einzustellen, wenn die bei Erteilung der Versorgungszusage maßgebenden Verhältnisse sich nachhaltig so wesentlich geändert haben, dass der Gesellschaft die Aufrechterhaltung der zugesagten Leistungen auch unter objektiver Beachtung der Belange des Versorgungsberechtigten nicht mehr zugemutet werden kann.

§ 15 In-Kraft-Treten und Jeweiligkeitsklausel[16]

(1) Diese Versorgungsordnung tritt mit Wirkung zum ...... in Kraft.

(2) Diese Versorgungsordnung findet auf Arbeitnehmer und Pensionäre in der jeweils gültigen Fassung Anwendung.

(3) Die Versorgungsordnung steht unter dem Vorbehalt etwaiger ablösender – auch freiwilliger – Betriebsvereinbarungen.

Schrifttum: Blomeyer/Otto, Kommentar zum BetrAVG, 3. Aufl., 2004; *Förster/Cisch,* Die Änderungen im Betriebsrentengesetz durch das Alterseinkünftegesetz und deren Bedeutung für die Praxis, BB 2004, 2126; *Ludwig,* Betriebliche Altersversorgung – Entscheidungshilfen für mittelständische Unternehmen, BC 2002, 82; *Otto,* Zur steuerlichen Behandlung von Direktzusagen an beherrschende Gesellschafter-Geschäftsführer einer GmbH, DStR 1999, 743; *Schoden,* Betriebliche Altersversorgung – Kommentar für die Praxis, 2. Aufl., 2003; *Wellisch/Näth,* Betriebliche Altersvorsorge – Steuerliche und sozialversicherungsrechtliche Behandlung und Gestaltungsansätze, BB 2002, 1393.

Anmerkungen

1. Vorbemerkung. Die Direktzusage ist eine unmittelbare Versorgungszusage, d. h., der Arbeitgeber verpflichtet sich, die Versorgungsleistung selbst zu erbringen, ohne zwischengeschalteten selbständigen Versorgungsträger. Steuerlich werden die Versorgungsverpflichtungen aus einer Direktzusage durch Pensionsrückstellungen in der Bilanz berücksichtigt.

Eine Direktzusage kann individualrechtlich – z. B. durch eine vertragliche Einzelzusage oder durch betriebliche Übung – oder kollektivrechtlich – z. B. im Wege einer Betriebsvereinbarung – begründet werden.

Da die betriebliche Altersversorgung nach heute herrschender Meinung nicht nur Versorgungs-, sondern auch Entgeltcharakter hat, unterliegt sie grundsätzlich der Mitbestimmung des Betriebsrats, und zwar in der Regel gemäß § 87 Abs. 1 Nr. 10 BetrVG.

Soweit die betriebliche Altersversorgung durch eine Unterstützungs- oder Pensionskasse erbracht wird, die auf den Betrieb, das Unternehmen oder den Konzern beschränkt ist, kommt auch ein Mitbestimmungsrecht gemäß § 87 Abs. 1 Nr. 8 BetrVG in Betracht.

Allerdings verbleibt bei einer – wie durch das Formular geregelten – arbeitgeberfinanzierten betrieblichen Altersversorgung im Rahmen einer Direktzusage für das Mitbestimmungsrecht des Betriebsrats gemäß § 87 Abs. 1 Nr. 10 BetrVG nur ein enger Anwendungsbereich. Denn die arbeitgeberfinanzierte betriebliche Altersversorgung beruht auf einer freiwilligen Grundentscheidung des Arbeitgebers. Alle Fragen, die mit der grundsätzlichen Gewährung der betrieblichen Altersversorgung zusammenhängen (also das „ob" einer betrieblichen Altersversorgung) können daher vom Arbeitgeber ohne Beteiligung des Betriebsrats eigenständig getroffen werden. Der Arbeitgeber entscheidet somit mitbestimmungsfrei darüber, ob er überhaupt eine betriebliche Altersversorgung einführen – oder diese wieder schließen – möchte, in welcher Form diese durchgeführt wird und welcher Personenkreis einbezogen werden soll; ebenso kann der Arbeitgeber frei über die für die betriebliche Altersversorgung bereitzustellenden Mittel, also den Dotierungsrahmen, entscheiden.

4. Arbeitgeberfinanzierte Direktzusage

Das Mitbestimmungsrecht des Betriebsrats greift hingegen bei Fragen der konkreten Durchführung der betrieblichen Altersversorgung (also beim „wie" der betrieblichen Altersversorgung), insbesondere bei der Verteilung der vom Arbeitgeber bereitgestellten Mittel, also der Aufstellung des Leistungsplans, aus dem sich die Versorgungsansprüche der individuellen Arbeitnehmer ergeben. Das Mitbestimmungsrecht kann sich daher auf Fragen wie die Bewertung der Dienstzeiten, die Bestimmung des rentenfähigen Einkommens und die Anrechnung anderweitiger Ruhestandseinkünfte erstrecken. Besondere Bedeutung entfaltet das Mitbestimmungsrecht des Betriebsrats bei einer Änderung einer bereits bestehenden betrieblichen Altersversorgung, wenn aufgrund der generellen Kürzung des Dotierungsrahmens die zur Verfügung stehenden Mittel neu verteilt werden müssen. In der Praxis erweist sich das Mitbestimmungsrecht des Betriebsrats manchmal jedoch als „stumpfes Schwert", denn der Arbeitgeber kann – sollte eine Einigung mit dem Betriebsrat nicht zustande kommen – stets damit drohen, die betriebliche Altersversorgung nicht einzuführen oder komplett abzuschaffen.

2. Kreis der Versorgungsberechtigten. Ein Mindestalter für die Zusage, wie in Abs. (1) vorgesehen, ist üblich. Allerdings wird der Lauf der Unverfallbarkeitsfrist von einer solchen Regelung nicht beeinflusst. Die Unverfallbarkeit einer Zusage richtet sich allein nach den gesetzlichen Bestimmungen des § 1b BetrAVG und tritt folglich nach fünfjähriger Betriebszugehörigkeit ein, wenn der Arbeitnehmer im Zeitpunkt des Ausscheidens das 30. Lebensjahr vollendet hat. Ausgangspunkt für die Berechnung der Unverfallbarkeit ist daher nicht das Erreichen des 25. Lebensjahrs, sondern der tatsächliche letzte Betriebseintritt.

Die Regelung in Abs. (2) vermeidet Kleinstrenten, bei welchen der organisatorische Aufwand höher wäre als der Nutzen.

3. Arten der Ruhegeldleistung. Abs. (1) sieht die üblichen Ruhegeldarten vor.

Direktzusagen können mit – wie in Abs. (2) vorgesehen – oder ohne Einräumung eines Rechtsanspruchs erteilt werden. Der Ausschluss eines Rechtsanspruchs ist jedoch in der Praxis nur sehr selten zu finden: Denn für eine Zusage ohne Rechtsanspruch können keine steuerlich wirksamen Rückstellungen gebildet werden; zudem ist anzunehmen, dass die Rechtsprechung ihren ursprünglich im Zusammenhang mit Unterstützungskassen entwickelten Grundsatz, dass der Ausschluss eines Rechtsanspruchs nur zu einem an sachliche Gründe gebundenen Widerruf berechtigt (BAG Urt. v. 17. 5. 1973 – 3 AZR 381/72 – BB 1973, 1308), auch auf Direktzusagen übertragen würde.

4. Wartezeit. Die Wartezeit von fünf Jahren in Abs. (1) deckt sich mit der zeitlichen Komponente einer unverfallbaren Anwartschaft nach § 1b BetrAVG. Längere Wartezeiten sind zulässig; sie haben dieselbe Wirkung wie die Festlegung eines Höchstalters, welches – falls der Arbeitnehmer es beim Eintritt in die Gesellschaft bereits überschritten hat – die Entstehung einer Anwartschaft verhindert.

5. Eintritt des Versorgungsfalls. Der Zeitpunkt des Versorgungsfalls bei der Betriebsrente muss nicht notwendigerweise mit dem Eintritt des Versorgungsfalls in der gesetzlichen Rentenversicherung übereinstimmen. Üblicherweise orientieren sich Versorgungsordnungen jedoch, wie auch hier vorgesehen, an den Regelungen für die gesetzliche Rente.

6. Anrechnungsfähige Dienstzeit. Besteht keine ausdrückliche anderweitige vertragliche Regelung, kommt als anrechnungsfähige Dienstzeit nur die letzte ununterbrochene Betriebszugehörigkeit in Betracht. Im Rahmen der Vertragsfreiheit können Arbeitnehmer und Arbeitgeber jedoch vereinbaren, dass auch andere Zeiten für die Betriebsrente erheblich sein sollen. Dies können, wie in Abs. (3) vorgesehen, frühere Dienstzeiten beim selben oder bei einem anderen Arbeitgeber sein, aber auch Zeiten der Mutterschaft nach Abs. (4) oder z.B. auch Studienzeiten. Die Regelung kann auch für Arbeitnehmer vereinbart werden, die betriebsbedingt gekündigt und innerhalb einer gewissen Frist wiedereingestellt worden sind. Ebenso können die Vertragspartner frei vereinbaren, ob diese Vordienstzeiten nur als anrechnungsfähige Dienstzeit für die Höhe des Betriebsrentenanspruchs oder auch für eine Wartezeiterfüllung und einen früheren Eintritt der Unverfallbarkeit relevant werden sollen. Sind letztere Wirkungen nicht gewünscht, so muss dies ausdrücklich aus der Anrechnungsabrede hervorgehen; Unklarheiten gehen zulasten des Arbeitgebers. Wird die Vordienstzeit bis zu ihrem

Ende von einer Versorgungserwartung begleitet und reicht die anzurechnende Vordienstzeit unmittelbar an die neue Dienstzeit heran, so löst diese Vordienstzeit eine Vorverlagerung nicht nur der vertraglichen, sondern auch der – insolvenzgeschützten – gesetzlichen Unverfallbarkeit aus (BAG Urt. v. 28. 3. 1995 – 3 AZR 496/94 – BB 1995, 2326).

7. Ruhegeldfähiges Einkommen. Das ruhegeldfähige Einkommen muss nicht der arbeitsvertraglich geschuldeten Vergütung entsprechen. Da Unklarheiten in der Definition des ruhegeldfähigen Einkommens jedoch zulasten des Arbeitgebers gehen – und da im Normalfall davon auszugehen ist, dass alle regelmäßig gewährten Einkommensbestandteile zum versorgungsfähigen Einkommen zählen –, empfiehlt es sich, in der Versorgungsordnung diejenigen Einkommensbestandteile ausdrücklich niederzulegen, welche das ruhegeldfähige Einkommen nicht erhöhen sollen.

Sind Überstunden für einzelne Gruppen stets gleich bleibend üblich, können diese mit einem Durchschnittswert bewertet und beim ruhegeldfähigen Einkommen berücksichtigt werden.

8. Höhe der Altersrente. Das Formular sieht eine beitragsorientierte Leistungszusage anhand von Rentenbausteinen vor.

Dass die zugesagte Betriebsrente in direktem Zusammenhang mit dem während der Dienstzeit bezogenen Einkommen steht, ist weithin üblich. Eine solche Leistungszusage kann dem Arbeitnehmer als Betriebsrente einen gewissen Prozentsatz seines Endgehalts (üblich ist als Bezugsgröße auch der Gehaltsdurchschnitt der letzten drei oder fünf Erwerbsjahre) pro Dienstjahr zusichern oder aber das Durchschnittsgehalt des gesamten berücksichtigungsfähigen Erwerbslebens zugrunde legen. Bei einer endgehaltsbezogenen Zusage kann sich erheblicher Nachfinanzierungsbedarf ergeben, weil mit jeder Einkommenserhöhung die in der Vergangenheit erworbenen Anwartschaften mit angehoben werden müssen. Hingegen wirken sich beim Rentenbausteinsystem Gehaltssteigerungen nur für das betreffende Jahr, in dem sie vorgenommen werden, aus; die Versorgungszusage bezieht sich somit insgesamt auf das im gesamten berücksichtigungsfähigen Erwerbsleben durchschnittlich erzielte Gehalt. Dies führt im Ergebnis zu einer deutlich verminderten Einstandspflicht des Arbeitgebers.

Das Grundprinzip jedes Rentenbaustein-Systems ist folgendes: Dem Arbeitnehmer wird für jedes Jahr der Beschäftigung ein bestimmter Beitrag für seine betriebliche Altersversorgung zugesagt, dessen Höhe sich am Gehalt dieses Jahrs orientiert. Dieser Beitrag wird dann unter Berücksichtigung einer Verzinsung, einer zugesagten späteren Anpassung der Rente, von Verwaltungskosten und biometrischen Faktoren in einen Rentenbaustein umgerechnet; die Summe aller Rentenbausteine ergibt dann die Altersrente des jeweiligen Arbeitnehmers. Die Annahmen, welche in die Berechnung des Rentenbausteins einfließen, können die jeweiligen betrieblichen Gegebenheiten berücksichtigen und sich so von Betrieb zu Betrieb unterscheiden.

Die Regelung in Abs (1) S. 3, welche eine Erhöhung des Jahresbeitrags für Einkommensanteile oberhalb der Beitragsbemessungsgrenze vorsieht, soll eine in diesem Bereich bestehende Versorgungslücke vermeiden: Denn für diese Einkommensbestandteile erfolgt keine Leistung aus der gesetzlichen Rentenversicherung, was durch ihre stärkere Berücksichtigung in der betrieblichen Altersversorgung ausgeglichen werden kann.

Abs. (3) enthält das in § 6 BetrAVG niedergelegte Recht auf vorzeitige Inanspruchnahme der betrieblichen Altersversorgung. Kürzungsraten bis 0,5% pro Monat sind üblich und werden auch von der Rechtsprechung des BAG gutgeheißen (BAG Urt. v. 28. 3. 1995 – 3 AZR 900/94 – BB 1995, 1853).

9. Höhe der Invalidenrente. Diese Regelung ist § 59 SGB VI nachgebildet, der für die gesetzliche Rente die Hinzurechnung der bis zum 60. Lebensjahr fehlenden Dienstjahre vorsieht.

10. Witwenrente/Witwerrente. Aus Gründen der Gleichberechtigung sind sowohl Witwen- als auch Witwerrenten vorzusehen.

Zwar zulässig, aber praktisch ungebräuchlich ist die Regelung, die Rente so zu beschränken, dass sie nur beim Tod des noch aktiven Arbeitnehmers oder nur beim Tod eines ehemaligen Arbeitnehmers, der selbst bereits Rentenleistungen bezogen hat, gewährt wird. Da sie zu Wertungswidersprüchen führen kann, wird von einer solchen Regelung abgeraten.

Die Höhe der Witwen-/Witwerrente orientiert sich an dem bislang für die gesetzliche Rente geltenden Wert. Die in Abs. (1) S. 2 sowie in den Abs. (2) und (3) vorgesehenen Einschränkungen sind üblich und vom BAG ausdrücklich anerkannt. Dabei kann eine Altersdifferenzklausel zulässigerweise nicht nur die Kürzung der Leistungen, sondern auch deren vollständiges Entfallen vorsehen (BAG Urt. v. 18. 7. 1972 – 3 AZR 472/71 – BB 1972, 1372); bei Wiederverheiratung des Witwers/der Witwe kann eine entschädigungslose Einstellung der Rente ungerechtfertigt sein, in diesem Fall soll eine Abfindungsregelung Abhilfe schaffen. Über die im Formular enthaltenen Beschränkungen hinaus kann die Leistung einer Witwen-/Witwerrente unter die Voraussetzung einer gewissen Mindestdauer der Ehe (BAG Urt. v. 11. 8. 1987 – 3 AZR 6/86 – BB 1988, 834) oder die Bedingung, dass die Eheleute beim Tod des Begünstigten nicht getrennt leben (BAG Urt. v. 28. 3. 1995 – 3 AZR 343/94 – BB 1995, 1593), gestellt werden. Problematisch sind hingegen Klauseln, die Hinterbliebenenrenten ausschließen, falls der begünstigte Arbeitnehmer durch Freitod stirbt; sie werden von den Landesarbeitsgerichten zwar grundsätzlich anerkannt, aber häufig als ungerecht empfunden. Höchstrichterliche Rechtsprechung liegt hierzu noch nicht vor.

11. Waisenrente. Bei der Gewährung von Waisenrenten sind eheliche und nichteheliche Kinder gleich zu behandeln.

Abs. (2) verweist für die Definition des Begriffs „Waise" auf die für die gesetzliche Rentenversicherung geltende Regelung des § 48 SGB VI.

Auch Abs. (3) orientiert sich an § 48 SGB VI; wie bei dieser für die gesetzliche Rente geltenden Vorschrift kann die Gewährung von Waisenrenten auch während der Ableistung eines freiwillig sozialen/ökologischen Jahrs oder auch nach Ablauf der Altersgrenzen für den Fall vorgesehen werden, dass der Waise aufgrund einer Behinderung unfähig ist, sich selbst zu unterhalten.

12. Vorzeitiges Ausscheiden. Abs. (1) entspricht der gesetzlichen Regelung des § 1b BetrAVG, Abs. (2) spiegelt § 2 Abs. 5 BetrAVG wider, die Verpflichtung in Abs. (3) ergibt sich aus § 4a BetrAVG.

13. Pflichten des Anspruchsberechtigten. Die in Abs. (1) vorgesehene Beschränkung der Arbeitnehmerrechte ist üblich und zulässig. Sie verhindert die vorzeitige Verwendung der Versorgungsmittel und sichert damit die Einhaltung des Versorgungszwecks.

Ohne ein einschlägiges Verbot können Leistungen aus der betrieblichen Altersversorgung nur verpfändet oder abgetreten werden, soweit sie die Pfändungsfreigrenzen des § 850c ZPO überschreiten, welchem sie ebenso wie Arbeitseinkommen unterliegen. Anwartschaften auf Leistungen aus der betrieblichen Altersversorgung können als künftige Forderung ohne entsprechendes Verbot zwar abgetreten, nicht aber verpfändet werden.

Die in den Abs. (2) und (3) niedergelegten Mitwirkungspflichten bewegen sich im üblichen Rahmen. Der Arbeitnehmer kann in der Direktzusage über die hier angesprochenen Informationen hinaus verpflichtet werden, alle Angaben zu machen, die für den Arbeitgeber zur ordnungsgemäßen Erfüllung seiner Verpflichtungen notwendig sind.

14. Anpassungsregelung. § 16 Abs. 1 BetrAVG verpflichtet den Arbeitgeber, alle drei Jahre eine Anpassung der laufenden Leistungen aus der betrieblichen Altersversorgung zu prüfen und hierüber nach billigem Ermessen, unter Berücksichtigung der Belange der Versorgungsempfänger und der eigenen wirtschaftlichen Lage, zu entscheiden. Diese Verpflichtung gilt als erfüllt, wenn die Anhebung der Rentenleistungen nicht geringer ist als der Anstieg der Teuerungsrate oder der Netto-Löhne von vergleichbaren Arbeitnehmergruppen im Unternehmen. Die Verpflichtung zur Prüfung und Anpassung entfällt gemäß § 16 Abs. 3 Nr. 1 BetrAVG, wenn – wie hier alternativ vorgeschlagen – der Arbeitgeber sich verpflichtet, die laufenden Leistungen jährlich um mindestens 1% anzupassen.

Diese jährliche Mindestanpassung stellt für den Arbeitgeber vor allem in Zeiten hoher Inflationsraten eine erhebliche Verbesserung seiner Rechtsposition dar, da es den Anpassungsaufwand kalkulierbar macht und zugleich begrenzt. Zudem ist die Anpassung auch bei der Bildung von Rückstellungen zu berücksichtigen. Allerdings bleibt der Arbeitgeber auch dann zu einer jährlichen Anpassung verpflichtet, wenn eine Anpassung nach § 16 Abs. 1 BetrAVG aufgrund der schlechten wirtschaftlichen Lage nicht notwendig wäre.

Das Formular enthält die vertragliche Zusage einer bestimmten, nicht an die gesetzlichen Vorschriften angelehnten Anpassung. Dies ist im Rahmen der Vertragsfreiheit ohne weiteres möglich. Der Arbeitgeber ist dann mindestens an das vertraglich Zugesagte gebunden, auch wenn nach § 16 BetrAVG eine Anpassung in geringerem Umfang möglich wäre. Trotz seiner vertraglichen Zusage bleibt der Arbeitgeber weiterhin verpflichtet, im dreijährigen Turnus eine Anpassung nach § 16 BetrAVG zu prüfen; allerdings kann er die aufgrund der vertraglichen Zusage erbrachten Leistungen bei der Anpassungsprüfung aus § 16 BetrAVG gegenrechnen. Ob ein eventuell verbleibender Fehlbetrag zwischen vertraglich zugesagter und nach § 16 BetrAVG notwendiger Anpassung ausgeglichen werden muss, ist von der Rechtsprechung noch nicht entschieden, grundsätzlich wird dies jedoch zu bejahen sein.

Die Pflicht zur Prüfung einer Anpassung erfasst nur laufende Leistungen; Anwartschaften oder Kapitalleistungen müssen daher nicht angepasst werden.

15. Vorbehalte. Das Formular enthält die sog. „steuerunschädlichen Mustervorbehalte", welche die Zulässigkeit der Bildung von Rückstellungen nicht beeinträchtigen. Abs. (1) beinhaltet spezielle Vorbehalte, Abs. (2) ergänzend einen allgemein formulierten Vorbehalt. Gemeinsam ist allen Vorbehalten, dass sie auf dem Grundsatz von Treu und Glauben und dem Prinzip des Wegfalls der Geschäftsgrundlage beruhen und diese nur konkret formulieren.

Abs. (1) lit. a enthält den Notlagen-Vorbehalt. Maßgebend für seine Inanspruchnahme ist die wirtschaftliche Lage des Arbeitgebers, bei einem konzerngebundenen Unternehmen u. U. auch diejenige des Konzerns. Ein Widerruf ist nur zulässig, wenn eine begründete Aussicht auf Rettung oder Sanierung des Unternehmens besteht. Andernfalls würden die Versorgungsberechtigten zugunsten anderer Gläubiger benachteiligt (BAG Urt. v. 16. 3. 1993 – 3 AZR 299/92 – BB 1993, 2090). Ein Widerruf darf stets nur soweit ausgeübt werden, wie er zur Erreichung des Sanierungsziels unerlässlich ist, z.B. dürfen Zahlungen an Versorgungsempfänger i. d. R. nur für begrenzte Zeit ausgesetzt werden.

In Abs. (1) lit. b findet sich der Sozialversicherungs-Vorbehalt. Eine wesentliche Änderung in seinem Sinne liegt der Rechtsprechung zufolge erst vor, wenn sie den Arbeitgeber erheblich belastet (BAG Urt. v. 14. 5. 1971 – 3 AZR 321/70 – BB 1971, 1367). Dies ist der Fall, wenn sich der Gesamtfinanzierungsaufwand für den Arbeitgeber in unvorhersehbarer Weise um mindestens 40% erhöht. Auch die Absenkung des Rentenalters und die Umstellung auf Netto-Anpassung in der gesetzlichen Rentenversicherung können eine erhebliche Belastung des Arbeitgebers zufolge haben.

Abs. (1) lit. c umschreibt den Rechts-Vorbehalt. Denkbare Anwendungsfälle für diesen sind z. B. Änderungen der die Pensionsrückstellungen betreffenden handelsrechtlichen Vorschriften oder die Einführung steuerrechtlicher Normen, welche die Anerkennung von Aufwendungen für die betriebliche Altersvorsorge als Betriebsausgaben einschränken oder abschaffen.

Beim Treupflicht-Vorbehalt in Abs. (1) lit. d müssen nach der Rechtsprechung immer die Gesamtumstände des Einzelfalls Berücksichtigung finden (BAG Urt. v. 8. 5. 1990 – 3 AZR 152/88 – BB 1990, 1910). So sollen bei Treuwidrigkeit erst nach Erfüllung der Unverfallbarkeitsfristen die zugesagten oder begonnenen Rentenzahlungen nur für die Zukunft entzogen werden können, die bereits geleistete Betriebstreue soll nicht entschädigungslos bleiben. Das Recht zur fristlosen Kündigung berechtigt für sich alleine noch nicht zum völligen Entzug aller Ruhegeldansprüche. Auch ausgeschiedene Arbeitnehmer können noch Treubruch begehen, z.B. durch ruinöse Konkurrenztätigkeit; sich im Rahmen des Üblichen haltende Konkurrenztätigkeit berechtigt hingegen noch nicht zum Widerruf.

Der allgemeine Widerrufsvorbehalt in Abs. (2) setzt voraus, dass die Änderung der bei Erteilung der Zusage maßgebenden Verhältnisse wesentlich und von nachhaltiger Wirkung ist. Dies sieht das BAG vor allem bei zwei Fallgruppen gegeben: bei der Äquivalenzstörung und bei einer planwidrigen Überversorgung. Eine Äquivalenzstörung liegt vor, wenn der Wert von Leistung (die Betriebstreue des Arbeitnehmers) und Gegenleistung (der Versorgungsleistung durch den Arbeitgeber) sich aufgrund objektiv nicht vorhersehbarer Umstände nicht mehr entsprechen. Solche Umstände hat die Rechtsprechung z.B. bei einigen Gesetzesänderungen im Bereich der betrieblichen Altersversorgung oder bei unerwarteten Teuerungsraten angenommen (BAG Urt. v. 22. 4. 1986 – 3 AZR 496/83 – BB 1986, 1506); allgemeine Aussagen darüber, wann das BAG eine Äquivalenzstörung bejahen wird, lassen sich jedoch nur schwer treffen. Durch einen Widerruf dürfen in einem solchen Fall nur die Kosten kompensiert werden, die der Widerrufsgrund verursacht hat. Bei einer planwidrigen Überversorgung wird der angestrebte Versorgungsgrad überschritten; aus der zur Überwindung einer Versorgungslücke (zwischen dem früheren Netto-Einkommen des Arbeitnehmers und seiner Sozialversicherungsrente) geleisteten betrieblichen Altersversorgung wird so eine nicht gewollte Zusatzleistung. Die planwidrige Überversorgung kann absolut – wenn die Gesamtversorgung mehr als 100% des letzten Netto-Einkommens des Arbeitnehmers beträgt – oder relativ – wenn ein in der Versorgungszusage festgelegter Netto-Versorgungsgrad überschritten wird – sein; in beiden Fällen ist der Arbeitgeber berechtigt, die Versorgung dem ursprünglichen Versorgungsziel anzupassen (BAG Beschl. v. 23. 9. 1997 – 3 ABR 85/96 – BB 1998, 849).

16. In-Kraft-Treten und Jeweiligkeitsklausel. Die Jeweiligkeitsklausel in Abs. (2) stellt sicher, dass Änderungen der Versorgungsordnung zugunsten oder zulasten der Vorsorgeberechtigten auch für bereits ausgeschiedene Arbeitnehmer Wirkung entfalten; dies erspart das ansonsten notwendige einverständliche Aushandeln von einzelvertraglichen Änderungen mit Pensionären. Allerdings kann eine Jeweiligkeitsklausel nicht schrankenlos in erworbene Besitzstände eingreifen, sondern nur solche Änderungen abdecken, welche die Begünstigten billigerweise erwarten durften (BAG Urt. v. 30. 11. 1973 – 3 AZR 96/73 – BB 1974, 279).

Der Vorbehalt der Betriebsvereinbarungsoffenheit in Abs. (3) führt – insbesondere in Kombination mit der Jeweiligkeitsklausel des Abs. (2) – dazu, dass auch individualrechtlich begründete Versorgungszusagen durch eine zeitlich nachfolgende Betriebsvereinbarung, also auf kollektivrechtlichem Wege, geändert werden können.

5. Treuhandvereinbarung zur Ausgliederung von Pensionsrückstellungen (Contractual Trust Arrangement)[1]

Treuhandvereinbarung

zwischen
...... (Name und Anschrift des Arbeitgebers) „Gesellschaft"
und
Trust e. V. (Name und Anschrift des eingetragenen Vereins) „Trust"

Präambel[2]

Die Gesellschaft gewährt ihren Arbeitnehmern und Geschäftsführern sowie deren Hinterbliebenen („Berechtigte") Versorgungsleistungen nach Maßgabe der Versorgungsordnung vom ...... in ihrer jeweils gültigen Fassung („Versorgungsordnung").

Zur Insolvenzsicherung der aus der Versorgungsordnung resultierenden Verpflichtungen („Versorgungsverpflichtungen") der Gesellschaft sollen nach den Vorschriften dieses Vertrags Vermögensgegenstände auf den Trust übertragen werden. Die Übertragung erfolgt mit den Maßgabe, dass der Trust das übertragene Vermögen treuhänderisch für die Gesellschaft verwaltet (Verwaltungstreuhand) und außerdem treuhänderisch für die Berechtigten für den Sicherungsfall hält (Sicherungstreuhand). Diese Vermögensübertragung auf den Trust als Doppeltreuhänder sollen zugunsten der Gesellschaft die Anforderungen nach US-GAAP, SFAS 87 und IAS 19 erfüllen und saldierungsfähige „Plan Assets" schaffen. Der Trust wird das übertragene Vermögen in Sondervermögen zur externen Kapitalanlage anlegen und sicherstellen, dass das mit der Verwahrung der von der Kapitalanlagegesellschaft für die Sondervermögen ausgegebenen Anteilscheine beauftragte Kreditinstitut für die Berechtigten jeweils separate Konten anlegt und führt.

Dies vorausgeschickt, vereinbaren die Parteien, was folgt:

§ 1 Vertragsgegenstand[3]

(1) Gegenstand dieses Treuhandvertrags ist die externe (*Alternative:* anteilige) Ausfinanzierung und Sicherung von Versorgungsverpflichtungen sowie – im Sicherungsfall – die Befriedigung von Versorgungsverpflichtungen.

(2) Der Trust ist nicht berechtigt, Treuhandaufgaben für nicht zur Gruppe gehörende Unternehmen wahrzunehmen.

§ 2 Treuhandkonto/Treuhanddepot[4]

(1) Der Trust eröffnet zugunsten der Gesellschaft (mit der Gesellschaft als Treugeber) ein auf den Trust lautendes und als offenes Treuhanddepot geführtes Wertpapierdepot („Wertpapierdepot") und ein korrespondierendes als offenes Treuhandkonto geführtes Abrechnungskonto („Abrechnungskonto") bei einem deutschen Kreditinstitut seiner Wahl („Bank"). Der Trust stellt dabei sicher, dass die Bank die Doppeltreuhand des Trusts zugunsten der Gesellschaft und der Berechtigten offen legt.

(2) Die Gesellschaft überträgt an den Trust Vermögensgegenstände, welche zum Zeitpunkt der Wertstellung auf dem Wertpapierdepot oder dem Abrechnungskonto wertmäßig dem versicherungsmathematisch ermittelten Barwert der aus der Versorgungsordnung resultierenden Versorgungsverpflichtungen der Gesellschaft gegenüber den Berechtigten zum …… (Stichtag) entsprechen („Übertragene Vermögensgegenstände"). Der Trust stellt dabei sicher, dass der Saldo auf dem Abrechnungskonto stets so niedrig wie möglich ist. Die dingliche Übertragung der Vermögensgegenstände erfolgt durch separate Vereinbarungen.

(3) Der Trust vereinbart mit der Bank, dass diese zur Verwahrung und Verwaltung der Übertragenen Vermögensgegenstände und ihrer Surrogate für die jeweiligen Berechtigten separate Unterkonten entsprechend dem versicherungsmathematisch ermittelten Barwert der aus der Versorgungsordnung resultierenden Versorgungsverpflichtung der Gesellschaft gegenüber dem jeweiligen Berechtigten („Anteiliger Wert") zum Stichtag („Unterkonten") anlegt, damit eine getrennte Erfassung der Wertentwicklung der einzelnen Unterkonten gewährleistet ist.

(4) Der Trust erwirbt mit den Übertragenen Vermögensgegenständen Anteilsscheine an einem von einer Kapitalanlagegesellschaft („KAG") i.S.d. § 2 Abs. 6 des Investmentgesetzes aufgelegten Spezial-Sondervermögen. Die Ausstellung der Anteilsscheine und Verwaltung des Vermögens durch die KAG erfolgen nach Maßgabe separater Rahmenverträge.

§ 3 Treuhandvermögen[5]

(1) Die von der KAG gegen die Übertragenen Vermögensgegenstände ausgegebenen Anteilscheine einschließlich etwa aus der externen Kapitalanlage über die KAG gemäß vorstehendem § 2 Abs. (4) resultierender Wertsteigerungen oder Wertminderungen sowie deren Surrogate bilden das Treuhandvermögen („Treuhandvermögen").

(2) Der Saldo jedes Unterkontos spiegelt den Anteil eines jeden Berechtigten am Treuhandvermögen wider. Der Anteil entspricht dem nach Maßgabe der Versorgungsordnung festgestellten Anteiligen Wert an den Übertragenen Vermögensgegenständen einschließlich etwaiger Wertsteigerungen oder -minderungen aus der externen Kapitalanlage und nach Abzug der Aufwendungsumlage gemäß nachfolgendem § 11 Abs. (2) („Unterkontensaldo").

(3) Die Einrichtung und Führung der separaten Unterkonten begründet für den einzelnen Berechtigten keinen Rechtsanspruch hinsichtlich seines Unterkontos und führt nicht dazu, dass der einzelne Berechtigte unmittelbar wirtschaftliche Verfügungsmacht über den Gegenwert seines Unterkontensaldos erwirbt.

§ 4 Verwaltungstreuhand[6]

(1) Der Trust verwaltet das Treuhandvermögen, getrennt vom übrigen Vermögen des Trusts und getrennt vom Vermögen anderer etwaiger Treugeber des Trusts, treuhänderisch für die Gesellschaft („Verwaltungstreuhand") zur Ausfinanzierung und Insolvenzsicherung der Ansprüche der Berechtigten.

(2) Der Trust bedient sich zur Vermögensverwaltung der KAG gemäß vorstehendem § 2 Abs. (4).

(3) Der Trust wird durch offene Ausweisung des Treuhandverhältnisses in der buchhalterischen Kontoführung in Zusammenarbeit mit der Bank eine Segmentierung des Treuhandvermögens herbeiführen, durch die sichergestellt wird, dass das Treuhandvermögen im Falle der Insolvenz des Trusts oder der Insolvenz eines anderen Treugebers („Anderer Treugeber") nicht dem Zugriff anderer Gläubiger des Trusts oder der Gläubiger Anderer Treugeber unterfällt.

§ 5 Sicherungstreuhand[7]

(1) Die treuhänderische Verwaltung des Treuhandvermögens erfolgt mit der Maßgabe, dass der Trust das Treuhandvermögen gleichzeitig als Sicherungstreuhänder treuhänderisch für die Berechtigten hält, mit dem Zweck, Ansprüche der Berechtigten aus der Versorgungsordnung abzusichern („Sicherungstreuhand"). Die Sicherungstreuhand wird bereits mit Abschluss dieses Vertrags zugunsten der Berechtigten im Wege eines echten Vertrags zugunsten Dritter gemäß § 328 Abs. 1 BGB begründet. Ebenfalls wird die Verpflichtung der Gesellschaft, Vermögensgegenstände gemäß vorstehendem § 2 Abs. (2) auf den Trust zu übertragen, im Wege eines echten Vertrags zugunsten Dritter gemäß § 328 Abs. 1 BGB dergestalt begründet, dass die Berechtigten einen eigenen unmittelbaren Anspruch gegen die Gesellschaft auf die Übertragung der Vermögensgegenstände auf den Trust haben.

(2) Jeder Berechtigte kann aufschiebend bedingt durch Eintritt des Sicherungsfalls gemäß nachfolgendem § 8 nach Maßgabe der nachfolgenden §§ 9 und 10 unmittelbar vom Trust aus dem Treuhandvermögen Befriedigung seiner Ansprüche gegenüber der Gesellschaft nach Maßgabe der Versorgungsordnung fordern. Die Berechtigten haben insoweit einen Anspruch aus einem echten Vertrag zugunsten Dritter gemäß § 328 Abs. 1 BGB aus diesem Treuhandvertrag gegen den Trust auf Befriedigung der Ansprüche aus der Versorgungsordnung. Die Leistungspflicht des Trusts ist auf das im jeweiligen Zeitpunkt vorhandene Treuhandvermögen beschränkt.

(3) Die Ansprüche des jeweiligen Berechtigten dürfen nicht ohne dessen ausdrückliche schriftliche Einwilligung aufgehoben oder geändert werden. § 15 Abs. (5) bleibt unberührt.

§ 6 Kapitalanlagegrundsätze[8]

Die Anlage des Treuhandvermögens durch den Trust erfolgt durch externe Kapitalanlage über die KAG gemäß vorstehendem § 2 Abs. (4).

§ 7 Erfüllung von Ansprüchen[9]

(1) Solange der Sicherungsfall gemäß nachfolgendem § 8 nicht eintritt, ist ausschließlich die Gesellschaft unmittelbar zur Erfüllung der fälligen Ansprüche der Berechtigten verpflichtet.

(2) Höhe und Fälligkeit der Ansprüche der Berechtigten bestimmen sich nach der Versorgungsordnung.

(3) Soweit die Gesellschaft fällige Ansprüche von Berechtigten gemäß vorstehendem Abs. (2) erfüllt, wird der Trust auf Aufforderung der Gesellschaft unverzüglich zulasten des Unterkontensaldos des jeweiligen Berechtigten den Gegenwert an die Gesellschaft

erstatten, welcher dem Nominalbetrag der Zahlung – begrenzt auf den Unterkontensaldo – entspricht, die von der Gesellschaft zur Anspruchserfüllung an den Berechtigten geleistet wurde.

§ 8 Sicherungsfall[10]

(1) Der Trust hat bei Eintritt des Sicherungsfalls das Treuhandvermögen nach Maßgabe nachfolgender §§ 9 und 10 zur Befriedigung der Berechtigten zu verwenden.

(2) Der Sicherungsfall tritt ein, wenn
 a) ein Insolvenzverfahren über das Vermögen der Gesellschaft eröffnet oder ein Antrag auf Eröffnung des Insolvenzverfahrens mangels Masse abgelehnt wird (entscheidend ist das Datum der Eröffnung des Insolvenzverfahrens oder das Datum der Abweisung des Antrags), oder
 b) zwischen der Gesellschaft und den betreffenden Gläubigern ein außergerichtlicher Vergleich (Stundungs-, Quoten- oder Liquidationsvergleich) zur Abwendung eines Insolvenzverfahrens wirksam wird, oder
 c) die Gesellschaft ihre Betriebstätigkeit vollständig einstellt und ein Antrag auf Eröffnung des Insolvenzverfahrens über das Vermögen der Gesellschaft nicht gestellt worden ist und ein Insolvenzverfahren offensichtlich mangels Masse nicht in Betracht kommt, oder
 d) dem Trust eine schriftliche Mitteilung von der Zahlungsunfähigkeit der Gesellschaft zugegangen ist, verbunden mit der Vorlage eines Gutachtens eines Wirtschaftsprüfers, das die Zahlungsunfähigkeit der Gesellschaft nach Maßgabe von § 17 InsO feststellt, (entscheidend ist das Datum des Eingangs der Mitteilung beim Trust), oder
 e) die Gesellschaft aus sonstigen Gründen mit der Erfüllung aller fälligen Ansprüche aller Berechtigten mehr als 6 Monate in Verzug gerät.

§ 9 Ansprüche im Sicherungsfall[11]

(1) Mit Eintritt des Sicherungsfalls gemäß vorstehendem § 8 werden die Ansprüche der Berechtigten gegen den Trust zur Erfüllung aus dem Treuhandvermögen durchsetzbar. Ihre Höhe und Fälligkeit bestimmen sich nach der Versorgungsordnung.

(2) Sofern der Sicherungsfall eintritt, hat der Trust Ansprüche der Berechtigten, die nach Maßgabe der Versorgungsordnung fällig sind, aus dem Treuhandvermögen entsprechend nachfolgendem § 10 zu erfüllen.

(3) Sofern der Sicherungsfall aufgrund der Eröffnung des Insolvenzverfahrens über das Vermögen der Gesellschaft eintritt, gelten die Ansprüche der Berechtigten aus der Versorgungsordnung, die gemäß § 41 Abs. 1 InsO gegenüber der Gesellschaft als fällig gelten, auch gegenüber dem Trust als fällig und sind vom Trust entsprechend nachfolgendem § 10 zu erfüllen.

§ 10 Erfüllung von Ansprüchen im Sicherungsfall[12]

(1) Im Sicherungsfall erfolgt die Erfüllung von fälligen Ansprüchen der Berechtigten durch Verwertung des entsprechenden Treuguts und Auszahlung zu Lasten des individuellen Unterkontensaldos an den jeweiligen Berechtigten.

(2) Die Auszahlung erfolgt unmittelbar durch den Trust und nach Einbehalt etwaiger gesetzlicher Steuern und Abgaben sowie reduziert um etwaige für den Zeitraum vor der Auszahlung angefallener und noch nicht umgelegter, d.h. in den Unterkontensalden noch nicht berücksichtigter Aufwendungen, gemäß nachfolgendem § 11 Abs. (2).

(3) Sofern der Sicherungsfall aufgrund der Eröffnung des Insolvenzverfahrens über das Vermögen der Gesellschaft eintritt, kann jeder Berechtigte Auszahlung in Höhe des Nominalbetrags der Forderung verlangen, die zur Insolvenztabelle der Gesellschaft festgestellt worden ist, jedoch begrenzt durch den individuellen Unterkontensaldo des je-

5. Ausgliederung von Pensionsrückstellungen

weiligen Berechtigten. Das Bestehen und die Fälligkeit des Anspruchs, wegen dessen Zahlung aus dem Treuhandvermögen verlangt wird, ist dem Trust jeweils durch Vorlage eines Auszugs aus der Insolvenztabelle nachzuweisen.

(4) Sofern der Gegenwert des individuellen Unterkontensaldos nicht ausreicht, um die fälligen Ansprüche des jeweiligen Berechtigten zu befriedigen, ist der Trust nicht berechtigt, diesen Fehlbetrag durch Entnahmen aus den individuellen Unterkontenguthaben anderer Berechtigter zu begleichen.

(5) Vor Eintritt des Sicherungsfalles nach § 8 können die Berechtigten keine unmittelbaren Ansprüche nach Maßgabe der Versorgungsordnung gegen den Trust geltend machen.

§ 11 Aufwendungserstattung[13]

(1) Der Trust wird unentgeltlich tätig. Er hat Anspruch auf Erstattung seiner zur Erfüllung seiner Verpflichtungen aus diesem Treuhandvertrag notwendigen Aufwendungen. Zu den Aufwendungen gehören auch Zahlungen, die der Trust an die KAG und die Bank im Rahmen der externen Kapitalanlage leistet.

(2) Die Aufwendungserstattung gemäß vorstehendem Abs. (1) erfolgt aus dem Treuhandvermögen und wird anteilig auf die einzelnen Unterkonten (d.h. entsprechend dem jeweiligen Anteil am Treuhandvermögen) umgelegt.

(3) Sofern der Trust die ihm nach diesem § 11 zustehenden Aufwendungserstattungen nicht aus dem Treuhandvermögen begleichen kann, wird die Gesellschaft den Trust von allen Verbindlichkeiten, die dieser in Folge der ordnungsgemäßen Erfüllung seines Auftrages eingeht, freistellen.

§ 12 Informationspflichten des Trusts[14]

(1) Der Trust hat die Gesellschaft zum Ende eines jeden Geschäftsjahrs der Gesellschaft unaufgefordert über das Ergebnis der Vermögensverwaltung zu unterrichten und ihr ein Verzeichnis des Treuhandvermögens zu übermitteln.

(2) Aus dem Verzeichnis des Treuhandvermögens haben sich insbesondere die individuellen Unterkontensalden der jeweiligen Berechtigten zu ergeben.

(3) Auf Aufforderung der Gesellschaft wird der Trust ein vorstehendem Abs. (1) und (2) entsprechendes Vermögensverzeichnis auch unterjährig erteilen. Der Trust hat dabei sicherzustellen, dass er die Unterkontensalden täglich vorhält und das angeforderte Vermögensverzeichnis taggenau erstellen und übermitteln kann.

§ 13 Haftung[15]

Der Trust hat seine Aufgaben als Treuhänder mit der Sorgfalt eines ordentlichen Geschäftsmanns auszuführen.

§ 14 Laufzeit[16]

(1) Die Laufzeit dieses Treuhandvertrags beginnt mit seiner Unterzeichnung.

(2) Dieser Treuhandvertrag endet, sobald sämtliche Ansprüche aller Berechtigten vollständig erfüllt worden sind.

(3) Der Treuhandvertrag kann von der Gesellschaft mit einer Frist von drei Monaten schriftlich gekündigt werden. Die Kündigung ist nur zulässig, wenn mindestens 75% der Berechtigten ihr schriftlich zustimmen und die Gesellschaft dem Trust und den Berechtigten gegenüber nachweist, dass ein ausreichend qualifizierter Nachfolgetreuhänder zur Verfügung steht, der sich gegenüber der Gesellschaft im Rahmen eines Vertrags zugunsten Dritter (mit den Berechtigten als Dritten) i.S.d. § 328 BGB verpflichtet, das Treuhandvermögen nach Maßgabe dieses Treuhandvertrags als Doppeltreuhänder zu verwalten und zu sichern. Die Kündigung ist mit einer Bestätigung eines Wirtschaftsprü-

fers zu versehen, dass der Nachfolgetreuhänder hinreichend qualifiziert ist und mit der Bestätigung eines Rechtsanwalts, dass die Doppeltreuhandfunktion – insbesondere im Hinblick auf die Zweckbindung des Vermögens – gewährleistet ist.

(4) Der Trust kann diesen Treuhandvertrag mit einer Frist von sechs Monaten schriftlich kündigen. Vorstehender Abs. (3) gilt entsprechend mit der Maßgabe, dass der Trust gegenüber der Gesellschaft und den Berechtigten in der in vorstehendem Abs. (3) beschriebenen Weise einen ausreichend qualifizierten Nachfolgetreuhänder nachzuweisen hat.

(5) Im Falle einer nach vorstehendem Abs. (3) und (4) zulässigen Kündigung des Treuhandvertrags wird der Trust das Treuhandvermögen spätestens zum Ende des Treuhandvertrags auf den Nachfolgetreuhänder übertragen. Gleiches gilt entsprechend für den Fall der Beendigung des Treuhandvertrags wegen Auflösung des Trusts oder wegen Verlusts der Rechtsfähigkeit des Trusts.

(6) Sofern im Falle der Beendigung des Treuhandvertrags eine Übertragung auf einen Nachfolgetreuhänder nicht möglich ist, hat der Trust das Treuhandvermögen bei dem Amtsgericht, in dessen Bezirk die Gesellschaft ihren Geschäftssitz hat, zugunsten der Gesellschaft und aller Berechtigten zu hinterlegen.

§ 15 Beitritt von Berechtigten[17]

(1) Die Berechtigten sind, jeder einzeln und unabhängig voneinander, berechtigt, diesem Vertrag durch schriftliche Erklärung beizutreten. Im Falle eines Vertragsbeitritts besteht die Sicherungstreuhand gemäß § 5 dieses Vertrags aufgrund unmittelbaren Vertrags zwischen Trust und dem jeweiligen Berechtigten.

(2) Die Parteien dieses Vertrags bevollmächtigen den Trust zum Empfang der Beitrittserklärungen von Berechtigten gemäß vorstehendem Abs. (1). Der Beitritt von Berechtigten zu diesem Vertrag wird mit Wirkung für alle Parteien dieses Vertrags mit dem Zugang der Beitrittserklärung beim Trust wirksam.

(3) Sofern die Ansprüche eines diesem Vertrag beigetretenen Berechtigten aus der Versorgungsordnung vollständig erfüllt sind, endet die Stellung dieses Berechtigten als Partei dieses Vertrags, ohne dass es einer weiteren Erklärung oder Kündigung bedarf.

§ 16 Schlussbestimmungen[18]

(1) Nach Abschluss dieses Treuhandvertrags wird die Gesellschaft dem Trust alle Berechtigten benennen und diese Benennung jährlich zum 31. Dezember aktualisieren.

(2) Der Treuhandvertrag unterliegt dem Recht der Bundesrepublik Deutschland. Gerichtsstand für alle Streitigkeiten aus diesem Treuhandvertrag ist …….

(3) Sämtliche Mitteilungen nach diesem Treuhandvertrag sind wie folgt zu adressieren:
   a) an die Gesellschaft:
     ……
     ……
     ……
   b) an den Trust:
     ……
     ……
     ……

Ist für Mitteilungen zwischen den Parteien die Schriftform gefordert, so müssen sie per Einschreiben mit Rückschein oder per Boten mit Empfangsbestätigung übermittelt werden.

(4) Dieser Treuhandvertrag enthält zusammen mit etwaigen Anlagen alle Vereinbarungen und Erklärungen der vertragsschließenden Parteien in Bezug auf den Treuhand-

vertragsgegenstand. Alle zwischen den Vertragsparteien vor dem Abschluss dieses Treuhandvertrags getroffenen Vereinbarungen hierüber sind durch den Abschluss dieses Treuhandvertrags überholt und werden hierdurch ersetzt.

(5) Vertragsänderungen bedürfen der Zustimmung der Berechtigten. Ausgenommen sind solche Vertragsänderungen, die lediglich technische Abläufe betreffen und das Sicherheitsinteresse der Berechtigten nicht beeinträchtigen; diese erfolgen in Absprache zwischen der Gesellschaft und dem Trust, ohne dass eine Zustimmung der Berechtigten notwendig ist.

(6) Änderungen und Ergänzungen dieses Treuhandvertrags, einschließlich dieser Bestimmung, bedürfen zu ihrer Rechtswirksamkeit der Schriftform. Nebenabreden bestehen nicht.

(7) Sollte eine Bestimmung dieses Treuhandvertrags ganz oder teilweise unwirksam sein, wird die Wirksamkeit aller übrigen Bestimmungen dieses Treuhandvertrags davon nicht berührt. Die Parteien verpflichten sich, die unwirksame Bestimmung durch diejenige wirksame zu ersetzen, die dem von den Vertragsparteien mit der unwirksamen Bestimmung verfolgten wirtschaftlichen Zweck am nächsten kommt. Das gleiche gilt für den Fall einer vertraglichen Lücke oder einer wesentlichen Änderung der diesem Treuhandvertrag zugrunde liegenden maßgeblichen Geschäftsgrundlagen.

......
Ort, Datum

......
Unterschrift der Gesellschaft

......
Ort, Datum

......
Unterschrift des Trusts

Schrifttum: Bode/Bergt/Odenberger, Doppelseitige Treuhand als Instrument der privatrechtlichen Insolvenzsicherung im Bereich der betrieblichen Altersversorgung, DB 2000, 1864; *Bork,* Die Doppeltreuhand in der Insolvenz, NZI 1999, 337; 1039; *Braun,* Kommentar zur Insolvenzordnung, 2002; *Fischer,* Insolvenzsicherung für Altersteilzeit, Arbeitszeitkonten und Altersversorgung – Vermögensdeckung mit doppelseitiger Treuhand in der Praxis, BetrAV 2001, 21; *Fischer/Thoms-Meyer,* Privatrechtlicher Insolvenzschutz für Arbeitnehmeransprüche aus deferred compensation, DB 2000, 1861; *Förster,* Ausgliederung von Pensionsverpflichtungen auf eine Pensionsgesellschaft, BetrAV 2001, 133; *Höfer/Oppermann,* Änderung des IAS 19 für den Bilanzausweis von Betriebsrenten, DB 2000, 1039; *Klemm,* Unterfallen Contractual Trust Arrangements den Beschränkungen der EU-Pensionsfondsrichtlinie?, DStR 2004, 613; *Küppers/Louven,* Outsourcing und Insolvenzsicherung von Pensionsverpflichtungen durch Contractual Trust Arrangements (CTA), BB 2004, 337; *Münchner Kommentar zur Insolvenzordnung,* Band 1, 2001; *Münchner Kommentar zur Insolvenzordnung,* Band 2, 2002; *Rößler/Doetsch/Heger,* Auslagerung von Pensionsverpflichtungen im Rahmen einer Bilanzierung gemäß SFAS bzw. IAS, DB 1999, 2498; *Stöhr,* Betrieblicher Pensionsfonds in Form einer Treuhand findet Anerkennung als „funded pension plan" nach US-GAAP, DB 1998, 2233.

Anmerkungen

1. Vorbemerkung. Durch das Vertragswerk wird ein so genanntes Contractual Trust Arrangement (CTA) begründet. Dadurch soll ein privatrechtlicher Insolvenzschutz für die Ansprüche und Anwartschaften der aus der Versorgungsordnung der Gesellschaft berechtigten Mitarbeiter und Mitarbeiterinnen herbeigeführt werden. Es handelt sich bei dem in dem Entwurf dargestellten CTA um ein sog. „doppelseitiges Treuhandmodell". Das Vertragswerk enthält deshalb zwei Elemente: Zunächst eine Verwaltungstreuhand, die den Treuhänder verpflichtet, das auf ihn übertragene Vermögen für die Gesellschaft (die weiterhin wirtschaftliche Eigentümerin bleibt) zu verwalten. Zudem enthält der Vertrag eine Sicherungstreuhand, die den Treuhänder verpflichtet, im Sicherungsfall Leistungen an die berechtigten Mitarbeiter zu erbringen.

Die Insolvenzfestigkeit der doppelseitigen Treuhand ist von der Rechtsprechung unter Geltung der Konkursordnung für eine andere, aber nicht maßgeblich abweichende Fallgestaltung anerkannt (vgl. BGH Urt. v. 12. 10. 1989 – IX ZR 184/88 – BGHZ 109, 47). Unter der neuen Insolvenzordnung ist sie bislang höchstrichterlich noch nicht geklärt. Die ganz h. M. in der insolvenzrichterlichen Literatur geht dennoch von der Insolvenzfestigkeit der Doppeltreuhand auch unter Geltung der Insolvenzordnung aus (s. Anm. 7).

Für deutsche Tochtergesellschaften internationaler Konzerne und insbesondere auch für deutsche Konzerne, die Bilanzen nach internationalen oder US-amerikanischen Rechnungslegungsvorschriften (IAS und US-GAAP) erstellen, entstehen aus der Bildung von Pensionsrückstellungen für Versorgungsverpflichtungen im internationalen Wettbewerb substantielle Nachteile. Denn nach den internationalen Rechnungslegungsvorschriften müssen Pensionsrückstellungen als ungedeckte Pensionsverbindlichkeiten (Unfunded Pension Liabilities) ausgewiesen werden. Dies führt zu einer Verschlechterung des Unternehmensratings, die Eigenkapitalverzinsung sinkt und erhöht damit auch die Kosten für Fremdfinanzierung. Auch um dieses Problem zu lösen, bietet sich die Etablierung eines CTA an. Bei richtiger Ausgestaltung wird das auf den Trust übertragene Vermögen gegen die Pensionsrückstellungen aufgerechnet (saldiert) und nur noch die verbleibende Differenz bilanziert. Voraussetzung dafür, dass lediglich die ungedeckten Pensionsverpflichtungen ausgewiesen werden müssen, ist, dass die auf den Trust übertragenen Deckungsmittel die von IAS 19 oder SFAS 87 aufgestellten Anforderungen an Planvermögen (Plan Assets) erfüllen. Erforderlich für die Anerkennung ist, dass das Vermögen von einer rechtlich selbständigen Einheit gehalten wird, die von dem zusagenden Unternehmen rechtlich unabhängig ist. Das Vermögen muss ausschließlich für die Erfüllung von Versorgungsverpflichtungen reserviert und nicht an den Arbeitgeber oder seine Gläubiger gezahlt werden können, bevor nicht die Versorgungsverpflichtungen erfüllt sind. Diese Voraussetzungen werden durch das CTA geschaffen.

Der Betriebsrat ist am Abschluss der Treuhandvereinbarung nicht zu beteiligen. Ein Mitbestimmungsrecht des Betriebsrats folgt insbesondere nicht aus § 87 Abs. 1 Nr. 8 BetrVG. Der Trust stellt keine Sozialeinrichtung im Sinne dieser Regelung dar. Anders als betriebliche Pensions- oder Unterstützungskassen kann ein „innerbetrieblicher" Trust nicht als derartige Sozialeinrichtung qualifiziert werden, weil der Trust keine direkten Leistungen an die Belegschaft erbringen soll. Sozialeinrichtungen im Sinne des § 87 Abs. 1 Nr. 8 BetrVG erhalten ihre Besonderheit aber gerade daraus, dass der Arbeitgeber durch sie Leistungen an die Belegschaft erbringt (vgl. BAG Beschl. v. 12. 6. 1975 – 3 ABR 137/73 – AP Nr. 2 zu § 87 BetrVG Altersversorgung; BAG Beschl. v. 21. 6. 1979 – 3 ABR 3/ – AP Nr. 1 zu § 87 BetrVG Sozialeinrichtung) und erbringen will. Die entsprechenden Leistungen müssten zudem Entgeltcharakter haben. Diese Voraussetzungen sind beim betrieblichen Trust nicht erfüllt, da die zugrunde liegende Versorgungszusage und nicht die CTA-Konstruktion den Entgeltcharakter erfüllt (vgl. hierzu *Höfer* Bd. 1 Rdn. 1142 m. weit. Nachw.). Da der Trust in der vorliegenden Gestaltung gerade keine Leistungen erbringen soll, weil der Arbeitgeber bis zum Sicherungsfall Schuldner der Versorgungsleistungen bleibt, fehlt es an diesem konstitutiven Merkmal der Sozialeinrichtung. Der Arbeitgeber will gerade keine Leistungen durch den Trust an die Belegschaft erbringen. Der Trust ist vielmehr nur ein wirtschaftliches Sicherungsmittel zur Absicherung der vom Arbeitgeber aufgrund der Versorgungszusage zu erbringenden Leistungen. Damit ist das CTA-Modell mitbestimmungsrechtlich eher mit dem (mitbestimmungsfreien) Abschluss einer Rückdeckungsversicherung zu vergleichen.

Auch eine Mitbestimmung nach § 87 Abs. 1 Nr. 10 BetrVG scheidet aus. Die Bildung und Ausgliederung eines Treuhandvermögens ist nicht eine Frage der Lohngestaltung. Die CTA-Konstruktion baut auf einer bestehenden Versorgungszusage auf, die für sich gesehen nach allgemeinen Grundsätzen dem Mitbestimmungsrecht unterliegt (s. Form. F. I. 4. Anm. 1). Die Rückdeckungskonzeption durch das CTA betrifft hingegen ausschließlich die finanztechnische Seite, also die Frage der Erfüllung der Versorgungsverpflichtungen und der Bereitstellung bzw. Separierung hinreichender Vermögensmittel.

2. Präambel. Es empfiehlt sich, in der Präambel den der Treuhandvereinbarung zugrunde liegenden Sachverhalt und die verfolgten Zwecke noch einmal ausdrücklich darzulegen. Dadurch werden für etwaige Streitfälle Auslegungshilfen gegeben, indem die Motive für den Abschluss der Treuhandvereinbarung deutlich gemacht werden. Insbesondere sollte hier aufgeführt werden, dass die Vermögensübertragung auf den Trust zugunsten der Gesellschaft die

5. Ausgliederung von Pensionsrückstellungen   F. I. 5

Anforderungen für eine Bilanzverkürzung nach US-GAP und IAS erfüllen und saldierungsfähige „Plan-Assets" schaffen sollen.

3. Vertragsgegenstand. Im Rahmen von § 1 ist ausdrücklich klargestellt, dass der Trust lediglich für die Gesellschaft und für verbundene Unternehmen als Doppeltreuhänder tätig werden darf. Dadurch erfolgt eine – aus aufsichtsrechtlichen Aspekten ratsame – Abgrenzung von einem nicht nur für Konzernunternehmen tätigen Gruppen-Trust (s. Anm. 8).

4. Treuhandkonto, Treuhanddepot. Die technische Vorgehensweise zur Eröffnung des erforderlichen Depots und der Konten sollte stets so genau wie möglich spezifiziert werden, um sicherzustellen, dass der Trust die erforderlichen Depots und Konten in der erwünschten Weise einrichtet. Dabei ist festzulegen, dass die ausgewählte Bank die Doppeltreuhand des Trusts zugunsten der Gesellschaft und der Berechtigten offen zu legen hat. Dies ist ein wichtiges Kriterium zur Sicherstellung der Insolvenzfestigkeit der Treuhandkonstruktion.

Das von der Gesellschaft auf den Trust zu übertragende Vermögen richtet sich nach der zugrunde liegenden Versorgungsordnung. Diese sollte daher dem Treuhandvertrag unbedingt als Anlage beigefügt werden. In Abs. (2) ist eine Regelung aufgenommen, wonach der Trust sicherzustellen hat, dass der Saldo auf dem Abrechnungskonto stets so niedrig wie möglich ist, um zu vermeiden, dass größere Summen auf dem zinsschwachen Abrechnungskonto „zwischengelagert" und nicht in das Spezial-Sondervermögen investiert werden.

Abs. (3) sieht vor, dass zugunsten der jeweils aus der Versorgungsordnung Berechtigten separate Unterkonten („Unterkonten") anzulegen sind. Es handelt sich dabei lediglich um rechtlich unselbständige sog. „Pro-forma-Konten", die keinen eigenen Rechtsanspruch der Berechtigten begründen. Alternativ könnte vorgesehen werden, die übertragenen Vermögensmittel nicht bereits im Zeitpunkt der Übertragung auf Pro-forma-Konten zuzuweisen, sondern das Treuhandvermögen insgesamt – ohne Zuweisung an die Berechtigten – zu verwalten. In diesem Fall muss dann jedoch sichergestellt werden, dass den Berechtigten bei Eintritt des Sicherungsfalls das vorhandene Treuhandvermögen nach Abzug etwa anfallender Abwicklungskosten zugewiesen wird. Dies würde man dadurch erreichen, den versicherungsmathematisch ermittelten Barwert aller Versorgungsverpflichteten zum Stichtag des Eintritts des Sicherungsfalls festzulegen. Anschließend kann dann jedem Versorgungsberechtigten der Teilbetrag, der dem versicherungsmathematisch ermittelten Barwert seiner Versorgungsansprüche entspricht, aus dem Treuhandvermögen zugeordnet werden. Sofern dann das Treuhandvermögen (abzüglich etwaiger Kosten) zur Absicherung sämtlicher Versorgungsverpflichtungen ausreicht, erfolgt eine quotale Zuordnung. Entspricht also beispielsweise das bei Eintritt des Sicherungsfalls vorhandene Treuhandvermögen nur 90% des versicherungsmathematisch ermittelten Barwerts der gesamten Versorgungsverpflichtungen aller Berechtigten, so erhält jeder einzelne Berechtigte auch nur 90% des auf seine Versorgungsansprüche entfallenden Barwerts. Die für diesen Fall erforderlichen vertraglichen Bestimmungen unterscheiden sich jedoch wesentlich von den hier vorgesehenen und erläuterten Regelungen.

In § 2 Abs. (4) wird noch einmal klargestellt, wie der Trust mit dem übertragenen Vermögen zu verfahren hat. Es bietet sich an, dabei auf die mit der Kapitalanlagegesellschaft („KAG") abzuschließenden Rahmenverträge Bezug zu nehmen. Auch diese Rahmenverträge müssen gegebenenfalls dem Treuhandvertrag als Anlage beigefügt werden. Sofern der Trust weitergehende Möglichkeiten bei der Vermögensanlage bzw. der Beauftragung Dritter haben soll, ist dies durch entsprechende vertragliche Regelungen sicherzustellen.

5. Treuhandvermögen. In § 3 wird der Begriff des Treuhandvermögens definiert. Abs. (2) der Regelung stellt klar, dass der Anteil eines jeden Berechtigten, dem nach Maßgabe der Versorgungsordnung festgestellten anteiligen Wert an dem übertragenen Vermögen (einschließlich etwaiger Wertsteigerungen oder -minderungen) entspricht. Dieser Anteil eines jeden Berechtigten bildet den Unterkontensaldo, der zugunsten des Berechtigten auf seinem „Pro-forma" Unterkonto ausgewiesen wird.

Aus steuerlichen Gesichtspunkten enthält Abs. (3) einen klarstellenden Hinweis, dass die Einrichtung und Führung der separaten Unterkonten für die einzelnen Berechtigten keinen Rechtsanspruch begründet. Dadurch soll klargestellt werden, dass die Übertragung des Vermögens auf den Trust nicht zu einem lohnsteuerrechtlich relevanten Zufluss bei den Berechtigten führt.

6. Verwaltungstreuhand. § 4 der Treuhandvereinbarung enthält mit der sog. Verwaltungstreuhand das erste wesentliche Element der doppelseitigen Treuhand. Hier wird klargestellt, dass der Trust das Treuhandvermögen für die Gesellschaft zur Ausfinanzierung und Insolvenzsicherung der Ansprüche der Berechtigten verwaltet.

In diesem Zusammenhang ist in Abs. (3) die ausdrückliche Verpflichtung des Trusts vorgesehen, durch offene Ausweisung des Treuhandverhältnisses in der buchhalterischen Kontoführung eine Segmentierung des Treuhandvermögens herbeizuführen. Dadurch soll sichergestellt werden, dass bei der Insolvenz eines Treugebers dessen Gläubiger nicht auf das zugunsten der anderen Treugeber verwaltete Vermögen zugreifen können. Sofern der Trust jedoch dieser – rein schuldrechtlichen – Verpflichtung zur Segmentierung nicht nachkommt, können sich im Insolvenzfall eines Treugebers gleichwohl Zugriffsrechte seiner Gläubiger ergeben. Die Problematik ist jedoch in der vorgesehenen Vertragskonstellation dadurch entschärft, dass es sich bei sämtlichen Treugebern immer um mit der Gesellschaft verbundene Unternehmen handeln wird.

7. Sicherungstreuhand. Die Sicherungstreuhand ist das Kernelement der doppelseitigen Treuhand und wesentlich für die Insolvenzsicherung der Berechtigten. Die Insolvenzfestigkeit der Konstruktion ist überwiegend anerkannt. Zweifel an der Insolvenzfestigkeit können sich durch §§ 115, 116 InsO ergeben, wonach ein Treuhandvertrag durch die Eröffnung des Insolvenzverfahrens beim Trägerunternehmen erlischt. Nach den Regelungen der Insolvenzordnung erlöschen Aufträge und Geschäftsbesorgungsverträge nämlich bei Eröffnung des Insolvenzverfahrens über das Vermögen des Auftraggebers. Ein Treuhandvertrag ist als Geschäftsbesorgungsvertrag anzusehen, wenn der Treuhänder Vermögensinteressen des Treugebers wahrzunehmen hat. Konsequenz des Erlöschens des Geschäftsbesorgungsvertrags ist grundsätzlich, dass der aus dem Geschäftsbesorgungsvertrag Verpflichtete gemäß §§ 675, 667 BGB alles, was er zur Ausführung der Geschäftsbesorgung erhalten und aus der Geschäftsbesorgung erlangt hat, an den Auftraggeber herauszugeben hat.

Die zwischen der Gesellschaft und dem Trust vereinbarte Verwaltungstreuhand stellt einen derartigen Geschäftsbesorgungsvertrag dar. Der Trust verwaltet im Auftrag der Gesellschaft Vermögenswerte, die zur Sicherung der Ansprüche der Berechtigten dienen. Die durch den Treuhandvertrag begründete Verwaltungstreuhand unterliegt damit der Regelung der §§ 115 Abs. 1, 116 S. 1 InsO und erlischt mit der Eröffnung des Insolvenzverfahrens. Die ebenfalls begründete Sicherungstreuhand zwischen dem Trust und den Berechtigten hingegen erlischt in der Insolvenz der Gesellschaft nicht. Denn durch die Begründung von unmittelbaren Ansprüchen der Berechtigten gegen den Trust im Rahmen der Sicherungstreuhand durch einen echten Vertrag zugunsten Dritter i. S. d. § 328 Abs. 1 BGB wird ein eigenständiges Rechtsverhältnis zwischen dem Berechtigten und dem Trust begründet, dass nicht den Wirkungen der Insolvenz der Gesellschaft unterworfen ist und damit unabhängig vom Schicksal der Verwaltungstreuhand zwischen der Gesellschaft und dem Trust besteht.

Im Übrigen hat auch das Bundesministerium für Arbeit und Sozialordnung die Doppeltreuhand, begründet durch einen echten Vertrag zugunsten Dritter, als empfehlenswerte Möglichkeit zur insolvenzrechtlichen Absicherung von Versorgungsansprüchen vorgeschlagen (Bericht des Bundesministeriums für Arbeit und Sozialordnung nach § 7d Viertes Buch Sozialgesetzbuch (SGB IV) über die Vereinbarung zur Absicherung von Wertguthaben und zu Vorschlägen zur weiteren Entwicklung des Insolvenzschutzes, Berlin, Dezember 2001, S. 51).

Im Rahmen von § 4 Abs. (2) wird klargestellt, dass die Berechtigten bei Eintritt des Sicherungsfalls unmittelbar vom Trust aus dem Treuhandvermögen Befriedigung ihrer Ansprüche gegenüber der Gesellschaft fordern können, um das Sicherungselement der doppelseitigen Treuhand noch einmal herauszustellen. Die Leistungspflicht des Trusts ist dabei auf das jeweils vorhandene Treuhandvermögen beschränkt. Vor diesem Hintergrund kann gegebenenfalls eine zusätzliche Verpflichtung der Gesellschaft zum Ausgleich einer etwaigen „Unterdeckung" aufgenommen werden, wenn z. B. das Treuhandvermögen einen bestimmten Prozentsatz des versicherungsmathematisch zu berechnenden Werts der Versorgungsverpflichtungen unterschreitet (sog. Nachschusspflicht).

In Abs. (3) wird ausdrücklich geregelt, dass diese Ansprüche der Berechtigten – vorbehaltlich der Regelungen in § 15 Abs. (5) des Treuhandvertrags – nicht ohne deren ausdrückliche schriftliche Einwilligung aufgehoben oder geändert werden dürfen. Dadurch wird noch einmal klargestellt, dass weder die Gesellschaft noch der Trust einseitig in die durch den Vertrag zugunsten Dritter (§ 328 Abs. 1 BGB) begründeten Rechte der Berechtigten eingreifen dürfen. Auch diese Regelung dient der Sicherstellung der Insolvenzfestigkeit der Treuhandkonstruktion.

Gleiches gilt für die vorgesehene Verpflichtung der Gesellschaft, wonach die Verpflichtung zur Übertragung von Vermögensgegenständen auf den Trust im Wege eines echten Vertrags zugunsten Dritter gemäß § 328 Abs. 1 BGB begründet werden soll. Danach erlangen die Berechtigten einen eigenen unmittelbaren Anspruch gegen die Gesellschaft auf die Übertragung der Vermögensgegenstände auf den Trust.

8. Kapitalanlagegrundsätze. Durch die Formulierung wird im Ergebnis ein „Outsourcing" der Kapitalanlageentscheidungen herbeigeführt. Hintergrund sind aufsichtsrechtliche Aspekte. Denn bei einem Gruppen-Trust, der nicht ausschließlich für Mutter-, Tochter- oder Schwesterunternehmen tätig ist, besteht ein erhöhtes Risiko, dass dieser Finanzkommissionsgeschäfte i. S. d. § 1 Abs. 1 S. 2 Nr. 4 Kreditwesengesetz betreibt. Dies würde insbesondere dazu führen, dass der Trust in nicht unerheblichem Umfang mit Eigenkapital ausgestattet werden müsste. Weitere Konsequenz wäre, dass der Vorstand des Trusts gemäß § 33 Abs. 2 Kreditwesengesetz eine gewisse fachliche Qualifizierung für die Ausübung seines Amts benötigen würde. Zudem schließt ein Unterfallen unter die Bankenaufsicht im Ergebnis aus, dass es sich bei dem entsprechenden Rechtssubjekt um einen (nicht wirtschaftlichen) eingetragenen Verein handeln kann. Dies wiederum hätte zur Folge, dass der Trust nicht als eingetragener Verein weiter existieren könnte, was wiederum zur Amtslöschung führen würde.

Bei einem Trust, der ausschließlich für Konzernunternehmen tätig werden darf („Konzern-Trust") kann hingegen davon ausgegangen werden, dass eine vollständige Ausgliederung der Vermögensverwaltung durch den Trust auf eine Kapitalanlagegesellschaft dazu führt, dass der Trust keinen in kaufmännischer Weise eingerichteten Geschäftsbetrieb erfordert. Auch dürfte bei einem Konzern-Trust eine Gewerbsmäßigkeit (als allgemeine Voraussetzung einer Aufsichtspflicht) nicht gegeben sein, da keine Gewinne erzielt werden sollen. Insbesondere ist in diesem Zusammenhang auch von Bedeutung, dass § 2 Abs. 1 Nr. 7, § 2 Abs. 6 Nr. 5 Kreditwesengesetz bei einer Tätigkeit nur für Mutter-, Tochter- und Schwesterunternehmen Ausnahmetatbestände vorsieht. Eine Erlaubnispflicht dürfte daher weder beim Einzel-Trust noch beim Konzern-Trust bestehen. Das verbleibende Restrisiko, dass auch ein Einzel-Trust trotz vollständigem „Outsourcing" der Vermögensverwaltung der Bankenaufsicht unterliegt (mit vorstehend geschilderten Konsequenzen), ist als gering anzusehen.

9. Erfüllung von Ansprüchen. § 7 regelt die Erfüllung von Ansprüchen außerhalb des Sicherungsfalls. Es ist klargestellt, dass – solange der Sicherungsfall nicht eintritt – ausschließlich die Gesellschaft unmittelbar zur Erfüllung der fälligen Ansprüche der Berechtigten nach Maßgabe der Versorgungsordnung verpflichtet ist. Dementsprechend hat der Trust der Gesellschaft geleistete Zahlungen an die Berechtigten zurückzuerstatten.

10. Sicherungsfall. § 8 enthält eine Aufzählung der verschiedenen Sicherungsfälle. Es handelt sich dabei insbesondere um Fälle der Insolvenz und wirtschaftlich gleich gestellter Umstände. Zusätzlich sollte – als Indiz gegen eventuelle Anfechtungsrechte wegen Gläubigerbenachteiligung – vorgesehen werden, dass der Sicherungsfall auch dann eintritt, wenn die Gesellschaft aus sonstigen Gründen mit der Erfüllung aller fälligen Ansprüche aller Berechtigten mehr als sechs Monate in Verzug gerät. Die Gesellschaft muss vor diesem Hintergrund sicherstellen, dass ein effizientes System zur Verwaltung der Ansprüche der Berechtigten eingeführt wird, damit dieser Sicherungsfall nicht „versehentlich" ausgelöst wird.

11. Ansprüche im Sicherungsfall. Die Vorschrift regelt die Erfüllung von Ansprüchen im Sicherungsfall. Dabei ist vorgesehen, dass der Trust Ansprüche von Berechtigten, die bei Eintritt des Sicherungsfalls nach Maßgabe der Versorgungsordnung noch nicht fällig sind, entsprechend den Bestimmungen des Treuhandvertrags weiter zu verwalten hat, bis Fälligkeit eintritt.

12. Erfüllung von Ansprüchen im Sicherungsfall. § 10 der Treuhandvereinbarung regelt die Erfüllung der Ansprüche der Berechtigten im Sicherungsfall. Diese erfolgt durch Auszahlung zu Lasten des individuellen Unterkontensaldos. § 10 Abs. (3) enthält Sonderregelungen für den Fall, dass der Sicherungsfall aufgrund der Eröffnung des Insolvenzverfahrens über das Vermögen der Gesellschaft eintritt.

In § 10 Abs. (4) ist ausdrücklich klargestellt, dass der Trust nicht berechtigt ist, etwaige Fehlbeträge hinsichtlich eines Berechtigten durch Entnahmen aus dem individuellen Unterkontenguthaben eines anderen Berechtigten zu begleichen.

13. Aufwendungserstattung. In der Vereinbarung ist ausdrücklich vorgesehen, dass der Trust unentgeltlich tätig wird. Hintergrund hierfür sind erneut die vorstehend (s. Anm. 7) angesprochenen aufsichtsrechtlichen Aspekte. Dem Trust steht lediglich eine Aufwendungserstattung zu, so dass keine Gewerbsmäßigkeit angenommen werden kann.

14. Informationspflichten des Trusts. Der Trust hat die Gesellschaft unaufgefordert zum Ende eines jeden Geschäftsjahrs über die Vermögensverwaltung zu unterrichten und ein Verzeichnis des Treuhandvermögens zu übermitteln, aus dem sich insbesondere die individuellen Unterkontensalden der Berechtigten ergeben. Auf Aufforderung hat der Trust dieser Verpflichtung auch unterjährig nachzukommen. Damit dies vom Trust auch geleistet werden kann, ist beim Abschluss der Vereinbarungen mit der KAG darauf zu achten, dass eine Verpflichtung der KAG zur taggenauen Abrechnung (auf Aufforderung des Trusts) aufgenommen wird.

15. Haftung. Im Formular ist lediglich vorgesehen, dass der Trust seine Aufgaben mit der Sorgfalt eines ordentlichen Geschäftsmanns durchzuführen hat. Hier können auch gewisse Haftungsbeschränkungen (z. B. Begrenzung auf Vorsatz und grobe Fahrlässigkeit) eingefügt werden.

16. Laufzeit. In Abs. (3) sind die Kündigungsmöglichkeiten der Gesellschaft geregelt. Es ist vorgesehen, dass eine Kündigung durch die Gesellschaft mit dreimonatiger Frist nur dann zulässig ist, wenn mindestens 75% der Berechtigten zustimmen. Durch diese Stärkung der Position der Berechtigten soll eine Sicherung der Insolvenzfestigkeit der Treuhandkonstruktion erreicht werden.

Weiterhin ist eine Kündigung durch die Gesellschaft nur dann zulässig, wenn ein geeigneter Nachfolgetreuhänder zur Verfügung steht. Gleiches gilt entsprechend für eine Kündigung des Treuhandvertrags durch den Trust, die mit sechsmonatiger Kündigungsfrist zulässig ist.

Gemäß Abs. (5) ist das Treuhandvermögen im Falle einer zulässigen Kündigung spätestens zum Ende des Treuhandvertrags auf den Nachfolgetreuhänder zu übertragen. Gleiches gilt entsprechend für den Fall der Beendigung des Treuhandvertrags wegen Auflösung des Trusts oder wegen Verlusts der Rechtsfähigkeit des Trusts. Auch diese Vorgaben dienen der Sicherung der Rechtsposition der Berechtigten.

§ 14 Abs. (6) sieht als Auffangtatbestand vor, dass dann, wenn eine Übertragung auf einen Nachfolgetreuhänder – aus welchen Gründen auch immer – nicht möglich ist, eine Hinterlegung beim für die Gesellschaft zuständigen Amtsgericht zu erfolgen hat. Dadurch wird noch einmal sichergestellt, dass das Treuhandvermögen nicht an die Gesellschaft zurückfließen darf, sondern auch in diesem Fall weiterhin der Sicherung der Ansprüche der Berechtigten dienen muss, um die Insolvenzfestigkeit der Treuhandkonstruktion zu garantieren.

17. Beitritt. § 15 sieht vor, dass die Berechtigten im Vertrag durch schriftliche Erklärung beitreten können. Grund hierfür ist eine Verbesserung der Insolvenzfestigkeit. Wie vorstehend ausgeführt, ist die Doppeltreuhand nach der h. M. in der Literatur auch dann insolvenzfest, wenn die Sicherungstreuhand zugunsten der Berechtigten allein im Wege eines echten Vertrags zugunsten Dritter begründet wird. Zur Minimierung von Restrisiken ist es jedoch empfehlenswert, dass die Berechtigten zumindest die Möglichkeit haben, dem Treuhandvertrag beizutreten. Dieser Beitritt einzelner Berechtigter zum Treuhandvertrag ist rechtlich von dem Beitritt der anderen Berechtigten abhängig. Sofern nur einzelne Berechtigte beitreten, würde eine Doppeltreuhand aufgrund dreiseitigen Vertrags (zwischen der Gesellschaft, dem Trust und dem jeweiligen Beitretenden) entstehen. Auf die Drittbegünstigung käme es in Bezug auf die Beitretenden dann nicht mehr an. Soweit einzelne Berechtigte dem Treuhandvertrag nicht beitreten, würde es insofern bei der Sicherungstreuhand zugunsten Dritter verbleiben.

18. Schlussbestimmungen. In Abs. (1) ist vorgesehen, dass die Gesellschaft dem Trust ein Verzeichnis der Berechtigten zur Verfügung stellt und dieses Verzeichnis jährlich zum 1.1. aktualisiert. Dadurch soll ermöglicht werden, den Kreis der Berechtigten stets relativ genau zu definieren, um eine Bestimmbarkeit der insolvenzgesicherten Ansprüche zu gewährleisten. Hierdurch soll ein Indiz gegen etwaige Anfechtungsrechte wegen Gläubigerbenachteiligung geschaffen werden.

6. Satzung eines Trust e. V.[1]

Satzung des ...... Trust e. V.

§ 1 Name, Sitz, Geschäftsjahr

(1) Der Verein führt den Namen „...... Trust". Der Verein soll im Vereinsregister eingetragen werden. Nach Eintragung in das Vereinsregister wird der Verein seinen Namen mit dem Zusatz „e. V."[2] führen.

(2) Sitz des Vereins ist ......

(3) Das Geschäftsjahr beginnt am 1. Januar eines jeden Jahres und endet jeweils zum 31. Dezember desselben Jahres.

§ 2 Zweck[3]

(1) Der ausschließliche und unabänderliche Zweck des Vereins besteht darin, das ihm von der ...... GmbH („Gesellschaft") treuhänderisch übertragene Vermögen („Treuhandvermögen") nach Maßgabe dieser Satzung, des mit der Gesellschaft geschlossenen Treuhandvertrages und dem im Rahmen des Treuhandvertrages erteilten Auftrag treuhänderisch zu verwalten und im Sicherungsfall das Treuhandvermögen gemäß dem Treuhandvertrag zur Erfüllung von gegenwärtigen und zukünftigen Ansprüchen von Arbeitnehmern und Geschäftsführern der Gesellschaft („Berechtigte") aus der Versorgungsordnung vom ...... in ihrer jeweils gültigen Fassung („Versorgungsordnung") zu verwenden.

(2) Der Verein verfolgt keine eigenen Erwerbsinteressen. Er wird – unbeschadet des Ersatzes seiner Aufwendungen und der Aufwendungen von Organmitgliedern – unentgeltlich tätig. Bank- und Finanzdienstleistungen werden durch den Verein nicht erbracht.

(3) Der Verein ist berechtigt, alle Geschäfte einzugehen und auszuführen und alle Maßnahmen zu ergreifen, die für die Erreichung des Vereinszwecks notwendig oder zweckdienlich sind. Der Verein wird die Verwaltung der Vermögensgegenstände, die Bestandteil des Treuhandvermögens sind, auf Kreditinstitute oder Finanzdienstleistungsinstitute im Sinne des § 1 Kreditwesengesetz (KWG) übertragen.[4]

§ 3 Mitgliedschaft[5]

(1) Mitglieder des Vereins können nur Arbeitnehmer oder Geschäftsführer der Gesellschaft mit gegenwärtigen oder zukünftigen Ansprüchen aus der Versorgungsordnung sein.

(2) Die Mitgliederzahl muss mindestens ...... und darf höchstens ...... betragen.

(3) Die Mitgliedschaft beginnt, soweit der Vorstand (§ 6) nicht etwas anderes bestimmt, mit Zugang einer schriftlichen Beitrittserklärung beim Verein und einer entsprechenden Annahmeerklärung durch den Vorstand.

(4) Die Mitgliedschaft endet
a) durch Tod,
b) durch Ausscheiden aus der Gesellschaft (ausgenommen ist das Ausscheiden aus der Gesellschaft unmittelbar aufgrund eines Sicherungsfalls im Sinne des Treuhandvertrages),
c) durch Austritt aus dem Verein, der schriftlich mit dreimonatiger Frist an den Vorstand erklärt werden kann, oder
d) durch Ausschluss gemäß nachfolgendem Abs. (5).

(5) Die Mitgliederversammlung ist berechtigt, ein Mitglied bei Vorliegen wichtiger Gründe durch Beschluss aus dem Verein auszuschließen. Vor der Beschlussfassung, von der das betroffene Mitglied ausgeschlossen ist, ist dem betroffenen Mitglied Gelegenheit zur Stellungnahme zu geben.

§ 4 Organe des Vereins[6]

Organe des Vereins sind
- die Mitgliederversammlung und
- der Vorstand.

§ 5 Mitgliederversammlung[7]

(1) Innerhalb der ersten neun Monate nach Ablauf eines jeden Geschäftsjahrs findet eine ordentliche Mitgliederversammlung statt. Anschließend findet die ordentliche Mitgliederversammlung alle 12 Monate statt. Zu den Aufgaben der Mitgliederversammlung gehören insbesondere
a) die Entgegennahme des Rechenschaftsberichts des Vorstands,
b) die Bestellung des Rechnungsprüfers,
c) die Wahl, Abberufung und Entlastung des Vorstandes,
d) die Änderung der Satzung und
e) die Auflösung des Vereins.

(2) Wenn das Interesse des Vereins es erfordert, kann eine außerordentliche Mitgliederversammlung einberufen werden. Das Interesse wird vermutet, wenn entweder der Vorstand es für notwendig erachtet oder mindestens ein Drittel der Mitglieder unter Angabe der Gründe die außerordentliche Mitgliederversammlung beim Vorstand schriftlich beantragen.

(3) Die Mitgliederversammlung wird vom Vorstand schriftlich mit einer Frist von zwei Wochen unter Bekanntgabe der Tagesordnung einberufen.

(4) Die Mitgliederversammlung ist vorbehaltlich nachfolgendem Abs. (6) beschlussfähig, wenn sie ordnungsgemäß einberufen wurde und mindestens die Hälfte der Mitglieder anwesend ist.

(5) Die Mitgliederversammlung fasst ihre Beschlüsse mit einfacher Mehrheit der anwesenden und vertretenen Mitglieder. Bei Stimmgleichheit gilt ein Antrag als abgelehnt. Stimmenthaltungen gelten als ungültige Stimmen. Die Abberufung von Vorstandsmitgliedern sowie eine Satzungsänderung oder der Beschluss über die Auflösung des Vereins bedürfen der Mehrheit von drei Viertel aller Mitglieder. Der Ausschluss von Mitgliedern gemäß § 3 Abs. (5) der Satzung bedarf einer Mehrheit von drei Viertel der abgegebenen gültigen Stimmen. Jedes Mitglied ist berechtigt, sich in der Mitgliederversammlung durch ein anderes Vereinsmitglied nach Erteilung einer schriftlichen Vollmacht vertreten zu lassen.

(6) Beschlüsse der Mitgliederversammlung können auch auf schriftlichem Wege im Umlaufverfahren gefasst werden, wenn alle Mitglieder diesem Verfahren schriftlich zustimmen. Kommt ein schriftlicher Beschluss zustande, ist dieser unverzüglich allen Mitgliedern schriftlich mitzuteilen.

(7) Den Vorsitz der Mitgliederversammlung führt der Vorsitzende des Vorstands, im Falle seiner Verhinderung sein Stellvertreter. Sind beide Vorstände verhindert, wählt die Mitgliederversammlung einen Versammlungsleiter.

(8) Über die Mitgliederversammlung ist ein schriftliches Protokoll anzufertigen. Die gefassten Beschlüsse sind hierin niederzulegen. Das Protokoll ist von den anwesenden Vorstandsmitgliedern zu unterzeichnen.

§ 6 Vorstand[8]

(1) Der Vorstand besteht aus drei Mitgliedern. Der Vorstand wird von der Mitgliederversammlung gewählt. Die Mitgliederversammlung bestimmt ein Mitglied des Vorstands zum Vorstandsvorsitzenden und ein weiteres zu seinem Stellvertreter. Die Mitglieder des Vorstands müssen Vereinsmitglieder sein.

(2) Die Amtszeit der Vorstandsmitglieder beträgt ...... Jahre. Eine Verlängerung der Amtszeit kann durch die Mitgliederversammlung beschlossen werden. Eine Wiederwahl ist möglich.

(3) Das Vorstandsamt endet automatisch mit dem Ausscheiden des jeweiligen Vorstandsmitglieds aus der Gesellschaft. Ausgenommen ist das Ausscheiden aus der Gesellschaft unmittelbar aufgrund eines Sicherungsfalls im Sinne des Treuhandvertrages.

(4) Dem Vorstand obliegt die Geschäftsführung des Vereins. Er vertritt ihn gerichtlich und außergerichtlich. Die Vorstände sind grundsätzlich nur gemeinschaftlich mit einem anderen Vorstandsmitglied zur Vertretung des Vereins befugt.

(5) Der Vorstand ist für alle Angelegenheiten des Vereins zuständig, soweit sie nicht durch diese Satzung einem anderen Organ des Vereins übertragen wird. Er hat insbesondere folgende Aufgaben:
   a) die Verwaltung und Verwendung des Treuhandvermögens entsprechend dem in § 2 bezeichneten Zweck,
   b) die Überwachung Dritter, welche durch den Vorstand auf Grundlage des Treuhandvertrages mit der Übernahme bestimmter Aufgaben der Vermögensverwaltung beauftragt sind,
   c) die Vorlage des für das abgelaufene Geschäftsjahr erstellten Rechenschaftsberichts an die Mitgliederversammlung sowie die sonstige regelmäßige Berichterstattung gegenüber der Gesellschaft,
   d) die Ausführung von Beschlüssen der Mitgliederversammlung.

(6) Der Vorstand fasst seine Beschlüsse mit Stimmenmehrheit. Beschlussfassungen können auch auf schriftlichem Wege im Umlaufverfahren gefasst werden, wenn alle Vorstandsmitglieder diesem Verfahren schriftlich zustimmen.

(7) Die Vorstandsmitglieder sind für den Verein ehrenamtlich tätig. Sie erhalten ihre notwendigen Aufwendungen und Auslagen erstattet.

§ 7 Einkünfte und Vermögen[9]

(1) Der Verein verwaltet das ihm treuhänderisch gemäß § 2 Abs. (1) übereignete Vermögen so, dass der Vereinszweck erfüllt wird. Erträge aus dem Treuhandvermögen oder durch Umschichtungen erworbenes Vermögen unterliegen vorbehaltlich der Regelung in Abs. (2) ebenfalls dieser Zweckbindung.

(2) Die laufenden Kosten der Verwaltung des Treuhandvermögens werden aus dessen Erträgen und, sofern diese nicht ausreichen, aus der Verwertung von Vermögen finanziert.

(3) Mitgliedsbeiträge werden nicht erhoben.

(4) Sofern bei der Gesellschaft ein Sicherungsfall i. S. d. Treuhandvertrages eintritt, führt der Verein die Abwicklung der Sicherungsrechte nach Maßgabe des im Zeitpunkt des Eintritts des Sicherungsfalls geltenden Treuhandvertrages durch.

§ 8 Rechnungslegung[10]

(1) Der Vorstand hat zum Nachweis der ordnungsgemäßen Geschäftsführung innerhalb der ersten sechs Monate eines jeden Geschäftsjahrs einen Rechenschaftsbericht für das abgelaufene Geschäftsjahr zu erstellen. Im Rechenschaftsbericht sind der Anfangs- und der Endbestand des Treuhandvermögens getrennt nach den Gesellschaften aufzuzeigen.

(2) Im Rechenschaftsbericht hat der Vorstand außerdem die Einhaltung der Bestimmungen des Treuhandvertrages zu bestätigen und den Geschäftsverlauf zu erläutern.

(3) Die Veränderungen des Treuhandvermögens während des Geschäftsjahrs sind durch Aufzeichnung der Geschäftsvorgänge sachgerecht zu dokumentieren. Die Aufzeichnungen müssen so beschaffen sein, dass ein sachverständiger Dritter jederzeit in der Lage ist, sich in angemessener Zeit ein zutreffendes Bild von den Verhältnissen des Vereins zu verschaffen. Die Form der Aufzeichnungen wird sich an der kaufmännischen Buchführung oder an geeigneten anderen Verfahren orientieren.

(4) Der Vorstand stellt die für die Gesellschaft für Zwecke der Rechnungslegung erforderlichen Informationen und Belege zeitgerecht bereit. Der Vorstand hat in Abstimmung mit den Treugebern für eine sichere Aufbewahrung der Unterlagen des Vereins (Rechenschaftsberichte, Aufzeichnungen, Belege, eingehende oder abgesandte Korrespondenzen) zu sorgen.

(5) Der Rechenschaftsbericht ist unverzüglich dem von der Mitgliederversammlung bestellten Rechnungsprüfer vorzulegen. Rechnungsprüfer kann nur eine Wirtschaftsprüfungsgesellschaft sein.

(6) Der Vorstand hat den Rechenschaftsbericht zusammen mit dem Prüfungsbericht des Rechnungsprüfers spätestens vor Ablauf der ersten sechs Monate des jeweils laufenden Geschäftsjahres der Mitgliederversammlung vorzulegen.

(7) Die Gesellschaft hat – in Absprache mit dem Verein – jederzeit die Berechtigung, Einsicht in die Unterlagen zu nehmen.

§ 9 Auflösung/Wegfall des Vereinszwecks[11]

(1) Im Falle der Auflösung des Vereins erfolgt die Liquidation durch den zur Zeit der Auflösung bestehenden Vorstand als Liquidator.

(2) Im Falle der Auflösung des Vereins muss vorhandenes Vereinsvermögen auf einen Nachfolgetreuhänder übertragen werden, der eine dem Vereinszweck entsprechende Sicherung des Treuhandvermögens gewährleistet.

(3) Sofern im Falle der Auflösung eine Übertragung des Treuhandvermögens entsprechend vorstehendem Abs. (2) nicht möglich ist, hat der Verein das Treuhandvermögen bei dem Amtsgericht, in dessen Bezirk die Gesellschaft ihren Sitz hat, zugunsten der Gesellschaft und der Berechtigten zu hinterlegen.

(4) Bei Wegfall des Vereinszwecks fällt das dann vorhandene Vermögen an die Gesellschaft. Der Vereinszweck ist erfüllt, wenn alle gemäß § 2 Abs. (1) zu sichernden Ansprüche aller Berechtigten erfüllt sind.

......
Ort, Datum
......
Unterschriften der Gründungsmitglieder

Schrifttum: Bode/Bergt/Odenberger, Doppelseitige Treuhand als Instrument der privatrechtlichen Insolvenzsicherung im Bereich der betrieblichen Altersversorgung, DB 2000, 1864; *Bork*, Die Doppeltreuhand in der Insolvenz, NZI 1999, 337; *Braun*, Kommentar zur Insolvenzordnung, 2. neu bearb. Aufl. 2004; *Fischer*, Insolvenzsicherung für Altersteilzeit, Arbeitszeitkonten und Altersversorgung – Vermögensdeckung mit doppelseitiger Treuhand in der Praxis, BetrAV 2001, 21; *Fischer/Thoms-Meyer*, Privatrechtlicher Insolvenzschutz für Arbeitnehmeransprüche aus deferred compensation, DB 2000, 1861; *Förster*, Ausgliederung von Pensionsverpflichtungen auf eine Pensionsgesellschaft, BetrAV 2001, 133; *Höfer/Oppermann*, Änderung des IAS 19 für den Bilanzausweis von Betriebsrenten, DB 2000, 1039; *Klemm*, Unterfallen Contractual Trust Arrangements den Beschränkungen der EU-Pensionsfondsrichtlinie?, DStR 2004, 613; *Küppers/Louven*, Outsourcing und Insolvenzsicherung von Pensionsverpflichtungen durch Contractual Trust Arrangements (CTA), BB 2004, 337; *Münchner Kommentar zur Insolvenzordnung*, Band 1, 2001; *Münchner Kommentar zur Insolvenzordnung*, Band 2, 2002; *Rößler/Doetsch/Heger*, Auslagerung von Pensionsverpflichtungen im Rahmen einer Bilanzierung gemäß SFAS bzw. IAS, DB 1999, 2498; *Schmidt*, Gesellschaftsrecht, 4. Aufl., 2002; *Stöber*, Handbuch zum Vereinsrecht, 9. Aufl., 2004; *Stöhr*, Betrieblicher Pensionsfonds in Form einer Treuhand findet Anerkennung als „funded pension plan" nach US-GAAP, DB 1998, 2233.

Anmerkungen

1. Vorbemerkung. Das Formular enthält eine Satzung für einen Treuhandverein, einen „Trust e. V.", der ausschließlich für die treuhänderische Vermögensverwaltung im Rahmen eines sog. Contractual Trust Arrangements (CTA) gegründet wird (s. auch Form. F. I. 5). Durch das CTA soll ein privatrechtlicher Insolvenzschutz für die Ansprüche und Anwartschaften der aus der Versorgungsordnung der Gesellschaft berechtigten Mitarbeiter und Mitarbeiterinnen herbeigeführt werden. Es handelt sich bei dem in den Form. F. I. 5 und F. I. 6 dargestellten CTA um ein sog. „doppelseitiges Treuhandmodell". Dieses enthält zwei Elemente: Zunächst eine Verwaltungstreuhand, die den Treuhänder verpflichtet, das auf ihn übertragene Vermögen für die Gesellschaft (die weiterhin wirtschaftliche Eigentümerin bleibt) zu verwalten. Zudem enthält das CTA eine Sicherungstreuhand, die den Treuhänder verpflichtet, im Sicherungsfall Leistungen an die berechtigten Mitarbeiter zu erbringen.

Die Insolvenzfestigkeit der doppelseitigen Treuhand ist von der Rechtsprechung unter Geltung der Konkursordnung für eine andere, aber nicht maßgeblich abweichende Fallgestaltung anerkannt (s. dazu und zu den Motiven für die Einrichtung eines CTA Form. F. I. 5 Anm. 1).

2. Rechtsform. In der Praxis hat sich als Rechtsform für den Trust der eingetragene Verein durchgesetzt. Alternativ käme zwar auch eine GmbH in Betracht, die dort jedoch zwingend bestehende Vermögensbeteiligung der Gesellschafter wird aber i. d. R. nicht gewollt sein. Unerwünscht ist häufig auch die bei der GmbH bestehende Pflicht, ein garantiertes Mindestkapital aufzubringen.

Im Hinblick darauf, dass der Zweck des Trusts auf die Vermögensverwaltung zugunsten der Gesellschaft (als Treugeber) gerichtet ist, macht dies den Trust per se nicht zu einem wirtschaftlichen Verein, der eine Konzession benötigen würde (§ 22 BGB). Dies wäre nur dann der Fall, wenn der Trust planmäßig und entgeltlich als Anbieter auf einem Markt tätig wäre. Dies soll jedoch gerade nicht der Fall sein. Der Trust soll vielmehr ausschließlich für die Gesellschaft als Treugeber tätig werden. Differenzierter muss dieses Problem gesehen werden, falls eine Art „Gruppen-Trust" etabliert werden soll, der für verschiedene Unternehmen die Vermögensverwaltung übernimmt.

3. Vereinszweck. Die Definition des Vereinszwecks stellt noch einmal ausdrücklich klar, dass der Trust das Treuhandvermögen nach Maßgabe der Satzung und dem Treuhandvertrag (s. Form. F. I. 5) und dem im Rahmen des Treuhandvertrages erteilten Auftrag treuhänderisch zu verwalten und im Sicherungsfall entsprechend dem Treuhandvertrag zu verwenden hat. Zur Klarstellung und Vermeidung von aufsichtsrechtlichen Problemen sollte zudem ausdrücklich aufgenommen werden, dass der Verein keinen eigenen Erwerbszweck verfolgt und weder Bank- noch Finanzdienstleistungen erbringt.

4. Übertragung des Treuhandvermögens. Hier wird noch einmal klargestellt, dass der Trust im Ergebnis sämtliche Kapitalanlageentscheidungen auf Kapitalanlagegesellschaften „outsourct". Hintergrund sind aufsichtsrechtliche Aspekte. (s. dazu Form. F. I. 5 Anm. 8).

5. Mitgliedschaft. Für die Mitglieder des Trusts bestehen ab dem Zeitpunkt der Eintragung im Vereinsregister regelmäßig keine Haftungsrisiken. Nur ausnahmsweise kann nach den allgemeinen Grundsätzen der Durchgriffshaftung ein Haftungsdurchgriff auf die Vereinsmitglieder stattfinden (vgl. BGH Urt. v. 8. 7. 1970 – VIII ZR 28/69 – BGHZ 54, 222). Der Beitritt zu einem eingetragenen Verein erfolgt i. d. R. durch einen Beitrittsvertrag zwischen dem Beitragswilligen und dem Verein. Die Satzung kann hier jedoch eigenständige Regelungen vorsehen (§ 58 Nr. 1 BGB). Das Formular sieht in diesem Zusammenhang vor, dass grundsätzlich ein Beitritt durch Vertrag erforderlich ist, der Vorstand jedoch etwas anderes bestimmen kann.

Die Satzung sieht hinsichtlich der Beitrittsberechtigung vor, dass lediglich Arbeitnehmer oder Geschäftsführer der Gesellschaft Vereinsmitglieder werden können. Eine derartige Regelung ist rechtlich nicht zu beanstanden. Lediglich bei sozialpolitischer oder wirtschaftlicher Mächtigkeit eines Vereins kann ausnahmsweise ein Aufnahmeanspruch bestehen (vgl. *Schmidt* S. 711). Es kann daher in der Satzung beispielsweise auch vorgesehen werden, dass der Gesellschaft Vorschlagsrechte hinsichtlich der Mitgliedschaft zustehen sollen. Derartige Regelungen finden sich in Trust-Satzungen in der Praxis relativ häufig.

Die Mitgliedschaft endet durch Tod, Austritt oder Ausschluss. Zudem ist in dem Formular vorgesehen, dass eine automatische Beendigung der Mitgliedschaft erfolgt, wenn das Vereinsmitglied aus der Gesellschaft ausscheidet. Damit jedoch bei Eintritt des Sicherungsfalls der Trust nicht mitgliedslos – und im Ergebnis handlungsunfähig – wird, ist in dem Formular einschränkend vorgesehen, dass diese automatische Beendigung der Mitgliedschaft nicht eintritt, wenn das Ausscheiden aus der Gesellschaft unmittelbar aufgrund eines Sicherungsfalls i. S. d. Treuhandvertrages (s. Form. F. I. 5 Anm. 10) erfolgt.

6. Vereinsorgane. Zwingende Organe des Trusts sind der Vorstand (§ 26 Abs. 1 BGB) und die Mitgliederversammlung (§ 32 BGB).

7. Mitgliederversammlung. Die Mitgliederversammlung ist das zentrale Willensbildungsorgan des Trusts. Sie bestellt den Vorstand und beruft ihn ab. Die Mitgliederversammlung ist insbesondere berechtigt, dem Vorstand Weisungen zu erteilen (BGH Urt. v. 12. 10. 1992 – II ZR 208/91 – BGHZ 119, 379). Die Willensbildung in der Mitgliederversammlung kann grundsätzlich mit einfacher Mehrheit der abgegebenen Stimmen erfolgen (BGH Urt. v. 25. 1. 1985 – II ZR 164/81 – BGHZ 83, 35). Satzungsänderungen erfordern jedoch eine sog. qualifizierte drei Viertel-Mehrheit. Dies bedeutet, es ist eine Mehrheit von drei Viertel der erschienenen Mitglieder erforderlich (§ 33 Abs. 1 S. 1 BGB). Noch höher sind die Anforderungen für die Änderungen des Vereinszwecks: Hier ist die Zustimmung aller Mitglieder erforderlich. Sofern nicht sämtliche Mitglieder zur Beschlussfassung erschienen sind, muss die Zustimmung schriftlich erfolgen (§ 33 Abs. 1 S. 2 BGB). Da die gesetzlichen Vorschriften lediglich Mindestanforderungen darstellen, sieht das Formular in § 5 Abs. (5) abweichend von der gesetzlichen Regelung vor, dass die Abberufung von Vorstandsmitgliedern sowie eine Satzungsänderung oder der Beschluss über die Auflösung des Vereins der Mehrheit von drei Viertel aller (nicht nur der erschienenen) Mitglieder bedarf.

Das Formular sieht vor, dass einmal jährlich eine ordentliche Mitgliederversammlung abzuhalten ist. Dies kann selbstverständlich abweichend geregelt werden. § 5 Abs. (2) entspricht dem gesetzlich vorgesehenen Minderheitenschutz in § 37 Abs. 1 BGB. Ohne eine konkrete Regelung in der Satzung wäre eine außerordentliche Mitgliederversammlung immer bereits dann einzuberufen, wenn mindestens ein Zehntel der Mitglieder dies schriftlich unter Angabe des Zwecks und der Gründe verlangt.

8. Vorstand. Der Vorstand hat aus einer oder mehreren Personen zu bestehen (§ 26 Abs. 1 BGB). Das Formular sieht vor, dass der Vorstand aus drei Mitgliedern besteht, von denen eines von der Mitgliederversammlung zum Vorstandsvorsitzenden bestimmt wird. Das Formular sieht weiterhin vor, dass die Mitglieder des Vorstands Vereinsmitglieder, im Ergebnis also Arbeitnehmer oder Geschäftsführer der Gesellschaft sein müssen. Dadurch soll dem berechtigten Interesse der Gesellschaft, seinen Einfluss auf den Trust möglichst umfangreich zu sichern, Interesse getragen werden. Allerdings muss dabei darauf geachtet werden, dass bei Würdigung der Gesamtumstände im Verein als Personenverband weiterhin eine eigenständige Bedeutung zukommen muss. Wenn dies nicht mehr der Fall ist, der Trust vielmehr nur noch eine Sonderverwaltung der Gesellschaft darstellt, kann eine missbräuchliche Verwendung des Vereinsrechts vorliegen, was zur Konsequenz haben kann, dass der Verein nicht eintragen wird (vgl. *Küppers/Louven* BB 2004, 337 m. weit. Nachw.). Teilweise wird in der Literatur vertreten, dass selbst bei einer erfolgten Eintragung die entsprechenden Satzungsbestimmungen unwirksam sind, was zu der Konsequenz führen kann, dass die Löschung aus dem Vereinsregister im Wege des Amtslöschungsverfahrens nach §§ 159, 142 FGG droht, weil die Eintragung wegen des Mangels wesentlicher Eintragungsvoraussetzungen unzulässig war.

Allerdings genügt allein das Recht der Gesellschaft, den Vorstand zu bestellen, nicht für die Annahme, der Trust sei bloße Sonderverwaltung des Trägerunternehmens (vgl. *Küppers/ Louven* BB 2004, 337 m. weit. Nachw.). Dementsprechend muss es auch unschädlich sein, wenn der Vorstand aufgrund satzungsmäßiger Bestimmungen im Ergebnis nur ein Arbeitnehmer oder Geschäftsführer der Gesellschaft sein kann. Denn die Gesellschaft, die im Interesse ihrer Versorgungsberechtigten ihm gehörende Vermögensmittel auf einen Trust ausgliedert, hat ein legitimes Interesse daran, die zweckentsprechende Verwendung dieser Vermögensmittel durch bestimmte Satzungsvorschriften sicherzustellen und überwachen zu können. Erst wenn die Gesamtschau der Umstände zu dem Ergebnis führt, dass den Vereinsmitgliedern im Ergebnis kein Raum für eine angemessene Mitwirkung an den wesentlichen Vereinsangelegenheiten mehr gelassen wird, ist der Verein nicht als Idealverein eintragungsfähig. Als kritisch wird dabei in der Literatur eine Gestaltung angesehen, bei der die Gesellschaft als Trägerunternehmen nicht nur den Vorstand bestellen darf, sondern auch die Mehrheit der Mitgliederversammlung der **Unternehmensleitung** des Trägerunternehmens angehört (vgl. *Stöber* Rdn. 252).

Die Bestellungskompetenz für den Vorstand liegt grundsätzlich bei der Mitgliederversammlung (§ 27 Abs. 1 BGB). Die Berufung ist jederzeit widerruflich (§ 27 Abs. 2 BGB), sofern die Satzung das Recht zum Widerruf nicht einschränkt. Bei einem aus mehreren Personen bestehenden Vorstand erfolgt die Willensbildung grundsätzlich mittels Mehrheitsbeschluss, sofern die Satzung keine abweichenden Regelungen vorsieht (vgl. §§ 28 Abs. 1, 40 BGB). Im Innenverhältnis ist der Vorstand als Beauftragter des Vereins anzusehen. Er unterliegt deshalb regelmäßig den Weisungen der Mitgliederversammlungen (BGH Urt. v. 12. 10. 1992 – II ZR 208/91 – BGHZ, 119, 379). Im Innenverhältnis zum Verein richtet sich seine Haftung nach überwiegender Ansicht nach den arbeitsrechtlichen Grundsätzen des innerbetrieblichen Schadensausgleichs (BGH Urt. v. 5. 12. 1983 – II ZR 252/82 – BGHZ 89, 159). Dies führt dazu, dass der Vorstand bei leichter Fahrlässigkeit i. d. R. im Innenverhältnis zum Verein nicht haftet. Bei normaler Fahrlässigkeit kommt es grundsätzlich zu einer anteiligen Haftung des Vorstands, während er bei grober Fahrlässigkeit oder Vorsatz i. d. R. voll haftet.

Der Vorstand ist zwar gesetzlicher Vertreter des Vereins, seine Vertretungsmacht kann durch die Satzung jedoch im Außenverhältnis mit Wirkung gegen Dritte beschränkt werden (vgl. § 26 Abs. 2 BGB). Dementsprechend ist in der Satzung Gesamtvertretungsbefugnis gemeinsam mit einem anderen Vorstandsmitglied vorgesehen.

9. Einkünfte und Vermögen. Die Vorschrift enthält noch einmal klarstellende Regelungen zur Verwaltung des Treuhandvermögens. Insbesondere wird klargestellt, dass nicht nur das Treuhandvermögen selbst, sondern auch Erträge aus dem Treuhandvermögen oder durch Umschichtung erworbenes Vermögen der Zweckbindung der Satzung unterliegen. § 7 Abs. (4) verweist hinsichtlich der Abwicklung der Sicherungsrechte auf die Regelungen des Treuhandvertrages.

10. Rechnungslegung. Vorschriften über die Rechnungslegung sind nicht obligatorisch, aber empfehlenswert. Dadurch wird insbesondere dem berechtigten Interesse der Gesellschaft Rechnung getragen, eine zweckentsprechende Verwendung der von ihr zur Verfügung gestellten Vermögensmittel sicherzustellen und zu kontrollieren.

11. Auflösung. Im Falle der Auflösung des Trusts ist vorgesehen, dass das Vereinsvermögen auf einen Nachfolgetreuhänder übertragen werden muss, der eine dem Vereinszweck entsprechende Sicherung des Treuhandvermögens gewährleistet. Falls eine solche Übertragung auf einen Nachfolgetreuhänder – aus welchen Gründen auch immer – nicht möglich ist, ist als Auffangtatbestand vorgesehen, dass eine Hinterlegung bei dem für die Gesellschaft zuständigen Amtsgericht zu erfolgen hat. Dadurch wird sichergestellt, dass das Treuhandvermögen nicht an die Gesellschaft zurückfließen darf, sondern auch in diesem Fall weiterhin der Sicherung der Ansprüche der Berechtigten dienen muss. Dadurch soll die Insolvenzfestigkeit der Treuhandkonstruktion garantiert werden.

Für den Fall des Wegfalls des Vereinszwecks, also der Erfüllung aller zu sichernden Ansprüche aller Berechtigten, kann das vorhandene Restvermögen an die Gesellschaft übertragen werden. Dies ist nach derzeitiger Rechtslage in Deutschland noch unproblematisch möglich. Es gibt keine gesetzliche Regelung, die die Gesellschaft verpflichten würde, etwaige Überschüsse über das zur Erfüllung der Versorgungsansprüche notwendige Vermögen zur Verbesserung dieser Versorgungsansprüche zu verwenden.

II. Direktversicherung

1. Arbeitgeberfinanzierte Direktversicherungszusage[1]

Die ...... ("Gesellschaft") gewährt ihren Mitarbeitern sowie deren Hinterbliebenen Versorgungsleistungen nach Maßgabe der folgenden Richtlinien:

§ 1 Kreis der Versorgungsberechtigten[2]

(1) Mitarbeiter erwerben mit Vollendung des 25. Lebensjahrs (Zusagezeitpunkt) eine Anwartschaft auf betriebliche Altersversorgung nach Maßgabe dieser Versorgungsordnung.

(2) Mitarbeiter, die bei Eintritt in die Gesellschaft das 55. Lebensjahr vollendet haben, sowie Aushilfskräfte oder unregelmäßig Beschäftigte sind von der Aufnahme in die Versorgungsordnung ausgeschlossen.

(3) Teilzeitbeschäftigte Mitarbeiter sind unter Erfüllung der Voraussetzungen gemäß Abs. (1) und (2) berechtigt, an dieser Versorgungsordnung teilzunehmen, sofern sie in einem auf unbestimmte Dauer abgeschlossenen Arbeitsvertrag stehen und eine sozialversicherungspflichtige Tätigkeit ausüben.

§ 2 Allgemeine Leistungsvoraussetzungen[3]

Die Versorgungsberechtigung besteht ab dem 1. Januar des Jahres, in dem der Mitarbeiter
- die Voraussetzungen gemäß § 1 erfüllt und
- die Teilnahmeerklärung unterzeichnet hat.

§ 3 Fälligkeit der Versorgungsleistungen[4]

(1) Scheidet ein teilnehmender Mitarbeiter nach dem Erreichen des 65. Lebensjahrs oder unter Inanspruchnahme des vorgezogenen Altersruhegelds aus der gesetzlichen Rentenversicherung aus den Diensten der Gesellschaft aus, so hat er Anspruch auf eine Altersleistung. Die Altersleistung wird am 1. Januar des Jahres fällig, das dem Erreichen des 65. Lebensjahrs oder der Inanspruchnahme vorgezogenen Altersruhegelds aus der gesetzlichen Rentenversicherung folgt. Die Altersleistung wird frühestens nach Vollendung des 60. Lebensjahrs gezahlt.

(2) Anspruch auf Hinterbliebenenversorgung besteht beim Tod des Mitarbeiters vor Inanspruchnahme der Altersleistung.

§ 4 Art und Höhe der Leistungen[5]

(1) Die Altersleistung wird als lebenslange Leibrente oder im Wege eines Auszahlungsplans mit Teilkapitalverrentung gezahlt, die Hinterbliebenenleistung unter gewissen Umständen als zeitlich befristete Leibrente oder im Wege eines zeitlich befristeten Auszahlungsplans mit Teilkapitalverrentung; der Mitarbeiter kann statt dessen auch eine Einmalzahlung wählen.

(2) Die Höhe der Leistungen ist abhängig vom Alter des Mitarbeiters zum Zeitpunkt des Versicherungsbeginns oder zu den Erhöhungsterminen, vom Beitragsaufwand, von den maßgeblichen Tarifen des Versicherers und von den nach der Gewinndeklaration des Versicherers unter Berücksichtigung der steuerlichen Bestimmungen zugeteilten Gewinnanteilen.

§ 5 Beitragsaufwand[6]

(1) Die Gesellschaft leistet für die Direktversicherung einen Jahresbeitrag in Höhe von ....

(2) Für teilzeitbeschäftigte Mitarbeiter wird ein anteiliger Jahresbeitrag aufgewendet. Dabei wird bei Zugrundelegung einer regelmäßigen Vollzeitbeschäftigung der Jahresbeitrag der Gesellschaft im Verhältnis der tatsächlich im maßgeblichen Jahr geleisteten Arbeitszeit zu der bei einer regelmäßigen Vollzeitbeschäftigung möglichen jährlichen Arbeitszeit vermindert. Bei unterjährigem Ein- oder Austritt wird pro Monat, der in den Diensten der Gesellschaft verbracht wird, ein Zwölftel des Jahresbeitrags aufgewendet.

§ 6 Vorzeitiges Ausscheiden[7]

(1) Scheidet ein Mitarbeiter vorzeitig aus den Diensten der Gesellschaft aus, so wird die Gesellschaft die abgeschlossene Direktversicherung auf den ausgeschiedenen Mitarbeiter übertragen, wenn dieser zum Zeitpunkt seines Ausscheidens das 30. Lebensjahr vollendet hat und die Direktversicherung für ihn mindestens 5 Jahre bestanden hat.

(2) Mit der Übertragung der Direktversicherung auf den Mitarbeiter bestehen keine Ansprüche des Mitarbeiters gegen die Gesellschaft mehr.

§ 7 Gruppenversicherungsvertrag/Rechtsanspruch[8]

(1) Die Gesellschaft wird die Direktversicherungen im Rahmen eines Gruppenversicherungsvertrags mit der ...... Lebensversicherungsgesellschaft finanzieren.

(2) Die Mitarbeiter sind verpflichtet, die zum Abschluss des Vertrags notwendigen Auskünfte zu geben, gegebenenfalls Gesundheitsfragen zu beantworten oder sich einer ärztlichen Untersuchung zu unterziehen.

(3) Mit der Übermittlung von Daten an den Versicherer und an andere betroffene Stellen ist der Mitarbeiter einverstanden.

(4) Sämtliche Ansprüche aus dieser Direktversicherungszusage richten sich ausschließlich gegen das Versicherungsunternehmen, die ...... Lebensversicherungsgesellschaft („Versicherungsunternehmen"). Der Mitarbeiter ist berechtigt, den Direktversicherungsvertrag einzusehen.

§ 8 Verfügungsverbot[9]

(1) Die Ansprüche aus der abgeschlossenen Direktversicherung dürfen vom Mitarbeiter weder abgetreten noch verpfändet werden.

(2) Gleichwohl erfolgte Verfügungen sind der Gesellschaft und dem Versicherungsunternehmen gegenüber unwirksam und berechtigen die Gesellschaft zum Widerruf der Direktversicherungszusage.

§ 9 Bezugsberechtigung[10]

(1) Wenn der Mitarbeiter die Unverfallbarkeitsvoraussetzungen gemäß vorstehendem § 6 erfüllt hat, ist er auf das Todes- und Erlebensfallkapital einschließlich der Gewinnbeteiligung unwiderruflich bezugsberechtigt.

(2) Vom Mitarbeiter gilt im Einvernehmen mit der Gesellschaft für den Todesfall folgendes Bezugsrecht in nachstehender Rangfolge als widerruflich bestellt:
a) an eine vom Mitarbeiter schriftlich benannte Person,
b) an den Ehegatten aus der zum Zeitpunkt des Todes bestehenden Ehe,
c) an die ehelichen und die ihnen gesetzlich gleichgestellten Kinder zu gleichen Teilen,
d) die Erben.

Eine Beleihung des Bezugsrechts durch den Mitarbeiter oder die sonstigen Bezugsberechtigten ist ausgeschlossen.

§ 10 Zahlung der Beiträge[11]

Die Beiträge zur Direktversicherung gemäß § 5 werden ausschließlich von der Gesellschaft getragen.

§ 11 Steuerfreiheit[12]

Die Beiträge zur Direktversicherung unterliegen im Rahmen des § 3 Nr. 63 EStG nicht der Lohnsteuer. Den Steuerfreibetrag überschreitende Beiträge sind mit dem individuellen Steuersatz zu versteuern.

§ 12 Vorbehalte[13]

(1) Die Gesellschaft behält sich vor, zugesagte Beitragszahlungen zu kürzen oder einzustellen, wenn
- a) die wirtschaftliche Lage der Gesellschaft sich nachhaltig so verschlechtert hat, dass ihr eine Aufrechterhaltung nicht mehr zugemutet werden kann, oder
- b) der Personenkreis, die Beiträge, die Leistungen oder das Pensionierungsalter bei der gesetzlichen Sozialversicherung oder bei anderen Versorgungseinrichtungen mit Rechtsanspruch sich wesentlich ändern, oder
- c) die rechtliche, insbesondere die steuerliche Behandlung der Aufwendungen, die zur planmäßigen Finanzierung der Versorgungsleistungen von der Gesellschaft gemacht werden oder gemacht worden sind, sich so wesentlich ändern, dass der Gesellschaft die Aufrechterhaltung der zugesagten Leistungen nicht mehr zugemutet werden kann, oder
- d) der Versorgungsberechtigte Handlungen begeht, die in grober Weise gegen Treu und Glauben verstoßen und deswegen der Gesellschaft die Aufrechterhaltung der Ruhegeldzusage oder die Weiterzahlung des Ruhegelds nicht mehr zumutbar ist.

(2) Im Übrigen behält sich die Gesellschaft vor, die Beitragszahlungen zu kürzen oder einzustellen, wenn die bei Erteilung der Versorgungszusage maßgebenden Verhältnisse sich nachhaltig so wesentlich geändert haben, dass der Gesellschaft die Aufrechterhaltung der zugesagten Leistungen auch unter objektiver Beachtung der Belange des Versorgungsberechtigten nicht mehr zugemutet werden kann.

§ 13 In-Kraft-Treten und Jeweiligkeitsklausel[14]

(1) Diese Versorgungsordnung tritt mit Wirkung zum …… in Kraft.

(2) Diese Versorgungsordnung findet auf Arbeitnehmer und Pensionäre in der jeweils gültigen Fassung Anwendung.

(3) Die Versorgungsordnung steht unter dem Vorbehalt etwaiger ablösender – auch freiwilliger – Betriebsvereinbarungen.

§ 14 Schlussbestimmungen[15]

(1) Diese Vereinbarung unterliegt deutschem Recht.

(2) Mündliche Nebenabreden bestehen nicht. Änderungen oder Ergänzungen dieser Vereinbarung einschließlich dieser Bestimmung bedürfen zu ihrer Rechtswirksamkeit der Schriftform.

(3) Sollte eine Bestimmung dieser Vereinbarung ganz oder teilweise unwirksam sein oder werden, so wird hiervon die Wirksamkeit der übrigen Bestimmungen der Vereinbarung nicht berührt. Die Parteien verpflichten sich, anstelle der unwirksamen Bestimmung eine dieser Bestimmungen wirtschaftlich möglichst nahe kommende, wirksame Regelung zu treffen. Dasselbe gilt für den Fall einer vertraglichen Lücke.

Schrifttum: Höreth/Schiegl, Auswirkungen des Alterseinkünftegesetzes auf die Direktversicherung, BB 2004, 2101; *-ders.*, Änderungen bei der betrieblichen Altersversorgung durch das Alterseinkünftegesetz unter Berücksichtigung des BMF-Schreibens vom 17. 11. 2004, BB 2005, 18; *Langohr-Plato*, Rechtshandbuch betriebliche Altersversorgung, 3. Aufl., 2005; *Langohr-Plato/Teslau*, Das Alterseinkünftegesetz und seine arbeitsrechtlichen Konsequenzen für die betriebliche Altersversorgung – Teil I, NZA 2004, 1297; *dies.*, Das Alterseinkünftegesetz und seine arbeitsrechtlichen Konsequenzen für die betriebliche Altersversorgung – Teil II, NZA 2004, 1353; *Pohl*, Praktische Auswirkungen und Konsequenzen des Alterseinkünftegesetzes für die Direktversicherung, BetrAV 2004, 701; *Schnitker/Grau*, Neue Rahmenbedingungen für das Recht der betrieblichen Altersversorgung durch das Alterseinkünftegesetz, NJW 2005, 10; *Schoden*, Kommentar zum BetrAVG, 2. Aufl., 2003.

Anmerkungen

1. Vorbemerkung. Die Direktversicherungszusage ist eine mittelbare Versorgungszusage. Durch sie verpflichtet sich der Arbeitgeber, im Wege eines Vertrages zugunsten Dritter (§§ 328 ff. BGB) einen Versicherungsvertrag zugunsten des Arbeitnehmers abzuschließen und zu dotieren. Der Arbeitgeber entrichtet als Versicherungsnehmer einmalige oder laufende Beiträge an den Versicherer; letzterer ist verpflichtet die Versicherungsleistung bei Fälligkeit an den Arbeitnehmer auszuzahlen. Zu unterscheiden sind bei der Direktversicherungszusage daher – wie bei jeder mittelbaren Versorgungszusage – zwei Rechtsverhältnisse: Das Valutaverhältnis zwischen dem Arbeitgeber und dem Arbeitnehmer, welches die Grundverpflichtung des Arbeitgebers zur Leistung einer betrieblichen Altersversorgung enthält, und das Deckungsverhältnis zwischen dem Arbeitgeber und dem Versicherungsunternehmen, in welchem die finanziellen Mittel für diese Altersversorgung zur Verfügung gestellt werden.

Eine Direktversicherungszusage kann – wie jede Form der betrieblichen Altersversorgung – individualrechtlich, z.B. durch eine vertragliche Einzelzusage, oder kollektivrechtlich, z.B. im Wege einer Betriebsvereinbarung, begründet werden.

Die Besteuerung von Direktversicherungen ist durch das Alterseinkünftegesetz mit Wirkung zum 1. Januar 2005 – im Bestreben für den gesamten Bereich der betrieblichen Altersversorgung das Prinzip der nachgelagerten Besteuerung einzuführen – grundlegend geändert worden. Bestand bisher die Möglichkeit, Beiträge zu einer Direktversicherung bis zur Höhe von EUR 1.752,– pauschal zu einem Steuersatz von 20% zuzüglich Kirchensteuer zu versteuern (und bei Ablauf der Versicherung nach einer Versicherungsdauer von mindestens zwölf Jahren eine einmalige Kapitalleistung inklusive Zinserträgen steuerfrei zu erhalten), so sind Beiträge zur Direktversicherung nun bei Versorgungszusagen, die seit dem 1. Januar 2005 neu erteilt werden, unter gewissen Voraussetzungen (hierzu vgl. Anm. 5) bis zur Höhe von 4% der Beitragsbemessungsgrenze in der gesetzlichen Rentenversicherung der Arbeiter und Angestellten zuzüglich eines Betrages von EUR 1.800,– steuerfrei (§ 3 Nr. 63 EStG). Im Gegenzug müssen die Leistungen aus der betrieblichen Altersversorgung bei Auszahlung in vollem Umfang als sonstige Leistungen versteuert werden (§ 22 Nr. 5 EStG). Damit hat die Direktversicherung zum 1. Januar 2005 einen erheblichen steuerlichen Anreiz insbesondere für Arbeitnehmer im höheren Einkommensbereich verloren.

Bei Direktversicherungen, die auf einer vor 2005 erteilten Versorgungszusage beruhen, eröffnete das Einkommensteuergesetz dem Arbeitnehmer die Möglichkeit, auf die Steuerfreiheit der Beiträge zu Gunsten der bis 31. Dezember 2004 geltenden Pauschalbesteuerung durch Erklärung gegenüber dem Arbeitgeber bis 30. Juni 2005 zu verzichten (§§ 52 Abs. 52 a S. 1, 52 Abs. 6 EStG). Wurde dieser Verzicht fristgerecht erklärt, so gilt er für die gesamte Dauer des Arbeitsverhältnisses. Bei – wie im Formular vorgesehen – rein arbeitgeberfinanzierten Beiträgen wird, sofern auch die Pauschalsteuer vom Arbeitgeber getragen wird, von der Finanzverwaltung von einer entsprechenden Verzichtserklärung bereits dann ausgegangen, wenn der Arbeitnehmer der Weiteranwendung der Pauschalbesteuerung bis zur ersten Beitragszahlung im Jahr 2005 nicht widersprochen hat (BMF-Schreiben v. 17. 11. 2004 – IV C 4 – S 2222 – 177/04, BetrAVG 2004, 745 Rdn. 206). Auch bei einem späteren Arbeitgeberwechsel kann die Pauschalbesteuerung bei Versorgungszusagen, die vor dem 1. Januar 2005 erteilt wurden, beibehalten werden, allerdings nur unter zwei Voraussetzungen: Zum einen muss der neue Arbeitgeber die Versorgungszusage so übernehmen, wie sie vom alten Arbeitgeber zugesagt wurde, was nur im Einvernehmen zwischen dem Versorgungsberechtigten, dem alten und dem neuen Arbeitgeber erfolgen kann (§ 4 Abs. 2 Nr. 1 BetrAVG), Zum anderen muss der Arbeitnehmer dem Angebot des neuen Arbeitgebers, die Beiträge weiterhin

1. Arbeitgeberfinanzierte Direktversicherungszusage **F. II. 1**

pauschal zu versteuern, spätestens bis zur ersten Beitragszahlung des neuen Arbeitgebers zustimmen (BMF-Schreiben v. 17. 11. 2004 – IV C 4 – S 2222 – 177/04, BetrAVG 2004, 745 Rdn. 206).

Soweit ein Arbeitnehmer bei einer Versorgungszusage, die vor dem 1. Januar 2005 erteilt wurde, von der Möglichkeit Gebrauch gemacht hat, auf die Steuerfreiheit zugunsten der Pauschalbesteuerung zu verzichten, hat dies auch Auswirkungen auf dessen neue Versorgungszusagen. Nachdem der Arbeitnehmer weiterhin die Vorzüge der Pauschalbesteuerung genießt, können nämlich nur Beiträge in Höhe von 4% der Beitragsbemessungsgrenze der Rentenversicherung der Arbeiter und Angestellten steuerfrei in eine neu abzuschließende Direktversicherung eingezahlt werden. Der zusätzliche Steuerfreibetrag von EUR 1.800,– kann dagegen nicht in Anspruch genommen werden.

Die vom Arbeitgeber gezahlten Versicherungsprämien sind als Betriebsausgaben absetzbar.

Steuerfreie Beiträge zu Direktversicherungen sind bis zu einer Höhe von 4% der Beitragsbemessungsgrenze in der Rentenversicherung der Arbeiter und Angestellten auch sozialversicherungsrechtlich beitragsfrei (§ 2 Abs. 2 Nr. 5 ArEV). Für den zusätzlichen Freibetrag von EUR 1.800,– wurde die Steuerfreistellung dagegen nicht in das Sozialversicherungsrecht übernommen.

Von einer Direktversicherungszusage zu unterscheiden ist eine sog. Rückdeckungsversicherung, bei welcher der Arbeitgeber eine von ihm eingegangene Verpflichtung der betrieblichen Altersversorgung – etwa aus einer Direktzusage oder einer Unterstützungskasse – über ein Versicherungsunternehmen durch Abschluss einer entsprechenden Versicherung finanziert. Eine solche Rückdeckungsversicherung stellt keine betriebliche Altersversorgung dar.

2. Kreis der Versorgungsberechtigten. Zu Abs. (1) und (2) s. Form. F. I. 4 Anm. 2. Geringfügig Beschäftigten wurden in der Vergangenheit oftmals keine Versorgungszusagen erteilt; dies galt insbesondere in Gesamtversorgungssystemen. Hier wurde argumentiert, eine betriebliche Altersversorgung könne für geringfügig Beschäftigte nicht die vorgesehene Ergänzungsfunktion wahrnehmen, da sie nicht der gesetzlichen Rentenversicherungspflicht unterfielen. Dieses Argument ist aufgrund der seit 1. April 1999 geltenden Regelungen der §§ 8 Abs. 1 SGB IV, 5 Abs. 2 S. 2 SGB VI, wonach auch geringfügig Beschäftigte durch eigene Beiträge Ansprüche aus der gesetzlichen Rentenversicherung erwerben können, sowie angesichts der seit dem 1. Januar 2001 geltenden Regelung des § 2 Abs. 2 TzBfG, wonach alle geringfügig Beschäftigten Teilzeitbeschäftigte sind, welche nicht ohne sachlichen Grund schlechter als Vollzeitbeschäftigte gestellt werden dürfen, nicht mehr aufrechtzuerhalten. Es wird daher übereinstimmend vertreten, dass zumindest solche geringfügig beschäftigten Arbeitnehmer, welche der Sozialversicherungspflicht unterfallen, auch in eine beim Arbeitgeber bestehende betriebliche Altersversorgung eingezogen werden müssen (*Höfer* Bd. 1 Rdn. 702 ff.; *Langohr-Plato* Rdn. 1300 ff.). Die Behandlung derjenigen geringfügig beschäftigten Arbeitnehmer, welche nicht der gesetzlichen Versicherungspflicht unterfallen, ist noch nicht abschließend geklärt.

3. Allgemeine Leistungsvoraussetzungen. Ergänzend zu den in § 1 definierten Voraussetzungen fordert § 2 die Unterzeichnung einer Teilnahmeerklärung. Dies folgt aus den §§ 159 Abs. 2 S. 1 und 179 Abs. 3 S. 1 VVG, welche für die Wirksamkeit einer auf das Leben oder für den Unfall eines Dritten abgeschlossenen Versicherung die ausdrückliche schriftliche Einwilligung des Dritten – hier also des versicherten Arbeitnehmers – voraussetzen.

Im Formular wird von einer Leistung der Beiträge und einer Zahlung der Leistungen zum 1. Januar eines jeden Jahres ausgegangen. Im konkreten Einzelfall sind hier abweichende Gestaltungen möglich.

4. Fälligkeit der Versorgungsleistungen. Das Entstehen des Anspruchs auf betriebliche Altersversorgung – das Ausscheiden des Mitarbeiters aus den Diensten der Gesellschaft anlässlich seines Übertritts in den Ruhestand – und die Fälligkeit des Anspruchs – der 1. Januar des Pensionsjahrs – fallen hier auseinander. Gerade bei Kapitalleistungen ist die Festlegung eines fixen Fälligkeitsdatums am Ende oder Beginn des Versicherungs- oder Kalenderjahrs jedoch üblich und entspricht praktischen Erfordernissen. Das Abstellen auf die Vollendung des 60. Lebensjahrs im letzten Halbsatz des Abs. (1) ist notwendig, da die Rechtsprechung erst ab dieser Altersgrenze Leistungen als betriebliche Altersversorgung qualifiziert; erfolgen die Leistungen zu einem früheren Zeitpunkt, so handelt es sich nicht um betriebliche Altersversorgung, sondern z. B. um Übergangsgelder oder um Leistungen der Vermögensbildung (BAG Urt. v. 3. 11. 1998 – 3 AZR 454/97 – NZA 1999, 594).

5. Art und Höhe der Leistungen. Die Steuerbefreiung der Beiträge zur Direktversicherung im Rahmen von § 3 Nr. 63 EStG kann nur dann in Anspruch genommen werden, wenn die Versorgungszusage vorsieht, dass die späteren Versorgungsleistungen in Form einer Rente oder eines Auszahlungsplanes mit Teilkapitalverrentung erbracht werden. Die Steuerfreiheit entfällt somit, wenn die Versorgungszusage – wie bisher bei Direktversicherungen üblich – bestimmt, dass die Auszahlung der Versorgungsleistung zwingend als Einmalkapitalzahlung zu erfolgen hat. Unschädlich für die Steuerfreiheit der Beiträge ist es dagegen nach den Richtlinien der Finanzverwaltung, wenn – wie im Formular vorgesehen – die Versorgungszusage ein Wahlrecht zwischen einer Auszahlung der Versorgungsleistungen als Einmalkapital und der Auszahlung als Rente vorsieht. Entscheidet sich der Arbeitnehmer bereits während der Ansparphase für eine Einmalkapitalauszahlung, so sind von diesem Zeitpunkt an die Beiträge mit dem individuellen Steuersatz zu versteuern (BMF-Schreiben v. 17. 11. 2004 – IV C 4 – S 2222 – 177/04, BetrAVG 2004, 745 Rdn. 177). Soweit jedoch erst im Auszahlungszeitpunkt die Leistung als Einmalkapital gewährt wird, sind neben der vollständigen Besteuerung der Kapitalleistung nach § 22 Nr. 5 EStG keine steuerlichen Sanktionen zu befürchten (*Wellisch/Näth* BB 2005, 19). Weiterhin sieht die Finanzverwaltung es auch nicht als steuerschädlich an, wenn eine Rente oder ein Auszahlungsplan – wie im Formular vorgesehen – im Hinblick auf die entfallende Versorgungsbedürftigkeit, z. B. für den Fall der Wiederverheiratung des verwitweten Ehepartners oder der Vollendung des 27. Lebensjahres einer Waise, befristet ist. Die Details müssen hier im konkreten Fall mit dem Versicherungsunternehmen abgestimmt werden.

Abs. (1) S. 2 gibt einen Überblick über die Faktoren, welche die endgültige Höhe der Leistung bestimmen.

6. Beitragsaufwand. Beiträge zu Direktversicherungen sind seit dem 1. Januar 2005 bis zu einer Höhe von maximal 4% der Beitragsbemessungsgrenze in der Rentenversicherung der Arbeiter und Angestellten zuzüglich eines Betrags von EUR 1.800,– steuerfrei. Der zusätzliche Freibetrag von EUR 1.800,– entfällt allerdings dann, wenn der Arbeitnehmer bereits in Bezug auf Versorgungszusagen, die vor dem 1. Januar 2005 erteilt wurden, die Pauschalbesteuerung in Anspruch nimmt, wobei es nicht darauf ankommt, ob der Dotierungsrahmen des § 40 b Abs. 2 S. 1 EStG a. F. (EUR 1.752,–) in voller Höhe ausgeschöpft wird (BMF-Schreiben v. 17. 11. 2004 – IV C 4 – S 2222 – 177/04, BetrAVG 2004, 745 Rdn. 208). Bei dem steuerfreien Höchstbetrag handelt es sich um einen Jahreshöchstbetrag, der nicht zeitanteilig zu kürzen ist, wenn ein Dienstverhältnis nicht während eines ganzen Jahres besteht. Bei einem Arbeitgeberwechsel können die Höchstbeträge erneut in Anspruch genommen werden, wenn der Arbeitnehmer sie in einem vorangegangen Dienstverhältnis bereits ausgeschöpft hat. Lediglich im Fall der Gesamtrechtsnachfolge und des Betriebsübergangs nach § 613a BGB kommt dies nicht in Betracht (BMF-Schreiben v. 17. 11. 2004 – IV C 4 – S 2222 – 177/04, BetrAVG 2004, 745 Rdn. 173).

Den Steuerfreibetrag überschreitende Beiträge des Arbeitgebers sind mit dem individuellen Steuersatz des jeweiligen Arbeitnehmers zu versteuern. Für die individuell besteuerten Beiträge kann für den Arbeitnehmer eine Förderung nach den Grundsätzen der „Riester-Rente" in Betracht kommen.

Abs. (2) S. 1 und 2 entsprechen dem in § 4 Abs. 1 S. 2 TzBfG aufgestellten Erfordernis der Proportionalität. Abs. (2) S. 3 stellt sicher, dass bei unterjährigem Ein- oder Austritt des Arbeitnehmers eine Pro-rata-Beitragsleistung erfolgt.

7. Vorzeitiges Ausscheiden. Die Fristen in § 6 Abs. (1) entsprechen den (neuen) gesetzlichen Unverfallbarkeitsfristen nach § 1b Abs. 1 S. 1 BetrAVG. Nach ihrem Ablauf wird die Anwartschaft des Arbeitnehmers auf betriebliche Altersversorgung unverfallbar; im Fall der Direktversicherung bedeutet dies, dass der Arbeitgeber dem Arbeitnehmer gemäß § 1b Abs. 2 S. 1 BetrAVG ein unwiderrufliches Bezugsrecht hinsichtlich der Versicherungsleistung ein-

1. Arbeitgeberfinanzierte Direktversicherungszusage   F. II. 1

räumen muss (vgl. die entsprechende Regelung in § 9 Abs. (1)). Zu beachten ist im Zusammenhang mit der gesetzlichen Unverfallbarkeit einer Direktversicherungszusage weiterhin § 1b Abs. 2 S. 3 BetrAVG, wonach der Arbeitgeber wirtschaftliche Verfügungen über den Wert der Direktversicherung – z. B. Beleihungen oder Verpfändungen – rückgängig zu machen hat; der Arbeitnehmer ist bei Eintritt des Versicherungsfalls so zu stellen, als ob die Abtretung oder Beleihung nicht erfolgt wäre. Sollte dies – aus welchen Gründen auch immer – nicht möglich sein, so ist der Arbeitgeber im Wege der Naturalrestitution schadensersatzpflichtig und muss den Arbeitnehmer so stellen, als ob die wirtschaftliche Verfügung nicht erfolgt wäre (§ 249 BGB).

Die Übertragung der Direktversicherung auf den ausscheidenden Arbeitnehmer ist üblich und gesetzlich vorgesehen (§ 2 Abs. 2 S. 2 BetrAVG). Es entspricht dem Interesse des Arbeitgebers, sich mit Beendigung des Anstellungsverhältnisses aller aus der Zusage einer betrieblichen Altersversorgung entstehenden Verpflichtungen zu entledigen. Möglich wäre es auch, die Direktversicherung gemäß § 4 BetrAVG mit Zustimmung des Arbeitnehmers auf einen neuen Arbeitgeber des ausgeschiedenen Arbeitnehmers zu übertragen. Dieser würde dann Versicherungsnehmer der Direktversicherung, sofern auch das Versicherungsunternehmen mit der Übertragung einverstanden ist. Dem Arbeitnehmer stünde weiterhin ein unwiderrufliches Bezugsrecht zu.

8. Gruppenversicherungsvertrag/Rechtsanspruch. Gruppenversicherungsverträge, wie in Abs. (1) vorgesehen, sind in der Praxis die Regel. Die Konzentration aller Direktversicherungen bei einer Lebensversicherungsgesellschaft ermöglicht es dem Arbeitgeber den Verwaltungsaufwand in überschaubarem Rahmen zu halten.

Die in Abs. (2) normierte Mitwirkungspflicht bewegt sich im üblichen Rahmen. Der Arbeitnehmer ist verpflichtet alle Angaben zu machen, die der Arbeitgeber zur ordnungsgemäßen Erfüllung seiner Verpflichtungen benötigt.

Abs. (3) enthält die Einwilligung des Arbeitnehmers zur Übermittlung seiner personenbezogenen Daten gemäß § 4a BDSG.

Die Regelung in § 7 bringt zum Ausdruck, dass sich die Ansprüche des Arbeitnehmers auf Leistungen der betrieblichen Altersversorgung primär gegen den selbständigen Versicherungsträger richten. Zu beachten ist jedoch, dass auch bei einer mittelbaren Versorgungszusage wie der hier vorliegenden die Grundverpflichtung des Arbeitgebers aus dem Valutaverhältnis bestehen bleibt, d. h., da der Arbeitgeber die Versorgungszusage erteilt hat, bleibt er in letzter Konsequenz – auch wenn er sich zur Durchführung der betrieblichen Altersversorgung eines selbständigen Versorgungsträgers bedient – für die Erfüllung der zugesagten Leistungen verantwortlich. Bei einer Direktversicherungszusage erfüllt der Arbeitgeber seine Verpflichtungen jedoch in der Regel dadurch, dass er die Direktversicherung ausreichend dotiert. Ob ihn darüber hinaus eine weitere Einstandspflicht trifft, ist fraglich und muss im jeweiligen Einzelfall beurteilt werden. Eine Klausel wie die hier vorliegende schafft jedoch die besten Voraussetzungen dafür, dass eine weitergehende Einstandspflicht verneint werden kann (vgl. *Höfer* Bd. 1 Rdn. 2512).

9. Verfügungsverbot. § 8 enthält ein vertragliches Abtretungsverbot gemäß § 399 Alt. 2 BGB; gegen die Wirksamkeit eines solchen vereinbarten Abtretungsverbots – auch in formularmäßiger Form – bestehen in der Regel keine Bedenken. Weder stellt ein solches Abtretungsverbot einen Verstoß gegen § 138 BGB dar, noch ist eine entsprechende Klausel unangemessen im Sinne von § 307 Abs. 2 BGB; der Arbeitgeber hat in aller Regel ein Bedürfnis, die Vertragsabwicklung mit seinen Arbeitnehmern übersichtlich zu gestalten und nicht mit zusätzlichem Verwaltungsaufwand aufgrund von Abtretungen belastet zu werden. Besondere Gründe, warum eine Abtretung aufgrund besonderer Belange des Arbeitnehmers nicht wirksam sein sollte, dürften im Regelfall nicht ersichtlich sein (vgl. MünchHdbArbR/*Hanau* § 73 Rdn. 9ff.). Ein solches Abtretungs- und Verpfändungsverbot ist üblich; die Verfügungsrechte werden in der Regel ausgeschlossen, um den Zweck der betrieblichen Altersversorgung nicht zu gefährden. Für Verpfändungen kann nichts anderes gelten.

10. Bezugsberechtigung. Bis zum Eintritt der gesetzlichen Unverfallbarkeitsfristen steht dem Arbeitnehmer nur ein widerrufliches Bezugsrecht an der Direktversicherung zu, d. h., der

Arbeitgeber kann als Versicherungsnehmer dem Versicherungsunternehmen gegenüber jederzeit den Widerruf des Bezugsrechts erklären (allerdings ergeben sich aus der Grundverpflichtung aus dem Arbeitsverhältnis Einschränkungen hinsichtlich der freien Widerruflichkeit, vgl. *Höfer* Bd. 1 Rdn. 147). Das unwiderrufliche Bezugsrecht begründet für den Arbeitnehmer ein unentziehbares Recht gegen den Versicherer und gibt ihm die Möglichkeit, diese Rechtsposition bereits vor dem Versicherungsfall wirtschaftlich zu nutzen, z. B. – soweit nicht vertraglich ausgeschlossen – durch Verpfändung oder Abtretung.

Die Regelung in Abs. (2) gibt dem Arbeitnehmer das Recht, für den Fall seines Todes eine begünstigte Person zu bestellen.

11. Zahlung der Beiträge. § 10 bringt zum Ausdruck, dass es sich um eine ausschließlich arbeitgeberfinanzierte Direktversicherungszusage handelt.

12. Steuerfreiheit. Hier wird rein deklaratorisch auf die Steuerfreiheit der Beiträge zur Direktversicherung verwiesen. Zur Höhe der steuerfrei zahlbaren Beiträge siehe Anm. 6.

13. Vorbehalte. Das Formular enthält einen allgemein formulierten sog. steuerunschädlichen Mustervorbehalt. S. Form. F. I. 4 Anm. 15.

14. In-Kraft-Treten und Jeweiligkeitsklausel. S. Form. F. I. 4 Anm. 16.

15. Schlussbestimmungen. S. Form. A. II. 1 Anm. 28.

2. Direktversicherungszusage zur Entgeltumwandlung[1]

Die ...... („Gesellschaft") gewährt ihren Mitarbeitern sowie deren Hinterbliebenen Versorgungsleistungen nach Maßgabe der folgenden Richtlinien:

§ 1 Kreis der Versorgungsberechtigten[2]

Versorgungsberechtigt nach dieser Versorgungsordnung in ihrer jeweils gültigen Fassung sind alle nach dem Gesetz zur Verbesserung der betrieblichen Altersversorgung (BetrAVG) zur Entgeltumwandlung berechtigten Mitarbeiter der Gesellschaft, die an einer Gehaltsumwandlung interessiert sind.

§ 2 Form der Versorgung[3]

(1) Die Gesellschaft wird für versorgungsberechtigte Mitarbeiter Direktversicherungen im Rahmen eines Gruppenversicherungsvertrags mit der ...... Lebensversicherungsgesellschaft („Versicherungsunternehmen") abschließen.

(2) Die Finanzierung erfolgt durch Umwandlung laufenden Arbeitsentgelts.

§ 3 Umwandlungsbetrag/Bemessung gehaltsabhängiger Leistungen[4]

(1) Umgewandelt werden können Teile des laufenden monatlichen Entgelts. Die umgewandelten Entgeltbestandteile dürfen im Jahr maximal 4% der jeweiligen Beitragsbemessungsgrenze in der Rentenversicherung der Arbeiter und Angestellten betragen.

(2) Die Entgeltumwandlung muss mindestens einen Betrag von EUR ...... pro Jahr betragen und hat in monatlich gleich bleibenden Beträgen zu erfolgen.

(3) Der Umwandlungsbetrag wird durch anteiligen monatlichen Gehaltsabzug erhoben und durch jährliche Zahlung am ...... an das Versicherungsunternehmen abgeführt.

(4) Für Gehaltserhöhungen sowie für die Bemessung gehaltsabhängiger Leistungen der Gesellschaft, wie z. B. Weihnachtsgratifikation, Jubiläumsgelder, Pensionsansprüche aus arbeitgeberfinanzierten Versorgungszusagen, Zuschläge etc. ist das Gehalt des Mitarbeiters maßgebend, dass sich ohne Berücksichtigung der Entgeltumwandlung ergeben würde.

§ 4 Geltendmachung der Entgeltumwandlung

(1) Die Inanspruchnahme der Entgeltumwandlung hat durch schriftlichen Antrag des Mitarbeiters zu erfolgen (Anlage 1).

(2) In dem Antrag ist die Höhe des Entgeltumwandlungsbetrags zu bezeichnen.

(3) Der Antrag ist spätestens zwei Monate vor dem Zeitpunkt der erstmaligen Entgeltumwandlung zu stellen. An seinen Antrag ist der Versorgungsberechtigte zwölf Monate gebunden. Nach Ablauf von zwölf Monaten kann der Antrag schriftlich widerrufen werden[5].

§ 5 Fälligkeit der Versorgungsleistungen[6]

(1) Scheidet ein teilnehmender Mitarbeiter nach dem Erreichen des normalen Pensionierungszeitpunkts oder unter Inanspruchnahme des vorgezogenen Altersruhegeldes aus der gesetzlichen Rentenversicherung aus den Diensten der Gesellschaft aus, so hat er Anspruch auf eine Altersleistung. Die Altersleistung wird am 1. 1. des Jahrs fällig, das dem Erreichen des normalen Pensionierungszeitpunkts oder der Inanspruchnahme vorgezogenen Altersruhegelds aus der gesetzlichen Rentenversicherung folgt. Die Altersleistung wird frühestens nach Vollendung des 60. Lebensjahrs gezahlt.

(2) Anspruch auf Hinterbliebenenversorgung besteht beim Tod des Mitarbeiters vor Inanspruchnahme der Altersleistung.

§ 6 Art und Höhe der Leistungen[7]

(1) Die Altersleistung wird als lebenslange Leibrente oder im Wege eines Auszahlungsplans mit Teilkapitalverrentung gezahlt, die Hinterbliebenenleistung unter gewissen Umständen als zeitlich befristete Leibrente oder im Wege eines zeitlich befristeten Auszahlungsplans mit Teilkapitalverrentung.

(2) Die Höhe der Leistungen ist abhängig vom Alter des Mitarbeiters zum Zeitpunkt des Versicherungsbeginns oder zu den Erhöhungsterminen, vom Beitragsaufwand, den maßgeblichen Tarifen des Versicherers und der nach der Gewinndeklaration des Versicherers unter Berücksichtigung der steuerlichen Bestimmungen zugeteilten Gewinnanteile.

§ 7 Vorzeitiges Ausscheiden[8]

(1) Scheidet ein Mitarbeiter vorzeitig aus den Diensten der Gesellschaft aus, so begrenzen sich die Versorgungsansprüche aus dieser Zusage auf die Leistungen, welche aufgrund der bis zur Vertragsbeendigung geleisteten Versicherungsprämien fällig werden. Die Gesellschaft wird die abgeschlossene Direktversicherung auf den ausgeschiedenen Mitarbeiter übertragen.

(2) Mit der Übertragung der Direktversicherung auf den Mitarbeiter bestehen keine Ansprüche des Mitarbeiters gegen die Gesellschaft mehr.

§ 8 Gruppenversicherungsvertrag/Rechtsanspruch[9]

(1) Die Gesellschaft wird die Direktversicherungen im Rahmen eines Gruppenversicherungsvertrags mit dem Versicherungsunternehmen abschließen.

(2) Der Mitarbeiter ist verpflichtet, die zum Abschluss des Vertrags notwendigen Auskünfte zu geben, gegebenenfalls Gesundheitsfragen zu beantworten oder sich einer ärztlichen Untersuchung zu unterziehen.

(3) Mit der Übermittlung von Daten an den Versicherer und an andere betroffenen Stellen ist der Mitarbeiter einverstanden.

(4) Sämtliche Ansprüche aus dieser Zusage richten sich ausschließlich gegen das Versicherungsunternehmen. Der Mitarbeiter ist berechtigt, den Direktversicherungsvertrag einzusehen.

§ 9 Verfügungsverbot[10]

(1) Die Ansprüche aus der abgeschlossenen Direktversicherung dürfen vom Mitarbeiter weder abgetreten noch verpfändet werden.

(2) Gleichwohl erfolgte Verfügungen sind der Gesellschaft und dem Versicherungsunternehmen gegenüber unwirksam.

§ 10 Bezugsberechtigung[11]

(1) Der Mitarbeiter ist auf das Todes- und Erlebensfallkapital einschließlich der Gewinnbeteiligung unwiderruflich bezugsberechtigt.

(2) Vom Mitarbeiter gilt im Einvernehmen mit der Gesellschaft für den Todesfall folgendes Bezugsrecht in nachstehender Rangfolge als widerruflich bestellt:
a) an eine vom Mitarbeiter benannte Person;
b) an den Ehegatten aus der zum Zeitpunkt des Todes bestehenden Ehe;
c) an die ehelichen und die ihnen gesetzlich gleichgestellten Kinder zu gleichen Teilen;
d) die Erben.
Eine Beleihung des Bezugrechts durch den Mitarbeiter oder die sonstigen Bezugsberechtigten ist ausgeschlossen.

§ 11 Steuerfreiheit[12]

Die Beiträge zur Direktversicherung unterliegen im Rahmen des § 3 Nr. 63 EStG nicht der Lohnsteuer.

(Alternative:
Die Beiträge zur Direktversicherung werden individuell versteuert. Die Steuer trägt der Arbeitnehmer.)

§ 12 Einverständniserklärung[13]

Der Mitarbeiter wird sich durch separate Erklärung mit dem Abschluss einer Versicherung auf sein Leben einverstanden erklären (Anlage 2).

§ 13 Schlussbestimmungen[14]

(1) Diese Vereinbarung unterliegt deutschem Recht.

(2) Mündliche Nebenabreden bestehen nicht. Änderungen oder Ergänzungen dieser Vereinbarung einschließlich dieser Bestimmung bedürfen zu ihrer Rechtswirksamkeit der Schriftform.

(3) Sollte eine Bestimmung dieser Vereinbarung ganz oder teilweise unwirksam sein oder werden, so wird hiervon die Wirksamkeit der übrigen Bestimmungen der Vereinbarung nicht berührt. Die Parteien verpflichten sich, anstelle der unwirksamen Bestimmung eine dieser Bestimmungen wirtschaftlich möglichst nahe kommende, wirksame Regelung zu treffen. Dasselbe gilt für den Fall einer vertraglichen Lücke.

Schrifttum: Bode/Grabner, Pensionsfonds und Entgeltumwandlung in der betrieblichen Altersversorgung, 2002; *Bode/Grabner/Stein,* Auswirkungen des Altersvermögensgesetzes (AVmG) auf die betriebliche Altersversorgung, DStR 2002, 679; *Höfer,* Das neue Betriebsrentenrecht, 2003; *Höreth/Schiegl,* Auswirkungen des Alterseinkünftegesetzes auf die Direktversicherung, BB 2004, 2101; *dies.,* Änderungen bei der betrieblichen Altersversorgung durch das Alterseinkünftegesetz unter Berücksichtigung des BMF-Schreibens vom 17. 11. 2004, BB 2005, 18; *Langohr-Plato,* Rechtshandbuch betriebliche Altersversorgung, 3. Aufl., 2005; *Langohr-Plato/Teslau,* Das Alterseinkünftegesetz und seine arbeitsrechtlichen Konsequenzen für die betriebliche Altersversorgung – Teil I, NZA 2004, 1297; *dies.,* Das Alterseinkünftegesetz und seine arbeitsrechtlichen Konsequenzen für die betriebliche Altersversorgung – Teil II, NZA 2004, 1353; *Pohl,* Praktische Auswirkungen und Konsequenzen des Alterseinkünftegesetzes für die Direktversicherung, BetrAV 2004, 701; *Schnitker/Grau,* Neue Rahmenbedingungen für das Recht der betrieblichen Altersversorgung durch das Alterseinkünftegesetz, NJW 2005, 10; *Schoden,* Kommentar zum BetrAVG, 2. Aufl., 2003.

2. Direktversicherungszusage zur Entgeltumwandlung F. II. 2

Anmerkungen

1. Vorbemerkung. Betriebliche Altersversorgung durch Entgeltumwandlung ist in jedem Durchführungsweg möglich, also auch im Wege der Direktversicherung. Näher zur Entgeltumwandlung s. Form. F. I. 1 Anm. 1.

2. Kreis der Versorgungsberechtigten. § 1 bezieht sich auf die gesetzlichen Regelungen der §§ 1a Abs. 1 S. 1 und 17 Abs. 1 S. 3 BetrAVG, wonach all diejenigen Arbeitnehmer, welche in der gesetzlichen Rentenversicherung pflichtversichert sind, einen Anspruch auf Entgeltumwandlung besitzen. Damit sind Vollzeit- und Teilzeitkräfte ebenso wie befristet Beschäftigte erfasst; geringfügig Beschäftigte im Sinne des § 8 Abs. 1 Nr. 1 SGB IV haben dann einen Anspruch auf Entgeltumwandlung, wenn sie gemäß § 5 Abs. 2 S. 2 SGB VI auf die Versicherungsfreiheit verzichtet haben. Kein Anspruch auf Entgeltumwandlung steht den in der gesetzlichen Rentenversicherung freiwillig Versicherten zu.

3. Form der Versorgung. Gruppenversicherungsverträge, wie in § 2 vorgesehen, stellen in der Praxis die Regel dar. Die Konzentration aller Direktversicherungen bei einer Lebensversicherungsgesellschaft ermöglicht es dem Arbeitgeber, den Verwaltungsaufwand in überschaubarem Rahmen zu halten.

Zur Finanzierung durch Umwandlung laufenden Arbeitsentgelts s. zunächst Form. F. I. 1 Anm. 2. Keine Finanzierung der Direktversicherungszusage erfolgt für Zeiten, in denen die Pflichten aus dem Arbeitsverhältnis kraft Gesetzes oder kraft vertraglicher Vereinbarung suspendiert sind und folglich eine Lohnzahlungspflicht des Arbeitgebers nicht besteht, so z.B. bei der Inanspruchnahme von Elternzeit oder nach Ablauf der gesetzlichen oder tarifvertraglichen Entgeltfortzahlungsverpflichtung im Krankheitsfall. In diesen Zeiten wird der Versicherungsvertrag beitragsfrei, sofern der Arbeitnehmer nicht von seinem Recht Gebrauch macht, vom Arbeitgeber zu verlangen, die Versicherung mit eigenen Beiträgen fortzusetzen (§ 1a Abs. 4 BetrAVG).

Statt der Umwandlung laufenden Arbeitsentgeltes ist auch die Umwandlung von Sonderbezügen, so z.B. Weihnachts- oder Urlaubsgeld möglich. Zu beachten ist, dass Entgeltansprüche, welche auf einem Tarifvertrag beruhen, nur dann für eine Entgeltumwandlung herangezogen werden können, soweit dies durch Tarifvertrag vorgesehen oder zugelassen ist, § 17 Abs. 5 BetrAVG. Über- oder außertarifliche Entgeltansprüche können jedoch auch von tarifgebundenen Arbeitnehmern umgewandelt werden.

4. Umwandlungsbetrag. Die Obergrenze des Umwandlungsbetrags in Höhe von maximal 4% der jeweiligen Beitragsbemessungsgrenze in der Rentenversicherung der Arbeiter und Angestellten entspricht dem gesetzlichen Anspruch des Arbeitnehmers auf Entgeltumwandlung nach § 1a Abs. 1 S. 1 BetrAVG. Demzufolge hat der Arbeitnehmer keinen unbegrenzten Anspruch auf Entgeltumwandlung, sondern kann nur verlangen, dass das Entgelt bis zu dieser – für alle Arbeitnehmer gleich hohen – Obergrenze für betriebliche Altersversorgung umgewandelt wird. Arbeitgeber und Arbeitnehmer können darüber hinaus einen höheren Umwandlungsbetrag vereinbaren. Zu beachten ist jedoch, dass auch § 115 SGB IV, welcher die Beitragsfreiheit von umgewandeltem Entgelt regelt, von einer Obergrenze von 4% der jeweils maßgeblichen Beitragsbemessungsgrenze in der Rentenversicherung der Arbeiter und Angestellten ausgeht. Darüber hinausgehende Umwandlungsbeträge unterfallen somit nicht der sozialversicherungsrechtlichen Privilegierung. Allerdings ist die Privilegierung des § 115 SGB IV zeitlich begrenzt; sie gilt nur bis zum 31. Dezember 2008, hiernach unterfallen alle umgewandelten Entgeltbestandteile der vollen Beitragspflicht in der Sozialversicherung.

Das Erfordernis, jährlich einen gewissen Mindestbetrag umzuwandeln und die Entgeltumwandlung in monatlich gleich bleibenden Beträgen vorzunehmen, entspricht den gesetzlichen Vorgaben des § 1a Abs. 1 S. 4 und 5 BetrAVG sowie dem praktischen Bedürfnis, den Verwaltungsaufwand für den Arbeitgeber in einem überschaubaren Rahmen zu halten.

Die Regelung in § 3 Abs. (3), wonach der Arbeitgeber den Umwandlungsbetrag im Laufe des Jahrs ansammeln und als einmaligen Jahresbetrag an das Versicherungsunternehmen abführen darf, dient der Reduzierung des Verwaltungsaufwands. Zudem verbessert diese

Lösung die Rentabilität der Versorgung, da eine Jahresprämie regelmäßig mit geringeren Kosten belastet ist.

Zur Regelung des § 3 Abs. (4) s. Form. F. I. 1 Anm. 4.

5. Jährliche Entscheidungsfreiheit des Arbeitnehmers. Die Regelung in § 4 Abs. (3), wonach der Arbeitnehmer für 12 Monate an seinen Antrag auf Entgeltumwandlung gebunden ist, entspricht der gesetzlichen Vorgabe des § 1a Abs. 1 S. 1 BetrAVG, welcher von einer jährlichen Entscheidungsfreiheit des Arbeitnehmers hinsichtlich der Entgeltumwandlung ausgeht. Der Arbeitnehmer kann jährlich neu nicht nur darüber entscheiden, ob er weiterhin Entgeltumwandlung vornehmen will, sondern auch, in welcher Höhe er dies für die nächsten 12 Monate tun will.

6. Fälligkeit der Versorgungsleistungen. S. Form. F. II. 1 Anm. 4.

7. Art und Höhe der Leistungen. S. hierzu zunächst Form. F. II. 1 Anm. 5.

Wenn der Arbeitnehmer von seinem in § 1a Abs. 3 BetrAVG verankerten Recht Gebrauch macht, dass im Rahmen der Entgeltumwandlung die Voraussetzungen für eine Förderung nach den §§ 10a, 82 Abs. 2 EStG erfüllt werden (so genannte „Riester-Rente") und daher Beiträge zur Entgeltumwandlung aus individuell versteuertem Einkommen leistet, ist Folgendes zu beachten: Dem Arbeitnehmer kann zwar auch in diesem Fall ein Wahlrecht zwischen einer Auszahlung der Versicherungsleistung als lebenslange Rente oder im Wege eines Auszahlungsplanes mit Teilkapitalverrentung und einer Einmalkapitalzahlung eingeräumt werden. Entscheidet sich der Arbeitnehmer aber zu Gunsten einer Einmalkapitalauszahlung, so verliert er damit nicht nur von diesem Zeitpunkt an für die Zukunft die „Riester-Förderung", sondern es handelt sich bei der Auszahlung des Einmalkapitalbetrages zudem um eine schädliche Verwendung der Versicherungsleistung mit der Folge, dass die bis zur Wahl der Einmalkapitalzahlung erfolgte staatliche Förderung während der Ansparphase vom Arbeitnehmer zurückzuzahlen ist (§ 93 EStG).

8. Vorzeitiges Ausscheiden. Die Regelung zum vorzeitigen Ausscheiden entspricht der gesetzlichen Vorgabe der §§ 1b S. 2, 5 BetrAVG. Hiernach ist die Anwartschaft auf Leistungen der betrieblichen Altersversorgung durch Entgeltumwandlung sofort unverfallbar; es müssen allerdings noch zusätzliche Voraussetzungen erfüllt werden. Im Einzelnen: die Überschussanteile dürfen nur zur Verbesserung der Leistung verwendet werden; dem ausgeschiedenen Arbeitnehmer muss das Recht zur Fortsetzung der Versicherung mit eigenen Beiträgen eingeräumt werden (wie hier der Fall); das Recht zur Verpfändung, Abtretung oder Beleihung durch den Arbeitgeber muss ausgeschlossen werden und dem Arbeitnehmer muss mit Beginn der Entgeltumwandlung ein unwiderrufliches Bezugsrecht eingeräumt werden. Diese besonderen Voraussetzungen müssen durch den Versicherungsvertrag abgedeckt werden. Eine rein arbeitsvertragliche Abrede zwischen Arbeitgeber und Arbeitnehmer über ein unwiderrufliches Bezugsrecht ist nicht ausreichend (*Höfer* Bd. 1 Rdn. 3059).

9. Gruppenversicherungsvertrag/Rechtsanspruch. S. Form. F. II. 1 Anm. 8.

10. Verfügungsverbot. S. Form. F. II. 1 Anm. 9.

11. Bezugsberechtigung. S. hierzu zunächst Form. F. II. 1 Anm. 10.

Da die Anwartschaft auf betriebliche Altersversorgung aus Entgeltumwandlung sofort unverfallbar ist, wird dem Mitarbeiter mit der Versorgungszusage ein sofortiges unwiderrufliches Bezugsrecht eingeräumt. Wie bereits oben erwähnt, ist eine rein arbeitsvertragliche Abrede zwischen Arbeitgeber und Arbeitnehmer jedoch nicht ausreichend, sondern muss durch die Einräumung des unwiderruflichen Bezugsrechts im Versicherungsvertrag flankiert werden.

12. Steuerfreiheit. S. hierzu zunächst Form. F. II. 1 Anm. 1, 6.

Die Finanzverwaltung hat mittlerweile explizit die Steuerfreiheit in den Grenzen des § 3 Nr. 63 EStG auch für Beiträge aus Entgeltumwandlung für anwendbar erklärt. Eigenbeiträge hingegen sind vom Anwendungsbereich des § 3 Nr. 63 EStG ausgeschlossen, auch wenn sie vom Arbeitgeber an die Versorgungseinrichtung abgeführt werden (BMF-Schreiben v. 17. 11. 2004 – IV C 4 – S 2222 – 177/04, BetrAVG 2004, 745 Rdn. 171).

2. Direktversicherungszusage zur Entgeltumwandlung   F. II. 2

Die Alternativformulierung sieht eine Möglichkeit zur Individualversteuerung vor. Der Arbeitnehmer kann gemäß § 1a Abs. 3 BetrAVG verlangen, dass die Voraussetzungen einer staatlichen Förderung nach den §§ 10a, 82 Abs. 2 EStG („Riester-Rente") durch die Versorgungszusage erfüllt werden. Dies setzt voraus, dass die Beiträge zur Entgeltumwandlung aus individuell versteuertem Einkommen geleistet werden.

13. Einverständniserklärung. Die Einverständniserklärung ist notwendig gemäß § 159 Abs. 2 S. 1 VVG, welcher für die Wirksamkeit einer auf das Leben abgeschlossenen Versicherung die ausdrückliche schriftliche Einwilligung des versicherten Arbeitnehmers als Dritter (im Verhältnis zum Versicherungsunternehmen und zum Arbeitgeber als Versicherungsnehmer) erfordert.

14. Schlussbestimmungen. s. Form. A. II. 1 Anm. 28.

III. Pensionsfonds

Pensionsfondszusage[1]

Die ...... („Gesellschaft") gewährt ihren Mitarbeitern sowie deren Hinterbliebenen („Begünstigten") Versorgungsleistungen in Form einer Pensionsfondszusage (Beitragszusage mit Mindestleistung gemäß § 1 Abs. 2 BetrAVG)[2] über die ...... Pensionsfonds AG („Pensionsfonds") nach Maßgabe der folgenden Richtlinien:

§ 1 Kreis der Versorgungsberechtigten[3]

(1) Mitarbeiter erwerben mit Vollendung des 25. Lebensjahrs (Zusagezeitpunkt) eine Anwartschaft auf Betriebliche Altersversorgung nach Maßgabe dieser Richtlinien.

(2) Mitarbeiter, die bei Eintritt in die Gesellschaft das 55. Lebensjahr vollendet haben, sowie Aushilfskräfte oder unregelmäßige Beschäftigte sind von der Aufnahme in die Versorgungsordnung ausgeschlossen.

(3) Teilzeitbeschäftigte Mitarbeiter sind unter Erfüllung der Voraussetzungen gemäß Abs. (1) und (2) berechtigt, an dieser Versorgungsordnung teilzunehmen, sofern sie in einem auf unbestimmte Dauer abgeschlossenen Arbeitsvertrag stehen und eine sozialversicherungspflichtige Tätigkeit ausüben.

§ 2 Voraussetzung der Versorgungsberechtigung[4]

Die Versorgungsberechtigung besteht ab dem 1. 1. des Jahres, in dem der Mitarbeiter
- die Voraussetzungen gemäß § 1 erfüllt und
- die Teilnahmeerklärung unterzeichnet hat.

§ 3 Rechtsanspruch gegen den Pensionsfonds[5]

Mitarbeiter haben einen Rechtsanspruch auf die in dieser Zusage festgelegten Leistungen gegen den Pensionsfonds.

§ 4 Leistungsarten[6]

Der Pensionsfonds gewährt Versorgungsleistungen als
- Altersrente;
- Vorgezogene Altersrente;
- Witwen-/Witwerrente;
- Waisenrente.

§ 5 Allgemeine Leistungsvoraussetzungen für alle Versorgungsfälle[7]

(1) Ein Anspruch auf Versorgungsleistungen setzt voraus:
- die Beendigung des Arbeitsverhältnisses des Mitarbeiters vor oder infolge des Eintritts des Versorgungsfalls,
- einen schriftlichen Antrag des Begünstigten auf Gewährung von Versorgungsleistungen und
- eine fünfjährige ununterbrochene Beschäftigung bei der Gesellschaft (Wartezeit); diese entfällt, soweit Versorgungsleistungen auf Entgeltumwandlung beruhen. Durch Einzelvertrag kann die Anrechnung von spezifischen Zeiten der Betriebszugehörigkeit auf die Wartezeit gesondert vereinbart werden.

(2) Darüber hinaus müssen die besonderen Leistungsvoraussetzungen für die jeweilige Rentenart (§§ 6 bis 8) gegeben sein.

§ 6 Altersrente[8]

(1) Der Mitarbeiter erwirbt mit Vollendung des 65. Lebensjahrs (Regel-Altersgrenze) einen Anspruch auf Altersrente.

(2) Der Mitarbeiter erwirbt mit Vollendung des 60. Lebensjahrs einen Anspruch auf Altersrente, wenn und solange eine Altersrente als Vollrente aus der deutschen gesetzlichen Rentenversicherung in Anspruch genommen wird.

§ 7 Witwen-/Witwerrente[9]

(1) Der hinterbliebene Ehegatte des Mitarbeiters erwirbt beim Tod des Versorgungsanwärters oder beim Tod des versorgungsberechtigten Mitarbeiters einen Anspruch auf Witwen-/Witwerrente, sofern der Versorgungsberechtigte nicht nach § 11 Abs. (2) hierauf verzichtet hat.

(2) Abs. (1) gilt für gleichgeschlechtliche Lebenspartner nach dem Lebenspartnerschaftsgesetz entsprechend, sofern dieser mit dem Begünstigten zum Zeitpunkt des Todes in einer Lebenspartnerschaft gelebt hat.

(3) Abs. (1) gilt ferner entsprechend für den nichtehelichen Lebensgefährten, sofern
- dieser mit dem Begünstigten zum Zeitpunkt des Todes in einer auf Dauer angelegten eheähnlichen Lebensgemeinschaft gewohnt hat,
- dieser von dem Versorgungsberechtigten in der Teilnahmeerklärung als versorgungsberechtigter Hinterbliebener namentlich mit Anschrift und Geburtsdatum benannt wurde und
- der Versorgungsberechtigte die auf Dauer angelegte nichteheliche Lebensgemeinschaft gegenüber dem Pensionsfonds schriftlich bestätigt hat.

§ 8 Waisenrenten[10]

(1) Beim Tod des Versorgungsanwärters oder beim Tod des versorgungsberechtigten Mitarbeiters erwerben die hinterbliebenen Kinder des Mitarbeiters einen Anspruch auf Waisenrente, sofern der Mitarbeiter nicht nach § 10 Abs. (2) hierauf verzichtet hat und sofern kein Anspruch auf Witwen-/Witwerrente gemäß § 7 besteht.

(2) Als Waisen im Sinne dieser Regelung gelten Kinder, die nach den gesetzlichen Bestimmungen dem Grunde nach Anspruch auf Waisenrente haben.

(3) Waisenrente wird grundsätzlich nur bis zur Vollendung des 18. Lebensjahrs gezahlt.

(4) Sofern ein Kind bei Eintritt eines Versorgungsfalls gemäß Abs. (1) bereits das 18., jedoch noch nicht das 27. Lebensjahr vollendet hat und sich in einer Schul-, Hochschul- oder Berufsausbildung befindet, werden Versorgungsleistungen für die Dauer der Ausbildung, längstens bis zur Vollendung des 27. Lebensjahrs gewährt.

§ 9 Beitragsaufwand[11]

(1) Die Gesellschaft leistet für die Pensionsfondszusage einen Jahresbeitrag in Höhe von EUR .... Für Teilzeitbeschäftigte wird bei Zugrundelegung einer regelmäßigen Vollzeitbeschäftigung der Versorgungsbeitrag der Gesellschaft im Verhältnis der tatsächlich geleisteten Arbeitszeit zu der bei regelmäßiger Vollzeitbeschäftigung möglichen Arbeitszeit vermindert.

(2) Zusätzlich können die Versorgungsberechtigten Beiträge für die Pensionszusage durch Entgeltumwandlung leisten. Der Maximalbeitrag der Entgeltumwandlung beträgt 4% der jeweiligen Beitragsbemessungsgrenze in der Rentenversicherung der Arbeiter und Angestellten und setzt den Abschluss einer gesonderten Entgeltumwandlungsvereinbarung zwischen der Gesellschaft und dem Versorgungsberechtigten voraus.

§ 10 Berechnung der Versorgungsleistungen[12]

(1) Bemessungsgrundlage für die Versorgungsleistungen ist grundsätzlich das bis zum Eintritt des Versorgungsfalls insgesamt aufgelaufene, dem Versorgungsberechtigten planmäßig zuzurechnende Versorgungskapital („Individuelles Versorgungskapital").

Dieses besteht

a) in Höhe der bis zum Eintritt des Versorgungsfalles eingezahlten Beiträge und den daraus erzielten Erträgen (Erträge aus der Vermögensanlage sowie zugehörige Wertveränderungen) und

b) soweit Beiträge als Altersvorsorgebeiträge der steuerlichen Förderung gemäß Abschnitt XI EStG unterliegen und auf diese Beiträge Zulagen an den Pensionsfonds geleistet wurden, aus diesen Zulagen und den daraus erzielten Erträgen (Erträge aus der Vermögensanlage sowie zugehörigen Wertveränderungen), abzüglich der auf die eingezahlten Beiträge und Zulagen entfallenden Kosten.

(2) Zusätzlich zum Individuellen Versorgungskapital wird eine Mindestleistung garantiert („Garantiertes Mindestkapital"). Dieses besteht in Höhe der Summe der insgesamt bis zum Eintritt des Versorgungsfalls gezahlten nominalen Beiträge und Zulagen, soweit diese nicht rechnungsmäßig für einen biometrischen Risikoausgleich verbraucht wurden.

(3) Soweit Beiträge als Altersvorsorgebeiträge der steuerlichen Förderung gemäß Abschnitt XI EStG unterliegen und eine schädliche Verwendung des Altersvorsorgevermögens erfolgt, werden etwaige Rückzahlungsbeträge vorab von dem zur Verfügung stehenden Kapital gemäß Abs. (1) und (2) einbehalten und auf Kosten des Versorgungsberechtigten an die zentrale Stelle abgeführt.

(4) Die jährlichen Versorgungsleistungen errechnen sich grundsätzlich durch Multiplikation des Individuellen Versorgungskapitals mit dem für das Rentenbeginnalter des Versorgungsberechtigten jeweils maßgeblichen Verrentungssatz entsprechend den Versicherungsbedingungen des Pensionsfonds in der jeweils geltenden Fassung („Maßgebliche Jahresrente"). Sofern an den Versorgungsberechtigten eine Altersrente gezahlt wird und der Betrag des Garantierten Mindestkapitals den Betrag des Individuellen Versorgungskapitals übersteigt, tritt das Garantierte Mindestkapital an die Stelle des Individuellen Versorgungskapitals.

§ 11 Höhe der Altersrente[13]

(1) Die Höhe der Maßgeblichen Jahresrente errechnet sich gemäß § 10 Abs. (4) durch Anwendung des für das jeweilige Rentenbeginnalter des Versorgungsberechtigten maßgeblichen Verrentungssatzes.

(2) Sofern der Versorgungsberechtigte auf Versorgungsleistungen für Hinterbliebene (§§ 7 und 8) bei Tod nach Beginn der Altersrente verzichtet, wird ihm auf entsprechenden Antrag eine entsprechend dem Verrentungssatz ermittelte erhöhte Altersrente gewährt. Der Antrag kann ab dem Eintritt des Versorgungsfalls, muss jedoch spätestens mit Ablauf des Monats gestellt werden, in dem der Versorgungsfall eintritt.

§ 12 Höhe der Witwen-/Witwerrente[14]

(1) Wenn ein Versorgungsberechtigter vor dem Bezug einer Altersrentenleistung verstirbt, wird die Maßgebliche Jahresrente gemäß § 10 Abs. (4) durch Anwendung des für das jeweilige Rentenbeginnalter des begünstigten Ehegatten maßgeblichen Verrentungssatzes ermittelt.

(2) Wenn ein Leistungsempfänger während des Bezuges von Altersrentenleistungen verstirbt und nicht auf Hinterbliebenenleistungen gemäß § 10 Abs. (2) verzichtet hat, erhält der begünstigte Ehegatte eine Witwen-/Witwerrente (§ 6) in Höhe von 60% der an den Verstorbenen gewährten Versorgungsleistung.

(3) War der begünstigte Ehegatte um mehr als fünf Jahre jünger als der verstorbene Begünstigte, so wird die Witwen-/Witwerrente nach Abs. (2) für jedes den Differenzbetrag von fünf Jahren übersteigende volle Jahr um 2,5% gekürzt.

(4) Sind aufgrund eines Versorgungsausgleiches Versorgungsleistungen an einen geschiedenen Ehegatten zu erbringen, werden die Versorgungsleistungen an den begünstigten Ehegatten, der mit dem verstorbenen Versorgungsberechtigten zuletzt in gültiger Ehe oder eheähnlicher Lebensgemeinschaft gelebt hat, um den Betrag gekürzt, den der Pensionsfonds gegebenenfalls an den früheren Ehegatten leisten muss.

§ 13 Höhe der Waisenrente[15]

(1) Wenn ein Versorgungsberechtigter vor dem Bezug einer Altersrentenleistung verstirbt, wird das zur Verfügung stehende Individuelle Versorgungskapital gemäß § 10 Abs. (4) zu gleichen Teilen auf die begünstigten Waisen aufgeteilt („Anteiliges Versorgungskapital"). Sofern eine begünstigte Waise bei Eintritt des Versorgungsfalls das 18. Lebensjahr noch nicht vollendet hat, wird die maßgebliche Jahresrente aus dem Anteiligen Versorgungskapital durch Anwendung des für das jeweilige Rentenbeginnalter der begünstigten Waise maßgeblichen Verrentungssatzes ermittelt und höchstens bis zur Vollendung des 18. Lebensjahrs gezahlt. Sofern eine begünstigte Waise bei Eintritt des Versorgungsfalls das 18., aber noch nicht das 27. Lebensjahr vollendet hat, wird die Maßgebliche Jahresrente aus dem Anteiligen Versorgungskapital durch Anwendung des für das jeweilige, um neun Jahre verminderte, Rentenbeginnalter der begünstigten Waise maßgeblichen Verrentungssatzes ermittelt und während der Dauer der Schul- oder Berufsausbildung, höchstens jedoch bis zur Vollendung des 27. Lebensjahres gezahlt.

(2) Wenn ein Leistungsempfänger während des Bezugs von Altersrentenleistungen verstirbt und nicht auf Hinterbliebenenleistungen gemäß § 11 Abs. (2) verzichtet hat, erhält die begünstigte Waise bis zur Vollendung des 18. Lebensjahrs eine Waisenrente (§ 7) in Höhe von 20% der an den Verstorbenen gewährten Versorgungsleistung.

(3) Darüber hinaus gewährt der Pensionsfonds die Waisenrente, solange sich eine Waise in Schul- oder Berufsausbildung befindet, längstens jedoch bis zur Vollendung des 27. Lebensjahrs. Sind mehrere Waisen vorhanden, dürfen die Waisenrenten insgesamt einen Betrag in Höhe von 100% der an den Verstorbenen gewährten Versorgungsleistung nicht übersteigen. Andernfalls werden die Waisenrenten anteilig gekürzt.

§ 14 Unverfallbarkeit[16]

(1) Endet das Arbeitsverhältnis vor Eintritt des Versorgungsfalls, bleibt die Versorgungsanwartschaft aufrechterhalten, wenn die jeweils einschlägigen Unverfallbarkeitsfristen des BetrAVG erfüllt sind.

(2) Die Höhe der unverfallbaren Versorgungsanwartschaft besteht
- in Höhe des dem Versorgungsberechtigten planmäßig zuzurechnenden Individuellen Versorgungskapitals auf der Grundlage der bis zum Ausscheiden geleisteten Beiträge (zuzüglich der bis zum Eintritt des Versorgungsfalls hierauf entfallenden Erträge aus der Vermögensanlage einschließlich zugehöriger Wertveränderungen),
- mindestens jedoch in Höhe des Garantierten Mindestkapitals auf der Grundlage der bis zum Ausscheiden nominal geleisteten Beiträge und Zulagen, soweit diese nicht rechnungsmäßig für einen biometrischen Risikoausgleich verbraucht wurden.

§ 15 Fortsetzung der Versorgung mit eigenen Beiträgen[17]

(1) Wenn ein Versorgungsberechtigter, dem eine Versorgung auf Grundlage einer Entgeltumwandlungsvereinbarung zugesagt wurde, aus dem Arbeitsverhältnis ausscheidet, ist dieser berechtigt, die Fortsetzung der Versorgung mit eigenen Beiträgen zu beantragen.

(2) Im Fall der Antragstellung erfolgt die Fortsetzung der Versorgung mit Eigenbeiträgen auf der Grundlage eines gesondert zwischen dem Pensionsfonds und dem Versorgungsberechtigten abzuschließenden Einzelvertrages.

§ 16 Übertragung und Abfindung von Versorgungsanwartschaften[18]

(1) Unverfallbare Versorgungsanwartschaften können auf einen neuen Arbeitgeber nach den Bestimmungen des § 4 BetrAVG übertragen werden.

(2) Unverfallbare Versorgungsanwartschaften und laufende Versorgungsleistungen können, soweit nach den Bestimmungen des BetrAVG möglich, abgefunden werden.

(3) Eine Übertragung oder Abfindung in Abweichung von den Grundsätzen der Abs. (1) oder (2) ist nicht zulässig.

§ 17 Pflichten des Versorgungsberechtigten[19]

(1) Der Versorgungsberechtigte hat nach Aufforderung durch den Pensionsfonds die gegebenenfalls erforderlichen Erklärungen zur Befreiung von der ärztlichen Schweigepflicht, zum Datenschutz und zur Hinterbliebenenleistung abzugeben und beizubringen.

(2) Der Versorgungsberechtigte hat alle für die Leistungsvoraussetzungen erforderlichen Nachweise (z.B. Geburts-, Heirats-, Sterbeurkunden oder sonstige amtliche Bescheinigungen über die Bezugsberechtigung) zu führen, die für das Entstehen und Fortbestehen des Anspruchs notwendigen Angaben zu machen, die erforderlichen Unterlagen (z.B. im Zusammenhang mit der steuerlichen Förderung nach § 10a, Abschnitt XI EStG) vorzulegen und gegebenenfalls einen Lebensnachweis beizubringen. Der Wegfall der Voraussetzungen für den Bezug von Versorgungsleistungen ist dem Pensionsfonds unaufgefordert und unverzüglich schriftlich anzuzeigen.

(3) Änderungen des Namens, des Personenstands, des Wohnsitzes, der Postanschrift und der Bankverbindung hat der Versorgungsberechtigte dem Pensionsfonds für die Dauer der Gewährung von Versorgungsleistungen unverzüglich schriftlich mitzuteilen.

(4) Der Versorgungsberechtigte hat dem Pensionsfonds für die Dauer der Gewährung von Versorgungsleistungen alle Daten und Unterlagen vorzulegen, welche für die Abwicklung und Durchführung der Versorgungsleistungen erforderlich sind.

(5) Soweit Beiträge als Altersvorsorgebeiträge der steuerlichen Förderung gemäß Abschnitt XI EStG unterliegen, ist der Versorgungsberechtigte verpflichtet, dem Pensionsfonds die für die Ermittlung und Überprüfung des Zulageanspruchs erforderlichen Daten unverzüglich mitzuteilen.

(6) Zu Unrecht bezogene Versorgungsleistungen sind zurückzuzahlen, und zwar nach Wahl der Gesellschaft an den Pensionsfonds oder einen Dritten, den die Gesellschaft bestimmt.

§ 18 Rentenanpassung[20]

Die laufenden Versorgungsleistungen erhöhen sich gegebenenfalls um nach dem Eintritt des Versorgungsfalls gegebenenfalls anfallende Überschussanteile.

§ 19 Fälligkeit und Zahlung

(1) Der Anspruch auf Versorgungsleistungen entsteht frühestens mit dem Beginn des Monats, der dem Eintritt des jeweils maßgeblichen Versorgungsfalls folgt.

(2) Die Versorgungsleistungen werden nach Abzug etwaiger vom Pensionsfonds einzubehaltender Steuern und sonstiger Abgaben monatlich nachschüssig in Höhe von $^1/_{12}$ der jeweils Maßgeblichen Jahresrente erbracht. Die Zahlung erfolgt bargeldlos auf ein vom Versorgungsberechtigten zu benennendes inländisches Konto. Sofern die Überweisung auf ein außerhalb der Bundesrepublik Deutschland belegenes Konto Mehrkosten gegenüber einer Überweisung auf ein inländisches Konto verursacht, gehen derartige Mehrkosten zu Lasten des Versorgungsberechtigten.

(3) Der Anspruch auf Versorgungsleistungen erlischt mit Ablauf des Monats, in dem der Versorgungsberechtigte stirbt oder eine der Anspruchsvoraussetzungen für den Bezug nicht mehr gegeben ist.

§ 20 Abtretung, Verpfändung und Beleihung[21]

Eine Abtretung, Verpfändung oder Beleihung der Ansprüche oder Anwartschaften auf Versorgungsleistungen an Dritte ist der Gesellschaft und dem Pensionsfonds gegenüber unwirksam.

§ 21 Vorbehalte[22]

(1) Die Gesellschaft behält sich vor, zugesagte Beitragszahlungen zu kürzen oder einzustellen, wenn
- a) die wirtschaftliche Lage der Gesellschaft sich nachhaltig so verschlechtert hat, dass ihr eine Aufrechterhaltung nicht mehr zugemutet werden kann, oder
- b) der Personenkreis, die Beiträge, die Leistungen oder das Pensionierungsalter bei der gesetzlichen Sozialversicherung oder bei anderen Versorgungseinrichtungen mit Rechtsanspruch sich wesentlich ändern, oder
- c) die rechtliche, insbesondere die steuerliche Behandlung der Aufwendungen, die zur planmäßigen Finanzierung der Versorgungsleistungen von der Gesellschaft gemacht werden oder gemacht worden sind, sich so wesentlich ändern, dass der Gesellschaft die Aufrechterhaltung der zugesagten Leistungen nicht mehr zugemutet werden kann, oder
- d) der Versorgungsberechtigte Handlungen begeht, die in grober Weise gegen Treu und Glauben verstoßen und deswegen der Gesellschaft die Aufrechterhaltung der Ruhegeldzusage oder die Weiterzahlung des Ruhegelds nicht mehr zumutbar ist.

(2) Im Übrigen behält sich die Gesellschaft vor, die Beitragszahlungen zu kürzen oder einzustellen, wenn die bei Erteilung der Versorgungszusage maßgebenden Verhältnisse sich nachhaltig so wesentlich geändert haben, dass der Gesellschaft die Aufrechterhaltung der zugesagten Leistungen auch unter objektiver Beachtung der Belange des Versorgungsberechtigten nicht mehr zugemutet werden kann.

§ 22 In-Kraft-Treten und Jeweiligkeitsklausel[23]

(1) Diese Richtlinien treten mit Wirkung zum ...... in Kraft.

(2) Diese Richtlinien finden auf Mitarbeiter und Pensionäre in der jeweils gültigen Fassung Anwendung.

(3) Die Richtlinien stehen unter dem Vorbehalt etwaiger ablösender – auch freiwilliger – Betriebsvereinbarungen.

Schrifttum: Bode/Grabner, Pensionsfonds und Entgeltumwandlung in der betrieblichen Altersversorgung, 2002; *Blomeyer/Otto*, Kommentar zum BetrAVG, 3. Aufl., 2004; *Förster/Rühmann/Recktenwald*, Auswirkungen des Altersvermögensgesetzes auf die betriebliche Altersversorgung, BB 2001, 1406; *Höfer*, Das neue Betriebsrentenrecht, 2003; *Klemm*, Abfindung und Übertragung von Versorgungsanwartschaften aus betrieblicher Altersversorgung im Lichte des Altersvermögensgesetzes, NZA 2002, 416; *Langohr-Plato/Teslau*, Das Alterseinkünftegesetz und seine arbeitsrechtlichen Konsequenzen für die betriebliche Altersversorgung – Teil II, NZA 2004, 1353; *Wellisch/Näth*, Betriebliche Altersvorsorge – steuerliche und sozialversicherungsrechtliche Behandlung und Gestaltungsansätze, BB 2002, 1393.

Anmerkungen

1. Vorbemerkung. Der Pensionsfonds ist das jüngste Instrument zur Durchführung einer betrieblichen Altersversorgung in Deutschland. Mit Wirkung ab dem 1. Januar 2002 wurde er als fünfter Durchführungsweg neben der Direktzusage, der Direktversicherung, der Unterstützungskasse und der Pensionskasse vom Gesetzgeber zugelassen. Mit dem Pensionsfonds sollte ein modernes und flexibles Instrument der betrieblichen Altersversorgung geschaffen werden, welches sich im Vergleich zu den herkömmlichen Durchführungswegen durch eine größere Freiheit bei der Vermögensanlage auszeichnet und welches zugleich durch die Möglichkeit beitragsbezogener Gestaltungen für den Arbeitgeber ein geringeres Haftungsrisiko mit sich bringt. Rechtsgrundlagen für den Pensionsfonds finden sich im Wesentlichen in §§ 1 Abs. 1 S. 2, 1 b Abs. 3 BetrAVG, 112 ff. VAG sowie ergänzenden Rechtsverordnungen des Bundesfinanzministeriums und Rundschreiben der Bundesanstalt für Finanzdienstleistungsaufsicht (BaFin). Vom Gesetzgeber bereits berücksichtigt wurden Grundzüge des Vorschlags der Europäischen Kommission für eine Pensionsfondsrichtlinie, welche letztendlich am 3. Juni 2003 als „Richtlinie 2003/41/EG über die Tätigkeiten und die Beaufsichtigung von Einrichtungen der betrieblichen Altersversorgung" verabschiedet wurde (ABl. EG 2003 Nr. L 235/10 v. 23. 9. 2003).

Der Pensionsfonds ist ein externer Versorgungsträger mit eigener Rechtspersönlichkeit, der gemäß §§ 112 Abs. 2, 113 Abs. 2 Nr. 3 VAG nur in der Rechtsform einer Aktiengesellschaft oder eines Pensionsfonds auf Gegenseitigkeit betrieben werden kann. Ein Pensionsfonds darf seinen Geschäftsbetrieb erst aufnehmen, nachdem die BaFin – deren Aufsicht er unterliegt – die entsprechende Erlaubnis erteilt hat, § 112 Abs. 2 VAG.

Wie bei der Pensionskasse und der Direktversicherung sind bei der Durchführung der betrieblichen Altersversorgung über einen Pensionsfonds zwei Rechtsverhältnisse zu unterscheiden: die im arbeitsrechtlichen Grundverhältnis zwischen Arbeitgeber und Mitarbeiter erteilte – durch das vorliegende Formular geregelte – Versorgungszusage sowie der zwischen Arbeitgeber und Pensionsfonds abgeschlossene Vertrag, welcher die Durchführung und Abwicklung der betrieblichen Altersversorgung, insbesondere die Zahlung der Beiträge und eine eventuelle Nachschusspflicht, regelt. Dieser Vertrag kann auch vorsehen, dass die Kapitalanlage nicht durch den Pensionsfonds selbst, sondern durch einen externen Kapitalanleger erfolgt. Ergänzt wird der Vertrag zwischen Pensionsfonds und Arbeitgeber durch den gemäß § 112 Abs. 1 S. 2 und 3 VAG erforderlichen Pensionsplan, welcher nähere Regelungen zu Art und Finanzierung der Versorgungsleistungen, zur Überschussverteilung sowie zur Vermögensanlage regelt (vgl. hierzu näher *Bode/Grabner* S. 129; *Höfer* Bd. 1 Rdn. 1565 ff.). Vertragspartner des Pensionsfonds ist in der Regel ausschließlich der Arbeitgeber, welcher mit dem Pensionsfonds einen Vertrag zugunsten der Arbeitnehmer als Dritte im Sinne des § 328 BGB abschließt (*Höfer* Bd. 1 Rdn. 1529; teilweise a. A. *Blomeyer/Otto* Anh. § 1 BetrAVG Rdn. 801 f.).

Der Gesetzgeber will den Verbreitungsgrad der betrieblichen Altersversorgung mit Hilfe des Pensionsfonds fördern. Deshalb wurden Pensionsfondszusagen in die steuerliche Förderung gemäß § 3 Nr. 63 EStG einbezogen; Beiträge für einen Pensionsfonds sind daher bis zu einer Höhe von 4% der Beitragsbemessungsgrenze der gesetzlichen Rentenversicherung der Arbeiter und Angestellten beitragsfrei und unterfallen nicht der Beitragspflicht in der gesetzlichen Sozialversicherung (§ 2 Abs. 2 Nr. 5 ArEV). Die aus diesen Beiträgen herrührenden Versorgungsleistungen werden bei Auszahlung gemäß § 22 Nr. 5 EStG als sonstige Einkünfte nachgelagert besteuert. Eine wesentliche zusätzliche steuerliche Förderung stellt die in § 3 Nr. 66 EStG vorgesehene Möglichkeit dar, Versorgungsverpflichtungen aus Direktzusagen oder Unterstützungskassen lohnsteuerfrei in unbegrenzter Höhe auf einen Pensionsfonds zu übertragen; die hierfür vom Arbeitgeber auf den Pensionsfonds übertragenen Einmalbeträge sind steuerlich anerkannte Betriebsausgaben (§§ 4d Abs. 3, 4e Abs. 3 EStG). Zur Attraktivität des Pensionsfonds trägt auch die Möglichkeit der Kombination mit der „Riester-Förderung" bei (vgl. Anm. 12).

2. Pensionsfondszusage in Form einer Beitragszusage mit Mindestleistung. Der Pensionsplan kann gemäß § 112 Abs. 1 S. 3 VAG vorsehen, dass eine Pensionsfondszusage – wie im Formular geschehen – als Beitragszusage mit Mindestleistung gemäß § 1 Abs. 2 Nr. 2 BetrAVG oder als Leistungszusage (klassische Leistungszusage gemäß § 1 Abs. 1 S. 1 BetrAVG oder beitragsorientierte Leistungszusage gemäß § 1 Abs. 2 Nr. 1 BetrAVG) ausgestaltet ist. In der Praxis dürfte sich dabei die Beitragszusage mit Mindestleistung durchsetzen; sie kombiniert für den Arbeitgeber unter deutschem Recht höchstmögliche Kalkulationssicherheit und Haftungsbegrenzung. Der Arbeitgeber erfüllt seine Verpflichtung aus der Altersversorgung hierbei im Grundsatz durch Entrichtung der Beiträge an den Pensionsfonds. Die vom Pensionsfonds oder vom von diesem beauftragten Kapitalanlageinstitut erzielte Rendite – welche aufgrund der größeren Anlagefreiheit beim Pensionsfonds wesentlich höher ausfallen kann als bei den klassischen Durchführungswegen der Pensionskasse und der Direktversicherung – kommt dem Arbeitnehmer zugute; im Gegenzug trägt dieser auch das Anlagerisiko bei einer negativen oder ungünstigen Entwicklung der Kapitalanlage. Allerdings schlägt dieses Risiko nicht voll auf den Arbeitnehmer durch, da im Rahmen einer Beitragszusage mit Mindestleistung gewährleistet sein muss, dass der Arbeitnehmer beim Eintritt des Versorgungsfalls mindestens eine Versorgungsleistung erhält, die der Summe der zugunsten des Arbeitnehmers eingezahlten Beiträge wertmäßig entspricht, wobei von dieser Summe die Kosten einer vor dem Eintritt des Vorsorgungsfalls gewährten Risikotragung für Invalidität und Tod abgezogen werden können. Kann der Pensionsfonds diese Mindestleistungen nicht erbringen, so muss der Arbeitgeber für sie haften. Über diese Mindestleistung hinaus trifft den Arbeitgeber jedoch keine Einstandspflicht (*Höfer* Bd. 1 Rdn. 1517 ff.).

Zu beachten ist in diesem Zusammenhang die Vorgabe des § 112 Abs. 1 Nr. 2 VAG, wonach bei einem Pensionsfonds die Höhe der Leistungen und die Höhe der für diese Leistungen zu entrichtenden künftigen Beiträge nicht für alle vorgesehenen Leistungsfälle durch versicherungsförmige Garantien zugesagt werden darf. Dies bedeutet, dass der Pensionsfonds bei Vereinbarung einer festen Beitragszahlung für bestimmte Leistungsfälle keine bestimmte Versorgungsleistung garantieren darf. Dies ist bei der Beitragszusage mit Mindestleistung grundsätzlich der Fall, da die Versorgungsleistung in aller Regel über die Mindestleistung hinausgehen wird, die Höhe dieser Versorgungsleistung aber in der Zusage nicht garantiert wird (sollte die Rendite hinter der Mindestleistung zurückbleiben, so fungiert die Mindestleistung jedoch als versicherungsförmige Garantie; diesen Widerspruch hat der Gesetzgeber hingenommen, vgl. *Höfer* Bd. 1 Rdn. 1535). Sieht die Pensionsfondszusage mehrere Leistungsfälle vor – z.B. neben der Altersleistung auch Hinterbliebenen- und Invalidenleistungen –, so ist es möglich, für einige dieser Leistungsfälle eine versicherungsförmige Garantie abzugeben, solange diese nicht alle Versorgungsformen erfasst. Zu beachten ist weiterhin, dass § 112 Abs. 1 Nr. 2 VAG nur auf künftige Beiträge Anwendung findet; für einmal empfange Beiträge darf der Pensionsfonds durchaus eine versicherungsförmige Garantie erteilen.

3. Kreis der Versorgungsberechtigten. Zu den Regelungen in Abs. (1) und (2) vgl. Form. F. I. 4 Anm. 2. Zu Abs. (3) vgl. zunächst Form. F. II. 1 Anm. 2. Als sachlichen Grund für die Nicht-Einbeziehung der geringfügig Beschäftigten, die nicht der Sozialversicherungspflicht unterfallen, lässt sich weiter ausführen, dass die vom Formular vorgesehene Möglichkeit einer „Riester-Förderung" eine Pflichtversicherung in der gesetzlichen Rentenversicherung voraussetzt. Die gerichtliche Klärung dieses Punkts bleibt abzuwarten.

4. Voraussetzung der Versorgungsberechtigung. Das Formular sieht eine Versorgungsberechtigung ab dem 1. Januar eines Jahres vor; im konkreten Einzelfall sind hier abweichende Gestaltungen möglich.

Das Erfordernis einer Teilnahmeerklärung folgt hier nicht – wie z.B. über § 159 Abs. 2 VVG für die Direktversicherung – aus gesetzlichen Erfordernissen, wird aber in der Regel vom Pensionsfonds als Voraussetzung für eine Versorgungsberechtigung verlangt.

5. Rechtsanspruch gegen den Pensionsfonds. Wesensmerkmal des Pensionsfonds ist gemäß § 112 Abs. 1 Nr. 3 VAG unter anderem, dass dem Arbeitnehmer ein eigener Anspruch auf Leistung gegen den Pensionsfonds eingeräumt wird. Dies bedeutet zum einen, dass der Arbeitnehmer – im Gegensatz zur Unterstützungskasse – einen formalen Rechtsanspruch auf Leistungen zur betrieblichen Altersversorgung erhält (was sich auch aus § 1b Abs. 3 S. 1 BetrAVG ergibt), zum anderen, dass der Arbeitnehmer seine Leistungsrechte direkt gegen den Pensionsfonds geltend machen kann. Dies ist Folge des echten Vertrags zugunsten Dritter, welchen der Arbeitgeber mit dem Pensionsfonds abschließt (s. Anm. 1). Allerdings haftet der Arbeitgeber auch beim Pensionsfonds subsidiär, falls dieser externe Versorgungsträger die Ansprüche des Mitarbeiters nicht erfüllen kann. Im Fall einer – wie hier vorgesehenen – Beitragszusage mit Mindestleistung erschöpft sich diese Subsidiärhaftung allerdings auf die Gewährleistung der Mindestleistung im Versorgungsfall.

Der Rechtsanspruch des Arbeitnehmers gegenüber dem Pensionsfonds auf Gewährung der Versorgungsleistungen geht als abgeleitetes Recht auch auf seine Hinterbliebenen über, wenn der Arbeitnehmer verstorben ist.

6. Leistungsarten. Gemäß der gesetzlichen Definition in § 112 Abs. 1 Nr. 1 VAG muss ein Pensionsfonds im Wege des Kapitaldeckungsverfahrens Leistungen der betrieblichen Altersversorgung erbringen. Damit ist zugleich klargestellt, dass ein Pensionsfonds ausschließlich ein Instrument der betrieblichen Altersversorgung ist und nicht auch – wie z. B. ein Lebensversicherer – Leistungen für die private Vorsorge anbieten kann. Im Gegensatz zur Unterstützungskasse darf ein Pensionsfonds auch keine Notfallleistungen, z. B. bei Arbeitslosigkeit oder bei Krankheit, gewähren (*Höfer* Bd. 1 Rdn. 1527).

Gemäß § 112 Abs. 1 Nr. 4 VAG ist ein Pensionsfonds verpflichtet, lebenslange Altersleistungen zu gewähren. Eine Invaliden- oder Hinterbliebenenversorgung ist – da auch diese eine Leistung der betrieblichen Altersversorgung gemäß § 112 Abs. 1 Nr. 1 VAG darstellt – möglich, nicht aber verpflichtend. Es ist daher möglich, dass ein Arbeitgeber in seiner Pensionsfondszusage an den Mitarbeiter – wie im Formular vorgesehen – neben Altersrenten lediglich eine Hinterbliebenenversorgung, nicht aber Leistungen für den Invaliditätsfall vorsieht. Sofern gewünscht, ist aber auch eine Absicherung des Invaliditätsrisikos zulässig.

7. Allgemeine Leistungsvoraussetzungen für alle Versorgungsfälle. Die Wartezeit von fünf Jahren für arbeitgeberfinanzierte Leistungen deckt sich mit der zeitlichen Komponente einer unverfallbaren Anwartschaft gemäß § 1 Abs. 1 BetrAVG. Die sofortige gesetzliche Unverfallbarkeit für Leistungen, welche auf Entgeltumwandlung beruhen, ergibt sich aus § 1 b Abs. 5 BetrAVG.

8. Altersrente. S. Form. F. I. 4 Anm. 5.

9. Witwen-/Witwerrente. Aus Gründen der Gleichberechtigung sind sowohl Witwen- als auch Witwerrenten vorzusehen.

Die Einsetzung einer anderen Person als des überlebenden Ehegatten als Hinterbliebenen setzt die Zustimmung des Arbeitgebers voraus. Gegen dessen Willen kann keine dritte Person als Hinterbliebener eingesetzt werden. Dies gilt auch hinsichtlich gleichgeschlechtlicher Lebenspartner nach dem Lebenspartnerschaftsgesetz, da die Lebenspartnerschaft nicht in die Hinterbliebenenversorgung der gesetzlichen Rentenversicherung einbezogen worden ist und diese Wertung auch auf die betriebliche Altersversorgung übertragen werden kann. Soll – wie hier in Abs. (2) vorgesehen – ein gleichgeschlechtlicher Lebenspartner als Hinterbliebener begünstigt werden, so muss dies daher in der Pensionsfondszusage ausdrücklich vereinbart werden (*Höfer* Bd. 1 Rdn. 908 f.).

Die in § 7 Abs. (3) aufgestellten Erfordernisse für die Anerkennung eines nichtehelichen Lebensgefährten als Hinterbliebenen orientieren sich an den von der Finanzverwaltung aufgestellten Kriterien (BMF-Schreiben v. 25. 7. 2002 – IV A 6 – S 2176 – 28/02 – BStBl. I 2002 S. 706). Während die arbeitsrechtliche Rechtsprechung den Begriff des Hinterbliebenen weit auslegt, erkennt die Finanzverwaltung Pensionszusagen nur hinsichtlich eines engen Kreises von Hinterbliebenen steuerlich an und stellt für die steuerliche Anerkennung eines nichtehelichen Lebensgefährten unter anderem die in der Zusage aufgeführten Bedingungen auf (vgl. auch *Höfer* Bd. 1 Rdn. 879 ff.).

10. Waisenrente. S. Form. F. I. 4 Anm. 11.

11. Beitragsaufwand. Abs. (1) sieht als Regelfall vor, dass der Arbeitgeber den Pensionsfonds dotiert.

Daneben ist, wie in Abs. (2) vorgesehen, auch im Rahmen eines Pensionsfonds Entgeltumwandlung möglich. Mit der Regelung in Abs. (2) wird der Anspruch des Arbeitnehmers auf betriebliche Altersversorgung durch Entgeltumwandlung gemäß § 1 a Abs. 1 S. 3 BetrAVG erfüllt. In der gesondert abzuschließenden Entgeltumwandlungsvereinbarung ist gegebenenfalls insbesondere zu regeln, auf welche Entgeltbestandteile der Arbeitnehmer verzichtet und bis zu welcher Höhe er seinen Anspruch auf Entgeltumwandlung geltend machen will.

12. Berechnung der Versorgungsleistungen. Grundlage der Versorgungsleistungen sind – entsprechend dem Charakter der Beitragszusage mit Mindestleistung – die eingezahlten Beiträge und die mit diesen erzielte Rendite. Da ein Pensionsfonds gemäß § 112 Abs. 1 Nr. 4 VAG verpflichtet ist, eine lebenslange Altersleistung zur Verfügung zu stellen (vgl. hierzu Anm. 13), muss das angesparte Versorgungskapital in jährliche Leistungen umgerechnet werden, wofür Abs. (4) das entsprechende Verfahren vorgibt. Durch die Regelung des Abs. (2) sowie des Abs. (4) S. 2 wird sichergestellt, dass dem Mitarbeiter zumindest die Mindestleistung, wie in § 1 Abs. 2 Nr. 2 BetrAVG definiert, verbleibt.

Abs. (1) b) stellt klar, dass im Rahmen der Pensionsfondszusage auch die Möglichkeit der „Riester-Förderung" wahrgenommen werden kann und dass auch die entsprechenden Zulagen sowie deren Rendite Teil des Versorgungskapitals sind. Soweit der Arbeitnehmer einen Anspruch auf Entgeltumwandlung hat, kann er gemäß § 1 a Abs. 3 BetrAVG verlangen, dass in deren Rahmen die Voraussetzungen für eine „Riester-Förderung" gemäß den §§ 10 a, 82 Abs. 2 EStG erfüllt werden, wenn die betriebliche Altersversorgung – wie vorliegend – über einen Pensionsfonds durchgeführt wird. Da Zulagen im Rahmen der „Riester-Rente" nur für Beiträge gewährt werden, welche aus individuell versteuertem Arbeitslohn stammen, bedeutet dies insbesondere, dass für die zur „Riester-Rente" herangezogenen Beiträge nicht die Lohnsteuerfreiheit des § 3 Nr. 63 EStG in Anspruch genommen werden darf. Die Regelung des Abs. (3) hinsichtlich einer Einbehaltung von Rückzahlungsbeträgen bei schädlicher Verwendung des Altersvorsorgevermögens im Rahmen der „Riester-Rente" entspricht den gesetzlichen Vorgaben des § 94 EStG (näher zum Begriff der schädlichen Verwendung und dem Rückforderungsverfahren allgemein vgl. *Höfer*, Das neue Betriebsrentenrecht, Rdn. 929 ff.).

13. Höhe der Altersrente. Ein Pensionsfonds ist verpflichtet, die Leistung als lebenslange Altersrente oder in Form eines Auszahlungsplans mit unmittelbar anschließender Restverrentung gemäß § 1 Abs. 1 S. 1 Nr. 5 AltZertG zu erbringen, § 112 Abs. 1 Nr. 4 VAG. Im vorliegenden Fall wurde die erste Alternative, die lebenslange Altersrente, gewählt. Der Gesetzgeber wollte mit dem Zwang zur lebenslangen Altersleistung sicherstellen, dass die Versorgungsleistungen des Pensionsfonds diejenigen der gesetzlichen Rentenversicherung sinnvoll ergänzen.

Das Wahlrecht in Abs. (2) ist Ausfluss der Verpflichtungen des Pensionsfonds, lediglich eine Altersrente zur Verfügung stellen zu müssen. Kann der Pensionsfonds selbst auf die Bereitstellung von Invaliditäts- oder Hinterbliebenenleistungen verzichten, so muss es ihm auch zustehen, dieses Verzichtsrecht auf den Versorgungsberechtigten selbst zu übertragen. Um den Verwaltungsaufwand möglichst gering zu halten, muss ein entsprechender Verzicht allerdings innerhalb des ersten Monats nach Eintritt des Versorgungsfalls erklärt werden.

14. Höhe der Witwen-/Witwerrente. Die in Abs. (2) vorgesehene Höhe der Witwen-/Witwerrente orientiert sich an dem bislang für die gesetzliche Rente geltenden Recht. Altersdifferenzklauseln werden allgemein auch bei – wie hier vorgesehen – relativ geringen Altersdifferenzen für zulässig erachtet (*Höfer* Bd. 1 Rdn. 889 f.). Denn wenn es dem Arbeitgeber im Rahmen seiner Vertragsfreiheit zusteht, Hinterbliebenenleistung sogar ganz auszuschließen, muss er diese auch beschränken können.

15. Höhe der Waisenrente. Bei Berechnung der Waisenrente wird das anteilige Versorgungskapital versicherungsmathematisch auf die Jahre zwischen Eintritt des Todes des Mitarbeiters und dem 18./27. Lebensjahr seiner Waisen verteilt. Die Regelung in Absatz (3) stellt sicher, dass an Hinterbliebene nicht höhere Renten gezahlt werden, als dies bei einem Versorgungsempfänger der Fall gewesen wäre.

16. Unverfallbarkeit. Abs. (1) bezieht sich auf die Unverfallbarkeitsfristen des § 1 b BetrAVG. Abs. (2) wiederholt im Wesentlichen den Wortlaut des § 2 Abs. 5 b BetrAVG.

17. Fortsetzung der Versorgung mit eigenen Beiträgen. Das Recht des Arbeitnehmers, die Versorgung mit eigenen Beiträgen fortzusetzen, ist Konsequenz der sofortigen Unverfallbarkeit aufgrund von Entgeltumwandlung, vgl. § 1 b Abs. 5 S. 1 Nr. 2 BetrAVG.

18. Übertragung und Abfindung von Versorgungsanwartschaften. Die Regelung des § 16 gibt die gesetzliche Lage zu Übertragung und Abfindung von Versorgungsanwartschaften wieder.

Mit Inkrafttreten des Alterseinkünftegesetzes zum 1. Januar 2005 wurden die Übertragungsmöglichkeiten von Versorgungsanwartschaften erheblich erweitert. Neben der bislang schon und auch weiterhin möglichen Übernahme der Versorgungszusage an sich durch den neuen Arbeitgeber, also der „Weitergabe" der – inhaltlich unveränderten – Verpflichtungen des alten Arbeitgebers an den neuen in Form der befreienden Schuldübernahme (§ 4 Abs. 2 Nr. 1 BetrAVG) ist nun auch die Übertragung nur des Übertragungswertes möglich. Dabei wird nicht die Versorgungszusage als solche, sondern lediglich der Wert der bisher erworbenen Anwartschaft übertragen. Dieser Wert wird dann in das Versorgungssystem des neuen Arbeitgebers eingebracht. Dabei ist inhaltliche Identität mit der bisherigen Versorgungszusage nicht erforderlich. Die Übertragung des Übertragungswertes führt zum rechtlichen Untergang der Versorgungszusage des alten Arbeitgebers (§ 4a Abs. 6 BetrAVG). Diese neu im Gesetz verankerte Portabilität kann in zwei Varianten relevant werden. Zum einen kann die Übertragung des Übertragungswertes zwischen dem alten Arbeitgeber, dem neuen Arbeitgeber und dem Versorgungsberechtigten einvernehmlich vereinbart werden (§ 4 Abs. 2 Nr. 2 BetrAVG). Zum anderen besteht aber auch ein gesetzlicher Anspruch des Arbeitnehmers auf Übertragung des Übertragungswerts seiner Versorgungsanwartschaft, wenn die Versorgungszusage nach dem 31. Dezember 2004 erteilt worden ist (§§ 4 Abs. 3, 30b BetrAVG). Letzterer steht unter der Voraussetzung, dass die betriebliche Altersversorgung wie im Formular über einen Pensionsfonds (oder auch in den beiden anderen externen Durchführungswegen Direktversicherung oder Pensionskasse) durchgeführt wird und der Übertragungswert die Beitragsbemessungsgrenze in der Rentenversicherung der Arbeiter und Angestellten (im Jahr 2005: EUR 62.400,–) nicht übersteigt (§ 4 Abs. 3 BetrAVG). Weiter muss der gesetzliche Anspruch auf Portabilität vom Arbeitnehmer innerhalb einer Frist von einem Jahr ab Beendigung des Arbeitsverhältnisses geltend gemacht werden. Der Anspruch richtet sich nicht gegen den Arbeitgeber, sondern gegen den Versorgungsträger, soweit der Arbeitnehmer in der Jahresfrist nach Beendigung des Arbeitsverhältnisses die Versorgung mit eigenen Beiträgen fortgeführt hat (BT-Dr 15/2150 S. 53 zu Nr. 5; vgl. Anm. 17).

Korrespondierend zur Erweiterung der Übertragungsrechte im Hinblick auf Versorgungsanwartschaften wurden durch das Alterseinkünftegesetz zum 1. Januar 2005 die Abfindungsmöglichkeiten im Rahmen des § 3 BetrAVG beschränkt (s. Form F. V. 5 Anm. 1), da eine vorzeitige Abfindung dem Versorgungszweck widerspricht (BT-Drucks. 15/2150 zu Nr. 4). Generell nicht möglich ist eine Abfindung, soweit ein Arbeitnehmer von seinem gesetzlichen Recht auf Portabilität der Versorgungsanwartschaft gemäß § 4 Abs. 3 BetrAVG Gebrauch macht (§ 3 Abs. 2 S. 3 BetrAVG). Im Übrigen können unverfallbare Anwartschaften gemäß § 1b Abs. 1 BetrAVG nunmehr außerhalb des laufenden Arbeitsverhältnisses im Grundsatz nur noch abgefunden werden, soweit es sich um Kleinstanwartschaften handelt, so dass eine Vermeidung von unverhältnismäßigem Verwaltungsaufwand beim Arbeitgeber die Abfindung gebietet (vgl. Form F. V. 5 Anm. 1). Auch laufende Versorgungsleistungen können nur noch unter dieser Voraussetzung abgefunden werden. Anders ist die Rechtslage lediglich in Bezug auf laufende Betriebsrenten, die bereits vor dem 1. Januar 2005 erstmals bezahlt wurden (§§ 3 Abs. 1, 30g Abs. 2 BetrAVG). Diese können weiterhin uneingeschränkt abgefunden werden. Eine abfindbare Kleinstanwartschaft liegt nur vor, wenn der bei Erreichen der in dem Versorgungswerk vorgesehenen Altersgrenze maßgebliche Monatsbetrag der laufenden Versorgungsleistungen 1% der monatlichen Bezugsgröße gemäß § 18 SGB IV nicht überschreitet (§ 3 Abs. 2 BetrAVG). Für das Jahr 2005 beträgt dieser Grenzbetrag EUR 24,15. Entsprechendes gilt für Kapitalleistungen, sofern sie 120% der vorgenannten Bezugsgröße nicht überschreiten.

19. Pflichten des Versorgungsberechtigten. Die Mitwirkungs- und Mitteilungspflichten des Versorgungsberechtigten bewegen sich im üblichen Rahmen und sind notwendig, damit der Arbeitgeber seine Verpflichtungen ordnungsgemäß erfüllen kann.

20. Rentenanpassung. Bei einer Beitragszusage mit Mindestleistung entfällt gemäß § 16 Abs. 3 Nr. 3 BetrAVG die Pflicht des Arbeitgebers zur Anpassung laufender Versorgungsleistungen. Dies gilt für arbeitgeberfinanzierte Beiträge ebenso wie für solche Teile der Versorgung, welche durch Entgeltumwandlung finanziert wurden. Indem § 18 sämtliche nach Eintritt des Versorgungsfalls anfallende Überschussanteile der Versorgungsleistung zuschlägt, geht er über das gesetzlich Notwendige gemäß §§ 1b Abs. 5, 16 Abs. 3 Nr. 3 BetrAVG hinaus, wonach lediglich in der Anwartschaftsphase sämtliche Überschüsse zugunsten des Arbeitnehmers verwendet, bei einer Beitragszusage mit Mindestleistung im Rentnerzeitraum Überschüsse aus der Entgeltumwandlung jedoch nicht zugunsten des Arbeitnehmers verwendet werden müssen.

21. Abtretung, Verpfändung und Beleihung. Die in Abs. (1) vorgesehenen Beschränkungen der Arbeitnehmerrechte sind üblich und zulässig. Sie verhindern die vorzeitige Verwendung der Versorgungsmittel und sichern damit die Einhaltung des Versorgungszweckes.

22. Vorbehalte. S. Form. F. I. 4 Anm. 15.

23. In-Kraft-Treten und Jeweiligkeitsklausel. S. Form. F. I. 4 Anm. 16.

IV. Betriebliche Altersversorgung und Betriebsübergang

1. Interne Erfüllungsübernahme von Rentenverpflichtungen und -anwartschaften von Rentnern und ausgeschiedenen Arbeitnehmern

Art. ... Pensionsverpflichtungen

§ 1 Übernahme der Rentenverbindlichkeiten[1, 2]

Der Erwerber übernimmt im Innenverhältnis zwischen den Parteien[3] alle Rentenverbindlichkeiten des Veräußerers aus den in Anlage ...... beschriebenen Versorgungszusagen gegenüber denjenigen Rentnern und früheren Arbeitnehmern des Veräußerers, die mit unverfallbaren Anwartschaften ausgeschieden sind, wie sie zusammenfassend in Anlage ...... aufgelistet sind (im Folgenden „Rentner und nicht mehr Aktive mit Anwartschaften")[4]. Die übernommenen Verbindlichkeiten für Rentner und nicht mehr Aktive mit Anwartschaft werden im Folgenden als „übernommene Rentenverbindlichkeiten" bezeichnet. Alle finanziellen Verbindlichkeiten des Erwerbers im Zusammenhang mit den übernommenen Rentenverbindlichkeiten sind Teil der übernommenen Verbindlichkeiten i. S. d. § ...... dieses Unternehmenskaufvertrages.

§ 2 Verpflichtungen des Erwerbers[5]

Im Zusammenhang mit den übernommenen Rentenverbindlichkeiten übernimmt der Erwerber die Verpflichtung und garantiert dem Veräußerer, dass er alle übernommen Rentenverbindlichkeiten gewissenhaft und vollständig erfüllen wird, insbesondere die Verpflichtung, (I) fällige Renten zu berechnen und einschließlich aller zukünftiger Rentenerhöhungen zu zahlen, (II) Rentenanpassungen gemäß § 16 BetrAVG zu berechnen und zu bezahlen, (III) einschlägige Steuern auf die Rentenzahlungen einzubehalten und abzuführen, (IV) notwendige Mitteilungen an den Pensionssicherungsverein zu machen und die entsprechenden Beiträge zur Insolvenzsicherung zu zahlen. Der Erwerber erfüllt alle vorstehend erwähnten Verpflichtungen rechtzeitig, formgerecht und in Übereinstimmung mit allen gesetzlichen und anderweitigen Erfordernissen, und im Namen und im Interesse des Veräußerers oder des Rechtsvorgängers oder -nachfolgers des Veräußerers. Falls der Erwerber die Unterstützung des Veräußerers bei der Berechnung der Rentenanpassungen gemäß § 16 BetrAVG benötigt, gibt der Veräußerer dem Erwerber kostenfrei jede angemessene Hilfe; falls der Veräußerer jedoch professionellen Rat oder Unterstützung heranziehen muss, um dem Erwerber die erbetene Hilfe zu geben, so muss der Erwerber dem Veräußerer die Kosten für diesen professionellen Rat oder Unterstützung erstatten.

§ 3 Erstattung durch den Erwerber[6]

Falls der Veräußerer übernommene Rentenverbindlichkeiten oder eine damit im Zusammenhang stehende Verbindlichkeit erfüllt oder in Anspruch genommen wird, eine solche zu erfüllen, ist der Erwerber verpflichtet, dem Veräußerer sofort die entstandenen Kosten zu erstatten und ihn in vollem Umfang freizustellen.

§ 4 Sicherheitsleistung[7]

Der Erwerber sichert die übernommenen Rentenverbindlichkeiten durch eine erstrangige Gesamtgrundschuld in Höhe von EUR ...... an sämtlichen von ihm unter diesem Vertrag erworbenen Immobilien. Die Zahlung aus der Grundschuld wird fällig, nachdem der Veräußerer die Grundschuld gegenüber dem Erwerber gekündigt hat. Der Veräußerer kann dem Erwerber gegenüber kündigen, wenn der Erwerber mit der Zahlung von Rentenverbindlichkeiten im Rückstand ist und die ausstehenden Zahlungen in ihrer Höhe sechs Monatsraten an auszuzahlenden Rentenverbindlichkeiten entsprechen. Nachdem die Kündigung der Grundschuld wirksam geworden ist, wird die Grundschuld mit ......% per anno verzinst. Falls der Erwerber die ausstehenden Beträge der übernommenen Rentenverbindlichkeiten zahlt, bevor die Kündigung der Grundschuld wirksam wird, wird die Kündigung unwirksam. Der Erwerber ist jederzeit berechtigt, die Grundschuld oder Teile davon durch eine Bankbürgschaft in gleicher Höhe und zum gleichen Zinssatz bei einer deutschen Großbank zu ersetzen, solange die Bankbürgschaft die übernommenen Rentenverpflichtungen im gleichen Umfang sichert wie die Grundschuld. Wenn nur ein Teil der Grundschuld durch eine Bankbürgschaft ersetzt wird, behält der weiter bestehende Teil der Grundschuld den ersten Rang. In einem separaten Dokument, beigefügt als Anlage ......, beantragt der Erwerber die Anmeldung der oben beschriebenen Gesamtgrundschuld und beauftragt den Notar, den Antrag unmittelbar nach dem Übergangszeitpunkt auszuführen.

§ 5 Informationsaustausch[8]

Der Veräußerer stellt dem Erwerber alle Informationen, Akten, Dokumente und andere Unterlagen zur Verfügung, übergibt diese und gewährt Bevollmächtigungen, um den Erwerber in die Lage zu versetzen, seine Verpflichtungen gegenüber dem Veräußerer zu erfüllen. Das gleiche gilt umgekehrt auch für den Erwerber.

Schrifttum: Bauer/Lingemann, Das neue Umwandlungsrecht und seine arbeitsrechtlichen Auswirkungen, NZA 1994, 1057; *Blomeyer/Otto*, Gesetz zur Verbesserung der betrieblichen Altersversorgung, 3. Aufl., 2004; *Förster*, Ausgliederung von Pensionsverpflichtungen auf eine Pensionsgesellschaft, BetrAVG 2001, 133; *Gaul/Kühnreich*, Änderung von Versorgungszusagen nach Betriebsübergang bzw. Umwandlung, NZA 2002, 495; *Hambeck*, Gesetzliche Unverfallbarkeit von Versorgungsanwartschaften und Betriebsübergang, NZA 2000, 291; *Kemper*, Zusammentreffen unterschiedlicher Versorgungsregelungen anlässlich eines Betriebsübergangs, BB 1990, 785; *Klemm*, Abfindung und Übertragung von Versorgungsanwartschaften im Lichte des Altersvermögensgesetzes, NZA 2002, 416; *Lindemann/Simon*, Ablösung und Bestandsschutz von Altersversorgungsregelungen beim Betriebsübergang, BB 2003, 2510; *Schoden*, Betriebliche Altersversorgung – Kommentar für die Praxis, 2. Aufl., 2003.

Anmerkungen

1. Erfüllungsübernahme. Die Einzelrechtsnachfolge im Rahmen des § 613a BGB beschränkt sich auf Arbeitsverhältnisse, die im Zeitpunkt des Betriebsübergangs noch bestehen. Die Verpflichtungen gegenüber Rentnern und mit unverfallbaren Anwartschaften ausgeschiedenen Begünstigten werden nicht vom Geltungsbereich des § 613a BGB erfasst, der in seinem Abs. 1 S. 1 ausdrücklich nur auf die „im Zeitpunkt des Übergangs bestehenden Arbeitsverhältnisse" abstellt und damit lediglich die aktiven Arbeitnehmer anspricht (*Höfer* Bd. 1 Rdn. 1173). Die Einzelrechtsnachfolge gemäß § 613a BGB hat somit keine Auswirkungen auf bereits ausgeschiedene Arbeitnehmer (Rentner und Anwärter mit unverfallbarer Anwartschaft). Im Zusammenhang mit Betriebsübergängen besteht aber in der Praxis häufig das Bedürfnis, die Versorgungsverpflichtungen gegenüber den ausgeschiedenen Arbeitnehmern (ganz oder teilweise) auf den Erwerber zu übertragen. Zwar ist eine befreiende Schuldübernahme des Erwerbers nach den Regeln der §§ 414 ff. BGB grundsätzlich möglich. Die Möglichkeiten der befreienden Schuldübernahme sind jedoch für die betriebliche Altersversorgung im Hinblick auf unverfallbare Anwartschaften und laufende Versorgungsleistungen durch das BetrAVG eingeschränkt. § 4 Abs. 2 Nr. 1 BetrAVG ordnet an, dass Pensionsverpflichtungen mit schuldbefreiender Wirkung für den ursprünglichen Arbeitgeber nur auf einen neuen Arbeitgeber im Einvernehmen mit diesem und dem Arbeitnehmer übertragen werden können. Daneben erlischt die Versorgungszusage des ehemaligen Arbeitgebers auch dann, wenn der Übertragungswert der Versorgungsanwartschaft vollständig auf einen neuen Arbeitgeber übertragen wird (§ 4 Abs. 2 Nr. 2, Abs. 6 BetrAVG).

Jedoch ist der Erwerber gegenüber den ausgeschiedenen Arbeitnehmer, auch wenn er die Betriebstätigkeit des alten Arbeitgebers fortführt, kein neuer Arbeitgeber. Zwar wollte das BAG von dem daraus resultierenden Übertragungsverbot in einer Entscheidung noch zu § 4 Abs. 1 S. 1 BetrAVG a. F. Ausnahmen für den Fall zulassen, dass der Pensionssicherungsverein (PSV) der Übertragung auf einen nicht in § 4 BetrAVG a. F. aufgeführten Verpflichtungsempfänger ausdrücklich zustimmt (BAG Urt. v. 26. 6. 1980 – 3 AZR 156/79 – AP Nr. 1 zu § 4 BetrAVG). Eine solche Zustimmung wurde vom PSV bislang aber ausnahmslos verweigert, ja sogar generell durch PSV-Merkblatt 300/M10 für nicht erteilbar erklärt. Die schuldbefreiende Übertragung von Pensionsverpflichtungen ist somit im Ergebnis nur auf einen neuen Arbeitgeber möglich.

Das Formular sieht vor diesem Hintergrund eine Übertragung der Versorgungsverpflichtungen gegenüber Rentnern und mit unverfallbarer Anwartschaft ausgeschiedener Arbeitnehmer im Wege der internen Erfüllungsübernahme vor. Im Außenverhältnis, dass heißt gegenüber den ausgeschiedenen Mitarbeitern, aber auch gegenüber dem PSV, bleibt weiterhin der bisherige Arbeitgeber verpflichtet.

2. Bilanz/Insolvenzsicherung. Wie oben ausgeführt, bleibt der Veräußerer arbeitsrechtlich weiterhin gegenüber den Versorgungsberechtigten verpflichtet. Die dem Veräußerer arbeitsrechtlich zuzuordnenden Versorgungsverpflichtungen sind deshalb entsprechend § 6a EStG in seiner Bilanz auszuweisen. Aus der Freistellungsvereinbarung mit dem Erwerber besteht jedoch eine Forderung, die aber keine Forderung aus betrieblicher Altersversorgung im Sinne des Steuerrechts darstellt und somit nicht nach § 6a EStG, sondern nach § 6 EStG zu bilanzieren ist. Da durch sie jedoch eine Verpflichtung aus betrieblicher Altersversorgung abgesichert werden soll, entspricht sie betragsmäßig dem Rückstellungswert nach § 6a EStG. Damit entsprechen sich die Bilanzansätze für die Versorgungsverpflichtungen und die Freistellungsforderung. Gleichwohl dürfen sie nicht gegeneinander saldiert werden, weil sonst die Bilanz des Veräußerers keinen Hinweis auf die ihr zuzurechnenden betrieblichen Versorgungsverpflichtungen enthalten würde. Da jedoch bei einer unterstellten Insolvenz des Erwerbers die Freistellungsforderung des Veräußerers ins Leere gehen würde, wären in der Bilanz des Veräußerers bei einer Saldierung die rechtlichen Verbindlichkeiten nicht mehr ausreichend ausgewiesen.

Da der Erwerber nie Arbeitgeber der Rentner und der mit unverfallbaren Anwartschaften ausgeschiedenen Arbeitnehmern war, kann er keine Rückstellungen für Versorgungsverpflichtungen gemäß § 6a EStG für diese Personengruppe bilden. Da er jedoch eine Freistellungsverpflichtung gegenüber dem Veräußerer eingegangen ist, kann er diese nach § 6 EStG bilanzieren. Der Bilanzansatz aus der Forderungsverpflichtung entspricht wiederum der Höhe nach dem Rückstellungswert gemäß § 6a EStG.

Hinsichtlich der gesetzlichen Insolvenzsicherung bleibt der Veräußerer Arbeitgeber und deshalb zu Beitragszahlungen an den PSV verpflichtet. Im Rahmen der Freistellungsvereinbarung werden die Aufwendungen hierfür – wie im Formular vorgesehen – durch den Erwerber ersetzt. Für den Fall der Insolvenz des Erwerbers besteht keine Eintrittspflicht des PSV, da der Erwerber niemals Arbeitgeber der vor dem Betriebsübergang ausgeschiedenen Arbeitnehmer war. Wird hingegen der Veräußerer insolvent, so liegt ein Sicherungsfall gemäß § 7 Abs. 1 BetrAVG vor, der zu einer Eintrittsverpflichtung des PSV führt.

3. Alternativen. Für den Fall der Einstellung der Betriebstätigkeit und Liquidation des Veräußerers eröffnet § 4 Abs. 4 BetrAVG die Möglichkeit, laufende Versorgungsleistungen oder gesetzlich unverfallbare Anwartschaften aus unmittelbaren Versorgungszusagen oder aus Unterstützungskassenzusagen auf eine Pensionskasse oder ein Unternehmen der Lebensversicherung ohne Zustimmung des Versorgungsberechtigten zu übertragen, sofern sichergestellt ist, dass die Überschussanteile ab Rentenbeginn entsprechend § 16 Abs. 3 Nr. 2 BetrAVG zur Erhöhung der laufenden Leistungen verwendet werden. Bei rechtswirksamer Übertragung der Versorgungsverpflichtungen entfallen Insolvenzsicherungspflicht und Insolvenzschutz. Die Beitragszahlungen an Pensionskassen oder Lebensversicherungsunternehmen zur Übernahme der Versorgungsverpflichtungen sind in derartigen Fällen gemäß § 3 Nr. 65 EStG steuerfrei möglich.

Darüber hinaus können die Pensionsverpflichtungen nach den Regeln der Gesamtrechtsnachfolge des UmwG auf eine „Rentnergesellschaft" ausgegliedert werden.

Schließlich kommt gegebenenfalls eine Abfindung der Versorgungsansprüche in Betracht. § 3 BetrAVG steht der Abfindung laufender Altersversorgungsleistungen allerdings nur dann nicht entgegen, wenn die Versorgungsleistung erstmalig bereits vor dem 1. Januar 2005 gezahlt wurde (§§ 3, 30g Abs. 2 BetrAVG). Soweit die Betriebsrente dagegen erstmalig nach Inkrafttreten des Alterseinkünftegesetzes zum 1. Januar 2005 gezahlt wurde, besteht mit Ausnahme von Kleinstrenten (2005 beträgt der Grenzbetrag EUR 24,15) ein gesetzliches Abfindungsverbot (§ 3 Abs. 1 BetrAVG).

4. Versorgungszusagen. Es empfiehlt sich, die beim Veräußererbetrieb bestehenden Versorgungszusagen abschließend in einer Anlage zum Unternehmenskaufvertrag aufzunehmen. Ebenso sollten die Rentner und die mit unverfallbarer Anwartschaft ausgeschiedenen früheren Mitarbeiter des Veräußerers in einer Personenliste zusammengefasst und dem Unternehmenskaufvertrag als Anlage beigefügt werden. Dadurch lassen sich spätere Streitigkeiten über den erfassten Personenkreis vermeiden. Dementsprechend ist auf die Erstellung der Personalliste erhebliche Sorgfalt zu verwenden.

5. Verpflichtungen des Erwerbers. Da im Außenverhältnis der Veräußerer weiterhin verpflichtet bleibt, sieht § 2 im Innenverhältnis zwischen Veräußerer und Erwerber die Verpflichtung des Erwerbers vor, die Verpflichtungen gegenüber den ausgeschiedenen Arbeitnehmern und dem PSV so zu erfüllen, als wäre er der primär verpflichtete Schuldner. Hierzu gehören neben der Zahlung laufender Versorgungsleistungen auch die Vornahme etwaiger Rentenanpassungen gemäß § 16 BetrAVG und – ein Umstand, der nicht selten übersehen wird – die Zahlung der Insolvenzsicherungsbeiträge zum PSV. Da der Veräußerer Arbeitgeber im Sinne der Anpassungsüberprüfungspflicht gemäß § 16 BetrAVG bleibt, kommt es auf die wirtschaftliche Lage des Veräußerers an, wenn über die Vornahme von Rentenerhöhungen zu entscheiden ist. Sofern die wirtschaftliche Lage des Veräußerers besser ist als die wirtschaftliche Lage des – lediglich im Innenverhältnis – verpflichteten Erwerbers, so bestimmt die wirtschaftliche Lage des Veräußerers die Höhe der Anpassung. Ist hingegen die wirtschaftliche Lage des Erwerbers besser als die des Veräußerers, so zwingt dieser Umstand nicht zu einer höheren Anpassung. Denn zwischen Erwerber und den Pensionären des Veräußerers besteht keine arbeitsrechtliche Beziehung. Etwas anderes kann nur dann gelten, wenn zwischen Veräußerer und Erwerber eine konzernrechtliche Verflechtung besteht, die unter bestimmten Voraussetzungen zu einer „Durchgriffshaftung" gegenüber dem Erwerber führen kann.

6. Erstattung. Sofern der Veräußerer trotz der in § 2 des Formulars vorgesehenen Verpflichtung des Erwerbers tatsächlich in Anspruch genommen wird, trifft den Erwerber die Pflicht, den Veräußerer unverzüglich und vollständig freizustellen.

7. Sicherheitsleistung. Zur Absicherung der Verpflichtungen des Erwerbers und um den Veräußerer vor einer eventuellen späteren Zahlungsunfähigkeit des Erwerbers zu schützen, muss eine interne Erfüllungsübernahme stets Sicherheitsleistungen zugunsten des Veräußerers vorsehen. Im hier vorliegenden Fall erfolgt die Sicherungsleistung durch Einräumung einer Grundschuld an den Immobilien, die der Erwerber im Zuge des Betriebsübergangs erworben hat. Denkbar wäre in diesem Zusammenhang selbstverständlich auch die Einräumung einer Bürgschaft durch eine Bank oder – sofern vom Veräußerer als ausreichend erachtet – die Abgabe einer Patronatserklärung durch eine Muttergesellschaft des Erwerbers.

8. Informationsaustausch. Die Klausel soll sicherstellen, dass die Vertragsparteien die zur Erfüllung ihrer Verpflichtungen notwendigen Unterlagen mit Informationen von der Gegenseite erhalten.

2. Klausel zur Behandlung der Versorgungsanwartschaften aktiver Arbeitnehmer

§ ... Rentenverbindlichkeiten

(1) Soweit Rentenverbindlichkeiten[1] für übergehende Arbeitnehmer gemäß § 613a BGB auf den Erwerber übergehen[2], die aus der Zeit vor dem Übergangszeitpunkt stammen, werden diese Verbindlichkeiten vom Aktuar des Veräußerers in Übereinstimmung mit den Erfordernissen von FAS 87/88 unter US-GAAP zum Stichtag des Übergangszeitpunkts berechnet (mit Einzelheiten bezüglich Zinssatz, veranschlagten Rentenerhöhungen, veranschlagten Erhöhungen der Lebenshaltungskosten, veranschlagtem Rentenalter, veranschlagter Erhöhung der Beitragsbemessungsgrenze in der Sozialversicherung und Sterbetafeln wie in Anlage ...... niedergelegt) („Veranschlagte Rentenverbindlichkeiten")[3]. Um die Veranschlagten Rentenverbindlichkeiten zu berechnen, werden die Einkommen der übergehenden Arbeitnehmer wie in Anlage ...... niedergelegt zugrunde gelegt.

(2) Der Aktuar des Veräußerers stellt dem Aktuar des Erwerbers innerhalb von ...... Tagen nach dem Übergangszeitpunkt ausreichende Informationen zur Verfügung, anhand derer die Berechnung nach Abs. (1) nachgeprüft werden kann.

(3) Falls der Aktuar des Erwerbers der Berechnung nicht zustimmt und die Parteien diese Unstimmigkeit nicht innerhalb von ...... Tagen einvernehmlich beilegen können, wird von den Parteien ein unabhängiger Aktuar bestimmt, dessen Entscheidung über die Berechnung der Veranschlagten Rentenverbindlichkeiten für die Parteien verbindlich ist. Dies lässt jedoch die Rechte und Ansprüche des Erwerbers im Falle von irreführenden Angaben und Verstößen gegen Zusicherungen im Unternehmenskaufvertrag unberührt. Die Gebühren und Auslagen eines solchen Aktuars werden von den Parteien in Übereinstimmung mit den Erfordernissen des § 91 ZPO getragen[4].

Schrifttum: Gaul/Kühnreich, Änderung von Versorgungszusagen nach Betriebsübergang bzw. Umwandlung, NZA 2002, 495; *Hambeck*, Gesetzliche Unverfallbarkeit von Versorgungsanwartschaften und Betriebsübergang, NZA 2000, 291; *Hanau/Vossen*, Festschriften für Hilger/Stumpf, 1983; *Heussler*, Aktuelle Rechtsprobleme des Betriebsübergangs, NZA 1994, 913; *Heussler*, Aufspaltung, Ausgliederung und Fremdvergabe, NZA 1997, 294; *Kemper*, Zusammentreffen unterschiedlicher Versorgungsregelungen anlässlich eines Betriebsübergangs, BB 1990, 785; *Lindemann/Simon*, Ablösung und Bestandschutz von Altersversorgungsregelungen beim Betriebsübergang, BB 2003, 2510; *Lorenz*, Gesetz über die Gleichbehandlung von Männern und Frauen am Arbeitsplatz und über die Erhaltung von Ansprüchen bei Betriebsübergang, DB 1980, 1745; *Seiter*, Tarifverträge und Betriebsvereinbarungen beim Betriebsinhaberwechsel, DB 1980, 877.

Anmerkungen

1. Rentenverbindlichkeiten. Zutreffender wäre es, von Rentenanwartschaften und den hieraus resultierenden zukünftigen Rentenverbindlichkeiten zu sprechen. Aus Gründen der sprachlichen Vereinfachung wird in dem Formular jedoch verkürzend auf den Begriff „Rentenverbindlichkeiten" abgestellt.

2. Folgen des Betriebsübergangs. § 613a BGB ordnet als wesentliche Rechtsfolge an, dass der Erwerber in die Rechte und Pflichten der im Zeitpunkt des Übergangs bestehenden Arbeitsverhältnisse eintritt (§ 613a Abs. 1 S. 1 BGB). § 613a Abs. 1 S. 1 BGB spricht insofern ausdrücklich von bestehenden Arbeitsverhältnissen. Die Rechtsfolgen erstrecken sich daher nicht auf bereits ausgeschiedene Arbeitnehmer und Rentner. § 613a Abs. 2 BGB bestimmt, dass der Veräußerer gesamtschuldnerisch neben dem Erwerber haftet. Diese Haftung besteht jedoch nur für Verpflichtungen, die vor dem Betriebsübergang entstanden und innerhalb eines Jahres nach diesem Zeitpunkt fällig werden. Diese Ansprüche sind gemäß § 613a Abs. 2 S. 2 BGB zeitanteilig zu erfüllen. In der Praxis der betrieblichen Altersversorgung bedeutet dies, dass sich die Mithaftung des Veräußerers nur auf die Arbeitnehmer erstreckt, bei denen der Versorgungsfall innerhalb eines Jahrs nach dem Betriebsübergang eintritt. Grundsätzlich haftet der Erwerber also für die Erfüllung der bereits entstandenen und weiter anwachsenden Anwartschaften so, als hätte ein Betriebsübergang nicht stattgefunden. Dies gilt sowohl für verfallbare wie für unverfallbare Anwartschaften der übergehenden Arbeitnehmer (BAG Urt. v. 29. 10. 1985 – 3 AZR 485/83 – AP Nr. 4 zu § 1 BetrAVG Betriebsveräußerung).

3. Veranschlagte Rentenverbindlichkeit. Da der Erwerber für die vor dem Betriebsübergang begründeten Anwartschaften im Versorgungsfall so einzustehen hat, als hätte er den vom Betriebsübergang betroffenen Mitarbeitern die Versorgungszusage erteilt (s. Anm. 1), besteht ein Bedürfnis, sich vom Veräußerer wirtschaftlich entschädigen zu lassen. Diesem Umstand trägt das Formular Rechnung. Wie diese wirtschaftliche Entschädigung erfolgt, bleibt den Parteien überlassen. In der Regel wird der Erwerber versuchen, den Kaufpreis für das Unternehmen entsprechend zu mindern, sofern die Pensionsverpflichtungen bei der Bewertung des Unternehmenswerts noch nicht entsprechende Berücksichtigung gefunden haben. Für die Bewertung der zukünftig zu erwartenden Verbindlichkeiten für Versorgungsleistungen an übergehende Arbeitnehmer stellt das Formular vorrangig auf die Berechnungsregelungen nach FAS 87/88 unter US-GAAP ab, da diese im Vergleich zu den Parametern nach § 6a EStG einen erheblich realitätsnäheren Wert ergeben. Als „Faustformel" kann man davon ausgehen, dass die sich aus einer Berechnung nach § 6a EStG ergebenen Werte um durchschnittlich 10–30% zu erhöhen sind, wenn eine realistische Einschätzung der tatsächlichen zukünftigen Versorgungsverpflichtungen gegeben werden soll (*Willemsen/Hohenstatt/Schweibert* J VIII Rdn. 189). Der Veräußerer wird dementsprechend ein Interesse daran haben, für die Berechnung des wirtschaftlichen Ausgleichs auf die Berechnungsgrundlagen von § 6a EStG zurückzugreifen.

4. Unabhängiger Aktuar. Falls sich die Parteien nicht über den Wert der veranschlagten Rentenverbindlichkeit einigen können, ist die Einschaltung eines unabhängigen Aktuars vorgesehen. Ein solcher könnte selbstverständlich bereits in der Klausel benannt werden. Seine Entscheidung soll für die Parteien bindend sein. Für die Kosten des unabhängigen Aktuars sollen die Parteien nach Maßgabe von § 91 ZPO aufzukommen haben.

3. Klausel zum Ausschluss übergehender Arbeitnehmer vom Versorgungswerk des übernehmenden Arbeitgebers

§ ... Teilnahmeberechtigung[1]
Nicht zum Kreis der Versorgungsberechtigten zählen Arbeitnehmer, die nach In-Kraft-Treten der Versorgungsordnung im Wege einer Einzel- oder Gesamtrechtsnachfolge[2] ein Arbeitsverhältnis zur Gesellschaft begründen[3].

Schrifttum: *Gaul/Kühnreich*, Änderung von Versorgungszusagen nach Betriebsübergang bzw. Umwandlung, NZA 2002, 495; *Hambeck*, Gesetzliche Unverfallbarkeit von Versorgungsanwartschaften und Betriebsübergang, NZA 2000, 291; *Hanau/Vossen*, Festschriften für Hilger/Stumpf, 1983; *Heussler*, Aktuelle Rechtsprobleme des Betriebsübergangs, NZA 1994, 913; *Heussler*, Aufspaltung, Ausgliederung und Fremdvergabe, NZA 1997, 294; *Kemper*, Zusammentreffen unterschiedlicher Versorgungsregelungen anlässlich eines Betriebsübergangs, BB 1990, 785; *Lindemann/Simon*, Ablösung und Bestandsschutz von Altersversorgungsregelungen beim Betriebsübergang, BB 2003, 2510; *Lorenz*, Gesetz über die Gleichbehandlung von Männern und Frauen am Arbeitsplatz und über die Erhaltung von Ansprüchen bei Betriebsübergang, DB 1980, 1745; *Seiter*, Tarifverträge und Betriebsvereinbarungen beim Betriebsinhaberwechsel, DB 1980, 877.

Anmerkungen

1. Vorbemerkung. Das Formular enthält eine Klausel zum Ausschluss von Mitarbeitern, die im Wege eines Betriebsübergangs ein Arbeitsverhältnis mit einem Arbeitgeber begründen, der eine Versorgungszusage erteilt hat. Die Klausel sollte gegebenenfalls in den Vertragsformularen F. I. 4, F. II. 1 oder F. III. 1 im Rahmen der Definition des Kreises der Versorgungsberechtigten eingefügt werden.

2. Schicksal einer Betriebsvereinbarung über betriebliche Altersversorgung bei Betriebsübergang. Wurden bei einem Betriebsübergang nur bei der abgebenden Gesellschaft Leistungen der betrieblichen Altersversorgung auf der Grundlage einer Betriebsvereinbarung gewährt, so war früher in der Literatur umstritten, wann für die Betriebsvereinbarungen eine kollektivrechtliche, d. h. eine unmittelbare und zwingende Fortgeltung in Betracht kam und wann die individualrechtliche Fortgeltung nach § 613a Abs. 1 S. 2 BGB zur Anwendung kommt. Der Wortlaut des § 613a Abs. 1 S. 2 BGB bestimmt, dass bei einem Betriebsübergang die Rechte und Pflichten eines bestehenden Arbeitsverhältnisses, die durch eine Betriebsvereinbarung geregelt sind, Inhalt des Arbeitsverhältnisses zwischen der aufnehmenden Gesellschaft und dem Arbeitnehmer werden und nicht vor Ablauf eines Jahres nach dem Zeitpunkt des Übergangs zum Nachteil des Arbeitnehmers geändert werden dürfen. Die Rechtsprechung des BAG kommt zu dem Ergebnis, dass im Falle eines Betriebsübergangs nicht zwingend § 613a Abs. 1 S. 2 BGB einschlägig sein muss, sondern dass auch eine kollektivrechtliche Fortgeltung der Betriebsvereinbarung möglich ist. Das BAG ließ in diesem Zusammenhang früh erkennen, dass bei einem Betriebsübergang unter Wahrung der Betriebsidentität von einem Eintritt der aufnehmenden Gesellschaft in bestehende Betriebsvereinbarungen als kollektivrechtliche Regelung auszugehen sei (vgl. BAG Beschl. v. 5. 2. 1991 – 1 ABR 32/90 – NZA 1991, 639). In einer neueren Entscheidung hat das BAG diese Rechtsansicht ausdrücklich bestätigt (vgl. BAG Beschl. v. 27. 7. 1994 – 7 ABR 37/93 – BB 1995, 570). Demnach tritt die aufnehmende Gesellschaft bei Fortbestehen der Betriebsidentität in die betriebsverfassungsrechtliche Stellung der abgebenden Gesellschaft ein. Der Regelung im § 613a Abs. 1 S. 2 BGB kommt daher die Funktion eines Auffangtatbestands zu, der Lücken im Betriebsverfassungsrecht schließen soll. Die individualrechtliche Fortgeltung einer Betriebsvereinbarung gemäß § 613 a Abs. 1 S. 2 BGB (Transformation) findet deshalb nur bei Verlust der Betriebsidentität Anwendung, wenn also der Betrieb der abgebenden Gesellschaft seine Selbständigkeit verliert und untergeht, weil er in dem bestehenden Betrieb der aufnehmenden Gesellschaft eingegliedert oder mit einem anderen Betrieb der aufnehmenden Gesellschaft zu einem neuen Betrieb zusammengefasst wird. Betriebsvereinbarungen, die zwischen dem Betriebsrat und der abgebenden Gesellschaft geschlossen wurden, enden in diesem Fall. Die durch die Transformation entstandenen individualvertraglichen Regelungen bestehen in der Form einer Gesamtzusage fort, die „betriebsvereinbarungsoffen" ist und somit nach Ablauf der Jahresfrist auch durch eine verschlechternde Betriebsvereinbarung abgeändert werden kann.

Hat sowohl die abgebende als auch die aufnehmende Gesellschaft ein kollektives Versorgungswerk und ist die betriebliche Altersversorgung bei der abgebenden Gesellschaft durch eine Betriebsvereinbarung geregelt, so muss zunächst danach unterschieden werden, ob der Betrieb der abgebenden Gesellschaft unter Wahrung der Betriebsidentität im Sinne einer Beibehaltung der Organisationsstruktur und des Betriebszwecks auf die aufnehmende Gesellschaft übergeht. Bleibt die Betriebsidentität erhalten, so gilt auch eine Betriebsvereinbarung der abgebenden Gesellschaft kollektivrechtlich fort. Hier liegt nach der Rechtsprechung des BAG (vgl. BAG Beschl. v. 27. 7. 1994 a. a. O.) kein Fall des § 613a Abs. 1 S. 2 BGB vor, der die individualrechtliche Weitergeltung kollektivrechtlicher Normen regelt. Diese Fortgeltung gilt sowohl für den Fall, dass die aufnehmende Gesellschaft eine individualrechtliche Versorgungszusage erteilt hat, als auch für den Fall, dass das Versorgungswerk auf einer Betriebsvereinbarung beruht. Etwas anderes soll nach einer in der Literatur vertretenen Ansicht dann gelten, wenn eine normale Betriebsvereinbarung der abgebenden Gesellschaft bei Erhalt der Betriebsidentität auf eine Gesamt- oder Konzernbetriebsvereinbarung bei der aufnehmenden

3. Ausschluss übergehender Arbeitnehmer vom Versorgungswerk

Gesellschaft trifft, die denselben Regelungsbereich zum Gegenstand hat. Die durch eine einfache Betriebsvereinbarung geregelte Versorgung soll nach dieser Ansicht durch die höherrangige Kollektivvereinbarung der aufnehmenden Gesellschaft verdrängt werden. Die Rechtsprechung hat bisher zu dieser speziellen Frage allerdings noch nicht Stellung genommen.

Bei Verlust der Betriebsidentität kommt dagegen keine kollektivrechtliche Fortgeltung der Betriebsvereinbarungen in Betracht. Es greifen dann die Regelungen des § 613a Abs. 1 S. 2 bis 4 BGB ein. Trifft folglich bei einem Betriebsübergang, der sich unter Verlust der Betriebsidentität vollzieht, eine bei der abgebenden Gesellschaft bestehende Betriebsvereinbarung auf eine bei der aufnehmenden Gesellschaft bestehende Betriebsvereinbarung, die den gleichen Regelungsbereich zum Gegenstand hat, so ist gemäß § 613a Abs. 1 S. 3 BGB die Anwendung von Satz 2 und damit die individualrechtliche Fortgeltung der bisherigen Kollektivregelungen des Veräußerers ausgeschlossen. Zur Anwendung kommt in diesem Fall allein die bei der aufnehmenden Gesellschaft bestehende Kollektivvereinbarung. Problematisch ist dies allerdings, wenn bei der aufnehmenden Gesellschaft nur eine vergleichsweise schlechtere Versorgungszusage besteht. In diesem Fall gilt, dass für den Bereich der betrieblichen Altersversorgung die uneingeschränkte Anwendung von § 613a Abs. 1 S. 3 BGB im Hinblick auf den Schutz von Besitzständen Probleme bereitet. Hinsichtlich der Sicherung erworbener Besitzstände lassen sich drei Literaturansichten feststellen: Eine Ansicht will § 613a Abs. 1 S. 3 BGB bei einem Zusammentreffen von Betriebsvereinbarungen für den Bereich der betrieblichen Altersversorgung überhaupt nicht anwenden, weil der Gesetzgeber die Problematik nicht erkannt und deshalb nicht geregelt habe. Diese Ansicht wird jedoch kaum vertreten und kann im Ergebnis wohl vernachlässigt werden. Eine andere Ansicht stützt sich auf den Wortlaut der Vorschrift des § 613a Abs. 1 S. 3 BGB und geht davon aus, dass ausschließlich die Betriebsvereinbarung der aufnehmenden Gesellschaft Vorrang habe. Dies soll unabhängig davon gelten, ob diese Vorschrift günstiger oder ungünstiger ist, als die bisherigen Regelungen. Konsequenz dieser Auffassung wäre, dass eine bei der aufnehmenden Gesellschaft geltende Kollektivvereinbarung insgesamt an die Stelle der bisher bei der abgebenden Gesellschaft geltenden Regelung treten würde. Diese Auffassung berücksichtigt jedoch nicht die bis zum Betriebsübergang bereits erdienten Anwartschaften der Arbeitnehmer. Die h. M. und mit ihr das BAG (BAG Urt. v. 24. 7. 2001 – 3 AZR 660/00 – AP Nr. 18 zu § 1 BetrAVG Betriebsveräußerung) geht davon aus, dass die bei der aufnehmenden Gesellschaft bestehenden Kollektivnormen erst ab dem Betriebsübergang eingreifen sollen. Versorgungsanwartschaften, die vor diesem Zeitpunkt erwachsen sind, müssen von der aufnehmenden Gesellschaft erhalten werden. Diese Ansicht wird vom Vertrauensschutzgedanken und von den vom BAG entwickelten Grundsätzen zur Billigkeitskontrolle ablösender Betriebsvereinbarungen getragen. Nach diesen Grundsätzen, die zur verschlechternden Ablösung von Betriebsvereinbarungen durch eine spätere Betriebsvereinbarung entwickelt wurden, darf die Ersetzung der bisher bestehenden Regelungen durch eine neue, ungünstigere kollektive Ordnung nicht unbillig sein. Der Schutz des erdienten Teils einer Anwartschaft hält nach dieser Ansicht einer Billigkeitsprüfung stand, wenn der nach dem Quotierungsprinzip gemäß § 2 BetrAVG ermittelte Teil der Anwartschaft abgesichert wird.

3. Ausschluss. Wurde im Rahmen eines Betriebsübergangs zunächst nur beim Erwerber eine betriebliche Altersversorgung aufgrund einer Betriebsvereinbarung gewährt, so ist der Erwerber zunächst grundsätzlich nicht verpflichtet, aus Gründen der Gleichbehandlung die übernommenen Arbeitnehmer in das bestehende Versorgungswerk zu integrieren. Es steht ihm insofern frei, die nach § 613a BGB übernommenen Arbeitnehmer in sein Versorgungswerk aufzunehmen. Es ist allerdings zu beachten, dass dies automatisch erfolgt, wenn dieses Versorgungswerk für Neuzugänge nicht geschlossen ist. Denn für die Aufnahme in ein Versorgungswerk ist es ohne Bedeutung, ob ein Arbeitnehmer aufgrund eines Arbeitsvertrags neu eingestellt wird oder ob ein bestehendes Arbeitsverhältnis gemäß § 613a BGB übergeht. Daher erfolgt die Aufnahme allerdings auch nur in dem Rahmen, in dem das Versorgungswerk der aufnehmenden Gesellschaft dies allgemein vorsieht. Wenn das Versorgungswerk der aufnehmenden Gesellschaft für Neuzugänge offen ist, die durch einen Betriebsübergang übernommenen Arbeitnehmer aber nicht aufgenommen werden sollen, muss die aufnehmende Gesellschaft dies den betroffenen Arbeitnehmern gegenüber ausdrücklich erklären. Dieser Ausschluss wird durch die Formularklausel explizit zum Ausdruck gebracht. Es ist allerdings darauf hinzuweisen, dass der Ausschluss bereits vor dem Betriebsübergang in dem Versorgungswerk des Erwerbers enthalten sein muss.

Falls entgegen der Empfehlung eine Aufnahme der übernommenen Arbeitnehmer in das Versorgungswerk der aufnehmenden Gesellschaft erfolgt, hat dies folgende Konsequenzen für den Lauf der gesetzlichen Unverfallbarkeitsfristen:

Die Zusagedauer beginnt mit der Zusage durch die aufnehmende Gesellschaft (oder mit der automatischen Aufnahme in das Versorgungswerk). Bei der Berechnung der Dauer der Betriebszugehörigkeit im Allgemeinen ist zwar auf den Eintritt in den Betrieb der abgebenden Gesellschaft abzustellen. Für die Wartezeit und die versorgungsfähige Dienstzeit gilt jedoch, dass die aufnehmende Gesellschaft insofern in der Gestaltung frei ist, sie also z.B. Zeiten vor dem Betriebsübergang ausschließen darf. Sie muss also frühere Dienstzeiten bei ihrer Versorgungszusage nicht anrechnen (vgl. BAG Urt. v. 30. 8. 1979 – 3 AZR 58/78 – DB 1979, 2431). Die aufnehmende Gesellschaft sollte vor diesem Hintergrund vor dem Betriebsübergang prüfen, wie die eigene Versorgungsordnung ausgestaltet ist. Sofern eine explizite Anrechnung von Vordienstzeiten von Arbeitnehmern vorgesehen ist, die im Wege eines Betriebsübergangs ein Arbeitsverhältnis mit der Gesellschaft begründen, kann gegebenenfalls noch vor dem Betriebsübergang eine Neuregelung getroffen werden.

V. Sonstige Abreden und Vereinbarungen

1. Kündigung einer Betriebsvereinbarung[1]

[Briefkopf des Arbeitgebers]

Betriebsrat Betrieb ......
z. Hd. des (*Alternative:* stellvertretenden) Betriebsratsvorsitzenden
Herrn ......
...... (Anschrift des Betriebsrats)

...... (Datum)

Kündigung der Betriebsvereinbarung über die Gewährung von betrieblichen Altersversorgungsleistungen vom ......

Sehr geehrter Herr ......,

hiermit kündigen wir die im Betreff genannte Betriebsvereinbarung fristgerecht[2] zum
....
Die Kündigung erfolgt dabei ausschließlich mit dem Ziel, nach dem Kündigungstermin neu bei der Gesellschaft eintretende Mitarbeiter[3] vom Kreis der Versorgungsberechtigten auszuschließen. Sie stellt folglich lediglich eine Schließung des bestehenden Versorgungswerks für die Zukunft dar.
Die Versorgungsanwartschaften[4] und -rechte der Arbeitnehmer, die bereits vor dem Kündigungstermin in die Gesellschaft eingetreten sind, bleiben von der Kündigung unberührt[5]. Gleiches gilt für die Ansprüche der ehemaligen Arbeitnehmer, die mit unverfallbarer Anwartschaft ausgeschieden sind oder bereits eine Betriebsrente beziehen[6, 7].

Mit freundlichen Grüßen
......
Unterschrift des Arbeitgebers

Erhalten[8]:
......
Ort, Datum
......
Unterschrift des (*Alternative:* stellvertretenden) Betriebsratsvorsitzenden

Schrifttum: Blomeyer, Die wichtigste betriebsrentenrechtliche Rechtsprechung der Jahre 1996–1998, NZA-RR 1999, 337; *Blomeyer,* Neues Altersgrenzenrecht: Konsequenzen für betriebliche Versorgungsregelungen, NZA 1991, 449; *Gaul/Kühnreich,* Änderung von Versorgungszusagen nach Betriebsübergang bzw. Umwandlung, NZA 2002, 495; *Hanau/Preis,* Die Kündigung von Betriebsvereinbarungen, NZA 1991, 81; *Heither,* Möglichkeiten und Grenzen der Änderung von Zusagen auf betriebliche Altersversorgung, BB 1992, 145; *Langohr-Plato,* Kündigung von Betriebsvereinbarungen über betriebliche Altersversorgung, BB 2000, 1985.

Anmerkungen

1. Vorbemerkung. Die Ausübung des Kündigungsrechts hinsichtlich einer Betriebsvereinbarung über die Gewährung betrieblicher Altersversorgungsleistungen bedarf keiner Begründung und unterliegt keiner gerichtlichen Kontrolle. Ein Kündigungsgrund ist also nicht erforderlich. Eine Nachwirkung von Betriebsvereinbarungen über Fragen der betrieblichen Altersversorgung gemäß § 77 Abs. 6 BetrVG wird überwiegend – aufgrund deren nur teilmitbestimmten Charakters – abgelehnt (BAG Urt. v. 18. 9. 2001 – 3 AZR 728/00 – NZA 2002, 1164). Die Frage der Wirksamkeit der Kündigung und der Nachwirkung der Betriebsvereinbarung ist allerdings streng zu trennen von der Frage, welche Rechtsfolgen eine solche Kündigung auslöst. Das BAG hat klargestellt, dass die bisher von der Betriebsvereinbarung erfassten Arbeitnehmer aufgrund der Kündigung nicht ohne weiteres ihre unter dieser Betriebsvereinbarung erworbenen Rechte auf Leistungen der betrieblichen Altersversorgung verlieren. Vielmehr sind diese Rechte nach der vom BAG entwickelten 3-Stufen-Theorie geschützt.

2. Kündigungsfrist. Eine Betriebsvereinbarung über betriebliche Altersversorgung ist nach den allgemeinen Regelungen kündbar, d. h. eine Kündigung kann mit einer Frist von drei Monaten erfolgen, soweit nichts anderes vereinbart wurde, § 77 Abs. 5 BetrVG.

3. Rechtsfolgen der Kündigung für neu eintretende Arbeitnehmer. Die Kündigung einer Betriebsvereinbarung über betriebliche Altersversorgung hat zur Folge, dass die nach Wirksamwerden der Kündigung in das Unternehmen neu eintretenden Arbeitnehmer keine Anwartschaften und Ansprüche auf betriebliche Altersversorgung aus der Betriebsvereinbarung mehr erwerben können. Das betriebliche Versorgungswerk ist für diese Arbeitnehmer somit geschlossen. Diese Schließung sollte gegenüber den neu eintretenden Arbeitnehmern deutlich zum Ausdruck gebracht werden, z. B. durch eine entsprechende Klausel im Anstellungsvertrag (s. Form. F. V. 6).

Andernfalls besteht das Risiko, dass sich zumindest einige dieser Arbeitnehmer unter Berufung auf den Vertrauensgrundsatz in den Geltungsbereich der Betriebsvereinbarung einzuklagen versuchen.

4. Auswirkungen auf betriebliche Altersversorgung aktiver Mitarbeiter. Die Anwartschaften aktiver Arbeitnehmer genießen bei der Kündigung einer Betriebsvereinbarung über betriebliche Altersversorgung grundsätzlich Bestandsschutz entsprechend der 3-Stufen-Theorie des BAG. Diese soll die widerstrebenden Interessen von Arbeitgeber und Arbeitnehmer im Rahmen der betrieblichen Altersversorgung ausgleichen und besagt kurz zusammengefasst, dass der Arbeitgeber umso gravierendere Gründe vorbringen muss, je intensiver er in Rechte des Arbeitnehmers auf betriebliche Altersversorgung eingreifen möchte. Dies bedeutet im Einzelnen:

Den höchsten Schutz genießt die erste Stufe des Besitzstands. Sie umfasst den bereits erdienten Teil der Anwartschaft auf Leistungen der betrieblichen Altersversorgung, wie er sich aus einer Berechnung gemäß § 2 Abs. 1 und 5 BetrAVG ergibt, wobei unerheblich ist, ob die Anwartschaft bereits gesetzlich unverfallbar ist. Der so ermittelte Wert darf durch eine Änderung des Versorgungswerks nur unterschritten werden, wenn hierfür zwingende Gründe vorliegen.

Zwingende Gründe sind nach der Rechtsprechung des BAG solche, die auch einen Widerruf des Versorgungsversprechens durch den Arbeitgeber rechtfertigen würden, z. B. eine schwere Treupflichtverletzung seitens des Arbeitnehmers, eine planwidrig eingetretene Überversorgung oder eine gravierende Äquivalenzstörung (vgl. *Höfer* Bd. 1 Rdn. 577). I. d. R. wirkt sich die Kündigung einer Betriebsvereinbarung nur auf die Zukunft aus, so dass die 1. Stufe des Besitzstands nicht berührt wird.

Beispiel 1: Ein Arbeitnehmer tritt im Alter von 25 Jahren in das Unternehmen des Arbeitgebers ein; die Betriebsvereinbarung über betriebliche Altersversorgung sieht vor, dass als monatliche Betriebsrente mit Erreichen des 65. Lebensjahrs ein Betrag in Höhe von 10 % der Endbezüge vor Eintritt des Versorgungsfalls zu zahlen ist. Als der Arbeitnehmer 45 Jahre alt ist, kündigt der Arbeitgeber die Betriebsvereinbarung. Zu diesem Zeitpunkt erhält der Arbeitnehmer ein monatliches Gehalt von EUR 2.000,–. Die gemäß § 2 Abs. 1 BetrAVG zu berechnende unverfallbare Anwartschaft des Arbeitnehmers zum Zeitpunkt der Kündigung beträgt EUR 2000,– × $^{20}/_{40}$ × 10 % = EUR 100,–. Dieser Betrag stellt den bereits erdienten Teilbetrag – also die 1. Stufe des Besitzstands des Arbeitnehmers – dar, welcher aufgrund der Kündigung der Betriebsvereinbarung nur bei Vorliegen zwingender Gründe unterschritten werden darf.

Die 2. Stufe wird nur relevant bei Versorgungssystemen, welche einen variablen dienstzeitunabhängigen Berechnungsfaktor beinhalten, z. B. Endgehaltssysteme, bei welchen die Be-

1. Kündigung einer Betriebsvereinbarung

triebsrente einen gewissen Prozentsatz des zuletzt bezogenen Einkommens ausmacht. Diese Stufe berücksichtigt, dass der Arbeitnehmer mit seiner zurückgelegten Betriebszugehörigkeit zeitanteilig auch Betriebstreue für die auf den Besitzstand der 1. Stufe entfallende Dynamik erbracht hat.

Beispiel 2: Im letzten Jahr vor Inanspruchnahme der Betriebsrente bezieht der Arbeitnehmer aus Beispiel 1 ein Endgehalt von EUR 3.500,–. Hätte die Betriebsvereinbarung bis zu seinem 65. Lebensjahr weitergegolten, hätte er somit einen Anspruch auf eine Betriebsrente in Höhe von EUR 3.500,– × 10% = EUR 350,– gehabt. Ohne Berücksichtigung der Dynamik – der Gehaltssteigerung von EUR 2.000,– auf EUR 3.500,– – hätte die Betriebsrente nur EUR 2.000,– × 10% = EUR 200,– betragen. Die Dynamik macht also einen Unterschiedsbetrag von EUR 150,– bei der Betriebsrente aus. Von dieser Dynamik hat der Arbeitnehmer durch seine Betriebstreue bis zur Kündigung der Betriebsvereinbarung schon $^{20}/_{40}$ = EUR 75,– erdient. Sein Besitzstand auf 2. Stufe beträgt daher EUR 100,– + EUR 75,– = EUR 175,–.

In die zeitanteilig erdiente Dynamik darf der Arbeitgeber nur eingreifen, soweit er hierfür triftige Gründe hat. Diese sind insbesondere dann anzunehmen, wenn eine langfristige Substanzgefährdung des Unternehmens droht. Das BAG orientiert sich bei den Anforderungen, die an einen triftigen Grund zu stellen sind, an den Grundsätzen, nach denen eine Anpassung laufender Renten gemäß § 16 BetrAVG ganz oder teilweise unterbleiben darf.

Die letzte Besitzstandsstufe umfasst den ungeschmälerten Inhalt der Versorgungszusage und schützt somit auch die künftigen Zuwächse, die der Arbeitnehmer erst nach dem Zeitpunkt der Kündigung aufgrund der ursprünglichen Zusage erdient hätte.

Beispiel 3: Die Betriebsvereinbarung aus Beispiel 1 sieht vor, dass sich die Betriebsrente des Arbeitnehmers für jeden Monat nach Vollendung des 45. Lebensjahrs um einen Festbetrag von weiteren EUR 3,– erhöht. Der Arbeitnehmer hätte aufgrund der Betriebsvereinbarung, wäre sie nicht gekündigt worden, daher noch einen weiteren monatlichen Rentenbetrag von EUR 3,– × 20 = EUR 60,– erwerben können. Diese EUR 60,– stellen die 3. Stufe seines Besitzstands dar.

In diese Stufe des Besitzstands, für welchen der Arbeitnehmer noch keine Betriebstreue geleistet hat, kann bereits aufgrund sachlich-proportionaler Gründe eingegriffen werden. Der Arbeitgeber muss willkürfreie, nachvollziehbare und anerkennenswerte Gründe vorbringen, welche entweder auf einer wirtschaftlich ungünstigen Entwicklung des Unternehmens oder einer Fehlentwicklung der betrieblichen Altersversorgung beruhen, z. B. die Anpassung von Versorgungsregelungen an veränderte gesetzliche Rahmenbedingungen, die Verwirklichung des Gleichbehandlungsgrundsatzes oder die Umsetzung veränderter Vorstellungen der Begünstigten über die Leistungsgerechtigkeit.

5. Auswirkungen der 3-Stufen-Theorie. Kann der Arbeitgeber rechtfertigende – sachlich-proportionale, triftige oder zwingende – Gründe für die Kündigung der Betriebsvereinbarung vorbringen, besteht die Anwartschaft eines aktiven Arbeitnehmers nur noch nach Maßgabe der 3-Stufen-Theorie.

Bestehen keine Eingriffsgründe, bleibt die Versorgungsanwartschaft des aktiven Arbeitnehmers auf Rechtsgrundlage der (gekündigten) Betriebsvereinbarung erhalten und kann sogar weiter anwachsen.

Teilweise wird vertreten, rentennahe Jahrgänge – also Arbeitnehmer, bei denen der Eintritt des Versorgungsfalls in den nächsten drei Jahren zu erwarten ist – aus Vertrauensschutzgesichtspunkten ganz von den nachteiligen Folgen einer Kündigung einer Betriebsvereinbarung über betriebliche Altersversorgung auszunehmen (*Blomeyer/Otto* Anh. § 1 BetrAVG Rdn. 537). Besonderen Schutz erfahren solche Arbeitnehmer allerdings bereits aufgrund der Tatsache, dass ihre Anwartschaft zum Großteil als erdienter Teilbetrag unter die 1. Stufe des Besitzstandes fällt.

Der Betriebsrat ist berechtigt, die Wirkungen der Kündigung und den Umfang der Fortgeltung der Betriebsvereinbarung zur betrieblichen Altersversorgung vom Arbeitsgericht im Beschlussverfahren feststellen zu lassen. Eine entsprechende Entscheidung entfaltet nach Ansicht des BAG auch Bindungswirkung für einen Individualrechtsstreit zwischen Arbeitgeber und Arbeitnehmer (BAG Urt. v. 11. 5. 1999 – 3 AZR 21/98 – BB 2000, 516).

6. Rentner und mit unverfallbarer Anwartschaft ausgeschiedene Mitarbeiter. Die Kündigung einer Betriebsvereinbarung erfasst nicht die Rechtspositionen von Rentnern und mit unverfallbarer Anwartschaft ausgeschiedenen Arbeitnehmern. Denn mit Ausscheiden des Mitarbeiters beim Arbeitgeber wandelt sich die Anwartschaft auf Leistungen der betrieblichen Altersversorgung aus der Betriebsvereinbarung in eine individualrechtliche Anwartschaft um. Diese kann nur aufgrund einzelvertraglicher Absprachen abgeändert werden.

7. Ausdrückliche Nennung der intendierten Wirkung. Vor dem Hintergrund oben stehender Ausführungen empfiehlt es sich stets, die beabsichtigte Wirkung der Kündigung einer Betriebsvereinbarung über die Gewährung von betrieblichen Altersversorgungsleistungen explizit in das Kündigungsschreiben aufzunehmen. Zum einen gibt der Arbeitgeber dem Arbeitsgericht im Falle einer gerichtlichen Überprüfung bereits einen Anhalspunkt dafür, in welchem Umfang überhaupt rechtfertigende Gründe für die Kündigung vorliegen müssen. Zum anderen ist eine solche Vorgehensweise jedoch insbesondere aus unternehmenspolitischen Gesichtspunkten dringend empfehlenswert. Insbesondere wenn nämlich – wie im Beispielsfall – die Kündigung der Betriebsvereinbarung nur als Schließung des bestehenden Versorgungswerks für die Zukunft und damit für Neueintritte nach dem Kündigungstermin gelten soll, erscheint es äußerst unglücklich, die bestehende Belegschaft über diese intendierte Wirkung im Unklaren zu lassen. Dies führt in der Praxis nämlich zwangsläufig dazu, dass die aktiven Mitarbeiter befürchten, dass in ihre Versorgungsanwartschaften eingegriffen werden soll. Dies wirkt sich in der Regel negativ auf das Betriebsklima und damit in der Regel auch auf die Produktivität aus.

8. Empfangsbestätigung. Zum Nachweis des Zugangs der Kündigungserklärung und insbesondere des Zugangsdatums empfiehlt sich die Erteilung einer Empfangsbestätigung durch den Betriebsrat.

2. Erlassvertrag[1]

Erlassvertrag

zwischen

...... (Name und Anschrift des Arbeitgebers) „Gesellschaft"

und

Herrn ...... (Name und Anschrift des Arbeitnehmers) „Mitarbeiter"

Präambel[2]

Bei der Gesellschaft besteht eine Pensionsordnung vom ...... („Versorgungsordnung"). Der Mitarbeiter und die Gesellschaft sind sich einig, dass aus der Versorgungsordnung keine Ansprüche auf Leistungen aus betrieblicher Altersversorgung entstehen sollen.

Dies vorausgeschickt vereinbaren die Parteien was folgt:

§ 1 Erlass[3]

(1) Der Mitarbeiter verzichtet auf sämtliche ihm etwa zustehenden Anwartschaften und Ansprüche aus der Versorgungsordnung und erlässt der Gesellschaft vorbehaltlos alle aus der Versorgungsordnung eventuell herrührenden Verpflichtungen.

(2) Die Gesellschaft nimmt das in vorstehendem Abs. (1) enthaltene Angebot zum Abschluss eines Erlassvertrags über etwaige Verpflichtungen der Gesellschaft aus der Versorgungsordnung und den Verzicht des Mitarbeiters auf sämtliche etwaigen Anwartschaften und Ansprüche aus der Versorgungsordnung an.

§ 2 Schlussbestimmungen[4]

(1) Diese Vereinbarung unterliegt deutschem Recht.

(2) Mündliche Nebenabreden bestehen nicht. Änderungen oder Ergänzungen dieser Vereinbarung einschließlich dieser Bestimmung bedürfen zu ihrer Rechtswirksamkeit der Schriftform.

(3) Sollte eine Bestimmung dieser Vereinbarung ganz oder teilweise unwirksam sein oder werden, so wird hiervon die Wirksamkeit der übrigen Bestimmungen der Vereinbarung nicht berührt. Die Parteien verpflichten sich, anstelle der unwirksamen Bestimmung eine dieser Bestimmung wirtschaftlich möglichst nahe kommende, wirksame Regelung zu treffen. Dasselbe gilt für den Fall einer vertraglichen Lücke.

......
Ort, Datum

......
Unterschrift der Gesellschaft

......
Ort, Datum

......
Unterschrift des Mitarbeiters

Schrifttum: *Förster/Cisch*, Die Änderungen im Betriebsrentengesetz durch das Alterseinkünftegesetz und deren Bedeutung für die Praxis, BB 2004, 2126; *Klemm*, Abfindung und Übertragung von Versorgungsanwartschaften aus betrieblicher Altersvorsorge im Lichte des Altersvermögensgesetzes, NZA 2002, 416; *Langohr-Plato/Teslau*, Das Alterseinkünftegesetz und seine arbeitsrechtlichen Konsequenzen für die betriebliche Altersversorgung – Teil I, NZA 2004, 1297; *Schnitker/Grau*, Neue Rahmenbedingungen für das Recht der betrieblichen Altersversorgung durch das Alterseinkünftegesetz, NJW 2005, 10; *Schoden*, Betriebliche Altersversorgung – Kommentar für die Praxis, 2. Aufl., 2003.

Anmerkungen

1. Vertragliche Regelung. Der allgemeine Grundsatz der Vertragsfreiheit ist für den Bereich der betrieblichen Altersversorgung weitgehend eingeschränkt. Hintergrund ist das Schutzbedürfnis des Arbeitnehmers vor dem Verlust von Teilen seiner finanziellen Alterssicherung. § 3 BetrAVG enthält deshalb ein Abfindungsverbot im Sinne einer Verbotsnorm (BAG Urt. v. 22. 3. 1983 – 3 AZR 499/80 – DB 1984, 727).

Vom Wortlaut her berührt dieses gesetzliche Abfindungsverbot an sich nicht die Möglichkeit einer einverständlichen verschlechternden Änderung der Versorgungszusage oder sogar des Verzichts oder des Erlasses der aus der Zusage herrührenden Verpflichtungen. Dies gilt in jedem Fall für Anwartschaften von noch betriebstreuen Mitarbeitern während des laufenden Arbeitsverhältnisses. Denn in diesem Fall wird der Regelungsbereich des § 3 BetrAVG von vornherein nicht tangiert. Gleiches gilt für laufende Betriebsrenten, die schon vor dem 1. Januar 2005 erstmals an den Versorgungsempfänger gezahlt wurden. Denn auch hier findet des Abfindungsverbot des § 3 BetrAVG, das an sich seit 1. Januar 2005 auch laufende Versorgungsleistungen erfasst, aus Vertrauensschutzgründen keine Anwendung (§ 30g Abs. 2 BetrAVG).

Im Übrigen allerdings ist das Bundesarbeitsgericht der Auffassung, dass Versorgungsanwartschaften, deren Abfindung § 3 BetrAVG nicht zulässt, auch nicht wirksam erlassen oder einverständlich verschlechtert werden können (BAG Urt. v. 22. 9. 1987 – 3 AZR 194/86 – AP Nr. 13 zu § 17 BetrAVG). Begründet wird dies mit dem Wertungswiderspruch, der entstehen würde, wenn zwar nicht abgefunden, wohl aber entschädigungslos verzichtet werden dürfte.

Aus diesem Grund sollte der Vertragsentwurf nur verwendet werden, wenn entweder die zugrunde liegende Anwartschaft auf Leistungen der betrieblichen Altersversorgung noch nicht gesetzlich unverfallbar ist oder der Erlassvertrag mit einem Versorgungsberechtigten abgeschlossen werden soll, der noch beim Arbeitgeber beschäftigt ist. In letzterem Fall ist darauf zu achten, dass keinerlei sachlicher oder zeitlicher Zusammenhang mit einer Beendigung des Arbeitsverhältnisses besteht. Daneben kann er in modifizierter Form auch Anwendung finden beim Erlass einer laufenden Betriebsrente, welche erstmalig bereits vor dem 1. Januar 2005 gezahlt wurde.

2. Präambel. Es empfiehlt sich eine einführende Präambel zur kurzen Darstellung des Sachverhalts und zur Definition der maßgeblichen Versorgungsordnung. Insbesondere sollte hier, wenn der Versorgungsberechtigte bereits eine Betriebsrente bezieht, klargestellt werden, dass diese bereits vor dem 1. Januar 2005 erstmalig an den Versorgungsempfänger gezahlt wurde.

3. Erlass. Das Formular enthält das Angebot des Mitarbeiters auf Abschluss des Erlassvertrages und die korrespondierende Annahme durch die Gesellschaft. Es ist jedoch zu beachten, dass gegebenenfalls der Betriebsrat der Gesellschaft zu beteiligen ist, wenn die zugrunde liegende Versorgungsordnung auf einer Betriebsvereinbarung beruht. Dies folgt aus § 77 Abs. 4 S. 2 BetrVG, wonach ein Verzicht auf Rechte, die durch Betriebsvereinbarung eingeräumt sind, nur mit Zustimmung des Betriebsrats zulässig ist. Die Beweislast für die ordnungsgemäße Beteiligung des Betriebsrats trägt grundsätzlich der Arbeitgeber. Eine Beweislastumkehr zu Lasten des Arbeitnehmers kommt nur dann in Betracht, wenn der Arbeitgeber inzwischen in Insolvenz gegangen ist und der Verzicht/Erlass vom Pensionssicherungsverein geltend gemacht wird (BAG Urt. v. 21. 1. 2003 – 3 AZR 30/02 – NZA 2004, 331). Es empfiehlt sich deshalb, die Beteiligung des Betriebsrats und seine Zustimmung schriftlich zu dokumentieren.

4. Schlussbestimmungen. S. Form. A. II. 1 Anm. 28.

3. Aufhebungsvertragsklausel[1] (Direktzusage)

§ ... Betriebliche Altersversorgung

(1) Für den Mitarbeiter besteht eine Versorgungszusage[2] vom ...... („Versorgungszusage"). Die Versorgungszusage ist dieser Vereinbarung als Anlage 1 beigefügt.

(2) Der Mitarbeiter hat aus der Versorgungszusage eine unverfallbare Anwartschaft[3, 4] erworben. Die Gesellschaft wird dem Mitarbeiter die voraussichtliche Höhe dieser Anwartschaft unverzüglich nach dem Beendigungstermin mitteilen[5].

Schrifttum: Förster/Cisch, Änderungen im Betriebsrentengesetz durch Alterseinkünftegesetz und deren Bedeutung für die Praxis, BB 2004, 2126; *Klemm*, Abfindung und Übertragung von Versorgungsanwartschaften aus betrieblicher Altersversorgung im Lichte des Altersvermögensgesetzes, NZA 2002, 416; *Langohr-Plato/Teslau*, Das Alterseinkünftegesetz und seine Konsequenzen für die Altersversorgung – Teil II, NZA 2004, 1353; *Schoden*, Betriebliche Altersversorgung – Kommentar für die Praxis, 2. Aufl., 2003.

Anmerkungen

1. Vorbemerkung. Das Formular enthält eine Klausel zur Regelung einer Direktzusage im Falle der einvernehmlichen Beendigung des Anstellungsverhältnisses durch Aufhebungsvertrag. Die Klausel sollte gegebenenfalls in den Form. A. XV. 1 und A. XV. 2 im Anschluss an die Abfindungsregelungen (z. B. Form. A. XV. 1, dort unter § 3) eingefügt werden.

2. Versorgungszusage. Die maßgebliche Versorgungszusage sollte möglichst genau bezeichnet werden. Sofern die Versorgungszusage auf einer Individualvereinbarung beruht, sollte das Datum, unter dem die Versorgungszusage erteilt wurde, eingesetzt werden. Wenn die Versorgungszusage auf einer Betriebsvereinbarung oder einer Gesamtzusage beruht, sollte diese ebenfalls so genau wie möglich beschrieben werden (z. B. durch Wiedergabe des „Titels" der Betriebsvereinbarung oder der Gesamtzusage, Datum des In-Kraft-Tretens, etc.). Es bietet sich zur Vermeidung von Missverständnissen und späteren Streitigkeiten an, eine Kopie der Versorgungszusage als Anlage zum Aufhebungsvertrag vorzusehen.

3. Unverfallbare Anwartschaft. Die Voraussetzungen für eine gesetzliche Unverfallbarkeit regelt § 1 b BetrAVG. Demnach bleibt einem Arbeitnehmer, dem Leistungen aus der betrieblichen Altersversorgung zugesagt worden sind, seine Anwartschaft im Falle des Ausscheidens aus der zusagenden Gesellschaft erhalten, wenn das Arbeitsverhältnis vor Eintritt des Versorgungsfalls, jedoch nach Vollendung des 30. Lebensjahres endet und die Versorgungszusage zu diesem Zeitpunkt mindestens fünf Jahre bestanden hat.

§ 1 Abs. 1 S. 1 BetrAVG a. F. kannte demgegenüber zwei Unverfallbarkeitsalternativen. Gesetzliche Unverfallbarkeit setzte voraus, dass
- der Begünstigte im Zeitpunkt des Ausscheidens das 35. Lebensjahr vollendet und die Versorgungszusage zu diesem Zeitpunkt mindestens zehn Jahre bestanden hatte, oder
- der Begünstigte im Ausscheidezeitpunkt das 35. Lebensjahr vollendet und die Versorgungszusage bei 12-jähriger Betriebszugehörigkeit drei Jahre bestanden hatte.

Die zuletzt genannten Unverfallbarkeitsalternativen finden sich noch in § 30 f BetrAVG wieder. Dieser enthält Übergangsregelungen für die Unverfallbarkeitsvoraussetzungen. Die neuen Unverfallbarkeitsbedingungen gemäß § 1 b BetrAVG gelten nämlich nur für solche Zusagen, die ab dem 1. Januar 2001 erteilt worden sind („Neuzusagen"). Für vor diesem Zeitpunkt erteilte Versorgungszusagen („Altzusagen") gelten die alten Unverfallbarkeitsalternativen weiter. Von diesem Grundsatz gibt es allerdings gemäß § 30f S. 1 Hs. 2 BetrAVG eine aus Billigkeitsgesichtspunkten logische Ausnahme. Für den Fall, dass die betriebliche Altersversorgung auf einer Altzusage beruht, das Arbeitsverhältnis ab dem 1. Januar 2001 ununterbrochen noch mindestens fünf Jahre besteht und der Arbeitnehmer im Zeitpunkt seines Ausscheidens das 30. Lebensjahr vollendet hat, ist die Anwartschaft gleichfalls gesetzlich unverfallbar. Der Grund für diese Regelung liegt auf der Hand: Es soll verhindert werden, dass Arbeitnehmer, deren betriebliche Altersversorgung auf einer Altzusage beruht, im Hinblick auf die Erfüllung der Unverfallbarkeitsvoraussetzungen von Arbeitnehmern, die erst ab dem 1. Januar 2001 eine Zusage auf Leistungen der betrieblichen Altersversorgung erhalten, gleichsam „überholt" werden (vgl. Gesetzesbegründung zum Gesetzesentwurf der Fraktion SPD und Bündnis 90/Die Grünen, BT-Drucks. 14/4595).

4. Verfallbare Anwartschaft. Sofern die vorstehend aufgeführten Unverfallbarkeitsvoraussetzungen im Einzelfall noch nicht vorliegen, ist eine Regelung im Aufhebungsvertrag nicht zwingend erforderlich. Sie ist jedoch immer dann dringend zu empfehlen, wenn ein Mitarbeiter kurz vor Erfüllung der Unverfallbarkeitsvoraussetzungen durch Aufhebungsvertrag bei seinem Arbeitgeber ausscheidet. Für diesen Fall sollte Abs. (2) der Vertragsklausel wie folgt gefasst werden:

(*Alternative*:
(2) Der Mitarbeiter hat aus der Versorgungszusage keine unverfallbare Anwartschaft erworben. Aufgrund des Ausscheidens des Mitarbeiters vor Erfüllung der gesetzlichen Unverfallbarkeitsvoraussetzungen hat der Mitarbeiter keinerlei Anwartschaften oder Ansprüche aus der Versorgungszusage.)

Dadurch wird der Mitarbeiter im Rahmen des Aufhebungsvertrags ausdrücklich schriftlich darauf hingewiesen, dass er durch sein Ausscheiden sämtliche Anwartschaften und Ansprüche aus der Versorgungszusage verliert. Der Grund für eine solche Klausel liegt darin, dass das Bundesarbeitsgericht im Falle des Ausscheidens eines Mitarbeiters durch Aufhebungsvertrag an den Arbeitgeber erhöhte Aufklärungspflichten stellt (vgl. BAG Urt. v. 13. 11. 1984 – 3 AZR 255/84 – AP Nr. 1 zu § 1 BetrAVG Zusatzversorgungskassen; BAG v. 17. 10. 2000 – 3 AZR 605/99 – AP Nr. 116 zu § 611 BGB Fürsorgepflicht). Dies gilt insbesondere dann, wenn der Aufhebungsvertrag auf betriebliche Veranlassung hin mit dem Arbeitnehmer geschlossen wird (vgl. BAG Urt. v. 17. 10. 2000 a.a.O.). Eine Verletzung dieser Aufklärungspflicht kann einen Schadensersatzanspruch des Arbeitnehmers wegen falscher Auskunftserteilung oder unzureichender Aufklärung über die Folgen des Aufhebungsvertrags nach sich ziehen. Dies gilt jedenfalls dann, wenn hohe Versorgungseinbußen drohen. Wenn ein Arbeitsverhältnis kurz vor Erfüllung der Unverfallbarkeitsfristen durch Aufhebungsvertrag beendet wird, können solche hohen Versorgungseinbußen durchaus zustande kommen. Steht beispielsweise ein Arbeitnehmer nur einen Monat vor Erfüllung der Unverfallbarkeitsfristen und scheidet dann aufgrund Aufhebungsvertrag aus, so verliert er seine gesamte Anwartschaft. Würde er nur einen Monat länger bei seinem Arbeitgeber bleiben, so hätte er eine unverfallbare Anwartschaft erworben, deren Höhe sich nach § 2 BetrAVG bestimmen würde. Diese Differenz kann der Arbeitnehmer unter bestimmten weiteren Voraussetzungen im Wege des Schadensersatzes geltend machen, wenn er vom Arbeitgeber nicht auf diesen Umstand hingewiesen worden ist. Dieses Schadensersatzrisiko lässt sich dadurch minimieren, dass der Arbeitgeber den Arbeitnehmer im Rahmen des Aufhebungsvertrags auf die betriebsrentenrechtlichen Konsequenzen seines Ausscheidens aufmerksam macht.

5. Mitteilung. Gemäß § 4a Abs. 1 BetrAVG ist der Arbeitgeber verpflichtet, dem ausgeschiedenen Arbeitnehmer auf dessen Verlangen Auskunft darüber zu erteilen, ob letzterer aufgrund seiner Versorgungszusage eine unverfallbare Anwartschaft erworben hat und in welcher Höhe gegebenenfalls bei Erreichen der Altersgrenze Versorgungsleistungen zu erbringen sind (Formular für eine entsprechenden Mitteilung s. Form. F. V. 4). Diese Auskunftspflicht des Arbeitgebers trägt dem berechtigten Interesse des ausgeschiedenen Arbeitnehmers Rechnung, möglichst umgehend – und nicht erst Jahre später bei Eintritt des Versorgungsfalls – Kenntnis über das Bestehen und die Höhe seiner zukünftigen Ansprüche aus der Versorgungszusage zu erlangen (vgl. BT-Drucks. 7/2843).

Zwar ist seit der Neufassung des gesetzlichen Auskunftsanspruchs des Arbeitnehmers zum 1. Januar 2005 ausdrücklich im Gesetz klargestellt, dass die Auskunftspflicht des Arbeitgebers nur dann eintritt, wenn der Arbeitnehmer ein entsprechendes Verlangen stellt. Gleichwohl ist es in der Praxis aber empfehlenswert, die Auskunftspflicht – auch ohne Verlangen – unverzüglich nach dem Ausscheiden des Arbeitnehmers zu erfüllen. Denn die abschließende Wertfeststellung der aufrecht zu erhaltenden Anwartschaft liegt auch im Interesse des Arbeitgebers. Der Arbeitnehmer ist zwar nach dem Wortlaut der Regelung nicht verpflichtet, einer unrichtigen Auskunft unverzüglich zu widersprechen. Hat der Arbeitnehmer aber einen offenbaren Fehler in der Berechnung erkennen können und es trotzdem unterlassen, dessen Berichtigung zu fordern, kann er nach der überwiegenden Ansicht in der juristischen Literatur keinen Vertrauensschutz geltend machen, sondern muss sich gegebenenfalls ein Mitverschulden anlasten lassen, welches einen möglichen Schadensersatzanspruch (z.B. wegen Unterlassung einer anderweitigen privaten Vorsorge im Vertrauen auf eine erteilte Auskunft) mindert. Denn der Arbeitgeber kann erwarten, dass der ausgeschiedene Arbeitnehmer einen abweichenden Standpunkt manifestiert, wenn er die erteilte Auskunft für unzutreffend hält.

Sofern es dem Arbeitgeber möglich ist, sollte unter Rechtssicherheitsaspekten in der Praxis im Aufhebungsvertrag nicht nur aufgenommen werden, dass eine unverzügliche Mitteilung über die Höhe der Anwartschaft erfolgt. Es sollte vielmehr nach Möglichkeit bereits eine konkrete Regelung der Höhe der zukünftigen Versorgungsleistung erfolgen. Wenn der Arbeitnehmer dann den Aufhebungsvertrag unterzeichnet, sind spätere Streitigkeiten über die Richtigkeit der Berechnung der zukünftigen Versorgungsleistung (abgesehen von etwaigen Anfechtungsfällen) ausgeschlossen. Allerdings sollte sich der Arbeitgeber in diesem Fall sicher sein, dass seine Berechnung zutreffend ist, die festgeschriebene Versorgungsleistung jedenfalls nicht zu hoch ist. Denn während eine Mitteilung nach § 4a Abs. 1 BetrAVG nach ständiger Rechtsprechung lediglich eine sog. „Wissensmitteilung" darstellt (s. Form. F. V. 5 Anm. 5) die keinen unmittelbaren Anspruch des Arbeitnehmers auf Auszahlung der mitgeteilten Höhe der Versorgungsleistung begründet, wenn sich zu einem späteren Zeitpunkt herausstellt, dass der Mitteilung eine unrichtige Berechnung zugrunde lag (vgl. BAG Urt. v. 8. 11. 1983 – 3 AZR 511/81 – AP Nr. 3 zu § 2 BetrAVG; BAG Urt. v. 9. 12. 1977 – 3 AZR 695/96 – AP Nr. 27 zu § 2 BetrAVG), begründet eine konkrete Regelung in einem Aufhebungsvertrag einen vertraglichen Anspruch des Arbeitnehmers. Ist also der im Aufhebungsvertrag konkret ausgewiesene Betrag zu hoch, so bleibt dem Arbeitgeber gegebenenfalls nur mehr eine Anfechtbarkeit wegen Irrtums gemäß § 119 BGB. Eine Irrtumsanfechtung hat aber unverzüglich nach Erlangung der Kenntnis der Anfechtungsgründe – spätestens innerhalb von zehn Jahren ab Abgabe der Willenserklärung – zu erfolgen.

4. Mitteilung gemäß § 4a BetrAVG

[Briefkopf der Gesellschaft]

Herrn ...... (Name und Anschrift des Arbeitnehmers)

...... (Datum)

Unverfallbare Anwartschaft auf betriebliche Altersversorgung

Sehr geehrter Herr ......,

wir bescheinigen Ihnen hiermit entsprechend § 4a BetrAVG[1], dass Sie aus der Versorgungszusage vom ...... („Versorgungszusage") eine unverfallbare Anwartschaft[2] auf Leistungen der betrieblichen Altersversorgung erworben haben.

Die Leistungen aus der Versorgungszusage werden mit Vollendung des 65. Lebensjahrs fällig. Die Höhe Ihres Anspruchs bestimmt sich nach § 2 Abs. 1 BetrAVG. Demnach haben Sie einen Anspruch in Höhe des Teils der Ihnen zugesagten Versorgungsleistung, den Sie erhalten hätten, wenn Sie bis zur Vollendung des 65. Lebensjahrs bei der Gesellschaft beschäftigt geblieben wären, der dem Verhältnis der Dauer Ihrer tatsächlichen Betriebszugehörigkeit zu der Dauer Ihrer bis zur Vollendung des 65. Lebensjahrs theoretisch erreichbar Betriebszugehörigkeit entspricht (m/n-tel-Faktor)[3].

Bei der Berechnung Ihrer unverfallbaren Versorgungsanwartschaft haben wir daher folgende Faktoren zugrunde gelegt:

1. Geburtsdatum: ......
2. Eintrittsdatum: ......
3. Austrittsdatum: ......
4. tatsächliche Betriebszugehörigkeit: ...... Jahre
5. theoretisch mögliche Betriebszugehörigkeit (abgestellt auf die Vollendung des 65. Lebensjahrs): ...... Jahre
6. m/n-tel-Faktor (Verhältnis 4. zu 5.): ...... Jahre: ...... Jahre = ...)
7. maximaler Rentenanspruch (bei Vollendung des 65. Lebensjahrs ohne vorheriges Ausscheiden): EUR ......

Aus diesen Faktoren errechnen wir einen Anspruch auf monatliche Altersrente in Höhe von

EUR ......

Bitte überprüfen Sie unsere vorstehende Berechnung auf ihre Richtigkeit hin. Sollten Sie bei der Berechnung Ihrer zukünftigen Rentenansprüche zu einem anderen Ergebnis gelangen, so teilen Sie uns dies bitte unverzüglich mit. Sofern wir von Ihnen keine anders lautende schriftliche Stellungnahme erhalten, gehen wir davon aus, dass Sie mit unserer vorstehenden Berechnung einverstanden sind[4].

Bitte beachten Sie, dass es sich bei dieser Mitteilung lediglich um eine Auskunft über die voraussichtliche Höhe Ihrer zukünftigen Ansprüche handelt. Die tatsächliche Höhe Ihrer zukünftigen Ansprüche richtet sich allein nach den Bestimmungen der Versorgungszusage. Sollten daher Ihre tatsächlichen Ansprüche niedriger sein, als die sich aus der vorstehenden Berechnung ergebenden Rentenhöhe, so ist Ihr Anspruch auf die Ihnen tatsächlich zustehenden Ansprüche begrenzt[5].

Sollten Sie vor Vollendung des 65. Lebensjahrs Altersrente aus der gesetzlichen Rentenversicherung als Vollrenten in Anspruch nehmen, so können Sie nach § 6 BetrAVG auch Versorgungsleistungen aus der Versorgungszusage vorzeitig in Anspruch nehmen. In diesem Fall muss der oben ausgewiesene zukünftige Rentenanspruch bei Eintritt des Versorgungsfalls neu berechnet werden. Gleiches gilt entsprechend beim Eintritt eines sonstigen vorzeitigen Versorgungsfalls (Tod oder Invalidität).

Wir bitten Sie zu beachten, dass bei der Inanspruchnahme ein versicherungsmathematischer Abschlag zur Berücksichtigung der längeren Bezugsdauer der Versorgungsleistung zur Anwendung kommt[6].
Bitte bestätigen Sie den Empfang dieser Auskunft durch Unterzeichnung und Rücksendung des beigefügten Doppels dieses Schreibens.
Für etwaige Rückfragen steht Ihnen Herr ...... aus unserer Personalabteilung gerne zur Verfügung.

Mit freundlichen Grüßen

......

Unterschrift des Arbeitgebers

Erhalten:

......

Ort, Datum

......

Unterschrift des Arbeitnehmers

Schrifttum: Blomeyer/Otto, Gesetz zur Verbesserung der betrieblichen Altersversorgung, 3. Aufl., 2004; *Förster/Cisch,* Die Änderungen im Betriebsrentengesetz durch das Alterseinkünftegesetz und deren Bedeutung für die Praxis, BB 2004, 2126; *Klemm,* Abfindung und Übertragung von Versorgungsanwartschaften aus betrieblicher Altersversorgung im Lichte des Altersvermögensgesetzes, NZA 2002, 416; *Langohr-Plato/Teslau,* Das Alterseinkünftegesetz und seine arbeitsrechtlichen Konsequenzen für die betriebliche Altersversorgung – Teil I, NZA 2004, 1297; *Schoden,* Betriebliche Altersversorgung – Kommentar für die Praxis, 2. Aufl., 2003.

Anmerkungen

1. Mitteilung. Das Alterseinkünftegesetz hat mit Wirkung vom 1. Januar 2005 den Auskunftsanspruch des Versorgungsberechtigten auf eine neue gesetzliche Grundlage gestellt und zugleich erweitert. Während bis zum 31. Dezember 2004 der Arbeitgeber gesetzlich lediglich verpflichtet war, dem ausgeschiedenen Arbeitnehmer eine Auskunft darüber zu erteilen, ob der Arbeitnehmer eine unverfallbare Anwartschaft erworben hatte und in welcher Höhe bei Erreichen der Altersgrenze Versorgungsleistungen zu erbringen waren (§ 2 Abs. 6 BetrAVG a. F.), weitet § 4a BetrAVG nunmehr diesen Auskunftsanspruch auf aktive Arbeitnehmer während des Bestehens des Arbeitsverhältnisses aus. Der Anspruch kann allerdings stets nur dann geltend gemacht werden, wenn ein berechtigtes Interesse an der Auskunft besteht. An das berechtigte Interesse sind dabei keine allzu hohen Anforderungen zu stellen. Es liegt etwa vor, wenn der Mitarbeiter beabsichtigt, eine ergänzende Eigenvorsorge zu betreiben und die Information benötigt, um seinen Versorgungsbedarf zu eruieren (BT-Drucks. 15/2150, S. 54).

Neu eingeführt wurde durch das Alterseinkünftegesetz auch ein – im vorliegenden Formular, das die Auskunftserteilung des Arbeitgebers bei Direktzusagen behandelt, nicht zum Tragen kommender – Auskunftsanspruch hinsichtlich der Höhe des Übertragungswertes (§ 4a Abs. 1 Nr. 2 BetrAVG), sofern ein gesetzlicher Anspruch auf dessen Übertragung besteht (§ 4 Abs. 3 BetrAVG). Dies ist nur dann der Fall, wenn die betriebliche Altersversorgung im externen Durchführungsweg über einen Pensionsfonds, eine Pensionskasse oder eine Direktversicherung durchgeführt wird und der Übertragungswert die Beitragsbemessungsgrenze in der Rentenversicherung der Arbeiter und Angestellten (im Jahr 2005: EUR 62.400,–) nicht übersteigt. § 4a Abs. 2 BetrAVG statuiert korrespondierend einen Auskunftsanspruch hinsichtlich des Übertragungswertes des Arbeitnehmers gegenüber seinem neuen Arbeitgeber und dessen Versorgungsträger. Dieser ist verpflichtet, dem Arbeitnehmer mitzuteilen, in welcher Höhe aus dem Übertragungswert ein Anspruch auf Altersversorgung besteht. Der Arbeitnehmer kann somit das Leistungsspektrum der Versorgung beim alten Arbeitgeber mit dem des neuen Versorgungssystems vergleichen und entscheiden, ob er von seinem Recht auf Portabilität Gebrauch machen möchte.

4. Mitteilung gemäß § 4 a BetrAVG

Ob im Rahmen der Erteilung der Auskunft eines sog. Initiativpflicht des Arbeitgebers besteht, oder ob die Auskunft nur auf ein entsprechendes Verlangen des Arbeitnehmers hin erteilt werden muss, war bis zur Neufassung des gesetzlichen Auskunftsanspruchs zum 1. Januar 2005 umstritten. Nunmehr hat das Gesetz ausdrücklich klargestellt, dass die Informationspflicht kein zwingender Automatismus ist, sondern immer ein entsprechend begründetes Verlangen des Mitarbeiters voraussetzt.

Unabhängig hiervon ist es in der Praxis jedoch empfehlenswert, die Auskunftspflicht unverzüglich nach dem Ausscheiden des Arbeitnehmers zu erfüllen, auch wenn kein entsprechendes Verlangen gestellt wird. Denn die abschließende Wertfeststellung der unverfallbaren Anwartschaft liegt auch im Interesse des Arbeitgebers. Zwar dient die Auskunft nicht dazu einen Streit über den Inhalt des Versorgungsanspruchs zu beseitigen, sie ist aber geeignet, Meinungsverschiedenheiten über die Berechnungsgrundlage frühzeitig aufzudecken und dem ausgeschiedenen Arbeitnehmer Gelegenheit zu geben, derartige Streitigkeiten noch vor Eintritt des Versorgungsfalls zu bereinigen (vgl. BAG Urt. v. 9. 12. 1997 – 3 AZR 695/96 – AP Nr. 27 zu § 3 BetrAVG). Daraus folgt zwar keine Verpflichtung des Arbeitnehmers, einer unrichtigen Auskunft unverzüglich zu widersprechen. Hat er aber einen offenbaren Fehler in der Berechnung erkennen können und es trotzdem unterlassen, dessen Berichtigung zu fordern, so kann er unter Umständen keinen Vertrauensschutz geltend machen. Vielmehr muss er sich gegebenenfalls ein Mitverschulden anlasten lassen, welches einen möglichen Schadensersatzanspruch (z. B. wegen Unterlassung einer anderweitigen privaten Vorsorge im Vertrauen auf eine erteilte Auskunft) mindert. Denn jedenfalls bei einer offensichtlich unrichtigen Auskunft kann der Arbeitgeber erwarten, dass der ausgeschiedene Arbeitnehmer eine abweichende Meinung mitteilt, wenn er die Auskunft für unzutreffend hält.

2. Unverfallbare Anwartschaft. Ob eine Anwartschaft auf Leistungen der betrieblichen Altersversorgung unverfallbar ist, richtet sich grundsätzlich nach § 1b BetrAVG. Vor dem Hintergrund, dass der Auskunftsanspruch dem Arbeitnehmer die Möglichkeit einräumen soll, fundierte Entscheidungen über seine Altersversorgung zu treffen, bezieht sich der Auskunftsanspruch darüber hinaus aber auch auf vertraglich unverfallbare Anwartschaften. Denn auch diese sind für den Arbeitnehmer unentziehbar (ErfKomm/*Steinmeyer* § 4 a BetrAVG Rdn. 5).

3. Höhe der unverfallbaren Anwartschaft. Die Höhe der unverfallbaren Anwartschaft bestimmt sich im Rahmen einer Direktzusage nach § 2 Abs. 1 BetrAVG. Demnach hat der Versorgungsberechtigte einen Anspruch in Höhe des Teils der ohne das vorherige Ausscheiden zustehenden Leistung, der dem Verhältnis der Dauer der Betriebszugehörigkeit zu der Zeit vom Beginn der Betriebszugehörigkeit bis zur Vollendung des 65. Lebensjahrs entspricht (§ 2 Abs. 1 S. 1 BetrAVG). Bei dieser komplizierten Regelung handelt es sich um das Quotierungsprinzip (auch m/n-tel Verfahren oder pro-rata-temporis Verfahren genannt). Dabei wird die maximale Versorgungsleistung, die der Arbeitnehmer erhalten hätte, wenn er bis zur Vollendung des 65. Lebensjahrs bei seinem Arbeitgeber verblieben wäre, entsprechend seiner tatsächlichen Dienstzugehörigkeit gemindert. Dies bedeutet, die maximale Versorgungsleistung wird mit dem m/n-tel Faktor multipliziert. Der m/n-tel Faktor errechnet sich, indem man die bis zum vorzeitigen Ausscheiden tatsächlich geleistete Betriebstreue (= m) zu der theoretisch erreichbaren Betriebstreue, die bis zur Vollendung des 65. Lebensjahrs hätte abgeleistet werden können (= n) in Relation setzt. Zur Veranschaulichung möge folgendes vereinfachtes Beispiel dienen:

Beispiel: Arbeitnehmer A ist im Alter von 35 Jahren beim Arbeitgeber eingetreten. Die maßgebliche Versorgungszusage sieht vor, dass die Begünstigten mit Vollendung des 65. Lebensjahrs eine Altersrente von monatlich EUR 500,– erhalten. A scheidet nach Vollendung des 55. Lebensjahrs aus den Diensten des Arbeitgebers aus. Seine tatsächliche Betriebszugehörigkeit (= m) beträgt folglich 20 Jahre. Die theoretisch mögliche Betriebszugehörigkeit bis zur Vollendung des 65. Lebensjahrs (= n) beläuft sich auf 30 Jahre. Der m/n-tel Faktor beträgt damit $^{20}/_{30}$. Multipliziert man die maximale monatliche Rente von EUR 500,– mit diesem Faktor, so errechnet sich eine unverfallbare Anwartschaft in Höhe von EUR 333,33.

4. Aufforderung zur Überprüfung. Wie oben bereits dargelegt, dient die Auskunft nicht dazu, einen etwaigen Streit über die Höhe der Versorgungsleistung zu beseitigen (vgl.

Anm. 1). Gleichwohl ist die Auskunft aber geeignet, Meinungsverschiedenheiten frühzeitig aufzudecken und zu bereinigen (vgl. BAG Urt. v. 9. 12. 1997 a. a. O.). Durch die im Formular vorgesehene ausdrückliche Aufforderung, die Berechnung auf ihre Richtigkeit hin zu überprüfen, soll das Risiko minimiert werden, dass der Mitarbeiter zu einem späteren Zeitpunkt – z. B. erst bei Eintritt des Versorgungsfalls – mit Schadensersatzansprüchen aus Vertrauensgesichtspunkten gegen seinen Arbeitgeber wendet. Allerdings ist darauf hinzuweisen, dass die vorgesehene Fiktion, wonach beim Fehlen einer anders lautenden schriftlichen Stellungnahme das Einverständnis des Mitarbeiters mit der Berechnung als erteilt gilt, rechtlich kaum Bestand haben dürfte. Sie sollte jedoch als Argumentationshilfe im Falle einer etwaigen gerichtlichen Auseinandersetzung gleichwohl in die Auskunft aufgenommen werden.

5. Rechtsnatur der Mitteilung. Die Auskunft ist nach ständiger Rechtsprechung des BAG weder ein abstraktes noch ein deklaratorisches Schuldanerkenntnis (vgl. BAG Urt. v. 8. 11. 1983 – 3 AZR 511/81 – AP Nr. 3 zu § 2 BetrAVG; BAG Urt. v. 9. 12. 1997 – 3 AZR 695/96 – AP Nr. 27 zu § 2 BetrAVG; BAG Urt. v. 17. 6. 2003 – 3 AZR 462/02 – EzA § 2 BetrAVG Nr. 20). Die Auskunft stellt vielmehr eine Wissenserklärung dar, die dem Arbeitnehmer lediglich Klarheit über die Höhe der zu erwartenden Betriebsrente verschaffen soll. Als derartige Wissenserklärung entfaltet die Auskunft nach § 4a BetrAVG keine Bindungswirkung (vgl. BAG Urt. v. 17. 6. 2003 a. a. O.). Allerdings sollte dieser Rechtscharakter der Auskunft in dem Auskunftsschreiben auch explizit herausgestellt werden. Aus diesem Grunde empfiehlt sich ein Hinweis, dass sich die tatsächliche Höhe der zukünftigen Ansprüche allein nach den Bestimmungen der Versorgungszusage richtet und die Rentenhöhe auf den dem Mitarbeiter nach der Versorgungszusage tatsächlich zustehenden Anspruch begrenzt ist.

6. Versicherungsmathematische Kürzungsraten. Versicherungsmathematische Kürzungsraten bis 0,5 % pro Monat sind in der Praxis üblich und von der Rechtsprechung des BAG toleriert (BAG Urt. v. 28. 3. 1995 – 3 AZR 900/94 – BB 1995, 1853). Ein derartiger versicherungsmathematischer Abschlag wegen des früheren und längeren Bezugs einer Altersrente bei Inanspruchnahme von vorgezogener Altersrente ist nach der Rechtsprechung des BAG (BAG Urt. v. 23. 1. 2001 – AZR 164/00 – NZA 2002, 93) zulässig, soweit in der Versorgungsordnung ausdrücklich vorgesehen. Eine darüber hinausgehende weitere zeitratierliche Kürzung analog § 2 Abs. 1 BetrAVG ist nach der neuen Rechtsprechung des BAG nicht mehr zulässig, wenn die Versorgungszusage einen echten versicherungsmathematischen Abschlag vorsieht (vgl. BAG Urt. v. 23. 1. 2001 a. a. O.). Nur wenn die Versorgungszusage keinen versicherungsmathematischen Abschlag vorsieht, ist eine doppelte zeitratierliche Kürzung als sog. „unechter versicherungsmathematischer Abschlag" zulässig.

5. Abfindungsverlangen des Arbeitgebers

[Briefkopf der Gesellschaft]

Herrn ...... (Name und Anschrift des Arbeitnehmers)

...... (Datum)

Abfindungsverlangen

Sehr geehrter Herr ......,

gemäß § 3 Abs. 2 des Betriebsrentengesetzes können so genannte Bagatellanwartschaften[1] auf einseitiges Verlangen des Arbeitgebers durch Zahlung einer einmaligen Abfindungszahlung abgefunden werden, wenn der bei Erreichen der vorgesehenen Altersgrenze maßgebliche Monatsbetrag der laufenden Versorgungsleistungen 1 % der monatlichen Bezugsgröße gemäß § 18 Sozialgesetzbuch IV nicht übersteigt. Dieser Grenzwert liegt derzeit bei EUR ...... Da Ihre Rente bei Erreichen der vorgesehenen Altersgrenze niedriger wäre als dieser maßgebliche Grenzwert, machen wir zur Reduzierung unseres Ver-

5. Abfindungsverlangen des Arbeitgebers

waltungsaufwands von dieser Abfindungsmöglichkeit Gebrauch[2]. Der für Ihre Rentenanwartschaft nach den anerkannten Regeln der Versicherungsmathematik ermittelte Abfindungsbetrag[3] beträgt EUR ...... brutto. Wir werden die sich aus diesem Betrag nach Abführung der maßgeblichen Steuern[4] ergebenden Nettobetrag innerhalb von ...... Bankarbeitstagen[5] auf Ihr uns bekanntes Konto mit der Kontonummer ...... bei der ...... (Bankleitzahl: ......) überweisen. Sollte sich Ihre Bankverbindung in der Zwischenzeit geändert haben, so teilen Sie uns dies bitte unverzüglich mit. Mit Zahlung der Abfindungssumme sind Ihre Ansprüche auf Leistungen der betrieblichen Altersversorgung gegen die Gesellschaft endgültig erledigt.

Mit freundlichen Grüßen
......
Unterschrift der Gesellschaft

Erhalten:
......
Ort, Datum
......
Unterschrift des Arbeitnehmers

Schrifttum: Doetsch/Förster/Rühmann, Änderungen des Betriebsrentengesetzes durch das Rentenreformgesetz 1999, DB 1998, 258; *Klemm*, Abfindung und Übertragung von Versorgungsanwartschaften im Lichte des Altersvermögensgesetzes, NZA 2002, 416; *Langohr-Plato/Teslau*, Das Alterseinkünftegesetz und seine arbeitsrechtlichen Konsequenzen für die betriebliche Altersversorgung – Teil I, NZA 2004, 1297; *Niermann*, Steuerliche Behandlung der Abfindung von Pensionsanwartschaften bei Auflösung des Dienstverhältnisses, DB 1984, 1855; *Schack/Tacke/Thau*, Praktiker-Handbuch zur Umsetzung der betrieblichen Altersversorgung, 2002; *Schoden*, Betriebliche Altersversorgung – Kommentar für die Praxis, 2. Aufl., 2003.

Anmerkungen

1. Abfindung von Bagatellanwartschaften. Mit dem Rentenreformgesetz 1999 wurde u. a. die Möglichkeit der Abfindung gesetzlich unverfallbarer Anwartschaften im Falle des vorzeitigen Ausscheidens eines Arbeitnehmers aus dem Unternehmen des – die Zusage auf betriebliche Altersversorgung gewährenden – Arbeitgebers auf einseitiges Verlangen des Arbeitgebers im BetrAVG eingeführt (vgl. BGBl. I 1997 S. 2998). Das Alterseinkünftegesetz, das zum 1. Januar 2005 in Kraft getreten ist, hat zwar die Abfindungsmöglichkeiten generell eingeschränkt, das einseitige Abgeltungsrecht des Arbeitgebers ist jedoch weitgehend unverändert beibehalten worden. Diese – dem Formular zugrunde liegende – einseitige Abfindungsmöglichkeit ist jedoch nur bei Kleinstanwartschaften gegeben und nur unter der Voraussetzung, dass der Arbeitnehmer nicht seinen Anspruch auf Übertragung der Anwartschaft geltend macht (§ 3 Abs. 2 S. 3 BetrAVG). Eine abfindbare Kleinstanwartschaft liegt nur vor, wenn der bei Erreichen der in dem Versorgungswerk vorgesehenen Altersgrenze maßgebliche Monatsbetrag der laufenden Versorgungsleistungen 1% der monatlichen Bezugsgröße gemäß § 18 SGB IV nicht überschreitet (§ 3 Abs. 2 BetrAVG). Für das Jahr 2005 beträgt dieser Grenzbetrag EUR 24,15. Entsprechendes gilt für Kapitalleistungen, sofern sie 120% der vorgenannten Bezugsgröße nicht überschreiten. Soweit dieser Grenzbetrag überschritten wird, ist weder eine einseitige Abfindungsmöglichkeit durch den Arbeitgeber gegeben noch kann die Anwartschaft im Einvernehmen mit dem Arbeitnehmer abgefunden werden.

2. Durchsetzung des Abfindungsverlangens. Für die Durchsetzung des Abfindungsverlangens sollte es nach der Auffassung des Autors nicht erforderlich sein, dass der Arbeitgeber den betroffenen Arbeitnehmer auf Zustimmung zu einem Abfindungsvertrag verklagen muss. Dies hätte die Folge, dass erst mit Rechtskraft des Urteils gemäß § 894 ZPO eine Abfindungsvereinbarung zustande kommt. Dies würde nämlich insbesondere zu Rückabwicklungsproblemen führen, wenn der Arbeitgeber erst unmittelbar vor dem Erreichen der Altersgrenze mit dem Abfindungsverlangen an den Arbeitnehmer herantritt. Denn dann wären während des Prozesses auf Zustimmung zu einem Abfindungsvertrag die laufenden Renten zunächst zu bezahlen. Diese geleisteten Zahlungen wären dann nach Rechtskraft des Urteils rückabzuwickeln. Es ist deshalb davon auszugehen, dass § 3 Abs. 2 BetrAVG dem Arbeitgeber ein einseitiges Gestaltungsrecht einräumt.

3. Abfindungsbetrag. Der Abfindungsbetrag bei unmittelbaren Versorgungszusagen (und Unterstützungskassenzusagen) richtet sich nach dem Barwert der künftigen Versorgungsleistungen (vgl. §§ 3 Abs. 5, 4 Abs. 5 BetrAVG). Maßgeblich ist dabei der Barwert für die nach dem Quotierungsprinzip gemäß § 2 BetrAVG ermittelte Versorgungsanwartschaft. Bei der Barwertberechnung sind der bei der jeweiligen Form der betrieblichen Altersversorgung vorgeschriebene Rechnungszinsfuß und die Rechnungsgrundlagen sowie die anerkannten Regeln der Versicherungsmathematik maßgebend.

4. Steuerliche Behandlung. Kapitalzahlungen aus unmittelbaren Versorgungszusagen (Direktzusagen) gehören zu den Einkünften aus nichtselbständiger Arbeit gemäß § 19 Abs. 1 S. 2 EStG. Sie sind daher grundsätzlich einkommensteuerpflichtig. Allerdings können Kapitalabfindungen für Versorgungsversprechen u. U. die Steuerfreiheit nach Maßgabe von § 3 Nr. 9 EStG genießen, solange der Verlust zukünftigen Einkommens ausgeglichen werden soll. Die Abfindung laufender Versorgungszahlungen an Versorgungsempfänger und gesetzlich unverfallbarer Anwartschaften von Versorgungsanwärtern innerhalb der Grenzen des § 3 BetrAVG erfüllen jedoch nicht die Tatbestandsvoraussetzungen des § 3 Nr. 9 EStG, weil sie gerade nicht den Verlust künftigen Einkommens ausgleichen (BMF-Schreiben v. 14. 3. 1985 – IV B 6 – S 2369 – 40/84 – NZA 1985, 529). Derartige Abfindungen stellen nur die kapitalisierte Auszahlung des bereits erdienten Anspruchs auf zukünftige Versorgungsleistungen dar. Dieser ist aufgrund der bis zum Abfindungszeitpunkt geleisteten Betriebstreue des Arbeitnehmers bereits unentziehbar geworden. Allerdings kommt auf den Abfindungsbetrag der besondere Steuersatz nach §§ 24 Nr. 1, 34 Abs. 1 und Abs. 2 Nr. 2 EStG zur Anwendung. Es greift also die sog. „Fünftelungsregelung". Denn bei der Abfindung handelt es sich stets um eine Vergütung für mehrjährige Tätigkeit (vgl. *Höfer* Bd. 2 Rdn. 718.2). Die Fünftelungsregelung führt dann im Ergebnis dazu, dass im Einzelfall die Progression gemildert wird, solange auf den Begünstigten nicht der Spitzensteuersatz Anwendung findet.

Nur soweit der Arbeitgeber den Verlust von Versorgungsanwartschaften abgelten möchte, die im Zeitpunkt der Abfindung noch verfallbar sind, liegt eine Abfindung für den Verlust zukünftigen Einkommens vor. Dann ist § 3 Nr. 9 EStG anwendbar, was zur Folge hat, dass die Abfindungszahlung innerhalb der Grenzen des § 3 Nr. 9 EStG Steuerfreiheit genießt.

5. Fälligkeitstermin. Interessant an der Fünftelungsregelung gemäß § 34 EStG ist, dass die auf die Einkünfte aus mehrjähriger Tätigkeit anfallende Einkommensteuer umso geringer ist, je niedriger die nach dem geltenden Steuertarif zu versteuernden Gesamteinkünfte sind. Am günstigsten ist folglich, wenn neben der Abfindung möglichst geringe sonstige Einkünfte vorliegen. Vor diesem Hintergrund ist bei Abfindungen, die im Zusammenhang mit der Beendigung der aktiven Dienstzeit bezahlt werden sollen, unter Umständen an eine entsprechende Fälligkeitsterminierung zu denken. Diese kann dann vorsehen, dass die Auszahlung des Abfindungsbetrags beispielsweise in das auf das Erreichen des Rentenalters folgende Jahr hinausgeschoben wird. Dadurch lässt sich der individuelle Steuersatz häufig erheblich senken. Für den Bereich der Abfindung von Bagatellanwartschaften innerhalb der Grenzen des § 3 BetrAVG ist diese Möglichkeit in wirtschaftlicher Hinsicht relativ uninteressant. Allerdings kann ihr im Rahmen von Abfindungsvereinbarungen außerhalb des Anwendungsbereichs von § 3 BetrAVG (Abfindung von gesetzlich noch nicht unverfallbaren Anwartschaften, Abfindung von Versorgungsanwartschaften im laufenden Arbeitsverhältnis sowie Abfindung von laufenden Versorgungsleistungen unter der Voraussetzung, dass die Versorgungsleistung erstmals vor dem 1. Januar 2005 gezahlt wurde) im Einzelfall wesentliche Bedeutung zukommen.

6. Bekanntmachung der Schließung eines Versorgungswerks und entsprechende Anstellungsvertragsklausel[1]

§ ... Betriebliche Altersversorgung

Das bei der Gesellschaft vormals bestehende Versorgungswerk über Leistungen der betrieblichen Altersversorgung vom ...... („Versorgungszusage") wurde mit Wirkung zum ...... für neu eintretende Mitarbeiter geschlossen[2]. Dem Mitarbeiter ist bekannt[3], dass er aufgrund der Schließung der Versorgungszusage keine Anwartschaften oder Ansprüche aus der Versorgungszusage erwirbt.

Schrifttum: Griebeling, Abänderung von Versorgungszusagen, NZA 1989 Beilage 3, 26; *Heither*, Die Rechtsprechung des BAG zur Beteiligung des Betriebsrats bei der Ausgestaltung der betrieblichen Altersversorgung, DB 1991, 700; *Kemper*, „Kündigung von Betriebsrenten" und rechtlicher Hintergrund, BKR 2004, 45; *Paulweber/Wurzberger*, Muss ein Unternehmen verschiedene Versorgungsordnungen angleichen?, BB 2005, 325; *Schack/Tacke/Thau*, Praktiker-Handbuch zur Umsetzung der betrieblichen Altersversorgung, 2002; *Schoden*, Betriebliche Altersversorgung – Kommentar für die Praxis, 2. Aufl., 2003.

Anmerkungen

1. Vorbemerkung. Das Formular enthält eine Klausel zur Information neu eintretender Mitarbeiter über die Schließung eines vormals beim Arbeitgeber bestehenden Versorgungswerks über Leistungen der betrieblichen Altersversorgung. Die Klausel sollte gegebenenfalls im Form. A.II.1 im Anschluss an die Vergütungsregelung (s. Form. A.II.1, dort unter § 3) eingefügt werden.

2. Schließung. Da der Arbeitgeber in seiner Entscheidung darüber, ob er überhaupt eine betriebliche Altersversorgung einführen will, frei ist, hat der Arbeitgeber auch das uneingeschränkte Recht, die Altersversorgung für zukünftig neu eintretende Arbeitnehmer, also für neue Arbeitsverhältnisse, nicht mehr zu gewähren. Würde man diese Möglichkeit der Schließung eines Versorgungswerks für hinzukommende Arbeitnehmer aus Gleichbehandlungsaspekten ausschließen, so könnte der Arbeitgeber sich im Ergebnis nie mehr von seinem Versorgungsversprechen lösen, sondern würde mit jedem Neueintritt neu verpflichtet. Es entstünde eine Art „Endlosbindung" (*Höfer* Bd. 1 Rdn. 667). Auch das BAG hat sich gegen eine derartige Endlosbindung entschieden. Denn nach der Rechtsprechung des 3. Senats des Bundesarbeitsgerichts ist der Arbeitgeber bei der Dotierung der betrieblichen Altersversorgung und der Auswahl der begünstigten Personengruppe im Grundsatz frei (BAG Beschl. v. 12.6.1975 – 3 ABR 13/74 – DB 1975, 1559).

Dabei ist zu beachten, dass auf Betriebsvereinbarung beruhende Versorgungszusagen selbstverständlich rechtzeitig gekündigt werden müssen, wenn neu hinzukommende Arbeitnehmer nicht mehr begünstigt werden sollen. Eine derartige Kündigung ist, sofern sich aus der zugrunde liegenden Betriebsvereinbarung nichts anderes ergibt, jederzeit und ohne Angabe von Gründen möglich (BAG Urt. v. 18.4.1989 – 3 AZR 688/87 – BB 1989, 2118; BAG Urt. v. 11.5.1999 – 3 AZR 21/98 – AP Nr. 6 zu § 1 BetrAVG Ablösung). Ein weitergehendes Mitbestimmungsrecht des Betriebsrats besteht bei der Schließung einer Versorgungszusage für die Zukunft nach der einschlägigen Rechtsprechung des Bundesarbeitsgerichts nicht (BAG Urt. v. 12.6.1975 a.a.O.; BAG Urt. v. 18.4.1989 a.a.O.). Zwar wird von einer Mindermeinung unter Verweis auf das generelle Mitbestimmungsrecht des Betriebsrats bei Entlohnungsgrundsätzen nach § 87 Abs. 1 Nr. 10 BetrVG in Zweifel gezogen, ob ein Versorgungswerk für ab einem Stichtag in das Unternehmen eintretende neue Arbeitnehmer mitbestimmungsfrei geschlossen werden kann (*Griebeling* NZA 1989 Beilage 3, 26), jedoch steht diese Rechtsansicht im Widerspruch zur geltenden Rechtsprechung des BAG. Zudem würde bei einer derartigen Betrachtungsweise die Vertragsfreiheit unangemessen eingeschränkt und das – auch nach Einführung des Entgeltumwandlungsanspruchs noch bestehende – Prinzip der Freiwilligkeit der betrieblichen Altersversorgung nicht hinreichend beachtet. Es bleibt somit festzuhalten, dass die Schließung eines Versorgungswerks für ab einem Stichtag neu eintretende Mitarbeiter grundsätzlich jederzeit mitbestimmungsfrei zulässig ist und auch keinen Verstoß gegen den Gleichbehandlungsgrundsatz enthält.

3. Information neu eintretender Mitarbeiter. Trotz der vorab genannten Entscheidungsfreiheit bei der Schließung eines Versorgungswerks muss der Arbeitgeber beachten, dass den neu hinzukommenden Arbeitnehmern die Schließung der Versorgungszusage hinreichend deutlich kommuniziert wird. Andernfalls könnten sich nach dem Schließungsstichtag eingetretene Mitarbeiter darauf berufen, dass bei Ihnen ein Vertrauenstatbestand eingetreten ist, der den Arbeitgeber hinsichtlich seiner Versorgungszusage bindet (*Höfer* Bd. 1 Rdn. 1032). Um dies zu vermeiden, sollten neu eintretende Mitarbeiter über die Schließung des Versorgungswerks ausdrücklich informiert werden. Aus Dokumentations- und Beweisgründen muss dies schriftlich erfolgen. In der Praxis kann dies am besten durch Aufnahme einer entsprechenden Klausel in die Anstellungsverträge der nach dem Schließungsstichtag neu eintretenden Mitarbeiter erreicht werden. Zudem empfiehlt es sich, für eine Übergangszeit eine entsprechende Mitarbeiterinformation in betriebsüblicher Weise („schwarzes Brett" oder Ähnliches) zu veröffentlichen. Die Mitarbeiterinformation allein durch ein separates Informationsschreiben oder allein durch betriebsübliche Veröffentlichung vorzunehmen, erscheint als nicht empfehlenswert. Die Erfahrungen in der Praxis zeigen, dass das Risiko, die Information bei einzelnen Mitarbeitern oder insgesamt zu vergessen, sehr hoch ist. Zudem ergeben sich bei einer solchen Vorgehensweise in der Praxis häufig Nachweisprobleme, weil die Informationsschreiben oder Veröffentlichungen zu einem späteren Zeitpunkt nicht mehr vorliegen. Man muss in diesem Zusammenhang bedenken, dass die betriebliche Altersversorgung ein „langlebiger" Aspekt im Rahmen eines – häufig sogar bereits beendeten – Anstellungsverhältnisses ist. Nicht selten ergeben sich Probleme erst zu einem Zeitpunkt, zu dem die Initiatoren einer Versorgungsordnung oder einer Schließung längst aus dem Unternehmen ausgeschieden sind. Dokumentationsprobleme sind dann vorprogrammiert. Diese Risiken lassen sich durch die Aufnahme einer entsprechenden Klausel im Anstellungsvertrag ausschließen. Wie lange sich neu eintretende Mitarbeiter gegebenenfalls auf einen Vertrauenstatbestand berufen können, ist durch die Rechtsprechung nicht geklärt. In der Praxis empfiehlt es sich jedoch, eine entsprechende Information neu eintretender Mitarbeiter für einen Mindestzeitraum von zwei bis drei Jahren vorzusehen.

Sachverzeichnis

Die **fett** gesetzten Buchstaben, römischen und arabischen Zahlen beziehen sich auf die Systematik des Formularbuchs; die nachfolgenden mageren Zahlen kennzeichnen die betreffende Anmerkung.

Abberufung
- Ausbilder **C.II.4** 10
- Datenschutzbeauftragter **C.II.16** 13
- Geschäftsführer **B.I.4** 1 f.
- Notgeschäftsführer **B.I.4** 2
- Sicherstellung ordnungsgemäße Geschäftsführung **B.I.4** 3
- Wirksamwerden **B.I.4** 6

Abberufungsbeschluss
- Begründung **B.I.4** 5
- Erweiterung **B.I.4** 4
- Freistellung Geschäftsführer **B.I.4** 4
- Geschäftsführer (Formulierungsmuster) **B.I.4**
- Gesellschafterversammlung **B.I.4** 2, 8
- Handelsregistereintragung **B.I.4** 11; **B.II.4** 10
- Kenntnisnahme Vorstandsmitglied **B.II.4** 8
- Kündigung Geschäftsführervertrag **B.I.4** 4
- Nachschieben von Gründen **B.I.4** 5
- Rechtsfolgen **B.I.4** 10
- Umsetzung **B.II.4** 7
- Vorstandsmitglied (Formulierungsmuster) **B.II.4**
- Zugang **B.I.4** 9
- Zuständigkeit **B.I.4** 2

Abfindung
- Aufhebungsvertrag **A.XV.1** 12 f.
- Aufhebungsvertrag Vorstandsmitglied **B.II.3** 17
- Bagatellanwartschaft **F.V.5** 1 f., 3
- change-of-control-Klausel **B.II.3** 17
- Dienstwagennutzung **A.XIV.4** 5
- Entstehung **A.XIV.4** 7
- Fälligkeit **A.XIV.4** 7
- Fünftelungsregelung **F.V.5** 4
- Geldfaktor **A.XIV.4** 5
- Geschäftsführer **B.I.3** 9
- Höhe nach § 1 a Abs. 2 KSchG **A.XIV.4** 5
- Konzernzugehörigkeit **A.XIV.4** 5
- Minderung bei Wiedereinstellung **A.XV.1** 18
- normale **A.XIV.4** 5
- Sachbezüge **A.XIV.4** 5
- Sozialplan **C.I.8** 6
- Sozialplan/Aufhebungsvertrag **A.XV.1** 15, 16
- Sperrzeit **A.XIV.4** 5
- steuerliche Behandlung **F.V.5** 4
- Transfersozialplan **A.VII.10** 5
- Vererblichkeit **A.XV.1** 13
- für Verlust Arbeitnehmerstatus **B.I.1** 9
- Versorgungsanwartschaft **F.III** 18
- Zeitfaktor **A.XIV.4** 5
- Zusatzgratifikationen **A.XIV.4** 5

Abfindungsangebot
- bei ordentlicher Kündigung **A.XIV.4** 1

Abfindungsprogramm, freiwilliges
- Abfindungsvergleich **A.XIII.4** 3
- Abgrenzung zu Betriebsänderung **A.XIII.4** 1
- Alternativen **A.XIII.4** 2
- Formulierungsmuster **A.XIII.4**
- Sozialplan **A.XIII.4** 5
- Turbo-Zuschlag **A.XIII.4** 4
- Vertraulichkeit **A.XIII.4** 6

Abfindungsvergleich A.XIII.4 3

Abfindungsverlangen
- Bagatellanwartschaft **F.V.5** 1 f.
- Durchsetzung **F.V.5** 2
- Formulierungsmuster **F.V.5**

Abgeltung
- nicht verbrauchter Urlaub **A.II.1** 12

Abgeltungsklausel
- Aufhebungsvertrag Geschäftsführer **B.I.3** 22
- Aufhebungsvertrag Vorstandsmitglied **B.II.3** 28
- US Stock Options **A.IV.11** 4

Abgeltungsklausel, beidseitige
- Aufhebungsvertrag **A.XV.1** 38

Abgeltungsklausel, einseitige
- Aufhebungsvertrag **A.XV.1** 39

Ablaufplan
- Massenentlassungsanzeige **A.XIV.20** 12

Ablehnung
- Antrag auf Teilzeitarbeit **D.I.4**
- Vorsitzender Schlichtungsstelle **E.I.2** 16

Abmahnung
- Ausspruch **A.X.1** 4
- Begründung **A.X.1** 3
- Beleidigung **A.X.1** 3
- Berechtigung **A.X.1** 9
- Beseitigungsanspruch **A.X.1** 8
- Betriebsrat **A.X.1** 2
- Beweislast **A.X.1** 3
- Dienstverhältnis **A.X.1** 2
- Dokumentationsfunktion **A.X.1** 2, 5
- Drogenkonsum **C.II.5** 9
- entbehrliche **A.X.1** 3
- Form **A.X.1** 2
- Formulierungsmuster (unerlaubte Internetnutzung) **A.X.1**
- Frist **A.X.1** 4
- Hinweisfunktion **A.X.1** 6
- Kündigungsandrohung **A.X.1** 7
- Personalakte **A.X.1** 8
- private E-Mail **A.X.1** 3

1353

Sachverzeichnis

fette Buchstaben und Zahlen = Systematik

- private Internetnutzung A.IV.5 15
- private Telefongespräche A.X.1 3
- rügelose Duldung weiterer Pflichtverletzungen A.X.1 4
- Sammelabmahnung A.X.1 5
- Selbstbeurlaubung A.X.1 3
- sexueller Übergriff A.X.1 3
- Störung Betriebsfrieden A.X.1 3
- Straftat A.X.1 3
- unerlaubte Internetbenutzung A.X.1 3
- vorgetäuschte Arbeitsunfähigkeit A.X.1 3
- vorweggenommene A.X.1 3
- Warnfunktion A.X.1 2, 7
- weitere A.X.1 7
- Widerruf A.X.1 9
- Zugang A.X.1 10

Abmahnung, vorweggenommene
- Teilzeitverlangen A.VI.1 8

Abrufarbeit A.VII.9 2

Abrufarbeitsvertrag
- Abruf A.VII.9 5
- Ankündigungsfrist A.VII.9 4
- Arbeitsverhinderung A.VII.9 9
- Dauer der Arbeitszeit A.VII.9 3
- Entgeltfortzahlung an Feiertagen A.VII.9 11
- Entgeltfortzahlung im Krankheitsfall A.VII.9 10
- Formulierungsmuster A.VII.9
- Mindestzeit A.VII.9 6
- Urlaubsentgelt A.VII.9 12

Abschlussvertreter B.IV. 12

Absicherung, soziale
- private Unfallversicherung A.III.11
- Sterbegeld A.III.12

Abtretungsverbot
- Arbeitsvertrag A.II.1 8
- Gehaltsansprüche C.II.5 13

Abwerbeverbot
- Geschäftsführer B.I.1 16
- Vertragstrafe B.I.1 16
- Vorstandsmitglied B.II.1 36

Abwesenheit A.II.1 10
- Teilzeitarbeitsvertrag A.VI.2 8

Abwesenheit, urlaubsbedingte
- Zustellung bei A.XIV.2 8

Abwicklungsvertrag
- arbeitgeberseitige Kündigung A.XV.2 2
- Begriff A.XV.2 1
- Belehrung zu Sperrzeit A.XV.2 3
- echter/unechter A.XV.2 1
- Form A.XV.2 15
- Formulierungsmuster A.XV.2
- Sperrzeit A.XV.2 3
- Verhältnis zu Aufhebungsvertrag A.XV.2 3
- Vorfeldabsprache A.XV.2 3

Ad-hoc-Publizität
- Aufhebungsvertrag Vorstandsmitglied B.II.3 1

Adressänderung
- Mitteilungspflicht A.II.1 27

AGB
- Arbeitsvertrag A.II.1 1

Agentur für Arbeit
- Formular Massenentlassungsanzeige A.XIV.20 1
- Massenentlassungsanzeige A.XIV.20 6

AIDS-Erkrankung C.II.5 10

Aids-Erkrankung
- Personalfragebogen A.I.2 19

Aids-Infektion
- Feststellung bei Eignungsuntersuchung A.I.4 4
- Personalfragebogen A.I.2 26

Aktienbesitz
- Offenbarung eigenen C.II.5 14

Aktiengesellschaft
- Vorstandsdienstvertrag B.II.1 2

Aktienoptionsplan
- Geschäftsführer B.I.1 21

Alkoholabhängigkeit
- Personalfragebogen A.I.2 20

Alkoholkonsum C.II.5 8

Alkoholtest A.I.4 4

Alkoholverbot C.II.5 8

Alleinvorstand B.II.1 4

Alterbefristung
- Vorstandsdienstvertrag B.II.1 20

Altersdiskriminierung C.II.23 10

Altersgrenze
- Arbeitsvertrag A.II.1 23

Altersrente
- Anpassung F.III 20
- Direktzusage F.I.4 8
- Pensionsfondszusage F.III 13

Altersteilzeit A.VI.2 1
- Begriff A.XV.3 1
- Blockmodell A.XV.3 4
- Freistellung A.XV.3 4
- Lebensarbeitszeitkonto C.II.8 17

Altersteilzeitvertrag A.XV.3 1
- Arbeitszeit A.XV.3 4
- Aufstockungszahlungen A.XV.3 7
- Beendigung A.XV.3 15
- Beginn Altersteilzeit A.XV.3 2
- betriebliche Altersversorgung A.XV.3 10
- Formulierungsmuster A.XV.3
- Fortführung bisheriges Arbeitsverhältnis A.XV.3 3
- Insolvenzsicherung A.XV.3 9
- Krankheit A.XV.3 11
- Nebentätigkeiten A.XV.3 14
- Rentenversicherungsbeiträge A.XV.3 8
- Ruhen/Erlöschen des Leistungsanspruchs A.XV.3 13
- Urlaub A.XV.3 12
- Vergütung A.XV.3 5
- vorzeitige Beendigung A.XV.3 6

Altersversorgung
- Führungskraft A.II.3 12

Altersversorgung, betriebliche
- Abfindung Bagatellanwartschaft F.V.5 1 f.
- Altersteilzeit A.XV.3 10
- Anpassungsregelung F.I.4 14
- arbeitgeberfinanzierte Direktzusage F.I.4 1 f.
- Aufhebungsvertrag A.XV.1 25

magere Zahlen = Anmerkung **Sachverzeichnis**

- Aufhebungsvertragsklausel Direktzusage **F. V.3**
- Ausschlussklausel bei Betriebsübergang **F.IV.3** 1 f.
- Bekanntmachung der Schließung Versorgungswerk **F. V.**6
- Dienstwagen **A.III.1** 8
- Direktversicherung **F.II.1** 1 f.
- Direktversicherungszusage zur Entgeltumwandlung **F.II.2**
- Erlassvertrag **F. V.2** 1 f.
- Geschäftsführer **B. I.1** 22
- Kündigung Betriebsvereinbarung **F. V.1** 1 f.
- Lebensarbeitszeitkonto **C.II.8** 16
- Mitbestimmungsrecht **F.I.4** 1
- Pensionsfondszusage **F.III**
- Pensionszusage durch Gehaltsumwandlung **F.I.2** 1 f.
- Ruhensvertrag **A.VIII.1** 9
- Teilzeit **A.VI.2** 7
- Transfergesellschaft **A.VII.10** 12
- Vereinbarung zur Gehaltsumwandlung **F.I.1** 1 f.
- Verfügungsbeschränkung **F.I.2** 10
- Verpfändungsvereinbarung **F.I.3** 1 f.
- Verschmelzung **A.XII.3** 10; **A.XII.5** 12
- Vorstandsmitglied **B.II.1** 29
- vorzeitiges Ausscheiden **F.I.2** 7

Alterversorgung
- Pensionszusage **F.I.2** 3

Alterversorgung, vorgezogene
- Pensionszusage **F.I.2** 4

Amtsermittlungsgrundsatz
- Verfahren vor Integrationsamt **A.XIV.9** 5

Änderungsangebot A.XI.4 3

Änderungskündigung
- Abgrenzung zu Beendigungskündigung **A.XI.4** 1
- Abgrenzung zu Direktionsrecht **A.XI.4** 4
- Abgrenzung zu Versetzung **A.XI.2** 3
- Abmahnung **A. X.1** 3
- Änderungsangebot **A.XI.4** 3
- Annahmefrist **A.XI.4** 7
- bedingte **A.XI.4** 1
- Begriff **A.XI.4** 1
- Belehrung Arbeitnehmer **A.XI.4** 7
- Elternzeit **A.XIV.14** 11
- Erklärung **A.XI.4** 2
- Form **A.XI.4** 1, 9
- Formulierungsmuster **A.XI.4**
- Frist **A.XI.4** 2
- Herabsetzung Vergütung **A.XI.4** 3
- Schwangere/Mutter **A.XIV.12** 1, 12, 16
- Schwerbehinderte **A.XIV.9** 1, 13
- Sozialauswahl **A.XI.4** 1
- Sozialplan **A.XI.4** 5
- Sozialversicherung **A.XI.4** 8
- Stellungnahme Betriebsrat **A.XI.4** 6
- Stufen-Änderungskündigung **A.XI.4** 3
- unbedingte **A.XI.4** 1
- Verzugslohnrisiko **A.XI.4** 7
- Wochengespräch **A.XI.4** 1

Änderungskündigung, betriebsbedingte
- Abfindungsangebot **A.XIV.4** 2

Änderungsvorbehalt
- Zielvereinbarung **A.III.8** 32

Anerkennungstarifvertrag
- Aufbau **E. I.1** 10
- Begriff **E. I.1** 1
- Formulierungsmuster **E. I.1**
- Geltungsbereich **E. I.1** 6
- Kündigung in Bezug genommener Tarifverträge **E. I.1** 16
- Laufzeit **E. I.1** 17
- Präambel **E. I.1** 4
- Zulässigkeit **E. I.1** 5
- Zulässigkeit abweichender Bestimmungen **E. I.1** 9 f.

Anfechtung
- Anstellungsvertrag **A.XIV.1**
- wegen arglistiger Täuschung **A.XIV.1** 2
- Betriebsrat **A.XIV.1** 1
- wegen Eigenschaftsirrtum **A.XIV.1** 2
- Form **A.XIV.1** 8
- Kausalität **A.XIV.1** 4
- Rechtsfolgen **A.XIV.1** 6
- wegen Unterlassen **A.XIV.1** 2
- vorsorgliche Kündigung **A.XIV.1** 5
- Zugang **A.XIV.1** 9

Anfechtungsfrist A.XIV.1 3

Anfechtungsgrund A.XIV.1 2

Anforderungsprofil
- Abgrenzung zu Auswahlrichtlinie **C.II.1** 7

Angaben, unvollständige
- Personalfragebogen **A. I.2** 33

Angebotsunterlage
- Formulierungsmuster **A.XII.6**

Angehörige
- Zustellung an **A.XIV.2** 8

Angemessenheitskontrolle
- Vertragstrafe **A.II.1** 20

Angestellter, leitender
- Begriff **A.II.3** 1
- Formulierungsmuster Arbeitsvertrag **A.II.3**

Anhörung
- Betriebsrat (Formulierungsmuster) **C. I.1**
- Personalrat bei Auflösung/Einschränkung/Verlegung/Zusammenlegung von Dienststellen **D.II.1**
- Sprecherausschuss **C. I.1** 4

Anhörung Betriebsrat
- Anhörungsbogen **C. I.2**
- Anhörungspflicht **C. I.1** 1
- keine Äußerung **C. I.1** 10; **C. I.3** 15
- Bedenken **C. I.1** 10
- Beschlussfassung **C. I.1** 10; **C. I.3** 15
- Bewerbungsunterlagen **C. I.3** 14
- Formulierungsmuster **C. I.1**
- Kündigungsart **C. I.1** 6
- Kündigungsfrist/-termin **C. I.1** 8
- Kündigungsgrund **C. I.1** 9
- kündigungsrelevante Daten **C. I.1** 7
- nicht ordnungsgemäße **C. I.1** 10
- Personaldaten **C. I.1** 5; **C. I.3** 5, 13
- Sphärentheorie **C. I.1** 10

1355

Sachverzeichnis

fette Buchstaben und Zahlen = Systematik

- Verbindung mit Interessenausgleich **C. I.6** 6
- vorläufige Einstellung **C. I.3** 15
- vorsorgliche **C. I.1** 4; **C. I.3** 8
- Widerspruch **C. I.1** 10; **C. I.3** 15
- Zeitpunkt **C. I.1** 11; **C. I.3** 16
- Zustimmung **C. I.1** 10; **C. I.3** 15
- Zustimmung zur Eingruppierung **C. I.3** 4, 7
- Zustimmung zur Einstellung **C. I.3** 4, 6
- Zustimmung zur Umgruppierung **C. I.4**
- Zustimmung zur Versetzung **C. I.4**

Anhörungsbogen
- Betriebsrat (Formulierungsmuster) **C. I.2**

Ankündigungsfrist
- Abrufarbeitsvertrag **A. VII.9** 4

Annahmefrist
- Engagement-Letter **A. II.5** 12

Annahmeverweigerung
- Zustellung bei **A. XIV.2** 8

Anpassung
- betriebliche Altersversorgung **F. I.4** 14

Anrechnung
- bei Entgeltfortzahlung **A. XI.1** 4
- übertarifliche Zulage **C. II.19** 6

Anrechnungsvorbehalt
- übertarifliche Zulage **C. II.19** 6

Anrufungsauskunft, lohnsteuerrechtliche B. III. 3

Anschlussbefristung A. V.3 2
- Dauer **A. V.3** 2
- zur Erprobung **A. V.3** 2
- Unterbrechung vor **A. V.3** 2

Anspruchsverfall
- Arbeitsvertrag **A. II.1** 24

Anstellungsvertrag
- US Stock Options **A. IV.10**
- Vorstandsmitglied **B. II.1**

Antidiskriminierung
- Abfindungsprogramm **A. XIII.4** 1
- s. a. *Gleichbehandlung*

Antidiskriminierungsgesetz C. II.23 1

Antidiskriminierungsrichtlinie C. II.23 1

Antwort, unrichtige
- Personalfragebogen **A. I.2** 33

Anwartschaft
- Erfüllungsübernahme **F. IV.1** 1
- unverfallbare **F. V.3** 3; **F. V.4** 2, 3
- verfallbare **F. V.3** 4

Anwesenheitsprämie
- Aufbauprämie **A. III.5** 7
- Begriff **A. III.5** 1
- Berechnungsgrundlage **A. III.5** 8
- Entgelt **A. III.5** 13
- Fehlzeiten **A. III.5** 7, 10
- Fehlzeiten, unberechtigte **A. III.5** 14
- Formulierungsmuster **A. III.5**
- Freiwilligkeitsvorbehalt **A. III.5** 12
- Gleichbehandlungsgrundsatz **A. III.5** 3
- krankheitsbedingte Fehlzeit **A. III.5** 7, 10
- Kürzung **A. III.5** 6
- Mutterschutz **A. III.5** 11
- Ruhen des Arbeitsverhältnisses **A. III.5** 9
- Sondervergütung **A. III.5** 5
- unterjährige Beendigung **A. III.5** 6
- Wartezeit **A. III.5** 4
- Zahlungsweise **A. III.5** 1
- Zweck **A. III.5** 1

Anzeigepflicht
- Entgeltfortzahlung **A. XI.1** 6

appreciation awards
- Aufhebungsvertrag Vorstandsmitglied **B. II.3** 17

Arbeit auf Abruf A. VI.2 1

Arbeitgeber
- Anrufung Einigungsstelle **C. I.11** 1
- Fragerecht **A. I.2** 2
- Haftung bei Beschäftigung ausländischer Arbeitnehmer **A. VIII.2** 26
- private Internetnutzung **A. IV.5** 3
- Tariffähigkeit **E. I.1** 2; **E. I.8** 2
- Verzicht auf nachvertragliches Wettbewerbsverbot **A. IV.1** 6

Arbeitgeber, früherer
- Personalfragebogen **A. I.2** 6

Arbeitgeberdarlehen
- Abgrenzung zu Vorschuss **A. IV.6** 3
- Aufrechnung mit Lohnanspruch **A. IV.6** 6
- Begriff **A. IV.6** 1
- Eigenkündigung Arbeitnehmer **A. IV.6** 8
- Fälligkeit bei Ausscheiden **A. IV.6** 7
- Fälligkeit der Auszahlung **A. IV.6** 4
- Form **A. IV.6** 14
- Formulierungsmuster **A. IV.6**
- geldwerter Vorteil **A. IV.6** 5
- gerichtliche Geltendmachung **A. IV.6** 2
- Inhaltskontrolle **A. IV.6** 1
- Kündigung Arbeitsverhältnis **A. IV.6** 8
- Kündigung Darlehen **A. IV.6** 10
- Rückzahlung **A. IV.6** 7
- Rückzahlungsverzicht **A. IV.6** 5
- Sicherheiten **A. IV.6** 11
- steuerliche Behandlung Zinsen **A. IV.6** 5
- tarifliche Ausschlussfristen **A. IV.6** 2
- Tilgung **A. IV.6** 6
- unverzinsliches **A. IV.6** 5
- Vorausabtretung **A. IV.6** 12
- Weiterführung **A. IV.6** 9
- Widerrufsrecht **A. IV.6** 9
- Zinsen **A. IV.6** 5
- Zweck **A. IV.6** 1

Arbeitnehmer
- Abgrenzung zu Handelsvertreter **B. IV.** 2
- Anhörung bei Betriebsbuße **A. X.4** 5
- Arbeitsverhalten **C. II.5** 1
- Belehrung **A. XI.4** 7
- Datenschutzverpflichtung **A. IV.4**
- Einverständniserklärung Betriebsübergang **A. XII.1** 12
- Einwilligung Arbeitszeitverlängerung **E. II.3** 10, 11
- Einwilligung in Datenerhebung/-nutzung/-verarbeitung **A. I.3** 2, 6, 8
- Einwilligung in grafologisches Gutachten **A. I.4** 6

magere Zahlen = Anmerkung

Sachverzeichnis

- Einwilligung in psychologische Eignungsuntersuchung **A.I.4; A.I.4** 2
- Einwilligung in vertrauensärztliche Untersuchung **A.I.4** 4
- Einwilligung in werksärztliche Untersuchung **A.I.4** 4
- Einwilligung zur Datenweitergabe **A.I.3** 4
- Freistellung bei ordentlicher Kündigung **A.XIV.3** 3
- Gefährdungsbeurteilung **C.II.17** 7
- Mitteilung Versorgungszusage bei Ausscheiden **F.V.3** 5
- Ordnungsverhalten **C.II.5** 1
- Unterweisung Arbeitsschutz **C.II.17** 14
- Verweigerung Datenerhebung/-nutzung/ -verarbeitung **A.I.3** 7
- Widerruf der Einwilligung zur Arbeitszeitverlängerung **E.II.3** 11
- Widerspruch gegen Betriebsübergang **A.XII.1** 13
- Zustimmung konzerninterner Verleih **A.IX.3** 2

Arbeitnehmer, ausländischer
- Anwerbung aus Nicht EU/EWR-Ausland **A.VIII.2** 21
- Beschäftigung von **A.VIII.2** 19
- Einkommensteuer **A.VIII.2** 5
- Entgeltfortzahlung bei persönlichem Leistungshindernis **A.VIII.2** 11
- EU-Staaten **A.VIII.2** 19, 22
- EWR-Staaten **A.VIII.2** 19, 22
- Formulierungsmuster Arbeitsvertrag **A.VIII.2**
- Gerichtsstandsvereinbarung **A.VIII.2** 29, 30
- greencard **A.VIII.2** 24
- Hochqualifizierte **A.VIII.2** 24
- Kündigung **A.VIII.2** 17
- Leiharbeitsvertrag **A.IX.2** 2
- Leistungshindernisse **A.VIII.2** 10
- Leistungsverweigerung **A.VIII.2** 10, 13
- Nicht EU/EWR-Staaten **A.VIII.2** 20, 21
- Rechtswahl **A.VIII.2** 31
- Sonderurlaub **A.VIII.2** 12
- Sozialversicherung **A.VIII.2** 6
- Sprachrisiko bei Arbeitsvertrag **A.VIII.2** 33
- steuerliche Behandlung **A.VIII.2** 5
- türkischer Staatsangehöriger **A.VIII.2** 23
- Urlaub **A.VIII.2** 9
- Vergütung **A.VIII.2** 4

Arbeitnehmererfindung
- Formulierungsmuster **A.IV.3**

Arbeitnehmererfindungsgesetz C.II.20 2

Arbeitnehmer-Sparzulage A.III.10 1, 6

Arbeitnehmerstatus
- Abfindung für Verlust **B.I.1** 9

Arbeitnehmerüberlassung
- Abgrenzung **A.IX.1** 3
- Arbeitsbedingungen beim Entleiher **A.IX.1** 6; **A.IX.2** 5
- Arbeitsschutz **A.IX.1** 8
- Arbeitsunfall **A.IX.1** 8
- Arbeitszeit **A.IX.1** 11
- Arbeitszeit/-bedingungen bei konzerninterner **A.IX.3** 8

- Austausch von Leiharbeitnehmern **A.IX.1** 12
- Auswahl des Leiharbeitnehmers **A.IX.1** 13
- Befristung konzerninterner **A.IX.3** 4
- Begriff **A.IX.1** 3
- betriebliche Mitbestimmung **A.IX.1** 9; **A.IX.3** 9
- Betriebsvereinbarung **A.IX.2** 6
- Dauer **A.IX.1** 4
- Direktionsrecht **A.IX.1** 7
- Erlaubnis **A.IX.1** 3
- Haftung **A.IX.1** 13
- konzerninterne **A.IX.3** 1
- Krankheit **A.IX.1** 12
- Kündigung **A.IX.1** 14
- Kündigung konzerninterner **A.IX.3** 4
- Mehrarbeit **A.IX.1** 11
- Merkblatt **A.IX.2** 17
- Mitbestimmungsrecht **A.IX.1** 9
- Mutterschutz **A.IX.1** 12
- Personalgestellung **A.IX.1** 3
- Personalkostenerstattung **A.IX.3** 5
- Schlechterstellungsverbot **A.IX.1** 6; **A.IX.2** 4
- Tarifvertragsrecht **A.IX.2** 6
- Tod **A.IX.1** 12
- Treuepflicht **A.IX.1** 10
- Überlassungspflicht **A.IX.1** 4
- Unfallverhütung **A.IX.1** 8
- Unfallversicherung **A.IX.1** 8
- Urlaub **A.IX.1** 12
- Vergütung **A.IX.1** 5
- Vertrag Verleiher – Entleiher **A.IX.1**
- Vertrag Verleiher – Leiharbeitnehmer **A.IX.2**
- vorübergehende konzerninterne **A.IX.3** 4
- Weisung **A.IX.1** 7; **A.IX.2** 3

Arbeitnehmerüberlassungsvertrag
- Formulierungsmuster **A.IX.1**

Arbeitnehmervertretung
- Änderung auf vertikaler Ebene **E.I.6** 9
- Anzahl Betriebsratsmitglieder **E.I.6** 10
- Betriebsratsfähigkeit **E.I.6** 4
- mehrstufige **E.I.6** 8
- Rechtsstellung **E.I.6** 7
- standortübergreifende **E.I.6** 2
- unternehmensübergreifende **E.I.6** 2
- zusätzliche **E.I.7** 1 f.
- Zuständigkeit **E.I.6** 6

Arbeitnehmervertretung, zusätzliche E.I.7 1 f.
- Amtsausübung **E.I.7** 11
- Amtszeit **E.I.7** 9
- Beratungsrechte **E.I.7** 14
- Geheimhaltungspflicht **E.I.7** 12
- Größe **E.I.7** 7
- Kostenerstattung **E.I.7** 10
- Kündigungsschutz **E.I.7** 13
- Teilnahmerechte **E.I.7** 14
- Versetzungsschutz **E.I.7** 13
- Wahl **E.I.7** 8, 15
- Zusammensetzung **E.I.7** 7

Arbeitnehmervertretungsstruktur
- andere **E.I.6** 1, 3, 5
- Betriebsratswahl **E.I.6** 13

Sachverzeichnis

fette Buchstaben und Zahlen = Systematik

Arbeitsbedingungen
- Engagement-Letter **A.II.5** 2
- Leiharbeitsvertrag **A.IX.2** 4, 5

Arbeitsbereitschaft **C.II.6** 11
- Begriff **E.II.3** 5
- differenzierte Arbeitszeitregelung **E.II.3** 5
- Regelung der täglichen Arbeitszeit **E.II.3** 6

Arbeitsbescheinigung
- Begriff **A.XVI.4** 2
- Übersendung **A.XVI.4**

Arbeitsdirektor
- Vorstandsmitglied **B.II.1** 4, 6

Arbeitsentgelt
- Dokumentation **A.II.6** 8

Arbeitserlaubnis
- fehlende **A.VIII.2** 25
- Haftung Arbeitgeber bei fehlender **A.VIII.2** 26
- Hochqualifizierte **A.VIII.2** 24

Arbeitsfreistellung
- Personalfragebogen **A.I.2** 11

Arbeitskräftebedarf, vorübergehender
- Bedarfsprognose **A.V.4** 15
- Befristungsgrund **A.V.4** 15

Arbeitslosengeld
- Gehaltsverzicht **A.XIII.1** 5
- nachvertragliches Wettbewerbsverbot **A.IV.1** 9

Arbeitslosenversicherung
- Ruhensvertrag **A.VIII.1** 6

Arbeitslosmeldung
- Belehrung in Aufhebungsvertrag **A.XV.1** 40

Arbeitsmittel
- Gefährdungsbeurteilung **C.II.17** 7
- Telearbeit **C.II.11** 12 f.

Arbeitsmittelrückgabe
- Telearbeitsvertrag **A.VII.4** 26

Arbeitsnachweis
- Leiharbeitsvertrag **A.IX.2** 12

Arbeitsort
- Arbeitsvertrag Führungskraft **A.II.3** 2
- Dokumentation **A.II.6** 5
- Telearbeitsvertrag **A.VII.4** 4

Arbeitspapiere
- Aufhebungsvertrag **A.XV.1** 26
- Begriff **A.XVI.4** 1
- Herausgabe **A.XVI.4** 1
- Holschuld **A.XVI.4** 5
- Lohnsteuerbescheinigung **A.XVI.4** 3
- Lohnsteuerkarte **A.XVI.4** 3
- Übersendung **A.XVI.4**
- Urlaubsbescheinigung **A.XVI.4** 4
- Zurückbehaltungsrecht **A.XVI.4** 1

Arbeitsplatz
- Gefährdungsbeurteilung **C.II.17** 7
- Umwandlung in Job-Sharing-Arbeitsplatz **C.II.10** 4

Arbeitsplatz, rauchfreier
- Anspruch **C.II.5** 7

Arbeitsplatzabbau
- Versetzung **A.XI.2**

Arbeitsplatzgarantie
- Gehaltsverzicht **A.XIII.1** 6

Arbeitsplatzteilung **A.VI.2** 1
- Betriebsvereinbarung **C.II.10** 1

Arbeitsplatzwegfall
- Kündigung Schwerbehinderter **A.XIV.9** 11

Arbeitsschutz
- Arbeitnehmerüberlassung **A.IX.1** 8
- Arbeitsschutzausschuss **C.II.17** 12
- Betriebsarzt **C.II.17** 11
- Gefährdungsbeurteilung **C.II.17** 6
- Kooperationsgedanke **C.II.17** 13
- Kostentragung **C.II.17** 7
- Kostentragung Bildschirmarbeitsplatz **C.II.18** 16
- Mitwirkung Arbeitnehmer **C.II.17** 15
- Sicherheitsbeauftragter **C.II.17** 9
- Sicherheitsfachkraft **C.II.17** 10
- Unterweisung **C.II.17** 14
- zuständige oberste Landesbehörde **A.XIV.12** 2

Arbeitsschutz, betrieblicher
- Betriebsrat **C.II.17** 1
- Betriebsvereinbarung **C.II.17**
- Mitbestimmungsrecht **C.II.17** 1

Arbeitsschutz, sozialer
- Begriff **C.II.17** 1

Arbeitsschutz, technischer
- Begriff **C.II.17** 1

Arbeitsschutzausschuss **C.II.17** 12
Arbeitsschutzmaßnahmen **C.II.17** 4
Arbeitsschutzvorschriften **C.II.17** 3

Arbeitsstätte
- Gefährdungsbeurteilung **C.II.17** 7

Arbeitsunfähigkeit **A.II.1** 10
- Nachweis der **C.II.5** 10
- Personalfragebogen **A.I.2** 18
- Sabbatical **A.XI.9** 7
- vorgetäuschte **A.X.1** 3

Arbeitsunfähigkeit, bevorstehende
- Personalfragebogen **A.I.2** 21

Arbeitsunfall
- Arbeitnehmerüberlassung **A.IX.1** 8
- Telearbeit **A.VII.4** 22

Arbeitsverhalten
- Arbeitnehmer **C.II.5** 1

Arbeitsverhältnis
- Abgrenzung zu Freier Mitarbeit **B.III.** 1
- Aufhebungsvertrag **A.XV.1**
- befristetes **D.I.2** 3
- Dokumentation des Beginns **A.II.6** 3
- Erledigung bei Transfergesellschaft **A.VII.10** 20
- Fortsetzung nach Zweckerreichung **A.V.8** 4
- Laufzeit BAT **A.II.4** 5
- Nachweispflicht **A.II.6** 1
- Personalfragebogen **A.I.2** 10
- Sonderkündigungsschutz **A.XIV.9** 4
- Übergang bei asset deal **A.XII.2** 3
- Übergang nach § 613a Abs. 5 BGB **A.XII.1**
- Verschmelzung **A.XII.3** 4

Arbeitsverhältnis, befristetes
- Probearbeitsverhältnis **A.II.1** 16

magere Zahlen = Anmerkung

Sachverzeichnis

Arbeitsverhältnis, ruhendes
- Geschäftsführer B.I.1 32
- Vorstandsmitglied B.II.1 43

Arbeitsverhältnis, unbefristetes
- vorgeschaltete Probezeit A.II.1 18

Arbeitsverhinderung
- Abrufarbeitsvertrag A.VII.9 9

Arbeitsvermittlung
- unerlaubte A.IX.3 4

Arbeitsvertrag
- 13. Monatsgehalt A.III.3
- Abmahnung A.X.1
- Abrufarbeitsvertrag A.VII.9
- Abtretungsverbot A.II.1 8
- Abwesenheit A.II.1 10
- AGB A.II.1 1
- Altersgrenze A.II.1 23
- Altersversorgung A.II.3 12
- Änderung A.XI.1 1
- Änderungskündigung A.XI.4
- Anfechtung (Formulierungsmuster) A.XIV.1
- Anschlussbefristung A.V.3 2
- Anwesenheitsprämie A.III.5
- Arbeitgeberdarlehen A.IV.6
- Arbeitnehmererfindung A.IV.3
- Arbeitsort A.II.3 2
- Arbeitsunfähigkeit A.II.1 10
- Arbeitszeit A.II.1 3
- Arbeitszeit Führungskraft A.II.3 4
- Arbeitszeitregelungen E.II.3
- AT-Angestellter A.II.3
- Aufgaben A.II.1 2
- Aufhebungsvertrag A.XV.1
- Aushilfsarbeitsvertrag A.VII.1
- Auslagen A.II.1 11
- mit ausländischem Arbeitnehmer A.VIII.2
- Auslandseinsatz A.II.3 3
- Auslegungspflicht Tarifvertrag A.II.2 7
- ausschließlich auf Provisionsbasis A.III.6 2
- Ausschlussfrist A.II.1 24; A.II.2 6
- Außendienstmitarbeiter A.VII.7
- BAT A.II.4
- Bedingung, auflösende
- Beendigung BAT-Arbeitsverhältnis A.II.4 10
- Befristung (§ 14 Abs. 1 TzBfG) A.V.3
- Befristung, sachgrundlose (§ 14 Abs. 2 TzBfG) A.V.1
- Befristungsregelungen E.II.6 1 f.
- Behandlung von Daten/Gegenständen A.II.1 14
- Bereitschaftsdienst A.II.4 7
- Berufsausbildungsvertrag A.VII.2
- Betriebsrat A.II.1 1
- Datenschutzverpflichtung A.IV.4
- deutsch-englischer Musterarbeitsvertrag A.VIII.3
- Dienstwagen Führungskraft A.II.3 7
- Dienstwagenklausel A.III.2
- Dienstwagenvertrag A.III.1
- Dienstwohnung A.IV.9
- Direktionsrecht A.II.1 2
- Dokumentation Aushändigung A.II.6 16
- Dokumentation nach NachwG A.II.6
- Dokumentation Vertragsparteien A.II.6 2
- Dokumentationspflicht tarifrechtlicher Vorschriften A.II.2 7
- Doppelbefristung (§ 14 Abs. 1. Nr. 1 TzBfG) A.V.4 2
- Doppelbefristung (§ 14 Abs. 1. Nr. 3 TzBfG) A.V.5
- Doppelbefristung (§ 21 BErzGG) A.V.7 2, 16
- dreiseitiger Vertrag A.VII.10 2
- dynamische Verweisung A.II.2 3
- Einbeziehung Dienstwagenrichtlinie A.III.2 5
- Eingruppierung Öffentlicher Dienst A.II.4 8
- Einstellungsvorbehalt A.II.1 10
- Engagement-Letter A.II.5 1 f.
- Entgeltfortzahlung im Krankheitsfall A.III.3 10
- Entgeltfortzahlungsregelungen E.II.4 1 f.
- Erfüllungsort A.II.1 30
- Ermahnung A.X.2
- Flexibilisierung Arbeitszeit A.XI.6
- Formulierungsmuster dreiseitiger Vertrag A.VII.10
- Formulierungsmuster für Führungskräfte A.II.3
- Formulierungsmuster mit Tarifbindung A.II.2
- Formulierungsmuster ohne Tarifbindung A.II.1
- Fortbildungsvertrag A.IV.7
- Freistellung A.II.1 21
- Geheimhaltungsverpflichtung A.II.1 14
- Geltungserhaltende Reduktion A.II.1 29
- Gerichtsstand A.II.1 30
- Gratifikation A.III.4
- Gruppenarbeitsvertrag A.VII.8; C.II.21 10
- Günstigkeitsprinzip A.II.1 25
- Heimarbeitsvertrag A.VII.6
- Individualabrede A.II.1 28
- Jeweiligkeitsklausel A.II.1 11
- Job-Sharing Vertrag A.VII.3
- Kettenarbeitsvertrag A.V.3 1
- konzerninterne Arbeitnehmerüberlassung A.IX.3
- Konzernversetzungsklausel A.II.3 3
- Krankheit A.II.1 10
- Kündigungsfrist A.II.1 17
- Kündigungsfristen Führungskraft A.II.3 18
- Kündigungsfristenregelungen E.II.5 1 f.
- Kurzarbeit A.II.1 4
- Leiharbeitsvertrag A.IX.2
- leitender Angestellter A.II.3
- maßgebliche Sprache A.VIII.3 3
- Mitteilung der Zweckerreichung A.V.8 5
- Mitteilungspflichten A.II.1 27
- nachvertragliches Wettbewerbsverbot A.IV.1
- Nachweis BAT-Arbeitsbedingungen A.II.4 6
- Nebenbeschäftigung A.II.1 13
- Nebentätigkeit A.II.3 15
- Nutzungsübertragung A.II.1 15
- Öffnungsklausel A.II.1 25
- ordentliche Kündigung A.XIV.2 1
- Ortszuschlag A.II.4 8, 9
- Personalfragebogen A.II.1 26
- Position A.II.1 2
- private E-mail-Nutzung A.IV.5
- private Internetnutzung A.IV.5

1359

Sachverzeichnis

fette Buchstaben und Zahlen = Systematik

- private Telefonnutzung **A.IV.5** 1
- private Unfallversicherung **A.III.11**
- Probezeit **A.II.1** 16; **A.II.3** 18
- Prokura **A.XI.8**
- Rahmenvertrag zur Zielvereinbarung **A.III.8**
- Rechtswahl **A.VIII.2** 31
- Reisekosten **A.II.1** 11
- Reisezeiten **A.II.1** 5
- Rückgruppierung **A.II.2** 5
- Rückkehr **A.VIII.1** 5
- Rückzahlungsverpflichtung **A.II.1** 9
- Ruhensvertrag **A.VIII.1**
- Sabbatical **A.XI.9**
- Salvatorische Klausel **A.II.1** 29
- Schattengehalt **A.VIII.1** 3
- Schichtdienst **A.II.4** 7
- Schriftform **A.II.1** 19
- Schriftformerfordernis **A.II.1** 28
- Schutzrechte **A.II.1** 15
- Sonderzahlungen **A.II.1** 7
- soziale Absicherung **A.III.11**
- Sprachrisiko **A.VIII.2** 33
- statische Verweisung **A.II.2** 3
- Sterbegeld **A.III.12**
- Strafklausel **A.X.3** 6
- Tarifautomatik **A.II.2** 5
- ohne Tarifbindung **A.II.1**
- Tarifbindung **A.II.2**
- Tarifwechselklausel **A.II.2** 3, 4
- Tätigkeit **A.II.3** 2
- Teilzeitarbeitsvertrag **A.VI.2**
- Teilzeitbeschäftigung Öffentlicher Dienst **A.II.4** 7
- Telearbeit **C.II.11** 7
- Telearbeitsvertrag **A.VII.4**
- Traineevertrag **A.VII.5**
- Transfergesellschaft **A.VII.10**
- Übergabe **A.II.1** 31; **A.VIII.2** 33
- Überstunden **A.II.1** 4
- Unfallversicherung **A.II.3** 11
- Untersuchungsverpflichtung **A.II.1** 10
- Unterzeichnung **A.II.1** 32
- Urheberrechte **A.IV.3**
- Urlaub **A.II.1** 12; **A.II.3** 14
- Urlaubsabgeltung **A.II.1** 12
- US Stock Options **A.IV.10**
- Verfall von Ansprüchen **A.II.1** 24
- Vergütung **A.II.1** 6
- Vergütung Führungskraft **A.II.3** 5, 6
- Vergütung mit Zielvereinbarung **A.III.7**
- Vergütung nach BAT **A.II.4** 8
- Vergütungsangabe bei Verweisung **A.II.2** 5
- Verjährung **A.II.1** 24
- Verlängerung Arbeitszeit ohne Lohnausgleich **A.XI.7**
- Verlängerung bei sachgrundloser Befristung (§ 14 Abs. 2 TzBfG) **A.V.2**
- Vermittlungsprovision **A.III.6**
- vermögenswirksame Leistungen **A.III.10** 2
- Verringerung Arbeitszeit **A.XI.5** 1
- Verschwiegenheitsverpflichtung **A.II.1** 14

- Versetzung, endgültige **A.XI.2**
- Versetzungsklausel **A.II.1** 2
- Vertragsstrafe **A.II.1** 20; **A.II.2** 6
- Verweisungsklausel auf Tarifvertrag **A.II.2** 2
- Vollständigkeitsklausel **A.II.1** 28
- Vorfälligkeitsregelung **A.II.1** 22
- vorgeschaltete Probezeit **A.II.1** 18
- vorübergehende Übertragung höherwertiger Tätigkeit **A.V.6**
- Werkwohnung **A.IV.8**
- Wiedereinstellungszusage **A.XI.9** 1
- zeit- und zweckbefristeter **A.V.4**
- zeitbefristeter **A.V.3**
- Zeitguthaben **A.XI.9** 6
- Zeitkonto **A.XI.9** 1
- Zielfestlegung **A.III.9** 1
- Zurückbehaltungsrecht **A.II.1** 14
- Zweckbefristung **A.V.4** 1

Arbeitsvertrag, befristeter
- Fortsetzung nach Zweckerreichung **A.V.8** 4
- Kündigung **A.V.1** 11
- § 14 Abs. 1 TzBfG **A.V.3**
- § 14 Abs. 2 TzBfG **A.V.1**
- Verlängerung (§ 14 Abs. 2 TzBfG) **A.V.2** 2
- zeit- und zweckbefristeter (§ 14 Abs. 1. Nr. 1 TzBfG) **A.V.4**
- zeit- und zweckbefristeter (§ 14 Abs. 1. Nr. 3 TzBfG) **A.V.5**
- zeit- und zweckbefristeter (§ 21 BErzGG) **A.V.7**
- Zweckerreichung **A.V.8** 1

Arbeitsvertragsänderung
- verlängerte Entgeltfortzahlung **A.XI.1**

Arbeitswissenschaft
- Begriff **C.II.17** 5

Arbeitszeit
- Altersteilzeit **A.XV.3** 4
- Anspruch auf Verringerung **A.VI.1** 2
- Arbeitnehmerüberlassung **A.IX.1** 11
- Arbeitsbereitschaft **E.II.3** 5, 6
- Arbeitsvertrag **A.II.1** 3
- Aufteilung bei Job-Sharing Vertrag **A.VII.3** 4
- Aufzeichnung **A.XI.6** 5
- Aufzeichnungspflicht **A.II.1** 3
- Ausgleichszeitraum **A.XI.6** 2; **E.II.3** 9
- Ausnahmen vom ArbZG **E.II.3**
- Begrenzung **E.II.3** 10
- Bereitschaftsdienst **E.II.3** 5, 8
- Bereitschaftszeit **C.II.6** 11
- Betriebsrat **A.II.1** 3
- Dauer **A.II.1** 3; **A.XI.6** 2
- Dokumentation **A.II.6** 9
- Einwilligung Arbeitnehmer **E.II.3** 10
- Erhöhung **A.XI.5** 9
- Festlegung bei Teilzeit **A.VI.2** 3
- Flexibilisierung **A.XI.6** 4
- Flexibilisierung bei Teilzeit **A.VI.2** 4
- Frauenförderung **C.II.22** 9
- Führungskraft **A.II.3** 4
- Gleichstellungsabrede **E.II.3** 1
- Gleitzeit **C.II.6** 1, 6
- Heimarbeitsvertrag **A.VII.6** 6

magere Zahlen = Anmerkung   **Sachverzeichnis**

- Herabsetzung bei Beschäftigungssicherung E.I.8 12
- Höchstgrenzen A.II.1 3
- bei Kurzarbeit C.II.12 6
- Lage A.II.1 3
- Lage bei Teilzeitarbeit A.XI.5 4
- regelmäßige C.II.6 4
- Rufbereitschaft C.II.6 11
- Sabbatical A.XI.9 4
- Standardarbeitszeit C.II.6 5
- tägliche (Formulierungsmuster) E.II.3
- tarifvertragliche Regelungen E.II.3 1
- Teilzeitanspruch A.XI.5 2
- Telearbeit C.II.11 1, 17 f.
- Telearbeitsvertrag A.VII.4 8
- Übertragung bei Job-Sharing Vertrag A.VII.3 5
- Überwachung A.XI.6 5
- Umsetzung EG-RL 39/104/EG E.II.3 1
- Vereinbarung geringeren Umfangs E.II.3 3
- Vergütung bei Verringerung A.XI.6 6
- Verlängerung der werktäglichen E.II.3 4
- Verlängerung ohne Lohnausgleich A.XI.7
- Verringerung A.XI.5 2, 3
- Verteilung A.XI.6 3
- Vertrauensarbeitszeit C.II.7 1
- Vorstandsmitglied B.II.1 35
- werktägliche (Begriff) E.II.3 2
- Widerruf der Verlängerung durch Arbeitnehmer E.II.3 11
- Wochenhöchstarbeitszeit A.XI.6 4
- wöchentliche E.II.3 9 f.
- Zeitausgleich C.II.6 1
- Zeitwertkonten C.II.8 3

Arbeitszeit, gleitende
- Betriebsvereinbarung C.II.6

Arbeitszeitaufzeichnung
- Außendienst A.VII.7 5

Arbeitszeitdauer
- Abrufarbeitsvertrag A.VII.9 3

Arbeitszeiterfassung
- Telearbeit C.II.11 19
- Vertrauensarbeitszeit C.II.7 9
- Zeitwertkonten C.II.8 7

Arbeitszeitregelung
- Beschäftigungssicherung (Betriebsvereinbarung) C.II.9
- Standortsicherung C.II.9 10

Arbeitszeitverlängerung
- Beschäftigungssicherung C.II.9 1, 6

Arbeitszeitverringerung A.XI.5
- erneute A.XI.5 8

Arbeitszeugnis
- Anspruch A.XVI.1 1
- Aufhebungsvertrag A.XV.1 26
- Geschäftsführer B.I.3 11

Arbeitszeugnis, einfaches
- Formulierungsmuster A.XVI.2

Arbeitszeugnis, qualifiziertes
- Angaben zum Verhalten A.XVI.1 9
- Angaben zur Leistung A.XVI.1 7
- Angaben zur Person A.XVI.1 4

- Angaben zur Tätigkeit A.XVI.1 6
- Ausscheidensgrund A.XVI.1 10
- Ausstellungsdatum A.XVI.1 3
- Begriff A.XVI.1 1
- Form A.XVI.1 2
- Formulierungsmuster A.XVI.1
- Gesamtbewertung der Leistung A.XVI.1 8
- Schlussformel A.XVI.1 11
- Tätigkeitsdauer A.XVI.1 5
- Unterzeichnung A.XVI.1 12

Arbeitszeitkorridor C.II.9 1

Arbeitszeitreduzierung
- Beschäftigungssicherung C.II.9 1, 6

Arztbesuch
- Meldepflicht C.II.5 11

Assessment-Center A.I.4 2

asset deal
- cherry picking A.XII.2 9
- Entschädigung A.XII.2 9
- Formulierungsmuster A.XII.2
- Gewährleistungsgarantie A.XII.2 10
- Haftungsfreistellung A.XII.2 9
- Haftungsverteilung A.XII.2 8
- Kooperationsverpflichtung A.XII.2 4
- Mitarbeiterinformation A.XII.2 4
- Stichtag A.XII.2 2
- Übergang Arbeitsverhältnisse A.XII.2 3
- Unterrichtungspflicht über Widersprüche A.XII.2 6
- Widerspruch A.XII.2 7

Assoziierungsabkommen EG-Türkei A.VIII.2 23

AT-Angestellter
- Begriff A.II.3 1
- Betriebsvereinbarung freiwillige Zulagen C.II.19 3
- Formulierungsmuster Arbeitsvertrag A.II.3

Aufbauprämie
- Anwesenheitsprämie A.III.5 7

Aufenthaltserlaubnis A.VIII.2 20

Aufenthaltsgenehmigung
- türkische Staatsangehörige A.VIII.2 23

Aufenthaltsrecht
- EU/EWR-Staatsangehörige A.VIII.2 22
- Nicht EU/EWR-Staaten A.VIII.2 20

Aufenthaltstitel A.VIII.2 20
- fehlender A.VIII.2 25
- Haftung Arbeitgeber bei fehlendem A.VIII.2 26
- nachträgliche Einholung A.VIII.2 20
- Personalfragebogen A.I.2 5

Aufgabe
- vorübergehende Übertragung höherwertiger Tätigkeit A.V.6 1

Aufgaben
- Arbeitsvertrag A.II.1 2

Aufhebungsvertrag
- Abfindung aus Sozialplan A.XV.1 15, 16
- Abfindungsfälligkeit A.XV.1 14
- Abfindungshöhe A.XV.1 12
- Abfindungsminderung bei Wiedereinstellung A.XV.1 18
- Abfindungsvererblichkeit A.XV.1 13

1361

Sachverzeichnis

fette Buchstaben und Zahlen = Systematik

- Abgeltungsklausel, beidseitige **A.XV.1** 38
- Abgeltungsklausel, einseitige **A.XV.1** 39
- Abgeltungsklausel US Stock Options **A.IV.11** 4
- Abrechnung **A.XV.1** 10
- AGB-Kontrolle **A.XV.1** 3
- anderweitiger Verdienst während Freistellung **A.XV.1** 20
- Arbeitspapiere **A.XV.1** 26
- Beendigung Arbeitsverhältnis **A.XV.1** 5
- Beendigungsoption **A.XV.1** 9, 17
- Beendigungstermin **A.XV.1** 7
- Begriff **A.XV.1** 2
- Belehrung **A.XV.1** 41
- Belehrung bez. Arbeitslosmeldung **A.XV.1** 40
- betriebliche Altersversorgung **A.XV.1** 25
- betriebsbedingte Beendigung **A.XV.1** 8
- Darlehen **A.XV.1** 11
- Form **A.XV.1** 43
- Formulierungsmuster **A.XV.1**
- Freistellung **A.XV.1** 19
- Geschäftsführer **B.I.3** 1 f.
- Gratifikation **A.III.4** 13, 14
- Natural-Abfindung Dienstwagen **A.XV.1** 33
- Rückgabe Dienstwagen **A.XV.1** 28
- Rückgabe von Gegenständen **A.XV.1** 27
- Schwerbehinderte **A.XIV.9** 1
- Übernahme Dienstwagen **A.XV.1** 29 f.
- Urlaub **A.XV.1** 21, 22
- US Stock Options **A.IV.11**
- Verhältnis zu Abwicklungsvertrag **A.XV.2** 3
- Verschwiegenheitspflicht **A.XV.1** 36, 37
- Vorbemerkung **A.XV.1** 4
- Vorstandsmitglied (Formulierungsmuster) **B.II.3**
- Vorteile **A.XV.1** 1
- Wettbewerbsverbot **A.XV.1** 23
- Wettbewerbsverbot, nachvertragliches **A.XV.1** 24
- Widerruf **A.XV.1** 2
- Zeugnis **A.XV.1** 26
- Zurückbehaltungsrecht **A.XV.1** 35

Aufhebungsvertrag Geschäftsführer
- Abfindung **B.I.3** 9
- Abgeltung **B.I.3** 22
- Auslagen **B.I.3** 6
- Beendigung **B.I.3** 3
- Beendigung Geschäftsführeramt **B.I.3** 14
- Beendigungstermin **B.I.3** 4
- catch all-Klausel **B.I.3** 16
- Direktversicherung **B.I.3** 12
- Entlastung **B.I.3** 15
- Formulierungsmuster **B.I.3**
- Freistellung **B.I.3** 7
- Geheimhaltung **B.I.3** 19
- Herausgabeverpflichtung **B.I.3** 10
- Klagerücknahme **B.I.3** 8
- Kontaktverbot **B.I.3** 7
- Pensionszusage **B.I.3** 12
- Präambel **B.I.3** 2
- Presseerklärung **B.I.3** 21
- Sozialversicherung **B.I.3** 23
- Sprachregelung **B.I.3** 21

- stock options **B.I.3** 13
- Unterlassung weiterer Vertretungshandlungen **B.I.3** 14
- Unterzeichnung **B.I.3** 24
- Vergütung **B.I.3** 5
- Wettbewerbsverbot **B.I.3** 17
- Wohlverhaltensklausel **B.I.3** 20
- Zeugnis **B.I.3** 11

Aufhebungsvertrag Vorstandsmitglied
- Abfindung **B.II.3** 17
- Abgeltungsklausel **B.II.3** 28
- Ad-hoc-Publizität **B.II.3** 1
- AGB-Kontrolle **B.II.3** 1
- appreciation awards **B.II.3** 17
- Beendigung Dienstverhältnis **B.II.3** 2
- Beendigung Organstellung **B.II.3** 6, 8
- Beendigungstermin **B.II.3** 5, 8
- change-of-control-Klausel **B.II.3** 17
- Einvernehmlichkeit **B.II.3** 4
- Einverständnis der Gesellschaft zur Amtsniederlegung **B.II.3** 7
- Formulierungsmuster **B.II.3**
- Freistellung **B.II.3** 15
- frühere Vereinbarungen **B.II.3** 30
- nachvertragliches Wettbewerbsverbot **B.II.3** 25
- Niederlegung Vorstandsamt **B.II.3** 2
- Niederlegungserklärung **B.II.3** 7
- Personalausschuss **B.II.3** 35
- Pflichten bis Beendigungstermin **B.II.3** 13
- Präambel **B.II.3** 3
- Presseerklärung **B.II.3** 27
- Schriftform **B.II.3** 31
- Sozialversicherung **B.II.3** 29
- Sprachregelung **B.II.3** 27
- Unterzeichnung **B.II.3** 35
- Urlaub **B.II.3** 14
- vertragliches Wettbewerbsverbot **B.II.3** 24
- Vorbehalt des Widerrufs der Vorstandsbestellung **B.II.3** 9

Aufhebungsvertragsklausel
- Direktzusage betriebliche Altersversorgung **F.V.1**

Auflösung
- Dienststelle **D.II.1** 4
- Trust **F.I.6** 11

Aufrechnung
- Arbeitgeberdarlehen/Lohnanspruch **A.IV.6** 6

Aufsichtsrat
- Abberufung Vorstandsmitglied **B.II.4** 1 f.
- Beschlussfassung Abberufung Vorstandsmitglied **B.II.4** 5
- Beschlussfassung Kündigung Vorstandsdienstvertrag **B.II.4** 6
- Beschlussfassung Vorstandsdienstvertrag **B.II.2** 12
- Beschlussfassung zur Vorstandsbestellung **B.II.2** 4
- Bestellung Vorstand **B.II.2** 2
- Bestellungsbeschluss Vorstand **B.II.2** 5
- Einverständnis zur Amtsniederlegung Vorstandsmitglied **B.II.3** 7

1362

magere Zahlen = Anmerkung

Sachverzeichnis

Aufsichtsratsbeschluss
– Abberufung Vorstandsmitglied (Formulierungsmuster) **B.II.4**
– Bestellung Vorstandsmitglied **B.II.2**
– Umsetzung **B.II.4** 7
Aufstockungszahlung
– Altersteilzeit **A.XV.3** 7
Auftragsverhältnis
– Heimarbeit **A.VII.6** 5
Aufwandsentschädigung
– Entgeltfortzahlung **E.II.4** 10
Aufzeichnung
– Arbeitszeit **A.XI.6** 5
Aufzeichnungspflicht
– Arbeitszeit **A.II.1** 3
Augenuntersuchung
– Bildschirmarbeitsplatz **C.II.18** 15
Ausbildender
– Berufsausbildungsvertrag **A.VII.2** 2
– Eignung **A.VII.2** 10
– Pflichten **A.VII.2** 10
Ausbilder
– Bestellung/Abberufung **C.II.4** 10
Ausbildung
– Anschlussbefristung **A.V.3** 2
– Personalfragebogen **A.I.2** 6
Ausbildungsbeihilfe
– rückforderungsfähige **A.IV.7** 4, 9
Ausbildungsdauer
– Berufsausbildungsvertrag **A.VII.2** 5
Ausbildungsquote
– Erhöhung **C.II.9** 13
Ausbildungsstätte
– Berufsausbildungsvertrag **A.VII.2** 7
Ausbildungsvergütung A.VII.2 9
Ausgleichsanspruch
– Handelsvertretervertrag **B.IV.** 34
Ausgleichszeitraum
– Arbeitszeit **A.XI.6** 2; **E.II.3** 9
Ausgliederung
– Pensionsverpflichtungen **F.I.5** 1 f.
Aushändigung
– Dokumentation Niederschrift **A.II.6** 16
Aushang
– Betriebsvereinbarung **C.II.1** 16
Aushilfe
– aufgabenbedingte **A.VII.1** 1
– personenbedingte **A.VII.1** 1
Aushilfsarbeitsvertrag
– Bindungsdauer **A.VII.1** 10
– Formulierungsmuster **A.VII.1**
Auslagen A.II.1 11
– Aufhebungsvertrag Geschäftsführer **B.I.3** 6
– Geschäftsführer **B.I.1** 24
Ausländer
– Beschäftigung von **A.VIII.2** 19
– Personalfragebogen **A.I.2** 5
Auslandseinsatz
– betriebliche Altersversorgung **A.VIII.1** 9
– Dokumentation **A.II.6** 14
– Eingliederungszuschuss **A.VIII.1** 10

– Entschädigungszahlung **A.VIII.1** 13
– Führungskraft **A.II.3** 3
– Krankenversicherung **A.VIII.1** 7
– Reisekosten **A.VIII.1** 10
– Rentenversicherung **A.VIII.1** 6
– Ruhen deutsches Arbeitsverhältnis **A.VIII.1** 4
– Ruhensvertrag **A.VIII.1**
– Schattengehalt **A.VIII.1** 3
– Soziale Sicherheit **A.VIII.1** 6
– Sprachunterricht **A.VIII.1** 12
– steuerliche Behandlung Arbeitnehmer **A.VIII.1** 2
– Umzugskosten **A.VIII.1** 10
– Unfallversicherung **A.VIII.1** 8
– Vergütung **A.VIII.1** 2
– Versetzungsvertrag **A.VIII.1** 1
– Zusatzurlaub **A.VIII.1** 11
Auslandstätigkeit
– Geschäftsführervergütung **B.I.1** 20
Auslandsvergütung A.VIII.1 2
Auslauffrist
– außerordentliche Kündigung **A.XIV.6** 4
Ausscheiden, freiwilliges
– Abfindungsprogramm **A.XIII.4** 1
Ausscheiden, vorzeitiges
– Transfergesellschaft **A.VII.10** 18
Ausschließungsantrag, vorsorglicher
– Betriebsratsmitglied **A.XIV.16** 7
Ausschlussfrist
– arbeitsvertragliche **A.II.1** 24; **A.II.2** 6
– betriebsverfassungsrechtlicher Anspruch **A.II.1** 24
– einseitige **A.II.1** 24
– gesetzlicher Anspruch **A.II.1** 24
– tariflicher Anspruch **A.II.1** 24
– zweistufige **A.II.1** 24
Ausschlussfristen
– Vorstandsmitglied **B.II.1** 42
Ausschlussklausel
– Versorgungsanwartschaft bei Betriebsübergang **F.IV.3** 1 f.
Außendienst
– Arbeitszeit **A.VII.7** 5
– Arbeitszeitaufzeichnung **A.VII.7** 5
– ärztliche Untersuchung **A.VII.7** 10
– Dienstwagen **A.VII.7** 8
– Entgeltfortzahlung an Feiertagen **A.VII.7** 6
– Entgeltfortzahlung im Krankheitsfall **A.VII.7** 6
– Fahrtätigkeit **A.VII.7** 5
– Gerichtsstand **A.VII.7** 18
– Kosten/Auslagen **A.VII.7** 7
– nachvertragliches Wettbewerbsverbot **A.VII.7** 14
– Öffnungsklausel Betriebsvereinbarung **A.VII.7** 17
– Positionsbeschreibung **A.VII.7** 2
– Provision **A.VII.7** 6
– Schlussbestimmungen **A.VII.7** 18
– Sockelbetrag **A.VII.7** 6
– Stellenbeschreibung **A.VII.7** 3
– Unfallversicherung **A.VII.7** 9
– Urlaub **A.VII.7** 11

Sachverzeichnis

fette Buchstaben und Zahlen = Systematik

- Vergütung **A.VII.7** 6
- Versetzung in Innendienst **A.VII.7** 4
- Vertragsgebiet **A.VII.7** 4
- Widerrufsvorbehalt **A.VII.7** 4

Außendienstmitarbeiter
- Abgrenzung zu Handelsvertreter **A.VII.7** 1
- Betriebsvereinbarung freiwillige Zulage **C.II.19** 3
- Formulierungsmuster Arbeitsvertrag **A.VII.7**

Austrittsprämie
- Transfersozialplan **C.I.10** 16

Ausübungspreis
- US Stock Options **A.IV.10** 4

Auswahlrichtlinie
- Abgrenzung zu Anforderungsprofil/Stellenausschreibung **C.II.1** 7
- Anwendungsbereich **C.II.1** 6
- Auslegung im Betrieb **C.II.1** 16
- Auswahlgrundlage **C.II.1** 9
- Befristung **C.II.1** 15
- Bestenauswahl **C.II.1** 7
- betriebsbedingte Kündigung **C.II.2** 1
- Betriebsrat **C.II.1** 4, 12
- Betriebsvereinbarung **C.II.1** 2
- Bewerbungsunterlagen **C.II.1** 12
- Diskriminierungsverbot **C.II.1** 7
- Eignungskriterien **C.II.1** 10
- Einstellung **C.II.1** 1 f., 8
- Form **C.II.1** 17
- Frauenförderung **C.II.22** 7
- Geltungsbereich **C.II.1** 6; **C.II.2** 3; **C.II.3** 3
- Inkrafttreten **C.II.1** 15
- Kündigung Betriebsvereinbarung **C.II.1** 15
- Mitbestimmungsrecht **C.II.1** 2
- Präambel **C.II.1** 5; **C.II.2** 2; **C.II.3** 2
- Punktetabelle Sozialauswahl **C.II.2** 9
- Rechtsnatur **C.II.1** 2
- Schlussbestimmungen **C.II.1** 16
- Sozialauswahl **C.II.2** 8
- Versetzung **C.II.1** 1 f., 13
- Vertrag Arbeitgeber/Betriebsrat **C.II.1** 3
- Vorrang bei gleicher Eignung **C.II.1** 11

Auszubildende
- Übernahme **C.II.9** 14

Auszubildender
- Anhörung Betriebsrat bei Kündigung **A.XIV.19** 5
- Anschlussbefristung **A.V.3** 2
- außerordentliche Kündigung **A.XIV.19** 1 f.
- Berufsausbildungsvertrag **A.XIV.2**
- gesetzliche Vertretung **A.VII.2** 3
- Güteverfahren bei Kündigung **A.XIV.19** 3
- Kündigungsgrund **A.XIV.19** 4
- Pflichten **A.VII.2** 11

Bagatellanwartschaft
- Abfindung **F.V.5** 1 f., 3

BAT
- Arbeitsvertrag **A.II.4**
- Beendigung Arbeitsverhältnis **A.II.4** 10
- Befristung Arbeitsverhältnis **A.II.4** 5

- Bereitschaftsdienst **A.II.4** 7
- Bezugnahmeklausel **A.II.4** 3
- Eingruppierung **A.II.4** 8
- Geltung **A.II.4** 2
- Gleichstellungsklausel **A.II.4** 3
- Kündigung **A.II.4** 10
- Laufzeit Arbeitsverhältnis **A.II.4** 5
- Nachweis Arbeitsbedingungen **A.II.4** 6
- Nebenabreden **A.II.4** 6
- Ortszuschlag **A.II.4** 8, 9
- Schichtarbeit/-dienst **A.II.4** 7
- Sozialzuschlag **A.II.4** 9
- Teilzeitbeschäftigung **A.II.4** 7
- Vergütung **A.II.4** 8

Beamter auf Probe
- Disziplinarmaßnahmen **D.I.5** 7
- Entlassung **D.I.5** 1 f., 4, 5

Beamter auf Widerruf
- Entlassung **D.I.5** 1 f., 4, 5

Beauftragter für das betriebliche Vorschlagswesen C.II.20 5

Bedarfsprognose
- Dokumentation **A.V.4** 15
- vorübergehender Arbeitskräftebedarf **A.V.4** 15

Bedingung, auflösende
- Arbeitsvertrag **A.II.1** 10
- gesundheitliche Eignung **A.I.4** 4

Beendigung
- BAT-Arbeitsverhältnis **A.II.4** 10
- Tarifvertrag **E.II.2** 13 f.

Beendigung Arbeitsverhältnis während Sabbatical A.XI.9 10

Beendigung, betriebsbedingte
- Aufhebungsvertrag **A.XV.1** 8

Beendigung, vorzeitige
- Versetzungsvertrag **A.VIII.1** 5

Beendigungsoption
- Aufhebungsvertrag **A.XV.1** 9, 17

Beendigungstermin
- Aufhebungsvertrag **A.XV.1** 7

Beendigungstermin, vorzeitiger
- Aufhebungsvertrag Geschäftsführer **B.I.3** 4

Beförderung
- Antrag auf Zustimmung zur Übertragung eines höher zu bewertenden Dienstpostens/Tätigkeit **D.I.1**
- Bewerbungsunterlagen **D.I.1** 10
- dienstliche Beurteilung **D.I.1** 7
- Gleichbehandlung **C.II.23** 7
- Vorstellungsgespräch **D.I.1** 8
- weibliche Bewerber **D.I.1** 6
- Zustimmung Personalrat **D.I.1** 11

Beförderungsdienstposten D.I.1 4
- Bewerbungsunterlagen **D.I.1** 10
- dienstliche Beurteilung **D.I.1** 7
- Entscheidungsbegründung **D.I.1** 9
- Vorstellungsgespräch **D.I.1** 8
- weibliche Bewerber **D.I.6**
- Zustimmung Personalrat **D.I.1** 11

Befristung
- Altersgrenzenregelung **A.II.1** 23

magere Zahlen = Anmerkung **Sachverzeichnis**

- Angabe Befristungsgrundform **D. I.2** 5
- Anschlussbefristung **A. V.3** 2
- Antrag auf Arbeitsvertragsbefristung **D. I.2**
- Arbeitsvertrag (§ 14 Abs. 1 TzBfG) **A. V.3**
- außergerichtlicher Vergleich **A. V.3** 3
- BAT-Arbeitsverhältnis **A.II.4** 5
- Berufsunfähigkeitsleistung **A.II.1** 23
- Betriebsvereinbarung **C.II.1** 15
- Dauer **A. V.3** 2
- wegen Dauer der Aufgabe **A.II.4** 5
- Dauer nach § 12 BErzGG **A. V.7** 14
- Dokumentation **A.II.6** 4
- Doppelbefristung **A. V.4** 2
- Eigenart der Arbeitsleistung **A. V.3** 2
- Elternzeit **A. V.7** 1
- zur Erprobung **A. V.3** 2
- Fortsetzung nach Zweckerreichung **A. V.8** 4
- gerichtlicher Vergleich **A. V.3** 3
- Gratifikation **A.III.4** 13
- Gründe in der Person des Arbeitnehmers **A. V.3** 3
- haushaltsrechtliche Gründe **A. V.3** 3
- Höchstdauer **E.II.6** 3, 5
- Kindesbetreuung **A. V.7** 1
- konzerninterne Arbeitnehmerüberlassung **A.IX.3** 4
- Leiharbeitsvertrag **A.IX.2** 8
- Mitteilung der Zweckerreichung **A. V.8**
- Mutterschutz **A. V.7** 1
- § 14 Abs. 1. Nr. 1 TzBfG **A. V.4**
- § 14 Abs. 1. Nr. 3 TzBfG **A. V.5**
- § 21 BErzGG **A. V.7**
- Probearbeitsverhältnis **A.II.1** 16
- Rentenbewilligung **A.II.1** 23
- Sachgrund **D. I.2** 6
- ohne Sachgrund **E.II.6** 2
- sachgrundlose **A.II.4** 5
- Schlichtungsverhandlung **E. I.9** 28 f.
- soziale Gründe **A. V.3** 3
- tarifvertragliche Regelungen **E.II.6** 1 f.
- Traineevertrag **A.VII.5** 3
- Transfer-Arbeitsverhältnis **A.VII.10** 6
- Verhältnis TzBfG/BErzGG **A. V.7** 3
- Verlängerung **E.II.6** 4, 5
- Vertretung(§ 14 Abs. 1. Nr. 3 TzBfG) **A. V.5** 15
- Vertretung(§ 21 BErzGG) **A. V.7** 15
- vorübergehende Übertragung höherwertiger Tätigkeit **A. V.6** 1, 2
- vorübergehender Arbeitskräftebedarf **A. V.4** 15
- Wunsch des Arbeitnehmer **A. V.3** 3
- Zeit- und Zweckbefristung **A. V.4**
- Zeitbefristung **A.II.4** 5
- zur zeitweisen Aushilfe/Vertretung **A.II.4** 5
- Zweckbefristung **A. V.4** 1
- Zweckerreichung **A. V.4** 17

Befristung, sachgrundlose
- Abbedingung **A. V.1** 13
- Anfechtung **A. V.1** 23
- Arbeitsvertrag **A. V.1**
- außerordentliche Kündigung **A. V.1** 23
- Höchstdauer **A. V.1** 13
- Konzern **A. V.1** 22
- Kündigungsfrist **A. V.1** 14
- mehrfache **A. V.1** 1
- Probezeit **A. V.1** 14
- Rechtsvorgänger **A. V.1** 22
- Verlängerung Arbeitsvertrag **A. V.2** 2
- vorherige Befristung **A. V.1** 20
- vorheriges Arbeitsverhältnis **A. V.1** 21
- Zitiergebot **A. V.1** 12

Begrenzung
- Arbeitszeit **E.II.3** 10

Behinderte
- Sonderkündigungsschutz **A.XIV.9** 9

Behinderung
- Personalfragebogen **A. I.2** 17
- Sonderkündigungsschutz **A.XIV.9** 9

Beihilfe
- Öffentlicher Dienst **A.II.4** 4

Beihilfetarifvertrag A.II.4 4

Beisitzer
- Benennung Stellvertreter **E. I.2** 11
- Fernbleiben Schlichtungsverfahren **E. I.2** 20
- Freistellung **E. I.2** 15
- Schlichtungsstelle **E. I.2** 9, 10
- ständige Einigungsstelle **C.II.25** 6

Beisitzer Einigungsstelle
- Vergütung **C.II.25** 10

Bekanntmachungen
- Betriebsrat **C.II.5** 12

Belästigung
- Begriff **C.II.23** 5

Belästigung, sexuelle
- Begriff **C.II.23** 5
- Frauenförderung **C.II.22** 11

Belehrung
- Änderungskündigung **A.XI.4** 7
- Aufhebungsvertrag **A.XV.1** 41

Beleidigung
- Abmahnung **A. X.1** 3

Bereitschaftsdienst A.II.4 7; **C.II.6** 11
- Begriff **E.II.3** 5
- differenzierte Arbeitszeitregelung **E.II.3** 5
- Regelung der täglichen Arbeitszeit **E.II.3** 8

Bereitschaftszeit C.II.6 11

Berichtspflicht
- Freie Mitarbeit **B.III.** 8
- Handelsvertreter **B.IV.** 15
- Vorstandsmitglied **B.II.1** 13

Berufsausbildung
- Anschlussbefristung **A. V.3** 2
- Begriff **A.VII.2** 1

Berufsausbildungsvertrag
- Änderung **A.VII.2** 18
- ärztliche Untersuchung **A.VII.2** 12
- Ausbildender **A.VII.2** 2
- Ausbildender, Pflichten des **A.VII.2** 10
- Ausbildungsstätte **A.VII.2** 7
- Auszubildender, Pflichten des **A.VII.2** 11
- Betriebsvereinbarung **A.VII.2** 17
- Dauer der Ausbildung **A.VII.2** 5
- Formulierungsmuster **A.VII.**

Sachverzeichnis

fette Buchstaben und Zahlen = Systematik

- Fortsetzungsvertrag **A.VII.2** 5
- Gegenstand **A.VII.2** 4
- gesetzlicher Vertreter **A.VII.2** 3
- Kündigung **A.VII.2** 15
- Mitbestimmungsrecht **A.VII.2** 1
- Probezeit **A.VII.2** 6
- Schadenersatz **A.VII.2** 1
- Schlichtungsverfahren **A.VII.2** 19
- tägliche Ausbildungszeit **A.VII.2** 8
- Tarifrecht **A.VII.2** 17
- Überstunden **A.VII.2** 9
- Urlaub **A.VII.2** 13, 14
- Vergütung **A.VII.2** 9
- vorzeitiges Ende der Berufsausbildung **A.VII.2** 5
- Zeugnis **A.VII.2** 16

Berufsbildung
- Begriff **C.II.4** 4

Berufsbildung, betriebliche
- Gleichbehandlung **C.II.23** 9

Berufsbildungsmaßnahmen
- Durchführung **C.II.4** 9
- Kostentragung **C.II.4** 14
- paritätischer Bildungsausschuss **C.II.4** 11
- Teilnehmerauswahl **C.II.4** 12, 13

Berufsunfähigkeitsrente
- Befristungsgrund **A.II.1** 23

Beschädigung
- Dienstwagen **A.III.1** 6

Beschäftigung
- EU/EWR-Staatsangehörige **A.VIII.2** 19, 22
- fehlende Arbeitserlaubnis **A.VIII.2** 25
- fehlender Aufenthaltstitel **A.VIII.2** 25
- greencard- Regelung **A.VIII.2** 24
- Hochqualifizierte **A.VIII.2** 24
- Nicht EU/EWR-Staatsangehörige **A.VIII.2** 20, 21
- Staatsangehörige EU-Beitrittsstaaten **A.VIII.2** 22

Beschäftigung, vorherige
- Personalfragebogen **A.I.2** 9

Beschäftigung, weitere
- Personalfragebogen **A.I.2** 15

Beschäftigungsdauer
- Kündigungsfrist **E.II.5** 6

Beschäftigungssicherung
- Abbau Fremdpersonal **C.II.9** 11
- Arbeitszeitregelung (Betriebsvereinbarung) **C.II.9**
- Arbeitszeitverlängerung/-reduzierung **C.II.9** 1, 6
- Ausschluss betriebsbedingter Kündigungen **C.II.9** 16
- Außerkraftsetzung Betriebsvereinbarung **C.II.9** 18
- Erhöhung Ausbildungsquote **C.II.9** 13
- Investitionszusage **C.II.9** 12
- Laufzeit Betriebsvereinbarung **C.II.9** 17
- Öffnungsklausel **C.II.9** 5
- Stellengarantie **C.II.9** 15
- Übernahme Auszubildende **C.II.9** 14
- Vergütung bei Arbeitszeitveränderung **C.II.9** 9
- Zielsetzung **C.II.9** 2

Beschäftigungssicherungsklausel **E.I.8** 1, 5
- Sozialauswahl **E.I.8** 5

Beschäftigungssicherungstarifvertrag E.I.8

Beschäftigungssicherungsvertrag
- Arbeitszeitherabsetzung **E.I.8** 12
- Betriebsstilllegung **E.I.8** 13
- Garantie Arbeitszeit **E.I.8** 6
- Garantie Beschäftigtenzahl **E.I.8** 7
- Gegenleistung **E.I.8** 8
- Geltungsbereich **E.I.8** 4
- Kündigung bei Betriebsstilllegung **E.I.8** 16
- Kündigung vor Vertragsende **E.I.8** 14
- Kündigung wegen schlechter Lage **E.I.8** 15
- Laufzeit **E.I.8** 17
- Öffnungsklausel **E.I.8** 8
- Präambel **E.I.8** 3
- Rationalisierungsschutztarifvertrag **E.I.8** 3
- Sachgruppenvergleich **E.I.8** 8
- Schutz vor betriebsbedingter Kündigung **E.I.8** 5
- Tariffähigkeit **E.I.8** 2

Beschäftigungsverbot **A.VIII.2** 25

Beschlussfassung
- Aufsichtsratsbeschluss zur Vorstandsbestellung **B.II.2** 4
- Schlichtungsverfahren **E.I.9** 18 f.

Beseitigung
- Abmahnung **A.X.1** 8
- unberechtigte Ermahnung **A.X.2** 2

Besitzstandswahrung
- interne Versetzung **C.II.3** 11

Besserungsschein
- Begriff **A.XIII.3** 2
- Entschädigungsberechnung **A.XIII.3** 5, 6
- Entschädigungsleistung **A.XIII.3** 4
- geringere Arbeitsleistung **A.XIII.3** 6
- vorzeitiges Ausscheiden **A.XIII.3** 6

Bestellung
- Ausbilder **C.II.4** 10
- Betriebsarzt **C.II.17** 11
- Datenschutzbeauftragter **C.II.16** 11
- Geschäftsführer **B.I.2**
- Sicherheitsbeauftragter **C.II.17** 9
- Sicherheitsfachkraft **C.II.17** 10
- Vorstandsmitglied **B.II.1** 1, 15; **B.II.2**

Bestellung, wiederholte
- Vorstandsmitglied **B.II.1** 15; **B.II.2** 7

Besteuerung, nachgelagerte F.I.1 2

Beteiligungsrecht
- Betriebsänderung **C.I.6** 6

Betrieb
- betriebsverfassungsrechtlicher Begriff **E.I.3** 2

Betriebliche Übung
- private Internetnutzung **A.IV.5** 1
- Privatnutzung Telefon **C.II.15** 1
- Zielvereinbarung **A.III.8** 13

Betriebliche Weiterbildung
- Begriff **C.II.4** 1, 4

Betriebsabsprache **C.II.1** 8

Betriebsänderung
- Abgrenzung zu Abfindungsprogramm **A.XIII.4** 1
- Beteiligungsrechte Betriebsrat **C.I.6** 6

magere Zahlen = Anmerkung **Sachverzeichnis**

- Interessenausgleich C. I.6 1, 3; C. I.7 1, 4
- Mitwirkung Betriebsrat C. I.6 6
- Organisationsregelungen C. I.6 5; C. I.7 6
- Positivliste zu kündigender Arbeitnehmer C. I.6 5; C. I.7 6

Betriebsarzt
- Aufgaben C. II.17 11
- Bestellung C. II.17 11

Betriebsbuße C. II.5 15
- Anhörung Arbeitnehmer A. X.4 5
- Arten A. X.4 3
- Höhe A. X.4 4
- Mitbestimmungsrecht A. X.4 6
- Rauchverbot A. X.4

Betriebsbußenordnung C. II.5 15

Betriebseinschränkung
- Entscheidung Integrationsamt A. XIV.9 13

Betriebsfremde
- Kontrolle C. II.5 4

Betriebsfrieden
- Abmahnung bei Störung A. X.1 3

Betriebsgeheimnis
- Geheimhaltung A. II.1 14

Betriebsidentität
- Betriebsübergang A. XII.1 1, 5, 9

Betriebsordnung
- Betriebsvereinbarung C. II.5

Betriebsrat
- alternative Strukturen E. I.3 1
- Anhörung bei Kündigung Auszubildender A. XIV.19 5
- Anhörung bei Kündigung Schwangerer A. XIV.12 14; A. XIV.13 4
- Anhörung bei Kündigung Schwerbehinderter A. XIV.11 3
- Anhörung bei ordentlicher Kündigung A. XIV.3 2
- Anhörung (Formulierungsmuster) C. I.1
- Anhörungsbogen (Formulierungsmuster) C. I.2
- Anrufung Einigungsstelle C. I.11 1
- Antrag auf Zustimmung (Formulierungsmuster) C. I.3; C. I.4
- Arbeitsunfähigkeit A. II.1 10
- Arbeitszeit A. II.1 3
- Arbeitszeitverlängerung ohne Lohnausgleich A. XI.7 3
- Auswahlrichtlinie C. II.1 4, 12
- Bekanntmachungsmöglichkeiten C. II.5 12
- Beschlussfassung bei Anhörung C. I.1 10
- Beschlussfassung bei Mitbestimmung C. I.3 15
- Beschlussfassung Zustimmungserklärung A. XIV.16 8
- Beteiligungsrechte bei Betriebsänderung C. I.6 6
- betriebliche Weiterbildung C. II.4 2 f.
- betrieblicher Arbeitsschutz C. II.17 1
- Betriebsübergang A. XII.1 9
- Bewerbungsverfahrensanspruch D. I.1 5
- E-mail-/Internet-Nutzung A. IV.5 1
- Frist für Zustimmungserklärung zur Kündigung Betriebsratsmitglied A. XIV.16 8

- von gesetzlicher Vorgabe abweichende Anzahl von Betriebsratsmitgliedern E. I.6 10
- Informationsrecht bei EDV-Systemen C. II.13 8
- Interessenausgleich C. I.6 4; C. I.7 5
- interne Stellenausschreibung C. II.3 1
- Massenentlassungsanzeige A. XIV.20 4
- Mitbestimmung bei Betriebsbuße A. X.4 6
- Mitbestimmungsrecht bei Assessment-Center A. I.4 2
- Mitbestimmungsrecht bei Kurzarbeit C. II.12 1
- Mitteilungsempfänger C. I.1 2
- Mitwirkung Betriebsänderung C. I.6 6
- Personalvertretungsrecht D. I.1 1
- Provisionsvereinbarung A. III.6 1
- Sonderkündigungsschutz A. XIV.16 1, 5
- Spartenbetriebsrat E. I.5 1 f.
- Standard-Arbeitsvertrag A. II.1 1
- Stellungnahme zu Änderungskündigung A. XI.4 6
- Stellungnahme zu Transfersozialplan C. I.10 17
- Telearbeitsplätze C. II.11 25
- Übergangsmandat D. II.2 6
- Umstrukturierung Unternehmen E. I.3 10
- Unterrichtungsbogen C. I.5
- Vermögenswirksame Leistungen A. III.10 1
- Verschmelzung A. XII.3 12
- Verschmelzungsvertrag A. XII.4
- Versetzung Arbeitnehmer A. XI.2 3; A. XI.3 3
- vorsorgliche Anhörung C. I.1 4; C. I.3 8
- Werkwohnung A. IV.8 1
- Zielvereinbarung A. III.7 1
- Zugang zu Internet/Intranet/E-mail C. II.14 18
- Zusammenfassung von Betrieben E. I.4 1 f.
- Zustimmung Personalfragebogen A. I.2 2
- *s. a. Personalrat*

Betriebsrat, unternehmenseinheitlicher
- Betriebsratsmitglieder E. I.3 7
- Fortgeltung Betriebsvereinbarung E. I.3 9
- Freistellung E. I.3 8
- Gemeinschaftsbetrieb E. I.3 3
- Stellung E. I.3 6
- Tarifvertrag E. I.3
- Unternehmensumstrukturierung E. I.3 10
- Wahl E. I.3 11

Betriebsratsfähigkeit
- Arbeitnehmervertretung E. I.6 4

Betriebsratsmitglied
- Antrag auf Zustimmung zur ao. Kündigung (Formulierungsmuster) A. XIV.16
- außerordentliche Kündigung A. XIV.16 1 f., 4; A. XIV.18
- Bestellung zum Datenschutzbeauftragten C. II.16 11
- Firmentarifvertrag E. I.3 7
- von gesetzlicher Vorgabe abweichende Anzahl E. I.6 10
- Kündigungsgrund A. XIV.16 6, 7
- vorsorglicher Ausschließungsantrag A. XIV.16 7
- Zustimmungsersetzungsantrag zur ao. Kündigung A. XIV.17

1367

Sachverzeichnis

fette Buchstaben und Zahlen = Systematik

Betriebsratswahl
- bei anderer Arbeitnehmervertretungsstruktur **E. I.6** 13
- Spartenbetriebsrat **E. I.5** 11
- unternehmenseinheitlicher Betriebsrat **E. I.3** 11
- zusätzliche Arbeitnehmervertretung **E. I.7** 8, 15

Betriebsschließung
- Entscheidung Integrationsamt **A.XIV.9** 13

Betriebsstillegung
- Formulierungsmuster Sozialplan **C. I.8**

Betriebsstilllegung
- Beschäftigungssicherungsvertrag **E. I.8** 1
- Beteiligungsrechte Betriebsrat **C. I.6**
- Interessenausgleich **C. I.6** 1, 3; **C. I.7** 1, 4
- Kündigung Betriebsratsmitglied **A.XIV.16** 7
- Massenentlassungsanzeige **C. I.6** 6
- Sozialplan **C. I.8** 1

Betriebsübergang
- Abgrenzung zu Privatisierung **D.II.2** 5
- Ausschlussklausel Versorgungsanwartschaft **F.IV.3** 1 f.
- in Aussicht genommene Maßnahmen **A.XII.1** 11
- Begriff **A.XII.1** 1
- Behandlung Rentenverbindlichkeit **F.IV.2** 1 f.
- Betriebsidentität **A.XII.1** 1, 5, 9
- Betriebsrat **A.XII.1** 9
- Betriebsvereinbarung **A.XII.1** 9
- Betriebsvereinbarung über betriebliche Altersversorgung **F.IV.3** 1 f.
- Einverständniserklärung Arbeitnehmer **A.XII.1** 12
- Formulierungsmuster asset deal **A.XII.2**
- Formulierungsmuster Mitarbeiterinformation **A.XII.1**
- geplanter Zeitpunkt **A.XII.1** 3
- Haftungsangaben **A.XII.1** 6
- Konzern-/Gesamtbetriebsrat **A.XII.1** 9
- Kündigung **A.XII.1** 7
- Kündigung, betriebsbedingte bei Widerspruch gegen **A.XII.1** 14
- rechtliche/wirtschaftliche/soziale Folgen **A.XII.1** 5
- Tarifverträge **A.XII.1** 8
- Übergangsgrund **A.XII.1** 4
- Übernahmevereinbarung **E.III**
- Unternehmenskauf (Formulierungsmuster) **A.XII.2**
- Unternehmensmitbestimmung **A.XII.1** 10
- Unterrichtender **A.XII.1** 15
- Unterrichtungspflicht **A.XII.1** 2 f., 15
- Verschmelzung **A.XII.3** 3
- Verschmelzung (Formulierungsmuster) **A.XII.3**
- Widerspruchsfolgen **A.XII.1** 14
- Widerspruchsrecht Arbeitnehmer **A.XII.1** 13
- Zeitpunkt **A.XII.1** 3

Betriebsvereinbarung
- Abgrenzung **C.II.1** 1
- Ablösungsprinzip **C.II.1** 16
- Abtretungsverbot von Gehaltsansprüchen von **C.II.5** 13
- Alkoholverbot **C.II.5** 8
- Annahme von Geschenken **C.II.5** 14
- Arbeitszeitregelung zur Beschäftigungssicherung **C.II.9**
- ärztliche Untersuchung **C.II.5** 10
- Auslegung/Aushang **C.II.1** 16
- Außendienst **A.VII.7** 17
- außerordentliche Kündigung **C.II.1** 15
- Auswahlrichtlinie betriebsbedingte Kündigung **C.II.2**
- Auswahlrichtlinie Einstellung **C.II.1**
- Auswahlrichtlinie Versetzung **C.II.1**
- Befristung **C.II.1** 15
- Begriff **C.II.1** 1
- Berufsausbildungsvertrag **A.VII.2** 17
- betriebliche Ordnung **C.II.5**
- betriebliche Weiterbildung **C.II.4**
- betrieblicher Arbeitsschutz **C.II.17**
- betriebliches Vorschlagswesen **C.II.20**
- Betriebsbußen **C.II.5** 15
- Betriebsübergang **A.XII.1** 9
- Bildschirmarbeit **C.II.18**
- Bußordnung **A. X.4** 2
- compliance **C.II.5** 14
- Datenschutz **C.II.16**
- Drogenverbot **C.II.5** 9
- Durchführung Sozialauswahl **C.II.2** 10
- EDV-Rahmenbetriebsvereinbarung **C.II.13**
- E-mail-Nutzung **C.II.14**
- equal opportunity policy **C.II.23**
- erzwingbare **C.II.1** 15
- Ethikrichtlinien **C.II.5** 14
- Firmenausweis **C.II.5** 5
- Firmentarifvertrag **E. I.3** 9
- Fortgeltung bei neuer Arbeitnehmervertretung **E. I.6** 12
- Frauenförderung **C.II.22**
- freiwillige **C.II.1** 15
- Gemeinsamer Ausschuss **C.II.26**
- Gleichbehandlung **C.II.23**
- gleitende Arbeitszeit **C.II.6**
- Gruppenarbeit **C.II.21**
- Gruppenarbeitsvertrag **A.VII.8** 1
- Inkrafttreten **C.II.3** 15
- Interner Stellenmarkt **C.II.3**
- Internetnutzung **C.II.14**
- Intranetnutzung **C.II.14**
- Job-Sharing **C.II.10**
- Kontrollmaßnahmen **C.II.5** 4
- Kündigung **C.II.1** 15; **F. V.1** 1
- Kurzarbeit **C.II.12**
- Laufzeitregelung **C.II.3** 15
- Leiharbeitsvertrag **A.IX.2** 6
- Meldepflichten **C.II.5** 11
- Nachwirkung **C.II.1** 15
- Offenbarungspflichten **C.II.5** 14
- Parken **C.II.5** 6
- Pfändungsverbot von Gehaltsansprüchen von **C.II.5** 13
- private Internetnutzung **A.IV.5** 1
- Rauchverbot **A. X.4** 1; **C.II.5** 7
- Regelungsinhalt **C.II.1** 2

1368

magere Zahlen = Anmerkung **Sachverzeichnis**

- Salvatorische Klausel **C.II.1** 16
- Schlussbestimmungen **C.II.1** 16
- Schriftform **C.II.1** 17
- Schutz vor Diskriminierung **C.II.23**
- ständige Einigungsstelle **C.II.25**
- teilmitbestimmte **C.II.1** 15
- Telearbeit **C.II.11**
- Telefonanlagennutzung **C.II.15**
- Telefondatenerfassung **C.II.15**
- übertarifliche Zulagen **C.II.19**
- unternehmenseinheitlicher Betriebsrat **E.I.3** 9
- Verschmelzung **A.XII.3** 12
- Vertrauensarbeitszeit **C.II.7**
- Vollständigkeitsklausel **C.II.1** 16
- Wegfall der Geschäftsgrundlage **C.II.1** 16
- Weiterbeschäftigung **C.II.2** 5
- Zeitwertkonten **C.II.8**

Betriebszugehörigkeit
- Gratifikation **A.III.4** 1, 6
- Sozialauswahl **C.II.2** 8, 9

Betriebszusammenfassung
- Tarifvertrag **E.I.4** 1 f.

Beurteilung, dienstliche
- Beförderung **D.I.1** 7

Beurteilungsgrundsätze
- Mitbestimmungsrecht **A.III.7** 1

Beurteilungsrichtlinien
- Mitbestimmungsrecht **A.III.7** 1

Bewährung, mangelnde
- Entlassung **D.I.5** 5

Beweislast
- Abmahnung **A.X.1** 4
- Nachweispflicht **A.II.6** 1
- Zustellung ordentliche Kündigung **A.XIV.2** 8

Beweislastumkehr A.II.6 1

Beweisvereitelung A.II.6 1

Bewerber
- Einwilligung in Datenerhebung/-nutzung/-verarbeitung **A.I.3** 2 f.
- Einwilligung in grafologisches Gutachten **A.I.4** 6
- Einwilligung in psychologische Eignungsuntersuchung **A.I.4**; **A.I.4** 2
- Einwilligung in vertrauensärztliche Untersuchung **A.I.4** 4
- Einwilligung in werksärztliche Untersuchung **A.I.4** 4
- Einwilligung zur Datenweitergabe **A.I.3** 4
- fachliche Eignung **C.I.3** 13

Bewerbungsunterlagen A.XVI.4 1
- bei Ablehnung eines Bewerbers **A.I.3** 6
- Anhörung Betriebsrat **C.I.3** 14
- Auswahlrichtlinie **C.II.1** 12
- Beförderung **D.I.1** 10
- Einwilligung zur Datennutzung/-verarbeitung **A.I.3** 6

Bewerbungsverfahren
- Alkoholtest **A.I.4** 4
- Drogenscreening **A.I.4** 4
- Einladung zum Vorstellungsgespräch **A.I.1**

- Einwilligung in Datenerhebung/-nutzung/-verarbeitung **A.I.3** 2 f.
- grafologisches Gutachten **A.I.4** 6
- Personalfragebogen **A.I.2**
- psychologische Eignungsuntersuchung **A.I.4** 2
- vertrauensärztliche Untersuchung **A.I.4** 4
- werksärztliche Untersuchung **A.I.4** 4

Bewerbungsverfahrensanspruch D.I.1 5

Bezirksprovision A.III.6 1

Bezirksschutz
- Handelsvertreter **B.IV.** 5

Bezugnahmeklausel
- BAT **A.II.4** 3

Bezugsrechte
- Vorstandsmitglied **B.II.1** 23

Bildschirmarbeit
- Betriebsvereinbarung **C.II.18**
- Mitbestimmungsrecht **C.II.18** 1

Bildschirmarbeitsplatz
- Anforderungen **C.II.18** 7
- Arbeitsunterbrechung **C.II.18** 13
- Augenuntersuchung **C.II.18** 15
- Begriff **C.II.18** 4
- Beurteilung **C.II.18** 11
- Bildschirmbrille **C.II.18** 17
- Einarbeitung **C.II.18** 18
- gesundheitsrechtliche Schutzvorschriften **C.II.18** 14
- Kostentragung Arbeitsschutz **C.II.18** 16
- Leistungskontrolle **C.II.18** 19
- Mischarbeitsplatz **C.II.18** 8, 13
- Nutzungszeit **C.II.18** 6
- Software-Ergonomie **C.II.18** 9

Bildschirmarbeitsverordnung C.II.18 1

Bildschirmbrille
- Kostentragung **C.II.18** 17

Bildschirmgerät
- Begriff **C.II.18** 5

Bildungsausschuss, paritätischer C.II.4 6
- Berufsbildungsmaßnahmen **C.II.4** 11
- Bestellung/Abberufung von Ausbildern **C.II.4** 10
- Durchführung Berufsbildungsmaßnahmen **C.II.4** 9
- Unterrichtung **C.II.4** 7

Blankettverweisung
- Tarifvertrag **E.I.1** 7

blue-pencil-test A.II.1 29

Bonus
- anteilige Zielerreichung **A.III.8** 21
- Garantiebonus **A.III.8** 23
- Rahmenvertrag zur Zielvereinbarung **A.III.8** 2
- s. a. Zielvereinbarung

Bonusmeilen
- Vorstandsmitglied **B.II.1** 32

Boten
- Zustellung durch **A.XIV.2** 8

Bundesagentur für Arbeit
- Erlaubnis Arbeitnehmerüberlassung **A.IX.1** 3
- Merkblatt Leiharbeit **A.IX.2** 17

Bundes-Angestelltentarifvertrag (BAT)
- Tarifbindung **D.I.2** 4

1369

Sachverzeichnis

fette Buchstaben und Zahlen = Systematik

Bundesdatenschutzgesetz
- Anwendbarkeit **A.IV.4** 1
- Datenschutzverpflichtung **A.IV.4**
- Datenweitergabe an Dritte **C.II.16** 9
- EDV **C.II.13** 1
- Telefondaten **C.II.15** 1

Bußordnung
- Betriebsvereinbarung **A.X.4** 2

cash options
- Vorstandsmitglied **B.II.1** 23

catch all-Klausel
- Aufhebungsvertrag Geschäftsführer **B.I.3** 16

change of control
- Sonderkündigungsrecht **B.I.1** 11
- Vorstandsdienstvertrag **B.II.1** 8

change-of-control-Klausel
- Aufhebungsvertrag Vorstandsmitglied **B.II.3** 17

cherry picking
- Unternehmenskauf **A.XII.2** 9

compliance **C.II.5** 14

Computerprogramm
- arbeitsvertragliche Verwertung **A.II.1** 15

Contractual Trust Agreement
- Formulierungsmuster **F.I.5**
- Insolvenzschutz **F.I.5** 1
- Trust **F.I.6** 1

corporate governance codex **B.II.1** 10
- Vorstandsbezüge **B.II.1** 22

corporate network
- private Nutzung **A.IV.5** 10

Darlehen
- Aufhebungsvertrag **A.XV.1** 11

Darlehensvertrag
- Arbeitgeberdarlehen **A.IV.6**

Daten
- Zurückbehaltungsrecht **A.II.1** 14

Daten, personenbezogene
- Ablehnung eines Bewerbers **A.I.3** 6
- Begriff **A.I.3** 3
- Erhebung **A.I.3** 3
- sensible Daten **A.I.3** 8
- Weitergabe **A.I.3** 4

Datenerhebung
- Datenschutzverpflichtung **A.IV.4** 5
- dienstliches Telefongespräch **C.II.15** 6
- dienstliches Telefongespräch Betriebsrat **C.II.15** 8
- Einwilligung Arbeitnehmer **A.I.3** 2, 6, 8
- Einwilligung bei privater Internetnutzung **A.IV.5** 18
- Personalfragebogen **A.I.2** 35
- personenbezogene Daten **A.I.3** 3
- privates Telefongespräch **C.II.15** 7
- Verweigerung der Einwilligung **A.I.3** 7

Datengeheimnis **A.IV.4** 1
- Abgrenzung zu Verschwiegenheit **A.IV.4** 2
- Verpflichtung **A.IV.4** 2

Datennutzung
- Datenschutzverpflichtung **A.IV.4** 5

- Einwilligung Arbeitnehmer **A.I.3** 2, 6, 8
- personenbezogene Daten **A.I.3** 3
- Verweigerung der Einwilligung **A.I.3** 7

Datenschutz
- arbeitsrechtlicher **A.I.3** 1 f.
- Betriebsvereinbarung **C.II.16**
- Datenschutzbeauftragter **C.II.16** 10
- Datenträger **C.II.16** 8
- EDV-Rahmenbetriebsvereinbarung **C.II.13**
- Personalfragebogen **A.I.2** 35
- Personalinformationen **C.II.13** 5; **C.II.16** 5
- Telearbeit **C.II.11** 21
- Telearbeitsvertrag **A.VII.4** 25
- Telefondaten **C.II.15** 1
- Übermittlung an Drittstaaten **C.II.16** 9
- Weitergabe an Dritte **C.II.16** 9
- Zugangsschutz **C.II.16** 7
- Zugriffsberechtigung **C.II.16** 6

Datenschutzbeauftragter **C.II.16** 10
- Abberufung **C.II.16** 13
- Aufgaben **C.II.16** 17
- Bestellung **C.II.16** 11
- Eingliederung **C.II.16** 14
- Fachkunde **C.II.16** 12
- Weisungsfreiheit **C.II.16** 15

Datenschutzverpflichtung
- betroffener Personenkreis **A.IV.4** 3
- Dauer **A.IV.4** 6
- Formulierungsmuster **A.IV.4**
- gesetzliche Bestimmungen **A.IV.4** 7
- Nachweis **A.IV.4** 8
- personenbezogene Daten **A.IV.4** 4
- unbefugtes Erheben/Nutzen/Verarbeiten **A.IV.4** 5

Datenspeicherung
- Einwilligung bei privater Internetnutzung **A.IV.5** 18

Datenträger
- Weitergabekontrolle **C.II.16** 8

Datenübermittlung
- an Transfergesellschaft **A.VII.10** 19

Datenverarbeitung
- Datenschutzverpflichtung **A.IV.4** 5
- Einwilligung Arbeitnehmer **A.I.3** 2, 6, 8
- personenbezogene Daten **A.I.3** 3
- Verweigerung der Einwilligung **A.I.3** 7

Datenweitergabe
- ins Ausland **A.I.3** 4
- Einwilligung Arbeitnehmer **A.I.3** 4
- Empfängerangabe **A.I.3** 5
- innerhalb Konzern **A.I.3** 4

Dealen
- Drogenverkauf **C.II.5** 9

Delkrederehaftung
- Handelsvertreter **B.IV.** 16

Determination, subjektive
- Mitarbeiterinformation **A.XII.1** 5

Diensterfindung
- Vorstandsmitglied **B.II.1** 38

Dienstposten
- Übertragung höheren **D.I.1** 3

1370

Sachverzeichnis

magere Zahlen = Anmerkung

Dienstsitz
- Vorstandsmitglied **B.II.1** 14

Dienststelle
- Anhörung Personalrat bei Auflösung/ Einschränkung/Verlegung/Zusammenlegung **D.II.1**
- Auflösung **D.II.1** 4
- Einschränkung **D.II.1** 4
- Verlegung **D.II.1** 4
- Zusammenlegung **D.II.1** 4

Dienstunfähigkeit
- besondere **D.I.6** 6
- fingierte **D.I.6** 6
- nachgewiesene **D.I.6** 6
- Vorstandsmitglied **B.II.1** 21
- vorzeitiger Ruhestand **D.I.6** 1 f., 6

Dienstvergehen
- Entlassung **D.I.5** 4

Dienstvertrag
- GmbH-Geschäftsführer (Formulierungsmuster) **B.I.1**
- Heimarbeit **A.VII.6** 5
- Vorstandsmitglied **B.II.1**

Dienstwagen
- ausschließlich dienstliche Nutzung **A.III.1** 3
- Auswahl **A.III.1** 2
- betriebliche Altersversorgung **A.III.1** 8
- Dienstwagenklausel **A.III.2**
- Führungskraft **A.II.3** 7
- Geschäftsführer **B.I.1** 25
- Gewährleistung bei Kauf **A.XV.1** 32
- Herausgabe **A.III.1** 7
- interne Versetzung **C.II.3** 11
- Kosten/Versicherung **A.III.1** 5
- Lohnsteuer bei verbilligtem Kauf **A.XV.1** 31
- Natural-Abfindung **A.XV.1** 33
- Nutzungsumfang **A.III.1** 3
- Privatnutzung **A.III.1** 3
- Rückgabe bei Aufhebungsvertrag **A.XV.1** 28
- Rückgabe bei ordentlicher Kündigung **A.XIV.3** 9
- Rückgabe Geschäftsführer **B.I.3** 10
- Schäden **A.III.1** 6
- Schadensersatzanspruch **A.III.1** 2
- Übernahme **A.III.1** 4; **A.XV.1** 29 f.
- Vorstandsmitglied **B.II.1** 31
- Widerruf Privatnutzung **A.III.1** 7
- *s. a. Firmenwagen*

Dienstwagenklausel
- Formulierungsmuster **A.III.2**

Dienstwagennutzung
- Entschädigung bei Widerruf **A.XIV.3** 10
- Widerruf bei ordentlicher Kündigung **A.XIV.3** 8, 10

Dienstwagenrichtlinie
- Einbeziehung **A.III.2** 5

Dienstwagenvertrag
- Formulierungsmuster **A.III.1**

Dienstwohnung
- Beendigung Arbeitsverhältnis **A.IV.9** 4
- Begriff **A.IV.9** 1
- Formulierungsmuster Mietvertrag **A.IV.9**
- Gerichtsstand **A.IV.9** 12
- Hausordnung **A.IV.9** 10
- Kaution **A.IV.9** 5
- Mängel **A.IV.9** 7
- Mietzins **A.IV.9** 3
- Modernisierung **A.IV.9** 8
- Schönheitsreparaturen **A.IV.9** 6
- Überlassung an Dritte **A.IV.9** 9

Dienstzeit
- Geschäftsführer **B.I.1** 14

Directors & Officers Liability Insurance
- Vorstandsmitglied **B.II.1** 30

Direktionsrecht
- Abgrenzung zu Änderungskündigung **A.XI.4** 4
- Arbeitnehmerüberlassung **A.IX.1** 7
- Arbeitsvertrag **A.II.1** 2
- Job-Sharing Vertrag **A.VII.3** 7
- Überschreitung **A.V.6** 3
- Vereinbarung zur befristeten Änderung **A.V.6** 4
- vorübergehende Übertragung höherwertiger Tätigkeit **A.V.6** 2

Direktversicherung
- arbeitgeberfinanzierte **F.II.1** 1 f.
- Aufhebungsvertrag Geschäftsführer **B.I.3** 12
- Beitragsaufwand **F.II.1** 6
- Bezugsberechtigung **F.II.1** 10; **F.II.2** 11
- Einverständniserklärung **F.II.2** 13
- Entgeltumwandlung **F.II.2** 1 f.
- Entscheidungsfreiheit **F.II.2** 5
- Fälligkeit Versorgungsleistung **F.II.1** 4
- Formulierungsmuster arbeitgeberfinanzierte **F.II.1**
- Formulierungsmuster Entgeltumwandlung **F.II.2**
- Geschäftsführer **B.I.1** 22
- Gruppenversicherung **F.II.1** 8
- Leistungsvoraussetzungen **F.II.1** 3
- steuerliche Behandlung **F.II.1** 1
- steuerliche Behandlung Eigenbeträge **F.II.2** 12
- Umwandlungsbetrag **F.II.2** 4
- Unverfallbarkeit **F.II.2** 8
- Unverfallbarkeitsfrist **F.II.1** 7
- Verfügungsverbot **F.II.1** 9
- Versorgungsberechtigte **F.II.1** 2; **F.II.2** 2
- Versorgungsleistung **F.II.1** 5; **F.II.2** 7
- Vorbehalte **F.II.1** 13
- vorzeitiges Ausscheiden **F.II.1** 7; **F.II.2** 8
- Zusage, mittelbare **F.II.1** 1

Direktzusage
- Altersrente **F.I.4** 8
- Anpassungsregelung **F.I.4** 14
- anrechnungsfähige Dienstzeit **F.I.4** 6
- arbeitgeberfinanzierte (Formulierungsmuster) **F.I.4**
- Aufhebungsvertragsklausel **F.V.3**
- In-Kraft-Treten **F.I.4** 16
- Invalidenrente **F.I.4** 9
- Jeweiligkeitsklausel **F.I.4** 16
- Pensionszusage durch Gehaltsumwandlung **F.I.2** 1 f.
- Pflichten des Anspruchsberechtigten **F.I.4** 13

1371

Sachverzeichnis

fette Buchstaben und Zahlen = Systematik

- Ruhegeldarten **F.I.4** 3
- ruhegeldfähiges Einkommen **F.I.4** 7
- unmittelbare **F.I.4** 1
- Vereinbarung zur Gehaltsumwandlung **F.I.1** 1 f.
- Verpfändungsvereinbarung **F.I.3** 1 f.
- Versorgungsberechtigte **F.I.4** 2
- Versorgungsfall **F.I.4** 5
- Vorbehalte **F.I.4** 15
- vorzeitiges Ausscheiden **F.I.4** 12
- Wartezeit **F.I.4** 4
- Widerrufsvorbehalt **F.I.4** 15
- Witwen-/Waisenrente **F.I.4** 10

Diskriminierung
- Begriff **C.II.23** 5
- Teilzeitarbeit **A.XI.5** 6

Diskriminierungsschutz
- Betriebsvereinbarung **C.II.23**

Disziplinarmaßnahme
- Betriebsbuße **A.X.4** 2

Disziplinarmaßnahmen
- Beamter auf Probe **D.I.5** 7

Dokumentation
- Abmahnung **A.X.1** 5
- Arbeitsentgelt **A.II.6** 8
- Arbeitsort **A.II.6** 5
- Arbeitszeit **A.II.6** 9
- Aushändigung Niederschrift **A.II.6** 16
- Auslandseinsatz **A.II.6** 14
- Befristung **A.II.6** 4
- Gefährdungsbeurteilung **C.II.17** 8
- Internetnutzung **C.II.14** 11
- Kollektivvereinbarung **A.II.6** 13
- Kündigungsfrist **A.II.6** 11
- Nachweisgesetz **A.II.6**
- Rentenversicherungsoption **A.II.6** 15
- Tätigkeitsbeschreibung **A.II.6** 6
- Urlaubsdauer **A.II.6** 10
- Vergütung **A.II.6** 7
- Vertragslaufzeit **A.II.6** 3
- Vertragsparteien **A.II.6** 2
- vorübergehender Arbeitskräftebedarf **A.V.4** 15
- wesentliche Vertragsbedingungen **A.II.6** 12

Dokumentationspflicht
- tarifvertragliche Vorschriften **A.II.2** 7

Doppelbefristung
- Sachgrund Zweckbefristung **A.V.4** 3
- Zeit-/Zweckbefristung (§ 14 Abs. 1. Nr. 1 TzBfG) **A.V.4** 2
- Zeit-/Zweckbefristung (§ 14 Abs. 1. Nr. 3 TzBfG) **A.V.5**
- Zeit-/Zweckbefristung (§ 21 BErzGG) **A.V.7** 2, 16

Doppelbesteuerungsabkommen A.VIII.2 5

Drogenabhängigkeit
- Personalfragebogen **A.I.2** 20

Drogenkonsum C.II.5 9

Drogenscreening A.I.4 4; **C.II.5** 9

Drogentest
- ärztliche Eignungsuntersuchung **C.II.5** 9
- verdachtsunabhängiger **C.II.5** 9

Drogenverbot C.II.5 9

EDV-Rahmenbetriebsvereinbarung C.II.13 4
- Begriffsbestimmungen **C.II.13** 5
- Betriebsrat **C.II.13** 8
- Datenschutz **C.II.13** 6; **C.II.16**
- Formulierungsmuster **C.II.13**
- Mitbestimmungsrecht **C.II.13** 7

Ehepartner
- Zustellung an **A.XIV.2** 8

Eigenschaftsirrtum
- Anfechtung Arbeitsvertrag **A.XIV.1** 2

Eignung, gesundheitliche
- auflösende Bedingung **A.I.4** 4

Eignung, gesundheitliche
- fehlende **A.II.1** 10

Eignungsuntersuchung, ärztliche C.II.5 10
- Drogentest **C.II.5** 9

Eignungsuntersuchung, psychologische A.I.4 2
- Einwilligung in **A.I.4**
- Ergebnisbekanntgabe **A.I.4** 3
- Mitbestimmung Betriebsrat **A.I.4** 2
- Schweigepflicht **A.I.4** 3

Einberufungsbescheid
- Personalfragebogen **A.I.2** 16

Einfirmenvertreter B.IV. 30

Eingliederungszuschuss
- Auslandseinsatz **A.VIII.1** 10

Eingruppierung C.II.1 2
- Anhörung Betriebsrat **C.I.3** 7
- Antrag auf Zustimmung des Betriebsrats **C.I.3**
- Auswirkung **C.I.3** 10
- Begriff **C.I.3** 7
- fehlerhafte **A.II.2** 5
- Öffentlicher Dienst **A.II.4** 8
- Personaldaten der Bewerber **C.I.3** 11
- Personalrat **D.I.2** 7
- Rückgruppierung **A.II.2** 5

Einigung
- Integrationsamt **A.XIV.9** 15

Einigungsstelle
- Anrufung **C.I.11**
- bei Bedarf **C.II.25** 1
- Begriff **C.I.11** 1
- Besetzung **C.I.11** 4
- Fristsetzung **C.I.11** 5
- gerichtliche Errichtung **C.I.11** 6
- Tarifvertrag über Ersetzung **E.I.2**

Einigungsstelle, ständige C.II.25 1
- Amtszeit der Mitglieder **C.II.25** 7
- Beisitzer **C.II.25** 6
- Betriebsvereinbarung **C.II.25**
- Geltungsbereich Betriebsvereinbarung **C.II.25** 3
- Inkrafttreten Betriebsvereinbarung **C.II.25** 11
- Kosten **C.II.25** 10
- Unterlassungsanspruch **C.II.25** 9
- Verfahren **C.II.25** 8
- Vergütung Beisitzer **C.II.25** 10
- Vorsitzender **C.II.25** 5
- Zusammensetzung **C.II.25** 4
- Zuständigkeit **C.II.25** 8

Einigungsstellenverfahren C.II.25 8
- erzwingbares **C.I.11** 1

magere Zahlen = Anmerkung

Sachverzeichnis

- Fortführung laufender durch Schlichtungsstelle E.I.2 7
- freiwilliges C.I.11 1

Einkommen, bisheriges
- Personalfragebogen A.I.2 13

Einkommensteuer
- ausländischer Arbeitnehmer A.VIII.2 5

Einladung zum Vorstellungsgespräch
- Formulierungsmuster A.I.1

Einschätzungsprärogative
- Entlassung wegen mangelnder Bewährung D.I.5 5

Einschränkung
- Dienststelle D.II.1 4

Einschreiben
- Zustellung durch A.XIV.2 8

Einsichtsrecht
- dienstliche E-mail C.II.14 17

Einstellung
- Anhörung Betriebsrat C.I.3 6
- Antrag auf Zustimmung des Betriebsrats C.I.3
- Auswirkung C.I.3 10
- befristete D.I.2 2
- Begriff C.I.3 6
- Betriebsvereinbarung Auswahlrichtlinie C.II.1
- Bewerbungsunterlagen C.I.3 14
- Eignungskriterien C.II.1 10
- fachliche Eignung Bewerber C.I.3 13
- Gleichbehandlung C.II.23 7
- Personalberatung C.I.3 12
- Personaldaten der Bewerber C.I.3 11, 12
- vorläufige C.I.3 15

Einstellung, befristete
- Antrag auf Zustimmung Personalrat D.I.2
- Mitbestimmungsrecht D.I.2 2

Einstellungsuntersuchung C.II.5 10
- Drogentest C.II.5 9
- Führungskraft A.II.3 10

Einstellungsuntersuchung, körperliche A.I.4 4

Einstellungsvorbehalt A.II.1 10

Einverständniserklärung Betriebsübergang A.XII.1 12

Einwilligung
- Datenerhebung/-nutzung/-verarbeitung A.I.3 2, 6, 8
- psychologische Eignungsuntersuchung A.I.4 2
- vertrauensärztliche Untersuchung A.I.4 4
- Verweigerung Datenerhebung/-nutzung/-verarbeitung A.I.3 7
- werksärztliche Untersuchung A.I.4 4

Elternzeit
- Änderungskündigung A.XIV.14 11
- Antrag auf Zulässigerklärung ordentlicher Kündigung in A.XIV.14 1 f., 12
- Befristungsgrund A.V.7 1
- Dauer Sonderkündigungsschutz A.XIV.14 8
- Frist Teilzeitverlangen A.VI.1 3
- hilfsweise Kündigung A.XIV.15
- Kündigung (Formulierungsmuster) A.XIV.15
- Personalfragebogen A.I.2 22
- Sonderkündigungsschutz A.XIV.14 1

- Teilzeitanspruch A.VI.1 1
- zuständige oberste Landesbehörde A.XIV.12 2; A.XIV.14 2

E-mail
- Betriebsvereinbarung C.II.14
- Einsichtsrecht in dienstliche C.II.14 17
- Formulierungsmuster Privatnutzung A.IV.5
- freemail A.IV.5 9
- Kontrolle auf Viren/SPAM C.II.14 15
- Nutzungsbegrenzung C.II.14 9
- private E-mail-Adresse A.IV.5 8
- private Nutzung A.IV.5 1
- Privatnutzung C.II.14 8
- unerlaubte Internetnutzung A.X.1 3
- unzulässige Nutzung C.II.14 10
- Verbindungsdaten C.II.14
- Vertretungsregeln C.II.14 16
- Zugang Betriebsrat C.II.14 18
- Zugangsgestaltung C.II.14 13

employment contract
- Formulierungsmuster (deutsch/englisch) A.VIII.3

Engagement-Letter
- Annahmefrist A.II.5 12
- Arbeitsbedingungen A.II.5 2
- Formulierungsmuster A.II.5

Entbindung
- Kenntnis A.XIV.12 8

Entgeltfortzahlung
- Abweichung vom Geldfaktor E.II.4 9
- Abweichung vom Zeitfaktor E.II.4 8
- Änderung Berechnungsmethode E.II.4 6
- Aufwandsentschädigung E.II.4 10
- Berechnung E.II.4 2
- Brutto-Lohnprinzip E.II.4 7
- Dauer E.II.4 5
- Führungskraft im Krankheitsfall A.II.3 10
- Höhe E.II.4 2
- Krankheitsfall E.II.4 3
- Kurzarbeit C.II.12 8; E.II.4 12
- Lohnausfallprinzip E.II.4 6
- modifiziertes Ausfallprinzip E.II.4 6
- Rechtsgrundlage E.II.4 4
- Referenzprinzip E.II.4 6
- tarifvertragliche Regelungen E.II.4 1 f.
- Überstundenentgelt E.II.4 10
- vorübergehende Verhinderung E.II.4 3
- wiederkehrende Vergütungsbestandteile E.II.4 11

Entgeltfortzahlung, verlängerte A.XI.1 2
- Anrechnung A.XI.1 4
- Anzeigepflicht A.XI.1 6
- Staffelung A.XI.1 3
- Widerrufsvorbehalt A.XI.1 7

Entgeltumwandlung
- Bindungsdauer F.II.2 5
- Direktversicherung F.II.2 1 f.

Entlassung
- Beamter auf Probe/Widerruf D.I.5 1 f., 4, 5
- Dienstvergehen D.I.5 4
- Ermessensentscheidung D.I.5 6
- mangelnde Bewährung D.I.5 5

Sachverzeichnis

fette Buchstaben und Zahlen = Systematik

Entlastung
- Aufhebungsvertrag Geschäftsführer **B.I.3** 15
- Geschäftsführer **B.I.3** 15; **B.I.4** 7

Entleiher
- Arbeitnehmerüberlassung **A.IX.1**
- Arbeitsbedingungen **A.IX.1** 6; **A.IX.2** 5

Entschädigungszahlung
- Auslandseinsatz **A.VIII.1** 13

equal opportunity policy
- Betriebsvereinbarung **C.II.23**

equal-pay-Gebot
- Leiharbeit **A.IX.2** 4

Erfindung
- arbeitsvertragliche Übertragung **A.II.1** 15
- Geschäftsführer **B.I.1** 29

Erfolgsbonus
- Vorstandsmitglied **B.II.1** 22

Erfüllungsort
- Arbeitsvertrag **A.II.1** 30
- Vorstandsdienstvertrag **B.II.1** 49

Erfüllungsübernahme
- Betriebseinstellung **F.IV.1** 3
- Bilanzierung **F.IV.1** 2
- Formulierungsmuster **F.IV.1**
- Informationsaustausch **F.IV.1** 8
- Insolvenzsicherung **F.IV.1** 2
- Liquidation des Veräußerers **F.IV.1** 3
- Rentenverpflichtung/-anwartschaft **F.IV.1** 1 f.
- Sicherheitsleistung **F.IV.1** 7
- Verpflichtungen des Erwerbers **F.IV.1** 5
- Versorgungszusage **F.IV.1** 4

Ergänzungsbestellung
- Geschäftsführer **B.I.2** 1

Erhöhung
- Arbeitszeit **A.XI.5** 9

Erlassvertrag
- Aufhebungsvertrag **A.XV.1** 38
- betriebliche Altersversorgung **F.V.2** 1 f.
- Formulierungsmuster **F.V.2**

Erlaubnisvorbehalt
- Nebenbeschäftigung **A.II.1** 13

Erledigungsklausel
- Aufhebungsvertrag Vorstandsmitglied **B.II.3** 28

Ermahnung
- Anlegen von Schutzkleidung **A.X.2**
- Formulierungsmuster **A.X.2**
- Personalakte **A.X.2** 2
- unberechtigte **A.X.2** 2

Ermittlungsverfahren, laufendes
- Personalfragebogen **A.I.2** 24

Erprobung
- Anschlussbefristung zur **A.V.3** 2
- vorübergehende Übertragung höherwertiger Tätigkeit **A.V.6** 4

Ersatzdienst
- Personalfragebogen **A.I.2** 16

Ersatzmitglied Betriebsrat
- Sonderkündigungsschutz **A.XIV.16** 5

Ersetzungsantrag
- Zustimmung Betriebsrat **A.XIV.16** 3

Erstattungsanspruch
- Vorstellungskosten **A.I.1** 2

Erwerbsminderungsrente
- Befristungsgrund **A.II.1** 23

Erwerbsunfähigkeitsrente
- Befristungsgrund **A.II.1** 23

Ethikrichtlinie **C.II.5** 14

EU-Beitrittsstaaten
- Beschäftigung Staatsangehöriger aus **A.VIII.2** 22

Europäischer Betriebsrat
- Abmeldung **C.II.24** 23
- Aktualisierung Unternehmensliste **C.II.24** 5
- Anhörung **C.II.24** 30
- Ansprechpartner Geschäftsleitung **C.II.24** 19
- anwendbares Recht **C.II.24** 38
- Beherrschungsverhältnis **C.II.24** 1
- Beschlussfassung **C.II.24** 20
- Betriebs-/Geschäftsgeheimnisse **C.II.24** 32
- Büro/Kommunikationsmittel **C.II.24** 15, 22
- Freistellung **C.II.24** 14
- Geltungsbereich **C.II.24** 4
- gemeinschaftsweit tätiges Unternehmen **C.II.24** 1
- Gerichtsstand **C.II.24** 39
- Geschäftsordnung **C.II.24** 17
- Gleichbehandlung/Schutz (Ersatz-)Mitglieder **C.II.24** 35
- Inkrafttreten **C.II.24** 40
- konstituierende Sitzung **C.II.24** 10
- Kosten **C.II.24** 22
- Mandatsbeendigung **C.II.24** 12
- Mandatsdauer **C.II.24** 11
- Maßnahmenstopp **C.II.24** 31
- Mitgliederzahl **C.II.24** 7
- Neuverhandlung **C.II.24** 41
- Reisekosten **C.II.24** 22
- Sachverständigenkonsultation **C.II.24** 21
- Schlichtungsverfahren **C.II.24** 37
- Sitzungen **C.II.24** 18
- Sprache **C.II.24** 17
- Unterrichtung Arbeitnehmer/-vertreter **C.II.24** 29
- Unterrichtung bei grenzüberschreitenden Maßnahmen **C.II.24** 24
- Unterrichtung, zusätzliche **C.II.24** 27
- Unterrichtungspflicht **C.II.24** 25
- Unterrichtungszeitpunkt **C.II.24** 26, 28
- Vereinbarung über Errichtung **C.II.24**
- Vereinbarungsinhalt **C.II.24** 3
- Verhandlungspartner **C.II.24** 2
- Verschwiegenheit **C.II.24** 33
- Verteilungsverfahren Mitglieder **C.II.24** 7
- Vertragssprache **C.II.24** 36
- vertrauensvolle Zusammenarbeit **C.II.24** 6
- Vorstand **C.II.24** 13
- Wahlverfahren **C.II.24** 9
- Zusammensetzung **C.II.24** 8
- Zutrittsrecht **C.II.24** 16

EU-Staatsangehöriger
- Aufenthaltsrecht **A.VIII.2** 22
- Beschäftigung **A.VIII.2** 19, 22

magere Zahlen = Anmerkung   **Sachverzeichnis**

EWR-Staatsangehöriger
- Aufenthaltsrecht A.VIII.2 22
- Beschäftigung A.VIII.2 19, 22

Fahrerlaubnis
- Personalfragebogen A.I.2 8

Fahrtkosten
- Vorstellungsgespräch A.I.1 2

Fahrtzeiten
- Telearbeitsvertrag A.VII.4 12

Fälligkeit
- 13. Monatsgehalt A.III.3 3
- Auszahlung Arbeitgeberdarlehen A.IV.6 4

Familiäre Verhältnisse
- Personalfragebogen A.I.2 4

Familienstand
- Personalfragebogen A.I.2 4

Fehlzeiten
- 13. Monatsgehalt A.III.3 4
- vermögenswirksame Leistungen A.III.10 8

Feiertagsgeld
- Heimarbeit A.VII.6 11

Fernmeldegeheimnis
- private Internetnutzung A.IV.5 4

Festgehalt
- Gehaltsvariabilisierung A.XIII.2 2

Firmenausweis C.II.5 5

Firmenrichtlinie
- private Internetnutzung A.IV.5 1

Firmentarifvertrag
- alternative Strukturen E.I.3 1
- Betriebsratsmitglieder E.I.3 7
- Betriebsratswahl E.I.3 11
- Betriebsvereinbarung E.I.3 9
- Geltungsbereich E.I.3 5
- Gemeinschaftsbetrieb E.I.3 3
- Kündigung E.I.3 12
- Laufzeit E.I.3 12
- Nachwirkung E.I.3 12
- Präambel E.I.3 4
- Rechtsstellung unternehmenseinheitlicher Betriebsrat E.I.3 6
- Streik E.I.3 1; E.I.8 2
- Übergangsmandat E.I.3 12
- Vertragsparteien E.I.3 3

Firmenwagen
- Außendienst A.VII.7 8
- Geschäftsführer B.I.1 25
- Teilzeitarbeitsverhältnis A.VI.2 7

Flexibilisierung
- Arbeitszeit A.XI.6 4

Fortbildung
- Abbruch A.IV.7 12
- bei betriebsbedingter Kündigung C.II.2 6
- Nichtbestehen der Prüfung A.IV.7 12

Fortbildungskosten A.IV.7 7

Fortbildungsvertrag
- Bedenkzeit A.IV.7 12
- Beendigung Arbeitsverhältnis A.IV.7 10
- Begriff A.IV.7 1
- Bindungsdauer A.IV.7 11

- Formulierungsmuster A.IV.7
- Fortbildungskosten A.IV.7 7
- Freistellung A.IV.7 3
- Freistellungsende A.IV.7 6
- Interesse Arbeitgeber A.IV.7 2
- Rückzahlungsklausel A.IV.7 8
- Urlaub A.IV.7 5
- Verpassen des Fortbildungszieles A.IV.7 12
- Weiterzahlung Arbeitsentgelt A.IV.7 4

Frage, unzulässige
- Beantwortung A.I.2 33

Fragerecht
- Arbeitgeber A.I.2 2

Frauenförderplan
- Begriff C.II.22 4

Frauenförderung
- Arbeitszeit C.II.22 9
- Auswahlrichtlinie C.II.22 7
- Beförderung D.I.1 6
- betriebliche Weiterbildung C.II.22 8
- Betriebsvereinbarung C.II.22
- Förderpläne C.II.22 4
- Gleichstellungskommission C.II.22 5
- Regelungsinhalt Betriebsvereinbarung C.II.22 1
- sexuelle Belästigung C.II.22 11
- statistische Erfassung C.II.22 3
- Stellenausschreibung C.II.12 6; C.II.22
- Teilzeitarbeit C.II.22 10

Frauenquoten C.II.23 10

Freie Mitarbeit
- Abgrenzung zu Arbeitsverhältnis B.III. 1
- anderweitige Tätigkeit B.III. 15
- Ansprechpartner B.III. 7
- Begriff B.III. 1
- eigenes Personal B.III. 9
- Geheimhaltung B.III. 15
- Lohnsteuerhaftung B.III. 3, 4, 14
- Lohnsteuerrecht B.III. 3
- Ort/Zeit der Tätigkeit B.III. 11
- Rechtsfolgen falscher Einordnung B.III. 4
- Rückgabe von Unterlagen B.III. 17
- Sozialversicherungsrecht B.III. 2
- Umsatzsteuer B.III. 13
- Unterrichtungs-/Berichtspflicht B.III. 8
- Urheber-/Schutzrecht B.III. 16
- Vergütung B.III. 12
- Vertrag (Formulierungsmuster) B.III.
- Vertragsdauer B.III. 10
- Vertragsgegenstand B.III. 5
- Weisungsfreiheit B.III. 6

Freifrist
- Massenentlassungsanzeige A.XIV.20 9

Freistellung
- Altersteilzeit A.XV.3 4
- anderweitiger Verdienst bei Aufhebungsvertrag A.XV.1 20
- Anrechnung Zwischenverdienst A.XIV.3 7
- Arbeitnehmer bei ordentlicher Kündigung A.XIV.3 3
- Arbeitsvertrag A.II.1 21
- Aufhebungsvertrag A.XV.1 19

1375

Sachverzeichnis

fette Buchstaben und Zahlen = Systematik

- Aufhebungsvertrag Geschäftsführer **B. I.3** 7
- Beisitzer Schlichtungsstelle **E. I.2** 15
- Betriebsratsmitglied unternehmenseinheitlicher Betriebsrat **E. I.3** 8
- Europäischer Betriebsrat **C.II.24** 14
- Fortbildungsvertrag **A.IV.7** 3, 6
- Geschäftsführer im Abberufungsbeschluss **B. I.4** 4
- Sonderkündigungsrecht **B. I.1** 12
- tarifvertragliche Regelung **E. I.6** 11
- Urlaubsanrechnung **A.XIV.3** 4
- Urlaubsfestlegung **A.XIV.3** 5
- Vorstandsmitglied **B.II.1** 19; **B.II.3** 15
- Wettbewerbsverbot **A.XIV.3** 6
- Zielvereinbarung **A.III.8** 29
- Zweitarbeitsverhältnis **A.VII.10** 16

Freiwilligkeitsvorbehalt
- 13. Monatsgehalt **A.III.3** 2
- Anwesenheitsprämie **A.III.5** 12
- Gratifikation **A.III.4** 17
- private Internetnutzung **A.IV.5** 16
- Provisionsvereinbarung **A.III.6** 20
- Sonderzahlung **A.II.1** 7
- Zielvereinbarung **A.III.8** 32

Freizügigkeitsgesetz/EU A.VIII.2 22

Fremd-Geschäftsführer
- Dienstvertrag **B. I.1**

Fremdpersonalabbau
- Beschäftigungssicherung **C.II.9** 11

Friedenspflicht
- Schlichtungsverfahren **E. I.9** 27
- Verbandstarifvertrag **E. I.8** 2

Führungskraft
- Altersversorgung **A.II.3** 12
- Arbeitsort **A.II.3** 2
- Arbeitszeit **A.II.3** 4
- ärztliche Untersuchung **A.II.3** 10
- Auslandseinsatz **A.II.3** 3
- Dienstwagen **A.II.3** 7
- Entgeltfortzahlung im Krankheitsfall **A.II.3** 10
- Formulierungsmuster Arbeitsvertrag **A.II.3**
- freiwillige Zusatzleistungen **A.II.3** 10
- Grundgehalt **A.II.3** 5
- Konzernversetzungsklausel **A.II.3** 3
- Kündigungsfristen **A.II.3** 18
- Nebentätigkeit **A.II.3** 15
- Probezeit **A.II.3** 18
- Tätigkeit **A.II.3** 2
- Unfallversicherung **A.II.3** 11
- Urlaub **A.II.3** 14
- variable Vergütung **A.II.3** 6
- Versetzung **A.II.3** 3

Führungszeugnis
- Personalfragebogen **A. I.2** 23

full-service-Leasing A.III.1 2

Fünftelungsregelung
- Abfindung Versorgungszusage **F.V.5** 4
- Fälligkeit **F.V.5** 5

Gebietsschutz
- Handelsvertreter **B.IV.** 5

Gefährdungsbeurteilung
- Arbeitsschutz **C.II.17** 6
- Dokumentation **C.II.17** 8
- Durchführung **C.II.17** 7
- Kostentragung **C.II.17** 7

Gegenstände
- Rückgabe bei Aufhebungsvertrag **A.XV.1** 27
- Rückgabe bei ordentlicher Kündigung **A.XIV.3** 11
- Zurückbehaltungsrecht **A.II.1** 14

Gegenständen
- Rückgabe von G. durch Vorstandsmitglied **B.II.1** 40

Gehaltsanspruch
- Abtretungsverbot **C.II.5** 13
- Pfändungsverbot **C.II.5** 13

Gehaltspfändung
- Personalfragebogen **A. I.2** 27

Gehaltsumwandlung
- Direktzusage betriebliche Altersversorgung **F. I.1** 1 f.
- Pensionszusage **F. I.2** 1 f.

Gehaltsvariabilisierung
- Bonus **A.XIII.2** 4
- Bonus/Festgehalt **A.XIII.2** 2
- Formulierungsmuster **A.XIII.2**
- Nachzahlung **A.XIII.2** 4
- Rückzahlung **A.XIII.2** 5
- unterjähriger Ein-/Austritt **A.XIII.2** 3
- Wiederherstellung des ursprünglichen Niveaus **A.XIII.2** 4
- win-win-Situation **A.XIII.2** 4

Gehaltsverzicht
- Arbeitslosengeld **A.XIII.1** 5
- Arbeitsplatzgarantie **A.XIII.1** 6
- Betragsangaben **A.XIII.1** 3
- betriebsbedingte Kündigung **A.XIII.1** 5
- Datum **A.XIII.1** 4
- Direktzusage betriebliche Altersversorgung **F. I.1** 2
- Formulierungsmuster mit Besserungsschein **A.XIII.3**
- Formulierungsmuster ohne Besserungsschein **A.XIII.1**
- Korrektur **A.XIII.1** 6
- Kündigungsverzicht **A.XIII.1** 7
- Nachzahlung **A.XIII.1** 5
- Rückabwicklung **A.XIII.3** 3
- Wiederherstellung des ursprünglichen Niveaus **A.XIII.1** 5
- Zeitraum **A.XIII.1** 2

Geheimhaltung, nachvertragliche
- Geschäftsführer **B. I.3** 19

Geheimhaltungsklausel
- Aufhebungsvertrag **A.XV.1** 36, 37

Geheimhaltungspflicht
- Freie Mitarbeit **B.III.** 15
- Handelsvertreter **B.IV.** 28
- Telearbeit **C.II.11** 21
- Vertragstrafe wegen Verletzung der **A. X.3**
- Vorstandsmitglied **B.II.1** 39

1376

magere Zahlen = Anmerkung

Sachverzeichnis

- zusätzliche Arbeitnehmervertretung E.I.7 12
- **Geheimhaltungsverpflichtung A.II.1 14**
- Abgrenzung zu Wettbewerbsverbot A.II.1 14
- Geschäftsführer B.I.1 27
- **Geldbuße A.X.4 3, 4**
- **Geldwerter Vorteil**
- steuerliche Behandlung Arbeitgeberdarlehen A.IV.6 5
- **Geltungserhaltende Reduktion A.II.1 29**
- **Gemeinsamer Ausschuss**
- Begriff C.II.26 1
- Betriebsvereinbarung C.II.26
- Personalausschuss C.II.26 3
- Regelungsinhalt C.II.26 1
- **Gemeinschaftsbetrieb**
- Firmentarifvertrag E.I.3 3
- **Genehmigungspflicht**
- Nebentätigkeit D.I.3 4
- **Genomanalyse A.I.4 4**
- **Gerichtsstand**
- Arbeitsvertrag A.II.1 30
- Dienstwohnungsvertrag A.IV.9 12
- Vorstandsdienstvertrag B.II.1 49
- Werkmietvertrag A.IV.8 15
- **Gerichtsstandsvereinbarung**
- Vertrag mit EU/EFTA-Auslandsberührung A.VIII.2 30
- Vertrag ohne EU/EFTA-Auslandsberührung A.VIII.2 29
- **Gerichtsstandvereinbarung**
- Handelsvertretervertrag B.IV. 36
- **Geringfügig Beschäftigte**
- Teilzeit A.VI.2 1
- **Gesamtbetriebsrat**
- Betriebsübergang A.XII.1 9
- **Gesamtbetriebsvereinbarung**
- interner Stellenmarkt C.II.3 10
- **Geschäftsführer**
- Abberufung (Formulierungsmuster) B.I.4
- Abfindung B.I.3 9
- Abwerbeverbot B.I.1 16
- Aufhebungsvertrag B.I.3 1 f.
- ausländischer Staatsangehöriger B.I.2 5
- Auslandstätigkeit B.I.1 20
- Bestellung B.I.1 1
- betriebliche Altersversorgung B.I.1 22
- Dienstvertrag (Formulierungsmuster) B.I.1
- Dienstzeit B.I.1 14
- Entlastung B.I.3 15
- Erwerb zurückzugebender Gegenstände B.I.3 10
- faktischer B.I.2 4
- Haftungsfreistellung B.I.1 31
- Herausgabeverpflichtung B.I.3 10
- Kontaktverbot B.I.3 7
- nachvertragliche Geheimhaltung B.I.3 19
- Nebentätigkeiten B.I.1 15
- Person des B.I.2 5
- qualifiziertes Zeugnis B.I.3 11
- Rückgabe Firmenwagen B.I.3 10
- Rückgabe von Gegenständen B.I.1 28
- ruhendes Arbeitsverhältnis B.I.1 32
- Sonderkündigungsrecht bei change of control B.I.1 11
- Sonderkündigungsrecht bei Freistellung B.I.1 12
- Sonderkündigungsrecht im Krankheitsfall B.I.1 10
- Sozialversicherung B.I.1 23
- Stellvertreterzusatz B.I.2 9
- stock options B.I.1 21
- Suspendierung B.I.3 14
- Vergütung B.I.1 19
- Vergütung bei Positionserweiterung B.I.1 20
- Veröffentlichungen B.I.1 17
- Wettbewerbstätigkeit B.I.1 15
- Wohlverhaltensklausel B.I.3 20
- **Geschäftsführerbestellung**
- Annahme B.I.2 8
- Beginn B.I.2 6
- Dauer B.I.2 6
- Formulierungsmuster B.I.2
- mit Geschäftsführervertrag B.I.2 1
- durch Gesellschafterversammlung B.I.2 4
- Handelsregistereintragung B.I.2 9
- unabhängige B.I.2 2
- Vertretungsbefugnis B.I.2 7
- Vorüberlegungen B.I.2 3
- zuständiges Gremium B.I.2 3
- **Geschäftsführervertrag**
- Abfindung Arbeitnehmerstatus B.I.1 9
- Abwerbeverbot B.I.1 16
- AGB-Kontrolle B.I.1 1
- Auslagen B.I.1 24
- Auslandstätigkeit B.I.1 20
- Berichtspflicht B.I.1 6
- Bestellung Geschäftsführer B.I.1 1; B.I.2 2
- betriebliche Altersversorgung B.I.1 22
- change of control B.I.1 11
- Dienstsitz B.I.1 7
- Dienstvertrag B.I.1 1
- Dienstzeit B.I.1 14
- Direktversicherung B.I.1 22
- Firmenwagen B.I.1 25
- Formulierungsmuster B.I.1
- Geheimhaltungsverpflichtung B.I.1 27
- Geschäftsführungsbefugnis B.I.1 13
- Gesellschafter-Geschäftsführer B.I.1 1
- Gruppenversicherung B.I.1 26
- Haftungsfreistellung B.I.1 31
- Krankheit B.I.1 30
- Kündigung mit Abberufungsbeschluss B.I.4 4
- nachvertragliches Wettbewerbsverbot A.IV.2
- Nebentätigkeit B.I.1 15
- Parteien B.I.1 2
- Positionserweiterung B.I.1 4
- Reisetätigkeit B.I.1 5
- Ressort B.I.1 3
- Rückgabe B.I.1 28
- ruhendes Arbeitsverhältnis B.I.1 32
- Sonderkündigungsrecht im Krankheitsfall B.I.1 10
- Sozialversicherung B.I.1 23

1377

Sachverzeichnis

fette Buchstaben und Zahlen = Systematik

- stock options **B. I.**1 21
- Tod **B. I.**1 30
- Umzugskosten **B. I.**1 7
- Unterzeichnung **B. I.**1 33
- Urheberrecht **B. I.**1 29
- Urlaub **B. I.**1 18
- Vergütung **B. I.**1 19
- Vergütung bei Positionserweiterung **B. I.**1 20
- Veröffentlichungen **B. I.**1 17
- Vertragsdauer **B. I.**1 8
- Vertretungsmacht **B. I.**1 13
- Wettbewerbsverbot **B. I.**1 15

Geschäftsführung
- Sicherstellung bei Abberufung Geschäftsführer **B. I.**4 3

Geschäftsführungsbefugnis
- Geschäftsführervertrag **B. I.**1 13
- Vorstandsmitglied **B.II.**1 12

Geschäftsgeheimnis
- Geheimhaltung **A.II.**1 14

Geschäftsunterlagen
- Rückgabe Geschäftsführer **B. I.**3 10

Geschenkannahme C.II.5 14

Gesellschafterbeschluss
- Abberufung Geschäftsführer **B. I.**4
- Bestellung Geschäftsführer **B. I.**2

Gesellschafter-Geschäftsführer
- Geschäftsführervertrag **B. I.**1 1

Gesellschafterversammlung
- Abberufung Geschäftsführer **B. I.**4 2, 8
- Bestellung Geschäftsführer **B. I.**2 4

Gesundheitsbescheinigung A.XVI.4 1

Gesundheitsschutz
- Begriff **C.II.**17 2
- Bildschirmarbeit **C.II.**18 1

Gesundheitszustand
- Personalfragebogen **A. I.**2 18

Gewährleistung
- Kauf Dienstwagen **A.XV.**1 32

Gewährleistungsgarantie
- Unternehmenskauf **A.XII.**2 10

Gewerkschaft
- Tariffähigkeit **E. I.**1 3
- Tarifzuständigkeit **E. I.**1 3

Gewerkschaftszugehörigkeit
- Personalfragebogen **A. I.**2 30

Gleichbehandlung
- Arbeitsentgelt **C.II.**23 8
- Ausnahmen **C.II.**23 10
- Beförderung **C.II.**23 7
- Begriffsbestimmungen **C.II.**23 5
- Beschwerde **C.II.**23 12
- betriebliche Berufsbildung **C.II.**23 9
- Betriebsvereinbarung **C.II.**23
- Einstellung **C.II.**23 7
- Geltungsbereich Betriebsvereinbarung **C.II.**23 4
- Gleichberechtigungsbeauftragter **C.II.**23 11
- Grundsätze **C.II.**23 6
- Regelungsinhalt Betriebsvereinbarung **C.II.**23 1
- Sanktionen **C.II.**23 13
- Sozialleistungen **C.II.**23 8
- Zielsetzung **C.II.**23 3

Gleichbehandlungsgrundsatz
- Anwesenheitsprämie **A.III.**5 3

Gleichordnungskonzern
- standort-/unternehmensübergreifende Arbeitnehmervertretung **E. I.**6 2

Gleichstellungsabrede
- Arbeitszeit **E.II.**3 1

Gleichstellungsklausel
- BAT **A.II.**4 3
- dynamische Verweisung **A.II.**2 4

Gleichstellungskommission
- Frauenförderung **C.II.**22 5

Gleitzeitkonto C.II.6 9, 12
- Übertragung **C.II.**6 12

Gleitzeitregelung
- Abbau Zeitguthaben **C.II.**6 12
- Arbeitsbereitschaft **C.II.**6 11
- Arbeitszeitgruppen **C.II.**6 7
- Arbeitszeitrahmen **C.II.**6 6
- Ausschluss **C.II.**6 15
- Beendigung Arbeitsverhältnis **C.II.**6 14
- Bereitschaftszeit **C.II.**6 11
- Betriebsvereinbarung **C.II.**6
- Einsatzplan **C.II.**6 7
- Geltungsbereich **C.II.**6 3
- Gleitzeitkonto **C.II.**6 9, 12
- Kernzeit **C.II.**6 6
- Mindestbesetzung **C.II.**6 7
- Pausen **C.II.**6 8
- Präambel **C.II.**6 2
- Rufbereitschaft **C.II.**6 11
- Sollarbeitszeit **C.II.**6 9
- Standardarbeitszeit **C.II.**6 5
- Überstunden **C.II.**6 13
- variable Arbeitszeit **C.II.**6 7
- Verzicht **C.II.**6 15
- Zeiterfassung **C.II.**6 10

Gratifikation
- Abgrenzung zu Sonderzahlung **A.III.**4 1
- Aufhebungsvertrag **A.III.**4 13, 14
- Befristung **A.III.**4 13
- Begriff **A.III.**4 1
- betriebsbedingte Kündigung **A.III.**4 13, 15
- Betriebszugehörigkeit **A.III.**4 1, 6
- Bindungsfrist **A.III.**4 16
- Fälligkeit **A.III.**4 16
- Fehlzeiten **A.III.**4 8 f.
- Formulierungsmuster **A.III.**4
- Freiwilligkeitsvorbehalt **A.III.**4 17
- geltungserhaltende Reduktion **A.III.**4 16
- Gleichbehandlung **A.III.**4 3
- krankheitsbedingte Fehlzeit **A.III.**4 11
- Kündigung Arbeitsverhältnis **A.III.**4 13
- Kürzung **A.III.**4 8 f.
- Kürzung Kleingratifikation **A.III.**4 8
- Mutterschutz **A.III.**4 9
- Rückzahlung Kleingratifikation **A.III.**4 16
- Rückzahlungsklausel **A.III.**4 16
- Ruhen des Arbeitsverhältnisses **A.III.**4 10
- Staffelung **A.III.**4 6

magere Zahlen = Anmerkung

Sachverzeichnis

- Stichtagsregelung **A.III.4** 12
- ungekündigtes Arbeitsverhältnis **A.III.4** 13
- unterjähriger Eintritt **A.III.4** 7
- Wartezeitregelung **A.III.4** 4
- Widerrufsvorbehalt **A.III.4** 18
- Zweck **A.III.4** 5

greencard A.VIII.2 24
- maßgebliche Sprache des Arbeitsvertrages **A.VIII.3** 3

Grundstücksgeschäfte
- Prokura **A.XI.8** 7

Gruppenarbeit
- Arbeitszeit **C.II.21** 15
- Aufgaben der Arbeitsgruppe **C.II.21** 6
- Aufgabenbeschreibung **C.II.21** 7
- Begriff **C.II.21** 4
- betriebliches Vorschlagswesen **C.II.21** 18
- Betriebsvereinbarung **C.II.21**
- Entlohnung **C.II.21** 17
- Geltungsbereich **C.II.21** 3
- Gruppenarbeitsvertrag **C.II.21** 10
- Gruppengespräche **C.II.21** 12
- Gruppengröße **C.II.21** 9
- Gruppensprecher **C.II.21** 13
- Information der Gruppenmitglieder **C.II.21** 19
- Mitbestimmungsrecht **C.II.21** 5
- Organisation der Arbeitsgruppe **C.II.21** 11
- Qualifizierung **C.II.21** 16
- Regelungsinhalt Betriebsvereinbarung **C.II.21** 1
- Unternehmerentscheidung **C.II.21** 5
- Zielsetzung **C.II.21** 2
- Zuordnung der Mitarbeiter **C.II.21** 8

Gruppenarbeitsvertrag C.II.21 10
- Abwesenheit **A.VII.8** 8
- ärztliche Untersuchung **A.VII.8** 8
- Aufgaben **A.VII.8** 2
- Formulierungsmuster **A.VII.8**
- Gruppenprämie **A.VII.8** 6
- Kündigung Gruppenmitglied **A.VII.8** 14
- Pflichten **A.VII.8** 2
- Regelungsgegenstand **A.VII.8** 1
- Schlussbestimmungen **A.VII.8** 17

Gruppengespräche C.II.21 12
Gruppenmitglied
- Kündigung **A.VII.8** 14

Gruppenprämie A.VII.8 6
Gruppensprecher A.VII.8 3
- Aufgaben **C.II.21** 14
- Wahl **C.II.21** 13

Gruppenunfallversicherung, private A.III.11 2
Gruppenversicherung
- Direktversicherung **F.II.1** 8
- Geschäftsführer **B.I.1** 26

Günstigkeitsprinzip
- Arbeitsvertrag **A.II.1** 25

Gutachten, grafologisches
- Einwilligung **A.I.4** 6

Gütestelle
- Vorschaltung **E.I.2** 2

Güteverfahren
- Kündigung Auszubildender **A.XIV.19** 3

Haftung
- Arbeitgeber **A.VIII.2** 26
- Arbeitnehmerüberlassung **A.IX.1** 13
- falsche Einordnung Freier Mitarbeit **B.III.** 4
- Telearbeit **C.II.11** 23
- bei Unternehmenskauf **A.XII.2** 8
- Verschmelzung **A.XII.3** 11

Haftungsfreistellung
- Geschäftsführer **B.I.1** 31
- Unternehmenskauf **A.XII.2** 9

Handelsregister
- Abberufungsbeschluss **B.I.4** 11
- Abberufungsbeschluss Vorstandsmitglied **B.II.4** 10
- Geschäftsführerbestellung **B.I.2** 9
- Vorstandsbestellung **B.II.2** 14

Handelsvertreter
- Abgrenzung zu Arbeitnehmer **B.IV.** 2
- Abgrenzung zu Handlungsgehilfe **B.IV.** 3
- Abgrenzung zu Kommissionär **B.IV.** 3
- Abgrenzung zu Vertragshändler **B.IV.** 3
- Abschlussvertreter **B.IV.** 12
- Alleinvertretung **B.IV.** 5, 10
- Altkunden **B.IV.** 8
- Aufgaben **B.IV.** 11
- Ausgleichsanspruch **B.IV.** 34
- Begriff **B.IV.** 2
- Bemessungsgrundlage Provision **B.IV.** 23
- Berichts-/Mitteilungspflichten **B.IV.** 15
- Besuchspflicht Info-Veranstaltung **B.IV.** 19
- Bezirksschutz **B.IV.** 5
- Delkrederehaftung **B.IV.** 16
- Direktgeschäft des Unternehmens **B.IV.** 10
- echter/unechter **B.IV.** 10
- EG-Kartellrecht **B.IV.** 10
- Einfirmenvertreter **B.IV.** 30
- Entstehung Provisionsanspruch **B.IV.** 25
- Exklusivkunden **B.IV.** 10
- Fälligkeit Provision **B.IV.** 27
- Geheimhaltung **B.IV.** 28
- Hilfspersonen **B.IV.** 17
- Inkassoberechtigung **B.IV.** 13
- Kundenschutz **B.IV.** 5
- Kündigung **B.IV.** 33
- Mehrfirmenvertreter **B.IV.** 30
- Mindestumsatz **B.IV.** 10
- Nachgeschäfte **B.IV.** 24
- nachvertragliches Wettbewerbsverbot **B.IV.** 31
- Person des **B.IV.** 6
- Pflichten **B.IV.** 7
- Pflichten des Unternehmens **B.IV.** 20
- Provision **B.IV.** 21
- Provisionsabrechnung **B.IV.** 27
- Provisionsgrundlage **B.IV.** 23
- Provisionshöhe **B.IV.** 22
- provisionspflichtige Geschäfte **B.IV.** 22
- rechtsgeschäftliche Vertretung **B.IV.** 12
- Reichweite der Betrauung **B.IV.** 10
- Untervertreter **B.IV.** 17
- Vergütung **B.IV.** 21
- Verjährung vertraglicher Ansprüche **B.IV.** 35

1379

Sachverzeichnis

fette Buchstaben und Zahlen = Systematik

- Vermittlungsvertreter **B.IV.** 12
- Verpflichtung zum Einsatz Dritter **B.IV.** 18
- Vertragsgebiet **B.IV.** 7
- Vertragsprodukte **B.IV.** 9
- Wegfall der Provision **B.IV.** 26
- Weisungsrecht **B.IV.** 2, 14
- Wettbewerbsverbot **B.IV.** 29

Handelsvertretervertrag
- AGB-Kontrolle **B.IV.** 4
- Ausgleichsanspruch **B.IV.** 34
- Beendigung **B.IV.** 33
- Befristung **B.IV.** 33
- Dauer **B.IV.** 33
- Formulierungsmuster **B.IV.**
- Gerichtsstandvereinbarung **B.IV.** 36
- Herausgabepflicht **B.IV.** 33
- Verjährung **B.IV.** 35
- Vertragsstrafe **B.IV.** 32

Handlungsgehilfe
- Abgrenzung zu Handelsvertreter **B.IV.** 3

Härtefallklausel
- Sozialplan **C.I.8** 8

Hausbriefkasten
- Zugang bei Einwurf in **A.XIV.2** 8

Haustarifvertrag
- Begriff **E.I.1** 1
- Betriebsübergang **A.XII.1** 8
- Formulierungsmuster **E.I.1**
- unternehmensübergreifende Arbeitnehmervertretung **E.I.6** 2
- s. a. Anerkennungstarifvertrag, Tarifvertrag

Heimarbeit
- Abrechnung **A.VII.6** 14
- Auftrag **A.VII.6** 5
- Beschäftigte **A.VII.6** 2
- Entgeltbuch **A.VII.6** 14
- Feiertagsgeld **A.VII.6** 11
- Heimarbeitsvertrag **A.VII.6** 5
- Heimarbeitszuschlag **A.VII.6** 13
- Krankenlohnausgleich **A.VII.6** 12
- Materialanlieferung/-abholung **A.VII.6** 7
- Tätigkeit **A.VII.6** 4
- Urlaub **A.VII.6** 15
- Urlaubsentgelt **A.VII.6** 10
- Vergütung **A.VII.6** 8 f.
- Vergütungszuschläge **A.VII.6** 9

Heimarbeiter
- Begriff **A.VII.6** 3

Heimarbeitsvertrag
- Arbeitszeit **A.VII.6** 6
- Formulierungsmuster **A.VII.6**
- Kündigung **A.VII.6** 17
- Laufzeit **A.VII.6** 17
- Regelungsgegenstand **A.VII.6** 1

Herabsetzung
- Arbeitszeit **A.XI.5**

Herausgabe
- Arbeitspapiere **A.XVI.4** 1
- Dienstwagen **A.III.1** 7

Herausgabepflicht
- Handelsvertreter **B.IV.** 33

Herausgabeverpflichtung
- Geschäftsführer **B.I.3** 10

Hinterbliebenenvorsorge F.I.2 3 f.
- Rangfolge **F.I.2** 6

HIV-Test C.II.5 10

Hochqualifizierte
- Arbeitsgenehmigung **A.VIII.2** 24

Höchstbestellungsdauer
- Vorstandsmitglied **B.II.2** 7

Homepage
- Betriebsrat **C.II.14** 18
- Einstellung von Mitarbeiterdaten **C.II.14** 12

Incentive-Reise
- Rahmenvertrag zur Zielvereinbarung **A.III.8** 2

Individualabrede
- Vorrang der **A.II.1** 28

Information
- Personalrat **D.I.2** 8

Inkassoberechtigung
- Handelsvertreter **B.IV.** 13

In-Kraft-Treten
- Formulierungsmuster **E.II.2**

Insolvenz
- Entscheidung Integrationsamt **A.XIV.9** 13
- Formulierungsmuster Sozialplan **C.I.9**
- Interessenausgleich **C.I.7** 1
- Kündigung befristeter Arbeitsvertrag **A.V.1** 11
- Nachbesserungsklausel Sozialplan **C.I.9** 6
- Positivliste zu kündigender Arbeitnehmer **C.I.7** 6
- Sozialplan **C.I.7** 8; **C.I.9** 1
- Sozialplanvolumen **C.I.9** 5

Insolvenzschutz
- Contractual Trust Agreement **F.I.5** 1

Insolvenzsicherung
- Altersteilzeit **A.XV.3** 9
- Sabbatical **A.XI.9** 12

Insolvenzverwalter C.I.9 2

Integrationsamt
- Amtsermittlungsgrundsatz **A.XIV.9** 5
- Antrag auf Zustimmung zur außerordentlichen Kündigung Schwerbehinderter **A.XIV.10**
- Antrag auf Zustimmung zur ordentlichen Kündigung Schwerbehinderter **A.XIV.9**
- Benennung Ansprechpartner **A.XIV.9** 18
- Entscheidung des **A.XIV.9** 13; **A.XIV.10** 7
- Entscheidungsfrist **A.XIV.9** 16; **A.XIV.10** 8
- gütliche Einigung **A.XIV.9** 15
- Prüfung der Kündigung **A.XIV.9** 14
- Zuständigkeit **A.XIV.9** 2
- Zustimmung zur Kündigung **A.XIV.9** 17

Interessenausgleich
- Abgrenzung zu Sozialplan **C.I.6** 7
- Abschluss **C.I.6** 8
- Begriff **C.I.6** 1; **C.I.7** 1
- Betriebsstilllegung **C.I.6** 1
- Formulierungsmuster **C.I.6**; **C.I.7**
- Insolvenz **C.I.7** 1
- Kenntnisnahme Betriebsrat **C.I.6** 4; **C.I.7** 5
- Organisationsregelungen **C.I.6** 5; **C.I.7** 6

magere Zahlen = Anmerkung **Sachverzeichnis**

- Positivliste zu kündigender Arbeitnehmer **C.I.6** 5; **C.I.7** 6
- Präambel **C.I.6** 2; **C.I.7** 3
- Schriftform **C.I.6** 1; **C.I.7** 1
- Verbindung mit Anhörung Betriebsrat **C.I.6** 6

Interessenkonflikte
- Vorstandsmitglied **B.II.1** 37

Internet
- Einstellung von Mitarbeiterdaten **C.II.14** 12
- private Nutzung **A.IV.5** 1
- Zugang Betriebsrat **C.II.14** 18

Internetnutzung
- ausschließlich dienstliche **C.II.14** 7
- Betriebsvereinbarung **C.II.14**
- Dokumentation **C.II.14** 11
- Nutzungsbegrenzung **C.II.14** 9
- unerlaubte **A.X.1** 3
- unzulässige Nutzung **C.II.14** 10

Internetnutzung, private
- Ausschluss von Internetseiten **A.IV.5** 7
- Bedingung **A.IV.5** 16
- corporate network **A.IV.5** 10
- dienstlich motivierte **A.IV.5** 5
- eingeschränkte **A.IV.5** 4
- Einwilligung Datenerhebung/-speicherung **A.IV.5** 18
- Entscheidungsrahmen **A.IV.5** 3
- Fernmeldegeheimnis **A.IV.5** 4
- Formulierungsmuster **A.IV.5**
- freemail **A.IV.5** 9
- Freiwilligkeitsvorbehalt **A.IV.5** 16
- Individualvertrag **A.IV.5** 2
- intranet **A.IV.5** 10
- Kontrolle **A.IV.5** 14
- Kosten **A.IV.5** 6
- Kündigung Arbeitsverhältnis **A.IV.5** 15
- Löschungsanspruch **A.IV.5** 14
- Missbrauch **A.IV.5** 15
- Nachforschungen **A.IV.5** 14
- private E-mail-Adresse **A.IV.5** 8
- Sicherheit **A.IV.5** 13
- Speicherung **A.IV.5** 16
- strafrechtlich relevante **A.IV.5** 7
- Umfang **A.IV.5** 11
- vertrauliche Daten **A.IV.5** 12

Intimsphäre
- Personalfragebogen **A.I.2** 4

Intranet
- Bekanntmachungen des Betriebsrats **C.II.5** 12
- private Nutzung **A.IV.5** 10
- Zugang Betriebsrat **C.II.14** 18

Intranetnutzung
- Betriebsvereinbarung **C.II.14**

Invalidenrente
- Direktzusage **F.I.4** 9

Investitionszusage C.II.9 12
Jeweiligkeitsklausel A.II.1 11
- Direktzusage **F.I.4** 16

Jobsharing A.VI.2 1

Job-Sharing
- Begriff **C.II.10** 1
- Betriebsvereinbarung **C.II.10**

Job-Sharing-Partner
- Kündigungsverbot bei Ausscheiden des **C.II.10** 9
- Vertretung **C.II.10** 7
- Zusammensetzung **C.II.10** 5

Job-Sharing-Vertrag
- Arbeitszeitaufteilung **A.VII.3** 4
- Arbeitszeitübertragung **A.VII.3** 5
- Direktionsrecht **A.VII.3** 7
- Formulierungsmuster **A.VII.3**
- Informationspflicht Arbeitgeber **A.VII.3** 6
- Kündigung **A.VII.3** 15
- Regelungsgegenstand **A.VII.3** 2
- Tarifvertrag **A.VII.3** 16
- Überstunden **A.VII.3** 9
- Urlaub **A.VII.3** 11
- Vertretung **A.VII.3** 8
- Vertretungsvergütung **A.VII.3** 10

Kapitalanlagegrundsätze
- Treuhandvereinbarung **F.I.5** 8

Kapitalbeteiligung A.II.1 13

Karenzentschädigung
- Anrechnung auf **A.IV.1** 9; **A.IV.2** 7
- Auszahlung **A.IV.1** 9
- nachvertragliches Wettbewerbsverbot **A.IV.1** 5; **A.IV.2** 6

Karenzzeit
- nachvertragliches Wettbewerbsverbot **A.IV.1** 2

Kauf
- Übernahme Dienstwagen **A.XV.1** 30

Kauf, verbilligter
- Lohnsteuer **A.XV.1** 31

Kaufkraftausgleich
- Auslandsvergütung **A.VIII.1** 2

Kernzeit C.II.6 6
Kettenarbeitsvertrag A.V.3 1

Kettenverweisung
- Tarifvertrag **E.I.1** 7

Kindesbetreuung
- Arbeitsfreistellung zur **A.V.7** 1

Klage
- Teilzeitverlangen **A.VI.1** 5

Klagerücknahme
- Aufhebungsvertrag Geschäftsführer **B.I.3** 8

Kleingratifikation A.III.4 8, 16

Kollektivvereinbarung
- Dokumentation **A.II.6** 13

Kommissionär
- Abgrenzung zu Handelsvertreter **B.IV.** 3

Kommunikationskosten
- Vorstandsmitglied **B.II.1** 32

Kommunikationsmittel, elektronische
- Begriffsbestimmungen **C.II.14** 6
- Betriebsvereinbarung **C.II.14**
- unerlaubte Nutzung **A.X.1** 3

Konkurrenztätigkeit
- nachvertragliches Wettbewerbsverbot **A.IV.1** 3

1381

Sachverzeichnis

fette Buchstaben und Zahlen = Systematik

Kontaktverbot
– Geschäftsführer **B.I.3** 7
Kontrollmaßnahmen
– betriebliche Ordnung **C.II.5** 4
Kontrolluntersuchung, ärztliche
– regelmäßige **C.II.5** 10
Konzern
– Arbeitnehmerüberlassung **A.IX.3** 1
– Begriff **A.IX.3** 1
– Datenweitergabe innerhalb **A.I.3** 4
– interner Stellenmarkt **C.II.3** 10
– Schlichtungsstelle **E.I.2** 4
– standort-/unternehmensübergreifende Arbeitnehmervertretung **E.I.6** 2
Konzernbetriebsrat
– Betriebsübergang **A.XII.1** 9
Konzernversetzungsklausel A.II.3 3
Kooperationsverpflichtung
– Unternehmenskauf **A.XII.2** 4
Kopplungsklausel
– Kündigung Vorstandsmitglied **B.II.1** 16
Kostenerstattung
– Telearbeitsplatz **C.II.11** 16
– Vorstellungsgespräch **A.I.1** 2
– zusätzliche Arbeitnehmervertretung **E.I.7** 10
Kostentragung
– Einigungsstelle **C.II.25** 10
– Schlichtungsstelle **E.I.2** 22
Krankengespräche C.II.5 10
Krankenversicherung
– Ruhensvertrag **A.VIII.1** 7
Krankheit A.II.1 10
– Altersteilzeit **A.XV.3** 11
– Geschäftsführer **B.I.1** 30
– Personalfragebogen **A.I.2** 18
– Sonderkündigungsrecht Geschäftsführer **B.I.1** 10
– Teilzeitarbeitsvertrag **A.VI.2** 8
– Vorstandsbezüge **B.II.1** 26
Krankheitsbescheinigung
– Vorlage **C.II.5** 10
Krankheitsfall
– Abrufarbeitsvertrag **A.VII.9** 10
– Außendienst **A.VII.7** 6
– Entgeltfortzahlung **E.II.4** 3
– Entgeltfortzahlung Führungskraft **A.II.3** 10
– Provisionsvereinbarung **A.III.6** 1
Krankheitsvertretung
– Befristungsgrund **A.V.5** 15
Kreditgewährung
– Vorstandsmitglied **B.II.1** 32
Kundenschutz
– Handelsvertreter **B.IV.** 5
Kundenschutzklausel
– Abgrenzung zu nachvertraglichem Wettbewerbsverbot **A.IV.2** 1, 2
Kündigung
– Abgrenzung zu Änderungskündigung **A.XI.4** 1
– Abwicklungsvertrag **A.XV.2** 2
– Arbeitgeberdarlehen **A.IV.6** 8, 10
– Arbeitnehmerüberlassung **A.IX.1** 14

– ausländischer Arbeitnehmer **A.VIII.2** 17
– BAT-Arbeitsverhältnis **A.II.4** 10
– befristeter Arbeitsvertrag **A.V.1** 11
– Berufsausbildungsvertrag **A.VII.2** 15
– Betriebsübergang **A.XII.1** 7
– Betriebsvereinbarung **C.II.1** 15
– Betriebsvereinbarung betriebliche Altersversorgung **F.V.1** 1 f.
– in Bezug genommener Tarifvertrag **E.I.1** 16
– Gruppenmitglied **A.VII.8** 14
– Heimarbeitsvertrag **A.VII.6** 17
– Job-Sharing Vertrag **A.VII.3** 15
– Leiharbeitsvertrag **A.IX.2** 8
– Personalfragebogen **A.I.2** 10
– Tarifvertrag (Formulierungsmuster) **E.II.2** 8
– Traineevertrag **A.VII.5** 11
– bei Verschmelzung **A.XII.3** 5
– Vollmachtsurkunde **A.XIV.7**
– vorsorgliche **A.XIV.5** 1; **A.XIV.6** 3
– Vorstandsdienstvertrag **B.II.1** 16
– Werkwohnung **A.IV.8** 7
Kündigung, außerordentliche A.XIV.6 1
– Auslauffrist **A.XIV.6** 4
– Ausschlussfrist **A.XIV.6** 2
– Auszubildender/Volontär/Praktikant **A.XIV.19** 1 f.
– befristetes Arbeitsvertrag **A.V.1** 23
– betriebs-/personenbedingte **A.XIV.6** 5
– Betriebsratsmitglied **A.XIV.16** 1 f., 4; **A.XIV.18**
– Betriebsvereinbarung **C.II.1** 15
– Formulierungsmuster **A.XIV.6**
– Formulierungsmuster Schwerbehinderte **A.XIV.11**
– Gratifikation **A.III.4** 13
– Handelsvertretervertrag **B.IV.** 33
– hilfsweise ordentliche Kündigung **A.XIV.6** 3
– Kündigungsgrund **A.XIV.6** 6
– Lösung vertragliches Wettbewerbsverbot **A.XIV.6** 6
– nachvertragliches Wettbewerbsverbot **A.IV.1** 10
– private Internetnutzung **A.IV.5** 15
– Schwangere/Mutter **A.XIV.12** 1, 3, 12, 16; **A.XIV.13**
– Schwerbehinderte **A.XIV.10** 1, 5; **A.XIV.11**
– Tarifvertrag **E.II.2** 15
– Zielvereinbarung **A.III.8** 30
Kündigung, betriebsbedingte
– Abfindungsangebot **A.XIV.4** 2
– Abgrenzung zu Gehaltsverzicht **A.XIII.1** 5
– außerordentliche **A.XIV.6** 5
– Auswahlrichtlinie **C.II.2** 1
– Begriff **C.II.2** 4
– Beschäftigungssicherungsvertrag **E.I.8** 5
– Formulierungsmuster **A.XIV.2; A.XIV.3**
– Fortbildung **C.II.2** 6
– Gratifikation **A.III.4** 13, 15, 16
– Kurzarbeit **C.II.12** 13
– Rückabwicklung Gehaltsverzicht **A.XIII.3** 3
– Schwangere/Mutter **A.XIV.12** 1 f., 12, 16; **A.XIV.13**

1382

magere Zahlen = Anmerkung

- Schwerbehinderte **A.XIV.9** 11
- Umschulung **C.II.2** 6
- Vergleichsgruppenbildung **C.II.2** 7
- Weiterbeschäftigung **C.II.2** 5
- bei Widerspruch gegen Betriebsübergang **A.XII.1** 14

Kündigung, hilfsweise
- Elternzeit **A.XIV.15**
- ordentliche **A.XIV.6** 3
- Schwangere **A.XIV.13**
- Schwerbehinderte **A.XIV.10** 6; **A.XIV.11**

Kündigung, ordentliche A.XIV.2 1
- Abfindungsangebot **A.XIV.4** 1
- Abfindungshöhe **A.XIV.4** 5
- Anhörung Betriebsrat **A.XIV.3** 2
- Anrechnung Zwischenverdienst **A.XIV.3** 7
- ausländischer Arbeitgeber **A.XIV.2** 7
- Beendigungstermin **A.XIV.2** 4
- befristeter Arbeitsvertrag **A. V.1** 11
- Dienstwagenrückgabe **A.XIV.3** 9
- in Elternzeit **A.XIV.14** 1, 12, 15; **A.XIV.15**
- Form **A.XIV.2** 7
- Formulierungsmuster **A.XIV.2**; **A.XIV.3**
- Formulierungsmuster mit Abfindungsangebot **A.XIV.4**
- Formulierungsmuster Schwerbehinderte **A.XIV.11**
- Freistellung Arbeitnehmer **A.XIV.3** 3
- Gratifikation **A.III.4** 13
- Handelsvertretervertrag **B.IV.** 33
- hilfsweise **A.XIV.6** 3
- Höflichkeitsfloskel **A.XIV.2** 6
- Information über sozialversicherungsrechtliche Pflichten **A.XIV.2** 5
- Kündigungsfrist **A.XIV.2** 2
- Kündigungsgrund **A.XIV.2** 3
- nachvertragliches Wettbewerbsverbot **A.IV.1** 10
- private Internetnutzung **A.IV.5** 15
- Rückgabe von Gegenständen **A.XIV.3** 11
- Schwangere/Mutter **A.XIV.12** 1 f., 12, 16; **A.XIV.13**
- Schwerbehinderte **A.XIV.9** 1, 17; **A.XIV.11**
- Unterzeichnung **A.XIV.2** 7
- Urlaubsanrechnung **A.XIV.3** 4
- Urlaubsfestlegung **A.XIV.3** 5
- Verzicht auf nachvertragliches Wettbewerbsverbot **A.XIV.3** 12
- vorsorgliche **A.XIV.5** 1; **A.XIV.6** 3
- Widerruf Dienstwagennutzung **A.XIV.3** 8, 10
- Zugang **A.XIV.2** 8

Kündigung, personenbedingte
- außerordentliche **A.XIV.6** 5
- Rückzahlungsklausel Gratifikation **A.III.4** 16
- Schwangere/Mutter **A.XIV.12** 12, 16

Kündigung, verhaltensbedingte
- Rückzahlungsklausel Gratifikation **A.III.4** 16
- Schwangere/Mutter **A.XIV.12** 12, 16

Kündigung, vorsorgliche
- bei Anfechtung **A.XIV.1** 5

Sachverzeichnis

- (Formulierungsmuster) **A.XIV.5**
- Rechtsbeziehungen zu verschiedenen Gesellschaften **A.XIV.5** 3
- Zweifel an Wirksamkeit **A.XIV.5** 2

Kündigungsandrohung
- Abmahnung **A. X.1** 7

Kündigungsausspruch
- tarifvertragliche Regelungen **E.II.5** 3

Kündigungsfrist
- Arbeitsvertrag **A.II.1** 17
- Arbeitsvertrag Führungskraft **A.II.3** 18
- Beschäftigungsdauer **E.II.5** 6
- Dokumentation **A.II.6** 11
- Leiharbeitsvertrag **A.IX.2** 8
- ordentliche Kündigung **A.XIV.2** 2
- Schutz älterer Arbeitnehmer **E.II.5** 5
- Sonderkündigungsschutz **A.XIV.9** 10
- tarifvertragliche Regelungen **E.II.5** 1 f.
- Transfergesellschaft **A.VII.10** 3
- Verkürzung **E.II.5** 2
- verlängerte Probezeit **E.II.5** 7

Kündigungsschutz
- Leiharbeitsvertrag **A.IX.2** 8
- Ruhensvertrag **A.VIII.1** 5
- zusätzliche Arbeitnehmervertretung **E.I.7** 13

Kündigungsschutzklage
- Sozialplan **C.I.8** 4

Kündigungsverzicht
- Gehaltsverzicht **A.XIII.1** 7

Kündigungsvollmacht
- Formulierungsmuster **A.XIV.7**
- Rückgabe **A.XIV.7** 3
- Unterzeichnung **A.XIV.7** 4
- Widerruf **A.XIV.7** 3
- Zurückweisung einer Zurückweisung **A.XIV.8**

Kurbewilligung
- Personalfragebogen **A.I.2** 21

Kurzarbeit
- Anzeige **C.II.12** 10
- Arbeitsvertrag **A.II.1** 4
- Beendigung **C.II.12** 11
- betriebsbedingte Kündigung **C.II.12** 13
- Betriebsvereinbarung **C.II.12**
- Dauer **C.II.12** 3
- Entgeltfortzahlung **C.II.12** 8; **E.II.4** 12
- freiwillige Leistungen **C.II.12** 8
- Geltungsbereich **C.II.12** 4
- Kurzarbeitergeld **C.II.12** 7
- Lage der Arbeitszeit **C.II.12** 6
- Mitbestimmungsrecht **C.II.12** 1
- Über-/Mehrarbeit **C.II.12** 11
- Umfang **C.II.12** 5
- Urlaub **C.II.12** 12
- Veränderung **C.II.12** 14

Kurzarbeit Null A.VII.10 9

Kurzarbeitergeld C.II.12 7
- Antrag **C.II.12** 7
- Transferkurzarbeitergeld **A.VII.10** 8
- Zuschuss **C.II.12** 9

1383

Sachverzeichnis

fette Buchstaben und Zahlen = Systematik

Landesbehörde, zuständige oberste
- Arbeitsschutz **A.XIV.12** 2

Laufzeit
- Anerkennungstarifvertrag **E.I.1** 17
- Begriff **E.II.2**
- Formulierungsmuster **E.II.2**

Leasing
- Übernahme Dienstwagen **A.XV.1** 29

Lebensalter
- Sozialauswahl **C.II.2** 8, 9

Lebensarbeitszeitkonto C.II.8 11
- Altersteilzeit **C.II.8** 17
- betriebliche Altersversorgung **C.II.8** 16
- Einbringung von Gehaltsbestandteilen **C.II.8** 12
- Führung **C.II.8** 14
- Insolvenzsicherung **C.II.8** 14
- Todesfall **C.II.8** 9
- Verwendung Wertguthaben **C.II.8** 13
- Vorzeitige Beendigung Arbeitsverhältnis **C.II.8** 15

Lebenslauf, handgeschriebener
- Einwilligung in grafologisches Gutachten **A.I.4** 6

Leibeskontrolle C.II.5 4

Leiharbeitnehmer
- Auswahl **A.IX.1** 13
- Formulierungsmuster Arbeitsvertrag **A.IX.2**

Leiharbeitnehmern
- Austausch von **A.IX.1** 12

Leiharbeitsvertrag
- Abgrenzung zu Versetzung **A.IX.2** 3
- Abwesenheit **A.IX.2** 11
- Arbeitsbedingungen **A.IX.2** 4, 5
- Arbeitsnachweis **A.IX.2** 12
- Arbeitszeit **A.IX.2** 10
- ärztliche Untersuchung **A.IX.2** 11
- ausländischer Arbeitnehmer **A.IX.2** 2
- Befristung **A.IX.2** 8
- Betriebsvereinbarung **A.IX.2** 6
- Einsatzgebiet **A.IX.2** 7
- equal-pay-Gebot **A.IX.2** 4
- Erlaubnis **A.IX.2** 2
- Formulierungsmuster **A.IX.2**
- Geheimhaltung **A.IX.2** 13
- Krankheit **A.IX.2** 11
- Kündigung **A.IX.2** 8
- Kündigungsfrist **A.IX.2** 8
- Laufzeit **A.IX.2** 8
- Merkblatt **A.IX.2** 17
- Nachweispflicht **A.IX.2** 15
- Nebentätigkeit **A.IX.2** 10
- Tarifvertragsrecht **A.IX.2** 6
- Tätigkeit **A.IX.2** 3
- Unfallmeldung **A.IX.2** 14
- Unfallverhütung **A.IX.2** 14
- Urlaub **A.IX.2** 10
- Vergütung **A.IX.2** 9
- verleihfreie Zeiten **A.IX.2** 9
- Versetzungsklausel **A.IX.2** 7
- Vertragsstrafe **A.IX.2** 16
- Wegezeiten **A.IX.2** 7

Leistungen, vermögenswirksame
- Formulierungsmuster **A.III.10**

Leistungsverweigerung
- ausländischer Arbeitnehmer **A.VIII.2** 10, 13

Leitende Angestellte
- Anhörung Sprecherausschuss bei Kündigung **C.I.1** 4
- betriebliche Weiterbildung **C.II.4** 3

Leitender Angestellter
- Versetzung **C.I.4** 3

Lohnersatzleistung
- Anrechnung **A.XI.1** 4

Lohnpfändung
- Personalfragebogen **A.I.2** 27

Lohnsteuer
- verbilligter Kauf Dienstwagen **A.XV.1** 31

Lohnsteuerbescheinigung, elektronische A.XVI.4 3

Lohnsteuerhaftung
- Freie Mitarbeit **B.III.** 3, 4, 14

Lohnsteuerkarte A.XVI.4 3

Lohnsteuerrecht
- Freie Mitarbeit **B.III.** 3

Löschungsverpflichtung
- Software **B.I.3** 10

Lösungsrechtsausschluss
- nachvertragliches Wettbewerbsverbot **A.XIV.3** 14

Mandantenschutzklausel
- Abgrenzung zu nachvertraglichem Wettbewerbsverbot **A.IV.2** 1, 2

Manteltarifvertrag für Arbeiter (BMTG)
- Tarifbindung **D.I.2** 4

Massenentlassung
- Anzeigepflicht **A.XIV.20** 2

Massenentlassungsanzeige A.XIV.20 1
- 30-Tage-Zeitraum **A.XIV.20** 3
- Ablaufplan **A.XIV.20** 12
- Anzeigepflicht **A.XIV.20** 2
- Begriff **A.XIV.20** 2
- Berufung auf mangelhafte **A.XIV.20** 11
- Betriebsrat **A.XIV.20** 4
- Betriebsstilllegung **C.I.6** 6
- fehlerhafte **A.XIV.20** 10
- Formular **A.XIV.20** 1
- Formulierungsmuster **A.XIV.20**
- Freifrist **A.XIV.20** 9
- Inhalt **A.XIV.20** 6
- Reflexwirkung **A.XIV.20** 1
- Saison-/Kampagne-Betrieb **A.XIV.20** 2
- Sperrfrist **A.XIV.20** 7
- Sperrfristverkürzung/-verlängerung **A.XIV.20** 8
- unterlassene **A.XIV.20** 10
- Zeitpunkt **A.XIV.20** 5
- Zuständigkeit **A.XIV.20** 6

Mehrarbeit
- Telearbeitsvertrag **A.VII.4** 10

Mehrfirmenvertreter B.IV. 30

Meldepflichten
- Arztbesuche **C.II.5** 11

magere Zahlen = Anmerkung — **Sachverzeichnis**

Mietvertrag
- Dienstwohnung A.IV.9
- Werkwohnung A.IV.8

miles & more-Klausel
- Vorstandsmitglied B.II.1 32

Mischarbeitsplatz
- Begriff C.II.18 8

Missbrauch
- private Internetnutzung A.IV.5 15
- Zeitwertkonten C.II.8 20

Mitarbeiterbefragung
- Sozialauswahl C.II.2 10

Mitarbeiterbeteiligung
- öffentliches Übernahmeangebot A.XII.6 8

Mitarbeiterdaten
- Einstellung ins Internet C.II.14 12

Mitarbeiterinformation
- in Aussicht genommene Maßnahmen A.XII.1 11
- Betriebsübergang nach § 613a Abs. 5 BGB (Formulierungsmuster) A.XII.1
- rechtliche/wirtschaftliche/soziale Folgen bei Betriebsübergang A.XII.1 5
- subjektive Determination A.XII.1 5
- Unternehmenskauf A.XII.2 4
- Unterrichtungspflicht bei Betriebsübergang A.XII.1 2 f., 15
- Verschmelzung A.XII.3 6

Mitbestimmungsrecht
- 13. Monatsgehalt A.III.3 2
- Abgrenzung zu Mitwirkungsrecht D.II.1 7
- Altersversorgung, betriebliche F.I.4 1
- Arbeitnehmerüberlassung A.IX.1 9
- ärztliche Untersuchung C.II.5 10
- Auswahlrichtlinie C.II.1 2
- Befristung Arbeitsvertrag D.I.2 2
- Berufsausbildungsvertrag A.VII.2 1
- Beschlussfassung Betriebsrat C.I.3 15
- besondere Berufsbildungsmaßnahmen C.II.4 11
- Bestellung/Abberufung von Ausbildern C.II.4 10
- betriebliche Weiterbildung C.II.4 2 f.
- Betriebsbuße A.X.4 6
- Betriebsübergang A.XII.1 10
- Bildschirmarbeit C.II.18 1
- Drogen C.II.5 9
- EDV C.II.13 7
- Eignungsuntersuchung, psychologische A.I.4 2
- Eingruppierung C.I.3 7
- Einstellung C.I.3 6
- endgültige Versetzung A.XI.2 3
- Entlassung Beamter auf Probe/Widerruf D.I.5 3
- Firmenausweis C.II.5 5
- Gleitzeitregelung C.II.6 1
- Gruppenarbeit C.II.21 5
- Interner Stellenmarkt C.II.3 1 f.
- Kontrollmaßnahmen C.II.5 4
- konzerninterne Arbeitnehmerüberlassung A.IX.3 9
- Kündigung Werkwohnung A.IV.8 7
- Kurzarbeit C.II.12 1
- Ordnungsverhalten Arbeitnehmer C.II.5 1
- Parkregelung C.II.5 6
- Privatisierung D.II.2 6
- Provisionsvereinbarung A.III.6 1
- Stock Options A.IV.10 6
- Teilnehmerauswahl Berufsbildungsmaßnahmen C.II.4 12
- Umgruppierung C.I.4
- Unfallverhütung C.II.17 1
- Unterrichtungsbogen Betriebsrat C.I.5
- vermögenswirksame Leistungen A.III.10 1
- Verschmelzung A.XII.3 14; A.XII.5 16
- Versetzung C.I.4 6
- Vertrauensarbeitszeit C.II.7 1, 13
- vorübergehende Versetzung A.XI.3 3
- vorzeitigen Versetzung in den Ruhestand D.I.6 3
- Zielvereinbarung A.III.7 1
- Zulagen C.II.19 2, 6

Mitgliederversammlung
- Trust F.I.6 7

Mitteilung
- Zweckerreichung A.V.8 5

Mitteilung Versorgungszusage F.V.3 5; F.V.4 1 f.
- Formulierungsmuster F.V.4

Mitteilungsempfänger
- Betriebsrat C.I.1 2

Mitteilungspflicht
- arbeitsvertragliche A.II.1 27
- Handelsvertreter B.IV. 15

Mitwirkungsrecht
- Personalrat bei Auflösung/Einschränkung/Verlegung/Zusammenlegung von Dienststellen D.II.1 4, 5
- Verhältnis zu Mitbestimmungsrecht D.II.1 7

Mobilität
- Personalfragebogen A.I.2 14

Mobiltelefon
- Vorstandsmitglied B.II.1 32

Monatsgehalt, dreizehntes
- Bestand Arbeitsverhältnis A.III.3 4
- Fälligkeit A.III.3 3
- Fehlzeiten A.III.3 4
- Formulierungsmuster A.III.3
- Freiwilligkeitsvorbehalt A.III.3 2
- Mitbestimmungsrecht A.III.3 2
- Mutterschutzzeit A.III.3 4
- ruhendes Arbeitsverhältnis A.III.3 4
- Sonderzahlung A.III.3 1
- Stichtagsregelung A.III.3 4
- unterjähriger Aus-/Eintritt A.III.3 4
- Widerrufsvorbehalt A.III.3 2

Mustervorbehalt, steuerunschädlicher
- Direktzusage F.I.4 15

Mutter
- Sonderkündigungsschutz A.XIV.12 1 f., 9

Mutterschutz
- 13. Monatsgehalt A.III.3 4
- Amtsermittlungsgrundsatz A.XIV.12 6
- Anwesenheitsprämie A.III.5 11
- Befristungsgrund A.V.7 1
- Beschäftigungsdauer A.XIV.12 7
- Gratifikation A.III.4 9

1385

Sachverzeichnis

fette Buchstaben und Zahlen = Systematik

- Kenntnis Schwangerschaft/Entbindung **A.XIV.12** 8
- vermögenswirksame Leistungen **A.III.10** 8
- zuständige oberste Landesbehörde **A.XIV.12** 2

Nachbesserungsklausel
- Sozialplan Insolvenz **C.I.9** 6

Nachforschung
- private Internetnutzung **A.IV.5** 14

Nachgeschäfte
- Handelsvertreter **B.IV.** 24

Nachschieben
- Anfechtungsgrund **A.XIV.1** 2

Nachschieben von Gründen
- Abberufung Geschäftsführer **B.I.4** 5

Nachweis
- Datenschutzverpflichtung **A.IV.4** 8

Nachweisgesetz
- Arbeitsbedingungen BAT-Arbeitsverhältnis **A.II.4** 6
- Beweislast **A.II.6** 1
- Dokumentation Arbeitsverhältnis **A.II.6**

Nachweispflicht
- Arbeitsverhältnis **A.II.6** 1
- Dokumentation Niederschrift **A.II.6** 16
- Leiharbeitsvertrag **A.IX.2** 15

Nachwirkung
- Betriebsvereinbarung **C.II.1** 15
- Regelungsabrede **C.II.1** 15
- Tarifvertrag **E.II.2** 9, 11

Namensnennung
- Verzicht auf **A.IV.3** 4

Namensschilder C.II.5 5

Natural-Abfindung
- Dienstwagen **A.XV.1** 33

Nebenabreden
- BAT-Arbeitsverhältnis **A.II.4** 6

Nebenbeschäftigung A.II.1 13
- Erlaubnisvorbehalt **A.II.1** 13

Nebenleistungen
- Vorstandsmitglied **B.II.1** 32

Nebenpflicht
- Vertragstrafe wegen Verletzung der **A.X.3** 5

Nebentätigkeit
- Altersteilzeit **A.XV.3** 14
- Antrag auf Genehmigung **D.I.3** 5
- Antrag auf Zustimmung zur Versagung der Genehmigung **D.I.3**
- Begriff **D.I.3** 3
- Führungskraft **A.II.3** 15
- genehmigungspflichtige **D.I.3** 4
- Geschäftsführer **B.I.1** 15
- Öffentlicher Dienst **D.I.3** 4
- Personalfragebogen **A.I.2** 15
- Teilzeitarbeitsverhältnis **A.VI.2** 11
- Telearbeitsvertrag **A.VII.4** 19
- Untersagung bei Teilzeitarbeit **A.VI.2** 12
- Vorstandsmitglied **B.II.1** 34

Nebentätigkeit, unentgeltliche A.II.1 13

Nebentätigkeitsgenehmigung
- Antrag **D.I.3** 5
- Mitbestimmung bei Versagung **D.I.3** 6
- Versagung **D.I.3** 7
- Widerruf **D.I.3** 6

Nebentätigkeitsverordnung D.I.3 4
Niederlassungserlaubnis A.VIII.2 20
Niederlegungserklärung
- Vorstandsamt **B.II.3** 7

Niederschrift
- Dokumentation Nachweispflicht **A.II.6** 16

Notbestellung
- Geschäftsführer **B.I.2** 1

Notgeschäftsführer
- Abberufung **B.I.4** 2

Notlagen-Vorbehalt
- Direktzusage **F.I.4** 15

Nutzungsrecht
- arbeitsvertragliche Übertragung **A.II.1** 15
- Übertragung **A.IV.3** 1, 2
- Vergütung **A.IV.3** 3

Nutzungsumfang
- Dienstwagen **A.III.1** 3

Offenbarungspflicht
- Aktienbesitz **C.II.5** 14
- Personalfragebogen **A.I.2** 33

Offenlegung
- Vorstandsbezüge **B.II.1** 25

Öffentlicher Dienst
- Anhörung Personalrat zur Auflösung/ Einschränkung/Verlegung/Zusammenlegung von Dienststellen **D.II.1**
- Antrag auf Zustimmung zur Privatisierung **D.II.2**
- Arbeitsvertrag nach BAT **A.II.4**
- Beendigung Arbeitsverhältnis **A.II.4** 10
- Beihilfe **A.II.4** 4
- Bereitschaftsdienst **A.II.4** 7
- Eingruppierung **A.II.4** 8
- Nebentätigkeit **D.I.3** 4
- Ortszuschlag **A.II.4** 8, 9
- Schichtdienst **A.II.4** 7
- Tarifbindung **D.I.2** 4
- Teilzeitbeschäftigung **A.II.4** 7
- Vergütung **A.II.4** 8
- vorzeitigen Versetzung in den Ruhestand **D.I.6**
- Zustimmung zur Ablehnung Teilzeitarbeit **D.I.4**
- Zustimmung zur Befristung Arbeitsvertrag **D.I.2**
- Zustimmung zur Entlassung eines Beamten auf Probe/Widerruf **D.I.5**
- Zustimmung zur Übertragung eines höher zu bewertenden Dienstpostens/Tätigkeit **D.I.1**
- Zustimmung zur Versagung der Nebentätigkeitsgenehmigung **D.I.3**
- Zwangspensionierung **D.I.6** 4

Öffnungsklausel
- Arbeitsvertrag **A.II.1** 25
- Beschäftigungssicherungsvertrag **E.I.8** 8

Operation, anstehende
- Personalfragebogen **A.I.2** 21

magere Zahlen = Anmerkung

Sachverzeichnis

Ordnungsverhalten
- Arbeitnehmer C.II.5 1

Organisationsmaßnahme
- mitwirkungspflichtige D.II.1 4

Organisationsregelungen
- Interessenausgleich C.I.6 5; C.I.7 6

Organleihe
- Vorstandsdienstvertrag B.II.1 34
- Vorstandsmitglied B.II.1 9

Organmitglied
- nachvertragliches Wettbewerbsverbot A.IV.2

Ortszuschlag A.II.4 8, 9

Outsourcing
- Kapitalanlagegrundsätze F.I.5 8

Parkplatzzuweisung C.II.5 6
Parkregelung C.II.5 6

Pensionsfonds
- betriebliche Altersversorgung F.III
- Leistungsarten F.III 6
- Rentenanpassung F.III 20

Pensionsfondszusage
- Abfindung Anwartschaft F.III 18
- Altersrente F.III 13
- Beitragsaufwand F.III 11
- Beitragszusage mit Mindestleistung F.III 2
- Formulierungsmuster F.III
- Rechtsanspruch F.III 5
- Übertragung Anwartschaft F.III 18
- Unverfallbarkeit F.III 16
- Versorgungsberechtigte F.III 3
- Versorgungsberechtigung F.III 4
- Versorgungsleistungen F.III 12
- Witwen-/Waisenrente F.III 9, 10, 14

Pensionsrückstellung
- Treuhandvereinbarung zur Ausgliederung (Formulierungsmuster) F.I.5

Pensions-Sicherungs-Verein F.I.1 5

Pensionszusage
- Altersversorgung F.I.2 3, 4
- Aufhebungsvertrag Geschäftsführer B.I.3 12
- aufschiebende Bedingung F.I.2 11
- Formulierungsmuster F.I.2
- durch Gehaltsumwandlung F.I.2 1 f.
- Hinterbliebenenvorsorge F.I.2 5 f.
- Rückdeckungsversicherung F.I.2 9
- steuerliche Behandlung F.I.2 8
- Umfang der Versorgungsleistungen F.I.2 3
- Verfügungsbeschränkung F.I.2 10
- Verpfändungsvereinbarung F.I.3 1 f.
- vorzeitiges Ausscheiden F.I.2 7

Personalakte
- Abmahnung A.X.1 8
- Ermahnung A.X.2 2

Personalangelegenheit
- Antrag auf Zustimmung zur Ablehnung des Antrags auf Teilzeitarbeit D.I.4
- Antrag auf Zustimmung zur Befristung Arbeitsvertrag D.I.2
- Antrag auf Zustimmung zur Entlassung eines Beamten auf Probe/Widerruf D.I.5 1 f.
- Antrag auf Zustimmung zur Übertragung eines höher zu bewertenden Dienstpostens/Tätigkeit D.I.1
- Antrag auf Zustimmung zur Versagung der Genehmigung einer Nebentätigkeit D.I.3
- Antrag auf Zustimmung zur vorzeitigen Versetzung in den Ruhestand D.I.6
- Zustimmung Personalrat D.I.1 11

Personalausschuss, paritätischer C.II.26 3
- Aufgaben C.II.26 4
- Beschlussfassung C.II.26 7
- Besetzung C.II.26 6
- Betriebsvereinbarung C.II.26
- Unterrichtung C.II.26 5
- Verfahren C.II.26 7

Personalauswahl
- vorübergehende Übertragung höherwertiger Tätigkeit A.V.6 4

Personalbedarf, vorübergehender
- Befristungsgrund A.V.4 15

Personalberatung
- Einschaltung bei Einstellung C.I.3 12

Personaldaten
- Datenschutz C.II.13 5
- zulässige Verwendung C.II.16 5

Personalentscheidung
- Begründung der Dienststelle D.I.1 9

Personalfragebogen
- Aids-Erkrankung A.I.2 19
- Aids-Infektion A.I.2 26
- Alkoholabhängigkeit A.I.2 20
- allgemeine Fragen A.I.2 3
- anstehende Operation A.I.2 21
- Antwort auf unzulässige Frage A.I.2 33
- Arbeitsfreistellung A.I.2 11
- Arbeitsunfähigkeit A.I.2 18
- Arbeitsunfähigkeit, bevorstehende A.I.2 21
- Aufenthaltstitel A.I.2 5
- Ausbildung A.I.2 6
- Ausländer A.I.2 5
- Behinderung A.I.2 17
- beruflicher Werdegang A.I.2 6
- Betriebsrat A.I.2 2
- bisherige Vergütung A.I.2 13
- Datenerhebung A.I.2 35
- Datenschutz A.I.2 35
- Drogenabhängigkeit A.I.2 20
- Einberufungsbescheid A.I.2 16
- Elternzeit A.I.2 22
- Ermittlungsverfahren, laufendes A.I.2 24
- Ersatzdienst A.I.2 16
- Fahrerlaubnis A.I.2 8
- familiäre Verhältnisse A.I.2 4
- Familienstand A.I.2 4
- Formulierungsmuster A.I.2
- Fragerecht des Arbeitgebers A.I.2 2
- früherer Arbeitgeber A.I.2 6
- Führungszeugnis A.I.2 23
- Gehaltspfändung A.I.2 27
- Gesundheitszustand A.I.2 18
- Gewerkschaftszugehörigkeit A.I.2 30

1387

Sachverzeichnis

fette Buchstaben und Zahlen = Systematik

- Intimsphäre **A.I.2** 4
- Krankheit **A.I.2** 18
- Kündigung des Arbeitsverhältnisses **A.I.2** 10
- Kündigungsgründe **A.I.2** 10
- Kurbewilligung **A.I.2** 21
- Lohnpfändung **A.I.2** 27
- Mobilität **A.I.2** 14
- Nebentätigkeit **A.I.2** 15
- Offenbarungspflicht **A.I.2** 33
- Positions-/Tätigkeitsbezogene Fragen **A.I.2** 25
- Qualifikationen **A.I.2** 7
- Raucher/Nicht- **A.I.2** 20
- Religionszugehörigkeit **A.I.2** 29
- Schichtdienst, Bereitschaft zum **A.I.2** 32
- Schwangerschaft **A.I.2** 4
- Scientology-Mitgliedschaft **A.I.2** 28
- Stasi-Mitarbeit **A.I.2** 313
- Strafverfahren, anhängiges **A.I.2** 24
- unrichtige Angaben **A.II.1** 26
- unrichtige Antwort **A.I.2** 33
- unvollständige Angaben **A.I.2** 33
- vorherige Beschäftigung **A.I.2** 9
- Vorstrafe **A.I.2** 23
- Wehrdienst **A.I.2** 16
- weitere Beschäftigung **A.I.2** 15
- Wettbewerbsverbot **A.I.2** 12

Personalgestellungsvertrag A.IX.1 3
Personalkommission D.II.2 6
Personalkostenerstattung
- konzerninterne Arbeitnehmerüberlassung **A.IX.3** 5

Personalrat
- Anhörung zur Auflösung/Einschränkung/ Verlegung/Zusammenlegung von Dienststellen **D.II.1** 1 f., 6
- Antrag auf Zustimmung zur Ablehnung des Antrags auf Teilzeitarbeit **D.I.4**
- Antrag auf Zustimmung zur Entlassung eines Beamten auf Probe/Widerruf **D.I.5**
- Antrag auf Zustimmung zur Privatisierung **D.II.2**
- Antrag auf Zustimmung zur Übertragung eines höher zu bewertenden Dienstpostens/Tätigkeit **D.I.1**
- Antrag auf Zustimmung zur Versagung der Genehmigung einer Nebentätigkeit **D.I.3**
- Antrag auf Zustimmung zur vorzeitigen Versetzung in den Ruhestand **D.I.6**
- Bewerbungsunterlagen **D.I.1** 10
- dienstliche Beurteilung **D.I.1** 7
- Eingruppierung **D.I.2** 7
- Information des **D.I.2** 8
- Privatisierung **D.II.1** 1 f., 8, 9
- Prüfung Entlassung **D.I.5** 8
- Stellenausschreibung **D.I.1** 5
- Übergangsmandat **D.II.2** 6
- Vorstellungsgespräch **D.I.1** 8
- weibliche Bewerber **D.I.1** 6
- Zustimmung Dienststellenentscheidung **D.I.1** 11
- Zustimmung zur Befristung Arbeitsvertrag **D.I.2**

Personalvertretungsrecht D.I.1 1
- Betriebsratsbeteiligung **D.I.1** 1

Pfandreife F.I.3 4
Pfändungsverbot
- Gehaltsansprüche **C.II.5** 13

Position
- Arbeitsvertrag **A.II.1** 2
- vorübergehende Übertragung höherwertiger Tätigkeit **A.V.6** 1

Positionserweiterung
- Geschäftsführervergütung **B.I.1** 20

Positivliste
- zu kündigende Arbeitnehmer **C.I.6** 5; **C.I.7** 6

Präambel
- Anlass **E.II.1** 2
- Aufhebungsvertrag Geschäftsführer **B.I.3** 2
- Aufhebungsvertrag Vorstandsmitglied **B.II.3** 3
- Auslegungshilfe **E.II.1** 5
- Begriff **E.II.1** 1
- Formulierungsmuster **E.II.1**
- Klarstellungsfunktion **E.II.1** 4

Praktikant
- außerordentliche Kündigung **A.XIV.19** 1

Prämie
- betriebliches Vorschlagswesen **C.II.20** 9

Prämien
- Gruppenarbeit **C.II.21** 17

Presseerklärung
- Aufhebungsvertrag Geschäftsführer **B.I.3** 21
- Aufhebungsvertrag Vorstandsmitglied **B.II.3** 27

Privatgespräch
- Datenerhebung **C.II.15** 7
- Kontrolle **C.II.15** 9
- Kosten **C.II.15** 11
- unzulässige Kontrolle **C.II.15** 10

Privatisierung
- Abgrenzung zu Betriebsübergang **D.II.2** 5
- Antrag auf Zustimmung **D.II.2**
- Auftragsvergabe **D.II.2** 7
- Begriff **D.II.2** 4
- mitbestimmungsrechtliche Folgen **D.II.2** 6
- Personalkommission **D.II.2** 6
- Personalrat **D.II.2** 1 f., 8, 9
- Übergangsmandat Betriebsrat **D.II.2** 6

Privatnutzung
- 1%-Regelung **A.III.1** 3
- Dienstwagen **A.III.1** 3
- Einzelnachweis **A.III.1** 3
- steuerliche Behandlung **A.III.1** 3, 8
- Telearbeitsmittel **C.II.11** 13
- Widerruf **A.III.1** 7

Probearbeitsverhältnis
- befristetes **A.II.1** 16
- unbefristetes **A.II.1** 18

Probearbeitsverhältnis, befristetes
- Schriftform **A.II.5** 12

Probezeit A.II.1 16
- befristeter Arbeitsvertrag **A.V.1** 14
- Berufsausbildungsvertrag **A.VII.2** 6
- Kündigung Berufsausbildungsvertrag **A.VII.2** 15
- Kündigungsfrist **A.XIV.2** 2; **E.II.5** 7

magere Zahlen = Anmerkung **Sachverzeichnis**

– Traineevertrag **A.VII.5** 11
– vorgeschaltete **A.II.1** 18
Probezeitverlängerung A.II.1 16
Profiling-Maßnahme
– Transferkurzarbeitergeld **A.VII.10** 13
Prokura
– Ausdrücklichkeit **A.XI.8** 3
– Begriff **A.XI.8** 1
– Bindung an Prinzipal **A.XI.8** 5
– Einschränkung **A.XI.8** 8
– Filialprokura **A.XI.8** 6
– Formulierungsmuster **A.XI.8**
– Gesamtprokura **A.XI.8** 4
– Grundstücksgeschäfte **A.XI.8** 7
– Selbstkontrahieren **A.XI.8** 9
– Widerruf **A.XI.8** 10
Provision
– Abrechnung **B.IV.** 27
– Außendienst **A.VII.7** 6
– Entstehung des Anspruchs **B.IV.** 25
– Fälligkeit **B.IV.** 27
– Handelsvertreter **B.IV.** 21
– Wegfall **B.IV.** 26
Provisionsgrundlage
– Handelsvertreter **B.IV.** 23
Provisionsteilungsabrede A.III.6 8
Provisionsvereinbarung
– Abrechnungszeitraum **A.III.6** 16
– Änderungsvorbehalt **A.III.6** 20
– ausschließliche Vergütung **A.III.6** 2
– Beginn **A.III.6** 7
– Bemessungsgrundlage **A.III.6** 15
– Bestätigung der Abrechnung **A.III.6** 18
– Entstehung des Anspruchs **A.III.6** 11
– Fälligkeit **A.III.6** 17
– Freiwilligkeitsvorbehalt **A.III.6** 20
– Kausalität **A.III.6** 6
– Krankheitsfall **A.III.6** 1
– Mitbestimmungsrecht **A.III.6** 1
– Nachgeschäft **A.III.6** 9
– Nichtausführung des Geschäfts **A.III.6** 13
– Provisionssatz **A.III.6** 3
– Teilung **A.III.6** 10
– Teilungsabrede **A.III.6** 8
– Überhangprovision **A.III.6** 9
– Vertragsgebiet **A.III.6** 4
– Vertragsprodukte **A.III.6** 5
– Vorschuss **A.III.6** 12, 19
– Wegfall **A.III.6** 14
– Widerruf für Vergangenheit **A.III.6** 21
– Widerrufsvorbehalt **A.III.6** 20
Provisionsvorschuss A.III.6 12
– erstmaliger **A.III.6** 19
Prozessvergleich
– Aufhebungsvertrag **A.XV.1** 2
Prüfungsausschuss
– betriebliches Vorschlagswesen **C.II.20** 6
Punktetabelle
– Sozialauswahl **C.II.2** 9

Qualifikationen
– Personalfragebogen **A.I.2** 7
Qualifizierungsbedarf
– berufliche Weiterbildung **C.II.4** 5
Qualifizierungsgespräch C.II.4 5

Rahmenbetriebsvereinbarung
– Gleichbehandlung **C.II.23**
Rahmenvertrag
– Zielvereinbarung **A.III.8**
Rationalisierungs-Schutzabkommen
– Gehaltsverzicht/Arbeitslosengeld **A.XIII.1** 5
Rationalisierungsschutztarifvertrag E.I.8 3
Raucher
– Personalfragebogen **A.I.2** 20
Rauchverbot C.II.5 7
– Betriebsbuße wegen **A.X.4**
– Betriebsvereinbarung **A.X.4** 1
Rechtsschutz, einstweiliger
– Ablehnung Teilzeitverlangen **A.VI.1** 5
Rechtsschutzversicherung
– Vorstandsmitglied **B.II.1** 30
Rechts-Treupflicht-Vorbehalt
– Direktzusage **F.I.4** 15
Rechtswahl
– Vorstandsdienstvertrag **B.II.1** 47
Rechtswahlklausel
– US Stock Options **A.IV.10** 3; **A.IV.11** 3
Regelarbeitsentgelt
– Altersteilzeit **A.XV.3** 5
Regelungsabrede C.II.1 1, 2
– Nachwirkung **C.II.1** 15
Reisekosten A.II.1 11
– Auslandseinsatz **A.VIII.1** 10
Reisezeiten
– Arbeitsvertrag **A.II.1** 5
Religionszugehörigkeit
– Personalfragebogen **A.I.2** 29
Relocation
– Vorstandsmitglied **B.II.1** 32
Rentenanpassung F.III 20
Rentenanspruch
– versicherungsmathematische Kürzungsraten **F.V.4** 6
Rentenanwartschaft
– Behandlung bei Betriebsübergang **F.IV.2** 1 f.
– Erfüllungsübernahme **F.IV.1** 1 f.
Rentenbewilligung
– Befristungsgrund **A.II.1** 23
Rentenverbindlichkeit
– Behandlung bei Betriebsübergang **F.IV.2** 1 f.
Rentenverpflichtung
– Erfüllungsübernahme **F.IV.1** 1 f.
Rentenversicherung
– Ruhensvertrag **A.VIII.1** 6
Rentenversicherungsbeitrag
– Altersteilzeit **A.XV.3** 8
Rentenversicherungsoption
– Dokumentation **A.II.6** 15
Repräsentationsaufwand
– Vorstandsmitglied **B.II.1** 32

Sachverzeichnis

fette Buchstaben und Zahlen = Systematik

Ressortverteilung
- Vorstand **B.II.1** 7

Ressortzuweisung
- Vorstandsbestellung **B.II.2** 10

Richtigkeitsgewähr
- Tarifvertrag **A.II.2** 4

Rückdeckungsversicherung
- Pensionszusage **F.I.2** 9
- Versorgungszusage **F.I.1** 6

Rückgabe
- bei Aufhebungsvertrag **A.XV.1** 27, 28
- Dienstwagen **A.XIV.3** 9
- Freie Mitarbeit **B.III.** 17
- Gegenstände **A.XIV.3** 11
- Geschäftsführer **B.I.1** 28
- Unterlagen/Gegenständen Vorstandsmitglied **B.II.1** 40

Rückgabepflicht
- Telearbeitsmittel **C.II.11** 28

Rückgruppierung **A.II.2** 5

Rückkehr
- Arbeitsvertrag **A.VIII.1** 5

Rückkehrgarantie **A.VIII.1** 5

Rückschein
- Zustellung mit **A.XIV.2** 8

Rückzahlung
- Arbeitgeberdarlehen **A.IV.6** 7

Rückzahlungsklausel
- Bindungsdauer **A.IV.7** 11
- Fortbildungsvertrag **A.IV.7** 8
- Gratifikation **A.III.4** 16

Rückzahlungsverpflichtung
- Arbeitsvertrag **A.II.1** 9

Rückzahlungsverzicht
- Arbeitgeberdarlehen **A.IV.6** 5

Rufbereitschaft **C.II.6** 11
- Begriff **E.II.3** 5

Ruhen des Arbeitsverhältnisses
- Anwesenheitsprämie **A.III.5** 9
- Gratifikation **A.III.4** 10
- Sterbegeld **A.III.12** 10
- Zielfeststellung **A.III.8** 26

Ruhensvertrag
- Arbeitslosenversicherung **A.VIII.1** 6
- Auslandsvergütung **A.VIII.1** 2
- Besprechungen **A.VIII.1** 11
- betriebliche Altersversorgung **A.VIII.1** 9
- deutsches Arbeitsverhältnis **A.VIII.1** 4
- Eingliederungszuschuss **A.VIII.1** 10
- Entschädigungszahlung **A.VIII.1** 13
- Formulierungsmuster **A.VIII.1**
- Kaufkraftausgleich **A.VIII.1** 2
- Krankenversicherung **A.VIII.1** 7
- Kündigungsschutz **A.VIII.1** 5
- Regelungsgegenstand **A.VIII.1** 1
- Reisekosten **A.VIII.1** 10
- Rentenversicherung **A.VIII.1** 6
- Rückkehr **A.VIII.1** 5
- Schattengehalt **A.VIII.1** 3
- Schlussbestimmung **A.VIII.1** 14
- Sprachunterricht **A.VIII.1** 12

- steuerliche Behandlung Arbeitnehmer **A.VIII.1** 2
- Umzugskosten **A.VIII.1** 10
- Unfallversicherung **A.VIII.1** 8
- Urlaub **A.VIII.1** 11
- vorzeitige Beendigung Versetzungsvertrag **A.VIII.1** 5

Ruhestand, vorzeitiger
- Beteiligung Personalrat **D.I.6** 5
- Dienstunfähigkeit **D.I.6** 1 f., 6
- Versetzungsantrag **D.I.6** 1 f.
- Weiterverwendung **D.I.6** 7
- zuständige Behörde **D.I.6** 8

Ruhezeit **E.II.3** 5

Rumpfarbeitsvertrag
- Formulierungsmuster **A.VIII.1**

Sabbatical
- Arbeitsunfähigkeitszeiten **A.XI.9** 7
- Arbeitszeit **A.XI.9** 4
- Beendigung Arbeitsverhältnis **A.XI.9** 10
- Befristung **A.XI.9** 3
- Begriff **A.XI.9** 1
- Formulierungsmuster **A.XI.9**
- Freistellungsphase **A.XI.9** 8
- Insolvenzsicherung **A.XI.9** 12
- Teilzeitarbeitarbeitsverhältnis **A.XI.9** 2
- Urlaub **A.XI.9** 9
- Vergütung **A.XI.9** 5
- Verwaltung Zeitkonto **A.XI.9** 11

Sachgrundbefristung
- § 14 Abs. 1 TzBfG **A.V.3** 1
- § 14 Abs. 2 TzBfG **A.V.1**

Sachgruppenvergleich
- Beschäftigungssicherungsvertrag **E.I.8** 8

Salvatorische Klausel **A.II.1** 29
- nachvertragliches Wettbewerbsverbot **A.IV.1** 11; **A.IV.2** 14

Sammelabmahnung **A.X.1** 3

Satzung
- Trust e. V. (Formulierungsmuster) **F.I.6**

Schadenersatzanspruch
- Übergang **A.XI.1** 5

Schadensersatzanspruch
- Berufsausbildungsvertrag **A.VII.2** 1

Schattengehalt **A.VIII.1** 3

Scheinselbständigkeit **B.III.** 1, 2

Schichtarbeit
- BAT-Arbeitsverhältnis **A.II.4** 7

Schichtdienstbereitschaft
- Personalfragebogen **A.I.2** 32

Schiedsklausel
- Zielerreichung **A.III.8** 17

Schiedsvereinbarung
- Vorstandsdienstvertrag **B.II.1** 48

Schlechterstellungsverbot
- Arbeitnehmerüberlassung **A.IX.1** 6; **A.IX.2** 4
- konzerninterne Arbeitnehmerüberlassung **A.IX.3** 8

Schlichtung
- staatliche **E.I.9** 3

magere Zahlen = Anmerkung

- verbandliche E.I.9 3
- vereinbarte E.I.9 3

Schlichtungsspruch
- Wirkung E.I.9 22

Schlichtungsstelle
- Abwicklung laufender E.I.2 24
- Anwendbarkeit Tarifvertrag E.I.2 5
- Ausschluss der Öffentlichkeit E.I.9 15
- Austausch Parteivertreter E.I.9 14
- Beisitzer E.I.2 9, 10
- Beschlussfähigkeit E.I.9 18
- Beschlussfassung E.I.2 18
- Einberufung E.I.9 9
- fallbezogene E.I.2 6
- Fernbleiben Beisitzer E.I.2 20
- Fortführung laufender Einigungsstellenverfahren E.I.2 7
- Freistellung Beisitzer E.I.2 15
- Kostentragung E.I.2 22
- Nachwirkung Tarifvertrag E.I.2 23
- paritätische Besetzung E.I.9 10
- Rechtsweg E.I.2 21
- Schlichtungsspruch E.I.9 22
- Spruchverfahren E.I.2 18
- ständige E.I.2 6
- Stellvertreterbenennung für Beisitzer E.I.2 11
- tarifliche E.I.2 1
- Unparteilichkeit des Vorsitzenden E.I.2 17
- Unternehmen/Konzern E.I.2 4
- Verfahren E.I.2 1
- Verfahrensgestaltung E.I.9 16
- Verweis auf BetrVG E.I.2 25
- Verzögerung der Besetzung E.I.2 12
- Vorschaltung Gütestelle E.I.2 2
- Vorsitzender E.I.2 13 f.; E.I.9 10 f.
- Zusammensetzung E.I.2 8
- Zuständigkeit E.I.2 3

Schlichtungsverfahren
- Abgrenzung tarifliche Schlichtung E.I.9 1
- Arbeitskampfverhinderung E.I.9 8
- Ausschluss der Öffentlichkeit E.I.9 15
- Befristung Verhandlung E.I.9 28 f.
- Berufsausbildungsvertrag A.VII.2 19
- Beschlussfassung E.I.9 18 f.
- Besetzung Schlichtungsstelle E.I.9 10
- Einberufung Schlichtungsstelle E.I.9 9
- Einleitung E.I.9 4
- Friedenspflicht E.I.9 27
- Genehmigung Mehrheitsbeschluss E.I.9 24 f.
- gescheiterte Tarifverhandlung E.I.9 5
- Kündigung Auszubildende A.XIV.19 3
- Salvatorische Klausel E.I.9 34
- Schlichtungsspruch E.I.9 22
- Tarifvertrag E.I.9
- Terminologie E.I.9 3
- Verfahrensgestaltung E.I.9 16
- Verfahrensleitung E.I.9 17
- Vorsitzender E.I.9 10 f.
- Zweck E.I.9 8

Schließung
- Versorgungswerk F.V.6 2

Schönheitsreparaturen
- Werkwohnung A.IV.8 9

Schriftform
- Arbeitsvertrag A.II.1 19
- befristetes Probearbeitsverhältnis A.II.5 12

Schriftformerfordernis
- Arbeitsvertrag A.II.1 28

Schuldanerkenntnis
- Aufhebungsvertrag A.XV.1 38

Schutzkleidung
- Anlagen von A.X.2

Schutzrecht
- arbeitsvertragliche Übertragung A.II.1 15
- Freie Mitarbeit B.III. 16

Schutzrechte
- Vorstandsmitglied B.II.1 38

Schwangerschaft
- Anhörung Betriebsrat bei Kündigung A.XIV.12 14; A.XIV.13 4
- Antrag auf Zulässigerklärung ordentlicher Kündigung (Formulierungsmuster) A.XIV.12
- hilfsweise Kündigung A.XIV.13
- Kenntnis A.XIV.12 8
- Kündigung nach Zulässigerklärung (Formulierungsmuster) A.XIV.13
- Kündigungsgrund A.XIV.13 2
- Personalfragebogen A.I.2 4
- Sonderkündigungsschutz A.XIV.12 1 f., 9
- Zulässigerklärung Kündigung A.XIV.12 12, 16

Schweigepflicht
- psychologische Eignungsuntersuchung A.I.3 3

Schwerbehinderte
- Anhörung Betriebsrat bei Kündigung A.XIV.11 3
- Anhörung Schwerbehindertenvertretung bei Kündigung A.XIV.11 4
- Antrag auf Zustimmung zur außerordentlichen Kündigung A.XIV.10
- Antrag auf Zustimmung zur ordentlichen Kündigung A.XIV.9
- betriebsbedingte Kündigung A.XIV.9 11
- hilfsweise Kündigung A.XIV.10 6; A.XIV.11
- Kündigung (Formulierungsmuster) A.XIV.11
- Kündigung während Wartezeit A.XIV.9 6
- Sonderkündigungsschutz A.XIV.9 9
- Sozialauswahl A.XIV.9 12
- Weiterbeschäftigung auf anderem Arbeitsplatz A.XIV.9 13

Schwerbehindertenvertretung
- Anhörung/Unterrichtung bei Kündigung A.XIV.11 4

Schwerbehinderung A.XIV.9 9
- Personalfragebogen A.I.2 17
- Sozialauswahl C.II.2 8, 9

Scientology-Mitgliedschaft
- Personalfragebogen A.I.2 28

Selbstbehalt
- Vermögensschaden-Haftpflichtversicherung B.II.1 30

Selbstbestimmung
- informationelle A.IV.4 1

Sachverzeichnis
fette Buchstaben und Zahlen = Systematik

Selbstbeurlaubung
- Abmahnung A. X.1 3

Selbstkontrahieren
- Prokura A.XI.8 9

Sexuelle Belästigung
- Begriff C.II.23 5
- Frauenförderung C.II.22 11

Sexueller Übergriff
- Abmahnung A. X.1 3

Sicherheitsbeauftragter
- Bestellung C.II.17 9

Sicherheitsfachkraft
- Aufgaben C.II.17 10
- Bestellung C.II.17 10

Sicherungstreuhand F. I.5 7

Software
- Löschungsverpflichtung B. I.3 10

Software-Ergonomie
- Bildschirmarbeitsplatz C.II.18 9

Sonderfonds
- Härtefälle Sozialplan C. I.8 8

Sonderkündigungsrecht
- vorzeitige Beendigung Elternzeit A. V.7 13

Sonderkündigungsrecht Geschäftsführer
- change of control B. I.1 11
- Freistellung B. I.1 12
- Krankheitsfall B. I.1 10

Sonderkündigungsschutz
- Arbeitsverhältnis A.XIV.9 4
- Behinderte A.XIV.9 9
- Betriebsgröße A.XIV.9 7
- Betriebsratsmitglied A.XIV.16 1, 5
- Elternzeit A.XIV.14 1, 8
- Entscheidung Integrationsamt A.XIV.9 13; A.XIV.10 7
- Kenntnis Schwangerschaft/Entbindung A.XIV.12 8
- Mutter A.XIV.12 1 f., 9
- Schwangere A.XIV.12 1 f., 9
- Schwerbehinderte A.XIV.9 1, 9

Sonderurlaub
- ausländischer Arbeitnehmer A.VIII.2 12

Sonderzahlung
- 13. Monatsgehalt A.III.3
- Abgrenzung zu Gratifikation A.III.4 1
- Arbeitsvertrag A.II.1 7
- Entgeltcharakter A.III.3 2
- Freiwilligkeitsvorbehalt A.II.1 7
- Gratifikation A.III.4
- Mischcharakter A.III.3 2, 4
- Mutterschutzzeit A.III.3 4
- ruhendes Arbeitsverhältnis A.III.3 4
- Widerrufsklausel A.II.1 7
- Zweck A.III.3 2

Sozialauswahl
- Änderungskündigung A.XI.4 1
- Beschäftigungssicherungsklausel E. I.8 5
- Betriebszugehörigkeit C.II.2 8, 9
- Durchführung C.II.2 10
- Kriterien C.II.2 8
- Kündigung Schwerbehinderte A.XIV.9 12

- Lebensalter C.II.2 8, 9
- Mitarbeiterbefragung C.II.2 10
- Punktetabelle C.II.2 9
- Schwerbehinderung C.II.2 8, 9
- Unterhaltspflichten C.II.2 8, 9, 10
- Weiterbeschäftigung C.II.2 5

Soziale Sicherheit
- Abkommen A.VIII.1 6
- Auslandsbezug A.VIII.1 6

Sozialeinrichtung
- Gemeinsamer Ausschuss C.II.26 1

Sozialleistung
- Gleichbehandlung C.II.23 8

Sozialplan
- Abfindung C. I.8 6
- Abfindung in Aufhebungsvertrag A.XV.1 15, 16
- Abgrenzung zu Interessenausgleich C. I.6 7
- Begriff C. I.8 1; C. I.9 1
- Betriebsstilllegung C. I.8 1
- Formulierungsmuster Betriebsstilllegung C. I.8
- Formulierungsmuster Insolvenz C. I.9
- Geltungsbereich C. I.8 3
- Gesamtvolumen bei Insolvenz C. I.9 5
- Härtefallklausel C. I.8 8
- Insolvenz C. I.7 8; C. I.9 1
- Kündigungsschutzklage C. I.8 4
- Nachbesserungsklausel C. I.9 6
- Präambel C. I.8 2; C. I.9 3
- Sonderfonds C. I.8 8
- sonstige Leistungen C. I.8 7
- Stichtag C. I.8 3
- Transfersozialplan C. I.10
- Überbrückungshilfe C. I.9 1

Sozialplanabfindung
- bei Widerspruch gegen Betriebsübergang A.XII.1 14

Sozialplanvolumen
- Insolvenz C. I.9 5

Sozialversicherung
- Änderungskündigung A.XI.4 8
- Aufhebungsvertrag Geschäftsführer B. I.3 23
- Aufhebungsvertrag Vorstandsmitglied B.II.3 29
- ausländischer Arbeitnehmer A.VIII.2 6
- Geschäftsführervertrag B. I.1 23
- private Unfallversicherung A.III.11 3
- Rechtsfolgen falscher Einordnung Freier Mitarbeit B.III. 4
- Sterbegeld A.III.12 15
- vermögenswirksame Leistungen A.III.10 1
- Vorstandsbezüge B.II.1 28

Sozialversicherungsausweis A.XVI.4 1

Sozialversicherungsrecht
- Abgrenzung Freie Mitarbeit/Arbeitsverhältnis B.III. 2

Sozialversicherungs-Vorbehalt
- Direktzusage F. I.4 15

Sozialzuschlag A.II.4 9

Sphärentheorie
- Anhörung Betriebsrat C. I.1 10

SPAM
- Kontrolle E-mail-Verkehr C.II.14 15

magere Zahlen = Anmerkung **Sachverzeichnis**

Sparte
- betriebsübergreifende E. I.5 5

Spartenbetriebsrat
- Anpassungsregelung E. I.5 12
- Ersetzungsfunktion E. I.5 8
- Gesamtbetriebsrat E. I.5 9
- Kündigung Tarifvertrag E. I.5 13
- Laufzeit Tarifvertrag E. I.5 13
- Nachwirkung Tarifvertrag E. I.5 13
- Tarifvertrag E. I.5 1 f.
- Wahl E. I.5 11
- Zuordnung Arbeitnehmer E. I.5 7

Spartenleitung E. I.5 6
Spartenorganisation E. I.5 1
Spartentarifvertrag
- Öffentlicher Dienst A.II.4 1

Sperrfrist
- Massenentlassung A.XIV.20 7 f.
- Teilzeitverlangen A.VI.1 9

Sperrzeit
- Abfindung A.XIV.4 5
- Abwicklungsvertrag A.XV.2 3

Sprachregelung
- Aufhebungsvertrag Vorstandsmitglied B.II.3 27

Sprachrisiko
- Arbeitsvertrag A.VIII.2 33
- maßgebliche Sprache A.VIII.3 3

Sprachunterricht
- Auslandseinsatz A.VIII.1 12

Sprecherausschuss
- Anhörung C. I.1 4

Staffelung
- Entgeltfortzahlung A.XI.1 3

Standortsicherung C.II.9 10
Standortsicherungs-Tarifvertrag
- Gehaltsverzicht/Arbeitslosengeld A.XIII.1 5

Stasi-Mitarbeit
- Personalfragebogen A. I.2 31

Stellenausschreibung
- Abgrenzung zu Auswahlrichtlinie C.II.1 7
- Frauenförderung C.II.22 6
- Personalrat D. I.1 5

Stellenausschreibung, interne C.II.3 1, 4
- geschlechtsneutrale C.II.3 5

Stellengarantie C.II.9 15
Stellenmarkt, interner
- Ausschreibung C.II.3 4
- Ausschreibungsinhalt C.II.3 5
- Auswahl C.II.3 8
- Besitzstandswahrung C.II.3 11
- Betriebsvereinbarung C.II.3
- Bewerberkreis C.II.3 6
- Bewerbungsinhalt C.II.3 7
- Einarbeitung/Fortbildung C.II.3 12
- Freigabe des Bewerbers C.II.3 10
- Geltungsbereich Betriebsvereinbarung C.II.3 3
- Gesamtbetriebsvereinbarung C.II.3 10
- Information des Betriebsrats C.II.3 14
- Information des Bewerbers C.II.3 13
- Vertraulichkeit C.II.3 9

Sterbegeld
- Anrechnung A.III.12 11
- Anrechnungsklausel A.III.12 7
- Anspruchsberechtigter A.III.12 2
- Ausschluss A.III.12 10, 13
- Begriff A.III.12 1
- fehlender Vergütungsanspruch A.III.12 8
- Formulierungsmuster A.III.12
- Höhe A.III.12 5
- Lohnsteuer A.III.12 14
- Pauschalbetrag A.III.12 9
- Ruhen des Arbeitsverhältnisses A.III.12 10
- Sozialversicherung A.III.12 15
- Zweck A.III.12 4

Steuerrecht
- Privatnutzung Dienstwagen A.III.1 3, 8

Stichtagsregelung
- Gratifikation A.III.4 12

stock options
- Aufhebungsvertrag Geschäftsführer B.I.3 13
- Geschäftsführer B.I.1 21
- Vorstandsmitglied B.II.1 23

Stock Options s. a. US Stock Options
Strafklausel
- Vertragstrafe A. X.3 6

Strafrahmen
- Vertragstrafe A. X.3 6

Straftat
- Abmahnung A. X.1 3

Strafverfahren, anhängiges
- Personalfragebogen A. I.2 24

Student
- Anschlussbefristung A. V.3 2

Suspendierung
- Geschäftsführer B. I.3 14
- Vorstandsmitglied B.II.3 9; B.II.4 1

Tarifautomatik A.II.2 5
- Eingruppierung Öffentlicher Dienst A.II.4 8
- umgekehrte A.II.2 5

Tariferhöhung
- Anrechnung übertariflicher Zulage C.II.19 6

Tariffähigkeit
- Arbeitgeber E.I.1 2
- Gewerkschaft E.I.1 3

Tarifkonkurrenz E.I.1 5
Tarifpluralität E.I.1 5
Tarifspezialität E.I.1 5
Tarifverhandlung, gescheiterte
- Schlichtungsverfahren E.I.9 5

Tarifvertrag
- alternative Betriebsratsstrukturen E.I.3 1
- Anerkennungstarifvertrag E.I.1
- Anpassungspflicht E.II.2 12
- Arbeitnehmervertretungsstrukturen E.I.6
- arbeitsvertragliche Verweisungsklausel A.II.2 2
- Arbeitszeitregelungen E.II.3 1
- Auslegung A.II.2 7
- Ausnahmen vom EFZG E.II.4 1 f.
- außerordentliche Kündigung E.II.2 15
- Beendigung durch Bedingungseintritt E.II.2 16

Sachverzeichnis

fette Buchstaben und Zahlen = Systematik

- Beendigung zu festem Termin **E.II.2** 13
- Beendigung/Kündigung **E.II.2** 14
- Befristungsregelungen **E.II.6** 1 f.
- Beschäftigungssicherung **E.I.8; E.I.8** 1
- Betriebsübergang **A.XII.1** 8
- Bezugnahme auf **E.I.1** 7
- Blankettverweisung **E.I.1** 7
- deklaratorische Bezugnahme auf **E.I.1** 8
- Dokumentation **A.II.6** 14
- Dokumentationspflicht **A.II.2** 7
- dynamische Verweisung **E.I.1** 11
- Ersetzung betrieblicher Einigungsstelle **E.I.2**
- Haustarifvertrag **E.I.1**
- In-Kraft-Treten an best. Datum **E.II.2** 3
- In-Kraft-Treten bei Unterzeichnung **E.II.2** 2
- In-Kraft-Treten nach Ablauf Erklärungsfrist **E.II.2** 5
- In-Kraft-Treten nach Ablauf Widerrufsfrist **E.II.2** 4
- In-Kraft-Treten nach Bedingungseintritt **E.II.2** 6
- Kettenverweisung **E.I.1** 7
- Kündigung (Formulierungsmuster) **E.II.2** 8
- Kündigung in Bezug genommener **E.I.1** 16
- Kündigungsfristen **E.II.5** 1 f.
- Laufzeit (Formulierungsmuster) **E.II.2**
- Leiharbeitsvertrag **A.IX.2** 6
- Nachwirkung **E.II.2** 9
- Nachwirkungsausschluss **E.II.2** 11
- Präambel (Formulierungsmuster) **E.II.1**
- Richtigkeitsgewähr **A.II.2** 4
- Schlichtungsverfahren **E.I.9**
- Spartenbetriebsrat **E.I.5** 1 f.
- tarifliche Schlichtungsstelle **E.I.2** 1
- Teilkündigung **E.II.2** 10
- unternehmenseinheitlicher Betriebsrat **E.I.3**
- Urlaubsregelungen **E.II.7** 1 f.
- Zulässigkeit abweichender Bestimmungen **E.I.1** 9 f.
- Zusammenfassung von Betrieben **E.I.4** 1 f.
- zusätzliche betriebsverfassungsrechtliche Arbeitnehmervertretung **E.I.7** 1 f.
- s. a. *Firmentarifvertrag*

Tarifwechselklausel A.II.2 3, 4
Tarifzuständigkeit
- Gewerkschaft **E.I.1** 3

Taschenkontrolle C.II.5 4
Tätigkeit
- Arbeitsvertrag Führungskraft **A.II.3** 2
- Dokumentation **A.II.6** 6
- Übertragung höherer **D.I.1** 3

Tätigkeit, höherwertige
- vorübergehende Übertragung **A.V.6**

Täuschung, arglistige
- Anfechtung Arbeitsvertrag **A.XIV.1** 2

Teilkündigung
- Tarifvertrag **E.II.2** 10

Teilnehmerauswahl
- berufliche Weiterbildung **C.II.4** 12, 13

Teilzeit
- Altersteilzeit **A.VI.2** 1
- Anspruch **A.VI.1** 1

- Arbeit auf Abruf **A.VI.2** 1
- Formulierungsmuster Ablehnung **A.VI.1**
- Formulierungsmuster Teilzeitarbeitsvertrag **A.VI.2**
- geringfügig Beschäftige **A.VI.2** 1
- Jobsharing **A.VI.2** 1
- Schwellenwerte **A.VI.2** 1

Teilzeitarbeit A.VI.1 1
- Anspruch **A.XI.5** 2
- Anspruchsvoraussetzung **A.VI.1** 2
- Antrag auf Zustimmung zur Ablehnung **D.I.4**
- Arbeitszeitverlängerung/-reduzierung **C.II.9** 7
- Elternzeit **A.VI.1** 1
- Erhöhung Arbeitszeit **A.XI.5** 9
- erneute Arbeitszeitverringerung **A.XI.5** 8
- Frauenförderung **C.II.22** 10
- Lage der Arbeitszeit **A.XI.5** 4
- Mindesturlaub **A.II.1** 12
- Überstunden **A.XI.5** 5
- Urlaub **A.XI.5** 7
- Vergütung **A.XI.5** 6

Teilzeitarbeitarbeitsverhältnis
- Sabbatical **A.XI.9** 2

Teilzeitarbeitsverhältnis A.VI.2 1
Teilzeitarbeitsvertrag
- Abwesenheit **A.VI.2** 8
- Arbeitszeitfestlegung **A.VI.2** 3
- Arbeitszeitflexibilisierung **A.VI.2** 4
- ärztliche Untersuchung **A.VI.2** 8
- betriebliche Altersversorgung **A.VI.2** 7
- Formulierungsmuster **A.VI.2**
- Krankheit **A.VI.2** 8
- Nebentätigkeit **A.VI.2** 11, 12
- Reisezeiten **A.VI.2** 6
- Überstunden **A.VI.2** 5
- unteilbare Leistungen **A.VI.2** 7
- Urlaub **A.VI.2** 10
- Vergütung **A.VI.2** 7

Teilzeitbeschäftigung
- Anspruch **A.XI.5** 2
- BAT-Arbeitsverhältnis **A.II.4** 7

Teilzeitverlangen
- Ablehnung **A.VI.1**
- Ablehnungsform/-frist **A.VI.1** 5
- Ablehnungsgründe **A.VI.1** 6
- Abmahnung, vorweggenommene **A.VI.1** 8
- Alternativangebot **A.VI.1** 7
- betriebliche Gründe **A.VI.1** 6
- Betriebsvereinbarung, entgegenstehende **A.VI.1** 6
- einstweiliger Rechtsschutz **A.VI.1** 5
- Empfangsbestätigung Ablehnung **A.VI.1** 11
- Erörterung **A.VI.1** 4
- Fehlen einer Ersatzkraft **A.VI.1** 6
- Form **A.VI.1** 3
- Frist **A.VI.1** 3
- Geltendmachung **A.VI.1** 3
- Klage **A.VI.1** 5
- Kosten, unverhältnismäßige **A.VI.1** 6
- Organisationskonzept, entgegenstehendes **A.VI.1** 6

magere Zahlen = Anmerkung

Sachverzeichnis

- Prüfung **A.VI.1** 6
- Sperrfrist **A.VI.1** 9

Telearbeit
- alternierende **C.II.11** 5
- Arbeitsmittel **C.II.11** 12 f.
- Arbeitsplatz **C.II.11** 6, 11
- Arbeitsvertrag **C.II.11** 7
- Arbeitszeit **C.II.11** 17 f.
- Begriff **A.VII.4** 1; **C.II.11** 5
- Betriebsvereinbarung **C.II.11**
- Datenschutz **C.II.11** 21
- Fahrzeiten **C.II.11** 20
- Geheimhaltung **C.II.11** 21
- Haftung **C.II.11** 23
- häusliche **C.II.11** 5
- Initiativrecht **C.II.11** 9
- Kernzeit **C.II.11** 18
- private Arbeitsmittel **C.II.11** 14
- Privatnutzung Arbeitsmittel **C.II.11** 13
- Probezeit **C.II.1** 3
- Rechtsanspruch **C.II.11** 8
- Rückgabe Arbeitsmittel **C.II.11** 28
- Rückkehr in betriebliche Arbeitsstätte **C.II.11** 29
- technische Störung **C.II.11** 15
- Unterrichtung Betriebsrat **C.II.11** 25
- Versicherung **C.II.11** 24
- Widerruf **C.II.11** 26
- Wohnungswechsel **C.II.11** 27
- Zeiterfassung **C.II.11** 19
- Zugangsrecht **C.II.11** 22

Telearbeitsplatz
- Anforderungen an **C.II.11** 11
- Einrichtung **C.II.11** 6
- Kostenerstattung **C.II.11** 16

Telearbeitsvertrag C.II.11 7
- Arbeitsort **A.VII.4** 4
- arbeitsrechtliche Bestimmungen **A.VII.4** 9
- Arbeitsunfall **A.VII.4** 22
- Arbeitszeit **A.VII.4** 8
- Ausschluss Arbeitsplatz im Betrieb **A.VII.4** 7
- Beendigung **A.VII.4** 26
- Datenschutz **A.VII.4** 25
- Erklärung des Vermieters **A.VII** 4, 6
- Fahrtzeiten **A.VII.4** 12
- Formulierungsmuster **A.VII.4**
- Mehrarbeit **A.VII.4** 10
- Nebentätigkeit **A.VII.4** 19
- Regelungsgegenstand **A.VII.4** 1
- Rückgabe Arbeitsmittel **A.VII.4** 26
- Versetzungsvorbehalt **A.VII.4** 3

Telefon
- Betriebliche Übung Privatnutzung **C.II.15** 1
- Datenerhebung bei Dienstgespräch Betriebsrat **C.II.15** 8
- Datenerhebung bei Dienstgesprächen **C.II.15** 6
- Datenerhebung bei Privatgesprächen **C.II.15** 7
- Freiwilligkeitsvorbehalt Privatnutung **C.II.15** 12
- Kontrolle Gesprächsinhalt **C.II.15** 9
- Kosten Privatnutzung **C.II.15** 11
- Missbrauch **C.II.15** 5
- Mithören/Aufzeichnen **C.II.15** 9

- Nutzungsbegrenzung **C.II.15** 4
- private Nutzung **A.IV.5** 1
- Privatnutzung **C.II.15** 1, 3
- unzulässige Kontrolle **C.II.15** 10

Telefonanlagennutzung
- Betriebsvereinbarung **C.II.15**

Telefondatenerfassung
- Betriebsvereinbarung **C.II.15**

Telefongespräche
- unerlaubte private **A.X.1** 3

Tod
- Geschäftsführervertrag **B.I.1** 30

Todesfall
- Lebensarbeitszeitkonto **C.II.8** 9
- Vorstandsbezüge **B.II.1** 27

Torkontrolle C.II.5 4

Trainee
- Begriff **A.VII.5** 1

Traineevertrag
- Ausbildungsplan **A.VII.5** 2
- Befristung **A.VII.5** 3
- Formulierungsmuster **A.VII.5**
- Kündigung **A.VII.5** 11
- Probezeit **A.VII.5** 11
- Regelungsgegenstand **A.VII.5**

Transfergesellschaft
- Abfindung **A.VII.10** 5
- Aufhebung Alt-Arbeitsvertrag **A.VII.10** 20
- Befristung **A.VII.10** 6
- Begriff **A.VII.10** 1; **C.I.10** 1
- betriebliche Altersversorgung **A.VII.10** 12
- Betriebszweck **A.VII.10** 7
- Datenübermittlung an **A.VII.10** 19
- Erledigung Alt-Arbeitsverhältnis **A.VII.10** 20
- Finanzierung **A.VII.10** 8
- Formulierungsmuster Arbeitsvertrag **A.VII.10**
- Freistellung für Zweitarbeitsverhältnis **A.VII.10** 16
- Hinweispflichten **A.VII.10** 21
- Kündigungsfristen **A.VII.10** 3
- Kurzarbeit Null **A.VII.10** 9
- Kurzarbeitergeld **A.VII.10** 8
- Mitteilungspflichten **A.VII.10** 17
- Profiling-Maßnahme **A.VII.10** 13
- Qualifizierung **A.VII.10** 14
- Sozialplan **A.VII.10** 4
- Urlaub **A.VII.10** 11
- Vergütung **A.VII.10** 10
- Vermittlung **A.VII.10** 14, 15
- vorzeitiges Ausscheiden **A.VII.10** 18

Transferkurzarbeitergeld A.VII.10 8; **C.I.10** 11
- betriebsorganisatorisch eigenständige Einheit **C.I.10** 10
- Kürzung **C.I.10** 15
- Laufzeit **C.I.10** 13
- Profiling **A.VII.10** 13
- Qualifizierung **A.VII.10** 13
- Vergütung **A.VII.10** 10
- Zuschlag **C.I.10** 14

Transfersozialplan A.VII.10 4
- Abfindung **A.VII.10** 5

Sachverzeichnis
fette Buchstaben und Zahlen = Systematik

- Austrittsprämie **C.I.10** 16
- dreiseitiger Vertrag **C.I.10** 12
- Formulierungsmuster **C.I.10**
- Laufzeit **C.I.10** 13
- Stellungnahme Betriebsrat **C.I.10** 17

Transparenz
- Vorstandsdienstvertrag **B.II.1** 37

Treuhandkonto/-depot F.I.5 4

Treuhandverein
- Satzung (Formulierungsmuster) **F.I.6**

Treuhandvereinbarung
- Aufwandserstattung **F.I.5** 13
- Ausgliederung Pensionsrückstellung (Formulierungsmuster) **F.I.5** 1 f.
- Beitritt **F.I.5** 17
- Haftung **F.I.5** 15
- Informationspflicht **F.I.5** 14
- Kapitalanlagegrundsätze **F.I.5** 8
- Laufzeit **F.I.5** 16
- Präambel **F.I.5** 2
- Sicherungsfall **F.I.5** 10 f.
- Sicherungstreuhand **F.I.5** 7
- Treuhandkonto/-depot **F.I.5** 4
- Treuhandvermögen **F.I.5** 5
- Verwaltungstreuhand **F.I.5** 6
- Verzeichnis der Berechtigten **F.I.5** 18

Treuhandvermögen
- Begriff **F.I.5** 5

Truck-Verbot
- Arbeitgeberdarlehen **A.IV.6** 1

Trust
- Auflösung **F.I.6** 11
- Kapitalanlage **F.I.6** 4
- Mitgliederversammlung **F.I.6** 7
- Mitgliedschaft **F.I.6** 5
- Organe **F.I.6** 6
- Rechnungslegung **F.I.6** 10
- Rechtsform **F.I.6** 2
- Vereinszweck **F.I.6** 3
- Vermögensverwaltung **F.I.6** 9
- Vorstand **F.I.6** 8

Trust e. V.
- Satzung (Formulierungsmuster) **F.I.6**

Turbo-Zuschlag
- Abfindungsprogramm **A.XIII.4** 4

Türkei
- Aufenthaltsgenehmigung türkischer Staatsangehöriger **A.VIII.2** 23

Überbrückungshilfe
- Sozialplan **C.I.9** 1

Übergabe
- Arbeitsvertrag **A.II.1** 31

Übergabe, persönliche A.XIV.2 8

Übergang
- Schadensersatzanspruch **A.XI.1** 5

Übergangsmandat E.I.3 12
- Betriebs-/Personalrat **D.II.2** 6

Überhangprovision A.III.6 9

Überlastung
- Vertrauensarbeitszeit **C.II.7** 10

Übernachtung
- Vorstellungsgespräch **A.I.1** 2

Übernahme
- Dienstwagen **A.XV.1** 29 f.

Übernahmeangebot, öffentliches
- Arbeitnehmer/-vertreter **A.XII.6** 6
- Betriebsrat **A.XII.6** 7
- Bieterabsicht **A.XII.6** 2
- Formulierungsmuster **A.XII.6**
- künftige Geschäftätigkeit **A.XII.6** 3
- künftige Verpflichtungen **A.XII.6** 5
- Mitarbeiterbeteiligung **A.XII.6** 8
- Mitteilungsumfang **A.XII.6** 7
- Vermögensverwendung **A.XII.6** 4

Übernahmevereinbarung
- Betriebsübergang **E.III**

Übersendung
- Zustellung bei **A.XIV.2** 8

Überstunden
- Arbeitsvertrag **A.II.1** 4
- Berufsausbildungsvertrag **A.VII.2** 9
- Betriebsrat **A.II.1** 3
- Gleitzeitregelung **C.II.6** 13
- Job-Sharing Vertrag **A.VII.3** 9
- Teilzeitarbeit **A.XI.5** 5
- Teilzeitarbeitsverhältnis **A.VI.2** 5
- Vergütung **A.II.1** 4
- Vertrauensarbeitszeit **C.II.7** 10
- Zeitwertkonten **C.II.8** 8

Überstundenentgelt
- Entgeltfortzahlung **E.II.4** 10

Übertragung
- Nutzungs-/verwertungsrecht **A.IV.3** 1
- Urlaub **E.II.4** 8, 10
- Versorgungsanwartschaft **F.III** 18
- Versorgungsleistung **F.IV.1** 3

Übertragung, vorübergehende
- höherwertige Tätigkeit **A.V.6**

Überwachungsrichtlinien
- Mitbestimmungsrecht **A.III.7** 1

Umgruppierung C.II.1 2
- Anhörung Betriebsrat **C.I.4**
- Antrag auf Zustimmung des Betriebsrats **C.I.4**
- Begriff **C.I.4** 9

Umsatzprovision
- Außendienst **A.VII.7** 6

Umsatzsteuer
- Freie Mitarbeit **B.III.** 13
- Rechtsfolgen falscher Einordnung Freier Mitarbeit **B.III.** 4

Umschulung
- Anschlussbefristung **A.V.3** 2
- bei betriebsbedingter Kündigung **C.II.2** 6

Umstrukturierung
- Betriebsrat **E.I.3** 10

Umwandlung
- Verschmelzungsvertrag **A.XII.3**
- Vorstandsbezüge bei **B.II.1** 22
- Vorstandsdienstvertrag **B.II.1** 17

Umzugskosten
- Auslandstätigkeit **A.VIII.1** 10

magere Zahlen = Anmerkung **Sachverzeichnis**

- Geschäftsführervertrag **B.I.1** 7
- Vorstandsmitglied **B.II.1** 32

Unfallmeldung
- Leiharbeitsvertrag **A.IX.2** 14

Unfallverhütung
- Arbeitnehmerüberlassung **A.IX.1** 8
- Leiharbeitsvertrag **A.IX.2** 14
- Mitbestimmungsrecht **C.II.17** 1

Unfallversicherung
- Arbeitnehmerüberlassung **A.IX.1** 8
- Außendienst **A.VII.7** 9
- Führungskraft **A.II.3** 11
- Geschäftsführer **B.I.1** 26
- Ruhensvertrag **A.VIII.1** 8
- Vorstandsmitglied **B.II.1** 30

Unfallversicherung, private
- Anrechnung **A.III.11** 5
- Beendigung Arbeitsverhältnis **A.III.11**
- Begriff **A.III.11** 1
- Formulierungsmuster **A.III.11**
- Gruppenunfallversicherung **A.III.11** 2
- Lohnsteuer **A.III.11** 3
- Sozialversicherung **A.III.11** 3
- Vereinbarung **A.III.11** 2
- Versicherungsleistung **A.III.11** 4

Unterbrechung
- vor Anschlussbefristung **A.V.3** 2

Unterhaltspflichten
- Sozialauswahl **C.II.2** 8, 9, 10

Unterlagen
- Rückgabe durch Vorstandsmitglied **B.II.1** 40
- Zurückbehaltungsrecht **A.II.1** 14

Unterlassen
- Anfechtung Arbeitsvertrag **A.XIV.1** 2

Unterlassungsanspruch
- mitbestimmungswidrige Handlung **C.II.25** 9

Unternehmen
- Schlichtungsstelle **E.I.2** 4

Unternehmenskauf
- cherry picking **A.XII.2** 9
- Entschädigung **A.XII.2** 9
- Formulierungsmuster asset deal **A.XII.2**
- Gewährleistungsgarantie **A.XII.2** 10
- Haftungsfreistellung **A.XII.2** 9
- Haftungsverteilung **A.XII.2** 8
- Kooperationsverpflichtung **A.XII.2** 4
- Mitarbeiterinformation **A.XII.2** 4
- Stichtag **A.XII.2** 2
- Übergang Arbeitsverhältnisse **A.XII.2** 3
- Unterrichtungspflicht über Widersprüche **A.XII.2** 6
- Widerspruch **A.XII.2** 7

Unternehmensmitbestimmung
- Betriebsübergang **A.XII.1** 10
- Verschmelzung **A.XII.3** 14; **A.XII.5** 16

Unternehmensübernahme
- Formulierungsmuster Angebotsunterlage **A.XII.6**

Unternehmensumstrukturierung
- Betriebsrat **E.I.3** 10

Unterordnungskonzern
- standort-/unternehmensübergreifende Arbeitnehmervertretung **E.I.6** 2

Unterrichtungsbogen
- Formulierungsmuster **C.I.5**

Unterrichtungspflicht
- Betriebsrat bei Verschmelzung **A.XII.4**
- Freie Mitarbeit **B.III.** 8
- öffentliches Übernahmeangebot **A.XII.6**
- Unternehmenskauf **A.XII.2** 4
- über Widersprüche bei Unternehmenskauf **A.XII.2** 6
- Wirtschaftsausschuss bei Verschmelzung **A.XII.5**

Untersuchung, ärztliche C.II.5 10
- Berufsausbildungsvertrag **A.VII.2** 12
- Führungskraft **A.II.3** 10
- Leiharbeitsvertrag **A.IX.2** 11
- regelmäßige **C.II.5** 10
- Teilzeitarbeit **A.VI.2** 8

Untersuchung, vertrauensärztliche A.I.4 4
- Einwilligung **A.I.4** 4

Untersuchung, werksärztliche A.I.4 4
- Einwilligung **A.I.4** 4

Untersuchungsverpflichtung A.II.1 10

Unterweisung
- Arbeitsschutz **C.II.17** 14

Unterzeichnung
- Arbeitsvertrag **A.II.1** 32
- Aufhebungsvertrag Geschäftsführer **B.I.3** 24
- Aufhebungsvertrag Vorstandsmitglied **B.II.3** 35
- Geschäftsführervertrag **B.I.1** 33
- Vorstandsdienstvertrag **B.II.1** 50

Unverfallbarkeit
- Anwartschaft **F.V.3** 3; **F.V.4** 2, 3
- Direktversicherung **F.II.2** 8
- Pensionsfondszusage **F.III** 16

Unverfallbarkeitsfrist
- Direktversicherung **F.II.1** 7

Urheberrecht
- arbeitsvertragliche Übertragung **A.II.1** 15
- Freie Mitarbeit **B.III.** 16
- Geschäftsführer **B.I.1** 29
- Namensnennung **A.IV.3** 4
- Übertragung **A.IV.3** 1, 2
- Vergütung **A.II.1** 15; **A.IV.3** 3

Urheberrechte
- Formulierungsmuster **A.IV.3**

Urlaub A.II.1 12
- Abgeltung gesetzlicher Mindesturlaub **A.II.1** 12
- Abmahnung bei unberechtigtem Antritt **A.X.1** 3
- Altersteilzeit **A.XV.3** 12
- Anmeldungsverfahren **E.II.7** 10
- Anrechnung bei Freistellung **A.XIV.3** 4
- Anspruchsentstehung **E.II.7** 2
- Aufhebungsvertrag **A.XV.1** 21, 22
- Aufhebungsvertrag Vorstandsmitglied **B.II.3** 14
- ausländischer Arbeitnehmer **A.VIII.2** 9
- Auslandseinsatz **A.VIII.1** 11
- Außendienst **A.VII.7** 11
- auf Basis tatsächlicher Beschäftigung **E.II.7** 5
- Berufsausbildungsvertrag **A.VII.2** 13, 14

1397

Sachverzeichnis

fette Buchstaben und Zahlen = Systematik

- Festlegung bei ordentlicher Kündigung A.XIV.3 4
- Fortbildungsvertrag A.IV.7 5
- Führungskraft A.II.3 14
- Geschäftsführervertrag B.I.1 18
- Heimarbeit A.VII.6 15
- Job-Sharing Vertrag A.VII.3 11
- Kurzarbeit C.II.12 12
- Mindesturlaub A.II.1 12
- Rundung E.II.7 6
- Sabbatical A.XI.9 9
- Sonderurlaub ausländischer Arbeitnehmer A.VIII.2 12
- tarifvertragliche Regelungen E.II.7 1 f.
- Teilzeitarbeit A.XI.5 7
- Teilzeitarbeitsvertrag A.VI.2 10
- Transfergesellschaft A.VII.10 11
- Übertragung E.II.7 9, 10
- unterjährige Regelung E.II.7 4
- Vorstandsmitglied B.II.1 33
- Wartezeit E.II.7 3
- Wegfall des Anspruchs E.II.7 8

Urlaubsbescheinigung A.XVI.4 4

Urlaubsdauer
- Dokumentation A.II.6 10

Urlaubsentgelt
- Abrufarbeitsvertrag A.VII.9 12
- Außendienst A.VII.7 11
- Heimarbeit A.VII.6 10
- Rückforderung E.II.7 7

Urlaubsvertretung
- Befristungsgrund A.V.5 15

US Stock Option Plan A.IV.10 7

US Stock Options
- Abgeltungsklausel A.IV.11 4
- anwendbares Recht A.IV.10 3; A.IV.11 3
- Anzahl A.IV.10 5
- Ausübungsfrist A.IV.11 1
- Ausübungspreis A.IV.10 4
- Beendigung Arbeitsverhältnis A.IV.11 1
- befristetes Arbeitsverhältnis A.IV.10 6
- deutscher Arbeitgeber A.IV.10 1
- Formulierungsmuster Anstellungsvertrag A.IV.10
- Formulierungsmuster Aufhebungsvertrag A.IV.11
- Gleichbehandlungsgrundsatz A.IV.10 6
- Mitbestimmungsrecht A.IV.10 6
- nachvertragliches Wettbewerbsverbot A.IV.10 8
- Nicht-Ausübung A.IV.11 1
- Teilzeitkräfte A.IV.10 6
- US Konzernobergesellschaft als Vertragspartei A.IV.10 2
- Verlängerung Ausübungsfrist A.IV.11 2
- Verweis auf US Stock Option Plan A.IV.10 7
- vesting A.IV.11 1, 3
- wirtschaftliche Eckdaten A.IV.10 4, 6
- Zustimmung des board of directors A.IV.10 5

Verbandstarifvertrag
- firmenbezogener E.I.3 1

Verbesserungsvorschlag, betrieblicher C.II.20 2

Verbindungsdaten
- E-mail-Nutzung C.II.14 14

Verdienstausfall
- Vorstellungsgespräch A.I.1 2

Verfallbarkeit
- Anwartschaft F.V.3 4

Verfügungsbeschränkung
- betriebliche Altersversorgung F.I.2 10

Verfügungsverbot
- Direktversicherung F.II.1 9

Vergleichsgruppenbildung
- betriebsbedingte Kündigung C.II.2 7

Vergütung
- 13. Monatsgehalt A.III.3
- Abtretungsverbot A.II.1 8
- Altersteilzeit A.XV.3 5
- Anrechnung Zwischenverdienst A.XIV.3 7
- Anwesenheitsprämie A.III.5
- Arbeitnehmerüberlassung A.IX.1 5
- Arbeitsvertrag A.II.1 6
- Arbeitszeitveränderung zur Beschäftigungssicherung C.II.9 9
- Arbeitszeitverlängerung ohne Lohnausgleich A.XI.7
- Arbeitszeitverringerung A.XI.6 6
- Aufhebungsvertrag Geschäftsführer B.I.3 5
- ausländischer Arbeitnehmer A.VIII.2 4
- Auslandsvergütung A.VIII.1 2
- ausschließlich auf Provisionsbasis A.III.6 2
- Außendienst A.VII.7 6
- BAT-Arbeitsverhältnis A.II.4 8
- Beisitzer Einigungsstelle C.II.25 10
- Bereitschaftsdienst C.II.6 11
- Berufsausbildungsvertrag A.VII.2 9
- betriebliches Vorschlagswesen C.II.20 9
- Dienstwagenvertrag A.III.1
- Dokumentation A.II.6 7
- Entgeltfortzahlung E.II.4 1 f.
- Fortbildungsvertrag A.IV.7 4
- Freie Mitarbeit B.III. 12
- Führungskraft A.II.3 5, 6
- Gehaltsverzicht mit Besserungsschein A.XIII.3
- Gehaltsverzicht ohne Besserungsschein A.XIII.1
- Geschäftsführer B.I.1 19
- Gleichbehandlung C.II.23 8
- Gratifikation A.III.4
- Handelsvertreter B.IV. 21
- Heimarbeit A.VII.6 8 f.
- Herabsetzung bei Änderungskündigung A.XI.4 3
- bei kündigungsbedingter Freistellung A.XIV.3 3
- Leiharbeitsvertrag A.IX.2 9
- Rahmenvertrag zur Zielvereinbarung A.III.8
- Reisezeiten A.II.1 5
- Rückzahlungsverpflichtung A.II.1 9
- Sabbatical A.XI.9 5
- Schattengehalt A.VIII.1 3
- Sonderzahlung A.II.1 7
- Teilzeitarbeit A.XI.5 6
- Teilzeitarbeitsverhältnis A.VI.2 7
- Transferkurzarbeitergeld A.VII.10 10

magere Zahlen = Anmerkung

- Überstunden A.II.1 4
- Übertragung Nutzungs-/verwertungsrecht A.IV.3 3
- Urheberrecht A.II.1 15
- Variabilisierung A.XIII.2
- Vermittlungsprovision A.III.6 1
- Verweisung auf Tarifvertrag A.II.2 5
- Vorfälligkeitsregelung A.II.1 22
- Vorstandsmitglied B.II.1 22
- Wiederherstellung des ursprünglichen Niveaus A.XIII.1 5
- Zielvereinbarung A.III.7

Vergütung, bisherige
- Personalfragebogen A.I.2 13

Vergütung, variable
- Rahmenvertrag A.III.8

Verhinderung, vorübergehende
- Entgeltfortzahlung E.II.4 3

Verjährung
- Arbeitsvertrag A.II.1 24
- Handelsvertretervertrag B.IV. 35

Verlängerung
- Arbeitszeit ohne Lohnausgleich A.XI.7

Verlängerungsabrede
- befristeter Arbeitsvertrag A.V.2 2
- Fortgeltung Vertragsbedingungen A.V.2 3

Verlegung
- Dienststelle D.II.1 4

Vermieter
- Genehmigung Telearbeitsplatz A.VII.4 6

Vermittlungsprovision
- ausschließliche Vergütung A.III.6 2
- Außendienst A.VII.7 6
- vor Beginn des Arbeitsverhältnisses A.III.6 7
- Begriff A.III.6 1
- Formulierungsmuster A.III.6
- Kausalität A.III.6 6
- Nachgeschäft A.III.6 9
- Überhangprovision A.III.6 9
- s. a. *Provisionsvereinbarung*

Vermittlungsvertreter B.IV. 12

Vermögensbildung
- vermögenswirksame Leistungen A.III.10

Vermögensschaden-Haftpflichtversicherung
- Vorstandsmitglied B.II.1 30

Vermögenswirksame Leistungen
- Abführung A.III.10 10
- Anrechnung A.III.10 11
- Anspruchsberechtigung A.III.10 3
- Arbeitnehmer-Sparzulage A.III.10 1, 6
- Arten A.III.10 6
- Ausschluss A.III.10 5
- Beendigung des Arbeitsverhältnisses A.III.10 12
- Begriff A.III.10 1
- Durchschnittslohnberechnung A.III.10 9
- Fehlzeiten A.III.10 8
- Formulierungsmuster A.III.10
- Leistungsumfang A.III.10 7
- Mitbestimmungsrecht A.III.10 1
- Mutterschutz A.III.10 8
- Sozialversicherung A.III.10 1

Sachverzeichnis

- Vereinbarung A.III.10 2
- Wartezeit A.III.10 4
- Widerrufsvorbehalt A.III.10 13

Veröffentlichungen, wissenschaftliche
- Geschäftsführer B.I.1 17

Verpfändungsanzeige F.I.3 5

Verpfändungserklärung F.I.3 3

Verpfändungsverbot
- Arbeitsvertrag A.II.1 8

Verpfändungsvereinbarung F.I.3 1 f.
- Formulierungsmuster F.I.3
- Pfandreife F.I.3 4
- Rückdeckungsversicherung F.I.3 2

Verpflegung
- Vorstellungsgespräch A.I.1 2

Versagung
- Genehmigung Nebentätigkeit D.I.3 7

Verschmelzung
- Arbeitsverhältnisse A.XII.3 4
- betriebliche Altersversorgung A.XII.3 10; A.XII.5 12
- Betriebsrat A.XII.3 12
- Betriebsübergang A.XII.3 3
- Betriebsvereinbarung A.XII.3 12
- Haftung A.XII.3 11
- Information des Betriebsrates A.XII.4
- Information des Wirtschaftsausschusses A.XII.5
- Kündigung Arbeitsverhältnis A.XII.3 5
- Mitarbeiterinformation A.XII.3 6
- Tarifvertrag A.XII.3 13
- Unternehmensmitbestimmung A.XII.3 14; A.XII.5 16
- Widerspruchsfolgen A.XII.3 9
- Wirksamwerden A.XII.3 2

Verschmelzungsvertrag
- Empfangsbekenntnis Betriebsrat A.XII.4 3
- Formulierungsmuster A.XII.3
- Zuleitung an Betriebsrat A.XII.4

Verschwiegenheit
- Abgrenzung zu Datengeheimnis A.IV.4 2

Verschwiegenheitspflicht
- Aufhebungsvertrag A.XV.1 36, 37
- Europäischer Betriebsrat C.II.24 33
- Freie Mitarbeit B.III. 15
- Geschäftsführer B.I.1 27
- Handelsvertreter B.IV. 28
- Telearbeit C.II.11 21
- Vertragstrafe wegen Verletzung der A.X.3
- Vorstandsmitglied B.II.1 39

Verschwiegenheitsverpflichtung A.II.1 14

Versetzung
- Abgrenzung zu Änderungskündigung A.XI.2 3
- anderer Bereich C.I.4 7
- Anhörung Betriebsrat C.I.4 6
- Antrag auf Zustimmung des Betriebsrats C.I.4
- Arbeitgeberrecht A.XI.2
- Begriff A.XI.2 1; C.I.4 6; C.II.1 13
- Beteiligung Betriebsrat A.XI.2 3
- Betriebsvereinbarung Auswahlrichtlinie C.II.1
- dauerhafte A.XI.2 2
- einvernehmliche C.I.4 8

1399

Sachverzeichnis

fette Buchstaben und Zahlen = Systematik

- endgültige (Formulierungsmuster) **A.XI.**2
- Konzernversetzungsklausel **A.II.**3 3
- kurzfristige **A.XI.**3 2
- vorübergehende (Formulierungsmuster) **A.XI.**3

Versetzungsklausel
- Arbeitsvertrag **A.II.**1 2
- konzernweite **A.IX.**3 2
- Leiharbeitsvertrag **A.IX.**2 7

Versetzungsschutz
- zusätzliche Arbeitnehmervertretung **E.I.**7 13

Versetzungsvertrag
- Auslandsbezug **A.VIII.**1 1
- Rückkehr **A.VIII.**1 5
- Ruhen Arbeitsverhältnis **A.VIII.**1 4
- Umzugskosten **A.VIII.**1 10
- vorzeitige Beendigung **A.VIII.**1 5

Versetzungsvorbehalt
- Telearbeitsvertrag **A.VII.**4 3

Versorgungsanwartschaft
- Abfindung **F.III** 18
- Ausschlussklausel bei Betriebübergang **F.IV.**3 1 f.
- Behandlung bei Betriebsübergang **F.IV.**2 1 f.
- Übertragung **F.III** 18

Versorgungsleistung
- Rentenanpassung **F.III** 20
- Übertragung **F.IV.**1 3
- Vorstandsmitglied **B.II.**1 29

Versorgungswerk
- Bekanntmachung der Schließung **F.V.**6

Versorgungszusage
- arbeitgeberfinanzierte Direktzusage **F.I.**4 1 f.
- Aufhebungsvertragsklausel **F.V.**3
- aufschiebende Bedingung **F.I.**2 11
- Direktversicherung, arbeitgeberfinanzierte **F.II.**1 1 f.
- Direktversicherung zur Entgeltumwandlung **F.I.**2
- Erfüllungsübernahme **F.IV.**1 4
- Formulierungsmuster **F.I.**1
- Fünftelungsregelung bei Abfindung **F.V.**5 4
- Mitteilung nach § 4a BetrAVG (Formulierungsmuster) **F.V.**4
- nachgelagerte Besteuerung **F.I.**1 2, 3
- Pensions-Sicherungs-Verein **F.I.**1 5
- Pensionszusage durch Gehaltsumwandlung **F.I.**2 1 f.
- Rückdeckungsversicherung **F.I.**1 6
- Statusmitteilung bei Ausscheiden **F.V.**3 5
- steuerliche Behandlung Kapitalabfindung **F.V.**5 4
- Vereinbarung zur Gehaltsumwandlung **F.I.**1 1 f.
- Verpfändungsvereinbarung **F.I.**3 1 f.

Vertragsgebiet
- Änderung **B.IV.** 7
- Handelsvertreter **B.IV.** 7
- Provisionsvereinbarung **A.III.**6 4

Vertragshändler
- Abgrenzung zu Handelsvertreter **B.IV.** 3

Vertragsparteien
- Dokumentation **A.II.**6 2

Vertragsstrafe
- Abwerbeverbot **B.I.**1 16
- AGB-Kontrolle **A.X.**3 1
- Angemessenheitskontrolle **A.II.**1 20
- Arbeitsvertrag **A.II.**1 20; **A.II.**2 6
- Bestimmtheit der verletzten Pflicht **A.X.**3 5
- Dauerverstoß **A.X.**3 7
- formularmäßige Strafklausel **A.X.**3 6
- Funktion **A.X.**3 1
- Handelsvertreter **B.IV.** 32
- Höhe **A.X.**3 6
- Leiharbeitsvertrag **A.IX.**2 16
- nachvertragliches Wettbewerbsverbot **A.IV.**1 7; **A.IV.**2 11
- Nebenpflichtverletzung **A.X.**3 5
- Überraschungseffekt **A.II.**1 20
- Verschulden **A.X.**3 4
- Verschwiegenheitspflichtverletzung **A.X.**3
- weitergehender Schadensersatzanspruch **A.X.**3 8
- wiederholte Verstöße **A.X.**3 3
- Zulässigkeit **A.X.**3 1

Vertrauensarbeitszeit
- Arbeitszeiterfassung **C.II.**7 9
- Arbeitszeitrahmen **C.II.**7 6
- Begriff **C.II.**7 1
- Betriebsvereinbarung **C.II.**7
- Entzug **C.II.**7 11
- Überlastung **C.II.**7 10
- Überstunden **C.II.**7 10
- Verzicht **C.II.**7 11

Vertretung
- Befristungsgrund (§ 14 Abs. 1. Nr. 3 TzBfG) **A.V.**5 15
- Befristungsgrund (§ 21 BErzGG) **A.V.**7 15

Vertretungsbefugnis
- Geschäftsführer **B.I.**2 7

Vertretungsmacht
- Geschäftsführervertrag **B.I.**1 13
- Vorstandsmitglied **B.II.**1 11

Vertretungsregelung
- E-mail **C.II.**14 16

Verwaltungstreuhand F.I.5 6

Verwarnung
- Betriebsbuße **A.X.**4 3

Verweis
- Betriebsbuße **A.X.**4 3

Verweisung
- fehlerhafte Eingruppierung **A.II.**2 5
- große dynamische **A.II.**2 3
- Reichweite **A.II.**2 4
- Tarifautomatik **A.II.**2 5
- Tarifwechselklausel **A.II.**2 3, 4
- Vergütungsangabe **A.II.**2 5
- Wirksamkeitskontrolle **A.II.**2 6

Verweisung, dynamische A.II.2 3
- Gleichstellungsklausel **A.II.**2 4
- Reichweite **A.II.**2 4

Verweisung, statische A.II.2 3
- Reichweite **A.II.**2 4

Verweisungsklausel
- Arbeitsvertrag **A.II.**2 2

magere Zahlen = Anmerkung

Verwertungsrecht
- Übertragung **A.IV.3** 1, 2
- Vergütung **A.IV.3** 3

Verzicht
- nachvertragliches Wettbewerbsverbot **A.IV.2** 8, 9; **A.XIV.3** 12; **B.IV.** 31

Verzugslohnrisiko
- Änderungskündigung **A.XI.4** 7

vesting
- stock options **B.I.1** 21
- US Stock Options **A.IV.11** 1, 3

Viren
- Kontrolle E-mail-Verkehr **C.II.14** 15, 17

Visum A.VIII.2 20

Vollmacht
- zum Ausspruch von Kündigungen **A.XIV.7**
- Prokura **A.XI.8** 1
- Zurückweisung **A.XIV.8** 3

Vollständigkeitsklausel A.II.1 28
- Betriebsvereinbarung **C.II.1** 16

Volontär
- außerordentliche Kündigung **A.XIV.19** 1

voluntary severance program A.XIII.4 1

Vorausabtretung
- Arbeitgeberdarlehen **A.IV.6** 12

Vorbehalte
- Direktzusage **F.I.4** 15

Vorfälligkeitsregelung
- Arbeitsvertrag **A.II.1** 22

Vorfeldabsprache
- Abwicklungsvertrag **A.XV.2** 3

Vorschlagswesen, betriebliches
- Annahme **C.II.20** 9
- Beauftragter für das **C.II.20** 5
- Begriff **C.II.20** 2
- Begriffbestimmungen **C.II.20** 2
- Betriebsvereinbarung **C.II.20**
- Gemeinsamer Ausschuss **C.II.26** 1
- Grundsätze **C.II.20** 3
- Gruppenarbeit **C.II.21** 18
- Gutachter **C.II.20** 7
- Organe **C.II.20** 4
- Prämie **C.II.20** 9
- Prüfungsausschuss **C.II.20** 6
- Regelungsinhalt Betriebsvereinbarung **C.II.20** 1
- Verfahren **C.II.20** 8
- Vorschlagsrecht **C.II.20** 8
- Widerspruch **C.II.20** 11
- Wiedereinbringung **C.II.20** 10

Vorschuss
- Abgrenzung zu Arbeitgeberdarlehen **A.IV.6** 3

Vorsitzender
- Schlichtungsstelle **E.I.9** 10 f.

Vorsitzender Schlichtungsstelle E.I.2 13 f.
- Ablehnung **E.I.2** 16
- Fernbleiben **E.I.2** 20
- Überprüfung der Unparteilichkeit **E.I.2** 17

Vorstand
- Alleinvorstand **B.II.1** 4
- Arbeitsdirektor **B.II.1** 4, 6
- Gesamtverantwortung **B.II.1** 7
- nachvertragliches Wettbewerbsverbot **A.IV.2**
- Ressortverteilung **B.II.1** 7
- stellvertretendes Vorstandsmitglied **B.II.1** 6
- Trust **F.I.6** 8

Vorstandsbestellung B.II.1 1
- Annahme **B.II.2** 13
- Aufsichtsratsbeschluss (Formulierungsmuster) **B.II.2**
- automatische Verlängerung **B.II.1** 15
- Bedingung **B.II.2** 8
- besondere Ämter **B.II.2** 11
- Handelsregistereintragung **B.II.2** 14
- Ressortzuweisung **B.II.2** 10
- Vertretungsregelung **B.II.2** 9
- Vorbehalt des Widerrufs der **B.II.3** 9
- wiederholte **B.II.1** 15
- Zuständigkeit **B.II.2** 2

Vorstandsbezüge B.II.1 22
- Anpassung **B.II.1** 24
- Fortzahlung bei Krankheit **B.II.1** 26
- Fortzahlung bei Tod **B.II.1** 27
- Offenlegung **B.II.1** 25
- Optionen **B.II.1** 23
- Sozialversicherung **B.II.1** 28
- bei Umwandlung **B.II.1** 22

Vorstandsdienstvertrag
- Abschlusszeitpunkt **B.II.1** 5
- Abwerbeverbot **B.II.1** 36
- Alterbefristung **B.II.1** 20
- Arbeitszeit **B.II.1** 35
- Aufhebungsvertrag **B.II.3** 2
- Aufschiebend bedingter **B.II.1** 5
- Ausschlussfristen **B.II.1** 42
- Berichtspflicht **B.II.1** 13
- Beschlussfassung Aufsichtsrat **B.II.2** 12
- Beschlussfassung Aufsichtsrat zur Kündigung **B.II.4** 6
- change of control **B.II.1** 18
- corporate governance codex **B.II.1** 10
- Dauer **B.II.1** 15
- Diensterfindung **B.II.1** 38
- Dienstsitz **B.II.1** 14
- Dienstunfähigkeit **B.II.1** 21
- Dienstwagen **B.II.1** 31
- Erfüllungsort **B.II.1** 49
- Freistellung Vorstandsmitglied **B.II.1** 19
- früherer **B.II.1** 44
- Geheimhaltung **B.II.1** 39
- Gerichtsstand **B.II.1** 49
- Geschäftsführung **B.II.1** 12
- Kenntnisnahme Kündigung **B.II.4** 9
- Kopplungsklausel **B.II.1** 16
- Kündigung **B.II.1** 16
- nachvertragliches Wettbewerbsverbot **B.II.2** 41
- Nebenleistungen **B.II.1** 32
- Organleihe **B.II.1** 9, 34
- Parteien **B.II.1** 2, 3
- Rechte/Pflichten Vorstandsmitglied **B.II.1** 8
- Rechtswahl **B.II.1** 47
- Ressortverteilung **B.II.1** 7

1401

Sachverzeichnis

fette Buchstaben und Zahlen = Systematik

- Rückgabe von Unterlagen/Gegenständen **B.II.1** 40
- ruhendes Arbeitsverhältnis **B.II.1** 43
- Schiedsvereinbarung **B.II.1** 48
- Schriftform **B.II.1** 45, 46
- Schutzrechte **B.II.1** 38
- sonstige Versicherungen **B.II.1** 30
- Transparenz **B.II.1** 37
- Umwandlung der AG **B.II.1** 17
- Unterzeichnung **B.II.1** 50
- Urlaub **B.II.1** 33
- Vergütung **B.II.1** 22
- Vergütungsanpassung **B.II.1** 24
- Vergütungsbestandteile **B.II.1** 23
- Versorgungsleistungen **B.II.1** 29
- Vertretungsmacht **B.II.1** 11
- Vorstandsdoppelmandat **B.II.1** 9
- Weisungen **B.II.1** 13
- Wettbewerbsverbot **B.II.1** 34

Vorstandsdoppelmandat B.II.1 9

Vorstandsmitglied
- Abberufung **B.II.4** 1
- Abfindung **B.II.3** 17
- Abwerbeverbot **B.II.1** 36
- Alterbefristung **B.II.1** 20
- Anfangstermin **B.II.2** 6
- Annahme Vorstandsbestellung **B.II.2** 13
- appreciation awards **B.II.3** 17
- Arbeitszeit **B.II.1** 35
- Aufhebungsvertrag (Formulierungsmuster) **B.II.3**
- Aufsichtsratsbeschluss **B.II.2**
- ausländisches **B.II.1** 3
- Ausschlussfristen **B.II.1** 42
- automatische Verlängerung der Bestellung **B.II.1** 15
- Berichtspflicht **B.II.1** 13
- Bestellung **B.II.1** 1
- Bestellung (Formulierungsmuster) **B.II.2**
- Bestellungsbeschluss **B.II.2** 5
- betriebliche Altersversorgung **B.II.1** 29
- Bezugsrechte **B.II.1** 23
- change of control **B.II.1** 18
- corporate governance codex **B.II.1** 10
- Dauer Vorstandsdienstvertrag **B.II.1** 15
- Diensterfindung **B.II.1** 38
- Dienstsitz **B.II.1** 14
- Dienstunfähigkeit **B.II.1** 21
- Dienstvertrag **B.II.1** 1
- Dienstvertrag (Formulierungsmuster) **B.II.1**
- Dienstwagen **B.II.1** 31
- Directors & Officers Liability Insurance **B.II.1** 30
- Endtermin **B.II.2** 7
- Erfolgsbonus **B.II.1** 22
- Freistellung **B.II.1** 19; **B.II.3** 15
- Geheimhaltung **B.II.1** 39
- Geschäftsführungsbefugnis **B.II.1** 12
- Höchstbestellungsdauer **B.II.2** 7
- Interessenkonflikte **B.II.1** 37
- Kenntnisnahme Kündigung Vorstandsdienstvertrag **B.II.4** 9
- Kenntnisnahme von Abberufung **B.II.4** 8

- Kopplungsklausel **B.II.1** 16
- Kündigung Dienstvertrag **B.II.1** 16
- nachvertragliches Wettbewerbsverbot **B.II.1** 41
- Nebenleistungen **B.II.1** 32
- Nebentätigkeit **B.II.1** 34
- Rechte/Pflichten **B.II.1** 8
- Repräsentationskosten **B.II.1** 32
- Rückgabe von Unterlagen/Gegenständen **B.II.1** 40
- ruhendes Arbeitsverhältnis **B.II.1** 43
- Schutzrechte **B.II.1** 38
- Selbstbehalt bei Haftpflichtversicherung **B.II.1** 30
- Sozialversicherung **B.II.1** 28
- stellvertretendes **B.II.1** 6
- steuerliche Behandlung **B.II.1** 22
- Suspendierung **B.II.3** 9; **B.II.4** 1
- Transparenz **B.II.1** 37
- Übernahme von Ämtern **B.II.1** 34
- Urlaub **B.II.1** 33
- Vergütung **B.II.1** 22
- Vermögensschaden-Haftpflichtversicherung **B.II.1** 30
- Versorgungsleistungen **B.II.1** 29
- Vertretungsmacht **B.II.1** 11
- Vertretungsregelung **B.II.2** 9
- Vorstandsdienstvertrag **B.II.1** 3
- Vorstandsfähigkeit **B.II.1** 3
- Weisungsfreiheit **B.II.1** 13
- wiederholte Bestellung **B.II.1** 15; **B.II.2** 7

Vorstandssprecher B.II.1 6
Vorstandsvorsitzender B.II.1 6
Vorstellungsgespräch
- Beförderung **D.I.1** 8
- Einladung zum **A.I.1**
- Kostenerstattung **A.I.1** 2
- Unterzeichnung der Einladung **A.I.1** 2; **A.II.1** 32

Vorstellungskosten
- Ausschluss der Erstattung **A.I.1** 1, 3
- Erstattungsanspruch **A.I.1** 2

Vorstrafe
- Personalfragebogen **A.I.2** 23

Vorzeitiger Ruhestand
- Versetzungsantrag **D.I.6** 1 f.

Waisenrente
- Direktzusage **F.I.4** 10, 11
- Pensionsfonds **F.III** 10, 14

Wartezeit
- Kündigung Schwerbehinderte **A.XIV.9** 6
- Urlaub **E.II.7** 3

Wartezeitregelung
- Gratifikation **A.III.4** 4

Wegfall der Geschäftsgrundlage
- Betriebsvereinbarung **C.II.1** 16

Wehrdienst
- Personalfragebogen **A.I.2** 16

Weihnachtspräsente C.II.5 14

Weisungsfreiheit
- Freie Mitarbeit **B.III.** 6
- Vorstandsmitglied **B.II.1** 13

Weisungsrecht
- Handelsvertreter **B.IV.** 2, 14

Weiterbeschäftigung
- bei betriebsbedingter Kündigung **C.II.2** 5
- Betriebsvereinbarung **C.II.2** 5

Weiterbildung
- Anschlussbefristung **A. V.3** 2

Weiterbildung, berufliche
- Bestellung/Abberufung von Ausbildern **C.II.4** 10
- Kostentragung **C.II.4** 14
- Teilnehmerauswahl **C.II.4** 12

Weiterbildung, betriebliche
- Begriff **C.II.4** 1, 4
- Betriebsrat **C.II.4** 2 f.
- Betriebsvereinbarung **C.II.4**
- Ermittlung Qualifizierungsbedarf **C.II.4** 5
- Frauenförderung **C.II.22** 8
- paritätischer Bildungsausschuss **C.II.4** 6
- persönlicher Geltungsbereich **C.II.4** 3
- sachlicher Geltungsbereich **C.II.4** 4
- überbetriebliche Regelung **C.II.4** 2
- Unterrichtung Betriebsrat **C.II.4** 7

Weitergabekontrolle
- Datenschutz **C.II.16** 8

Weiterverwendung
- Prüfung vor Versetzung in vorzeitigen Ruhestand **D. I.6** 7

Werdegang, beruflicher
- Personalfragebogen **A. I.2** 6

Werkdienstwohnung
- Formulierungsmuster Überlassungsvereinbarung **A.IV.9**

Werklieferungsvertrag
- Heimarbeit **A.VII.6** 5

Werkvertrag
- Heimarbeit **A.VII.6** 5

Werkwohnung
- Begriff **A.IV.8** 1
- Betriebsrat **A.IV.8** 1
- Formulierungsmuster Mietvertrag **A.IV.8**
- Funktionsgebundenheit **A.IV.8** 4
- Gerichtsstand **A.IV.8** 15
- Hausordnung **A.IV.8** 13
- Kaution **A.IV.8** 8
- Kündigung **A.IV.8** 7
- Mängel **A.IV.8** 10
- Mietdauer **A.IV.8** 6
- Mieterhöhung **A.IV.8** 5
- Mietzins **A.IV.8** 5
- Modernisierung **A.IV.8** 11
- Schönheitsreparaturen **A.IV.8** 9
- steuerliche Behandlung **A.IV.8** 6
- Untervermietung **A.IV.8** 12
- Zuweisung **A.IV.8** 1

Wertpapiere
- öffentliches Übernahmeangebot (Formulierungsmuster) **A.XII.6**

Wettbewerbsverbot
- Abgrenzung zu Geheimhaltungsverpflichtung **A.II.1** 14
- Aufhebungsvertrag **A.XV.1** 23

- Aufhebungsvertrag Geschäftsführer **B. I.3** 17
- Aufhebungsvertrag Vorstandsmitglied **B.II.3** 24
- Außendienst **A.VII.7** 14
- Freistellung **A.XIV.3** 6
- Geschäftsführervertrag **B. I.1** 15
- Handelsvertreter **B.IV.** 29
- Personalfragebogen **A. I.2** 12
- Vorstandsmitglied **B.II.1** 34

Wettbewerbsverbot, nachvertragliches
- Abgrenzung zu Kunden-/Mandantenschutzklausel **A.IV.2** 1
- Altersgrenze **A.IV.1** 13
- Anrechnung auf Karenzentschädigung **A.IV.1** 9; **A.IV.2** 7
- Arbeitslosengeld **A.IV.1** 9
- Aufhebungsvertrag **A.XV.1** 24
- Aufhebungsvertrag Geschäftsführer **B. I.3** 18
- Aufhebungsvertrag Vorstandsmitglied **B.II.3** 25
- Ausschluss Lösungsrecht **A.XIV.3** 14
- Außendienst **A.VII.7** 14
- außerordentliche Kündigung **A.IV.1** 10
- Auszahlung Karenzentschädigung **A.IV.1** 9
- Beendigung Arbeitsverhältnis **A.IV.1** 10
- berechtigtes geschäftliches Interesse **A.IV.2** 1
- Dauer **A.IV.1** 2; **A.IV.2** 4
- Durchsetzung **A.IV.1** 9
- Einbeziehung §§ 74 ff. HGB **A.IV.2** 10
- Entschädigung **A.IV.1** 1, 5
- Formulierungsmuster **A.IV.1**
- Formulierungsmuster Organmitglied **A.IV.2**
- geltungserhaltende Reduktion **A.IV.1** 3
- geografische Reichweite **A.IV.1** 4; **A.IV.2** 5
- Geschäftsführer **A.IV.2** 1
- Handelsvertreter **B.IV.** 31
- Karenzentschädigung **A.IV.1** 5; **A.IV.2** 6
- Karenzzeit **A.IV.1** 2
- Konkurrenzunternehmen **A.IV.1** 3
- ordentliche Kündigung **A.IV.1** 10
- Organmitglied **A.IV.2**
- nach Probezeit **A.IV.1** 13
- Rechtsnachfolger **A.IV.1** 8; **A.IV.2** 12
- Reichweite **A.IV.1** 4; **A.IV.2** 5
- salvatorische Klausel **A.IV.1** 11; **A.IV.2** 14
- Schriftform **A.IV.1** 12
- Umfang **A.IV.1** 3
- unbillige Erschwerung des beruflichen Fortkommens **A.IV.2** 1
- US Stock Options **A.IV.10** 8
- Vertragsstrafe **A.IV.1** 7; **A.IV.2** 11
- Verzicht **A.XIV.3** 12
- Verzicht durch Arbeitgeber **A.IV.1** 6
- Verzicht nach Ende Dienstverhältnis **A.IV.2** 9
- Verzicht vor Ende Dienstverhältnis **A.IV.2** 8
- Vorstandsmitglied **B.II.1** 41
- Zusatzklausel **A.IV.1** 13; **A.IV.2** 16

Wettbewerbsverbot, vertragliches
- außerordentliche Kündigung **A.XIV.6** 6

Widerruf
- Abmahnung **A. X.1** 9
- Arbeitgeberdarlehen **A.IV.6** 9
- Aufhebungsvertrag **A.XV.1** 2

1403

Sachverzeichnis

fette Buchstaben und Zahlen = Systematik

- Dienstwagennutzung **A.XIV.3** 8, 10
- Kündigungsvollmacht **A.XIV.7** 3
- Prokura **A.XI.8** 10
- Telearbeitsplatz **C.II.11** 26

Widerrufsklausel
- Sonderzahlung **A.II.1** 7

Widerrufsvorbehalt
- 13. Monatsgehalt **A.III.3** 2
- Direktzusage **F.I.4** 15
- Gratifikation **A.III.4** 18
- Provisionsvereinbarung **A.III.6** 20
- Verlängerung Entgeltfortzahlung **A.XI.1** 7
- vermögenswirksame Leistungen **A.III.10** 13
- Vertragsgebiet Außendienst **A.VII.7** 4
- Zielvereinbarung **A.III.8** 32

Widerspruch
- betriebliches Vorschlagswesen **C.II.20** 11

Widerspruchsrecht
- Betriebsübergang **A.XII.1** 13
- Unternehmenskauf/asset deal **A.XII.2** 6
- Verschmelzung **A.XII.3** 9

Wiedereinstellung
- Minderung Abfindung **A.XV.1** 18

Wiedereinstellungszusage A.XI.9 1

Wirksamkeitskontrolle
- Verweisung **A.II.2** 6

Wirtschaftsausschuss
- Erlöschen der Ämter **A.XII.5** 17
- Information bei Verschmelzung **A.XII.5**
- Rechtzeitigkeit der Unterrichtung **A.XII.5** 3
- Unterrichtungsumfang **A.XII.5** 4

Witwenrente
- Direktzusage **F.I.4** 10
- Pensionsfonds **F.III** 9, 14

Wochengespräch A.XI.4 1

Wohlverhaltensklausel
- Aufhebungsvertrag Geschäftsführer **B.I.3** 20

Zeitbefristung
- Doppelbefristung **A.V.4** 2
- Formulierungsmuster mit Sachgrund **A.V.3**
- Formulierungsmuster ohne Sachgrund **A.V.3**
- § 21 BErzGG **A.V.7** 2

Zeitguthaben
- Abbau **C.II.6** 12
- Sabbatical **A.XI.9** 6

Zeitkonto
- Sabbatical **A.XI.9** 1
- Übertragbarkeit **A.XI.9** 11
- Verwaltung **A.XI.9** 11

Zeitwertkonten
- Altersteilzeit **C.II.8** 17
- Arbeitsbeginn/-ende **C.II.8** 4
- Arbeitszeiterfassung **C.II.8** 7
- betriebliche Altersversorgung **C.II.8** 16
- Betriebsvereinbarung **C.II.8**
- Einbringung von Gehaltsbestandteilen **C.II.8** 12
- Führung Lebensarbeitszeitkonto **C.II.8** 14
- Geltungsbereich **C.II.8** 2
- Gleitzeitkonto **C.II.8** 4, 10
- Insolvenzsicherung **C.II.8** 14

- Lebensarbeitszeitkonto **C.II.8** 11
- Mehrarbeit **C.II.8** 8
- Missbrauch **C.II.8** 20
- Pausen **C.II.8** 5
- regelmäßige Arbeitszeit **C.II.8** 3
- Sollarbeitszeit **C.II.8** 6
- Todesfall **C.II.8** 9
- Überstunden **C.II.8** 8
- Verwendung Wertguthaben **C.II.8** 13
- Vorzeitige Beendigung Arbeitsverhältnis **C.II.8** 15

Zeugnis
- Berufsausbildungsvertrag **A.VII.2** 16
- einfaches **A.XVI.2** 1
- Geschäftsführer **B.I.3** 11
- qualifiziertes **A.XVI.1**
- vorläufiges **A.XVI.3** 1
- Zwischenzeugnis **A.XVI.3**

Zielbonus A.III.7 2

Zielfestlegung
- Berechnungsbeispiel **A.III.9** 13
- Formulierungsmuster **A.III.9**
- Gewichtung **A.III.9** 10
- Kriterienkatalog **A.III.9** 9
- weiche Ziele **A.III.9** 9

Zielfeststellung
- anteilige Zielerreichung **A.III.8** 21
- Beurteilungsspielraum **A.III.8** 19
- Bonushöhe **A.III.8** 22
- Fehlzeiten **A.III.8** 25
- Freistellung **A.III.8** 29
- Garantiebonus **A.III.8** 23
- Krankheit **A.III.8** 24
- Ruhen des Arbeitsverhältnisses **A.III.8** 26
- Schiedsklausel **A.III.8** 17
- Übererfüllung **A.III.8** 20; **A.III.9** 11
- Untererfüllung **A.III.8** 21
- unterjähriger Austritt **A.III.8** 27
- zeitnahe **A.III.8** 17

Zielvereinbarung
- Abschlagszahlung **A.III.8** 31
- Änderungsvorbehalt **A.III.8** 32
- Auffangregelung **A.III.8** 12
- außerordentliche Kündigung **A.III.8** 30
- Begriff **A.III.7** 1
- Berechnungsbeispiel **A.III.9** 13
- Berechnungszeitraum **A.III.7** 5; **A.III.8** 6
- betriebliche Übung **A.III.8** 13
- einseitige Festlegung **A.III.8** 9; **A.III.9** 6
- Einstellungsjahr **A.III.7** 3
- einvernehmliche Zielfestlegung **A.III.8** 11; **A.III.9** 12
- Fälligkeit **A.III.8** 31
- Fehlzeiten **A.III.8** 25
- Formulierungsmuster **A.III.7**
- Formulierungsmuster Rahmenvertrag **A.III.8**
- Formulierungsmuster Zielfestlegung **A.III.9**
- Freistellung **A.III.8** 29
- Freiwilligkeitsvorbehalt **A.III.8** 32
- Garantiebonus **A.III.8** 23
- gesonderte Zielfestlegung **A.III.8** 7

magere Zahlen = Anmerkung **Sachverzeichnis**

- harte Ziele **A.III.8** 5
- Krankheit **A.III.8** 24
- Mitbestimmungsrecht **A.III.7** 1
- nachträgliche Änderung **A.III.8** 16
- Nachverhandlung **A.III.8** 15
- Nichteinigung **A.III.8** 12
- Obergrenze **A.III.9** 11
- persönliche Ziele **A.III.8** 5, 11
- Rahmenvertrag **A.III.8**
- Rechtzeitigkeit **A.III.8** 8
- Schiedsklausel **A.III.8** 17
- unterjähriger Austritt **A.III.8** 27
- unterjähriger Eintritt **A.III.8** 10
- unterlassene **A.I.8** 14
- Unternehmensziele **A.III.8** 4
- verspätete **A.III.8** 14
- Verweisung auf Rahmenvertrag **A.III.7** 4
- weiche Ziele **A.III.8** 5; **A.III.9** 9
- Widerruf für Vergangenheit **A.III.8** 33
- Widerrufsvorbehalt **A.III.8** 32
- Zielbonus **A.III.7** 2; **A.III.8** 3
- Zielerreichung **A.III.8** 17
- Zielfestlegung **A.III.9** 1
- Zielfeststellung **A.III.8** 17, 18
- Zielgewichtung **A.III.8** 11; **A.III.9** 10
- Zwischenbilanz **A.III.8** 28

Zinsvorteil
- steuerliche Behandlung **A.IV.6** 5

Zugang
- ordentliche Kündigung **A.XIV.2** 8

Zugangsbestätigung D.I.1 12

Zugangsrecht
- Telearbeit **C.II.11** 22

Zugangsschutz
- EDV **C.II.16** 7

Zugriffsberechtigung
- personenbezogene Daten **C.II.16** 6

Zulage, übertarifliche
- Anrechnung bei Tariferhöhung **C.II.19** 6
- Anrechnung Tariferhöhung auf **C.II.19**
- Anrechnungsvorbehalt **C.II.19** 6
- Begriff **C.II.19** 6
- Betriebsvereinbarung **C.II.19**
- Freiwilligkeitsvorbehalt **C.II.19** 4
- Geltungsbereich Betriebsvereinbarung **C.II.19** 3
- Inkrafttreten Betriebsvereinbarung **C.II.19** 7
- Mitbestimmungsrecht **C.II.19** 2, 6
- Verteilung **C.II.19** 5

Zulagengewährung C.II.19 4

Zurückbehaltungsrecht A.II.1 14
- Arbeitspapiere **A.XVI.4** 1
- Aufhebungsvertrag **A.XV.1** 35

Zurückweisung
- Frist **A.XIV.8** 2
- Kündigungsvollmacht **A.XIV.8** 1

Zusammenlegung
- Dienststellen **D.II.1** 4

Zusatzleistungen, freiwillige
- Führungskraft **A.II.3** 10

Zusatzvereinbarung
- vorübergehende Übertragung höherwertiger Tätigkeit **A.V.6**

Zuständigkeit
- Versetzung in vorzeitigen Ruhestand **D.I.6** 8

Zustellung
- ordentliche Kündigung **A.XIV.2** 8
- telefonische Benachrichtigung einer **A.XIV.2** 8

Zustellungshindernisse A.XIV.2 8

Zustimmung
- Antrag auf Ablehnung Teilzeitarbeit **D.I.4**
- befristete Einstellung **D.I.2**
- Übertragung höherwertige/r Dienstposten/ Tätigkeit **D.I.1**

Zustimmungserklärung
- Antrag auf Ersetzung **A.XIV.17** 1
- Beschlussfassung Betriebsrat **A.XIV.16** 8

Zustimmungsersetzung
- Entscheidung des Gerichts **A.XIV.17** 8
- Kündigungserklärung nach **A.XIV.18**
- Rechtskraft **A.XIV.18** 4
- Untersuchungsgrundsatz **A.XIV.17** 7
- Verfahren **A.XIV.17** 4

Zustimmungsersetzungsantrag A.XIV.16 3
- Formulierungsmuster **A.XIV.17**

Zuwanderungsgesetz
- Beschäftigung ausländischer Arbeitnehmer **A.VIII.2** 19

Zwangspensionierung
- Verfahren **D.I.6** 4

Zweckbefristung
- Arbeitsvertrag **A.V.4** 1
- Doppelbefristung **A.V.4** 2
- Formulierungsmuster **A.V.4**
- Mitteilung der Zweckerreichung **A.V.8** 5
- § 21 BErzGG **A.V.7** 2
- Sachgrund **A.V.4** 3
- Zweckerreichung **A.V.4** 17

Zweckerreichung
- Beendigungszeitpunkt Arbeitsverhältnis **A.V.8** 3
- Formulierungsmuster **A.V.8**
- Fortsetzung befristetes Arbeitsverhältnis nach **A.V.8** 4
- Mitteilung **A.V.8** 5

Zweckübertragungstheorie A.II.1 15; **A.IV.3** 2

Zweitarbeitsverhältnis
- Freistellung für **A.VII.10** 16

Zwischenverdienst
- Anrechnung bei ordentlicher Kündigung **A.XIV.3** 7

Zwischenzeugnis
- Angaben zum Verhalten **A.XVI.3** 5
- Angaben zur Leistung **A.XVI.3** 5
- Ausstellungsdatum **A.XVI.3** 3
- Ausstellungsgrund **A.XVI.3** 7
- Formulierungsmuster **A.XVI.3**
- Gesamtbewertung **A.XVI.3** 6
- Rückgabe **A.XVI.3** 1
- Schlussformel **A.XVI.3** 8
- Unterzeichnung **A.XVI.3** 9